# Der Kleine Pauly

## Lexikon der Antike

Auf der Grundlage von
Pauly's Realencyclopädie
der classischen Altertumswissenschaft
unter Mitwirkung zahlreicher Fachgelehrter
bearbeitet und herausgegeben von
Konrat Ziegler
und
Walther Sontheimer

## Band 3

## Iuppiter – Nasidienus



Deutscher Taschenbuch Verlag

März 1979
Deutscher Taschenbuch Verlag GmbH & Co. KG,
München

Umschlaggestaltung: Celestino Piatti
Gesamtherstellung: C. H. Beck'sche Buchdruckerei,
Nördlingen
Printed in Germany · ISBN 3-423-05963-X

# I

## FORTSETZUNG

**Iuppiter.** Name: Nominativ aus urspr. endungslosem Vokativ **di̯eu-pater* (vgl. *Ζεῦ πάτερ*. Zum Stamm *diēu-* (Wz. *dei-*, *dī-* usw. mit *u̯*-Erweiterung) »leuchtender, göttlich verehrter Himmel und leuchtender Tag« (POKORNY 1,183f. KRETSCHMER, Glotta 13, 1924, 112). Wandel *-ĕu-* > *-ŏu-* in den ital. Sprachen üblich. *-pp-* entstand durch spontane Konsonantengemination (SOMMER, HB 354.202.374. RADKE [6],155f.). Aus den obliquen Kasus wurde der Nom. *Iovis* gebildet: Für das Altlat. vgl. KEIL GrL 5,187; weitere Stellen: NEUE-WAGENER 1,293f. BÜCHELER Kl. Schr. 1,233f. Sogar der Nom. *Iovos* erscheint auf einer praenestin. Ciste (CIL I$^2$ 563. BICKEL, RhM 80, 1931, 294ff.).

I. ist also der Gott des himmlischen Lichtes (vgl. KRETSCHMER a.O. 112). Darauf weist auch der alte Beiname *Lucetius* hin (Macr. Sat. 1,15,14. Paul.-Fest. 114 M. [*quod eum lucis esse causam credebant*]. Gell. 5,12,6f. Mar. Vict. KEIL GrL 6, 12,18. Ter. Scaur. ebd. 7,28,11), unter dem er im carmen Saliare auftrat (Macr. a.O. *Louc-* Ter. Scaur. a.O.) und der auch im Osk. erscheint (Serv. Aen. 9,567. Weitere Vermutungen RADKE [6],187f.). F. ALTHEIM Röm. Rel.-Gesch. 1, 1931, 76f. suchte darzulegen, daß I. keine urital. Gottheit sei, sondern den Italikern erst auf der Apenninenhalbinsel bekannt wurde: »unbeweisbar und unwahrscheinlich« WALDE-HOF.$^3$ 732. I. waren alle Idus, d.h. die urspr. Vollmondtage heilig, weil dann der Himmel Tag und Nacht licht ist (so schon Macr. Sat. 1,15,15). An allen Idus wurde ein weißes Schaf *(ovis Idulis)* über die Sacra via auf die Arx geführt und dort vom → flamen Dialis geopfert (Ov. fast. 1,56. Vgl. Varro l.l. 5,47, Paul.-Fest. 104. Macr. Sat. 1,15,16. Lyd. mens. 3,10 [p. 47 W.]). Obwohl nur Ov. a.O. ausdrücklich von einer *agna alba* spricht, besteht kaum Grund zu Zweifeln, obwohl es der Vorschrift widerspricht, daß einer männlichen Gottheit nur männliche Tiere, einer weiblichen nur weibliche geopfert werden dürfen (vgl. o. II 1235): ein noch ungelöster Widerspruch (BÖMER zu Ov. a.O.). War das Opfer zu fest ausgeprägt, bevor die pontifikale Systematisierung durchdrang? – Die meisten *dies natales* der I.-Tempel waren an Iden. – Auch an den Nundinae bekam I. ein Opfer, und zwar von der *flaminica*, der Gattin des → flamen Dialis (Macr. Sat. 1,16, 30f., vgl. CIL III 10820: *I[ovi]O M Nundinario*, 238 n.Chr. aus Pannon. Sup.). Die Verehrung des Himmelsgottes auf Bergen ergab sich wie bei vielen Völkern (vgl. A.B. COOK Zeus, New York, 1, 1964, 117ff.) auch in Rom daraus, daß das naive Denken dort die Nähe des Gottes sucht. Die meisten Hügel Roms lassen Spuren alten I.-Kultes nachweisen (THULIN [1],1127f.).

Der älteste Staatskult scheint der des I.-Feretrius gewesen zu sein (→ Feretrius o. I 536). Er hatte seinen Tempel auf dem mons Capitolinus. Als erster soll Romulus → *spolia opima* nach seinem Zweikampf mit → Acro hier geweiht haben, dann A. Cornelius Cossus (Liv. 4,19f. Val. Max. 3,2,4. Plut. Rom. 16. s.o. I 1309, Cornelius Nr. 17) und als letzter M. Claudius Marcellus im J. 212 nach seinem Kampf mit dem Gallier Virdomarus (Liv. ep. 20. Verg. Aen. 6,859. CIL I$^2$ S. 47. *Βριτόματος* Plut. Marc. 6.8). Ausgeschmückte Erzählung dieser Taten Prop. 4,10. Zum Namen u. zum heiligen Stein → Feretrius. Von dem hlg. Stein führte der Gott auch den Namen I. Lapis; der Schwur bei ihm war eine bes. Bekräftigung (Cic. fam. 7,12,2. Gell. 1,21,4).

Als Himmelsgott (daher Inschr. mit Beinamen *Caelestis, Caelestinus*) ist I. auch Wettergott (Inschr.: *I. Pluvialis, Serenus, Iovis Tempestati* [DESSAU 3934], *Iovi O.M. tempestatium divinarum potenti* [CIL VIII 2609, aus Lambaesis], *I.O.M. auctori bonarum tempestatium* CIL XIII 6, aus Aquitanien). Daher scheint man den Brauch des → Aquaelicium, das urspr. nur ein Beschwörungsritus war, nachträglich auf I. bezogen zu haben. Die Verbindung von *elicere aquam* mit I. Elicius ist jedoch nicht sicher. Die Ant. leitete *Elicius* vom Herablocken des Gottes (Ov. fast. 3,285ff. Plut. Numa 15) oder göttlicher Hinweise (Liv. 1,20,7) ab (vgl. Plin. nat. 2,140. Arnob. 5,1).

I. ist als I. Fulgur Gott der Blitze. Er hatte auf dem Marsfeld ein Heiligtum, wo ihm am 7. Okt. geopfert wurde (Fasti Ant. vet. Fasti fratr. Arv. Fasti Paul.). Die Stelle, wo ein Blitz eingeschlagen hatte, war *sacer;* der Blitz mußte »begraben« werden *(fulgur condere)*. Der Unterschied zwischen *fulgur dium* und *fulgur summan(i)um*, Tag- bzw. Nachtblitz, dürfte erst pontifikaler Systematisierung zu verdanken sein (LATTE [5],81.209. WASZINK, Gn 34, 1962, 447). → bidental, → haruspices, → puteal, → Summanus.

Dem I. Tonans weihte Augustus in Erinnerung daran, daß er im Kantabrerkrieg von einem neben ihm einschlagenden Blitz verschont wurde

(Suet. Aug. 29,3. 91,2), am 1. Sept. (Fasti fratr. Arv. Fasti Amit. vgl. Fasti Ant. min.; am gleichen Tag wie I. Liber: s.u.) des J. 22 auf dem Capitol einen Tempel, der bald ebenso besucht wurde, wie der des I. O. M. (Suet. Aug. 91. Cass. Dio 54,4,2ff.). Das ist *Ζεὺς Βροντῶν*. (Früheren Kult des I. Tonans glaubt LATTE [5],81,1 durch Konj. zu CIL I$^{2}$ 20 belegen zu können; doch s. ST. WEINSTOCK, RE VI A 1706f., der *Ζεὺς Βροντῶν* für oriental. hält, dem aber BÖMER zu Ov. fast. 2,69f. widerspricht).

Zum Blitzgott würde auch I. Pistor gehören, wenn WISSOWA recht hätte; leider ist seine Ableitung von *pinsere* »zermalmen« sehr unsicher. Er hatte einen Altar auf dem Capitol. Ov. fast. 6,349ff. (daraus Lact. inst. 1,20,33) bringt Pistor mit »Müller, Bäcker« zusammen und erzählt: Bei der Belagerung des Capitols durch die Gallier hätten die Römer die letzten Brote auf I.s Befehl unter die Feinde geworfen, so daß diese die Hoffnung auf Aushungerung aufgaben.

Als Wettergott kommt I. auch mit dem empfindlichsten Teil der Landwirtschaft, dem Weinbau, in Berührung. So gehörten ihm die Weinfeste der → Vinalia (zur Verbindung und Vermischung mit einem Venus-Fest s. RE Suppl. X 1172ff.); vgl. → Meditrinalia.

I. Dapalis bekam vor der Aussaat einen Becher Wein und eine Mahlzeit (Cato agr. 132), wie I. → Epulo eine Bewirtung an den Iden des Sept. und des Nov. (während der ludi Romani bzw. plebei).

Auf dem Aventin gab es einen Tempel des I. Liber oder Libertas; *dies natalis* war am 1. Sept. (Fasti fratr. Arv. Am gleichen Tag wie I. Tonans). Er wurde von Augustus restauriert (Mon. Anc. 19). Im Mon. Anc. wird übersetzt *Ζεὺς Ἐλευθέριος*, ebenso CIL III suppl. 14203,3 (aus Delos). *Liberator* nennen ihn Tac. ann. 15,64,4. 16,35,1 und Mz. Neros, sowie der Kalender des Philocalus zum 13. und 18. Okt., der zwischen diesen beiden Tagen *ludi Iovi Liberatori*, die sonst unbekannt sind, verzeichnet. Am 13. April erhielten I. Libertas und I. Victor Opfer (Fasti Ant. vet.).

Während der I. Libertas polit. aufgefaßt wurde, ist der I. Farreus, der bei der → *confarreatio* angerufene (Gai. 1,112. Plin. nat. 18,10), nur soweit polit., als die alte Geschlechterordnung die Grundlage des Staates bildete.

Welche Bedeutung das von Macr. Sat. 1,10,11 notierte I.-Fest am 23. Dez., dem gleichen Tag, an dem die → Larentalia waren, hatte, läßt sich nicht mehr sagen.

Als oberster Staatsgott ist I. auch Gott des polit. Erfolges, der für Rom oft gleichbedeutend mit Kriegsglück war. Q. Fabius Maximus Rullianus hatte im Samnitenkrieg im J. 295 dem I. Victor einen Tempel gelobt (Liv. 10,29,14. 18). Er stand vielleicht auf dem Quirinal (CIL I$^{2}$ 802: diese Inschr. wurde dort gefunden, was aber nicht beweist, daß der Tempel sich wirklich dort befand; vgl. LATTE [5],153,5. BÖMER zu Ov. fast. 6,621f.). Die Notitia regionum nennt einen Tempel des I. Victor auf dem Palatium (im Curiosum fehlt der Beiname). Ein weiteres Heiligtum auf dem Capitol wollte man aus Cass. Dio 47,40,2 schließen; s. aber AUST [2],680. – Als *dies natalis* eines Tempels des I. Invictus nennt Ov. fast. 6,650 den 13. Juni. Da es »die Antike mit den Beinamen Victor und Invictus nicht genau nahm« (BÖMER zu Ov. a.O. vgl. o. II 1056), muß es nicht noch ein anderer Tempel gewesen sein. Da Ov. fast. 4,621 und Fasti Ant. vet. zum 13. April ein Fest des I. Victor nennen, könnte dies der *dies natalis* des Tempels des Q. Fabius Maximus Rullianus sein, der 13. Juni der des palatin. Tempels (beide Feste an den Iden).

Im J. 294 gelobte M. Atilius Regulus dem I. Stator, dem Gott, der das fliehende Heer zum Stehen bringt (Liv. 1,12,6. 10,36,11. Plut. Rom. 18,8f. Dion. Hal. ant. 2,50,3. Flor. 1,1,13. Vir. ill. 2,8), einen Tempel (Liv. 10,36,11. 37,15). Erbaut wurde er an der Via nova am Palatium (Liv. 1,12,6. Vgl. 10,37,15. Dion. Hal. a.O. Ov. fast. 6,793f. Plut. a.O.). Nach anderer Tradition war Romulus der Gründer des Tempels (Liv. a.O. Dion. Hal. a.O. Ov. fast. 6, 793f. Plut. a.O. Cic. Cat. 1,33. Flor. a.O. Vir. ill. a.O.); dem widerspricht, wie LATTE [5],153,3 bemerkt, die genaue Angabe des Stiftungstages, den Ov. a.O. mit dem 27. Juni angibt. Doch könnte z. B. ein Tempel an Stelle eines alten *sacellum* getreten sein (vgl. den Versuch des Liv. 10,37,15 beide Traditionen zu vereinigen). AUST, Diss. Marburg 1889, 45 wollte daraus, daß der *dies natalis* nicht auf die Iden fiel, auf eine (unbelegbare) Restaurierung durch Augustus schließen, während LATTE a.O. dagegen geltend macht, daß diese Regel damals noch nicht bindend gewesen sein mußte.

Einen anderen Tempel des I. Stator, der mit dem der → Iuno Regina durch eine Säulenhalle vereinigt wurde, weihte Q. Caecilius Metellus Macedonicus nach seinem Triumph im J. 146 beim Circus Flaminius. Beide Tempel waren aus Marmor (nach Vell. 1,11,13 die ersten aus diesem Material) und prächtig ausgeschmückt. Ob der Beiname bereits im Sinne »der für die Festigkeit des Reiches sorgt« (Cic. Cat. 1,33. CIL VI 434) umgedeutet war (so LATTE [5],154), läßt sich nicht sicher sagen. Der *dies natalis* wurde vielleicht vom 5. Sept. (Fasti Ant. vet.) nach Restaurierung durch Augustus auf den 23. Sept. (Fasti Pal. Urb. [DegrI XIII 7] in Verbindung mit Fasti fratr. Arv.) verlegt (Augustus Geburtstag!); vgl. DegrI XIII S. 508. 512. (Andere, darunter PLATNER-ASHBY [7],304, beziehen Fasti Ant. vet. auf den Tempel des M. Atilius Regulus.)

Der Gott des Latiner-Bundes war I. Latiaris. Unter Roms Leitung war nicht mehr der Hain auf dem Albanerberg (Liv. 1,31,1 ff. Cic. Mil. 85), sondern der (nach Dion. Hal. ant. 4,49 von Tarquinius Superbus, dagegen 6,95 von Tarquinius Priscus erbaute) Tempel Mittelpunkt. Zur Feier → Feriae Latinae o. II 533f.

Haupt- und Staatsgott Roms war in hist. Zeit I. Optimus Maximus. Dabei bedeutet *Optimus* einen, der in höchstem Maße *ops* besitzt; *ops* aber bedeutet in alter Zeit »(hilfreiche) Macht« (MAROUZEAU, Eranos 54, 1956, 227ff.). Sein Tempel stand auf dem s. Abhang des mons Capitolinus. Nach der Tradition soll er von den letzten Königen gelobt oder begonnen (Cic. rep. 2,36. Liv. 1,38, 7. Tac. hist. 3,72,2. Plut. Popl. 14,1) und vom Consul M. Horatius dediziert worden sein (Pol. 3,22,1. Liv. 2,8,6. Tac. a.O. u.v.a.), → Capitolium. Als Zeit der Dedizierung hat ROB. WERNER Der Beginn der röm. Republik, Münch.-Wien 1963, durch genaue Analyse der chronolog. Systeme der ant. Zeugen das J. 507 (13. September) eruiert (S. 26 u.ö.) und für den Beginn der Republik 472–470, so daß also Bau und Weihe der Königsherrschaft zuzuweisen ist, was aus verständlichen Gründen später verdunkelt wurde. – In diesem Tempel nahm I. die mittlere Cella ein, Iuno Regina die l., Minerva die r. Etr. Künstler waren am Bau beteiligt (Plin. nat. 35,157. Plut. Popl. 13. Fest. 274 M.), was auch durch alles, was wir von ihm wissen, bestätigt wird. → Clavus o. I 1220f. Die Aufstellung eines Götterbildes, wenn auch aus Nachbarstädten schon bekannt, bezeichnet einen Einschnitt in der Gesch. der röm. Religion: »Der Weg war beschritten, der (später) dazu führte, daß die alten formlosen Mächte nur noch anthropomorph gedacht werden konnten und, soweit sie sich dafür nicht eigneten, der Vergessenheit anheimfielen« (LATTE [5],150). Die Iden des Sept. (13. Sept.) galten als *natalis* des Tempels, bestätigt durch die Fasti Ant. vet., in denen *Iovi O M* steht, während die kaiserzeitlichen Fasten *Iovi epulum* geben (→ I. epulum), die Fasti Vallenses haben *Iovi Iu[noni Minervae epulum]*, die Fasti Viae dei Serpenti *epulum indicitur / Iovi Iunoni Min(ervae) in Capitol(io)*. Vgl. DegrI XIII S. 509.

Als Mittelpunkt der polit. Wirksamkeit des Staates erweist sich der Tempel dadurch, daß dort bei Beginn des Amtsjahres die Consuln Dank für den Schutz des Volkes im vergangenen Jahr aussprachen, das jeweils von ihren Vorgängern gelobte Opfer weißer Stiere darbrachten und für ihr Amtsjahr ihrerseits dasselbe gelobten. Darauf leiteten die Consules die erste Senatssitzung des Jahres, die immer im Capitol. Tempel stattfand und vor allem religiöse Angelegenheiten (bes. den Termin der feriae Latinae) behandelte (MOMMSEN RStR 1,616f.). Hier opferten auch die Feldherrn vor ihrer Abreise und machten Gelübde. Der → Triumph endete am Tempel, wobei der Triumphator in der Tracht der Tempelstatue, das Gesicht mit Mennig gefärbt (die Farbe des Tons der Statue), auftrat.

Eine nur kurze Einschränkung erlebte der Tempel der capitol. Trias als Mittelpunkt des Staates unter Augustus, der dem auf dem Augustus-Forum erbauten Tempel des → Mars Ultor viele der auf das polit. Leben und den Krieg bezüglichen Bräuche übertragen wollte. In der Kaiserzeit blieb trotz des immer bedeutender werdenden Kaiserkultes der Kult der Trias unangetastet, ja, der mehrmals durch Brand zerstörte Tempel wurde immer wieder mit besonderer Pracht aufgebaut. Domitian stiftete im J. 86 (zu den weiter bestehenden ludi, → Spiele) einen *agon Capitolinus*, bestehend aus Wagenrennen, sportlichen u. mus. Wettkämpfen (FRIEDLÄNDER-Wiss. 2,150f. 220. 231).

Das sog. *Capitolium vetus* auf dem Quirinal (Varro l.l. 5,158. Martial. 5,22,4. 7,73,4), ein *sacellum*, das ebenfalls der Trias I.-Iuno-Minerva geweiht war, ist nach LATTES nicht unwahrscheinlicher Annahme ([5],150,2) jünger als das Capitolin. Heiligtum: *Capitolium* ist nicht Appellativum, sondern Hügelname, der erst übertragen werden konnte, als die Bezeichnung *Capitolius* mit dem Heiligtum ident. geworden war. Der Zusatz *vetus* sei aufgekommen nach der Renovierung des Tempels im 2. Jh. und bes. nach dem Wiederaufbau seit dem Brand von 83 v. Chr.

Eine ganze Reihe von Beinamen, wie Conservator, Custos, Servator, Sospitator, Tutator, Redux, Depulsor, Pecunia (zu »Vieh«) lassen sich auf Mz. und Inschr. in großer Zahl feststellen, meist aus besonderem Anlaß, z.T. aus persönlichen Gründen entstanden. So errichtete Domitian an der Stelle, wo er sich im J. 69 vor Vitellius verborgen hatte, ein *sacellum* für I. Conservator, das nach seinem Regierungsantritt durch einen Tempel des I. Custos ersetzt wurde (Tac. hist. 3,74. Suet. Dom. 5). Manchmal ist zwischen echtem Beinamen und einfachem Attribut nicht zu unterscheiden. Daneben steht die Aufnahme urspr. selbständiger Götter, deren Namen zu bloßen Beinamen herabsinken. Listen von Beinamen I.s bei WISSOWA [3], Reg. bei LATTE [5], Reg. [1],1142ff. und bes. bei AUST [2],750ff. Zu I. Indiges → Indiges.

In der Kaiserzeit ist die Identifizierung mit I. bes. bei Himmels-, Wetter- und Stadtgöttern häufig (wie z.B. bei den verschiedenen Göttern mit dem Namen Ba'al (→ Baal, bes. I 794). → Dolichenus. → Heliopolitanus. → Anxur. W. E.

1. *Thulin*, RE X 1126ff. 2. *Aust*, Myth. Lex. 2,618ff. 3. *Wissowa*, Rel. [2]113ff. 4. *C. Koch* Der röm. Iuppiter, Frkf. Stud. 14, 1937. 5. *Latte* RRel 79ff. 126ff. 6. *G. Radke* Die Götter Altitaliens, Münst. 1965, 155ff. 7. *Platner-Ashby* 291ff. 8. *Nash* 518ff.

**Iura** (bei Plin. *Iures*, Strab. *'Ιόρας* und *'Ιουράσιος*, Ptol. *'Ιούρασος*). Das ausgedehnte Kalkgebirge, bis 1723 m hoch, zwischen Rhône-Genfersee und Rhein, das h. die Schweiz und Frankreich, im Alt. die Helvetier und Sequaner trennte, während der N.-Teil den Raurikern gehörte, mit mehreren von röm. Straßen benutzten Pässen und z.T. dichter Besiedlung in den Tälern. Caes. Gall. 1,2,3. 6,1. 8,1. Plin. nat. 3,31. 4,105. 16,197 (danach Mart. Cap. 6,634. Solin. 21,1). Strab. 4,3,4 p. 193. 4,6,11 p. 208. Sidon. ep. 4,25,5. Ptol. 2,9,2. 2,9,10. Greg.

Tur. vitae patrum 1 (MGH Scr. Merov. 1,664,5). E. M.

1. *F. Stählin* Die Schweiz in röm. Zeit[3] 26 A. 5. 74 A. 1. 322 A. 4. 359ff. 413. 424. 2. *Holder* 2,93ff.

**Iurgium** im Sinne von Zwistigkeit etwa zwischen Prozeßparteien oder Eheleuten (vgl. Pap. Dig. 33,3,31) hatte nach heute herrschender Meinung im röm. Recht keine selbständige techn. Bedeutung. Der häufig behauptete Gegensatz zu *lis*, der sich in der Hauptsache auf Cic. rep. bei Non. p. 430f. stützt *(admiror nec rerum solum sed verborum etiam elegantiam, si iurgant, inquit: benevolorum concertatio, non lis inimicorum iurgium dicitur...)*, läßt sich nicht eindeutig nachweisen. F. R.

*Karlowa* Der röm. Zivilprozeß z. Z. der Legisactionen, 1872, 5ff. *Mitteis* Röm. Privatrecht 1, 1908, 31 Anm. 7. *B. Biondi*, Bull. ist. dir. rom. 32, 1922, 69. *Weiss*, RE XIII 729. *Düll* Der Gütegedanke im röm. Zivilprozeßrecht, 1931, 11ff. *Broggini* Iudex arbiterve, 1957, 127 Anm. 38. *Jahr* Litis contestatio, 1960, 19.

**Iuridicus.** Bezeichnung verschiedener rechtsprechender Beamter der Kaiserzeit. **1.** Legatus i. Seit Hadrian, in einzelnen Provinzen vielleicht seit Augustus, wurde dem Provinzstatthalter ein Beamter regelmäßig senator. Ranges mit dem Titel *legatus i.* (oder *i. provinciae*) beigegeben. Er hatte im Auftrag des Statthalters oder selbständig neben ihm Rechtsprechungsaufgaben wahrzunehmen.

*A. v. Premerstein*, RE XII 1149ff. *F. De Martino* Storia della costituzione rom. 4,2, 1965, 731f.

**2.** Auch der *i. Alexandreae* (in den Papyri: δικαιοδότης) war ein richterlicher Beamter im Stabe eines Statthalters, des praefectus Aegypti, jedoch mit umfassenderen Befugnissen ausgestattet als ein *legatus i.* Bei unerwartetem Wegfall des praef. Aeg. wurde der i. *Al.* als dessen Stellvertreter tätig (BGU 327. PLond 2,198. PRein 49). Er wurde stets vom Kaiser ernannt; der praef. Aeg. konnte ihn weder entlassen noch mit einer Strafe belegen. Darin zeigt sich seine polit. Aufgabe als Kontrollorgan des Kaisers. In Alexandria, seinem Amtssitz, und in der χώρα (PRyl 2,119. BGU 5. PLond 2,196 = Mitteis Chr. 87) übte er eine unmittelbar vom Kaiser (BGU 327. 1019. CIL XI 6011), in Einzelfällen vielleicht vom praef. Aeg. (BGU 378 = Mitteis Chr. 60, von zweifelhaftem Beweiswert) delegierte streitige und frreiwillige Zivilgerichtsbarkeit aus. Seit Marc Aurel ist nur noch freiwillige Gerichtsbarkeit des *i. Al.* bezeugt. Die Abgrenzung seiner Kompetenz zu der des praef. Aeg. ist nicht geklärt. Das Amt des *i. Al.* läßt sich bis in die Mitte des 4. Jh. nachweisen.

*H. Kupiszewski*, JJP 7/8, 1953/54, 187ff.

**3.** Iuridici in Italien. Nach der Ausdehnung des röm. Bürgerrechts auf alle Italiker waren der *praetor urbanus* und der *praetor peregrinus* für ganz Italien zuständig. Nur von Prozessen über kleinere Streitwerte wurden sie durch Organe der Munizipien und Kolonien entlastet. Hoheitsakte, die nur ein Beamter mit *imperium* vornehmen konnte (z. B. *in integrum restitutio, datio tutoris*), waren den lokalen Gerichten notwendig verschlossen (Paul. Dig. 50,1,26). Hadrian teilte Italien mit Ausnahme der *urbica dioecesis* in 4 Gerichtssprengel und setzte für jeden einen Konsular ein (H.A. 1, 22,13). Nach Aufhebung unter Antoninus Pius wurden die Ämter der erst jetzt so bezeichneten vier i. durch Marc Aurel neu organisiert (H.A. 4,11,6) und mit Prätoriern besetzt. Aus der begrenzten Kompetenz der lokalen Gerichte folgt, daß die i. für größere Streitverfahren und für die freiwillige Gerichtsbarkeit zuständig waren. Unmittelbar bezeugt sind nur *datio tutoris* (Ulp. FV 205. 232. 241) und ein Prozeß über ein Fideikommiß (Scaev. Dig. 40,5,41,5). Außerdem waren die i. mit Verwaltungsaufgaben betraut. E. Bu.

*A. Rosenberg*, RE X 1147. *F. De Martino* Storia della costituzione rom. 4,2, 1965, 621ff.

**Iuris consultus.** Die Römer hatten keine dem modernen Sinngehalt von »Jurist« genau entsprechende Bezeichnung für einen mit einem bestimmten Bildungsstand verbundenen Beruf. Iuris consulti waren die literar. tätigen Juristen. Es fällt auf, daß die bei den republikan. Juristen noch sehr wichtige Funktion des *cavere* keine den Beruf kennzeichnende Terminologie bewirkte. Es war die Erstattung von Gutachten *(respondere)*, die prägende Kraft entfaltete. Der iuris peritus wird also vor allem als Konsulent gesehen – nicht nur als Ratgeber von Privaten, sondern auch als der, den ein *praetor* in sein *consilium* zieht, oder als der, den ein iudex konsultiert, ehe er urteilt. Th. M.-M.

*W. Kunkel* Herkunft und soziale Stellung der röm. Juristen, 1952.

**Iurisdictio** ist die hoheitliche Machtbefugnis der Gerichtsmagistrate auf dem Gebiete der Privatrechtspflege. Im engeren Sinn bedeutet i. die Befugnis, durch Festlegung eines Streitprogramms *(iudicium dare)* und Einsetzung eines bzw. mehrerer Richter ein Streitverfahren zu erteilen. Die Bestimmung der im Verfahren *apud iudicem* zu entscheidenden Rechtsfrage erfolgte im Legisaktionenverfahren auf der Grundlage der gesetzlichen Prozeßformulare (Gai. Inst. 4,16ff.). Im Formularprozeß schuf der Praetor kraft seiner i. durch Anerkennung dem *ius civile* fremder Ansprüche und Einwendungen neues *ius (honorarium)*. Die wichtigsten der unter den Begriff i. fallenden magistrat. Akte waren in frühröm. Z. an das Sprechen der praetor. *tria verba sollemnia* gebunden (z. B. *dare actionem, dicere vindicias, addicere rem*). Zur magistrat. i. im weiteren Sinn gehören z. B. auch der Erlaß von Interdikten, die *missio in bona*, die Gewährung der *in integrum restitutio*, die Auferlegung von praetor. Stipulationen, nicht aber die dem *iudex* vorbehaltene Urteilsfindung, die mit *iudicare* bezeichnet wurde, und erst spät (2. Jh. n. Chr.) die Strafgerichtsbarkeit.

Träger der i. war urspr. wohl der König, in der Republik zunächst die Höchstmagistrate, seit den leges Liciniae-Sextiae der Praetor. Von 242 bis zum E. des Prinzipats war die Praetur geteilt in das Amt des *praetor urbanus* und des *praetor peregrinus*. Die Rechtspflege der Provinzialstatthalter der Municipalmagistrate wurde ebenfalls i. genannt. Im Kognitionsprozeß, der keine notwendige Zweiteilung und kein notwendig in einer Formel niedergelegtes Prozeßprogramm mehr kennt, bedeutet i. allg. die von den Magistraten und kaiserlichen Beamten in eigener Person ausgeübte und delegierte Rechtsprechung.

Die Unterscheidung zwischen *i. contentiosa* und *i. voluntaria* (streitige und freiwillige Gerichtsbarkeit) spielte bei den röm. Juristen weder systemat. noch terminolog. eine Rolle. Zur i. wurden jedoch auch Akte der Jurisdiktionsmagistrate gerechnet, die nicht zur Gerichtsbarkeit im engeren Sinne gehören, wie z. B. die Erteilung der *bonorum possessio* und die *datio tutoris* sowie die Mitwirkung bei der *in iure cessio*.

I. *mandata (delegata)* bedeutet die kraft Gesetzes oder durch Rechtsakt von einem Jurisdiktionsmagistraten abgeleitete bzw. übertragene Gerichtsbarkeit. So war die i. der *praefecti iure dicundo* und vermutlich diejenige der Municipalmagistrate vom röm. Praetor abgeleitet. Die Übertragung durch Rechtsakt hatte Bedeutung für den Fall der Abwesenheit eines Magistrats von seinem Gerichtsbezirk. D. V. S.

*Kaser* Das röm. Zivilprozeßrecht, 1966, 26ff. 132ff. 361,1. *Steinwenter*, RE X 1155ff. *De Martino* La giurisdizione nel diritto rom., 1937.

**Iuris prudentia.** I. p. kann nicht ohne weiteres mit Rechtswissenschaft gleichgesetzt werden (Viehweg 1f.). Jurisprudenz zielt nicht darauf, einem Wissenschaftskonzept gerecht zu werden, sie ist an kluger, sachverständiger und gerechter Problemlösung orientiert. Dies meint Ulpians oft nicht verstandener und dann als Übertreibung oder Verstiegenheit abgewerteter Satz: *Iuris prudentia est divinarum atque humanarum rerum notitia, iusti atque iniusti scientia* (Dig. 1,1,10,2). So verstandene Jurisprudenz war nicht immer, aber auch nicht nur Rechtswissenschaft. Sie war keine Rechtswissenschaft, wenn es ihr nicht um eine *ars* ging. Sie ging immer dann über Rechtswissenschaft hinaus, wenn sie Anforderungen einer Praxis gerecht zu werden suchte. Dabei ergaben sich bemerkenswerte Divergenzen zur modernen Wirkungsweise des Juristenstandes: Heute wird die jurist. Literatur vor allem von Professoren und anderen Rechtswissenschaftlern bestritten, während der Großteil der Praktiker des Rechts nicht literar. tätig wird. Als Juristen stehen h. in der Rechtspraxis: Richter, Rechtsanwälte und Verwaltungsbeamte. Sie alle zählten in Rom nicht (oder jedenfalls: nicht notwendig) zur Jurisprudenz. Der Richter war aus einer Richterliste ausgewählter Laie, erst gegen E. der Prinzipatszeit finden wir Ansätze eines Berufsrichterstandes. Der



Mann, der vor Gericht einer Prozeßpartei beistand *(→ advocatus)* und für sie sprach *(orator)*, hatte zwar Rechtskenntnisse (wie Cicero), war aber regelmäßig nicht ein voll ausgebildeter Jurist: Seine rhetor. Gaben waren wichtiger als seine Rechtskenntnis. Die republikan. Magistraturen von jurist. Relevanz, bes. Prätur und curul. Ädilität, wurden im Zug einer polit. Karriere eingenommen, für die Rechtskenntnisse nützlich, aber nicht geboten waren. Gelegentlich finden wir einen Juristen als Prätor, die Regel war es nicht. Die Kaiser der Prinzipatszeit ziehen die Juristen immer stärker in ihre Dienste (bes. in ihr *consilium*), unter den Severen sind führende Juristen oft *praefectus praetorio*. Jurist. Staatsdienst als Stand gibt es aber erst in der Dominatszeit.

Während so dem röm. Juristen der republikan. und der Prinzipatszeit viele typ. Wirkungsfelder der modernen Jurisprudenz nicht als Domäne überlassen waren, beherrschte er einen Sektor, aus dem ihn viele Stimmen der modernen Rechtsquellenlehre zu verweisen suchen: die Fortbildung des Rechts. *In sola prudentium interpretatione consistit* nach Pompon. Dig. 1,2,2,12 das *proprium ius civile*. Nicht Richtersprüche (wie im angloamerikan. Recht), sondern Gutachten *(responsa)* waren das Instrument dieser jurisprudentiellen Rechtsfortbildung. Neben der Respondiertätigkeit stand die Cautelarjurisprudenz, der Rat vor Vertragsabschluß (*cavere*, vgl. Cic. de or. 1,48,212. 3,33,133).

Die Schwerpunktbildung bei Cautelar- und Respondierpraxis macht die jurist. Literatur fallbezogen. Systemstreben und Definitionsversuche werden zwar durch Einwirkungen hellenist. Wissenschaftsvorstellungen in spätrepublikan. Zeit gefördert, dennoch dominiert der Fall. Die Konzeption von Vertrags- und Aktionenformularen steht im Vordergrund der jurist. Arbeit. Gilt ein Werk dem ganzen *ius civile*, so folgt es einer assoziativen Stoffgliederung. Zum System stößt erst die Elementarliteratur des 2. Jh. n. Chr. vor → Gaius. Die Koryphäen der Jurisprudenz dagegen schreiben *epistulae*, *responsa* und *quaestiones*, stark problembezogene Digesten und Kommentare zu Sabinus und zum Edikt. Ihre Methode ist nicht die log. Deduktion, sondern beruht auf Induktion und Intuition. Wertungsdifferenzen spielen keine Rolle, annähernd gleichförmige Rechtsvorstellungen und Bewertungsmaßstäbe wurden offenbar von allen Juristen – und gar nicht zu Unrecht – vorausgesetzt. Daher kann ein ästhet. Urteil wie *placet* für »richtig« stehen.

Überließe man in der Gegenwart der Jurisprudenz die Fortbildung des Rechts (vgl. Gai. inst. 1,7: *opiniones eorum, quibus permissum est iura condere*), ergäbe sich die Schwierigkeit, wie man aus den Ansichten von 60 oder mehr Ordinarien, von denen zumindest 5 Lehrbücher geschrieben haben, *ein* praktikables Recht ablesen soll. Der röm. Jurisprudenz fehlt es zwar nicht an Meinungsgegensätzen, sie bewältigte die Aufgabe der Erkenntnis und Bildung von Recht aber doch über 300 J. ohne Höchstgericht oder authent. Interpretation. Erst die Dominatsära setzte mit Kassier- und Zitiergesetz zu schematisierender Reglementierung der Meinungsbildung an, nachdem freilich schon zu Beginn der Prinzipatszeit das *ius respondendi ex auctoritate principis* darauf zielte, die Zahl der im Juristenstand maßgeblichen Stimmen klein zu halten. Der Einfluß der Jurisprudenz auf die Fortbildung des Rechts hat einen seiner Gründe in jener Konzentration und Reduktion der meinungsbildenden Stimmen, die dadurch ausgelöst wurde, daß Richteramt, Advokatur und Verwaltungsdienst nicht zu den typ. Juristenberufen zählten. Das röm. Reich kam mit einer viel kleineren Anzahl von Juristen aus als jedes andere rechtskulturell hochentwickelte Reich.

Die Struktur einer Jurisprudenz ist immer auch ein Ausbildungsproblem. Bei den röm. Juristen finden wir deutlich ausgeprägte Lehrer-Schüler-Beziehungen, aber erst spät einen organisierten Rechtsunterricht. Das Kunsthafte, Klugheit und Geschick ansprechende Element der *i. p.* hat eine seiner Wurzeln in der Bedeutung der persönlichen Unterweisung für die Formung des Juristen. Schulen gibt es erst im 1. Jh. n. Chr., staatlich geordnet und in einen Ausbildungsgang mit Prüfungen einbezogen werden sie erst im Dominat. Th. M.-M.

*M. Kaser* Zur Methode der röm. Rechtsfindung, NGG, phil.-hist. Klasse, 1962, Nr. 2. *W. Kunkel* Herkunft und soziale Stellung der röm. Juristen, 1952. *F. Schulz* Gesch. der röm. Rechtswissenschaft, 1961. *Th. Viehweg* Topik und Jurisprudenz[3], 1965. *W. Waldstein*, Jur. Blätter 1966, 5ff.

**Ius** entwickelte sich von seiner urspr. konkreten Bedeutung der Rechtmäßigkeit eines privaten Zugriffsaktes auf eine Person oder Sache zu dem in verschiedenem Sinn gebrauchten abstrakten Begriff des Rechts. Entsprechend seiner Herkunft aus dem Streitverfahren um private (Vollstrekkungs-)Rechte war i. urspr. das (konkrete) Recht des einzelnen röm. Bürgers und wird erst allmählich auch zur Bezeichnung für die gesamte Rechtsordnung mit ihren vielfältigen, nach Entstehung, Geltungsgrund und Anwendungsbereich verschiedenen Schichten, die ihrerseits wieder i. genannt wurden (s. folg. Art.). Dabei ist zu beachten, daß die röm. Juristen eine systemat. strenge Einteilung ihres Rechts nicht gekannt haben. Die einzige Definition von i. in unseren Quellen ist die von Celsus (Dig. 1,1,1, pr.): *ius est ars boni et aequi*. Das Recht, das die röm. Juristen mit ihrer Gutachtertätigkeit *(ius respondendi)* und in ihrer literar. Produktion geschaffen haben, bildete in der klass. Periode neben dem i. civile und i. honorarium keine selbständige Kategorie, sondern wurde als Teil des i. civ. im Katalog der Rechtsquellen aufgeführt (Gai. Inst. 1.2). Als in der nachklass. Periode der Unterschied zwischen i. civ. und i. honorarium bedeutungslos wurde und in der Praxis die Juristenschr. die höchste Autorität gewannen, faßte man das in diesen überlieferte und verarbeitete i. civile und i. honorarium als Juristenrecht unter der Bezeichnung i. zusammen und stellte es den Kaisergesetzen der Spätzeit, den *leges*, gegenüber. In einem mehr subjektiven Sinne bedeutet i. die dem einzelnen von der Rechtsordnung verliehene Machtbefugnis *(alicui ius esse eundi agendi)* und reicht hier an die Bedeutung *potestas* und *facultas* heran. I. bezeichnet ferner die Rechtsstellung einer Person *(sui* bzw. *alieni iuris esse)* sowie die Gesamtheit der Vermögensrechte *(successio in ius)*. Schon früh bedeutet i. auch die Gerichtsstätte.

*Kaser* Das altröm. Ius, 1949. *d'Ors*, St. Albertario 2, 1953, 279ff. *Gioffredi* Diritto e processo nelle ant. forme giuridiche rom., 1955. *Lauria* Ius, 1962[2]. *Wieacker* Recht und Gesellschaft in der Spätant., 1964, 47ff. *Kunkel* Röm. Rechtsgesch., 1964[4], 119f.

**1.** I. civile hat mehrere Bedeutungen. In einem nichtjurist., untechn. Sinne wird es von der Lit. der jüngeren Republik als Juristenrecht dem sakralen und öffentlichen Recht gegenübergestellt. Ebenfalls untechn. ist die Verwendung von i. c. als Gegensatz zum überpositiven Recht, dem *i. naturale*. Jurist.-techn. hat. i. c. 3 Bedeutungen, die am besten aus der Gegenüberstellung mit den gegensätzlichen Begriffen deutlich werden. Als nationales Recht einer *civitas* tritt es dem i. gentium gegenüber und bedeutet als *i. civile proprium Romanorum* das den röm. Bürgern vorbehaltene Recht, welches jedoch auf Peregrine insoweit anwendbar ist, als die Wirkung des diesen etwa verliehenen *commercium* und *conubium* reicht. In einem Gegensatz zum *i. honorarium*, dem Recht, das die röm. Magistrate aufgrund ihres *imperium* schaffen, ist i. c. nach seiner Entstehung das durch die vergleichsweise spärliche privatrechtliche Gesetzgebung (meist *plebiscita*) und die *interpretatio prudentium*, *senatusconsulta* und *constitutiones principum* geschaffene Recht (Papinian. Dig. 1,1,7. pr.). Schließlich begegnet i. c. noch als Gegensatz zum *i. militare*.

*Kaser* Das röm. Privatrecht 1, 1955, 175ff.

**2.** I. divinum bezeichnet sowohl das Recht, das die Beziehungen zwischen den Göttern und Menschen regelt, als auch das Recht göttlichen Ursprungs. Während man in der frühen Z. auch das unter den Menschen geltende Recht als auf göttlicher Rechtsweisung basierend betrachtet, gibt es für die Aufklärung der späten Republik auch i. rein menschlichen Ursprungs. Der terminolog. Gegensatz zwischen i. d. und *i. humanum* wird in verschiedenem Sinne gebraucht: er bezieht sich sowohl auf die Unterscheidung zwischen Gegenständen göttlichen *(res divini iuris)* und menschlichen Rechts, als auf den Ursprung des Rechts. Im letzteren Sinn ist i. d. und *i. humanum* Cicero bereits geläufig (part. 37); im ersteren begegnet das Begriffspaar erst am Beginn der Prinzipatszeit (z. B. Liv. 1,18,1).

Die Gleichsetzung von i.d. und → *fas* im Sinne einer göttlichen Rechtsordnung oder eines Sakralrechts findet sich erst in späten Quellen (Serv. Verg. georg. 1,269); *fas* bedeutete urspr. die religiöse Erlaubtheit eines konkreten Verhaltens.

*Orestano*, Bull. dell'Istit. di diritto rom. 46, 1939, 195ff. *Kaser* Altröm. Ius, 1949, 41. *Ders.* Das röm. Privatrecht 1, 1955, 23. *Latte*, ZRG 67, 1950, 47ff.

**3.** I. gentium wird in Gai. Inst. 1,1 (der einzigen überlieferten Definition) umschrieben: *quod vero naturalis ratio inter omnes homines constituit, id apud omnes populos peraeque custoditur vocaturque ius gentium* und ebd. dem *i. civile*, dem jeweiligen nationalen i. einer *civitas* gegenübergestellt. Es ist also das bei allen Völkern geltende Recht, das seinen Geltungsgrund in der *naturalis ratio* hat, insofern also dem *i. naturale* gleichkommt. I. g. bedeutet nach seinem Gebrauch in den Quellen ferner das Recht, das h. mit »Völkerrecht« bezeichnet wird und schließlich diejenigen Normen und Einrichtungen des röm. Rechts, die seit 242 v. Chr. der *praetor peregrinus* für die Beziehungen zwischen Fremden und zwischen Römern anwandte. Dieses für den Handelsverkehr mit Fremden entwickelte Recht, das nicht an die Formstrenge der Legisaktionen und der Haftungsgeschäfte des *i. civile* gebunden war, spielte bei der Entstehung des Formularprozesses und der formlos abgeschlossenen Schuldverträge eine entscheidende Rolle.

*Weiss*, RE X 1218. *Lauria*, Festschr. Koschaker 1, 1939, 258ff. *G.Lombardi* Sul concetto di »ius gentium«, 1947. *Kaser* Das röm. Privatrecht 1, 1955, 179ff.

**4.** I. honorum ist das passive Wahlrecht zu den röm. Magistraturen, das theoret. jedem röm. Bürger zustand, in der Praxis jedoch regelmäßig nur für die Nobilität Bedeutung hatte. Es war an bestimmte Voraussetzungen gebunden, die der wahlleitende Beamte überprüfte. Der Bewerber mußte freigeborener und unbescholtener röm. Vollbürger sein. Ein Patrizier konnte nicht die beiden plebeischen Ämter bekleiden, den Plebeiern standen nach dem Ausgleich der Stände (367 v. Chr. mit den Licin.-Sext. Gesetzen Zugang zum Konsulat) alle magistrat. Ämter offen. Im J. 180 v. Chr. legte die *lex Villia annalis* die Reihenfolge der Ämterlaufbahn fest: Quaestur – auf sie folgte gewöhnlich Tribunat oder Aedilität –, Praetur, Konsulat; Zensor und Dictator konnten nur ehemalige Konsuln werden; vermutlich schrieb dieses Gesetz für jedes Amt ein Mindestalter (seit Sulla für die Quaestur 30, Praetur 40 und Konsulat 43 J.) sowie ein 2jähriges Intervallum vor. 10jähriger Heeresdienst war (vermutlich bis auf Sulla) Voraussetzung für die Ämterbewerbung. Unter dem Principat verändert das i.h. mit dem wachsenden Einfluß des Princeps *(commendatio)* auf die vom Senat vorgenommene Wahl der Magistrate seinen Inhalt und wird mit deren Ernennung durch den Kaiser bedeutungslos.



*Weiss*, RE X 1231ff. *Dulckeit-Schwarz* Röm. Rechtsgesch. 1966[4], § 15 I 5.

**5.** I. iurandum ist der Eid, d.h. die bei Iuppiter, auch *per omnes deos*, in der Kaiserzeit beim *genius* des Kaisers beschworene Versicherung eines Versprechens (Cic. off. 3,29) oder einer Behauptung. I. war der Eid, der im Staats- und Völkerrecht (*foedus*, Cic. off. 3,31), im Verwaltungsrecht (bei Erklärungen vor dem Zensor), im Prozeß und Privatrecht geschworen wurde. Der Soldateneid hieß dagegen *sacramentum*. Im Staatsrecht ist der Eid *in leges*, den die Magistrate 5 Tage nach dem Amtsantritt schwören mußten (nach Beendigung des Amtes schworen sie, *nihil contra leges fecisse*), und derjenige, den die Senatoren auf jedes neue Gesetz leisteten, hervorzuheben. Im Zivilprozeß konnte durch einen Parteieid die Frage der Begründetheit eines Klagebegehrens außer Streit gestellt werden. Hatte der Beklagte aufgrund *delatio* (Zuschiebung) seitens des Gegners freiwillig einen Eid geleistet *(i. volontarium)*, daß der streitige Anspruch nicht bestehe, oder war ihm der Eid vom Kläger erlassen worden *(remissio)*, so denegierte der Praetor die *actio;* beschwor der Kläger nach *delatio* die Begründetheit, so gewährte der Praetor eine *actio ex iureiurando*. Bei der *actio certae creditae pecuniae* und in wenigen anderen Fällen legte der Praetor dem Beklagten nach Zuschiebung durch den Kläger einen Eid auf *(i. necessarium)* mit dem Inhalt, daß die Klagforderung nicht bestehe. Leistete ihn der Beklagte, so kam es in der Regel zur *denegatio actionis*. Verweigerte er den Eid oder schob er ihn nicht an den Kläger zurück, so ließ der Praetor die *missio in bona* zu. Das *i. in litem* bedeutete eine eidliche Schätzung des Wertes des Streitgegenstandes, die der Kläger bei den *actiones arbitrariae* vornehmen durfte, wenn der Beklagte einem *iussum de restituendo* des *iudex* nicht nachkam. Das *i. calumniae* (Gai. Inst. 4,172. 176) war ein Eid, mit dem der Kläger versicherte, *non calumniae causa agere*, der Beklagte *non calumniae causa infitias ire*.

*Steinwenter*, RE X 1253. *Amirante* Il Giuramento, 1954. *Kaser* Das röm. Zivilprozeßrecht, 1966.

**6.** I. Italicum ist der erst in den Quellen aus der Kaiserzeit begegnende Ausdruck für eine privilegierte Rechtsstellung einer in der Provinz liegenden röm. Stadtgemeinde. Eine Verleihung an bestimmte Personen gab es höchstwahrscheinlich nicht. Während der Provinzialboden allg. als im unveräußerlichen Eigentum des röm. Staates stehend betrachtet wurde, waren die Grundstücke der Kolonien und Municipien mit i. I. des *dominium ex iure Quiritium* fähig, veräußerlich und steuerfrei. Ob diese Gemeinden aufgrund des i. I. nicht unter die Herrschaft des Statthalters fielen, ist fraglich, wie überhaupt der genaue Inhalt dieses Rechts nicht mehr erkennbar ist. Während das i. I. vor dem Zeitalter der Severer regelmäßig nur Gemeinden röm. Bürger oder wenigstens weitgehend romanisierter Peregrinen verliehen wurde, wird es seit diesen Kaisern als polit. Privileg den verschiedensten Gemeinden gewährt.

*De Martino* Storia della Costituzione Rom. 4,2 (1965), 676ff. *Triantaphyllopoulos*, IURA 14, 1963, 109ff. *Premerstein*, RE X 1238ff. *Luzzatto*, Revue internat. des droits de l'antiquité (Mél. De Visscher), 4, 1950, 79ff. *Vittinghoff* Röm. Kolonisation und Bürgerrechtspolitik, 1952.

**7.** I. Latii wird in den Quellen als t.t. für das rechtliche Verhältnis der nach dem J. 89 v. Chr. prädizierten latin. Kolonien zu Rom gebraucht. Ein latin. Recht gab es jedoch schon z.Z. des auch Rom einschließenden latin. Städtebundes, da in diesem eine gewisse Rechtsgemeinschaft zwischen den auf der Grundlage der Gleichberechtigung zusammengeschlossenen latin. Gemeinden bestand. Mit der Auflösung des latin. Bundes im J. 338 v. Chr. hörte auch die latin. Rechtsgemeinschaft auf, in ihrem alten Umfang weiterzubestehen: Rom entzog denjenigen latin. Gemeinden, denen es die Selbständigkeit beließ, das gegenseitige *commercium* und *conubium* (Liv. 8,14,10); das (gegenseitige) *i. exilii* verblieb diesen Gemeinden jedoch. Von diesem Zeitpunkt an bedeutet »latin. Recht« nur noch das rechtliche Verhältnis, in dem die wenigen selbständig gebliebenen latin. Gemeinden (vor allem Tibur und Praeneste sowie die Kolonien des latin. Bundes) zu Rom standen. Sie waren zwar von Rom abhängig, hatten mit diesem aber *commercium* und *conubium;* ihre Bürger hatten das *i. migrandi*, d.h. das Recht, durch Übersiedlung nach Rom und Eintragung in die röm. Bürgerliste das röm. Bürgerrecht zu erwerben und schließlich – bei nur zeitweiligem Aufenthalt in Rom – das *i. suffragii* in der röm. Volksversammlung. Der Inhalt dieses Rechts, das Rom auch nach dem J. 338 in Italien gegründeten Kolonien verlieh, war nicht für jede Stadt dasselbe und veränderte sich auch im Laufe der Zeit. So wurde das *i. migrandi*, als in den Kolonien infolge der Abwanderung nach Rom eine Entvölkerung drohte, dadurch eingeschränkt, daß nur derjenige Latiner durch Übersiedlung nach Rom das röm. Bürgerrecht erwerben konnte, der einen erwachsenen Sohn in seiner Heimatgemeinde zurückließ (Liv. 41,8,9). Schon im 2. Jh. v. Chr. begann das *i. civitatis per honorem adipiscendae* das *i. migrandi* zu ersetzen. Danach erwarben die Latiner, die in ihrer Heimatstadt ein Jahresamt bekleidet hatten, das röm. Bürgerrecht. Das *conubium* wurde nicht allen latin. Kolonien gewährt. Im J. 89 v. Chr. wurde den Gemeinden der Transpadana das i. L. verliehen (Ascon. in Pis. 3 C). Dadurch wurde es von seiner nationalen Grundlage und dem bisher notwendigen Zusammenhang mit einem Siedlungsakt gelöst. Hadrian führte das »große latin. Recht« *(Latium maius)* ein, das bes. ausgezeichneten Städten gegeben wurde; nach ihm erhielten nicht nur die lokalen Magistrate, sondern auch die Decurionen das röm. Bürgerrecht *per honorem*.



*E. Meyer* Röm. Staat und Staatsgedanke, 1964[3], 225ff. *Steinwenter*, RE X 1260ff. *Sherwin-White* The Roman Citizenship, 1939, 30ff. 103ff. *Vittinghoff* Röm. Kolonisation und Bürgerrechtspolitik, 1952.

**8.** I. liberorum ist die Bezeichnung für eine privilegierte Rechtsstellung von Familienvätern und Müttern auf dem Gebiet des privaten und öffentlichen Rechts. Die *lex (leges) Iulia* und *Papia (Poppaea)* nahm diejenigen freigeborenen Personen, die in früherer Ehe mindestens 3 Kinder, und Freigelassene, die 4 Kinder erzeugt hatten, von der Ehepflicht aus. Sie galten damit nicht als *caelibes* und nicht als *orbi*, d.h. sie wurden nicht von der durch diese Gesetze für den Fall der Ehe- und Kinderlosigkeit bestimmten Sanktion der Unfähigkeit zur testamentar. Erbfolge betroffen. Frauen mit i. l. waren zudem von der Geschlechtsvormundschaft befreit; auch war das i. l. nach dem SC Tertullianum Voraussetzung für die gesetzliche Erbfolge der Mutter nach ihren Kindern. Im Bereich des öffentlichen Rechts gab das i. l. dem Manne Vorteile im *cursus honorum* und als Exkusationsgrund von der Pflicht der Übernahme von *munera personalia.*

*Kaser* Das röm. Privatrecht 1, 1955, 273.

**9.** I. Papirianum ist nach der Überlieferung (vgl. Pompon. Dig. 1,2,2,2.36. Dionys. Hal. 3,36,4) eine Slg. von sog. *leges regiae*, die ein gewisser pontifex maximus (so Dion.) Papirius im Ausgang der Königszeit oder zu Beginn der Republik zusammengestellt und veröffentlicht habe. Diese Nachricht verdient wenig Glauben, vor allem, weil Cicero (fam. 9,21) sie beim Versuch, die patriz. Abstammung seines Freundes Papirius Paetus nachzuweisen, nicht erwähnt. Da bis zur lex Ogulnia nur Patrizier Mitglieder des Pontifikalkollegiums sein konnten, hätte Cic. es nicht versäumt, den pontifex max. Papirius als Vorfahren des Papirius Paetus anzuführen. Ebenso wie die Gesch. des pont. max. Papirius ist der Name *leges regiae* eine Legende. Die sakral- und zivilrechtlichen Normen, die die Römer als *leges regiae* bezeichneten, waren Aufzeichnungen des Pontifikalkollegiums, die bis auf die Zeit vor den Zwölftafeln zurückgingen. Diese wurden vermutlich im 2. Jh. v. Chr. veröffentlicht und von Granius Flaccus kommentiert (Paul. Dig. 50,16,144: *Granius Flaccus in libro de iure Papiriano scribit . . .*).

*Steinwenter*, RE X 1285. *S. Di Paola*, St. Solazzi, 1948, 631ff. *Guarino* L'ordinamento giurid. rom., 1959[3], 84ff. *Kunkel* Röm. Rechtsgesch., 1964[4], 33,20.

**10.** I. primae relationis ist das Recht, als Erster mit dem Senat zu verhandeln. Es ist nach einer von PELHAM aus Cass. Dio 53,32,5 abgeleiteten Meinung Augustus im J. 23 v. Chr. verliehen worden, nachdem er auf das Konsulat verzichtet und damit das Recht verloren hatte, im Senat das *i. referendi* als erster auszuüben. Dio berichtet zwar nur von einem *i. (unius) relationis.* Wenn Augustus jedoch ein *i. referendi* gesondert verliehen wurde, obwohl ihm dies schon aufgrund seiner *tribunicia potestas* zustand, wird das bedeuten, daß er das *i. referendi* wie zuvor als Konsul vor den höheren Magistraten ausüben konnte.

*Pelham* Essays in Rom. History, 1911, 74ff. *Sattler* Augustus und der Senat, 1960, 69. *Bleicken* Senatsgericht und Kaisergericht, 1962, 61,1.

**11.** I. pontificium ist in der Sache ident. mit *i. divinum* und eng verwandt mit *i. sacrum*. Die Bezeichnung hebt auf die *pontifices* als Kenner, Hüter und Schöpfer des Sakralrechts ab, die die Aufsicht über den gesamten privaten und öffentlichen Kult ausüben, die Kultsatzungen weiterbilden sowie Gutachten über den Rechtsverkehr mit den Göttern in öffentlichen und privaten Angelegenheiten erstatten.

*Berger*, RE X 1286.

**12.** I. publicum kommt in keiner jurist. Quelle vor der Severerzeit vor. Bei den Juristen der spätklass. Periode (Ulp. Dig. 1,1,1,2) bedeutet es in 1. Linie das Recht, das die staatlichen Angelegenheiten regelt. Nach einer zweiten, älteren, vor der Severerzeit bei literar. Schriftstellern zu findenden Bedeutung bezeichnet i. p. das private Beziehungen regelnde Recht staatlichen Ursprungs, das seine Geltungsgrundlage in der staatlichen Setzung hat. Eine scharfe systemat. Trennung von *i. privatum* und i.p. und damit auch eine feste begriffliche Bestimmung der beiden Rechtsgebiete war der röm. Jurisprudenz nicht geläufig.

*Kaser* Stud. et Doc. Hist. et Iur., 17, 1951, 267ff. *Ders.* Das röm. Privatrecht 1, 1955, 174f.

**13.** I. Quiritium steht in den Formeln der *vindicatio*, *mancipatio* und *in iure cessio* im Zusammenhang mit der Behauptung *meum (liberum) esse ex iure Quiritium*. In anderen Quellen bezeichnet es das röm. Bürgerrecht im Gegensatz zum latin. (Gai. Inst. 1,32c–35). Die Meinungen darüber, ob i. Qu. schon urspr. als Rechtsordnung der Quiriten oder nur erst als rechtlich geschützte Machtposition des Quiris über Personen und Sachen verstanden worden sei, sind geteilt. Es ist weiter fraglich, ob das i. Qu., gleich ob man es für die Anfänge als Rechtsordnung oder als Machtposition auffaßt, das Recht der Quiriten im Unterschied zu dem Recht der Latiner oder dem der einzelnen *gentes* bezeichnet. Bereits im 4. Jh. v. Chr. dürfte der Ausdruck i. Qu. von dem Begriff *ius civile (Romanorum)* verdrängt worden sein, ohne allerdings jemals ganz außer Gebrauch zu kommen.

*Weiss*, RE X 1290. *Guarino*, IURA 1, 1950, 265ff. *Bozza*, St. Senesi, 64, 1951, 1ff. *H.J. Wolff*, St. in memoriam di P. Koschaker, 2, 1954, 410,2. *De Visscher* Étud. de droit rom. public et privé, 3. sér., 1966, 223ff.

**14.** I. sacrum ist das Recht, das im Verhältnis der Menschen zu den Göttern gilt und das sowohl Beziehungen zwischen Menschen und Göttern als auch zwischenmenschliche Beziehungen umfaßt. In einem engeren Sinne ist i.s. der Inbegriff derjenigen religiösen Normen und Einrichtungen, die einen spezifisch jurist. Charakter tragen. Die Römer faßten die Götter als Rechtssubjekte auf. So wurden sie nach damaliger Vorstellung aus bestimmten Formalakten berechtigt und gleichsam verpflichtet *(votum, evocatio, auspicium)* und erlangten Herrschaft über Personen, die sich ihnen durch *devotio* geweiht hatten oder die ihnen auf Grund eines Sakraldelikts als *sacer* verfallen waren, sowie über Sachen, die ihnen durch *dedicatio* und *consecratio* übereignet wurden. Zu diesem Bereich gehört auch das gesamte Sakralstrafrecht *(leges regiae)*. In einem weiteren Sinne gehören zu dem nach Inhalt und Umfang kaum abzugrenzenden i.s. die Gesamtheit der Kult- und Opferriten, das Recht der Tempel und Gräber, das *i. pontificium, augurum, fetiale, flaminium*, sowie die Institution der *feriae*. Der Einfluß des i.s. auf das *i. civile* war in den Anfängen der röm. Rechtsentwicklung beträchtlich und wirkte bis in die klass. Z. hinein fort.

*Berger*, RE X 1292. *Kaser* Das altröm. Ius, 1949, 78ff. 306ff. *P. Voci*, Stud. et Doc. Hist. et Iur. 19, 1953, 38ff.

**15.** I. scriptum – i. non scriptum. Die Unterscheidung zwischen geschriebenem und ungeschriebenem Recht stammt aus der griech. Philosophie und begann in der röm. Jurisprudenz erst mit dem Aufkommen der Vorstellung vom Gewohnheitsrecht, die um die Wende des 3. Jh. n. Chr. zu beobachten ist, sinnvoll zu werden. Dieses Gewohnheitsrecht wurde i. non scriptum genannt. In der klass. Jurisprudenz war i. scr. und i. n. scr. von den Griechen entlehnte Gelehrsamkeit ohne prakt. Bedeutung. Das Juristenrecht, das die Klassik noch nicht zum i. scr. rechnet (Pompon. Dig. 1,2,2,5) wird spätestens mit der Aufnahme in die justinian. Kodifikation zum i. scr.

*Schmiedel* Consuetudo im klass. und nachklass. röm. Recht, 1966. *Steinwenter*, St. Bonfante 2, 1930, 419ff. *Kaser*, ZRG 59, 1939, 52ff. *Wieacker* Recht und Gesellschaft in der Spätant., 1964, 61.

**16.** I. strictum ist ebenso wie das gegensätzliche *i. aequum* als term. der klass. Jurisprudenz noch fremd. Als sich im nachklass.-byzantin. Recht der Gedanke der *aequitas* immer mehr durchsetzte und ihm ein Vorrang gegenüber dem von festen Regeln beherrschten Recht eingeräumt wurde, begann man das Recht ganz allg. i. str. zu nennen. Die Bezeichnung *actiones stricti iuris* für die strengen Klagen wurde erst von Justinian zur Unterscheidung von den *iudicia bonae fidei* eingeführt.

D. V. S.

*Pringsheim* Ges. Abh. 1, 1961, 131ff. *Kaser* Das röm. Privatrecht 2, 1959, 39. 243.

**Iussum,** bedeutet die Ermächtigung oder das Geheiß zur Vornahme einer Handlung. So sprechen die Römer von i. bei Gesetzen oder behördlichen Anordnungen und bei Weisungen des *pater familias* an seine Sklaven oder Hauskinder. Insbesondere bezeichnet i. die einem Dritten gegebene Erklärung, daß man ihm gegenüber fremdes

Handeln gegen sich gelten lassen wolle. Im Rahmen eines solchen i., dem die nachträgliche *ratihabitio* gleichsteht, haftet der *pater fam.* aus Geschäften seiner Gewaltunterworfenen mit der *actio quod iussu.* Der Gewaltunterworfene wird hier also zum Organ des Ermächtigenden. Mit dieser Konstruktion haben die Römer die ihnen fehlende Stellvertretung weitgehend ersetzt. D. M.

**Iustina.** Kaiserin, Tochter des unter → Constantius II. hingerichteten consularis Iustus, sehr jung verheiratet mit dem Usurpator → Magnentius, seit 370 dann mit Kaiser → Valentinian I. Kinder: → Valentinianus II., Iusta, Grata, → Galla. Nach dem Tode → Gratians 383 beeinflußte I., die aus Rücksicht auf den als Helfer benötigten → Ambrosius ihren Arianismus nicht immer offen zeigen konnte, ihren Sohn entscheidend (Zos. 4, 44. Philostorg. 10,7. Ambros. epist. 53. Paulin. vita Ambros. 11 ff.). Wohl erst 387, als sie mit ihren Kindern nach Thessalonike fliehen mußte, bekehrte sie sich zum Nicaenum. Nach Zos. 4,43 bewog sie Kaiser → Theodosius, der noch 387 Galla heiratete, zur Kriegserklärung an Maximus. I. starb wahrscheinlich 388 (Rufin. 11. 17. Soz. 7,14). A. L.

*J. R. Palanque* St. Ambroise, 1933. *Stein* I.

**Iustinianus. 1.** Flavius Petrus Sabbatius (R. DELBRUECK Consulardiptychen 1929 Nr. 26/28), röm. Kaiser 527–565, * 482 als Bauernsohn in Tauresium bei Bederiana (nicht entschieden, ob dies bei Naissus oder Scupi zu suchen), † am 11. Nov. 565 in Constantinopel. Sein Onkel → Iustinus (1) holte ihn bald in die Hauptstadt und sorgte vermutlich für eine umfassende Bildung. Iustinus zog den hervorragend begabten I. von 518 an als maßgeblichen Berater heran, ermöglichte ihm im J. 525 die Heirat mit der ehemal. Schauspielerin → Theodora († 548) und erhob ihn am 1. April 527 zum Mitaugustus. I. wollte die nunmehr chr. geprägte Idee von der weltumspannenden Einheit des Imperium Romanum nochmals verwirklichen. Bei der seit 533 unter Einsatz starker Kräfte betriebenen Rückgewinnung von w. Provinzen kam er freilich in Konflikt mit der Notwendigkeit die O.-Grenzen gegen das Perserreich (seit 531 unter → Chosroes 3) und die Balkanländer u. a. gegen Slaven, Avaren und Kotriguren (z. B. Vorstoß Zabergans bis vor die Tore Constantinopels 559) zu verteidigen. Nachdem es 532 gelungen war, den Perserkrieg (seit 526) zu beenden, besiegte → Belisar 533/34 den Wandalen → Gelimer und gewann so N.-Afrika für Rom zurück. Von 535 an bekämpfte Belisar die O.-Goten in Italien. 540 zwangen Barbareneinfälle an der unteren Donau und der Bruch des Friedens durch Chosroes zur Einstellung der Operationen. Erst nach 2 weiteren, teils verlustreichen, Feldzügen unter Belisar (544/49) und → Narses (551/53) konnten die Goten besiegt und ganz Italien besetzt werden (schon 568 weitgehend an die → Langobarden verloren). Thronstreitigkeiten im W.-Gotenreich nutzte I. aus und ließ Teile des s.ö. Spanien besetzen. Wurden die ersten J. des mit Unterbrechungen bis 561 andauernden Perserkrieges auch in Syrien (540 Eroberung → Antiocheias 1) und Mesopotamien gekämpft, lag der Schwerpunkt seit 545 im w. Kaukasusgebiet (Iberien und Lazika). Als der römischerseits u. a. von Belisar → Dagisthaios, → Iustinus (3) und → Martinus geführte Krieg endete, blieb Lazika röm. Einflußgebiet, erhöhten sich aber andererseits die Tributzahlungen an die Perser.

Der die absolutistische Kaisergewalt bes. betonende I., der keinen der großen Kriege selbst geführt hat und fast immer im hauptstädt. Palast weilte (zum Zeremoniell vgl. Constantinus Porphyr. de caerim.), entfaltete unter entscheidender Mitwirkung seiner Gemahlin eine rege, um Neuordnung des Reiches bemühte innen- und kirchenpolit. Aktivität. Bereits 528 ließ I. unter Leitung des Tribonianus die Arbeit an dem für die europäische Rechtsgesch. so bedeutsam gewordenen Gesetzgebungswerk, dem sog. → Corpus Iuris Civilis (→ Codex Iust.; → Digesta; → Institutiones; dazu kamen später die Novellae), beginnen. Seinem Willen entsprach es, daß man auf klass. Formen zurückgriff und die Gesetzestexte von rhetor. Beiwerk weitgehend freihielt. – Bei den Bemühungen um Straffung der Verwaltung strebte man vor allem danach, die E. 3. Jh. eingeführte Trennung zwischen militär. und ziviler Gewalt rückgängig zu machen. Vergeblich suchte man (bes. der um die Verwaltung verdiente praefectus praetorio Iohannes der Kappadoker) die staatsgefährdende Allmacht der Großgrundbesitzer einzuschränken. Kaum zu bewältigen war die Finanzmisere, welche außer durch Kriege und Tributleistungen vor allem durch die rege, im wesentlichen in den Aedificia Prokops beschriebene, Bautätigkeit hervorgerufen war. Neben der Hagia Sophia in Constantinopel seien der Wiederaufbau zerstörter Städte und Befestigungsanlagen (nicht nur an den Grenzen) hervorgehoben; Prokop erwähnt nicht die Bauten in Italien, bes. in Ravenna.

I. widmete den Kirchen bes. Fürsorge, weil er glaubte, durch sie sein Reich behaupten und dank der Gnade Gottes das öffentliche Leben fördern zu können (vgl. Cod. Iust. 1,3,1/42 pr.). Wie kaum ein anderer fühlte sich I. als von Gott eingesetzter Kaiser und zugleich als Herr der Kirche. Zahlreiche Kirchengesetze und Briefe an Päpste und Bischöfe zeigen, wie I., der sogar selbst theolog. Schriften verfaßte (ED. SCHWARTZ Drei Dogm. Schriften Iust., ABAW 1939), in alle Bereiche des kirchlichen Lebens einzugreifen suchte. Religionspolit. Hauptproblem war der Ausgleich zwischen Orthodoxen und Monophysiten. Einerseits förderte die Bekämpfung der Monophysiten (welchen Theodora nahestand) separatist. Bestrebungen in Äg. und Syrien, andererseits riefen Annäherungsversuche Widerstand bei den Orthodoxen bes. im

W. hervor. Keine Einigung, sondern nur neuen Streit (Dreikapitelstreit) gab es, als I. 543 Schriften des Theodoros von Mopsuhestia, Theodoretos von Kyros und Ibas von Edessa verurteilte und dies auf dem 553 nach Constantinopel einberufenen Konzil bestätigen ließ (Quellen zum 5. ökumen. Konzil: Acta Conc. Oecum. IV. ed. SCHWARTZ-STRAUB). Erst nachträglich stimmte Papst → Vigilius zu. Ferner ließ I. Lehren des → Origenes verurteilen. Reste des Heidentums bekämpfte er rigoros (Schließung der Philosophenschulen in Athen 529).

Neben dem polit. Machtzuwachs erlebte das Imperium Romanum unter I. eine Zeit der Blüte chr., aber doch auch antik geprägter Lit. und Kunst. Soziale Mißstände, finanzielle Belastungen und die kirchlichen Streitigkeiten waren Hauptursachen innerer Unruhen. Bei der gefährlichsten, brutal niedergeschlagenen Revolte, dem von den Zirkusparteien getragenen sog. Nika (Schlachtruf der Aufständischen) – Aufstand in Constantinopel vom Januar 532 (→ Hypathius) ging es freilich mehr darum, die Position der polit. Organisationen des Volkes gegenüber der kaiserlichen Autokratie zu verbessern. Ungeachtet mancher Fehler gehört I. zu den bedeutendsten und universalhistor. betrachtet weitestwirkenden röm. Kaisern.

Hauptquellen: Neben den Gesetzen → Prokopios von Caesarea (mit viel offener und versteckter Kritik), → Agathias (Historien), Euagrios (hist. eccl. ed. BIDEZ-PARMENTIER, 1898, B. IV; orthodox, gegen I.), → Lydos (de mag.; Lob der Außenpolitik, Kritik an Verwaltung), → Malalas (B. XVIII), → Theophanes (I 174/241 de Boor), → Zonaras (B. XIV; gegen I.). Idealbild bei → Agapetos (1) und → Paulus Silentiarios (zur Hagia Sophia = MIGNE PG 86. RUBIN 171 f.).

*Bury* Hist. II. *A.H.M. Jones* The Later Roman Emp. 1964. *J. Karayannopulos* Das Finanzwesen des frühbyz. Staates, 1958. *G. Ostrogorsky* Gesch. des byz. Staates (HdA)[3], 1963. *Rubin* Just. *W. Schubart* I. und Theodora, 1943. *Ed. Schwartz*, Ges. Schr. IV, 1960. *Stein* II. *W. Volbach* Frühchr. Kunst, 1958. – Mz.: *J. Sabatier* Descr., générale des monn. byzant., 1862 (Neudruck 1955). Brit. Mus. Coins Byz.

**2.** I., Sohn des → Germanus (1), * ca. 525, befehligte 552 mit seinem Bruder → Iustinus (3) in Illyrien (Prok. 7,39. 8,25). Als mag. mil. per Orientem et patricius errang I. 575 bei Melitene einen Sieg über Chosroes I. (3), wurde aber dann durch den späteren Kaiser Mauricius ersetzt (Ioh. v. Ephesos 6,4 ff. = Übers. v. SCHÖNFELDER p. 222 ff.; Menander Prot. frg. 41 und 46 f. = FHG IV 242 f. 249 f.). 578 u. 579 (580?) war I. an Verschwörungen gegen Kaiser Tiberius beteiligt (Greg. Tur. 5,30). A. L.

*E. Stein* Stud. z. Gesch. des byz. Reiches, 1919. *P. Goubert* Byzance avant l'Islam, 1951, 70 ff.

**Iustinus. 1.** I. röm. Kaiser 518–527, * um 450 in Bederiana (→ Iustinianus), † am 1. Aug. 527 in Constantinopel, I., Sohn eines Bauern, Illyrier



(kein Slave!), kam um 470 nach Constantinopel, wurde in die Garde aufgenommen, nahm z. Z. → Anastasios' I., unter dem er es bis zum *comes excubitorum* brachte, an den Kriegen gegen Isaurier, Perser und Vitalianus teil (Prok. anecd. 6. Ps. Zachar. Rhet. 138. Theophan. a. 6010. Ioh. Antioch. frg. 214. FHG V 31.34). Nachdem I. am 9. Juli 518 mit Manipulationen seine Wahl zum Kaiser durchgesetzt hatte, wurde er vom Patriarchen von Constantinopel gekrönt (Const. Porphyr. de caerem. 1,93). Inspiriert von seinem als gewichtigstem Berater fungierenden Neffen → Iustinianus (1), leitete der nur ausnahmsweise tolerante und gegen seine Widersacher sogleich scharf vorgehende I. noch im Juli 518 religionspolit. eine radikale Kursänderung ein, nahm Verbindung zu Papst Hormisdas auf, verpflichtete alle Bischöfe auf das Chalcedonense und ergriff – nicht ohne starken Widerstand zu finden – Maßnahmen insbesondere gegen die Monophysiten (Coll. Avellana Nr. 141 ff. = CSEL 35,586 ff. MANSI 8,1037 ff. Zach. Rhet. 155 ff. Michael Syr. 2,169 ff. Chabot). 525 empfing I. Papst Iohannes I. (Anon. Vales. 88 ff.). Die Kirchenpolitik des I. trug innenpolit. mit zu den bes. von der Zirkuspartei der Blauen ausgehenden Unruhen (vor allem ab 522) bei, führte außenpolit. zu Spannungen mit → Theoderich d. Gr., bewirkte andererseits die enge Bindung des → Hildericus an das Reich (ENSSLIN Theoderich d. Gr. 1947, 315 ff.). Im O., wo I. seine Diplomaten sehr aktiv werden ließ (einschließlich Arabien und → Axomis), schloß man u. a. Freundschaft mit den Lazen; mit Persien kam es nach lange hingeschleppten Verhandlungen 526 zum Konflikt (Prok. 1,11 f.). Die Gesetzgebungstätigkeit I.', unter dessen Regierung die Folgen schwerer Naturkatastrophen zu überwinden waren (Prok. 2,14. Malal. 417 ff.), war zwar nicht umfangreich, aber teilweise richtungsweisend für die Zukunft (vgl. VASILIEV 389 ff.). Einiges spricht dafür, daß in den Quellen, die I.' einstige Tüchtigkeit als Soldat anerkennen (Lyd. mag. 3,51. Malal. 410), seine Befähigung als Herrscher zu gering eingeschätzt wird.

*A. A. Vasiliev* Iustin I., 1950; ferner s. Iustinianus.

**2.** I. magister mil. per Illyricum, seit 538 mit wechselndem Erfolg im Kampf gegen die O.-Goten eingesetzt. Außer 538, 539 und 542 wird I., der u. a. 539 Fiesole eroberte und 542 Florenz verteidigte, auch 545 und 552 als Feldherr in Italien erwähnt (Prok. 6,13.19.21.27. 7,5 f. 13. 8,28). **3.** I. (vollständiger Name bei R. DELBRUECK Consulardiptychen 1929 Nr. 34), Sohn des → Germanus (1), noch als Knabe 540 Consul (Prok. 7,32,14). 550/52 nahm I. an Kämpfen gegen die Slaven und seit 552/53 am lazischen Krieg gegen die Perser teil (Prok. 7,40,34 ff. 8,25. Agath. 2,18 ff. 3,2.20 ff.). 565 galt I. als aussichtsreicher Thronerbe; 566 ließ ihn der erfolgreichere Rivale, Kaiser Iustinus II., umbringen (Euagr. h. e. 5,1–3. Theophan. a. 6063). A. L.

**4.** I. II., röm. Kaiser von 565–578, Neffe Iustinians (1), seit 552 Kuropalates (Chef der Hofhaltung), setzte sich, von Hofkreisen gestützt, bei der Kaiserwahl gegen Iustinus (3), den Sohn des Germanus, durch. Diplomat. Fehler des ehrgeizigen I. verschuldeten wohl 568 den zum weitgehenden Verlust der Halbinsel führenden Langobardeneinfall in Italien. Einstellung der Tributzahlungen an die Perser hatte (von 572 an) einen langwierigen Krieg zur Folge. Auch im Donauraum (bes. Avaren), Africa (Mauren) und Spanien (W.-Goten) war Krieg zu führen. – Wie Iustinian gelang auch I. nicht der Ausgleich mit den Monophysiten. Gering war der Erfolg beim Bemühen, die Staatsfinanzen zu sanieren. 574 drängte ihn seine einflußreiche Gemahlin Sophia (Gegnerin des → Narses; den Monophysiten zugeneigt), eine Nichte Theodoras, den jungen Tiberius zum Caesar und Mitregenten zu ernennen.

Hauptquellen: Coripp. (idealisierend; zum Zeremoniell). Euagr. hist. eccl. 5. Theophan. p. 241 ff. de Boor. A. L.

*P. Goubert* Byzance avant l'Islam I/II, 1951/55 (I. sehr negativ beurteilt). *G. Ostrogorsky* Gesch. des byz. Staates, 1963[3]. *E. Stein* Stud. zur Gesch. des byz. Reiches, 1919.

**5.** I., M. Iunianus. Epitomator der *Historiae Philippicae* des → Pompeius Trogus, dessen Bucheinteilung beibehalten ist. Der Auszug, der wohl weniger als ⅙ der Vorlage enthält, besteht nicht in einer gleichmäßig zusammenfassenden Paraphrase, sondern aus weitgehend unveränderten Exzerpten (wörtl. Zit. 38,4–7), die durch farblose Resümees verbunden sind; Zusätze (vgl. 41,5,8) sind kaum nachweisbar. Dabei verzichtet I. vornehmlich auf Faktisch-Konkretes (geogr. Exkurse, Chronolog.) und konzentriert sich (vgl. praef. 4) auf Anekdoten und exemplar. Begebenheiten (vgl. z.B. B. 33), eine Tendenz, die ihn der rhetor. Historiographie des 2. Jh. n. Chr. (→ Florus, → Granius Licinianus) zuordnet. Das Kompendium, das die Vorlage bald überschattete (vgl. die Testimonien von Hier. Aug. Oros. bei [6], 1 ff.) und mit dem E. der Ant. ganz verdrängte, erfreute sich im MA., wie über 200 erhaltene Hss. zeigen, als Schulbuch weiter Verbreitung. P. L. Sch.

Ta.: *M. Galdi* 1923. *O. Seel* 1935. Bibliogr.: *J. Penndorf*, BursJb 273, 1941, 104 ff. [8], 13 ff.
Überlieferung: *O. Seel*, SIFC 1934, 255 ff. 1935, 5 ff. *H. Hagendahl* Orosius und I. 1941. *A. Mancini*, Studi Funaioli 1955, 189 ff. *E. Pellegrin*, It. Med. Um. 1960, 241 ff. *D. J. A. Ross* Alexander Historiatus 1963, 76 f.
Lit.: 1. *L. Castiglioni* Studi intorno alle »Storie Filippiche« di Giustino 1925. 2. *A. Petersson* De epitoma I. quaest. crit. 1926. 3. *Schanz-Hos.* 2,325 ff. 4. *A. Klotz*, RE XXI 2300 ff. 5. *O. Seel* Die Praefatio des Pompeius Trogus 1955. 6. *Ders.* P. T. fragmenta 1956. 7. *L. Ferrero* Struttura e metodo dell'Epit. di Giust. 1957. 8. *G. Forni* Valore stor. e fonti di P. T. 1958.

**6.** I., Philosoph und Märtyrer, aus Flavia Neapolis in Palästina, um 165 in Rom hingerichtet, war der geistig bedeutendste der frühchr. Apologeten. Die chr. Lehre, zu der er vom Platonismus übergetreten war, sah er als die wahre Philos. an; für ihre Verbreitung setzte er sich als philos. Wanderlehrer ein und geriet so in Gegensatz zu den Kynikern. Von den 8 bei → Eusebius (7) genannten Schriften sind vollständig erhalten nur die beiden Apologien, deren zweite wahrscheinlich der abgetrennte Schlußteil der ersten ist, und der Dialog mit dem Juden Tryphon. In der an Antoninus Pius gerichteten Apologie [1] entwickelt I. in der Darlegung seines philos. begründeten Monotheismus seine Lehre vom *λόγος σπερματικός*, durch den bereits vorchr. Denker Teile der chr. Wahrheit erfaßt hätten. Darüber hinaus ist die Apologie als Quelle für das Gemeindeleben von großer Bedeutung. Im Dialogos [1], mit dem er den philos. Dialog für das Christentum weiterbilden wollte, verteidigt er das Christentum gegen den jüd. Vorwurf des Abfalls vom Monotheismus und erweist die Christenheit als das wahre Israel. Grundlage ist für I. die Offenbarung, die bereits im AT. ausgesprochen sei, insbesondere in den Propheten. In ihnen sieht er die Philos. überwunden, die nur Vorstufe für die chr. Lehre ist und nicht ausdrücklich in sie aufgenommen wird. B. R. V.

Ta.: 1. *E. J. Goodspeed*, 1914. 2. Vollständig mit Frg. *J. C. Th. v. Otto*, 1876–1881[3].
Lit.: *A. Harnack* Judentum und Judenchristentum in I.' Dialog mit Tryphon, 1913. *W. Schmid* Frühe Apologetik und Platonismus, Festschr. O. Regenbogen, 1952, 163–182. *C. Andresen*, ZNW 44, 1952–1953, 157–195. *R. Holte*, Stud. Theol. 12, 1958, 109–168. *J. H. Waszink* Bem. zu I.' Lehre vom Logos spermatikos, Mullus, Festschr. Th. Klauser, 1964, 380–390. *Altaner*[6] 96–101.

**Iustitium.** In der röm. Republik wurde i. vom Senat oder von einem Beamten mit *imperium* als Notstandsmaßnahme angeordnet (Liv. 3,27,2. 7, 28,3. 10,21,2). Es enthielt das Verbot, private Geschäfte zu betreiben, und das Gebot, sich zum Militärdienst bereit zu halten (Liv. 3,27,2. Cic. Phil. 5,12,31). Verfassungs-, Verwaltungs- und Rechtsprechungsorgane stellten ihre Tätigkeit ein (Cic. har. 26,55). In der Kaiserzeit wurde i. bei Todesfällen im Kaiserhaus erklärt (Tac. ann. 1,6,2. Amm. 19,1,10) und hatte lediglich die Wirkung einer Landestrauer: Unterbleiben behördlicher und richterlicher Tätigkeit, Schließung der Geschäfte. E. Bu.

*E. De Ruggiero*, Diz. epigr. 4, 1942, 314 f.

**Iustus. 1.** Cognomen des → Pescennius Niger.

**2.** I., von Tiberias, jüd. Historiker E. des 1. Jh. n. Chr. Er schrieb *περὶ Ἰουδαίων βασιλέων ἐν τοῖς στέμμασιν* von Mose bis Agrippa II. (→ Iulii II 111). Ein Teil davon oder ein selbständiges Werk war die Gesch. des jüd. Krieges, in der er u. a. die Darstellung seines Zeitgenossen → Iosephos kritisierte, woraufhin dieser sie in seiner Autobiographie (»Zitate« vit. 65) rechtfertigte.

Das Werk, das dem Photios (Bibl.cod. 33, MIGNE PG 103,65) noch vorgelegen zu haben scheint und von ihm als teils zu selektiv und teils unzuverlässig beurteilt wird, ist wohl nach dem Tode Agrippas II. entstanden, als I. keine polit. Rolle mehr zu spielen hatte. Deren Tendenz ist für uns genauso undurchsichtig wie die seines verlorenen Werkes. C. C.

*Schürer* 1,58–63. 3,496f. *Christ-Schmid* II/1, 1920$^6$, 601f. FGrH 3 C Nr. 734.

**3.** I., Neffe Iustinians (1), Bruder des Germanus, hatte 542/43 ein Kommando im Perserkrieg, † 544 (Prok. 2,20,20ff. 24. 15. 25,35. 28,1). A. L.

**Iuthungi.** Sueb. Stamm, der, den Quaden benachbart, n. der Donau siedelte. Zu Rom anfänglich in föderativem Verhältnis (Gestellung von Hilfstruppen), beteiligen sich die I. im J. 270 n. Chr. am Alamanneneinfall und dringen bis nach Italien vor. Von Aurelian an der Donau zurückgeschlagen, stoßen sie nochmals 271 n. Chr. vor und werden bei Pavia besiegt. Weitere Einbrüche der I. erfolgten 297 n. Chr., 358 n. Chr. und unter Valentinian II. Letztmalig werden die I. zum J. 430 n. Chr. erwähnt, als Aetius sie besiegte. In der Folgezeit scheinen die I. im Stamm der Alamannen aufgegangen zu sein, denen sie w. benachbart waren (Tab. Peut. *Iutugi*). H. C.

*Schönfeld*, RE X 1347. *L. Schmidt* Allg. Gesch. der german. Völker, 1909, 188ff.

**Iuturna.** I. Quellgottheit bei Lavinium, deren Name auf eine Quelle auf dem Forum in der Nähe des Vesta-Tempels (PLATNER-ASHBY 308. 311ff.) übertragen wurde (durch *evocatio*? FOWLER Rel. exper. of the Rom. people 284), den *lacus Iuturnae*. Daraus wurde Wasser für alle staatlichen Opfer geholt (Serv. Aen. 12,139). Das Wasser galt als heilkräftig (Varro l.l. 5,71). Bei Wassermangel wurde I. geopfert (Serv. a. O.). Ein Lutatius Catulus (cos. 242 oder der Cimbernsieger von 101?) baute einen Tempel auf dem Marsfeld, dessen *natalis*, die *Iuturnalia*, am 11. Januar (fasti Ant. vet. Ov. fast. 1,463) bes. von den mit Wasser arbeitenden Handwerkern gefeiert wurde (Serv. a. O.). (Heiligtum und Nymphaeum *in campo* nicht mit diesem Tempel ident.: DegrI 13,2, S. 501.)

II. Mythen: Tochter des Volturnus und Gattin des → Ianus, Mutter des Fontus (→ Fons): Arnob. 3,29. Schwester des Turnus und folglich Tochter des → Daunus: Verg. Aen. 12,134 u. ö. Liebe Iuppiters zu I. angedeutet bei Verg. Aen. 12,140, ausgemalt von Ov. fast. 2,585. Nach der Schlacht am See Regillus über die Latiner tränkten die Dioskuren ihre Pferde im *lacus Iuturnae* (Ov. fast. 1,706. Dion. Hal. 6,13).

III. Geschrieben *Diuturna* CIL VI 30951, bei Cic. Cluent. 101 urspr. in allen alten Hss., bei Flor. 1,28,15 in einer Hs. Da ältere Inschr. I. haben, halten diese Form für Volksetym. oder falschen Archaismus WALDE-HOF. und LATTE 77,3 (vgl. schon DEUBNER 383f.), während z. B. WISSOWA 222,9 und ALTHEIM (der den Zusammenhang mit den Dioskuren, deren Tempel in der Nähe stand, auch sprachlich herstellen will) ihn für den alten Namen halten. → Fons. W. E.

*Wissowa* Rel.$^2$ 222f. *Ders.* Myth. Lex. 2,762ff. *Deubner* NJb. 9, 1902, 370ff. *Altheim* Griech. Götter im alten Rom, RVV 22,1,4ff. *Kretschmer*, Glotta 30, 1943, 90f. *G. Radke* Die Götter Altitaliens, Münster 1965, 160ff.



**Iuvavum.** I., dessen Name mit *Iuaro* (Salzach) zusammenhängt, lag mit seinem Forum, wie zahlreiche Funde dartun, in der Altstadt von Salzburg am r. Salzachufer. Am l. dehnte sich ein Stadtteil beim Mirabellgarten aus. Der Landbezirk verlief im W. bis an den Inn, im S. bis zur Höhe der Radstätter Tauern und im NO. seit Hadrian bis zum Landbezirk von → Ovilava. Nach den Funden oberital. Sigillata zu schließen, setzte die röm. Besiedlung beider Salzachufer schon in der 1. Hälfte des 1. Jh. n. Chr. ein. Die Lage an einem Verkehrsknotenpunkt hatte bereits die urgesch. Besiedlung bedingt. I., das offenbar von größeren gesch. Ereignissen nicht betroffen wurde, gehörte zur Provinz Noricum, seit Diocletian zu Noricum Ripense. Es erfreute sich in der frühen und mittleren Kaiserzeit einer beachtlichen Wohlhabenheit, zu der die nachweisbare Marmorindustrie wesentlich beigetragen zu haben scheint. I., das unter Claudius *I. municipium* wurde, ist wohl erst in der Spätant. von der allg. Verarmung betroffen und der Nonnberg befestigt worden. Im 4. Jh. fand das Christentum Verbreitung und im 5. auch das Mönchswesen. A. N.

*O. Klose–M. Silber* Iuvavum, Wien 1929 (Öster. Arch. Inst.). *L. Franz–A. R. Neumann* Lexikon ur- und frühgesch. Fundstätten Österreichs, Wien 1965, 147f. Mitt. d. Ges. f. Salzburger Landeskde. 96, 1956, 199ff. Salzburger Museum Carolino Augusteum Jahresschrift 3, 1957, 32ff. 4, 1958, 41ff. 47ff. 5, 1959, 37ff. 6, 1960, 31ff. 39ff. 7, 1961, 19ff. 27ff. 8, 1962, 23ff. 53ff.

**Iuvenalia.** Von Nero im J. 59 eingesetzte Spiele zur Feier des Tages, an dem er zum erstenmal seinen Bart schor. Es waren szenische Spiele von griech. u. lat. Stücken, von Mimen, Solo- u. Chorgesängen. Nero trat selbst als Citharoede auf und zwang Vornehme, als Schauspieler zu agieren (Cass. Dio 61,19f. Tac. ann. 14,15. 15,33. 16,21. Suet. Nero 11). Bald wurden die I. als bes. Gattung angesehen und den *ludi circenses*, *scaenici* und *gladiatorii* gegenübergestellt (vgl. Suet. a. O.). Wir hören später von ihnen unter Domitian, der auch Tierhetzen veranstaltete (Cass. Dio 67,14,3) und Gordianus I., der sie in vielen ital. Städten feierte (H. A. Gord. 4,6). W. E.

**Iuvenalis.** D. Iunius. Der letzte Satirendichter Roms, Zeitgen. des Tacitus (aus s. 13,16f. 15,27f. erschließt [2] als Geburtsjahr 67 n. Chr.), aus dem campan. → Aquinum (vgl. s. 3,318ff. und DESS ILS 2926). Die Schweigsamkeit seiner Gedichte und die Unzuverlässigkeit der erst in der Spätant. kompilierten Vita (JAHN Nr. 1 = [1], Nr. 1a, vgl.

BRUGNOLI, Stud. Urb. 1963, 5ff.) machen eine Rekonstruktion der näheren Lebensumstände unmöglich. Glauben verdient die Angabe, daß I. bis in die Mannesjahre als Deklamator tätig war; sein Freund (7,24) Martial nennt ihn 7,91 (vom J. 91/92) *facundus*. Die Publikation der ersten Satirenb. fällt vielleicht erst in die letzten J. Traians (vgl. [2] und s. 6,407ff. 1,49f. ergibt nur einen t.p.), I.' Hauptschaffensperiode in die Regierungszeit Hadrians, an den s. 7 gerichtet ist. Suspekt sind die Nachrichten über eine Verbannung im hohen Alter (hypothet. MICHEL, REL 1963, 315ff.). † vielleicht erst z.Z. von Antoninus Pius.

Themen der 16 Satiren (die 16. verstümmelt) sind vornehmlich Sittenverderbnis (s. 2.6.9) und Heuchelei der zeitgenöss. stadtröm. (s. 3) Gesellschaft, speziell der Oberschicht (s. 8), die am Maßstab eines idealisierten Altrom gemessen wird. Dabei ist die Übertreibung des Protestes innerhalb des genus legitim, mag auch die Schärfe des Tons von I.' persönlicher Situation (vgl. s. 5.7 und Martial. 12, 18) bedingt sein. Ausdrucksmittel der *indignatio* (vgl. s. 1) ist nicht horaz. Ironie, sondern ein erst in den späten Sat. abgeschwächtes Pathos. I.' Stärke liegt in den präzis beobachteten Detailszenen. Traditionell ist die Freizügigkeit der Sprache; unaufdringlich wirken die vielfach verwandten rhet. Figuren, wobei sich eine Neigung zur zugespitzten Sentenz bemerkbar macht.

I.' Satiren wurden in den Jh. nach seinem Tode wenig gelesen (zum Problem der Interpol. vgl. [22]–[28]). Im Zusammenhang mit einem neuen Interesse am E. des 4. Jh. ([29], [30]) entsteht die für unsere Überlieferung maßgebende, kommentierte Ausgabe. Das Interesse des MA., als I. als *ethicus* Schulautor war, bezeugen mehrere hundert Hss. und Kommentare ([32]). Die Abwertung I.' seit der Romantik macht h. einer gerechteren Würdigung Platz. P. L. Sch.

Ta.: *O. Jahn* 1851 (mit schol. vet. und vitae). *Jahn-Bücheler-Leo* $^4$1910. *A.E. Housman* $^2$1931. *U. Knoche* 1950. *W.C. Clausen* 1959. Komm.: *J.E.B. Mayor* 1/2, $^3$1886/$^2$1878. *L. Friedlaender* 1895. Ind.: *Kelling/Suskin* 1951. Scholien: *P. Wessner* 1931. Bibliogr.: *Schanz-Hos.* 2,565ff. *E. Norden* Röm. Lit. $^6$1961, 189f. *R. Helm*, BursJb 282, 1943, 15ff. *M. Coffey*, Lustrum 8, 1963, 161ff. [4],339ff. [6],120ff.

Lit.: a) Vita: 1. *J. Dürr* Das Leben J.s 1888. 2. *R. Syme* Tacitus 2, 1958, 499f. 774ff. b) Gesamtdarstellungen, Interpretation, Quellen: 3. *E.V. Marmorale* Giovenale $^2$1950. 4. *G. Highet* J. the Satirist 1954. 5. *Ders.*, AJPh 1951, 369ff. 6. *Knoche* Röm. Satire $^2$1957, 88ff. 7. *A. Serafini* Studio sulla satira di Giov. 1957. 8. *E.J. Kenney*, Proc. Cambr. Phil. Soc. 1962, 29ff. 9. *Ders.*, Latomus 1963, 704ff. 10. *D. Wiesen*, ebd. 440ff. 11. *W.S. Anderson*, YClS 15, 33ff. 12. *Ders.*, CPh 1962 145ff. 13. *Ders.* Anger in J. and Seneca 1964. c) Stil: 14. *J. de Decker* J. declamans 1913. 15. *I.G. Scott* The grand style in the sat. of J. 1927. 16. *F. Gauger* Zeitschilderung und Topik bei J. 1936. 17. *Anderson*, AJPh 1960, 243ff. 18. *Ders.*, YClS 17, 3ff. d) Überlieferung, Wirkung: 19. *J.L. Perret* La transmission du texte de J. 1927. 20. *Knoche* Die Überlieferung J.s 1926. 21. *Ders.* Handschr. Grundlagen des J.-Textes 1940. 22. *F. Leo*, H 1909, 600ff. 23. *G. Pasquali* Storia della trad. $^2$1952, 179ff. 425ff. (aber vgl. XXIf.). 24. *G. Jachmann* Stud. zu J. 1943. 25. *F. Jacoby*, H 1959, 449ff. 26. *K. Büchner* in: Gesch. der Textüberl. 1, 1961, 414ff. 27. *E. Courtney*, Mnem 1962, 262ff. 28. *J.G. Griffith*, H 1963, 104ff. 29. *P. Wessner*, PhW 1929, 296ff. 328ff. 30. *A.D.E. Cameron*, H 1964, 363ff. 31. *F. Lammert*, BursJb 252, 1936, 153ff. 32. *E.M. Sanford*, Cat. translat. comm. 1, 1960, 175ff. [4],179ff.

**Iuvencus.** C. Vettius Aquilinus. Span. Priester vornehmer Herkunft, dessen Epos *Evangeliorum libri* zur Z. Konstantins entstanden ist (vgl. 4, 806ff. und Hier. chron. p. 232 H. z. J. 329 n. Chr.; vir. ill. 84; epist. 70,5). Nach einer praefatio wird die Lebensgeschichte Jesu in 4 B. zu je ca. 800 Hexametern geschildert. Zugrunde liegt Matthäus, für etwa ⅕ des Textes werden auch Lukas und Johannes, kaum Markus, herangezogen (vgl. [3], 18). Die poet. Umformung, deren Sprache vornehmlich an Vergil geschult ist (zur Metrik vgl. STRZELECKI Studia prosodiaca et metrica 1949, 14ff.) folgt im ganzen dem Bibeltext getreu. Inhalt und Form sicherten dem Werk binnen kurzem allg. Anerkennung und Nachfolge (vgl. HUEMER VIIIff., zu Prudentius VEGA, Ciud. de Dios 1945, 209ff.). Von seiner Bedeutung für die karoling. Renaissance (vgl. HUEMER XIVff.) zeugen bes. die zahlreichen Hss. des 9. Jh. ([3],19f.). P. L. Sch.

Ta.: *J. Huemer* CSEL 24, 1891. Komm. (ohne Text): *H.H. Kievits* 1940 (B. 1). *J. de Wit* 1947 (B. 2). Ind. verb.: [3],107ff. Bibliogr.: [3],7ff. *Altaner* 366f. *Clav. Patr. Lat.* $^2$1961, 312.

Lit.: 1. *Schanz-Hos.* 4,1,209ff. 2. *Kievits* 1ff. 3. *N. Hansson* Textkritisches zu I. 1950.

**Iuvenes.** Die röm. Jugend, die sich stets sportlich und militär. betätigte und deren Institutionen im 1. Jh. v. Chr. in Verfall gerieten, reorganisierte Augustus neu und rief Jugendbünde auch in Italien und in den Provinzen ins Leben. Die Hauptaufgabe der *collegia iuvenum* lag in der Erziehung der Mitglieder zum Wehrdienst, wenn auch diese Jugendbünde bis zum 3. Jh. n. Chr. keinen rein militär. Charakter hatten. Zu den Mitgliedern zählten anfangs nur Söhne der oberen Stände, die in 1. Linie für den Offiziersnachwuchs in Frage kamen. Septimius Severus faßte in ihnen die gesamte wehrfähige Jugend zusammen. Während sie nun bes. in den Grenzprovinzen des röm. Weltreiches Stadtmilizen wurden, verfielen sie in Italien. Ihre weitere Entwicklung ist unbekannt. A. N.

*Rostovčev* GuW 2,407 (Vereine, *collegia iuvenum*). RE Suppl. X 159ff.

**Iuventas(-us).** Sie hatte eine *aedicula* in der Vorhalle der Cella Minervas im kapitolin. Tempel (Dion. Hal. ant. 3,69. Plin. nat. 35,108): Sie habe wie Terminus von ihrem alten Platz nicht weichen wollen. Daran schloß man die Weissagung von der Stabilität (und zusammen mit dem Fund eines

Kopfes die der Größe) Roms (Dion. Hal. a.O. Liv. 5,54,7. Flor. 1,1,7. Aug. civ. 4,23.29). Die älteste Schicht der Erzählung scheint nur Terminus erwähnt zu haben, Aug. fügt noch Mars hinzu. Wer die *toga virilis* anlegte, zahlte in die Tempelkasse (Piso bei Dion. Hal. ant. 4,15,5. Vgl. → Iuno Lucina bei der Geburt, → Libitina beim Tod). Ob das bei dieser Gelegenheit gefeierte Opfer ihr oder → Liber oder → Iuppiter galt, ist unsicher. Das Feriale Cumanum (CIL X 8375. Degri XIII 44) bemerkt zum 18. Oktober: *Eo die Caesar* (Augustus) *togam virilem sumpsit. supplicatio Spei et Iuve[ntati]*. Wenn aber I. im J. 218 auf Anordnung der sibyllin. B. ein *lectisternium* und Hercules eine *supplicatio* bekommt (Liv. 21,62,9), so ist das Hebe, die Gattin Hercules'. Vielleicht galt der Tempel des Livius Salinator, gelobt in der Schlacht von Sena 207, geweiht 191, am Circus maximus (Liv. 36,36,5) noch der altröm. I. (s. Latte gegen Frühee). Wahrscheinlicher ist, daß kein Unterschied mehr ins Bewußtsein drang. Ähnliches dürfte für die Weihungen der Kaiserzeit gelten. Cic. Brut. 73 erwähnt Spiele. Der Tempel brannte 16 v. Chr. ab (Cass. Dio 54,19) und wurde von Augustus wiederhergestellt (Mon. Anc. 4,8). Der I. galten *anniversaria sacra* (Cic. Att. 1,18,3. Paul.-Fest. 104 M.), was Axtell, Deification of abstract ideas 27, auf den *dies natalis* des Tempels bezieht. In der Lit. ist I. im allg. Hebe. Mz.: Seit Marcus Aurelius; Frau in langem Gewand, in der l. Hand Schale, mit der r. streut sie Räucherwerk auf *turibulum*. Aufschrift von Mz. zuweilen *Iuventus Augusti*.

W. E.

*Wissowa* Rel.$^{2}$ 58. 135f. *Ders.* Myth. Lex. 2,764ff. *Deubner* Myth. Lex. 3,2156. *Samter* Familienfeste der Griech. und Röm. 24f. *Latte* RRel 256.

**Iuventius.** Röm. Gentilname, dessen Herkunft sprachlich ungeklärt ist, vgl. Schulze Eigennamen 281.482. Walde-Hof.$^{3}$ 1,735. RE XVI 1654. Die Namensträger stammten aus Tusculum (Cic. Planc. 19), traten seit um 200 v. Chr. hervor und erreichten 163 den Consulat; auf Municipaladel und röm. Nobilität ist man in der Gens auch später noch stolz (Cic. Planc. 12.15 u.ö. Catull. 24,1ff.). Familien: Thalnae (etr. Form: Schulze 94), Laterenses, Pedones. Kaiserzeitliche Namensträger dürften auf diese nicht zurückgegangen sein. Vgl. Münzer Adelsp. 48f.

I. Republikanische Zeit. **1.** I. Angeblich der 1. curul. Aedil aus der Plebs im J. 306 v. Chr., Cic. Planc. 58, wohl kaum hist., vgl. Broughton Mag. 1,166. **2.** L. (I). Laterensis (etwa der »Wächter«) wurde 48 im Zusammenhang mit einem Attentat auf Q. Cassius Longinus in Spanien von den Soldaten zum Praetor ausgerufen, dann aber von Cassius getötet, Bell. Alex. 53,4f. 54,1.55,2. **3.** M. I. Laterensis, der wichtigste Namensträger im 1. Jh. v. Chr. der mit Stolz auf seine Vorfahren blickte; Hauptquelle bis 54: Ciceros Rede für Plancius, den I. als erfolgreichen Mitbewerber um die curul. Aedilität wegen Ambitus angeklagt hatte. Er war Münzmeister um 72 (Broughton Mag. 2,443, doch s. Suppl., 1960, 33), Quaestor in der Cyrenaica um 62, trat 59 als Bewerber um den Volkstribunat aus Gegnerschaft gegen Caesar zurück, wurde 51 Praetor *(de repetundis)*. Dann lebte er wohl zurückgezogen (Cic. fam. 8,8,2f. erwähnt ihn im J. 45). 43 zog er als Legat des Lepidus gegen Antonius und wählte schließlich als überzeugter Republikaner den Freitod. R. Syme Rom. Revol., 1960, 179. **4.** M. I. Pedo, 74 v. Chr. Senator und Richter, Cic. Cluent. 107. **5.** (I.) Thalna, Münzmeister um 155–150, Nachweise bei Broughton Mag. 2,443. **6.** I. (Thalna?) vornehmer schöner Junge, den Catull. 24 besungen hat (um 54 v. Chr.). Gegen Münzer RE X 1370 denkt W. Kroll Catull$^{4}$, 1960, 45 an einen Jüngling aus Verona. **7.** C. (I.) Thalna, Münzmeister ca. 145–138 v. Chr., Broughton Mag. 2,443. **8.** M'. I. Thalna, Sohn des T. Nr. 10 und Enkel eines T., der berühmteste Namensträger. Volkstribun 170 (Anklage gegen den Praetor C. Lucretius wegen Bundesgenossenmißhandlung), Fremdenpraetor 167 (Eintreten für den Krieg gegen Rhodos, Liv. 45,21,1ff., vgl. H. H. Schmitt Rom und Rhodos, 1957, 153), Consul 163, zusammen mit Ti. Sempronius Gracchus (Degrassi I. 13,50f. 460f. Broughton Mag. 1,440) – ausnahmsweise 2 Plebeier, vgl. H. H. Scullard Rom. Politics 220–150 B.C., 1951, 208.216f. 228. Er bekämpfte die Corsen erfolgreich und starb plötzlich (im Amt), als er die Nachricht erhielt, der Senat habe ihm eine Ovatio bewilligt, Val. Max. 9,12,3. Plin. nat. 7,182. **9.** P. I. Thalna, Praetor 149 und Propraetor 148, bekämpfte den in Makedonien aufständischen → Andriskos, gegen den er 148 in Thessalien fiel. **10.** T. I. Thalna, Sohn des T. I., der 197 als Kriegstribun in Gallia Cisalpina fiel (Liv. 32,22,8), Vater von Nr. 8, Verwandter des L. I. Thalna, der 185 als Legat in Spanien stand. Er war 194 Praetor peregrinus und ging 172 als Mitglied einer Dreierkommission für den Ankauf von Getreide im Zuge der Kriegsvorbereitungen gegen Perseus nach Apulien und Calabrien, Liv. 42,27,8. Broughton Mag. 2,413.

H. G. G.

II. Kaiserzeit. **1.** P. I. Celsus. Pontifex, promagister 155, CIL VI 2120. Ca. 161–163 legat. Aug. pr. pr. Galatiae, Wroth, Coins. Gal. p. 20 Nr. 13; Mi p. 393 Nr. 115, s. R. K. Sherk Legat. Gal. p. 72. Cos. ord. 164, CIL VI 552. XV 1369. **2.** M. I. Rixa. Letzter procurator Sardiniae bis Mitte 67, CIL X 7852, H. G. Pflaum, Carrières procur. éq. III p. 1044. **3.** M. I. Secundus. Wie seine Gattin Postumia P. f. Paulla aus Brixia; cos. suff. ca. 2. Hälfte 2. Jh., CIL V 4349–4351. 4353f. **4.** M. I. Secundus Rixa Postumius Pansa Valerianus . . . Severus. Nach CIL V 4334.4335 war er unter anderem Volkstribun, praetor, praef. frument. dandi, verwaltete Provinzen, zuletzt Aquitanien, dann cos. suff., curat. alvei Tiberis et rip.

et cloac. urb.; Patron von Brixia, s. RITTERLING Fast. p. 142. **5.** M. I. Surus Proculus. Nach der Bauinschr. aus Lauriacum legat. Aug. pr. pr. Norici im J. 201, cos. design., Röm. Limes Österr. 11, 1910, 132f. Meilensteine CIL III 5715. 5746 u. a. Cos. suff. wohl 202. A. BETZ, JOEAI 29 (1935) Beibl. 331. POLASCHEK, RE Suppl. VII 584. R.H.

III. Literarische Persönlichkeiten:

**1.** I., röm. Komödiendichter der republ. Z., wohl der Generation vor Varro (vgl. l.l. 7,65). Bei den wenigen Zitierungen, die seinen Namen eindeutig nennen (Varro l.l. 6,50. Gell. 18,12,2. Charis. p. 286,3f. B.) fehlen die Titel der Stücke; die Zuweisung einer bei Fest. 398 L.² zitierten *Anagnorizomene*, die I. als Palliatendichter ausweisen würde, beruht auf der Änderung des überlieferten *Terentius*. P. L. Sch.

CRF ³1898, 94ff. *H. Bardon* Lit. Lat. Inc. 1, 1952, 49f.

**2.** P. Iuventius Celsus T. Aufidius Hoenius Severianus (Dig. 5,3,20,6) war 106 oder 107 n. Chr. Praetor, 129 n. Chr. Konsul. Er führte die proculian. Juristenschule, gehörte zu Hadrians Consilium und war maßgeblich am SC. Iuventianum beteiligt. Sein Stil ist schwungvoll und scharfzüngig. Dem Schwung des Celsus danken wir die einzige auf uns gekommene und wohl auch einzige je konzipierte Definition des *ius* durch einen röm. Juristen (Dig. 1,1,1 pr.: *ius est ars boni et aequi*), der Scharfzüngigkeit die kluge Gestattung der Verzugsbereinigung bei strengrechtlichen Obligationen (Dig. 45,1,91,3) und das törichte *responsum Celsinum* auf die *quaestio Domitiana* (Dig. 28,1,27). Plinius (epist. 6,5,4) rügt rhetor. Schwächen. Das Hauptwerk bilden 39 *libri digestorum*. Th. M.-M.

*Bretone*, Labeo 9, 1963, 331ff. *Kunkel* Herkunft und soziale Stellung der röm. Juristen, 1952, 146f. *Wieacker*, Iura 13, 1962, 1ff.

**Iversheim.** Ortschaft an der Erft bei Münstereifel (Reg.-Bez. Köln), an der Grenze von Germ. inferior und Gallia Belgica. Hier wurden die Inschr. CIL XIII 7943–7949, die dem 2. und 3. Jh. n. Chr. angehören, gefunden. CIL XIII 7945 bezeugt die Errichtung eines *furnus*, nach Ausweis archäolog. Untersuchungen ein Kalkofen, den Soldaten der leg. I. Minervia erstellten. H. C.

*Keune*, RE IX 2506. *H. v. Petrikovits* Das röm. Rheinland, Arbeitsgem. f. Forsch. d. Landes Nordrhein-Westf. 86, 1960, 68. – B. J. 155/56, 1955/56, 478.

**Ixion** (᾽*Ιξίων*). König der thessal. Lapithen, Sohn des → Phlegyas (oder anderer), Schwester der Koronis, Gatte der → Dia (2), der Tochter des Deioneus (Eioneus), Vater des Peirithoos (der jedoch meist als Sohn des Zeus gilt, Hom. Il. 14,317). Als I.s Schwiegervater auf Herausgabe der Brautgeschenke drängte, ließ er ihn in eine verdeckte, mit glühenden Kohlen gefüllte Grube fallen. Da niemand den schutzflehenden Mörder reinigen wollte, so entsühnte ihn schließlich Zeus als *ἱκέσιος* und *καϑάρσιος* und machte ihn sogar zum Tischgenossen der Götter. I. aber richtete seine



Begierde auf Hera und umarmte ein von Zeus geschaffenes wolkenhaftes Trugbild der Hera (Nephele, die später den → Kentauros gebar). Der mit seinem angeblichen Triumph Prahlende wurde zur Strafe auf ein feuriges Rad geflochten, auf dem er seitdem ewig durch die Lüfte wirbelt, ewig den Ruf ausstoßend: »Seid dankbar euren Wohltätern!« Pind. P. 2,21–48. Aischyl. Eum. 721. Die Sage von I.s Bestrafung wird nicht jünger sein als die Buße der großen Frevler in der Unterwelt (Odyssee, Polygnotos). Später wurde auch I.s Strafe in den Hades verlegt: Apoll. Rh. 3,61. Verg. Ov. – Vgl. Diod. 4,69. Apollod. ep. 1,20. Hyg. fab. 62. Lukian. dial. deor. 6. Bildliche Darstellungen u. a. auf Vasen aus Ruvo und Kyme (BAUMEISTER Denkm. 1,766f. 3,1930 Abb. 821) sowie auf einem Wandgemälde im Haus der Vettier in Pompeji. – Die Deutung des I.-mythos ist mannigfaltig: Doppelgänger des Zeus (als Gatte der Dia) (1); Sonnengott (2); Sonnenrad, in das mißverständlich Frevel und Strafe hineingedeutet wurde (3); Verkörperung der vernichtenden Kraft des Feuers (4); Regenzauber (5); Ursprung aus Angstträumen (6). H. v. G.

1. *Usener* Götternamen 35f. 71. 2. *K. Kerényi* Mythologie der Griechen 158. 3. *Cook* Zeus 1, 1914, 198ff. *G. Dumézil* Le problème des Centaures, 1929, 190ff. *Preller-Plew* Griech. Myth. 2³, 13. 4. *Kerényi* Der göttliche Arzt, 1956, 94. 5. *Nilsson* GgrR 1,389. 6. *F. von der Leyen* Das Märchen, 1911, 38f. – *G. Méautis* Mythes inconnus de la Grèce antique, 1949, 13ff. *Wilam.* GldH 1,258, 1. 343. 2, 120, 1.

**Iynx** s. Wendehals

**Iyrkai** (᾽*Ιύρκαι*) nach Hdt. 4,22 ein Jägervolk am ö. Rande der h. russ. Länder, das als die Vorfahren der Magyaren betrachtet wird. Über die gesch. Entwicklung, Wanderungen und Herkunft der I. sind jedoch in neuerer Z. auch andere Meinungen geäußert worden. In seiner Beschreibung Skythiens zählt Hdt. zuerst die Stämme Skythiens und ihre Nachbarn im N. auf, und zwar nach den den großen Strömen entlang sich hinziehenden streifenartigen Regionen. Demnach saßen jenseits des Tanaisfl. die Sauromaten, dann kamen die Budinen, darauf eine Wüstenregion und n. von ihr die Thyssogeten und die I. Erwähnt auch bei Plin. nat. 6,19 *(Tyrcae)* und bei Mela 1,116. Chr. D.

*Herrmann*, RE X 1386ff. *F. Windberg* De Herodoti Scythiae et Libyae descriptione, Diss. Gött., 1963, 7ff. *M. Pohlenz* Herodot, der erste Geschichtsschreiber des Abendlandes, Lpz.-Bln. 1937 (pass.). *J. Hormatta* Quellenstud. zu den Skythika des Herodot, Budapest 1941, No. 14 (ungar. und dt.).

**Izala.** Erst in der spätant. Lit. genannter Berg oder Bergstock im n. ö. Mesopotamien im Gebiet des Tigris zwischen → Dara und → Amida, vielleicht ident. mit dem ᾽*Αμμαία* des Ptol. 5,17,7 M. I. entspricht etwa dem h. Tûr Abdîn, hat aber auch die an den ant. Namen anklingende Form Ǧabal el-Izal bewahrt. Amm. nennt den *mons Izala* 18,6, 12. 19,9,4 im Zusammenhang mit Ereignissen des

J. 359. Als ὁ Ἰζαλάς erwähnt bei Theophylakt. Simok. 1,13,4. 2,1,1. 1,4. 9,17. 10,1–2, der die Fruchtbarkeit der Umgebung betont. H. T.
*Weissbach*, RE X 1390.

**Izates** (Ἰζάτης). **1.** I., König von → Adiabene, seine Kinder Helene und Monobazos in Geschwisterehe verheiratet. Ios. bell. Iud. 5,147. **2.** II., Enkel von Nr. 1., regierte 30–54 n. Chr. Ios. ant. Iud. 20,92. Erzogen bei dem König von → Charakene Abinergaos trat I. zum Judentum über, war Statthalter des Vaters Monobazos in Gordyene, lavierte nach ihm als König von Adiabene zwischen Parthien und Rom. Ios. 20,17 ff. Er stützte den Partherkönig → Artabanos III. und erhielt dafür Nisibis. Ios. 20,54 ff. Nach dem Tode des Artabanos 38 half I. dem röm. Gegenkönig Meherdates, verließ ihn aber 49. Tac. ann. 12,14,2. Der Versuch des Vologaeses I., I. abzusetzen, scheiterte. Ios. 20,81 ff. I. wurde in Jerusalem beigesetzt. U. Kahrstedt Artabanos III. 1950, 69 f. H. V.



# K

**K.** (Sommer HB 27 f. Stolz-Leum. $^{5}$47. Rix, IF 65, 1960, 131 ff. Traina L'Alfabeto$^{2}$ 14; Beispiel-Slg. bei Dess. ILS III 822 f.; zum Kelt. vgl. Holder 1,649 ff.) kam aus den griech. in alle ital. Alphabete (bes. Rolle in denen N.-Italiens) und entspricht – ehe es in den meisten Fällen von *c* abgelöst wurde – im Lat. wie offenbar auch in älteren Texten des Falisk. und Etr. der Artikulation des stimmlosen Gutturals (vor Konsonanten und bes.) vor *a* (Quint. inst. 1,7,10), so daß in den ältesten Beispielen lat. *kalatorem, sakros* neben *quoi, recei* (CIL I$^{2}$ 1) und falisk. *karai* neben *ceres, arcentelom, eqo* (Vetter HB 241) stehen; vgl. lat. *Q. K. Cestio Q. f.* (CIL I$^{2}$ 61). *C. Papius Celsus M. Papius Kanus fratres* (CIL III 14625), *karceris* (Dess. 2126. 3739), *Vulkacio* (1060); etr. *mi qutum karkanas* (TLE 63), *cena mi kalaturus* (TLE 65). Aber schon früh *Castorei* (Degr. ILLRP 1271 a) neben *Kastorus* (CIL I$^{2}$ 586), *Car.* = *Carmentalia* in den Fast. Antiat. vet. republ. Zeit neben *Kar.* in den august. Fast. Praenest. *K* wurde in Namen wie *Karthago* (von etr. *karϑazie* TLE 724 bis *C. I. K.* = *colonia Iulia Karthago:* Dess. 4464. 9364. 9401), *Kapua, Karales, Kalamenses, Kaili(us), Kapito, Afrikanus, Volkanus* (neben häufigen *Volcanus* und *Volganus*) und bes. *K.* = *Kaeso*, in Ableitungen von *k.* (= *kaput*) wie *kapitalis, kapitis diminutio, kapitularis, Kapitolium*, von *kapere*, von *karus* (vgl. *krus* = *karus* bei Ter. Scaur. Keil GrL 7,15,1), bei *kasa, kasus, dikare, dedikare* und bes. bei formelhaften Abkürzungen wie *sl. iudik.* (= *slitibus iudikandis:* CIL I$^{2}$ 15), *interk(alaris), merk(atus), ark(arius), kand(idatus), k(astellum), kk.* (= *castra*), *evokat(us), provok(ator), k.* = *kalumnia* (Dess. 6085, 120), *k. k.* (= *kalumniae kausa:* Bruns-Grad. 3,16, 9 S. 97), *k.* = *kardo* (CIL I$^{2}$ 639. 642), *k. k.* (= *kitra kardinem;* CIL I$^{2}$ 640) bewahrt; am häufigsten ist es in der Abkürzung *k.* = *Kalendae* (vgl. Varro l. l. 6,27. Fest. 186,23. Paul. Fest. 187,3. 251,26 L. Macr. Sat. 1,15,10 f. Lyd. mens. 3,10 p. 45. 47 W. Dig. 45, 1,41 pr. 46 pr.), wie sie seit 117 v. Chr. (CIL I$^{2}$ 584) auf Inschr. und dem republ. wie allen kaiserzeitlichen Kalendern bis zum J. 193 n. Chr. (Henzen Act. Arv. CXCIV) neben *non.* und *eid.* nachweisbar (vgl. bes. aus dem J. 168 n. Chr. CIL VIII 6979: *V k. Mart. qui dies post bis VI k. fuit*) ist (*kal.* erstmalig 213 n. Chr.: Henzen a. O. CXCVI; ebenso in den Hss.; vgl. Kalender des Philocalus (CIL I$^{2}$ p. 256 ff.). Unregelmäßigkeiten wie *k(itra), dekem(bres), koniugi* und Gräzismen wie *Ikadium, Kos, Kur(enaica)* sind selten. G. R.

**Kabalia** (Καβαλία). Landschaft im s. w. Kleinasien zwischen Lykien, Karien, Phrygien und Pisidien, erwähnt schon von Hekat., FGrH 1 F 269. Hdt. 3,90 nennt die Καβαλεῖς als Glied der 2. Satrapie und 7,77 als einen Stamm im Heere des Xerxes. Eine selbständige Stellung nahmen die K. später kaum ein. Bei Ptol. 5,3,5 ist K. ein Teil von Lykien, ebenso bei Plin. nat. 5,101 mit Oenoanda, Balbura, Bubon. Die Einwohner nennt Strab. 13, 630 in Verbindung mit den Solymern. Die Hauptstadt war Καβαλίς (Strab. 13,629 ff.). H. T.
*A. Forbiger* HB der alten Geogr. 2, 1877, 258. 323. 332,43. *Ruge*, RE X 1394–1395. *Stielers* Hand-Atl. 1925/26, S. 63. Atl. of the World II, Pl. 36.

**Kabe(i)ra** (Κάβειρα). Stadt im Königreich Pontos, an den Hängen des Paryadresgebirges, das der Küste entlang dem Kaukasos gegenüber sich erstreckt, ungefähr 150 Stadien s. von → Eupatoria (2). Pompeius nannte es Diospolis und Pythodoris-Sebaste. Lucullus wurde zuerst bei K. geschlagen, nahm aber dann die Stadt ein. Nicht weit von K. lag das Heiligtum des Μὴν Φαρνάκου. Strab. 12,556 ff.; Athanas. λόγος περὶ τῆς ἀνϑρωπήσεως τοῦ λόγου 47. Migne G. 15, 180. 16,897 D. 913 C ff. Mz.: W. Wroth (Poole), BM Cat. XIII (Pontus) 25. Head HN$^{2}$ 497. Chr. D.
*Jones* The cities of the eastern Rom. provinces, 157. *B. Hemberg* Die Kabiren, Uppsala 1950, 153 ff.; früheres Schrifttum bei *Ruge*, RE X 1397. Über den Paryadres s. *H. Treidler*, RE X Suppl. 484 ff. 488.

**Kabeiroi** (Κάβειροι). Die Götter der → Mysterien von → Lemnos (Acc. frg. 525 R. [1],77 f. S. Accame, ASAA 3/5, 1941/43, 75 ff. [Inschr.]), →

Imbros (Strab. 10,473. C. FREDRICH, MDAI(A) 33, 1908, 98ff.) und → Samothrake (Sch. Apoll. Rhod. 1,917. K. LEHMANN-HARTLEBEN, AJA 43, 1939, 133ff. W. SCHWABACHER, Am. Num. Soc. Mus. Notes 5, 1952, 49ff. [Münzen]). Die alte, von J. Scaliger aufgebrachte, an Phil. Bybl. FHG 3,569 orientierte semit. Deutung des Namens K. (כברים »die Großmächtigen« = griech. *Μεγάλοι ϑεοί* B. MÜLLER *Μέγας Θεός*, Diss. Hal. 21,3, 1913, 282ff. W. VON BAUDISSIN Kyrios 3, 1929, 75f. PRELL.-ROB. 1,848) wird neuerdings wieder befürwortet (H.J. ROSE, CR 65, 1951, 212. F.W. VON BISSING, HZ 174, 1952, 680. M. MAYRHOFER, IF 61,1954, 293,5), zuletzt von M.C. ASTOUR Hellenosemitica, 1965, 155f., der auch andere den K. nahestehende Gestalten, wie → Kadmos, Dionysos, Semele semit. etymologisiert (Scripta Mediterranea C.H. Gordon, 1962, 45ff. RHR 164, 1963, 1ff. 11). Ablehnung äußerten früher u.a. A. LOBECK Aglaophamus 2, 1829, 1209ff. 1278, und A. FICK Hattiden und Danubier, 1909, 48, mit Zuweisung ans Phrygische nach Stesimbr. Thas. frg. 20 Jac. und Sch. Apoll. Rhod. 1,917 ([4],83. Vgl. [8],220: thrak.), wofür die nach Assessos-Sakisburnu gehörige Überlieferung von den kabir. Hierophoren Tottes und Onnes (Nik. Dam. frg. 52. [7],137f. G. KAIBEL, NGG 1901, 513) und der lyd. Sakraltitel *κοίης* bzw. *καύης* (Hesych. Hippon. frg. 5 D. BUCKLER-ROBINSON, AJA 17, 1913, 362ff. W.M. RAMSAY Asianic Elements in Greek Civilisation, 1927, 78f. 171ff.) des K.-Priesters (= lyd. *kaviś* O. MASSON, JKF 1, 1950/51, 182ff. R. GUSMANI Lyd. WB., 1964, 150. 278) geltend gemacht werden können ([5],160ff.). J. WACKERNAGEL, ZVS 41, 1907, 316ff. = Kl. Schr. 1, 1953, 505ff., setzte die K. mit ai. *Kúbera* »Gott der nächtlichen Unholde und chthon. Schätze« gleich (vgl. V. PISANI, Paideia 6, 1951, 180; Zweifel bei MAYRHOFER, BN 2, 1950/51, 178ff. Etym. WB. des Altind. 1, 1956, 231); seine These wurde mythol. unterbaut von E.W. HOPKINS (JAOS 33, 1913, 55ff. Vgl. H. GÜNTERT Der ar. Weltkönig, 1923, 200), wobei das Gewicht auf einer mit der phryg. Abkunft gekoppelten, sprachlich an *κόβαλοι* »Kobolde« (A. CARNOY Dict. Etym. Myth. 87) und *κύβελα* »Berghöhlen« (Nonn. 4,183f.) geknüpften phall.-gnom. Natur der K. (vgl. KRETSCHMER, Gl 30, 1943, 97f.) und ihrer Beziehung zur anatol. Bergmutter → Kybele lag ([1],82ff. [4],82. Vgl. [7],318ff. 323ff.). Rücksicht auf die Wesensart schatzhütender und metallbereitender Zwergdämonen nimmt auch die Erklärung von G. DOSSIN, NClio 5, 1953, 199ff., und L. DEROY Mél. I. Lévy, 1953, 114ff.; sie bringt sowohl die K. als auch ihren Vater → Hephaistos etym. mit dem sumer.-ḫurr. bzw. kleinasiat.-armen. Substratwort *ḫibis/*ḫibir* bzw. *kabar/kibir* »Kupfer, Bronze« (A. SALONEN, Stud. Or. 17,2, 1952, 5ff.) zusammen (vgl. J. MOREAU, AC 20, 1951, 245f.) und stützt damit Kretschmers pelasg.-anatol. Herleitung der K. ([4],83f. Hdt. 2,51. Dion. Hal. 1,23,5), die überdies noch den ḫald. Gottesnamen *Quëras* (C.F. LEHMANN-HAUPT Armenien 1, 1910, 480f.) einbezieht. Die Elternschaft des lemn. Hephaistos (Hdt. 3,37. R. ROUX Le problème des Argonautes, 1949, 223f. [2],708ff.) und der auch als → Rhea (Etym. Gud. 289,33. [2],648f. 664f.) oder → Aphrodite (Plin. nat. 36,25. [1],75. E.B. THOMAS, Helikon 1, 1961, 605ff.) erscheinenden Muttergöttin Kabeiro (Pherek. Ler. frg. 48 Jac. Akusil. frg. 20 Jac. [5],179f. [7],82ff. R. PETTAZZONI, RFIC 37, 1909, 180ff.) bestätigt einerseits den kobold.-pygm. Habitus (megalokephal. K. *Κόης* auf einer theb. Kabirion-Vase: [6], T. 5–8. A.D. URE, JHS 71, 1951, 194ff.; K. = *Καρκίνοι* »Krebse« d.h. »Zangenmännlein« auf Lemnos: Hesych. s. *Κάβειροι* W. DEONNA, Journ. Warb. Court. Inst. 17, 1954, 55. [2],644. [7],168f.), der den erd- und meerverbundenen kabir. Axtgöttern ([3],48. COOK Zeus 2,314f. 3,1128f. – Reliefs von Hierapolis und Uzümlü: O. KERN Strena Helbigiana, 1900, 158f.) mit dem äg. Bes (VON BISSING, SMSR 13, 1937, 4. AOF 13, 1939/40, 163ff.) und den phöniz. → Pataiken (Hdt. 3,37. [2],674ff. 713ff. J. KRALL in Benndorf-Niemann Das Heroon von Gjölbaschi-Trysa, 1889, 72ff. T. VI. H. METZGER, BCH 66/67, 1942/43, 312ff.) gemeinsam ist, andererseits ihre Fusion mit → Anakes, Antenoriden, Korybanten, Kureten, Daktylen und Dioskuren (Strab. 7,331c. 10,466. 471ff. Paus. 10,38,7. [5],153ff. 180ff. E. ROMAGNOLI, Ausonia 2, 1907, 150ff. A.D. NOCK, AJA 45, 1941, 577ff. S. MARSTRANDER Serta Eitremiana, 1942, 109,1. 111,1. J. DEFRADAS, REG 65, 1952, 289ff.). Die Zahl und personale Konstitution der K. war an den einzelnen Kultorten verschieden ([3],47) und schon in der Ant. umstritten (Varro l.l. 5,58. J. OLIVER, AJA 43,464ff. K. KERÉNYI Studi G. Funaioli, 1955, 157ff.). Eine vielleicht urspr. Trias (vgl. [1],77f. LEHMANN-HARTLEBEN 138) kannten Makedonien (Clem. Al. protr. 19) und Lemnos (Strab. 10,472), ein männliches Paar (Hippolyt. 5,8,10), in Theben der *Κάβειρος* und sein *Παῖς* (Paus. 9,25,5), bei Sch. Apoll. Rhod. 1, 917 → Zeus und Dionysos genannt, ordnet sich der Großen Göttin als dritter zu. Während nach Philon von Byblos (Eus. praep. ev. 1,10,38) in Berytos 7 K. verehrt wurden, zu denen als 8. der phöniz. → Esmun trat (TH. FRIEDRICH K. und Keilinschr., 1894, 61. A. CAQUOT, Syria 37, 1960, 83. [2],671ff.), überliefert Mnaseas von Patara (frg. 27) für Samothrake eine Vierzahl; 3 davon, Axieros, Axiokersa und Axiokersos, setzt er mit → Demeter, Persephone und Pluton-Hades gleich. Die Namen hat D. DETSCHEW, Ztschr. f. Ortsnam.-Forsch. 7, 1931, 196ff. [8],18) gegen E. MAASS (ARW 23, 1925, 225ff.) und M.C. WAITES ([3],48f. Vgl. [7],89,1) als »Schwarze Erde«, »Schwarze Töterin« und »Schwarzer Töter« aus dem Thrak. erklärt (vgl. P. WAHRMANN, Gl 17, 1929, 243f. 19, 1931, 159), während E. BENVENISTE, SE 3, 1929,

249 ff., Axieros mit der etr. Göttin *Acaviser* und der griech. *Αὐξησία-'Αζησία* zusammenbringt (vgl. S.P. CORTSEN, Gl 23, 1935, 164). Dagegen halten FREDRICH ([1],78) und HEMBERG ([7],87 ff.) Axieros für einen männlichen K., so daß wiederum eine Trias aus Göttin und 2 Begleitern vorläge (RAMSAY 273 f.). Der 4. der K., der meist in sekundärer Position erscheinende, als »Knabe« (*παῖς*) gedachte *Kad/smilos* (Plut. Num. 7. Herodian. 1, 162 [7],316 f.), bezeichnet nach Dionysodor (frg. 1 Jac.) den pelasg. → Hermes Imbramos (vgl. Sch. Lykophr. 162. Steph. Byz. s. *Ἴμβρος*. IG XII 8,74. FREDRICH 99 f. [5],173. G. CAPOVILLA Praehomerica et Praeitalica, 1964, 19 ff. 43 f.) bzw. Perpheraios (E. SECCI, SMSR 30, 1959, 83 ff.), dessen chthon.-phall. Natur (ROUX 151 f. 262 ff.) in Theben der kabir. → Eros mit dem Hahn (C.T. SELTMAN, ABSA 26, 1923/25, 93 ff.) vertritt. Die etym. Beurteilung dieses Titels, der auch dem Kultdiener der K.-Mysterien zukam (Dion. Hal. 2,22,2. Varro l.l. 7,34), ist unterschiedlich: man stellt ihn sowohl zu griech. *Κάδμος* (Nonn. 4,87 ff. Sch. Lykophr. 219. CAPOVILLA, RIL 89/90, 1956, 252. ASTOUR Hellenosemitica 152 ff. 155 ff.) als auch zu lat. *Camillus* (durch etr. Vermittlung: Macr. Sat. 3,8,6. F. ALTHEIM, RVV 21,1, 1931, 81 f. SMSR 8, 1932, 150. Vgl. jedoch F. LEIFER, Klio Bh. 23, 1931, 194 f.): [4],85. [8],234 f., wobei als ähnlich lautender Zweitname *Catamitus* (= etr. *Catmite*) »Sohn« (des Mitos; zu diesem KERN, H 25, 1890, 7. RE 10, 1440 f.) angesetzt wird ([4],85,1. G. BOTTIGLIONI, Gl 21, 1933, 52 f.); andererseits hat A.H. SAYCE, JRAS 1924, 255,1. 647,4, *Κασμῖλος* an den heth. Gottesnamen der Yuzgat-Tafel $^{d}$*Hašamiliš* angeschlossen (vgl. F. HROZNY Sprache der Hethiter, 1917, 19.52. A. SMIESZEK, Eos 30, 1927, 258 f. A. GOETZE, Language 29, 1953, 270; noch anders M. RIEMSCHNEIDER, Acta Ant. Ac. Hung. 4, 1956, 21, 14). Die Undurchsichtigkeit der Benennung und der Herkunft, das Schwanken der Zahl, die Fähigkeit, sich mit anonymen Kollektivnumina verwandter Art auszutauschen ([7],271 ff.), aber auch große Götter, wie Zeus, Dionysos, Hermes, Hephaistos, Pluton, dem elementardämon. Gepräge des eigenen Kreises einzufügen (ROSE, HThR 51, 1958, 26 f.), unterstreicht die Urtümlichkeit dieser proteushaften Wesen (Ail. Arist. 53,5), welche Söhne des → Uranos heißen (EpGr 1035,16), so wie die Assoziierung mit der Großen Göttin (Kybele-Rhea, Demeter, Aphrodite, Artemis, Persephone: [5],168 ff. BENNETT Religious Cults 23 ff.) ihren Fruchtbarkeitscharakter (Aischyl. frg. 97 N. [1],80 ff. [5],244 ff. [7],101 ff.), der in der primären Trias Mitos, Krateia und Pratolaos (H. WINNEFELD, MDAI(A) 13, 1888, 412 ff. T. 9) bes. deutlich erkennbar wird. Die Verbreitung ihres Kultes ([7], 137 ff.) erfaßt, abgesehen von den Schwerpunkten in Mittelgriechenland (Theben: KERN, H 25,1 ff. A. JUDEICH-W. DOERPFELD, MDAI(A) 13,81 ff.; Attika: V. SVORONOS, Journ. Int. Arch. Num. 18, 1916/17, 115 f.), der Inselwelt (Delos: CHAPOUTHIER Le sanctuaire des dieux de Samothrace, 1935. F. ROBERT, REA 38, 1936, 216 ff. W.H. GROSS, Ant. und Abendland 4, 1954, 105 ff.) und Kleinasien (A. LAUMONIER Les cultes indigènes en Carie, 1958, 173 f. 545. 711. Inschr. von Dinek Belen bei Artanada: T. CALLANDER, AJPh 48, 1927, 237 ff.), zu hellenist. Zeit praktisch den gesamten Raum der Oikumene, von Makedonien (F. BAEGE De Macedonum sacris, 1913, 175 ff. CH. EDSON, HThR 41, 1948, 188 ff. [5],234) bis Äg. (H.I. BELL, MH 10, 1953, 226. KERN, APF 12, 1957, 66 f.), vom Schwarzmeergebiet (V. PARVAN, Istros 1, 1934, 123. M. PIPPIDI, Dacia 5, 1961, 313 ff. A. PERODALSKAJA, Comm. Mus. Erem. 19, 1960, 23 ff. [10],100 f.) bis Italien ([5],293. O. PARLANGELI Studi Messapici, MIL 26, 1960, 117 ff. [Inschr. v. Messagne]). W. F.

JKF = Jahrb. kleinasiat. Forsch.; JAOS = Journ. Am. Or. Soc.; AOF = Arch. f. Orient. Forsch.; JRAS = Journ. Royal As. Soc.; HThR = Harv. Theol. Rev.; MIL = Mem. Ist. Lomb.; MAL = Mem. Acc. Linc.

1. *C. Fredrich*, MDAI(A) 31, 1906, 77 ff. 2. *R. Pettazzoni*, Le origini dei K., MAL 12, 1909, 643 ff. 3. *M.C. Waites*, AJA 27, 1923, 25 ff. 4. *P. Kretschmer*, ZVS 55, 1928, 82 ff. 5. *F. Chapouthier* Les Dioscoures au service d'une déesse, 1935. 6. *P. Wolters–G. Bruns* Das K.-Heiligtum bei Theben, 1940. 7. *B. Hemberg* Die Kabiren, 1950 (Belege und Lit.). 8. *D. Detschew* Thrak. Sprachreste, 1957. 9. *K. Lehmann* Samothrake 1, 1959 (Belege). 10. *R. Vulpe*, Atti 7. Congr. Int. Arch. Class. 3, 1961, 99 ff.

**Kabos** (*κάβος*, *cabus*). Hebr. (-phoinik.) aus Mesopotamien stammendes Hohlmaß vorzugsweise für Trockenes, 1/180 des → Chomer, 1/18 des Epha, 1/6 des Saton und gleich 4 → Log (der große K. = 5). Es gab verschiedene K.-Maße. Moderne Ansätze: 2,19 l. 2,05 l. 2,025 l. 1,63 l. 1,34 l. 1,28 l. 1,21 l. 1,16 l. H. Ch.

*F. Hultsch* Metrologie² 451 ff. 602. *A. Oxé*, BJ 147, 1942, 91 ff. *J. Trinquet*, Dict. de la Bible Suppl. V 1225 ff. 1234 ff.

**Kabura** (*Κάβουρα*) bezeichnet die bei den → Paropamisaden, d.h. im Kābultal am Kābulfluß (→ Kôphên) gelegene, h. afghanische Hauptstadt Kābul. K. ist nur bei Ptol. 6,18,5. 7,25,7 bezeugt. Eine iran., von Ptol. berichtete, 2. Bezeichnung ist *'Ορτόσπατα* (Plin. nat. 6,61 *Ortospanum;* vgl. auch Eratosth. bei Strab. 11,514. 15,723 *τὰ 'Ορτόσπατα*. Amm. *Ortopana*). W.W. TARN The Greeks in Bactria and India, 1951, 96 f. Anh. 9, S. 469 sieht in Kābul die am Fluß Kôphên in der Eparchie Kôphêne (Kābulistan) gelegene Stadt Kôphên. TARN folgt LASSEN (Ind. Alt.kde 1²,29 n. 1) in der Annahme, die chines. Bezeichnung *Chi-pin* gehe urspr. auf einen griech. Ortsnamen *Kôphên* zurück, der von TARN (a.O.) mit der h. Stadt Kābul und dem Kābulfluß in Zusammenhang gebracht wird, was allerdings von A.K. NARAIN bezweifelt wird, da Kābul den Chinesen als *Kao-fu* bekannt war

(The Indo-Greeks 1957, 136). Unter den Kushan bezeichnet dann nach Tarn *Chi-pin* das weiterreichende, z. B. Kapisa und Kaschmir einschließende, Kushanreich. G.-D. S.

*Herrmann*, RE X 1452f. *Cunningham* The Anc. Geogr. of India 1,28ff. (Neudr. 1963).

**Kabye. Kambyse** (*Καβύη*, *Καμβύση*). Heroine, Tochter des → Epeiers Opus in Elis. Um die lokr. Geschlechter an die epeischen (eleischen) anzuknüpfen, erfindet Pind. O. 9,57ff., Zeus habe die (bei ihm namenlose) Tochter des Opus aus Elis entführt, mit ihr in Arkadien einen Sohn gezeugt und diesen dem kinderlosen lokr. König → Lokros zugebracht. Lokros nannte den Adoptivsohn nach dessen Großvater. Für die Namensform Kambyse beruft sich das Sch. z. St. auf Aristot. *'Οπουντίων πολιτεία* (= frg. 561). Daraus schöpft aber auch Plut. qu. graec. 15, bei dem sie Kabye heißt. Oldfather, RE X 1454 hält beide Formen des Namens, in dem er eine urspr. topograph. Bezeichnung sieht, für gleichberechtigt. H. v. G.

**Kabyle** (*Καβύλη* thrak., bei Strab. *Καλύβη* griech. Volksetym.). Stadt in Thrakien, die von Philipp II. 341 v. Chr. befestigt und in hellenist. Weise eingerichtet wurde. K. war urspr. wahrscheinlich eine thrak. Feste und lag am Hügel Taušan-Tepe (»Hasen-Hügel«) etwa 8 km n. der h. südbulg. Stadt Jambol am Tonzos = h. Tundža. Terrassenförmiger (amphitheatral.) Aufbau. Im 4. und 3. Jh. v. Chr. scheint K. auch im polit. Leben Thrakiens eine Rolle gespielt zu haben. Dafür zeugen u. a. die beträchtlichen Überreste der ant. Siedlung und vor allem die kürzlich in Seuthopolis gefundene Inschr. Unter dem Kelteneinbruch scheint die Stadt kaum gelitten zu haben, denn E. 3. und Anf. 2. Jh. v. Chr. lag sie an der w. Peripherie des Herrschaftsgebietes der Astai, als dieser Thrakerstamm in SO.-Thrakien, zeitweise die Odryser ablösend, eine bedeutende Rolle spielte. Von M. Lucullus wurde K. im J. 72 v. Chr. bei seinem Vordringen gegen Mithradates und dessen Anhänger in Thrakien erobert. Die Reste von K. sind beträchtlich, aber noch nicht erforscht. Demosth. 8,44. 10,15. Strab. 7,320 (aus Theop.). Pol. 13,10,10. It. Ant. 175. Tab. Peut. VIII 52. Eutr. 6,10. Ruf. Fest. brev. 9,3. Amm. 31,11,5. Chr. D.

*Oberhummer*, RE X 1455ff. *Danoff*, o. II 94 (Diospolis). *Ders.* Art. Seuthopolis, RE Suppl. IX 1376 (Phosphorion an der Agora in K.). *Detschew* Thrak. Sprachreste, 220ff.

**Kachales** (*Καχάλης*). Paus. 10,32,11, der ö. unter dem steilen Burgfelsen von Tithorea in Phokis fließende Nebenfluß des Kephisos, h. Kakorema. E. M.

RE X 1456.

**Kachrylion.** Att. Töpfer des ausgehenden 6. Jh. v. Chr. Vulgär-att. aspirierend *ΧΑΧΡVLΙΟΝ ΕΓΟΙΕϟΕΝ* signiert, wurden 29 Schalen, 1 Teller u. a. von → Oltos und → Euphronios (München 2620) bemalt (Beazley ARV. ²107ff.). Drei Charakteristika sind künftig verbindlich: Das Becken, früher vom Fuß durch eine Profilleiste scharf abgesetzt, schwingt zügig aus ihm heraus; der Fußteller wird durch eine Leiste allein oder mit Senkung untergliedert; sein Profil wird wie schon bei → Nikosthenes konvex vorgewölbt. H. Ma.

*H.J. Bloesch* Formen Att. Schalen, Bern 1940, 45ff. Taf. 12–13.

**Kadiskoi** (*καδίσκοι*), »kleine Gefäße«, hießen die beiden in den att. Gerichtshöfen, → *δικαστήριον*, zur Aufnahme der Stimmsteine der Richter bestimmten Urnen. Die eine war urspr. für die verurteilenden, die andere für die freisprechenden Stimmen vorgesehen. Seit dem 4. Jh. diente, um jeden Irrtum bei der Stimmabgabe auszuschließen, eine eherne für die gültigen und eine hölzerne für die ungültigen Stimmen (Aristot. Ath. pol. 68,3). E. B.

1. *J.H. Lipsius* Das att. Recht und Rechtsverf., 1905–1915, 922.

**Kadmeia** s. Theben. Kadmos

**Kadmilos** s. Kabeiroi

**Kadmos** (*Κάδμος* zu *κεκάσθαι* sich auszeichnen, sich rüsten Frisk). **1.** Sohn → Agenors und Telephassas (Argiopes, Pherekyd.), Bruder von → Europe, Kilix, Phoinix. Agenor sandte seine Söhne aus, die entführte Europe zu suchen. K. bereiste mit seiner Mutter viele Inseln, Thera, Kreta, Rhodos, Samothrake, auf denen er später als Tempel- oder Stadtgründer erscheint, und blieb bis zum Tode der Mutter in Thrakien. Das delph. Orakel hieß ihn, einer Kuh mit mondförmigen Flecken bis zu ihrem Rastort zu folgen und dort eine Stadt zu gründen. So gründet er in Boiotien (cf. *βοῦς*) die Kadmeia, die Burg des späteren Thebens, deren Eponym er in 1. Linie ist; die Il. nennt die Thebaner noch *Καδμεῖοι*, *Καδμείωνες*. Hier tötete er den heiligen Drachen, säte dessen Zähne auf Athenes Rat in die Erde, aus der bewaffnete Männer sprossen, nach deren gegenseitigem Kampf 5 »Sparten« übrigblieben, die Stammväter der späteren Thebaner, → Echion (Aition für die rituelle *βαλλητύς*, *λιθοβολία*, Nilsson Griech. Feste. 414f.). Für den Drachenmord mußte K. dem Ares 8 J. dienen. Dann gab dieser ihm seine Tochter → Harmonia zur Gattin (dort auch Näheres über die Hochzeitsfeier und über ihre Tochter, durch die sie schweres Leid erfuhren; vgl. auch Wilam. GldH 1,317. 400f.). Hes. theog. 937. 975ff. Pind. P. 3,88ff. Apollod. 3,2ff. 21ff. Hyg. fab. 178. Sch. Il. 2,494. Sch. Apoll. Rhod. 3,1178. Paus. 9,12,1. 3. Ov. met. 3,3 ff. Nonn. Dion. 1,138ff. Diod. 5,48,5ff. Hellan. verlegte mit der Verwandtschaft Harmonias auch die Hochzeit nach Samothrake, → Kabeiroi und Kadmilos. Früh galt K., schon als Bruder (oder Sohn) der Phoinix, als Phoiniker (Hellan. frg. 51. 96 Jac. Hdt. 5,59. 6,47. Eur. Phoin. 638ff.), als Vermittler der phoinik. Buchstabenschrift, überhaupt als Kulturbringer (z. B. Erzförderung Hyg. fab. 274. Strab. Plin.). Diese Auffassung ging zusammen mit der Genealogie des K. von Ionien, bes. von Milet (WILAM. Hom. Unt. 139) aus, wo der geogr. und ethnogr. Begriff. Phoinikien in der uns geläufigen Weise fixiert wurde. Doch bezeugte die Kadmeia selbst neuerdings durch den Fund von 36 babyl. Siegelrollen – neben bemerkenswerten Kret.-myk. Kunstwerken – starke orientalische Einflüsse, Die von Nonn. 1, 360ff. berichtete, aber auf ältere Quellen zurückgehende Beteiligung des K. am Kampf des Zeus gegen → Typhon als eines musizierenden Hirten weist nach Kilikien und Rhodos. Auch mit Karthago und Äg. (durch Verwechslung mit dem äg. Theben) ist K. in Verbindung gebracht worden.

Wesentlich ist die Verknüpfung seines Lebensendes mit Illyrien, wo eine einheim. Kultstätte in die boiot. K.-Sage einbezogen wurde. Am Schluß von Eur. Bacchen (1330ff. 1355ff. vgl. Hdt. 9,42f.) prophezeit Dionysos, daß K. und Harmonia auf stierbespanntem Wagen zu einem fremden Volke in Schlangengestalt fahren würden; als dessen Führer würden sie gegen Hellas ziehen, bis es Delphoi plündere; dann werde das Volk ein schlimmes Ende nehmen und das Paar, von Zeus geführt, ins Land der Seligen eingehen. Die Verwandlung in Schlangen bedeutet Heroisierung und ist eigentlich mit der Entrückung ins Elysium ident. Darum wird sie von Ov. met. 4,562ff. auch ans Lebensende verlegt, aber als Strafe für die Tötung des Drachen, so auch Hyg. fab. 6. Die Begründung des Auszuges aus Theben wird verschieden erzählt. Apollod. 3, 39: K. hilft den Encheleern (»Aalen«, s. Strab. 2, 326. Paus. 9,5,3) gegen die Illyrier, die er besiegt und beherrscht. Er zeugt dort noch spät einen Sohn, Illyrios. K.' und Harmonias Gräber wurden bei Epidamnos gezeigt, Apoll. Rh. 4,517, von Kall. frg. 11 Pf. in Pola (Istrien) erwähnt. – Auf Vasen sind bes. der Kampf mit dem Drachen und die Hochzeitsfeier dargestellt. – K. kommt auch als Beiname des Dionysos und des Hermes vor (Sch. Hom. Il. 2,494. Paus. 9,12,4. Lykophr. 219 m. Sch.). – *Καδμεία νίκη* im Sinne unseres »Pyrrhussieges« begegnet zuerst Hdt. 1, 166 und Plat. leg. 1,11,641c, RE Suppl. H. v. G.

*Vollgraff* De Ov. mythopoeia, Diss. Bln. 1901, 63ff. G. *Herzog-Hauser* Harmonias Halsband, WS 43, 1922f., 7ff. *F. Dirlmeier* Der Mythos Ödipus, Mainz 1948, A. 90. *K. Schauenburg* Zu Darstellungen aus der Sage des Admet und des K., G 64, 1957, 210ff. *K. Kerenyi* Die Heroen der Griechen, 1959, 31.35ff. (neigt dazu, K. und Harm. als ein unterweltliches Paar aufzufassen). *F. Vian* Les origines de Thèbes, 1963. *Crusius* Myth. Lex. 2,824ff. *Latte* 2, 824ff. RE.

**2.** K. legte bei Beginn des 5. Jahrhunderts v. Chr. die von dem Vater Skythes übernommene Tyrannis in Kos freiwillig nieder, ging nach Sizilien und entriß den Samiern Zankle. 481 von Gelon mit Schiffen und Geldern nach Delphi gesandt, um den Verlauf des Krieges zu beobachten, kehrte K. nach dem griech. Siege zu Gelon zurück. Hdt. 7, 163f. G. VALLET Rhégion et Zancle, 1958, 341f. A. Schenk Graf v. STAUFFENBERG Trinakria, 1963, 163f. 167f. 195f. H. V.

**3.** K., Sohn des Pandion aus Milet, nach ant. Ansicht ältester griech. Historiker, Vf. einer Prosaschrift *κτίσις Μιλήτου καὶ ὅλης τῆς Ἰωνίας* in 4 B. (Suda s. v. *K. Πανδίονος*. Strab. 1,18. Plin. nat. 5,112. 7,205). Widersprüchliche Angaben über seine Lebenszeit (*μικρῷ νεώτερος Ὀρφέως* Suda a. O.; in die Umgebung des → Aristeas von Prokonnesos setzt ihn Dion. Hal. Thuk. 23) sowie bereits im Alt. geäußerte Zweifel an seiner Historizität bzw. der Echtheit des Werkes (Dion. Hal. a. O.) dürften es rechtfertigen, eine späte Fälschung anzunehmen (so [1] und [2]). Zudem scheint der phöniz.-theban. Kadmos, der »Erfinder« der Schriftzeichen, eingewirkt zu haben (dagegen [3], der sich auf die Notiz Clem. Alex. Strom. 6,26,8 beruft, derzufolge der Atthidograph Bion von Prokonnesos [4. Jh. v. Chr.?] das Werk des K. verwendet hätte). FGrH 489 m. Komm. H. Gä.

Lit.: 1. *F. Jacoby*, RE X 1473ff. 2. *Christ-Schmid* 1,1,691f. 3. *A. Gitti*, AeR 2, 1957, 85ff.

**4.** K., Fluß im s. w. Phrygien, nahe der kar. Grenze, entspricht dem h. Tschukur-Su, der im unteren Abschnitt Gökbunar-Su heißt und dessen Quelle auf dem Gebirge Kadmos (s. u.) lag. Der K. war ein s. Zufluß des Maiandros (h. Menderes). Strab. 12,578. **5.** K., Gebirge im inneren Kleinasien an den Grenzen Phrygiens, Pisidiens und Kariens (h. Chonas Dagh, 2571 m) s. der Stadt Kolossai (h. Khonas) und s. ö. von Laodikeia am Lykos, auf dem die Flüsse Kadmos und Lykos entsprangen (Strab. a. O. Ptol. 5,2,10 M. Plin. nat. 5,118). Der Name K. ist ungriech. H. T.

*W. M. Ramsay* The hist. geogr. of Asia Min. 1962, 134. *H. Kiepert* Atl. ant., tab. V. Atl. of the World II, Pl. 36.

**Kadoi** (*Κάδοι*). Zuerst von Pol. 33,12,2 genannte Stadt der *Μαιονία ἐν μεθορίοις Μυσίας καὶ Λυδίας καὶ Φρυγίας* (Ptol. 5,2,16 M.), bei Steph. Byz. p. 346 *πόλις Μυσίας*, h. Gedis bzw. Kedus (Ruinen), am oberen → Hermos, vermutlich nichtgriech. Ursprungs, z. Z. Alexanders d. Gr., von makedon. Soldaten besiedelt (Plin. nat. 5,111), bei Strab. 12,576 ein Ort der *Φρυγία ἐπίκτητος* (188 v. Chr. an Pergamon). Die Stadt bestand noch in chr. Zeit. Über Mz. und Inschr. s. Art. Phrygia RE XX 833. H. T.

*W. M. Ramsay* The hist. geogr. of Asia Min. 120. 147. 168. 241. Guides Bleus Turquie S. 337. Gr. Hist. Weltatl. I, S. 20a. Karte in der engl. Strab.-Edit. Bd. V (Anh.).

**Kados** (*κάδος, cadus*). Zunächst allg. »Gefäß zur Aufbewahrung von Flüssigkeiten«, dann auch Maß. In Athen wurde K. für → Metretes oder → Amphoreus gebraucht. Er maß 39,3 l. In Sizilien (Tauromenion) war der K. die Hälfte des att., also = 19,7 l (anders OXÉ). In der röm. Kaiserzeit wurde der K. auch mit dem *κεράμιον* (= röm. → *amphora*) geglichen, s. auch Colum. r. r. 12,28,4, öfter aber mit dessen Hälfte, der → *urna*. Unbekannt ist die Größe des K. in Kypros. H. Ch.

*F. Hultsch* Metrologie² 101.113,4.560.657ff. *O. Viedebantt*, RE X 1477. *A. Oxé*, BJ 147, 1942, 117ff.

**Kadusioi** (*Καδούσιοι*). Volksstamm am s.w. Ufer des Kasp. Meeres, zwischen den (n.)→*'Αλβανοί* und (ö.) → *Μάρδοι*, s. des unt. → *'Αράξης* (h. Aras), nach Steph. Byz. s.v. *μεταξὺ τῆς Κασπίας θαλάσσης καὶ τοῦ Πόντου*; zuerst von Xen. hell. 2,1,13. Kyr. 5,2,25 u.ö. erwähnt, von Strab. 11,508.523 zu Medien gerechnet. Vgl. Ptol. 6,2,2 N. (mit vielen Orten, darunter *Κυρόπολις*). Arr. an. 3,8,4. 19,4,7. Curt. 4,12,12. 15,2. Plin. nat. 6,36. 48. Mela 1,13. H.T.

*Meier*, RE Suppl. VII 316–317 (mit Lit.). *W. Sieglin* Schulatlas z. Gesch. d. Alt. S. 6–7. Gr. Hist. Weltatlas I, S. 17a.

**Kaeso.** Seltenes altes Praenomen (etwa: »Riemenschläger«, vgl. RE XVI 1660,60ff.) üblich bei Fabiern und Quinctiern (RE XXIV 1000 Nr. 8), vereinzelt bei Aciliern und Duiliern. H. G. G.

**Käfer.** Die Zahl aller genannten Tiere beträgt bei Opp. 459, Athen. 526, Aristot. in der hist. an. 558, Ail. nat. 703, Hesych. 1133: Davon sind nur wenige K. (Plin. nat. 11,4). Volkstümlich hieß der K. *κάνθαρος* (Diogenian. 5,40.88), *scarabaeus;* die wissenschaftliche Bezeichnung der gesamten Insektenordnung war *κολεόπτερα* (Aristot. hist. an. 1,5 p. 490 a 15), *ὅσα ἔχει τὰ πτερὰ ἐν κολεῷ*, weil sie die zarten Flügel unter einer Decke (*ἔλυτρον*: Aristot. 4,7 p. 532 a 23) tragen (Plin. nat. 11,97). Die K. entstehen aus Larven, *κάμπαι* (Aristot. 5,19 p. 551 b 23) oder *σκώληκες* (5,19 p. 552 b 3). Von den 112 (h. sind in S.-Europa etwa 5000 bekannt) mit mehr oder minder großer Sicherheit identifizierten, in der Ant. aber oft gleich benannten K.-Arten seien aufgeführt: A. Laufk.: 1. Scarites laevigatus F. (Plin. nat. 30,39). 2. Die Gattung Zabrus Clairv. hat im Mittelmeerraum ein Dutzend Vertreter, die bei Hesych. unter dem Namen *ψώμηξ* zusammengefaßt und bei Theophr. hist. plant. 8,10,4; Plin. nat. 18,152 gemeint sind. B. Schwimmk.: 3. Colymbetes coriaceus Hoffm., *κόλυμβος* (Hesych. s.v.: in Badeanstalten). C. Kurzflügler: 4. Philonthus ebeninus G. (Anth. Pal. 7,480,3: Larven fressen Leichen an). D. Leuchtk.: 5. Lampyris noctiluca L. (Aristot. part. an. 1,3 unterscheidet *λαμπυρίς* von dem gelbgefärbten Leuchtk., *βόστρυχος*: Plin. nat. 11, 98). 6. Drilus flavescens O., kündet die Saatzeit an (Plin. nat. 18,250). 7. Drilus fulvicornis K., der häufigste Leuchtk. in S.-Europa, *πυγολαμπίς* (Aristot. hist. an. 5,19 p. 551 b 26). E. Bohrk.: 8. Anobium pertinax L., Trotzkopf (Plin. nat. 11, 98. Apollod. 1,9,11). 9. Sitodrepa panicea L., Brotbohrer, fraß die Bibliothek des Aristot. und Theophr. an (Strab. 13,609). F. Pflaster-K. und Span. Fliegen: 10. Lytta dives B., Span. Fliege, bei der unklar war (in der Körperflüssigkeit), wo das Kantharidin ($C_{10}H_{12}O_4$) sitzt (Plin. nat. 29,94), das als Gift wirken konnte (Cic. Tusc. 5,117. Val. Max. 6,2 extr. 3. Plin. nat. 29,93.96), in der Medizin den Mutterzäpfchen beigegeben wurde und die Menstruation förderte (Diosk. 2,96. Plin. nat. 29, 76. Galen. 12,363f.). 11. Meloë variegatus L., *βούπρηστις*, ein langfüßiger (Veget. mul. 2,79, 10) Bienenschädling, der, von Pferden und Rindern geschluckt, deren Gallenblase sprengt und die Tiere zur Raserei bringt (Plin. nat. 30,30. Isid. or. 12,8,5). G. Bockk.: 12. Ergates faber L., Mulmbock, cossus, von den Römern geröstet und als Delikatesse verzehrt (Plin. nat. 17,220. 30,115; Hieron. adv. Iov. col. 101; Galen. alim. fac. 3,2). H. Rüsselk.: 14. Calandra granaria L., Kornwurm (Theophr. hist. plant. 8,10,1; Aristot. hist. an. 4,7 p. 531 b 25; vgl. Plin. nat. 18,302). I. Blatthornk.: 15. Ateuchus sacer L., Pillendreher (Mistkäfer), dessen äg. Hieroglyphe auch das Werden und Sein bedeutete, wurde in Äg. göttlich verehrt (Hdt. 3,28. Plin. nat. 30,99), nachgebildet (Ail. hist. an. 10,15) und selbst noch in Rom als Amulett getragen (Plin. nat. 11,97) oder als Siegel verwendet. Nach seiner Verpuppung (Aristot. hist. an. 8,17 p. 601 a 2) dreht er als fertiges Insekt Mistkugeln, wohnt im Winter in ihnen, zeugt Larven, aus denen nach 4 Wochen (Ail. hist. an. 10,15) wieder K. werden (Aristot. hist. an. 5,19 p. 552 a 17. Plin. nat. 20,98). Er wurde auf Münzen und Gemmen dargestellt. 16. Melolontha vulgaris F., Maik., ist vielleicht Aristoph. Nub. 763 (vgl. Herodas frg. 1) gemeint. W. Kre.

1. *H. Gossen*, RE X 1478f. Suppl. VIII 235f. 2. *H. Gossen* Die zoolog. Glossen im Lex. d. Hesych., in: Quellen und Stud. zur Gesch. der Naturwissenschaften und der Medizin 7, 1937 (1940), 1–154. *W. Pfeifer* Spanische Fliegen und Maiwürmer, Bn. 1966.

**Käse.** Der Beginn der K.-Bereitung, welche im ganzen Alt. gut bekannt und weit verbreitet war, beruht wohl auf dem Wunsche, die Milch besser haltbar zu machen und sie gleichzeitig so zu gestalten, daß ihr Nährwert in fester und nicht nur flüssiger Form genossen werden kann (vgl. die Entwicklung von Brei zu Brot; → Bäckerei). Den Weg hierzu mag die natürliche »Verdickung« von sauer gewordener Milch gezeigt haben und das Wort *ὀξύγαλα* (oder *ὀξυγαλάκτινος τυρός*) scheint öfters, wenn auch nicht immer, einen derartigen »Quark« zu bezeichnen, wie er bei Colum. 12,8 beschrieben wird. (Auch der »Pferde-K.«, *ἱππάκη*, der Skythen war wahrscheinlich Quark; vgl. Verg. georg. 3,463.) Schon sehr früh wurde jedoch auch eigentlicher K. (*τυρός*, *caseus;* vulg.-lat. *formaticum* [weil der K. in *formae* gefüllt wurde, Colum. 7,8,3], daher ital. *formaggio*, frz. *fromage*) aus frischer Milch gewonnen, die durch bes. Mittel zum Gerinnen gebracht wurde. Zu diesem Zwecke war aber die Kuhmilch, welche als zu fett betrachtet wurde (Aristot. hist. an. 522 a 26, Plin. nat. 11, 237, Varro rust. 2,11,3 und → Butter), weniger beliebt als Ziegen- und auch Schafsmilch (letztere wahrscheinlich schon beim hom. Polyphem, Od. 9,246), so daß bei Colum. die Käserei als Arbeit des *opilio* gelten kann (12,13,1), ihre genaue Beschreibung (7,8) aber im Anhang an ein Kapitel über Ziegen erscheint. Zum Gerinnen wurde hauptsächlich das aus dem Magen der Wiederkäuer gewonnene Lab (*πυετία*, *coagulum*) verwandt; aber auch eine Haut aus dem Hühnermagen, sowie Feigensaft (*ὀπός*) oder -blätter werden öfters erwähnt. Nachdem die Milch in Eimern leicht erwärmt und zum Gerinnen gebracht worden war, verteilte man sie in Körbe und entfernte durch Beschwerung und Pressen die Molke. Dann wurde der K. mit Salz bestreut, auf Brettern getrocknet, nochmals gepreßt und schließlich gewaschen. Manchmal wurde er auch noch geräuchert. Hierbei wurde natürlich der zum Verkauf oder gar zur Ausfuhr bestimmte K. durchaus sorgfältiger behandelt als der für den Hausgebrauch, wie auch durch mancherlei aromat. Zutaten (z.B. Pinien, Thymian) und durch örtliche Eigenheiten in der Zubereitung oder Form, wie noch h., die verschiedensten K.-Arten unterschieden wurden. Als Nahrungsmittel war K. wichtig und billig, obgleich die Ärzte ihn als schwer verdaulich (wenn auch nahrhaft) betrachteten. Gegessen wurde er entweder einfach mit Brot, Salz, Feigen oder Oliven oder auch als Zutat in Getränken (z.B. *κυκεών*), Fleisch- oder Fischgerichten (z.B. *tyrotarichos*) und dem im gleichnamigen ps.-Verg. Gedicht beschriebenen *moretum*. Auch in der Kuchenbäckerei spielte er eine Rolle. Daneben wurde K. auch als Opfer dargebracht, und in der Medizin fand er sowohl innerliche wie äußerliche Anwendung, bes. als Aufschlag gegen Gicht. L. A. M.

*Herdi* Herstellung und Bereitung von Käse im Alt., Thurgau 1918.

**Kaiadas** (Keadas). Schlucht im Taygetos, in die die Spartaner Gefangene und Verbrecher hinabstürzten, Lage unbekannt, zumeist bei Mistra-Parori gesucht. Thuk. 1,134,4. Paus. 4,18,4–7. Strab. 8,5,7 p. 367. Eustath. Hom. Il. 294,11 ff. 1478, 42 ff. Anecd. Bekk. 1,219,12 f. Hesych s. *καίατα*. Suda s. *βάραθρον* und *καιάδας*. E. M.

1. *v. Geisau*, RE X 1496. 2. *Hitzig-Blümner* Pausanias 2,141 f.

**Kai(a)phas.** In der Schreibung unsicherer (vgl. Bauer s.v.) Beiname des Hohenpriesters Joseph (Ios. ant. Iud. 18,2), des Schwiegersohnes des Hannas (Ioh. 18,13). Die Stellung des Hohenpriesters war damals ein Jahramt (vgl. Ioh. 11,51); deshalb läßt der ungewöhnlich lange Pontifikat des K. (18–36 n. Chr.) auf bes. Willfährigkeit gegenüber Pilatus und dessen judenfeindlicher Verwaltungspraxis (vgl. Ios. bell. Iud. 2,175 ff.; ant. Iud. 18,55–62) schließen. Sich gleichwohl den Pharisäern nähernd, hat K. deren Strafverfolgung Jesu mitbestimmt, den synhedrialen Schuldspruch (Mt. 26,3.57; vgl. Mk. 14,55 ff.) durchgesetzt und dessen röm. Bestätigung von dem in polit. Schwierigkeiten verstrickten Seiangünstling Pilatus erreicht [3]. J. Wi.

1. *E. Nestle* Theol. Stud. für Th. Zahn, 1908, 251–270. 2. *E. Meyer* Urspr. und Anfänge des Christentums, 1, 1921, 197 ff. 3. *E. Bammel*, ThLZ 79, 1954, 351–356. *Ders.* ZDPV 70, 1954, 147–153. 4. *G. Dalman* Orte und Wege Jesu, $1921^2$, 262 ff. *Cl. Kopp* Die hl. Stätten der Evangelien, $1964^2$, 400–405.

**Kaikias.** Ein angeblich vom → Kaikosflusse in Mysien abgeleiteter lokaler Windname, der bei Schaffung der zwölfteiligen Windrose, RE VIII A 2347 ff., unberechtigterweise als Strichwind für die Ost- 30° auf Nord-Richtung Verwendung fand als einer der *ἄνεμοι καθολικοί* (a.O. 2305). Er galt als stark wolkenbildend und hagelführend und bezeichnete urspr. die der heranziehenden Gewitterwolke entgegenbrausende und hoch aufwirbelnde Böe (s. die Fig. 3 a.O. 2251). Seine physischen Eigenschaften: kalt, warm, trocken, feucht wurden am Schreibtisch erfunden (s. Rehm, RE X 1499). Seine Gegenströmungsverhältnisse, Aristot. meteor. 364 b 14, waren gute Beobachtung, aus ihr schrieb sich die *παροιμία*: *ἕλκων ἐφ' αὑτὸν ὥστε καικίας νέφος* her. R. B.

**Kaikilios** s. Caecilius

**Kaikinos** (*Καικῖνος*; Nissen It. Ldk. 2,955), Grenzfluß zwischen Lokroi und Rhegion (Paus. 6,6,4), an dem 426 die Athener siegten (Thuk. 3, 103,3); der Athlet Euthydemos, Sohn des Flußgottes K. (Paus.), verschwand im K. (Ail. var. 8, 18). G. R.

**Kaïkos** (*Κάϊκος*). **1.** Eponym des mys. Flusses K., Sohn von Okeanos und Tethys, Hes. theog. 343. Anrede an einen Priester des K. Aischyl. Myser frg. 140 N. Mit Traian auf Mz. von Pergamon u.a. Orten Mysiens. H.v.G.

**2.** K., Fluß im w. Kleinasien (h. Bakyr tschai), schon von Aischyl. (bei Strab. 13,616), später oft in der ant. Lit. genannt (Hdt. 7,42. Skyl. 98 = GGM I 70. Xen. an. 7,8,18. Arr. an. 5,6,4. Paus. 1,10,4. 5,13,3). Der K. durchfloß Mysien (doch von Skyl. a.O. zu Lydien gerechnet). Er entsprang in der mys. Teuthrania (Plin. nat. 5,125, vgl. Liv. 37, 37,3) auf der w. Seite des *Τήμνον ὄρος* (h. Demirdji Dagh), durchströmte die nach ihm benannte Ebene (Strab. 12,576. Hdt. 6,28. Xen. a.O. Paus. 5,24,6. 9, 5. 14) und erreichte auf aiol. Boden zwischen Elaia (h. bei Klisse kjöi) und → Pitane das Meer (Mela 1,90) am *Ἐλαΐτης κόλπος* (h. Candarli Kör, Strab. 13,615). Er führte bedeutende Sinkstoffe mit sich, die seine Mündung in das Meer hinausschoben (Strab. 15,691). H. T.

*W. M. Ramsay* The hist. geogr. of Asia Min., S. 105 (mit Karte). 209. *Putzgers* Hist. Schul-Atl. 1913, S. 4. Atl. of the World II, Pl. 36.

**Kaikosthenes** (*Καικοσθένης*). Sohn des Apollonides, Athener, ist durch einige Signaturen als Bildhauer (z.T. mit seinem Bruder Dies zusammen) der Zeit um 200 v. Chr. bekannt. Identifizierung mit dem Erzgießer Chalcosthenes (? *cal-*

*costenes* B: *Caecosthenes*?) Plin. nat. 34,87 ist unsicher, mit dem Tonplastiker Chalkosthenes 35, 155 unwahrscheinlich. Von seinen Werken ist nichts erhalten. W. H. G.

*Rumpf*, in: *Thieme-Becker*, Allg. Lex. der bild. Künstler 19, 1926, 439. *Carettoni*, Enc. Arte Ant. IV, 1961, 288.

**Kainai** (*Καιναί*). Nur von Xen. an. 2,4,28 genannter Platz am w. Ufer des Tigris zwischen der Einmündung des *Λύκος* (h. Gr. Zab) und des *Ζαπάτας* (h. Kl. Zab). Das *Kane* des Hesek. 27,23 (assyr. *Kannu'*) und die *πόλις Κάναι τοῦ Τίγρητος ποταμοῦ* des Steph. Byz. sind ident. mit dem *K.* des Xen., unter dem das alte Assur zu verstehen ist. H.T.

*Weissbach*, RE X 1504. *W. Sieglin* Schulatl. z. Gesch. des Alt. S. 8. Gr. Hist. Weltatl. I, S. 15c.

**Kaineus** (*Καινεύς*). Ein riesiger Lapithe, Sohn des Elatos, aus Gyrton am Othrys, wegen seiner Unverwundbarkeit von den Kentauren nur dadurch bezwungen, daß sie ihn unter einer Last von Fichtenstämmen u. Steinen begruben. Hom. Il. 1, 264 (2,746 u. sonst Großvater des Leonteus). Hes. asp. 179. Pind. frg. 167. Apollod. 1,112. ep. 1,22. Apoll. Rh. 1,57 ff. (Argonaut). Sein Untergang ist Strafe für Überhebung gegen Apollon und Gottlosigkeit (er wollte nur seine Lanze angebetet wissen), Akusil. (Pap. Ox. 13, 1919, 133 f.). Sch. Apoll. Rh. a. O. Darstellung des Kampfes auf Bronzeblech aus Olympia 7. Jh. (JDAI 1937, Taf. 28), Vasen, Tempelreliefs. Als jüngere, hellenist. Sagenform gilt (wenn nicht schon Hes. frg. 200 erwähnt), daß K. urspr. ein Mädchen (Kainis) gewesen sei, das sich von Poseidon zum Dank für ihre Hingabe in einen unverwundbaren Mann verwandeln ließ, Dikaiarch. frg. 38 Wehrli, Kall. frg. 577 Pf., Verg. Aen. 6,448. Ov. met. 8,305. 12,175 ff. 470 ff. Ant. Lib. 17,4. H. v. G.

*G. Dumézil* Le problème des Centaures, Paris 1929, 181. *Delcourt*, RHR 144, 1953, 129 f.

**Kainoi** (*Καινοί*). Volkreicher thrak. Stamm, der im J. 188 v. Chr. zusammen mit den Astai gegen das unter Cn. Manlius Vulso stehende röm. Heer kämpfte. Bald nach 144 v. Chr. wurden die K. unter ihrem Fürsten Diegylis von Attalos II. von Pergamon unterworfen. Sie besiedelten das Gebiet vom unteren Hebros bis zur Propontis. Liv. 38,40,7 (nach Pol.). Strab. 13, 624. Plin. nat. 4,40. Ptol. 3,11,6. Chr. D.

*Oberhummer*, RE X 1505 ff. *Kiepert* FOA XVII. *Detschew* Thrak. Sprachreste 221 ff. *Wiesner* Die Thraker, Stuttg., 1963, Abb. 3, S. 16.

**Kainon Chorion** (*Καινὸν χωρίον*). Kastell am Lykos (h. Kelkitsu) in Pontos (Kleinasien), etwa 200 Stad. von der Königsburg Kabeira auf einem steilen Felsen gelegen und mit einer reichen Wasserquelle versehen. Hier verwahrte Mithridates VI. seine Schätze. Von Pompeius 65/64 v. Chr. erobert (Strab. 12,556. Plut. Pomp. 37). Die Lage steht nicht fest; vielleicht Mahala-Kalesi 22 km n.w. von Neokaisareia (h. Niksar). A.M.M.

*W. J. Hamilton* Reisen in Kleinasien 1, 1843, 323. *H. J. van Lennep* Travels in little known parts of Asia Minor 2, 1870, 61. *F. Cumont* Studia Pontica 2, 1906, 231. *G. de Jerphanion* Mél. Facult. Orient. de Beyrouth 5, 1911, 135 ff.

**Kainys** (Nissen It. Ldk. 1,96. 2,962), ital. Vorgebirge an der Straße von Messina gegenüber Cap Pelorum, von dem es nach Plin. nat. 3,73. 86: 12 stad. (= 1,5 mp) entfernt ist (Strab. 6,257 bemißt nur die Entfernung von Columna; Thuk. 6,1,2 hat ein kürzeres Stadienmaß); h. Entfernung: 3 km. G. R.

**Kairatos** (*Καίρατος*). Bach ö. von Knossos in Kreta, das auch danach genannt wurde, h. Katsambas [1], Strab. 10,4,8 p. 476. Kall. h. 3,44. Eustath. Dion. Per. 498. Hesych. E. M.

1. *Evans*, ABSA 6, 1899/1900, 3. 2. *M. S. F. Hood* Archaeological survey of the Knossos area 1956, 4 f.

**Kairos** (*καιρός*). »Das rechte Maß«, »der rechte Augenblick«, »die goldene Mitte« usw. vgl. Liddell-Scott und [1],55 ff. Zu k. als Stilprinzip und pädagog.-eth. Norm [1],54 ff.; bes. für die ältere Dichtung [2]. – Etym. umstritten; vgl. Frisk 755. Mit Erscheinungen wie den Person-Bereicheinheiten eng verwandt, ist K. zugleich das sachliche Faktum und der darin wirkende Gott, wenn auch mehr im Sinne von *χρόνος* (Soph. El. 179), *φρόνησις* (Soph. Frg. 836), *πλοῦτος* (Eur. Frg. 20), *πενία* (Eur. Frg. 248) u. ä. (WS 72, 1959, 5 ff., bes. p. 23). Bezeichnend allerdings ist die Nachricht des Antimachos von Kolophon (Frg. 32 Wyss), die *Καιρόν τε κραιπνὸν καὶ Ἀρίονα Θελπουσαῖον* . . . als Pferde des Adrastos nennt. Die Parallelstellung mit dem erdgeborenen Arion aus Thelpusa könnte alte, aber durch bestimmte religiöse Entwicklungen unterdrückte und durch die Ungunst der Überlieferung verlorengegangene Verehrung des K. vermuten lassen. Die Berührung der Bedeutungen *κ.* und *ὥρα* würden eine Beziehung des K. zu chthon.-vegetativen Vorstellungen eher als naheliegend erscheinen lassen; eine Entscheidung ist nicht zu fällen. – K. ist laut Ion von Chios jüngster Sohn des Zeus. Kult in Olympia (zu beidem Paus. 5,14,9) neben Zeus, → Homonoia und anderen Göttern. Zur Verbindung des K. mit Hermes, Tyche und Nemesis vgl. Lamer, RE X 1509. – Unter den künstler. Darstellungen des K. kommt der Bronzestatue des Lysippos in Sikyon größte Bedeutung (vgl. RE X 1510 ff.) zu, während die Nach- und Weiterbildungen schematisieren. Zur Motivverbindung von K. und Waage vgl. J. Gagé, RA 43, 1954, 141 ff. Zu allem wichtiges Bildmaterial und Quellen bei [3]. W. P.

1. *H. Wersdörfer*, Klass.-Philolog. Stud. 13, 1940, 54 ff. 2. *Friedr. Pfister*, Würzb. Stud. z. alttest. Wiss. 13, 1938, 131 ff. 3. *A. B. Cook* Zeus 2,859 ff.

**Kaiser, -tum** s. Princeps

**Kaiserkult** s. Herrscherkult

**Kaisareia** (*Καισάρεια*, *Caesarea*). Bedeutende Stadt Kappadokiens (h. Kaisarie, Kayseri), s.ö. des → Halys-Bogens an den N.-Abhängen des

**Kalamos** (*Κάλαμος*). **1.** Sohn des Flußgottes Maiandros. Als sein Liebling Karpos, Sohn des Zephyros und einer Hore, beim Wettschwimmen ertrank, bat er Zeus, auch sterben zu dürfen. Zeus verwandelte ihn in ein Schilfrohr, Karpos in Feldfrucht. Serv. Verg. buc. 5,48. Nonn. 11,370ff. In einer anderen Sage ist er Geliebter des Kissos. ROHDE Griech. Roman ²168,2. H. v. G.

*Murr* Die Pflanzenwelt in der griech. Mythologie, 1880, 279.

**2. K.** (*κάλαμος, calamus, harundo, canna*) bezeichnet neben dem selteneren *δόναξ* (doch bei Homer nur dies) alle Arten von Rohr und Schilf. Abgesehen von sehr häufigen Erwähnungen bei vielen Dichtern und Prosaikern seit Aischylos und Herodot finden sich vor allem bei Theophrast, sowohl in hist. wie in c. plant., bei Dioskurid. mat. med. 1,85 und Plin. nat. 16,156–172. 24,85–87 eingehende Beschreibungen und Beobachtungen über den Bau, das Wachstum, die Standorte und ausführliche Angaben über die mannigfaltige Verwendung der verschiedenen K.-Arten: zur Herstellung von Pfeilen, Flöten, Schalmeien, als Schreibrohr, zum Eindecken von Häusern, zum Gewölbebau, zum Dichten von Fugen, zum Flechten von Seilen, auch als Brennmaterial und zu allerlei landwirtschaftlichen und medizinischen Zwecken. Zu präziser botanischer Bestimmung reichen die ant. Angaben in den meisten Fällen nicht aus. – Das Bambusrohr beschreibt als *κάλαμος Ἰνδικός* Theophr. h. plant. 4,11,13; dazu Geopon. 2,6,23, Plin. nat. 16,162 *(harundo Indica)* und mit starken Übertreibungen Strab. 15,710 (aus → Megasthenes). – Als Droge importiert wurde aus Syrien, Arabien und Indien der *κ. ἀρωματικός* oder *εὐώδης* = *calamus odoratus* sowie der Kalmus, *ἄκορον* = acorus calamus L., und kosmetisch und medizinisch verwendet: Theophr. h. plant. 4,8,4. 9,7,1ff.; c. plant. 6,18,1. 14,8; de odor. 25. 33. Strab. 16,755. Plin. nat. 12,104. 13,73. 25,157 und viele Zeugnisse bei Ärzten. Vgl. HALÁCSY Conspectus florae Graecae 3,361ff. HELDREICH Die Nutzpflanzen Griechenlands 4. FRAAS Synopsis florae classicae 298. Zusammenfassend STADLER, RE X 1538ff. HEHN-SCHRADER, Kulturpflanzen und Haustiere⁸ 308ff. K. Z.

**Kalanos** (*Κάλανος*). Auch Sphines, ein berühmter brahman. Weiser, befragt von → Onesikritos (FGrH 134 F 17). Er verlangte von Onesikr., nackt auf den Steinen sitzend (→ Gymnosophistai), ihn anzuhören, während Dandamis sich höflicher gab. K., als Anhänger der Naturlehre (Strab. 15, 716), entwickelte eine ind. Lehre vom Goldenen Zeitalter, und O. hatte die Möglichkeit, von ihm zu lernen, da K. (aber nicht Dandamis) Alexander d. Gr. nach Persien begleitete. Er erkrankte und gab sich den freiwilligen Feuertod in einer großen Zeremonie (Strab. 15,717. Diod. 17,107) und begründete damit einen Mythos über die Inder im allgemeinen (Curt. 8,9,32). Ob er Alexander politisch beriet (Plut. Alex. 65), ist zweifelhaft. Nach Arrian (an. 7,2,4. Ps. Pallad. De Vita Bragm. 2, 11. 14 D) war K. der abtrünnige Gymnosophist (Hippol. Refut. omn. haer. 1,24). J. D. M. D.

**Kalasirieis** (*Καλασιριεῖς*). Nach Hdt. 2, 164. 166 neben den Hermotybies Kriegerklasse der Ägypter, nach Diod. 1,94 von König Sesoōsis, d. h. Scheschonq I. (950 v. Chr.) eingerichtet. Der Name ist vom → Kalasiris-Kleid abgeleitet, einem libyschen Wort. Es handelt sich bei den K. auch um libysche Soldaten, die bes. im Ostdelta angesiedelt waren. Es ist unbekannt, wodurch sie sich von den Hermotybiern unterschieden. W. H.

**Kalasiris** (*καλάσιρις*). Leinenschurz mit Troddeln, von Hdt. 2,81 als äg. Hauptkleidungsstück bezeichnet, danach anscheinend seit 22. Dyn. eine Gruppe der Soldaten als Kalasiries bezeichnet. Vgl. CAMINOS Late-Egypt. Miscell. 378 zu Pap. Lansing 2,3. W. H.

**Kalathos** (*κάλαθος*, Dim. *καλάθιον* und *καλαθίσκος*, letzteres auch ein Tanz (Athen. 14, 629 f.), lat. *quasillus*). Geflochtener Korb, vor allem für ungesponnene Wolle im Frauengemach [3],13. 17 Abb. 188 und 90 = FR T. 57,1 (vereinzelte Form). Grundform am Boden eng, sich nach oben wie ein Lilienkelch erweiternd (Plin. nat. 21,23). Für viele Zwecke gebraucht: Käsekorb (Od. 9,247) Hühnerkorb (Athen. 1,22c) aus Ton oder Metall, für Öl und Milch. Korb der Helena (Od. 4,125) aus Silber! Blumen- und Früchtekorb (Weinernte). Oft religiöses Attribut, bes. der Demeter (Kall. h. 6,1. 120) und Modius der Hekate, Artemis, Serapis u. ä. Fruchtbarkeitsspendern. SPRINGER-WOLTERS¹² 1923, 305. [4],294 (Silber-K. einer Demeterpriesterin aus Kertsch). H. S.

1. *Hug*, RE X 1548. 2. *Dar.-Sagl.* 1,2 s. v. calathus. 3. G. *Richter-J. Milne* Shapes and Names of Ath. Vases (1935) XX und 13, Abb. 90 und 188. 4. Enc. Art. Ant. s. Kalathos Bd. 4.

**Kalatiai** (*Καλατίαι*, auch *Καλλατίαι, Καλλαντίαι*). Ein ind. Stamm, der von Hekat. FGrH 1 F 298, und von Hdt. 3,38 (vgl. 97. 99. 101) erwähnt wird. Nach Hdt. verzehrten sie ihre Eltern und waren von dunkler Hautfarbe, also ein vorarischer Stamm (vgl. sansk. *kāla* = schwarz). JACOBY Komm. 365. G.-D. S.

**Kalaureia** (*Καλαύρεια*). Insel im S.-Teil des saron. Golfs an der Küste der argol. Akte, 21 qkm groß und bis 283 m hoch, h. Poros. Besiedlung myken. Zeit durch Grabfunde erwiesen ([3. 5. 6, 297ff.]). Die ant. Stadt mit einem berühmten Poseidonheiligtum mit Asylrecht, z. T. erhalten und ausgegraben, lag im Inneren der Insel. Das Heiligtum mit Beginn der Funde in geometr. Z. und Tempel aus dem E. des 6. Jh. und weiterem Ausbau im 5./4. Jh. [3 war Sitz einer alten Amphiktyonie, der Hermione, Epidauros, Aigina, Athen, Prasiai, Nauplia und das boiot. Orchomenos angehörten. In gesch. Z. gehörte K. zu Troizen. In K. beendete Demosthenes sein Leben durch Selbstmord, sein

Grab wurde gezeigt, [3],52. Skyl. 52. Strab. 2,5,21 p. 124. 8,6,3 p. 369. 8,6,14 p. 373f. Paus. 2,33,2–5. Agathem. Mela 2,109. 24. Inschr.: [6],287ff. IG IV 839–852. E. M.

1. *Philipps.-Kirst.* 3,119ff. 2. *v. Geisau,* RE X 2535ff. 3. *G. Welter* Troizen und K. 1941, 43ff. 4. *J.P. Harland* The Calaurian amphictiony, AJA 29, 1925, 160ff. 5. *D. Fimmen* Die kret.-myken. Kultur 13.66. 6. *S. Wide–L. Kjellberg* Ausgrabungen auf K., MDAIA 20, 1895, 267ff.

**Kalchas** (*Κάλχας, αντος,* zu *καλχαίνειν*). Berühmter Vogelschauer und Seher der Achaier in Aulis und vor Troia, Kyprien und Ilias (1,69ff. 2,300ff.), Sohn des Thestor; Geschwister nennen Il. 12,394 und Hyg. fab. 190; Heimat Mykene oder Megara (Hyg. fab. 97. Paus. 1,43,1). In Aulis deutet er das Sperlingszeichen auf die Dauer des troian. Krieges (Apollod. epit. 3,15f.), verlangt Mitnahme Achills (Apollod. 3,174) und Opferung → Iphigeneias (vgl. Eur. Iph. A. Hyg. fab. 98; auf Bildern der Opferung ist K. mit dargestellt), »führt« dadurch die Schiffe nach Troia (vgl. Apollod. epit. 3,20. Cic. div. 1,87), d.h. macht den Weg frei (W. Kullmann H[E 14] 198). Im 10. Kriegsjahr deutet er Apollons Zorn und fordert Rückgabe der Chryseis. Nach Späteren ist er auch an der List des hölzernen Pferdes und dem Anschlag auf Philoktetes beteiligt (Verg. Aen. 2,185. Apollod. epit. 5,8) und fordert die Opferung von Astyanax und Polyxene (Sen. Tro.). Die Nostoi erzählten, daß er zu Fuß nach Kolophon gelangte, wo er aus Gram über seine Niederlage in einem Seherwettstreit mit → Mopsos starb. Hes. Melamp. frg. 160. Pherek. frg. 95. Soph. frg. 181 N². (verlegt den Streit nach Kilikien). Apollod. epit. 6,2ff. Sch. Hom. Od. 13,259. Anders Konon 6, Serv. Verg. ecl. 6,72. Euphor. frg. 114 Scheidw. (verlegt Wettkampf und Tod nach Gryneion). Mopsos übernimmt K.' Begleiter und führt sie weiter nach Asien, Strab. 14,668. Nachrichten über Gräber des K. in Unteritalien, auf dem Berge Drion und bei Siris (Strab. 6,284. Lykophr. 1047ff.) beruhen wohl auf einer Verwechslung mit → Kalchos. H. v. G..

*Stoll* Myth. Lex. 2, 923. *W. Schultz* Rätsel aus dem hell. Kulturkreis, Lpz. 1909, 140ff. *R. Herbig* Götter und Dämonen der Etr., 1948, 14f. Abb. 43.

**Kalchedon** (*Καλχηδών, Καλχαδών, Calchedon, Chalcedon* etc.), bedeutendste Stadt auf der asiat. Seite des Bosporos am Übergang in die Propontis (Marmarameer) und am gleichnamigen Fluß, h. Kadıköy. Zur Erklärung des Stadtnamens hatte man in ant. Z. eine Reihe von etym. Erklärungen zur Hand (vgl. RE X 1555), jedoch fehlt noch eine sichere Deutung. K. wurde nach übereinstimmender, ant. Tradition im J. 685 v. Chr. (Ol. 23,4) von → Megara aus gegründet, ist jedenfalls älter als → Byzantion auf der gegenüberliegenden thrak.-europäischen Seite. In der Antike wurde diese Tatsache mit der ironischen Titulierung *caecorum oppidum* (Plin. nat. 5,149; vgl. Hdt. 4,144) dokumentiert, weswegen K. Hanell annehmen zu können glaubte, daß die Anlage einer »Ackerbaukolonie und nicht einer Handelsstation beabsichtigt war« (Meg. Stud. 134). Seit einigen Jahren sind jedoch Zeugnisse vorgeschichtlicher Z. auf dem Fikirtepe bei Kadıköy bekannt geworden. Wenn auch über die Kontinuität dieser Besiedlung noch nichts gesagt werden kann, weil die Untersuchungen noch nicht abgeschlossen sind und auch über die bisher erzielten Ergebnisse eine ausführliche Publikation fehlt, so ist doch mit größter Wahrscheinlichkeit anzunehmen, daß dieser Platz nicht unbesiedelt war und sich daher die megar. Ankömmlinge auch hier an eine bereits existierende Siedlung angelehnt haben.



In richtiger Einschätzung der geograph. Gegebenheiten haben die K. ihre dominierende Lage ausgebaut, zunächst Festsetzungen anderer Griechen am Bosporos mit Gewalt verhindert (Dionys. Anapl. 19f. § 48 Güngerich), um dann selbst bei der Kolonisierung von Byzantion mitzuwirken und eine beherrschende Position am Bosporos von und zum Pontos Euxeinos aufzubauen.

In hist. Z. war das Schicksal von K. mit Byzantion eng verbunden. Aus Furcht vor der Rache der Perser wegen Teilnahme am ion. Aufstande räumten die K. im J. 494 ihre Stadt, die zerstört wurde, und wichen nach → Mesambria aus (Hdt. 6,33). Dem del.-att. Seebund gehörte K. seit der Gründung an. In Kämpfen mit Athen, den Persern und Sparta gelang es K. immer wieder, seine zeitweise verlorene Unabhängigkeit zu behaupten; doch stand K. während der Feldzüge Alexanders auf pers. Seite (vgl. Arr. an. 3,24,5). K. wußte sich auch gegen die Diadochen und die steten Eroberungsabsichten der bithyn. Könige zu wehren, trat früh mit Rom in Verbindung und half im 3. makedon. Kriege mit Schiffen (Liv. 42,56).

Wenig ist aus der Zeit der Zugehörigkeit zum Imp. Romanum bekannt. Doch stand K. trotz mehrfacher Plünderung durch die Goten in engerer Wahl, als → Constantinus eine neue Hauptstadt im O. suchte. Obwohl er bei K. im J. 324 über → Licinius den entscheidenden Sieg errungen hatte, wurde die alte Rivalin Byzantion als Roma Nova erwählt. Aus den Trümmern von K. ließ Valens den berühmten Aquädukt in Konstantinopel erbauen, nachdem auf seinen Befehl K., das auf Seiten des → Prokopios gestanden hatte, zerstört worden war. – Für die Kirchengesch. ist K. als Tagungsort des 4. ökumen. Konzils im J. 451 bedeutsam. F. K. D.

Für die Ausgrabungen auf dem Fikirtepe vgl. die Hinweise AJA 60, 1956, 375. 66, 1962, 77 und den Vortrag von *K. Bittel* V. Türk Tarih Kongresi 29ff. Die Liste der Beiträge für den Seebund bei *B.D. Meritt–H.T. Wade-Gery–M.F. McGregor* Ath. Trib. Lists I 438f. *H. Merle* Die Gesch. der Städte Byzantion und K. (1916). *V. Schultze* Altchristliche Städte und Landschaften II 2 (1926). *E. Schwartz* Acta Conc. Oec. Bd. II: Conc. Universale Chalcedonense (1933).

*F.H. Weissbach*, RE XX 1530. *L.Dillemann* Haute Mésopotamie Orient., 1962, 103.118f.

**Kalaïs** und **Zetes** (*Κάλαϊς*, *Ζήτης*), die geflügelten Zwillingssöhne des Windgottes → Boreas und der → Oreithyia, Brüder von → Kleopatra und → Chione. Hdt. 7,189. Pind. P. 4,182. Plat. Phaidr. 229 b ff. Apoll. Rhod. 1,211 ff. Bei den Leichenspielen für → Pelias siegte K. im Doppel-, Z. im Langlauf, Hyg. fab. 273. Beide nahmen am Argonautenzuge teil, Apollod. 1,111. Ov. met. 6,712 ff. In Salmydessos verscheuchten sie auf Bitten ihres Schwagers → Phineus die → Harpyien; sie holten sie bei den → Strophaden ein, ließen sie aber unbehelligt, weil Zeus ihnen versprechen ließ, sie würden Phineus nicht mehr belästigen. Apoll. Rhod. 2,179 ff. Apollod. 1,122. Hyg. fab. 19. Nach Apollod. 3,199 kamen sie jedoch bei dieser Verfolgung um. Nach Akusilaos tötete Herakles sie bei Tenos und begrub sie auf der Insel, Hyg. fab. 14. Sen. Med. 634; über die Gründe Apoll. Rhod. 1,1303 ff. mit Sch. Nach anderer Darstellung befreiten die Boreaden ihre Schwester Kleopatra und deren Söhne → Pandion und → Plexippos, die auf Anstiften ihrer Stiefmutter → Idaia (Eidothea) geblendet undeingekerkert worden waren. Soph. Ant. 966 ff. Diod. 4,43 f. Bei Sil. 8,512. 12, 525 ist K. Gründer der campan. Stadt → Cales. H. v. G.

**Kalamai** (*Καλάμαι*). Dorf im s.ö. Messenien, *κώμη* bei Paus. 4,31,3, *χωρίον* bei Pol. 5,92,4 (217 v. Chr.), genaue Lage nicht bekannt, aber durch das anschließende Limnai, dessen Lage am S.-Abhang des Gomovuno feststeht, ungefähr bestimmt, am ehesten die [3] beschriebene ant. Ortslage eine halbe Stunde n.ö. von Kalamata, allenfalls beim h. Dorf Kalami etwa 2 km n.w. von Kalamata. Pidima ([4] u.a.) und Jannitsa (IG V 1 p. 258 u.a.) kommen nicht in Betracht. Das h. Kalamata (amtl. Kalamai) ist das ant. Pharai. E.M.

1. *W.M. Leake* Travels in the Morea 1,362. 2. *L. Roß* Reisen im Peloponnes 2 A. 1. 3. *K.Bursian* Geogr. Griechenl. 2,171. 4. *N.Valmin* Étud. topogr. sur la Messénie ancienne 51 ff. 5. *v. Geisau*, RE X 1531 f. Suppl. IV 854. 6. *Philipps.-Kirst.* 3,409. 7. *O.G. Chrysospathes* *Ἱστορία τῆς παλαιᾶς Καλαμάτας*, Kalamata 1936.

**Kalamis.** Einer der im Alt. berühmtesten Bildhauer des 5. Jh. v. Chr., häufig genannt bei Pausanias, Plinius, Lukianos ([1]). Er arbeitete in Bronze, Goldelfenbein, Marmor; Trennung von dem *caelator* K. Plin. nat. 34,47. 36,36 ist möglich, aber nicht nötig. Das Alt. schätzte am meisten die Pferdebilder des K. Seine Zeit bestimmt sich durch seine von Hieronymos aufgestellten Rennpferde des → Hieron (1) von Syrakus in Olympia (= etwa 466), seinen von Pindar gestifteten Zeus Ammon in Theben, eine für Kallias gearbeitete Aphrodite in den Propyläen zu Athen und die rhetor. Vergleiche, die ihn zwischen → Kanachos und → Myron setzen, als etwa mittlere Generation des 5. Jh. Da er viel für Boiotien geschaffen hat, war er vielleicht Boioter. Als sein Schüler wird Paus. 10,19,4 → Praxias genannt, der am jüngeren Apollontempel in Delphi tätig war; daraus muß nicht notwendig auf einen jüngeren K. geschlossen werden (s.u.). Eine gesicherte Vorstellung von den Werken und dem Stil des K. besitzen wir nicht. Zahlreiche Versuche, unter den röm. Kopien Werke des K. zu erkennen (ausführliche Zusammenstellungen mit aller Lit. bei [2] und [5]), haben bisher nicht zu allg. anerkannten Ergebnissen geführt, wofür aus letzter Zeit auf [3.4.5] verwiesen sei. Dörig [5] hat methodisch richtig darauf hingewiesen, daß Ausgangspunkt nicht eine der zahlreichen Apollonstatuen der Zeit 470–430 sein dürfe, sondern nur solche Werke, die infolge der Seltenheit ihres Motivs eindeutig mit K. verbunden werden können (Zeus Ammon, Alkmene, Hermione), doch ist die Lage gerade hier fast hoffnungslos. Dörigs Ausgangspunkt, Alkmene, ist durch die Textverderbnis Plin. nat. 34,71 nicht hinreichend gesichert. Die Identifizierung der Kallias-Aphrodite Paus. 1,23,2 mit der nur von Lukian. imag. 4,6; dial. meretr. 3,2 genannten Sosandra gibt, selbst wenn sie überzeugend gesichert werden könnte, keine genügenden Hinweise, die Figur in unserem Antikenbestande wiederzuerkennen. Die meist vertretene Gleichsetzung mit der sog. Aspasia ist sicher falsch (zuletzt: [5],241 ff.), da diese inschriftlich gesichert Europa darstellt. Dörigs Vorschlag, die sog. Demeter von Cherchel wieder als die Aphrodite/Sosandra des K. anzuerkennen, zeigt einen möglichen, vorerst immer noch unbeweisbaren Weg. Daran ist grundsätzlich richtig, daß K. nicht mit der älteren Forschung als ein Meister des strengen Stils angesehen werden muß, sondern weit in die Zeit der hohen Klassik hineingewirkt haben kann. Wenn seine frühesten Werke gegen 466 anzusetzen sind, kann er gut noch längere Zeit nach 430 gearbeitet haben, kann also der über der Arbeit in Delphi verstorbene Praxias noch sein Schüler gewesen sein. Für ein präziseres Bild von K. müssen neue Funde und Erkenntnisse abgewartet werden. Seine hohe Schätzung in der Ant. läßt uns auf solche Funde hoffen. W. H. G.

1. *J.Overbeck* Die ant. Schriftquellen zur Gesch. der bild. Künste im Alt. (1868) Nr. 508–532; 2185f. 2. *P.Orlandini* Calamide (bibliografia e sviluppo della questione. o.J. = Bologna 1950). 3. *Ders.*, Calamide. Bologna 1950. 4. *Ders.*, Enc. Arte Ant. IV (1961) 291 ff. 5. *J.Dörig*, JDAI 80, 1965. 138 ff.

**Kalamites** (*Καλαμίτης*). Att. Heros, dessen Heiligtum nahe dem städt. Lenaion, unweit des Marktes (Dörpfeld, Ath. Mitt. 20,185. Deubner Att. Feste 124), lag. Demosth. 18,129 mit Sch. Nach Sch. Patm. z. St. (BCH 1,412) ist K. von *κάλαμος* Schilfrohr abzuleiten, bei Ableitung von *καλάμη* Getreidehalm würde K. dem Demeterkreis angehören, während die Lage des Heiligtums auf Beziehungen zu Dionysos schließen ließe. H. v. G.

→ Ἀργαῖον ὄρος in günstiger Lage auf altem hethit. Kulturboden, einheim. Name Μάζακα (Ptolem. 5,6,14. Plin. nat. 6,8. Amm. 20,9,1. Geogr. Rav. 2,16 p. 94). Noch in hellenist. Z. Εὐσέβεια genannt (Strab. 12,537/38), erhielt Μάζακα 17 n. Chr. von Tiberius, der Kappadokien zur Provinz gemacht hatte, den Namen Caesarea und wurde der *praefectura Ciliciae* zugeteilt. Ausführliche Beschreibung bei Strab. a. O., πόλις μεγίστη τε καὶ πολυάνθρωπος bei Prok. aed. 5,4,7. K. Miller Itin. Rom., S. 729. 733. 735 mit Skizzen Nr. 234. 235, S. 730. 733/34). Mz. Inschr. H. T.

*W. M. Ramsay* The hist. Geogr. of Asia Min. 28. 39. 50 u. ö. Les Guides Bleus (Turquie) 396ff. *Ruge*, RE III 1289f. (Caesarea mit Lit.).

**Kakegoria** (κακηγορία). Das att. Recht unterschied zwischen Verbal- und Realinjurien ([1]. [2]). Schon von Solon wurden Beleidigungen durch Worte, κ., unter Strafe gestellt, aber nur solche, die durch die Publizität der Begehung (in Heiligtümern, Gerichtshöfen, Amtshäusern oder bei festlichen Spielen) qualifiziert waren (Plut. Sol. 21. Demosth. 20,104. [4]). Die Verunglimpfung des Andenkens Verstorbener fiel dagegen auch bei nichtöffentlicher Begehung unter Strafe. Später wurde in einem Gesetz eine Liste von bes. schweren, absolut verbotenen Schmähungen, → ἀπόρρητα (unvollständig erhalten bei Lys. 10,2.6.8), aufgestellt, bei denen jedoch dem Täter der Wahrheitsbeweis offenstand ([3],650). Die κ. wurde, von der Beamtenbeleidigung abgesehen, mit einer → δίκη verfolgt, über die nach einem Vorverfahren vor den → Diaitetai die Vierzigmänner verhandelten. Die Höhe der verhängten Geldstrafe schwankte im Laufe der Zeit, stets war sie aber abgestuft, je nachdem sich die Tat gegen einen Lebenden oder Verstorbenen oder gegen einen Beamten gerichtet hatte. Sie wurde wegen des mitsprechenden öffentlichen Interesses an der Strafverfolgung zwischen dem Staat und dem Verletzten geteilt ([3],650f.). Über κ. in Alexandreia s. [5]. E. B.

1. *E. Szanto*, WS 13, 1891, 159ff. 2. *H. F. Hitzig* Injuria, 1899, 80ff. 3. *J. H. Lipsius* Das att. Recht und Rechtsverf., 1905–1915, 646ff. 4. *Busolt* GStk. 536f. 5. *R. Taubenschlag* The Law of Greco-Roman Egypt, 1955, 435.

**Kakogamiu dike** (κακογαμίου δίκη). Eine Privatklage wegen Eingehung einer ungesetzlichen oder unschicklichen Ehe ist nur für Sparta überliefert (vgl. Plut. Lys. 30,5. [2]). Gegen die Existenz einer solchen Klage mit Recht Glotz ([1]). Wahrscheinlich stand den Behörden nur die Befugnis zu, ein κακογάμιον mit einer Ordnungsstrafe zu belegen ([1]). Eine Strafe für κακογαμία wird im 3. Jh. v. Chr. bei dem Stoiker Ariston erwähnt ([2],114,2). E. B.

1. *G. Glotz*, Art. Kakogamion, Dar.-Sagl. III 791f. 2. *W. Erdmann* Die Ehe im alten Griechenland, 1934, 114.

**Kakosis** (κάκωσις). Mißhandlung fürsorgeberechtigter Personen ([1]. [2]). Sie war in einem besonderen Gesetz unter Strafe gestellt (Isai. 8,32). Drei polit. wie kultisch für die Polis lebenswichtige Gruppen der Objekte ([3]) wurden unterschieden (Aristot. Ath. pol. 56,5): Eltern und Großeltern (γονέων κ., Schutz auch der Toten: Deinarch. 2,8.18), Waisen (ὀρφανῶν κ.) und Erbtöchter (ἐπικλήρων κ.). Die Handlung bestand nicht nur in einer Beeinträchtigung der körperlichen und seelischen (Plut. Sol. 20. Isai. 3,46) Integrität, sondern auch in einer Vernachlässigung der Unterhaltspflicht, und bei Waisen (bereits als *nascituri* geschützt: [1],344) in der Schädigung ihres Vermögens wegen ungünstiger Verpachtung (οἴκου ὀρφανικοῦ κ.). Im letzteren Falle wurde die Klage durch eine → φάσις, sonst durch eine → γραφή oder → εἰσαγγελία eingeleitet. Der Täter wurde nach Schätzung des Gerichts an Leib oder Leben bestraft. Bei κ. der Vorfahren drohte Atimie. E. B.

1. *J. H. Lipsius* Das att. Recht und Rechtsverf., 1905–1915, 342ff. 485. 2. *Bonner-Smith* The administration of justice from Homer to Aristotle 2, 1938, 59. 103. 3. *V. Ehrenberg* Der Staat der Griechen, 1965, 97.

**Kakotechnion dike** (κακοτεχνιῶν δίκη). Diese auf Bezahlung einer Geldbuße an den Kläger gerichtete Privatklage ([1]) wurde in Athen gegen den Zeugensteller ([2]. [3]) angestrengt, dessen Zeuge wegen falschen Zeugnisses verurteilt worden war (Demosth. 47,1. 49,56). Sie wurde bei den Beamten eingereicht, die auch für den Hauptprozeß und den Falschzeugnisprozeß zuständig waren. – In Alexandreia war sie mit der → ψευδομαρτυριῶν δίκη verschmolzen ([4]). E. B.

1. *E. Leisi* Der Zeuge im att. Recht, 1907, 139. 2. *J. H. Lipsius* Das att. Recht und Rechtsverf., 1905–1915, 783f. 962. 3. *Busolt* GStk. 1167,1. 4. RE XXIII 1384.

**Kakurgoi** (κακοῦργοι). In Athen eine Kategorie von »Übeltätern«, zu der urspr. Diebe (bei Begehung des Delikts unter erschwerenden Umständen) sowie Kleider- und Menschenräuber gehörten ([1]). Ein besonderes Gesetz (Antiph. 5,9) gestattete gegen die κ. bei Ergreifung auf handhafter Tat die Anwendung von Gewalt, → ἀπαγωγή. Strafe: der Tod ([3],276). Der Kreis der Übeltäter wurde später erweitert ([2]. S. auch Preisigke Pap. WB. s. v.). E. B.

1. *J. H. Lipsius* Das att. Recht und Rechtsverf., 1905–1915, 78. 320. 2. *Busolt* GStk. 532f. 3. *Bonner-Smith* The administration of justice from Homer to Aristotle 2, 1938, 214. 285.

**Kakyparis.** Sicilisches Flüßchen zur O.-Küste, entspringt bei Palazzolo Acreide, mündet 17 km sw. von Syrakus, erwähnt nur von Thuk. 7,80,5 bei der Schilderung des Rückzuges der Athener; h. Cassibile. K. Z.

**Kalachene** (Καλαχηνή). Landschaft ö. des Tigris oberhalb von Adiabene, bei Strab. 11, 4,8. 14,12; 16, 1,1. Ptol. 6, 1,2 bezeugt. Zugrunde liegt der alte Name der h. Ruine Nimrud Kalḫu (im A. T. Gen. 10,11f. *Kalaḥ*), einer der Hauptstädte des assyr. Reiches (bes. z. Z. Assurnaṣirpals und Salmanassars III.). W. Rö.

**Kalchos** (*Κάλχος*). König der Daunier (Apulien), Liebhaber Kirkes, die ihn seit Odysseus' Ankunft verschmäht. Den Drängenden lädt sie endlich ein, setzt ihm mit Zaubermitteln durchtränkte Speisen vor und treibt ihn in den Schweinestall. Ein daun. Heer landet auf der Suche nach dem König auf Kirkes Insel. Sie liefert den Zurückverwandelten aus gegen das Versprechen, nie wiederzukommen. Parth. 12. H. v. G.

**Kale Akte** (*Καλὴ Ἀκτή, Calacte, Calactae*). Stadt an der N.-Küste Siciliens, gegründet in den 40er J. des 5. Jh. von → Duketios mit Unterstützung des → Archonides von Herbita (Diod. 12,8,2. 29,1), nachdem eine im Anf. des Jh. geplante Ansiedlung ionischer Emigranten daselbst nicht zustande gekommen war (Hdt. 6,22); in röm. Z. *civitas decumana*, von Verres ausgeplündert (Cic. Verr. 3,101); Heimat des berühmten Rhetors → Caecilius (III 2). Geringe Reste bei Caronia 10 km ö. von San Stefano. Bronze-Mz. röm. Z. bei HEAD $HN^2$ 128. ZIEGLER RE X 1559 f. K. Z.

**Kalendae Ianuariae.** Der 1. Tag des neuen Jahres. Daß er dies schon vor Caesar war, beweist der vorcaesar. Kalender von Antium (vgl. LEUZE, BursJb 227,112 f.). Seit 153 v. Chr. traten die neuen Beamten ihr Amt an diesem Tage an. Der erste war der Consul Q. Fulvius Nobilior, der wegen des Spanienkrieges statt am 15. März am 1. Jan. sein Amt antrat (NIESE-HOHL Grdr. 159). Seit dieser Zeit bürgerte sich der 1. Jan. auch als Jahresbeginn ein (E. HOHL NJhb 1943, 18. NILSSON, RE IV A 352).

Der 1. Jan. ist *dies fastus*, was Ov. fast. 1,168 den Ianus so begründen läßt: *totus ab auspicio ne foret annus iners*, denn *omina principiis inesse solent* (178). Der Praetor nahm formell einige Klagen an (BÖMER zu Ov. fast. 1,165 f., vgl. MOMMSEN RStR 1,618), die festliche Senatssitzung (s. o. S. 5,40 ff.) ebenso wie private Arbeiten waren mehr symbolisch. Aber die Tage des ehemaligen Jahresbeginns und des Amtsantritts, seit dieser auf den 15. März festgelegt war, waren $N^P$ (→ fasti dies). – Opferfeuer mit duftenden Stoffen leuchteten weithin. Die Consuln zogen in der Amtstracht von ihrem Haus mit den Lictoren in Begleitung von Freunden und Volk, das festlich gekleidet war, zum Capitolium (*Tarpeias itur in arces* Ov. a. O. 79, doch s. BÖMER z. St.), um zum erstenmal auf der *sella curulis* Platz zu nehmen. Junge Stiere wurden Iuppiter geopfert (s. o. S. 5,40 ff.). Schilderung bei Ov. fast. 1,71 ff. 165 ff.

Den *omina* des Anfangs kam bes. Bedeutung zu: Das zuerst gehörte Wort galt als *omen*, für die *augures* war der erste Vogel zu beachten, Tempel und Ohren der Götter sind geöffnet. »Kein Gebet ist umsonst« (Ov. a. O. 165 ff.). Man beschenkte sich, auch dies als *omen:* Die Süßigkeiten sollten die Annehmlichkeiten, die Geldgeschenke (symbol. Kupfermünzen) den Wohlstand des Jahres herbeiführen. Geldgeschenke (→ *strenae*) von Privatleuten an den Kaiser erwiderte dieser mehrfach (Augustus, Tiberius) oder er benützte sie dazu, Geld zu erpressen (Caligula). Lampen und Sparbüchsen waren ebenfalls häufige Geschenke.

Die Feiern wurden immer prächtiger: Die K. I. haben allmählich die → Saturnalia als große Festzeit verdrängt und die meisten Bräuche von diesen aufgenommen; im 4. Jh. n. Chr. war dieser Prozeß abgeschlossen (NILSSON, ARW 19, 1916/19, 52). Schilderungen aus dieser Zeit in Libanios' *Εἰς τὰς Καλάνδας* und *Ἔκφρασις Καλανδῶν*, vgl. Lyd. mens. p. 67; manches ist aus den Kirchenvätern, die das lustige Treiben verdammen, zu gewinnen. Die Gelage begannen am Vorabend, am 1. Jan. beschenkte man sich, und eine große Militärparade erhöhte den Glanz des Festes, am 2. Jan. galt bei Trank und Würfelspiel allg. Gleichheit auch mit Sklaven, am 3. Jan. fand die *votorum nuncupatio* (Glückwünsche für den Kaiser) statt und begannen die 3täg. → *compitalia*, die also ebenfalls in der Neujahrsfeier aufgegangen sind.

Auch Maskenaufzüge (bes. Tiermasken in den kelt. Gebieten) und ein Saturnalien-(Narren-) König werden erwähnt (dieser Brauch kam mit den Soldaten aus dem O.: NILSSON, ARW 19, 1916/19, 84 ff.). – Das Weiterleben vieler Bräuche und die Aufnahme eines großen Teiles derselben in das Weihnachtsfest haben bes. NILSSON und SCHNEIDER gezeigt. W. E.

*M. P. Nilsson* ARW 19, 1916/19, 50 ff. *F. Schneider*, ARW 20, 1920/21, 82 ff. (für das MA).

**Kalendarion** (*καλενδάριον, calendarium*). Zins- oder Schuldbuch der Prinzipats- und Dominatszeit, sowie des lat. und byz. MA., das jeweils mit den Kalenden eines jeden Monats begann. Entweder Geschäfte eines Einzelhaushaltes sind hier für Wirtschaftszwecke zusammengestellt oder die einer Stadtkasse, die letztere öfters unter kaiserlicher Aufsicht. Das Wort lebt noch h. im Neugriech. u. in germ. u. rom. Wortvariationen weiter.

Außerdem scheint ein Verein von Aeso auf der iber. Halbinsel sich diesen Namen beigelegt zu haben. K. bedeutet hier vielleicht, daß am ersten Tage eines jeden Monats statutengemäße Versammlungen oder Opferritualien stattzufinden hatten. F. M. H.

Vgl. mit Bibliogr. *J. Oehler*, RE X s. v. (1), (2). *Du Cange* Gloss. Med. et Inf. Lat. s. v. (1). *De Ruggiero* Dizionario Epigr. s. calendarium. *Frank*, ESAR III 359 f. *Heumann-Seckel* s. v. *R. Klotz*, HWB der lat. Sprache $I^6$ (1879), s. v. *E. Klein* A Comprehensive Etym. Dict. of the English Language I (1966), s. calendar. *Δ. Δημητρακοῦ, Μέγα Λεξικὸν τῆς Ἑλληνικῆς Γλώσσης* 4 (1958), s. *καλενδάριον*.

**Kalender.** I. Ägypten. In der Frühzeit der äg. K. wurden die Lunationen von I bis XII, zu »Mondjahren« zusammengefaßt, fortlaufend durchgezählt, unbekümmert um den Ablauf des Naturjahres. Da aber bei der schon in der 1. Dyn. straff durchgeführten Administration die Irrigations-, Bodenbestellungs-, Steuer- und Gestellungstermine auf das genaueste eingehalten werden mußten, so kam es zur Einführung schemat. Monate von je 3 Tagdekaden, leicht an den Fingern abzählbar für jedermann. Der Beginn dieses festen Rumpfjahres von 360 d mußte öffentlich ausgerufen werden und fiel wahrscheinlich auf den Tag der Öffnung der oberen Schleusen der Beflutungsbassins (um den 26. Aug. greg.), wenn die Pegelhöhe, die Wasserförderung und die Schlammanreicherung des Nils in Ober-Äg. ihr Optimum erreicht hatte.

Neben dieser neilotischen Jahrform (JF) findet sich schon früh im 3. Jt. v. Chr. ein an den Siriusaufgang (damals um die Zeit der Sommerwende und der Grünfärbung des Nils) angeknüpftes, in 3 gleichlange Jahreszeiten, Tetramenien (*echet* »Überschwemmung«, *projet* »Winter«, *shomu* »Sommer«) aufgeteiltes Naturjahr. In diesem schrieb sich z. B. ein Datum: »II *echet:* 2 Dekaden + 4 Tage«. Alle weiteren festen JF.en, wie die von Brugsch festgestellte année sacrée, die kanop., die alexandrin., die kopt. u. a. sind unter jeweilig verschiedenen Gesichtspunkten aus der neilot. und soth. Form abgeleitete Gestaltungen, die sowohl unter sich, wie auch zu den urspr. JF.en, in festen Zeitverhältnissen standen. In den Sammelkal. an den Tempelwänden entstand infolge Übernahme der Feste aus mehreren Kal. eine unübersehbare Wirrnis von Opfertagdaten oft gleichen Kultanlasses auf gänzlich verschiedenen Daten der festen JF.en Die Annalistik der äg. Geschichtsschreibung: Das laufende »Mondjahr« wurde auf 12 Lunationen zu 354 d gerechnet. Alle 3 a mußte 1 d beigeschaltet werden, um das de facto-Neulicht mit der Zählung (36 mal 29.5 d) in Übereinstimmung zu bringen. Jedes 30. Mondj. machte sich eine weitere Tagschaltung notwendig (vor dem 1. Tag des Mondj., *ḥb tpj rnp.t*). Bei Zählung der Regierungsdauern – in ältester Zeit nach »Mondj.« – wurde die Koinzidenz dieser Schalttage mit den Anniversarien der Regierungsantritte angestrebt (Sedfestregulierung). Als die Gepflogenheit aufkam, das Jahr auf 360 + 5 Tage auszuzählen und diesen Zeitraum chronograph. zu ketten, mußte ein period. im Naturj. wiederkehrendes Phänomen im Mittel alle 4 Kalenderjahre nahezu 1 d später eintreten, z. B. fiel nach 1460 jul. (= 1461 äg.) J. der hel. Aufgang des Sirius wieder auf den Jahresanfangstag, auf den er im J. 2778 v. Chr. beobachtet worden war, d. h. auf den I *echet* 1 eines (seinerzeit schon laufenden) Wandeljahres (WJ) von 365 d (Sothisapokatastase). Da die Sothis im gesamten Verlauf der äg. Gesch. nie wieder astronom. einreguliert wurde, so können wir die uns überlieferten 5 zivilen Sothisdaten zeitgesch. genau aus der seit der Epoche stattgehabten kalendar. Verschiebung errechnen.

Die Schaltungsfreiheit (nach Monaten) der nach Sedfesten regulierten Mondjahrsrechnung einerseits und des zivilen WJ andererseits (nach Tagen) gestattete in letzterem die kult. zu beachtenden Mondaltertage mit großer Genauigkeit zu parapegmatisieren (vgl. Rehm, RE XVIII 1295 ff.). Ordinal hier wie dort gleiche Mondalter waren von bes. Festbedeutung. Um natürliche Jahreszeiten oder Sonnenj. kümmerte sich diese Kultkalendarik nicht, schnell vergessene Schaltvorgänge hätten die gewünschte historiograph. Kontinuität zerstört. Die Äg. kannten keine Ära wie wir, sondern schrieben ihre Gesch. in Zeitspannen von Regierungszeiten, die sie zu Chronologien der Dynastien zusammenaddierten.



Theban. Tempelastronomen gaben späterhin den schemat. Monaten Namen nach Festen von Göttern kosmolog. Natur und ihren Kultstätten, wahrscheinlich in Anlehnung an älteren populären Sprachgebrauch für die lunare Zählung. Als Zähltag »1« des Monats wurde festgestellt: das Neulicht (Lepsius, Meyer), Neumond (Brugsch, Sethe), Tag nach Altlicht (Parker) und Altlicht (Borchardt). Diese Dispersion machte sich in der Kalendarisierung der Hauptmondalter sehr bemerklich und erschwert die Bestimmung des lunaren Charakters (Neulicht, Vollmond) der verschiedenen Festaitia. Da die Äg. 2 Auffassungen des Tagesbeginnes kannten: Beginn der Frühdämmerung (bürgerlich) und Sonnenaufgang (astron.), so treten Doppeldatierungen von Festen oft auf, z. B. fiel das Uaga-Fest auf den 17. wie auch den 18. Thoth (Sethesche Theorie der Vorabendfeste).

Das Nychthemeron umfaßte in alter Zeit 36 Dekanstunden, die Dunkelnacht deren 12 (bürgerl.), abgelesen von den Kulminationen der – als ekliptikal imaginierten – »Dekansterne«. Diese verschoben sich nach der Theorie alle 10 Tage um einen Dekan in der Reihe. Die Zeitmessung durch Sonnenzeiger oder Wasseruhren rechnete mit 12 Saisonstunden für den astr. Tag, wie für die Nacht. Es sind Anzeichen vorhanden, daß schon Mitte des 2. Jt. v. Chr. eine Gleichstundenrechnung bekannt war. Als erstes Regierungs-J. eines Königs wurde – mit Ausnahme von Thutmosis III. – das zivile J. gerechnet, in das sein Regierungs-Antritt fiel. In der prädynast. Zeit der Horusdiener-Könige (und archaisierend auch noch bis in die 11. Dyn.) wurden die J. nach Vermögenssteuerveranlagungen (zweijährige »Viehzählung«) oder Einkommensteuerbeitreibungen (einjährige »Tennen«) gezählt.

Alexandrinische Jahrform:

| | |
|---|---|
| Thoth | 26. August greg. bis 24. September |
| Phaophi | 25. September bis 24. Oktober |
| Athyr | 25. Oktober bis 23. November |
| Choiak | 24. November bis 23. Dezember |
| Tybi | 24. Dezember bis 22. Januar |
| Mechir | 23. Januar bis 21. Februar |
| Phamen. | 22. Februar bis 23. März |
| Pharmu. | 24. März bis 22. April |
| Pachon | 23. April bis 22. Mai |

| | |
|---|---|
| Payni | 23. Mai bis 21. Juni |
| Epiphi | 22. Juni bis 21. Juli |
| Mesori | 22. Juli bis 20. August |
| Epagomene | 21. August bis 25. August |

Tag × greg. = Tag × + 3 der griech. Kalender.

R. B.

Lit. Belege und Nachweise in RE IX A 2338.

II. Bei den Griechen.

A. Über die Entstehung des griech. K. fehlen eindeutige Nachrichten. Sie hängt mit den Versuchen zusammen, das Sonnenjahr, als dessen Länge hinlänglich bekannt war, mit dem Mondjahr in eine feste Relation zu bringen. Über diese Versuche, die vermutlich in die 2. Hälfte 6. Jh. fallen, s. o. II 1300. Daß der 1. Versuch mit einer Oktaeteris auf einen in Babylonien für die J. 528–505 feststellbaren 8jährigen Zyklus zurückzuführen ist (s. R. A. PARKER–W. H. DUBBERSTEIN Babylon. Chronol.[3] Prov. 1956), braucht nicht angenommen zu werden. M. P. NILSSON hat in seiner Abh. Die Entstehung und relig. Bedeutung des griech. K. (Lund 1963) neue, sehr wertvolle Erkenntnisse, bes. von sakralen Gesichtspunkten aus, beigesteuert. Er geht von der Annahme aus, daß der griech. K. auf die griech.-astronom. Wissenschaft in Kleinasien zurückzuführen sei, wo sich bekanntlich Thales mit dem lunisolaren K. beschäftigte (Diog. Laert. 1,24) und die berühmte Sonnenfinsternis vom 28. Mai 585 voraussagte, und daß seine Entstehung nicht als ein allmählich und natürlich gewordener Vorgang zu betrachten sei, sondern als eine unter sakralem Einfluß von Delphi durchgeführte Reform, die in Athen mit den staatspolit.-religiösen Reformen Solons (erste Hälfte 7. Jh.) zusammenhing. Auf Delphi führe auch die Tradition des att. Kalenderwesens zurück und der Ansatz der für die Opfer und Feste bestimmten Monatstage. Plat. leg. 7,828 A schrieb nach altem Herkommen vor, die Feste nach den Sprüchen von Delphi gesetzlich zu regeln. Weiteres s. Art. Monat(snamen).

Die prakt. Auswirkungen des wissenschaftlich exakt berechneten lunisolaren Jahres sind für den K. sicher sehr gering gewesen. Näher bekannt ist uns dieser K. nur von Athen. Daß er im 5. Jh. nicht mit dem Mondlauf übereinstimmte, geht aus verschiedenen lit. Bemerkungen (z. B. Aristoph. Nub. 615; Pax 406 ff.) sowie aus Inschr. hervor. Schaltungen wurden von den Archonten oder auf Grund von Volksbeschlüssen nach polit., militär. oder sakralen Bedürfnissen unregelmäßig und willkürlich angeordnet (s. BICKERMAN Chronologie[2] 1963, 15). Da sie zugleich in den verschiedenen Städten ohne jede Einheitlichkeit gehandhabt wurden, kam es in Griechenland zu einer weitgehenden Verschiebung der ohnehin verschieden benannten Monate (s. Monatsnamen) und des Verhältnisses der Monate zueinander, bes. auch des Monatsanfanges, und schließlich zu einem ausgesprochenen Kalenderwirrwarr (BICKERMAN



a. O.), wobei in einzelnen Städten, wie wir aus Inschr. ersehen, neben dem bürgerlichen K. *κατ᾽ ἄρχοντα*, ein zweiter *κατὰ τὸν θεόν* oder *κατὰ τὴν σελήνην* lief, der sich also nur nach dem Lauf des Mondes richtete. Eine gewisse Einheitlichkeit wurde im O. des röm. Imperiums erst mit der Einführung des iulian. K. allmählich erreicht.

Im att. K. kam zu der bürgerlichen Datierung noch die nach → Prytanien, d. h. nach dem Jahresanteil, in dem von einer Phyle die Verwaltungsgeschäfte geführt wurden. Solange Athen 10 Phylen und daher auch 10 Prytanien (bis zum J. 307) besaß, umfaßte im Gemeinjahr die 1.–4. Prytanie je 36 T. = 144 T., die 5.–10. Prytanie je 35 T. = 210 T., wobei der Turnus der 10 Phylen nicht den Monaten entsprach, sondern unabhängig von dem bürgerlichen K., durchlief, was zu Irrtümern, bes. in den Inschr., führte. In der Z. der 12 Phylen ab 306 liefen Prytanien und Monate, d. h. Amtsjahr und bürgerliches J., grundsätzlich parallel. S. a. B. D. MERITT The Athen. Year, Oxf. 1961. K. PRITCHETT–D. O. MERITT The Chronol. of Hell. Athens 1960.

III. Bei den Römern.

Der vorcaesarische K. Der vorcaesar. K., der das älteste röm. J. (auch J. des Numa genannt) mit seinen 10 Monaten ablöste, beruhte auf einem Mondjahr von 12 Monaten und 355 Tagen (s. Art. Jahr o. II 1300 f.). Es begann mit dem Monat Martius. 4 Monate (Martius, Maius, Quintilis, October) enthielten 31 Tage, 7 Monate (Ianuarius, Aprilis, Iunius, Sextilis, September, November, December) 29 Tage, einer (Februarius) 28 Tage. Seit dem J. 153 v. Chr. begann das Jahr mit dem 1. Januar. Die neuen Monate wurden den alten angehängt, was schon durch die Ordnungszahlen Quintilis bis December bekundet wird. Die Verbindung mit dem Mondjahr wurde beibehalten mit der Gesamtzahl der Tage und mit der Rückwärtszählung innerhalb der einzelnen Monate von den 3 Mondphasen aus (Nonae, Idus, Kalendae), s. Monat(stage). Alle 2 J. wurde, um das Mondjahr mit dem Sonnenjahr in Übereinstimmung zu bringen und die jahreszeitlich gebundenen Festtermine einzuhalten (s. LATTE Rel., Anhang: Festtafeln), abwechselnd ein Monat von 22 und 23 Tagen *(mensis intercalaris)* am 23. Februar nach dem Fest der Terminalia eingeschaltet und der Rest des Februarius an den Schaltmonat angehängt, wodurch der unmittelbare Zusammenhang mit dem Mondmonat aufgegeben wurde, ohne den Zweck der Schaltung zu erreichen, d. h. ein J. zu finden, dessen Durchschnittslänge zyklisch dem Sonnenlauf entsprochen hätte. Die Entwicklung und der Verlauf des K. in der Republikzeit kann nur ganz vage und unvollständig festgestellt werden. Einwandfrei kann dies bis jetzt nur bei 2 Daten erfolgen, bei denen die lit. Überlieferung des Kalendertages mit der angegebenen Finsternis geglichen werden kann (Liv. 37,4,4: röm. 11. 7. 190 = astronom. 14. 3. 190 und Liv. 44,37,8: röm. 4. 9. 168 = astronom. 21. 6. 168). Vgl. BICKERMAN a.O. 27. G.RADKE, RhM 1960, 178. DERS. G 71,80ff. (der hier die Lebensdaten von Vergil und Horaz neu berechnet hat). F.K.GINZEL HB. der Chronol. II 268. R.WERNER Der Beginn der Republik, München-Wien 1963. S.a. Art. Zeitrechnung.

Bei der K.-Reform Caesars im J. 46 (über sie o. II 1301) mußte ein Fehlbetrag von 90 Tagen ausgeglichen werden. Sie beendete die willkürliche Eigenmächtigkeit der Pontifices und brachte den röm. K. in eine dauernde, die → Zeitrechnung weiterhin bestimmende Form. W. S.

Fasti (Ergänzung zu dem Art. o. II 518f.). Die 1. Veröffentlichung von f. und deren Aufstellung auf dem Forum wird auf den aed. curul. Cn. → Flavius (I 3) zurückgeführt (daß Flavius nur die 1. Buchveröffentlichung gemacht habe, so MOMMSEN Chronol. 31,35a, ist nicht überzeugend). Prakt. Bedürfnisse führten zu mehreren Ausgaben von f., teils zur öffentlichen, gewissermaßen amtlichen Aufstellung, teils in Buchform; entweder nur als Gerippe oder mit Erklärungen, wie z.B. die von M. → Fulvius Nobilior (I 25) im Tempel des Hercules Musarum aufgestellten f. Weitere Vf. von f. sind uns nur durch gelegentliche Notizen bekannt (s. WISSOWA Art. Fasti RE VI 2017). Wir dürfen begründet annehmen, daß die sog. f. Praenestini von M. → Verrius Flaccus stammen, der wohl auch eine ausführlichere Buchausgabe verfaßt hat (BÖMER Ov. Fasten 1,22f.). Wichtige Vf. von f. sind M. → Iunius Congus (Gracchanus? I 14), L. → Cincius Alimentus (1), → Varro in B. 8 der Antiquitates, Ovid. Außer diesem sind hsl. überliefert die f. des Furius Dionysius → Philocalus und des → Polemius Silvius (beide CIL I². DEGRI XIII 2), ferner des Ioh. → Lydos' Werk *περὶ μηνῶν*. Viel wichtiger aber sind die f. auf Stein, von denen die einzigen, noch vor der K.-Reform Caesars verfaßten die f. Antiates veteres (oder maiores) sind (noch nicht in CIL I². Über die im CIL noch nicht enthaltenen f. s. O.LEUZE, BursJb 227, 1930, 97ff. WISSOWA, H 58, 1923, 378ff., vgl. auch NSA 1921, 124ff. LATTE RRel 2,1. DEGR. a.O.). Diese Steinkalender sind nun alle publiziert in DEGRI XIII 2 (mit Lit.). W. E.

**Kales.** Kleiner Hafenplatz an der Mündung des gleichnamigen Flusses in den Pontos Euxeinos. Hier verlor der athen. Stratege → Lamachos im Sommer 424 v.Chr. in einer durch schwere Regenfälle verursachten Flutkatastrophe seine Schiffe, konnte sich jedoch mit seiner Mannschaft zu Lande nach Kalchedon durchschlagen (Thuk. 4,75,2). Der unter verschiedenen Namensformen (vgl. RE X 1603) bezeugte Ort wird in den Küstenbeschreibungen nach dem Lykos als erste Anlegestelle ö. von → Herakleia Pontike, h. Ereğli, genannt, und ist wohl mit Alaplı zu identifizieren. In der kleinen Mündungsebene kann sich gut das Naturereignis zugetragen haben, zumal schwere Regenfälle auch h. keine Seltenheit im Küstenbereich sind. In Alaplı wurden neuerlich zahlreiche Funde gemacht. F. K. D.

*F.K. Dörner*, Denkschr. Öst. Ak. 75,1 (1952), 9.



**Kalesios** (*Καλήσιος*). Troer, Wagenlenker des Axylos, mit diesem von Diomedes erschlagen. Il. 6,18. USENER, Kl. Schr. 4,222ff. erklärt K. mit den Schol. A. z. St. als Hypostase des Hades (»Lademann«), besser ROBERT Stud. zur Il., 1901, 490 aus den Rufen des Wagenlenkers. H. v. G.

**Kaletor** (*Καλήτωρ*). **1.** Achaier, Vater des Kreters Aphareus., Il. 13,478.541. **2.** Troer, Sohn des Klytios, Vetter Hektors, von Aias erlegt. Il. 15, 419ff. Bruder der Prokleia, Paus. 10,14,2. Dargestellt auf der Tab. Il. – Namenserklärung wie bei Kalesios. H. v. G.

**Kaliadne** (*Καλιάδνη* statt hsl. *Καλιάνδη*, vgl. *Ἀριάδνη*). Najade, die dem Aigyptos 12 Söhne gebar. Apollod. 2,19. H. v. G.

**Kalingai** (sanskr. Kaliṅga). Indisches Volk, das an der O.-Küste Indiens, im h. Orissā und am n. Küstenstreifen von Āndhra lebte. Nach Megasthenes (bei Plin. nat. 6,64f. 7,30) hieß die Hauptstadt ihres großen Reiches *Parthalis*. Sie wurden im J. 261 v.Chr. von dem Kaiser Aśoka unterworfen, der darauf die Kalinga-Edikte erließ (verschiedene Ausg. mit Übers.-en, z.B. CIInd. ed. Hultzsch, Ind. Inscr. of Aśoka, Lond. 1925. J. BLOCH Les Inscr. d'Asoka, Paris 1950). Die Taten ihres Königs Khāravela nach dem Tode Aśokas sind in der Hāthigumphā-Inschr. verzeichnet. Über den bisher aufgrund dieser Inschr. vermuteten Rückzug des Demetrios I. aus Mathurā infolge des Einfalls von Khāravela in Magadha s. noch zustimmend TARN The Greeks in Bactria and India, 1951², 146f. 166.457 (Anh. 5) mit Bibliogr., aber ablehnend A.K. NARAIN The Indo-Greeks², 1962, 40–43. G.-D. S.

*Cunningham* Anc. Geogr of India 1,435ff. (Neudr. 1963). *Herrmann*, RE X 1604f.

**Kalk.** Das lat. calx stammt wohl von griech. *χάλιξ*, das sowohl K.-Stein und allg. kleinere Steine wie den gebrannten K. bezeichnet. Noch Theophr. lapid. 64ff. bringt K. mit Gips und verwandten Substanzen durcheinander. Auch *τίτανος* steht für K. und Gips wie *κονία* für Staub, K.-Staub und K.; *ἄσβεστος* ist ungelöschter K. Den Römern ist K. spätestens seit dem 3.Jh. v. Chr. bekannt; Cato agr. 16.38 gibt Vorschriften für K.-Brennen, *calcem coquere*, durch K.-Brenner, *calcarii*, und für K.-Öfen, *calcariae (officinae)*. Der ungelöschte K. heißt *calx viva* (Vitr. 8,6,8), gelöschter *calx extincta* (Vitr. 2,5,1) bzw. *restincta* (CIL I 577). Ein erhaltener röm. K.-Ofen z.B. Anz. Schweiz. Altertumskde 1907, 613 T. 22. Der mit Wasser gelöschte K. (Ov. met. 7,107f.) wird bei Bauten, mit Sand vermischt, als Bindemittel verwandt (Mischungen: Vitr. 2,5,1), außerdem zum Tünchen und, zusätzlich mit Marmorstaub vermischt, zum Stuckieren. Der K.-Mörtel, *calx et* *arena(tum)*, *arenatum*, von den Römern zu hervorragender Qualität entwickelt, ist die Voraussetzung für das schon in sullan. Z. virtuos gehandhabte *opus caementicium*, ein aus K.-Mörtel und kleinen Steinen bestehendes, sehr hart werdendes, in Holzverschalung fast beliebig formbares Baumaterial, das spätestens seit dem 3. Jh. in Italien bekannt, vielleicht aus Karthago eingeführt ist (Varro rust. 1,14,4. Plin. nat. 35,169). Ohne diesen K.-Mörtel ist die große Entwicklung der röm. Architektur undenkbar. W. H. G.

*M.E. Blake* Anc. Rom. Construction in Italy 1947. *G. Lugli* La tecnica edilizia Romana, 1957. *L. Crema* L'architettura Rom., 1959, bes. 12ff.

**Kallaischros** (*Κάλλαισχρος*). Athener, Sohn des Kritias, Großneffe Solons, lebte etwa von 490 v. Chr. bis nach 411. K. war der Vater des berühmten Kritias (Diog. Laert. 3,1. Vgl. PA 7758). K. W.

**Kallas.** Fluß an der N.-Küste von Euboia bei → Histiaia-Oreos, h. Xerias oder Xeropotamos, Strab. 10,1,4 p. 445. E. M.

1. *Fr. Geyer* Topogr. und Gesch. der Insel Euboia 9. 82. 2. *Philipps.-Kirst.* 1,574f.

**Kallatis** (*Κάλλατις*, urspr. angeblich *Acerbatis*). Griech. Stadt an der W.-Küste des Pont. Eux. auf dem Boden der h. rumän. Hafenstadt Mangalia. K. wurde gegen E. 6. Jh. von → Herakleia (7) gegründet und zählte so zu den wenigen megar. Kolonien an der thrak. Pontosküste. K. war lange selbständig und konnte im Aufstande gegen den Strategen von Thrakien Lysimachos (313 v. Chr.) sich tapfer wehren, ihr Widerstand wurde erst nach einigen Jahren gebrochen. Ein Teil der Bevölkerung suchte noch während der Belagerung Zuflucht im Bosporan. Reich. Nach dem Zusammenbruch der makedon. Herrschaft wurde K. wieder selbständig und führte um 260 (?) v. Chr. einen Krieg gegen Bysantion um das Monopol in Tomi, der mit einer schweren Niederlage für K. endete. K. schloß sich ähnlich den übrigen westpont. Städten Mithradates VI. an, nach dessen Besiegung sie von Lucullus eingenommen wurde (im J. 72). Nach erneuter Selbständigkeit wurde K. um 50 v. Chr. vom Getenkönig → Burebista erstürmt. Unter Augustus Thrakien angegliedert. Skymn. 761 ff. Diod. 19, 73. 20,25. Memnon (Nymphis) FGrH III B 434, F 13. Eutr. 6,10. Fest. brev. 9. App. Ill. 30,85. Dion Chrys. 36,4 (Borysth.). Strab. 7,303 ff. Chr. D.

*Vulić*, RE X 1610ff. (überholt); neuere Lit. bis 1962 bei *Danoff*, RE Suppl. IX 1079ff. *C. Preda*, K., Bukarest 1963 (dt.), wertvolle Abbildungen. *D. M. Pippidi* und *D. Berciu*, Geţi şi Greci la Dunărea de Jos, rumän. (Geten und Griechen am unteren Donaulauf), Bukarest 1965.

**Kalliades** (*Καλλιάδης*) **1.** Dichter der Neuen Komödie, von dem IG $II^2$ 2325 einen Lenäensieg, 6 Stellen nach Menander, verzeichnet. Er kann daher nicht derjenige sein, von dem Athen. 13, 577 b einen Angriff auf Aristophon (2) zitiert. Aber auch Kallias (9) für diesen zu substituieren, geht kaum an. Ein Stück *Ἄγνοια* war zwischen K. und Diphilos strittig (Athen. 9,401 a). W. K.

*Körte*, RE X 1612. 1627.

**2.** K., Bildhauer des 4. Jh. v. Chr., erwähnt nur bei Tatian. ad Graec. 36,14, vielleicht verwandt mit einem delph. Bronzegießer, Sohn eines K. von Athen (3. Jh.) und einem K. Sohn des → Sthennis von Athen, Bildhauer in Lindos um 240. W.H.G.

*Lippold*, RE VIII 242. *J. Marcadé* Rec. des signat. de sculpteurs Grecs 1, 1953, 45. *Carettoni*, Enc. Arte Ant. IV 296.

**Kallianax** (*Καλλιάναξ*). Arzt um 250 v. Chr., Herophileer; Galen (CMG V 10,2,2 p. 203,18–26 Wenkebach) berichtet ausführlicher über sein unverantwortliches Benehmen am Krankenbett. F. K.

**Kalliaros** (*Καλλίαρος*) oder Kalliara. Bei Hom. Il. 2,531 genannte, zu Strabos Z. verschwundene Stadt (9,4,5 p. 426) des ö. Lokris, wohl bei Opus. Genannt auch bei Hellanikos, FGrH 1 frg. 13 bei Steph. Byz., und bei Mela 2,40. E. M.

*Oldfather*, RE X 1613f.

**Kallias** (*Καλλίας*). Häufiger att. Name, vom 6.–4. Jh. v. Chr. abwechselnd mit dem Namen Hipponikos bes. in der begüterten, zum Demos Ankyle gehörenden Priesterfamilie der → Kerykes üblich. Stammbaum: PA 1, hinter S. 520; vgl. auch BELOCH GG $^2$2,2,43ff.

**1.** Reicher Athener des 6. Jh. v. Chr., Sohn des Phainippos. Als erbitterter Tyrannengegner kaufte er nach des → Peisistratos Verbannung (welche gemeint ist, bleibt unklar) dessen konfiszierte Güter auf (Hdt. 6,121). Pyth. und olymp. Siege bezeugt Hdt. 6,122 (vgl. Sch. Aristoph. Av. 283). Wahrscheinlich stiftete er die von Endoios gearbeitete, jetzt im Akropolis-Museum aufbewahrte Sitzstatue der Athena (Paus. 1,26,4; dazu LIPPOLD Griech. Plastik 74f. T. 21,2). **2.** Sohn des Hipponikos, Enkel von 1, * gegen E. 6. Jh. v. Chr., vermählt mit → Elpinike, der Tochter des → Miltiades und Halbschwester des → Kimon (2). K. galt als reichster Mann seiner Z. (Lys. 19,48); sein Beiname *Λακκόπλουτος* (Suda s. *K.*, Komödienspott folgend) mag auf Grubenbesitz deuten. 3 olymp. Siege werden bezeugt (Sch. Aristoph. Nub. 64. Basis eines Weihgeschenkes: A. E. RAUBITSCHEK Dedications from the Athen. Acropolis, Cambr. (Mass.) 1949, Nr. 111). Wie andere Angehörige seiner Familie war K. Daduchos (Plut. Arist. 25,4) und Proxenos der Spartaner (Xen. hell. 6,3,4). Als junger Mann kämpfte er bei Marathon (Plut. a. O. 5,6ff., mit anekdot. Ausschmükkung). Nach Kimons Erfolgen auf Kypros führte er als Haupt einer athen. Gesandtschaft in Susa Verhandlungen mit Artaxerxes I. (Hdt. 7,151), die 449 mit dem sog. K.-Frieden ihren Abschluß fanden. Ob ein regelrechter Vertrag fixiert oder nur eine Absprache getroffen wurde, ist umstritten (Diskussion: [2]–[6]). Die Urkunde, auf die sich Demosth. 19,273 und Plut. Kim. 13,4f. (nach → Krateros) berufen, ist jedenfalls, wie schon →

Theopompos (FGrH 115 F 153ff.) erkannte, eine Fälschung des 4. Jh.; auch das Standbild des K. (Paus. 1,8,2) entstammte erst dieser Z. (vgl. [4]). K. selbst weihte der Aphrodite eine Statue auf der Akropolis (→ Kalamis). Die Nachricht, ihm sei nach der Rückkehr aus Persien von seiten der enttäuschten Athener der Prozeß gemacht worden (Demosth. a. O.), ist nicht von der Hand zu weisen. Die letzte Spur polit. Wirkens ist seine Beteiligung an der Friedensgesandtschaft nach Sparta im J. 446/45 (Diod. 12,7).

*Ed. Meyer* Forsch. 2,71ff. 2. *R. Sealey*, Hist. 3, 1954/55, 325ff. 3. *D. Stockton*, Hist. 8, 1959, 61ff. 4. *Chr. Habicht*, H 89, 1961, 1ff., bes. 12ff. 25f. 5. *K. Kraft*, H 92, 1964, 158ff. 6. *H.B. Mattingly*, Hist. 14, 1965, 273ff. Weiteres: *Bengtson* GG $^2$205f.

**3.** Sohn des → Hipponikos (1), Enkel von 2, * gegen 450 v. Chr., wie seine Vorfahren Daduchos und Proxenos von Sparta (Xen. hell. 6,3,3f.). Seine Mutter war in 2. Ehe mit → Perikles (Plut. Per. 24,8), seine Schwester Hipparete mit → Alkibiades (2) verheiratet. Als haltloser Verschwender und Lüstling wird K. von den zeitgenöss. Komikern verspottet (z. B. von Eupolis in den Kolakes; vgl. Aristoph. Eccl. 810 u. ö.). Positiver ist das Bild, das Platon (Protagoras) und Xenophon (Symposion) zeichnen, obgleich ersterer K.' aufwendige Bildungsbeflissenheit und seinen eifrigen Verkehr mit den namhaften Sophisten der Zeit offensichtlich übertrieben fand (vgl. auch die Reste des Dialogs »K.« von → Aischines [1]; dazu H. Dittmar, PhU 21,186ff.). Fest steht indes, daß K. das riesige väterliche Vermögen rasch durchbrachte (Lys. 19, 48). Als Gegner des → Andokides spielte er im J. 399 beim Prozeß wegen des Mysterienfrevels eine zweifelhafte Rolle. 390 gelang ihm als Strategen gemeinsam mit → Iphikrates (1) bei Korinth die Vernichtung einer spartan. Mora (Xen. hell. 4,5, 14ff.). 371 gehörte er der Gesandtschaft an, die zu Friedensverhandlungen nach Sparta ging. Nach Xen. hell. 6,3,4 wäre er schon zuvor zweimal als Gesandter aufgetreten. Bald nach 371 dürfte er gestorben sein. **4.** Athener des 6. Jh. v. Chr., Sohn des Hyperochides. Seine Tochter Myrrhine war mit dem Peisistratiden → Hippias (1) vermählt (Thuk. 6,55,1; vgl. Aristoph. Equ. 448). **5.** Sohn des Kalliades aus dem Demos Aixone (? Vgl. IG $II/III^2$ 5430), nach Plat. Alk. 1,119a Schüler des → Zenon von Elea. Seine Politik zielte auf eine Stärkung Athens im Falle einer künftigen krieger. Auseinandersetzung mit Sparta: 434 beantragte er, den Schatz der Athena Polias um 3000 Talente zu erweitern (sog. K.-Dekret, IG $I^2$ 91 = Sylloge$^3$ 91), ein J. später setzte er sich für ein Bündnis mit Rhegion und Leontinoi ein (IG $II/III^2$ 51.52). Er fiel als Stratege 432 vor Poteidaia (Thuk. 1,61,1. 63,3). G. Busolt, Philol. 50, 1891, 86ff. W. Kolbe, SPrAW 1927, 319ff. 1929, 273ff. 1933, 154ff. Weiteres: Bengtson GG $^2$201,1. **6.** Sohn des Telokles aus der Phyle Pandionis (IG $II/III^2$ 3018), verheiratet mit der einzigen Schwester des → Andokides, wie dieser im Zusammenhang mit dem Hermokopidenfrevel verhaftet, jedoch bald wieder entlassen (And. 1,40.42.68 u. ö.). Anf. 4. Jh. errang er als Gymnasiarch einen Sieg (IG a. O). **7.** Sohn des Mnesarchos aus Chalkis, in den 40er J. des 4. Jh. v. Chr. zusammen mit seinem Bruder Taurosthenes energischer Vorkämpfer für ein Bündnis der euboi. Städte unter Führung von Chalkis (Aischin. 3,85ff.; vgl. Deinarch. 1,44; Hyp. 1 Frg. 5, 13ff.). Zwecks Unterstützung seines Programms wandte er sich im J. 341 an Athen, das er noch 349/48 bekämpft hatte. Dank Demosthenes' Eintreten, der K. und seinem Bruder auch zum att. Bürgerrecht verhalf, kam es zu gemeinsamen Aktionen gegen die Tyrannen von Oreos und Eretria und anschließend zu einer Allianz gegen Philipp II. Nach 338 lebte K. vermutlich in Athen. H. Gä.

*Schäfer* Demosth. $^2$2,87ff. 420ff. Zur Chronol.: *U. Kahrstedt* Forsch. zur Gesch. des ausgehenden 5. und des 4. Jh., 54ff. 72ff.

**8.** K., Sohn des Herakleiden Temenos, Königs von Argos. Er sucht mit seinen Brüdern Agelaos und Eurypylos die Schwester → Hyrnetho ihrem Manne → Deiphontes zu entführen. H. v. G.

**9.** K., Lysimachos' Sohn, Dichter der Alten Komödie, siegte 446 bei den Dionysien und noch einmal (IG $II^2$ 2318.2325). Die Rekonstruktion von IG XIV 1097 ergibt, daß er mindestens 20 Stücke aufgeführt hat, die bis auf 8 Titel (Suda + IG XIV 1097) verschollen sind. Nur von 3 haben wir Frg., die für *'Αταλάντη* und *Κύκλωπες* nicht viel hergeben; in den *Πεδῆται* wurde Euripides mit Sokrates' Mithilfe beim Dichten, Perikles mit Aspasias Redeunterricht aufgezogen. Kratinos nannte den K. spottend *Σχοινίων* (Frg. 324), unter den Widersachern, die er nach Aristoph. Equ. 528 vernichtete, verstand der Sch. K. und seinen Kreis. Mit dem Vf. der *Γραμματικὴ τραγῳδία* (Athen. 7,276a. 10,448b. 453c) ist dieser K. nicht zu identifizieren. W. K.

*Körte*, RE X 1627. *W. A. Dittmer* The Fragments of Athen. Comic Didaskaliai found in Rome, 1923. *v. Wilamowitz* Kl. Schr. 5/1, 398.

**10.** K. von Syrakus, schrieb in 22 B. eine panegyr. Gesch. seines Brotherrn → Agathokles (Diod. 21, 16,5), die offenbar exkursreich war (Anfänge Roms, Thaumasia etc.). Unsicher ist, inwieweit K. die Überlieferung beeinflußt hat (→ Duris, → Timaios, Diod. [B. 19/21], Trog. etc.); Timaios' Darstellung war gegen K. gerichtet. W. Sp.

Frg.: FGrH 564 m. Add. Lit.: *F. Jacoby*, RE X 1628f. *E. Manni*, Kokalos 3, 1957, 149f. 6, 1960, 172. 9, 1963, 265ff. *C. Dolce*, ebd. 6, 1960, 143ff. *R. Van Compernolle* Et. de chronol. et d'historiogr. sicil., 1960, 358 Anm. 1. *C. J. Classen*, Hist. 12, 1963, 449ff.

**11.** K., griech. Grammatiker des 3./2. Jh. v. Chr. (?) aus Mitylene (Athen. 3,85 f.; Strab. 13,618), Vf. von Komm. zu Sappho und Alkaios. Den Titel einer (vor der Ausgabe des → Aristophanes v. Byz.

entstandenen?) Spezialschrift περὶ τῆς παρ' Ἀλκαίῳ λεπάδος nennt Athen. a.O. H. Gä.

*Susemihl* 1,346. *Wilamowitz* Textgesch der griech. Lyriker, Bln. 1900, 74ff.

**Kallibios** (*Καλλίβιος*). Spartaner, von Lysander als Harmost auf Bitten der Dreißig nach Athen geschickt (Xen. hell. 2,3,13. 14), wurde von diesen durch Ehrungen und Bestechungen für ihre Herrschaft gewonnen (Diod. 14,4,4). K. W.

**Kallichoron** (*Καλλίχορον*). Bei Paus. 1,38,6 das h. noch vorhandene Brunnenhaus an der äußeren Mauer des hl. Bezirks von → Eleusis neben den Großen Propylaeen, an dem die eleusin. Frauen für Demeter getanzt haben sollten. Wegen Hom. h. 5, 270ff. nimmt [2. 3] einen älteren Brunnen am Fuß des Felsens unter dem Weihehaus an. Sonst Eur. Suppl. 392. 619. Ion 1075, u. a. E.M.

1. *F. Noack* Eleusis 73f. 2. *G. Mylonas* The hymn to Demeter and her sanctuary at Eleusis, 1942, 74ff. 3. *Ders.* Eleusis and the Eleusinian mysteries 44ff. u. ö.

**Kallichoros** (*Καλλίχορος*). Fluß in Paphlagonien zwischen Herakleia Pontike (h. Ereğli) und Tieion (h. Filyos), dem Dionysos heilig, nach dessen Orgien (*χοροί*) er benannt sein soll. Erwähnt von Skyl. 90. Apoll. Rhod. 2,904 und Sch. (Ὀξύνων). Plin. nat. 6,1. Amm. 22,8,23. K. ist wohl ident. mit dem von Arr. per. p. E. 19 Ὀξείνας, von Anon. per. p. E. 12 Ὀξίνας, von Marc. Heracl. epit. p. Menipp. 8 Ὀξίνης genannten Fluß. Ist h. nicht sicher zu lokalisieren. A. M. M.

*W. v. Diest*, Peterm. geogr. Mitt. EH. 94, 1889, 77f. *R. Kiepert*, Karte von Kleinas.$^2$, 1913, A III. RE X 1632. XVIII 2005f.

**Kallidike** (*Καλλιδίκη*). **1.** Tochter des eleusin. Königs Keleos. Hom. h. 5,109. 146. **2.** Königin der Thesproter (in Epeiros), von der das späte kykl. Epos Telegonie erzählte, Odysseus kommt auf seiner Alterswanderung nach Thesprotien, heiratet K. und überläßt nach ihrem Tode seinem Sohn von ihr, Polypoites, die Herrschaft. EGF 57ff. Apollod. ep. 7,34f. H. v. G.

**Kallidromon** (*Καλλίδρομον*). Der Gebirgszug über den Thermopylen, im weiteren Sinne zur Oite gerechnet, nach Strab. 9,4,13 p. 428 »nach einigen« auch die Fortsetzung bis zum Golf von Ambrakia, h. Saromata, bis 1372 m hoch, in hellenist. Zeit mit mehreren Befestigungen. Plut. Cat. mai. 13,3. App. Syr. 17. Liv. 36,15,10. 16,11. 17,1. 18,8. Ptol. 3,14, 11f. Plin. nat. 4,28. E. M.

1. *W. I. Woodhouse* Aetolia 67ff. 2. *Fr. Stählin* Das hellen. Thessalien 194. 3. *Philipps.-Kirst.* 1,237. 251. 4. *A. R. Burn*, ABSA 44, 1949, 315f. 5. *Ders.* Studies presented to D. M. Robinson 1,480ff. 6. *W. Kendrick Pritchett*, AJA 62, 1958, 203ff.

**Kallidromos.** Sklave des M.' Laberius Max.; als dieser Statth. von Moesia inf. war, geriet K. angeblich im 1. Dakerkrieg um 101 in Gefangenschaft des Susagus, der ihn dem Partherkönig Pacorus II. schenkte; er konnte im 2. Dakerkrieg fliehen, kam nach Nikomedien, war bei Bäckern tätig, die ihn zu übervorteilen suchten, worüber er sich beschwerte. Plinius schickte K. nach Rom, epist. ad Tr. 74; Politik hinter der Erzählung des K. zu suchen, ist verfehlt, Sherwin-White, Plin.-Komm. 1966, 662. R. H.

**Kallieis** (*Καλλιεῖς*). Der westlichste Teilstamm des aitol. Stammes der Ophieis (Ophioneis) im oberen Tal des Mornopotamos, Thuk. 3,96,3. Ihr Hauptort Kallion (Paus. 10,22,6. Steph. Byz. s. Σόλλιον. Φάκιον. SEG 11,414,38) ist das h. Palaeokastro von Veluchovo (amtlich Κάλλιον), Syll. I$^3$ 369 = IG IX 1$^2$,154. [3.4], hellenist. zumeist Kallipolis genannt, Pol. bei Liv. 36,30,4 und Steph. Byz. s. Κόραξ. App. Syr. 21. BCH 45, 1921, 23 IV 60. 26 IV 124 (?). Das Ethnikon Kallieis auch hellenist. noch gebräuchlich, IG IX 1$^2$, 3,16 = Syll. I$^3$ 421 und ö. in IG IX 1$^2$. Inschr. von Magnesia 28,10 = Syll. II$^3$ 557 App. A, meistens nun aber Καλλιπολίτας. Bekannt geworden ist K. durch die brutale Ausmordung durch die Gallier 279 v. Chr., Paus. 10,22,3–7. 18,7. Inschr.: IG IX 1$^2$,154–159. EA 1955, 71f. = SEG 16,368. E. M.

1. *W. J. Woodhouse* Aetolia 59ff. 67ff. 363ff. 2. *G. Sotiriades*, BCH 31, 1907, 277ff. 295ff. 303ff. 3. *Philipps.-Kirst.* 1,369f. 2,579. 583. 610. 4. *G. Klaffenbach*, RE XVIII 640ff. 5. *A. J. Reinach* Un monument delphien. L'Etolie sur les trophées gaulois de Kallion, Journ. int. d'arch. numism. 13, 1911, 177ff.

**Kalliena** (*Καλλίενα*). Das. h. Kalyān in der Nähe von Bombay, ein Handelsplatz, vor allem für den griech.-röm. Überseehandel mit Indien, der z. Z. des Vf. des periplus m. Erythr. 52f. (GGM 1,294, 1. Jh. n. Chr.) von einem örtlichen Herrscher blockiert wurde. G.-D. S.

**Kalliga** (*Καλλίγα*). Nach Ptol. 7,1,93 Ortschaft in India intra Gangem am unteren Tyndis, vermutlich das h. Cuttack am Māhānādi. Vgl. Kalinga. G.-D. S.

**Kalligeneia** (*τὰ Καλλιγένεια, ἡ Κ.*). **1.** Der 3. Tag der → Thesmophorien, mit einem Kuchenopfer begangen, das von reichen, aus den einzelnen Demen Athens gewählten Frauen ausgerichtet wurde. Isai. 3,80. 8,19. Deubner Att. Feste 52ff. 59 bezieht eine Reihe von Fruchtbarkeitsriten, die von den Thesmophorien überliefert sind, spez. auf diesen Tag. Nilsson Griech. Feste 317. 323. P. Stengel Griech. Kultusaltertümer 3,1920,232. **2.** Aus dem Namen dieses Festtages erwachsene Sondergottheit, bes. in Athen. Aristoph. Thesm. 298 mit Sch. Plut. quaest. Gr. 31. Anruf beim Schwur Alkiphr. 4,19. 2,37. Schon die Ant. deutete K. verschieden, als Tochter der Ge, als Tochter des Zeus und der Demeter, als Priesterin und Dienerin der Demeter (Hesych. CIG III 54,32). Im Grunde ist sie Demeter selbst als Mutter des schönen Kindes und Göttin des Kindersegens. H. v. G.

*Usener* Götternamen 122f. Statue der K. im sizil. Akrai IG XIV 205.

**Kallikles** (*Καλλικλῆς*). **1.** Sophist E. 5. Jh. v. Chr., Schüler des Gorgias, nur aus Platons Dialog Gorgias bekannt; dort wird er als extremer Vertreter des Standpunktes gekennzeichnet, alle Recht-Setzung diene dem Schutz und Vorteil der Schwachen gegen die Starken; mithin stelle Recht keinen objektiven oder absoluten Wert dar. Es ist müßig, an der Gestalt des K. hist. und von Platon erfundene Züge scheiden zu wollen: Gorgias, Polos und K. vertreten im Dialog Gorgias 3 Aspekte einer von Sokrates bekämpften Theorie, es gebe keine absoluten, sondern nur zweckgebundene Werte. H. D.

*H. Draheim* Wer ist Kallikles? Woch. Kl. Phil. 1911, 364–366. *Fr. Levy* Die Gestalt des K. in Platons Gorgias, Sokrates 8, 1920, 301 ff.

**2.** K., Griech. Historiker oder Grammatiker wohl hellenist. Zeit (3. Jh.? Vgl. die Polemik des → Alkaios (Nr. 5] Anth. Pal. 7,5), der in einer ungenannten Schrift die Behauptung aufstellte, Homer stamme aus Salamis auf Kypros. Die Belege FGrH 758 F 13. H. Gä.

**3.** K., Maler, wohl 4. Jh. v. Chr., bekannt für seine kleinformatige Malerei. (Plin. nat. 35,114. Charis. 1,126 K. nach Varro). **4.** K., Sohn des Theokosmos von Megara, Bildhauer des 5. oder 4. Jh., von dem Paus. 6,7,2.9 zwei Siegerstatuen in Olympia nennt (Reste einer erneuerten Basis ohne Signatur gefunden: Inschr. v. Olympia 151); Plin. nat. 34,87 nennt K. unter den Bronzegießern als Künstler von Porträtstatuen *(philosophi)*. **5.** K., Sohn des Eunikos, Bildhauer, von dem in Megara eine signierte Basis für kleine Bronzefigur zutage kam. Plin. nat. a. O. kann sich auch auf diesen K. beziehen. Letztes Drittel 4. Jh. v. Chr. W. H. G.

*Lippold*, RE X 1636f. *Carettoni* Enc. Arte Ant. 4, 1961, 296f.

**Kallikolone** (ἡ Καλλικολώνη). Hügel in der Troas nach Strab. 13,597f. 30 Stadien von Neu-Ilion und 10 Stadien von Ἰλιέων κώμη, am Flusse Simoeis (h. Dümrekçay) gelegen. Vielleicht der h. Karajur, auf dem eine ant. Siedlung festgestellt ist, die aber über die vorklass. Zeit nicht hinaufreicht (C. Blegen, AJA 39, 1935, 33). Nach Hom. Il. 20,51 soll Ares auf diesem Hügel die Troianer zum Kampf aufgemuntert, nach Sch. Hom. Il. 20,3 der Schönheitswettstreit der 3 Göttinnen stattgefunden haben. Vgl. auch Hom. Il. 20,53.151. Hesych. und Suda s. v. A. M. M.

*P. W. Forchhammer*, Journ. R. Geogr. Soc. Lond. 12, 1842, 40. *W. Leaf* Strab. on the Troad, 1923, 178. RE X 1637. VII A 555.

**Kallikrates** (Καλλικράτης). **1.** Athen. Demagoge und Politiker in der Nachfolge des → Kleophon, versprach, eine Triobelie einzuführen; später zum Tode verurteilt (Aristot. Ath. pol. 28,3). Vielleicht bezieht sich auf ihn das Sprichwort: ὑπὲρ τὰ Καλλικράτους (Suda, Phot. s. v.; Hesych. s. Παρνόπη). **2.** Athener, wurde im J. 346 zusammen mit Metagenes vom Strategen Proxenos zu den Phokern geschickt, um wegen der Übernahme von Alponos, Thronion und Nikaia bei den Thermopylen durch die Athener zu verhandeln. Seine Verhandlungen blieben jedoch erfolglos (Aischin. 2,132–134). K. W.

**3.** K., nicht bestimmbarer Vf. einer vor 86 v. Chr. (Zerstörung des Peiraieus durch Sulla) geschriebenen, zuverlässigen Periegese π.'Αϑηνῶν als deren Autor stets *K.* ἢ *Μενεκλῆς* (der von Barka?) bzw. *Μενεκλῆς* ἢ *K.* zitiert wird; der eine Autor mag den anderen epitomiert haben. Das B. (Frg.: Harpokr., Aristoph. Sch.) gehört wohl in die Reihe der geogr. Periegesen wie der Perieget von Hawara, Herakleides, Paus. etc. FGrH 370.369 (Komm.). F. Jacoby, RE X 1638f.

**4.** K. von Tyros. Griech. Hist., der eine panegyr. Schrift über Aurelianus verfaßte; Exzerpt in H.A. 26,4f. (Vorzeichen, die Aurelianus' künftige Stellung anzeigten). W. Sp.

Frg.: FGrH 213. Lit.: *F. Jacoby*, RE X 1639. *Stein*, RE X 1637. PIR² C Nr. 226.

**5.** K. Plut. Per. 13,7 nennt K. neben → Iktinos als Architekt des Parthenon in Athen; K. arbeitete auch an der von Perikles beantragten mittleren der Langen Mauern (a. O.), von ihm stammt der Plan für den Niketempel auf der Akropolis (Sylloge³ 63), der dann zunächst nicht ausgeführt wurde. Vielleicht hat K. auch an der Burgmauer Ausbesserungen vorgenommen (Sylloge³ 62). Hypothet. werden ihm auch der ion. Tempel am Ilissos und der 3. Apollontempel auf Delos zugewiesen.

*C. Weickert* in: *Thieme-Becker* Allg. Lex. der bild. Künstler s. v. (1926). *G. Gruben* Die Tempel der Griechen, 1966, 145. 157. 184ff.

**6.** K., Lakedaimonier, Toreut, immer zusammen mit → Myrmekides genannt (Athen. 11,782 B. Ail. var. 1,17. Gal. protr. 9. Sch. Dion. Thrax p. 110, 6–9 Hilgard. Plut. mor. 1083 E. Plin. nat. 7,85. 36, 43). Beide waren für ihre Kleinstplastiken berühmt; die Verteilung der Arbeiten schwankt, man besaß wohl später keines ihrer Werke mehr. Zeit unsicher, vielleicht archaisch. **7.** K., Sohn des Aristeus von Argos, Bildhauer um 300 v. Chr., von dem im Asklepieion von Epidauros sich Signaturen für 2 Bronzestatuen erhalten haben (IG IV 1000.1001). **8.** K., Sohn des Aristeus von Argos, Bildhauer um 220 v. Chr., wohl Enkel von 7; bekannt durch die Signatur IG IV 1478 aus dem Asklepieion von Argos. W. H. G.

**Kallikratidas** (Καλλικρατίδας). **1.** Spartiate, wurde im J. 406 v. Chr. von Lysanders Gegnern zum Nauarchen gewählt. Dieser selbst und seine Anhänger machten ihm dauernd auf alle Weise Schwierigkeiten. Da Kallikratidas Kyros verärgerte, blieben zunächst auch die pers. Subsidien aus. Jedoch konnte K. bald durch sein energisches Auftreten den Widerstand seiner Gegner brechen und das benötigte Geld auftreiben. Er eroberte zunächst Delphinion, → Teos und → Methymna. Durch seine humane Kriegsführung erstrebte er eine Verständigung mit Athen zum gemeinsamen Kampf gegen die Perser. Als er Konon besiegt und vor → Mytilene eingeschlossen hatte und sich eine athen. Entsatzflotte näherte, griff er diese bei den → Arginusen an, fiel jedoch zu Beginn des Kampfes. Hauptquellen: Xen. hell. 1,6,1–33. Diod. 13,70–79. 97–99. K. W.

*D. Lotze* Lysander und der peloponnes. Krieg, ASAW Lpz., ph.-h. Kl. 57,1, Bln. 1964, 24ff.

**2. K.**, Neupythagoreer (wohl des 2. Jh. n. Chr.), nur kenntlich als Autor eines auf Dorisch verfaßten B. *περὶ οἴκω εὐδαιμονίας*. Aus diesem B. hat Stob. Bruchstücke in seine Anthologie aufgenommen. Da → Empedokles einen Bruder K. gehabt haben soll (Diog. Laert. 8,53 nach Favorinos), ist zu vermuten, daß der Name K. nicht den wahren Autor bezeichnet: Durch die angebliche Verfasserschaft des K. soll die Schrift dem 6. Jh. v. Chr. zugeordnet werden. H. D.

**Kallikter** (*Καλλικτήρ*). Epigrammatiker. Ihm gehören sicher die Zweizeiler Anth. Pal. 11,2. 5. 6, von denen der erste persönlich, aber für uns unverständlich ist, die beiden andern Sentenzen über die Ehe enthalten. Nach der Überschrift von 5 war K. aus Manesion (nach der Korrektur von PREISENDANZ, RhM 71, 1916, 279). Ob die Spottepigramme auf Ärzte 11,118–122 K. gehören, ist fraglich (Planudes: Nikarchos). Auch die Verfasserschaft von 11,333 ist zweifelhaft. Unter dem Namen Killaktor stehen 5,29 und 45 erot. Zweizeiler niederen Niveaus. Identität mit K. ist wahrscheinlich, und möglich, daß Killaktor der wahre Name ist (über mit *Κιλλ-* oder *Κιλ-* gebildete Personennamen L. ROBERT Noms indigènes dans l'Asie-Min. gréco-rom., 1, 1963, 400f. L. ZGUSTA Kleinasiat. Personennamen, 1964, 230ff.). Für die Zeitbestimmung fehlen ausreichende Kriterien; 1. oder 2. Jh. n. Chr. ist wahrscheinlich. R. K.

**Kallimachos** (*Καλλίμαχος*). **1.** Att. Polemarch des J. 490/89 aus dem Demos Aphidna, Mitglied des Kriegsrates der 10 Strategen, gab nach Hdt. 6,109. 110, von Miltiades überredet, den Ausschlag für den Entschluß, die Entscheidungsschlacht bei Marathon zu wagen, stand als Führer seiner Phyle, der Aiantis, auf dem r. Flügel und fiel beim Angriff auf die pers. Schiffe (Hdt. 6,114). Auf dem Gemälde der Schlacht in der Stoa Poikile zu Athen war er, inschr. bezeichnet, dargestellt (Paus. 1,15,3). Seinem Andenken ist das Epigramm IG I² 609 gewidmet. Vgl. ED. FRÄNKEL, Eranos 49, 1951, 63f. K. Z.

**2. K.**, Feldherr des Mithradates VI. von Pontos, zündete 71 v. Chr. das von ihm gegen die Römer verteidigte Amisos an, wurde später nach Eroberung von Nisibis gefangengenommen und auf Befehl des Lucullus hingerichtet. Plut. Luk. 19,2f. 32, 5f. J. VAN OOTEGHEM L. Licinius Lucullus, 1959, 102. 145f. H. V.

**3. K.**, alexandrin. Dichter aus Kyrene, Sohn des Battos, Abkömmling eines wohl verarmten Geschlechts, das sich auf den Gründer Battos zurückführte, * nicht lange vor 300, ging, obwohl er seiner Heimat innerlich verbunden blieb, nach Alexandreia, wo er zunächst als Elementarlehrer in der Vorstadt Eleusis lebte, bald aber eine Funktion im Palaste (*νεανίσκος τῆς αὐλῆς*)' und eine Anstellung an der Bibliothek erhielt. Er wurde der gefeierte Hofdichter und zugleich der Lehrer einer Generation von Grammatikern, überließ aber nach Zenodots Tode die Bibliotheksdirektion seinem Schüler → Apollonios (1) und, als dieser infolge eines schweren Zerwürfnisses mit ihm sich nach Rhodos zurückzog, dem → Eratosthenes, dies wohl erst unter Euergetes. Er dichtete bis ins Alter hinein; sein Todesjahr ist unbekannt. Zeugnisse PFEIFFER II S. XCVff.

Von seinem nach Suda 800 Rollen umfassenden Oeuvre gingen die wissenschaftlichen Werke bis auf wenige Frg. unter, aber ihre Nachwirkung ist bedeutend gewesen. Die 120 Rollen seiner Pinakes stellten den auch buchmäßig verbreiteten Katalog der Bibliothek und damit eine Bibliographie des ganzen noch erreichbaren hellenischen Schrifttums dar, und da die Hinterlassenschaft der Autoren kritisch gesichtet und auch jeweils ein Bios beigegeben wurde, war das Ganze zugleich das Gerippe einer Literaturgesch., auf das in gewisser Weise das Sudalex. wieder hinausgekommen ist (Polemik OPap. 2368). Spezialarbeiten zum Drama und zum Corpus Democriteum liefen nebenher; zudem verfaßte K. gelehrte, auch zu dichter. Zwecken verwendbare Materialsammlungen teils sachlicher teils sprachlicher Art und eröffnete bes. das Genos der → Paradoxographie.

Als Dichter war er erst recht von weiter und langer Wirkung bei Griechen und Römern. Die Auswahlausgabe des → Salustios ist wenigstens zum Teil noch bis in die Zeit des Michael Choniates vorhanden gewesen. Die Grammatiker kommentierten und zitierten die Dichtungen, und so waren uns außer den Hymnen und Epigrammen schon immer viele einzelne Bruchstücke erhalten; mittlerweile haben zahlreiche Papyrusfunde größere und kleinere Reste im Zusammenhang gebracht, auch Frg.e von Erläuterungen und nicht zuletzt erhebliche Teile von Inhaltsangaben nach einer nicht sicher identifizierten Edition (Diegeseis).

K.s Ruhm als des *princeps elegiae* (Quint. 10,1, 58) und Musters der Liebesdichtung (Prop., Ovid. u. a.) beruhte wohl nicht auf subjektiv-erot. Elegien, die es von ihm wahrscheinlich gar nicht gab, sondern vorzugsweise, obwohl er auch noch einige Einzelelegien verfaßt hat (Epinikion für Sosibios s. A. BARIGAZZI, Par. Pass. 6, 1951, 410ff.), auf seinen Aitia. In diesem seinem größten Werke leitete er Kulte und Bräuche, Feste und Spiele, Heiligtümer und Städte, Namen von Göttern und Heroen aus Ereignissen der Vergangenheit (nicht immer nur der myth.) her und leistete so einen unschätzbaren Beitrag zur ant. Volkskunde. Das

4 Rollen starke Gedicht erschien in endgültiger Gestalt wohl unter Ptol. Euergetes, doch macht die Nachahmung durch Apollonios vielleicht die Annahme einer früheren Fassung nötig; diese müßte in der Neuauflage durch den im Alter geschriebenen Prolog samt dem Epilog und den Plokamos der Berenike (246/45), der tatsächlich urspr. als Gelegenheitspoem veröffentlicht war und so auch von Catull übersetzt worden ist (W. KROLLS Catullkommentar[4] Stuttg. 1960, 298ff. A. BARIGAZZI, Rh. Mus. 106, 1963, 214ff.), erweitert worden sein. Auf den polem. Prolog folgte die Erzählung des Traumes, der den jungen Dichter aus Libyen (Alexandreia?) nach dem Helikon entrückte, wo er sich wohl durch einen Trunk aus der Musenquelle als Nachfolger Hesiods legitimierte (vgl. A. KAMBYLIS Die Dichterweihe, Heidelb. 1965) und sich in ganz neuartiger Weise von den Musen selber Antwort auf seine mit eigenen Darlegungen breit exponierten Fragen geben ließ. Diese Szenerie war mindestens noch im 2. B. festgehalten und wirkt im Epilog nach; die Zusammenstellung der einzelnen Geschichten muß sehr kunstvoll gewesen sein.

Auf die Aitia folgten im Buche die anscheinend im letzten V. angekündigten Iamboi, diesmal unter sich unverbundene und vielleicht aus verschiedenen Zeiten stammende Einzelgedichte in mannigfaltigen iamb. und auch troch. Maßen und in ion. (nicht immer echtem) oder auch dor. Dialekt gehalten, vorzugsweise zeit- und literarkrit., parainet.-polem., aber auch aitiolog. Inhalts, dem Fabeln und mancherlei Geschichten dienten. Der im 1. Iambos persönlich auftretende → Hipponax hat stärker eingewirkt als → Archilochos (W. BÜHLER, Entretiens 10, 1963, 223ff.). Daß die vier lyr. Gedichte, die in den Diegeseis anschließend referiert werden, vor allem das Epikedeion auf den Tod der → Arsinoe (9. Juli 270), noch zu den Iamboi gehörten, ist nicht sehr wahrscheinlich; es gab wohl noch mehr solche Poeme, vor allem vielleicht den ebenfalls von Catull nachgedichteten Attis (O. WEINREICH Mél. F. Cumont, Brux. 1936, 463ff.). Von dem vielgelesenen und auch von Apollonios benutzten hexametr. Gedicht → Hekale waren schon lange bes. zahlreiche Fragmente bekannt (namentlich durch Suda, wo sonst unbekannte Hexameter der Hekale zugehören: Heckersches Gesetz), aber erst durch die Papyri haben wir eine deutlichere, freilich immer noch nicht ganz genügende Vorstellung von der überraschenden Behandlung der in das Aition der Hekalesien auslaufenden Geschichte gewonnen. Theseus kehrte in der Hütte der Hekale ein und führte mit ihr ein Gespräch über ihre beiderseitigen Schicksale; anderntags zog er zum Kampfe gegen den marathon. Stier weiter, fand aber bei seiner Rückkehr die Greisin, die sich in der (gleichen oder folgenden) Nacht mit einer kraft Alters in der Vergangenheit wohlbewanderten Krähe



unterhalten hatte, auf dem Scheiterhaufen vor. Reste weniger bekannter Werke in PFEIFFERS Frg. Slg.; an Dramen des K. glauben die wenigsten.

Von jeher waren zusammen mit den homer. und orph. Hymnen und denen des Proklos auch sechs des K. samt verhältnismäßig dürftigen Scholien erhalten, 5 und 6 in dor. Dialekt und 5 sogar in Distichen abgefaßt; 1, 3 und 4 wahren die traditionelle Form, 2, 5 und 6 stellen heilige Handlungen in ihrem Verlaufe dar, der aus den Worten eines Sprechers (bzw. einer Sprecherin) zu erschließen ist (so auch das lyr. Gedicht Pannychis und ep. 15). Wohl aus verschiedenen Zeiten stammend (4 zwischen 270 und 260), waren sie nicht für den wirklichen Kult bestimmt, sondern für den Solovortrag, vielleicht beim Symposion (1,1f.); sie enthalten daher z.T. Politisches und sogar Persönliches, doch darf man die Suche nach Anspielungen nicht zu weit treiben. Die bes. durch die Anthologie geretteten Epigramme (3 und 36 wohl unecht, nicht aber 63, s. F. ZUCKER, Philol. 98, 1954, 94ff. G. LUCK, CQ 50, 1956, 225ff.) gehören zur sepulkralen oder votiven oder erot. Art oder enthalten literar. Urteile. Meist sind sie eleg. (1 »Kurzelegie«), einige zeigen lyr. Maße und andere wieder haben dor. Dialekt. Alle sind wenigstens formal anspruchsvoll, aber nicht wenige können auf Bestellung gedichtet sein, und auch sonst ist manchmal der Realitätscharakter unverkennbar, nicht zuletzt darin, daß K. in den Erotika außer 63 stets, obwohl verheiratet, der φιλόπαις νόσος huldigt und sich im übrigen der Freundschaft wie der Feindschaft fähig zeigt. Bei aller Originalität ist der Einfluß bes. des → Simonides wie des → Asklepiades (1) spürbar.

Das poet. Programm des K. ließ eine einheitliche Handlung nur auf schmalem Raume zu, also in der Form des sog. Epyllions und nicht mehr des großen → Epos (ep. 6. 28. frg. 465); die Hekale bildete also das Muster dafür, während die Aitia bei ihrer Länge eine Fülle verschiedener Handlungen umfaßten (H. HERTER, AJPh 69, 1948, 129ff.). K. stieß jedoch auf Widerspruch und mußte sogar erfahren, daß man sein Prinzip nicht der Einsicht in die Möglichkeiten und Notwendigkeiten der modernen Zeit, sondern der persönlichen Unfähigkeit zu einem großen Wurfe zuschrieb. Er berief sich auf → Hesiod (Ait. Prol. und Epil.; ep. 27), → Mimnermos und → Philitas (Ait. Prol.; frg. 532; s. A. BARIGAZZI, H 84, 1956, 162ff. W. WIMMEL, ebd. 86, 1958, 346ff.; vgl. auch Maia 17, 1965, 366ff.), begrüßte den etwas älteren → Aratos (4) in seinem Sinne (ep. 27, s. J.-M. JACQUES, Rev. ét. anc. 62, 1960, 48ff. W. LUDWIG, H 91, 1963, 427ff.), sympathisierte mit → Theaitetos' »reinem Weg« (ep. 7) und gewann → Theokrit (dessen id. 7,45ff.), aber seine Abneigung gegen → Antimachos (frg. 398) brachte ihn in Gegensatz zu dessen Bewunderern Asklepiades und → Poseidippos (H. LLOYD-JONES, JHS 83, 1963, 97ff.), und so nahe er sonst dem Peripatos stand, mußte er sich auch gegen → Praxiphanes in einem Buche wenden (K. O. Brink, CQ 34, 1946, 11 ff.). Da sein eigener Schüler Apollonios mit seinen Argonautika auf der Gegenseite auftrat, erreichte der Streit die Bitterkeit des Verwünschungsgedichtes Ibis, von dem die ausgeweitete, auch die Aitia benutzende Nachbildung Ovids eine Vorstellung vermittelt. In weiteren Äußerungen erscheint K. schon mehr oder weniger als Sieger über die → Telchinen, wie er seine Widersacher im Aitienprooemium nennt, und so auch über Apollonios, der schließlich nach Rhodos ging (h. 2,105 ff.; jedoch Frühdatierung vor h. 4 bei P. Von der Mühll, MH 15, 1958, 1 ff.; vgl. A. P. Smotrytsch, Helikon 1, 1961, 661 ff.). Tatsächlich hat sich sein Programm im Hellenismus weitgehend durchgesetzt, so daß er der Patron der röm. Neoteriker und dann der Elegiker werden konnte, die nun ihr Genos gegen die Epik überhaupt setzten.

Vertreter der *πολυείδεια* im Anschluß an Ion von Chios (iamb. 13, vgl. M. Treu Miscellanea A. Rostagni, Torino 1963, 273 ff.), nahm K. das Maß freilich an Homer und auch an den andern klass. Dichtern, um nun auf der Folie der Alten neu und modern zu wirken und nichts Triviales zu dulden. Schon in der Metrik beobachtete er eine strengere und einheitlichere Gliederung des Hexameters durch bestimmte Zäsuren bzw. Diäresen; lyr. Maße verwandte er nur noch stichisch, und traditionelle Arten wie Hymnos und Epinikion transponierte er unter Herabstimmung des Tons ins Elegische. Der sprachliche Stil ist entgegen dem Epos knapp, aber gerne inkonzinn, figurenreich, auf Wechsel und Buntheit bis hin zum Unterhaltungston bedacht und auf Seltenes und Ungewöhnliches erpicht, aber doch so, daß alles noch eben durch Autoritäten gedeckt bleibt; das klass., besonders hom. Urbild scheint jeweils durch die Neufassung durch, auch im Sachlichen und gar in der Szenenführung (h. 3). K. hat seinen Standpunkt mit der Möglichkeit zu verfeinerter Technik begründet, aber die Intimität kleinerer Schöpfungen paßte auch inhaltlich zum Zuge der Zeit, der vom Großen und Erhabenen zum Bescheidenen und menschlich Nahen tendierte. Die Asymmetrie erlaubte, Handlungsmomente, die dem entgegenkamen, wie die Einkehr des Theseus bei Hekale, breit auszuführen und andere wie den Kampf mit dem Stier kurz abzumachen, und es war möglich, einzelne Abschnitte wieder durch Digressionen zu lockern. Natürlich läßt K. sich in der Gestaltung der Sage Freiheit, lehnt es jedoch ab, Unbezeugtes zu besingen (frg. 612). Aber er sucht wenig bekannte Überlieferungen, die er sogar durch mündliche Erkundung, wenn auch ohne Reisen (frg. 178), gewöhnlich aber in der Lit. und bes. bei Lokalhistorikern entdeckt; → Timaios führt ihn sogar bis nach Rom (dagegen E. Manni, Kokalos 7, 1961, 3 ff.). Was er interessant findet,



das weiß er auch interessant zu machen, und selbst Altes kommt in neues Licht. Der gelehrte Anstrich, der sich nicht nur in einer Fülle sachlicher Angaben, sondern auch in Anspielungen auf Streitfragen (bes. des Homerverständnisses), ja in Quellenzitaten und Bücherreferaten zeigen kann, war auf ein Publikum von Kennern berechnet und darf den modernen Leser nicht über die dichterischen Qualitäten hinwegtäuschen, die sich vor allem in seltenem Erfindungsreichtum und reger Einbildungskraft, in überraschenden Wendungen und Pointen, in anschaulichen und stimmungsvollen Bildern auftun; besonders reizvoll ist seine graziöse Eleganz wie sein Witz und leichter Humor, der sich zum Burlesken oder Grotesken steigern kann und auch Ironie und sogar Selbstironie kennt. So wird die Götterwelt nicht mehr recht ernst genommen, die Deifikation des Herrscherhauses, wenigstens nach dem Tode, freilich anerkannt, aber ohne geschmacklose Schmeichelei und in Angleichung an die menschennahe Zeichnung der ganzen Götterfamilie behandelt. So wenig es an polit. Anspielungen und aktueller Polemik fehlt, hält sich K. doch durchweg im hellenischen Bereiche und läßt sich von den fremden Verhältnissen Äg. kaum berühren. Der Stoff ist griech., aber so, daß die Götter- und Heroenwelt der Alltäglichkeit angenähert wird. Dabei zeichnet sich K. durch Verständnis für das Kindliche und Einfühlsamkeit in religiöse Emotionen aus, obwohl er im allgemeinen psycholog. nicht sehr tief geht; er bleibt aber mit seiner Person als Beobachter und Beurteiler spürbar, ohne doch viel von seiner Individualität preiszugeben. Die Erotik ist, wenn sie das eigene Erleben angeht, päderastisch, obwohl er eine charmante Verehrung seiner Königinnen an den Tag legt. Philos. Vertiefung fehlt, aber ethischer Ernst und verhaltenes Gefühl zeigt sich nicht nur in manchen Epigrammen, sondern zuweilen auch sonst (h. 5 u.a.). Jedenfalls geht sein Werk weit über ein Spiel hinaus. H. H.

Ausg.: *R. Pfeiffer*, 2 Bde., Oxf. 1949/53 (mit Lit.). Auswahl mit Übersetzung von *E. Howald–E. Staiger*, Zür. 1955, und *C. A. Trypanis*, Lond.-Cambr. (Mass.) 1958. Iamboi von *C. Gallavotti*, Nap. 1946, und *Ch. M. Dawson*, YClS 11, 1950, 1 ff. Epigramme von *A. S. F. Gow–D. L. Page* The Greek Anthology, Hellenistic Epigrams, Cambr. 1965, I 57 ff. II 151 ff. Textkrit.: *A. M. Desrousseaux*, Rev. ét. gr. 53, 1940, 145 ff.

Im allg. *H. Herter*, RE Suppl. V 386 ff. BursJb. 255, 1937 I, 65 ff. *F. Zucker* Der Hellenismus in der dt. Forschung, Wiesb. 1956, 3 ff. (Lit.). *U. v. Wilamowitz-Moellendorff* Hellenist. Dichtung in der Z. des K., 2 Bde., Bln. 1924. *E. Cahen* Callimaque, Par. 1929. *Ders.* Les hymnes de Callimaque, Par. 1930. *E. Howald* Der Dichter K. v. Kyrene, Erlenb.-Zür. 1943. *A. Körte–P. Händel* Die hellenist. Dichtung, Stuttg. 1960. *A. Lesky* GGrL$^2$, Bern-Münch. 1963 (bes. S. 752 ff.). *T. B. L. Webster* Hellenistic Poetry and Art, Lond. 1964. *G. Capovilla* Callimaco, Rom 1967. – Im besonderen noch *H. Herter* K. und Homer, Bonn 1929 (vgl. Das Neue Bild der Antike I, Lpz. 1942, 334ff.). *H.Kleinknecht*, H 74, 1939, 301ff. *E.Reitzenstein* Zur Stiltheorie des K., Festschr. R.Reitzenstein, Lpz.-Bln. 1931, 23ff. *M.Puelma* Lucilius und K., Frankf. a.M. 1949. *B.Snell* Die Entdeckung des Geistes$^3$, Hamb. 1955, 353ff. *C.Corbato* Note Callimachee, Trieste 1958. *W. Wimmel*, K. in Rom, Wiesb. 1960 (bes. S.50ff.). *E. Eichgrün* K. und Apoll.Rhod., Diss. Bln. 1961. *K.J. Mc Kay* Erysichthon, A Callimachean Comedy, Diss. Utr. (Leiden) 1962. *Ders.* The Poet at Play, Leiden 1962 (zu h. 5). *Ders.* Mnem. 16, 1963, 243ff. (zu h. 3). *F.Lapp* De Callimachi Cyrenaei tropis et figuris, Diss. Bonn 1965.

**4.** K., Arzt um 200 v.Chr., Herophileer; beschäftigte sich offenbar hauptsächlich mit Hippokrateskommentierung (→ Erotian, Proöm.). Rufus v. Ephesos polemisiert gegen ihn, und Plin.nat. hat ihn als Quellenautor benutzt (vgl. auch nat. 21,12). F. K.

**5.** K., Bildhauer und Toreut (nach Plin.nat. 34, 92 auch Maler) unbekannter Heimat (Athen? Korinth?) im letzten Drittel des 5.Jh. Sein Ruhm beruht auf technischer und formaler Vollendung, daher Beiname *κατατηξίτεχνος*. Für Plataiai schuf K. ein Sitzbild der Hera (Paus. 9,2,7. Nach 426), für das Erechtheion eine gut berechnete goldene Lampe (Paus.1,26,6–7). Nach Vitr. 4,1,10 »erfand« K. das korinth. Kapitell. Plin.nat. a.O. nennt *Saltantes Lacaenae* von K. Diese glaubt man in Kopien zu besitzen (Einzelheiten z.T. strittig). Weitere Zuschreibungen sind rein hypothet. (sog. Aphrodite Fréjus. Mitarbeit an der Nikebalustrade. Koren des Erechtheion usw.). K.s Wirkung auf die neuatt. Kunst ist bedeutend. **6.** Späthellenist. Bildhauer aus Athen, durch Signaturen bekannt. W. H. G.

*Lippold*, HdArch III 1,222f. *E.Paribeni*, Boll. d'Arte 37, 1952, 97ff. *G.Gullini*, Archaeologia Classica 5, 1953, 133ff. *W.Fuchs* in: Neue Beitr. zur klass. Alt. (Festschr. B. Schweitzer 1954) 206ff. *Ders.* Die Vorbilder der neuatt. Reliefs (JDAI 20. Erg.-H. 1959) 72ff. 90ff. 128. *L.Guerrini*, Enc. Arte Ant. IV 1961, 298ff. *B.Schlörb* Unters. zur Bildhauergeneration nach Phidias (Diss. Frankf. 1964).

**Kallimedon** (*Καλλιμέδων*). **1.** Athener, Sohn des Kallikrates, oligarch. gesinnter Politiker, von den Komikern wegen seiner Lebensweise oft verspottet. Als Gegner des Demosth. und wegen seiner promakedon. Haltung mußte er vor 324 v. Chr. Athen verlassen. Er ging zunächst nach Megara, später zu → Antipatros. 322 konnte er zurückkehren, mußte aber nach dem demokrat. Umschwung von 318 erneut flüchten und wurde in Abwesenheit zum Tode verurteilt. Berve Alex. Nr. 404. **2.** Athener, wurde zusammen mit Konon u.a. im J. 392 v.Chr. zu Tiribazos nach Sardeis geschickt (Xen.hell. 4,8,13). K. W.

**Kallinikos** (*Καλλίνικος*). **1.** Ein angesehener griech. Sophist des 3.Jh. n.Chr. aus Petra, der wenigstens zeitweise als Gegner des → Genethlios in Athen lehrte (Suda s.v. *K.*; *Γενέθλιος*; *Ἰουλιανὸς Δόμνου*; vgl. Men.rhet. p. 81 Burs.). Von seinen Reden sind ein *προσφωνητικός* an → Gallienus (gehalten wohl zwischen 260/68; vgl. Men. rhet. p. 97 B.) und ein Enkomion *περὶ τῆς Ῥωμαίων ἀνανεώσεως* (wahrscheinlich an → Aurelianus gerichtet; ein Exc. daraus bei Hinck, Polemo decl. 43f.) kenntlich. Eine rhet. Schrift *περὶ κακοζηλίας ῥητορικῆς* war Virius Lupus (cos. 278), eine Gesch. der Ptolemäer (*περὶ τῶν κατ' Ἀλεξάνδρειαν ἱστοριῶν*, 10 B.) der → Zenobia von Palmyra (= Kleopatra; vgl. H.A. Trig.tyr. 30,2. Claud.1,1) gewidmet. H. Gä.

FGrH 281 m. Komm. *A.Stein*, H 58, 1923, 448ff.

**2.** Beiname des → Herakles

**Kallinos** (*Καλλῖνος*). **1.** Elegiker aus Ephesos, erwähnte den Einfall der Kimmerier und Trerer und die Eroberung von Sardes (657 v.Chr.? Nach Kallisthenes FGrH 124 F 29 nannte K. 2 Eroberungen, dagegen Jacoby z. St.). Er war also älterer Zeitgenosse des → Archilochos. Spärliche Fragmente, das längste fordert in kräftiger, vom Epos geformter Sprache die müßige Jugend zum Kampf gegen den drohenden Feind auf, ein anderes aus einem Gebet an Zeus bittet um Hilfe für die Smyrnäer. Die Thebais erwähnte K. unter dem Namen Homers (Paus. 9,9,5; unbegründet skeptisch Davison, Eranos 53, 1955, 125ff.); erwähnt oder erzählt hat er die Einwanderung der Teukrer aus Kreta nach der Troas (Strab.13,604) und den Tod des Kalchas (14,668). Frg.: Anth.lyr. $1^3$, 1949. Fr.R. Adrados Liricos Griegos 1, 1956. Frg. 1: B. Marzullo Framm. della lir.gr. 1965. R. K.

*C.M. Bowra* Early Greek Elegists 1938 (1960), 13–16.

**2.** K., peripatet. Philosoph, Schüler des Theophrast; K. war Vollstrecker von Theophrasts Testament und wird nur in diesem Zusammenhange genannt; vgl. Diog. Laert. 4,52ff. H.D.

**Kalliope** (*Καλλιόπη*, *Καλλιόπεια*). Tochter des Zeus und der Mnemosyne, die vornehmste der 9 → Musen, Hes.theog.79. Sie erscheint in der Myth. als Mutter des Orpheus (Plat.rep. 364e. Paus.9,30,4), und zwar von Apollon (Apollod.1,14 u.a.) oder Oiagros (Pind.frg.139,9u.a.), des Linos, gleichfalls von Apollon oder Oiagros (Apollod. a.O. Mart. 9,87), vereinzelt des Ialemos, des Hymenaios, Homers (Anth.Pal.16,296,8). Erst Nonn., Orph. Argon., Q. Smyrn. dichten ihr eine aktivere Rolle im Mythos an. Seit Alkman frg. 16 wird sie gern von Dichtern angerufen. Bei den hellenist. Versuchen, den einzelnen Musen bestimmte Arten der Poesie und Musik zuzuschreiben, die aber kein einheitliches Ergebnis hatten, wurde sie zur Patronin des heroischen Epos und der Elegie. Auson. idyll. 20 *Carmina Calliope libris heroica mandat*. Die Kunst stellte sie mit Schreibtafel oder Schreibrolle und Griffel dar. H. v. G.

**Kalliphana.** Demeter-Priesterin aus Velia. Wurde wie alle diese Priesterinnen (s.o. I 1113) aus Unterital. nach Rom berufen. Auf Antrag des praetor urbanus C.Valerius Flaccus (cos. 93) erhielt sie durch Volksbeschluß das Bürgerrecht

(Cic. Balb. 55. Val. Max. 1,1,1. MOMMSEN RStR 3,134). W. E.

**Kalliphon** (*Καλλιφῶν*). **1.** K., Athener, verwendete sich 86 v. Chr. bei Sulla für seine Vaterstadt, Plut. Sulla 14,8. H. G. G.

**2.** K., ein nur durch Cicero bekannter Philosoph des 2./1. Jh. v. Chr., unbekannter Schulzugehörigkeit. Wie Deinomachos soll K. das höchste Gut in der Verbindung von Lust und *honestas* erblickt haben. Cic. ac. pr. 2,131. 137. 139; fin. 2,19. 34f., 5,21. 73; off. 3,119; Tusc. 85. 87. H. D.

**3.** K., Samier, Maler, schuf ein Bild der Schiffsschlacht Hom. Il. 16 für das Artemis-Heiligtum in Ephesos, Paus. 5,19,2. 10,26,6. Einzeln erwähnt daraus eine häßliche Eris und Patroklos. K. gehört wohl noch archaischer Z. an. W. H. G.

**Kallipidai** (*Καλλιπίδαι*). Ein zahlreicher, wahrscheinlich skyth. Volksstamm, der in unmittelbarer Nachbarschaft von Olbia am unteren Hypanis (Bug) wohnte. Durch Handelsbeziehungen und regen Verkehr mit den Griechen so beeinflußt, daß ihn Hdt. 4,17 in *Ἕλληνες Σκύϑαι* verwandelt. Die K. lebten nach Hdt. urspr. wie die Skythen und bauten Getreide und Gemüsearten, die sie selbst verbrauchten. Sie litten stark durch den Einbruch der Sauromaten (2. Hälfte 4. Jh. v. Chr.). Hdt. 4,17. Mela 2,7. Strab. 12,550. Diod. 2,43. Chr. D.

*Herrmann*, RE X 1656ff. *N. W. Šafranskaja* Über die Mixhellenen (russ.), Ztschr. f. Alte Gesch. (WDI) (russ.) 1956, H. 3,37–48. *Danoff*, RE Suppl. IX 1017. *Detschew* Thrak. Sprachreste 224. 232,26.

**Kallippides.** Einer der berühmtesten trag. Schauspieler 5./4. Jh. (Plut. mor. 448f. Philod. Rhet. p. 197,7 S. Polyain. 6,10), Sieger an den Lenäen 419 in Kallistratos' Amphilochos und Ixion (IG II$^2$ 2319); 5 Lenäensiege (IG II$^2$ 2325). Er konnte sein Publikum zu Tränen rühren (Xen. symp. 3,11), wurde aber als übertreibend kritisiert (Aristoph. Frg. 474 K, Mynniskos bei Aristot. poet. 26,1461 b 34,1462 a 9; Komödie K. des → Strattis wahrscheinlich nach ihm benannt: I p. 714 K). Anekdoten brachten ihn in Verbindung mit Alkibiades' Rückkehr (Plut. Alk. 32), mit Sophokles' Tod (Vit. Soph. p. 129 W), mit Agesilaos (Plut. mor. 212f. = Vit. Ages. 21, Apostolios 13,66) – aus welch letzterer seine Eitelkeit hervorgeht. F. St.

*J. B. O'Connor* Chapters in the Hist. of Actors and Acting in Anc. Greece, Chicago 1908, 107ff.

**Kallipolis** (*Καλλίπολις*). **1.** Nur von Arr. an. 2,5,7 und Steph. Byz. s. v. genannte Stadt Kariens, vermutlich alte Niederlassung der Ioner am S.-Rand der Bucht von Jowata, wo die Seekarten einen Hafen Kallipoli oder Gallipoli verzeichnen. Eine im unfernen → Idyma gefundene Inschr. nennt einen *δῆμος* der Kallipoliten. Mz.: HEAD HN$^2$ 612. BÜRCHNER, RE X 1658f. Atl. of the World (Times) II, Pl. 36. **2.** Syr. Stadt (App. Syr. 57,298), von Seleukos Nikator gegründet, unbekannter Lage. H. T.



**3.** K., Stadt an der Küste der Thrak. Chersonesos, am n. Eingang des Hellespontos, zwischen 2 Buchten auf vorspringendem Steilufer gelegen, h. Gelibolu (Strab. 7,331,56. 13,589,18. Ptol. 3,11, 9. Steph. Byz. s. v. Plin. nat. 5,49. Itin. Anton. 333, Tab. Peut. IX). Im J. 209 v. Chr. von Philipp V. v. Maked. erobert. 324 n. Chr. siegte Crispus über die Flotte des Licinius. Im Alt. spielte K. als Brückenkopf für das gegenüber liegende Lampsakos eine untergeordnete Rolle, gewann jedoch nach der Erhebung von Byzantion zur Hauptstadt eine große Bedeutung. Iustinian I. ließ K. stark befestigen (Prok. de aed. 4,10,22). K. wird in den byzant. Quellen öfters genannt (manchmal als *Καλλίου πόλις*) und erscheint in den Bischofslisten, die auf das Konzil von Nikaia (325) folgen, als Suffraganbistum von Herakleia (Perinthos). A. M. M.

*A. M. F. Schultz* De Chersoneso Thracica, 1853, 50ff. *K. Baedeker* Konstantinopel$^2$, 1914, 322. RE X 1659f.

**4.** K. (NISSEN It. Ldk. 2,886), Landeplatz Tarents, den Leukippos durch List an sich brachte (Dion. Hal. ant. 19,3; analoge Geschichte für Metapont: Strab. 6,265). Die vorgriech. Niederlassung (Mela 2,4) hieß urspr. Anxa und nahm diesen Namen als *municipium* der 2. Region wieder an (Plin. nat. 3,100). Lage: 33 mp von Cap Leuca; 65 (codd. 75) mp von Tarent (Plin.); h. Gallipoli. G. R.

**5.** K., Stadt im Innern Siciliens, von Naxiern gegründet (Strab. 6,272), von Hippokrates von Gela erobert (Hdt. 7,154), zu Strabons Z. verödet. Erwähnung nur noch bei Steph. Byz., Ps.-Skymn. 286 und Sil. 14,249. Lage unbekannt. K. Z.

**6.** s. Kallieis

**Kallippos** (*Κάλλιππος*). **1.** Athener, Schüler Platons, brachte im J. 361 v. Chr. im Auftrage des → Timomachos den in Abwesenheit zum Tode verurteilten → Kallistratos nach Thasos (Demosth. 50,47–52). Wohl deswegen später angeklagt, entzog er sich seiner Verurteilung dadurch, daß er → Dion bei seiner Rückkehr nach Sizilien begleitete. Hauptquellen für seinen Aufenthalt in Sizilien sind Diod. 16, Plut. Dio und Timol., Nep. Dio. Von Dion wurde K. hoch geehrt. Aus nicht völlig zu klärenden Gründen intrigierte K. jedoch bald gegen ihn und ließ ihn im J. 354 v. Chr. von Söldnern ermorden. Von den Syrakusanern als Befreier von der Tyrannis geehrt, konnte K. für einige Zeit die Herrschaft ausüben. Während eines Zuges gegen Katane konnte aber → Hipparinos, der Sohn des Dionysios, Syrakus einnehmen. K. wurde von seinen Söldnern, die er nicht mehr bezahlen konnte, ermordet.

*H. Berve* Dion, AAMz 1956, 10,43f. 65f. 115ff.

**2.** K., Athener aus Lamptrai, Schüler des Isokrates, wegen seiner Verdienste mit einem Kranz geehrt (Isokr. 15,93f.); vielleicht ident. mit dem K., der als Proxenos der Herakleoten wegen einer Hinterlassenschaft gegen → Apollodoros (1) prozessierte ([Demosth.] 52). **3.** Athener, stellte im J. 357 v. Chr. den Antrag, den Vertrag mit → Kersobleptes abzuschließen, durch den diesem Kardia überlassen wurde. Von Hegesippos wurde K. deswegen erfolglos angeklagt ([Demosth.] 7,42f.). K. W.

**4.** K. hießen 2 auf Inschriften erwähnte kom. Schauspieler (Wilhelm Urk. 43). Daß einer von ihnen als Komödiendichter noch bei Edmonds The Frg.s of Attic comedy 3,164 erscheint, beruht auf einer längst erkannten Korruptel bei Athen. 15,668c: für *καλλιπος* ist *Καλλίμαχος* herzustellen, die Verse sind aus dessen Frg. 227 Pf. W.K.
*Körte*, RE X 1667.

**5.** K. v. Kyzikos kam nach seinem Mitschüler und Freund → Eudoxos v. Knidos nach Athen und schloß sich dem Aristoteles an. Er verbesserte Eudoxos' astron. Theorie der konzentrischen Sphären (Simpl. In Aristot. de caelo 293 a 4, S. 493,5 H.), indem er zur genaueren Wiedergabe der Wirklichkeit den von Eudoxos angenommenen Sonne- und Mond-Sphären je zwei, den Mars-, Venus- und Merkur-Sphären je eine hinzufügte (Aristot. metaph. Λ 8. 1073 b 32. Simpl. a. O. 497,9 H.). Er verbesserte ferner den von → Meton und → Euktemon eingeführten Lunisolar-Kalender durch die sog. Kallippische Periode. Im Gegensatz zu Äg. und Juden meinten die Griechen, daß gewisse Opfer an bestimmte eklipt. Längen der Sonne gebunden wären (Geminos, El. astr. 8. S. 100–122, bes. 120–122 Manitius). Vorausgegangen war die Oktaëteris (Eudoxos), die auf der Beobachtung beruht, daß Sonnen- und Mondjahr um 11¼ Tag differieren; das Achtfache: 90 Tage oder 3 Monate. In 8 Sonnenjahren waren also 3 Monate einzuschalten. Da der synod. Monat rund 29½ Tage hat, ließ man Monate von 30 mit solchen von 29 abwechseln. Hierdurch war wohl das Kalenderjahr mit der Sonne, nicht aber der Kalendermonat mit dem Mond synchronisiert, daher neben anderen Korrekturen die Einführung der 19-Jahr-Periode durch Meton und Euktemon. Beobachtung: 19 Jahre = 6940 Tage = 235 Monate. Rechnet man einen Monat als 30 Tage, ergibt sich in 19 Jahren ein Überschuß von 110 Tagen. 6940 : 110 approx. = 63 (so der Geminos-Text. Richtig: 7050 : 110 approx. = 64), also wird nach je 63 (64) Tagen aus dem 30-Tage-Monat ein Tag gestrichen (*ἐξαιρέσιμος ἡμέρα*). Dabei hat wie im Oktaëteris-System das Jahr 12 Monate, jedes 3., 5. und 8. Jahr einen Schaltmonat (*ἐμβόλιμος μήν*) zusätzlich. Hier ist ein Jahr gleich 365 5/19 Tagen gesetzt. Der Überschuß gegenüber dem (für K.) korrekten Wert von 365¼ beträgt 1/76 Tag. Dieser ist nach 76 Jahren oder vier 19-Jahr-Perioden auf einen Tag angewachsen. Also ist nach diesem Zeitraum eine weitere *ἐξαιρέσιμος ἡμέρα* zu streichen. M. a. W.: 76 Jahre = vier 19-Jahr-Perioden = 27759 Tage. Dieser Zeitraum ist eine Kallippische Periode. Nr. der K. P. und des Jahres



in ihr dienten z. B. Hipparchos zur genauen Datumsangabe (Ptol. Synt. passim), wobei K. P. 1 Jahr 1 = 330 v. Chr. = Ol. 112,3 und Jahreswechsel mit Sommersonnenwende zusammenfiel. J.M.
*Ginzel*, RE XX 1662. *Rehm*, RE Suppl. IV 1431. *Ginzel*, Handb. der math. und techn. Chronol., 1911. Ptolemaeus, Handb. der Astron., Dt. Übers. von *K. Manitius*–*O. Neugebauer*, Lpz. 1963, I 426. *O. Neugebauer*, Scr. math. 24, 1959, 5–21. *Ders.* The transmission of planetary theories in ancient and medieval astronomy, New York 1953.

**6.** K. von Korinth. Nicht faßbarer Vf. einer nur von Paus. 9,29,2. 38,10 zitierten *συγγραφὴ ἐς Ὀρχομενίους* (*λόγος ἔχων ἐς Ὀρχομενίους*), die vermutl. keine Städterede war; nach C. Robert Hauptquelle des Paus. für Orchomenos, der ihr verdächtige Epikerzitate (Chersias, Hegesinus) verdankt. K., wohl nicht ident. mit dem Stoiker und Zenonschüler K. von Korinth, mag in der Kaiserz. gelebt haben. FGrH 385.331. F. Jacoby, RE X 1667. W. Sp.

**Kallirhoe** (*Καλλιρόη, Καλλιρρόη*). **1.** Okeanide, Gattin des Chrysaor, Mutter des Geryoneus (nicht der Echidna). Hes. theog. 288.351.979ff. Apollod. 2,106. Hyg. fab. 151. Gespielin Persephones Hom. h. 5,419. Andere eheliche Verbindungen: Dion. Hal. 1,27,1. Sch. Pind. O. 14,5. **2.** Tochter des Acheloos, Gattin des → Alkmaion. Apollod. 3, 88ff. **3.** Tochter des Flußgottes Skamandros, Gattin des Tros, Mutter von Assarakos, Ilos, Ganymedes, Kleopatra. Apollod. 3,140. S. Bd. I 1387. Bei Dion. Hal. 1,62,2 Gattin des Erichthonios, Mutter des Tros. **4.** Ein Mädchen aus Kalydon, das den Dionysospriester Koresos nicht erhören wollte und deshalb auf Weisung des Orakels dem Dionysos geopfert werden sollte, wenn sich kein Ersatz fände. Koresos brachte es nicht übers Herz, K. zu schlachten, und tötete sich selbst. Nun erkannte sie seine Liebe und suchte auch den Tod. Paus. 7,21,1 (nach Nikandros?). **5.** Eine Braut aus Ilion, die von einem Kimon getäuscht und verführt wurde, als sie ein rituelles Bad im Skamandros nahm. Eine milesische Novelle Ps. Aischin. Brief 10. H. v. G.
O. *Weinreich* Der Trug des Nektanebos, 1911, 34ff. 79ff.

**6.** K., Quelle am Ilissos im SO. Athens, in der Tyrannenzeit zu einem Brunnenhaus ausgebaut und Enneakrunos umbenannt. Aus ihr wurde das Wasser für das Brautbad geholt. Die Quelle an einer Felsbank im Ilissosbett ist h. fast versiegt. Paus. 1,14,1 nennt das peisistrat. SO.-Brunnenhaus an der SO.Ecke der Agora Enneakrunos (nicht K.!), ob mit Recht oder durch spätere Namensübertragung, ist nicht zu entscheiden. Zu diesem Brunnenhaus: Hesp. 22, 1953, 29ff. 29, 1960, 347ff. – H. A. Thompson The Athen. Agora, a guide[2] 1962, 97f. Die Gleichsetzung mit den geringen Spuren eines Brunnenhauses im Sattel zwischen Akropolis und Pnyx ist h. gänzlich überholt. Thuk. 2,15,5 (danach Hesych. s. *Ἐννεάκρουνος*). Hdt. 6,137,3. Plat. Ax. 364 A. Harpokr. s.

*λουτροφόρος*. Poll. 3,43. Etym. m. 343,42 ff. E. M.
1. *Kroll*, RE X 1669 ff. Nr. 11. 2. *W. Judeich* Topogr. von Athen² 193 ff. 3. *Philipps.-Kirst.* 1,898.901. 4. *H. Moebius*, MDAI(A) 60/61, 1935/36, 258 ff. 264 ff. 5. *D. Levi* Enneakrounos, ASAA 39/40 (N.S. 23/24), 1961/62 (1963), 149 ff.

**7.** K., in röm. (Herodes d. Gr.) und byzantin. Z. bekanntes Thermalbad am O.-Ufer des Toten Meeres (Ios. bell. 1,657; ant. 17,171. Plin. nat. 5,16; vgl. Mosaikkarte von Madeba). Ident. mit *'ēn ezzāra* 13 km n. der Arnonmündung (falsch ist die Gleichsetzung mit den heißen Quellen im *wādi zerqa mā'īn* = *Βαάρας*, Ios. bell. 7,180–189). Noch h. Reste der alten Anlagen vorhanden. B. Sch.
*H. Donner*, ZDPV 79, 1963, 59–89. *H. Schult*, ZDPV 82, 1966, 144–148. *A. Strobel*, ZDPV 82, 1966, 149–162.

**Kalliste** s. Kallisto

**Kallisthenes. 1.** K. von Olynth. Hist. und Philosoph, * vermutlich ca. 370, wuchs bei seinem Verwandten (Großonkel?) Aristoteles auf. Als Hofhist. begleitete er Alexander d. Gr. auf dem Asienzug. Anläßlich der Pagenverschwörung wurde K. wegen seines Verhaltens in der Proskynesefrage wohl hingerichtet (327); andere Versionen lassen K. in der Haft an einer Krankheit sterben. → Theophrast widmete dem Freund eine Schrift *K. ἢ π. πένθους* mit negativem Urteil über Alexander (wohl Umschlagtheorie).

Kleinere Werke: 1. Pythionikenliste, zus. mit Aristot. aufgestellt (Dekret: Tod IGH 2, Nr. 187). 2. Enkomion auf → Hermias von Atarneus (Didymospap.), nach dessen Tod (342 oder 341? 344 [Kokalos 5, 1959, 107 ff.]) verfaßt. 3. *π. τοῦ Ἱεροῦ πολέμου* (356/346). 4. *Ἀποφθέγματα*. 5. *Περίπλους*. Hauptwerke: 1. Hellenika, 10 B. (386 [Königsfriede] – 356 [Philomelos besetzt den delph. Tempel]), von Ephoros (Diod. B. 15 [16]) benutzt, enthielten die Vernichtung der spartan. Hegemonie, die theban. Hegemonie und das Aufkommen Philipps v. Maked. Das Werk schloß offenbar nicht an ältere Hellenika an und mag mit Benutzung boiotischer Lit. (FGrH 67/68) die panegyr. Tradition über Pelopidas und Epameinondas (Plut.) begründet haben. 2. *Ἀλεξάνδρου πράξεις*, mindestens bis zur Schlacht von Gaugamela (331) gehend. Erste selbständige Aufzeichnung des Stoffs; ihr Einfluß auf die Tradition wurde oft hoch eingeschätzt. Frg.: pamphyl. Meerwunder, die Schlachten bei Issos (Pol., mit scharfem Urteil) und Gaugamela, Zug zum Ammon (A. Gitti, Riv. stor. it. 64, 1952, 531 ff.; Strasburger, v. Kleitarchos 2) etc. K. betrachtete sich als Homer des Achilleus Alexander, den er als Zeussohn und Vorkämpfer der Hellenen darstellte. Nach F. Jacoby gehört K.' histor. Produktion in den Kreis der promakedon. Publizistik (panhellen. Idee). K.' Hauptwerke waren im Anschluß an ion. Historie und Peripatos exkursreich: Geogr. (u. a. hom. Geogr. Kleinasiens), Naturwissenschaftliches (Nilschwelle, Erdbeben [Untergang von Bura und



Helike: 373], Zoologie, Botanik, Astr.), ältere griech. Gesch. (messen. Kriege, Eurymedonschlacht und Kalliasfriede [H. B. Mattingly, Hist. 14, 1965, 273 ff. K. Kraft, H 92, 1964, 158 ff.], Lokalhist.), Antiquarisches und Philologisches (Datum von Troias Fall, Vergleich der kret. Verfassung mit der spartan., Namenerklärungen, Dichterzit. [Tyrtaios u. a.]), Anekdoten. Stärkeres Hervortreten der hist. Persönlichkeit, rhet. Art und allerlei Kunstmittel kündigen bei K. die hellenist. Historie an; ob K. schon – als erster – die trag. Historiogr. vertritt (Ed. Schwartz), ist h. umstritten (F. W. Walbank, Hist. 9, 1960, 231 f.). Ps. Plut. (parall., de fluv.) zit. unter dem Namen K. (von Sybaris) Schwindelschriften (FGrH 291).
Frg.: FGrH 124 (Add. in III B). Lit.: *F. Jacoby*, RE X 1674 ff. *Berve* Alex. II,1 Nr. 408. *D.E.W. Wormell*, YClS 5, 1935, 57 ff. *O. Regenbogen*, RE XX 1411.1414. *M. Plat-nauer* Fifty Years of Class. Scholarship, 1954, 186. *W. Den Boer* Laconian Stud., 1954, 94 ff. FGrH III b 215. *I. Düring*, s. Hesychios (4),294 ff. 339 f. *O. Gigon*, MH 15, 1958, 182. 188 ff. *Pearson*, v. Alexanderhist., 22 ff. (vgl. Gn 33, 1961, 660 ff. AJPh 83, 1962, 199 f.). *Bengtson* GG² 188. 206. 334. 592. *J. et L. Robert*, REG 73, 1960, 162. *G.L. Huxley* Early Sparta, 1962, 110. *H. Homeyer*, Klio 41, 1963, 153 ff. *E. Mensching*, Hist. 12, 1963, 279 ff. *K. Ziegler*, RE XXIV 563 f. *J.E. Atkinson*, Acta class. 6, 1963, 125 ff. *W. Spoerri*, Lex. Alt. Welt 1070. 1475 (Lit.).

**2.** Ps. Kallisthenes. Unter K.' Namen geht in einigen jungen Hss. und bei Tzetzes der sog. → Alexanderroman. Er enthält viel Unhistorisches und Absurdes, Anachronismen, roman-, sagen- und märchenhafte Elemente etc., auch eingelegte Choliamben. Zusammengestellt hat ihn nach R. Merkelbach (ältere Meinungen: Alexanderroman als Volksbuch; Entwicklung aus einem äg. Urroman aus ptolem. Z.), ein unwissender Alexandriner (wohl 3. Jh. n. Chr.), der folgende Quellen benutzt habe: 1. eine mit der Vulgata (vgl. → Kleitarchos [2]) verwandte Alexandergesch.; 2. ein Konglomerat fiktiver Briefe, darunter a) einen Briefroman über Alexander von ca. 100 v. Chr. (skept. F. Pfister, ByzZ 53, 1960, 124 ff.); b) teratolog. Briefe Al.s an Olympias und Aristot.; c) 2 Schriften über Al.s Gespräch mit den → Gymnosophisten und seine letzten Tage (mit Testament); 3. die Nektanebolegende. Die auch im Bestand sehr wechselnde Überlieferung mit stets variierender Gruppierung der Textzeugen beträgt mindestens 5 Rez. des griech. Textes: Hs. A, ältere Überlieferung, neben welche Übers. ins Lat. (Iul. Valerius, etwa um 310/330 [Vf. des → Itinerarium Alexandri?], und Epitomai; Leo Archipresbyter, 10. Jh., stark überarbeitet als Hist. de preliis), Armen. und Syr. treten; Rez. *β* (Hss. B,L etc.), jünger; davon abhängig, Rez. *λ* (Einschub umfangreicher Partien: Al.-Apophthegmen, Ps. Method. etc.) und, auch deriviert von *ε* (stammend aus einer mit A verwandten Version unter Verwendung neuen Materials), die Rez. *γ* (Hs. C etc.). Das byz. Al.-Gedicht cod.

Marc. 408 (ed. S. Reichmann, 1963; vgl. ByzZ 56, 1963, 239 ff.) steht u. a. β nahe. Mit dem Al.-Roman hängen eng zusammen folgende Texte: 1. in der 1944 zerstörten lat. Metzer Hs. 500 die Al.-Epitome (vgl. → Kleitarchos 2) und die Schrift über Al.s letzte Tage (Giftmord) mit Testament (rhod. Einschübe); ed. P. H. Thomas, 1960 (vgl. DLZ 82, 1961, 891 ff.); dazu PACK² Nr. 2201; 2. der im MA viel gelesene lat. Brief Al.s an Aristot. über Indiens Wunder; ed. W. W. Boer, 1953 (vgl. D. J. A. Ross, Cl. et med. 13, 1952, 38 ff.; Scriptorium 10, 1956, 127 ff.; M. DE MARCO, Aevum 29, 1955, 275 ff.); 3. das Al.-Dandamis-Gespräch (PACK² Nr. 2580) und die Indienschrift des → Palladius (G. C. HANSEN, Klio 43/45, 1965, 366 ff.; L. C. RUGGINI, Ath. 43, 1965, 21 ff. 57 ff.); 4. das Gymnosophistengespräch (PACK² Nr. 2099 [ca. 100 v. Chr.]. 2100; Metzer Epit.; Plut. Al. etc.); 5. Pap.-Briefe (PACK² Nr. 2114/15). Weitere Überlieferung von Al. und den Brahmanen (HANSEN 351 ff.): Onesikritos, Megasthenes, Briefe (Kalanosbrief [Phil. Iud.]; die lat. Collatio Al.i et Dindimi, mit starkem Nachleben im MA. [RUGGINI 44 ff.]) etc. Auf derselben Stufe wie Diktys und Dares stehend, hatte der Al.-Roman einen gewaltigen Erfolg; zur Weltlit. gehörend, bestimmte er in vielen Übers. und pros. und poet. Bearbeitungen (u. a. über die hist. de preliis) das Al.-Bild im MA. und bis in die beginnende Neuzeit. W. Sp.

Ausg.: Hs. A: *W. Kroll*, 1926 (1958); zur Sprache (Koine) *K. Wyss*, Diss. Bern 1942. Hss. B. C: *C. Müller*, 1846. Hs. L: *H. Meusel*, JbPhPäd. Suppl. 5, 1871, 701 ff. λ: *H. van Thiel*, 1959 (vgl. ByzZ 53, 1960, 126 ff.; *Mnem* 14, 1961, 353 ff.). γ (B. 1/2): *U. v. Lauenstein–H. Engelmann*, 1962/63. β: *L. Bergson*, 1965 (Lit.). ε: *J. Trumpf* (in Vorber.).

Übers.: Iul. Valer.: *B. Kübler*, 1888 (vgl. Ross, s. o.). Leo: *F. Pfister*, 1913 (cod. Bamberg. E III 14); *O. Zingerle*, Germanist. Abh. 4, 1885, 127 ff. (hist. de prel.; vgl. *Ross*, Cl. et Med. 22, 1961, 205 ff.); *Ross* ebd. 20, 1959, 98 ff. (cod. Lambeth Palace 342; vgl. ebd. 21, 1960, 204 ff.). Arm.: *R. Raabe*, 1896 (Rückübers. ins Griech.). Syr.: *W. Budge*, 1889. Äthiop.: *W. Budge*, 1896.

Lit.: *Krumbacher* 849 ff. *W. Kroll*, RE X 1707 ff. *Christ-Schmid*⁶ 2,813 ff. 1496. *R. Merkelbach* Die Quellen des griech. Al.-Romans, 1954. *Ders.*, Lex. Alt. Welt 111 (Lit.). *H. Dörrie*, Gn 27, 1955, 581 ff. *A. Gitti*, At. e Rom. NS 1, 1956, 96 ff. *G. Cambier*, Latomus 16, 1957, 163 ff. (Lit.). *Bengtson* GG² 320. 322. *F. Pfister*, Hist. 13, 1964, 37 ff. *L. Herrmann*, NClio 10/2, 1958/62, 246 f. *Ruggini*, Ath. 39, 1961, 285 ff. (Lit.). 43, 1965, 3 ff. (Lit.). 233 ff. *J. Trumpf*, ByzZ 55, 1962, 82 ff. 58, 1965, 149 ff. *O. Mazal*, Jb. Österr. Byz. Ges. 11/12, 1962/63, 30 ff. (Lit.). *D. J. A. Ross*, Al. Historiatus, 1963 (Lit.). *Ders.*, Gn 38, 1966, 447 ff. *L. Aleksandra*, Meander 21, 1966, 240 ff. *G. Ballaira*, Boll. Comit. Ed. class. gr. et lat. 13, 27 ff. Dazu: APh 36, 1965, 6 f.

**3.** K., ein Freigelassener des L. Lucullus, den er 56 v. Chr. vergiftet haben soll, Nep. frg. 10 P. (Plut. Luc. 43,1 f.), vgl. Plin. nat. 25,25. GELZER, RE XIII 409. H. G. G.

**Kallisto** (*Καλλιστώ*). Meist als Tochter Lykaons benannt, Jagdgefährtin der jungfräulichen Artemis. Zeus nähert sich ihr in Gestalt von Artemis oder Apollon. Artemis entdeckt ihre Schwangerschaft, verstößt sie und verwandelt sie in eine Bärin. Eur. Hel. 375 ff. scheint ihre Verwandlung schon seit dem Beilager mit Zeus vorauszusetzen. Sie gebiert → Arkas (nach einigen Autoren Arkas und Pan) und wird dadurch Landesmutter der Arkader. Hes. frg. 181. Paus. 1,25,1. 10,31,10. Apollod. 3,100 f. Ov. met. 2,409 ff.; fast. 2,155 ff. Die Verwandlung erfolgt auch durch Zeus oder Hera. Es wurde auch erzählt, daß Artemis sie erschoß (arkad. Mz.; Cert. Hom. et Hes. 111). Kallim. kontaminierte beide Fassungen (Sch. A Il. 18,487): Hera verwandelt sie in eine Bärin und befiehlt Artemis, sie zu erschießen. Zeus rettet sie durch Verstirnung, Hyg. astr. 2,1. Anders: Der heranwachsende Arkas verfolgt eine Bärin, nicht wissend, daß es seine Mutter ist; um Unheil zu verhindern, verstirnt Zeus beide: Bärin und Arkturos (Arktophylax), Eratosth. kat. 1,2,8. Zu Trikolonoi bei → Megalopolis zeigte man ihr Grab im Heiligtum der Artemis Kallisto, deren Hypostase sie ist, Paus. 8,35,8; vgl. 1,29,2. Standbilder von ihr sind literar. bezeugt; von dem in Delphoi (Paus. 10,9,5 f.) ist die Weihinschr. der Arkader gefunden. Ein pompej. Wandgemälde befindet sich in Neapel. H. v. G.

*R. Franz* De Callistus fab. Lpz. 1890. *Prell.-Rob.* 304 f. *Nilsson* GgrRel. 1,199.456. *K. Hoenn* Artemis, Zürich 1946, 17 ff. *W. Sale* RhM 105, 1962, 133 ff. 108, 1965, 11 ff.: aus dem K.-Mythos dürfe nicht auf Artemis als mütterliche und theriomorphe Göttin geschlossen werden; s. o. I 621,41 ff.

**Kallistos** (*Κάλλιστος*) schrieb ein Epos auf Kaiser Iulian, den er auf seinem Feldzug gegen die Perser als Angehöriger der *domestici* begleitete. Die tödliche Verwundung desKaisers schrieb er einem Daimon zu (Sokr. 3,21). Die Identifizierung mit Kallistion (SEECK Briefe des Libanios 103), der ebenfalls dichtete (Liban. epist. 1233), ist unsicher. R. K.

**Kallistratos** (*Καλλίστρατος*). **1.** Sohn des Kallikrates aus dem Demos Aphidna (FGrH 115 F 97; IG² II/III 1523,19 f.; vgl. im übrigen PA Nr. 8157), Neffe des → Agyrrhios und Schwager des → Timomachos, bedeutender athen. Politiker und hervorragender Redner (Demosth. 18,219. 19, 297; vgl. Xen. hell. 6,3,10 ff. Reste: OA 2,218) des 5./4. Jh. v. Chr. 391 erreichte er im Parapresbie-Verfahren die Verurteilung des → Andokides und seiner Mitgesandten (FGrH 328 F 149 a). 378 wurde er zusammen mit → Timotheos und → Chabrias zum Strategen gewählt (Diod. 15,29,6. Dieses Amt bekleidete er wieder 373/72 und 372/71) und nahm maßgeblichen Einfluß auf die Bildung und Organisation des 2. att. Seebundes. Gemeinsam mit → Iphikrates (1), den er anschließend auf der Expedition in das Ion. Meer begleitete, trat er als Kläger gegen Timotheos auf. 371 war er der Sprecher der Athener bei den Friedensverhandlungen in Sparta (Xen. a. O.), für dessen Unterstützung gegen Theben er sich in der Folgezeit einsetzte. Der Verlust von Oropos an Theben (366) und das Ausbleiben spartan. Hilfe führten zu einer Klage προδοσίας gegen Chabrias und K.; der Verurteilung entging er durch seine glänzende Verteidigungsrede, die angeblich auf den jungen Demosthenes großen Eindruck gemacht hat (Plut. Demosth. 5,1 ff.). 365/64 war er Trierarch bei der nach Samos entsandten Flotte. Anschließende Gesandtschaftsreisen in der Peloponnes sind nicht zweifelsfrei zu sichern. 362 (?) wurde er erneut in einen Prozeß verwickelt und entzog sich dem Todesurteil durch freiwillige Verbannung (Ps.-Demosth. 50,46 ff.) mit den Stationen Methone, Thasos (ab 361) und Byzantion. Als er, wohl im J. 355, nach Athen zurückkehrte, wurde er hingerichtet (Lykurg. 93). H. Gä.

*A. Schäfer* Demosth. ²1,11 ff. *P. Cloché*, REA 25, 1923, 1 ff. *Ders.* RBPh 6, 1927, 673 ff. *Ders.*, La politique étrangère d'Athènes de 404 à 338 a. J.-C., Paris 1934.

**2.** K., vertrat Aristophanes als Didaskalos bei der Aufführung von dessen ersten Stücken bis Ach., später bei Av. und Lys. (Hypoth. Ach. Av. Lys., Aristoph. Vita Ven. 2, Suda s. *Σαμίων ὁ δῆμος*). Sonst unbekannt. W. K.

*A. Pickard-Cambridge* The Dramatic Festivals of Athens, 1953, 85–87.

**3.** K., alexandrin. Grammatiker des 2. Jh. v. Chr., Schüler und vergleichsweise unselbständiger Anhänger des → Aristophanes von Byzanz (so ausdrücklich Sch. Aristoph. Thesm. 917, sonst häufig ὁ Ἀριστοφάνειος). In seinen krit. und exeget. Werken zu Homer, aus denen zahlreiche Frg. durch Vermittlung des → Didymos (1) in die Sch. gelangten, setzte er die Erklärertätigkeit seines Lehrers fort. Polemische Züge trug die Schrift πρὸς τὰς ἀθετήσεις, in der K. mehrfach Ansichten seines Mitschülers → Aristarchos (6) als Beobachtungen älterer Philologen, bes. seines Lehrers, zu erweisen suchte. Enge Anlehnung an Aristoph. Byz. zeigte K. auch in seiner sonstigen Themenwahl: Er kommentierte Hesiod, Pindar, Soph., Eur. sowie Kratinos und Aristoph. und schrieb ebenfalls περὶ ἑταιρῶν (Athen. 13,591 d). Unklar sind Inhalt und Stoffverteilung eines *Σύμμικτα* betitelten Sammelwerkes (wohl mind. 7 B., vgl. Athen. 3,125 c; Erotian. s. v. *Χεῖαι*). H. Gä.

Frg. bei *R. Schmidt*, De Call. Aristophaneo, in: *Nauck*, Aristoph. v. Byz., Halle 1848 (Nachdr. Hildesheim 1963), 307 ff. FGrH 348. *Susemihl* 1,449 f.

**4.** K. (Domitios). Lokalhistoriker, der über Herakleia Pontike schrieb (mind. 7 B., mit offenbar ausführlicher Urgesch.); das Werk wollte vielleicht bes. → Nymphis für die Z. fortsetzen, in der Rom an die Stelle der Griechen und Makedonen trat, und war vermutl. eine der Hauptquellen → Memnons. Falls dieser K. der bei Dion. Hal. ant. 1,68 f. zitierte und etwa auch von Varro benutzte Autor π. *Σαμοθρᾴκης* (Palladion) ist, kam



er vielleicht als Gefangener des 3. Mithrid. Krieges nach Rom (70 v. Chr.). W. Sp.

FGrH 433. 434, Komm. p. 270 f. 278 ff. 548, Komm. Anm. 35. *F. Jacoby*, RE X 1748.

**5.** K., Erzgießer der Mitte des 2. Jh. v. Chr., Plin. nat. 34,52. Tatian. ad Graec. 34 erwähnt seine Statue der Euanthe (Euadne?), die *ἐν περιπάτῳ* (= unterwegs) gebar, also ein Werk des hellenist. »Realismus«. W. H. G.

**6.** K., Tragiker, 2. Preis an den Lenäen 419/18 mit Amphilochos und Ixion, sein Protagonist war → Kallippides (IG II² 2319). F. St.

*Christ-Schmid* I 3,845, Anm. 5.

**Kallithera** (*Καλλιθήρα*). Nur bei Liv. 32,13, 11 zum J. 198 v. Chr. genannte Ortschaft in SW.-Thessalien bei Metropolis, wohl die Ruinen s. von Sekliza. E. M.

1. *Fr. Stählin* Das hellen. Thessalien 132. 2. *Y. Béquignon*, BCH 52, 1928, 459. 3. *Philipps.-Kirst.* 1,61. 291,1.

**Kallithoe** (*Καλλιθόη*). **1.** Die älteste der 4 Töchter des → Keleos in Eleusis, die die irrende Demeter in das Haus ihres Vaters einluden (neben Kallidike, Kleisidike, Demo), Hom. h. 5,110. Vielleicht interpoliert, da V. 285 ff. nur 3 Töchter in Tätigkeit treten und auch Paus. 1,38,3 nur 3 nennt, wenn auch irrtümlich mit anderen Namen. **2.** Erste Priesterin der argiv. Hera, die zuerst den »langen Pfeiler« der Göttin mit Binden schmückte, EGF Phoronis frg. 4. Zu verstehen ist die Hera von Tiryns, FRICKENHAUS Tiryns 1,19 f. Wohl ident. mit Kallithyia (Plut. bei Eus. praep. ev. 3,8 u. a.) und Kallithyessa (Hesych. s. *Ἰὼ Καλλιθύεσσα*). Als Grundform erschließt WILAM. GldH 1,241,1 *Καλλιθύη* »die schön opfernde«. PRELL.-ROB. 1,172,1. 395. H. v. G.

**Kallixeinos** von Rhodos. Vf. eines Werkes π. *Ἀλεξανδρείας* (mind. 4 B.), das eine Slg. von Berichten über interessante Ereignisse und Gegenstände gewesen sein mag; daraus hat Athen. 5, 196 A ff. zwei umfangreiche Exzerpte über eine große *πομπή* des Ptolemaios II. (271/70?) und über großartige Schiffsbauten des Ptolemaios IV. (221/204 [?]) erhalten. Ein Kallixenos (ohne Ethnikon) schrieb eine von Sopatros exzerpierte *ζωγράφων τε καὶ ἀνδριαντοποιῶν ἀναγραφή*; er mag zumindest mit dem Plin. nat. 34,52 zitierten Künstler *Callixenus* (Mitte 2. Jh. v. Chr.) ident. sein. Frg.: FGrH 627. W. Sp.

*F. Jacoby*, RE X 1751 ff. *H. Volkmann*, RE XXIII 1578 ff. *Bengtson* GG² 395 (Lit.).

**Kallixenos** (*Καλλίξενος*). Athen. Demagoge, klagte im Arginusenprozeß vor dem Rat gegen die Feldherren. Eine Klage des Euryptolemos wegen gesetzlosen Vorgehens konnte K. mit Hilfe der Volksmenge zu Fall bringen und die Todesurteile durchsetzen. Als man später gegen die Ankläger vorgehen wollte, entfloh er und kehrte erst nach der Amnestie von 403 nach Athen zurück, wo er, von allen gehaßt, verhungerte (Xen. hell. 1,7. Suda s. *ἐναύειν*). K. W.

**Kallon** s. Kalon

**Kallonitis** (*Καλλωνῖτις*). Sondergebiet Mediens, nur von Pol. 5,54,7 genannt, andere Namensform für die *Χαλωνῖτις*, einen Landstreifen längs des Flusses *Διάλας* (h. Dijala) im Bereich des Gebirges → *Ζάγρος* an der Grenze Mediens und Assyriens (Strab. 11,529. 17,736. Isid. Char. 3. Dion. Perieg. 1015. Plin. nat. 6,122. 131 f.) H. T.

**Kallynteria** s. Plynteria

**Kalon** (*Κάλ[λ]ων*). **1.** Aiginet, Bildhauer in Holz und Erz um 500 v. Chr. (Signatur in Athen: [2]), wird Schüler des → Tektaios und Angelion (Paus. 2,32,5), Zeitgenosse des → Kanachos (1) (Paus. 7,18,10) und → Heg(es)ias (3) genannt (Quint. inst. 12,10,7. Vgl. Plin. nat. 34,49 und [1], 27 ff.). Früher Vertreter der berühmten aiginet. Erzgießerschule. Genannt werden ein Dreifuß mit Stützfigur (Bronze) in Amyklai (Paus. 3,18,8, vgl. 4,14,2) und ein Kultbild der Athena in Troizen (Holz, Paus. 2,32,5). Zuschreibungen röm. Kopien versucht [3]. **2.** K. v. Elis, Bildhauer des späteren 5. Jh. v. Chr., von dem Paus. 5,27,8 (vgl. Inschr. v. Olympia 271) und 5,25,2–4 Werke in Olympia sah. W. H. G.

1. *Lippold*, RE X 1757 f. 2. *A.E. Raubitschek* Dedications from the Athenian Acropolis, 1949, 91 ff. 508 f. 3. *J. Dörig*, in: *Boardman-Dörig-Fuchs* Die griech. Kunst (1966) 126.

**Kalos** (*Κάλως*). Bildhauer unbekannter Zeit (vor Mitte 4. Jh. v. Chr.), schuf die mittlere der 3 Eumenidenstatuen in Athen, Clem. Al. Protr. 3, 47,3 (nach Polemon). Vgl. Sch. Aischin. c. Timarch. 188 (»Kalamis«) und Lippold, RE X 1758. W. H. G.

**Kalpas.** Fluß in Bithynien s. Kalpe (2)

**Kalpe** (h. Gibraltar). **1.** Die Ableitung des Namens von griech. *κάλπη* = *κάλπις* Krug (so schon Avien. 348) ist eine Volksetymologie, hervorgerufen durch die Höhlung des Felsens im W. (Mela 2,95), die h. durch Anschüttungen und die Stadt Gibraltar größtenteils ausgefüllt ist [1]. Vielleicht ist der Name – unbekannter Herkunft – von dem bithyn. Kalpe (h. Kirpe) durch die Griechen auf die ähnliche span. Halbinsel übertragen worden [2]. K. war eine der beiden »Säulen des Herakles«; die andere, afrikan., hieß *Abila (Alybe, Abilyx)*. Die Araber nannten dann beide um in Gibraltar (= Dschebel al Taric) und Dschebel Musa. Die Beschreibungen aus dem Alt., bes. von Mela 2,95 und Strab. 3,1,7, zeigen, daß der Felsen damals genau so aussah wie heute [3]. Ad. Schulten bestreitet (RE X 1760), daß es auch eine Stadt K. gegeben habe. Er hat dies aber berichtigt in Ib. Landeskde. 1,235. Es scheint einen unbedeutenden Ort dieses Namens gegeben zu haben [4]. R. G.

1. *Otto Jessen* Die Straße von Gibraltar, Bln. 1927, 191 ff. 203. 2. Font. Hisp. Ant. I², Barc. 1955, 122. VI 144. 3. Die ant. Quellen über K. in Font. Hisp. Ant. I²–IX (Indic.). *Fernando de Carranza* Gibraltar histórico etc., Africa, año 2, época 3, núm. 14, 1943, 25 ff. Diese öfters zitierte Arbeit ist in manchen Punkten veraltet. 4. Itin. Ant. 406,3. Nicol. Damasc. Vita Aug. 11. GLM p. 34. 79.

**2.** K., Landeplatz in der Nähe des kleinen Flusses Kalpas, »etwa in der Mitte zwischen Herakleia und Byzantion« (Xen. an. 6,4,3). Von hier aus unternahm das arkad. Korps der »10000 Griechen« seinen Plünderungszug in das Hinterland und wurde nur durch Xenophons Initiative vor sicherem Untergang gerettet (Xen. an. 6,2,17 ff.). Hier erlebte das griech. Heer vor seiner Rückkehr noch einmal kritische Tage, zuweilen den sicheren Untergang vor Augen. Xenophon schien das Gebiet von K. recht geeignet für die Gründung einer Stadt, daher wohl seine ausführliche Beschreibung der Landschaft, »die alles in Fülle bot – außer Öl« (an. 6,6,1). Das Hinterland von K. mit dem sich in den Pont. Eux. vorschiebenden Landrücken ist n.ö. von Kandıra zu identifizieren, während K. (für die verschieden überlieferten Namensformen vgl. RE X 1759 f.) wohl in der Umgebung von Kefken (früher Kirpe) anzusetzen ist. Für die in der Nähe liegende, ausgedehnte ant., jedoch weitgehend ausgeplünderte Nekropole vgl. N. Firatli, Belleten 17, 1953, 18 f. F. K. D.

**Kalpetos.** König von Alba Longa. → Kapys. W. E.

**Kalybe** (*Καλύβη*). **1.** Nymphe, von Laomedon Mutter des Bukolion. Apollod. 3,146. Nonn. Dion. 15,376. Bei Hom. Il. 6,22 f. ist sie noch namenlos. Eitrem, RE X 1761 sieht in dem Namen eine Spielerei: Die »ländliche Hütte« gebiert den »Ochsenhirten«. **2.** Die greise Priesterin der Iuno in Ardea, deren Gestalt Allecto annimmt, um Turnus gegen die Troianer aufzuhetzen. Verg. Aen. 7,419. H. v. G.

**Kalydna,** Kalydnai (*Κάλυδνα, -ναι*). Name mehrerer Inseln an der kleinasiat. Küste. **1.** Zwischen Tenedos und dem Festland, Strab. 13,1,46 p. 604. Sen. Tro. 839. Q. Smyrn. 7,407. 12,453. Lykophr. 25, trotz Strab. a. O. wohl die einzigen etwas größeren Inseln, die »Hasen«- (»Kaninchen«)-Inseln (Tavschan adalari, Lagussai), n. von Tenedos. **2.** s. Kalymna. E. M.

**Kalydnos** (*Κάλυδνος, Καλυδνός*). In singulärer Erfindung als Erbauer und 1. König Thebens, als Sohn des Uranos, Vater des Ogygos genannt. Steph. Byz. Sch. Lykophr. 1209. H. v. G.

**Kalydon** (*Καλυδών*). **1.** Eponymos der Stadt K., Sohn des → Aitolos u. der Pronoe, Gatte der Tochter Amythaons, Aiolia, Vater von Epikaste und Protogeneia. Apollod. 1,58 f. Steph. Byz. – Eine Eponymin K. erscheint bei Philostr. imag. 4, S. 397,23 K; mit dem heimischen Eichenlaub geschmückt, schaut sie dem Kampf zwischen Herakles und → Acheloos zu. **2.** Sohn des Ares und der Astynome, der Artemis baden sah und des halb in den Berg verwandelt wurde, der früher *Γυρόν* (*Κούριον* Woodhouse Aitolia 378) hieß und nun angeblich K. heißt. Ps. Plut. fluv. 22,4. H. v. G.

**3. K.**, eine bereits bei Homer mehrfach (Il. 2,640. 9,530. 577. 13,217. 14,116) genannte, sagenberühmte (kalydon. Eber, Deianeira, Tydeus) Stadt der aitol. Küstenebene etwa 6 km landeinwärts am r. Ufer des → Euenos (Phidaris), h. Kastro von Kurtaga. Der zu K. gehörende Hafen war wichtig als Überfahrtsstelle zur Peloponnes. 390 v. Chr. im achaiischen Bund, Xen. hell. 4,6,1, in hellenist. Zeit einer der Hauptorte des aitol. Bundes, in der Kaiserzeit verödet, ein Teil des Gebiets fiel an Patrai (Strab.), und die Statue der Artemis wurde nach dort überführt (die von Paus. 7,18,9 behauptete Umsiedlung nach Nikopolis ist aber Irrtum).

Erhalten ist der große hellenist. Mauerring, ausgegraben der ausgedehnte, langgestreckte Bezirk des Hauptheiligtums der Stadt vor dem W.-Tor, das der Artemis Laphria und dem Dionysos und wohl auch dem Apollon Laphrios geweiht war (Paus. 4,31,7. 7,18,8 ff. Strab.) mit 3 Tempeln aus dem E. des 7., Anf. des 6. und 1. Hälfte des 4. Jh. v. Chr. und vielen Nebengebäuden und ein großes Heroon des 2. Jh. v. Chr. Skyl. 35. Strab. 10,2,3 ff. p. 450 f. 10,2,21 p. 459 f. Plin. nat. 4,6. Inschr.: IG IX 1², 135–153. SEG 15,360. E. M.

1. *W. M. Leake* Travels in Northern Greece 3,533 ff. 2. *W. J. Woodhouse* Aetolia 91 ff. 3. *v. Geisau*, RE X 1763 ff. 4. *Philipps.-Kirst.* 2,354. 359 f. 5. *E. Dyggve–Fr. Poulsen–K. Rhomaios* Das Heroon von Kalydon, 1934 (mit allg. Beschreibung der Stadt). 6. *E. Dyggve* Das Laphrion, der Tempelbezirk von Kalydon, 1948. 7. *K. A. Rhomaios* Κέραμοι τῆς Καλυδῶνος, 1951.

**Kalydonische Jagd** s. Meleagros

**Kalykadnos** (Καλύκαδνος). Bei Strab. 13, 627. 14,670. Ptol. 5,7,3 M. Anon. Stad. Mar. M. 175 (GGM I 482 f.), Steph. Byz. s. Ὑρία, Plin. nat. 5,93 und Amm. Marc. 14,8,1 Fluß im w. Kilikien (h. Erminet-su oder Gök-su). Am r. Ufer nahe der Mündung lag die Stadt Seleukeia (h. Selefkeh bzw. Selifke). Der K. galt im Unterlauf als schiffbar. In ihm ertrank auf dem 3. Kreuzzug (1190) Friedrich Barbarossa. Dicht bei der Mündung des K. lag das Kap Kalykadnon (Pol. 21,43,14. App. Syr. 39,201. Liv. 38,38,9), bei Strab. 14,670 und Ptol. 5,7,3 Ζεφύριον genannt. H. T.

*Ruge*, RE X 1767 (mit Lit.). *K. Miller* Itin. Rom. Skizze Nr. 231 S. 710. *W. M. Ramsay* The hist. geogr. Asia Min. 55. 58. 355 u. ö.

**Kalyke** (Καλύκη »Knospe«). **1.** Tochter des → Aiolos (1) und der Enarete, Mutter des → Endymion von Aethlios (oder Zeus). Apollod. 1,50. 56. Hes. frg. 11 Rz. **2.** Tochter des Hekaton, Mutter des → Kyknos (2) von Poseidon. Hyg. fab. 157. Sch. Pind. O. 2,91 (Καλυκία). **3.** Unglücklich Liebende, die sich, da Euathlos sie nicht heiraten will, vom Leukad. Felsen stürzt. Von Stesich. besungen, frg. 43. Nach ihr hieß ein altertümliches Frauenlied: Athen. 14,11,619 d e (nach Aristox.). **4.** Weiblicher Name: Aristoph. Lys. 322. Aristain. 2,1. Eine Bassaride bei Nonn. Dion., Nereiden und Bakchantinnen auf rf. Schalen. SCHERLING, RE s. v. H. v. G.



**Kalymna** (Κάλυμνα), h. Kalymnos, große Kalkinsel der s. Sporaden, 21 km lang, 13 km breit, 109 qkm groß, bis 679 (686) m ansteigend, mit mehreren Hafenbuchten, von einem Schwarm kleiner Inseln umgeben, die z. T. wie Telendos im Alt. bewohnt waren. Daher auch im Plural νῆσοι Καλύδναι, Hom. Il. 2,677. Stadiasm. m. m. 280 f. Ältere Namensform Καλύδνα, Hom. Stadiasm. a. O. Hdt. 7,99,2 f. Strab. 10,5,19 p. 489. Diod. 5, 54,1 f. Plin. nat. 5,133. 11,32. Steph. Byz. Suda. Etym. m. s. κάλυμνος und die att. Tributlisten. Schon bei Skyl. 90 und Inschr. [9],8 f. Nr. X (um 300 v. Chr.) und dann gewöhnlich Kalymna, Kalymnioi. Bewohner nach Hdt. Dorier aus Epidauros, Verfassung und Einrichtungen sind dor. Am Xerxeszug nahmen Schiffe aus K. im Gefolge der Artemisia teil, im 5. Jh. gehörte es zum att. Seebund mit einem Tribut von 1½, später weniger Talenten, B. D. MERITT The Athenian tribute lists 1,294 f. 3,213. Seit hellenist. Z. als Demos zu Kos gehörend (Inschr. Dion Chrys. or. 31 p. 593 R).

Die ant. Siedlungen lagen wie h. zur Hauptsache im S., eine Stadt K. scheint es nicht gegeben zu haben. Erhaltene Reste gering, Hauptheiligtum des Apollon Delios unter der Kirche Christos τῆς Ἰερουσαλήμ beim h. Chorio (amtlich Kalymnos). Funde beginnen schon neolith. [4. 5. 7], größere myken. Siedlung auf dem Hügel Perakastro mit der Johanniterburg [5]. Inschr.: [9]. SEG 3,673. 743 f. 19,547. Mz.: HEAD HN² 631. E. M.

1. *L. Roß* Reisen auf den griech. Inseln 3,139 ff. 2,92 ff. 2. *Bürchner*, RE X 1768 ff. 3. *Philipps.-Kirst.* 4,282 ff. 4. *G. E. Bean–J. M. Cook* Kalymnos, ABSA 52, 1957, 127 ff. 5. *R. Hope Simpson–J. F. Lazenby*, ABSA 57, 1962, 154 f. 172 f. 6. *E. Lissi*, Enciclop. dell'arte ant. 2, 1959, 275 f. 7. *A. Maiuri* Clara Rhodos 1, 1928, 104 ff. 8. *G. Gerola* I monumenti medioevali delle tredici Sporadi, Calamo, ASAA 2, 1916, 55 ff. 9. *M. Segre* Tituli Calymnii, ASAA 22/23 (N. S. 6/7), 1944/45 (1952) mit vollst. Quellen u. Lit.

**Kalynda** (Κάλυνδα). Stadt im s. w. Kleinasien an der Grenze von Karien und Lykien, bald zu diesem, bald zu jenem Gebiet gerechnet (Hdt. 8, 87 f. Pol. 31,4 f. Strab. 14,651. Steph. Byz. s. v. Plin. nat. 5,103). Ptol. 5,3,2 M. Κάλινδα, Ruinen beim Dorfe Garkyn kjöi in Lykien. K. lag nahe der Küste ö. des kleinas. → Indos (2) und unterstand 480 v. Chr. dem König → Damasithymos. Später geriet K. in Abhängigkeit von → Kaunos. 163 v. Chr. fiel K. von den Kauniern ab und wurde von ihnen belagert, aber von den Rhodiern befreit. – Mz. H. T.

*Bürchner*, RE X 1772 (mit Lit.). *K. Miller* Itin. Rom. S. 706 mit Skizze Nr. 230. *W. M. Ramsay* The hist. geogr. As. Min. 425.

**Kalypso** (Καλυψώ). In Od. 5 eine Nymphe, die auf einer lieblichen Insel, → Ogygie, in einer prächtigen Grotte wohnt, den von ihr geretteten schiffbrüchigen Odysseus herzlich liebt, ihm Unsterblichkeit verspricht und ihn 7 J. gegen seinen Willen festhält, bis Hermes ihr den gemessenen Befehl des Zeus überbringt, ihn zu entlassen. Schweren Herzens fügt sie sich, hilft ihm beim Bau eines großen Floßes und sendet ihm einen günstigen Fahrwind nach. K. scheint ein redender Name zu sein (Verhüllerin oder Verhüllte?), aber es ist unklar, wen oder was sie verhüllt oder inwiefern sie selbst verhüllt oder verborgen ist, LAMER, RE X 1777.1793. Man hat versucht, sie aus dem Namen als eine Todes-, Nacht- oder Unterweltsgöttin zu deuten (USENER Sintflutsagen 44. GÜNTERT K., 1919, 196ff. SEECK Quellen der Od. 269. MENRAD Urmythos, 1910. GERCKE, JbPhPäd 15,326f. 332). Dafür könnte aber höchstens ihre Bezeichnung als δεινὴ θεός und δολόεσσα Od. 1,48ff. und 7, 244ff. sprechen, die aber ihrer Charakterzeichnung durch den Dichter als liebendes Weib, als edle, liebenswürdige Frau widerspricht. Auch die auffällige Parallele mit Siduri Sabitu, einer Hypostase der Ischtar im Gilgamesch-Epos, ist nicht durchschlagend (JENSEN u. a.: LAMER, RE X 1775f.). K. hat keinen Kult, gehört weder dem Volksglauben noch der lebendigen Sage an, sondern ist eine poet. Erfindung. Die Okeanide K. (Hes. theog. 359), die Nereide K. (Eur. Kykl. 264. Apollod. 1, 12), die Hesperide K. (Vase des Assteas), die Gespielin der Kore (Hom. h. 5,422) verdanken ihre Namen vermutlich alle der ogyg. K. der Od. (umgekehrt PRELL.-ROB. 1,552). Im 5. B. der Od. hat K. keinen Vater. Daß 1,52 und 7,245 Atlas als Vater genannt wird, kann durch die Lokalisierung beider im äußersten Westen erklärt werden, s. LESKY Thalatta, 1947, 76ff. Die Kinder K.s von Odysseus (Nausithoos, Nausinoos, Auson) entstammen späterer mythograph. Konstruktion. Doch scheint POxy 11, 1915, Nr. 1358 (aus dem 3. B. von Hes. Katal.) von Kindern der K. zu handeln. – Mit Recht betonen RADERMACHER Mythos und Sage der Griechen 2, 1938, 121 und LESKY a. O. 153 die der hom. Erzählung zugrunde liegenden märchenhaften Züge: ein elbisches Wesen hält einen sterblichen Mann fest; Schiffbruch, Landung, freundliche Aufnahme auf einer schönen Insel und Heimkehr; ein lange festgehaltener Mann kehrt endlich heim und findet seine Frau von Freiern bedrängt. In der Analyse der Od. spielt der Vergleich der K.-Dichtung mit dem Kirke-Abenteuer eine Rolle, WILAM. Hom. Unters. 115ff. – überholt ist aber die Folgerung, daß jene ein selbständiges Einzellied gewesen sei –, sowie der Umstand, daß Odysseus 19,278ff. seinen langen Aufenthalt bei K. nicht erwähnt, woraus man schloß, daß es einst eine Od. ohne K. gegeben hat. In der späteren Lit. hat K. kein sonderliches Nachleben gehabt. Die hellenist. anmutende Darstellung Ov. ars 2,123ff. setzt nicht notwendig ein hellenist. Vorbild voraus. Auch die bildende Kunst hat durch die Gestalt der K. nur geringe Anregungen erhalten. H. v. G.

*R. Harder* Kleine Schriften, 1960, 148ff. *Schefold* Frühgriech. Sagenbilder, 1964, Abb. 45.

**Kamara** (Καμάρα). **1.** Alter Name Λατὼ πρὸς (oder ἐπὶ) Καμάραι, Hafenstadt von Lato im ö. Kreta, h. Hg. Nikolaos an der Bucht von Mirabello, im MA. Bistum. Steph. Byz. Stadiasm. m. m. 351f. Ptol. 3,15,4. Hierocl. synecd. 650,1. Not. episc. 8,222. 9,131. E. M.

*M. Guarducci* Inscr. Cret. 1,107.131 Nr. 15. 136 Nr. 19. Inschr. S. 131ff. Nr. 15–54.

**2.** K., im peripl. m. Erythr. 60 (GGM 1,301) erwähnter Handelsplatz, nach WARMINGTON The commerce between the Rom. Emp. and India, Cambr. 1928, 61, ident. mit dem h. Kāwērī-pattanam, am Ufer des Flusses Χαβηρίς (Kāvērī), der von Ptol. 7,1,13. 8,26,5 erwähnt wird. G.-D. S.

**3.** s. Camarae. Fornix

**Kamarina** (Καμάρινα). Dor. Stadt 60 km w. der S.-Spitze Siziliens auf etwa 40 m hohem Hügel an der Mündung des → Hipparis. Die traditionell auf 599 datierte Gründung von Syrakus aus (Thuk. 6,5,3) markiert den Abschluß der dor.-syrakus. Expansion in das s.w. Hinterland. Vielleicht erfolgte die Gründung von See her; doch muß, wie die Entwicklung griech. und sicul. Binnenlandsiedlungen im 6. Jh. zeigt, der Landkontakt rasch hergestellt worden sein. Im Gegensatz zu den früheren »Militärkolonien« → Akrai und → Kasmenai ist K. die erste eigentliche Kolonie von Syrakus, die somit auch eine selbständige Entwicklung durchmachte. Der Anlage nach nicht gegen die ö. Siculerzentren gerichtet, wandte sich K., im sicheren Besitz der w. Ebene, einer friedlich-kommerziellen Ausweitung nach O. bis zum sicul. Hybla Heraia zu, wo für die 2. Hälfte des 6. Jh. mit einer griech. Vorstadt (Nekropole Contrada Rito) gerechnet werden muß. So ist auch das Bündnis mit diesen Siculern in der Auseinandersetzung mit der Mutterstadt 553 verständlich, in der Syrakus die Gegner schlagen und K. zerstören konnte (Thuk. a. O. Philist. FGrH 3 B 556 F 5). Das Gebiet von K. mußte Syrakus nach 492 an → Hippokrates von Gela abtreten; unter ihm als οἰκιστής wurde die Stadt wieder aufgebaut (Hdt. 7,154,3. Thuk. a. O. Philist. F 15). Gelon hob 484 die Neugründung auf und überführte die Bewohner nach Syrakus (Hdt. 7,156,2. Thuk. a. O. Philist. a. O.). Zum dritten Male wurde K. nach dem Sturz der Deinomeniden von Gela aus neu gegründet (Thuk. a. O. Diod. 11,76,5) und erlebte etwa von 460 an eine Zeit des Wohlstandes, in die der olymp. Sieg des → Psaumis (Pind. O. 4.5) fällt. Der Mauerring umschloß 180 ha: Raum etwa für 15000 Einwohner. Während des Pelop. Krieges trat K. 427 zunächst als einzige dor. Polis auf die ion.-athen. Seite (Thuk. 3,86,2). Die Kampfhandlungen wurden 424 schließlich durch den Kongreß zu Gela beendet. An der Bestimmung des Friedensvertrages, daß Syrakus an K. → Morgantine abtreten solle (Thuk. 4,65,1), läßt sich die Größe des Einflußbereiches messen: Morgantine (Serra Orlando bei Aidone) liegt über 60 km nördl. K. 422 noch bereit, wieder auf athen. Seite zu treten (Thuk. 5,4,6), wies es 415 die athen. Flotte ab (Thuk. 6,52), schickte geringe Hilfe nach Syrakus (Thuk. 6,67,2) und erklärte schließlich seine Neutralität (Thuk. 6,75,3–88, vgl. Diod. 13,4,2); 413 trat es auf die Seite von Syrakus (Thuk. 7,33,1. 58,1. Diod. 13,12,4). Beim Karthagerangriff 406 kämpfte K. im Heer der Sikelioten mit (Diod. 13,86,5. 87,5); 405 wurde sein Gebiet beim pun. Vorstoß auf Gela verwüstet (Diod. 13, 108,3), die Stadt selbst aufgegeben; die Bevölkerung, von Dionysios nach Syrakus geführt (Diod. 13,111,3), ging von dort ins Exil nach → Leontinoi (Diod. 13,113,4). Nach Friedensschluß konnten die Kamarinaier zurückkehren, waren aber Karthago tributpflichtig. Der schwachen Siedlung führte 339 Timoleon neue Siedler zu (Diod. 16,82, 7) und bewirkte somit eine letzte Blütezeit. Nach der Niederlage des Agathokles 311 schloß sich K. den Karthagern an (Diod. 19,110,3), 309 verwüsteten die Söldner des Agathokles das Umland (Diod. 20,32,1.2); 3 Jahrzehnte später die Mamertiner (Diod. 23,1,3). In der Auseinandersetzung zwischen Römern und Karthagern eroberten erstere K. 258 (Pol. 1,24,12. Diod. 23,9,4f. Zon. 8,12), die Stadt wurde zerstört, die Einwohner in die Sklaverei verkauft (Diod. a. O.).

Grabungen, seit 1958 (vorher 1896 und 1905) wieder aufgenommen: Stadtmauerreste; an der n.w. Seite Turm des 5. Jh., erneuert Mitte 4. Jh.; vielleicht ebenfalls urspr. klass., dann »timoleontisch« eine die Akropolis gegen O. schützende Quermauer; w. dahinter Heiligtum der Athena mit Resten eines Antentempels; große Nekropole Passo Marinaro. – Griech. Inschr.: SEG IV 29. 30 (= XVI 542). 31/33. XII 379. Mz.: Head HN² 128ff. H.-P. D.

*K. Ziegler*, RE X 1801ff. *B. Pace* Camarina, Catania 1927. *A. di Vita*, Kokalos 2, 1956, 177ff., bes. 196ff. *Ders.*, Kokalos 4, 1958, 83ff.

**Kambles** (*Κάμβλης*). Myth. König von Lydien, so gefräßig, daß er die eigene Frau verschlang, worauf er sich das Leben nahm. Xanthos Lydiaka frg. 12 (FHG I 36ff.). Eustath. Hom. 1630, 15. Nikol. Dam. frg. 28 (*Καμβλίτας*). Ail. var. 1,27 (*Κάμβης*). Vielleicht ein mißverstandenes religiöses Aition: Oldfather RE s.v. H. v. G.

**Kambunia** (*Καμβούνια*). Das nur bei Liv. 42, 53,6. 44,2,6 namentlich genannte Bergland zwischen Perrhaibien und dem makedon. Haliakmontal, als beste Verbindung zwischen Makedonien und Thessalien gegenüber dem leicht zu sperrenden Tempetal als Heeresstraße und sonst viel benutzt, so auch von Xerxes. Der Hauptpaßübergang Volustana ist nur 918 m hoch. E. M.

1. *Fr. Stählin* Das hellen. Thessalien 16. 2. *Philipps.-Kirst.* 1,80ff. 3. *Saria*, RE IX 906 (Volustana).

**Kambysen** (*Καμβυσηνή, ἡ*). Eine der beiden nördlichsten Landschaften Armeniens, die an die Berge des Kaukasus und an Iberien und Kolchis grenzen, Strab. 11,528. J. D.-G.

**Kambyses** (*Καμβύσης*). **1.** Nach Hdt. u. den babylon. Keilinschr. des → Kyros Vater desselben, der nach Hdt. 1,46 Sohn des K., Sohnes des Cišpiš war; ihnen allen wird der Titel »der große König, König von Anšan« – das ist die Landschaft um Susa – beigelegt. → Dareios sagt in der großen Behistun-Inschr. und in der seiner Gestalt am Felsen beigegebenen Inschr.: mein Vater ist Vištaspa (Hystaspes), der Vater des V. war Aršâma (Arsames), des Vater des A. war Ariyâramna (Ariaramnes), der Vater des A. war Cišpiš (Teispes), der Vater des C. war Haxâmaniš (Achaimenes) ... 8 meines Geschlechts waren vordem Könige. Ich bin der neunte. In 2 Reihen sind wir 9 Könige.« Ferner heißt es in der großen Inschr.: »Kambyses, der Sohn des Kyros, aus unserem Geschlecht, war hier König.«

Diese Angaben, miteinander verbunden, ergeben das völlig eindeutige Bild des Stammbaumes der → Achaimeniden, s. o. Bd. I 39.

→ Hystaspes war nach Dareios' eigenen Angaben Statthalter von Parthien und Hyrkanien, aber niemals König. Er ist daher unter den 9 Königen des Dareios nicht mitzuzählen.

Von den Söhnen des Teïspes erhielt Kyros I. die Landschaft um Susa, Ariaramnes wohl den Kern der Persis, die Landschaft um Pasargadai; beide Linien standen unter med. Oberhoheit. Das gleiche gilt von Achaimenes und Teïspes, der das nachmals zwischen seinen Söhnen geteilte Gebiet beherrscht haben muß.

Die Worte, die Hdt. 7,11 dem Xerxes in den Mund legt, hätten richtig wie folgt gelautet: *μὴ γὰρ εἴην ἐκ Δαρείου τοῦ Ὑστάσπεος τοῦ Ἀρσάμεος τοῦ Ἀριαράμνεω τοῦ Τεΐσπεος [καὶ ἐξ Ἀτόσσης τῆς] Κύρου τοῦ Καμβύσεω [τοῦ Κύρου] τοῦ Τεΐσπεος τοῦ Ἀχαιμένεος γεγονώς*. Doch liegt hier kein Textfehler vor, sondern der Irrtum ist bereits von Hdt. oder seiner Quelle begangen worden. Xerxes stammte tatsächlich in gerader Linie von den großen Herrschern des anšanischen Zweiges durch seine Mutter Atossa ab, die Tochter des Kyros, mit der sich Dareios vermählt hatte, nachdem sie zuvor die Gemahlin ihres Bruders K. und dann des falschen Bardiya-Smerdis gewesen war.

Nach Hdt. 1,107 wäre K. I. der Gemahl der → Mandane gewesen. Ihr Vater → Astyages habe sie einem Perser geringer Herkunft gegeben, um die Gefahr abzuwenden, daß sein zukünftiger Enkel ihn entthrone. Das ist Sage. Schon → Ktesias verbessert Hdt.: Astyages sei mit Kyros dadurch verwandt geworden, daß Kyros, nachdem er ihn besiegt, sich mit dessen Tochter → Amytis vermählte. Das stimmt zu der inschr. Angabe (Cyl. Nabonids): »Als das 3. Jahr herankam, ließen sie (sc. die Götter) ausziehen den Kuraš, König von Anšan, seinen geringen Knecht (d. h. seinen Vasallen), mit seinen wenigen Truppen vernichtete er die zahlreichen Nordmännerhorden (hier = Meder). Den Ištuwigu (Astyages) ergriff er und brachte ihn in sein Land.«

**2.** Pers. Großkönig (529–522), Sohn des Kyros. Seine Mutter Kassandane war, nach Herodot, die Tochter des Achämeniden Pharnaspes, nach Ktesias die des Astyages. Seine Geschwister waren: Bardiya-Smerdis, Atossa, deren jüngere Schwester Roxane, usw. K. hatte sich mit Atossa aus Liebe vermählt und ihr dann Roxane als Gemahlin beigesellt. Nach der Eroberung Babyloniens wurde K. von Kyros zum König von Babylon ernannt, aber sein babylon. Königtum hat das 1. J. nicht überdauert.

Die Eroberung Äg., die Kyros nicht mehr hatte ins Werk setzen können, wurde von K. durchgeführt. Sie gehörte notgedrungen zu dem die *βασιλεία τῆς Ἀσίας* im weitesten Sinne erstrebenden achämenid. Programm. Bevor K. nach Äg. zog (525) – so berichtet Dareios – oder erst als er in Äg. war – so nach Herodot – tötete er Bardiya, was aber vielleicht eine Erfindung von Dareios ist. Der Feldzug wurde sorgfältig vorbereitet. Polykrates von Samos ging ein Bündnis mit K. ein. Durch die Unterstützung der Araber gelangte K. an die pelus. Nilmündung, wo er Psammetich III. (Herodots *Psammenit*), der seinem inzwischen (Anf. 525) verstorbenen Vater Amasis auf dem Thron gefolgt war, entscheidend schlug und alsdann Memphis einnahm. In Äg. befolgte K. zunächst die Babylonien gegenüber bewährte Politik seines Vaters. Er erstrebte die Anerkennung seiner Herrschaft, indem er als Nachfolger der Pharaonen auftrat. Dabei stützte er sich auf die Widersacher des entthronten Königs, denen er erstattete, was dieser ihnen genommen, während er gegen die Helfer des Amasis und seines Sohnes nachdrücklich einschritt.

Mit der Eroberung Äg. war die *βασιλεία τῆς Ἀσίας* noch nicht abgeschlossen. Ganz Africa, soweit es bekannt war, mußte bezwungen werden. Aber gegen Karthago zu ziehen, weigerten sich die Phoiniker, weil Karthago eine phoinik. Kolonie war. Zu Lande konnte es nicht bezwungen werden. Die nach der Ammons-Oase entsandte Expedition ging im Wüstensande völlig verloren. Während der Expedition gegen Nubien sah sich K. durch Mangel und Hungersnot schließlich zur Umkehr gezwungen. Aber sein Zug war nicht so erfolglos und so ohne Nachwirkung, wie es Herodot in Äg. berichtet wurde: die an Äg. angrenzenden Äthiopen brachten unter Dareios Geschenke als regelmäßige Abgabe und leisteten Heeresfolge.

Psammetich III. war von K. mit der Verwaltung Äg. betraut worden. Aber nach der Rückkehr aus Äthiopien änderte K. seine anfängliche Politik. Als er in Memphis eintraf, wurde die Auffindung eines neuen Apis gefeiert: K. stach ihn nieder (Hdt. 3,27ff.). In den aramäischen Papyri von



Elephantine heißt es, daß man, als K. in Äg. eindrang, alle Tempel der Götter Äg. niederriß. Dies bezieht sich offensichtlich auf die neue Politik des K.: sein aufreizendes Verhalten in Memphis hatte zu einem Aufstand geführt, der von einem Teil der Priesterschaft ausging. Diesen Aufstand unterdrückte K., indem er nun die Tempel und Heiligtümer in Äg., die er bisher geschützt hatte, zerstörte.

Dann wurde er durch den Aufstand des Magiers Gaumata nach Persien zurückgerufen. Er verließ Äg., verletzte sich aber, zufälligerweise, am Oberschenkel. Dareios' Bericht (ap. *uvāmaršiyuš amariyata*, d.h. *morte suimet mortuus est*) bedeutet, daß Dareios sich nicht für verantwortlich hält (s. Duchesne-Guillemin La Religion de l'Iran ancien, 1962, 154, n. 4). In der iran. Sage wurde K. mit der alten Heldenfigur des Kavi Usan zum König Qābūs kontaminiert (s. Hildegard Lewy, Archiv Orientální, 17, 2, 1949, 28ff.) J. D.-G.

**Kameen** s. Steinschneidekunst

**Kamel.** Mit *ὁ* bzw. *ἡ κάμηλος* (semit. Ursprung [babylon.?], vgl. hebr. *gamal*), *δρομάς*, *camelus*, *dromas*, *dromeda* (*dromedarius*, *δρομεδάριος*) wird in der Regel das Dromedar bezeichnet, zur Unterscheidung vom Trampeltier (*κ. Βακτρία*) mit seinen 2 Höckern (*ὁ καλούμενος ὕβος*) kann *Ἀραβία* hinzugefügt werden, so von Aristot. hist. an. 499 a 14, der das K. ausführlich bespricht: Paßgang (498 b 8, s. Plin. nat. 9,253), Hufe und Beine (499 a 21; Polemik gegen Hdt. 3,103?), Begattung (540 a 13), Alter (578 a 12: 50 J.; Plin. nat. 8,68: bis zu 100 J. [gilt nach Ail. nat. 4,55 nur für Trampeltier]), Schnelligkeit (632 a 30; Diod. 19,37: Tagesleistung 180–270 km, vgl. Strab. 15, 724). – Im AT. wird das K. seit Gen. 12,16. 24,61 häufig erwähnt; den Griechen (erste sichere Erwähnung [mit Indern und Aithiopen] bei Aischyl. Hik. 285) ist es als Reit- und Lasttier seit der Schlacht bei Sardes 546 und den Perserkriegen bekannt (Hdt. 1,80. 7,125), es gilt als typ. Tier der Meder (Aristoph. Av. 278). Agesilaos brachte die ersten K. nach Griechenland (Xen. hell. 3,4,24). Antiochos III. kämpfte 190 gegen die Römer mit K. (Liv. 37,40,12). – Von den Karawanen (für Alexanders d. Gr. s. Curt. 5,6,9. 9,10,17) berichten Athen. 201 A, Strab. 11,506 (bis zum Kasp. Meer), 16,748 (Karawansereien), Plin. nat. 12,64 (Weihrauch aus Innerarabien nach Gaza); zu K. in der Arena s. Suet. Nero 11, SHA. Claud. 14. Hel. 23. – Die Haare wurden zu geschätzten Kleidern verarbeitet (Ail. nat. 17,34), das Fleisch nur in der Not gegessen (Porph. abst. 1,14; vgl. Curt. 8,4,19); zur medizin. Verwendung s. Plin. nat. 28,91. 144.

E. Mg.

**Kamephis,** äg. *Kꜣ-mwt.f* »Stier seiner Mutter«. Es handelt sich um eine sehr alte Vorstellung, wahrscheinlich aus der Königsvorstellung, in der der Herrscher mit seiner Mutter gewissermaßen sich selbst wieder zeugt. Bedeutung erlangte K.

dadurch, daß diese Bezeichnung zum Beiwort des ithyphall. Schöpfergottes Min und von diesem aus auch des obersten Gottes des Neuen Reiches, des Amun von Theben, wurde, der in ithyphall. Gestalt jetzt als Amon-Re-Kamutef bzw. Amon-Min-Kamutef angerufen wurde. Als Gattin geben ihm die theban. Tempel meist Isis bei. Die beiden griech. Quellen, die K. erwähnen, enthalten gute Überlieferung: Stob. Ecl. 1,49 nennt ihn als Schöpfergott, und Damaskios *περὶ ἀρχῶν* c. 125 erwähnt 3 Arten des K., womit er auf die 3 Generationen des Amun in der theban. Theologie anspielt. W. H.

*H. Jacobsohn* Die dogmat. Stellung des Königs in der Theologie der alten Ägypter$^{2}$, 1955.

**Kamikos** (*Κάμικος* und *Καμικός*; *οἱ Καμικοί*). Stadt und Fluß im Gebiet von Akragas, nach Diod. 4,78,2 von → Daidalos erbaute Felsenburg des myth. Sikanerkönigs → Kokalos, der in ihr oder bei ihr den die Herausgabe des Daidalos fordernden → Minos ermorden ließ, 79,2. Geraume Z. später unternahmen die Kreter auf göttliche Weisung einen Kriegszug nach Sicilien und belagerten K. 5 J. lang vergeblich, Hdt. 7,170, der es als *κατ' ἐμέ* von Akragantinern bewohnt bezeichnet. Die Sage ist von Sophokles in den *Καμικοί* behandelt (frg. 300–304 N$^{2}$). Hist. Erwähnungen noch für vor 480 (Verwandte des → Theron von Akragas empören sich gegen ihn, werden vor → Himera geschlagen und besetzen K., Sch. Pind. O. 2,173. P. 6,5) und für 258 (das *φρούριον Ἀκραγαντίνων* K. von den Römern genommen, Diod. 23,9,5). Strab. 6,273 zählt K. zu den verlassenen *βαρβαρικαὶ πόλεις*. Vgl. Steph. Byz. s. *Αἰμονία*, *Ἀκράγαντες*, *Καμικός*. Welche der frühhist. Bergfesten im Hinterland von Akragas als K. zu erkennen ist, bleibt ungewiß. K. Z.

**Kaminos** s. Fornax

**Kamiros** (*Κάμιρος*) oder (jünger) Kameiros. Eine der 3 alten Städte der Insel Rhodos an der W.-Küste beim h. Kalavarda. Grabfunde belegen eine myken. Siedlung bei Kalavarda, das histor. K. ist genannt bei Hom. Il. 2,656 und gehörte zur dor. Pentapolis (Hexapolis), Hdt. 1,144. Sch. Thuk. 17,69. Im 5. Jh. im att. Seebund mit zunächst 9, dann 6 und 10 Talenten Tribut, B. D. Meritt The Athenian tribute lists 1,296 f. 2,80. 3,213. 242. Abfall von Athen 412: Thuk. 8,44,2. K. bestand auch nach dem Synoikismos von Rhodos weiter. Aristeid. 25(43),31 bezeichnet K. als durch das Erdbeben von 139/40 n. Chr. (Paus. 8,43,4. 2,7,1. H. A. v. Anton. 9,1. D. Magie Roman rule in Asia Minor 1,631. 2,1491 f. A. 6) als völlig zerstört. Das Gebiet umfaßte den mittleren Teil der W.-Küste mit dem Atabyrion, Diod. 5,59,2, dazu die Insel Chalke und große Teile der Peraia, RE XIX 567,21 ff. 576, 20 ff. 577,5 ff. Suppl. V 753,1 ff. [8],80 f. 144 f. Bekannt sind 12 Namen von Demen des Gebiets auf der Insel. Großer Teil der Stadt ausgegraben mit Straßen, Häusern, Plätzen, Heiligtümern, auf der Akropolis Heiligtum der Athene mit großem Votivfund seit dem 8. Jh. und Tempel wohl des 4. Jh. v. Chr. und 200 m lange Stoa aus dem 3./2. Jh. Ausgedehnte Nekropolen mit sehr reichen Funden an Keramik und Terrakotten, nach einer der Nekropolen heißen die »Fikellura«-Vasen. Pind. O. 7, 135. Skyl. 99. Strab. 14,2,6–12 p. 653 ff. Ptol. 5,2, 19. Plin. nat. 5,132. Mela 2,101. Eustath. Dion. Per. 505. Macr. sat. 1,17,35. Inschr.: IG XII 1,694–759. M. Segre – I. Pugliese Carratelli Tituli Camirenses, ASAA N. S. 11/13, 1949/51, 141 ff. 277 ff. 14/16, 1952/54, 211 ff. 17/18, 1955/56, 181. SEG 11,1011 = 14,342. 12,362–364. 15,505. 17,362 f. 18,319 f. Mz. Head HN$^{2}$ 636. ASAA 11/13, 278. E. M.

1. *Bürchner*, RE X 1839 ff. 2. *G. Jacopi* Esplorazione archeologica di Camiro, I. Scavi nelle necropoli Camiresi, Clara Rhodos 4, 1931. II, ebd. 6/7, 1932/33, 1 ff. A. Necropoli, B. Acropoli, 369 ff. Epigraphica. 3. *E. Kirsten – W. Kraiker* Griechenlandkde.$^{4}$, 1962, 589 ff. (mit Plänen). 4. *L. Laurenzi* Enciclop. dell'arte ant. 2, 1959, 285 ff. 5. *M. Segre* l' "agora degli Dei" Camiresi Ath. N. S. 12, 1934, 144 ff. 6. *Fr. Hiller von Gärtringen* Die Demen der rhod. Städte, MDAIA 48, 1917, 171 ff. 177 ff. RE Suppl. V 9 ff. 7. *A. Andrewes* The Patrai of Kamiros, ABSA 52, 1957, 30 ff. 8. *P. M. Fraser – G. E. Bean* The Rhodian Peraea and islands, 1954.

**Kampe** (*Καμπή* »Raupe«). Ein Ungeheuer, das die Kyklopen und Hekatoncheiren im Tartaros bewachte, von Zeus getötet, als er die Hilfe der Gefesselten gegen die Titanen brauchte. Apollod. 1,6. Phantast. Beschreibung Nonn. Dion. Bei Diod. 3,71,3 ein erdgeborenes Ungetüm bei der libyschen Stadt Zabirna, nach dessen Erlegung Dionysos einen gewaltigen Grabhügel errichtete. Dieser war wohl der Ausgangspunkt der Sage. H. v. G.

**Kampsa** (*Κάμψα*, *Κάψα*, *Σκάψα*). Städtchen an der W.-Küste der Chalkidike im Gau Krossaia (Krusis). An K. fuhr die Flotte des Xerxes während seines Zuges nach Griechenland vorbei. Hdt. 7,123. Steph. Byz. s. v. Mitglied des att. Seebundes. Ath. Trib. Lists 4, 1953, 59. 116. 1,539–540. 549. 2,87. L. Robert, Hellenica 1, 1940, 93–94. Chr. D.

*Detschew*, Thrak. Sprachreste 456. *Böckh* Staatshaushalt 2$^{3}$,482. *Oberhummer*. RE X 1842. *Struck* Maked. Fahrten, 1, 1907, 36.

**Kampyle** (*καμπύλη*, scil. *βακτηρία*). Den Stock mit gebogenem Griff (lat. nicht korrekt mit *lituus* übersetzt CGlL II 124,5, vgl. 338,15) trugen trotz Etym. m. s. *βακτηρία* alle Schichten der griech. Bevölkerung ohne Unterschied zum graden Stock, der *βακτηρία ὀρθή* oder *Περσίς*. Sophokles soll die K. für die Schauspieler eingeführt haben (vit. Soph. 6, nach Satyros); nach Poll. 4, 119 trugen die Greise in der Komödie die K. W. H. G.

**Kampylos** (*Καμπύλος*). Nur bei Diod. 19,67,3 genannter Fluß in Aitolien, nicht näher zu bestimmen. E. M.

1. *v. Geisau*, RE X 1844. 2. *Philipps.-Kirst.* 2,304,2.

**Kana** *(qānāh, Κανά)*, altsemit. Ortsname (akkad. *qanû* »Schilfrohr«), bereits in den äg. Ächtungstexten (18. Jh. v. Chr.), den Amarnabriefen (14. Jh. v. Chr.) und den Annalen Tiglat Pelesers III. (8. Jh. v. Chr.) erwähnt (vgl. ALT III 66. M. NOTH, ZDPV 61, 1938, 56), im syr.-palästin. Raum weit verbreitet (vgl. Ios. bell. 1,302. 334; ant. 15,112; vita 86).

**1.** Stadt im Gebiet des israelit. Stammes Asser (Jos. 19,28), vermutlich s.ö. von *ṣūr* (Tyrus) bei dem h. Dorf *qāna* oder (?) ident. mit **2.** Ortschaft in Galiläa (*Κανὰ τῆς Γαλιλαίας* Joh. 2,1.11. 4,46.21,2; Ios. vita 86), h. *ḫirbet qāna*, 14 km n. Nazareth am N.-Rand der Ebene *baṭṭōf*. Siedlungsgeschichtlich weitgehend unerforscht ([3].[5],31 ff.). In makkab. und röm. Z. Dorf mit jüd. Bevölkerung, (seit 135 n. Chr.?) Sitz der Priesterklasse Eljaschib. Nach der chr. Überlieferung (Joh. 2,1.11. 4,46 ff.) Ort der zwei ersten Wunder Jesu; als solcher bis ins MA. bekannt und verehrt (die erst Anf. des 17. Jh. n. Chr. bezeugte [8,194 f. anders 9] Gleichsetzung mit *kafr kenna*, 6 km n.ö. Nazareth, ist sekundär). **3.** Grenzfluß zwischen dem Gebiet der israelit. Stämme Manasse und Ephraim (Jos. 16, 8. 17,9), wahrscheinlich ident. mit dem h. *wādi qāna* s.w. *nāblus* (Sichem). B. Sch.

Zu 1 außer den Komm. zu Josua: 1. *M. Noth*, ZDPV 58, 1935, 223. – Zu 2: 2. *G. Dalman* Orte und Wege Jesu, $1924^3$, 108–114. 3. *A. Alt* Paläst.-Jahrb. 23, 1927, 47. 4. *Alt* II 446. 5. *K. G. Wilken*, Bibl. Erleben im Hlg. Land I, 1953, 48–56. 6. *D. Baldi* Enchirid. Loc. Sanct., $1955^2$, 206–213. 7. *O. Michel*, A. Köberle-Festschr., 1958, 15–22. 8. *C. Kopp* Die hlg. Stätten der Evangelien, 1959, 184–195. *G. B. Bagatti*, Studii Biblici Franciscani, Liber annuus 15, 1964/65, 251–292. Zu 3: 10. *K. Elliger*, ZDPV 53, 1930, 274 ff. 11. *M. Noth*, ZDPV 58, 1935, 212 f.

**4.** K. (*Κάνη, Κάναι, Κάνης οὖρος*) seit Hdt. 7,42 bezeugtes *ἀκρωτήριον* im n.w. Kleinasien (Aiolien), das zusammen mit dem n.w. gegenüberliegenden Vorgebirge *Λεκτόν* (h. Babá Burenú) den *Ἀδραμυττηνὸς κόλπος* (h. Edremid) einschloß (Strab. 13,615), auch von Ptol. 5,2,5 u.a. genannt, h. Qará dan bzw. Kara-Dagh). H. T.

**Kanaan** s. Palästina

**Kanabos** (*κάναβος*). Das hölzerne Hilfsgestell der Tonplastiker (Poll. 7,164. 10,189. Phot. 139,15. Hesych. s. *κάναβοι*) und die Linien in den Entwurfsskizzen der Wandmaler (Aristot. gen. an. 2, 743 a; hist. an. 3,515 a) heißen K., danach spöttisch auch magere Personen. Vgl. *κανάβιος κηρός* (Hesych. s. v.), das im Erzguß über dem Gußkern verwandte Wachs. W. H. G.

**Kanachos. 1.** Sikyonier, spätarchaischer Bildhauer, Bruder des → Aristokles (3). K. schuf das Kultbild des Apollon Philesios (Erz) in Didyma, Plin. nat. 34,75, von dem Nachklänge in röm. Reliefs erhalten sind, den Apollon Ismenios in Theben (Zedernholz, Paus. 9,10,2), das Sitzbild der Aphrodite in Sikyon (Goldelfenbein, Paus. 2,10,5) und anderes (Plin. nat. 34,75), von dem wir keine Anschauung haben. Die geograph. Verbreitung seiner Werke bezeugt seinen Ruhm und seine Bedeutung. **2.** Sikyonier, Bildhauer um 400 v. Chr., Schüler des Polykleitos, sonst unbekannt (Paus. 6,13,7. 10,9,10. Plin. nat. 34,50). W. H. G.

Zu 1: *C. Carettoni*, Boll. d'Arte 34, 1949, 193 ff.; Enc. Arte Ant. IV 308 ff. *E. Simon*, in: Charites (Festschr. E. Langlotz, 1957) 38 ff. *E. Bielefeld*, MDAI (Istanbul) 12, 1962, 18 ff.

**Kanake** (*Κανάκη*). Tochter von → Aiolos (1) und Enarete, Apollod. 1,51. Sie gebar Poseidon 5 Kinder, ebd. 53. In Anknüpfung an den Windgott → Aiolos (2), dessen Söhne und Töchter miteinander verheiratet waren (Hom. Od. 10), erwuchs das von Eur. im »Aiolos« behandelte Motiv von der Blutschande zwischen K. und ihrem Bruder → Makareus, die beide in den Tod führte. Dion. Hal. rhet. 9,11. Ov. trist. 2,384; Ib. 357; her. 11. Sch. Aristoph. nub. 1371; ran. 849. Hyg. fab. 238. 242 f. Ps.-Plut. par. min. 28. Anth. Pal. 11,254. Die *Canace parturiens* war eine Lieblingsrolle Neros, Suet. Nero 21. Cass. Dio 63,10. Über ein Wandgemälde im Vatikan mit K. und andere wahrscheinliche Darstellungen SCHERLING, RE s. v. H. v. G.

**Kanal. Kanal-Anlagen. Kanalisation.**

1. Schiffahrt. K. für die Schiffahrt gibt es schon früh im 1. Jt. v. Chr., so den K. zwischen Nil und Rotem Meer, der von Pharao Necho angelegt, von Dareios I. (Hdt. 2,158. Aristot. meteor. 1,14. Strab. 17,804), den ersten beiden Ptolemäern (Strab. a. O. Plin. nat. 6,165 ff.) und Traian erneuert wurde (Ptol.: *Τραϊανὸς ποταμός*). Die Perser durchstachen in 3 J. vor 480 den Ansatz der Halbinsel Athos (Hdt. 7,22 ff. mit HOW-WELLS z. St. 7,37. 122. Thuk. 4,109). Die Versuche Neros, bei Korinth einen K. durch den Isthmos zu bauen (Ps.-Lukian. Nero. Cass. Dio 63,16. Vgl. GERSTER, BCH 8, 1884, 225 ff.) scheiterten ebenso wie der mehrfach in Angriff genommene K. zwischen Mosel und Saône (Tac. ann. 13,53). Einige kleinere K. wurden fertig, so etwa die *fossa Clodia* Plin. nat. 3, 121, die *fossa Corbulonis* Tac. ann. 11,20. Cass. Dio 60,30,6, die *fossae Drusinae* Suet. Claud. 1. Tac. ann. 2,8, die *fossae Marianae* Strab. 4,183. Plin. nat. 3,34. Plut. Mar. 15, und andere mehr.

2. Landwirtschaft. K.-A(nlagen) für Be- und Entwässerung von Feldern und Gärten, in Äg. und Mesopotamien schon in der frühesten Z. bekannt, nennt Hom. Il. 21,257 ff. Od. 7,129 ff. Größere K.-A. (am Kopais-See, in Boiotien und Thessalien) konnten zu Streitigkeiten der interessierten Städte führen, etwa Mantineia/Tegea (Thuk. 5,65,4). In hellenist. Z. wurde die Technik der Bewässerung wesentlich verbessert und so von Rom übernommen. Vorschriften für K.-A. geben z. B. Theophr. c. plant. 3,6,3 f. Cat. agr. 1,6. 8,1.9. 50,1. 149,1. 151, 4 und die übrigen landwirtsch. Schriftsteller. Mittels Emissaren war in Italien schon früh Wasserniveau reguliert worden, → Albanus lacus, → Nemorensis lacus usw. Auf die bes. Bedeutung guter

Be- und Entwässerung für die Anlage von militär. Lagern und Kastellen sei nur hingewiesen. Viele K.-A. in Europa und N.-Afrika sind in der Spätant. zugrunde gegangen.

3. Städte. Für die Zuleitung von Wasser → Wasserleitungen; im folgenden ist nur von der Abwasser-Versorgung die Rede. Systemat. Kanalisation kannten die griech. Städte erst seit dem Hellenismus, selbst da nicht einmal alle Großstädte. Vorstufen sind aus den kret. Palästen und den myken. Burgen (Tiryns) bekannt. Ka. für öffentliche Plätze und Hauptstraßen gibt es vereinzelt seit dem frühen 5. Jh. (z. B. der »great drain« der Agora von Athen mit seinen Verzweigungen aus der Z. um 400; Akragas: Diod. 11,25, 3), doch blieb normal, daß alle Abwässer einfach auf die Straße geleitet wurden. Selbst Olynthos, das für die Sicherung seiner Häuser gegen Wasser viel getan hat, besaß nur eine primitive Ka. Gegen E. des 4. Jh. hatte Priene (meist offene) Straßenk., selbst eine Stadt wie Smyrna hatte in den Straßen keine gedeckte Ka. (Strab. 14,646), während Ephesos schon vor → Lysimachos eine Ka. hatte, von deren Aussehen wir freilich nichts wissen (Strab. 14,640). Thasos hatte seit dem 4. Jh. eine gute Ka., Pergamon besaß im 3. Jh. sogar öffentliche Latrinen und unterird. Kloaken. Am besten kennen wir die Ka. in Delos (E. 2. Jh.), wo jedes Haus seine unterird. Abwasserversorgung mit der unter dem Straßenpflaster verlegten Ka. verbunden hatte; die Ka. mündete ins Meer. Das Alter der Ka. in Rom ist nicht gesichert, doch wurde an der → Cloaca Maxima schon im 2. Jh. v. Chr. repariert (Dion. Hal. ant. 3,67,5), die systemat. Überwölbung ist kaiserzeitlich. Von Rom aus hat sich die Ka. in den Städten der Kaiserzeit weitgehend durchgesetzt, in Italien war sie schon in republ. Z. verbreitet (→ Pompei). Für Orte vom Rang Ostias, Pergamons, Korinths ist Ka. in der Kaiserzeit selbstverständlich, aber auch kleine Städte der Provinz haben ihre Ka., die etwa für Gallien übersichtlich bearbeitet ist, die aber auch, um Beispiele aus dem O. zu nennen, für Perge und Side gesichert ist. Wie die K. und K.-A. ist auch die Ka. mit dem Alt. in Europa in der Hauptsache verschwunden und erst später neu aufgetaucht. Alle drei zeugen für den techn. und zivilisator. Hochstand der entwickelten röm. Kaiserzeit. W. H. G.

Zu 2: RE V 1645. Suppl. VIII 9ff. *W. E. Heitland* Agricola, 1921. *M. Schnebel* Die Landwirtschaft im hellenist. Äg. I, 1925. *Rostovčev* Soc. a. Ec. Hell. W. Reg. v. Bewässerung; Kanäle. *H. Lehmann* Argolis 1, 1937, 50ff. *I. G. Papasogli* L'agricoltura degli Etruschi e dei Romani, 1942. *P. Grimal* Les jardins Rom., 1943, 312ff. *H. Jacobi* Saalburg-Jb. 8, 1934, 32ff. *R. Laur-Belart* Führer durch Augusta Raurica 136ff. *Rostovčev* GuW Reg. v. Bewässerung; Kanäle.

Zu 3: *A. v. Gerkan* Griech. Städteanlagen, 1924, 87f. *R. Martin* L'urbanisme dans la Grèce Ant., 1956, 209ff. *A. Evans* The Palace of Minos I 225ff. II 119f. *K. Müller* Tiryns 3, 1930, 171ff. The Athen. Agora A Guide², 1962, 51f. Excav. at Olynthos VIII 38f.; XII 240f. *Th. Wiegand–H. Schrader* Priene, 1904, 68ff. Exploration archéol. de Délos VIII 351ff. *J. Kondis*, MDAI(A) 73, 1958, 146ff. *Nash* 1,258ff. *A. v. Gerkan* Der Stadtplan von Pompeji, 1940, 23f. Scavi di Ostia I, 1954, 73f. *R. Meiggs* Rom. Ostia, 1960, 143. *Blanchet* Recherches sur les aqueducs et les Cloaques de la Gaule Rom. 1908. *A. M. Mansel* Die Ruinen von Side, 1963.

**Kanastraion** (*Καναστραῖον ἄκρον, ἄκρη, ἀκρωτήριον*) ist der Name des äußersten Vorsprungs der Halbinsel Pallene (Chalkidike). Als auffällige Küstenmarke wird K. bei den ant. Schriftstellern und Dichtern häufig erwähnt. Anschaulichste Beschreibung bei Liv. (aus Pol.); h. Paliuri. Hdt. 7,123. Steph. Byz. s. v. Thuk. 4,110. Skyl. 66. Ptol. 3,12,10. Mela 2,3,14. Plin. nat. 4,10. Liv. 44,2,3. 31,45,15. Chr. D.

*Oberhummer*, RE X 1855f.

**Kanatha** (bibl. *Qnāt* Num. 32,42; 1. Chron. 2, 23, aram. *Κανωϑα* = *Qanōṯā*. *Κάναϑα* inschr. und Ios. bell. Iud. 1,366. Ptol. 5,15,23. *Canatha* Plin. nat. 5,74, h. *Qanawāt* = »Kanäle, Aquädukte«), sehr alte Stadt am W.-Hang des Asalmanus-Gebirges in der Auranitis, etwa 85 km s. s. ö. von Damaskus. Ihre Wasserversorgung wurde durch Cornelius Palma, den Legaten Traians, wohl auf der Grundlage eines älteren Systems ausgebaut. Die Stadt gehörte zu Coelesyrien, dann zur Provincia Arabia und blühte bes. in den ersten Jh. n. Chr.; aus dieser Zeit stammen die bedeutenden noch vorhandenen Ruinen. Später stand K. ganz im Schatten des nahen Bostra. A. D.

1. *R. E. Brünnow* und *A. v. Domaszewski* Die Provincia Arabia 3, Straßb. 1909, 106–144. 2. *R. Dussaud* La pénétration des Arabes en Syrie avant l'Islam, Paris 1955, 28. 57. 59.

**Kanathos** (*Κάναϑος*). Quelle bei Nauplia, in der Hera nach argiv. Legende durch jährliches Bad die Jungfräulichkeit zurückgewann, Paus. 2, 38,2, wohl die h. große Quelle im Kloster Hg. Moni 2 km ö. von Nauplia. E. M.

1. *J. G. Frazer* Pausanias 3,304f. 2. *Hitzig-Blümner* Pausanias 1,656. 3. *v. Geisau*, RE X 1856f.

**Kanathron** (*κάναϑρον, κάνναϑρον*). Der gedeckte Korbwagen (Hesych. s. v.) diente beim Hyakinthos-Fest in Sparta als Gefährt der Jungfrauen (Athen. 4,139f. Xen. Ag. 8,7. Plut. Ag. 19. Vgl. Athen. 4,138e). Das Wort war offenbar nur in Sparta gebräuchlich. W. H. G.

**Kandake.** Bezeichnung der nub. Königinnen des meroit. Reiches, die zeitweise für ihre Söhne die Herrschaft führten. Griech. und röm. Schriftsteller nahmen diesen Titel als Namen, vgl. Strab. 18, 820. Cass. Dio 54,5 (Feldzug des C. Petronius); Plin. nat. 6,29 (Neros Expedition); Apostelgesch. 8,27 (Kämmerer der Kandake). W. H.

**Kandalos** (*Κάνδαλος*). Sohn des Helios-Apollon und der Rhode (Rhodos), der mit seinen Brüdern aus Neid den vortrefflichsten Bruder → Tenages ermordete und nach Kos floh, wo nach

Bethe, H 24,431,2 das Kap Skandaria (Strab. 14, 657) an ihn erinnert. Sch. Pind. O. 7,72f. Diod. 5,56f. Wilam., H 18,430 hielt K. für die »barbarische« Namensform des Gründers von Kos, → Merops. H. v. G.

*Dibbelt* Quaest. Coae mythogr., 1891, 4.

**Kandaules** (*Κανδαύλης*). Nach Hdt. 1,7 ff. der letzte König der Herakleidendynastie in Lydien, der von → Gyges gestürzt wurde; von den Griechen auch *Μυρσίλος* nach seinem Vater *Μύρσος* genannt; wenn statt seiner bei Nik. Dam. (wahrscheinlich nach → Xanthos) ein → Sadyattes erscheint, so ist K. vielleicht ein sakraler Beiname. Die bekannten Geschichten vom E. des K. sind durch das Märchen vom Ring des Gyges beeinflußt, das hier rationalisiert erscheint. Daß Hdt. aber selbst eine sachliche Umbildung in so weitgehender Weise vorgenommen hätte, ist ausgeschlossen. J. D.-G.

**Kandyba** (*Κάνδυβα*), erst spät erwähnter Binnenort des s.w. Kleinasiens, spez. Lykiens (Ptol. 5,3,4 M. Hier. Synecd. 684 *Ἐπαρχία Λυκίας*. Steph. Byz. s. v. Plin. nat. 5,101 *Candyba, ubi laudatur Eunias nemus*). Ruinenstätte beim h. Gendowa. Inschr. Mz. H. T.

*Ruge*, RE X 1861.

**Kane** (*Κάνη ἐμπόριον καὶ ἄκρον* peripl. mar. Erythr. 27. Ptol. 6,7,10. *Cane* Plin. nat. 6,23, 104), Stadt der Ḥimyariten (→ Homeritae), das heutige Bīr ʿAlī, ca. 360 km ö. Aden gelegen, ist neben diesem der wichtigste alte Hafen an der arab. S.-Küste, Ausgangspunkt der Weihrauchstraße und des Seehandels mit Indien. Der einheimische Name Qanaʾ ist aus der altsüdarab. Inschr. CIS 4,728 bekannt, ebenso der ihrer Felsenburg ʿUrr Mawīyat, die sich auf einer vorgelagerten Vulkaninsel, dem h. Ḥiṣn al-Ġurāb (»Rabenburg«, vgl. *Ὀρνέων* »Vogelinsel« im peripl.), erhebt. Die Stadt gehörte zum Königreich des *Ἐλέαζος*, d. i. Īlʿazz II. Yaliṭ, der in *Σαββαθα (Šabwat)*, der Hauptstadt Ḥaḍramauts, um 30–50 n. Chr. residierte. A. D.

*H. v. Wissmann* und *M. Höfner*, Beitr. zur hist. Geogr. des vorislam. Südarabien: AAMz, geistes- und sozialwiss. Kl. 1952, Nr. 4,86–93.114.

**Kanephoroi** s. Kultus

**Kanethos** (*Κάνηθος*). In der Zeit Alexanders in die Stadtbefestigung von Chalkis einbezogener Hügel, der früher als Nekropole dienende h. Karababa auf dem Festland gegenüber. Strab. 9, 2,8 p. 403. 10,1,8 p. 447. Theophr. h. plant. 8,8,5. Sch. Apoll. Rhod. 1,77. E. M.

1. *Fr. Geyer* Topogr. und Gesch. der Insel Euboia 36. 2. *v. Geisau*, RE X 1866f. 3. *Philipps.-Kirst.* 1,409. 602. 605 A. 1.

**Kaninchen** s. Hase

**Kanis.** Mit *Canis flumen* (Plin. nat. 6,149) dürfte der einzige größere, meist trockene Wasserlauf in O.-Arabien gemeint sein, der h. in seinem Oberlauf Wadi ʿAin, im Unterlauf W. Talāʾif genannt wird. Er zieht sich vom höchsten Punkt des oman. Faltengebirges, dem Ǧebel el-Aḫḍar, in n.w. Richtung bis Abū Ḍabī an der Küste des Pers. Golfes, durchläuft also das nach Ptol. 6,7,14 von den *Ναρεῖται* bewohnte Gebiet. A. D.



**Kanna** (*Κάννα*). Von Ptol. 5,6,15 M, Hier. Synecd. 676, p. 26 (*Κάρνα*) und Not. Episc. 8,460 p. 177. 9,370 p. 193 (*ἐπαρχία Λυκαονίας*) u. ö. genannte *πόλις* Lykaoniens, von Ptol. im weiteren Sinne verwaltungsmäßig zu Kappadokien gerechnet. Inschr. als alter Ort ö. von *Ἰκόνιον* (h. Konia) erwiesen. H. T.

*Ruge*, RE X 1868. *W. M. Ramsay* Histor. geogr. As. Min., 1962, 344.

**Kanobos** (*Κάνωβος*) **1.** Noch z. Z. des Hekataios eine kleine unbewohnte Insel vor der Mündung des westlichsten (»kanopischen«) Nilarms, wurde daraus eine Halbinsel und Siedlungsstätte einer wichtigen Stadt, die z. Z. des Geographen Ptolemaios Hauptstadt des Gaues Menelaites war. Als Hafenstadt ist K. durch die Gründung von Alexandreia schwer geschädigt worden. Hier war ein Osiristempel; der Gott wurde auch mit Adonis (Kanopites) gleichgesetzt. Aus den Kultgebräuchen entwickelten die Griechen wohl schon vor der Ptol. Zeit die Erzählung vom Steuermann des Menelaos Kanobos, der hier von einer Schlange gebissen starb, obwohl Helena das heilende Kraut aus ihren Tränen schuf. Später wurde aus dem Osiristempel ein berühmtes Heiligtum des Serapis mit weitbekannten Inkubationsorakeln (Strab. 18, 801. Plut. de Is. 27); er wurde durch Theodosius zerstört. Reste fanden sich w. des h. Abukir. Unmittelbar ö. lag der Ort Menuthis mit Isistempel. Ein Kanal verband K. mit Alexandreia, auf dem sich (nach Strab.) die Alexandriner zu beliebten Vergnügungen nach K. begaben, die sprichwörtlich wurden. **2.** Steuermann des Menelaos in zahlreichen späteren Texten s. Nr. 1. **3.** »Kanope« als Bezeichnung der Eingeweidekrüge eines altäg. Begräbnisses ist Erfindung moderner Ägyptologen. Man sah eine Ähnlichkeit zwischen den Eingeweidekrügen – bes. denen mit menschenkopfgestaltigem Deckel – und auf röm. Denkmälern und Münzen auftretenden runden Gefäßen mit Menschenkopf. Bei diesen handelte es sich um Gefäße, mit denen man »Osiris« als Süßwasser bei Prozessionen mittrug. W. H.

**Kanopos** s. Sternbilder

**Kanon** (*κανών*). **1.** Das Wort ist semit. Herkunft (vgl. hebr. qāneh) und bezeichnet urspr. eine Sorte Rohr, aus der man verschiedenartige Geräte herstellte, dann auch solche Geräte selbst (Hesek. 40,5 »Meßrute«; Jes. 46,6 »Waagebalken«). Im Griech. treten weitere Bedeutungen hinzu: so heißt das Richtscheit der Bauhandwerker und Zimmerleute K. und in der Musiklehre ein → Monochord (→ Eukleides 3). Im 5. Jh. bereits finden sich Belege für übertragenen Gebrauch des Begriffs (»Maßstab«; vgl. Eur. Hec. 602; El. 52), womit seine Verwendung als Werktitel in Zusammenhang steht: z.B. in der Proportionenlehre der Kunsttheorie (→ Polykleitos; dazu D. SCHULZ, H 83, 1955, 200ff.) und in der Philos., bes. der Erkenntnistheorie und Logik (→ Demokritos 1, → Epikuros). Später nennt man auch chronol. und astrol. Tabellen K. In der attizist. Literarkritik, ebenso in einigen Bereichen der Gramm., nimmt K. die Bedeutung des Exemplarischen, Nachahmenswerten, »Klassischen« an (vgl. Dion. Hal. Lys. 2. Thuk. 1 u.ö.).

Die Verwendung von K. zur Bezeichnung einer Slg. als verbindlich erachteter Autoren bzw. Werke ist nicht ant., hat sich aber vor allem im Hinblick auf Gruppen wie die der 9 Lyriker, 3 Tragiker, 10 att. Redner u.ä. eingebürgert. Die Entstehung solcher »K.« vollzog sich offenbar auf unterschiedliche Weise und ist nicht bis ins Letzte geklärt. Die Trias der Tragiker hat ihre Wurzeln bereits im 5. Jh. (vgl. Aristoph. Ran.), im Falle der Lyriker scheinen in Alexandreia aufgestellte Listen auslösend gewirkt zu haben, so daß wir es hier u.U. mit einer Bestandsaufnahme des seinerzeit Erhaltenen zu tun haben. Bes. kompliziert und undurchsichtig liegen die Verhältnisse beim Rednerkanon. Die früher übliche Zuweisung an → Caecilius von Kale Akte läßt sich schwerlich aufrechterhalten, weil noch bei Quintilian keine verbindliche Zehnzahl nachzuweisen ist (vgl. 12,10,22 und 10,1,80, wo → Aristogeiton [2] und → Demetrios [25] berücksichtigt sind, die später keine Rolle mehr spielen). Vielmehr ist die Dekas zuerst bei Ps.-Plutarch (*Βίοι τῶν δέκα ῥητόρων*) anzutreffen, von wo aus sie trotz der willkürlichen Auswahl, die sie bietet, ihren Platz im spätant. und byz. Schulprogramm eroberte. H. Gä.

*Wilamowitz*, Textgesch. der griech. Lyr., Bln. 1900, 63ff. *L. Radermacher*, RE X 1873ff. *H. Oppel*, *ΚΑΝΩΝ*, Philol. Suppl. 30,4 (1937). *A.E. Douglas*, Mnem 4. Ser. 9, 1956, 30ff.

**2.** K., neutestamentlich. Der Begriff K., erstmals um 350 alle geltenden nt. (und at.) Bücher als Einheit erfassend, kennzeichnet eine Auswahl aus einem rel.-gesch. zusammengehörigen Schriftgut und zugleich ein krit. Urteil über dessen Entstehung und Traditions-Gesch. Noch vorkanon., verehrte die älteste Christenheit als Autoritäten das AT. (2. Tim. 3,15f.) u. den »Herrn« (1. Kor. 7, 10. 12), aber auch schon eine neue Schriftengruppe, die Paulusbriefe (2. Pt. 3,15f.). Die K.-Bildung begünstigt [4], vielleicht auch den werdenden K. verkürzt, hat der Ultrapauliner Markion mit seinem Rumpf-K. aus Lukas und dem Corpus Paulinum (um 150). Zeugnisse eines ersten großkirchlichen K.s sind eine röm. Liste um 180, der K. Muratori, sowie Zitate bei Iren., Klem. Al. (strom. 3,71,3) und Tert. (adv. Marc. 4,1) um 200. Die von Orig. ausgehende Festigung des K.-Begriffs [8] hat → Eus. durch sein Verzeichnis der anerkannten (*ὁμολογούμενα*), bestrittenen (*ἀντιλεγόμενα*) und unechten (*νόθα*) B. (nach 300) bezeugt. Vorbehaltlos genannt werden alle 27 B. des NT. erstmals im 39. Osterfestbrief des → Athanasios (367). Dieser äg. K. hat sich schließlich auch im W. durchgesetzt; einen engeren K., die 22 Schriften des Eus., besitzen nur die Nestorianer, einen weiteren, der auch Schriften der → Apostelväter enthält, die Äthiopier. J. Wi.

Ta.: *E. Preuschen* Analecta, 1909.

Lit.: 1. *Th. Zahn* Gesch. des nt. K.s, 1888/92. 2. *Ders.* Forsch. z. Gesch. des nt. K.s und der altkirchlichen Lit., 1881/1929. 3. *J. Leipoldt* Gesch. des nt. K.s, 1907/08. 4. *A. v. Harnack* Marcion, 1924². 5. *E.J. Goodspeed* The Formation of the NT., 1926. 6. *C.F.D. Moule* The Birth of the NT., 1962. 7. *H. v. Campenhausen*, Heidelb. JB 7, 1963, 1ff. 8. RE f. prot. Theol. und Kirche, ³1896ff., Bd. 9, 768ff.

**Kantharos. 1.** Gigant, inschr. belegt auf dem Siphnierfries in Delphoi, z.B. LULLIES-HIRMER Griech. Plastik (1956) T. 49. Vgl. dazu den Komödiendichter → Philetairos (Athen. 11,474d), der die Erfindung des Gefäßes K. einem Töpfer K. zuschreibt. **2.** Sikyonier, Erzgießer des 3. Jh. v. Chr., von dem Paus. 6,3,6. 17,7 2 Statuen von Knabensiegern in Olympia nennt (die Basen nicht gefunden). Plin. nat. 34,85 erwähnt ihn als durch keines seiner Werke bes. berühmt. Vielleicht ident. mit dem K., der die Basis einer Knabenstatue (?) in Theben signierte, IG VII 2471. **3.** Der Trinkbecher (hohe Schlaufenhenkel, hoher abgesetzter Fuß), aus Vorformen des 2. Jt. entwickelt, gehört bis ins 5. Jh. vorwiegend zu Dionysos und seinem Kreis, seine Bedeutung ist daher wesentlich kultisch. Der K. erhält später Ringhenkel und wird seit dem ausgehenden 5. Jh. auch profan verwandt. W. H. G.

*Courbin*, BCH 77, 1953, 322ff. *L. Asche* Der K. Diss. Mainz 1956 (maschinenschriftlich).

**4.** K., Dichter der Alten Komödie. Der Name wird, wenn auch nicht mit voller Sicherheit, IG II² 2325 col. II und danach 2318 col. V für das J. 423/22 ergänzt. Von 5 Titeln (Suda) weisen 2 auf Tierchöre (*Μύρμηκες*, *'Αηδόνες*) 2 auf Tragödienparodie (*Μήδεια*, *Τηρεύς*), einer auf polit. Aktualität (*Συμμαχία*); dieses Stück war zwischen K. und Platon strittig. W. K.

*P. Geißler* Chronol. der altatt. Komödie, 1923, 40.

**5.** Plut. Phok. 28,3; *Κανθάρου λιμήν* Aristoph. Pax 145 mit Sch. Hesych.; *Κανθούρου λιμήν* Anecd. Bekk. 1,271,8. Die große Haupthafenbucht des Piraeus, sonst nur *μέγας* oder *μέγιστος λιμήν* genannt Plut. Them. 32,4. Paus. 1,1,2. IG II² 1035,45f., der Handelshafen mit den Schiffswerften, dem Emporion und 5 großen Hallenbauten, aber auch Schiffshäusern. Nach Philochoros in Sch. Aristoph. a.O. (FGrH 328 frg. 203) nach einem (sonst unbekannten) Heros, nach h. Auffassung nach seiner Form benannt. E. M.

1. *Judeich* Topogr. von Athen² 443ff. 2. *Th. Lenschau*, RE XIX 93ff.

**Kanthos** (*Κάνθος*) aus Euboia, Sohn des Kanethos (Eponym eines euboiischen Berges), Enkel des Abas, Argonaute. Apoll. Rhod. 1,77 und Sch. Orph. Arg. 139 ff. Auf der Heimfahrt in Libyen nach Apoll. Rh. 4,1485 ff. durch den Hirten Kaphauros, nach Hyg. fab. 14 durch Kephalion getötet. Bei Val. Fl. 1,451 ff. 3,192. 6,317 ff. 7,422 ist er Sohn des Abas, verwundet im Kampf bei Kyzikos den Kydros und fällt in Kolchis durch die Hand des Iazygenfürsten Gesandros. H. v. G.

**Kanytelis.** Nur durch Ruinenfunde n.w. von Elaiussa-Sebaste (Ruinen von Ajasch) und o.n.ö. von Seleukeia (h. Selifke) und dem unteren Kalykadnos (h. Gök-su) bezeugter Ort Kilikiens, der seinen alten Namen in dem h. Kanidiwan bzw. Kanideli bewahrt hat. Einw.: *Καννυτηλιδεῖς*. – Inschr. H. T.

*Ruge*, RE X 1886.

**Kapaneus** (*Καπανεύς*), Argiver, Sohn des Proitiden Hipponoos und der Astynome (Laodike), Gatte der → Euadne, Vater des → Sthenelos, einer der Sieben gegen Theben. Er griff beim Sturm das Elektra- bzw. Ogygische Tor an und prahlte, er werde auch gegen den Willen des Zeus Theben in Asche legen. Da traf ihn nahe den Zinnen der Blitz des Zeus. Hom. Il. 2,564. 4,403. 5,319. Beliebter Stoff der Tragiker: Aischyl. Hept. Soph. Ant. Eur. Phoen. Suppl. In dem letzten Drama 860 ff. wird K.' Charakter in dem Nachruf des Adrastos willkürlich zu dem eines weisen und bescheidenen Mannes umgeformt. Euadne stürzt sich in die Flammen seines Scheiterhaufens, 983 ff. – Paus. 2,18,5. 8,46,2. 9,8,7. Apollod. 3,63.68.73.75.121 (Asklepios erweckt den toten K., nach Stesichoros). Hyg. fab. 68.70.243. H. v. G.

*Prell.-Rob.* 2,922f. *W. Nestle* Griechische Studien, 1948, 570.

**Kapeleion, Kapelos** (*καπηλεῖον, κάπηλος*). Das K. ist ein Ort, wo angekaufte (nicht selbst verfertigte oder geerntete) Waren en détail wiederverkauft werden, der K. entsprechend ein Krämer, Kleinhändler (Plat. polit. 260 d); er kann durch Zusatz der bei ihm erhältlichen Waren näher gekennzeichnet (z. B. *ἐλαιο-, οἰνο-, σιτο-, ἀρτο-, ὀροβο-, προβατο-, ἀνδραποδο-κάπηλος*), seine Tätigkeit *παλιγκαπηλεύειν* »wiederverkaufen« genannt werden (Demosth. 56,7). Der Unterschied zum Groß- oder Fernhändler, *ἔμπορος* (z. B. Plat. rep. 2,371 d), ist nach Ansehen und sozialer Stellung beträchtlich. Unter K. wurde bes. häufig jemand verstanden, der Wein, Essig oder andere Getränke verkaufte oder ausschenkte. Die K. hatten vor allem wegen des Vorwurfs der Betrügerei mit Maß und Gewicht und Weinverfälschung einen schlechten Ruf (→ Wirtshäuser). Nach Plat. rep. 2,371 c/d sind die K. schwächliche Leute; schon Herodot läßt 1,155,4 Kroisos dem Kyros raten, die Lyder das *κιθαρίζειν, ψάλλειν* und *καπηλεύειν* lernen zu lassen, damit sie militär. untüchtig werden. In Äg. sind die K. (anders als die *ἔμποροι*) selten zu Gilden zusammengefaßt. W. H. G.

Handel o. II S. 930ff.



**Kapernaum** (*Καφαρναούμ* < K$^{e}$p̄ar Nāḥûm »Nahumsdorf«), Dorf am NW.-Ufer des Sees Genezareth, 4 km w. der Jordanmündung, ca. 200 m u. M. Zuerst in den Evangelien. Ios. bell. 3,519 (Name einer Quelle, wohl *ʿēn eṭ-ṭābġa* [s. u.], in der Ebene Gennesar [h. *el-ġuwēr*] s.w. K.); vita 403 (*εἰς κώμην Κεφαρνωκον, v. l. Καφαρνωμων* u. a.). Midrasch Qoh. zu 1,8. 7,26; sonst nur in chr. (meist Pilgerberichten), erst seit dem Hoch-MA. wieder in jüd. Quellen. Spätestens in hellenist. Z. besiedelt, ist K. erst und nur als ein Zentrum der galiläischen Wirksamkeit Jesu in die Gesch. eingegangen. Zu → Herodes Antipas' Tetrarchie gehörig, welche der Jordan gegen die des Philippus abgrenzte, besaß K. damals Zollstation (Mk. 2,14 par.), Militär- oder Polizeiposten (Mt. 8,5–13 par.), kleinen Fischerhafen, Synagoge (Mk. 1,21 par.). Das Dorf blieb aber wohl noch lange rein jüd. (vgl. Mt. 11,23 par.). Um 200 wird eine Synagoge gebaut, deren Ruine erhalten ist. Unter Konstantin erwirkte Joseph von Tiberias die Erlaubnis, in rein jüd. Orten Galiläas Kirchen zu bauen; K. ist darunter. Die Nachrichten der Folgezeit betreffen meist chr. Traditionsstätten in und bei K., u. a. im Ort ein als Kirche ausgebautes Haus des Petrus, später des Johannes (dasselbe?), 2 km s.w. bei *ʿēn eṭ-ṭābġa* (<*ʿΕπτάπηγον*) den Ort von Mk. 6,34–44 par. (Kirche seit 350, Fußbodenmosaiken eines Neubaus von 400/50). Schon in der Kreuzfahrerzeit ist K. offenbar verödet. Seit dem 13. Jh. bezeugen jüd. Quellen das Grab des sonst unbekannten Namenspatrons oder/und eines Rabbi Tanchum (Variante zu Nahum), nach dem der Ort dann auch T. heißt (das nt. K. wird seit 1547 oft auf *ḫirbet el-minye* 1,5 km s. *eṭ-ṭābġa* gesucht). Daraus h. arab. *telḥūm* (so lokal, in der Literatur meist *tell ḥūm*); isr. Kephar Nahum (Israel). Chr. B.

Seit *G. Orfali* Capharnaüm et ses ruines, 1922: *G. Dalman* Orte und Wege Jesu, 1924$^{3}$, 142–171. *A. M. Schneider* Die Brotvermehrungskirche in eṭ-ṭābġa, 1934. *E. L. Sukenik* Ancient Synagogues in Palestine and Greece, 1934. *Abel* Géogr. 2, 1938, 292f. *A. Alt* Kl. Schr. zur Gesch. des Volkes Israel 2, 1953, 436–455, bes. 447–452. *E. R. Goodenough* Jewish Symbols in the Greco-Roman Period 1, 1953, 181–192; 2, 1953, Abb. 457ff. u. ö. *D. Baldi* Enchiridion locorum sanctorum, 1955$^{2}$, 273–304 (Quellenslg.). *C. Kopp* Die hl. Stätten der Evangelien, 1959, 215–230.

**Kapetis** (*καπέτις*). Pers. Hohlmaß für Trockenes. Laut Polyain. (4,3,32) 1/48 der → Artabe und gleich der att. → Choinix. Daneben begegnet bei Xen. an. 1,5,6 die *καπίθη* als pers. Trockenmaß von 2 att. Choinikes (Hesych.: 2 Kotylen, wohl Überlieferungsfehler). Die Genauigkeit der Gleichungen steht dahin. H. Ch.

*F. Hultsch* Metrologie$^{2}$ 392ff. 479ff. *A. Oxé*, BJ 147, 1942 210. *A. Segrè*, Journ. Am. Or. Soc. 64, 1944, 76f.

**Kaphene** (*Καφένη*). Kar. Jungfrau aus Kryassos, die aus Liebe zu dem Melier Nymphios seinen Landsleuten den Überfallsplan der Karer verriet, dafür belohnt wurde und den Nymphios als Gatten erhielt. Plut.mul.virt.7. Polyain. 8,64. Wohl aus den *Καρικά* des Apollonios von Letopolis. H. v. G.

**Kaphereus** (*Καφηρεύς*, Kaphareus). Das oft genannte und bes. gefürchtete SO.-Kap von Euboia, h. Kap Doro (Cavo doro). Hdt. 8,7,1. Strab. 8,6,2 p. 368. Ptol. 3,14,22. Plin.nat. 4,63. Mela 2, 107. E. M.

1. *Fr. Geyer* Topogr. und Gesch. der Insel Euboia 6f. 2. *v. Geisau*, RE X 1893f. 3. *Philipps.-Kirst.* 1,565f.

**Kaphy(i)ai** (*Καφυαί*). Stadt im n.ö. Arkadien am N.-Rand der n. Ebene von Orchomenos, 1 km s.ö. vom h. Chotusa, mit geringen ant. Resten. In der Lit. selten genannt. Weihung aus Kriegsbeute in Delphi aus dem 5. Jh. v. Chr. Syll. I³ 48. Im chremonideischen Krieg am Bund gegen Makedonien beteiligt, IG II² 687 = Syll. I³ 434/35, 25. Gehörte dann zum Achaiischen Bund mit der kurzen Unterbrechung der Eroberung durch Kleomenes III. (Plut.Kleom. 4,4. Pol. 2,52,2), IG V 2, 534 = Syll. I³ 504. Mz. Pol. passim. Nach Strab. 8,8,2 p. 388 existierte K. »kaum noch«, und Paus. nennt in der Stadt selber nur einen Tempel des Poseidon, doch gibt es noch Mz. des 3. Jh. n. Chr. Die bescheidene Gegenwart erhöhte man durch den Mythos: So sollte Aineias K. gegründet haben und dort gestorben sein, Strab.13,1,53 p. 608. Dion.Hal.ant. 1,49, und Agamemnon eine Platane bei K. gepflanzt haben, Theophr.plant. 4,13, 2. Plin.nat.16,238. Paus. 8,13,4.6. 23,2–8. 36,4. BCH 45, 1921, 14 Z. II 120f. Mz.: HEAD HN² 418. 446. E. M.

1. *v. Geisau*, RE X 1896ff. 2. *Fr. Hiller von Gärtringen–H. Lattermann* Arkad. Forschungen, APrAW 1911 Anhang 18ff.30f. 3. IG V 2 p.73. 4. *G. Papandreu*, *Πρακτικά* 1920, 114ff. 5. *Philipps.-Kirst.* 3,251.

**Kapisa** (*Καπίσα*). Stadt der Paropanisaden, ident. mit Kauschan im Ghorband-Tal an einem der Gebirgswege, die von Kabul n. über den Hindukusch führen; in der Behistun-Inschr. unter dem Namen *Kāpiša-kāniš* (*-kāniš* = Dorf, Stadt) erwähnt. Da es eine der wichtigsten Hindukuschrouten beherrschte, wird es später wiederholt genannt: arab. *Kābiš*, chines. *Kuei-san*, usw. J.D.-G.

**Kapitalismus.** Die Diskussion des Begriffes K., die praktisch mit Karl Marx beginnt, von Max Weber, Werner Sombart u.a. weiter fortgeführt wurde, und von Joseph Schumpeter, Ludwig von Mises, Karl Polanyi, Eduard Heimann u.a. bis zum heutigen Analysenstand entwickelt worden ist, hat klargestellt, daß dieser sozialökonomische Idealtyp für die griech.-röm. Ant. nicht als dem gleichzeitigen sozialökonomischen Strukturbefund nahestehend angenommen werden kann. Selbst für die Jh.-e von Alexander d. Gr. bis zur Severenzeit sind bes. die vorsichtigen und gut informierten Versuche von K. POEHLMANN–F. OERTEL Gesch. der sozialen Frage und des Sozialismus in der ant. Welt² (1925), ROSTOVCEV GuW. DERS. Soc. a. Ec. Hell. W. und G. SALVIOLI Il capitalismo antico (1929) unbefriedigend in dieser Hinsicht ausgefallen. Griech.-röm. Phänomene dürfen nicht als naheliegende Analogien zu denen der letzten 4 Jh.e unserer heutigen Weltentwicklung verstanden werden. F. M. H.

Vgl. mit Bibliogr *Sigwart*, RE X 1899ff. HWB der Sozialwiss. 5 (1956) s.v.



**Kapitell** s. Säule

**Kappadokia** (*Καππαδοκία*). I. Land: Landschaft des mittleren bis ö. Kleinasien, h. inmitten der as. Türkei, mit der Erhebung des → *Ἀργαῖον ὄρος*. Der K. durchfließende → Halys verbindet das Land mit dem Schwarzen Meer. Eine scharfe natürliche Grenze bildete im S. der Tauros. K. zerfiel in einen n. und einen s. Teil, *K. πρὸς τῷ Εὐξείνῳ* und *K. πρὸς τῷ Ταύρῳ*, auch *ἡ μεγάλη K.* (Strab. 2,73. 12,534), das Kernland K. Arr.an. 2,4,2 unterscheidet noch eine *K. ἡ ἐντὸς Ἅλυος* und eine *K. ὑπὲρ τὸν Ἅλυν*, also K. ö. und w. des Halys. Gesamtdarstellung K.s bei Strab. 12,1f. Ptol. 5,6ff. gibt die geogr. Positionen für die Z. der größten Ausdehnung K.s unter röm. Herrschaft.

II. Geschichte: Eigene hist. Bedeutung hatte K. nur in der Frühzeit als Großmacht der → Hethiter im 14. Jh. mit den Ausgrabungsstätten → Boghazköi (Ruinen der heth. Hauptstadt Chatti) und Kültepe n.ö. von → *Καισάρεια*. Der Name Kappadokia ist pers. Ursprungs (Keilinschr.: *Katpatuka*) und weist auf die Herrschaft der Perser seit Kyros II. über K. hin, das die Griechen als Syria bezeichneten (Hdt. 1,72. 5,49). Auch in der Satrapienliste bei Hdt. (3,90) erscheinen die Kappadoker im 3. *νομός* als *Σύριοι*. K. bewahrte – unter der Dynastie der Ariarathes – dank seiner natürlichen Lage eine gewisse Freiheit, wenn es auch, nach den Persern, formal dem Alexanderreich und dann → Antigonos (1) (um 303 v. Chr.) unterstand. K. fiel 77 v. Chr. an das armen. Reich → Tigranes' II., wurde später, verbunden mit → Kommagene, unter Tiberius röm. Provinz (18/19 n. Chr.) und grenzte damit an den Euphrat. Zwischen dem 3. und 1. Jh. v. Chr. trat K., z.Z. der Seleukiden, als selbständiges Gebiet stärker hervor, als kappadok. Reich um 133 v. Chr. und erhielt 63 v. Chr. von Rom die Würde eines Königtums, spielte aber gesch. meist nur eine passive Rolle inmitten der Auseinandersetzungen zwischen Persern und Griechen, der Diadochen untereinander und bei den Kriegen der Römer in Kleinasien. Häufige Erwähnungen bei Xen.Kyr. und an., Pol., Plut. App. Syr., Marc. Heracl. (GGM I, p. 571), Curt., Plin.nat. u.a.). Am E. des Alt. war K. Teil des oström. Reichs und mit anderen kleinas. Ländern ein Kerngebiet des Christentums (Not. Episc. 1,8.21.85. u.ö.).

III. Volk und Besiedlung: Die Bewohner

(*Καππάδοκες*, *Καππαδόκαι*, *Cappadoces*) waren idg. Herkunft. Die Besiedlung knüpfte an die alten Kulturstätten der Hethiter an. Von kapp. Orten seien genannt im N. Pteria (Hdt. 1,76), das n. → *Κόμανα* und → Zela (h. Silleh), bekannt durch den Sieg Cäsars (47 v. Chr.), im S., dem Kernland K.s, das s. → *Κόμανα* (2), → Tyana an den N.-Abhängen des → Tauros, Heimat des → Apollonios (3) und *Μάζακα*, später → *Καισάρεια* genannt. Im N. K.s überschritt seit Dareios I. die von Sardes nach Susa führende »Königliche Straße« den Halys (Hdt. 5,52). Über das röm. Straßennetz (s. K. Miller Itin. Rom. Sk. 235, S. 734 und Sk. 222, S. 675). H. T.

*Ruge*, RE X 1910ff. Oxf. Class. Dict. s. Cappadocia. *W. M. Ramsay* Histor. geogr. of As. Min., 1962, 267. 281 u.ö. Gr. Hist. Weltatl. I, S. 10a, 13a u.ö. Atl. of the World (Times) II, Pl. 36.

**Kapros** (*Κάπρος*). **1.** Bei Strab. 12,578. 16, 737. Plin. nat. 5,105 ein dem Flußgebiet des Maiandros zugehöriges Gewässer im ö. Karien nahe der phryg. Grenze, ein Nebenfluß des Lykos, ident. mit dem Gürmüsch Tschai.

*W. M. Ramsay* The histor. geogr. of As. Min. 8. 134.

**2.** Bei Pol. 5,51,4, bei Strab. 16,738. Ptol. 6,1,7 N. ein Fluß Vorderasiens, ö. Nebenfluß des Tigris, ident. mit dem Unt. oder Kl. Zab (ass. Zabu). Plin. nat. 6,118 nennt den K. in Anlehnung an den einheimischen Namen *Zerbis*. H. T.

RE X 1921. *F. W. Putzgers* Hist. Schul-Atl. 1913, S. 4.

**Kapsa** s. Kampsa

**Kaputtasaccura.** Wichtiger Platz in Mauretania Caesariensis (Oranie) in der Gegend des Limes (H. Chanzy). Ein castrum wurde in der Zeit der Severer für die *eq(uites) alae I Aug(ustae) Parthor(um)* dort gebaut, CIL VIII 9827. Inschr. CIL 9826. 21716. 22616. Libyca III, 1955, 186. S. Gsell Atl. Arch. Alg. f<sup>e</sup> 31, Tlemcem, Nr. 76. M. L.

**Kapys** (*Κάπυς*). **1.** Nachkomme des → Dardanos, Genealogie → Dardanidai. Seine Mutter ist Hieromneme, Tochter des Simoeis, seine Gattin nach Apollod. 3,141 Themiste, Tochter des Ilos. Nach ihm soll das arkad. → Kaphyai benannt sein (Steph. Byz.), aber auch → Capua als Gründung des Romos (Dion. Hal. ant. 1,73,7). **2.** Troer, der das hölzerne Pferd zu zerstören riet, Verg. Aen. 2,35, nach Serv. z. d. St. von einigen als Verwandter des Aeneas betrachtet. Gilt seit Hekat. FGrH, 1 F 62 als Gründer Capuas, Verg. Aen. 10, 145. Nach älterer Sage kam er selbständig nach Capua (Serv. Aen. 1,2. 242); bei Verg. 1,183. 9,576 erscheint er als Aeneas' Begleiter. Sein Grab in Capua von Caesars Kolonisten zerstört, Suet. Caes. 81. Nissen It. Ldk. 2,696ff. K. auf Münzen Scherling, RE X 1923. H. v. G.

**3.** K. (Capys). Samnit. Feldherr, sagenhafter Eponym von Capua (Verg. Aen. 10,145. Coel. bei Serv. auct. Aen. 10,145, vgl. Liv. 4,37,1 und Serv. Aen. 10,145, die 2 bzw. 3 Versionen über den Namen Capua bringen). **4.** König von Alba Longa. Steht in der (nie kanonisch fixierten) alban. Königsliste (die ein Problem für sich bildet; s. Trieber, H 29, 1894, 124 und zuletzt Jacoby FGrH Komm. zu 273 [Alex. Polyh.] Frg. 70) etwa in der Mitte: Sohn des Atys (Liv. 1,3,8, vgl. Serv. auct. Aen. 10,145) oder des Epytus (Ov. met. 14,613f.; fast. 4,45. vgl. Diod. 7,5,10. Hieron. chr.) oder des Capetus (Dion. Hal. ant. 1,71; vgl. Serv. auct. a. O.) oder des Latinus Silvius (App. reg. 1,1. Tzetz. Lykophr. 1232) und Vater des Capetus (Liv. a. O. App. a. O.) Ov. met. a. O., vgl. Serv. auct. a. O.) oder des Calpetus (Dion. Hal. a. O. Diod. a. O. Ov. fast. a. O.) oder des Carpentus (Hieron. chr.) oder des Tiberinus, der sonst sein Enkel ist (Tzetz. a. O.). Nr. 3 und Nr. 4 werden oft zu sammengeworfen, vgl. Serv. auct. a. O. W. E.

**Kar** (*Κάρ*). **1.** Eponym der kleinasiat. → Karer, Bruder des Lydos und Mysos. Hdt. 1,171. Strab. 14,659. Sohn des Zeus und der Krete, Ail. nat. 12,30. Gründer von → Alabanda, begraben in Euangela, Steph. Byz. **2.** Sohn des Phoroneus, Eponym der → Karia, der auf der kleineren und niedrigeren ö. Höhe von Megara gelegenen Burg (so Robert Paus. als Schriftsteller 177 gegen Bursian Geogr. von Griechenland 1,371), Begründer des Demeterkults auf der Burg, auf der Straße nach Korinth begraben. Paus. 1,39,5. 40,6. 44,6. → Karer. H. v. G.

**Karalis.** **1.** Bei Steph. Byz. s. v. Stadt im s. Kleinasien, bei Hier. Synecd. 682,10 *Καράλια*, hier zur *Ἐπαρχία Παμφυλίας* gerechnet, ident. mit dem h. Beysehir am SO.-Rand des Sees Beysehir Gölü. **2.** Bei Strab. 12,568 ein See Lykaoniens (*λίμνη Κάραλις*) ident. mit dem h. Beysehir Gölü (s. 1). Von ihm ist die *Caralitis palus* des Liv. 38,15,2 zu unterscheiden und mit dem See *Τρωγῖτις* (Strab. a. O.) ident. (h. Sugla Gölü). H. T.

*Ruge*, RE X 1926f. *W. M. Ramsay* The histor. geogr. of As. Min. 335. 359. 389 u.ö. mit Karte S. 330. Atl. of the World (Times) II, Pl. 36.

**Karambis** (*Κάραμβις*, *Carambicum promuntorium*). Steiles Vorgebirge (h. Kerempé-burnú) an der s. (paphlagon.) Küste des Pont. Eux., gegenüber dem Kap Kriu Metopon auf der Taur. Halbinsel, den Pontos in 2 fast gleiche Hälften teilend. Einige ant. Autoren erwähnen auch eine gleichnamige Siedlung. In der Ant. war K. Orientierungspunkt für die von der Krim kommenden Schiffe. Strab. 2,125ff. 7,309. 12,545. 11,496. Apoll. Rhod. 2,361. Lukian. Tox. 57. Arr. peripl. Pont. Eux. 17–19. Plin. nat. 2,245. 4,86. Amm. 22,8,20. Tab. Peut. IX 5. Chr. D.

*Ruge*, RE X 1927ff.

**Karanis.** Griech. Siedlung am N.-Rand des Fajum (ö. der Straße Kairo–Medinet el Fajum), h. Kom Aushim, mit zahlreichen Ruinen und Tempeln, u. a. des Pnepheros und Petesuchos. Fundstätte vieler griech. Papyri. W. H.

*Wessely* Karanis (Denkschr. Akad. Wien, phil.-hist. Kl. 47 Nr. 4).

**Karanos** (*Κάρανος*). Myth. Stammvater der makedon. Könige, erst im 4. Jh. v. Chr. genannt. Die Genealogie wurde verschieden konstruiert. K. W.

FGrH 115 F 393 mit Komm.

**Karbatine** (*καρβατίνη*), vgl. lat. *pero*. **1.** Einsohliger, roher Lederschuh, vor allem auf dem Lande getragen (Poll. 7,88. Phot. s. v. Hesych. s. v. und s. *καρπάτινον*. Xen. an. 4,5,14. Long. past. 2,3. Lukian. Alex. 39. Philops. 13 mit Sch. (danach Schnürschuh?). Aristot. hist. an. 499 a 29).

*Erbacher* Griech. Schuhwerk, Diss. Würzburg 1914, 10. *Schneider*, RE X 1929 f.

**2.** Schutzwehr auf der Mauer, Philon. mech. synt. V 101,31 Schöne (m. leichter Konj). W. H. G.

**Karchesion** (*καρχήσιον*, *carchesium*). **1.** Der Mastkorb, Masttop der ant. Schiffe [1]. **2.** Ein ziemlich großes, Kantharos-ähnliches Trinkgefäß, ausführl. Athen. 11,474 e–475 b. Macr. Sat. 5,21,1–6. [2]. **3.** Nur bei Vitr. 10,16,1 bezeichnet *carchesium* offenbar einen Kran, 10,16,3 und (?) 10,2,10 *carchesium versatile* einen Drehkran. W. H. G.

1. *C. Torr* Ancient Ships, 1894, 92–95. 2. *Frankenstein*, RE Suppl. IV 876.

**Kardamyle** (*Καρδαμύλη*). Einheimisch nach Steph. Byz. auch bereits Skardamyle, h. Skardamula, spart. Perioikengemeinde an der W.-Seite der Taygetoshalbinsel, schon prähist. besiedelt. Bei Hom. Il. 9,150. 292 unter den Städten, die Agamemnon dem Nestor anbietet. Seit 146 v. Chr. zu den Eleutherolakonen gehörend, in der Kaiserzeit wieder spartan. Strab. 8,4,4 p. 360. Paus. 3,26,7. Ptol. 3,14,43. Inschr.: IG V 1,1331–1334 a. SEG 11,948. 966 II. E. M.

1. *v. Geisau*, RE X 1931 f. 2. *Bölte*, RE III A 1318, 22 ff. 3. *N. Valmin* Etud. topogr. sur la Messénie ancienne 198 ff. 4. *Philipps.-Kirst.* 3,432. 5. *R. Hope Simpson*, ABSA 52, 1957, 234 ff. 6. *W. A. McDonald–R. Hope Simpson*, AJA 65, 1961, 253 Nr. 82.

**Kardia** (*Καρδία*). Bedeutende Stadt am Melas Kolpos an der W.-Seite der Landenge der Thrak. Chersones, zu der sie, wie später Lysimacheia, das Tor gegen Thrakien bilden sollte, gegründet durch Milesier, vielleicht mit Beteiligung von Klazomenai. Eine neue Periode begann für K. mit ihrer Besetzung durch den älteren → Miltiades und durch att. Siedler (560). Die Herrschaft des jüngeren Miltiades (493) wurde vorübergehend durch die Perser abgelöst. Ein Angriff der thrak. Bisalten auf K. ist nicht näher datierbar. Im Pelop. Krieg war K. Stützpunkt der athen. Flotte. Bei der Auseinandersetzung zwischen Philipp II. und Athen hielt K. zu Philipp. Das Gebiet von K. erstreckte sich zeitweise auch auf die Gegenseite des Melas Kolpos, wo es auch Stützpunkte seines Handels (*ἐμπόρια*) besaß. Z. Z. Alexanders d. Gr. und auch nach seinem Tode stand K. unter der Herrschaft des → Hekataios (1). Die berühmtesten Bürger von K. waren → Eumenes (1) und → Hieronymos (6). K. wurde durch → Lysimachos zerstört, der die Einwohner zur Gründung seiner Hauptstadt → Lysimacheia heranzog (309). Strab. 7,331,52. 54. Skyl. 67. Skymn. 698 ff. Mela 2,27. Plin. nat. 4, 48 ff. Hdt. 6,33. 36. 41. 7,58. 9,115. Athen. (Charon) 12,520 d–f. Xen. hell. 1,1,11. Diod. 13,49,3. Demosth. 5,25. 7,41 ff.; 8 arg. 58. 64. 9,35. 12,2. 23, 169. Diod. 16,34. Paus. 1,9,10. 10,5. Chr. D.



*Oberhummer*, RE X 1932 ff. *Casson* Macedonia, Thrace and Illyria, 212 ff. s. v. *V. Tscherikower* Die hellenist. Städtegründungen von Alexander d. Gr. bis auf die Römerzeit, Lpz. 1924, 1 ff. 118. 132. 156 ff. 162 ff. 195. 197. *Kahrstedt* Beitr. zur Gesch. der Thrak. Chersonesos, Baden-Baden, 1954, s. v. *Detschew* Die thrak. Sprachreste 228.

**Karduchoi** (*Καρδοῦχοι*). Zuerst von Xen. an. 3,5,15. 17 (Autopsie) u. ö. genanntes, in den *Καρδούχεια ὄρη* (Diod. 14,27,4), den nördlichsten Ausläufern des Gebirges Zagros, ö. des ob. Tigris wohnhaftes wildes Bergvolk (h. Kurden). Die K. gehörten dem südlichsten Armenien an, nahe der med. und assyr. Grenze, von Ptol. 6,2,5 N. ausschließlich zu Medien gerechnet. Sie wurden später *Γορδυαῖοι*, ihr Land → *Γορδυαία* oder *Γορδυηνή* (Strab. 16,747) genannt. Vgl. noch Steph. Byz. s. v. Plin. nat. 6,44. H. T.

*Weissbach*, RE X 1933 ff. (mit Lit.). *A. Forbiger* HB der alten Geogr. 2,602. *W. Sieglin* Schulatl. zur Gesch. des Alt., S. 8–9. Gr. Hist. Weltatl. I 15 c; 1954.

**Karer, Karia.** Karische Sprache 1. Erstbezeugung der Karer. 2. Name der Karer, 3. Karia. 4. Quellen. 5. Herkunft der Karer. 6. Karische Sprache. 7. Karische Schrift.

1. Nach einer großen Überlieferungslücke zwischen den altassyr. und hethit. Texten (ca. 19./18. Jh. v. Chr. und ca. 1650–1200), die zudem keine bzw. wenige Angaben über W.-Kleinasien enthalten, sind die K a r e r zuerst bei Hom. Il. 10,428 (*Κᾶρες*). 2,867 (*Καρῶν . . . βαρβαροφώνων*). 4,142 (N. Sg. fem. *Κάειρα*) bezeugt. Nach Hom. Il. 2,867 ff. bewohnten die K. SW.-Kleinasien mit Milet, Maeander-Tal, Mykale-Gebirge (w. von Priene) und Phthirer-Gebirge. Hom. Il. 10,428 ff. zählt die K. unter den Verbündeten der Troer auf neben den Paionen, Lelegern, Kaukonen, Pelasgern, Lykiern (deren Sprache zum idg. Luwischen gehört; → Hethiter, → Lykier), den Mysern, Maionen und den (idg.) Phrygern (die nach 1200 v. Chr. vom Balkan nach Kleinasien einwanderten und durch phryg. Graffiti und Inschr. seit dem 8. Jh. v. Chr. bezeugt sind).

2. Der N a m e der K. ist ungriech. und ungedeutet. *ὁ Κάρ*, Gen. *Καρός* mit Fem. *Κάειρα* versteht sich innergriech. als Kontraktion aus **Κάηρ*, **Κάερες* (SCHWYZER Griech. Gr. 1,59. 250. 425. 481. 823). Ob darüber hinaus eine Vorform **ΚαϜηρ* masc. zu fem. **ΚαϜειρα* < **ΚαϜερ-γᾰ* erschlossen werden darf, hängt vor allem von der Erklärung der altpers. Namensform ab. In den altpers. Inschr. von Dareios und Xerxes bezeichnet nämlich *karka-* Karer, Karien; diesem entspricht elam. *kur-qa-ap* (Pl. auf *-p*) und akkad. *kar-sa*

(Eilers, OLZ 1935, 201 ff.; ZDMG 94, 189 ff.; vgl. Masson-Yoyotte, 1956, 59 f. mit Anm. 4). – Außer verschiedenen griech. Volksetym. entfällt mit Sicherheit auch der Vergleich mit »den Charri« der hethit. Texte (RE X 1940, 28 ff.): lies vielmehr *Ḫurri* = Hurriter-Land/Länder, gelegen in Mesopotamien (Kammenhuber Die Arier im Vorderen Orient, Cap. V).

3. Das von den K. besiedelte Land in SW.-Kleinasien heißt nach diesen K a r i a = *ἡ Κᾱρία* (Aristoph. Equ. 173), *Καρία* (Hdt. 1,142–6,25), *Κᾱρίη* (Anakr. [2]). S. von Lydien, sw. von Phrygien und n.w. von Lykien gelegen, umfaßte es auch nach Hdt. 1,142 zunächst die späteren ion. Städte Miletos, Myus und Priene (vgl. auch Thuk. 2,9: *Καρία ἡ ἐπὶ θαλάσσῃ*). Auch dieser Landschaftsname ist unklar und mit Sicherheit nicht »hettit.« (RE X 1943, 23 f.). Für Bezeugungen von K.a außerhalb von SW.-Kleinasien, z. B. für die ö. Burg von Megara und für eine Ortschaft in Thrakien vgl. RE X 1943, 14 ff. 1944, 44 ff.

4. Die griech. und frühchr. Autoren, bisherige H a u p t q u e l l e über Karia und die K., bieten widersprüchliche Angaben über die Herkunft der K. Endgültige Urteile sind erschwert, weil die kar. Inschr. und Graffiti aus Äg. und Nubien (7.–5. Jh. v. Chr.), Karien (4.–[?] 3. Jh.) und Griechenland noch nicht einmal sicher gelesen sind. Außerdem ist SW.-Kleinasien auch archäolog. noch nicht genügend für das 2. und 1. Jt. v. Chr. erforscht (vgl. Mellink, JAOS 82, 573 f.; Biblioth. Orient. 18,75 a; Hauptgrabungen: Milet, Labranda). Hinzu tritt unsere äußerst dürftige Kenntnis der vorgriech. Sprachen und Völker in Kreta und Griechenland.

5. Während Hom. Il. K. und Leleger unterscheidet (§ 1), berichtet Hdt., der selbst aus der kar. Stadt Halikarnassos stammte, aber nicht mehr viel über die kar. Sprache wußte, 1,171, daß die K. – nach kret. Überlieferung – früher Leleger geheißen hätten und von den Inseln her nach Kleinasien eingewandert seien. Während sie auf den Inseln des Ägäischen Meeres wohnten, seien sie Untertanen von König Minos und zugleich das geachtetste Volk der Welt wegen ihrer Seefahrt gewesen. Nach kar. Überlieferung betrachteten sich die K. – nach Hdt. 1,171 – hingegen als Autochthonen in SW.-Kleinasien (für die nach Hdt. 1,172 eher die Kaunier in Frage kämen) und als Bruderstamm der Myser und Lyder (letztere sprachen jedoch vermutlich eine idg. hethit.-luw. Sprache). – Herkunft der K. von den Kykladen, wo sie neben den Phoinikern gesessen hätten und wie diese berühmte Seefahrer gewesen seien, gibt auch Thuk. 1,4.8 an, aber schon König Minos soll die K. vertrieben haben. Die Erinnerung an eine kar. Seeherrschaft, datiert auf 721 v. Chr., hält sich bis zu den frühchr. Chronographen (Eus. Hieron.; RE X 1942, 33 ff. 1945, 46 ff.). – K. als spätere Söldner in Äg. unter König Psammetich I. (664–610) nach Polyain. 7,3 (RE X 1945, 53 f.) wurden inzwischen ebenso durch kar. Inschr. (§ 4) bestätigt (vgl. noch Fischer Weltgesch. 4,259 ff.) wie einige – aber noch nicht alle – ant. Nachrichten über K. in Griechenland (in Epidauros und Hermione nach Aristot. bei Strab. 8,6,15; kar. Spruch des Apollon Ptoos in Boiotien nach Hdt. 8,135; vgl. auch § 3).



6. K a r i s c h e S p r a c h e: Überall, wo inzwischen genügend epichor. Texte vorliegen, zeigte sich, daß die ant. Nachrichten (auch bei Hdt. 1,171 ff.) über Sprachverwandtschaft, Volkszusammenhänge und Herkunft einzelner Völker nur bedingt zutreffen (vgl. RE X 1941, 40 ff. 1942, 1 ff. für frühere, veraltete Schlüsse aus griech. Quellen). – Ebensowenig hat sich der moderne Versuch bewährt, dürftige Sprachreste, wie z. B. die kar., an die zufällig überlieferten altanatol. Sprachen des 2. Jt. v. Chr. anzuschließen: die anfänglichen Vergleiche kar. Glossen (RE Suppl. VI 140 ff.) mit dem nicht-idg. (Proto-)Hatt., das im n. Zentralanatolien bis gegen 1500 v. Chr. gesprochen wurde, sind durch die genauere Erforschung des Hatt. (Kammenhuber, demnächst Hb. der Oriental.) überholt (z. B. RE Suppl. VI 143,25 ff. 145,12 f.); Analoges gilt für die Verknüpfung des Kar. oder vermuteter kar. Einzelwörter, Ortsnamen und Personennamen mit dem idg. Hethit.-Luw. (zuletzt bei Ševoroškin, dessen hethit.-luw. Material sehr fehlerhaft ist). – Die kar. (vermutlich nicht-anatol.) Sprache (§ 5) ist noch nicht gedeutet.

7. Die k a r. S c h r i f t, die vor allem in K. oft ohne Worttrennung geschrieben ist, galt seit A. H. Sayce, dem ersten großen Sammler kar. Inschr. (1887–1910), als Mischung aus kypr. Silben- und griech. Alphabetschrift. Zugunsten einer (im 1. Jt. in W.-Kleinasien wahrscheinlicheren) reinen Buchstabenschrift trat zuerst Bossert (1950/51) ein; ebenso Ševoroškin, der sich z. Z. am meisten um die Deutung des Kar. bemüht. Trotzdem ist noch immer keine communis opinio in der Lesung aller kar. Zeichen erreicht; vgl. den Überblick über die Zeichendeutungen von Sayce, Sundwall, Bork, Friedrich, Brandenstein, Mentz, Steinherr, Stoltenberg, Ševoroškin bei Ševoroškin, Kadmos 3, 82 f. = Friedrich, 1966, 282 f. und noch Treu, Glotta 34,70 und Otkupščikov, 1966, 2. A. K.

Lit. in Auswahl, alles mit älterer Bibliogr.: *Bürchner*, RE X 1940 ff. *Joh. Friedrich* Kleinasiat. Sprachdenkmäler (1932) 90 ff. *W. Brandenstein*, RE Suppl. VI 140 ff. (Kar. Sprache). *L. Robert* Hellenica, Rec. d'épigr., de numismat. et d'ant. grecques 8,5 ff. (Inscr. inéd. en langue carienne). *F. Steinherr (H. Th. Bossert)*, Jb. kleinasiat. Forsch. 1,328 ff. *L. Robert* La Carie II (1954). *O. Masson*, Rev. hitt. et asian. (= RHA) fasc. 55, 1954, 32 ff. (Text. cariens d'Égypte I). *M. Treu*, Glotta 34,67 ff. *L. Deroy*, AC 24,305 ff. *M. J. Mellink*, AJA 59 ff., Archaeol. in As. Min. (jährl. Grabungsber.). *O. Masson–J. Yoyotte* Objets pharaon. à inscr. car. (Kairo 1956). NESTOR, hg. v. *Emmett L. Bennett*, Jr. (Bibliogr. für Myken. und Verwandtes. Wisconsin, 1958 ff.). *Masson*, Beitr. z. Namenforsch. 10,159 ff. *G.*

*Neumann* Unt. z. Weiterleben hethit. und luw. Sprachgutes in hellenist. und röm. Z., 1961, 76ff. *L. Robert* Noms indigènes dans l'As. Min. gréco-rom. I (1963). *L. Zgusta*, Kleinasiat. PN. 34,541ff. und pass. *J. M. Cook* The Cambr. Anc. Hist. II$^2$ Chapter 38,15ff. *V. V. Ševoroškin*, zuletzt Kadmos 3,72ff. RHA fasc. 64,1ff. 57ff. (Äg.-kar. Inschr. am Sockel einer Isisstatuette). Issledovanija po dešifrovke karijskich nadpisej (Mosk. 1965). *Ju. V. Otkupščikov* Die kar. Inschr. Afrikas (russ.), Leningrad 1966. *Joh. Friedrich* zuletzt Gesch. der Schrift, 1966, 108f. mit Abb. 195f.

**Karikatur.** Schon die älteste K. der Griechen, Thersites (Hom. Il. 2,212ff.), gibt die Elemente: Abweichung von der phys. Norm bis zum Grotesken, Drastik, befreiendes Lachen. Die bildende Kunst schafft K. seit archaischer Z.: Zecher in extremen Lagen, Zwerge, Dickbäuche; die z. T. grotesken Kultmasken und Satyrköpfe zielen nicht aufs Lachen, sind also keine K. Im 5. Jh. sind K. etwa der sog. Aisopos (Pfuhl Abb. 495), lit. der Zwiebelkopf des Perikles (Plut. Per. 3). K. mytholog. Szenen geben die boiot. → Kabirenvasen, die unterital. → Phlyakenvasen; Mischwesen aus Teilen verschiedener Tiere runden das Bild ab. Seit Aristot. poet. 1449 wird die Theorie des *γελοῖον*, auch der K., durchdacht, dem entspricht die feinere Typik der Neuen Komödie, dazu die an der Grenze von »Verismus« und K. stehenden »Genre«bilder der hellenist. Plastik. Aber auch das gröbere Genos bleibt (Homer des Galaton, Ail. var. 13,22. → Grylloi). Für die Römer sei auf Trimalchio oder die K. des Philosophengesprächs (Lukian. Nigr.) verwiesen. W. H. G.

*W. Binsfeld* Grylloi (Diss. Köln 1956), m. Lit. *G. Becatti*, Enc. Arte Ant. II 342ff. *C. Anti* MDAI (R) 70, 1963, 80ff.

**Karkabos** (*Κάρκαβος*). Ein Perrhaiber (Thessalien), der seinen grausamen Vater → Triopas ermordete und wegen dieser Blutschuld flüchten mußte. König Tros von Dardanien entsühnte ihn und schenkte ihm ein Stück Landes, auf dem er → Zeleia gründete. Vielleicht ein myth. Reflex thessal. Kolonisation in Mysien. Von ihm soll Pandaros abstammen. Sch. Hom. Il. 4,88. Eustath. z. St. (*Καρνάβας*). Über Verwechslung mit Charnabon (Karnabos) Gunning, RE X 1962. H. v. G.

**Karkinos** (*Καρκίνος*). **1.** Urspr. als Krebs gedachter Dämon, auch Karkinar(ion). Cat. cod. astr. gr. IV 132. Boll, ARW 12,149f. Anspielung bei Aristoph. Nub. 1260f. S. Nr. 4. **2.** → Tierkreiszeichen. Es soll der Krebs sein, der auf Heras Befehl Herakles in den Fuß kneifen mußte, als er mit der → Hydra kämpfte. Eratosth. Katast. 11. Danach der alexandrin. Monat *Καρκινών* (= Thoth). H. v. G.

**3.** K., aus Thorikos, athen. Stratege 431 (Thuk. 2,23,2. Diod. 12,42,7. IG I ed. min. 296,31ff.) und Tragiker, siegte 446 an den gr. Dionysien (IG II$^2$ 2318 Col. III; *Κα[ρκίνος ἐδίδασκε]*), stand wahrscheinlich auf der Tragikerliste Pap. Tebt. 3, 22. Komikerspott: Aristoph. Nub. 1261; Vesp. 1502ff.; Pax 781ff. 864; Thesm. 440 (dazu überall die Sch.); Plat. com. Frg. 134 K. Kein Fragment bezeugt.

*E. Diehl*, RE X 1951f., K. 4. *Christ-Schmid* I 3,843, Anm. 9. *A. Koerte*, Arch. Pap. F. 11,277.

**4.** K., Sohn des Xenokles, Tragiker. Akme fällt in die J. 380/376 (Ol. 100), Besuche bei Dionysios d. J. in Syrakus. 160 Dramen, 11 Dionysiensiege, erstmalig vor 373. 11 Titel bekannt: Achilleus, Aerope, Aias, Amphiaraos, Mandrobios, Medeia, Oidipus, Orestes, Semele, Thyestes, Tereus (Tyro?). Von Aristoteles fünfmal herangezogen, von Menander zweimal zitiert, seine Art sprichwörtlich. Sein Name (»Krebs«) gab zu Wortwitzen Anlaß. 10 Frg. bei N$^2$ 797ff., dazu jetzt das Zitat bei Menander Com. Flor. 74ff. Die Schauspieler Theodoros und Pleisthenes spielten in Stücken von ihm. Quellen zu Leben und Laufbahn: Suda s. v., Harpokrat. s. v., Diog. Laert. 2,7, 63. Diod. 5,5,1. IG II$^2$ 2325 Col. III,I. A. II 742a 7; zu den Werken s. N$^2$ 797ff. F. St.

*Diehl*, RE X 1953. *Christ-Schmid* I 3,843, Anm. 9. *T. B. L. Webster* Fourth Century Tragedy and the Poetics, H 82, 300f.

**Karko** (*Καρκώ*) lautlich gebildet wie Gello, Gorgo, Mormo. Schreckgestalt, Hesych. K.: *Λάμια*, die gemäß Ableitung von der Wz. *kar* »hart« (Boisacq Dict. etymol. 414. 417) ihren Namen den scharfen Zähnen verdankt. Roscher Myth. Lex. 2,960. Rohde Psyche 2$^6$,410. Boll, ARW 12,150. H. v. G.

**Karmania** (*Καρμανία*). Landschaft des s. Iran, etwa gleich dem h. Laristan, ö. an die Gedrosia, w. an die Persis und n. an die Parthyene grenzend, im S. den Pers. Golf berührend, erstmalig bei Pol. 5,79,3 *Καρμανία*, doch ihre Bewohner schon von Hdt. 1,125 als *Γερμάνιοι* und als pers. Stamm bezeichnet, später von Strab. 15,724. 727 u. ö. Diod. 2,2,3 (Einw.: *Καρμάνιοι*). 17,105,7. Plut. Al. 67. Arr. an. 6,17,3. 28,7. Marc. Heracl. Per. Mar. Ext. 16 (GGM I p. 525 Müll.). Mela 3,75. 79 *(Carmanii)*. Plin. nat. 6,95. 98. 107 u. a. erwähnt. K. stellt überwiegend ein Bergland dar, das im N. in Wüste übergeht. Nach Hdt. a. O. trieben die Einwohner Ackerbau, die bes. Fruchtbarkeit K.s hebt Arr. Ind. 32,4 (GGM I p. 353) hervor. Hauptort *Κάρμανα* (h. Kirman). Geogr. Gesamtübersicht bei Ptol. 6,6 und 6,8. H. T.

*Kroll*, RE X 1955f. (mit Lit.). *A. Forbiger* HB der alten Geogr. 2,550ff. *W. Sieglin* Schulatl. zur Gesch. des Alt., S. 7. Gr. Hist. Weltatl. I, S. 17a (1954).

**Karmanor** (*Καρμάνωρ*). **1.** Ältester Name des Flusses → Inachos nach Ps. Plut. de fluv. 18. **2.** Sühnepriester im kret. Tarrha, Vater des Eubulos und des 1. Pythioniken im Gesang, Chrysothemis, reinigte Apollon und Artemis von dem Morde des Drachen Python, nachdem die Entsühnung in Sekyon (Aigialeia) gescheitert war. Paus. 2,7,7. 30,3. 10,7,2. In einem Orakel bei Eus. praep. ev. 5,31 werden als Sühnorte auch Phaistos und Dion auf Kreta genannt. Im Hause des K. verkehrte Apollon mit der Nymphe Akakallis, Paus. 10,16,5. Wilam. GldH 1,132,1. H. v. G.

**Karme** (*Κάρμη*). Tochter des Eubulos, des Sohnes → Karmanors, und der Demeter, durch Zeus Mutter der Britomartis, → Diktynna. Paus. 2,30,3. Diod. 5,76. Nach Ant. Lib. 40 (Nikandros) stammt sie von Phoinix und Kassiepeia ab. In der Ciris 220 ist sie die alte kriegsgefangene Amme der → Skylla, vielleicht nach einem Motiv des Parthenios, W. Kroll, RE X 2542. H. v. G.

**Karmel** (*Κάρμηλος*, hebr. *kărmäl* = »Baumgarten«). **1.** Nw. Ausläufer des samar. Gebirges, der sich ca. 5–8 km breit, 23 km lang und bis 552 m ansteigend in nw. Richtung erstreckt, s. des h. Haifa ins Mittelmeer vorspringend. Der Bergrücken fällt nach N. steil ab; nach S. geht er allmählich in die Saronebene über. Im Alt. stärker bewaldet, ist sein S.-Hang noch h. eines der wenigen Waldgebiete Palästinas. Menschliche Besiedlung des K. ist bis in die Altsteinzeit nachzuweisen. Wie auf anderen Bergen in Palästina/Syrien (→ Hermon, Libanon, Tabor) wurde auch auf dem K. eine Gottheit, der Baal des K., verehrt. Noch nicht die (vorübergehende) Eingliederung des K. in das Großreich Davids, erst der Kampf des Propheten Elia um 850 v. Chr. (1. Kön. 18; das Baalheiligtum und der Jahwealtar sind nicht am S.O.-Ende des K. [*el-muḥraḳa*] anzusetzen, sondern auf dem Kap im Bereich des h. Karmeliterklosters) brachte die Vorherrschaft des Gottes Israels, die aber 732 durch den Verlust des Gebietes an Assyrien ihr Ende fand. Die hier verehrte Gottheit wird später mit Zeus (Ps.-Skyl. Peripl. 104, 4. Jh. v. Chr.) gleichgesetzt. Tac. hist. 2,78,3 und Suet. Vesp. 5,6 nennen sie *Deus Carmelus;* im 2./3. Jh. n. Chr. war hier ein Filialkult des Zeus von Baalbek (Weihinschr. für *Ζεὺς-῾Ηλιοπολείτης Κάρμηλος*; vgl. K. Galling in: Gesch. und AT. [Festschr. A. Alt], 1953, 105 ff. **2.** Stadt im Gebirge Juda (Jos. 15,55. 1. Sam. 15,12. 25,2 u. ö. Eus. onom. 92,20. 118,6: *Χερμαλα*, Jos. 15,55. Eus. onom. 172,20: *Χερμελ*) 12 km s. → Hebron; h. *el-kirmil;* im 4. Jh. n. Chr. mit röm. Garnison (Eus. onom. 118,6) und jüd. Bevölkerung (92,21). Am Ort Reste von 3 Basiliken des 5. und 6. Jh. sowie Kreuzfahrerburg. E. Ku.

Zu 1. *C. Kopp* Elias und Christentum auf dem K., 1929. *Alt* 2,135 ff. *Abel* Géogr. 1,350 ff. *O. Eißfeldt* Der Gott K., 1953. *K. Galling* RGG[3] 3,1156 f. *C. Kopp* LThK[2] 5,1365 f. Zu 2. *C. Kopp* LThK[2] 5,1366.

**Karmo** s. o. I 1058 Art. Carmo. Seit der Abfassung dieses Artikels haben sachgemäße Grabungen [1] stattgefunden, die das hohe Alter der Siedlung ergeben haben. R. G.

1. *Juan De M. Carriazo* und *Klaus Raddatz* Ergebnisse einer ersten stratigraph. Unters. in Carmona. Madrider Mitteilungen 2, Heidelberg 1962, 71–106. Frühere Grabungen waren oft dilettantisch, ergaben aber wertvolle Funde: *G. Bonsor* La véritable origine de C. etc. RA 5,25, 1927, 285–300. *J. Ramón Mélida* Necrópolis rom. de C. Boletín de la Real Acad. de la historia 97, Madrid 1930, 9–11. *G.E. Bonsor* An archeol. Sketch-Book of the Roman Necrópolis at C. New York, Hispanic Soc. of America, 1931. *J.A. Richmond* Two towngates at C. Bollet. ... studi mediterr. Nr. 2, Roma 1931, 20 f. *R. Thouvenot* Les remparts rom. de C. Société de géogr. et d'archéol. de la prov. d'Oran. Tome 62, Oran 1941, 153–176. *T.B.* (sic!) Las murallas romanas de C. Archivo español de arqueol. 15, 1942, 348–351.



**Karna** (*Κάρνα* Strab. 16,768. Ptol. 6,7,31. *Carnus, Carnon* Plin. nat. 6,154) war die Hauptstadt der Minäer (→ Minaioi) in S.-Arabien, in den min. Inschr. als *Qarnaw* belegt. Ihre Anlage läßt sich h. einigermaßen rekonstruieren. Sie muß mit dem Untergang des min. Reiches (spätestens 75 v. Chr.) verfallen sein, da Plin. sie in seinem Bericht über den Feldzug des Aelius Gallus (24 v. Chr.) nicht unter den zerstörten Städten nennt. A. D.

*A. Grohmann* Arabien (HB. der Alt.-Wiss., 3. Abt., 1. Teil, 3. Bd., 3. Abschn., 4. Unterabschn.), Münch. 1963, 140–145.

**Karnaim** (*Καρναιν* 1. Makk. 5,26. 43 f. [vgl. Ios. ant. 12,344 Var.] = *Καρνιον* 2. Makk. 12,21. 26. Eus. onom. 112,2 *Καρναια*, Hieron. onom. 113,2 *Carnaeas*, Aetheria *Carneas*. hebr. *qărnăjim* [»Hörner«]). Stadt ö. des Jordan, vor ca. 760 von Israel im Kampf gegen → Damaskus erobert (Am. 6,13), später Vorort der assyr. Provinz Qarnini. Daß K. in jüd. (z. B. LevR. 17,4) und chr. Schriften (z. B. Eus. onom. 112,5) als Heimat des Hiob gilt, führt zur Identifizierung von K. mit dem h. *šēḫ saʿd* 37 km ö. vom See Genezareth, wo ein schon der Pilgerin Aetheria (um 400) bekannter »Hiob«-Stein (de facto: eine Stele Ramses' II.; Altorient. Bilder z. AT. hg. H. Greßmann, [2]1927, Abb. 103) verehrt wird. E. Ku.

*K. Galling*, Bibl. Real. Lex., 1937, 41 f. *Abel* Hist. 2,413 f. *G. Sauer* Bibl. Hist. HWB 2,935.

**Karneades** (*Καρνεάδης*). **1.** Berühmtester Philosoph der sogenannten Mittleren → Akademie, Sohn des Epikomos oder Philokomos, aus Kyrene, später athenischer Bürger, IG II/III[2] 3781, † 129/28 v. Chr. 85 jährig (Diog. Laert. 4,65; weniger glaublich Cic. ac. 1,16 u. a.: 90 jährig), * also 214/13. K. war Schüler des → Hegesinos (Cic. a. O.), als dessen Nachfolger er von etwa 164/60 ([2],52) bis 137/36 das Scholarchat innehatte (ac. 1,1. Diog. Laert. 4,60). Man bescheinigte ihm dialekt. Scharfsinn, Arbeitsbesessenheit, Belesenheit (Chrysipp-Lektüre; vergleiche a. O. 4,62 *εἰ μὴ γὰρ ἦν Χρύσιππος, οὐκ ἂν ἦν ἐγώ*) und Rednergabe (Cic. de or. 2,161. 3,68; fin. 3,41. Diog. Laert. 4,63. Plut. Cato m. 22). Zulauf hatte er nicht nur in Athen, sondern auch in Rom, als er während der Philosophengesandtschaft 156/55 an einem Tage für, am nächsten gegen die Gerechtigkeit sprach (Lact. inst. 5, 14 f.; ind. Acad. Herc. 22. Cic. de or. 2,155; ac. 1,137. Plut. a. O. Gell. 6,14,8 f. Methode des *in utramque partem dicere:* Cic. ac. 1,7; fin. 2,2). Schriften hinterließ er nicht (Diog. Laert. 4,65);

seine Lehren wurden von seinen Schülern → Kleitomachos, → Zenon von Alexandreia und → Hagnon von Tarsos aufgezeichnet (weitere Gewährsleute → Philon von Larissa und → Metrodoros von Stratonikeia: Cic. ac. 1,78).

Als Erneuerer der skept. Grundsätze des → Arkesilaos bestritt K. die Zuverlässigkeit der Sinne u. damit die stoische Lehre von der *καταληπτικὴ φαντασία* (Sext. Emp. math. 7,159–165. 401–425. Cic. ac. 1,64–90). Da auch die Dialektik unzulänglich sei (Cic. a.O. 91–98), leugnete er die Existenz eines Kriteriums der Wahrheit und forderte Urteilsenthaltung (*ἐποχή*). Um aber die Möglichkeit prakt. Entscheidungen offen zu lassen, maß er stärker als Arkesilaos dem als wahr Erscheinenden, Überzeugenden (*πιθανόν*, *probabile*) Bedeutung bei und unterschied 3 Stufen der relativen Erkenntnisgewißheit: 1. *φαντασία πιθανή*, 2. *φ. π. καὶ ἀπερίσπαστος* (»unwidersprochen«), 3. *φ. π. κ. ἀ. καὶ περιωδευμένη* (»allseits geprüft«), Sext. Emp. math. 7,176–189 (ähnlich P. hyp. 1,227–229. Cic. ac. 1,99–104, vgl. RE X 1969f., [12]). – Aus der Einzelkritik dogmat. Lehren sind am besten kenntlich die Beweise gegen die Existenz der Götter (Sext. Emp. math. 9, 137–190. Cic. nat. 3), z.T. in Form von Soriten (vgl. [8]. [11]), gegen die Vorsehungslehre (Cic. a.O. 65–93. Plut. de Stoic. rep., de comm. not. Porph. abst. 20) und gegen die Wahrsagung (Cic. div. 2) einschließlich der Astrologie (A. Schmekel Philos. der mittleren Stoa, 1892, 155ff., [3],530). Gegen den stoisch. Fatalismus verteidigte K. die Willensfreiheit (Cic. fat.). In der Ethik erörterte er das Lebensziel an Hand einer Aufstellung aller möglichen *τέλη* (*Carneadea divisio:* Cic. fin. 5, 16ff. 2,34f.; ac. 1,129ff.; Tusc. 5,84ff.), die drei Grundformen (Lust, Schmerzlosigkeit, Naturgemäßes) durch Beifügung jeweils des Sittlichguten (*καλόν*) und danach differenziert, ob nur das Streben nach dem Zielgut oder dessen Erlangung gefordert ist ([7]. [13],39f. [14], A.J. Festugière La révélation d'Hermès Trism. 2,353ff. G. Luck Der Akad. Antiochos, 1953, 60f.). K. selbst vertrat – *non quo probaret, sed ut opponeret Stoicis* (Cic. ac. 1,131) – die Telosformel *naturae primis bonis aut omnibus aut maximis frui* (Tusc. 5,84, ähnlich ac. a.O.; fin. 5,20, vgl. W. Wiersma *Περὶ τέλους*, Diss. Groningen 1937, 69) bzw. den Standpunkt des → Kalliphon (ac. 1,139). Wieweit K. der Tropenlehre des → Ainesidemos vorgearbeitet hat, muß entsprechendem Zeugnis bei Phil. Alex. entnommen werden ([10],306ff., A. Weische Cic. und die Neue Akad., 1961, 83ff.). Über den Einfluß des K. auf die stoische Philos. M. Pohlenz Die Stoa 1,175ff. Anhänger des K. war → Cicero, freilich ohne K.' Ablehnung der Rhet. (K. Barwick Das redn. Bildungsideal C.s, Abh. Lpz. 1963, 25) zu teilen.

Slg. der frg. fehlt. – 1. *V. Brochard* Les sceptiques grecs, 1887 (Neudr. 1959; Parteinahme für Skeptiz.). 2. *A. Goedeckemeyer* Die Gesch. des griech. Skeptizismus, 1905. 3. *Zeller* PhdGr III 1, $^5$1923, 514–541. 4. *M. M. Patrick* The Greek Sceptics, 1929. 5. *L. Robin* Pyrrhon et le Scepticisme Grec, 1944. 6. *A. Krokiewicz* Sceptycyzm Grecki, 1964 (poln.). – 7. *A. Döring*, Zs. für Philos. und philos. Kritik 101, 1892, 165–203. 8. *C. Vick*, H 37, 1902, 228–248. 9. *H. Hartmann* Gewißheit und Wahrheit, 1927. 10. *A. Schmekel* Die positive Philos. in ihrer gesch. Entwicklung I, 1938. 11. *P. Coussin*, REG 54, 1941, 43–57. 12. *O. Gigon*, MH 1, 1944, 47–64. 13. *Ders.*, Entretiens Fond. Hardt 3, 1957, 25–59. 14. *M. Giusta* I dossografi di etica I, 1964, 252–324.

**2.** K. d. Jüngere, Sohn des Polemarchos, war 137/136–131/30 als Nachfolger von K. Nr. 1 (der ihn überlebte) Scholarch der Akademie (Ind. Acad. Herc. 24,28. 25,36. 30,1). G. Schm.

**Karneios** (*Κάρνειος*). Alter, sicher schon vordor. in der Peloponnes ansässiger Fruchtbarkeitsgott ([1],85f.; kaum annehmbar A. Namitok, RHR 124, 1941, 106), urspr. wohl widdergestaltig (B. Schröder, MDAI(A) 29, 1904, 22. [1],84. [3], 120. [4],20ff.), wofür die Etym. (*κάρνος* »Widder«: H. Usener Kl. Schr. 4, 1913, 288f. [2],246f. [4],3ff.), Münzfunde (Imhoof-Blumner, Rev. Suiss. Num. 21, 1917, 5ff.) sowie Einzelheiten der ätiol. Legende (Paus. 3,13,3) sprechen (Nilsson GgrR 1,533). K. wurde mitsamt seinen im dor. Siedlungsgebiet (Argos, Kos, Thera, Kyrene) reich verbreiteten Kultfesten (*Κάρνεια* [3],119ff.) relativ früh von → Apollon rezipiert (vgl. Theokr. 5, 82f.). Die spart. Karneien, in der 1. Hälfte des Monats Karneios (= → Metageitnion) gefeiert (Thuk. 5,54.76. Eur. Alk. 445ff. Plut. mor. 717d. [3],118f.), zeigen mit Festmahl (Ath. 4,141e. [1], 81ff.) und Verfolgungslauf (An. Bekk. 1,305,25. Hesych. s. *σταφυλοδρόμοι*), der urspr. vielleicht mit der Tötung des ereilten Widderdämons endete (vgl. Apollod. 2,8,3. Sch. Theokr. 5,83. A.H. Krappe, ARW 28, 1930, 380ff.), die gemischten Symptome von Weinlese-, Ernte- und Sühneriten ([3],121ff. [4],14ff. Nilsson 1,531f.). Der Krater von Ceglie scheint zudem einen Jungfrauentanz im Schmuck der spart. Blätterkrone für die Karneien zu bezeugen (P. Wuilleumier, RA 1933, 2, 3ff.). W. F.

1. *S. Wide* Lakon. Kulte, 1893, 63ff. 73ff. (Belege). 2. *J. Vürtheim*, Mnem 31, 1903, 234ff. 3. *M. P. Nilsson* Griech. Feste, 1906. 4. *S. Eitrem* Der vordor. Widdergott, Christiania Vid. Selsk. Forh. 1910, 4.

**Karnion** (*Καρνίων*). Nebenfluß des s. von Megalopolis in den Alpheios mündenden Gatheatas, der h. Xerillos, der am NW.-Abhang des Taygetos entspringt, Paus. 8,34,5. Kall. h. 1,24 (?). Nach Plin. nat. 4,20 wohl irrig auch eine sonst unbekannte Stadt, ebenso im Lexikon Lenormant FHG V p. LXX, das aber wohl modernes Machwerk ist (H 17, 1882, 452ff.). E. M.

1. *v. Geisau*, RE X 1994. 2. *Bölte*, RE VII 854f. (Gatheatas). III A 1310,67ff. (Aigytis). 3. *Philipps.-Kirst.* 3, 288f.

**Karnos** (*Κάρνος* »Widder«). **1.** Akarnan. Seher, der die Herakleiden bei der Überfahrt in die Peloponnes begleitete. Für einen Betrüger gehalten, wurde er von einem Herakleiden erschlagen. Darauf befiel Unheil Heer und Flotte. Zur Sühne wurden die → Karneia gestiftet. Apollod. 2,174. Paus. 3,13,4. Konon 26. Eus.praep.ev. 5,20. Theokr. 5,83 mit Sch. Nach Praxilla (Paus. 3,13,5 *Κάρνειος*) ist K. ein Sohn von Zeus und Europe, von Leto und Apollon aufgezogen, ein Liebling Apollons (Hesych.). In K. ist ein alter vordor. (Wide Lakon. Kulte 74ff. Nilsson Griech. Feste 120ff.) oder dor. (Wilam. GldH 1,87ff. 2,534f.) Gott dem Apollon angeschlossen worden. → Karneios. H. v. G.

**2.** K., Insel an der W.-Küste von Akarnanien vor → Alyzeia, wahrscheinlich das h. Kalamos. Skyl. 34. Plin. nat. 4,53. Steph. Byz. E. M.

1. *Bürchner*, RE X 1994f. *Philipps.-Kirst.* 2,390ff.

**Karos** (kelt.) = Kakyros (Diod. 31,39) und auch wohl = *Megaravicus* (cod. *Megaravicto*. Flor. 1,34,4. Beiname des K.?) aus Segeda war Häuptling der keltiber. Belli (Diod. und Flor. a.O.). Er brachte 153 v.Chr. dem Konsul Q. Fulvius Nobilior eine schwere Niederlage bei, fiel aber bei der Verfolgung (App.Ib. 45). R. G.

Font. Hisp. Ant. IV (Barc. 1937) 9–12. *Helmut Simon* Roms Kriege in Spanien (Frankf. a.M. 1962) 16f.20.25f.

**Karpasia, Karpaseia** (*Καρπασία, -άσεια*). Stadt an der N.-Küste der langgezogenen gleichnamigen NO.-Spitze der Insel Kypros, die noch h. Karpaso heißt. Reste n. des h. Rizokarpaso. Anscheinend erst hellenist. selbständig. 307 v.Chr. von Demetrios Poliorketes erobert, Diod. 20,47,2, im MA. Bischofssitz (Georg.Cypr. ed. H.Gelzer 1110. Not.episc. 1,1063. Nil.Doxop. 189 bei Parthey-Pinder Hierokles 285. Le Quien Oriens christ. 2,1067f. R.Janin, DHGE 11,1110f.). Hell. Oxy. 20 (15), 1ff. Strab. 14,6,3 p. 682. Ptol. 5,13,4. Plin. nat. 5,130. Stadiasm. m.m. 178. 314f. Hierocl. synecd. 707,5. BCH 45, 1921, 4 Z. I 2 (dazu L. Robert, RPh 13, 1939, 154ff.). Epichor. Inschr.: SGDI 1,142–145. [5],328ff. Griech. Inschr. BCH 3, 1879, 172 Nr. 23. 175 Nr. 66. T.B. Mitford Opusc. archaeol. 6, 1950, 10ff. Nr. 5–770f. Nr. 39. und S. 11 A. 3. [4]. SEG 17,750. 20,316–320. E.M.

1. *Oberhummer*, RE X 1996ff. 2. *D.B. Hogarth*, Devia Cypria 53ff. 88ff. 3. *R. Gunnis*, Historic Cyprus, 1936, 1956, 410ff. 4. *T.B. Mitford*, AJA 65, 1961, 122ff. 5. O. *Masson* Les inscr. chypriotes syllabiques, 1962, 328ff. 6. The Swedisch Cyprus expedition 4,2,442 A. 9.

**Karpathos** (*Κάρπαθος*). Langgestreckte Insel der s. Aegaeis s.w. von Rhodos, 49 km lang, 1 bis 12 km breit, 277 qkm groß, im S. bis 1215 m hoch. Der Name ist vorgriech. Prähistor. Funde D. Fimmen Die kret.-myken. Kultur 16. [3]. [4],201. *Ἀρχ. Δελτ.* 17 A, 1961/62, 32ff. Reste der Vorbevölkerung sind wohl die Eteokarpathier, IG XII 1,977 = Syll. I$^{3}$ 129. Tributlisten (→ Eteokreter), s. sonst Diod. 5,54,4. Griech. Besiedlung nach Diod. von Argos aus. Bei Hom. Il. 2,676 heißt die Insel *Κράπαθος*. Skyl. 99 nennt 3 Städte, Strabon 4, namentlich bekannt sind Arkaseia, Arkeseia, h. Arkasa, Brykus h. Vurgunda, Karpathos, Nisyros (Strab.), Porthmos mit Heiligtum des Poseidon Porthmios. Ptol. nennt anscheinend das S.-Kap Ephialteion, das N.-Kap Thoanteion, während das Kap Poseidion des Stadiasmus wohl das ö. Kap. bei Pigadia ist. Nach K. hieß der SO.-Teil der Aegaeis »Karpathisches Meer«, bei Hdt. 3,4,5 einfach Karpathos. Im 5. Jh. v. Chr. gehörte K. zum att. Seebund, wobei die Städte gesondert zahlten, B.D. Meritt The Athenian tribute lists 1, 234f. 250f. 274f. 300f. 497f. 3,24. 210. 240. 268. Später gehörte die Insel zu Rhodos, und zwar wohl zu Lindos. Im MA. war K. Sitz des Bistums der Kykladen, R.Janin, DHGE 11,1111. Eine alte Hasenplage war früh sprichwörtlich, Hesych. Aristot. rhet. 3,11 p. 1413.15ff. Poll. 5,75 und oft bei den Paroimiographen. In dem altertümlichen modernen Dialekt der Insel ([4] II) glaubt Rohlfs FF 38, 1964, 243ff. altdor. Sprachreste zu finden. Hom.h. 1,43. Strab. 10,5,13f. p. 488. 5,17 p. 489. Ptol. 5,2,19. Dion. Per. 500. Stadiasm. m.m. 272. Plin. nat. 4,60. 4,71. 5,133. Mela 2,7,114. Isid. orig. 14,6,24. 13,16,5. Solin. 11,32. Oros. 1,2,98. Inschr.: IG XII 1,161ff. Nr. 977–1040. M. Segre Iscrizioni di Scarpanto, Hist. 7, 1933, 577ff. M. Jameson Inscr. of K., Hesp. 27, 1958, 122ff. SEG 14,510. 16,462. 19,543. F.G. Maier Griech. Mauerbauinschr. 1,188ff. Nr. 50. Mz. Head HN$^{2}$ 361f. E. M.

1. *E. Manolakakis* *Καρπαθιακά* 1896. 2. *M. Beaudouin* L'île de K., BCH 4, 1880, 261ff. 3. *Th. Bent* The islands of Telos and K., JHS 4, 1885, 233ff. 4. *R.M. Dawkins* Notes from K., ABSA 9, 1902/03, 176ff. 10, 1903/04, 83ff. 5. *Bürchner*, RE X 2000ff. (mit älterer Lit.). 6. *Philipps.-Kirst.* 4,314ff. 7. *P.M. Fraser–G.E. Bean* The Rhodian Peraea and islands 141ff. 8. *G. Gerola* I monumenti medioevali delle tredici Sporadi II, ASAA 2, 1916, 77ff. Scarpanto. 9. *G. Susini*, ASAA 41/42, 1963/64, 225ff.

**Karpfen** (*Cyprinidae*). 1. Obwohl selten erwähnt, gehörte der K. (Cyprinus carpio L.), *κυπρῖνος*, *cyprinus* oder *carpa* (Cassiod. var. 12,4,1) offenbar zu den geschätzten Fischen. Er lebt in Flüssen und Teichen (Athen. 7,309 A), hat einen fleischigen Gaumen (Aristot. hist. an. 4,8 p. 533 a 29), der wie eine Zunge erscheint, der Laich wird bisweilen vom Männchen bewacht (Aristot. hist. an. 6,14 p. 569 a 5), gelaicht wird jährlich 5–6 mal (Aristot. hist. an. 6,14 p. 568 a 18. Plin. nat. 9,162), die Eier entwickeln sich langsam; einige K. bleiben (durch Eingriff?) ohne Rogen und Milch und liefern das beste Fleisch (Aristot. 4,11 p. 538 a 15), durch Gewitter können sie betäubt werden (Aristot. 8,20 p. 602 b 24. Plin. nat. 9,58), ihr Fleisch galt als Delikatesse (Cassiod. var. 12,4,1; vgl. Nep. Them. 10,3). 2. Der äg. K. (Cyprinus bynni L.), *λεπιδωτός* (Athen. 7,309 B), galt den Äg. vielfach als heilig (Hdt. 2,72. Strab. 17,812; vgl. Plut. Is. et

Os. 18). 3. Die Schleie (Tinca vulg. C.) nennt nur Auson. Mos. 125. Sie war ebensowenig geschätzt wie 4. die Flußbarbe (Barbus fluviatilis A.), *barbus* (Auson. Mos. 94). 5. Der aasliebende Gründling (Gobius niger L.), *κωβιός*, *gobius* oder *gobio* (Aristot. hist. an. 8,19 p. 601 b 22. Lucil. 938 M. Plin. nat. 32,146). W. Kre.

1. *Gossen*, RE X 2004f. 2. *Th. Hopfner* Der Tierkult der alten Ägypter nach den griech.-röm. Berichten und den wichtigeren Denkmälern. Denkschr. Ak. Wiss. Wien 57, 2, 1913. 3. *A. Thompson* A Glossary of Greek Fishes, Lond. 1947. 4. *J. André* L'alimentation et la cuisine à Rome, Par. 1961.

**Karpo** (*Καρπώ*). Eine der in Athen verehrten → Horai Paus. 9,35,1. H. v. G.

**Karpokratianer.** Zu Beginn des 2. Jh. in Äg. aufkommende chr.-gnost. Sekte, als deren Stifter der wohl kaum hist. [2], eher den äg. Horus Harpokrates verkörpernde (vgl. Orig. c. Cels. 5,5,2 ff.) »Karpokrates« (Iren. adv. haer. 1,25) bzw. dessen Sohn Epiphanes (Clem. Al. strom. 3,5,2 ff.) genannt werden. Die in Frg. erhaltene Schrift *περὶ δικαιοσύνης* des Epiphanes fordert als erlösende Gerechtigkeit die auf die natürliche Begierde gestützte Gleichheit in der Gemeinschaft aller Wesen, d. h. unter anderem Güter- und Frauengemeinschaft. Frg.: W. VÖLKER Quellen zur Gesch. der chr. Gnosis, 1932, 33 ff. (Lit.). J. Wi.

1. *H. Liboron* Die Karpokratian. Gnosis, 1938. 2. *H. Kraft* Theol. Ztschr. 8, 1952, 434ff. 3. RGG³, Bd. 3, s. v.

**Karpophoros** s. Demeter

**Karpos** (*Κάρπος*). **1.** Sohn des Zephyros und einer Hore, ertrank beim Wettschwimmen mit → Kalamos im Maiandros und wurde in eine Feldfrucht verwandelt. Nonn. Dion. 11,385 ff. H. v. G.

**2.** K. von Antiocheia, Mathematiker, Mechaniker und Astronom. Er war sicher jünger als Archimedes (Pappos S. 1026,5 ff. H.), älter als Iamblichos (Simplic. In Ar. phys. 60,15 D.). Lebte wahrscheinlich im 2. Jh. n. Chr. Arbeitete an einer Kurvenkonstruktion zur Kreisquadratur (Simplic. a. O.), die nicht mehr nachvollziehbar ist, aber der Quadratrix des Hippias und der Spirale des Archimedes ähnelte. Damit wohl im Zusammenhang seine Überlegung über die Definition des Winkels zu Eukl. El. I def. 8 (Prokl. S. 125,25). Nach Prokl. (zu Eukl. I 4, S. 233,3 ff. Fr., erster Kongruenzsatz) lehrt K. in seiner *Ἀστρολογικὴ πραγματεία* den Vorrang math. Konstruktionen vor Lehrsätzen. Da er *μηχανικός* genannt wird und Archimedes' mech. Arbeiten erwähnt, liegt die Vermutung nahe, daß er in diesem B. astron. Demonstrations- oder Meßinstrumente konstruierte und den wiss. Wert derselben betonen wollte. J. M.

*Heiberg*, RE X 2008. *T. Heath* Greek Math., Oxf. 1921.

**Karr(h)ai** (*Κάρραι*). Akkad. *Ḫarrān* (Zusammenhang mit *ḫarrānu* »Weg, Straße«, wohl Volksetym.), hebr. *Ḥārān*, alte Stadt am Oberlauf eines Belichzuflusses s. Urfa. In assyr. Z. Sitz eines Provinzstatthalters, zeitweilig Krönungsstadt und Residenz des letzten Königs Assuruballiṭ II. Der Tempel Eḫulḫul des Mondgottes von Ḫ. wurde zuletzt von Nabonid wieder aufgebaut. 53 v. Chr. bei K. Niederlage des M. Licinius Crassus gegen die Parther (Plut. Crass. 19 ff. Cass. Dio 40,17 ff.). Im April 217 wurde Caracalla auf dem Wege zum Mondtempel von K. ermordet (Cass. Dio 78,5,4). Noch in arab. Z. hält sich in K. lange die Sekte der Ṣabier. W. Rö.

*D. Chwolson* Die Ssabier und der Ssabismus 1, 1856, 301–471. *F. H. Weissbach*, RE XX 2009–2021.



**Karten.** Die Verwaltung großer Reiche, wie Äg. seit dem 3. Jt., Assyrien seit dem 2. Jt. und Persien seit dem 7. Jh. v. Chr. bedingt die Herstellung von geograph. Karten. Die ersten Forschungsreisen zur See und ihre weitere Ausbeutung zu Handelszwecken zwangen gleichermaßen dazu. Davon ist nichts erhalten geblieben, und die ant. Kartographie hat, soweit wir sie kennen, einen jüngeren Ursprung und eine andere Zwecksetzung.

Die erste erhaltene »Karte«, eine babylon. Tontafel aus dem 6. Jh. v. Chr., auf ein Vorbild aus dem 9. oder 8. Jh., zurückgehend, will die Erde als eine von dem »Bitterfluß« umflossene, kreisförmige Scheibe inmitten des Weltalls zeigen, versinnbildlicht durch den siebenarmigen Stern (Abb. in BENGTSON-MILOJČIC Gr. Hist. Weltatl. I 6). Das Weltbild, das die Rahmenszenerie des Achilleus-Schildes bildet, hat den gleichen Charakter (Il. 18, 483 ff.). Ebenso legte auf der ersten bekannten Weltkarte → Anaximandros größeres Gewicht auf die Umrahmung der von dem Ozean umflossenen Oikumene und auf die sie kreuzförmig teilenden Wasserstrecken (Herakles-Säulen, Mittelmeer, Schwarzes Meer, Phasis, Kaspisches Meer und Ister – Nil) als auf die Gestalt der Länder, auf die Ansetzung von Städten und von Verkehrswegen. Dies geht wenigstens aus den sichersten, mittelbaren Zeugnissen hervor, der *Περίοδος γῆς* des → Hekataios, der das gleiche Weltbild beschreibt, den von Hdt. 4,36 kritisierten Karten und vielleicht aus der von Ps. Hippokr. de sept. 11 (vgl. DIELS Vorsokr. 12 A 6 und 25, C. H. KAHN Anax. 1960, 82).

Mit der Zuteilung der n. Halbkugel an Europa und der s. an Asien und Libyen sollte diese Karte während mehrerer Jh. einen vorherrschenden Einfluß auf die Teilung der Kontinente ausüben. Hdt. 5,49 erwähnt auch eine kupferne, um 500 von Milet nach Sparta gebrachte Karte, die die ganze Erde darstellte »mit dem gesamten Meer und allen Flüssen«, verschiedenen Ländern, den Inseln und einigen Städten. Sie war vermutlich eine Nachbildung der Karte des Anaximandros in einer sorgfältigen Ausführung, in der eigentliche topograph. Bearbeitung sich zu zeigen scheint. Im Laufe des 5. Jh. wird der Gebrauch solcher Karten allg., bes. in den Schulen. Auf der von Aristoph. Nub. 206 unter dem Namen *γῆς περίοδος* beschriebenen

Karte unterschied man die Gestalt von Euboia und seine Lage in bezug zu Attika.

Die Theorie des → Parmenides von der Weltkugel und die entsprechende Teilung der Erdkugel in Zonen (Gürtel) lassen gegen E. des 5. Jh. die Vorstellung einer rechteckigen, nur die eine Seite der Erde einnehmenden Oikumene entstehen. → Demokritos gibt ihr eine ellipsoide oder rechtwinklige Form mit einer das 1½ fache der Breite betragenden Länge (DIELS Vorsokr. 68 A 94, B 15), aber man kann nicht behaupten, daß er danach eine Karte gemacht habe (Diog. Laert. 9,48 γεωγραφίη ist verdächtig). Die rechteckige Form haben endgültig → Ephoros im 4. Jh., der sie »durch Beschreibung und Zeichnung« festlegt (FGrH 70 F 30b), → Eudoxos, der sie doppelt so lang wie breit macht (Frg. 80 GISINGER) u. → Dikaiarchos, der die Maße des Demokritos wieder aufnimmt, angenommen. Sie setzen alle 3 die ganze Oikumene n. vom Äquator an. Eudoxos u. Dikaiarchos nehmen außerdem die Existenz einer Antoikumene s. des Äquators an, aber ohne sie in ihre Karten einzubeziehen. Die Verteilung der Kontinente bleibt bei Ephoros die gleiche wie bei Anaximandros mit demselben Diaphragma, während Eudoxos und Dikaiarchos Asien von Europa durch die N.-S.-Linie des Tanais und Libyen von Asien durch den Nil trennen. Andererseits scheint Eudoxos zum erstenmal das »Klima« bestimmter Städte, bes. von Knidos und Kyzikos, mit der Absicht bestimmt zu haben, ihre Positionen auf der Karte festzulegen (Frg. 71, Phaenomena VI und XLIX MAASS, Strab. 2,5,14 p. 119). Die Ersetzung des Diaphragma durch eine gedachte Linie, die über Gibraltar, Sizilien, die s. Peloponnes, Rhodos, das s. Kleinasien, die Kette des Taurus und den Himalaya verläuft, ist erst seit Dikaiarchos bezeugt, aber Eudoxos scheint einen Ausschnitt einer entsprechenden Linie durch den Meerbusen von Korinth zu beschreiben, ein Vorgriff vor der des Dikaiarchos. Der Meridian Syene – Lysimacheia, der die Linie Tanais – Nil ersetzt, läßt sich erst bei Dikaiarchos nachweisen (Kleom, 1,8,42, vgl. BERGER Erdk. 370ff.). Dessen Karte war also durch diese beiden Koordinaten in 4 gleiche Rechtecke geteilt, von denen aus er die Positionen der Orte nach den von ihm gemessenen oder von den Reisenden berichteten Entfernungen und Richtungen bestimmte. Eudoxos scheint sich vielmehr für die Einzelheiten auf die Zeichnung der Küsten gestützt zu haben (Frg. 71 σχήματα).

Im Laufe der 2. Hälfte des 3. Jh. stellte → Eratosthenes die erste auf ein Koordinatennetz gegründete Karte auf. Indem er von Dikaiarchos den Parallelkreis von Rhodos und den Meridian von Syene übernimmt, bestimmt er nach den Beobachtungen der Reisenden 7 weitere Parallelkreise von Ceylon bis Thule und 8 weitere Meridiane von dem äußersten Ende Iberiens bis zu dem von Indien. Die Entfernung vom Äquator zum ersten Parallelkreis wird auf 8400 Stadien festgesetzt. In unregelmäßigen Abständen umfassen diese Koordinaten ein Rechteck von 72500 : 37800 Stadien, geteilt in ungleiche Rechtecke, in die Eratosthenes sich bemüht, Parallelogramme (Sphragides) bildende Ländergruppen einzuzeichnen. Die Oikumene füllt dieses Rechteck in der einer Schleuder nahekommenden Gestalt (so Poseid. bei → Agathem. 2; vgl. H 1888, 129). Überall, wo die astronom. Daten fehlen, was häufig der Fall ist, nimmt er seine Zuflucht zu den von den Seefahrern oder Landreisenden gemessenen Entfernungsangaben. Für die Länder des Mittelmeeres sind seine hauptsächlichsten Gewährsmänner → Timosthenes von Rhodos und für die Länder jenseits von Italien Pytheas, für den O. die Berichte von dem Alexanderzug, bes. das Tagebuch der → Bematisten. Nachdem die Eroberung Asiens die Ausdehnung dieses Kontinents gegen O. enthüllt hatte, die Entdeckung von Ceylon ihn gegen S. vergrößert hatte, gibt Eratosthenes die Einteilung der Oikumene in gleiche Teile preis und versucht nicht, an die Stelle der sich in Rhodos kreuzenden Koordinaten andere halbierende Linien zu setzen. Er macht so mit dem seit Anaximandros angenommenen Prinzip einer symmetr. Oikumene Schluß. Zu Einzelheiten seiner Geographie s. H. BERGER Die geogr. Frg. des Eratosthenes, und die Karte bei BENGTSON-MILOJČIC a. O.

In Reaktion gegen Eratosthenes bringt der Pergamener Krates von Mallos das symmetr. Prinzip zu neuem Leben, indem er in der 1. Hälfte des folgenden Jh. einen Erdglobus von 10 Fuß Durchmesser konstruiert, der durch 2 breite, sich senkrecht schneidende Wassergürtel in 4 Viertelssphären geteilt war. Auf ein Viereck von 7x7 Fuß reduziert, nahm die Oikumene die Hälfte der n. Halbkugel ein, während die anderen Teile den Perioiken, den Antioiken und den Antipoden zugeteilt waren (Strab. 2,5,10, p. 116). Dieser Globus, der erste und vielleicht einzige des Alt., übermittelt der Nachwelt die Vorstellung des vierfach geteilten Erdbildes, auf Grund dessen Strab. 2,5,13, p. 118 erklärt, nur ein Viertel der Erdkugel beschreiben zu wollen. Ihr bekanntester Ausläufer ist seit Caracalla der als Zeichen der Weltmacht beliebte Reichsapfel (s. im allg. H. J. METTE Sphairopoiia 1936, 58–96).

Ungeachtet der Kritik des → Hipparchos (s. u.) behauptet sich die Karte des Eratosthenes bis auf → Marinos von Tyros. Polybios, Poseidonios und Strabon heben ihre zahlreichen Fehler hervor, folgen ihr aber im wesentlichen und entwerfen keine anderen. Sie dient bes. als Muster für die nach dem Tode des M. Vipsanius → Agrippa (12 v. Chr.), aber nach seinen Anweisungen auf die Porticus Vipsania gemalte, unter dem Namen *Chorographia* bekannte Karte (GLM S. 21). Gegründet im Prinzip auf eine von Caesar im J. 44 angeordnete Messung der Oikumene, übernimmt sie indessen in mehreren Fällen die Daten des Eratosthenes und bewahrt, wenigstens für den O., kaum abgeändert, das System der Sphragides. Für den W. sind die Entfernungen zu Lande (Breite und Länge der Länder) dem Straßennetz entlehnt, während die Entfernungen zur See und Umrisse der Inseln oft von griech. Quellen abhängig bleiben, manchmal über Eratosthenes. Dank den Zitaten des Plinius (nat. B. 3–6) und 2 Auszügen aus den Commentarii des Agrippa, der Divisio orbis (daraus im J. 825 Dicuils Liber de mensura orbis) u. der Dimensuratio provinciarum (GLM 1ff. 9ff.) sind uns zahlreiche dieser Daten bekannt. Sie bezeugen mittelbar, daß die Grenzen der Sphragides auf der Karte dargestellt waren. Die Auszüge aus einer von Strabon in den B. 5 und 6 erwähnten Chorographia, deren Zuweisung an Agrippa bes. von A. Klotz (Klio 1931, 38–58, anders Kubitschek, RE X 2110, W. Aly Strab. Geographica 1957, 268–273) verteidigt worden ist, bestätigen zudem, daß man auf ihr auch Straßen und Städte sah. Die Umrisse und die Orientierung der Länder sind unbekannt.

Ohne selbst eine Karte zu entwerfen, hatte → Hipparchos von Nikaia (* um 190 v. Chr.) Eratosthenes vorgeworfen, nicht ausschließlich astronom. Daten benützt zu haben. In einer von Strab. 2,5,34, p. 131 zitierten Abhandlung lieferte er die Begründung für diesen Vorwurf, indem er theoret. die Himmelskarte »für jeden Ort der Erde« fixierte und eine N.-S.-Teilung der Erdkugel in 360° von je 700 Stadien entsprechend dem von Eratosthenes berechneten Erdumfang von 2 52000 Stadien vorschlug. Seine Arbeiten werden bis in das folgende Jh. in Abhandlungen *Περὶ κλιμάτων* und *Περὶ οἰκήσεων* ausgebeutet, mit dem Ziel, die Position der Städte astronom. zu bestimmen (Strab. 1,1,20, p. 12). Die des → Theodosios von Bithynien ist erhalten (Abh. Gött. 1927); über die des → Serapion von Antiocheia schreibt Cicero an Atticus, der sie ihm im J. 59 für die Abfassung einer Geographie geschickt hatte, *millesimam partem vix intellego* (Att. 2,4,1).

Der erste Autor, der sie für die Kartographie verwendet, ist Marinos von Tyros, dessen Werk um 114 n. Chr. anzusetzen ist. Die aufeinanderfolgenden oder sich ergänzenden Ausgaben (zuletzt E. Polaschek, RE Suppl. X 806f.) seiner Kommentare zu der Karte der Oikumene, lediglich durch die Kritik des → Ptolemaios bekannt, zeigen, daß er sich als erster an der Schwierigkeit gestoßen hat, die astronom. Bestimmungen mit den Entfernungsmaßen auf einer Darstellung der Erdkugel in einer Flächenprojektion in Einklang zu bringen. Mag er nun wirklich eine Karte entworfen haben oder nicht, seine *Διόρθωσις τοῦ γεωγραφικοῦ πίνακος* machte Ernst mit dem Parallelensystem des Hipparchos und einer vollständigen W.-O.-Teilung der Erdkugel in 24 Meridiane. Marinos teilte der Oikumene 8 Parallelkreise und 15 Meridiane zu und schlug eine bildliche Darstellung dieses Netzes in zylindrisch-vertikaler Projektion vor. Die Karte erstreckte sich im W. bis Irland und der Küste von Marokko, die in gleichem Abstand von dem über die kanar. Inseln laufenden W.-Meridian angesetzt waren, im O. bis zu der »westlichen« Küste von China, die als Abschluß des Ind. Ozeans verstanden wurde. Sie schnitt im N. Skythien in der Höhe der N.-Linie der britann. Inseln, im S. Libyen in der Höhe von Tschad, das durch eine röm. Expedition unter Domitian erreicht worden war. Seine Dokumentation, die sich durchgehend bei Ptolemaios wiederfindet, hatte es ihm ermöglicht, 7000 bis 8000 Positionen festzulegen, allerdings zum größten Teil auf Grund von Messungen der Land- und Seestrecken. Diese Positionen waren indessen alle ausgehend von den Koordinaten angegeben, und die Kommentare haben großenteils dazu dienen müssen, die Berechnung in jedem Einzelfall zu erklären. Die feststellbaren Quellen sind mannigfaltig. Die Himmelskarten des Hipparchos haben die astronom. Grundlage geliefert. Eine große Zahl der Maße des Eratosthenes, bes. für den O., wurde unverändert aufgenommen. Das Hafenbuch des Timosthenes wurde für die Bestimmung der Häfen benützt, die auf einem gleichen Meridian der beiden Küsten eines Meeres lagen (*ἀντικείμενα*). Der Rückgriff auf die Berichte der Tschad-Expedition bezeugt nicht weniger die Bemühung, eine neue Auskunft zu erlangen, und Ptol. 1,6,1 berichtet, daß er die Erkundungen »fast aller seiner Vorgänger« studiert habe. S. im allg. E. Honigmann, RE XIV 1767ff. mit Karte und N. G. Photinos Marin de Tyr, 1960 (dieser manchmal zu kühn!).



Großenteils auf der Karte des Marinos beruhend – abgesehen von Italien, wo die Benützung einer röm. Sonderkarte festgestellt wurde (E. Polaschek Festschr. R. Egger 2, 1953, 247ff.) – unterscheidet sich die Karte des Ptolemaios von ihr grundsätzlich durch ihr Projektionssystem. Die *Γεωγραφικὴ ὑφήγησις* schlägt 2 Lösungen vor: 1,21 und 24,1–8 eine kon. Projektion mit geradlinigen Meridianen, gültig nur zwischen dem Pol und dem Äquator und 1,24 eine Projektion mit gekrümmten Meridianlinien, ziemlich ähnlich der des Mercator und geeignet, 180 Längegrade zu umfassen und bis 20 Grad südlich des Äquators hinunterzugehen. Abgesehen von einigen Verbesserungen an den Lokalisierungen des Marinos, für die er die Quellen seines Vorgängers erneut prüft, bereichert Ptolemaios seine Karte mit Daten, die er der Sonderkarte von Italien, einem amtlichen Itinerar des Reiches (vgl. das Lemma zu Emona 2,13,3), endlich auch Reise- und Händlerberichten entlehnt (1,17,2–5). Diese Verbesserungen, übrigens nicht sehr zahlreich, ändern nicht wesentlich das von Marinos festgelegte Erdbild. Vom Vf. unfertig hinterlassen, sind Text und Karte der »Geographie« in die Tradition in der Form eines mit Anmerkungen versehenen Exemplars eingegangen, das die ma. Hss. auf verschiedene Weise darbieten. Die so überlieferten Karten, 26 Teilkarten und 1 Weltkarte, gehen auf einen Agathodaimon aus Alexandreia zurück, dessen Tätigkeit vielleicht in die Z. unmittelbar nach dem Tode des Ptolemaios zu setzen ist (Ausg. von K. MÜLLER, Paris 1901 und J. FISCHER, Leyden-Lpz. 1932).

Obgleich die Geographie des Ptolemaios sich eines hohen Ansehens erfreut hat (Benützung im 4./5. Jh. durch Markianos in Byzanz und Moses Chorenaçi in Armenien, im 6. Jh. durch Cassiodoros im Kloster Vivarium und durch Kosmas Indikopleustes in Alexandreia, vom 8. Jh. an bei den Arabern), übte diejenige Agrippas noch einen Einfluß auf lat. Gebiet zu der Zeit, als Iulius → Honorius (4. Jh.?) seine *Cosmographia* mit der Bestimmung verfaßte, als Kommentar zu einer Schulkarte zu dienen (GLM 21–55; Berührung mit Agrippa durch die Erwähnung der Erdmessung gesichert) und durch sie bis ins 8. Jh. Die Überlieferung konnte durch die Schulen erfolgen, in denen sich Nachbildungen dieser Karte befanden. Jedoch seit Caracalla setzt sich eine andersartige, für die Reiseführer bestimmte Karte im lat. Bereich durch. Durch mehrere Abschriften, zuerst durch die *Itineraria Provinciarum Antonini Augusti*, dann gegen 700, durch die *Cosmographia* des sog. Geographus Ravennas (ed. J. SCHNETZ Itin. Rom. 1941) bezeugt, hat sie als Muster für die im 12./13. Jh. angefertigte Tabula → Peutingeriana gedient.

Neben den Karten der ganzen Erde hat das Alt. auch Landschaftskarten gekannt. Im J. 174 v. Chr. weiht Ti. Sempronius Gracchus, Sieger in Sardinien, Iuppiter eine Karte der Insel, die die Schlachten verzeichnet (Liv. 41,28,8), Varro rust. 1,2,1 erwähnt eine *Italia picta* in dem Tempel der Tellus, Ptolemaios hat desgleichen eine Sonderkarte von Italien benützt (s. o.). Die einzige Karte dieser Art, die eine Rolle gespielt hat, ist die von den Pilgern benützte der hlg. Orte. → Eusebios von Kaisareia hat eine solche Karte zu seinem Onomasticon der in der Bibel genannten Orte angefertigt. Sie scheint die des Hieronymus (Hieronymus-Hs. Brit. Mus. Adv. 100 49) und ein Mosaik des 6. Jh. in Madeba in Syrien (Abb. ZDPV 1906) beeinflußt zu haben.

Endlich können noch die Stadtpläne, von denen der bekannteste die Forma Urbis Romae (letzte Ausg. L. CARETTONI u. a. La Pianta marmorea di Roma, 1960) ist, und die auf Pap. gefundenen Baupläne und Kataster beiläufig erwähnt werden.

F. L.

*E. H. Bunbury* Hist. of anc. Geogr. 2 Bde. Lond. 1879 (Neudr. mit Einl. von *W. H. Stahl* 1959). *Berger* Erdkde. *K. Cebrian* Gesch. der Kartogr. im Alt., Gotha 1923. *W. A. Heidel* The Frame of the anc. Greek Maps, N.Y. 1937.

**Karthago** (phöniz. *Quart-hadascht* »neue Stadt«, griech. *Καρχηδών*), von Tyros aus (App. Lib. 1. Verg. Aen. 1,13) im 9. Jh. v. Chr. (App. a. O.: 50 J. vor Zerstörung Troias; Iust. 18,6: 826. Dion. Hal. ant. 1,74 und Timaios FHG frg. 21 = FGrH frg. 60: gleichzeitig mit Rom) auf Halbinsel n.ö. des h. Tunis gegründet (Pol. 1,73. App. Lib. 95), sicherlich als Zwischenstation der tyr. Seefahrer auf dem Weg nach S.-Spanien (AT Jesaja 26: *Tarsis* → *Tartessos;* auch App. Iber. 2. Plin. nat. 4,36). Die Lit. bietet wenig über das Stadtbild. Stadtmitte bildete ein Hügel, auf dem die Burg *Byrsa* und ein Tempel errichtet waren (Pol. a. O. App. Lib. 1,128. Strab. 17,832. Diod. 32,33. Zon. 9,30). Hier bauten die Römer später das Capitolium mit Juppitertempel (Tert. apol. 13. Cypr. ep. 59,13. CIL VIII 1013). Wir wissen von einem Forum und Straßen mit z. T. 6-stöck. Häusern (App. Lib. 128. Diod. 20,44), von Tempeln der Stadtgöttin Tanit (Plin. nat. 6,36: Iuno), des phöniz. Gottes Baal (Diod. 20,4. Tert. apol. 9). Nach N. und O. bot das Gelände natürlichen Schutz, hier wurde nur eine Befestigungsmauer errichtet, während nach dem flachen S. und W. ein 3facher Mauerring angelegt wurde, in den Kasernen für 24000 Soldaten, Vorratshäuser sowie Stallungen für 300 Elefanten und 4000 Pferde eingebaut waren (App. Lib. 95. Oros. 4,22). Größte wirtschaftliche und militär. Bedeutung hatten der Handels- und der Kriegshafen (App. Lib. 96. Pol. 1,73). Archäolog. Funde vervollständigen unsere Kenntnis über das Stadtbild. Die überlieferte Einwohnerzahl von 700000 (Strab. 17,833) ist als zu hoch nachgewiesen, neuere Schätzungen ergeben für das 3./2. Jh. v. Chr. maximal 150000.

K. war von Anfang an polit. unabhängig, auch wenn es bis zum 5. Jh. Abgaben an einheimische libysche Stämme entrichtete. Auf der Grundlage intensiver Landwirtschaft und ausgedehnten Fernhandels entwickelte sich ein blühendes Staatswesen, das seinerseits zu Expansion und Koloniegründung überging (App. Lib. 2). Der legendäre Entdeckungsfahrer Hanno soll um 500 bis zur afrikan. W.-Küste gesegelt sein und Karawanenstraßen ins Landesinnere entdeckt haben (Hekat. in FGrH 1,372. Hdt. 4,43.196. Plin. nat. 2,169: seine Reisebeschreibung in griech. Übers. in GGM erhalten), Himilko befuhr den Atlant. Ozean bis zur W.-Küste Galliens und nach Britannien (Plin. nat. 2,169. 6,198).

An der Spitze des Staates standen 2 Suffeten (Aristot. pol. 2,1272 b. Pol. 6,51. Liv. 28,37. Nep. Hann. 7 sprechen von *βασιλεῖς* bzw. *reges*), von Volksversammlungen jährlich gewählt, urspr. Ritter, sie hatten militär. Oberbefehl, waren Exekutive. Von den 300 Mitgliedern des Rates (*σύγκλητος* bzw. *senatus*) bildeten die Ältesten den Rat der 30 (*γερουσία*), mit speziellen Vollmachten in der Legislative (Pol. 1,87. 6,51. 10,18. Liv. 30,16. Diod. 14,47). Daneben fungierte der Rat der 104 (Aristot. a. O. Iust. 19,2. Liv. 33,46 sprechen von Ephoren bzw. Prätoren), eine Kontrollbehörde mit jurid. Gewalt, der oberste Gerichtshof. Die im allg. bedeutungslose Volksversammlung wählte die Beamten und trat nur bei Differenzen zwischen Suffeten und Rat der 30 in Erscheinung (Aristot. Diod. a. O. Pol. 15,1). Die herrschende Klasse, die die Beamten stellte, setzte sich aus 2 rivalisierenden sozialen Gruppen zusammen: Großgrundbesitzer erstrebten Machtfestigung in Afrika, Großhandelskreise betrieben Eroberungspolitik in Übersee.

Im Verlauf der Besiedlung und Besetzung außerafrikan. Gebiets setzte sich K. auf den Balearen und Pityusen fest (Diod. 5,16. Liv. 28,37), nahm Gades (Vitr. 10,13) und drang auf Sicilien, Sardinien und Corsica vor (App. Lib. 2). Im Ringen um die Vorherrschaft im W.-Mittelmeer entstand ein Bündnis mit den Etruskern (Aristot. pol. 3,1280 a), der Kampf gegen die Griechen wurde unvermeidlich. Die erste gesicherte histor. Nachricht (Hdt. 1,166) berichtet über den mit den Etruskern errungenen Seesieg 535 bei Alalia auf Corsica über die griech. Phokaier. Dadurch erhielt der Eroberungsdrang K.s Auftrieb: die Feldherrn Mago, Hasdrubal und Hamilkar kämpften E. des 6. Jh. auf den Mittelmeerinseln, der 1. legendäre Handelsvertrag mit Rom (509 nach Pol. 3,23), der das Handelsmonopol K.s im w. Mittelmeer sichern sollte, nennt bereits Teile Siciliens und Sardiniens als karth. Herrschaftsgebiet. Im Kampf um den Besitz Siciliens konnte K. den Griechen gegenüber durch 2½ Jh. in wechselvollem Ringen – Hauptstationen die schwere Niederlage K.s bei → Himera 480, der starke Vorstoß im letzten Jahrzehnt des 5. Jh. mit der Zerstörung von → Selinus, Himera, → Akragas, → Gela und → Kamarina, die Kriege mit → Dionysios I., → Timoleon, → Agathokles und → Pyrrhos – sich im Besitz der Westhälfte der Insel behaupten.

Nachdem Rom ganz Italien erobert hatte, wurde es im Kampf um die Vorherrschaft im w. Mittelmeer der mächtigste Konkurrent K.s; der Kampf entbrannte um den Besitz Siciliens und führte zu den 3 Pun. Kriegen (264–241. 218–201. 149–146), die bereits in der Ant. (Pol. 1,11) als von beiden Seiten planmäßig vorbereitete und geführte Eroberungskriege eingeschätzt wurden (→ u.a. Hamilkar Barkas, Hasdrubal, Hannibal, M. Atilius Regulus, Q. Fabius Maximus, Cato 4). Die ersten erlittenen Einbußen (241 Sicilien, 238 Sardinien und Korsika) bewogen K. dazu, sich in dem erzreichen Spanien festzusetzen (App. Iber. 6.7. Plin. nat. 4,34). Nach 201 (Auslieferung der Flotte, Verlust Spaniens) konnte K. den wirtschaftlichen Rückschlag durch Reformen (Liv. 33,46) und durch Übergang zu neuen landwirtschaftlichen Produktionsformen (mit Sklaven betriebene und intensiv arbeitende Plantagenwirtschaft) schnell überwinden und gelangte wieder zu Blüte und Reichtum (Liv. 36,4). Dieser Aufstieg wurde zu einer wichtigen Ursache für die brutale Zerstörung K.s im 3. pun. Kriege und die Versklavung seiner Bewohner 146 (Pol. 38,19. Diod. 32.33. App. Lib. 129 ff. Zon. 9,30).

Auf dem zur röm. Provinz Africa gehörenden Gebiet K.s wurden bereits 122 wieder in der Bodenaufteilungsbewegung der Brüder → Gracchus röm. Kolonisten angesiedelt (App. civ. 1,24. Plut. C. Gr. 11. Liv. per. 60. Oros. 5,12), doch erst unter Caesar (Plut. Caes. 57. Strab. 17,833. Cass. Dio 43,50) und Augustus (App. Lib. 136. Cass. Dio 52,43) wurde die Stadt neu gegründet und ausgebaut als *Colonia Iulia Carthago*, die wieder reich wurde (Mela 1,7. Herodian. 7,6; einzelne Münzen der ersten Kaiser tragen die Legende *Felix K.*), einmal sogar (Auson. 2,9) als wichtigstes Zentrum des Reiches nach Rom, Alexandria und Byzanz genannt wird. Spätere Kaiser ließen Bauwerke errichten (Hadrian: HA Hadr. 20; Antoninus Pius: Paus. 8,43. HA Pius 9,2. CIL VIII 12512; Marc Aurel: Aur. Vict. Caes. 16) und im Circus Wettkämpfe veranstalten (Tert. Scorp. 6. CIL XIV 474), ein Aquädukt wurde noch um 540 unter Belisar (Prok. Vand. 2,1) restauriert. K. erhielt unter Sept. Severus das *ius Italicum* (Ulp. Dig. 15,8,11), war Mitte 3. Jh. Sitz des Bischofs Cyprianus, wurde 439 von den Vandalen, 533 vom byzantin. Feldherrn Belisar und 698 von den Arabern erobert und endgültig zerstört. G. Sch.

*B. H. Warmington* Carthage, Lond. 1960 (dt.: K., Wiesbaden 1963). *W. Hofmann* Hannibal, Gött. 1962. *G.* und *C. Charles-Picard* Cartaginesi al tempo di Annibale, Milano 1962. *V. I. Avdijev* Puničeskij Karthagen v svete noveshich raskopok, Vestnik drevnej istorii 3, 1962, 121 ff.

**Karthalo** (*Καρθάλων*). **1.** Karthag. Priester, brachte Mitte des 6. Jh. v. Chr. den Beutezehnten des sizil. Feldzuges seines Vaters → Malchos zum Herakles-Melquart-Tempel in Tyros. Als Malchos, nach einer Niederlage verbannt, Karthago belagerte, ließ er K., der gegen ihn Partei nahm, kreuzigen. Iust. 18,7,7 ff. **2.** Karthag. Admiral, zerstörte 254 v. Chr. Akragas, trieb die Römer aus Drepana, verproviantierte 249 das von den Römern belagerte Lilybaion, vernichtete bei Phintias eine röm. Flotte und zwang den Konsul L. Iunius Pullus zum Rückzug. Dann erstürmte K. den vorher von Iunius befestigten Aigithallos. Pol. 1,53 f. Diod. 23,18,2 f. 24,1,7 f. F. W. WALBANK A histor. comment. on Polybius 1, 1957, 116 ff. **3.** Reiterführer Hannibals, schlug 217 → L. Hostilius Mancinus, zwang die in die Lager bei Cannae geflohenen Römer zur Übergabe. Als Unterhändler geschickt, wurde er sofort aus Rom gewiesen. K. soll den Kopf des 212 gefallenen Ti. Sempronius Gracchus den Römern gebracht haben. Als Kommandant von Tarent fiel er 209 bei dessen Einnahme. Liv. 22,15,8. 49,13. 58,7 ff.; 25,17,7; 27, 16,5. **4.** Führer der Demokraten in Karthago, trieb 150 die Massinissafreunde aus der Stadt. App. Lib. 68. 70. **5.** Karthag. Boetharch, führte von → K. (4) beredet einen Raubzug in das mit

Massinissa strittige Gebiet. Aus Furcht vor Rom verurteilten die Karthager K. zum Tode. App. Lib. 68.74. H. V.

**Karura** (*τὰ Κάρουρα*). Stadt im s.w. Kleinasien am ob. Maiandros an der Grenze Kariens und Phrygiens (Strab. 12,578. 14,663), h. Gereli n. von Tekkeköi. H. T.

*A. Forbiger* HB der alten Geogr. 2,234. *W. M. Ramsay* The histor. geogr. of As. Min., 49.

**Karus(s)a** (*Κάρουσσα*). Kleine griech. Stadt an der paphlagon. Küste ö. von Sinope. Nach Anon. peripl. p. E. 24 hieß sie urspr. Polichnion; höchstwahrscheinlich abhängig von Sinope. Skyl. 89. Plin. nat. 6,7. Arr. per. P. Eux. 21. Chr. D.

*Ruge*, RE X 2244. *M. I. Maximowa* Die ant. Städte der s. ö. Schwarzmeerküste (russ.), Moskau 1956, 73.97.383. 414. *Danoff*. RE Suppl. IX 1041. *Gschnitzer* Abhängige Orte im griech. Alt., Zetem., 1958 s. v.

**Karya** (*Καρύα*). Tochter des lakon. Königs Dion, von Dionysos geliebt. Als ihre Schwestern Lyko und Orphe sie einzusperren versuchten, wurden sie von dem Gotte in Raserei versetzt und auf dem Taygetos in Felsen verwandelt, K. aber in einen Nußbaum. Aitiologie für Artemis Karyatis, Serv. Verg. ecl. 8,29. Beim Epiker Pherenikos ist sie, wie andere → Hamadryaden, Tochter des Oxylos, Sohnes des Oreios, und seiner Schwester Hamadryas, Athen. 3,78 b. H. v. G.

**Karyai** (*Καρύαι*). **1.** Paus. 8,13,6. 14,1. Ortschaft s. von → Pheneos im N.-Ausgang des Tales von Gioza (h. amtlich Mati).

1. *v. Geisau*, RE X 2244 f. 2. *F. Bölte*, RE XIX 1970,62 ff.

**2.** Ort im n.w. Parnon an der NO.-Grenze Spartas gegen Arkadien, wahrscheinlich bei Analipsis 1½ km s.ö. von Kryavrisis, Paus. 3,10,7. Steph. Byz. Urspr. arkad., in klass. Z. zu Sparta (Thuk. 5,55,3. Xen. hell. 6,5,25. 7,1,28. Polyain. 1,41,5. Phot. lex. s. *Καρυάτεια*), hellenist. zu Tegea gehörend (Paus. 8,45,1. Pol. 9,28,7. Liv. 34,26,9. 35, 27,13), in der Kaiserzeit spartan. Heiligtum der Artemis Karyatis mit Kultbild im Freien und jährlichem Fest. Die Tänzerinnen an dem Fest hießen → Karyatiden. Paus. 3,10,7. 4,17,9 u. a. Inschr.: IG V 1, S. 172. Nr. 922–925. E. M.

1. *Loring*, JHS 15, 1895, 54 ff. (mit Karte). 2. *K. A. Romaios*, *Ἀθηνᾶ* 14, 1902, 3 ff. 3. *Ders.*, *Πρακτικά* 1950, 234 f. 4. *Ders.* *Καρυάτιδες*, *Πελοποννησιακά* 3/4, 1958/59, 376 ff. 5. *v. Geisau*, RE X 2245 f. 6. *Bölte*, RE III A 1307, 17 ff.

**Karyanda** (*Καρύανδα*). Küstenplatz und Hafen in Karien, schon erwähnt von Hekat. FGrH 1 F 242. Skyl. 99 (GGM I, p. 72–73). Strab. 14,658. Steph. Byz. s. v., nahe → Bargylia, bekannt als Heimat des Periplus-Vf.s → Skylax. Inschr. Mz. H. T.

*Bürchner*, RE X 2246.

**Karyatiden** (*Καρυάτιδες*). Der nach Vitr. 1,1,5 vom Ort Karyai abgeleitete Name K. bezeichnet hauptsächlich langgewandete weibliche Stützfiguren, die architektonisch oder an Geräten usw. (statt Säulen oder Pilastern) verwandt sind. Diese heißen K. seit dem 4. Jh. v. Chr. (Lynkeus b. Athen. 6,241 d), davor war wohl die Bezeichnung Korai allg. üblich (IG I 222,1,86: Erechtheion). Die männlichen Gegenstücke → Telamon. Nach Vorstufen in der altoriental. Kunst treten K. in Griechenland in archaischer (Thron des Apollon von → Amyklai, Schatzhäuser in → Delphoi [2]) und klass. Z. (Erechtheion in Athen) auf. Ihre Blüte erlebten sie in der archaist. und neuatt. Kunst (1. Jh. v. Chr. bis 2. Jh. n. Chr.); damals wurden vor allem die att. K. oft kopiert und variiert ([3]). K. gibt es auch in nur gemalter Architektur dieser Z. Die bei Athen. a. O. genannten K. mit erhobenem, gebälkstützendem Arm sind in den wohl auch erst späten K. von → Tralleis und ihren Verwandten ([5]) belegt. Auch die etr. Kunst kennt K. Künstlerisch stellen die K. des Erechtheion in Athen einen nie wieder erreichten Höhepunkt dar, was bes. im Vergleich mit den zahlreichen dekorativen röm. Kopien (und ihren nachant. Nachfahren) deutlich wird. – Selten heißen K. auch andere (Tänzerinnen?-) Figuren, z. B. Plin. nat. 36,23. W. H. G.

1. *Mansuelli*, Enc. Arte Ant. 2,339 ff. (m. Lit.). 2. *P. de la Coste Messelière–J. Marcadé*, BCH 77, 1953, 346 ff. 3. *Giglioli*, RM 62, 1955, 155 ff. *Aurigemma*, Boll. d'Arte 41, 1956, 7 ff. *Andreae*, AA 1957, 318 ff. 4. *Ch. Picard*, in: Anthemon (Florenz 1955) 273 ff. 5. *E. Schmidt* Archaistische Kunst (1922) 65 ff.

**Karyke** (*καρύκη*). Eine angeblich von Lydern erfundene, aus Blut und Gewürzen hergestellte Brühe von dunkelroter Farbe, Athen. 12,616 c. 4, 160 a/b, dann auch allg. ein feines Gericht. Belege bei LIDD.-SC. s. v. Zur Orthographie Herodian. I p. 317 Lentz. W. H. G.

**Karyotos** (*καρυωτὸς φοῖνιξ*, die Frucht *caryota*). Eine Palmenart mit sehr wohlschmeckenden Früchten, also nicht die Caryota urens L., sondern eine – nicht näher zu bestimmende – Dattelpalmenart. Die Früchte wurden als Nachtisch sehr geschätzt und gern als Geschenke, auch zur Bereitung von Wein (Palmwein) benützt. Genaue Beschreibung bei Plin. nat. 13,44 f., häufige Erwähnungen bei Strab. Dioskurid. Gal. Varro. Plin. epist. Mart. Stat. HEHN-SCHRADER Kulturpflanzen u. Haustiere$^8$ 270 ff. 279. ORTH, RE X 2253 f. K.Z.

**Karystios** von Pergamon. Lit. Hist., nach Nikander (JACOBY: letztes Drittel 2. Jh. v. Chr.). Bekannt sind *Ἱστορικὰ* → *ὑπομνήματα* (wohl mind. 3 B.; Anekdoten über frühhellenist. Gestalten, Festgebräuche, *ζητήματα Ὁμηρικά* etc.), ein Sotadesbuch und *π. διδασκαλιῶν*; die meisten Frg. hat Athen. FHG IV 356 ff. W. Sp.

*F. Jacoby*, RE X 2254 f.

**Karystos** (*Κάρυστος*). **1.** Eine der 4 bedeutendsten Städte der Insel Euboia, an der SW.-Spitze gelegen, mit nur geringen ant. Resten. Prähistorisches bisher unbekannt, als abantisch genannt Hom. Il. 2,539. 490 v. Chr. von den Persern erobert und noch im Gefolge des Xerxes, dann zum Eintritt in den Seebund gezwungen mit dem hohen Tribut von 7½, nach 450/49 von 5 Talenten, vielleicht wegen Ansiedlung att. Kolonisten, B.D. MERITT The Athenian tribute lists 1,302f. 3,175.198 u.ö. Im 4.Jh. im 2. att. Seebund, IG II² 43 = Syll. I³ 147,83, neues Bündnis nach vorübergehendem Anschluß an Theben IG II² 124 = Syll. I³ 190. Beteiligt am lam. Krieg, 198 v.Chr. von röm.-pergamen. Flotte genommen, 196 v.Chr. als freie Stadt erklärt. Schiffsstellung an Rom im Bundesgenossenkrieg, CIL I² 203 = BRUNS Fontes⁷ Nr. 41. Im MA. war K. Bistum, R.JANIN, DHGE 11,1245ff., und Baronie, K.HOPF, SAWW 11, 1853, 555ff. Berühmt und oft genannt war der grüne Marmor (auch CIL XIV 14301), die noch h. sichtbaren Brüche waren in der Kaiserzeit Staatsbetrieb, CIL VI 8486. HIRSCHFELD VB 167. 171. Berühmte Karystier waren bes. der Arzt → Diokles, der Dichter der neueren Komödie → Apollodoros Nr. 3, der Erzgießer und Schriftsteller Antigonos, RE I 2421 Nr.19. Inschr.: IG XII 9 Nr.1–43. Suppl. Nr. 527–530. SEG 3,758f. 14, 575. CIL III 563. 12286. 12289. Mz. HEAD HN² 356f. Jahrb. f. Numism. 9, 1958, 23ff. passim, bes. 50 Nr. 83.

1. IG XII 9 p. 159f. 2. *Fr.Geyer* Topogr. und Gesch. der Insel Euboia 102ff. 3. *v. Geisau*, RE X 2256ff. 4. *Philipps.-Kirst.* 1,630.

**2.** Eine nur aus der Nennung des »karystischen« Weines bei Alkman frg. 53 (117) D bekannte Örtlichkeit der s.w.-arkad. Landschaft Aigytis, Strab. 10,1,6 p. 446. Athen.1,31d. Eustath.Il. 281,9ff. Steph.Byz. Hesych. s. *Καρύστιος*. E. M.

1. IG V 1 p.171. 2. *F.Bölte*, RE III A 1312,23ff.

**Kasia** s. Zimt

**Kasion** (*Κάσιον* sc. *ὄρος*), Wiedergabe wohl eines aram. *qāṣju(n)* (»[Berg]spitze, [Berg]ende, Vorgebirge«), das seinerseits E. des 2.Jt. v.Chr. ein kanaan.-phön. *ṣāpōn* verdrängt hat: Name des (mit 1770 m) höchsten Berges N.-Syriens (h. ǧebel el-aqraᶜ), Sitz des (Kultes des) Baal Zaphon. Seefahrende Anhänger dieses Gottes siedelten seinen Kult wohl schon vor der Umbenennung seines Berges auch auf einem 13 m hohen Sandhügel am W.-Ende des sirbon. Sees (h. ṣabḫat el-bardawīl) 15 km ö. Pelusion (h. tell el-faramā) an. Der Hügel wurde damit gleichfalls Zaphon benannt und machte infolge bestehenbleibender Verbindung zum syr. Berge auch dessen Umbenennung mit. Beide Plätze wurden in hellenist. Z., parallel der Ablösung des Baal Zaphon durch Zeus Kasios, zum Berg Kasion und in röm.Z. zum *mons Casius*. Der syr. Berg ist bis h. den Nuṣairiern heilig. C. C.

*W.W. Graf Baudissin*, Stud. zur semit. Religionsgesch. 2, 1878, 238–245. *A.B. Cook* Zeus II 2, 1925, 981ff. *O.Eißfeldt* Baal Zaphon, Zeus Kasios und der Durchzug der Israeliten durchs Meer, 1932.

**Kasios** s. Baal, Typhon, Zeus

**Kasmenai** (*Κασμέναι*, Hdt. *Κασμένη*). Der Tradition nach 644 von Syrakus aus gegründet



(Thuk. 6,5,2). Die Lokalisierung (ältere Diskussion s.u. [1]) ist noch umstritten, doch ist die Gleichsetzung mit der am Monte Casale auf dem 823 m hohen Plateau des Monte Erbesso, im Quellgebiet der Flüsse Irminio, Anapo und Tellaro, 6 km n.w. Akrai, ausgegrabenen archaisch-griech. Siedlung [2] – zunächst vorsichtig [3], dann entschieden [4–6] ausgesprochen – wohl richtig. Der durch Türme verstärkte Mauerring umlief urspr. die ganze, 3,4 km lange Bergkante und schloß eine ausgedehnte Gipfelfläche ein, auf der sich eine Stadtanlage aus der 1.Hälfte des 6.Jh. nach symmetrischem, jedoch nicht völlig regulärem Plan mit den Resten eines der ältesten Tempel Siziliens befindet; Nekropole 2.Viertel 6.Jh. Die Position einer uneinnehmbaren Festung sowie archäologische und hist. Gründe (Fund eines großen Waffendepots; Fehlen eigener Münzprägung) charakterisieren die Stadt als nichtautonome »Militärkolonie«, deren Lage den gewaltsamen W.-Vorstoß der dor.-syrakus. Kolonisation (Akrai-K.-Akrillai-Scornavacche) kennzeichnet. Der Inschriftrest auf einem offenbar von M. Erbesso-Casale stammenden Bronzeblech im Metropolitan Museum ([5],195f.) könnte auf einen Vertrag zwischen den emigrierten Oligarchen von Megara und den nach K. exilierten syrakus. Gamoroi deuten und damit die einzige hist. Erwähnung bei Hdt.7, 155,2 bestätigen: eine Revolte des Demos und der hörigen Kyllyrioi hatte die Gamoroi 491 aus Syrakus nach K. vertrieben; ihre Rückführung nahm Gelon 485 zum Anlaß, sich der Herrschaft über Syrakus zu bemächtigen. Eine weitere Erwähnung – Teilnahme von K. an Dions Zug gegen Syrakus 357 – fände sich Diod.16,9,5, falls SCHUBRINGS Konj. RhM 28, 1871, 130 berechtigt ist. Der archäolog. Befund deutet auf Zerstörung oder Aufgabe der Stadt E. 4.Jh.

Der Versuch einer Gleichsetzung von K. mit dem 643 m hohen sog. Cozzo di Apollo in der Contrada Castiglione 4 km ö. Comiso [7] wird mit der großen Entfernung des M. Erbesso-Casale von Gela begründet. Auf dem Cozzo di Apollo sind nur spärliche Reste; man argumentiert mit einer Zerstörung durch Marcellus 212. Die dortige Nekropole des 6.Jh. (NSA 1951, 335f.) zeigt ausgesprochen sicul. Gepräge; der Ort selbst liegt isoliert vom alten Hinterlandsweg. Die seit dem 18. Jh. in der lokalen Tradition zu beobachtende Gleichsetzung von Comiso (aus *κώμιον – κωμίκιον*?) mit K. besagt nichts. H.-P. D.

1. *A.Holm* Gesch. Siziliens im Alt., 1870, 1,396. *E.A. Freeman* History of Sicily, 1891, 2, 25ff. 2. *P.Orsi*, Bull. di Paletnol. It. 48, 1928, 7ff. Boll. d'Arte 1930, 144. Il Mondo Classico 1,2, 1931. *G. Rizza*, NSA 1957, 200ff. 3. *B.Pace* Arte e civiltà della Sicilia ant., 1935, 1,183f. 4. *T.J. Dunbabin* The western Greeks, 1948, 102f. 415,2. 5. *A. di Vita*, Kokalos 2, 1956, 177ff. 6. *Ders.*, Atti del VII Congr. Intern. di Arch. Class. 2, 1961, 69ff. Enc. Arte Ant. 4, 1961, 329f. 7. *Margherita Nicosia Margani* Casmene ritro-

vata?, Comiso 1955. *R.U. Inglieri*, ArchClass 1957, 223ff. Gegenargumente: *A. di Vita*, Siculorum Gymnasium 7, 1954, 264ff.

**Kasos** (*Κάσος*). Nachbarinsel von → Karpathos in der s.ö. Aegaeis, 17 km lang, 6 km breit und 49 qkm groß, bis 601 m hoch (nach Guida d'Italia del Touring Club Italiano, Possedimenti e colonie, 1929, 138 u. *Ἄτλας τῶν δήμων καὶ κοινοτήτων* Bl. 56, bei [3] z.T. abweichend), von mehreren kleinen Inseln und Klippen umgeben. Geringe Reste der ant. Stadt beim h. Polin. Bevölkerung dor., im 5.Jh. im att. Seebund mit einem Tribut von 1000 Drachmen, B.D. Meritt The Athenian tribute lists 1,302f. 2,80. 3,24.210. Dann wie Karpathos rhod. Hom.Il. 2,676. Skyl. 99. Strab. 10,5, 18 p.489. Plin.nat. 4,70f. 5,133. Ptol. 5,2,19. Steph. Byz. Stadiasm. m.m. 318. Aristeid. 25(43),31 p. 807D. IG XII 1,173f. Nr.1041–1064. E. M.

1. *L.Roß* Inselreisen 3,32ff. 2. *Bürchner*, RE X 2268ff. 3. *Philipps.-Kirst.* 4,314.317ff. 4. *G.Gerola*, I monumenti medioevali delle tredici Sporadi II, ASAA 2, 1916, 82f. 5. *G. Susini*, ASAA 41/42, 1963/64, 203ff.

**Kaspapyros** (*Κασπάπυρος*). Nach Hekat. FGrH 1 F 295 eine Stadt in Gandhāra (*πόλις Γανδαρική*). Von hier nahm die Expedition des Skylax von Karyanda, der von Dareios I. beauftragt war, die Mündung des Indus zu erforschen, ihren Ausgang: Hdt. 3,102. 4,44 (an beiden Stellen *Κασπάπυρος*). Nach ihm liegt K. in der Landschaft Paktyike, die von M.A.Stein (Maps illustr. the Anc. Geogr. of Kashmir, 1899, 12,2) mit Gandhāra gleichgesetzt wurde und in die Gegend des h. Peschāwars zu setzen ist. Vgl. Jacoby Komm. 365. G.-D. S.

*Herrmann*, RE X 2270.

**Kaspeiria** (*Κασπειρία*). Bei Ptol. 7,1,42 das Gebiet der Täler am Oberlauf des Bidaspes (→ Hydaspes, h. Jhelam), des Sandabal (→ Akesines, h. Chenab) und des Adris (→ Hydraotes, h. Ravi), also das h. Kaschmir. Der bei Ptol. 7,1,49 erwähnte Ort *Κάσπειρα* ist mit *Κασπειρία* zu identifizieren. Das Gebiet der ind. Völkerschaft der *Κασπειραῖοι* reicht nach Ptol. 7,1,47 weit über das von K. hinaus nach S. bis an die Vindhya-Berge. G.-D. S.

*Herrmann*, RE X 1270.

**Kaspioi. 1.** Vorindogerman. Volk am S.W.-Ufer des nach ihnen benannten → Kasp. Meeres. Zweifelhaft bleibt es, ob sie n. oder s. von der Kura gesessen haben. Jedenfalls hat die Ansetzung der K. in Kaspiane am Unterlauf des Araxes das meiste für sich. Anderseits können die abweichenden Angaben vielleicht als Beweis dafür dienen, daß die K. einstmals größere Teile W.-Irans bewohnt haben und daher nur ein Rest eines weitverbreiteten Urvolkes sind.

Val. Fl. 6,107 berichtet, die *Caspiadae* hätten Hunde, die mit ihren Herren in den Kampf gingen und auch ehrenvoll neben ihren Herren bestattet würden. Bes. eigenartig ist, was Strab. 11,517 von den K. überliefert: wenn die Eltern 70 J. alt wären, sperre man sie ein und gebe sie dem Hungertode preis. Aus Ktesias' 10. B. lernen wir zugleich einiges von der dortigen Tierwelt kennen.

Seit ihrer Unterwerfung durch Dareios im J. 515 v.Chr. sind sie dauernd im Verband des Perserreichs verblieben und von da im Reiche Alexanders und seiner Nachfolger. Aber um 220 v.Chr. gerieten sie unter die Botmäßigkeit des Fürsten → Artabazanes, der damals ein großes Reich Media Atropatene begründete. Bald ging Kaspiane den Medern durch den von Antiochos III. eingesetzten Strategen → Artaxias verloren und wurde schließlich gegen 100 v.Chr. ein wichtiger Teil des Staates Albanien. In späterer Zeit wurde es wiederum mit Atropatene vereinigt. **2.** Ind. Bergstamm am Hindukusch, die Vorfahren der Kafir (d.h. Ungläubigen) in den Tälern des Kunar, des Flusses von Tschitral. Im Verzeichnis der pers. Steuerbezirke bei Hdt. 3,93 mit den Saken zusammengefaßt. J. D.-G.



**Kaspisches Meer** (*Κασπία θάλαττα*, ion. *Κασπίη θάλασσα* Hdt. 1,202. 4,40), *Κασπίη ἅλς* Dion.Per. 719.738.761), größter Binnensee der Erde (423300 qkm), am Übergang von Europa nach Asien, auch oft Hyrkan. Meer genannt, wohl der ältere Name, schon bei Hekat. FGrH 1 F 291. Beide Namen offenbaren, entsprechend den dortigen Stämmen der Kaspier und → Hyrkanier, die Kenntnis dieses Meeres von S. her. Im Weltbild des Hekataios (W.Sieglin Schulatl. zur Gesch. des Alt., S.1. Gr. Hist. Weltatl. I, S. 8c, 1954) erscheint es am ö. Rand der Erde. Hdt. 1,202 *ἡ δὲ K. θάλασσά ἐστι ἐπ' ἑωυτῆς οὐ συμμίσγουσα τῇ ἑτέρῃ θαλάσσῃ* sieht in ihm schon deutlich ein in sich abgeschlossenes Binnenmeer, da ihm der im N. verlaufende kontinentale Durchgang von Europa nach Asien bekannt geworden war (Sieglin a.O.). Anderthalb Jh. später hielt man das K. M. nach dem Weltbild des Eratosthenes für eine s. Ausbuchtung des n. Skyth. Ozeans. Ihren lit. Niederschlag fand dann die neue These in der röm. Z. bei Mela (3,39 *Caspius sinus.* 3,41 *Hyrcanius sinus)* und Plin.nat. 6,28 *(ex Oceano hoc ... infunditur)* u. 6,36 *( ... inrumpit e Scythico oceano... Caspium et Hyrcanium)*. Unter diesem Weltbild steht auch Strab. (2,121), wenn er von den 4 *κόλποι* des Weltmeeres (*ἔξω θάλαττα*) die *K. θ.* neben dem *Ἀράβιος κόλπος, Περσικὸς κόλπ.* und dem Mittelmeer an erster Stelle nennt. Diese Vorstellung geht auf → Patrokles zurück (s.a. Gisinger, RE XVIII 2. H. S. 2263ff.), der von Seleukos I. Nikator mit der Erforschung des K. M. betraut wurde (Plin.nat. 6,58). Erst das Ptolem. System (Ptol. 7,5,4 N.) läßt wieder die Geschlossenheit des K. M. erkennen (Gr. Hist. Weltatl. I S. 9b). Einzelheiten über das K. M. mit bestimmten Maßen gibt Strab. 11,507ff. H. T.

*H.Berger* Erdk. 395.403–404. *H.Philipp* Wie sich die Römer den Erdkreis vorstellten, Voigtländers »Quellenbücher« Nr. 11 und 31, Lpz. 1911, mit Kartensk. *A.Herr-*

*mann*, RE X 2275ff. 2290. *H. Treidler* Scythicum promunturium in RE Suppl. VIII 713ff. Oxf. Cl. Dict. s. Caspian Sea.

**Kassandra** (*Κασσάνδρα*, auch *Κᾱσάνδρα*, etym. unerklärt FRISK). Troerin, Tochter von Priamos und Hekabe, Zwillingsschwester des → Helenos, als Gattin des Othryoneus vorgesehen, der aber vorzeitig fällt, Il. 13,363ff.; die spätere Epik gibt ihr einen neuen Freier in → Koroibos, Verg. Aen. 2,341ff. Paus. 10,27,1. – Il. 24,679ff., wo sie als erste die Rückkehr ihres Vaters von Achilleus bemerkt, gilt BETHE, RE X 2291,5 als Ansatzpunkt ihrer Auffassung als Prophetin (anders W. KULLMANN, H[E 14] 247), die sonst erst seit der kykl. Epik bezeugt ist und in der dicht. Gestaltung in Aischyl. Ag. den unübertreffbaren Höhepunkt erreicht, aber auch in Eur. Tro. noch eindrucksvoll ist. Apollon macht die Sehergabe, die er ihr verliehen, zu ihrem Fluch, als sie sich ihm weigert: sie soll stets nur drohendes Unheil wahrsagen, aber nirgends Glauben finden. Apollod. 3,151. Hyg. fab. 93. Pind. P. 11,33. Der Fluch erfüllt sich bei der Geburt des Paris, bei dessen Ausfahrt zu Menelaos, beim Bau des hölzernen Pferdes (Verg. Aen. 2,246. Apollod. ep. 5,17. Hyg. fab. 108). Beim Untergang Troias wird sie durch den Lokrer → Aias vom Kultbild der Pallas fortgerissen, nach späterer Darstellung geschändet (Lykophr. 358ff. 1143. Strab. 6,264. 13,600); über den Strafdienst lokr. Jungfrauen im Athenetempel in Ilion: H. J. ROSE Griech. Mythol. [5]1955, 141 mit Anm. 1. K. muß Agamemnon als Beutefrau folgen und wird mit ihm von Klytaimestra und Aigisthos umgebracht, Od. 11,421. Pind. P. 11. Aischyl. Ag. Hyg. fab. 117. Von 2 Kindern K.s und Agamemnons weiß nur Paus. 2,16,6. Durch ihn erfährt man auch von Grab, Heiligtum und Bildsäule K.s in Lakonien, 3,19,6. 26,5. Sie wurde hier mit einer einheim. leierspielenden Göttin Alexandra identifiziert. WILAM. GldH 1,105. So benannte Lykophr. seine »Tragödie« mit den gewollt dunklen Prophezeiungen K.s. Die bildende Kunst stellte gern die Mißhandlung K.s durch Aias dar. – ROSE a. O. 140 sieht in K. eine geschichtliche, mit den Kräften eines »Mediums« ausgestattete Frau.

H. v. G.

*S. Wide* Lakon. Kulte 334ff. *J. Davreux* La légende de la prophétesse Cassandre, Par. 1942. *K. Ledergerber* K., das Bild der Prophetin in der ant. und insbes. in der älteren abendländischen Dichtung, Diss. Fribourg 1950. *Schefold* Frühgesch. Sagenbilder, 1964, 24. 54. 81. 88.

**Kassandreia** s. Poteidaia

**Kassandros** (*Κάσσανδρος*). **1.** Vater der Antigone, deren Tochter → Berenike (1) war, und Bruder des → Antipatros. Sch. Theokr. 17,61. Nach der Berichtigung des Sch. durch P. MAASS, RFIC 55, 1927, 68ff. wäre K. Bruder der Antigone und Sohn des Antipatros, ident. mit dem folgenden K. **2.** Ältester Sohn des Antipatros, König von Makedonien 305–297. * um 355, verteidigte K. 324 den Vater in Babylon vor Alexander und erzürnte ihn durch Spott über die Proskynesis, daher das Gerücht, K. habe Alexander vergiftet. Diod. 17, 118,2. Val. Max. 1 7 ext. 2. Plut. Alex. 74. Arr. an. 7,27,1. Iust. 12,14,6. Nach Alexanders Tode befehligte K. die Hypaspisten. Iust. 13,4,18. Bei der Ordnung der Reichsgewalt 321 in Triparadeisos stellte der Reichsverweser Antipatros K. als Chiliarchen der Reiterei neben → Antigonos, den Befehlshaber des maked. Reichsheeres in Asien. Diod. 18,39,7. Arr. succ. 38. 42. H. BENGTSON Die Strategie 1, 1937, 97. Nach einem Streit mit Antigonos ging K. nach Makedonien, vertrat den erkrankten Vater in der Reichsverwaltung und ließ den athen. Gesandten → Demades hinrichten. Plut. Demosth. 31; Phok. 30,4ff. Arr. succ. 14. Vor seinem Tode ernannte Antipatros 319 → Polyperchon zum Reichsverweser, K. nur zu dessen Chiliarchen. Diod. 18,48,4f. Darüber erbittert, verbündete sich K. mit dem früheren Feinde Antigonos, mit Ptolemaios, Lysimachos und Eumenes gegen Polyperchon und gewann durch seinen Phrurarchen → Nikanor und Truppen des Antigonos den Piraeus, Aigina, Salamis und neben anderen griech. Städten 317 Athen, dem er durch → Demetrios von Phaleron eine oligarch. Verfassung gab. Diod. 18,68f. 74,1. 3. 75,2. Die Königin → Eurydike setzte Polyperchon ab und ernannte K. zum Reichsverweser und Strategen von Europa. Iust. 14,5,1ff. BENGTSON 87f. Nach Verurteilung des Nikanor durch die maked. Heergemeinde griff K. Polyperchon in Maked. und in der Peloponnes an. → Olympias, von Polyperchon aus Epeiros geholt, gewann die Herrschaft in Maked. zurück und ließ das Königspaar Eurydike und → Philipp, K.'s Bruder Nikanor und viele seiner Anhänger hinrichten. Diod. 18,75,1. 19,11. 35,7. Iust. 14,5,1f. K. brach die Belagerung Tegeas ab, umfuhr die gesperrten Thermopylen zur See, zwang 316 Olympias zur Übergabe → Pydnas, ließ sie durch die maked. Heergemeinde hinrichten und internierte → Roxane und den jungen König Alexander in Amphipolis, ohne Ansprüche auf das Gesamtreich zu erheben. Diod. 19,49ff. Paus. 9,7,2. Iust. 14,6, 6ff. Um die Herrschaft in Maked. zu stützen, heiratete K. → Thessalonike, eine Tochter Philipps II., gründete ihr zu Ehren Thessalonike und anstelle des alten → Poteidaia (Kassandreia). Diod. 19,52. 61,2. Strab. 7,330. Zum Kult des K. in Kassandreia Sylloge[3] 332. C. HABICHT Gottmenschentum und griech. Städte 1956, 37f. Nach erzwungenem Durchzug durch die Thermopylen betrieb K. den Aufbau des 335 zerstörten Theben. Diod. 19,53. Paus. 4,27,10. 9,3,6.7. Da Alexander, der Sohn Polyperchons, den Isthmos sperrte, segelte K. mit dem Heer von Megara nach Epidauros und unterwarf Argos und Messenien. Diod. 19,54,3f. Gegen Antigonos, der K.'s Forderung auf Kappadokien und Lykien ablehnte und ihn wegen Mißhandlung des Königshauses durch das maked. Heer vor Tyros ächtete, verband sich K. 315 mit Ptolemaios, Lysimachos und Seleukos, verhinderte den Anschluß Griechenlands an Antigonos und setzte in Argos Apollonides, für die Peloponnes den übergetretenen Alexander und 312 für Gesamtgriechenland Eupolemos als Strategen ein. Diod. 19, 57,1.61. Iust. 15,1.3. E. Aucello, RFIC 35, 1957, 382ff. Bengtson 1,132ff. Die mit Antigonos verbündeten Aitoler bekämpfte K. durch die Akarnanen, ersetzte den Epeirotenkönig → Aiakides durch den unmündigen → Neoptolemos unter dem Strategen Lykiskos und dehnte mit dem Anschluß von Leukas die maked. Grenzen bis zur Adria aus. Diod. 19,88,5. Bengtson 139ff. Aber 313 wurde K. aus Griechenland verdrängt. Im Frieden 311 wurden die Griechenstädte für frei erklärt, K. erhielt Maked. nur bis zur Volljährigkeit Alexanders IV. C. B. Welles Royal corresp. 1934, Nr. 1. Deshalb beseitigte K. 310/09 Alexander und Roxane und verständigte sich mit Polyperchon, der dafür Herakles, den letztmöglichen Thronfolger Alexanders d. Gr., ermordete. Diod. 19,105. Paus. 9,7,2. Iust. 15,2,5. Im »Vierjährigen Krieg« 307–304 (τετραετὴς πόλεμος, Plut. mor. 851 D) entriß → Demetrios (2) K. neben anderen griech. Städten Athen. Trotzdem nahm K. nach dem Vorbild des Antigonos 305 den Königstitel, nicht aber das Diadem an. Diod. 20,53,4. 96,3. 100,2. Iust. 15, 2,12. H. W. Ritter Diadem und Königsherrschaft, 1965, 85. Er half dem von Demetrios belagerten Rhodos mit 10000 Medimnoi Gerste, wofür er später ein Standbild erhielt, belagerte aber 304 vergeblich Athen. 302 verbündete sich K. nochmals mit Ptolemaios, Lysimachos und Seleukos gegen Antigonos und Demetrios, behauptete sich gegen letzteren in Thessalien und schickte Truppen mit seinem Bruder → Pleistarchos nach Asien. Mit dem Tode des Antigonos 301 bei Ipsos war die Herrschaft des K. in Maked. gesichert, Griechenland gab er auf und erkannte 299 die Unabhängigkeit Athens an. Sylloge$^3$ 362. Seinem Bruder Pleistarchos, dem Demetrios 299 das ihm zugesprochene Kilikien entriß, half K. nicht, zumal ihm Demetrios durch seine Gattin → Phila, K.'s Schwester, den Verzicht auf Angriffe in Griechenland mitteilte. Plut. Dem. 31,6. 32,4. Vor Korkyra von → Agathokles geschlagen, trat K. ihm die Insel 298 ab. Diod. 21,2. In → Pella starb K. im Schaltmonat Artemision 298/97. Olympiadenchronik FGrH 257a, F 3. Seine Söhne Philipp, Antipatros und Alexander behaupteten die Herrschaft in Maked. nicht. K., der die Alexanderfeindlichkeit der Peripatetiker teilte, war hochgebildet, Antigonos von Karystos nannte K. φιλόμηρος, weil er oft Homer zitierte und seine Werke abgeschrieben hatte. Athen. 14,620b. Als Freund des K. wollte → Euemeros, Vf. der ἱερὰ ἀναγραφή, weite Reisen gemacht haben. Diod. 6,1,4. → Theophrast, Lehrer des Demetrios von Phaleron, schrieb ein Buch πρὸς Κάσανδρον περὶ βασιλείας. Diog. Laert. 5,47. F. Wimmer Theophrast 1862 frg. 125. M. Fortina Cassandro re di Macedonia, 1965. H. V.

**Kassanitai** (Κασσανῖται peripl. mar. Erythr. 20. Ptol. 6,7,6), Volk an der arab. SW.-Küste, das im N. bei den Wadis Baiḍ und Baiš *(Baitios)* an die Kinaidokolpiten und im S. beim Wadi Maur an die Ἐλίσαροι, wohl die *Aš'arān* der sab. Inschr., angrenzte. Die K. entsprechen somit den inschr. *Sahartān*, die z. Z. der Könige Šaʿir$^m$ Autar von Saba und Ḏū Raidān (um 190 n. Chr.) und Īlšaraḥ II. (→ Ilasaros) immer wieder von den Ḥabašat (Abessiniern) unterworfen oder mit ihnen verbündet waren. A. D.

*H. v. Wissmann* Zur Gesch. und Landeskunde von Alt-Südarabien (SAWW, ph.-h. Kl., 246. Bd.), Ind.

**Kassiepeia, Kassiopeia, Kassiope** (Κασσιέπεια, Κασσιόπεια, Κασσιόπη, etym. ungeklärt). **1.** Tochter des Arab(i)os, Gemahlin des Agenoriden → Phoinix, Mutter des → Phineus, von Zeus auch des → Atymnios. Seit Hes. frg. 23. 31 erwähnt. Sch. Apoll. Rhod. 2,178. Auch als Mutter der → Karme und der → Europe (Ant. Lib. 40. Hes. frg. 30) überliefert. **2.** Gemahlin des → Epaphos, dessen Eltern Zeus und → Io sind, Mutter der Libye. Apollod. 2,8ff. Hyg. fab. 149. **3.** Gemahlin des → Kepheus in Aithiopien, Mutter der → Andromeda, die von Perseus gerettet wurde. Über Joppe als Schauplatz der Andromedasage und über ihren griech. oder oriental. Charakter s. Bubbe, RE X 2318ff. Der Katasterismus K.s und der anderen Personen dieser Sage durch Athene fand sich bereits in den Andromedadramen des Soph. und des Eur. H. v. G.

**3.** s. Sternbilder

**Kassiope** (Κασσιόπη). **1.** Hafen an der NO.-Küste von Korkyra, der übliche Überfahrtshafen nach Italien, h. Kassopi mit venezian. Kastell. Cic. fam. 16,9,1. Plin. nat. 4,52. Suet. Ner. 22. Gell. 19,1,1. Ptol. 3,13,9. Dig. 14,1,12. Prok. b. Goth. 4,22, 575f. B, auch Strab. 7,7,5 p. 324 (!). Delatte Les Portulans Grecs 205,27ff. Inschr. Ἀρχ. Δελτ. 17 B, 1961/62, 206. Bei Oros. 1,2,58. Geogr. Rav. 5,22. Itin. marit. 520,4f. Cosmogr. 2,25 (GLM 96) steht K. für Korkyra allg. E. M.

1. *J. Partsch* Die Insel Korfu, Peterm. Mitt. Erg. H. 88,69f. 2. *Bürchner*, RE XI 1413,6ff. 3. *Philipps.-Kirst.* 2,255. 286 A. 55. 430. 4. *A. Salač* Zeus Kasios, BCH 46, 1922, 161f. 5. *L. Robert*, REG 57, 1944, 213.

**2.** s. Kassope.

**Kassiphone** (Κασσιφόνη »Brudermörderin«). Tochter des Odysseus und der Kirke, Schwester des Telegonos. Der von Telegonos getötete, von Kirke wiedererweckte Odysseus vermählte sie mit ihrem Halbbruder Telemachos, den sie erschlug, weil er ihre Mutter Kirke getötet hatte. Lyk. 808ff. mit Sch. H. v. G.

**Kassiterides** (Κασσιτερίδες, Καττιτερίδες νῆσοι), die Zinninseln, »von denen das Zinn (κασσίτερος, Etym. ungewiß) zu uns kommt«, nennt als erster Hdt. 3,115 zweifelnd. Dann berichten (aus Poseidonios) Diod. 5,38,4 und genauer Strab. 2,120. 3,175 von 10 K. im Ozean, Spanien n. vorgelagert und im Gebiet von Britannien; eine sei unbewohnt, die anderen von einem primitiven Volk bewohnt, von dem die Phoiniker schon früh Zinn eingehandelt, die Route aber geheimgehalten hätten, bis erst die Römer sie entdeckten und ein P. Crassus – wohl eher der Statthalter von Spanien 96–93 als Caesars Legat der J. 58–56 – die K. besuchte, den Zinnabbau kennenlernte und den regelmäßigen Export in die Wege leitete. Von einem Midacritus, der als erster Blei von der C.-Insel gebracht habe, weiß nur Plin. nat. 7,197. Deutlich ist, daß man bis zur Ausbeutung der großen Zinnvorkommen Spaniens das Zinn von Cornwall und von Inseln des N.-Meeres – meist denkt man an die Scilly-Inseln – bezogen hat. Bei der Unklarheit der Angaben unserer Quellen sind sichere Feststellungen nicht möglich. K. Z.

*Haverfield*, RE X 2328–2332. *Müllenhoff* DA 1 pass. *Hennig* Terrae incognitae 1,42f.

**Kassope** (*Κασσώπη*). Die südlichste Küstenlandschaft von → Epeiros bis zum Golf von Ambrakia, in fruchtbarer Flyschzone (*εὐδαίμων* Strab.), Karte *Ἀρχ. Δελτ.* 17 B 1961/62, 188. Das Ethnikon in verschiedenen Ableitungen, *Κασσωποί* bei Skyl. 31, *Κασσωπαῖοι* Strab. 7,7,1 p. 321. 7,7,5 p. 324f. und Inschr., sonst auch *Κασσώπιος*, *Κασσωπία*. *Κασσωπεῖς* bei Theopomp FGrH 115 frg. 206 (aus Harpokr. s. *Ἐλάτεια*). Bei Späteren Kassiop--: Plut. mor. 297 B. Plin. nat. 4,2. Ptol. 3,13,6. Suda. Nach Skyl. nur *κατὰ κώμας* bewohnt, [Demosth.] bei Harpokr. a. O. nannte 3 *πόλεις* Pandosia, Bucheta u. Elateia (Elatria) und bezeichnete sie als Kolonien von Elis, Theopomp a. O. außerdem Bitia (Batiai Strab.), bald darauf um 340 v. Chr. Synoikismos zu der einen *πόλις Κασσώπη*. In IG IV $1^2$,95 Z. 24f. 73 (um 360) erscheinen Pandosia und K., in BCH 45, 1921, 23 IV 51 (um 200 v. Chr.) nur Kassopa. K. schloß sich um 220 v. Chr. vielleicht dem aitol. Bund an, Flacelière Les Aitoliens à Delphes 252 A. 1. Die Hauptstadt K. ist sicher in der großen Stadtanlage sogar mit Theater bei Kamarina bestimmt. Ausgegraben neu großes Hofgebäude, wohl Katagogion, des 4. Jh. und Stoa des 3. Jh. v. Chr. Die Ansetzung der übrigen Orte in den bekannten Ruinenstätten ist unsicher. Inschr.: EA 1914, 238f. SEG 15,383. 17,309–311. Mz.: Head $HN^2$ 320f. [5]. E.M.

1. *Bürchner*, RE X 2332ff. 2. *Oberhummer*, RE Suppl. IV 879f. 3. *Hammond* The colonies of Elis in Cassopaea, *Ἀφιέρωμα εἰς μνήμην Χρ. Σούλη* 1954, 26ff. ([4], 104ff. Nachträge). 4. *Philipps.-Kirst.* 2,106ff. mit Nachträgen. 213.222.244.250f. 284f. 5. *P. R. Franke* Die ant. Mz. von Epirus 1,52ff. 6. *S. J. Dakaris* *Ἀνασκαφὴ εἰς Κασσώπην*, *Πρακτικά* 1952, 326ff. 1953, 164ff. 1954, 201ff. 1955, 181ff. 7. *Ders.* *Ἀρχ. Δελτ.* 17 B, 1961/62, 187ff.

**Kassotis** s. Delphoi

**Kastabala** s. am Schluß des Bandes



**Kastalia** (*Κασταλία*). Die berühmte hlg. Quelle Delphis am Ausgang der Phaidriadenschlucht ö. des hl. Bezirks, deren Wasser zu kult. Reinigungen diente, Eur. Ion 94ff. 144ff.; Phoen. 222ff. Hadrian soll die Quelle verschüttet, Julian sie wieder geöffnet haben, Amm. 22,12,8. In der Dichtung röm. Zeit wurde sie zum Dichterquell und ihr Wasser als prophet. angesehen, Strab. 8, 7,5 p. 388 (dazu Aly, SHAW 1931, 1,11; De Strabonis codice rescripto 22) und in spät. Lit. Ihr Wasser sollte aus der Quelle des → Kephisos stammen, Strab. Paus. Sch. Pind. Paian 6,5 POxy 5,841 = Turyn S. 256. Dazu Aly a. O. 11f. Die K. klass. Z. ist 1957 an der h. Fahrstraße gefunden, die bisher bekannte in den Felsen des Schluchtausgangs wohl erst röm. Pind. O. 7,17. P. 1,39b. 4, 290. 5,39. Nem. 11,24. Eur. Iph. T. 1257. Soph. Ant. 1126ff. Anth. Pal. 9,20. Hdt. 8,39,1. Paus. 10,8,9f. u. a. sehr oft. E. M.

1. *W. M. Leake* Travels in Northern Greece 2,555ff. 2. *H. N. Ulrichs* Reisen und Forschungen 1,39ff. 46ff. 3. *E. Bourguet* Les ruines de Delphes 290ff. 4. *v. Geisau*, RE X 2336ff. 5. *A. Orlandos* La fontaine découverte à Delphes, BCH 84, 1960, 148ff. 6. *P. Amandry* La mantique Apollinienne à Delphes 135ff.

**Kastanie.** Die Edelkastanie war in S.-Europa schon in frühgeschichtlicher Z. heimisch. Der Name *κασταναϊκὸν κάρυον* (dann *καστάνειον*) für die Frucht begegnet seit Theophr. h. plant. 4,8,11; öfters wird sie einfach als *κάρυον* oder *βάλανος* bezeichnet, nicht immer von anderen Nußarten zu unterscheiden. Genaue Beschreibungen bei Theophr. und Plinius, bes. nat. 15, 92ff. u. ö., reichliche Angaben und Anweisungen bei landwirtschaftlichen Schriftstellern seit Varro, bei Ärzten über medizin. Verwendung. – Die Roßkastanie, jetzt in N.-Griechenland verbreitet, wird in der ant. Lit. nicht erwähnt. Vgl. Hehn-Schrader Kulturpflanzen und Haustiere$^8$ 395ff. Stadler, RE X 2338ff. K. Z.

**Kastel** (Castel). Örtlichkeit unterhalb der Mainmündung, gegenüber Mainz, im Gebiet der Mattiaci mit Kohortenkastell (Fläche 118 zu 89 m), h. Mainz-Kastel. Als Brückenkopf des Legionslagers Mainz zugleich mit der Rheinbrücke um 83 n. Chr. erbaut, war K. zur Sicherung des Rheinübergangs und der zu den Lagern Hofheim und Wiesbaden führenden Straßen, bes. aber zum Schutz des militär.-techn. bedeutenden Brückenbauwerkes bestimmt (vgl. Abb. auf Bleimedaillon von Lyon um 300 n. Chr.). Im Schutze des Kastells entstand eine größere zivile Ansiedlung, von der mehrere *vici* bezeugt sind (*vicus novus Meloniorum* an der Straße nach Hofheim, *vicus vetus* an der Straße nach Wiesbaden vermutet). H. C.

*Keune*, RE X 2342. – ORL II B 3 Nr. 30.

**Kasthanaia** (*Κασθαναία*). Stadt an der Küste der Landschaft → Magnesia, wahrscheinlich beim h. Keramidi; Reste der Stadtmauer auf steilem Felskopf unmittelbar am Meer, nach [1] hieß das nahe Dorf Sklithru türk. Kestene-köi. Hier erlitt die Flotte des Xerxes Schiffbruch. Bei der Gründung von → Demetrias wurde K. in dieses eingemeindet. Hdt. 7,183,3. 188,1. Strab. 9,5,22 p. 443. Hesych. Phot. lex.; *Κασταναία* bei Lykophr. 907. Plin. nat. 4,32. Mela 2,35. Steph. Byz. Suda. Etym. m. 493,25; *Καστανίς* bei Nik. Alex. 271 mit Sch.; *Κασσαναεῖς* IG II² 5227. E. M.

1. *N. Georgiades* *Θεσσαλία* 1880 (²1894 mir unzugänglich) 213. 218 f. 2. *F. Bölte–v. Geisau*, RE X 2343 f. 3. *Fr. Stählin* Das hellen. Thessalien 51 f. 4. *Philipps.-Kirst.* 1,144.

**Kastianeira** (*Καστιάνειρα*). Gemahlin des → Priamos (vor oder neben → Hekabe? Robert Stud. z. Ilias 500), aus Aisyme in Thrakien, Mutter des von Teukros erlegten Gorgythion, Il. 8, 302 ff. H. v. G.

**Kastolos**. Stadt (und Fluß?) Lydiens im Grenzgebiet gegen Mysien (IG II² 9977 *Μυσὸς ἀπὸ Καστωλοῦ*), nicht sicher lokalisierbar, aber wohl nicht fern von → Sardes. Die Ebene von K. (*Καστωλοῦ πεδίον*) war Sammelplatz der Aufgebote der Lydien, Großphrygien und Kappadokien umfassenden Satrapie des jüng. Kyros, Xen. an. 1,1,2. 9,7; hell. 1,4,3. Nach Steph. Byz. s. v. nannten die Lyder die Dorier *Καστωλοί*. K. Z.

*K. Buresch* Lydien 109. 197. *R. Kiepert* FOA VIII. *L. Robert* Ét. Anat. 159 f.; Villes d'Asie Min.² 1962, 311.

**Kastor. 1.** s. Dioskuroi

**2.** K., Freigelassener des Septimius Severus, dessen → *cubicularius* zwar bis zum Amt → *a memoria* emporstieg, dem Caracalla aber verhaßt war, Dio-Xiph. 76,14,1–5, der ihn 211 hinrichten ließ, ebd. 77,1,1. **3.** Spottname für den jüngeren Drusus, den Sohn des Tiberius, nachdem er im J. 15 n. Chr. im Jähzorn einen röm. Ritter geprügelt hatte, Cass. Dio 57,14,9. R. H.

**4.** K., von Rhodos, 1. Hälfte 1. Jh. v. Chr. Rhetor. Die Suda vermischt wohl dessen Vita und die des galat. Dynasten K. Saokondarios (Schwiegersohn des Deiotaros; = K. Tarkondarios, Bundesgenosse des Pompeius?), dessen Sohn K. in Rom → Deiotaros anklagte (45 v. Chr.). Ein anderer K. mag derjenige sein, der sich in Phanagoreia gegen Mithradates erhob (63 v. Chr.) und von Pompeius den Titel *amicus pop. Rom.* erhielt (App. Mithr. 108. 114). Werke: Nur die Chronik ist kenntlich (6 B.). Sie gab u. a. die Könige von Assyrien (ab Belos, dessen Zeitgenosse Ogygos ist, und Ninos), Sikyon (ab Aigialeus), Argos (ab Inachos), Athen (ab Kekrops), Alba-Rom (ab Aineias), die röm. Konsuln etc. und ging bis 61/60 v. Chr. Die hist. Z. war auf Olympiaden (Archonten) aufgebaut; fraglich ist, ob K. wie Diod. und Dion. Hal. die Konsuln zu synchron. Datierung heranzog. F. Jacoby bezweifelt Tabellenform der Chronik. Nach Ed. Schwartz errichtete K. auf dem Boden der eratosthen.-apollodor. Chron. (Datum von Troias Fall) ein System, in welches das spatium mythicum wieder eingeführt und die oriental. und röm. Gesch. berücksichtigt wurde. Benutzer: Varro (de gente pop. Rom.; nicht vor 43 v. Chr.), Plut. und die späteren Chronographen (Eus. u. a.). Fraglich ist, ob K. Diodors Quelle für die griech. und röm. Chronol. war. Weitere Werke behandelten den Nil, Fragen der Chronol., Thalassokratien; auch rhetor. Schriften u. a. Wie Alex. Polyhist. und → Iuba II. pythagorisierte K. Ein byzant. Traktat (ed. W. Studemund, 1888) verdankt den Verfassernamen K. einer Fälschung des Konstantinos Palaeokappa (Krumbacher 451). W. Sp.

Frg.: FGrH 250. Lit.: *Susemihl* 2,365 ff. *Kubitschek*, RE X 2347 ff. *V. Costanzi*, Encicl. it. IX 382. *Dahlmann*, RE Suppl. VI 1240 f. *Regenbogen*, RE XX 1463 f. *Perl*, v. Diodoros (12), 141 ff. 173 (Lit.).



**Kastoreion** (*Καστόρειον μέλος*, gewiß nach Kastor benannt). Alte Aulosweise der Lakedaimonier, beim Vorrücken gegen den Feind angestimmt, Plut. Lyk. 22,4. Ps.-Plut. de mus. 26,1140 c. Vgl. Thuk. 5,70. Polyain. 1,10. Val. Max. 2,6,2. Pind. P. 2,69 (*μέλος*). I. 1,16 (*ὕμνος*). Über die Weise wissen wir nichts, nur daß sie natürlich im Marschrhythmus gehalten war (*anapaesti pedis modulo* Val. Max. a. O.). K. Z.

**Kataballein** (*καταβάλλειν*). **1.** Gemeingriech. »zahlen« ([2]. [3]. [4]). **2.** Zu den Akten der Gerichtsvorstände hinterlegen, nämlich Beweisurkunden im Vorverfahren ([1]). E. B.

1. *J. H. Lipsius* Das att. Recht und Rechtsverf., 1905–1915, 838. 2. *Lidd.-Sc.* s. v. 4. 3. *F. Preisigke* Fachwörter des öffentl. Verwaltungsdienstes, 1915, s. *καταβολή*. 4. *Preisigke* Pap. WB. s. v. 8.

**Katabasis** (*Κατάβασις*). Der »Hinabstieg« eines göttlichen, heiligen oder heroischen Wesens zu den jenseitigen Bezirken des Totenreichs ([3], 164 ff. 168 ff.) als myth. Form der Apokalypse (J. Zemmrich Toteninseln, 1890. A. Dieterich Nekyia, 1910²). Da der Gang ins Erdinnere oder an den Rand der Welt führt, bedarf er nicht selten eines mit der Hadessphäre vertrauten Führers oder Wegweisers (→ Hermes-Thot-Michael: G. Lanczkowski Festschr. H. Kees, 1956, 117 ff. 126; Siduri Sabitu → Sibylle: Schrader-Zimmern Keilinschr. und AT., 1903³, 432. 439. 582. P. Corssen, Sokrates 1, 1913, 1 ff. [2],224 f.). Zweck der K. ist z. B. das Einholen schicksalswichtiger Auskünfte (→ Odysseus: R. J. Sommer The Odyssey and primitive Rel., 1962, 30 ff.), Einweihung in die Zukunftsgeheimnisse des Fatums (→ Aeneas: E. Norden Aeneis Buch VI, 1957⁴) oder visionäre Enthüllung chthon.-kosm. Urwahrheiten (→ Er: J. Bidez Eos où Platon et l'Orient, 1945, 43 ff.; Ardāγ Vīrāz: J. J. Modi Dante and Virâf, 1892. [3],132. [4],2392). Mitunter gilt sie aber auch der Befreiung bzw. Rückführung von Opfern der → Unterwelt (Inanna-Ištar: S. N. Kramer, JCS 5, 1951, 1 ff. A. L. Oppenheim, Orientalia 19, 1950, 129 ff.; → Orpheus: J. Heurgon, Mél. Arch. et Hist. 49, 1932, 6 ff.) oder der meist gewaltsamen Aneignung bestimmter dort befindlicher Objekte (→ Herakles-Kerberos: F. Brommer Herakles, 1953, 43 ff.;

Lebenskraut des Gilgameš: F. M. TH. DE LIAGRE-BÖHL, Arch. Or. 18, 1950, 107ff. G. WIDENGREN King and Saviour 4, 1951, 7); damit verbunden oder auch als selbständiger Mythos erscheint ein kosm. deutbarer Kampf und Sieg über die Dunkelmächte (Nergals Höllenfahrt: O. R. GURNEY-J. J. FINKELSTEIN The Sultantepe Tablets 1, 1957, Nr. 28. GURNEY, Anatol. Studies 10, 1960, 105ff.; → Re und Apophis: H. KEES Totenglauben und Jenseitsvorstellungen der alten Ägypter, 1926, 292. 448. BONNET RÄRG 51ff.). Das Motiv vom Descensus-Kampf des Erlöser-Heros hat, einschließlich der Höllenfahrt Christi (J. MONNIER La descente aux enfers, 1905), in verschiedenen, z. T. gnost. ausgeformten Dokumenten soteriol. Rel. eine Schlüsselbedeutung erlangt, so etwa im manich. *Khwāstwanēft* (E. BANG, Muséon 36, 1923, 145. Vgl. A. v. LE COQ Türk. Manichaica aus Chotscho 1, 1911, 19f.), im mand. Ginzā Rabba (M. LIDZBARSKI Ginzā, 1925, 63ff. 79ff. [2],273ff.), in den gnost.-syr. Oden Salomos (HENNECKE-SCHNEEMELCHER Neutest. Apokryphen 2, 1964³, 602f. R. REITZENSTEIN Das iran. Erlösungsmysterium, 1921, 84ff.), bei den Syrern Afrahat (D. PLOOIJ, ZNW 14, 1913, 222ff. J. ORTIZ DE URBINA, Orientalia Christ. 31, 1933, 26f.) und Afrēm (E. BECK Des hlg. Ephraem des Syrers Carmina Nisibena 2, [CSCO 240], 1963, 12ff. [Text]. 9ff. [Übs.]) oder in den kopt. Thomaspsalmen (T. SÄVE-SÖDERBERGH Stud. in the Coptic Manichaean Psalm Book, 1949, 108f. A. ADAM Die Psalmen des Thomas und das Perlenlied, 1959, 7f.). W. F.
JCS = Journ. Cun. Stud.; CSCO = Corp. Script. Chr. Or.

1. *G. Ettig* Acheruntica, 1891. 2. *J. Kroll* Gott und Hölle, 1932/63. 3. *K. Meuli*, H 70, 1935, 121ff. 4. *Ganschinietz*, RE X 2359ff. (ält. Lit.). 5. *S. Luria*, Eos 51, 1961, 21ff.

**Katabani** s. Kattabaneis

**Katabathmos** (*Καταβαθμός*). Kastell und Hafen am Mittelmeer, Grenze des libyschen Gaus Äg. zur Marmarika (spät. Provincia Cyrenaica), h. Sollum, an der Stelle gelegen, wo die Felsenküste zurückspringt und eine flache Küstenebene nach O. anfängt, wodurch die Straße den Höhenunterschied überwinden muß. Strab. 791. 798. 825. 838. Plin. nat. 5,38. Mela 1,40. Sall. Iug. 19. Itin. Ant. W. H.

**Katablemata** (*καταβλήματα*) sind nach Poll. 4,131 bemalte Vorhänge oder Tafeln an den Periakten der Theater, die dem Schauplatz der Spiele benachbarte Gegenden darstellen sollten und Berg, Meer, Fluß oder anderes derartiges zeigten. C. F.

*A. W. Pickard-Cambridge* The theater of Dionysos in Athens. Oxf. 1946, 188.

**Katabole** s. Kataballein

**Katacheirotonia** (*καταχειροτονία*). 1. Vorentscheidung in der Volksversammlung durch Hand – mehr über die Zulässigkeit einer → *προβολή* oder → *εἰσαγγελία* (Aristot. Ath. pol. 59). Gegensatz: *ἀποχειροτονία*, Zurückweisung der Klage (Demosth. 21,214). 2. Verurteilung durch das als Gerichtshof zuständige Gesamtvolk (Demosth. 19,31). E. B.

1. *J. H. Lipsius* Das att. Recht und Rechtsverf., 1905–1915, 70f. 215,26.

**Katachorizein** (*καταχωρίζειν*). Urspr. »einen Platz geben, einreihen« (IG II² 657). **1.** In der hellenist. Kanzleisprache Griechenlands ist dieses Wort mit dem Zusatz *εἰς τοὺς νόμους* ([2]) so gebräuchlich, daß man fast von einem t. t. für die vom Gesetzgeber angeordnete Aufnahme eines bloßen Volksbeschlusses in die Gesetzessammlung sprechen kann (vgl. die zahlreichen Beispiele bei [1],90.180). Sie geschah durch einfache Aufzeichnung im Archiv auf Pap. ([1],118). Die Garantien gegen die Abänderung der Gesetze wurden durch das *κ.* auf den Volksbeschluß erstreckt ([1],90). **2.** Im Archivwesen der Diadochenstaaten a) bei Grundstücksgeschäften: Überführung der Urkundenabschrift in die Rolle der → *βιβλιοθήκη ἐγκτήσεων* durch den Notar ([1], 419. Vgl. auch [1],406,117). b) Eintragung der einen selbständigen Haushalt führenden Söhne in ein Register ([4], II 2 Nr. 311 = P. M. MEYER Jur. Pap. Nr. 23). c) Allg. in Äg.: *καταχωρισμὸς τῶν βιβλίων*, Einregistrierung der Akten. d) In den Pap. der frühen Kaiserzeit bedeutete der Ausdruck *ἐν καταχωρισμῷ γενέσθαι τοῦτο τὸ βιβλίδιον* die Behörde möge die Anzeige in ihr Aktenverzeichnis nehmen. Dieser Antrag wurde dann gestellt, wenn ein Verfahren gegen den Angeschuldigten der Sachlage nach ausgeschlossen war ([3]. [4], II 1,33). E. B.

1. *E. Weiß* Griech. Privatrecht, 1923. 2. *Busolt* GStk. 463 mit Nachtrag. 3. *L. Mitteis* Zur Lehre von den Libellen und der Prozeßeinleitung, 1910, 73ff. 4. *Mitt.-Wilcken* Grdz.

**Katachysmata** (*καταχύσματα*). **1.** Ein Gemisch aus kleinen Münzen, Datteln, Feigen, Nüssen usw. wurde in Athen am Herd über den neugekauften Sklaven geschüttet, ebenso über den, der eine Festgesandtschaft übernahm, und am Hochzeitstag über die Brautleute (Harpokr. Hesych. Suda s. v. Sch. Aristoph. Plut. 768), also ein Einweihungsbrauch. **2.** Eine öfters bei Komikern erwähnte Brühe (z. B. Aristoph. Av. 1637; 535 m. Sch. Hesych. s. v. Poll. 6,68). W. H. G.

**Katadike** (*καταδίκη*). **1.** Das schuldig erkennende Urteil ([1]. [2]). **2.** Die durch Richterspruch auferlegte Buße (Demosth. 21,91. 47,51,52,57. [1]. [2]). **3.** Die vertragliche Buße [2]. E. B.

1. *Lidd.-Sc.* s. v. 2. *Preisigke* Pap. WB. s. v.

**Katadupa** (*Καταδουπα*). Nach Hdt. 2,17. Plin. nat. 5,54 der Nilkatarakt bei Elephantine, auch der »kleine« genannt (Ptolem. 4,5) gegenüber dem 2. Katarakt. Sein Rauschen sollte die Anwohner schwerhörig machen; diese hießen Katadupoi (Plin. nat. 6,178. Ptol. 4,7,10). W. H.

**Katagogion** s. Wirtshäuser

**Kataibates** (*Καταιβάτης* »herniederfahrend«, vgl. *Καταιβάσιος*). Epiklesis a) des Zeus als Blitzgott (vgl. Aischyl. Prom. 358), dem die vom Blitz getroffenen Stellen (*ἠλύσια, ἐνηλύσια, putealia, bidentalia*) heilig waren, Poll. 9,41. Kulte in Athen (IG I Suppl. mehrfach, Aristoph. Pax 42), in Olympia (Paus. 5,14,9 u.a.), auf mehreren ägäischen Inseln (IG XII), in Tarent (Athen. 12, 522f.), in Kyrrhos in Syrien (Mz.). – b) des Hermes mit deutlicher Beziehung auf die Unterwelt, in Athen und Rhodos (Sch. Aristoph. Pax 650) vgl. *Ἀχέρων κ.* Eur. Bacch. 1361. – c) des Demetrios Poliorketes in Athen (dort, wo er vom Wagen gestiegen), Plut. Demetr. 10. – *Καταιβάται* in Magnesia WILAM. GldH 2,368,1. H. v. G.

**Katakekaumene** (*Κατακεκαυμένη*). »Verbranntes Land« im Sinne eines vulk. Gebietes, im bes.: **1.** Im w. Kleinasien an den Grenzen Lydiens und Mysiens (Strab. 12,579), woher ein vorzüglicher Wein stammte (Strab. 13,628. 14,637 *κατακεκαυμενίτης οἶνος*. Steph. Byz.). BÜRCHNER, RE X 2462f. **2.** Bei Ptolem. 6,7,44 N. Per. Mar. Erythr. 20 (GGM I, p. 273 M.). Plin. nat. 6, 175 *(Exusta)* Insel im s. Roten Meer, das nahe dem 16. Grad n. Br. gelegene, 245 m hohe h. Eiland Jebel Teir, ein erloschener Vulkan. MORITZ, RE X 2463f. Atl. of the World IV, Pl 87. H. T.

**Kataklesia** (*κατακλησία*) bezeichnet bei Poll. 8,116 und Hesych. s. v. eine außerordentliche Volksversammlung in Athen, weil auch die auf dem Land weilenden Bürger geladen wurden. Auf Beschluß des Volkes oder des Rates oder der Prytanen oder auf Antrag der Strategen einberufen, hieß sie amtlich durchweg Ekklesia synkletos (*ἐκκλησία σύγκλητος*), IG II² 554.838.897.945. H. V.

**Katakomben** (aus lat. *ad catacumbas*, Etym. unklar) ist zunächst Flurname für das Gelände zwischen 2. und 3. Meilenstein der Via Appia und wird im frühen MA. Bezeichnung der unterirdischen Grabanlagen, Coemeterien, für Körperbestattung (nicht für Aschenurnen, → Columbarium). Die an vorchr. ital. Tradition anknüpfenden Anlagen ([11],191), vor der Stadt, oft unter anderen Gräberfeldern unterirdisch in den Boden getieft, gehören entweder dem Rostsystem (Mittelstollen mit Seitenarmen; außen zwei zum Mittelarm parallele Gänge) oder dem Zweigsystem (Mittelgang mit Abzweigungen) an. In den Kammern und Gängen sind Wandgräber, *loculi* (z.T. für mehrere Bestattungen) oder ebenerdige, vornehmere Arkosolgräber ausgehauen; zu letzteren gehört oft ein gewölbtes *cubiculum* (für Sepulkralriten). K. wurden von Juden, Heiden und Christen angelegt, rein chr. K. gibt es erst seit etwa 200 n. Chr. [11]. Zunächst Anlagen privater Natur (einer *familia* oder einem Begräbnisverein, → Collegium, gehörig), gehen die chr. K. im Lauf des 3. Jh. in Kirchenbesitz über, bis zu Konstantin wohl als formlose private Pseudo-Stiftung. K. gibt es auch außerhalb Roms zahlreich, [13–18]. Die größte bislang bekannte chr. K. Roms ist die Callixtus-K. (unter einem Areal von 61060 m² mit 235 *cubicula*!). Vielfach haben sich über den K. Memorialkirchen angesiedelt. Für die chr. Malerei des 3./4. Jh. sind die K. unsere Hauptquelle ([20.21]), für die frühe Kirchen- und Frömmigkeitsgeschichte sind sie unschätzbar. W. H. G.

1. *G.B. de Rossi* Roma sotterranea crist., 1864/77. 2. *F.X. Kraus* Roma sotterranea, 1879. 3. Roma sotterranea crist. n.s. hg. v. *O. Marucchi* 1909–1914. Forts. seit 1936 durch das Pontif. Istit. di Arch. Crist. 4. *P. Styger* Die röm. K., 1933. 5. *O. Marucchi* Le catacombe rom., 1933. 6. *G.P. Kirsch* Le catacombe rom., 1933. 7. *P. Styger* Röm. Märtyrergrüfte, 1935. 8. *P.A. Février*, Cahiers arch. 10, 1949, 1ff. 11, 1950, 1ff. 9. *L. Hertling–E. Kirschbaum* Die röm. K. und ihre Märtyrer, 1950. 10. *Ghetti*, RAC 25, 1949, 171ff. 11. *A.M. Schneider*, Festschr. Akad. Gött. 2, 1951, 166ff. 12. *H.W. Beyer–H. Lietzmann* Die jüd. K. der Villa Torlonia, 1930. 13. *J. Führer–V. Schultze* Altchr. Grabstätten Siziliens, 1907. 14. *E. Becker* Malta sotterranea, 1913. 15. *H. Achelis* Die K. von Neapel, 1936. 16. *A. Ceterino* Bibliografia sulle cat. napoletane, 1957. 17. *A.F. Leynaud* Les catacombes Afric., 1937. 18. *B. Benoit*, Cahiers Arch. 2, 1947, 7ff. 19. Enc. Arte Ant. 2, 1959, 416ff. mit reicher Bibliogr. 20. *J. Wilpert* Die Malereien der K. Roms, 1903. 21. *F. Wirth* Die röm. Wandmalerei, 1934.

**Katakremnismos** (*κατακρημνισμός*). Der sog. Felssturz. Das Herabstürzen von einer steilen Anhöhe (*κρημνός*) war eine Vollzugsart der Todesstrafe in Athen (in das *βάραθρον* oder *ὄρυγμα*), in Delphoi (vom Hyampischen Felsen) und in Sparta (in den Kaiadas). Die Verbrecher wurden durch *κ.* geopfert. E. B.

*J. Thonissen* Droit Pénal de la République Athénienne, 1875, 97ff.

**Katalog** s. Pinax

**Kataloge** s. Parakataloge

**Katalogeion** (*Καταλογεῖον*). Eine Verwaltungsstelle des ptolemäischen und des röm. Äg., bei der Privaturkunden registriert und durch das K. in den Archiven *ἡ Ἁδριανὴ βιβλιοθήκη* und *ἡ τοῦ Ναναίου βιβλιοθήκη* aufbewahrt wurden. In röm. Zeit bearbeitete das K. auch die Ephebenlisten. W. H.

**Katalogeis** (*καταλογεῖς*). **1.** Bei der oligarch. Revolution in Athen 411 v. Chr. sollten aus jeder Phyle je 10 über 40 Jahre alte gewählte Bürger die Liste der künftigen 5000 Vollbürger aufstellen. Aristo . Ath. pol. 29,5. Bei Thuk. 8,67,3 sollen 5 Prohedroi 100 Männer bestimmen, die durch Zuwahl von je 3 sich zum Rat der 400 erweitern und die 5000 versammeln, wann es ihnen gut scheint. Die umstrittene Frage, ob die 100 K. des Aristot. mit den Hundertmännern ident. sind, die nach Thuk. den Kern des Rates der Vierhundert bilden, verneint BUSOLT GStk. 74 wegen des Unterschiedes ihrer Erwählung und ihres Auftrages. Nach [Lys.] 20,13 war Polystratos Katalogeus (*καταλογεύς*) und Ratsherr. C. HIGNETT History of the Athenian constitution 1952, 364ff. **2.** Zehn vom Volk mit Cheirotonie ernannte K. stellten in Athen den → Katalogos der für den Reiterdienst Pflichtigen und Tauglichen auf, der über den Hipparchen und die Phylarchen zu dem Rat kam. Bei ihm waren Einsprüche der Eingetragenen wegen körperlicher oder finanzieller Unfähigkeit möglich. Aristot. Ath. pol. 49,2. H. V.

**Katalogos** (*κατάλογος*). In Athen nach Jahrgängen geordnete Liste der vom 18. bis zum 60. Jahre zum Dienst als Hopliten verpflichteten Bürger. Jede Altersklasse hatte ihren Eponymos (*ἐπώνυμος τῶν ἡλικιῶν*, Aristot. Ath. pol. 53,4). Vermerkt waren der eponyme Archon, unter dem der Jahrgang eingetragen wurde, und der Eponymos der vorhergehenden Altersklasse. Thuk. 6,43. 8,24,2. Xen. mem. 3,4,1. Aristot. Ath. pol. 53,4. Ausgediente waren *οἱ ὑπὲρ τὸν κατάλογον*. Demosth. 13,167,4. Einen eigenen K. gab es für die Reiter (→ Katalogeis 2). Xen. hipp. 1,2. Aristoph. Equ. 1369. Auch die Bundesgenossen wurden nach K. ausgehoben, ebenso die Hopliten und Reiter in Syrakus. Thuk. 6,26,2. Sylloge$^3$ 112. Plut. Nik. 14,6f. Hesych. *ἱππάρχου πίναξ*. KROM.-VEITH 47.52.59.69. H. V.

**Katalyseos graphe** (*καταλύσεως γραφή*) hieß in Athen die öffentliche Klage wegen Hochverrats ([1]). Der Sache nach war der Tatbestand des Hochverrats bereits dem archaischen Recht bekannt ([5],111). Die Entscheidung hierüber wurde schon früh aus der Sphäre der öffentlichen Selbsthilfe in die der staatlichen Gerichtsbarkeit (Zuständigkeit des Gerichts der *βασιλεῖς*) gerückt. Nur der Vollstreckung haftete noch insofern ein Rest der alten Selbsthilfe an, als der durch Urteilsspruch geächtete Hochverräter auf att. Boden von jedermann erschlagen werden konnte. So blieb es auch noch in den Zeiten Drakons, in dessen Kodifikation der Hochverrat wohl unter den Verstoß gegen das Gebot der Unabänderlichkeit der eben aufgezeichneten Satzungen subsumiert wurde ([5], 113). Nach einem drakont. ([4],108), jedenfalls aber vorsolon. ([5],114f.) Gesetz gegen die Tyrannis, das den alten Tatbestand des Hochverrats schärfer herausarbeitete (Aristot. Ath. pol. 16,10. [2], 234,1), prägte Solon in seinem *νόμος εἰσαγγελίας* den neuen strafrechtlichen Begriff »*τὸν δῆμον καταλύειν*« ([2],848), der aber den Tatbestand der Errichtung der Alleinherrschaft nicht mitumfaßte ([5],120). Über das Fortleben des solon. Begriffes in späteren Eidesformeln s. [5],119. Die Entscheidung über Hochverrat übertrug Solon dem alten Adelsrat auf dem Areshügel. Kleisthenes änderte diese Zuständigkeit zugunsten der Versammlung der Volksgemeinde, die aber die Aburteilung des Angeklagten dem Volksgerichtshof überlassen konnte ([5],119). Nach einer Neuregelung im Volksbeschluß des Demophantos aus dem J. 409/10 (Andok. 1,96–98. [4],111ff. [5],120ff.) ergänzte ein 2. Eisangeliegesetz (Hyp. 4,7.8) aus dem



J. 403 ([4],118) den Tatbestand des Hochverrats durch Hinzufügung zweier bes. gefährlicher Vorbereitungsverhandlungen, verschob die regelmäßige Zuständigkeit auf das Volksgericht und überwies die Vollstreckung in 1. Linie staatlichen Organen ([5],123). Die ganze Materie wurde dann in einem inschr. vollständig erhaltenen Hochverratsgesetz aus dem J. 337/36 v. Chr. neu geregelt ([3]. [4]). Über die *κ. γ.* bei Platon s. [5],124f., über die außeratt. Hochverratsgesetzgebung [5],127. E. B.

1. *J. H. Lipsius* Das att. Recht und Rechtsverf., 1905–1915, 192.374. 2. *Busolt* GStk. 3. *B.D. Meritt*, Hesp. 21, 1952, 355ff. 4. *M. Ostwald*, TAPhA 86, 1955, 103–128. 5. *E. Berneker*, Symbolae Raphael Taubenschlag, 1956, 105ff.

**Katane** (*Κατάνη*, *Catĭna*, vielleicht mit *catīnus* »Schüssel« zusammenhängend). Die berühmte Stadt Siziliens in fruchtbarer Ebene s. des Aetna, h. Catania, gegründet (auf vorher schon von Siculern besiedeltem Boden) 729 von den einige J. vorher in → Naxos angesiedelten Chalkidiern (also Ionern). Über die frühe Gesch. K.s ist nichts bekannt. In der 2. H. des 6. Jh. wirkte in K. der Gesetzgeber → Charondas, Ibykos und Xenophanes besuchten es, Stesichoros fand dort sein Grab. In der 1. H. des 5. Jh. war es den Herrschern von Syrakus unterworfen, → Hieron (1) verpflanzte die Bewohner nach Leontinoi, setzte 10000 Neubürger an und benannte die Stadt → Aitna. Dem *Ἱέρων Αἰτναῖος* gilt die Pindarode P. 1 und das Hyporchema frg. 105f., der neuen Stadt die Tragödie *Αἰτναῖαι* des Aischylos. Nach dem Sturz der Deinomeniden kehrten die alten Bewohner nach K. zurück, und die Aitnaier siedelten um nach → Inessa, das sie in Aitna umbenannten. 425 wurde K. durch einen Lavastrom verwüstet (Thuk. 3,116,1). 415 diente K. – nach anfänglicher Weigerung – den Athenern als Operationsbasis gegen Syrakus, nach ihrer Katastrophe den Überlebenden als Zuflucht. Vor der Rache der siegreichen Syrakusier schützte K. der Einbruch der Karthager, doch wurde es 403 von Dionysios genommen, die Einwohner versklavt und die Stadt mit kampan. Söldner besiedelt, die er aber 396 nach Aitne-Inessa verpflanzte. Danach blühte K. dank der Fruchtbarkeit des Landes wieder auf. 353 bemächtigte sich → Kallippos, der Mörder Dions, K.s, 344 beherrschte es Mamercus, der es Timoleon übergab. Dann hat es gewiß Agathokles gehorcht, 278 als eine der ersten sizil. Städte Pyrrhos aufgenommen und ist 263 von den Römern erobert worden. Danach wohl zum Reiche Hierons II. gehörig, wurde es in der röm. Provinz Sicilia *civitas decumana*. Schwer litt K. im ersten sizil. Sklavenkrieg (um 135) und 123 durch einen Aetna-Ausbruch (die meisten dieser Angaben bei Diod. B. 11.13.14.16.19.22.24.) Über die Ausplünderung der *Catinenses locupletissimi homines* berichtet Cic. Verr. 3,103. 4,50. 99–102. Augustus machte K., das wieder im Krieg mit Sex. Pompeius stark gelitten hatte, zur röm. Kolonie. Von der Blüte der Stadt in der Kaiserzeit zeugen die bedeutenden Ruinen (Mauern, Aquädukte, Badeanlagen, Mosaiken, 2 Theater innerhalb, ein Amphitheater außerhalb der Stadt), die die vielfachen Zerstörungen durch Aetna-Ausbrüche und Erdbeben (bezeugt bes. für 251,1170,1669,1693; 1197 Zerstörung durch Heinrich VI.) überstanden haben. Weite Nekropolen um die Stadt haben seit alters eine große Ausbeute (auch aus der älteren Z.) geliefert. Die zahlreichen, lange bekannten Inschr. (IG XIV 448–566. CIL X 7014–7119. 8312) vermehren sich fortlaufend durch neue Funde, meist in den NSA veröffentlicht. – Die Mz.n von K., zumal die des 5. Jh., sind z. T. von hervorragender Schönheit, s. HEAD $HN^2$ 130–135. K. Z.

*A. Holm* Catanis antica, 1925. *K. Ziegler*, RE X 2473 ff.

**Kataonia** (*Καταονία*). Landschaft im ö. Kleinasien, als s.ö. Teilgebiet von → Kappadokia betrachtet (Strab. 12,535 ff. 14,675. Ptol. 5,6,22 ff. M. Steph. Byz. Plin. nat. 6,9,24. Nep. Dat. 4,1). K. grenzte s. an Kilikien, s.ö. und ö. an die Kommagene und Armenien. Von den wenigen Städten sind nur → Tyana und das s. → Komana (h. Shahr) zu nennen. H. T.

RE X 2478 f. *W. Sieglin* Schulatl. z. Gesch. des Alt., S. 8. Gr. Hist. Weltatl. I, S. 21 a.

**Kataphraktoi** (*Κατάφρακτοι*). Die Anfänge der schweren Reiterei reichen in das 6. Jh. v. Chr. zurück und liegen am Aralsee ([4],264 ff.). Im röm. Heer sind K. seit Hadrian nachweisbar ([3],154, [4],276 Anm. 2). Im Gegensatz zu den → *clibanarii* waren bei den röm. K. oder *catafracti(arii)* bloß die Reiter, nicht auch das Pferd vom Kopf bis zu den Füßen gepanzert ([3],154 f.). A. N.

1. RE III 1783. IV 22. 2. *R. Grosse* Röm. Militärgesch. Bln. 1920, 49. 53. 287. 324. 326. 3. *F. Altheim* Die Soldatenkaiser, 1938, 154 ff. 4. *B. Rubin* Die Entstehung der Kataphraktenreiterei im Lichte der chorezm. Ausgrab. Hist. 4, 1955, 264 ff.

**Katapontismos** (*καταποντισμός*). Herabstürzen ins Meer, im Binnenland in fließendes Gewässer. 1. In archaischer Zeit ein religiöser Akt in Form eines Gottesurteils, der entweder von der verletzten Partei oder von einem ganzen Volk ausging ([1]). Der Schuldige wurde lebend ins Meer geworfen (Zufallsstrafe!). Der *κ.* wurde später als Zeichen früherer barbar. Unkultur aufgefaßt (Isokr. 12,122). 2. Strafe, die den Zweck verfolgte, den Leichnam unbestattet zu lassen. Für die vorgeschichtliche Z. ist der *κ.* als Strafe für Verrat, Mord u. a. (vgl. Paus. 1,44,8. 2,34,7. Soph. El. 508) überliefert, für die geschichtliche Z. gibt es im griech. Rechtsbereich nur vereinzelte Belege (vgl. Diod. 16,35 a. E. Plut. Arat. 44). E. B.

1. *G. Glotz* s. v. Dar.-Sagl. 2. *O. Schultheß*, RE X 2480 ff. s. v.

**Katapulta** s. Geschütze

**Kataskopos** s. Spionage

**Katastasis** (*κατάστασις*). Das Ausrüstungsgeld (→ *aes equestre*), das die att. Reiter (*ἱππεῖς*) einmalig in unbekannter Höhe vom Staat erhielten. Bei der Revision der Reiterliste 403 v. Chr. mußten diejenigen, die unter den Dreißig gedient hatten, ausnahmsweise die K. der Staatskasse zurückzahlen. Lys. 16,6. Harpokr. Suda. Phot. s. v. BUSOLT GStk. 1186. H. V.

**Kataster.** Umfassende amtliche Grundbesitzlisten sind bereits für die landwirtschaftliche Staatsplanung der altoriental. Keilschrift-, Hieroglyphen- und Linear B-Regionen sowie der Achämenidensatrapien bezeugt. Sie sind für die bronzezeitlichen Stadtkulturen Indiens, Chinas und Südsibiriens zu vermuten. Das archaische und klass. Polisgriechenland sowie das altital. Rom hatten das K.-System anscheinend völlig aufgegeben, aber mit der allmählichen Auflösung des Geschlechterbodeneigentums und der Einführung von Individualgrundeigentum seit dem 6. Jh. v. Chr. ein Überwachungsminimum für Grundrechte und Grundsteuern neu eingeführt.

Erst mit der Hellenisierung des Orients seit Alexander d. Gr. tauchen K. und ähnliche Institute von Indien bis Sizilien wieder auf und sind für das hellenist. röm. Äg. und das röm.-republikan. Sizilien in Einzelheiten bekannt. Im gall. Arausio (Orange) der Prinzipatszeit existierte ein K., vermutlich auch anderswo im Provinzialgebiet des Imperium Rom. Diokletian und Konstantin d. Gr. machten dann, unter äg. Provinzialeinfluß, wie die Einschätzungsterminologie zeigt, regionale K. zur allg. Grundlage der spätröm.-byz. Steuerorganisation, die dann das westliche, griech.-orthodoxe und islam. MA. in regional verschiedener, aber oft durchgreifender Weise beeinflussen. F. M. H.

Vgl. Capitatio, Indiktion. *Weiss*, Art. Grundbücher RE Suppl. III, Kataster, Lex Hieronica; *Seeck*, Art. Indictio. *A. Berger*, Encycl. Dict. of Rom. Law, Transact. Amer. Philos. Soc. 43,2 (1953), s. census, lex Hieronica. *A. Déléage* Les cadastres ant. jusqu'à Dioclétien. Ét. de Papyr. 2, 1932, 111 f. *L. Derry – M. Gérard* Le cadastre mycénien de Pylos (1966). *O. Eger* Zum äg. Grundbuchwesen in röm. Z. (1909). *F. M. Heichelheim*, in Historia 2, 1953, 129 f. *M. I. Finley* Stud. in Land and Credit in Anc. Athens, 500–200 B. C. (1951). *A. Grenier* in *Frank* ESAR 3,493 f. 605 f. *A. H. M. Jones* The Later Rom. Emp., 1964, Ind. s. iugatio, milia, millena. *J. Karayannopulos* Das Finanzwesen des frühbyz. Staates, 1958, 43 f. Lidd.-Sc. s. *ἀναγραφή*. *A. Piganiol* Les documents cadastraux de la colonie rom. d'Orange, Gallia Suppl. 16 (1963). *Cl. Préaux* L'économie royale des Lagides, 1939. Ind. s. cadastre. *Rostovčev* Soc. a. Ec. Hell. W., Ind. s. Land. Register, Registration. *Rostovčev* GuW Ind. s. Grundbuch. *L. Ruggini* Economia e società nell'Italia Annonaria, 1961, Ind. s. capitatio, census. *S. L. Wallace* Taxation in Egypt from Augustus to Diocletian, Princ. Univ. St. in Papyrol. 2, 1938, 1 f.

**Katechetenschule.** Alexandrin. Wirkungsreiches Lehrunternehmen im frühchr. → Alexandreia (Nr. 1), erwachsen aus dem freiberuflichen

Weisheitsunterricht einzelner Christen »im Philosophenmantel« und einer rein kirchlichen Lehranstalt zur Unterweisung von Taufanwärtern (K. im eigentlichen Sinne). Die letztere, angeblich »seit alters« (Eus. h.e. 5,10) in Alexandreia (= A.) heimisch, wird gesch. faßbar erst durch die Berufung des jungen → Origenes (204) ins Vorsteheramt (Eus. h.e. 6,3. 8), während ein privates, auch Heiden offenstehendes *διδασκαλεῖον* chr. Gelehrter schon für → Pantainos (um 180) und Klem. Al., in anderer Weise auch für → Iustin. Martyr. in Rom (um 150) bezeugt ist. Unter Orig. erfährt die rein kirchliche K. ihre zukunftweisende Umgestaltung: Indem Orig. die Katechese seinem Mitarbeiter → Heraklas überläßt (215), um auf diesem »Elementarunterricht« sein eigenes gelehrtes *διδασκαλεῖον* aufzubauen (Eus. h.e. 6,15), wird der freie chr. Rel.-Philosoph an ein dauerndes (kirchlich-bischöfliches) Institut gebunden und das phil. (→ Alexandrin. Phil.) wie spekulative (→ Platonismus) Geisteserbe A.s in den Dienst einer werdenden chr. Theologie und Dogmatik gestellt (vgl. das Selbstzeugnis des Orig. nach Eus. h.e. 6,19). Nach der Vertreibung des Orig. aus A. (231) und im Zuge wachsender Kritik an seinen Sonderlehren ist der äußere Glanz der a. K. bald verblichen, bis ihr letzter Vorsteher, Rhodon, sie nach dem pamphyl. Side verlegen mußte (um 400). Gleichwohl sind ohne Orig. und seine Schule weder die Dogmatik der großen Kappadokier noch die w. Schrifttheologie eines → Hieronymus und → Ambrosius denkbar. J. Wi.

1. *J. Simon* Hist. de l'école d'Alex., Paris 1845. 2. *W. Bousset* Jüd.-chr. Schulbetrieb in A. und Rom, 1915. 3. *H.R. Nelz* Die theolog. Schulen der morgenländ. Kirchen, 1916, 28ff. 4. *G. Bardy*, Recherches de sc. rel. 27, 1937, 65ff. 5. *G.H. Ranson* The Anthropology of the Catechetical School of A., 1944. 6. *A. Knauber*, Trierer Theolog. Ztschr. 60, 1951, 243ff. 7. Lex. f. Theol. und Kirche, $^2$1957ff. Bd. 1,323ff. RACh Bd. 1,271ff. Art. Lex. 1965, 113f.

**Kategoria** (*κατηγορία*). In Attika seit Thuk. ein allgemeiner, untechnischer Ausdruck für »Klage«, »Anklage« ([1]. [2]). In Äg. im 1. und 2. Jh. n. Chr. in der Bedeutung »Anklage« überliefert ([3]). E. B.

1. *Lidd.-Sc.* s.v. 2. *Pape* s.v. 3. *Preisigke* Pap. WB. s.v.

**Kategorien** s. Aristoteles Bd. I 586.

**Kategoroi** (*κατήγοροι*). Staatsanwälte. a) In Athen galt der Rechtsgrundsatz, daß jeder im Besitz der bürgerlichen Ehrenrechte befindliche Bürger eine öffentliche Anklage erheben konnte. Eine Ausnahme hiervon galt im 5. Jh. im älteren Eisangelieverfahren (→ *εἰσαγγελία* [1],206) und auch noch im 4. Jh. bei allen Verbrechen, die den Staat selbst gefährdeten ([1],801f.). Die *κ.*, auch *συνήγοροι* genannt, wurden von der Volksversammlung ad hoc zur Vertretung der Gemeinde vor dem Volksgericht erwählt (Aristot. Ath. pol. 42,1. IG II$^2$ 1196. 1205. [2],967). Sie traten stets als kollegiale Behörde auf. b) In Äg. begegnen sie in röm. Z. in *βασιλικαὶ κρίσεις*. Es wurde zwischen öffentlichen und privaten Anklägern unterschieden ([3],467. 547ff.). Das Ressort des Idios logos besaß eigene Anwälte, die aber nicht kollegial auftraten (OGIS 669,39. 41). E. B.

1. *J.H. Lipsius* Das att. Recht und Rechtsverf., 1905–1915, 2. *Busolt* GStk. 3. *R. Taubenschlag* The Law of Greco-Roman Egypt, 1955.



**Katenechyrasia** (*κατενεχυρασία*) bezeichnete die Zwangsvollstreckung (ZV) in das Vermögen. Der Ausdruck lehnt sich an den des vertragsmäßig begründeten Faustpfandes, → *ἐνεχυρασία*, an. **I.** Die ZV wegen öffentlich-rechtlicher Ansprüche. Das zuständige staatliche Organ handelte als Vertreter der Gesamtgemeinde ohne Vollstreckungstitel nach freiem Ermessen, wenn der Leistungspflichtige seinen Verbindlichkeiten gegenüber dem Staat (z.B. betreffs der Straßenreinigungsgebühren: OGIS 484 Z. 59) oder den öffentlich-rechtlichen Körperschaften nicht nachgekommen war (Plat. leg. 12,949 c.d; Antiph. 6, 11). Die ZV führte hier immer zu einer Versteigerung ([4],480). **II.** Die ZV wegen privatrechtlicher Ansprüche. 1. Die gesetzliche Grundlage der *κ.* Die Pfändung war durch Volksbeschlüsse oder Gesetze geregelt (vgl. für Gortyn [1],38, Nr. 7f., für Alexandreia Pap. Hal. 1,236 und für Athen Demosth. 21,10), die unrechtmäßige Pfändungen mit Strafe bedrohten ([3],458). 2. Der Umfang der ZV. Grundsätzlich erfaßte die ZV seit Solon – von öffentlichen und Handelsschulden abgesehen – nur das bewegliche und unbewegliche Vermögen des Schuldners, nicht seine Person ([3], 508ff. S. aber für Äg. [5],103). Die Vollstreckung wegen Geldforderungen und zur Erwirkung der Herausgabe war nur in einzelne, individualisierte Gegenstände, nicht dagegen in ein Vermögen als Einheit oder in einen Betrieb möglich ([3],491). Die Gläubigerinteressen waren mehr oder minder vollkommen gegen Benachteiligung geschützt ([3], 239ff. 454). 3. Die Voraussetzungen der ZV. Das Recht zur eigenmächtigen Pfandnahme, das nach griech. Anschauung aus der Haftung floß, stand dem Privaten nur aus besonderen Titeln zu, bes. nach einem staatlichen oder schiedsgerichtlichen Urteil (Demosth. 21,81), nach gemeingriech. Rechtsätzen wegen Tierschadens und – lediglich gegen den Fremden in weniger beschränktem Maße – auf Grund einer Exekutivurkunde (Rabel, ZRG 36, 1915, 359. Vgl. für Äg. [5],100f.). 4. Die Vollstreckungsorgane. Eines Organs der ZV bedurfte es bei der Privatpfändung nur ausnahmsweise, wenn z.B. zur Aufschließung des Hauses des Schuldners die Anwesenheit des → Demarchos erforderlich war. Seine Beteiligung diente dem uralten Schutz des Hausfriedens des Schuldners (Rabel 361). Soweit die ZV im Amtsbetrieb durchgeführt wurde, ist uns für Alexandreia als Vollstreckungsorgan der → *πράκτωρ* oder sein ὑπηρέτης überliefert, desgleichen ein besonderes Vollstreckungsgericht, die χρηματισταί ([3], 469). Über Vollstreckungsorgane bei der öffentlichen ZV s. [3],474ff. 5. Das Vollstreckungsverfahren. a) Die Privatpfändung. Der Gläubiger nahm sie im eigenen Stadtgebiet (außerhalb nur auf Grund eines Staatsvertrages: [1],86) in Person oder durch einen Stellvertreter vor. Dabei durfte er auch das unverschlossene Haus des Schuldners betreten. Nur ausnahmsweise wurde die Privatpfändung von der Obrigkeit verzeichnet ([3],463f.). b) Die ZV im Amtsbetrieb. Sie ist durch einige Inschr. überliefert, für die Ptolemäerzeit auf dem Lande wahrscheinlich und für Alexandreia sicher bezeugt ([3],465). Die Gerichtsvollzieher verkauften die von ihnen auf Grund von Urteilen gepfändeten Fahrnisse und Liegenschaften im Wege einer Zwangsversteigerung ([3],467. [5],103f.). – In der Kaiserzeit nahm der Gerichtsvollzieher Fahrnissachen dem Schuldner ab, während für Grundstücke ein umständliches bis ins einzelne geregeltes Verfahren vorgeschrieben war ([3],467ff. [4],524ff.). 6. Die Rechtsbehelfe in der ZV. a) Allgemeine: Im Rahmen der privaten ZV wurde der Gläubiger in seiner berechtigten Eigenmacht, der Schuldner gegen deren Mißbrauch durch eine Deliktsklage, δίκη ἐξούλης, geschützt ([3],483). Schon nach dem Recht von Gortyn konnte gegen die Pfändung, wenn sie der Sache oder der Person nach abirrte, Widerspruch eingelegt werden ([3],486ff.), titellose Pfändung machte ersatzpflichtig. Über das Rechtsmittel gegen die einzelnen Akte der amtlichen ZV in Äg., ἀντίρρησις, mit dem auch Rechte Dritter geltend gemacht werden konnten, s. [3],488ff. b) Besondere: In Alexandreia wurde die Exekution durch Erhebung der → ψευδομαρτυρίου δίκη aufgeschoben (Pap. Hal. 1,48.54). 7. Der Schuldnerschutz. In den griech. Pachtverträgen wird der Schuldner gelegentlich durch Vorschriften über die Reihenfolge, in der der Gläubiger die gepfändeten Vermögensstücke zu verkaufen hat, geschützt ([3],481). In manchen Ordnungen wurden zur Schonung seiner wirtschaftlichen Existenz hinsichtlich einzelner beweglicher Sachen Pfändungsbeschränkungen erlassen, so z.B. in Gortyn ([1],38 Nr.7) und in Äg. ([3],482. [5],103). E. B.

1. *J.Kohler–E.Ziebarth* Das Stadtrecht von Gortyn, 1912. 2. *J.H.Lipsius* Das att. Recht und Rechtsverf., 1905–1915, 222.664. 3. *E. Weiß* Griech. Privatrecht, 1923, 455ff. 4. *R.Taubenschlag* The Law of Greco-Roman Egypt, 1955, 524ff. 5. *E.Seidl* Ptolem. R.-Gesch., 1962, 99ff.

**Katengyan** (κατεγγυᾶν). 1. Vom Beklagten für dessen Gestellung vor Gericht Bürgen fordern ([1],708. S. auch PREISIGKE Pap.WB. s.v. [2]). Dieses Recht stand dem Kläger bei Einleitung eines Verfahrens gegen Nichtbürger sowie in Athen bei 3 öffentlichen Klagen (→ ἀπαγωγή, ἐφήγησις und → ἔνδειξις) auch gegen Bürger zu ([1],811f.).



2. Beschlagnahmen ([1],708. S. auch PREISIGKE Pap.WB. s.v.). E. B.

1. *J.H.Lipsius* Das att. Recht und Rechtsverf., 1905–1915. 2. *E.Seidl* Ptolem. R.-Gesch., 1962, 9.90.

**Kathaioi** (Καθαῖοι). Indischer Volksstamm im Panjāb, nach Arr.an. 5,22 ö. des Hydraotes (Hyarotis Strab.15,694.697.699; h. Ravi) ansässig. Onesikritos (FGrH 134 F 21) berichtet über mehrere Sitten dieses Stammes, wie Witwenverbrennung, Prüfung der neugeborenen Kinder auf Lebensfähigkeit, gegenseitige Wahl der Brautpaare u.a., während Diod.17,91,2 nur die Witwenverbrennung den K., die anderen Sitten dem benachbarten Volke des Königs → Sopeithes zuschreibt, ebenso Curt. 9,1,24–26. Über die Unterwerfung der K. durch Alexander d.Gr. s. Arr. a.O. Curt. 9,1,22f. Polyain. 4,3,30. G.-D. S.

*Kroll*, RE X 2512.

**Katharmos** (καθαρμός). »Reinigung«, »Sühnung« (als Reinigungsritus und Reinigungsmittel, dieses auch καθαρμά genannt). Etym. ungeklärt, vielleicht vorgriech., FRISK 752. Das Wort κ. bei Hom. und Hes. nicht belegt, was aber nicht besagt, daß κ. nicht bekannt waren (wie P. STENGEL, H 41, 241 meinte). Das Waschen der Hände vor Gebet und Opfer (Hom.Il.1,449. 6,266ff. usw.) ist z.T. als κ. zu verstehen. Die Abwaschung des Heeres und das Hinausschütten ins Meer (Hom.Il.1,313f.) stellt einen klaren Fall von κ. dar, ebenso die Zeremonie des Odysseus (Od.22,478ff., κακῶν ἄκος!). Schwefel und Wasser spielen auch bei der Reinigung des Opferbechers (Hom.Il.16,228ff.) eine Rolle. Freilich tritt das kathart. Element in der hom. Religion weiter zurück. Man beachte Hes. erg.737ff. Im Denken des Empedokles nimmt es einen breiten Raum ein; κ.-οί hieß ein Dichtwerk des Emp. Auch bei den Trag. (z.B. Aisch. Choeph. 964ff., Eum. 277ff. Soph.Oid.T. 1228ff., Oid.K. 460ff.; Eur.Iph.T.1039ff.1177ff.) von großer Bedeutung. Plat. (Phaidr. 243 A.; Krat. 405 A u.a.) spricht über κ. und verbindet ihn (Phaid. 82 D,; polit. 364 E) mit λύσις bzw. (Phaidr. 244 E) mit τελεταί, was interessante Zusammenhänge mit Eleusis zu zeigen scheint. Plat. interpretiert den κ. in seinem Sinne und deutet damit um (vgl. bes. polit. 364). Im alten Sinne etwa Hdt.7,197. – Sonst vgl. Spezial-Lexika. – Der Gedanke des κ. ist analog an das natürliche Erleben, Schmutz zu meiden bzw. sich von ihm zu reinigen, entstanden. Schmutz im nicht-profanen Bereich ist entweder natürlicher Schmutz, der aber zur Ehre der Gottheit nicht paßt, oder Befleckung (im sittlichen oder orendistischen Sinne). Vorhandene Befleckung soll durch κ. beseitigt und vor künftiger geschützt werden (vgl. HERZOG, ARW 10,400ff.). Dazu dienen neben den ausgebildeteren Formen (vgl. Emp.), wie Sprüchen, auch Lärm, Tanz, Gebärden, Handauflegung, Amulette, Umgang, Herumtragen von Tierfellen, Salz, Blut u.a. Wasser, Schwefel und Feuer sind von großer Bedeutung (vgl. die zahlreichen einschlägigen Bildungen mit *περί* wie *περικαθαίρω*, *περιαγνίζω*, *περιρραίνω*, *περικαπνίζω* u.v.a.). Bes. wichtig erscheint die Reinheit der Priester(innen) (vgl. [1]); so war z.B. manchen Priestern der Kontakt mit Gräbern u.a. verboten; für den Fall einer Verunreinigung waren im Sinne einer Reinigungskasuistik Opfer als *κ.* vorgeschrieben, z.B. für die Demeter-Priesterin in Olympia ein Ferkelopfer (vgl. NOCK, Harvard Stud. in CPh 63, 1948, 417f.). Geburt und Tod (kaum Menstruation, vgl. [4],94), Krankheiten und Aussätze, aber erst recht Bluttaten forderten *κ.* – War Emp. selbst Vertreter von *κ.*, stellen sich spätere Philos. (Epikur.) der Frage gegenüber anders ein; ein repräsentatives Beispiel ist Theophr., der aus 2 Gründen (Wesentlichkeit innerer Reinheit – Verbot von Tieropfern) *κ.* sehr kritisch betrachtete (bes. Frg. 9 und Frg. 18 aus Theophr. *περὶ εὐσεβείας*, Philos. Antiqua 11, 1964). W. P.

1. *E. Fehrle*, RVV 6, 1910. 2. *Th. Wächter*, RVV 9, 1910. 3. *S. Eitrem* Opferritus und Voropfer der Griech. und Römer, 1915. 4. *Nilsson* GgrR $1^2$, 1955, 89ff.

**Katharsis** (*κάθαρσις*). Im Sinne von → *καθαρμός* etwa Hdt. 1,35. Diskussion des Begriffes bei Plat. mit Umdeutung und Systembildung (Plat. soph. 226 C ff.). K. bzw. *καθαρμός* als *διάκρισις* im Bereich des Leibes, der von *αἶσχος* und *νόσος* befreit werden soll, und der Seele, die es gilt, von *πονηρία* und *ἄγνοια* freizumachen, aufgefaßt. Als *διάκρισις* erscheint K. auch bei Aristot. poet. 1449 b 27f., wo die Tragödie *κ.* *τῶν τοιούτων παθημάτων* durch *φόβος* (»Schauder«, vgl. auch [3],49ff.) und *ἔλεος* (»Jammer«, vgl. auch [3], 51ff.) bewirken soll. Obwohl *πάθος* und *πάθημα* ziemlich syn. verwendet werden, dürfte im letztgenannten Ausdruck doch die Disposition eines Menschen zu Affektionen stärker hervorgehoben werden (vgl. Aristot. 1342 a 11ff. R. STARK, Zetemata 8, 1954, 43. W. SCHADEWALDT, H 83, 1955, 151). Ebenso sind Schauder und Jammer nicht die einzigen *παθήματα*, welche das Leib-Seelegefüge belasten und daher in irgendeiner Form bewältigt werden müssen. Nicht um Veredelung, sondern um Abreaktion handelt es sich in der aristot. Formulierung (1449 b 27f.). Die Vorstellung geht von medizin. Erwägungen einer Erleichterung von Überschüssigem (Aristot. 864 a 30ff.) durch gelenkte Erregung aus ([3],60f.). Der Genetiv (*τῶν ... παθημάτων*) ist (nach Porph. z. Ptol. p. 65,13, vgl. [1],90 und durch die medizin. Vorstellung) als Separationscasus zu verstehen. [2] scheint allerdings zu weit zu gehen, wenn er die aristot. *κ.* als bloß medizin. Phänomen verstanden wissen will. Die *κ.* ist vielmehr nach Aristot. ein lustvoller (1342 a 15) Vorgang befreienden Verströmens von Affektionen, welche sonst eine schädigende Wirkung haben könnten. – Den noematischen Prozeß der Reinigung mit dem Ziele der ekstatischen Schau in der *ἕνωσις θεοῦ* stellt die *κ.* im Denken des Plot. dar (J. TROUILLARD La Purification plotinienne, 1955. J. M. GARRIDO LUCENO Vernunft und K. bei Plot., Diss. München 1962). W. P.

1. *F. Dirlmeier*, H 75, 1940, 81ff. 2. *H. Flasher*, H 84, 1956, 12ff. (vgl. Gn 31, 1959, 210). 3. *M. Pohlenz*, H 84, 1956, 49ff. 4. *C. W. van Boekel* Katharsis, Diss. Utrecht 1957.

**Katholikos** (*Καθολικός*). Möglicherweise seit Beginn des 3. nachchr. Jh., sicher aber seit dessen Mitte belegter Beamter der Verwaltung Äg., der das Staatsland wie die kaiserlichen Privatgüter zu verwalten hatte; außerdem erhielt er Aufsichtsrecht in allen Finanzfragen. Der K., lat. Regionalis, unterstand damals dem Regionalis der ö. Reichshälfte. W. H.

**Katoikos.** Wichtigste verfassungsrechtliche Bezeichnung in den klass. griech. Polisgebieten für freie Einwanderer, die das Normalrecht für territorialen Daueraufenthalt mit Berufsausübung, aber ohne Sonderprivilegien für sich und ihre Nachkommen erworben hatten. Im 4. Jh. v. Chr. gehörte wahrscheinlich bereits die Mehrheit aller freien Hellenen zu diesen Polisklassen. Spätestens mit Aristot. werden K. und verwandte Ausdrücke verfassungsrechtlich auch für urspr. eingewanderte Siedler in Dorfterritorien, bes. im hellenist. Orient, verwendet, eine für Sonderprivilegien in Zukunft wichtige griech.-röm. Terminologie, die mit der Constitutio Antoniniana von 212 n. Chr. allmählich verschwindet, soweit sie nicht chr.-theolog. und völlig vergeistigt weiterlebt. F. M. H.

Vgl. mit Bibliogr. RE *Oertel*, Art. Katoikoi. *H. Braunert* Die Binnenwanderung. Bonn. Hist. Forsch. 26, 1964, Ind. s. Katöken, Katökenqualität. *F. M. Heichelheim* An Anc. Econ. History 2, 1964, 126f. *G. W. Lampe* A Patristic Greek Lex. Fasc. 3 (1964), s. *κατοικεσία*, *κατοικέω*, *κατοίκησις*, *κατοικία*. *M. Th. Lenger*, Corp. des ordonnances des Ptolémées. MAB 57,1 (1964), Ind. s. *κατοικεῖν*, *κατοικία*, *κατοικικός*, *κάτοικος*. Lidd.-Sc. s. *κατοικεσία*, *κατοικέω*, *κατοίκησις*, *κατοικία*, *κατοικικός*, *κάτοικος*, *κωμοκάτοικος*, *νέοικος*, *νεοκάτοικος*. *Rostovčev* Soc. a. Ec. Hell. W. Ind. s. *κατοικίαι*, *κάτοικοι*, *κατοικοῦντες*. *Rostovčev* GuW Ind. s. *κάτοικοι*.

**Katoptai** (*κατόπται*). In Boiotien Kontrollbeamte für die Rechenschaftsablage der Beamten, wie die att. Euthynoi, in Akraiphia (IG VII 4130. 4131. 4144), Lebadeia (IG VII 3037,88f. mit dem *κατοπτικὸς νόμος*), Orchomenos (IG VII 3171–3173. 3202), Oropos (IG VII 303), Tanagra (E. SCHWYZER Dialect. Graec. exempla epigr. 1923, 485), Thespiai (IG VII 1740–1742), Thisbe (SCHWYZER 462). H. V.

*M. Feyel* Contribution à l'épigr. béot., 1942, 40.

**Katoptromanteia** s. Mantik

**Katoptron** s. Spiegel

**Katreus** (*Κατρεύς*). (Benannt nach der kret. Stadt Katre). Sohn des Minos und der Pasiphae (Krete) Apollod. 3,7, oder eines jüngeren Minos, Diod. 4,60,4. Er kam von der Hand seines Sohnes → Althaimenes um (Hildebrandmotiv), Apollod. 3,12ff. Töchter des K.: → Aerope, Apemosyne,

Klymene, Apollod. epit. 2,10. 6,8. Während Menelaos der Beisetzung seines Großvaters K. beiwohnt, entführt Paris Helene, ebd. 3,3. H. v. G.

**Kattabaneis** (*Καττταβανεῖς* Strab. 16,768, *Κοτταβανοί* Ptol. 6,7,24, *Catapani* Plin. nat. 6, 153) sind die Bewohner des südarab. Landes Qatabān (*Καττταβανία*), das nach Eratosth. bei Strab. a. O. das ganze Hinterland s. von Saba bis zur Meerenge einnahm. Die Landeshauptstadt war Tumnaʿ (Plin. *Thomna*, Ptol. *Θούμνα*, Strab. *Τάμνα*). Ihre Herrscher nannten sich in der älteren Zeit Priesterfürst (*mukarrib*), seit Yadīʿʾab Ḏubyān, Sohn des Šahr (4. Jh. v. Chr.), König (*malik*). Der Volksgott der K. war ʿAmm. Zur Zeit Theophr.s, der wahrscheinlich die Verhältnisse um 323 v. Chr. beschreibt, noch unter der Vorherrschaft der Sabäer (→ Sabaioi), wurden die K. nach Eratosth., also 1 Jh. später, jenen ebenbürtig, gegen E. des 1. Jh. v. Chr. bedeutungslos und schließlich, wohl um 200 n. Chr., ganz in das Sabäerreich integriert. A. D.

*J. Pirenne* Le Royaume Sud-Arabe de Qatabân et sa Datation (Bibliothèque du Muséon, Vol. 47), Löwen 1961.

**Kattigara** (*Καττίγαρα*). Erst von Ptol. 1,11,1. 17,4. 23 M. Marc. Heracl. 1,46. GGM I p. 538 M.) erwähnter Hafenplatz SO.-Asiens, ein *ὅρμος τῶν Σινῶν*. Der Name der *Σῖναι* weist K. in den Bereich des Golfs von Tonking, des alten *Μέγας κόλπος* (s. RE Suppl. X 385 ff.) oder *Σινῶν κόλπος* (ebd. III A 221), wie ihn Marc. selbst und auch Ptol. 7,3,3 nennen. Er war die S.-Grenze der *Σῖναι* und bedeutete nach ant. Vorstellung um 200 n. Chr. das ö. E. der *Οἰκουμένη*. In seinem Bereich kann nur das h. Hanoi an der Mündung des Song-koi für das alte K. in Frage kommen, das vorher nicht nachweisbar ist. Nach F. v. Richthofen (s. u. Lit. Herrmann RE) entspricht es dem alten Kiau-tschi (von Marco Polo Kau-tscheh genannt). Nach späteren chines. Berichten (7.–10. Jh. n. Chr.) nahmen alle Könige der S.-Meere, die seit der Han-Zeit kamen, um dem Kaiser ihre Verehrung zu erweisen, ihren Weg über Kiau-tschi-Hanoi. Äg. Seefahrer in röm. Dienst drangen E. 2. Jh. n. Chr. bis K. vor, das den Mittelpunkt eines ausgedehnten Handels bildete, dessen Hauptträger wohl die Sabäer des s. Arabiens waren. Zweifellos hat man auf dem Wasserwege auch Seide aus China bezogen, aber nur Wildseide von der Schantung-Halbinsel (→ Nearchos), während die aus dem w. O.-Asien (Prov. Sze-tschwan) stammende echte Seide über die Karawanenstraßen durch O.-Turkestan nach dem W. gelangte (Seidenstr.).

Trotz der späten Erwähnung K.s in der ant. Lit. muß es schon lange vorher entdeckt gewesen sein, und zwar durch die weiten Fahrten der Araber und der seetüchtigen Bewohner von Taprobane (Ceylon) bis O.-Asien. Dem → Nearchos wurden nach seinem Bericht bei Strab. 15,693 die ser. Stoffe erstmalig über den Seeweg bekannt. Als sicher kann die Identifizierung von K. mit



Hanoi nicht gelten. Weiter n., wenn auch außerhalb des *Μέγας κόλπος*, erfüllt das am Flusse Sikiang gelegene Kanton (Kwang-tung) alle Bedingungen für einen guten Handelshafen, und Araber und Perser sind jedenfalls im 3. Jh. n. Chr. bis dahin gekommen, weshalb es, zumal bei der wenig durchsichtigen Topographie S.O.- und O.-Asiens, bisweilen für K. in Anspruch genommen worden ist (Oxf. Dict.). Ausscheiden muß eine Lokalisierung von K. an der Mekong-Mündung. H. T.

*A. Herrmann*, RE XI 46 ff. mit Lit. Oxf. Dict., S. 175 (mit Lit.). *A. Forbiger* HB der alten Geogr. 479. Gr. Hist. Weltatl. I, S. 9 a.

**Katze,** *αἴλουρος* (*αἰέλουρος* Hdt., Aristoph.), *f(a)eles, f(a)elis*. I. Wildkatze (Felis silvestris): Die wenigen vorchristl. Zeugnisse (und alle von ihnen abhängigen) beziehen sich auf die Wild-K., und ihre späten ersten Erwähnungen (Soph. Ichn. 269. Aristoph. Ach. 879) zeigen, daß sie urspr. in Griechenland und Italien so wenig heimisch war wie bei den Schweizer Pfahlbauern und dänischen Kjökkenmödingern. Ihre Heimat ist Afrika, bes. Äg. und Nubien. Südital. Mz.- und Vasenbilder zeigen ein erstes Vordringen nach N., aber erst seit Varro (rust. 3,11,3. 12,3; vgl. Col. 8,3,6. 14,9. 15,1. Babr. fab. 17. Geopon. 13,6. 14,4) erscheint die K. als Gefahr für Hühnerhof, Entenbrut und Hasenhege. Theophr. (Aristot. hist. an. 612 b 15) nennt sie »Vögelfresser« (*ὀρνιθοφάγος*); Plin. nat. 10,202 zeichnet sie, wie sie Vögeln und Mäusen auflauert. Als heimtückisch und schlau gilt sie auch in der Fabel (Aisop. fab. 7. 16. 81 Hausr. Phaedr. 2,4; wie der → Fuchs ist sie dabei nicht immer erfolgreich). Eigentlich zool. Nachrichten sind äußerst mager (Begattungsweise: Aristot. a. O. 540 a 10. Plin. 10,174; lebende Junge, 6 J. Lebenszeit: Aristot. 580 a 24. Plin. 10,179; Leuchten der Augen bei Nacht; rauhe Zunge: Plin. 11,151. 172). – II. Haus-K. (Felis ocreata domestica), wahrscheinlich Abkömmling der in N.-Afrika heimischen wilden Falb-K. (F. ocreata). Ihre Domestizierung fand sehr früh in Äg. statt, spätestens im 3. Jt. Sie war das heilige Tier der Göttin Bast von Bubastis, aber auch andernorts verehrt (Hdt. 2,66 f. Diod. 1,83. Cic. Tusc. 5,78. Ov. met. 5,330. Plin. 6,178), infolgedessen streng gegen Tötung geschützt, wurde von eigenem Kultpersonal gewartet (*αἰλουροβοσκός* PSI 4,440,2, 3. Jh. v. Chr.) und nach ihrem Tod betrauert und mumifiziert (vgl. Schrader bei Hehn 472). Wenn auch die Mumien angeblich keine Domestizierungsmerkmale aufweisen (Brehm 117), so durfte die Entwicklung der K. zum Haustier doch hier ihren Ausgang genommen haben. Welche Verbreitungswege sie von da aus genommen hat, ist noch unerforscht. Ihre Verwendung als Haustier in Europa bezeugt zuerst Martial. 13,69; Pallad. 4,9,4 (4. Jh.!) empfiehlt sie zur Abwehr von Mäusen (und Maulwürfen?). Hier und Anth. Lat. 181. 375 begegnet die Bezeichnung *cattus*, unter der die Haus-K.

später den Orientalen (vgl. Evagr. Scholast. 4,23, um 600) und – wohl durch die Völkerwanderung – den mitteleurop. Völkern bekanntgeworden ist. Vermutungen über nubische Herkunft des Wortes sind unsicher (WALDE-HOF.³ 1,183). W. R.

*Hehn* Kulturpfl.⁸ 463ff. *Schrader* ebd. 472ff. *Keller* Ant. Tierwelt 1,73ff. *Brehm* Tierleben 12.111ff. *Sittl*, ALex. 5,133ff. *Schrader* Reallex. 1²,564f. *Gainéau* Ztschr. für rom. Philol., Beih. I 5. *Robinson* Genetics of the domestic cat (1959). *Dale-Green* Cult of the Cat (1963).

**Kauf - Verkauf** s. emptio-venditio

**Kaukana** (*Καύκανα λιμήν*). Nur von Ptol. 3, 4,7 und Prok. bell. 3,13 erwähnter Hafenplatz an der S.-Küste Siciliens, h. Porto Langobardo beim Capo Scalambri, 60 km w. vom Pachynos, 80 km (nicht nur 200 Stadien, wie Prok. angibt) wsw. von Syrakus. Einen Salzsee *lacus Cocanicus in Sicilia* erwähnt Plin. nat. 31,73.79. K. Z.

**Kaukasa** (*Καύκασα*). Hafen an der N.-Küste von Chios, Hdt. 5,33,1; *Καυκασεῖς* in einer Inschr. aus Marmaron, dem Hafen von Kardamyli, G. ZOLOTAS, *Ἀθηνᾶ* 20, 1908, 189f. = REG 3, 1890, 212 = SGDI 5654, ferner ABSA 55, 1960, 187f. SEG 19,575. Apollon Kaukaseus und Artemis Kaukasis in Erythrai SGDI 5692b = Syll. III³ 1014a,19f. E. M.

*Bürchner*, RE III 2292,59ff.

**Kaukasiai Pylai** (*Καυκάσιαι Πύλαι*). Ein Paß des → Kaukasos, nur bei Plin. nat. 6,30, mit der h. Grusin. Heerstraße ident., bei Ptol. 5,8,9 M. *Σαρματικαὶ Πύλαι*. H. T.

*Mittelhaus*, RE XI 58.

**Kaukasos** (*Καύκασος*). Hochgebirge zwischen dem Schwarzen und dem → Kasp. Meer, Name bis h. bewahrt. Durch die vielen griech. Kolonien am Pontos den Griechen in großen Zügen schon früh bekannt, zuerst lit. erwähnt bei Aischyl. Prom. 422. 719. In der röm. Z. kam Pompeius E. des 3. Mithr. Krieges (65 v. Chr.) mit den Bergstämmen des K. in Berührung. Hdt. 1,203 u. ö. Ptol. 5,8,13 M. Mela 1,81.109. Plin. nat. 5,98. 6,46. Eingehende Darstellung des K., den die einheim. Bevölkerung *Κάσπιον ὄρος* nannte, bei Strab. 11, 497–499. 506. Ein Teilabschnitt des K. waren im O. die *Κεραύνια ὄρη* (s. RE XI 269). Der K. schied nicht nur die Welt der Skythen von den idg. Völkern Vorderasiens, sondern galt auch als Grenze zwischen Asien und → Europa, hier nach Hekat. bes. der Fluß Phasis (h. Rion), hinter dem sich n. unmittelbar die steil zum Pontos abfallenden *Coraxici montes* (Plin. nat. 6,39 s. RE Suppl. VII 335), der w. Teil des K., erhoben. Außer den → *Καυκάσιαι Πύλαι* verlief der wichtigste Durchgang als Küstenstraße am Kasp. Meer am h. Derbent vorbei, die *Ἀλβάνιαι Πύλαι* des Ptol. 5,8,9, die auch bei Hdt. 1,103 vorliegen und zeitweilig zu einer wirklichen n.-s. gerichteten Völkerstraße skyth. Stämme wurden. H. T.

*A. Herrmann*, RE XI 59. *K. Müllenhoff* DA 3,97. *H. Treidler* RE IX A 80ff., 40ff. Suppl. IX 1433.

**Kaukon** (*Καύκων*). Eponymer Landesheros der → Kaukones. Entsprechend der ant. Lokalisierung dieses Volkes heißt er Sohn des Arkas (Sch. Hom. Od. 3,366) oder des Lykaon (Apollod. 3,97), Sohn des Poseidon (Ail. 1,24) nach dem triphyl. Kultmittelpunkt auf dem Samikon (Strab. 8,343). Nach eleusin.-att. gefärbter Überlieferung soll er als Sohn eines Kelainos aus Attika stammen und die eleusin. Weihen nach dem messen. → Andania gebracht haben, Paus. 4,1,5ff. Ein Mann, der eine Lyra hielt, schmückte sein Grab in dem triphyl. Lepreon, das sein Sohn Lepreus erbaut hatte, Paus. 5,5,5ff. Strab. 8,345. Als Hierophant soll er Epameinondas nach der Schlacht von Leuktra erschienen sein und die Herstellung Messeniens und seiner Städte gefordert, auch dem Strategen der verbündeten Arkader verraten haben, wo die Bleirolle mit den alten Satzungen der andan. Weihen zu finden sei, Paus. 4,26,6ff. Bei der Gründung von Megalopolis wurde auch ihm geopfert, Paus. 4,27,6. H. v. G.

*v. Wilam.* GldH 2,530ff.

**Kaukones** (*Καύκωνες*). Früh verschollene Volksstämme in der w. Peloponnes und am Schwarzen Meer. **1.** Die Erwähnung dieses Volkes in der Od. 3,366 – am Abend vor Telemachs Abschied von Nestor entfernt sich Mentor-Athena, um angeblich am nächsten Morgen zu den benachbarten K. zu gehen – gab Logographen und Homererklärern Anstoß, ihre Wohnsitze zu bestimmen. Die Ergebnisse dieser Unt.en liegen uns bei Strab. 7,321f., 8,342ff. 353. 355 vor. Danach saßen sie vorzugsweise in → Triphylien (Grab des → Kaukon in Lepreon), stießen aber auch nach Arkadien und Messenien vor. → Antimachos bezeichnete sogar das westachäische Dyme als kaukon. (Sch. Lykophr. 571), wohl nach dem dortigen Bache Kaukon. Hekataios betrachtete die K. als ungriech.; in diesem Sinne war es »boshaft« (BÖLTE, RE), wenn Hdt. 1,147 die Nachkommen des Neleus *Καύκωνας Πυλίους* nannte. **2.** Ähnlich steht es mit den K. am Schwarzen Meer. Il. 10,429 zählt Dolon sie unter den troischen Hilfsvölkern auf. 20,239 rettet Poseidon Aineias vor Achilleus in das Lager der K. Strab. 8,345 u. a. setzen sie in Bithynien an. Nach KRETSCHMER Einleitung in die griech. Sprache 207 sind sie mit den Phrygern verwandt. H. v. G.

**Kaulonia.** Griech. Kolonie an der O.-Küste Bruttiums, in »Italia«, n. Lokroi, durch Hekat. FGrH 1 F 84, Mz. (HEAD HN² 92ff.), Ausgrabungsbefund (ORSI, Caulonia 1916) für das 6. Jh. v. Chr. nachgewiesen. Myth. Gründung durch Kaulos, Sohn der Amazone Kleite (Serv. auct. Aen. 3,553; vgl. Sch. Lykophr. 996.1002. Etym. m. 517,54. Suda s. v.) wegen des Namens Kleite bedeutsam. K. wurde gegen E. 7. Jh. von Krotoniaten (Skymn. 319. Steph. Byz. s. *Αὐλών*. Solin. 2,10) unter einem achaiischen Oikisten Typhon von Aigion (Paus. 6,3,12; Achaier: Strab. 6,261) gegründet, war einer der Wirkungsplätze des Pythagoras (Apollon.mir. 6. Iambl. v. P.142), mit Kroton und Sybaris im Bunde (Pol. 2,39,6), wurde 389 von Dionys. I zerstört, der das Land Lokroi gab (Diod.14,106,3). K. wurde bald – vermutlich von Lokroi (Serv.auct. a.O.) – wieder aufgebaut, wird jedenfalls 357 erwähnt (Plut. Dion 26,4), litt 277 unter den kampan. Söldnern (Paus.), und kam trotz seiner Lage (Pol.10,1,4) im 2. pun. Kriege glimpflich davon (Liv. 27,12,6. 15,8. 16,9. Plut. Fab. 22,1. App.Hann. 49). Zu Strabons Z. war es menschenleer (Strab. a.O.; vgl. Mela 2,4); Plin. nat. 3,95 kennt nur noch *vestigia;* Straßenstation Tab.Peut. VII 2 u.a. Seit Hekat. leitete man in irriger Volksetymologie den Namen von den Tälern (αὐλῶνες) rings um K. her (Skymn. 320ff. Strab. a.O. Etym.m.170,7. Eust. Il.734,487. K. heißt bei lat. Autoren *Caulo* (Liv. 27,15,8. Plin. nat. 3,95f. Verg.Aen. 3,553. Ov.met.15,705. Tab. Peut.). G. R.

*Nissen* It. Ldk. 2,950f. *Orsi* Caulonia 1916. *Dunbabin* Western Greeks 27f. *Bérard* La colonisation Grecque ecc.[2] 158f. 290. 365. *v. Stauffenberg* Trinakria 66f.

**Kaunos. 1.** Eponym der kar. Stadt K., bekannt durch blutschänderische Liebe zu seiner Zwillingsschwester → Byblis. H. v. G.

*E. Rohde* Der griech. Roman. [4]1960, 95,1. 101,1. *H. Tränkle* Elegisches in Ov.met., H 91, 1963, 460ff.

**2.** K., Alte Küstenstadt im s.ö. Karien am Flusse Kalbis (h. Taliani, Aschaj), Ruinen, h. durch Küstenverschiebung 8 km vom Meere entfernt, nahe dem h. Taliáni, von Hdt.1,172ff. beschrieben. Einwohner (*Καύνιοι*), unbekannter Herkunft, waren in der Sprache den → Karern angeglichen, aber in den Gebräuchen völlig gesondert, vielleicht die eigentl. Urbewohner. Vgl. Thuk. 1,116. Strab.14,651f. Mela 1,83 u.a. Trotz ungesunder Lage (Strab. a.O.) erlangte K. wirtschaftliche Bedeutung. Nach Zerstörung (546 v.Chr.) wurde K. später Glied der att.-del. Symmachie, war beteiligt an den Ereignissen des J. 395 (Konon) und kam 189 unter röm. Einfluß. Zwistigkeiten mit dem ö. benachbarten → Kalynda im J. 163. In der nachchr. Z. war K. ein *oppidum liberum* (Plin.nat. 5, 104). Inschr. Mz. H. T.

RE XI 86–88. *A. Forbiger* HB d. alten Geogr., 223. Gr. Hist. Weltatl. I, 14b.

**Kausia** (*καυσία*). Kopfbedeckung der Makedonier gegen die Sonnenhitze (*καῦσις*), breit ausladend, vermutlich aus Leder oder Filz (zuweilen mit Kinnband). Zum Nachweis der von Studniczka [1], T. 2 erkannten K. vgl. z.B. Mz.en des Antimachos von Baktrien [1],72 Abb. 6. [3], Abb. 6. [5], T. 6,30 mit Königsbinde (*κ. διαδηματοφόρος*, Plut. Ant. 54,8), das Relief aus Aiane in Makedonien [3], Abb. 2. [6], T. 23, K 56, S. 27 und 79 mit Anm. 43 mit pilzähnlicher Kopfbedeckung (vgl. Plaut.Trin. 851). Wahrscheinlich auch der stark ergänzte Marmorkopf des → Euthydemos von Baktrien im Mus. Torlonia [3], Abb. 3. [7],74, T. 29. Die Vermischung mit Petasos, *pileus multiformis,* u.ä. bei [3] und [2] ist offenbar unerlaubt s. [4]. Nach Athen. 12,537 e trug Alexander d.Gr. für gewöhnlich die K. mit *διάδημα βασιλικόν.* H.S.

1. *F. Studniczka,* IDAI 38/39, 1923/24. 2. *A. v. Netoliczka,* RE XI 89ff. 3. *E. Wuescher-Becchi* Bull. Com. 32, 1904, 93ff. 4. *P. Wolters,* MDAI(A) 15, 1890, 196 Anm. 5. *Imhoof-Blumer* Portraitköpfe auf Münzen, 1885. 6. *H.Biesantz,* Thessal. Grabreliefs, 1965. 7. *L.Laurenzi* Ritratti Greci, 1940.



**Kauter** (*καυ[σ]τήρ[ιον], cauter(ium)*). Das Brenneisen der ant. Ärzte aus Eisen oder Kupfer, gerade geformt, wurde zum Gebrauch bis zur Weißglut erhitzt. K. heißen ferner die Brenneisen, mit denen Sklaven (Lukian. pisc. 46: Zeichen Fuchs oder Affe) bzw. Vieh (Strab. 5,215: Zeichen Wolf) gebrandmarkt oder Gefangene gefoltert wurden (Iuv. 14,22), sowie die Brenneisen der Maler. W. H. G.

**Kauterisation.** Medizin. Brennung an bestimmten Körperstellen mit glühend heißen oder ätzenden Stoffen oder mit dem Brenneisen (*καυτήρ*). Diese letztere Methode ist offenbar uralt und stammt wohl aus primitiv-mag. Kulturen (vgl. Hdt.1,75 für die Skythen). Sie hat bereits die sich entwickelnde frühgriech. Medizin in gewissem Grade diskreditiert, welcher das »Schneiden und Brennen« z.B. bei Heraklit (B 58) polemisierend vorgeworfen wird (heftiger Widerstand gegen so »grausame« Methoden auch bei den Pythagoreern). Nichtsdestoweniger war die K. mit dem Brenneisen ein beliebtes Therapeuticum mit einer großen Indikationsbreite, auf der Basis humoraler Vorstellungen (Säfteableitung, Neutralisierung schädlicher Säfte, Austrocknung usw.). Im MA. gab es sogar einen ganzen »Brennstellen«-Codex (entspr. Körperabb. hsl. erhalten). Neben dem Brenneisen wurden gelegentlich auch ätzende Stoffe, sog. *caustica* (natron- und kalihaltige Substanzen, Kupferverbindungen u.a.) zur K. verwendet. F. K.

**Kaystros** (*Κάϋστρος*). **1.** Fluß im w. Kleinasien, h. Karasan, türk.: Kütschük Menderes, entspringt s. von Sardes auf dem Gebirge Tmolos (h. Bouz Dag), mündet n. von Ephesos ins Äg. Meer; Skyl. 98 (GGM I p.72 M.) Hdt. 5,100. Strab.13,620f. 14,650. Arr.an. 5,6,7. Ptol. 5,2,6 M. Mela 1,88. Plin. nat. 5,115. *Castur* Tab. Peut. **2.** Fluß in Phrygien, an dem die Stadt → *Καΰστρου πεδίον* (2) lag (s. Gr. Hist. Weltatl. I, S. 14b und 16e). H. T.

RE XI 100f. *W.M. Ramsay* The histor. geogr. of Asia Min. 104, 371. 431 u.ö. Gr. Hist. Weltatl. I, S. 13b.

**Kaystru pedion** (*Καΰστρου πεδίον*). **1.** Das vom Kaystros (1) durchströmte flache, fruchtbare Land, Strab.13,620.627.629. 15,691. Arr.an. 5,6,4. **2.** Nach Xen.an.1,2,11 bewohnte Stadt Phrygiens, identisch mit *Καϋστρίον πεδίον* bei Xen. Kyr. 2,1,5 am Flusse → *Κάϋστρος* (2). H. T.

**Kebes** (*Κέβης*) von Theben. **1.** Wurde zunächst Schüler des Pythagoreers → Philolaos, als dieser sich in Theben aufhielt; später siedelte K. nach Athen über und wurde mit → Simmias zusammen Schüler des Sokrates. Xen. mem. 1,2,49. 3,11,17 berichtet von freundschaftlicher Vertrautheit des Simmias und des K. mit Sokrates; somit hat Platon aus gutem Grunde Simmias und K. im Phaidon zu Gesprächspartnern des Sokrates unmittelbar vor dessen Tode gemacht. Auch Plut. gen. Socr. bedient sich der Gestalt des K., um die für die Handlung notwendige Verbindung zwischen Athen und Theben herzustellen. **2.** Unter dem Namen *Κέβητος Θηβαίου πίναξ* ist ein Dialog über die wahre und die falsche Bildung erhalten. Die Elemente dieser populärmoral. Schrift, in welcher ein Gemälde allegor. gedeutet wird, sind tatsächlich kynisch-stoisch, nach Absicht des Verfassers stellen sie indes pythagoreische Weisheit dar; bis zum E. des 1. Jh. n. Chr. war diese Verwechslung möglich. Das Buch kann erst von Späteren dem Kebes von Theben zugeschrieben sein; sein Vf. hat eine solche Unterstellung nicht angestrebt. H. D.

Ausg.: *K. Praechter* Cebetis tabula, Lpz. 1893.

**Kebren** (*Κέβρην*). Stadt in der Troas, auf dem Çaldağ bei Akpınarköy gelegen. Die Stadt wird erwähnt als K.: Xen. hell. 3,1,17. Ps.-Skyl. 96. Demosth. 23,154. Ephor. FGrH. Steph. Byz. s. v.; *Κεβρήνη*: Strab. 13,596.604; *Κεβρηνία*: Diod. 14,38. Plin. nat. 5,124; *Κέβρηνα*: Suda s. v. Koloniegründung der Kymäer. Fehden mit der Nachbarstadt Skepsis. 400 v. Chr. unter pers. Herrschaft. 399 v. Chr. Belagerung durch den spartan. Heerführer Derkylidas, später vom athen. Strategen Charidemos besetzt, 360 v. Chr. wieder persisch. Nachdem die Bewohner von Antigonos nach Alexandreia Troas übergesiedelt worden waren, hörte die Stadt auf, als solche zu existieren (Strab. 13,596). Ausgedehnte Ruinen, von einer starken Mauer umgeben, sowie eine wohlbefestigte Akropolis. A. M. M.

Geschichte: RE XI 105f. Ruinen: *F. Calvert* Archaeol. Journ. 22, 1865, 51ff. *H. Schliemann* Reise in der Troas, 1881, 56ff. *Ders.* Troja, 1884, 310f. *E. Fabricius*, SPrAW 27, 1894, II, 911ff. *W. Leaf*, ABSA 21, 1914/15, 19ff. Mz.: *B. Head* HN² 542/43.

**Kebriones** (*Κεβριόνης*). Unehelicher Sohn des Priamos, Hektors Wagenlenker, durch Tapferkeit ausgezeichnet. Er fällt von Patroklos' Hand, der auch trotz Hektors Eingreifen die Waffenrüstung erbeutet. Il. 8,318–16,781. Der Name erinnert an den troischen Bach- und Ortsnamen Kebren (Flußgott Apollod. 3,147. 154. Parthen. 4), Landschaft Kebrenia. Mehrere sf. Gefäße zeigen K. auf Bildern von Hektors Abschied bzw. Auszug. H. v. G.

**Kedalion** (*Κηδαλίων*, nach dem Schüreisen benannt). Lehrer oder Gehilfe des Hephaistos in der Schmiedekunst, auf Naxos lokalisiert (Sch. Hom. Il. 14,296), nach der → Orionsage auf Lemnos (Hes. frg. 182 Rz. Eratosth. katast. 32. Apollod. 1,26), wo er den Geblendeten, auf dessen Schultern sitzend, gen Sonnenaufgang führt. Diese Szene ist vereinzelt in der Kunst dargestellt, vgl. Lukian. de domo 28. Titel eines sophokl. Satyrspiels. H. v. G.

**Kedon** (*Κήδων*). **1.** Athener, versuchte bereits vor den Alkmaioniden, die Peisistratiden zu vertreiben. Sein Plan mißglückte. Er wurde aber anscheinend nicht verfolgt und lebte weiterhin in Athen (Aristot. Ath. pol. 20,5. PA 8280). **2.** Athen. Stratege, führte in der Seeschlacht zwischen Naxos und Paros im J. 376 v. Chr. den l. Flügel und fiel im Kampf (Diod. 15,34,5; anders Plut. Phok. 6. PA 8281). K. W.

**Kedron** (hebr. *nāḥāl* [»Bachtal«] *ḳidrôn* [der »Dunkle«], LXX 2. Sam. 15,23 usw. Joh. 18,1. Ios. ant. 8,17; Eus. onom. 118,11 *χειμάρρους Κέδρων*; daneben *φάραγξ K.* Ios. ant. 9,151 u. ö.; Eus. ebd.), das urspr. viel tiefer eingeschnittene Tal zwischen Jerusalem und dem Ölberg im O. Es beginnt ca. 2 km n. n. ö. der Stadt und wendet sich s. des alten Jerusalem (h. mit für die Teile verschiedenen arab. Namen) nach SO. dem Toten Meer zu. Seit dem 4. Jh. n. Chr. wird mit dem K.-Tal das »Tal Josaphat« von Joel 4,2, der Ort des letzten Weltgerichts, identifiziert. E. Ku.

*G. Dalman* Jerusalem u. s. Gelände, 1930, 159ff. *H. Kosmala* Bibl. Hist. HWB 2,946f.

**Keiriadai** (*Κειριάδαι*). Kleinerer Demos der Stadttrittys der Hippothontis im SW. der Stadt Athen, Harpokr. Steph. Byz. Hesych. Anecd. Bekk. 1,219,10. Inschr. E. M.

1. *Milchhöfer*, APrAW 1892, 31. 2. *W. Judeich* Topogr. von Athen² 168.

**Keiris** (*κεῖρις*, lat. *ciris*). Ein Wasservogel, dessen genaue Bestimmung mangels zool. Nachrichten nicht möglich ist; die Beschreibung durch den Dichter der ps. vergilischen Ciris (205. 501ff. Grundfarbe weiß, bläuliche Flügel, roter Schopf, dünne rote Beine) läßt am ehesten an einen Reiher denken (Scaliger in Myth. Lex. 3,429). Literarisches Vorkommen nur in der Sage von → Nisos und → Skylla, wo die letztere in diesen Vogel verwandelt wird (außer Ps. Verg. auch Verg. georg. 1,40ff. [dazu Büchner, RE VIII A 1126f. Richter Komm. 171]. Ov. met. 8,11ff. Hyg. fab. 198. – Aisch. Ag. 1231ff.; Cho. 613ff. scheint die Verwandlung noch nicht zu kennen; vgl. Pfeiffer zu Kallim. frg. 288). Die Verwandlungssage ist eine hellenist. Erfindung (des Parthenios?), zu der die Etymologie des Namens (*κείρω* »scheren«) und die Feindschaft des Vogels mit dem Seeadler (vgl. Feindschaft Reiher–Adler: Aristot. hist. an. 609 b 7. 25) Anlaß gegeben haben. W. R.

**Keisos** (*Κεῖσος, Κεισός*). Ältester Sohn des argiv. Königs → Temenos. Da dieser seine Söhne gegenüber ihrem Schwager → Deiphontes zurücksetzte, ließen sie ihm auflauern. Darauf wurden sie von der Nachfolge ausgeschlossen und des Landes verwiesen. Nach anderer Überlieferung war K. jedoch Nachfolger des Temenos. Paus. Diod. Nikol. Dam. H. v. G.

**Kekropios.** Praefectus einer Ala Dalmatorum, Untergebener des Praef. praetor. Heraclianus, ermordete → Gallienus 268 vor Mailand, SHA vit. Gall. 14,9. R. H.

**Kekropis** (*Κεκροπίς*). Die 7. Phyle der kleisthen. Phylenordnung Athens, von 306–224/23 v. Chr. an 9., von 224/23–201 an 10., seitdem an 8. Stelle, genannt nach dem att. Stammheros Kekrops. Zur K. gehörten urspr. 11 Demen, nach der Errichtung der neuen Phylen zwischen 7–10 Phylen. E. M.

1. *Milchhöfer* Die Demenordnung des Kleisthenes, APr AW 1892, 29ff. 2. *W.B. Dinsmoor* The archons of Athens 443. 3. *H. Riemann*, RE Suppl. VIII 243ff.

**Kekrops** (*Κέκροψ*). Autochthoner, aus der Erde geborener (*γηγενής*), schlangenbeiniger (*διφυής*, *biformis*), urspr. wohl schlangenförmiger (vgl. → Erichthonios) Schutzgeist der alten Königsburg (Kekropia) auf der athen. Akropolis; seine Kultstätte, als Grab gedeutet, wurde in das Erechtheion eingebaut (o. I 691,16). Auf Vasenbildern der 2. Hälfte des 5. Jh. ist er mit Schlangenbeinen gebildet, auf älteren dagegen in menschlicher Gestalt (Fr. Brommer in: Charites Festschr. E. Langlotz, 1957, 157f.). Als er später zum Heros Archegetes des ganzen Volkes wurde – eine der 10 Phylen hieß *Κεκροπίς* –, behielten die bes. in der poet. Sprache beliebten Worte »Kekropiden« und »kekropisch« den Glanz des Autochthonen und Altadligen. Priester des K. waren die Amynandriden (IG II 3,1276. Apollod. 3,177. Aristoph. Vesp. 438 mit Sch. Eur. Ion 1163f. Lukian. Tim. 23). Die Agrauliden (Agraulos oder → Aglauros, Pandrosos, Herse), im Pandroseion nahe dem Kekropion verehrt, vielleicht in den 3 Tänzerinnen auf der Akanthossäule in Delphoi dargestellt (Weihgeschenk der Athener um 330, J. Bousquet, BCH 88, 1964, 655), wurden zu seinen Töchtern gemacht, eine ältere Aglauros als seine Gattin erfunden, Erysichthon (2) ihm als Sohn zugeschrieben. Die patriot. Legende machte ihn zum Gründer und 1. König Athens, der bei drohender Kriegsgefahr von Karern und Boiotern in Attika eine *δωδεκάπολις* schuf (Philochor. FGrH 382 F 94. Strab. 9,397), die 1. Volkszählung abhielt, die ersten Gesetze gab, Einehe (Sch. Aristoph. Plut. 773), Totenbegräbnis (Cic. leg. 2,63) und das erste Alphabet (Tac. ann. 11,14) einführte, der den Kult von Kronos und Rhea, einen Altar des Zeus Hypatos sowie ein Bild des Hermes stiftete (Paus. 1, 26,5. 27,1), auch Kuchenopfer u. Trankopfer ohne Wein begründete (Paus. 8,2,3), wie sie ihm selbst zuteil wurden. Unter seiner Regierung wurde der Streit zwischen Poseidon und Athena um den Besitz des Landes zugunsten Athenas entschieden, Apollod. 3,178f. Kall. frg. 384 Schn. = 194,66 Pf. Patriot. Tendenz verraten wohl auch die Sagen von K.' Auftreten in Megara, Boiotien (Grab in Haliartos) und Euboia (Paus. 9,33,1), der aber hier als Sohn Pandions bezeichnet wurde. Spätere ließen ihn, wie andere Kulturschöpfer, aus Äg. einwandern; schon Hekat. frg. 119 schrieb ihm fremden Ursprung zu (s. Frisk); der Landschaftsname Kekropis begegnet auch in Thrakien u. a. Bei der Aufstellung der att. Königsliste erfand man einen jüngeren Doppelgänger, K. II., Sohn des Erechtheus und der Praxithea, Gemahl der Metiadusa, Vater des Pandion. Paus. 1,5,3. Apollod. 3, 196. 204f. Rätselhaft ist der Grund seiner Verstirnung zum Wassermann, Hyg. astr. 2,29. H. v. G.

**Kekryphaleia** (*Κεκρυφάλεια*). Insel im saron. Golf, bei der die Athener 458 v. Chr. einen Seesieg errangen, wahrscheinlich das h. Angistri. Thuk. 1,105,1. Diod. 11,78,2. Plin. nat. 4,57. Steph. Byz. E. M.

1. *E. Meyer*, RE XX 1880f. s. Pityonesos. 2. *Philipps.-Kirst.* 3,45.

**Kekryphalos** (*κεκρύφαλος*, *-άλιον*). **1.** Das Haarnetz oder Kopftuch, von Anf. an (Hom. Il. 22,469f.) vom mehr schleierartigen *κρήδεμνον* unterschieden, aus Stoff (Poll. 7,66: Wolle) oder netzartig (vgl. lat. *reticulum*) geflochten (Plut. mor. 154b), wurde von eigenen *κεκρυφαλοπλόκοι* (Kritias b. Poll. 7,179) oder *σακχυφάνται* (Demosth. 48,12 mit Poll. 10,192) hergestellt. Es konnte farbig sein (Anth. Pal. 6,206. 207. Athen. 15,681 c. Inschr. v. Samos, MDAI(A) 68, 1953, 46f. II,19), sogar mit Steinen besetzt (Anth. Pal. 5,269. 275). Das K. ist vornehmlich weibliche Tracht, bei Männern gilt es als weibisch (Dion. Hal. 7,9,4. Athen. 15,681c). Das K. konnte in den verschiedensten Arten um den Kopf gebunden, gewunden oder gelegt werden (z. B. Rumpf HBArch IV 1 T. 20,1. 22,4. 24,4.6. Lippold HBArch III 1 T. 41,3. 4. 43,4. 45,3. 53,1. 72,2), während das länger herabfallende Kopftuch (Lippold a. O. T. 47,1.3. MDAI [Istanbul] 16, 1966, T. 11–12) wohl nicht unter den Begriff K. fällt. Dionysos trägt das K., auch in seinem Dienst als Frauen verkleidete Männer (vgl. Deubner Att. Feste T. 21,3). – Vom Kopftuch ausgehend heißen K. auch **2.** der Stirnteil des Pferdezaums (Xen. hipp. 6,8. IG II$^2$ 1388, 74), **3.** der 2. Magen der Wiederkäuer (Aristot. hist. an. 507b4; part. an. 674b14. Ail. nat. 5,41), schließlich **4.** der Bauch (Sack) der Stellnetze (Xen. kyn. 6,7. Plut. Alex. 25). W. H. G.

**Keladon** (*Κελάδων*). Strab. 8,3,12 p. 343. Paus. 8,38,7, auch Kall. h. 3,107 und Hesych., s. Nebenfluß des Alpheios, vom Lykaion kommend, nicht sicher identifizierbar. Er dürfte auch in der Nestorerzählung Hom. Il. 7,133 gemeint sein trotz der Versuche der ant. Homererklärer, den hier genannten Fluß durch verschiedenste Interpretationen und auch Textänderungen an die Küste zu setzen, Strab. 8,3,21 p. 348. E. M.

1. *F. Bölte*, RE XI 132. 2. *Ders.*, RE XIX 1915ff.

**Kelainai** (*Κελαιναί*). Alte Stadt im s. Phrygien (h. Dinêr) nahe der pisid. Grenze am ob. Maiandros (h. Menderez), Hdt. 7,26, Xen. an. 1,2,7–9. Strab. 13,629. Arr. an. 1,29,1.3 Curt. 3,1,1 u.a., in hellenist. Z. von Antiochos I. Soter in → Apameia *Κιβωτός* (2) umbenannt (Ptol. 5,2,17 M. Steph. Byz. s. *Ἀπάμεια*. Plin. nat. 5,106). Die Lage von K. deckt sich aber nicht ganz mit der von Apameia. Dieses war an das röm. Straßennetz angeschlossen (K. Miller Itin. Rom. s. Apamea ciboton, S. 727 mit Sk. Nr. 227, S. 689). Inschr. RE XI 133 f. H. T.

RE XI, 133 f. *A. Forbiger* HB der alten Geogr. 2,345 f. *W. M. Ramsay* The histor. geogr. of Asia Min. 201 Anm. 393. 403. 434. u.ö. Gr. Hist. Weltatl. I, S. 15e u. 21a. Atl. of the World II, Pl. 36.

**Kelaino** (*Κελαινώ*, von *κελαινός* dunkel). **1.** Eine der → Pleiaden, seit Hes. frg. 273 ²Rz. Mit ihr verband sich Poseidon und zeugte Lykos, Apollod. 3,110, Lykos und Nykteus, Hyg. astr. 2,21. Eratosth. kat. 23. Ov. fast. 4,173. **2.** Eine der → Harpyien, die Aeneas bei den Strophaden Unheil voraussagte. Verg. Aen. 3,211.245.365. Val. Fl. 4, 453.499. H. v. G.

**Kelaitha** (*Κέλαιθα*). Stadt am S.-Rand der thessal. Ebene, s.ö. von Karditsa, genaue Lage unbekannt, BCH 45, 1921, 16 Z. III 28. SGDI 1756,3. Wohl ident. mit *Celathara* Liv. 32,13,12 und *Κελαίθρα*, Steph. Byz. »Stadt Boiotiens bei Arne«, wobei dann Arne = Kierion wäre. E. M.

1. *A. Plassart*, BCH 45, 1921, 53 A. 1. 2. *Fr. Stählin* Das hellen. Thessalien 133.

**Kelaithra**, Steph. Byz. → Kelaitha.

**Kelebe** (*κελέβη*). Das ziemlich große Gefäß, wohl mit weiter Öffnung und 2 Henkeln, diente als Mischgefäß beim Gelage, zum Erwärmen von Flüssigkeiten, gelegentlich zum Fußewaschen (Suda s.v.). Theokr. 2,2 benützt das wohl selten gewordene, angeblich aiol. Wort für das Zaubergefäß (vgl. auch Hesych. s.v.). Ausführlich Athen. 11,475 c–f. Eine gesicherte ant. K. ist nicht erhalten. W. H. G.

**Keleos** (*Κελεός*). **1.** Bei Hom. h. 5,154 f. 474 f. neben → Triptolemos, → Diokles, → Eumolpos, Polyxeinos und Dolichos autochthoner König in → Eleusis, Sohn des Eleusis, ebd. 105, Gatte der → Metaneira (→ Praxithea, Apollod. 1,30 f.). Seine 4 Töchter, Kallidike, Kleisidike, Deo, → Kallithoe (1), führen die irrende Demeter ins Haus ihres Vaters, wo sie die Pflege des nachgeborenen Söhnchens → Demophon übernimmt. Neugierde vereitelt ihr Bemühen, diesem Unsterblichkeit zu verschaffen. Sie gibt sich als Göttin zu erkennen und befiehlt, ihr einen Tempel und Altar zu errichten, ebd. 270 f. 296 ff. Andere Namen gibt Paus. 1,38,3. 39,1 den Töchtern des K. unter Berufung auf einen alten Sänger → Pamphos. S. Blümner Komm. zu Paus. 1,356. Bei Verg. georg. 1,165. Ov. fast. 4, 508 ff. Aglochartos IG XII 1,780 ff. Nonn. Dion. 47,50 erscheint K., vielleicht nach einem hellenist. Gedicht, als ein schlichter, armer Landmann; nach L. Malten, ARW 12, 1909, 441 ff. orph. Übertragung aus dem Mythos von K.' Bruder → Dysaules, dem »Besitzer der armen Hürde«. An die Stelle Demophons tritt in der Sage seit E. 6. Jh. → Triptolemos. Von der Absicht K.', Triptolemos, den Sohn des Eleusis (cod. *Eleusinus*) zu töten, erzählt Hyg. fab. 147. Auf K. wurde die Stiftung der öffentlichen Mahlzeiten im Prytaneion zurückgeführt. Plut. qu. conv. 4,4,1. **2.** Myth. Dieb auf Kreta, wie → Kerberos (2). H. v. G.

***Κέλης*** (*κελήτιον*, *celes*, *celox*). Das kleinste, schnelle Schiff der ant. Marinen, mit wenig Riemen, nach Plin. nat. 7,208 rhod. Erfindung, diente zur Nachrichten- und Befehlsübermittlung sowie zum Transport von Seeoffizieren. In Athen rechnete die *κ.* zu den *ὑπηρετικά*, Xen. hell. 1,6,36, vgl. Aischin. 2,73. Darstellung: [3]. W. H. G.

1. *Torr* Ancient Ships, 1894, 108 ff. 2. *Assmann*, RE III 1880. 3. *Gauckler*, Monuments Mémoires Piot 12, 1905, 127 f. mit Abb. 7. 4. *Miltner*, RE Suppl. V 958,42 ff.

**Keletron** (*Celetrum*). Später Diokletianopolis und dann Kastoria (slav. Kostur), nur bei Liv. 31, 40,1 (aus Pol.). Name einer Siedlung in der makedon. Landschaft Orestis, die später bes. in der byz. Z. als Kastoria bekannt ist. Die charakterist. Lage der Stadt auf einer in den gleichnamigen See vorspringenden Halbinsel wird von Liv. gelegentlich ihrer Eroberung durch die Römer unter dem Konsul P. Sulpicius Galba (200 v. Chr.) geschildert. Prok. aed. 4,3. Hierokl. 635. Not. ep. 1,471. 7,240. 8,520. 9,431 u.ö. Const. Porph. them. II Georg. Kedren. 2,716 (1073). Anna Komn. Alex. 5,7,8. 6,1. Chr. D.

*Oberhummer*, RE XI 142 ff. *F. Papazoglu* Maked. gradowi u rimsko doba (serb.); Die maked. Städte in der Römerzeit), Skopije 1957 s.v. *N. K. Μουτσοπούλου, Καστοριά, τὰ ἀρχοντικά*. Athen 1962. *Π. Τσαμίση, Ἡ Καστοριὰ καὶ τὰ μνημεῖα της*, Athen 1949.

***Κελευστής***, *hortator*, *pausarius*. Vom Achterdeck aus gab ein Seeoffizier, der K., den Ruderern durch Zuruf (Aristoph. Ran. 208. Ov. met. 3, 619. Stat. Theb. 800 f.), Händeklatschen oder Holzhammer (*portisculus*), ausnahmsweise auch mit Steinen (Xen. hell. 5,1,8) den Takt zur Arbeit und das Zeichen zum Pausieren. Seine Gehilfen hießen *αὐλητής*, *τριαύλης*, *servi symphoniaci*. W. H. G.

**Keleutor** (*Κελεύτωρ*) und seine Brüder entrissen ihrem Oheim → Oineus die Herrschaft in Aitolien zugunsten ihres Vaters → Agrios und sperrten ihn ein, bis Oineus' Enkel → Diomedes ihn befreite und die meisten Söhne des Agrios tötete. Die Herrschaft in Kalydon ging an → Andraimon über. H. v. G.

**Kelmis** (*Κέλμις*, ältere Form wohl *Σκέλμις* bei Kall. frg. 105 Schn. = 100 Pf. und Nonn.). Einer der idäischen → Daktylen. Sch. Apoll. Rhod. 1,1129 (aus der alten Phoronis), von Prell.-Rob. 1,658 nach einer zweifelhaften Hesychglosse als »Heizer« gedeutet. Sprichwörtlich *K. ἐν σιδήρῳ*

Zenob. 4,80, von allzu Kraftbewußten gebraucht, mit Beziehung auf eine Stelle in Soph.' Satyrspiel *Κωφοί*. Ov. met. 4,281 f. erscheint K. als Gespiele des Zeus, der ihn in Stahl verwandelt, weil er an der Unsterblichkeit des göttlichen Kindes zweifelt. H. v. G.

**Kelones** (*Κέλωνες*) nennt Diod. 17,110,4 eine auf einen von Xerxes verschleppten boiot. Stamm zurückgehende Volksgruppe, die, als Alexander d. Gr. sie 326 in Medien antraf, noch zweisprachig war und einige ihrer alten Bräuche bewahrte. Hdt. 6,119 erzählt dies (richtiger) von den 490 von Datis und Artaphernes versklavten Bewohnern von → Eretria, ebenso Strab. 16, 747. Curt. 4,12,11. Anth. Pal. 7,256. 259 (angeblich Platon), doch mit differierenden Ortsangaben. K. Z.

**Kelossa** (*Κηλῶσσα* Strab., *Κηλοῦσα* Xen. Paus.). Das Gebirge zwischen Phleius und Argos, h. Megalovuno, 1270 m. Ein Artemisheiligtum Hesp. 18, 1949, 75. Strab. 8,6,24 p. 382. Xen. hell. 4,77. Paus. 2,12,4. E. M.

*E. Meyer*, RE XX 273,37 ff.

**Kelsos** von Alexandreia, Platon. Philosoph, verfaßte 178 n. Chr. eine Schrift *ἀληθὴς λόγος* in der er Philos. und Bildung des Hellenentums gegenüber dem Christentum verteidigte; sonst ist von K.' Leben nichts bekannt. Seine Schrift ist ebensosehr Apologie wie Invektive. K. wurzelt gänzlich im Boden der platon. Philos., die er als die einzig mögliche *σοφία* verabsolutiert. Darum findet er diese Weisheit ebensosehr in den Lehren wie in den Lebens-Satzungen der vorzeitlichen Weisen, der *παλαιοὶ σοφοί*, ausgedrückt wie in denen des Orpheus und vor allem Platons; er konstituiert aber auch keinen Unterschied zur Stoa, deren Logos-Lehre er durchaus verpflichtet ist. Wohl ist der wahre Logos vielen unerkennbar: aber er kann nicht offenbart und nach einer Offenbarung allen verkündet werden; denn ein jeder muß sich durch sorgfältige kathart. wie intellektuelle Vorbereitung darauf rüsten, das Höchste zu erkennen. Denn Logos und Wahrheit waren zu allen Zeiten gleich und unveränderlich. Darum kann der Gedanke nicht zugelassen werden, daß durch Offenbarung ein Mehr an Wahrheit gewonnen würde, das sonst unzugänglich bliebe. Wohl erkennt Kelsos Teil-Offenbarungen in Orakeln und Entrückungen an, aber deren Legitimität erweist sich daran, daß sie mit dem bisher Gewußten in sinnvollem Einklang stehen: Alle guten Traditionen stützen einander, das Christentum aber neuert und greift die alten Traditionen an.

Alte Traditionen aber beanspruchten die Christen für sich, da sie vom AT., vor allem vom mosaischen Gesetz ausgehen; hiergegen wies K. eingehend nach, daß Moses die Weisheit der *παλαιοὶ σοφοί* mißverstanden und verfälscht habe. Aus irrigem Logos kann aber nur pervertierte Lebenssatzung – *κακὸς νόμος* – entspringen; um dieses Nachweises willen setzt K. *λόγος* und *νόμος* in die Relation, wie sie zwischen Theorie und Praxis besteht.

In vielen Einzelheiten greift Kelsos die Theorie chr. Dogmatik und die Praxis ihrer Lebensführung – auch ihrer Missionspraxis – mit Schärfe an. Im ganzen wird das Christentum darum abgelehnt, weil es mit der althergebrachten Überlieferung, dem *παλαιὸς λόγος*, unvereinbar ist, und weil es sich an dessen Stelle setzen möchte. Der Grundpfeiler von K.' Kritik ist sein Traditions-Bewußtsein, das jede Neuerung als Verschlechterung ablehnt.

Das Werk des K. ist nur in der Widerlegung durch → Origenes kenntlich (um 245). Origenes zitiert lange Textstellen aus K., nur ab und an in veränderter Reihenfolge: im ganzen wird aus Origenes' meist aufs Detail bezogener Widerlegung der Gedankenfortschritt erkennbar. Nach einem Prooimion, das in das Problem der Schrift einführt, hat K. sein Anliegen in 4 Hauptteilen durchgeführt: I. Streitgespräch eines Juden a) mit Jesus, b) mit einem Judenchristen dient der Absicht, beide Gesprächspartner als unwissend zu demaskieren. II. Die Depravation des urspr. Logos durch die Christen wird an Beispielen erwiesen; der *νόμος* der Juden ist eben sounwert wie der *λόγος* der Christen. III. Herabkunft höherer Wesen: hier wird der Kultus der Juden und bes. der Christen kritisiert; am E. des Abschnittes stand eine Darstellung des positiven Gegenstückes, der platon. Theologie. IV. Prüfung des chr. Logos, namentlich der chr. Ablehnung des Bilder-Kultus und der Dämonen-Verehrung. Innerhalb der so bezeichneten Abschnitte hat K. seine Gegenstände in bunter Variation behandelt und mehrfach Querverbindungen gegeben; er verfaßte sein B. in wohl gepflegter Kunstprosa auf hoher Stilebene. In jüngster Z. ist es als wichtige Quelle dafür ausgewertet worden, wie sich das Christentum um 178 einem gebildeten Hellenen darstellte; dagegen ist der Aspekt eines durchaus theolog. gerichteten Platonismus, der bei K. kenntlich wird, noch kaum zum Gegenstand der Forschung geworden. H. D.

Ta.: Origenes contra Celsum, ed. P. Koetschau Bln. 1899. Celsi alethes Logos, excussit et restituere conatus est O. Glöckner, Kl. Texte 151, 1924. *H. O. Schroeder* Der Alethes Logos des C., Unt.-en zum Werk und seinem Vf. mit einer Wiederherstellung des griech. Textes, Habil. Schr. Gießen 1939, ungedruckt.

Übers.: Origen contra Celsum, transl. *H. Chadwick*, Cambridge 1953. Des Origenes ausgewählte Schriften, übers. von *P. Koetschau*, Münch. 1926 f.

Textkrit.: *P. Koetschau* Die Textüberlieferung der B. des Origenes gegen C., TU VI 1, Lpz. 1889. *H. Chadwick* JTS 54, 1953, 215–219.

Monographien: *O. Glöckner* C. Alethes Logos, Diss. Münster 1923. *A. Miura-Stange* C. und Origenes, Bh. z. ZNW 4, Gießen 1926. *R. Bader* Der Alethes Logos des K., Tüb. Beitr. zur Altertumswiss. 33, Stuttg.-Bln. 1940. *A. Wifstrand* Die wahre Lehre des K., Bull. de la Soc.

Royale des Lettres de Lund 1941/42, Lund 1942. *Carl Andresen* Logos und Nomos, die Polemik des K. gegen das Christentum, Arbeiten zur Kirchengesch. 30, Bln. 1955 mit Rez. *H.Dörrie*, Gn 1957, 185ff.

**Kelten** s. Gallier

**Keltiberer** s. o. I 1102f. Art. Celtiberi. Ich füge folgendes hinzu: Über die Deutung des Namens hat wohl L. PERICOT La España primitiva, Barc. 1950, 266. 290 das Richtige gesagt: Die Kelten überlagerten (nach 600 v. Chr.?) eine nichtiber. Urbevölkerung. Die Iberer drangen im 3. Jh. v. Chr. von der Küste und dem Ebrotale aus nach der Hochebene vor und bildeten so das Volk der Keltiberer. – Die gewaltigen Massen Silber, die röm. Feldherren von Keltiberien mitbrachten, waren doch wahrscheinlich Kriegsbeute, da die K. keine Silberbergwerke in Betrieb hatten (AD. SCHULTEN Ib. Landeskde. 2, Strasbourg/Kehl 1957, 490). Der Name der K. verschwindet E. des Alt., doch hat die Bevölkerung der Hochebene die Wesenszüge ihrer Vorfahren in mancher Hinsicht bewahrt. R. G.

**Kemos** (*κημός*, spätgriech. *χαμός*[-*ον*], auch *φιμός*, lat. *c*[*h*]*amus* [-*um*]). Die zahlreichen Bedeutungen von K. gehen wohl auf den Grundbegriff des Umfassens, Umhüllens, Umschnürens zurück. Sie reichen vom Maulkorb der Pferde (vgl. E. PERNICE, 56. Berl. Winckelmann-Pr. 1896, 6ff.) über die verschiedensten Mund- oder Augenbinden bis zu dem Tuch, das die Frauen zur Verhüllung der unteren Gesichtshälfte trugen, vom Würfelbecher über die Reuse zum Fang der Purpurschnecke und eine bestimmte Form des tragbaren Kohlenbeckens (A. CONZE, JDAI 5, 1890, 118) bis zum Aufsatz auf der Abstimmungsurne. Die Zusammenhänge sind vielfach unklar. Ausführliche Belege bei SCHENKL, RE XI 157ff. W.H.G.

**Kenaion** (*Κήναιον*). Die NW.-Spitze Euboias, h. Kap Lithada, mit einem Heiligtum des Zeus Kenaios. Das Kap selbst ist eine flache Schwemmlandspitze an einer jungtertiären Küstenterrasse. Das wahrscheinlich in hellenist. Z. befestigte Heiligtum besaß keinen Tempel. Hom. h. 1,219. Soph. Trach. 237f. 752ff. Thuk. 3,93,1. Skyl. 58. Strab. 1,3,20 p. 60. 9,4,4 p. 426. 9,4,17 p. 429. 9,5,13 p. 435. 10,1,2 p. 444. 10,1,5 p. 446. 10,1,9 p. 447. Ptol. 3,14,22. Plin. 4,63. Mela 2,107. Solin. 11,24. Apollod. 2,7,7,7,157. Liv. 36,20,5. IG XII 9,188 = SGDI 5307,18; p. VIII/XI Nr. 1273/74 III 2. E. M.

1. *Fr. Geyer* Topogr. und Gesch. der Insel Euboia 3. 99ff. 2. *v. Geisau*, RE XI 163f. 3. *Philipps.-Kirst.* 1,569f. 4. *Ausgrabungen*: BCH 48, 1924, 480. 50, 1926, 554f.

**Kenchreai** (*Κεγχρεαί* und mehrere Varianten). **1.** Ort am Wege von Argos nach Tegea mit Gräbern der in der Schlacht beim nahen Hysiai (nach Paus. 669/68 v. Chr.) gefallenen Argiver. Paus. 2,24,7. Strab. 8,6,17 p. 369. Aischyl. Prom. 676. Geringe Reste beim h. Sta Nera etwa 3 km n.ö. von Achladokambos. Die sog. »Pyramide von K.« am Ausgang des Tals weiter n.ö. über der



argiv. Ebene ist ein Wachtturm, vielleicht des 4. Jh., aber spätröm. wiederbenutzt.

1. *Bölte*, RE XI 165ff. Nr. 1. 2. *L.E. Lord* Watchtowers and fortresses in Argolis, AJA 43, 1939, 78ff. 3. *Ders.* The »pyramids« of Argolis, Hesp. 7, 1938, 481ff. 496ff. 4. *Ders.* Blockhouses in the Argolis, Hesp. 10, 1941, 95ff.

**2.** Der ö. Hafen von Korinth am saron. Golf, etwa 7 km s.ö. von Korinth am N.-Ufer einer flachen Bucht beim h. Kechriaes. Als einer der Haupthäfen von Korinth sehr oft genannt, zuerst Thuk. 4,42,4. 44,4. 8,10,1. 20,4. 23,1. Bereits prähist. Siedlung auf dem Hügel über dem Hafen, AJA 24, 1920, 7f. K. bestand bis ans Ende des Alt., in röm. Z. groß ausgebaut und auf Mz. dargestellt. Apul. met. 10,35 gibt eine Schilderung des lebhaften Verkehrs. An Kulten erwähnt Paus. 2,2,3 einen Aphroditetempel, Kult des Asklepios und der Isis, Bronzestatue des Poseidon. Poseidon auch genannt Kall. h. 4,271. Das Isisfest beschreibt Apul. met. 11,8–11. 16f. Als befestigt ist K. bereits bei Skyl. 55 bezeichnet, Strab. 8,6,4 p. 369. 8,6,22 p. 380 nennt es *κώμη*.

Eine chr. Gemeinde erwähnt schon Paulus im Römerbrief 16,1, das angebliche Bistum K. ist aber Legende, R. JANIN, DHGE 12,135. Die Anlagen des Hafens mit den Molen im N. und S. waren stets sichtbar, auch Gräber bekannt. Näher untersucht und z.T. ausgegraben nun Teile der Hafenanlagen mit großen Lagerhäusern röm. Z., eine mehrfach umgebaute Kirche des 4. Jh. und andere Gebäude, z.T. unter Wasser. Nach K. wurde auch der Saronische Golf als *Κεγχρεάτης* bezeichnet, Skymn. 508f. Inschr.: IG IV 206f. SEG 11,50. M. GUARDUCCI, Epigraphica 1, 1939, 17ff. S.J. CHARITONIDIS, EA 1952, 205ff. E. M.

1. *H.N. Fowler* Corinth I, 71ff. 2. *F.Bölte*, RE XI 167ff. Nr. 2 (mit Karte). 3. *Philipps.-Kirst.* 3,80. 4. *K.Lehmann-Hartleben* Die ant. Hafenanlagen des Mittelmeeres, Klio Bh. 14, 1923, 9. 52f. 238. 259. 5. *R.L. Scranton–E.S. Ramage* Investigations at Kenchreai 1963, Hesp. 33, 1964, 134ff. BCH 88, 1964, 710ff. (mit Plänen).

**Kenchreios** (*Κέγχρειος* Alex. Aet. frg. 2. *Cenchreus* Tac. ann. 3,61,1. *Κέγχριος* Strab. 14,639. Paus. 7,5,10) Nebenflüßchen von l. zum → Kaystros nahe seiner Mündung bei → Ephesos. Es durchfloß den Hain der Ortygia, in dem Leto nach ephes. Überlieferung Apollon und Artemis gebar, Strab. und Tac. a.O. Auf Mz.n von Ephesos HEAD HN[2] 577. K. Z.

**Kenotaphion** (*κενοτάφιον*, *κενὸν μνῆμα*, *κενήριον*. *cenotaphium*, *centaphiolum*, *tumulus inanis [t. honorarius], sepulcrum inane)*. Leergräber werden in Äg. für den Totenkult, in der Ant. für solche Tote errichtet, deren Leichen man nicht erreichen konnte, außerdem für Heroen, die an einem bestimmten Ort festgehalten werden sollten. Die Sitte ist von Homer bis zur chr. Spätant. belegt. Charakteristische Beispiele: K. des att. Ritters Dexileos (die Asche war im Staatsgrab beigesetzt): R. LULLIES–M. HIRMER Griech. Plastik

$^{2}$1960, T. 192; K. des (Centurio?) M. Caelius (in der Varusschlacht gefallen. »*ossa inferre licebit*«): H. Kähler Rom und seine Welt, 1958/60 T. 120. W. H. G.

**Kentauroi** (*Κένταυροι*). Vierbeinige, aus Mensch und Pferd gebildete Wesen, die ausschließlich auf dem griech. Festland, und zwar in den Bergwäldern Thessaliens, im w. Arkadien nebst angrenzenden Landschaften und am Kap Malea lokalisiert waren. Roscher Myth. Lex. sieht in ihnen eine Personifikation der verheerenden Natur der Wildbäche (dazu passende Etym. »Wasserpeitscher« P. Kretschmer, Glotta 10,1920, 50ff.), Mannhardt Wald- und Feldkulte 2,39ff. Windgeister, entsprechend den wilden Männern des germ. Volksglaubens, richtig Nilssen GgrRel 1$^{2}$, 229ff.: »Die K. sind eine Gattung jener Naturdämonen, mit welchen die primitive Phantasie die ganze Natur erfüllt, und zwar sind sie im bes. Dämonen der unwegsamen Gebirge und der dichten Wälder, die, von wilden Tieren bewohnt, dem Menschen Furcht und Schrecken einflößten. Dahinter steckt etwas Elementares, das sich bei der einfachen Landbevölkerung durch alle Zeiten hindurchzieht«. Solche Vorstellungen wurden auf die ungeschlachten, halbbarbar. Bewohner der Waldgebirge übertragen; vgl. die geschichtliche Deutung bei Rose Gr. Myth. 236, die religionsgesch. Deutung bei Kern Die Rel. der Griechen 1,207. Die frühere Gleichung mit den ind. Gandharvas ist aufgegeben, orient. Einfluß nach Bethe (RE XI 177,61) unwahrscheinlich. Die K. waren in älteren Darstellungen, schon im 8. Jh., als vollständige Männer gestaltet, aus deren Rückenmitte Rumpf und Hinterbeine von Pferden herauswuchsen, später wie Pferde, die anstelle von Pferdehals und -kopf von der Hüfte aufwärts Manneskörper zeigten, also mit 4 Pferdebeinen. Geflügelte und gehörnte K. sind selten. Der Typ der Kentaurin wurde E. 5. Jh. von Zeuxis erfunden; lesenswert die Beschreibung in Lukians Zeuxis. Den Unterschied der K. von den pferdeschwänzigen, ithyphall. Silenen behandelt Bethe a. O. 173f. Die Sage stellte die K. den → Lapithen gegenüber, seit Hom. Il. 1,267f. 2,742f. (mit Beibehaltung der thessal.-aiol. Form *φῆρες* = *ϑῆρες*). – Die Kentauromachie wurde zunächst im Freien, so auch Aspis 178ff., später im Hause des Lapithen Peirithoos, Od. 21,295ff. lokalisiert. Als Anlaß galt die Hochzeit des Peirithoos mit Hippodameia, bei der die K. zu Gast waren und, berauscht, sich an Weibern vergriffen und von den Lapithen überwältigt und vertrieben wurden: Pind. frg. 166f. Apollod. epit. 1,21f. Bronzereliefs von Olympia, Giebel ebd., Metopen des Hephaisteions und des Parthenons in Athen, Fries des Apollontempels zu Phigalia-Bassai. Kentauromachien sind als myth. Parallelen zum Kampf der Griechen gegen die Barbaren gedacht. Die ausführlichste lit. Darstellung Ov. met. 12,212ff. enthält neben 18 Lapithen- 56 meist erfundene Kentaurennamen. Außer den Lapithen stellt die Sage die K. auch einzelnen Helden gegenüber, → Herakles, → Peleus, → Atalante. Inzwischen waren sie wegen ihrer Lüsternheit und Weingier in nähere Verbindung zu Dionysos und Eros getreten. Als Individualitäten treten nur wenige hervor, → Eurytion, → Nessos, als Vertreter eines milden, gastfreundlichen Typs → Chiron und → Pholos. H. v. G.

*G. Dumézil* Le problème des Centaures. Par. 1929. *A. Isard* Le centaure dans la légende et dans l'art. Thèse, Lyon 1939. *Wilam.* GldH. 1, 148ff. 191ff.

**Kentauros** (*Κένταυρος*). **1.** Nach einer Erfindung Pind. P. 2,21. 42ff. von → Ixion, der der Hera nachstellte und statt ihrer eine Wolke (*Νεφέλη*) umarmte, gezeugt. Er begattet sich mit Stuten vom Pelion und erzeugt so das Heer der Kentauren, die daher bei Verg. und Ov. *nubigenae* heißen. Apollod. epit. 1,20. Diod. 4,70. **2.** Name eines Schiffes mit dem Bildnis eines Kentauren, Verg. Aen. 5,122. 155. 10,195. **3.** Das → Sternbild K. wurde auf Chiron oder Pholos bezogen. H. v. G.

**Kentoripa** (*Κεντόριπα*, *Centuripe*). Alte, bedeutende Sikulerstadt auf 726 m hoher Bergkuppe 30 km s.w. des Aetnagipfels, 35 km n.w. von Catania, h. Centorbi oder Centuripe, wegen ihrer strateg. wichtigen Lage vielumkämpft: 414/13 auf seiten der Athener (Thuk. 6,94,3. 7,32), dann in der Gesch. des Dionysios, Timoleon, Agathokles, Hieron mehrfach erwähnt bei Diod. (B. 14. 16. 19. 20. 22), von 263 ab auf seiten Roms (Diod. 23,4) und nach Cic. Verr. 3,13 eine der wenigen *civitates liberae atque immunes* Siziliens, 4,50 übertreibend als *civitas totius Siciliae multo maxima et locupletissima* bezeichnet. Nicht unbedeutende, meist röm. Reste. Inschr. IG XIV 574–587. CIL X 7004–7012. Neuere Grabungen und Funde meist in NSA veröffentlicht. Münzprägung unbedeutend: Head HN$^{2}$ 135. K. Z.

*Ad. Holm* Gesch. Siziliens im Alt. 3, 240ff. *K. Ziegler*, RE XI 179ff.

**Kentrites.** Nebenfluß des oberen Tigris, h. Bohtan Su, bildete, als ihn 401/400 die Kyreer unter großen Schwierigkeiten bei Mutyt überschritten, die Grenze zwischen dem Bergland der Karduchen und Armenien, Xen. an. 4,3,1ff. (und aus ihm Diod. 14,27,7). Gr. Hist. Weltatlas S. 15c mit Erl. S. 75 (Bengtson). F. Segl Vom K. bis Trapezus, Erlangen 1925. K. Z.

**Keos. 1.** (*Κέως*, bei Bakchyl. 2,2. 6,5. 16 *Κέος*, Ethnikon *Κεῖος*, jon. *Κήιος*). Die nordwestlichste Insel der Kykladen, h. Kea, vulgär Tzia, 20 km lang, 10 km breit, 103 qkm groß und bis 590 m ansteigend, zumeist mit Steilküsten, aber mehreren guten Hafenbuchten. Die Insel besteht zur Hauptsache aus krystallinen Schiefern, hat reichen Baumbestand und ist gut angebaut. Schiffahrt spielte im Alt. wie h. eine geringere Rolle. Am Kap Kephala an der NW.-Küste ist eine neolith. Siedlung entdeckt, an der N.-Seite der tiefen Bucht Hg.

Nikolaos im NW. der Insel lag auf der Landzunge Hg. Irini eine Siedlung seit der frühen Bz., die späthellad. befestigt war, mit Heiligtum, das in hist. Z. dem Dionysos geweiht war [10]. J. L. CASKEY Excav. in Keos, Hesp. 31, 1962, 263ff. 33, 1964, 314ff. BCH 88, 1964, 821ff. Sonstige prähist. Funde, D. FIMMEN Die kret.-myken. Kultur 14. Musée Belge 25, 1921, 101f.

In gesch. Z. bestanden 4 Städte, Iulis in der Mitte im N. an der Stelle der h. Stadt mit dem Hafen Koresia bei Livadi an der Bucht Hg. Nikolaos, Karthaia im SO. an der h. Bucht Poles, Poiēssa, h. Pisses, im SW. Eine von ihnen, wahrscheinlich Koresia, hieß im 3. Jh. v. Chr. Arsinoe, IG XII 5,1061. Inschr. von Magnesia 50,78, dazu zuletzt L. ROBERT, Hellenica 11/12,144ff. Koresia und Poiēssa bestanden zu Strabos Zeit nicht mehr (ebenso Plin.), Koresia war nach Iulis, Poiēssa nach Karthaia umgesiedelt, Karthaia wurde im MA. verlassen. Von ant. Resten sind außer einzeln stehenden Türmen, Gräbern und anderem vor allem erhalten die Stadtmauern von Iulis, Karthaia, Koresia und Poiēssa, die [12] in die Zeit zwischen 362–350 v. Chr. datiert, und Tempelreste in Iulis und Koresia, 3 Tempel und Theater in Karthaia und die kolossale archaische Figur eines liegenden Löwen bei Iulis, dazu bes. [10],75ff.

Die griech. Besiedlung soll von Arkadien, Naupaktos und Athen erfolgt sein. Auf Delos besaß K. ein ἱστιητόριον, Hdt. 4,35, wohl das 4. (von W.) der sog. Schatzhäuser, N. M. KONTOLEON Ὁδηγὸς τῆς Δήλου 54f. R. VALLOIS L'architecture hellénique à Délos 63f. Paian Pindars auf Delos für K., POxy. 5,35ff. = Turyn frg. 44 mit Sch. Sch. Isthm. 1,3. Im 7./6. Jh. v. Chr. unter Herrschaft von Eretria, Strab. 10,1,10 p. 448, dazu [7], 626f. BCH 78, 1954, 319f. Beteiligt am Krieg gegen Xerxes, dann im att. Seebund, B. D. MERITT The Athenian tribute lists 1,306f. 3,197f. 239 A. 31. 244 A. 6. 267. 268 A. 11. Nach dem Abfall schlossen sich die Städte zu einer Sympolitie zusammen, die später von Athen aufgelöst wurde, dazu [15]. Anschluß an den 2. att. Seebund, nach vorübergehendem Abfall von Chabrias neu gewonnen, IG II² 404 = SEG 19,50. In hellenist. Z. im Bund der Nesioten, um 220 v. Chr. Anschluß an den aitol. Bund [14], R. FLACELIÈRE Les Aitoliens à Delphes 204. 215. Seit 200 v. Chr. mit Rhodos verbündet, Pol. 16,26,10. Liv. 31,15,8. SEG 14, 544. P. M. FRASER–G. E. BEAN The Rhodian Peraea and islands 159ff. Antonius schenkte die Insel den Athenern, App. civ. 5,7,30. Aus K. stammten → Simonides, → Bakchylides, der Logograph → Xenomedes, FGrH III B Nr. 442, der Arzt → Erasistratos, der Sophist → Prodikos, der Peripatetiker → Ariston, FR. WEHRLI Die Schule des Aristoteles 6,27ff. Skyl. 58. Ptol. 3,14,23. Strab. 10,5,6 p. 486. Plin. 4,62. 2,206. Kall. frg. 75 Pf. 32f. 50ff. 62f. 70ff. Inschr. von Magnesia 50,78–80. BCH 45, 1921, 5 Z. I 38ff. Inschr.: IG XII 5,526–650. 1060 bis 1103. Suppl. 232–237. P. GRAINDOR, Musée Belge 25, 1921, 78ff. CHR. DUNANT–J. THOMOPOULOS Inscr. de Céos, BCH 78, 1954, 316–348 = SEG 14,530–548. SEG 3,746f. 13,450. 14,549. 15, 519–521. 16,482. 19,561–563. Mz. HEAD HN² 482ff.

1. *Hiller von Gärtringen*, IG XII 5,2 S. XXVIIIff. 2. *Bürchner*, RE XI 182ff. 3. *Philipps.-Kirst.* 4,66ff. 4. *Al. Pridik* De Cei insulae rebus, Dorpat 1892. 5. *J. N. Psyllas* Ἱστορία τῆς νήσου Κέας 1921. 6. *L. Roß* Reisen auf den griech. Inseln 1,127ff. 7. *X. Landerer* Περὶ τῆς νήσου Κέας, EA 1843, 626ff. 8. *L. Savignoni* Ἀρχαιότητες τῆς Κέου, EA 1898, 219ff. 9. *P. Graindor* Κυκλαδικά, Musée Belge 25, 1921, 69ff. 78ff. 10. *G. Welter* Von griech. Inseln: Keos I, AA 69, 1954, 48ff. (mit Plänen). 11. *P. Graindor* Fouilles de Karthaia, BCH 29, 1905, 329ff. 30, 1906, 92ff. 433ff. 12. *F. G. Maier* Stadtmauern auf Keos, MDAIA 73, 1958, 6ff. (mit Plänen). 13. *K. Chr. Storck* Die ältesten Sagen der Insel Keos, Diss. Gießen, Mainz 1912. 14. *H. Swoboda* Die Sympolitien von Keos und Ostlokris, SAWW 199, 1924, 2,38ff. 15. *D. M. Lewis* The federal constitution of Keos, ABSA 57, 1962, 1ff. 16. *G. Gerola*, Zea (Keos), ASAA 4/5, 1921/22, 177ff. (Gesch. und Denkmäler von byz. Zeit bis Neuzeit).

**2.** (Κέος). Nur bei Hdt. 8,76,1 genannt, Lokalisierung trotz sehr umfangreicher moderner Lit. nicht möglich. Nach ungezwungener Interpretation kann es nur eine nicht zu unbedeutende Örtlichkeit in der Nähe des Kaps Kynosura von Salamis sein, bei dem der nachherige ö. Flügel der pers. Flotte vor der Schlacht von Salamis gestanden hatte. E. M.

Neuere Lit. in Auswahl: 1. *Ad. Wilhelm*, SAWW 211, 1929, 1, 1929, 13ff. 21ff. 28ff. 2. *J. Keil*, H 73, 1938, 338ff. 3. *W. Kendrick Pritchett*, AJA 63, 1959, 261f. 4. *C. Hignett* Xerxes' invasion of Greece, 1963, 218ff. 397ff.

**Kephalai.** Vorgebirge, den Anfang der großen Syrte im W. bezeichnend (Strab. 17,835. Plut. Dion. 25. Stadiasm. m. m. [GGM I] 92 nennen es Κεφαλαί. Ptol. 4,3,3 Τρικέρων ἄκρον). Heute Kap Mesrâta oder Râs Bou-Chaifa. TISSOT Géogr. comp. prov. rom. Afr. 1,215. M. L.

**Kephalion** (Κεφαλίων). **1.** K., Sklave Ciceros, der 49 als Briefbote zu Atticus und 47 zu Q. Cicero erwähnt wird, Cic. Att. 9,19,4. 10,1,2. 11,12, 1 u. ö. H. G. G.

**2.** K., Rhetor, unter Hadrian. Die in der Verbannung in Sizilien verfaßte, von Ninos und Semiramis bis Alexander d. Gr. gehende, knappe Universalgesch. (Μοῦσαι [Παντοδαπαὶ ἱστορίαι], 9 B.), in ion. Dialekt, war kein ernsthaftes Geschichtsbuch trotz der vielen genannten »Quellen« (krasser Rationalismus, Wissen vom Nichtwißbaren). Benutzer: Eus. (assyr. Gesch., nach Ktesias und Kastor [R. DREWS, Hist. 14, 1965, 135ff.]), Malalas (über Domninos, Iul. African.?), Sopatros, Phot., Moses v. Khoren (über Eus.) etc. K., dessen Name vielleicht pseudonym ist (vgl. → Hegesianax von Alexandreia), verfaßte auch μελέται u. a. W. Sp.

FGrH 93. 89. *F. Jacoby*, RE XI 191f.

**Kephallenia** (*Κεφαλληνία*). Die größte westgriech. Insel von kompliz. Gestalt. Der ö. Hauptteil ist ca. 50 km in n.s. Richtung lang u. bis zu 25 km breit. Er gipfelt im S. im Megalovuno (1620 m), dem ant. Ainos mit schon prähist. Kultstätte und Heiligtum des Zeus Aine(s)ios, [2],88. ABSA 32, 225. Der W.-Teil, die Halbinsel Paliki, 24 km lang und 3–9 km breit, ist durch die 17 km tief von S. eindringende Bucht Livadi fast ganz abgetrennt und nur im N. durch einen 4 km breiten Isthmos mit dem O.-Teil verbunden. Flächeninhalt nach amtlicher Statistik 717 qkm. Das Klima ist bes. milde und günstig, doch bilden die anbaufähigen Teile nur kleine, durch die hohen, kahlen Kalkrücken stark getrennte Einzelgebiete. Die Insel zerfiel daher in 4 selbständige Städte. Die vorgesch. Besiedlung seit der jüngeren Steinzeit war dicht, bes. beiderseits der Bucht von Livadi, und spätmyken., D. Fimmen Die kret.-myken. Kultur 4. [3],211f. [7.8.10.]. [9],73. EA 1932, 1ff. ABSA 32, 1931/32, 220ff. *Ἀρχ. Δελτ.* 16A, 1960, 41ff. N. Valmin Das adriat. Gebiet in Vor- und Frühbronzezeit, Acta Univ. Lund. 35,1, 1939, 62f. [4], 602. 635 A. 7. In gesch. Z. bestanden 4 Städte, alle auf Hügeln dicht am Meer. Die bedeutendste war Same, am SO.-Ufer der großen Bucht der O.-Seite mit z.T. erhaltener Stadtmauer an 2 durch tiefe Schluchten geschützten Akropolen (275 und 226 m, Plan [2] Taf. 2), späte Hausreste am Hafen, h. amtlich Sami. Krane lag im SW. an der tiefen Bucht von Argostoli, einer Nebenbucht der Bucht von Livadi, an 2 nach 3 Seiten steil abfallenden Hügeln mit teilweise erhaltenem, großem, doppeltem Mauerring, Plan [2] Taf. 2. Prōnnoi im S. der O.-Küste mit 275 m hoher Akropolis hat weniger guten Hafen, aber den fruchtbaren SO.-Teil der Insel; Mauer auch z.T. erhalten. Pale am W.-Ufer der Bucht von Livadi mit kleinem, aber fruchtbarem Gebiet. Stadtmauer noch im 17. Jh. erhalten, jetzt im nahen Lixuri verbaut. Mehrere ant. Kastelle und andere Reste an verschiedenen Stellen.

Bei Homer ist *Κεφαλλῆνες* Gesamtbezeichnung der Untertanen des Odysseus, Il. 2,631ff. Od. 20,210. 24,355.378.429, die Insel heißt Samos, Il. 2,634. Od. 4,671. 845, in der wohl jüngeren Verbindung *Δουλίχιόν τε Σάμη τε*, Od. 1,246. 9,24. 16,123. 19,131. h. 2,251, mit Übergang des Namens Dulichion, der urspr. Akarnanien zu bezeichnen scheint, auf die Halbinsel Paliki, dazu V. Burr *Νεῶν κατάλογος*, Klio Bh. 49, 1944, 72ff. Erst in gesch. Z. bezeichnet K. nur noch die Insel, die seither so heißt, wobei der Name sowohl mit einem wie zwei *λ* geschrieben wird. Die ma. Form *Κεφαλωνία* bereits bei Prokop. b. Goth. 3, 40. Die angebliche Beteiligung der Paleer an der Schlacht von Plataiai, Hdt. 9,28,5. 31,4 ist nur Irrtum für Valeioi (Elis). 456 v. Chr. Anschluß an Athen, Diod. 11,84,7, dann bei Korinth, Thuk. 1, 27,2, 431 wieder an Athen angeschlossen, Thuk. 2,7,3. 30,2f. und oft. 375 v. Chr. brachte Timotheos Pronnoi zum Anschluß an den 2. Seebund, Diod. 15,36,5. IG II$^2$ 43 = Syll. I$^3$ 147,107f. II$^2$ 96 = Syll. I$^3$ 150, 372 gewann Iphikrates die übrigen Städte, Xen. hell. 6,2,31. 33. 38. Ca. 226 v. Chr. Anschluß an den aitol. Bund, R. Flacelière Les Aitoliens à Delphes 258. 284f. 314f. 352. 358. 218 vergeblicher Angriff Philipps V. auf Pronnoi und Pale, Pol. 5,3,3–4,13. 189 v. Chr. Belagerung und Zerstörung von Same durch Fulvius Nobilior, Liv. 37,50,5. 38,28,5–30,1. Nach 59 v. Chr. gehörte die Insel dem C. Antonius (RE I 2577ff. Nr. 19), Strab. 10,2,13 p. 455, [2],639 A. 38. Plin. nennt K. *civitas libera*, ebenso IG I$^2$ 3301, Statue Hadrians von Pale im Olympieion in Athen. Hadrian schenkte die Insel den Athenern, Cass. Dio 69,16, 2. Same errichtete dem Kaiser Septimius Severus noch eine Statue, IG IX 1,617. Krane prägt noch im 3. Jh. n. Chr. Mz. Eine Neugründung der Kaiserzeit ist der Hafen Panormos (Phiskardo) ganz im NO., Artemidor bei Porph. antr. nymph. 4. Hierocl. synecd. 648,6. Anthol. Pal. 10,25. IG XIV 895. Im MA. war K. Bistum, R. Janin, DHGE 12, 150ff. Skyl. 34. Skymn. 461. Strab. 10,2,10 p. 452f. 2,13ff. p. 455ff. Paus. 6,15,7. Ptol. 3,13,9. Plin. 4,54. Sch. Thuk. 1,27. Inschr. von Magnesia 35, 38f. BCH 45, 1921, 14 Z. II 134ff. 15 Z. II 146. 30 Z. VD 11. Inschr.: IG IX, 1,610–652. 993–1028. SPrAW 1935, 711ff. Mz. Head HN$^2$ 462ff. E. M.

1. *A. Miliarakis* *Γεωγραφία πολιτικὴ νέα καὶ ἀρχαία τοῦ νομοῦ Κεφαλληνίας*, 1890. 2. *J. Partsch* Kephallenia und Ithaka, Peterm. Mitt. Erg. H. 98, 1890 (mit Karte 1 : 100000). 3. *Bürchner*, RE XI 194ff. (mit vollständiger älterer Lit.). 4. *Philipps.-Kirst.* 2,503ff. 614. 616. 632. 637ff. 5. *G. Biedermann* Die Insel K. im Alt., Diss. Würzburg, München 1887. 6. *Ders.* Recherches archéol. sur les îles joniennes. II Céphalonie 1879. 7. *N. Kyparissis – A. Philadelpheus* *Ἀνασκαφαὶ ἐν Κεφαλληνίᾳ*, *Πρακτικά* 1912, 100ff. 8. *N. Kyparissis* *Κεφαλληνιακά*, *Ἀρχ. Δελτ.* 5, 1919, 83ff. 9. *N. Giannopulos* Antiquités de Céphalonie, BCH 52, 1928, 66ff. 10. S. *Marinatos* *Αἱ ἀνασκαφαὶ* Goekoop *ἐν Κεφαλληνίᾳ*, EA 1932, 1ff. 1933, 68ff. 11. *B. Kallipolitis* *Ἀνασκαφαὶ ῥωμαϊκῆς ἐπαύλεως ἐν Κεφαλληνίᾳ*, *Ἀρχ. Δελτ.* 17A, 1961, 1ff. 12. *M. Holleaux* Le consul M. Fulvius Nobilior et le siège de Samé, BCH 53, 1930, 1ff. = Études 5,249ff.

**Kephaloidion** (*Κεφαλοίδιον*, *Cephaloedium*, auch *-δίς*). Feste, doch nicht bedeutende Stadt auf einem vorspringenden Kap in der Mitte der N.-Küste Siziliens, h. Cefalù (mit großartiger normann. Kathedrale), einige Male erwähnt in der Gesch. des Dionysios und des Agathokles bei Diodor (14,56,2. 78,7. 20,56,3. 77,3), erst 254 von den Römern erobert (Diod. 23,18,3), nun *civitas decumana*, von Verres ausgeplündert (Cic. Verr. 2,128. 3,103). Auf der einzigen älteren Mz. (4. Jh.) nennen sich die Bewohner von K. Herakleioten; die meisten Mz.n sind aus röm. Z.: Head HN$^2$ 136. Inschr. IG XIV 349–351. CIL X 7456f. Nur spärliche ant. Reste. K. Ziegler, RE XI 216f. K. Z.

**Kephalos** (*Κέφαλος*). **1.** Eponym des att. Demos Kephale und des Geschlechts der Kephaliden, im att. Thorikos, häufiger in Athen lokalisiert, sogar als König von Athen bezeichnet, aber aus Phokis hergeleitet als Sohn des → Deion(eus) und der Diomede, Gemahl der att. Königstochter → Prokris. In späterer Sage Sohn des → Pandion oder des Hermes und der Herse oder Kreusa. Epigonoi frg. 2 Ki. Apollod. 2,58f. 3,181. 197f. Hyg. fab. 48. 189. 241. Anton. Lib. 41. Paus. 1,37,6. Ov. ars 3,725. Auf K. wurde das Motiv vom Raube eines schönen Jünglings durch → Eos übertragen, schon Hes. theog. 986f. (Sohn: Phaethon), nach dem Muster der → Orionsage. Dieses Liebesabenteuer wurde mit der Prokrissage kontaminiert. Als K. sich nach seiner Gattin zurücksehnt, rät Eos ihm, deren Treue auf die Probe zu stellen. Als Fremder verkleidet, vermag er tatsächlich Prokris zu verführen. Nun gibt er sich zu erkennen. Sie flieht nach Kreta zu Minos, der ihr einen wunderbar schnellen Jagdhund (Lailaps) und einen treffsicheren Speer schenkt; in späterer Fassung ist Artemis die Schenkerin. Prokris kehrt nach Athen zurück, und die Gatten versöhnen sich. Nun folgt das novellist. Motiv von dem jungverheirateten Jäger, der über der Jagd seine Frau vernachlässigt und ihre Eifersucht wachruft. Eines Tages folgt die mißtrauisch gewordene Prokris dem K. auf die Jagd, versteckt sich in einem Gebüsch und erlauscht seinen Ruf an die schattenspendende Wolke *ὦ νεφέλη, παραγενοῦ*; Ov. setzt dafür *aura*, den kühlenden Luftzug, Hyg. 189 *Aurora* (= Eos). Sie wittert eine Nebenbuhlerin, läuft auf ihn zu und wird von ihm, der ein Wild auftauchen glaubt, mit dem Speer tödlich getroffen. Von den Thebanern entsühnt, hetzt er für sie den Jagdhund, den er von Prokris geerbt, gegen den → teumess. Fuchs, bis Zeus beide Tiere versteinert, Paus. 9,19,1. K. begibt sich zu den Kephallenen und wird deren Heros eponymos, Aristot. frg. 504. – Am ausführlichsten hat Ov. met. 7,672ff. die Sage behandelt. Über die zahlreichen Varianten s. Prell.-Rob. 2,162ff. H. v. G.

*Mannhardt* Ant. Wald- und Feldkulte 57f. *Radermacher* Hippolytos und Thekla, Wien 1916, 16f. *I. Lavin* Cephalos and Procris. Transformations of an Ovidian myth., in: Jour. of the Warburg and Cartauld Institute 17, 1954, 260ff.

**2.** K., Sohn des Lysanias, Syrakusaner, Vater des Redners Lysias, zog von Syrakus nach Athen, wohl wegen seiner Freundschaft mit Perikles, und lebte dort 30 J. (Lys. 12,4). Nach Plut. mor. 835c hätte er vor Gelon flüchten müssen. Im J. 404 war er bereits tot. Plat. rep. 1 läßt ihn als Gesprächspartner auftreten. **3.** Töpfer, demokrat. Politiker in Athen (Demosth. 18,214), betrieb nach dem E. des pelop. Krieges die Wiederherstellung der athen. Macht (Deinarch. 1,76). Im J. 399 v. Chr. verteidigte er Andokides im Mysterienprozeß (Andok. 1,115. 150). 384/83 gehörte er zu den Athenern, die auf Chios die Bündnisse mit den Mitgliedstaaten des 2. Seebundes abschlossen (Sylloge[3] 142). Im J. 378 beantragte er die Unterstützung der Thebaner im Kampf gegen die Lakedaimonier (Deinarch. 1,39). K. W.

**Kepheus** (*Κηφεύς*). **1.** Arkad. Heros, Sohn des → Aleos und der Neaira oder des Lykurgos, Paus. 8,4,8. Apollod. 3,102. 1,67. 69. Gründer von → Kaphyai (*Καφέος ἄστυ* IG V 2,173,39), wo er att. Flüchtlinge ansiedelt, Paus. 8,23,3. Er kam mit dem Kult der Athena Alea nach Tegea. Mit seinen 20 Söhnen unterstützte er Herakles auf dem Zuge gegen Hippokoon, nachdem er K.' Tochter Sterope eine Locke der Gorgo (Medusa) gegeben hatte, die sie beim Anmarsch der Feinde dreimal mit abgewandtem Blick über die Mauer halten sollte. Apollod. 2,144f. Paus. 8,47,5. Auf diesem Zuge kam K. mit allen Söhnen um. Argonaut Apoll. Rhod. 1,161. Seine Tochter Antinoe gründet Mantineia, Paus. 8,8,5. 9,5. **2.** Sohn des Belos, Hdt. 7,61. 150, der ihn in Persien lokalisiert, Gemahl der → Kassiepeia, Vater der → Andromeda, die von ihm dem *κῆτος* ausgesetzt und von → Perseus befreit wird. Während Hellan. (Steph. Byz.) den Schauplatz der Handlung nach Babylon, andere (Steph. Byz. Tac. hist. 5,2) nach Joppe verlegen, hat sich seit Eur.' Drama die Ansetzung in Aithiopien durchgesetzt. Apollod. 2,11. 43f. 49. Hyg. fab. 64. Mit den übrigen Personen der Sage verstirnt, Eratosth. kat. 15. H. v. G.

**Kephisia** (*Κηφισιά*). Großer Demos der Inlandtrittys der Erechtheis, nach Philoch. bei Strab. 9,1,20 p. 397 (FGrH III B frg. 94) einer der alten 12 Orte Attikas, in quellen- und waldreicher Lage am W.-Fuß des Pentelikon bei dem noch h. bevorzugtesten gleichnamigen Villenvorort Athens. Harpokr. Diog. Laert. 3,41. Synes. ep. 272 (Hercher Epistologr. 722). Inschr. Villa des Herodes Atticus, Gell. 1,2,2. 18,10,1. Philostr. v. soph. 2,1,12 p. 242. AJA 65, 1961, 299f. E. M.

1. *Bölte*, RE XI 224f. 2. *Philipps.-Kirst.* 1,885f. 1036 A. 19. 3. *Tschira* Eine röm. Grabkammer in K., AA 63/64, 1948/1949, 83ff.

**Kephisios** (*Κηφίσιος*). Athener, Ankläger des Andokides im Mysterienprozeß im J. 399 v. Chr., der ihm, für uns unkontrollierbar, alles Schlechte nachsagt (Andok. 1. Vgl. Lys. 6,42). K. W.

*H. Dombrowski* Die polit. Prozesse in Athen, Diss. Greifsw. 1934, 13ff.

**Kephisodoros** (*Κηφισόδωρος*). **1.** Athener, dessen Politik seit 225 v. Chr. Paus. 1,36,5 und ein Ehrendekret 196/95 (B. D. Meritt, Hesp. 5, 1936, 422ff.) rühmen: 204/03 Verwalter der Kriegskasse (*ταμίας τῶν στρατιωτικῶν*), 203/02 Beamter für Getreidekäufe (*ταμίας τῶν σιτωνικῶν*), gewann für Athens antimaked. Politik Attalos (→ 4), Ptolemaios V., die Aitoler, Rhodos und Kreta gegen Philipp V., war 198/97 Gesandter in Rom (Pol. 18,10,11), fraglich, ob dort schon 200. K. E. Petzold Die Eröffnung des 2. röm. maked.

Krieges, 1940, 110ff. F.W. WALBANK Philipp V., 1940, 312f. **2.** K., aus Marathon, fiel als Hipparch im Reitergefecht vor der Schlacht bei Mantinea 362 v.Chr. Paus. 8,9,10. Ephor. FGrH 70 F 85. Harpokr. s.v. H. V.

**3.** K., Athener des 4.Jh. v.Chr., Schüler des → Isokrates (γνησιώτατος ἀκουστής Dion. Hal. de Isocr. 18), den er in einer umfangreichen Schrift (4 B.: Athen. 2,60d) gegen Angriffe des Aristoteles (im Dialog Γρύλλος: [2]) verteidigte (Titel wohl πρὸς Ἀριστοτέλην Dion. Hal. a.O.; Athen. 3, 122b). Im 3.B. wurde der Vorwurf, Isokrates vertrete unmoralische Ansichten, mit dem Argument entkräftet, sogar bei den anerkannten Dichtern finde sich Ähnliches (Athen. a.O.). Weiterhin wies er es zurück, Isokr. als Logographen zu bezeichnen (Dion.Hal. a.O.) und kritisierte Aristoteles' Interesse an Sprichwort-Slg.-en (Athen. 2,60d). Die Zuweisung eines Geschichtswerkes über den heiligen Krieg (FGrH 112) an ihn ist höchst unsicher. H. Gä.

Die Zeugnisse bei *Radermacher*, Artium Script. 197f. und FGrH 112 Komm.

Lit.: 1. *Blass* Att. Bereds. 2,451ff. 2. *Fr. Solmsen* Die Entw. der aristot. Logik und Rhet., NPhU 4, 1929, bes. 205ff.

**4.** K. von Athen, Dichter der Alten Komödie. Sein IG II$^2$ 2325 verzeichneter Dionysiensieg ist gewiß ident. mit dem von Lys. 21,4 erwähnten vom J. 402, obwohl dort Κηφισοδότῳ überliefert ist. 4 Titel, 12 Frg. im Stil der späteren Komödie. W. K.

*P. Geißler* Chronol. der altatt. Komödie, 1923, 11.73. *Schmid-Stählin* I 4/2/1, 169.

**5.** K., Erzgießer unbestimmter Zeit (5./4. Jh. v. Chr.?), von dem Plin.nat. 34,74 eine Athena und einen Altar im Peiraieus nennt. Die Notiz wird meist mit Paus. 1,1,3 verbunden, wo K. indes nicht genannt wird. Ein Altar (mit Figuren?) aus Bronze ist singulär. Kopien der Werke sind unbekannt (so [1], anders [2]), Annahme von Verschreibung aus dem bekannteren Namen → Kephisodotos ist unbegründet. **6.** K., Bildhauer, schuf im späteren 1.Jh. v.Chr. für Athen die Statue des Quaestor pro praetore P.Cornelius Scipio (wohl = o. Bd. I S.1319 Nr. 44). IG III 580. **7.** K., Maler, lebte nach Plin.nat. 35,60 um 420 v.Chr. W. H. G.

1. *Lippold*, RE XI 229f. Nr. 8–10. 2. *Carettoni* Enc. Arte Ant. IV 340f.

**Kephisodotos** (Κηφισόδοτος). **1.** Athen. Stratege im J. 405 v.Chr., nahm an der Schlacht bei Aigospotamoi teil (Xen.hell. 2,1,16), in der er entweder fiel oder mit den anderen Gefangenen nach der Schlacht hingerichtet wurde (Plut.Lys. 11,13). **2.** Athen. Stratege im J. 360/59 v.Chr., wurde auf Bitten des → Charidemos zum Hellespont geschickt, um diesem zu helfen. Da Charidemos inzwischen in die Dienste des Thrakerkönigs Kotys getreten war und athen. Besitzungen angriff, mußte K. ihn bekämpfen, wurde aber bei Alopekonnesos zu einem Vertrag gezwungen, der



in Athen abgelehnt wurde. K. wurde abgesetzt, angeklagt und zur Zahlung von 5 Talenten verurteilt (Demosth. 23,152–167). Im J. 358/57 war K. Archon.

*P. Cloché* La politique étrangère d'Athènes, Par. 1934, 138ff. *E. Schweigert*, Hesp. 1939, 14ff.

**3.** Athener, gehörte zu den Gesandten, die im J. 371 v.Chr. zu Friedensverhandlungen nach Sparta geschickt wurden (Xen.hell. 6,3,2). Während der Bündnisverhandlungen im J. 369 setzte er durch, daß der Oberbefehl zu Wasser und zu Lande alle 5 Tage wechselte (Hell. 7,1,1. 12–14). Später ist er noch öfter als Politiker und Redner in Athen nachweisbar, zuletzt im J. 349 v.Chr. (Aristot.rhet. 3, 1411a.b). K. W.

**4.** K. »der Ältere«, Athener, Bildhauer der 1.Hälfte 4.Jh. v.Chr. (Plin.nat. 34,50: 372–369), wohl Vater (älterer Bruder?) des → Praxiteles; seine Schwester war die 1.Frau des 402/01 geb. → Phokion (Plut.Phok. 19,1). Als Werke nennt Plin. nat. 34,87 die Gruppe des Hermes mit Dionysoskind sowie einen *contionans manu elata* (verschrieben oder irrtümlich gedeutet, da die Zeit eine solche Rednergeste nicht kennt), ferner Paus. 9,30, 1 eine Gruppe von 9 Musen und 3 weitere Musen aus einer Gruppe, an der auch → Strongylion und Olympiosthenes beteiligt waren. Ob die Neunergruppe diesem K. oder Nr. 5 gehört, ist unsicher, ebenso, welcher K. mit Xenophon zusammen die Statuen in Megalopolis geschaffen hat (Paus. 8,30, 10). Von all diesen Werken haben wir keine Anschauung. Anders steht es um die Gruppe der Eirene mit dem Knaben Plutos (Athen, Agora), Paus. 9,16,2. 1,8,2. Nachklänge dieser Gruppe auf Münzen ([5], Taf. 4) und Preisamphoren ([4],103 Abb. 26) sichern die Rückführung einer Statuengruppe in München (und weiterer Repliken) auf die Gruppe des K. Komposition, Neigung und Wendung des Kopfes der Eirene, Zusammenklang mit der Bewegung des Kindes zeigen deutlich die Verbindung zur (späteren) Hermesgruppe des Praxiteles; Proportionen und Einzelformen (zur Kritik der Repliken vgl. vor allem [9]) verweisen die Gruppe in die 1.Hälfte des 4.Jh. (gegen den übertrieben tiefen Ansatz von [7] vgl. [8]. [9]), auch wenn die traditionelle Datierung (375/70) nicht hinreichend begründet und wohl ein Jahrzehnt zu hoch ist. K.' Bedeutung liegt für uns vor allem darin, daß die Eirene die Tradition veranschaulicht, aus der die hohe Kunst des Praxiteles erwuchs.

1. *Lippold*, RE XI 232ff. Nr. 8. 2. *Lippold*, HBArch. III 1,223ff. 3. *Mustilli*, Enc. Arte Ant. IV 342ff. 4. *Ch. Picard* Manuel d'archéol. Grecque. La sculpture III 1, 1948, 77ff. 5. *G.E. Rizzo* Prassitele (1932) 4ff. 6. *M. Bieber* The sculpture of the Hellenistic Age, $^2$1961, 14f. 7. *A. Rumpf* Archaeologie 2, 1956, 89ff. 8. *A.W. Byvanck*, Bull. Vereeniging . . . Antieke Beschaving, 31, 1956, 58. 9. *Schuchhardt*, Gn 30, 1958, 492.

**5.** K. »der Jüngere«, Athener, Sohn und Schüler des Praxiteles, Bildhauer um 300 v.Chr. (Plin.nat.

34,51. 87. Ps.-Plut. mor. 843e. f.). Der »Erbe der Kunst des Praxiteles« (Plin. nat. 36,24) hat vielleicht schon 344/43 selbständig ([3],55), jedenfalls vielfach allein gearbeitet. Signaturen von Porträtstatuen: [3]. Plin. nat. 36,24 nennt an Götterbildern Leto, Artemis, Aphrodite, Asklepios (alle Marmor und später in Rom), ferner ein berühmtes *symplegma* in Pergamon. Porträts kennt auch Tatian. ad Graec. p. 34,13 ff. Schw.; über strittige Werke s. o. zu Nr. 4. K. arbeitete in Marmor und Bronze, oft mit seinem jüngeren Bruder Timarchos zusammen, dessen Name nur einmal allein erscheint (CIL VI 10042). Die Brüder signieren gemeinsam immer ohne Vatersnamen ([3],57 ff.). Paus. 1,8,4 nennt eine Statue der Enyo, 9,12,2 einen Altar in Theben, Ps.-Plut. a. O. Holzbilder des Lykurgos und seiner 3 Söhne im Erechtheion, Herodas 4,21 ff. ein Marmorwerk im Asklepeion (Kos). Berühmt war auch das Sitzbild Menanders (Dionysostheater Athen) Paus. 1,21,1, vgl. Dion. Chrys. 31,116 (Die Basis: [3],59). Der Stil der Praxitelessöhne ist uns nicht kenntlich, zumal über Benennung, Datierung (und Zuweisung an K.) des »Mes nander«-Porträts (G. M. A. Richter The Portraits of the Greeks, 1965, 224 ff.) trotz des Mosaikaus Mytilene (AJA 67, 1963, Taf. 64,14) keine hinreichende Einigkeit besteht und die Verbindung eines in mehreren Wiederholungen überlieferten »symplegma« mit K. ganz unsicher ist (NSA 1947, 76 ff.). Es läßt sich daher nicht sagen, ob und wie weit K. und Timarchos den Stil ihres Vaters fortgesetzt oder gar fortgebildet haben.

1. *Lippold*, RE XI 235 ff. Nr. 9. HBArch. III 1,299 ff. 2. *Mustilli* Enc. Arte Ant. IV 344 Nr. 2. 3. *J. Marcadé* Rec. de signat. de sculpteurs Grecs 1, 1953, 53 ff.

**6.** Bildhauer des 2. Jh. n. Chr., der eine Porträtstatue für das taur. Chersonesos schuf (Marcadé a. O. 55 f.), sofern die Signatur nicht älter als die Porträtstatue ist und von Nr. 5 herrührt. W. H. G.

**Kephisophon.** Der Aristoph. Ach. 395 ff. auftretende *θεράπων Εὐριπίδου*; dazu die Sch. Von Thomas Magister wahrscheinlich fälschlich als Schauspieler des Euripides bezeichnet. F. St.

*J.B. O'Connor* Chapters in the Hist. of Actors and Acting in Anc. Greece, Chicago 1908, 110 f.

**Kephis(s)os** (*Κηφισ(σ)ός*), inschr. stets mit einem *σ*, in den Hss. oft *σσ*. Name mehrerer Flüsse Griechenlands, Polemon frg. 81 Pr. in Sch. Eur. Med. 835. Strab. 9,3,16 p. 424, bes. **1.** Der phok.-boiot. K., der Hauptfluß Mittelgriechenlands, Pind. O. 14,1. P. 4,46. Als Quelle galten die bedeutendsten der dauernd fließenden großen Quellen bei Lilaia am N.-Abhang des Parnaß, Hom. Il. 2,523 mit Sch. und Eustath. Il. 2,275,16 ff. h. 2,62 f. Strab. 9,2,19 p. 407. 3,16 p. 424. 9,4,10 p. 427. Paus. 9,24,1. 10,8,10. 33,4 f. An der Quelle Reste eines Heiligtums auf großer Terrasse mit Weihungen und Skulpturfunden, IG IX 1,232. Der Priester des K. war Eponym von Lilaia, E Delph. 2,2,224,9. Der K. mündet bei Orchomenos in den → Kopaissee, der danach auch *Κηφισίς* hieß. Als Abfluß und Mündung des K. ins Meer galten die h. sog. Kephalariquellen bei Larymna in Lokris, Strab. Plin. a. O. Paus. 9,38,7 f. Strab. 9,2,13 p. 405. 2,18 f. p. 406 f. 9,3,16 p. 424. Theophr. plant. 4,11,8; c. plant. 5,5,2. Plin. 4,27.

1. *Bölte*, RE XI 241 ff. 2. *Philipps.-Kirst.* 1,390. 395. 419 ff. 430 f. 470. 472. 480 f.

**2.** Der Hauptfluß der att. Ebene mit Zuflüssen aus allen umgebenden Gebirgen. Die längsten Quellflüsse kommen vom S.-Abhang des Parnes, durch dauernde Quellen weiter unterhalb verstärkt, als Quelle galt im Alt. aber der wasserreichste Zufluß vom W.-Abhang des Pentelikon ö. von Kephisia, das nach dem Fluß heißt (h. Kokkinaras). In der att. Ebene war das Wasser schon im Alt. so stark auf die Felder geleitet (Soph. Oid. K. 685 ff.), daß der urspr. Flußlauf h. nicht mehr feststellbar ist. Der K. mündet wie h. wohl künstlich abgeleitet in die Bucht von Phaleron, von der Straße nach dem Piraeus und den Langen Mauern überquert. Hauptzufluß ist der → Ilisos. Der K. besaß Kult in Athen (Phaleron), Eur. Ion 1261. Ail. var. 2,33. IG II$^2$ 4547,1. 4548,1, und in Oropos, Paus. 1,34,3. Sonst: Strab. 9,1,24 p. 400. Paus. 1,37,3 f. Xen. hell. 2,4,19.

1. *Bölte*, RE XI 244 ff. Nr. 3. 2. *Philipps.-Kirst.* 1,798 f. 874. 876 f.

**3.** Der etwas ö. von Eleusis mündende, h. das Meer nicht mehr erreichende Hauptfluß der thrias. Ebene von Attika, h. Sarandapotamos, Paus. 1,38, 5. Brücke des 4. Jh. v. Chr. IG II$^2$ 1191 = Syll. III$^3$ 1048,15 ff. Hadrian. Brücke 1 km ö. von Eleusis Hier. chron. z. J. 123 n. Chr., *Πρακτικά* 1950, 122 ff. AJA 55, 1951, 150. BCH 86, 1962, 683 f.

1. *Bölte*, RE XI 247 f. Nr. 4. 2. *Philipps.-Kirst.* 1,861.

**4.** Fluß in der Argolis, Paus. 2,20,6 f. Strab. 9,3,17 p. 424, der Bach von Epano-Belesi, 1. Nebenfluß des Inachos. Der K. besaß ein Heiligtum in Argos, Paus. a. O. Ail. var. 2,33. E. M.

*Bölte*, RE XI 248 f. Nr. 9.

**Kepos** (*Κῆπος*, *Κῆποι*). Miles. Gründung an der N.-Küste des Pontos auf der asiat. Seite des Kimmer. Bosporus am Korokondamitis-See (Limne), im 5. Jh. unter bosporan. Herrschaft. Gegen E. des Pelop. Krieges erhielt → Gylon, der mütterliche Großvater des Demosthenes, K. vom bosporan. Tyrannen Satyros zum Geschenk. E. 3. Jh. v. Chr. floh nach K. der bosporan. König Prytanis vor seinem Bruder Eumelos. Skymn. 899. Plin. nat. 6,6. Strab. 11,495. Skyl. 72. Steph. Byz. s. v. Aischin. 3,171. Diod. 20,24. Chr. D.

*Mittelhaus*, RE XI 251 ff. *Danoff*, RE Suppl. IX 1935. *N. I. Sokolskij* Kepyi (russ.) im Sammelwerk, »Die ant. Stadt«, Moskau 1963, 97 ff.

**Ker** (*κήρ*). »Tod, Verderben«, plur. »Todesarten« u. ä. Etym. zu *κεραΐζω*, vgl. Frisk 842 f., bzw. *κηραίνω* [1],224; nicht überzeugend D. J. N. Lee, Glotta 39, 1961, 191 ff. (zu *qerā- »teilen«). Verschiedene Beziehungen von *κ.* zu Schädigungen im pflanzlichen, anatomisch-pathologischen und psychologischen Bereich (vgl. Malten, RE Suppl. IV 883 ff.). Die Grundbedeutung zeigt große Divergenzen, kann aber in der der Schädigung (bzw. genauer der »Schädigerin«) zusammengefaßt werden. Später, bes. in der Philos. (Emp., Demokr.) bedeutet *κ.* einfach die Leiden. Über das Verhältnis von *κ.* zu *ψυχή*, welche gelegentlich auch *κ.* heißen kann ([2],15 ff.; so bes. *θύραζε κῆρες*), → Kerostasia. Neben der appellativen Verwendung von *κ.*, die [1],224 als die urspr. ansieht, steht die persönliche Auffassung von *K.*, deren zeitliches Prius E. Hedén Götterstud., Diss. Uppsala 1912, 108 ff. aus dem Volksglauben erkennen zu müssen glaubt. Weder Wucherung des einen noch des anderen, wird das Nebeneinander von *κ.* und *K.* als → Person-Bereicheinheit (vgl. WS 72, 1959, 5 ff.) wie *Ἔρις* und *Κυδοιμός* aufzufassen sein. In dieser untrennbaren Einheit persönlicher und sachlicher Erlebnisweise erscheint *K.-κ.* bes. Hom. Il. 18,535 ff. (vgl. Il. 8,73 f.), Hes. Aspis 249 ff., aber auch auf der → Kypseloslade (vgl. Paus. 5,19, 6) aus dem 7. Jh. Das Tod und Verderben bringende Wesen von *κ.* kommt in ihrem abschreckenden Äußeren (Vogelkrallen, Blut saugen, zerfleischen u.ä.) zum Ausdruck. Auf bildlichen Darstellungen ist die Unterscheidung von K., Gorgonen, Sirenen u.ä. oft nicht ganz einfach. W. P.

1. *Nilsson* GgrR I², 1955, 222 ff. mit Lit. 2. *W. Pötscher*, WS 73, 1960, 5 ff., bes. 14 ff.

**Keraia** (*Κεραία*). Stadt im n.w. Kreta bei Polyrrhenia, Pol. 4,53,6. Ethnikon inschr. *Κερα(ι)ῖται* [1],1,179,6 = Syll. II³ 627. 206 K 2. Inschr. von Magnesia 21,4. Nach einer Überlieferung bei Suda s. *Ῥιανός*, Steph. Byz. s. *Βήνη* Heimat des Rhianos. Mz. Head HN² 460. E. M.

1. *M. Guarducci* Inscr. Cret. 1,284. 3,96.

**Kerambos** (*Κέραμβος*). Sohn des Poseidonsohnes Euseiros und der Nymphe Eidothea, Hirte am Othrys, der Syrinx und Lyra erfand, zu dessen Spiel die Nymphen tanzten. Pans Rat, vor einem drohenden furchtbaren Winter in die Ebene zu ziehen, befolgte er nicht, und so versanken seine Herden in den Schneemassen. Ihn selbst verwandelten die Nymphen in einen Käfer mit langen Hörnern, der einer Lyra glich (*κεράμβυξ* Hirschkäfer, Hornschröter). Aitiolog. Verwandlungssage Ant. Lib. 22 (aus Nikandros). Anders Ov. met. 7, 353 f., wo die Nymphen ihn mit Flügeln ausstatten, damit er der deukalion. Flut entrinne. H. v. G.

**Kerameikos** s. Athenai (Bd. I 699)

**Keramik** s. Vasenmalerei

**Keramon agora** (*Κεράμων ἀγορά* »Topfmarkt«), nur von Xen. an. 1,2,10 erwähnte Stadt Phrygiens zunächst der Grenze Mysiens, etwa bei Usuzköj ö. Ushak zu suchen. Gr. Hist. Weltatlas S. 15c. K. Z.

**Keramos.** Städtchen an der N.-Küste des nach ihm benannten *Κεράμειος* oder *Κεραμικὸς κόλπος (sinus Ceramicus)* im s. Karien, Strab. 14,656.



Plin. nat. 5,109. Ptol. 5,2,10. Den Olympioniken Polites aus K. nennt Paus. 6,10,3. Mauerreste und nicht unbedeutende Ruinen. Inschr. Mz. seit 2. Jh. v. Chr. Head HN² 613. L. Robert Villes d'Asie Mineure, ²1962, 61. 167. K. Z.

**Keras** (*Κέρας*). **1.** Hornförmig gekrümmte Hafenbucht v. Istanbul, die die eigentliche Stadt von ihren n. Vorstädten Galata und Beyoğlu trennt (h. Haliç). Die Bezeichnung »Chrysokeras« (Goldenes Horn) wird dagegen von röm. Schriftstellern durchweg auf die Halbinsel, auf welcher Byzantion erbaut ist, verwendet (Plin. nat. 4,46. Solin. 10,17. Mart. Cap. 6,657. Amm. 22,8,7). Die erste Erwähnung von K. findet sich bei Pol. 4,43,7, eine Erklärung bei Strab. 7,320: Das Horn erstreckt sich 60 Stadien landeinwärts und spaltet sich wie ein Hirschgeweih in zahlreiche Buchten und Zweige. Eine ausführliche Beschreibung der Ufer und Bauten (die meisten nur annähernd lokalisierbar) gibt Dion. Byz. 5 f. 10. 23. 25. 27. 31 f. (ed. C. Wescher, Paris 1874. Vgl. F. Wieseler, GGA 1876, 321 ff.). In das hintere »Faule Meer« (*Σαπρὰ θάλαττα*) münden die Flüsse Kydaros (h. Alibey deresi) und Barbyses (h. Kiathane deresi). Wo sie sich an der stumpfen Landspitze vereinigen, lag ein Altar der Semystra. Über die in dieser Gegend gefundenen Reste eines Nymphaeums (?) und Skulpturen vgl. FA 4,2903. 5,2970. 7,2649. In byz. Quellen wird die Bucht durchweg als »Keras« bezeichnet und dabei hervorgehoben, daß der Name von Keroessa, der Tochter der Io und Mutter des Byzes, herrührt: Zos. 2,30,2. Hes. Illustr. Frg. 4. 8. Prok. de aed. 1,5,6 (mit Beschreibung der Kirchen auf beiden Ufern). Theoph. 1,316. A. M. M.

*P. Gilles* (Gyllius) De Bosporo Thracio, GGM 2,1 ff. (M.) *P. Tchihatcheff* Le Bosphore et Constantinople, 1864, 8 ff. *E. Grosvenor* Constantinopel 1, 1895, 76 ff. *K. Baedeker* Konstantinopel², 1914, 219 ff. RE III 2513. XI 257 ff. *R. Janin* Constantinople byzant., 1950, 9,421. *E. Mamboury* Istanbul touristique, 1951, 554 ff.

**2.** K., das dem Stierhorn nachgebildete Trinkhorn, aus Metall oder Ton, oft mit Tierprotome am unteren Ende, ist im 6. Jh. v. Chr. nach Vorstufen mykenische Z. in Griechenland neu in Aufnahme gekommen. Man trank vom Rande (Gegensatz: → Rhyton; Austritt der Flüssigkeit aus der Spitze). Athen. 11,476. Pfuhl Abb. 196. 231. 267. 320. Buschor Münch. Jahrb. f. bild. Kunst, 1919, 30 Abb. 45. W. H. G.

**3.** K., das Horn als Blasinstrument nennt Athen. 4,184a eine Erfindung der Etrusker. Dazu stimmt, daß es in der griech. Welt, wie die höchst spärlichen Zeugnisse zeigen, nur eine geringe Rolle gespielt hat, während es bei den Römern als Instrument der Militärmusik sowohl wie der Trauermusik literar. seit Catull und vielfach durch Bildwerke bezeugt ist. Vgl. U. Klein, G 74, 1967, 139 ff. und → Musik. K. Z.

**Kerasus** (*Κερασοῦς*). Griech. Stadt an der S.-Küste des Pont. Eux., gegründet von Sinope. Das

Datum ihrer Gründung ist unbekannt; ebenso unsicher ist ihre Lokalisierung. Die meisten Forscher setzen sie an die Stelle der h. türk. Stadt Gireson oder der kleineren Siedlung Fol-Bazar. Nach → Pharnakes I. von Pontos wurde K. in Pharnakeia umbenannt, doch ist ungewiß, ob sich dies auf dieses K. oder ein zweites bezieht. Nach Xen. an. 5,3,2. 4,1. 5,3, lag K. 3 Tagemärsche von Sinope entfernt. Diod. 15,30,5. Chr. D.

*Ruge*, RE XI 264ff. *M. Maximowa* Die ant. Städte der s.ö. Schwarzmeerküste (russ.), Moskau 1956, 70–76 u. pass. *Danoff*, RE Suppl. IX 1063. *Gschnitzer* Abhängige Orte im griech. Alt., Zetem. 17, 1958, 18ff.

**Kerata** (*Κέρατα*). Nach der auffallenden Form genanntes Grenzgebirge an der Küste zwischen Attika und Megaris, Strab. 9,1,11 p. 395. Plut. Them. 13,1. Diod. 11,65,1. E. M.

*Bölte*, RE XI 265f.

**Keration** (*κεράτιον*), »Hörnchen«, Samen des Johannisbrotbaumes. Gewicht und Münze, griech. Entsprechung der → Siliqua. Als Gewicht daher 1/144 → *uncia* oder 1/1728 → *libra* und somit 0,189 g. Als Münzwert 1/24 des Goldsolidus, doch in Silber ausgebracht. Das K. zerfiel in 4 *σιτάρια* und ist nicht vor der constantin. Z. belegt. H. Ch.

*Schrötter* WBMzK s.v.

**Keraunische Berge** (*Κεραύνια ὄρη*). Das nördlichste Küstengebirge von Epeiros mit dem weit vorspringenden Kap → Akrokeraunia (Kap Glossa), h. Reza e Kanalit, eine lange, schroffe Kalkmauer, bis 1593 m hoch, gefürchtet wegen der häufigen Gewitter, nach denen das Gebirge auch heißt. Der S.-Teil heißt h. Cika, bis 2050 m hoch mit gegen das Meer vorgelagerter fruchtbarer Terrasse, »albanische Riviera«. Ant. Inschr.: CIL III Nr. 582 bis 584. CIG 1824–1827. C. Patsch Das Sandschak Berat in Albanien 80ff. 89ff. Skyl. 26f. Strab. 6,3,5 p. 281. 3,8 p. 283. 7,5,8f. p. 316f. 7,7,5 p. 324. Plin. nat. 3,97. 145. 4,1f. 4. 4. Mela 2,54. Ptol. 3,13,1f. Apoll. Rhod. 4,518ff. Verg. Aen. 3,506ff. u. Serv. z. St. Hor. c. 1,3,20. Eustath. Dion. Per. 389. Geogr. Rav. 5,13,379,13. E. M.

*Philipps.-Kirst.* 2,11ff. 58ff. mit Nachtrag.

**Keraunos** s. Baitylia, Steinkult, Zeus

**Kerausion** (*Κεραύσιον*). Paus. 8,41,3, Gebirge im s.w. Arkadien mit den Quellen der Neda, wohl die Verbindung zwischen dem h. Diaphorti (Lykaion) und Tetrazi (Nomia). E. M.

1. *F. Bölte*, RE XI 271. 2. *E. Meyer*, RE Suppl. IX 382.

**Kerberos** (*Κέρβερος*, lautmalend, Wilam. GldH 1,308,2). Der das Tor des Hades hütende Hund, zuerst Il. 8,368 und Od. 11,622 im Zusammenhang mit dem Abenteuer des Herakles ohne Namen, mit Namen zuerst Hes. theog. 310ff. 769ff. erwähnt, bei ihm ohne Zusammenhang mit Herakles. An der 1. Stelle ist er mit dem Hunde des Geryones, → Orthos, der lernäischen → Hydra und anderen Ungetümen Sohn des Typhaon und der → Echidna und wird als der grausame Leichenfresser mit eherner Stimme und 50 Köpfen bezeichnet; die 2. Stelle gibt ihm 1 Kopf und betont seine Tücke; die Ankommenden umwedelt er freundlich, läßt aber keinen heraus und verschlingt die Ertappten. Soph. Oid. K. 1571 und Verg. Aen. 6, 419 knurrt er auch die Eintretenden an. Dichter steigern die Zahl der Köpfe (100 bei Pind. und Hor. c. 2,13,34, dagegen 100 Schlangen am Kopf und 3 Zungen 3,11,17). Die griech. Tragiker sprechen nur von 3 Köpfen. Eine feste Gestalt besitzt K. weder in der Volksvorstellung noch in der Kunst. Eine frühkorinth. Schale zeigt 1 Kopf (so auch die Metopen vom Zeustempel in Olympia und vom athen. Hephaisteion), aber zahlreiche Schlangenleiber. Die att. Vasen geben meist 2 Köpfe und Schlangenschwanz. Die unterital., etr. und röm. Kunst stellt gewöhnlich 3 schlangenbedeckte Köpfe dar. Die enge Verknüpfung der Schlangen mit K. beruht auf dem sepulkral-chthonischen Wesen der Schlangen. Abgesehen von Schilderungen der Unterwelt (wie Verg. Aen. 6. Culex 220f.), in denen K. zu den Requisiten gehört – er fehlt allerdings in der Unterweltsvorstellung Hom. Il. 23,72 und sonst – begegnen wir K. meist in der Darstellung des 11. (oder 12.) Abenteuers des Herakles, der den K. heraufholt, dem → Eurystheus vorzeigt und ihn wieder zurückbringt; Apollod. 2,122ff. läßt Herakles noch eine Reihe anderer Taten in der Unterwelt verrichten. Gewöhnlich erleichtern Athena und Hermes ihm die schwere Aufgabe, Eur. Herc. 612 spielt auf eine Fassung an, derzufolge Kore dem Herakles K. freiwillig als Geschenk übergibt (Diod. 4,26). Die Angabe (Apollod. a. O. Diod. 4,25), daß Herakles sich vorher in die eleusin. Mysterien einweihen lassen muß, ist eine orph. Erweiterung; trotzdem bringt er auch in dieser Darstellung den Hund nur durch Würgen in seine Hand. Anderwärts läßt K. sich durch Honigkuchen beschwichtigen. Gewöhnlich dachte man sich den Abstieg des Herakles in Tainaron, den Aufstieg in Trozen oder Hermione. Auch andere Orte mit Höhlen brachte man mit K. in Verbindung. Bei Herakleia am Pontos, wo Xen. an. 6,2,2 die Höhle sah, durch die Herakles in die Unterwelt gestiegen war, leitete man die dort wachsende Giftpflanze Akonit vom Geifer des K. ab. Die Quelle Kynadra in Argolis sollte nach dem entlaufenen K. benannt sein. Hom. weiß auch von einer alten Sage, nach der Herakles mit Hades selbst kämpft und ihn verwundet, Il. 5,395ff.; vgl. seinen Kampf mit Thanatos in Eur. Alc. – → Peirithoos, → Theseus, → Orpheus. H. v. G.

*O. Kern* Die Rel. der Griechen 3,214f. *H. Scholz* Der Hund in der griech. Magie und Religion, Diss. Bln. 1937. *F. Kretschmar* Hundestammvater und K., Stuttg. 1938. *Fr. Brommer* Herakles, 1953, 43ff. *K. Kerényi* Die Heroen der Gr. 1959, 193ff.

**Kerdylion** (*Κερδύλιον*). Anhöhe am r. Ufer des unteren Strymon, Amphipolis gegenüber, zum Gebiet von Argilos gehörig. Brasidas besetzte K. im J. 422. Thuk. 5,6,3.5. 8, I. 10,2. Chr. D.

*Oberhummer*, RE XI 285. *Casson* Macedonia, Thrace and Illyria, fig. 22.

**Kerebia** (*Κηρεβία*). Mutter von → Diktys und Polydektes von Poseidon, nach Sch. Lykophr. 838. Zweifelhafte Deutungen: TÜMPEL, Myth. Lex. 2, 1136. HARTUNG, GRUPPE, GUNNING, RE XI 286. H. v. G.

**Kereia** (*Κέρεια*). Kleine Insel der s.ö. Kykladen zwischen Naxos und Amorgos, h. Keros oder Karos, 15 qkm groß und 200 m hoch, Stadiasm. m. m. 282. (überliefert *Κορσίαι*). Geogr. Rav. 5,21 p. 396,9 (*Cerus*). 425/24 im att. Seebund mit einem Tribut von 630 Drachmen, B. D. MERITT The Athenian tribute lists 1,231. 308 f. 501. 3,198. E. M.

1. *Bürchner*, RE XI 253. 2. *Philipps.-Kirst*. 4,146 f. 3. IG XII 7 p. VII.

**Keressos** (*Κερησσός*). Bergfestung bei → Thespiai im s. Boiotien, von den Thespiern als Fluchtburg benutzt, nähere Ansetzung nicht möglich. Ein Personenname *Κερείσιχος* IG VII 1926. Paus. 9,14,2 ff. Plut. Cam. 19,2. E. M.

1. *Bölte*, RE XI 286 f. 2. *Philipps.-Kirst*. 1,452. 672. 718 A. 82. 3. G. *Roux*, BCH 78, 1954, 22 f.

**Kerinthos** (*Κήρινθος*). **1.** Stadt an der O.-Küste von Euboia, schon bei Hom. Il. 2,538 genannt, in gesch. Z. wohl zu → Histiaia gehörend, Ruinen an der Pelekibucht n. ö. des h. Mantudi. H. heißt das Dorf Skylogiannis weiter im Inneren amtlich fälschlich K. Strab. 10,1,3 p. 445. 1,5 p. 446. Skymn. 576. Ptol. 3,14,22. Theophr. plant. 8,11,7. Plin. nat. 4,64. 18,305. Theogn. 891. Apoll. Rhod. 1,79. Nonn. Dion. 13,160. IG XII 9,1184 f. E. M.

1. *W. Vischer* Kl. Schriften 1,596 ff. (mit Plan). 2. *Fr. Geyer* Topogr. und Gesch. der Insel Euboia 96 ff. 3. IG XII 9 p. 168,34 ff. 4. *L. Pernier* Kerinthos, ASAA 3, 1916/1920, 273 ff. 5. *Philipps.-Kirst*. 1,580. 718 A. 91.

**2.** Judenchr.-gnost. Häretiker des ausgehenden 1. Jh., vielleicht in Äg. geschult (Hippol. Phil. 7,33), in Kleinasien lehrend (Iren. adv. haer. 1,26,1), wo er, der *ἐχθρὸς τῆς ἀληθείας* (Eus. h. e. 3,28,6. 4,14,6), mit dem Apostel Johannes zusammengetroffen [1] sein soll (Iren. 3,3,4). Erste und verläßlichste Kunde über K. und seine Theologie vermittelt Iren. sowie als dessen Schüler auch Hippolytos von Rom. Für K. ist die Körperwelt das Geschöpf einer dem höchsten Gotte unterlegenen Kraft (Iren. 1,26,1), Jesus bloßer Mensch und nur zeitweilig (von der Jordantaufe bis zur Passion) mit dem leidensunfähigen Christusgeiste verbunden. Zu dieser (gemein)gnost. Unterscheidung zwischen *Iesus patibilis* und *Χριστὸς ἀπάθης* gesellt sich die judaist. Anschauung von der bleibenden Heilsnotwendigkeit des Gesetzes und der Beschneidung sowie ein krasser Chiliasmus (nach Gaios von Rom, bei Eus. h. e. 3,28,1–4). J. Wi.

1. *G. Bardy*, Rev. biblique 30, 1921, 344–373. 2. *E. Meyer* Urspr. und Anfänge des Christentums, 3, 1923, 626–631. 3. *J. Lebreton* Histoire du dogme de la Trinité, 1, 1928[4], 483–494. 4. Lex. für Theologie und Kirche, 1957[2] ff., Bd. 6 s. v.



**Kerkaphos** (*Κέρκαφος*). Einer der 7 Söhne des Helios und der Rhodos (Rhode), Gemahl der Kydippe, Vater von Kameiros, Ialysos und Lindos. Pind. O. 7,73 mit Sch. Diod. 5,56 f. Plut. qu. gr. 27. S. → Heliadai. H. v. G.

**Kerkasoros** (*Κερκάσωρος*). Ort im 2. unteräg. Gau auf dem W.-Ufer des Nil an der Deltaspitze (Hdt. 2,15. 17. 97. Strab. 17,806), bisher nicht identifiziert. W. H.

**Kerketai** (*Κερκέται*). Volkreicher Stamm an der NO.-Küste des Pont. Eux., am Abhang des Kaukasus. Der Name der K. (h. Tscherkessen) wurde den griech. Geographen früh bekannt, aber ihre Angaben über die Wohnsitze der K. stimmen nicht überein. Nach Strab. 11,492. 496. 497 saßen sie zwischen den → Heniochoi und den → Moschoi. Chr. D.

*W. Kroll*, RE XI 291 ff. *T. M. Minajeva* Arch. Forsch. i. Tscherkessenland (russ.), 1953, 34 ff. *Danoff*, RE Suppl. IX 1017 ff.

**Kerkidas** (*Κερκίδας*, unrichtig *Κερκιδᾶς* Herodian. 54,10 und sonst), Name vertreten in einer aus Methydrion, das dann in Megalopolis aufging, stammenden Familie. Hier wurde Zeus Hoplosmios verehrt, dessen Priester ein K. ermordete (Aristot. part. an. 3,10 p. 673 a 17).

**1.** Makedonenfreundlicher Politiker z. Z. Philipps II. (Demosth. 18,295. Theop. FGrH 115 F 119. Pol. 18,14,1.2). **2.** Damiorgos des arkad. Bundes, in einer Siegerliste von Lykaion 308 v. Chr. (IG V 2 Nr. 550). **3.** Megalopolitan. (nach Diog. Laert. 6,76 *Μεγαλοπολίτης ἢ Κρής*) Gesetzgeber und Vf. von Meliamben (Steph. Byz. s. *Μεγάλη πόλις*). Die Gesetzgebung wird nach der Abdankung des → Lydiadas (noch zu Lebzeiten Demetrios' II. von Maked., † 229. Pol. 2,44,5) stattgefunden haben. Nach Porph. bei Eust. Il. 263,35 (wo *Κερδίας*, verb. PERIZONIUS) verfügte er Auswendiglernen des homer. Schiffskatalogs. Sehr wahrscheinlich ident. mit dem K., der auf Vorschlag des Aratos von den Megalopoliten als Gesandter zu Antigonos Doson geschickt wurde (Pol. 2,48,4–6) und das megalopolitan. Kontingent bei Sellasia kommandierte (222 v. Chr.; Pol. 2,65,3). Von den Meliamben größere Reste in dem 1911 publizierten POxy 1082 (2. Jh. n. Chr.; PACK Lit. Texts[2] Nr. 237). Die Verse sind teils aus den Hemistichien des Trimeters und des Hexameters zusammengesetzt, teils daktyloepitritrisch gebaut (BR. SNELL Griech. Metr. [3]34). Dem Inhalt nach sind die Meliamben Diatriben mit gemäßigt kyn. Tendenz; *κύων* heißt K. in der subscriptio des Pap. Besitz verachtet K. nicht durchaus, fordert nur gerechte Verteilung, die aber die Götter nicht leisten; der Mensch hat selbst durch heilendes Eingreifen und Mitteilen dazu beizutragen. Der Schwelgerei stellt er seine eigene den Musen und der prakt. Philos. gewidmete Lebensführung entgegen. Die Sprache ist dor. getönt, der Stil ausgezeichnet durch kühne Komposita (Ähnliches schon bei → Timon und → Krates). In Choliamben war die Erzählung von den καλλίπυγοι in Syrakus gehalten. Nachwirkung des K. vielleicht bei Hor. s. 1,2,125, sicher bei Greg. Naz. MIGNE PG37 p. 723,595 ff. Frg.: Anth. lyr. $3^3$, 1952. R. K.

*Wilam.* Kl. Schr. 2,128–159. *Pennacini,* Atti Accad. Sc. Torino Cl. sc. mor. 90, 1956, 257–283. *Cataudella* Convivium Dominicum, 1959, 277–286.

**Kerkine** (Κερκίνη). Ein bewaldetes, unbewohntes Gebirge im thrak.-makedon. Grenzgebiet, das die Paionen im N. von den Sintern und Maiden im S. schied und vom Odrysenkönig → Sitalkes wiederholt durchzogen wurde. Die Gleichsetzung von K. mit dem h. Belasitzagebirge durch KIEPERT FOA XVI kann h. nicht aufrechterhalten werden, da dieses viel weiter s. liegt und eher dem Orbelos entspricht. Andere setzen es dem Krušagebirge gleich. Thuk. 2,98 (einzige Erwähnung). Chr. D.

*Oberhummer,* RE XI 309. *Casson* Macedonia, Thrace and Illyria, 43.

**Kerkinitis** (Κερκινῖτις λίμνη). Größerer See am unteren Strymon oberhalb Amphipolis, h. See von Tachino, nach dem Dorfe T. benannt; slav. Tachinsko ezero. Infolge der Entwässerungsarbeiten nach dem 1. Weltkrieg hat sich die Gestalt des K.-Sees wesentlich verändert. Arr. an. 1,11,3. Thuk. 4,108,1. Mela 2,30 (ohne Namennennung). Chr. D.

*Oberhummer,* RE XI 309. *Casson* Macedonia, Thrace and Illyria, 4. 7. 19.

**Kerkopes** (Κέρκωπες, zu κέρκος Schwanz). Freche, verschmitzte, aus der Heraklessage bekannte Kobolde, dargestellt schon auf einer Metope des Tempels C in Selinus (um 550) – hier als ausgewachsene Männer, sonst als Zwerge gebildet – sowie auf mehreren sf. und rf. Vasen, lit. behandelt in einem »hom.« Scherzgedicht, das nach LOBECK Aglaophamus 2,1296 ff. in das kykl. Epos Οἰχαλίας ἅλωσις eingelegt war, und in mehreren att. Komödien. Die ausführlichste Darstellung findet sich bei Nonn. narr. ad Gregorium (WESTERMANN Mythogr. 375): Die beiden K. waren Brüder und verübten viele schlimme Streiche. Ihre Mutter warnte sie vor dem Mann mit dem schwarzen Hintern (μελάμπυγος). Als Herakles unter einem Baume schlief, nahmen sie ihm seine Waffen weg. Er erwischte sie sofort und band sie kopfabwärts an einen Tragbalken, warf ihn um seine Schultern und trug sie so fort. In dieser Lage konnten sie seine μελαμπυγία beobachten. Ihre drolligen Reden über seine Behaartheit brachten den Helden zum Lachen, und er ließ sie laufen. Der Schluß variiert: Herakles schmettert ihre Köpfe gegen die Erde; er tötet einige und schenkt die andern der Omphale – hier sind es mehr als 2 –; er überbringt sie Eurystheus in einem Korbe (Phlyakenvase); Zeus versteinert sie, weil sie ihn zu betrügen suchten, oder er verwandelt sie – hier ist es ein ganzes meineidiges Volk – in Affen und



versetzt sie auf die Affeninsel Pithekusa (Ov. met. 14,90 ff.). Der Schwank spielte zuerst in der Nähe der Thermopylen (Κερκώπων ἕδραι Hdt. 7,216), dann in Oichalia bei Eretria, schließlich, infolge der Verknüpfung mit Omphale, in Lydien (Ephesos). Urspr. waren sie namenlos; später finden wir 5 verschiedene Namenpaare erwähnt. Das Sprichwort μὴ σύγε μελαμπύγου τύχοις geht zurück auf Archil. frg. 93 D (M. TREU S. 90. 237 ff.), wo es von Adlern gebraucht wird. In Athen gab es eine Κερκώπων ἀγορά (Hehlermarkt), Diog. Laert. 9,114. Appellativer Gebrauch von κέρκωψ = Spitzbube. H. v. G.

**Κέρκουρος** *(cercurus).* Nach Plin. nat. 7,208 kypr. Erfindung, gehören die k. in den ant. Marinen zu den *leviora navigia* (Liv. 33,19) und sind schnell (Liv. 23,34,4). Als Handelsschiffe können sie eine beträchtliche Größe haben (Athen. 5,208 F, vgl. Plaut. Merc. 86 f.; Stich. 366 ff.). W. H. G.

*Torr* Ancient Ships, 1894, 110f. *Assmann,* RE III 1969. *Miltner,* RE Suppl. V 958,47.

**Kerkyon** (Κερκυών). **1.** Sohn des Poseidon (Hephaistos), Vater der → Alope, die er nach ihrem Fehltritt mit Poseidon tötete (o. Bd. I 276,37 lies »Mutter« statt »Vater«). Er wohnte bei Eleusis, zwang die Vorüberkommenden, mit ihm zu ringen, und tötete die Besiegten, bis Theseus ihn überwältigte. Bakchyl. 17 (18),26. Isokr. Hel. 29. Paus. 1,14,3. 39,3. Hyg. fab. 38. Ov. met. 7,439. Über die auffällige Angabe Apollod. epit. 1,3, Branchos und Argiope seien K.s Eltern, und über die Etym. RADERMACHER Sage und Mythos der Griechen 272 f. **2.** Arkader, Sohn des Agamedes, Vater des → Hippothoos, Paus 8,5,4. Der Enkel von Nr. 1, → Hippothoon, heißt Hyg. fab. 187 auch Hippothoos. Man identifizierte den Eleusinier K. mit dem Arkader, indem man ihn aus Arkadien nach Attika einwandern ließ. Kall. frg. 143 Schn. = 294 Pf. Plut. Thes. 11,1. H. v. G.

**Kerkyra** s. Korkyra

**Kernos. 1.** τὸ κέρνος Athen. Hesych.; κέρνον Poll. 4,103. Das Rundgefäß mit einem Kranz kleiner Schalen für die Erstlingsgaben von Feld und Vieh (eine Art Panspermie: [2]) wurde in der eleusin. Prozession getragen; danach verzehrte der Träger den Inhalt der Schälchen (Athen. 11,476 e bis f. 478 c–d). Was im kraterartigen, oft von einem durchlöcherten Deckel bedeckten Mittelteil des K. getragen wurde, ist unsicher. Erhaltene Beispiele: [1] T. 13. **2.** ὁ κέρνος Sch. Nik. Alex. 217. Das kraterartige Gefäß mit aufgesteckten Lichtern wurde von einer Priesterin, der κερνοφόρος, im Kult der Rhea (die ebenfalls Kernophoros heißen kann) getragen. Sichere Beispiele sind nicht erhalten. W. H. G.

1. *O. Rubensohn,* MDAI(A) 23, 1898, 271 ff. 2. *G. Hock* Griech. Weihegebräuche, 1905, 61. 125. 3. *H. G. Pringsheim* Archäol. Beitr. z. Gesch. d. eleusin. Kultes, Diss. Bonn 1904 (1905), 69 ff. 4. *Leonard,* RE XI 316 ff. 5. *G. E. Mylonas* Eleusis and the Eleusin. Mysteries, 1961.

**Keroma** (*Κήρωμα*). **1.** Ein Umschlag, Hippokr. *π. διαίτ. δξ.* 8 (II 424 L) = *κηρωτή*, ebd. 14 (II 470 L) oder Salbe, ebd. (*νόϑα*) 15,33. Oreib. frg. 63. Mart. 4,4,10. Diosk. 1,32, **2.** ein gewachstes Täfelchen, IG VII 413, und, die übliche Bedeutung griech. wie lat., in der Kaiserzeit, **3.** ein wachsfarbiger Schlamm oder Lehm, der einen weichen, nachgiebigen Untergrund für den Ringplatz bildete, und dann der Ringplatz selbst; *ceroma, ... qui locus exercitii utilis est ... aequali et molli ceromate stratus*, Cael. Aur. salut. praec. 35. Plut. mor. 790 E. Mart. 4,19,5. 7.32,9; er beschmutzt den Körper des Athleten *(immundum)*, Mart. 11,47,5. 14,50. Iuv. 3,68. Daß *ceroma* ein Gemisch aus Öl, Wachs und Erde bezeichne, ist eine irrige Ansicht. Sie beruht auf den Angaben des Plin. nat. 15,19. 28,51, daß das Abgeschabte *(strigmenta) ex ceromate*, ein Gemisch aus Schweiß, Öl und Schmutz, als Umschlag benutzt wurde, um die Gelenke zu geschmeidigen und zu wärmen. O. W. R.

*Jüthner*, RE XI 325.

**Kerostasia.** Hom. Il. 8,69 ff. werden die *κῆρε* (→ Ker) der beiden Heere, des griech. und des trojan., und Hom. Il. 22,209 ff. die des Hektor und Achill anläßlich von deren Zweikampf von Zeus auf einer goldenen Waage gewogen. Wessen *κήρ* in der Waagschale sinkt, dessen *αἴσιμον ἦμαρ* ist da. – Die Bedeutung der K. ist umstritten. Die Problematik wird bei [8] aufgerollt. Weder Unterordnung noch unbedingte Überordnung des Zeus bzw. der Götter unter bzw. über → *μοῖρα* läßt sich aus der K. ableiten. Annahme einer direkten Abhängigkeit der K. von äg. Vorstellungen (vgl. E. Wüst, ARW 36, 1939) sicher unberechtigt ([8], 16,42. Vgl. auch B. C. Dietrich, RhM 107, 1964, 114 ff.). Die äg. Wägung findet nach, die griech. vor dem Eintritt des Todes statt; im äg. Bereich geht es um das sittliche »Gewicht«, im griech. um das »Vitalgewicht», wie lange also der Betreffende noch leben werde. Vieles spricht dafür, daß der K. Homers (d.h. der Wägung von *κῆρε*) eine ältere Form der Psychostasie (d.h. der Wägung von *ψυχαί*) zugrunde liegt ([8],17 ff.), in der das noch vorhandene *μένος* des Menschen gewogen wurde. Dementsprechend konnte dann der Ausgang des Kampfes aus der Quantität an *μένος* »erschlossen« werden. Die dem Tode faktisch nahe Seele vermochte in dieser Situation als *κήρ* bezeichnet zu werden, ohne daß *κήρ* als solche generell »Seele« bedeutete; die in Lebensgefahr befindliche Seele ist von *Κήρ*-*κήρ* »infiltriert«, dem (unten gedachten) Hades, bzw. der Grabestiefe näher und vom schweren Schicksal (*κὴρ βαρεῖα*) behaftet, so daß ihre Waagschale sinkt, obwohl diese Seele weniger *μένος* besitzt und daher leichter sein sollte. Solche logischen Unstimmigkeiten, wie auch die, daß die Seele des Überlebenden ebenfalls *κήρ* genannt wird, oder daß beide noch ein Weilchen leben, obgleich die Seele des einen *ᾤχετο δ' εἰς 'Αΐδαο* (Hom. Il. 22,213), oder die Wägung von je einer *κήρ* für ein ganzes Heer (Hom. Il. 8, 70, aber *κῆρες* 8,73) sind z.T. aus der schon von Hom. nicht völlig verstandenen älteren Vorstellung und z.T. aus der in solchen Belangen sehr großzügigen Art griech. Religion zu verstehen. Über die Deutung der *κῆρε* als Lose Nilsson GgrR 1², 1955, 224, [5], vgl. [8],16 f. W. P.

1. *E. Heden* Götterstud., Diss. Uppsala 1912, 173. 2. *L. Malten*, RE Suppl. IV 885. 3. *Wilam.* GldH. 1,365. 4. *E. Ehnmark* The Idea of God in Homer, Diss. Uppsala 1935, 74. 5. *G.B. Björck*, Eranos 43, 1945, 58. 6. *U. Bianchi* *ΔΙΟΣ ΑΙΣΑ*, Roma 1953, 77. 7. *P.C.B. Pistorio*, Fato e divinità nel mondo greco, Palermo 1954, 62. 8. *W. Pötscher*, WS 73, 1960, 5.

**Kersebleptes** (*Κερσεβλέπτης*, hsl. *Κερσοβλέπτης*). Sohn und Nachfolger des → Kotys (I. 1) 360 v. Chr. mit Hilfe des Söldnerführers Charidemos, der die Schwester des K. heiratete. Demosth. 23,129.163. Bei der Reichsteilung mit → Berisades und → Amadokos (2) 358 behielt K. das O.-Gebiet von → Kypsela bis → Odessos und schloß 357 einen Vertrag mit Athen. Diod. 16,34,4. H. Bengtson Die Staatsverträge 2, 1962, Nr. 303. Im Kampf mit Amadokos und um die Chersones lavierte K. zwischen Athen und Philipp II. von Maked. 351 erkannte K. Philipp als Oberherrn an und sandte seinen Sohn als Geisel. Aischin. 2,81 ff. Bengtson 319. Nach Angriffen auf Städte am Hellespont wurde K. 342/41 von Philipp abgesetzt, sein Land thrak. Strategie Makedoniens. Diod. 16, 71,1. Mz. Head HN² 284. J. Wiesner Die Thraker, 1963, 133 ff. H. V.

**Kerykeion** s. Keryx

**Keryneia** (*Κερύνεια*, einheim. *Καρύνεια*). **1.** Binnenstadt der Landschaft Achaia in der Peloponnes, noch nicht unter den alten 12 Städten bei Hdt. 1,145 und Strab. 8,7,4 p. 385 f. Ca. 800 m hoch auf steil abfallendem Bergrücken beim h. Mamusia gelegen; erhalten bes. Teile der Stadtmauer und ein Theater. K. nahm um 460 v. Chr. vertriebene Mykenaier auf (Paus.) und erscheint seit dem 4. Jh. v. Chr. unter den selbständigen Städten des achaiischen Bundes, Pol. 2,41,7 f. 14 f. 43,2. Mz. Head HN² 417. Neue Ausgrabungen: J. K. Anderson, ABSA 48, 1953, 154 ff.

Nach K. hieß der ö. vorbeifließende Fluß *Κερυνίτης*, h. Fluß von Kalavryta, und das Gebirge, in dem er entspringt und nach dem die kerynit. Hindin benannt ist, K., *Κερύνειος πάγος* bei Kall. h. 3,109 mit Sch. Pfeiffer 2,56.62. Es sind die Gebirge von Lechuri und Syrbani, im weiteren Sinne zum Erymanthos gehörend. Strab. 8,7,5 p. 387 (zum Text W. Aly, SHAW 1931, 1,31; De Strabonis codice rescripto 21). Paus. 7,25,5–7. IG V 2,357,174. Inschr. von Magnesia 38,67 = Syll. II³ 559. SEG 2,284. 15,113,34.254,6.

1. *F. Bölte*, RE XI 342 ff. 347 f. 2. *E. Meyer* Peloponnesische Wanderungen 127 ff. (mit Plan). 139 f.

**2.** Stadt an der N.-Küste von Kypros, h. Kyrenia,

so schon Hierocl. synecd. 707,6. Ant. Reste außer Gräbern kaum bekannt. Frühhellenist. Königtum auf Seite Ptolemaios I., Diod. 19,59,1. 62,6. 79,4. Spätant. Bistum, R. Janin, DHGE 12,183 ff. Skyl. 103. Ptol. 5,13,4. Stadiasm. m. m. 312 f. Steph. Byz. s. Πηγαί; Κορώνεια(?). Plin. 5,130 *(Corinaeum* u.ä.*)*. Geogr. Rav. 5,20,393,11 *(Cernia)*. Tab. Peut. 10,3. BCH 45, 1921, 4 Z. I 4. Inschr.: [3. 4]. E. M.

1. *Oberhummer*, RE XI 344 ff. Nr. 2. 2. *R. Gunnis* Historic Cyprus, 1936, 1956, 121 ff. 3. *T.B. Mitford* Opusc. archaeol. 6, 1950, 17 ff. 26 Nr. 14. 4. *O. Masson* Les inscr. chypriotes syllabiques, 1962, 268 f. 5. The Swedish Cyprus expedition 4,3,24. 241. 6. BCH 86, 1962, 378. 87,360.

**Keryx** (Κῆρυξ). **1.** Stammvater des Priestergeschlechts der Kerykes, die ihn auf die Verbindung von Hermes mit einer der 3 → Kekropstöchter zurückführten, IG XIV 1389; sonst galt er als Sohn des Eumolpos. Paus. 1,38,3. H. v. G.

*Toepffer* Att. Geneal. 81 f. *Wilam.* Aristot. und Athen. 2,74.

**2.** In mykenischer Zeit war er Herold, Ausrufer. In homer. Z. Gefolgsmann eines Fürsten und als solcher »edel« (ἀγαυός, Il. 3,268), hat der K. später seine soziale Stellung nur vereinzelt (Keryken in Eleusis, Talthybiaden in Sparta) halten können (K. Murakawa, Hist. 6, 1957, 399–403). In geschichtlich heller Z. erledigt er in den griech. Staaten als Beamter bzw. ὑπηρέτης vielfältige Aufgaben: Mit dem Heroldstab (κηρύκειον) als Garantie der Unverletzlichkeit ausgestattet, ist er bei Kriegserklärung (Paus. 4,5,8) und Waffenstillstand (Xen. hell. 4,3,21) beteiligt. Seine Stentorstimme (Il. 5,785) hilft die Volksversammlung leiten (Aristot. pol. 1326 b, 5). Bei Gericht regelt er Prozeßfolge und Abstimmung (Busolt GStk. 2, 1159. 1163). Ehren (στέφανος κηρυκτός!) und Privilegien (Demosth. 34,36; F. Gschnitzer, SAWW 235,3 [1960] 43) erlangen durch ihn Publizität. Aus demselben Grunde erfolgt seine Mitwirkung bei folgenden Rechtsgeschäften: Verkauf und Verpfändung (Theophr. fr. 1 [Arangio-Ruiz/Olivieri Inscr. Gr. Sicil. et inf. It., 1925, 241]), Verpachtung (IPE I$^2$ 32 B 35 [Olbia]), Auslobung (Dion. Chrys. 7,123; R. Düll, ZRG 61, 1941, 23–25), Erbschaftserwerb (Demosth. 43,5), Verstoßung eines Kindes (ἀποκήρυξις: E. Weiss Gr. Privatr. 1 [1923] 315 f.), Sklavenfreilassung (A. Calderini La manomissione ... in Grecia, 1908, 129 f.). Der ἱεροκῆρυξ kündigt u. a. rel. Feste an (Syll.$^4$ 695, 36–49 [Magnesia]) und nimmt Vereidigungen vor (Syll.$^4$ 633 [Milet]). H. B.

**Kestrine** (Κεστρίνη), auch Kestrinia, Kestria, epeirot. Landschaft am Thyamis, gegenüber Korkyra, mit starker Rinderzucht, s. o. I 285,17. Thuk. 1,46. FHG 2,370. Hesych. Bursian Geogr. von Griechenland 1,17 ff. Gruppe Griech. Myth. 350 leitet den Namen von dem Heilkraut κέστρον her. Myth. Heros eponymos → Kestrinos. H. v. G.

**Kestrinos** (Κεστρῖνος). Sohn von → Helenos und → Andromache, lebte in deren Gründung



Buthroton und wanderte nach Helenos' Tode, als Molossos die Herrschaft bekam, nach S. in die Landschaft Kammania, die nach ihm Kestrine genannt wurde. Paus. 1,11,1 f. 2,23,6. Steph. Byz. H. v. G.

**Keteioi** (Κήτειοι). Ein verschollenes Volk im mys. Teuthranien, Hom. Od. 11,521, s. Sch. Leute des von Neoptolemos getöteten Eurypylos (2) Strab. 13,616. 621. 14,678. Der Name, bei Hesych. von κῆτος abgeleitet (→ Keteus), hängt eher mit dem Namen zweier Zuflüsse des Kaïkos zusammen. Daß in ihm eine Erinnerung an das Reich der Hethiter steckt, ist unwahrscheinlich. Thrämer Pergamon 181 hält den Namen für erfunden. H. v. G.

**Keteus** (Κητεύς). **1.** Myth. König in Arkadien, nach Pherekyd. (Apollod. 3,100) Vater der → Kallisto, bei Hyg. astr. 2,1 Sohn Lykaons und unter die Sterne versetzt (vgl. Ketos). Wilam. Hom. Unt. 152,12 leitete den Namen von κῆτος ab und sah in ihm den Eponymen der → Keteioi. **2.** Ein sagenhafter dicker Mann, der in Tanagra lebte, Ephoros bei Hesych., wohl Spitzname. H. v. G.

**Ketion** (Κέτιον, Cetium). Ptol. 2,13,1. 14,1. 15,1, Grenzgebirge zwischen Noricum und Pannonien, die gesamten O.-Alpen zwischen Drau und Donau, danach auch ein Ort unsicherer Lage am Wienerwald, später *M(unicipium) Ael(ium) Cet(iensium)*, Itin. Ant. 234,2. 248,4. Tab. Peut. 5, 1 (?). CIL III 3940. 5630. 5658 = 11799. 5663 = 11806. VI 1569. 32624 c 33. s. a. Bd. I 1119 (Cetius mons) E. M.

*Keune*, RE XI 362 ff.

**Keto** (Κητώ). Tochter von Pontos und Gaie, von ihrem Bruder → Phorkys Mutter verschiedener Ungeheuer (κήτεα), wie Graien, Gorgonen, Echidna. Hes. theog. 238. 270. 295. 333. Apollod. 1,10. 2,37. H. v. G.

*A. Lesky* Thalatta, 1947, 141 ff.

**Ketos** s. Sternbilder

**Ketriporis** (Κετρίπορις). Thrak. Fürst zwischen → Nestos und → Strymon, Sohn und Nachfolger des → Berisades, 358 v. Chr. unterstützt durch den griech. Söldnerführer → Athenodoros (Demosth. 23,10), 356 im Bund mit Athen, → Lyppeios von Paionien und Grabos von Illyrien gegen Philipp II. von Maked. (Tod. IGH 157. Diod. 16,22,3), von ihm abgesetzt 352. Aristot. hist. an. 9,36,131. Demosth. 1,13. Mz. Head HN$^2$ 283. J. Wiesner Die Thraker, 1963, 133 f. H. V.

**Keyx** (Κήυξ). **1.** König der Malier in Trachis, Sohn des Heosphoros (Phosphoros) und der Nymphe Philonis, Apollod. 1,52. Hyg. fab. 65. Er nimmt Herakles und dessen Kinder freundlich auf, Apollod. 2,150. 167. Er beerdigt seinen im Kampf mit Herakles gefallenen Schwiegersohn → Kyknos, Aspis 353 ff. 472 ff. Als Söhne werden Hippasos und Hylas genannt, Apollod. 2,156. Anton. Lib. 26. **2.** Schon in den Ehoien (Hes. frg. 158 f. POxy 2483, frg. 1, col. II) war die Hochzeit des K.

mit → Alkyone dargestellt, auch die Überhebung des sich zärtlich liebenden Paares, das sich Zeus und Hera nannte und zur Strafe dafür in einen Taucher bzw. Eisvogel verwandelt wurde. Eine andere Fassung ist schon Hom. Il. 9,562 und Eur. Iph. T. 1089 angedeutet: K. kommt im Meere um, und Alkyone wird wegen ihrer unmäßigen Klagen in einen Eisvogel verwandelt. Reich ausgestaltet liegt diese Fassung Ov. met. 11,410 ff. vor (nach Nikandros). Hier werden schließlich beide in Eisvögel verwandelt; bei K. sind auch Züge von Nr. 1 eingearbeitet. H. v. G.

*R. Merkelbach* und *M. West* The Wedding of Ceyx, RhM 108, 1965, 300 ff.

**Kibyra. 1.** *K.* ἡ μεγάλη. Bedeutende Stadt im s. Phrygien im Grenzgebiet zu Lykien und Pisidien. Nach Strab. 14,631 war K. sehr mächtig und bildete mit Bubon, Balbura und Oinoanda eine Tetrapolis, in der K. 2 Stimmen, die anderen Poleis nur je 1 Stimme hatten. Seine Angabe, K. sei immer von Tyrannen beherrscht worden, scheint übertrieben. Zur röm. Provinz Asia kam K. im J. 84 durch L. Licinius Murena, dann vorübergehend zu Kilikien, endlich unter Diocletian zu Karien. Die Bedeutung K.s als Handelsstadt illustriert Hor. epist. 1,6,33 *Cibyratica negotia* (mit Sch.). Nach einem Erdbeben im J. 23 n. Chr. erhielt K. Steuerfreiheit für 3 J., Tac. ann. 4,13,1. Die Blüte K.s in der Kaiserzeit bezeugen viele Inschr. (OGIS II 495. 497. 762) und Mz. (HEAD HN² 669). Bedeutende Ruinen n. von Chorsum.

*Ramsay* Cities and bishoprics of Phrygia 1,265 f. 331 f. *Ruge*, RE XI 374 ff.

**2.** *K.* ἡ μικρά, Seestadt in Pamphylien nahe der kilik. Grenze, Strab. 14,667. Plin. nat. 5,92 u. a., im Alt. unbedeutend, in byz. Z. Mittelpunkt eines Thema. Ruinen beim Kap Karaburun. K. Z.

*Paribeni-Romanelli*, Mon. ant. 23, 1915, 134. *Ruge*, RE XI 377.

**Kidame.** Hauptstadt der Phazanii an der Grenze des tripolitan. Gebiets. Diese sind von den Garamanten zu unterscheiden nach Plin. nat. 5,35. 36, der die Stadt *Cidamus* (var. *Cydamus*) nennt. Zwischen den Phazanii und den Garamanten ist der *mons Ater* (h. Hamada el-Homra). Wie Garama wurde K. im J. 20/19 v. Chr. von Cornelius Balbus erobert und eine vexillatio der legio III Augusta dorthin verlegt (IRT 907–912). Wie h. Ghadamès, spielte K. eine bedeutende Rolle im Handelsverkehr der Sahara. Unter Iustinianus wurden seine Einwohner chr. Prok. aed. 6,3,9. M. L.

*D. E. L. Haynes* Antiquities of Tripolitania.

**Kidenas.** Als chaldäischer Astronom erwähnt bei Strabon, Plinius und Vettius Valens. Sein wahrer Name *Kidinnu* kommt auf 2 Mondrechnungstafeln aus Babylon (2. Jh. v. Chr.) vor (O. NEUGEBAUER Astron. Cuneif. Texts I 22–23). Kidinnu ist wahrscheinlich der Urheber des Systems B der babylon. Mondrechnung und lebte vermutlich um 450 v. Chr. (VAN DER WAERDEN Archiv Orientf. XX 97). v. d. W.



**Kiefer** s. Pinus

**Kierion** (Κιέριον). Stadt der Thessaliotis in Thessalien, Mauerreste auf isoliertem Kalkhügel in der Ebene 12 km ö. vom h. Karditsa, mit dem homer. → Arne gleichgesetzt. Skyl. 64 (Κίερον). Strab. 9,5,14 p. 435 (Κίερος). Steph. Byz. s. Ἄρνη. Liv. 32,15,3. 36,10,2. 14,6. BCH 45, 1921, 16 Z. III 26. IG IX 2 Nr. 258 ff. Mz. HEAD HN² 292 f. E. M.

1. *Fr. Stählin* Das hellen. Thessalien 130 f. 2. *Vl. Milojcic*, AA 75, 1960, 165 ff.

**Kieros** s. Prusias ad Hypium

**Kietis** (*ΚΙΗΤΙΣ* Mz. n, Κητίς Ptol. 5,8,3. 6). Teillandschaft des »rauhen« Kilikiens, das Flußgebiet des → Kalykadnos und die Küste umfassend. Von Kämpfen der Römer mit den kriegerischen *Cietae* in den J. 36 und 52 n. Chr. berichtet Tac. ann. 6,41 und 12,55. Vgl. WEISSBACH, RE XI 380 f. K. Z.

**Kikones** (Κίκονες). Thrak. Küstenstamm zwischen Nestos und Hebros, in dessen Bereich später Bistonen (Hdt. 7,59. Strab. 7,330 f.) und Saïer (Archil. frg. 6 D. Hesych.) genannt werden. Troisches Hilfsvolk Il. 2,846. Erste Station des → Odysseusnostos Od. 9,39 ff.: Weinbau, Schmiedekunst. Stammvater Kikon, Sohn Apollons und Rhodopes, Etym. m. 513,37. Bez. zu Orpheus: Strab. a. O. Diod. 5,77,3. Orph. Arg. 78. Röm. Dichter gebrauchen K. für Thraker allg. H. v. G.

*Jos. Wiesner* Die Thraker, 1963, 17 u. s.

**Kikynna** (Κίκυννα). Mittelgroßer att. Demos der Akamantis in noch unbekannter Lage. E. M.

1. *Milchhöfer* Die Demenordnung des Kleisthenes, APrAW 1892, 26 f. 2. *Bölte*, RE XI 382 f. 3. *Philipps.-Kirst.* 1,817 A. 2. 4. *St. Dow*, Hesp. 3, 1934, 188.

**Kilikien** ist die s. ö. Landschaft Kleinasiens zwischen → Pamphylien (w.) und → Syrien (ö.), von dem es der → Amanos trennt. Die N.-Grenze gegen → Lykaonien und → Kappadokien verläuft, genauer nicht feststellbar und im Lauf der Geschichte schwankend, auf der Höhe des → Tauros. Der Name, der schon auf assyr. Inschr. erscheint, ist vorgriech. Im w. Teil K.s, das »rauhe« oder »bergige« (τραχεῖα, ὀρεινή) genannt, reicht das Gebirge, oft steil abbrechend, bis zum Meer, im ö. Teil ist ihm eine 20–70 km breite Ebene vorgelagert, die im Alt., z. T. mit Hilfe künstlicher Bewässerung, reich angebaut war. Das stark bewaldete Gebirge lieferte Schiffbauholz. Die zahlreichen Flußläufe sind wegen ihrer Kürze unbedeutend. Nur von (von W. nach O.) Orymagdos, → Kalykadnos, Lamos, Kydnos, → Saros, → Pyramos, → Pinaros (nahe → Issos mündend) sind die ant. Namen bekannt; auch sie kaum schiffbar. Über die älteste Gesch. von K. wissen wir nichts. Im 6. und 5. Jh. herrschte, in lockerer Abhängigkeit von Persien, die Dynastie der → Syennesis (mit der Residenz in → Tarsos). Das Doppelspiel des 401 regierenden Syennesis und seiner Gemahlin Epyaxa zwischen → Artaxerxes (2) und dem jüngeren Kyros (Xen. an. 1,2,12 ff.)

führte zum Sturz der Dynastie und machte K. zur pers. Satrapie. Nach der Eroberung durch Alexander d.Gr. 333 war K. unter den Diadochen vielumkämpft, doch meist seleukidisch (→ Seleukeia am Kalykadnos, → Antiocheia [4.5]). Das überhandnehmende Seeräuberwesen am E. des 2.Jh. veranlaßte die Römer 101 zum Eingreifen und zur Errichtung einer Provinz K. Endgültig beseitigte das im »rauhen« K. konzentrierte Seeräuberwesen erst Pompeius im J. 67. Statthalter der (um Grenzgebiete erweiterten) Provinz K. im J. 51/50 war Cicero. Den – nur selten unterbrochenen – Frieden der Kaiserzeit teilte K. bis zum Ausgang des Alt. Vgl. → Adana, → Aigaiai (Bd. I 1521), → Anazarba, → Anemurion (Bd. I 1539), → Aphrodisias (Bd. I 1541), → Korykos, → Mallos, → Mopsuestia, → Olba, → Selinus, → Soloi. K. Z.

*Ruge*, RE XI 385 ff. *A.H.M. Jones* Cities of the east. Rom. prov., 1937, 197 ff. *D. Magie* Roman Rule in Asia minor, 1950, passim.

Literatur zum vorgriech. Kilikien:

I. Prähist. Z.: Wichtigste Grabungen Mersin, Tarsus; vgl. *M.J. Mellink*, Biblioth. Orient. 19,219 ff.

Hethiterzeit 2. Jt. v. Chr.: *A. Goetze*, Kizzuwadna and the Problem of Hittite Geogr. (New Hav. 1940); Kleinasien² (1957). *A. Kammenhuber* Die Arier im Vorderen Orient (1967) Cap. V.

1. Jt. v. Chr.: *Ph.H.J. Houwink ten Cate* The Luwian Population Groups of Lycia and Cilicia Aspera during the Hellenistic Period (Leid. 1961). *G. Neumann* Unt. zum Weiterleben hethit. und luw. Sprachgutes in hellenist. und röm. Z., 1961, 33 ff. *L. Zgusta* Kleinasiat. PN. (Prag 1964). A.K.

**Kilikische Tore** (*Κιλίκιαι πύλαι*). **1.** Die Paßstraße von → Tyana nach → Tarsos über den → Tauros. **2.** Der Strandpaß von → Kilikien nach → Syrien über → Issos. **3.** Gelegentlich fälschlich gebraucht statt Amanische Tore (→ Amanos). K.Z.

*Treidler*, RE Sppl. IX 1352 ff.

**Kilix** (*Κίλιξ*). Sohn des → Agenor, der ihn mit seinen Brüdern auf die Suche nach der entführten Europe sandte. K. wird Begründer und Eponym Kilikiens und gewinnt durch Kriegshilfe, die er Sarpedon leistet, auch einen Teil Lykiens, Apollod. 3,2 ff. 6. Hyg. fab. 178. Hdt. 7,91. In einer späteren Sage wird Sarpedon, der auf der Suche nach seiner Schwester ist, unerkannt von seinem Oheim K. erschlagen, vit. Thecl. Migne PG 85, 478 ff.; vgl. das Hildebrandslied. – Bei Hes., Pherekyd. u.a. ist K. Sohn des Phoinix und Enkel Agenors, Sch. Apoll. Rhod. 2,178. H. v. G.

**Killa** (*Κίλλα*). **1.** Städtchen in der s. Troas, unweit des alten → Chryse (3), mit einem Heiligtum des Apollon Killaios. Il. 1,38.452. Hdt. 1,149 zählt K. zu den 11 alten aiol. Städten. Strab. 13,612 f. **2.** Tochter des Laomedon, Schwester der Hekabe, Gattin des Thymoites. Als Hekabe, mit Paris schwanger, träumte, sie werde einen Fackelbrand gebären, der ganz Troia in Flammen setze, und der seherische Aisakos riet, Mutter und Kind umzubringen, bezog Priamos den Rat auf K., die ihm in diesen Tagen ein uneheliches Kind gebar. So Lykophr. 224 ff. 319 ff. Abweichend Apollod. 3,147. H. v. G.



**Killas** (*Κίλλας*) benannte der Exeget dem Paus. (5,10,7) den Wagenlenker des Pelops im O.-Giebel des Zeustempels in Olympia, während die Troizenier ihn Sphairos nannten. Pelops habe dem K. auf Lesbos ein Grab und darüber einen Tempel des Apollon Killaios errichtet; ähnlich Sch. Eur. Or. 990. Bei Strab. 13,613 erscheinen Grab und Tempel an der mys. Küste bei Chryse und K. als früherer Herrscher des Landes. Jedenfalls ist K.' Verbindung mit Pelops sekundär. H. v. G.

**Kimmerier.** Über Herkunft, Volkstum und Sprache der K. (*Κιμμέριοι*; akkad. *gimirru*, Adj. *gimirraja*, fem. *gimirrītu*; hebr. *Gomer* 1 Mos. 10, 2–3. Ezech.) läßt sich h. noch nichts Sichereres aussagen als 1921 ([1],397 ff.). – Halb mythisiert erscheint der Name zuerst bei Hom. Od. 11,11 ff. ([1],425 ff. VIII). – Nach Hdt. 4,11 ff. ([1],397,61 ff. 398 ff.), dessen Angaben Strab. zum Teil bestätigt, wurden die K. aus ihren Wohnsitzen in S.-Rußland n. vom Schwarzen Meer von den iran. Skythen vertrieben, die erst im Kaukasus ihre Spur verloren. – Die weitere Geschichte der K. läßt sich aus assyr. Texten aus dem E. 8./Anf. 7. Jh. und aus griech. Quellen rekonstruieren. Hauptetappen: Die K., ein nomad Reitervolk, bedrohten s. des Kaukasus zuerst – z.Z. Sargons II. von Assyrien – das Reich von Urartu, dessen König Rusa I. ihrethalben (?) Selbstmord verübte (714 v. Chr.; [1],400 ff. II). Unter Sargons II. Enkel Assarhaddon (681–668), der einen entscheidenden Sieg über die von Te-uš-pa angeführten K. errang ([1], 406,24 ff.), waren die K. zu einer beständigen Bedrohung Assyriens geworden ([1],403,16 ff. 404). – Weiterziehend nach Anatolien, vernichteten die K. dort um 676 v. Chr. das Phryg. Großreich unter dessen König → Midas (assyr. Mi-ta-a, Mi-it-ta-a), der sich das Leben nahm ([1],440 ff. III). Anschließend überfielen sie weiter w. Lydien z.Z. von dessen König → Gyges (assyr. Guggu; [1], 414 ff. IV. V) und plünderten zusammen mit den thrak. (?) Treren (mit denen die K. in griech. Quellen oft verwechselt werden) schließlich verschiedene griech. Städte an der Ägäischen Küste ([1], 419 f. VI). – Auf die zerstörend und plündernd vordringenden Horden der K., folgten nach Hdt. 1,16 der Lyderkönig → Alyattes (4. Nachfolger des Gyges) der die K. ganz aus Kleinasien vertrieben haben soll ([1],420 ff. VII), und E. 7. Jh. die ebenfalls von O. einfallenden Reiterhorden der Skythen.

Indizien für die materielle Kultur der K., die zuerst 714 v. Chr. s. des Kaukasus bezeugt sind, ergeben sich aus vorgesch. Funden in S.-Rußland, wo mindestens das E. der pont. Bronzezeit (9./8. Jh v. Chr.) und vielleicht noch die vorausgehende Phase (von 1200 an) mit den K. in Verbindung gebracht werden darf. In welchem Grade Stilwandel und wechselnde Bestattungsformen in der Kupfer- und Bronzezeit S.-Rußlands mit neu einfallenden Völkern (und speziell den K.) gleichzusetzen sind, kann hier nicht entschieden werden.

Für die Herkunft der K. (und ihren Verbleib) stehen außer vorgesch. Funden auf dem Balkan, die mit den K. zusammengebracht wurden (6, 1939), vor allem griech. Nachrichten zur Verfügung. Auf letzteren, deren Aussagen über Sprachzusammenhänge sich dort, wo neues Sprachmaterial zutage kam, nur teilweise haben halten lassen (→ Hethiter → Karer), beruht die bes. verbreitete moderne Vorstellung vom thrak. Volkstum der K. ([8], § 6). Abgesehen davon, daß die idg. Thraker, über deren Sprache wir bis h. nur sehr dürftig informiert sind, zunächst auf dem Balkan saßen, während die K. über den Kaukasus nach Anatolien eindrangen, fehlt auch vom überlieferten kimmer. Sprachmaterial her jegliche Möglichkeit, eine derartige Behauptung nachzuprüfen. Vermittelnde Stellungsnahmen, denen zufolge die K. von S.-Rußland aus sowohl vom O. her als auch vom W. aus über den Balkan nach Anatolien eingefallen sein sollen (z.B. [10],132,8f.), entstanden aus dem Bemühen, die dürftigen Fakten und die griech. Überlieferung in Einklang zu bringen.

Ob die K. oder wenigstens deren Oberschicht eine iran. Sprache, verwandt mit dem Skyth. = Sak., Med., Altpers., Osset. usw., gesprochen haben, läßt sich an Hand der drei mehr oder minder ungenau in assyr. Texten überlieferten »Königsnamen« *Šandakšatru*, *Dugdammē* und *Teušpa* = griech. Τεΐσπης auch noch nicht mit Sicherheit entscheiden ([8], § 5). – Noch weniger Anhaltspunkte bietet die moderne Sprachwissenschaft für den vermittelnden Standpunkt LEHMANN-HAUPTS ([1],422,50ff.), wonach die K. ein Bindeglied zwischen Thrakern und Iraniern sein könnten. – Volkstum und Sprache der K. sind ungeklärt. Sprachlich scharf zu unterscheiden sind h. (gegenüber [1],421,16ff.) das idg. Thrak., Phryg. (Thrako-Phryg.?), Armen., (Indo-) Iran. und das Hethit. mit dem Lyk. und Lyd. (?). A. K.

1. *C.F. Lehmann-Haupt*, RE XI 397ff. (mit den assyr. und griech. Quellen). 2. *Max Ebert* Südrußland im Alt. (Lpz. 1921) 73ff. 3. RLV XII. 4. *M. Rostovtzeff* Iranians and Greeks in South Russia (Oxf. 1922). 5. *Ders.* Skythien und der Bosporus, Bd. I: Krit. Übersicht der schriftlichen und archäolog. Quellen (Bln. 1931). 6. *S. Gallus* und *T. Hovárth* Un peuple cavalier préscythique en Hongrie, Diss. Pann. (Budap. 1939). 7. *K. Bittel* Kleinasiat. Stud., Istanbuler Mitt. H. 5,54ff. 8. *L. Zgusta* Die Personennamen griech. Städte der n. Schwarzmeerküste (Prag 1955) §§ 3ff. 571–581. 584 und 425ff. 9. *Fr. Hančar* Das Pferd in prähist. und früher hist. Z. (Wien 1955) 97–142 pass., 648a. 10. *R. Werner* Schwarzmeerreiche im Alt., WG 17 (1957). 11. *Ders.* in Abriß der Gesch. ant. Randkulturen, hg. von *Wolf-D. von Barloewen* (Münch. 1961) 128ff.

**Kimmerischer Bosporos** s. Bosporos

**Kimolis** (Κίμωλις, auch Κίναλις). Städtchen in Paphlagonien am Pont. Eux. ö. vom Vorgebirge Karambis, h. Ginolu. Skyl. 90. Strab. 11, 545. Plin. nat. 6,5. Ptol. 5,4,2. Mela 1,104. Arr. peripl. Pont. Eux. 21; Anon. peripl. Pont. Eux. 20. Chr. D.

*Ruge*, RE XI 435. *Danoff*, RE Suppl. IX 1042. *Maximowa* Die ant. Städte der s.o. Schwarzmeerküste (russ.), Moskau 1956, 326ff.

**Kimolos** (Κίμωλος). N. Nachbarinsel von Melos, überwiegend aus den gleichen vulkan. Tuffen bestehend, 9 km lang, 8 km breit und 38 qkm groß, bis 397 m ansteigend. Die ant. Stadt, jetzt z.T. unter Wasser, lag im SW. mit schon vormyken. beginnenden Gräbern, h. Hellinika und Insel Hg. Andreas. Andere ant. Siedlung auf dem höchsten Gipfel, dem Paliokastro. »Kimolische Erde«, ein Seifenton, wurde zum Waschen gebraucht. Im J. 425/24 gehörte K. dem Seebund an mit einem Tribut von 1000 Drachmen, B.D. MERITT The Athenian tribute lists 1,312f. 2,81. 3,24. 198. Skyl. 48. Strab. 10,5,1 p. 484. 5,3 p. 485. Ptol. 3,15,8. Plin. nat. 4,78. Aristoph. Ran. 713 mit Sch. Eustath. Dion. Per. 530. IG XII 3,1259f. und p. 336. SEG XII 367. Mz. HEAD HN² 484. E. M.

1. *L. Roß* Reisen auf den griech. Inseln 3,22ff. 2. *Burchner*, RE XI 435ff. 3. *Philipps.-Kirst.* 4,186. 194f. 4. *Ch. Mustakas* Kimolos, MDAIA 69/70, 1954/55, 153ff.

**Kimon** (Κίμων). **1.** Sohn des Stesagoras, Stiefbruder des älteren → Miltiades, vornehmer Athener des 6. Jh. v. Chr. (Hdt. 6,34.38). Bei 3 Olympiaden (532, 528, 524) siegte er mit demselben Viergespann. Die Rückkehr aus der von Peisistratos verhängten Verbannung erwirkte er, indem er seinen 2. Sieg dem Tyrannen abtrat. Bald nach 524 ließen ihn die Peisistratiden nachts ermorden. Er wurde im Erbbegräbnis der Philaiden jenseits der Koile bestattet (Hdt. 6,103). Seine Söhne → Stesagoras und → Miltiades waren nacheinander Nachfolger ihres Onkels Miltiades auf der thrak. Chersones. **2.** K., etwa 510–450, Philaïde aus dem Demos Lakiadai, Enkel des Vorigen, Sohn des → Miltiades und der thrak. Prinzessin → Hegesipyle (Hdt. 6,39,2), der bedeutende Staatsmann und Feldherr. Obwohl nach Herkunft und Auftreten (vgl. Plut. Kim. 10,2f.) noch der Schicht der Feudalherren zugehörig (vgl. H. BERVE, A 12, 1936, 1ff., bes. 21f.), stellte sich K. in den Dienst seiner Polis, wobei er freilich deren konservative Institutionen, wie den Areopag, deutlich unterstützte. Auf außenpolit. Gebiet war er, im Gegensatz zu → Themistokles unter Wahrung eines freundschaftlichen Verhältnisses zu Sparta (Proxenie: And. 3,3. FGrH 115 F 88), bemüht, Athens Stellung unter den Bundesgenossen zu stärken. Eine Reihe glänzender militär. Erfolge ist mit seinem Namen verbunden: Als Stratege des J. 478/77 (und wahrscheinlich ohne Unterbrechung auch der folgenden J.) war er maßgeblich an den Operationen des → Pausanias auf Zypern und in Byzantion beteiligt.

Durch die Eroberung der thrak. Stadt Eion beseitigte er einen wichtigen pers. Stützpunkt; anschließend gewann er Skyros und brachte die Gebeine des Theseus nach Athen. Ebenfalls in die 70er J. fallen die Vertreibung des Pausanias aus Byzanz und die Ostrakisierung des Themistokles, die den Fortbestand des konservativen Regiments K.s garantierte. Sein Doppelsieg am Eurymedon über Flotte und Heer der Perser (zwischen 469 und 466) bedeutete eine gewaltige Stärkung des att. Seebundes und bezeichnet zugleich den Höhepunkt der Laufbahn K.s. Zwar vermochte er 465/63 das abtrünnige Thasos zurückzuerobern, aber die demokrat., antispartan. Partei gewann, bes. nach der demütigenden Abweisung des athen. Hilfscorps gegen Messenien durch die Spartaner (im J. 462; vgl. J. Scharf, Hist. 3, 1954/55, 153ff.), an Einfluß (→ Ephialtes 5, → Perikles) und erreichte 461 K.s Sturz. Erst 450 trat er wieder als Stratege auf der Flotte hervor, die zur Rückgewinnung Zyperns und zur Unterstützung des → Amyrtaios (1) auslief, starb aber während der Belagerung von Kition.

PA Nr. 8429. *Meyer* Forsch. 2,1ff. *G. Lombardi* Cimone, Roma 1934. *H. Schaefer*, H 71, 1936, 129ff. *J. Barns* Hist. 2, 1953/54, 163ff. Weiteres: *Bengtson* GG $^{2}$186,6.

**3.** Athener des 4. Jh. v. Chr., vielleicht Nachkomme von 2, Mitglied der athen. Friedensgesandtschaft an Philipp II. im J. 346 (Aischin. 2,21. hypoth. 2 Demosth. 19, § 4). H. Gä.

**4.** K. von Kleonai, Maler, »erfand« nach Plin. nat. 35,36 die *catagrapha, hoc est obliquas imagines* (= Schräggansicht?) und excellierte in anatom. Detail und kunstvoller Faltengebung. Er sei später als Eumares tätig gewesen. Danach und nach dem Epigramm Anth. Pal. 9,758 (unter dem Namen Simonides) wird er vor und um 500 tätig gewesen sein. Nach Ail. var. 8,8 erzielte er hohe Honorare.

*M. Cagiano de Azevedo*, ArchClass 2, 1951, 59ff.; Enc. Arte Class. IV 1961, 361.

**5.** Toreut unbekannter Zeit, verfertigte nach Athen. 11,781 e Trinkgefäße mit figürlichen Darstellungen. **6.** Führender Stempelschneider der syrakusan. Münze des ausgehenden 5. Jh. v. Chr. Die signierten Goldstücke (100 Litren), silbernen Dekadrachmen und Tetradrachmen gehören mit ihrer kräftigen Plastik, sicheren Zeichnung und meisterhaften Detaillierung neben den Werken seines Zeitgenossen → Euainetos zu den hervorragendsten Münzkunstwerken aller Epochen. W. H. G.

*J. H. Jongkees* The Kimonian Dekadrachms, 1941. *G. E. Rizzo* Monete greche della Sicilia, 1945, T. 50–53. *G. de Ciccio* Gli aurei siracusani di Cimone e di Eveneto, 1957.

**Kinadon** (*Κινάδων*). Spartaner minderen Rechts, versuchte im J. 398 v. Chr., durch eine Verschwörung zusammen mit → Neodamoden, → Perioken und → Heloten die Vorherrschaft der vollberechtigten Spartiaten zu beseitigen. Er wurde aber verraten, gefangen und, nachdem er die Namen seiner Mitverschworenen auf der Folter genannt hatte, getötet (Xen. hell. 3,3,4–11). K. W.

**Kinados** (*Κίναδος*). Steuermann des Menelaos, dessen Grab auf dem lakon. Vorgebirge *Ὄνου γνάθος*, unweit eines angeblich von Agamemnon gegründeten Athenaheiligtums, lag, Paus. 3,22,10. In der Od. heißt er Phrontis und lag bei Sunion begraben. Gunnings Vermutung (RE XI 458), K. sei ein alter Tier- (*κίναδος* »Fuchs«) oder Feuerdämon (nach der Farbe des Fuchses), hat wenig Beweiskraft. H. v. G.

**Kinaithon** (*Κιναίθων*). Lakedaimonier, Vf. genealog. Epen nach Paus. 2,3,9. 4,2,1. Von ihnen ist kein Vers erhalten. Bezeugt ist die Behandlung der Deszendenz des Kres (Paus. 8,53,5), des Iason (ebd. 2,3,9), des Menelaos (Sch. Ven. A Hom. Il. 3,175), des Orestes (Paus. 2,18,6). Zugeschrieben wurden ihm eine Herakleia, in der die Hylassage behandelt war (Sch. Apoll. Rhod. 1,1357c), die Oidipodie (Jahn-Michaelis Griech. Bilderchroniken 77 und Taf. VI K$^{2}$), die Kleine Ilias (Sch. Eur. Tro. 822, wo der Name des Urhebers dieser Zuweisung in *Μελάνικος* verdorben ist; *Ἑλλάνικος* Hermann, von Jacoby in die FGrH nicht aufgenommen), die Telegonie (Hier. chron. p. 87, 12 Helm zu Ol. 3). Frg.: Epic. gr. frg. Kinkel p. 196–198. 212. R. K.

*Wilam.* Unters. 348f. *A. Hartmann* Sagen vom Tod des Odysseus 1917, 78.83.

**Kinderaussetzung.** Der K. begegnen wir in vielen ant. Rechten. Bei Mißgeburten (vgl. Plut. Lyc. 16) bildeten die *ἀπόθεσις* der Griechen und die *expositio* der Römer wohl die Regel. Doch auch Zweifel an der Vaterschaft oder bloß wirtschaftliche Not konnten zur K. führen, von der wir auch aus den Papyri (POxy. I 37f.) hören. Die K. beruht zum einen auf der Ausgestaltung der väterlichen Gewalt als Vollrecht, zum andern stellt sie sich als Konsequenz der Abhängigkeit des *status familiae* vom Akt des *liberos tollere* dar. Durch die K. geht aber bei den Römern die *patria potestas* gar nicht verloren, bis Constantin (Cod. Theod. 5,9,1) bleibt dem Gewalthaber ein Herausgabeanspruch. Den Status des Kindes verändert die K. nicht: War es frei geboren, blieb es frei. Wurde es dennoch als Sklave gehalten, war es ein *homo liber bona fide serviens.* Die wirtschaftliche Not des 4. Jh. n. Chr. ließ die Fälle der K. häufiger werden; zugleich aber drängte chr. Einfluß auf ihre Eindämmung, vor allem auf Rechtsverlust des aussetzenden Vaters. Dieser Ära wird die Rüge der Paulussentenzen (Dig. 25,3,4): *Necare videtur . . . et is qui publicis locis misericordiae causa exponit, quam ipse non habet*, zuzuschreiben sein. Th. M.-M.

*Glotz* L'exposition des enfants, 1906. *Costa* La vendita e l'esposizione della prole, 1910. *Lanfranchi*, in: Stud. et Doc. Hist. Iur. 6, 1940, 5ff. *Volterra*, in: Novissimo Digesto Italiano (NDI), s. v. »Esposizione dei nati«.

**Kinderbilder.** Die K. der Griechen, bis in die Klassik formal als kleine Erwachsene, erst seit dem E. des 5. Jh. v.Chr. in der Anatomie kindlicher Körperformen gebildet, unterscheiden von früh (8. Jh.) an Griechen und Orient. In Lit. und bildender Kunst (Göttergeburten, Jugend der Heroen wie Achilleus, Herakles, Perseus. Familienbilder auf Vasen und Grabreliefs) und zahllosen Spielen äußert sich die Liebe der Griechen zum Kind. Seit dem ausgehenden Hellenismus gibt es auch individuelle Kinderbildnisse, deren Blüte das Rom der Kaiserzeit bringt. W. H. G.

*K. Hartmann* Der Grieche und das Kind, Pr. Augsburg 1905. *G. van Hoorn* De vita atque cultu puerorum, Diss. Amsterdam 1909; Choes and Anthesteria, 1951. *A. Klein* Child Life in Greek Art, 1932. *L. Grasberger* Erziehung und Unterricht im klass. Alterthum I 1: Die Knabenspiele, 1864.

**Kineas** (*Κινέας*). **1.** Aus Kondaia, half als *βασιλεύς* der Thessaler 511 v.Chr. dem athen. Tyrannen → Hippias und schlug die Spartaner bei Phaleron. Hdt. 5,63,3f. **2.** Thessaler, Diplomat des Königs → Pyrrhos, Schüler des Demosthenes, »gewann mehr Städte mit Worten als Pyrrhos mit Waffen«. Plut. Pyrrh. 14,3. Cass. Dio frg. 40,5. Als Epikureer riet er Pyrrhos von dem Italienzug ab. Plut. 14,4ff. Cic. Cato 43. Im Winter 281/80 mit 3000 Mann vorausgeschickt, empfing K. Pyrrhos in → Tarent. Plut. 15,1. 16,1. Zon. 8,2,8. Zahl, Zeit und Art der Verhandlungen, die K. mit Rom führte, werden, da widersprüchlich und mit Verherrlichung röm. Charakterstärke überliefert, in der zahlreichen Lit., die Lévêque 370 in einer Tabelle bietet, verschieden beurteilt. Nach dem Sieg bei → Herakleia 280 stimmte K. für Rückgabe der Gefangenen ohne Lösegeld. Mit ihnen nach Rom gesandt, begrüßte er Senatoren und Ritter mit Namen und beschenkte ihre Frauen und Kinder. Plut. 18,4ff. Plin. nat. 7,88. Nach Ablehnung des Friedens nannte K. den Senat eine Versammlung vieler Könige, Rom eine Stadt von Königen. Plut. 19,6. App. Samn. 10,2. Eutr. 2,13,2. Pyrrhos sandte K. nach dem verlustreichen Sieg bei → Ausculum 279 wieder vergebens nach Rom. 278 verhandelte K. für Pyrrhos mit den Städten Siziliens. Plut. 22. K. verfaßte eine Epitome der militär. Handbücher des → Aineias und eine thessal. Geschichte. FGrH 603. H. V.

*P. Lévêque* Pyrrhos 1957. *D. Kienast*, RE XXIV 139ff. (nimmt nur eine Gesandtschaft des K. an).

**Kinesias.** Bedeutender att. Lyriker, bes. Dithyrambendichter, Zeitgenosse des Aristophanes, der ihn als Vertreter der modernen Musik mehrfach verspottet, Av. 1372–1409 seinen schwülstigen Stil parodiert und Lys. 845ff. der lächerlichen Figur des Gatten der Myrrhine seinen Namen gibt. Zu den Verderbern der alten strengen Musik zählt ihn → Pherekrates Frg. 145,8ff. → Strattis hat eine eigene Komödie K. gegen ihn gerichtet. Plat. Gorg. 501e rügt seine Dichtung als nur der Lust der Hörer, nicht ihrer Veredelung dienend. Eine klare Vorstellung der harmonischen Neuerungen



des K. ist nicht zu gewinnen. – K. war auch polit. tätig. Er hat Einschränkung der chor. Teile der Komödie veranlaßt (vermutlich Begrenzung der Aufwendungen). Strattis nannte ihn übertreibend *χοροκτόνος*. Der Volksbeschluß IG II 8 = Sylloge³ 128, Ehrung des Tyrannen Dionysios I., J. 394/93, war von ihm beantragt. Voll Verhöhnungen seiner Schwächlichkeit und Kränklichkeit und schwerster moral. Beschimpfungen ist das bei Athen. 12,551 d ff. erhaltene Frg. einer Rede des Lysias für Phanias gegen K. als einen der Ankläger (frg. 53 Th.). K. Z.

*P. Maas*, RE XI 479ff.

**Kinnamomon** s. Zimt

***Κινναμωμοφόρος χώρα.*** Das »Zimtland«, nach Strab. 2,133 am Ausgang des → Arabicus sinus in den Ind. Ozean gelegen, also in S.-Arabien oder O.-Afrika zu suchen. Beide können, da die Heimat des Zimts Indien ist, nur als Durchgangsländer in Betracht kommen. Die meisten Schriftsteller (Hdt. 3,110. 111. Theophr. h. plant. 9,4.7. Strab. 15,768. 778 u.a.) verlegen *K. χ.* in das Gebiet der Sabäer (→ Sabaioi) oder Gerrhäer (→ Gerrha). A. D.

**Kinyps.** Fluß der Syrtenküste, der 18 km s.ö. von Lepcis Magna ins Meer mündet: *Κῖνυψ* bei Hdt. 4,175. *Κίνυψ* Skyl. 108. Mela 1,37 *(Cinips)* und Plin. nat. 5,27 *(Cinyps)* setzen ihn falsch w. an. Heute oued Oukirré. Seine Quelle befindet sich an dem unbekannten *Χαρίτων λόφος*. Die Flußebene des K. galt als bes. fruchtbar. Nach Hdt. fließt K. durch das Gebiet der Maken, nach Skyl. bildet er die Grenze zwischen den Maken und den Lotophagen und ist ohne Zweifel von dem gleichnamigen Fluß des Gebiets der Garamanten zu unterscheiden (Ptol. 4,6,3). Verg. georg. 3,312. Vib. Sequ. (GLM 147 Riese). Vielleicht gab es noch einen andern K. in der Cyrenaica. M. L.

*S. Gsell* Hist. Anc. Af. N. I. *Ders.* Hérodote, 1916, 89. 117. *J. Désanges* Tribus afr. Afr. class., 1962, 87.

**Kinyras** (*Κινύρας*). Myth. Priesterkönig auf Kypros, Ahnherr der Kinyraden, die sich mit den Tamiraden in die Leitung des Aphroditekults in Paphos teilten. Sch. Pind. P. 2,15. Tac. hist. 2,3. Als König von Kypros ist er Il. 11,20 gedacht, wo er Agamemnon einen Panzer schenkt. Dies Motiv wurde später ausgesponnen: einer griech. Gesandtschaft versprach er 50 Schiffe gegen Troia, eines geht sofort in See, die andern samt ihrer Bemannung bildet er aus Ton. Apollod. ep. 3,9. Sch. Il. z. St. Vgl. Alkidamas Odysseus 20f. Theopomp FGrH 115 F 103 läßt Kypros durch Agamemnon erobern und K. vertreiben. Apollons Zorn verleitet K. zu einem mus. Wettkampf mit dem Gotte, in dem er seinen Tod findet; seine 50 Töchter springen ins Meer, → Alkyonides (3). K. war in kypr. Liedern vielgefeiert, galt als bes. schön und reich (Pind. P. 2,15; N. 8,18. Tyrt. frg. 12,6), auch als Erfinder und Kulturschöpfer (Plin. nat. 7,195). Die Mythographen reihten ihn in verschiedene oriental. und griech. Genealogien ein, meist galt er als Sohn Apollons und der Paphos. Der Name K. ist wohl semit.; schon Sch.Il. 11,20 brachte ihn mit phönik. *kinnor* in Verbindung. Apollod. 3,181 ff. und Hyg. fab. 58 lassen ihn aus Assyrien einwandern. Früh verknüpfte man ihn mit → Adonis, den er mit seiner Tochter → Smyrna (Myrrha) gezeugt haben soll; ausführliche Darstellung Ov. met. 10. Nach Erkenntnis seiner Blutschande verübte er Selbstmord, Hyg. fab. 242. Die Sage so auch bei Ant. Lib. 34 und Apollod 3,183, aber Smyrnas Vater heißt hier Theias. Nach Apollod. 3,182 zeugt er Adonis und mehrere andere Kinder in rechtmäßiger Ehe mit Metharme, der Tochter des kypr. Königs Pygmalion. H. v. G.

**Kios.** Bedeutender Hafen im O.-Teil des nach der Stadt benannten Golfes an der Propontis (h. Marmarameer) an dem gleichnamigen Fluß. Der ant. Stadtname lebte noch bis in die Neuzeit fort, h. Gemlik, Ausgangspunkt in Vergangenheit und Gegenwart für Straßenverbindungen nach → Nikaia (h. Iznik) und → Prusa ad Olympum (h. Bursa). Während eine reiche ant. Überlieferung die Stadtgründung mit den Argonauten in Verbindung brachte und Münzen Herakles als Stadtgründer nennen, war wohl Milet maßgeblich daran beteiligt (vgl. MILET I 3, S. 312 ff. Nr. 141 und Plin. nat. 5,144). K. nahm am ion. Aufstand teil (Hdt. 5,103. 122), war als einzige Stadt in der ö. Propontis von Beginn an Mitglied des del.-att. Seebundes (B. D. MERITT, H. T. WADE-GERY, M. F. MCGREGOR Ath. Trib. Lists III 204 Anm. 49; vgl. für Beitragszahlungen etc. IV 64 s. v.) und wurde von → Philipp V. von Maked. zusammen mit seinem Schwager, → Prusias I. von Bithynien, erobert und zerstört (Pol. 15,21 ff. 18,3,12. 4,7). Von Prusias wieder aufgebaut, führte K. ihm zu Ehren zeitweise den Namen »Prusias am Meer«. In röm. Z. war K. wieder autonom (Strab. 12,563 f.) und in chr. Z. Bischofssitz. Von Reisenden oft besucht; jedoch fehlt noch eine systemat. Untersuchung der ant. Überreste. F. K. D.

**Kirchenrechtliche Sammlungen.** I. Pseudapostolische Kirchenordnungen. Schon die paulin. Briefe enthalten Anweisungen zur Ordnung des chr. Gemeindelebens. Die älteren k. Slg.en erheben Anspruch auf die Autorität apostol. Tradition. Es sind: 1. Die *Διδαχὴ τῶν δώδεκα ἀποστόλων* (→ Didache), Anf. 2. Jh. 2. Die *Ἀποστολικὴ παράδοσις* (Apostolica traditio), um 215 sehr wahrscheinlich von → Hippolytos von Rom verfaßt, vollständig nur in kopt., aethiop. und arab. Sprache, daher auch »äg. Kirchenordnung« genannt. 3. Die → Didascalia apostolorum. 4. Die sog. Apostol. Kirchenordnung, eine kurze griech. Schrift auf Grundlage der Didache, Anf. 4. Jh., auch in lat. u. a. Übers. bekannt. 5. Die *Διαταγαὶ τῶν ἁγίων ἀποστόλων* (→ Constitutiones apostolorum) in 8 B., um 380 hg., eine erweiternde arian. Bearb. früherer Slg.-en: der Didascalia in B. 1–6, der Didache in B. 7, der *παράδοσις* in B. 8. Von B. 8 gibt es eine Epitome mit Abweichungen, die sog. Constitutiones per Hippolytum. 6. Der Bearbeiter fügte Constitut. 8,47 eine Slg. von 85 → Canones apostolorum an, welche die Form von Konzilskanones aufweisen. Die ersten 50 übersetzte → Dionysius Exiguus (9) ins Lat. und nahm sie in seine Slg. (s. u. II) auf. 7. Das sog. Testamentum Domini, eine monophysit. Umarbeitung der *παράδοσις* des Hippolytos aus dem 5. Jh. Der griech. Urtext ist verloren. 8. Die sog. Canones Hippolyti, in arab. und aethiop. Sprache erhalten. B. BOTTE (→ Hippolytos) hat sie als älteste, 341–360 entstandene Bearb. der *παράδοσις* erwiesen. 9. In Gallien entstanden um 480 die Statuta ecclesiae antiqua. Ihre Quellen sind der Lib. ecclesiasticorum dogmatum des → Gennadius, die Constitutiones apostolorum und die *παράδοσις*. Vf. ist vielleicht Gennadius selber.

Ähnlich wie die Constitutiones apostolorum verschiedene ältere Slg.-en vereinigten, wurden spätere Corpora geschaffen, z. B. die lat. Slg. des Codex Veronensis (Palimpsest des 6. Jh.), die in Übers. des 4./5. Jh. enthält: Didascalia, Apostol. Kirchenordnung, *παράδοσις*. Für die monophysit. Kirche war bestimmt das sog. syr. Rechtsbuch. Seine 8 B. enthalten in syr. Übers.: Test. Domini, Apostol. Kirchenordnung, Epitome (= Constitutiones per Hippolytum), Canones apostolorum. Ähnlich, mit *παράδοσις* an Stelle von Test. Domini, das Rechtsbuch der kopt. Kirche (sog. sahidische Slg.).

II. Kanones. Neben die pseudapostol. Slg.-en treten seit dem 4. Jh. die Slg.-en von Konzilsdekreten (Kanones) und von päpstlichen Verfügungen (epist. decretales). Die ältesten erhaltenen Kanones sind die der Synoden von Ankyra und Neokaisareia im J. 314. Eine aus syr. und lat. Übers. rekonstruierbare Slg. von Kanones oriental. Synoden entstand vor 378 in Antiocheia. Erhalten ist die *Συναγωγὴ κανόνων* des Johannes Scholastikos (vor Mitte 6. Jh.) in systemat. Ordnung, mit einem Anhang von 87 kirchenrechtlichen Capitula aus den Novellen des Iustinianus. Diese Verbindung von Kanones und kaiserlichen *νόμοι* wurde Vorbild für spätere Slg.-en (sog. Nomokanones). Die älteste rekonstruierbare lat. Slg. vereinte die Übers. der Kanones von Nikaia mit den lat. des Konzils von Sardica (342); eine erweiterte Fassung bezog die übersetzten Kanones der antiochen. Slg. und die lat. Akten des Konzils von Karthago (419) mit ein. E. 5. Jh. entstand in Rom die sog. Prisca editio, bald danach die nach dem Ersteditor (1675) genannte Collectio Quesneliana. Größte Verbreitung erlangte die Slg. des Dionysius Exig., welche auf 50 Canones apostolorum die Konzilskanones folgen läßt. Außerhalb Roms entstandene Slg.-en betonten regionale Interessen: In Afrika die Breviatio des → Ferrandus und die Concordia canonum des Cresconius (Bearb. des Dionysius, E. 7. Jh.), in Spanien die sog. Collectio Isidoriana (= Hispana, Urform um 634). Die gall. Kirchenprovinzen hatten verschiedene Slg.-en. Wichtig wurden die irischen Bußkanones der von → Patricius im J. 450 geleiteten Synode (MANSI Concil. collectio 6,514 ff.) als Vorbild der ma. Bußbücher. Sie erscheinen im 7. Jh. in der sog. Collectio Hibernensis.

III. **Decretales.** Die → Papstbriefe hat man meist als hist. Dokumente oder als Pastorallit. gesammelt. Unter jurist. Aspekt treten zuerst solche Stücke in den Konzilskanones auf, welche die Konzilien zustimmend zu ihrer eigenen Entscheidung erhoben hatten. Erst seit Anf. 5. Jh. wissen wir von Slg.-en päpstlicher Rechtsdekrete analog zu den Slg.-en der kaiserlichen Constitutiones. Papst Leo I. nimmt 443 auf eine solche Slg. Bezug (epist. 4,5 MIGNE PL 54,614). Die Collectio Quesneliana (s. o. II) zeigt Kanones und Decretales noch miteinander vermischt. Dagegen gab Dionysius Exig. seine eigene Decretales-Slg. (MIGNE PL 67,231–316) als Forts. seiner Canones. Das gesamte Corpus des Dionysius wurde 774 von Papst Hadrian dem Kaiser Karl d. Gr. als offizielles Rechtsbuch der Kirche zugesandt. In der Form der Dionysio-Hadriana wurde es die im MA. am weitesten verbreitete Slg. und bildete noch im 12. Jh. die Hauptquelle für die systemat. Bearb. im Decretum Gratiani des späteren Corpus iuris canonici. Die Collectio Isidoriana (s. o. II) gibt zuerst die Canones in geogr. Ordnung und schließt als 2. Teil die Decretales an. O. H.

Ta. zu I: *K. Bihlmeyer* Die apostol. Väter, $^{2}$1956. *F. X. Funk* Didascalia et Constit. apost., 1905. Cod. Veron.: *Erich Tidner* Didascaliae apost., canonum eccles., traditionis apost. versiones lat., 1963, TU 75. Zu II und III: *G. Voell* und *H. Justel* Bibl. iuris canonici veteris, 1661. *C. H. Turner* Ecclesiae occidentalis monum. iuris antiquissima, 1899–1930. *Migne* PL 56 (Prisca, Quesneliana), 84 (Isidoriana). Joh. Scholast.: *V. Beneševič*, ABAW Phil.-hist. Kl. NF. 14, 1937. Concilia Galliae: *C. Munier* und *C. de Clercq*, Corp. Christ. 148/148 A, 1963. Coll. Hibern.: *Haddan-Stubbs* Councils and eccl. documents relating to Great Britain and Ireland 2, 1869–1878, 329.

Lit.: *Fr. Maassen* Gesch. der Quellen und der Lit. des canon. Rechtes im Abendlande bis zum Ausgang des MA. 1870. *Gabr. Le Bras* Hist. du droit et des institutions de l'église en occident, 1955 ff. *H. Leclercq*, Dict. Archéol. chrét. 4,364–374. 9,85–178. *Ed. Schwartz* Ges. Schr. 4, 1960, 159–275. *Altaner* 43–51. 223 f.

**Kirchenväter.** Während schon der altchr. Bischof gelegentlich Vater genannt wurde (so Polykarp: ὁ πατὴρ τῶν Χριστιανῶν, Mart. Polyk. 12,2), heißen Väter der Kirche im 4. Jh. bes. die Bischöfe von Nikaia, später auch Presbyter wie Hieronymus (Aug. Contr. Iul. 1,7,31) und sogar Laien. Das älteste Verzeichnis der als K. anerkannten Schriftsteller gibt das Decretum Gelasii de libris recipiendis et non recipiendis (496?). Als Ehrentitel zwischen *scriptor ecclesiasticus* und *doctor ecclesiae* stehend, bezeichnet der Ausdruck K. h. jene Oberschicht unter den altkirchlichen Traditionsträgern, denen in gleicher Weise *doctrina orthodoxa, sanctitas vitae, approbatio ecclesiae* sowie *antiquitas* im Sinne des kirchlichen Alt. (W.: bis Isid. von Sevilla † 636, O.: bis Iohannes Damascenus † 749) zu eigen sind. Patrologie und Patristik bemühen sich um wissenschaftliche Erhellung von Leben und Lehre der Väter. J. Wi.

Ausg.: *Migne* PG, *Migne* PL (textkrit. mangelhaft). CSEL, GCS. BKV$^{1\cdot 2}$ (dt. Übers.). Übersicht der besten lat. Ausg.: *E. Dekkers–E. Gaar* Clavis patrum Lat., 1951. Bibliogr.: Vor allem Bibliographia Patristica, seit 1956. Lit.: 1. *A. v. Harnack* Gesch. der altchr. Lit. bis Eus., 1893/1904. 2. *Bardenhewer* GAL (stoffreich). 3. *Quasten*. 4. *H. v. Campenhausen* Griech. K., 1955$^{1}$. 1961$^{3}$. 5. *Ders.* Lat. K., 1960 (Lit.). 6. *Altaner* (bestes HB, reiche Lit.).

**Kirke** (*Κίρκη*). Zauberin auf der Insel → Aiaia, Tochter des Helios und der Perse(is), Schwester des → Aietes und der → Pasiphae. Wie alle Fremden, verwandelt sie auch einen Teil der Leute des Odysseus in Tiere durch Zaubertrank und Zauberstab. Odysseus, von Hermes mit dem Zauberkraut Moly ausgerüstet, bedroht sie mit dem Schwerte und zwingt sie, als sie ihn zur Liebe verlocken will, alle List und Tücke abzuschwören und seine Leute zurückzuverwandeln. Od. 10,135 ff. Vgl. Ov. met. 14,248 ff. Nach Od. 10,240 hatten sie als Schweine den menschlichen Verstand behalten; im Widerspruch dazu steht V. 397. Ein Jahr genoß Odysseus ihre Gastfreundschaft und Liebe. Dann weist sie ihm den Weg zur nahegelegenen Pforte der Unterwelt und die Mittel der Totenbeschwörung, um → Teiresias zu befragen, gibt ihm nach seiner Rückkehr Auskunft über weitere Gefahren und sendet ihm günstigen Fahrwind nach. Od. 12,1 ff. Von ihrem und Odysseus' Sohne → Telegonos handelt ein kykl. Epos. S. auch → Kassiphone. K. wurde früh in Mittelitalien angesiedelt und als Göttin verehrt; nach ihr hieß das promunturium Circaeum und die Stadt → Circei. Schon Hes. theog. 1011 ff. hatte ihr und Odysseus die Söhne Agrios und → Latinos gegeben. Bei Plut. Rom. 2 erscheint ihr Sohn Romanos gar als Gründer Roms; vgl. Dion. Hal. ant. 1,72. Spielerisch klingt die Verwandlung des → Picus durch K., die er verschmähte, in einen Specht, Ov. met. 14,320 ff. Verg. Aen. 7, 189 ff., romanhaft die Gesch. von K. und → Kalchos. Aus Eifersucht gegen → Glaukos (1) verwandelt K. die Krataiistochter → Skylla, Ov. met. 13,904 ff. 14,8 ff. In der → Argonautendichtung entsühnt sie Iason und Medeia von dem Mord an Apsyrtos, Apoll. Rhod. 4,557 ff. Die bildende Kunst stellte gern die Verwandlung der Leute des Odysseus (sie bekommen nur Schweinsköpfe und -borsten, bleiben sonst Menschen) und ihre Rückverwandlung sowie die Bedrohung K.s durch Odysseus dar. – Die neuere mythol. Forschung sucht die verschiedenen Seiten des K.-Bildes gegeneinander abzuwägen: die märchenhaften Züge der Zauberin (Hexe), ihre Rolle als Wegweiserin und »Helferin«, die Polarität zwischen der »Sonnentochter« und ihren Beziehungen zu Tod und Unterwelt. H. v. G.

*L. Radermacher* Die Erzählungen der Odyssee, Wien 1915. *K. Meuli* Od. und Argonautika, Bln. 1921, 97ff. 112ff. *K. Kerenyi* Töchter der Sonne, Zürich 1944, 65ff. *K. Reinhardt* Von Werken und Formen, 1948, 52ff.

**Kirphis** (Κίρφις). Das Gebirge gegenüber Delphi, Strab. 9,3,3 p. 418. Pind. Hypoth. P. d. S. 4,27 Drachm. Syll. II$^3$ 826 F 23,7 παρὰ τὴν ῥίζαν Κίρφου, und wohl daran gelegener Ort, Strab. 9,2,3 p. 416. Steph. Byz. s. Σκίρφαι, ebenso Herodian. 1,345, 26. 2,881,12f. E. M.

1. *Bölte*, RE XI 507f. 2. *Fr. Schober* Phokis 32.

**Kirrha** s. Krisa

**Kirschbaum** (κέρασος, die Früchte κεράσια; Etymol. ganz unsicher, schwerlich von κέρας; der Stadtname → Κερασοῦς »reich an K.« von κ. abgeleitet, nicht umgekehrt). Wildkirschen waren seit prähistor. Z. in Europa verbreitet. Die veredelte Süßkirsche wurde 74 v. Chr. von → Lucullus aus Pontos nach Italien gebracht und verbreitete sich von dort sehr schnell, bis nach Britannien: so Plin. nat. 15,102ff., der mehrere Sorten beschreibt (16,123. 125. 17,234 weitere Angaben). Dieselbe Nachricht u. a. bei Athen. 2,51 a, der dazu eine diätet. Notiz des Arztes → Diphilos von Siphnos (6; um 300 v. Chr.) bringt, wonach die Edelkirsche schon lange vorher in der griech. Welt verbreitet war. Bemerkungen bei Theophrast über K. lassen Zweifel, ob die Edelkirsche (und welche) gemeint ist. Von → Varro ab häufige Erwähnungen, bes. bei Ärzten (über medizin. Eigenschaften) und landwirtschaftl. Schriftstellern (über Pfropfverfahren u. dgl.). Genauere botan. Bestimmungen der gemeinten Sorten (z. B. auch χαμαικέρασος, μιμαίκυλον) sind meist schwierig mangels präziser Angaben. K. Z.

*Olck*, RE XI 509–515. *Hehn-Schrader* Kulturpflanzen und Haustiere, $^8$1911, 404ff.

**Kisses** (Κισσῆς). Thrak. König, Vater der mit Antenor vermählten tro. Athenapriesterin Theano. Er erzieht seinen Enkel → Iphidamas. Il. 6,299. 11,223ff. H. v. G.

**Kisseus** (Κισσεύς). **1.** Thrak. König, Vater Hekabes. Eur. Hek. 3 m. Sch. Apollod. 3,148. Hyg. fab. 91. Nach Serv. z. St. ist der Verg. Aen. 5,537 erwähnte Gastfreund des Anchises mit ihm ident. **2.** = Kisses, Strab. 7,330 frg. 24. **3.** Makedon. König, der seinem Helfer Archelaos, dem von Eur. erfundenen Ahnherrn des Königs → Archelaos, bei dem er zu Gast war, Reich und Tochter versprach, nach seiner Rettung jedoch sich treulos zeigte und von Archelaos in die Grube gestoßen wurde, die er für ihn angelegt hatte. Hyg. fab. 219 nach Eur.' »Archelaos«. **4.** Rutuler, Krieger des Turnus, Sohn des Melampus, von Aeneas getötet, Verg. Aen. 10,317. H. v. G.



**Kissos** (Κισσός). Jüngling im Gefolge des Dionysos, der alle durch seine tollen Sprünge ergötzte, bis er sich dabei einmal so schwer verletzte, daß der Gott ihn durch Verwandlung in Efeu von seinen Leiden erlöste. Nonn. Dion. 10,401ff. 12,97. H. v. G.

*Murr* Die Pflanzenwelt in der griech. Mythol. 144. *Rohde* Griech. Roman $^2$168,2.

**Kissybion** (κισσύβιον). Athen. 11,476f bis 477e. Etym. m. Sud. Hesych., auch σκύφος κισσοῦ, Eur. Cycl. 390. Das becherartige Trinkgefäß, urspr. aus Efeuholz geschnitzt (daher es die Dichter gern den Hirten geben), ist trotz der ausführlichen Beschreibung bei Theokr. 1,27ff. der Form nach nicht sicher rekonstruierbar, zumal sich die Angaben widersprechen (1 Henkel Athen. 11,476f. 2 Henkel Theokr. 1,28). Vgl. Gow zu Theokr. a. O. W. H. G.

**Kistophoroi** hießen kleinasiat. und kret. Tetradrachmen mit Avers: Efeukranz um *cista mystica* (des Dionysos), aus der eine Schlange schlüpft, und Revers: Bogen in Behälter zwischen 2 Schlangen. Die Halb- und Viertelstücke zeigen vorne Keule und Löwenfell, hinten Traube und Weinblatt. Auch Achtel scheint es zu geben. Die K. waren auf reduziert-rhod. Fuß ausgebracht, wogen 12,75–11,5 g und galten 3 att. Drachmen bzw. 3 röm. Denare. Der Beginn der Prägung ist strittig, am wahrscheinlichsten, daß Eumenes II. von Pergamon (197–159) die attalid. Tetradrachmen att. Fußes durch die K. ersetzte. K. schlugen (zu verschiedener Zeit) 15 Städte: Adramyttion, Apameia, Apollonis, Ephesos, Kor.., Laodikeia, Nysa, Pergamon, Phokaia (?), Sardeis, Smyrna, Stratonikeia, Synnada, Thyateira, Tralleis, dazu das Koinon der Kreter. In röm. Zeit tragen die K. den Namen der Prokonsuln (so den Ciceros), manchmal auch Daten (Ära der Provinz [133] oder Sullas [85]). K. prägten auch Augustus, Claudius, Vespasian-Hadrian und Septimius Severus, jedoch mit anderen Typen. Der Fuß war etwas leichter, zahlreiche Münzstätten in Aktion. Unklar ist das Verhältnis dieser von den Städten ausgeführten, anfangs deren Namen, Beizeichen und Beamte verzeichnenden Prägungen zur Zentralgewalt, dem pergamen. König, dem Senat und den röm. Kaisern. – Häufig sind auch Gegenstempel des K.-Typs. H. Ch.

*D. Kienast* Jahrb. f. Num. und Geldgesch. 11, 1961, 159ff. *L. Robert* Villes d'Asie Mineure$^2$, Paris 1962, 252ff.

**Kithairon** (Κιθαιρών). Das w. Grenzgebirge zwischen Attika und Boiotien, über das die wichtigsten Straßen gingen, bis 1408 m hoch, noch h. großenteils bewaldet. Die att. Grenze war in gesch. Zeit durch mehrere Kastelle (Panakton, Drymos, Phyle) und Wachttürme gesichert. Der K. ist bes. reich an Kulten und Sagen, Kult hatten im K. Dionysos, Zeus, Hera und die Nymphen. Hier spielten die Sagen von Pentheus, Aktaion, Antiope, Oidipus' Aussetzung, Tötung der Söhne der

Niobe und vom kithairon. Löwen. Die Örtlichkeiten wurden später noch gezeigt (Paus.). Korinna BerlKlT V 2,27,23 = frg. 4 D Z. 22 (*Κιϑηρών*). Pind. P. 1,150. Eur. Suppl. 757. Hdt. 9,19,3. 25,3. 38,2 u.ö. Thuk. 2,75,2. 3,24. Xen. hell. 5,4, 36ff. Paus. 1,38,8f. 41,3ff. 2,2,7. 9,2,1ff. 3,3,7ff. Plut. Arist. 11,3ff. Mela 2,40. Verg. georg. 3,43 und Serv. z. St. E. M.

1. *Maull-Pieske*, RE Suppl. IV 903ff. 2. *Philipps.-Kirst.* 1,522ff. 3. *W. Kendrick Pritchett*, AJA 61, 1957, 9ff. 4. *C. N. Edmonson* The text of Pausanias 9,2,4–5. H 92, 1964, 502ff. 5. *Ders.* *Κοίτη Ἀκταίωνος*, JHS 84, 1964, 153ff.

**Kithara 1.** s. Nachträge am Schluß des Bandes III. **2.** s. Sternbilder.

**Kitharodia** (*κιϑαρῳδία*, *citharoedia*) ist der Gesang zu der – vom Sänger selbst gespielten – Kithara. Er wird schon bei Homer geübt, wenn die Helden oder Aoiden zur Phorminx singen. Die ant. Musikhistoriker, auf denen Ps. Plut. de musica fußt, → Glaukos (6), → Herakleides (15), → Aristoxenos, machen Apollon zum Erfinder der Kithara, dann → Amphion zum Erfinder der K., und nennen als ersten Dichter k.-ischer → Nomoi und → Prooimia den → Terpandros von Antissa (Lesbos), der die Verskunst von Homer, die Kunst der Musik von → Orpheus gelernt habe. Nach ihm wird → Philammon als Meister der K. genannt, und k.-isch ist die ganze lesb. Lyrik. Die K. blieb im wesentlichen unverändert bis auf → Melanippides, → Kinesias, → Phrynis und → Timotheos, die die Zahl der Saiten vermehrten und das Modulieren in andere Tonarten innerhalb einer Komposition einführten. Die instrumentale Begleitung, *κροῦσις*, war anfänglich mit dem Gesang unison. Ihre Verselbständigung wird teils auf → Archilochos, teils auf → Krexos zurückgeführt, doch ist über das genauere Verhältnis der *κροῦσις* zur *ᾠδή* keine Klarheit aus den Quellen zu gewinnen. Die K. war auch bei den Römern beliebt, blieb bis in die spätere Kaiserzeit lebendig und wurde bei Agonen mit hohen Preisen bedacht. Kaiser Nero liebte es, als *citharoedus* öffentlich aufzutreten. Die K.-en trugen einen langen, reich verzierten Chiton und sind oft so dargestellt. Das berühmteste Werk ist der Apollon K.-os des Vatikan, der vielleicht auf den des → Skopas zurückgeht. K. Z.

*W. Abert*, RE XI 530–534.

**Kition** (*Κίτιον*). Eine der wichtigsten Städte der Insel Kypros, h. Larnaka an der S.-Küste. Funde bereits seit der frühen Bronzezeit und bes. aus myken. Z. mit Siedlungsresten und kyklop. Stadtmauer [3–7]. Etwa um 800 v. Chr. Kolonisierung von Tyros und zunächst von Tyros abhängig, seitdem bedeutendste phoinik. Stadt der Insel mit phoinik. Sprache, Kulten und Einrichtungen (auch Steph. Byz. s. *Λάπηϑος*. Cic. fin. 4,20,56). Die Reihe der phoinik. Könige des 5. und 4. Jh. ist aus ihren Gold- und Silbermünzen und den Inschr. bekannt. Name phoinik. zuerst *Kart-hadascht*, »Neustadt«, [4],437 A. 2, dann *ktj*, einheim. *ke-ti*, griech. und lat. Kition. 449 v. Chr. vergebliche Belagerung durch Kimon, der letzte phoinik. König Pumiathon (neue Inschr. Journ. Royal Asiat. Society 1960, 111f.) 312 v. Chr. durch Ptolemaios I. hingerichtet. K. seitdem wie ganz Kypros ptolemaiisch mit ptolemaiischer Garnison, in dieser Zeit zunehmende Graecisierung. Die »Händler von K.« erhalten 333/32 in Athen das Recht, ein Heiligtum der Aphrodite Urania zu gründen, IG II$^2$ 337 = Syll. I$^3$ 280, dazu IG II$^2$ 4636/37. K. blieb das ganze Alt. hindurch bedeutend und ist später Bistum, R. Janin, DHGE 12, 997f. Aus K. stammte der Begründer der Stoa, Zenon. Reste des Alt. sind sehr gering. Inschr.: CIS 1,35ff. Nr. 10–87. SGDI Nr. 57–60. Ol. Masson Les inscr. chypr. syllab. 272ff. Nr. 256–259. CIG 2613–2645 passim. CIL III 216.6731.12103. T. B. Mitford, Opusc. archaeol. 6, 1950, 72ff. Nr. 41–44. AJA 65, 1961, 113ff. SEG VI, 826–829. XX, 132–137. Mz. Head HN$^2$ 737f. W. Schwabacher, Opusc. archaeol. 4, 1946, 35ff. E. M.

1. *Oberhummer*, RE XI 535ff. (mit Plan). 2. *R. Gunnis* Historic Cyprus, 1936, 1956, 105ff. 3. *J. L. Myres* The Bamboula hill at Larnaca, ABSA 41, 1940/45, 85ff. 4. The Swedish Cyprus expedition 3,1ff. 4,2 oft (s. Ind.), bes. 436ff. 462. 5. *Ch. Picard* Les origines achéennes de Kition, RA 1959, 2,111f. 6. *V. Karageorghis* Fouilles de Kition, 1959, BCH 84, 1960, 504ff. 7. Sonstige neuere Grabungen: BCH 83, 1959, 355. 84, 272. 283ff. 85,282ff. 86,410f. 87,351ff. 364ff. 88,345ff. 89, 1965, 266ff. (myken. Stadtmauer).

**Klarios** s. Apollon. Orakel

**Klaros.** Küstenplatz Ioniens n.w. des unteren → Kaÿstros nahe der Stadt → Kolophon (beim h. Tsille, Ruinen von Gia-urkiöi), erstmalig von Thuk. 3,33,2 genannt, ausführlich von Strab. 14,642. 668 beschrieben, noch in röm. Z. erwähnt, mit einem berühmten Orakel und Tempel des Apollon *Κλάριος* (Skyl. 98, GGM I, p. 71–72. Plut. Pomp. 24), und wohl schon vor der griech. Kolonisation eine heilige Stätte (Paus. 7,3,1 u.ö.). Weitere Quellen: Ail. nat. 10,49,1. Dion. Per. 445 (GGM II, p. 130). Eustath. Dion. Per. 444 (GGM II, p. 301). Tac. ann. 2,54 u.a. Siehe Art. Orakel. H. T.

*Bürchner*, RE XI 552–553. *Ders.* RE XI 548. *A. Forbiger* HB. alt. Geogr. 2, 187.

**Klaudiopolis.** Altes Handelszentrum im ö. Teil von Bithynien an der n. Karawanenstraße, h. Bolu. In ant. Quellen finden sich keine Hinweise über das Alter der urspr. Bithynion genannten Stadt. Moderne Autoren denken an eine Gründung im Zusammenhang mit der Eroberungspolitik der bithyn. Könige im 3. Jh. v. Chr. Bithynion dürfte jedoch ebenfalls nur eine Neubenennung gewesen sein, da bei der einzigartigen Lage der Akropolis inmitten einer fruchtbaren Ebene mit warmen Quellen eine ältere Siedlung bestanden haben muß. Im 2. Jh. n. Chr. nahm K. nach Ausweis der Mz.en wieder den Namen Bithynion an mit dem Zusatz: Hadriana. Hadrianus erwies der

Stadt als Geburtsort von → Antinoos besondere Ehren, dem hier als νέῳ θεῷ Ἀντινόῳ (DÖRNER 40 Nr. 78) eine Kultstätte errichtet wurde. K. hat sich als Stadtname schließlich doch durchgesetzt, wie der heutige Name beweist. In der von Theodosius II. geschaffenen Provinz Honorias wurde K. Metropolis und ist als Bischofssitz wiederholt in den Konzilsakten bezeugt. F. K. D.

Ant. Quellen, neue Inschr. und Nachweise moderner Lit. bei *F. K. Dörner* Bericht über eine Reise in Bithynien, in: Denkschr. Österr. Ak. 75, 1952, 1. Abh. 32ff.

**Klazomenai** (Κλαζομεναί). Bedeutende ion. Stadt in Lydien am S.-Ufer des Golfes von → Smyrna beim h. Burla, von → Kolophon aus gegründet, von → Alyattes bekriegt (Hdt. 1,16), aus Furcht vor den Persern auf die vorgelagerte Insel verlegt, die Alexander d. Gr. durch einen Damm mit dem Festland verband (Paus. 7,3,8f.). K. besaß ein Schatzhaus in Delphoi, war im 5. Jh. Mitglied des att. Seebundes, anfangs mit 1½, später 15 Talenten Beitrag, fiel 412 ab, wurde aber wiedergenommen (Thuk. 8,14.22f.31). 386 durch den Königsfrieden persisch. Heimat des → Anaxagoras. Bemalte Tonsarkophage, meist bei K. gefunden, heißen klazomenische, ebenso eine Gruppe sf. Keramik 6./5. Jh. K. Z.

*Bürchner*, RE XI 554f. *Pfuhl* 165ff. *R. M. Cook* A List of Clazomenian Pottery, ABSA 47, 1952, 123ff.

**Kleainetos** (Κλεαίνετος). Tragiker 4. Jh. v. Chr., von Alexis (CGF 266 K.) als εὐχερής verspottet. Bei Stob. 2 Frg. zitiert. TGF p. 807. F. St.

**Kleandridas** (Κλεανδρίδας). **1.** Spartiate, Vater des Gylippos, kämpfte gegen Tegea (Polyain. 2,10,3) und begleitete im J. 446 v. Chr. König → Pleistoanax nach Attika. Zusammen mit diesem wurde er der Bestechung durch Perikles angeklagt, entzog sich aber durch die Flucht der Vollstrekkung des über ihn verhängten Todesurteils (Plut. Per. 22.23. Diod. 13,106,10). Im J. 444 beteiligte er sich an der Gründung von Thurioi und blieb dort als Feldherr in den Diensten der Stadt (Polyain. 2,10). **2.** Spartiate, vielleicht Enkel des Vorigen, aus Sparta verbannt, kämpfte bei Leuktra auf theban. Seite (Diod. 15,54,1). K. W.

**Kleandros. 1.** (Κλέανδρος). Sohn des Pantares, von 505–498 (BELOCH GG 1$^2$,187) Begründer der Tyrannis von Gela. Von seinem Wirken ist wenig bekannt, doch scheint er die Voraussetzung für den Machtzuwachs der Stadt unter seinem Bruder und Nachfolger Hippokrates geschaffen zu haben (Aristot. pol. 1316 a 37. Hdt. 7,37).

*Bengtson* GG$^3$ 176. *Berve* Zur Herrscherstellung der Deinomeniden, Festschr. D. M. Robinson, 1953 II, 537–552. *Stauffenberg* Trinakria 159.

**2.** Spartan. Harmost. in Byzanz. Er trat Sommer 400 mit den aus Persien zurückkehrenden Kyreern in Verbindung und freundete sich nach anfänglichen Mißverständnissen (Xen. an. 6,6–7,1) mit Xenophon an, dem er zur Heimkehr riet. Noch 400 scheint er abgelöst worden zu sein (Xen. an. 7, 3,13). **3.** K., vornehmer Makedone, als Kommandeur der ἀρχαῖοι ξένοι 334–332 nach Griechenland auf Söldnerwerbung geschickt, wurde in Ekbatana bei Parmenio zurückgelassen, an dessen Ermordung er auf Befehl Alexanders wesentlich beteiligt war (Curt. 7,2,19). Wegen seiner Räubereien wurde er 324 angeklagt und hingerichtet (Arr. 6,27,4). G. W.



*Berve* Alex. II Nr. 422

**Kleanthes** (Κλεάνθης). **1.** Aus Assos, Stoiker, * nach Ind. Stoic. Herc. col. 29 331/30 v. Chr., in Wahrheit wohl später ([1],26), † durch Freitod wohl 232/31 (a. O. 28). Von Haus aus arm, verdiente er sich den Studienunterhalt in Athen als Tagelöhner (Diog. Laert. 7,168). 19 J. war er Schüler → Zenons von Kition. 262 folgte er ihm in der Schulleitung. Er genoß persönliches Ansehen, vermochte die Aufsplitterung der Stoa jedoch nicht zu verhindern.

Von 50 bei Diog. Laert. 7,174 gen. Schriften (u. a. 4 B. Heraklit-Exegesen) sind etwa 30 eth., nur 3 log. Inhalts. Trotz K.' niederer Herkunft treten eher konservative Züge in seinem Philosophieren hervor (H. und M. SIMON Die alte Stoa und ihr Naturbegriff, 1956, 36), dessen Eigenart auch durch K.' griech. Herkunft mitbestimmt sein mag (WILAM. GldH 2,290; [1],83.117.162).

Sonderlehren K.' sind die Wertschätzung der Sonne (nicht des Äthers) als des ἡγεμονικόν der Welt (frg. 499), ferner seine Schilderung von ἐκπύρωσις und Kosmogonie (frg. 497), in der Logik die gegen → Diodoros (9) gerichtete Kritik der Behauptung, alles vergangene Wahre sei notwendig (Epikt. 2,19 = frg. 489), in der Ethik der Zusatz τῇ φύσει zur zenon. Telosformel ὁμολογουμένως ζῆν, der den normativ. Wert des Weltlogos hervorhebt ([1],117). Diesen Logos verherrlichte K. in Form eines Hymnos an Zeus, wie er sich auch sonst poet. Form für philos. Gedanken bediente (Dialog zwischen λογισμός und θυμός, Gebet an Zeus und das Schicksal, Epikt. ench. 53 = frg. 527) und dieses Verfahren auch theoret. rechtfertigte (frg. 486/87). – Mit Einfluß des K. rechnen bei Cic. nat. 2,23–32 [4] (doch vgl. [1],2, 107), bei → Dion (3) or. 36 Dind. [1],2,47 und H 74, 1939, 28f. G. Schm.

Frg.: SVF 1, 103–139.

1. *M. Pohlenz* Die Stoa 1,26.94.108.117.192. 2,47.61. 2. *R. Hirzel* Unters. zu Cic.s philos. Schr. 2, 1882, 84–182. 3. *G. Verbeke* K. van Assos, Verh. v. d. Vlaamse Acad., Kl. d. Lett. 11,9, 1949. 4. *F. Solmsen* Cl. or Posidonius?, Mededel. d. Kon. Nederl. Akad. N. R. 24,9, 1961. – Zeus-Hymnos: Text: SVF 1 frg. 537. Collect. Alex. ed. Powell, 227. *Wilam.* Hellenist. Dicht. 2,257. Übers.: [1], 109. *Wilam.* Reden und Vortr. $^4$1,306ff.. *Ders.*, A 1, 1925, 158. Lit.: *E. Neustadt*, H 66, 1931, 387–401. *M. Pohlenz*, H 54, 1940, 117–123.

**2.** K., Freigelassener und Arzt des jüngeren → Cato (Nr. 10), den er, als er sich im J. 46 v. Chr. die todbringende Verwundung beigebracht hatte, nicht mehr retten konnte, Plut. Cato min. 70,1,4. H. G. G.

**3.** K. von Korinth, Maler unbestimmter Z. vor 500 v. Chr., von dem bei Olympia eine Iliupersis und eine Geburt der Athena gezeigt wurden; hier war Poseidon mit Thunfisch in der Hand (als Attribut) dargestellt. Plin. nat. 35,15f. Athenag. 17 Schw. Strab. 8,343. Athen. 8,346b–c.

W. H. G.

**Klearchos** (*Κλέαρχος*). **1.** Spartiate, Sohn des Ramphias, * um 450 v. Chr., von schroffem Charakter, war ein guter Heerführer. Hauptquellen: Xen. hell. 1,1; an. 1.2. Diod. 14,19–26. Seit 412 ist er zunächst in Dekeleia, dann als Flottenführer in der n. Ägäis nachweisbar, wo er Byzanz belagerte. An der Schlacht bei Kyzikos nahm er als Truppenführer teil. 408 verteidigte er Byzanz gegen die Athener, denen es in Abwesenheit K.' durch Verrat in die Hände fiel. Bei den Arginusen bestimmte ihn Kallikratidas für den Fall seines Todes zum Nauarchen. Von Lysander wohl wegen seiner Beziehungen zu Kallikratidas nicht verwendet, wurde er erst wieder im J. 403 wohl als Harmost in Byzanz eingesetzt, um innere Unruhen zu unterdrücken. Da seine Herrschaft bald ausartete, und Mahnungen erfolglos blieben, zwang ihn ein spartan. Heer zur Flucht nach Selymbria. Von dort floh er, um der Vollstreckung des inzwischen gegen ihn verhängten Todesurteils zu entgehen, zu Kyros, der ihn zunächst als Söldnerführer in Thrakien verwendete. Im J. 401 wurde K., wohl nicht ohne die stillschweigende Zustimmung Spartas, Führer aller peloponnes. Söldner des Kyros beim Zug gegen Artaxerxes. In der Schlacht bei Kunaxa, in der er mit dem von ihm geführten r. Flügel den Sieg errang, führte sein Ungehorsam gegen den Oberfeldherrn Kyros dessen Tod und die strategische Niederlage herbei (Plut. Art. 8). Später wurde er zusammen mit anderen Offizieren von Tissaphernes in sein Lager gelockt, gefangengenommen und getötet. **2.** K., aus Herakleia am Pontos, * um 390 v. Chr., war 4 J. Schüler des Isokr. und des Plat. in Athen. Hauptquelle ist Iustin. 16,4.5. Nach seiner Rückkehr in Parteikämpfe verwickelt, mußte er bald in die Verbannung gehen. Mit Hilfe des → Mithridates, in dessen Dienste er getreten war, plante K. die gewaltsame Rückkehr nach Herakleia, wurde aber als Schiedsrichter zurückgerufen. Im J. 364/63 übernahm er selbst die Herrschaft (Diod. 15,81,4) und tötete oder vertrieb die Oligarchen. Durch eine soziale Reform befreite er die → Mariandyner aus ihrer Hörigkeit. Seine Förderung der Wissenschaften (Bau der 1. öffentlichen Bibliothek, s. Memnon 1,1,2 = FGrH 434 F 1) und das Bestreben, sich göttliche Ehren zuzulegen, zeigen bereits hellenist. Züge. Nach 12jähriger Herrschaft wurde er im J. 353/52 ermordet. Die Herrschaft blieb aber seinen Söhnen erhalten.

*C. Mossé*, Rev. philos. (Paris) 152, 1962, 6ff.



**3.** Sohn des Dionysios, Enkel des Vorigen, übernahm zusammen mit seinem Bruder → Oxyathres im J. 306/05 die Herrschaft, zunächst unter der Regentschaft seiner Mutter → Amastris (4), die einige Zeit mit Lysimachos verheiratet gewesen war. Zusammen mit → Lysimachos wurde er im J. 302 von den Geten gefangen. Nach seiner Rückkehr ermordete er zusammen mit seinem Bruder Amastris. Lysimachos ließ deshalb beide hinrichten und nahm Herakleia in Besitz (Memnon 5,1–3). K. W.

**4.** K., Dichter der Mittleren Komödie, unter den Lenäensiegern IG II$^2$ 2325 col. IV genannt. Athen. zitiert 3 Titel, 5 Frg. Eines, aus dem *Κιθαρῳδός*, handelt von der Diät für einen Sänger, die andern vom Trinken. W. K.

*Körte*, RE XI 583.

**5.** K. von Soloi auf Kypros. Peripatetiker, Schüler des Aristoteles, mithin * vor 342. Daß K. einen Dialog »Arkesilaos« verfaßte, legt nahe, daß er bis zur Mitte 3. Jh. lebte. P. ist als echter Peripatetiker an biograph. und an psycholog. Fragen interessiert; mit einer an Theophrast gemahnenden Präzision hat K. in der Schrift »Gergithios« den Charakter-Fehler der *κολακεία* in allen Einzelheiten und allen psycholog. Konsequenzen dargestellt. K. unterscheidet sich indes von allen Peripatetikern seiner Generation darin, daß er die Abwendung von Platon nicht mit vollzog; sein *Πλάτωνος ἐγκώμιον* enthält ein uneingeschränktes Bekenntnis zu Platon – vielleicht um die oft gehässige Kritik des → Aristoxenos abzuwehren. K. unternahm es, schwierige Stellen in Platons Staat zu erklären: *περὶ τῶν ἐν τῇ Πλάτωνος πολιτείᾳ μαθηματικῶς εἰρημένων*.

Vor allem ging er in seiner Schrift *περὶ ὕπνου* dem Problem nach, ob sozusagen experimentell aus Träumen und aus dem Phänomen des Scheintodes Erfahrung über die Seele im Jenseits zu gewinnen sei. Dabei fußt K. auf der Seelenlehre Platons und des frühen Aristoteles (Eudemos!) und wendet sich gegen → Dikaiarchos. H. D.

Slg. der Frg. mit Komm.: *F. Wehrli* Die Schule des Aristoteles 3, Basel 1948.

**6.** K., Thesproter, aufgewachsen in Constantinopel, Heide, Freund des Themistios, 359 consularis Europae, 360 vicarius Thraciarum, 363/65 vicarius Asiae, 366 proconsul Asiae, 372/73 und 382/84 praef. urbis Const., 384 Consul, † um 388 (z. B. Cod. Theod. 1,28,2. 6,4,20. 15,2,3. Eunap., vit. soph. p. 479. Liban. epist. 67,240. 668. 1179. 1266). **7.** K., 386 (wahrscheinlich) comes Orientis, um 396 praef. praet. Illyrici, 400/02 praef. urbis Const. (Cod. Iust. 11,62,8. 12,57,9. Cod. Theod. 13,1,16. 14,17,14; vgl. Seeck Regesten). A. L.

**8.** K. von Rhegion, hocharchaischer Bildhauer, von dem im Heiligtum der Athena Chalkioikos in Sparta eine Statue des Zeus Hypatios stand, die nicht gegossen, sondern aus getriebenem Erz in einzelnen Stücken hergestellt und durch Nägel zusammengehalten war, also ein σφυρήλατον auf Holzkern. Paus. 3,17,6 (vgl. 8,14,7). 6,4,4. W.H.G.

**Klearidas** (Κλεαρίδας). Spartiate, Sohn des Kleonymos (Thuk. 4,132,3). Kommandant in → Amphipolis, beendete im J. 422 nach dem Tod des Brasidas die Schlacht bei Amphipolis siegreich (5,8 ff.). Nach dem Waffenstillstand und dem Friedensschluß unterließ er entgegen dem Befehl der spartan. Regierung die Übergabe von Amphipolis an die Athener, eine der Ursachen des »faulen Friedens«. K. W.

**Klee** (λωτός, τρίφυλλον, *lotus*, *trifolium*). Diese Futterpflanze erscheint, teils wildwachsend, teils bereits kultiviert, schon in Ilias und Odyssee. Theophrast, Vergil, Columella und Dioskurides kennen verschiedene Arten, doch ohne hinreichend genaue Beschreibung. Sehr geschätzt und viel angebaut waren die Luzerne, *πόα Μηδική*, *medica*, zuerst bei Aristoph. Equ. 606 als Pferdefutter erwähnt, nach Plin. nat. 18,144 z. Z. der Perserkriege aus Medien in Griechenland eingeführt, von allen landwirtschaftl. Schriftstellern seit Varro wegen der reichen Erträge und der hohen Nährkraft gepriesen; der Mond- oder Schneckenkleestrauch, *κύτισος*, *cytisus*, zuerst von Aristoteles und Theophrast genannt, dann von Vergil, Varro, Columella, Plinius und in den Geoponika eingehend behandelt, dessen abgestreifte Blätter grün oder getrocknet das beste Milch- und Kraftfutter ergaben; endlich der → Bockshornklee, *τῆλις* oder *βούκερως*, *αἰγόκερως*, *faenum Graecum*, *silicia* oder *siliqua*, bes. als Futter für Schafe, doch auch als menschliche Nahrung und Gewürz, das Öl zu medizin. Zwecken verwendet. K. Z.

*Orth*, RE XI 585–591. *Hehn-Schrader* Kulturpflanzen und Haustiere, $^8$1911, 410ff.

**Kleidemos** (Κλείδημος) von Athen (auch Kleitodemos überliefert). Offenbar Exeget, erster Vf. einer *Ἀτθίς*, mind. 4 B. (auch als *Πρωτογονία* zit.), wohl Mitte 4. Jh. v. Chr. (mit Historisierung der Sage, Etymologien etc.; spätestes Faktum: 415 v. Chr.); vgl. Hellanikos. K. schrieb auch ein *Ἐξηγητικόν*. W. Sp.

Frg.: FGrH 323. *Pack*$^2$ Nr. 200. Vgl. *Diels* Vors. 62. Lit.: *F. Jacoby* Atthis, 1949. *K. v. Fritz*, Gn 22, 1950, 221 ff. *L. Pearson*, CPh 51, 1956, 258. *H. Bloch*, Gn 31, 1959, 490f. *C. Habicht*, H 89, 1961, 29. *W. Den Boer*, Mnem 15, 1962, 229ff. *W. Burkert*, Lex. der Alt. Welt 1533.

**Kleiduchos** (κλειδοῦχος). »Vorsteher(in)«, eig. »Schlüsselhalter(in)«. Der Schlüssel als Symbol der Verantwortlichkeit zeichnet seine(n) Träger(in) aus. Allgemein vgl. Hesych. s. *κλειδοῦχος· γυνή, ἀπὸ τοῦ τὰς κλεῖς τῆς οἰκίας ἔχειν*, also die Frau bzw. die Sklavin als *κ.* im profanen Bereich. – Priester(innen) verschiedener Götter (bes. der Hekate, in Athen auch des Asklepios) hatten diesen Titel. Auch Götter selbst sind *κ.*; so Hekate (CIG 2720), Athena Polias (Aristoph. Thesm. 1142), Hades (vgl. Paus. 5,20,3), Horen (Hom. Il. 5,749 f., 8,393 f.), Hesychia (Pind. P. 8,4) Peitho (Pind. P. 9,39), Moira (Plut. de gen. Socr. 591 B). – Die angegebenen Stellen zeigen, daß zwischen der Vorstellung von der faktischen Schlüsselverwaltung und jener von der Macht im übertragenen Sinne ein breiter Raum von Nuancierungen liegt. W. P.

**Kleinasien.** Vor- und Frühgeschichte. Beträchtliche Funde wurden schon aus dem Paläolith. gemacht. Dem Übergang zum Neolith. gehört die Beldibi-Höhle im Hinterland von Adalia an. Außerordentlich reich erblühte die Kultur des Neolith. und Chalkolith., wobei sich die Grenzen dieser beiden Stufen so schwer ziehen lassen, daß wir das Neolith. mit der 1. Hälfte des Chalkolith. gemeinsam behandeln müssen. Wie uns die Grabungen von J. Mellaart zu Catal Hüyük (Anatol. Stud. ab XI 1962) und zu Hacilar (Anat. Stud. ab VIII 1958) lehren, gab es im 5. und 4. Jt. in Mittel- und O.-Anatolien schon stadtartige Siedlungen, in denen ganz bes. die Textilkunst (Kelims, Wandbehänge), die Steinschalen-Industrie, die Statuettenplastik (Bewegungsbilder der großen Muttergottheit, Mutter mit Kind, Hieros Gamos mit dem Jugendlichen Gott, sitzend auf Leopardenthron) und die Wandmalerei (Hirschjagd, Tanz der Jäger in Leopardentracht, große Muttergottheit, Doppelaxt, myth. Szenen mit Geiern und kopflosen Menschen, Abdruck zahlloser Hände) blühten, während die Töpferkunst erst gegen das E. des Chalkolith. an Bedeutung gewann. An Kultischem sind noch zahlreiche Hausheiligtümer zu nennen, mit Abbildungen von Stieren, mit Stierschädeln und Stierhörnern. Die hiermit besprochene Kultur geht mit der von Mesopotamien (Jarmo), Syrien (Ugarit) und Palästina (Jericho) zusammen, steht aber noch höher als die dieser Nachbarbereiche. Als Träger der anatol. Kultur kommt diejenige Völkergruppe in Frage, welche die Endungen auf *-s-*, *-nt-* bzw. *-nd-*, *-r-*, *-mn-* usw. für Ortsnamen verwendete. Sie strahlte nach W. über den ganzen Bereich von W.-Anatolien, die Ägäis (Sesklo-Kultur), Kreta, den Balkanbereich, den Adriat. Bereich bis in den Donaubereich und nach Sizilien hin aus. Daher finden wir hier überall die Ortsnamen mit solchen Endungen und auch die Verwendung anatol. Kulturerrungenschaften (Getreidebau, Schafzucht, Keramik, Stempelsiegel, Statuetten, Kult der Muttergöttin). – Die 2. Hälfte des Chalkoliths (ca. 3000–2600) zeigt einen ganz anderen Charakter. Durch den Einfluß der Metallurgie veranlaßt, ahmen die Töpfer in Form und Oberfläche (spiegelnde Politur!) Metallgefäße nach. Alle anderen Künste sinken ab (Statuetten) oder verschwinden (Wandmalerei). Auch die Bauweise ändert sich. Diese Kultur der 2. Hälfte des Chalkoliths war über ganz Kleinasien (bes. zu Beycesultan), über die Ägäis (Samos, Kreta, Aigina, Orchomenos, Larisa) und den Balkan bis zur Dona (Vinca) verbreitet. Bei ihrer Entstehung könnten bereits auch Fremdvölker (Indo-Europäer?) mit eine Rolle gespielt haben. – Als nächste Periode folgt die Frühbronzezeit (2600–2000). In ihr tritt W.-Kleinasien entscheidend in den Vordergrund, so Troia (Stufe I–IV mit Stadtmauern, Stadttoren, Türmen, fürstlichen Megaron-Häusern, Depotfunde, mit Schmuck und Gefäßen aus Edelmetall) und Beycesultan (kult. Megaron-Bauten). In O.-Kreta beachte die reichen Fürstengräber von Alaca. In dieser Stufe beschränkt sich die Keramik auf Metallnachahmungen (bes. Schnabelkannen). Enge Beziehungen bestehen nun mit dem ägäischen Bereich, bes. mit dem Frühhelladikum (Metallhandel). – Die Mittlere Bronzezeit wird im W. durch Troia V, beg. Troia VI und Beycesultan (Palast) vertreten, im O. durch Kültepe (assyr. Handelskolonien, Keilschrifttexte). Im 18. Jh. erfolgte in O.-Anatolien dann der Einbruch der Arier und in der Folgezeit der Aufstieg des hethit. Elementes zu einem mächtigen Reich (Hauptstadt Hattusas-Bogazköy; bes. 1400–1200). Die Spätbronzezeit setzt man für K. in die Z. zwischen 1600 und 1200. In Troia wird sie durch Teile der Stufe VI und durch VII vertreten. – Im 12. Jh. erfolgt der Einbruch barbar. Völker vom Balkan her, der Untergang des Hethiterreiches und der Beginn der Frühen Eisenzeit. In dieser treten dann die Phryger in den Vordergrund (wichtigste Plätze Gordion, Midas-Stadt, Bogazköy). – Im W. folgt schließlich das Lyder-Reich (Hauptstadt Sardeis, Nekropole Bintepe mit Alyattesgrab). F. Sch.

Vgl. an einschlägiger Lit. vor allem CAH I und II 2. Aufl. *J. Mellaart* über die Z. bis 1750, für die nachfolgenden Perioden *O. R. Gurney*, *A. Götze* und *R. D. Barnett* (1962–1967). Jährlich über Neufunde *M. Mellink* in AJA.

**Kleingeldrechnung.** Die röm. Rechentafel (→ Abacus) und Buchführung folgten in Anlage und Bezeichnungsweise der Asrechnung *(ratio aeraria* → As*)*, d. h., die Einer, Zehner etc. bildeten die Asse (Zeichen I, X usw.), die Teile die duodezimalen → Unzen (–, ɵ), die → Semuncia (1/24, Σ), der → Sicilicus (1/48, ↄ) und die → Sextulae (1/72, ʒ). Nach Einführung des → Denars zu 10 Assen wurde Umstellung auf diesen nötig. Das geschah derart, daß nunmehr der Denar als Einheit (As) fungierte (daher Zeichen I), seine 10 (sextantalen) Münzasse in die (nun dezimal teilende) Unzenspalte geschoben wurden, der Semis (1/20) und Quadrans (1/40) in die Kolumnen der Semuncia bzw. des Sicilicus. Der Quadrans hieß in der *ratio ad denarium* → *terruncius* (Zeichen T), der Semis → *sembella* oder *singula* (Σ, Zeichen der Semuncia), der As → *libella* (–, das Unzenzeichen), 2 Asse *duae libellae* (=, Zeichen des Sextans) etc. (S aber = *quinque libellae*). Um 130 v. Chr. mußte die K. der Neutarifierung des Denars zu 16 Assen angepaßt werden. Dazu griff man wieder auf das Unzialsystem zurück, indem der As, also 1/16, als *semuncia sicilicus* (Σↄ), der Dupondius (2 Asse) als *uncia semuncia* oder *sescuncia* (– Σ), der Tressis als *sextans sicilicus* (= ↄ), der Quatrussis als *quadrans* (= –), der Quinques als *quadrans semuncia sicilicus* (= – Σↄ) usw., der Octus als *semis* (S) usw. notiert wurden. Die Werte 11–15 Asse hießen *undeciaere – quindeciaere*. Beträge unter dem As wurden nicht berücksichtigt. Daneben trat wohl erst damals (anders Volus. Maec. 74) die Sesterzrechnung. Die *ratio ad sestertium* übernahm den Aufbau der alten Denarrechnung, indem die *libella* 1/10, die *singula (sembella)* 1/20, der *terruncius* 1/40 Sesterz bedeuteten. Notae waren: – T *(libella terruncius)* für den Semis, = Σ *(duae libellae singula)* für den As, = – ΣT *(tres libellae singula terruncius)* für 1½ Asse, S *(quinque libellae)* für den Dupondius usw. ,I für den Sesterz (= 4 Asse). Die verwendete Rechnungsart wurde durch das jeweils vorangestellte Zeichen von Denar (X, später ✱) bzw. Sesterz (HS) kenntlich gemacht. Das dergestalt verzeichnete Kupfergeld nannte man *aes excurrens*, wohl weil es auf die Seitenspalten des Abacus »hinauslief«. – Die Kenntnis dieser K., die seit Aufgabe der Asrechnung nicht mehr dem Zahlungsverkehr, sondern nur dem Abacus und der Buchführung diente, verdanken wir der *assis distributio* des → Volusius Maecianus. Außer einigen sonstigen Anspielungen geben nur wenige Inschr. von ihr Kunde, so Dess. ILS 5474: *[st]atuam argenteam ex HS L̄ICCC-XXXV tribus libel(lis) sing(ula) terr(uncio) et aeris quad(rante)*. Das sind 51335 Sesterzen + 3/10 + 1/20 + 1/40 oder 3/8 = 3 Semisse oder 6 Quadranten, + 1 Quadrans, somit insgesamt + 7 Quadranten. Strenge Notierung wäre: *IↃↃↃ* ∞ *CCCXXXV =–ΣT et aeris =–*. H. Ch.

*A. Nagl*, SAWW 177, 1914, 5. RE XI 612 ff. Suppl. III 4 ff. 30 ff.

**Kleinias** (*Κλεινίας*). **1.** Angeblich einer der Freunde Solons, die die geplante Aufhebung der Schulden benützten, um sich zu bereichern, daher *χρεωκοπίδαι* genannt (Aristot. Ath. pol. 6,2. Plut. Sol. 15). **2.–5.** Aus dem Geschlecht der Eumolpiden. Der Stammbaum ist noch umstritten. Während nach Kirchner PA 8510, vgl. Stammbaum S. 42, dem sich Fr. Kiechle (s. o. I 261 f) anschließt, K. 2 und K. 3 ident. sind, hat W. Dittenberger, H 37, 1902, 1–13 einen neuen Stammbaum entwickelt, der im Folgenden zugrunde gelegt wird. **2.** Sohn des → Alkibiades (1), rüstete für den Perserkrieg ein eigenes Schiff aus und kämpfte beim Artemision mit Auszeichnung (Hdt. 7,17. Plut. Alk. 1). **3.** Sohn des Alkibiades, Vater des Alkibiades (2), verheiratet mit Deinomache, fiel 446 bei Koroneia (Isokr. 16,28. Plat. Alk. 1,112 c. Plut. Alk. 1). **4.** Sohn von Nr. 3, * um 447, wurde nach dem Tode des Vaters von seinem Vormund Perikles erzogen. Sein Schicksal ist unbekannt. **5.** Sohn des Axiochos, Vetter von Alkibiades (2) und K. 3, gehörte zum Kreis des Sokrates (Xen. symp. 4,12 ff. Plat. Euthyd., Ax.). K. W.

**6.** K. von Tarent. Pythagoreischer Philosoph, wohl Zeitgenosse Platons; einziges gesichertes Zeugnis über K. bei Diod. 10,4,1, zitiert aus → Aristoxenos. Das Pythagoreertum der Kaiserz. hat K. mit den Zügen des typ. Pythagoreers ausgestattet, so Plut. quaest. conv. 3,6,3. Athen. 14, 624a. Ail. var. 14,23. Ein der Kaiserz. zugehörendes, K. zugeschriebenes pythagoreisches Frgm. bei Stob. ecl. III 76 Hense. H. D.

**Kleinis** (*Κλεῖνις*). Ein Babylonier, der von Apollon und Artemis geliebt und mehrfach zu den → Hyperboreern entrückt wurde. Sein Versuch, die dort geschauten Eselsopfer auch in seiner Heimat einzuführen, stieß auf das Verbot Apollons. Da ein Teil von K.' Kindern ungehorsam blieb, machte der Gott die Esel rasend; sie fielen die ganze Familie an, die jedoch durch das Erbarmen von Poseidon, Leto und Artemis in Vögel verschiedener Art verwandelt wurde. So erzählt Ant. Lib. 20 unter Berufung auf → Simias' von Rhodos »Apollon« und → Boios Ornithogonie.
H. v. G.

**Kleio** (*Κλειώ*, zu *κλέος*; *Clio*). Eine der 9 → Musen, Hes. theog. 77. Orph. h. 76,8. Apollod. 1, 13. Bei Simonid. noch Quellnymphe (wie bei Hyg. Nereide, bei Verg. georg. 4,341 Okeanide), seit Pind. und Bakchyl. Sangesgöttin. Auf Vasen mit Musikinstrumenten dargestellt; älteste Darstellung auf der Françoisvase. Bei den späthellenist. Versuchen der Funktionsabgrenzung der einzelnen Musen bekommt K. das Heldenlied (*ἐγκωμιαστικόν*, vgl. Hor. c. 1,12,2), die Rhetorik, bes. die Geschichte. Anth. Pal. 9,504 *κιθάρη καλλίχορος*, 505f. Weissagekunst und Geschichte. Die bildende Kunst (Statuen, Gemälde, Mosaiken, Sarkophage) gibt ihr die Buchrolle als Attribut. – Mutter des thrak. Königs Rhesos (Sch. [Eur.] Rhesos 346), des Hymenaios (ebd.), des Hyakinthos (Apollod. 1,16), des Orpheus (Sch. Hom. Il. 10, 435). H. v. G.

*W.F. Otto* Die Musen, ³1961, 49ff.

**Kleisthenes** (*Κλεισθένης*). **1.** Sohn des Aristonymos, Verwandter, vielleicht Großneffe des → Orthagoras (mutmaßlicher Stammbaum: RE XVIII 1431f.; vgl. [3],47), etwa 600 – etwa 570 v.Chr. Tyrann von Sikyon (Hdt. 6,126ff. Aristot. pol. 1315 b 11ff. Nik. Dam. FGrH 90 F 61). Durch einen Putsch an die Macht gelangt, betrieb K. eine gegen dor. Tradition gerichtete Politik (Hdt. 5, 67f.: Verdrängung des → Adrastos-Kultes; Phylenreform; Verbot, homer. Epen zu rezitieren; vgl. [1]). Mit der Beute aus dem 1. Heiligen Krieg, an dem er führend beteiligt war (Sch. Pind. N. 9,2. Paus. 10,37,6), finanzierte er seine Bautätigkeit (Paus. 2,9,6; vgl. P. DE LA COSTE-MESSELIÈRE Au Musée de Delphes, Paris 1936, 77ff.). 582 errang er einen pyth., 576 oder 572 einen olymp. Sieg mit dem Viergespann (Paus. 10,7,6. Hdt. 6,126,2). Seine Tochter → Agariste (1) war mit dem Alkmeoniden → Megakles vermählt (Hdt. 6,126,3ff.), sein Sohn (?) und Nachfolger Aischines herrschte bis zum J. 556/55 (FGrH 105 F 1).

1. *A. Gitti*, Atti R. Acc. Linc., Mem. Ser. 6,2, 1929, 535ff. 2. *M.F. McGregor*, TAPhA 72, 1941, 266ff. 3. *N.G.L. Hammond*, CQ 50, 1956, 45ff. 4. *M. White*, The Phoenix 12, 1958, 2ff.

**2.** Sohn des Alkmeoniden → Megakles und der → Agariste (1), somit Enkel des Vorigen, der Reformer der athen. Verfassung. Weder seine Lebensdaten noch seine amtliche Stellung lassen sich genau bestimmen (Archontat von 525/24 [vgl. B. D. MERRITT Hesp. 8, 1939, 59ff.] nicht zweifelsfrei gesichert). K., der während der Tyrannis des Peisistratos und seiner Söhne wenigstens zeitweise verbannt war, scheint bald nach 510 mit der Verfassungsreform begonnen zu haben, konnte sie aber erst vollenden, als sein reaktionärer Gegenspieler, der Archon des J. 508/07, → Isagoras vertrieben war. Die Grundlage seiner Ordnung (vgl. Hdt. 5,66.69ff. Aristot. Ath. pol. 20ff.) war die territoriale Neugliederung Attikas. Sie bedeutete die Entmachtung der bestehenden, aus Familien- oder Standesinteressen hervorgegangenen Gruppen, vor allem der 4 alten Phylen. K. teilte die 3 att. Zonen (*ἄστυ*, *μεσόγειος* und *παραλία*) in je 10 Teile (*τριττύες*; zu ihrer urspr. Funktion vgl. [4] und [5]) und bildete 10 nach lokalen Heroen benannte Phylen, indem er je eine Trittys aus jeder der 3 Zonen ohne Rücksicht auf ihre geogr. Lage (ob durch Los [so Aristot. a. O. 21,4], ist allerdings fraglich) zu einer Einheit zusammenschloß. Die kleinsten Verwaltungseinheiten innerhalb der Phylen bildeten die → Demoi (damals etwa 100), an deren Spitze der → Demarchos stand. Die Phylen stellten je einen Strategen und entsandten je 50, den einzelnen Demen proportional zu ihrer Bevölkerungszahl entnommene Buleuten in den auf 500 Mitglieder erweiterten Rat (→ Bule). Jede dieser 10 Gruppen von Phylenvertretern (→ Prytanie) führte jeweils für 36 Tage (= 1/10 des Amtsjahres; vgl. [3]) die Geschäfte des Rates und hatte den Vorsitz inne. Auch die Einrichtung des → Ostrakismos als eines wirksamen Verfahrens, das Gleichgewicht der demokrat. Ordnung durch Ausschaltung allzu mächtiger Persönlichkeiten zu erhalten, geht mit größter Wahrscheinlichkeit auf K. zurück, wurde allerdings erst nach den Perserkriegen (im J. 487) erstmalig praktiziert (Aristot. a. O. 22,1). H. Gä.

1. *Busolt* GStk. 2,868ff. 2. *V. Ehrenberg* Neugründer des Staates 55ff. 3. *Br. Keil*, H 29, 1894, 321ff. 4. *D.W. Bradeen*, TAPhA 86, 1955, 22ff. 5. *D.M. Lewis*, Hist. 12, 1963, 22ff. 6. *D. Kagan*, Hist. 12, 1963, 41ff. Weiteres: *Bengtson* GG ²140,2.

**Kleitarchos** (*Κλείταρχος*). **1.** Tyrann von → Eretria, von Philipp II. Frühsommer 342 eingesetzt und gegen Aufstände Sommer und Herbst 342 durch → Eurylochos und → Parmenion geschützt. Demosth. 9,58.66.18,71.81f.215. H. V.

*Fr. R. Wüst* Philipp II. v. Maked. u. Griechenl., 1938, 109f.

**2.** K., Alexanderhistoriker. Datierung viel verhandelt (A. Gitti, RAL 350, 1953, 38f.). Sohn → Dinons, wohl Stilponschüler, lebte K. vermutlich in Alexandreia. Unbekannt ist, ob K. am Alexanderzug teilnahm. Nach verbreiteter, nicht unbestrittener Ansicht wirkte das effektvolle, romanhafte, vermutlich nach → Onesikritos, → Nearchos und → Polykleitos, aber vor → Ptolemaios und Aristobulos etwa gegen E. 4. Jh. verfaßte Alexanderwerk (mind. 12 B.; proptolem.) stark auf die oft unzuverlässige »Vulgata«: Diod. B. 17 (gilt meist als direktes, stark kürzendes Exzerpt), Iust. 11/2, Curt., Metzer Epitome (ab Tod des Dareios bis Ankunft des Alexanderzugs am Ozean in Indien; vgl. Ruggini (1961), v. Kallisthenes (2),289ff.), *λεγόμενα* Arrians; vgl. auch Frg. Sabbaiticum (= Amyntianos?: 2. Hälfte 2. Jh. n. Chr.); Pack$^2$ Nr. 2195. K. galt als Vorläufer des Asianismus und war noch in Rom Mode. W. Sp.

Frg.: FGrH 137. 148. 150/51. *Pack*$^2$ Nr. 2184. Lit.: *Ed. Schwartz*, RE IV 1873ff. V 683f. I 2008. *F. Jacoby*, RE XI 622ff. *Berve* Alex. II,2 Nr. 40. *W. W. Tarn* Alexander the Great 2, 1948, 1ff. (kühn). *A. Gitti*, Alessandro Magno all'oasi di Siwah, 1951, 2f. 12/8. 31 Anm. 1. 165/90. *H. Strasburger*, Gn 25, 1953, 217ff. *Platnauer*, v. Kallisthenes (1), 168f. *Pearson*, ebd. (vgl. Gn 33, 1961, 666f.; Mnem 15, 1962, 70f.). *Bengtson* GG$^2$ 321. 327. 334$^2$. 345$^2$. *E. Manni*, RFIC 39, 1961, 425ff. (Lit.). *P. A. Brunt*, CQ 12, 1962, 141ff. *Mazal*, v. Kallisthen. (2), 29f. *W. Schmitthenner*, G 70, 1963, 466f. (Lit.). *R. Wolf* Die Soldatenerzählungen des K. bei Q. Curtius, Diss. Wien 1964. *F. Schachermeyr*, AAHG 18, 1965, 223ff. *E. Badian*, Proceed. Afric. Class. Assoc. 8, 1965, 5ff. *D. Kienast*, Hist. 14, 1965, 180ff.

**Kleite** (*Κλείτη, Κλειτή*). Tochter des → Merops aus Perkote, Gattin des Dolionenkönigs → Kyzikos, der bei der Landung der Argonauten im nächtlichen Kampfe versehentlich von Iason getötet wurde. Aus Gram darüber erhängte sie sich. Die Nymphen des Haines weinten über sie, und ihre Tränen vereinigten sich zu der Quelle K. Apoll. Rhod. 1,974ff. Orph. Arg. 593f. Parthen. 28. Hier und Sch. Apoll. Rh. 1,1063 wird auch eine auf Euphorion zurückgehende Sagenform gestreift, in der die Frau des Kyzikos Larisa, eine Tochter des Piasos, ist. Urspr. wohl eine Verwandlungssage. H. v. G.

**Kleitias.** Att. Vasenmaler in Athen um 570 v. Chr. Beazley schreibt ihm 16 Gefäße, meistens Frg.e, zu; das bedeutendste Werk ist die François-vase in Florenz, 1844 von Alessandro François bei Chiusi gefunden. 6 Bildfriese umziehen den 66 cm hohen Gefäßkörper, Bilder schmücken die Henkel; die Themen hängen teilweise zusammen. Neu ist die Spannung zwischen Komposition und Handlung. H. Ma.

*J. D. Beazley*, ABV., 1956, 76ff. *A. Minto* Il Vaso François, Florenz 1959. *H. Marwitz*, Kindlers Mal. Lex. III 165.

**Kleitomachos** (*Κλειτόμαχος*). **1.** Aus Karthago, akadem. Philosoph, 187/86 bis 110/09, urspr. Name Hasdrubal (Diog. Laert. 4,67), Sohn des Diognetos (Steph. Byz. s. *Καρχηδών*). K. kam 24jährig nach Athen (ind. Herc. Acad. col. 25, ungenau Diog. Laert.: 40jährig), hörte 28jährig → Karneades, wurde während 19jähriger Zugehörigkeit zur Akademie (140/39 eigene Schulgründung im Palladion: ind. Herc. a. O.) dessen bedeutendster Schüler, 137/36 aber nicht sein Nachfolger, sondern lehrte erst seit 129/28 in der Akademie (ind. Herc. col. 24,32). In über 400 B. (Diog. Laert.), darunter 4 über die *ἐποχή* (Cic. ac. 1,98) und eine dem Dichter → Lucilius gewidmete Einführungsschr. (ac. 1,102), legte K. die Lehren des Karneades nieder (Quelle für Cic.), wobei er streng den skept. Standpunkt vertrat (Cic. ac. 1,78. 108. 139). Nach der Zerstörung Karthagos richtete er eine Trostschrift an seine Mitbürger (Cic. Tusc. 3,54). Vielleicht vermittelte er auch Nachrichten über die Philosophengesandtschaft von 156/55 (H. Strasburger, H 94, 1966, 63). Slg. der Frg. fehlt. Lit. s. Karneades. G. Schm.

**2.** K., weltberühmter Athlet aus Theben, genannt *ὁ παγκρατιαστής*, Pol. 37,9,7–13, Sieger am selben Tage im Ringen, Boxen und Pankration bei den isthmischen Spielen, Anth. Pal. 9,588, dreimal im Pankration bei den Pythien, im Ringen im J. 216 und im Boxen. 212 v. Chr. bei den Olympien, Suda s. v.; Paus. 6,15. Sein Nationalbewußtsein, seine Enthaltsamkeit und Mäßigung werden gerühmt, Plut. mor. 710 E. Ail. var. 3,30. O. W. R.

**Kleiton** (*Κλείτων*). Der Xen. mem. 3,10,6–8 im Gespräch mit Sokrates eingeführte Bildhauer, Hersteller von Athletenbildern, ist anderweitig unbekannt. Fraglich bleibt, ob K. hier als Hypokoristikon für → Polykleitos, den Athletenbildner schlechthin, benützt oder ob K. ein nur hier genannter (attischer) Bildhauer ist. W. H. G.

**Kleitophon** (*Κλειτοφῶν*). Sohn des Aristonymos, Athener, beantragte im J. 411 v. Chr., daß die kleisthenische Verfassung bei der geplanten Verfassungsänderung berücksichtigt werde. Im J. 404 trat er zusammen mit Theramenes u. a. für die *πάτριος πολιτεία* ein (Aristot. Ath. pol. 29,3. 34,3). Bei Plat. rep. 1,340 A erscheint er als Anhänger des Thrasymachos, ebenso in dem nach ihm benannten ps.-platonischen Dialog. K. W.

**Kleitor** (einh. *Κλήτωρ*). Stadt im n. Arkadien mit geringen Resten in kleiner, bergumschlossener Ebene beim h. Karnesi mit gleichnamigem Fluß. Das h. Dorf Klituras liegt 4 km ö. In dem ausgedehnten Gebiet von K. lag weiter n. das Artemisheiligtum von Lusoi. K. gehörte zu den bedeutenderen Städten Arkadiens, in dessen Gesch. es mehrfach eine wichtige Rolle spielte, und wird bis ans E. des Alt. oft genannt. Im 3. Jh. n. Chr. prägte es noch Mz. Die Spiele Koriasia am Heiligtum der Athena Koria n. der Stadt, Paus. 8,21,4, werden in Siegerinschr. oft genannt, schon Pind. N. 86. Sch. Pind. O. 7,153. Strab. 8,8,2 p. 388. Paus. 8,21,1–4. Ptol. 3,14,40. BCH 45, 1921, 12 Z. II 69ff. IG V

2,367–410. SEG III 323. XI 1112f. XV 232. XVII 191. 628 B 4. Mz. HEAD HN$^2$ 446f.

1. *Fr. Hiller von Gärtringen* IG V 2 p. 85f. 2. *Ders.–H. Lattermann* Arkad. Forsch., APrAW 1911, 8 Abb. 2. 3. *Geiger*, RE XI 661ff. Nr. 1. 4. *G. Papandreu*, *Πρακτικά* 1920, 95ff. 5. *E. Meyer* Peloponnes. Wanderungen 109f.

**2.** Fluß von 1., mündet in den Aroanios, einen r. Zufluß des obersten Ladon; darin sollte es singende Fische geben, Paus. 8,21,1f. Athen. 8,331 D. 332 F. Plin. nat. 9,70. Eustath. Od. 1720,38. E. M.

*Geiger*, RE XI 664f. Nr. 2.

**Kleitos** (*Κλεῖτος, Κλειτός*). **1.** Sohn des Mantios, Vater des Koiranos, von → Eos wegen seiner Schönheit entführt, Hom. Od. 15,249f. **2.** Sohn des Polyidos, zog mit seinem Bruder Euchenor erst mit den Epigonen gegen Theben, dann gegen Troia, Pherekyd. FGrH 3 F 115a. **3.** Troer, Sohn des Peisenor, Gefährte des Polydamas, von Teukros getötet, Il. 15,445ff. **4.** Geliebter (später Gatte) der → Pallene, der seinen Nebenbuhler → Dryas beim Wettfahren durch eine List ihres alten Erziehers zum Sturze brachte. Romant. ausgeschmückt bei Parthen. 6 (nach Theagenes und Hegesippos) und Konon 10. **5.** König der thrak. Sithonen, der seine Tochter dem aus Äg. kommenden Proteus vermählte, Konon 32. Ein Sithonenkönig *Κλῖτος* auf der Tab. Iliaca, s. 3. H. v. G.

**6.** K., der »Schwarze«, Sohn des Dropidas, Bruder von Alexanders d. Gr. Amme Lanike, rettete als Führer der *ἴλη βασιλική* am Granikos das Leben des Königs und wurde nach der Philotasaffäre zum Führer der einen Hälfte der Hetairenreiterei ernannt. Seine Ermordung durch Alexander beim Gelage kurz vor Abreise in die ihm übertragene Satrapie Sogdiane (Curt. 8,1,19) war beliebter Stoff moral. Geschichtsdeutung bereits unter den Zeitgenossen. Fraglich bleibt, ob K.' Schmähreden auf Alexanders Politik und Persönlichkeit als Ausdruck makedon. Opposition zu werten sind.

*F. Cauer* Philotas, Kleitos, Kallisthenes, NJB Suppl. 20, 1894. *Berve* Alex. II Nr. 427.

**7.** K., der »Weiße«, 327 Taxiarch und Hipparch Alexanders (BERVE Alexanderreich II Nr. 428), mit Krateros 324 nach Makedonien gesandt, errang als Führer der Flotte 322 bei Amorgos den entscheidenden Seesieg über die Athener unter Euetion (Marm. Par. 9). Er legte sich den Beinamen Poseidon zu, erhielt 321 bei Triparadeisos Lydien, woraus ihn jedoch bald Antigonos vertrieb. In Makedonien auf Seite Polyperchons tretend, war er maßgeblich am Sturz Phokions beteiligt und siegte 318 über die Flotte Kassanders unter Nikanor im Hellespont. Kurz darauf verlor er alles wieder durch einen Überfall des Antigonos bei Chalkedon und wurde in Thrakien durch Lysimachos getötet. **8.** K., Sohn des Bardylis, Illyrierfürst, versuchte 335 zusammen mit dem Taulantierfürsten Glaukias sich von der makedon. Oberhoheit zu befreien, wurde jedoch in schwierigem



Unternehmen von Alexander geschlagen. An weiterer Verfolgung hinderten Alexander die Aufstandsversuche in Griechenland. G. W.

*Berve* Alex. II Nr. 426.

**Klematios.** **1.** Aus Alexandreia, consularis Phoeniciae um 352, hingerichtet im Winter 353/54 (Amm. 14,1,3. Liban. epist. 693). **2.** K. unternahm 354–357 als agens in rebus weite Reisen von Antiocheia aus, 357 consularis Palaestinae (Liban. epist. 312. 315. 317. 334. 505 u. ö.). **3.** K. aus Palaestina, studierte um 336 mit Libanios in Athen, unter Iulianus Archiereus Palaestinae, nach dem Tode des Kaisers angeklagt, aber wieder freigekommen (Liban. epist. 1283. 1307). A. L.

**Kleobis** und **Biton** (*Κλέοβις, Βίτων*). Söhne der argiv. Herapriesterin (Kydippe), die, da das Gespann der Kühe ausblieb (oder zu langsam zog), sich selbst das Joch des Wagens auf den Nacken luden, damit die Mutter rechtzeitig zum Opferfest erscheine. Sie bat die Göttin, ihren Söhnen als Lohn für ihre Mutterliebe das Beste zu schenken, was es für Menschen gebe, und sie starben schlafend noch in der Nacht nach dem Feste. Hdt. 1,31. Cic. Tusc. 1,131. Anth. Pal. 3,18. Man setzte ihnen Statuen im Heraion bei Argos und in Delphoi. Paus. 2,20,3. Die Reste der Basis der delph. Gruppe von Polymedes mit verstümmelter Inschr. sind wiedergefunden, Sylloge$^3$ 5. Sie bezieht sich vielleicht auf die Einführung des Kults der Göttermutter. Die Legende scheint aus der Inschr. herausgesponnen zu sein. H. v. G.

*G. Lippold* Die griech. Plastik (Hdb. der Alt.-Wiss. III 1).

**Kleoboia** (*Κλεόβοια*). **1.** Jungfrau, die die Demetermysterien von Paros nach Thasos gebracht haben soll, dargestellt mit der myst. Kiste auf dem Unterweltsgemälde Polygnots in Delphoi. Paus. 10,28,3. **2.** Gattin des Neleiden Phobios in Milet. Sie suchte vergeblich den in ihrem Hause als Geisel weilenden jungen Antheus aus Halikarnassos zu verführen, tötete ihn und sich selbst. Erzählt von Parthen. 14 unter Berufung auf Aristot. und die »Milesischen Geschichten«, mit einer Variante nach einer Elegie des Alexandros Aitolos. H. v. G.

**Kleobule.** Aus Athen, Tochter des Gylon und einer Skythin, Gattin des Demosthenes und Mutter des Redners Demosthenes. Nach dem Tode ihres Mannes im J. 376 v. Chr. verarmte sie infolge der Unredlichkeit der Vormünder, ließ aber trotzdem ihre beiden Kinder sorgfältig erziehen (Demosth. 27. 28 u. ö.). K. W.

**Kleobuline** s. Sieben Weise

**Kleobulos** (*Κλεόβουλος*). **1.** Sohn des Glaukos, aus Acharnai, Onkel des Redners Aischines, besiegte im korinth. Krieg zusammen mit Demainetos den laked. Nauarchen Chilon (Aischin. 2, 78). **2.** Spartiate, Ephoros, unzufrieden mit dem Nikiasfrieden, versuchte im J. 421/20 v. Chr., gegen Athen ein Bündnis von Argeiern, Korinthern, Boiotern und Lakedaimoniern zustande zu bringen, scheiterte aber am Widerstand der Boioter (Thuk. 5,36–39). **3.** s. Sieben Weise. K. W.

**Kleochares** (*Κλεοχάρης*). Griech. Rhetor des 3. Jh. v. Chr. aus Myrlea/Bithynien (Strab. 12,566), wie die zeitgenössischen Peripatetiker Bewunderer des demosthen. Stils (Vergleich des Demosth. mit Isokrates z. B. Phot. bibl. 176,121 b 9ff.; ein enthusiastisches Polyptoton mit dem Namen »Demosthenes« SPENGEL Rhet. 3,97). H. Gä.

*F. Blass* Griech. Bereds., Bln. 1865, 34. *Susemihl* 2,462. *E. Drerup* Demosth. im Urteile des Alt., Würzburg 1923, 92ff. *M. Lossau* Unters. zur ant. Demosth.-Exegese, Palingenesia 2, 1964, 52ff.

**Kleodamos** aus Byzanz verstärkte gegen die Heruler im J. 267 im Auftrag des → Gallienus die Stadtbefestigungen an der Donaumündung, SHA vit. Gall. 13,6. Als im gleichen J. die Heruler Athen eroberten, entkam er, sammelte ein Heer und vertrieb sie, Zon. 12,26 (p. 151 Dind. III). R. H.

**Kleombrotos** (*Κλεόμβροτος*). **1.** → Agiade, Sohn des Anaxandridas, Bruder des an den Thermopylen gefallenen → Leonidas für dessen Sohn → Pleistarchos Vormund und Regent, verließ mit dem peloponn. Heer nach einer Sonnenfinsternis (2. Okt. 480) die Isthmosstellung und starb bald darauf. Hdt. 5,41. 7,205,1. 8,71,1. 9,10. Paus. 3,3,9. **2.** I., Agiade, bei Verbannung des Vaters → Pausanias 394 unter Vormundschaft des → Aristodemos, 380–371 spart. König (Diod. 15,23,2), zog 378 vergebens gegen Theben, das die spart. Besatzung vertrieben hatte. Xen. hell. 5,4,14ff. Der 2. Feldzug 376 scheiterte am Kithaironpaß. Xen. 5,4,59. K. zwang 372 die Thebaner zum Rückzug aus Phokis, verlor aber 371 bei → Leuktra Schlacht und Leben. Xen. 6,1,1. 4,2ff. Diod. 15,54,6ff. **3.** II., spart. König seit 242, verheiratet mit → Chilonis, Tochter des Königs Leonidas, den K. stürzte. Nach Rückkehr des Leonidas 241 ging K., auf Bitten der Chilonis begnadigt, in die Verbannung. Plut. Agis 11,7ff. 16ff. Paus. 3,6,7f. Stammtafel BELOCH GG 4,2,163. **4.** Aus Sparta, Freund Plutarchs, Partner an dem Dialog über den Verfall der Orakel (Plut. mor. 409 E ff.), reiste in Griechenland, Äg. und auf dem Roten Meer. Beim Besuch des Orakels des Iuppiter Ammon schloß K. aus dem sinkenden Ölverbrauch des ewigen Lichts auf Ungleichheit der Jahre. K. sprach über Ursprung und Begriff des Wortes Daimon und die Lebensdauer der Dämonen. H. V.

*Friedländer-Wiss.* 1,382.

**Kleomedes.** Vf. eines griech. astron. Traktats »De motu circulari corporum caelestium« hg. von H. ZIEGLER, Lpz. 1891. Lebenszeit: Jüngster zit. Autor ist Poseidonios, Ptolemaios wird nicht genannt, auch seine math.-astron. Erkenntnisse nicht verwendet (z. B. keine Trigonometrie). Enge quellenmäßige Verwandtschaft mit → Geminos empfiehlt einen zeitlichen Ansatz nahe dem Anf. der Kaiserzeit. Polemik gegen die Epikureer und Abhängigkeit von → Poseidonios sowie sachliche



Bezüge (*συμπάθεια*, *ἐκπύρωσις* usw.) weisen K. als Stoiker aus. Die hsl., noch nicht voll ausgewertete Überlieferung zeigt, daß K. seit dem 12. Jh. gern gelesen wurde. Guter Kommentar und lat. Übers. schon von BALFOREUS, Burdigalae, 1605. Wiederholt und verbessert von JAN BAKE, Leiden 1820.

Inh.: Der Kosmos ist ein begrenztes System aus Himmel und Erde, das alle Materie umfaßt und von der Natur planmäßig gelenkt wird. Die vorhandene *συμπάθεια* seiner Teile beweist, daß er nicht unendlich ist. Außerhalb erstreckt sich leerer Raum ins Unendliche. Letzteres erfordert auch die stoische *ἐκπύρωσις*, bei der die Materie den zehntausendfachen Raum einnimmt. Im Kosmos ist kein Vakuum (gegen Epikur auch die Zurückweisung des Schlusses vom unendlichen Leeren auf eine unendliche Materie). Die Welt ist rund, und der Erddurchmesser gleicht gemessen an kosmischen Entfernungen einem Punkt. I 2 erklärt die Differenzen der Tageszeit nach geogr. Länge und der Jahreszeit nach Breite und teilt die Erde in Zonen. I 3 schildert die Bewegung der Planeten gegenüber den Fixsternen und vergleicht sie anschaulich mit Leuten, die auf einem fahrenden Schiff von vorn nach achtern gehen. Es folgt Lage und Auswirkung des Zodiacus. Für die Zu- und Abnahme der Tageslängen wird arithm. Folge angenommen wie bei → Hypsikles und Plut. De an. procr. in Tim. 1028 E. Anschauliche, unmath. Erklärung, vermutlich an einem Demonstrationsmodell (→ Globus). Die Anomalie der Sonne erklärt durch Exzentertheorie, ebenfalls nicht math. Ein math. unkorrekter, eristisch-geschickter excontrario-Beweis für die Kugelgestalt der Erde I 8: gegeben die Breitendifferenz der in Lysimacheia und Syene durch den Zenit gehenden Sterne und die Entfernung = 20000 Stad., es ergibt sich bei angenommener ebener Erdoberfläche ein Durchmesser des Kosmos von 100000 Stad., was absurd ist, wenn man die (freilich unter Annahme der Kugelgestalt errechneten) Erdperipheriewerte des Poseidonios und Eratosthenes (I 10) vergleicht. Ferner: Wenn immer 180° der Ekliptik bzw. des Äquators über dem Horizont sind (p), dann gilt »Erdradius zu Kosmos-Radius wie Eins zu unendlich« (q). Nun sind $\alpha$ tau und $\alpha$ sco (Aldebaran und Antares) um 180° versetzt und passieren immer zugleich den Horizont, also gilt p, mithin gilt q. Wenn K. die ekliptikale Länge dieser Sterne mit ♉ bzw. ♏ 15° angibt, dann darf angesichts der Fehler bes. in der Breite nicht mit Hilfe der Präzession auf die Zeit des K. geschlossen werden.

II 1, das längste Kap., bezeichnet K. selbst als Kompilation von Monographien, u. a. des Poseidonios, welche erklären, warum die Sonne, obwohl viel größer als die Erde, doch nur einen Fuß groß zu sein scheint. Die 19 Argumente sollen zeigen, daß Epikurs Lehre, die Sonne sei wirklich einen

Fuß groß, Absurdes impliziert bzw. den Tatsachen widerspricht. Die teilweise primitive Argumentreihe ist dem K. oder einer Zwischenquelle zuzuschreiben, dem Poseidonios gehören mit Sicherheit nur S. 124,20 der Gedanke, daß, wenn die Sonne so groß sei wie sie scheine, sie verschiedene Größen habe, q. e. absurd., und S. 144,28 ein interessantes Verfahren, den Durchmesser der Sonne zu bestimmen mit Hilfe der Nachricht, daß am n. Wendekreis mittags die Schattenlosigkeit in einem Umkreis von 5000 Stad. beobachtet wird, und der aus → Archimedes' Arenarius stammenden Annahme »Erdumfang zu Umfang Sonnenbahn wie 1:10000«. Der letzte Teil enthält die Theorie des Mondes. II 3 schließt aus dem beobachteten Ausmaß einer Verfinsterung der Sonne an verschiedenen Punkten der Erde auf die Größe des Mondes. Als Maß wird hier die scheinbare Größe der Sonne mit 1 Fuß = 12 Finger gesetzt, die kleinsten Sterne haben eine scheinbare Größe von 1 Finger (S. 174, 24). Vielleicht gab es Mauerquadranten, die 1/12 des scheinbaren Sonnendurchmessers als Winkeleinheit benutzten, was Epikurs Behauptung von der Größe der Sonne erhellen würde.

Der Rest erklärt die Mondphasen und -Finsternisse teilweise nach Poseidonios in der Art des Plut. De fac. Am Schluß noch Angaben über die Breitenbewegungen der Planeten und ihre Bewegungen in ekliptikaler Länge relativ zur Sonne. Die Schlußbemerkung, ein Scholion, wies die Interpreten schon früh auf Poseidonios hin. Das ganze Werk dient mehr der Anleitung zu wissenschaftlicher Schuldisputation als zu wissenschaftlicher Arbeit und ist uns vor allem als Quellensammlung wertvoll. J. M.

*Rehm*, RE XI 679–694. Weiteres → Poseidonios, → Astronomie, → Eratosthenes, → Geographie.

**Kleomenes** (*Κλεομένης*). **1.** Athener, sprach im J. 404 n. Chr. in der Volksversammlung, die über die spartan. Friedensbedingungen beriet, gegen die Schleifung der langen Mauern (Plut. Lys. 14. Vgl. Xen. hell. 2,2,22). **2.** K., Spartiate, vielleicht aus dem Hause der Agiaden, war an dem Schiedsgericht beteiligt, das Salamis den Athenern zusprach (Plut. Sol. 10). Die Datierung E. 7. Jh. ist wohl trotz der Einwände Belochs GG $1^2$,2,312 richtig. **3.** K. I., Agiade, Sohn des Anaxandridas, jedoch von dessen 2. Frau, Stiefbruder des Dorieus, Leonidas und Kleombrotos, König von Sparta, regierte etwa von 525–488 v. Chr. Hauptquelle Hdt. 5,39–91. 6,51–85, allerdings auf K.-feindlicher Überlieferung beruhend. Das erste sichere Datum bietet die Vertreibung des → Hippias aus Athen im J. 510, an der sich die Lakedaimonier auf Drängen der Pythia unter der Führung des K. beteiligten. Zugunsten des → Isagoras griff K. mehrfach in die darauffolgenden Parteikämpfe zwischen diesem und → Kleisthenes ein, jedoch wegen des Widerstandes seines Kollegen → Damaratos und der Bundesgenossen ohne Erfolg. Ebenso scheiterte ein Versuch des K., Hippias selbst nach Athen zurückzubringen, am Widerstand der Bundesgenossen. Im J. 500/499 lehnte er eine Hilfegesuch des → Aristagoras für die aufständischen Ioner ab. Als im J. 492 sich die Aigineten formell den Persern unterwarfen und Athen daraufhin die Stellung von Geiseln forderte, unterstützte K. diesen Wunsch, allerdings zunächst ohne Erfolg, da Damaratos die Aigineten gegen ihn aufhetzte und ihn gleichzeitig in Sparta verleumdete. Nachdem jedoch K. mit Hilfe der bestochenen Pythia Damaratos zur Flucht aus Sparta veranlaßt hatte, mußten sich die Aigineten fügen, K. aber, wegen seiner Machenschaften gegen Damaratos angeklagt, ging nach Thessalien und dann nach Arkadien. Als er versuchte, die Arkader gegen Sparta aufzuwiegeln, durfte er zurückkehren, starb jedoch kurz darauf, wie es heißt, im Wahnsinn durch Selbstmord. Ein gewaltsamer Tod ist nicht ausgeschlossen. Umstritten bleibt der Zeitpunkt, zu dem er das Bündnis zwischen Plataiai und Athen anregte. Nach Thuk. 3,65,5 müßte dieses Bündnis im J. 519/18 abgeschlossen worden sein, doch sprechen die übrigen Umstände eher für das J. 509/08. Auch die Schlacht bei Sepeia ist nicht datierbar, in der K. die Argeier vernichtend schlug, auf eine Eroberung der Stadt Argos jedoch verzichtete. Deswegen von Damaratos angeklagt, konnte er sich mit religiösen Bedenken rechtfertigen. Trotz seiner skrupellosen Methoden ist es das Verdienst des K. gewesen, daß Sparta z. Z. der Perserkriege die mächtigste und geachtetste griech. Landmacht war und auch von allen anderen Staaten als solche anerkannt wurde.

*K. Wickert* Der peloponnes. Bund, Diss. Erlangen 1964 (mit Lit.).

**4.** K., Sohn des → Pausanias (Thuk. 3,26,2), Bruder des → Pleistoanax und des Aristokles (Thuk. 5,16,2), leitete als Vormund seines Neffen Pausanias im J. 427 den Einfall nach Attika. **5.** K. II., Agiade, Sohn des → Kleombrotos I., wurde als Nachfolger seines Bruders Agesipolis II. im J. 370 König (Plut. Agis 3. Paus. 1,13,4. 3,6,2) und regierte bis 309/08 (Diod. 20,29,1). Seine Söhne waren → Akrotatos (1) und → Kleonymos. K. W.

**6.** K. III., König von Sparta. * etwa 260 v. Chr., Fortsetzer der sozialen Reformpläne König Agis' IV. Durch einen bedeutenden Sieg 227 bei Megalopolis über den Achaiischen Bund festigte K. seine eigene Stellung in Sparta, überfiel hierauf die Ephoren, die jeder Änderung feindliche oberste Behörde, ermordete sie bis auf einen und verbannte die gegnerischen Großgrundbesitzer (Plut. Kleom. 8 ff.). Nun folgten umfassende Reformen zur Erneuerung der lykurg. Verfassung und der militär. Stärke Spartas (Plut. 11 ff.). Die auf rund 700 gesunkene Zahl der Spartiaten wurde durch Perioiken auf 4000 ergänzt; diese erhielten Landlose aus dem eingezogenen Großgrundbesitz (auch dem des Kleomenes selbst), der vorher bei etwa

100 Familien konzentriert gewesen war. Die altspartan. Jugenderziehung und Lebensform wurden erneuert, das Ephorat abgeschafft. 226 schlug K. bei Dyme (Achaia) den Achaiischen Bund vernichtend (Pol. 2,51,3), der sich daraufhin bereit zeigte, K. die von diesem geforderte Hegemonie des Bundes zu übertragen. (Plut. 15). Eine Erkrankung des K. ermöglichte es aber dem leitenden achaiischen Staatsmann → Aratos, die Einigung zu hintertreiben. K. führte nun neuerlich Krieg, wobei er sogar Argos eroberte, Aratos aber rief 225/24 → Antigonos Doson von Makedonien zu Hilfe (Pol. 2,45–51. E. BIKERMANN, REG 56, 1943, 287ff.), der 224 einen bedeutenden Bund vieler griech. Staaten unter seiner eigenen Hegemonie begründete (Pol. 2,54,4. 4,9,4. H. BENGTSON Die Strategie 2, 1944, 356). K. trat mit Ptolemaios III. von Äg. in Verbindung. Beim Angriff des Antigonos mußte K. die erfolgreich verteidigte Isthmosstellung wegen des Abfalls von Argos aufgeben und verlor auch Arkadien. Als Antigonos gegen Lakonien marschierte, wurde Sommer 222 Spartas Heer in der Entscheidungsschlacht bei Sellasia nach erbittertem Kampf völlig geschlagen (Pol. 2,65–69. Plut. 27f. J. KROMAYER Ant. Schlachtfelder 1, 1903, 199ff.). Sparta mußte in den griech. Bund des Antigonos eintreten, die Reformen des K. wurden aufgehoben. Dieser war nach der Niederlage zu Ptolemaios geflohen, dessen Hilfe er sich für seine Rückkehr erhoffte. Als nach dessen baldigem Tod Ptolemaios IV. K. jede Hilfe verweigerte und ihn mit Zwang festhielt, machte er 219 einen gewaltsamen Versuch zu seiner Befreiung und fand dabei den Tod (Pol. 5,35ff. Plut. 33ff.). G. Do.

1. *Th. Lenschau*, RE XI 702ff. 2. *G. Kazarow*, Klio 7, 1907, 45ff. 3. *E. v. Stern*, H 50, 1915, 554ff. 4. *B. Shimron*, Hist. 13, 1964, 147ff.

**7.** K., Grieche aus Naukratis, von Alexander 332 mit der Verwaltung Äg. ö. des Deltas beauftragt, leitete Steuer- und Münzwesen des Landes sowie den Bau Alexandreias (Curt. 4,8,5) und erhielt nach Ausscheiden der beiden einheim. Nomarchen die Funktion eines Statthalters von Äg. (s. dazu Lit. BERVE Alex. II Nr. 431). Es gelang ihm durch zweifelhafte Zoll- und Finanzmachenschaften, das Ausfuhrmonopol für Getreide in seine Hand zu bringen und einen Privatschatz von 8000 Tal. zu sammeln. Alexander ließ ihn gewähren (persönliche Beziehungen s. Athen. 9,393c) und beauftragte ihn mit dem Bau zweier Tempel zu Ehren Hephaistions. 323 als ὕπαρχος Ptolemaios untergeordnet, wurde er auf Grund der früheren Beschwerden verurteilt und hingerichtet (Paus. 1.6,3). G. W.

*Boeckh* Staatshaush. 1³,106–115. *Bouché-Leclercq* Hist. des Lagides 1,10–20.

**8.** K., angesehener Einwohner von Syrakus, erhielt 72 von Verres den Oberbefehl einer Flotte gegen die Seeräuber; obwohl er sich nicht bewährte, wurde er von Verres – anders als die ihm unterstellten Kapitäne – nicht bestraft, Cic. Verr. 5,82–94. 133–135 u. ö. Seine Frau Nike soll eine Geliebte des Verres gewesen sein. HOLM G. Siciliens 3,139. H. G. G.

**9.** K., Name mehrerer att. Bildhauer, wobei über familiäre Zusammenhänge nichts Sicheres ausgesagt werden kann. a. K. von Athen, signierte eine Gewandstatue wohl des 1. Jh. v. Chr. (MANSUELLI, JDAI 56, 1941, 151ff.; Enc. Arte Ant. IV 369f. GROSS, GGA 217, 1965, 99). b. Bildhauer einer Thespiadengruppe in der Bibliothek des → Asinius Pollio (I 5; Plin. nat. 36,33), wohl augusteischer Z. c. K., Sohn des K. aus Athen, schuf eine röm. Porträtstatue frühaugusteischer Z. (MANSUELLI Enc. a. O. 370). d. K. aus Athen, signierte mit anderen zusammen eine Basis in Thespiai (BCH 50, 1926, 455). e. K., Sohn des Apollodoros, aus Athen, schuf (wenn die Signatur Renaissance-Kopie ist) die Venus Medici (MANSUELLI Galleria degli Uffizi, Le sculture I 1958 Nr. 45), deren Z. umstritten ist. f. Bildhauer eines Altars in Florenz (MANSUELLI sculture a. O. Nr. 116) wohl claudischer Z. (W. FUCHS Die Vorbilder des neuatt. Reliefs, 1959, 134), wenn die Signatur antik ist. W. H. G.

**Kleon** (*Κλέων*). **1.** Erster bedeutender att. Staatsmann aus dem zur polit. Führung aufsteigenden Kreise der Gewerbetreibenden, daher von den Aristokraten (und der Kom.) bekämpft. K. trat schon im Anf. des pelop. Krieges gegen Perikles auf (Plut. Per. 33,8. 35,5), war dann (gegen → Nikias) der schärfste Vertreter der Kriegspartei, vereitelte 425 nach der Besetzung von Pylos die Waffenstillstandsverhandlungen und erzielte den großen Sieg von Sphakteria, erwirkte die bedeutende Erhöhung der Tribute der Bundesgenossen (von 460 auf 1460 Talente) und fiel als Stratege 422 – nach anfänglichen Erfolgen – bei Amphipolis gegen → Brasidas. Der Tod der beiden Generale ermöglichte den Frieden des Nikias. Gehässig verzeichnet ist das Bild K.s nicht nur bei den Komikern (bes. Aristoph. Equ.: der »Paphlagonier«), sondern auch bei Thuk., der K. wohl als den für seine Verbannung Verantwortlichen gehaßt hat. Seine ironische, herabsetzende Behandlung K.s ist der stärkste Einwand gegen die unbedingte Objektivität des großen Historikers. K. Z.

*U. Kahrstedt*, RE XI 714ff. *Bengtson* GG² 224ff.

**2.** K., Sklave um 180 v. Chr., bekannt aus der 3-sprach. Inschr. CIL X 7856 = DESS. 1874. **3.** K. aus Kilikien, Räuber, der mit seinem Bruder → Komanos versklavt wurde, in Sicilien 136 eine Sklavenbande sammelte und Agrigent nahm. Er schloß sich dann dem → Eunus an und fiel 132 bei Enna, Diod. 34,2,17.20f.43. Liv. ep. 56. **4.** K. aus dem Dorf Gordion, zunächst Räuberhäuptling, kämpfte 41 unter Antonius erfolgreich gegen die Parther (unter Labienus), ging noch vor Actium zu Octavian über und erhielt dann die Landschaften

Abrettene und Morene in Mysien, wo er wie ein Dynast auftrat. Er starb als Priesterfürst (der Mâ) in Komana am Pontos. Strab. 12,8,8.9,574f. GARDTHAUSEN 2,193,21. H. G. G.

**5.** K. von Sikyon, Erzgießer der 1. Hälfte des 4. Jh. v. Chr. Paus. 5,17,3–4 reiht ihn der Schulfolge des → Polykleitos ein, Plin. nat. 34,87 kennt von ihm Porträtstatuen *(philosophi)*. In Delphi und Olympia erhielten sich Basen mit seiner Signatur. Außer Porträt- und Siegerstatuen schuf K. in Olympia eine Aphrodite (Paus. 5,17,3) und zwei der aus Strafgeldern nach 388 errichteten Zeusstatuen (»Zanes«), Paus. 5,21,3. Den Stil des K. kennen wir nicht. J. MARCADÉ Rec. des signat. de sculpteurs Grecs I 1953, 60f.; Enc. Art. Ant. IV 1961, 371. **6.** K., Maler, den Plin. nat. 35,140 zu den *primis proximi* zählt; man kannte einen Kadmos von ihm. W. H. G.

**Kleonai** (*Κλεωναί*). **1.** Stadt im Bergland s.w. von Korinth am Schnittpunkt der Straßen von Korinth nach S. in die Peloponnes, Stadtmauer und geringe weitere Reste auf einem Hügel 4 km n.w. Hg. Vasilios. Die h. Dörfer Klenia liegen an der Stelle von Tenea. S. außerhalb der Stadt kleiner dor. Tempel, wohl des Herakles, Diod. 4,33,3. K. ist schon bei Hom. Il. 2,570 genannt. Ein Teil der Bevölkerung soll bei der dor. Besetzung nach Klazomenai ausgewandert sein, Paus. 7,3,9. Zu K. gehörte → Nemea und damit die Leitung der nemeischen Spiele, Pind. N. 10,79. 4,27. Plut. Arat. 28,3. Im Anf. des 5. Jh. auf seiten von Argos und daher auch nicht am Perserkrieg beteiligt. Erhielt bei der Zerstörung von Mykenai einen Teil des Gebiets und der Bevölkerung, Strab. Paus. 7,25,6. Bald darauf von Argos abhängig. Arat brachte K. zum Anschluß an den achaiischen Bund, Plut. Arat. 28. IG IV$^2$ 73 = SEG 1,74,9f. Mz., daher seitdem wieder selbständige Stadt. Im 3. Jh. n. Chr. wieder eigene Mz. Skyl. 49. Strab. 8,6,19 p. 377. Paus. 2,15,1. Ptol. 3,14,41. Plin. nat. 4,12. 20. 36,14. Tab. Peut. 7,5. Pind. O. 10,37 mit Sch. BCH 45, 1921, 25 Z. II 147f. IG IV 489–491. 1607. SEG XI 296–297. Hesp. 18, 1949, 75ff. Nr. 6–9. Mz. HEAD HN$^2$ 418. 440f.

1. *Bölte*, RE XI 721ff. Nr. 1. 2. AA 28, 1913, 114ff. 3. G. *Roux* Pausanias en Corinthie, 1958, 171f.

**2.** Ort im Gebiet von Hyampolis in Phokis, vielleicht die Ruinen bei Kalapodi 4 km n. von Hyampolis, Plut. mor. 244 D. Inschr.: AJA 19, 1915, 334f. Nr. 14–16. E. M.

1. *Bölte*, RE XI 728f. Nr. 3. IX 20,66ff. 2. *G. Sotiriades*, *Πρακτικά* 1906, 144f. 3. *Fr. Schober* Phokis 33. 4. *Beloch* GG 4,1$^2$,78 A 1.

**3.** K., kleine Stadt an der W.-Küste der chalkid. Halbinsel Akte n. vom Athos. Nach Heraklid. de reb. publ. 31 (FHG 1,222) soll K. von Chalkidiern gegründet sein. Doch war nach Thuk. 4,109,3, die Mehrheit der Bevölkerung barbarisch (thrak.?). Hdt. 7,22. Thuk. 4,109,3. Strab. 7,331,33. 35. Mela 2,2,30. Plin. nat. 4,37. Nach LEAKE Northern Greece 4,149–152 beim h. Xeropotamo; vgl. Skyl. 66. Chr. D.

*Oberhummer*, RE XI 729.

**Kleonymos** (*Κλεώνυμος*). **1.** Att. Politiker, stellte in den J. 426/25 Anträge zugunsten von Methone und über die Erhöhung der Bundestribute (MERITT-WADE-GERY-MC GREGOR Ath. Trib. Lists D 4. D 8). Im J. 415 beantragte er eine Belohnung von 1000 Drachmen für Hinweise wegen des Hermenfrevels (Andok. 1,27). Von Aristoph. wurde K. oft verspottet, zuletzt in den Av. (J. 414). **2.** K., Spartiate, Sohn des Sphodrias, erwirkte durch seinen Liebhaber → Archidamos (2) Straflosigkeit für seinen Vater nach dessen erfolglosem Überfall auf den Peiraieus im J. 378. Er fiel bei Leuktra (Xen. hell. 5,4,25–32). **3.** K., Agiade, Sohn des Kleomenes II., wurde in der Thronfolge übergangen und im J. 304 nach Tarent geschickt, um den Tarentinern gegen die Lukaner zu helfen. K. zwang die Lukaner zum Frieden, unterwarf Metapont und eroberte Korkyra. Weitere Kriegszüge in Italien mißglückten, so daß K. nach Griechenland zurückkehren mußte (Diod. 20,104f. Liv. 10, 2,1ff.). Um 293 lebte er wieder in Sparta. 279/78 trat er gegen Antigonos Gonatas auf. Später verließ er Sparta und versuchte erfolglos, mit Hilfe von Pyrrhos gewaltsam seine Ansprüche auf das Königtum durchzusetzen (Plut. Pyrrh. 26ff.). Sein Sohn war der spätere König Leonidas II. **4.** K., Tyrann von Phleius, verzichtete um 228 v. Chr. auf die Tyrannis und überführte die Stadt in den achaiischen Bund (Pol. 2,44,6). K. W.

**Kleopatra** (*Κλεοπάτρα*). I. Myth. Name mehrerer griech. Heroinen, darunter **1.** Tochter des Boreas und der Oreithyia, Gattin des thrak. Herrschers → Phineus zu Salmydessos. Als dieser eine neue Gemahlin, → Idaia (3), ins Haus nahm, verleumdete diese die beiden Stiefsöhne bei Phineus, der ihr glaubte und sie blenden ließ, Hyg. fab. 19. Abweichend Diod. 4,43,4. Apollod. 3,200. Soph. Ant. 966ff. Anth. Pal. 3,4. **2.** Tochter des Idas und der Marpessa, Gattin des → Meleagros, den sie zum Beistand der Kalydonier aufrief und nach dessen Tode sie sich erhängte. Hom. Il. 9, 556ff. Apollod. 1,69. 73. Paus. 4,2,7. Die Eltern nannten sie Alkyone, weil ihre Mutter wie ein Eisvogel geklagt hatte, als Apollon sie raubte, Apollod. 1,60f. Hyg. fab. 174. Diese Benennung setzt wohl eine Verwandlungssage voraus. **3.** Tochter des tro. Königs Tros und der Kallirrhoe, der Tochter des Skamandros. Apollod. 3,140. **4.** K. und Periboia waren die ersten Jungfrauen, die die Lokrer »1000 Jahre lang« zur Versöhnung Athenas wegen der Frevel des Aias (2) nach Ilion senden mußten. Apollod. epit. 6,20ff. H. v. G.

II. Geschichtl. Personen. **1.** Gemahlin des Makedonenkönigs → Perdikkas II. und nach dessen Tode (413 v. Chr.) seines Nachfolgers → Archelaos (1), der ihren und des Perdikkas Sohn beseitigte. Plat. Gorg. 471c. Von Archelaos hatte K.

eine Tochter und den Sohn → Orestes, der Archelaos nachfolgte. Aristot. pol. 5,1311 b 15. F. Geyer Maked. bis zur Thronbesteigung Philipps II., 1930, 84. **2.** Nichte des → Attalos (1). Plut. Alex. 9. Paus. 8,7,7. Athen. 13,557 d. Ihre Heirat mit Philipp II. von Maked. 337 entzweite den König und seine Gemahlin → Olympias, die die Thronfolge Alexanders bedroht sah. Nachdem K. 336 eine Tochter → Europe geboren hatte, ermordete → Pausanias den König, der ihm für eine Beleidigung durch Attalos und K. keine Genugtuung gegeben hatte. Diod. 17,2,3. Plut. Alex. 10. Athen. 13,557 d e. Da Attalos in Asien war, ließ Olympias das Kind *in gremio matris* umbringen und zwang K. zum Selbstmord. Iust. 9,7,12. **3.** Tochter Philipps II. von Maked. und der Olympias, einzige vollbürtige Schwester Alexanders d. Gr. Diod. 18,23,1. Athen. 13,557 d. Bei der Hochzeit der K. 336 mit dem Molosserkönig → Alexander, dem Bruder der Olympias, wurde Philipp ermordet. Diod. 16,91,4. Iust. 9,6,1. 13,6,4. K. gebar Kadmeia und → Neoptolemos II., den späteren Molosserkönig. Plut. Pyrrh. 5. SGDI 2,1336. Als Alexander 334–330 in Italien kämpfte, regierte K. in Epeiros. Ihr Bruder Alexander sandte K. nach der Eroberung von Gaza einen Beuteteil. Plut. Alex. 25. Während der 331 einsetzenden Hungersnot erhielt sie 50000 Medimnoi Weizen aus Kyrene und ließ aus Epeiros Getreide nach Leukas und Korinth verladen. Lykurg. g. Leokr. 25. SEG IX 2,10. Nach dem Tode ihres Gatten sprach → Ktesiphon als Gesandter K. Athens Beileid aus. Aischin. 3,242. Durch Olympias, die seit 331 bei ihr war, zum Verzicht auf Epeiros gezwungen, lebte K. zu → Pella und verwandte sich 323 für den Tyrannen Dionysios von Herakleia bei Alexander d. Gr. Plut. Eum. 3. Memnon FGrH 434 F 4,37. Nach dessen Tode suchten die Diadochen durch die Heirat mit der Schwester Alexanders eine legitime Dynastie zu gründen. Die von K. erwogene Heirat mit → Leonnatos, dem Satrapen des hellespont. Phrygien, vereitelte sein Tod 322. Plut. Eum. 3. K. begab sich nun nach Sardes. Ihre von Olympias geplante Vermählung mit → Perdikkas kam nicht zustande, da er 321 ermordet wurde. Diod. 18,23,1.3. Arr. succ. 26. Iust. 13,6,4 f. Vorwürfe, die Antipater wegen ihrer Freundschaft mit Perdikkas und → Eumenes erhob, entkräftete K. beredt. Arr. succ. 40. Vergeblich strebten → Kassandros, → Lysimachos, → Antigonos und → Ptolemaios die Heirat mit K. an. Diod. 20,37,3 ff. Als sie aus der von Antigonos verfügten Internierung in Sardes 309 zu Ptolemaios fliehen wollte, ließ Antigonos K. umbringen. FGrH 239 B 19. G. H. Macurdy Hellenistic queens, 1932, 33 ff. **4.** K. I., von den Alexandrinern Syra genannt (App. Syr. 5,18), Tochter des → Antiochos III. (3), Gemahlin des Ptolemaios V. von Äg., * etwa 204. Ihre 196 geplante Verlobung erfolgte 195. Pol. 18, 51,10. Liv. 33,40,3. Diod. 28,12. App. Syr. 3,13. F. W. Walbank, Journ. Egypt. Arch. 22, 1936, 22 f.



Winter 194/93 wurde K. zu → Rapheia mit dem etwa 16 J. alten Ptolemaios V. vermählt. Liv. 35, 13,4. App. Syr. 5,18. Zon. 9,18,7. Nach späterer ptolem. Auffassung sollte K. als Mitgift Koilesyrien und Phoinike bringen. Ios. ant. Jud. 12,154 f. App. 5,18; dagegen Pol. 28,20,6 ff. H. Bengtson Die Strategie 2, 1944, 161,2. K. führte den Kultnamen *ϑεὰ Ἐπιφανής* oder zusammen mit dem Gatten *ϑεοὶ Ἐπιφανεῖς*. J. Ijsewijn De sacerdotibus sacerdotiisque Alexandri Magni et Lagidarum eponymis, 1961, 120. Eine Priestersynode übertrug 185/84 in Memphis die für Ptolemaios 196 beschlossenen Ehren auf K., ihr Geburtstag (23. Thoth) wurde ein bes. Gedenktag für die Tempel. K. Sethe, NGG 1916, 282 ff. T. Säve-Söderbergh Einige äg. Denkmäler in Schweden, 1945, 39 Nr. 7. Um 184/83 gebar K. den 1. Sohn Ptolemaios, bald darauf den 2. Ptolemaios und → Kleopatra (5). Nach dem Tode des Gatten 180 führte K. die Regierung für den unmündigen Ptolemaios VI., hatte erstmals im Ptolemaierreich als Mutter und Vormund des Königs das Münzrecht und wurde auf Mz. wie in der Urkundendatierung vor Ptolemaios VI. genannt. U. Kahrstedt, Klio 10, 1910, 274. W. Otto, ABAW 11, 1934, 1 ff. In → Ptolemais wurde 178/77 ein Priester der Königin K. und ihres Sohnes, des Königs Ptolemaios, eingesetzt. Die Titeländerung *ἱερεὺς βασιλέως Πτολεμαίου καὶ Κλεοπάτρας τῆς μητρός* setzt den Tod der K. zwischen 8. April und 17. Mai 176 an. Ijsewijn 123. In Ptolemais erhielt K. 165/164 eine eigene Priesterin (*ἱέρεια Κλεοπάτρας τῆς μητρὸς ϑεᾶς Ἐπιφανοῦς*). Ijsewijn 125. **5.** K. II., Tochter des Ptolemaios V. und der → K. I. (4), seit 175/74 in Geschwisterehe vermählt mit Ptolemaios VI. und mit ihm als *ϑεοὶ Φιλομήτορες* verehrt. W. Otto, ABAW 11, 1934, 14 f. In der 170 gegen den Angriff des Antiochos IV. gebildeten Samtregierung war K. Mitregentin des Gatten und des Ptolemaios VIII. P. Ryl. 583. T. C. Skeat The reigns of the Ptolemies, 1954, 33, 10. Beim Aufstand der Alexandriner gegen den bei Antiochos weilenden Ptolemaios VI. schickten Ptolemaios VIII. und K., in Alexandreia eingeschlossen, Gesandte nach Rom. Liv. 44,19,7. Die Samtregierung endete 164. Ptolemaios VIII. erhielt Kyrene, Ptolemaios VI. und K. regierten bis 145 in Äg., ihr ältester Sohn Ptolemaios Eupator auf Kypros 152–150. Ihre Tochter → K. Thea (14) heiratete 150 Alexander Balas von Syrien. Nach dem Tode des Gatten 145 regierte K. für den 2. Sohn Ptolemaios Neos Philopator VII., 144 zwang sie ihr Bruder Ptolemaios VIII. zur Ehe und nach Ermordung des Sohnes zu gemeinsamer Regierung. Diod. 33,6 a. Iust. 38,8,2 ff. Ptolemaios heiratete 142 ihre Tochter → K. III. (6), seine Nichte, und erhob sie zur Mitregentin. Die Doppelehe, in der K. als *ἀδελφή*, ihre Tochter als *γυνή* des Herrschers bezeichnet wurden. führte 131–124 zum wilden Kampf der K. gegen Gatten und Tochter. 131–129 herrschte K. in Äg. Ptolemaios ermordete auf Kypros beider Sohn Ptolemaios Memphites. Diod. 34/35,14. Iust. 38,8,11 ff. Liv. per. 59. K. floh 129 nach Syrien zu Demetrios II. und ihrer Tochter K. Thea. 124 begann nach der Versöhnung mit Ptolemaios die Dreierregierung der *θεοὶ Εὐεργέται* wieder. Iust. 39, 2,2. Nach dem Tod des Ptolemaios 116 regierte K. mit der Tochter K. III. und dem Enkel Ptolemaios IX. und starb 115. Zu dem Kultnamen *θεὰ Φιλομήτωρ Σώτειρα* W. Otto und H. Bengtson, ABAW 17, 1938, 61. Ijsewijn 120. **6.** K. III., Tochter des Ptolemaios VI. und der → K. II. (5), seit 142 neben der Mutter Gattin und Mitregentin des Oheims Ptolemaios VIII., dem sie Ptolemaios IX. und X. und → K. IV. (7), → K. Tryphaina (15) und → K. Selene (12) gebar, 131–129 mit Ptolemaios nach Kypros vertrieben, dann Königin in Äg. 116 wurde K., durch Testament zur Mitregentin eines Sohnes bestimmt, durch die Alexandriner gezwungen, Ptolemaios IX. als König einzusetzen, vertrieb ihn 107 nach Kypros und erhob ihren Lieblingssohn Ptolemaios X. zum König. Paus. 1,9,2. Iust. 39,3,2.4. Angriffe des Ptolemaios IX. in Syrien schlug K. mit jüd. Hilfe zurück. Ios. ant. 13,350 ff. Ptolemaios X. ließ 101 die herrschsüchtige K. umbringen. Porphyr. FGrH 260 F 2,8. W. Otto und H. Bengtson, ABAW 17, 1938, 145 ff. Zu ihren eigenartigen Kultnamen Ijsewijn 137 ff. **7.** K. IV., Tochter des Ptolemaios VIII. und der → K. III. (6), heiratete, von dem Brudergemahl Ptolemaios IX. 115 verstoßen, Antiochos IX. von Syrien, wurde nach dessen Niederlage gegen Antiochos VIII. 112 auf Befehl der Schwester → K. Tryphaina (15) getötet. Iust. 39,3,2 ff. **8.** K. V. Tryphaina, Tochter des Ptolemaios IX., seit 79 Schwestergemahlin, des Ptolemaios XII., mit ihm als *θεοὶ Φιλοπάτορες* und *Φιλάδελφοι* verehrt, Mutter der → K. VI. (9) und → VII. (10), † 69. P. M. Meyer, Klio 8, 1908, 427 ff. **9.** K. VI. Tryphaina, Tochter des Ptolemaios XII. und der → K. V. (8), 58 nach Vertreibung des Vaters von den Alexandrinern als Königin eingesetzt, † 57. Porphyr. FGrH 260 F 2,14. **10.** K. VII. *Φιλοπάτωρ*, letzte Königin der Ptolemaier, Tochter des Ptolemaios XII., * 69, laut Testament 51 Königin mit dem Brudergemahl Ptolemaios XIII., kam, von ihm vertrieben, 48 in einer Teppichrolle zu Caesar nach Alexandreia. Plut. Caes. 48. Nicht schön mit der langen vorn überkippenden Nase (Mz. Bilder), aber sprachenkundig, hochgebildet, zielbewußt und witzig, gewann K. Caesar, gebar ihm 47 Ptolemaios XV. Kaisar, vom Volk Kaisarion genannt, und erhielt Kypros für die ersehnte Vergrößerung des Ptolemaierreiches. Nach Caesars Sieg über Ptolemaios XIII. regierte K. 47–44 mit dem jüngeren Bruder Ptolemaios XIV. In Rom war sie 46–44, nahm 44 Caesars Sohn zum Mitregenten an. 41 wegen ihrer Haltung im röm. Bürgerkrieg nach Tarsos vorgeladen, betörte sie als



Aphrodite und neue Isis verkleidet Antonius, den neuen Dionysos. Plut. Ant. 26. Shakespeare, Antonius und Kleopatra. Zur Vermählung schenkte Antonius ihr 37 das Fürstentum Chalkis am Libanon und Teile Phoinikiens und Kilikiens. 34 proklamierte er für sein hellenist. Weltreich K. zur »Königin der Könige«, Caesars Sohn zum »König der Könige«, die gemeinsamen Kinder zu Unterkönigen: Alexander Helios für das ö. Euphratgebiet, Ptolemaios Philadelphos für Syrien und Kilikien, → K. Selene (13) für Kyrene und Libyen. Die testamentarisch bekräftigten Landschenkungen des Antonius und seine Abhängigkeit von K. gaben Octavian die zündende Parole, den Kampf mit dem Rivalen nominell als Krieg gegen K., die nationale Feindin Roms, das *fatale monstrum* (Hor. c. 1,37,21. J. V. Luce, CQ 57, 1963, 251 ff.) zu führen. Aus der verlorenen Seeschlacht bei Aktion (2. Sept. 31) nach Alexandreia entkommen, bat K. nach dem von ihr veranlaßten Selbstmord des Antonius vergebens Octavian um eine Teilherrschaft und tötete sich am 12. August 30 selbst durch Schlangenbiß, um nicht im Triumph aufgeführt zu werden. H. Volkmann Kleopatra, Politik und Propaganda, 1953. A. E. Samuel Ptolemaic chronology, 1962, 156 ff. **11.** K. Berenike III., Tochter des Ptolemaios IX. und der → K. IV. (7), Gemahlin des Oheims Ptolemaios X. 101–88, Mitregentin des Vaters 88–81, nach dessen Tod 6 Monate Alleinherrscherin, heiratete 80 den Stiefsohn Ptolemaios XI., der sie nach 19 Tagen ermordete. Paus. 1,9,3. FGrH 260 F 2,10 f. Skeat 36 f. **12.** K. Selene, Tochter des Ptolemaios VIII. und der → K. III. (6), vermählt mit Ptolemaios IX. 115–107, mit Antiochos VIII. von Syrien 103–96, nach seinem Tode mit Antiochos IX., 95 mit dessen Sohn Antiochos X., von dem armen. König Tigranes 69 getötet. Strab. 16,749. Iust. 39,4,4. App. Syr. 69. **13.** K. Selene, Tochter des Antonius und der → K. VII. (10), 34 Königin von Kyrene und Libyen, von Augustus 20 mit Iuba II. von Mauretanien verheiratet. Mz. Head $HN^2$ 888. Plut. Ant. 87. Cass. Dio 51,15,6. **14.** K. Thea, Tochter des Ptolemaios VI. und der → K. II. (5), vermählt mit Alexander Balas 150, → Demetrios II. (6) 146 und → Antiochos VII. (7) 138, regierte nach dessen Tod 129 allein, ab 126 mit dem Sohn Antiochos VIII., der K. 121 tötete. H. W. Ritter Diadem und Königsherrschaft, 1965, 141 ff. **15.** K. Tryphaina (der Name K. noch nicht belegt, W. Otto und H. Bengtson 50,5), Tochter des Ptolemaios VIII. und der → K. III. (6), seit 124 Gattin des Antiochos VIII., beseitigte im Streit mit Antiochos IX. 112 ihre Schwester → K. IV. (7), 111 von Antiochos IX. ermordet. Iust. 39,2,3. 3,5 ff. **16.** K., Tochter des Mithradates VI. von Pontos, 95 Gattin des Tigranes von Armenien, bat ihn 72 um Hilfe gegen Lucullus, hielt sich nach Rückkehr zum Vater 64 gegen den Aufstand von → Phanagoreia. Memnon FGrH 434,29,6. App. Mithr. 104.

108. **17.** K., Jüd. Gattin → Herodes' d. Gr., Mutter des Tetrarchen → Philippos und des Herodes. Ios. ant. Iud. 17,21; bell. Iud. 1,562. H. V.

**Kleophantos** (*Κλεόφαντος*). **1.** Sohn des Themistokles und der Archippe (Plat. Men. 93 d. Plut. Them. 32). K. W.

**2.** K., alexandrin. Arzt um 250 v. Chr., Bruder des → Erasistratos. Als Diätetiker empfahl K. vor allem den Wein, war also ein *οἰνοδότης*, wie derlei Ärzte (z. B. → Asklepiades von Bithynien) spöttisch genannt wurden. Seine *Γυναικεῖα*, offenbar eines der großen Werke der alexandrin. → Gynäkologie, werden von → Soran zit. **3.** K., Arzt im 1. Jh. v. Chr., offenbar vorwiegend Pharmakologe; als solcher von Galen öfter erwähnt. F. K.

**Kleophon** (*Κλεοφῶν*). **1.** Der maßgebende att. Staatsmann z. Z. des dekeleischen Krieges, Führer der radikalen Kriegspartei, daher von den Komikern (auch Aristot. Ath. pol. 28,3. 34,1) gehässig bekämpft. K. erwirkte 410 die Zurückweisung des spartan. Friedensangebotes (wohl auch 406 nach der Arginusenschlacht), bedrohte noch 405/04 im blockierten Athen jeden zum Frieden Ratenden mit einer Kapitalklage und wurde von den Gegnern erst durch eine fingierte Anklage wegen militär. Pflichtverletzung beseitigt. Als Leiter der Finanzverwaltung führte er die *διωβελία*, eine Staatspension für verarmte Bürger, ein. Er starb mittellos und war offenbar ein verrannter, aber uneigennütziger Patriot. Hauptstellen Xen. hell. 1,7,35. 2,2,15. Diod. 13,53,2. Lys. 13,7–12. 19, 48. 30,11–13. Aischin. 2,76. 3,150. Aristot. a. O. K. Z.

*Swoboda*, RE XI 792 ff. *Bengtson* GG² 242. 244 f. 549.

**2.** K. aus Athen, Tragiker. Suda s. v.: 10 Titel in alphabet. Ordnung, Aristot. poet. 1448 a 12, 1458 a 20; rhet. 1408 a 15; soph. el. 174 b 27. F. St.

*E. Diehl*, RE XI 796. *Christ-Schmid* I 3, S. 843, Anm. 10.

**Kleophradesmaler.** Att. Vasenmaler zwischen 510–470 v. Chr., benannt nach der Töpferinschr. auf einer fragm. Schale in Paris, Cab. de Méd. 535,699. Auf der späten Pelike Berlin 2170 signierte er *Επικτετος εγραφσεν*; zur Unterscheidung vom älteren → Epiktetos (2) beläßt man meist den gängigen Namen. Beazley schreibt ihm 20 sf. und über 100 rf. Vasen zu. Schüler des → Euthymides, bemalte er überwiegend, bes. anf., große Gefäße, bevorzugte als Themen heroische Mythen, stellte aber auch Dionysos mit Gefolge, Jünglinge, Krieger dar, Komos und Frauenbilder selten. Bedeutend durch die Größe seines Ausdrucks: Leidenschaftliches Erleben des myth. Stoffs, verbunden mit äußerster Durchdachtheit der Komposition schaffen ein verzehrendes Spannungsfeld, dessen Kraft erst im Alter nachläßt. H. Ma.

*J. D. Beazley* Der Kleophradesmaler, Bln. 1933. *Ders.* ARV² 181 ff. *H. Marwitz*, Kindlers Malereilexikon III 649–657.

**Kleopompos** (*Κλεόπομπος*). Athener, Sohn des Kleinias, befehligte als Stratege im J. 431/30 30 Schiffe im Kampf gegen die Lokrer (Thuk. 2, 26. Diod. 12,44,1). 430/29 belagerte er zusammen mit Hagnon Poteidaia (Thuk. 2,58,1). K. W.

**Kleora** (*Κλεόρα*). Tochter des Aristomenides, Schwester des → Peisandros, Gattin des → Agesilaos II., Mutter des → Archidamos III. K. W.

**Klepsydra** (*Κλεψύδρα*). **1.** Quelle in → Messene, entweder die h. große Dorfquelle von Mavromati oder eine Quelle unterhalb des Gipfels des Ithome, Paus. 4,31,6. **2.** Auch h. noch ergiebige, im Alt. in einem mehrfach umgebauten Brunnenhaus gefaßte Quelle am NW.-Abhang der Akropolis von Athen unter dem N.-Flügel der Propylaeen. Paus. 1,28,4. Aristoph. Lys. 913 m. Sch. Plut. Anton. 34,1. Hesych. Suda. Phot. lex. s. v. E. M.

1. *Judeich* Topogr. von Athen² 191 ff. 2. *A. W. Parsons*, Hesp. 12, 1943, 191 ff.

**3.** s. Wasseruhr

**Kleros** (*κλῆρος*, dor. *κλᾶρος*). **1.** »Landlos«, der bei der Aufteilung der *πολιτικὴ χώρα* (Pol. 6,45,3) durch Losung erlangte Grundbesitz, im Gegensatz zu später erworbenem Boden *παλαιὸς* oder *πρῶτος κ.* genannt und gegen Veräußerung gesetzlich geschützt (Aristot. pol. 6,1266 b, 17 ff. 1319 a, 10 ff., vgl. die Bestimmungen über die → *ἐπίκληρος*). In Sparta ist der Besitz eines K. Voraussetzung für die Teilnahme an den Syssitien der → Homoioi. Hier gehören auch unterworfene Vorbewohner, die → Heloten (in Kreta die Klarotai [Ephoros bei Athen. 6,263 f.]), zum K. Die Zahl der mit einem K. ausgestatteten Spartiaten scheint urspr. 9000 betragen zu haben (Plut. Lyk. 8). Das bei der Landnahme der griech. Stämme befolgte Verfahren der Zuteilung von Kleroi wird auch bei Gründung von Kolonien (Melaina auf Korkyra: Syll.⁴ 141) und hellenist. Städten (Antiocheia: Iul. misop. 362 C) angewendet. Die att. → Kleruchoi (1) weist schon diese Benennung als Besitzer solcher Kleroi aus. **2.** »Landgut«, das der makedon. König gleichsam als Lehen an hochstehende Persönlichkeiten vergibt (Syll.⁴ 332; M. Rostovčev Stud. zur Gesch. des röm. Kolonats, 1910, 251 f.). Auch die Seleukiden kennen die Schenkung eines im Obereigentum des Königs verbleibenden K. (Buckler/Robinson, Sardis VII 1 [1932] 1. E. Bikerman Institutions des Séleucides, 1938, 84. 181 f.). In Äg. bildet ein K. dieser Art die reguläre Entlohnung für Soldaten, die daher als → Kleruchoi (2) bezeichnet werden (Rostovčev Soc. a. Ec. Hell. W. 1,221–224). H. B.

**Kleruchoi** (*Κληροῦχοι*). **1.** In amtlicher Sprache heißen so diejenigen Athener, die in Besitzungen außerhalb Attikas geschickt werden und dort einen → Kleros erhalten (Harpokr. s. v.). Im Unterschied zu den eine → Apoikia bildenden Kolonisten geben die K. das athen. Bürgerrecht nicht auf, bezeichnen sich vielmehr weiter als »Athener (in...)« und bleiben Mitglieder der att. → Demoi und → Phylai. Die K. bilden in der älteren Periode (6./5. Jh.) entweder Garnisonen (Verpachtung ihrer Kleroi auf Lesbos, Thuk. 3,50,2!) oder erfreuen sich, in Annäherung an die Stellung einer Apoikia, faktischer Selbständigkeit (vgl. die »Lemnier« in IG I² 947.948). Der staatsrechtlich korrekten Unterscheidung von Apoikien und Kleruchien (IG I² 140,9) entspricht daher nur bedingt die polit. Wirklichkeit ([2],232; [4],450). Diese zeigt, nicht zuletzt wegen des sozialpolit. Zwecks der athen. Kolonisation (Hypoth. zu Demosth. 8), eine weitgehende Nivellierung der Kolonietypen. Infolge der Verwirrung der Termini bei den ant. Historikern ([3]) ist es vielfach schwer, die in der Forschung als Kleruchien angesprochenen Kolonien tatsächlich als solche zu erweisen. Das gilt bes. von den Gründungen des 6. Jh. (Salamis, Chersonesos, Lemnos, Imbros, Chalkis). Im 5. Jh. sieht die Ägäis ein verstärktes Auftreten att. K. Nach → Kimon (Skyros) forciert vor allem → Perikles die Anlage von Kleruchien zur Sicherung des athen. Machtbereichs (Chersonesos, Andros, Naxos, Histiaia, Samos). Bei Beginn des pelop. Krieges mag die Zahl der K. etwa 10000 betragen haben (H. SWOBODA HWB Staatswiss. Suppl. 2, 1897, 539). Während des Krieges erfolgen Landzuteilungen an K. in Aigina, Potidaia, Lesbos, Melos. Im Frieden von 404 verliert Athen alle Außenbesitzungen außer Salamis (Xen. mem. 2, 8,1), doch beginnt es 387 wieder mit der Aussendung von K. (Xen. hell. 5,1,31: Lemnos, Imbros, Skyros) und erneuert im Laufe des 4. Jh. viele der früheren Kleruchien. Die nunmehr systematisierten Beziehungen zwischen Athen und den »Außengemeinden« ([5],112) weisen 2 Charakteristika auf: 1. die den letzteren als Poleis (IG II² 672,8.44) zugestandene Selbstverwaltung (vor allem im Finanzwesen: Ps. Aristot. oec. 2,1347a, 18ff.), 2. das Aufsichtsrecht Athens, ausgeübt durch die Volksversammlung sowie durch → Epimeletai und → Episkopoi. Noch im 2. Jh. v. Chr. kann Athen K. in eine Neuerwerbung schicken: Delos (Pol. 30,20,7). Die Verhältnisse dieser Kleruchie sind bes. gut bekannt (F. DURRBACH Choix d'inscr. de Délos, 1921, 77.78. HEAD HN² 387.389.485). H. B.

1. *F. Hampl*, Klio 32, 1939, 29–39. 2. *V. Ehrenberg* Polis und Imperium (1965) 221–244 [urspr. 1939]. 3. *Ders.* ebd. 245–253 [1952]. 4. *E. Will*, NClio 6, 1954, 413–460. 5. *F. Gschnitzer* Abhängige Orte (1958) 98–112 u.ö.

**2.** K. In ptolemäischer Zeit sind die aktiven Soldaten als *κληροῦχοι* bzw. *κάτοικοι* mit einem Lehen (*κληρουχικὴ γῆ*) begabt worden. Ausübung des Wehrdienstes und Besitz des Lehns gehen zusammen. Dies ist eine in Äg. bereits seit der Mitte des 2. Jt. nachweisbare Sitte. Den Soldaten wurden damals in der Größe festliegende Landstücke aus kgl. Besitz oder aus dem Tempel zugewiesen, die sie für sich mit einer kleinen Naturalabgabe an den wirklichen Landeigentümer bebauten; dafür mußten sie selbst und ihre Kinder den Beruf des Soldaten ausüben. Wollten oder konnten sie das nicht mehr, so fiel das Lehn zurück, und der König vergab es neu (sog. *ḫ3t3-Land*). Bei frühem Tod des Besitzers bebaute die Mutter für die Kinder das Land. Schon unter Ramses II. konnte aber aus kgl. Gnade ein solches K.-Land auch ohne Kriegsdienst des Besitzers in dessen weiterem Besitz bleiben; eine ähnliche Entwicklung hat es dann auch in ptol. Zeit wieder gegeben. W. H.



**Klesonymos** (*Κλησώνυμος*). So hieß nach den Sch., der Sohn des Opuntiers → Amphidamas (2), den der junge Patroklos beim Astragalosspiel wider Willen erschlug, Hom. Il. 23,85ff. Apollod. 3,176: Kleitonymos. H. v. G.

**Kleter** (*κλητήρ*). **1.** Staatlicher Ladungsbote, z.B. die Beauftragten Athens, die im 1. att. Seebund in Tributstreitigkeiten die Vertreter der Bundesstädte vorluden (IG I 37. S. auch [1],807). **2.** Privater Ladungszeuge. a) Athen: Bei der → *πρόσκλησις* wirken ein bis zwei vertrauenswürdige Bürger ([3]) als *κ.*, auch *κλήτορες* genannt, mit (bei Plat. leg. 846c ist ihre Zahl nach Art des Falles abgestuft). Wenn die *κ.* nicht zum Termin der Einreichung der Klageschrift beim Gerichtsvorstand mitgebracht wurden, mußten ihre Namen der Klageschrift beigesetzt werden ([1],805). Ihre Aufgabe war es, den Ladenden zu schützen ([2]), eine etwaige Weigerung des Beklagten, zum Termin der Klageerhebung zu erscheinen, festzustellen und den Vorgang der Ladung zu bezeugen, damit gegen den Beklagten ein Versäumnisurteil ergehen konnte ([1],805). Gegen den eine Ladung falsch bezeugenden *κ.* gab es die → *ψευδοκλητείας γραφή*. b) Äg.: Auch hier begegnen *κ.* im Verfahren vor den griech. → *δικαστήρια* Alexandreias und der *χώρα*([3]). E. B.

1. *J. H. Lipsius* Das att. Recht und Rechtsverf., 1905–1915. 2. *E. Weiß*, RE XI 83. 3. *E. Berneker* Zur Gesch. der Prozeßeinleitung im ptolem. Recht, 1930, 97ff.

**Kleuas** (*Κλεύας*) verteidigte als Offizier des → Perseus von Maked. 169 die Festung → Phanote in Epeiros gegen Ap. Claudius Centho, verfolgte und schlug ihn. Mit dem epeirot. Strategen → Philostratos zog K. ins Gebiet von Antigoneia. Liv. 43,21,5.23,1ff. P. MELONI Perseo, 1953, 280.283. H. V.

**Klima.** *Κλίμα* bezeichnet die »Neigung« des Himmels bzw. seines Poles zum Ort einer astr. Beobachtung, wie sie zum erstenmal von → Eudoxos am Kanobusstern (Strab. 2,5,14 und Frg. XLIX Maass) und zur Bestimmung einer geogr. Breite durch das Verhältnis der Dauer von Tag und Nacht an der Sommersonnenwende festgestellt wurde (Frg. VI M). Ihm gehört offenbar auch die Anpassung des astr. Kalenders auf irgendwelchen Ort der Erde durch Messung des Schattens eines Gnomon (P. Hib. I 27,19ff., um 310 v. Chr.). Deshalb wird er von Strab. 9,1,2 als ein »in Klimata erfahrener« Geograph gerühmt (zuletzt angezweifelt von D. R. DICKS, CQ 1955, 248–255). Nach ihm findet die Theorie der Klimata in drei Gebieten Anwendung: 1. in der Kartographie (→ Karten) für die Bestimmung der Breiten (→ Pytheas Frg. 6a4 Mette, → Eratosthenes, → Hipparchos – nur theoretisch – und seine Fortsetzer bis Kl. Ptolemaios); 2. in den astr. Kalendern (P. Hib. I 27, Ars Eudoxi, Kl. Ptolemaios) und Reiseuhren (*πρὸς πᾶν κλίμα* des → Theodosios von Bithynien bei Vitr. 9,8,1); 3. in der → Astrologie. Denn nachdem → Poseidonios eine Wirkung der Gestirne auf die besonderen Lebensbedingungen seiner 5 oder 7 geogr. klimat. Zonen zu erkennen glaubte, wurden die »7« Planeten (→ Bardesan. ap. Eus. pr. ev. 6,10,36) oder die 12 Tierkreiszeichen (→ Teukros bei F. BOLL Sphaera, 1903, 296) je einem K. zugewiesen und dadurch scheinwissenschaftliche Prognosen für ebenso viele Länder gewonnen. F. L.

*A. Bouché-Leclercq* L'astrologie grecque, 1899. *E. Honigmann* Die sieben Klimata und die *πόλεις ἐπίσημοι*, 1929. *A. Diller*, Klio 1934, 258–269. *Ders.*, Isis 1941, 4–7.

**Klimax** (*Κλῖμαξ*). **1.** Paß über das Artemisiongebirge zwischen Argos und Mantineia, h. Portaes, Paus. 8,6,4. E. M.

1. *Geiger*, RE XI 845 Nr. 1. 2. *E. Meyer*, RE XXII 2314f. (Prinos).

**2.** Berg n. von → Phaselis mit Felssteig nach Pisidien, Strab. 14,644. Plut. Alex. 17,8. K. Z.

**Kline.** Das Bett (die Couch) dient zum Schlafen und, seit dem 7./6. Jh. (in Rom später) zum Speisen. Die K. ist das wichtigste Objekt kostbarer Inneneinrichtung; sie gehört ins Privathaus sowie in alle Räume, in denen gegessen (→ Prytaneion. Kultische Bankette) oder geruht wird (Krankenhäuser), ferner dient sie als Totenbett (Sarkophage können die Form der K. annehmen). Poll. 10,32ff. (vgl. 7,159) gibt an Bezeichnungen: *κλίνη, κλινίδιον, κλινάριον, κλινίς, κλιντήριον, σκίμπους, ἀσκάντης, σκιμπόδιον, κράββατος, χαμεύνη* (*-να, -νιον*), dazu kommen *λέχος, δέμνια λέκτρον, κλιντήρ* → Konopion. Die Römer kennen *lectus (-tulus, -ticula), grabatus (-tulus), scimpodium,* scheiden aber schärfer nach der Verwendung *lectus cubicularis* (zum Schlafen), *l. triclinaris* (zum Essen), *l. lucubratorius* (zum Arbeiten). Zu den Namen der Einzelteile (Füße, Rahmen, Gurte) vgl. [1]. [9]. Die Arten der K. werden nach Herkunftsorten (der Modelle?) geschieden, z. B. chiische, miles., del., *Punicani*, oder nach dem Fabrikanten (*Archiaci, Soterici.* Vgl. [1],61). Als Material kommt Holz vor, öfter furniert oder mit Elfenbein ([8]) usw. eingelegt, ferner fast alle Metalle. Aus diesen sind oft nur Füße und Rahmen oder Schmuckteile erstellt. Nach der Form werden K. mit eckigen, gedrechselten Füßen, Füßen in Tierform unterschieden, K. mit erhöhtem Auflager (*ἀνάκλιντρον*) an einer oder beiden Schmalseiten (*ἀμφικέφαλος*). Die K. bestehen in der Regel aus einem rechteckigen, auf Füßen ruhenden Rahmen mit Gurten und Auflager; man liegt auf Matratzen, Decken und Kissen (zur Musterung vgl. z. B. [9] Abb. 282. 285. 293. 297. 305. 311. 313. 316), dagegen fehlen Laken. Während erhaltene Exemplare und Darstellungen von den Typen der K. ein gutes Bild vermitteln, ist unsere Kenntnis der Stilentwicklung des Möbels dürftig. W. H. G.

1. *C. L. Ransom* Studies in ancient Furniture, 1905. 2. *G. Rodenwaldt*, RE XI 846ff. 3. *G. M. A. Richter* Greek Furniture, 1926. 4. *Th. Klauser* Die Cathedra im Totenkult, 1927. 5. *W. K. Pritchett*, Hesp. 25, 1956, 226ff. 6. *Ch. Piccot-Boube* Bull. d'Archéol. Marocaine 4, 1960, 189ff. 7. *S. De Marinis*, Enc. Arte Ant. IV 1961, 601ff. 8. *D. K. Hill*, Hesp. 32, 1963, 293ff. 9. *G. M. A. Richter* The Furniture of the Greeks Etruscans and Romans, 1966.

**Klio** s. Kleio

**Klisia** (*κλισία*). Bei Homer ist K. eine Hütte, sowohl die Lagerhütte vor Troia wie die des Eumaios, nur zweimal ein »Lehnstuhl« (Hom. Od. 4, 123. 19,55). Genauer wird nur die K. des Achilleus in Hom. Il. 24 beschrieben; sie ist wie ein Königshaus mit Hof, Vorhalle und Saal ausgestattet, heißt auch *δόμος, οἶκος, μέλαθρον* (Hom. Il. 24,673. 471.9, 640); das dürfte poet. Steigerung sein, während das Material (Holz. Schilfdach) wohl dem Typus entspricht. – Mit K. hängt *κλισίον* zusammen (Hom. nur Od. 24,208); die Bedeutung war schon in der Ant. umstritten, wohl eine Art Schuppen. Später begegnet *κλισίον* auch in der Bedeutung K. W. KROLL, RE XI 862f. W. H. G.

**Klonas** (*Κλονᾶς*) aus Tegea nach arkad., aus Theben nach boiot. Überlieferung, wenig jünger als → Terpandros und älter als → Archilochos, also Anf. 7. Jh., schuf als erster 7 aulod. Nomoi, d. h. sakrale Gesänge mit Flötenbegleitung, deren Namen nur z. T. erklärlich sind: Ps.-Plut. de mus. 3. 4. 5. 8 aus → Herakleides (15). K. Z.

*W. Abert*, RE XI 875f.

**Klonios** (*Κλονίος*). **1.** Einer der 5 Führer der Boioter vor Troia, Il. 2,495, beim Schiffskampf von Agenor getötet 15,340. Im Verzeichnis der Freier Helenes Hyg. fab. 81 ist statt K. *Clytius* zu lesen: W. KULLMANN Die Quellen der Ilias, H(E 14), 1960, 70. 122 u. a. **2.** Zwei Gefährten des Aeneas, der eine von Turnus, der andere von Messapus erlegt. Verg. Aen. 9,574. 10,749. H. v. G.

**Klopes graphe** (*κλοπῆς γραφή*) und **dike** (*δίκη*). Der Tatbestand des Diebstahls umfaßte im griech. Recht auch den der Hehlerei ([3],192, 32) und der Unterschlagung ([1],399ff.), nicht aber den des Raubes (→ *ἁρπαγή*. [3],224ff.). Das Gesetz unterschied seit Solon den schweren und den leichten Diebstahl. Als schwer wurde der Großdiebstahl (über 50 Drachmen), der öffentliche Diebstahl (in Gymnasien und Häfen) über 10 Drachmen und jeder nächtliche Diebstahl angesehen (Demosth. 24,113). Auf schweren Diebstahl stand grundsätzlich die Todesstrafe, auf leichten die

Strafe des Doppelten. Wenn die Sache nicht zurückgegeben worden war, mußte zusätzlich noch (Natural-)Ersatz des gestohlenen Gutes geleistet werden. Beschämende Zusatzstrafen durch Legen in den Block und Auspeitschen (bei Sklaven) konnten durch das zuständige Geschworenengericht verhängt werden. Die Unterschlagung öffentlicher Gelder war in Athen mit der Strafe des 10fachen belegt. – Der schwere Diebstahl wurde bei handhafter Tat, wenn der Bestohlene ohne obrigkeitliche Hilfe den Dieb nicht überwältigen konnte, mit → *ἀπαγωγή* oder *ἐφήγησις* oder mit der → *γραφή* an die → Thesmothetai verfolgt, Unterschlagung mit Schriftklage oder Anzeige an den Rat, die übrigen Fälle des Diebstahls mit der → *δίκη*. Über das Verfahren → *ἔφεσις*. Bei nächtlichem Diebstahl hatte der Betroffene außerdem das Recht der Abwehr bis zur Tötung, selbst auf der Verfolgung. Über den Diebstahl im Strafrecht der Papyri s. [4]. E. B.

1. *J.H. Lipsius* Das att. Recht und Rechtsverf., 1905–1915, 399ff. 438ff. 2. *Bonner-Smith* The administration of justice from Homer to Aristotle 2, 1938, 109ff. 3. *H. Niederländer*, ZRG 67, 1950, 185ff. 4. *R. Taubenschlag* The Law of Greco-Roman Egypt, 1955, 452ff. 5. *H. Hagen* Die Sachentwendung im att. Recht, 1965.

**Klotho** s. Moirai

**Klymene** (*Κλυμένη*). Häufiger Name von Nymphen und Heroinen. **1.** Okeanide, Gemahlin des Iapetos, Mutter von Atlas, Menoitios, Prometheus, Epimetheus. Hes. theog. 351. 508. Gattin des Prometheus und Mutter des Hellen oder Deukalion, Sch. Pind. O. 9,55. Gattin des Merops, aber von Helios Mutter Phaethons: Eur. »Phaethon«. Ov. met. 1,756ff. 4,204. Hyg. fab. 152a. 250. **2.** Nereide Hom. Il. 18,47. Sie ist es wohl, die zusammen mit → Diktys in Athen einen Altar als »Retter des Perseus« hatte, Paus. 2,18,2. **3.** Nymphe, Gattin des → Parthenopaios. **4.** Tochter des Minyas und der Euryale, von Kephalos oder Phylakos Mutter des Iphiklos. Hom. Od. 11,326 mit Sch. Paus. 10, 29,6. Auch als Mutter der Alkimede, der Mutter Iasons, genannt. Ferner von → Iasos Mutter der Atalante, Apollod. 3,105. **5.** Tochter des Katreus, Gattin des Nauplios, Mutter von Oiax und Palamedes, Apollod. 2,23. 3,12. epit. 6,8. **6.** Mit → Aithra Begleiterin Helenes in Troia, aus Sparta mitgebracht. Il. 3,144. In der *Ἰλίου πέρσις* des → Stesichoros als gefangene Troerin, Paus. 10,26,1. H. v. G.

**Klymenos** (*Κλύμενος*). **1.** Kultepiklese des Hades-Platon in Hermione Paus. 2,35,9f. Seinem Heiligtum gegenüber lag der Demetertempel, den K., Sohn des Phoroneus, und seine Schwester Chthonia gestiftet haben sollten, o. Bd. I 1172,31. Die Geschwister sind Hypostasen des Hades und der Demeter. Athen. 14,624e wird Persephone als Gattin des K. bezeichnet. Ov. fast. 6.757. Prell.-Rob. 1,751,1. **2.** Sohn des Helios und der Merope, Vater Phaethons, Hyg. 154, → Klymene (1). **3.** Kreter aus Kydonia, soll im 50. J. nach der deukalion. Flut. in Olympia Spiele eingerichtet haben. Auf ihn wird der Aschenaltar der Hera Olympia zurückgeführt. Paus. 5,8,1. 14,8. 5,21,6. Nachkomme des idaiischen Herakles. Prell.-Rob. 1, 658,6. 804. **4.** Sohn des Presbon (oder Orchomenos), Gatte der → Budeia, Vater des → Erginos, König von Orchomenos, von Thebanern erschlagen. Erginos rächte ihn und zwang Theben zur Tributzahlung, bis Herakles ihn niederwarf. Paus. 9,37,1–4. Apollod. 2,67. Die Sage spiegelt alte Kämpfe zwischen Orchomenos u. Theben wider. K. und Erginos als Argonauten Pind. O. 4,19. **5.** Aitoler, Sohn des → Oineus und der → Althaia. Apollod. 1,64. Anton. Lib. 2. **6.** Arkader, Sohn des Teleos (Schoineus Hyg. fab. 206), heiratet Epikaste in Argos, schändet seine Tochter → Harpalyke (2). H. v. G.

**Klyster** (*κλυστήρ*). Spritze, vor allem zur rectalen oder vaginalen Einbringung von medikamentösen Flüssigkeiten in den Körper. Die Ägypter sollen (angeregt durch den Ibisschnabel!) den K. erfunden haben; er bestand aus einem Schlauch mit angesetzter Röhre (s. Ps. Galen 14,675 K.). Indikation für den rectalen K. waren Leibschmerzen sowie alle Krankheiten, bei denen man abführen wollte. Das vaginale Klystier sollte Gebärmutterleiden lindern. Daneben gab es Ohrenspritzen und Spritzen für die Harnwege. Archäolog. Funde sind vorhanden; das literar. Material über den K. ist reichlich (z. B. eine in mehreren Fassungen erhaltene, z. T. unedierte Spezialschrift). F. K.

**Klytaimestra** (*Κλυταιμήστρα*, spät *Clytaemnestra*). Tochter des Tyndareos und der Leda (Hom. Od. 24,199. Aischyl. Ag. 878), Schwester Helenes und der Dioskuren, Gattin → Agamemnons, Mutter von 3 bzw. 4 Töchtern (Il. 9,145 Chrysothemis, Laodike, Iphianassa; später fehlt Laodike, und es treten hinzu Iphigeneia und Elektra; über Zahl und Namen Heubeck, G 71, 1964, 63. Kullmann, G 72, 1965, 200) und einem Sohn, Orestes. In der Telemachie der Od. wird K. nach langem Widerstand und nach Entfernung des zu ihrem Schutz bestellten Sängers von → Aigisthos verführt, aber an dem Mord hat sie keinen direkten Anteil (Od. 3,262ff. 194f. 4,521ff.). Dagegen in der Nekyia ist sie es, die den Mord an Agamemnon »erdacht« und den an Kassandra ausgeführt hat (11,409ff.). Gegen Wilamowitz' scharfe Trennung dieser beiden Darstellungen (Hom. Unt.) erklärt Bethe (RE XI 891) die Abweichungen durch ihren verschiedenen poet. Zweck: in der Nekyia spricht Agamemnons Schatten; verständlich, daß er die Ungetreue in schwärzeren Farben malt. Quelle der Od. waren wohl die Nostoi des ep. Kyklos. Für Aischyl. Orestie nahm Robert Bild und Lied 149 die des → Stesichoros als Quelle an, während Wilam. für beide als Vorbild ein delph. Epos um 700 ansetzte. Aber die Ausgestaltung von K.s dämon. Charakter ist doch wohl

Aischyl.' eigenes, unübertroffenes Werk. In Soph. El. erscheint sie weniger männlich, sie peinigt Elektra, möchte Orestes töten und freut sich über die Nachricht von seinem Tode. Eur. gibt der alternden K. weichere Züge und begründet ihre Untat außer mit der Opferung Iphigeneias (wie Aischyl.) auch noch mit der Ermordung ihres ersten Gemahls Tantalos, Sohnes des Thyestes, durch Agamemnon (Eur. Iph. A. 1148 ff.). Über ihren Tod → Orestes und → Elektra. Reliefs und Vasen mit Darstellungen der Ermordung Kassandras und Agamemnons durch K. sind z. T. älter als Aischyl. Or. (458). H. v. G.

**Klytia** (*Κλυτία, Κλυτίη*). **1.** Okeanide, Hes. theog. 352. **2.** Geliebte des Helios-Apollon, die er zugunsten der → Leukothea verschmäht. K. verrät Leukotheas Fehltritt deren Vater und bewirkt so ihren Tod. Sie selbst grämt sich zu Tode und wird in ein veilchenartiges Heliotrop verwandelt. Ov. met. 4,206 ff. MANNHARDT deutet sie als Blumengöttin des Frühlings. **3.** Tochter des → Pandareos aus Kreta, von Polygnotos in der knid. Lesche in Delphoi dargestellt, Paus. 10,30,1 f. H. v. G.

**Klyti(a)dai** (*Κλυτίδαι, Κλυτιάδαι*). El. Wahrsagergeschlecht, das sich mit den Iamiden (→ Iamos) in das Prophetenamt in Pisa-Olympia teilte. Ahnherr → Klytios (2). Den K. gehörten an Teisamenos, Hdt. 9,33, Eperastos, Sieger im Waffenlauf, Kallitos, Sohn des Antias, Sylloge² 612,12. H. v. G.

**Klytios** (*Κλυτίος, Κλύτιος*). **1.** Gigant, von Hekate oder Hephaistos getötet, Apollod. 1,37. Dargestellt am Pergamon-Altar. **2.** Sohn des Alkmaion (und der Arsinoe (3) Apollod. 3,87), Enkel des Amphiaraos. Paus. 6,17,6. Cic. div. 1,91. Auf ihn führt sich das Wahrsagergeschlecht der → Klyti(a)den in Elis zurück. **3.** Sohn des Eurytos von Oichalia, Argonaut, Apoll. Rhod. 1,86. 1044. 2,117. 1043. Teilnehmer am Gastmahl, das Eurytos dem Herakles gibt, auf Vasenbildern, → Iole. **4.** Sohn des Laomedon, Bruder des Priamos, Vater des Kaletor (2), einer der tro. *δημογέροντες*, Il. 3, 147. Apollod. 3,146. Apul. de deo Socr. 18. Anth. Pal. 2,254. H. v. G.

**Klytos** von Milet, Schüler des Aristot., erster datierbarer Vf. eines Werkes *π. Μιλήτου*, mindestens 2 B., nur von Athen. 12, 540 c. 14, 655 c. zit. Aristot. mag daraus Material für die *Μιλησίων πολιτεία* entnommen haben. W. Sp.

FGrH 490. *F. Jacoby*, RE XI 897.

**Knabenliebe** s. Päderastie

**Knakion** (*Κνακιών*). Nur in der sog. »Großen Rhetra« (Plut. Lyk. 6,1 f., danach Pelop. 17,6. Herodian. 1,20,10. 2,724,5. 923,25) genannter Ortsname bei Sparta, später mit dem Fluß Oinus, h. Kelephina, gleichgesetzt, Plut. a. O. Lykophr. 550 und Tzetz. z. St., nicht identifizierbar. E. M.

1. *Geiger*, RE XI 907 f. 2. *Bölte*, RE III A 1372,5 ff. XVII 2280 f. (Oinus). 3. *K. M. T. Chrimes* Ancient Sparta 485 f. 4. *G. L. Huxley* Ancient Sparta 121 A. 287.



**Knemis** (*Κνημίς*). Das Gebirge über dem w. Teil des ö. Lokris, der danach als »epiknemidisch« oder »hypoknemidisch« bezeichnet wird, h. mit verschiedenen Namen, amtlich Knimis, bis 936 m hoch. Strab. 9,2,42 p. 416. 3,17. 4,1 p. 425. 4,4 p. 426. 4,10 p. 427. Paus. 10,8,2. 20,2. Plin. nat. 4,27. Eustath. Dion. Per. 426. Etym. m. 360,32 f. E. M.

1. *Oldfather*, RE XI 909. 2. *Philipps.-Kirst.* 1,339 ff.

**Knemos** (*Κνῆμος*). Spartan. Nauarch im J. 430/29, kämpfte trotz zahlenmäßiger Überlegenheit erfolglos bei Zakynthos, in Akarnanien und bei Kyllene. Auch sein Überfall auf den Peiraieus mißglückte (Thuk. 2,66. 80–94. Diod. 12,47. 49). Die Zeitangaben des Thuk. können kaum stimmen, da er dann länger als 1 J. Nauarch gewesen sein müßte. K. W.

**Kneph**. Äg. *Km-3t.f*, »der seine Zeit vollendet hat«, Bezeichnung des Amun von Theben als urzeitliche Schlange, deren Grab im kleinen Tempel von Medinet Habu auf dem W.-Ufer von Theben lag; zu diesem fuhr alle 10 Tage der (jüngere) Amun von Luxor zu Totenopfern herüber. Er galt als »uranfänglicher« Gott (vgl. Plut. de Is. 21), Weltschöpfer (Porph. bei Eus. praep. ev. 3,11,45) und Leiter der Götter (Iambl. de myst. 8,3). W. H.

*Sethe* Amun § 38/40.

**Knidos** (*Κνίδος*). Dor. Stadt am Ende der kar. Chersonesos, der SW.-Spitze Kleinasiens, mit 2 guten Häfen (Molen z. T. erhalten) in strateg. wichtiger Lage. Gründung (von Apoll. Rhod. behandelt) nach Hdt. 1,174 durch Lakedaimonier, nach Paus. 10,11,1 durch → Triopas. Erste Erwähnung Hom. hymn. 1,43. Um 580 beteiligt an der Gründung von → Lipara, um 545 von → Harpagos unterworfen, ab 479 Mitglied des att. Seebundes mit 3 bzw. 5 Talenten Beitrag, 412 Abfall von Athen, 394 Abfall von Sparta und pers. Seesieg unter → Konon. Im 4./3. Jh. Verbindung mit → Maussolos und Rhodos. Heimat des → Eudoxos (1). Aphrodite-Heiligtum mit berühmter Statue von → Praxiteles. Reste von Stadtmauern, Tempeln, Theatern u. a. Inschr. SGDI III 1,221 ff. Mz.n HEAD HN² 614 ff. K. Z.

*Bürchner* RE XI, 914 ff. *Newton* A History of Discoveries at Halicarnassus, Cnidus and Branchidae, 3 Bde. 1862 bis 1863. *G. E. Bean - J. M. Cook* The Cnidia, ABSA 47, 1952, 171–212. *H. A. Cahn* Die Mz.n von K.

**Knosos** (*Κνωσός*; - *σσ* - nur in Hs. spät; lat. meistens *Gnosos, Gnosus*). Stadt im mittleren Teil der N.-Küste Kretas 4 km s. von Iraklion am W.-Ufer des Kairatos, nach dem die Stadt auch gelegentlich genannt worden sein soll. Bedeutende Siedlung schon neolith. Der große, berühmte Palast, der größte Kretas (→ minoische Kultur) liegt auf einem flachen Hügel und bedeckt 2 ha Fläche, umgeben von weiteren Palästen und Villen und sehr großer offener Siedlung von etwa 1 qkm Ausdehnung. Der ältere Palast wohl bald nach 2000 v. Chr. entstanden, mehrfach zerstört (Erdbeben) und umgebaut; nach der Zerstörung um

1700 Neubau um 1600 v.Chr. gegen E. der mittelminoischen Z. Dieser neue Palast überstand die verheerenden Beben um 1500 v.Chr. und wurde um 1400 zerstört. Ob danach noch eine teilweise Nachbewohnung einzelner Räume bis gegen 1200 anzunehmen ist, ist h. sehr umstritten. Das minoische K. besaß einen Hafen an der Küste gleich ö. der Altstadt von Iraklion und einen zweiten weiter ö. in → Amnisos. Der Hafen der hist. Zeit war → Herakleion.

Die Stadt der griech.-röm. Z. lag unmittelbar n. des Palastes, doch ist außer den vielen Gräbern so gut wie nichts erhalten und das wenige meistens röm. Ausgrabung eines Tempels klass. Z. s. des Palastes, Fasti arch. 12, 1957, 125 Nr. 2019. 13,108 Nr. 1702. 15,111f. Nr. 1726. K. ist bei Homer oft genannt, Il. 2,646. 18,591. Od. 19,178f.; h. 2,218. 297. Nach Skymn. 580ff. sollen die Inseln Peparethos und Ikos von K. besiedelt sein, nach Strab. 6,3,6 p. 282 auch Brundisium (Brindisi). Mitte des 5. Jh. Vertrag mit Tylissos durch Vermittlung von Argos, [10] Nr. 4; S. 307 Nr. 1, dazu W. Vollgraff Le décret d'Argos relatif à un pacte entre Knossos et Tylissos, Verh. der K. Akad. van Wetensch. Afd. Letterkunde N.R. 51,2, 1948. 346 v.Chr. vorübergehende Eroberung von Lyttos mit Hilfe der phok. Söldner, Diod. 16,62,3ff. In hellenist. Z. ist K. die mächtigste Stadt Kretas und mit seinen Verbündeten zusammen in mehrere Kriege gegen Nachbarn verwickelt. Inschr. sind eine Anzahl von Verträgen mit kret. Städten und anderen Staaten bekannt. Durch Augustus Ansiedlung von Veteranen, Cass. Dio 49,14,5. Strab. 10,4,9 p. 477; *Colonia* oder *C(olonia) I(ulia) N(obilis?) Cnos(us)* auf den Mz. und den latein. Inschr. [10],49–51. Inscr. Cret. IV Nr. 295, dazu CIL X 3938. K. bestand bis ans E. des Alt. und ist später Bistum, R. Janin, DHGE 13,179f. Verfassung, Kalender, Kulte [10],53ff. Inschr.: CIL III 12041. 12042. 14377. [10] Nr. 1–59. Κρητικὰ χρονικά 2, 1948, 93ff. JHS 69, 1949, 36f. Nr. 9.10. Mz. Head $HN^2$ 460ff. [10],55. M. Grant From imperium to auctoritas 35f. 55ff. 261ff. E. M.

1. *Sir Arthur Evans* The palace of Minos at Knossos, 4 (in 7) Bde. 1921–1936, Neudruck 1964. 2. *J.D.S. Pendlebury* A handbook to the palace of Minos at Knossos $^2$1954. 3. *N. Platon* Ὁδηγὸς Κνωσοῦ 1950. 4. *M.S.F. Hood* Archaeological survey of the Knossos area, 1958. 5. *J.K. Brock Fortezza.* Early Greek tombs near Knossos, 1957. 6. *B. Homann-Wedeking* A kiln site at Knossos, ABSA 45, 1950, 165ff. 7. *M.S.F. Hood–J. Boardman* A hellenic fortification tower on the Kefala ridge at Knossos, ABSA 52, 1957, 224ff. 8. *Dies.* Early iron age tombs at Knossos, ABSA 56, 1961, 68ff. 9. *W.H.C. Frend* The byzantine basilica church at Knossos, ABSA 57, 1962, 186ff. 10. *M. Guarducci* Inscr. Cret. I 45ff. (mit vollen Quellenbelegen und Lit.). 11. *H. van Effenterre* La Crète et le monde Grec de Platon à Polybe, oft s. Ind.

**Knurrhahn.** Von den 15 mit Wahrscheinlichkeit identifizierten Fischarten aus der Familie der Cottidae seien genannt: 1. Panzerfisch (Peristedium cataphractum C.), τέττιξ ἐνάλιος (Ail. hist. an. 13,26), der knurrt, wenn er gefangen wird. 2. Flughahn (Dactylopterus volitans L.), ἱέραξ, *accipiter*, der knapp über dem Wasser gleitet (Ail. hist. an. 9,52. Opp. hal. 1,428ff.). 3. Grauer K. (Trigla gurnardus L.), κάνθαρος θαλάττιος, farbenprächtig (Opp. hal. 3,340ff.). 4. Trigla hirundo L., κόκκυξ, ruft wie ein Kuckuck (Aristot. hist. an. 4,9 p. 535 b 20). 5. Kleiner Drachenkopf (Scorpaena porcus L.), σκόρπαινα (Athen. 7,320 F; Orib. coll. med. 2,58,37; vgl. Plin. nat. 9,162). 6. Meersau (Scorpaena scrofa L.), σκορπίος, rotbraun (Ov. hal. 116), oft gleichgesetzt mit 7. Seeskorpion (Cottus scorpius L.), σκορπίος, der an Felsen lebt (Opp. hal. 2,459); eine Brühe bei Apic. 10,3,10; vgl. Petron. 35,4 (Backwerk?). W. Kre.

1. *H. Gossen*, RE Suppl. VIII 250f. 2. *H. Gossen* Zoolog. bei Athenaios, in: Quellen und Stud. zur Gesch. der Naturwissenschaften und der Medizin 7, 1939, 256. 3. *A. Thompson* A Glossary of Greek Fishes, Lond. 1947.

**Kochbücher. Kochkunst** (*ὀψαρτυτική, ὀψοποιϊκή, μαγειρική [τέχνη]. coquorum ars [artificium], culinarum artes, popinae scientia*). 1. Seit im späteren 5. Jh. v.Chr. die Freude an den Gaumengenüssen zunahm, gibt es in Griechenland eine bis in die Kaiserzeit reichende Serie von K(och)b(üchern), die meist von (reisenden) Köchen verfaßt sind. Wohl noch E. 5. Jh. schrieb Mithaikos aus Syrakus (Athen. 12,516c. 7,282a. 325f. Poll. 6,70. Plat. Gorg. 518b), der »Pheidias der Kb.-Verfasser« (Max. Tyr. Philos. p. 207f. Hobein), im 4. Jh. → Herakleides (16), wohl in hellenist. Z. Glaukos von Lokroi (Athen. 7,324a. 9, 369b), Hegesippos von Tarent (Athen. 12,516c/d. 14,643f.), → Epainetos, alle allg. über K(ochkunst). Auch Speziallit. zu einzelnen Bereichen der K. gab es reichlich, vor allem über Fischgerichte und Backwerk (vgl. z.B. → Iatrokles 3). Außer Frg. besitzen wir nichts von diesen Kb. Daneben sind einzelne Rezepte anonym (z.B. Poll. 6,57f.) oder auf Pap. ([1],939) überliefert. Eine Sondergruppe stellen, ebenfalls seit E. 5. Jh., die Kb. und Diätschriften der Ärzte dar, endlich sind poet. abgefaßte Kb. zu nennen (bes. → Archestratos (2), von Ennius ins Lat. übersetzt). Die feinere röm. K. fußte ganz auf der griech., auch die Kb. sind stark von da beeinflußt. Erhalten ist das unter dem Namen des Apicius überlieferte Kb. (→ Caelius II 8) in 10 B., aus dem diätet. Bereich z.B. → Anthimos (1), aus dem poet. Verg. mor. (vgl. Heinze A 15, 1939, 76ff.).

Die K. der Ant. kennen wir teils aus den Kb., teils aus Hinweisen der ep., kom. und Sachlit., wobei für Rom bes. auf Plin. nat. und Petronius hingewiesen sei.

2. Die K. der Griechen. Die Nahrung der hom. Helden besteht weitgehend aus Fleisch, Brot und Wein, gelegentlich aus Fisch (Hom. Od. 19, 113f.); die Heroen lieben fetthaltige, kräftige

Nahrung, mag auch die Fleischmenge, die sie verzehren, dichterische Verklärung sein. Daneben spielen vegetabilische Nahrungsmittel eine große Rolle, Gemüse und Obst (Gärten des Alkinoos und Laertes!), Milch, Käse (vgl. auch den κυκεών Hom. Il. 11,638ff. Od. 10,234f. 290. 316. h. Cer. 208ff. Vgl. [3]). Wein und die fette Milch wurden mit Wasser gemischt, das Fleisch (fast immer vom Opfer stammend) am Spieß über dem offenen Feuer gebraten (von Kochen hören wir nichts). Seit archaischer Z. ist Alltagskost der Griechen die μᾶζα (später μάζα, dor. μάδδα), ein aus Gerstenmehl und Wasser gekneteter, in der Form getrockneter Teig, von dem man je nach den Zutaten zum Erweichen, Kneten, Mischen, Würzen viele Arten unterschied (Poll. 6,75f. Athen. 14, 663b). Man aß zur angefeuchteten Maza Gemüse (→ Gemüsebau) sowie Lauch, Knoblauch, Zwiebeln, Lattich usw. (meist roh mit Essig, Öl und Salz). Feinere Kost ist das Brot aus Weizenmehl (Gerstenbrot ist später Armeleutekost), dazu bei Festen zahlreiche Gebäckarten. Man süßte mit Honig, trank Milch, Wein (immer mit Wasser vermischt), Honigmet, aß Obst und Käse. Selten und begehrt war Fleischnahrung (Geflügel, → Geflügelzucht. Schaf, Ziege, Schwein. Rind fast nur von den mit öffentlichen Speisungen verbundenen Opfern – es galt als schwer verdaulich –. Wild, soweit erreichbar), die im eigenen Fett oder mit Öl gebraten wird. Bes. beliebt sind Fische (gebraten, gekocht, eingesalzen) aller Arten und Größen. Salzfisch essen die einfachen Leute oft in Erbsen- oder Linsenbrei gekocht (nach gründlichem Wässern) oder roh mit Brot und Käse. Man liebte reichliches, scharfes Gewürz, Mischungen aus Fett und Süß (Poll. 6,57f.), scharfe Saucen (→ Garum). Bis E. 5. Jh. ist die Küche auch außerhalb Attikas meist einfach; Boioter und Thessaler galten als Liebhaber guter und fetter Küche, die Spartaner mit ihrem μέλας ζωμός (eine Art Fleischsuppe) standen für sich. Mit E. 5. Jh. beginnen größerer Luxus und gehobene K., ausgehend offenbar von Sizilien und Unteritalien, auch in Attika einzuziehen; charakterist. dafür ist die Rolle, die der berufsmäßige Koch (den man erst seit E. 5. Jh. kennt) in der jüngeren Komödie spielt ([4]).

2. K. der Römer. Der griech. Maza entspricht bei den Römern der Brei aus Dinkelmehl, *puls*, dazu Öl, Gemüse, Milch, Käse, Breie aus Hirse, Graupen, Hülsenfrüchten, zur Erfrischung Obst und Wein. Auch in Rom ist Fleisch zunächst selten. Bes. beliebt war Kohl, der als gesund galt. Im 1. Jh. ändert sich das grundlegend, in der vornehmen Gesellschaft kommt ein erheblicher Speiseluxus auf, der stark an der verfeinerten hellenist. Küche orientiert ist, aber typ. röm. Züge in der Vorliebe für Kohl, scharfe Saucen (→ Garum) und endlose Menufolgen aufweist. Mastgeflügel, ganze gebratene Tiere, kunstvolle Herrichtung, Überraschungseffekte, Abwechslung kennzeichnen die Gastmähler, deren Karikatur die *cena Trimalchionis* bietet. Dabei werden alle Ausgangsprodukte bis zum letzten ausgenützt, wie das späte köstliche *testamentum porcelli* zeigt (Petron. ed. Buecheler[4] p. 243). Das Interesse an der K. war in Rom bis in höchste Kreise verbreitet; Cato, Varro, Petronius zeugen dafür wie der neron. Feinschmecker Apicius. Anlage von eigenen Fischteichen und Wildgehegen, auch von Vogelhäusern (G. Fuchs, MDAI(R) 69, 1962, 96ff.) für die Bedürfnisse der Tafel gehören zur *villa* des vornehmen Mannes, für gute Köche werden hohe Summen gezahlt. Es gehört zum Bild, daß zwischen dem philos.-lit. Ideal des »Einfachen Lebens«, das immer gepriesen wird, und der Praxis ein Abgrund klafft. All das betrifft jedoch nur die wohlhabendsten Kreise; die Masse der röm. Bürger lebte auch in der Kaiserzeit einfach. Mit dem E. der Ant. geht die feinere K. im W. für lange Z. zugrunde, während sie im byz. Reich, mindestens am Hof, weiterlebt. Aufs Ganze gesehen war die röm. K. ausgesprochen hochstehend. W. H. G.

1. *Bilabel*, RE XI 932ff. 2. *Orth*, RE XI 944ff. 3. *A. Delatte* Le cycéon, 1955. 4. *A. Giannini*, Acme 13, 1960, 175ff. *H. Dohm*, Zetemata H. 32, 1964. Mageiros. 5. *J. André* L'alimentation et la cuisine à Rome, 1961.

**Kodrantes** (κοδράντης). Aus lat. → *quadrans* gebildet und nur im NT, den Auslegungen dazu, der Didache und im Talmud belegt. Als kleinste Münzeinheit wurde der K. mit dem → λεπτόν geglichen (bei Mark. 12,42 jedoch mit 2 λ.) und ist wohl in den jüd. Kleinkupfermünzen der jul.-claud. Zeit zu erkennen. Von späteren Erklärern als Gewicht von 1/4 Unze (statt 1/4 Pfd.) aufgefaßt, wurde er mit dem → Didrachmon = Shekel (→ Siglos) geglichen. Daher auch die Gleichung 1 K. = 1/3000 Talent und aus der weiteren: 1 Talent = 1 Goldsolidus die Angabe 1 K. = 1/3000 Solidus. Wiederholt bezeichnet K. das Viertel eines zwölfteiligen Ganzen. H. Ch.

*Schrötter* WBMzK s. Quadrans. *K. Regling*, RE XI 983. *H. Chantraine*, RE XXIV 652. IX A 622.

**Kodros** (Κόδρος). Sagenhafter König von Athen, Sohn des Melanthos. Dieser, ein Nachkomme des → Neleus (Stammbaum Paus. 2,18,8), wurde durch die Herakleiden aus dem messen. Pylos vertrieben und erwarb von dem letzten Theseiden Thymoites durch kriegerische Hilfeleistung die Königswürde in Athen, die K. erbte. K. hatte Athen gegen die Peloponnesier zu verteidigen. Als er erfuhr, daß das Orakel diesen den Sieg zusprach, wenn sie den athen. König nicht töteten, suchte und fand er den Tod, indem er, als Bettler verkleidet oder ins Lager der Feinde eindringend, mit ihnen Händel suchte. Über den Sachverhalt aufgeklärt, zogen sie kampflos ab. Pherekyd. FGrH 4 F 125. Hellan. FGrH 3 F 154. Hauptquelle für K.' Opfertod Lykurg. Leokr. 84ff. Iustin. 2,6,16ff. Älter ist die Version, nach der er in einer Schlacht gegen die Feinde fiel. Strab. 9,393. 14.653.

Cic.nat. 3,49; fin. 5,62. So auch der Maler der Kodrosschale aus Bologna, 5.Jh. (Baum. Denkm. 3, Nr.2148, S.1998), die K.' Abschied von Ainetos darstellt. Seine angebliche Grabstätte lag am O.-Fuß der Akropolis, ein Heiligtum des K. zusammen mit dem des Neleus und der Basile vor den Toren der Stadt am r. Ufer des Ilissos; an beiden Stellen wurden Inschr. gefunden, Sylloge I 120ff. Nr. 93. Kaibel Epigr.Gr.1083. Von einer Statue des K. von der Hand des Pheidias in Delphoi berichtet Paus.10,10,1.

Während die spätere Überlieferung mit dem Tode des K. das Ende des Königtums ansetzt und nun Archonten an die Stelle des Königs treten läßt (Iustin. 2,7,1f. Vell.Pat. 1,2. Paus. 4,5,10. 13,7), ist in der früheren Fassung → Medon, der ältere seiner beiden Söhne, sein Nachfolger. Sch.Plat. symp. 208d. Nach ihm heißt das Geschlecht Medontiden; ein Geschlecht der Kodriden hat es in Attika nie gegeben. Erst seit Aristot.pol.Ath. 3,3 wird dieser Ausdruck von den Nachfolgern des K., gelegentlich auch von den Athenern insgesamt, gebraucht. *Κοδρῖδαι* (nicht *Κοδρίδαι*) gab es in Ionien als Ehrennamen für die ion. Stadtherrscher (die »Ruhmreichen«). Diese Bildung, als Patronymikon mißverstanden, führte in Athen im 5.Jh. zur Erfindung des K., der in die att. Königsliste vor den Medontiden eingeschoben wurde, um dadurch die vermeintliche Herkunft der Kodriden aus Athen zu beweisen und damit die Rolle Athens als Mutterstadt der kleinas. Ioner »geschichtlich« zu beweisen. Es gab nämlich noch eine andere Version über K.' Nachfolger. Neleus (Neileus), ein Sohn K.', habe nach einem Streit mit Medon über die Nachfolge mit seinen andern Brüdern Athen verlassen und an der Spitze der in Athen lebenden Ioner aus Pylos unter Teilnahme auch von Athenern die ion. Dodekapolis besiedelt, Paus.7,2,1. Vgl. Hdt.1,146f. 5,65. Die bisherige krit. Sagenforschung stützte sich demgegenüber auf Mimnermos frg. 10, nach dem Kolophon direkt von Pylos aus gegründet wurde, ohne daß von einer Zwischenstation Athen die Rede ist, und leugnete, daß Athen in der → Ion. Wanderung eine irgendwie bedeutende Rolle gespielt habe. Unter dem Eindruck des Fundes von Tontäfelchen mit Linear B-Texten in Pylos hält man heute vielfach die Überlieferung im Kerne für glaubhaft. H. v. G.

*T.B.L. Webster* Von Mykene bis Homer und Die Nachfahren Nestors, 1961. Für die ältere Lit. wird auf *Scherling*, RE XI 984ff. verwiesen.

**Kodros-Maler.** Bedeutender att. Schalenmaler um 430–410 v.Chr. 11 von 48 Schalen, die Beazley ihm zuschreibt, zeigen myth. Bilder, die wichtigsten in Würzburg (Dionysos und Ariadne), London (Theseus), Paris (Aias und Kassandra). Kaum ein Vasenmaler zeigt den Geist des Parthenon so lebendig, weil die zeichnerischen Mittel einer Spätzeit dem Inhalt der Bilder gerade noch gleichgeordnet und die Mythen noch einmal geglaubt erscheinen; und doch weist schon ein beginnendes Wissen um Wirkung auf später. H. Ma.

*J.D. Beazley*, ARV.² 1268ff. *H.Marwitz* Kindlers Mal. Lex. III.

**Köln** s. Ubii

**Königsverzeichnisse** s. Zeitrechnung

**Kohl** (*ῥάφανος*, *κράμβη*, *καυλός*, *brassica*, *crambe*, *caulis*, *-lus*, daher »Kohl«, cavolo, chou) war seit alters in Europa beheimatet. Homer kennt ihn nicht, wohl aber Hipponax (6.Jh.). Dann nennt ihn Aristot., Theophr. unterscheidet 3 K.-Sorten, ebenso Cato (157), Columella nennt 14 ital. Orte mit bes. starker K.-Kultur, und Plin. nat.19,139–143 beschreibt 7 K.-Arten genauer (ohne daß sichere Identifizierung mit h. angebauten Arten möglich ist) mit Anweisungen über Pflege und Behandlung. K. diente bei den Römern anfangs als allgemeines, später bei steigendem Luxus als einfaches, aber gesundes Nahrungsmittel. Häufige Erwähnungen bei vielen Autoren mit Kochrezepten und Ratschlägen für medizin.-diätet. Verwendung. K. Z.

*Orth*, RE XI 1034–38.

**Kohle** (*ἄνθραξ*; *carbo*). Steinkohle (und Braunk.) war im Alt. nicht unbekannt, aber kaum im Gebrauch, dafür Holzk. für Heizzwecke und gewisse Gewerbe von größter Wichtigkeit. Erstes Zeugnis Hom.Il. 9,213 (*ἀνθρακιή*, K.-schicht). Die Kohlenbrenner, Köhler (*ἀνδρακεύς*, *ἀνθρακευτής*, *ἀνθρακοκαύστης*, *μαριλευτής*; *carbonarius*) begegnen literar. zuerst in Aristoph.' Acharnern (425 v.Chr.), doch ist das Gewerbe natürlich uralt. Das Verfahren des K.-brennens, die Anlage von Meilern (*κάμινος*, *πνιγεύς*, *σύνθεσις*; *strues*, *calyx* [?]), im Prinzip nicht anders als bis in die Gegenwart, wird von Theophr. h. plant. 4,8,5. 5,9,1–4; de igne 37.75. Plin.nat.16,23 u.a. genau beschrieben; bei beiden auch Angaben über die verschiedene Qualität und Brauchbarkeit der aus verschiedenen Holzarten gewonnenen K. für die verschiedenen Gewerbe. Ein wichtiges Nebenprodukt bei der K.-Gewinnung war das → Pech (Teer). K. Z.

*Lagercrantz*, RE XI 1038ff. *Schramm*, XIX 1ff. *Blümner* Techn. 2,347ff. *Ch. Singer* A History of Technology 2 Abb. 334.

**Kohlenbecken. Kohlenpfannen** s. Heizung

**Kohlrübe** (*βουνιάς*, *napus*). Sie scheint in Europa beheimatet. In Griechenland hat sie nach Plin.nat.19,75. 20,21 nur als Heilmittel in den Diskussionen der Ärzte, nicht als Nahrungsmittel eine Rolle gespielt. Theophrast kannte sie nach Athen. 9,369b nicht, wohl aber → Nikandros in den Georgika; 1,4d nennt er aber K. aus Theben; Erwähnung bei Diod. 3,24,1 als ähnlich einer Pflanze, von der die Hylophagen am Roten Meer sich nährten. Über Anbau und Verwendung in Italien handeln ausführlich Colum. 2,10 und andere landwirtschaftliche Schriftsteller. K. Z.

*Orth*, RE XI 1046f.

**Koila** (*Κοῖλα*). Bei Hdt. 8,13f. Dion Chrys. or. 7,2. 7 (219. 222 R). Eur. Tro. 84. 90. Ptol. 3,14, 22 u. a. die wegen der Stürme gefürchtete SO.-Küste Euboias, bei Strab. 10,1,2 p. 445. Val. Max. 1,8, 10. Liv. 31,47,1. Oros. 6,15,11 der s. Teil der Meerenge von Euboia bis zum Euripos. E. M.

*Fr. Geyer* Topogr. und Gesch. der Insel Euboia 7ff.

**Koilaletai** (*Κοιλαλῆται*). Volkreicher thrak. Stamm, Plin. nat. 4,41. Sie waren beteiligt an dem Thrakeraufstand des J. 21 n. Chr. (Tac. ann. 3,38. 39. IGR I 777 = OGIS 378. Ptol. 3,11,9 nennt die *στρατηγία Κοι⟨λα⟩λητική*. Erwähnung eines K. auf dem Militärdiplom CIL III p. 857 v. 23 vom J. 86 n. Chr. Tab. Peut. segm. VIII. Chr. D.

*Oberhummer*, RE XI 1049. *Kazarow* Beitr. zur Kulturgesch. der Thraker 107. *Detschew* Die Thrak. Sprachreste 248ff. *Wiesner* Die Thraker (Karte S. 16).

**Koile.** (*Κοίλη*). Stadtteil Athens im Hügelgebiet s. der Pnyx und Demos der Hippothontis, von 306 bis 201 v. Chr. der Demetrias. Hdt. 6, 103,3. Marcell. v. Thuk. 17. 55. E. M.

*W. Judeich* Topogr. von Athen[2] 168f.

**Koile Syria** (*Κοίλη Συρία* »hohles Syrien«, wohl verderbt aus semit. *kol surija* »ganz S.«), erstmals bei Ps.-Skyl. (Kap. 104) belegte geograph. Bezeichnung stark schwankenden Inhalts. K. S. ist das gesamte westeuphrat. Gebiet einschließlich (so Skyl.) oder ausschließlich (so Ios. ant. Iud. 11, 25. 138. 3. Esra 2,16 u. ö.) Phoinikien im Gegensatz zum osteuphrat. *Συρία ἡ μεταξὺ τῶν ποταμῶν* (Arr. an. 3,8,6 u. ö.). Strab. 16,2,1ff. gibt für Syria die Landschaften von Kommagene bis zur äg. Grenze nach 5 (Kommagene, Seleukis, K. S., Phoinike, Ioudaia) oder 2 (K. S. und Phoinike) Provinzen an. 194 erfolgte durch Sept. Severus eine Neuaufteilung in Syria Coele (N.-Syrien und Kommagene, Hauptstadt Antiocheia) und Syria Phoenice. W. Rö.

*Beer*, RE XXI 1050–1052. *O. Leuze* Satrapieneinteilung, 1935, 209–220.

**Koinon** (*Κοινόν*). **1.** Im griech. Staatsrecht bezeichnet K. vorwiegend den »Bundesstaat« als Ergebnis der Föderalisierung des Stammstaates (*ἔθνος*). Aber auch letzterer heißt bisweilen, bes. im Durchgangsstadium als »Staatenbund«, K. (wie umgekehrt ersterer *ἔθνος*), so daß der Term. allein kein sicheres Indiz für die endgültige Durchsetzung des bundesstaatlichen Prinzips ist (*Αἰτωλῶν τὸ κ.* 367/66: SEG XV 357!). Da selbst das Vorhandensein von Bundesorganen (wie in Boiotien von 447–386: Hell. Oxyrh. 11) nicht unbedingt ein K. im prägnanten Sinne voraussetzt, bleibt als untrügliches Anzeichen seiner Existenz nur das Bundesbürgerrecht ([1]. [2], → Sympoliteia), das in der Blütezeit der Bundesstaaten im 3. Jh. v. Chr. die Bürger aller Gliedstaaten, die ihr eigenes Bürgerrecht beibehalten, privatrechtlich (→ *ἔγκτησις*, → *ἐπιγαμία*) und polit. (mit Einschränkung in der Praxis: K. Latte, Gn 7, 1931, 125) gleichstellt. Zu dieser Z. ragen die Koina der → Achaioi und Aitoloi (→ Aitolia) unter zahlreichen anderen (Busolt GStk. 2,1395ff.) durch ihre Größe und ihre voll ausgebildete Verfassung hervor. Die verfassungsrechtlichen Probleme sind in jedem K. die gleichen: Umfang der Kompetenz des Bundes, Zusammensetzung des Bundesrats (*βουλή*, *συνέδριον*), Tagungsort und -zeit der Bundesversammlung (*ἐκκλησία*), Besetzung der Beamtenstellen. Die Lösungen aber divergieren (vor allem hinsichtlich der Verwirklichung des Repräsentativsystems) nicht unerheblich. Für die Einzelheiten s. daher den Spezialartikel über das jeweilige K. Mit dem J. 146 v. Chr. endet die polit. Bedeutung der griech. Koina (vgl. die Liste Syll.[4] 653 aus dem J. 165 v. Chr.). Die Römer lösen jedoch nicht alle auf, sondern bedienen sich bes. der kleineren zu administrativen Zwecken ([3], 107–110 gegen Paus. 7,16,9). **2.** In röm. Z. ist K. (lat. Übers. *commune*) t. t. für den von den Städten einer ö. Provinz gebildeten Verband, der durch einen aus Vertretern der Städte bestehenden Landtag (*συνέδριον*, im W.: → *concilium*) mit einem Jahresbeamten (z. B. → *Ἀσιάρχης* bzw. *ἀρχιερεύς*) als Vorsitzenden repräsentiert wird. Z. T. schon in republ. Z. vorhanden (Asia, Bithynia, Pontos, Kreta, Kypros, Sicilia), gewinnt die Institution Bedeutung doch erst mit dem Aufkommen des Kaiserkults, der seit 29 v. Chr. (Cass. Dio 51, 20,7) zum Hauptanliegen der zahlreich entstehenden provinzialen Koina ([6],36–96) wird. Daneben fungiert das einzelne K. als Sachwalter des Wohls der Provinz bei Kaiser und Senat, u. U. gegen den Statthalter (Dig. 49,1,25), demgegenüber es vielfach auch von seinem Anklagerecht *de repetundis* Gebrauch macht ([5]). Die Spätant. kennt das K. *(provinciale concilium)* als Versammlung der *primates (honorati* und *curiales)* einer jeden Provinz (Cod. Theod. 12,12,12). H. B.

1. *W. Kolbe*, ZRG 49, 1929, 129–154. 2. *W. Schwahn*, H 66, 1931, 97–118. 3. *J. A. O. Larsen* Representative Government in Greek and Roman History, 1955. 4. *V. Ehrenberg* Der Staat der Griechen, [2]1965, 147–160. 323f. 5. *P. A. Brunt*, Hist. 10, 1961, 189–227. 6. *J. Deininger* Die Provinziallandtage der röm. Kaiserzeit, 1965.

**Koinonia** (*κοινωνία*). Darunter wurden nicht nur in der griech. Philosophie (Aristot. eth. Nic. 1160 a 28), sondern auch im positiven griech. Recht (so schon das Solonische Vereinsgesetz D 47.22.4) sowohl der Staat als auch alle nach dessen Muster gebildeten Verbände aller Art ([2],3. [3]) ohne Unterscheidung nach ihrem öffentlichen oder privaten Charakter oder nach der Dauer ihres Zwecks verstanden (vgl. für Griechenland [1]. [4], für Äg. [2]). E. B.

1. *J. H. Lipsius* Das att. Recht und Rechtsverf., 1905–1915, 767ff. 2. *M. San Nicolò* Ägyptisches Vereinswesen I, 1913, II, 1915. 3. *E. Ziebarth*, RE Suppl. VIII 252f. 4. *E. Szlechter* Le contrat de société, 1947, 95ff.

**Koinos** (*Κοῖνος*). **1.** Sohn des Polemokrates, Makedone, treuer Heerführer Alexanders (Arr. an.

6,2,1). 334 mit Urlaubern in die Heimat gesandt, nahm er von Issos ab als Führer der Elitetaxis an allen schwierigen Unternehmungen teil. Obwohl Schwiegersohn Parmenions, erklärte er sich offen gegen Philotas, hatte später leitenden Anteil an der Bekämpfung der Skythen sowie an der Schlacht gegen Poros. Als Wortführer der Makedonen am Hyphasis bewog er durch seine Rede Alexander zur Umkehr (Arr. an. 5,27. Curt. 8,3), starb aber kurz darauf, von Alexander großartig bestattet.

*Berve* Alex. II Nr. 439.

**2.** K., Makedone, wohl erst 323 aus Europa zu Alexander gestoßen und von diesem als Satrap der Susiane eingesetzt (Curt. 10,1,43. Iust. 13,4,14). G.W.

*Berve* Alex. II Nr. 440.

**Koios** (*Κοῖος, Coeus*). Titane, Sohn von Uranos und Gaia, zeugt mit der Titanin Phoibe die Töchter → Leto und → Asteria. Hes. theog. 134. 404 ff. Hom. h. 1,62. Pind. pae. 7c (frg. 19,22) und frg. 87/88,13. Apollod. 1,2.8.21. Paus. 4,33,6. – Athen. 10,455d bringt ein Apollonrätsel (*κοῖος* maked. = *ἀριθμός*). Hellenist. Ursprungs ist K. als Eponym der Insel Kos, auf die auch Letos Geburt verlegt wurde, Herond. 2,98. Kaiser Claudius wurde diese Notiz durch seinen koischen Leibarzt C. Stertinius Xenophon vermittelt; er verwertete sie in einer Senatsrede, Tac. ann. 12,61. H.v.G.

**Koiranos** (*Κοίρανος*). **1.** Vater des korinth. Weissagers → Polyidos, Pind. O. 13,75. Apollod. 3,18. Auch ein Sohn desselben, Paus. 1,43,5. **2.** Kreter aus Lyktos, Wagenlenker des Meriones, von Hektor getötet, Il. 17,611. **3.** Lykier, mit andern Lykiern von Odysseus getötet, Il. 5,677. **4.** Mitglied einer miles. Gesandtschaft nach Paros, wurde als einziger bei einem Schiffbruch bei Naxos durch einen Delphin gerettet, der ihn nach Paros brachte, Phylarch. FGrH 81 F 26. Plut. soll. an. 36 p. 648f. Ail. nat. 8,3. Die beiden letzten lassen K. aus Paros stammen und betonen die Dankbarkeit des Tieres: K. habe einst in Byzanz Fischern Delphine abgekauft und sie wieder ins Wasser gesetzt. Dieselbe Geschichte auf dem »Monumentum Archilochium« auf Paros unter Berufung auf den Lokalhistoriker Demeas: IG XII 5,1 Nr. 445, Stein A Col. I, bei M. Treu Archilochos, 1959, 54f. 212. H. v. G.

*Marx* Märchen von dankbaren Tieren 6. *A. Lesky* Thalatta 105. *M. Rabinovitsch* Der Delphin in Sage und Mythos der Griechen, 1947.

**Kokalos** (*Κώκαλος*). Myth. König auf Sicilien nach Vernichtung der Kyklopen (Iustin. 4,2,2). Er nimmt den vor Minos fliehenden → Daidalos in → Kamikos (→ Inykos Paus. 7,4,6) auf. Auch den Verfolger nimmt er erst freundlich auf, läßt ihn dann aber mit Hilfe seiner Töchter im Bade umkommen. Apollod. 1,15. Diod. 4,78f. Soph. *Καμίκιοι* und Aristoph. *Κώκαλος*. H. v. G.

**Kokkygion** (*Κοκκύγιον ὄρος*). »Kuckucksberg«, anderer Name des Berges Thornax w. von Hermione in der argol. Akte mit Heiligtümern des Zeus und Apollon, h. Hg. Elias. Paus. 2,36.1 f. Sch. Theokr. 15,64. E. M.

*E. Meyer*, RE VI A 347.

**Kokondrios** (*Κοκόνδριος*). Byz. Rhetor unbestimmter Zeit, Vf. eines Abrisses *περὶ τρόπων*. K. nennt in der Einleitung 15 Tropen, die er in 3 Arten (*περὶ μίαν λέξιν, περὶ σύνταξιν, περὶ ἀμφότερα*) einteilt. Abweichend von der Exposition werden aber noch andere Typen behandelt. Jeder Definition folgen Beispiele, die vorwiegend aus Homer stammen. H. Gä.

Ta.: *Walz* Rhet. 8,782 ff. *Spengel* Rhet. 3,230 ff.

**Kokytos** (*Κωκυτός*). **1.** Einer der Unterweltsflüsse, bei Hom. Od. 10,514 ein Arm der → Styx, der sich wie der Pyriphlegethon in den → Acheron ergießt. Bei Plat. Phaid. 61 p. 113 fließt der K. in den styg. Sumpf, läuft dann unter der Erde weiter, trifft am acherunt. Sumpf mit dem Pyriphlegethon nahe zusammen und ergießt sich diesem gegenüber in den Tartaros. Die Orphiker hatten von einer *πλὰξ Κωκυτοῖο* unter dem Tartaros gesprochen, Abel Orphica frg. 154 ff. Im ps. plat. Axiochos 371b ist Acheron der 1., K. der 2. Sperrfluß der Unterwelt. Bei Verg. nimmt K., der mit dem styg. Sumpfe gleichgesetzt wird, den Acheron auf (Aen. 6,132.297.323), während Phlegethon den Tartaros umströmt. Charon fährt bei ihm über den K., bei Eur. Alk. 440 über den acherunt. See. **2.** Fluß in Thesprotien, in schauriger Landschaft, h. Vuvo. Er soll Homer Anlaß zur Benennung des Unterweltsflusses gegeben haben. Paus. 1,17,5. H. v. G.

**Kolaios** von Samos erreichte um 660 als erster Grieche den Atlantischen Ozean, → Gades (wohl mit der myth. Insel → Erytheia identifiziert) und → Tartessos. Auf seinem Reisebericht fußen Hdt. 4,152 (einzige Notiz über seine Fahrt), die geogr. Grundlage von → Stesichoros' *Γηρυονηΐς* (Frg. 364 P), → Anakreons Erwähnung von Tartessos (Frg. 16 P) und der w. Teil von → Anaximandros' Weltkarte. F. L.

**Kolakretai** (*Κωλακρέται*, wohl von *κωλᾶς* und *ἀγρεῖν*: Tim. lex. in Plat. s. *κωλαγρέται*; Schreibung mit *γ* auch in der Rav. Aristoph.-Hs. Vesp. 695.724), Beamte, die in Athen urspr. die für König und Priester bestimmten »Schenkel« der Opfertiere »in Empfang nahmen«, später (Solon: Aristot. Ath. pol. 7,3) als Kassenverwalter aus bestimmten Einnahmequellen Staatsausgaben verschiedenster Art bestritten (Busolt GStk. 2,819). Sie hatten der → Bule in jeder Prytanie Rechnung zu legen (U. Kahrstedt Unters. z. Magistratur in Athen, 1936, 91). Ihr Amt bestand bis 411 (U. Wilcken, H 42, 1907, 409), dann wurden die Aufgaben der K. den → Hellenotamiai zugewiesen. K. auf Inschr.: IG $I^2$ p. 360. CIG 3660 (Kyzikos). H.B.

**Kolchis** (*Κολχίς*). Landschaft am ö. S.-Ufer des Schwarzen Meeres, an Armenien und an den Kaukasus grenzend, vom → Phasis (h. Rioni) bewässert, dessen Lauf weithin versumpft war. K. erzeugte Lein und war als Heimat → Medeias und hauptsächlicher Schauplatz der Argonautensage berühmt. An der Küste entstanden miles. Kolonien, von denen Phasis die angesehenste war. K. wurde von → Mithradates VI. erobert und war 66–64 Schauplatz der Kämpfe zwischen ihm und Pompeius, der dann die einheimischen Fürsten bestätigte. Später wurde K. zu → Polemons Reich geschlagen, das im Klientelverhältnis zu Rom stand. Chr. D.

*O.D. Lordkipanidze* Die ant. Welt und Grusien, Tbilissi 1966 (russ.). *D. Magie* Rom. Rule in As. Min., 1950 358ff. 374.

**Kolchoi** (*Κόλχοι*). Von Ptol. 7,1,10.95 und im peripl. m. Erythr. 58f. (GGM 1,299f.) erwähnter, an der indischen O.-Küste gegenüber Ceylon gelegener Handelsplatz, der wegen seiner Perlenfischerei berühmt war. G.-D. S.

*Wecker*, RE XI 1071.

**Kolias.** Das h. Kap Hg. Kosmas s. ö. von Phaleron mit bereits frühhellad. Siedlung, späthellad. befestigt, und myken. Gräbern, *Κωλιεῖς* hieß ein att. Adelsgeschlecht, Hes. s. v. J. Toepffer Att. Genealogie 301. Hdt. 8,96. Paus. 1,1,5. Strab. 9,1,21 p. 398. Plut. Sol. 8,4ff. Aristoph. Nub. 52 m. Sch. Lys. 2 m. Sch. Eustath. Dion. Per. 591 Harpokr. Steph. Byz. u. a. o. IG II² 5119. E. M.

1. *P. Kastriotis* *Ἡ Κωλιὰς ἄκρα*, EA 1897, 93ff., dazu 1915, 134f. 2. *Tambornino-Honigmann*, RE XI 1074ff. 3. *Day* Cape Colias, Phalerum and the Phaleric wall, AJA 36, 1932, 1ff. 4. *Philipps.-Kirst.* 1,903. 5. *G. Mylonas*, Excavations at Haghios Kosmas, AJA 38, 1934, 258ff. 6. *Ders.* Aghios Kosmas. An early bronze age settlement and cemetery in Attica, 1959.

**Kolias** s. Genetyllis

**Kollektiveigentum.** Das primitive K., d. h. Gruppeneigentum, der altsteinzeitl. Horden am Jagdgebiet und anderen wirtschaftl. Produktionsmitteln, lebte im Gemeinbesitz der Politen und im *ager publicus* der röm. Königszeit und Republik weiter, um schließlich im *patrimonium Caesaris*, im *fiscus* und der *res privata* in der Regel aufzugehen. Die griech.-röm. Individualwirtschaft hat dazu Rechtsformen, z. T. auf Grund prähist. und altorient. Vorstufen, geschaffen, die K. für freiwillig vertragsmäßig sich zusammenschließende Individuen ermöglichten, bes. in Handels- und Geldgeschäften, in Bergwerksausbeutung und Steuerpacht, in der verfeinerten röm. Rechtsentwicklung bis h. vorbildlich.

Das Christentum hat dann, vielleicht von → Quumran beeinflußte Experimente des 1. Jh. mit K. bald aufgegeben, aber wohl seit Decius und Valerianus in den Klöstern eine bis h. bestehende chr. Form für K. gefunden, die seit Konstantin d. Gr. auch röm.-rechtlich geregelt wurde. Die Rechtsausdrücke für K. der spätant. Klöster sind in der Regel auch theolog. unterbaut, wohl ein Prototyp für die *themata* der mittelbyz. Z., in denen Dorfböden und Dorfwerkstätten K. der Dorfgemeinde waren. F. M. H.

RE Suppl. VIII Art. Koinonia, RE XI Art. Kollektiveigentum. XVI Art. Monopole. III A Societas. *A. Berger* Encycl. Dict. of Rom. Law. T. Amer. Philos. Assoc. 43,2, 1953, Art. communicare, communicare lucrum cum damno, communio, communio incidens, communis, societas, societas omnium bonorum, societas re contracta, societas unius rei. *M. Ebert*, RLV. s. Eigentum A, Familienformen, Handel F, Klan, Lehen, Sippe, Soziale Entwicklung, Wirtschaft. *G. W. H. Lampe* A Patristic Lex. Fasc. 3 (1964) s. *κοινόβιον, κοινοβιώτης, κοινοεργέω, κοινοεργής, κοινός, κοινότης, κοινόω, κοινωνέω, κοινωνία, κοινωνικός, κοινωνός, κοινοφελής κοινοφελῶς*: *Lidd.-Sc.* s. *κοινοευλακέω, κοινός, κοινότης, κοινόω, κοινωνέω, κοινωνία, κοινωνικός, κοινωνός, κοινωφελής, κοινωφελία.* Oxf. Cl. Dict. s. ager publicus. communio. *D. J. Chitty* The Desert A City (1966), Ind. s. coenobium.

**Kolluthos.** Epiker, aus Lykopolis, lebte unter Anastasios (491–518), schrieb *Καλυδωνιακά* in 6 B., *Ἐγκώμια* in Hexametern, *Περσικά* (Suda). Erhalten nur *Ἁρπαγὴ Ἑλένης* (von der Hochzeit des Peleus bis zur Ankunft Helenas in Troia) in 394 Hexametern nonnian. Stiles und Versbaues (Abweichungen: A. Wifstrand Von Kallimachos zu Nonnos, 1933) in stümperhafter Sprache. Als Vorlage wird ein alexandrin. Gedicht vermutet. 1–17 ist ungeschickte Nachahmung von Apoll. Rhod. 3,1–6. Auf K. geht das Anacreonteum Bergk Poet. Lyr. Gr. 3⁴ p. 362. R. K.

Ausg.: *Weinberger* 1896. *Mair* (Loeb Class. Libr.) 1928.

**Kollybos** (*κόλλυβος*). Semit. Lehnwort, Scheidemünze, kleines Goldgewicht, Wechselkurs, Aufgeld (Agio). In Athen am E. des Pelop. Krieges als Notgeld eingeführt (geduldet?). Teil des → Chalkus oder → Obolos. K. begegnen auch andernorts, so in Messene (= ½ Chalkus). Mehrfache: Di- und Trik. H. Ch.

*Schrötter* WBMzK s.v. *M. N. Tod*, NC 1945, 108ff. 1955, 125ff. *E. S. G. Robinson*, MusNot 9, 1960, 5ff.

**Kollyrion** (*κολλύριον*, von *κολλύρα* »Brot«). Urspr. ein medizin. Zäpfchen, das auch in pulverisierter oder aufgelöster Form (Salbe, Tropfen) verwendet wurde. Gegenüber dem Gebrauch als Zäpfchen (anal, vaginal usw.) überwiegt das K. als Augenmittel. Es gab davon außerordentlich viele Arten mit z. T. hochtrabenden Namen (*αὐθήμερον, οὐράνιον* usw.). Sie wurden, als Salbe, zubereitet in Reibeschalen, von denen man bei Ausgrabungen eine Menge gefunden hat. Kulturgeschichtlich interessant ist, daß die röm. Augenärzte Stempel im Gebrauch hatten, auf denen ihre Namen, der Name des K., evtl. auch Dosis und Anwendung aufgeritzt waren; sie kennzeichneten damit das K. nach der Zubereitung (das inschr. Material ist gesammelt von Espérandieu im CIL XIII 3,2 und in einer Sondermonographie, Paris 1905). F. K.

**Kollytos** (*Κολλυτός*, liter. auch *Κολυττός*). Stadtteil im Zentrum Athens am W.-Abhang der

Akropolis und s. der Agora und Demos der Aigeis. Strab. 1,4,7 p. 65. Aischin. 1,157. Phot. cod. 243 p. 375 b 6ff. Harpokr. Hesp. 22, 1953, 271 Z. 13ff. 275f. ABSA 50, 1955, 16. E. M.

1. *Honigmann*, RE XI 1106f. 2. *W. Judeich* Topogr. v. Athen$^2$ 169. 3. *R. Young*, Hesp. 20, 1951, 140ff.

**Kolobatos.** Fluß in Pisidien, den Cn. → Manlius Vulso 189 v. Chr. überschritt (Pol. 21,35,1. Liv. 38,15,3), h. Istanoz-Tschai. K. Z.

**Koloboi** (*Κολοβοί*). Äthiop. Stamm am S.-Ende des Roten Meeres, nach der bei ihnen durchgeführten Beschneidung genannt (Strab. 6,773. Ptol. 4,7,10). W. H.

**Kolonai** (*αἱ Κολωναί*). Stadt in der kleinasiat. Aiolis (Troas), gelegentlich auch als Kolone bezeichnet, wahrscheinlich auf dem heutigen Beschiktepe (6 km s. von Alexandreia Troas) gelegen (Thuk. 1,131. Xen. hell. 3,1,13.16. Ps.-Skyl. 95. Diod. 5,83.14,38. Strab. 13,589,604,612. Plin. nat. 5,121. Paus. 10,14,1). Wahrscheinlich Mitglied des Att. Seebundes. 403–400 v. Chr. von den Persern erobert, 399 v. Chr. ergibt sie sich dem spartan. Heerführer Derkylidas, um 310 v. Chr. mit Alexandreia Troas vereinigt. Mz.: Head HN$^2$ 543. A. M. M.

*F. Calvert* Archaeol. Journ. 17, 1860, 287ff. *W. Leaf* Strabo on the Troad, 1923, 223f. RE XI 1110. XIX 585. VII A 557.

**Kolonides** (*Κολωνίδες*). Stadt, bei Plut. Dorf, an der W.-Küste des messen. Golfs, beim h. Kastellia. Prägte in der Severerzeit Mz. Paus. 4,34,8. 12. Plut. Philop. 18,3. Ptol. 3,14,31. IG V 1, 1402 bis 1404. SEG 11,996f. Head HN$^2$ 432f. E. M.

1. *N. Valmin* Etud. topogr. sur la Messénie ancienne 171ff. 2. *M. N. Tod*, JHS 25, 1905, 37ff. 3. *Geyer*, RE XI 1111. 4. *Reincke*, RE XV 1237. 5. *Philipps.-Kirst.* 3,397.

**Kolonisation.** K. ist eine Siedlungsbewegung, in der die Neugründungen mit dem Mutterland in geistiger und gewöhnlich auch polit. Sonderverbindung bleiben. Die pharaon. Sudan-K., die altassyr. K. in Kappadokien und vor allem die phoinik. K. (10.–8. Jh. v. Chr.) von Karatepe und Kypros bis über Utica und Gades hinaus waren dieser Art. Die Struktur der myken.-griech. Siedlungen des 2. Jt. v. Chr. von W.-Kleinasien bis vermutlich Sizilien ist dagegen unsicher.

Die archaisch-griech. K. vom 8. zum 6. Jh. v. Chr. pflanzte Poleis von der Krim und Al Mina am Orontes bis nach Kyrene, Massilia und Spanien. W.-Kleinasien wurde griech. Die adriat. Balkanküste, N.- und S.-Kleinasien, Sizilien und Unteritalien wurden halb-griech. in sozial-ökon., theol., geistiger und polit. Struktur. Die Bewegung beginnt mit weit von Hellas abgelegenen Stützpunkten wie Ischia und Al Mina, füllt schließlich die Schwarzmeer- und Mittelmeerküsten mit Bauern-, Fischer- und Piratensiedlungen, die zugleich den sich ausbreitenden Handel ihrer Zeit mehr passiv als aktiv ausnützten.

Die K. der klass. Z. ist auf att. Kleruchien und Polisgründungen bzw. Zentren oder pers. Satrapien fast ausschließlich beschränkt. Erst mit der hellenist. Fürstenmacht beginnt eine neue K.-Welle, die von Alexander d. Gr. an Poleis und griech. sprechende Dörfer vor allem vom Balkan und der Kyrenaika bis nach N.-Indien und zur chines.-sibir. Grenze aufbaute.

Rom entwickelte ein eigenständiges K.-System seit dem 4. Jh. v. Chr. *Coloniae Romanae* und *coloniae Latinae* machten in Verbindung mit kolonieartigen *municipia* zuerst Italien lat. und röm., dann Sizilien, die Provence und, vom 2. Jh. v. bis zum 2. Jh. n. Chr., Afrika, die Pyrenäenhalbinsel, Gallien, Britannien, die Alpengebiete, den N.- und Zentralbalkan sowie Dakien. Die griech. Poleis von der Kyrenaika und dem Balkan bis zum Euphrat erhielten bis zum 3. Jh. n. Chr. röm. Stadtrecht, ohne ihre Sprache aufzugeben. Die iran., ind. und sibir. Poleis des Hellenismus wurden dagegen orientalisiert, ohne in der Regel strukturell zu verlieren. Vergleichbare Prozesse orientalisierten N.-Afrika von Marokko zum Sinai, Palästina und Syrien seit dem 7. Jh. und Kleinasien seit dem 11. Jh. n. Chr., während im w. MA. viele ant. Städte entweder weiterlebten oder wieder neu erstanden. Die K.-Wellen der Ant. waren auf techn. Erfindungen im Schiffs-, Festungs- und Hausbau wechselnd basiert und spielten eine entscheidende Rolle in den Strukturverfeinerungen vom 8. Jh. v. Chr. bis z. Z. von Hadrian und Septimius Severus. F. M. H.

Vgl. mit Bibliogr. allg. Oxf. Cl. Dict. Art. Colonization, Colonus. Bengtson GG, Abschn. 2; Ind. s. Kolonisation; Karten 2, 9. Zur arch.-griech. K. *F. M. Heichelheim* Anc. Economic History I$^2$, 1958, 494f. und *J. Bérard* Expansion et la colonisation grecque jusqu'aux guerres médiques (1960). *J. Boardman* The Greeks Overseas (1964). *M. I. Finley* The Anc. Greeks, 1963, 121f. *A. J. Graham* Colony and Mother City in Anc. Greece (1964). *N. G. L. Hammond* Hist. of Greece to 322 B. C. 1959, 109f. *J. Seibert* Metropolis und Apoikie. Diss. Würzburg (1963). *M. E. White* Greek Colonization. J. Econ. Hist. 21, 1961, 443f. Kleinas.: *F. Cassola* La Ionia nel mondo miceneo (1957). *J. M. Cook* in CAH II$^2$, Kap. 38 (1961). *G. L. Huxley* The Early Ionians (1966). *C. Roebuck* Ionian Trade and Colonisation (1959). Schwarzes Meer: *E. B. de Ballu* L'hist. des colonies grecques de Littoral Nord de la Mer Noire, Bibliogr.$^2$ (1966). Adria, Großgriechenland: *J. Bérard* La Magna Grecia (1963). *L. Lacroix* Monnaies et colonisation dans l'occident (1965). *A. Schenk von Stauffenberg* Trinakria, Sizilien und Großgriechenland in archaischer und frühgriech. Z. (1963). *A. G. Woodhead* The Greeks in the West (1962). Provence, Pyrenäenhalbinsel: *F. Benoit*, L'Hellénization de la Midi de la Gaule (1965). *F. Villard* La céramique grecque de Marseilles (1960). Orient: *J. M. Cook* The Greeks in the East (1962). *J. Dunbabin* The Greeks and Their Eastern Neighbours (1957). Hellenismus: *E. Bikerman* Institutions des Séleucides, 1938, 74f. 157f. *H. Braunert* Die Binnenwanderung (1964), Ind. s. Kolonisation, Kolonisten. *F. M. Heichelheim* Die Auswärtige Bevölkerung im Ptolemäerreich$^2$ (1963).

*Rostovčev* Soc. a. Ec. Hell. W. Ind. s. Kolonien, Kolonisten, Kolonisation. *W.W. Tarn* The Greeks in India and Bactria$^2$ (1951), bes. Kap. I, 118f. 243f.. *Ders.* Alexander II. (1948), Append. 8. *V. Tscherikower* Die hellenist. Städtegründungen von Alexander d. Gr. bis auf die Römerzeit (1927). Rom: RE Art. colonia, conventus, ius Italicum. *T. Frank* An Anc. Economic History$^2$ (1927), Ind. s. coloni, colonies. *Frank* ESAR Ind. s. coloni, colonies, colonization. *Rostovčev* GuW, Ind. s. Kolonien, Kolonisten, Kolonisation, *κολωνίαι*. *A. N. Sherwin-White*, Rom. Citizenship (1939).

**Kolonos** (*Κολωνός*). »Hügel«, **1.** K. *ἀγοραῖος*, der flache Hügel (68 m) über der W.-Seite der Agora von Athen mit dem Tempel der Athena und des Hephaistos (sog. »Theseion«), und das s. anschließende Hügelgebiet, Aristoph. Av. 997f. m. Sch. u. die weiteren Belege unten. **2.** K. *ἵππιος*, der durch Soph. Oid. K. 54ff. 670ff. 886ff. berühmte flache Hügel (56 m ü. M.) n. w. des ant. Athen mit Heiligtum des Poseidon Hippios und der Athena Hippia, h. in der Vorstadt Kolokythu, mit den Grabdenkmälern von Karl Otfried Müller und Charles Lenormant. Paus. 1,30,4. Thuk. 8,67,2. Eur. Phoen. 1707. Apollod. 3,5,9,2,56. Diog. L. 3,5. Cic. fin. 5,3. Zu beiden K. s. ferner Harpokr. s. *Κολωναίτας*. Poll. 7,132f. Hypoth. Soph. Oid. K. Eustath. Il. 2,811 p. 351,10. Sch. Od. 11,271. Sch. Aischin. 1,125.

K. ist auch ein Demos der Stadttrittys der Aigeïs mit dem Demotikon *ἐκ Κολωνοῦ*, aus dem Sophokles stammte. Es muß der Bezirk um den K. Hippions sein. Die Demotika *Κολωνεύς* und *Κολωνῆθεν* gehören zu zwei anderen Demen Kolone oder Kolonai der Landtrittys der Leontis und Antiochis (später Ptolemaïs), deren Lage unbekannt ist. E. M.

1. *Honigmann*, RE XI 111ff. 2. *W. Judeich* Topogr. von Athen$^2$ 44. 45. 3. *Philipps.-Kirst.* 1,888. 901 A. 2. 913. 991f. 1001. 1036 A. 17b. 1041 A. 14a 4. *D. M. Lewis* The deme of Kolonos, ABSA 50, 1955, 12ff.

**Kolophon** (*Κολοφῶν*). Sehr alte ion. Stadt (Gründungssagen Strab. 14,633f. Paus. 7,3,1–4) in Lydien zwischen Smyrna (n.) und Ephesos (s.) ca. 13 km landeinwärts gelegen mit Hafen → Notion. Ausgedehnte Ruinen (Akropolis, Theater, Thermen) beim h. Değirmendere. Zeitweilig in Fehde mit den lyd. Königen, genoß K. im 7./6. Jh. großen Wohlstand (Aristot. pol. 4,1290 b 15) und war wegen Üppigkeit verrufen (Athen. 12,524b. 526a mit Xenophan. frg. 3). Über Streit mit → Smyrna Mimn. frg. 12. Hdt. 1,150. Nach dem Sturz des → Kroisos unter pers. Herrschaft, büßte K. offenbar seinen Wohlstand ein und zahlte – nach 479 – als Mitglied des att. Seebundes nur einen mäßigen Beitrag. 430 nach Parteikämpfen pers. (Thuk. 3,34), trat K. 409 wieder Athen bei (Xen. hell. 1,2,4), um nach 404 unter pers. Oberhoheit zurückzufallen und im 4. Jh. das allgemeine Schicksal Ioniens zu teilen. 302 dem → Antigonos (1) unterstehend, wurde K. von → Kassandros' Feldherrn → Prepelaos für → Lysimachos erobert (Diod. 20,107,5), der wenig später die Kolophonier nach Ephesos verpflanzte (Paus. 1,9,7). Ob die Kolophonier, die sich 218 → Attalos (4) unterwarfen (Pol. 5,77,5), das alte K. wieder bewohnten oder mit den in Notion wohnenden Kolophoniern ident. waren, die im Vertrag zwischen Rom und → Antiochos (4) von 188 von der Tributpflicht befreit wurden (Pol. 21,46,4. Liv. 38,39,8), ist schwer zu entscheiden. Inschr. SGDI 5611ff. Mz.n vom 6. Jh. v. Chr. bis Gallienus HEAD HN$^2$ 569ff. – Ca. 13 km s. von K. lag das berühmte Orakelheiligtum des Apollon von → Klaros. K. Z.

*Bürchner*, RE XI 1114ff. *V. Schultze* Altchr. Städte und Landschaften II 2, 1926, 74ff. *L. B. Holland*, Hesperia 13, 1944, 91ff.

**Kolossai** (*Κολοσσαί*). »Große Stadt Phrygiens« (Hdt. 7, 30) am → Lykos, die infolge der Gründung von → Laodikeia (vor 240) in geringer Entfernung zurückging (Strab. 12,576. 578). Frühe chr. Gemeinde: Brief des Paulus *πρὸς Κολοσσαεῖς*. Reste n. von Khonas. Mz.n HEAD HN$^2$ 670. K. Z.

*Ramsay* Cities and Bishoprics of Phygia 1, 1895, 208f. *Ruge* RE XI 1119f.,

**Kolotes** (*Κωλώτης*). **1.** Aus Lampsakos, Schüler Epikurs, wohl seit 309/06; * also kaum später als 325. Das Verhältnis zwischen Lehrer und Schüler war eng (Plut. adv. Col. 1107d); ein Brief-Frg. Epikurs berichtet: während einer Vorlesung Epikurs warf K. sich ihm zu Füßen und verehrte ihn wie einen Gott, worauf sich Epikur seinerseits vor K. niederwarf (frg. 141 Us. = 58 Ar.; Lit. b. WESTMAN 27ff.; strittig die Zuordnung von Pap. Herc. 1418 col. 16).

K.' lit. Spezialgebiet war die Polemik. Gegen Platons Lysis und Euthyd. wenden sich Pap. Herc. 208 und 1032 (Reste bei CRÖNERT), Kritik des Er-Mythos im »Staat« erwähnt Macr. somn. 1,2,3; durch Plut.' Gegenkritik am bekanntesten *Περὶ τοῦ ὅτι κατὰ τὰ τῶν ἄλλων φιλοσόφων δόγματα οὐδὲ ζῆν ἔστιν* (u. a. gegen Parmenides, Empedokles, Demokrit, Sokrates, Platon, Stilpon: Hauptvorwurf Skeptizismus; Plut.' ungünstiges Urteil offenbar nicht unberechtigt). G. Schm.

*W. Crönert* K. und Menedemos, 1906. *R. Westman* Plut. gegen K., Acta Philos. Fennica 7, 1955. *G. Pisano*, AeR 1942, 67–75 (Nachwirk. b. Diog. v. Oinoanda).

**2.** K., Bildhauer aus Herakleia in Elis (Paus. 5, 20,2), wohl nicht von Paros, Schüler und Gehilfe des → Pheidias (Plin. nat. 35,54). Vornehmlich arbeitete er in Goldelfenbeintechnik. Er wird als Mitarbeiter des Pheidias am Goldelfenbeinbild des Zeus in Olympia genannt (Plin. nat. 35,54. 34, 87). Eigene Werke sind a) eine Athenastatue aus Goldelfenbein in Elis (Plin. nat. 35,54), für die auch Pheidias als Schöpfer genannt wird (Paus. 6,26,3), b) ein Asklepios aus demselben Material in Kyllene (Strab. 8, 334), c) ein Tisch aus Goldelfenbein in Olympia, auf dem die Kränze der olymp.

Sieger lagen und der an den Seiten einen Zyklus von 12 Göttern und auf der Rückseite die Anordnung des Agons zeigte [4], und d) Portraits oder Portraitstatuen von Philosophen (Plin. nat. 34,87). Hypothetisch müssen die Zuschreibungen von Parthenonmetopen und -friesplatten ([2],120ff.) bleiben. S. O.

1. *G.Lippold*, RE XI 1122ff. 2. *E.Buschor* Phidias der Mensch, 1948. 3. *M.T. Amorelli*, EAA 4,360. 4. *P. Mingazzini* Il tavolo crisoelefanto di Kolotes ad Olimpia, MDAI(A) 77, 1962, 293–305.

**Komaitho** (*Κωμαιθώ*). **1.** Tochter des → Pterelaos, die ihrem Vater dem Landesfeind zuliebe die goldene Locke abschnitt, an der sein Leben hing. Apollod. 2,60. Vgl. die Sage von → Nisos und Skylla. **2.** Priesterin der Artemis Triklaria in Patrai, die sich mit → Melanippos im Heiligtum verging. Die Göttin schickte Seuchen, und das delph. Orakel veranlaßte die Opferung der beiden Schuldigen und dann alljährlich des schönsten Jünglings und der schönsten Jungfrau. Paus. 7,19. → Eurypylos (5). H. v. G.

**Komana** (*τὰ Κόμανα*). **1.** Alte Stadt in der kappadok. Landschaft Kataonien, am → Saros, berühmt durch den Kult der → Ma-Enyo, die die Römer z.Z. Sullas als → Bellona übernahmen, Plut. Sulla 9,7. 27,12. LATTE RRel 281f. Reste bei Shahr. Inschr. IGRom III 120ff. Keine Mz.n. **2.** Stadt in Pontos am → Iris, vom kappadok. K. aus gegründet, ebenfalls mit Kult der Ma, Strab. 12,557–560; 34 n.Chr. der Provinz Pontus einverleibt. Ruinen bei Gümenek n.ö. von Tokat. Inschr. IGRom III 105ff. LE BAS 1814a. Mz.n HEAD HN$^{2}$ 498. RUGE, RE XI 1126f. K. Z.

**Komanos** (*Κομανός*). **1.** Griech. Grammatiker des 2. Jh. v. Chr. aus Naukratis (Sch. Gen. Hom. Il. 21,363). In Komm. zu Homer und Hesiod polemisierte er häufig gegen seinen Zeitgenossen → Aristarchos (6), der seinerseits Schriften gegen K. verfaßte. Auch in Zahl und Benennung der Wortarten wich K. von Aristarch ab (9 Wortarten; Pronomen = *ἀντονομασία* statt *ἀντωνυμία*. Auszug aus einer »Grammatik« des K. oder seiner Schule: Pap. Yale 446. Vgl. [2]). Da K. den höfischen Titel *ἀρχιοινοχόος τοῦ βασιλέως* führte (Sch. Hes. erg. 97), kann er mit größter Wahrscheinlichkeit mit K. *τῶν πρώτων φίλων* (vgl. RE Suppl. VII 332ff. 1625f.; [3]) identifiziert werden, der als einflußreicher Politiker z.Z. der alexandrin. Thronwirren und Anhänger Ptolemaios' VIII. u.a. eine Gesandtschaft vor dem röm. Senat anführte (Pol. 28,9,1. 31,20. Vgl. [4]). H.Gä.

1. *Susemihl* 2,150. 2. *H.M. Hubbell*, CPh 28, 1933, 188ff. 3. *W.L. Westermann*, APF 13, 1939, 1ff. 4. *F. Solmsen*, CPh 40, 1945, 115f.

**2.** K., Kiliker, zuerst Räuber, dann Sklave, mit seinem Bruder → Kleon einer der Führer im sicil. Sklavenkrieg unter → Eunus. 132 wollte er aus dem belagerten Tauromenion entkommen, wurde aber von den Römern gefangen und tötete sich in Enna, Diod. 34,2,20. HOLM G. Siciliens 3, 112. H. G. G.

**Komarches** (*κωμάρχης*). Beamter der ptol. und röm. Zeit in Äg., der anfänglich im Bereich eines Dorfes für alle Belange der Verwaltung zuständig war und somit den Toparchen und Nomarchen unterstand. Seit dem 2. Jh. v. Chr. hat ihn aber sein Sekretär, der Komogrammateus, aus seiner Stellung verdrängt, und der K. wird dessen Untergebener, der nur noch für Angelegenheiten der *γῆ βασιλική* und der *βασιλικοὶ γεωργοί* innerhalb des Dorfes zuständig bleibt. Erst am Anf. des 3. Jh. n. Chr. erhält der K. die oberste Verwaltung aller Belange eines Dorfes wieder zurück. Häufig erscheinen jetzt 2 K. gleichzeitig im Amt, das eine Leiturgie war. W. H.

**Kombabos** (*Κόμβαβος*). Eunuchenpriester u. Geliebter der vorderasiat. Fruchtbarkeitsgöttin Atargatis (→ Dea Syria) bzw. → Kybele ([1],39. Vgl. den Archigallos Kombaphis Ktes. frg. 29,9. [2], 251. I. LÉVY Mél. V. Loret, BIFAO 30, 1931, 537ff.). Sein inferiores Verhältnis zu ihr und das Faktum seiner Emaskulation erscheint in der Stratonike-Novelle (Lukian. dea Syr. 17ff. [5],23. 35f.). Die erot. Verfolgung des K. durch die Frau des Antiochos und seine schließliche Selbstentmannung als letzter Ausweg bilden rel. geschichtlich eine Parallele zu der Geschichte von → Ešmun und Astronoe (H. SEYRIG, Syria 40, 1963, 20ff.). Literar. liegt eine Abwandlung der Joseph-Potiphar-Novelle vor (W. F. ALBRIGHT, Journ. Bibl. Lit. 37, 1918, 115ff.), deren Motiv nach [2], 252ff. u.a. bei Firdausi (Šāh Nāme 5,333ff. Mohl), in der Chronik des Ṭabarī (TH. NÖLDEKE Gesch. der Perser und Araber z.Z. der Sassaniden, 1879, 27ff.) und im Kitāb al Mostaṭref des Ahmad al Ibšīhi (R. BASSET Mille et un contes, récits et légendes arabes 2, 1925, 174ff.) fortlebt. Die sprachl. Verbindung zwischen K. und Kubaba-Kybele scheint offenkundig ([3]. [5],35. 55. ALBRIGHT, Arch. f. Orientf. 5, 1928/29, 229 ff.), problemat. dagegen die mit dem elam. Riesen Ḫumbaba-Ḫuwawa ([2], 250. Ch. VIROLLEAUD, RHR 101, 1930, 23ff. J. PRZYLUSKI La Grande Déesse, 1950, 185. B. GOLDMAN, Berytus 14, 1961, 18f.), dem übrigens gorgon. Züge anhaften (F.W. KÖNIG, Klotho 4, 1938, 88. C. HOPKINS, AJA 38, 1934, 345ff. S. A. FEIGIN Miscell. Orient. P. Deimel, 1935, 91ff.; s. aber T. PH. HOWE, AJA 58, 1954, 216ff.). W. F.

1. *C. Clemen*, AO 37, 3/4, 1938, 37ff. 2. *E. Benveniste* Mél. R. Dussaud 1, 1939, 249ff. 3. *J. Przyluski*, Rev. Hitt. As. 5, 1940, 205ff. 4. *V. Vikentiev*, Bull. Fac. of Arts Cairo 11, 1949, 63ff. 5. *G. Goossens* Hiérapolis de Syrie, 1943.

**Kombe** (*Κόμβη*). Tochter des phleias. Flußgottes → Asopos (3), bei Diod. 4,32 und Zenob. 6,50 als Eponymin der gleichnamigen Stadt auf Euboia Chalkis genannt. Mutter der 7 euboi. → Korybanten (Kureten), Nonn. Dion. 13,135ff. Sie flieht mit ihnen vor ihrem Gemahl Sokos nach

Kreta, nach Phrygien, schließlich nach Athen zu → Kekrops, der Sokos tötet und so der Mutter und den Kindern die Rückkehr nach Euboia ermöglicht. Anders Ov.met.7,383, wo K. auf der Flucht vor ihren Söhnen im aitol. Pleuron in einen Vogel verwandelt wird; wahrscheinlich eine χαλκίς, ein habichtartiger Vogel, wie ihn die ältesten Mz. von Chalkis auf Euboia als »Wappenbild« aufweisen; damit dürfte sich ihr Name »Chalkis« (s.o.) erklären. Fernzuhalten ist die kret. Glosse Hesychs κόμβα = κορώνη (Meerkrähe). Rätselhaft bleibt bei Ov. ihre Bezeichnung als *Ophias*; eineBeziehung zu dem aitol. Stamme der 'Οφιεῖς, verbietet sich durch die Quantität der 1. Silbe. H. v. G.

*Lobeck* Aglaoph. 209.1134. *Immisch* Myth.Lex. 2,1590ff. *Herb. Meyer*, RE XI 1139ff.

**Kome** (κώμη). Dorfsiedlungen sind seit dem Mesolithikum nachzuweisen. K. ist dagegen nachhes. und kommt zuerst in der Pseudo-Hes. Aspis 18 vor. Gemeint ist seitdem eine polit. untergeordnete Dorfsiedlung oder Stadtunterteil, in Stammstaaten die unterste Verwaltungseinheit. Die K. der klass. Zeit teilten das Schicksal ihrer Polis- oder Stammterritorien. In Kleinasien, Italien, Sizilien und der Kyrenaika waren die K. der Polisterritorien mitunter von nur schwach hellenisierten Nichtgriechen bewohnt. Im Hellenismus wurde dann die griech. Bezeichnung auf alle oriental. Dörfer von der Kyrenaika und Sizilien bis N.-Indien und zur sibir.-chines. Grenze übertragen, die die kleinste Verwaltungseinheit vor allem in den Ptolemäer-, Seleukiden-, Attaliden- und Judäerreichen darstellten, mitunter zu Bünden vereinigt wurden und oft auch griech. Siedler aufnahmen. Im griech. sprechenden O.-Teil des Imperium Romanum blieb diese Organisation, obwohl röm.-rechtlich umgeformt, bis in die Türkenzeit nach 1453 n.Chr. und modernisiert selbst im h. Griechenland erhalten. F. M. H.

Vgl. mit Bibliogr. *Swoboda*, RE Suppl. IV. *Rosenberg*, RE I A 633. *A.Berger*, Encycl. Dict. of Rom. Law (1953), Art. pagus, vicus. *H.Braunert* Die Binnenwanderung (1964), Ind. s. Dorfgemeinschaft, Landstädte. *Busolt* GStk. Ind. s. Dorfgemeinden, Komen-Phylen, κώμη; *Frank* ESAR, Ind. s. villages. *A.H.M. Jones* The Later Rom. Empire (1964), Ind. s. villages. *G.W. Lampe* A Patristic Lex. Fasc. 3 (1964), s. κωμύδριον. *M.Th. Lenger* Corp. des ordonnances des Ptolémées (1964), Ind. s. κώμη; *Lidd.-Sc.* s. κωμαρχέω, κωμάρχης, κωμαρχία, κώμαρχος, κώμη, κωμήτης, κωμητικός, κωμῆτις, κωμογραμματεία, κωμογραμματεύς, κωμοκάτοικος, κωμύδριον. *D.Magie* Rom. Rule in As. Min. I, II (1950), Ind. s. village. *Rostovčev* Soc. a. Ec. Hell. W., Ind. s. Dorf, Dörfer, κῶμαι-κωμοπόλεις. *Rostovčev* GuW, Ind. s. Dörfer, κωμαρχία.

**Kometen** s. Metereologie

**Kometes** (*Κομήτης*). **1.** Sohn des Sthenelos dem sich auf Aphrodites Anstiften → Aigiale(ia) (2), die Gattin des → Diomedes (2) hingab. Als dieser zurückkehrte, trachtete K. ihm nach dem Leben und trieb ihn, als der Anschlag mißlang, aus dem Lande, Sch.Il. 5.412 (Mimnermos). Nach Apollod.epit. 6,9ff. hatte Nauplios die Hand im Spiele, um seinen Sohn Palamedes zu rächen. **2.** Sohn des Thestios, Bruder der → Althaia, von → Meleagros erschlagen, dargestellt am Tempel der Athena Alea in Tegea unter den Teilnehmern der kalydon. Jagd. Paus. 8,45,6. H. v. G.

**Kommagene.** Landschaft in N.-Syrien am S.-Hang des Taurus, die sich bis zum Euphrat (bei Gerger und Samsat) erstreckte. Die Grenzen waren nicht starr. In röm. Z. schloß K. vor der Vereinigung mit Syrien unter Vespasian im S. Doliche, im W. Catamana ein. H. noch wasserreich aber verkarstet, war K. ehemals mit dichten Wäldern bedeckt. Holz wurde exportiert. In hist. Z. von Semiten, vorher wohl von ethnisch nicht bestimmbaren Kleinasiaten bewohnt, h. türk. und kurd. Berühmtester Sohn K.s ist → Lukianos von Samosata. – Als Kummuḫ wird K. zuerst von Tukulti-Ninurta I. (1235–1198) genannt, dann öfter bei Assurnaṣirpal und seinen Nachfolgern. Sargon II. machte K. 708 zur assyr. Provinz, die von einem Turtan verwaltet wurde. Die Hauptstadt Kummuḫ ist nicht lokalisiert. Erst im 3.Jh. v.Chr. tritt K. mit der weitverzweigten Dynastie der Orontiden wieder ins Licht der Geschichte. Sie leitet sich von Aroandes/Orontes II., einem Baktrier, Sohn des Artasyras, her, der durch seine Gattin Rhodogyne, Tochter → Artaxerxes'. II., auch mit dem Achaimenidenhaus verbunden ist. Wahrscheinlich von Armenien aus, wo die frühen Glieder des Geschlechtes saßen und später im Dienste der Seleukiden standen, stießen sie nach SW. vor. Arsames II. gründete um 230 v.Chr. → Arsameia (Eski Kâhta) am Nymphaios (Kâhtaçay) und Arsameia (Gerger) am Euphrat, beides stark befestigte Städte mit Burgen auf hohen Felsen. Um 170 machte sich Ptolemaios, Satrap von K., unabhängig und nahm wahrscheinlich den Königstitel an. Sein Nachfolger Samos II. Theosebes Dikaios (um 130) soll → Samosata (Samsat) gegründet haben, doch ist die Stadt bereits Eratosthenes bekannt (bei Strab.14,664), also wahrscheinlich von Samos I. (um 300) gegründet. Durch die Heirat des Mithradates I. Kallinikos mit Laodike, Tochter des Antiochos VIII. Grypos, wird die Verbindung zum Haus der Seleukiden hergestellt. Beider Sohn ist Antiochos I. Epiphanes (ca. 69 bis nach 38 v. Chr.), der bedeutendste Herrscher von K. Er erneuerte und verschönerte in den beiden Arsameia die bereits von seinem Vater und seinen Vorfahren gegründeten Hierothesia und schuf sich selbst die monumentale sepulkrale Kultstätte auf dem Nemrud Dağ. Seine Inschr. bezeugen den Synkretismus iran.-hellenist. Religion (Götter Zeus Oromasdes, Commagene, Apollo Mithra Helios, Artagnes Herakles Ares). 18 n.Chr. wird K. röm. von 38–72 n.Chr. unter Antiochos IV. Epiphanes nochmals selbständig, dann zur Provinz Syria geschlagen. Später sind in K. Pflegestätten chr. syr. Lit. W. Rö.

*C. Humann–O. Puchstein* Reisen in Kleinasien und N.-Syrien, 1890, 234ff. *E. Honigmann*, RE Suppl. IV 978–990. *L. Jalabert–R. Mouterde* Inscr. grecques et lat. de la Syrie I, 1929, 10ff. *F. K. Dörner–R. Naumann* Forsch. in K., Istanbuler Forsch. 10, 1939. *F. K. Dörner–Th. Goell* Arsameia am Nymphaios, Ist. Forsch. 23, 1963; *Dies.* Nemrud Dagh. The Excav. of the Hierothesion of Antiochus I. of Commagene (in Vorbereitung).

**Kommoi** (*κομμοί*, von *κόπτω*), nach Aristot. poet. 1452 b 18ff. Sonderlieder der Tragödie, und zwar von Chor und Schauspielern gemeinsam gesungene Klagelieder (*θρῆνος κοινὸς χοροῦ καὶ ἀπὸ σκηνῆς*). Vgl. Sch.; Poll. 4,53; Tzetz. *π. τραγ. ποι.* 118f. Schilderung bei Aischyl. Choeph. 423ff. (*ἔκοψα κομμὸν Ἄριον. . .*). Asiat. Herkunft auch Aischyl. Pers. 937.1054. Eur. Iph. T. 179ff. Sonst begegnet das seltene Wort nur in abgeblaßter Bedeutung »Totenklage«, z. B. Bion, Epitaph. Adon. 97f. Zusammenstellung der in den erhaltenen Tragikertexten als K. zu bezeichnenden Partien bei DIEHL RE XI 1197ff. Die K. sind an keine bestimmte Stelle der Tragödie gebunden, erscheinen jedoch selten als Parodos. Als Metra wurden bevorzugt: Iamben, Kretiker, Bakcheen, Dochmien, Trimeter, Pherekrateen, häufig auch Trochäen, Spondeen, Daktylen, Anapaeste, Ioniker, Choriamben, Epitrite, Glykoneen, Enoplier, Paroemiaci. F. St.

*E. Diehl*, RE XI 1195ff.

**Kommunismus,** d. h. eine Wirtschafts- und Gesellschaftsordnung, in der es nur Gemeinbesitz gibt und alle Menschen sozial gleichgestellt sind, hat bisher nicht existiert. Von allerlei Sozialgruppen bewirtschaftetes → Kollektiveigentum, bes. von Familien, Großfamilien, Klans, Sippen und Staatsgebilden, findet sich dagegen von der Steinzeit bis zur Spätant. Nur die chr. Klosterbewegung hat hier welthist. Bedeutung, da sie in Weiterführung platon. und stoischer Ideen gewisse Annäherungsformen der ant. Wirtschaftspraxis an den K. philos.-theolog. und im Experiment unterbaute und damit für das MA. und die Neuzeit vom Atlantik bis zum Pazifik ideolog. und prakt. Idealtypen schuf. F. M. H.

Vgl. mit Bibliogr. Art. Kollektivismus. *M. Ebert*, RLV s. Kommunismus. *H. Michell* Economics of Anc. Greece², 1957, 26. *R. Poehlmann–F. Oertel* Gesch. der sozialen Frage und des Sozialismus in der ant. Welt I, II³ (1925), pass.

**Komödie.** I. Griechisch. *κωμῳδία* im urspr. Sinn bedeutet ein Bühnenspiel, das zu Athen im Rahmen der jährlichen Dionysosfeste *Λήναια* (Lenäen, im Gamelion = Jänner/Februar) und *Διονύσια τὰ ἐν ἄστει* (städt. oder große Dionysien, im Elaphebolion = März/April) aufgeführt wurde. In das offizielle Festprogramm der Dionysien wurden diese Aufführungen im J. 486, in das der Lenäen um 442 aufgenommen; daß sie



als volkstümliches Brauchtum schon lange vorher bestanden, bezeugt Aristot. poet. 1449 b 1 und bestätigen Vasenbilder (BIEBER Fig. 123. 124. 126); das Marmor Parium 39 setzt die Stiftung der K. durch den legendären → Susarion im att. Dorf → Ikaria etwa ins J. 570. Das Wort K. ist abgeleitet von *κωμῳδός* »Komossänger«; *κῶμος* hieß ein ausgelassener Umzug, wie er zum Dionysosfest gehörte. *Κωμῳδοί* nannte man später noch die Darsteller der K. Die Texte dieser Aufführungen erlangten nach ihrer offiziellen Anerkennung bald eine solche geistige und künstlerische Bedeutung, daß nicht nur die Namen der Dichter urkundlich festgehalten (s. WILHELM Urk.), sondern auch die Stücke selbst als Bücher verbreitet wurden und z. T. erhalten blieben. Im uneigentlichen Sinn wurden schon im Alt. auch andere komische Dramen wie die des → Epicharmos als K. bezeichnet. Das Synonym *τρυγῳδία* (Aristoph., Eupolis) ist offenbar eine scherzhafte Bildung aus *τρύξ* (Most oder Weinhefe) nach *τραγῳδία*; später hat man es ernst genommen.

Aristot. poet. 1449 a 9 leitet das Drama aus der Funktion von Vorsängern (*ἐξάρχοντες*) gegenüber einem Chor her, und zwar die K. von denen der *φαλλικά*, die, wie er sagt, noch zu seiner Zeit vielerorts im Schwange waren. Eine Vorstellung von solchen Gesängen gibt außer Aristoph. Ach. 241ff. → Semos von Delos (Athen. 14,622): Inhalt (Hymnisches, Obszönes, persönlicher Spott) und Art der Darbietung erinnern in der Tat an K.-chöre, bes. die Parabase. Dazu paßt auch der große lederne Phallos, der zum männlichen Schauspielerkostüm der Alten K. gehörte. Eine andere Theorie (CGF 1,12.16), die Aristot. vermutlich auch schon bekannt war (poet. 1448 a 38), leitete *κωμῳδία* von *κώμη* »Dorf« ab und suchte den Ursprung der K. in ländlichen Bräuchen der Bescheltung mißliebiger Mitbürger durch einen organisierten nächtlichen Aufzug. Das sei als nützlich für die öffentliche Moral erkannt und daher zur regelmäßig wiederkehrenden Einrichtung gemacht und ins Theater verlegt worden (das naiv als schon existent angenommen wird). Aber weder die Herleitung von den *φαλλικά* noch die aus Rügeliedern erklärt gewisse wesentliche Züge der K. Daher hat RADERMACHER Frösche 9ff., noch andere Überlieferung von Volksbräuchen für die Vorgesch. der K. herangezogen: eine ätiolog. Erzählung aus Aristot. *Ναξίων πολιτεία* (Athen. 8, 348), in der ein Komos, der Leute verspottet, einen großen Fisch mitführt (es muß kein wirklicher gewesen sein); das mitgeführte Tier deutet auf das Wesen, das die Teilnehmer angenommen haben wie die Tiermaske der K.-chöre. Sch. Theokr. p. 2 Wendel berichtet über ein Artemisfest in Syrakus, bei dem Landleute in einem Komos u. a. Brote mit verschiedenen Tiergestalten trugen und Hirschgeweihe aufhatten. Sie boten den Begegnenden einen Trunk und veranstalteten ein Wettsingen;

die Unterlegenen zogen bettelnd auf die Dörfer. Varro (CGF 57f.) wußte von einer Theorie, die die K. auf einen Bettelumzug zurückführte, Aristoph. Frg. 253 deutet auf eine Beschenkung des Chores. Offen bleibt die Frage, woher das eigentlich Dramatische stammt: die Schauspielerszenen. Lange galt eine Hypothese, die auf Grund der Ähnlichkeit des Schauspielerkostüms in der künstlichen Korpulenz des Unterleibs und dem Lederphallos mit den sog. Dickbauchtänzern auf korinth. Vasen des 6. Jh. annahm, zu dem urspr. att. Komos eines tiergestaltigen Chors sei der aus dor. Bereich stammende Schauspieler getreten (so u.a. KÖRTE). Aristot. poet. 1448 a 30 sagt ja, daß beide Megara auf die Schöpfung der K. Anspruch erhoben, und eine megar. K. wird von den att. Komikern öfters mit Geringschätzung erwähnt. Dagegen leitet HERTER Chor und Schauspieler der K. einheitlich von den, wie er annimmt, auch in Attika einst heimischen Dickbauchtänzern her; POHLENZ, NAG 1949, 31 ff. hält ihm entgegen, daß sowohl die erhaltenen K. wie die S. 282, 3 erwähnten Vasenbilder einen anderen Charakter des att. Chores zeigen. Anderseits bestreitet BREITHOLTZ, daß es überhaupt eine dor. Posse so früh gegeben habe, daß sie Vorbild der att. K. sein konnte. Das geht sicher zu weit (Epicharm!); jedenfalls aber wäre es paradox, wenn gerade die im ion. Iambos gehaltenen Teile der K. auf dor. Vorbild zurückgingen, und die Schauspielerhandlung, wie wir sie aus Aristoph. kennen, ist von mimischen Szenen der Art, die → Sosibios (Athen. 621) für Sparta bezeugt, und auch von Epicharm durchaus verschieden.

Aus den erhaltenen Stücken des Aristoph. ergibt sich ein Grundschema der K., das dem Dichter vorschwebt, ihn aber nicht bindet. Die K. beginnt mit einer exponierenden Schauspielerszene in Trimetern; der oft stürmische Einzug des Chores (Parodos) erfolgt nicht mit einem geschlossenen Lied wie meist in der Tragödie, sondern im Wechsel von Gesang und Schauspielerrede. Die Handlung kulminiert in der Auseinandersetzung über ein aktuelles Thema (Agon, s. GELZER), meist in fester Form, die, wenn vollständig, aus folgenden Teilen besteht: Chorstrophe (Ode); Aufforderung des Chorführers an den Sprecher A in 2 Tetrametern (Katakeleusmos); Rede von A mit Entgegnungen von B, evtl. Zwischenreden einer kom. Person (Bomolochos) in gleichen Tetrametern (Epirrhema), auslaufend auf eine lange Reihe gleicher Metren im Presto (Pnigos); hierauf respondierende Chorstrophe (Antode), Aufforderung an den Sprecher B und seine Rede mit analogen Unterbrechungen (Antepirrhema), Pnigos; Abschluß (Sphragis). Sobald die Handlung eine entscheidende Wendung genommen hat, treten die Schauspieler ab und der Chor wendet sich ans Publikum in der Parabase. Diese besteht vollständig aus 7 Teilen: Kommation (Überleitung von der Bühnenhandlung zur Apostrophierung des Publikums); Ansprache des Chorführers meist in anapästischen Tetrametern, auslaufend auf ein Pnigos; hier spricht er in Aristoph.' 5 älteren Stücken für den Dichter oder direkt in dessen Namen; Ode (gesungen vermutlich von einem Halbchor); Epirrhema in 16 oder 20 troch. Tetrametern, rezitiert vom Führer des Halbchors; Antode (des andern Halbchors), Antepirrhema, analog. Nach der Parabase folgt zwischen kurzen Chorliedern eine Reihe von Einzelszenen, in denen der Held mit typ. Gestalten (des Lebens, nicht der Bühne) konfrontiert und die durch seinen Sieg geschaffene Situation exemplarisch dargestellt wird. Zuletzt zieht der Held mit dem Chor im Triumph ab, imaginärem Schmaus und Liebesglück entgegen. Dies das Schema, das wir aus den Aristophanischen K. abstrahieren; es wird variiert, indem Teile zugesetzt oder ausgelassen, vertauscht oder untypisch gestaltet werden. In den Frg. der andern Dichter der Alten K. lassen sich dieselben Elemente erkennen.

Die Alte K. spiegelt die konkrete und individuelle Wirklichkeit des Augenblicks mit ihrer Beschränktheit in der Antithese der idealen Unbeschränktheit dionysischen Rausches. Daher ihr uns befremdendes Ausgehen ins Phantastische; darin ist sie durch das Fest determiniert. Aber groß geworden ist sie durch das Eindringen eines profanen Elements. Aristoph. und seine Konkurrenten stellten ins Licht dieser Antithese vorzugsweise diejenigen Erscheinungen des öffentlichen Lebens, in denen sich damals das Ende des alten Griechentums, die Auflösung seiner klass. Entelechie ankündigte. Sie machten die K. zum Schauplatz einer geistigen Auseinandersetzung, die mit der Festesfreude nicht immer harmoniert (s. Equ., Nub.). Den Ernst dieses Transzendierens bezeugt die Gegenwirkung: die wiederholten Versuche, durch gesetzliche Maßregeln die persönlichen Angriffe in der K. einzuschränken (in den J. 440/39–437/36, um 415: KÖRTE 1234ff.), ferner Kleons Anklage gegen Aristoph. (Ach. 377ff. 502ff.) und Platons Beschwerde über ihn (Apol. 19c).

Die K. spielt in Zeit und Umwelt des Zuschauers, ausgenommen mytholog. Stücke wie Kratinos' *Ὀδυσσῆς*, sofern sie nicht als Parodie zeitgenöss. Tragödien oder als Einkleidung polit. Aktualität (Kratinos' Nemesis, Dionysalexandros) Gegenwartsbezug hatten. Tierchöre symbolisieren die phantastische Gegenwelt. Unter den Personen nimmt der komische Held eine bes. Stellung ein: in ihm soll der Zuschauer sich selbst erkennen, mitunter identifiziert sich auch der Dichter mit ihm (Aristoph. Ach. 377.502. Frg. 471. Plat. Frg. 107). Anderseits aber trägt er Züge übermenschlicher Potenz an sich, symbolisiert durch Leibesfülle und Phallos (vgl. WILAM. Kl. Schr. 1,226), durch die er über Gegner und Mißstände triumphiert und den Zuschauer zuletzt in ein Phantasiereich nicht bloß sinnlicher Freuden, sondern auch der Erfüllung tieferer Sehnsucht nach Frieden (Ach., Lys.) oder Wiederkehr der alten Zeit (Equ., Ran.) mitnimmt. In Ran. repräsentiert Dionysos das athen. Publikum, in Lys. hat Aristoph. eine Frau zur heiteren, aber nicht komischen Inkarnation der positiven Kraft gemacht. Der komische Held ist daher, bei Aristoph. wenigstens, nie eine reale Person, wohl aber die zentrale Figur, auf die der Angriff sich richtet (Kleon, Sokrates, Euripides), und deren positive Gegenbilder, diese jedoch Verstorbene (die alten Staatsmänner in Eupolis' Demen, Aischylos in Ran.), und die Episodenfiguren, sofern es nicht Typen sind. Die Sprache ist im Dialog das später vielbewunderte Muster des reinen Attischen, wo nicht Andersstämmige ihren Dialekt sprechen oder Barbaren radebrechen. In den Parodien und Liedern umfaßt sie den ganzen Reichtum griech. Kunstsprache, ebenso die Metrik. Der Grundzug des Stils ist eine Gestalt um Gestalt erzeugende Metaphorik im Wort wie im Sichtbaren (s. Newiger).

Mit der Katastrophe Athens im J. 404 ist die Alte K. wie die Polis, von deren politischen und geistigen Spannungen sie gelebt hatte, zu Ende. Die Restauration konnte das alte Leben nicht wiederbringen. Aristoph. Eccl. und Plut. zeigen die Veränderung: statt der Politik trat die soziale Frage in den Vordergrund, an Stelle des Individuellen das Allgemeine, zugleich aber an die Stelle der in der Satire implizierten antithetischen Bejahung die Ironisierung des Positiven. Die literar. Parodie verliert die vernichtende Schärfe, Euripides ist tot und sein Werk hat sich durchgesetzt. So auch die Philos., nur persönliche Extravaganzen werden verspottet. Man ist reflektierter und gesitteter geworden, die Lust fragwürdig, die Zote anstößig. Aristot. zieht ihr mit Rücksicht auf die Sittsamkeit die Zweideutigkeit vor (eth. Nic. 1128 a 22). Beliebt sind mythologische Stücke, sei's Parodie, sei's heiteres Spiel mit dem nicht mehr ernstgenommenen Mythos. Immer mehr aber auch fiktive Handlungen aus dem privaten Leben (Antiphan. Frg. 191), typ. Verhältnisse und Personen (nach Gewerbe, Herkunft, Charakter) im Sinne des aristotel. *καθόλου* (poet. 1451 b 7). Bei der Konstruktion der Handlung werden öfters Modelle der späten eurip. Tragödie ins Bürgerliche übertragen. Der Chor tritt zurück, Agon und Parabase kamen nur ausnahmsweise vor, die Polymetrie nimmt daher ab. Diese Epoche und ihr Stilcharakter heißt seit späthellenist. Z. (Körte 1256) Mittlere (*μέση*) K.; ihre bedeutendsten Vertreter sind → Alexis, → Anaxandrides, → Antiphanes, → Eubulos. Wir kennen sie nur aus Frg.; ein Stück der *μέση* liegt vermutlich dem plautinischen Persa zugrunde, vielleicht auch dem Poenulus (Alexis), dem Amphitruo, den Menaechmi (Webster Stud. in later Greek comedy, 1953, 67.78.86). Die große Zahl der Stücke (Athen. 8,336d will im ganzen über 800 der *μέση* gelesen haben) zeigt, daß die Produktion längst nicht mehr für Athen allein bestimmt war.

Sobald die Tendenz zum allg. Menschlichen sich durchgesetzt hatte, erblühte in der Neuen K. eine 2. Klassik der K., die in → Menander den letzten griech. Dichter höchsten Ranges hervorbrachte. Obgleich → Philemon und → Diphilos schon vor ihm produzierten, ist es sinnvoll, mit seiner ersten Aufführung (321) die *νέα* beginnen zu lassen. Schon Aristophanes von Byz. hat an ihm vor allem die Lebenswahrheit hervorgehoben; trotzdem darf nicht verkannt werden, daß seine Dichtung wie die Neue K. überhaupt wesentlich durch die zweifache Tradition der älteren K. und der eurip. Tragödie geprägt ist. Zwar ist der Chor nun aus der Handlung gänzlich ausgeschaltet; höchstens bei seinem ersten Auftreten lose mit ihrem Milieu verknüpft, tanzt und singt er in den Pausen zwischen den nun regelmäßigen 5 Akten aus einem Repertoire von Intermezzi; in den Texten der Stücke steht an der betr. Stelle wie schon hier und da in Aristoph. Eccl. und Plut. bloß *χοροῦ*. Die Handlung spielt fast durchwegs in bürgerlichem Milieu; mythologische Stücke sind Ausnahmen. Aber inmitten dieser Realistik fehlt es doch nicht an phantastischen Elementen. Das war schon durch die z.T. grotesk stilisierten Masken gegeben; und meist tritt ein Gott oder eine ad hoc erfundene allegorische Person auf, um im Prolog die Exposition zu geben und dem Publikum auch das zu sagen, was die Menschen auf der Bühne noch nicht wissen, so daß der Zuschauer selbst wie ein Gott die Irrungen durchschaut, in denen sie noch befangen sind. Mitunter greift der Gott auch ein wenig in das Geschehen ein. Obgleich die Handlung in einer geschlossenen Welt spielt, die zwar mit der des Zuschauers anscheinend ident. ist, aber Bezüge auf konkrete Aktualitäten fast ganz vermeidet, ist diese Welt der Bühne gegen den Zuschauerraum in surrealist. Weise offen: nicht nur im Prolog, der oft erst an 2. Stelle nach einer Neugierde weckenden Eingangsszene folgt, sondern auch mitten in der Handlung wird das Publikum ungeniert angeredet. Der Einsame auf der Bühne macht es expressis verbis zu seinem Vertrauten, ebenso der a parte-Sprecher. Und die Handlung selbst ist so unbekümmert um Wahrscheinlichkeit wie die Mythen der Tragödie, an die sie geflissentlich erinnert. Wie dort ist ein Hauptmotiv der Anagnorismos, das zufällige Wiederfinden einst ausgesetzter Kinder oder sonst nächster Angehöriger. Dieselben Motive wiederholen sich immer wieder, auf Originalität kam es da so wenig an wie auf Wahrscheinlichkeit. Das Wesentliche war einmal die festliche Funktion, die die K. immer noch hatte: wie der Chor im Intermezzo oft als ein *κῶμος* von Trunkenen auftrat, so führte die Handlung das Mitgefühl des Zuschauers mit den Gestalten der Bühne aus Bedrängnis, Beschränktheit, Entbehren zu Freude, Lust, Erlösung, freilich in einer gegenüber der Alten K. gedämpften, ja mitunter eigentümlich gebrochenen – der Wahrheit zuliebe – und zugleich verinnerlichten Weise. Die erste vollständige Neue K., die wir im Original besitzen, Menanders Dyskolos, hat da manches aufgeklärt (W. Kraus, SAWW 234,4, 1960, 20ff.). Für den Kunstverständigen aber war gesorgt durch originelle Variation der traditionellen Situationen und Charaktertypen, vor allem aber durch ihre psychologische Durchleuchtung. Hier steht die K. in Wechselwirkung mit der Philos., bes. der peripatetischen Beobachtung menschlicher Verhaltensweisen; Menander soll → Theophrasts Schüler gewesen sein, anderseits zeichnet er sich durch eine dynam. Auffassung gegenüber der stat. in dessen »Charakteren« aus. In der Form nähert sich die K. nun dem reinen Sprechdrama in iamb. Trimetern und troch. Tetrametern; doch gab es, wie wieder der Dyskolos gezeigt hat, auch noch iamb. Tetrameter, vom Aulos begleitet; in den Frg. finden sich noch Anapäste, daktyl. Hexameter und Spuren von Melik. Die Sprache ist die der Zeit. Die späteren Attizisten fanden manchen Wortgebrauch zu bemängeln, und man erklärt damit, daß Menander, obgleich er bis ins 5. Jh., wie die Papyri zeigen, hochbeliebt war, von den Byzantinern nicht übernommen wurde. Man könnte sich freilich auch denken, daß sein Verständnis für alles Menschliche chr. Glaubenseifer fremder war und bedenklicher erschien als Aristoph.' pathetische Satire trotz aller Obszönität. So kam es, daß die griech. Neue K. ihre bestimmende Wirkung auf alle spätere europäische K. nur durch die Vermittlung der lat. Nachdichtungen ausübte. W. K.

Die beste Frg.-Slg. ist veraltet: FCG. Ich zitiere nach CAF bzw. für neue Frg. *J. M. Edmonds* The Frg.s of Attic comedy, 1957/61 (sehr unzuverlässig). Testimonia: CGF. *A. Körte*, RE XI 1207ff. *L. Radermacher* Aristoph. Frösche, SAWW 198/4, 1921. *M. Bieber* The history of Greek and Roman theater, Princ. 1939. *H. Herter* Vom dionys. Tanz zum kom. Spiel, Iserlohn 1949. *H. J. Newiger* Metapher und Allegorie, 1957. *Th. Gelzer* Der epirrhematische Agon bei Aristoph., 1960. *L. Breitholtz* Die dor. Farce, 1960 (mit sehr reichhaltigen Literaturangaben).

II. Römisch. Die röm. K. ist, wie das röm. Drama überhaupt, im wesentl. ein Phänomen der republ. Epoche. Ihre Gesch., die vom Ausgang des 1. pun. Krieges bis z. Z. Cäsars reicht, beruht auf zwei ungleichen Voraussetzungen: auf vorliterar., volkstüml. Gattungen, die vor allem in S.-Italien und Etrurien verbreitet waren (→ Phlyaken, Atellana fabula, Fescennini versus), und hauptsächlich auf der nacharistophan. griech. K. Wie die allg. Gegebenheiten des röm. Theaterwesens, so lassen sich auch Sujets, Charaktere und dramat. Struktur der literar. röm. K. schlechtweg als griech.-hellenist. Import bezeichnen; spezifisch röm. Gehalt hat dort in weit geringerem Maße einzuwirken vermocht als bei den meisten anderen Gattungen der Poesie und Prosa. Die röm. K. brachte es wohl nicht zuletzt deshalb nur zu relativ geringer Selbständigkeit, weil ihr die hist.-polit. Dimension stets verschlossen blieb: hist. Stoffe kleidete man in das Gewand der Tragödie (→ Praetexta), und polit. Meinungsäußerungen wurden, wie → Naevius erfahren mußte, vom Regime der Senatsaristokratie nicht geduldet. Außerdem eigneten sich gerade Form und Stoff der neuen K. zur wenig modifizierten Übernahme in eine fremde Lit., und es ist schwer vorstellbar, daß die Römer der europ. Dichtung einen größeren Dienst hätten erweisen können, wenn sie sich, mit der Rolle von Übersetzern, Bearbeitern oder Nachahmern nicht zufrieden, um größere Distanz gegenüber ihren Vorlagen bemüht hätten.

K.-Aufführungen waren Bestandteil der *ludi scaenici*; sie fanden als staatl., vom zuständigen Magistrat beaufsichtigte Veranstaltungen an den hierfür vorgesehenen Festtagen statt (→ Spiele). Die Autoren pflegten ihre Stücke an einen Schauspieldirektor zu verkaufen, der mit seiner Truppe die Aufführung besorgte (→ Ambivius Turpio). Sie waren sämtlich »Berufsdichter«, entstammten bescheidenen Verhältnissen und bedurften aristokrat. Protektion. In älterer Z. machten K. nur einen Teil ihres Oeuvre's aus (→ Livius Andronicus, → Naevius, → Ennius); → Plautus hat sich als erster auf das Lustspiel beschränkt und hiermit während der Blütez. des röm. Dramas, im 2. Jh. v. Chr., manchen Nachfolger gefunden (→ Caecilius III 1, → Terentius, → Afranius).

Seit → Accius und → Varro war es in der ant. Literarhistorie Brauch, die röm. K. nach äußeren Merkmalen, nach Kostüm und Milieu, zu klassifizieren (→ Fabula). Diese Begriffe wurden von der modernen Philologie übernommen; sie sind nützlich, weil sie es gestatten, die Entwicklung der röm. K. als Abfolge der mit ihnen bezeichneten Typen zu beschreiben. Hierbei verdient zugleich das Verhältnis zu den griech. Vorbildern Beachtung, das innerhalb des von Anfang an gegebenen engen Spielraums von Typ zu Typ und von Autor zu Autor wechselte. Drittens läßt sich nach einer kurzen Periode des Aufstiegs ein allmählicher Prozeß des Niedergangs vermuten, der stufenweis zu stets anspruchsloserer und robusterer Komik führte.

Die Z. des Aufstiegs gipfelt in Plautus und Terentius, den beiden einzigen röm. Lustspielautoren, von denen vollständige Werke überliefert sind. Ihr Kennzeichen ist die Alleinherrschaft oder, falls bereits Naevius die Togata begründet haben sollte, die Vorherrschaft der Palliata, d. h. des Lustspieltyps, der das griech. Kostüm und Milieu der Originale beibehielt. Wenn die kümmerlichen Frg.e nicht trügen, die sich aus den K. der Vorgänger erhalten haben, so darf am ehesten Plautus als der typ. Repräsentant dieser Epoche gelten: sein energisches Bestreben, die griech. Originale durch handfeste Bühnenwirksamkeit dem Geschmack eines breiten Publikums zu adaptieren, entspricht wohl mehr dem seit jeher auf dem röm. Theater Üblichen als die feine und verhaltene Art des Terenz. Die plautin. Stücke scheinen diese Tendenz vornehmlich auf vierfache Weise zu bekunden: 1. durch die Wahl des Sujets, das den kräftig gezeichneten Charakter und die lebhafte Handlung einer psychologisierenden, auf ethischen Entscheidungen beruhenden Motivation vorzieht, 2. durch unbekümmerte Anspielungen auf röm. Verhältnisse, 3. durch gesuchte klangliche und rhythm. Effekte der Sprache, 4. durch die Vielfalt der Metren und das Ausmaß der von Flötenmusik begleiteten Partien (→ Canticum). Die durch Plautus dokumentierte Tradition der röm. K. hat sich also jedenfalls in Stil und Metrik ein gewisses Maß von Freiheit gestattet; hingegen ist fraglich, ob sie mitunter auch Struktur und Handlungsverlauf der griech. Originale verändert hat. Bei Terenz wiederum spiegeln die größere Zurückhaltung im Gebrauch stilist. und metr. Mittel sowie das Streben nach Geschlossenheit der Illusion offenbar getreulicher die Beschaffenheit der verwendeten Muster wider; andererseits steht fest, daß sich gerade in seinen Stücken Motivation und Arrangement des Handlungsmechanismus nicht selten erheblich von den griech. Vorlagen entfernen.

Die hier angedeutete, in der Forschung lebhaft diskutierte Frage nach der Strukturtreue der plautin. und terenz. K. ist seit jeher mit dem Problem der sog. Kontamination verquickt. Der Terminus geht auf Kontroversen zurück, die Terenz mit einem literar. Widersacher austrug (Andr. 16; Haut. 17. → Luscius Lanuvinus). Terenz verwahrt sich dort gegen den Vorwurf, er habe die jeweilige Hauptvorlage durch Einfügen von Partien aus anderen griech. Stücken »verdorben«; dergleichen hätten sich bereits Naevius, Plautus und Ennius erlaubt. Diese Berufung auf das Exempel der Vorgänger ist als ein für röm. Ohren sehr plausibles Argument gewiß z.T. taktisch bedingt; jedenfalls haben sich Kontaminationen, die über einzelne Versgruppen und Szenen hinausgehen, weder bei Plautus noch bei Terenz mit hinlänglicher Sicherheit erweisen lassen, und andererseits sind die unbestreitbaren Veränderungen der Vorlagen, die Terenz aus Eigenem beisteuerte, einschneidender als Motivübernahmen aus anderen Stücken.

Den beiden Großen fehlte es nicht an Zeitgenossen und Epigonen; eine Anzahl nennt der Kanon des → Volcacius Sedigitus, darunter an erster Stelle den bedeutenden Caecilius. Der letzte Palliatendichter, von dem die Überlieferung weiß, war der im J. 103 v. Chr. verstorbene → Turpilius. Die Titel und die spärlichen Frg.e, die von diesen Autoren zeugen, lassen engen Anschluß an die griech. Originale vermuten; offenbar bevorzugte man, wie es schon Terenz getan hatte, Stücke von Menander. Der Niedergang der Palliata war nicht durch mangelnde Publikumserfolge verursacht.



Wie die Terenz-Didaskalien, doppelte Fassungen von Endszenen (Poen. Andr.) sowie überarbeitete Prologe (bes. Cas. 5-20) bekunden, ergänzte man während des 2. Jh. v. Chr. die zeitgenössische Produktion nicht selten durch Wiederaufführungen plautin. und terenz. Stücke. Cicero bezeugt, daß der *Pseudolus* des Plautus und der *Demiurgus* des Turpilius zum Bühnenrepertoire seiner Z. gehörten (Q.Rosc. 20; fam. 9,22,1).

Die Togata, das Lustspiel in ital. Kostüm und Milieu, kam wahrscheinlich z.Z. des Terenz auf. Die Dichter, die sich dieses Genres annahmen, waren → Titinius, Afranius und → Quinctius Atta; der zuletzt Genannte starb im J. 77 v. Chr. Titel und Frg.e zeigen, daß man das Leben der kleinen Leute in den Landstädten abzubilden suchte. Zumindest bei Afranius scheinen sich Intrige und Szenenführung stark an das Vorbild der Palliata, mitunter auch unmittelbar an die griech. K. angelehnt zu haben. Mit Atta erlosch die Gattung; bei der Trabeata des → Melissus, die im Milieu der Ritterschaft spielte, handelte es sich um ein vereinzeltes Experiment. Die ausgehende Republik erlebte im wesentl. nur noch die kurze literar. Blüte zweier volkstüml. Lustspieltypen: der → Atellana, die in sullan. Z. von → Pomponius und → Novius gepflegt wurde, sowie des → Mimus, dessen Repräsentanten, → D. Laberius und → Publilius Syrus, in cäsar. Z. miteinander wetteiferten. Auf der Bühne der Kaiserz. schließlich herrschte die Tagesproduktion derb-sinnlichen, simplen Amusements, die sich offenbar schon wegen ihres halbimprovisierten Charakters der literar. Fixierung widersetzte (→ Mimus). Nur selten noch scheint man wirkliche K., die dem aus der Republik überkommenen Erbe entstammten, aufgeführt zu haben (s. z.B. Suet. Ner. 11); mitunter versuchte man sich im Abfassen von Lesedramen (Plin. epist. 6,21. Iuv. 1,3).

Die Anfänge des röm. Dramas sowie Plautus und Terenz wurden schon in spätrepubl. Z. ein bevorzugtes Objekt gelehrter Forschungen; man bemühte sich vor allem um die Chronologie der Stücke und um die Biographie der Dichter, um Echtheitskritik und um die Erklärung dunkler Wörter. Diese Studien fanden in den literarhist. Schriften Varros ihren Abschluß. Die vorwiegend modernist. Gesinnung der frühen Kaiserz. war der Beschäftigung mit der altröm. K. nicht günstig; erst seit dem 2. Jh. n. Chr., mit dem Aufkommen der archaist. Strömung, nahm man sich ihrer wieder intensiv an. Bisweilen war gelehrter Sammeleifer die treibende Kraft, z.B. bei → Gellius und → Nonius. Vor allem aber bestimmten die Bedürfnisse der Schule Form und Ausmaß der philolog. Arbeit. Plautus und Terenz standen nunmehr im Mittelpunkt der Bemühungen; die Hinterlassenschaft dieser beiden kanon. Autoren wurde ediert (→ Valerius Probus), kommentiert (→ Aemilius Asper, → Helenius Acro) und mit metr. Inhaltsangaben versehen (→ Sulpicius Apollinaris). Die Grammatiker des 4. und 5. Jh. knüpften an die Studien der Adoptivkaiserz. an; ihr Eifer scheint sich indes gänzlich auf die Stücke des Terenz konzentriert zu haben (→ Euanthius, Aelius → Donatus (2), → Eugraphius u.a.). Plautus hingegen fand damals einen anonymen literar. Nachahmer (→ Querolus).

Die Tendenzen der Spätant. setzten sich im MA. fort: Plautus war wenig bekannt; er hat lediglich indirekt auf die K. des Vitalis von Blois (12. Jh.) eingewirkt. Terenz indessen gehörte zu den bevorzugten heidn. Autoren, wie vor allem die illustrierten Hss. und die Lesedramen Hrotsviths von Gandersheim bekunden. Erst nach dem Plautusfund des Nikolaus von Cues im J. 1429 verschoben sich die Gewichte; die K. der europ. Nationalliteraturen wurde zumindest in gleichem Maße durch Plautus inspiriert wie durch Terenz. M. F.

Frg.: CRF. 1. *G.E. Duckworth* The Nature of Roman Comedy, 1952. 2. *W.Beare* The Roman Stage, $^2$1955 (Bibl.). 3. *A. Thierfelder*, G 63, 1956, 326–345. 4. *E. Paratore* Storia del teatro latino, 1957. Weitere Lit. → Plautus, Terentius.

**Komogrammateus** (Κωμογραμματεύς). Ptol. und röm. Verwaltungsbeamter in Äg., anfangs dem Komarches unterstellt, ihn bald (2. Jh. v. Chr.) aber aus der Macht verdrängend. Sein Amtsbereich erstreckt sich auf sein Dorf; daher ist er unmittelbar dem Topogrammateus, dem Verwalter eines Teilgebietes eines Gaues, unterstellt. Er ist für das gesamte Steuerwesen, die Führung aller Listen, die Bekanntgabe staatlicher Verordnungen verantwortlich, hat die Polizeigewalt und ist Friedensrichter. In ptol. Zeit vom Staat bezahlt, war das Amt in röm. Zeit eine Leiturgie, doch erhielt er Bezüge aus einer Sondersteuer seines Dorfes. Im 3. Jh. n. Chr. tritt wieder der Komarches an seine Stelle. W. H.

**Komomisthotes** (κωμομισθωτής). Ptol. Beamter, der für die Verpachtung von Teilen von Staatsland innerhalb einer Dorfgemarkung an Pächter (βασιλικοὶ γεωργοί) zuständig war. W. H.

**Komos** (κῶμος, dazu Verb. κωμάζειν, lat. *comissari, comissatio;* Etym. ungewiß, Zusammenhang mit κώμη?). Der ausgelassene, festliche Umzug mit Gesang, Flöten- oder Kitharaspiel und mancherlei Ausschweifungen und Unfug, unternommen öffentlich bei Götterfesten, bes. solchen des Dionysos, von der Kultgemeinde, oder von Privaten, z. B. bei Hochzeitsfesten, nach dem Trinkgelage in trunkener Stimmung, oft von einem Symposion in ein anderes (berühmtestes Beispiel der K. des Alkibiades in Platons Gastmahl 212c ff.). Homer kennt noch weder Wort noch Sache; erste Belege Hom. hymn. Herm. 481 (der kleine Hermes schenkt Apollon die von ihm erfundene Lyra ἐς φιλογηθέα κῶμον) und Ps.-Hes. Asp. 281 (auf dem Schild des Herakles ist ein Hochzeitszug dargestellt, in dem νέοι κώμαζον ὑπ' αὐλοῦ). Hiernach scheint die Sitte des K. erst mit dem Siegeszug des Dionysosdienstes in Griechenland aufgekommen zu sein. Nach Idomeneus bei Athen. 12, 532f (FGrH 338 F 3) haben die Peisistratiden Hippias und Hipparchos θαλίας καί κώμους eingeführt, offenbar im Zusammenhang mit der Förderung des Dionysoskultes; in Sparta waren sie nach Plat. leg. 1,637a selbst bei Dionysien verboten. Vom 5. Jh. an reißen die literar. Belege für K. nicht ab; den 7tägigen Triumphzug des von Indien heimkehrenden Alexander durch Karmanien nennen Diod. 17,106,1 und Plut. Alex. 67,1 einen K. Die Zahl der Darstellungen von K., privaten wie kultischen, vor allem dionys., auf Vasenbildern vom 6. Jh. ab ist unübersehbar. – Von κῶμος nicht von κώμη, sind die κωμῳδοί, die K.-Sänger, und die Komödie abgeleitet. K. Z.

*Lamer*, RE XI 1286–1304.

**Konche** (κόγχη). Muschel, Schöpfgefäß, kleines Salben- und Medizinermaß. Die »große« galt 1 → Oxybaphon = 0,051 l, die »kleine« ½ → Kyathos = 0,017 l. H. Ch.

*F. Hultsch* Metrologie$^2$ 336ff. *H. Chantraine*, RE IX A 2116ff.

**Kondylon.** Kastell am W.-Ausgang des Tempetales in Thessalien, bei Liv. 44,6,10 zum J. 169 v. Chr. genannt, bei Liv. 39,25,16 *Gonnocondylus* und durch Philipp V. in Olympias unbenannt, anscheinend das Kastell bei Tsurba-Mandria n. von Gonnos. E. M.

1. *A. Arvanitopullos*, Πρακτικά 1910, 243. 1911, 320ff. EA 1913, 236. 1915, 16ff. 2. *Fr. Stählin* Das hellen. Thessalien 8f.

**Konis** (κόνις, ἁφή). Der Staubsand, der den Platz für Ringen und Turnen, κονιστήριον, κονίστρα, παλαίστρα, bedeckte, Gal. 6,142 K. Suda s.v. Obwohl der aufgewirbelte Staub das Atmen erschwerte, Philostr. gymn. 11, oder sogar Erstickungsgefahr mit sich brachte, Gal. 3,890 K., ermöglichte der Staubsand, mit dem die Kämpfer ihre eingeölten Körper bewarfen, einen festeren Griff und schuf den sowohl für das Standringen, ὀρθὴ πάλη, wie für das Wälzringen, κύλισις, wünschenswerten weichen Boden. Der festgetretene Sand wurde von Zeit zu Zeit gelockert. Feiner Staubsand (gewöhnlich gelb, aber für besondere Zwecke schwarz oder Ziegelstaub) wurde regelmäßig auch als hygienisches Mittel benützt im Gegensinn zum warmen und feuchten Öl, während Sand als trocken und kalt galt, Ps.-Hippokr. π. διαίτ. ὀξ. 2,64–65 (VI 580.582 L.). Gal. 6, 137. Philostr. gymn. 42.52. O. W. R.

*Jüthner*, RE XI 1312ff.

**Konistra.** Ein Teil des Gymnasion, Poll. 3, 154. 9,43, unter freiem Himmel, Pilostr. gymn. 55. Luc. Anach. 16, bedeckt mit feinem Sand, um Abschürfungen der Kämpfer zu verhüten. War er festgetreten, wurde er mit der Hacke aufgelockert, Athen. 12,518 d. K. ist identisch mit παλαίστρα ἡ κυλίστρα, so Suda s.v., doch ist ebd. s. σκηνή eine K. im Theater erwähnt, vielleicht die mit Sand bestreute Orchestra, wenn sie als Arena benützt wurde. *Κόνιμα* ist synonym. K. in einer delph. Inschr., BCH 23, 1899, 256. O. W. R.

*Jüthner*, RE XI 1316f.

**Konon** (*Κόνων*). **1.** K., Athener, * vor 444 v. Chr. Seit 414/13 mit wechselndem Erfolg mehrfach Stratege, einer der führenden Feldherren Athens. 406 wurde er von der spartan. Flotte im Hafen von Mytilene eingeschlossen (Xen. hell. 1,6,14ff. Diod. 13,77ff.) und durch Athens Sieg bei den Arginusen wieder befreit. Er selbst nahm an der Schlacht nicht teil und wurde darum nicht wie die siegreichen Feldherrn abgesetzt. Der Vernichtung der att. Flotte bei Aigospotamoi 405 entkam er und floh nach Kypros zu König → Euagoras (Xen. hell. 2,1,28f. Diod. 13,106,6. 14,39,1). Von dort aus trat K., da Sparta seit 400 wegen der Griechen Kleinasiens mit seinem bisherigen Verbündeten Persien in Krieg lag, mit Spartas Gegner Pharnabazos und dem Großkönig in Verbindung. Dieser befahl den Bau einer Flotte, zu deren Admiral K. ernannt wurde (wohl Anfang 397, W. Judeich Kleinasiat. Studien, 1892, 50,1. Meyer GdA 5, 201). Seit Frühjahr 396 (Didymos in Demosth. 7, 35ff. Ed. Meyer Theopomps Hellenika, 1909, 69f.) operierte er mit wechselndem Erfolg im SO. der Ägäis und gewann das wichtige Rhodos (Paus. 6,7,6. Diod. 14,79,6). Im August 394 vernichteten K. und Pharnabazos in der Schlacht bei Knidos die spartan. Seeherrschaft vollständig (Xen. hell. 4,3,10ff. Diod. 14,83,5ff. And. 3,22). Sie wandten sich dann gegen die spartan. Besatzungen in der ö. Ägäis, griffen später Lakonien selbst an und besetzten Kythera. Nach Pharnabazos' Heimkehr nach Asien blieb K. mit der pers. Flotte zurück und nahm sein Standquartier in Athen (Xen. hell. 4,8,7f. Diod. 14,85,2). Hier arbeitete er auf eine Erneuerung der alten Geltung seiner Vaterstadt hin (K. J. Beloch Die att. Politik seit Perikles, 1884, 118ff. 344ff. H. Swoboda, RE XI 1330f.). Von größter Bedeutung waren der von ihm entscheidend geförderte Wiederaufbau der Langen Mauern (Xen. hell. 4,8,9ff. Diod. 14,85,2. IG II/III$^2$ 1656ff. F. Frickenhaus Athens Mauern im 4. Jh. v. Chr., 1905, 5ff.), die Rückgewinnung der Kleruchien Lemnos, Imbros und Skyros und eine Reihe von Bündnissen Athens mit anderen Seestaaten. Daraufhin trat Sparta 392 mit Persien in Friedensverhandlungen und bot den Verzicht auf die Griechen Kleinasiens an. Der zu dem hierauf nach Sardeis einberufenen Friedenskongreß reisenden Gesandtschaft Athens schloß K. sich an (Xen. hell. 4,8,12ff.). Dort wurde er vom pers. Satrapen als Verräter gefangengesetzt, entkam jedoch nach Kypros zu Euagoras, wo er anscheinend bald starb (Lys. 19,39.41). K. ist der Vater des berühmten → Timotheos.

*G. Barbieri* Conone, Roma 1955.

**2.** K., Athener, Enkel des Vorigen, Sohn des Timotheos. Der unpolit., aber vermögende Mann erwarb sich in den Jahren seit 354 durch finanzielle Leistungen für die Allgemeinheit, besonders Trierarchien, große Wertschätzung. Für 319 wird er zum letzten Male erwähnt (Diod. 18,64,5). G. Do.

**3.** Astronom. Berenike, Gemahlin des Ptolemaios III. Euergetes, gelobte vor dessen Auszug zum Kriege gegen Syrien (246 v. Chr.), ihr Haupthaar für seine glückhafte Heimkehr zu weihen. Nach dem raschen Sieg wurde das Gelübde erfüllt, das Haar aber verschwand aus dem Tempel. Dies der Anlaß für das Katasterismos-Gedicht des → Kallimachos (erhalten durch Wiedergabe des Catull c. 66), wonach der Astronom K. von Samos das Haar als Sternbild zwischen ♌, ♍ und Bootes wiederfand (s. auch die Kommentare zu Verg. Buc. 3,40). Das Motiv wurde im Barock gern aufgegriffen, und es erschienen Sternbilder wie »Scutum Sobieski«, »Brandenburgs Szepter«, »Preussens gloria«, »Georgsharfe« usw. K. beschränkte sich indessen nicht auf poet. Höflichkeiten. → Apollonios von Perge (2) nennt ihn als Vorgänger in der Theorie der Kegelschnitte mit leichtem Tadel: Er habe den Beweisen nicht hinreichende Sorgfalt gewidmet (Con. 4 Bd. 2,3,17 H.). Archimedes dagegen (Lin. sp. Bd. 2,3,13 H.) erwartete gerade von ihm die Beweise für die Spiralsätze und bedauert, daß K. vor Vollendung dieser Arbeit starb. Viele Jahre zuvor hatte Archimedes seine Quadratura parabolae seinem soeben verstorbenen Freunde K. gewidmet und an den gleichfalls dem K. nahestehenden → Dositheos (4) geschickt. Mehr ist von K.s Leben nicht bekannt. Probus (Komm. zu Verg. Buc. 3,40) erwähnt 7 B. des K. De astrologia, aus denen wohl das von → Ptolemaios Phas. 67,7 H. erwähnte Parapegma stammt. Weitere Erwähnungen astro.-parapegmat. Arbeit: Prop. 4,1,78, Sen. nat. 7,3,3. Auch Catulls Lob ist mehr als nur konventionell. J. M.

*Th. Heath* Greek Mathematics Bd. 2,16. 359. Kommentare zu Catull und Vergil Buc.

**4.** Ein Mythograph, der um Chr. Geburt lebte und dem König → Archelaos (6) von Kappadokien eine bunte Sammlung von 50 mythol. Erzählungen (*Διηγήσεις*) widmete, uns inhaltlich bekannt durch einen Auszug des Phot. (bibl. cod. 186). Das stil. Urteil des Phot. wird durch die ausführlicheren und sich an den Wortlaut des Originals anschließenden Abschnitte des Auszuges bestätigt: der Wortschatz ist attizist., die Wortfügung gefällig, ja geziert, der Ausdruck knapp und apart. Wenn Phot. meint, K. habe mühsame Quellenstudien getrieben, so stimmt das nur in beschränktem Umfang; im wesentlichen wird er aus mythol. Handbüchern geschöpft haben. Die in Antithesen schwelgende Rhetorik und der rührende und moralisierende Ton sprechen dafür, daß K. sein Werk zur Unterhaltung der Leser, wohl auch als Beispielslg. für Redner, Dichter und Popularphilosophen geschrieben hat. H. v. G.

*U. Höfer* K, Text und Quellenunt., Greifsw. 1890. FGrH 26 (I 190ff.). Phot. Bibl. ed. R. Henry Bd. 3, 1961, 8ff. *L. Radermacher* Mythos und Sage bei den Griechen, 163.

**Konope** (*Κωνώπη*). Stadt in Aitolien, später Arsinoeia nach der Gemahlin des Lysimachos genannt, über der Acheloosebene beim h. Angelokastro. Strab. 10,2,22 p. 460. Pol. 4,64,3f. 5,7,7 u. ö. Steph. Byz. IG IX 1² Nr. 121–134. SEG 17,269 bis 272. Inschr. von Magnesia 28,11. E. M.

1. *W. J. Woodhouse* Aetolia 209ff. 2. *Bölte*, RE XIII 2552. 2554. 3. *G. Klaffenbach*, SPrAW 1936, 360ff. 4. *E. Kirsten*, AA 1941, 102. 5. *Philipps.-Kirst.* 2,339. 347. 609.

**Konopion** (*κωνώπιον, conopium, conopeum. culicare* Sch. Iuv. 6,80). Urspr. ist K. ein Mückennetz, Porph. Hor. epod. 9,16. CGlL V 350,24. Isid. orig. 19,5,5, so LXX Iudith 10,21. 13,9. 15. 16,19. Anth. Pal. 9,764 (*κωνωπεών*). Später allg. Sänfte, Ruhebett, »Kanapee«, CGlL V 521,2. Hor. epod. 9,16. Prop. 3,11,45. Varro rust. 2,10,8. Iuv. 6,80. W. H. G.

**Konthyle** (*Κονθυλή*), kleiner Demos der att. Phyle Pandionis, später Ptolemaïs, in der Nähe des h. Liopesi (Paiania), Aristoph. Vesp. 233 m. Sch. Phot. lex. s. *Κοθύλη*. Demotikon *Κονθυλεύς*, oder inschr. auch *Κονθυλίδης*. E. M.

**Koon** (*Κόων*), Troer, Sohn Antenors. Um seinen Bruder → Iphidamas zu rächen, greift er Agamemnon an und verwundet ihn leicht, findet aber dann durch ihn sein Ende. Il. 11,248ff. 19,53. Auf dem Kypseloskasten dargestellt, Paus. 5,19,4. H. v. G.

*Robert* Stud. zur Il. 155ff. *Kullmann*, H(ES 14) 178.

**Kopai** (*Κῶπαι*). Schon bei Hom. Il. 2,502 genannte Stadt Boiotiens am NW.-Ufer des danach genannten → Kopaissees, auf einem flachen Hügel an der Stelle des h. Topolia. Strab. 9,2,18 p. 406. 9,2,27 p. 410f. Paus. 9,24,1. Ptol. 3,14,19. Thuk. 4, 93,4. Hell. Oxyrh. 16 (11),3. IG VII 2780–2807. Mz. (4. Jh. v. Chr.) Head HN² 344. E. M.

1. *J. G. Frazer* Pausanias 5,131f. 2. *Philipps.-Kirst.* 1,486. 3. *S. Lauffer*, AA 1940, 186.

**Kopais** (*Κωπαΐς*). Der große ehemalige, oberird. abflußlose See, der mit stark wechselndem Wasserstand die n. w. boiotische Ebene großenteils ausfüllte, seit 1883–1892 durch Anlegung von Abflußkanälen trockengelegt. Im Alt. trug der See in den einzelnen Abschnitten nach den Hauptorten an seinen Ufern verschiedene Namen und wurde auch nach dem in den See mündenden Hauptfluß *Κηφισιάς* genannt. Außer dem Kephisos mündeten in den See bes. mehrere von S. und SW. zuströmende Bäche und Rhevmata und im NW. der Melas, h. Mavropotamos. Die Entwässerung erfolgte unterirdisch durch eine große Anzahl von Katavothren am N.- und O.-Rand des Sees, von denen die im äußersten NO. liegenden als die wichtigsten galten. Das hier abfließende Wasser trat in den großen Kephalari-Quellen bei Larymna wieder aus, die als Abfluß des Kephisos galten.

Die Ufer des Sees, der in der Steinzeit einen niedrigen Wasserstand aufwies, waren schon prähist. dicht besiedelt. In frühhellad. Z. erfolgte ein starkes Ansteigen des Sees mit Überflutung und Zerstörung mehrerer Siedlungen. In myken. Z. war der See auch durch künstliche Deiche und Abflußkanäle, die man den Minyern von Orchomenos zuschrieb, großenteils trocken, mit einer neuen Flutkatastrophe am E. des 2. Jt. v. Chr. Neue Entwässerungsarbeiten leitete der Ingenieur Alexanders d. Gr., Krates von Chalkis. Die h. im ehemaligen Seegebiet sichtbaren ant. Deiche und ein angefangener Felstunnel scheinen zu diesen Arbeiten zu gehören, wenn auch im übrigen strittig ist, ob die sonst feststellbaren, z. T. unvollendeten Anlagen, Kanäle, Deiche, Durchstechungsversuche der abschließenden niedrigen Bodenschwellen, in die myken. Z., das 4. Jh. v. Chr. oder die röm. Kaiserz. gehören. Berühmt waren die Aale aus dem Kopaissee. Strab. 9,2,16ff. p. 406f. 9,2,27 p. 410f. 9,2,40 p. 415. Diog. L. 4,4,5. Paus. 9,24. 9,38,6–8. Theophr. h. plant. 4,11,2ff.; c. plant. 4,10,1. 5,12,3. Plin. nat. 16,168f. Steph. Byz. s. *Ἀθῆναι*. E. M.

1. *J. G. Frazer* Pausanias 5,110ff. 2. *A. Philippson* Der Kopaissee in Griechenland und seine Umgebung (mit Karte 1 : 150000), Ztschr. d. Gesellsch. f. Erdk. zu Berlin 29, 1894, 1ff. 3. *Geyer*, RE XI 1346ff. 4. *Philipps.-Kirst.* 1 466ff. 483ff. 653f. 713 A. 31. 5. *E. J. A. Kenny* The ancient drainage of the Copais, Annals of archaeol. and anthropology 22, 1935, 189ff. 6. *U. Kahrstedt* Der Kopaissee im Alt. und die »minyischen« Kanäle, AA 52, 1937, 1ff. 7. *S. Lauffer*, AA 55, 1940, 184ff. 8. *P. Guillon* Les trépieds du Ptoion 175ff.

**Kôphên** (*Κωφήν*. Arr. Ind. 1,1; an. 4,22, 6. 5,1, 1. *Κώφης* Strab. 15,697. Dion. Per. 1140. *Cophes* [*-itis*] Plin. nat. 6,62. 78. 94). Die meisten Angaben lassen sich auf den Kabul beziehen, der als einziger bedeutender Nebenfluß von W. her in den Indus mündet. Nach Arr. bildete er die S.-Grenze der von Alexander errichteten Satrapie der Paropamisades. Das Gebiet im S. des Flusses hieß Gandaritis (Gandhara), das z. Z. des Ptol. (7,1. 6, 18. 20) zu → Indoskythia gehörte. Nach Plin. 6,78. 94 ist *Cophes* ein Fluß in Arachosia, nach 6,62 ident. mit dem Kabul. G.-D. S.

*Tarn* The Greeks in Baktria and India, 1951², 469ff. (App. 9). *Wecker*, RE XI 1361f.

**Kopien** s. am Schluß des Bandes

**Kopreus** (*Κοπρεύς*). **1.** Der »schlechtere Vater (vielleicht Anspielung auf die Bedeutung des Namens) eines besseren Sohnes«, des Periphetes, Herold, durch den Eurystheus mit dem gefürchteten Herakles verkehrte. Hom. Il. 15,639. Nach Apollod. 2,76 und Sch. z. Il.-Stelle war er Sohn des Eleiers Pelops, hatte den Iphitos erschlagen und war von Eurystheus entsühnt worden. Eur. Heraclid. 49–283 fordert er für Eurystheus die Kinder des Herakles aus dem Asyl des att. Königs

Demophon und geht mit Kriegsdrohungen ab (von den Athenern erschlagen Philostr. vit. soph. 2,1,8). **2.** Sohn des Haliartos, der das ihm von Poseidon gegebene göttliche Roß → Areion dem Onkos bzw. dem Herakles schenkt. Sch. Il. 23,346. Paus. 8,25,4. Wilam. GldH 1,393f. H. v. G.

**Koptos, -ites** (*Κοπτός, -ίτης*). Stadt in dem nach ihr genannten 5. oberäg. Gau, äg. *Gb.tjw*, h. Kuft auf dem ö. Nilufer, Ausgangspunkt der Wüstenstraße durch das Wadi Hammamat ans Rote Meer und zu den Goldgruben. Verehrt wurde der ithyphall. Min als Fruchtbarkeitsgott und Schützer der Wüstenreisenden, Isis und Horus. Griech. galt Min als *Πᾶν εὔοδος*. Der Tempel ist bereits für frühgesch. Zeit durch riesige Min-Statuen gesichert; zahlreiche Befreiungsdekrete aus dem ausgehenden Alten Reich beweisen seine damalige Bedeutung (Hayes Journ. Eg. Arch. 32, 3ff.), doch ist die Annahme eines kopt. Königsgeschlechts in dieser Zeit unrichtig. Die jetzigen Tempelreste stammen aus griech.-röm. Zeit (Petrie, Koptos). In röm. Zeit starker Militärstützpunkt, fiel es nach der Besetzung Äg.s durch Zenobia in die Hände der Blemyer, wurde 292 n. Chr. von Diokletian nach einem Aufstand zerstört, unter Iustinian in Iustinianopolis umbenannt. Gaumünzen zeigen die Dorkas-Gazelle, das hlg. Tier der Isis. W. H.

*H. Fischer* Inscript. fr. the Coptite Nome, 1964.

**Korakesion** (*Κορακήσιον*). Stadt im Grenzgebiet von Kilikien und Pamphylien, bald zum einen, bald zum andern gerechnet, auf steilem Felsen mit gutem Hafen, h. Alaja mit ausgedehnten Ruinen von Befestigungs- und Siedlungsanlagen; Hauptsitz der kilik. Seeräuber, 67 von Pompejus genommen, Plut. Pomp. 28. Vgl. Strab. 14,667f. Liv. 33,20,4. Mz.n Head HN$^2$ 720. Ruge, RE XI 1371. K. Z.

**Koralios** (*Κωράλιος*), bei Alkaios 3(9),4 Fluß ö. v. Koroneia in Boiotien, bei Kall. h. 5,64 Kuralios, und gleichnamiger Fluß bei Iton in der Achaia Phthiotis. Wenn Strab. 9,2,29 p. 411. 2,33 p. 412. 5,14 p. 435 diese beiden Flüsse Kuarios nennt und statt dessen einen Kuralios als Nebenfluß des Peneios aufführt, 9,5,17 p. 438, so hat nicht Alkaios, wie Strabo meint, eine falsche Namensform, sondern umgekehrt Strabo die Flußnamen verwechselt. Der K. bei Iton ist nach [2] der h. Xerias, der K. bei Koroneia wohl der h. Kakaris (AA 55,1940, 187). E. M.

1. *Mittelhaus*, RE XI 1372f. 2. *Fr. Stählin*, RE XI 2087f.

**Koralle.** *κοράλ(λ)ιον, κουράλ(λ)ιον* (von Sch. bei Pind. N. 7,116 *λείριον ἄνθεμον* vermutet; erste Belege hellenistisch), *curalium, corallium* (zuerst durch Konjektur bei Lucr. 2,805). Plin. nat. 32,21–24 und Dioscurid. 5,118 (übers. von Keller Ant. Tierwelt 2,56f.) beschreiben die K. genau, vorwiegend die rote (Plin. a. O.: Fundorte bei hyerischen und aiolischen Inseln, Trapani, Neapel), Plin. streift die schwarze K. (über sie auch Theophr. lap. 38?). Ov. met. 4,741ff. gibt ein Aition (Wirkung des Hauptes der → Medusa). Von der medizin. Verwendung handeln Dioscurid. 5,121, Plin. nat. a. O. Cels. 5,6ff. Ov. med. fac. 77f. Von Schmuckstücken und Amuletten (s. etwa Plin. 37,164) ist wenig erhalten (s. Dar.-Sagl. I 1503ff.). E. Mg.

**Koralloi** (*Κόραλλοι*). Volksstamm im Lande der Geten. Ob es sich um einen get. Stamm handelt, ist nicht mit Sicherheit zu entscheiden. Strab. 7,318, der das get. und thrak. Binnenland nicht aus Autopsie kannte, verlegt die K. in den Haimos, Ovid an den Ister. App. Mithr. 69,293 in das Getenland. Ov. Pont. 4,2,37.8,83. Chr. D.

*Fluss*, RE XI 1377. *Detschew* Die thrak. Sprachreste 253.

**Korax** (*Κόραξ*). **1.** Hohes Gebirge in Aitolien, die h. Giona (2510 m). Strab. 7 p. 329 frg. 6. 9,3,1 p. 417. 10,2,4 p. 450. App. Syr. 21. Liv. 26,30,4. 37,4,7. Steph. Byz. E. M.

1. *W. J. Woodhouse* Aetolia 371ff. 2. *Oldfather*, RE XI 1378f. 3. *Philipps.-Kirst.* 1,650. 711 A. 16.

**2.** K. bezeichnet bei Pol. 1,22,3f. die Enterbrücke der Römer in der Schlacht bei Mylai *(→ corvus)*, doch wurde nach Athen. mech. 10 W. (Vitr. 10,19) unter K. auch eine Vorrichtung verstanden, die der *σαμβύκη (→ sambuca)* ähnlich war (Pol. 8,6. Veg. mil. 4,21), d. h. es handelte sich wie bei dieser um eine Fallbrücke zur Erstürmung von Festungsmauern. Sie war an einer senkrecht stehenden Holzsäule in einer bestimmten Höhe befestigt, zu der man auf Sprossen erst emporklimmen mußte, um die Taue zu lösen. A.N.

RE XI 1381. *MacCartney* Figurative uses of animal names in latin and their application to military devises, Diss. Penns. Lancaster.

**3.** s. Teisias

**Kordax** (*κόρδαξ*). Nach den meisten Erklärern eine *κωμικὴ ὄρχησις*, ein von angeblich Betrunkenen ausgeführter ausgelassener, unanständiger Tanz. Nach Hesych. *κορδακισμοί* war der K. den Mimen eigen. Liban. pro salt. hielt ihn für einen Theatertanz, doch wurde er oft auch bei Gelagen solo getanzt. Die Schemata sind unbekannt. Ob die Vasenbilder, auf denen man einen K. dargestellt sehen wollte, wirklich einen K. zeigen, ist sehr zweifelhaft. C. F.

*Schnabel* Kordax, Münch. 1910. *Hinks* Le cordax dans le culte de Dionysos, RA 7, 1911, 1ff. *Latte* De saltat. Graecorum, Gießen 1913.

**Kore** (*Κόρη, Κούρη* Mädchen, Jungfrau, Tochter; vgl. *κοῦρος* Jüngling). **1.** Als Tochter → Demeters (s. o. I 1463) = → Persephone; z. B. *ναὶ τὰν κόραν* Aristoph. Vesp. 1438. Auch im Kabirenkult. Bei Plat. leg. 796b (*ἡ παρ' ἡμῖν κόρη καὶ δέσποινα*) auf Athena übertragen. K. Kerényi Die Jungfrau und Mutter der griech. Rel., Zürich 1952. Bei Soph. Oid. T. 509 mit kennzeichnendem Beiwort von der Sphinx; sonst gern von den Musen gebraucht. **2.** Von Poll. 9,74 bei Hyp. frg. 199 Kenyon (*κόρην* [Puppe] *καὶ τετράδραχμον*) fälschlich als att. Münzbezeichnung aufgefaßt. WILLERS, Numism. Ztschr. 31,8. H. v. G.

**Kore Kosmu** (*Κόρη Κόσμου*). »Weltenjungfrau« ([3],356) oder »Pupille der Welt« ([1], 144f. [6],184.188f.), ein bei Stob.ecl. 1,385,11 ff. W. überlieferter hermet. Traktat kosmogon. Inhalts ([4],143 ff. W. SCOTT Hermetica 1, 1924, 456 ff. 3,1926, 471 ff.), der – in Form eines Gesprächs der → Isis mit ihrem Sohn Horos (vgl. F. JESI, Aegyptus 41, 1961, 74 ff.) – als Offenbarungsträger den äg. Kamephis (= → Chnubis-Agathodaimon: [1], 137 ff.; = → Min-Kamutef: BONNET RÄRG 364 f.), daneben aber den gnost. → Hermes-Thot samt seinen Adepten Tat und → Asklepios-Imuthes figurieren läßt ([5],1,354), wobei dem Trismegistos außer der Rolle des belehrenden Vermittlers ([1], 136f.) und Verfassers der hlg. apokalypt. Bücher (G. WIDENGREN The Ascension of the Apostle and the Heavenly Book, 1950, 81 ff.) auch noch die eines planetar. Schöpfergottes und Weltordners zufällt, indem er das Menschengeschlecht bildet und die → Adrasteia einsetzt ([6],186f. Vgl. R. McL. WILSON The Gnostic Problem, 1958, 188. 192.234). Die durch Einschübe und Widersprüche gestörte, offensichtlich aus grober Kompilation erwachsene Darstellung ([4],147) rückt in den Mittelpunkt den Fall der *ψυχαί*, ihre Einkerkerung in den Körper, ihren Aufstand gegen die Götter und die Klage der Elemente über die gestörte Ordnung (W. BOUSSET, ARW 18, 1915, 165 ff.). Zum Schluß erfolgt nach gnost. Manier eine harmonisierende Emanation des höchsten Gottes (→ Agnostos Theos. E. NORDEN Agnostos Theos, 1913, 65 ff. [5],4,1 ff. [6],185), aus der sich als »Gesandte« → Osiris und Isis inkorporieren. Neben Spuren jüd. und iran. Gedankenguts fassen wir den dominierenden äg. Einschlag der Hermetik ([5],1,85. Vgl. P. DERCHAIN, RHR 161, 1962, 175 ff.), der sowohl in dem allweisen Kamephis und der mit dem *μέλαν τέλειον* (= *χημεία*) vertrauten Isis ([3],356 ff.) als auch im Prozeß der *γένεσις ψυχῶν* ([3],363. [5],1,88) die erstrangige Bedeutung der hermet. Symbolik für die ant. → Alchemie (F. S. TAYLOR, Ambix 1, 1937/38, 46f. E. O. v. LIPPMANN, Ambix 2, 1938, 21 ff. STAPLETON-LEWIS-TAYLOR, Ambix 3, 1948/49, 69 ff.) ins Spiel bringt. W. F.

1. *R. Reitzenstein* Poimandres, 1904. 2. *Ders.* Die Göttin Psyche, SHAW 1917, 70ff. 3. *Th. Zielinski*, ARW 8, 1905, 356ff. 4. *J. Kroll* Die Lehren des Hermes Trismegistos, 1914. 5. *A. J. Festugière* La Révélation d'Hermès Trismégiste 1, 1944. 4, 1954. 6. *F. N. Klein* Die Lichtterminologie bei Philon von Alexandrien und in den hermet. Schriften, 1962.

**Korenhalle** s. Erechtheion

**Korinna** (*Κόριννα*). Dichterin aus Tanagra (Suda, die daneben in 3 verwirrten Artikeln Thespiai, Theben und Korinth nennt; Paus. 9,22,3), Tochter von Acheloodoros und Prokratia (Suda), lebte z. Z. Pindars oder kurz nach ihm (dies die wahrscheinliche, von den Legenden bei Plut. mor. 347 F, Paus. a. O., Ail. var. 13,25 und von Prop. 2,3,21 [*antiquae Corinnae*] vorausgesetzte Datierung auf Grund von Sprache und Stil, während PAGE einer Datierung um 200 v. Chr. zuneigt). Sie behandelt, einfach in Metr. (choriamb. Dimeter und Ioniker) und Stil, boiotische Mythen wie den Wettstreit zwischen Kithairon und Helikon oder die Geschichte von Asopos und seinen Töchtern. Überlieferte Titel: *Μελῶν ε̄*, *Βοιωτός*, *Ἑπτὰ ἐπὶ Θήβαις*, *Εὐωνυμίαι*, *Ϝέροια*, *Ἰόλαος*, *Κατάπλους*, unsicher *Ὀρέστας*. Die Sprache boiotisch mit eingestreuten Homerismen. Die Orthographie ist sowohl in den Pap. (PACK Lit. Texts², 1965, Nr. 249.251; 250 unsicher) wie in den Zitaten die der 2. Hälfte des 3. Jh. v. Chr., ist also modernisiert worden und so in die alexandrin. Ausgabe (etwa 100 v. Chr.) übergegangen. Erst im 1. Jh. v. Chr. wird K. genannt (Antip. Thessal. Anth. Pal. 9,26; Prop. a. O.; Ovids Corinna), später öfter (z. B. Stat. Silv. 5,3,158). Alex. Polyh. schrieb einen Kommentar zu K. In den Lyrikerkatalog ist K. erst später als 10. aufgenommen. R. K.

Ausg.: Anth. lyr. 1,4³, 1936. *L. Page* Corinna, 1953. Poet. Mel. Gr. 1962. Zur Datierung: *Latte*, Eranos 54, 1956, 57–67. Anders *Guillon*, BCH 82, 1958, 47–60; Annales Fac. Lett. Aix 33, 1959, 155–168. – *M. Bowra*, Problems in Greek poetry, 1953, 54–65.

**Korinthischer Münzfuß.** Einheitsstück bildete der *στατὴρ Κορίνθιος* von ca. 8,6 g. Urspr. Gewichtsgleichheit mit dem att. → Didrachmon von 8,73 g ist wahrscheinlich. Doch zerfällt der Stater in 3 → Drachmen von ca. 2,8 g. Diese sind gleich einem att. Tetrobol und in hellenist. Zeit auch gleich einem aiginet. Triobol (Halbdrachme). Die Drachme hat 6 → Obolen zu ca. 0,45 g. Es existieren auch Triobol, Trihemiobol, Diobol und Hemiobol, meist mit Wertmarken. Der k. M. findet sich auch im Adriaraum, Unteritalien und Sizilien. In Sizilien ist jedoch der Stater in 10 → Litrai geteilt. H. Ch.

*Head* HN² 398ff. *Schrötter* WBMzK s. v. *O. Ravel* Les »Poulains« de Corinthe I/II, Lond. 1936/48. *K. Kraft*, Jb. Num. Geldgesch. 10, 1959/60, 34ff.

**Korinthisches Erz.** Unter den verschiedenen Arten von Erz (= → Bronze), die das Alt. kannte, war – neben dem del. und dem aiginet. – das aus den Werkstätten von Korinth das berühmteste und teuerste. Daher die Leidenschaft des Kunstsammlers Verres. Das k. E. wurde in verschiedenen Farbtönungen hergestellt, die sich aus den verschiedenen Legierungen von Kupfer und Zinn mit Beimischung anderer Metalle, angeblich auch Gold und Silber, ergaben. Die Legierungsrezepte sind nicht bekannt. Daß es seine Entstehung einem Zufall, dem Zusammenschmelzen goldener, silberner und eherner Geräte beim Brande von Korinth im J. 146 v. Chr., verdankte, ist natürlich Legende, da es sicher schon lange vorher existiert hat. Die zahlreichen Analysen ant. Bronzegegenstände, die man gemacht hat, helfen nicht weiter, weil man nicht weiß, welche von ihnen aus k. E. sind. Das meiste über k. E. steht bei Plin. nat. 34,1. 6–10. 48. Ergötzlich die Weisheit Trimalchios bei Petron. 50. K. Z.

*Blümner* Techn. 4,183 ff.

**Korinthos** (*Κόρινθος*). Die zweitgrößte Stadt Griechenlands im NO. der Peloponnes. Obwohl der Name K. vorgriech. ist und sowohl in der nächsten Umgebung mehrere prähist., vor allem neolith. Siedlungen (mit stärkerer Siedlungslücke in mittel- und späthellad. Z.) bekannt und nun auch auf dem Boden der Stadt selber prähist. Funde einschließlich myken. gemacht sind, scheint die Gründung des hist. K. erst in die Z. nach der dor. Wanderung zu gehören und von Argos ausgegangen zu sein. Die zusammenhängenden Funde beginnen um etwa 900 v. Chr. Die hervorragende Verkehrs- u. beherrschende strateg. Lage am Einfallstor aller Straßen in die Peloponnes und am Schnittpunkt des OW.-Verkehrs über den Isthmos im Verein mit dem Besitz des großartigsten Festungsberges, den eine griech. Stadt hat, sicherten K. in der gesch. Z. des Alt. stets eine große Bedeutung. Nach bescheidenen Anfängen beginnt um 725 v. Chr. ein großer Aufschwung, archaeol. durch die protokorinth. und korinth. Keramik und ihre weite Verbreitung, gesch. durch die große Zahl bedeutender Kolonien, Poteidaia, Leukas, Korkyra, Anaktorion, Ambrakia, Apollonia, Epidamnos, Syrakus, bezeichnet. Die frühe Flottenmacht von K. betont Thuk. 1,13,2 ff. Als *ἀφνειός* erscheint K. schon bei Hom. Il. 2,570 (sonst noch Il. 13,664), wenn sich auch die verhältnismäßig späte Gründung darin ausdrückt, daß K. in der griech. Sage keine Rolle spielt. Vieles ist erst später für K. in Anspruch genommen.

Die polit. Herrschaft lag in der Frühzeit bei dem heraklid. Adelsgeschlecht der → Bakchiaden, die durch Kypselos gestürzt wurden. Die Tyrannis des Kypselos und seines Sohnes Periandros (etwa 620/610 – 550/540 v. Chr., Beloch GG I $2^2$, 274 ff. [7] 363 ff.) bedeutete eine neue Glanzzeit mit Erweiterung und Festigung des Kolonialreichs. Auf den Sturz der Tyrannis wohl mit spartan. Hilfe folgte eine gemäßigte Oligarchie. K. schloß sich dem pelop. Bunde an, in dem es als einzige bedeutende Flottenmacht eine große Rolle spielte, aber auch seine Selbständigkeit wahrte, insbesondere durch gute Beziehungen zu anderen Städten, vor allem Athen. Wegen seiner zentralen Lage wurde K. Versammlungsort der zur Abwehr der Persergefahr verbündeten Griechen, weshalb wir den Bund den »korinthischen« nennen. Am Perserkrieg war K. beim Artemision, Salamis, Mykale wie bei Plataiai mit großen Kontingenten beteiligt. Die immer wachsende Macht Athens und sein Übergreifen in den W. stellte für K. eine schwere Bedrohung seiner Existenz dar und führte im »hellenischen Krieg« zu den ersten Kämpfen mit Athen. Die gleichen Gründe führten zu der korinth. Klage bei Sparta, die den pelop. Krieg auslöste, in dem auch K. schwere Niederlagen und Verluste erlitt.



Unmittelbar nach dem Kriege schlug die Stimmung völlig um. K. verweigerte Sparta mehrfach die Bundeshilfe und schloß sich 395 v. Chr. mit Athen, Boiotien und Argos zu einem Bündnis gegen Sparta zusammen, das zu dem sog. »korinthischen Kriege« führte, der vor allem in der Umgebung von K. geführt wurde. Dabei kam es nach einer blutigen demokrat. Revolution dazu, daß K. seine Selbstständigkeit aufgab und durch Synoikismos in Argos aufging, G. Griffith The union of Corinth and Argos (392–386 v. Chr.), Hist. 1, 1950, 236 ff. Im Königsfrieden mußte diese Vereinigung rückgängig gemacht werden, und nach neuem aristokrat. Umsturz schloß sich K. wieder Sparta an. Die heftigen Kämpfe um K. im Zusammenhang mit den theban. Feldzügen in die Peloponnes veranlaßten K. zum Austritt aus dem pelop. Bund und zum Friedensschluß mit Theben, was einen großen wirtschaft. Aufschwung zur Folge hatte.

In Anlehnung an den Bund von 480 v. Chr. bestimmte Philipp II. K. wieder zum Sitz des von ihm gegründeten Bundes der Griechen, der nach dem lam. Kriege aufgelöst wurde. K. besaß seitdem eine maked. Besatzung und schloß sich in den Diadochenkämpfen nacheinander Polyperchon, Ptolemaios, Kassandros und Demetrios Poliorketes an. Für seinen Sohn Antigonos Gonatas war K. die sicherste Stütze seiner Herrschaft in der Peloponnes, kurz unterbrochen durch den Abfall seines Neffen Alexandros. 243 v. Chr. gelang Arat durch sorgfältig vorbereiteten Überfall die Besetzung von Burg und Stadt, die sich sofort dem achaiischen Bund anschloß. Die Eroberungen Kleomenes' III., zu denen auch K. gehörte, nötigten Arat, K. als Preis des Bündnisses wieder an Antigonos Doson abzutreten (223/222 v. Chr.). Nach dem 2. maked. Krieg schloß sich das befreite K. wieder dem achaiischen Bunde an. K. war dann Hauptzentrum des letzten Widerstandes gegen Rom und hatte das mit der furchtbarsten Katastrophe seiner bisherigen Gesch. zu büßen, der völligen Zerstörung durch L. Mummius im Jahre 146 v. Chr. Die Bevölkerung wurde ausgemordet oder in die Sklaverei verkauft, das Gebiet z. T. an Sikyon gegeben, zur Hauptsache röm. *ager publicus*. Ein Jh. lang blieb die Stadt verödet.

Durch Caesar, wohl noch zu seinen Lebzeiten (Grant), wurde K. als röm. Bürgerkolonie *Colonia Laus Iulia Corinthus* neu gegründet und mit Freigelassenen und Veteranen besiedelt. Sie entwickelte sich schnell wieder zu einer der glanzvollsten Städte Griechenlands und wurde Sitz des Statthalters der Provinz Achaia. Die stark gemischte Bevölkerung mit großem Zuzug auch aus dem O. trug der Stadt aber auch das Odium großer Sittenverderbnis ein. Eine jüd. und frühe Christengemeinde ist durch Paulus' Aufenthalt in den Jahren 50/51 n. Chr. bezeugt. Die ersten genügend sicher bezeugten Bischöfe gehören ins 2. Jh., R. JANIN, DHGE 13,876ff. Auch die Kaiser förderten die Stadt vor allem durch Bauten, Hadrian durch eine Wasserleitung aus dem Tal von Stymphalos. 267 n. Chr. wurde K. durch die Heruler schwer verwüstet, 395 durch Alarich. 521 n. Chr. zerstörte ein Erdbeben die Stadt, die durch Justinian wieder aufgebaut und neu befestigt wurde. Der Slaveneinfall bedeutete das Ende des ant. K.

K. war durch seine Lage stets bedeutende Handelsstadt, an Gewerben sind bes. das Töpfergewerbe (protokorinth. und korinth. Vasen und später) wichtig, dazu Metallverarbeitung (»korinth. Erz«, wohl eine besondere Legierung), Teppichweberei u. a., H. BLÜMNER Die gewerbliche Tätigkeit der Völker des klass. Alt. 72ff. H. FRANCOTTE L'industrie dans la Grèce ancienne 1,94ff. [7], 572ff. Zahlreiches industrielles Proletariat erwähnt Pol. 38,10,5. Der großen Handelsbedeutung entspricht die frühe Münzprägung um etwa 600 v. Chr. (Schweizer Münzbl. 4, 1953,49ff.), nach dem Münzbild des Pegasos die »Fohlen«, *πῶλοι* genannt, Poll. 9,75f. Das erste Schatzhaus in Delphi war das korinth. Das Gebiet umfaßte das umliegende Land nach W., S. und bes. SO., dazu den Isthmos und das den Megarern im 6. Jh. v. Chr. abgenommene Gebiet s. des Geraneiagebirges einschließlich der Halbinsel Peiraion (h. Perachora), zumeist jungtertiäres neogenes Schollenland, im SO. Kalk. BELOCH berechnet es auf 900 qkm mit etwa 100000 Einwohnern (GG 3,1$^2$, 275f.), womit K. die zweitgrößte Stadt Griechenlands nach Athen ist. Es verfügte am korinth. Golf über den Hafen → Lechaion, am saron. Golf über den zweiten Hafen → Kenchreai. Nach K. hieß der ganze tief eingreifende Golf zwischen Peloponnes und Mittelgriechenland *Κορινθιακὸς κόλπος*, h. nur bis zur Enge von Rhion gerechnet.

Die Stadt liegt auf der zweiten und dritten Terrasse über der Küstenebene (40–95 m ü. M.), 2–2½ km von der Küste, überragt von dem imposanten isolierten Kalkklotz von Akrokorinth (575 m). Die Stadtmauer, die Akrokorinth einschloß, besaß einen äußeren Gesamtumfang (ohne die innere Burgmauer) von etwa 12 km = 67½ Stadien (Strab. 8,6,21 p. 379 nennt 85 Stadien), wozu aber noch die beiden Schenkelmauern zu dem ebenfalls befestigten Hafen Lechaion von 2 und 2½ km hinzukommen. Der Flächeninhalt beträgt knapp 600 ha, mit weitem Abstand der größte des eigentlichen Griechenland. Auch dazu wäre noch der ummauerte Raum zwischen Stadt und Hafen Lechaion mit etwa dem halben Flächenraum hinzuzunehmen.

Durch die gründliche Zerstörung von 146 v. Chr. und die 100jährige Verödung sind die Reste des griech. K. gering. Es sind außer verschiedenen Stücken der Stadtmauer vor allem die berühmten Säulen des Apollontempels auf dem Hügel n. über dem Markt aus dem 3. Drittel des 6. Jh. v. Chr. mit Resten eines älteren Tempels aus dem 7. Jh., ferner an der N.-Seite der Agora das unterird. Brunnenhaus einer heiligen Quelle und dabei ein eigenartiges Orakelheiligtum, alles von röm. Anlagen überbaut, und manche stehengebliebenen und wieder verbauten Mauern, vor allem der großen Markthallen und Brunnenhäuser, und einzelnes andere. Sonst ist fast alles, was man h. sieht, röm. Mittelpunkt der Stadt ist die pompöse Agora. Ein freier Platz von etwa 65:165 m ist im N. und S. von großen Säulenhallen mit Läden, Werkstätten und öffentlichen Gebäuden eingerahmt, die im S. eine großartige Anlage auf zwei Terrassen bilden, schon hellenist. Im N., O. und S. liegen dahinter große Basiliken, während die W.-Seite von einer Reihe von Tempeln und anderen Gebäuden abgeschlossen wird. Eine breite, gerade Prunkstraße vom Lechaion her führt durch einen monumentalen Torbau auf die N.-Seite der Agora. An dieser Straße liegen außer einer großen Basilika und einem anderen Marktgebäude ein Heiligtum des Apollon und die zuletzt durch Herodes Atticus prunkvoll ausgebaute → Peirene-Quelle. Weitere Tempel liegen hinter einer weiteren Reihe von Säulenhallen hinter der W.-Seite der Agora, hier auch das stark zerstörte, aus dem Felsen geschlagene Brunnenhaus Glauke. N. w. davon, sehr zerstört übereinander ein Odeion und ein großes Theater, n. davon an der Stadtmauer der heilige Bezirk des Asklepios mit Funden seit dem 7. Jh. v. Chr. und dabei das große Brunnenhaus Lerna. Etwas w. davon ganz geringe Reste eines riesigen dor. Tempels des 5. Jh. v. Chr., DINSMOOR, Hesp. Suppl. 8,104ff. Am Aufgang zur Burg ist ein Teil des Töpferviertels ausgegraben und Reste des Heiligtums der Demeter und Kore, Paus. 2,4,7. Hesp. 34, 1965,1ff. Auf der Burg ist vor allem das Brunnenhaus der »oberen Peirene« bekannt und dabei, sehr zerstört, der Tempel der Aphrodite, der über 1000 Hierodulen besessen haben soll. Im O.-Teil der Stadt lag ein Amphitheater des 3. Jh. n. Chr., und sonst sind vor allem n. des Hügels mit dem Apollontempel weitere Säulenhallen, Marktgebäude, Thermen, Wohnviertel, auch byzant., einschließlich größerer Villen, mehrere Kirchen u. a. ausgegraben.

Ant. Beschreibungen vor allem Strab. 8,6,20–23 p. 378ff. (zum Text W. ALY, SHAW 1928/29,1, 22f.; De Strabonis codice rescripto 18). Paus. 2,1, 1–5,4. Aristeid. or. 3 = 46 Keil. [Dion. Chrys.] or. 37. Inschr.: [1] Bd. 8,1 und 2, 1931. IG IV Nr. 210–413. CIL III 534–545. 6098–6100. 7268–7277. 13692–13696. 14405 a. ST. DOW Corinthiaca, Harv. Stud. 53, 1942,89ff. SEG in den verschiedenen Bänden. Mz.: HEAD HN$^2$ 398ff. [1] Bd. 6, 1932. O. E. RAVEL Les »poulains« de Corinthe, 2 Bde. 1936/48. M. GRANT From imperium to auctoritas 265ff. E. M.

1. Corinth. Results of excavations, 16 Bde. in bisher erschienenen 24 Teilbänden, seit 1929. 2. *Rh. Carpenter*

Korinthos. A guide to the excavations and museum[6], 1960. 3. *A.W. Byvanck–Th.Lenschau*, RE Suppl. IV 991 ff. *F.J. de Waele*, RE Suppl. VI 182 ff. 1350 f. 4. *Philipps.-Kirst.* 3,71 ff. 5. *G. Roux* Pausanias en Corinthie, 1958. 6. *J.G. O'Neill* Ancient Corinth I, From the earliest time to 404 B.C., 1930. 7. *Ed. Will* Korinthiaka. Recherches sur l'histoire et la civilisation de Corinthe des origines aux guerres médiques, 1955. 8. *F.J. de Waele* Les antiquités de la Grèce, Corinthe et St. Paul, 1961. 9. *L. Walker-Kosmopoulos* The prehistoric inhabitation of Corinth, 1, 1948. 10. *C.W. Blegen* Corinth in prehistoric times, AJA 24, 1920, 1 ff. 274. *W.Leaf–C.W.Blegen*, AJA 27, 1923, 151 ff. 11. *T.S. Dunbabin* The early history of Corinth, JHS 68, 1948, 59 ff. 12. *H.Payne* Necrocorinthia, 1931. 13. *S.S. Weinberg* On the date of the temple of Apollon at Corinth, Hesp. 8, 1939, 191 ff. 14. *N. Yalouris* Athena Herrin der Pferde, MH. 7, 1950, 19 ff. 15. Laufende neuere Grabungsberichte und andere Aufsätze vor allem in der Zeitschrift Hesperia.

**Korkyra** (auf den Mz. und den einheim. Inschr. *Κόρκυρα*, liter. sowohl K. wie *Κέρκυρα*, bei Korinna, BerlKlT 5,2,31,24 = frg. 5 D. *Κόρκουρα* lat. immer *Corcyra*. Zum wohl illyr. Namen A. MAYER, ZVS 70, 1952, 76 ff.). Die zweitgrößte und nördlichste der jon. Inseln, 62 km lang und zwischen 3½ und 28 km breit mit 589 qkm Flächeninhalt. Die fast gerade W.-Seite gegen das offene Meer ist durchgehend Steilküste, die buchtenreiche, mehrfach geschwungene O.-Seite großenteils Ebene oder Hügelland. Der Kanal zwischen der NO.-Spitze der Insel und dem h. alban. Festland ist nur 2 km, der s. Kanal 8 km breit. Im Alt. und h. liegen daher die Siedlungen überwiegend an der O.-Seite. Das für Griechenland regenreiche und milde Klima begünstigt eine üppige Vegetation. Höchste Erhebung ist der Pantokrator im N. mit 906 m. Der h. in den w.-europäischen Sprachen übliche Name Korfu ist Italianisierung von (*στοὺς*) *Κορφούς*, »die beiden Gipfel«, nach den beiden, die ma. und moderne Stadt überragenden Festungen, der serbo-kroat. Name ist Krk.

Trotz seiner Größe bildete K. im Alt. stets nur eine Stadt. Sie lag gleich s. außerhalb der h. Stadt auf der Halbinsel Palaeopolis oder Analipsis zwischen dem Meer im O. und der tief einschneidenden flachen Lagune Chalikiopulu im W., die mit dem Meer nur durch eine etwa 900 m breite Öffnung verbunden ist, die im Alt. durch Dämme und mit Kette geschlossen werden konnte. Die Stadt besaß zwei Häfen, im NO. an der Bucht Kastrades den »Hafen des Alkinoos« (Eustath. Dion. Per. 492. GGM II 450), in der Lagune den Hafen Hyllaikos (Thuk. 3,72,3. Apoll. Rhod. 4,1125. Sch. Dion. Per. 492. GGM II 450), den Kriegshafen; nach Skylax sogar drei Häfen. Ant. Reste sind spärlich, kunsthist. bedeutend aber im N. des ant. Stadtgebiets der Artemistempel, ein dor. Peripteros von 8:17 Säulen mit den berühmten hocharchaischen Giebelfiguren aus dem frühen 6. Jh. v. Chr., davor der 25½ m breite Altar. S.ö. davon liegt im Park der h. kgl. Villa Mon Repos auf der niedrigen Akropolis des ant. K. neben anderen Gebäuderesten das Fundament eines großen Tempels des 5. Jh. v. Chr., dabei verbaut Architekturreste eines hocharchaischen Tempels wohl noch des 7. Jh. und ganz im S. des Parks hart an der Küste der nach der darunter liegenden Quelle Kastraki genannte dor. Tempel des späten 6. Jh. [14]. Geringe Reste der Stadtmauer sind im N. festgestellt. In der Nähe des Artemistempels große, urspr. fünfschiffige chr. Basilika des 5. Jh. n. Chr. [22]. Außerhalb der Stadt ist das Tumulusrundgrab des Menekrates mit der archaischen Inschr. auf dem Steinsockel zu nennen. Von weiteren ant. Resten der Insel sind zu erwähnen → Kassiope an der N.-Küste, die subneolith. Siedlung Aphiona an der NW.-Küste [11] mit Resten einer griech. hellenist. und byzantin., vielleicht avar. Siedlung und einer kleinen, vielleicht von Pyrrhos angelegten Festung, und ein dor. Tempel in Rhoda an der N.-Küste [23].

Früheste bekannte Siedlung subneolith. bei Aphiona an der NW.-Küste mit Beziehungen zu Apulien [11], bronzezeitl. Siedlung weiter n. am Kap Kephali, AA 1913,108 f. 1914,52. MDAI(A) 39, 1914,175. 59,1934,153 f. Die schon im Alt. übliche Gleichsetzung mit dem Scheria der Phaiaken bereits bei Hellanikos FGrH 4 frg. 77 und Thuk. 1 25,4. Die ersten griech. Siedler sollten aus Eretria gekommen sein, Plut. mor. 293 AB. CR 40,1926, 63 f. 148 f. Das hist. K. war eine der bedeutendsten Kolonien Korinths. Als Gründer galt der Bakchiade Chersikrates, als Zeit die der Gründung von Syrakus, jetzt durch spätgeometr. Gräber bestätigt [24]. Teils allein, teils mit Korinth zusammen gründete K. weitere Kolonien an der gegenüberliegenden Küste wie Anaktorion, Leukas, Apollonia, Epidamnos. Die natürlichen Reichtümer, die günstige Verkehrslage und der ausgedehnte Handel machten K. bald reich und mächtig, im Perserkrieg, an dem K. nicht teilnahm, konnte K. bereits 60 Trieren stellen, Hdt. 7,168. Thuk. 1, 14,1, im Pelop. Krieg 120, Thuk. 1,25,4. Unter Periander war K. wieder von Korinth abhängig. Schon um 660 v. Chr. war es zu einer Seeschlacht mit Korinth gekommen, Thuk. 1,13,4, und der Streit um die gemeinsame Kolonie Epidamnos wurde einer der Anstöße zum Pelop. Krieg. Heftige Kämpfe zwischen Demokraten und Oligarchen mit Eingreifen der athen. und spartan. Flotte im Jahre 427 v. Chr., Thuk. 3,69 ff. 4,46 ff., ähnlich 410 v. Chr., wonach K. sein Bündnis mit Athen löste, Diod. 13,48. K. schloß sich dann dem 2. att. Seebund an und wurde daher auch in die folgenden Kämpfe hineingezogen mit weiteren heftigen inneren Kämpfen, die auch zum Austritt aus dem Seebund führten, Demosth. 18.234. Demosthenes gelang es später, das Bündnis zu erneuern, Demosth. 18,237. Plut. mor. 845 A. Frühhellenist. wechselte K. mehrfach den Herrn und gehörte seit etwa 300 v. Chr. dem Agathokles, dann Pyrrhos, Beloch GG IV 2², 254. 377. 228 v. Chr. Eroberung durch die illyr. Seeräuber und danach Anschluß an Rom als freie Stadt, Pol. 2,9 ff. Plin. nat. 4,52. Spätant. und ma. Bistum. R. Janin, DHGE 13, 829 ff.

Skyl. 29. Thuk. 3,72–85. Xen. hell. 6,2,5 ff. Strab. 7 p. 329 frg. 7. 8. Eustath. Dion. Per. 492. IG IV 1² 95,28. BCH 45, 1921, 24 IV 81 f. Inschr.: CIG II 1838–1918. SGDI 3,3186–3220. CIL III 576–579. SEG 13,384. 15,356. 16,365 f. 18,260. Klaffenbach, SPrAW 1935,724 ff. Mz. Head HN² 325 ff. E. M.

1. *J. Partsch* Die Insel Korfu, Petermanns Mitt. Erg. H. 88, 1887 (mit Karte 1 : 100000). 2. *Bürchner*, RE XI 1400 ff. 3. *Philipps.-Kirst.* 2,422 ff. 4. *L. Vlad Borrelli* Enciclopedia dell'arte antica 2,832 ff. 5. *Kirsten-Kraiker* Griechenlandkde.⁴ 1962, 724 ff. 6. *R. Matton* Corfou 1960. 7. *Gr. Karydis* Ἱστορία τῆς νήσου Κερκύρας μέχρι τοῦ 229 π. Χρ. Diss. Lpz. 1936. 8. *O. Riemann* Recherches archéol. sur les îles Joniennes I, Corfou 1879. 9. *Wilhelm II.* Erinnerungen an Korfu, 1924. Studien über Gorgo, 1937. 10. *M. N. Valmin* Das adriat. Gebiet in Vor- und Frühbronzezeit, Acta Univ. Lund. NS 1,35,1, 1939, 72 ff. 11. *H. Bulle* Ausgrabungen bei Aphiona auf Korfu, MDAI(A) 59, 1934, 147 ff. 12. *K. Rhomaios* Les premières fouilles de Corfou, BCH 29, 1925, 190 ff. 13. *W. Dörpfeld* Die Ausgrabungen auf Korfu im Frühjahr 1914, MDAI(A) 39, 1914, 161 ff. 14. *F. P. Johnson* The Kardaki temple, AJA 40, 1936, 46 ff. 15. *G. Rodenwaldt* Altdor. Bildwerke in Korfu, 1938. 16. *G. Rodenwaldt–H. Schleif–G. Klaffenbach* Korkyra, 2 Bde. 1939/40. 17. *R. Hampe* Korfugiebel und frühe Perseusbilder, MDAI(A) 60/61, 1935/36, 269 ff. 18. *H. Riemann* Zum Artemistempel von Korkyra, Arch. Jahrb. 58, 1943, 32 ff. 19. *J. Dörig–O. Gigon* Der Kampf der Götter und Titanen, 1961. 20. *E. Kunze* Zum Giebel des Artemistempels in Korfu. MDAI(A) 78. 1963, 74 ff. 21. *Phr. Versakis* Ἀνασκαφαὶ Κερκύρας, Πρακτικά 1911, 164 ff. 22. *A. Xyngopulos - J. Papadimitriu* Ἔρευναι ἐν Παλαιοπόλει Κερκύρας, Πρακτικά 1936, 99 ff. 1939, 92 ff. 23. *J. Papadimitriu* Ἀνασκαφαὶ ἐν Κερκύρᾳ, Πρακτικά 1939, 85 ff. 24. *B. G. Kallipolitis* Ἀνασκαφὴ ἐν Παλαιοπόλει τῆς Κερκύρας, Πρακτικά 1935, 187 ff. 25. *G. Dontas* Ἀνασκαφαὶ ἐν Κερκύρᾳ, Ἀρχ. Δελτ. 18, 1963, B 161 ff. 26. BCH 89, 1965, 753 ff. 27. *L. Crema* I monumenti Veneti di Corfù, Bollettino dell'Associazione intern. di studi mediterrani 6, 1935/36, 29 ff.

**Kormoran.** Den großen K. beschreibt Aristot. hist. an. 593 b 20 ff. (ὁ καλούμενος κόραξ), s. noch Plin. nat. 10,133 über den *phalacrocorax*. E. Mg.

**Koroibos** (Κόροιβος). **1.** Megar. Landesheros. → Psamathe, Tochter des argiv. Königs → Krotopos, setzte ihr Kind von Apollon, → Linos, aus; es wurde von Hunden zerrissen, sie selbst von ihrem Vater umgebracht. Da schickte der Gott zur Strafe für den Tod seiner Geliebten ein kinderverschlingendes Ungetüm, die Ποινή (oder eine Κὴρ τυμβοῦχος, Anth. Pal. 7,154, die *Pestis* Ov. Ib. 573). K. tötete es. Apollon schickt eine weitere Seuche. Da geht K. zu freiwilliger Buße nach Delphoi. Apollon gibt ihm einen Dreifuß mit; wo dieser von seinen Schultern falle, da soll er dem Gott einen Tempel gründen und selbst dort wohnen. Das ist der Ursprung der kleinen megar. Siedlung → Tripodiskoi. In Megara zeigte man sein Grab mit uralter Darstellung des Todes der Ποινή, Paus. 1,43,7 f. 2,19,8. Konon narr. 19. Zugrunde liegt ein Aition des Kall., in Aitia B. I. Eine eingehende Analyse der Sage gibt Eitrem, RE XI 1419 f. **2.** Phryger, Sohn des Mygdon, Freier, dann Bräutigam → Kassandras, bei der Zerstörung Ilions durch Diomedes oder Neoptolemos getötet (Kleine Ilias, Iliupersis: Paus. 10,27, 1), bei Verg. Aen. 2,424 durch Peneleos. Um Priamos wirklich zu helfen, kam er zu spät, auf die Ratschläge seiner Verlobten hörte er nicht: daher das Sprichwort ἠλιθιώτερος Κοροίβου (Verg. a. O. 341 *stultus*). **3.** Athener, Erfinder der Töpferei nach Plin. nat. 7,198. Damit wollte man das Alter der att. Keramik betonen. H. v. G.

**4.** K., nach Plut. Per. 13 Architekt am Telesterion in Eleusis, was auch durch Bauinschrift bezeugt ist ([3],173 ff.). K. veränderte den urspr. Plan des → Iktinos ([2],220), indem er das Telesterion mit 42 statt 20 Innensäulen bis zu den Architraven fertigstellte. Nach seinem Tod vollendeten Metagenes von Xypete und Xenokles von Cholargos den Bau. S. O.

1. *Fabricius*, RE XI 1422, Nr. 8. 2. *F. Noack* Eleusis, 1927. 3. *K. Kourouniotis* Eleusiniaka 1, 1937. 4. *G. E. Mylonas* Eleusis and the Eleusinian Mysteries, 1961, 91 ff. 5. *G. Cultrera*, EAA 4,394 (mit Lit.).

**5.** s. Polymnos

**Korone** (Κορώνη). Stadt an der W.-Seite des messen. Golfs, h. Petalidi, mit zahlreichen ant. Resten bes. röm. Zeit, keine prähist. Funde. Nach der Befreiung Messeniens angeblich Neubesiedlung mit theban. Hilfe, nach 184 v. Chr. im achaiischen Bund, Liv. 39,49,1. Plut. Philop. 18,3. Mz., im 2. Jh. n. Chr. vorübergehend zu Sparta gehörend. K. ist noch bei Hierokl. synecd. 647,15 genannt und im MA. Bischofssitz, R. Janin, DHGE 13,913 f. Der Name K. war jetzt aber auf die Stadt an der Stelle des alten → Asine 2 übergegangen.

Der von Pausanias beschriebene Tempel des Apollon Korythos, 80 Stadien s. der Stadt ist an der Küste bei Longa ausgegraben mit nacheinander vier Tempeln von archaischer bis röm. Zeit und Nebengebäuden. Paus. 4,34,4–7. Strab. 8,4,5 p. 360. 9,2,29 p. 411. Ptol. 3,14,31. Steph. Byz. IG IV 619. 1605. IG V 1, 1392–1401. N. Valmin Bull. de la Soc. Royale de Lund 1928/29, 144 ff. SEG 11, 985–995. 14,336. 15,224. 16,291. Mz. Head HN² 418. 433. E. M.

1. *J. G. Frazer* Pausanias 3,447. 2. *M. N. Tod*, JHS 25, 1905, 40 f. 53 ff. 3. *Reincke*, RE XV 1237. 4. *Philipps.-Kirst.* 3,396. 5. *N. Valmin* Etud. topogr. sur la Messénie ancienne 174 ff. 6. *R. Hope Simpson*, ABSA 52, 1957, 249.

7. *Phr. Versakis* Τὸ ἱερὸν τοῦ Κορύνθου 'Απόλλωνος, 'Αρχ. Δελτ. 2, 1916, 65ff.

**Koroneia** (Κορώνεια). **1.** Eine der bedeutenderen Städte Boiotiens, schon bei Hom. Il. 2,503 genannt, auf einer Bergkuppe am S.-Rand einer von der Ebene des Kopaissees nach W. tiefer in den Helikon eingreifenden Ebenenbucht, h. amtl. Name des 4 km s. gelegenen Kutumala. Ant. Reste sehr gering. Etwa 3 km ö. von K. lag das zu seinem Gebiet gehörende, noch nicht gefundene gesamtboiot. Heiligtum der Athena Itonia, bei dem die Spiele der Pamboiotia stattfanden (neu SEG 18, 240). Im allg. teilte K. die Geschicke Boiotiens und der verschiedenen boiot. Bünde, zu denen es stets gehörte. 447 v. Chr. athen. Niederlage unter Tolmides, 394 v. Chr. Sieg des Agesilaos über die Boioter. Weihung eines Helms nach Olympia, vielleicht zur Schlacht von 447 v. Chr. gehörend, SEG 11,1208. 17,205. In den hellenist. Kriegen mit Rom stand K. stets auf der romfeindlichen Seite, die Zerstörung der Stadt 170 v. Chr. verhinderte ein Senatsbeschluß, Liv. 43,4,11. SEG 19,374. Als Stadt wird K. zuletzt 551 n. Chr. anläßlich eines Erdbebens erwähnt, Prok. b. Goth. 4,25,17, war aber noch später Bischofssitz, R. Janin DHGE 13, 914. Strab. 9,2,29 p. 411. Paus. 9,34,3–5. Hell. Oxyrh. 16(11),3. Hierokl. synecd. 644,6. Steph. Byz. BCH 45, 1921, 15 Z. II 150. 27 Z. V 7. IG IV 1², 94,7. Inschr.: IG VII 2858–3053. SEG 3,365 u.o. im Text. Mz.: Head HN² 345.

1. *Pieske*, RE XI 1425ff. 2. *J. G. Frazer* Pausanias 5,169ff. 3. *N. Pappadakis* Περὶ τὸ Χαρόπειον τῆς Κορωνείας, 'Αρχ. Δελτ. 2, 1916, 217ff. 4. *S. Lauffer*, AA 55, 1940, 187. 5. *L. Robert* Etud. épigr. 287ff.

**2.** Stadt nicht sicher bestimmter Lage in der Landschaft Achaia Phthiotis, Strab. 9,5,10 p. 434. Ptol. 3,12,43. Steph. Byz.

*Fr. Stählin*, RE XI 1431 Nr. 2. 2. Das hellenische Thessalien 185.

**3.** Kleine felsige Halbinsel an der S.-Seite der Bucht von Porto-Raphti an der O.-Küste Attikas, h. Koroni, im chremonideischen Krieg von den ptolemaiischen Truppen befestigt, Steph. Byz. E. M.

*E. Vanderpool*, Klio 39, 1961, 271ff. Hesp. 31, 1962, 26ff. 32,109ff. 33,69ff.

**Koronis** (Κορωνίς). Tochter des Lapithen → Phlegyas, Geliebte Apollons. Von diesem schwanger, ließ sie sich mit dem Arkader → Ischys ein. Die (damals noch weiße) Krähe verriet es dem Gott, der K. durch Artemis töten ließ, die Leibesfrucht aber dem Schoß der auf dem Scheiterhaufen brennenden K. entriß; vgl. den Semele-Myth. Das Kind, → Asklepios, wurde → Chiron zur Erziehung übergeben. Der geschwätzige Vogel erhielt schwarzes Gefieder. Hes. frg. 87.123. Nach Pindars Darstellung P. 3,5–60 erkannte Apollon K.' Untreue durch seine Allwissenheit. Nach Ov. met. 2 [nicht 6, wie es im Art. Ischys heißt], 542ff. 598ff. 626ff. tötet Apollon selbst K. und Ischys; nach Hyg. fab. 202 vernichtet den letzteren der Blitzstrahl des Zeus. Nach Isyllos von Epidauros (Wilam. Isyll., 1886, 58ff.) war → Aigla (4) K.' eigentlicher Name. Im Asklepieion zu Titane bei Sekyon genoß K. Verehrung, Paus. 2,11,7. Auf Vasenbildern erscheint sie mit Ischys von Apollons Pfeilen verfolgt. H. v. G.

*J. Boehlau* Bonn. Stud. R. Kekule, 1890, 129ff. *K. Kerényi* Der göttliche Arzt², 1956, 90ff. 96. *F. Klingner* Stud., 1964, 80ff. – S. o. I 644,56. 646,13.



**Koronos** (Κορωνός). Lapithenfürst, Sohn des → Kaineus (Diod. 4,37,3), Vater des Leonteus (Hom. Il. 2,746. Apollod. 3,130). Er bekriegte die in der Hestiaiotis wohnenden Dorier und wurde von Herakles, der ihrem König → Aigimios zu Hilfe kam, erschlagen. Apollod. 2,154. Argonaute bei Apoll. Rhod. 1,57f. (Vater des Kaineus Apollod. 1,112). Coroni Ov. met. 13,698, → Menippe. H. v. G.

**Koronta** (Κόροντα, Κορόντα). Ort in Akarnanien beim h. Chrysovitsa mit bereits myken. Funden. Thuk. 2,102,1. Steph. Byz. IG IV 1², 95 Z. 12. IG IX 1,2² Nr. 427–433. 603–604. E. M.

1. *L. Heuzey* Le mont Olympe et l'Acarnanie 367ff. 2. *E. Oberhummer* Akarnanien 35. 3. *Philipps.-Kirst.* 2,586.601. 604.635 A. 8. 4. *G. Klaffenbach*, SPrAW 1935, 722f. 5. *E. Kirsten*, AA 56, 1941, 102.

**Koros.** »Rundes Gefäß«, aus dem Zweistromland übernommenes jüd. Hohlmaß für Trockenes, später auch Flüssiges, seit Ezechiel = → Chomer. Moderne Ansätze etwa: 393,84 l. 364 l. 241,2 l. 229,9 l. 218,3 l. 209,2 l. 195,7 l. H. Ch.

*F. Hultsch* Metrologie² 415f. 448ff. 602. *J. Trinquet*, Dict. de la Bible, Suppl. V 1221ff. *R. de Vaux* Das AT. und seine Lebensordnungen I, Freiburg 1960, 320ff.

**Korpiloi** (Κορπῖλοι), thrak. Stamm, der das Gebiet vom Bistonisee bis zur Hebrosmündung besiedelte. Nach den K. wurde auch die Strategie Κορπιλική genannt τὰ στενὰ τῶν Κορπίλων. In früheren Zeiten scheint sich das Gebiet der K. auch über das der → Apsinthier erstreckt zu haben. Strab. 7, frg. 48. App. civ. 4,87,368. 102,420. 429ff. Steph. Byz. s. v. Liv. 38,40,7. 42,19,6. Plin. nat. 4, 40. Ptol. 3,2,6. Chr. D.

*Krom.-Veith* Ant. Schlachtfelder, 4,655. 658ff. *Collart* Philippes, ville de Macéd., 196ff. 200. *Detschew* Thrak. Sprachreste 254. *D. P. Dimitrov* Des stratégies et des territoires municipaux de quelques villes dans la Thrace Rom., bulg. mit frz. Rés. Ann. du Mus. Nat. de Sofia 6, 1932–1934, 123,3.

**Korsote** (Κορσωτή). Nur von Xen. an. 1,5,4 genannte große Stadt Mesopotamiens, vom Maskas, angeblich einem 1. Nebenfluß des Euphrat, vielmehr einem Kanal, umflossen. Genaue Lage nicht feststellbar. Weissbach, RE XI 1439. K. Z.

**Korupedion** s. Kurupedion

**Korybanten** s. Kureten. Rhea

**Korydallos** (Κορυδαλλός). Das att. Gebirge am Sund von Salamis, h. Skaramanga, und att. Demos der Hippothontis, seit 200 v. Chr. der Attalis. Strab. 9,1,14 p. 395. 9,1,23 p. 399. Diod. 4,59,5.

Athen. 9,390 AB. Ail. nat. 3,35. Ammon. π. διαφ. λέξεων (ed. Valckenaer) 84 s. Κόρυδος. Steph. Byz. E. M.

*Philipps.-Kirst.* 1, 859 A. 2.

**Korykion antron** (Κωρύκιον ἄντρον). Höhle an der N.-Seite des Parnaß über Delphi, dem Pan und den koryk. Nymphen geweiht, von Strabo und Pausanias als die schönste aller Höhlen bezeichnet, Strab. 9,3,1 p. 417. Paus. 10,32,2. 7. Aischyl. Eum. 22f. Soph. Ant. 1127. Plut. mor. 394f. Antig. hist. mirab. 127. SGDI 2,1536. EDelph. 3,2, 213 Nr. 181,27. Die Höhle, h. Sarandavli genannt, liegt in 1360 m Höhe ü. M. und ist eine Tropfsteinhöhle von etwa 60 m Länge und 12 m Höhe mit vielen Stalaktiten und Stalagmiten. Hinter der Haupthöhle liegen weitere Höhlen. 480 v. Chr. diente sie den Delphern als Zuflucht, Hdt. 8,36,2. E. M.

1. *J. G. Frazer* Pausanias 5,399f. 2. *Pieske*, RE XI 1448ff. 3. *J. Schmidt*, RE XVIII 2,1590f. 4. *Philipps.-Kirst.* 1,397. 5. *J. Fontenrose* Python 406ff.

**Korykos** (Κώρυκος). **1.** Berg im S.-Teil der Halbinsel von Erythrai (Ionien) mit mehreren Häfen, als Schlupfwinkel von Piraten berüchtigt, h. Korekas, Strab. 14,644. Thuk. 8,14.33. Liv. 36, 43,13. 37,8,1 (Seeschlacht 191 Römer–Antiochos). Paus. 10,12,7. Vgl. BÜRCHNER, RE XI 1451. **2.** Stadt Kilikiens n. der Mündung des → Kalykadnos, h. Korgos, mit ausgedehnten Ruinen und Nekropole. Inschr. IG XIV 841. LE BAS 1421–1451. Mz.n HEAD HN² 720. PARIBENI-ROMANELLI Mon. ant. 23,99f. Berühmt die K.-ische Höhle, Behausung des Typhon (Apollod. 1,42). Strab. 14, 670f. Mela 1,72. BENT Proceed. R. Geogr. Soc., Lond. 1890, 45. RUGE, RE XI 1452. K. Z.

**3.** K. ist ein länglicher, mit einer körnigen Substanz (Sand, Korn, Mehl, Feigen) gefüllter, schlauchartiger Ledersack, der, an einem Seil aufgehängt, für den trainierenden Boxer oder Pankratiasten den Gegner markierte, auf den er losschlug bzw. den rückschwingenden Gegenstoß parierte; also der Stoßsack, punching ball. Der K. für den Boxer war leichter und hing in Schulterhöhe, der für den Pankratiasten schwerer und hing in Lendenhöhe. Das Üben am K. hieß Korykomachia. Nur Vitr. 5,11,2 erwähnt in der Beschreibung des griech. Gymnasions ein *coryceum*. Ob es einen solchen besonderen Raum für die Übung am K. in allen Gymnasien gab, wissen wir nicht. K. Z.

*Schneider*, RE XI 1448. *Jüthner*, RE XI 1450f. 1452f. *Gardiner* Greek athletic sports 1910, 478f. 492.

**Korykeion. Korykomachia** s. Korykos Nr. 3.

**Korynephoroi** (κορυνηφόροι Keulenträger). **1.** Leibwächter des → Peisistratos. Hdt. 1,59. Aristot. Ath. pol. 14,1. Plut. Sol. 30,3. **2.** Leibwache der → Orthagoriden in Sikyon aus der ärmeren Bevölkerung. Poll. 3,83. Steph. Byz. s. Χίος. D. LOTZE Μεταξὺ ἐλευθέρων καὶ δούλων 1959, 54f. **3.** Polizeitruppe in → Antiocheia (Orontes). Lib. orat. 48,9 (388 n. Chr.). P. PETIT Libanius et la ville municipale in Antioch, 1955, 46. 75. H. V.



**Koryphaios** (κορυφαῖος). Nach Suda war der K. der Führer eines Chores. Er bestimmte den Rhythmus der Gesänge und alle Choreuten mußten ihm folgen. In einigen Urkunden musischer Agone wird statt des Chornamens nur der Name des K. genannt. So entstand die Bedeutung K. = πρῶτος. Lukian gebraucht auch ohne Beziehung zu einem Chor K. synonym mit »der Höchste«. Der Platz des K. läßt sich beim Fehlen aller Nachrichten darüber nicht fest bestimmen. Manchmal nimmt der K. am Dialog mit den Schauspielern teil, doch ist es fraglich, welche Partien dem K., welche einem Choreuten zuzusprechen sind. C. F.

Übersicht über die Lit. bei *Th. Zielinski* Die Gliederung der altatt. Komödie 249–287. *K. Hense* Über die Vortragsweise der sophokl. Stasima, RhM 32,489ff.

**Koryphasion** (Κορυφάσιον). Spartan. Name des messen. → Pylos, Thuk. 4,3,2. 4,118,4. 5,18,7. Paus. 4,36,1f. Strab. 8,3,11 p. 438. 8,4,2 p. 359. H. amtl. Name des Dorfs Osman-Aga. E. M.

**Korythale** (Κορυθάλη). »Belaubter Zweig« (P. CHANTRAINE Mél. G. Glotz 1, 1932, 163ff. FRISK 925f.), die dor. Form der → Eiresione (Hesych. s. Κορυθαλία. Et. Magn. 303,31), d. h. ein Maisymbol vom Ölbaum oder Lorbeer (Plut. Thes. 18), in einer Prozession vor die Türen gesetzt (Et. Magn. 531, 53). Die K. war der mit der → Kotyto verwandten Fruchtbarkeits- und Ammengöttin → Artemis Korythalia (Ath. 4,139a) unterstellt (S. SREBRNY, Mél. F. Cumont, 1936, 446f. Vgl. M. P. NILSSON, AC 24, 1955, 338f.), deren Feste mit ausgelassenen Tänzen verkleideter Akteure (Hesych. s. κορυθαλίστριαι) begangen wurden (W. R. HALLIDAY Folklore Studies, 1924, 129. NILSSON GgrR 1,122f. 490f.). W. F.

*Nilsson* Griech. Feste, 1906, 182ff.

**Korythos** (Κόρυθος). **1.** Epiklese Apollons bei Korone in Messenien. Paus. 4,34,7. PRELL.-ROB. 1, 274,3. 278,1. **2.** Eponymos des Demos Κορυθεῖς in Tegea, Paus. 8,45,1. **3.** Sohn des Zeus und der Atlantide → Elektra, Tyrrhenerkönig, Gründer von Cortona. Hier hatte er im Kampf seinen Helm (κόρυς) verloren. Von hier aus zogen seine Söhne → Iasion und → Dardanos nach röm. Mythenklitterung gen Samothrake und Troia. Verg. Aen. 3,167ff. 7,206ff. 9,10. 10,719 und Serv. zu den St. – Auch Gatte Elektras und Vater Iasions, während Dardanos Sohn des Zeus ist. **4.** Sohn von Paris und Oinone. Er liebte Helene, wurde von ihr wiedergeliebt und deshalb vom Vater erschlagen. Parthen. 34 (nach Hellanikos und Kephalon von Gergithos). Konon narr. 23. Ov. 7,361. Apollod. 3,154. Nach Nikandros war er ein Sohn von Paris u. Helene. **5.** König in Arkadien, Pflegevater des → Telephos. Diod. 4,33. Apollod. 3,104. H. v. G.

**Kos** (Κῶς, bei Homer Κόως), die zweitgrößte der dor. Inseln vor der SW.-Küste Kleinasiens (298 qkm), von O. nach W. langgestreckt mit 43 km Länge und 1¾–10 km Breite, bis 846 m hoch, nach S. steil, nach N. flach abfallend mit einer den größten Teil der N.-Küste bildenden fruchtbaren Ebene von gegen 4 km Breite, während das noch im 19. Jh. dicht bewaldete Bergland eher öde und dünn besiedelt ist.

Prähist. Funde seit neolith. Z. [13]. Die dor. Bewohner der gesch. Z. sollen aus Epidauros stammen, Hdt. 7,99,2 f., dazu Paus. 3,23,6. Die Insel gehörte zur dor. Pentapolis, Hdt. 1,144. Bei Hom. Il. 14,255. 15,28 ist K. als *ἐὺ ναιομένη* bezeichnet und im Schiffskatalog Il. 2,676 mit den Nachbarinseln zusammengefaßt erwähnt. E. des 6. oder Anf. des 5. Jh. Tyrannis des Skythes und seines Sohnes Kadmos, der die Tyrannis niederlegte, Hdt. 7,163 f. Im att. Seebund mit einem Tribut von 5 Talenten, B. D. Meritt The Athenian tribute lists 1,326 f. 509. 3,213. 242. 412/11 zerstörte ein Erdbeben die ältere Stadt, Thuk. 8,41,2, dazu 108,2. Dann Abfall zu Sparta, Diod. 13,93,5, und nach der Seeschlacht von Knidos wieder bei Athen, Diod. 14,84,3. 366/65 v. Chr. Aufgabe der alten Stadt und Gründung der seitdem bleibenden Stadt K. am O.-Ende der großen Ebene an der N.-Küste, Diod. 15,76,2. Strab. Bruch mit Athen im Bundesgenossenkrieg wohl nach einem oligarch. Umsturz, Aristot. Pol. 1304 b 25 ff. Diod. 16,7,3. 21,1–22,2; danach von den kar. Dynasten und Persien abhängig, Demosth. 5,25. 15,27, bis zur Befreiung durch die Flotte Alexanders 333 v. Chr., Arr. an. 2,5,7. 3,2,6. Im Frühjahr 308 v. Chr. wurde in dem im J. vorher von Ptolemaios gewonnenen K. (Diod. 20,27,3) der spätere Ptolemaios II. geboren, Marm. Par. B 19 (FGrH 2,239). Theokr. 17,58. RE XXIII 1645,31 ff.; auch weiterhin ptolemaiisch mit engen Beziehungen zu Alexandreia. Etwa um 258/56 Seesieg des Antigonos Gonatas über die ptolemaiische Flotte bei K., Beloch GG IV 1², 598. IV 2², 506 ff. In den hellenist. und späteren Kriegen stand K. im ganzen auf röm. Seite, Liv. 37,11,13. 16,2. Pol. 30,7,9 f. App. Mithr. 23. 115. 117; civ. 1,102,476. Plut. Luk. 3,3. Tac. ann. 4,14. In der Kaiserzeit wurde K. unter Claudius *immunis*, Tac. ann. 12,61. Schweres Erdbeben unter Antoninus Pius um 139 n. Chr., Paus. 8,43,4. D. Magie Roman rule in Asia Minor 2,1491 f. A. 6. Spätant. war K. Bistum, R. Janin, DHGE 13,927 f. Neues Erdbeben 469 n. Chr., Priscus frg. 43, mit nochmaligem Wiederaufbau, fast völlige Zerstörung durch das Erdbeben von 554 n. Chr., bei Agath. hist. 2,16 ausführlich geschildert.

Auf K. bestanden die drei dor. Phylen der Hylleis, Dymanes und Pamphyloi, unterteilt in Chiliastyen (*ἐνάται*), Triakades und Pentekostyes. Die Insel war eingeteilt in Demen, von denen zehn Namen bekannt sind, [17],42 ff. Berühmt wurde K. vor allem durch die von → Hippokrates begründete Ärzteschule, die ihren Ruhm durch das ganze Alt. bewahrte. In K. begründete → Berosos eine Astrologenschule, Vitr. arch. 9,6,2. Ferner stammten aus K. der Dichter → Philitas und der Leibarzt des Claudius, C. Stertinius Xenophon, PIR 3,273 Nr. 666. [9],189 ff. Weitere Namen [9],199 ff. Von Erzeugnissen der Insel waren bes. die seidenen »koischen« Gewänder berühmt.

An der Stelle der späteren Stadt lag schon eine Siedlung des 2. Jt. v. Chr. mit nachfolgendem protogeometr. und geometr. Friedhof, im 8. Jh. v. Chr. verlassen, doch fehlen auch Funde der archaischen und klass. Z. nicht. Die neue 366/65 v. Chr. gegründete Stadt war nach dem regelmäßigen Plan mit sich rechtwinklig schneidenden Straßen angelegt. H. sind große Flächen freigelegt, die ein eindrucksvolles Bild einer glanzvollen hellenist. und nach dem Erdbeben von 139 n. Chr. wieder aufgebauten röm. Stadt geben, mit großen reichen Privathäusern, weiträumigen öffentlichen Plätzen, Tempelbezirken, Säulenhallen, Gymnasien, Thermen, Stadion, Theater, Odeion usw. Über 100 z. T. hervorragende Mosaiken, h. z. T. im Großmeisterpalast in Rhodos verlegt, und eine sehr große Zahl von Kunstwerken und Inschr. sind gefunden. Hauptquelle des Wohlstandes muß der Handel gewesen sein.

Etwa 4 km s. w. der Stadt liegt das berühmte Asklepiosheiligtum, entstanden im 4. Jh. v. Chr. an der Stelle eines Haines des Apollon Kyparissios und hellenist. groß ausgebaut auf drei Terrassen mit großen Freitreppen und Säulenhallen. Am Fuß röm. Thermen, auf der unteren Terrasse hinter Säulenhallen die Räume für die Kranken, auf der mittleren Terrasse der kleine ältere ion. Antentempel mit berühmtem Gemälde des Apelles, großem Altar und Tempel röm. Z., auf der oberen Terrasse der späthellenist.-dor. peripterale Haupttempel, später zu einer Kirche umgebaut. → Herondas gibt im 4. Mimiambos eine lebendige Schilderung des Heiligtums aus dem Munde zweier Frauen. Theokr. id. 7 beschreibt das Fest der Thalysia auf K. Im Gegensatz zu Epidauros wurde in K. vor allem die wissenschaftl. Heilkunde gepflegt.

Von sonstigen ant. Resten sind bes. zu nennen zwei Tempel, Theater u. a. im SW. bei Kephalos, wohl an der Stelle der älteren Stadt Astypalaia, ein Theater, Tempel u. a. bei Kardamena an der S.-Küste, Demeterheiligtum bei Asfendiu und verschiedene Kirchen. *Κῴων θάλασσα* bei Plut. Alkib. 27,1. Sonst bes. Skyl. 99. Strab. 10,5,13 ff. p. 488 f. 14,2,19 p. 657 f. Diod. 15,76,2. Steph. Byz. BCH 45,1921,6 Z. I 40.

Inschr. [1. 15–19]. SGDI 3,3611–3748. SEG 1, 344. 3,740–742. 12,368–84 (= [19]). 13,441–443. 14,524–529. 15,508–513. 16,474–476. 17,372–373. 18,328–330. 19,548–553. Mz. Head HN² 632 ff. [15] 303 ff. E. M.

1. *D. Mackenzie* Kos Astypalaia, ABSA 4, 1897/98, 95 ff. 2. *Bürchner*, RE XI 1467 ff. 3. *F. Plieninger – R. Sapper*, Kos und Nisyros, Peterm. Mitteil. 1920, 162 f. 194 ff. 213 ff. 255 ff. (mit Karte 1 : 75000). 4. *Philipps.-Kirst.* 4,288 ff. 5. *L. Laurenzi* Coo, Enciclopedia dell'arte antica 2,795 ff.

(mit großer Bibliogr. und mehreren Plänen). 6. *E.Kirsten–W.Kraiker* Griechenlandkde.$^4$ 560ff. 845f. (Lit.). 7. *A.Neppi Modona* L'isola di Coo nell'antichità class., 1933. 8. *G.Susini* Nuove scoperte sulla storia di Coo, Bologna 1956. 9. *R.Herzog* Koische Forschungen und Funde 1899. 10. Kos. Ergebnisse der dt. Ausgrabungen und Forschungen hg. v. *R.Herzog, I.P. Schazmann* Asklepieion, Baubeschreibung und Baugesch., 1932. 11. *K.Sudhoff* Kos und Knidos, Münch. Beitr. z. Gesch. der Lit. der Naturwissenschaften und Medizin H. 4/5, 1927. 12. *R.Herzog* Aus dem Asklepieion von Kos, ARW 10, 1907, 201ff. 400ff. 13. *D.Levi* La grotta di Aspripetra a Coo, ASAA 8/9, 1925/26 (1929), 235ff. 14. *J.D.Kondis* Αἱ ἑλληνιστικαὶ διαμορφώσεις τοῦ Ἀσκληπιείου τῆς Κῶ, 1956 15. *W.R.Paton–E.L. Hicks* The inscr. of Cos 1891. 16. *A.Maiuri* Nuova silloge epigr. di Rodi e Cos 1925. 17. *R. Herzog* Heilige Gesetze von Kos, APrAW 1928, 6. 18. *L.Laurenzi* Iscrizioni dell'Asclepieo di Coo, Clara Rhodos 10, 1941, 27ff. 19. *R.Herzog–G.Klaffenbach* Asylieurkunden aus Kos, ADAW 1952, 1. 20. *H.Balducci* Basiliche protocristiane e bizantine a Coo 1936. 21. *G.Gerola* I monumenti medioevali delle tredici Sporadi II, ASAA 2, 1916, 28ff. 22. *A.Maiuri* I castelli dei cavallieri di Rodi a Cos e a Budrùm, ASAA 4/5, 1921/22, 275ff.

**Koskinomanteia** s. Mantik

**Koskinon** (*κόσκινον*). Poll. 6,74. 10,114. Binsengeflecht zum Sieben von Mehl (Athen. 14,647f) = *κοσκινεύειν*, auch *σήθειν* und *διάττειν* (lat. *cribrum*, Stamm: *cre* Plin. nat. 18,115). Für ganz feines Mehl wird feines Beuteltuch aus Wolle oder Leinwand über einen Siebrand *ἡ σηλία* (Sch. Aristoph. Plut. 1037 = *κοσκίνου κύκλος*) [3], 1568, Fig. 2070 gespannt. Auch im Dienst des Aberglaubens. → Mantik. H. S.

1. *Hug*, RE XI 1483f. 2. *H.Blümner*, Techn. 1$^2$,50,2f. Abb. 19. 3. *Dar.-Sagl.* 1,2,1568.

**Kosmas Indikopleustes.** Ägypt. Kaufmann, bereiste O.-Afrika, Arabien, Indien (?) und Ceylon (?), wurde dann Mönch und verfaßte um 550 die *Χριστιανικὴ τοπογραφία* in 12 B., vielleicht in einem Sinaikloster (oder in Alexandreia: M.V. Anastos Dumb. Oaks Papers, 1946, 73–80). Er will Ptolemaios' Weltsystem bekämpfen und ein nicht kugelgestaltiges Weltbild auf die Hl. Schrift begründen. Nach Ephor. F 30b stellt sich K. die Erde als eine rechteckige Scheibe vor, nach dem Oktateuch (Noahs Arche und Moses' Stiftszelt) das Firmament als ein von geraden Wänden getragenes Gewölbe, nach äg. Vorbildern unter dem Einfluß der Nestorianer → Diodoros v. Tarsos, → Theodoros v. Mopsuhestia und → Severianos von Gabala die beiden Himmel als das 3. Stockwerk dieses Gebäudes. Das Werk bietet geograph. zuverlässige, wertvolle Beschreibungen der bereisten Länder (bes. berühmt die Abschriften der ptolemäischen Inschr. von → Adulis bei Massaua, OGIS I Nr. 54 und 99), gesch. wichtige Zeugnisse über Roms Beziehungen zu Äg., Indien und China und sonst kirchengesch. bedeutsame Notizen über das Datum des Weihnachtsfestes, Taufriten, Ausbreitung des Christentums von Spanien bis Persien und Indien. Der Grundgedanke wird aber kindisch und in pedantischem Sophistenstil ausgedrückt. F. L.

Ta.: *Migne* PG 88,51–470. *O. Winstedt*, Cambridge 1909. Hist. Quellen: *H.Bengtson*, Hist. 1955, 151–156.

**Kosmetes** (*κοσμητής*, Ordner). **1.** In Athen der zur Ausbildung der → Epheben seit 334 v. Chr. (IG II$^2$ 4594a) für ein Jahr gewählte Beamte (Plat. Ax. 366e. Stob. 4,34, Nr. 72 W.), in vielen Ephebenlisten (IG II$^2$ 1963ff.) bis zum 3. Jh. n. Chr. genannt (Bekränzung des K. IG II$^2$ 2208). **2.** In gleicher Eigenschaft in anderen griech. Städten (→ Nikaia Dess ILS 8867), vereinzelt im ptolem. Äg. SB 7246,2ff. (E. 3. Jh. v. Chr.). 1569 (80 v. Chr.). Im röm. Äg. liturg. Jahresbeamter Alexandreias und der Metropolen, zur Ausbildung der Epheben und zu Spenden für Feste, Spiele, Wasserleitungen u.ä. IG Rom I 1074. 1097. F. Oertel Die Liturgie 1917, 329ff. E.P. Wegener, Mnem 1, 1948, 121ff. 297ff. **3.** Beamter für den Schmuck der Götterbilder: Athen IG II$^2$ 3683 (lebenslänglich). Delos IG XI 2,144,37. H. V.

**Kosmogonie** s. Weltschöpfung

**Kosmoi** (*κόσμοι*). **1.** Seit dem 3. Jh. v. Chr. Bezeichnung der vorher *ὁ κόσμος* oder *οἱ κοσμίοντες* genannten Behörde in vielen Städten Kretas, vom 6. Jh. v. bis zum 3. Jh. n. Chr. nachweisbar. Meist 10 K., aber auch 7,6,5 oder 4, wurden für ein Jahr aus bestimmten Geschlechtern oder Heereseinheiten (*σταρτός*) gewählt, Wiederwahl war erlaubt. Nach dem Kollegium oder dessen Protokosmos wurde datiert. K. konnten durch die aus ehemaligen K. gewählte *βουλή* oder einen Gerichtshof verurteilt werden, waren Heerführer, Richter bestimmter Prozesse, leiteten Rat und Volksversammlung und führten deren Beschlüsse aus. Busolt GStk. 747ff. M. Guarducci Inscr. Cret. II 1939, 57,9ff. **2.** Kultbeamte im Delphinion von Milet. Th. Wiegand Didyma 2, 1958, 324. H. V.

**Kossaioi** (*Κοσσαῖοι*). Die Bewohner der Kossaia, eines Berglandes, über das die Angaben bei Strab. (11,522. 524. 16,741f. 744) und Arr. (an. 7,15,23; Ind. 40,6) unklar und widersprüchlich sind. Aber die Angabe Diod. 19,19,2, daß der kürzeste Weg von der → Susiana nach → Ekbatana durch das Land der K. führte, erweist es als das h. Luristan, das man im Alt. zum → Zagros rechnete. Die K., ein rauhes, kriegerisches Bergvolk, hatten sich unter der pers. Herrschaft ihre Unabhängigkeit bewahrt. Auch der Feldzug Alexanders d. Gr. im Winter 424/23 (Arr. a.O. Strab. 11,524. Plut. Alex. 72. Diod. 17,111) blieb ohne Dauerwirkung. → Antigonos (1) erlitt beim Durchzug durch die Kossaia 317 schwere Verluste (Diod. 19,19). In der Diadochenzeit dienten viele K. als Söldner wie nach den Keilschrifttexten schon die Kaššu babylon. und assyr. Königen. K. Z.

*Weissbach*, RE XI 1499ff.

**Kossura** (*Κόσσουρα, -ος, Κόσσυρος, Cossyra*). Kleine vulkan. Insel zwischen Sizilien und Afrika, h. Pantelleria, bis zu den pun. Kriegen unter karthag. Herrschaft, im 1. pun. Krieg vorübergehend, 217 endgültig von den Römern erobert und zur Provinz Sizilien geschlagen. Die z. T. phoinik. Beschriftung tragenden Mz. zeigen, daß die Bevölkerung noch lange punisch war. K. Z.

**Kostobokoi** (*Costoboci, Κοστοβῶκοι, Castaboca* oder [CIL III 14 214] *Coisstobocensis*), ein Volksstamm, der im Alt. wohl n.ö. der röm. Provinz Dacia (an der oberen Theiss?) oder an der mittleren Weichsel, vielleicht auch im Raum des Sereth (am Ufer des Schwarzen Meeres?) saß und thrak. (dak.) Herkunft war. Die früheste Erwähnung der K. findet sich in der Völkerliste H. A. v. Marci 22,1, die späteste schriftliche Überlieferung bei Cass. Dio 71,12,1 (J. 172 n. Chr.). Die K. wurden von den Asdingen im J. 171/72 besiegt. Ein Einbruch in Griechenland (Phokis) unter der Regierung Marc Aurels wurde nach CIL VI 31856 durch einen *proc. Aug.* zurückgewiesen. J. Sz.

*v. Domaszewski* Heidelb. Jb. 5,125,2. *v. Premerstein*, Klio 12, 1912, 147ff. *Ders.* RE XI 1504ff. *L. Schmidt* Gesch. der dt. Stämme 2,183f.

**Kosymbe** (*κοσ[σ]ύμβη, κόσ[σ]υμβος*, syn. *θύσανος, κρόσσος*, → *fimbriae*) Franse, Fransenkleid, Fransenfrisur. Urspr. am Geweberand stehengebliebene Kettfäden, die büschelweise verknotet, nach Bedarf mit Schmuck (Perlen, Edelsteine, Gold- und Silberfäden) versehen, oder gesondert hergestellt Gewandenden zieren können. Im Orient sind K. bereits seit dem 4. Jt. an Gewändern bekannt ([7], Abb. 21. 151. 153. 191), in Äg. wohl erst im Neuen Reich ([4], Abb. 396. 463). Für die myken. Z. scheinen eine Elfenbeingruppe ([5], Abb. 219) und die Kriegervase ([5], Abb. 233) das Vorkommen von K. zu bezeugen. Bei Hom. (Il. 14, 181) trägt Hera einen Gürtel mit 100 goldenen Fransen oder Troddeln (hier *θύσανος*), und der Rand der → Aigis ist mit solchen behängt (Il. 2,44). In archaischer Z. werden K. an Gewändern oder Tüchern oft verwendet ([6], Abb. 5 am Leichentuch. Abb. 32. 56), bes. beim Amasis-Maler ([2], Taf. 6. 7. 8. 15. 18. 44). In klass. Z. geht die Verwendung von K. zurück. Sie gilt nun als ein Abzeichen des Nichtgriech. ([3], Taf. 83,1). Symbolische Bedeutung erlangen die K. im Mysterienkult wie in Eleusis, wo sie wohl von der äg. Tracht übernommen wurden. Griech.-röm. Darstellungen der Isis zeigen fast immer K. am Mantel (EAA 4, 239. 240). In hellenist. Z. wird die Verwendung von K. wieder häufiger, bes. in Darstellungen der Neuen Komödie. Weitere Belege → Fimbriae.

Unter den Haartrachten wird eine in Fransen auf die Stirn herabfallende Frisur als K. bezeichnet (Poll. 2,30). Ant. Beispiele bereits im Mykenischen ([5], Taf. 42), doch ist nicht sicher zu sagen, ob jede in einzelnen Haarsträhnen in die Stirn gekämmte Frisur, die bis in die Mitte des 5. Jh. sehr häufig ist, K. genannt wurde, da die Frisuren im einzelnen doch sehr differieren ([8], Taf. 41. 113). ([9], Abb. 28. 132). S. O.

1. *M. Bieber*, RE XI 1507ff. 2. *S. P. Karouzou* The Amasis Painter, 1956. 3. *D. von Bothmer* Amazons in Greek Art, 1957. 4. *W. Wolf* Die Kunst Äg., 1957. 5. *Sp. Marinatos* Kreta und das myken. Hellas, 1959. 6. *P. E. Arias – M. Hirmer* 1000 Jahre griech. Vasenkunst, 1960. 7. *E. Strommenger* Fünf Jahrtausende Mesopotamien, 1962. 8. *H. Payne – G. M. Young* Archaic Marble Sculpture from the Acropolis, 1950². 9. *R. Lullies* Griech. Plastik, 1960.

**Kothokidai** (*Κοθωκίδαι*). Mittelgroßer Demos der att. Phyle Oineïs, von 307/06 bis 200 v. Chr. der Demetrias, etwa 6 km n. ö. von Eleusis bei Hg. Joannis, IG II² 6481. Phot. lex. Sch. Aristoph. Thesm. 620. Aus K. stammte Aischines. E. M.

1. *Honigmann*, RE XI 1516. 2. *W. Peek*, MDAI(A) 67, 1942, 1ff. 3. *Philipps.-Kirst.* 1,861 A. 2.

**Kothon** (*κώθων, κωθώνιον*). Bezeichnung für ein griech. Trinkgefäß, das nicht sicher mit einem der gefundenen Gefäßtypen identifiziert werden kann. Es ist ein rundes (*κυκλοτερής*), kurzhenkliges (*βραχύωτος*), dicklippiges (*παχύστομος* Athen. 11,483 e) Gefäß mit einem gebogenen Hals (*στρεψαύχην* Athen. 11,483 e). Kritias (Athen. 11, 483 b) erwähnt einen *κώθων Λακωνικός* (wohl aus Metall), der für Heerzüge wichtig sei, da die Soldaten, wenn sie aus ihm trübes Wasser trinken müssen, den Schmutz nicht bemerken, und weil die *ἄμβωνες* (?) den Schmutz zurückhalten. E. Kirsten [2] identifiziert den K. mit einem in Sparta häufig vorkommenden Gefäßtyp, der seit J. P. Droop (ABSA 14, 1907/08, 31) nach Athen. 11,484 f. allg. *λάκαινα* genannt wird. Diese Gleichsetzung hat viel für sich, zumal aus dem herkömmlich benannten K. unmöglich getrunken werden kann, da das Gefäß eher einem »Sicherheitstintenfaß« (Pfuhl 1,47) gleicht als einem Trinkgefäß. S. O.

1. *Leonard*, RE XI 1517ff. Nr. 5. 2. *E. Kirsten* Kothon in Sparta und Karthago, Charites 1957, 110–118. 3. *O. Broneer*, Hesp. 28, 1959, 339 Nr. 9.

**Kothurn** (*κόθορνος, cothurnus*). Stiefel, Theaterschuh, bei Hdt. 6,125 erwähnt, als Alkmaion in weiten K. Gold aus der Schatzkammer des Kroisos fortträgt. K. ist ein hoher geschlossener Schaftstiefel, der sich dem Fuß und Unterschenkel anschmiegt (Theramenes wird als K. bezeichnet, da er sich in negativem Sinne allzu leicht anzupassen versteht, Xen. hell. 2,3,31), der mit Bändern umwickelt ([3], Abb. 161) oder vorn an einem Schlitz im Schaft verschnürt sein kann (Bezeichnung dann wahrscheinlich → Endromis). Der K. wird oft von att. Jünglingen auf Komos- und Symposionszenen (neben der Kline stehend) getragen. Von Aristoph. Ran. 45ff. wird K. als bes. Kennzeichen des Dionysos bezeichnet. Bis in die Kaiserzeit bleibt der K. (mit wechselnden Namen) in Gebrauch. Als Theaterschuh hatte der K. zunächst keine Sohle ([4], S. 22. Abb. 49), doch soll Aischyl. die Sohle, die mit der Zeit höher wird, eingeführt haben, um die Schauspieler herauszuheben. Im 2. Jh. v. Chr. erhält der K. hohe Holzsohlen, die fast Stelzen gleichen und in der Kaiserzeit ([4], Abb. 773. 799) sogar Anlaß zum Lachen geben konnten (Lukian. Iup. trag. 41. Philostr. vit. Apoll. 5,9, p. 89). In dieser Z. wird der K. für das trag. Kostüm so charakteristisch, daß K. gleichbedeutend mit Tragödie wird (Hor. c. 2,1,12). S. O.

1. *M. Bieber*, RE XI 1520ff. 2. *S.P. Karouzou*, JHS 65, 1945, 38ff. Abb. 1. 3. *P.E. Arias – M. Hirmer* 1000 Jahre griech. Vasenkunst, 1960. 4. *M. Bieber* The History of the Greek and Roman Theater, 1961. 5. *T.B.L. Webster* Monuments illustrating Tragedy and Satyr Play, BICS, Suppl. 14, 1962, 9ff.

**Kotilion, Kotilon** s. Phigaleia

**Kottabos** (*κότταβος, κοτταβίζειν*; Etym. ungewiß). Ein Gesellschaftsspiel, das vom 6. bis ins 4. Jh. in der ganzen griech. Welt sehr beliebt war, uns bekannt durch viele Erwähnungen (mit Alkaios beginnend), mehrere bei Athen. B. 15 vorliegende Berichte älterer Autoren, zahlreiche Darstellungen auf Vasen und einige in Etrurien und Naukratis gefundene Reste von K.-Geräten. Das Spiel war im griech. Sizilien entstanden. Die Aufgabe bestand darin, daß der Spieler, stehend oder auf dem Speisesofa liegend, den Weinrest aus seinem Trinkgefäß mit bestimmter Fingerhaltung nach einer auf der Spitze einer leuchterartigen Stange (die auch selbst K. hieß) im Gleichgewicht schwebenden Metallscheibe schleuderte, die, richtig getroffen, auf eine andere, darunter angebrachte Scheibe fiel und einen hellen Klang erzeugte. Oder das Ziel des Wurfes waren Schälchen, die in einem mit Wasser gefüllten Becken schwammen und, richtig getroffen, untersanken. Sieger war, wer die meisten Schälchen zum Sinken brachte. Manchmal rief der Spieler beim Wurf den Namen einer geliebten Person, so daß das Spiel zugleich als eine Art Liebesorakel diente. In Einzelheiten differieren die Berichte, die Darstellungen und die erhaltenen Geräte, und entsprechend die Deutungen der modernen Interpreten. Kein Wunder, da die Spielregeln gewiß regional verschieden waren und sich auch im Laufe der Jh. gewandelt haben dürften. K. Z.

*K. Schneider*, RE XI 1528–1541 (mit ält. Lit.).

**Kottos** s. Hekatoncheiroi

**Kotyle** (*κοτύλη*). **1.** K. (*ἡ κοτύλη, ὁ κότυλος, κοτυλίσκη, κοτυλίσκος, cotula*). Urspr. = Höhlung, auch hohle Hand; medizin. Pfanne des Hüftbeckens. Generelle Bezeichnung für Napf, Becher; im archäol. Sprachgebrauch eingeführt, ohne ausdrückliche Unterscheidung von *σκύφος*. Beides wechselt in den Beschreibungen der Vasensammlungen. Vgl. [3]. Verschiedene Beispiele, meist aus Komikern nebeneinandergestellt [2],27: Gefäß spez. des Dionysos; für Spenden; an tiefes Waschbecken erinnernd; auch zum Schöpfen. Typ. Beispiele [2], Abb. S. 24, 27 und Abb. 170–177. H. S.

1. *Leonard*, RE XI 1542ff. 2. *G. Richter – J. Milne* Shapes and names of Ath. Vases, 1935. 3. *E. Pottier*, Dar.-Sagl. 1,2 1550.

**2.** K., Hohlmaß für Flüssiges und Trockenes örtlich stark verschiedener Norm. Als Flüssigkeitsmaß = 1/144 → Metretes, 1/12 → Chus und ihrerseits = 4 → Oxybapha und 6 → Kyathoi, als Trockenmaß = 1/192 → Medimnos, 1/32 → Hekteus und 1/4 → Choinix. Die att. K. faßte 0,273 l, die aiginet. laut Hultsch 0,379 l, nach Viedebantt 0,324 l, die der Mediziner (seit Nero) 0,205 l. H. Ch.

*F. Hultsch* Metrologie$^{2}$ pass. *O. Viedebantt*, Abh. Sächs. Ges. Wiss. 34,3, 1917, 59f. 70. *A. Oxé*, BJ 147, 1942, 91ff. *H. Chantraine*, RE IX A 2116ff.

**Kotyora** (*Κοτύωρα*). Stadt an der S.-Küste des Pontos ca. 100 km w. von → Kerasus, Kolonie von → Sinope. In K. gingen die Kyreier nach 45 Tagen Rast in See, Xen. an. 5,5,3–6,1,14. In die Gründung von → Pharnakeia einbezogen, sank K. zur *πολίχνη* herab, Strab. 12,548. Genaue Lage nicht feststellbar. K. Z.

**Kotyrta** (*Κοτύρτα*). Spartan. Perioikenstadt an der W.-Seite der Parnonhalbinsel, wahrscheinl. beim h. Daemonia, wo schon myken. Funde reichlich bezeugt sind. Thuk. 4,56,1. Steph. Byz. IG V 1,961–967. 1013. SEG 2, 173–175. 11, 899f. E. M.

1. *Pieske*, RE XI 1549. 2. *Bölte*, RE III A 1316,66ff. 3. *H. Waterhouse – R. Hope Simpson*, ABSA 56, 1961, 141.

**Kotys** (*Κότυς*). Name thrak. und bosporan. Fürsten:

I. Thraker: **1.** Odrysenkönig, Herr von ganz Thrakien 383–360, Schwiegervater des athen. Söldnerführers → Iphikrates, erhielt das athen. Bürgerrecht. Demosth. 23,118. Harpokr. s. v. Seit 365 Gegner Athens, griff K. Küstenplätze an und besetzte → Sestos. Demosth. 23,158. Der brutale K. wurde aus Privatrache ermordet. Demosth. 23, 119. 163. Theop. FGrH 115 F 31 (Ehe mit einer Göttin). Mz. Head HN$^{2}$ 284. Sein Sohn → Kersebleptes. **2.** Thrakerkönig, Sohn des Rhaizdos, 276/75 (?) in Delphoi als Proxenos geehrt, sandte seinen Sohn als Geisel in eine griech. Stadt. Sylloge$^{3}$ 438. G. Kazarow, JOEAI 15, 1912, Beibl. 95. **3.** Odrysenkönig, Verbündeter des Königs → Perseus von Maked. im Feldzug gegen Rom 171, verständigte sich 167 mit Rom. Pol. 27,12. 30,18,1. Liv. 42,29,12. 51,10. 57,6. 45,42,5ff. Diod. 30,3. Sylloge$^{3}$ 656. **4.** Fürst der → Asten, residierte in → Bizye, lieferte 88 einen Usurpator des maked. Thrones dem röm. Statthalter aus. Diod. 37,5a. R. Werner, Gn 37, 1965, 280. **5.** Sohn des → Sadalas, König der Asten und → Odrysen, erhielt 57 von Calpurnius Piso einen gefangenen Besserhäuptling, schickte seinen Sohn Sadalas Pompeius bei Pharsalos 48 zu Hilfe, regierte bis 45/44. Cic. Pis. 84. Caes. civ. 3,4,3. 36,4. **6.** Sohn des Königs Sadalas und der Königin → Polemokrateia, Enkel von Nr. 5, in → Kyzikos erzogen, 28(?) als König der Asten und Odrysen eingesetzt, vermählt mit einer Schwester des Sapäerfürsten → Rhoimetalkes, 22 durch M. Primus beseitigt. App. civ. 4, 75. 319f. EE 9,698, G. W. BOWERSOCK Augustus and the Greek world, 1965, Stammtafel 154. **7.** Vater des → Rhaskuporis, des 1. Königs der Sapäerdynastie. EE 9,700, Nr. 1. **8.** Sohn des Rhaskuporis, Enkel von Nr. 7, König zwischen 42 bis 31, in Athen geehrt. IG II$^2$ 3443. E. KALINKA, JOEAI 23, 1923, Beibl. 119. **9.** Sohn des Rhoimetalkes, erhielt als König von Augustus 1 n. Chr. das Land der Odrysen und Asten, wurde 17/18 von seinem Oheim Rhaskuporis gefangen und trotz Eingreifens des → Tiberius ermordet. Tac. ann. 2, 65f. Vell. 2,129; vermählt mit → Antonia Tryphaina, Tochter des Königs → Polemon von Pontos und der → Pythodoris. Strab. 12,556. Archon in Athen, baute eine Säulenhalle am Asklepiostempel in Epidauros. Paus. 2,27,6. IG II$^2$ 1070. **10.** Sohn von Nr. 9, mit Kaiser Gaius → Caligula in Rom aufgewachsen, 38 n. Chr. von ihm eingesetzt als König Kleinarmeniens und eines Teiles Arabiens. Tac. ann. 11,9. Cass. Dio 59,12,2. Sylloge$^3$ 798. IG Rom 4,147. **11.** Vorsitzender u. Provinzialpriester des thrak. Koinon (*Θρᾳχάρχης*). IG Rom 1,1451. J. DEININGER Die Provinziallandtage der röm. Kaiserzeit, 1965, 97,5.

II. Bosporaner: **1.** *φιλόκαισαρ, φιλορώμαιος*, bospor. König 45–71, statt seines Bruders Mithradates von → Claudius eingesetzt und geschützt. Tac. ann. 12,15ff. Cass. Dio 60,28,7. **2.** Ti. Iulius K., *βασιλεὺς βασιλέων, φιλόκαισαρ, φιλορώμαιος*, 124–132, trug mit Erlaubnis → Hadrians ein Diadem. Phlegon FGrH 257 F 17. IPE 32. 37. **3.** Ti. Iulius K., regierte 228–233 mit dem Bruder Ti. Iulius → Sauromates. Verfall der Währung und Münzbildnisse. IPE 432. 452f.

H. V.

**Kotyto** (*Κοτυ(τ)τώ*; zu Namenform und Etym. D. DETSCHEW Thrak. Sprachreste, 1957, 258f.). Göttin der thrak. → Edonen, der → Artemis-Bendis nahestehend (G. H. MACURDY, TAPhA 43, 1912, 74f. [2],437f. Vgl. CH. PICARD, RHR 86, 1922, 170f.), mit orgiast. Kultfeiern (*Κοτύττια* Aischyl. frg. 57 N. Strab. 10,3,16. W. KRANZ Stasimon, 1933, 77), die u. a. in Athen (Eupol. frg. 68ff. DEUBNER Att. Feste 223. [3],125f.; anders [2], 424f.), Korinth (Sch. Pind. O. 13,56b. Sch. Theokr. 6,40a–d) und auf Sizilien (Plut. prov. Al. 78) Eingang fanden. Der angebliche laszive Charakter der Begehungen (Sch. Iuv. 2,91. Verg. cat. 13) ist z. T. Produkt der verzerrenden Darstellung in den »Baptai« des Eupolis mit ihren Spitzen gegen Alkibiades, z. T. erklärt er sich aus ihrer Ausrichtung auf agr. Fruchtsegen (Hesych. s. *δράξων*. Plut. a. O.); ihm diente sowohl die Wassertaufe der *Βάπται* (Regenzauber) und der Kleidertausch der Thiasoten als auch das bekannte Maibaumsymbol (→ Korythale): MANNHARDT Ant. Wald- und Feldkulte, 1877, 258f. W. R. HALLIDAY Folklore Studies, 1924, 129f. [2],439ff. W. F.

1. *S. Srebrny* Acta 2. Congr. Phil. Class. Slav. 1931, 270ff. 2. *Ders.* Mél. F. Cumont, 1936, 423ff. 3. *J. Wiesner* Die Thraker, 1963.



**Krabbe** s. Krebse (2)

**Krähe** (Rabenvögel). Folgende Arten sind aus der Familie der Corvidae noch zu identifizieren: 1. Alpendohle (Pyrrhocorax graculus L.), mit gelbem Schnabel (Plin. nat. 10,133). 2. Alpenkrähe (Pyrrhocorax pyrrhocorax L.), *κορακίας*, mit rotem Schnabel ([Aristot.] hist. an. 9,24 p. 617 b 17). 3. Eichelhäher (Garrulus glandarius L.), *κίσσα*, *pica*, legt etwa 9 Eier (Plin. nat. 10,165), die Jungen sind blind (Aristot. gen. an. 4,6 p. 774 b 26), er hortet Eicheln ([Aristot.] hist. an. 9,13 p. 615 b 21. 616 a 4), ist gefräßig und wollüstig (Sch. Aristoph. Pax 496), vermag Stimmen zu imitieren (Plin. nat. 10,118). 4. Elster (Pica pica L.), *κίσσα*, *pica*, meist nicht von 3. geschieden, in der Umgebung Roms selten (Plin. nat. 10,78; vgl. Athen. 4,10). 5. Dohle (Coloeus monedula L.), *κολοιός*, *βωμολόχος*, *monedula*, bei Dichtern oft *graculus;* Füße und Gefieder schwarz (Ov. met. 7,468), Kropf fehlt, doch erweitert sich die Speiseröhre zum Magen hin (Aristot. hist. an. 2,17 p. 509 a 1. Plin. nat. 11,201). Sie leben in großen Scharen (Ail. nat. 4,30), wurden mit ölgefüllten Schalen gefangen (Dionys. de av. 3,18; vgl. Aisop. 99) oder mit Schleudern verjagt (Geopon. 14,25), in Käfigen gehalten (Aristot. gen. an. 3,6 p. 756 b 21). Von ihnen gibt es zahlreiche Anekdoten, Fabeln (Ail. nat. 1,6. 12,37. Aisop. 199. 200 = Phaedr. 1,3) und Sprichwörter (Aristot. eth. Nic. 8,1 p. 1155 a 34: *κολοιὸς παρὰ κολοιόν* = gleich und gleich gesellt sich gern; Gell. praef. 19. Cic. Flacc. 76. Ov. met. 7,467. Plin. nat. 10,41: stiehlt). 6. Nebelkrähe (Corvus corone cornix L.) und Rabenkrähe (Corvus corone corone Gm.) wurden nicht unterschieden. Während die Weibchen brüten, werden sie von den Männchen gefüttert (Aristot. hist. an. 6,8 p. 564 a 16; vgl. Ail. nat. 3,9), wegen des schweren Kopfes kämen die blinden (Aristot. gen. an. 6,6 p. 774 b 28) Jungen zuerst mit dem Schwanz aus dem Ei (Plin. nat. 10,38; Dionys. de av. 1,8); die Jungen werden auch nach dem Flüggewerden versorgt (Aristot. hist. an. 6,6 p. 563 b 11. Plin. nat. 10,30). Im Winter nähern sie sich den Städten ([Aristot.] hist. an. 9,23 p. 617 b 13), meiden aber die Akropolis (Ail. nat. 5,8) und Athen (Plin. nat. 10,30; vgl. Aisop. 213. Ov. am. 2,6,35), in Africa sind sie selten (Aug. epist. 118,9), vertragen sich mit Reihern (Plin. nat. 10,207), Kühen (Ov. am. 3,5,23), nicht mit Steinkauz (Plin. nat. 10,203. Ov. fast. 2,89), Habicht (Ail. nat. 6,45), Wiesel (Plin. nat. 10,204), werden sehr alt (unklar Ov. am. 2,6,36) wie Nestor (Sch. Iuv. 10,247. Priap. 57. 61,11. Plin. nat. 7,153), befördern Briefe (Ail. nat. 6,7), lernen die menschliche Stimme nachahmen (Varro. l. l. 6,56), galten einigen als Weissagevogel (Isid.or.12,7,44. Suet.Dom.23. Plaut.Asin. 260. Plin.nat.18,363: Wetter; Ov.am. 2,6,34), anderen nicht (Cic.div. 2,78; nat.deor. 3,14. Prud.c. Symm. 2,571). In Fabel (Aisop. 212.358.415. Hor. epist.1,3,20) und Sprichwort (Poll. 2,16. Sch.Cic. Flacc.46; Mur. 25) begegnen sie nicht selten. W. Kre.

*Gossen-Steier*, RE XI 1556ff.

**Kragaleus** (*Κραγαλεύς*). Sohn des → Dryops, weidete im Dryopenlande bei den »Bädern des Herakles« seine Herden. Wegen seines Verstandes und seiner Gerechtigkeit wurde er von Apollon, Artemis und Herakles aufgefordert, ihren Streit um das epeirot. Ambrakia zu entscheiden. Herakles berief sich darauf, daß er die Kelten, Thesproter und Epeiroten besiegt habe. Zu seinen Gunsten entschied K. den Streit und wurde von Apollon in einen Fels verwandelt. Ant.Lib.4. H. v. G.

**Kragos** (*Κράγος*). Gebirge in Lykien w. des unteren Xanthos, h. Jan Dagh, ca. 1000 m hoch, Strab.14, 665. Nach ihm hieß der ihm anliegende Bezirk Lykiens, Mz. HEAD HN² 695. RUGE, RE XI 1567. K. Z.

**Kranaos** (*Κραναός*). Att. Heros, autochthoner König von Attika z.Z. der deukalion. Flut, Nachfolger des Kekrops. Seine Gattin war Pedias aus Lakedaimon, seine Töchter Kranae, Kranaichme, Atthis (nach der letzteren benannte er sein Land). Nach einigen war er Schiedsrichter in dem Streit zwischen Athena und Poseidon. Von Amphiktyon verdrängt, starb er im Demos Lamptrai, wo sein Grabmal gezeigt wurde. Seine Priester wurden aus dem att. Geschlecht der Charidai genommen (Hesych.). Apollod. 1,49. 3,179.186f. Paus. 1,2,5. 31,3. Nach ihm nannten sich die Attiker *Κραναοί*, Hdt. 8,44. Strab. 9,397. Eher ist K. auf die Bezeichnung Athens als *Κρανααί* (Pind.O. 13, 38) zurückzuführen; vgl. Athena Kranaia Paus. 10, 34,7. H. v. G.

**Kranich,** *γέρανος*, *grus* (auch *gruis*) bezeichnet gewöhnlich den gemeinen K. (aber Plin.nat. 11,122 *grus Balearica* = Jungfern-K.; auch 10,135 *grues minores* oder *vipiones*?). Betont werden die Länge von Beinen (Lucil.168), Schnabel (Aristot. hist.an. 486 b 10), Hals (Hom.Il. 2,460?). Besondere Aufmerksamkeit fand der Wandertrieb, der den K. mit Steinen beladen (Aristoph.Av.1137 mit Sch. 1428) im Formationsflug (Martial. 9,13, 7. 13,75) von Thrakien nach Äg., wo er verehrt wird, führt (s. Hom.Il. 3,3ff. [Kampf mit → Pygmäen], Plin.nat.10,58ff. Plut.Luc.39,5. Ail.nat. 2,1. 3,13; zu den »K. des Ibykos« s.o. II 1331,18). Der mit Schlingen oder Netzen gefangene (s. Enn.ann. 556. Hor.epod. 2,35) oder gemästete K. (Varro rust. 3,2,14) wird zeitweise als Delikatesse geschätzt (Hor. s.2,8,87). – Der K. ist der Demeter heilig (Porphyr. abst. 3,5; weil er Saat frißt? Vgl. Hes. erg. 448 mit Sch.). Für Darstellungen (Françoisvase) siehe KELLER Antike Tierwelt 2,189ff. E. Mg.



**Kraniomanteia** s. Mantik

**Krankenhäuser** s. Valetudinarium, Xenodocheion

**Krannon** (*Κραννών*, einheim. *Κράννουν*). Stadt im w. Bergland der thessal. Landschaft Pelasgiotis, h. Ruinen Palaeo-Larisa mit geringen ant. Resten. K. wurde mit dem homer. Ephyra (Il.13,301) gleichgesetzt. Hier besiegte im J. 322 v.Chr. Antipater die Griechen im lam. Krieg. K. war Heimat des im 6. und 5.Jh. v.Chr. mächtigen Adelsgeschlechts der → Skopaden, im 4.Jh. Tyrannis des Deinias von Pherai, Polyain. 2,34, später von geringer Bedeutung. Strab.7. p. 329, frg.14, 330 frg.16. 9,5,20f. p. 441f. Steph.Byz.Tab.Peut. 7,5. Geogr.Rav. 4,10,198,11. 5,13,374,2. Guido 110,537,9. BCH 45, 1921, 16 III 24. 29 VC 14. Inschr.: IG IX 2,458–471. SEG 15,371–374. Mz.: HEAD HN² 293f. E. M.

1. *Fr. Stählin*, RE XI 1580ff.; Das hellen. Thessalien 111f. 2. AA 75, 1960, 176ff.

**Krantor** (*Κράντωρ*) aus Soloi. Akadem. Philosoph (nicht Scholarch), etwa 340/35–275 v.Chr., Schüler des Xenokrates und Polemon, Freund des Krates und Arkesilaos (Diog.Laert. 4,24f. ind. Herc.Acad.col.16f.). Von seinem Nachlaß (30000 Zeilen; auch Gedichte: Diog.Laert.) blieb wenig kenntlich. K. ist der älteste bekannte Kommentator des platon. Tim. (Plut. de an. procr. Prokl. in Tim.). In Form einer Erzählung behandelte er die Rangfolge der Güter (S. Emp. math.11,51–58). Berühmt und auf die Trostlit. (u.a. Cic.cons.) von Einfluß war seine Schrift *περὶ πένθους* (Diog. Laert. 4,27. Cic.ac.1,135: *non magnus, verum aureulus et, ut Tuberoni Panaetius praecipit, ad verbum ediscendus libellus*). Erwägungen über ihre Form: O.GIGON in: Aristotle and Plato in the mid-fourth century, 1960, 31. G. Schm.

Frg.: *F.Kayser* De C.e Academico, 1841.

Lit. zu *περὶ πένθους*: 1. *C.Buresch* Consolationum a Graecis Romanisque script. hist. crit., Diss. Lpz. 1886. 2. *K.Kuiper*, Mn 1901, 346–362. 3. *M.Pohlenz* De Cic. Tusc. disputationibus, Progr. Gött. 1909, 15ff. 4. *R.Kassel* Unters. zur griech. u. röm. Konsolationslit., 1958.

**Kranz** (*στέφανος*, *στεφάνη*, s. *corona*). Aus Blumen, Blättern, Zweigen oder deren Nachbildung aus Metall (Bronze, Silber, Gold) hergestellt, ist er ein Zeichen der Weihung, Auszeichnung oder des Schmuckes für Menschen und Götter. Der K. ist in kret.-myken. Z. selten und nur als Grabbeigabe bekannt ([3], S. 58. Abb.169 wohl mehr einem → Diadema gleichend). Auch für Hom. ist der K. im obigen Sinne nicht sicher zu erschließen. Aus der ant. Lit. sind zahlreiche Vorschriften bekannt, aus welchem Material ein K. zu einem bestimmten Zweck bestehen soll. Viele Gelegenheiten veranlaßten den Griechen, K. zu tragen oder zu weihen. Bei Kulthandlungen konnten Opferpriester und -tiere K. tragen, ebenso bei bestimmten Prozessionen. Als Weihgeschenke an die Gottheit fanden K. – oft aus Metall – (aus Ähren an

Demeter, aus Lorbeer an Apollon, aus Epheu an Dionysos usw.) Verwendung. Den Siegern an den großen Agonen wurden als Siegespreise K. überreicht (Ölbaum-K. in Olympia, Sellerie- und Fichten-K. auf dem Isthmos und in Nemea). Als Auszeichnungen erhielten verdiente Bürger und Fremdlinge zugleich mit der Verleihung der Proxenie den K. Im Privatleben verwendete man bei Geburt, Liebesbezeugung, Symposion, Hochzeit, Krankheit, Tod und Begräbnis vielfach den K. S. O.

1. *Ganszyniec*, RE XI 1588ff. 2. *K.Baus* Der K. in Ant. und Christentum, 1940. 3. *Sp. Marinatos* Kreta und das myken. Hellas, 1959. 4. *L. Breglia*, Enc. arte ant. 2,861ff. s.v. corona. 5. *H. D. Kahl* Weihekrone und Herrscherkrone (im Druck).

**Krataiis** (*Κραταιΐς*). Mutter der südital. → Skylla, Hom. Od. 12,124, danach Spätere, z.B. Apoll. Rhod. 4,824 (faßt K. als Epiklese der Hekate). Ciris 66. Ov. met. 13,749. Apollod. epit. 7,20. Anderwärts werden Hekate, Echidna, Lamia, Styx als Mutter der Skylla genannt. Jedenfalls gehört K. in den Kreis um → Hekate. Nach PRELL.-ROB. 1,617 ist der Name bildlicher Ausdruck für die ungeheure Gewalt der Meereswogen. Doch wird *κραταιΐς* als Appellativum nur Od. 12,597 vom Stein des Sisyphos gebraucht. H. v. G.

**Krateia.** Stadt im bithyn.-paphlagon. Grenzgebiet und häufig bezeugter Bischofssitz, zeitweise auch Flaviopolis genannt (Ptolem. 5,1,3). Nach Itin. Ant. 200,5 lag K. an der Verbindungsstraße zwischen → Klaudiopolis (h. Bolu) und → Ankyra (h. Ankara). K. wird allg. mit dem Ort Gerede identifiziert; hier zweigt auch h. noch die Straße nach Ankara von der großen West-Ostroute durch das n. Kleinasien ab. F. K. D.

**Krater** (*κρατήρ*). **1.** Mischkrüge oder -kessel (*κεράννυμι*) aus Ton oder Bronze (auch Gold und Silber als Material überliefert) sind in Maßen vom Miniatur-K. bis zum größten Gefäß der Ant. ([5],48), dem K. von Vix, von 1,65 m Höhe erhalten. Der K. diente zum Mischen von Wein und Wasser, aus ihm wurde bei Gelagen der Wein geschöpft, so daß seiner Funktion entsprechend eine weite Öffnung nach oben das Typische seiner Form ist. In der Lit. wird K. zum erstenmal auf einem Linear B Täfelchen MY Ue 611,2 im Akkusativ ka-ra-te-ra genannt (A. MORPURGO Mycenaeae Graecitatis Lexicon, Incunabula Graeca 3, Rom 1963). Seit Hom. (Il. 3,269. Od. 1,110) ist K. oft bezeugt. Es entwickeln sich, herkommend vom Minoischen ([4], Taf. 12), Mykenischen ([4], Abb. 233) und Geometrischen ([3], Abb. 3.7.15.24), im 6. Jh. verschiedene K.-typen, deren Benennung nicht ant. ist. Aus dem sog. Bügelhenkel-K. (PFUHL 3, Abb. 177) entwickelt sich im Korinthischen um 600 v. Chr. der Stangen- oder Kolonnetten-K. ([3], Taf. 9), dessen senkrecht stehende Henkel durch eine Platte mit der Lippe verbunden sind, die sie wie kleine Säulen (colonnette) zu stützen scheinen. Eine Weiterentwicklung seit 570 etwa ist der Voluten-K. ([3], Abb. 40) mit nach oben über den Rand hinausreichenden, zu Voluten gebogenen Henkeln. Seit 520 etwa tauchen in Athen Kelch-K. auf (Erfindung des Exekias?) mit kelchförmigem Gefäßkörper und im unteren Drittel nach oben geführten Henkeln ([6]). Diese Form und die noch jüngere Entwicklung des Glocken-K.s ([3], Abb. 156) mit glockenförmigem Körper und kleinen, leicht nach unten weisenden Henkeln am oberen Gefäßrand sind bis in den Hellenismus in Griechenland und Unteritalien beliebte Gefäßformen. S. O.

1. *Anger*, RE XV 2030ff. s.v. Mischkrug. 2. *A. Rumpf* Krater Lakonikos, Charites 1957, 127–135. 3. *P.E. Arias–M.Hirmer* 1000 Jahre griech. Vasenkunst, 1960. 4. *Sp. Marinatos* Kreta und das myken. Hellas, 1959. 5. *R.Joffroy* Le trésor de Vix, 1962. 6. *H.Hinkel* Der Gießener Kelchkrater, Diss. phil. Gießen 1967.

**2.** s. Sternbilder

**Krateros** (*Κράτερος*). **1.** Bedeutender Feldherr Alexanders d. Gr., als Taxiarch am → Granikos und bei → Issos. Arr. an. 1,14,3. 2,8,4. Teilnehmer der Löwenjagd Alexanders 332 im Tierpark zu → Sidon, deren plast. Nachbildung durch → Lysippos K.' Sohn in Delphoi aufstellte. Plut. Alex. 40. Plin. nat. 34,64. H. WILLRICH, H 34, 1899, 231ff. Bei → Gaugamela befehligte K. den linken Phalanxflügel (Arr. 3,11,10), bestärkte Alexander zu dem → Philotasprozeß (Curt. 6,8,3ff.), bewährte sich bei Sonderaufgaben in → Sogdiana und → Baktrien und am → Hydaspes, gründete dort → Nikaia und → Bukephala (Arr. 5,20,2) und führte den Troß auf der n. Route über → Arachosien und → Drangiana nach → Karmanien. Bei der Massenhochzeit zu Susa 324 erhielt K. die pers. Prinzessin → Amastris. Arr. 7,4,5. Von Alexander beauftragt, → Antipatros abzulösen und die Veteranen nach Maked. zu führen, war K. bei Alexanders Tod in Kilikien. Diod. 18,4.12,1. Daß er bei der Reichsordnung von Babylon »Hüter der königl. Belange« (*προστάτης τῆς 'Αρριδαίου βασιλείας* Arr. FGrH 156 F 1,3. Dexipp. FGrH 100 F 8,4) wurde, wie H. BENGTSON Die Strategie 1, 1937, 74 und M. J. FONTANA Le lotte per la successione di Alessandro Magno, 1960, 1ff. annehmen, bestreitet E. BADIAN, Gn 34, 1962, 383f. Nach der Heimkehr half K. 322 Antipatros zum Siege bei → Krannon über die Griechen, heiratete dessen Tochter → Phila und verbündete sich mit ihm und anderen Diadochen gegen → Perdikkas. 321 verlor K. gegen → Eumenes in Kleinasien Schlacht und Leben. Diod. 18,18,7.30f. H. V.

**2.** K., *ὁ Μακεδών*. Vf. einer nach JACOBY auf Athen beschränkten Slg. von Volksbeschlüssen (*ψηφίσματα*), mind. 9 B. Diese gehört vermutlich in die systemat. Urkundenforschung des ältesten Peripatos (Aristot., Theophr., Demetr. Phal.). K. erklärte die Urkunden, die Anordnung war wohl chronolog.; in B. 9 stand das J. 411/10. Die Frg. stehen bei Grammatikern (Steph. Byz.), Redner-

und Komikererklärern, Plut. etc. K.' Werk war wichtig, da die älteren Atthidogr. allenfalls wohl nur wenige Urkunden im Wortlaut gaben. Fraglich ist, ob K. der 321 v.Chr. geb. Halbbruder des → Antigonos (2) war, Sohn des Alexandergenerals → K. (1) u. der Antipatrostochter Phila (danach Gattin des → Demetrios (2) Poliorketes [C. Wehrli, Hist. 13, 1964, 140ff.]), der wohl ab ca. 280 als Repräsentant des Antigonos in Korinth residierte. W. Sp.

Frg.: FGrH 342. *F. Jacoby-Schoch*, RE XI 1617ff. *M. Chambers*, CPh 52, 1957, 130ff. *Bengtson* GG² 594. 441 (Lit.). *F. Schachermeyr*, JOEAI 46, 1961/63, 158ff. (Lit.). *Mattingly*, v. Kallisthen. (1). *I. Hahn*, Acta ant. 13, 1965, 27ff.

**3.** K., Arzt zur Zeit Ciceros, von diesem und Horaz mehrfach erwähnt; Galen gibt einige von ihm erfundene Medikamente an. F. K.

**Krates. 1.** K., Dichter der Alten Komödie, zuvor Schauspieler des Kratinos (Sch. Aristoph. Equ. 537). Das J. 451/50, in das man seine *ἀκμή* setzte, war vermutlich das des ersten seiner 3 Dionysiensiege (IG II² 2325). Zitiert werden 10 Titel, manche unsicher. Aristot. poet. 1449 b 5 sagt, K. habe in Nachfolge der sizil. Posse als erster in Athen die *ἰαμβικὴ ἰδέα* aufgegeben und Fabeln allg. exemplarischen Charakters (*καθόλου*, vgl. 1451 b 8ff.) geschaffen. In der Tat fehlt in den Frg. persönlicher Spott, nicht aber Phantastik. In den *Θηρία* verwahren sich die Tiere dagegen, gegessen zu werden, und es wird eine glückliche Vorzeit beschrieben, in der es keine Sklaven gab, aber alle Geräte automat. funktionierten. Nach Aristoph. Equ. 537 hatte K. mit hübschen Einfällen in anspruchslosen Stücken wechselnden Erfolg. W. K.

*Schmid-Stählin* 4,1, 90–92.

**2.** K., von Athen, Sohn des Antigonos, akademischer Philosoph. Er war eng befreundet mit → Polemon, nach dessen Tode wenige J. Schulhaupt der Akademie (nach 270/69 oder nach 267/66). K.' Todesjahr fällt in die 128. Olympiade = 268–265. Nachfolger des K. wurde → Arkesilaos (5). Vgl. J. Kirchner Prosopogr. Att. Nr. 8745. Neben Polemon tritt K. durch eigene Lehrentscheidungen nicht hervor. **3.** K. von Theben, Sohn des Askondas, Kyniker, Schüler des → Diogenes von Sinope, *ἀκμή* 328–325, führte das Wanderleben eines Kynikers, † in hohem Alter, vermutlich in Theben. K. heiratete Hipparcheia, Schwester des Metrokles, die sein Wanderleben teilte. Ant. Legende hat breit ausgemalt, wie diese gänzlich unkonventionelle Ehe geführt wurde; vgl. Diog. Laert. 6,97 und Ed. Schwartz Charakterköpfe 2,20. Ihr Sohn war Pasikles; wie K. ihn aufklärte, berichtet eine bei Diog. Laert. 6,88 erhaltene Anekdote. K. war von sehr ausgeglichenem Wesen (vgl. Plut. tranq. an. 4,266e), verbreitete Harmonie und Zufriedenheit (Plut. quaest. conv. 2,632e. Iulian. or. 6,201 b), und tröstete → Demetrios Phal. über den Verlust seines polit. Einflusses (Plut. de adul. et amic. 16; 69c).



Der Stoiker → Zenon war Schüler des K.; nach Diog. Laert. 7,4 verfaßte Zenon nachmals eine Schrift *Κράτητος ἀπομνημονεύματα*. Dadurch gewann K. für ant. Philosophiegesch., die so gern die Verbindungslinien aufzeigt, hohes Interesse: schien doch von hier die Formung der Stoa ausgegangen zu sein. Die Schriften des K., von denen man wußte, tragen durchweg parodist. Charakter: 1. *Παρῳδίαι*. 2. *πήρα* – Parodie auf die liter. Mode, Idealstaaten zu ersinnen; vgl. Plat. Atlantis. 3. Elegien – Parodien auf → Solon. 4. Ein Hymnos auf die *εὐτέλεια*. 5. Tragödien – wohl gleichfalls parodierend (Diog. Laert. 6,98). 6. *ὀψοποιητική* – Parodie auf die *ἡδυπάθεια* des Archestratos. 7. Briefe (verloren). Die in Epistol. Gr. 208ff. abgedruckten sind Fälschungen der Kaiserz. Frg.: Poet. philos. frg. ed. H. Diels 217ff. Anth. lyr. ed. E. Diehl 1,103ff. H. D.

**4.** K., Sohn des Timokrates aus Mallos, stoischer Philosoph und Grammatiker des 2. Jh. v. Chr., Lehrer des → Panaitios, als angesehenes Haupt der sog. pergamen. Schule von Attalos II. auch als Gesandter vor dem röm. Senat verwendet (Suet. gramm. 2). In schärfsten Gegensatz zur alexandrin. Schule → Aristarchs (6) brachten K. seine eigenwilligen Ansichten über Homer, die er wahrscheinlich in Komm. vortrug (*Διόρθωσις Ἰλιάδος καὶ Ὀδυσσείας ἐν βιβλίοις θ' καὶ ἄλλα*: Suda s. *K.*; unsicher, ob ident. mit *Περὶ διορθώσεως* [Sch. Od. 12,89] und *Ὁμηρικά* [A-Sch. Il. 14,189]; Komm. zu Hesiod und zum Rhesos nicht einwandfrei gesichert). Neben Fragen der Textkritik, die K. vorwiegend sehr gewaltsam und voreingenommen handhabte, bildeten bes. seine Auffassungen von homer. Geographie und seine allegor. Deutungen Gegenstand lebhafter zeitgenöss. und späterer Kontroversen. Er suchte u.a. die stoische Vorstellung von der Kugelgestalt der Welt schon bei Homer nachzuweisen (Erdglobus zu Demonstrationszwecken? vgl. Strab. 2,116) und deutete den Schild des Achilleus als Darstellung des Kosmos. Seine Lehren von der Anomalie wurden auch von seinen zahlreichen Schülern (→ Herodikos (1), → Tauriskos, → Zenodotos von Mallos) gegen die Alexandriner weiter verfochten. H. Gä.

Frg. und Lit.: *H.J. Mette* Sphairopoiia, Münch. 1936. *Ders.* Parateresis, Halle 1952.

**Kratesikleia** (*Κρατησίκλεια*), Gattin des → Leonidas II., Mutter → Kleomenes' III., dessen Ziele sie nach Kräften unterstützte. Sie heiratete daher in 2. Ehe → Megistonus und ließ sich als Geisel zu Ptolemaios III. schicken. Im J. 219 v. Chr. wurde sie von Ptolemaios IV. nach dem erfolglosen Aufruhrversuch des Kleomenes in Alexandreia hingerichtet (Plut. Kleom. 6f. 11. 19. 21f. 38). K. W.

**Kratesipolis** (*Κρατησίπολις*). Gemahlin des Alexandros, Sohnes des → Polyperchon, rächte seine Ermordung 314 v. Chr. mit ihr ergebenen

Truppen an den Sikyoniern und beherrschte → Sikyon. Diod. 19,67,1f. Ihr Schwiegervater Polyperchon besetzte 313 Korinth und Sikyon mit starken Truppen. Diod. 19,74,2. Aber 308 übergab K. beide Städte Ptolemaios I. von Äg. Diod. 20,37,1. Polyain. 8,58. K. wurde 307 in Patrai von → Demetrios (2) wegen ihrer Schönheit besucht. Plut. Demetr. 9. H. V.

**Krateuas** (*Κρατεύας*). **1.** Makedone, als Stratege des → Kassandros 316 v. Chr. bei der Besetzung Makedoniens gegen Aristonus nach → Amphipolis gesandt, um die Übergabe der Stadt zu verlangen, wurde von ihm geschlagen, verfolgt, in Bedyndia in der Bisaltis eingeschlossen und nach Eroberung des Ortes ermordet. Diod. 19,50,7. 51, 1. H. V.

**2.** K., Botaniker bzw. Pharmakologe um 100 v. Chr., am Hofe Mithridates' VI.; trug den Beinamen »Wurzelschneider«. Wir wissen von mindestens 2 Werken: einem alphabet. angeordneten, populär gehaltenen Kräuterbuch mit farbigen Abb. (vgl. Plin. nat. 25,8) und einem wissenschaftlich-pharmakolog. Gegenstück dazu mit dem Titel *Ῥιζοτομικόν*. Hinzu kamen Ausführungen über Metalle als Medikamente und über Spezereien, die vielleicht mit dem *Ῥιζοτομικόν* zusammen eine »Materia medica« bildeten. Das wissenschaftliche Werk des K. wurde von → Dioskurides als Quelle benutzt. F. K.

*M. Wellmann*, K., Abh. Gel. Ges. Göttingen 1897.

**Krathis** (*Κρᾶθις*). **1.** Fluß in der peloponnes. Landschaft Achaia, h. Fluß von Akrata, am Chelmos (Aroania) und seiner Fortsetzung entspringend, noch h. dauernd Wasser führend. Sein w. Quellarm bildet den Wasserfall der → Styx. Hdt. 1,145. Strab. 8,7,4 p. 386. Paus. 7,25,11f. 8,15,8f. 18,4. Dion. Per. 416. Kall. h. 1,26.

*Philipps.-Kirst.* 3,170. 218.

**2.** Das arkad. Gebirge, an dem der gleichnamige Fluß (1) mit seinem ö. Quellarm entspringt, ö. Fortsetzung der Aroania (Chelmos), h. Gebirge von Zaruchla, mit Heiligtum der Artemis Pyronia, Paus. 7,25,11f. 8,15,8f. E. M.

*Philipps.-Kirst.* 3,216. 222f.

**3.** Krathis s. Crathis o. I 1331

**Kratinos** (*Κρατῖνος*). **1.** Der älteste der drei Klassiker der Alten Komödie (Hor. s. 1,4,1. Quint. 10,1,66). Er errang nach IG II$^2$ 2325 an den Dionysien 6 Siege, den ersten um 453, an den Lenäen 3, den ersten um 437. Wir kennen von seinen Stücken 28 (29?) Titel, über 450 Frg. Sein letztes Stück war die *Πυτίνη*, mit der er 423 über Aristoph. Nub. siegte. Nach [Lukian.] Macrob. 25 wäre K. 97 J. alt geworden und kurz nach 423 gestorben. Beides ist nicht glaublich: er hätte sonst seine Karriere erst als Sechziger begonnen. Die Todesnachricht Aristoph. Pax 700 ist zwar nur ein Spaß, aber bald danach wird er gestorben sein. K. hat der Komödie den Charakter gegeben, den wir aus Aristoph. kennen: die Verbindung toller Ko-



mik mit dem Anspruch ernsthafter Kritik öffentlicher Zustände. Bewußt wählt er seinen Platz in der griech. Tradition, indem er an Archilochos anknüpft, den er im Agon der *Ἀρχίλοχοι* (über den Plural Wilam. Eur. Her.[1] 56,14, vgl. Diog. Laert. 2,89) einem Schwarm von Dichtern, an der Spitze Homer selbst, gegenüberstellte. Nicht nur die polemische Haltung hat er mit ihm gemein, sondern auch den Subjektivismus, das empirische Ich als höchste Instanz. In der *Πυτίνη* hat er sich selbst als Dichter und Trinker auf die Bühne gebracht (vgl. auch Frg. 237). Wie Aristoph. ist er laudator temporis acti (Frg. 238/39), sein Ideal Kimon (Frg. 1), weiter zurück Solon, der in den *Χίρωνες* selbst auftrat (228) und in den *Νόμοι* zitiert wird (128). Hauptangriffsziel war Perikles, der »zwiebelköpfige Zeus« (= Tyrann) samt der »hundsäugigen Kebse« Aspasia. Im Dionysalexandros (430 oder 429, ein Teil der Hypothesis POxy. 663) läßt er ihn als Dionysos auftreten, der die Rolle des Paris spielt. Wie Aristoph. gab er ihm die Schuld am Bruderkrieg und trat dem innergriech. Chauvinismus mutig entgegen (Frg. 95). Die *Πλοῦτοι* wenden sich gegen reich gewordene Politiker (Pap. Frg. Page, Select pap. 3,196), die *Θρᾷτται* gegen den neuen Fremdkult der → Bendis, die *Πανόπται* gegen die Philosophen: »Doppelköpfe mit zahllosen Augen« (→ Argos 2), »fremder Gedanken volle zerstreute Gelehrte« (153. 154). Manche Spitze richtete sich gegen Musiker und Dichter, von diesen handelte bes. die Parabase des Dionysalexandros. Den jungen Aristoph., der ihn Equ. 525ff. voreilig zum alten Eisen geworfen hatte, kränkte er dadurch, daß er ihn einen preziösen Sentenzenjäger im Stil des Euripides nannte (307), gewiß mehr als durch den Vorwurf des Plagiats an Eupolis (200). Keine aktuelle Polemik enthielt die kom. Dramatisierung der hom. Kyklopeia (*Ὀδυσσῆς*, Platonios CGF 5,56), vielleicht infolge zeitweiliger Beschränkung der Komödienfreiheit (Komödie o. S. 284). Das Stück erschien daher als Vorläufer der *μέση*; das war auch die Rätselkomödie *Κλεοβουλῖναι*. Der Bau der Stücke war wohl im wesentlichen derselbe wie bei Aristoph.; nur begannen manche wie bei Aischyl. gleich mit dem Einzug des Chores. In der Metrik fällt die große Zahl der Hexameter und archil. Maße auf. Den Eindruck, den K. auf seine Zeitgenossen machte, bezeugt Aristoph. Equ. 525; Ran. 357 huldigt er ihm als dem Archegeten seiner Kunst, indem er jeden hinwegweist, der nicht eingeweiht ist in die Mysterien der Sprache des Stieressers (d. h. dionys. inspirierten) K.

Frg.: s. Art. Komödie, o. S. 287. *Körte*, RE XI 1647ff. *J. Th. Pieters* Cratinus, Leid. 1946.

**2.** *K.*, *ὁ νεώτερος*, Komödiendichter, vermutlich Nachkomme von K. (1). Die persönlichen Anspielungen weisen in die Zeit der Mittleren Komödie (für *θηραμένη* bei Athen. 4,177a ist nicht *Θηραμένει*, sondern *Θηρωμένη* herzustellen).

6 Stücke werden ausdrücklich ihm zugeschrieben, 2 weitere, die Diog. Laert. 8,37 zitiert, gehören ihm nach Titel bzw. Inhalt. W. K.

*Körte*, RE XI 1654.

**Kratippos** (*Κράτιππος*). **1.** Nur in der Kaiserz. zit. Hist.: offenbar aus Athen (Plut.), Zeitgenosse u. Fortsetzer des Thuk. (Dion. Hal. Thuc. 16). K.' Werk (offenbar ohne Reden) ging mindestens bis zur ›Wiederherstellung der att. Seegewalt durch Konon‹ (wohl 394). Die Modernen sehen in K. den Vf. der Hell. → Oxy. oder auch (so K. W. KRÜGER, ED. SCHWARTZ, ED. MEYER, F. JACOBY) einen (spät)hellenist. Autor, wohl gar einen Fälscher, der nirgends erwähnt werde, wo man es erwarte (z. B. von Diodors Chronograph), und dazu seltsame Angaben über Thuk. mache (Tod, Urteil über die Reden). W. Sp.

FGrH 64. *Schmid* 4,2,15. 17. 165 f. 208. *E. Manni* v. Hekataios (3), 123 (Lit.). *V. Bartoletti* Hell. Oxyrh., 1959, XIX ff. (Lit.). *Bengtson* GG² 216 f. 249. *H. D. Westlake*, CR 10, 1960, 209 f. *Lesky*² 673 f. *R. Müller* Miscell. crit. B. G. Teubner 1, 1964, 156 ff. *M. Gigante*, Gn 37, 1965, 245 ff.

**2.** K., aus Pergamon, Peripatetiker 1. Jh. v. Chr., Schüler des Aristos, Bruder des → Antiochos von Askal.; zunächst wirkte er in Mitylene, wo er 51 mit Cicero zusammentraf und bis 48 (oder 46) blieb. Dann übernahm er die Schulleitung des Peripatos in Athen, wo Q. Cicero im J. 44/43 sein Schüler wurde. Im Grunde hat die Tradition nur dieses Faktum festgehalten: Plut. Cic. 24. Brut. 24; vgl. Cic. fam. 12,16. 16,24. Von Lehrentscheidungen des K. ist nur eine einzige bekannt; sie berichtigt einen bestimmten Aspekt der peripatet. Lehre von den Träumen, von Cicero festgehalten in div. 1,5. 1,70/71 (wörtliches Zitat). H. D.

**Kraton** (*Κράτων*). Griech. Rhetor augusteischer Zeit in Rom, entschiedener Feind des Attizismus. Proben seines beißenden Witzes, den er auch im Umgang mit dem Kaiser nicht dämpfte, gibt Sen. contr. 10,5,21 f. H. Gä.

*F. Blass* Griech. Bereds., Bln. 1865, 163. *Wilamowitz*, H 35, 1900, 5 f. *H. Bornecque* Les déclamations et les déclamateurs ..., Lille 1902, 164.

**Kratylos** (*Κράτυλος*) war ein Schüler des Herakleitos (zu Unrecht bei Diog. Laert. 3,6 Lehrer Platons nach dem Tode des Sokrates). K. sprach den Dingen jede Beständigkeit ab und leugnete die Möglichkeit, etwas Gültiges von ihnen auszusagen; Plat. Krat. 429 D legt K. zugleich darauf fest, es könne gleichfalls nichts Ungültiges ausgesagt werden. Er macht ihn weiter zum Vertreter der These (383 D), die Sprache mit allen Worten sei von Natur entstanden *φύσει πεφυκυῖαν* – dann steht der Sinn aller Worte von Natur fest und bedarf keiner Definition. Zugleich müssen dann Lautähnlichkeiten auf Sinnverwandtschaft hinweisen. Dieser Ansatz wird von Platon ironisch auf alle seine Paradoxe hin durchgespielt. Seine Heimat ist unbekannt. H. D.

**Krebs 1.** s. Sternbilder



**2.** Krebse, Krustentiere, Crustaceae, vom Stamm der Gliederfüßer, überwiegend in den Meeren, mit vielen Arten auch in süßen Gewässern vertreten; den Griechen als *μαλακόστρακα* (Aristot. hist. an. 490 b 11 u. a. Speusipp. bei Athen. 3,105 B und Sp.; falsch *ὀστρακόδερμα* Ail. nat. 9,6 nach Aristot. a. O. 601 a 19) bekannt, was die Römer mit *contecta crustis tenuibus* (Plin. nat. 9,83; einfacher *crustis intecta*, ebd. 9,43, oder *crustata*, ebd. 11,165) oder *mollitestia* (Eustath. hex. 7,2) wiedergeben. Ihr weit unterschätzter Familien- und Artenreichtum (nach h. Kenntnis ca. 6000 lebende, 2500 fossile Arten) und ihre sehr unterschiedliche Formenausbildung erzeugten weithin Unsicherheit in der Unterscheidung der Arten und in der Abgrenzung nach außen (vgl. aber STEIER Aristot. und Plin. 24). In der Lit. begegnen sie nicht vor 5. Jh. (bes. Kom.); die wichtigsten zool. Notizen bietet Aristot.; Spätere hängen meist von ihm ab; ein Teil der Beobachtungen scheint auf gr. Ärzte des 5. und 4. Jh. zurückzugehen. Beachtete Eigenarten waren die variierende Zahl der Füße, zu denen die Scheren meist, aber nicht immer gerechnet wurden, die dünne Kruste über weichem, fleischigem Körper, die periodisch abgeworfen wird, die Stimmlosigkeit, die Ernährungsweise und Organisation des Stoffwechsels, die Art der Fortpflanzung sowie die Kiemenatmung, die sich auch bei den auf dem Land lebenden Arten erhalten hat. Mindestens die größeren K. galten stets als eßbar und bekömmlich.

Nach GOSSEN und STEIER (RE s. v., wo für alle folgenden Angaben die Einzelbelege zu finden sind) sind in den ant. Zeugnissen folgende Ordnungen, Familien und Arten erkennbar:

I. Krabbe, *καρκίνος*, *cancer* (fälschlich von *concha* abgel.: Isid. orig. 12,6,51; vgl. WALDE-HOF.³ 1,150); vereinzelt *καρκίνιον*, *καρκινίδιον*, *καρκινοειδές*, sizil. *κάρχας*.

1. Fam. Viereck-Kr. (auf dem Land lebend, bes. trop. und subtrop. Länder); darunter a) marmorierte Viereck-Kr. auf Gemme (KELLER Mz. und Gemmen XXIV 31); b) Gonoplax rhomboides auf Jaspis (KELLER a. O. 30); c) Schnabel-Kr. (Corystes dentatus) auf Vase aus Caere (KELLER Tierwelt, 2 Fig. 145. 160); d) Fluß-Kr. (Telphusa fluviatilis). Sie spielt eine große Rolle in Volksmedizin und Landwirtschaft. Häufig auf Mz.; e) Muschelwächter, *πιν(ν)οτήρης*, *πιν(ν)οφύλαξ*. Sie leben in Steckmuscheln; Muschel und Kr. gehen ein, wenn sie sich trennen. Ob echte Symbiose vorliegt, ist fraglich; für Chrysipps stoischen Naturbegriff war sie ein Hauptbeispiel (frg. 729 a, SVF II 207; dazu der Spott Plutarchs, soll. an. 30). Als Metapher für sehr Kleines bei Soph. frg. 113 N.².

2. Fam. Bogen-Kr., meist an Steinen, Mauern und dgl. Darunter a) *καρκίνος θαλάσσιος*, cancer marinus. b) Nordsee-Kr. (Taschen-Kr.), *καρκ. Ἡρακλεωτικός*. c) Xantho florida, auf Pariser

und Wiener Karneolen (KELLER Mz. und Gemmen XXIV 24. 32).

3. Fam. Dreieck-Kr. (?) in den Arten γραῦς und πάγουρος. Bei Ail. 6,31 und 9,43 Fabulöses über ihren Fang und ihr Verhalten beim Schalenwechsel; über Schutzwirkung gegen Ungeziefer s. Geopon. 5,50,1.

Gemeinsames: Beschreibungen (bes. Atmungs- und Verdauungsapparat): [Hom.] batr. 294ff. Aristot. hist. an. 525 b 16ff. u. a.; Aufenthalt auf dem Festland (nicht im Sommer); Leben in Gruppen, Schalenwechsel; Zahl und Funktion der Füße (Zugehörigkeit der Scheren zu ihnen); Rückwärtsgang. – Viele naturgetreue Darstellungen auf Tellern, Vasen, Fresken, Mz. und Gemmen. Der Leuchtturm von Pharos stand auf 4 großen Kr.n (Greg. Tur. curs. stell. 8). – Bedeutende Rolle in der Volksmed. und Magie (abführend, harntreibend, Schutz gegen Gifte, Tollwut, Frauenleiden) und in der Landwirtschaft.

II. Unterordnung Mittel-K., καρκίνια, wenig bedeutend, z. T. unsicher. Hauptstelle: Aristot. hist. an. 529 b 20ff., dazu 548 a 14 (interpol.?).

1. Fam. Einsiedler.-K. Ihre Arten Pagurus und Eupagurus identifizieren sich durch ihre Verbindung mit den Schnecken νηρείτης bzw. στρόμβος (KELLER Tierw. 2,489).

2. Fam. After-K. auf einigen Gemmen, einem Jaspis, einem Sardonyx gesichert.

3. Einige nicht bestimmbare Arten (u. a. in Gehäusen der Purpurschnecke) bei Aristot. hist. an. 525 b 7 u. a.

III. Panzer-K., Languste, κάραβος, *locusta*. Darunter 1. Gemeine Languste (Palinurus vulgaris); 2. Bären-K. (Scyllarus arctus), κάραβος ἄρκτος oder καραβίς.

Gemeinsames: Alle Panzer-K. haben rote Farbe, längeren Leib, schwanzförmigen Hinterleib mit 5 Paar Afterfüßen; die rechte Schere ist größer und stärker als die linke; große, hohle Mandibeln, starre Augen, zahlreiche Kiemen. Hauptdarstellungen: Aristot. hist. an. 489 a 32ff. u. a. (Geschlechtsteile und Begattung, Nahrung, Feindschaft mit Kraken, Häutung, Fang und Verwendung als Speise). – Häufig in der Kleinkunst dargestellt, auch auf Mosaiken (KELLER Tierw. 2, Fig. 124. 147) und in der Plastik (ebd. 2,497).

IV. Fam. der eigentlichen Krebse, ἀστακοί. Als Hauptarten erscheinen:

1. Hummer, ἀστακός, *cammarus* (Homarus vulgaris); auf ihn beziehen sich fast alle Nachrichten unter ἀστακός. 2. Fluß-K., ὁ ἐν τοῖς ποταμοῖς ἀστακός, *astacus*. 3. Nephrops norvegicus (häufig in der nördlichen Adria!), λέων, *leo*, größer als der Hummer. Beschreibung bei Ail. 14,9. Von wirtschaftlichem Interesse war fast nur der → Hummer, der in den meisten Gegenden des Mittelmeeres gefangen wurde (nicht im Schwarzen Meer: Ail. 4,9) und eine beliebte Speise auch einfacher Leute war. Vorzügliche Schilderung bei Aristot. hist. an. 526 a 11ff., dazu Gal. 2,879f. über den Mechanismus der Augen. – Die übrigen Arten scheint man verschmäht zu haben.



V. Fam. Garnelen, καρίδες, *squillae*. Den Alten bekannte Arten:

1. Palaemon squilla, καρὶς κυφή, als eßbar oft von den Kom. erwähnt; gute Abb. auf Mz. von Ambrakia, Skepsis, Solunt. 2. Steingarnele, Palaemon serratus; Beschreibung bei Ail. 1,30; vgl. auch 16,13; 3. Sandgarnele, Crangon vulgaris (?), μικρὸν γένος καρίδων (Aristot. a. O. 525 b 2), καριδάριον (Anaxandr. frg. 24 K.); 4. Geißelgarnele, Peneus caramote (?), κάμμαρος (Athen. 7,306 C: καρίδων γένος; unsicher καμμαρίδες Gal. 6,735); mehrfach in Kleinkunst. – Gemeinsamer Name καρίς, auch κουρίς, κωρίς) nach Form und Herkunft unsicher (vgl. FRISK 1,788; THOMPSON Fishes s. v.); volksetym. Ableitung von κάρα bei Athen. 3,106 B. In vielen Fällen ist mit irrtümlicher Verwendung für Hummer oder Langusten zu rechnen. Eindeutig auf die Garnele bezogene Angaben sind: Gelbe Farbe, längliche, gewundene Körperform, Fehlen der Scheren, Härte der Augen, gerader Verlauf des Darmes, rasche, geschickte Bewegungen, Feindschaft mit dem Meerwolf. Die Komiker nennen sie oft als beliebte Speise; den Fischern diente sie als Köder, den Tierzüchtern als Entenfutter.

VI. Ordnung Maulfüßer (Mysis). Auf sie trifft wohl die Beschreibung der κραγγόνες bei Aristot. hist. an. 525 b 22ff. zu, obgleich er sie zu den καρίδες zählt. Hierher gehört auch die κολύβδαινα = θαλάσσιον αἰδοῖον, Squilla Desmarestii, beschrieben bei Aristot. a. O. 532 b 24.

VII. Ordnung Asseln, ὄνοι, ὀνίσκοι, *milipedae*, *centipedae*, *aselli*, von Aristot. a. O. 557 a 24 nur beiläufig erwähnt (Einzelbelege RE II 1744). Hauptarten: 1. Roll-A., Armadillo vulgaris; ὄνος ἰσόσπριος Soph. frg. 336 N.²; von Diosc. 2,35 beschrieben und als Medikament gegen Harnzwang, Gelbsucht, Ohrenschmerzen u. a. empfohlen. 2. Fisch-A., Cymothoidae, von Aristot. a. O. 557 a 22 als φθεῖρες ὅμοιοι τοῖς ὄνοις beschrieben.

VIII. Ordnung Floh-K., καρκινάδες. Man kannte mehrere Arten, teils im Meer, teils in Flüssen, ferner eine Sandhüpfer-Art. Auch bei Aristot. a. O. 530 a 27 erwähnte parasitische K. scheinen hierher zu gehören.

IX. Ordnung Rankenfüßer, βάλανοι, *balani*. Erkennbar sind: 1. Balanus cylindricus, eine ägyptische Art, groß, dunkel (Athen. 3,87 F); 2. Balanus tintinnabulum, Seepocke (?), im Meer an Klippen oder an sumpfigen Stellen; Abb. auf Neapler Mosaik (s. KELLER, Tierw. 2, Fig. 124). Beide Arten wurden gegessen.

X. Ordnung Ruderfüßer, φθεῖρες. An Kiemen und Flossen von Fischen schmarotzende Klein K., bes. Lernaea und Pennella-Arten. Auch der ψύλλος und der οἶστρος gehören wohl in diese Gruppe (s. aber AUBERT-WIMMER Aristot. Thierkunde 1,168). W. R.

Lit.: *Marx*, RE II (1896) 1744 (Assel). *Gossen*, RE VIII (1913) 2538ff. (Hummer). *Keller* Ant. Tierwelt 2, 1913, 485ff. *V. Franz* in *Brehms* Tierleben 1, 1918, 620ff. *B. Havinga* Krebse und Weichtiere (1929). *T. H. Waterman* The Physiology of Crustacea (2 Bde., 1960/61).

**Kredemnon** (*κρήδεμνον, κάλυμμα, καλύπτρη*). K., »Kopfbinde«, allg. die oberste Bedekkung, bezeichnet außer dem Kopftuch der Frauen auch Mauer- und Felszinnen sowie den Deckel eines Gefäßes (s. LIDD.-SC.). K. kommt nur poet. vor, seit klass. Z. ist *καλύπτρη* das gebräuchliche Wort für das weibliche Kopftuch, das auch die Schultern bedeckt; es unterscheidet sich nur durch sein Format von dem größeren Mantel. Speziell kann K. den Brautschleier meinen, den wir wie das Kopftuch von zahlreichen Darstellungen vornehmlich der att. Kunst kennen, z. B. BOARDMAN-DÖRIG-FUCHS Die griech. Kunst, 1966 T. 70. 131. 140. XXXVII. 200. 216 oben rechts. 222, dazu M. BIEBER Entwicklungsgesch. der griech. Tracht, $^{2}$1967 T. 22. W. H. G.

**Kredit.** Mit K. bezeichnen wir die Hingabe zurückzuzahlender Anleihen, die in der Regel durch eine dem K.-Geber zustehende Rückvergütung charakterisiert sind. Nichtzahlung wurde urspr. in der Regel mit Schuldknechtschaft des Gläubigers und (oder) seiner Familienangehörigen bestraft. Sowohl Produktiv- wie Konsumptiv-K. sind bereits prähist. und altoriental., in Boiotien hesiodeisch (Hes. erg. 349. 396), in Attika vorsolonisch. Seit der Erfindung des Münzgeldes (ca. 600 v. Chr.) wurde der Natural-K. durch den Münzgeld-K. teilweise verdrängt und die Schuldknechtschaft in Hellas und Rom weitgehend abgeschafft. Normaler Münzgeld-K. war billiger (in der Regel zwischen 10 und 3%) als Natural-K. (50 % und mehr). Urspr. war das K.-Geben ein Gelegenheitsgeschäft von Tempeln, Fürsten und Privatbesitzern. Seit etwa 400 v. Chr. wurde das K.-Geschäft jedoch in Athen und anderen hell. Zentren so allg., daß Bankunternehmer mit Kundeneinlagen hier beruflich sich betätigten, im Hellenismus große Firmen entstanden, vor allem im spätrepubl. Rom, Polisbanken und staatliche Bankmonopole rentabel wurden, und das röm. Recht von der röm. Republik bis zu Justinian I. schließlich alle K.-Geschäfte sorgfältig für die Zukunft analysierte und kodifizierte. F. M. H.

Vgl. mit Bibliogr. Art. Anleihen, Bankwesen, Fenus, Hektemoroi; RE Art. Anleihen (Suppl. IV), Kredit, Fenus. *A. Berger* Encycl. Dict. of Rom. Law (1953), s. mutuum. *R. Bogaert* Les origines ant. de la banque de dépôt (1966). *T. Frank* An Anc. Economic History$^{2}$ (1927), Ind. s. bankers and banking, interest, investments, moneylending, mortgage. *Frank* ESAR, Ind. s. banking, debts, foundations, interest, investments, loans. *Rostovčev* Soc. a. Ec. Hell. W., Ind. s. Kredit, Kreditwesen. *Rostovčev* GuW Ind. s. Kreditwesen.

**Kreide.** Feinerdiger, färbender Kalkstein aus Kokkolithen, Foraminiferen u. a. Abgeleitet von lat. *creta*. Die Etymologie ist unsicher (vielleicht von *cerno* = gesiebte [Erde], WALDE-HOF.$^{3}$). K. wird zum Herstellen von Farbe oder Farbstiften (z. B. *purpurissimum*, Kreide mit Purpur versetzt als Nebenprodukt der Tuchfärberei, Plin. nat. 35, 44) benutzt, wobei Plin. (nat. 35,49) 7 Farben aufzählt, die von trockener K. aufgenommen werden, sich jedoch nicht mit feuchtem Kalk verbinden. Verschiedene K.-arten sind bekannt wie die *creta Eretria* (Plin. nat. 35,38) derer sich die Maler → Nikomachos und → Parrhasios bedienten, die *creta Selinusia* (Plin. nat. 35,46. Vitr. 7,14), die zum Schminken und zum Weißen der Wände diente. Endlich wird K. auch zum Düngen benutzt (Plin. nat. 17,42). S. O.

*Lagercrantz*, RE XI 1701ff.

**Kreisel** s. Turbo

**Kremna** (*Κρῆμνα*). Stadt in Pisidien, nach der Zerstörung durch Amyntas von Augustus zur *Colonia Iulia Augusta Felix Cremnensium* gemacht, Mon. Anc. 28. Strab. 12,569. 570. CIL III 6873; später Bischofssitz; h. Girme mit Ruinen. Mz. (vom 1. Jh. v. Chr. bis Aurelian) HEAD HN$^{2}$ 707. K. Z.

*Lanckoroński* Städte Pisidiens und Pamphyliens 2, 161f. 232. *Ruge*, RE XI 1708.

**Kreon** (*Κρέων*, ep. *Κρείων* »Herrscher«). **1.** Sohn des → Menoikeus, Bruder der → Iokaste, als solcher nach Laios' Tode und nach Oidipus' Selbstblendung Regent in Theben. In Sage und Epos (Od. 11,269. Aspis, Oidipodie) ziemlich schattenhafte Figur; Nachkomme der → Sparten (Gegensatz zu den Labdakiden); sein Sohn → Haimon wird Opfer der Sphinx. In der Heraklessage: K. entsühnt Amphitryon und ist dessen Bundesgenosse; Herakles befreit Theben von dem Tribut an den Minyerkönig → Erginos und erhält die Hand von K.s Tochter → Megara. Apollod. 2,57. 59. 70. 3,51. 54. 73. 78. Hyg. fab. 31f. 67. 70. – Soph. hat K. 3 verschiedene Charaktere gegeben: im Oid. T. ist er der anständige Mensch, in Ant. der schroffe und eitle Vertreter der Staatsraison voller Argwohn und voreiliger Schlüsse, im Oid. K. der vollendete Heuchler und Intrigant. Erfindung des Soph. ist das Bestattungsverbot, die Opferung des Sohnes → Megareus der Staatsraison zuliebe; er gibt K. auch eine Frau, Eurydike, und macht den Sohn Haimon zum Verlobten Antigones, damit er Frau und Sohn zur Strafe verliere. Bei Eur. geschieht die Blendung des Oidipus auf K.s Veranlassung. Hyg. fab. 72 liegt Eur. »Antigone« zugrunde, nur mit trag. Ausgang statt mit »happy end«. Theseus erzwingt von K. die Herausgabe der Leichen, Isokr. paneg. 54ff.; panath. 168ff. (anders Plut. Thes. 29,9. Paus. 1,39,2).

*Prell.-Rob.* 2,3. *C. Robert* Oidipus Bd. 1. *T. v. Wilam.* Beobachtungen zur dram. Technik des Soph.

**2.** König von Korinth, Sohn des Lykaithos, Gemahl der → Merope, Vater von Hippotes und

Glauke (→ Kreusa). Er gibt → Iason, der Medeia verstößt, seine Tochter zur Frau. Beide werden von → Medeia getötet. Apollod. 1,145. 3,94. Hyg. fab. 25. 27. Sch. Eur. Med. 20. Dargestellt u. a. auf der Prachtvase von Canosa. H. v. G.

**Kreophylos** (*Κρεώφυλος*). Von Ephesos, Vf. von *Ἐφεσίων ὧροι* in ion. Dialekt. Möglicherweise ältester Autor über Ephesos (ca. 400 v. Chr.?). Term. p. qu. für K., sicher vor ca. 200 v. Chr. anzusetzen, ist wohl Eur. Med. (431). W. Sp.

FGrH 417. Lit.: *F. Jacoby*, RE XI 1710. *Schmid* 3,357,9. 359,1.

**Krepis** (*κρηπίς*). **1.** = *crepido*, *κρηπιδαῖον*, *κρηπίδωμα*, Unterbau, Stufe, Basis für Bauwerke aller Art (Altar, Grab, Scheiterhaufen, Stadt- und Kaimauer, Brücke, Amphitheater, Weg), auch die Stufen des Theaters (IG XI 2,203 A 95). In neuer Z. ist K. meist eingeschränkt auf die im Normfall aus 3 Stufen bestehende Standfläche der griech. Tempel (ant. zuerst Eur. Ion 38). Abgeleitet sind die Bedeutungen: eine Art Verband (Soran. fasc. 59), Tortenboden (Poll. 6,77), »Ochsenzunge« (helmithia echioides) Theophr. h. plant. 7,8,3 = Plin. nat. 21,99. Nachweise bei M. Bieber, RE XI 1710f. und Lidd.-Sc. **2.** = *crepida*, *crepidula*, ein Riemenschuh (zwischen Sandale und Halbschuh), in der Regel aus Leder. Die K. wird von beiden Geschlechtern getragen und vom derben Gebrauchsschuh (Soldatenschuh: Theokr. 15,6) bis zum eleganten Luxusschuh in allen Varianten hergestellt. Zum Sprichwort *ne supra crepidam sutor iudicet* (»Schuster bleib bei Deinem Leisten«) vgl. Plin. nat. 35,85. Darstellungen (vgl. K. Erbacher Griech. Schuhwerk Diss. Würzburg 1914, 39ff. Bieber a. O. 1711ff.) z. B. A. Hekler Bildnisse berühmter Griechen, ³1962 T. 7–9. AA 1966, 342 Abb. 22 (?). Die K. ist fester Bestandteil der seit etwa 200 v. Chr. in Rom sich verbreitenden griech. Tracht, so daß die griech. Komödie geradezu als *fabula crepidata* (Don. ad Ter. Ad. prol. 7) bezeichnet werden kann. W. H. G.

**Kres** (*Κρής*). Eponymos der Insel Kreta, autochthoner König der Eteokreter, Sohn des Zeus und einer idäischen Nymphe, auch Beschützer des jungen Zeus; Spätere machen ihn zu einem Kureten oder, wie Minos, zu einem Richter und Gesetzgeber (angebl. Einfluß auf Lykurg!). Eustath. zu Dionys. perieg. 498. Diod. 5,64. Steph. Byz. s. *Κρήτη* u. a. Sein Opfer an Apollon Tib. 4,1,8 erklärt sich nach Hom. h. 2,210ff. (Apollon setzt kret. Schiffer zu Priestern seines Tempels ein). H. v. G.

**Kresilas** (*Κρησίλας*) aus Kydonia, Erzgießer (2. Hälfte 5. Jh. v. Chr.). K., dessen Lehrer man nicht kennt, war in Athen, Hermione, Delphi und Ephesos tätig, ein Werk besaß später (mit erneuerter Signatur) Pergamon. K. schuf wie → Polykleitos und → Pheidias eine Amazone für Ephesos, doch sind die Zuschreibungen der in Kopien erhaltenen Amazonen umstritten. Sichere Nachbildungen gibt es von K.' Perikles (Athen, Akropolis) [9], unsicher ist die Beziehung einer Statuette aus Bavai ([10] T. 208) auf den »Verwundeten« des K. (Plin. nat. 34,74. Paus. 1,23,1). Das Urteil über K., an dessen Bedeutung nicht zu zweifeln ist, schwankt. W. H. G.

1. *Lippold*, HBArch III 1,172ff. 2. *J. Marcadé* Rec. de signat. de sculpt. Grecs 1,62ff. 3. *V. Poulsen* D. Amazone des K., 1957. 4. *G. M. A. Richter*, Archaeology 12, 1959, 112ff. 5. *P. Orlandini*, Enc. Arte Ant. 4, 1961, 405ff. 6.–7. *W. H. Schuchhardt*, *E. Bielefeld* Ant. Plastik 1, 1962, 33ff. 39ff. 8. *F. Eckstein*, in: Festschr. F. Matz 1962, 66ff. 9. *G. M. A. Richter* The Portraits of the Greeks 1, 1965, 102ff. 10. *J. Dörig*, in: *Boardman-Dörig-Fuchs* Die griech. Kunst, 1966, 152.

**Kresphontes** (*Κρεσφόντης*). Herakleide, Landesheros von Messenien, das ihm durch einen Trug bei der Verlosung der Peloponnes zufiel. Sohn des → Aristomachos, Gemahl der → Merope. Paus. 4,3,4 u. ö. Er herrscht nur kurze Zeit über Messenien, wird mit 2 Söhnen von → Polyphontes erschlagen, der seine Witwe heiratet. Der 3. Sohn, → Aipytos (auch Kresphontes genannt), von Merope in Sicherheit gebracht, vollzieht später die Rache an Polyphontes. Apollod. 2,177ff. Hyg. fab. 137 (nach Eur. »Kresphontes«). Über die polit. Tendenz der Sage → Herakleidai. H. v. G.

**Krestones** (*Κρηστῶνες*, *Κρηστωναῖοι*, *Γραστῶνες*). Volkreicher thrak. Stamm im Bergland zwischen dem Unterlauf des → Axios und des → Strymon. Ihr Stammgebiet erstreckte sich von dem Quellgebiet des Echeidoros (h. Galiko) bis zum → Bolbesee. Ihre Nachbarn im W. waren die → Mygdonen und die → Bisaltai. Ihr Stammeszentrum trug den Namen des Stammes *Κρηστών* (Hdt. 1,57). Hdt. 5,3. 7,124. 127. 8,116. Strab. 7, 331, 41. Aristot. de mir. ausc. 122 (p. 842). Thuk. 4, 109,3. Chr. D.

*Oberhummer*, RE XI 1718. *Detschew* Thrak. Sprachreste. 266ff. *Wiesner* Die Thraker, 14 und Abb. 2 auf S. 15.

**Kreta.** Die größte griech. Insel, 8222 qkm mit ca. 260 km o.–w. Länge und 12–57 km Breite. Die Insel ist der Länge nach durchzogen von einer hohen Kette von Kalkgebirgen, die im W. in den »Weißen Bergen«, *Λευκὰ* (*ὄρη*) (Madaras, 2482 m), gipfeln, in der Mitte im Ida (Psiloritis, 2498 m), im O. im Lassithi (2147 m). Fast die ganze S.-Küste ist durch das nahe Herantreten der Gebirge einförmig steil und hafenlos, hier greift nur in der Mitte die Mesara-Ebene ca. 60 km von W. nach O. ein, die N.-Küste ist durch viele z. T. tiefe Buchten gegliedert, im W. bes. die Sudabucht, im O. die breite Mirabellobucht. Hier legt sich auch ein breites Hügelland vor die Gebirgsketten. Außer in der Mesara lagen und liegen daher die größeren Städte im N. Für Siedlung und Wirtschaft wichtig sind zudem mehrere z. T. ausgedehnte Hochflächen in den Gebirgen. Das Klima K.s ist extrem mediterran mit kurzen regenreichen Wintern, einer 4 (im W.) bis 8 (im O.) Monate dauernden sommerlichen Trockenheit und allg. bes. im Winter hohen Temperaturen. Frost ist in den Tiefenlagen auch nachts so gut wie unbekannt. Die anbaufähigen Gebiete weisen üppige Fruchtbarkeit auf, wobei h. bes. Ölbaum, Wein und Südfrüchte angebaut werden. Auch im Alt. galt K. als klimat. und sonst bevorzugt, z.B. Theophr. h. plant. 9,16,1–3. Solin. 11,11 ff. GLM 125 u.a. Die einzigen etwas größeren Flüsse sind der Lethaios, h. Mitropolitanos oder Ieropotamos in der Mesara, und der Katarrhaktes, h. Anapodari, ebenfalls an der mittleren S.-Küste.

Die urspr. Bevölkerung der Insel ist nach dem Zeugnis der Ortsnamen die gleiche mediterrane wie in Kleinasien und urspr. Griechenland. Diese Bevölkerung schuf die großartige »minoische« Kultur, die sich in der Bronzezeit aus bescheideneren Anfängen zu ihrer glanzvollen Höhe entwickelte, → Minoische Kultur. Wie die knossischen Tontäfelchen und archäologischen Beobachtungen zeigen, herrschten auf dem Höhepunkt der minoischen Kultur (SM II) bereits griech. Fürsten in Knossos. Um 1400 v.Chr. erweisen die allg, Zerstörung der Paläste und die Umschichtung des Siedlungsbildes Einwanderung und Ansiedlung von Griechen, die nach Ausweis von Ortsnamen wie Arkades, Gortyn, Amyklaion z.T. aus Lakonien und Arkadien gekommen sein müssen. Darauf muß etwa im 11.Jh. die dor. Einwanderung erfolgt sein, die zunächst einen starken Bevölkerungsrückgang, Flucht der einheim. Bevölkerung auf schwer zugängliche Bergeshöhen und Abreißen der äußeren Verbindungen mit sich brachte. Reste der vorgriech. Bevölkerung hielten sich aber bis in klass. Z. bes. im O., → Eteokreter. Auch sonst wirkt das minoische Erbe in Kunst, Baukunst und Kultus K.s stark nach. Charakteristisch sind die vielen Höhenheiligtümer und bes. Höhlen [36].

In den Keilschrifttexten heißt die Insel *Kaptara*, *Kaphthor* der Bibel, äg. *kftjw*, *Keftiu* (Kreter). Hom. Od. 19,172 ff. nennt 5 verschiedene Völker Achaioi, Eteokreter, Kydonen, Dorier und Pelasger und 90 Städte, ἑκατόμπολις in Il. 2,649 (Skyl. 47. FGrH 460 F 2. Strab. 10,4,15 p. 479 f.), von denen 7 namentlich genannt werden. Die Insel ist in hist. Z. dor. Die neuen Städte liegen vielfach in reiner Schutzlage auf steilen schwer zugänglichen Höhen. Die größten sind Knosos, Gortyn und Kydonia. Die dor. kret. Städte bewahrten bis in hellenist. Z. in Staats- und Gesellschaftsordnung urtümliche Züge mit unterworfener, unfreier Bauernbevölkerung, stark militär. organisierter herrschender Bürgerschaft, staatlich geleiteter Jugenderziehung, Altersklassen und Männerbünden mit gemeinsamen Syssitien, in den Einzelheiten aber von Sparta verschieden. Die kret. Verfassungen galten daher der Staatsphilosophie der klass. Z. als vorbildlich, bes. Plat. leg. 1,6,631 B. 1,7,634 D u.ö. Aristot. pol. 1264 a 39 ff. 1269 a 39 ff. 1271 b 18 ff.–1272 b 22. Strab. 10,480–484 = Ephor. FGrH 70 F 149. Athen. 4,143 a–f. 6,263 f. 15,695 f. Pol. 6,45–47 und die Inschr. [21–26]. [27],45 ff.



Die Blütezeit des griech. K. ist die archaische mit entwickelter eigener Keramik des protogeometr., geometr. und orientalisierenden Stils, hochentwickelten Metallarbeiten, Plastik und eigenen Formen des Tempelbaus. Die ant. (→ Daidalos) und modernen Vorstellungen von einem bestimmenden Einfluß von K. auf die frühe griech. Kunst sind aber unzutreffend [31–33]. Im Laufe des 6. Jh. erlischt diese künstlerische Blüte K.s. In klass. Z. hat die Insel wenig Verbindung mit dem sonstigen Griechenland, war nicht am Perserkriege beteiligt, Hdt. 7,145,2. 169 ff., und keine Stadt war Mitglied des att. Seebundes oder peloponnes. Bundes [22], [27],25 ff.

In hellenist. Z. war die Insel durch ihre Lage am Schnittpunkt der großen Seehandelsstraßen von Wichtigkeit, und alle führenden Mächte suchten ihren Einfluß auf der Insel zur Geltung zu bringen und Stützpunkte zu erwerben. Die kret. Städte wurden daher in alle großen Auseinandersetzungen hineingezogen und suchten sich durch viele Verträge mit den jeweils führenden Mächten zu sichern. Auch auf der Insel führte das zu vielen Kriegen, in die stets auswärtige Mächte eingriffen, wozu noch das Hegemoniestreben von Knosos und die Rivalität mit Gortyn kam. Manche Städte wurden in diesen Kämpfen zerstört. Nach der Mitte des 3. Jh. schlossen sich über 30 Städte zu einem sehr losen Bund des *Κοινὸν τῶν Κρηταιέων* zusammen [27.29]. Eine weitere Folge war die große Zahl von Kretern in fremden Diensten als einzelne und ganzer Kontingente, bes. als Bogenschützen mit sprichwörtlicher Treffsicherheit und wegen ihrer besonderen Taktik überfallartiger Unternehmungen hochgeschätzt, Pol. 4,8, 11. Plut. Philop. 13,6. [38]. [27],173 ff. Eine andere Folge dieser Kriege ist das starke Aufkommen des Seeraubs [37]. [27],241 ff. Der steigende Handel und diese Seekriegsführung führte mehrfach zu einer Verlagerung der Hauptorte von den Höhensiedlungen des Inneren auf die Hafenorte. Innenpolit. trat an die Stelle der stark aristokrat. Staatsordnung eine gewisse Demokratisierung unter Beibehaltung äußerer Formen, Pol. 6,46,4. [28]. [27], 161 ff. Der sprichwörtlich schlechte Ruf der Kreter als lügnerisch, treulos, räuberisch und habgierig stammt bes. aus dieser Zeit, [27],283 ff. Berühmteste Stellen Kallim. h. 1,8. Paulus Tit. 1,12. Pol. oft.

In den J. 69–67 v.Chr. unterwarf Q. Caecilius Metellus die Insel in blutigen Kämpfen gegen hartnäckigen Widerstand, unter Augustus wurde sie mit Kyrene zu einer Provinz vereinigt mit der Hauptstadt Gortyn. Der röm. Kaiserfriede brachte K. großen wirtschaftlichen Neuaufschwung, bes. Gortyn wurde glanzvoll ausgebaut. Frühes Christentum belegt der Brief des Paulus an Titus, der als 1. Bischof von K. gilt und kret. Lokalheiliger ist, sonst s. R. Janin, DHGE 13,1033 ff. In der diokletian. Provinzordnung ist K. eigene Provinz unter einem Konsular und gehört zum oström. und dann byzantin. Reich. 827/28 n. Chr. Eroberung durch span. Sarazenen. Skyl. 47. Dion. Call. 110 ff. Strab. 10,4 p. 474–484. Ptol. 3,15. Stadiasm. m. m. 318 ff. Plin. nat. 4,58 ff. Solin. 11,3 ff. Hierokl. synekd. 11,649,3 ff. Diod. 5,64–80. Inschr.: SGDI III Nr. 4940–5157 mit Nachträgen M. Guarducci Inscr. Cret., 4 Bde. 1935–1950 (mit vollständigen Quellenbelegen und Literatur zu den einzelnen Städten). SEG pass. Mz.: Head HN² 457 ff. E. M.

1. *R. Pashley* Travels in Crete, 2 Bde. 1837. 2. *T. A. B. Spratt* Travels and researches in Crete, 2 Bde. 1865. 3. *K. Hoeck* Kreta, 3 Bde. 1823–1829. 4. *V. Raulin* Description physique de l'île de Crète 1858. 1869. 5. *E. Fabricius* Die Insel Kreta, Geogr. Ztschr. 3, 1897, 361 ff. 425 ff. 489 ff. 6. *C. Bursian* Geogr. Griechenlands 2,529 ff. 7. *Bürchner-Karo-J. Oehler*, RE XI 1718 ff. (mit der älteren Lit., dazu *Lübker* Reallex.⁸ 562 ff.). 8. *E. Kirsten* Die Insel Kreta in vier Jahrtausenden, A 14, 1938, 295 ff. 9. *R. Matton* La Crète antique, 1955. 10. *Ders.* La Crète au cours des siècles, 1957. 11. *J. Bowman* Crete, 1962. dt.: Kreta, ein Reiseführer, 1965. 12. *R. P. Charles* Anthropologie archéol. de la Crète, 1965. 13. *J. D. S. Pendlebury* The archaeology of Crete, 1939. 14. *L. Mariani* Antichità cretesi, Mon. ant. 6, 1895, 153 ff. 15. *A. Taramelli* Ricerche archeol. cretesi, Mon. ant. 9, 1899, 285 ff. 16. *L. Savignoni – G. De Sanctis* Esplorazione archeol. delle provincie occident. di Creta, Mon. ant. 11, 1901, 285 ff. 17. *E. Eccles* u. a. Journeys in Crete 1934, ABSA 33, 1932/33, 80 ff. 18. *S. Hood* u. a. Travels in Crete, ABSA 59, 1964, 50 ff. 19. *Fr. Matz* Forschungen auf Kreta 1942. 1951. 20. *L. Pernier – L. Banti* Guida degl. scavi Italiani in Creta, 1947. 21. *R. F. Willetts* Ancient Crete. A social history. From early times until the Roman occupation, 1965. 22. *E. Kirsten* Das dor. Kreta I, Die Insel Kreta im 5. und 4. Jh., 1942. 23. *R. F. Willetts* Aristocratic society in ancient Crete, 1955. 24. *Busolt* GStK 2,737 ff. 25. *Fr. Gschnitzer* Abhängige Orte im griech. Alt. 35 ff. 26. *D. Lotze* Μεταξὺ ἐλευθέρων καὶ δούλων 4 ff. 27. *H. van Effenterre* La Crète et le monde Grec de Platon à Polybe, 1948. 28. *M. Muttelsee* Zur Verfassungsgesch. Kretas im Zeitalter des Hellenismus, Diss. Hamburg 1925. 29. *M. van der Mijnsbrugge* The Cretan Koinon, 1931. 30. *P. Romanelli* Crete, CAH 11,660 ff. 31. *P. Demargne* La Crète dédalique, 1947. 32. *J. Boardman* The Cretan collection in Oxf. The Dictaean cave and iron age Crete, 1961. 33. *E. Kunze* Kret. Bronzereliefs, 1931. 34. *G. Karo* Altkret. Kultstätten, ARW 7, 1904, 117 ff. 35. *R. F. Willetts* Cretan cults and festivals, 1962. 36. *P. Faure* Grottes crétoises, BCH 80, 1956, 95 ff.; Spéléologie et topographie crétoises, BCH 82, 1958, 495 ff.; Nouvelles recherches de spéléologie et de topographie crétoises, BCH 84, 1960, 189 ff.; Cultes de sommets et cultes de cavernes en Crète, BCH 87, 1963, 493 ff.; Recherches sur le peuplement des montagnes de Crète, sites, cavernes et cultes, BCH 89, 1965, 27 ff.; Fonctions des cavernes crétoises, 1964. 37. *H. A. Ormerod* Piracy in ancient world, 1924. 38. *M. Launey* Recherches sur les armées hellénistiques 248 ff. 39. *Bechtel* Dial. 2,657 ff. 40. *G. Gerola* Elenco topografico delle chiese affrescate di Creta, 1935. 41. Κρητικὰ Χρονικά 1,1947 ff.

**Kretheus** (Κρηθεύς). Sohn des → Aiolos (1) und der Enarete, Herrscher von Iolkos. Gatte der → Tyro, Vater von Aison, Pheres, Amythaon, Hippolyte. Bisweilen werden auch Pelias und Neleus, Söhne von Poseidon und Tyro, zu K.' Söhnen gerechnet (Paus. 9,36,8). Hom. Od. 11,235 ff. Apollod. 1,50. 90 f. 96. Hyg. astr. 2,20. H. v. G.

**Kreusa** (Κρέουσα). **1.** Thessal. Naiade, Tochter von Okeanos und Gaia, durch den Flußgott Peneios Mutter von → Hypseus und Stilbe. Pind. P. 9,16 mit Sch. Diod. 4,69. **2.** Tochter des Erechtheus und der Praxithea, von → Xuthos (Strab. 8,383. Paus. 7,1,2) oder von Apollon Patroos (Eur. Ion) Mutter des → Ion (3). Dem Xuthos gebar sie nach langer Kinderlosigkeit und nach der Wallfahrt zum delph. Apollon → Achaios. Apollod. 1,50. 3,196. **3.** Tochter des Königs Kreon von Korinth, die, als Iason sich mit ihr vermählte, von der verstoßenen → Medeia vergiftet oder durch Zaubergewänder verbrannt wurde. In Eur. Medeia ist sie namenlos; in der Hypothesis des Dramas, ferner Paus. 2,3,6, Apollod. 1,145 und Anth. Pal. 5,288. 7,354. 11,411. 16,137 heißt sie → Glauke (5). **4.** Tochter von Priamos und Hekabe, Gemahlin des Aineias, bei Verg. und Liv. Mutter des Askanios. In der knid. Lesche in Delphoi unter den gefangenen Troerinnen dargestellt, Paus. 10,26,1. Sonst wird sie beim Brande Troias durch Aphrodite oder Kybele von der Seite des Aineias entrückt; ihr Schattenbild spendet dem Gatten Trost. Verg. Aen. 2,721 ff. H. v. G.

**5.** K. (Κρέουσα, Κρεῦσις), kleine Stadt und Hafen von Thespiai an der S.-Küste Boiotiens an der h. Bucht von Livadostro mit sehr geringen späthellad. Siedlungsresten. Strab. 9,2,1 p. 400.2, 13 p. 405. 2,23 p. 409. Paus. 9,32,1. E. M.

1. *W. A. Heurtley* Notes on the harbours of South Boeotia, ABSA 26, 1923/25, 38 ff. 2. *Philipps.-Kirst.* 1,505.

**Kreuzigung** s. Strafrecht

**Krexos** wird bei Ps.-Plut. de mus. 12 als Zeitgenosse von → Timotheos und → Philoxenos (also 5./4. Jh.) und wie sie moderner Musiker genannt. Nach Cap. 28 hat er, anschließend an → Archilochos, den Gebrauch von Iamben im → Dithyrambos und die nicht unison mit dem Gesang laufende Begleitung eingeführt. Philodem. 10,2 p. 74 Kemke lobt die erhabene Wirkung seiner musikalisch vorgetragenen Dichtungen. K. Z.

*E. Wüst*, RE Suppl. VIII 254 f.

**Kriegskunst.** Im Gegensatz zu früheren Darstellungen, die unter K. eine Schilderung des Heerwesens überhaupt brachten (z. B. H. Popp Ant. Kriegskunst, Münch. 1935) oder Ergänzungen zu verschiedenen Teildarstellungen gaben (RE Suppl. IV 1060 ff.), wird hier nur die Kriegsführung oder Strategie behandelt. Kennzeichnend war für sie im Alt. und auch noch später die rangierte Schlacht.

Dabei warteten die Heere in der Regel mit dem Angriff, bis sie ihren Aufmarsch beendet hatten. Zu den Ausnahmen dürfte die Schlacht bei Ilipa zählen, da die Karthager vermutlich noch während des im Gange befindlichen röm. Aufmarsches zur Umklammerung des weit vorgeprellten Zentrums ansetzten (Pol. 11,20–24. Klio 34, 1941, 124 f.). Der Verzicht auf die Begegnungsschlacht wird durch die mangelnde Aufklärungstätigkeit und den erhöhten Schutz der unangreifbaren Lagerbefestigungen verständlich. Die Feldzüge waren auf den Sommer beschränkt. Obwohl dies bei den allg. klimat. Bedingungen des Mittelmeergebietes zunächst nicht verständlich erscheint, so war doch auch hier der Sommer für die Kriegführung günstiger als der Winter, ebenso wie die Ebene für die Schlacht günstiger war als gewelltes Gelände. Auch die Stärke der für die Schlachten aufgebotenen Truppen ist für die Beurteilung der K. von Bedeutung. Es ist das Verdienst von H. DELBRÜCK auf die Unmöglichkeit der Angaben über Millionenheere im Alt. hingewiesen zu haben. Bei den verschiedenen bewaffneten Auseinandersetzungen dürfte es sich meistens um wenige Tausende Streiter gehandelt haben und das beiderseitige Stärkeverhältnis annähernd gleich gewesen sein (DELBRÜCK $1^3$,7 ff. 14 ff. 42 ff. 46 ff.).

Die Griechen. Die Kenntnis der strateg. Bedeutung eines Gebirges ist schon früh nachweisbar (DELBRÜCK $1^3$,77) und war später zweifellos auch den Griechen eigen. Doch wurde 480 zur Abwehr der pers. Invasion vor allem deshalb davon kein Gebrauch gemacht, weil eine Offensivschlacht aus takt. Gründen (→ Phalanx) der pers. Reiterei gegenüber ein Risiko war. Dies zeigte bereits die Schlacht bei Marathon (DELBRÜCK $1^3$,52 ff.). So kam es zu einer Rückzugsstrategie, die dazu führte, daß die anfängliche Stellung am Tempepaß an die Thermopylen verlegt wurde und die Seestreitkräfte bei Artemision aufgestellt wurden, schließlich die Landmacht an den Isthmos zurückgezogen und die Flotte nach Salamis beordert wurde (DELBRÜCK $1^3$,74 ff. KROM.-VEITH 149 f.). Erst der hier erfochtene Sieg zeigte, wie gering die Aussichten waren, die griech. Flotte auszuschalten, und bedingte den pers. Rückzug aus Griechenland, der endgültig 479 durch die Landschlacht bei → Plataiai und das Seegefecht bei → Mykale erreicht wurde. Obwohl der offensive Einsatz der griech. Flotte in Asien allein dazu genügt hätte, wurde, strateg. gesehen, nicht nur das Manöver angewendet, sondern auch die für die Griechen riskante Vernichtungsschlacht angestrebt.

Im → Pelop. Krieg betrieben die Gegner Ermattungsstrategie. Sie verwüsteten das feindliche Gebiet, vermieden jedoch jede entscheidende Auseinandersetzung. Diese Kriegführung war dadurch bedingt, daß sich eine Landmacht und eine Seemacht gegenüberstanden. Athen hatte mit ihr zunächst Erfolg. Erst nach dem Scheitern der sicil.



Expedition trat insofern eine Wendung ein, als die ion. Griechen zu Sparta abfielen und diesem mit pers. Hilfe gelang, ebenfalls eine Seemacht aufzubauen. Trotzdem betrieb Sparta weiter Ermattungsstrategie, und die Schlacht bei Aigospotamoi (405), die den Krieg zu seinen Gunsten entschied, kann lediglich als Überfall auf die nicht aktionsfähige, athen. Flotte gewertet werden (DELBRÜCK $1^3$,123 ff.). Mit → Epameinondas kam die Vernichtungsstrategie zur Anwendung, d.h. es wurde stets der Schwerpunkt der feindlichen Macht angegriffen und versucht, sie in raschen Schlägen auszuschalten. Bezeichnend dafür waren bes. die Feldzüge nach der Schlacht bei → Leuktra (371). → Philipp II. von Mak. und Alexander d. Gr. führten diese Strategie weiter, auch wenn sie gelegentlich wie jener Ermattungsstrategie, dieser das Manöver anwandten. Zu dem raschen Vorgehen zur Entscheidung kam bei Alexander noch die unaufhaltsame Verfolgung nach der Schlacht, die über die takt. hinaus auch zur strateg. wie nach der Schlacht bei Gaugamela (331) wurde. Neu war in der K. Alexanders auch die sorgsame Sicherung der großen Feldzüge. So sicherte Alexander z.B. Griechenland und Makedonien vor seinem Asienfeldzug durch eine ausreichende und verläßliche Truppenmacht. Die Unterwerfung von Phoinikien, Syrien und Äg. nach der Schlacht von Issos (333) führte zur Ausschaltung der pers. Flotte und diente zugleich der Sicherung seiner weiteren Unternehmungen in Asien.

Bei der Bewertung der Strategie dieser Zeit ist die Entwicklung des Berufssoldatentums seit dem 5. Jh. v. Chr. zu berücksichtigen (→ Söldner), ferner die Taktik der verbundenen Waffen, die unter Epameinondas einsetzte und unter Alexander ihren Höhepunkt erreichte, und schließlich die großartige Entwicklung der Belagerungskunst (→ Poliorketik) seit dem Pelop. Krieg (DELBRÜCK $1^3$, 156 ff. KROM.-VEITH 155 ff.). Als das Weltreich Alexanders d. Gr. in mehrere Klein- und Großstaaten zerfiel, bildete sich insofern eine neue Situation heraus, als diese Staaten die griech. an Fläche und Bevölkerung weit übertrafen und einander militär. in jeder Hinsicht gleichwertig waren. Die strateg. Konzeptionen nahmen große Ausmaße an und zeigten die Problematik des Mehrfrontenkrieges auf (DELBRÜCK $1^3$,236 ff. KROM.-VEITH 158 ff.).

Die Römer. Im Gegensatz zu den Griechen, bei denen das individuelle Moment stets eine Rolle spielte, war die römische Strategie politisch bedingt, und zwar zunächst so stark, daß dem Persönlichen so gut wie kein Spielraum blieb, d.h. die röm. Feldherrn bis Marius mußten Vernichtungsstrategie treiben, ob sie dazu befähigt waren oder nicht (KROM.-VEITH 455). Abgegangen wurde davon nur dann, wenn die militär. Voraussetzungen dazu fehlten. So wechselten z.B. in den pun. Kriegen Vernichtungs- und Ermattungsstrategie ab, ohne daß das Ziel der Vernichtung römischerseits jemals aus dem Auge gelassen wurde (KROM.-VEITH 456). Dagegen betrieb Karthago Ermattungsstrategie, da seine Mittel, obwohl es anfangs taktisch überlegen war, zur Vernichtung Roms nicht ausreichten (DELBRÜCK $1^{3}$,352 ff.).

Der röm. Feldherr war im Rahmen seines Kommandos völlig frei. Weder der Senat noch die Volksversammlung mischten sich in die Einzelheiten der Kriegführung. Ungünstig war es jedoch, daß die beiden Jahreskonsuln das aufgebotene Bürgerheer untereinander teilen mußten und, wenn es beisammen blieb, täglich abwechselnd das Kommando führten. Erst der ältere Scipio schuf die Ansätze zu einem Berufsheer und wurde so ein Vorläufer jenes Berufsfeldherrntums, dessen Entwicklung mit dem Beginn der Bürgerkriege einsetzte und zu dessen Loslösung von der Staatsautorität führte. Pompeius, Caesar und dann die Triumvirn folgten ihren eigenen strateg. Planungen, deren Verwirklichung an eine eigene territoriale Machtsphäre und Machtstellung innerhalb des Staates gebunden war. Der erste in der Reihe dieser Feldherrn war → Sertorius, der den Guerillakrieg anwendete, aber auch die Begegnungsschlacht nicht mied. Die individuelle Kriegführung röm. Prägung fand in C. Iulius Caesar ihren hervorragendsten Vertreter und bildete den Höhepunkt der ant. K. Charakteristisch dafür war bes. die planmäßige Verbindung von Defensive und Offensive als gleich wirksamen Mitteln der Vernichtungsstrategie, die Caesar virtuos zu handhaben verstand. Auch die Jahreszeit begann seit den Unternehmungen in Gallien zusehends keine Rolle mehr zu spielen. Die Feldzüge Caesars in Africa und in Spanien 46/45 waren Winterfeldzüge.

Schließlich wurde in dieser Zeit auch das Problem der Führung großer, in einer Hand vereinigter Truppenmassen aktuell. Diese gelang nur bis zu einem bestimmten Ausmaß wegen der Nachschubschwierigkeiten, deren Ursache wieder in der geringen Leistungsfähigkeit der Verbindungen lag. Man vermied daher den Einsatz großer Armeen. Von den 25 Legionen, die Caesar vor der Schlacht bei Pharsalos (48) aufgeboten hatte, wurden für diese selbst bloß 9 eingesetzt. Auch in der Kaiserzeit hielt man an diesem Grundsatz fest (KROM.-VEITH 603 ff.). Die Feldzüge selbst wurden so angelegt, daß das Vorrücken aus räumlich weit entfernten Ausgangspositionen auf ein gemeinsames Ziel erfolgte oder daß der Vormarsch in mehreren Kolonnen vor sich ging, die sich kurz vor der entscheidenden Aktion vereinigten. Für den ersten Fall sind das Vorgehen gegen Marbod 6 n. Chr. (Vell. 2,109 f. Cass. Dio 55,29 f.) und der Angriff gegen die Alamannen 357 n. Chr. (Amm. 16,11) Beispiele, für den zweiten die Feldzüge des Germanicus in den J. 15 und 16 n. Chr. (Tac. ann. 1,56 ff. 2,5 ff.), die Dakerkriege des Kaisers Traian und der Zug Valentinians gegen die Quaden 375 n. Chr. (Amm. 30,2 ff.). In 3 Kolonnen erfolgte auch 17 n. Chr. der Vormarsch des → Iunius Blaesus gegen die Banden des → Tacfarinas in Africa (Tac. ann. 3,74), dessen guerillaartige Kriegführung durch Anlage zahlreicher Stützpunkte und durch kleine, von Centurionen befehligte Abteilungen bekämpft wurde. Während man die Jahreszeiten bei den Feldzügen in der Kaiserzeit wieder mehr berücksichtigte, blieb dem Feldherrn eine größere Freiheit in den strateg. Konzeptionen erhalten. Sowohl unter den Kaisern, ihren Angehörigen und unter den verschiedenen kaiserlichen Generalen gab es Feldherrntalente, die Constantin d. Gr., dessen Unternehmungen in ihrer Anlage an diejenigen Caesars erinnern, weit überragte (KROM.-VEITH 606). A. N.

*H. Delbrück* Gesch. der K., Bln. 1920 ($I^{3}$), 1921 ($II^{3}$). *Krom.-Veith* 147 ff. 191 ff. 454 ff. 601 ff. BursJb 274, 1941, 79 ff. 140 ff. RE Suppl. V 864 ff. *J. F. Lazenby* The strategy of the Greeks in the opening campaign of the Persian war, H 92, 1964, 264 ff. *M. Amit* Athens and the sea, Bruxelles 1965. *F. Adcock* Greek and Macedonian art of war, 1957. *H. Bengtson* Die Strategie in der hellenist. Z., Münch. 1937 (I). 1944 (II). Münchner Beitr. zur Pap.-Forsch. und ant. Rechtsgesch. 26,32, Neudruck 1964.

**Kriegsrecht.** Die Frage, ob die Ant. den Krieg in einer Weise als Rechtsproblem gesehen hat, die der Erfassung des Krieges durch das Völkerrecht unserer Zeit vergleichbar wäre, hängt mit der gerade jetzt wieder völlig offenen Frage zusammen, ob man überhaupt ein Völkerrecht hatte. Das röm. Konzept des *bellum iustum* bringt hier keine Entscheidung. So, wie es aus Liv. 1,32,6 ff. entnommen werden kann, gilt die Ritualisierung der Kriegserklärung der sakral-innerröm. Qualifikation des Geschehens. Allg. Völkerrechtssätze (oder diesen Vergleichbares), die dem Krieg rechtliche Schranken ziehen, sind nicht auszumachen. Wohl aber begegnet der Vertrag in Gestalt des den Krieg beendenden Friedensschlusses (wie der zwischen Rom und dem Partherreich 20 v. Chr.; vgl. Liv. Epit. 141). Er wird als Ansatz eines Völkervertragsrechts gedeutet werden dürfen. Was im übrigen an Rechtssätzen über den Krieg aufgefunden werden kann, ist – wie der Statusverlust mit der Gefangennahme und die Erbeutung als Eigentumserwerb – stets nur von der inneren Ordnung einer der Parteien her zu sehen. Diese Ordnungen entsprachen einander aber – gerade wegen ihrer Einseitigkeit – für den Kriegsfall viel mehr als bei anderen Rechtsproblemen. Th. M.-M.

*Heuss* Die völkerrechtlichen Grundlagen der röm. Außenpolitik, 1933. *Hausmaninger* Öst. Ztschr. für öffentliches Recht 11, 1961, 335 ff. *Ziegler* Die Beziehungen zwischen Rom und dem Partherreich, 1964. *Lemosse* Le régime des relations internationales dans le Haut-Empire romain, 1967.

**Krimisos** (*Κριμισός*, Verg. Aen. 5,38 und Vib. Sequ. 1,44 *Crinisos*). Fluß im w. Sizilien, an dem → Timoleon 340 die Karthager besiegte. Die

Lage bestimmt sich ungefähr durch die Sage, daß der Flußgott K. mit der Troerin Egesta den → Aigestes (= Acestes Vergils), den Gründer von Egesta-Segesta, sowie → Eryx und → Entella zeugte und daß er auf den Mz. von → Segesta erscheint. Aber welcher der Flüsse im Gebiet von Seg. (Fiume Freddo, Belice destro, Belice sinistro) der K. war, ist nicht sicher auszumachen. K. Z.

**Krinagoras** (*Κριναγόρας*). Epigrammatiker des Philippos-Kranzes, Sohn des Kallippos, aus Mytilene (genannt von Strab. 13,617), mehrfach an Gesandtschaften seiner Vaterstadt beteiligt: 47 v. Chr. nach Rom (IG XII 35a; Mommsen, SPrAW 1895, 892. 896), 45 nach Rom (IG XII 35b, Mommsen ebd. 893. 897; Sylloge[3] 764), 26/25 nach Tarraco zu Augustus (Anth. Pal. 7,376; 9,419. 516). K. ist also * um 70. Letztes sicher datiertes Epigramm 6,244 auf die Niederkunft Antonias 15 v. Chr., weniger wahrscheinlich 11 v. Chr.; auch 16,61 weist auf 15 v. Chr. (Cichorius). 9,283 auf die Feldzüge des Germanicus 14–16 n. Chr. gehört dem von Planudes genannten → Lollius Bassus (Cichorius). Längerer Aufenthalt in Rom, wo K. zum Kreis der Octavia gehörte, ist sicher. Die meisten seiner zahlreichen Epigramme gehen auf Ereignisse oder Personen der Gegenwart, rein epideikt. sind selten (zu 7,638 Bowersock, H 92, 1964, 255). Leonidäischer Stil, in einigen Epigrammen fühlbar, ist zumeist überwunden. Bes. die Begleitgedichte zu Geschenken sind z.T. von überdurchschnittlicher Qualität. R. K.

Ausg.: *M. Rubensohn* 1888. Lit.: *C. Cichorius* Röm. Stud., 1922, 306–323. *O. Weinreich* Stud. zu Martial, 1928, 114–117; WSt 59, 1941, 77–85; Epigramm und Pantomimus 1948, 50–53.

**Krinas.** Erfolgreicher Modearzt im 1. Jh. n. Chr. in Rom; huldigte der Astrologie (vgl. Plin. nat. 29,9f.). F. K.

**Krios** (*Κριός*). **1.** Kr(e)ios (vor)dor. Gott und Titane. **2.** Myth. Seher in Sparta, Priester des Gottes Karneios-Oiketas, z.Z. der dor. Einwanderung. Seine Tochter führte die dor. Späher ins Haus des Vaters, der ihnen angab, wie sie sich der Stadt bemächtigen könnten. Paus. 3,13,3. Der Gott war, mit dem Rückgang des Theriomorphismus, zum Priester des Gottes herabgesunken. So wurde auch der gleichbedeutende Gott → Karnos zu einem Seher umgedeutet, der den Doriern den Weg wies, und zwar von Akarnanien in die Peloponnes. Paus. 3,13,4. S. Wide Lakon. Kulte 84. Prell.-Rob. 1,251 m. Anm. **3.** Myth. Herrscher über Euboia, der 2 Raubzüge gegen Delphoi unternahm und auf dem 2. von Apollon getötet wurde. Paus. 10,6,6. Auch hier mag eine Herkunft von dem Gott K. oder von dem Titanen vorliegen. **4.** Pädagog des → Phrixos, der ihm die Anschläge seiner Stiefmutter Ino aufdeckt und mit ihm nach Kolchis flieht, wo er geopfert und seine Haut aufgehängt wurde. Dionys. Skytobr. FHG 2,8,5. Diod. 4,47,5. Herakl. *περὶ ἀπίστων* 24. Ein ursprünglich sprechender Widder wurde rationalist. in einen Menschen umgedeutet. H. v. G.

**5.** s. Sternbilder



**Krisa** (*Κρῖσα*), bei Hom. Il. 2,520 *ζαθέη*, sonst Hom. h. 2,91. 253ff. u.a. oft. In gesch. Z. Kirra, wohl der gleiche Name; die Zwischenform *Κίρσα* ist bei Alkaios belegt, POxy 1789 frg. 6,9 = frg. 121 Diehl. A 7 Lobel-Page. Etym. m. 515,18ff. Stadt im s.w. Phokis an der h. Bucht von Itea, die im Alt. danach *Κρισαῖος κόλπος* (im weiteren Sinne auch der ganze korinth. Golf) hieß, wie die Ebene von Itea *Κρισαῖον πεδίον*. Die Lage hat mehrfach gewechselt, eine bedeutende schon frühhellad. Siedlung mit Höhepunkt spätmittelhellad. lag an der Mündung des Pleistos etwa 2 km ö. von Itea, Magula von Xeropigadi, späthellad. verlassen [10]. Nachfolger die in myken. Z. befestigte Siedlung auf dem Bergvorsprung beim h. Chryso, sicher das hom. K. [5. 6.]. Die Lage des im sog. Ersten Heiligen Kriege zerstörten archaischen K. ist noch nicht gefunden. In griech.-röm. Zeit lag K., Hafenort für Delphoi, wieder an der 1. Stelle bei Xeropigadi, das h. amtlich Kirrha heißt. Früher beobachtete ansehnliche Reste sind h. fast ganz verschwunden. Strab. 9,3,1 p. 416. 3,3f. p. 418f. (zum Text Aly Parola del passato 5, 1950, 249ff.). Paus. 10,1,2. 8,8. 37,7ff. Marm. Par. 53 (*Κύρρα*). Syll. I[3] 241 A 45f. E. M.

1. *Pieske*, RE XI 1887ff. 2. *Fr. Schober* Phokis 32f. 34. 3. *Philipps.-Kirst.* 1,715 A. 63. 4. *J. Jannoray* Krisa, Kirrha et la première guerre sacrée, BCH 61, 1937, 33ff. 5. *L. Lerat–J. Jannoray* Premières recherches sur l'acropole de Krisa, RA 6,8, 1936, 129ff. 6. *J. Jannoray–H. van Effenterre* Fouilles de Krisa, BCH 61, 1937, 299ff. 62,110ff. 7. *J. Roger–H. van Effenterre* Krisa-Kirrha, RA 6,21, 1944, 15ff. 8. *L. Lerat* Krisa, RA 6,31/32, 1948, 621ff. 9. *J. Jannoray*, RA 6,23, 1945, 38ff. A. 1. 10. *L. Dor* u.a., Kirrha, étude de préhistoire Phocid., 1960.

**Kritheis** (*Κριθηΐς*, auch *Κρηθηΐς*). Mutter Homers in den teils volkstümlichen, teils gelehrten Homerviten. Es gab über sie 4 Versionen: 1. Die Nymphe K. gebar dem smyrnäischen Flußgott Meles den Melesigenes-Homeros, Cert. Hom. et Hes. 2f. (→ *Ἀγών*). Die wirkliche Bedeutung von Melesigenes ist nach Schadewaldt »der für seine Sippe sorgt«. 2. Tochter des Apelles in Kyme, der sie sterbend seinem Bruder Maion anvertraute. Diesem gebar sie den Melesigenes. Ephor. FGrH 70 F 1. Ps. Plut. vit. Hom. 2. 3, Ein Mädchen aus Ios, das, von einem Dämon verführt, fortlief, in die Hand von Seeräubern fiel und zum Lyderkönig Maion kam. Dieser heiratete sie und zog ihren am Meles geborenen Sohn auf, der durch den Tod von Maion und K. bald verwaiste. Aristot. frg. 76 R. Ps. Plut. vit. Hom. 3. 4. Tochter des Melanopos aus Magnesia, eines Mitgründers von Kyme, der sie sterbend einem Argiver Kleanax anvertraute. Dieser gab sie, als sie, unbekannt von wem, schwanger wurde, nach Smyrna. Dort gebar sie am Melesfluß den Melesigenes-Homeros. Sie nährte sich und ihren Sohn durch ihrer Hände Arbeit, bis ein smyrn. Schullehrer, Phemios, sie heiratete und ihren Sohn aufs beste erzog. Ps. Hdt. vit. Hom. 4. K. ist auf Mz. von Kyme dargestellt. Vitae Hom. et Hes. ed. U. v. Wilamowitz, Kl. Texte 137, Bonn 1916. H. v. G.

**Kritias** (*Κριτίας*). Sohn des → Kallaischros, Vetter der Periktione (Platons Mutter) und des Vaters des Andokides; aus alter att., durch Dropides mit Solon verwandter Familie (PA Nr. 8792. 7758). K. tritt bei Plat. auf; als Gesprächsperson im Tim. und K. setzen manche K.' Großvater an (P. Friedländer Platon I³, 1964, 383). Wie Alkibiades ging der Sokratesschüler K. in die Politik, wo er bes. als extremer Demokratenfeind und Lakonenfreund hervortrat. Von Diokleides (Hermenfrevel) denunziert (415). Unter den 400 (J. 411) hielt sich K. vermutlich zurück (vgl. → Phrynichos). Verbannt wurde wohl K. auf Betreiben → Kleophons und nach dem Sturz des → Alkibiades (407 oder 406), dessen Rückberufung er im J. 411 (?) beantragte. Er ging nach Thessalien (M. Sordi La lega tessala, 1958, 141 ff.). Nach Athens Fall (404) war K. einer der 5 Ephoren. Als Haupt der Ultras unter den 30 ging er mit blutigem Terror vor (→ Theramenes) und fiel im Kampf gegen → Thrasybulos in Munichia (404/03). Mit → Ion (3) ist der von der Sophistik beeinflußte K. einer der vielseitigsten Autoren der älteren griech. Lit. Werke: A. Poesie: 1. Hexametr. und eleg. Gedichte, z.T. Vorläufer der gelehrten alexandrin. Poesie: Charakteristik Anakreons, Alkibiadeselegie, Heuremata, spartan. Trinksitten (aus den *πολιτεῖαι*?), Ethik, Pädagogik etc. 2. Zu einer Tetralogie verband Wilamowitz die schon im Alt. dem Eur. aberkannten und z.T. K. zugeteilten Dramen Tennes, Rhadamanthys und Peirithoos mit Sisyphos als Satyrspiel (kulturhist. Frg.: Erfindung der Religion zur Stütze des Nomos). B. Prosa: *Πολιτεῖαι* (Thessalien, Sparta, Athen [?]), mit Angaben über den Völkerbios. *'Αφορισμοί*. *'Ομιλίαι* (Vorstufe der Sokratikerdialoge?). *Π. φύσεως ἔρωτος ἢ ἀρετῶν* (?). *Δημηγορικὰ προοίμια*. Reden sind nicht sicher bezeugt. Ps. Xen. Ath. Pol. und die unter dem Namen des → Herodes (16), der K. wieder hervorzog, gehende Rede *π. πολιτείας* geben manche dem K. Den Archil. verachtete K. als lit. Emporkömmling. Plat. Charm. 161 B. verdankt K. offenbar den Satz der *σωφροσύνη* (*τὰ ἑαυτοῦ πράττειν*). Stil: Wade-Gery, v. Herodes (16). A. Garzya, Emerita 20, 1952, 402 ff. W. Sp.

Frg.: *Diels* Vorsokr. 88 (Dramen auch in TGF). *Diehl*, Anth. lyr. Gr. 1³,94 ff. *A. Battegazzore*, 1962 (Lit.; AAHG 16, 1963, 222. GGA 216, 1964, 144. Riv. crit. stor. filos. 19, 1964, 91 ff. CR 15, 1965, 33. Mnem 18, 1965, 302). *Pack*² Nr. 254. 428. 452/53. 1456.

Lit.: *Schmid* 3,170 ff. *W. Nestle*, v. Antiphon (5), 400 ff. *Wolf*, ebd. 129 ff. *M. Untersteiner* The Sophists, 1954. FGrH 3b, Komm. p. 615. 672. *A. Fuks*, Eos 48,2, 1956, 47 ff. *Bengtson* GG² 251 ff. *K. Thraede*, RACh 5,1200 f. 1219. *H. C. Avery*, CPh 58, 1963, 165 ff. *R. Cadiou*, Bull. Budé 1966, 121 ff. *M. Treu*, RE IX A 1944 f. 1960. Dazu: APh 22, 1951. 24, 1953. 29, 1958, v. K.

**Kritios** (*Κρίτιος* die Inschr., *Κριτίας* immer die lit. Texte) aus Athen (Paus. 6,3,5), führender Erzgießer des frühen 5. Jh. v. Chr., arbeitete immer mit Nesiotes zusammen, dessen Heimat unbekannt ist. Alle uns bekannten Werke fanden sich in Athen. K. und Nesiotes, deren Zusammenarbeit wir nicht beurteilen können, schufen die 477/76 aufgestellte Gruppe des → Harmodios und → Aristogeiton, Ersatz der von Xerxes entführten Gruppe des → Antenor. Kopien sind erhalten, zahlreiche Einzelprobleme noch ungelöst. Aus Stilgründen zugewiesen ist der sog. Kritiosknabe der Akropolis in Athen, um 480 entstanden, das älteste Werk, an dem Stand- und Spielbein unterschieden und die Folgerungen daraus für den Körperaufbau gezogen sind. K. gehört zu den bedeutendsten griech. Künstlern des sog. strengen Stils. W. H. G.

1. *A. Raubitschek* Dedications from the Athenian Acropolis, 1949. 2. *Lippold*, HBArch III 1, 1950, 106 ff. 3. *F. Brommer*, MDAI 3, 1950, 87 f. 4. *S. Brunnsåker* The Tyrant-Slayers, 1955. 5. *W. Fuchs* Enc. Arte Ant. 4, 1961, 410 ff. 6. *A. Rumpf*, in: Festschr. E. v. Mercklin, 1964, 131 ff.

**Kritodemos** (*Κριτόδημος*), Astrologe hellenist. Z. mit → Berossos von Plinius u. mit Astrologen des 2. und 1. Jh. v. Chr. von → Firmicus genannt. Sein Werk *"Ορασις* von → Vettius Valens getadelt (Anth. 150,11 ff. u. ö.), aber benutzt für die Lehren von den feindlichen Orten und Sternen, den Stufenjahren und der Lebensdauer, und für die Zuteilungen der Planeten (Anthol. 189–200). Nur diese *ἐπιμερισμοί* kennt der Vf. der *συγκεφαλαίωσις* (CCAG VIII 3,102). Im 4. Jh. hat → Hephaistion von Theben den K. benutzt, im 6. → Rhetorios, im 8. Theophilos von Edessa. E. Bo.

Verzeichnis der Frg.: *P. Schnabel* Berossos, 1923, 118–120. Hg. Frg. 13 in CCAG VIII 1,257–261; Frg. 15 ebd. VIII 2,64 f.; Frg. 17 ebd. VIII 4,199 ff. Zur Datierung: *Neugebauer–Van Hoesen* Greek Horoscopes, 1959, 185 f. S. auch *W. Gundel* Hermes Trismegistos (ABAW, N.F. 12 [1936]).

**Kritolaos** (*Κριτόλαος*) aus Phaselis, Schulhaupt des Peripatos in der 1. Hälfte 2. Jh. v. Chr., Teilnehmer der Philosophengesandtschaft 156/55 (→ Karneades, Diogenes 15). Nach Lukian. Makrob. 20 wurde er über 87 J. alt; * also sicherlich vor 200. Vorgänger und Nachfolger (→ Diodoros 10?) im Scholarchat lassen sich nicht mit Bestimmtheit angeben.

Als Wahrer der aristot. Philos. verteidigte er die Lehren von der Ewigkeit der Welt (Phil. Alex. de aet. mundi 6,55. 9.70, dazu K. Reich, Festschr. E. Kapp, 1958, 130 f., doch vgl. Wehrli zu frg. 12/13), von der *quinta essentia* als Seelensubstanz (Tert. an. 5,1. Macr. somn. 1,14,20; vgl. Aristot. frg. 27 Rose) und die 3-Güter-Lehre (Stob. ekl. 2,7. Clem. strom. 2,21,129; Vorrang der seelischen Güter: Cic. Tusc. 5,50). Stoisch beeinflußt zeigt ihn die Formel τέλος = τελειότης κατὰ φύσιν εὐροοῦντος βίου (Clem. a. O.), als Gegner der Rhetorik u. a. Philod. π. ῥητ. G. Schm.

Frg.: *Wehrli* Die Schule des Aristot. 10, 1959. *F. Olivier* De Critolao Peripatetico, Diss. Berlin 1895. RE XXIV 1249.

**Kriton** (Κρίτων). **1.** Von Athen, Freund des Sokrates, berühmt durch seinen Versuch, Sokrates aus dem Gefängnis zu befreien (das Zeugnis Platons im Dial. K. wurde freilich bestritten von Idomeneus FGrH 388 F 17). K. spielt ferner eine wichtige Rolle in Platons Dialogen Euthydemos und Phaidon und in der Apologie. Diog. Laert. 1, 121 spricht ihm die Autorschaft an 17 Dialogen zu, sicher zu Unrecht. In der Tat ist nur aus Platon gültige Bezeugung für K. zu gewinnen. H. D.

**2.** K., später Dichter der Neuen Komödie, erhielt 183 mit Ἐφέσιοι, 169 mit einem Αἰτωλός jeweils den 2. Preis (IG II² 2325,150. 210). Außerdem wird eine Μεσσηνία und ein Φιλοπράγμων, nur dieser mit ein paar Versen des Parasiten, zitiert. W. K.

*Körte*, RE XI 1932.

**3.** K., Arzt in Rom um 100 n. Chr., Leibarzt Traians, vorwiegend Pharmakologe; scheint keiner besonderen Schule angehört zu haben, sondern Eklektiker (wie viele damaligen Ärzte) gewesen zu sein. K. hat sich – auch dies für röm., vor allem für Hofärzte nicht ungewöhnlich – mit Kosmetik beschäftigt und ein vierbändiges Werk darüber geschrieben (zahlreiche Frg. bei Galen περὶ συνθέσεως φαρμάκων τῶν κατὰ τόπους). Außerdem wissen wir, wieder durch Galen, von einer φαρμακῖτις βίβλος des K. in 5 B. F. K.

**4.** K. aus Athen, Bildhauer, signierte zusammen mit Nikolaos eine Kanephore (augusteisch? 2. Jh. n. Chr.?), die 1766 an der Via Appia gefunden wurde. **5.** K. aus Athen, Bildhauer wohl augusteischer Z., schuf eine Porträtstatue im Ptoion (IG VII 4161). **6.** K. aus Athen, Bildhauer wohl des 2. Jh. n. Chr., schuf eine Mithrasgruppe in seltenem Typus, die in Ostia gefunden wurde (Lippold, RE Suppl. VIII 255). W. H. G.

**Kriu Metopon** (Κριοῦ Μέτωπον »Widderstirn«), h. Ai-Todor. Hohes Vorgebirge an der S.-Spitze der Taur. Chersonesos, gegenüber dem Vorgebirge → Karambis an der paphlagon. Küste. Strab. 2,124. 7,309. 11,496. 12,545 u. ö. Ps. Skymn. 953; vgl. auch Karte XVI zu Müller GGM. Chr. D.

*Kroll*, RE XI 1940. *Danoff*, Art. Pontos Eux. RE Suppl. IX pass.; Karte auf S. 869–870.

**Krobyzoi** (Κρόβυζοι). Volkreicher thrak. Stamm, dessen Wohnsitze sich vom Athrys (h. Jantra) bis zum Schwarzen Meer erstreckten, im O. und NO. den Geten benachbart. Die einzelnen Unterstämme der K. standen nicht auf gleicher Stufe. Einige glaubten ähnlich den Geten an die Unsterblichkeit und zogen einen reichen Ertrag aus ihrer Arbeit, andere führten das primitive Leben der Troglodyten. Durch die Skythen nach S. gedrängt, verloren die K. einen Teil ihres urspr. Stammesgebietes. Sie waren bereits dem Hekat. bekannt (FGrH 1 F 170 mit Jacobys Komm.). Phylarch. FGrH 81 F 20. Hellan. FGrH 4 F 73. Phot. s. Terizoi. Ptol. 3,10,4. Skymn. 754. 756. Plin. nat. 4,82. Chr. D.

*Fluss*, RE XI 1941. *Danoff*, Art. Pontos Eux. RE Suppl. IX 1019. *Wiesner* Die Thraker 20 (Abb. 4).

**Kröte** s. Frosch

**Kroiseios stater** (Κροίσειος στατήρ). Einheitsstück in der Goldprägung des → Kroisos mit Vs. Löwen- und Stierprotome gegenständig und Rs. bildloser Einstempelung im Gewicht von 10,8 g. Dazu gab es Drittel, Sechstel und Zwölftel. Bei gleicher Stückelung, aber im Gewicht von 8,1 g wurde er von den Persern bis ca. 510 weitergeprägt (→ Dareikos). Auf diesen gingen 20 Silbermünzen gleichen Typs von 5,4 g. H. Ch.

*Schrötter*, WBMzK s. v. *E. S. G. Robinson*, NC 1958, 187ff. 1961, 115.

**Kroisos** (Κροῖσος, *Croesus*), letzter König von Lydien. Aus den zahlreichen Angaben der griech. und latein. Schriftsteller über K. läßt sich nur wenig gewinnen, was den Anforderungen der gesch. Kritik standhält. Der Vater des K. war der 4. König aus dem Geschlechte der Mermnaden, → Alyattes.

K. unterjochte die ganze w. Hälfte Kleinasiens bis an den Halys, mit Ausnahme der Lykier und Kilikier. Die lyd. Oberherrschaft scheint im allg. ziemlich leicht gewesen zu sein. K. galt als einer der reichsten Herrscher des Alt. Quellen dieser Reichtümer: die Tribute der unterworfenen Städte und Länder und das aus Bergwerken und aus dem Flusse Paktolos gewonnene Gold. Er war auch sehr freigebig, bes. den Orakelstätten zu Delphoi und Didyma gegenüber, deren Orakel er zu befragen pflegte.

So novellistisch die Erzählungen Herodots und Xenophons aufgemacht sind, etwas Wahres muß doch den Berichten über die Orakelbefragungen zugrunde liegen. 3 Fälle berichtet Herodot ausführlicher. Der 1. Fall betrifft 2 Fragen, die K. außer in Delphoi auch bei Amphiaraos eingereicht haben soll: ob er gegen die Perser ziehen und sich ein verbündetes Heer von Männern verschaffen solle. Beide Orakel sollen in gleichem Sinne geantwortet haben, wenn K. über den Halys gehe, werde er ein großes Reich zerstören. Der 2. Fall betraf des K. Frage, ob seine Monarchie von langer Dauer sein werde; die Antwort der Pythia lautete (Hdt. 1,55), erst wenn ein Maulesel den Medern als König erstehe, dann solle er, der zartfüßige Lyder, zum steinigen Hermos fliehen, usw. Der 3. Fall betraf eine Anfrage wegen des stummen Sohnes des K.

Durch den erstgenannten Orakelspruch ermutigt, begann er den Krieg, indem er den Halys überschritt. Nach einer Schlacht bei Pteria mußte er sich in seine Hauptstadt Sardeis zurückziehen. Er erhielt dabei von seinen Bundesgenossen, Hellenen, Ägyptern, Babyloniern, nicht die geringste Hilfe. Zu ihrer Rechtfertigung darf freilich angenommen werden, daß die Katastrophe des K. sich mit einer Schnelligkeit abspielte, die ihnen auch bei gutem Willen keine Zeit ließ, dem lyd. Verbündeten zu Hilfe zu eilen. Nach kurzer Belagerung wurde die Stadt im J. 547 erobert, was das E. des lyd. Reiches bedeutete. Über das Schicksal des K. gehen die Berichte wieder stark auseinander. Die Keilschriftchronik und der armen. Eusebios stimmen darin überein, daß K. von Kyros getötet wurde. Indessen wäre hier ein Irrtum nicht ausgeschlossen. Es ist durchaus möglich, daß K. bei der Eroberung seiner Hauptstadt den Versuch gemacht hat, sich durch Selbstverbrennung der Gefangenschaft zu entziehen. Die Ausführung dieses Planes wurde dann durch die schnell vordringenden Eroberer verhindert. J. D.-G.

*Weißbach*, RE Suppl. V 455.

**Krokeai** (*Κροκέαι*). Ort im s. Lakonien etwa beim h. Alaibei, berühmt durch den in der Nähe gebrochenen, in der Kaiserzeit hochgeschätzten grünen Porphyr, h. amtlicher Name des Dorfes Levetsova. Paus. 3,21,4. Steph. Byz. E. M.

1. *Pieske*, RE XI 1942f. 2. *Bölte*, RE III A 1333,59ff. 3. *Philipps.-Kirst.* 3,460. 4. *H. Waterhouse – R. Hope Simpson*, ABSA 55, 1960, 103ff.

**Krokodeilonpolis** (*Κροκεδείλων πόλις*). **1.** Im Fajum, alt *Šd.t*, h. Medinet el-Faijum, s. Arsinoe III 2 (Bd. I 612). **2.** Nach Strab. 17,817 Ort in Ober-Äg., h. Gebelen; äg. *Iw-m-itrw* (»Insel im Nil«). Verehrt wurden Suchos und eine Hathor (*'Αθερνεβενταίγεως*: »Hathor, Herrin der beiden Felsen«), Anubis und Chons. Spärliche Reste am Gebel Scheich Musa erhalten; bedeutende Papyrusfunde griech. Z. Die Stadt gehörte damals zum Gau Pathyris. **3.** Nach Ptol. 4,5,31 Ort im 10. oberäg. Gau, bisher nicht identifiziert. W. H.

**Krokodil.** 1. Nil-K. (Crocodilus niloticus Cuv.), äg. *χάμψας*: Hdt. 2,69), *κροκόδειλος*, *crocodilus* (Isid. or. 12,6,19), beschrieben von Hdt. 2,68; es wird etwa 8 m lang (Ail. nat. 17,6: über 11 m), hat eine sehr kurze Zunge (Aristot. part. an. 2,17 p. 660 b 28. Plut. Is. et Os. 75); da der Schädel mit dem (unbeweglichen) Oberkiefer zusammen gehoben wurde, der Unterkiefer (scheinbar) in seiner alten Lage blieb, konnte der Eindruck entstehen, dieser sei fest und der Oberkiefer beweglich (Plin. nat. 8,89. 11,159; vgl. Hdt. 2,68. Aristot. hist. an. 1,11 p. 492 b 23). Sie sind Lungenatmer (Aristot. hist. an. 1,1 p. 487 a 22), legen Eier (Plin. nat. 8,89. 10,170), sind nachts im Wasser (Cic. nat. deor. 2,124. 129), leben mit dem Krokodilwächter-Vogel (Pluvianus aegyptius) in Gemeinschaft (Ail. nat. 3,11. 12,15. Apul. apol. 8), mit Delphinen in Feindschaft (Plin. nat. 8,91), werden bis zu 60 J. alt (Ail. nat. 10,21), vermehren sich rasch, weil sie selten getötet werden (Diod. 1,35; vgl. Amm. 22,15,15–20. Solin. 32,21–8). Man jagte die K. mit Angel (Hdt. 2,70), Netz (Diod. 1,35) und Harpune (S. Reinach Répertoire de Peintures G. et R., Par. 1922, 162,1. A. Erman – H. Ranke Ägypten, Tüb. 1923, 271, 4; vgl. Ail. nat. 10,24. Plin. nat. 8,92f. 28,31. Strab. 17, 814). Im J. 58 v. Chr. wurden in Rom erstmals 5 K. gezeigt (Plin. nat. 8,96); Augustus ließ 36 K. im Circus Flaminius erlegen (Cass. Dio 55,10), Heliogabal hielt ein K. als Haustier (H. A. 17,28, 3). Einigen Ägyptern galt das K. für heilig (H. Bonnet, Reallex. der äg. Religionsgesch., Bln. 1952, 392f. Hdt. 2,69. 90. Strab. 17,811. Diod. 1,89), den Einwohnern von Elephantine und Apollonopolis nicht (Ail. nat. 10,21); heilige K. wurden mumifiziert und beigesetzt (Cic. Tusc. 5,18; nat. deor. 1,82. 101. 3,47. Iuv. 15,2. Tertull. adv. Marc. 2,14) und sind noch h. in zahlreichen Exemplaren vorhanden. Teile des K. wurden als Medikamente gebraucht (Scrib. Larg. 14. Plin. nat. 28, 107. 121); ausgestopfte Tiere hingen in röm. Apotheken (GLM p. 52 R. *ad pigmentarios*). Das K. begegnet in der Fabel (Aisop. 37. Phaedr. 1,25; vgl. Ail. var. 1,4), häufig in der griech.-röm. Kunst (S. Reinach Rép. Peint. p. 161f., 354. 375–77. 384); von K.-Tränen spricht erstmals Asterios (bei Phot. p. 503). 2. Panzer-K. (Crocodilus cataphractus Cuv.), in NW.- und W.-Afrika vorkommend (vielleicht bei Plin. nat. 5,9 gemeint). 3. Sumpf-K. (Crocodilus palustris Cuv.), in Indien (Hdt. 4,44; Ail. nat. 12,41. Plin. nat. 6,75. Strab. 15,690. 695f. Paus. 4,34,3. Curt. 8,9,9 (30). 4. Gavial (Gavialis gangeticus Gm.), in Indien für heilig gehalten (Ail. nat. 12,41). 5. Leisten-K. (Crocodilus porosus Gray), in Indien, vielleicht in zwei höchst unklaren Berichten gemeint (Ktes. bei Phot. bibl. 45 a 20ff. Ail. nat. 5,3). → Eidechsen. W. Kre.

1. *Gossen-Steier*, RE XI 1947ff. 2. *Th. Hopfner* Der Tierkult der alten Ägypter nach den griech.-röm. Berichten und den wichtigeren Denkmälern. Denkschr. Ak. Wiss. Wien 57,2 (1913). 3. *S. Morenz* Gott und Mensch im alten Äg., Lpz. 1964.

**Krokon** (*Κρόκων*). Myth. Herrscher im Grenzgebiet von Eleusis und Athen; der Ort hieß z. Z. des Paus. (1,38,2) noch *Κρόκωνος βασίλεια*. Nach einer Lokalsage war er mit Saisara, einer Tochter des → Keleos, vermählt. Die eleusin. Sage machte ihn zum Sohn des → Triptolemos und nahm dadurch das Geschlecht der Krokonidai, dessen Heros eponymos K. war und dessen Name an die Kulthandlung des *κροκοῦν* (die Wollbinden an rechte Hand und linken Fuß der Mysten anlegen) erinnert, in die heilige Familie auf. Das Geschlecht baute im 4. Jh. der Hestia ein Heiligtum und führte mit den Koironiden, die sich auf Koiron, einen unehelichen Sohn des Triptolemos, zurückführten, einen Prozeß. H. v. G.

*Bekker* Anecd. 1,273. *Töpffer* Att. Geneal. 103f.

**Krommyon** (*Κρομμυών* oder *Κρεμμυών*), östlichster Ort des Gebiets von Korinth am saron. Golf s. des Geraneiagebirges, 120 Stadien (21½ km) von Korinth, Thuk. 4,45,1, wohl beim h. Hg. Theodori. Hier erschlug nach der Sage Theseus die krommyon. Sau. In klass. Z. war K. befestigt, Skyl. 55. Strab. 8,6,22 p. 380. Paus. 2,1,3. Xen. hell. 4,4,13. 5,19. Steph. Byz. IG IV 195 f. E. M.
*Pieske*, RE XI 1973 f.

**Kromna** (*Κρῶμνα*). Städtchen an der Küste Paphlagoniens zwischen → Amastris und → Kytoros, nach der ersten Erwähnung Hom. Il. 2,855 auch später oft genannt; um 300 v. Chr. nach Amastris verpflanzt, Strab. 12,544. Mz.n des 4. Jh. Head HN² 506. Genaue Lage nicht feststellbar. Vgl. Ruge, RE XI 1974. K. Z.

**Kromnos** (*Κρῶμνος, Κρῶμνα, Κρῶμναι, Κρῶμοι*), Ortschaft in der arkad. Landschaft *Κρωμνῖτις* an der Straße von Megalopolis nach Messene, 62 Stadien (11 km) s. Megalopolis, beim h. Phanaiti (so die amtliche Schreibung!) unterhalb des Makriplagipasses. Bei der Gründung von Megalopolis in dieses eingemeindet. Paus. 8,27,4. 34,6. Xen. hell. 7,4,20 ff. Kallisthenes (FGrH 124 F 13). Steph. Byz. s. *Κρώμνα*. Hesp. 32, 1963, 271 ff. (?) E. M.
1. *W. Vischer* Erinnerungen und Eindrücke aus Griechenland 414. 2. *Pieske*, RE XI 1974 f. 3. IG V 2 S. 128,60 ff.

**Kronion** (*Κρόνιον*). Der h. mit Kiefern bestandene Hügel, 122,7 m über N.N. bei 80 m relativer Höhe, n. über dem heiligen Bezirk von → Olympia, an dessen Fuß die ältesten Heiligtümer und Bauten lagen, mit Kult des Kronos durch die Priesterschaft der Basilidai, von dem keine Spuren mehr vorhanden sind. Paus. 5,21,2. 6,19,1. 20,1 f. Dion. Hal. 1,34,3. Pind. O. 1,114. 3,23. 5,17. 6,64. 9,3. 10,49 f. u. ö. Xen. hell. 7,4,14. E. M.
*E. Curtius–Fr. Adler* Olympia 1,27 f.

**Kronios.** Neupythagoreer, häufig mit → Numenios zusammen genannt; einzig Porph. de antro nymph. 21 bezeichnet K. als einen Freund des Numenios. Durch Nemes. nat. hom. 3,117 Matthaei wird ein Titel kenntlich: *περὶ παλιγγενεσίας*. Was → Porphyrios und jüngere Neuplatoniker (zus. 11 Zitierungen) von K. zitieren, könnte alles aus diesem Werke stammen. → Plotin machte nicht näher bezeichnete *ὑπομνήματα* des K. zum Gegenstand seiner Lehrvorträge, vgl. Porph. vita Plot. 14. Offenbar war es dem Porph. wichtig, neben Numenios auch K. als Zeugen für einen ganz bestimmten Aspekt der Seelenlehre aufzuführen; der Tendenz, diesen Aspekt durch Zeugen zu legitimieren, verdanken die wenigen Auszüge aus K. ihre Erhaltung. Indes tritt K. neben Numenios kaum hervor. H. D.
Frg.: *E. A. Leemans* Studie over den wijsgeer Numenius van Apam. met uitgave der frg. (Abh. Kgl. Belg. Akad. d. Wissensch. zu Brüssel), 1936, dort 153–157 Cronii frg.

**Kronos** (*Κρόνος*). Alter, wohl vorgriech. Gott (anders [15],117 f.) aus dem Geschlecht der → Titanen (Hes. theog. 207 ff.), Sohn der kosm. Urpotenzen → Uranos und → Gaia (theog. 137) bzw. → Okeanos und → Tethys (Plat. Tim. 40e. Hom. Il. 14,201 ff.), Gemahl der → Rhea, Vater des → Zeus, Pluton und Poseidon (Il. 15,187 f.), der → Hera, Demeter und Hestia (Il. 4,59. theog. 453 f.).



Die griech. *Κρόνος*-Etym. gehen aus von dem Wesen eines Saat- und Erntegottes (L. Laistner Das Rätsel der Sphinx 1, 1889, 310 f. Usener Götternamen 26. A. Carnoy, Mus. Belg. 19/24, 1920, 14 ff. [2],383,1) oder von dem eines Götterkönigs (Gruppe Griech. Mythol. 1105. H. Ehrlich, RhM 63, 1908, 122,2. [16],189 f. [21],49) oder aber von dem eines urweltlichen Allgottes (H. Güntert Der ar. Weltkönig, 1923, 234). Andersgerichtet sind die pelasg. Deutungen von A. J. van Windekens, Muséon 63, 1950, 108 ff. (»Verschlinger«) und BN 9, 1958, 167 f. (»Höhenherr«). Die letztere verträgt sich sachlich und sprachlich mit der von H. Lewy Die semit. Fremdwörter im Griech., 1895, 216 f. (zu assyr. *qarnu*, hebr. *qeren* »Horn«; [19],112) vorgetragenen Anknüpfung an den → Baal Qarnaim (»Herr der beiden Bergspitzen«) und erlaubt ferner einen Anschluß an die Glosse *Ἀκρισίας· Κρόνος παρὰ Φρυξίν* (Hesych. H. Krahe, IF 58, 1942, 142; Sprache der Illyrier 1, 1950, 80): [16],178. Der Höhenkult der elischen Priesterkönige (*βασιλᾶες*) auf dem K.-Hügel von Olympia (Paus. 6,20,1. [16],188 f. H. C. Herrmann, MDAI(A) 77, 1962, 3 ff.) und die K.-Verehrung der kleinasiat. Lykier und Solymer (Plut. mor. 421 d. TAM 2,554.581.585. L. Robert, Hellenica 7, 1949, 50 ff.) fügen sich in das damit gegebene Bild ([8],69 f.). Der archaische Charakter des K. und seiner Mythen (K. Beth Rel. und Magie, 1927², 360. 365; vgl. Aristoph. Nub. 398. 929. E. Risch, IF 59, 1949, 278), die Koppelung mit der mediterranen Erd- und Muttergöttin (Rhea-Ops: Paus. 1,18,7. Macr. Sat. 1,10,22; *Μήτηρ θεῶν*: Sch. Demosth. 24,26; *Ἐντωρία = Χθονία*: Ps. Plut. par. min. 9. G. Radke Die Götter Altitaliens, 1965, 112 f.) bestärken die Annahme, daß ein altanatol. Höhengott von dem idg. → Zeus zurückgedrängt wurde ([2],384. [3]. [15], 61 ff. 118 ff. [16],181 gegen [7],35 f.). Der damit bezeichneten Sphäre des Erdgatten und Wetterbeherrschers (Athenag. suppl. 22. Nonn. Dion. 6, 178) lassen sich auch die teils phall.-chthon., teils sider. deutbaren *Τιτᾶνες* (M. Mayer Giganten und Titanen, 1887, 71 ff. G. Kaibel, NGG 1901, 490 ff. Kretschmer, Glotta 14, 1925, 309 f. [8],195 ff.) zuordnen, ohne daß man K. wegen der Mythenmotive des Kinderfressens und der Tartarosverbannung mit Ed. Meyer, Genethl. C. Robert, 1910, 171 ff. zum »Erddämon« zu stempeln hat (vgl. Pohlenz, RE XXII 1987 f.). Demgemäß mag die *ἅρπη καρχαρόδους* (Hes. theog. 179 f.) als K.-Attribut (Cook Zeus 3,796 Abb. 597; zu den Synonyma *δρέπανον* [theog. 162] und *ζάγκλον* [Kall. fr. 43,69 ff. Pf.] sowie den geograph. Identifikationen [2],383,2. A. M. DE GUADAN–C. LASKARIS, Emerita 28, 1960, 207ff.217ff.) ein Konglomerat aus mondförmigem Schnitterwerkzeug und gekrümmtem Kampfmesser darstellen (K. MARÓT Acta Ant. Hung. 1, 1951/52, 48; zu semit. *ḥrb* »Schwert« R.D. BARNETT, JHS 65, 1945, 101); die schon neolith. nachweisbare »gezähnte Sichel« (H. SCHUCHARDT, Globus 80, 1901, 181ff. F. DIRLMEYER, RhM 98, 1955, 19. [19],111) führt jedenfalls in den ostmediterranen und vorderasiat. Bereich (J. MAKKAY, Acta Arch. Hung. 16, 1964, 3ff.42ff.), ob man darin nun das Symbol eines Ernteschützers (M.P. NILSSON, ABSA 46, 1951, 122ff. GgrR 1,514 mit Verweis auf die att. *Κρόνια* [Macr. Sat. 1,7,37.10,22. Griech. Feste 35ff.]), eines Todesgottes (K. SCHIRMEISEN Mythos und Prähistorie, 1931, 26), eines Götterkönigs (*K. βασιλεύς* Hes. theog. 457. Paus. 5,7,6. [3],558) oder umfassender eines menschenopferheischenden frühgesch. Vegetationsnumens ([8], 67ff.) mit lunaren und phall. Komponenten ([2], 383, 3. [19], 112 f.) erblickt. Dieses dürfte sich in seiner Mehrschichtigkeit sowohl mit den semit. Baal-Gestalten ([8],71. G. CHARLES-PICARD Les Rel. de l'Afrique ant., 1954, 118ff.) als auch mit dem röm. Sichelgott → Saturnus (Verg. georg. 2,406. WISSOWA 204ff. F. ALTHEIM Röm. Rel. Gesch. 1, 1951, 87) berühren (E. MANNI, Ath. 16, 1938, 223ff. C. POINSSOT, Hommages A. Grenier 3, 1962, 1276ff.), dessen stark divergierende Namens- und Wesensauffassungen (RADKE 282ff.) eine etr.-rätische (C. THULIN, RVV 3,1, 1906, 29. [19],114ff.; vgl. L. SCHMIDT, Laos 1, 1951, 73) bzw. etr.-phryg. Verwurzelung (KRETSCHMER, Sprache 2, 1950, 65ff. → Satrapes-Šadrapa) nur wahrscheinlicher machen. Zeugnisse solcher Berührung sind etwa die Verehrung des omnipotenten Bel-K.-Saturnus im libyschen Djemila-Cuicul (M. LEGLAY, Libyca 1, 1953, 37ff.69ff.) und auf der Stele von Sétif (MESNIL DU BUISSON Tessères et Monnaies de Palmyre, 1962, 204ff.), der Altar des K.-Malakbel-Saturn von Trastevere bei Rom (H. TH. BOSSERT Altsyrien, 1951, 39.172 Nr. 558ff.; vgl. MESNIL DU BUISSON 266) oder das späte, solar ausgerichtete K.-Fest von Durostorum ([4],316ff. [5],180. S. WEINSTOCK, Mullus, Festschr. Th. Klauser, 1964, 391ff.). K.-Feste dieser Art ([2],383,4) implizieren in ihrem Saturnaliencharakter (A. BRELICH, SMSR 22, 1949/50, 16ff.) die mit Märchenzügen angereicherte Vorstellung vom paradies. *ἐπὶ Κρόνου βίος* (Kratin. fr. 165 K. A.R. SODANO, Rend. Acc. Arch. Nap. 36, 1961, 37ff.43ff.), myth. transponiert auf das elys. Reich der → *μακάρων νῆσοι*, wo K. als Herrscher der Seligen in seinem Turmpalast noch die Spuren des alten Vegetations- und Jahreskönigs bewahrt hat (Pind. O. 2,77ff. WILAMOWITZ, FF 5, 1929, 136. [15],132f.), nicht ohne die Bez. zur Meeres- und Mondwelt später durchdringen zu lassen (Plut. mor. 941a. H. VON ARNIM Plutarch über Dämonen und Mantik, 1921,



40ff. [17],440f.). – Sagenmotive, wie das vom K.-Stein (L. DEROY, AION 1, 1959, 23ff.) oder vom gefesselten titan. Riesen (Il. 8,478ff. Cic. nat. 2,63), die früh ätiol. angeschlossen (→ Baitylia) oder in der Spätzeit magisch ausgemünzt wurden (PGM IV 2326.2840f. [9],355f.), sind mit geneal. und theogon. Spekulationen über Weltalter, Göttergenerationen und Sukzessionskämpfe, mit Fabeleien von teratolog. Geburten (Verschlingungsmythos), Titanensturz und unterweltlicher Gefangenschaft der pelorischen Mächte zu einem recht heterogenen Urzeitmythos verwoben (Hes. theog. 453ff. [8],52ff. H. BAUMANN Das doppelte Geschlecht, 1955, 181ff.), in dem der Anschluß des »Sohnes« Zeus und der Titanen an den großen Gott der Vorzeit (*K. μέγας* [15],120. [21],49) ebenso wie das Überdecken der urspr. Verschiedenheit (MARÓT 55. 62f. [8], 57ff. 74ff.) des »krummsinnigen« (*ἀγκυλομήτης*) Uranosentmanners und Kinderfressers von dem milden Regenten der Aetas aurea, dem sinnenden und träumenden Bewahrer uralter Weisheit (Plut. mor. 420a. 941f. J.H. WASZINK, Mél. H. Grégoire 2, 1950, 649ff.), nur unvollkommen gelungen ist. Während man für den myth. Akt der Trennung von Himmel und Erde (NILSSON, Erasmus 1, 1947, 593ff. [21],44f. → Weltentstehungslehren) an äg. und polynes. ([13],61ff. NILSSON GgrR 1,34; krit. MARÓT 35ff.), für die Götter- und Generationskämpfe an iran. (S. WIKANDER, Cahiers du Sud 314, 1952, 9ff. M. MOLÉ, Indo-Iran. Journ. 3, 1959, 289.294), für das Sukzessionsprinzip an äg. und mesopot. Parallelen (J. VANDIER La Rel. Égyptienne, 1949, 38f. P. GARELLI–M. LEIBOVICI Sources Orientales 1, 1959, 115ff.) erinnert wird, besitzt die prähellen.-barbar. Bestialität (Eviration und Devoration) des hesiod. K. (DIRLMEYER Der Mythos von König Ödipus, 1964², 32ff.) zugleich mit der durch gewaltsame Entthronung (K. BALKAN Kassitenstudien, Am. Or. Ser. 37, 1954, 106) bewirkten Generationsabfolge (Okeanos [15], 107ff. [21],41f.45.47, Uranos, K., Zeus) eine Kontrafaktur in dem hurr. Kumarbi-Epos (E.O. FORRER, Mél. F. Cumont, 1936, 687ff. H. OTTEN Mythen vom Gotte Kumarbi, 1950, 36. U. BIANCHI *Διὸς αἶσα*, 1953, 148ff. P. WALCOT, CQ 50, 1956, 198ff.), wobei der heth. Vierheit Alalu, Anu, Kumarbi, Tešub ([19],113. U. HÖLSCHER, H 81, 1953, 402f.) die Reihe Eliun, Uranos, El-K., Demarus in der phoinik. Theogonie des Sanchnujathon genau entspricht (Phil. Bybl. FGrH 790 F 2, 15. R. DUSSAUD, Mél. H. Grégoire 1, 1949, 225ff. BIANCHI, SMSR 24/25, 1953/54, 60ff. T.B.L. WEBSTER, Minos 4, 1956, 110ff. [21],39ff.). Die Gemeinsamkeiten zwischen K. und → El stellen sich dar in Form fließender Beziehungen zwischen beiden Tetraden. Der caelestisch-bätyl. Anteil rückt den phoinik. El (U. CASSUTO, SMSR 8, 1932, 125ff. 138ff. → Bethel) gleichermaßen an Uranos wie an K.-Baitylos heran (Phil. Bybl. FGrH 790 F

2,16.23 [1],106. → Baitylia). Der Quellen- u. Meerbezug bei El (O. Kaiser, ZAW Bh. 78, 1959, 48f. 55.94) wie auch bei dem hurr. Kumarbi (H. G. Güterbock Kumarbi, 1946, 95) und dem mesopotam. Ea-K. im Xisuthros-Bericht des Berossos (FGrH 680 F4. P. Schnabel Berossos u. a. hellenist. Lit., 1923, 175.264. J. Bidez Mél. J. Capart, 1935, 49) begreift das Wesen des griech. Okeanos mit ein ([21],47f.); doch ist auch auf den K.-Tempel am deukal. Erdspalt in Athen (Schirmeisen 25) und die Bezeichnung K.-Thalassa für die Macht des Urgrunds in der perat. Gnosis zu verweisen (Hippol. ref. 5,14. [9],358. A. Dupont-Sommer La doctrine gnost. de la lettre »Waw«, 1946, 64ff. A. A. Barb, Journ. Warb. Inst. 16, 1953, 198f. 225, 31). In der an der Sphäre des Urwassers ansetzenden Funktion des Paradiesherrschers (Dirlmeyer, RhM 98,27. W. F. Albright Die Rel. Israels, 1956, 87f. [21],49; vgl. Ea-Utanapišti und → Oannes: Schirmeisen 28f. Schnabel 253) ist El dem mediterranen K. unmittelbar adäquat, während die Eigenschaft des Erntegottes durch seinen »Bruder« → Dagon (E. Dhorme, CRAI 1950, 186ff. 194; vgl. Etym. m. 196,52. G. Zuntz, Class. et Mediaev. 8, 1946, 179,36) repräsentiert wird ([21], 05f. Vgl. M. Delcor, VT 14, 1964, 144ff.). Das Königtum Els (W. Schmidt, ZAW Bh. 80, 1961, 18ff. C. Schaeffer, Syria 43, 1966, 1ff.) trägt die Merkmale des »alten Gottes« K. (M. H. Pope WB der Mythol. 1,280f.), aber auch die des »Vaters der Götter«, des ehefreudigen und kinderreichen Patriarchen Zeus (Phil. Bybl. F. 2,22. [21], 46. 48). Andererseits kann der kraftvolle Dagonsohn und Nachfolger des El-K., der Wettergott Zeus-Demarus-Adodos (F. 2,31. Dussaud, CRAI 1947, 205ff.) nach O. Eissfeldt, Mél. I. Lévy, 1953, 153ff. dem königlichen Baal Mlk der Phoiniker (Melqart-Adrammelek-Malkandros: Eus. laus Const. 13. 2. Reg. 17,31. Plut. Os. 15) gleichgesetzt werden, den die Griechen mit *Κρόνος* (= *Κάρανος*, *Κοίρανος* »Herrscher«, Stadtgott von Byblos und Berytos [5],181) wiedergaben (A. Piganiol, Hommages Grenier 3,1261ff. [1],104ff.). Diesem phoinik.-pun. K.-Mlk (Baal »Moloch« E. Dhorme, Anat. St. 6, 1956, 57ff.) galten die vielzitierten Menschenopfer (Plat. Min. 315c. Diod. 20,14. Sch. Plat. pol. 337a. Porphyr. abst. 2,56. F. Dornseiff, AC 6, 1937, 242ff.); die ätiol. Legende bei Phil. Bybl. überträgt den Präzedenzfall jedoch auf den »König« K.-El (vgl. Eissfeldt, ZAW 46, 1928, 86), der seinen Sohn eigenhändig in der Not opfert (Phil. Bybl. F 3b. [4],338. Eissfeldt Sanchunjathon von Berut und Ilimilku von Ugarit, 1952, 10f. – Tszkiewicz-Zylinder: Dussaud Prélydiens; Hittites et Achéens, 1953, 92ff. Abb. 10). – Auch dem Ewigkeitsgott El 'Olām (Gen. 21,33; LXX *ϑεὸς αἰώνιος* [2],468ff.), dem *Οὔλωμος* der Mochos-Kosmogonie und dem königlichen »Alten der Tage« (*παλαιὸς τῶν ἡμερῶν*) der Daniel-Vision (Dan. 7,9ff. L. Rost Gott und die Götter, Festgabe E. Fascher, 1958, 41ff.) scheint eine Komponente im Wesen des K.-El zu entsprechen (J. A. Montgomery, HThR 31, 1938, 146ff.), die zu der Fusion zwischen K. und → Chronos (Soph. El. 179. [2],385ff.), dem Urgott der Zeit, paßt, wie sie sich u. a. bei Pherekydes von Syros (fr. 1 D.-K.), Eudemos von Rhodos (Damasc. de princ. 125. [5],177f. [6],9. [12],273) und in der Orphik (Orph. fr. 12 D.-K.) erkennen läßt ([2],392ff. 396ff. 466ff. [21],53f. Baumann 184ff.). Wahrscheinlich bildet eine Beschreibung des El-K. als vieräugiger, vierflügliger kosm. Allgott mit solarem Aspekt (Serv. Aen. 1,642. [18],252) bei Phil. Bybl. F. 2,36 ([6],25f. Eissfeldt Taautos und Sanchunjathon, 1952, 14. H. Donner, MIO 3, 1955, 80ff.), die ihre Pendants auf kleinasiat. und phoinik. Münzen findet (R. Pettazzoni, Riv. Stud. Or. 32, 1957, 761ff. Mesnil du Buisson, Mél. Un. Beyrouth 38, 1962, 158f.), die Anregung für den bildlichen Prototyp des aus den gegensätzlichen Zeitbegriffen → Aion und → Chronos bzw. 3 Chronoi (Mosaik von Antiocheia D. Levi Antioch Mosaic Pavements, 1947, 197f. Taf. XLIIId. [14], 269ff. 279f. Abb. 2.3. E. R. Goodenough, Jewish Symbols 9, 1964, 148f. Abb. 139) in der von den Mithras-Mysterien ([22],62f.) beeinflußten hellenist. Theologie unter dem Namen des K. konfundierten omnipotenten Urwesens (→ Pantheos: [6], 24. Pettazzoni, AC 18, 1949, 265ff. H. Lewy Chaldaean Oracles and Theurgy, 1956, 99ff.), dessen tetramorphe Gestalt ([2],388. 428f.), mit Anteilen von Löwe, Stier, Schlange, Mensch, in der Theogonie des Hieronymos und Hellanikos (fr. 13 D.-K. [2],393f.) mit der Bezeichnung Chronos-Herakles auf K.-El und Baal Melqart zurückweist (P. S. Landersdorfer Der Baal Tetramorphos und die Kerube des Ezechiel, 1918, 43ff.). Das Prinzip der Vierheit bleibt, auf die 4 Jahreszeiten bezogen (vgl. [14],296), im gnost. Bereich relevant, wo man hinter den Tetraden Zeus, Hades, Helios, Dionysos bzw. Abraxas, Soter, Bel, Iao (E. Peterson *Εἷς ϑεός*, 1926, 241ff.) den viergestaltigen Urgott K.-Aion zu suchen hat (R. M. Grant Gnosticism and early Christianity, 1959, 45f.). Das gilt auch für das klar. Iao-Orakel (S. Eitrem, Albae Vig. N. F. 5, 1947, 55ff.), so daß die Rückführung des schlangen- und löwenförmigen → Iao bzw. Ialdabaoth der gnost. Dokumente auf den mithr.-gnost. K.-Aion (W. H. C. Frend, Journ. Eccl. Hist. 4, 1953, 19) berechtigt erscheint (J. Doresse Livres secrets des Gnostiques d'Égypte 1, 1958, 293f. W. C. van Unnik, Vig. Christ. 15, 1961, 79. J. Campbell The Masks of God 3, 1965, 275. Vgl. [5],180f.). Die monströse Gestalt dieses Gottwesens wird durch zahlreiche Denkmäler belegt (→ Aion. [2],412ff. Goodenough 10, 1964, 56ff. [14],275ff. Abb. 4ff.). Der Streit darüber, ob sie wirklich den Ewigkeitsgott K.-Zervan ([12],268ff. [22],94ff.) vorstellt oder eher den satan. Ahriman (F. Legge, PSBA 34, 1912, 125ff. Vgl. E. und J. R.

Harris Oriental Cults in Roman Britain, 1965, 43 m. Lit.) dauert an (R. C. Zaehner, BSOS, 16, 1954, 602f. 17, 1955, 237ff. Grant 48ff. J. Duchesne-Guillemin, Numen 2, 1955, 190ff. NClio 10, 1958/60, 91ff. M. Boyce, BSOS 19, 1957, 304ff. 314ff. G. Widengren Die Religionen Irans, 1965, 230f.). Da andererseits die griech. Version des Agathangelos (FHG 5, 167) Aramazd (Ahura Mazda) mit *Κρόνος* wiedergibt (H. Hübschmann Armen. Grammatik 1, 1897, 24,3. J. P. Asmussen X$^{u}$astvanift. Stud. in Manichaeism, 1965, 30), weisen die antagonist. Zwillinge Aramazd und Ahriman wohl auf den ambivalenten Urvater Zervan zurück, was auch in der geneal. Konstellation zum Ausdruck gelangt (Theod. Mopsuest. b. Phot. p. 63 Bekk. [2],415ff. 450. Bidez-Cumont Les mages hellenisées 2,87ff. Widengren, Numen 2, 91), z. B. auf der Luristanbronze von Cincinnati (R. Ghirshman, Artibus Asiae 21, 1958, 37ff. Iranica Ant. 2, 1962, 169f.) oder bei dem Armenier Eznik von Kolb (J. M. Schmidt Des Wardapet Eznik von Kolb Wider die Sekten, 1900, 89ff. H. Nyberg, MVAG 43, 1938, 380ff. [12], 278ff.). Die durch die aktiven Zwillingssöhne vielfach verdeckte herrscherlich-schicksalsträchtige, sowohl schöpferische wie todhaltige Potenz des übergeordneten iran. Zeitgottes (Zaehner Zurvan, 1955, 237. J. de Menasce, Stud. S. H. Taqizadeh, 1962, 182ff. A. Schimmel Gabriels Wing, Numen Suppl. 6, 1963, 293ff. [11],267ff.) schlägt sich latent in geneal. Hypostasen des viereinigen Pantheos (*Χρόνος ἄπειρος* = Zrvan akarana auf der Inschr. von Kommagene: H. Junker, Vortr. Bibl. Warbg. 1921/22, 151f. I. Scheftelowitz, ARW 28, 1930, 235. [12],274; anders [6],23,3) nieder, etwa in Targitaos (→ Hermes) und seinen drei die iran. Altersklassen vertretenden Söhnen (Hdt. 4,8ff. W. Brandenstein, WZKM 52, 1953/1955, 203f.) bzw. in dem sasanid. Zrvan (= Verethragna) und der Trias Ašōqar, Frašōqar, Zarōqar (Bidez-Cumont 1,69f. 2,89. E. Benveniste, Monde Oriental 27, 1933, 175ff. Nyberg 382f. [11],266ff.), die – im Hinblick auf die Dreizeitenformel der Chronik von Zuqnin ([20],71ff. 75. → Mithras) – vielleicht in den 3 Magiern von Bethlehem wiederzufinden ist (L. Olschki, Semitic and Or. Stud. W. Popper, 1951, 381ff. 384ff.). Dieses geneal. Prinzip läßt den Zervan in späten armen. Quellen für den semit. Stammvater Sem (V. Inglisian Armenien in der Bibel, 1935, 23.29) und den griech. Urkönig K. neben → Titan und Iapetos (P. Vetter, Festgruß R. von Roth, 1893, 83. Eissfeldt, FF 21/23, 1947, 204f. [20],46f.) eintreten. Auch die Gleichung von K.-Bel und Nimrod/Nebrod (Ninurta) bei Mos. Chor. 1,6, Prok. Gaz. in Gen. 11 und Ioh. Antioch. fr. 3 (Bidez-Cumont 2,56.61. [20],47) erfolgte unter dem Einfluß der parth. Zervan-Mythologie. – An der mithr.-gnost. Gestalt des K.-Zervan hinwiederum sprechen für den Charakter des kosm. Pantheos ([22],98f.) neben den regalen Abzeichen Szepter, Nimbus und Weltkugel (Cumont Textes et Monuments 2, 1896, 196.213.215. Abb. 21.41.44.46. E. Breccia, Mél. Maspéro 2, 1934/37, 257ff. [Relief v. Oxyrhynchos]; vgl. [14],301ff.) vor allem das Schlüsselsymbol (W. Köhler, ARW 8, 1905, 214ff. 227ff. Barb 214, 22) und das Schlangenattribut (D. Faccenna, NSA 73, 1948, 294ff.), das in Form des Uroboros (Lyd. de mens. 3,4, Mart. Cap. 1,70. W. Deonna, Artibus Asiae 15,1952, 164f. 17, 1954, 160. SO 31, 1955, 170ff.) die Jahressymbolik des allesverschlingenden Zeitgottes (Cic. nat. 3,62. Plot. 5,1,7. Macr. Sat. 1,8,10. Aug. civ. 6,8) und die Omnipotenz des allesbergenden *Νοῦς* verbildlicht (Macr. 1,9,12. Prokl. in Plat. Krat. p. 58,6ff. J. G. Préaux, Hommages W. Deonna, 1957, 394ff. [22], 97ff.). Diesem Symbolwert ist auch die Schilderung bei Claud. cons. Stil. 2,424ff. verpflichtet (H. Gressmann, ZKG 41, 1922, 175f. [6], 17. [5], 183ff.), wobei eine Verbindung zu den späthellenist. Abbildungen des → Osiris-Aion herstellbar ist (P. Derchain, ZÄS 81, 1956, 4ff. L. Kakósy, Oriens Ant. 3,1964, 15ff.). In Äg. setzte die Interpretatio Graeca den K. (Athen. 3,110b. W. Otto Priester und Tempel 2, 1908, 17. [18],245f.) u. a. für den Erdgott Geb als Gatten der Himmelskönigin Nut ein (M. Stracmans, Arch. Or. 20, 1952, 410ff.), ferner für den Wasser- und Pflanzenherrn Suchos (F. W. von Bissing, AO 34,1/2, 1936, 27f.), den Totengott → Anubis (Plut. mor. 368f. Vgl. Rufin. hist. eccl. 2,26. O. Weinreich Trug des Nektanebos, 1911, 17ff. 27ff.) bzw. den »Kerberos« des Sarapis (Macr. Sat. 1,7,14f. [18],246ff.) und für den gnost. Bes-Pantheos als Gegenbild des jugendl. Erlösers → Horus (Pettazzoni, Zalmoxis 1, 1928,7. Barb, Mitt. Anthr. Ges. Wien 82, 1953, 20f.). Bei Schenute von Atripe wird K. mit dem äg. Schicksalsgott Petbe (»Vergelter«; A. Erman, ZÄS 33, 1895, 47f. F. Ll. Griffith, PSBA 22, 1900, 162f. A. Volten, Miscell. Gregoriana, 1941, 378f.) identifiziert (J. Leipoldt Schenute von Atripe, 1903, 176. [18],248f.); dagegen unterscheidet der kopt. Zauberpap. Harris (H. O. Lange, Stud. F. Ll. Griffith, 1932, 161ff.) den szepterführenden Pantheos Petbe - Sachlabari - Harabai (»Donner«), der »im Urozean wohnt«, von dem griech. K. (G. Roeder Ausklang der äg. Rel., 1961, 223ff.). Immerhin läßt sich die mag. Bezeichnung *βροντοκεραυνοπάτωρ* für K. (PGM I 3102. [9], 358) an den Donnergott Petbe anschließen; doch klingt hier schon das Wesen des Planeten K. (= *ἀστὴρ Νεμέσεως* Vett. Val. 1,11) herein ([10],17,5. [18],249ff.). Die eigentüml. Auffassung des kalten und feuchten K. (Philol. A 14 D. – K. [10],9) als »Nachtsonne« in Babylonien u. Syrien (M. Jastrow, RAss 7, 1910,163ff. F. Boll, ARW 19, 1916/19, 343ff. [10],14. [17],492f.) ermöglicht eine synkretist. Vorstellung vom allsehenden, allesenthüllenden (*Φαίνων* [10],21ff.) u. allesvergeltenden Gott → Helios-K.-Chronos (Vett. Val. 6,2. [5],

179f. [10],19,1. [18],252ff. Vgl. E. des Places, Mél. Cumont 129ff.), wobei das Prinzip der Vielnamigkeit mag. Tendenzen verrät (Nonn. 40,370ff. [5], 185f.). Die dunkle, gewalttätige Seite des Planeten K.-Saturn entspricht dem kriegerischen chald. Bel-Ninib (Diod. 2,30,3. Or. Sib. 3,97ff. [6],19,3. [10],7); die ihm kongeniale Pflanze ist der Asphodill, sein Tag der Sabbat (A. Delatte, Mél. Gregoire 1,161), sein Metall das Blei (J. R. Partington, Ambix 1, 1937/38, 61ff. [17],492ff.); im Mikrokosmos des menschl. Körpers gehört ihm das Haar (M. Dunlop Gibson Commentaries of Ishodad of Merv, Horae Semiticae 5, 1911, 16f.). Die astrol. Codices (Cumont Catal. Cod. Astr. 12, 117ff.) und mag. Pap. (K. Preisendanz, Mitt. Pap. Sammlg. Öst. Nat. Bibl. N. F. 5, 1956, 119) betonen, neben Reminiszenzen an den alten Erntegott ([9], 352ff.) Delatte-Derchain Intailles mag. Gréco-Egypt., 1964, 196ff. meist die Herrscherwürde (A. Olivieri, RIGI 21, 1937, 34f. [17],189), den Tiefensitz u. die Orakelweisheit des gefesselten Gottes (PGM IV 3086ff. Delatte 163. A. Dieterich Abraxas, 1891, 76f. 79ff. [9],355ff.). Die Eigenschaften des müden Greises, des ränkevollen Urvaters, des kalten und dunklen Übeltäters sind dem Planeten, den die Chaldäer *kaimānu* (= westsemit. *kaiwān*) nannten (P. Jensen Kosmologie der Babylonier, 1890, 111ff. J. de Somogyi, Journ. Sem. Stud. 3, 1958, 287), zugesprochen in den Planetengebeten des arab. Picatrix (H. Ritter, Vortr. Bibl. Warbg. 1921/22, 118f.); man schreibt diese gewöhnl. den Ṣabiern von Harran zu, welche nach Ausweis der Reliefs von Urfa (um 150/200 n. Chr.) K.-Saturn unter anderen Gestirngottheiten verehrten (J. B. Segal, Anat. Stud. 3, 1953, 107ff.). In ihnen wie in den übrigen an die Spätant. anknüpfenden astrol. Traditionen des MA. bleiben dem Gott die negat. Züge von Düsterkeit, Langsamkeit und Unfreundlichkeit erhalten (J. Seznic The Survival of the pagan Gods, 1953, 39f. 53ff. R. Klibansky – F. Saxl – E. Panofsky Saturn and Melancholy, 1964, 127ff. 159ff. [17],170f. 186). W. F.

1. *M. J. Lagrange* Ét. sur les rel. sémit., 1905$^2$. 2. *R. Eisler* Weltenmantel und Himmelszelt 2, 1910. 3. *M. Pohlenz*, NJb 37, 1916, 549ff. 4. *W. Weber*, ARW 19, 1916/19, 316ff. 5. *R. Reitzenstein* Das iran. Erlösungsmysterium, 1921. 6. *H. Gressmann*, AO Bh. 5, 1925. 7. *U. v. Wilamowitz*, SPAW 1929, 35ff. 8. *K. Marót*, SMSR 8, 1932, 48ff. 189ff. 9. *S. Eitrem*, Mél. J. Bidez 1, 1934, 351ff. 10. *F. Cumont*, AC 4, 1935, 5ff. 11. *G. Widengren* Hochgottglaube im alten Iran, 1938. 12. *H. H. Schaeder*, ZDMG 95, 1941, 268ff. 13. *W. Staudacher* Die Trennung von Himmel und Erde, 1942. 14. *D. Levi*, Hesp. 13, 1944, 269ff. 15. *P. Philippson* Thessal. Mythologie, 1944. 16. *P. Kretschmer*, Misc. Acad. Berol. 2,1, 1950, 176ff. 17. *J. Schwabe* Archetyp und Tierkreis, 1951. 18. *R. Pettazzoni*, Hommages Bidez-Cumont, 1952, 245ff. 19. *L. Schmidt*, Veröff. Öst. Mus. f. Volksk. 1, 1952, 111ff. 20. *G. Widengren* Iran.-Semit. Kulturbegegnung in parth. Zeit, 1960. 21. *H. Schwabl* Die griech. Theogonien und der Orient, 1960. 22. *M. J. Vermaseren* Mithras, 1965. 23. *M. Leglay* Saturne Africain, 1961. 1966.



**Krotalon** (meist plur.) Klapper, aus Metall oder gespaltenem Rohr hergestellt und mit den Händen gespielt (also gleich unsern Castagnetten), meist in Verbindung mit Kymbala, metallenen Becken, oder → Tympana, Handtrommeln oder Tamburinen, zur rhythm. Stützung der Blas- oder Saitenmusik verwendet, bes. in den orgiast. Kulten der Kybele und des Dionysos. Kymbala und Tympana dienten auch als Instrumente der Militärmusik. K. Z.

**Kroton.** Achaiische (Hdt. 8,47) Kolonie an Bruttiums O.-Küste, n. Skylletion an der Mündung des Aisaros in gesunder Gegend (Strab. 6, 269. Plin. nat. 2,211), 50 Stad. (Strab. 6,262, korr. Nissen 943) n.w. des lakinischen Heraheiligtums auf iapyg. Boden (Ephor. FGrH 70 F 140) von Myskelos aus Rhypes (Strab. 8,387) auf Delphis Geheiß (Dreifuß auf Mz. Head HN$^2$ 95) ca. 710 v. Chr. gegründet (Hippys FGrH 554 F 1. Antioch. FGrH 555 F 10. Skymn. 325. Diod. 8,20. Dion. Hal. ant. 2,59,3. Eust. Dion. Per. 369. Sch. Aristoph. Equ. 1091; Nub. 370. Solin. 2,10); zu Herakles (HN$^2$ 97) und Eponymos K. vgl. Diod. 4,24,6. Ov. met. 15,15ff. Etym. m. 541,14. Herakl. Pont. 36. Sch. Theokr. 4,32 (spartan. Beteiligung trotz Paus. 3,3,1 und Synchronismos mit Archias bei Antioch. a. O. unwahrscheinlich). Mit Sybaris und Metapont zerstörte K. ca. 550 v. Chr. (Philipp, RE III A 312) Siris und griff wenig später Lokroi an, erlitt aber an der (feminin.: Strab. 6,261!) Sagra 548 v. Chr. (so nach paläogr. Korr. der Olympiadenzahl Diod. 8,42) eine Niederlage (Strab. 6, 261. Iust. 20,3,1ff. Plin. nat. 3,95; vgl. die Inschr. bei Kunze-Schleif, III. Ber. über die Ausgrabungen in Olympia, 1938/39 T. 24f.), deren Folgen sich von 548 bis 532 im Ausbleiben der olymp. Siege (Strab. 6,262. Cic. inv. 2,2) K.s widerspiegeln (Dunbabin 360. v. Stauffenberg 76). Ankunft (Cic. rep. 2,28: ca. 529) und Wirken (Liv. 1,18,2) des → Pythagoras gaben neuen Mut (Iust. 20,4,2ff.): K. zerstörte nach dem Siege am Traeis unter Kommando des Olympioniken → Milon ca. 510 v. Chr. Sybaris (Hdt. 5,44. 6,21. Skymn. 358. Aristot. frg. 533 R. Diod. 10,52. 12,9. Strab. 6,263. Eust. Dion. Per. 374), begann damit die Z. seiner Hegemonie (Kahrstedt 184ff. v. Stauffenberg 213f.) bis Pandosia, Laus und Zankle (sog. Bündnismz.: HN$^2$ 95) und übernahm den Luxus der Sybariten (Tim. FGrH 566 F 44). Die Macht der *urbs aliquando Italiae prima* (Petron. 116) gab Anlaß zu mehreren Sprichwörtern; K.s Ärzte konsultierte der Perserkönig (Hdt. 3,131). Bei Salamis focht ein Schiff aus K. unter → Phayllos mit (Hdt. 8,47. Paus. 10,9,2. Plut. Alex. 34). Die Vertreibung (Aufstand des Kylon gegen Pythagoras von Iust. 20,4,17 falsch eingeordnet, wenn nicht LXX statt XX zu lesen) der Pythagoreer, eingeleitet durch Niederbrennen ihres Hauses mit 40 Insassen (Pol.

2,39,1f. Iambl. v. P. 248f. Porph. 54. Diog. Laert. 8,1,3), geht zeitlich (KAHRSTEDT 186) dem polit. Zusammenbruch (453 Neugründung von Sybaris) voraus. K. war 413 neutral (Thuk. 7,35,2), führte 390 die Italioten gegen Dionys. I., wurde aber 388 am Elleporos geschlagen (Pol. 1,6,2. Diod. 14,103f. Polyain. 5,3,2), später erobert (Liv. 24,3,4) und kam 12 J. unter syrakus. Herrschaft (Dion. Hal. 20,7). Dionys. beraubte das Lakinion (Iust. 20,5,2. Ail. var. 12,61. Athen. 12 p. 541 b. Aristot. mir. 96). In der Abwehr der Bruttier fiel K. mehrfach in die Hand von Tyrannen (Diod. 19,3,10. 21,10. Dion. Hal. 20,7). Vor Beginn des Pyrrhoskrieges betrug die Mauerlänge 12 mp (Liv. 24,3,1), später war kaum die Hälfte bewohnt: K. hatte schwer gelitten (Liv. 31,7,11. Frontin. 3,6,4. Zon. 8,6), wenn es auch 215 mehr als 2000 Einwohner gehabt haben dürfte (Liv. 23,30,6). Neue Kriegsnot im 2. pun. Kriege (Liv. 22,61,12 u.ö. App. Hann. 57. Pol. 7,1; zweisprachige Inschr. Hannibals im Lakinion: Liv. 28,46,16); 194 röm. Bürgerkolonie (Liv. 34, 45,4f.). Seither ohne Bedeutung (abgesehen vom Hafen: Cic. Att. 9,19,3. It. mar. 489f.); vgl. Mela 2,4. Plin. 3,97 (3. Region). Ptol. 3,1,12; h. Crotone. G. R.

*Nissen* It. Ldk. 2,938ff. *Forbiger* HB der alt. Geogr. 3,515. *Meyer* GdA 3,667. 5,168. *Beloch* GG 1,382f. *Dunbabin* Western Greeks 444f. *Bérard*, Colonis. Grecque ²151ff. 157ff. *v. Stauffenberg* Trinakria 66. 76. 213f. *Kahrstedt* H 53, 1918, 180ff.

**Krotopos** (*Κρότωπος*). Argiv. König, Sohn Agenors. → Koroibos. Nachzutragen: Apollon hatte sich nach der Drachentötung im Hause des K. entsühnen lassen, Stat. Theb. 1,570ff. Zur Strafe für den Mord an der Tochter Psamathe schleudert Apollon den K. in den untersten Tartaros, Ov. Ib. 573, während die argiv. Sage ein Grab von ihm kennt. H. v. G.

**Krypteia** (*κρυπτεία*). Die K. als militär. Ausbildung oder zumindest als einen Teil derselben aufzufassen, der eine bestimmte Schar von spartan. Jungmännern unterworfen war, die gleichfalls K. hieß, liegt nahe. Nach Plat. leg. 1,7 mußten die *κρυπτοί* in Waffen und bei karger Verpflegung durch das Land ziehen, um sich an Strapazen zu gewöhnen und Ortskenntnisse anzueignen. Nach Plut. Lyk. 28 hatten sie sich bei Tag zu verbergen und in der Nacht in Erscheinung zu treten und Heloten, die ihnen begegneten, niederzumachen. In der Regel bildeten die *κρυπτοί* keinen Bestandteil des Heeres. Ein militär. Training dieser Art ist im Gegensatz zu H. JEANMAIRE 141ff. mit der von den Spartanern zuerst ausgebildeten → Phalanx durchaus nicht unvereinbar (KROM.-VEITH 114), zumal diese lediglich die Form des rangierten Massenkampfes darstellte. A. N.

RE XI 2031f. *H. Jeanmaire*, REG 26, 1913, 141ff.

**Ktesias** (*Κτησίας*). Sohn des Ktesiarchos, aus alter knid. Ärztefamilie stammend, lebte seit 405 am Hofe des Artaxerxes Mnemon, nahm an der Schlacht bei Kunaxa teil (Xen. an. 1,8,26) und war 398 Verbindungsmann zwischen dem Großkönig und dem in der Aegaeis operierenden Konon. Er kehrte anschließend in die Heimat zurück, in Rhodos vergeblich von den Spartanern wegen seiner Beziehungen zu Persien angeklagt. In den folgenden J. entstand sein Werk, nochmalige Rückkehr nach Persien ist unwahrscheinlich. Weitere Lebensumstände sind nicht bekannt. Berühmt wurde K. durch seine *Περσικά* in 23 B. (B. 1–6 die assyr. und med. Gesch. enthaltend). Ob andere überlieferte Titel (*Περίοδος*, B. 1 davon über Äg., B. 2 über Kolchis; *Ἰνδικά* [Phot. 45a]; *Περὶ τῶν κατ' Ἀσίαν φόρων* [Athen. 2,67a. 10,442b] als Aufzählung von Produkten einzelner Reichsteile) selbständigen Werken angehören oder Exkurse der *Περσικά* sind, läßt sich nicht mehr nachweisen (s. GOOSSENS, AC 1940, 29–43). K. arbeitet mit dramat. Effekten (Demetr. de eloc. 209: *ποιητής*), löst die Darstellung in Einzelerzählungen auf, bringt Exkurse, so daß die innere Linie des Ganzen für uns kaum mehr erkennbar ist. Thaumasiologie und Freude am Exotischen bestimmen den Charakter des Werkes, die fragwürdige Wiedergabe von Fakten, Listen usw. tadelt bereits Berossos. Erklärt werden muß diese Darstellungsform aus dem Übergang von der historiograph. Problematik eines Herodot oder Thukydides zur publikumswirksamen Sensationslit. des Hellenismus, die wesentlich von den Topoi romanhafter Erzählung und (ähnlich wie in der Jüngeren Komödie) gewissen Grundtypen der Persönlichkeitsschilderung bestimmt ist, während ethische Erörterungen und sachliche Angaben eigenen Exkursen vorbehalten bleiben. Suchen nach innerer Kausalität des Geschehens findet sich kaum mehr. Häufige Autopsiebetonung (s. Phot. 35b) ist bei einem Autor wie K. als psychagog. Moment wie als Selbstbestätigung zu werten. Trotz des täuschenden Buchtitels schreibt K. im wesentlichen Gegenwartsgesch. (10 B. vom Tode des Xerxes bis 398), sich hierin möglicherweise als Fortsetzer Herodots, auf jeden Fall als dessen berufener Kritiker fühlend, den er durch ständige offene wie versteckte Opposition zu widerlegen sucht, ohne dabei zu wirklich Neuem zu gelangen (s. MOMIGLIANO Atene e Roma, 1931, 15–44). Seine Sprache kennt weniger Ionismen (Phot. 45a) und gilt als Vorläuferin der späteren *κοινή*, zum Stil s. das Lob bei Dion. Hal. comp. 10. Hauptquelle für die Gesch. des Orients, wurde K. vielfach benutzt (nachweislich z. B. von Isokrates, Platon, Aristoteles, Theopomp, Ephoros, Nikolaos von Damaskos, Diod. 2,1–34), obzwar seine Schwächen nicht verborgen blieben (Plut., Strab.). Sein Werk fortzusetzen versuchte → Dinon, der Vater des Kleitarchos. Sein Anteil an der medizin. Lit. läßt sich im einzelnen nicht bestimmen. G. W.

*K. Krumbholz*, RhM 50, 1895, 205–240. 52, 1897, 237–285. *J. Marquart* Die Assyriaka des Kt., Philol. Suppl. 6, 1891,

502–685. *J.Bowman* Studies in Ctesias, Diss. Northwestern Univ. 1939. Grundlegend immer noch *F.Jacoby*, RE XI 2032–2073.

Ta.: Ctesias, La Perse, L'Inde, les sommaires de Photius ed. *R.Henry*, Brüssel 1947. FGrH Nr. 688 (einschl. POxy 2330), 1958.

**Ktesibios.** Ingenieur in Alexandreia, 3. Jh. v. Chr. Hauptquellen für Lebenszeit: Athen. 4,174 b und Vitr. 9,9,2. Ersterer läßt einen äg. Friseur namens K. (2. Jh. v. Chr.) durch Zufall die → Hydraulis erfinden. Letzterer schreibt die Erfindung dem Mechaniker K. unter Ptolemaios II. (283–247) zu. Wahrscheinlich hat Athen. Recht. Werke: Nichts erhalten, aber Athen. mech. 29,9 und Vitr. 1,1,7. 10,12,4 kannten noch seine *ὑπομνήματα* bzw. *commentarii*, die nach Vitr. den Schriften des Archim. ähnelten. Nach Vitr. 9,9,4 entwarf er die hydromech. Uhr, bei der durch eine Präzisionsdüse gleichmäßig in ein Reservoir einlaufendes Wasser einen Schwimmer hob. Dieser bewegte einen Zeiger, der auf einem → Analemma die (ungleichen) Stunden anzeigte. Auch kleinere hydroakustische Automaten nach Art der von Heron beschriebenen gehen auf ihn zurück (Athen. 11,



497 d). Athen. mech. zitiert die Hypomn. des K. für eine poliorket. Maschine, die einen durch einen kleinen Panzerturm geschützten Soldaten auf die feindliche Mauer heben sollte. Text unverständlich, ich vermute, daß auf einer fahrbaren Plattform ein langer, mit Schraubengewinde versehener Balken schräg nach oben zeigte und um seine Längsachse drehbar gelagert war. Der Panzerturm muß an seinem oberen Ende ein auf die Hubspindel passendes Gewinde gehabt haben. So war erreicht, daß die Bedienungsmannschaft, die die Spindel drehte, der Kämpfer sowie empfindliche Teile, etwa Seile, der Feindeinwirkung entzogen bzw. nicht vorhanden waren. Athen. mech. bezweifelt die praktische Anwendbarkeit. – Die bahnbrechendste Konstruktion ist die sog. Feuerspritze (Vitr. 10,12,1. Heron Pn. 1,28), eine zweizylindrige Saug- und Druckpumpe mit pneumat. Druckausgleich und Rückschlagventilen. Nach Philon Byz. *Βελοποικά* baute er Geschütze, die die Spannkraft bronzener Blattfedern und die komprimierter Luft ausnutzten. Im Zusammenhang mit letzterer Konstruktion zeigte K. dem Philon Versuche mit in genau geschliffene Bronze-

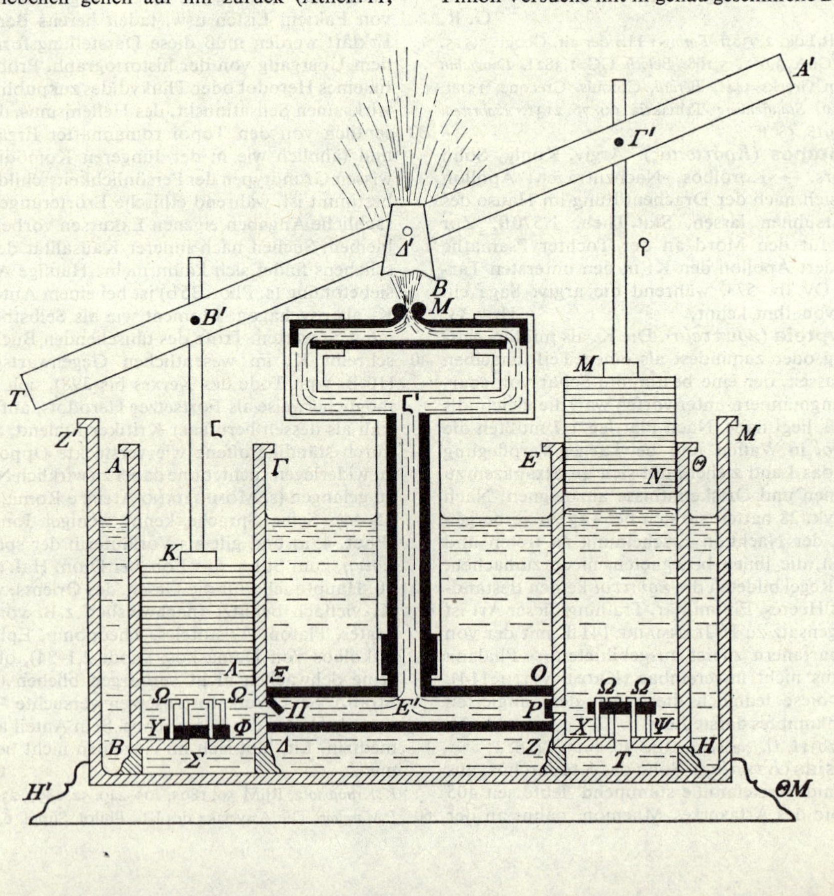

zylinder hineingetriebenen Kolben. Der erzielte Luftdruck war so hoch, daß Entzündungen beobachtet wurden (61 DIELS). Diese Konstruktionen enthalten so viele Elemente moderner Wärmekraftmaschinen, daß man sich fragte, warum das Alt. bei der Ausnutzung von animal. und (in bescheidenem Umfang) Wasserkraft stehenblieb, anstatt Dampfmaschinen zu bauen und einzusetzen. Die Gründe dafür werden vor allem auf soziolog. Gebiet gesucht, neuerdings im Fehlen von Produktionsmöglichkeiten für genaue Schrauben mit Innengewinde u. gute Zahnräder (DRACHMANN). Wenn, wie anzunehmen, von Herons Konstruktion mehr als nur die bezeugten auf K. zurückgehen, dann ist K. auch der Stammvater der wiss. Technologie überhaupt, deren frühe lit. Erzeugnisse im 16. Jh. ja zunächst nur Ausg. und Komm. zu Heron waren. J. M.

Lit.: *Tittel*, RE IX 60. *Orinsky*, RE XI 2074. *H.Diels* Ant. Technik, Lpz. 1920. *H.Diels*, *E.Schramm*, Philons Βελοποιικά, APrAW 1918, 16. *A.G. Drachmann* The Mechanical Technology of Greek and Roman Antiquity, Kopenhagen 1963. Weiteres dort.

**Ktesidemos** (*Κτησίδημος*). Den in hellenist. Z. geschätzten (DIELS Laterculi Alexandrini APr AW 1904 col. 7,1) Maler, Lehrer des → Antiphilos (3) (Plin. nat. 35,114), also wohl der Mitte des 4. Jh. v. Chr. angehörig, zählt Plin. nat. 35,140 zu den *primis proximi;* man kannte von ihm eine Laodameia und eine Eroberung Oichalias. W. H. G.

**Ktesikles** (*Κτησικλῆς*). **1.** Hellenist. Z.? Vf. von *Χρονικά*, mindestens 3 B., die nur Athen. zit. (Zählung der Bewohner Attikas durch → Demetrios Phal.; Tod Eumenes' I. [241 v. Chr.]). WILAMOWITZ und JACOBY erwägen Gleichsetzung von K. und dem bei Diog. Laert. 2,56 für Xenophons unrichtiges Todesdatum zitierten Stesikleides aus Athen, Vf. einer *Ἀναγραφὴ τῶν ἀρχόντων καὶ ὀλυμπιονικῶν*. W. Sp.

FGrH 245. IIIb, p. 223. *Laqueur*, RE XI 2077. RE III A 2462f.

**2.** Bildhauer unbekannter Z. vor E. 4. Jh. v. Chr. (Athen. 13,605f–606a). In Samos stand eine weibliche Statue aus par. Marmor, nach → Adaios (3) von K.; die Komödiendichter Alexis und Philemon spielen auf eine Anekdote dazu an. **3.** Maler wohl frühhellenist. Z., von dem Plin. nat. 35,140 anekdotenhaft ein Bild der Königin Stratonike erwähnt. W. H. G.

**Ktesiphon** (*Κτησιφῶν*). **1.** Sohn des Leosthenes aus Anaphlystos (Demosth. 18,54), att. Politiker des 4. Jh. v. Chr., der 336 für → Demosthenes Ehrung durch einen goldenen Kranz beantragte. Dagegen versuchte → Aischines mit einer *γραφὴ παρανόμων* einzuschreiten, verlor aber 330 den Prozeß gegen Demosthenes und K. (vgl. hypothes. Aischin. 3. Demosth. 18). H. Gä.

**2.** K., Stadt Babyloniens am l. Ufer des Tigris gegenüber von → Seleukeia (1). Die Herkunft des rein griech. Namens ist unbekannt, vermutlich doch gräzisierende Entstellung eines alten oriental. Ortsnamens. Erste Erwähnung für 221 v. Chr. bei Pol. 5,45,4 als *ἡ καλουμένη K.*, wohl makedon. Gründung gleichzeitig mit Seleukeia (um 300). Strab. 16,743 nennt K. ein »großes Dorf«, also unbefestigt, aber den parth. Königen als prunkvoll ausgestattete Winterresidenz dienend. Wann K. befestigte Stadt wurde, ist nicht überliefert. Cass. Dio 40,20 scheint auf 53 v. Chr. zu deuten, Amm. 23,6,23 ist mißverständlich. Tac. ann. 6,42,4 nennt K. (für 36 n. Chr.) *sedes imperii.* Genommen wurde es von Traian 116, zerstört 165 im Partherkrieg des Verus, noch gründlicher 197 durch Septimius Severus, danach stärker befestigt. Nur Carus vermochte es 283 vorübergehend zu nehmen, Iulian mußte 363 die Belagerung abbrechen. Dann blieb K. die Hauptstadt des Sassanidenreiches bis zur Eroberung durch die Araber im J. 637. Unter ihnen, vor allem nach Gründung der neuen Hauptstadt Bagdad 762, verfiel K. und wurde zu dem gegenwärtigen ausgedehnten Trümmerfeld. HONIGMANN, RE Suppl. IV 1102-1119. K. Z.

**Ktesippos** (*Κτήσιππος*). Sohn des 357 gefallenen Feldherrn → Chabrias, aus dem Demos → Aixone, als Schlemmer in der Komödie verspottet. CAF 2,452.552. 3,105. Ail. nat. 3,42. Gegen den Antrag des → Leptines, die K. gewährte *ἀτέλεια* aufzuheben, sprach 354 Demosth. 20,79.82. → Phokion suchte K. bei einem Feldzug vergebens zu bessern. Plut. Phok. 7,3f. K. war 334 → Trierarch. IG II² 1623 Aa 72. H. V.

**Ktesylla** s. Hermochares

**Ktimenai** (*Κτιμέναι, Κτιμεναί, Κτιμένη*), Hauptort der → Doloper, des s.w. Nachbarstammes Thessaliens w. des Xyniassees. 198 v. Chr. von den Aitolern erobert, Liv. 32,13,10 *(Cymine)*. Grenzinschr. gegen Angeia, RPh 35, 1911, 289ff. Nr. 41. Die Lage ist nicht sicher bekannt. [1] setzt es in der Stadtruine bei Ano-Dranitsa an, das h. amtlich Ktimeni heißt, [2] mit einigen Zweifeln etwas südlicher bei Kydonia. Apoll. Rhod. 1,67f. m. Sch. Ptol. 3,12,41. Steph. Byz. E. M.

1. *Fr. Stählin* Das hellen. Thessalien 148f. RE VI A 108f. XI 2081f. 2. *Y. Béquignon*, BCH 52, 1928, 452ff.; La vallée du Spercheios 326ff. 333ff.

**Ktimene** (*Κτιμένη*). **1.** Jüngste Schwester des Odysseus, von der Mutter Antikleia zusammen mit Eumaios aufgezogen, nach Same verheiratet, Od. 15,363ff. Strab. 10,453. Spätere Sage gibt ihr → Eurylochos (1) als Gatten. **2.** Tochter des Phegeus aus dem ozol. Oinoe, angeblich von dem Dichter Hesiodos verführt, der von ihren Brüdern erschlagen wurde. → Ganyktor (2). H. v. G.

**Ktistes** (*κτιστής*, auch *οἰκιστής*) heißt derjenige Gott oder Heros, auf den eine griech. Stadt ihre Gründung (oft nebst Namen) zurückführt, den sie kult. (am Grab auf der Agora: F. PFISTER Der Reliquienkult im Alt. 1912, 445f.) verehrt und dessen sie sich vielfältig (Mz., Weihungen, Ktiseis) rühmt. Geschichtlich faßbar sind die »Gründer« von Kolonien, die, wie der ältere → Miltiades (Hdt. 6,38), nach ihrem Tode heroisiert werden. Aus diesem Brauch entwickelt sich in hellenist. Z. die kult. Verehrung des Königs als K. schon zu Lebzeiten (Chr. Habicht Gottmenschentum und griech. Städte, 1956, 204f.). Nach röm. Statthaltern und Feldherren erhält mit Augustus (M. Grant From Imperium to Auctoritas, 1946, 356ff.) der Kaiser (bes. Hadrian: Frank, ESAR 4, 482,13) diese Glorie. Daneben kann K. bloßer Ehrentitel eines Bürgers sein (z.B. CIG 2851, L. Robert Hellenica 4, 1948, 115f.). H. B.

**Kuchen** (meist *πλακοῦς*, *placenta*; auch *πέμμα*, *πόπανον*, *libum*, *scriblita* usw.) kann jedes Gebäck heißen, welches außer Mehl, Wasser (Salz) und Gärungsstoff, aus denen Brot besteht, noch andere Zutaten – namentlich Milch, Fett, Eier, Süßstoff und Gewürze – enthält. Daher gab es im Alt., wie heute, die mannigfaltigsten K., für welche zahlreiche Namen überliefert sind, von denen die meisten von Orten, Personen, Formen oder den Hauptzutaten oder -gewürzen abgeleitet waren (z.B. *copta Rhodia*, *Φιλοξένειοι πλακοῦντες*, *ἔλαφος*, *τυρόεις*). K. wurde hauptsächlich aus (Nackt-)Weizenmehl, aber zuweilen auch (bes. zu Opferzwecken) aus Gerste oder Spelzweizen hergestellt und konnte sowohl auf dem Herd wie im Backofen (→ Bäckerei) oder in heißem Fett und sowohl von gewerbsmäßigen K.-Bäckern (*πλακουντοποιοί*, *πεμματουργοί*, *ποπανοποιοί*, *dulciarii*, *placentarii*, *fictores* etc.) wie im Haushalt gebacken werden. Als Zutaten kamen bes. Öl, Honig, Traubenmost oder -wein, Käse, Mohn, Anis und Kümmel, aber auch Safran, Nüsse, Rosinen usw. in Betracht. Rezepte finden sich bei Cato agr. 75–84 und andere Berichte bei Athen., Petron. u.a. (überraschend wenig bei Apicius). Auch im Kultus spielte K. sowohl bei Griechen wie bei Römern immer eine große Rolle, so daß bei Cato der Opfer-K. (*libum*) an erster Stelle steht. (Genaueres hierüber in RE XI 2094ff.) L. A. M.

*Blümner* Techn. I², 93–95.

**Kuckuck.** *κόκκυξ* (seit Hes.erg. 486; Suda s. *κοῦκκος*), *cucul(l)us* (seit Plaut. Trin. 245), *coccyx*. Neben dem Paarungsruf (*κοκκύζειν*) fiel bes. die Eigenheit auf, das Ei (zwei sind selten) in fremde Nester zu legen (die Vögel sind meist nicht identifizierbar), worüber vor allem Aristot. hist. an. 563 b 14ff. (kürzer gen. an. 750 a 11, dazu Erklärung der Feigheit, s. auch Plin. nat. 10,26), hist. an. 618 a 8ff. Ail. nat. 3,30 (K. wählt Nester von Vögeln, deren Eier seinen gleichen). Die Schmackhaftigkeit des K.-Fleisches rühmt Plin. nat. 10,27. – Ein Szepter Heras (s.o. Bd. II 1031,3) trug einen K., da sich Zeus vor der Heirat mit ihr in einen K. verwandelt hatte. E. Mg.

**Kultbild.** Griechen und Römer kennen mit wenigen, späten Ausnahmen (Mithras, Laren) als K. nur rundplast. Götterbilder, denen Kult dargebracht wird. In der Frühz. (im Volksglauben



immer) sind K. und Gottheit identisch; seit Herakleitos und Xenophanes hier unterschieden, spotten Philosophen (und dann die Christen) über alle Götterbilder. Bildlose Kulte sind seit archaischer Z. in Griechenland seltener (z.B. Zeus Lykaios) als in Rom. K. haben ihren Platz im Tempel, in Höhlen oder im Freien, sie werden aus Holz (mit und ohne Metallverkleidung), Marmor, Metall (Bronze), in Goldelfenbeintechnik oder als Akrolithe hergestellt. Seit alters gibt es unterlebensgroße K. (bes. 7. Jh., z.B. Trias aus Dreros [1],88f. T. 64), auch in klass. Z. (MDAI[R] 70, 1963, 13ff.), seit E. 7. Jh. neben kolossalen (wenig) überlebensgroße K. Diese können bekleidet, in Prozessionen geleitet, gebadet, geölt, gespeist, bekränzt werden. In geometr. Z. sind die K. oft anikonische Male, seit Mitte 7. Jh. in der Regel menschengestaltig; Tiere und, außer Pan, Mischgestalten (z.B. Demeter Melaina Paus. 8,42,4. Artemis Eurynome Paus. 8,41, 6) sind selten. Wundertätige K. gibt es nur als Randerscheinungen oder spät (z.B. Lukian. Dea Syr. 10). Erhaltene K. sind sehr selten (z.B. [1] T. 82). W. H. G.

1. *Boardman-Dörig-Fuchs* Die griech. Kunst, 1966. 2. *F. Willemsen* Frühe griech. K. Diss. München 1939. 3. *V. Müller*, RE Suppl. V 472ff. 4. *Hj. Bloesch* Agalma 1943. 5. RACh II 302ff. 6. *K. Schefold* Griech. Kunst als religiöses Phänomen (Ind. s. Kultbild), 1959.

**Kümmel** (*κύμινον*, *cumīnum*). Die Gewürzpflanze K., schon im myken. Linear B erwähnt (Ventris-Chadwick Documents in Mycenaean Greek 131.136.227), dann seit Aristoph. Vesp. 1357, Aristot., Theophrast oft genannt, wurde zuerst aus Äg., Aithiopien und den kleinasiat. Ländern bezogen, dann auch im s. Italien und Spanien angepflanzt, Plin. nat. 19,160f. K. Z.

*J. Murr* Die Pflanzenwelt in der griech. Mythologie, 1890, 188. *Hehn-Schrader* Kulturpflanzen und Haustiere $^8$1911, 108ff.

**Kürbis** (*κολοκύνθη* oder *-τη*, *cucurbita*, daraus »Kürbis«). Wahrscheinlich ist der K. nicht der uns geläufige, sondern der im alten Äg. durch Bildwerke früh bezeugte Flaschenkürbis. Athen. 2,58f–60b bringt zahlreiche Zeugnisse über ihn aus älteren Autoren, bes. Komikern, beginnend mit Epicharmos, doch auch aus Theophrast und Ärzten. Die Bezeichnung des K. als *σικύα Ἰνδική* zeigt, daß er nach ant. Glauben aus Indien eingeführt war. Fruchtfleisch und Samen waren als Lebensmittel geschätzt, die Schalen wurden als Flaschen und Körbe verarbeitet. Das meiste über verschiedene Sorten, Anbau, Pflege und Verwendung gibt Plin. nat. 19,69–74. Weiteres bei Colum., Pallad., Geop.; Rezepte bei Apic. 3,67–74. Seneca in der boshaften Satire auf den Tod des Kaisers Claudius (54) läßt diesen statt in einen Gott (*ἀποθέωσις*) in einen K. verwandelt werden (*ἀποκολοκύντωσις*). K. Z.

*Orth* RE XI 2104f. *Hehn-Schrader* Kulturpflanzen und Haustiere $^8$1911, 314ff.

**Kultus.** Die Gesamtheit menschl. Betätigungen und Verhaltensweisen, welche auf die Verehrung und Besorgung göttlicher, meist in bestimmten Objekten manifest gedachter Kräfte gerichtet sind (zur Phänomenologie [9],475ff.). Eine grobe Einteilung der vielfältigen, schwer überschaubaren Phänomene des ant. K. läßt sich vornehmen a) nach den Gegenständen, b) nach den Formen und Einrichtungen.

a) Gemeinsame K.-Objekte der gesamten Alten Welt sind in erster Linie die für den Menschen lebenswichtigen und schicksalbestimmenden Erscheinungen und Gegebenheiten der Natur und des Kosmos. Innerhalb der 3 Großbereiche Himmel, Meer und Land (vgl. [10],73ff. 76ff. 81ff.) kennt die griech. Rel. den vorrangigen K. eines patriarchalen Himmels- und Wettergottes (→ Zeus) und eines ihm typol. ähnlichen Meeresherrn und Erdbewegers (→ Poseidon), während die Verehrung der beiden Hauptgestirne (→ Helios: W. Schadewaldt Festschr. L. Castiglioni 2, 1961, 861ff. C. Koch Gestirnverehrung im alten Italien, 1933, 28ff. – → Selene: E. Mireaux, Journ. Sav. 1961, 5ff. U. Pestalozza, Acme 6, 1953, 349ff.) in klass. Zeit zu verkümmern droht, eine spezif. Astral-Rel. überhaupt erst im Hellenismus aufkommt (H. Gressmann, AO Bh. 5, 1925). Den Gegenpol zum K. des Himmels- und Meeresherrschers bildet die allg. in Urzeiten zurückreichende, im ostmediterran-anatol. Raum verwurzelte Anbetung der mütterl. Erde (→ Gaia-Aia: *ilu A-i-a*, chthon. Göttin in der urart. Inschr. von Meher Kapussy M. de Tserethely, Rev. Ass. 48, 1954, 200), bes. des fruchtbaren Ackers (P. Laviosa Zambotti Le piu antiche culture agricole europee, 1943, 126. J. Forsdyke, Journ. Warb. Inst. 17, 1954, 1ff. → Demeter). Sie hat damit entscheidenden Anteil sowohl an der prähellen. Substanz einer unidg. Mutterreligion (L.R. Farnell Essays in Aegean Archaeology A. Evans, 1927, 11ff. R.M. Peterson The Cults of Campania, 1919, 338ff. [14],83ff.) als auch an dem bei den Idg. schon frühgeschichtl. bemerkbaren (W. Brandenstein, REIE 3, 1943, 85. F. Hančar, BRGK 1950, 43 T. 2) K. des wärmenden und schützenden Herdes (→ Hestia-Vesta: O. Huth, ARW Bh. 2, 1943. A. Brelich Vesta, 1949, 57ff. A.J. Pfiffig Religio Iguvina, 1964, 43f. Vgl. [5]. [13],1ff.). Während der anikon. → Steinkult teils caelest.-bätyl. (H. Meltzer, Phil. 63, 1904, 195ff. → Baitylia), teils tellur.-maternale Wurzeln (J. Skutil, Osiris 10, 1952, 361f.) besitzt, bildet die Veneration der Erdmutter praktisch die ausschließl. Grundlage der mannigfachen Fruchtbarkeits-K.e ([10],87ff. K. Galling, ZAW Bh. 77, 1958, 49ff. → Adonis) mit ihren Sonderformen, wie Dendrolatrie (C. Bötticher Der Baumkultus der Hellenen, 1856. L. Malten, H 74, 1939, 193ff. A. Brelich, SMSR 24/25, 1953/54, 36ff. 53. R. Bourgault, Sciences Eccl. 12, 1960, 409ff.), Quellen-K. ([11],183ff. → Demeter) und Heiligung wirkungskräftiger Pflanzen (→ Silphium: V. Vikentiev, Bull. Inst. Ég. 37, 1954/55, 123ff. 143ff. → Mohn: Pestalozza, Acme 5, 1952, 542. M. Marconi, Arch. Glott. It. 39, 1954, 43ff.). Auch bestimmte, bes. im Mittelmeerraum verankerte Arten der Theriolatrie ([9],878f.), z.B. Stier-K. (Malten, JDAI 43, 1928, 90ff. C. Olzscha, SE 10, 1936, 263ff. B. Pace Studi Calderini-Paribeni 3, 1956, 191ff. M. Weippert, ZDPV 77, 1961, 93ff.) und Roß-K. (Malten, JDAI 29, 1914, 179ff. W. Koppers, Wiener Beitr. z. Kulturgesch. u. Ling. 4, 1936, 278ff. S. Luria, Minos 5, 1957, 49ff.), zeigen einen Fruchtbarkeitscharakter tellur. Ausrichtung. Der Wechsel zwischen tabuist. und kommunikativen Aspekten (Blut- bzw. Demersionsopfer) unterscheidet den echten Tier-K. vom Tiertabu aus eth. Motiven (Bilingue von Šari-Kuna: Pugliese Carratelli-Levi della Vida Un editto bilingue greco-aramaico di Ásoka, Serie Or. Roma 21, 1958). In den Erdbereich gehört auch der K. der → Chthonischen Götter (M.H. da Rocha Pereira, Altertum 6, 1960, 204ff. M. Polomé Hommages A. Niedermann, 1956, 274ff.) und der daraus abgeleitete, im Raum der griech. Polis altübernommene → Heroen-K. (F. Pfister, RVV 5, 1909. L.R. Farnell Greek Hero Cults, 1921). Letzterer bringt im Übergang zum Hellenismus eine Sonderform in der Verehrung lebender Machthaber hervor (Ch. Habicht Gottmenschentum und griech. Städte, Zetemata 14, 1956, K. Stiewe, Arch. f. Rechts- u. Soz. Philos. 46. 1960, 297ff.). Der ausgedehnte → Herrscher-K. hellenist.-röm. Zeit ([3], 54ff. [9], 346ff. H. P. L'Orange, Symb. Osl. 14, 1935, 86ff. C.A. Robinson, AJPh 64, 1943, 286ff. A. Alföldi Studies A. M. Friend, 1955, 15ff.) mit → Apotheose (L'Orange Apotheosis in anc. Portraiture, 1947. D. M. Pippidi, SMSR 21, 1947, 77ff.) und Proskynese (L. R. Taylor, JHS 47, 1927, 53ff. B. M. Marti, Language 12, 1936, 272ff.) geht ideenmäßig zurück auf die Rolle der frühen Sakralkönige ([14], 220ff. Ph. Wolff-Windegg Die Gekrönten, 1958) als Charismatiker, Heiler, Retter und Seher ([12], 697. 706f. O. Weinreich Menekrates Zeus und Salmoneus, 1933, 82ff. Vgl. M. Bloch Les Rois thaumaturges, 1924. → Kyrios. Soter) und findet daher sein Gegenbild in der abgött. Bewunderung des zeitgenössischen Asketen, Heiligen und philos. Übermenschen (L. Bieler *Θεῖος Ἀνήρ* 1 u. 2, 1935/36).

b) Bei den Formen und Einrichtungen ist zunächst zu unterscheiden zwischen dem Privat-K. (H.J. Rose, Euphrosyne 1, 1957, 95ff.) und dem meist durch sakrale Gesetzgebung geregelten offiziellen K. (F. Sokolowski Lois sacrées des Citées grecques, 1962). In beiden Kategorien zählen zu den wichtigsten u. am meisten verbreiteten Äußerungen kult. Einstellung zur Gottheit → Gebet ([3],468ff. [2],1,203ff. [9],269ff. E. des Places, Rev.

Scienc. Rel. 33, 1959, 343 ff. K. von Fritz, Rev. Rel. 10, 1945/46, 5 ff.) u. → Opfer ([2],1,81 ff. [3],490 ff. G. Berguer, Rev. Theol. et Philos. 17, 1929, 5 ff. Vgl. P. Thieme, ZDMG 107, 1957, 67 ff.) in ihren zahlreichen zweck- und situationsbedingten Spielarten. Die aus beiden K.-Elementen erwachsenen Weih- oder Votivgaben (E. Reisch Griech. Weihgeschenke, 1890), meist dem Götterbild (Idol) unmittelbar dargebracht (→ Agalma. Anathema), bekunden eine eigenartige rel. Bezogenheit auf das Numen (Kreta: J. Hazzidakis Les Villas Minoennes de Tylissos, Études Crétoises 3, 1934, 104 f.) in dem Dank für erbetene und geleistete Hilfe (Lucera/Kampanien: R. Bartoccini, Japigia N. S. 11, 1940, 185 ff. 241 ff.), so etwa im K. von Heilgöttern (→ Ešmun-Asklepios auf Sardinien: G. Sotgiu, Studi Sardi 12/13, 1952/54, 578 ff. G. Pesce Studi Calderini-Paribeni 3, 289 ff. 300). Die kollektive K.-Übung archaischer Zeit neigt zur Einkleidung ihrer Aktionen in die rit. Medien der festgelegten Gebärde: K.-Szene, -Tanz und -Spiel ([3],487 ff. K. Latte, RVV 13,3, 1913. F. Weege Der Tanz in der Antike, 1926) gibt es schon in der min. Welt (Tholos von Kamilari [Kreta]: D. Levi, ASAA 39/40, 1961/62, 123 ff. 138 ff. Abb. 170. 173. 174); sakral prädestinierte Personen (Priester) übernehmen darin unter Umständen die Rolle von Göttern oder Dämonen (H. Reusch Minoica und Homer, 1961, 39 f. S. Eitrem, Symb. Osl. 10, 1932, 31 ff.). Ein wichtiges Thema mimet. Riten war in der mediterranen und vorderasiat. Rel. der → Hieros Gamos (K. Kerényi, Saec. 1, 1950, 232 ff. K. Majewski Omagiu C. Daicoviciu, 1960, 353 ff. J. Hempel Die althebr. Lit. und ihr hellenist.-jüd. Nachleben, 1930, 26 ff. T. Özgüç, Anatolia 2, 1957, 57 ff.). Im min. Kreta stand die Person des Priesterkönigs offenbar im Mittelpunkt kult. Stierspiele und -opfer (J. Forsdyke, Journ. Warb. Inst. 15, 1952, 13 ff. Vgl. H. Herter, RhM 109, 1966, 236 ff. → Minos. Minotauros). Alte mag.-chthon. Ausrichtung verrät die Symbolik der mediterranen Labyrinth- und Troja-Spiele (W. H. Matthews Mazes and Labyrinths, 1922. W. F. J. Knight, Antiquity 6, 1932, 445 ff. K. Kerényi, Alb. Vig. 10, 1950. M. Doria, Parola del Pass. 17, 1962, 182 ff.) in ihrer Verbindung mit der Mutter-Rel. (M. Th. de Liagre Böhl, Analecta Or. 12, 1935, 6 ff. Knight Cumaean Gates, 1936, 122 ff. J. W. Layard Stone Men of Malekula Vao, 1942, 649 ff. M. Eliade, Eranos-Jb. 22, 1953, 75 f.). Hier liegen Ansätze zu später in myst. K.e (→ Mysterien [2],1,117 ff.) überleitenden Praktiken der Initiation (C. J. Bleeker, Numen Suppl. 10, 1965, 222 ff.) mit Brücken- und Übergangsriten ([10],105 ff. A. van Gennep Rites de Passage, 1909. – Geburtstag, Hochzeit, Tod: Eitrem, CR 35, 1921, 21 f. W. Samter Familienfeste der Griechen und Römer, 1901. Geburt, Hochzeit und Tod, 1911. → Apaturia) sowie nicht selten mag.-dämon. Maskierung ([14],236 ff. O. L. Riley Masks and Magic, 1955) und rauschhaft-ekstatischer Ausgelassenheit (Ph. de Félice Poisons sacrées, ivresses divines, 1936. [14],159 ff.). K.-Bünde und -Kollegien (R. Wolfram Schwerttanz und Männerbund, 1936. [10],113 ff. → Kureten), Festspiele martial. und agonist. Charakters (A. Brelich Guerre, Agoni e Culti nella Grecia Arcaica, 1961. → Bestattung) gehören ebenso zu den Merkmalen dieser Sphäre wie der mag.-apotrop. Gesang (→ Paian: L. Deubner, NJb 1919, 385 ff.), der sich zu musikal. K.-Ausgestaltung erweiterte (E. Bethe, NJb 1907, 81 ff. M. Wegner Das Musikleben der Griechen, 1949. J. Quasten, Liturgiegeschichtl. Quellen und Forschung 25, 1930). Das rel. Arrangement erfordert aus Anlaß des besonderen K.-Ereignisses präliminarische Dienstleistungen im Sakralbezirk (Kallynterien, Plynterien), Abgrenzung des hlg. Orts (→ Temenos, Tempel) und der hlg. Zeit ([10], 35 ff. 40 ff.), Errichtung des K.-Males (→ Altar), feierliche Prozession (πομπή) mit spezif. Funktionsträgern (z. B. Kanephoren; [3], 488), Abwicklung der K.-Handlungen durch hauptamtl. Personal (Priester [ἱερεῖς] u. K.-Mittler [ἱεροφάνται]: [3],505 ff. [1],32 ff. M. Lejeune, Latom. 45, 1960, 129 ff.). Die griech. Rel. kennt auch regelrechte Wallfahrten zu zentralen K.-Stätten (B. Kötting Peregrinatio Religiosa, 1950. → Asklepios). Fremd ist ihr dagegen die Existenz regelrechter Tempelstaaten mit umfangreichem Hierodulenpersonal, wie sie in Vorderasien üblich sind (W. Tarn – G. T. Griffith Kultur der hellenist. Welt, 1966³, 163 ff. K. Mlaker Die Hierodulenlisten von Maʿin, 1943. J. Ryckmans Scrinium Lovaniense, 1961, 51 ff.). W. F.

1. *P. Stengel* Die griech. K.-Altertümer, 1920³. 2. *R. Will* Le Culte 1–3, 1925/35. 3. *K. Pruemm* Rel.geschichtl. HB. 1943. 4. *M. P. Nilsson*, Harv. Theol. Rev. 38, 1945, 63 ff. 5. *L. M. R. Simons* Flamma Aeterna, 1949. 6. *G. Thomson* The Prehistoric Aegean, 1949. 7. *F. Sokolowski* Lois sacrées en Asie Min., 1955. 8. *J. S. Ryberg* Rites of State Rel. in the Roman Art, 1955. 9. *F. König* Rel.wissenschaftl. WB, 1956. 10. *M. Eliade* Das Heilige und das Profane, 1957. 11. *F. Benoit* Mars et Mercure, 1959, 183 ff. 12. La Regalita Sacra, Numen Suppl. 4, 1959. 13. *C. Koch* Religio, 1960. 14. *C. H. Bleeker* The Sacred Bridge, 1963.

**Kultvereine** s. Vereinswesen

**Kumarbi.** Der → Kronos der nicht-idg. Hurriter, verdrängte seinen Vater Anu aus dem Königtum im Himmel und mußte dann seinem Sohn, dem Wettergott Tešub (= urartäisch/»chaldisch« Tešeba), dem höchsten Gott der Hurriter, die Herrschaft abtreten. Verschiedene hurr. Mythen um K. sind in hethit. Sprache erhalten. Über die W.-Semiten an der n.-syr. Küste gelangte der Mythos vom Königtum zu den Griechen (Uranos- und Kronos-Mythen in Hes. theog.). Das hohe Alter dieser Mythen erhellt u. a. daraus, daß Urkis, ein Wohnsitz der Hurriter am N.-Rand Mesopotamiens E. 3. Jt., im Ullikummi-Mythos noch immer die Stadt des K. ist. A. K.

*H. G. Güterbock* Kumarbi (1946). *Ders.*, Journ. Cuneiform Stud. 5, 1951, 135ff. 6, 1952, 8ff. *E. Laroche*, Rev. hitt. et asian. fasc. 46, 1947, 53. 59, 1956, 108f. *E. von Schuler*, WB. der Mythol. I 2, 1962, 182f. 185.

**Kunaxa.** Der nur von Plut. Art. 8,2 genannte Name des Ortes am l. Ufer des Euphrat, wo im Herbst 401 der jüngere → Kyros (2) im Kampf gegen seinen Bruder → Artaxerxes (2) Schlacht und Leben verlor, nach Plut. a. O. 500, nach Xen. an. 2,2,6 360 Stadien von Babylon entfernt. Genaue Lage nicht feststellbar. Über die Schlacht zuletzt O. Lendle, G 73, 1966, 429ff. Vgl. Weissbach, RE XI 2193f. K. Z.

**Kupfer** (*χαλκός*, *aes*, *cuprum* bezeichnen für ältere Zeiten reines K., später meist → Bronze), das erste für die menschliche Gesellschaft bedeutende Metall, dessen Gewinnung und Bearbeitung im Endneolithikum begann (Übergang zur Metallzeit daher »Chalkolithikum«). Mit einfachem Nachahmen d. Steingeräte (Hämmern des gediegen vorkommenden Metalls) bahnte sich die K.-Verwendung an. Da reines K. relativ weich ist, eignete es sich wenig zur Herstellung von Arbeitsgerät; erst mit Zusätzen (Blei, Nickel, Arsen, später nur Zinn) entstand eine allg. verwendbare Legierung, Bronze (90% K., 10% Zinn), deren Beschaffenheit neue Technologien erforderte (Schmelzen, Gießen, Schmieden). Diese erweiterten die Produktivkräfte und erlaubten die Herstellung von Werkzeugen, Gefäßen, Waffen und Schmuck in größerem Umfang (Hom. Il. 2,578. 4,495. 18,474. 522. Od. 8,426. 21,62. Lys. Erat. 8. Ov. fast. 5,441. Plin. nat. 11,110. 12,131. 17,160. 23,74. HA Claud. 17,5. Athen. 5,205. Pallad. 2,15,18 u. a.). Veränderungen in der materiellen Produktion und Kultur bewirkten nun entscheidende Wandlungen in allen Lebensbereichen: fortschreitende Arbeitsteilung, soziale Differenzierung, Entstehung ökonom. und sozialer Abhängigkeitsformen (bes. der Sklaverei) und erster staatlicher Institutionen.

Der Beginn der K.-Zeit liegt in Äg. um 5000 v. Chr. (Diod. 1,15), in Sumer im 4. Jt., in Assyrien, auf Cypern, im ägäischen Raum (Kykladenkultur, auf Kreta Frühminoikum) im 3. Jt., in Phoinikien und Syrien (Strab. 16. Plin. nat. 5,81), in Palästina (AT Hiob 28) und Äthiopien (Strab. 17,821. Diod. 1,33), in Kleinasien, Indien, China wie auch in Mittel- und W.-Europa (Glocken- und Trichterbecher, Aunjetitzer Kultur) und S.-Europa (Terramare N.-Italiens) im 2. Jt. v. Chr. Die präkolumbian. Kulturen basierten im wesentlichen noch um 1500 n. Chr. auf der Verarbeitung von K.

In der quellenmäßig faßbaren Zeit in Griechenland sind K. und Bronze bekannt (Hom. Il. und Od. oft. Hes. erg. 151. Soph. El. 748. Plat. leg. 3, 678c. 12,956a. Plin. nat. 34,4), so daß der *χαλκεύς* häufig erwähnt wird (Hom. Il. 4,187. 216. 12,295. 15,309 u. a. Plat. Prot. 319. Aristoph. Av. 490). Erzgruben befanden sich auf Euboia (Strab. 10,447. Plin. nat. 4,64), in Makedonien (Vitr. 7,9. Liv. 45, 29), in Kleinasien (Strab. 13,607. 15,726), auf Cypern (Strab. 3,163. 14,684. Polyain. 3,10,14. Plin. nat. 7,195. 34,2. Galen. 12,214. Ios. ant. Jud. 16,4) usw. Verarbeitungszentren waren u. a. Athen, Korinth, Sikyon, Delos und Samos.

*Aes* und *aerarii (fabri)* waren nach der Tradition in der frühen Königszeit Roms bekannt (Plut. Num. 17), jedoch mag erst der etr. Einfluß (K.-Gewinnung auf Elba, Verarbeitung in Populonia, Vulci, Arretium: Diod. 5,13) für Rom von Bedeutung gewesen sein. Erzvorkommen Italiens lagen in Umbrien, Campanien, Bruttium und Calabrien (Strab. 5,235. Stat. 1,1,42. Cato rust. 135. Plin. nat. 34,20), von den Provinzen wiesen bes. Spanien und Gallien Erzreichtum auf (Diod. 5,36. Strab. 3,146. Mela 2,6), ehe die Römer Noricum besetzten und die reichen Erzgruben ausbeuteten (Tac. ann. 2,63; hist. 1,11).

K. hatte große Bedeutung als Münzmetall, die Münzprägung in Rom läßt sich in histor. Entwicklung an den Bezeichnungen → *aes rude*, *grave*, *signatum* ablesen. Sinngebend trat K. auf im Begriff → *aerarium:* K.-Kammer, Schatzhaus, Staatskasse. In übertragenem Sinn bezeichnet *aes* Vermögen und passiv *aes alienum* Schulden. In der Mythologie sei auf die Vorstellung verwiesen, die Menschheit habe 4 Zeitalter durchlaufen, deren Namen dem Wert der Metalle Gold, Silber, K. und Eisen gleichgesetzt wurden und denen bestimmte gesellschaftliche Verhältnisse entsprachen (u. a. Hes. erg. 143ff. Ov. met. 1,89–150). G. Sch.

*F. Behn* Kultur der Urzeit, 3 Bde., Bd. 2, Bln. 1950. *R. J. Forbes* Metallurgy in Antiquity, Leiden 1950. *H. Wilsdorff* Bergleute und Hüttenmänner im Alt., Bln. 1951. *R. Junge* Weltgesch. der Standortentwicklung der Wirtschaft in der Klassengesellschaft, Bd. 1, Bln. 1961. Weltgesch., red. *I. P. Franzew*, Bln. 1961, 163ff.

**Kureten** (*Κούρητες* Syll.³ 353; *Κουρῆτες* Strab. 14,640. Vgl. z. Betonung Hom. Il. 9,529. 19, 193. J. Wackernagel Kl. Schr. 2,1163) »Jünglinge, Jungkrieger« (Strab. 10,468. Wil. GldH 1, 126 und A. 2), ein aus primitiven männerbünd. Vereinen hoplit. und mus.-orchest. Ausrichtung im griech.-kleinasiat. Bereich (Paus. 8,37,6. Strab. 14,640. S. Luria, Acta Ant. Ac. Hung. 11, 1963, 31ff. [4],421ff. [8],127ff. 149ff.) dämonisiertes Kollektiv (vgl. Ch. Picard, RHR 122, 1940, 167); im bewaffneten Gefolge der vorderasiat. Muttergöttin das männliche Gegenbild der → Amazonen (Ephesos: Picard Éphèse et Claros, 1922, 423ff. REA 42, 1940, 271. 277); auf Kreta Begleiter der min. Geburtsgöttin → Diktynna ([10],191. 193), Parhedroi der Bergmutter → Rhea (Eur. frg. 472 N. Stob. ecl. 1,1,31 a 6 W.), Geburtshelfer des → Zeus *Κρηταγενής* (Strab. 14,640), schützen als *παραστάται* den hlg. Akt durch den apotrop. Lärm rit. Waffentänze (Kall. h. in Iov. 52ff. Apollod. 1,5. Strab. 10,468. Lucr. 2,633ff. Picard, REA 42,271). Der dikt. Zeushymnos von Palaikastro (R. C. Bosanquet–G. Murray, ABSA 15, 1908/

1909, 339ff. [1],245ff. [10],211ff. m. Lit.) würdigt sie ausdrücklich in dieser Funktion ([3],13ff.); man darf sie darüber hinaus gewiß den δαίμονες gleichsetzen, die der kret. Zeus als μέγιστος κοῦρος auf seinem Zug zur Dikte anführt ([3],10f. 12f. B. Schweitzer Charites E. Langlotz, 1957, 178ff.; zu weitgehend J. E. Harrison, ABSA 15, 308ff. Themis, 1912, 1ff.; vgl. [3],17ff. Nilsson GgrR 1,322). Dem fügt sich der Umstand, daß die K. auf Kreta als Protektoren ländlicher Fruchtbarkeit und Kultur gelten (Diod. 5,65. Vgl. Paus. 4,31,9) und offenbar in dieser Eigenschaft unter den Schwurgöttern kret. Stadtverträge auftreten (SGDI 5039. 5041. 5075. Nilsson Minoan-Mycenean Religion, 1950², 543ff. [10],208ff.). Dagegen bezeichnen ihre Epitheta φιλοπαίγμονες ὀρχηστῆρες (Hes. frg. 198 Rz.) und χαλκάσπιδες (Strab. 10,472) das kriegerisch-ekstat. Moment der πυρρίχη (H. Huchzermeyer Aulos und Kithara, 1931, 24f.) bzw. πρύλις (zu lyk. prulija »Krieg« H. L. Stoltenberg Etrusk. Gottnamen, 1957, 38. 83) und verweisen, wie die bronzenen Schallbecken vom Ida (W. Aly, Phil. 71, 1912, 463f. H. Thiersch, AA 1913, 47ff. E. Kunze Kret. Bronzereliefs, 1931, 48ff.) auf das Kultmilieu eines wehrhaften kret.-min. Junggottes, den man u.a. auch in → Kadmos (C. Autran Phoinikes et Dravidiens 4, 1938, 82f.) oder → Herakles (F. Baumberg, Eos 38, 1937, 201ff.) wiederzufinden meinte. Die Ekstasis (Nilsson 578f.) bildet eine Brücke zu den dämon. Flötenspielern und Kulttänzern der kleinasiat. → Kybele (Diod. 5,49), den Korybanten (Κορύβαντες Eur. Bakch. 120ff. Hipp. 141ff. Paus. 8,37,6. [10], 113 = Κύρβαντες [SGDI 5024. 5039. L. Sokolowski Lois sacrées en Asie Mineure, 1955, 60f.] »Wirbler, Drehtänzer« A. J. van Windekens Onomastique Pélasgique, 1954, 14ff.), und anderen artverwandten myth.-dämon. Gruppen (→ Anakes, Daktylen, Dioskuren, Kabiren. L. A. Milani Stud. e Mat. di Arch. 2, 1902, 51ff. G. Maddoli, Atti e Mem. Acc. Tosc. 27, 1962/63, 98f. [5],57ff. 72ff.) mit Initiations- und Expiationscharakter (Strab. 10,466. A. Brelich Gli Eroi Greci, 1958, 338ff. [10],63. 98. Vgl. F. Castagnoli, SMSR 30, 1959, 113), auf den der im κορυβαντιασμός (Plat. Euthyd. 277d. e. [6],123ff.) wie in der kret. Pyrrhiche (leg. 796b) enthaltene myst.-kathart. Effekt (Sch. Aristoph. Vesp. 119. Plat. leg. 790d. [6],125. 129ff. 156. E. de Martino, SMSR 32, 1961, 194ff. 200ff.) zu beziehen ist. Die K. sind mit der kret.-min. Kolonisation bis nach Spanien gelangt (Iustin. 44,4,1. A. Schulten Tartessos, 1950², 4. 62. 111. 125. 130), die Korybanten im Pontosgebiet in den Bereich des → Dionysos eingedrungen (Relief von Tomi: S. Bezdechi, An. Ist. Stud. Clas. 4, 1941/43, 1ff.). Um die enge musisch-orchest. Verwandtschaft beider weiß noch im 13. Jh. n. Chr. die syr. Grammatik des Abu'l Faradsch Barhebräus (A. Moberg Buch der Strahlen 1, 1913, 62f. A. Schall Studien über griechische Fremdwörter im Syrischen, 1960, 231f.). W. F.

1. *J. Poerner* Der Curetibus et Corybantibus, 1913. 2. *M. C. Waites*, AJA 27, 1923, 53ff. 3. *M. Guarducci*, SMSR 15, 1939, 1ff. 4. *H. Jeanmaire* Couroi et Couretes, 1939. 5. *O. Walter*, JOEAI 31, 1939, 53ff. 6. *I. M. Linforth*, Un. Calif. Publ. Class. Phil. 13, 1944/50, 121ff. 7. *B. Hemberg* Die Kabiren, 1950. 8. *R. Roux* Le Problème des Argonautes, 1949. 9. *K. Lehmann* Samothrake 1, 1959 (Belege). 10. *R. F. Willetts* Cretan Cults and Festivals, 1962.

**Kurion** (*Κούριον*). **1.** Berg in Aitolien über → Pleuron, nach dem die Kureten benannt sein sollten, danach der in die aitol. Küstenebene vorspringende Bergzug n.n.w. von Mesolongi. Strab. 10,2, 4f. p. 451. 3,6 p. 465. Sch. Il. 9,529. Steph. Byz. s.v. und s. Ἀκαρνανία.

1. *E. Kirsten*, RE XXI 246ff. 2. *Philipps.-Kirst.* 2,347. 354.

**2.** (einheim. *Κώριον*, BCH 88,74), Stadt an der SW.-Küste der Insel Kypros beim h. Episkopi, nach Hdt. und Strab. Gründung von Argos. Eine bereits bronzezeitliche Siedlung ist durch Gräber belegt. Genannt wird K. zuerst in der Zeit Asarhaddons 673/72 v. Chr. (Nin. A V 67 Borger). 499 v. Chr. nach Beteiligung am ion. Aufstand Anschluß an Persien, Hdt. 5,113. Spätant. Bistum, R. Janin, DHGE 13,1114f. Erhalten außer Gräbern Reste der Stadtmauer, Theater z.T. aufgebaut, Thermen, große Basilika des 5. Jh. n. Chr., Stadion, Wasserleitung u.a. 4½ km w. Heiligtum des Apollon Hylates (Steph. Byz. s. Ὕλη. Ail. nat. 11,7, Sch. und Tzetzes Lykophr. 448), mit Tempel, mehreren weiteren Gebäuden, z.T. wieder aufgebaut (Plan [4]) und Inschr. bis in röm. Z. (RE IX 116). Strab. 14,6,3 p. 683. Ptol. 5,13,2. Steph. Byz. Hierokl. synekd. 706,8. Tab. Peut. 10,3. Inschr.: SGDI Nr. 45–52. CIG 2616. 2622. (= OGI 152.) 2632. [5], Nr. 176–189. SEG XVI 790–792. 864,21. 23. XX 148–170. Opusc. archaeol. 6, 1950, 66ff. Nr. 36–38. J. V. Karageorgis–T. B. Mitford A royal inscription from Curium, BCH 88, 1964, 67ff. Mz. Head HN² 745. [5],200f. E. M.

1. *E. Oberhummer*, RE XI 2210ff. (mit der älteren Lit., dazu Gazette arch. 14, 1889, 11ff. Nouv. arch. d. miss. scientif. 1, 1891, 281ff.). 2. *R. Gunnis* Historic Cyprus, 1936. 1956, 227ff. 3. *A. S. Murray–A. H. Smith–H. B. Walters* Excavations in Cyprus, 1900, 56ff. Curium (mit Plan). 4. The Swedish Cyprus Expedition 4,2,12. 4,3,9f. 5. *O. Masson* Les inscr. chypriotes syllab. 189ff. 6. *J. H.* und *S. H. Young* Terracotta figurines from Kourion in Cyprus, 1955. 7. *G. H. McFadden* A tomb of the necropolis of Ayios Ermoyenis at Kourion, AJA 50, 1946, 449ff. 8. Neuere Grabungen und Funde: *A. H. S. Megaw*, JHS 71, 1951, 259f. BCH 83, 1959, 347. 84,275. 290ff. 86,412. 414. 87,359f. 88,334. 369ff. 89, 1965, 256f.

**Kurotrophos** s. Artemis, Athene, Gaia

**Kurupedion** (*Κοῦρον, Κόρον, Κύρον πεδίον*). Ebene in Lydien n. von → Magnesia am Hermos, das Schlachtfeld, auf dem 281 → Lysimachos von → Seleukos besiegt wurde und fiel. Vgl. Bengtson GG² 379 mit Lit. K. Z.

**Kurzschrift** s. Stenographie

**Kusae.** Hauptort des 14. oberäg. Gaues *(nḏf.t pḥt.t)*, der im Neuen Reich im Hermupolites aufgegangen ist, h. el-Kusije. K. war die südlichste Stadt der n. Verwaltungshälfte Äg.s in pharaon. Zeit. Die Bedeutung der Stadt am E. des Alten Reiches zeigen die Gaufürstengräber von Meir am w. Wüstenrand. Ein urspr. Pfeilergott *Wḫ* wurde in geschichtlicher Zeit von Hathor, griech. Aphrodite Urania, verdrängt; außerdem trat griech. noch Zeus Soter hinzu. Reste der Stadt sind nicht erhalten. W. H.

**Kuss** (*φίλημα* [seit Aischyl.] von *φιλεῖν*, *osculum*, *osculari* [zeremoniell], *basium*, *basiare*, *s(u)avium*, *saviari* [vulgär] vgl. Serv. Aen. 1,256). In der älteren Lit. (hier: *κυνεῖν*) sind Abschied (Hom. Il. 6,474), Ankunft (Hom. Od. 21,224) und Bitte (Hom. Il. 8,371) Anlässe des K. (noch nicht auf den Mund, vgl. Eust. Od. 17,29) als Zeichen einer starken Empfindung. Erst später, bes. in der att. Komödie, ist der Liebes-K. bezeugt, der, was Technik (Aristoph. Nub. 51) und Zweck (Petron. 127, 10) betrifft, unzählige Wandlungen erfährt. Auf religiösem Gebiet: Küssen des Toten, um die entweichende Seele in sich aufzunehmen (Cic. Verr. 2,5,118), K.-Wettkampf bei den Diokleia in Megara (Theokr. 12,27 ff.), Küssen einer Statue oder eines Amuletts (Plut. Sulla 29,11). → Proskynesis. S. O.

1. *W. Kroll*, RE Suppl. V 511 ff. 2. *K. Sittl* Die Gebärden der Griechen und Römer, Lpz. 1890. 3. *O. Schrader–A. Nehring* Reallex. idg. Altertumskde., Bln. 1917, 1,668 ff. 4. *Hans Licht* Sittengesch. Griechenlands, Dresden 1925–1928.

Bildl. Darstellung: 1. Sog. Eros und Psyche Gruppe, Rom, Mus. Cap., abgebildet in: *M. Bieber* The Sculpture of the Hellenistic Age, New York 1955, Fig. 638. 2. Satyr und Nymphe, Neapel, Mus. Naz., Abb. in: *J. Marcadé* Roma Amor, Genf 1961, p. 78. 3. Schale des Kiss-Painter (nach *Beazley* ARV² 1,177). Abb. in: *A. Greifenhagen* Ant. Kunstwerke, Bln. 1966², T. 64.

**Kyane** (*Κυάνη*). Nebenflüßchen des → Anapos, in den es sich kurz vor seiner Mündung in den Hafen von Syrakus ergießt; h. Ciani. Nach Ov. met. 5,413 ff. versucht die Nymphe K., Gattin des Anapos, den Räuber Pluto aufzuhalten, und zerfließt, als er die Erde spaltet und mit Kore hinabfährt, in Tränen. Nach Diod. 5,4,2 entsprang K. erst aus dem Riß. Ein von Herakles gestiftetes Jahresfest daselbst für Demeter, Kore und K. bezeugt Diod. 4,23,4. 5,4,2. Daß K., von ihrem Vater Kyanippos in der Trunkenheit vergewaltigt, nach Ausbruch einer Pest auf Weisung des delph. Orakels erst den Vater, dann sich selbst getötet habe, ist Erfindung des Schwindelautors Ps. Plut. par. min. 19. K. Z.

**Kyaneai** (*Κυανέαι*). Zwei kleine Felseninseln an der Mündung des Thrak. Bosporos in den Pont. Euxeinos, die den in der Argonautensage erwähnten Symplegaden oder Plankten entsprechen (h. Öreke kayaları vor dem Leuchtturm von Rumeli-Feneri). In ant. Quellen oft erwähnt: Hdt. 4,85. Strab. 1,21. 3,149. 7,319. Mela 2,99. Plin. nat. 4,92. 6,32. Ptol. 5,1,3. Apoll. Rhod. 2,318 und Sch. 4,1002. A. M. M.

*F. Wieseler* De Cyaneis sive Symplegadibus, 1879. RE II 761 f. XI 2236. IV A 1170 f.

**Kyanippos** (*Κυάνιππος*). **1.** Sohn des Aigialeus und der Komaitho, König von Argos aus dem Geschlecht der Biantiden. Nach Apollod. 1,103 Sohn des → Adrastos, Bruder des → Aigialeus. Sein Stammbaum Paus. 2,18,4 ist nicht ganz klar. S. Scherling, RE XI 2236 f. **2.** Sohn des Thessalers Pharax, Gatte der Leukone, die er wegen seiner Jagdleidenschaft vernachlässigt. Sie folgt ihm und beobachtet ihn von einem Gebüsch aus. K.' Hunde entdecken und zerreißen sie. Der untröstliche Gatte errichtet gleich einen Scheiterhaufen, schlachtet auf ihm seine Hunde und gibt sich selbst den Tod. Parthen. 10. Eine Parallele zur Kephalossage. H. v. G.

**3.** Syrakusaner s. Kyane

**Kyanopsion** s. Pyanopsion

**Kyanos** (*κύανος*). Schon in der Ilias vorkommende Substanzbezeichnung. Bedeutet auch dort nicht etwa Stahl, wie früher bisweilen angenommen, sondern Lasurstein bzw. → Lapislazuli (vgl. Theophr. lapid. 55 u. ö.). Bereits Theophrast unterscheidet zwischen natürlichem und künstlichem K. (dieser vor allem in Äg. hergestellt). K. wurde, wie viele andere Mineralien, auch medizin. (bei Geschwüren) verwendet (vgl. Diosk. 5,91). F. K.

**Kyathos** (*κύαθος*, *κυαθίς*, *cyathus*). **1.** Die Schöpfkelle mit langem, in der Regel senkrecht angesetztem Stil, aus Metall (meist Bronze), diente im Kult und beim Symposion zum Schöpfen des Weins aus dem Mischkrug und Einfüllen in die Trinkgefäße. Erhaltene K. z. B. [2] T. 50, Darstellungen [1],8. 13. 29. Ein in der Form ähnliches Tongefäß (vor allem des 6.–5. Jh. v. Chr.), mehr Trinkbecher als Kelle, hat wohl auch K. geheißen ([1], 30 f. Abb. 183/84). Zur röm. Entsprechung im Kult → simpuvium. W. H. G.

1. *G. M. A. Richter–M. J. Milne* Shapes and Names of Athenian Vases, 1935. 2. *D. M. Robinson* Excavations at Olynthos 10, 1941, 194 ff. T. 50.

**2.** K., Hohlmaß im Betrage von 1/6 → Kotyle, in Athen 0,045 l. Der Mediziner-K.-maß 0,034 l und wog 10 neuatt. → Drachmen. Andere Normierungen überliefert Epiphanios bei de Lagarde, Symmicta II, 1880, 192 f., 37. H. Ch.

*F. Hultsch* Metrologie² 102 ff. 624 f. 637 ff. *H. Chantraine*, RE IX A 2119.

**Kyaxares** (*Κυαξάρης*, altpers. *uvaxštra*: Etym. unsicher). **1.** Dritter König von Medien nach Hdt. 1,103, Enkel des Deiokes, Sohn des Phraortes, Vater des Astyages, soll noch kriegerischer gewesen sein als seine Vorgänger und zuerst die Asiaten nach einzelnen Scharen und Waffengattungen eingeteilt haben. Er führte gegen Alyattes von Lydien Krieg, der infolge einer während der letzten Schlacht eingetretenen, von dem Milesier Thales für jenes Jahr vorhergesagten Finsternis abgebrochen wurde (Hdt. 1,74). Die gewichtigsten Gründe sprechen für die Sonnenfinsternis vom 28. Mai 585. Einige J. vor 606 hatte er Nineweh zerstört. **2.** Ungeschichtlicher letzter König von Medien, Erfindung Xenophons, Kyr. J. D.-G.

*Weißbach*, RE XI 2246

**Kybele** (*Κυβέλη* Pind. fr. 79b. Aristoph. Av. 877). Kleinasiat., d.h. vorphryg. Berggöttin (Eur. Bakch. 77. O. Haas, Ling. Balk. 10,1966,26f.) mit bätyl. → Steinkult (Marm. Par. 18. Amm. Marc. 22,9. R.H. Klausen Aeneas und die Penaten 1, 1839, 164ff. → Baitylia) im phryg. Pessinus (Strab. 12,567. [4],125f.) und zahlreichen Höhlenheiligtümern (Paus. 10,32,3. [2],63f.); seit dem 7. Jh. v. Chr. Schutzgöttin der lyd. Mermnaden in Sardeis (Hdt. 5,102) mit Bergkult auf dem s. gelegenen Tmolos (Athen. 14,636. Luk. Tragod. 30. [6],17). K. ist die bekannteste Ausformung der altanatol., schon prähist. nachweisbaren erdhaften Muttergottheit (F. Legge, Journ. R. As. Soc. 1917, 695ff. [1],233. [16],222. – Hacilar: J. Mellaart, Anat. Stud. 11, 1961, 39ff. 56ff. Catal Hüyük: Anat. Stud. 13, 1963, 43ff. 14, 1964, 39ff.), welche von der einheim. Bevölkerung mit den Lallnamen → Ma, Amma oder Nan(n)a angerufen wurde (Strab. 12,535. [1],194. 339ff. [11],106. J. Sundwall, Klio Bh. 11, 1913, 274ff.) und im Raum Kreta–Kleinasien–Nordsyrien verschiedene Einzelgestalten ausbildete (Soph. Phil. 391ff. [6],1ff. H. Prinz, MDAI(A) 35, 1910, 164ff. R. Dussaud Prélydiens, Hittites et Achéens, 1953, 137f.), manifestiert in einer kaum überschaubaren Anzahl lokaler Hypostasen (RE XI 2283ff.). Als »Bergmutter« (*μήτηρ ὀρεία* Eur. Hipp. 143) oder »Göttermutter« (*μήτηρ θεῶν* Hdt. 4,76) dem griech. Pantheon einverleibt, blieb K. wesensgleich oder verwandt der mys. → Adrasteia, der hurr.-anatol. → Hipta ([7],161. [19],126), der → Dea Syria Atargatis ([16],222f. R. Turcan, REA 63, 1961, 45ff.), der pers.-anatol. → Artemis Anaitis (Paus. 5,27,5. G. Radet, REA 13, 1911, 75ff. [2], 67ff. [15],208), der kilik. Artemis → Perasia von Kastabala (Strab. 12,537. A. Dupont-Sommer, CRAI 1961, 19ff. [23],13ff. 17ff.), schließlich als phryg. *Μήτηρ Ἰδαία* (Eur. Or. 1453. Apoll. Rhod. 1,1128. J.B. Garstang, Vergilius 8, 1962, 18ff. G. Norcio, Convivium 1, 1963, 60ff.) der troischen Aineiasmutter → Aphrodite (Hippon. fr. 120. Charon FGrH 262 F 5) und auch der kret.-min. → Rhea (Theokr. 20,33ff. Verg. Aen. 3,3. [13], 36ff. M.L. und H. Erlenmeyer, Orientalia 33, 1964, 217ff.); dagegen besteht, trotz S. Ferri, Studi Class. Or. 6, 1957, 231ff. 9, 1960, 161ff. Studi L. Castiglioni 1, 1961, 293ff., kaum eine Gemeinsamkeit mit der röm. → Iuno Covella (vgl. Walde-Hof.$^3$ 1,282. Latte RRel 43). – Der griech. Namenform *Κυβέλη* entspricht zunächst phryg. *ματαρ Κυβιλε* auf einer Inschr. der Nekropole von Metropolis-Ajasin (J. Friedrich Kleinasiat. Sprachdenkmäler, 1932, 126 Nr. 9. [1],218). Dazu stellte A.H. Sayce ([7],161) KUB V 26,22 *Ku-bi-lis* »die (Göttin) von Kubi« (?), analog anderen von Toponymen derivierten Kulttiteln der K., wie Dindymene (Hdt. 1,80), Sipylene (Strab. 10,440), Lobrine (Nik. Alex. 8 m. Sch.) usw. (vgl. J. Przyluski, Eranos-Jb. 6, 1938, 187f. U. Pestalozza Rel. Mediterranea, 1950, 69. [15],207f.), zog jedoch überzeugender (wegen *Κύβελα* »Berg in Phrygien« Strab. 12,567) die Hesych.-Glosse *κύβελα· ἄντρα καὶ θάλαμοι* heran (vgl. P. Kretschmer, ZVS 55, 1928, 86. A. Carnoy, Muséon 70, 1957, 192). Zugrunde liegt demnach ein schon von R. Eisler ([4],127ff.) und neuerdings wieder von L. Deroy ([13],39. 50) erschlossenes sprachliches Element **ku(m)b/p-(a)* »Höhlung« mit den daraus entwickelten spezifischen Bedeutungen »Gefäß, Berghöhle, Felsloch, Grab« (etwas anders A.J. Pfiffig Religio Iguvina, 1964, 37), wie aus lyk. *kupa* »Felsgrab« (TAM 1,100. H.L. Stoltenberg Die termil. Sprache Lykiens, 1955, 78; vgl. Hesych. *κύβας· σορός*), etr. *cupe* »Trinkschale« (O.A. Danielsson, Gl 16, 1928, 88), griech. *κύπη· τρώγλη* (Hesych.), *κύμβη* »Becken« (Kretschmer, Festschr. 57. Phil. Vers. Salzb., 1929, 6f. Frisk 2,48f. 51), lat. *cupa* »Tonne«, spätl. »Grab« (Walde-Hof.$^3$ 1,311f.) hervorgeht, während semit. *qubbā* »Gewölbe« (H. Lewy Die semit. Fremdwörter im Griech., 1895, 249. [4],130. 163ff. 167ff.) aus sprachlichen Gründen besser fernbleibt. Aus der genannten Wurzel lassen sich – zumal wenn die Bedeutungsskala durch die Gleichung »Höhle« = »Uterus« erweitert wird (A.A. Barb, Journ. Warbg. Court. Inst. 16, 1953, 201. 220,90; vgl. [4],135ff.) – verschiedene für die K.-Rel. wichtige Namen und Begriffe entwickeln ([7],161ff. Vgl. Kretschmer, Gl 19, 1931, 159f.), z.B. *Κόμβη* (»Mutter der Kureten« Hesych. s.v. Nonn. 13, 135ff. [4],172f.) u. *Κόμβαβος* (A. Heubeck, WJ 4, 1949/50, 210f. → Kombabos), *κύμβαλα* »Schallbecken« (Pind. fr. 79a) und *κυβηλίς* »Opferaxt« der K. (Etym. m. 542,47. [4], 126,27; nicht umgekehrt K. = »Axtgöttin« nach *κυβηλίς* Pape-Benseler 1,730. Pestalozza 190). Die Form *Κόμβαβος-Κύβηβος* mit wechselndem Nasalinfix (vgl. *κυβεβίς·γάλλος*; *κύβαμος·θεός* Hesych.) für den K.-Priester (Semon. fr. 36; vgl. Etym. m. 543,11. [19],115) stellt sich zu dem Femininum *Κυβηβή* = K. (Hippon. fr. 120. Anacreont. 11,1. Hdt. 5,102. [16],223. [23],7), der griech. Wiedergabe des kleinasiat.-heth. Gottesnamens $^{d}$*Kubaba* der Boğazköy-Archive (KUB VI 45 I 53. KBo XVII 20 III 10 u.ö. E. Laroche Recherches sur les noms des dieux hittites, 1947, 84f. [19],117. [23],8f.), dessen Trägerin offensichtlich mit K. ident. ist ([9],229ff. [19],113ff. 122. H. Schmökel HB der Oriental. 2,3, 1957, 153; zurückhaltend [17],133,22. 205,4; zum hurr. Suffixwechsel *-ba*/*-la* [13],48. Vgl. Laroche Les noms des Hittites, 1966, 244). Belege für Kubaba (vgl. H. Th. Bossert, OLZ 34, 1931, 316,4. [13],34ff.) liefern innerhalb der hurr.-heth. Kulturzone N.-Syrien-Anatolien u.a. die altassyr. Tontafeln von Kaneš-Kültepe (*Kubabat* J. Lewy, MVAG 33, 1930, 182. RHR 110, 1934, 46,44. H. Hirsch, Arch. für Orientf. Bh. 13/14, 1961, 28. [17],80,7. [19],115f. [23],8) und eine Anzahl hieroglyph.-heth. bzw. -luw. Denkmäler (ᵈ*Ku-i-pa-pa* Bossert, Oriens 2, 1949, 83f. P. Meriggi Hieroglyph.-Hethit. Glossar, 1962, 75f. M. Kalac, Orientalia 34, 1965, 412f. [10],34f. [13],42,8. [18],76f. 78. [19],121), wie die Stelen von Kayseri, Sultanhan und Kululu (Bossert, Jahrb. kleinasiat. Forschg. 1, 1950, 218ff.), von Cekke bei Aleppo (R.D. Barnett, Iraq 10, 1948, 125) und Boybeypinari bei Karkemiš (I.J. Gelb Hittite Hieroglyphic Monuments, 1939, Nr. 7), nebst aram. Inschr. (ה/כבב) aus beiden Regionen (Ördekburnu: [10],35,2.87. Friedrich 39. B. Landsberger Sam'al, 1948, 49.64f.; Bahadirli: [23],9ff.; Tell Sifr: F.M. Tocci, Oriens Ant. 1, 1962, 21f.). Am E. der heth. Großreichszeit (um 1200 v. Chr.) erscheint die Göttin im hurr. Pantheon des kappadok. Kum(m)anni-Komana (Laroche, Journ. Cuneif. Stud. 2, 1948, 122.129. [19],119); demnach hat sich dort die Fusion zwischen der anatol. → Ma und der heth. Kubaba vollzogen, welch letztere ansonsten durch ihre Syzygie mit hurr. Berggöttern (Bulgarmaden: L. Messerschmidt, Corpus Inscr. Hettiticarum, 1900, XXXII 2), dem Mondgott von Ḫarran (Karaburun: Bossert, Muséon 70,145ff. 161. 167 Abb. 13. L. R. Palmer, TPhS 1958, 54f.) und dem mesopot.-syr. Ea-Šarri (Çiftlik: Gelb T. XXX 3f.) ihre vorderoriental. Gebundenheit deutlich kundtut. Auch wenn die Information über die sagenhafte sumer. Königin Kù-ba-da (Th. Jacobsen The Sumerian King List, 1939, 104. W.F. Albright, BASOR 78, 1940, 26,21. J. Nougayrol, RAss 40, 1945, 94. [16],223f.) gegen M.C. Astour Hellenosemitica, 1965, 64,3 als zu unsicher ausscheidet ([19],122; vgl. [12],116), wird die Göttin doch nachgewiesen auf dem Zylinder des Bēlēreš (um 1000 v. Chr.) unter den »großen Göttern« der Stadt Šadikanni am Ḫabur (ᵈ*Gu-ba-ba* E. Nassouhi, MAOG 3, 1929, 6ff. 9. Vgl. H.G. Güterbock in G. Walser Neuere Hethiterforschung, 1964, 61,39) wie auch sonst in Assyrien (R. Frankena Takultu, 1954, 89f.); ferner als »Herrin von Karkemiš« (Güterbock, JNES 13, 1954, 109f. H. Otten, Ztschr. f. Assyr. 53, 1959, 175 und Anm. 5) auf einem akkad. Dokument aus Ras Šamra (ᵈ*Kubaba* J. Nougayrol Palais royal d'Ugarit 4, 1956, 157), während der Stadtkönig sich ihren Knecht nennt (Laroche, Ugaritica 3, 1956, 121), wie die Prinzessin Matrunna (Tocci, Studi Semit. 3, 1960, 32,36. [12],274) entsprechend »Dienerin der Kubaba« auf einem Siegel des



18. Jh. v. Chr. (Dussaud, Babyloniaca 11, 1929/30, 166. G. Dossin, RAss 35, 1938, 115ff. H. Klengel Gesch. Syriens 1, 1965, 23). Der Status der »Königin« ist für Kubaba charakterist. (M. Riemschneider Welt der Hethiter, 1955, 86. M. Liverani, Riv. Stud. Or. 37, 1962, 69f.); er erklärt die auf sie gerichtete theophore Namengebung im regalen Bereich (M. Tsevat, Journ. Sem. Stud. 3, 1958, 237. Liverani, Studi Semit. 6, 1962, 64). Zu ihrem Titel *hasusara* »Großkönigin« ([18],9f. [12], 284. Meriggi 55. – Stele von Meharde: Bossert, Oriental. 29, 1960, 221,1. W. Fauth Aphrodite Parakyptusa AAMz, 1966, Nr. 6,60) glaubt L.R. Palmer, TPhS 1958, 75ff. Myceneans and Minoans, 1962, 233ff. ein Linear A-Pendant *A*/*Ja-sa-sa-ra* gefunden zu haben (vgl. aber M. Pope, BICS 8, 1961, 29ff.). Aus dem Umstand, daß die anatol. K. mit Polos oder Mauerkrone (Aug. civ. 8,24) auf dem Löwenthron (Soph. Phil. 400) als Regentin theokrat. Priesterstaaten fungiert (Pol. 21,37,4. Steph. Byz. s. *Μητρόπολις*; zum Priesterapparat [6],226ff. RE XI 2261ff.), während die Inschr. von Cekke der Kubaba im Verein mit Himmel und Erde »Macht« und »Überfülle« zuspricht (Palmer, TPhS 1958, 42), sind die in den Namenhieroglyphen (Gefäß, Taube, Fisch: [13],36f. 39. 41f. 45ff.) symbol. ausgesprochenen Primäreigenschaften der Erd- und Berggöttin, Tierherrin und Fruchtbarkeitsspenderin bereits abzulesen. Sie werden durch eine reiche Ikonographie unterstrichen (Kleinasien: M.J. Mellink, AJA 64, 1960, 188; N.-Syrien: E. Akurgal Spätheth. Bildkunst, 1949, 107ff. 151; Ägäis: [20],240ff. Abb. 209. F. Salviat, BCH 88, 1964, 239ff.): neben der königlich thronenden oder im Naiskos stehenden K. (Mamurt Kaleh: Conze-Schazmann, JDAI Erg. H. 9, 1911, 43f. T. XII. – Bithynien: F.K. Dörner, Jahrb. kleinasiat. Forschg. 2, 1952/53, 94ff. T. II. – Aslantaş: [20],86 Abb. 73) trifft man die Göttin mit Polos, Schleier, Vogel und Schnabelkrug ([13],48ff.) auf den Reliefs von Ankara und Gordion (M. Temizer, Anatolia 4, 1959, 183ff. T. XXXVIff. [20],97f. Abb. 60–62), als *Πότνια θηρῶν* auf der Felsfassade von Aslankaya (A. Körte, MDAI(A) 23, 1898, 91ff. [20],86 Abb. 52–54) und der Kalksteingußform von Boğazköy (Bittel-Naumann, MDOG 77, 1939, 26ff. Abb. 27); weibliche Fruchtbarkeit und Tierherrschaft verbürgen die Kubaba-Attribute Spiegel, Granatapfel, Vogel, Löwe und Stier auf den Stelen von Karkemiš, Bireçik und Malatya (M. Vieyra Hittite Art, 1955, 70f. 73. 75 Abb. 51. 59. 65. P. Matthiae, Studi Semit. 9, 1963, 35); erdhafte Züge, aus denen später die Rolle der Ärztin und Heilerin erwachsen konnte (Diog. Ath. Trag. fr. 1,5 N. Diod. 3,58. [2],68f. H. Graillot Mél. Cagnat, 1912, 213ff.), verraten die Kolossalbilder der K. an den Quellheiligtümern vom Sipylos (G. Furlani, Atti Ist. Ven. 90, 1930/31, 1133ff. Güterbock, Anat. Stud. 6, 1956, 53f. Bossert, Orient.

23, 1954, 144ff.) und (wahrscheinlich) von Eflatun Pīnar (MELLAART, Anat.Stud. 12, 1962, 111ff.; s. aber LAROCHE, Anatolia 3, 1958, 43ff.); die ihre Brüste haltende K. von Büyükkale mit ihren beiden gnomenhaften musizierenden Begleitern (BITTEL, MDOG 91, 1958, 57ff. Abb. 63. Neue Dt. Ausgrabungen, 1959, 114ff. G. NEUMANN, NGAW 1959, 6,101ff. [20],95ff. Abb. 55ff.) dokumentiert das Band zu den bergbewohnenden, phall. → Daktylen (F.R. SCHROEDER, Germ.-Rom. Monatsschr. 22, 1934, 194f. Ingunar-Freyr, 1941, 20ff. Sprache 6, 1960, 143. M. ELIADE Forgerons et Alchimistes, 1956, 106f.). Löwen und Doppelaxt (Soph.Phil. 400. J.W. CROWFOOT, JHS 20, 1900, 118ff. CH. PICARD, CRAI 1954, 93f. Abb. 7.8) hat K. mit der min. *Πότνια ϑηρῶν* von Knossos ([11],105.107), die hlg. Fische (A. DIETERICH Grabschrift des Aberkios, 1896, 40ff. R. EISLER, Imago 3, 1914, 171.186. [13],44ff.) mit der → Dea Syria (Cornut. 6. N. GLUECK Deities and Dolphins, 1965, 381f. 391f.), den deifizierten Hirsch-Akoluthos (Karḫuḫa [18],15.18.65. H. SEYRIG, Syria 14, 1933, 368ff. S. PRZEWORSKI, Syria 21, 1940, 62ff. BOSSERT Hommages Cavaignac, 1960, 9) mit der ephes. → Artemis → Upis ([12],102f. J. COUSIN, RHR 125, 1943, 135ff. → Elaphebolos) gemeinsam. (Zu universaler Symbolik gesteigerte bildliche Demonstration der meisten ebengenannten Momente auf der Stele der *Μήτηρ Θεῶν Κασαρμεινή* von Temenothyrai-Uchak: E. MICHON, REA 8, 1906, 184ff. T. III. [6],359 T. IX). Eine weitere Wesensergänzung bildet das Vorhandensein eines inferioren Parhedros im Status des fürstlichen Dieners (→ Midas-Mita: Diod. 3,59. [1],195.199. [18],208. H. KRONASSER *Μνήμης χάριν* 1, 1956, 202. RIEMSCHNEIDER, Oriental. 32, 1963, 65. → Ma. Mise) oder des Sohngottes (→ Sandas-Šanta: [10],40ff. J. GARSTANG Land of the Hittites, 1910, 195.238.240. PH.H.J. HOUWINK TEN CATE Luwian Population Groups, 1961, 136f.), belegt durch lyd. *santaś kufadk* »Sandas und K.« (Sardis 6,1,4a 4. J. JONGKEES, Mnem. 6, 1938, 357.361. A. HEUBECK, EF 9, 1959, 56.64. R. GUSMANI Lyd. WB., 1964, 156.201) und (wahrscheinlich) durch die Buchstabenfolge *śnt kpp* aus einer Beschwörung des Lond. Med. Pap. in »Keftiu«-Sprache (FRIEDRICH 145f. BOSSERT, OLZ 31, 303ff. 316f. [10],5f. [13],38. SAYCE, JHS 51, 1931, 286). Dazu tritt als dritte Parhedros-Variante der in → Attis ([21], 21ff.) und → Kombabos (ALBRIGHT, AOF 7, 1931, 168f. → Esmun) verkörperte Priestergeliebte der Göttin, der sich, von ihrer Macht überwältigt, entmannt und damit das Phänomen der in → Agdistis (G.E. BEAN, Belleten 18, 1954, 478ff. R. GUSMANI, Parola del Pass. 14, 1959, 202ff.) rudimentär bewahrten Androgynie der K. (P. SARASIN Helios und Keraunos, 1924, 134f. [16],224f.) in Erinnerung hält ([9],230f. RIEMSCHNEIDER Welt der Hethiter 85f.), während er kulthist. das Urbild der durch Musik, Tanz und blutige Praktiken ekstat. erregten Eunuchendiener der Göttin (Galloi: Pol. 22,20,4. J. CARCOPINO, Mél. Arch. et Hist. 40, 1923, 237ff.) abgibt. Flöten, Becken, Rasseln und Pauken (Athen. 14,636a) als Stimulantien hemmungsloser Raserei der K.-Diener (F. CHAPOUTHIER Mél. Dussaud 2, 1939, 722ff. F. ALTHEIM Zarathustra und Alexander, 1960, 126) bezeichnen symbolhaft (Clem. Al. protr. 2,15) das Milieu, in dem der K.-Attis-Kult sich in hellenist. Zeit zur → Mysterien-Rel. ([6],53ff. P. LAMBRECHTS, BIBR 27, 1952, 141ff.) entwickelt und mit den Wiedergeburts- bzw. Erneuerungsriten der Tauro- und Kriobolie (Firm. Mat. 28,1. Prudent. perist. 10, 1006ff. [8],114ff. CUMONT[4] 61ff. A. ROCCO, Samnium 20, 1947, 1ff. J. LE GALL, Karthago 9, 1958, 119ff.) über die gesamte alte Welt verbreitet hat ([6],412ff. RE XI 2288ff. CH. PICARD, Numen 4, 1957, 1ff. mit Lit.). Nicht nur in Griechenland (O. WALTER, JOEAI 31, 1939, 53ff. PICARD Mél. P. Lavedan, 1953, 287ff.), der Propontis (Kyzikos: H. v. FRITZE, Nomisma 4, 1909, 33ff. P. DEVAMBEZ, RA 1937, 176ff.), dem Pontosgebiet (V. SKORPIL Festschr. J. Král, 1913, 190ff.) und S.-Rußland (T. ZAWADZKI, Archeologia 11, 1959/60, 175ff. E. POPESCU, Dacia N.S. 4, 1960, 273ff.), wo K. schon z.Z. der Skythen Eingang gefunden hatte (Hdt. 4,76. Kul Oba: T. TALBOT RICE The Scythians, 1958, 142 Abb. 49. – Petroassa: M.C. SOUTZO, Dacia 7/8, 1937/40, 628ff.), hat sich ihre Spur erhalten (vgl. K. TREIMER, Ogam 10, 1958, 357); als → Mater Magna (*Μήτηρ Μεγάλη* B. MÜLLER *Μέγας Θεός*, 1913, 300ff.) ist sie nach Palästina (Samaria: R. JONAS, Pal. Expl. Quart. 94, 1962, 118ff.) und N.-Afrika (Volubilis: R. THOUVENOT, Publ. Serv. Ant. Maroc 8, 1948, 145ff. – Djemila-Cuicul: Y. ALLAIS, Libyca 2, 1954, 252ff.), in Europa bis nach Dalmatien (J. ZEILLER, RA 1928, 2,209ff.), Italien (Benevent: A. ZAZO Benevento, 1943, 19. – Sarsina: G. MANCINI, SE 14, 1940, 147ff. – Ostia: J. VERMASEREN, Hermeneus 20, 1948, 60ff. R. MEIGGS Roman Ostia, 1960, 388 T. XXXI), Rätien und Gallien (PICARD, Rev. Arch. du Centre 2, 1963, 179ff. E. VINCENT, Bull. Arch. Trav. Hist. 1951/52, 163. H. VERTET, Rev. Arch. du Centre 1, 1962, 348ff.), ins Rheindelta (VERMASEREN, Rev. Arch. de l'Est 5, 1954, 105ff.) und nach Britannien (E. und J.R. HARRIS Oriental Cults in Rom. Britain, 1965, 96ff.), nach Spanien (M.J. BLAZQUEZ, Arch. Esp. Arq. 35, 1962, 87ff.) und Lusitanien (S. LAMBRINO, Bull. Et. Portug. 17, 1953, 93ff.) gelangt. In Rom (G. LA PIANA, Harv. Theol. Rev. 20, 1927, 219f. 289f. P. ROMANELLI, Mon. Ant. Linc. 46, 1963, 201ff.), wo sie seit der Überführung ihres Kultsteins aus Pessinus im J. 204 v. Chr. ([6],51ff. TH. KOEVES, Hist. 12, 1963, 321ff.) beheimatet war (Arr. takt. 33,4. CUMONT [4]43ff. [6],320ff.), feierte man ihr alljährlich die → Megalesia (P. BOYANCÉ, Latom. 13, 1954, 337ff.). Die Römer sahen in ihr die Patronin ihrer troischen Vorfahren (LAMBRECHTS, Bull. Soc. Belg. Anthr. 62, 1951, 44 ff.); die röm. Dichter Lukrez (2,598 ff. J. PERRET, REL 13, 1935, 332 ff.) und Catull (c. 64. L. HERRMANN, NClio 6, 1954, 236 ff.), Vergil (Aen. 6,784 ff.) und Ovid (fast. 4,181 ff. 221 ff. 333 ff.) zollten ihrem Dienst Beachtung, wie schon vor ihnen der griech. Epiker Apoll. Rhod. (1,1078 ff. D. A. VAN KREVELEN, RhM 97, 1954, 75 ff.). Röm. Kaiserinnen ließen sich mit der Mater Magna identifizieren (LAMBRECHTS, NClio 4, 1952, 251 ff.). Noch im 4. Jh. n. Chr. feierte Iulianus Apostata die Göttermutter in einer rel.-philos. Rede (or. 5. G. MAU Die Religionsphilosophie Kaiser Julians, 1907, 90 ff. 152 ff. E. H. KANTOROWICZ, Art Bulletin 29, 1947, 74). Ihre zeitlose Gestalt überdauerte den Einbruch des Christentums (Clem. Al. pr. ev. 2,2,41 ff.) und vermittelte im Rahmen der montanist. Häresie ([8],122 ff. J. M. FORD, Journ. Eccl. Hist. 17, 1966, 145 ff.), nach Isidor von Pelusium (ep. 1,54. 6,554) und Maruta von Maipherkat (A. v. HARNACK, TU 19,1 b, 1899, 11 f.), der frühchr. Marienverehrung gewisse Impulse (F. DOELGER, Ant. und Christentum 1, 1929, 118 ff. Vgl. M. GORDILLO Mariologia Orientalis, 1954, 199 f. 214 f.). W. F.

1. *P. Kretschmer* Einleitung in die Gesch. der griech. Sprache, 1896. 2. *K. Buresch* Aus Lydien, 1898. 3. *H. Hepding*, RVV 1, 1903 (Belege). 4. *R. Eisler*, Philol. 68, 1909, 118 ff. 5. *G. Radet* Cybébé, 1909. 6. *H. Graillot* Le culte de Cybèle à Rome, 1912 (ält. Lit.). 7. *A. H. Sayce*, CR 42, 1928, 161 ff. 8. *W. Schepelern* Der Montanismus und die phryg. Kulte, 1929. 9. *W. F. Albright*, AOF 5, 1929, 229 ff. 10. *H. Th. Bossert* Šantaš und Kupapa, MA OG 6,3, 1932. 11. *A. W. Persson* Rel. of Greece in prehist. times, 1942. 12. *H. Th. Bossert*, Istanb. Forschg. 18, 1944. 13. *L. Deroy*, Minos 2, 1952, 34 ff. 14. *E. P. Pinto*, Revista de Hist. 4, 1952, 79 ff. 15. *J. B. McMinn*, JNES 15, 1956, 206 ff. 16. *R. D. Barnett* Studies Hetty Goldman, 1956, 221 ff. 17. *A. Götze* Kleinasien, 1957$^2$. 18. *E. Laroche* Les Hieroglyphes Hittites 1, 1960. 19. *Ders.* Éléments orientaux, 1960, 113 ff. 20. *E. Akurgal* Die Kunst Anatoliens, 1961. 21. *P. Lambrechts* Attis, 1962. 22. *G. Rohde* Studien und Interpretationen zur ant. Lit., 1963, 211 ff. 23. *A. Dupont-Sommer–L. Robert* La déesse de Hierapolis-Castabala, 1964.

**Kybisteter** (*κυβιστητήρ*). Ein Berufstänzer und Akrobat oder Gaukler. Erste Erwähnung bei Hom. Il. 18,605 = Od. 4,18, wo die ant. und die modernen Erklärer zwischen Tanz und Akrobatik schwanken. In hist. Zeit ist die Bedeutung Akrobat oder Gaukler. Männer und Frauen schossen z. B. Purzelbäume zwischen aufgestellten Schwertern bei Banketten oder anderwärts, Xen. symp. 2,11. 7,3. Athen. 4,129 D. Abb. bei BAUM. Denkm. 1,185 Abb. 633. Andere Akrobatenstücke bei Philostr. V. A. 1,70 Kays. Plat. symp. 190 A. Serv. Aen. 10, 894. Hdt. 6,129. Akrobatendarstellungen waren schon in der Kret.-Myken. Kunst beliebt. O. W. R.

*Jüthner*, RE XI 2299 f.

**Kybomanteia** s. Mantik

**Kychreus** (*Κυχρεύς*). Salamin. Ortsheros in Schlangengestalt, wie → Kekrops *δίμορφος* und *γηγενής* (Lykophr. 110 ff. mit Sch.). Er besaß ein Heiligtum auf Salamis und genoß seitens der Athener heroische, ja göttliche Ehren, Plut. Sol. 9; Thes. 10. Eine Schlange, die in der Schlacht von Salamis in der athen. Flotte auftauchte, wurde vom Orakel als der Schutzgeist K. bestätigt. Er galt als 1. Einwohner, 1. König der Insel, als Sohn Poseidons und der Asopostochter Salamis (Lykophr. 457). Seine Tochter Glauke heiratete → Aktaios, den Urahn des Aias; die Herrschaft übergab K. dem aus Aigina flüchtigen → Telamon. Apollod. 3,158. 161. H. v. G.

**Kydathenaion** (*Κυδαθήναιον*). Großer und einziger Demos der Stadttrittys der Phyle Pandionis, von 306–201 v. Chr. der Antigonis, und zugleich Name der Trittys (IG II$^2$ 1748,14), der Stadtteil Athens n. der Akropolis. Aus K. stammte Kleon, Aristoph. Vesp. 895. m. Sch. 902; Equ. 1023. Vgl. IG II$^2$ 1138,23 ff. In K. sind auch sonst Gerbereien inschr. bezeugt (IG II$^2$ 1556,33 ff. 1576, 5 ff. SEG 18,36 B 9). Harpokr. Steph. Byz. Sch. Plat. symp. 173 B. E. M.

1. *W. Judeich* Topogr. von Athen$^2$ 172. 2. *Philipps.-Kirst.* 1,913.

**Kydias** (*Κυδίας*). **1.** Athen. Redner des 4. Jh. v. Chr., der (am ehesten 365/64, nicht 361/60 bzw. 352/51) in einer Rede *περὶ τῆς Σάμου κληρουχίας* den Athenern davon abriet, Kleruchen nach der Insel zu entsenden, wobei er sich auf die Abmachungen des 2. Seebundes berief (Aristot. rhet. 1384 b 32 ff. = BAITER-SAUPPE, Or. Att. 2,318). H. Gä.

**2.** K., Plin. nat. 35,130 nennt (korrupt überliefert) einen Maler K., Schüler des → Euphranor (2), also 2. H. 4. Jh. v. Chr., von dem Hortensius ein Argonautenbild besessen habe (ident. mit Cass. Dio 52,27?). Versuche, Kopien danach nachzuweisen, haben zu keinem gesicherten Ergebnis geführt. Theophr. lapid. 53 führt auf K. einen Mennig-Ersatz aus gebranntem Ocker zurück. W. H. G.

**Kydippe** (*Κυδίππη*). **1.** Mutter des → Kleobis und Biton. **2.** Tochter des Keyx, aus dem Geschlecht des Kodros, Naxierin. Bei einem Artemisfest auf Delos rollt Akontios aus Iulis auf Keos im Heiligtum ihr einen Apfel zu mit der Inschrift »Bei Artemis, ich werde Akontios heiraten«. K. liest die Inschrift der Sitte entsprechend laut und schwört so den Eid. Keyx sucht sie mit einem andern zu vermählen, aber dreimal erkrankt K. während der Hochzeitsvorbereitungen. Schließlich erfährt Keyx durch das delph. Orakel von dem Eid. K. wird mit Akontios vermählt und wird so die Stammutter der Akontiaden in Iulis. Die Geschichte erzählt von Kall. in den Aitia frg. 67–75 Pf. (nach Xenomedes); ihm folgen Ov. her. 20.21 und Aristain. 1,10. R. K.

*A. Lesky* Aristainetos, 1951, 144–149.

**Kydnos** (*Κύδνος*). Fluß Kilikiens, seit Xen. an. 1,2,23 oft genannt. Er durchfloß → Tarsos und wurde erst von → Iustinian nach einer verheerenden Überschwemmung ö. um die Stadt herumgeleitet, Prok. aed. 5. Nach Plut. Ant. 26 war er von der (jetzt versandeten) Mündung bis Tarsos schiffbar. Nach einem Bad in seinem kalten Wasser erkrankte 333 Alexander d. Gr. schwer (Arr. an. 2, 4,7 u.a.). K. Z.

*Ruge*, RE Suppl. IV 1124.

**Kydonia** (*Κυδωνία*). Stadt an der N.-Küste des w. Kreta, h. Chania (Canea) ohne ant. Reste. *Κύδωνες* werden bei Hom. Od. 3,292. 19,176 unter den 5 Völkern Kretas genannt. Nach Strab. 10,4,7 p. 476 die drittgrößte Stadt Kretas, *mater urbium* bei Flor. 1,42,4. Grab- und andere Funde seit neolith. Z. FIMMEN Kret. Myken. Kultur 23. [4]. *'Αρχ. Δελτ.* 10, 1926, *παρά*. 48. Die eigene Tradition nennt Minos oder seinen Sohn Kydon als Gründer, Diod. 5,78,2. Marm. Par. 21 f. Paus. 8,53,4, nach Paus. a. O. Gründung von Tegea. Nach 524 v. Chr. kurze Zeit Ansiedlung vertriebener Samier, von Aigina vertrieben und versklavt, statt dessen Ansiedlung von Aigineten, Hdt. 3,44.59. Strab. 8,6,16 p. 376. E. KIRSTEN Das dor. Kreta 8 f. Die Stadt der hist. Z. ist dorisch, 429 v. Chr. Plünderung des Gebiets durch die athen. Flotte, Thuk. 2,85,5 f. 342 v. Chr. Belagerung durch → Phalaikos, Diod. 16,63,2 ff. Paus. 10,2,7. In hellenist. Z. wechselnde Schicksale, H. VAN EFFENTERRE La Crète et le monde Grec de Platon à Polybe, 1948, pass. Unterird. röm. Grabanlage *'Αρχ. Δελτ.* 10, 1926, *παρά*. 44 ff. Spätant. Bistum, R. JANIN, DHGE 13, 1144 f. [1],113. Nach K. oder den Kydonen heißt die Quitte (*μῆλον Κυδώνιον*). V. HEHN Kulturpflanzen und Haustiere[8] 248 ff. »Kydonisch« steht dichter. auch für kret. überhaupt. Skyl. 47. Strab. 10,4,13 p. 479. Ptol. 3,15,5. Stadiasm. m. m. 343. Hierocl. synecd. 650,12. Tab. Peut. 8,5. Inschr.: [1] Nr. 1–26. SEG 16,531. 17,434. Mz.: HEAD HN[2] 463 f. [1],114 f. E. M.

1. *M. Guarducci* Inscr. Cret. II 104 ff. (mit vollständigen Quellenbelegen und Lit.). 2. *Bürchner*, RE XI 2306 ff. 3. *L. Mariani*, Mon. ant. 6, 1895, 201 ff. 4. *U. Jantzen* Die spätminoische Nekropole von Kydonia in *Fr. Matz* Forsch. auf Kreta 72 ff. 5. *Ders.* Protogeometrisches aus Westkreta, Festschr. E. von Mercklin, 1964, 60 ff.

**Kykladen** (*Κυκλάδες νῆσοι*). »Ringinseln«, nach h. Bezeichnung die gesamte Inselgruppe der s. Aegaeis zwischen Griechenland, dem kret. Meer und den Inseln vor der W.-Küste Kleinasiens, und das scheint auch die urspr. ant. Bedeutung gewesen zu sein, so bei Hdt. 5,30. Thuk. 1,4. 2,9,4, der auch Melos und Thera dazurechnet, Skyl. 48.58, der die K. ebenfalls bis Thera, Anaphe und Astypalaia einschließlich rechnet und nur Ios und Amorgos (und Ikaros) ausnimmt. In dieser Umgrenzung sind es 31 größere (über 5 qkm) und viele kleine und kleinste Inseln und Klippen, diese letzteren in Alt. und Neuzeit größtenteils unbewohnt und z.T. als Kleinviehweide benutzt. Geolog. sind die Inseln Fortsetzung der Gebirge von Euboia und Attika und bestehen aus den gleichen kristallinen Gesteinen, auf einem großen unterseeischen Plateau aufsitzend, die s.ö. Inseln dagegen gehören jüngeren Faltungssystemen an, aus Schiefern und Kalk bestehend, während Melos und Thera und ihre Nachbarinseln vulkan. Ursprungs sind.

Die übliche ant. Erklärung als der »rings um Delos liegenden« Inseln scheint erst spät und künstlich zu sein und paßt auch recht schlecht. Strab. 10,1,3 p. 485 gibt die Begründung Artemidors dafür, »die zum del. Fest beitragenden (ion.) Inseln«, wozu seine eigene Liste nicht stimmt und wogegen Strabon auch sonst mit Recht polemisiert. Wohl diese Erklärung hat zur Folge, daß die hellenist. Geographen die mehr südlichen Inseln, auf die die Erklärung gar nicht zutraf, unter dem Namen »Sporaden«, der bei älteren Autoren nicht vorkommt, abtrennten, wobei keinerlei Einigkeit herrscht, welche Inseln nun zu diesen »Sporaden« gehörten. Hauptstellen: Strab. 2,5,21 p. 124. 10,4,1 p. 474. 5,1–12 p. 484–487. Dion. Call. 130 ff. Ptol. 3,14,23 f. Plin. nat. 4,22 f. Eustath. Dion. Per. 525. 532.

Die K. besaßen als Brücke zwischen Griechenland und Kleinasien und Kreta für den ant. Schiffsverkehr große Bedeutung und waren seit der jüngeren Steinzeit besiedelt, neue neolith. Siedlung auf der Insel Salagon bei Paros, BCH 89, 1965, 873 ff. In der Bronzezeit bilden sie einen Kulturkreis (»Kykladenkultur«), der unter Einfluß von Kleinasien, Kreta und später dem myken. Griechenland steht [3–7]. Nach der dor. Wanderung ist der größere Teil ion., die südlichen dor., doch war nach Thuk. 1,8,1. Isokr. 12,43 die ältere vorgriech. Bevölkerung noch erkennbar. In der archaischen Z. war Naxos führend. Im 5. Jh. gehörten die Inseln zum att. Seebund, im 4. Jh. zunächst unter spartan. Herrschaft, dann im 2. att. Seebund bis zum Austritt der wichtigsten Inseln im Bundesgenossenkrieg. In hellenist. Zeit bildeten die K. den unter wechselndem ptolem. und makedon. Einfluß stehenden »Bund der Nesioten«. Inschr.: IG XII 5,1 und 2. Suppl. Nr. 167–329. p. 212–217. SEG in den verschiedenen Bänden pass. E. M.

1. *Maull-Bürchner*, RE XI 2308 ff. 2. *Philipps.-Kirst.* 4,61 ff. 3. *D. Fimmen* Die kret.-myken. Kultur 13 ff. 80 ff. 134 ff. u.ö. 4. *Schachermeyr*, RE XXII 1398 f. 1413 ff. 1450 ff. 5. *Ch. Zervos* L'art des Cyclades, 1957. 6. *S. M. Puglisi–L. Rocchetti* Arte cicladica, Enciclop. d. arte ant. 2,581 ff. 7. *K. Scholes* The Cyclades in the later bronze age, ABSA 51, 1956, 9 ff. 8. *W. König* Der Bund der Nesioten, Diss. Halle 1910.



**Kykliadas** (*Κυκλιάδας*). Nahm 209 als achaischer Bundesstratege am Feldzug → Philipps V. nach Elis teil (Liv. 27,31,10), lehnte 200, wiederum Stratege, auf der Bundesversammlung in Argos

Philipps Hilfe gegen → Nabis ab. Liv. 31,25,10. 32,19,2. Später verbannt, arbeitete K. für Philipp bei den Verhandlungen mit T. Quinctius → Flamininus in → Nikaia 198 und 197 nach → Kynoskephalai. Pol. 18,1,2. 34,4. Liv. 32,32,10.
H. V.

**Kykloi** (*κύκλοι*). Himmelskreise, Koordinatensystem der beschreibenden und prophezeienden Sternkunde (modern: Astronomie bzw. Astrologie). Darst. bei → Aratos, → Manilius, → Kleomedes. Manilius beschreibt sie B. 1 in ihrem Verlauf und definiert an Parallelkreisen die Grenzkreise der Zirkumpolarsterne (für die Polhöhe 36° von Rhodos), den Wendekreis des Krebses, den Äquator und den Wendekreis des Steinbocks. An festliegenden Großkreisen die Kolure (Äquinoktial-Kolur durch Pole des Äqu., Frühlings- und Herbstpunkt, Solstitial-Kolur durch Pole des Äqu. und der Ekliptik) und die für Astrologie und Parapegmatik so wichtige Ekliptik. An beweglichen Kreisen Horizont und Meridian.
J. M.

Weiteres und Lit. s. Astronomie, Geographie. *Rehm*, RE s. *κύκλοι*.

**Kyklopen** (*Κύκλωψ* »Rundauge«, lat. auch *Cocles*). Nach Hes. theog. 139 ff. 501 ff. einäugige Söhne von Uranos und Gaia, titanenhaften Wesens, 3 an der Zahl; Arges, Brontes, Steropes (Strahler, Donnerer, Blitzer). Uranos warf sie in den Tartaros, Kronos befreite sie vorübergehend, Zeus endgültig (→ Kampe). Ihm schmieden sie Wetterstrahl, Blitz und Donner, Pluton die Tarnkappe, Poseidon den Dreizack. Apollod. 1,1.7. Als Zeus Asklepios mit dem Blitze traf, tötete dessen Vater Apollon die K. Hes. frg. 122. Pind. P. 3,47 ff. Apollod. 3,122. Hyg. fab. 49. – Nach späterer Anschauung leben sie als Schmiedegesellen des Hephaistos in feuerspeienden Bergen (Lemnos, lipar. Inseln, Ätna); weithin dröhnt es, wenn sie für Götter und Helden Rüstungen schmieden. Kall. h. 3,46 ff. mit Sch. Verg. Aen. 8. Hor. c. 1,4,7. Neben ihren alten begegnen hier neue sprechende Namen: Akamas, Pyrakmon. – Die K. galten auch als Erbauer der Burgen Tiryns und Mykenai mit ihren aus riesigen Blöcken gefügten »kyklop.« Mauern. Darin spricht sich das Staunen einer schwächeren Nachwelt über die ungeheuren »myken.« Befestigungen aus, anknüpfend an die mächtigen Blöcke, wie sie Polyphemos vor seine Höhle legt, Od. 9,240. Pind. frg. 169. Bakchyl. 10,77 ff. Eur. Her. 15. Iph. A. 152. Paus. 2,16,5. 25,8. Apollod. 2,25. Sie sollten ein thrak. Volk sein, das nach der Kuretis (Kreta oder Euboia?) und nach Lykien verdrängt wurde, von wo sie dem Proitos als *γαστρόχειρες* oder *ἐγχειριγάστορες* (= Handwerker, WILAM. GldH 1,371 f.) zum Mauerbau gegen → Akrisios folgten. Strab. 8,372 f. Sch. Eur. Or. 965. – Verg. Aen. 6,631 läßt die Ringburg des unterird. Palastes von K. erbaut sein.

Anders die hom. K., Od. 9,106 ff. Sie entbehren des Dämonischen der Natur und der Technik, sind ein unzivilisiertes Volk von menschenfresserischen Riesen, im fernen Westen hausend, wo sie die benachbarten Phaiaken verdrängt haben, Od. 6,5. Sie leben ohne Gesetze, jeder für sich mit seiner Familie, in Berghöhlen. Korn und Reben wachsen ihnen zu, aber Acker- und Weinbau kennen sie nicht; sie treiben Schaf- und Ziegenzucht und Milchwirtschaft. Sie halten sich für stärker als die Götter. Doch fleht Polyphemos, von Odysseus überlistet und geblendet, seinen Vater Poseidon (als Mutter wird die Phorkystochter Thoosa genannt) um Rache an. Über Widersprüchlichkeiten in der Kyklopie, der märchenhafte Züge und völkerkundliche Erfahrungen von Schiffern das Gepräge gaben: D. MÜLDER, H 38,414 ff. In Eur., Satyrspiel »K.« sind alle K. Söhne Poseidons, Polyphemos ist Sohn der Ge und Nachbar des Hephaistos. Silenos mit Satyrn, an die K.-Küste verschlagen, werden von ihm verknechtet, aber durch Odysseus' List befreit. Polyphemos gibt sich als modernen Übermenschen, Gottesleugner, zum Schluß als Päderasten. – Über das Weiterleben dieser Gestalt in der ant. Lit. → Polyphemos, → Galateia. Darstellungen in der Kunst EITREM, RE XI 2336 ff. – Die einzige eigentliche Kultstätte der K. lag am Isthmos, Paus. 2,2,1.
H. v. G.

*Prell.-Rob.* 1,621 ff. *L. Radermacher* Die Erzählungen der Odyssee. SAWW 1915. *P. Julien* Le thème du Cyclope dans les littératures grecque et latine, Paris 1941.

**Kyklos** s. Epischer Zyklus

**Kyknos** (*Κύκνος*, lat. auch *Cygnus*). **1.** Sohn des Ares und der Pelopia (Pyrene), im Heiligtum des pagasäischen Apollon lebend, raubte die für Delphoi bestimmten Hekatomben, köpfte die Vorüberziehenden, um aus ihren Schädeln dem Apollon einen Tempel zu errichten. Ps.-Hes. Aspis 57 ff. erzählt ausführlich von dem Zweikampf zwischen ihm und Herakles, der mit Iolaos auf dem Wege zu → Keyx in → Trachis ist. Herakles muß erst zurückweichen, dann erlegt er K. und verwundet sogar dessen Vater Ares, der den Sohn rächen will. (Bei Hyg. fab. 31 trennt Zeus die Kämpfer durch seinen Blitz.) Der Schwiegervater Keyx bestattet K., aber Apollon läßt das Grab durch den Fluß Anauros fortschwemmen. Pind. O. 10,15 (Sch. zu 10,19 ff.). Stesich. »Kyknos«. Apollod. 2,155. Bei Apollod. 2,114 und Paus. 1,27,6 andere Schauplätze. – K. ist urspr. ein Gott (oder mit Ares ein Götterpaar), der Menschenopfer fordert, aber von Apollon verdrängt wird. Lieblingsthema arch. Kunst: FURTWÄNGLER Myth. Lex. I 2210 ff. ADLER, RE XI 436. GERHARD Auserles. Vasen 2,132 ff. **2.** Sohn des Poseidon und der → Kalyke, unverwundbar, Helfer der Troer, im 1. Gefecht auf tro. Boden von Achilleus nach vergeblichem Waffenkampf durch Steinwurf betäubt, dann mit Helmriemen erdrosselt. Kypr. EGF p. 19. Pind. O. 2,91. I. 5,39. Aristot. rhet. 2,22. Ov. met. 12,70 ff. Nach dem Tode wird K. in einen Schwan verwandelt. Dieser K. wurde auch in die Gründungssage von Tenedos als Vater des Ten(n)es einbezogen. Von seiner Mutter am Strande der Troas ausgesetzt, von Fischern, die einen Schwan über ihm hin- und herfliegen sahen, aufgezogen, wurde er später König von Kolonai (Troas) und heiratete Prokleia, die ihm Tennes und Hemithea gebar, nach deren Tode Philonome, die die Stiefkinder beseitigen ließ. Weiteres → Tennes. Lykophr. 232ff. nennt ihn Pflegling der Möwe. Apollod. epit. 3,24ff.31. Paus. 10,14,1 ff. Diod. 5,83. HALLIDAY, CQ 21, 1927, 37ff. **3.** Sohn des Sthenelos, König von Ligurien, Verwandter und Freund → Phaethons, um dessen Ende er so tief trauerte, daß er seine Herrschaft aufgab. Zeus verwandelte ihn in einen Schwan. Ov. met. 2,367ff. Verg. 10,189. Paus. 1,30,3. Hyg. fab. 154. H. v. G.

**4.** s. Sternbilder

**Kylakes.** Eunuche, war mit anderen armenischen Großen zu den Persern übergetreten, nahm 368 im Auftrag König Sapors am Angriff auf Artogerassa teil, wo sich die armen. Königsfamilie und der Schatz befanden, trat jedoch nun in armen. Dienst. Um 370 wurde K. auf Betreiben Sapors durch den Armenierkönig Papa hingerichtet (Amm. 27,12,5ff. Faustus Byz. 4,50. 53 = FHG 5,266ff.). A. L.

**Kylix** (*κύλιξ, κυλίκιον*). Wohl idg. < *$q^0l$ wie *calix* = (Blüten)kelch zugrundeliegend (BOISACQ Dict. étym.$^3$ 400). Trinkschale mit 2 waagrechten Henkeln, häufig in den Händen von Symposiasten [3],24. [6],319,323. Entwicklung vom frühen 6. Jh. an. Zuerst niedriger Fuß unter fast halbkugeliger Kalotte, abgesetzte Lippe [3], geringer Dm., Abb. 152f. An korinth., älteren att. chalkid. (Augen)-Schalen sind die niedrigen Füße am Schalenboden angesetzt, [5], Abb. 116, 119, 96, 98. [4],1; lakon. und »Kleinmeisterschalen« haben schon höhere und schlankere Füße [3], Abb. 154f. [5], Abb. 142/43. Von ca. 530 an Blütezeit att. Schalen [4], Schalenbecken immer flacher, waagrecht ausladende Henkel und fein geschwungener, hoher Fuß. Im letzten Jahrzehnt des 6. Jh. letzte Eleganz erreicht. [4], T. 20ff. Die K. verschwindet mit dem rf. Stil um die Mitte 5. Jh. H. S.

1. *Nachod*, RE Suppl. V 520. 2. *Dar.-Sagl.* s. calix. 3. *G. Richter–J. Milne* Shapes and Names of Ath. Vases (1935). 4. *H. J. Bloesch* Formen att. Schalen, Bern 1940. 5. *E. Buschor* Griech. Vas. (1940). 6. *Pfuhl* M. und Z.

**Kyllene** (*Κυλλήνη*). **1.** Das nordöstlichste Gebirge Arkadiens an der Grenze gegen Achaia und zweithöchstes Gebirge der Peloponnes, schon bei Hom. Il. 2,603 genannt, h. Ziria 2376 m hoch, ein nach allen Seiten von den umgebenden Gebirgszügen abgesetzter Kalkrücken. Im Alt. galt die K. als höchstes Gebirge der Peloponnes, Paus. 8,17,1. Strab. 8,8,1 p. 388. Gemin. elem. astron. 17,3f. Eustath. Od. 24,1. Steph. Byz. Das Gebirge war dem Hermes heilig, der hier in einer Höhle geboren sein und seine Wundertaten wie die Erfindung des Saitenspiels vollbracht haben soll, Hom. h. 3. Pind. O. 6,129ff. Die Höhle mit Inschr. ist unterhalb des w. Hauptgipfels gefunden [1.3], einen Tempel auf dem Gipfel erwähnt Paus. a. O. Inschr.: IG V 2, 362–366.

1. *Pieske*, RE XI 2454ff. 2. *Philipps.-Kirst.* 3,228ff. 3. *Fr. Hiller von Gärtringen–Lattermann* Arkad. Forsch., APrAW 1911, 10f. 4. *W. Immerwahr* Kulte und Mythen Arkadiens 73ff.

**2.** Hafenort an der el. Küste an der N.O.-Seite des h. Kaps Glarentza mit vielen Funden von mittelhellad. bis röm. Z., Hafen für die Stadt Elis, schon bei Hom. Il. 15,518 genannt. Als Hafen von Elis spielte K. im peloponnes. Krieg und sonst eine Rolle, im 3. Jh. v. Chr. war es befestigt, Pol. 5,3,1. Strab. 8,3,4 p. 337. Paus. 6,26,4f. 8,5,8. Plin. nat. 4,13. Tab. Peut. 7,4. E. M.

1. *Pieske*, RE XI 2457f. 2. *J. Sperling* Exploration in Elis 1939, AJA 46, 1942, 83. 3. *Ph. Bon* Ἠλειακά, BCH 70, 1946, 24ff. 4. *J. Servais* Recherches sur le port de Cyllène, BCH 85, 1961, 123ff. 5. *Philipps.-Kirst.* 3,330 A. 1.

**Kylon** (*Κύλων*). **1.** Vornehmer Athener des 7. Jh. v. Chr., Schwiegersohn des Tyrannen → Theagenes von Megara, Olympionike (wohl 640). In der Absicht, auch in Athen eine Tyrannis zu errichten, besetzte er in den 30er J. während der olymp. Spiele die Akropolis. Der Belagerung durch die Athener entzog er sich durch Flucht, seine Anhänger wurden, obwohl sie an Altären Schutz suchten, bes. auf Betreiben des Archonten → Megakles, umgebracht (→ Alkmaionidai): Hdt. 5,70f. Thuk. 1,126. Plut. Sol. 12. **2.** K. von Kroton rottete mit seinen Anhängern die pythagor. Gemeinde seiner Heimatstadt aus (2. H. 5. Jh. v. Chr.); vgl. Diod. 10,11,1. Iambl. v. P. 74. Porph. v. P. 54ff. H. Gä.

*P. Corssen*, Philol. 71, 1912, 332ff.

**Kymation.** Als K. werden h. wellenartige, meist mit Blattformen geschmückte Profilleisten bezeichnet, deren die griech. Architekten 3 Grundformen ausgebildet haben, die als dor., ion. und lesb. K. unterschieden werden. Das ant. Wort *κυμάτιον*, *cymatium* (selten auch *κῦμα* »Welle«) scheint eine weitere Bedeutung gehabt zu haben, von der hier abgesehen werden kann. Die Blätter der K. sind gemalt oder plast. ausgeführt, in letzterem Fall ebenfalls bemalt (oder vergoldet). Das dor. K. hat stehende, die beiden anderen K. haben hängende Blattformen. Das dor. K., nur in der dor. Ordnung verwendet, erscheint unter der Deckplatte von Anten und Stelen, als Überleitung von Wand zu Decke, von Geison zu Sima und als Endbekrönung der Sima ([3], Abb. 207 oben). Das ion. K. (auch ion. Eierstab, Blattstab) hat meist eiförmige Blätter mit Zwischenspitzen ([3], Abb. 71 unten), das lesb. K. auf doppelt geschwungenem Profil herzförmige Blätter mit Zwischenspitzen ([3], Abb. 71 oben). Beide K. werden vielfältig als Schmuck- und Überleitungselement verwandt, sowohl in der Architektur wie bei Basen, Sarkophagen usw. Beide, bes. das lesb. K., sind einer lebhaften Stilentwicklung unterworfen, die bis in byz. Z. nicht zum Stillstand kommt. W. H. G.

1. *C. Weickert* Das lesb. K., 1913. 2. *Ebert*, RE XI 2462ff. 3. *G. Gruben* Die Tempel der Griechen, 1966. 4. Enc. Arte Ant. II s. Cornice.

**Kymbalon** s. Krotalon

*Κύμβη (cymba, cumba)*. Das nach Plin.nat. 7,208 auf phoinik. Erfindung zurückgehende Schiff (vgl. Soph.frg.127 PEARSON) gehört zu den Handelsschiffen; lat. kann offenbar nahezu jeder Typus Handelsschiff so genannt werden. W. H. G.

*Torr* Ancient Ships, 1894, 112. *Miltner*, RE Suppl. V 959, 40ff.

**Kyme** (*Κύμη*). **1.** Stadt in der Mitte der O.-Küste der Insel Euboia beim h. Kymi (Kumi). Lage der ant. Stadt noch nicht sicher gefunden, wohl in der Stadtlage Palaeokastri bei Potamia mit 2 Mauerringen und Funden von myken. Z. bis ins MA. Im Alt. liter. nur bei Steph.Byz. genannt, auch nicht in den att. Tributlisten. Mitbeteiligung an der Gründung von K. (2) nach dem Namen wahrscheinlich und vielleicht bei Strab. 5,3,4 p. 243 bezeugt, der aber sonst das euboiische K. nicht nennt. Inschr.: IG XII 9,135–138. p.176. Mz. HEAD HN² 360 (archaisch, unsicher). E. M.

1. *Fr. Geyer* Topogr. und Gesch. der Insel Euboia 79ff. 2. IG XII 9 p.161. 3. *Philipps.-Kirst.* 1,618f. mit A. 2. 674. 718 A. 91 und 92.

**2.** K. (Cumae), älteste gr. Kol. in Italien (Strab. 5,243), n. Cap Miseno (It.Ant. 122f.: 6 mp s. Liternum, je 3 mp von Puteoli und Baiae), nach vorheriger Landung auf Ischia (Liv. 8,22,6. DIELS Sib. Bl. 98) Mitte des 8.Jh. v.Chr. (SCHACHERMEYR Etr. Frühgesch. 199f. Euseb.-Hieron. p. 69 Helm² meint das aiol. K.) vom euboiischen Chalkis unter Führung von Megasthenes und Hippokles gegründet (Thuk. 6,4,5. Liv. a.O. 5 Plin.nat. 3,61. Verg.Aen. 2 mit Serv.Wunderzeichen Vell.1,4,1. Strab. a.O. läßt Hippokles aus dem euboiischen – vgl. Steph.Byz. s.v. – K. kommen); myth. Verbindung mit Sardinien (Diod. 5,15. Serv.Aen. 6, 14). Große Z. K.s unter → Aristodemos (5) mit Beinamen *μαλακός* (volksetym. aus pun. *mlk* »König«; vgl. RADKE, RE IX A 805. PALLOTTINO Scavi nel sant. etr. di Pyrgi 109): 526 Gründung von → Dikaiarcheia (Strab. 5,245 mit Datum des Eusebios); Abwehr eines Angriffs von »Umbrern« (= Volskern) und Dauniern unter etr. Führung (RADKE bei ALTHEIM-STIEHL, Araber in der alten Welt 4,529f.) 524 (Dion.Hal.ant. 7,3. DEVOTO, Hist. Mundi 3,392); Sieg über Porsennasohn Arruns bei Aricia 504 (Dion.Hal.7,5. Liv. 2,14,6: 508); Aufnahme (Liv. 2,21,5) und Erbe (2,34,4) des Tarquinius; Unterstützung durch Hieron in Seeschlacht vor K. 474 (Diod.11,51; vgl. Pind. Pyth.1,34.140); von Aristokraten getötet (Dion. Hal.7,10f. Plut.virt.mul.26); Getreidelieferungen nach Rom (Liv. 2,9,6. 34,3f. 4,25,4. Dion.Hal. 5, 26. 7,2. 12,1; Luxus der Bürger (Hyperoch. FGrH 576 F 1). Mz. seit ca. 490 (HEAD HN² 35f.). 421/20 wurde K. von samnit. Kampanern erobert (Diod. 12,76,5. Liv. 4,44,12; nach Dion.Hal.15,6 eine Generation später). Seit 338 *civitas sine suffragio* (Liv 8,14,11) und *praefectura* (Fest. p. 262,9L.), hält K. im 2. pun. Kriege zu Rom (Liv. 23,15,6. 31,10. 35,2–37,10. 24,13,6. 27,23,2), erhält 180 Recht latein. Amtssprache (Liv. 40,42,13). Später ruhige Kleinstadt (Iuv. 3,2. Stat.silv. 4,3,65); Rolle der Burg in den Gothenkriegen (Prok.Goth. 1,14. 3,8. 4,34f. Agath.1,8ff.). Kulte: Zeus, Apollon, Demeter; Bedeutung einer Sibylle urspr. gering (Hyperoch. FGrH 576 F 2), erst spät auf Rom bezogen (RADKE, G 66, 1959, 217ff.). Herkunft der ital. Alphabete aus K. (zuletzt OLZSCHA Hist. 6,57,35f.) seit HAMMARSTRÖM Beitr. zur Gesch. des etruskischen, lateinischen und griechischen Alphabets, 1920, 42 nicht mehr unangefochten. Zu den umfangreichen Bodenfunden: BÉRARD 281ff. G. R.

*Forbiger* HB der alt. Geogr. 3,486,42. *Meyer* GdA 2,471. *Beloch* Campanien ²159ff. *Nissen* It.Ldk. 2,721ff. *Bérard* Colonis. Grecque etc. ²37ff. *Dunbabin* Western Greeks 5ff. *v. Stauffenberg* Trinakria 61ff.217ff. *Altheim* RG 2, 1953, 117. *Alföldi* Early Rome and the Latins 56ff.

**Kymodoke** (*Κυμοδόκη*). Nereide. Hom.Il.18, 39. Hes.theog. 252. Verg. Aen. 5,826 (= georg. 4, 338). 10,225 (*Cymodocea*, aus einem Schiff durch Kybele verwandelt). H. v. G.

**Kynaigeiros** (*Κυναίγειρος*). Sohn des Euphorion, Bruder des Dichters Aischylos, fiel in der Schlacht bei Marathon (Hdt. 6, 114). Seine Tat war in der *στοὰ ποικίλη* dargestellt (Ail. nat. 7,38) und diente in den Rhetoren schulen als Übungsmaterial (Lukian.Iup.trag. 32 u.a.). K. W.

**Kynaitha** (*Κύναιθα*). Stadt im n. Arkadien beim h. Kalavryta. Ant. Reste unbekannt außer einzelnen Gräbern und Resten der Quelle Alyssos, die Tollwut heilen sollte. In hellenist. Z. angeblich bes. brutale Parteikämpfe. Bestand trotz Strab. a.O. nach Paus. a.O. und den Mz. noch in der Kaiserzeit. Strab. 8,8,2 p. 388. Paus. 8,19,1–3. Pol. 4,16,11–21,9. Athen.14,626e. Steph.Byz. BCH 45, 1921, 12 II 65ff. 27 V 4. SEG 15,254,3. Inschr.: CIL III 7252. Mz.: HEAD HN² 447. E. M.

1. IG V 2 p.98. 2. *Pieske*, RE XI 2479ff. 3. *E. Meyer* Peloponnes. Wanderungen 107ff. 4. *Walbank* Aratus' attack on Cynaitha, JHS 56, 1936, 64ff. 6. *S. Parnicki-Pudelko* Proba rekonstrukcji agory w Kynaitha (Versuch einer Rekonstruktion der Agora von K.), Archeologia (Warschau) 5, 1952/53, 76ff.

**Kynegios** (Maternus Cynegius DESSILS 1273), † März 388 (Chr. min.1,245), Spanier, 381/383 comes sacrarum largitionum am Hofe des Theodosius, 383 quaestor sacri palatii. Als praefectus praetorio Orientis (von 384–388, vgl. SEECK Regesten) sollte er vor allem die Lage der Kurien aufbessern und für die Durchführung kaiserlicher Religionsgesetze sorgen. Aus Liban.or. 30,44ff. (vgl. Zos. 4,37. Theodoret.hist.eccl. 5,21) ist zu entnehmen, daß K., inspiriert von seiner mit Mönchskreisen in Verbindung stehenden Frau

Acanthia, seinen Auftrag als Befehl zu scharfer Bekämpfung des Heidentums (Zerstörung von Tempeln in Syrien und Äg.) interpretierte. Für 388 wurde K. zum Consul ernannt. A. L.

*Petit*, Byzantion 21, 1951, 294ff. *Stroheker* Germanentum und Spätantike 1965, 62f.

**Kyniker** (Kynismos). Folgerichtige, dabei aber schroffe Opposition gegen alles Herkömmliche, weil und soweit es mit rationaler Überlegung – *λόγος* – unvereinbar ist, wird im 5. Jh. mehrfach laut. Im 4. Jh. hat sich diese Opposition im sog. K. verdichtet – und zugleich durch Übertreibung entschärft. Ant. Überlieferung erblickte in → Antisthenes, ja in → Sokrates den Vorläufer, ja den Begründer des Kynismos; spätere Kyniker haben namentlich → Sokrates hoch verehrt. Vor allem wurden von ihnen solche Sokrates-Anekdoten in Umlauf versetzt, die Sokrates im Widerspruch zu herkömmlichen Lebens-, Ehr- und Ehe-Auffassungen zeigten (Xanthippe!). Recht eigentlich aber ist → Diogenes (14) zum Vorbild kyn. Lebenswandels geworden: Hierin dem Pythagoras vergleichbar, hat Diogenes weit mehr durch die ungewöhnlichen Einzelzüge seiner alles Herkommen verachtenden Lebensführung gewirkt, als durch formulierte Lehre. Völlig zutreffend definiert Philodem., Ind. Stoic. Herc. 339,8 die K. folgendermaßen: *ἀρέσκει τούτοις κυνῶν μεταμφιέννυσθαι βίον.* – Vor allem leugneten die K. jegliche Notwendigkeit und Berechtigung der menschlichen Gesellschaft; darum bestritten sie dieser das Recht, durch Gesetze und Konventionen in die Lebensführung des Einzelnen einzugreifen (dies derjenige Aspekt, durch den sich die K. fundamental von Sokrates unterscheiden). Dennoch ist kein K. etwa Einsiedler geworden: stets bewegen sich die K. in griech. Städten; stets provozieren sie die dortige Öffentlichkeit durch vielerlei (oft originelle) Verstöße gegen Brauch und Herkommen; dadurch eben fordern sie zur Reflexion über das unbesehen Hingenommene auf. Das geschieht mit sarkast. Schärfe – also mit zynischem Witz (diesen Witz als zynisch zu bezeichnen, ist moderner Sprachgebrauch; die Ant. verstand als »kynisch« das Hundeleben der K. außerhalb aller Gesellschaft, ohne *αἰδώς* und *κοινωνία*). Somit waren die K. paradoxerweise weder Revolutionäre noch einsiedlerische Weltverächter. Sondern sie hatten die bestehende Gesellschaftsordnung nötig, um sich an ihr zu reiben. Bes. schroff polemisierten die K. gegen Religion und Ehe. Das entsagungsreiche Wanderleben, das die K. von Stadt zu Stadt führte, verlangte eine gründliche Abhärtung – *ἄσκησις* – von jedem K. Vermutlich veränderte der Kynismos im frühen Hellenismus (2 Generationen nach Diogenes = ca. 250) seine Struktur sehr: Nun vermag er literar. zu werden (→ Bion 1, → Menippos von Gadara), stets mit dem Ziel, Affront zu bereiten; ob aus dem hellenist. K.-Wesen (was lange als sicher galt) die sog. Diatribe als Moralpredigt hervorging, ist umstritten. Auf jeden Fall fand das Vorbild des Diogenes von Sinope im 2. Jh. n. Chr. eine aufs neue belächelte Nachfolge: Lukian schildert im Peregrinos Proteus eine zwielichtige Gestalt, die um der Sensation willen ihr Leben fortwirft. Indes zeigt sich am Leben und Wirken des → Dion Chrys., was für eth. Kräfte trotz aller Absonderlichkeiten noch immer im K. steckten. Der letzte, der zumindest in der Pose des K. seine Opposition gegen die Unvernunft der Zeitgenossen zur Schau trug, war der Kaiser → Iulianus (5). H. D.

*J. Bernays* Lucian und die Cyniker, Bln. 1879. *P. Wendland* Philo und die kyn.-stoische Diatribe, Bln. 1895. *J. Geffcken* Kynika und Verwandtes, Heidelb. 1909. *D. R. Dudley* A History of Cynicism, 1938.

**Kyniska** (*Κυνίσκα*). Tochter des spartan. Königs Archidamos I., Schwester Agesilaos' II., * um 442 v. Chr., war sehr vermögend, ließ als erste Frau in Olympia ihre Gespanne laufen und siegte 2mal (Xen. Ages. 9,6. Plut. Ages. 20. Paus. 3,8,1). Die Basis (mit Inschrift) einer von ihr gestifteten Statuengruppe (Paus. 6,1,6. Anth. Pal. 13,16) ist in Olympia gefunden: SGDI 4418. K.W.

**Kynokephaloi** (*Κυνοκέφαλοι*). Hundeköpfige Fabelwesen in Libyen (Hdt. 4,191), in Aithiopien (Aischyl. Frg. 603 a–b Mette. Strab. 16,774 [Artemidor]. Hierher gehören wohl die *Κυναμολγοί* [Strab. 16,171], die Plin. nat. 6,195 mit *Cynamolgi caninis capitibus* [vgl. 7,23. Solin. 52,27] erklärt. Dahinter vielleicht skt. *śuna-mukha* [»Hundegesicht«]) und in Indien. Darüber Ktesias (FGrH 688 F 45. R. Henry Ctésias, 1947, 73–80): Die K. wohnen am Hyparchos in den Bergen bis zum Indus, sind dunkelhäutig, reden keine menschliche Sprache, sondern bellen. Sie verstehen aber die Inder, mit denen sie Handel treiben. Besonders rühmte man an ihnen Gerechtigkeit und hohes Alter. F. F. S.

*Fischer-Wecker*, RE XII 24ff. *F. Kretschmar* Hundestammvater und Kerberos, Stuttgart 1938, *E. H. Bunbury* A Hist. Anc. Geography, New York² 1959, 2,53ff. *S. Hable-Selassie* Beziehungen Äthiopiens zur griech.-röm. Welt, Bonn 1964, 23ff.

**Kynopolis, -ites** (*Κυνῶν πόλις, Κυνοπολίτης*). **1.** Hauptort des K.-ites genannten 17. oberäg. Gaues, vielleicht des h. el-Keis s. Abu Girge, im Mittleren Reich *Ḥnw*, in 19. Dyn. *Hardai* genannt, lag nach Ptol. 4,5,29 auf einer Insel. Hier verehrte man einen hundegestaltigen Anubis; Hundemumien fand man auf dem gegenüberliegenden O.-Ufer. Seine Zerstörung im Kampf des nub. Vizekönigs Panehsi gegen den theban. Hohenpriester Amenophis unter Ramses XI. erwähnt ein Grabräuberpapyrus (Pap. BM 10052,10,18). Plut. de Is. 72 berichtet von einer religiösen Auseinandersetzung mit den Leuten von Oxyrynchos.

*Gardiner* Onomastica 2,98. *Vandier* Pap. Jumilhac 38. *Kees*, Mitt. dtsch. Inst. Orientf. 6,157ff.

**2.** *Κυνὸς πόλις*. Ort im 9. u.-äg. Gau, h. Bana

s. des alten Busiris am W.-Ufer des Damiette-Arms des Nil. W. H.

**Kynortion** (*Κυνόρτιον*). Der Berg über dem Theater des Asklepiosheiligtums von Epidauros mit Heiligtum des Apollon Maleatas. Paus. 2,27,7, E. M.

**Kynos** (*Κῦνος*). Vorgebirge und Ort im ö. Lokris, schon bei Hom. Il. 2,531 genannt, nach Strab. 13,1,68 p. 615 Mutterstadt von Kanai in der Aiolis, 426 v. Chr. durch Erdbeben zerstört, Strab. 1,3,20 p. 60. Später, so auch bei Strabo, als Hafen von Opus gelegentlich genannt. Reste auf dem Hügel Hg. Joannis n.ö. Livanates. Skyl. 60. Strab. 9,4,2 p. 425. Ptol. 3,14,9. Steph. Byz. E. M.

1. *Oldfather,* RE XII 29ff. 2. *Philipps.-Kirst.* 1,348.

**Kynosarges** (*Κυνόσαργες*). Gymnasion mit Heiligtum des Herakles und Hain im Demos Diomeia außerhalb der Stadtmauer von Athen. Die ungefähre Lage ist jetzt inschr. gesichert gleich s. des Ilissos an der h. Straße nach Phaleron. Das K. war für die nicht vollbürgerlichen Söhne der Athener bestimmt. In K. eröffnete → Antisthenes seine Philosophenschule, deren Bezeichnung als Kyniker auch davon abgeleitet wurde, Diog. Laert. 6,1, 6. Suda s. *Ἀντισθένης*. 200 v. Chr. von Philipp V. verwüstet, Diod. 28,7. Liv. 31,24,17. Sonst: Hdt. 5,63,4. 6,116. Plat. Ax. 364 A. Herakl. 1 (GGM I 98). Plut. Them. 1,2. Paus. 1,19,3. Athen. 6,234 DE. Steph. Byz. E. M.

1. *Honigmann,* RE XII 33. 2. *W. Judeich* Topogr. von Athen[2] 170. 3. *Ch. I. Karusos* *Ἀπὸ τὸ Ἡράκλειον τοῦ Κυνοσάργους, Ἀρχ. Δελτ.* 8, 1923, 85ff. 4. *Philipps.-Kirst.* 1,901.

**Kynoskephalai.** Gebirgszug im mittleren Thessalien im Gebiet von Skotussa, h. Karadag oder Mavrovuni, bis 726 m hoch, bekannt durch den entscheidenden Sieg des T. Quinctius Flamininus über Philipp V. von Makedonien 197 v. Chr. Pol. 18,20–26. Liv. 33,6,11–10,10. Plut. Tit. 8. App. Syr. 16. Strab. 9,5,20 p. 441. 364 v. Chr. Tod des Pelopidas in der Schlacht gegen Alexandros von Pherai, Plut. Pel. 32. E. M.

1. *Fr. Stählin,* RE XII 33ff.; Das hellen. Thessalien 108. 2. *Kirsten,* RE Suppl. VII 1018,36ff. 3. *Philipps.-Kirst.* 1,69f.

**Kynos Sema** (*Κυνὸς σῆμα*). Landspitze der Chersonesos (1), am Eingang des Hellespontos schräg gegenüber Abydos. Schauplatz der Seeschlacht von 411, Thuk. 8,104–106. Chr. D.

*Oberhummer,* RE XII 36. *Casson* Macedonia, Thrace and Illyria, 221ff.

**Kynosura** (*Κυνόσουρα*). Name mehrerer Landzungen, s. Usener Götternamen 209. **1.** 4 km lange, schmale Landspitze an der O.-Küste der Insel Salamis, Hdt. 8,76,1. 77,1. (= Anth. Pal. 14,98).

1. *Milchhöfer* Karten von Attika, Text 7/8, 26f. 2. *Philipps.-Kirst.* 1,870.

**2.** Lange schmale Landspitze an der NO.-Ecke der Bucht von Marathon, h. Kap Stomi, Ptol. 3,14,7. Hesych. Phot. Herodian. *π. μ. λ.* 13,24 = 920,11 L.

1. *Milchhöfer* Karten von Attika, Text 3–6,50. 2. *Philipps.-Kirst.* 1,789.

**3.** Stadtteil (*ὠβά*) und nach späterer und literar. Bezeichnung Phyle Spartas, einheimisch *Κονοουρεῖς*, wohl im SO. des Stadtgebiets. Paus. 3,16, 9. Hesych. Phot. Herodian. *π. μ. λ.* 13,23 = 920,10 L. IG V 1,480,9f. 566. 681. 684. ABSA 26, 1923/25, 165 A 12,4 = SEG 11,493.

1. *F. Bölte,* RE III A 1362,47ff. 1364,32ff. 2. *V. Ehrenberg,* RE XVII 1693ff. 1695,13ff.

**4.** Teillandschaft der Megaris, wohl im NW. bei Pagai und Aigosthena, Plut. mor. 295 B.

*E. Meyer,* RE XV 182,42ff.

**5.** s. Kynuria 1 und 2. E. M.

**6.** s. Sternbilder

**Kynthos** (*Κύνθος*). Der 113 m hohe Berg auf → Delos mit Heiligtum des Zeus und der Athena, die danach Kynthios und Kynthia hießen. E. M.

**Kynuria** (*Κυνουρία*). Zum Namen Usener Götternamen 209. **1.** Die Landschaft am argol. Golf an der NO.-Seite des Parnongebirges zwischen Zavitsagebirge, Parnonkamm und Bach von Hg. Andreas mit der einzigen größeren Küstenebene des ö. Parnonvorlandes, so bei Hdt. und Thuk., später als Thyreatis bezeichnet. Die h. übliche Ausdehnung des Namens auf das s. anstoßende unwegsame Bergland ist durch keine ant. Quelle belegt. Nach Hdt. 8,73,1.3 wäre K. urspr. ion. gewesen und durch Argos dorisiert. Durch den sagenhaft ausgeschmückten Kampf der 300 Argiver und Spartaner bei Parparos (Hdt. 1,82 u.a. RE XVIII 2. H. 1872f.) kam K. in spartan. Besitz, blieb aber immer umstritten. 424 v. Chr. Eroberung und Zerstörung von Thyrea, wo die Spartaner vertriebene Aigineten angesiedelt hatten, durch die Athener, Thuk. 4,56,2ff. Diod. 12, 44,3. Plut. Nik. 6,6. Paus. 2,38,6. Anscheinend 370/369 v. Chr. Rückeroberung durch Argos, Diod. 15, 64,2, anscheinend durch Schiedsspruch Philipps II. bestätigt. Seitdem argiv. Thuk. 5,41,2 nennt als Städte Thyrea und Anthene (Lys. frg. XV Th. bei Harpokr.), Paus. 2,38,6 als Dörfer Anthene, Neris (Stat. Theb. 4,46) und Eua (Steph. Byz. s. v. und wohl = *Εὐναία* s. *Εὐναί*), deren sichere Ansetzung in den bekannten Ruinen nicht möglich ist. In der Kaiserzeit ist das Land Domäne des Herodes Atticus, Kuskunas *Πλάτων* 3, 1951, 260ff.; REG 67, 1954, 131. [8]. Prähist. und frühhist. Siedlungsspuren [6.7]. Sonst noch Steph. Byz. s. *Κύνουρα*. Bei Strab. und z. T. den Hss. bei Thuk. und sonst steht die Form *Κυνοσουρία*. Inschr.: SEG 13,261–267. 16,274.

1. *Pieske,* RE XII 42ff. 2. *Bölte,* RE III A 1305,51ff. 3. *J. Walker* Kynouria 1936. 4. *Philipps.-Kirst.* 3,482f. 5. *K. Romaios,* *Πρακτικά* 1950, 236ff. 1953, 251ff.; *Πελοποννησιακά* 1, 1956, 1ff. 6. *W. Wrede,* AA 1927, 365. 7. *H. Waterhouse – R. Hope Simpson,* ABSA 56, 1961, 131. 8. *U. Kahrstedt* Die Ortschaften der Thyreatis, RhM 93, 1950, 227ff. Das wirtschaftliche Gesicht Griechenlands in der Kaiserzeit 170f. 9. *E. Meyer* Neris, RE XVII 36f.

**2.** Landschaft im w. Arkadien n. des Lykaiongebirges beiderseits des Alpheios mit den Orten Gortys, Thisoa, Lykaia (Lykoa), Alipheira, bei der Gründung von Megalopolis in dieses einverleibt, Paus. 8,27,4. IG V 2,1,40 = Syll. I³ 183. Bei Steph. Byz., Stat. Theb. 4,295. Cic. nat. 3,22,57: *Cynosura.* E. M.

**Kypaira** (*Κύπαιρα*). Stadt im S. der Landschaft Thessaliotis in Thessalien, Ptol. 3,12,42. Liv. 32,13,14. In den delph. Inschr. BCH 45, 1921, 20 III 138. 28 V 27 u. sonst *Κύφαιρα, Κυφαιρεύς, Κυφαρεύς*. Nach Liv. a. O. in der Nähe und w. von Xyniai und daher wohl die ant. Stadtruine s.w. von Kaitsa. Inschr.: IG IX 2,223–229. E. M.

1. *Fr. Stählin*, RE XII 36f. Das hellen. Thessalien 159f. (mit Planskizze). 2. *Y. Béquignon* La vallée du Spercheios 336f. 3. *Philipps.-Kirst.* 1,195f.

**Kyparissia** (*Κυπαρισσία*). **1.** Stadt an der W.-Küste Messeniens an der Stelle des h. wieder so genannten Orts (ma. Arkadia) mit geringen Resten zumeist röm. Z. K. ist schon in den pyl. Täfelchen genannt und jedenfalls ident. mit dem *Κυπαρισσήεις* bei Hom. Il. 2,593. Nach K. heißt die flache Bucht bei Plin. nat. 4,15. Mela 2,50f. *Cyparissius sinus.* Geringe Siedlungsspuren beginnen bisher in mittelhellad. Z. Aus der älteren Gesch. ist nur bekannt, daß die Arkader 365/64 v. Chr. K. eroberten, Diod. 15,77,4. Die Stadt wird dem befreiten Messenien angehört haben. Sie beteiligte sich im J. 219/18 an der Abwehr des spartan.-aitol. Angriffs auf Messenien. In der Kaiserzeit eigene Mz.-en. Skyl. 45 (*Κυπάρισσος*). Strab. 8,3,16 p. 345. 3,22 p. 348. 3,25 p. 349. 4,1f. p. 359. 4,6 p. 361. Paus. 4,36,7. Ptol. 3,14,31. Tab. Peut. 7,5. Inschr. IG V 1,1421–1424. 1559f. N. VALMIN Bull. Lund 1928/29, 141ff. SEG XI 1025–1028a. BCH 79, 1955, 374f. = SEG XV 225. Mz. HEAD HN² 433.

1. *Kolbe* IG V 1 S. 277. 2. *Pieske*, RE XII 47ff. 3. *Philipps.-Kirst.* 3,377f. 4. *N. Valmin* Étud. topogr. sur la Messénie anc. 126ff. 5. *N. Kyparissis*, *Πρακτικά* 1911, 247ff. 6. *W. A. McDonald–R. Hope Simpson*, AJA 65, 1961, 232. 7. *Ἀρχ. Δελτ.* 17, 1961/62 B 96ff.

**2.** Spartan. Perioikengemeinde am lakon. Golf an der W.-Seite der Parnonhalbinsel in nicht ganz sicher bestimmter Lage, zumeist bei Boza angesetzt. Zu Pausanias' Z. in Ruinen und Tempel der Athena Kyparissia. Strab. 8,5,2 p. 363. Paus. 3,22, 9f. E. M.

1. *A. J. B. Wace–F. W. Hasluck*, ABSA 14, 1907/08, 163ff. 2. *Bölte*, RE III A 1316,58ff. 3. *H. Waterhouse–R. Hope Simpson*, ABSA 56, 1961, 140.

**Kyparissos** (*Κυπάρισσος*). **1.** Ein von Apollon geliebter schöner Knabe aus Keos, der unwillentlich seinen zahmen Lieblingshirsch durchbohrt und wegen seiner untröstlichen Trauer in eine Zypresse verwandelt wird. Ov. met. 10,106ff. Auch als Sohn des → Telephos oder Sohn des → Minyas, Gründer des gleichnamigen Ortes am Parnassos, oder als Kreter, der vor Apollons Liebe



flieht, genannt. Aition für die Zypresse als Toten- und Gräberbaum. Wandgemälde in Pompeji. H. v. G.

*Mannhardt* Wald- und Feldkulte 2,123f.

**2.** K., Ortschaft in Phokis in der Nähe von Delphoi, Lage nicht sicher bekannt. Hom. Il. 2,519 m. Sch. Strab. 9,3,13 p. 423. Dion. Call. 80. Paus. 10,36,5. Nonn. 13,123f. Stat. Theb. 7,344. Steph. Byz. E. M.

1. *Pieske*, RE XII 50,27ff. 2. *Fr. Schober* Phokis 34f.

**3.** s. Kos, o. S. 314,25 (Kyparissios)

**Kyphanta** (*Κύφαντα*) oder *Κύφας*, Plin. *Cyphans*, spartan. Perioikenstadt an der O.-Seite der Parnonhalbinsel mit Asklepiosheiligtum, zu Pausanias' Z. in Trümmern, an der h. Kyparissi genannten Bucht. Pol. 4,36,5. Paus. 3,24,2. Ptol. 3, 14,32. 43. Anecd. Bekk. 3,1393. Plin. nat. 4,17. E. M.

1. *Pieske*, RE XII 52. 2. *A. J. B. Wace–F. W. Hasluck*, ABSA 15, 1908/09, 173f.

**Kyphi** (äg. Wort), Räucherwerk mit berauschender Wirkung, konnte (wie Opium) auch gegessen werden. Bei Ägyptern und Griechen urspr. im Kult, dann auch medizin. verwendet, vor allem wohl wegen der narkot. und euphorisierenden Wirkung (vgl. Plut. De Is. 383 d und Gal. 13,199ff. K.). F. K.

**Kypria** s. Epischer Zyklus

**Kypris** s. Aphrodite

**Kypros** (*Κύπρος*). Die drittgrößte Insel des Mittelmeers, 227 km lang und bis 95 km breit mit 9282 oder nach [2],446, [3],62 besser 9380 qkm (9250 qkm [6],3). K. ist vom nächsten Punkt Kleinasiens, Kap Anemurion, ca. 65 km entfernt, die O.-Spitze der langen schmalen ö. Landzunge Karpass von der syr. Küste etwa 96 km. K. ist geolog. recht junger, tertiärer Entstehung. An der N.-Küste erstreckt sich ein schmaler, steiler Kalkkamm, der im W. mit 1019 m gipfelt. Der SW. ist ausgefüllt von dem jungvulkan. Massengebirge Troodos (*Τρόγοδος*, Aristot. Frg. 266 Rose, wenn echt) mit der höchsten Erhebung, h. Chionistra, von 1953 m, auf der eine ant. Kultstätte und h. eine Michaelskapelle steht. Im S. und O. sind dem Gebirge Kalktafeln angelagert. Die große Hauptebene dazwischen, h. Mesaria, besteht aus jungtertiären Mergeln mit aufgelagerten Sandsteinschichten und Konglomerat, z.T. in Form von durch Erosion entstandenen isolierten steilen Tafelbergen. Der größte Fluß ist der Pediaios, h. Pidias, der die Mesaria in ö. Richtung durchfließt, aber auch nicht dauernd Wasser führt, die übrigen Flüsse und Bäche sind unbedeutend. Das Klima K.' ist rein mediterran mit Niederschlägen nur im Winter und trockenen, heißen Sommern, wobei die Niederschlagsmenge mit 200–600 mm im Jahr an der unteren Grenze der Mengen des Mittelmeerklimas liegt. K. war im Alt. als bes. heiß verrufen, Martial. 9,90,9. Solin. 15,31, und tatsächlich liegen sowohl die Mittelwerte wie die Höchstwerte der Temperatur etwas höher als sonst im s. Mittelmeer. Die Insel war im Alt. sehr waldreich, bes. Strab. 14,6,5 p. 684. Amm. Marc. 14,8,14 u. a. o., und daher wichtiger Holzlieferant für den Schiffbau. An sonstigen Produkten ist das an den Abhängen des Troodos gewonnene Kupfer, das nach der Insel benannt ist, von großer Bedeutung. Im Alt. wird auch etwas Gold und Silber erwähnt, Eisenabbau ist für das Alt. nicht gesichert. Dagegen lieferte die Insel → Asbest und Salz. Die Fruchtbarkeit wird ebenfalls gerühmt, schon Aischyl. Hik. 538f. (555), Strab. 14,6,5 p. 684. Ail. nat. 5,56. Amm. Marc. a. O. GLM 124 u. a. Die wichtigsten Städte sind an der N.-Küste von O. nach W. Karpasia, Keryneia, Lapethus, Soloi, Marion, an der S.-Küste von W. nach O. Paphos, Kurion, Amathus, Kition, Salamis, im Inneren Tamassos, Idalion, Golgoi.

Die ältesten bekannten Siedlungen reichen bis in das vorkeram. Neolithikum zurück, auf das eine Kultur mit hochentwickelter gemalter Keramik folgt. Das Neolithikum endet mit einem völligen Bruch der kulturellen Entwicklung und der Besiedlung, wohl durch Neueinwanderung zu erklären. Die bald einsetzende Kupfergewinnung verlieh der Insel große Bedeutung, doch behielt sie trotz aller Handels- und sonstigen Beziehungen und trotz aller kultureller Beeinflussung von den großen Kulturkreisen stets ihren eigenen Charakter und künstler. Stil bis in die hellenist. Z. Weder die neolith. noch die folgenden bronzezeitlichen Kulturen lassen sich deutlich an andere Kulturkreise anschließen. Rassenmäßig scheint bes. in der Frühzeit ein starker Anteil aus der Balkanhalbinsel feststellbar [11]. Die kypr. Sprache scheint mit dem Churrischen des n. Vorderasien verwandt zu sein (DEROY Minos 4, 1956, 90ff.), bei den Ortsnamen ist neben den überwiegenden griech. ein »kleinasiatischer« Bestandteil vorhanden. Handelsbeziehungen gehen vor allem nach Vorderasien und Äg. Der Name der Insel in den oriental. Sprachen ist *Alašia* (so gut wie sicher, neu dazu M. LIVERANI Storia di Ugarit 91ff.), äg. *Alasa*, vielleicht auch *Asy* ('*-es* [?] *-ja:* W. HELCK Die Beziehungen Ägyptens zu Vorderasien 289f., dazu 249f. Nr. 7–11), hebräisch nach den Einwohnern der phoinik. Stadt *Kition: Kittim.* Beziehungen zur Aegaeis und dem minoischen Kreta sind zunächst gering. Daher ist es nicht sicher, ob die seit etwa 1550 v. Chr. mit Bestimmtheit nachweisbare, der kret. → Linearschrift A ähnliche Silbenschrift aus Kreta übernommen ist. Sie setzt sich fort in der »klassischen« kypr. Silbenschrift, in der Inschr. in »eteokyprischer« Sprache in Amathus und an anderen Orten bis ins 4. Jh. v. Chr. bekannt sind. Die Griechen übernahmen diese Schrift und benutzten sie neben der griech. Schrift bis ans E. des 3. Jh. v. Chr. Massenhafter Import spätmyken. Keramik seit etwa 1400 v. Chr. bringt einen starken Wandel im Kulturbild. Die Einwanderung der Griechen



erfolgte aber erst seit etwa 1200 v. Chr. im Zusammenhang mit dem Zusammenbruch des myken. Griechenland und der dor. Wanderung. Die Einwanderer stammten aus der Peloponnes, wie einerseits der dem arkad. verwandte Dialekt, andererseits Ortsnamen wie Ἀχαιῶν ἀκτή und Keryneia an der N.-Küste, Lakedaimon, Korone-Koroneia, Asine (Steph. Byz. s. vv.), Epidaurum (Plin. nat. 5,130) und der Kult des Apollon Amyklos in Idalion zeigen. Auch die Gründungssagen der kypr. Städte weisen in die gleiche Richtung, bes. Hdt. 7,90. Strab. Lykophr. 446–591 u. a. Um und nach 1200 v. Chr. sind auch auf K. manche Orte zerstört worden. Zu der griech. Einwanderung trat die phoinik. etwa um 800 v. Chr., die aber auf Kition beschränkt blieb, abgesehen von nachträglichen Eroberungen im 5. und 4. Jh. v. Chr.

Unter Sargon II. (721–705 v. Chr.) unterwarf sich die Insel dem assyr. Reich (D. D. LUCKENBILL Ancient records of Assyria II oft, s. Ind. u. Jadanana, Jatnana, [2],5ff.) und gehörte noch unter Asarhaddon dazu (673/72 v. Chr., LUCKENBILL II 266. 274. R. BORGER Die Inschr. Asarhaddons 60. 86). Der assyr. Name von K. ist Jadnana. Die angebliche Eroberung schon durch Sargon I. von Assyrien ist aber wohl Legende. Die Staatsform ist schon damals wie bis in die hellenist. Z. die der einzelnen Stadtkönigtümer. Auf die Zeit der assyr. Herrschaft folgte ein Jahrhundert der Selbständigkeit mit großem Aufschwung und reger Bautätigkeit, dann eine Zeit äg. Oberhoheit unter Amasis (570–526/25 v. Chr.). Um 540 v. Chr. schloß sich K. dem neuen pers. Großreich unter Kyros an und blieb pers. bis zum E. des Perserreichs. Sowohl die Beteiligung am ion. Aufstand wie die mehrfachen Versuche Athens, die Insel dem Seebund anzuschließen, bes. durch den Zug Kimons im J. 450, blieben von kurzer Dauer. Im Anf. des 4. Jh. v. Chr. ragt → Euagoras I., König von Salamis, hervor, der seine Herrschaft über die ganze Insel auszudehnen und vom Perserreich unabhängig zu machen versuchte. Ein neuer Aufstand im J. 350 v. Chr. wurde von Artaxerxes III. im J. 344 niedergeworfen.

Während der Belagerung von Tyros schloß sich K. Alexander d. Gr. an. Schon 321 v. Chr. verbündeten sich 4 Könige von K. mit Ptolemaios I., der seinen Besitz in erfolgreichen Kämpfen gegen Antigonos verteidigen und die Insel, nach Verlust an Demetrios Poliorketes im J. 306,294 wiedererobern konnte. Die kypr. Königshäuser gingen in diesen Kämpfen zugrunde. Die Insel ist seitdem ptolemäisch und bleibt der am längsten erhaltene Außenbesitz des Ptolemäerreichs. Sie wurde durch einen Gouverneur (στρατηγός) regiert und durch starke Besatzungen gesichert (dazu [25.26]) und bildete in den dynast. Zwistigkeiten des 2. und 1. Jh. ein ptolemäisches Nebenkönigtum für sich. Erst in dieser Zeit wurde K. ganz hellenisiert. Das Phoinikische und Eteokyprische verschwindet ebenso wie der Gebrauch der Silbenschrift (s.o.). Zwischen Alt- und Neu-Paphos entstand eine Stadt Arsinoe unter Ptolemaios II., und Marion und anscheinend Ammochostos (Famagusta) erhielten den gleichen Namen. 58 v. Chr. ließ Rom die Insel durch Cato einziehen, die nach vorübergehender Rückgabe unter Caesar und Antonius 30 v. Chr. endgültig röm. Provinz wurde.

Seit 22 v. Chr. ist K. senator. Provinz, in der diokletian. Provinzordnung unter einem Consularis in der Diözese Oriens, und gehörte dann zum byzantin. Reich bis zur Eroberung durch die Kreuzfahrer. Der große jüd. Aufstand der J. 115/116 n. Chr. brachte der Insel große Blutopfer. Weiteres Unheil brachten mehrere Erdbeben, in denen vor allem → Salamis im Anf. des 4. Jh. fast ganz zerstört wurde, dazu herrschten etwa gleichzeitig langdauernde Dürre und Hungersnot. Das Christentum faßte sehr früh Fuß, Apg. 11,19 f. Aus K. stammte der Levit Barnabas, der in der Urchristengemeinde eine große Rolle spielte und dann mit → Paulus zusammen in den J. 45 n. Chr. und folgenden K. und Kleinasien bereiste, Apg. 13 f. → Barnabas. RACh 1,1207 ff. Im übrigen s. zum chr. K. R. Janin, DHGE 12,791 ff. Der h. neugriech. Dialekt der Insel weist noch viel hocharchaisches Sprachgut auf, [10],93.

Skyl. 103. Strab. 14,6 p. 681–685. Ptol. 5,13. Stadiasm. m. m. 297 ff. Plin. nat. 5,129 f. Tab. Peut. 10,2–4. Hierokl. synekd. 706,3 ff. Inschr.: CIG II 2613–2652. Le Bas-Waddington Voyage archéologique 3,1 Nr. 2725–2841. SGDI 1 Nr. 1–212. SEG bes. Bd. VI 802–842. XX 114–323. CIL III Nr. 214–219. 6051. CIS I 35 ff. Nr. 10–96. [29]. Mz. Head HN² 736 ff. E. M.

1. *M. Ohnefalsch-Richter* Kypros, die Bibel und Homer, 1893. 2. *E. Oberhummer* Die Insel Cypern, 1903 (mit Karte 1 : 500000). 3. *Ders.*, RE XII 59 ff. 4. *R. Gunnis* Historic Cyprus, 1936. 1956. 5. *D. G. Hogarth* Devia Cypria, 1889. 6. Cyprus. A handbook on the island's past and present, 1964. 7. *R. Wideson* Cyprus in picture, art, land and people, 1953. 8. *T. Parris* Cyprus in colour, 1957. 9. *G. Hill* A history of Cyprus, 4 Bde., 1948/52 (Bd. I Alt. und Byzanz). 10. H. *Alastos* Cyprus in history, 1955. 11. *R. P. Charles* Le peuplement de Chypre dans l'antiquité, Étude anthropologique, 1962. 12. *St. Casson* Ancient Cyprus, its art and archaeology, 1937. 13. *P. Bocci–G. C. Susini* Enciclop. dell'arte ant. 2,628 ff. 14. *Cl. Schaeffer* Missions en Chypre 1932–1935, 1936. 15. The Swedish Cyprus expedition, 4 Bde. in 9 Teilbänden, 1934–1962. 16. *A. S. Murray–A. H. Smith–H. B. Walters* Excav. in Cyprus, 1900. 17. *J. L. Myres* Handbook of the Cesnola collections of antiquities from Cyprus in the Metropol. Mus. of art, 1914. 18. *E. Gjerstad* Studies on prehist. Cyprus, Uppsala Universitets Årsskrift, 1926, Filosofi usw. 1. 19. *P. Åström* The middle Cypriot bronze age, 1957. 20. *V. Karageorghis* Nouveaux documents pour l'étude du bronze récent à Chypre, 1965. 21. *Cl. Schaeffer* Enkomi – Alasia, 1952. 22. *H. W. Catling* Cypriot bronzework in the Mycenaean world, 1964. 23. *V. Karageorghis* Ten years of archaeology in Cyprus 1953–1962, AA 78, 1963, 498 ff. 24. Laufende neuere Forschungsber. in BCH 83, 1959 ff. 25. *T. B. Mitford* Seleucus and Theodorus, Opusc. Athen. 1, 1953, 130 ff. 26. *Ders.* Helenos, governor of Cyprus, JHS 79, 1959, 94 ff. 27. *O. Masson* Les inscr. chypriotes syllab., 1961. 28. *J. Friedrich* Kleinasiat. Sprachdenkmäler 49 ff. Eteokypr. Texte. 29. *T. B. Mitford* Contributions to the epigraphy of Cyprus, JHS 57, 1937, 28 ff.; Mnem. 6, 1938, 103 ff.; APF 13, 1939, 13 ff. 212 f.; New inscr. from Roman Cyprus, Opusc. archaeolog. 6, 1950, 1 ff.; Further contributions to the epigraphy of Cyprus, AJA 65, 1961, 93 ff. 30. *A. Stylianos* Byzantin. Mosaiken und Fresken, UNESCO Slg. der Weltkunst 20, 1963. 31. *Ders.* The painted churches of Cyprus, 1964. 32. *Bechtel* Dial. 1,397 ff. 33. *M. H. Ohnefalsch-Richter* Griech. Sitten und Gebräuche auf Cypern, 1913. (Ausführliche Bibliogr. bes. in [2. 10. 13. 15, Bd 4. 27]).

**2.** K., Hohlmaß für Trockenes im Betrag von 20 alexandr. → Xesten, 10 → Choinikes und 2 → Modii (= Hemikypron) bei den Pontikern und wohl im übrigen Kleinasien. Da die Norm des alexandr. Xestes strittig ist, schwanken die Ansätze. Hultsch gibt 14,591, Oxé scheidet einen K. von 10,87 l und einen von 13,05 l. H. Ch.

*F. Hultsch* Metrologie² 561. 572 ff. *O. Viedebantt*, H 47, 1912, 608 f. *A. Oxé*, BJ 147, 1942, 156 ff.

**Kypsela** (*Κύψελα*, *Cypsala*, h. Ibsala). Stadt in Thrakien l. vom Unterlauf des Hebros an der Via Egnatia. Vielleicht urspr. thrak. Siedlung und im 4. Jh. die Residenz der Odrys. Herrscher. Im J. 225 v. Chr. wurde K. von Antiochos II. von Syrien belagert. Die Gegend von K. versumpfte früh und ist es auch h. noch. Bisher keinerlei archäolog. Forschung, die viele überraschende Funde bringen würde. Pol. 34,12,2. 9. Strab. 7,322 und 329, frg. 9,10. 331, frg. 48. 57. App. Mithr. 56, 226 f. Polyain. 4,16. Damox. b. Athen. 11,469 a. Ptol. 3,2,13. Liv. 31,16. 38,40 (aus Pol.). Mela 2,2. Mz.: Head HN² 222. Chr. D.

*Oberhummer*, RE XII 117 ff. *Casson* Macedonia, Thrace and Illyria, 12. 42. 45. 93. 196. 199. 201. 214. 245. *Chr. Danoff* Zur hist. Geogr. der ostthrak. Stämme vor und z. Z. des Odryserreiches (6.–4. Jh. v. Chr.), Et. Hist. 3, Sofia 1966, 2–29. *Kazarow* Beitr. z. Kulturgesch. der Thraker, 16. 78. *Detschew* Thrak. Sprachreste, 272.

**Kypselos** (*Κύψελος*, *κυψέλη* »runder Behälter, Bienenkorb«). **1.** Arkader, Sohn des → Aipytos (2). Er gab seine Tochter Merope dem Herakleiden → Kresphontes zur Frau und sicherte sich dadurch gegen einen Einfall der Herakleiden. Nach Ermordung des Kresphontes erzog er seinen Enkel → Aipytos (3). Paus. 4,3,6. 8,5,6. Nachkommen des K. ebd. § 7 ff. H. v. G.

**2.** K., Korinther, Sohn des Eetion und der → Labda, konnte die herrschenden Bakchiaden vertreiben und 30 J. als Tyrann regieren. Die Chronologie ist umstritten; die Datierung des Regierungsantritts schwankt zwischen 657 und 620 v. Chr. Hauptquellen: Hdt. 5,92. Nik. Dam. (FGrH 90 F 57) nach Ephoros. Nach diesem waren die Korinther mit der Herrschaft des K. zufrieden, während Hdt. typ. Züge des Tyrannenbildes seiner Z. wohl zu Unrecht auf K. überträgt. Durch seine Söhne ließ K. Leukas, Anaktorion und Ambrakia besiedeln und gab so den Unzufriedenen eine Möglichkeit, aus Korinth auszuwandern. Im Innern betrieb er eine gesunde Finanzwirtschaft. Eine Zusammenkunft der 7 Weisen bei K. (Diog. Laert. 1,1,40) ist unhistorisch. Die Überlieferung über K. trägt vermutlich z.T. Züge seines größeren Sohnes → Periandros. In Delphoi soll K. das Schatzhaus der Korinther erbaut haben. K.W.

*Ed. Will* Korinthiaka, Paris 1955.

**Kypseloslade.** Im Opisthodom des Heratempels in Olympia (Dion. Chrys. 11,45) stand die von → Kypselos oder den Kypseliden gestiftete Truhe (*λάρναξ, κιβωτός, κυψέλη*) aus Zedernholz, wohl um 600 v. Chr. gearbeitet. Paus. 5,17,5–19,10 gibt eine ausführliche Schilderung der K. Der wohl rechteckige Kasten mit Deckel und 4 Füßen (Typus: G. M. A. Richter The Furniture of the Greeks Etruscans and Romans, 1966 Abb. 384ff.) hatte in 5 Streifen übereinander friesartig gereihte Bilder aus Zedernholz, Gold und Elfenbein (erklärende Inschr. in altkorinth. Schrift, z.T. in Versform, gerade, gewunden und bustrophedon angeordnet). Obwohl Paus. nichts darüber sagt, sind die Bilder wohl auf mindestens 3 Seiten umlaufend (nicht auf die Vorderseite beschränkt) zu denken, als flache Reliefs oder nach Art von Intarsien eingelegt. Die archaischen Mythen der Götter und Heroen, in zahlreichen, dem Typus nach von Vasen, Schildbandreliefs ([2]) und Elfenbeinen ([3],430 Abb. 500) bekannten Szenen hier für unsere Kenntnis oft zum erstenmal dargestellt, sind im einzelnen nicht sicher zu rekonstruieren und folgen, wie zu ihrer Z. selbstverständlich, keinem uns erkennbaren einheitlichen Programm. Die K. ist nicht erhalten; sie scheint ein bedeutendes Werk archaisch-korinth. Kunst gewesen zu sein. W. H. G.

1. *W. v. Massow*, MDAI(A) 41, 1916, 1ff. *G. Lippold*, RE XII 121ff. 2. *E. Kunze* Archaische Schildbänder (Olymp. Forsch. II 1950). 3. *E. Simon* Enc. Arte Ant. 4, 1961, 427ff.

**Kyrbeis** (*κύρβεις*). Aufrechtstehende, sich pyramidenförmig verjüngende, drei- oder vierseitige Steinpfeiler mit *βουστροφηδόν* eingemeißelten gesetzlichen Vorschriften. Apollod. *περὶ θεῶν* FGrH 244 F 17. Erhalten ist ein Kyrbis aus Chios (575/50 v. Chr.). v. Wilamowitz Nordion. Steine, APrAW 1909, 64ff. T. II. L. H. Jeffery, ABSA 51, 1956, 157ff. In der Königshalle Athens standen auf K. Auszüge aus Solons Gesetzen, die auf hölzernen Tafeln (Axones) im → Prytaneion aufbewahrt waren. Zu den oft unklaren Nachrichten über den Unterschied der K. und Axones L. B. Holland, AJA 45, 1941, 346ff. (mit sämtlichen Belegen). S. Dow, Proceed. Mass. Hist. Society 71, 1953/57, ersch. 1959, 24ff. Auf → Amorgos bezeichnet *ἐπικύρβιος* ein auf K. eingetragenes Pfand. Sylloge[3] 1198. H. V.

**Kyrenaiker** oder Hedoniker, Bezeichnung der von → Aristippos von Kyrene begründeten Schule, die von etwa 350 bis etwa 275 v. Chr. bestand. Hier setzte man die *εὐδαιμονία* (zu welcher zu führen Aufgabe der Philosophie ist) mit *ἡδονή* = Lust, Genuß, Freude gleich; damit engte sich die Aufgabe der Philos. darauf ein, den Lustgewinn abschätzen zu lehren, Unlust aber fern zu halten. Aristippos hielt es für möglich, Lust ohne nachfolgende Unlust zu gewinnen, bejahte also die Möglichkeit augenblicklichen Lustgewinnes; seine Nachfolger → Theodoros (*ὁ ἄθεος*) und → Hegesias hielten wohl an der Maxime fest, es gelte mit Einsicht nach Lust zu streben, definierten aber das Glück des Menschen als Frei-Sein von Unlust. Schon die Ant. hat dieses fundamentale Lust-Streben der K. mit der (ganz anders gearteten) Lehre → Epikurs von der *ἀοχλησία* verwechselt. In jüngster Z. hat sich S. Freud in enge Nähe zu den K. gestellt. Slg. d. Frg. s. Aristippos (3) (Lit.). H. D.

**Kyrene** (*Κυρήνη*). N.-Afrikanische Küstenlandschaft. Ihre W.-Grenze an den Altären der → Philainoi (Kap Ras-el-Aali, 364 km von Benghasi) schied das griech. Sprachgebiet von dem lat. Africa, die O.-Grenze lag bei → Paliuros (Strab. 17,838), später, als die Marmarica zur röm. Provinz Creta et Cyrenae zählte, bei → Paraitonion. Benannt war K. nach der dor. Kolonie K., die mit den Tochterstädten → Barka (seit 560), → Tolmeta, → Taucheira und → Euesperides den Fünfstädtebund (→ Pentapolis) bildete. Nach dem kyrenaiischen und theraiischen Bericht (Hdt. 4,145–149. 150–154) und dem auf der Agora in K. gefundenen, im 4. Jh. aufgezeichneten, im Kern echten Beschluß der Gemeinde von → Thera (SEG IX 3. A. J. Graham, JHS 80, 1960, 94ff.) besiedelten die wegen Übervölkerung und Hungersnot, nicht wegen eines Aufstandes (→ Menekles v. Barka FGrH 270 F 6) aus Thera Ausgewanderten auf Weisung des delph. Orakels zunächst die Insel Platea vor der Küste Libyens, dann den gegenüber liegenden Strand von Aziris und gründeten 631 v. Chr. um die dem Apollon geweihte Quelle Kyre die Stadt K. Kall. h. 2,88. Ihr Führer → Aristoteles nahm den libyschen Königstitel → Battos als Namen an, der in der Dynastie regelmäßig mit → Arkesilaos wechselte. Battos II. holte neue Kolonisten aus Griechenland und schlug 570 den Ägypterkönig → Apries. Hdt. 4,159. Arkesilaos II. dürfte trotz A. Rumpfs Bedenken (HB Arch. 1953, 54) der Herrscher sein, der auf der Arkesilasschale den Silphion (?) handel überwacht. Chamoux T. 6. Unter Battos III. gliederte → Demonax aus Mantineia die Bürger in 3 Phylen, die Theraier und Perioiken, die Peloponnesier und Kreter, die Inselgriechen und beschränkte das Königtum. Arkesilaos III. erkannte 525 die pers. Oberhoheit an. Hdt. 3, 13. Mit Arkesilaos IV., dessen Wagensiege in Delphoi Pind. P. 4.5. feierte, endete um 456 das Königtum. Die demokrat. Polis, die E. des 4. Jh. alte kult. Gesetze aufschrieb (F. Sokolowski Lois sacrées des cités grecques, 1962, 115ff.), wurde durch → Ophellas 322 für Ptolemaios I. erobert und erhielt bei der Eingliederung in das Ptolemaierreich durch Dekret eine Verfassung mit Strategen, Gerusia, Bule und Ekklesia, zu der später Ephoren kamen. SEG IX 1. XVIII 726. 739. Selbständig wurde K. wieder unter → Magas (275–253), Demetrios (253–247), Ptolemaios VIII. (163–145), der durch Geheimtestament (SEG IX 7) Rom zum Erben von K. vorsah, und Ptolemaios Apion (116 bis 96), durch dessen Testament Rom K. erhielt und 74 als Provinz einrichtete. Antonius überließ K. 34 seiner Tochter → Kleopatra Selene (13). Seit Augustus, der in Edikten 7/6 und 4 v. Chr. das Gerichtswesen in K. ordnete (SEG IX 8), bildete K. mit Kreta die senator. Provinz Creta et Cyrenae. Die Verwüstungen des Judenaufstandes 114 wurden durch Ansiedlung röm. Veteranen und Erneuerung vieler Bauten unter Traian und Hadrian ausgeglichen. SEG XVII 584. Hadrian nahm 131 K. in das Panhellenion, die Vertretung aller Griechen, auf. Ein Koinon in K. gab es nicht. IG III 534. J. Deininger Die Provinziallandtage der röm. Kaiserzeit, 1965, 34f. Starke Quellen und große Felszisternen mit dem Wasser der Herbst- und Winterregen förderten den Ertrag an Getreide (330 v. Chr. Lieferung von 800000 Medimnoi an 41 griech. Städte SEG IX 2) und Öl. Wichtigster Ausfuhrartikel war das Silphion, das nur in K. wuchs und auf den Mz. dargestellt ist. Chamoux T. 20. Sein Anbau ging seit dem 1. Jh. v. Chr. zurück, wird aber noch E. des 4. Jh. von Synesios bezeugt. W. Capelle, RhM 97, 1954, 185ff. Pferde-, Schaf- und Rinderzucht und Handel mit Straußenfedern erhöhten den Wohlstand. Die Stadt K. hatte als Hauptheiligtum den mit der Quelle verbundenen Apollontempel und eine von vielen Bauten umgebene Agora. Kirsten 40ff. (Pläne der Stadt und Hauptbezirke). In den Thermen fand man 1913 die Aphroditestatue. L. Curtius, A 1, 1925, 36ff. T. 1. Zu der starken jüd. Gemeinde Ios. b. I. 7,437ff. S. Applebaum, PP 19, 1964, 291ff. Aus K. stammten der Mathematiker Theodoros, der Philosoph Aristippos, der Dichter Kallimachos, der Geograph Eratosthenes, der Akademiker Karneades und der Bischof Synesios. H. V.

*P. Romanelli* La Cirenaica Romana, 1943. *F. Chamoux* Cyrène sous la monarchie des Battiades, 1953. *E. Paribeni* Catalogo delle sculture di Cirene, 1959. *E. Kirsten* Nordafrikanische Stadtbilder, 1961, 39ff. *G. Oliverio, G. Pugliese Carratelli, D. Morelli*, Suppl. epigr. cirenaico, ASAA 23/24, 1962, 217ff. *S. Stucchi* L'agorà di Cirene, 1965.

**Kyrillos. 1.** K. von Alexandreia († 444) wurde 412 Patriarch von Alex. Nach seinem Amtsantritt ging er mit Gewalt gegen Juden und → Novatianer vor. Seit 428 wird sein Leben durch dogmat. u. kirchenpolit. Streitigkeiten beherrscht. Als Vertreter der Orthodoxie, als der er sich verstand (der Gott-Logos hat die ganze Menschennatur sich einverleibt und ist doch derselbe geblieben: ἐκ δύο φύσεων εἷς; μία φύσις τοῦ θεοῦ λόγου σεσαρκωμένη; nur deshalb kann die σάρξ Christi im Abendmahl göttliches Leben wirken; Maria ist deshalb θεοτόκος), kämpfte K. vor allem gegen → Nestorios von Konstantinopel, der das »θεοτόκος« des K. für häretisch erklärte. Für seine 12 Anathematismen gegen Nestorios gewinnt K. die Unterstützung Coelestinus' von Rom. Auf dem Konzil von Ephesos (431) wurde Nestorios unter dem Vorsitz K.' für abgesetzt erklärt und exkommuniziert. Von einer Gegensynode selbst abgesetzt, wurde K., wie Nestorios, von Theodosius II. gefangengesetzt, kam aber bald wieder frei. 433 gelang ihm eine Union mit seinen Gegnern (Antiochener), die daraufhin Nestorios fallen ließen. Während seines ganzen Lebens mußte K. gegen angeblich ausgeschlossene monophysit. Mißverständnisse seiner Christologie kämpfen. Auf den Synoden von Ephesos (449), Chalkedon (451) und Konstantinopel (553) wurde K. posthum als *der* rechtgläubige Christologe anerkannt. Schriften: neben exeget., der allegor. Methode verpflichteten Arbeiten viele dogmat.-polem. Werke, eine apologet. Schrift gegen Kaiser Iulianus, Briefe und Predigten. Alle diese Schriften sind dogmengesch. von großer Bedeutung.

Werke: *Ph. E. Pusey*, 7 Bde., Oxf. 1868/77; *Migne* PG 68/77. *Reuss*, TU 66, 1957, 103–269 und viele Einzelausgaben (s. *Altaner* 255f.).

Lit. *H. du Manoir* Dogme et spiritualité chez saint C. d'Al., 1944. *J. Liébaert* La doctrine christologique de saint C. d'Al. avant la querelle nestorienne, 1951. *W. Burghardt* The Image of God in Man according to C. of Al., 1957. *H. M. Diepen* Aux origines de l'anthropologie de S. C. d'Al., 1957. *Altaner*, 253/257; RAC III, 499ff.; Dict. d'Hist. et de Géogr. Ecol. (DHGE) XIII, 1169/77.

**2.** K. von Jerusalem († 386), seit 351 Bischof, war im arian. Streit nach anfänglicher Zugehörigkeit zu den Homoiusianern Anhänger der Nicäner. Am Konzil von Konstantinopel (381) nahm K. teil. Die Kirche von Jerusalem hielt er für die Mutter der ganzen Christenheit. Berühmt und wichtig für die Dogmen- und Liturgiegesch. sind seine um 350 gehaltenen 24 Katechesen. Außer den Katechesen besitzen wir noch 1 Homilie über Joh. 5,4, Homilien-Frg.e. und einen Brief an Constantinus.

*Altaner*, 278ff. (Lit.). DHGE XIII, 1181/85.

**3.** K. von Skythopolis (* 523, † nach 556) wird 544 Mönch im Euthymioskloster bei Jerusalem. Von 555 an ist K. Einsiedler in der »Neuen Laura« des Sabas. Hier entsteht sein lit. Werk: Biographien der großen Mönche der Wüste Juda (Euthymios [† 473], Sabas [† 532], Johannes Hesychastes [† 558] u. a.). Trotz der mannigfachen legendären Züge sind diese Viten hervorragende Zeugen für das Mönchsleben des 6. Jh. Kirchenpolit. wirkte K. für einen Ausgleich zwischen den Monophysiten und den Chalcedonensern. Kl. W.

Werke: ed. *E. Schwartz*, K. v. S., TU 49,2, 1939. *Altaner*, 201 f. (Lit.).

**4.** Unter dem Namen ist in mehreren Rezensionen ein Glossar überliefert, das wahrscheinlich im 5. Jh. in Alexandreia entstanden ist (vgl. R. Reitzenstein, RhM 43, 1888, 458; [3]). Es vereinigt chr. (Bibel-Glossare) mit attizist. Material (Paraphrasen und Sch.-Slg.-en bes. zu Homer, Eur., Thuk. und Demosth.). Seine weite Verbreitung in byz. Zeit wird durch die ungewöhnlich reiche und komplizierte Überlieferung (3 bzw. 4 Familien von Hss. mit unterschiedlichem Bestand; ein Pap.: Excav. at Nessana 2,148ff.; vgl. P. Maas, ByzZ 44, 1951, 409) bezeugt. Photios und die Suda benutzten es. Zahlreiche Glossen wurden in das Lex. Hesychs interpoliert ([3] XII f.). H. Gä.

Ta.: *Drachmanns* Ausg. noch immer ungedruckt. Proben versch. Herkunft bei *M. Schmidt*, Hesych. Alex. Lex. IV 1 (1862), 339ff.

Lit.: 1. *Krumbacher* 570f. (dort ält. Lit.). 2. *A.B. Drachmann* Die Überl. des Cyrillglossars, Danske Vidensk. Selsk. Hist.-fil. Meddelelser 21,5 (1936). 3. *K. Latte*, Hesych. Alex. Lex. I (1953) bes. XLIVff. 4. *P. Burguière*, REA 63, 1961, 345ff. 64, 1962, 95ff.

**Kyrios** (*Κύριος*) bzw. **Kyria** (*Κυρία*) »Herr (in), Gebieter(in)« (Frisk 2,53). Bezeichnung für den Besitz imperialer Gewalt bei Göttern (→ Zeus: Pind. I. 5,53), Heroen (→ Theseus: Soph. Oid. K. 1643) und histor. Personen (→ Demetrios Poliorketes: Athen. 6,253). Als griech. Äquivalent von semit. *adon* »Herr« bzw. *rabbat* »Herrin« zu hellenist. Zeit verschiedenen, z.T. gräzisierten orientalischen Gottheiten im Sinne eines Sakraltitels beigelegt ([2],113ff. [3],2,262ff. Drexler Myth. Lex. 2,1756ff.), u.a. in Äg. dem → Helios-Sarapis (POxy 1,110. 8,1148. [1],118.124.254), der → Isis von Philae (OGIS 185.186), dem → Osiris (Plut. Is. 10), dem Bes → Pantheos (Preisigke Sammelbuch 1, Nr. 1065), dem → Pan-Min von Koptos (CIG 5101. Vgl. G. Röder Der Tempel von Dakke 1, 1930, 177); in Kleinasien der Meter → Kybele (Serv. Aen. 3,113) und dem Zeus → Sabazios (F. Cumont, CRAI 1906, 63ff. 68); in Arabien dem → Dionysos-Dusares (Waddington Inscr. Gr. Lat. Syr. 2309) und der → Athena Allat von Tharba, Nela, Dama und Ḥarran (Waddington 2203. 2216.2453.2461); im syro-phöniz. Raum dem → Marnas von Gaza (Kerak-Kanatha: Waddington 2412 g), dem → Baal Marqod (MDAI[A]) 10, 1885, 168f.), dem → Kronos-Bel (Abila: OGIS 606. F. M. R. Savignac, Rev. Bibl. Int. 9, 1912, 536f.), der → Dea Syria-Atargatis (Kefr Hawar: BCH 21, 1897, 60. [1],73f.). Hier nennt um die Zeitwende der samarit. Gnostiker → Simon Magus sich und seine Konsortin Helena K. bzw. Kyria im Sinne einer Angleichung an → Zeus-Baal und Astarte-Selene bzw. Anat-Athene (Hippolyt. ref. 6,20. [2], 117. [8],59f. H. Waitz, ZNW 5, 1904, 133ff. L. Fendt Gnost. Mysterien, 1922, 41). Außer der Gnosis ist die → Zauberlit. naturgemäß an solchen



machtgeladenen Epitheta interessiert (PGM IV 1432. XIII 631. Th. Schermann, TU 34, 2a, 1909, 6ff. 22ff.). Demgemäß erscheint K., in LXX regelmäßige Transposition nicht nur des hebr. *adonaj* »Herr«, sondern auch des Gottesnamens *jhwh* ([3],1,481ff. 2,236ff. [8],113ff. 137ff. G. Mercati, Biblica 22, 1941, 339ff. 350ff.), innerhalb der mag.-esoter. Sphäre sowohl als Ersatz für das Tetragramm (P. Kahle, ThLZ 79, 1954, 82ff. [8], 93ff. O. Montevecchi Studi Calderini-Paribeni 2, 1957, 412) bzw. seine Pseudo-Transkription *ΠΙΠΙ* (Dan. 9,2. J. Montgomery, JBL 40, 1921, 86. Ch. C. Torrey, JBL 68, 1949, 326f.), deren Symbolwert u.a. durch Menorah-Aufschriften repräsentiert wird (E. R. Goodenough, Hebr. Union Coll. Ann. 23,2, 1950/51, 466), als auch unmittelbar verknüpft mit dessen griech. Äquivalent → Iao, etwa in der nach Amos 4,13 gebildeten Formel des Michigan-Pap. (2,155 Winter) *ὁ Ἰάω κύριος παντοκράτωρ* (C. Capizzi, Orientalia Christ. Analecta 170, 1964, 44ff. Montevecchi 414ff.), mit der man Apc. 4,8 *Κύριος ὁ θεὸς ὁ παντοκράτωρ* zu vergleichen hat ([11] 157ff. 296f. Vgl. [7],337f.).

In Analogie zu dem Gottesepitheton findet der Terminus K. bei den hellenist. Herrschern Verwendung als Ausdruck regaler Souveränität ([3], 2,286ff.), und zwar auch hier in Anlehnung an oriental. Vorbilder ([8],5ff. [9],93). Er erscheint vornehmlich bei den Ptolemäern (OGIS 607. [1], 255. [2],111ff. [10],549), weiterhin bei den Idumäern (Herodes Magnus: OGIS 415; Herodes Agrippa: OGIS 418. [4],8ff.), bei der Kandake von Äthiopien (Mitteis-Wilcken Grdz. 1,2,10f. Nr. 4) und bei den nachchr. Herrschern Palmyras (Mitteis-Wilcken 1,2,11 Nr. 5. [8],17ff. 22ff. [9], 258f.). K. gibt zu dieser Zeit durchweg das aram. מרא/ה »Herr« (Bar-Rkb-Stelen: F. von Luschan Ausgrabungen in Sendschirli 4, 1911, 255. 377ff. H. Donner, MIO 3, 1955, 73ff.) bzw. מרן »unser Herr« (Aretas IV. von Petra-Nabatene: CIS II 209) wieder: Dan. 4,16. [8],10ff. 53ff.; somit entspricht die von Adon von Apheq (E. Vogt, VT Suppl. 4, 1957, 85ff.) dem Pharao Necho II. gegenüber gebrauchte Anrede מרא מלכן »Herr der Könige« im aram. Pap. von Saqqara (A. Dupont-Sommer, Semitica 1, 1948, 43ff. Les Araméens, 1949, 89) dem griech. *κύριος τῶν βασιλέων* (Dan. 2,47. [8],13. Donner-Röllig Kanaan. und aram. Inschriften 1, 1962, 51 [Nr. 266]. 2, 1964, 312f.). Nach den Ermittlungen von L. Cerfaux enthält der K.-Titel an sich nicht schon eine vergöttlichende Qualifizierung des Herrschers ([9],258); doch verrät zuweilen der Kontext den Ansatz zur → Apotheose, etwa im Hymnos der Athener auf Demetrios Poliorketes (Duris FGrH 76 F 13. V. Ehrenberg, A 7, 1931, 279ff. [9],182ff. 185) oder in der Titulatur der Lagiden (*Βασιλεύς Θεός Νέος Διόνυσος Κύριος* OGIS 186. J. Tondriau, Chron. d'Ég. 45/46, 1948, 127ff. [9],206. [10],547). Von den röm. Caesaren wird K., z.T. in lat. Übersetzung (*dominus*), unter dem Aspekt potentieller Deifizierung übernommen ([1],256ff. F. Sauter, Tübg. Beitr. 21, 1934, 31ff. H. Preisker Neutestamentliche Zeitgesch. 1937, 200ff.) und ist nachweisbar u.a. bei Nero (SEG VIII 500. [1],111,113), Traian (CIG III 4612), Hadrian (IG Rom I 1254. 1267. PTebt II 286. 1023), Marc Aurel (IG Rom III 1399), Septimius Severus (OGIS 515): F. Taeger Charisma 2, 1960, 317. 339. 369. 375. 377. 388f. Bewußte Akzentuierung der Gottnatur des Kaisers erfolgt wohl schon bei Nero ([3],2,290f.), sicher bei Domitian (*dominus et deus* Suet. Dom. 13,2. [10],548); ähnliche Vorstellungen gelten für die Epiklesen des Vespasian *Κύριος, Εὐεργέτης, Θεός* im Pap. Fuad 8,15ff. (H.A. Musurillo Acts of the Pagan Martyrs, 1954, 30f. Taeger 2,255) oder für die Epitheta des Commodus *Pacator Orbis, Dominus, Invictus* ([9],366f.).

Im NT. bildet K. sowohl ein Metonym für den Vatergott (S.V. McCasland, JBL 68,107f.) als auch für den Sohn Jesus Christos (E. von Dobschütz, ZNW 30, 1931, 97ff. V. Taylor The Names of Jesus, 1953, 38ff.) in seiner Eigenschaft als »Lehrer« und »Herr« (Joh. 13,13) seiner ihm zu Dienst und Nachfolge verpflichteten Gemeinde (L. Cerfaux, Lectio Divina 33, 1962, 288ff.), aber auch als Überwinder des Todes (R. Leivestad Christ the Conqueror, 1954, 62ff. 92ff. [11],100), dem nach der paulin. Theologie von dem atl. Adonaj-*Κύριος-Πατήρ* (vgl. [12],89ff.) zugleich mit der himmlischen Erhöhung post resurrectionem und der Übertragung der Königsherrschaft (Cerfaux Christus in der paulin. Theologie, 1964, 66ff.) auch der souveräne Titel K. übertragen wurde (Phil. 2,10f. Röm. 10,9. [2],106ff. [5],5ff. E. Lohmeyer K. Jesus, SHAW 1927/28, 4. [8],35ff. [9],447f.; zur entsprechenden Ausdeutung von Lam. Jer. 4,20 J. Danièlou Mél. Lebreton 1, 1951, 338ff.). Dieser Titel wird von der Urgemeinde in einer bereits vorpaulin. homolog. Akklamation liturgisch realisiert ([12],61ff. H. Lietzmann Messe und Herrenmahl, 1926, 237), wobei das Vorbild der oriental. Herrscheranrede ([6],200f. [11],45f. Vgl. K. Pruemm, Biblica 9, 1928, 4ff.) sich in der alten Parusieformel aram. *maranatha* (1. Kor. 16, 22. Did. 10,6. G. Dalman Gramm. des jüd.-paläst. Aramäisch, 1905$^{2}$, 152,3) behauptet hat ([6], 214ff. [8],43f.; die künstliche Dichotomie zwischen K. und Maranatha bei [12],95ff. [vgl. S. Schulz, ZNW 53, 1962, 125ff.] ist abzulehnen). Der Anspruch auf die K.-Epiklese erklärt sich äußerlich aus der Tendenz des Urchristentums, aufgrund eines antithet. und polem. Parallelismus zum heidnischen Herrscherkult ([1],253. Lohmeyer Christuskult und Kaiserkult, 1919, 33ff.) der Formel *dominus et deus* für den röm. Kaiser (O. Cullmann Dieu et César, 1956, 83ff.) das *κύριος καὶ θεός* (Joh. 20,28.30) für den als Gottessohn (*υἱὸς θεοῦ*) betrachteten Religionsstifter entgegenzusetzen (R. Schütz Die Offenbarung des Johannes und Kaiser Domitian, 1933, 32ff. [4], 68ff. [10],549ff. [11],61ff.) oder sie gar durch den nach oriental. Mustern (*šar šarrani*) gebildeten Superlativ *βασιλεὺς βασιλευόντων καὶ κύριος κυριευόντων* zu überbieten (1. Tim. 6,15. [5],10). Ideenmäßig liegt der Bezeichnung Christi als K. ein aus atl. und außerbiblisch-jüd. Tradition ableitbarer messian. und eschatol. Aspekt zugrunde (H. Riesenfeld Jésus Transfiguré, 1947, 54ff. 66ff. 223ff. 265ff. H. Ringgren, ZAW 64, 1952, 120ff. [11],33ff. 123ff.), der seinen nachhaltigsten Ausdruck in der äonolog. Schau der Philipper- und Kolosserbriefe (Phil. 2,5–11. Kol. 2,9) mit dem Pantokrator Christos als *Εἰκών* Gottes 2. Kor. 4,3ff. (F.W. Eltester Eikon im NT., 1958, 130ff. [7],336ff.) und einer trichotom. Morphologie der Jesus-Christos-K.-Gestalt findet (U. Wilckens Weisheit und Torheit, 1959, 71. O.A. Dilschneider Christus Pantokrator, 1962, 36f. 42f.). Er beruht einmal auf der aus Daniel, Henoch und den Midraschim herausgebildeten Anschauung, daß Jahwe als Herr der Völkerengel und damit der Fremdvölker (Dan. 10,13. Hen. 61,9ff. P. Riessler Altjüd. Schrifttum außerhalb der Bibel, 1928, 392f. 426f.), als Gebieter über die 70 »Hirten« und die Engelfürsten Babels, Mediens, Griechenlands und Edoms [Roms] (Hen. 89,59ff. Rabbi Meir ad Gen. 28,12. Pesiqta 151a. Strack-Billerbeck Kommentar zum NT. aus Talmud und Midrasch 3, 1926, 48ff.) die analog zur himmlischen Hierarchie gedachte irdisch-kosm. Gewalt an den K. Jesus übergibt und am E. aller Tage von ihm zurückerhält (1. Kor. 15,23ff. Vgl. Pirqe Eliezer 11, 6c. Strack-Billerbeck 3,472. W. Schweitzer Die Herrschaft Christi und der Staat im NT., 1949, 13ff. 30); zum anderen berücksichtigt er das bereits in Ps. 109 vorbereitete ([11],48ff. 101ff.), bei Hippolytos (Patrol. Orientalis 27, 1954, 52. 72. 126f. 143ff. L. Mariès Mél. Lebreton 1,381ff. 395f. [11],109), Kyrill von Jerusalem (Migne PG 33, 676. Daniélou Sacramentum futuri, 1950, 215f.) und in den apokryphen 12 Patriarchen-Testamenten (Test. Simeon 7,2. Test. Juda 21,2. Test. Issachar 5,7. G.R. Beasley-Murray, Journ. Theol. Stud. 48, 1947, 1ff.) schärfer akzentuierte Moment der Koppelung von Königtum und Priester- bzw. Prophetenamt (V. Aptowitzer Parteipolitik der Hasmonäerzeit, 1927, 82ff. 124ff. [11],37ff. 106ff.) bei der dem K. Jesus in seiner Eigenschaft als »Menschensohn« (Mark. 14,62. Act. Ap. 7,55. J. Hering, RHPhR 16, 1936, 196ff. Danièlou, TU 73, 1959, 689ff.) vom K. Jahwe auferlegten Rolle des Doppelmessias (E. Hammerschmidt, ZDMG 113, 1963, 502f. Vgl. K. Schubert, Judaica 12, 1956, 25). Dieser Aspekt, der es dem Urchristentum ermöglicht, im K. Christos den Herrn der Schöpfung, im Basileus den König der Juden zu sehen (Matth. 2,2. 27,11. [5],9), konfrontiert die eschatol. Erwartungen der Gemeinde mit den apokalypt. Spekulationen über das heidn. Welt- und Friedenskönigtum bei Vergil und Martial (H. Hommel, Theol. Viatorum 2, 1950, 182ff. E. Stauffer Christus und die Caesaren, 1948$^2$, 52f. 166ff. Rom und Jerusalem, 1957, 20ff.). Die teils bewußte, teils unbewußte Rivalität mit dem heidn.-ant. K.-Begriff beeinflußt zunehmend das Bild des himmlischen Imperators (A. von Harnack Militia Christi, 1905, 30ff. E. Peterson Theol. Traktate, 1951, 149ff. [11],179ff. 209f.) und kosm. Regenten (F. van der Meer Maiestas Domini, 1938, 315ff.([11],298ff.) in Liturgie, Literatur und Ikonographie (J. Kollwitz Oström. Plastik der theodos. Zeit, 1941, 145ff. H. P. L'Orange Studies in the Iconography of Cosmic Kingship, 1953, 165ff. W. Dürig Pietas Liturgica, 1958, 170ff.) der konstantin. und theodos. Epoche ([11],11ff.); indem sie die Umwandlung heidn.-imperialer in chr. Symbole veranlaßt (C. O. Nordström, Figura 4, 1953, 46ff.), prägt sie die Eigenart des byz. Kaiserkults (J. B. Aufhauser, Numen Suppl. 4, 1959, 532f.); in ihm sind die Elemente altoriental. Weltherrschaftsideen, neuplat. Emanationslehre und ant. Herrscherapotheose aufgefangen durch den Glauben an den Kosmokrator Christos, der – wie im byz. Hymnos Akathistos – als *κύριος φιλάνθρωπος* dem *τύραννος ἀπάνθρωπος* (Chosrau II. als Repräsentant heidn. Macht und heidn. Glaubens) im Sinne eines hist. und metaphys. Dualismus gegenüberstehen kann (J. Rehork in Altheim-Stiehl Die Araber in der Alten Welt 2, 1965, 514ff.). W. F.

1. *A. Deissmann* Licht vom Osten, 1908. 2. *W. Bousset* K. Christos, 1913. 3. *W. v. Baudissin* K. als Gottesname 1–4, 1929. 4. *S. Lösch* Deitas Jesu und ant. Apotheose, 1933. 5. *O. Cullmann* Königsherrschaft Christi und Kirche im NT., 1946. 6. *Ders.* Die Christologie des NT., 1958$^2$. 7. *H. Hommel*, Theologia Viatorum 5, 1953/54, 322ff. 8. *L. Cerfaux* Le titre K., Ephem. Theol. Lov. 6, 1954, 3ff. (= Recueil L. Cerfaux 1). 9. *L. Cerfaux–J. Tondriau* Le Culte des Souverains, 1957 (Lit.). 10. *F. Heiler*, Numen Suppl. 4, 1959, 543ff. (Lit.). 11. *Per Beskow* Rex Gloriae, 1962 (Lit.). 12. *W. Kramer* Christos, K., Gottessohn, Abh. z. Theol. des Alten und Neuen Testaments 44, 1963.

**Kyrnos 1.** Griech. Name der Insel → Corsica. **2.** s. Theognis.

**Kyros** (*Κῦρος*, lat. *Cyrus*, altp. *Kuruš* mit *ŭ*, also dem altind. Namen *Kuru* vergleichbar, s. Eilers, Z. f. Ortsnamenforsch., 1964, 180ff.), Name zweier Könige und eines Prinzen aus dem Achaimenidenhause. **1.** K. I., Großvater von K. II., Sohn des Čišpiš (Teispes), Vater des Kambuiјya I. und gleich diesen König der Stadt Anšan, mag 645–602 regiert haben (E. F. Weidner Kyros I., ein Zeitgenosse Assurbanipals, Arch. f. Orientf. 1931, 1ff.). **2.** K. II. d. Gr., Begründer des pers. Weltreichs. Der Wahrheitsgehalt der griech. Berichte (Hdt., Ktes., Xen. usw.) läßt sich an den Angaben der Keilinschr. z.T. prüfen. Für die Eroberung Mediens besitzen wir 3 keilschr. Zeugnisse. K. besiegte Astyages 550/49. Im J. 547 oder kurz zuvor muß er das ö. angrenzende Parsu mit Anšan vereinigt haben. Im J. 547 eroberte er Sardeis und nahm Kroisos gefangen. Dann unterwarf er das übrige Kleinasien. Die Eroberung Babyloniens erfolgte 538/39, nicht ohne Gewalt, aber doch mit Hilfe der Marduk-Priester, deren Interessen König Nabona'id durch seine Förderung des konkurrierenden Sin-Kults verletzt hatte. So vermochte er sich dem Volk als Befreier vorstellen, indem er dem Marduk huldigte, sich der Tempel annahm und die verfallenen Häuser der Babylonier wiederaufbauen ließ. Später versöhnte er sich mit Nabona'id und dessen Gott Sin: er ließ in Ur Nabona'ids Heiligtümer, die seine Soldaten früher zerstört hatten, wiederaufbauen, und ernannte ihn zum Statthalter der Provinz Karmanien (s. Hildegard Lewy Studies ... Taqizadeh, 1962, 139ff.).

Noch im J. 538/37 gestattete er den in Babylon zurückgehaltenen Juden die Rückkehr nach Palästina und ordnete den Wiederaufbau des Tempels zu Jerusalem an (Ezra 1. II. Chron. 36,22f.). Über 42000 Juden machten von dieser Erlaubnis Gebrauch und wanderten in das gelobte Land zurück (Ezra 2,64). Es ist möglich (Morton Smith, Journ. Am. Or. Soc., 1963, 415ff.), daß Jesaia von der pers. Propaganda inspiriert wurde und daß also seine Schrift die Lehre Zarathustras widerspiegelte, obwohl kein anderer Beweis besteht, daß dessen Lehren dem K. bekannt waren. Seinen Sohn Kambyses ernannte er zum »König von Babylon«, während er selbst den Titel »König der Länder«, also Großkönig, annahm. Er fiel im J. 529 auf einem Feldzug gegen ein barbar. Volk an der NO.- oder O.-Grenze seines Reiches. Seine Gegner mögen Massageten (Skythen, Saken), Daer oder Derbiker gewesen sein. Kambyses sandte den Leichnam seines Vaters nach Persien zur Bestattung. Als Alexander d. Gr. im J. 330 durch die von K. begründete Hauptstadt Pasargadai kam, zeigte man ihm einen Grabbau, der für K. errichtet sein sollte. Mit der Beschreibung dieses Grabes stimmt das sog. »Grab der Mutter Salomos« unweit des Dorfes Murghab überein: hier wurde eine babylon. Ziggurat nachgeahmt (trotz H. Lewy a. O. 158 kein Beweis der Versöhnung des K. mit Sin).

K. war im ganzen Alt. als großer, mächtiger und tugendhafter Mann berühmt. Auch die im Grunde ungünstige Quelle des Nikol. von Damask. rühmt noch das feine Benehmen des jungen K. am med. Hofe, das ihn bei den meisten seiner Vorgesetzten und schließlich beim König selbst in hohe Gunst brachte und seinen Aufstieg ermöglichte. Unser ältester Gewährsmann, Aischylos (Pers. 770ff.), preist K. als *εὐδαίμων ἀνήρ*, den kein Gott haßte, weil er von Natur *εὔφρων* war. Erheblich kühler urteilt Herodot über K. Seine Schilderung des Lebensganges des K. (1,123ff.) verläuft wie eine Schicksalstragödie, deren Held, vom Glück begünstigt wie kein zweiter, sich selbst für einen Auserwählten der Götter hält und schließlich scheitert. Xenophons Schilderung ist idealisiert. Er hat seinem Helden Züge von anderen Personen – Sokrates, Agesilaos, selbst dem jüngeren K. – aufgeprägt. Aber sein Buch, *Κύρου παιδεία*, hat noch im Alt. eine starke Wirkung ausgeübt. Cicero und der jüngere Scipio haben es gern gelesen, Caesar noch kurz vor seiner Ermordung. Eine allg. Charakteristik gibt Xen. Kyr. 1,2,1. Aristoteles (pol. 5,8,5.15) rechnet ihn zu den Befreiern und Wohltätern der Völker. Sein großer Schüler Alexander d. Gr. ließ sich wiederholt zu seinen Handlungen durch die Bewunderung für K. bestimmen.

Als König eines kleinen Landes, als Vasall des mächtigen Medien trat K. auf den Schauplatz der Gesch. Innerhalb von 2 Jahrzehnten gelang es ihm, nicht nur die Herrschaft Mediens abzuschütteln, sondern dieses Reich und noch dazu 2 andere an Bedeutung Medien ebenbürtige Reiche völlig zu erobern und somit eine Großmacht zu schaffen, wie sie die Welt vor ihm nie gesehen hatte. Er hinterließ seinem Sohne eine festgefügte Herrschaft. Ob er neben dem dynast. Prinzip schon wie Dareios das der direkten göttlichen Erwählung des Königs gelten ließ, ist fraglich. Aus seiner Verehrung der »Artemis« (= iran. Anahita) darf nicht mit Weissbach (RE Suppl. IV 1165) geschlossen werden, daß er gleich den späteren Achaimeniden Ahuramazda-Verehrer war. Denn Anahita hatte wohl, ehe sie in die Ahuramazda-Religion eingegliedert wurde, mit ihr nichts zu tun.

In seinem Handeln hat er bereits 2 Grundsätze praktisch befolgt, die erst die Theorie des heutigen Völkerrechts als bindend anerkennt: Schonung des ebenbürtigen Gegners, der im ehrlichen Kampf unterlegen ist, und Duldsamkeit fremden Religionen gegenüber. Es ist wohl möglich, daß es ihm weit ferne lag, sich als Marduk- oder Jahweh-Bekenner zu fühlen, wenn er es wohl auch gerne gehört hat, daß man ihn als den Erwählten Marduks oder Jahwehs pries. Sicher ist aber, daß er jedem Volk innerhalb der Reichsloyalität seine religiöse, d.h. kulturelle, Autonomie ließ. J. D.-G.

**3.** K. der Jüngere, Sohn des → Dareios II. (2) und der → Parysatis, * 423. Ktesias FGrH 688 F 17,4. Seit 408 Karanos (Vizekönig) von Kleinasien und Oberbefehlshaber aller Truppen in der Ebene von → Kastolos, zugleich Satrap von Lydien, Großphrygien und Kappadokien, half er im Auftrag des Vaters → Lysander mit Subsidien im pelop. Krieg gegen Athen. Xen. an. 1,1,2. 9,7; hell. 1, 4,3. 5,2f. Diod. 13,70. Plut. Lys. 4ff.; Alkib. 35,5. Nach Unstimmigkeiten mit Lysanders Nachfolger → Kallikratidas setzte K. das erneute Kommando Lysanders durch. Xen. hell. 1,6,6ff. 2,1,7.11. Wegen der Hinrichtung zweier Vettern wurde er 405 an das Krankenbett des Dareios gerufen. Xen. an. 1,1,1; hell. 2,1,8f. Als nach dessen Tode 404 → Artaxerxes II. (2) Großkönig wurde, suchte K. den älteren Bruder bei der Krönung im Anahitatempel



in → Pasargadai zu ermorden. Xen. an. 1,1,3. Ktes. FGrH 688 F 17. Iust. 5,11,4. Zum Tode verurteilt, aber auf Bitten der Mutter begnadigt und in seine Satrapie wieder eingesetzt, warb K. durch seine Freunde Aristippos von Larissa, Sophainetos von Stymphalos, Sokrates von Achaia, Proxenos von Boiotien und den Spartaner Klearchos im Einvernehmen mit Sparta (Isokr. 8,98. 12,104) griech. Söldner zunächst gegen → Tissaphernes, mit dem er in rücksichtsloser Hausmachtpolitik um die ion. Städte stritt. Xen. an. 1,1,6ff. Von Sardes begann er 401 mit 10000 Hopliten und 2000 Peltasten und asiat. Truppen den von Xen. als Teilnehmer geschilderten Zug angeblich gegen die Pisider und überschritt ohne Widerstand des Kilikers → Syennesis die Taurospässe. Xen. an. 1,2,9. 7,10. In Issos stießen ein Hoplitenkorps unter → Cheirisophos (1) und spart. Schiffe zu K. Xen. an. 1,4,3. Das eigentliche Ziel des Zuges, den Sturz des Großkönigs, erklärte er in Thapsakos am Euphrat. Xen. an. 1,4,11f. Im Herbst 401 stieß er bei → Kunaxa (Ktes. FGrH 688 F 18) auf das Heer des durch Tissaphernes gewarnten Artaxerxes. Während die griech. Söldner des r. Flügels siegten, stürmte K. auf das feindliche Zentrum, verwundete seinen Bruder, fand aber im Getümmel den Tod. Xen. an. 1,8,24ff. Ktes. FGrH 688 F 20. Diod. 14,23f. Plut. Art. 11–13. Artaxerxes ließ der Leiche Kopf und r. Hand abschlagen, die Mutter erreichte sein Begräbnis in Susa. Ktes. FGrH 688 F 16. 66. Begeisterte Charakterschilderung des königlich gesinnten K. bei Xen. an. 1,9; seine Maßlosigkeit auch in der Rache (»jeden, der ihm etwas zuliebe oder zuleide getan hatte, suchte er zu überbieten«, 1,9,11) erinnert an die gleiche Maxime Sullas (Plut. Sulla 38,6). H. V.

*A. T. Olmstead* Hist. of the Pers. empire, 1959. *J. Roy*, Hist. 16, 1967, 287ff.

**4.** K. (Cyrus), aus Panopolis (Äg.), Vf. panegyr. Gedichte und Epigramme (Lyd. mag. 2,12), gewann über die Kaiserin Eudokia Einfluß auf Theodosius II., war 435 (438?)–441 praefectus urb. Const. und zeitweilig zugleich praefectus praetorio Orientis (Nov. Theod. 18.20. Cod. Iust. 1,2,9. 17,7.55,10. 2,7,8 u.ö.). Neben weiteren Bauten vollendete er die Stadtmauer von Constantinopel und eine Kirche für Maria Theotokos (Zon. 13, 22. Theophan. a. 6059). Als erster Stadtpräfekt fällte er seine Urteile nicht lat., sondern griech. (Lyd. a. O.). Bald nachdem der sehr populäre K. für 441 zum Consul ernannt war, fiel er in Ungnade. Theodosius zwang ihn, obschon er ihn des Heidentums verdächtigte, sich zum Bischof von Kotyaion (Phrygien) weihen zu lassen (Malal. 15, 24 a). Nach 457 starb K. als Privatmann. Anth. Pal. 7,557. 9,136. 623.808f. 15,9. A. L.

**Kyros** (*Κῦρος*, auch *Κύρνος*, *Κύρτος*, *Κόρος*) Name von Flüssen. **1.** Der Hauptfluß Transkaukasiens, d.h. → Iberiens und → Albaniens, h. Kura, von Strab. mehrfach, bes. 11,500, treffend beschrieben. Den → Araxes bezeichnet er (501) als selbständigen, nicht weit vom K. ins Kasp. Meer mündenden Fluß, während App. Mithr. 103,480 und Plin. nat. 6,25f. ihn Nebenfluß des K. nennen (dies ist er jetzt). Plut. Pomp. 34,3f. und Ptol. 5,12 geben beide Versionen. Seit früher Z. führte die Handelsstraße aus Indien auf dem → Oxos ins Kasp. Meer, über dieses den K. aufwärts, über den Paß von Ponia in den → Phasis (Rioni) und in den Pontos.

*Weissbach*, RE XII 184ff.

**2.** Fluß der Persis, Pasargadai umfließend nach Strab. 15,729, h. Kur. Über die schwierige Topographie s. TREIDLER, RE Suppl. IX 790ff. K. Z.

**Kyrrhestike** (*Κυρρηστική*). Landschaft N.-Syriens zwischen → Euphrat und → Amanos, s. von → Kommagene, benannt nach der Hauptstadt → Kyrrhos (2) bzw. dem Ethnikon *Κυρρηστής*. Erste Erwähnung für 286 v. Chr. Plut. Demetr. 48,6. Cic. Att. 5,18,1 nennt die K. den seiner Provinz (Kilikien) nächstgelegenen Teil Syriens. Das von Strab. 16,751 bezeugte Heiligtum der *Ἀθηνᾶ Κυρρηστίς* ist wohl Gründung eines Diadochen (Antigonos [1]?) in Erfüllung des Testamentes Alexanders d. Gr., s. Kyrrhos (1). Ptol. 5,15, 13 zählt 10 Städte der K. auf. Verderbt ist Plin. nat. 5,81. In der Kaiserzeit bildete die K. einen Teil der Provinz Syria, seit Mitte 4. Jh. der euphrates. Eparchie. HONIGMANN, RE XII 191–198. K. Z.

**Kyrrhos** (*Κύῤῥος*). **1.** Stadt in Makedonien zwischen → Pella und → Aigai, erwähnt nur bei Thuk. 2,100,4 (Einfall des → Sitalkes in Makedonien, 430), Steph. Byz. s. *Μανδαραί* (verwirrte Notiz), Prok. aed. 4,4 und Plin. nat. 4,34 (Bewohner *Cyrrestae*). Nach Diod. 18,4,5 ordnete Alexander d. Gr. in seinem Testament den Bau eines großen Tempels der Artemis in K. an, der aber unterblieb. K. Z.

**2.** Antike Stadt in N.-Syrien, die der zeitweiligen Provinz → Kyrrhestike den Namen gab. Als Schreibungen (wohl für syr. *qūros*) sind *κύρρος*, *κύβρως*, *κύπρος*, später *κύρος* belegt. Als Festung und Garnison kam der wahrscheinlich von Antigonos Monophthalmos gegründeten Stadt an einem Verkehrsknotenpunkt der Straße Antiocheia–Samosata–Zeugma nach Beroia (s. Tab. Peut. Itin. Anton.) große Bedeutung zu. In K. traf 18 n. Chr. Germanicus mit dem Legaten von Syrien Cn. Calpurnius Piso zusammen (Tac. ann. 2,57); hier wurde der Feldherr → Avidius Cassius, 175 Gegenkaiser Marc Aurels, geboren (Cass. Dio 71, 28,2. 31,1). Etwa seit Constantius wurde K. als Garnison von Hierapolis überflügelt. Früh christianisiert, war K. bes. im 5. Jh. bedeutsam für das religiöse Leben in Syrien. Justinian stattete die Stadt mit öffentlichen Gebäuden und Befestigungen aus. Hier wurden die Gräber der heiligen Ärzte und Märtyrer Kosmas und Damian verehrt, daher auch zuweilen der Name Hagiupolis. Berühmtester Bischof war → Theodoretos (423[?]–457). Heute Ruine Kuros, ca. 60 km n.w. von Aleppo. W. Rö.

*Honigmann*, RE XII 199–204. *R. Janin* Dict. d'histoire et de géogr. ecclesiastiques 13, 1956, 1186f. *E. Frézouls* Recherches histor. et archéol. sur la ville de Cyrrhus, Ann. Arch. de Syrie 4/5, 1954/55, 89–128.

*Κύρτιοι* (*Cyrtii*). Ein räuberisches Wandervolk im n. Medien und Persien, Strab. 11,523. 727. Als Schleuderer kämpften K. auf der Seite des med. Statthalters Molon im J. 220 gegen Antiochos III. (Pol. 5,52,5), 190 bei Magnesia am Sipylos gegen die Römer (Liv. 37,40,9), 171 bei Kallinikos für sie (Liv. 42,58,13). Als Nachkommen der K. haben die Kurden zu gelten. J. D.-G.

**Kythera** (*τὰ Κύθηρα*). Insel vor der SO.-Spitze der Peloponnes, von mehreren kleineren Inseln umgeben, ital. Cerigo, 30 km lang und 18 km breit, 262 qkm groß, meistens steile Felsküste mit kleinen Buchten und engen, steilen, ins Innere führenden Tälern, für ant. Verhältnisse aber doch *εὐλίμενος* (Strab. u.a.). Die Insel besteht zur Hauptsache aus Kalk und Schiefer und bildet im Inneren eine Hochfläche von 300–380 m Höhe, im S. unter 200 m, mit höchster Erhebung im SW. bis 510 m. Die häufigen starken Winde hindern den Baumwuchs sehr, während das Klima sonst eines der wärmsten Griechenlands ist. Quellen sind kaum vorhanden. Aus dem Alt. werden als Produkte bes. erwähnt Feigen, Käse, Wein und Honig, Herakleid., FHG 2,219 Frg. 24. Dazu war die Purpurfischerei wichtig, nach der die Insel auch *Πορφύρουσα* hieß, Dion. Per. 498. Steph. Byz. u.a. Siedlungsreste beginnen in frühhellad. Z. und sind späthellad. reichlich [5–9]. Die Bedeutung K.s für den Handel dieser Zeit wird belegt durch ein Marmorgefäß mit dem Namen des Pharao Userkaf aus der 5. Dynastie (ca. 2450 v. Chr.) und ein Steintäfelchen mit dem Namen des Königs Naram Sin von Eschnunna (Mitte 18. Jh. v. Chr.), SETHE, Ztschr. f. äg. Sprache 53, 1917, 55ff. WEIDNER, JHS 59, 1939, 137f.; Journ. of Near Eastern studies 17, 1958, 245. Äg. Ortsnamenliste der Z. Amenophis' III. (1402–1363): Kutira, BASO 181, 1966, 23f. nr. 5.

Bei Homer ist K. mehrfach erwähnt, Il. 15,432. Od. 9,81. Es gehörte dann zu Argos, Hdt. 1,82, seit der Mitte des 6. Jh. spartan. Perioikenstadt, die Sparta durch einen jährlich gesandten *Κυθηροδίκης* verwaltete, Thuk. 4,53,2. Die Wichtigkeit der Insel für Sparta betonen Hdt. 7,235 und Thuk. 4, 53,3, daher mehrfach von Athen besetzt, 456 v. Chr., 426–410 und 393–387/86 v. Chr., Paus. 1,27, 5. Thuk. 4,53,1ff. 57,4. 128,4. 5,14,3. 18,7. 7,26,2. 57,6. Xen. hell. 4,8,7. Isokr. 4,119. In august. Z. ist K. Besitz des C. Iulius → Eurykles, Strab. Cass. Dio 54,7,2.

An Ortsnamen werden genannt außer der gleichnamigen Hauptstadt der Hafen Skandeia schon bei Hom. Il. 10,268, Paus. Thuk., ein Hafen Phoinikûs bei Xen. hell. 4,8,7 und das N.-Kap Platanistus bei Paus. a.O. Berühmt war der Kult der Aphrodite Urania, der phoinikisch sein sollte, Hdt. 1,105. Paus. 1,14,7. 3,23,1. Ob jedoch der Beiname *Κυθέρεια* von K. stammt, ist sehr zweifelhaft, obwohl schon bei Hes. theog. 198 angenommen. Von der Hafenstadt Skandeia, Kastri an der Bucht Avlemona an der SO.-Küste, wie von der landeinwärts davon gelegenen Stadt (Palaeokastro) und dem dortigen Aphroditeheiligtum sind außer vielen Gräbern einige Reste einschließlich der Stadtmauer vorhanden. [4.8]. Skyl. 46. Strab. 8,5,1 p. 363. Paus. 3,23,1. Ptol. 3,14,44. Tab. Peut. 8,2. Geogr. Rav. 5,21,398,10. Hierokl. synekd. 648,8. Inschr. IG V 1,935–947. SEG XI 895–897. Mz. HEAD HN$^2$ 436 (3./2. Jh. v. Chr.). Jahrb. f. Numismatik 8, 1957, 81 Nr. 100. 102f. E. M.

1. *H. Leonhard* Die Insel Kythera. Peterm. Mitt. Erg. H. 128, 1899 (mit Karte 1 : 100000). 2. *Bürchner-Maull*, RE XII 207ff. (mit der älteren Lit.). 3. *Philipps.-Kirst.* 3,509ff. 4. *R. Weil* Kythera, MDAIA 5, 1880, 224ff. 293f. 5. *D. Fimmen* Kret.-myken. Kultur 11. 6. *V. Stais* *Ἀνασκαφαὶ ἐν Κυθήροις. Ἀρχ. Δελτ.* 1, 1915, 191ff. 7. *S. Benton*, ABSA 32, 1931/32, 245f. 8. *H. Waterhouse – R. Hope Simpson*, ABSA 56, 1961, 148ff. 9. BCH 89, 1965, 879ff.

**Kythereia** s. Aphrodite

**Kytheris.** Bühnenname einer röm. Schauspielerin der spätrepubl. Z., die bürgerlich als Freigelassene (Serv. ecl. 10,1) des Ritters P. → Volumnius Eutrapelus Volumnia hieß (Cic. Phil. 2,58, vgl. fam. 9,26,2); seit 49 (Att. 10,10,5. 16,5) als Mätresse des Antonius nachweisbar (Phil. 2,20. 61f. Plut. Ant. 9. Plin. nat. 8,55). Obwohl er sie 45 verstößt (Cic. Phil. 2,69. 77), wird er noch 44 als *Cytherius* (Att. 15,22) verspottet. Vgl. auch Vir. ill. 82,2. P. L. Sch.

RE IV 1345. XII 218f. IX A 883. *Schanz-Hos.* 2,171. *W. Kroll* Kultur der cicer. Z., 1933, 167.

**Kythnos** (*Κύθνος*). Mittelgroße Insel der w. Reihe der Kykladen mit ion. Bevölkerung, 21 km von NNO. nach SSW. lang, bis 11 km breit mit einem Flächenraum von 86 qkm. K. ist zur Hauptsache eine einförmige wellige Hochfläche von 200 bis 350 m Höhe, die überwiegend aus Schiefer besteht. Die Küste ist stark eingekerbt, bietet aber keinen guten Hafen. K. ist wenig fruchtbar und fast baumlos und hat auch wenig Wasser. Aus dem Alt. wird der Käse gerühmt, Athen. 12,516e. Poll. 6,63. Eustath. Dion. per. 525. Plin. nat. 13,134. Steph. Byz. Der ant. Hauptort lag an der W.-Küste auf zweigipfligem Bergvorsprung zwischen 2 Buchten, h. Evraeokastro: Teile der Stadtmauern u.a. erhalten. Wenige prähist. Funde, FIMMEN Kret. myken. Kultur 14. K. war am Perserkrieg beteiligt und daher auf den Weihgeschenken genannt, Hdt. 8,46,4. Paus. 5,23,2. Syll. I$^3$ 31,31. Dann Mitglied des att. Seebunds mit einem Tribut von 3, später 6 Talenten, B. D. MERITT The Athenian tribute lists 1,322f. 3,197. 267f. Bei Demosth. 13,34 als Beispiel einer armseligen Stadt genannt. 199 v. Chr. Belagerung durch Attalos I., Liv. 31, 45,9. 69 n. Chr. Aufstand eines falschen Nero, Tac. hist. 2,8f. Skyl. 58. Strab. 10,5,3 p. 485. Dion. Call. 136f. Ptol. 3,14,24. Stadiasm. m. m. 273. 284. Ov. met. 7,464, sonstige Quellen IG XII 5,2 p. XXVIII. Inschr. IG XII 5 Nr. 520–525. 1057–1059. Suppl. S. 112. Mz. HEAD HN$^2$ 484f. E. M.

1. *L. Roß* Reisen auf den griech. Inseln 1,106ff. 2. *Bürchner*, RE XII 219ff. 3. *Philipps.-Kirst.* 4,71ff. 4. *A. Gunaris* *Ἡ Κύθνος*, 1938. 5. *G. Gerola Fermenia* (Kythnos-Thermja), ASAA 6/7, 1923/24, 43ff.

**Kytinion** (*Κυτίνιον*). Kleine Stadt der mittelgriech. Landschaft → Doris beim h. Gravia. E. M.

**Kytoros** (*Κύτωρος*). Städtchen an der Küste Paphlagoniens zwischen → Amastris und Kap → Karambis, nach der ersten Erwähnung Hom. Il. 2, 853 auch später oft genannt; um 300 v. Chr. nach Amastris verpflanzt (Strab. 12,544), doch fortbestehend; h. Kidros mit geringen Resten. Vgl. RUGE, RE XII 224. K. Z.

**Kyzikener** (*Κυζικηνὸς στατήρ*). Seit ca. 600 v. Chr. prägte → Kyzikos Statere aus Elektron (Blaßgold) natürlicher Mischung (32–52% Gold) zu ca. 16 g, dazu seltener → Hekten (1/6), Hemihekten (1/12), Myshemihekten (1/24) und vereinzelt deren Hälften. Nach dem Stil des stets beibehaltenen Quadratum incusum der Reverse lassen sich 4 Gruppen bilden: – ca. 550: der Thunfisch, das Stadtwappen, wird vom Haupt- zum (ständigen) Nebentyp, – ca. 475: Tierbilder und Mischwesen, – ca. 400: Gestalten der griech. Mythologie, – ca. 330: wie vorher, dazu auch Porträts. Es gibt ca. 220, vielleicht jährlich wechselnde Averstypen. Sie stammen vielfach von auswärts, so Eule, Tyrannenmörder, Kekrops aus Athen, aus Kyrene Zeus Ammon, aus Tarent Phalantos, und sind wohl in Hinblick auf die Handelspartner gewählt oder weil Kyzikos für andere Städte prägte. Auch private Ausgabe durch Kyzikener Kaufleute ist denkbar. Die K. bildeten neben und vor den Mz. von Lampsakos und Phokaia d i e Goldwährung der Griechen und dienten bes. dem Handel mit den Persern und dem Schwarzmeerraum. So hat auch das att. Mz.-Dekret von 422, das den Bündnern eigene Prägung verbot, den K. nicht angetastet, wie auch der Perserkönig sein Goldmonopol nicht durchgesetzt hat. Erst die reiche Goldprägung Philipps II. und Alexanders d. Gr. brachten die Emissionen zum Erliegen. Im Kurs war der K. 1 → Dareikos oder 25 (später 20) Drachmen. H. Ch.

*F. Kiechle*, Jahrb. f. Num. und Geldgesch. 10, 1959/60, 95ff. *E. Condurachi*, Eirene 1, 1960, 61ff.

**Kyzikos** (*Κύζικος, Cyzicus*). Stadt am S.-Ufer der Propontis (h. Marmara-Meer), auf den Ausläufern der gebirgigen Halbinsel Arktonnesos (urspr. wohl Insel) und auf dem Isthmos gelegen, im Besitze von 2 Häfen im O. und W., die später durch überbrückte Kanäle miteinander in Verbindung standen (h. Belkis) (Ps.-Skyl. 94. Strab. 12,

575f. Apoll. Rhod. 1,936f. und Sch. Aristeid. 27, 5f.). Miles. Kolonie (Strab. 14,635. Plin. nat. 5,142. Vell. 2,7,7. Sch. Apoll. Rhod. 1,955. 1076). Als Gründungsjahr wird 756 oder 675 angegeben (Eus. 2,81. 87). Im 6. Jh. v. Chr. beherrscht von den Lydern, dann den Persern, die Tyrannen unterstützen (Hdt. 4,138). Im ion. Aufstand fiel es ab, wurde aber von den Persern wieder erobert (Hdt. 6,33). Nach den Perserkriegen Mitglied des Att. Seebundes (Athen. 12,534) mit einer Jahreskontribution von 9 Talenten. Im J. 410 v. Chr. wurde vor K. die spartan. Flotte von Alkibiades geschlagen und die Stadt, die keine Mauern hatte (Thuk. 8,107. Diod. 13,40) besetzt (Diod. 13,49,6f. Plut. Alk. 20. Polyain. 1,40,9. Xen. hell. 1,1,19). Im 4. Jh. v. Chr., obwohl von den Persern abhängig, wurde K. immer selbständiger, trat in den 2. Att. Seebund, fiel aber im Bundesgenossenkrieg (357–355) endgültig ab. In die Kämpfe der Diadochenzeit mehrmals verwickelt. Nach der Schlacht von Kyrupedion (281) fiel K. an die Seleukiden, erhielt aber 218 volle Selbständigkeit (Pol. 5,63,5). Trotz den Herrschaftsansprüchen Antiochos' III. (App. Syr. 12) bestanden zwischen K. und den Seleukiden freundschaftliche Beziehungen. So wurde Antiochos IX. hier erzogen (App. Syr. 65. Ios. ant. Iud. 13,10,1). Im 2. Jh. gute Beziehungen zum Pergamenerreich. Apollonis, die Gemahlin Attalos' I., stammte aus K. (Pol. 22,20,1. Strab. 13,624). In den Kriegen der Pergamener gegen Pharnakes (183) und Prusias (154) unterstützte K. die ersteren (Pol. 25,2,13. 33,13,1). Nach der Errichtung der Provinz Asia blieb K. frei und verlor die Freiheit erst unter Tiberius 25 n. Chr. (Tac. ann. 4,36. Suet. Tib. 37. Cass. Dio 57,24). Unter der röm. Herrschaft blieb K. eine der reichsten und mächtigsten Städte Kleinasiens, dank dem durch ihre Lage geförderten Handel. Vom 4. bis in die Mitte des 6. Jh. n. Chr. Metropolis der Provinz Hellespontos (Hierokl. 661,15. Not. episc. 1,12.148. 2,7. 3,80 usw.). Unter Hadrian und Antoninus Pius litt K. durch starke Erdbeben und wurde 543 durch einen Erdstoß fast völlig zerstört.

Von den Ruinen seien erwähnt: Reste der Stadtmauer, ein Theater, ein Amphitheater, der Zeustempel des Hadrian, der zu den 7 Weltwundern zählte, eine weit ausgedehnte Nekropole. Die schriftlichen Quellen nennen verschiedene Tempel, darunter einen Parthenon, ein Buleuterion, ein Prytaneion, eine Agora, eine dor. Stoa, eine Porta Thracia usw. A. M. M.

*J. Marquardt* Cyzicus und sein Gebiet, 1836. *G. Perrot* Explorat. de la Galatie, de la Bithynie usw., 1862, 84ff. *F. W. Hasluck–A. E. Henderson*, JHS 24, 1904, 135ff. *F. W. Hasluck* Cyzicus, 1910. *H. Meyer* De Anthologiae Palatinae epigrammatis Cyzicenis, 1911. RE XII 228ff. (mit reichlicher Angabe der ant. Quellen). *K. Lehmann-Hartleben* Die ant. Hafenanlagen des Mittelmeeres (Klio, Bh. 14, 1923), 63f. 100f. 126f. Encicl. dell'Arte 2,701f. *D. Magie* Rom. Rule in As. Min., 1950, 1, 81f. 2, 901ff. (s. auch Ind.). Hadrianstempel: ebd. 1, 614. 2, 1472f. *R. M. Ertüzün* Kapıdağ yarımadası, 1953, 15ff. (türk.).

# L

**L.** Sigle für das Praenomen Lucius (altlat. *Loucius*, osk. und falisk. Formen bei Walde-Hof.[3] 1, 823), sicher schon vor dem E. des 4. Jh. v. Chr. entstanden, vgl. RE XVI 1661. – Im übrigen haben viele Handwerker ihren Gentilnamen mit L abgekürzt, bes. Ziegler und Töpfer (von Amphoren, Lampen, Sigillata); das Material nennt auch 2 Augenheilkundige (Steinstempel), RE XII 235ff. H. G. G.

**Laarchos** (*Λάαρχος*, *Λέαρχος* Hdt.) ermordete 560 (oder 550) v. Chr. seinen Bruder Arkesilaos II. von Kyrene. Sein Versuch, als Regent des unmündigen Sohnes des Arkesilaos dessen Witwe Eryxo zu heiraten, scheiterte. Sie ließ L. ermorden. Hdt. 4,140. Plut. mor. 260 Df. Polyain. 8,41. H. V.

*F. Chamoux* Cyrène sous la monarchie des Battiades, 1953, 138. 142f. *H. Schaefer* Probl. der Alten Gesch. 1963, 247,4.

**Labai** (*Λάβαι* Pol. 13,9. Steph. Byz.), Stadt in *Χαττηνία* (arab. al-Ḫaṭṭ) an der O.-Küste Arabiens gegenüber den Baḥrain-Inseln, zwischen dem h. al-Qaṭīf im N. und $^{c}$Aǧēr ($^{c}$Uqair) im S. Der Name war im MA. noch als La$^{c}$bā' oder Lu$^{c}$bā lebendig (Yāqūt, Mu$^{c}$ǧam ed. Wüstenfeld IV 358f.). A. D.

**Labake.** Nach Ptol. 7,1,46 eine Stadt in NW.-Indien, die zum Herrschaftsgebiet des altind. Pāṇḍava-Geschlechts gehörte. K. F.

Ältere Lit. s. *Wecker*, RE XII 239.

**Labarum.** Spätröm.-byz. Kaiserstandarte. Es ist (trotz R. Egger, SAWW 234,1, 1960, 14ff.) nicht geklärt, ob das Wort l. aus dem lat., griech. oder kelt. abzuleiten ist. Das l. wurde von Constantin d. Gr. kurz nach seinem Sieg von 312 eingeführt (Alföldi, Festschr. Dölger 1939, 8ff. Egger 11). Nach Eus. vita Const. 1,31 ein hoher Schaft mit Querstange im oberen Teil, auf der Spitze ein das Christusmonogramm (vgl. Lact. de mort. pers. 44) umschließender Kranz; von der Querstange hing ein quadrat. Tuch herab, an dem Kaisermedaillons befestigt waren. Das l. im Palast hatte eine Ehrenwache (Eus. vita Const. 2,8. Cod. Theod. 6,25,1 von 416). A. L.

**Labda** (*Λάβδα*). Tochter des → Bakchiaden Amphion. Da keiner aus diesem korinth. Adelsgeschlecht sie wegen ihrer Lahmheit heiraten wollte, wurde sie Frau des Eetion (6) der von den Lapithen abstammte und im korinth. Demos Petra wohnte. Ihrem Sohne → Kypselos wurde vom Orakel die Herrschaft über Korinth verheißen; dessen Rettung erzählt Hdt. 5,92. Anders Paus. 2,4,5. 5,18,7. Rationalisierend Nikol. Dam. FGrH 90 F 57. Die Legende soll Kypselos' Legitimation durch seine Abstammung von vordor. Adel begründen; Lahmheit galt vielfach als dämon. Anzeichen von Begabung und Macht. Etym. → Labdakos. H. v. G.

**Labdakos** (*Λάβδακος*). Sohn des theban. Königs Polydoros und der Nykteis, vermittelt die Stammfolge von Kadmos, Polydoros' Vater, auf Laios, Sohn des L. Er führte einen Grenzkrieg mit → Pandion, starb als Verächter des Dionysos. Hdt. 5,59. Eur. Phoen. 8. Apollod. 3,40.193. Paus. 9,5,5. Etym. (von der Form des Buchstabens Labda mit einem kürzeren Schenkel) als »Hinkender« gedeutet, indem das Leiden des berühmten Enkels Oidipus auf den Ahnherrn zurückprojiziert wurde. H. v. G.

**Labdalon.** Örtlichkeit am äußersten N.-Rand des Epipolai-Plateaus von → Syrakusai, wo die Athener 414 ein Fort anlegten, das ihnen Gylippos kurz nach seiner Ankunft entriß, Thuk. 6,97,5. 98,2. 7,3,4. K. Z.

Genaue Lokalisierung seit Fabricius ö. von Scala Greca über dem Abstieg der antiken Straße Syrakusai–Megara vom Plateau; ältere Ansätze weiter w. H.-P. D.

*K. Fabricius* Das antike Syrakus, Klio-Beih. 28, 1932, 19f. *H.-P. Drögemüller* Syrakus, Heidelberg, 1968, Abb. 5b, 15, 16.

**Labeates.** Illyr. Stamm (Liv. 43,19,3. 44,31,2. 45,26,15; *Labeatis terra* 44,23,3) und gleichnamiger See (h. See von Skutari: Liv. 44,31,3 *Labeatis palus*). Erwähnt von Pol.-Liv. im Zusammenhang mit dem Bündnis zwischen → Perseus und → Genthios im J. 168 v. Chr. Stammesgebiet *Λαβεᾶτις*. Pol. 29,3,5. Chr. D.

*Casson* Macedonia, Thrace and Illyria 316. Enc.Ital. 20, 1933, 327. *De Sanctis* Stor. d. Romani 3,1,322. 4,1,316.341.

**Labeo.** Urspr. Individual-Cognomen für einen, der dicke Lippen hat (RE III A 1828. Walde-Hof.$^3$ 1,738. J. Reichmuth D. lat. Gentilicia, Diss. Zürich 1956, 70); zur lat. Form s. Schulze Eigenn. 315. Es erscheint in republ. Zeit bei den Antistii (Nr. 13), Atinii (Nr. 4. 5), Fabii (Nr. 29) und Seguli, später auch z.B. bei Cornelius L. (o. I 1317 Nr. 21). Bei einigen Personen kann die Gens nicht nachgewiesen werden, z.B.: **1.** L., ein Bekannter Ciceros, der 54 v. Chr. eine Reise nach Gallien wahrscheinlich nicht durchführte, ad. Q. fr. 3,1,21. **2.** C. L., Verwaltungsbeamter in Asia in der Zeit Sullas. **3.** L. L., sonst unbekannter Redner um 90 v. Chr. Auct. ad Her. 4,37. H. G. G.

**Laberius.** Röm. Familienname etr. Herkunft (Schulze Eigenn. 162. 316. Walde-Hof.$^3$ 1,738). Angehörige der pleb. Gens treten seit dem E. der Republik hervor.

I. Republikanische Zeit. **1.** L., fiel als Kriegstribun im J. 258 v. Chr., Claud. Quadrig. frg. 42 (Gell. 3,7,21); nach anderer Überlieferung hieß dieser »röm. Leonidas« Q. Caecilius (o. Bd. I 991 Nr. 5) oder Calpurnius Flamma (o. Bd. I 1019 Nr. 11) – dort Näheres. **2.** M. L., Geschäftsmann (Makler), von Cic. fam. 13,8,2 im J. 45 erwähnt. M. Gelzer Caesar$^6$ 263,36. **3.** Q. L. Durus, fiel 54 als Kriegstribun Caesars in Britannien, Caes. Gall. 5,15,5. H. G. G.

II. Kaiserzeit: **1.** L. L. Maximus, Sohn eines Aedilen von Lanuvium im J. 42, CIL XIV 2097; Procurator in Iudaea im J. 71, Ios. bell. Iud. 7,216. Im J. 80 hatte er bei der Eröffnung des Amphitheatrum Flavianum den Arvalbrüdern die Plätze anzuweisen; 81 praef. annonae, CIL VI (2059 =) 32 363. 82–85 praef. Aegypti CIL XVI 29. Pap. Gießen 84 col. II 18, s. Stein Praef. 41 f. RE XXII 2370; von Domitian zum praef. praetorio ernannt, A. Piganiol, CRAI, 1947, 386ff. – Pflaum, Carrières procur. éq. 1,102–104. **2.** M.' L. Maximus, Sohn von Nr. 1, cos. suff. im J. 89, AE 1949, 23, Z. 13. Legatus Aug. pr. pr. Moesiae inf. 100–102, SEG I 329, Z. 62ff., s. Stein Legat. 26.61. Unter seinem Kommando stand die Heeressäule, die im 1. Dakerkrieg die Donau bei Dierna (Oršova) überschritt und nach Tibiscum marschierte; ein Sklave des L., Callidromus, geriet 101/02 in Gefangenschaft der Sarmater und wurde von Decebalus als Geschenk dem Partherkönig Pacorus II. übergeben, Plin. epist. 10,74,1; s. F. A. Lepper Trajan's Parthian War 168f. L. gelang es 102, die alte dak. Königsburg w. des Rotenturmpasses zu erobern und die Schwester des Decebalus gefangenzunehmen, Cass. Dio 68,9,4. Dafür wurden L. die üblichen höchsten Auszeichnungen verliehen und er wurde mit Traian im J. 103 cos. ord. II., AE 1954, 223, CIL V 5067, VI 854. Später, vielleicht erst nach 113, kam er in Konflikt mit Traian oder L. Licinius Sura und wurde vom Senat auf eine Insel relegiert. Obwohl zu Beginn der Herrschaft Hadrians der praef. praet. Acilius Attianus seine Hinrichtung forderte, ließ ihn der Kaiser am Leben, vit. Hadr. 5,5. R. H.

**D. Laberius.** Mimograph, * 106 v. Chr., † 43 (Hier. chron. p. 157 H.). Im J. 46 nahm er, obwohl Ritter, auf Bitten Cäsars an einem mimischen Stegreifwettstreit (Hoffmann, RhM 1884, 471ff.) mit seinem Konkurrenten → Publilius Syrus teil, wobei das Publikum trotz Cäsars Wohlwollen gegen L. und für den geübten Schauspieler entschied (verzerrt Macr. Sat. 2,7,2ff., vgl. aber Cic. fam. 12, 18,2 und Malasòli, AeR 1905, 188ff.); Cäsar belohnte ihn mit einem Honorar und der Wiedereinsetzung in den Ritterstand. Schon zu seiner Z. berühmt (Cic. fam. 7,11,2. Macr. Sat. 2,6,6), galt er der Folgezeit als Vertreter des literar. Mimus schlechthin, wie ca. 100 Zitate aus mehr als 40 Stücken beweisen. Ihre Titel zeigen, daß L. im Mimus die Tradition der hohen (Palliata, Togata) wie der niederen Komödienarten (Atellane) fortsetzt. Die Archaisten (vor allem Nonius und Gellius), die die meisten Frg.e bewahrt haben, heben sorgfältige Wortwahl (Front. 4,3,2), Neologismen (Gell. 16,7), aber auch Vulgarismen (ebd. 19,13,3, vgl. Hor. s. 1,10,5f. neben Lucilius) hervor. Der scharfe Witz seiner hintersinnigen Pointen (Sen. contr. 7,3,9) sparte auch den Bereich der Politik nicht aus. P. L. Sch.

Frg. CRF 1873², 279ff. 1898³, 349ff. Romani Mimi, ed. *M. Bonaria*, 1965, 5ff. 38ff. 103ff.

Lit. *Schanz-Hos.* 1,257ff. *H. Reich* Der Mimus 1, 1903, 563ff. *A. Marzullo*, Atti e Mem. Acc. Modena, 5. s., 16, 1958, 85ff. *D. Romano* Cicerone e Laberio, 1955.

**Labici** (Nissen It. Ldk. 2,601. Beloch RG 157. Rudolph Stadt und Staat im röm. Italien 174. Ashby Pap. Brit. Sch. Rome 1,235 u.a. Mommsen CIL XIV p. 275), Ort Latiums (Cic. Planc. 23), 15 mp s.ö. Roms (Strab. 5,237) nahe *Ad Quintanas* (CIL XIV 2770 *Lavicani Quintanenses*), Ziel der *via Labicana* (Liv. 4,41,8. It. Ant. 304,5. 306,2); 418 röm. Kolonie (Liv. 4,47,6. 49,6. Diod. 13,6,8; Alföldi Early Rome and the Latins 394); bald bedeutungslos (Strab. 5,230. Plin. nat. 3,63); Platz des h. Monte Compatri. G. R.

**Labienus.** Röm. Gentilname, dessen etr. Stamm (Schulze Eigenn. 105. 163) durch das Suffix *-enus* wie bei Alfenus, Varenus usw. weitergebildet ist, RE XVI 1652f. Die im 1. Jh. v. Chr. hervorgetretene Familie stammte aus Cingulum in Picenum und ist dank Cic. Rab. perd. 22 seit um 100 nachweisbar. Namensträger auch auf Inschr.

I. Republikanische Zeit. **1.** L., Opfer der Proskription von 43, App. civ. 4,110. **2.** Q. L., Onkel (Vatersbruder) des T. L. Nr. 4, war 100 Anhänger des L. → Appuleius Saturninus und wurde in der Curia erschlagen, Cic. Rab. perd. 14. 18. 20ff. Oros. 5,17,9. **3.** Q. L. (Parthicus), Sohn von Nr. 4. Er ging wohl Ende 43 als Gesandter von Brutus und Cassius zum Partherkönig Orodes, Vell. 2,78,1 u.a. Broughton Mag. 2,363f., blieb nach der Schlacht bei Philippi dort und veranlaßte die parth. Invasion unter Pakoros E. 41, wobei er selbst führend in Syrien und dann in Kleinasien beteiligt war (Imperatortitel, Mz.!). Vor Ventidius (RE VIII A 795ff.) mußte er 39 zurückweichen und fiel bzw. wurde getötet (Cass. Dio 48, 40,5f.). Gardthausen 1,224ff. H. Buchheim Die Orientpol. des Triumvirn M. Antonius (Abh. Akad. Heidelb. ph.-h. Kl. 1960, 3,75f. u.ö. **4.** T. L. (um 99–45), T. f., aus Cingulum. 63 klagte er als Volkstribun (Broughton Mag. 2,167f.) und Anhänger Caesars den C. Rabirius wegen der Ermordung des → Appuleius Saturninus an (Cic. Rab. perd. 6.14 u.ö.). Ferner brachte er ein Gesetz durch, nach dem die Priesterstellen wieder wie vor 81 durch Wahl in den Comitien besetzt wurden (Cass. Dio 37,37,1); die Folge war die Wahl Caesars zum pont. max. Ein anderes Gesetz gab Pompeius das Recht zum Tragen der Amts- bzw. Triumphaltracht. Die Praetur hat er wohl nicht bekleidet, wurde aber von Caesar auf Grund der Lex Vatinia (RE VIII A 502) zum legatus pro praetore ernannt und war in dieser Stellung von 58 bis 50 bei Caesar in Gallien tätig (Caes. Gall. 1,21,2 u. ö.); er zeichnete sich dabei vielfach aus, gegen Helvetier (58), Belgen (57), Nervier, Treverer (56, 54/53), Moriner (55) u.a., bewährte sich aber ganz bes. 52 während des großen Aufstandes im Raum Lutetia Parisiorum (Caes. Gall. 7,59,6) und dann bei Alesia. Mehrfach hat er Caes. vertreten, zuletzt 50 in der Verwaltung Oberitaliens. Anf. 49 ging L. im → Bürgerkrieg zu Pompeius über (möglicherweise aus Gefolgschaftstreue, R. Syme, JRS 28, 1938, 113ff.), womit er Caesar zutiefst traf, Cic. Att. 7,12,5. Plut. Caes. 34,2 u.a. Seine polit. Rechnung (vgl. Ed. Meyer Caes. Mon. 342) erfüllte sich nicht: er kämpfte als entschiedener Gegner Caesars 48 bei Pharsalos mit (Caes. civ. 3,87,1–5 u.a.), um anschließend über Cyrene nach der Provinz Africa zu fliehen, wo er 46 mit seinen Reitern (und als »Generalstabschef« (?) des Metellus Scipio) mehrfach erfolgreich, bes. bei Ruspina, aber nicht siegreich, gegen Caesar focht. Nach der Schlacht bei Thapsus entkam er nach Spanien und fiel in milit. führender Stellung in der Schlacht bei Munda am 17. März 45, Bell. Hisp. 31,9 u.a., ein persönlich tapferer und kühner sowie takt. und strateg. begabter Offizier der unterlegenen Partei. H. G. G.

II. Kaiserzeit: T. L., Gerichtsredner august. Z., Quint. inst. 1,5,8. 4,1,11. Er zog nur in geschlossenen Kreisen gegen die höheren Stände und ihre Laster zu Felde, sogar gegen Batyllus. Er gab sich als Pompeianer in einem zeitgeschichtlichen Werk. Als seine Bücher öffentlich verbrannt wurden, nahm er sich das Leben, Sen. contr. 10 praef. 4–8. – Schanz-Hos. 2,344f. R. H.

**Labotas** (Λαβώτας; Λεωβώτης Hdt.). **1.** 4. König der Spartaner (1025/24–989/88 Apollod. FGrH 244 F 62), Agiade. Hdt. 1,65. 7,204. Paus. 3,23f. Plut. mor. 224C; Exc. Barb. 42b. **2.** L., ἁρμοστής in → Herakleia (1); fiel 409/08 durch Verrat der Achaier mit ca. 700 Herakleiern im Kampf gegen die Oitaier. K. K.

**Labranda** (Λάβρανδα). Von Hdt. 5,119. Strab. 14,659 Steph. Byz. genannte Örtlichkeit (κώμη) in Karien, unweit → Alabanda. Hier genoß → Ζεὺς Λαβρανδηνός, auch als Ζ. Στράτιος bezeichnet, bes. Verehrung. S. Mylasa. H. T.

*Bürchner*, RE XII 276. *A. Forbiger* HB alt. Geogr. 2,231. Gr. Hist. Weltatl. I, S. 13b. Les Guides Bleus, Turquie 1958, 343.

**Labraundos** s. Zeus

**Labronios** (λαβρώνιος, -ον). Das pers. Trinkgefäß unbekannter Form (flach, groß, große Henkel) aus Edelmetall, oft mit Reliefs verziert, wird vor allem in der Neueren Komödie genannt (bei Athen. 11,484c–f. 784a. 500e), sonst nur Clem. Alex. Paed. 2,3 (177,27f. St.) m. Sch., Eust. 1066,3 und bei Lexikographen. W. H. G.

**Labros** (*Λάβρος* »ungestüm«) Hundename: a) auf der Françoisvase (Kalydon. Jagd) der weiße Hund, der neben den Helden Thorax und Antandros von links anstürmt, b) bei Ov. met. 3,224 und Hyg. fab. 181 ein Hund des → Aktaion. Vgl. Lachne, Lailaps, Ladon. H. v. G.

**Labrum** (aus *lavabrum*). Das Becken mit vollem, nach außen gebogenem Rand wird in der röm. Landwirtschaft vielfältig verwandt (Cato agr. 10,4. 11,3. 13,2. 66,2. 135,1. 154. Verg. georg. 2,6. Colum. 12,15,3. 52,10f.), vgl. Blümner Techn. 1$^{2}$, 354f. 357,5. Als Material nennt Colum. 12,15,3 Ton und Stein. Ferner heißen Wasserbecken allg. l., auch die Becken der Springbrunnen, vor allem die Waschbecken im Bad (Erz oder Marmor), für deren Anlage Vitr. 5,10,4 Vorschriften gibt. Erhaltene Beispiele: Overbeck-Mau Pompeji$^{4}$, 1884, Ind. s.v. In chr. Z. heißen l. auch Gefäße zu rituellen Abwaschungen. W. H. G.

*Hug*, RE XII 285f.

**Labrys** (*λάβρυς*). Das Wort unbekannter, wohl ägäischer (? kleinasiat.) Herkunft (lyd. nach Plut. mor. 302a, vgl. dazu RE XII 286), wahrscheinlich mit → Labyrinthos zusammenhängend, bezeichnet die Doppelaxt (= *πέλεκυς* Plut. a. O.), d. h. ein Beil mit zwei beiderseits des Schaftes symmetrisch angeordneten Schneiden; der Schaft ist meist durch ein in der Axtklinge befindliches Loch geführt. Die L. dient sowohl handwerklichen Zwecken (Baumfällen) wie als Waffe (bei Hom. nur den Gegnern der Griechen, später vor allem den Amazonen); eine bes. Bedeutung hat sie im Kult. Urspr. aus dem Vorderen Orient kommend ([4]) und in Kleinasien, bes. in Karien, bis in späteste Z. Attribut zahlreicher einheim. Götter (Ganszyniec, RE XII 298), ist die L. im 2. Jt. v. Chr. im minoischen Kreta eines der wichtigsten religiösen Symbole geworden ([2. 3. 5]). Ausschließlich Göttinnen werden mit der L. zusammen dargestellt, was teils als Zeichen des Matriarchats, Symbol der Herrschaft, aufgefaßt wird ([5],161), teils als Hinweis auf den männlichen Partner der Großen Göttin und als Insignie des Priesterfürsten (B. Schweitzer, Gn 24, 1952, 386). L. werden als Kultsymbole und Weihegaben aufgestellt, z. T. in kostbarem Material, sie werden als göttlicher Schutz in die tragenden Fundamentsteine der kret. Paläste eingeritzt. Führen in Kleinasien viele männliche Gottheiten die L. (z. B. Zeus, Men, Apollon), wo sie dann gerne, wenn auch ohne ausreichende Begründung, als Zeichen des Wetter- und Gewittergottes aufgefaßt wird, so geht auf dem griech. Festland die L. fast ganz in die Hand männlicher Gestalten über; seit geometr. Z. taucht die L. als Zeichen der Heiligkeit, dann bei Herakles, Theseus, Hephaistos u. a. auf ([1]). Im ital. Bereich ist die L. dagegen selten, erscheint wesentlich in Verbindung mit den aus dem O. eingeführten Kulten (z. B. bei den Priestern der Ma-Bellona). Bei den Etruskern spielt die L. keine Rolle; weder Charons Hammer noch das (aus Etrurien übernommene) Fascesbündel mit Beil haben mit der L. etwas zu tun. Charakter und kultische Verwendung der L. bedürfen erneuter Klärung. W. H. G.

1. *B. Schweitzer* Herakles, 1922, 21ff. 2. *M. P. Nilsson* The Minoan-Mycenaean Religion, $^{2}$1950. 3. *F. Matz* Göttererscheinung und Kultbild im min. Kreta (AAMz 1958 Nr. 7). 4. *H.-G. Buchholz* Zur Herkunft der kret. Doppelaxt, 1959. 5. *F. Schachermeyr* Die min. Kultur des alten Kreta, 1964.

**Labyadai** (*Λαβυάδαι*). Delph. Phratrie mit mehreren Geschlechtern (Patriai). Als Eponym ist ein Heros Labys anzunehmen. Nach ihrem Statut standen um 400 v. Chr. an der Spitze der L. jährlich wechselnde Tagoi, die der Phratrie gebührende Abgaben annahmen: die *ἀπελλαῖα*, Tiere zum Opferschmaus, von neuen Mitgliedern, *δαράται*, Kuchen, als *παιδήια* von Vätern für neu geborene Kinder, als *γάμηλα* von jungen Ehemännern für deren Frauen. Damiorgoi (C. Vatin, BCH 85, 1961, 236ff.) legten Geldbußen auf, die »Fünfzehn« (*τοὶ πεντεκαίδεκα*) trieben sie ein. Für Beschlüsse in der Versammlung (*ἀλία*) der L. waren 101 Anwesende erforderlich, das erhaltene Statut wurde mit 182 Stimmen gebilligt. Die L. hatten wohl 200 Mitglieder und besaßen Grundstücke sowie Gelder. Als Götter verehrten sie Zeus Patroos, Poseidon Phratrios, Apollon und Artemis. Ein Gesetz verbot Übermaß von Trauer und Aufwand bei Bestattungen. Enge kultische Verbindungen hatten die L. zu der phok. Stadt Panopeus, sie pflegten den Kult der Buzyga, der Tochter des Phanotos, des phok. Stadtheros. L. Ziehen Leges Gr. sacrae, 1906, 74. E. Schwyzer Dialectorum Graec. exempla epigr., 1923, 320.323. Solmsen-Fraenkel Inscr. Graec. ad inl. dial. sel. $^{4}$1930, 149. SEG 13,366. 18,203. S. Eitrem, Eranos 20, 1922, 91ff. H. V.

**Labynetos** (*Λαβύνητος*). Nur bei Herodot vorkommende gräzisierte Form des babylon. Königsnamens Nabonid (Nabuna'id; → Nabonadios); Anlaut mit L graph. Entstellung oder assoziative Umbildung? Nach Hdt. 1,188 eroberte Kyros Babylon unter L.; die Nachricht paßt zum hist. N. (555–539). Hinter dem gleichnamigen Vater des L. und Gemahl der → Nitokris verbirgt sich dagegen Nebukadnezar II. von Babylon (605–562), der nach der Halysschlacht (585) Frieden zwischen dem Lyder Alyattes und dem Meder Kyaxares vermittelte (Hdt. 1,74). Ungewiß ist, ob Hdt. 1,77 mit dem mit Kroisos verbündeten L. Nabonid selbst oder dessen Vater Nabopolassar (562–555) meint. D. O. E.

*E. Weidner*, RE XII 311f.; weiteres → Nabonadios.

**Labyrinthos** (*Λαβύρινθος*). **1.** Das myth. kretische L. war ein nach att. Überlieferung von → Daidalos für den kret. König → Minos geschaffener Wunderbau in → Knossos mit verwirrend unübersichtlicher Anlage, in dessen Mitte → Minotauros hauste und seine menschlichen Opfer verschlang; Theseus tötete ihn und befreite die Athener von dem Blutzoll. Paus. 1,27,10. Apollod. 3, 214; epit. 1,9. 12 (nicht 126, wie o. I 1360,28 angegeben). Plut. Thes. 15 spricht von dem Tod der Opfer durch das aussichtslose Herumirren. Nach anderer Überlieferung sperrt Minos den Baumeister selbst in das von ihm erbaute Haus, und er kann sich und seinen Sohn nur auf dem Luftwege retten. Alle Berichte sprechen von gewundenen, sich ineinander schlingenden Irrgängen. Kall. h. 4, 311. Diod. 4,77. Der letztere erzählt 1,97, Daidalos habe ein äg. Vorbild benutzt (s. Nr. 2). – Darstellungen des L. finden sich häufig auf kret. Mz., bald einfacher, bald zum Grundriß eines Irrgartens erweitert, teils in Quadrat-, teils in Kreuzform oder in spiralförmigen Windungen, oder nur durch mäanderartigen Rahmen angedeutet. Auf att. Vasenbildern erscheint das L. als ein stelen- oder turmartiges Gebäude mit Mäanderverzierung. Röm. Mosaikfußböden stellen den Kampf des Theseus mit dem Minotauros in einem quadrat. L. dar; das Mosaik in Hadrumetum trägt die Inschr.: *Hic inclusus vitam perdit.* Als Kinderspiel zeigt sich das L. in einem pompejan. Graffito mit der Aufschr.: *Labyrinthus. Hic habitat Minotaurus.* Das früheste Zeugnis für die Darstellung des runden L. ist die etr. Oinochoe von Tragliatella (um 600), sie trägt aber die Aufschr. *truia* (→ Trojaspiel). Eine Kontinuität von L.-Zeichnungen zurück bis zu einem Fresko des 2. Palastes von Knossos und mäanderartigen Darstellungen auf kret. Siegeln läßt sich allerdings nicht nachweisen. Die Deutung des L. als Sternenhimmel (im Hinblick darauf, daß der Minotauros auch Asterios oder → Asterion (2) hieß) ist erledigt. Die Auffassung, L. bedeute urspr. ein unterirdisches Gefängnis oder Bergwerk, wird noch von GÜNTERT (s.u.) und mit Einschränkung von KERÉNYI (s. Nr. 3) vertreten unter Hinweis auf die allerdings von späten Autoren als L. bezeichneten Steinbrüche von Gortyn mit tief in den Berg hineinführenden, weitverzweigten Stollen und Kammern; etym. zu *λάβρυς*; Doppelaxt, das hier als Arbeitswerkzeug gefaßt wird. Im allg. hat man sich von EVANS, JHS 21, 1901, 109ff., überzeugen lassen, daß der von ihm ausgegrabene Palast von Knossos mit seinen verwirrenden Anlagen von Wohnräumen, Gängen, Treppen und Magazinen in mehreren Stockwerken dem Begriff L. zugrunde liege. Übrigens sieht SPENGLER im »Untergang des Abendlandes« darin eine von einer Priestergemeinschaft bewohnte riesige Kultanlage. Die Doppelaxt kehrt hier so häufig wieder, daß die Deutung des L. als »Haus der *λάβρυς*« einleuchtet. Die Auffassung der Doppelaxt als Symbol eines Stiergottes und Attribut priesterlicher Herrscher ist jedoch sehr fraglich geworden, seit die Linear B-Tafeln die Verehrung einer Göttin des L. berichten, WIESNER, Olympos, 1960, 222.230. NILSSON GgrR $^{2}$1,276f. hatte den nur aus Mythen erschlossenen Stiergott für die mino. Religion schon vorher abgelehnt. Verständlich ist jedenfalls, daß in späterer Z. die rätselhaften Trümmer des riesigen Palastes im Zusammenhang mit der undeutlichen Erinnerung an eine uralte Zwingherrschaft ein Netz des Geheimnisvollen um jene Stätte weben konnten, aus dem die unheimliche L.-Vorstellung erwuchs. KARO, ARW 7,132. BETHES (s.u.) Annahme, L. bedeute zunächst den Tanzplatz (Hom. Il. 18,590. BENNDORF, SAWW 1890, 123,1) mit der Vorzeichnung schwieriger Tanzfiguren und sei von da auf die Irrgänge im Haus des Minotauros übertragen worden, läßt sich nicht halten. Der von Theseus gestiftete Kranichtanz der Delier wird ausdrücklich als *μίμημα τῶν ἐν τῷ Λαβυρίνθῳ περιόδων καὶ διεξόδων* bezeichnet Plut. Thes. 21. F. WEEGE Der Tanz in der Ant., 1926, 61ff.

**2.** Der Name L. wurde auch auf andere Bauanlagen übertragen, deren Unübersichtlichkeit den Besucher irreführen konnte. Dahin gehören die nicht erhaltenen L. bei Nauplia (Strab. 8,369), auf Lemnos (Plin. nat. 36,86.90, ein Werk der Architekten Zmilis, Rhoikos und Theodoros, HALL, JHS 25, 1905, 320ff. Verwechslung mit Samos, BUSCHOR Bericht über die Hundertjahrfeier des Instituts 261) und das sog. Grab des Porsenna bei Clusium (Varro bei Plin. nat. 36,91ff.). Von Gortyn war schon o. die Rede. Das berühmteste außerkret. L. war das ägyptische am Moirissee, von Hdt. 2,148 auf die 12 Samtherrscher vor Psammetich I., von Diod. 1,61 (97) auf König Mendes oder Marros, 1,89 auf Menas, von Strab. 17,811 auf Imandes (813 Ismandes), von Ail. nat. 6,7 auf Marres, von Manetho (FHG 2,560) auf Lamares, bei Plin. nat. 36,84 auf Mnevis bzw. Moeris zurückgeführt. Marres ist der Thronname Amenemhets III. (um 1800, 12. Dynastie). Dieser hat sich den gewaltigen Totentempel nebst Pyramide bei Hawāra erbaut. Er umfaßte eine Fläche von 200x150 m (Knossos 170x156) und enthielt nach Hdt. 12 bedeckte Höfe und 3000 Gemächer. Trotz einiger Zerstörungen blieb er im Alt. eine Hauptsehenswürdigkeit Äg.s (Alkiphr. 2,4. 4,16).

**3.** Das Wort L. knüpft zwar an den kret. Bau an, bezeichnet aber eine uralte Menschheitsvorstellung, einen Archetypos im Sinne JUNGS u. KERÉNYIS (s.u.). »Jede scheinbar nur rein dekorativ angewandte Spirallinie, für sich hingezeichnet oder als Spiralmäander gestaltet, ist ein L., sobald wir sie uns als einen Weg vorstellen und uns gleichsam in sie als in einen unumgänglichen Eingang oder Durchgang versetzen« (KERÉNYI 13). Dabei ist nicht charakterist., daß der Ausweg fast unmöglich ist, sondern daß es ihn doch gibt. Unterwelt, Tod und

Leben, Unendlichkeit verkörpern sich in den labyrinth. Äußerungen im Mythos, im Tanz, in der bildenden Kunst. Der Marotanz auf Ceram (Indonesien) mit dem zugehörigen Mythos, der »Palast der Eingeweide« auf mesopotam. Tontafeln, die spiralförmigen Steinsetzungen N.-Europas, die sog. Bußwege in ma. Kirchen: in allem lebt der Gedanke des L. Der Minotauros im Mittelpunkt der ma. L. ist der Teufel, zu dem alle Irrwege hinführen, wenn nicht Christus-Theseus rettet. Die Steinsetzungen machen oft den Eindruck von Stadtgrundrissen, und in der Tat haben die meisten alten und neuen Weltstädte einen labyrinth. Charakter, W. Schneider Überall ist Babylon, 1960, 104. Anders Kerényi, der z.B. den Zusammenhang des L. mit der Unterwelt, aber auch mit der Rückkehr aus der Unterwelt Verg. Aen. 6, 14ff. dargestellt findet. Daidalos hat bei Cumae Apollon ein Heiligtum gebaut, um seine Flügel dort zu weihen, und am Tor das kret. L. dargestellt. Es ist sinnvoll, wenn Aeneas gerade dorthin kommt, um seine Hadesfahrt anzutreten. H. v. G.

*E. Bethe*, RhM 65, 1910, 220ff. *F. Wolters* Darstellungen des L., SBAW 1907, 113ff. 1913, 3ff. *H. Diels* Das L. In: Festgabe für Harnack, Tüb. 1921. *H. Güntert* L. Eine sprachwiss. Unters. SHAW 1932. *R. Eilmann* Beitr. zur Gesch. einer Vorstellung und eines Ornaments, Diss. Halle, Athen 1931. *K. Kerényi* L.-Stud. L. als Linienreflex einer mythol. Idee, Zürich$^2$ 1950. *F. Weißengruber* L., Festschrift. Linz, 1952, 127ff.

**Lacerna.** Der fransenbesetzte, offene Mantel, Sonderform des → sagum (ἐφεστρίς Suda s.v. χλαμύς. Plut. Brut. 43,8, vgl. Vell. 2,70,2), wohl im 1. Jh. v. Chr. in Rom (woher?) eingeführt, wird erstmals erwähnt Cic. Phil. 2,30,76. Zunächst Soldatenbekleidung, bürgerte sich die L. rasch im Zivilleben ein (trotz Suet. Aug. 40,5. Gell. 13,22,1). Die L. diente als Schutz der Toga vor der Witterung (Suet. Claud. 6,1. Iuv. 9,28ff. Martial. 2,29,3. Plin. nat. 18,225) und wurde einfach wie kostbar hergestellt. Nachweise auf Denkmälern sind bisher umstritten. W. H. G.

*Lange*, RE XII 327ff.

**Lacerta** s. Eidechse. Krokodil

**Lacetani.** Dieser span. Stamm und sein Name sind zweifellos iberisch. Geschieden müssen sie werden von den Iaccetani, mit denen sie oft verwechselt werden (z. B. Holder s. iaccos). Sie wohnten im S. der O.-Pyrenäen; ihre Grenzen lassen sich bestimmen durch Vergleichung von Liv. 21,61,8. 28,24,4. 34,20,1. Plin. nat. 3,21: Im O. der Llobregat, im W. der Segre, im N. Noya und Cervera. Den Römern früh unterworfen (Plut. Cat. Mai. 11,2), werden sie später selten erwähnt (Cass. Dio 45,10. Sall. hist. frg. 2,98,5), in der Kaiserzeit fast nie; doch scheint sich der Name bis ins MA. erhalten zu haben [1]. R. G.

1. Font. Hisp. Ant. III–VI, Barc. 1955ff. (s. Ind.), bes. III 50f. *Serra Vilaró* in Memoria de la Junta superior de Excav. y antiguedades 6, 1918, 15.



**Lachanius** s. Rutilius Namatianus

**Lachares** (Λαχάρης, seltener Name, S. Dow, CPh 52, 1957, 106f.). **1.** In Athen nach 302 v. Chr. Führer des Demos, Vertrauensmann des → Kassandros (1), wurde als Söldnerstratege im Kampf gegen den Strategen ἐπὶ τῶν ὅπλων Charias zwischen 300 und 297 Tyrann, überstand eine Erhebung, die der Beamtenwechsel im J. 296/95 (IG II$^2$ 644f.) zeigt, und ließ das Goldgewand der Athene und andere Tempelschätze zur Bezahlung der Söldner einschmelzen. POxy 1235,105. Olympiadenchronik FGrH 257a F 1f. 4. Paus. 1,25,7. A. R. Deprado, RFIC 32, 1954, 296f. Gegen die Belagerung Athens 295/94 durch → Demetrios (2) verteidigte sich L. energisch, praßte aber in der Hungersnot. Paus. 1,29,16. Plut. Dem. 33; mor. 379 D. 1090 C. Polyain. 4,7,5. L. entkam nach Boiotien, 293 von Theben nach Delphoi, dann zu Lysimachos, kämpfte bei Sestos, wurde 278 von dem Tyrannen Apollodoros aus Kassandreia gewiesen und von Leuten aus Koroneia erschlagen. Polyain. 3,7,1ff. Paus. 1,25,8. H. V.

**2.** L., von Athen, * vor 410 n. Chr. Berühmter Sophist und Redelehrer in Athen, einer der letzten bedeutenderen rhet. Techniker des Alt.; in der Philos. Mitschüler des → Syrianos. Die Frg.e (alle aus π. κώλου καὶ κόμματος καὶ περιόδου? Weitere Titel bei Suda s. L.) betreffen bes. den Prosarhythmus (u. a. Kolenteilung zu Demosth.). Von Dion. Hal. beeinflußt, mag L., der sich bes. durch Fleiß auszeichnete, in gewissem Gegensatz zu Hermog. gestanden haben. Lehrer L.': Herakleon; Schüler: Eustephios, → Nikolaos von Myra, Asterios, Superianos. W. Sp.

Frg.: *Studemund*, s. Kastor (4). *Blass* Att. Bereds. 3,1,590f. *H. Graeven*, H 30, 1895, 289ff. Lit.: *Christ-Schmid*$^6$ 1,600f. 2,1101f. *Seeck-Radermacher*, RE XII 332ff. IG II/III$^2$ 11952. *G. Lehnert*, BursJb 285, 1944/55, 193.

**Laches** (Λάχης). **1.** Reicher Athener, im pelop. Krieg Anhänger des Nikias und Vertreter einer Verständigung mit Sparta. 427 wurde er als Stratege nach Sizilien gesandt zum Schutz der ion. Städte vor Syrakus (Thuk. 3,86,1ff. 115,1ff. Diod. 12,54,4ff.) und errang mit seinen schwachen Kräften beachtliche Erfolge (Thuk. 3,88. 90,2ff. 99. 103. 6,6,2). Nach seiner Rückkehr Winter 426/25 wurde er von Kleon erfolglos angeklagt, trat aber in den nächsten Jahren polit. zurück (Aristoph. Vesp. 240ff. mit Sch.; 836ff. 891ff. 992ff.). Im Frühjahr 423 wurde auf seinen Antrag ein einjähriger Waffenstillstand mit Sparta geschlossen (Thuk. 4,118). L. trat bei den Friedensverhandlungen hervor (Thuk. 5,43,2) und war unter den Gesandten, die im April 421 den Nikiasfrieden in Sparta beschworen (Thuk. 5,19); ebenso war er bei dem Bündnis Athen–Sparta im Mai tätig (Thuk. 5,22,3. 24). Für 418/17 zum Strategen gewählt, mußte er entgegen seiner polit. Linie Argos und die verbündeten Peloponnesier mit Truppen gegen Sparta unterstützen (Thuk. 5,61,1) und fiel August 418 in der Schlacht bei Mantineia (Thuk. 5,74,3. Androt. FGrH 324 F 41). – Laches muß als sehr tapfer gegolten haben, da Platon den Dialog über diese Tugend nach ihm benannte. **2.** L., trat im Sommer 364 als athen. Stratege der Flotte des Epameinondas s. von Euboia entgegen und wurde geschlagen (Diod. 15,79, 1). G. Do.

**Lachesis** s. Moirai

**Lachne** (*Λάχνη* »Wolle«). Eine Hündin des Aktaion, *hirsuta corpore* Ov. met. 3,222. → Labros. H. v. G.

**Lachs. 1.** Rhein-L. (Trutta salar L.), *ἴσοξ* (Hesych.), *isox* (Isid. or. 20,2,30), wird zuerst von Plin. nat. 9,44 genannt (vgl. Sulp. Sev. dial. 2,10,4: aus der Loire), von Auson. Mos. 97–105 anschaulich geschildert. **2.** Meerforelle (Trutta trutta L.), *fario* (vgl. Auson. Mos. 128–130 mit Isid. or. 12,6,6) oder *salmo marinus* (Plin. nat. 9,68?). **3.** Bachforelle (Trutta trutta forma fario L.), vielleicht *salmo fluviatilis* (Plin. nat. 9,68: Aquitanien), sonst *salar*, mit roten Flecken auf dem Rücken (Auson. Mos. 88), frißt sogar die eigene Brut (Sidon. ep. 2,2,12). **4.** Seeforelle (Trutta trutta forma lacustris L.), vielleicht von Isid. or. 12,6,6 gemeint; Plin. Val. 5,43 zählt sie zu den Flußfischen, die einen Stein im Gleichgewichtszentrum haben. W. Kre.

1. *Gossen*, RE XII 343 f. 2. *E. De Saint-Denis* Le vocabulaire des animaux marins en lat. class., Par. 1947, 37. 3. *J. André* L'alimentation et la cuisine à Rome, Par. 1961.

**Laciburgium.** Nach Ptol. 2,11,12 Örtlichkeit in Germania magna, im nördlichsten Klima gelegen, die an der Ostsee, w. der Odermündung zu suchen ist. Eine geograph. archäolog. Bestimmung ist noch nicht gelungen. In Übereinstimmung mit HOLDER 2,116 ist der Name aus dem kelt. abzuleiten und als Verschreibung aus → Asciburgium, einer Örtlichkeit, die Ptol. 2,11,13 im ersten Klima am Rhein ansetzt (h. Asberg), vermutet worden. H. C.

*Much*, Ztschr. f. deutsch. Altertumskde. 41,103. *Franke*, RE XII 344.

**Lacinium promunturium** (NISSEN It. Ldk. 2,934), Halbinsel an der O.-Küste Bruttiums s.ö. Krotons (Strab. 6,262) mit altem Heratempel (Liv. 24,3,3. Dion. Hal. ant. 1,51. Diod. 4,24,7); Geschenke (Skyl. 13. Athen. 12,541 a. Cic. inv. 2,1. Serv. Aen. 3,552), Inschr. Hannibals (Pol. 3,33,18. 56,4. Cic. div. 1,48. Liv. 28,46,16), Plünderungen (Aristot. mir. 96. Plut. Pomp. 24,5. App. civ. 5,133. Liv. 42,3,2. Val. Max. 1,1,20). Der Tempel gab den Namen für Capo Colonne, erst 1520 zerstört, h. eine Säule. G. R.

**Laco.** Cognomen etr. Herkunft (SCHULZE Eigenn. 81.153.316 mit inschr. Belegen), faßbar bei den Corneliern (o. Bd. II, II Nr. 22), bei → Graecinius und den Iuliern. – Vielleicht Gentilname bei dem von Cic. Phil. 2,106; Att. 16,11,3 im J. 44 genannten Zechgenossen des M. Antonius, der jedoch wahrscheinlicher (MÜNZER, RE 12,346) der damaligen Aristokratie von Anagnia, den Abuttii Lacones (DESSILS 6258) zugehörte. H. G. G.

**Lacobriga.** Der Name ist kelt., HOLDER s. v. Es gab 3 Städte dieses Namens: **1.** Die Lage der Stadt ergibt sich aus Plin. nat. 3,26. Ptol. 2,6,49. Itin. Anton. 395,1. 449,3. 454,1: Sie lag n. von Palantia (h. Palencia) im Gebiet der Vaccaei. Font. Hisp. Ant. VIII, Barc. 1959, 134.444 f. **2.** Lusitan. Stadt nach Plut. Sert. 13,7. Ptol. 2,5,5. Mela 3,1,7. Zahlreiche Reste finden sich auf dem Monte de Figuerola bei h. Lagos in Algarve (AD. SCHULTEN Forschungen in Span., AA 1933, 3/4,530). Vielleicht ist mit ihr ident. das öfters in den Konzilsakten genannte Bistum Laniobrensis ecclesia (Font. Hisp. Ant. IX, Barc. 1947, 216.354.367). AD. SCHULTEN Sertorius, Lpz. 1926, 71. Font. Hisp. Ant. IV 173. VIII 134 (Barc. 1937.1959). **3.** Ein 3. L. lag nach Itin. Anton. 421,7. Ravenn. anon. cosmogr. (Itin. Rom. II 4,45,3 Schnetz) in Lusitanien am Meer s. von Porto. R. G.

**Laconica. 1.** *Λακωνικαί*, Männerschuhe (Aristoph. Eccl. 74. 269. 345; Thesm. 142; Vesp. 1158. Paus. 7,14,2. Athen. 5,215 c. Poll. 7,88. Hesych. s. v.), die auf Denkmälern bisher nicht nachweisbar sind. **2.** Eine kleine Art von Schiffen, nur Amm. 26,10,19 erwähnt. W. H. G.

**Laconicum.** Das saunaartige Luftschwitzbad, *Λακωνικόν πυριατήριον*, gehört wie das Dampfschwitzbad, *sudatio*, *καπνιστήριον*, zu den Badeanlagen hellenist. Z., zu den röm. Thermen und in die Gymnasien. Die Räume sollten nach Vitr. 5, 10,5 runden Grundriß und eine Kuppel mit einer Öffnung darin (für eine Bronzescheibe, *clupeum aeneum*, *ὀμφαλός*, zur Regelung der Temperatur) haben, vgl. auch Athen. 11,501 e. f. Solche L. sind in Griechenland und den Städten des röm. Reichs zahlreich erhalten. W. H. G.

*D. Krencker–E. Krüger* Die Trierer Kaiserthermen, 1929. *R. Ginouvès* Balaneutikê, 1962. s. Gymnasion o. Bd. II S. 887 *(W. Zschietzschmann)*.

**Lacringi.** Völkerschaft, die zusammen mit den Hasdingen (Vandalen) im Markomannenkrieg gegen die Römer kämpfte (H.A. Marc. 22). Als *foederati* im n. Dakien angesiedelt, besiegten sie die Hasdingen (Cass. Dio 71,12,1–3) und erschienen später zusammen mit diesen als röm. Hilfsvölker. H. C.

*Schönfeld*, RE XII 350.

**Lactantius.** L., L. Cael. Firmianus, Afrikaner von Geburt und Schüler des Arnobius, 303 von Diocletian als Lehrer der lat. Beredsamkeit nach Nikomedia berufen. Zu Beginn der Christenverfolgungen muß er sein Lehramt niederlegen und widmet sich fortan der Schriftstellerei. Später in Gallien wird L. im J. 317 Erzieher des 307 geborenen Sohnes Constantins Crispus (Hieron. v. ill. 80) in Trier. Über das weitere Schicksal des L. ist nichts bekannt. Selbst Meister der sprachlichen Form, darin Cicero gleich, entsprechen dem Glanz seiner Sprache nicht immer gleich gute Kenntnisse der abgehandelten Gegenstände, z.B. der chr. Lehre. Ein großer Teil seines umfangreichen und vielgestaltigen Werks ist verloren (unter anderem ein grammaticus, verschiedene Briefslg.en und die Schrift De motibus animi). Erhalten sind die Schr. De opificio Dei (ein Versuch, den Menschen als Gottes gutes Werk zu erweisen, dessen Ziel die jenseitige Unsterblichkeit ist), 7 B. Divinae Institutiones (eine Apologie des Christentums und gleichzeitige Darstellung des chr. Glaubens), deren interessante Epitome, die Schrift De ira Dei, die Gott als den Rächer, der nicht nur gütig ist, darstellt, das leidenschaftlich geschriebene B. De mortibus persecutorum, in dem L. das E. der Christenverfolger beschreibt, und das nicht mit Sicherheit von L. stammende Gedicht De ave Phoenice. Das Hauptwerk des L. sind die Institutiones. Sie ermöglichen den besten Einblick in sein Denken. L. will der gebildeten röm. Heidenwelt, in deren Vorstellungen er die chr. Heilslehre übersetzt, den wahren und von Gott offenbarten Weg zum Heil zeigen, zur Unsterblichkeit in einer jenseitigen Welt (1,1,6). Deshalb stellt er das Christentum als rel. Philos. dar (Epit. 36,4 *aut sapiens religio aut religiosa sapientia*). Der Weg, der zum Heil führt, ist dem Menschen von sich aus nicht zugänglich, sondern muß offenbart werden. Offenbarte Gotteserkenntnis *(agnitio/cognitio)* und Gottesverehrung *(cultus Dei = iustitia = sapientia* und *religio)* führen zum Heil. A. Wlosok hat neuerdings nachgewiesen, daß L. nicht nur in den in verschiedenen Hss. begegnenden dualist. Zusätzen (sie stammen von L. selbst und wurden bei einer 2. Aufl. aus nicht bekannten Gründen gestrichen) hermet. Gedanken verpflichtet ist, sondern im ganzen Werk: Sünde ist der Zustand der Unwissenheit, Erlösung geschieht durch Offenbarung = Einströmen göttlicher Weisheit. Diese Erlösung geschieht in der Taufe (vgl. bes. 3,26,10f.). Als Quelle für dieses Denken wird die im Afrika des 3. Jh. verbreitete platon. Schultradition angenommen, die nachweislich gnost. Denken gepflegt hat. L. konnte sich dieses Denkens bedienen und es mit chr. Gut vermitteln, weil er die hermet. Philos. als offenbarte Lehre verstand. Als Apologet löst er die Offenbarung oft in Vernunfterkenntnis auf, von der sich jeder Gutwillige überzeugen könne. Kl.W.

Ta.: *S.Brandt–G.Laubmann*, CSEL 19 und 27, 1890/97. *De Ira Dei*, lat. und dt. ed. *H.Kraft* und *A. Wlosok*, 1957. *R.Pichon* Lactance, 1901. *J. Moreau* Lactance, De la mort des persécuteurs, 2 Bde. (Sourc. Chrét. 39), 1954 (Lit.). *A. Wlosok* Laktanz und die philos. Gnosis, HAW phil.-hist. Kl. 1960. 2. Abh. (Lit.). *Altaner* 163ff. RE XII 351ff.

**Lactantius Placidus.** Bearbeiter oder Vf. einer Erklärung zu Statius' Thebais, die in den meisten Hss. als Marginalkommentar überliefert ist; das Stadium eines vom Statiustext gelösten *commentum* ist sekundär (vgl. [4]). Solange eine vollständige Analyse der Überlieferung, die mehrere Schichten erkennen läßt, und eine befriedigende Edition noch ausstehen, bleibt eine Rekonstruktion des Entwicklungsprozesses provisorisch: Den Kern bildet eine als Sacherklärung angelegte Scholienmasse, die, wenn von Servius benutzt (vgl. [6],153ff.), am E. des 4. Jh. entstanden zu sein scheint; Quellen sind bes. Donats Vergilkommentar und eine reinere Fassung des hygin. Fabelbuches (ed. Rose, 1963², 182ff.). Dieser Kern wurde – im 5. Jh.? – durch L. P. erweitert, der seinen Namen im Scholion zu 6,364 (342) nennt (vgl. [2]); er war wohl Christ (vgl. [3],4ff.), womit sich auch die neuplaton. Tendenz mancher Erklärungen verträgt. Im MA., das L. P. mit dem Kirchenvater identifiziert, wird der Kommentar von den 3 Mythographi Vaticani benutzt. Die Zuschreibung der Placidusglossen und der *Narrationes fabularum Ovidianarum* in der Renaissance sowie die neuere des laktanz. Gedichtes *De ave Phoenice* entbehrt jeder Berechtigung. P. L. Sch.

Ausg.: *R.Jahnke*, 1898.

Lit.: 1. *A.Klotz*, ALex 1908, 485ff. (dazu *P. Wessner*, BursJb 188, 1921, 228ff.). 2. *P. Wessner* in *Teuffel-Kr.-Sk.* 2,309. 3. *F.Bretzigheimer* Studien zu L.P. ..., 1937. 4. *P. v. d. Woestijne*, RBPh 1940, 37ff. 5. *Ders.*, AC 1948, 573ff. 6. *Ders.*, AC 1950, 149ff.

**Lactarius mons** (Nissen It. Ldk. 2,767), nahe dem Milchkurort (Galen. 10,363f. Symm. ep. 6, 17) → Stabiae am Golf von Neapel, bekannt durch des Narses Sieg über die Ostgoten Tejas 553 (Prok. Goth. 4,35. Cassiod. var. 11,10). G. R.

**Lactodorum** (wohl nicht Lactodurum), röm. Siedlung, h. von Towcester (Northamptonshire) überlagert. Die Ausgrabungsergebnisse alter und wieder neuester Z. sind leider bisher nicht monograph. analysiert worden. Vgl. RE XII 361 s. Lactodurum (mit Bibl.). F. M. H.

**Lactora.** Stadt in Aquitania, h. Lectoure (Dép. Gers). Not. Tiron. 87,77 *Lacturatis*. Itin. Ant. 462,5 *Lactura*. Tab. Peut. 2,2 *Lactora*. Geogr. Rav. 4,41 *Lacura*. Not. Gall. 14,4 *civitas Lactoratium (in provincia Novempopulana)*, s. von Aginnum (h. Agen). Das älteste hist. Zeugnis ist eine Ehreninschr. des J. 105 n. Chr., die einen *procurat(or) provinciarum Luguduniensis et Aquitanicae item Lactorae* nennt (CIL V 875 = Dess. 1374). Zahlreiche Inschr. weisen auf ein *taurobolium* hin; davon sind 13 datiert für das J. 176 n. Chr. (CIL XIII 505–507), für 239 (510), für 241 (511–519). Um 300 n. Chr., wurde L. unter Verwendung älterer Steindenkmäler wieder befestigt. Sitz eines Bischofs im J. 506. Ruinen: Taurobolienaltäre, Statuen, Reliefs, Keramikfunde, chr. Nekropole (Gallia, 1949,138), Münzschatz (Gallia, 1962, 581). M. L.

*Espérandieu* Rec. gén. bas-reliefs Gaule rom. 2,118 nr. 1058–1061. *Desjardins* Géogr. Gaule rom., passim.

**Lactuca. 1.** Daraus unser »Lattich«, griech. θρίδαξ, θρύδαξ, θρόδαξ, θριδακίνη, die in Europa, N.-Afrika, Vorder- und Mittelasien von jeher verbreitete und kultivierte Gemüse- bzw.

Salatpflanze, in der griech. Lit. seit Alkman, in der röm. Lit. seit Varro (der l.l. 5,104 schon die Etym. von *lac* wegen des Milchsaftes gibt) viel genannt. Bei Theophr. hist. plant. (doch auch caus. plant.) werden verschiedene Arten beschrieben und über ihre Verwendung (auch medizin.), Zubereitung, Anpflanzung, Pflege, auch Schädlingsbekämpfung, gehandelt. Weitere Anweisungen, Beschreibungen, Rezepte usw. bei Plinius, Columella, Palladius und den Ärzten (Dioskurides, Galenos, Celsus u.a.). Vgl. Stadler, RE XII 367ff. K. Z.

**2.** L., röm. Cognomen etwa = »Salat«, vgl. I. Kaianto The Latin Cognomina (Helsingfors 1965) 336, bei den Valeriern, vgl. A. Degrassi FCap. 145. H. G. G.

**Lactucinas.** Cognomen, in republ. Z. bei den Valeriern, in der Kaiserzeit in den Fasten nicht mehr vorkommend, vgl. A. Degrassi FCap. 145. H. G. G.

**Lacunar. 1.** Die Kassetten, vertiefte, meist quadratische Felder zwischen sich kreuzenden Deckenbalken, stammen aus dem griech. Holzbau, sind von da als Schmuckmotiv in den Steinbau übernommen und an zahlreichen Bauten der Ant. erhalten. Sie heißen griech. *φάτνωμα, γαστήρ, φιάλη, καλάθωσις* und sind im Normalfall plastisch oder mit Malerei verziert. Zu den Benennungen der Einzelteile vgl. [1]. Die L., über der griech. Tempelcella immer aus Holz, über den Umgängen seit dem 5. Jh. meist aus Stein, kommen in 2 Grundtypen vor: mit sichtbarem Tragbalken (deren Zwischenräume sind durch steinerne Platten abgedeckt; die Platten sind von meist 2 Reihen rechteckiger bzw. quadratischer Öffnungen durchbrochen, auf denen wieder steinerne Deckel liegen) und mit nicht sichtbarem Tragbalken (die durchbrochenen Platten bilden eine fortlaufende Decke). Die erstere Art ist wohl die genetisch ältere, sie begegnet z.B. an der Vor- und Hinterhalle des Parthenon, am sog. Theseion, einreihig an der N.-Halle des Erechtheion (alle in Athen), am Mausoleum in Halikarnassos, am Zeustempel in Aizanoi. Der zweite Typus begegnet z.B. in den seitlichen Umgängen des Parthenon, des Tempels in Phigaleia (vierreihig!), an der Korenhalle des Erechtheion, am großen Altar in Pergamon und an den 3 Rundbauten in Epidauros, Delphi und Olympia (Philippeion). Rom übernahm beide Typen der L., übertrug sie auch auf die Unterseiten der Tonnengewölbe (zahlreiche Beispiele an Ehrenbögen erhalten), schließlich auf alle gewölbten Innenraumformen (in Rom z.B. Pantheon, sog. Maxentiusbasilica, Thermen), wobei die Kassetten den Erfordernissen der Wölbung verschieden angepaßt wurden. L. bezeichnet dabei die einzelne Kassette, *lacunaria* die Kassettendecke (z.B. Vitr. 2,9, 13. 4,6,1). **2.** L., genauer *plinthium sive l.*, nennt Vitr. 9,8,1 eine Uhr, Erfindung eines Skopinas aus Syrakus, offenbar eine in einem rechteckigen Rahmen sitzende Sonnenuhr. W. H. G.



1. *Ebert* Fachausdrücke des griech. Bauhandwerks (Diss. Würzburg 1910) 45ff.; RE XII 369ff. 2. *W. Zschietzschmann* Olymp. Forschungen 1, 1944, 41f. 3. *G. Roux* L'architecture de l'Argolide, 1961, Ind. v. Plafond.

**Lacus. 1.** In der röm. Landwirtschaft ist l. eine kleine Grube (Vertiefung) mit schrägem Boden und Abflußkanal, in der auf durchlässigem Rost zerstampfte, noch nicht gepreßte Oliven bzw. Trauben aufbewahrt wurden; schädliche *amurca* (Blümner Techn. $1^2$,335. 353) konnte so abfließen. Daneben bezeichnet l. noch die Abteilungen in den Speichern, ein Faß zum Einpökeln, ein Gefäß, in das man glühende Eisen tauchte, die Teiche in den Höfen der *villa rustica* und die Grube zum Durcharbeiten des gelöschten Kalks. **2.** (= griech. *λάκκος*) L., Wasserbecken, Zisterne, Brunnentrog, heißen vor allem die in den röm. Städten überall verteilten, sorgfältig gepflegten Becken der öffentlichen Brunnen, von denen gute Beispiele bes. in Pompei erhalten sind. W. H. G.

**Ladas.** Nach Paus. 3,21,1 Name zweier olymp. Sieger im Lauf, eines Spartaners, Sieger im Doppellauf, dessen Grab an der Straße nahe dem Eurotas lag, und eines Achaiers aus Aigion, Sieger im Stadion, nach Paus. 10,23,14 im J. 280. Über die von → Myron geschaffene Statue des ersten, die das Epigramm Anth. Pal. 16,54 preist, lauten die Nachrichten widersprüchlich, s. Lippold, RE XVI 1126,8ff. (mit Lit.). K. Z.

**Lade.** Etwa 3 km lange, bis 98 m hohe Insel vor Milet, h. durch die Anschwemmungen des Maeander Hügelzug 2 km von der Küste entfernt, bekannt durch die Niederlage der Griechen im ion. Aufstand 496 v. Chr., Hdt. 6,7ff. Thuk. 8,17,3. Arr. an. 1,18,4ff. Strab. 14,1,7 p. 635. Paus. 1,35,6. E. M.

*Milet* Ergebnisse der Ausgrabungen 1,1: *Wilski* Karte der miles. Halbinsel. *A. Rehm* a.O. 2,2,191 A. 1.

**Laden** s. Taberna

**Ladenburg** s. Lopodunum

**Ladon** (*Λάδων*). **1.** Der Drache, der mit den → Hesperiden die goldenen Äpfel bewacht, indem er sich an dem Baum hinaufringelt, heißt L. nur an 3 Stellen der Lit.: Apoll. Rhod. 4,1396 (mit Sch.). Prob. zu Verg. georg. 1,244. Ps. Eudok. 436 i. 1004. Der Name ist offenbar dem arkad. Fluß entlehnt, »der den himmlischen Bezirk von dem irdischen sondert« (Wilam. Her $^2$306). Sonst ist er namenlos, als *ὄφις* oder *δράκων*, z.B. Hes. theog. 334. Soph. Trach. 1100. Eur. Her. 398. Verg. Aen. 4,484. Apollod. 2,113. Hyg. fab. 30. 151. Er stammt von der Ge, von Phorkys und Keto oder von Typhon und Echidna. Hera (nach Ov. met. 4,646 Atlas) hatte ihn neben den Hesperiden als Wächter der Äpfel eingesetzt (um die Äpfel gegen die Hesperiden, die Töchter des Atlas, zu schützen, Eratosth. Katast. 1,3f.). Er ist riesengroß, äußerst wachsam, hundertköpfig (die bildende Kunst gibt ihm allerdings höchstens 3 Köpfe) u. vielstimmig, auch unsterblich (Apollod. a.O., was freilich mit der Tötung durch Herakles unvereinbar ist). Schon auf der → Kypseloslade (Paus. 5,18,4) pflückt Atlas die Äpfel, während Herakles das Himmelsgewölbe trägt. Urspr. ist es Herakles selbst, der sie pflückt, entweder nachdem er den Drachen bekämpft und erschlagen hat, oder auf gütlichem Wege, indem die Hesperiden L. einschläfern. Die arch. Kunst kennt den Kampf des Herakles mit dem Drachen noch nicht und erweist dadurch die friedliche Gewinnung der Äpfel als die ältere Version. Diese ist auch in der Kunst der klass. Z. noch herrschend, während in der hellenist.-röm. Z., die gewaltsame Gewinnung überwiegt. S. LIEBEN, RE XII 390ff. FURTWÄNGLER und SEELIGER Myth. Lex. 1,2204f. 2227f. 2244. 2598ff. Im Sternbild des Drachen sah man die Hesperidenschlange, im nahen Engonasin den mit Löwenhaut und Keule ausgerüsteten Herakles, der einen Fuß auf den Kopf der Schlange setzt. Eratosth. a.O. Hyg. astr. 2,3. H. v. G.

**2.** L., rechter Nebenfluß des → Alpheios, h. Ruphias, entspringt in einer starken Quelle am Fuß einer Felswand s.w. von Lykuria im Gebiet von → Kleitor, Paus. 8,20,1. 21,1. 25,2. [2],61 f. Der L. durchfließt zunächst in o.-w. Richtung ein Tal wechselnder Breite und nimmt hier von N. aus dem Gebiet von Kleitor den Aroanios, von S. den Tragos auf. Ant. Ortschaften, Oryx, Halus, Thaliades, Paus. 8,25,2, Identifizierung [2],60ff. Im untersten Abschnitt dieses Oberlaufs befindet sich h. der große Ladonstausee mit Kraftwerk weiter unterhalb. Unterhalb Klivoka bricht der L. in einer gewaltigen Schlucht nach S. durch und fließt in s. Richtung zum Alpheios. Hauptnebenfluß von O. die Tuthoa, h. Fluß von Langadia, Hauptort Telphusa beim h. Vanaena am O.-Ufer, etwa 5 km s. Demeter- und Apollonheiligtum von Onkai, weiter s. auf dem r. Ufer Asklepiosheiligtum, Paus. 8,25,1–13. [2],84ff. [3],11ff. Für die zahlreichen sich an den L. knüpfenden Sagen s. [1], 384.

1. *Pieske*, RE XII 382ff. 2. *Ernst Meyer* Peloponnes. Wanderungen, 1939, 60ff. 3. *Ders.* Neue peloponnes. Wanderungen 1957, 11ff.

**3.** L., linker Nebenfluß des elischen → Peneios, Paus. 6,22,5, am S.-Fuß des h. Astrasgebirges entspringend, einer Fortsetzung des → Erymanthos. An der Einmündung in den Peneios lag der elische Ort Pylos, durch das Tal ging der »Bergweg« nach Olympia. E. M.

1. *A. Philippson* Der Peloponnes 312.317. 2. *Philipps.-Kirst.* 3,336.

**Laeca.** Cognomen bei den Porciern (RE XXII 213f. Nr. 17–21). H. G. G.

**Laecanius. 1.** Einer der Mörder Galbas, Tac. hist. 1,41,3. **2.** C. L. Bassus. Praetor urb. 32 n. Chr., Inscr. It. XIII 1, p. 298f., im J. 40 cos. suff., ebd. 150f. CIL II 5792. **3.** C. L. Bassus, Sohn von Nr. 2, cos. ord. 64 n. Chr., CIL XVI 5. † zu Beginn der Regierung Vespasians, Plin. nat. 26,5. Reich begütert im Gebiet von Triest, CIL V 8112,52–54. DESS. 8572a–f u.a. R. H.

**Laeetani.** Name (Aem. HÜBNER Mon. Ling. Iber. 19: *laiescon*) und Stamm waren iber., er wohnte an der span. O.-Küste zwischen Barcelona und Blanes. Von ihnen wird nur berichtet, daß sie viel geringwertigen Wein produzierten (Plin. nat. 14,71. Martial. 1,26). Über die verschiedenen Schreibungen und Verschreibungen ihres Namens (*Laietani, Leetani, Lacetani, Laletani, Lasetani*) s. RE XII 399. Font. Hisp. Ant. VI 235. Vgl. A. BALIL Barcino, Madrid 1964, 37ff. Plin. nat. 3,21. Strab. 3,4,8. Ptol. 2,6,18.72 .CIL II 4226 (= DESS ILS 2714a); II Suppl. 6171. Über sie s. Font. Hisp. Ant. I$^2$ 136. III 51. VI 235f. VIII 184.195. 292 (Barc. 1925ff.). R. G.

**Laelianus.** Cognomen, in den Fasten der Kaiserzeit bei den Larciern und Pontiern, vgl. A. DEGRASSI FImp. 256. H. G. G.

**Laelius.** Röm. pleb. Familienname (*-ius* Suffix, RE XVI 1662; inschr. auch in Etrurien nachweisbar und einem etr. Stamm nicht fernstehend, SCHULZE Eigenn. 186). Die wohl aus Tibur stammenden Namensträger kamen im 2. Jh. durch die Scipionen in die röm. Nobilität. Die jüngere Linie (Praenomen D.) gelangte im 1. Jh. v. Chr. bis zum Consulat.

I. Republikanische Zeit: **1.** C. L. (C. f., C. n.), der Freund des älteren Scipio Africanus, * um 235, † um 160. Militär. trat er im 2. pun. Krieg von 209 an (Eroberung Neukarthagos) in Spanien und Africa im Umkreis Scipios hervor als praefectus classis (BROUGHTON MAG. 1,288 u.ö.) bzw. als Legat, wobei er sich z. B. bei Baecula, Carmona, Illiturgi, gegen Indibilis, bei Hippo Regius (205), gegen Syphax (203) und bei Zama (202) (als Befehlshaber der röm. Reiterei auf dem linken Flügel) auszeichnete. Er wurde von Scipio jedoch auch als Gesandter nach Rom geschickt (209 mit der Meldung über Carthago Nova, Pol. 19,8. Liv. 26, 51,2; 203 mit dem gefangenen Syphax, 202 mit der Siegesbotschaft von Zama, Liv. 30,36,3) und in diplomat. Mission 206 zu dem Maesulierkönig Syphax in N.-Africa, Liv. 28,17,7ff. In diesen J. entstand die unverbrüchliche Freundschaft beider Männer (vgl. Pol. 10,3,2. Vell. 2,127). L., der 202 die Quaestur bekleidete und vielleicht erst kurz zuvor die röm. civitas erhalten hatte (MÜNZER, RE XII 404,60ff., vgl. Adelsp. 91), konnte nun als Neuling (vgl. J. VOGT Homo novus, 1926, 4ff.) unter der Protektion Scipios die Ämterlaufbahn einschlagen: 197 war er pleb. Aedil, zus. mit M'. → Acilius Glabrio Nr. 10, mit dem er 196 auch die Praetur bekleidete, während der er Sicilien verwaltete. Nach vergeblicher Bewerbung für 192 war er 190 Consul mit L. Cornelius Scipio (FCap. DEGRASSI I. 13,48f. 454f., vgl. M. GELZER Nobilität 104f. = Kl. Schr. 1,124. H. H. SCULLARD Rom. Politics, 1951, 134f.); der Senat übertrug L. Italien, wo er 190 und als Procos. 189 bei der Bürgeransiedlung in Oberitalien wirkte, seinem Collegen aber die Kriegführung gegen Antiochos. 174 leitete er eine Gesandtschaft zu König Perseus von Makedonien (Liv. 41,22,3. 42,2,1), und 170 reiste er als Gesandter zu kelt. Stämmen in die O.-Alpen, Liv. 43,5,10. Um 160 lieferte er Polybios Material über den bereits 183 gestorbenen Africanus, Pol. 10,3,9. L. galt Späteren als Leitbild der Freundschaft und ehrbarer Tüchtigkeit, Val. Max. 4,7,7. Auct. ad Her. 4,19. Sil. 15,451 ff. **2.** C. L., der Sohn von Nr. 1 und Freund des jüngeren Scipio, um 190 bis nach 129. Er trat zunächst im geistigen Leben hervor und später erst – mit Hilfe Scipios – im polit. Um 160 stand er mit dem Dichter Terenz in Verbindung (Cic. Att. 7,3,10; Lael. 89); 155 verkehrte er mit den Teilnehmern der athen. Philosophengesandtschaft, bes. mit dem Stoiker Diogenes (Cic. de or. 2,154 f.; fin. 2,24; Tusc. 4,5) und schloß sich dann bes. dem → Panaitios an, dessen Lehren er in Rom zu verbreiten half (Cic. Mur. 66; rep. 1,34 u. a.). Diese Tätigkeit vor allem brachte L. den Beinamen *Sapiens* ein, Cic. fin. 2,8, 24, SCHANZ-HOS. 1,213 f. In der Umgebung Scipios trat er 147 und 146 als dessen Legat im 3. pun. Krieg auch militär. hervor: bei Nepheris und bei der Einnahme des Kriegshafens Karthagos, App. Lib. 127. Nach den für uns nicht faßbaren wahrscheinlichen polit. Vorstufen bekleidete er anschließend 145 die Praetur; damals widersetzte er sich – wahrscheinlich schon selbst Augur –, dem Antrag des tr. pl. C. → Licinius Crassus Nr. 15, die Priesterkollegien hinfort durch Wahl in den Comitien zu ergänzen, Cic. Lael. 95; dann ging er nach Spanien, wo er – vielleicht als stellv. Statthalter von Hispania ulterior – in die Kämpfe gegen Viriatus (RE IX A 213 f.) eingriff (Cic. off. 2,40 übertrieben, vgl. H. SIMON Roms Kriege in Spanien 154–133 v. Chr., 78 f.). Nach erfolgloser Bewerbung um das Consulat 141 war er 140 Consul zusammen mit Q. Servilius Caepio (Quellen z. B. bei BROUGHTON Mag. 1,479); da sein College nach Spanien geschickt wurde, leitete er die Dinge in Rom und Italien und machte wahrscheinlich damals Vorschläge zur Besserung der Lage des ital. Bauerntums, die er jedoch mit Rücksicht auf die ablehnende Haltung der Nobilität fallen ließ, Plut. Ti. Gracch. 8,5. Später trat er mehrfach als Anwalt und Redner auf, 138 erfolglos für die Pächtergesellschaften (Cic. Brut. 85 ff.), 132 bei den Untersuchungen gegen die Anhänger des Ti. Gracchus, 131 gegen den Antrag, die Iteration und Kontinuation der Volkstribunen zuzulassen; 129 soll er die von Q. → Fabius Maximus (Nr. 34) vorgetragene *laudatio funebris* auf Scipio verfaßt haben, Cic. de or. 2,341. Sch. Bob. Mil. 118 St. (zu den bes. durch *elegantia* und *lenitas* gekennzeichneten Reden: TEUFFEL-KR.-SK. 1 § 131,3). Wohl damals stand er auch mit Lucilius in Verbindung und erlebte noch die Publikation von dessen ersten Satiren, frg. 593 M. Er starb in verhältnismäßig hohem Alter wahrscheinlich vor 123 und hinterließ 2 gut verheiratete Töchter (Nr. 7, 8). Der Nachwelt galt L. als Exempel der Freundschaft, das bes. von Cic. ausgestaltet wurde (L. de amicitia, dem Atticus gewidmet). Cic. hat sich auch sonst eingehend – unter Auswertung von Nachrichten des Lucilius – mit L. beschäftigt und führt ihn als Gesprächspartner ein in rep. und Cato, wobei er ihn in »wohlwollender Überschätzung« (MÜNZER, RE XII 410,30 ff.) als bes. anregende und hochstehende Persönlichkeit des »Scipionenkreises« (dazu zuletzt H. STRASBURGER, H 94, 1966, 60 ff.) erscheinen läßt. **3.** Dec. L., um 130, von Lucil. erwähnt, Ahnherr der Laelii des 1. Jh. **4.** Dec. L., 77 und 76 Legat des Pompeius in Spanien, fiel gegen Sertorius. **5.** Dec. L., Sohn von Nr. 4, Enkel von Nr. 3, Anhänger des Pompeius, unter dem er wohl 62 in Asia diente. 59 trat er als Hauptankläger gegen L. Valerius Flaccus (RE VIII A 30 ff.) auf, hatte jedoch gegen Hortensius und Cic. keinen Erfolg. 54 war er tr. pl. (Eintreten für den angeklagten A. Gabinius), war wohl dann Quaestor in Sicilien, nahm ab 49 auf der Seite des Pompeius am → Bürgerkrieg teil, war 48 Flottenbefehlshaber, zuletzt in der Adria (BROUGHTON Mag. 2,270. 283) und ging bald nach Pharsalos zu Caesar über. **6.** D. L. Balbus (D. f.), *q(uaestor) pro p(raetore)* (DESSILS 9367) in Africa vetus 44–42, kam zusammen mit Q. → Cornificius (Nr. 5) ums Leben, App. civ. 4,236 ff. Wohl nicht ident. mit Nr. 5, vgl. BROUGHTON Mag. 2,361 f. **7.** Laelia, ältere Tochter des C. L. Nr. 2, * um 160, verheiratet mit dem Augur Q. Mucius Scaevola. Eine ihrer beiden Töchter verheiratete sich mit dem Redner L. Licinius → Crassus (Nr. 1), dem Lehrer Ciceros; dieser verkehrte vor 86 im Hause auch der L. und mag von ihr für ihn wertvolle Anregungen über den jüngeren L. bekommen haben. Cic. Brut. 101. 211 u. a. **8.** Laelia, jüngere Schwester von Nr. 7, * nach 160, verheiratet mit dem Annalisten C. → Fannius (Nr. 10). H. G. G.

II. Kaiserzeit: **1.** D. L. Balbus, Sohn des gleichnamigen cos. 6 v. Chr. Gefährlicher Redner, Quint. inst. 10,1,24, erwirkte im J. 37 die Verurteilung der → Acutia, Tac. ann. 6,47,1. Dann wurde er selbst, in die Affäre der → Albucilla verwickelt, aus dem Senat gestoßen, ebd. 48,4. – R. S. ROGERS Criminal Trials . . . under Tiberius, 1935, 212 ff. R. H.

**2.** L. Felix. Ein röm. Jurist, von dem uns nur bei Gell. 15,27 einige Sätze aus seinem Werk ad Q. Mucium überliefert sind. Über Herkunft und Leben wissen wir nichts. Mit dem von Paul. Dig. 5,3,43. 5,4,3 erwähnten Laelius ist er nach neuerer Ansicht nicht identisch. D. M.

*W. Kunkel* Herkunft und soziale Stellung der röm. Juristen, 1952, 170.

**Laena.** Der röm. Mantel, der griech. χλαῖνα entsprechend, aus dickem Wollstoff, war rund geschnitten und konnte verschieden lang sein. Vgl. vor allem Serv. Aen. 4,262. Fest. 113,15 M.; 117

M. Die L. wird als Tracht der Auguren und Könige genannt, l. heißt auch die (von der *flaminica* eigenhändig gewebte) dicke Wolltoga der *flamines*, die angeblich von einer Fibel zusammengehalten wurde (davon zeigen die Denkmäler jedoch nichts). In der Kaiserzeit ist die l. ein weithin geschätzter, auch von Frauen getragener Mantel zum Schutz gegen Wetter und Kälte, von dem es auch elegante, bunte Ausführungen gab. W. H. G.

**Laenas.** Cognomen, von Cic. Brut. 14,56 mit *laena*, dem Mantel der Flamines, verbunden, tatsächlich aber etr. Herkunft (wie Asprenas, Maenas u.ä.), SCHULZE Eigenn. 83.186.530. WALDE-HOF.³ 1,750. Es ist kennzeichnend für das pleb. Geschlecht der Popillier, in dem es seit dem Consulat des M. Popillius Laenas im J. 359 (RE XXII 59 Nr. 20) erblich wurde, vgl. DEGRASSI FCap. 145. In der Kaiserzeit auch bei den Octaviern (RE XVII 1848f. Nr. 61–66) und Vipsaniern (RE IX A 168 Nr. 4). H. G. G.

**Laenius.** Name eines röm. Kaufmannsgeschlechts aus Brundisium im 1. Jh. v. Chr., von dem jedoch Nr. 1 zu trennen ist. **1.** Q. L. (Q. f.), Stellvertreter des Praetors (für Campanien?), Praefect, CIL I² 398 = DESS. ILS 6127. BROUGHTON Mag. 2,484. 3. Jh. v. Chr.? **2.** M. L. Flaccus. Im J. 58 fand Cic. bei ihm 13 Tage in dessen Landhaus bei Brundisium gastliche Aufnahme, traf ihn 57 bei seiner Rückkehr aus der Verbannung wieder und stand später noch mit der Familie in Verbindung: Planc. 97; fam. 14,4,2; Sest. 131; Att. 5,20,8 u.ö. H. G. G.

**Längenmaße.** Terminologie, Größe und Aufbau der Systeme zeigen, daß den L. im eigentlichen Sinne (im Unterschied zu den Wegmaßen, s. u.) die Maße des menschlichen Körpers, vor allem des Armes mit seinen Teilen und des Fußes, zugrundeliegen. Gemessen wurde – wie h. noch mancherorts – am eigenen Körper oder an dem eines Dieners. Feste Beträge sind sekundär, nach Ort und Zeit verschieden und gelegentlich von erhöhten (königlichen) Normen begleitet. Sekundär ist auch die – fast allg. übliche – Normierung des Verhältnisses vom Ganzen zu seinen Teilen.

Der Unterarm bis zur Spitze des Mittelfingers, die Elle (griech. → πῆχυς, lat. → *cubitus*), bildete wohl die älteste Einheit. Sie gliederte sich in 2 Spannen (die gespreizte Hand von der Spitze des Daumens zur Spitze des klein. Fingers, → σπιθαμή, fehlt röm., doch → *palmus*), 6 Handbreiten (ohne Daumen, → παλαιστή, δῶρον, *palmus*) und 24 Fingerbreiten (→ δάκτυλος, *digitus*). Als Vielfaches erscheint der Klafter (die Spannweite der ausgestreckten Arme, → ὀργυιά, fehlt röm., doch → *ulna*). Neben die Elle tritt schon im Alten Orient früh der Fuß (griech. → πούς, lat. → *pes*, aus dem Wegmaß stammend). Bei den Griechen an Bedeutung gewinnend, erlangte er bei den Römern fast alleinige Herrschaft. Die klass. Völker rechnen ihn zu ⅔ der Elle. Er hielt demnach 16 δάκτυλοι *(digiti)*, 4 παλαισταί *(palmi)* usw. In Rom und Italien wird er auch duodezimal in → *unciae* geteilt. Sein Fünffaches, der *passus*, bildete als Doppelschritt das größte vom Körper abgeleitete Maß bei den Römern.

Für Entfernungsangaben diente die in einer bestimmten Zeit zurückzulegende Wegstrecke (Wegmaß), die Tagereise, die Wegstunde (→ παρασάγγης, σχοῖνος) und der Zweiminutenweg (→ στάδιον). Bei Grundstücken bot sich als Maß die Länge an, die die Pflugtiere in einem Zug durchhalten konnten, die Furchenlänge (→ π[ε]λέθρον, *actus, vorsus*). Mit der Normierung dieser Strecken erfolgte der Einbau in das System der dem Körper entlehnten L. Das Stadion wurde dabei zu 600 Fuß, das πλέθρον *(vorsus)* zu 100 Fuß gerechnet, 10 Fuß bildeten eine ἄκαινα (Treibstecken, → *decempeda, pertica*). Mehrfache waren der δίαυλος und das ἱππικόν zu 2 bzw. 4 Stadien. Die Größe dieser Einheiten variierte nach dem verwandten Fußmaß. Speziell röm. sind als Wegmaß *mille passus*, als Ackermaß der → *actus* (120 Fuß).

Die vom Körper abgeleiteten L., Elle und Fuß, bildeten oft als Kanten von Kuben die Grundlage der → Hohlmaße und → Gewichte, während die Furchenlänge nebst ihrem Zehntel die gängigen → Flächenmaße stellte. H. Ch.

**Lärche.** Aus lat. *larix*, der über den Winter die Nadeln abwerfende Nadelbaum, dem ant. wie dem modernen Griechenland fremd, daher kein griech. Wort dafür vorhanden. Die L. war in den Alpen und in den Karpaten einheimisch und ist von dort nach Oberitalien verpflanzt worden (nach Mitteleuropa erst im 18. Jh.). Nach der ersten Erwähnung bei Vitr. 2,9,14 berichtet Plinius an mehreren Stellen des 16. B. der nat. hist. über die besonderen Eigenschaften der L. und die Verwendbarkeit des Holzes für Haus- und Schiffbauten. STADLER, RE XII 422f. K. Z.

**Laerkes** (Λαέρκης). **1.** Myrmidone, Sohn des Haimon, Vater des tüchtigen Rosselenkers Alkimedon, Il. 16,197. 17,467. **2.** Goldschmied in Pylos, Od. 3,425. H. v. G.

**Laertes** (Λαέρτης; das Patronymikon Λαερτιάδης von der nicht-hom. Nebenform Λαέρτιος; lat. auch *Laerta, Laertius*). Sohn des → Arkeisios und der Chalkomedusa, Gatte der → Antikleia, Vater des → Odysseus und der Ktimene. Er spielt eine Hauptrolle in Od. 24. Sonstige Hauptstellen: Od. 1,189ff. 11,187ff. 15,353ff. 16,138ff. L. hat Odysseus schon vor dem troischen Kriege die Herrschaft überlassen und sich auf ein Landgut zurückgezogen. Da Odysseus verschollen zu sein schien, führte er als selbstgewähltes Zeichen seiner Trauer hier ein hartes, entbehrungsreiches Leben (Λαέρτου βίον ζῆν sprichw. Plut. Cic. 40) und steigert es nach der Abreise des Telemachos zu noch stärkerer Askese (16,142ff.). Odysseus findet L. auf seinem Landgut und redet ihn verstellt an. Es kommt zu einer rührenden Erkennungsszene. Durch Athena erhält L. seine alte Kraft wieder. Die Frage, ob Od. 24 eine spätere Zudichtung zur Od. ist, L. also keine urspr. Figur im Epos, braucht hier nicht berührt zu werden. Die an zweifelhafte etym. Deutungen anknüpfende These, L. sei von Haus aus ein Gott (Meeres-, Gewitter-, Unterwelts- oder entthronter Jahresgott) gewesen, wird von LAMER, RE XII 439ff. widerlegt. Von Kult und echtem Mythos ist bei L. keine Rede. Ist also der hom. L. eine dichter. Erfindung, so hat sich die nachhom. Lit. im allg. auf das hom. Bild von ihm beschränkt. Nur zum Teilnehmer an der kalydon. Jagd und an der Argofahrt hat man ihn gemacht (Hyg.fab.173. Apollod.1,112). Darüber hinaus führt nur die Version, daß Antikleia bereits von Sisyphos schwanger war, als L. sie heiratete, Plut.qu.Graec. 43. Danach wäre Odysseus eigentlich Sohn des Sisyphos. Diese Sagenform ist zwar bei allen 3 Tragikern vertreten, wird aber immer nur den Gegnern des Odysseus in den Mund gelegt; auch Verg.Aen. 6,529. Ov. met.13,31. Hier, beim Streit um die Waffen Achills, übergeht Odysseus stillschweigend diesen Vorwurf des Aias und betont seine Abstammung über L. und Arkeisios von Zeus. Die Vaterschaft des Sisyphos wird mit LAMER a.O. als alter, vom klatschfreudigen Volkswitz ersonnener Versuch zu betrachten sein, die beiden schlauesten Griechen auch genealogisch miteinander zu verbinden.

Mit der Erweiterung des geogr. Horizonts wurden die Irrfahrten des Odysseus immer weiter in den W. und schließlich in den Ozean verlegt. Wie in Caledonien ein mit griech. Buchstaben beschrifteter Altar an Odysseus' dortigen Besuch erinnerte, Solin. 22,1, so hatte man nach Tac.Germ. 3,3 auch in dem german. → Asciburgium einen Altar gefunden, der nach Ausweis der Inschr. von Odysseus (etwa dem Flußgott Rhenus, der den Helden vom Ozean her dorthin getragen) geweiht war (*aram Ulixi consecratam:* dem Od. MÜLLENHOFF DA 4,140; von Od.: NORDEN Germ. Urgesch. in Tac.Germ.183ff.); die Hinzufügung des Vatersnamens L. schien jeden Zweifel auszuschließen. Das in dieser angeblichen Inschr. steckende Rätsel ist noch nicht gelöst. – Die Hochzeit des L. mit Antikleia ist auf einem lukan. Volutenkrater dargestellt, s. LAMER a.O. 444f. H. v. G.

**Laestrygoni campi** s. Laistrygones. Leontinoi

**Laeti** gegen Zos. 2,51 und Iord.Get.191 kein Volksname, sondern Bezeichnung für verschiedene germ. Stämme, die von den Römern nach freiwilliger Unterwerfung oder nach Gefangennahme (vgl. Paneg.Lat. 4 bzw. 5,21 von 297) als Grundhörige, bes. im n. Gallien, angesiedelt wurden. Die l., zahlreich seit E. 3.Jh., vorwiegend auf Staatsländereien angesiedelt, blieben *dediticii*. Sie wurden eingesetzt als Soldaten, z.T. in geschlossenen Formationen, unter Praefekten. Sie waren dem magister peditum unterstellt (vgl. Not.dign. occ. 42,33ff.). Sie sind zuletzt bezeugt Nov. Sever. II von 465. Da *laetus* aus dem German. abgeleitet ist (WALDE-HOF. s.v. 2), könnte die Institution der l. durch die Römer von den Germanen übernommen sein. A. L.

**Laetilius.** Personenname, wahrscheinlich etr. Herkunft, SCHULZE Eigenn.178 (inschr. Belege) u.ö. L.L., Kurier *(tabellarius)* des berüchtigten C.Verres. Anfang 70 wurde er von Verres zu dessen Nachfolger L.Caecilius Metellus (RE III 1204 Nr.74) mit vertraulichen Nachrichten nach Sizilien geschickt, Cic.Verr. II 64.138.140. H. G. G.

**Laetorius.** Röm. Gentilname, wohl pleb., seit Augustus patriz. (Suet.Aug. 5, MÜNZER Adelsp. 89f.), latinisierte Form eines etr. Namenselements wie Numitorius, SCHULZE Eigenn.187.200.205. Namensträger traten seit dem 5.Jh. (Nr. 1.5) und dann wieder seit dem 3.Jh. v.Chr. (Nr.6) hervor, vielfach in Opposition zur Nobilität. Eine *Lex Laetoria* war tatsächlich eine *Lex Plaetoria*, RE Suppl. VII 398.

**1.** C. Laetorius, Volkstribun 471 v.Chr. (mit Volero Publilius); die Person, nicht aber die annalistische Darstellung (Liv. 2,56, 6–15, Dion. Hal. 9,46,1–48,5) ist historisch. **2.** C.L., 216 cur. Aedil, 212 Gesandter zu den Consuln nach Campanien (Liv. 25,22,2), 210 Praetor, 209 Xvir sacris faciundis, 206 Legat in Griechenland (?), 200 in Oberitalien, 194 IIIvir bei der Kolonisation von Kroton, Liv. 34,45,4. **3.** C.L., Gesandter 172 nach Illyrien, doch wahrscheinlich ein C.Plaetorius, da auch in Hss. oft Verwechslung mit diesem Gentilicium, RE XX 1948. **4.** P.L., treuer Anhänger des C.Gracchus, mit dem er am letzten Kampf auf dem Aventin 121 v.Chr. teilnahm und für den er sich (zusammen mit seinem Freund Pompilius) am Tiber (Pons Sublicius) opferte. Plut.C.Gr.16,6.17,1. Val.Max. 4,7,2. Oros. 5,12, 7. **5.** C. oder M.L. Mergus, Kriegstribun im 3. Samnitenkrieg (nach 313: BROUGHTON Mag.1, 160), wurde vom tr.pl. → Cominius der *impudicitia* angeklagt und verübte – verurteilt – Selbstmord. Dion.Hal.16,4. Val.Max. 6,1,11. **6.** M.L. Plancianus, 257 Reiteroberst des Dict. Q.Ogulnius Gallus, der für die Feier des Latinerfestes eingesetzt war. FCap. DEGRASSI I. 13,42f. 434f. H. G. G.

**Laetus. 1.** L., Feldherr des Septimius Severus in seinem 1. und 2. Partherkrieg, Dio-Xiph.75,2,3. 3,2. Er verteidigte Nisibis, ebd. 9,1f., wurde aber von den Soldaten oder vom Kaiser, der seine Beliebtheit fürchtete, ermordet, ebd. 10,3. vit.Sev. 15,6. – BARBIERI Alb. senat. p. 79 Nr. 323a. **2.** Cognomen bei Aemilius, Caecilius, Iulius, Maecius, Scribonius, Sempronius, Suetonius. **3.** Laeta, 2. Frau des Gratianus im J. 383, Sokr. 5,11,7f. Soz.7,13,9; im J. 409 linderte sie aus ihren Mitteln die Not Roms bei der Belagerung durch Alarich. R. H.

**Laevi** (NISSEN It. Ldk. 2,179), Ligurer am Ticinus (Pol. 2,17,4. Liv. 5,35,2), Gründer des später insubr. Ticinum (Plin. nat. 3,124). G. R.

**Laevillus** (Levillus). Cognomen in kaiserzeitl. Fasten bei Iuliern, Pompiliern, Vibiern. H. G. G.

**Laevinus.** Cognomen in republ. Z. bei den Valeriern (DEGRASSI FCap. 145), in den Fasten der Kaiserzeit nicht vorkommend. H. G. G.

**Laevius.** Personenname (von *laevus*, »link«, WALDE-HOF.$^3$ 1,751). Inschr. häufig belegt, SCHULZE Eigenn. 178. **1.** L. Egerius: → Diana o. Bd. I 1510. H. G. G.

**2.** Römischer Dichter des frühen 1. Jh. v. Chr. (u. U. identisch mit dem Suet. gramm. 3,5 erwähnten L. Melissus), Vf. einer Gedichtslg. *Erotopaegnia* in mindestens 6 B. Fraglich ist, ob die gleichfalls zitierten Liebessagen (*Alcestis*, *Protesilaudamia*, *Sirenocirca* etc.) Teile dieser Slg. waren. Metr. Vielfalt und Stil zeigen L. auf der Wende von der altröm. zur hell.-neoter. Tradition. Während seine Wirkung auf die nächstfolgenden Generationen schwer abzuschätzen ist, entdecken ihn die Archaisten wegen seiner prätentiösen Wortwahl neu (vgl. z. B. Gell. 19,7). P. L. Sch.

Frg.: *Morel* FPL 55ff. Poetae novi, ed. *A. Traglia*, 1962, 5ff. 46ff. 119ff.

Lit.: *H. de la Ville de Mirmont* Ét. sur l'anc. poés. lat., 1903, 220ff. *F. Leo*, H 1914, 180ff. *L. Alfonsi* Poetae novi, 1945, 18ff. 164ff. *H. Bardon* Litt. Lat. Inc. 1, 1952, 189ff. *G. Marconi*, Riv. Cult. Class. Med. 1963, 131ff.

**Lafrenius.** Italischer Eigenname (SCHULZE Eigenn. 34. 204, inschr. Belege). Hist. bedeutsam: T. L., während des → Bundesgenossenkrieges einer der 12 Praetoren der Aufständischen im J. 90. App. civ. 1,181. 204ff. CIL $I^2$ 848. Er fiel gegen Ser. Sulpicius Galba. A. v. DOMASZEWSKI Bellum Marsicum, SAWW 201,1, 1924, 23. H. G. G.

**Laganum.** Nach Hesych. s. *λάγανα* ist L. ein kleinerer Kuchen aus Blätterteig (Ps.-Acro sat. 1,6,115), in Öl im Tiegel gebacken; es wurde auch als Pastetenmantel benützt (Apic. 4,2,14). Die Römer aßen das Gebäck mit Pfeffer und Fischbrühe, oder sie zerschnitten den fein gewürzten Teig zu Nudeln und buken sie in heißem Öl (*catillus ornatus* Athen. 14,647e). L. als Brot galt für leicht verdaulich und wenig nahrhaft (Athen. 3,110a), es wurde ärztlich empfohlen (Cels. 8,7,23. Cael. Aurel. de morb. chron. 2,13 p. 412 Amman). Gal. de alim. facult. 1,4 (VI 492 K.) versteht unter L. die geringere Sorte eines *ἴτριον* genannten Gebäcks. W. H. G.

**Lagaš.** Altsumerische Stadt, am Šatt el-Hai gelegen. Residenz einer bedeutenden Dynastie, die von Urnanše ca. 2500 v. Chr. begründet wurde. Häufige Grenzstreitigkeiten mit dem benachbarten Umma führten schließlich zum Sturz des Stadtfürsten Urukagina durch Lugalzaggesi von Umma und Uruk und zur Zerstörung von L. Eine jüngere Dynastie ist bes. durch den Stadtfürsten Gudea (um 2100 v. Chr.) bekannt, von dem zahlreiche Statuen erhalten sind. Später gehörte L. zum Reich von Ur und wurde bald bedeutungslos. Die nahe bei L. gelegene Kultstadt Girsu (h. Tello) wurde von franz. Archäologen mit gutem Erfolg ausgegraben. W. Rö.

*A. Parrot* Tello (Paris 1948).

**Lagbe.** Ein in dieser Form nicht überlieferter Platz im s. ö. Phrygien nahe der Landschaft → Isauria. Doch lassen die von Liv. 38,15,2 beschriebenen Vorgänge im Zusammenhang mit Ereignissen des J. 189 v. Chr. (2. Mak. Krieg) und in Verbindung mit Inschr.-Funden (*δῆμος Λαγβέων*, *Λαγβηνή*, *Λάγβυ*) am O.-Ufer der *Caralitis palus* (h. Sugla Gölü; Kl. P. → Karalis) die von Liv. ebd. genannte *urbs Lagus* mit Lagbe ident. erscheinen. Inschr. H. T.

*Ruge*, RE XII 455f. *W. M. Ramsay* The hist. geogr. of As. Min. 15, 49, 137 u. ö.

**Lagiden** s. Ptolemaios

**Lagina** (*Λάγινα*). Nur von Strab. 14,660. 663 und Steph. Byz. (aus dem 16. B. der *Καρικά* des Apollonios von Aphrod.) genanntes *πολίχνιον Καρίας*, h. Lakene oder Leina. L. barg einen berühmten Tempel der → Hekate (Strab. a. O.) H. T.

*A. Forbiger* HB alt. Geogr. 2,230. *H. Kiepert* Atl. ant. T. IV.

**Lagni.** Name vielleicht iber. (HOLDER s. v.), kleine Keltibererstadt unbestimmter Lage, in der Nähe von Numantia und mit dieser verbündet. Sie wurde 141 v. Chr. von Q. Pompeius erobert und zerstört (Diod. 33,17). Außerdem wird sie genannt auf Mz. [1]. Wahrscheinlich ist sie ident. mit Malia [2]. R. G.

1. *Anton Vives* La moneda hisp. II, Madrid 1924, 64. *Aem. Hübner* Mon. Ling. Ib. 38: *lagne*. 2. App. Ib. 77,329. Font. Hisp. Ant. IV, Barc. 1937, 40f. *Ad. Schulten* Numantia 1,134. 357. Über die Widersprüche der Berichte hat am besten gehandelt *Helm. Simon* Roms Kriege in Spanien, Frankf. a. M. 1962, 110.

**Lagodius.** Verwandter des Kaisers Honorius, floh 408/09 vor dem Usurpator → Constantinus (3) aus Spanien in den O. des Reiches (Zos. 6,4,4. Soz. 9,12). A. L.

**Lago(o)s** (*Λαγώς*, *Λαγωός*) s. Sternbilder

**Lagopus** (*λαγώπους*). Alpenschneehuhn (Lagopus mutus Leach.), hatte seinen Namen von den hasenfellartigen Federhosen an den Beinen. Der Vogel im weißen Winterkleid schien mit dem im dunklen Sommerkleid nicht ident. (Plin. nat. 10, 133f.); er galt als Delikatesse (Hor. sat. 2,2,22; vgl. Alb. Magn. 23,66). L. heißt auch eine Pflanze, die, in Wein getrunken, dem Durchfall abhilft (Plin. nat. 26,53; [Apul.] herb. 61,6). W. Kre.

1. *Steier*, RE XII 461. 2. *J. André* Lexique des termes de botanique en latin, Par. 1956, 177. 3. *Ders.* L'alimentation et la cuisine à Rome, Par. 1961, 129.

**Lagoras** (*Λαγόρας*). Kreter, Offizier des Ptolemaios IV., suchte 219 v. Chr. vergebens den Engpaß von Berytos vor Antiochos III. zu besetzen, drang 214 als Offizier desselben Antiochos an einer unbewachten Stelle, die er an dem Verhalten der

Vögel erkannt hatte, in das belagerte Sardes ein u. öffnete Antiochos ein Tor. Pol. 5,61,9.7,15ff. H.V.

*M.Launey* Recherches sur les armées hellénistiques, 1950, 1163.

**Lagos** (*Λᾶγος*, »Führer der *λαοί*« O. Hoffmann Die Makedonen, 1906, 154). **1.** Vater des Ptolemaios I. von Äg., Ahnherr der Lagiden, d.h. der Ptolemaier (Strab. 17,795. Epiphan. de mensuris 12, ed. Dind. 4,16), vornehmer Makedone aus Eordaia (Arr. an. 6,28,4; Ind. 18,5), verheiratet mit → Arsinoe (1), die einer Seitenlinie des maked. Königshauses entstammte. Nach der Legende vermählte König Philipp II. die von ihm schwangere Arsinoe mit L., so daß Ptolemaios Halbbruder Alexanders d. Gr. wäre. Curt. 9,8,22. Ail. frg. 285. Suda s. *Λᾶγος*. L. setzte Ptolemaios auf einem ehernen Schild aus, doch wurde dieser von einem Adler aufgezogen. Ail. nat. 12,21. Der 2. Sohn des L., Menelaos, war in den Diadochenkämpfen Feldherr und eponymer Alexanderpriester in Alexandreia. Diod. 19,62,4. Strab. 17,801. Plut. Demetr. 15. Iust. 15,2,7. J. Ijsewijn De sacerdotibus sacerdotiisque Alexandri Magni ... eponymis 1961, 62,1. Ein Hippodrom in Alexandreia hieß Lageion, in Arsinoe gab es auch ein Lageion. Epiphan. de mensuris 12, ed. Dind. 4,16. Etym. m. 533,32. U. Wilcken Grundz. und Chrestomathie der Papyruskde. 2, 1912, 293 col. II 19. A. Maricq, RA 37, 1951, 26ff. **2.** Sohn des Ptolemaios I. und der Hetäre Thais, * nach 325 v. Chr. Athen. 13,576 E. Sein Gespann siegte 315 am Lykaion. Sylloge³ 314 B, 8f. T. Klee Zur Gesch. der gymn. Agone an griech. Festen 1918, 67. H. V.

**Lagynos** (*λάγ-υνος, -ηνος, -ύνιον, -υνίς*, lag-oena, -ona, -una, -uena, -uina). Das flaschenartige (Iuv. 12,60. Anth. Pal. 6,248. 9,229. Plut. mor. 614E. Plin. nat. 28,174) Weingefäß (Poll. 6, 14. 10,72. Athen. 11,499b–e) aus verschiedenem, zerbrechlichem Material (Iuv. 5,29. Martial. 4,46, 9. Petron. 22,3), in Alexandreia kult. verwandt (Athen. 7,276a–c), ist seiner Form nach nicht sicher identifiziert. Es scheint, als ob zunächst eine einhenklige Flasche mit langem Hals und flacher Schulter, später die Ringflaschen und Pilgerflaschen L. geheißen hätten. W. H. G.

*G.Leroux* L. (Paris 1913). *O. Rubensohn*, AA 1929, 204ff. *F. v. Lorentz*, RE Suppl. VI 216f. *L. Ghali-Kahil*, MPiot 51, 1960, 73ff.

**Lahn** s. Laugona

**Laias** (*Λαίας*). **1.** Sohn des → Aigeiden Hyraios, der mit seinen Brüdern Maisis und Europas in Sparta dem Kadmos und anderen theban. Heroen, auf die die Aigeiden sich zurückführten (Hdt. 4,147), Heiligtümer errichtete. Paus. 3,15,8. Der Name aus Laios differenziert, Crusius Myth. Lex. 2,866,45. **2.** Sohn und Nachfolger des eleischen Königs Oxylos. Paus. 5,4,4f. Sein älterer Bruder Aitolos war vor ihm gestorben; nach Ephoros hat er dagegen Aitolien besiedelt, → Aitolos. H. v. G.

**Laikenoi** (*Λαικηνοί, Λαικινοί, Λαιβηνοί, Λαιηνοί* Ptol. 6,7,22), ein in Inner- oder O.-Arabien ö. vom Gebirge → *Ζάμης* wohnendes Volk. Da es in keiner anderen Quelle genannt und sein Name so verschieden überliefert ist, konnte es bisher nicht lokalisiert werden. Es ist vielleicht ident. mit den → Leanitai, nicht jedoch mit den in SW.-Arabien ansässigen Lexianae oder Lechieni (Plin. nat. 6,154.155), die wahrscheinlich den Liḥyān der südarab. Inschr. entsprechen (Répert. d'Épigr. Sémitique 3902 Nr. 10). A. D.

**Lailaps** (*Λαῖλαψ* »Sturmwind«). **1.** Der unübertroffen schnelle Hund des → Kephalos, während der erfolglosen Jagd auf den → teumess. Fuchs von Zeus verstirnt oder versteinert. Ov. met. 7,771. Hyg. fab. 189. **2.** Ein Hund Aktaions, Ov. met. 3,211. Hyg. fab. 181. → Labros. H. v. G.

**Laios** (*Λάιος*). **1.** Myth. König von Theben, Sohn des → Labdakos (Hdt. 5,59), Vater des → Oidipus, lebte in der Generation vor Herakles (Soph.), in der 4. Generation vor dem Troischen Kriege (Paus. 5,9,13). 1 Jahr alt, verlor er den Vater; die Herrschaft (Vormundschaft) übernahm Lykos, ein entfernter Verwandter, der nach 20 J. von → Amphion und Zethos erschlagen wurde; diese vertrieben L. aus Theben (Apollod. 3,40. Hyg. fab. 9). In der Peloponnes von → Pelops gastfreundlich aufgenommen, verging er sich an dessen Sohn → Chrysippos (2). Während er ihn im Wagenrennen unterwies, entführte er ihn nach Theben, wohin er nach dem Tode Amphions zurückkehren konnte (Apollod. 3,44.48. Paus. 9,5,7). Chrysippos tötet sich aus Scham; nach Hyg. fab. 85 erlangt Pelops ihn durch einen Feldzug zurück. Pelops verflucht den Räuber seines Sohnes, er solle kinderlos bleiben oder durch Sohneshand sterben (hyp. Eur. Phoin.). Durch diesen Fluch wird das Chrysipposmotiv, das wahrscheinlich nicht urspr. zur theban. Sage gehörte (E. Bethe Theban. Heldenlieder, 1891, 5ff. C. Robert Oidipus, 1915, 1,155ff. Lamer, RE XII 474ff.), in diese eingegliedert. L. heiratete die Tochter des dem theban. Uradel, dem erdgeborenen Sparten → Echion, entstammenden Menoikeus, bei Hom. → Epikaste, bei den Tragikern und in der Vulgata → Iokaste geheißen (→ Euryganeia). Ein Orakel verbot ihm, Kinder zu zeugen, und stellte ihm, im Sinne des Pelopsfluches, bei Ungehorsam den Tod von Sohneshand in Aussicht (Apollod. 3,48. Pind. O. 2,42), ja Unheil für sein ganzes Haus (Eur. Phoin. 20) und für den ganzen Staat (Aischyl. Hept. 748). Nach Eur. Phoin. 12ff. ist die Ehe lange kinderlos geblieben; erst auf des L. Bitte um Kindersegen warnt Apollon vor der Zeugung. Damit drängte sich Delphois Einfluß (seit Pind. belegt) in die Sage und beherrschte hinfort die ganze Handlung. Als Iokaste L. nun doch einen Knaben gebar (Epikaste, Hom. Od. 11, 271ff., stirbt früh kinderlos), setzte er ihn mit durchbohrten Füßen im Kithairongebirge aus, → Oidipus, oder warf ihn in einem Korb (Topf) ins Meer (Hyg. fab. 66; diese Fassung hielt Bethe 72f. für die ältere; anders Robert 1,325f., der sie dem »Oidipus« des Eur. zuschreiben möchte). Jedenfalls gelangte Oidipus in das Haus des kinderlosen Königspaares Polybos und Merope (Periboia) von Korinth, das ihn als eigenes Kind aufzog. Nach vielen Jahren begegnete L. dem herangewachsenen Oidipus auf einer Reise. L. war ausgezogen, um zu erfahren, was mit dem ausgesetzten Kinde geschehen sei (Eur. Phoin. 36f.; die *θεωρία* nach Delphoi Soph. Oid. T. 114 ist nur eine Vorspiegelung Kreons). Nach dem sog. Peisandrosscholion zu Eur. Phoin. 1760 (s. u.) = FGrH 16 F 10 zog L. gegen den Rat des Teiresias nach Delphoi; der hatte ihm empfohlen, der Hera *γαμοστόλος* zu opfern, die die Sphinx (also noch zu Lebzeiten des L.) gesendet hatte. An einem Dreiweg (solche galten als unheimlich) stieß L. auf den (nach Soph.) aus Delphoi zurückkommenden Oidipus, der dort nach seinen wirklichen Eltern gefragt hatte, und wurde von ihm erschlagen. Die Vulgata verlegt die Mordstelle mit Soph. und Eur. an die *Σχιστὴ ὁδός* in Phokis, dort, wo die Straße von Levadia nach Delphoi von N. den ant. Weg von Daulis und von S. die neue Straße von Distomo her aufnimmt, bei Stavrodromi, Kirsten-Kraiker [4]1962, 216. Der moderne Straßenbau hat die ant. Weggabelung etwas verändert. Aischyl. lokalisiert die Mordstelle an der Schiste von Potniai unmittelbar s. von Theben, die aber für uns nicht nachweisbar ist; nach Wilam. Aischyl.-Interpret. 97 ist dies die urspr. Ansetzung der Sage. Auf eine ebenfalls boiot. Schiste, aber weiter s. am Kithairon, führt das Peisandrosscholion: Oidipus hat mit Iokaste auf dem Kithairon Opfer dargebracht. Beim Rückwege kommen sie an »die« Schiste. Hier, erzählt Oidipus seiner Gattinmutter, habe er einst einen Mann erschlagen, des Wehrgehenks beraubt und begraben. Nikol. Dam. FGrH 90 F 8 gibt an, der Mord sei am boiot. Laphystiongebirge geschehen und Epikaste, die ihren Mann begleitete, habe ihn und den mit ihrem Mann gefallenen Herold an Ort und Stelle begraben. Paus. 10,5,4 und Apollod. 3,52 lassen L. durch den König → Damasistratos von Plataiai begraben; das kann sich wohl nur auf die phok. Schiste beziehen.

Der Einblick in die Entwicklung des Sagenstoffs ist uns dadurch erschwert, daß die alten ihn behandelnden Epen, Oidipodie und Thebais, bis auf geringfügige Reste verloren sind. Ein besonderes Problem bietet die ausführliche Darstellung der Sage im Sch. zu Eur. Phoin. 1760, das sich zweimal auf einen → Peisandros beruft: fraglich, ob der Epiker des 6. Jh. v. Chr. oder der Dichter des 3. Jh. n. Chr. Bethe sah in dem Schol. die Inhaltsangabe der alten Oidipodie; das ist durch Robert a. O. 1,149ff. widerlegt; aber wenn dieser in dem Sch. eine »heillose Konfusion« feststellt, die nicht gestatte, es für die Gesch. der Sage zu verwerten, hat Lamer, RE XII 506ff. erwiesen, daß die hier vorliegende Sagenfassung nach Ausscheidung der Zusätze des Scholiasten durchaus nicht als Flickwerk erscheint und mit großer Wahrscheinlichkeit auf Peisandros, den Epiker des 6. Jh. zurückgeht. Die Entdeckung der Tat des Oidipus erfolgt hier auf Grund der Erzählung des Täters und der Vorzeigung eines Waffenstücks. Maßgebend für die Folgezeit sind die 3 Tragiker gewesen, bes. Eur. durch seine Phoin. Bedauerlich ist der Verlust seines »Chrysippos« und von Aischylos' »Laios«. Robert a. O. handelt über Aischyl. 1,252ff., über Soph. 1,284ff. 332ff., über Eur. 305ff. 381ff. 396ff., über Senecas Oedipus und Phoenissae 2,248ff. 276ff. Über Kunstdarstellungen aus der Sage von L. handelt Lamer, RE XII 470, über die Hdt. 5,43 erwähnten *Λαΐου χρησμοί* ebd. 504 (s. Wilam. Aischyl.-Interpret. 96,2). Unbewiesen ist Roberts Auffassung, daß L. ein alter Jahresgott oder Orakelgott gewesen sei. Auch die Zurückführung des Mythos in die kret.-myken. Z. (durch Gleichsetzung mit L. 2) ist fraglich, vgl. F. Dirlmeyer Der Mythos vom König Ödipus, Mainz 1948, 25. Lamer a. O. 511 möchte einen hist. Hintergrund der Sage annehmen. **2.** Myth. Kreter, der mit Aigolios, Keleos und → Kerberos (2) in die Geburtshöhle des Zeus eindrang und zur Strafe in eine Drossel (*λάιος*) verwandelt wurde. Anton. Lib. 19. Eine sf. Amphora aus Vulci zeigt die 4 Männer, die sich mit Mühe der stechenden Bienen erwehren. Lamer, RE XII 512f. **3.** Faustkämpfer, dem Herakles unterlag, weil er zugleich gegen diesen und einen andern kämpfte. Daher das Sprichwort: *Οὐδὲ Ἡρακλῆς πρὸς δύο*, Ps.-Zenob. 5,49.

H. v. G.

**Lairbenos** *Λα(ι)ρβ/μηνός, Λερβ/μηνός Λυ(ε)ρμηνός* [1],133). Ungriech. Beiname des kleinasiat. → Apollon, von W. Vollgraff, RhM 61, 1906, 150f. zu *λάβρυς* (vgl. F. Hommel Geogr. und Ethnol. des alten Orients 58,1), von R. D. Barnett Stud. H. Goldman, 1956, 221 zu heth. *labarnas* »Herr« (J. Macqueen, Anat. Stud. 9, 1959, 180ff.) gezogen; eher liegt jedoch ein Toponym oder Ethnikon zugrunde ([2],142ff. W. M. Ramsay, JHS 50, 1930, 277ff.; s. aber W. Ruppel, Philol. 82, 1926/27, 434,201. W. Ruge, PhW 57, 1937, 1258f.). In Phrygien gab es mehrere Heiligtümer des L. mit zahlreichen kaiserzeitlichen Weihinschr. ([1],146ff. [2],137f. 141f.), vor allem Dionysopolis-Ortaköy (MAMA IV 96ff. 169ff. [1],133f.) und Motella (F. Steinleitner Die Beicht, 1913, 47ff. 53ff.). Sein Bild erscheint auf Reliefs (Zeive-Denizli: L. Robert, Hellenica 7, 1949, 57 T. IX 1) und Mz. (Hierapolis: [2],138f.). In Bahadinlar und Sebaste ist er als Helios Apollon L. der Meter → Leto zugesellt (Ramsay, JHS 10, 1889, 216ff., Hist. Geogr. of Asia Min., 1890, 136. L. Robert, Anatolia 3, 1958, 119f. [2],128f. 362). Eine weibliche Entsprechung stellt vielleicht die Göttin *Λαρμηνή* neben dem *Θεὸς Ὕψιστος* auf der Votivinschr. aus Borlu in Lydien dar (L. Robert, Anatolia 3, 112, 119). W. F.

1. *W.M. Ramsay* Cities and Bishoprics of Phrygia 1, 1895. 2. *L. Robert* Villes d'Asie Mineure, 1962$^2$.

**Lais** (*Λαΐς*, die »gemeinhin Bekannte« von *λαός* Volk, Pape-Bens. 762 oder Übers. aus dem Semit. »Löwin«, R. Herzog, Philol. 56, 1897, 48 ff.), beliebter Hetärenname, dessen typ. Gebrauch den Nachrichtenbezug auf eine bestimmte L. erschwert. **1.** Die ältere L. aus Korinth war wählerisch und teuer, daher der Beiname *'Αξίνη* (Athen. 13,570 E. Ail. var. 12,5. 14,35) und die Schrift Antilais des Epikrates (Athen. 570 B). Gebildet und schlagfertig zeigte sich L. im Gespräch mit Eur., dessen Med. 1346 sie zitierte. Athen. 582 CD. Zu ihren Liebhabern zählten der Kyniker → Diogenes, von dem L. kein Entgelt nahm, → Aristippos von Kyrene, der sie reich beschenkte, eine Schrift *πρὸς Λαΐδα* schrieb, aber erklärte *ἔχω, οὐκ ἔχομαι* (Athen. 588 E. Diog. Laert. 2, 75. 84 f.), und Eubotas (Aristot. bei Klem. Al. strom. 3,6,50) aus Kyrene, der den Heiratsversuch der L. überlistete. Ail. var. 10,2. Im Alter gering bezahlt, frönte L. dem Trunk. Athen. 570 D. Ihr Grabmal in Korinth, eine Löwin, die einen Widder zerreißt, deutet auf ihr Gewerbe. Paus. 2,2,4. Mz. Head HN$^2$ 405. Ihr Ruhm war sprichwörtlich: *οὐ Κόρινθος οὔτε Λαΐς*. Athen. 4,137 D. **2.** Die jüngere (Athen. 13,574 E. 589 AB) aus → Hykkara in Sizilien, Tochter der → Timandra, der Freundin des Alkibiades, soll siebenjährig bei der sizil. Expedition nach Korinth gekommen sein. Ihre Bekanntschaft mit Demosth., den sie vergebens um 10000 Drachmen bat, und Apelles ist chronolog. fraglich. Gell. 1,8,6. Athen. 588 CD. Sie folgte einem Thessaler in dessen Heimat und wurde von thessal. Frauen aus Neid in einem Aphroditeheiligtum erschlagen. Plut. mor. 767 F. 768 A. Ihr Grab war am Peneios. Paus. 2,2,5. Athen. 589 B. H. V.

**Laistrygones** (*Λαιστρυγόνες*). Märchenvolk menschenfressender Riesen, das alle Schiffe des Odysseus (außer dem eigenen) mit Felsblökken zertrümmerte und die Besatzungen roh verzehrte, Od. 10,81 ff. Danach Ov. met. 14,233 ff. In dem von Hom. verwendeten überkommenen Stoff ist mit Wahrscheinlichkeit ein älteres Argonautenepos vermutet worden (Schwartz Od. 42,1. Wilam. Hom. Unt. 166), gekennzeichnet durch »ein eigenartiges, nicht ausgeglichenes Gemisch von märchenhaftem Untergrund, phantast. Geogr. und wirklicher Erkundung« (Schwartz 269). Märchenhaft sind u.a. die Motive vom auskunftgebenden Mädchen, vom abwesenden, erst später heimkommenden Riesen → Antiphates. Die Namen → Lamos (1) (vgl. → Lamia 1) und Telepylos lassen sich auf Unterweltsvorstellungen deuten. Der Angabe, daß heimkehrender und ausziehender Hirt sich begegnen, scheint Kunde von den kurzen Sommernächten des N. zugrunde zu liegen; so schon Krates Sch. Od. 10,86. Müllenhoff DA 1,324. Wilam. a.O. 168. Zweifel bei Meuli, RE Suppl. V 539; andere Erklärung bei Hennig Die Geogr. des hom. Epos, 1934, 79. Der Name der Quelle Artakie deutet auf Lokalkolorit; eine gleichnamige floß bei Kyzikos, Apoll. Rhod. 1,957. Wilam. GldH 1,272. E. Maass Die Irrfahrten des Od. im Pontos, 1915. → Argonauten und → Gegeneis (2). Der Name könnte aber einem älteren Argonautenepos entlehnt sein; A. Klotz, G 59, 1952, 295. Dazu ein zeitgenössischer Anstrich durch Erwähnung von Polis, Agora, König und Königshaus. – Ant. Lokalisierung der L. auf Sizilien (Thuk. 6,2. Pol. 8,9,13. Lykophr. 662 ff.) und bei Formiae (Cic. Att. 2,13,2. Hor. c. 3,16,34. Plin. nat. 3,59). Moderne Ansetzungen in der Propontis (wegen Artakie, s.o.), bei Balaklawa (Krim), in Albanien, auf Sardinien, in Marokko u.a. – Hervorragende Darstellung in den esquilin. Od.-Landschaften, 1. Jh. v. Chr. Franz Müller Ant. Od.-Illustrationen, 1913, 145 f. H. v. G.

*L. Radermacher* Die Erzählungen der Od., SAWW 1915. *Ders.*, RhM 60. *Meuli* Od. und Argonautika, 1921, 58 ff. 90 ff. *K. Reinhardt* Von Werken und Formen, 1948, 64 ff. *W. Helbig* Führer $1^4$, 1963, 355 ff.

**Lakaina** (*λάκαινα*). Das Athen. 11,484 f. genannte Trinkgefäß wird seit Droop, ABSA 14, 1907/08, 31,3 meist (doch → Kothon) in einem vor allem in Sparta vorkommenden Napf (bauchiger Unterteil mit 2 Horizontalhenkeln, hoher zylindr. Oberteil) wiedererkannt, der Leitform in der lakon. Keramik des 7. Jh. v. Chr. ist. A. Lane, ABSA 34, 1933/34, 99 ff. E. Kirsten, in: Charites E. Langlotz, 1957, 110 ff. W. H. G.

**Lakedaimon** (*Λακεδαίμων*, wohl vorgriech.). **1.** (Myth.) Eponymos der Stadt L., von den Logographen (Pherek. Hellan.) erfundene Abstraktion, in dessen Genealogie die geogr. Namen Eurotas, Sparta, Amyklai, Taygetos als Personen erscheinen. Er galt als Sohn des Zeus und der Taygete (Paus. 3,20,2. Apollod. 3,116), als Gatte der Sparte, einer Tochter des Eurotas, von dem er die Herrschaft erbte (Paus. 3,1,2), als Vater von Amyklas, dem Gründer von → Amyklai (Paus. 7,18,5). Die Benennung des Landes und die Gründung der Stadt L. werden L. zugeschrieben. Immerhin besaß er neben einem bescheidenen Heiligtum am Taygetos (Paus. 3,20,2) schon z.Z. des Hdt. (6,56) den offiziellen Staatskult als Zeus L., dessen Priestertum den spart. Königen vorbehalten war. Sonst hatte L. keine kult. Bedeutung. Seine Tochter → Eurydike (o. II 451,59) heiratete → Akrisios von Argos (Paus. 3,13,8. Apollod. 2,26). L. errichtete den → Chariten (o. I 1136,23), die er Phaenna und Kleta benannte, bei Sparta ein Heiligtum. H. v. G.

**2.** s. Sparta

**Lakedaimonios** (*Λακεδαιμόνιος*) *Λακιάδης*, Sohn → Kimons (2) aus 1. Ehe (Plut. Kim. 16,1; Per. 29,2). Eine Weihung auf der Akropolis, ev. anläßlich der Schlacht von Oinophyta 457, IG $I^2$ 400. Einer der Strategoi der athen. Hilfsflotte für Kerkyra 433 (IG $I^2$ 295. Thuk. 1,45,2. Plut. Per. 29,1 f.). K. K.

**Lakedas** (*Λακήδας*; *Λεωκήδης* Hdt. 6,127). König der Argiver, Vater des letzten herakleid. Argiverkönigs → Meltas. Vgl. Plut. mor. 89 E. K. K.

**Lakereia** (*Λακέρεια*). Nur für die archaische Z. genannte Stadt der Landschaft Magnesia am N.-Ende des Boibesees in nicht sicher zu bestimmender Lage, Heimat der Koronis, der Mutter des Asklepios, Pind. P. 3,59 m. Sch. = FGrH 3 F 3a. Apoll. Rhod. 4,616. Hellanikos bei Steph. Byz. = FGrH 4 F 10. E. M.

1. *Fr. Stählin*, RE XII 523 f. 2. *Ders.* Das hellen. Thessalien 58 f. 3. *Philipps.-Kirst.* 1,274 A. 3. 4. AA 46, 1931, 270.

**Lakiadai.** Att. Demos der danach benannten Stadttrittys der Phyle Oineis am O.-Ufer des Kephisos an der Heiligen Straße nach Eleusis, Paus. 1,37,2. Steph. Byz. Phot. Hesych. Suda s. v. Aus L. stammten Miltiades und Kimon, Plut. Alk. 22, 3; Kim. 4,1. 10,2. Cic. off. 2,64. E. M.

1. *Kock*, RE XII 524 f. 2. *Philipps.-Kirst.* 1,877 A. 2.

**Lakinios** (*Λακίνιος*). Iapyg. Heros, König im Bruttierlande, Eponym des Vorgebirges Lakinion bei Kroton. Mit ihm geriet Herakles auf der Rückkehr von dem Geryonesabenteuer in Streit. Zwei Versionen: a) L. schlägt Herakles in die Flucht und weiht der Hera als Feindin des Herakles den Tempel der Hera Lakinia; b) L. raubt dem Herakles einige Rinder; dafür erschlägt Herakles ihn und seinen Schwiegersohn Kroton und errichtet den Tempel selbst. Serv. Verg. Aen. 3,552. Sch. Theokr. 4,33b. Sch. Lykophr. 856. 1007. Diod. 4, 24,7 (nach Timaios). L. wird als Sohn der Kyrene (*Pyrene* mit Friedländer und Malten HÖFER Myth. Lex. 3,3344), auch als Kerkyraier bezeichnet. H. v. G.

**Lakios** (*Λάκιος*). **1.** Heros eponymos des att. Demos und der Trittys Lakiadai (IG $I^2$ 884), sein Heroon lag an der heiligen Straße nach Eleusis vor dem Übergang über den Kephisos. Paus. 1,37, 2. **2.** Myth. Gründer der lyk. Stadt → Phaselis nach Weisung des delph. Orakels. Aristain. FGrH 771 F 1. H. W. PARKE und D. E. W. WORMELL The Delphic Oracle 1, 1956, 64. 2,166, 410. Nach Philostephanos (Athen., 7.297 F) war L. aus Argos und wurde auf Rat der → Manto, der Mutter des → Mopsos, von diesem nach Phaselis geschickt, nach anderer Überlieferung kam er aus → Lindos auf Rhodos. Dem Hirten Kylabras gab L. als Preis für das Stadtgebiet von Phaselis Salzfische. Heropyth. FGrH 448. Der Name L. entspricht dem kret. Rhakios (der Zerlumpte). Hesych. s. v. *λάκη*. H. V.

O. *Immisch*, JbPhSuppl. 17, 1889, 141 f.

**Lakonike** (Lakonien), *Λακωνικὴ γῆ* oder *χώρα*, in der Prosaliteratur die gewöhnliche Bezeichnung für das spartan. Staatsgebiet, so bes. bei Thuk. oft, ebenso z. B. Pol. stets, Hdt. 1,69. 6,58,1. Xen. hell. 4,7,6. 4,8,8. 6,2,31. 6,5,21 u. ö. Aristoph. Vesp. 1162; Pax 245. Strab. 8,2,2 p. 335. 4,9 p. 362. 5,4 ff. p. 364 ff. Paus. 3,1,1. 21,6. 4,1,1. 16,8. 17,1. Ptol. 3,14,43 u. a. o. Lat. *Laconica* Plin. nat. 2,243. 4,1. 5,32. 6,214. 25,94. Mela 2,39. Nep. Timoth. 2,1. Vell. Pat. 1,3,1 u. a. o. Inschriftlich erscheint diese Bezeichnung nur in einer Proxenienliste aus Keos im 4. Jh. v. Chr., IG XII 5,542,22 (allerdings z. T. ergänzt) und in einer lat.-griech. Ehreninschr. der Römer in L. für C. Iulius → Eurycles, SEG XII, 924. Der amtliche Name des Staatsgebiets ist ausschließlich *Lakedaimon*, daher so auch oft literar., lat. *Laconia* ganz vereinzelt und wohl nur hs. Variante zu *Laconica*, [1],1280,16 ff. Ebenso wie diese Namensform Lakonien erst modern ist, ist es auch ihre Verwendung als Bezeichnung der s. Landschaft der Peloponnes, wobei darunter die Eurotasfurche mit den Randgebieten nebst der Parnonkette und -halbinsel und der Taygetoshalbinsel verstanden wird.

Geogr. zerfällt L. im heutigen Sinne in die Eurotasfurche, die durch Querriegel in mehrere Stufen geteilt ist, und die beiderseitigen Gebirgsumrandungen. Von den Stufen der Eurotasfurche ist die wichtigste das Becken von Sparta, etwa 10 : 30 km, von denen 5–6 : 18 km auf die Ebene entfallen; das 18 km breite Hügelland der Bardunia trennt sie von der 4–6 km breiten Küstenebene. In archaischer und klass. Z. teilte sich die Landschaft in das Gebiet der Perioikenstädte und das spartan. Bürgerland. Perioikisch waren die n. Randlandschaften Aigytis, Belminatis und Skiritis, ferner im allg. die Gebiete des Parnon und Taygetos. Das spartiat. Bürgerland umfaßt das eigentliche Becken von Sparta mit einem Streifen zur Küste, der diese im N.-Teil des lakon. Golfs erreichte (Helos). Gytheion und die nächsten Orte der Bardunia, Aigiai und Krokeai, waren bereits perioikisch. Eine ant. Angabe über die Ausdehnung des Bürgergebiets bei Plut. Agis 8,1 ist aber z. T. unverständlich, wohl durch Verkürzung.

Die wichtigsten Perioikenorte waren (→ die Einzelartikel) im oberen Eurotastal Pellana, im n. w. Parnon Karyai und Sellasia, auf der Parnonostseite und der Parnonhalbinsel Prasiai, Kyphanta, Zarax. Epidauros Limera, Glympeis, Marios, Geronthrai, Akreai, Kyparissia, Asopos, Kotyrta, Boiai, Etis, auf der Taygetoshalbinsel Gytheion, Las, Asine, Pyrrhichos, Teuthrone, Psammathus, Oitylos, Thalamai, Pephnos, Leuktron, Kardamyle, Gerenia. 195 v. Chr. wurden die Perioikenstädte von Sparta getrennt und bildeten in der Kaiserzeit den Bund der → Eleutherolakonen. Im spartan. Bürgerland gab es an größeren Siedlungen außer Sparta nur → Amyklai, sonst die Gutshöfe der Spartiaten und Heiligtümer wie → Therapne Sparta ö. gegenüber, in hist. Z. Heiligtum der Helena, das Menelaion, und der Dioskuren, am Taygetosrand s. w. von Sparta Bryseai mit

Dionysosheiligtum, Paus. 3,20,3. [1],1330,22ff. und s. davon bei den Kalyvia Sochas ein Eleusinion, Paus. 3,20,5. [1],1330,29ff. ABSA 45, 1950, 261ff., ferner Pharis und an der Küste Helos. Mehrere weitere Heiligtümer bei Pausanias. Grenzsteine gegen Messenien, IG V 1,1371f. *Πλάτων* 5, 1953, 147ff., dazu IG V 1,1431. [1],1313, 22ff.

Der Flächeninhalt der Landschaft L. im heutigen Sinne (h. Nomos Lakonia mit Provinz Kynuria) beträgt etwa 5000 qkm, von denen aber nur etwa 500 qkm auf anbaufähiges Spartiatenland entfallen. Doch gehört das Becken von Sparta durch reichliche Niederschläge und Bewässerung zu den üppigsten Landschaften Griechenlands. Die unmittelbare Nähe des Gebirges und die Binnenlage bedingen aber auch schroffe Witterungswechsel und relativ kalte Winter.

Die Besiedlung war schon in prähist. Z. dicht, aus myken. Z. sind bes. zu nennen das zu Pharis gehörende Kuppelgrab von Vaphio, Amyklai und Therapne, s. D. FIMMEN Die kret.-myken. Kultur 10f. KARO, RE Suppl. VI 606f. [11.12] [14],3ff. Die offene Dorfsiedlung Sparta selber auf dem rechten Eurotasufer ist erst Gründung der einwandernden Dorier. Vordor. Spuren im Dialekt Lakoniens F. SOLMSEN, RhM 62, 1907, 329ff. [14], 11ff. Der Schiffskatalog, Hom. Il. 2,581ff. nennt Pharis, Sparta, Messe, Bryseiai, Augeiai, Amyklai, Helos, Las und Oitylos. Im übrigen ist die Gesch. der Landschaft die Gesch. → Spartas. Paus. 3 Strab. 8,5. Ptol. 3,14,43. Inschr.: IG V 1. ABSA 24, 1919/21, 88ff. 26, 1923/25, 106ff. 43, 1948, 209ff. SEG in den versch. Bänden. E. M.

1. *Bölte*, RE III A 1267ff. (Name und Ableitungen). 1294ff. (Geogr.). 2. *Philipps.-Kirst.* 3,412ff. 3. *E. S. Forster* South-western Laconia, ABSA 10, 1903/04, 158ff. 4. ABSA 11, 1904/05, 81ff. (versch. Aufsätze). 5. *E. S. Forster* Gythion and the North-west coast of the Laconian gulf. *Woodward* Tainarum and Southern Maina, ABSA 13, 1906/07, 219ff. 6. *Wace-Hasluck* South-eastern Laconia, ABSA 14, 1907/1908, 161ff. 7. East-coastal Laconia, ABSA 15, 1908/09, 158ff. 8. *Ormerod*, Bardounia and North-eastern Maina, ABSA 16, 1909/10, 62ff. 9. *Hondius* Laconia, ABSA 24, 1919/21, 144ff. 10. *Chr. Le Roy* *Λακωνικά*, BCH 85, 1961, 206ff. 89, 1965, 358ff. 11. *H. Waterhouse* Prehist. Laconia, ABSA 51, 1956, 168ff. 12. *H. Waterhouse – R. Hope Simpson* Prehist. Laconia, ABSA 55, 1960, 67ff. 56, 1961, 114ff. (mit vielen Einzelplänen). 13. *L. Heidemann* Die territoriale Entwicklung Lacedämons und Messeniens bis auf Alexander d. Gr., Diss. Berlin 1904. 14. *Fr. Kiechle* Lakonien und Sparta 1963. 15. *M. Andronikos* *Λακωνικὰ ἀνάγλυφα*, *Πελοποννησιακά* 1, 1956, 253ff. 16. *P. Pelagotti* Laconici vasi, Encicl. Arte ant. 4,445ff. 16. *R. Traquair* Mediaeval fortresses, ABSA 12, 1905/06, 259ff.

**Lakrates** (*Λακράτης*). **1.** Spartiate, Gewährsmann für die Schlacht bei Plataiai bei Plut. mor. 868 F. **2.** Spart. Olympionike, 403 gefallen beim Angriff auf den Peiraieus und auf dem Kerameikos in Athen begraben. Xen. hell. 2,4,33. G. KARO, AA 45, 1930, 90f. **3.** Thebaner, nahm 343/42 mit einer boiot. Truppe für den pers. König Artaxerxes III. Ochos Pelusion. Diod. 16,44ff. **4.** Aitol. Feldherr bei der Abwehr der Kelten 279. Paus. 10,20,5. IG IX 5,2.8.199. **5.** Sohn des Pyrrhos, Stifter des Schatzhauses der Epidamnier in Olympia Mitte 6. Jh. Paus. 6,19,8. **6.** Athener um 190 v. Chr., Sohn des Mentor. IG II$^2$ 889.891. H. V.

**Lakydes** (*Λακύδης*). Sohn des Alexandros, aus Kyrene, akadem. Philosoph. Von Haus aus arm, arbeitete sich L. aus eigener Kraft empor, und als Nachfolger des → Arkesilaos leitete er seit 241/40 v. Chr. 26 J. lang (Diog. Laert. 4,61; anders Ind. Acad. Hercul. col. 27: 18 J.) die Akademie, bis er, wohl 216/15, sein Amt an → Eudoros (2) und → Telesikles abtrat; † vermutlich 206/05 (zur Chronol. RE XII 530f.).

Noch entschiedener als sein Lehrer scheint L. den skept. Standpunkt vertreten und selbst die Erinnerung als trügerisch verworfen zu haben (Eus. pr. ev. 14,7,9). Die bei Eus. a. O. überlieferte Anekdote von L.' Überlistung durch Sklaven, die seine Speisekammer plünderten, läßt ihn freilich den Widerspruch seiner Lehre zum Leben erkennen. – Nach Suda soll er (anders als Arkesilaos und Karneades) Schriften verfaßt haben (darunter *περὶ φύσεως*; nichts erhalten). Dennoch bleibt unerklärt, mit welchem Recht ein Teil der Überlieferung (Diog. Laert. 1,14. 4,59; Suda) gerade ihn den Begründer der »Neuen Akademie« nennt (O. GIGON, MH 1,62f.). G. Schm.

**Lamache** (*Λαμάχη*). Lemnierin, mit der der Argonaut → Euphemos den Leukophanes zeugt, von dem Battos, der Gründer von Kyrene, abstammt. Sch. Pind. P. 4,256 (2,161 Drachmann). Stammbaum L. MALTEN Kyrene 192. H. v. G.

**Lamachos** (*Λάμαχος*). Athener aus Oie, Sohn des Xenophanes (IG I$^2$ 302. Thuk. 6,8,2. Sch. Aristoph. Ach. 270; Thesm. 840). Ca. 436/35 mit Perikles im Pontos (Plut. Per. 20,1). Als Stratege verlor L. 423/22 bei → Herakleia (7) in einem Unwetter seine Schiffe (Thuk. 4,75,1–2. Diod. 12,72, 4). Einer der athen. Gesandten, die 422/21 in Sparta Nikiasfrieden und athen.-spartan. Symmachie beschworen (Thuk. 5,19,2. 24,1). 416/15 wählte man Alkibiades, Nikias und L. zu *στρατηγοὶ αὐτοκράτορες* der sizil. Expedition (Thuk. 6,8,2. And. 1,11. Diod. 12,84,3. 13,2,1); er fiel vor Syrakus (Thuk. 6,49f. 101ff. Diod. 13,7f. Plut. Nik. 18,1–3; Alk. 18,3. Sch. Aristoph. Thesm. 841). L. war arm und nutzte seine Karriere nicht zur Bereicherung; den geborenen Militär verspottete Aristoph., ehrte ihn aber nach seinem Tod (Aristoph. Ind. s. L.; ferner Plat. Lach. 197C; Lys. 13, 67. Plut. Nik. 12,5. 15,1.3; Alk. 18,2; mor. 186F. 819C. 822E. Sch. Aristoph. Ach. 617; Ran. 1039; Pax 1290). K. K.

*Goossens*, AC 15, 1946, 43ff.

**Lamasba.** Stadt in Numidien, 50 km n.w. von Lambaesis, h. Henchir Merouana. S. GSELL, Atl.

Arch. Alg., $f^e$ 27 (Batna), nr. 86. Itin. Ant. *Lamasba*. Tab. Peut. *Lamasbua*. Iul. Honor. *Lamasba oppidum. Municipium* seit Caracalla. Mehrere von den *Lamasbenses* gesetzte Meilensteine; die Stadt war der Mittelpunkt eines Straßennetzes (CIL 22437ff.). Eine Inschr. aus der Z. Elagabals regelt die Wasserverteilung der *aqua Claudiana* unter die Besitzer nach Tagen und Stunden, die von Morgen zu Morgen gerechnet werden (CIL 18587 = Dess. 5793. F. de Pachtère, MEFR28, 1908, 373. J. Birebent Aquae rom., 1962, 390. Bischofssitz seit 256. M. L.

**Lambaese.** Lager und Stadt in Numidien 10 km s.ö. vom h. Batna, (h. Lambèse), am N.-Abhang des Mons Aurasius (h. Aurès). Ptol. 4,3,7 *Λάμβαισα*. Itin. Ant. und Inschr. *Lambaese*. Einwohner *Lambaesitani*.

Unter Titus, 81 n. Chr., baute dort die *legio* $III^a$ *Augusta* (vielleicht nur eine *vexillatio*) ein Lager (Leschi Libyca, 1, 1953, 189), dann wurde ein zweites Lager (unrichtig Auxiliarlager genannt) angelegt, und endlich das große, wahrscheinlich im J. 129 vollendete Legionslager. Am 1. Juli 128 führte dort der Kommandant *(legatus)* Q. Fabius Catullinus die Legion dem Kaiser Hadrian vor. Die Inschr. CIL VIII 18042 (h. im Museum von Algier) gibt den Text der Ansprache Hadrians.

L. wurde der militärische Mittelpunkt der Provinz Africa (abgesehen von den J. 238–253, in denen die Legion aufgelöst war), schon bevor sie unter Septimius Sev. die Hauptstadt der Provinz Numidia wurde (J. 198). Damals war L. *municipium, colonia* unter Philippus. Die Bürgerschaft war in Curien gegliedert, deren 10 Namen bekannt sind. Zahlreiche Götter wurden in L. verehrt: Liste bei M. Leglay Saturne Africain. Monuments 2, 80. Ruinen von militär. Anlagen: drei Lager, das größte mit Praetorium, Signakapelle, Scholae, Kasernen, Amphitheater; von der Zivilstadt: Kapitol, mehrere Tempel (Aesculapius, Salus, Mithra, Isis, dea Africa, Saturnus u. a.), Triumphbogen, Thermen, u. a. Ein Bischof ist für 256 bekannt. Die Byzantiner legten in L. eine Festung an. Inschr.: CIL VIII 2527. 10760. 18039. 22650. M. L.

*S. Gsell*, Atl. Arch. Alg., $f^e$ 27 (Batna), Nr. 222–224. Mon. Ant. Alg. I 115. 149. 159. *R. Cagnat* Armée Rom. Afr.$^2$, 1913, 434. 441. *L. Leschi*, Et. épigr. arch. et hist. afr., 1957, 170ff. *M. Leglay* Le Mithraeum de L., CRAI 1954, 269. *R. Cagnat* Musée de L., 1895. *R. Lugand*, Rec. Constantine, LVIII, 1927.

**Lambafundi.** Ortschaft Numidiens zwischen Lambaese und Thamugadi (h. Timgad), h. Henchir Touchine. S. Gsell, Atl. Arch. Alg., $f^e$ 27 (Batna), nr. 247. Agrargebiet mit großen Domänen: eine Inschr. nennt im J. 197 die [*possessores* oder *seniores vici* oder *saltus La*]*m*[*b*]*afundensium* CIL VIII 2438 = 17941. Saturnus war der Hauptgott: (M. Leglay Saturne Africain, Monuments 2,114). M. L.

**Lambagai.** Das Volk in der – h. ostafghan. – Landschaft n. des mittleren Kabul war den Indern als Lampāka (jedoch auch als Maruṇḍa, Muruṇḍa), den Chinesen als Lan-po, den Griechen als *Λαμβᾶγαι*, *Λαμπᾶγαι* oder *Λαμβάται* (Ptol. 7,1,42) bekannt; die arab. Geographen lokalisierten hier das Lamech-Grab. Im Gelände der neuerdings entdeckten aramäischen Felsinschrift, welche die Gegend gesch. einerseits mit dem postachämenid. Iran, andererseits mit dem Indien der Aśoka-Zeit verbindet, sind Ausgrabungen im Gange. K. F.

*W. B. Henning*, BSO(A)S 13, 1949–1950, 80f. *K. Fischer*, BJ 167, 1967, 175 mit Anm. 187–189. Ältere Lit. s. *Wecker*, RE XII 542.

**Lambdia.** Stadt in Mauretania Caesar. 100 km s. von Algier, h. Médéa. (Ptol. 4,2,27 *Λαβδία*). Eine Wege-Inschr. (CIL VIII 22567) nennt die *Lambdienses*; ein *episcopus Lambiensis* erscheint im J. 411 (Migne PL 11,1337). Zu einer andern Stadt in Africa procons. mit ähnlichem Namen gehörte ein *episcopus Labdensis* in demselben J. Migne PL 1335. Spärliche Ruinen: Wasserleitung, Inschr. CIL 9240–9246. *S. Gsell*, Atl. Arch. Alg. $f^e$ 14 (Médéa), nr. 48. M. L.

**Lambiridi.** Ortschaft Numidiens, h. Kherbet-Ouled-Arif. S. Gsell, Atl. Arch. Alg., $f^e$ 27 (Batna), nr. 120. Die *legio* $III^a$ *Aug.* schickte dorthin *vexillationes* (CIL VIII 4416). Municipium im 3. Jh. (4415). Ruinen: Bogen, Festung, Grabmäler und ein Saal mit Mosaik gegen den bösen Blick *(Invidus)*, Bull. Comité 1919,159, und bes. ein Grab mit einem hermet. Mosaik: s. J. Carcopino Sur les traces de l'hermétisme afric., in Aspects mystiques de la Rome païenne 1942,207. F. Chamoux Perdiccas, Hommages A. Grenier, 1,1962, 386 widerlegt diese Theorie. Carcopino, REA, 1963, 122 hält an ihr fest. M. L.

**Lambrus** (Nissen It. Ldk. 2,180. Miller Itin. Rom. 387), Nebenfluß des Po, durchströmt den Lacus Eupilis (Plin. nat. 3,131) = Lago di Pusiano. Fluß und gleichnamige Station Tab. Peut. 4,2 ungenau. G. R.

**Lamia** (*Λάμια* »Verschlingerin«, auch *Λαμώ*). **1.** Urspr. weiblicher Vampir, der durch Aussaugen des Blutes und Verzehren des Herzens den Menschen die Lebenskraft nimmt, Siechtum und Tod herbeiführt, später zum Kinderschreckgespenst herabgesunken. Meist Gattungsbegriff; Individualnamen: → Akko, → Gello, → Karko, → Mormo, → Sybaris (Anton. Lib. 8). In der Sage (Diod. 20, 41,3ff. nach Duris) haust sie in Libyen als Tochter von Belos und Libye in einer Höhle (Turm der L.? Tertull. adv. Valent. 3). Sie hat Kinder von Zeus; Hera bewirkt, daß sie im Wahnsinn ihre Kinder tötet. Vor Kummer wird sie häßlich (sprichwörtlich), schlaflos (damit sie auch im Schlaf sieht, kann sie ihre Augen herausnehmen, → Graien). In beliebige Gestalten sich verwandelnd, raubt sie den Frauen ihre Kinder und verschlingt sie. Fängt man sie, kann man die Kinder unversehrt aus ihrem Bauch herausholen, Hor. ars 340. Die libysche L. spricht den Prolog in Eur. Busiris, WILAM. GldH 1,267,3 (wo πέρδεται zu lesen ist). Nach Aristoph. Pax 758 (mit Sch.) und Vesp. 1035 ist L. ein Zwitter. – Nach Paus. 10,12,1 ist L. Tochter Poseidons und von Zeus Mutter der libyschen Sibylle, nach Stesich. Mutter der Skylla (Sch. Hom. Od. 12,124). Die *tres Lamiae* CIL VII 507 sind interpretatio Rom. für britann. Gottheiten. Duris FGrH 76 F 17. H. v. G.

*Kerényi* Die Mythologie der Griechen, [2]1955, 43ff. *W. Otto* Die Manen, 1923, 54.

**2.** L. (*Λαμία*). Athenische Hetäre, mit ihr und 3 anderen soll Themistokles in einem Viergespann auf den Markt gefahren sein. Athen. 12,533 D. 13, 576 C. **3.** Hetäre, Flötenspielerin, Tochter des Atheners Kleanor. Seit 306 Geliebte des → Demetrios (2) Poliorketes, dem sie eine Tochter Phila gebar, erhielt L. 200 Talente für ihren Putz. Athen. 13,577 C. Plut. Dem. 27. Brief der L. an Demetrios Alkiphr. 4,16. v. WILAMOWITZ, H 44, 1909, 467ff. Witzige Aussprüche der L. bei Athen. 577 D–F. Plut. Dem. 27 und Ail. var. 13,8.9. Athen und Theben erbauten Tempel der Aphrodite L. Athen. 6, 253 AB. In dem 303 von Demetrios auf die Hochfläche verlegten → Sikyon stiftete L. eine Stoa Poikile. Athen. 13,577 C. H. V.

**4.** Cognomen in republ. Zeit bei → Aelius Nr. 4, in den Fasten der Kaiserzeit bei Aeliern, Fundaniern und Plautiern, vgl. A. DEGRASSI FImp 256. H. G. G.

**5.** L., Stadt am N.-Rand der Spercheiosebene an den letzten Ausläufern des Othrysgebirges am Austritt aller wichtigen Straßen von Thessalien in die Spercheiosebene, noch h. mit gleichem Namen an gleicher Stelle. Ant. Reste sehr gering, vor allem Teile der Stadtmauer, bes. unter den Mauern des ma. und neuzeitlichen Kastells auf der Akropolis. Hellenistisches Felskammergrab, AA 51, 1963, 131. Das Gebiet gehörte wahrscheinlich urspr. zur Landschaft Achaia, seit E. 5. Jh. v. Chr. den Maliern. L. ist von nun an anstelle des älteren Trachis Hauptstadt der Malier und teilt ihre Schicksale. Älteste Erwähnung Strab. 1,1,20 p. 60 anläßlich des schweren Erdbebens von 426 v. Chr. Nach L., in dem die Makedonen unter Antipatros vergebens belagert wurden, heißt der »Lamische Krieg« von 323/22 v. Chr. Im 3. und Anf. des 2. Jh. v. Chr. gehörte L. mit der gesamten Landschaft zum aitol. Bund und war ein Hauptquartier Antiochos' III. im Kriege mit Aitolien gegen Rom, Liv. 35,43,9ff. 49,9. 36,15,2ff. 191 v. Chr. vergebliche Belagerung durch Philipp V., Liv. 36,25. Zon. 9,20. Pol. 20, 11,3f., im folgenden J. Eroberung durch Acilius, Liv. 37,4,8–5,3. Polit. wurde L. nun an Thessalien angeschlossen und rechnete in der Kaiserzeit zur Landschaft Phthiotis. Festlegung der Grenze gegen Hypata CIL III 586. 12306. [1],557,46ff. IG IX 2 S. 19. Spätant. ist L. Bistum unter dem ma. Namen Zituni, Nova tactica ed. GELZER Georg. Cypr. 78. Not. episc. 3,496. 10,602. 13,453. LE QUIEN 2,113f. 117f., und auch weiterhin von Bedeutung. Skyl. 62. Strab. 9,5,9 p. 433. 9,5,13 p. 435. Paus. 6,4,7. Ptol. 3,12,43. Plin. nat. 4,28. Hierocl. synecd. 642,6. Steph. Byz. IG II[2] 861. BCH 45, 1921, 20 III 135. 30 VD 7. Inschr.: IG IX 2 Nr. 60–88. 1320. 1358. SEG 3,461–463. 15,510. 16,373. 17,373. Mz.: HEAD HN[2] 296. E. M.

1. *Stählin*, RE XII 547ff. Nr. 8. 2. *Ders.*, Das hellenische Thessalien 213ff. 3. *Philipps.-Kirst.* 1,245ff. 4. *G. Daux–P. de la Coste Messelière*, BCH 48, 1924, 345ff. 5. *Y. Béquignon* La vallée du Spercheios, oft, bes. 263ff. 6. *L. Rocchetti* Encicl. Arte Ant. 4,462f..



**Lamiggiga.** Stadt in Numidien, zwischen Lambaese und Diana Veteranorum, h. Seriana. S. GSELL, Atl. Arch. Alg., f[e] 27 (Batna), Nr. 73. Sie scheint etwa im J. 200 eigene Ortsvorstände *(magistri)* gehabt und einen *ordo decurionum* erhalten zu haben (CIL VIII 4376). Inschr. nennen Legionäre und *veterani* der leg. III Aug. CIL VIII 4374 bis 4382. Bischöfe im J. 411 (MIGNE PL 11,1299. 1330. 1335) und 484 (Not. episc. Nr. 101. 122). Ruinen: Thermen, Keltern, 2 Kirchen mit Mosaiken (S. GSELL, Mon. Ant. Alg. II 254), byz. Festung, Statuen. Inschr. CIL VIII 4372. 18553. M. L.

**Lamina, lamna.** Metallplatten (-plättchen) dienten zum Verkleiden billigerer Stoffe darunter (→ *brattea;* auch Holzfurniere konnten l. genannt werden), zum Eingraben von Inschr. (Cic. leg. 2,58. Apul. met. 3,17), als Teile der Schuppenpanzer (Tac. hist. 3,79), glühend gemacht als Torturmittel für Verbrecher und Sklaven (Plaut. Asin. 548. Lucr. 3,1017. Cic. Verr. 5,163. Hor. epist. 1,15,36). L. aus Blei benützte man für Heil- und Kräftigungszwecke (Plin. nat. 34,166, vgl. Suet. Nero 20,1. → Blei), dünne Blei-L. als Beschreibmaterial, bes. bei Zauberpraktiken (→ Defixio. Fluch). W. H. G.

**Lamis** (*Λάμις*). Megarer, Führer einer Kolonistenschar, mit der er sich um 730 in Sizilien zuerst in → Trotilon, dann, gemeinsam mit den Chalkidiern unter → Theokles in → Leontinoi, zuletzt, von diesem verdrängt, in → Thapsos niederließ, wo er starb, Thuk. 6,4,1. Polyain. 5,5,1. K. Z.

**Lamischer Krieg** (*ὁ Λαμιακὸς πόλεμος* Diod. 17,111,1. Strab. 9,433; *ὁ Ἑλληνικὸς πόλεμος* IG II/III[2] 505,18. Plut. Phok. 23,1), der griech. Unabhängigkeitskrieg nach Alexanders Tode 323, in dem → Antipatros (1) in Lamia von → Leosthenes (2) belagert wurde. Die athen. Seeniederlage bei Amorgos und der Sieg des Antipatros bei Krannon beendete 322 den Krieg. H. V.

**Lamiskos** aus Tarent, Pythagoreer aus der Umgebung des → Archytas. Platon berichtet im 7. Brief 350 B, wie L., von Archytas an die Spitze einer Gesandtschaft gestellt, im J. 360 v. Chr. gegenüber → Dionysios II. für Platon eintrat und dessen Abreise erwirkte. Aus dieser Bezugsstelle

herausgesponnen sind 2 Erwähnungen des L. in den Archytasbriefen bei Diog. Laert. 3,22 und 8, 80, gewiß beide ohne dokumentarische Bedeutung. H. D.
*Diels* Doxogr. 187.

**Lamm** s. Schaf

**Lamos** (*Λάμος*). **1.** Sohn Poseidons, alter König der → Laistrygonen und Erbauer ihrer Feste Telepylos. Od. 10,81 ff. mit Sch. Ov. met. 14,233. Hor. c. 3,17 läßt scherzhaft seinen Freund Aelius Lamia von L. abstammen. **2.** (auch Lamios) Sohn des Herakles und der Omphale, Eponym der thessal. Stadt Lamia, Diod. 4,31. Er verfolgt seinen Halbbruder Bargasos, nach den *Καρικά* des Apollonios v. Aphrod., FGrH 740 F 2. **3.** Rutuler, Verg. Aen. 9,334. H. v. G.

**4.** L., bei Strab. 14,671. Steph. Byz. Fluß der *Κιλικία τραχεῖα* (h. Lamas-Su), in röm. Z. Grenzfluß. **5.** L., h. Ak Kalch Lamas, Ruinen, bei Strab. a. O. *κώμη*, auch von Ptol. 5,7,6 M. erwähnt, die zugehörige Landschaft bei Ptol. *Λαμῶτις*, bei Steph. *Λαμουσία*.
*K. Miller* Itin. Rom. S. 712 mit Skizze Nr. 219, S. 665. *A. Forbiger* HB. alt. Geogr. 2,277. 288. *W. M. Ramsay* The hist. Geogr. of As. Min. 306. 380. 382.

**6.** L., bei Hierocl. Synecd. 709 zur *Ἐπαρχία Ἰσαυρίας* gerechneter Ort. H. T.

**Lampadarchia** (*λαμπαδαρχία*). Leitung und Ausstattung des Fackellaufes, der → Lampadedromia, eine kostspielige → Leiturgie. Aristot. pol. 5,8,1309 a 19. In Athen betreuten zunächst der *βασιλεύς*, dann *ἱεροποιοί*, Gymnasiarchen und schließlich Lampadarchen die Fackelläufe. Aristot. Ath. pol. 57,1. Is. 6,60. Poll. 8,90. Anecd. Bekk. 277. IG II² 1250. Sylloge ³667,62. BUSOLT GStK. 976,3. 1090. Außerhalb Athens ist die L. für viele griech. Orte bezeugt: Chalkis IG XII 9, 946. Koresia auf Keos IG XII 5,647. Paros IG XII 5,176. Priene Sylloge³ 1003,26. Teos SGDI 5633. Patmos Sylloge³ 1068. Ephesos (eine Frau als L.) Forsch. in Ephesos 3, 1923, 151,68. Termessos TAM 3,195 usw. J. OEHLER, RE XII 567. H. V.

**Lampadarii** gehörten in der Spätant. zu den niedrigeren Palastbeamten. Die dem *magister officiorum* unterstellten l. (ranghöchster: *primicerius lampadiorum*) waren vermutlich mit den Lampen des kaiserlichen Palastes beschäftigt (JONES Later Rom. Emp. 582). Die Annahme, daß einzelne der höchsten Beamten l. hatten, ist unbeweisbar (anders RE XII 569). A. L.

**Lampadedromia** (*λαμπαδηδρομία* Sch. Aristoph. Ran. 131. *λαμπαδοδρομία* Anecd. Bekk. 228,11. *λαμπαδηφορίη* Hdt. 8,98: Vergleich mit pers. Relaispost. *λαμπαδοῦχος δρόμος* Lykophr. 734. *ἀγὼν ἐπὶ λαμπάδι* Poll. 8,90. *λαμπάς* Hdt. 6,105. Plat. rep. 328 A. Plut. Sol. 1,4. IG II² 956 ff. 2998 f.), Fackelstaffettenlauf, kultischer Agon, sollte das durch langen Gebrauch verunreinigte Feuer durch neues von dem Altar des Feuergottes geholtes ersetzen, in Athen an den → Aianteia, → Anthesteria, Epitaphia, (Hephaisteia), Panathenaia und Prometheia sowie zu Ehren des Pan für Hilfe bei Marathon. Hdt. 6,105. Mannschaften der Phylen liefen vom Altar des Prometheus und Hephaistos vor der Akademie über den Kerameikos »gegen die Stadt zu« (Paus. 1,30,2) etwa 1,5 bis 2 km zu einem Altar, dessen Holzscheite der siegende Schlußläufer entzündete. Sieger war die Mannschaft oder deren Phyle oder der Gymnasiarch bzw. Lampadarch. Das Rennen wurde von allen Altersklassen, von Knaben, Jünglingen und Männern, bes. von den Epheben ausgeführt. IG II² 1006,11. 1011,9. In Delphi liefen an den Eumeneia 10 Mann jeder Phyle als Staffel 1,5 km vom Gymnasion zum Altar des Apollon. FD 3,3,238, 15. L. zu Pferde gab es in Athen am Fest der → Bendis und im thessal. Larissa als *ἀφιππολαμπάς*. Plat. rep. 328 A. L. DEUBNER Att. Feste 1932, 219. Sylloge ³1059,2,19. Ob mit dem für Didyma und Delos bezeugten Siege *λαμπάδα τὴν πρὸς βωμὸν καὶ λαμπάδα τὴν ἀπὸ βωμοῦ* 2 Arten der L. gemeint sind, wobei der Altar des Apollon einmal Ziel, das andere Mal Ausgangspunkt war, oder ob Teilsiege bei zwei verschiedenen Läufen genannt werden, so daß *λαμπὰς ἡ πρὸς βωμόν* die letzte Staffel zum Ziel und *λαμπὰς ἡ ἀπὸ βωμοῦ* die erste Staffel eines anderen Laufes meint, ist umstritten. Die erstgenannte Deutung scheint zutreffend, da in Didyma ein Sieger *λαμπάδα τὴν πρὸς βωμόν* erwähnt wird. L. MORETTI Iscrizioni agonistiche Greche, 1953, 146,57. A. REHM Didyma 2, die Inschr., 1958, 148 f. Zum einfachen Fackelwettlauf einzelner Konkurrenten auf Delos und in Kedreai MORETTI 129. 147 f. Darstellungen des Laufes auf Choenkannen bei DEUBNER Taf. 16,3 und MARTIN, Dar.-Sagl. 3,909. Liste der in vielen griech. Städten üblichen L. JÜTHNER, RE XII 570 f. H. V.

**Lampadius.** Cognomen in den kaiserzeitl. Fasten bei Flavius. A. DEGRASSI FImp 256. H. G. G.

**1.** Praefectus urbi Romae, Anfang des J. 398 n. Chr. sollte die Senatoren zur Gestellung von Rekruten im Kampf gegen Gildo bewegen (Symm. epist. 6,64. 8,63.65. Cod. Iust. 4,61,11).
*H. P. Kohns* Versorgungskrisen und Hungerrevolten im spätant. Rom, 1961, 135 f. 207 f. *A. Chastagnol* Les fastes de la préfecture de Rome au B.-E., 1962.

**2.** Senator, wandte sich 408 gegen den von Stilicho mit Alarich geschlossenen Vertrag (Zos. 5,29), nach S. MAZZARINO (Stilicone 1942, 352 ff.) nicht ident. mit dem E. 409 von Attalus (s. I 1545) zum *praefectus praetorio* ernannten L. (Zos. 6,9). **3.** S. Ceionius (10). A. L.

**Lampas** (*Λαμπάς*). Einer der 5 Hunde des Daphnis, die über seinem Grabe sterben. Ail. nat. 11,13. Sch. Theokr. 1,65 (*Lampos*). Auch Name von Hetären (Athen. 13,583 e) und Schiffen. H. v. G.

**Lampeia.** Der ö. Teil der → Erymanthos-Gebirgskette im n.w. Arkadien, h. Kalliphoni, auch Name für das ganze Gebirge, Paus. 8,24,4. Strab. 8,3,10 p. 341. Apoll. Rhod. 1,127. Diod. 4, 12,1. Stat. Theb. 4,290. Plin. nat. 4,20. E. M.

**Lampen.** Die L. (*λύχνος*, *lucerna*) der Ant. ist ein Behälter von meist geringen (wenige cm) Abmessungen mit einer Austrittsvorrichtung (Ausbuchtung, Loch, Tülle) für den Docht. Als Brennmaterial wird Öl oder Talg verwendet. Die L. sind aus Metall, Stein oder (in der weit überwiegenden Mehrzahl) Ton, der Docht aus Hanf oder Flachs. Die L. kann an der Oberseite offen oder geschlossen sein; geschlossene L. haben ein Einfülloch, Öffnungen zum Entweichen der Luft beim Einfüllen und häufig Reliefverzierung. L. aus Metall als Hänge-L. können die Verzierung auch auf der Unterseite tragen. Zur Erzielung größerer Helligkeit erhöhte man entweder die Zahl der (oft auf Kandelabern oder Ständern aufgestellten) L. oder schuf L. mit zwei (häufig), drei oder mehr Dochtstellen; 16 Dochtlöcher hat z. B. die Bronze-L. aus Cortona (G. Q. Giglioli Arte Etrusca, 1935, T. 229,2. 230), 17 hat [14], Abb. 58, Dionysios d. J. soll den Tarentinern eine L. geschenkt haben mit soviel Dochtlöchern, als es Tage im J. gibt (Athen. 15,700 d).

Bei weitgehend gleichbleibender Grundform der L. ändern sich im Lauf der Z. Einzelformen und Verzierung. L. sind aus dem minoischen Kreta bekannt (Evans Palace of Minos, Ind. v. Lamps), aus den nächsten Jh.en dagegen kennen wir L. nicht, ob Homer sie nennt, ist ungewiß (→ Beleuchtung). Seit dem 7. Jh. ist die L. in Griechenland wieder belegt; Marmor-L., mit Kopfprotomen (7. Jh.), sind auch künstlerisch bedeutsam ([10]). In Rom kommen L. erst mit dem Hellenismus auf. Die Ton-L., zunächst handgeformt, sind seit klass. Z. meist auf der Drehscheibe hergestellt (doch gibt es handgeformte noch in späthellenist. Z.). Die (meist offene) klass. griech. L. ist ohne Verzierung, der Dekor setzt sich seit hellenist. Z. auf Schulter und später dem Oberteil (»Spiegel«) durch. Der große Bedarf führt zum Entstehen spezialisierter L.-Fabriken, die seit dem 1. Jh. v. Chr. häufiger, auf den meist bildlosen sog. Firma-L. in der Regel signieren. Der größere Spiegel der röm. L. ermöglicht über den älteren Dekor (Blätter, Ranken, Delphine, Putten) hinaus geschlossene figürliche Kompositionen. Diese Gruppe der röm. Bild-L. hat ihre Hochblüte im 1. Jh. n. Chr. Ihre Bilder und Motive umfassen mytholog. und Göttergestalten und deren Attribute, Gegenstände und Szenen des Kults und des täglichen Lebens (dabei Circus- und Gladiatorenspiele, erot. und militär. Szenen, Tierkämpfe usw.), Übertragung menschlicher Tätigkeiten auf Eroten und Tiere, Karikaturen, Pygmeen usw., selten literar. Bilder (Fabeln, homer. und Pastoralszenen), vereinzelt Historienbilder (Diogenes in der Tonne, Todessturz des Curtius), Tiere allein oder in Gruppen, Pflanzen für sich oder mit Tieren, Himmelskörper, geometr. Ornamente, endlich menschliche Produkte wie Ruder, Amphoren, Schilde usw. Diese Motive entsprechen z. T. dem Verwendungszweck der L.: Götterbilder und Kultszenen sind für kult. verwendete L. bezeichnend. Die Bild-L. werden E. 1. Jh. n. Chr. im W. seltener, halten sich aber reichlich im O. des röm. Reichs bis ins 4. Jh. Außerdem können von früh an Henkel, Schnauze, wenn vorhanden Füße ausgestaltet werden; bes. beliebt sind Tierfüße und -köpfe (Höhepunkt bizarrer Formen: 3.–2. Jh. v. Chr.), in chr. Z. chr. Symbole, bes. das Kreuz. Anordnung der Dochtlöcher nach dekorativen Gesichtspunkten führte zu sternförmigen, rechteckigen, schiffsgestaltigen L.; in der Kaiserzeit konnten auch Hermen, menschliche und tierische Gestalten, Füße usw. zu L. ausgeformt werden (Vorläufer schon hellenist.). Bronze-L. bilden oft einen von hinten sich über den L.-Körper wölbenden Henkel aus, den Ton-L. seltener übernehmen.

L. sind vor allem für Verwendung in Innenräumen gedacht. In öffentlichen Gebäuden, Haus, Palast, Thermen, in Tempeln und kleineren Kulträumen verdrängen sie schon bald die primitiveren Lichtquellen (→ Beleuchtung), beliebt waren L. vor allem als Weihgeschenk in die Tempel ([11]), vgl. etwa die goldene L. des → Kallimachos (5) für das Erechtheion in Athen. Weit verbreitet war die L. im röm. Totenkult ([12]) und als Geschenk (mit glückbringender Verzierung) am Saturnalienfest der Kaiserzeit. Im griech. Kult hat die L. dagegen nie die → Fackel verdrängt; erst mit dem Eindringen oriental. Kulte im Hellenismus gewinnt sie dort weitere Verbreitung, um seitdem bes. im Kult volkstümlicher Gottheiten (in der Kaiserzeit gelegentlich auch im Kaiserkult) Verwendung zu finden. Im chr. Kult blieb bis heute die Kerze, nicht die L. herrschend. – In großen Räumen (Speisesäle, Thermen usw.) werden entweder sehr große Zahlen von L. benötigt (in den »kleineren« Thermen von Pompei fanden sich über 1000 L., s. Overbeck-Mau Pompeji$^4$ 1884, 203) oder Leuchter und Hänge-L. (z. B. Lucr. 5,295 *pendentes lychni*) verwendet. Neben den Sonderformen der Gruben-L. in den Bergwerken ([7],1583) ist durch Funde vor allem der im röm. Äg. verbreitete Brauch der Lichthäuschen belegt; in die sehr verschiedenartig geformten Behälter (Häuschen) wurden die L. hineingestellt, um sie vor Windzug zu schützen ([2]). → Laterne. W. H. G.

1. *J. J. Bachofen* Röm. Grab-L. 1890 = Ges. Werke 7, 1958, 213 ff. 2. *S. Loeschcke*, BJ 118, 1910, 370 ff. 3. *F. Fremersdorf* Röm. Bild-L., 1922. 4. *H. B. Walters* Catal. of Greek and Roman Lamps in the Brit. Mus., 1914. 5. *S. Loeschcke* L. aus Vindonissa, 1919. 6. *A. Osborne* Lychnos et lucerne, 1924. 7. *A. Hug*, RE XIII 1566 ff. 8. *O. Broneer* Terracotta Lamps (Corinth IV/II), 1930. 9. *F. Miltner* Das Coemeterium der Sieben Schläfer (Forsch. in Ephesos IV/2), 1937.

10. *J.D. Beazley*, JHS 60, 1940, 22ff. 11. *M.P. Nilsson*, Opusc. Archaeol. 6, 1950, 96ff. 12. *H. Menzel*, in: Festschr. Röm.-German. Zentralmuseum 3, 1952, 131ff. 13. *O. Vessberg*, Opusc. Atheniensia 1, 1953, 119ff. 14. *H. Menzel* Antike L. im Röm.-German. Zentralmus. Mainz 1954. 15. *R.H. Howland*, Greek Lamps (Athenian Agora IV), 1948. 16. *C. Grandjouan* Terracottas and Plastic Lamps (Athenian Agora VI), 1961. 17. *J. Perlzweig* Lamps of the Roman Period (Athenian Agora VII), 1961. 18. Gutes Abbildungsheft: *J. Perlzweig* Lamps from the Athenian Agora (Excavations of the Athenian Agora Picture Books 9), 1963.

**Lampeteia** (Nissen It. Ldk. 2,928), nur bei Pol. 13,10,8 bezeugte (vgl. Lykophr. 1068 *Λαμπέτης*; Vorgebirge b. → Temesa) Namensform für Clampetia (Liv. 29,38,1. 30,19,10. Plin. nat. 3,72 *locus Clampetiae* in der 3. Region) in Bruttium n. Temesa. G. R.

**Lampetie** (*Λαμπετίη*). **1.** Tochter des → Helios und der Nymphe Neaira (Rhode), hütet mit ihrer Schwester Phaethusa die Herden ihres Vaters auf Thrinakie und unterrichtet ihn von dem Vergehen der Gefährten des Odysseus. Od. 12,132. 374. Apoll. Rhod. 4,970ff. 603ff. Prop. 3,12,29f. Nach Ov. met. 2,349 und Hyg. fab. 154 (»nach Hes.«) ist sie Schwester Phaethons (→ Helios o. II 1001,23). **2.** Epiklese der Selene, Orph. h. 9,9. H. v. G.

**Lampetos** (*Λάμπετος*). Heros auf Lesbos, bei der Belagerung von Methymna von Achilleus getötet. Parthen. 21 (nach einer *Λέσβου κτίσις*). Von Sch. Il. 15,526 zweifelnd mit → Lampos (1) gleichgesetzt. H. v. G.

**Lampito** (*Λαμπιτώ*). **1.** Tochter des Königs → Leotychidas II. und der Eurydame, heiratete ihren Stiefneffen König → Archidamos (1) II.; Mutter des späteren Königs → Agis (2) II. Hdt. 6, 71. Plut. Ages. 1. Plat. Alk. 1,204b. L. heißt auch die Vertreterin Spartas in Aristoph. Lys. **2.** Hetäre aus Samos, Geliebte des → Demetrios (25) von Phaleron, der sich mit ihrem Namen nannte. Athen. 13,593 EF. Diog. Laert. 5,76. H. V.

**Lampon** (*Λάμπων*). **1.** Aiginete. Seinen Vorschlag, an dem bei Plataiai gefallenen Mardonios die Beschimpfung des Leonidas zu rächen, wies Pausanias ab (Hdt. 9,78f.). **2.** L., berühmter athen. Seher. Vor 443 weissagte er aus einem einhörnigen Widder den Sieg des Perikles über → Thukydides (1), während Anaxagoras die Mißbildung aus einer Gehirndeformation erklärte (Plut. Per. 6,2). L. war Freund des Perikles, der ihn mit wichtigen polit. Aufgaben betraute (Plut. mor. 812d). So hatte er bei der Gründung von Thurioi eine leitende Stellung (Plut. a. O. Suda s. *Θουριομάντεις*. Sch. Aristoph. Av. 521. Diod. 11,10,3f.). Ein Antrag L.s zu rechtlich-religiösen Fragen an das Volk IG I² 76,47ff. (wohl 423/22). Beim Nikiasfrieden April 421 und beim athen.-spart. Bündnis Mai 421 schwor L. jeweils als 1. der att. Gesandten (Thuk. 5,19,2. 24,1). L. wurde oft von der Komödie verspottet (Aristoph. Av. 521. 988; Nub. 332. Kratin. 57; vgl. Athen. 8,344e). G. Do.

*P. Kett* Prosopogr. d. hist. griech. Manteis bis auf die Zeit Al. d. Gr., Diss. Nürnberg 1966, 54ff.

**3.** L., ca. 28 n. Chr. in einen Majestätsprozeß unter dem Vorsitz des A. Avillius Flaccus verwickelt, doch freigesprochen. Als dieser 32 praef. Aeg. wurde, war L. Chef der Kanzlei über die Gerichtsakten in Alexandreia. Der Statthalter ließ durch ihn die alexandrin. Juden verfolgen. Als Flaccus im Herbst 38 bei Caligula in Ungnade fiel, trat L. in Rom als Ankläger gegen ihn auf, Philon in Flacc. c. 15. 16. Claudius ließ L. hinrichten, Wilcken Chrest. Nr. 14. col. III 2,13–15. Nr. 29 col. IV 6f. R. H.

**Lamponius.** Ital. Eigenname, Schulze Eigenn. 358. – M. L. aus Lucanien, während des → Bundesgenossenkriegs 90 v. Chr. der bedeutendste Führer (Praetor?) in seiner Heimat. Er unterstand dem Pontius Telesinus und hatte die lokale Kampfführung gegen den Legaten P. → Licinius Crassus (I 20), Frontin. strat. 2,4,16. App. civ. 1,184. Zusammen mit anderen setzte er die Kämpfe bis ins J. 87 in Bruttium fort. Dann ging er zu den Marianern über und kam erst auf der Flucht nach der Schlacht an der Porta Collina gegen Sulla (1. Nov. 82) ums Leben, App. civ. 1,431. H. G. G.

**Lampos** (*Λάμπος*). **1.** Troer. Sohn des → Laomedon, Vater des Dolops, einer der *δημογέροντες* Il. 3,146 (Mauerschau), 15,526, 20,238. Bruder von Tithonos, Priamos, Klytios, Hiketaon, Podarkes (= Priamos). Sch. Il. 15,525. Apollod. 3,146. Das Patronymikon *Λαμπετίδης* geht wohl auf → Lampetos zurück, dessen Kurzform L. ist. Eine Statue von ihm in den Zeuxippos-Thermen in Konstantinopel, Christodoros Anth. Pal. 2,251 (Lampon), neben Panthoos, Thymoites, Klytios (aus der Mauerschau) dargestellt in der Haltung eines Mannes, der keinen Rat weiß. **2.** Pferdename: Rosse der Eos (Od. 23,246, neben Phaethon), des Helios (Fulg. myth. 1,12. Sch. Eur. Phoin. 3 [Lampon], des Hektor Il. 8,185 (nebst Aithon, Podargos, Xanthos), des Thrakers Diomedes (Lampon) Hyg. fab. 30 (nebst Dinos, Podargos, Xanthos). H. v. G.

**Lampridius** s. Nachtrag Bd. III

**Lamprokles** s. Nachtrag Bd. III

**Lampros** (*Λάμπρος*). **1.** Sohn des verarmten Adligen Pandion im kret. Phaistos, Gemahl der → Galateia (2), an die sich das Aition des Festes Ekdysia knüpft. Parallelsage von Lygdos, Telethusa und → Iphis. H. v. G.

**2.** L., griech. Musiker des 5. Jh., von Aristox. frg. 76 W. (= Ps.-Plut. de mus. 31) neben anderen als bedeutender Vertreter des alten Stils genannt; nicht ganz so hoch eingestuft bei Plat. Mx. 236A. Als Lehrer des Sophokles (Athen. 1,20f) scheidet L. aus zeitlichen Gründen aus, vielleicht liegt eine Verwechslung mit Lamprokles (vgl. Sch. Aristoph. Nub. 967) vor. – Ein L. aus Erythrai erscheint Suda

s. Ἀριστόξενος (= Aristox. frg. 1 W.) als Lehrer dess. U. K.

**Lampsakos** (*Λάμψακος*). Stadt an der O.-Küste des Hellespontos, in der Troas gelegen (h. Lapseki) (Strab. 13,589. Ptol. 5,2,2. Tab. Peut. *Lamasco*). Von den Phokaiern gegründet (Charon FGrH 262 F 7. Ephoros FGrH 70 F 46. Mela 1,97. Steph. Byz. s. v.). Die Angabe von Strab. a. O., L. sei eine miles. Kolonie, beruht wohl auf Irrtum (vgl. F. Bilabel, Philol. Suppl. 14, 1920, I,50). Nach der Sage soll L. den Namen von Lampsake, der Tochter des Bebrykerkönigs Mandron, erhalten haben, doch ist L. uralte Siedlung, worauf der Name L. deutet. Von ant. Quellen seien genannt: Hdt. 5,117. Thuk. 1,38–8,65. Xen. an. 7,8,1; hell. 1,2,15f. 2,1,18. 3,21. Ps. Skyl. 94. Demosth. 2,28–50, 25. Liv. 33,38. 35,42. 37,35. Nep. 10. Ov. trist. 1,10,26. Val. Fl. 2,6,25. Mela 1,19,1. Plin. nat. 4,59. 5,151. 19,37. 37,193. Pol. 5,2,2. Von der Gesch. ist wenig bekannt. Streitigkeiten mit den benachbarten Milesiern, ferner mit Miltiades (1), dem Tyrannen der thrak. Chersonesos. Während des ion. Aufstandes Erhebung gegen die Perser (499). Bald danach Unterwerfung durch die Perser. 471 von Artaxerxes I. dem Themistokles als Dotation übergeben (vgl. MDAI(A) 6, 1881, 103). Mitglied des Del.-Att. Seebundes mit einem Tribut von 12 Talenten (Meritt Ath. Trib. Lists 1,326f.). 412/11 fällt L. von Athen ab, wird aber bald danach eingenommen. Nach der Eroberung durch Lysandros (405) eine Zeitlang unter spartan. Schutzherrschaft, dann von den Persern erobert. Um 362 wieder frei; gute Beziehungen zu Athen; im J. 359 wird aber L. vom Athener Kephisodotos nicht unterstützt, 355 vom athen. Feldherrn Chares erobert, steht 340 unter der Herrschaft des Hyparchen der Troas Memnon, wird 334 von Alexander d. Gr. erobert (Arr. an. 1,12,8). Von da an teilt L. das Schicksal der Städte der Troas (RE VII A 539ff.). 80 v. Chr. Bedrückung durch Verres (Cic. Verr. 1,42,63. 3,24f.). In frühchr. Z. Bischofssitz (Hierocl. 662,5. Not. episc.). Im MA. wichtiger Hafenplatz. L. Pococke Descript. of the East 3,162. W. Leaf Strabo on the Troad, 1923, 92ff. L. Bürchner, RE XII 590ff. D. Magie Rom. Rule in Asia Min. 81,903 Anm. 118 (s. auch Ind.). Inschr.: RE XII 591. Die Ruinen (Stadtmauer) sowie die ausgedehnte Nekropole sind noch nicht systemat. untersucht. Vgl. Athen., 1893, 1,805. S. Reinach Chroniques d'Orient 2,471. K. Bittel, AA 1944/45, 64. Mz.: Als »Lampsakener« werden Statere aus Elektron bezeichnet, die auf der Vs. den Vorderteil eines geflügelten Seepferdes, auf der Rs. ein »quadratum incusum« zeigen und vom letzten Viertel des 6. bis in die Mitte des 5. Jh. v. Chr. reichen (pers. Fuß). Vom 4. Jh. v. Chr. ab Goldstatere mit verschiedenen Darstellungen. Kaisermz.-en bis Gallienus. A. Baldwin The electrum coinage of L., 1914; Amer. Journ. Numism. 53,3, 1924. K. Regling, RE XII 589f. A. M. M.

**Lamptrai.** Großer att. Demos der Küstentrittys der Phyle Erechtheis, in »Ober«- und »Unter«-L. geteilt (*καθύπερθεν* und *ὑπένερθεν* oder *παράλιοι*), h. Lambrika ö. des Hymettos (Ober-Lamptrai) und s. davon bei Kitsi Pigadi (Unter-L.). Harpokr. Phot. Hesych. Suda s. v. Strab. 9,1,21 p. 398. Paus. 1,31,3. Hesp. 11, 1942, 231ff. Nr. 43,34. 53. E. M.

1. *Kock*, RE XII 592f. 2. *Philipps.-Kirst.* 1,826f. 3. *C.W.J. Eliot* Coastal demes of Attica, 1962, 47ff. 4. *W.Kendrick Pritchett* Stud. in anc. Greek topography 1, 1965, 138ff.

**Lana** s. Wolle

**Lanassa** (*Λάνασσα*). **1.** Ahnfrau des moloss. Königshauses von Epeiros, zum Ruhm des Königs Pyrrhos I. und dessen Gemahlin → L. (2) erfunden, Tochter des Kleodaios, Enkelin des Hyllos und Urenkelin des Herakles. Sie wurde von → Neoptolemos, dem Achilleussohn, aus dem Zeustempel von Dodona geraubt und gebar ihm 8 Kinder, darunter einen Pyrrhos. Sch. Eur. Androm. 24. 32 = FGrH 382 F 10 (*Λεώνασσα*). Plut. Pyrrh. 1,2. Iust. 17,3,4.

*M. P. Nilsson* Stud. z. Gesch. des alten Epeiros 1909, 23ff. *P. Lévêque* Pyrrhos, 1957, 252.643.

**2.** Tochter des syrakus. Königs → Agathokles (2), der L. 295 mit König Pyrrhos vermählte und ihr Korkyra als Mitgift gab. Diod. 21,4. Plut. Pyrrh. 9. Sie trennte sich 291 von Pyrrhos, heiratete → Demetrios (2) und überließ ihm Korkyra. Plut. Pyrrh. 10. Syrakus bat 279 Pyrrhos wegen seiner Erbansprüche aus der Heirat mit L. u. ihres Sohnes Alexander um Hilfe gegen Karthago. Diod. 22,8,2. H. V.

*P. Lévêque* Pyrrhos 1957, 139ff.

**Lanatus** s. Menenius

**Lancea-, -arii.** Die l. (*λαγκία, λόγχη*), ein leichter, auch zum Stoß geeigneter Wurfspeer. Er wurde mit Hilfe des Wurfriemens (→ *am[m]entum*) geschleudert und war mit der *hasta am(m)entata* (→ hasta [1]) ident. (Isid. orig. 18,7,5: *lancea est hasta amentum habens in medio*). Das Wort ist offenbar kelt. Die l.-arii, eine legio comitatensis (→ comitatenses, legio, CIL III 6194), wurden unter Diocletianus aufgestellt und gingen vermutlich aus einer Auxiliartruppe hervor. Sie waren mit l. bewaffnet und keine ausschließliche Infanterieeinheit, sondern es war ihnen noch eine *schola equitum* (CIL VI 32965) zugeteilt. Sie zerfielen in *iuniores* und *seniores* mit einem zeitweise gemeinsamen Praefecten. Unter Constantinus wurden sie unter die → Palatini eingereiht. In der Not. dign. erscheinen sie in mehrere Truppenteile gegliedert, in die palatin. Legionen der *seniores* (or. 5,2 = 42), der *iuniores* (or. 6,7 = 47), der *Sabarienses* (occ. 5,9 = 152 = 7,82), in die comitatens. Legionen der *iuniores* (or. 4,16 = 38), der *Augustenses* (or. 9,14 = 36), der *Honoriani Gallicani* (occ. 5,90 = 239 = 7,81), der *Labarienses* (occ. 7,82), der *Stobenses* (or. 8,12 = 44), in die pseudocomitatens. Legionen der *Comaginenses* (occ. 5,110 = 260 = 7,59) und der *Lauriacenses* (occ. 5,109 = 259 = 7,58). A. N.

**Lancia.** Name kelt. (Holder s.v. Ad. Schulten, Los Cántabros y Astures etc., Madrid 1943, 107. 151).

**1.** Stadt der Asturer, bei h. Mansilla de las mulas, etwa 20 km von León [1], 25 v. Chr. von P. → Carisius erobert, aber verschont (Cass. Dio 53,25, 8. Flor. 2,33,57f. Oros. 6,21,10); auch sonst mehrfach erwähnt (Plin. nat. 3,28. Ptol. 2,6,28. Itin. Anton. 395,3), später nicht mehr [2]. Die Ausgrabungen ergaben bedeutende, fast nur röm. Reste und röm. Mz.-en.

1. *Francisco Abbad Rios, Franc. Jordá Cerdá* Informe sobre las excavaciones ... en la antigua cindad de Lancia (León). Boletín del Instituto de estudios Asturianos 12, Oviedo 1958, 35–49. *F. Jordá Cerdá* Lancia. Servicio nacional de excavaciones arqueol. (Excav. arqu. en España 1). Madrid 1962. 2. Font. Hisp. Ant. V, Barc. 1940, 186, 196.

**2. 3.** In der Inschr. der Tagusbrücke bei Alcántara finden sich unter den Gemeinden des n. Lusitanien, die zum Bau beigetragen haben, *Igaeditani, Lancienses Oppidani, ... Lancienses Transcudani* (CIL II 760 = DessILS 287a, 105 n. Chr.). L. Oppidana kennen wir auch aus dem Grenzstein CIL II 460. Ihr Gebiet grenzte an das der Igaeditani (*Egitan*[*i*]*a* = h. Idanha a velha, n. vom Tajo. RE Suppl. III 1203). L. Transcudana lag, wie der Name sagt, am S.-Ufer der Cuda, h. Coa, l. Nebenfluß des Durius. Ein *Lanciensis Transcudanus* wird auf einer Inschr. von Emerita genannt (CIL II Suppl. 5261). S. auch Encicl. Univ. Ilustr. 29, 550. R. G.

**Landschaftsmalerei.** Im minoischen Kreta hat die L. ein erregendes, in der Intensität der einfühlsamen Detailbeobachtung in der Ant. nicht mehr erreichtes Vorspiel ([1]). Die geometr. Kunst erfaßt alles Leben in strenger, ornamental sich ausdrückender Ordnung, seit archaischer Z. kann die Natur in »Wesen der Wildnis« wie Satyrn, Nereiden, Nymphen und in formelhaften Andeutungen (Zweige, Baumstämme usw.) ausgedrückt werden, das 5. Jh. erlebt den Stimmungsgehalt der Landschaft als steigerndes Element in der Darstellung des Mythos, aber L. im Wortsinne gibt es vor dem Hellenismus nicht, danach nur spärlich. Faßbar ist uns L. erst in der röm. Wandmalerei, die Vorstufen in griech. Buchrollen ([6]) bleiben vorerst Hypothese. Die röm. L. (sakrale, Architektur- und Gartenbilder, fast immer mit menschlichen Figuren) kombiniert frei eine größere Zahl von Grundelementen aus griech. und alexandrin. Vorbildern zu immer neuen Kompositionen ([5]); eigene Naturbeobachtung liegt fast nie vor. Spezifisch röm. sind dabei Raumtiefe und Inkonsequenz in Proportion und Perspektive. Schon gegen E. 1. Jh. n. Chr. wird der Raum flacher, das E. der ant. L. kündet sich an, die in der chr. Kunst keine unmittelbare Nachfolge gefunden hat. W. H. G.

1. *W. Schiering*, Ant. Kunst 8, 1965, 3ff. 2. *M. Woermann* Die Landschaft in der Kunst der alten Völker, 1876. 3. *M. Heinemann* Landschaftliche Elemente in der griech. Kunst, 1910. 4. *M. Rostovtzeff*, MDAI(R) 26, 1911, 1ff. 5. *Chr. Dawson* Romano-Campanian Mythological Landscape Painting (YClS 9) 1944. 6. *K. Schefold*, MDAI(A) 71, 1956, 211ff. 7. *W. J. T. Peters* Landscape in Romano-Campanian Mural Painting, 1963. 8. *R. Bianchi Bandinelli* Enc. Arte Ant. V 1816ff.



**Landwirtschaft** s. Bauernstand. Lex (Leges agrariae)

**Langaros** (*Λάγγαρος*). König der illyr. Agrianen, Freund Alexanders d. Gr. Er griff 335, in Zusammenhang mit Alexanders Balkanunternehmung und wohl in Verfolgung eigener Interessen den Stamm der Taulantier an, starb jedoch noch im gleichen Jahr vor der Eheschließung mit Alexanders Schwester Kynane. G. W.

*Berve* Alexanderreich II Nr. 460.

**Langobardi.** Germ. Stamm, der Sage nach aus Gotland oder Schonen; auf skandinav. Herkunft weisen auch Rechtsbräuche und Namensgut, jedoch keine archäol. Spuren. Auswanderung gegen 100 v. Chr. (nicht schon 300!) zur s. Ostseeküste; dort Zusammenstoß mit den Wandalen. Um Christi Geburt saß der zahlenmäßig schwache Stamm an der unteren Elbe (Bardengau). 5 n. Chr. von Tiberius kurz auf das O.-Ufer zurückgedrängt (Vell. 2,106). Einige Zeit von Marbod abhängig, hatten die L. seit 17 n. Chr. Verbindung zu den Cheruskern (Tac. ann. 2,45f. 11,17). 166 kam eine Schar nach Oberpannonien (Cass. Dio 71,3). Ein größerer Teil der L. trat im 5. Jh. die Wanderung nach S. an (Origo 2; Paul. Hist. Lang. 1,13). Unter König Tato (wahrscheinlich einer der ersten Könige der L.) besetzten die L. um 490 Gebiete n. von Noricum und gerieten in Abhängigkeit von den → Herulern, die sie aber noch vor 512 besiegten. Die um 500 wohl von ostgerm. Missionaren christianisierten (arianisierten) L. dehnten ihren Bereich 526/27 nach Oberpannonien aus (Paul. 2,7, dazu [7]). Den zeitweise mit den Franken verbündeten L. schenkte Iustinian 546/47 Teile Unterpannoniens. Nach dem gemeinsam mit den Awaren im J. 567 errungenen Sieg über die Gepiden faßte König Alboin den Entschluß, nach Italien zu ziehen. Den L. schlossen sich starke Gruppen fremder Stämme, aber auch pannon.-nor. Provinzialen an ([6],493f.; anders [5]). Pavia wurde der Mittelpunkt des Reiches der L. in Ober- und Mittelitalien. Daneben entstanden die langobard. Herzogtümer Spoleto und Benevent. Die arian., antiröm. Einstellung der L. führte zu stärkeren Konflikten. Seit Mitte 7. Jh. erfolgte eine Katholisierung der L. (kirchl. Mittelpunkt: Mailand). Im 8. Jh. kam es zu Auseinandersetzungen mit Byzanz. Das E. der Herrschaft der L. in Italien im J. 774 (Sieg des Frankenkönigs Karl) wurde durch ein Bündnis des Papsttums mit den Franken herbeigeführt. A. L.

1. Atti del 1.–5. Congr. Internaz., Spoleto 1952/57. 2. *F. Beyerle* Die Gesetze der L., 1947. 3. *Fliche-Martin* Hist. de l'église 5, 1947. 4. *E. Schaffran* Gesch. der L., 1938. 5. *L.*

*Schmidt* Ostgermanen, 1941. 6. *R.Wenskus* Stammesbildung und Verfassung, 1961. 7. *J. Werner* Die L. in Pannonien, 1962.

**Laniarium** *(laniatorium, laniena, μακελλεῖον, κρεοπώλιον)*. Der röm. Metzger, Fleischer, Schlachter *(lanio, lanius, confectorarius)* pflegte seine Ware, soweit er sie nicht austragen ließ oder sie im → *Macellum* feilbot, auf dem l., der Fleischbank, im Laden oder auf der offenen Straße auszustellen. Darstellungen (z.B. ROSTOVČEV GuW T. 25,1. W.ZSCHIETZSCHMANN Hellas und Rom, 1936 T.212. H.LAMER Röm. Kultur im Bilde, Abb.117) zeigen, daß die Ware sorgsam und fachgemäß zubereitet und dargeboten wurde. Von den Kleinbetrieben, die en détail verkauften, sind Großschlachtereien zu unterscheiden. In der Republik bildeten die Fleischer eine Gilde unter 2 *magistri*, die später nicht mehr erwähnt werden. In der Kaiserzeit kennen wir nur die Korporationen der *boarii, pecuarii* und der bes. wichtigen *suarii* (Cod. Theod. 4,4). Zu den Fleischsorten und -preisen vgl. H.BLÜMNER Maximaltarif d. Diocletian (1893) 73ff. W. H. G.

**Lanike** (Λανίκη). Schwester des → Kleitos (6), Amme Alexanders, von diesem kindlich geliebt. Sie scheint 327 bei der Ermordung ihres Bruders noch gelebt zu haben (Arr.an. 4,9,3). G. W.

*Berve* Alexanderreich II Nr. 462.

**Lanio** s. Laniarium

**Lanista.** Der berufsmäßige Besitzer einer Gladiatorenbande kaufte bzw. warb seine → *gladiatores* an, leitete ihren Drill in der Gladiatorenschule *(ludus gladiatorius)* und gab entweder, von Ort zu Ort ziehend *(circumforanus l.* Suet.Vit.12*)*, selbst mit ihnen Vorstellungen oder er vermietete bzw. verkaufte sie an andere Spielgeber *(editores munerum)*. Die L. sind wenig angesehen; sie bleiben wie Bordellwirte und Schauspieler von den städt. Ämtern ausgeschlossen. Tert. de idol.11,5 schließt sie auch aus der chr. Kirche aus. W. H. G.

Lit. → Gladiatores o. Bd. II 803f.

**Lanterna** s. Laterne

**Lanuvinus** s. Luscius

**Lānuvium** (NISSEN It. Ldk. 2,592. FORBIGER HB der alt. Geogr. 3,377. BELOCH RG 151.377. DESSAU, CIL XIV p.191. MILLER Itin.Rom. 335; zu *ā:* Hor.c.3,27,3. Ov.fast.6,60 u.a.), latin. (Cato orig. 2,21 Jord. = frg. 58P. Dion.Hal.ant. 5,61), Stadt am S.-Hang der Albaner Berge, von via Appia (Strab. 5,239. App.civ. 2,20: 150 Stad. von Rom) bei Station *Sublanubio* (Tab.Peut. 6,1) zugänglich, von Diomedes gegründet (App.; Diod. 7,4: alban. Kolonie), *fidelissima urbs* (Liv. 6,21,2), seit 338 *municipium* (Liv.8,14,2. Paul.Fest.155,12 L. Cic.Balb. 31; Mur.90) in *tribus Maecia* (?DESSAU. MOMMSEN RStR 3,165,3. L.ROSS TAYLOR The voting districts usw. 1960, 54. WERNER Beg. der röm. Rep. 362,2), wegen Frömmigkeit (Cic. fin. 2,63) im Kult der *Iuno Sispes Mater Regina* (WISSOWA Rel. $^2$188. LATTE RRel. 167f. RADKE Götter Altitaliens 288) berühmt, Teilnehmer am Latinerfest (Liv. 41,16,1). Im J. 52 v.Chr. war Annius Milo *dictator Lanuvinus* (Cic.Mil. 27.46); h. Lanuvio. G. R.

**Lanx.** Die Schüssel oder Platte zum Auftragen von Speisen, Opfergaben (Verg.Aen. 8,284) usw. konnte rund (Hor.s. 2,4,40f.), oval, viereckig (Dig. 6,1,6. 34,2,19,4) oder vieleckig sein, aus Ton oder Metall. L. aus kostbarem Metall, meist Silber, hatten oft verzierten Rand oder Innenbild (*caelatae* Dig. 6,1,6), auch den Besitzernamen und/oder Silbergewicht eingraviert (z.B. Petron. 31,10). Darstellungen z.B. bei TH.SCHREIBER Kulturhist. Bilderatlas T.77,6 = W.HELBIG Führer durch die öffentlichen Sammlungen . . . $I^4$, 1963, Nr.1014. A.MAIURI Röm. Malerei 1953, 51.135. L. finden sich in allen größeren Funden ant. Silbergeschirrs, bes. prächtig kürzlich bei R.LAUR-BELART Der spätröm. Silberschatz von Kaiseraugst, 1963, Abb.1.7.9.13. W. H. G.

**Laodamas** (Λαοδάμας). **1.** Sohn des → Eteokles und sein Nachfolger in der Herrschaft über Theben, nachdem er in der Jugend unter Kreons Vormundschaft gestanden hatte. Paus. 1,39,2. Unter ihm fand der Zug der argeischen → Epigonen gegen Theben statt. In der Schlacht bei Glisas erschlug er den Sohn des Adrastos, Aigialeus, fand aber selbst durch Alkmaion sein Ende. Apollod. 3,83. Eine andere Version läßt ihn mit dem Rest seines Heeres fliehen und nach Illyrien zu den Encheleern, wo sein Ahnherr Kadmos regiert hatte, oder in die Hestiaiotis (Thessalien) auswandern. Hdt. 5,61. Paus. 9,5, 13. 8,6. 10,3. – Die Tragiker kennen L. nicht, da für sie mit Eteokles und Polyneikes das Geschlecht der → Labdakiden vernichtet ist. Über die singuläre Nachricht des Ion von Chios, L. habe Antigone und Ismene im Heratempel verbrannt, s. ROBERT Oidipus 1,363ff. Danach muß L. unmittelbar nach Eteokles' Tode Regent geworden und die beiden Schwestern nach vollbrachter Tat in den Tempel geflohen sein. Anders C. KIRCHHOFF, o. I 379,39ff. **2.** Troer, Sohn Antenors, fällt durch den Telamonier Aias. Il. 15,516. **3.** Phaiake, Lieblingssohn des Alkinoos, hervorragender Tänzer und von ausgesuchter Höflichkeit. Od. 7, 170. 8,117ff. 130ff. H. v. G.

**Laodameia** (Λαοδάμεια). **1.** Tochter des → Bellerophon und der lyk. Königstochter, durch Zeus Mutter → Sarpedons, von der erzürnten Artemis getötet. Hom. Il. 6,196ff. Apollod. 3,3. → Deidameia (2). **2.** Tochter des Akastos aus Iolkos und der Astydameia (Hippolyte), Gattin des → Protesilaos, der als erster Achaier vor Troia fiel und wegen der rührenden Liebe seiner Gattin auf einige Stunden zur Oberwelt zurückkehren durfte. Bei der erneuten Trennung folgte sie ihm in den Tod. Apollod. epit. 3,30. Hyg. fab. 103f. u.s. **3.** Tochter des Amyklas von Sparta und der

Diomede, Mutter des Triphylos. Paus. 10,9,5. Arkaderbasis in Delphoi Sylloge[3] 1,160. Bei Apollod. 3,102 heißt sie Leaneira und ist Mutter von Elatos und Apheidas. **4.** Amme des Orestes, den sie vor Klytaimestra rettet. Stesich. frg. 41 Bgk. Pherekyd. FGrH 3 F 134. Bei Pind. P. 11,17 heißt sie → Arsinoe (4), bei Aischyl. Cho. 732 Kilissa. Robert Bild und Lied 164 ff. **5.** Tochter des Ikarios (2) und der Asterodeia, Schwester Penelopes, Sch. Od. 4,797. An der St. selbst heißt sie → Iphthime. H. v. G.

**Laodike** (*Λαοδίκη*). I. **1.** Tochter des Priamos und der Hekabe, Gattin des Antenoriden Helikaon. Il. 3,122. 6,252. Kullmann, H (ES. 14) 179. In der *Ἰλίου πέρσις* Polygnots in der Lesche in Delphoi war sie nicht unter den gefangenen Troerinnen dargestellt; sie stand neben einem Altare. Dargestellt hatte Polygnot sie auch in seiner *Ἰλίου πέρσις* in der Stoa Poikile in Athen; hier trug sie die Züge Elpinikes, der Schwester Kimons, Plut. Kim. 4. Vielleicht war sie hier schon als Gattin des → Akamas (2) aufgefaßt, wie bei Parthen. 16 (nach Hegesippos). Sie begegnet auch als Gattin des → Telephos, Hyg. fab. 101, oder des → Demophon, Plut. Thes. 34. Eine andere Version läßt sie bei der Zerstörung Troias von einem Erdspalt verschlungen werden. Apollod. epit. 5,25. Lykophr. 316 mit Sch. zu 447. 513. **2.** Tochter Agamemnons und Klytaimestras, neben → Chrysothemis und → Iphianassa Il. 9,145 genannt. Als 4. Tochter tritt in den Kyprien frg. 12 Ki (14 Bethe) → Iphigeneia hinzu. Später fehlt L., dafür treten Iphigeneia und Elektra ein. Heubeck, DLZ 75, 1954, 207 f. G 71, 1964, 63. Kullmann, H (ES 14) 267 f. 372. G 72, 1965, 200. L. scheint der vorhom. Sage anzugehören: Der hist. König Agamemnon von Kyme (8. Jh.) nannte seine Tochter gleichbedeutend Demodike (Poll. 9,83). **3.** Tochter → Agapenors, schickte aus dem kypr. Paphos, wo sie wohnte, der heimischen Athena Alea in Tegea einen Peplos und gründete ebendort einen Tempel der paph. Aphrodite. Paus. 8,5,2 f. 53,7. Pfister Reliquienkult im Alt., 1909, 334. H. v. G.

II. L., Name hellenist. Herrscherinnen, bes. aus dem Hause der Seleukiden. Stammtafel C. B. Welles Propyläen Weltgesch. 3, 1962, 454 f. H. H. Schmitt Unters. z. Gesch. Antiochos' d. Gr., 1964, 297; Lex. d. Alten Welt, 1965, 2759 f. **1.** Frau des Antiochos, eines Offiziers Philipps II. von Makedonien, gebar um 358 Seleukos, den späteren Diadochen, den sie nach der Legende im Traum von Apollon empfangen hatte. Nach ihr wurden mehrere Städte Laodikeia genannt. Iust. 15,4,3 ff. Strab. 16,750. App. Syr. 56 f. Steph. Byz. s. v. V. Tscherikower, Philol. Suppl. 19,1, 1927, 165 ff. **2.** Angebliche Tochter des Seleukos I. und Schwester des → Antiochos I. (2). Steph. Byz. s. *Ἀντιόχεια*. Eust. 918 (GGM 2,379). Malal. p. 198. Beloch GG 4,2,198. **3.** Erste Gemahlin des → Antiochos II. (3), nach Polyain. 8,50 Tochter des Antiochos I., Halbschwester des Antiochos II., eher nach Porph. FGrH 260 F 32,6 Tochter des → Achaios (4) und Kusine des Antiochos II. Beloch GG 4,2,200 f. H. H. Schmitt 31. L. gebar 2 Söhne, Seleukos II. und Antiochos Hierax, und 3 Töchter, Stratonike III., L. Nr. 4 und die mit Namen nicht bekannte Mutter des Antipatros. Porph. a. O. Pol. 5,79,12. Antiochos schenkte L. und den Söhnen Land in Babylonien. M. Holleaux, Étud. d'épigr. et d'hist. Grecques 3, 1942, 195 ff. M. Rostovtzeff Soc. a. Ec. Hell. W. 1951, 435. Schmitt 29. Nach dem 2. syr. Krieg trennte er sich 253 von L., heiratete → Berenike (2), Tochter des Ptolemaios II., und entschädigte die nicht mehr Königin genannte L. mit Grundbesitz an der Propontis w. von Kyzikos. Porph. FGrH 260 F 43. T. Wiegand Didyma 2, Inschr. v. A. Rehm 1958 Nr. 492. Später gewann L. neuen Einfluß, Antiochos bestimmte Seleukos, den ältesten Sohn der L., zum Thronfolger und enterbte Berenike. FGrH 260 F 43. Polyain. 8,50. Als er 246 starb, verlautete, L. habe Antiochos vergiftet und das Testament gefälscht. Phylarch. FGrH 81 F 24. App. Syr. 65. Plin. nat. 7,53. Val. Max. 9,14 ext. 1. FGrH 260 F 43. Berenike begann in Antiocheia für ihr Söhnchen mit Hilfe ihres Bruders Ptolemaios III. den sog. Laodikekrieg (246–241, *Λαοδίκειος πόλεμος* Inschr. v. Priene 37,134). Durch Anhänger der L. wurden Berenike und ihr Söhnchen ermordet. Iust. 27,1,4 ff. Feldzugsbericht FGrH 160. W. Otto, ABAW 34,1, 1928, 48 ff. Den Abfall des Sophron von Ephesos konnte L. nicht verhindern. Phylarch a. O. Nach dem Kriege trieb L. ihren jüngeren Sohn Antiochos Hierax gegen den regierenden Bruder Seleukos zum Kampf um die Herrschaft. Alexander, der Bruder der L., unterstützte Antiochos. Plut. mor. 489 A. Eus. chron. 1,251 Sch. 118 Karst. Beloch GG 4,2,201. 206. Daß L. um 240 durch Ptolemaios III. ermordet wurde, ist unglaubhaft. App. Syr. 65. Bei der Übergabe der oben erwähnten babylon. Ländereien an Tempel um 237/36 werden die ausgesöhnten Brüder, nicht aber L. genannt. **4.** Tochter des Antiochos II. und der L. Nr. 3, durch Seleukos II. 245 mit Mithradates II. von Pontos vermählt, als Mitgift brachte sie Phrygien. Der nicht überlieferte Name L. wird nach dem der Mutter und Tochter (6) angenommen. Eus. chron. 1,251 Sch. 118 Karst. Iust. 38,5,3. **5.** Gemahlin des Seleukos II. seit 246, Schwester des Andromachos, Tante oder Schwester des → Achaios (5), hatte 2 Söhne, Seleukos III. und Antiochos III., und 2 Töchter, Antiochis und eine namentlich unbekannte. Pol. 4,51,4. 8,22,11. Schmitt 6 f. 31. **6.** Tochter des Mithradates II. von Pontos und der L. Nr. 4,222 vermählt mit ihrem Kusin Antiochos III. in Seleukeia am Zeugma, zur Königin in Antiocheia proklamiert, hatte 3 Söhne, Antiochos, Seleukos IV., Antiochos IV., und 4 oder 5 Töchter. Pol. 5,43,1 ff. In den Reichskult 193 aufgenommen, erhielt L. in allen Satrapien eponyme ἀρχιέρειαι. C.B. Welles Royal Corresp., 1934, 36. L. Robert, Hellenica 7, 1949, 5ff. Schmitt 17. Ihre Stellung seit der 2. Ehe des Antiochos 191 ist unbekannt, 177/76 lebte L. noch. Schmitt 10ff. **7.** Tochter des Mithradates II. von Pontos und der L. Nr. 4, Schwester der L. Nr. 6, in Selge erzogen, um 220 vermählt mit → Achaios (5), Vizekönig von Kleinasien, ergab sich und die Burg von Sardes nach dessen Sturz. Pol. 5,74,5. 8,21,7. 22,11. 23,4.9. **8.** Tochter des Antiochos III. und der L. Nr. 6, vermählt 196 mit ihrem Bruder Antiochos, 193 Erzpriesterin des Reichskultes ihrer Mutter. Ihre Tochter war Nysa, 160 vermählt mit Pharnakes I. von Pontos. Über ihre möglichen weiteren Heiraten seit 193 vgl. Nr. 9 und 10. App. Syr. 4. IG XI 4,1056. Schmitt 23f. **9.** Gemahlin des Seleukos IV., ob Schwester des Seleukos und Witwe des Bruders Antiochos (vgl. Nr. 8), ist bei der Häufigkeit des Namens nicht sicher. SEG VII, 17 (183 v. Chr.). Schmitt 20f. **10.** Gemahlin des Antiochos IV. und Mutter des → Antiochos V. (6). Ob sie zuvor mit Antiochos und Seleukos IV. verheiratet und Tochter der L. Nr. 6, also ident. mit Nr. 8 und 9 war, ist fraglich. OGIS 252. SEG VII, 15. Schmitt 22. **11.** Tochter des Seleukos IV. und der L. Nr. 9, von dem Vater 178 mit dem maked. König Perseus vermählt. Die Heirat und das Ehrengeleit der Rhodier für ihre Seereise führte → Eumenes II. (3) als römerfeindlichen Schritt vor dem Senat an. Pol. 25,8,4ff. Liv. 42,12. App. Mac. 11,2. Sylloge$^3$ 639. P. Meloni Perseo 1953, 119f. Die Witwe suchte ihr Bruder → Demetrios I. (5) um 160 mit dem kappadok. König Ariarathes V. zu verheiraten. Diod. 31,28. Iust. 35,1,2. Dann erscheint L.s Kopf neben dem ihres Gemahls Demetrios auf Mz. und auf einem Tonsiegel. Head HN$^2$ 764. M. Rostovtzeff Soc. a. Ec. Hell. W. 1951, Taf. LIX 1. Nach dessen Tode ließ der Reichsverweser Ammonios um 150 L. umbringen. Liv per. 50. **12.** Philadelphos, Tochter des Mithradates III. von Pontos, Schwester des Pharnakes I. von Pontos, Schwestergemahlin des Mithradates IV. von Pontos (169–150 v. Chr.). F. Durrbach Choix d'inscr. de Délos 74. Head HN$^2$ 501. **13.** Tochter des → Antiochos IV. (5), 153 v. Chr. mit ihrem angeblichen Bruder Alexander Balas von dem ehemaligen Finanzminister Herakleides in Rom dem Senat mit Erfolg als Thronrivalin gegen → Demetrios I. (5) vorgestellt. Pol. 33,15,1. 18,6.9. 12. Ihre von T. Reinach Mithradates Eupator, 1895, 42 behauptete spätere Heirat mit Mithradates V. von Pontos (150–120 v. Chr.) bezweifelt F. Stähelin, RE XII 709. **14.** Tochter des → Demetrios II. (6), fiel 129 v. Chr. in dem Kriege des → Antiochos VII. (8) in die Hände der Parther und wurde Gemahlin des Partherkönigs Phraates II. Iust. 38,10, 10. Ihren nicht überlieferten Namen erschließt A. Bouché-Leclercq Hist. des Séleucides, 1914, 599f. aus der irrigen Angabe des Porph. FGrH 260 F 32, 20, daß Antiochos VII. 2 Töchter, beide des Namens L., gehabt habe. **15.** Tochter des → Antiochos VII. (8), vgl. Nr. 14. **16.** Thea Philadelphos, Tochter des → Antiochos VIII. (9) und der → Kleopatra (15), * zwischen 122 und 115 v. Chr., Gemahlin des Mithradates I. von Kommagene, Mutter des → Antiochos I. (13), der das große Grabmal auf dem Nemrud-Dagh errichtete. OGIS 383ff. F.K. Doerner–Th. Goell Arsameia am Nymphaios 1963, 41.70.98.224f. **17.** Gemahlin des kappadok. Königs Ariarathes V., vergiftete nach dessen Tode 130 v. Chr. 5 Söhne, regierte im Namen des sechsten und wurde in einem Aufruhr erschlagen. Iust. 37,1,4f. Nach Mz. (Head HN$^2$ 751) und OGIS 352,69f. hieß sie Nysa. **18.** Älteste Tochter des Mithradates V. von Pontos, * um 140, Gemahlin des kappadok. Königs Ariarathes VI., regierte nach dessen Tode um 112 für den Sohn Ariarathes VII. In dem Streit um Kappadokien zwischen ihrem Bruder Mithradates VI. und Nikomedes III. von Bithynien heiratete L. letzteren. Nachdem Mithradates den Ariarathes VII. getötet hatte, sandte Nikomedes L. nach Rom mit einem Knaben, den sie für den Sohn des Ariarathes VI. und rechtmäßigen Erben ausgab. Iust. 38,1,1.3,2,4. **19.** Schwester von Nr. 18. Gemahlin des Bruders Mithradates VI., suchte ihn um 105 v. Chr. zu vergiften und wurde hingerichtet. Iust. 37,3,6ff. Sall. hist. 2 frg. 76 M. Ihre Tochter Drypetine nennt Val. Max. 1,8 ext. 13. **20.** Gemahlin des Heliokles von Baktrien, Mutter des → Eukratides. Head HN$^2$ 839. Nach W.W. Tarn The Greeks in Bactria and India$^2$, 1951, 196f. Tochter des Seleukos II. und Schwester des Antiochos III. Schmitt 23,3. 24,1. **21.** Fürstin der arab. Samener, für die → Antiochos X. (11) als Verbündeter gegen die Parther fiel. Ios. ant. Iud. 13,371. OGIS 383,3. **22.** Gemahlin eines Hieronymos, Mutter des Avidios Antiochos, in dessen Grabinschr. bei Arsameia erwähnt. OGIS 766. Ob L. Nachkommin der L. Nr. 16 war, ist zweifelhaft. F.K. Doerner Forsch. in Kommagene, 1939, 47ff. H. V.

**Laodikeia** (*Λαοδίκεια*). Name einer Reihe von Städten, teils hellenisierter älterer Städte, teils Neugründungen der Seleukiden. **1.** *Λ. ἐπὶ τῇ θαλάττῃ*, bei Strab. 16,751 als Stadt mit gutem Hafen in fruchtbarer, bes. weinreicher Landschaft bezeichnet (h. Lattakie oder el-Ladikije gen.), lag in Syrien, s. der Mündung des → Orontes, hieß, urspr. in phoinik. Besitz, Ramitha oder Mazabda u. wurde dann hellenisiert. Die Umbenennung erfuhr L. durch Seleukos I., zu Ehren seiner Mutter *Λαοδίκη*. Dank ihrer günstigen Lage wurde L. um 150 v. Chr. eine sehr bedeutende Stadt, die nur wenig hinter Antiocheia am Orontes zurückstand. Handelsbeziehungen reichten bis Vorderindien, der Wein von L. ging bis nach Äg. Kurz vor 100 v. Chr. wurde L. selbständig, kam aber durch Pompeius unter röm. Herrschaft. In der von Augustus eingerichteten kaiserlichen Provinz Syrien behielt L. die Sonderstellung einer freien Stadt (Plin. nat.

5,79). Im 3. und 4. Jh. erlebte L. nochmals einen großen Aufschwung, u.a. durch das Aufkommen einer bedeutenden Leinenindustrie. Das Christentum trat in L. zurück; Kol. 4,15 und Apok. 1,11 betreffen L. Nr. 5. Angeblich wurden bis in die Zeit der Adoptivkaiser in diesem L. der Athena Menschenopfer dargebracht. Die das Gebiet von L. einschließende ἐπαρχία Θεωδορίας, vom Kaiser Iustinian geschaffen, war kein Kirchenbezirk. Erst nach dem E. der Kreuzzüge im 13. Jh. geriet L. endgültig in die Hände der Mohammedaner. Weitere Quellen: Pol. 32,7,2. Strab. 16,753. App. Syr. 46. Cass. Dio 47,30,2. Cic. fam. 12,13,4. Mela 1,69. Amm. 14,8,8 u.a. Inschr. Mz.

Art.-Lex. 1675/76 mit Lit. *A. Forbiger* HB der alt. Geogr. 2,650. *K. Baedeker* Palästina und Syrien, 1910, 331. Atlas of the World II, Pl. 34.

**2.** L. *Λ. ἡ πρὸς Λιβάνῳ* (h. Tell Nebi Mindu; Ruinen) genannt von Strab. 16,755, gelegen am oberen Orontes in der *Κοίλη Συρία*, von App. Syr. 57 als phoinik. Stadt bezeichnet, war wohl ebenfalls eine Schöpfung Seleukos' I. *Σκαβίωσα Λαοδίκεια* nennt sie Ptol. 5,14,16 in Anspielung auf die ungesunde Tallage von L. (Aussatz), die zur Besiedlung anliegender Höhen führte. Die Einwohner nennt Plin. nat. 5,82 *Laodiceni, qui ad Libanum cognominantur*. Erstmalig von Pol. 5,45,7 anläßlich der Ereignisse um 220 v. Chr. erwähnt, tritt L. später in den Quellen wenig hervor, Hier. Synecd. 717 rechnet L. zur *'Επαρχία Φοινίκης Λιβανησίας*. Der Landschaftsname *Λαοδικηνή* (Ptol. 5,14,16) ist auf die Umgebung dieses L. zu beziehen. L. war an das röm. Straßennetz angeschlossen (s. K. Miller Itin. Rom. 824.826). Es erlebte noch vor dem Einbruch der Araber seinen Niedergang.

*K. Baedeker* a.O. 340. *J.G. Droysen* Gesch. des Hellenismus 3,389. *A. Forbiger* HB d. alt. Geogr. 2,647. Gr. Hist. Weltatl. I, S. 20a.

**3.** *Λ. ἡ κατακεκαυμένη*, bei Strab. 14,663. Steph. Byz. ein Platz in Lykaonien, von Ptol. 5,4,8 zu Galatien gerechnet (h. Yorgan Ladik), der sich bis zum E. des Alt. gehalten hat (s. Hierocl. Synecd. 672, p. 22: *ἡ κεκαυμένη*, hier zu Pisidien gerechnet). L. war an das röm. Straßennetz angeschlossen (K. Miller Itin. Rom. S. 691). Zu dem Zusatz *Κατακεκαυμένη* s. den betr. Art. In der Nachbarschaft von L. wurde Bergbau getrieben, der bis h. besteht. Inschr. Mz.

*A. Forbiger* HB a.O. 316/17. *W.M. Ramsay* The hist. geogr. of Asia Min. 49. 343 u.ö. Gr. Hist. Weltatl. I, S. 20a. *Andrées* Allg. Handatl. 1930, S. 152.

**4.** *Λ. πρὸς (ἐπὶ) τῷ Λύκῳ*, nach der Gemahlin oder Schwester → Antiochos' II. genannt, Stadt am Lykos, dem h. Tschürük Su oder Kütshük Menderes, im s.w. Phrygien nahe der kar. und lyd. Grenze, h. Eski-Nissar, s. von → Hierapolis, von dem sie zu unterscheiden ist, bezeugt von Strab. 12,578.580. 14,629.663. Ptol. 5,2,15. Plin. nat. 5,105. Tac. ann. 14,27 u.a. Am E. des 1. Jh. v. Chr. war L. eine bedeutende Stadt, wurde unter



Tiberius und Nero von schweren Erdbeben heimgesucht, blühte im 2. Jh. wieder auf (vgl. K. Miller Itin. Rom. 716 und 726). Früh schon entstand in L. eine chr. Gemeinde (NT. Kol. 2,1. 4,13.15. Apok. 1,11. Apok. 3,14). Inschr. Mz.

*A. Forbiger* a.O. 347. *W.M. Ramsay* a.O. 29. 35 u.ö. »Les Guides Bleus«, Turquie, S. 357.

**5.** Ort in der Landschaft Pontos (h. Ladik), nicht literar., sondern nur durch Münzfunde bezeugt. Da Pontos niemals ein Teil des Seleukidenreichs war, ist der Ursprung dieses L. fraglich. Man führt ihn auf Mithridates II. oder besser auf Mithr. VI. Eupator zurück, nach dessen Mutter Laodike der Ort benannt wurde. H. T.

*W.M. Ramsay* a.O. 28,263. *Ruge*, RE XII 713–724 mit Lit.

**Laodikenerbrief.** Der Kol. 4,16 erwähnte L. des Paulus, wohl nicht ident. mit dem von → Markion so bezeichneten Ephesierbrief (Tert. Adv. Marc. 5,11,17), dürfte verlorengegangen sein. Einen unechten L., angeblich eine markionit. Fälschung, kennt bereits der sog. Canon Muratori (um 180) und verwirft auch noch das 2. Konzil von Nikaia (787; can. 2). Der uns erhaltene L. ist eine stümperhafte Aneinanderreihung von wenigen echten Paulusworten, meist aus dem Philipperbrief; er hat im lat. W. lange als echt (wenngleich nicht als kanon.) gegolten. J. Wi.

Ta.: *A. v. Harnack*, Kl. Texte 12, 1931².

Lit.: 1. *Bardenhewer* GAL 1,598ff. 2. *A. v. Harnack* Marcion, 1924², 134–149. 3. *W.J. McKnight*, Bibl. Rev. 16, 1932, 519–535.

**Laodikos** s. Laodokos (7)

**Laodokos** (*Λαόδοκος, Λαοδόκος*). **1.** Kurete in Aitolien, Sohn Apollons und Phthias, Bruder von Doros und Polypoites. Sie nahmen den flüchtigen → Aitolos auf, wurden aber von ihm erschlagen. Apollod. 1,57. **2.** Argeier, Sohn des Bias u. der Pero, Argonaute. Apoll. Rhod. 1,119. Val. Fl. 1, 358: *Leodocus*. **3.** Teilnehmer am Zuge der Sieben gegen Theben, nur bei den Leichenspielen für Archemoros bei Nemea als Sieger im Speerwurf genannt, Apollod. 3,66. Nach Prell.-Rob. 2,914 mit Nr. 2 ident. **4.** Grieche vor Troia, Freund und Wagenlenker des Nestorsohnes Antilochos. Il. 17,699. **5.** Troer, Sohn Antenors Il. 4,87. In seiner Gestalt verleitete Athena Pandaros zu seinem verhängnisvollen Bogenschuß. Wohl ident. mit einer als Leodokos bezeichneten Figur auf einer chalkid. Vase, die den Kampf um Achills Leiche darstellt. Kullmann, H (ES 14) 177ff. **6.** Troer, Sohn des Priamos. Apollod. 3,153. Nach Diktys 3,7 von Agamemnon getötet. **7.** Mit Hyperochos, Pyrrhos und Phylakos Nothelfer des delph. Orakels beim Keltensturm 279. Paus. 10,23,2. Der einheim. Heros Phylakos hatte zusammen mit Autonoos das Orakel schon 480 gegen die Perser geschützt. L. und Hyperochos sind nach dem Vorbild der → Hyperboreerinnen Laodike und Hyperoche auf Delos erfunden; statt L. wäre demgemäß Laodikos, wie ein Freier Penelopes Apollod. epit. 7,29 heißt, anzusetzen, O. MÜLLER Die Dorier 1,268. Paus. 1,4,4 steht statt L. → Amadokos: ein odrys. Name mochte für einen nördl. Hyperboreer passend erscheinen. H. v. G.

**Laogonos** (*Λαόγονος*). Name von 2 Troern in der Il.: **1.** Sohn Onetors, des hochangesehenen Priesters des idäischen Zeus, fällt beim Kampf um Sarpedons Leiche durch Meriones, 16,603ff. **2.** Sohn des Bias (wohl des Priamossohnes Apollod. 3,152), mit seinem Bruder Dardanos von Achilleus erschlagen, 20,460. H. v. G.

**Laogoras** (*Λαογόρας*). Dryoperfürst, der sich durch große Gelage im Hain des Apollon verging. Er unterstützte den Lapithenfürsten → Koronos bei seinem Angriff auf den Dorierkönig → Aigimios, der Herakles zu Hilfe rief. Dieser erschlug L. u. Koronos. Apollod. 2,155. Diod. 4,37,3. H. v. G.

**Laographos** (*λαογράφος*) – **Laographia** (*λαογραφία*). **I.** *Λαογράφος* hieß seit Augustus ein Gemeindebeamter in Äg., zu dessen ausschließlicher Zuständigkeit die Volkszählung und die Erhebung der Kopfsteuer gehörte ([1],99). Er arbeitete meistens mit Kollegen zusammen, deren Zahl in den einzelnen Gemeinden unterschiedlich war ([1],396). **II.** *Λαογραφία*. **1.** Darunter wurde in Äg. in ptolem. wie röm. Z. eine Volkszählung verstanden, die alle 14 J. stattfand ([1],98). Erst seit der Mitte des 3. Jh. trat eine Änderung dieser Periodizität ein ([1],96ff.). **2.** In röm. Z. bezeichnete *λ.* zusätzlich die Kopfsteuer, genauer die Liste der Kopfsteuerpflichtigen ([1],127). Die Höhe der Kopfsteuer schwankte nach Ort und Zeit ([1], 121ff.). Röm. Bürger, die Priester der bedeutendsten Tempel sowie einige höhere Beamte waren von ihr befreit ([1],117ff.). E. B.

1. *Sherman LeRoy Wallace* Taxation in Egypt, 1938.

**Laokoon** (*Λαοκόων*). Troer, Sohn des Kapys (oder des Antenor; Akoites, Hyg. fab. 135, ist ein Irrtum), Bruder des Anchises, Priester des Thymbräischen Apollon (Sch. Lykophr. 347). Nachdem die Griechen unter Hinterlassung des hölzernen Pferdes abgezogen sind, opfert er am Strande dem Poseidon (in Vertretung des gesteinigten Poseidonpriesters, Serv. Verg. Aen. 2,201). In der vergil. Darstellung Aen. 2,40ff. 199ff. warnt L. wie Kapys vor dem angeblichen Weihgeschenk für die tro. Athena und stößt die Lanze in die Flanke des Pferdes, das erklirrt. Während der langen Trugrede Sinons bereitet er mit seinen beiden Söhnen ein Stieropfer vor. Da nahen vom Meere her 2 mächtige Schlangen, die erst L.s Söhne, dann ihn selbst tödlich umstricken und zur Burg weiter schlüpfen, um sich unter den Füßen und dem Schilde Athenas zu bergen. In der Handlung des Epos dient die Szene dazu, die Torheit der Troer zu entschuldigen. Sie fassen L.s Ende als Strafe der Götter für seinen Lanzenwurf auf. – Zum erstenmal taucht die Sage in der kykl. Iliupersis auf. Hier ist das Pferd bereits auf die Burg gezogen, und mitten in das Freudenfest stürzen die Schlangen, um L. und den einen seiner Söhne zu verderben. Das ist hier ein Vorzeichen für den Untergang des Königshauses und der Grund für die Flucht des Aineias. In einem Dithyrambos des Bakchyl. (frg. 9 Blass-Sueß) war die Rede von L. und seiner Frau sowie von den Schlangen. Vielleicht liegt hier schon eine Fassung vor, wie wir sie aus Serv. a.O. und aus Hyg. a.O. kennen, wonach L.s Untergang durch ehelichen Umgang im Heiligtum oder überhaupt durch seine Ehe und Kinderzeugung verschuldet wird. Von Sophokles »L.« wissen wir nur, daß er das Motiv des kykl. Epos für den Auszug des Aineias aufgenommen hat (Dion. Hal. ant. 1,48). Schauplatz des Schlangenwunders war bei ihm wohl der Apollontempel. Das Epyllion *Troiae halosis* des Eumolpus in → Petronius' saturae (89) nimmt sämtliche Züge für L. aus Verg., stellt aber Warnung und Strafe unmittelbar nebeneinander. Bei Q. Smyrn. 12, 390ff. erzürnt L. Athena durch seine Aufforderung zur Verbrennung des Pferdes; sie schickt ein Erdbeben und läßt ihn erblinden; als er seine Aufforderung wiederholt, schickt sie 2 Schlangen, die seine Söhne auffressen; L. und sein Weib beweinen die Söhne.

Berühmt ist die 1506 im Bereich von Neros Goldenem Haus aufgefundene, damals zum Teil unrichtig restaurierte plastische L.-Gruppe im Vatikan, die von den rhod. Künstlern → Agesandros (Hag.), → Athanodoros und → Polydoros, wahrscheinlich 1. Jh. v. Chr., stammt. Seit Lessing und Winckelmann wurde sie viel diskutiert, teils als Wunder der Kunst gefeiert, teils als theatral. Machwerk gescholten. Der falsch ergänzte emporgestreckte Arm des L. wurde kürzlich entfernt und durch den einst angestückten urspr. Arm ersetzt, den Pollak 1905 in einer stadtröm. Steinmetzwerkstatt entdeckt hatte. Auch andere Berichtigungen wurden vorgenommen. Die Funde in dem röm. Villenort Sperlonga nötigen jetzt, die Frage nach Originalität und zeitlicher Einordnung der Gruppe neu zu stellen. H. v. G.

*C. Robert* Bild und Lied, 1881, 192ff. *E. Bethe*, RhM 46, 511ff. *R. Heinze* Verg.s ep. Technik ²13ff. 67ff. – *Kekulé* Deutung und Zeitbestimmung des L., Lpz. 1883. *L. Pollak*, MDAI(R) 20, 1905, 27f. *G. Jacopi* Gli autori del L. e la loro cronologia alle luce delle scoperte dell' antro di Tiberio a Sperlonga, AC 10, 1958, 160. *F. Magi* Il ripristino del L., Atti della Pont. Acc. Rom. di Archeol. III 9, 1960, 5ff. *H. Sichtermann*, G 70, 1963, 193ff. *W. H. Gross* Zur L.-Gruppe und ihren Künstlern. Nachr. d. Gießener Hochschulges. 35, 1966, 107ff.

**Laokoosa** (*Λαοκόωσα*) heißt die Gattin des → Aphareus bei Theokr. 22,206. Bei Apollod. 3,117 wie bei Pherek. (Sch. Apoll. Rhod. 1,152) heißt sie Arene, bei Peisandros (ebd.) Polydora. H. v. G.

**Laokritos** s. Le(i)okritos

**Laokritai** (*λαοκρίται*). In Äg. ein vom König autorisiertes Kollegium von Richtern äg. Volkszugehörigkeit, vor dem die Ägypter (*λαοί*) in ptolem. Zeit ihre privatrechtlichen Streitigkeiten nach ihrem angestammten Recht, τῆς χώρας νόμος (Pap. Tor. 1 IV 17), austragen konnten. Die Volksrichter waren ptolem. Ursprungs, denn es gibt keinen vorptolem. Ausdruck, der dem t. t. λ. gleichwertig ist. Doch ist es wahrscheinlich, daß bei ihrer Einführung alte nationaläg. Einrichtungen Pate gestanden haben. Die drei das Kollegium bildenden Richter wurden stets ([1],71) der Priesterschaft entnommen, aber nicht durch das Los bestimmt ([2],52). Sie übten ihr Amt ständig – fraglich, ob lebenslänglich oder auf Zeit – aus. Für das Fayûm ist sogar ein besonderes, λαοκρίσιον genanntes, Gerichtsgebäude überliefert. Sicherlich gab es mehrere Kollegien von Volksrichtern, deren Sprengel über das ganze Land verteilt waren. Ein besonderer, von der Zentralverwaltung ernannter Beamter griech. Nationalität, εἰσαγωγεύς, fungierte wie bei den griech. Tribunalen als Geschäftsführer. Das Verfahren war durch eine demot. Zivilprozeßordnung ([1], 3 ff.) geregelt. Es wurde (obligatorisch?) durch Vermittlung des Strategos eingeleitet ([3],53 f.) und durch ein in äg. Sprache abgefaßtes Urteil beendet, das aber nur auf Grund einer vom Unterlegenen ausgestellten Abstandsurkunde vollstreckbar war ([1],71. [2],104,28). Das Beweisverfahren wich von dem der griech. Gerichtshöfe in manchen Punkten ab ([4]). E. B.

1. *E. Seidl* Ptolem. R.-Gesch., 1962, 70f. 2. *H. J. Wolff* Das Justizwesen der Ptolemäer, 1962. 3. *E. Berneker* Zur Gesch. der Prozeßeinleitung im ptolem. Recht, 1930. 4. *H. Kreller*, RE XII 746.

**Laomedon** (*Λαομέδων*, »Herrscher d. Volks«). **1.** König von Troia, Sohn des Ilos und der Eurydike. Seine Gemahlin erscheint unter verschiedenen Namen (Strymo, Leukippe u. a.). Seine Söhne s. im Stammbaum der → Dardaniden o. I 1387, dazu Bukolion von der → Kalybe, → Ganymedes (Eur. Tro. 822). Töchter (Apollod. epit. 6,15c): → Aithilla, → Antigone (3), → Astyoche (4), → Hesione (4). – Dem L. dienten auf Befehl des Zeus, den sie hatten fesseln wollen, Apollon und Poseidon 1 Jahr. Sie bauten für ihn Troias Mauern, entweder gemeinschaftlich wetteifernd (Il. 7,452 ff. Eur. Tro. 4 f. Ov. met. 11,202), oder Poseidon baute, indes Apollon L.s Herden hütete (Il. 21,442 ff.). Der Mauerbau geschah, um L.s Frevelmut zu erproben (Apollod. 2,103). Später erfand man noch die Hilfe des → Aiakos; nur das von ihm erbaute Mauerstück war erstürmbar (Pind. P. 8,30 ff. mit Sch.). L. prellte die Götter um ihren Lohn (urspr. wohl die göttlichen Rosse, s. u.; anders Hyg. fab. 89. Ov. met. 11,204) und jagte sie hohn- und schmachvoll drohend fort (Il. 21,442 ff.). Dafür schickte Apollon die Pest, Poseidon ein menschenraubendes Meerungeheuer (Lesky Thalatta 141). Diesem mußte Hesione vorgeworfen werden (Märchenmotiv, vgl. → Andromache). Nun verspricht L. dem Retter die göttlichen Rosse, die Zeus seinem Großvater Tros als Entgelt für den entführten Ganymedes geschenkt hatte (Il. 5,265 ff.; vgl. die Rosse des Diomedes). Herakles erscheint auf der Argonautenfahrt oder im Anschluß an das Amazonenabenteuer. Er dringt in den Leib des Ungeheuers und tötet es von innen; am 3. Tag kommt er mit kahlem Kopf wieder heraus (Sch. Il. 20,146. Sch. Lykophr. 34. Lesky a. O. 140 mit Abb. 32). Auch ihm wird der Lohn vorenthalten. Da zieht er gegen Troia und zerstört es (Il. 5,640 ff. Pind. I. 6,28 ff. Apollod. 2,134 ff. Hyg. fab. 31. 89; doch wird Il. 7,452 ff. und 21,446 die Göttermauer noch als bestehend gedacht). L. und die meisten Söhne werden erschlagen, die gefangene Hesione dem Helfer des Herakles, Telamon, vermählt (Soph. Ai. 1299 ff. Apollod. 3,162). Als ihr freigestellt wird, einen Gefangenen loszukaufen, opfert sie ihren Schleier für ihren Bruder Podarkes = Priamos (vgl. πρίασθαι: etym. Aition), der nach Abfahrt der Helden Troia wieder aufbaut. E. Bethe Die Sage vom tro. Kriege, Lpz.-Bln. 1927. H. v. G.

**2.** L., Sohn des Larichos aus Mitylene, Bruder des → Erigyios, Freund Alexanders d. Gr., zusammen mit diesem 336 nicht grundlos (Plut. Al. 10) verbannt, übernahm auf dem Feldzug das Gefangenenwesen u. befehligte auf der Indusfahrt eine Trierarchie. Bei der Satrapienverteilung 323 erhielt er Syrien und Phoinikien, das ihm auch 321 blieb. Einen Antrag Ptolemaios' I., gegen hohe Abfindung zurückzutreten, lehnte er ab und konnte sich der Verhaftung durch Flucht zu Alketas, dem Bruder des Perdikkas, nach Karien entziehen (Marm. Par. B ep. 12. Diod. 18, 43,2). Sein weiteres Schicksal ist unbekannt. Unklar scheint die Verwandtschaft L.s zu dem OGIS 215 erwähnten seleukid. Feldherrn Larichos, erwiesen ist jedoch seine Verbindung zu dem sidon. Alexandersarkophag. G. W.

*Stähelin*, RE XII 755. *Bux*, RE XII 756. *Judeich*, Arch. Jb. 10, 1895, 165–179. *Berve* Alexanderreich II Nr. 464.

**Laon.** Dichter der Neuen (Mittleren?) Komödie. Stob. 4,55,5 zitiert 2 Verse aus einem Stück *Διαθῆκαι*, Herakleides Kritikos 2 andere ohne Titel (E. Pfister, SAWW 227/2,82. 167) mit Spott über die Boioter als gefällige Ehegatten. W. K.

**Laonome** (*Λαονόμη*). **1.** Tochter des → Guneus, Gemahlin des → Alkaios (2), Mutter des Amphitryon. Paus. 8,14,2. Apollod. 2,50. Auch → → Astydameia (3) und andere werden als Gemahlin des Alkaios angegeben. **2.** Tochter des Amphitryon und der Alkmene, Schwester des Herakles, Gemahlin des → Euphemos. Sch. Pind. P. 4,44. Apoll. Rhod. 1,1241 und Sch. (hier Polyphemos, Sohn des Lapithen Elatos). Meuli, RE XII, sieht in ihr wegen ihres Namens und da sie bei Hellan. frg. 22 (Steph. Byz. s. *Καλλίαρος*) mit dem alten Unterweltsgott Hodoidokos (Usener Kl. Schr. 4, 221. 458) verbunden ist, eine urspr. Totengöttin. H. v. G.

**Laothoe** (*Λαοθόη*). **1.** Tochter des Thespierkönigs Thespios, Geliebte des Herakles. Apollod. 2,163. **2.** Geliebte Apollons, Mutter des Thestor, Großmutter des Kalchas. Pherek. (Sch. Apoll. Rhod. 1,139). SEELIGER Myth. Lex. 2,105,27. **3.** Tochter des Lelegerkönigs Altes, als Nebenfrau des Priamos Mutter des Lykaon u. des Polydoros. Il. 21,85ff. 22,48 (*κρείουσα γυναικῶν*). H. v. G.

**Lapathus** (*Λαπαθοῦς*). Nur bei Liv. 44,2,11. 6,10 z. J. 169 v. Chr. genanntes Kastell n. des Tempeltals, das auch Charax geheißen habe; geringe Reste beim h. Hg. Elias. E. M.

*Fr. Stählin*, RE XII 761 f.

**Lapethos** (*Λάπηθος*). Stadt an der N.-Küste der Insel Cypern mit sehr geringen ant. Resten. Nach Strab. 14,682 spartan. Gründung, in der Perserzeit unter phoinik. Herrschaft (Skyl., Steph. Byz., Inschr., Mz.), letzter selbständiger König Praxippos 312 v. Chr. von Ptolemaios I. unterworfen, Diod. 19,59,1. 62,6. 79,4. Dann wie die ganze Insel ptolemaiisch, Pol. 39,18 (40,12),6. Inschr. Spätant. Bistum, Georg. Cypr. ed. GELZER 1105ff. (dazu S. 211 f.). Not. episc. 1,1058. Nil. Doxop. 184. LE QUIEN 2,1067 f., und weiterhin bedeutender Ort. Der ant. Name lebt weiter in dem 2 km landeinwärts gelegenen h. Dorf. Siedlungen und Nekropolen in der Umgebung von neolith. bis geometr. Z., Swedish Cyprus Expedition 1,13–276. AA 49, 1934, 72ff. Neue Funde: BCH 83, 1959, 353 f. AA 78, 1963, 511. 545 f. Skyl. 103. (*Λήπηθις Φοινίκων*). Strab. 14,6,3 p. 682 (*Λάπαθος*). Ptol. 5,13,4. Stadiasm. m. m. 313 f. Plin. nat. 5,130. Hierocl. Synecd. 707,2. Tab. Peut. 10,3. Geogr. Rav. 5,20 p. 393,12. Steph. Byz. BCH 45, 1921, 4 I 5. Inschr.: LE BAS–WADDINGTON 2772–2780 (OGIS 17.583). BCH 3, 1879, 165 Nr. 6. MITFORD, Mnem. 6, 1938, 118. APF 13, 1938, 14ff. Nr. 4. 22ff. Nr. 10.11. Opusc. archaeol. 6, 1950, 22ff. Nr. 11–13. Semit. CIS 1,95. Le Muséon 51, 1938, 285ff. Journ. Egypt. archaeol. 26, 1940, 57ff. VOLKMANN, Hist. 5, 1956, 448ff. Mz. HEAD HN² 739. E. S. G. ROBINSON Numism. Chron. 6,8, 1948, 45ff. 60ff. [5], 268. E. M.

1. *Oberhummer*, Ztschr. Ges. f. Erdkde. 27, 1892, 430ff. 2. *Ders.*, RE XII 763ff. 3. *J.L. Myres*, ABSA 41, 1940/45, 72ff. (mit Planskizze). 4. *R. Gunnis* Historic Cyprus 313ff. 5. *O. Masson* Les inscr. chypriotes syllabiques 267 f. 6. The Swedish Cyprus Expedition 4,2,440ff. u. ö. 7. *M. Guarducci*, Encicl. Arte Ant. 4,383 f.

**Laphria** s. Artemis o. I 622 f.

**Laphyron** (*λάφυρον*), früher auch pl. *λάφυρα*. Über die Ableitung von einem primären altind. Verb »ergreifen« → [1]. **1.** Kriegsbeute ([2]). Zur rechtlichen Behandlung des beweglichen feindlichen Eigentums in den griech. Staaten s. [3]. [4]. [5]. [6]. **2.** Seit dem 3. Jh. v. Chr.: Kriegserklärung (Pol. 4,36,6. 26,7). E. B.

1. *Frisk* s. v. 2. *Lidd.-Sc.* s. v. 3. *C. Phillipson* The International Law and Custom of Anc. Greece and Rome, 1911, 2,238. 4. *U. Kahrstedt* Untersuch. zur Magistratur in Athen, 1936, 250ff. 274. 5. *Ders.* Griech. Staatsrecht I, 1922, 190ff. 6. *Busolt* GStk. 1259 ff.

**Laphystios** s. Zeus

**Lapidatio** s. Steinigung

**Lapis. 1.** a) Heiliger *silex* der → fetiales. b) Nach Pol. 3,25,6 beschwor der Konsul die röm.-karthag. Verträge bei *Δία λίθον*, und nach Plut. Sulla 10,4 leistete im J. 88 Cinna einen ähnlichen Eid auf dem Kapitol. Dieser Eid ist zwar nicht ident. mit dem der → fetiales (der Beamte schwört!), aber daß ebenfalls Iuppiter Feretrius angerufen wird, der seinen Tempel auf dem Kapitol hat, ist höchst wahrscheinlich. Die Verfluchungsformel unter Wegwerfen des Steines deckt sich mit der der fetiales. **2.** L. manalis → aquaelicium. Gegen BÖMERS Zweifel ARW 33, 1936, 270ff. s. LATTE RRel 78,4. W. E.

**Lapis Lazuli.** Der Lasurstein von gleichmäßig tiefblauer bis hellblauer oder grünblauer Farbe, oft mit goldgelben Einsprengseln aus Eisenpyriten durchsetzt, stammt wesentlich aus dem Mittleren Orient (J. R. PARTINGTON Origins and Development of Applied Chemistry, 1935, 293. 416. K. BRÜCKL, Neues Jb. f. Mineralogie, Geologie und Paläontologie 72, 1936, Abt. A, 37ff. R. J. GETTENS, Alumni 19, 1950, 342ff.). Von dort kam er, wohl über Mesopotamien, seit der 4. Dynastie nach Äg. (A. LUCAS Anc. Egyptian Materials and Industries, ⁴1962), später in das minoische Kreta und das myken. Hellas. Er blieb in der ganzen Ant. ein ebenso seltenes wie begehrtes Mineral. Aus einer Kombination von Theophr. lapid. 8. 23. 37 mit Plin. nat. 33,68. 37,119–120. 139, vgl. auch Dion. Per. 1105, ergibt sich (E. R. CALEY–J. C. RICHARDS Theophrastus on Stones, 1956), daß der gefleckte L. *σάπφειρος*, *sapphirus*, hieß, während die seltenere reinblaue Art *κύανος*, *cyanos* genannt wurde (doch bezeichnet *cyanos* auch noch einen blauen Farbstoff. *Sapphirus* ist sicher nicht der h. Saphir genannte blaue Halbedelstein). Man unterschied männlichen *(cyanos)* und weiblichen L. (wohl *sapphirus*). Pulverisierter »skythischer« *cyanos* wurde als blauer Farbstoff verwandt. L. wurden seltener zu Ringsteinen, häufiger als Schmuck, Amulettstein usw. benützt. W. H. G.

**Lapithai** (*Λαπίθαι* mit kurzem *α*). Früh verschollener Volksstamm im n. Thessalien (Hom. Il. 2,738ff., dazu Strab. 9,439–443), im Mythos ein Geschlecht riesenhafter, aber im allg. ritterlich edler Helden der Vorzeit, von dem sich zahlreiche thess. Adelsgeschlechter ableiteten. Auch weiter s., sogar in der Peloponnes, sollen L. ansässig gewesen sein. Der att. Demos *Περιθοῖδαι* führte sich auf → Peirithoos als Ahnherrn zurück, die → Philaiden Athens auf → Koronos (vgl. Koroneia), die Kypseliden Korinths auf → Kaineus. → Elatos (vgl. Elateia) mit seinem Sohn → Ischys war im arkad. → Pheneos lokalisiert; Lapithos war ein arkad. Berg. → Phorbas und → Triopas gelangten nach Karien und Rhodos. Polypoites, Sohn des Peirithoos, und Leonteus, Sohn des Koronos, nahmen am tro. Kriege teil (Il. a.O. und 12,127ff.), andere an der kalydon. Jagd und an der Argofahrt. Auf dem Schild des Herakles (Hes. Aspis) waren die L. Kaineus, Dryas, Peirithoos, Hopleus, Exadios, Phaleros, Prolochos. Mopsos, dazu Theseus als Gegner der → Kentauren dargestellt. Die Kentauromachie, die sich am Hochzeitsfest des Peirithoos und der → Hippodameia entspann und mit dem Siege der Lapithen endete, war einer der beliebtesten Stoffe der bildenden Kunst. Sie wird aufgefaßt als Widerspiegelung von Kämpfen benachbarter thess. Gaue (Wilam. GldH 1,192. Ähnlich Rose Griech. Mythol. 256) oder von Kämpfen des binnenländischen thess. Adels gegen die Küstenstädte (Gruppe Griech. Mythol. u. Rel. gesch. 114) oder auch von Auseinandersetzungen zwischen der Herrenreligion der thess. Ebene und der Volksreligion der Waldgebiete (Kern Die Rel. der Gr. 1,207). H. v. G.

**Lapithes** (*Λαπίθης*). **1.** Die Vorstellung einer Zusammengehörigkeit von L. und Kentauren prägte sich aus in der Erfindung, daß L. der Eponym der Lapithen, Sohn von Apollon und Stilbe, Vater von Phorbas, Triopas und Periphas, ein Bruder des → Kentauros sei, der sonst als Sohn Ixions gilt. Diod. 4,69. 5,61. **2.** Spartan. Heros mit Heiligtum am Taygetos (*Λαπίθαιον*), Paus. 3,20,7. Vater der Diomede, die den Amyklas heiratet. Apollod. 3,116. H. v. G.

**Lappa.** Stadt im W. Kretas mit geringen, zumeist röm. Resten beim h. Argyropolis, deren Gebiet im N. und S. bis an die Küste reichte. 67 v. Chr. von Metellus zerstört, durch Augustus *civitas libera*, später Bischofssitz, Le Quien 2,268f. [1], 194. Einzelfunde: Marinatos, *Ἀρχ. Δελτ.*. 15, 1933/35, *παρά*. 66ff. AA 52, 1937, 234. 45, 1930, 163. Skyl. 47 (*Λαμπαία*). Strab. 10,4,3 p. 475. Ptol. 3,15,7. Tab. Peut. 8,5. Geogr. Rav. 5,21 p. 397,10. Steph. Byz. s. *Λάμπη*. BCH 45, 1921, 19 III 115. Inschr. [1],195ff. Nr. 1–34. Mz.: Head HN$^2$ 470. [1],195. E. M.

1. *M. Guarducci* Inscr. Cret. 2,191ff.

**Lappius.** A. Buccius L. Maximus, ca. 82–84 Procos. in Bithynien, Plin. ad Tr. 58,6. Cos. suff. Sept.–Dez. 86, AE 1949, 23,2. Legat. Aug. Germaniae inf. 88/89; als solcher warf er die Revolte des L. Antonius Saturninus in Germ. sup. nieder, verbrannte aber Dokumente der Mitverschworenen, CIL VI 1347. XIII 12168,7–9. 12173,16–18. Epit. Caes. 11,10. Cass. Dio 67,11,1. Martial. 9,84–89. Im J. 91/92 legat. Aug. pr. pr. Syriae, AE 1961, 319. Cos. II suff. Mai–Sept. 95, Vidman Fast. Ostiens. 16.49. Cos. III suff. im J. 100, AE 1954, 222. R. Syme, CAH XI 172ff. Gn 29, 1957, 521. Im J. 102 war er Pontifex, CIL VI 31034. 32445. – J. Assa, Akte d. IV. internat. Kongr. für griech. und lat. Epigraph. 1964, 31–39. R. H.



**Lapsi.** Unter L. verstand man in der alten Kirche ganz allg. die in Todsünden Gefallenen, im engeren Sinne die während einer Verfolgung Abgefallenen. Zu einem offenen Problem wurden die L. erstmalig durch den Massenabfall infolge der Decischen Verfolgung (249–251). Über der Frage, ob und in welchem Umfange Wiederaufnahme gewährt werden könnte, ist es zu ausgleichenden Verhandlungen in Rom und Karthago (→ Cyprianus), aber auch zum Schisma des Rigoristen → Novatianus (seit 251) gekommen. Schließlich unterschied man 4 verschieden zu behandelnde Gruppen von L., nämlich *sacrificati*, die den Göttern geopfert hatten und nur in *casu mortis* bußfähig waren; *turificati*, die nur geräuchert hatten; *libellatici* mit erschlichenen Opferbescheinigungen (als *acta facientes* und *χειρογραψήσαντες*); *traditores*, die Bücher oder Kultgeräte ausgeliefert hatten. Nachdem den Konfessoren das Recht zugestanden war, die Neuannahme beliebiger L. zu befürworten *(litterae pacis)*, setzte sich schließlich immer mehr eine laxere Praxis durch: Die Bischöfe haben (bis etwa 325) ein System kasuist. Pönitentialverordnungen zur Wiederaufnahme aller L. ausgebildet. J. Wi.

Quelle: Cypr. De Lapsis, CSEL III 1,235ff.; Einzelausg. von *J. Martin*, Bonn 1930.

Lit.: 1. RE für Prot. Theol. und Kirche 11,283ff. 2. *A. Bludau* Die äg. Libelli und die Christenverfolgung des Decius, 1931. 3. *K. Rahner*, Ztschr. für kath. Theol. 74, 1952, 257ff. 381ff.

**Laqueus.** Bedeutet den Strick und dann die Hinrichtung durch Erhängen. Sie erscheint schon in den XII Taf. als Strafe für nächtlichen Felddiebstahl: *suspensumque Cereri necari iubebant*, Plin. nat. 18,3,12. Zudem ist sie, wenn auch ohne Darbringung an eine bestimmte Gottheit, offenbar die alte Strafe für *perduellio* (Hoch- und Landesverrat). In der späten Republik hat es diese Hinrichtungsart noch gegeben, wenn auch wohl nicht in öffentlichem Vollzug. In Ulp. Dig. 48,19,8,1 wird sie unter die ungewöhnlichen Hinrichtungsformen eingereiht; regelmäßig erfolgt die Hinrichtung jetzt durch das Schwert. D. M.

**Lar** (oder *Lars*). Etr. Praenomen, Schulze Eigenn. 84. Walde-Hof.$^3$ 1,763. E. Fraenkel, RE XVI 1661. In der röm. Tradition erscheint es bei folgenden Persönlichkeiten: L. Porsenna, König von Clusium im J. 509, L. Herminius (Consul 448) und L. Tolumnius, König von Veii (von A. → Cornelius Cossus [Nr. 17] im J. 428 erschlagen). H.G.G.

**Laranda** (*Λάρανδα*). Bei Strab. 12,569. Ptol. 5,6,16. Steph. Byz. Stadt im s.ö. Lykaonien, h. Larenda, auch Karaman, Binnenplatz, von Ptol. zu → Kappadokien gerechnet. L. lag verkehrsgünstig und war später an das röm. Straßennetz angeschlossen (K. Miller Itin. Rom. 722). S. ferner Diod. 18,22,2 und Hier. Synecd. 675. L. hielt sich bis zum E. des Alt. und erscheint in chr. Z. in den Bischofslisten. Inschr. Mz. H. T.

*Ruge,* RE XII 793f. *A.Forbiger* HB alt. Geogr. 2,317. *W.M. Ramsay* The hist. geogr. of Asia Min. 130. 336. 346 u.ö. *H.Kiepert* Atl. ant., T. IV. *W.Sieglin* Schulatl. z. Gesch. des Alt., S. 9.

**Lararium.** Erste Belege für das Wort kaiserzeitlich, sonst *sacrarium, sacellum, aedicula.* Hier wurden Lares, Penates, Genius verehrt. Sein Platz war im Atrium, aber im städt. Haus, wo der Herd aus dem Atrium fortverlegt war, mußte das l. weichen, oft in Küche oder Pistrinum, oft ins Schlafzimmer. Die pompeian. Häuser sprechen dafür, daß das l. oft nur gemalt war (Hug, RE XII 794); andererseits blieb es bis zum E. der Ant. Hauptstätte der täglichen Religionsübung und war manchmal prächtig ausgestattet. Es konnte auch andere Götterbilder beherbergen (Vitellius soll goldene Bilder des Narcissus und Pallas [Suet. Vit. 2,5], Alexander Severus Bilder u.a. von Apollonios, Christus, Abraham, Orpheus aufgestellt haben [H.A. 18,29,2]). Verbot der Laren-, Genius-, Penatenverehrung Cod.Theod. 16,10,12 vom 8.11. 392. W. E.

**Larcius.** Röm. patriz. Gentilname etr. Herkunft (abgeleitet von *Lar,* Schulze Eigenn. 83. 109). Die Gens trat um 500 stark hervor, dann aber in republ. Z. nicht mehr, wiewohl Namensträger an ihrem Ende nachweisbar sind (Münzer, RE XII 796).

I. Republikanische Zeit: **1.** T.L. (einige Quellen nennen das Cognomen Flavus oder Rufus). Consul I 501, II 498. DegrI XIII, 88. 350f. 352f. Broughton Mag. 1,9.11f. Er wurde der 1. Dictator der republ. Z. (vgl. Bd. II 2f.), nach Liv. 2,18,2–8 im J. 501, nach Dion.Hal. 5,70,1–77,6 im J. 498. Nach Varro bei Macr. Sat. 1,8,1 soll er als Dict. den Tempel des Saturn geweiht haben, was jedoch mit keiner der Datierungen übereinstimmt (497 nach Liv. 2,21,1, nach Latte RRel 254 erst um 400). Die weiteren von der Annalistik überlieferten dürftigen Nachrichten beruhen auf späterer Erfindung. **2.** Sp.L. Flavus, nach Dion. Hal. 5,75,4 Bruder von Nr.1. Consul I 506 und (wenn Personengleichheit vorliegt) II 490. In späterer Ausschmückung wurde er ein Helfer des Horatius Cocles im J. 508, ging 488 als Gesandter zu Coriolanus und war 482 der 2. Interrex dieses Jahres. H. G. G.

II. Kaiserzeit: **1.** A.L. Lepidus Sulpicianus, nach CIL X 6659. Inscr.Cret. IV 292 um 67/68 Quaestor propraet. prov. Cretae et Cyrenarum, dann legat. imp. Vespasiani Caes. Aug. leg. X Fretensis; erhielt im jüd. Krieg (Ios. bell. Iud. 6,237) die *dona militaria,* war tr. pl. und Legat von Pontus-Bithynien, wo er starb. **2.** L. Macedo, Sohn eines Freigelassenen, der durch Adoption unter den Flaviern bis in die praetor. Rangklasse aufgestiegen war. Wegen seiner Grausamkeit ermordeten ihn seine Sklaven in seiner Villa in Formiae um d. J. 101, Plin. epist. 3,14. **3.** A.L. Macedo, Sohn von Nr. 2, legat. Aug. pr. pr. Galatiae ca. 119–122, CIL III 310. 313. 14184,47.58.61, R.K.Sherk Legat. Gal. 65f.; bald nachher cos. suff., AE 1946, 178. 1954, 66. Auf dem Aventin war er begütert, CIL VI 404 (= 30758). **4.** M.L. Magnus Pompeius Silo, cos. suff. im J. 82 oder 83, CIL XVI 28, s. M.Hammond, AJA 19, 1949, 40f. **5.** A.L. Priscus, Sohn von Nr. 1, CIL VIII Suppl. 17891; war Quaestor prov. Asiae, legat. Aug. leg. IV Scythicae, stellvertretender Legat von Syrien, tr. pl., Praetor, praef. frumenti dandi, legat. prov. Baeticae Hispan., procos. prov. Galliae Narb., legat. Aug. leg. II Augustae, legat. Aug. pr. pr. exercitus Africani, AE 1908, 237. E. 110 cos. suff., Degrassi Inscr. It. XIII 1, 201. S. Groag, JÖAI 29, 1935, 185. Thomasson Statthalter Nordafr. 164f. R. Syme, Philol. 45, 1936, 239ff. R. H.



**Larcius Licinus.** Röm. Jurist des 1. Jh. n. Chr., soll sich nach einer Erzählung Quintilians (vgl. Plin. epist. 2,14,9ff.) als Gerichtsredner zuerst eine Claque gemietet haben, später (z.Z. der Statthalterschaft des älteren Plinius, wohl 73 n. Chr.) *legatus pro praetore ad ius dicendum* in Spanien, vgl. Plin. nat. 19,35. 31,24 und Plin. epist. 3,5,17. Vf. einer Schrift *Ciceromastix,* in der Cicero wegen unpräzisen Wortgebrauchs angegriffen wurde (Gell. 17,1). P. L. Sch.

*H.Bardon,* Litt. Lat. Inc. 2, 1956, 153.

**Larentalia** s. Acca L.

**Larentia** s. Acca L.

**Lăres. 1.** I. Sing. nach Prisc. GrL 2,223 *lār;* Walde-Hof.[3] *lār (-ă-?).* Pokorny 654 Lār. Zur Verbindung mit ähnlichen Stämmen s.o. Bd. I 23 (Acca Larentia). Über die etym. Theorien s. Boehm [1], 806f. Walde-Hof.[3]. Radke [11],170f.

II. Fakten. A. Älteste Belege. 1. Im Lied der→ Arvales fratres (s.o. I 630). 2. In der Formel der→ *devotio* werden u.a. auch die L. angerufen (aber Weihung nur *Deis Manibus Tellurique*). Mag der Wortlaut nicht alt sein, so geht Lattes ([10],204,1) Kritik doch zu weit. 3. Dubios ist eine von Tert. spect. 5,7 mitgeteilte Inschr.: s.o. Bd. I 1295,40ff. In den ältesten Zeugnissen erscheint L. ohne Zusatz, auch fast ausnahmslos in den Acta fratrum Arvalium.

B. In sonstigen Zeugnissen steht L. fast stets mit Attribut, bezüglich auf eine Örtlichkeit *(compitales, permarini* usw.*),* Schutz eines Ortes *(praestites)* oder den Besitzer eines Ortes *(Hostilii, Volusani).* Radke [11],167. Otto [7],120; Ders., RhM 64, 1909, 450. Wissowa [2],1885ff.

C. Vor der august. Reform (s.F.) erscheint der L. familiaris stets im Sing. ([2],1876), die übrigen meist im Plur. L. familiares bei Schriftstellern heißen alle am Herd verehrten Gottheiten, L., Vesta, Penates (Wissowa [2],1876. [3],45f. Bömer [9],124. Samter [6],371ff.). Die Stätte der Verehrung des L. fam. ist der Herd als Mittelpunkt der *familia* (Plin. nat. 28,267. Colum. 11,1,19. Hor. epod. 2, 65f.). Der Kult bezieht die Unfreien ein: für die L. darf der *vilicus* an den→ Compitalia selbständig ein Opfer am *compitum* oder Herd bringen (Cato agr. 5,3); die *vilica* bekränzt an Kalenden, Iden, Nonen und an Festen den Herd und betet zum L. fam. für den Wohlstand (Cato 143,2. Tib. 1,3,34. Prop. 4,3,53 f.). Dem L. fam. gilt bes. Verehrung: ihn grüßt man, wenn man aus der Fremde kommt oder weggeht, opfert ihm bei allen Familienereignissen und bedenkt ihn täglich mit Gaben vom Tisch (Plin. nat. 28,27. Vgl. MARQU. RStV 3,126. ST. WEINSTOCK, RE XIX 428).

D. Das eigentliche Hauptfest der L. waren die den L. compitales gehörenden Compitalia (bei Fest. 253 M. *Laralia*); es sind *feriae conceptivae* (Varro l.l. 6,25. Macr. Sat. 1,16,6) nach Beendigung der Feldarbeit (Sch. Pers. 4,28). Als wandelbares Fest stehen sie nicht im ältesten Festkalender. Eingesetzt hat sie Servius Tullius (Dion. Hal. 4,14,3 f. Plin. nat. 36,204), erneuert Tarquinius Superbus und Iunius Brutus (Macr. Sat. 1,7,34, dazu s. o. Bd. I 1265). Gellius 10,24,3 spricht von Ansetzung durch den Praetor (nach LATTE [10],91, 1: nur auf Rom bezüglich). Die an den *compita* stehenden Kapellen hatten so viele Öffnungen, wie Grundstücke an sie stießen (vgl. MOMMSEN Unterit. Dial. 140 f.). Zur Feier s. o. Bd. I 1265.

E. Weitere Zeugnisse aus republ. Z. für öffentliche Verehrung der L.: Tempel auf dem Marsfeld, im Antiochoskrieg vom Praetor L. Aemilius Regillus 190 den *L. permarini* gelobt, 179 vom Censor M. Aemilius Lepidus geweiht (Liv. 40,52,4 ff. Macr. Sat. 1,10,10. fasti Ost. f. Ant. vet.). Ov. fast. 5,129 ff. zum 1. Mai erwähnt Altar und Götterbilder der L. Praestites, darstellend junge Männer mit Speeren in Hundefellen, einem Hund zu Füßen. Dem entspricht das Bild auf Denaren des L. Caesius (SYD. RRep 564, Abb. 21 b). – Ein weiteres Heiligtum erwähnt Ov. fast. 6,791 ff. zum 27. Juni am höchsten Punkt der *via sacra;* von Augustus restauriert (Mon. Anc. 4,7). Vgl. LATTE [10],416. ST. WEINSTOCK, JRS 5, 1961, 212. WISSOWA [2], 1871. LUGLI Mon. min. del Foro 169 f. DEGRI XIII 2,28. Ein L.-Heiligtum auf dem Palatium nennt Tac. ann. 12,24,1. Zum Ganzen vgl. BÖMER zu Ov. fast. 5,129 f. Zu Tac. LUGLI Roma antica, il centro mon., 1946, 400 ff. PLATNER-ASHBY 314 f. Ein *sacellum Larum Querquetulanum* auf dem Esquilin (Varro l.l. 5,49) könnte Privatkapelle gewesen sein (WISSOWA [2],1871).

F. Kaiserzeit. In der ausgehenden Rep. waren die *collegia compitalicia* und die Feiern in Verruf gekommen. Bei der Neugliederung der Stadt durch Augustus erhielt jeder → *vicus* ein *compitum Larum* als sakralen Mittelpunkt. Im Frühling und im Sommer wurden diese bekränzt (Suet. Aug. 31,4). Entscheidende Änderung: Die *compita* werden zu Stätten des Kaiserkultes: Zwischen den in Zweizahl und oft tanzend dargestellten L. stand der Genius des Kaisers (viele Abb.; Ov. fast. 5,145 f.). Augustus kaufte aus den jährlichen Neujahrsgeschenken (s. Kalendae Ian.) prächtige Bilder für die *compita*. Viele Inschr. nicht nur in Rom: *Laribus Augustis et Genio Caesaris* bzw. *Genüs Caesarum.* Auch im Haus treten nun an die Stelle des Lar fam. 2 L. fam., zwischen denen der Genius des Hausherrn steht (vgl. WISSOWA [2],1882 ff.).

III. Darstellungen: Zahlreiche Statuetten und Wandbilder aus der Kaiserzeit. Die L. sind jung (zuweilen noch mit *bulla*), oft mit Schale und Trink- oder Füllhorn, sehr oft im Tanzschritt.

IV. Entstehung. Deutungen. Eines der schwierigsten, noch nicht gelösten Probleme (vgl. [9],136). Hauptsächlich 2 Ansichten: a) Die L. stammen aus dem Ahnenkult, so besonders [5]. b) Sie sind Schutzgeister von Örtlichkeiten: WISSOWA. Im Alt. war herrschende Ansicht, die L. seien mit den *manes* ident. Wie sehr aber auch der Ant. zuverlässige Kenntnis fehlte, zeigt [2],1888 f. SAMTER faßt den Lar fam. entsprechend dem griech. *ἥρως ἀρχηγέτης* als vergöttlichten Ahnherrn der Familie auf, der daher am Herd seinen Platz habe. Die Annahme, daß die L. vom Herd zum *compitum* kamen, ist schwierig, während der umgekehrte Vorgang denkbar ist, wenn man sie als Schützer und Abgrenzer des gesamten *fundus* sieht, die schützen und abgrenzen. W. F. OTTO [7] vermittelt: Die L. seien Gottheiten der Wege, aber auch letztlich den Unterwelts- und Erdgottheiten zugehörige Dämonen (vgl. Paul. Fest. 239 M. Varro bei Arnob. 3,41). Denn *Mania* sei die *mater Larum*, *mania* aber sei eine »Fratzengestalt« (nicht »Puppe«), hänge mit *manes* zusammen, und das Aufhängen von *maniae* für die L. an den Compitalia zeige, daß das Wesen von L. und *manes* »nicht prinzipiell verschieden gewesen« sei.

WISSOWAS Ansicht ist trotzdem die herrschende (vgl. BÖMER [9],137). Sie findet die stärkste Stütze darin, daß die L. nichts Unheimliches an sich haben, bei Tageslicht verehrt werden und Schutzgeister des *fundus* bleiben, selbst wenn die Familie in die Stadt zieht ([11],94). W. E.

1. *Boehm*, RE XII 806 ff. 2. *Wissowa* Myth. Lex. 2,1868 ff. 3. *Ders.*, ARW 7, 1904, 42 ff. 4. *Ders.* Rel.² 166 ff. 5. *E. Samter* Familienfeste 105 ff. 6. *Ders.*, ARW 10, 1907, 368 ff. 7. *W. F. Otto*, Arch. Lex. 15, 1908, 155 ff. 8. *E. Tabeling*, Frankf. Stud. 1, 1932. 9. *F. Bömer*, ARW Bh. 1, 1943, 124 ff. 10. *Latte* RRel 90 ff. 306 f. 416. 11. *G. Radke* Die Götter Altitaliens, Münster 1965, 166 ff. 12. *Platner-Ashby* 314 ff. Weiteres s. Art. Compitalia.

**2.** L., Stadt in Africa procons., 120 Meilen von Karthago entfernt, an der Straße nach Theveste (h. Tébessa), h. Lorbes. (Ptol. 4,3,28 *Λάρης*. Tab. Peut. Itin. Ant. 26: *Laribus colonia*. CIL VIII S. 866. 2109). L. spielte eine Rolle im jugurth. Krieg (Sall. Iug. 90). Im 2. Jh. wurde sie Kolonie (CIL VIII 1779: *colonia Aelia Aug. Lares*). Bischöfe von L. in Karthago in den J. 258. 411. 525, unter den Vandalen, Vict. Vit. 2, 22. 28. Unter Iustinian wurde L. befestigt (Coripp. Ioh. 7,143. Prok. Vand. 2,22,14.18. Ausgedehnte Ruinenstätte. TISSOT Géogr. comp. Afr. 2,454. M. L.

**Larginus.** Proculus, Astrolog, der Domitian den Todestag vorhergesagt haben soll, Dio-Xiph. 67,16,2. Zon. 11,19 (Dind. III p. 60) u.a. R. H.

**Largitio** bezeichnet alle Spenden und Zuwendungen, die der röm. Staat, Magistrate (z.B. Ädilen: Liv. 25,2,8. 40,44. Cic. off. 2,57 ff.) oder reiche Privatleute (Pflicht zur L. → Liturgie) der Öffentlichkeit (an das Volk, auch an Kollegien, Munizipien und Kolonien) übergaben; darunter fallen Veranstaltung von Spielen (Mon. Anc. 22. 23. Sen. epist. 117. Plin. nat. 15,20. Val. Max. 2,4,7. Tac. ann. 4,62. Suet. Aug. 43 ff.; auch Naumachien: Suet. Caes. 44; Domit. 4. Tac. ann. 12,56. Cass. Dio 43,23), öffentliche Speisungen (*epulae:* Cic. Phil. 2,116. Liv. ep. 115. Suet. Caes. 26. App. civ. 213) sowie Verteilung von Geld, Getreide u.a. Lebensmitteln (→ Frumentum).

Neben einmaligen, außerordentlichen Spenden (→ Congiarium) und neben Unterstützung von armen und Waisenkindern (→ Alimenta) gehören zur l. vor allem die regelmäßigen Getreidespenden, die durch die *lex frumentaria* des C. Gracchus eingeführt wurden, wonach der Empfänger monatlich 5 *modii* Weizen für 6½ As, d. i. 50% ermäßigten Preis, erhielt (App. civ. 1,21. Liv. ep. 60. Cic. Tusc. 3,20). Während L. → Appuleius Saturninus (100) und M. → Livius Drusus (91 v. Chr.) um weiteren Preisnachlaß kämpften, hob Sulla anscheinend die l. ganz auf (Sall. frg. or. Phil. 6). P. → Clodius Pulcher dagegen führte im J. 58 die kostenlose Getreideverteilung ein (Cass. Dio 38,13 f.). Die Zahl der Empfänger wuchs dann auf 320000 an, bis Caesar sie auf 170000 reduzierte (Suet. Caes. 41. Cass. Dio 43,21); erst Augustus erhöhte sie erneut (Mon. Anc. 15. Cass. Dio 55,10), → Annona. Die Empfänger erhielten eine Marke *(tessera)* und mit ihr in einem Magazin *(horreum)* das ihnen zugewiesene Getreide. Verteilungen von Öl sind seit Sept. Severus, von Fleisch seit Aurelian bezeugt; ebenfalls im 3. Jh. wurde die Korn- durch Brotverteilung ersetzt.

Zweck der l.: 1. Privatleute wollten die Gunst des Volkes gewinnen, auch posthume Ehrungen erlangen, bes. aber Wahlstimmen fangen (→ Ambitus 1) (Cic. Mur. 77; de or. 2,105. Sall. Cat. 3; Iug. 15. Nep. Hamilc. 3,3. Suet. Caes. 13. Sen. benef. 1,2. Iust. 1,9). 2. Staatliche Getreidespenden waren mit der Ruinierung der freien Bauern notwendig geworden, um die Schicht der Besitzlosen (→ *proletarius*) zu unterhalten, sie sollten die Bevölkerung für die polit. Ziele der republikan. Magistrate und später der Kaiser gewinnen (Iuv. 10, 81: *panem et circenses*). G. Sch.

*H.-P. Kohns* Versorgungskrisen und Hungerrevolten im spätant. Rom, Bonn 1961, 9–23. *E. Meyer* Röm. Staat und Staatsgedanke² 374 ff.

**Largus.** Personenname (SCHULZE Eigenn. 83) und – in Anlehnung an *largus* »reichlich«, »freigebig«, »mild« (WALDE-HOF.³ 1,764) – Cognomen in der Kaiserz. bei mehreren Consuln, Nachweise bei GROAG, RE XII 837 Nr. 3. DEGRASSI FImp. 256 (bei Annius, Caecina, Silius). – **1.** L., vertrat 46 v. Chr. die Interessen des (mit ihm verwandten?) verbannten A. → Caecina (Nr. 4) (Cic. fam. 6,8, 1 f.) und ist wohl ident. mit dem 43 auf der Flucht umgekommenen Proskribierten, App. civ. 4,123. H. G. G.

**2.** Epiker der augusteischen Z., rühmend von Ov. pont. 4,16,17 f. erwähnt. Sein Epos behandelte die Ansiedlung des Troers Antenor in der Gallia Cisalpina. Unbeweisbar die Identifikation mit dem Ankläger des Gallus Valerius Largus. P. L. Sch.

*H. Bardon*, Litt. Lat. Inc. 2, 1956, 66 f.

**Larike.** Nach Ptol. 7,1,4 f. und 62 f. das Reich der Rāṣṭrika, Lāṭika oder Lārika, das sich von den Küsten und Flußmündungen des n.w. Indien weit in das Land hinein erstreckte. Kürzlich begonnene Grabungen unterrichten über die Siedlungsgeschichte der Haupthandelsstädte dieses Gebietes, z.B. Barygaza = Bhṛgukaccha = modern Broach oder Ozene = Ujjayinī = modern Ujjain. RE s.v. Barygaza und Ὀζήνη. Indian Archaeology 1956–1957, 20 und 1959–1960, 19. K.F.

Ältere Lit. s. *Wecker*, RE XII 837 f.

**Lārīnum** (NISSEN It. Ldk. 2,783. FORBIGER HB der alten Geogr. 3,458), daun. (Steph. Byz. s.v.), später frentan. (Ptol. 3,1,65) Stadt der 2. Reg. (Plin. nat. 3,105 *Larinates cognomine Frentani;* nach CIL XIV 731 u.a. *trib. Clustumina*) mit Mz. seit 3. Jh. (HEAD HN² 28 f.), auf dem Mte. Arone (It. Ant. 314,3 *Arenio*) ö. des h. Larino. Als *municipium* bei Cic. Cluent. 11; meist nur das Gebiet von L. genannt (Pol. 3,101,3. Liv. 22,18,8. 24,1,27. 43,10. 45,2,11. Caes. civ. 1,23,5). G. R.

**Larisa** (Λάρισ(σ)α). Name zahlreicher Orte Griechenlands und Kleinasiens, Strab. 9,5,19 p. 440. Steph. Byz., vorgriech. Wort wohl in der Bedeutung »Burg«.

**1.** Der 289 m hohe Burgberg von → Argos mit bereits myken. Burg; Tempel des Zeus Larisaios und der Athena Polias unter der großen venezian. Burg ausgegraben. Strab. 8,6,7 p. 370. Paus. 2,24,1. 3 f. Steph. Byz.

*Vollgraff* Arx Argivorum, Mnem. 56, 1928, 315 ff.

**2.** L. Κρεμαστή, nach Strab. und Steph. Byz. auch Πελασγία, eine der wichtigsten Städte der Achaia Phthiotis an den S.-Abhängen des Othrys über dem mal. Meerbusen, etwa 3½ km von der Küste entfernt n. des h. Gardiki (amtlich Pelasgia). Gut erhaltener Mauerring von ca. 2700 m Umfang, durch Quermauern in Unterstadt, Oberstadt und die steile bis 530 m aufragende Akropolis geteilt, sonstige Reste gering. Prähist. Reste sind nicht vorhanden, und die frühesten Zeugnisse stammen aus dem 5. Jh. v. Chr. Bei dem großen Erdbeben von 426 v. Chr. soll L. zerstört worden sein, Strab. 1,3,20 p. 60. Im 4. Jh. stellte L. stets einen der 2 achaiischen Hieromnemonen in der Amphiktyonie. In hellenist. Z. war L. wichtige Festung, Eroberung durch Demetrios Poliorketes, Diod.

20,110,2, im 3. Jh. mit der ganzen Landschaft zum aitol. Bund gehörend. Gegen E. des Jh. setzte sich Philipp V. in den Besitz der Stadt, Liv. 31,31,4. NIESE St. 2,503 A. 1. 588, die seitdem zwischen Makedonien und den Aitolern strittig blieb mit wechselnder Zugehörigkeit. Röm. Eroberungen 200 v. Chr. Liv. 31,46,12 und 171 v. Chr., Liv. 42, 56,7. 67,10f. Weiterhin zu Achaia gehörend. Spätant. Bistum unter dem ma. Namen Gardiki, Not. episc. 3,505. 10,611. 13,462. Skyl. 63. Herakl. 3,2 (GGM 1,109). Strab. 9,5,13 p. 435. 5,19 p. 440. Ptol. 3,12,14. BCH 45, 1921, 29 V C 5. Inschr.: IG IX 2 Nr. 94.95. Mz.: HEAD $HN^2$ 299f.

1. *Fr. Stählin*, RE XII 840ff. Nr. 2 (mit Plan). 2. *Ders.* Das hellen. Thessalien 182ff. 3. *R. Flacelière* Les Aitoliens à Delphes 299f. 307. 341.

**3.** L. (*Πελασγίς*), die bedeutendste Stadt der thessal. Landschaft Pelasgiotis und h. Hauptstadt Thessaliens, stets begünstigt durch seine Lage in einer weiten fruchtbaren Ebene. Die nähere und weitere Umgebung L.s ist bereits seit paläolith. Z. dicht besiedelt, VL. MILOJČIĆ Ergebnisse der deutschen Ausgrabungen in Thessalien (1953–1958), JRGM 6, 1959, 1ff. Ausgrab. in Thessalien in: Neue deutsche Ausgrab. im Mittelmeergebiet und im Vorderen Orient 225ff., *Ἀρχ. Δελτ.* 16 B, 1960, 186ff. A. J. B. WACE – M. S. THOMPSON Prehist. Thessaly 8f. Nr. 19–35. Neolith. bis myken. Scherben auch in L. selbst, *Πρακτικά* 1910, 174. FIMMEN Kret.-myken. Kultur 2.

Im Schiffskatalog ist L. aber nicht genannt und ersetzte diesen Mangel durch Aneignung fremder Sagen, [1],845f. Die älteste wohl geschichtliche Nachricht betrifft die Teilnahme am 1. Heiligen Krieg unter Führung des Eurylochos, der wohl Aleuade war, Pind. hypoth. bd P. Strab. 9,3,4 p. 418. 3,10 p. 421. Polyain. 6,13, vgl. Hdt. 9,58,1 und die Weihung der angeblich ältesten Apollonstatue in Delphi durch Echekratides aus L., Paus. 10,16,8. Das herrschende Adelsgeschlecht waren die Aleuaden, RE I 1372ff. o. I 242, die vielfach die Stellung des Tagos von Thessalien innehatten, daher auch als »Könige« bezeichnet, Hdt. 7,6,2. 5,63,3. Thuk. 1,111,1. Pind. P. 10,3. Zur Sicherung ihrer Stellung schlossen sie sich Xerxes an, Hdt. 7, 6,2. 130,3. 172,1ff. 9,1. 58. Die gegen sie gerichtete Strafexpedition nach dem Kriege vermochten sie zwar abzuwehren, Hdt. 6,72. Paus. 3,7,9. Plut. mor. 859 D, doch führte die allg. Entwicklung im 5. Jh. zu einem Rückgang ihrer Macht. Polit. verlagerte sich das Schwergewicht auf die selbständiger werdenden Städte, U. KAHRSTEDT Grundherrschaft, Freistadt und Staat in Thessalien, NGG 1924, bes. 136ff., was auch in der Münzprägung zum Ausdruck kommt, FR. HERRMANN, Ztschr. f. Numism. 33, 1921, 33ff. Im 4. Jh. v. Chr., vielleicht schon früher, zog L. die Abgaben bei den abhängigen Perrhaibern ein, Strab. 9,5,19 p. 440. Herodes *π. πολιτ.* (s. u.) 6 (?). 431 v. Chr. wird das Kontingent von L. für Athen von den Führern je einer *στάσις* geführt, wobei unklar ist, was damit gemeint ist, Thuk. 2,22,3. Vgl. Aristot. pol. 1306 b 36ff. Gegen Ende des pelop. Krieges gemäßigte Oligarchie, Aristot. pol. 1305 b 28ff. 1275 b 26ff., nach einer Niederlage der Stadt im Kampf mit → Lykophron von → Pherai im J. 404 v. Chr., Xen. hell. 2,3,4, kann der Aleuade Aristippos mit Hilfe von Söldnern unter finanzieller Unterstützung durch den jüngeren Kyros die Macht an sich ziehen, Xen. an. 1,1,10. 1,2,1. 2,6,28. Plat. Menex. 70 B. Auch → Archelaos von Maked. griff in diese Kämpfe zugunsten der extremen Oligarchie ein. In den Zusammenhang dieser Ereignisse gehört die unter Herodes' Namen überlieferte Rede *περὶ πολιτείας*, s. ED. MEYER Theopomps Hellenika 199ff. mit dem Kommentar bes. S. 259ff. KAHRSTEDT a. O. Im 4. Jh. blieben die Aleuaden an der Macht und waren Hauptgegner der Tyrannen von Pherai, unter deren Herrschaft L. seit → Iason geriet, Xen. hell. 6,4,33f. Makedon. Besetzung unter Alexander von Maked., Diod. 15,61,3ff. (369 v. Chr.), Befreiung durch Pelopidas, Diod. 15,67,4. Plut. Pelop. 26,2f. Die Aleuaden rufen auch Philipp II. gegen Pherai zu Hilfe, Diod. 16,14,2, womit L. mit dem ganzen Thessalien in dauernde Abhängigkeit von Makedonien kam. Larisaier spielten am maked. Hof vielfach eine bedeutende Rolle. Die Verhältnisse z. Z. Philipps V. werden durch 2 Briefe des Königs an die Stadt erhellt, IG IX 2,517. Syll. $II^3$ 543. Nach → Kynoskephalai schloß sich L. an Rom an und war Hauptstützpunkt im Kampf gegen Antiochos III. und später Perseus. L. war weiterhin die führende Stadt Thessaliens und blieb es in der Kaiserzeit. Unter Iustinian entstand eine neue Befestigung. L. blieb auch in byzantin. Z. Sitz der Eparchie und später des Themas Thessalien und war zugleich die Metropolis, Nea Taktika ed. GELZER Georg. Cypr. 1146. 1649. Not. episc. 6,43. 8,43. 10,598. 13,449. LE QUIEN 2, 103ff.

Die Stadt lag wie h. flach in der Ebene, Liv. 36, 10,7, am S.-Ufer des Peneios mit einer Akropolis von nur 26 m relativer Höhe, auf der ein Tempel der Athena stand. Die ant. Reste sind sehr dürftig. Geringe Reste des Theaters am S.-Abhang der Akropolis, Y. BÉQUIGNON Le théâtre de L. en Thessalie, Mél. Octave Navarre, 1935, 1ff. Reste eines Odeions *Ἀρχ. Δελτ.* 1, 1915, *παρά.* 88. *Πρακτικά* 1920, 26f. Sonstige Reste: EA 1909, 27ff. *Πρακτικά* 1910, 172ff. 1955, 147ff. *Ἀρχ. Δελτ.* 16 B, 1960, 184f. Hellenist. Kammergrab EA 1909, 27ff. Skymn. 607ff. Strab. 9,5,19 p. 440. 9,5,3 p. 430. Ptol. 3,12,39. Plin. 4,19. 6,216. Tab. Peut. 7,5. Itin. Anton. 328,1. Geogr. Rav. 5,12f. p. 374,13. 379,4ff. Hierocl. Synecd. 642,2. Horat. c. 1,7,11. BCH 45, 1921, 8 I D 19. 29 V C 5. Inschr.: IG IX 2 Nr. 504–1026. 1344–1352. EA 1910, 331ff. BCH 59, 1935, 55ff. *Πολέμων* 6, 1956/57, 17ff. SEG 1,250–253. 3,480. 12,305a. 13,389–395. 15,375–

380. 16,379. 17,288–298. 19,422a–424. CIL III 7315 = $14203^{34}$. Mz.: HEAD HN$^2$ 297ff.
1. *Fr. Stählin*, RE XII 845ff. 2. *Ders.* Das hellen. Thessalien, bes. 94ff. (mit Plan). 3. *Philipps.-Kirst.* 1,123ff. 4. *G. Samonati* in Dizion. epigr. 4,411ff. 5. *L. Guerrini*, Encicl. Arte Ant. 4,487f. 6. *Ep. Pharmakidu* Ἡ Λάρισσα ἀπὸ τῶν μυθολογικῶν χρόνων μέχρι τῆς προσαρτήσεως αὐτῆς εἰς τὴν Ἑλλάδα, Volo 1926.

**4.** In Hierapytna auf Kreta eingemeindeter, nicht näher bekannter Ort, Strab. 9,5,19 p. 440. Steph. Byz., M. GUARDUCCI Inscr. Cret. 3,19f. Ebenso soll das kret. → Gortyn auch den Namen L. gehabt haben, Steph. Byz. s. Γόρτυν. E. M.

**5.** Stadt in der Troas (Hom. Il. 2,841. 17,301. Strab. 9,440. 13,620. Athen. 2,43a. Ps. Plut. Vit. Hom. 11. Plin. nat. 5,123. Vell. 1,4. Sch. Hom. Il. 3,75). Die Lokalisierung bei den warmen Quellen s. von Alexandreia Troas (BÜRCHNER) oder auf dem Limantepe n. der Mündung des Tuzlaçay (CALVERT) bleibt unsicher. A. M. M.
*F. Calvert*, The Archaeolog. Journ., 18, 1861, 253f. *W. Judeich* Kleinasiat. Stud. 46. *W. Leaf* Strabo on the Troad, 1923, 225. *L. Bürchner*, RE XII 871 (Nr. 7). *W. Ruge*, RE VII A 558.

**6.** Λ. ἡ Φρικωνίς nach einem Berge Phrikion genannt, Stadt im w. Kleinasien n. des unteren Hermos im aiol. Bereich beim h. Burundschuk, erwähnt schon Hom. Il. 2,841. 17,301 und später häufig (Hdt. 1,149 Λήρισα. Xen. hell. 3,1,7.16 Λ. ἡ Αἰγυπτία, weil dort Kyros II. d. Gr. Ägypter angesiedelt habe, s. auch Kyr. 7,1,45. Strab. 13, 620f. Plin. nat. 5,121 u. a.). Sie lag n. von Smyrna und s. ö. von Kyme. Inschr. Mz.
*A. Forbiger* HB. alt. Geogr. 2,157,2. *H. Kiepert* Atl. ant. T. V.

**7.** L., Stadt am l. Ufer des → Kaystros an der Straße von Ephesos nach Sardes beim h. Talos Jeri. Strab. 9,440. 13,620. Mz.
*Forbiger* und *Kiepert* a. O.

**8.** L., eine nur von Xen. an. 3,4,7 anläßlich des Rückzugs der Griechen nach der Schlacht bei Kunaxa genannte Stadt Mesopotamiens am ö. Ufer des Tigris, ident. mit Kalchu-Nimrud. L. lag wenig n. der Einmündung des → Lykos (h. Ob. Zab) in den Tigris und bildete zugleich den s. Teil des alten → Ninive (Ninos). Xen. a. O. beschreibt die als ἐρήμη bezeichnete Stadt ausführlich. H. T.
*Bürchner*, RE XII 871–873. Gr. Hist. Weltatl. I, S. 10b.

**Larisos** (Λάρισος). Der Grenzfluß zwischen Elis und Achaia, h. Mana. Paus. 6,26,10. 7,17,5. Strab. 8,7,5 p. 387. 9,5,19 p. 440. Liv. 27,31,11. E. M.
*Philipps.-Kirst.* 3,327f.

**Larius lacus** (NISSEN It. Ldk. 1,180), seit Pol. 34,10,20. Cato orig. 2,7 Jord. (= frg. 38 P.) bezeugter Name des 60 mp langen (h. durch Einschwemmung kürzeren) Comersees, den der Adduafluß durchströmt (Plin. nat. 2,224. Strab. 5, 209.213); Seefahrt auf dem See: Claudian. bell. Get. 319). G. R.

**Laronius. 1.** Q. L. Er wurde 36 v. Chr. von Agrippa mit 3 Legionen Octavian nach Sizilien zu Hilfe geschickt und erhielt die imperatorische Akklamation, CIL X 8041,18. Cos. suff. im J. 33 v. Chr., CIL IX 421. DEGRI XIII 1, p. 254f. A. FRANCISEIS, NSA 14, 1960, 420f. **2.** Laronia, alte, reiche Frau mit anstößigem Lebenswandel aus der Zeit Neros, die dann zum Typus wurde, Mart. 2,32,5. Iuv. 2,36,65. R. H.

**Larsa.** Stadt in S.-Babylonien (h. Ruine Senkere), von ca. 2700 v. Chr. bis zur Seleukidenzeit bewohnt. Bedeutsam nur in altbabylon. Z., als L. seit Gungunum (ca. 1862–1848 v. Chr.) seine Macht auf Kosten von Isin erweitern konnte. Rīm-Sîn I. (1758–1699), Angehöriger einer fremden (amurrit.) Dynastie, konnte 1728 Isin endgültig erobern, diesen Sieg aber nicht mehr ausnützen, da Hammurapi von Babylon ihn 1699 stürzte und L. unter dem Statthalter Šamaš-ḫazir seinem Reich einverleibte. W. Rö.
*D. O. Edzard* Die »Zweite Zwischenzeit« Babyloniens, 1957.

**Lartius.** Personenname, vom etr. *Lar* abgeleitet (WALDE-HOF.$^3$ 1,763), inschr. zahlreich, auch in Varianten, belegt, Beispiele bei SCHULZE Eigennamen 84 u. ö. H. G. G.

**Lārunda. Mater Larum.** L. ist nach Varro l. l. 5,74 sabin. Gottheit, die von T. Tatius eingeführt wurde. Nach der durch Auson. techn. 8,9 gesicherten Quantität *Lār-* wird sie zu *Lārentia* (→ Acca Larentia), nicht zu *Lăres* gehören, obwohl dies OTTO und TABELING 40f. für möglich halten; doch s. RADKE. Nach Auson. a. O. und Lact. 1,20,35 wäre L. = Mater Larum (Verwechslung: RADKE), deren Name nach Ov. fast. 2,599ff. aber *Lăra* lautet, was aus dem Lallwort *Lala* entstanden sei (wohl fiktive Bildung: WISSOWA). Bei Varro l. l. 9,61 und Macr. Sat. 1,7,35 ist die Mater Larum → Mania. Wie in den Arvalakten die Lares 2 Hammel, bekommt die M. L. 2 Schafe (DESSILS 5047–5048). Am Haupttag des Festes der → Arvales fratres werden Breitöpfe der M. L. als *cena* den Abhang hinabgeworfen (DESSILS 9522). W. E.
*E. Tabeling* Mater Larum, Frankf. Stud. 1, 1932. *Wissowa* Myth. Lex. 2, 1901. *Ders.* Rel.$^2$ 234. *W. F. Otto* ALex. 15, 1906, 117. *Ders.*, WS 35, 1913, 62ff. *Latte* RRel 92. *Radke* Die Götter Altital., 1965, 164ff. *Ders.*, Romanitas 6/7, 1965, 307ff. *Bömer* zu Ov. fast. 3,55ff.

**Larvae.** Totengeister (meist der Angehörigen), die nach altem röm. Volksglauben (Varro bei Arnob. 3,41) spuken und schädlich wirken. Sie werden gleichgesetzt den *lemures* (Apul. apol. 64. Aug. civ. 9,11) und *maniae* (Fest. 129 M.). Das Aussehen ist skeletthaft (Sen. epist. 24,18. Apul. met. 1,6; apol. 63; vgl. auch Petron. 34,8); daher der Name auch als Schimpfwort verwendet bei Plaut. Merc. 983. In der Wirkung gleichen die L. den griech. νεκυδαίμονες (HOPFNER I § 825). Apul. apol. 64 zählt sie zu den *noctium occursacula – bustorum formidamina – sepulchrorum terricula-*

*menta.* Sie quälen die Toten (Sen. apocol. 9,3) wie die Lebenden (Amm. 14,11,17) und erzeugen Wahnvorstellungen (Plaut. Amph. 777; Aul. 642; Capt. 598); *larvatus* heißt (Plaut. Men. 890) ein vom bösen Geist Besessener; Apul. met. 9,31,3 gibt ein Ehemann sich selbst den Tod, weil er behext *(larvatus)* ist. Mit solchen Gespenstern drohte man den Kindern (Fest. 129 M.; vgl. auch Arnob. 6,26). Als Gestalten der Unterwelt bringt man den L. apotropäische Opfer bei Nacht (vgl. A. ABT Die Apologie der Apul., RVV IV 2,194/96). An den Lemurien (9. 11. 13. Mai) bannt man sie durch Ausstreuen schwarzer Bohnen und treibt sie mit Lärm aus dem Hause (Ov. fast. 5,421 ff.; reiche ethnograph. Parallelen bei FRAZER im Komm. z. St. Bd. 4,42 ff.). C. Z.

*Kock*, RE XII 878–880. *G. Wissowa* Rel. Kult. Römer$^2$ 235. 239 ff. *Friedländer-Wiss.*$^{10}$ 3,320 ff. *Latte* RRel. 99,1.

**Larymna.** Küstenstadt des ö. Lokris, seit hellenist. Z. boiot.; befestigte Stadt im Inneren und wichtiger Hafen an einer tiefen Bucht, h. Kastri, amtlich L. Nach Plut. Sulla 26,4 von Sulla zerstört, aber weiterexistierend. Der Name lebt für Bucht und Kap als Larmes weiter. Skyl. 60. Strab. 9,2,13 p. 405 f. Paus. 9,23,7. Pol. 20,5,7. Plin. nat. 4,27. Mela 2,45. IG IX 1 Nr. 234–255. E. M.

1. *J. G. Frazer* Pausanias 5,104 ff. 2. *Oldfather*, AJA 20, 1916, 32 ff. 346 ff. 3. *Geier*, RE XII 880 f. 4. *K. Lehmann-Hartleben* Die ant. Hafenanlagen 91 f. 5. *Philipps.-Kirst.* 1,358 f.

**Las** (*Λᾶς*). Spartan. Perioikenstadt an der W.-Küste des lakon. Meerbusens beim h. Passava und Choriani, Hom. Il. 2,585 (*Λάας*). Skyl. 46. Paus. 3,29,7. 24,6 ff. Strab. 8,5,3 p. 364. Steph. Byz. s. *Λᾶ*. IG V 1 Nr. 1214–1217. HEAD HN$^2$ 436. E. M.

1. *Geier*, RE XII 881 f. 2. *Bölte*, RE III A 1317,29 ff. 3. *E. S. Forster*, ABSA 13, 1906/07, 232 ff. 4. *H. Waterhouse–R. Hope Simpson*, ABSA 56, 1961, 118.

**Lasanum. 1.** Ein Gestell oder Rost, um einen Topf über dem Feuer zu halten, *χυτρόπους*, Beispiele s. B. A. SPARKES–L. TALCOTT Pots and Pans of Classical Athens (Excav. of the Athenian Agora Picture Books 1, 1958) Abb. 41 f. 44. **2.** Der Nachtstuhl, Nachttopf (*ἀμίς, matella, scaphium*), war auf dem Abort aufgestellt oder transportabel. Der Sklave zum Bringen des l. (ein ganz niedriger Dienst) hieß *λασανοφόρος*. W. H. G.

**Lascivius.** Cognomen, in den kaiserz. Fasten bei Triarius Maternus L., cos. 185 n. Chr. H. G. G

**Lasion** (*Λασιών*). Stadt auf der Pholoe-Hochfläche im elischen Bergland, Reste beim h. Kumani, zwischen Elis und Arkadien umstritten, Xen. hell. 3,2,30. 4,2,16. 7,4,12 f. Diod. 14,17,8. 15, 77,1 ff. Strab. 8,7,5 p. 388 (zum Text ALY, SHAW 1931/32, 1,10). Nonn. 13,288. Anth. Pal. 6,111,3. BCH 45, 1921, 14 II 126. SEG 11,1172 f. E. M.

1. *W. Vischer* Erinnerungen und Eindrücke 473 ff. 2. *Fr. Hiller von Gärtringen–H. Lattermann* Arkad. Forschungen, APrAW 1911, 16 f. 3. *E. Meyer*, RE XVIII 2240 ff. (s. Oinoe 10). VII A 238,15–31.

**Lasos** (*Λᾶσος*). **1.** Aus Hermione, griech. Lyriker und Musiktheoretiker, lebte in der 2. H. des 6. Jh. am Hof des Hipparchos. Er trat verschiedentlich hervor – so wies er z. B. dem Onomakritos Orakelfälschung nach (Hdt. 7,6) –, seine Hauptbedeutung liegt jedoch auf musikal. Gebiet. Freilich bleibt die Kenntnis darüber trotz neuerer Hypothesen auf das bloße Faktum seiner Tätigkeit beschränkt. Nach Suda schrieb er als erster über die Musik, praktisch zeichnete er sich als Dichter von → Hymnen (Athen. 10,455 c u. ö.) und bes. auch von → Dithyramben (frg. A 10 del G. = Ps.-Plut. de mus. 29) aus, an deren Weiterentwicklung zur Form des Agons er wesentlich mitwirkte. U. K.

Test. und Frg. bei *C. del Grande* Ditirambografi, 1946 (vgl. auch Anth. lyr. 2,5$^2$,71 sowie Poet. Mel. Gr. [ed. *D. L. Page*], 364–366). Lit. umfassend bei *L. Richter* Zur Wissenschaftslehre von der Musik bei Plat. und Aristot., 1961, 14 f. mit Anm. *Kinzl* Milt.-Forsch. Diss. Wien 1967, 79 f.

**2.** L., von Magnesia, vermutlich frühalexandrin. Astronom. Schrieb *Φαινόμενα*, die nach Achilleus (Aratea ed. Maass, Bln. 1898, 79,3) von denen des → Aratos überschattet wurden. J. M.

*Rehm*, RE XII 888. *Pasquali*, NGG phil. hist. 1910, 196.

**Lasthenes** (*Λασθένης*). **1.** Olynthier, Hipparch, Parteigänger Philipps II., verriet ihm 348 die Stadt, 341 von Philipp beseitigt. Demosth. 8, 40. 9,66. 18,48. 19,265. 342. Diod. 16,53,2. **2.** Kreter, half mit Söldnern 147 v. Chr. Demetrios (6) II., Syrien zu erobern, wurde Minister, *συγγενής* und *πατήρ* des Königs und bestärkte dessen tyrann. Art. Diod. 33,4,1 ff. Ios. ant. Iud. 13,86. 126 f. I. Makk. 11,31. M. LAUNEY Recherches sur les armées hellénist., 1949, 272. **3.** Seeräuber aus → Kydonia auf Kreta, schlug den Praetor M. Antonius 72 v. Chr., unterlag 69 dem Konsul Q. Metellus, entkam, in Kydonia eingeschlossen, dort wie aus → Knossos und ergab sich 67. Diod. 40,1, 3 f. Vell. 2,34,1. App. Sic. 6. Flor. 1,42,6. Wohl ident. mit dem L. der Inschr. aus Amnisos. RA 10, 1937, 375 Nr. 142. H. V.

**Latage.** Nach Ail. nat. 16,10 ind. Stadt im Land der Prasioi, bei deren König der Grieche → Megasthenes Gesandter war. S. a. WECKER, RE XII 892. K. F.

**Lateinische Sprache** s. Sprache, Lat.

**Latène-Kultur.** Kulturstufe der 2. Eisenzeit im kelt. Mitteleuropa. Auf der Grundlage der Hallstatt-Kultur bildet sich im 5. Jh. v. Chr. eine feudal-aristokrat. Gesellschaftsordnung heraus, mit führender Adelsschicht (Könige, Ritter als Heerführer), Priestern (Druiden) und Hörigen (in Sippenverbänden organisierte Bevölkerung). In Zeiten krieger. Gefahr Zusammenschluß zu größeren Stammesbünden unter dem Heerführer *(vergobretos)*, der aus dem Rat der Adligen gewählt wird. Bevölkerungsvermehrung (Landnahmebewegungen im 5. Jh. nach W.-Europa und dem Balkan, im 4. Jh. bis Griechenland und Kleinasien), Verbesserung von Landwirtschaft und Viehzucht (bessere Nutzung des Eisens zur Geräte- und Waffenherstellung) führen unter mediterranem Einfluß in der bäuerlichen Lebensform zur Bildung halbstädt. Ansiedlungen (*oppida-refugia* = Herrensitze als befestigte Verwaltungs-, Handels- und Kultzentren; in der Spätzeit Münzprägestätten). Um 450 v. Chr. ist in enger Wechselbeziehung zu griech.-etr. Werkstätten die kelt. Latène-Kunst im Gebiet zwischen O.-Frankreich und Böhmen entstanden. Die für die L.-K. typ. Gerätschaften und Kunstprodukte (Metalldurchbruchsarbeiten. Metallgefäße: Schnabelkanne, Eimer, Dreifuß, Kessel; Waffen: Schwert, Lanze; Schmuck: Hals- und Armringe, Fibel, Gürtelbeschläge; Wagenbeschläge–Wagengrab) sind mit einem Dekor versehen, der eine stilist. Einordnung in die verschiedenen Phasen der L.-K. ermöglicht (Stufen Latène A B- C- D = Früh-, Mittel-, Spätlatène). Mit griech. etr. Import (Fürstengräber mit reichen Goldbeigaben) und Elementen aus der Steppenkunst des O. (Skythen) vollzieht sich ein Wandel von linear-geometr. Stilisierung zu ornamentalvegetabil wirkenden Schmuckformen, die, durch phantast. Tier- und Pflanzenkompositionen bereichert (Palmette, Leier, Wirbel, Fischblase, Trompetenspiralen), eine eigenständig kelt. Kunstentwicklung zeigen (höfischer Zierstil, bes. in Goldarbeiten hervorragender Qualität aus den Fürstengräbern der Frühlatènezeit). Im Mittellatène (Stufe C) zu streng gebundenen geometr. Formen erstarrend, wird der Dekor durch wirkungsvolle Licht-Schatteneffekte (Doppellesbarkeit der Ornamente) bes. im inselkelt. Bereich Britanniens (Spätlatène Stufe D) mit mehrfarbigen Emaileinlagen bereichert. Über die neukelt. Kunst (2. bis 7. Jh. n. Chr.) wirken die Kunstformen der L. K. bis in die iro-schott. Kunst (12. Jh.) fort. H.C.

*H. Hubert* Les Celtes et l'expansion celt. jusqu'à l'époque de La Tène[2] (1950). *Chr. Hawkes–G.C. Dunning* The Belgae of Gaul and Britain, Arch. Journ. 87, 1930, 159–335. BRGK 21, 1931, 157. *P. Jacobsthal* Bodenfunde griech. Vasen n. der Alpen, Germania 18, 1934, 14. *Ders.* Early Celtic Art, Oxf. 1942. *P. Jacobsthal–A. Langsdorff* Die Bronzeschnabelkannen, Bln. 1929. *v. Merhart* Donauländ. Beziehungen der früheisenzeitlichen Kulturen Mittelitaliens, BJ 147, 1942, 71 f. *J. Moreau* Die Welt der Kelten, 1958. *P. Reinecke* Zur Kenntnis der Latène-Denkmäler in der Zone nordwärts der Alpen, Mainz. Festschr. 1902, 53.

**Later** s. Ziegel

**Lateranus.** Cognomen (vom Wohnsitz), in republ. Z. bei den Sextiern (dem cos. von 366), in den Fasten der Kaiserzeit bei Claudius, Magius, Plautius, Sextius, vgl. A. Degrassi FImp. 256. H. G. G.

**Laterculum.** Verzeichnis (zuerst Tert. ad nat. 1,13). Bei den Insignien des → *primicerius notariorum* findet sich in der → notitia dignitatum (or. 18; occ. 16) ein codexartiges Gebilde (wohl ein Behältnis zur Einlage loser Blätter) mit der Beischrift *l. maius*. Nach not. dign. a. O. hatte der primicerius das vermutlich seit Constantin d. Gr. bestehende Verzeichnis aller zivilen und militär. Würden und Verwaltungsstellen (l. ist soweit gleichbedeutend mit → not. dign.) zu führen und wohl jeweils auf den neuesten Stand zu bringen. Neben dem *l. maius* gab es, vermutlich seit Theodosius I., im O. noch das *l. minus*, aus dem die Tribunen und Präfekten der Alen und Kohorten (z. B. not. dign. or. 28,23. 38,20), später noch weitere Offiziere ihre Anstellungsdekrete erhielten. Das *l. minus* wurde vom *quaestor sacri palatii* betreut. Zeitweilig versuchten die Heermeister, die Verleihung der Offizierspatente an sich zu ziehen (Cod. Theod. 1,8,1–3). Im 6. Jh. verfügte der *primicerius* zur Führung des l. über *laterculenses*, und auch in dem dem *quaestor sacri cubiculi* unterstellten *scrinium memoriae* gab es einen *laterculensis* (Cod. Iust. 12,33,5,4. 12,19,13 und Nov. Iust. 35,1 von 535). A. L.

*Seeck*, RE XII 904 ff. *Jones* Later Rom. Empire 574 ff.

**Laterculus Veronensis** heißt ein röm. Provinzverzeichnis aus dem Beginn der 1. Hälfte 4. Jh. n. Chr., ed. O. Seeck → Notitia dignitatum (1876) 247–253, s. Mommsen Ges. Schr. 5,561–588. J. B. Bury, JRS 13, 1923, 127–151. A. H. M. Jones, JRS 44, 1954, 21–29. R. H.

**Laterensis.** Cognomen (etwa: »Wächter«) bei → Iuventius I 2. und 3. H. G. G.

**Laterium** (Nissen It. Ldk. 2,674), Landgut Ciceros in der Gegend von Arpinum (Cic. Att. 4,7, 3. 10,1,1. ad Q. fr. 2,5,4. 3,1,4. 3,1). G. R.

**Laterne** (*λαμπτήρ*, *la(n)terna*). Runde und viereckige L. mit einem Rahmen aus Metall oder Ton, für Scheiben aus geschabtem Horn, Tierblase, dünner Tierhaut, geölter Leinwand (Glas erst seit der späten Kaiserzeit) kennen wir seit dem 5. Jh. v. Chr. in Griechenland und Italien. In der L. stand eine kleine Kerze oder Öllampe. Die L., an der meist oben eine Trageöse angebracht war, wurde zu Hause und auf der Straße benützt (daher heißt der begleitende Sklave *laternarius*). Die ant. L. öffnen sich in der Regel nicht seitlich, sondern werden durch den abnehmbaren Deckel beschickt. Zahlreiche Exemplare haben sich erhalten. → Beleuchtung, Lampen. W. H. G.

*S. Loeschcke*, BJ 118, 1910, 370 ff. *A. Hug*, RE XII 693 f. *E. Pfuhl*, JDAI 27, 1912, 57 ff.

**Latifundien** s. Landwirtschaft

**Lătini. Lătium.** A. Name: Seit 7. Jh. v. Chr. (Hes. theog. 1013) Lătīnos, Sohn des Odysseus und der Kirke (Skymn. 228), als König der Tyrsener (Aboriginer: Kallias FGrH 564 F 5ab) bekannt. Der 1. Karthagervertrag 508 (Pol. 3,22,13) nennt *Λᾰτῖνοι* (Skymn. 236; vgl. *Săbīni* in *Σᾰβῖνη*) in *Λᾰτῖνη* (Theophr. h. plant. 5,8,3. Skymn. 234. Skyl. 8: Tyrrhenien), deren Namen weder von dem des lokalen *ager* (Vorbild für Agrios b. Hes. a. O.?) *L.* (Plin. nat. 3,54. 63. Cass. Dio 39,20,3 = *Latiniensis* b. Cic. har. 20. 62) noch dem der → *feriae Lati-*

*nae* (röm. Leitung seit 451 v. Chr.: CIL I² p. 56) zu trennen sind. Aristot. frg. 609 R. (PERRET Les origines etc. 395,1. WEINSTOCK, RE XIX 435): Griechen *ἐν Ὀπικῇ* am tyrrhen. Meer bei *Λατίνιον* (<**lət-n̥niŏ-*; davon *Latinienses* b. Plin. nat. 3,69, *ager Latiniensis* b. Cic. a. O.; REHM, Philol. Suppl. 24,2, 1932, 21 f.), da gefangene Troerinnen Schiffe verbrannten. Name *Lătium* (erstmals Enn. ann. 466; griech. Cass. Dio frg. 2,1 M. Herodian. 1,16,1) nicht Grundform für *Lătīnus*, *Λᾰτῖνη* (auch nicht umgekehrt: Varro l.l. 5,32. Strab. 5,229. Dion. Hal. ant. 1,9. 2,2. Serv. auct. Aen. 8,322 u. a.), sondern stammt wie diese von Tiefstufe **lət-* eines Stammes, der vielleicht im ON *Collātia* vorliegt (vgl. *Sābus: Săbīni*). Herleitung von *lătēre* (Verg. Aen. 8,322 m. Serv. Ov. fast. 1,238 u. a.) sachlich unklar, von *lātus* <**stl̥-tŏ́s* (»Flachland« seit ABEKEN Mittelital. 42: NISSEN It. Ldk. 1,520. WALDE-HOF.³ 1,770. ALFÖLDI Early Rome etc. 9) sachlich (*collis Latiaris:* Varro l.l. 5,52; *Iuppiter L.* auf *mons Albanus;* Gebirge in L.) nicht einleuchtend, sprachlich unstatthaft (*lā* < *l̥̄* lautet nicht zu *lə*, *lă* ab!); vgl. umbr. *tlatie* (tab. Iguv. V b 9; BÜCHELER Umbr. 37. SCHULZE Eigenn. 375) und kelt. *Arelăte*, *Lătovici*.

B. Ausdehnung: *Ager L.* (= *Latiniensis:* Cass. Dio a. O. Cic. a. O.) zwischen Fidenae und Rom; gleichnamiges Gebiet wohl auch s. ö. Roms (*via Latina!*). Küste der *Λᾰτῖνη* 508 (Pol.) von Ardea (nicht Laurentum; überliefertes *Ἀρεντίνων* ist nach Vib. Sequ. p. 154,30 R. zu halten) bis Tarracina (vgl. Liv. 1,3,7: *Prisci Latini*), dann von Tibermündung bis Circei (Skyl. Skymn. Strab. 5, 231. Plin. 3,56), bis Fundi (Serv. Aen. 1,6) bzw. Formiae (Ptol. 3,1,5), bis zum Liris (Plin. 3,56), bis Sinuessa (Strab. 5,231.234. Plin. 3,59. Mela 2,4), wobei *L. antiquum* (Plin. 3,56.70. Strab. Verg. Aen. 7,38. Tac. ann. 4,5,3 *L. vetus*) von *L. adiectum* (Plin. 3,59) oder *novum* (Serv.) unterschieden wird. Die Grenzen innerhalb der august. 1. Reg. nach N. nicht sicher, da Nomentum Plin. 3,64 zur 1. Reg., 3,107 zur 4. Reg. zählt (ähnlich Tibur); Grenzverlauf im N.O. Bergkamm s.w. der Oberläufe von Anio und Liris, n.w. des Melpis; an *via Latina* Grenze bei h. S. Pietro in Fine w. Venafro; nach S.O. Rocca Monfina und Massicus; Grenzstadt Sinuessa 106 mp von Rom (Ad medias: 53 mp).

C. Landschaft: Von den apennin. Sabiner-, Aequer- und Hernikerbergen (bis ca. 2000 m) im N.O. mit vielen Quellen (röm. Wasserversorgung, Aquädukte) wird der Vorapennin (Albanerberge vulkan. Bildung, Mti. Lepini, ehem. vulkan. Rocca Monfina, Massicus; bis ca. 1500 m) durch Tolerus- (h. Sacco) und Liristal getrennt; davor durch Ausbrüche der Albanervulkane und Kalkablagerung der Flüsse Tiber, Numicius, Astura, Ufens, Amasenus, Liris erst spät (unter Tuffen von Lanuvium prähist. Funde!) gebildeter Küstenstreifen, besetzt mit Dünen, die Abfluß stauten (Vitr. 1,4,



12) und Sümpfe (*paludes Pomptinae:* HOFMANN, RE Suppl. VIII 1135 ff.) bildeten. Aus vulkan. Tuffen ragen der Kalkstock des Mte. Circei (Theophr. a. O. Strab. 5,232. Plin. 5,58) und der Fels von Anzio (Strab.) hervor; Salzgewinnung n. der Tibermündung (Liv. 1,33, Plin. 31,89). L. war einst *εὐδαίμων καὶ παμφόρος* (Strab. 5,231) mit Weinbau und wildreichen Wäldern aus Myrten, Steineichen, Lorbeer, ehe es durch Weidewirtschaft (Plin. ep. 2,17) verödete.

D. Bevölkerung: Einheitliche Einwanderung ca. 1000 v. Chr. (ALFÖLDI Early Rome etc. 4 ff.) unglaubhaft, sondern vielfältige Mischung schon nach ant. Überlieferung: In L. (Skyl.: Tyrrhenien; nach Dion. Hal. 1,9 für L., Umbrer, Ausoner u. a. unterschiedslos üblich) wohnten *Aborigines*, *Pelasgi*, *Arcades*, *Siculi*, *Aurunci*, *Rutuli*, . . . *Volsci*, *Osci*, *Ausones* (Plin. nat. 3,56; vgl. die Völkerlisten Strab. 5,228.230. Dion. Hal. 1,9.60), ferner Sicani (Serv. Aen. 7,795. Solin. 2,8), auf dem Septimontium Ligures (Fest. 424,31 ff. L. Serv. auct. Aen. 11, 317) und Sacrani (Verg. Aen. 7,796 m. Serv. Fest. a. O. Serv. auct. a. O.), bei Formiae »Laistrygonen« (Plin. 3,59). Sikuler in L. (Dion. Hal. 1,9. 2,1. Fest. a. O. Plin. 3,56. Serv. Aen. 3,500. Solin. 2,3), in Tibur (Dion. Hal. 1,16), Falerii (1,21), Gabii, Aricia (Solin. 2,10), Crustumerium (Serv. Aen. 7,631), Laurolavinium (Serv. Aen. 1,2), Rom (Varro l.l. 5,101. Serv. Aen. 1,2. 533; vgl. Antioch. FGrH 555 F 6). Aboriginer gründeten mehrere Orte in L. (Dion. Hal. 1,16), besiegten mit Pelasgern die Sikuler (1,27. Macr. Sat. 1,7,30; Gründung von Agylla, Pisa, Saturnia, Alsium), mit Troern vereint nannten sie sich nach Latinos' Tod L. Archäol. Befund bestätigt Nebeneinander verschiedener Gruppen (PITTIONI, RE Suppl. IX 105 ff.). Volsk. Einwanderung (Städte: Antium, Velitrae, Anxur, Privernum u. a.) zeitlich festlegbar (RADKE, RE IX A 773 ff.: E. 6. Jh.); illyr. Zustrom: PN Metabos, Daunus; ON Praeneste, Ardea, Laurentum, Carventum; Veneter in L.: Venetulani, Olliculani, Sanates, Frutis, Troia (RADKE b. ALTHEIM-STIEHL Araber 4,526 f.); Etrusker (Tarquinier, Tanaquil usw.) und Griechen: Besuch der Phokaier (Iust. 43,3,4. 5,3), Demaratos v. Korinth, griech. Götter u. a. Rutuler trotz Turnus (seit NIEBUHR nach SCHULZE Eigenn. 574,6 < **tursnŏs;* sehr fraglich) und App. reg. 1 keine Etrusker (DEVOTO Ant. Ital.² 92). Aequer und Herniker wohl sabell. Herkunft. Anf. 4. Jh. Kelten in L., bes. längs der Strecke Tibur–Praeneste.

E. Geschichte: s. Latinischer Städtebund.

F. Straßen: Alte Völkerstraße Eretum–Tibur–Praeneste–Saccotal von Kelten benutzt (Liv. 7, 11 f.); Furt der Salzstraße (*via Campana* nach den *campi* n. der Tibermündung) bei Rom (von dort *via Salaria* nach Reate). Ältere Straßen: *viae Amerina*, *Nomentana*, *Tiburtina*, *Collatina*, *Gabina*, *Ficulensis*, *Praenestina*, *Sublacensis*, *Labicana*, *Tusculana*, *Setina*, *Ardeatina*, *Laurentina*, *Ostien-*

*sis, Latina.* Kunststraßen seit 312 v.Chr.: *viae Appia, Flaminia, Aurelia, Claudia, Cassia* u.a. *(Portuensis, Cornelia, Severiana, Vitellia).*

G. Kulte: Gegenüber dem sabin. Minervakult (Varro l.l. 5,74. Radke, Romanitas 6/7, 1965, 297ff.) in L. Verehrung der Iuno in Rom (Capitolium, Aventinus, Esquilinus, Forum Boar.), Caere, Falerii, Tibur, Praeneste, Ardea, Laurentum, Aricia, Gabii, Norba, Tusculum (Wissowa Rel. ²187); Dianakult in Tusculum, Aricia (Cato frg. 58P.: Weihung eines *lucus Dianius* durch *dictator L.* unbekannter Z.), Rom auf dem Aventinus (Varro l.l. 5,43 *commune Latinorum Dianae templum*); Venus in Laurentum, Tarracina, Ardea, Rom (Koch, RE VIII A 844ff.); Iuppiter auf Capitolium und *mons Albanus;* Hercules am Forum Boar., in Tibur, Cora; Castor und Pollux b. Ardea (Degrassi Inscr. Lat. LRP Nr.1271a), in Rom, Antium, Tusculum; Penaten in Rom, Lavinium (Bömer Rom und Troia 50ff.). Urkönige in L.: Ianus (Partnerin Camese < **Cămīsa*, Camasene < **Cămăsīna*), Saturnus, Picus, Faunus, Latinus. Verbreitete Vorstellung der Jungferngeburt des Stadtgründers: Modius Fabidius, Caeculus, Romulus und Remus, Enkel des Tarchetios, Servius Tullius; vgl. Danae und Perseus in Ardea.

H. Sprache: Scheidung eines Dialekts in L. seit ca. 400 erkennbar (Schwächung kurzer Mittelsilben unter Anfangsbetonung, Rhotazismus durch sonore Aussprache des intervokal. *-s-*, Verdumpfung von *ŏ* > *u* vor Liquiden mit Konsonant und Nasalen), aber keine einheitliche Sprache in L. (Sommer HB 1f.); schon ant. Autoren fielen sabin. (*fasena* statt *harena*, sog. sabin. *l* statt *d* u.a.), osk. und volsk. (Fest. 204,29L. Tab. Veliterna b. Vetter HB Nr. 222: schon 3.Jh.!), praenestin., lanuvin. (Fest. 342,36. Paul. Fest. 157,13f. L.), falisk. (Terent. Scaur. 7,13,9 K.) Formen auf (inschr. bestätigt: CIL I² 166. 564 aus Praeneste). Man beachte Daunus in Ardea neben Faunus in Rom (beide < **dhaunŏ-*) und Fehlen des allg. ital. Ablauts *eu* > *ou* noch im 3.Jh. in *neuna* (Degrassi Inscr. lat. LRP Nr. 11f.). »Sabin.« sind *lupus, bos, popina, rufus, rosa* u.a.; »rustikal« *Mircurios, commircium, vitulus, pinna* u.a. Trennung zwischen »lat.« in Rom und »latin.« in L. (Leumann-Hofmann Lat. Gr. 1⁵,42) kaum statthaft; warum die stadtröm. Sprache »latein.« heißt (seit Naeviusepitaph frg. 64M.: *loquier lingua Latina*), noch unklar. Durch polit. Macht Roms wurde sie jedoch zu der Muttersprache der romanischen Sprachen. G. R.

*Nissen* It. Ldk. 2,551ff. *Ashby* PBSR 1,1ff. *Tomassetti* La Campagna Rom., 1910. *Forbiger* HB d. alt. Geogr. 3, 461ff. *Vogt* Aufstieg Roms 1,45ff. *Altheim* RG 2, 1953, 117ff. *Ders.* Gesch. d. lat. Spr. 395ff. *Alföldi* Early Rome and the Latins 3ff. *Rosenberg* Staat der alten Italiker. *Rudolph* Stadt und Staat im röm. Italien. *Bengtson* RG 1, 33ff. *Devoto* Stor. della lingua di Roma². Ant. Ital.² *B. Tilly* Vergils Latium.

**Latini Iuniani.** Als L. I. bezeichnete man in der Schulsprache des röm. Rechts Freigelassene (→ *libertini*) minderen Rechts. Durch eine schwer datierbare lex Iunia (E. Republik/Anf. Kaiserzeit) wurde der formell mangelhaft und daher nichtig freigelassene Sklave zum Latinus Iunianus (vgl. Gai. inst. 1,17. 22. 29. 2,195. 3,56; tituli ex corp. Ulpiani 20,14. Tac. ann. 13,27), war als solcher zu seinen Lebzeiten im Rechtsverkehr dem Bürger der latin. Kolonie gleichgestellt, wurde in seinem Tod jedoch als Sklave behandelt. Der L. I. besitzt das *commercium*, mit Einschränkungen auch die *testamenti factio passiva* (tit. Ulp. 11,16. 20,8), nicht jedoch nach der Lex Iunia die Erwerbsfähigkeit (*capacitas*, Gai. inst. 1,23); eine Erbschaft konnte er nur dann erwerben, wenn er vor Ablauf der Frist zur *cretio* das röm. Bürgerrecht erwarb (tit. Ulp. 17,1; 22,3); zum Tutor konnte er nicht ernannt werden, ebenso war er unfähig, ein Testament zu errichten. Daß die Stellung des L. I. der eines Sklaven ähnlicher war als der eines Freigelassenen und das Institut statt als Gattung des latin. Rechts besser als qualifizierter Sklavenstand (Mommsen) bezeichnet würde, zeigt vor allem der Umstand, daß sein Herr in der Regel auch nach der Freilassung das quirit. Eigentum über ihn behält, er etwa selbst Gegenstand eines Vindikationslegates sein kann (Gai. inst. 2,195). Dem *dominus* steht auch die Tutel über den noch unmündigen L. I. zu. Nach einem Bericht in Gai. inst. 1,80 war das Recht des *conubium* umstritten, wurde jedoch durch ein SC unter Hadrian bestätigt.

Da der L. I. als Sklave stirbt, er unfähig ist, ein Testament zu errichten, fällt sein Vermögen als Ausfluß des Patronatsrechtes auf Grund einer Fiktion der lex Iunia an seinen Patron (Gai. inst. 3,56; 1,167); war der Patron schon gestorben, so fiel der Nachlaß an die gesetzlichen oder testamentarischen Erben des Patrons. Eine Änderung dieses Erbganges zugunsten der Kinder des Patrons brachte ein SC Largianum aus dem J. 42 n.Chr. (vgl. Gai. inst. 3,63ff.). Durch die Constitutio Antoniniana blieb der Stand der L. I. unberührt. F.R.

*Mommsen* RStR 3, 1886, 1952, 627, 607ff. *R. Danieli* Contributi alla storia delle manomissioni rom. 1, 1953. *M. Antonio De Dominicis*, Novissimo digesto italiano 9, 463ff.

**Latinischer Städtebund** (bis 338 v.Chr.). Eine in Form und Zusammensetzung wechselnde Vereinigung von Gemeinden in Latium. Drei erkennbare Phasen dürften der tatsächlichen hist. Entwicklung entsprechen: a) Frühzeit bis zum E. des 6. Jh. v.Chr. Aus kult. Zusammenschlüssen bes. um das Heiligtum des Iuppiter Latiaris (Albanerberg) und das der → Diana von Aricia bildeten sich mehr oder weniger lockere polit. Bünde (oder ein Bund?), die mindestens z.T. im 6.Jh. unter Roms Suprematie traten (vgl. z.B. die Verlegung des Dianaheiligtums auf den Aventin); im 1. röm.-karthag. Vertrag von 509 (Pol. 3,22,11) erscheinen jedoch nur Ardea, Antium, Circei und Tarracina als Verbündete Roms. – b) Von um 500 bis zur Katastrophe an der Allia (387/86). In einer bei Cato orig. frg. 58 erhaltenen Urkunde (um 500?) werden als Mitglieder des damals von einem *dictator Latinus* geleiteten Bundes genannt: Tusculum, Aricia, Lanuvium, Lavinium, Cora, Tibur, Pometia, Ardea (es fehlen Praeneste, Fidenae u. a.). Daß sich damals die Latiner von Rom selbständig gemacht hatten, ist uns auch faßbar in den Nachrichten über die sagenumwobene Schlacht am See Regillus, angeblich (499 oder) 496. Nach ihrer Niederlage schlossen sich die latin. Gemeinden wieder an Rom an – und 386 folgten ihnen die Herniker –, so daß dieser »Dreibund« unter milit. Führung Roms der Bedrohung des Raums durch die Volsker (u.a.) im 5. Jh. erfolgreich entgegentreten konnte. Das zu gleichen Rechten geschlossene Bündnis Roms mit den Latinern wird von der Annalistik *foedus Cassianum* genannt (Liv. 2, 33,9) und ins J. 493 datiert, vgl. auch Cic. Balb. 53 und o. Bd. I 1073 Nr. 26; möglich ist jedoch die Datierung dieses grundlegenden Vertrags auch in die Zeit zwischen 386 und 371 (z. B. Heuss RG 42) bzw. etwa ins J. 358. – c) Von 386 bis 338. Beim Galliereinfall lösten sich die Latiner von Rom (Liv. 6,2,3) und aktivierten ihren Bund wahrscheinlich wieder. Rom mußte mehrmals gegen Latiner (z. B. Praeneste, Tibur) kämpfen, hatte jedoch 358 bzw. 354 die Lage wieder so weit geklärt und den L. S. polit. zurückgedrängt, daß die Latinergemeinden im röm.-karthag. Vertrag von 348 als Rom untertan bezeichnet wurden, Pol. 3, 24,5. Vor 340 trat der L. S. – jetzt *commune Latinum* bzw. *nomen Latinum (Latium)* – wieder mit folgenden Mitgliedern in Erscheinung: Praeneste, Pedum, Nomentum, Tibur, Tusculum, Aricia, Lanuvium, Setia, Norba, Signia, Circei, Velitrae. Die Leitung hatten jetzt 2 Praetoren, oberstes Organ war der im Hain der Ferentinischen Quelle am Albanerberg (o. Bd. II 535) zusammentretende Landtag *(concilium populorum Latinorum)*, für die Mitglieder galten *commercium* und *conubium*. Nach dem Latinerkrieg (340–338) wurde der L. S. aufgelöst, Rom schloß mit den ehem. Mitgliedern Einzelverträge nach abgestuftem Recht. Lediglich die Sacralgemeinschaft auf dem Albanerberg (→ feriae Latinae) bestand weiter. Daß die Latiner in der Folgezeit schnell für Rom gewonnen wurden, war eine wesentliche Grundlage für den weiteren Verlauf der Röm. Gesch. H. G. G.

*K. J. Beloch* Der ital. Bund, Nachdr. 1964, 177; RG 144 ff. 179 ff. *R. Werner* D. Beginn d. röm. Republik, 1963, 369 ff. *A. Alföldi* Early Rome and the Latins, 1965. *H. Bengtson* RG 1967, 49. 61 f.

**Latinius.** Personenname (von *Latinus*, Walde-Hof.[3] 1,770, auch etr. als *latini* belegt, Schulze Eigenn. 176.522).

I. Republik. Zeit: **1.** T. L., Gestalt der röm. urspr. zeitlosen Kultlegende. Er soll im J. 491 v. Chr. von Iuppiter im Traum den Befehl erhalten haben, im Senat die Erneuerung der Ludi magni zu veranlassen. Liv. 2,36,2–8, ohne Namen Cic. div. 2,55 (sonst werden auch andere Namen genannt). RE Suppl. V 612,51 ff. **2.** T. (L.?) Pandusa, Statthalter (Praetor) von Macedonia 129 v. Chr., kämpfte gegen die Iapuden in Illyrien, App. Ill. 10. Broughton Mag. 1,504. H. G. G.

II. Kaiserzeit: **1.** L. Latiaris. Um den Konsulat zu erreichen, veranlaßte er mit 3 Kollegen als Praetor 27 n. Chr. den Ritter Titius Sabinus zu abfälligen Bemerkungen gegen Seian und Tiberius, Tac. ann. 4,68,1 ff. Cass. Dio 58,1,1, und zeigte ihn dann bei Tiberius an, Tac. ann. 4,69,1. Dio 58, 1,2. Am 1. Jan. 28 erfolgte nach Klageerhebung durch Tiberius (Tac. ann. 4,70) die Verurteilung des Sabinus, Cass. Dio 58,1,3. Plin. nat. 8,61. Im J. 32 wurde L. selbst verurteilt, Tac. ann. 4,71. 6,4. **2.** L. Martinianus, als Legionstribun 282 im Kriegsrat des Probus, Cass. Dio III 747,179 Boiss., 283 procur. Aug. der Provinz Alpes Graiae, AE 1948, 163. **3.** L. Pandusa, leg. pr. pr. prov. Moesiae 17/18 n. Chr., dem Poppaeus Sabinus (15–35 n. Chr.) untergeordnet, Tac. ann. 2,66. s. Stein Legat. Moes. 19. **4.** L. Primosus, vornehmer Senator unter Maxentius, CIL VI 37118. R. H.

**Latinius** s. Pacatus Drepanius

**Latinus. 1.** *Λατῖνος* Hes. theog. 1011 ff. Sohn des Odysseus und der Kirke (daraus Serv. Aen. 7, 47. Skymn. 227 f. Vgl. Solin. 2,9); herrscht mit seinem Bruder *Ἄγριος* in einem Winkel der Insel der Seligen über die Tyrsener. Später verschiedene Berichte, deren Elemente vielfach gemischt sind: s. Dion. Hal. 1,72; 1,43. Mommsen GSchr. 4,3 ff. rekonstruiert nach Dion. Hal. 1,72,5, Plut. Rom. 2 und Fest. 269 M. die Genealogie, die → Kallias (10) gab: L., König der Aboriginer, ist Sohn des Telemachos und der Kirke; aus seiner Verbindung mit Rome, einer Tochter der Troerin Rome (Urheberin der Schiffsverbrennung), gehen Romos, Romylos und Telegonos (Gründer von Tusculum) hervor. Dagegen ist nach Dion. Hal. 1, 43,1 L. Sohn des Odysseus und einer Hyperboreerin. – Die stark von Timaios abhängige nationale röm. Version sieht in L. den letzten König des Urvolkes von Latium. Bei Cato (Frg. 5 ff. Peter) ist er König der Aboriginer, der den Troern Land gibt und seine Tochter → Lavinia mit Aeneas verlobt. Als die Troer plündern, verbindet sich L. mit Turnus, fällt aber bei Laurolavinium (s. Schur, RE XII 931). Liv. 1,1,4 ff. weiß auch von Plünderungen, läßt aber den Aboriginer-König L. und Aeneas friedlich übereinkommen. Turnus, dem die Tochter des L. versprochen war, greift zu den Waffen, wird geschlagen; aber L. fällt. Vor dem Kampf mit dem Etr. Mezentius nennt Aeneas die verbündeten Völker »Latiner« (Serv. Aen. 1,6 aus Cato). Auch bei Vergil sind die Latiner autochthon; ihr König L. ist Sohn des Faunus und der Nymphe Marica, Enkel des Picus, Urenkel des

Saturnus, tritt aber in den Hintergrund. Vgl. Aineias, Amata, Askanios, Romulus. W. E.

**2.** L., als legatus in den J. 45 und 43 in Africa faßbar, Cic. fam. 12, 30,7. BROUGHTON Mag. 2, 312. 354. Vielleicht mit MOMMSEN RStR 1,387,1 Senator niederer Rangstufe. H. G. G.

**3.** L., berühmter Schauspieler und berüchtigter Denunziant der Kaiserz. (Iuv. 1,35 f.), Günstling Domitians (Suet. Dom. 15,3. Sch. Iuv. 4,53), wie bes. das schmeichelhafte Epigramm Martial. 9,28 auf sein für den Kaiser bestimmtes Porträt zeigt. L. tat sich in der Hauptrolle schlüpfriger (Iuv. 6, 64 ff.) Mimen hervor, wo er dem Panniculus (= Stupidus) Hörner aufsetzte (ebd. 6,44. Martial. 3, 86,3) und ihn mit Ohrfeigen traktierte (ebd. 2,72, 3 f. 5,61,11 f.); seine Kollegin (und Freundin, vgl. Iuv. 1,35 f.) Thymele spielte die untreue Gattin (ebd. 8,197. Martial. 1,4,5). L. gehörte der Künstlergilde der *parasiti Apollinis* an, vgl. ebd. 9,28,9, und V. ROTOLO Il Pantomimo, 1957, 122 f. P. L. Sch.

*Friedländer-Wiss.* 1, $^{10}$1922, 63 f. *M. Bonaria* Mim. Rom., 1965, 223.

**4.** Griech. Gramm., wohl der frühen Kaiserzeit; er schrieb, wie wir aus dem bruchstückhaft überlieferten 1. B. der φιλόλογος ἀκρόασις des Porphyrios bei Eus. praep. ev. X 3,12,563 d M. erfahren, 6 B. περὶ τῶν οὐκ ἰδίων Μενάνδρου. Der Titel dieser Schrift, für die L. das hauptsächliche Material wohl schon in → Aristophanes' (4) παράλληλοι Μενάνδρου ... vorfand, weist ihn als einen der vielen ant. Plagiatsammler aus. O. Dr.

1. *K. Ziegler*, RE XX 1979 (Plagiat). 2. *E. Stemplinger* Das Plagiat in der griech. Lit., 1912, 35 f. 51 f.

**Latinus Silvius.** König von Alba Longa, Sohn des Aeneas Silvius, somit der 4. König (Liv. 1,3,7. Diod. 7,5,9 bei Eus. Chr. Dion. Hal. 1,71,1) oder Sohn des Postumus Silvius (nachgeb. Sohn des Aeneas), somit 3. König (Ov. met. 14,610; fast. 4,43). Vater des Alba(s) → Kapys. W. E.

**Latium** s. Latini

**Latmos. 1.** Gebirge n.ö. von Milet, h. Besch Parmaq dau = Fünffingergebirge, auch il Monte di Palatschia genannt, durch seine geogr. Lage schon früh bekannt, größte Höhe: 1375 m, zuerst von Hekat. (FGrH F 239), später von Strab. 14, 635. Paus. 5,1,5. Ptol. 5,2,7 M., Nonn. Dion. 48, 582. Cic. Tusc. 1,38 u. a. erwähnt. Dem L. lag der Λατμικὸς κόλπος (Bucht von Milet) an, der aber h. nicht mehr in seinem ganzen Umfang einen Einschnitt des Äg. Meeres darstellt, sondern durch den sinkstoffeführenden → Maiandros z. T. zu einem Landsee geworden ist, h. Ufa Baffi oder auch See von Herakleia (Boffu Denis). **2.** Stadt Ioniens an diesem Gebirge mit einem Ankerplatz (ὕφορμος) am Λ. κόλπ. Sie hieß später → Herakleia (5) (Strab. 14,635. Plin. nat. 5,113 u. a.) und ist ident. mit dem h. Kapikeren mit vielen Resten. H. T.



*Bürchner*, RE XII 964–966. *Forbiger* HB alt. Geogr. 2, 207 f. *W. M. Ramsay* The hist. geogr. of Asia Min. 413. *H. Kiepert* Atl. ant. T. V.

**Lato. 1.** (Λατώ, Ethnikon Λάτιοι). Stadt im O. Kretas mit ausgedehnten, z. T. noch hoch erhaltenen Ruinen in imposanter aussichtsreicher Berglage etwa 400 m hoch, h. Gulás; dazu die Hafenstadt Λ. πρὸς Καμάραι oder später einfach → Kamara beim h. Hg. Nikolaos, die in klass. Z. die Bergstadt im Inneren überflügelte und Bischofssitz wurde. Siedlung bereits minoischer Z., in spätminoischer und folgender Zeit verlassen. Myken. Neubesiedlung unsicher, die vorhandene Stadt beginnt als dor. Gründung wohl in spätgeometr. Z. Sie ist wichtig als gut erhaltenes Beispiel einer einfachen archaischen Stadt des aristokrat. Kreta mit ihren Wohnhäusern, öffentlichen Gebäuden und Heiligtümern, in denen minoische Traditionen weiterleben. Im einzelnen ist die Gesch. von L. erst seit hellenist. Z. bekannt vor allem aus den Inschr., die zahlreiche Verträge enthalten. Die staatlichen Einrichtungen sind dor., der Hauptkult gilt der Eileithyia. Plin. nat. 4,59 *(Lasos)*. Inschr.: [6],108 ff. Nr. 1–54. SEG III 463. XV 565. XVI 524. Κρητικὰ Χρονικά 7, 1953, 436 ff. Mz.: HEAD HN$^2$ 470 f. [6],108. E. M.

1. *L. Mariani*, Mon. ant. 6, 1895, 251 ff. 2. *A. J. Evans*, ABSA 2, 1895/96, 169 ff. 3. *A. Taramelli*, Mon. ant. 9, 1899, 417 ff. 4. *J. Demargne*, BCH 25, 1901, 282 ff. (mit Plan 1:2000). 27, 1903, 206 ff. 5. *Ders.* Terres cuites archaiques de Lato, BCH 53, 1929, 382 ff. 6. *M. Guarducci* Inscr. Cret. 1,107 ff. (mit vollst. Quellen und Lit.). 7. *J. D. S. Pendlebury* Archaeology of Crete 329 ff. 8. *E. Kirsten*, A 14, 1938, 317 ff. 9. *Ders.*, RE Suppl. VII 342 ff. 10. *J. Baldassarre*, Encicl. Arte Ant. 4,499 ff. 11. *M. Guarducci*, Dizion. epigr. 4,448 f.

**2.** s. Leto

**Latobici** (Latovici, Λατόβικοι), Volksstamm mit kelt. Namen (Ptol. 2,14,2) zwischen Save und Gurk in Pann. sup. *Cives Varciani* in einer Inschr. von Samaria. Städtische Siedlungen der L. zur Römerzeit waren Praetorium Latobicorum (h. Trebnje) und Municipium L.-orum (h. Drnovo, Krško, Vel. Malence). Letzteres gegründet um Christi Geburt (CIL III 3925. 10804). Mit dem Namen Neviodunum wurde ihm das (lateinische) Stadtrecht z. Z. der Flavier verliehen. *Tribus Quirina* CIL III 3925. In Inschr. werden mehrere Magistrate aus diesem Vorort der L. genannt (CIL III 10804). J. Sz.

*M. Fluss*, RE XII 1966 f. *A. Mócsy* Die Bevölkerung von Pann. bis zu den Markomannenkriegen 21 ff.

**Latobrigi.** Kleiner Nachbarstamm der Helvetier, an ihrem Auszug 58 v. Chr. beteiligt und von Caesar in die alte Heimat zurückgeschickt, mit einer Gesamtzahl von 14000 Menschen, später nie mehr erwähnt. Ihre Wohnsitze sind daher unbekannt, am ehesten wohl in einem der n. Schweizer Voralpentäler. Den gleichen Namen trägt ein kelt. Stamm in Pannonien. Caes. Gall. 1,5,4. 28,3.

29,2 (var. *Latobici, Latovici* u.ä., bei Oros. 6,7,5 *Latobogii, Latobrogii* u.ä.). E. M.

1. *Keune*, RE XII 968f. 2. *F. Stähelin* Schweiz in röm. Zeit[3], 72f. 3. *E. Meyer*, MH 19, 1962, 142f.

**Latomiai** (*λατομίαι, λιθοτομίαι, lautumiae*), die offenbar schon seit der Frühzeit von Syrakus benutzten, später als Gefängnis dienenden Steinbrüche im s. Hang der Kalkterrasse Epipolai n. der eigentlichen Stadt. Xenophanes Diels Vorsokr.[8] I p. 123, A 33 erwähnte die darin gefundenen Fischfossilien.

Die drei größten (aus denen insgesamt 2,4 Millionen $m^3$ Steine gebrochen wurden), mit Wänden von 25–35 m Höhe, einer Länge bis zu 250 m und einer Breite von 40–170 m (bei Ail. var. 12,44: Länge 1 Stadion, Breite 2 Plethra), sind, von W. nach O.: die Latomia del Paradiso mit den Seitenhöhlungen des sog. Orecchio di Dionisio und der Grotta dei Cordari, nahe dabei die Latomia di Santa Venera, in deren Wände Kultnischen gearbeitet sind, und, nahe der Küste, die Latomia dei Capuccini.

In den L. verschlossen die Syrakusier im Herbst 413 über 7000 zu Staatsgefangenen erklärte Athener und Verbündete (Thuk. 7,86,2. 87. Plut. Nik. 28,2. 29,1. Diod. 13,19,4. 33,1). Unter Dionysios I. wurde → Philoxenos von Kythera hier gefangengesetzt (Diod. 15,6,3. Lukian. adv. ind. 15. Ail. a. O. Suda s. *Ἄπαγέ με* und s. *Εἰς λατομίας*; vgl. Athen. 1,6f); Erwähnung als Gefängnis unter Dionysios II. Plat. epist. 2,314e. Zu Ciceros Z. galten die L. einerseits als Sehenswürdigkeit, anderseits als sicherstes, von den anderen sizil. Städten mitbenutztes Staatsgefängnis (Cic. Verr. 5,68. 143. 148). H.-P. D.

*B. Lupus* Die Stadt Syrakus im Alt., 1887, 32ff. 95f. 297ff.; vgl. *Fiehn*, RE III A 2252f.

**Lātōna.** Lat. Name der → *Λητώ* (dor. *Λατώ*). *-na* Erweiterung nach *matrōna, Bellōna* o.ä. (Leumann-Hofmann[5] 19. 223. Walde-Hof.[3]). Die fasti Pal. Urbin. zum 23. Sept. (DegrI 13,2, S. 63 und 512): *Apollini Laton(ae) ad theatr(um) Marcelli* . . . (vgl. fasti Arv. . . . *Apollini ad theatrum Marcelli*). L. ist demnach in diesem Tempel des Apollo Medicus v. J. 433/31 verehrt worden (der vor dem Bau des palatin. der einzige Apollon-Tempel in Rom war: Ascon. zu Cic. in toga cand. 80f., und der von C. Sosius, cos. 32, restauriert wurde), ob von Anfang an (oder nach der Restauration?) ist nicht belegt, wäre aber natürlich. Außerhalb der Trias Apollon, Diana, L. kein Kult. → *lectisternium*. W. E.

*Deecke*, Myth. Lex. 2,1981f. *Wissowa* Rel.[2] 295. *Latte* RRel 242f. *G. Radke* Die Götter Altitaliens, Münster 1965, 173. *Nash* 1,28f.

**Latopolis** (*Λατόπολις*). Altäg. *Iwnjj.t*, j. Esneh, Stadt in Oberäg. s. Luxor auf dem W.-Ufer des Nil, einst Ausgangspunkt von Oasenstraßen (der Stadtname bedeutet »Wegzeichen«), trat in dynast. Z. hinter der auf dem Gegenufer liegenden Hauptstadt des 3. oberäg. Gaues Elkab zurück. Erst seit der 18. Dynastie bildete L. ein eigenes Verwaltungsgebiet innerhalb der Gauverwaltung (Urk. IV 115). In ptol. Z. wird L. Gauhauptstadt, weshalb der Gau von nun an L.ites heißt. Stadtgott war der widderköpfige Chnum, seine Gattin hieß *Nb.t-w*. Später verehrte man die sait. Neith als Urmutter, der der Nilbarsch (Perca nilotica) heilig war (griech. *λάτος*, daher der Stadtname). Der Haupttempel, h. mitten in der modernen Stadt gelegen, ist mit dem hypostylen Saal sehr gut erhalten; an ihm haben die Herrscher von Ptolemaios V. bis Kaiser Decius gebaut. Wände und Säulen enthalten eine Unmasse religiöser und kult. Texte, aus denen sich Kultkalender und die in Esneh gefeierten Feste zusammen mit den dabei rezitierten Hymnen rekonstruieren lassen. – Hist. ist L. nie hervorgetreten. Um 320 n. Chr. ist in L. Pachomius, der Gründer des ersten Klosters, geboren worden. W. H.

*Sauneron* Esna I–V.

**Latrinen** s. Bedürfnisanstalten

**Latro** s. Porcius

**Latrocinium.** Der Raub, also die Wegnahme von Sachen unter Gewaltanwendung. Er ist im altröm. Recht nicht als besonderes Delikt erfaßt; die offene Wegnahme dürfte auch nicht als → *furtum* angesehen worden sein, für das wohl heimliche Begehung Voraussetzung war. Am ehesten kam noch eine Strafklage wegen → *iniuria* in Betracht. Aber vor allem in der späten Republik scheint das Räuberunwesen stark angewachsen zu sein. Daher werden jetzt die Sanktionen schärfer: Privatrechtlich verheißt ein Edikt des Praetors Lucullus (um 77 v. Chr.) bei Schädigung durch *homines armati coactive* eine Strafklage auf das Vierfache. Daraus hat sich dann die *actio vi bonorum raptorum* (ebenfalls auf das Vierfache) entwickelt. Strafrechtlich ist vor allem die *lex Cornelia de siccariis et veneficiis* des Sulla von Bedeutung (dazu Paul. Sent. 5,23. Coll. Mos. et Rom. legum 1,2–4). Sie versteht als *siccarius* jeden, *qui cum telo ambulaverit hominis necandi furtive faciendi causa* (Ulp. Coll. 1,3,1), und droht ihm ein Kapitalverfahren an. Diese Strafdrohung wird wohl Vorgänger gehabt haben, doch wird mit dem Gesetz Sullas schon die bloße Vorbereitungshandlung zum l. unter Strafe gestellt. D. M.

1. *H. Niederländer*, ZRG 67, 1950, 228ff. (zum Privatrecht). 2. *W. Kunkel* Unt. zur Entwicklung des röm. Kriminalverfahrens in vorsullan. Zeit, 1962, 38f. 54f. 64ff.

**Latrunculorum ludus.** Das »Söldnerspiel«, gespielt auf einem in 2 Felder geteilten Brett (*tabula*, → *abacus*). Die Spielsteine (*calculi*, Ov. ars am. 2,207. 3,358. Laus Pisonis 193. Martial. 14,20. Sidon. epist. 8,12,5; *calces* Plaut. Poen.) waren aus Stein, Glas (Ov. ars. am. 2,208), Elfenbein (Iuv. 11, 131), möglicherweise sogar aus Juwelen (Martial. 12,40,3). Zwei Serien Spielsteine waren von 1 bis 30 und von 1 A bis 30 A numeriert (Dar.-Sagl.

5,128, Fig. 6817) und trugen auf der Rückseite ein Wort: *fur, vapio, geudesne, lupa, amator, benigne, moraris*). Die runde Metallscheibe mit der Nummer XIII (Dar.-Sagl. 5,129, Fig. 6820) und die halbkugelförmigen weißen, roten und schwarzen Spielsteine (Dar.-Sagl. 3,994, Fig. 4369) dienten zum Zählen. Die Spielmethode läßt sich aus Laus Pisonis 180–202 nicht klar ableiten. Zwei Spieler versuchten durch Verschiebung ihrer *calculi* die Spielsteine des Gegners wegzufangen oder unbeweglich zu machen. Isid. orig. 18,67 stellt *de calculorum motu* fest: *calculi partim ordine moventur, partim vage: ... at vero qui moveri omnino non possunt, incitos dicunt.* O. W. R.

**Lattabos** (*Λάτταβος*). Aitol. Feldherr, überfiel 220 v. Chr. die Boioter auf ihrem Bundesfest Pamboiotia. Pol. 4,3,5.25,3. 9,34,11. IG IX[2] 1 p. XIX. Die inschr. bekannte Familie (Großvater, L., Vater Strombichos, L. und dessen Sohn Sosipatros) stammte aus Naupaktos. Sylloge[3] 539, Anm. 1. H. V.

**Lattich** s. Lactuca

**Lauch. Zwiebel.** Eine Gattung der Familie der Liliaceen, von der im Alt. vor allem 3 Arten als Küchengewächse in vielen Spielarten angebaut wurden: Knoblauch *(σκόροδον, allium)*, Porrum *(πράσον, porrum)* und Zwiebel (*κρόμμυον, cepa, cepulla)*. Über ihre Verschiedenheiten, Unterarten, besonderen Eigenschaften, Vermehrung, Anbau usw. finden sich viele Angaben und Anweisungen bei Theophr. h. plant., bes. B. 7, Cato agr., Columella B. 11 und 12, Plinius B. 19, Palladius und den Geoponika. Einzelangaben aller Art bei vielen anderen Autoren. – Im alten Orient (so auch bei den Juden) waren L.-Gewächse, bes. der Knoblauch, eines der beliebtesten Würz- und Nahrungsmittel. Für die Griechen ist Homer der älteste, Aristophanes (neben vielen anderen) der ausgiebigste Zeuge. Ein Geschmackswandel vollzog sich wohl in hellenist. Z., und in der röm. Literatur gilt seit Varro (bekanntestes Zeugnis Hor. epod. 3) die Zwiebel, bes. der Knoblauch, zumal auch wegen des intensiven Geruches, als die grobe, in den höheren Kreisen perhorreszierte Nahrung der unteren Volksschichten. Über die mannigfache medizin. Verwendung der verschiedenen L.-Gewächse steht allerlei bei den meisten medizin. Autoren, bes. bei → Dioskurides (5) *περὶ ὕλης ἰατρικῆς* (de materia medica). K. Z.

*Stadler*, RE XII 986–991. *Hehn-Schrader* Kulturpflanzen[8] 193–208.

**Laudatio.** Bedeutet im röm. Strafprozeß das Leumundszeugnis für den Angeklagten, das dieser durch Zeugen oder schriftlich erbringen konnte. Im röm. Zivilrecht ist l. die Benennung des Veräußerers im Eigentumsprozeß *(l. auctoris)*, damit der Veräußerer den Beklagten gegen die Eigentumsbehauptung eines Dritten (des Klägers) verteidigen kann. D. M.

**Laudatio funebris.** Neben *nenia* und *elogium* die eigentliche Totenehrung in Rom, die urspr. im Familienkreis stattfand und dort unabhängig von der sozialen Stellung des Verstorbenen wohl immer beibehalten wurde. Unsere Quellen spiegeln jedoch die Praxis der führenden gentes der Republik seit ihrer Gründung (vgl. [1],478): Der Leichenzug hielt auf dem Forum, wo die l. f. – üblicherweise vom nächsten männlichen Verwandten – auf den *rostra* vorgetragen wurde. Mit der Würdigung der Verdienste des Toten wird auch die gens gepriesen und der Öffentlichkeit als Vorbild hingestellt, was griech. Beobachter (vgl. Pol. 6,52,11 ff.) als typisch röm. empfanden. Mit dem Prinzipat mußte die l. f. ihren polit. Sinn verlieren; berichtet wird fast nur noch von l. f. für die Kaiserfamilie (vgl. aber Tac. ann. 3,76). Sonst wurde ein Festredner vom Senat bestimmt (vgl. Quint. inst. 3,7,2) oder der Kaiser sprach selbst.

Sofern aufgezeichnet, lagen die l. f. in den Familienarchiven und konnten von dort in die Öffentlichkeit gelangen (vgl. [1],481, Nr. 2 und 3; Cic. Brut. 61 f.). Die erhaltenen Reste zeigen, daß die Sitte auf einer schmucklosen Form bestand (vgl. [1],480 ff., Nr. 1 und 5; [3],XXXV ff.). Spürbar ist der Einfluß der l. f. vor allem in der Historiographie (Biographie), wenn auch der Geschlechterstolz hier zu manchen Geschichtsfälschungen führte (vgl. Liv. 8,40). P. L. Sch.

1. *F. Vollmer* L. f. Rom. historia, Jb PhPädSuppl. 18, 1892, 445 ff. 2. *Schanz-Hos.* 1,38 f. 3. *M. Durry* Éloge funèbre d'une matrone Rom., 1950 (Bibliogr. S. 67 ff.).

**Laudatio Murdiae. Turiae.** Zwei umfangreiche Inschr., die Grabreden wiedergeben. Die Texte von l. M. (in Klammern l. T.) finden sich: CIL VI 10230 (1527, vgl. 31670). DessILS 8394 (8393). Bruns-Grad. 127 (126). Riccobono u. a. Fontes iuris rom. anteiust. 3, 1943, Nr. 70 (69), dort auch die Lit. – Beide Inschr. enthalten erbrechtliche Anordnungen, die l. T. enthält auch Familienrecht. Die Einzelheiten sind verwickelt und umstritten. Bei der Verwertung dieser Inschr. als Erkenntnismittel für das frühklass. röm. Recht ist zudem zu beachten, daß wir nicht wissen, inwieweit sie dem jur. Kunstrecht entsprechen. Vgl. Mario Bretone La nozione rom. di usufrutto 1, 1962, 195 ff. D. M.

**Laugona.** Nur spät bezeugter Name der Lahn (Ven. Fort. carm. 7,7,58), eines r. Nebenflusses des Mittelrheins. H. C.

*Holder* 2,158. RE XII 999. Rhein. Vierteljahresbl. 23, 1958, 15.

**Laurea, M. Tullius.** Freigelassener Ciceros, von dem in der Anth. Pal. 3 Epigramme (7,17.294. 12,24) erhalten sind. Ein lat. Epigramm auf eine nach Ciceros Tod auf dessen Cumanum entsprungene Heilquelle zitiert Plin. nat. 31,7 f. (Morel FPL 80). Vielleicht ident. mit einem in Ciceros Korrespondenz mehrfach genannten *scriba* → M. Tullius. P. L. Sch.

RE VII A 1314. *L. Alfonsi*, RFIC 1966, 303 ff.

**Laureatae litterae** (tabellae). Die Siegesbotschaften an den Senat oder Kaiser pflegten mit Lorbeerzweigen umwunden zu sein, ebenso die Lanzenspitzen der Überbringer (z. B. Liv. 5,28,13. Tac. hist. 3,77. Plin. nat. 15,133). Wenn die Überbringer nur das übliche Abzeichen (eine Feder ohne Lorbeer) an der Lanze trugen, konnten sie als Träger einer Unglücksbotschaft angesehen werden (z. B. Iuv. 1,4,149). W. H. G.

**Laureion** (*Λαύρειον*, auch *Λαύριον* so Paus. 1,1,1), *τόπος*, d. i. Gebiet (*ἡ Λαυρεωτική* Plut. Nik. 4,2) und Ort im s. Attika, wo die Silberbergwerke lagen (Phot. s. v. [3],5), mulden- und schluchtenreiches Bergland, wie es Strab. 3,142 für Silbervorkommen voraussetzt, etwa zwischen den Festungen Anaphlystos, Thorikos und Sunion, reich an silberhaltigen Blauerzen. Ihr Abbau ist nach Funden bei Thorikos bereits für frühgesch. Z. zu vermuten, systemat. betrieben wurde er seit dem 6. Jh. bis in die Römerzeit. Das Gebiet hieß daher auch *τὰ ἀργύρεια μέταλλα*. Zahlreiche Reste des Bergbaues finden sich überall verstreut, bes. im Legraina- und Werzeka-Tal, wo über 2000 senkrechte Schächte mit Seitwärtsstollen nachweisbar sind, bei Megala Pefka, n.w. von Sunion, auch Mauern für Wohnhäuser (Karten v. Att. Bl. 15f. Wrede Att. Mauern T. 96. [3],61. Die Bergwerke waren spätestens seit Anf. 5. Jh. Eigentum des Staates, der sie an Unternehmer verpachtete (zahlreiche Pachturkunden Hesp. 19, 1950, 159ff. ABSA 48, 1953, 200ff. [3], pass.), sie ermöglichten ausgedehnte Silberprägungen und damit die Finanzierung der großen Unternehmungen Athens seit Peisistratos (Hdt. 1,64). Die Arbeiter waren durchweg Sklaven. Der Bergbau kommt E. 5. Jh. zum Erliegen, als Agis von Dekeleia heranrückt, Pausanias Athen belagert und Lysander den Peiraieus sperrt ([3],226), er blüht im 4. Jh. wieder auf, z. Z. Strabons (9,399) ist er erloschen. Der h. Ort an der Küste heißt wieder L., neuer Abbau von Blei und Zink, Silber als Nebenprodukt, wird betrieben ([3],6). Zahlreiche Funde von Grab- und Weihreliefs bezeugen Besiedelung in klass. Z. W. Z.

1. *E. Ardaillon* Les Mines de L., Par. 1897. 2. *Petroschek* Laureion, Athen 1956. 3. *S. Lauffer* Die Bergwerkssklaven von L., AAMz 1955, Nr. 12. 1956 Nr. 11. 4. *Kirsten-Kraiker* Griechenlandkde. 162.

**Laurentum** s. Lavinium

**Laureolus.** Mimus des Mimographen Catullus, berühmt wegen einiger blutrünstiger Szenen, zumal der Hinrichtung des Helden (Ios. ant. Iud. 19,94), eines entlaufenen Sklaven (Iuv. 13,110f.), der es bis zum Räuberhauptmann brachte. Von Aufführungen der J. 41 und 80 n. Chr. und einer späteren berichten Suet. Cal. 57,4. Martial. sp. 7. Iuv. 8,187ff. P. L. Sch.

Frg.: CRF $^{2}$1873, 392f. $^{3}$1898, 370f. *M. Bonaria* Mim. Rom., 1965, 80. 134f.
Lit.: *H. Reich* Der Mimus 1, 1903, 88ff. 564ff. *H. Bardon*, Litt. Lat. Inc. 2, 1956, 128f. *J. G. Griffith*, Mnem 1962, 256ff.

**Lauriacum.** Kelt. Siedlung, dann röm. Standlager auf dem Boden der h. Stadt Enns in Oberösterreich. Der Name L. ist kelt. Ursprungs. Die Lage der Ennsmündung war für die Entstehung von L. und für seine Bedeutung maßgebend. Während die Enns die natürliche Verbindung zum steir. Erzberg darstellt, führt die wenige km w. von ihr in die Donau mündende Traun zum Salz von Hallstatt. N. der Donau vermittelt die Aist den Anschluß an die Moldau. Die röm. Okkupation führte um die Mitte des 1. Jh. n. Chr. zur Errichtung eines Auxiliarlagers, das 1951 im Gebiet der Stadlergasse festgestellt wurde. Die Neugestaltung der Grenzverteidigung an der mittleren Donau nach den Markomannenkriegen der 2. Hälfte des 2. Jh. brachte auch die Verlegung der legio II Italica nach Albing ö. der Enns mit sich. Später, 191 oder 205, erbaute diese Einheit ein neues Lager w. der Enns auf der Terrasse, die dem Ennser Stadtberg im N. vorgelagert ist. Bleicherbach, Teichweg und der Wall jenseits der Eisenbahn lassen im Gelände noch deutlich diesen zu rund vier Fünftel ausgegrabenen Lagerkomplex erkennen, der im Grundriß ein Rhomboid von etwa 539 : 398 m bildet. W. davon erstreckte sich die Zivilstadt, deren Bereich durch die Ennser Bahnhofstraße, den Eichberg, Kristein und die Laurentiuskirche gekennzeichnet ist. Durch die Grabungen seit 1951 wurden viele Straßen und Häuser, darunter auch ein *forum venale* und Badeanlagen sowie Begräbnisstätten – die auf der Flur Steinpaß und das Espelmayr- und Ziegelfeld die bedeutendsten – freigelegt. Die Zivilstadt, die vom Kaiser Caracalla den Rang eines *municipium* erhielt, und das Lager waren, wie durch Grabungen festgestellt, wiederholt Überfällen und Zerstörungen ausgesetzt. In der späten Kaiserzeit gab es neben der Legion (Not. dign. occ. 34,39) *lanciarii* (→ lancea, -arii), eine Flottenstation (Not. dign. occ. 34,43) und eine Schildfabrik (Not. dign. occ. 9,21, → fabricenses). Für das 4. Jh., in dem sich die Kaiser Constantius II. (341), Valentinian I. (374) und Gratian (378) in L. aufhielten, ist auch das Christentum bes. durch das Martyrium des Hl. Florian (304), eine frühchr. Basilika im → *valetudinarium* des Legionslagers und eine an der Stelle der Laurentiuskirche belegt. Im 5. Jh. wurde L. Bischofsitz, eine Zeit auf die Eugipp. vit. Sever. c. 18,27,28,30,31 hinweist. Die Besiedlung erfuhr mit dem E. der Römerherrschaft keine Unterbrechung, sondern es läßt sich, wie bes. die Grabungen im Bereiche der Laurentiuskirche zeigten, ein Kontinuum bis in die Neuzeit nachweisen. A. N.

*A. Gaheis* L., Führer durch die Altertümer von Enns, Linz 1937, hg. vom Österr. Archäol. Inst. Forsch. in L., hg. vom Inst. f. Landeskde. von Oberöster. in Linz I–IX (1953 bis 1965). *R. Noll* Röm. Siedlungen und Straßen zwischen Inn und Enns, Wien 1958, 46ff. in Der röm. Limes in Österr. XXI. *L. Franz–A. R. Neumann* Lex. ur- und frühgesch. Fundstätten Österr. Wien 1965, 121f. Pro Austria

Rom. 11, 1961, 7ff. 15ff. 12, 1962, 16ff. 21. 13, 1963, 9ff. 17ff. 14, 1964, 14ff. 19ff.

**Lauro. 1.** Name vielleicht iber. (HOLDER 2, 163). Stadt zwischen Sagunt und Valentia. Die röm. Stadt lag an der Stelle des h. Puig, die ältere iber. etwas ö. auf dem Hügel La Pedrera [1]. Diese wurde in den Kämpfen zwischen Pompeius und Sertorius zerstört (Plut. Sert. 18; Pomp. 18. App. civ. 1,510. Frontin. 2,5,31. Oros. 5,23,6f.). Später genannt von Plin. nat. 14,71 wegen ihres trefflichen Weines, ferner auf Mz. (AEM. HÜBNER Mon. ling. Iber. 42: *laurh*) und Inschr. (CIL II 3875. XV 4577f.).

1. *Ad. Schulten* Forschungen in Span., AA 1933, 3/4, 551; Sertorius, Lpz. 1926, 92f. 101ff. S. auch Font. Hisp. Ant. IV 193ff. 197. VIII 184. 244. 292. 300 (Barc. 1937. 1959).

**2.** L. nur genannt als Ort des Todes des Cn. Pompeius 45 v. Chr. (Flor. 2,13,86). Lage völlig unbekannt, wohl nicht ident. mit dem CIL II 1446–1448 genannten *Olaura* = h. Lora de Estepa (Prov. Sevilla). Vgl. RE XII 1028 und Font. Hisp. Ant. V (Barc. 1940) 151. R. G.

**Laurum.** Örtlichkeit im Inselgebiet der Bataver (Tab. Peut. 2, 3) an der Straße von Lugdunum Batavorum nach Traiectum, genaue Lage bisher unbekannt. Nach W. BYVANCK Nederland in den romeinschen Tijd, Leiden 1953, 422, bei Woerden gelegen. H. C.

*Holder* 2,160. *Keune*, RE XII 1028.

**Laurus** s. Lorbeer

**Laus 1.** (φθείρ; *pediculus*, spät auch *tinea*). GOSSEN, RE XII 1030ff. versucht, gestützt vor allem auf Aristot. hist. an. 556 b 24ff., Plin. nat. 11,114f. 16,197, Geopon. 14,17,3. 18,16,1. 19,2,10, die Existenz von insgesamt 53 Arten zu erweisen (Gliederung: Blasenfüßler [s. Lukian. epist. Sat. 26]; Läuse; Pelzfresser; Bücherläuse [σής, tinea]; → Termiten). Wichtig sind aber nur 3 Arten: 1. Filz-L. (φθεὶρ ἄγριος Aristot. a. O.; vgl. Hdt. 2,37 über äg. Priester); dieses Tier scheint die φθειρίασις βλεφάρων hervorzurufen (dazu bes. Cels. 6,6,15). 2. Kleider-L. (s. Aristot. a. O. 596 b 9. Plin. nat. 11,115); von ihr handelt das Homer gestellte Rätsel (s. Heraklit B 56). 3. Kopf-L.; zu den mannigfachen Mitteln gegen diese L. und ihre Eier s. etwa Plin. nat. 20,53. 239. 23,18. 94. 154. 24,18. 72. 79. – Die φθειρίασις (Aufzählung der an ihr angeblich Gestorbenen bei GOSSEN a. O. 1032f.) meint wohl die durch Kleider- und durch Kopf-L. entstehende Krankheit (vgl. auch BIRT, RhM 71, 1916, 270ff.). E. Mg.

**2.** L., (NISSEN It. Ldk. 1,243. 2,899. FORBIGER HB der alten Geogr. 3,509. MEYER GdA 5,805), Fluß an der N.-Grenze von »Italia« (Antioch. FGrH 555 F 3a) bzw. Bruttium (Steph. Byz. s. v. Plin. nat. 3,72); h. Lao. N. (Strab. 6,253: letzte Stadt Lukaniens) seiner Mündung lag die gleichnamige sybarit. (Hdt. 6,21. Strab.) Kolonie, bei der 390 Italioten von Lukanern geschlagen wurden (Diod. 14,101,3). Mz. (HEAD $HN^2$ 73f.) mit *Lavi.* neben *Lai.* empfehlen Lokalisierung bei → *Lavinium* (Tab. Peut. 7,1) 8 mp n. Cirella. G. R.

**3.** s. Ilipula (1)

**Laus Pisonis.** Panegyricus eines unbekannten Vf., wohl auf den Verschwörer des J. 65 n. Chr., unter dem Namen Vergils oder Lucans überliefert, h. Lucan [3], → Saleius Bassus (BOLISANI, Att. Ist. Ven., 1964/65, 89ff.) oder – so die communis opinio- → Calpurnius Siculus (III 3) zugeschrieben. Der Vf. weiß in 261 sorgfältig gebauten Hexametern seine Absicht, in den Kreis des Adressaten aufgenommen zu werden (v. 216ff.), ansprechend auszudrücken. Die der Ed. pr. zugrunde liegende, einzig vollständige Hs. ist verloren; große Teile des Gedichts sind in einer Reihe von Florilegienhss. überliefert. P. L. Sch.

Erstausg.: *J. Sichardus*, 1527.

Ta.: *J.W. Duff* Min. Lat. Poets, $^2$1935, 289ff. *R. Verdière*, 1954.

Lit.: 1. *Fr. Skutsch*, RE III 1404f. 2. *Schanz-Hos.* 2,489ff. 3. *B.L. Ullman*, CPh 1929, 109ff.

**Laus Pompeia** (NISSEN It. Ldk. 2,191. FORBIGER HB der alten Geogr. 3,405), boische (Plin. nat. 3,124) Stadt, die durch Cn. Pompeius Strabo 89 v. Chr. *municipium* in der *trib. Pupinia* und nach ihm benannt wurde (Ascon. Cic. Pis. 1), an der Kreuzung der Straße Vercellae–Brixia (It. Ant. 283,2) mit der Straße Mediolanum–Cremona (98, 6. 127,8) gelegen (vgl. FRACCARO, Opuscula 3, tav. 43. 44); h. Lodi vecchio. G. R.

**Lausus. 1.** Sohn des Etr.-Königs → Mezentius. Name etr. (SCHULZE Eigenn. 85). Nach annalist. Tradition (Dion. Hal. 1,65,3ff. Origo gent. Rom. 15,3) fällt er nach Aeneas' Tod in einer Schlacht gegen die vereinigten Troer und Latiner. Poetisch gestaltet von Verg.: Edler Jüngling, der sich für den Vater opfert, er fällt durch Aeneas (Verg. 10,790ff. 10,426). Vgl. HEINZE Verg. ep. Tech.$^3$ 179. 213f. **2.** Sohn des → Numitor; nur Ov. fast. 4,54. Wurde von seinem Onkel → Amulius ermordet. Name dem L. 1 nachgebildet (LATTE, RE XII 1041. BÖMER zu Ov. fast. 4,54). → Ilia. → Rhea Silvia. W. E.

**Laute.** Musikinstrument mit wenigen Saiten, das im Gegensatz zu den sonstigen griech. Saiteninstrumenten ein Griffbrett aufweist. Die L., mit länglichem Hals und kürbisförmigem Schallkörper, ist, wie bildliche Zeugnisse (nicht vor E. 4. Jh.) und das Vorkommen der Bezeichnungen πανδοῦρα, τρίχορδον und σκινδαψός zeigen, erst spät aus dem Orient zu den Griechen gelangt. Häufig finden sich dann auch Darstellungen in spätröm. Z. U. K.

*R.A. Higgins–R.P. Winnington-Ingram*, JHS 85, 1965, 62–71. *G. Wille* Musica Romana, 1967, 216. Abb. in: Musikgesch. in Bildern 2,4 (Griechenland ed. *M. Wegner*) 1963, Abb. 67; 2,5 (Etrur. und Rom ed. *G. Fleischhauer*) 1964, Abb. 55. 75–78.

**Lautulae** (NISSEN It. Ldk. 2,642), strateg. bedeutender Paß über die Berge ö. Tarracina (Liv.

7,39,7 *saltu angusto inter mare ac montes.* 22,15,11 *qui super Tarracinam in artas coactus fauces imminet mari*), berühmt durch die Schlacht im Samniterkrieg (Liv. 9,23,4. Diod. 19,72) 315/14. G. R.

**Laverna.** Altröm. Göttin. Sie hatte an der Porta Lavernalis einen Altar (Varro l.l. 5,164). Bei Septimius Ser. frg. 6 M. scheint sie Unterweltsgottheit zu sein: Wissowa Rel.$^2$ 326. Latte-Fiesel, RE XII 998, wo auch das *περὶ Λαβέρνην* Sulla zuteil gewordene *prodigium* (Feuer aus Erdschlund) herangezogen wird (Plut. Sulla 6,11); s. aber Latte RRel 139. In der Lit. ist L. Göttin der Diebe: Zur Unterweltsgottheit paßt dies zur Not, da nächtliches Dunkel Diebe schützt. Paul. Fest. 117 M. (ähnlich Acro Hor. epist. 1,16,60) erklärt anders: Ihr Hain (Acro: an der via Salaria) sei Unterschlupf für Diebe. Da *magistri Laverneis* CIL $I^2$ 1793 (aus Sulmo) bezeugt sind, ist L. vielleicht urspr. Ortsgottheit (Schulze Eigenn. 480,9). Eine Schale CIL $I^2$ 446 trägt die Inschr. *Lavernai pocolom.* W. E.

**Laverneis magistri.** Vier- (CIL $I^2$ 1793) oder dreiköpfige (1794) Behörde eines *pagus* nahe → Sulmo; mit dem Sulla zu Beginn des Bundesgenossenkrieges widerfahrenen Wunderzeichen (Plut. Sull. 6,11 *περὶ Λαβέρνην*) hat der Name ebensowenig zu tun wie der des ciceron. Landgutes Lavernium (Cic. Att. 7,8,4). G. R.

**Lavinia.** Tochter des → Latinus und der → Amata (bei App. reg. 1,1 des alten Aboriginer-Königs Faunus). Im Kampf um Tochter und Herrschaft siegt → Aineias über → Turnus. L. zu Ehren nennt Aeneas die neu gegründete Stadt Lavinium (Liv. 1,1,10. Verg. Aen. 12,194). Nach der einen Tradition (Cato) muß L. nach Aeneas' Tod vor dessen Sohn aus troian. Ehe → Askanios in die Wälder fliehen, gebiert dort Silvius (Postumus), nachgeborenen Sohn des Aeneas, der sich gegen den ältesten Sohn des Askanios, Iulus, durchsetzen muß, Dion. Hal. 1,70,1–3. Die annalist. Umgestaltung ist bei Liv. sichtbar: Ascanius ist Sohn der L. (1,3,2 f.) und Vater des Silvius (1,3,6). Nach Plut. Rom. 2 ist L. von Aeneas Mutter der Aemilia, diese Mutter von Romulus und Remus (Korrektur zu Gunsten der gens Aemilia? Schur, RE XII 1007). Bei Dion. Hal. 1,59,3 ist *Λαῦνα* = L. entweder Tochter des Latinus oder des Priesterkönigs von Delos → Anios, die als Seherin Aeneas folgt u. an der Stelle stirbt, wo er Lavinium erbaut. W. E.

**Lāvīnium.** Stadt der Laurenter (nicht mit Philipp, RE XII 1009 zu *laurus* »Lorbeer«) in Wald (Obsequ. 24) und Sumpf (Vell. 2,19,1) zwischen Tiber- und Numiciusmündung. Namen alternativ (Liv. 1,14,1 f. Obsequ. a. O.) oder zugleich (Ov. Fast. 6.60) gebraucht (*Laurolavinium:* Serv. Aen. 4,620 u. a.; Laurentum spät erbaute Siedlung [1]6 mp w. L.: It. Ant. 301,7. Tab. Peut. 6,1). Der Sage nach landete Aeneas bei Laurentum (Dion. Hal. ant. 1,53. Cass. Dio frg. 3,3 M. App. reg. 1), d. h. im *ager Laurens* (Cass. Hem. frg. 7 P.); als er eine trächtige Sau opfern wollte, entfloh diese und warf 24 Stad. (Serv. Aen. 1,3: 8 mp) vom Meer 30 Ferkel (Dion. Hal. 1,56. Strab. 5,229). Aeneas opferte diese am Platz einer späteren Kapelle und gründete die nach Lavinia benannte Stadt L. (Dion. Hal. 1,57. Liv. 1,1,11. Varro l.l. 5,144); man zeigte die in Salzlake konservierte *sus* und das Denkmal der Ferkel (Varro r. r. 2,4,18). Von L. (Latinermetropole: Dion. Hal. 5,12,3) Alba gegründet (Varro r. r. a. O.). Penatenkult in L. (Tim. FGrH 566 F 59); Penaten kehren nach L. zurück (Dion. Hal. 1,67. Serv. auct. Aen. 1,270. 3,12. Val. Max. 1,8,7). Ihnen und Vesta (Serv. auct. Aen. 2, 296) opfern die röm. Oberbeamten vor Amtsantritt (Macr. sat. 3,4,11. Serv. Aen. 8,664. Veron. Sch. Aen. 1,259. Val. Max. 1,6,7) *sacra principia p. R. Quiritium nominisque Latini* (CIL X 797) und erneuern jährlich ein altes *foedus* (Liv. 8,11,15). Fleischempfang der *Laurentes* bei Albaneropfer (Liv. 37,3,4). Kulte: Venus (Strab. 5,232. Plin. nat. 3,56); Iuppiter Indiges (Koch Gestirnverehrung 74); Liber (August. civ. 7,21); Iuno Kalendaris (Macr. Sat. 1,15,18). Neuer Fund von 13 Altären nahe L.; Verwechslung L.s mit Lanuvium häufig (selbst Triumphalfasten CIL $I^2$ p. 170); h. Pratica del Mare. G. R.

*Forbiger* HB der alt. Geogr. 3,475. *Nissen* It. Ldk. 2,573. *Bömer* Rom und Troia 90 ff. *Alföldi* Early Rome and the Latins 246 ff. *Dessau* CIL XIV 186 ff.

**Lavinius.** Röm. Grammatiker wohl des 2. Jh. n. Chr., dessen Werk *De verbis sordidis* (über vulgäre Ausdrücke) Gell. 20,11 anerkennend zitiert. P. L. Sch.

**Lazai** (*Λᾶζαι, Λάζοι* bei Ptol. 5,9,4. Prok. b. Goth. 4,1,8. 10; Pers. 15,1 ff. u. ö. Steph. Byz.; var. *Ζάλαι* Arr. Per. P. Eux. 11,2). Völkerschaft in Kolchis skyth. Herkunft am Schwarzen Meer. Ihre Wohnsitze sind genauer durch Plin. nat. 6,12 (*Lazi*) s. des Flusses Phasis (h. Rion) bestimmt. Erst am E. des Alt. gelangten sie zu hist. Bedeutung als polit. Nachfolger der Kolcher, deren Gebiet nunmehr *Λαζική* hieß (Steph. Byz.), h. Lazistan mit der Hauptstadt Kutais. H. T.

*Herrmann*, RE XII 1042–1043. *Forbiger* HB. alt. Geogr. 2, 441. Gr. Hist. Weltatl. I, S. 43 a. *Andrées* Allg. Handatl. S. 150.

**Leagros** (*Λέαγρος*). **1.** Half Ergiaios, einem Nachkommen des Diomedes, der mit Odysseus das tro. Palladion geraubt hatte, bei der Entführung des argiv. → Palladions (Paus. 2,23,5) und siedelte später mit dem Bilde nach Lakedaimon über, wo es beim Leukippidenheiligtum aufgestellt und dem Schutz des Odysseus anvertraut wurde, indem man diesem daneben ein Heroon errichtete, Plut. qu. gr. 48. Vgl. Kall. h. 5,37 ff., wo Eumedes, auch ein Nachkomme des Diomedes, das argiv. Palladion ins Gebirge in Sicherheit bringt. H. v. G.

**2.** L., Athener aus Kerameis (vgl. Androt. FGrH 324 F 38), Sohn des Glaukon (Hdt. 9,75;

Them. ep. 8), Vater des → Glaukon (1) (Thuk. 1, 51,4). * E. 6. Jh. Stiftete vor 480 einen Altar für die 12 Götter in Athen (SEG X 319; RAUBITSCHEK, Hesp. 8, 1939, 155ff.; GUARDUCCI, ASAA N.S. 3–5, 1941–1943, 128ff.). Fiel 465/64 als Mitanführer des von Thrakern bei Drabeskos vernichteten athen. Kleruchenzuges nach Enneahodoi (→ Amphipolis) (Hdt. 9,75. Paus. 1,29,4f. Sch. Aischin. 2,31). K. K.

L., eine der häufigsten → Lieblingsinschr. Zum Ephebenalter um 510–500 (s. o.), stimmt die stilist. Chronologie der ihn rühmenden, meist rf. Vasen. – Nach 5 sf. Hydrien mit seinem Namen aus einer Werkstatt wird diese L e a g r o s - G r u p p e genannt mit mehreren hundert Vasen, zeitgenössisch mit den rf. Meistern → Euphronios, Phintias Euthymides. Hauptformen sind Hydria, Halsamphora. BEAZLEY unterscheidet ca. 18 Untergruppen bzw. Maler (→ Acheloos [2] Maler). H. Ma.

*W. Klein* Die griech. Vasen mit Lieblingsinschr.², 1898, 70–81. *E. Langlotz* Zur Zeitbestimmung der strengrf. Vasenmalerei und der gleichzeitigen Plastik, 1920, 48–54. *D. M. Robinson–E. J. Fluck* A Study of the Greek Love-Names, 1937, 132–136. *J. D. Beazley* ABV. 354–391.

**3.** L., Enkel von L. (2), Sohn des → Glaukon (1), Cousin des → Andokides, durch den wir über Händel mit Kallias (6) um die Hand der Schwester von And.' 1. Frau und Cousine And.' und L.' unterrichtet sind (vor 400); And. 1,117ff. Ca. 440 war L. Chorege (MERITT, Hesp. 8, 1939, 49f.). Als dumm, weichlich usw. verspottet von Plat. fr. 64. K. K.

**Leaina** (*Λέαινα*). **1.** Athenerin, Geliebte des → Harmodios oder → Aristogeiton, biß sich auf der Folter die Zunge ab, um nichts über die Tyrannenmörder auszusagen, und starb. Zu ihrer Ehre stellten die Athener auf der Akropolis eine eherne Löwin ohne Zunge auf. Die späte Legende knüpft aitiolog. an ein Denkmal an und mag zu Ehren der → L. (2) erfunden sein. Die Übers. des Namens L., bzw. → Lais aus dem Sem. erleichterte ihr Entstehen. Cic. de glor. p. 90,3. Plin. nat. 7,87. 34,72. Plut. mor. 505e. Paus. 1,23,1f. Athen. 13, 596 F. Polyain. 8,45. M. HIRSCH, Klio 20, 1926, 152,3 (Erweiterung der Folterungslegende des Aristogeiton). **2.** Hetäre aus Korinth, in Athen als Geliebte des → Demetrios (2) durch den Tempel der Aphrodite L. geehrt. Athen. 6,253 AB. 13, 577 D. Suda s. *ἑταῖραι Κορίνθιαι*. H. V.

**Leandr(i)os** (*Λέανδρος*). L. von Milet. Vf. von *Μιλησιακά* (mind. 2 B.), die wohl eine Lokalgesch. von Milet waren (Frg.e über die Sieben Weisen etc.); sie wurden von → Kallimachos benutzt und sind wohl jünger als → Klytos. Oft nimmt man an, daß L. Korruptel des auch inschr. belegten (rhod. Schiedsspruch im Rechtshandel zwischen Samos und Priene, ca. 200 v. Chr.) → Maiandrios von Milet (Vf. von *ἱστορίαι*) ist. W. Sp.

*Jacoby* FGrH 491/92; 3b, Komm., p. 401.

**Leandros** s. Hero

**Leanitai** (*Λεανῖται*, *Λαιανῖται* Ptol. 6,7, 18), ostarab. Völkerschaft am Pers. Golf zwischen → Gerrha und der Mündung des »Tigris«, wahrscheinlich an der Bucht (*Λεανίτης κόλπος*) unmittelbar s. des h. Kuweit. Nach ihrer Stellung im Text könnten sie mit den → Laikenoi ident. sein. Zu ihrem Gebiet gehörten der Hafen *Ειταμος* und die Städte *Αδαρου* und *Μελλαβα* (= *Μαλλαδα* bei Steph. Byz.?). A. D.

*H. v. Wissmann* Zur Gesch. und Landeskde. von Alt-Südarabien, SAWWph.-h. Kl., 246, 1964, 192.

**Learchos** (*Λέαρχος*). **1.** War 430 mit Ameiniades att. Gesandter beim Thrakerkönig → Sitalkes. Eine peloponnes. Gesandtschaft, die zum Perserkönig reiste und vorher noch Sitalkes zum Krieg gegen Athen bewegen sollte, wurde auf ihr Betreiben von den Thrakern ergriffen und an Athen ausgeliefert (Thuk. 2,67). **2.** S. Athamas. Leukothea. G. Do.

**Lebadeia** (*Λεβάδεια*; *Λεπάδεια* IG VII 4136 u. ö. s. Ind.). Das h. Livadia, diese Namensform vielleicht schon IG VII 49 = SEG XIII, 310, 10, boiot. Stadt am SW.-Rand der Kopaisebene, malerisch gelegen am Ausgang der Herkynaschlucht und überragt von der großen ma. Burg. Altberühmtes Orakel des Trophonios, dessen seltsamen und schauerlichen Ritus Paus. in allen Einzelheiten beschreibt.

Myken. Funde erwähnt KARO, RE Suppl. VI 609, bei Homer ist L. aber nicht genannt. Im boiot. Bund der 2. Hälfte des 5. Jh. v. Chr. bildete es einen der 11 Teile, Hell. Oxyrh. 16(11),3. 395 v. Chr. von Lysander verwüstet, Plut. Lys. 28,2, im 3. Jh. zum aitol. Bund gehörend, R. FLACELIÈRE Les Aitoliens à Delphes 317ff., im Perseuskrieg auf Roms Seite, Pol. 27,1,4f., 86 v. Chr. Verwüstung durch die Truppen des Mithridates, Plut. Sulla 16,4. In der Kaiserzeit blühend und noch bei Hierokles erwähnt, Synecd. 644,5.

Die ant. Stadt lag anscheinend auf dem isolierten flachen Hügel Trypaeolithari 2 km vom h. Livadia, doch glaubt THREPSIADIS Reste in der h. Stadt ausgegraben zu haben. Sicher bekannt ist die große Ruine des Tempels des Zeus Basileus auf der Kuppe Hg. Elias am Abhang des Burgberges eine halbe Stunde w. der Stadt, Bauinschr. IG VII 3073 = Syll. III³ 972. Nicht gefunden ist die Höhle des Trophonios auf dem Burgberg, und unsicher die Identifizierung der von Paus. genannten Quellen in der Herkynaschlucht, RE VIII 690f. Strab. 9,2,38 p. 414. Paus. 9,39,1–14. Hdt. 1,46. 8, 134,1. Dion. Call. 97f. Plin. nat. 4,25. Liv. 45,27,8. IG VII 4136 = Syll. II³ 635 B. I n s c h r.: IG VII 3054–3165. BCH 64/65, 1940/41, 36ff. 274. 70, 1946, 262. *Ἀρχ. Δελτ.* 3, 1917, 421 A. 2. AA 57, 1942, 110ff. M z.: HEAD HN² 346. E. M.

1. *J. G. Frazer* Pausanias 5,196ff. 2. *Pieske*, RE XII 1048ff. 3. *Philipps.-Kirst.* 1,446ff. 4. *L. Guerrini* Encicl. Arte Ant. 4,517. 5. *S. Accame* Dizion. epigr. 4,491f. 6. *A. D. Keramopulos* *Ἀνασκαφαὶ ἐν Λεβαδείᾳ, Πρακτικὰ* 1912,

88ff. 7. *J. Threpsiadis* Οἰκοδομήματα τῆς ἀρχαίας ἀγορᾶς Λεβαδείας, EA 1953/54 II (1958), 225ff. 8. *P. Guillon* La stèle d'Agamédès, RPh 10, 1936, 209ff. 9. *G. Roux* Le devis de Livadie et le temple de Zeus Basileus, MH 17, 1960, 175ff. 10. *A. Bon* Forteresses médiévales de la Grèce centrale, BCH 61, 1937, 136ff. 191ff.

**Lebedos** (Λέβεδος). Küstenplatz im w. Kleinasien, schon bei Hekat. FGrH 1 F 219 genannt, dann bei Hdt. 1,142. Thuk. 8,19,4. Skyl. 98 (GGM I, p. 71 M.). Strab. 14,643. Ptol. 5,2,6. Plin. nat. 6, 116 u.a. L. lag n.w. von → Ephesos und w. von → Kolophon. Reste durch Küstenveränderungen getrennt vom Meer, beim h. Kimituria. L. war an das röm. Straßennetz angeschlossen (K. Miller Itin. Rom. S. 702 mit Skizze Nr. 229, S. 701). – Inschr. Mz. H. T.

*Bürchner*, RE XII 1052f. *A. Forbiger* HB alt. Geogr. 2,186f. *W. M. Ramsay* The hist. geogr. Asia Min. 105. Gr. Hist. Weltatl. I, S. 16e. *H. Kiepert* Atl. ant. T. V.

**Lebēn.** Ältere Form Λεβήν, später Λεβήνα, an der S.-Küste Kretas beim h. Ledas, urspr. nur Hafenort von → Gortyn, mit bedeutendem Asklepiosheiligtum hellenist. und röm. Z., das nach Paus. 2,26,9 eine Filiale des Asklepioskults von Balagrai in der Kyrenaike war. Tempel des 2. Jh. n. Chr. mit Nebengebäuden. Große frühchr. Basilika: G. Gerola, Atti Istit. Veneto 74,2, 1914/15, 1153ff. G. A. Sotiriu, EA 1929, 193 Nr. 22. Minoische Gräber: AA 73, 1958, 1ff. *Κρητικὰ Χρονικά* 15/16, 1961/62, 88ff. Ἀρχ. Δελτ. 16 B., 1960, 257f. BCH 84, 1960, 844ff. 85, 1961, 886ff. Strab. 10,4,11f. p. 478. Ptol. 3,15,3. Plin. nat. 4,59. Stadiasm. m. m. 321f. Tab. Peut. 9,1. Geogr. Rav. 5,21 p. 397,17. Philostr. vit. Apollon. 4,34. BCH 45, 1921, 21 IV 8. Inschr.: [3],152ff. Nr. 1–59. SEG XVII 432. E. M.

1. *Fr. Halbherr*, Rendic. Ac. Lincei 10, 1901, 300ff. 2. *L. Pernier* a.O. 16, 1907, 300ff. 3. *M. Guarducci* Inscr. Cret. 1,150ff. 4. *L. Pernier–L. Banti* Guida degli scavi Italiani in Creta 67ff. (mit Plan Abb. 75). 5. *Kirsten*, RE Suppl. VII 366ff. 6. *M. Guarducci*, Dizion. epigr. 4,493f. 7. *J. Baldassarre*, Encicl. Arte Ant. 4,517ff. 8. BCH 83, 1959, 742ff.

**Lebes** (λέβης). **1.** Der Kessel aus Metall von oft beträchtlichem Umfang, als Weihgeschenk und Kampfpreis in der älteren Z. beliebt, diente als Koch- und Waschgefäß; er konnte auf ein Gestell gesetzt oder fest mit ihm verbunden werden (sah dann wie ein Dreifuß aus). Athen. 2,37f–38a trennt λ. ἐμπυριβήτης (λοετροχόος) zum Wasserwärmen von λ. ἄπυρος als → Krater. Als λ. γαμικός (EA 1888,44 Z. 63) bezeichnet man h. ein bauchiges Tongefäß auf hohem Fuß mit hohem abgesetztem Hals und senkrechten Henkeln, das auf Hochzeitsbildern vorkommt und oft mit Bildern aus dem Frauenleben geschmückt ist. **2.** Im Kreta klass. Z. ist L. ein monetärer Wertbegriff. W. H. G.

*F. v. Lorentz*, RE Suppl. VI 218ff. *K. Regling*, RE XII 1054. *D. M. Robinson*, AJA 40, 1936, 507ff. *E. Buschor*, MDAI(A) 71, 1956, 205ff.



**Lebinthos** (Λέβινθος). Sporadeninsel ö. von Amorgos, h. Lévitha, 7 km lang, 15 qkm groß, mit mehreren Buchten, dabei mehrere weitere Inseln, h. unbewohnt. Strab. 10,5,12 p. 487. Plin. nat. 4,70. Mela 2,111. Stadiasm. m. m. 282. Geogr. Rav. 5,21 p. 396,7. Ov. met. 8,222; ars 2,81. E. M.

*Philipps.-Kirst.* 4,155f.

**Lechaion** (Λέχαιον). Der Hafen von Korinth am korinth. Golf 3 km n. der Stadt, mit dieser durch eine doppelte Mauer verbunden. Das großenteils versandete innere Hafenbecken noch erkennbar, dazu ein äußerer Hafen, sonstige Reste ganz gering, große frühchr. Basilika, *Τὸ ἔργον τῆς Ἀρχαιολ. Ἑταιρείας*, 1957, 53ff. und folg. Jahrgänge. BCH 39, 1915, 5ff. 83, 1959, 605f. 84, 1960, 674ff. 86, 1961, 704ff. Schiffshäuser erwähnt Xen. hell. 4,4,12. Heiligtum des Poseidon Paus. a.O. Kall. h. 4,271, der Aphrodite Plut. mor. 146 D. Skyl. 40. Xen. hell. 4,4,7.17. Strab. 8,6,22 p. 380. Paus. 2,2,3. Ptol. 3,14,27. Prok. b. Goth. 1,15, 17. E. M.

1. *J. Paris* Notes sur Lechaion, BCH 39, 1915, 5ff. (mit Plan). 2. *K. Lehmann-Hartleben* Die ant. Hafenanlagen 53f. 148ff. 3. *H. N. Fowlers* Corinth, results of excavations 1,95f. 4. *Zschietzschmann*, RE Suppl. V 542ff. (mit Plan).

**Lectica (-icula).** Sänfte, Tragbahre. **1.** φορεῖον (nur bei Cass. Dio auch σκιμπόδιον). Die Sänfte als Luxusbeförderungsmittel der Ant. in der Stadt und auf Reisen, schon dem alten Orient bekannt (Zusammenhänge mit der griech. l. sind ganz unklar), ist in Griechenland erst seit dem 4. Jh. v. Chr. (zuerst Deinarch. 1,36) bezeugt, in Rom seit dem 1. Jh. v. Chr. Schon wegen der Kosten für die Trägersklaven (*lecticarii*, φορεῖς) blieb die l. immer den Reichen vorbehalten. Im Hellenismus entwickelte sich ein großer Luxus der l. (z.B. Athen. 5,195c. 212c. Diod. 31,8,12). Nach häufigem Gebrauch der l. in der Z. Ciceros erzwingt Caesar eine nachhaltige Beschränkung (Suet. Caes. 43) innerhalb der Stadt: nur Kaiser, Frauen in höherem Alter usw. benützen sie dort noch. Unter Nero wird Gebrauch der l. durch Reiche wieder allgemeiner, in seine Z. fällt auch der erste Beleg für eine zweisitzige l. (Suet. Ner. 9 = 28,2 = Cass. Dio 61,3,2). In der l. konnte man liegen, seltener sitzen, auch schreiben. Man benützte die l. auch, sich spazierentragen zu lassen (*gestatio*, *vectatio*, αἰώρα), was bes. Genesenden und Kranken empfohlen war. Selten ist die l. zum Transport von Götter- und Kaiserbildern (in einer *pompa*) oder von Sachen benützt worden. In der Kaiserzeit sind als weitere Bezeichnungen der l. auch ὄκνος und ὄχημα belegt.

Für eine l. werden 2–8 Träger benötigt (*hexaphoros* Martial. 4,51,2, *octaphoros* Suet. Cal. 43), die die l. entweder an den abnehmbaren Tragstangen (*asseres*) mit den Händen faßten, unterstützt durch einen Schulterriemen, oder sie auf den Schultern trugen. Die l. konnte ohne Verdeck (Himmel) sein, *aperta*, oder die an dem (bogenförmigen, *arcus* Tac.ann.15,57) Verdeck befestigten Vorhänge (*αὐλαῖαι, pallia, pallulae, lintea, vela; pellis velumque* Martial. 11,98,11) konnten geschlossen (*l.operta, clausa*) bzw. geöffnet (*l. patens*) werden. Die l. waren wohl meist aus Holz und hatten vielfach variablen und reichen Schmuck (versilberte, vergoldete Füße, Ausschlagen mit kostbaren Stoffen, Schmuck mit Perlen werden genannt). Erhaltene l. (bes. H. Stuart Jones The Sculptures of the Palazzo dei Conservatori, 1926, 178f. Nr.12 T. 64–66) zeigen reichen Beschlagschmuck. Ant. Darstellungen: [3]. Mietsänften scheint es in der Ant. nicht gegeben zu haben ([1],1093f.). **2.** Als Tragbahre für Kranke und Verwundete ist die l. viel verwandt und zweifellos älter als wir sie in den Quellen nachweisen können (vgl. ausführlich [1],1101). **3.** Zu l., seltenere Variante zu *lectus*, als Bett in seinen verschiedenen Verwendungsarten → Kline. **4.** Spätantik kommt als Sonderform der l. eine von Tieren getragene Sänfte vor, basterna (*ältestes* Zeugnis: H. A. Heliog. 21,7). Es ist unsicher, ob man in ihr lag oder saß. Die Tragetiere hießen *basternarii.* **5.** Sitzend ließ man sich in der *sella* (*gestatoria, portatoria, fertoria*), *cathedra*, *δίφρος* (*κατάστεγος*) tragen. Tragestuhl und l., vornehmlich Liegesänfte, werden im allg. reinlich geschieden. Mit Vorhängen und Himmel ausgestattet wie die l., oft reich geschmückt, gelegentlich für 2 Personen eingerichtet (Plin.epist. 3,5,15), galt der Tragstuhl lange für weniger vornehm als die l. Er ist zuerst belegt Cass.Dio 47,23,3. 50,5,2, möglicherweise also ein Versuch, Caesars Verbot der l. zu umgehen. Der Tragstuhl wird von (wohlhabenden) Männern und Frauen, in der Stadt und auf Reisen, benützt. In der Spätant. gewinnt der Tragstuhl größeres Ansehen als die l. Um 500, als die l. im W. weitgehend verschwunden ist, erfreut sich der Tragstuhl noch großer Beliebtheit. Seit der Renaissance ist in Europa der Tragstuhl (bis um 1900), eine Übernahme aus der Ant., viel verwandt worden; erst die Entwicklung des modernen Verkehrswesens, vor allem das Automobil, hat ihn endgültig verdrängt. W. H. G.

1. *H.Lamer*, RE XII 1056ff. (grundlegend). 2. *H.Cüppers*, BJ 163, 1963, 64ff. (zum »Himmel«). 3. Ars Antiqua (Aukt.-Kat. Luzern 1964) V Nr. 90. 4. *G.A.Mansuelli*, Enc. Arte Ant. IV 1961, 598ff.

**Lectio senatus.** Wahl bzw. Ernennung zum Senator, Aufstellen und Revision der Senatslisten (*cooptare in senatum.* Cic.leg. 3,12; Verr. 2,49; Cael. 2,5; div. 2,9. Liv. 4,4,7.23,3,5. Suet.Tib.1) erfolgte durch Gemeindeorgane, Obermagistrate, Bürgerschaft oder durch den Senat selbst.

In älterer Zeit wählte jede Curie einen Senator (Dion.Hal.ant. 2,12.47) oder der König ernannte Senatoren (Liv.1,8.49. Dion.Hal.ant. 4,42). Vorbedingung war patriz. Herkunft (*patres*). Die l.s. bedingte eine lebenslängliche Zugehörigkeit zum Senat. In der frühen Republik ernannten die Obermagistrate die Senatoren, vor allem die Konsuln (Cic.dom. 31,82. Liv. 23,23.43,15. Val.Max. 6,4, 1), aber auch die Zensoren, die nach der lex Ovinia 312 v.Chr. die Senatslisten aufstellten und revidierten (Fest. 246). Bedeutung für die l.s. hat dann die lex Villia annalis (180 v.Chr.), die für die höheren Ämter ein Mindestalter festsetzte (Cic. de or. 2,65. Phil. 5,17. Liv.40,44. Ov.fast. 5,65. Tac.ann. 11,22. Arnob. 2,67). Vor der Prinzipatszeit hat sich der Senat nie durch eigene Wahl selbst ergänzt (Mon.Anc.14). Erst Tiberius übertrug die Wahl der Magistrate und Senatoren dem Senat selbst; dadurch wurde der Grundsatz republikan. Z., die besten Männer in den Senat zu wählen (Cic.Verr. 2,49. Sall.Iug. 4,4. Liv. 23,23), durchbrochen. Das *senatum ter legi* (Mon.Anc. 8) wurde zum Prinzip der l.s. in der Kaiserzeit und ging parallel mit der Festlegung eines hohen senator. Zensus von 800000, 1,2 Mill. Sesterzen und mehr (Suet.Aug. 41). Dies bedingte häufig Streichungen und Ausschlüsse (*senatu movere, eicere:* Cic.Cluent. 42. Sall.Cat. 23. Liv. 39,42.40,51.42,10.43,15 u.a.), ebenso Ergänzungen (*sublectio:* Liv. 23,23. Cic. dom. 32,84). G. Sch.

*Mommsen* RStR 2,418–424. 3,854–866. *H.Hill* The Roman Middle-Class in the republican Period, Oxf. 1952. *W.Kunkel* Röm. Rechtsgesch.[4] 1964. *E. Meyer* Röm. Staat und Staatsgedanke[2] 203f.

**Lectisternium** (*lectus* und *sternere*. Ungenau auch *pulvinaria*). Götterbewirtung. Das Aufstellen einer Mahlzeit war üblich, → Epulo (2). → Ceres (Bd. I,1114,43). Stellte man sich die Götter persönlich anwesend vor, so mußte mit dem Aufkommen des Liegens bei Tisch auch für die Götter ein *lectus* bereitet werden. – Aus außerordentlichen Anlässen gab es gemeinsame Bewirtungen mehrerer Gottheiten. In Rom ist das erste *l.* aus dem J. 399 anläßlich einer Seuche bekannt (in Etrurien schon für das 5.Jh. nachweisbar: [3],804 mit Lit.; für Rom s. aber u. Liv.). Es wurde auf Anordnung der sibyllin. Bücher veranstaltet, wobei paarweise die Bilder von Apollo und Latona, Hercules und Diana, Mercurius und Neptunus auf Speiseliegen gelegt und bewirtet wurden, 7 (Dion.Hal.12,9) oder 8 Tage (Liv. 5,13,6) lang. Es handelte sich um einen Graecus ritus; zuständig daher die *duoviri sacris faciundis*. Auch im privaten Bereich heiligte man die Tage durch Friedfertigkeit und Gastlichkeit (Liv. a.O. Dion.Hal. a.O.). Doch hält Latte, SDAW 1960, Nr.7,12ff., letzteres für eine Ausschmückung durch Calpurnius Piso, hergenommen z.T. aus Sakralvorschriften, z.T. aus den Saturnalienfeiern: Bei einer Seuche feiere man nicht gemeinsam. Liv. berichtet weitere *l.ia*, die stets den gleichen Göttern galten (Liv. 8,25,1), noch mehrmals aus diesem Jh.: 7,2,2. 7,27,1. 8,25,1 (also etwa [Unsicherheit der Chronologie dieser Z.!] in den J. 364, 348, 326). Das zweitgenannte *l.* bezeichnet Liv. als 3., das letzte als 5. nach Gründung der Stadt, so daß er eines unerwähnt gelassen haben muß. Als Anlaß nennt er dreimal eine Seuche, nur 8,25,1 gibt er keinen Grund an. Die Auswahl der Götter gibt Rätsel auf (nur daß der Heilgott Apollo an der Spitze stehe, sei verständlich: [2],243); Parallelen der Auswahl finden sich nicht, so daß sie LATTE, SDAW a.O. 14, für eine Erfindung Pisos hält.

Ein ganz anderes *l.* wurde nach der Niederlage am Trasumen. See im J. 217 ebenfalls auf Anordnung der sibyllin. Bücher veranstaltet (Liv. 22,10, 9). Die Paare sind: Iuppiter-Iuno, Neptunus-Minerva, Mars-Venus, Apollo-Diana, Volcanus-Vesta, Mercurius-Ceres; Dauer 3 Tage. Es sind die sog. → Olymp. Götter ([4],1,329 f.), die damit auch in Rom kanonisiert werden (vgl. die Namen Enn.ann. 1,37). Parallelen gibt es im griech. Bereich kaum; am ehesten Inschr. aus Magnesia am Maeander aus dem J. 196 beim Fest des Zeus Sosipolis, also nicht in Notzeit; Sylloge[3] 589,41 ff. [4], 2,351 → consentes dei. Von späteren *l.ia.* ist kaum etwas bekannt: Mz.en des Titus bezeugen ein *l.* nach dem Ausbruch des Vesuv (die Symbole der 12 Götter dargestellt). Nach H. A. Marc. Aur. 13,2 hielt der Kaiser vor dem Markomannenkrieg wegen einer Seuche ein *l.* (WISSOWA, RE XII 1113). – Für Göttinnen werden später auch *sellisternia* bereitet, da das Liegen bei Tisch für Frauen als unschicklich galt. – *L.-ia* für einzelne Götter finden in deren Tempel, *l.-ia* für mehrere auf einem öffentlichen Platz statt. Bei bestimmten *l.-ia* hatten Menschen das Recht der Teilnahme (Senat beim → Epulum Iovis; sonst bes. Ehre). Die Kosten wurden meist von bestimmten Bevölkerungsgruppen oder durch Sammlungen gedeckt. W. E.

1. *Wissowa* Rel.[2] 421 ff. 2. *Latte* RRel 242 ff. 253. 263. 399. 3. *Weinreich*, Myth. Lex. 6,803 ff. 4. *Wilam.* GldH 2, 350 ff. 5. *Wilh. Hoffmann*, Philol. Suppl. 27,1,68 ff.

**Lector.** Der Vorleser (→ Anagnostes) ist meist ein gebildeter Sklave. Auch Vorleserinnen, *lectrices*, kommen vor. Eifrigen Herren wie dem älteren Plinius, las der l. auch vor dem Einschlafen, vor und nach dem Bade, unterwegs in der Sänfte vor. Traute ein Autor (*recitator*, wenn er seine Werke selbst vortrug) der eigenen Stimme nicht, ließ er seine Werke in der Öffentlichkeit von einem l. vortragen. W. H. G.

**Lectus** s. Kline. Lectica

**Leda** (*Λήδα*). Tochter des aitol. Königs Thestios und der Eurythemis (Apollod. 1,62; es werden auch andere Namen genannt), Gattin des lakedaimon. Königs → Tyndareos. Kinder: Timandra, → Klytaimestra, Phylonoe (Apollod. 3, 125 f.), Phoibe (Eur. Iph. A. 49), vor allem aber die → Dioskuroi und → Helene. Bei Hom. Od. 11, 298 ff. sind Kastor und Polydeukes Söhne des Tyndareos, Helene Tochter des Zeus, Il. 3,426. Od. 4, 184; nach Hom. h. 17 und 33 sind aber auch die Dioskuroi Zeussöhne. Nach Pind. N. 10,79 ff. stammen Polydeukes und Helene von Zeus, Kastor und Klytaimestra von Tyndareos. Nach den



Kyprien frg. 7 Bethe (8 Ki.) stammt Helene von Zeus und → Nemesis, Tochter der Nacht. Diese verwandelte sich, um sich Zeus zu entziehen, erst in einen Fisch, dann in verschiedene Landtiere, zuletzt in eine Gans, die von Zeus in der Gestalt eines Schwanes befruchtet wurde. Leda fand das von Nemesis geborene Ei (oder es wurde ihr von einem Hirten oder von Hermes überbracht) und bewahrte es auf, bis Helene ihm entschlüpfte, die sie dann als eigenes Kind aufzog. Hier haben wir das Märchenmotiv der »mag. Flucht« mit den Verwandlungen des Verfolgten, ferner das alte religiöse Motiv vom Weltei, das zum Märchenzug vom Wunderkind aus dem Ei herabgesunken ist, und schließlich den Versuch, die Überlieferung von einer himmlischen und einer irdischen Mutter Helenes auszugleichen. Daß L. selbst von Zeus als Schwan besucht wird, findet sich erst bei Eur. Hel. 16 ff., mit dem Zusatz *εἰ σαφὴς οὗτος λόγος*, Or. 1385 ff. Dann ließ man auch die Dioskuren aus einem Ei hervorgehen, entweder beide (Serv. Verg. Aen. 3,328. Hor. ars 147) oder nur Polydeukes mit Helene zusammen; auch ein doppeltes Eierlegen wurde L. zugeschrieben. Das Ei der L. war eine besondere Sehenswürdigkeit im Heiligtum der → Leukippiden in Sparta. Paus. 3,16, 1. Während man im attischen Rhamnus die Tradition von der Nemesis als Mutter Helenes festhielt (Kultstatue von → Agorakritos, 5. Jh., Paus. 1,33,7. Plin. nat. 36,17), tritt sie sonst in der Sagenentwicklung lit. und in der bildenden Kunst zurück. L. als Nemesis vergöttert Lact. inst. 1,21,23. Die att. Vasenmalerei hat seit etwa 425 noch die Auffindung des Eies der Nemesis durch L. häufig dargestellt. Die Bildhauer bevorzugen die Begegnung zwischen Zeus und L., zunächst in der Weise, daß L. einen Schwan, der vor einem verfolgenden Adler Schutz bei ihr sucht, mit der Linken mittels ihres Mantels zuzudecken sucht, während sie ihn mit der Rechten an ihren Schoß drückt. Eine solche Statue des Kapitolin. Museums in Rom geht wohl auf Timotheos, 4. Jh., zurück. Viel stärker hat die spätere Plastik das Erotische betont. In der Kaiserzeit ist das L.-Motiv auf Gemmen, Lampen, Sarkophagreliefs, Mosaiken und Wandgemälden äußerst zahlreich vertreten. EITREM, RE XII 1121 ff. – Sollte L. auf lyk. *lada* »Frau« zurückgehen – KERÉNYI versteht es als »Urfrau« –, so könnte die Sage vorgriech. Elemente enthalten. H. v. G.

*Prell.-Rob.* 2,341 ff. *G. Catinella* Il mito di L. e l'uovo di Elena, Bari 1937. *K. Kerényi* Die Geburt der Helena, Zürich 1945.

**Leder** s. Gerberei. Pellis

**Legatum.** Das schon den XII Taf. bekannte Vermächtnis des röm. Rechts. Dort ist l. das förmliche Geschäft, mit dem Einzelzuwendungen aus dem Nachlaß vergeben werden. Es steht einerseits im Gegensatz zur Erbeinsetzung, die Zuwendung des ganzen Nachlasses oder einer Quote davon bezweckt. Andererseits tritt es in Gegensatz zu dem viel jüngeren, erst seit Augustus anerkannten → *fideicommissum*, das formfrei ist. Unsere Überlieferung zum l. ist, vor allem in den B. 30ff. der Dig. Iust., so reichhaltig wie zu keinem anderen Rechtsinstitut der Römer. Das liegt einmal an der hohen sozialen Bedeutung des l., zum andern auch daran, daß die Römer am Legatsrecht die Regeln für die Auslegung von Willenserklärungen entwickelt haben.

Angeordnet wird das l. durch → *testamentum*. Folgende Arten sind zu unterscheiden:

1. *l. per vindicationem*, angeordnet mit der Formel *do lego*. Sein Gegenstand können nur dem Erblasser gehörende Sachen sein. Der Vermächtnisnehmer *(legatarius)* erwirbt hier das Eigentum an der vermachten Sache unmittelbar und kann sie vom Erben vindizieren.

2. *l. per damnationem*, angeordnet mit der Formel *heres meus damnas esto*. Dieser Legatstyp verschafft dem Bedachten nur einen mit der *actio ex testamento* klagbaren Anspruch. Dieser richtet sich gegen den mit dem l. Beschwerten; das kann hier jeder aus dem Testament Bedachte sein. Auch der Inhalt des l. ist hier ganz frei: Vermacht werden können eigene und fremde, vorhandene und künftige Sachen, Geld, aber auch eine Forderung *(l. nominis)*, Schuldbefreiung *(l. liberationis)*, die Bestellung oder Herausgabe einer *dos (l. dotis)*, die Teilung des Nachlasses *(partitio legata)* und anderes mehr. Nötig ist nur, daß die Zuwendung für den Bedachten Wert hat.

3. *l. sinendi modo*, eine wenig bedeutsame Mischform zwischen 1. und 2.

4. *l. per praeceptionem*, zunächst ein l. an einen Miterben, der den vermachten Gegenstand vorweg erhalten soll; später wird es von manchen wie ein *l. per vind.* behandelt.

Schon in klass. Z. kommt es zu einer Annäherung zwischen diesen Typen. Denn nach dem Sen. Cons. Neronianum (etwa 60 n. Chr.) soll ein in der gewählten Form unwirksames l. dem Typ zugerechnet werden, nach dem es wirksam ist. Schließlich schafft Justinian einen einheitlichen Legatstyp (Cod. Iust. 6,43,1,1) und verbindet zudem *legata* und *fideicommissa* (Cod. Iust. 6,43,2). Der neue Typ, dem die Quellen des Corpus Iuris aber kaum angeglichen worden sind, soll für den Bedachten die Vorteile von *l. per vind.* und *per damn.* verbinden. Die in Rom verbreitete Neigung, allzu freigiebig Legate auszusetzen und so den Nachlaß zu zersplittern, ist schon seit der hohen Republik durch mehrere Gesetze bekämpft worden *(leges Furia testamentaria; Voconia; Falcidia)*.

D. M.

Lit.: Äußerst umfangreich; die frühere bei 1. *M. Kaser* Röm. Privatrecht 1, 1955, 619ff. 2, 1959, 386ff. (*Grosso* I legati $^2$1962, *Voci* Dir. eredit. rom. $^2$1963), dazu 2. *Ricc. Astolfi* Studi sull'oggetto dei legati in dir. rom. 1, 1964.



**Legatus** von *legare* = absenden, daher: 1. zur Verhandlung in fremde Staaten abgesandt *(l. ad aliquem)*, 2. zur Unterstützung von außerhalb Roms tätigen Magistraten beauftragt *(l. alicuius* bzw. *alicui)*.

I. Der völkerrechtliche Gesandte.

a) Der l. Roms in fremden Staaten. Der Verkehr Roms mit fremden Staaten hatte sakrale Formen im Rahmen des *ius fetiale*, so daß in alter Zeit die → Fetiales als l., z. B. bei der Kriegserklärung, fungierten; sie waren Abgesandte des Königs. In der Republik lag das Recht, l. zu entsenden, nach entsprechendem Senatsbeschluß meist beim Konsul, der auf Grund bestimmter traditioneller Grundsätze (z. B. wurde eine *legatio* aus Senatoren zusammengesetzt und bestand aus 2–10 Personen) Auswahl, Anzahl und Aufgaben der l. festlegte (Cic. Vatin. 35; Sest. 33. Liv. 29,20. 43,1,10. App. Mithr. 6. Tac. hist. 4,6,8. Cass. Dio 59,23 u. a.) und einen Führer, *princeps legationis*, benannte (Sall. Iug. 16. Liv. 39,33 u. a.). Dieses Recht übte seit Augustus der Kaiser aus. – Der l. hatte die vom Senat verabschiedete Botschaft zu überbringen, Verhandlungen zu führen und dem Senat zu berichten (Liv. 9,4. 7,32. 39,33), er erhielt zur Durchführung der Mission eine Reiseausstattung mit Zelten, Kleidung, Geschirr, Geld, Sklaven als Dienern, Freigelassenen als Hilfspersonal (Schreiber, Dolmetscher u. a.), sowie erforderlichen Transportmitteln. Als Ausweis für den Staatsauftrag trug der l. einen vom Senat ausgegebenen goldenen Siegelring (Plin. nat. 33,11. Liv. 42,1,11), auf Grund dessen er in der Fremde bewirtet und mit dem täglichen Bedarf versorgt wurde. Der l. galt als unverletzlich (*sanctus:* Caes. Gall. 3,9. Liv. 30,25. Tac. hist. 3,80 u. a.), ein Übergriff wurde mit schweren Strafen geahndet (Liv. 5,36. 38,42. Val. Max. 6,6,5).

b) Der l. fremder Staaten in Rom. Das röm. Recht unterschied, ob der l. aus einem feindlichen oder befreundeten Staat kam. Um Frieden bittende l. durften nur mit Erlaubnis des Feldherrn und in röm. Begleitung vor den Senat treten und wurden im Bellona- oder Apollo-Tempel (Liv. 33, 24. 37,49. 41,17. 42,36. Pol. 35,2. App. Ib. 49), bisweilen überhaupt nicht empfangen (Liv. 23,6. 37,1. Pol. 31,20. Sall. Iug. 28), l. befreundeter Staaten dagegen mit allen Ehren empfangen: durch die Konsuln oder den Prätor (Pol. 6,12. 23,1. Liv. 30, 40. 32,8. 39,46 u. a.), später durch den Kaiser selbst (Cass. Dio 52,31). Zu den Ehrungen dieser l. gehörten Unverletzlichkeit der Person, offizielle Begleitung durch einen Quaestor, Bezeugung der Gastfreundschaft auf allen Stationen der Reise, Überreichung von Ehrengeschenken, Zulassung zum Opfer auf dem Kapitol, Zuteilung von Ehrenplätzen bei Spielen, ärztliche Behandlung bei Erkrankung usw. (Liv. 28,39. 30,17. 33,24. 45,13. Pol. 30, 3. Val. Max. 5,1,1. Plut. quaest. Rom. 43).

c) Sonstige Abordnungen. Daneben kam es vor, daß Städte, Gemeinden und Provinzen des

Reiches aus verschiedenen Anlässen l. an den zuständigen Statthalter oder an den Senat nach Rom schickten, um Lobesberichte oder Beschwerden über die Tätigkeit der Statthalter, über die Lage in der Stadt und der Provinz vorzutragen oder auch direkt Anklage zu erheben (Cic. Verr. 1,19.32. 2,4. 31.35.42.46.59.64.4,35; Balb. 15; ad Q. fr. 2,3,13). Unkosten dieser l. trugen die absendenden Gemeinden (Cic. fam. 3,8. 10,6); gegen ein Überhandnehmen dieser Gesandtschaften verfügte schon Sulla Einschränkungen, belanglose Botschaften an den Kaiser wurden untersagt (Plin. epist. 10,52. 53), die Genehmigung des Statthalters war einzuholen (Ios. ant. Iud. 20,1,7. Cod. Iust. 10,63,6). Vespasian begrenzte die Personenzahl solcher Gesandtschaften auf 3 (Dig. 50,7,5,6).

II. Der l. der Feldherrn und Statthalter. Er ist der Hilfsbeamte des außerhalb Italiens tätigen höheren Magistrats zu dessen Unterstützung, mitunter auch zu seiner Überwachung (Varro l. l. 5,87). Im Hannibal. Krieg mag dies Amt noch nicht bestanden haben (Liv. 22,49,16: unter den bei Cannae gefallenen Offizieren war kein l.), der regelmäßig eingesetzte l. als Unterfeldherr erscheint aber im Krieg gegen Antiochus III. (Pol. 6,35). Die einem Oberbeamten beigegebenen – meist 10, bisweilen auch mehr – l. waren etwa Hauptadjudanten oder Stabsoffiziere im Krieg und gleichzeitig Militärbeamte, zuständig für die röm. Verwaltung in den Provinzen. Fungierte der l. als Stellvertreter des Feldherrn, so war er *l. pro praetore* (z. B. Caes. Gall. 1,21). Augustus ließ sich in den Provinzen, wo er als Inhaber des *imperium proconsulare* oberster Statthalter war, durch l. vertreten, sofern er nicht (nach Ägypten) *praefecti* entsandte (vgl. auch Cass. Dio 53,14). Auch spätere Kaiser ernannten l. zu selbständigen Provinzstatthaltern: meist *consulares* oder *praetorii*, selten *quaestorii* (dies bei Suet. Oth. 3,2), erstere in Provinzen mit einer Truppenstärke von 2 Legionen, *praetorii* in solchen, die über nur 1 Legion verfügten (Ausnahme: Dalmatia war seit Vespasian *inermis* und behielt trotzdem einen l. konsular. Ranges). Während der *l. consularis* in Senatsprovinzen sein Amt oft nur 1 Jahr ausübte, war in kaiserlichen Provinzen keine zeitliche Begrenzung festgelegt, solange der Kaiser lebte, der den l. ernannt hatte (durchschnittliche Amtsdauer hier 3–5 J., eine Statthalterschaft unter Tiberius 24 J.; dazu: Cass. Dio 52,23,2. Tac. ann. 6,45). Allmählich haben sich Aufgaben und Rechte des l. in kaiserlichen und Senatsprovinzen angeglichen: in jedem Falle hatte er den Oberbefehl über die in der Provinz stehenden Truppen und Unterbeamte zur Verfügung – die l. der Legionen, die *comites* als Rechtsberater, *procuratores* als Beamte des Finanz- und Versorgungswesens der Provinz-, die ihm unterstellt waren. G. Sch.

*Mommsen* RStR II 675–701. *Hirschfeld* VB². *W. Liebenam* Die L. in den röm. Provinzen von Augustus bis Diokletian, Lpz. 1888. *Bartsch* Die L. der röm. Republik, phil. Diss. Breslau, 1908. *R. K. Sherk* The Legates of Galatia from Augustus to Diocletian, Baltimore 1951. *J. Crook* Consilium Principis, Cambr. 1955.

**Leges agrariae.** In der Ant. waren zwischen 90 und 99% der Gesellschaft im Agrarsektor tätig. Es ist darum nur natürlich, daß L. a. versuchten, vor allem an Zeitenwenden, eine sterbende geliebte Vergangenheit durch Kompromißgesetzgebung für kurze, oder auch recht lange Zeiträume in Ergänzung von ungeschriebenen Gewohnheitsrechten zu verewigen.

Der erste solche schriftliche Gesetzgebungsversuch von L. a. tritt uns ca. 2370 v. Chr. unter Urukagina von Lagasch entgegen. Hier wird die sich auflösende theokrat. und gewohnheitsrechtliche Agrarplanung des altsumer. Stadtstaates vergeblich durch L. a. gegen Tempel- und Adelsoiken sowie einen Flächenstaatsimperialismus verteidigt, denen die Zukunft gehörte. Die bereits teilweise aufgelöste Planung wurde dann durch L. a. als Unterteilen von umfassenderen Gesetzgebungsversuchen mindestens von der Isin-Zeit (ca. 1870 v. Chr.) bis Hammurapi (ca. 1700) erfolgreicher verteidigt als in Lagasch, ziemlich individualrechtliche Experimente, die auch bei den Mittelassyrern (15.–12. Jh. v. Chr.), Hethitern (ca. 1500 v. Chr.), dem bibl. Pentateuch und selbst Neubabyloniern (6. Jh. v. Chr.) wechselnd Einfluß ausübten.

Im Pharaonenstaat begann Tempelprivilegierung durch Schriftgesetz bereits im Alten Reich. Ein Dauerkompromiß zwischen zentraler Agrarplanung und den neuen Tempel- und Adelsoiken sowie Soldatengütern wurde jedoch erst durch eine Gesetzesreform vom E. der Hyksoszeit oder zu Anf. des Neuen Reiches (1600 v. Chr.?) stabilisiert, die die Bibel dem einer neusumer. Wanderfamilie entstammenden Joseph zuschreibt und die uns neben vielen älteren Kleinnotizen vor allem im Wilbour Papyrus entgegentritt, Ausführungsverordnungen von gigantischem Ausmaß (ca. 1150 v. Chr.). Genau wie im gleichzeitigen Keilschriftasien wurden die neuen agrar. Individualkomplexe auch hier nicht abgeschafft, sondern für Zwecke der Steuerzahlung und Produktionslenkung bürokratisch bis ins Einzelne überwacht.

Für die minoisch-myken. Gesellschaftsordnungen und das Eisenzeithellas vor ca. 750 v. Chr. sind unsere Quellen z. Z. völlig ungenügend. Die noch immer heiß umstrittene »lykurgische« Gesetzgebung Spartas verhinderte danach den sonst normalhell. Übergang von gewohnheitsrechtlicher Helotenhörigkeit zum Politenbauerntum mit Agrarsklaverei bis zum E. des 4. Jh. v. Chr. Die → Hektemorengesetzgebung von 594 v. Chr. des Solon von Athen ist für diesen Umbruch bes. charakteristisch. Die vollklass. Hellenenpolis kennt dann nur individualist. L. a. zur Verpachtung und Verwaltung von Staats- und Tempelland sowie für Kleruchensiedlung. Das Achämenidenreich schwankte gleichzeitig je nach Satrapie zwischen Kompromissen mit der hell. Marktwirtschaft und Sklavenverwendung (bes. Kleinasien, Syrien) und altor. Agrarplanung (bes. Äg., Babylonien, Iran) mit dem Resultat allmählicher Zersetzung.

Der Hellenismus von Sizilien und Karthago bis Indobaktrien versuchte dann durch meist verhältnismäßig kurzlebige L. a., der altor. Agrarplanung durch hell. Verfeinerung neues Leben einzuhauchen. Bes. bemerkenswert war hier das Gesetzgebungswerk des → Ptolemaios II. von Äg., das das unter den Persern leicht aufgelockerte System des Wilbour Pap. bis über die Prinzipatszeit hinaus durch hellenisierende Kompromisse lokal lebenskräftig erhielt. Rom versuchte gleichzeitig seit dem 4. Jh. und bis zum 1. Jh. v. Chr., ja bis Domitian, durch berühmte und zahlreiche L. a. die Bauernbürger Altroms und gelegentlich Altitaliens und der Provinzen gegen die Ausbreitung hellenist.-karthag. Sklavenlatifundien vergeblich zu schützen.

Seit etwa flav. Z. mußte aber bereits ein strukturverwandeltes Imperium Romanum die jetzt einigermaßen stabilisierte Kombination von Latifundien und Kleingütern von Britannien bis zum Euphrat gegen die neuen Viken- und Kolonenpatrocinia von schließlich feudaler Natur verteidigen, eine Entwicklung, die mit den *leges Manciana* und *Hadriana* beginnt, von der chr. Kirche unterstützt wurde und, nach tiefgreifenden legislativen Rückzügen bis ins 6. Jh. n. Chr. als Folge der noch immer vom Wilbour Pap. indirekt beeinflußten *capitatio / iugatio*-Gesetzgebung Diokletians und seiner Nachfolger, mit der Wiederherstellung von zahlreichen Freibauerndörfern im byz. Reich des 7. Jh. n. Chr. als Folge der Themengesetzgebung seit Herakleios, des Nomos Georgikos (vermutlich des Iustinian II.), sowie wohl auch anderer L. a. siegreich zu Ende kam. Im 11. Jh. n. Chr. macht dann Byz. dem ma. Feudalismus solche Konzessionen durch neue L. a., daß sie trotz mancher Gegenmaßnahmen schon vor 1204 und 1453 Ostrom sozialökonom. tödlich unterminierten.

F. M. H.

Lit.: Keilschriftländer, Pharaon. Äg., Altisrael: *Fischer* Weltgesch. 3, 1966, 96f. 123f. 288. 4, 1967, 106f. *F. M. Heichelheim* The Wilbour Pap., Hist. 2, 1953, 129f. *D. Kagan* Problems in Anc. Hist. 1, 1966, 13f. 29f. *S. Moscati* Gesch. und Kultur der semit. Völker, 1961$^2$, 66f. 177f. *J. B. Pritchard* Anc. Near Eastern Texts, 1955$^2$, 159–198. 212–214. *A. Scharff–A. Moortgat* Äg. und Vorderasien im Alt., 1950, 66f. 80. 241f. 293f. 353f. 381f.

Hellas, Perser: RE Suppl. VI 819 (*Heichelheim*, Siros). *H. Bengtson* GG 1960$^2$, 99f. pass. *Fischer* Weltgesch. 4,312f. 322f. *F. M. Heichelheim* An Anc. Economic Hist. 1, 1958, 524. 527f. 2, 1964, 224f. pass. *Kagan* 1,185–204. *A. T. Olmstead* Hist. of the Pers. Empire (1948), Ind. s. Gadatas, Law. *H. Schmid* Das Bodenrecht im Verfassungsentwurf des Esra., Hall. Univ. Red. 56 (1932).



Hellenismus: RE s. Monopole. Sitos. *Bengtson* GG$^2$ 415f. pass. *J. Bingen* Pap. Revenue Laws. *Preisigke* S. B. Spl. 1 (1952). *M. Th. Lenger* Corp. des ordonnances des Ptolémées. MAB 57,1 (1964), Nos. 5–10. 17/18. 21. 28. 32. 33. 34. 47. 53. 54. 71. 74. 75. 76. 79. 85. *Cl. Préaux* L'économic des Lagides, 1939, 65f. 93f. 117f. 159f. 165f. 187f. 207f. 297f. 317f. 325f. 337f. 450f. 459f. *Rostovčev* Soc. a. Ec. Hell. W. Ind. s. Gesetze.

Röm. Republ. und Principat: RE s. Leges Agr. *(Vančura)* Oxf. Cl. Dict. s. Lex. *H. Bengtson* Grundriß der röm. Gesch., 1967, 147f. 153f. 171f. 178f. 194f. 209f. 222f. 235f., Ind. s. Latifundien. *A. Berger*, Enc. Dict. of Rom. Law. T. Am. Philos. Soc. 43,2 (1953) s. census, colonus, leges agr., XX Lex (agr., Cocceia agr., duodecim tabularum, Hadriana, Hieronica, Iulia agr., Iulia de funde dotali, Licinia Sextia agr., Mamilia, Manciana, Sempronia agr., Thoria), patrocinium vicorum colonorum. *T. Frank* An Economic Hist. of Rome (1927$^2$), Kap. 1. 3. 4. 6. 8. 9. 18–22. *Frank* ESAR pass. *Kagan* 2,67f. 68f., Sect. 7,8. *Rostovčev* Soc. a. Ec. Hell. W., Ind. s. Lex agr., Lex Hieronica. *Rostovčev* GuW. pass.

Dominat, Byzanz: *F. Doelger* Beitr. z. byz. Finanzverwaltung$^2$, 1960, 39f. 92f. 161f. *Ders.* Byzanz und die europ. Staatenwelt, 1964$^2$, 217f. 385. *F. M. Heichelheim* Röm. Sozial- und Wirtschaftsgesch. Hist. Mundi 4, 1956, 397f., bes. 455f. (Korr. *F. Doelger*, ByzZ 49, 1956, 416f.). *J. M. Hussey* The Byz. World (1967), Ind. s. v. Farmer's Law. *A. H. M. Jones* The Later Rom. Empire (1964), Ind. s. annonae, capitatio, iugatio, bes. Kap. 20 pass. *Kagan* 2,414f. 426f. 429f. *G. Ostrogorsky* Gesch. des byz. Staates (1952$^2$), Ind. s. Bauern, capitatio, Feudalismus, Großgrundbesitz, Immunität, Kleingrundbesitz, Mächtige, Nomos Georgikos, Privilegien, Soldatengüter, Stratioten, Themen. *St. Runciman*, Byz. Civilization (1933), Ind. s. Farmer's Law.

**Legio.** In der Frühzeit des röm. Milizheeres vor der Entstehung der Republik entsprach die l. dem Gesamtaufgebot des röm. Staates und war mit → exercitus ident. Sie umfaßte vermutlich 84 Zenturien Infanterie, 5 Zenturien Spezialisten und 6 Zenturien Reiter. Mit der Republik kam es zur Teilung dieses Aufgebotes in 2, von je einem Konsul befehligte L. Die Ergänzung erfolgte nun durch Aushebung (→ dilectus) nach → tribus. Die Infanterie setzte sich aus Patriziern und Plebeiern zusammen, die Kavallerie aus Patriziern allein. Das E. dieser Periode ist durch die Manipellegion gekennzeichnet, die 1200 → hastati, das sind 10 Manipel (→ manipulus) zu je 120 Mann oder 20 Zenturien (→ centuria) zu je 60 Mann, ferner ebensoviele und gegliederte → principes und 600 → triarii, das sind 10 Manipel zu je 60 Mann oder 20 Zenturien zu je 30 Mann, umfaßte. Schließlich kamen dazu noch 1200 → velites und 18 Zenturien Reiter (→ equites militares – singulares). Als die Zahl der L. stieg, wurden jedem Konsul je 2 L. und 2 Alen socii unterstellt. Eigene, dem Konsul unterstellte Legionskommandanten scheint es in der Regel nicht gegeben zu haben. Höhere Unterbefehlshaber wurden zwar auf Vorschlag des

Armeekommandos vom Senat ernannt, doch waren ihre Funktionen verschieden. Der → quaestor, der Armeegeneralintendant, im Bedarfsfall auch Truppenführer, war der einzige ständige. Als Legionsoffiziere fungierten nur die → tribuni militum. Die Zenturionen (→ centurio) dagegen waren Unteroffiziere, die die Zenturien und Manipeln kommandierten. Die allmählich auch aus Plebeiern ergänzte Kavallerie verfügte über Decurionen als Befehlshaber der turmae. Die militär. Befehlsgewalt trat im → *imperium* in Erscheinung, das im Rahmen der → *potestas* dem consul, praetor, dictator und dessen Stellvertreter, dem magister equitum zukam, ausnahmsweise auch dem proconsul und propraetor. Das *imperium* befugte den Inhaber, ein Heer aufzustellen, Offiziere zu ernennen und den Krieg zu führen. Mit dem *imperium* waren unter anderem auch die militär. Strafgewalt und Gerichtsbarkeit, das Recht, Belohnungen zu erteilen, und das des Triumphes verbunden. Nur bei nichtmagistrat. Kommandostellen gab es Beförderungen, die jedoch mit Beendigung des Feldzuges erloschen. Wie im röm. Kommandobegriff die Befehlsgewalt über der takt. Führung stand, so war auch bei Beförderungen das takt. Kommando nicht ausschlaggebend.

Für die → Bewaffnung war bei der Legionsinfanterie die lange, im Wesen der → Phalanx verankerte Stoßlanze (→ hasta, hastati) charakteristisch. Als takt. → Feldzeichen dienten vermutlich schon → signum und → vexillum. Die → Verpflegung entsprach wahrscheinlich der sonst im Lande üblichen, deren Hauptbestandteil ein als puls bezeichneter Weizenbrei war. Auch Zahlung von → Sold ist wohl schon erfolgt. Für das hohe Niveau der Disziplin (→ disciplina militaris), deren wesentliche Voraussetzung die patria potestas und für die die unbedingte Befehlsgewalt des Vorgesetzten charakteristisch war, erwies sich die Einheit von Bürgerschaft und Legion in dieser Periode als bes. förderlich. Mit der Heranziehung der → socii für den Wehrdienst deckte sich l. und exercitus nicht mehr, sondern jene bildete von nun an bloß den Kern derselben, was durch die Eingliederung von volksfremden Truppen (→ auxilia) z.Z. der Manipulartaktik noch deutlicher wurde.

Die Gesamtstärke der l. wechselte in dieser Periode bei den verschiedenen Kriegserfordernissen und erreichte unter dem älteren Scipio einen Maximalstand von 6200 Mann (Liv. 29,24,14). In der Gliederung änderte sich bis Marius im wesentlichen nichts. Die Manipel erhielten fortlaufende Nummern von 1–10. Bei der Aushebung blieb nicht mehr die Altersklasse maßgebend, sondern es wurde die Zahl der Jahresfeldzüge von Bedeutung. Schließlich führten die dauernden, kriegerischen Auseinandersetzungen auf ziemlich weit entlegenen Gebieten zur Einführung einer Dienstzeit an Stelle der Jahresfeldzüge. Damit wurde die Entwicklung zur L. des stehenden Heeres eingeleitet, was auch in der Bevorzugung gedienter Leute (→ voluntarii) und in der Aufstellung von Rekrutenlegionen (legiones urbanae), die nach längerer Ausbildung geschlossen zum Einsatz kamen, sich ausprägte. Für den Dienstbetrieb der L. zeichneten, wie vermutlich schon früher, jeden Monat 2 der 6 Tribunen verantwortlich, während das Kommando die Feldherrn führten. Zu ihnen kam seit der Einrichtung von Provinzen der Statthalter mit dem Titel und Range eines Praetors.



Für die → Bewaffnung wurde, bedingt durch die Manipulartaktik, das Schwert (→ gladius) und der Wurfspeer (→ pilum) charakterist., während die lange Stoßlanze (→ hasta) abkam. Der Panzer (→ lorica) war aus Leder und wurde über der kurzen, ärmellosen → tunica angelegt. In der Bekleidung dürfte der offenbar auch als Lagerdecke verwendete, schwere Mantel (→ sagum) aufgekommen sein. Zur techn. Ausrüstung gehörten unter anderem → dolabra, Eß- und Trinkgeschirr und ein Bratspieß. Für die Manipulartaktik gewannen → Feldzeichen und Signalinstrumente erhöhte Bedeutung. Von letzteren sind für diese Periode → tuba, cornu (→ cornicines) und → bucina bezeugt. Die Befehlsübermittlung erfolgte derart, daß z.B. das vom Legionskommando gegebene Tubasignal von den Tuben der L. wiederholt wurde, die cornua darauf die erforderliche Bewegung bei den einzelnen Einheiten anzeigten und die signa bzw. vexilla dies entsprechend zum Ausdruck brachten. Dann wurde das betreffende Kommando von der Truppe ausgeführt. Die exakte Durchführung dieser Befehlsübermittlung war für die Disziplin ebenso kennzeichnend wie die Marsch- und Lagerordnung (→ Taktik), die erst für diese Periode überliefert ist. An → Sold erhielt der Infanterist 2 Obolen (1/3 Denar), der Centurio 4 (2/3 Denar) und der Reiter 6 (1 Drachme = 1 Denar) pro Tag. Doch mußten davon Verpflegung und Ausrüstung bestritten werden. In der Z. der Manipulartaktik verfügte die L. bereits über → Geschütze und Belagerungsgeräte (→ Poliorketik) für den Festungskrieg.

Die Z. der Kohortentaktik, die durch die marian. Heeresreorganisation gekennzeichnet ist, brachte für die L. einschneidende Veränderungen. Die Erteilung des röm. Bürgerrechtes an die socii und die Einstellung von besitzlosen Proletariern als Freiwilligen führten zu einer sozialen Umschichtung und auch dazu, daß die Werbung praktisch an die Stelle der Aushebung trat. Auch *l.-es vernaculae*, d.h. *l.-es* aus romanisierten Provinzialen, wurden aufgestellt und ihnen das röm. Bürgerrecht bei zufriedenstellender Dienstleistung in Aussicht gestellt. Der → census und die Gliederung nach Altersklassen verloren jede praktische Bedeutung. Weitere Stufen der Homogenisierung der L. waren ihre einheitliche → Bewaffnung und das Ausscheiden der ohnehin bedeutungslos gewordenen Bürgerkavallerie aus ihrem Verband.

Die L. bildete von nun an einen Infanterietruppenkörper, der mit leichten Feldgeschützen ausgerüstet war und deren Professionisten auf einzelne Abteilungen aufgeteilt waren (→ praefectus fabrum). Trotzdem ist sie nicht völlig homogen geworden. Abgesehen davon, daß in ihr die Uniformität neuzeitlicher Heere nie vorhanden war, kam es innerhalb ihres Verbandes zur Aufstellung der Sonderabteilungen der → praetoriani und → speculatores und zur Zusammenfassung von Elitemannschaften als → antesignani.

Die bedeutendste Neuerung in der Gliederung war die Kohorte (→ cohors), eine Dispositionseinheit zu je 3 Manipel, die ein schablonenfreies Manövrieren ermöglichte. Die nun aus 10 Kohorten bestehende L. hatte seit Marius eine Sollstärke von 6000 Mann, doch lag die effektive bald weit unter dieser Zahl. Die Stabilisierung der L. als Truppenkörper kam nicht nur in der gleichbleibenden Numerierung und im Aufkommen von Bei- (z.B. Cilicia) und Ehrennamen (z.B. Martia) zum Ausdruck, sondern auch in ihrem neuen Feldzeichen und reinen Palladium, dem Adler (→ aquila). Auch die Kohorte erhielt ein signum, das wie die anderen Feldzeichen mit Ausnahme des Feldherrnvexillum nicht nur Befehlsinstrument war, sondern auch Palladium wurde. Einen eigenen, ständigen Kommandanten erhielt die L. auch in dieser Periode nicht. Bloß gelegentlich wurden → legati mit diesem Kommando betraut. Unter den Imperiumsträgern mehrten sich die außergewöhnlichen, von denen bes. → Sulla und seit 45 → Caesar als zeitlich unbeschränkte Diktatoren zu nennen sind. Caesar erhöhte den Sold des gewöhnlichen Legionärs auf 225 Denare und des centurio auf 450. Sowohl dies wie die erweiterte Ausbildung und die Normierung des Marschgepäcks auf 20–40 kg brachte die Disziplin auf das bisher höchste Niveau.

Unter den Nachfolgern Caesars, die als → triumviri auf Grund der lex Titia die konsular. Befehlsgewalt mit unbeschränkter Dauer in ihren Reichsteilen ausübten, kam es zur Aufstellung zahlreicher L. Aus ihnen bildete Augustus nach seinem Siege jene, die den Kern des von ihm geschaffenen, stehenden Heeres ausmachten, deren Zahl 23 n.Chr. 25 betrug (Tac.ann. 4,5) und bis Diocletianus nicht erheblich anstieg (Krom.-Veith 500ff. H 91,483ff.). Den Erfordernissen des Reichsschutzes gemäß wurden die L. größtenteils an den Grenzen in Standlagern verteilt (→ limes, castra). In diesen lagen sie nun, wieder mit Kavallerie ausgestattet, in der Regel mit Hilfstruppen zusammen. Doch bereits seit Vespasianus schieden Kavallerie und Hilfstruppen allmählich aus.

Die L. ergänzte sich vorwiegend durch Werbung und teilweise durch Aushebung. Das Eintrittsalter betrug normalerweise 17–20 J. und die Dienstzeit unter Augustus anf. 16, später 20 und nach einer vorübergehenden Wiedereinführung von 16 nach seinem Tode seit Tiberius wieder 20 J. Nach Ableistung der Dienstzeit konnte der Legionär entlassen werden, mußte aber, wenn es dazu kam, bei 16 Dienstjahren 4, bei 20 noch 5 J. in Reserve bleiben (→ emeriti). Schon unter Vespasian wurden die L. aus Provinzialen ergänzt, bis unter Hadrian die lokale Rekrutierung allgemein wurde. Die L., die schließlich feste Garnisonen erhalten hatten, deckten nun ihren Mannschaftsbedarf aus dem Bereich der Provinz, in der sie lagen. Der Sollstand betrug bis Hadrian rund 5600 Mann, von deren 10 Kohorten die erste 5, alle anderen je 6 Zenturien zu je 80 Mann umfaßten. Von den 5 Zenturien der 1. Kohorte zählte die erste 400, die zweite 200, die dritte und vierte je 150 und die fünfte 100 Mann (BJ 117,28f.). Bis Vespasian hatte die L. außerdem noch 120 Reiter. Durch die Heeresreorganisation des Kaisers Hadrian wurde die L. wieder mit Kavallerie durch 726 Reiter neu dotiert und die Sollstärke der Infanterie auf 6100 Mann erhöht (Krom.-Veith 493. Klio, Beih. 22, 20).

In der Gliederung kam die Manipelordnung zur Auflösung und die Zenturie wurde taktische Einheit. Als Fahne erhielt sie ein vexillum, während die Kohorte nun den → draco führte.

Seit Augustus hatte die L. einen → legatus l. als Kommandanten, wenn es sich um eine Provinz mit mehr als einer L. handelte. Sonst war der Statthalter zugleich legatus l. Die Legionskommandanten waren nichtmagistrat., senator. Offiziere, nur in Äg. entstammten sie dem Ritterstand und hießen praefecti l. (→ praefectus l.). Als Stellvertreter fungierte der rangälteste der 6 Legionstribunen (→ tribuni militum). Auch er war Senatorier, die anderen dagegen ritterlicher Herkunft. Diese *tribuni angusticlavii* traten mit kaiserlicher Zustimmung als Zenturionen in die L. ein, der legatus bzw. praefectus l. schon als *tribunus laticlavius*. Wie früher gehörten die Legionstribunen zum Stabe des legatus l., doch wieweit sie die Führung und administrative Leitung der L. in Händen hatten, ist nicht geklärt. Dem tribunus militum im Range gleich war der → praefectus castrorum. Als Legionsoffizier, und zwar für techn. und Verwaltungsangelegenheiten, ist er erst seit Domitian (Suet. Dom. 7) nachweisbar und bildete die höchste Stufe der Laufbahn eines → primuspilus niederen Ranges; der als gewöhnlicher Soldat in die L. eintretende Mann konnte es dabei über den Zenturio bis zu dieser Stufe bringen. Die anf. 60, nach Hadrian 50 Zenturionen standen zwischen der Mannschaft und den genannten Offizieren. Ihre höheren Klassen (→ primi ordines) gingen fast zur Gänze aus der Garde hervor und waren bis Septimius Severus größtenteils Italiker. Damit wurde in der L. eine gewisse Einheitlichkeit gewahrt, die auch durch Zuteilung eines → evocatus als Instruktor (BJ 117,77) bedeutende Förderung erfuhr. Die einheitliche Ausbildung war aber damit, wie die Erfahrung in neuzeitlichen Heeren zeigte und zeigt, nicht gewährleistet. Ein schriftlich niedergelegtes Reglement in jeder L. (→ Röm. Militär-HB.) muß im Gegensatz zu M. SPEIDEL Die equites singulares Augusti, Bonn 1965, Anm. 364, von nicht geringer Bedeutung gewesen sein, weil so überhaupt ein Korrektiv gegeben war, auch wenn davon, abgesehen von angekündigten Inspektionen, sicher kein übertriebener Gebrauch gemacht wurde. Die rangältesten Unteroffiziere der L. und oberste Gruppe der militär. → principales waren der aquilifer (→ aquila), der optio spei (→ optio) und der imaginifer (→ imaginiferi, -arii). Die Mittelgruppe bildeten die taktischen Chargen, und zwar der → tesserarius, optio und → signifer. Zur untersten zählten der tubicen, cornicen und bucinator, also die → aeneatores. Nach den Spielleuten im Rang standen die custodes armorum, die Waffenmeister. Ferner sind die principales in den officia des Statthalters, des Legionskommandanten und der anderen erwähnten Legionsoffiziere zu nennen, und schließlich gab es noch eine große Zahl von principales der L., die der Verwaltung zugeteilt waren. Bei den Reitern stand der optio an der Spitze der principales. Er war jenem Tribunen zugeteilt, der die Legionskavallerie kommandierte. Darauf folgten wieder die taktischen Chargen magister campi, tesserarius und vexillarius.

Die steigende Bedeutung der Fernwaffen und Kavallerie führte allmählich die bisher typische Kampfweise der L. ad absurdum. Schon seit dem 1. Jh. v. Chr. wurde die Schwerfälligkeit der L. hervorgehoben (Philol. Suppl. 23,2,1). Die Verwendung der → auxilia, die Einführung des Pfeilschießens, des Schleuderns von Steinen und Bleigeschossen und des Kavalleriedienstes in der L. wie die zunehmende Verwendung von Geschützen (Philol. Suppl. 23,2,2f.) – in der Z. Hadrians hatte die L. 55 corrobalistae und 10 onagri (→ Geschütze) – und Verbesserungen des pilum bildeten bloß Anfänge einer Entwicklung, die zu einer Taktik der verbundenen Waffen führte, in der die L. bloß den Rückhalt für die nun die Schlacht entscheidenden auxilia bildete. Im weiteren Verlaufe wurde das schwere pilum durch die weitaus handlichere, zum Wurf und Stoß geeignete → lancea ersetzt und der gegenüber Fußvolk mit Lanzen und Reitern unwirksame gladius, durch die → spatha. Auch der Dolch (→ pugio), den die Legionsinfanterie in der frühen Kaiserzeit trug, verschwand und machte offenbar dem semisspathium zur gleichen Zeit Platz. Ferner kam Anf. des 2. Jh. ein kurzes Panzerhemd aus Ketten oder Schuppen an Stelle des längeren seit dem 1. Jh. v. Chr. in Verwendung stehenden auf und um die gleiche Zeit der weitaus leichtere Schienenpanzer (→ lorica). Schließlich zog Gallienus die Kavallerie aus dem Verband der L. heraus und stellte eine eigene Schlachtenkavallerie auf.

Zur techn. Ausrüstung des Legionärs zählten nach Ios. bell. Iud. 3,5,5 Säge, Korb, Spaten, Axt, Riemen, Sichel und Kette, Nach dem gleichen Autor hatte er ferner für 3 Tage Proviant zu tragen. Wie früher bildete auch jetzt die Getreidenahrung die normale → Verpflegung, zu der als Zubuße Fleisch kam (Veg. mil. 4,7). Als Nahrung dienten ferner die verschiedenen Lebensmittel der Marketender (→ canabae, lixa), vor allem Speck und Käse, und als Getränke Wein und die posca, ein Gemisch aus Wein und Essig. Schon seit Caesar ist auch ärztliches Betreuungspersonal in der L. anzunehmen. In der Zeit des homogenen Heeres unterstand die Sanität dem praefectus castrorum und zählte zum Verwaltungspersonal. Die Ärzte waren bloß zum Teil Soldaten und standen im Range hinter den taktischen Chargen.

Die vor allem durch die Währungsverschlechterung seit Nero bedingte allmähliche Erhöhung des Soldes, wie die → donativa, waren für die Disziplin, deren religiösen Charakter Augustus bes. verstärkte und die Hadrian zur Gottheit erhob, von geringer Bedeutung. Weitaus nachteiliger erwies sich die zunehmende Aufnahme von nicht romanisierten Provinzialen und Ausländern in die L., zu der die notorischen Ergänzungsschwierigkeiten zwangen und die schließlich zur diokletian.-konstantin. Heeresreform führten.

Von Bedeutung war aber auch der Erstarrungsprozeß, der bei den L. seit der lokalen Ergänzung einsetzte und über die durch Septimius Severus erteilte Heiratserlaubnis zum Wehrbauerntum (→ limitanei) führte. In der L., die durch die Abstellung von feldtauglichen Mannschaften als Vexillationen (→ vexillatio) für die verschiedenen Kriegszüge allmählich zu einer bloß für den Garnisonsdienst brauchbaren Truppe werden mußte, erfolgten bis zur Reform auch sonst noch Veränderungen. So wurde der Senatorenstand aus dem Dienst allmählich entfernt. Unter Septimius Severus erhielten die von ihm neu aufgestellten l.-es. Parthicae I–III praefecti l. aus dem Ritterstand als Kommandanten und unter → Gallienus wurden bereits alle L. von praefecti l. ritterlicher Herkunft befehligt.

Über Lager, Marschordnung, Gefecht, Festungskrieg und Reichsbefestigung → Taktik, Limes und Poliorketik.

Die Hauptquelle für das differenzierte Heer der Kaiserzeit bildet die Not. dign. Nach ihr gab es im Grenzheer (limitanei) mehr als 41 l.-es, im Feldheer (→ comitatenses) 25 l.-es palatinae, 69 l.-es comitatenses und 38 l.-es pseudocomitatenses. Gemeinsam ist ihnen, daß sie selbständige Truppenkörper darstellten, d.h. ihre Kommandanten konnten daneben nicht wie früher auch noch Hilfstruppen befehligen, und ferner daß es reine Infanterieeinheiten mit einer durchschnittlichen Sollstärke von rund 1000 Mann waren. Als Legionskommandant fungierte in der Regel ein tribunus l., der allmählich an die Stelle des praefectus l. trat. Sein Stellvertreter war der → praepositus l. Unter den Unteroffizieren stand der *circitor* (→ vigiliae), der vor allem mit der Inspektion des Garnisonswachtdienstes betraut war, im Range am niedrigsten. Ihm folgten in aufsteigender Linie der biarchus, ein Verpflegungsunteroffizier, der centenarius, der 100, der ducenarius, der 200 Mann kommandierte, der magister primus, ein Exerziermeister, die Fahnenträger und als ranghöchster der campidoctor, der die Ausbildung in den Händen hatte und der der eigentliche Nachfolger des früheren centurio war. Unter den chargierten Gemeinen ist das an die Stelle des früheren → decanus getretene caput contubernii zu erwähnen. Daneben gab es noch andere Dienstgrade bei der Truppe und in der Verwaltung. Allg. kennzeichnend für die Rangordnung dieser Periode ist es, daß die bereits im 3. Jh. einsetzende Demokratisierung des Heeres die ständische Gliederung völlig beseitigte.

Die Ergänzung erfolgte durch Freiwillige, ferner durch Rekruten, die die Grundbesitzer stellen mußten, durch Erbzwang und durch Barbaren. Dabei wurden hinsichtlich körperlicher Eigenschaften beim Feldheer größere Anforderungen gestellt als beim Grenzheer (Cod. Theod. 7,22,8). Der größte Teil der L. war E. 4. Jh. leicht bewaffnet und hatte bloß noch teilweise Panzer. Doch läßt sich sonst über die Bewaffnung wie über die Feldzeichen dieser Periode kein klares Bild gewinnen. Ebenso steht es bezüglich Sold und Verpflegung, die für die L. des Grenz- und des Feldheeres verschieden waren. Allg. spielte die Getreidenahrung nicht mehr eine so große Rolle wie früher, und in der Besoldung wurden donativa und Naturalbezüge von größerer Bedeutung. Mit der allmählichen Entnationalisierung des Heeres mußte im 4. Jh. auch die alte Disziplin schwinden. Über Lager, Marschordnung, Gefecht und Festungskrieg → Taktik, Poliorketik. A. N.

*Ritterling*, RE XII 1186ff. *Krom.-Veith* 255ff. 261ff. 267ff. 288ff. 300ff. 376ff. 384ff. 473ff. 485ff. 568ff. 573ff. 636ff. *R. Grosse* Röm. Militärgesch., Bln. 1920, 29ff. 63ff. 88ff. 107ff. 198ff. 221ff. 343; BursJ 200, 1924, 44ff. 58ff. 218, 1928, 93ff. 248, 1935, 192ff. 274, 1941, 146ff. *G. Webster* The Roman army, Chester 1956. *Marin y Pena Manuel* Instituciones milit. rom., Madrid 1956 (Encicl. clas. 2), *H. M. D. Parker* The Rom. Legions, Oxf. 1928 (Neudr. Cambr. 1958 mit Bibliogr. von *G. B. Watson*). *S. G. Brady* The legionary soldiers and their names, Class. World 46, 1953, 217ff. *J. F. Gilliam* Enrollment in the Roman Army, Eos 48,2, 1957, 207ff. *G. Forni* Il reclutamento delle legioni da Augusto a Diocleziano, Milano–Roma 1953.

Rangordnung: *A. v. Domaszewski*, BJ 117, 1908, 28ff. (Neudr. mit Ergänzungen durch *B. Dobson* als Beih. d. BJ in Vorbereitung). *R. O. Fink*, TAPHA 84, 1953. *E. Sander*, RhM 95, 1952, 79ff.; Hist. 3, 1954, 87ff. 6, 1957, 337ff. 8, 1959, 239ff. *E. Birley*, Carnuntum-Jahrb. 1957, 3ff. 1963/64, 21ff.

Geschichte der Legionen: *Ritterling*, RE XII 1211ff. *R. K. Stark*, AJPh 78 (1957). *G. Alföldy*, Acta Archeol. (Budapest) 11, 1959, 113ff. *H. Nesselhauf*, JRGM 7, 1960, 151ff. *B. Lifshitz*, Latomus 19, 1960, 109ff. *A. Garcia y Bellido*, AEA 34, 1961, 114ff. *J. Fitz*, Acta Archeol. (Budapest) 14, 1962, 180ff. *J. C. Mann*, H 91, 1963, 483ff. *M. G. Jarett*, Archaeol. Cambr. 113, 1964, 47ff. *M. Macrea*, Dacia 8, 1964, 145ff. *J. E. Bogaers*, Numaga 12, 1965, 10ff. 98ff. *Sergio Daris* Documenti per la storia dell esercito Rom. in Egitto, Milano 1964 (Pubblic. dell Univ. Cattol. del sacro cuore).



**Legis actio.** Die l. a. bildet den Grundbegriff des altröm. Gerichtsverfahrens. Sie ist rechtsförmliche Anspruchsbehauptung oder Anspruchsverfolgung. Feste ant. Tradition bezieht sie immer auf Gesetze. Allerdings wußte Gaius (inst. 4,11) im 2. Jh. n. Chr. nicht mehr, ob die Gesetzesbezogenheit der *actiones, quas in usu veteres habuerunt*, daher rührt, daß diese Aktionen *legibus proditae erant*, oder nicht eher darin gründet, daß die Texte der Aktionen den Gesetzen angepaßt sind und so unveränderlich wie diese beachtet wurden. Beide Erklärungen zwingen zu der Annahme, Legisaktionen seien immer jünger als die entsprechenden Gesetze und hätten immer ein bestimmtes Gesetz als Grundlage. Daher müssen dann, wenn man für die Zeit vor den XII Taf. irgendwelche Legisaktionen annimmt, auch Gesetze angenommen werden (etwa gar nach Art der vielverdächtigten *leges regiae*), die vor dem Werk der Decemvirn liegen.

Als älteste l. a. gilt weithin das Sakramentsverfahren, bei dem es um Sachen *(l. a. sacramento in rem)* oder um die Verpflichtung von Personen *(l. a. sacramento in personam)* geht. Im *sacramentum* sieht man oft den zur Prozeßwette denaturierten Rest einer bedingten Selbstverfluchung, eines Eides. Jedenfalls verrät schon der Name Beziehungen zum Sakralbereich; ein Zusammenhang mit frühzeitlichen Gottesurteilen kann wohl nicht ausgeschlossen werden. Das Verfahren führt zur Feststellung, wessen *sacramentum* als *iustum* gilt. Es ist *actio*, in seinem Mittelpunkt steht das oft deutlich an Zweikampf- oder Selbsthilfesituationen gemahnende Handeln der Gegner. Dieses Handeln besteht – auch bei den anderen Legisaktionen – z. T. aus Realakten wie Zugriffen, z. T. aus Spruchformeln wie den *vindicationes*. Die Bezeichnung l. a. zielt mehr auf dieses Handeln der den Prozeß vorantreibenden Parteien als auf das Ordnen und schließliche Entscheiden des Verfahrens durch Jurisdiktionsträger und Richter.

Neben der *l. a. sacramento* steht schon im Zwölftafelrecht eine *l. a. per iudicis arbitrive postulationem* (Gai. inst. 4,17a). Sie diente insbesondere für Klagen aus Stipulationen und Erbteilungsklagen. Für Ansprüche auf *certa pecunia* führte eine lex Silia und für Ansprüche auf *aliae certae res* eine lex Calpurnia die *l. a. per condictionem* ein, in deren Formel der Verpflichtungsgrund noch ungenannt blieb, die also abstrakt war. Rechtsform der

Personalexekution war die *l. a. per manus iniectionem,* die bis zur Tötung des *iudicatus* führen konnte (Gell. 20,1,49 aus den XII Taf.: *Tertiis nundinis partes secanto* gilt dem Schuldner mehrerer Gläubiger), häufiger aber mit seinem Verkauf *trans Tiberim* (Gell. 20,1,46f.) endete. Vollstreckende Pfandnahme durch *l. a. per pignoris capionem* kam nur für einige Forderungen mit sakral- oder öffentlich-rechtlicher Sonderstellung (vgl. Gai. inst. 4,26–29) in Betracht.

Alle Legisaktionen waren den Bürgern vorbehalten. Den weniger förmlich geführten Prozessen, an denen Fremde beteiligt waren, mag jener Verfahrenstyp entstammen, der im Lauf des 2. Jh. v. Chr. die l. a. stark in den Hintergrund drängte. Gaius (inst. 4,30) nennt eine die l. a.-nes einschränkende lex Aebutia, zu der unter Augustus 17 v. Chr. leges Iuliae *(iudiciorum privatorum)* treten, nach denen das Legisaktionenverfahren nur mehr vor den *centumviri* und bei der *actio damni infecti* galt. Th. M.-M.

*M. Kaser* Das röm. Zivilprozeßrecht (1966) 17ff. *H. Lévy-Bruhl* Recherches sur les actions de la loi, 1960. *L. Wenger* Institutionen des röm. Zivilprozeßrechts (1925) 118ff.

**Lehrgedicht** s. Didaktische Poesie

**Leibethra** (*Λείβηθρα*). Stadt in der makedon. Landschaft Pierien am O.-Fuß des Olymp, Mauerreste bei den h. Kalyvia tis Skotinas (Kanalia) s. Litochoro, zugleich Name der dortigen Quellen und Umgebung; Grenze gegen Gonnoi SEG XIII 396,6. L. ist eng mit → Orpheus verbunden; ein Schnitzbild des Orpheus aus Cypressenholz in L. nennt Plut. Alex. 14,5. Nach vielen verschiedenen Zeugnissen soll Orpheus hier oder im benachbarten → Pimpleia geboren sein oder sich aufgehalten haben oder gestorben oder beigesetzt sein. Nach Paus. 9,30,11 soll L. einmal durch den Bergbach Sys zerstört worden sein. Die Bewohner galten sprichwörtlich als dumm, Pape-Bens. 781 s.v. Strab. 9,2,25 p. 410. 10,3,17 p. 471. Liv. 44,5,12. Plin. nat. 4,32. Mela 2,36. Solin. 8,7. Lykophr. 410 m. Sch. BCH 45, 1921, 17 III 53. E. M.

1. AA 47, 1932, 156. 2. *N. Kotzias,* EA 1948/49, *παρά.* 25ff., bes. 33f. (Karte S. 39).

**Leibethrion** (*Λειβήθριον*, Libethrion). Zum Helikon im weiteren Sinne gerechneter Gebirgszug, 40 Stadien (ca. 7 km) von → Koroneia mit Quelle und Heiligtum der Musen und »libethrischen« Nymphen, vermutlich die Quellen beim Kloster Taxiarchoi s.w. von Koroneia. Paus. 9, 34,4. Strab. 9,2,25 p. 410. 10,3,17 p. 471. Serv. Verg. ecl. 7,21. E. M.

*N. G. Papadakis,* *Ἀρχ. Δελτ.* 2, 1916, 259f.

**Leichenfeier** s. Bestattung. Opfer. Totenkult

**Leichenrede** s. Epitaphios. Laudatio funebris

**Leimone** (*Λειμωνίς* Kallim.). Tochter des Medontiden → Hippomenes (2) in Athen, von einem Bürger verführt und mit einem (rasenden) Pferde zusammen eingemauert, das sie auffraß. Reste des Gebäudes sah man noch z. Z. des Aischin. (in Tim. 182 und Sch.; vgl. Ov. Ib. 335. 459). Aition für den Namen einer Örtlichkeit (Straßenkreuzung, Judeich Athen 165): *παρ' ἵππον καὶ κόραν (ἵππου καὶ κόρης).* H. v. G.



**Lein. Flachs** (*λίνον*, doch wohl ident. mit *līnum*). Ob das Wort nicht urspr. jede Art von Faser oder Faden bezeichnet und erst später die spezifische Bedeutung von Linum usitatissimum L. (mit seinen Unterarten) angenommen hat, ist wohl ungewiß. Der Fl. gedeiht überall auf einigermaßen feuchten Böden bei nicht zu großer Hitze. Sein Gebrauch ist schon in prähist. Kulturen festgestellt (Pfahlbauten im Alpengebiet; das in den dort gefundenen Geweberesten nachgewiesene perennierende Linum angustifolium scheint ausgestorben und allg. durch das einjährige L. usit. ersetzt). In Äg. geht die Linnenkultur ins früheste Alt. hinauf. Der ganze Prozeß der Bearbeitung des Fl. (Rösten, Bläuen, Brechen, Hecheln) ist auf altäg. Wandmalereien dargestellt. Die Mumien wurden in Leinwandbinden gewickelt, die äg. Priester durften nur reinleinene Unterkleider tragen, die Industrie erzeugte schon früh feinste Luxusgewebe. In Babylonien reicht der Fl.-bau schon in vorsargon. Z. hinauf. Der myken. Kultur war der L. nicht unbekannt. Die Phoiniker verbreiteten L.-Produkte im Mittelmeerraum. Das AT. weiß vom L.-Spinnen und -Weben der Frauen. Bei Homer ist *λίνον* der Faden der Moira, die Angelschnur, das Fischnetz, aus *λ.* sind Decken und Kleidungsstücke aller Art, Segel und Panzer (*λινοθώρηξ*, Il. 2,529. 830). Inwieweit es sich da um Import aus dem Orient bzw. Äg. oder um eigene Produktion handelt, ist strittig und kaum entscheidbar; Schlüsse auf das Material aus Fremdwörtern wie *χιτών, σινδών, ὀθόνη, ὀθόνιον* sind sehr bedenklich, noch mehr solche aus Epitheta wie *σιγαλόεντα (εἵματα, ῥήγεα), νηγάτεος (χιτών), λιπαρὰ (κρήδεμνα)* auf Linnen, weil nur dies »glänzend« genannt werden könne. Denn erstens ist auch für frühe Z. ein hohes Maß technischen Könnens auf diesem den Schmuck betreffenden Gebiet anzunehmen und zweitens – wie heute – mit dem Unvermögen des Laien zu rechnen, das Material eines Gewebes richtig zu erkennen (»Die schimmernde Wolle, den schneeichten Lein«, Schiller). In der Folgezeit sind L.-Gewebe verschiedenster Art zu vielfältigem Gebrauch in der ganzen Mittelmeerwelt verbreitet, meist – doch nicht immer – für feinere Erzeugnisse und gelegentlich als Luxus gebrandmarkt, wobei übrigens z. T. Modeströmungen eine Rolle gespielt haben dürften.

In Mittelitalien wurde L. wenig angebaut. Cato agr. erwähnt ihn gar nicht, Varro rust. und Columella nur beiläufig. Ausführlich und fast enthusiastisch behandelt (neben anderen kaiserzeitlichen Autoren) Plin. nat. 19,3–23 die L.-kultur, ihre Verbreitung (bes. in Spanien, Oberitalien,

Gallien bis nach Germanien hinein), die vielen Verwendungsweisen für nützlichste Dinge (Segel für Schiffahrt und Überspannung von Theatern, Fischfang, Jagdnetze), die Anbauweisen und die Aufbereitung. – Das bei der Fl.-Bearbeitung abfallende Werg *(στύπη, στυπεῖον, ὠμόλινον, stuppa)* wurde vielfältig verwendet, für Taue, zum Polstern, zum Kalfatern, für grobe Gewebe, als Zünder für Brandpfeile, in der Medizin als Scharpie.

Zahlreiche Preisfestsetzungen für L.samen und für allerlei L.produkte enthält der Maximaltarif des → Edictum Diocletiani.

Außer den Fasern als Spinnstoff wurden die Samen des L. auch als Lebens- und Genußmittel benützt – schon von den Pfahlbauern; erstes griech. Zeugnis Alkman frg. 55 D.; vgl. Thuk. 4,26,8 –, zu medizin. Zwecken – darüber viele Angaben bei Hippokr., Dioskur., Oreibas., Galen, Plinius, Celsus u.a. Ärzten – und zur Herstellung von L.öl, von dem aber Griechen und Römer wenig Gebrauch gemacht haben, jedenfalls nicht zur Herstellung von Farben, obschon L.wand als Malgrund nicht unbekannt war. K. Z.

*Olck*, RE VI 2435–2484 (Flachs; viel Material, doch etwas verworren). *Hehn-Schrader* Kulturpflanzen$^{8}$ 164–190. *Ebert* Reallex. der Vorgesch. 3, 385f. *M. Ventris-J. Chadwick* Documents in Mycenaean Greek 131. 159. 295. *Blümner* Techn. 178–187. *Singer* Technology 2, Abb. 159.

**Leiodes** (*Λειώδης*). Freier der Penelope und Opferpriester, ein zarter Jüngling mit gepflegten Händen, der sich von dem Treiben der andern Freier zurückhält. Von Antinoos wegen seiner Mutlosigkeit gescholten, von Odysseus unter höhnischen Worten niedergestochen. Od. 21,144ff. 22,310ff. Dargestellt auf einem Berliner hom. Becher. ROBERT, 50. Berl. Winckelmann-Progr., 1890, 13ff. H. v. G.

**Le(i)okritos** (*Λειώκριτος, Ληώκριτος*). **1.** Kreter (KULLMANN, H [ES 14] 126 A. 1), Sohn des Arisbas, Gefährte des Lykomedes, fällt durch Aineias. Il. 17,344f. **2.** Sohn des Euenor. Freier der Penelope. Spricht mit äußerster Frechheit von Odysseus, Od. 2,242, von Telemachos' Lanze gefällt, 22,294. H. v. G.

**Leipsydrion** (*Λειψύδριον*). Kastell im Parnesgebirge an der Grenze gegen Boiotien, das die Alkmeoniden im Kampf gegen Hippias etwa 513 v. Chr. befestigten, aber dann räumen mußten. Hdt. 5,62,2. Aristoph. Lys. 665 m. Sch. Aristot. Ath. pol. 19,3 = Athen. 15,695e. Suda. Etym. m. s. *ἐπὶ Λ. μάχῃ*. Reste auf der Höhe Karagufolesa zwischen Menidi und Tatoi gefunden. E. M.

1. *Milchhöfer* bei *Curtius-Kaupert* Karten von Attika, Text 7,7. 2. *W. Wrede*, RE XII 1871. 3. *Philipps.-Kirst.* 1,873 A. 2.

**Leitos** (*Λήιτος*). Boiot. Heros mit Grab in Plataiai. Paus. 9,4,3. In die Il. verflochten als Sohn des Alektryon und tapferer Führer einer boiot. Mannschaft, beim Kampf um die Leiche des Patroklos von Hektor verwundet. Il. 2,494. 6,35. 13,91. 17,601ff. Auch Argonaut und Freier Helenes. Von Eur. Iph. A. 259 als *γηγενής* hervorgehoben. KULLMANN, H(ES 14) 120. H. v. G.

**Leiturgie** (*λειτουργία* Anecd. Bekk. 277. *λιτουργία* IG XII 7,396. *ληιτουργία* Inschr. v. Priene 4. *λῃτουργία* Aristot. Ath. pol. 27,3. *ληιτουργία* Sylloge$^{3}$ 344,70), urspr. jeder Dienst des Bürgers für die Gemeinde, auch die Bekleidung eines Amtes *(ἀρχή)*, im engeren Sinn in Athen im 5./4. Jh. öffentliche Leistungen reicher Bürger und Metoiken mit ihrem Vermögen. Ordentliche *(ἐγκύκλιοι)* L. waren die Choregie (→ Choregos), Gymnasiarchie, Architheorie (→ *Ἀρχιθέωρος*), → Hestiasis, Hippotrophie (Unterhaltung eines Pferdes für den Kriegsdienst) und → Lampadarchie, außerordentliche die Trierarchie und nach 378/77 die Proeisphora. Wer mindestens 3 Talente besaß, konnte zu einer L., aber nicht in zwei aufeinanderfolgenden Jahren, verpflichtet werden. Durch → Antidosis konnte er sich einer L. entziehen. Frei von L. waren Archonten, minderjährige Waisen, Kleruchen und Epheben. BUSOLT GStk. 944,4. 1276. Liste der L. außerhalb Athens J. OEHLER, RE XII 1875f. Im ptolem. Äg. wurden die L. Zwangsdienste aller Art. Die Kaiserzeit brachte die Amtsl., die gesetzmäßig erzwungene Amtsführung; sie führte, da ihre Träger für Gemeindesteuern hafteten, zur Flucht aus den Dörfern. → Immunitas befreite von L. Das L.-system vernichtete mit dem Zwangsbeamtentum den bürgerlichen Wohlstand. MITT.-WILCKEN Grdz. 1,339ff. 354. F. OERTEL Die Liturgie, 1917. H. V.

**Lekane** (*λεκάνη, -νίς, -νίδιον, -νίσκη, -νιον, λέκος, -κίσκος, -κίσκιον, -κίς, -κάριον*). **1.** Die flache Schüssel, zum Teil mit Horizontalhenkeln, aus Metall oder Ton, diente als Gefäß zum Waschen (auch der Füße), zur Reinigung der Hände vor und nach dem Essen, auch als eine Art Spucknapf (Suda s. *λεκάνη*. Phot. s. *λεκάνη*. Sch. Aristoph. Plut. 1061. Poll. 10,76–78. Athen. 5, 197b. 13,583b. Plut. mor. 801b). Darstellung einer L. z.B. Enc. Arte Ant. 3, 539. **2.** Die kleineren Schüsseln mit schwerem Deckel und Horizontalhenkeln dienten als Tischgefäße, zur Übergabe kleiner Hochzeitsgeschenke, auch werden sie für kosmetische Zwecke und von Ärzten benützt (Xen. Kyr. 1,3,4. Poll. 6,85–86. 10,149. Athen. 4, 149f. 6,268c. Sch. Aristoph. Ach. 1110. Phot. s. *λεκάνεις, λεκάνη*. Lukian. amor. 39). Für das, was h. unter Lekanis in der Archäologie verstanden wird, s. BEAZLEY AV 3, 1963, 1496ff. W. H. G.

*F. v. Lorentz*, RE Suppl. VI 221f. *D. A. Amyx*, Hesp. 27, 1958, 202ff.

**Lekanomanteia** s. Mantik

**Lekton** (*Λεκτόν*). In das ägäische Meer vorspringendes Vorgebirge der Ida (Troas). In den ant. Quellen öfters zitiert: Hom. Il. 14,283. Hdt. 9,114. Thuk. 8,101. Aristot. hist. an. 5,15 [547 a 5].

Athen. 13,598 c. Strab. 13,581. 583 f. 586. 592. 604 ff. 615 f. Dort war ein Altar der Zwölf-Götter (Strab. 13,605). Wohl in der Nähe des h. Bababurnu gelegen, wenn nicht mit diesem ident. A. M. M.

*W. Leaf* Strabo on the Troad, 1923, 248. *W. Judeich*, JOEAI 4, 1901, 116. *L. Bürchner*, RE XII 1889. *W. Ruge*, RE VII A 558.

**Lekythos** (λήκυθος). **1.** In der Ant. allg. Salbgefäß (→ Alabastron, Aryballos), bes. Fläschchen mit engem Hals, scheibenförmigem Mündungsrand und abgesetztem Fuß, mit oder ohne Henkel. Zahlreiche korinth. (→ Aryballos), seit dem 6. Jh. vor allem att. Exemplare haben sich erhalten. Künstlerisch sind vor allem die weißgrundigen L. des att. Grabkults bedeutsam. Große Marmor-L. werden seit E. 5. Jh. auch auf Gräbern aufgestellt. **2.** Von dem hohlen Ton, den man durch Blasen auf die Mündung einer L. erzeugt, stammt L. (nur plur.) »rhetorischer Bombast« Cic. Att. 1,14,3. Plin. epist. 1,2,4. **3.** Nach Hesych. s. l. = Sch. Plat. Hipp. min. 368 c auch Adamsapfel (bei Klearchos [5]). W. H. G.

*L. J. Elferink*, L. 1934. *C. H. E. Haspels* Attic Black-Figured Lekythoi 1936.

**4.** Das nur bei Thuk. 4,113–116 genannte Kastell von → Torone auf der Chalkidike, auf einer nach N. vorspringenden Landzunge, von Brasidas 423 v. Chr. erobert. E. M.

*B. Meritt*, AJA 27, 1923, 452 ff. mit Planskizze und Photos.

**Lelante** (Ληλάντη). Gemahlin des myth. Molosserkönigs → Munichos, Mutter des → Alkandros (2). H. v. G.

**Lelantion pedion** (Λήλαντον, Ληλάντιον oder Ληλάντου πεδίον), die üppige Ebene zwischen Chalkis und Eretria, um deren Besitz der »lelantische Krieg« am Anf. 6. Jh. v. Chr. zwischen den beiden Städten und ihren Verbündeten geführt wurde. Noch im MA. Lilanto, TAFEL-THOMAS Urkunden zur älteren Handels- und Staatsgesch. der Republik Venedig 3,132. Strab. 1,3,16 p. 58. 10,9,9 p. 447. 9,12 p. 448. 10,3,6 p. 465. Hom. h. 2,42 (220). Kall. h. 4,289. Plut. mor. 153 F. Comm. in Hes. 62. Theophr. h. pl. 8,8,5. 8,10,4. Ail. var. 6,1. Hesych. Phot. lex. ed. Naber S. 7. SEG XIII 13, 178. 312. E. M.

**Leleger.** Name für vorgriech. Bevölkerungsgruppen in Griechenland und Kleinasien. Die ant. Autoren bezeugen sie für Boiotien, Megara, Lakedaimon (bes. in Therapne), Messene, Pylos, Phokis, Lokris, Aitolien, Akarnanien und Thessalien, auf den Inseln Leukas, Euboia, Astypalaia, Chios, Samos und den Kykladen, ferner in Kleinasien in der Troas, speziell in Pedasos am Satnioeis (Hom. Il. 21,86) und Gargara, in Antandros (Alk. frg. Z 13 L.-P.), Ionien, Smyrna, Ephesos, Tralleis, Milet (das den Beinamen ἡ Λελεγηίς führte), in Pisidien und vor allem in Karien. Hier erwähnt Kallisthenes (FGrH 124 F 25) s. Mylasa 8 Städte der L., von denen 6 zu Halikarnaß vereinigt worden seien. – Die Nachrichten über die ethnische und soziale Stellung der L., bes. über ihr Verhältnis zu den Karern, differieren stark: Philippos von Theangela (FGrH 741), Vf. einer Monographie »Περὶ Καρῶν καὶ Λελέγων«, setzt die L. als οἰκέται der Karer den spartan. Heloten und thessal. Penesten gleich, Pausanias 7,2,4 nennt sie τοῦ Καρικοῦ μοῖρα, während Hdt. 1,171 die Bezeichnung »Leleger« bloß für einen alten Namen der Karer erklärt. Strab. 7,322 charakterisiert sie als μιγάδες und σύλλεκτοι, wobei die naive Deutung des Volksnamens im Spiel ist, wie sie Hes. frg. 115 Rz. gibt. Aristoteles bei Strab. 7,321 nennt die L. πλάνητες »wandernde Scharen«; nach Kallisthenes (a. O.) sind sie von Kleinasien nach Europa gezogen (ὕστερον δ' ἅμα τοῖς Καρσὶ στρατευόμενοι κατεμερίσθησαν εἰς ὅλην τὴν Ἑλλάδα καὶ ἠφανίσθη τὸ γένος). – An leleg. Personennamen sind u. a. Ἄλτης, Τράμβηλος überliefert, an Sprachresten sonst nur eine ganz unsichere Glosse (Sch. Lykophr. 833).

Die moderne Forschung kann bisher die ant. Angaben weder bestätigen noch ergänzen. Die Deutung des Volksnamens (BRANDENSTEIN, RE Suppl. VI S. 169 f.: er enthalte das protohatt. Pluralsuffix *le-*; GEORGIEV, Graecolatina Pragensia 2, 1963, 111 f.: er sei verwandt mit ukrain. *leleka* »Storch«) sind ohne Beweiskraft, erst recht die von KRETSCHMER (4) vorgeschlagene Verknüpfung der L. mit dem ost-kaukas. Bergstamm der Lakken in Dagestan. Am ehesten könnte noch ŠEVOROŠKINS Verknüpfung des Namens mit dem luw. Appellativ *lulahi*-»Barbar« zutreffen (Issledovanija po dešifrovke karijskich nadpisej, Moskau 1965, 28). G. N.

1. *K. W. Deimling* Die Leleger, Lpz. 1862 (als Materialsammlung noch brauchbar, zieht aber kritiklos zu viel nicht Zugehöriges heran). 2. *W. Aly* Karer und Leleger, Philolog. N.F. 23, 1909, 428–444. 3. *Geyer*, RE XII 1890 ff. (Art. Leleger). 4. *P. Kretschmer* Die L. und die ostmediterrane Urbevölkerung, Glotta 32, 1953, 161–204.

**Lemanae Portus.** Röm.-brit. Hafenstation in Kent beim h. Lympne. Etym. werden die belegten Namensformen L., *Leman(n)is* oder *Lemavie* und der eines wohl benachbarten Flusses *Lemana* von einem kelt. Stamm für »Ulme« hergeleitet. Vermutlich einer der 3 Invasionshäfen des Kaisers Claudius im J. 43 n. Chr., vielleicht auch Caesars im J. 55 v. Chr., und wohl vom 1.–3. Jh. n. Chr. eine röm. Flottenstation. Hier wurde n. oder n.w. des langsam versandenden und h. in nicht ganz gesicherter Lage im Inland gelegenen Hafens unter Constantius I. eine Festung von über 405 000 Hektar als Bestandteil des *Litus Saxonicum* errichtet, h. die Ruinenstätte Stutfall Castle. Z. Z. der Not. Dign. lag hier ein *numerus Turnacensium*. Die Räumungsgesch. von L. ist ungesichert, da nachröm. Funde sich in der Nähe von Stutfall Castle unmittelbar an röm. ohne Unterbrechung der Siedlungskontinuität anzuschließen scheinen. F. M. H. – J. Ward

Vgl. mit Vollbibliogr. RE Art. Lemana, Lemanae Portus, Saxonicum Litus, Turnacum. *G.J. Copley* An Archaeology of South-East England (1958), Ind. s. Lympne. *R.G. Collingwood – J.N.L. Myres* Rom. Brit. and the English Settlements (1937), Ind. s. Lympne. *R.G. Collingwood – R.P. Wright* The Rom. Inscript. of Brit. I, 1964, Nr. 66. *Holder* 2,172. *T. Rice Holmes* Anc. Brit. and the Invasion of Iul. Caesar (1907), Ind. s. Portus Lemanis. *I.A. Richmond* Rom. Brit.[2] (1963), 20. *C. Starr* The Rom. Imperial Navy[2] (1960), 153. Victoria County Hist. Kent 3, 1958, 55f., Ind. s. Lympne. *D.A. White* Litus Saxonicum (1961), Ind. s. Lympne. *S.E. Winbolt* Britain under the Romans (1945), 91f.

**Lemannus lacus.** Der ant. Name des Genfer Sees, französ. Lac Léman, Caes. Gall. 1,2,3. 1,8,1. 3,1,1. Strab. 4,1,11 p. 186. 4,6,6 p. 204. 6,11 p. 208. Lucan. 1,396. Mela 2,74.79. Plin. nat. 2,224. 3,33. Ptol. 2,10,2. Amm. 15,11,16. *Nautae lacus Lemanni* in Genf und Lausanne, H. M. Nr. 92.152. Im Itin. Anton. 348,2 *lacus Lausonius*, ebenso auf der Tab. Peut. 3,2 *Lacus Losanenses*. Die Änderung des bei Avien. or. m. 676 überlieferten *Temenicus ager* in *Lemennicus* ist abzulehnen, s. Heuberger, Mitt. Oest. Inst. f. Geschichtsforsch. 52, 1938, 154f. E. M.

**Lembus** (*λέμβος, lembulus, lenunculus*). Kleine und große Boote verschiedenen Zwecks auf Meer und Binnengewässern können l. heißen. Die meist ungedeckt gedachten Ruderschiffe, nach Plin. nat. 7,208 kyrenäische Erfindung (Philipp V. schreibt den Illyrern die besten l. seiner Zeit zu, Pol. 5,109,3) können zur Kriegs- oder Handelsmarine gerechnet und als Transportschiffe eingesetzt werden. Kein bestimmter Schiffstyp läßt sich derzeit sicher mit der Bezeichnung l. verbinden. W. H. G.

*Torr* Ancient Ships, 1894, 115ff. *Grosse*, RE XII 1894ff. *Miltner*, RE Suppl. V 958,52ff. 959,58ff.

**Lemnos** (*Λῆμνος*). Große Insel in der n. Aegaeis, 477 qkm, hauptsächlich aus Schiefern mit eingelagerten vulkan. Gesteinen zusammengesetzt, zumeist niedriges Hügelland mit höchster Erhebung von 470 m und stark gegliederter Küste mit tief eingreifenden Buchten, im ganzen recht fruchtbar, aber h. fast baumlos.

L. war bereits prähist. dicht besiedelt, bes. wichtig die Ausgrabungen von Poliochni an der O.-Küste, L. Bernabò Brea Poliochni, Città preistorica nell'isola di Lemnos, 2 Bde. 1964, und bei Hephaistia, D. Mustilli La necropoli tirrena di Efestia, ASAA 15/16, 1932/33 (1942), 1ff. Als ältere Bewohner erscheinen bei Homer Il. 1,594. Od. 8,294 thrak. Sintier, in Il. 7,467f. 21,40f. 23,747 ist die Insel aber griech. Später werden »Pelasger« oder »Tyrsener« als Bewohner genannt, die den Griechen die sprichwörtlichen *Λήμνια κακά* zufügen. Hdt. 6,137ff. Aischyl. Choeph. 631ff. Von ihnen stammt der Grabstein in einer dem Etr. nächst verwandten Sprache, MDAI(A) 33, 1908, 47ff. 65ff. IG XII 8 Nr. 1. Buonamici Epigrafia Etrusca 88ff. J. Friedrich Kleinasiat. Sprachdenkmäler 143ff. Graffiti wohl der gleichen Sprache A. della Seta, Scritti in onore di B. Nogara, 1937, 119ff.

Miltiades (6) eroberte die Insel wohl nach 510 v. Chr. für Athen, in dessen Besitz sie mit verschiedenen Unterbrechungen bis um 200 n. Chr. verblieb, Hdt. 6,137ff. u.a. Im att. Seebund war L. zunächst mit 9 Talenten, nach Ansiedlung att. Kleruchen um 450 v. Chr. die beiden Städte Hephaistia mit 3, Myrina mit 1½ Talenten veranlagt, B.D. Meritt The Athenian tribute lists 1,330.280f. 348f. 447. 3,289ff. 199 u.ö., sonst s. die Inschr. und [10]. Athena Lemnia Paus. 1,28,2. 267 n. Chr. Verwüstung durch Goten und Heruler, Synk. chron. 382 D (I 717 Dind.), im 4. Jh. ist Hephaistia Bischofssitz. Aus L. stammen die Flavii → Philostrati.

Die ant. Hauptorte waren → Myrina an der W.-Küste beim h. Kastro (amtlich Myrina) und Hephaistia(s) an der N.-Küste des O.-Teils der Insel. Berühmt war der Kult des Hephaistos, RE VIII 325f. XII 1927f. s. Lemnos, der wohl an das viel genannte Erdfeuer auf dem Hügel Mosychlos etwa 4 km s. von Hephaistia anschließt (Neumann-Partsch Physikal. Geogr. Griechenlands 314ff.). Von hier stammt auch die als heilkräftig geschätzte »lemnische Erde«. Auch sonst ist L. reich an Mythen, RE VI A 297ff. Nr. 2 (Thoas). [7]. Etwa 3 km n. von Hephaistia lag das Kabirion mit bes. zahlreichen Inschr. ASAA N.S. 1/2, 1939/40, 223f. 3/5, 1941/43, 75ff. Heute befindet sich in Myrina ein eigenes archaeolog. Museum. Skyl. 67. Strab. 5,2,4 p. 221. 7,331 frg. 46. Ptol. 3,12,44. Plin. nat. 4,73. Mela 2,106. Hierokl. Synecd. 649,1. Eustath. Hom. Il. 157,27ff. Apoll. Rhod. 1,608ff. m. Sch. 4,1757ff. Val. Flacc. Argon. 2,82ff. Steph. Byz. Inschr.: IG XII 8 Nr. 1–44. Suppl. Nr. 337–343. BCH 62, 1938, 478f. Riv. fil. 19, 1941, 179ff. = SEG 12,399. ASAA N.S. 3/5, 1941/43, 75ff. 15/16, 1932/33 (1942) 289ff. 30/32, 1952/54, 317ff. Hesp. 3, 1934, 67f. Nr. 62. 4,57 Nr. 19. 10, 1941, 338f. *Ἀρχ.Δελτ.* 17, 1961/62, B 266. SEG 13,456. 16,504–517. Mz.: Head HN[2] 262. E. M.

1. *C. Fredrich* Lemnos, MDAI(A) 31, 1906, 60ff. 241ff. 2. *Ders.*, RE XII 1928ff. 3. *Ders.*, IG XII 8 p. 2ff. 4. *Ch. Picard – A.J. Reinach*, BCH 36, 1912, 326ff. 5. *T.L.W. Sealy*, ABSA 23, 1918/19, 148ff. 6. *Philipps.-Kirst.* 4,224ff. 7. *L. Bernabò Brea*, Encicl. Arte Ant. 4,542ff. (mit großer Bibliogr.). 8. *S. Accame*, Dizion. epigr. 4,633ff. 9. *S. Shebelew* Zur Gesch. von L., Klio 2, 1902, 36ff. (hellenist.). 10. *D. Mustilli* L'occupazione ateniese di L. e gli scavi di Hephaistia, Stud. di antichità class. a Em. Ciaceri, 1940, 149ff. 11. *A. della Seta* Arte tirrenica di Lemno, EA 1927, 629ff. 12. *R. Hennig* Altgriech. Sagengestalten als Personifikation von Erdfeuern und vulkan. Vorgängen, JDAI 54, 1939, 230ff. 13. *F.W. Hasluck* Terra Lemnia, ABSA 16, 1909/10, 220ff. *K. Kinzl* Milt. Forsch. Diss. 1967.

**Lemonia tribus** (Nissen It. Ldk. 2,564. Werner Beg. der röm. Rep. 267,4), nach *gens L.* (Mommsen RStR 3,168ff. Schulze Eigenn. 161,5),

kaum nach *pagus Lemonius* (Fest. 102,20 L.) vor *porta Capena* benannt (ALFÖLDI, H 90, 1962, 203 ff. DERS. Early Rome 307), vor 495 eingerichtet (Liv. 2,21,7. KUBITSCHEK, RE VI A 2496); zugehörig: Ancona, Sentinum, Bononia u. a. (DESS ILS III 594. KUBITSCHEK Imp. Rom. trib. discr. 271).
G. R.

**Lemonum.** Hauptstadt der Pictones (oder Pictavi) Caes. Gall. 8,26.27. Itin. Ant. 459. Tab. Peut. *Lemunum.* Ptol. 2,7,6 *Λίμονον*, woraus *Limonum.* Später nahm die Stadt den Namen der gall. *civitas* an, im 2. Jh. n. Chr. *civitas Pictonum* (CIL XIII 1129), bei Amm. *Pictavi*, woraus h. Poitiers. Ruinen: Amphitheater (A. GRENIER Man. Arch. gallo. rom. 3, 1958, 677). Neue Ausgrab.: Gallia 1949, 123. 1951, 101. 1954, 176. 1957, 220. 1961, 399. 1965, 373.
M. L.

**Lemovices.** Völkerschaft in Aquitanien zwischen Biturigen und Arvernern (Caes. Gall. 7,4. 8, 146. Plin. nat. 4,109. Ptol. 2,7 *Λιμονίκοι, Λεμόβικες*). Hauptstadt *Augustoritum* (Ptol. Itin. Ant. 462) bis zum 7. Jh. Dann nahm sie den Namen der *civitas* an (*civ. Lemovicum* in Not. Gall.); h. Limoges. Neue Ausgrab. in Augustoritum-Lemovicum: Gallia 1953, 27. 1954, 182. 1955, 180. 1959, 487. 1961, 413. 1965, 381. A. GRENIER, Man. Arch. gallo. rom. 3, 1958, 250.675 (Amphitheater).
M. L.

*R. Morichon* Considérations critiques sur la participation des L. à la guerre des Gaules, Bull. Soc. Arch. du Limousin 87, 1959, 131–143.

**Lemovii.** Germ. Volk, nur von Tac. Germ. 43 bezeugt, das zwischen Oder und Weichsel an der Ostsee siedelte und den Rugii benachbart war. Ptol. 2,11,7 nennt *Ῥουτίκλειοι*, die als eine Zusammenziehung von Rugii und L. gedeutet wurden (HOLZ Beitr. z. deutsch. Altertumskunde 45).
H. C.

*L. Schmidt* Gesch. d. deutsch. Stämme 1,327. *Franke*, RE Suppl. V 549.

**Lemures. Lemuria** (*Lemuralia* Paul.-Fest. 87). Fest am 9., 11., 13. Mai. Tagescharakter N. Die Tempel sind geschlossen, Hochzeiten finden nicht statt. Ov. fast. 5,419 ff. schildert die häusliche Begehung: Um Mitternacht geht der *pater familias* barfuß, die Finger zu Abwehrzauber zusammenlegend, durchs Haus, wäscht die Hände mit Quellwasser, wirft schwarze Bohnen (Lit. bei BÖMER [1],36,3) hinter sich und spricht 9 mal: »Diese opfere ich, ich kaufe mich und die Meinen mit diesen Bohnen los.« Er wäscht wieder die Hände, rasselt mit Erzgeräten und ruft 9 mal *manes exite paterni.* Varro bei Non. 135 nur: *dicunt se Lemurios* (sic!) *extra ianuam eicere.* (Vgl. → Anthesteria.) An den Worten Ovids entzündete sich die Debatte um *l.es* und → *manes*, Alter der Lemuria und Verhältnis zu den → Parentalia, die jetzt so entschieden sein dürfte, daß beide Feste seit alters nebeneinanderstanden: Grundzug der Parentalia ist die Verbundenheit mit den Ahnen, der der Lemuria abwehrende Gespensterfurcht. Es gilt jetzt auch als sicher (CUMONT, BÖMER, LATTE), daß *l.es* nicht aus dem Fest Lemuria herausgesponnen, sondern nur gegen → *larvae* zurückgetreten sind (Konstruktion ist Apul. de deo Socr. 15 und Mart. Cap. 2,162 f.: Die Totengeister würden allg. l. genannt, die guten davon *lares*, die bösen *larvae*, die neutralen *manes* (*l.* und *larvae* böse Aug. civ. 9,11). Haltlos (vgl. WALDE-HOF.$^{3}$ 781 f.) ist die Ableitung *Lemuria* < *Remuria*, das als Totenfest für Remus eingerichtet worden sei (Ov. a. O. Porph. Hor. epist. 2,2,209). Verwechslung der *l.* mit *manes (m. paterni!)* schon bei Ov. (LATTE, BÖMER u. a.). Später häufige Vermengung der *l.es* mit *manes* und anderen Geistern (vgl. z. B. Aug. a. O. Serv. und Serv. auct. Aen. 3,63. Sch. Pers. 5,185. Lyd. mens. 4,82).
W. E.

1. *F. Bömer*, ARW Bh. 1, 1943, 34 ff. 2. *Ders.* zu Ov. fast. 5,419 ff. 3. *F. Cumont* Lux perpetua, Par. 1949, 396 ff. 4. *Latte* RRel. 99. 5. *Sanctis* StR IV 2,1,247 f. 6. *E. Jobbe-Duval* Les morts malfaisants, Par. 1924, 25 ff.

**Lenaeus.** *Pompei Magni libertus* (L. Pompeius), Grammatiker und Pamphletist, * etwa zwischen 100 und 95 v. Chr. in Suessa Aurunca (? vgl. Sch. Iuv. 1,20 mit Konj. von Casaubonus; anders HILLSCHER, Fleck. Jb. Suppl. 18,377. FUNGrRF 403). spätestens seit 77 ständiger Begleiter seines Herrn Pompeius auf dessen Feldzügen, lebte später in seinem und seiner Söhne Haus, wohl als Hauslehrer, und betrieb (ab 35?) eine eigene Schule auf dem Esquilin nahe dem Tellus-Tempel (Suet. gramm. 2). Als Schriftsteller verfaßte er 1. eine lat. Bearbeitung des pharmakologischen Nachlasses des Königs Mithridates VI. (Plin. nat. 25,5; vgl. 23,149. Gell. 17,16), die Plin. in mehreren Büchern heranzog; 2. mindestens eine derb aggressive Satire gegen Sallusts Historien, in der er für Pompeius Partei ergriff (Suet. gramm. 15 = Petron. ed. Buecheler S. 270), wahrscheinlich noch andere von uns unbekanntem Inhalt (Sch. Iuv. a. O.); 3. möglicherweise Epigramme, denen FUNAIOLI (RE I A 1947) ein bei Quint. inst. 8,3,29 erhaltenes Distichon gegen Sallust zuordnen will.
W. R.

**Lenaia** (*Λήναια*). Att. Dionysosfest im Monat → Gamelion (Sch. Hes. erg. 502. H. v. PROTT Fasti Sacri 17.44. Nr. 22 A 2. MDAI(A) 23, 1898, 222 f. [1],375) mit Pompe und Agon (Aristot. Ath. pol. 57) in Form dram. Aufführungen (Aristoph. Ach. 1155. Demosth. 21,10. Plat. Prot. 327 d. A. PICKARD-CAMBRIDGE Dithyramb, Tragedy and Comedy, 1927, 268 ff.), urspr. im Bezirk des Lenaion (Ach. 504); zu dessen Lage *ἐν ἄστει* (Hesych. s. *ἐπὶ Ληναίῳ ἀγών*) oder *ἐν ἀγροῖς* (Sch. Ach. 202) [2], 124. Das Auftreten des eleus. Daduchen, auf dessen Geheiß die Gemeinde den → Iakchos *πλουτοδότης* herbeirief (Sch. Aristoph. Ran. 479), weist auf Berührung mit dem Kult der → Demeter, der Kore und des Pluton (NILSSON GgrR 1,584. 599), bestätigt durch das Nebeneinander dieser Gottheiten, der → Semele und des → Dionysos *Ληνεύς* bzw. *Ληναῖος* auf dem Monument von → Mykonos (Syll.[3]1024,15ff.). Die Ableitung der Bez. *Λήναια*, *Ληναῖος* von *ληνός* »Kelter« ([1],376f. FRISK 2,117) wird von [2],126 abgelehnt zugunsten einer Benennung nach den *λῆναι* (Herakl. fr. 14. 15. Hesych. s.v.), den orgiast. erregten mänad. Begleiterinnen des Dionysos und der Semele-Thyone ([1],380f. – Inschr. von Francavilla Fontana: Corp. Inscr. Messap. 70. O. HAAS Messap. Stud., 1962, 34f.). Von ihrem Treiben ([3],143) und den sonstigen Gepflogenheiten des L.-Festes (M. A. ZANALDI BAUDO, RIL 85, 1952, 177ff. 216) legen die sog. L.-Vasen Zeugnis ab (A. FRICKENHAUS, 72. Winckelmannsprogr., 1912; vgl. KROLL, RE XII 36f.): [2],127ff. gegen NILSSON, JDAI 31, 1916, 327ff. SBAW 1930, 4,3ff. Die Liedtradition der L. von der ekstat. Zerreißung des Dionysos (Sch. Clem. Al. protr. 4,4) gehört, zusammen mit dem in der → Ikarios-Legende (→ Aiora, Erigone) aufgehobenen rit. Bockopfer (K. KERÉNYI, Eranos-Jb. 19, 1951, 13ff. Herkunft der Dionysos-Rel., 1956, 18ff.), dem Keltertod des Gottes und den daraus gespeisten ätiol. Weinwundern (W. F. OTTO Dionysos, 1933/60[2], 90ff. D. IKONOMIDIS, Mél. Merlier 2, 1956, 185ff.), zu den kult.-ideellen Urbestandteilen der mimet. *τραγῳδία* (R. MERKELBACH, Miscellanea A. Rostagni, 1963, 469ff. 476ff. W. BURKERT, Greek, Roman and Byz. Stud. 7, 1966, 87ff. 93ff. Vgl. W. FAUTH, RE IX A 2248ff.). W. F.

1. *A. Mommsen* Feste der Stadt Athen, 1898, 372ff. 2. *L. Deubner* Att. Feste, 1932/62. 3. *E. O. James* Seasonal Feasts and Festivals, 1961, 142ff.

**Lenaion** (*Ληναιών*). Weit verbreiteter Monatsname des ion. Kalenders, der sich aber in der hist. Z. in dem Kalender Athens trotz des dortigen Lenaeenfestes nicht findet. Es ist möglich, daß der Monatsname L. in früher Z. auch in Athen vorhanden war, aber verschollen ist, wie es auch bei dem Monatsnamen *Ἀπατούριον* der Fall ist. Da die Monatsnamen von den entsprechenden Festen abgeleitet sind, nicht umgekehrt, und der L. in die Winterszeit fällt (Dez.–Jan.), wie aus Hes. erg. 504ff. hervorgeht, ist wohl auch aus diesem Grund die Beziehung auf *Λήναια* = Kelterfest abzulehnen und die auf *Λῆναι* (s.o Art. Lenaia) wahrscheinlicher, worauf auch die weite Verbreitung des Monatsnamens hinweist. W. S.

**Lenocinium.** Bedeutet die Kuppelei, speziell die gewerbsmäßige: *l. facit, qui quaestuaria mancipia habuerit: sed et qui in liberis hunc quaestum exercet, in eadem causa est.* So kommentiert Ulp. Dig. 3,2,4,2 denjenigen Teil des praetor. Edikts, der die Postulationsfähigkeit des *leno* mindert (vgl. O. LENEL Edictum Perpetuum 1927[3], 77f.). Aus dem Fortgang des Ulpiantextes folgt, daß hierunter auch das bloß nebenberufliche l. etwa des *caupo* oder *balneator* fiel. Strafbar war das l. als solches nicht. Wohl aber werden bestimmte qualifizierte Formen, etwa die Verkuppelung der Ehefrau, von der *lex Iulia de adult.* erfaßt, Ulp. Dig. 48,5,2,2. Nov. Iust. 134,10 pr. (a. 556) erstreckt dann die von Constantin (Cod. Theod. 11, 36,4 = Cod. Iust. 9,9,29,4; a. 326) für den Ehebruch angeordnete Leibesstrafe *(gladio puniri oportet)* auch auf die Beihilfe zum Ehebruch. Damit steht das l., wo es diese Voraussetzung erfüllt, unter strengster Strafe. D. M.

**Lentia.** Das h. Linz an der Donau. Der Name scheint kelt. Ursprungs und bereits jener latènezeitlichen Siedlung eigen gewesen zu sein, die auf dem im W. der Stadt befindlichen Freinberg angesetzt wird, dessen Besiedlung sich bis in die Jungsteinzeit zurückverfolgen läßt. Die günstige Lage am Schnittpunkt der Donau mit einem n.s. verlaufenden, entlang dem Haselgraben weiterführenden Verkehrsweg war auch für die Anlage des 0,66 ha großen, trapezförmigen, röm. Erdholzkastells aus dem 1. Jh. n. Chr. im Gelände des Landestheaters bestimmend. Im 2. Jh. wurde es in ein Steinkastell umgebaut. Als früheste Garnison ist die Ala I Pannoniorum Tampiana victrix nachweisbar. Für die späte Kaiserzeit bezeugt die Not. dign. einen Teil der legio II Italica (occ. 34,38 *Praefectus legionis secundae Italicae partis inferioris Lentiae*) und berittene Bogenschützen (occ. 34,32 *equites sagittarii Lentiae*) als Besatzung. Der Kern des zivilen Siedlungsbereiches befand sich w. der Linie Hauptplatz – Innere Landstraße. Von den verschiedenen bes. nach dem 2. Weltkrieg freigelegten Bauresten ist vor allem der hlg. Bezirk im Bereiche Altstadt – Tummelplatz zu nennen. Von ihm ist ein Mithraeum, der Tempel der 2 Götter und der Tempel der kapitolin. Trias bekannt. Unweit davon wurde im Gebiete Altstadt – Hahnengasse ein gallo-röm. Umgangstempel freigelegt. S. der zivilen Siedlung erstreckte sich in der Wurmstraße auf den Gründen der Kreuzschwestern ein Friedhof, von dem weit über 100 Bestattungen, und zwar fast lauter Brandgräber, aufgedeckt wurden (1927), die auf eine verhältnismäßig wohlhabende Bevölkerung der frühen röm. Kaiserzeit schließen lassen. A. N.

*R. Noll* Röm. Siedlungen und Straßen zwischen Inn und Enns, Wien 1958, 50ff., Der röm. Limes in Österreich XXI. *P. Karnitsch* Die Linzer Altstadt, Linz 1962, Linzer Archäol. Forsch. I. *L. Franz–A. R. Neumann* Lex. ur- und frühgesch. Fundstätten Österr., Wien 1965, 127f.

**Lentidius.** Personenname, Weiterbildung auf *-idius* (RE XVI 1666) zu Lentius (CIL VI 200), etr. *lenti*, vgl. SCHULZE Eigenn. 191. 313. – L., 58 und 57 Anhänger des P. → Clodius, Cic. dom. 89; Sest. 80. H. G. G.

**Lentienses.** Alamann. Stamm, n. vom Bodensee, nur erwähnt anläßlich einer Strafaktion des *magister equitum* Arbetio im J. 355 und des Sieges Gratians über die L. bei Kolmar im J. 378 (Amm. 15,4. 31,10). Der aus einem wohl kelt. Landschaftsnamen abgeleitete Name lebt in Linzgau fort. A. L.

**Lentiscus** s. Mastix

**Lentulus.** Cognomen etr. Herkunft (Schulze Eigenn. 313. 322); weder die übliche Ableitung von *lens, -tis* »Linse« (Spitzname, vgl. RE III A 1827) noch die von *lentus* (Ernout-Meillet Dict. étym. 512) scheint h. noch vertretbar, Walde-Hof.$^3$ 1, 783. Erblich wurde das Cognomen in der altpatriz. Gens Cornelia und bezeichnete die Angehörigen einer *stirps*, die seit dem 4. Jh. v. Chr. im polit. Leben Roms hervorgetreten sind, o. Bd. I 1310ff. Nr. 28–51; 1317f. Nr. 24–33. Einige unter → Cornelius noch nicht behandelte Persönlichkeiten: **1.** P. Cornelius L., markanter Vertreter der Nobilität im 2. Jh. v. Chr. und Gegner der Gracchen. Sohn von → Cornelius Nr. 32 und Enkel von Nr. 40. 172 war er Gesandter nach Griechenland, 171 stand er als Militärtribun in Boiotien, bekleidete 169 die curul. Aedilität (zusammen mit P. Scipio Nasica) – erstmaliges Auftreten afrikan. Raubtiere bei Spielen in Rom – und führte mit 2 anderen Gesandten 168 nach der Schlacht bei Pydna die entscheidenden Verhandlungen mit Perseus, Liv. 45,4,7. Wohl 165 (Broughton Mag. 1,438) war er praetor urbanus (Ordnung des Ager Campanus als Staatsland durch ihn) und 162 Consul (suff.) zusammen mit Cn. → Domitius Ahenobarbus (Nr. 6) (Degrassi I. 13,50f. 462f.). 156 weilte er als Gesandter in Kleinasien, Pol. 32,28,1. Seit 125 war er princeps senatus, Cic. div. in Caec. 69 u.a. 121 kämpfte er hochbetagt mit den Optimaten gegen C. Gracchus, Val. Max. 5,3,2. Gerühmt wurden seine Weisheit, Vaterlandsliebe und Uneigennützigkeit; er war auch ein geachteter Redner (Cic. Brut. 108). **2.** L. Cornelius L. Crus, Gegner Caesars (P. f.; Crus: Spitzname). Diente wohl schon unter Pompeius in Spanien, war 61 Hauptankläger des P. → Clodius Pulcher wegen Religionsfrevels (Cic. har. resp. 37 u.a.) und trat als Praetor 58 für Cic. ein. 51 bewarb er sich vergeblich um die Priesterstelle eines XVvir. Consul 49 zusammen mit C. → Claudius Marcellus (Nr. 13) (Broughton Mag. 2,256), verließ im Jan. Rom, ging im März nach Epirus, rekrutierte 2 Legionen in Asia (dabei Freistellung von Juden, Ios. ant. 14, 228 u.ö.) und lebte 49/48 in Thessalonike. Bei Pharsalos 48 war er wohl Truppenführer, floh dann über Rhodos und Cypern nach Äg., wo er festgenommen und getötet wurde, Caes. civ. 3,104, 3. Vgl. 1,4,2 (über die Motive des L. – Verschuldung –). Gelzer Caes. $^6$166 u.ö. **3.** P. Cornelius L. Sura, der Catilinarier; Enkel von Nr. 1. Ämterlaufbahn (Quellen bei Broughton Mag. 2): 81 Quaestor, 75 Praetor, 74 Propraetor (Sicilien), 71 Consul, zusammen mit Cn. → Aufidius Orestes Nr. 10. 70 wurde er wegen unsittlichen Lebenswandels von den Censoren aus dem Senat gestoßen. 63 war er Praetor II, schloß sich aber dann → Catilina an, dessen vornehmster Anhänger er wurde, jedoch mit sehr eigennützigen Machtzielen (er fühlte sich nach Cinna und Sulla als 3. Cornelier berufen). Er nahm mit den Gesandten der Allobroger Verbindung auf, die ihn verrieten: am 3. Dez. 63 wurde er verhaftet und im Senat verhört, am 5. im Tullianum hingerichtet. Gattin: → Iulia Nr. 20. S. a. Cornelii I 28–51. II 24–31.

H. G. G.

**Leo. 1.** L. I., der Gr., röm. Papst 440–461, tusk. Herkunft, trat um 430 in der Kirchenpolitik hervor, indem er → Cassianus mit der dogmat. Widerlegung der Irrlehre des → Nestorios beauftragte. Wie er so die Entscheidung des Konzils von Ephesos (431) vorbereitete, gab er als Papst den Ausschlag für die Konzilsentscheidung von Chalkedon (451) gegen → Eutyches, vor allem durch sein Schreiben an den Patriarchen → Flavianus (5), [3], in welchem er die Lehre von den 2 Naturen Christi darlegte. Der Brief wurde von der Mehrheit der Konzilsväter als die wahre Lehre akklamiert (Acta concil. oecum. 2,1,2,81,23 S.). Die Schwächung des Orients durch die Glaubenskämpfe machte L. zu einem entschiedenen Verfechter des Primats Petri und veranlaßte ihn, gegen Canon 28 des Konzils von Chalk. zu protestieren, welcher dem Bischof von Konstantinopel einen Vorrang vor den andern Patriarchen des O. zugestand (Acta conc. oec. 2,1,3,88ff. S.). Im W. bekämpfte L. Pelagianer, Manichäer und Priscillianisten (epist. 15 [6]). In die weltliche Politik griff er oft ein. Er wurde zum Papst gewählt während einer Gesandtschaft bei → Aëtius (3) in Gallien. 452 reiste er dem Hunnenkönig Attila nach Oberitalien entgegen und bewog ihn zum Rückzug. Bei der 14tägigen Plünderung Roms durch die Vandalen (→ Geisericus) im J. 455 erreichte er wenigstens, Brand und Mord abzuwenden. Sein lit. Nachlaß besteht aus 96 sermones [1.2.10], der ersten Slg. von Predigten eines Papstes. Die 173 Briefe (einige unecht) sind nicht als einheitliche Slg. überliefert. L. hatte die großen Lehrbriefe einzeln in Umlauf gebracht. Das meiste Material liefern → kirchenrechtliche Slg.en zu bestimmten Fragen: Konzil von Chalkedon [3], Streit um die Metropolitanrechte von Arelate [4] (→ Hilarius 2) u.a. Erst die Ausg. von P. und H. Ballerini 1753–1757 (Abdr. [1]) vereinigt die Briefe in der h. üblichen Folge. Unverkennbare Parallelen zu den Sermones bieten die liturg. Texte des Sacramentarium Veron. [7] (deshalb oft als Leonianum bezeichnet), im 6./7. Jh. von einem privaten Sammler angelegt, der die zwischen 440 und 550 gebräuchlichen Meßgebete zusammenstellte. Leo Gehöriges ist auch im Sacramentarium Gelas. enthalten (→ Gelasios 3). L. könnte der Dichter der 8 Disticha auf dem Architrav des Baptisteriums im Lateran (ILCV 1513) sein [9].

O. H.

Ta.: 1. *Migne* PL 54. 2. *R. Dolle* Léon le Grand, Sermons 1, 1964$^2$; 2, 1957; 3, 1961, Sources chrét. 2 bis, 49, 74. 3. *Ed. Schwartz* Acta concil. oecum. 2,2,1. 24,15–33,10 (epist. 28 ad Flavianum); 2,4 (Briefe zum Konzil v. Chalk.). 4. *W. Gundlach*, MGEpp 3, 1892, 15ff. (Briefe betr. Arelate). 5. *O. Günther*, CSEL 35, 1895, 117–124 (Briefe zum

Bischofswechsel in Alexandreia). 6. *Bened. Vollmann* Stud. zum Priszillianismus, 1965. 7. *L.C. Mohlberg*, 1956. Lit.: 8. *E.Caspar* Gesch. des Papsttums 1, 1930, 423–564. 9. *F.J. Dölger* Ant. und Christentum 2, 1930, 252–257. 10. *M.B. de Soos* Le mystère liturg. d'après St.-Léon le Gr., 1958, Liturgiegesch. Quellen und Forsch., 34. 11. *P. Stockmeier* Leo I. des Gr. Beurteilung der kaiserl. Religionspolitik, 1959, Münch. theol. Stud. 1,14. 12. Zu den liturg. Slg.: *C.Callewaert*, Sacris erudiri 1, 1948, 35–122. *A.P. Lang* Leo der Gr. und die Texte des Altgelasianums ..., 1957. *Ders.*, Sacris erudiri 9, 1957, 116–162. 10, 1958, 43–126. 11, 1960, 12–135. 13, 1962, 281–325. 14, 1963, 1*–22*. Bibliogr.: *Jaffé* Reg. 398–551. *Altaner*[6] 320–324. Clavis patr. Lat.[2] 1656–1657[c].

**2.** Oström. Kaiser 457–474, aus Thrakien, war Tribun, als ihn der Heermeister Aspar (→ Ardabur) zum Kaiser ausrufen ließ. Als erster wurde er durch den Bischof von Constantinopel gekrönt (Theophanes a. 5950. Nikephoros 15,15). Seine Orthodoxie bewährte L. vor allem in dem von 457 an zu führenden Kampf gegen die Feinde des Bekenntnisses von Chalcedon in Alexandria (Cedrenus 1,607f. Bonn; Papst Leo ep. 156ff. = Migne PL 54,1125ff.). Neben Häresien waren auch noch Reste des Heidentums zu bekämpfen (Cod. Iust. 1,11,8. Theophanes a. 5960. Zon. 13, 22). Der fromme L. achtete bes. auf Heiligung der Feiertage und respektierte Privilegien des Klerus, den er aber auch gelegentlich in seine Schranken wies (Cod. Iust. 1,3,26ff. 2,14.). In den Auseinandersetzungen um den Glauben suchte der den »Arianern« zuneigende Aspar immer wieder seine Meinung durchzusetzen, doch wie auch sonst zeigte sich, daß L. nicht bereit war, nur Marionette zu sein. Als Gegengewicht gegen Aspar wurde um 460 eine neue Garde *(excubitores)*, vorwiegend aus Isaurern, geschaffen. Gegen die O.-Goten suchte L. härter zu sein, mußte aber 461 sogar die Tribute erhöhen. Gubazes von Lazika, der L. 466 um Anerkennung bat, konnte nicht gegen die Perser unterstützt werden. Nachdem Aspar zunächst einem Eingreifen des Kaisers im W. mit Erfolg entgegengewirkt hatte, entsprach L. Anf. 467 einem Ersuchen Ricimers und designierte den 466/67 gegen die Hunnen in Thrakien erfolgreichen → Anthemius (2) als Caesar für den W. Nachdem → Geiserich, durch Kriegsdrohungen L.s nicht eingeschüchtert, auch Plünderungszüge gegen Griechenland unternommen hatte, ließ L. unter gewaltigen, noch lange spürbaren, finanziellen Anstrengungen ein starkes Expeditionskorps gegen die Wandalen ausrüsten (Prisc. frg. 42. Malch. frg. 2a. Candid. frg. 2 = FHG 4,110.114. 137). Vor allem durch die Unfähigkeit des mit dem Oberbefehl betrauten → Basiliskos endete die Unternehmung 468 mit einer Katastrophe. 473 setzte L. Iulius Nepos als Caesar im W. ein. Inzwischen war Aspar 471 gestürzt worden. L. wollte den mit seiner Tochter vermählten Isaurer Zeno zum Thronerben erheben, doch als dies zur Empörung gegen die Isaurer führte, setzte L. 473 Zenos Sohn Leo († 474) als Kaiser ein. Aus der Gesetzgebungstätigkeit L.s mag hervorgehoben sein, daß er sich ähnlich wie die Vorgänger häufig mit Beamtenfragen zu befassen hatte und vor allem auch darauf zu achten war, daß keine Minderung des Steueraufkommens eintrat (vgl. Seeck Regesten). Von kirchlicher Seite wurde der fromme L., dessen bes. Verehrung dem Säulenheiligen Daniel galt, mit dem Namen des Großen bedacht (Chron. Pasch. Cedren. Nikephor.). A. L.

*Jones* Later Roman Empire 1964. *Stein* I.

**3.** s. Sternbilder

**Leobotes** (*Λεωβώτης*). Alkmeonide, brachte in den J. nach 471 gegen den ostrakisierten Themistokles eine Eisangelie-Klage auf Hochverrat ein (Krateros FGrH 342 F 11a. Plut. Them. 23,1; mor. 605e) und erreichte seine Verurteilung. G. Do.

**Leochares** (*Λεωχάρης*) aus Athen (?), Bildhauer. Nach Plin. nat. 34,50 »blühte« L. 372–369, doch ist 370 das frühestmögliche Datum selbständiger Tätigkeit des L., der noch um 320 mit → Lysippos das Kraterosmonument in Delphoi schuf (Plut. Alex. 40). L. arbeitete spätestens 356 die Bronzestatue des Isokrates in Eleusis (Plut. mor. 838d), um 350 am Maussoleion in → Halikarnassos (Plin. nat. 36,31), um 338/36 die Goldelfenbeinstatuen des Philippos II. und seiner Familie (Paus. 5,20,9). L.' großer Ruhm bei Zeitgenossen (vgl. auch Plat. epist. 13,361a) und Späteren beruht auf seinen Götterbildern (Plin. nat. 34,79. Paus. 1,1,2. 3,4. 24,4. Vitr. 2,8,11. Vgl. [3]) und auf dem vom Adler geraubten Ganymedes (Plin. nat. 34,79. Tatian. c. Graec. p. 36,18 Schw. Friedländer zu Martial. 1,6). Neben den erwähnten Porträts sind die Statue des Pankratiasten Autolykos im Prytaneion zu Athen (Plin. nat. 34,78. Paus. 1,18,3. 9,32,8) und eine gemeinsam mit Sthennis gearbeitete Familiengruppe auf der Akropolis (IG II 1395) zu nennen. Weitere Signaturen lassen sich nicht mit bestimmten Darstellungen verbinden (IG II 1177. 1431. 1456. 1534. 1622. EA 1952, 188 Nr. 15). Ausgehend von Versuchen, L.' Hand in den Reliefs von Halikarnassos wiederzufinden (J. Sieveking – P. Wolters, JDAI 24, 1909, 171ff. [2],257. [4]. – Daß L. und seine Genossen gerade die Reliefs gearbeitet hätten, ist nirgends überliefert!) und von Nachklängen des Ganymedes ([2], T. 98,1. Boardman-Dörig-Fuchs Griech. Kunst, 1966, T. 228) sind L. der Apollon im Belvedere ([2] T. 98,3), die Artemis im Louvre ([2] T. 98,2), verschiedene Typen des Alexanderbildnisses und andere Skulpturen zugeschrieben worden. Danach wäre L., der meist in Bronze, daneben auch in Marmor und Goldelfenbeintechnik arbeitete, in den schlanken Proportionen, der Beweglichkeit, Leichtigkeit und Raumhaltigkeit seiner Figuren an die Seite des → Lysippos zu stellen, von dem ihn andersartige Tiefenschichtung und geringere Rundung der Einzelformen unterschied. Dies Bild ist weitgehend hypothetisch, wenn auch nicht ohne innere Wahrscheinlichkeit; streng genommen ist uns L.' Stil für einen solchen Entwurf nicht hinreichend kenntlich. W. H. G.

1. *G.Lippold*, RE XII 1992ff. 2. *Lippold*, HBArch III 1, 257. 268ff. 3. *K. Schefold*, MDAI(R) 57, 1942, 254ff. 4. *E. Buschor* Maussolos und Alexander, 1950, 24f. 42f. 47f. 5. *G. Kleiner*, in: Neue Beitr. z. klass. Alt. Wiss. Festschr. B. Schweitzer, 1954, 232ff. 6. *G. Donnay*, REA 1959, 300ff. 7. *M. Bieber* The Sculpture of the Hellenistic Age, ²1961, 29. 48f. 62f. 8. *P.E. Arias*, Enc. Arte Ant. 4, 1961, 565f.

**Leodamas** (*Λεωδάμας*). **1.** Att. Staatsmann, war 382 für das Archontat ausgelost, wurde aber auf Grund einer Anklage zurückgewiesen (Lys. 26,13ff.). **2.** L., Schüler des Isokrates (Ps. Plut. mor. 837d), boioterfreundlicher att. Staatsmann und einer der besten damaligen Redner (Aischin. 3,139. Vgl. Demosth. 20,146). Nach dem Sieg des → Chabrias bei Naxos 376 bekämpfte er erfolglos die Ehrenbeschlüsse für ihn (Demosth. a.O.). 366 (365?) war er ein Ankläger im Prozeß gegen → Kallistratos und Chabrias wegen angeblichen Verrates von Oropos an Theben (Aristot. rhet. 1,7, 1364a, 19ff.). Im Prozeß des Demosthenes gegen Leptines 355/54 trat er gegen Demosthenes auf (Demosth. a.O.). G. Do.

**3.** L., von Thasos, soll nach Diog. Laert. 3,24 und Proklos In Eucl. el. 1,211,19f. von Platon die analyt. Methode erlernt und mit ihr viele neue Sätze der Math. bewiesen haben. Über die anal. Meth.: THOMAS HEATH Euclid's Elements, Cambridge 1925, 1,140. Pappos 7,830 H. J. M.

*v. Fritz*, RE Suppl. VII 371.

**Leogoras** (*Λεωγόρας*). **1.** Vater des Redners → Andokides (Hellan. FGrH 323a F 24a–c; Sch. Aristoph. Nub. 109; TOD, GHI 45). Athener aus Kydathenaion, von Telemachos abstammend. Seit alters hatte seine Familie gute Beziehungen zu den Alkmeonidai. L. wurde von der Komödie als leichtlebiger Verschwender bezeichnet (Eupol. fr. 44. Plat. fr. 106. Aristoph. Nub. 109; Vesp. 1269). 426/25 Leiter einer Gesandtschaft zum Makedonenkönig Perdikkas II. (IG I² 57; s. ATL 3,136; [3],2). 415 der Mysterienprofanation und der Beteiligung am Hermenfrevel angeklagt (And. 1). † zwischen 410 und 399 ([3],2). K. K.

1. FGrH 323a F 24 Komm. 2. *Raubitschek*, RhM 98, 1955, 258ff. 3. *MacDowell* And. on the Mysteries, Oxf. 1962.

**2.** L., griech. Gramm. aus Syrakus, der nach einem Anecdoton Parisinum als erster das krit. Zeichen Diple aperistiktos (nach Isid. orig. 1,21,14 das krit. Zeichen Diple *περὶ στιγμήν*) zu allen hom. Versen gesetzt haben soll, in denen Olympos vorkommt, weil Homer damit immer den Berg, niemals den Himmel meine. A. GUDEMAN vermutet in L. einen Schüler Aristarchs (RE XI 1919 s.v. Krit. Z.). – Text des Anecd. Par. zuletzt im Nachdr. des Lex. Vindob. (Appendix p. 278–282), Hildesheim 1965. O. Dr.



**Leokorion** (*Λεωκόριον*). Bezirk (*τέμενος, ἱερόν, ἡρῷον*) in Athen, benannt nach des myth. Königs Leos Töchtern, die zur Abwendung von Hungersnot oder Pest ihr Leben opferten. Lage: *ἐν μέσῳ τῷ Κεραμεικῷ*, d. i. die Agora, am Panathenäenwege, wo Hipparchos getötet wurde und noch in der Spätzeit Hetären und Bettler sich aufhielten. JUDEICH Topographie 338. Zeugnisse: RE. WYCHERLY Testimonia (Ath. Agora III) 108ff. W. Z.

**Leokrates** (*Λεωκράτης*). **1.** Sohn des Stroibos, 479/78 athen. Stratege, verhinderte nach Plataiai einen Kampf zwischen Athenern und Spartanern um den Preis der Tapferkeit und stiftete eine Herme mit Epigramm des Simonides. Plut. Arist. 20,1. Anth. Pal. 6,144. A. WILHELM, JOEAI 2, 1899, 228ff. Abb. 128. Wieder 459/58 Stratege, besiegte L. die Aigineten entscheidend zur See und führte die Belagerung von Aigina trotz eines pelop. Landungskorps durch. Thuk. 1,105,2ff. Diod. 11,78,4 (zur irrigen Zeitangabe G. BUSOLT GG 3, 1897, 322,3). Plut. Perikl. 16,3; Fab. Max. 28,2. L. auf einer sf. Hydria: W. KLEIN Die griechischen Vasen mit Lieblingsinschrift.², 1898, 6.43. **2.** Vermögender Athener, unterhielt eine Schmiedewerkstatt und beteiligte sich an der Zollpacht. Lykurg. Leokr. 19.58. Nach der Schlacht bei Chaironeia 338 floh L. in Panik nach Rhodos (ebd. 17) und fabelte dort von der Einnahme Athens und der Belagerung des Peiraieus. Nach Entdecken der Lüge zog L., da inzwischen in Athen auf Flucht die Todesstrafe gesetzt worden war, nach Megara, erhielt durch seinen Schwager sein Geld aus Athen und lebte 5 J. als Metoike von Geschäften, so von Getreidehandel zwischen Epeiros, Leukas und Korinth (ebd. 22). 331/30 kehrte er nach Athen zurück und wurde von → Lykurg mit der erhaltenen Rede wegen Verräterei (Plut. mor. 843a) mit einer Eisangelie angeklagt, aber mit Stimmengleichheit freigesprochen. Aischin. 3,252. BLASS Att. Bereds. 3,2,111ff. H. V.

**Leon** (*Λέων*). **1.** Tyrann der 2. H. 6. Jh. in Phleius. Pythagoras soll sich vor der Übersiedlung nach Italien (Cic. Tusc. 5,4,10) im Gespräch mit ihm erstmals *φιλόσοφος* genannt haben (Herakl. Pont. Frg. 87 und 88 W. = Diog. Laert. 1,12 und Cic. Tusc. 5,3,8f. Sosikrates FHG 4,503,17 = Diog. Laert. 8,8; Herakl. 87 nennt neben Phleius auch Sikyon). Weiteres aus diesem Gespräch übereinstimmend bei Herakl. 88 und Sosikrates. G. Do.

**2.** L., Spartiate, Vater des → Antalkidas (Plut. Art. 21,6) und Pedaritos (Thuk. 8,28,5. 55,3; vgl. 61,2). 440 olymp. Viergespannsieger (Sch. Eur. Hipp. 231,2,34 Sch [Polemon fr. 22, FHG 3,122]. Eust. Hom. B 851. DEVEREUX, AC 33, 1964, 375ff.). Oikist von → Herakleia (1) (Thuk. 3,92,5). Mit → Endios 420 als Gesandter in Athen (Thuk. 5,44,3). 419/18 Ephoros eponymos (Xen. hell. 2,3,10). Vgl. RE XIX 25f. **3.** L., Spartanerkönig aus dem Haus der Agiaden, Großvater → Kleomenes' I.,

Hdt. 1,65. 5,39. 7,204. Paus. 3,3,5.9. Plut. mor. 224E–F. F. D. Harey Oxyrhynchus Papyrus 2390 and Early Spartan Hist., JHS 87, 1967, 62ff. **4.** L., Athener, einer der athenischen Gesandten, die 422/21 in Sparta den Nikiasfrieden und die athen.-spartan. Symmachie beschworen, Thuk. 5,19,2. 24,1. Stratege 412/11, leitete mit → Diomedon (2) Unternehmungen gegen Lesbos, Chios, Samos. Thuk. 8,23,1. 24,2. 54,3. 55,1. 73,4. Nach dem Oligarchenputsch von 411 trotz demokrat. Gesinnung gleich den übrigen Strategen (Thuk. 8,76,2) abgesetzt. 406/05 wieder Stratege (mit → Konon; Xen. hell. 1,6,16). Da L. unter den Strategen der Arginusenschlacht dieses J.s nicht aufscheint (Xen. hell. 1,6,29f. 7,1f.), ist er zuvor gefallen oder in Gefangenschaft geraten. Im 2. Fall könnte er ident. mit dem 404 unter den 30 Tyrannen hingerichteten L. aus Salamis sein (Plat. apol. 32C. And. 1,94); vielleicht Vater des Klägers bei Lys. 10. **5.** L., Athener, 367 in Susa bei Artaxerxes (2) als Gesandter mit → Timagoras, den er nach der Rückkehr vor Gericht brachte. Xen. hell. 7,3,33ff. Demosth. 19,191. Sch. Demosth. 19,137.

*Bengtson* GG$^3$ 274. K. K.

**6.** L., Sohn des Leon, aus Byzanz, war Schüler Platons in Athen, Freund des Phokion, wegen seiner Schlagfertigkeit als *σοφιστής* berühmt. Plut. Nik. 22,3; Phok. 14,7. Philostr. vit. soph. 1,2. Sud. s. *Λέων*. In Byzanz hatte er eine führende Stellung und ging als Gesandter nach Athen, um dessen Bündnis mit Byzanz gegen Philipp II. von Maked. zu festigen. Als dieser 340 Byzanz belagerte, nahm L. Phokion und die athen. Flotte in die Stadt auf und leitete mit Erfolg den Widerstand. Philipp rächte sich mit der Verleumdung, L. habe Phokion in die Stadt gelassen, weil er mehr Geld als Philipp geboten habe. Darauf strömte das Volk vor das Haus des L., und er erhängte sich aus Furcht vor der Steinigung (Suda). Da sein Tod spätestens 336 erfolgt sein muß, sind die bei Suda genannten Schriften über den heiligen Krieg und zur Gesch. Philipps und Alexanders einem gleichnamigen Historiker zuzuweisen, der, Schüler des Aristoteles, mit L. verwechselt wurde. FGrH 132 mit Komm. Berve Alex. 2,235.468 bezweifelt den Selbstmord des L. und identifiziert daher L. mit dem Vf. der hist. Schriften. H. V.

**7.** L. von Pella (?). Z. unbekannt. Angeblich äg. Priester, der offenbar als Autorität *π. τῶν κατ' Αἴγυπτον ϑεῶν* (die Götter waren einst Menschen und z.T. jedenfalls *εὑρεταί*; Chronol. der alten Reiche; Hephaistos' Uranfang etc.) in einem sicher apokryphen Brief Alexanders d. Gr. an seine Mutter Olympias zit. wurde. Nach F. Jacoby u.a. hat L. → Hekataios (4) v. Abdera und über diesen → Euhemeros beeinflußt; in Wahrheit scheint L.s angebliche Lehre jedoch jünger als Euhemeros zu sein. Frg.: Plut. (?), Hyg. astr., Sch. Apoll. Rhod. und bes. Kirchenväter (von Tatian bis Aug. [= Varro?]). Frg.: FGrH 659. W. Sp.

*Spoerri* Späthellenist. Berichte über Welt, Kultur und Götter, 1959, 240. *F. Pfister* Mullus, 1964, 291ff. (Lit.).

**8.** L., griech. Mathematiker, um 400 v. Chr. Nach Proklos In Eucl. el. I 66ff. neben → Hippokrates (7) und Theudios Vorgänger des Eukleides als Vf. von *στοιχεῖα*.

*L. Heath* Euclid's Elements, Cambr. 1925, Bd. 1,116.

**9.** L., byz. Gelehrter, 9. Jh. n. Chr., Neubegründer der Univ. Konstantinopel, sorgte für vorbildliche Hss. des Archimedes und Klaudios Ptolemaios. Bewies nach Eukl. Sch. Bd. 5, 714 das kommutative Gesetz der Multiplikation mit allgemeinen Zahlen. Ferner astrol. Studien, Epigramme. J. M.

*K. Krumbacher* 622 und pass. *K. Vogel*, Akt. 11. Int. Byz. Kongr. 1958, 660. *E.E. Lipšic* Der byz. Gelehrte Leo Mathematicus (russ.), Viz. Vrem. 2,27, 1949, 106–149 (Klärung der Identität, weitere byz. und mod. Lit.).

**10.** L. Bei Thuk. 6,97,1 Landungsplatz der Athener bei Syrakus im Frühjahr 414: *ἀπέχει τῶν Ἐπιπολῶν ἓξ ἢ ἑπτὰ σταδίους*; also jener an die Gestalt eines Löwen erinnernde Küstenstreifen mit 200 m ins Land einschneidender Bucht, der 1,1 km n. des Epipolaiaufganges bei Torre della Targetta liegt. Außerdem Liv. 24,39,13 in einer Lageangabe zum Lager des Marcellus 213/12: liest man dort *quinque milia passuum ⟨ab⟩ Hexapylo*, so läge eher ein Irrtum des Liv. vor – vielleicht Verwechslung mit der Halbinsel Thapsos – als eine falsch überlieferte Maßangabe. H.-P. D.

**Leonidas** (*Λεωνίδας*). **1.** Spartan. König 488–480, Agiade, Sohn des Königs Anaxandridas, folgte seinem Stiefbruder Kleomenes I. auf den Thron, verheiratet mit Gorgo, der Tochter Kleomenes' I.; sein Sohn Pleistarchos, später König, war beim Tode des L. unmündig. Hdt. 6,204. 9,10. Juli 480 besetzte L. mit etwa 7000 Mann, darunter 300 Spartiaten, den Thermopylenpaß, während die griech. Flotte am Kap Artemision die pers. erwartete. Nach zweitägigem erfolglosen Ansturm umging eine pers. Abteilung am 3. Tage (nach Labarbe, BCH 78, 1954, 1ff. am 3. August, nach Daskalakis am 24. August) die griech. Stellung und fiel L. in den Rücken. Der größte Teil der Griechen konnte flüchten, L., 300 Spartiaten und 700 Thespier fanden in erbittertem Kampf den Tod. Xerxes ließ die Leiche des L. verstümmeln. In Sparta wurde ein *εἴδωλον*, eine Statue mit porträthaften Zügen des L., als Ersatz für den Leichnam beigesetzt. 40 J. später wurden die Gebeine nach Sparta in ein Leonideion überführt, L. erhielt kult. Ehren mit einem jährlichen Agon und einem Logos Epitaphios. Hdt. 1,51. 6,58. Paus. 3, 14,1. IG V 1,660. H. Schaefer Probl. der Alt. Gesch., 1963, 323ff. Simonides verfaßte die berühmte Grabinschr. Hdt. 7,228. Anth. Pal. 7,249. Cic. Tusc. 1,42. Da die Hauptquellen Hdt. und Diod. 11,4 sich z.T. widersprechen und die Legende den Untergang des L. verherrlichte, sind der takt. Wert des Kampfes und die Gründe für das

Ausharren, als der Widerstand aussichtslos wurde, umstritten. Nach F. Miltner, Klio 28, 1935, 228ff. sollte L. den Rückzug der griech. Flotte decken. Nach Schaefer 133ff. hätte die Aufgabe der Thermopylen L. in Konflikt mit den Ephoren gebracht, sein Tod besiegelte den Sieg des Ephorats über das spartan. Königtum. Nach Beloch 2,2,91ff. und Daskalakis war ein geordneter Rückzug nicht möglich, schandvolle Flucht aber verbot sich für den Spartiaten. Nach Grant mißbilligte L. die egoist. Politik Spartas und blieb gegen den Wunsch der heimatlichen Regierung. W.K. Pritchett, AJA 62, 1958, 203f. (zur Topographie). J.R. Grant, Phoenix 15, 1961, 14ff. A. Daskalakis Problèmes histor. autour de la bataille des Thermopyles, 1962. C. Hignett Xerxes' invasion of Greece, 1963, 105ff. (378: an unsolved riddle). **2.** L. II., spartan. König 252–235, Agiade, Sohn des Kleonymos, * um 316, kam nach einem Aufenthalt am Hof des Seleukos I. um 260 nach Sparta zurück und war Vormund seines Großneffen → Areus II. (2). Als konservativer König widerstand L. den Reformplänen des → Agis IV. (4), wurde 243 abgesetzt und floh nach Tegea. Von den Ephoren zurückgeholt, ließ L. 241 Agis hinrichten, schenkte aber seinem Schwiegersohn Kleombrotos das Leben. † 235; ihm folgte sein Sohn Kleomenes III., den L. mit der Witwe des Agis IV. verheiratet hatte. Pol. 4,35. Plut. Ag. 3.11.16ff. Paus. 3,6,7f. E. Bux, Klio 19, 1925, 413ff. **3.** Verwandter der Olympias, strenger Erzieher (*τροφεύς*) Alexanders d. Gr., erhielt 332 von ihm 500 Talente Weihrauch und 100 Talente Myrrhenharz. Plut. Alex. 5,7. 22,9. 25,6ff.; mor. 179 EF. Berve Alex. 2,469. **4.** Offizier des → Antigonos (1), brachte 320/19 v. Chr. 3000 meuternde maked. Hopliten zum Gehorsam und nach Makedonien zurück. Polyain. 4,6,6. **5.** Sohn des Philotas, Makedone, Feldherr des Ptolemaios I., eroberte 310 von Antigonos besetzte Städte Kilikiens, verlor sie bald darauf an → Demetrios (2). Diod. 20,19,4f. Als Statthalter des Ptolemaios in Korinth und Sikyon widerstand er 306 dem Bestechungsversuch des Demetrios. Plut. Dem. 15,1. Suda s. v. *Δημήτριος ὁ Ἀντιγόνου*. Gymnasiarch in Alexandreia 294/293? SEG II 864. M. Launey Recherches sur les armées hellénist., 1950, 1180. **6.** Feldherr in Byzantion, hielt die trinklustigen Einwohner beim Wachdienst auf der Mauer, da er Schenken hinter den Zinnen errichtete. Wohl zeitlose Anekdote. Damon FGrH 389. **7.** Spartaner, angeblich Mitglied des Königshauses, wegen Briefverkehrs mit Perseus vom achaiischen Bund verbannt, befehligte 171 für Perseus im 3. maked. Krieg 500 Griechen. Liv. 42,51,8. H. V.

**8.** L., ein Athener, der mit Cicero, dessen Sohn M. und mit Atticus in Verbindung stand (44 v. Chr.), Cic. Att. 14,16,3 u. ö. H. G. G.

**9.** L. von Tarent, Epigrammatiker des Meleagroskranzes. Da der Anth. Pal. 6,334 genannte



Neoptolemos nicht identifiziert werden kann (Gow, CQ NS. 8, 1958, 113ff.), so wird seine Zeit durch 6,129 und 131 bestimmt, Aufschriften für Weihungen von Beutestücken aus Kämpfen gegen die Lukaner. Da diese sich 281 v. Chr. mit den Tarentinern verbündeten, müssen die Epigramme vor dieses Jahr fallen (diese Datierung von Gow a. O. bezweifelt). 6,130, wahrscheinlich von L., geht auf den Sieg des Pyrrhos über Antigonos Gonatas 273; 9,25 auf die Phainomena Arats fällt nach 276. L. hat seine ital. Heimat verlassen, um ein unstetes Wanderleben zu führen (vgl. 7,736), ist sein Leben lang arm geblieben (6,302) und betagt in der Fremde gestorben (eigene Grabschrift 7,715). Mögliche Aufenthaltsorte Epeiros (6,130), Athen([?] Myrons Kuh 9,719), Kos (Aphrodite des Apelles Plan. 182; aber die Identifizierung mit Lykidas in Theokr. 7 ist unwahrscheinlich), Kleinasien (Maeander 6,110). Von L. sind in der Anth. etwa 100 Epigr. erhalten, dazu je eins auf Pap. und bei Stob. Hauptsächlich sind es Weihungen und Grabschriften, zum geringeren Teil wirkliche Inschr., zum größeren epideikt.; die Scheidung ist oft nicht sicher. Die Form der Aufschrift wird z. T. ganz aufgegeben. Die Epigr. beziehen sich überwiegend auf die Welt der kleinen Leute, Handwerker und Handwerkerinnen. Zu diesem Gegenstand steht der Stil, der sich in seltenen, neugebildeten oder auch techn. Wörtern, in Symmetrie und Klangfiguren nicht genug tun kann, in gesuchtem Gegensatz. Wenn auch rührende Züge nicht fehlen, so hat der Intellekt doch an diesen und den übrigen Epigr. den Hauptanteil. Schlußpointe und Selbstvariation fehlen nicht. In den Naturschilderungen zeigt sich Einfluß der Anyte (9,326; Plan. 230). Es finden sich ferner Spottepigr. in der Form des Weihepigr. (6,293. 298. 305), ekphrast. auf Kunstwerke, Priapea (berühmt im Alt. der die Schiffahrt eröffnende Priap 10,1; im Stil der lat. Priap. Plan. 236. 261), Sentenzen (7,472. 736; Stob. Flor. 120,9), eine Fabel (9,99). Das einzige Erotikon 5,188 scheint rein rhet. (9,563 erot. gedeutet von Buchheit, RhM 103,210). Der Einfluß des L. auf die spätere Epigrammatik war sehr groß; er beginnt schon mit Rhianos, ist bes. stark bei Antipatros von Sidon und reicht bis ins 6. Jh. Auch die Lateiner kennen ihn (Prop. 3,13,43. Ov. fast. 1,357. Cic. Att. 9,7,5. 10,2).

Ausg.: *Geffcken*, JPhPäd. Suppl. 23, 1897, 1–164. In: *A.S.F. Gow and D.L. Page* The Greek Anth. (1) Hellenistic Epigr. 1. 2, Cambr. 1965.

Lit.: *L.A. Stella*, Cinque poeti dell'Antol. Pal., Bologna 1949, 77–152. *Wilam.* Hellenist. Dicht. 1,139ff. 2,103ff.

**10.** L. von Alexandreia, Astronom, dann Vf. von isopsephen Epigr., in denen der Zahlenwert der Buchstaben in beiden Distichen oder bei Zweizeilern in beiden Versen gleich ist, unter Nero (Anth. Pal. 9,355) und Vespasian (9,349). Von den wenigstens 3 B. umfassenden Epigr. sind etwa 40 erhalten. Themen: Geburtstagsglückwünsche und traditionelle Motive. Iulius L. (9,42. 12,20) ist wohl mit L. ident., da 12,20 isopseph ist. R. K.

*C. Cichorius* Röm. Studien, 1922, 365–371.

**11.** L., Sohn des Metrodoros, aus Byzanz, um 100 v. Chr., Vf. eines Prosawerkes über Fische und Fischfang (Titel wahrscheinlich *περὶ ἁλιείας*; vgl. Müller FHG IV 439). Spuren bei → Ovid, → Pamphilos, → Plutarch, → Oppian und → Athenaios (M. Wellmann, H 30, 1895, 161; 51, 1926, 26). W. R.

**12.** L., aus Alexandreia, Arzt um 100 n. Chr., Angehöriger einer eklekt. Richtung unter den → Pneumatikern, wahrscheinlich Schüler des → Agathinos. L. hat vor allem die → Chirurgie in alexandrin. Tradition weiterbetrieben; Frg. bei → Oreibasios und → Paulos von Aigina (vgl. E. Gurlt Gesch. der Chirurgie 1, Bln. 1898, 487–492). F. K.

**13.** L. aus Naxos, Architekt u. Stifter des Leonidaion in Olympia (um 330/20, diente der Unterbringung von Festgesandtschaften und vornehmen Gästen), wo er auch eine Ehrenstatue von der Stadt Psophis hatte. Inschr. v. Olympia Nr. 651. 294. Paus. 5,15,1 ff. 6,16,5. L. ist nicht ident. mit dem L. Vitr. 7 praef. 14, der *praecepta symmetriarum* schrieb, eher mit dem Maler Steph. Byz. s. Ἀνθηδών (späteres 4. Jh.). W. H. G.

**Leonnatos** (*Λεοννάτος*, Vatersname nicht einheitlich überliefert), Feldherr Alexanders d. Gr. Bereits *σωματοφύλαξ* Philipps, von Al. erst spät zu größeren militär. Aufgaben verwendet, zeichnete er sich bes. in Indien aus (Arr. an. 4,23,3. 6, 9,3. Diod. 18,15,3), sicherte auf der Indusfahrt das rechte Ufer (Arr. an. 6,18,3) und regelte die Verhältnisse im Oreitenland (Onesikr. FGrH 134 F 18), wobei ein Aufstand niederzuschlagen war (Ehrung durch Alexander Arr. an. 7,5,5). Nach Alexanders Tod zusammen mit Perdikkas zum *tutor* für den Sohn Roxanes bestimmt (Curt. 10,7, 9. Iust. 13,2,14), erhielt er das hellespont. Phrygien, zog aber nach vergeblichem Versuch, Eumenes auf seine Seite zu ziehen, zur Unterstützung Antipaters nach Griechenland, wo er noch vor Vereinigung mit diesem 322 bei Krannon fiel. Die Überlieferung zeichnet ihn als hochqualifizierte, allerdings auch sich mitunter allzu königlich gebärdende Feldherrnpersönlichkeit (s. bes. Plut. Al. 40), seine wirklichen polit. Absichten werden aus den Quellen nicht klar erkennbar. G. W.

*Geyer*, RE XII 2035. *Berve* Alexanderreich II Nr. 466. *H. Bengtson* Strategie 1 passim. *U. Köhler*, SBPW 1890, 568. *A. Schaefer* Demosthenes und seine Zeit³ 328.

**Leonnorios.** Keltenhäuptling, der 281/77 v. Chr. als Gegner von Byzanz und Erythrai sowie als Verbündeter des Königs Nikomedes I. von Bithynien eine Rolle spielte. Der Name ist m. E. aus kelt. *Lanorios* o. ä. gräzisiert und bedeutet entweder »voll« oder »schmal«. F. M. H.

Vgl. mit Vollbibliogr. RE Suppl. V 549. *D. E. Evans* Gaulish Pers. Names, 1967, 215. *A. Holder* 2,185. FGrH 434 (Memnon) S. 346. Komm. S. 276. *D. Magie* The Rom. in Asia Min. 2,730. 897.



**Leonteus** (*Λεοντεύς*). **1.** Lapithe, Sohn des → Koronos, führte mit Polypoites 40 Schiffe seines Volks den Griechen für den Krieg mit Troia zu, nahm an den Leichenspielen für Patroklos teil. Il. 2,745 ff. 12,128 ff. 23,837 ff. H. v. G.

**2.** L. von Lampsakos, Freund und Schüler des → Epikuros; Strab. 13,589 erwähnt Epikurs Aufenthalt zu Lampsakos bei → Idomeneus (2) und L.; später folgte L. dem Epikur nach Athen. Mit seiner Gattin Themista gehörte L. der Freundes- und Lebensgemeinschaft um Epikur an; er nannte seinen Sohn nach dem verehrten Freund und Lehrer, so Diog. Laert. 10,26. Durch Plut. adv. Colot. 3,1108 e ist ein wichtiges Zeugnis des L. über Epikurs philos. Ansatz erhalten: L. bezeichnet ihn in seiner frühen Phase (also zu Lampsakos) als Demokriteer. **3.** L., Philosoph der mittleren Akademie, einer der Nachfolger des → Lakydes, der zwischen 224 und 222 starb. L. wird nur im Ind. academ. p. 77 Mekler genannt. H. D.

**Leontiades** (*Λεοντιάδης*). **1.** Anführer der bei den Thermopylai zwangsweise auf seiten Leonidas' kämpfenden Thebaner, die während des Kampfes zu den Persern überliefen (Hdt. 7,205. 233). Polemik: Plut. mor. 866 f. (Aristoph. von Boiotien FGrH 379 F 6; Nikandros FGrH 271/72 F 35), der → Anaxandros (2) als Anführer nennt. **2.** L. (*Λεοντίδης* Plut.), führende Persönlichkeit der prospartan. Oligarchen Thebens seit der Z. des dekel. Krieges (Hell. Oxy. 17 B). L. war gleich → Ismenias (1) Boiotarch, als er 382 die Besetzung der Kadmeia durch → Phoibidas veranlaßte (Xen. hell. 5,2,25–36. Plut. Ag. 23 f.; Pel. 5). Er leitete die oligarch. Regierung bis zur Befreiung Thebens durch Pelopidas 379, bei der er von Pel. (Plut. Pel. 11,5–10; mor. 597 D–F. 1099 E) oder Phyllidas (Xen. hell. 5,4,7) getötet wurde. Vgl. Plut. mor. 575–578; [Demosth.] 59,99. Xen. hell. 5,4,19. K. K.

*Bruce*, Emerita 28, 1960, 75 ff.

**Leontichos** (*Λεόντιχος*). Athen. Admiral, verfolgte 387 vergebens den Blockadebrecher Antalkidas von Abydos aus in Richtung Kalchedon. Xen. hell. 5,1,26. H. V.

**Leonticus.** Cognomen bei einem kaiserzeitl. Claudier, vgl. A. Degrassi FImp. 256. H. G. G.

**Leontinoi** (*Λεοντῖνοι*, *Leontini*; nur Ptol. 3,4 *Λεόντιον*), h. Lentini, im O. Siziliens, nahe dem Golf von Catania. Die mythograph. Tradition läßt hier, in der Xuthia, den Aiolossohn Xuthos herrschen (Diod. 5,8,2), Herakles durchziehen (Diod. 4,24,1) und die Laistrygonen ihre Wohnsitze haben (Thuk. 6,2,1). Die Gründung erfolgte nach Thuk. 6,3,3 f. (vgl. Strab. 6,272) 729 von der kurz vorher entstandenen ersten festen ion.-chalkid. Ansiedlung → Naxos aus und unter Führung desselben Oikistes Theokles auf den n. Ausläufern der Hybläerberge über dem Fluß Terias (h. Fiume di Lentini – F. di S. Leonardo), nach Skyl. 13 nur

20 Stadien von der Mündung entfernt (nicht unwahrscheinlich, da die h. 5 km breite Mündungsebene neuere Anschwemmung sein kann). L. grenzte den ion.-chalkid. Bereich gegen S. und SW. ab und sicherte die nach N. gelegene, weite und fruchtbare, auch als *Λεοντίνη* (Thuk. 6,51,1) bezeichnete Symaithos-Ebene.

Die Topographie, durch Grabungen (Mauern des 6. und 5. Jh., »Syrakuser Tor«; Tempelreste; Nekropolen) teilweise festgelegt, beschreibt Pol. 7,6; eine »Neustadt« erwähnt Diod. 16,72,2. – Der Ort war nach archäolog. Befund bereits von Siculern bewohnt; offenbar bewohnten die Griechen anfangs nur einen Teil der Höhen (vgl. Polyain. 5,5,1) und nahmen erst um die Jh.-Wende das spätere Stadtgebiet ganz unter Kontrolle, während Thuk. 6,3,3f. schon für die Gründungszeit von gewaltsamer Vertreibung der Einheimischen spricht (vgl. Strab. a. O.). Die nur archäolog. feststellbare (Strab. a. O. 10,449 erwähnt eine Gründung Euboia) Expansion hat sich friedlicher Mittel bedient; ihre erste Phase bis Anf. 6. Jh. läßt Handelsbeziehungen ins w. Hinterland über 40 km deutlich werden. Die durch das Wachsen der Stadt veranlaßte ökonomische Umstellung führte zur wirtschaftlichen Angliederung des Hinterlandes und brachte vom 2. Viertel des 6. Jh. an ion. Bevölkerung bis nach Granmichele (33 km w.s.w. = → Echetla?) und Serra Orlando (50 km n.w. = → Morgantine). Mit der Umstellung wurde auch die Oligarchie durch den ersten Tyrannen des griech. Westens → Panaitios abgelöst (Aristot. pol. 5,8,1310 b 29. 10,1316 a 37, vgl. Polyain. 5,47). Die selbständige Rolle bei der Hellenisierung O.-Siziliens endete, als L. Anf. des 5. Jh. unter die Herrschaft des → Hippokrates von Gela kam (Hdt. 7, 154,2); als lokaler Tyrann wurde offenbar → Ainesidemos eingesetzt. Auch in der Folge blieb L. trotz Wahrung formaler Autonomie und steigendem Wohlstand unter dem Einfluß des syrakus.-geloischen Staates: die vertriebenen Naxier und Katanaier wurden durch → Hieron (1) hierher übergesiedelt (Diod. 11,49,2). Nach dem Sturz der Tyrannis 466 lebte das ion.-chalkid. Stammesgefühl wieder auf, zumal als sich Athen engagierte und schließlich 433 Verträge mit Rhegion und L. (IG I Suppl. p. 13 n. 33a = Sylloge[4] 70) schloß; L. nahm an dem gegen Syrakus und dessen dor. Verbündete gerichteten Bündnis teil und der sog. 1. Sizil. Expedition 427 ging die Gesandtschaft der Leontiner unter → Gorgias voraus (Diod. 12,53. Paus. 6,17,8f., vgl. Thuk. 3,86,3. Plat. Hipp. Mai. 282b). Nach den Kämpfen 425 (Thuk. 4,25,10ff.) bald kriegsmüde, ordneten sich die Besitzenden von L. nach dem Kongreß zu Gela 424 ganz Syrakus unter (Thuk. 5,4,3. Diod. 12,54,7); allerdings führten innere Unruhen zu neuer Auseinandersetzung bes. des exilierten Demos mit Syrakus, wobei Athen schon 422 einzugreifen versuchte (Thuk. 5,4) und schließlich mit der Unterstützung der Wiederansiedlung und der Wiederherstellung der Autonomie von L. einen der Vorwände für die große Sizil. Expedition fand (Thuk. 6,8,2. 50,4, vgl. 6,12. Diod. 12,83,1ff. Plut. Nik. 14,5). Nach deren Scheitern blieb L. zunächst unbesiedelt im syrakus. Herrschaftsbereich, füllte sich 406 und 405 vorübergehend mit Flüchtlingen aus → Akragas (Diod. 13,89,4), → Gela und → Kamarina (Diod. 13,113,4) und wurde dann unter erneutem chalkid. Zuzug für kurze Zeit autonom; Dionysios überführte den Großteil der Bevölkerung nach Syrakus, verstärkte allerdings 396 angesichts des drohenden Karthager- u. Sikelerkrieges das *φρούριον* (Diod. 14,58,1; Söldneransiedlung: Diod. 14,78,2). Erst in den Kämpfen zwischen Dionysios II. und Dion trieb L. auf seiten des letzteren bzw. seiner Partei wieder eigenständige Politik (Diod. 16,20,1. Plut. Dion 39.40.42); auch nach Dions Tod behielt es seine Position und erwies sich unter der Tyrannis des Syrakusiers Hiketas abermals als Bedrohung für Syrakus, so daß Timoleon erneut zum Mittel der Bevölkerungsumsiedlung griff (Diod. 16,82,7); L. erholte sich zwar, blieb aber unter syrakus. Hoheit. Agathokles, von dem es 311 abfiel, richtete unter der Bevölkerung ein Blutbad an (Polyain. 5,3,2). 278 wurde es unter dem Tyrannen Herakleidas Stützpunkt des Pyrrhos (Diod. 22,8,5, vgl. Plut. Pyrrh. 22). Es gehörte zum Reich → Hierons (2) bis zu dessen Tod; 214 wurde es durch die Römer unter Marcellus erobert (Liv. 24,29ff. Plut. Marc. 14,1). Der *civitas decumana* blieb ein gewisser Wohlstand infolge der Fruchtbarkeit der Ebene (Cic. Verr. 3,104. Plin. nat. 18, 95) trotz Ausbeutung durch Zehntpächter und trotz Sklavenkrieg erhalten; dennoch ist das allg. Bild des Verfalls, das Strab. 6,272 gibt, berechtigt. Das alte L. wurde schließlich 848 von den Sarazenen zerstört. – Griech. Inschr.: SEG IV 64 (= V. Arangio-Ruiz, A. Olivieri, Inscr. Graec. Siciliae et inf. Italiae ad Ius pertin. 171ff.). XV 597/98. Mz.: Head HN[2] 148ff. 406. H.-P. D.

*K. Ziegler*, RE XII 2042ff. *P. Orsi*, Atti e Memorie della Soc. M. Grecia, 1930, 7ff. – Neuere Grabungen: NSA 1941, 120ff. 1955, 281ff. 1956, 402ff., vgl. AA 1954, 492ff. – *P. Orlandini*, ArchClass 8, 1956, 210f. *G. Rizza*, Boll. d'Arte 42, 1957, 63ff.; ArchClass 11, 1959, 78ff.; Chronache di Arch. e Stor. dell'Arte 1, 1962, 1ff. – Enc. Arte Ant. 4, 1961, 561ff. *G. Vallet*, Kokalos 8, 1962, 30ff. Vgl. a. *S. Ciancio* Leontini, Problemi di Archeol. e Topogr., Lentini 1951. *H. Chantraine*, Jb. f. Num. und Geldgesch. 1957, 7ff.

**Leontion. 1.** Hetäre in Athen, Anhängerin und vielleicht Geliebte Epikurs, sehr geistreich und im Kreise der Epikureer geschätzt; Epikur schrieb ihr Briefe (Diog. Laert. 10,5–7), sein Lieblingsschüler Metrodoros nahm sie sich zur Gefährtin (Diog. Laert. 10,23; vgl. Sen. frg. 45 Us. 98,6). An ihre Gestalt knüpft sich viel philosophenfeindliche Legende (z. B. Athen. 13,588b). Sie wagte es, gegen Theophrastos zu schreiben (Cic. nat. deor. 1,33,93.

Plin. nat. praef. 29). Bildliche Darstellungen von ihr erwähnt Plin. nat. 35,99. 144. – Diog. Laert. 10, 4–7. 23. Theon progymn. 8 (Spengel Rhet. 2,111). Philodemos (Usener Epic. 102,7). Alkiphr. 4,14. Athen. 13,588 b über L.s Tochter Danae. I. Schn.

**2.** s. Hermesianax

**3.** L., Stadt im Inneren der Landschaft Achaia in der Peloponnes mit z. T. erhaltenem, wohl hellenist. Mauerring, h. Kastritsi bei Hg. Vlassis, in 750–800 m Meereshöhe. Pol. 2,41,8. 5,94,4. 24,10 (26,1),8. Nach Strab. 8,7,5 p. 388 (Aly, SHAW 1931/32, 1,14; De Strabonis codice rescripto 22. 213) von Antigonos Gonatas neu besiedelt. E. M.

1. *F. Bölte* Leontion, MDAI(A) 50, 1925, 71ff. 2. *Ernst Meyer* Peloponnes. Wanderungen 111ff. (mit Plan VI). 3. *Ders.*, RE Suppl. IX 390. 4. Neue Grabungen, BCH 79, 1955, 252. 82, 1958, 725. 83, 1959, 620ff. AJA 62, 1958, 323.

**Leontios** (*Λεόντιος*). **1.** Kommandant Ptolemaios' IV. in Seleukeia, lehnte 219 v. Chr. die Übergabe an Antiochos III. ab. Nach Einnahme der Vorstadt durch Verrat willigte L. in die Kapitulation ein. Pol. 5,60,2. 9f. **2.** Makedone, hoher Beamter unter → Antigonos Doson (3) und Philipp V., tötete 224 in Argos die Gegner des Doson, wurde von ihm 221 testamentarisch als Befehlshaber der Peltasten eingesetzt. Pol. 4,87,8. 5,16,6. Als Teilnehmer der Verschwörung des → Apelles (1) gegen Philipp sabotierte L. die Eroberung von Pale 218, riet von dem Zug gegen die Aitoler ab und griff Philipps Ratgeber → Aratos (2) an. Schließlich brachte L. die Peltasten und die Garde in Korinth zur Meuterei. Nach Verhaftung des L. verlangten die Truppen die Durchführung des Prozesses in ihrer Gegenwart. Daher ließ Philipp 218 L. rasch hinrichten. Pol. 5,25ff. H. V.

**3.** L., Sohn des Eudoxios, Lehrer an der Rechtsschule von Berytos, wird von Justinian in der const. Tanta (*Δέδωκεν*) § 9 (Einführungsgesetz für die Dig.) rühmend erwähnt, wirkte um 500 n. Chr. Sein Sohn Anatolios hat an der Zusammenstellung der Dig. mitgearbeitet. **4.** L., Sohn des Patricinius, gleichfalls ein Jurist, etwa Zeitgenosse von (3). Nur in der griech. Fassung des Einführungsgesetzes (const. *Δέδωκεν* § 9) genannt. D. M.

**5.** L., Rechtsanwalt (*σχολαστικός*), mit dem Beinamen Minotauros, Epigrammatiker des Agathias-Kyklos. Die datierbaren Epigr. reichen von der Regierung Iustinus I. bis 555 oder später. Von den 24 in der Anth. erhaltenen beziehen sich die meisten auf Zeitgenossen, als Grabschriften oder Inschr. für Statuen oder Bilder, auch von Pantomiminnen, und für Bäder (9,650 auf ein Gasthaus). Dazu Variationen herkömmlicher Motive, wie 5, 295 (Becher, aus dem die Geliebte trinkt) und 7, 149. 150 (Grabschrift auf Aias). Die Wahl der Stoffe ist charakteristisch für seine Zeit, die Ausführung mittelmäßig. R. K.

*Weinreich*, SHAW 1944/48, 1, 97–111. *Av. and Al. Cameron*, JHS 86, 1966, 14–17.

**Leontis** (*Λεωντίς* inschr., *Λεοντίς* Harpokr. Poll. Xen. hell. 2,4,27), von Kleisthenes eingerichtete att. Phyle, an 4. Stelle der amtlichen Reihenfolge IG II² 417. 478. 1926. 2409. 2818, bei Poll. 8,110 an 7. Stelle. L. war nach dem Heros Leos (*Λεώς*) benannt, Paus. 1,5,2f., ihre Angehörigen hießen *Λεωντίδαι*. Demosth. 58,18. 59.29. Karte der zugehörigen Trittyen Leukonoe, Phrearrioi und Eupyridai H. Hommel, Klio 33, 1940, 197. Liste und Karte der zugehörigen 23 Demen E. Kirsten Atti III congr. internaz. di epigrafia greca e latina, Roma 1957 (gedr. 1959) 166ff. T. XXVI. Die Bevölkerungsbewegung innerhalb der L. vom 6./5.–4. Jh. behandelt G. Mathieu RPh 55, 1929, 179ff. H. V.

**Leontiskos** (*Λεοντίσκος*). **1.** Sohn des Ptolemaios I. und der Hetäre Thais, 306 v. Chr. in der Schlacht bei Salamis von → Demetrios (2) gefangen und dann nach Äg. zurückgesandt. Athen. 13,576 E. Iust. 15,2,7. H. V.

**2.** L., Athlet aus dem sicil. Messene, Sieger im Ringen bei den Pythien und in Olympia, ins 5. Jh. gehörig, da seine Statue in Olympia von → Pythagoras von Rhegion geschaffen war, Paus. 6,2,10. 4,3.4. Plin. nat. 34,59. Er verdankte seine Siege dem Trick, dem Gegner die Finger zu zerdrücken, Suda s. *ἀκροχειρίζεσθαι*. Paus. a. O. Über das Verhältnis des »Pankratiasten« L. zu der Hetäre Mania Machon bei Athen. 13,578f. K. Z.

**Leontius.** Cognomen, in kaiserzeitlichen Fasten bei Domitius und Flavius. Degrassi FImp. 256. H. G. G.

**Leontopolis** (*Λεοντόπολις*). **1.** L., h. Tell el Moqdam, 6 km n. ö. Sahragt el-Kubra im mittleren Delta. Der Ort entstand im 1. Jt. aus einem Dorf, das Ramses III. für die Versorgung seines heliopolitan. Totentempels eingerichtet hatte; daher der altäg. Name *nꜣ-tꜣ-ḥw.t-Rᶜ-mś-św-nṯr-ḥqꜣ-Iwnw* (»die vom Totentempel R.' III.«). In der Assyrerzeit ist der Ort bereits bedeutend, da nach der Aufstellung Assurbanipals (Rassam-Zyl.) in Nathu ein eigener Fürst (Unamunu) herrscht. Auch Herodot spricht (2,165) von 2 Gauen *Ναθώ* (zum 2. s. Nr. 2). In L. wurden Schu (Luft) und Tefnut (Feuchtigkeit) in Gestalt eines Löwenpärchens verehrt, daher der griech. Stadtname. Der Haupttempel ist bis auf wenige Reste aus der 22. Dynastie zerstört.

*A. Gardiner* Wilbour Pap., Comm. 136/37.

**2.** L., h. Tell el-Jehoudijeh, 18 km n. Heliopolis, ebenfalls wie Nr. 1 Gründung Ramses' III. für seinen heliopolitan. Totentempel (erwähnt Pap. Harris I 29,8), daher ebenfalls *nꜣ-tꜣ-ḥw.t-Rᶜ-mś-św-nṯr-ḥqꜣ-Iwnw* genannt, bei Assurbanipal als zweites Nathu unter dem Fürsten Pišanhuru *(Pꜣ-šrj-n-Ḥr)* erwähnt, als eigener Gau *Ναθώ* Hdt. 2,165. Auch hier stammt der griech. Name L. von der Verehrung des Löwenpärchens Schu und Tefnut. In dem wahrscheinlich schon wüsten L. erhielt der jerusalemit. Hohepriestersohn Onias durch Ptolemaios VI. Philometor die Erlaubnis, einen jüd. Tempel zu errichten, der 71 n. Chr. von Vespasian geschlossen wurde. Damals nannte man L. auch ἡ Ὀνίου χώρα. Ios. ant. 13,65. 70; bell. 7,427. W. H.

*Petrie* Hyksos and Israelite Cities. *Naville* Mound of the Jew.

**Leos** s. Leontis

**Leosthenes** (Λεωσϑένης). **1.** Athen. Staatsmann und Redner, schlug 361/60 Alexander von Pherai auf der Insel Peparethos und schloß dessen Truppen im Hafen Panormos ein. Durch Unachtsamkeit des L. überrumpelte Alexander die athen. Flotte und drang in den Peiraieus ein. L., zum Tode verurteilt, flüchtete an den Hof Philipps II. Aischin. 2,124 rühmt die Rednergabe des L. Diod. 15,95,2. Polyain. 2,2,1 f. **2.** Athener, Gegner Makedoniens, brachte 324/23 zahlreiche von den Satrapen auf Befehl Alexanders d. Gr. entlassene Söldner aus Kleinasien nach Tainaron und besoldete sie mit 50 Talenten, die der athen. Rat ihm mit Waffen überließ. Diod. 17,111,1 ff. Paus. 1,25, 5. 8,52,5. Bei Alexanders Tod befehligte L. über 8000 Söldner. Diod. 18,9,1. Gegen den Widerstand des Phokion und Demades riß L. mit Hypereides Athen in den griech. Befreiungskampf, den Lamischen Krieg. Plut. Phok. 23. 26; Timol. 6. Diod. 18,18. Er gewann ferner die Aitoler, Lokrer und Phoker, besetzte als Feldherr der Verbündeten die Thermopylen, schlug bei Plataiai die Boioter und die maked. Besatzung Thebens und bei Herakleia Antipatros und schloß ihn in Lamia ein. Diod. 18, 9,2 ff. 11,5. Paus. 1,1,3. 25,5. 8,52,5. Während der Belagerung fiel L. 322 und wurde mit heroischen Ehren beigesetzt. Diod. 18,13,1 ff. Iust. 13,5,12. Hypereides 6,10 ff. feierte L. und die Gefallenen in einem Epitaphios. Arkesilaos stellte L. und seine Söhne auf einem Gemälde dar. Paus. 1,1,3. E. LEPORE, La parola del passato 10, 1955, 161 ff. H.V.

**Leotrophides** (Λεωτροφίδης). Athen. Stratege, der im J. 409 gemeinsam mit Timarchos die Megarer beim att.-megar. Grenzgebirge Kerata besiegte, Diod. 13,65,1 f.; wohl ident. mit dem von Aristoph. Av. 1406 (mit Sch.) und Hermipp. bei Athen. 12,551 a wegen seiner Magerkeit verspotteten Choregen L. der φυλὴ Κεκροπίς. Vgl. BELOCH GG 2,1,402. 2,268 (RE XII 2063,10 ff. fehlerhaft). K. Z.

**Leotychidas** (Λεωτυχίδας). **1.** Sohn des Anaxilaos, Eurypontide, Hdt. 8,131. Paus. 3,7. Plut. mor. 224 C. Lyk. 13,7. MEYER Forsch. 2,502 ff. LENSCHAU, RhM 88, 1939, 123 f. F. D. HAREY Oxyrhynchus Papyrus 2390 and Early Spartan History, JHS 87, 1967, 62–73. **2.** L., Ururenkel L.' (1), Sohn des Menares. Hdt. 6,65. 71. 8,131. Paus. 3,4,3. 4. 7,10. 4,15,3. Plat. Alk. 1,123 E. Plut. mor. 224 D. Nach → Damaratos' Absetzung König; an Kleomenes' Unternehmung gegen Aigina beteiligt (vor 490), was zu einem Prozeß in Sparta gegen L. führte (ca. 488/87). Hdt. 6,73. 85–87. Unter L.' und Xanthippos' Kommando fuhr nach Salamis eine griech. Flotte in die Ägäis ein, der bei Mykale die Vernichtung eines pers. Heeres und einer an Land liegenden Flotte gelang (479); dann fuhr L. mit den Peloponnesiern heim, die Athener und ihre Verbündeten wandten sich gegen die Perser in Sestos. Hdt. 8,131. 9,90–92. 98 f. 114. Thuk. 1,89,2. Diod. 11,34–37. Paus. 3,7,9. 8,52,3. Polyain. 1,33. Wohl 478/77 führte L. eine Strafexpedition gegen die propers. Aleuaden nach Thessalien; wegen des geringen Erfolges in Sparta der passiven Bestechung angeklagt, ging L. (476/75: Diod. 11, 48,2) nach Tegea ins Exil. Hdt. 6,72. Paus. 3,5,6. 7,9. 10. Plut. mor. 859 D.

*F. Schachermeyr* Die frühe Klass. d. Gr., 1966, 313,28. *M. Sordi*, RIL 86, 1953, 297 ff. *D. W. Prakken*, TAPhA 1940, 460 ff.

**3.** L., von → Agis II. erst vor seinem Tod anerkannter Sohn seiner Frau → Timaia (Xen. hell. 3, 3,1 ff. Nep. Ag. 1,4. Paus. 3,8,7 f.), die von Alkibiades bei dessen Aufenthalt in Sparta verführt worden sein sollte (Duris FGrH 76 F 69. Iust. 5,2,5. Plut. Ag. 3. Lys. 22,7 f. Alk. 23,7; mor. 467 F. Athen. 12,535 B); L.' Onkel → Agesilaos (2) machte ihm erfolgreich den Thron streitig (Xen. hell. a. O. Ag. 1,5. Nep. Plut. Paus.). LURIA, Klio 21, 1927, 404 ff. **4.** L., Eurypontide, vielleicht Enkel L.' (3), Vater der → Chilonis (3). Plut. Pyrrh. 26,17. K. K.

**Lepcis** s. Leptis

**Lepidotonpolis** (Λεπιδωτῶν πόλις). Altäg. *Pr-mḥj.t-wbn*, h. Nag el-Meshayich gegenüber Girgeh, im 9. oberäg. Gau von Achmim gelegen. Hier wurde die Löwengöttin *Mḥj.t* verehrt, der der Lepidotusfisch (Nilkarpfen, Cyprinus lepidotus) heilig galt (Hdt. 2,72). Vom Tempel Ramses II. haben sich nur wenige Reste gefunden. W. H.

*Porter-Moss* Topogr. Bibliography 5,29.

**Lepidus.** Cognomen (vom gleichlautenden Adj., vgl. WALDE-HOF.³ 1,785; Anklang an einen etr. Namensstamm vgl. SCHULZE Eigenn. 359). In den Fasten der republ. Zeit kam es nur in der Gens Aemilia vor (seit M. Aemilius L., cos. 285), in der Kaiserzeit bei den Aemiliern, Aniciern, Asiniern, Catiniern, Fabiern, Iuliern, Matiern, Sabiniern, vgl. A. DEGRASSI FImp. 256.

I. Republikanische Zeit: **1.** M'. Aemilius L., cos. 66 v. Chr., mit L. Volcatius Tullus (DEGRASSI I 13,131. 488 f.), 65 Zeuge gegen C. Cornelius, wahrte 49 vorsichtige Zurückhaltung, Cic. Att. 7,12,4 u. ö. **2.** M. Aem. L., cos. I 232 (Feldzug nach Sardinien), II suff. 221/19, † 216. **3.** M. Aem. L., 218 Praetor (Sicilien, Liv. 21,49,6). 216 möglicherweise Praetor suff. (BROUGHTON Mag. 1,249), 213 Praetor (peregrinus und in Luceria), 211 Xvir sacris faciundis. **4.** M. Aimilius M. f. M. n. L., wohl Sohn von Nr. 3. Mitglied einer Dreiergesandtschaft 201 zu Ptolemaios V. Epiphanes nach Alexandreia und 200 zu Philipp V. vor Abydos. Liv. 31,2,5. 18. BENGTSON GG² 466. Aedil (cur.) 193, Praetor (Sicilien) 191, Consul I 187, kämpfte erfolgreich gegen Ligurer und legte dann die Via Aemilia an: *a Placentia Ariminum*, Liv. 39,1f. 179 Censor (mit M. → Fulvius Nobilior, Anlage der Basilica Aemilia et Fulvia auf dem Forum in Rom), 175 cos. II (mit P. Mucius Scaevola). Seit 179 sechsmal princeps senatus, seit 199 pontifex, seit 180 pontifex maximus (Belege bei Broughton Mag. 1); von 179 bis zu seinem Tod 152 vereinigte er doppelte höchste Autorität in fürstlicher Stellung, eine markante Gestalt der röm. Nobilität. Münzer Adelsp. 409f. **5.** M. Aimilius Q.f.M.n. L., kämpfte 100 für den Senat gegen → Appuleius Saturninus, bereicherte sich bei Sullas Proskriptionen, war 80 Propraetor in Sicilien (Erpressungen) und ließ dann die Basilica Aemilia (s. Nr. 4) wiederherstellen (spätere Mz.). 78 Consul (mit → Lutatius Catulus Nr. 5), wobei er sofort in Gegensatz zu seinem Collegen und den Optimaten trat und die Abschaffung der Ordnung Sullas beantragte; nach dessen Tod ließ er wieder Getreide verteilen und versprach Rückberufung und Entschädigung der Verbannten. Gegen Senatsbefehl hielt er sich als Proconsul 77 in Oberitalien und Etrurien (bes. Sall. hist. 1), bis er beim Marsch auf Rom von Catulus und sein Legat D. Brutus bei Mutina von Pompeius besiegt wurde. L. floh nach Sardinien, wo er 77 starb, M.E. Deutsch, Univ. California, Pub. Class. Philol. 5,3, 1918, 59ff. A. Heuss RG 184. Von seiner Gattin Appuleia hatte er wohl 3 Söhne, der älteste Nr. 6. **6.** M. Aemilius M.f.Q.n.L., der Triumvir (um 90–12 v. Chr.). Seinen Aufstieg verdankte der schlaffe und unbedeutende Mann (vgl. Vell. 2,80,1. Tac. ann. 1,9) Caesar; nach ersten Anfängen als Münzmeister um 66 (Quellen bei Broughton Mag. 2,431) war er (cur.?) Aedil ca. 53, Interrex 52, Praetor 49. Als solcher ließ er Caesar zum Dictator ernennen (Caes. civ. 2,21), wofür er dann das procos. imperium in Hispania citerior 48 und 47 sowie 47 Imperatortitel und Triumph erhielt (Bell. Alex. 63f. Cass. Dio 63,1,2). 46 war er Mitconsul Caesars und leitete während dessen Abwesenheit als magister equitum 46–44 in Rom die Geschäfte; für 44/43 war ihm die procos. Verwaltung von Gallia cisalpina und Hispania citerior übertragen, er blieb aber vorerst noch in Rom, und Caesar war bei ihm am Abend des 14. März 44 zu Gast. Bei der Ermordung Caesars war er nicht anwesend, besetzte aber in einer der folgenden Nächte das Forum, sprach dann zum Volk, ohne jedoch aus der Lage klare Konsequenzen zu ziehen; Antonius wußte ihn an sich zu binden, indem er ihn zum pontifex maximus wählen ließ und seine Tochter mit L.s Sohn verlobte. Dann brachte er in seinen Provinzen einen Vergleich mit Sex. Pompeius zustande (Folge: supplicatio). Da L. 43 gegen Senatsweisung sich nicht von Antonius trennte, wurde auch er für etwa 2 Monate geächtet, dann aber durch Vermittlung Octavians wieder rehabilitiert. L. veranlaßte eine Annäherung zwischen Antonius und Octavian, mit denen er E. Okt./Anf. Nov. 43 das Triumvirat bei Bononia schloß (*III vir rei publicae restituendae* 43–38 und nach Erneuerung 38–36). L. erhielt dabei die Narbonensis und Hisp. ulterior hinzu, blieb aber 42 als cos. II zur Geschäftsführung in Rom. Nach der Schlacht bei Philippi 42 nahmen ihm die Sieger seine bisherigen Provinzen, weil Zweifel an seiner Zuverlässigkeit aufgekommen waren, und versprachen ihm Africa, das er 40 nach seiner Teilnahme am Perusin. Krieg unter Octavian erhielt und das ihm 40 in Brundisium bestätigt wurde (40–36). 36 versuchte er nach erfolgreicher Teilnahme am Krieg gegen Sex. Pompeius in Sicilien Octavian gegenüber seine alten Rechte zu ertrotzen, mußte sich jedoch ergeben, verlor seine Würde als III vir und wurde polit. als pont. max. kaltgestellt; in dieser Würde wurde Augustus 12 v. Chr. sein Nachfolger. Verheiratet war er mit → Iunia, der Schwester des Caesarmörders M. Brutus. Drumann[2] 1. Gardthausen 1. v. Rohden, RE I 556ff. R. Syme The Rom. Rev., 1960, 165f. u. ö. **7.** M. (Aem.) L., Sohn von Nr. 6, fiel 31 von Octavian ab, wurde von Maecenas nach der Schlacht bei Actium festgenommen und von Octavian hingerichtet; seine Gattin Servilia wählte daraufhin den Freitod, sein unbeteiligter Vater verlor noch mehr an Ansehen. **8.** L. Aem. M.f.Q.n. (L.?) Paullus, Bruder des Triumvirn. 63 klagte er → Catilina *de vi* an, war 59 Quaestor (von Vettius verdächtigt), 55 curul. Aedil (Wiederherstellung der Basilica Aemilia), 53 Praetor, 50 Consul (mit C. Marcellus), wurde durch Geldzuwendungen Caesars zu polit. Passivität veranlaßt. 44 war er Gesandter der Senatspartei, entkam den Proskriptionen (er stand an 1. Stelle!) und starb in Milet. **9.** L. Aem. L. Paullus (Sohn von Nr. 8), cos. suff. 34 (vollendete den Bau der Basilica Aemilia), 22 Censor mit L. Munatius Plancus (letztes gewähltes Censorenpaar). **10.** M. Aem. L. Porcina, cos. 137 (Broughton Mag. 1, 484, mit Quellen), widersetzte sich dem Gesetzesantrag des C. → Cassius Longinus Ravilla (Nr. 22) und wurde dann in Spanien von den Vaccaeern besiegt. Augur vor 125, wurde von den Censoren von 125 belangt. Trat auch als Redner hervor, Cic. Brut. 95f. H. G. G.

II. Kaiserzeit:

**1.** M.' Aemilius L. Cos. ord. 11 n. Chr., CIL IX 1456. Im J. 20 verteidigte er seine Schwester Lepida, Tac. ann. 3,22,1, R. Syme, JRS 45, 1955, 22ff. Im J. 21/22 war er procos. Asiae, CIL III 398 = 7089, trotz Versuchen des Sex. Pompeius, dies zu verhindern, Tac. ann. 3,32,2. R. Syme Tacitus 2,751f. **2.** M. Aemilius L., Sohn des Paullus Aemilius L. (cos. 34 v. Chr.) und der Iulia, der Enkelin des Augustus. Cos. ord. 6 n. Chr. (L. ganzjährig), Cass. Dio ind. 55. Degrassi XIII 1, p. 60. AE 1952, 49. Freund und Feldherr des Tiberius, dessen pannon. Feldzug 8/9 n. Chr. er mitmachte, Vell. 2,114,5. Cass. Dio 56,12,2, E. Köstermann,

H 81, 1953, 368ff. L. war der erste legat. Aug. pr. pr. der Provinz, erhielt die ornamenta triumphalia, Vell. 2,115,2f. Im J. 14 war er legat. Aug. pr. pr. Hispaniae cit., ebd. CIL II 2820. L. war *capax imperii*, Tac. ann. 1,13,2 (R. SYME, JRS 45, 1955, 22ff.), doch dachte er nicht an die Herrschaft; dafür unterstützte ihn Tiberius im J. 17 finanziell, Tac. ann. 2,48,1, da er *pecuniae modicus* war, ebd. 3,72,1. Im J. 20 übernahm er, ein bedeutender Redner, die Verteidigung des Cn. Piso, Tac. ann. 3,11,2. Im J. 21 schlug Tiberius L. und Iunius Blaesus als Statthalter für Africa vor; doch L. lehnte in Hinblick auf Blaesus als den Onkel Seians ab, ebd. 3,35,2. L. trat im Prozeß des Clutorius Priscus für diesen ein, ebd. 3,50,1. Im J. 22 ließ er auf eigene Kosten die Basilica Aemilia restaurieren, ebd. 3, 72,1. Im Prozeß der Sosia Galla rettete er einen Teil ihres Vermögens für ihre Kinder, ebd. 4,20,2. In den J. 26–28 war er procos. Asiae, ebd. 4,56,3. AE 1934, 87. BMC Phrygia 163, Nr. 26f. Im J. 32 weilte er in Rom (Tac. ann. 6,5,1), wo er 33 starb, ann. 6,27,4. Seine Tochter Aemilia Lepida war Gattin des Germanicussohnes Drusus, ann. 6,40,3.

**3.** M. Aemilius L., Sohn von Nr. 2. Ihm wurden sittliche Verfehlungen mit Caligula (Cass. Dio 59, 11,1. 22,6) und dessen Schwestern Agrippina und Livilla (Suet. Cal. 24,1) nachgesagt. Mit Drusilla verheiratet, hielt er ihr im J. 38 die *laudatio funebris*, Cass. Dio 59,11,1. Im J. 39 als Verschwörer hingerichtet, Cass. Dio 59,22,6f. Sen. epist. 4,7. Ios. ant. 19,20.49. R. H.

**4.** S. Larcius II 1

**Lepontii.** Kelt. Stamm in den Zentralalpen, vor allem im h. Kanton Tessin, in dem das obere Tessintal als Valle Leventina (Livinental) und 2 Dörfer ihren Namen bewahrt haben. Nach Plin. a. O. waren auch die Uberi im obersten Rhônetal L., archäolog. und sprachliche Zeugnisse erweisen ein Übergreifen der L. ins Vorderrheintal, wo das Lugnez nach ihnen heißt, und ins Hinterrheintal, wo am Heinzenberg ein lepont. Grabstein gefunden ist. Sprachliche Beobachtungen scheinen auch die h. Kantone Uri und Glarus als Wohnsitze der L. zu erweisen, die damit das Hauptvolk der schweiz. Zentralalpen gewesen wären. In den W.-Alpen saß ein Stamm desselben Namens, RA 1939 II 255 Nr. 60,11. Ptol. 3,1,34. STÄHELIN, Ztschr. f. Schweizer Gesch. 23, 1943, 451f. Vorröm. »lepontische« Inschr.: CONWAY-WHATMOUGH Prae-Italic dialects 2,65ff. [2],183ff. Nr. 1–16. Caes. Gall. 4,10,3. Strab. 4,6,6 p. 204. 6,8 p. 206. Plin. nat. 3,134f. 137. Urschweiz 8, 1944, 61 (Grabstein von Heinzenberg). E. M.

1. *F. Stähelin* Schweiz in röm. Zeit$^3$ 35ff. 2. *How.-Meyer* 38.188.363. 3. *E. Meyer*, MH 19, 1962, 143f. 4. *A. Garzetti*, Ath. 26, 1948, 259ff.

**Leporarium** s. Tiergarten

**Lepreon** (*Λέπρεον*). Die bedeutendste und zugleich südlichste Stadt Triphyliens, Teile der Ringmauer und andere unbedeutende Reste beim h. Strovitsi (amtlich Lepreon). Nach Hdt. 4,148 minysche Gründung nach Vertreibung der Kaukonen, daher bei Kall. h. 1,39 »kaukonisch«, vgl. Strab. 8,3,11 p. 342. 3,17 p. 345. An der Schlacht bei Plataiai beteiligt, Hdt. 9,28,4. Paus. 5,23,2. Syll.$^3$ I 31,34. 459 v. Chr. Überlassung des triphyl. Pylos an L. durch Elis, Strab. 8,3,30 p. 355. RE VII A 196f. Zwistigkeiten mit Elis brachten L. dann in Abhängigkeit von Elis, Thuk. 5,31.34. 49,1. Aristoph. Av. 149. Xen. hell. 3,2,25. Im Krieg mit Elis 402–400 von Sparta befreit und an Sparta angeschlossen, Xen. a. O. und 6,5,11. Nach der Schlacht von Leuktra Anschluß an den arkad. Bund, RE VII A 200. Erst 245 v. Chr. mit aitol. Hilfe wieder an Elis, aber 219/18 an Philipp V. angeschlossen und seitdem maked., Pol. 4,77,10. 80. 196 v. Chr. dem achaiischen Bund zugesprochen, Pol. 18,47,10. Liv. 33,34,9, und seit 146 v. Chr. dauernd zu Elis geschlagen, Strab. 8,3,1 p. 336. 3, 30 p. 355. 4,1 p. 358 u. ö. Paus. 4,36,7. Ptol. u. a. Damit endet die eigene Gesch. der Stadt, die zu Paus.' Zeit sehr zerfallen war. Skyl. 44. Strab. 8,3, 16 p. 344. Paus. 5,5,3–6. Plin. nat. 4,14. Ptol. 3,14, 39. E. M.

1. *E. Curtius* Peloponnesos 2,83ff. 2. *J. G. Frazer* Pausanias 3,473ff. 3. *Fiehn*, RE Suppl. V 550ff. 4. *Philipps.-Kirst.* 3,363.

**Lepreos** (*Λεπρέος, Λεπρεύς*), Sohn des→Kaukon und der Astydameia, Gründer und Eponym der Stadt → Lepreon im s. Triphylien mit angebl. Grab in Phigalia. Er riet → Augeias, Herakles für die Reinigung der Ställe nicht zu belohnen, sondern ihn in Fesseln zu legen. Die durch L.' Mutter vermittelte Versöhnung sollte durch Wettkämpfe im Diskuswerfen, Wasserschöpfen und Verzehren eines Stieres bekräftigt werden. L. verlor alle Wettkämpfe, dazu auch einen im Wetttrinken. Verärgert forderte L. nun einen Waffenkampf; in dem fiel er. → Buphagos (2). Paus. 5,5,4f. Athen. 10, 411c–412b (Zenod.). Ail. var. 1,24. H. v. G.

**Lepta.** Personenname etr. Herkunft (SCHULZE Eigenn. 359. 418), der auch als Cognomen vorkommt: CIL X 4654 = DESSILS 5779. – Q. L., praefectus fabrum des Cicero in Kilikien 51 und 50 v. Chr. und ihm recht nahestehend, Cic. fam. 3,7,4. BROUGHTON Mag. 2,246. 254. In der Korrespondenz Ciceros erscheint er noch mehrmals bis in den Dez. 44. Er stammte möglicherweise aus Cales in Campanien (vgl. fam. 9,13,1 ff.). H. G. G.

**Leptine** s. Korinthos

**Leptines** (*Λεπτίνης*). **1.** Athen. Politiker, zahlte 374 Steuerrückstände, schlug 369 ein Bündnis mit Sparta und 356 ein von Demosth. 20 bekämpftes Gesetz (Text *ὑποθ.* 2,2) auf Kassierung von Steuerbefreiungen vor. Demosth. 22,60. Aristot. rhet. 1411a. L. übergab 363/62 den Schatzmeistern der anderen Götter Wertobjekte. IG II$^2$ 1541. Sein Erbschaftsverwalter wird 342/41 erwähnt. IG II$^2$ 1622c, 361.375. **2.** Bruder des Dionysios I. von Syrakus, belagerte als Admiral 397

Motye, verhinderte die Landung Himilkons in Panormos nicht und wurde 396 von Mago vor Katane geschlagen. In Syrakus eingeschlossen, leitete L. die Flotte bei dem sieghaften Ausfall. Diod. 14,48,4. 53,6. 54,4. 55,2f. 59,7–61,4. 64,1. 72,1. In einem athen. Dekret wurde L. 393 belobt. Sylloge³ 128. STROHEKER T. V. L. wurde 390 den Lukanern gegen die unterital. Städte zu Hilfe gesandt, 388 befehligte er in Himera. Diod. 14,102,2f. 15,7,3. Aen. Poliorc. 10,22. Als Friedensvermittler erregte er den Argwohn des Dionysios und ging 385 abgesetzt als Verbannter mit dem Historiker Philistos, seinem Schwiegersohn, nach Thurioi. Diod. 15,7,3f. Zurückberufen fiel L. 375 bei Krannion gegen die Karthager. Diod. 15,17,1. Daß Dionysios L. beseitigte, ist unglaubhaft. Ail. var. 13,45. Plut. mor. 338 B. Sein Sohn aus 1. Ehe hieß zu Ehren des befreundeten Molosserkönigs Alketas. Sylloge³ 154 (373/72, STROHEKER 224,79). In 2. Ehe heiratete L. eine Tochter seines Bruders. K. F. STROHEKER Dionysios I. 1958. **3.** Befreite mit Kallippos 351 Rhegion von der Herrschaft des Dionysios II., beseitigte Kallippos, wurde Tyrann von Engyon und Apollonia, 342 von Timoleon vertrieben und nach Korinth verbannt. Diod. 16,45,9. 72,3.5. Plut. Dion 58,6. **4.** Feldherr des Agathokles, schlug 307 zweimal Xenodikos von Akragas. Diod. 20,56,2. 62,3ff. **5.** Einflußreicher Syrakusaner, dessen Tochter Philistis Hieron II. um 270 heiratete. Kaum ident. mit Nr. 4, vielleicht dessen Sohn. Pol. 1,9,2f. Sylloge³ 429. H. BERVE König Hieron II. 1959, 11f. **6.** Aus Laodikeia, ermordete 163/62 den röm. Gesandten Cn. Octavius, der Verbrennung der Kriegsflotte und Verstümmelung der Kriegselefanten forderte, wurde, von→Demetrios (5) nach Rom geschickt, aber vom Senat nicht bestraft. App. Syr. 47. Pol. 32,2,6f. H. V.

**Leptis Magna.** Die östlichere der 3 Städte der Tripolitania, an der Mündung des Wadi Lebdah. Der erste Name war *Νεάπολις* Skyl. 109. 110. Dionys. Per. 205. Strab. 17,634. Ptol. 4,3,3, verwechselt mit L. Minor bei den Geographen z. Z. Melas (1,37 *L. altera*). *Magna* bei Plin. 5,27. *Leptis altera quae magna cognominatur.* Ptol. 1,8,1. 10, 2. 4,3,3. 8,14,7. *Λέπτις ἡ μεγάλη.* Prok. aedif. 6,4; Bell. Vand. 2,21 *Λεπτιμάγνα.* Die Inschr. geben *Lepcis Magna, Lepcitanus.* Phoinik. Gründung (Sall. Iug. 19. 78. Plin. nat. 5,76. Sil. 3,256), das wichtigste der pun. Emporia. Pol. 3,23. Liv. 34,62. Nach dem 2. pun. Krieg entriß sie Massinissa den Karthagern; aber L. M. blieb weithin autonom. (Sall. Iug. 77). Im Anf. des Iugurth. Kriegs wurde L. M. *civitas foederata.* Im 1. Jh. v. Chr. wurde L. M. in die Bürgerkriege hineingezogen (Caes. civ. 2,38. bell. Afr. 97. Lucan. 9,948), in der Kaiserzeit gehörte L. M. zur prov. Africa, stand aber noch am E. des 1. Jh. n. Chr. unter Sufeten. IRT 319. 321–323. 341. 347–349a. 412. 599. 600. 609, wurde von Traian zur colonia erhoben *(c. Ulpia Traiana fidelis L. m.*, IRT 284. 353), von Septimius Severus, der in L. M. geboren war, zur *c. iuris Italici* (Dig. 50,15,8,11). Unter seiner Regierung erlebte L. M. die höchste Blüte: es hatte schon Forum, Theater, Markt, Chalcidicum, Thermen; neue Bauten: Hafen, Forum novum und Basilica, Porticus, Nymphaeum, Triumphbogen, Zirkus. Die Grabungen haben viele Monumente wiederentdeckt. Kult der *dii patrii,* Hercules und Bacchus.

Nach 235 in Verfall, erlebte L. M. im 4. Jh. einen neuen Aufschwung: es wurde Hauptstadt der neuen prov. Tripolitana. Ein Bischof wird zuerst 258 genannt (Cyprian. 460). E. des 4. Jh. wurde das Gebiet verwüstet und 455 von den Vandalen erobert. Iustinian stellte L. M. wieder her mit Mauern um den Hafen und *Forum vetus* und setzte hier den *dux limitis Tripol. prov.* ein (Cod. Iust. 1,27,21). Inschr. IRT 263–847. Ruinen: D. E. L. HAYNES The antiquities of Tripolitania, Lond. 1955 (mit Bibliogr.). M. L.

*R. Bianchi-Bandinelli, E. Vergara Caffarelli, G. Caputo* Leptis Magna, Roma 1963.

**Leptis Minor.** Stadt in Africa proconsularis an der kleinen Syrte, h. Lemta. Ptol. 4,3. Stadiasm. m. m. 113 *Λέπτις ἡ μικρά.* Mela 1,7,2. Plin. nat. 5,25; *Lepti minus* oder *Lepte m.* Itin. Ant. 58. Tab. Peut. Geogr. Rav. 41. 349. CIL III 13582. Ohne Zweifel phoinik. Gründung. Kämpfe im karthag. Söldnerkrieg: Pol. 1,87, Landungsort Hannibals im J. 203 (Liv. 30,25,12). Im 3. pun. Krieg auf Seite der Römer, daher im Ackergesetz vom J. 111 als *populus liber* anerkannt. *Libera civitas et immunis* bell. Afr. 7. Tritt im J. 46 sofort auf Caesars Seite, bell. Afr. 7. 9. 10. 29. 61. 62. 67. Daher auch in der Kaiserzeit unter den *oppida libera* (Plin. nat. 5,25). Die Bürgerschaft war in Curien eingeteilt (CIL VIII 22900. 22901). Sitz einer bedeutenden Domänenverwaltung mit einem *procurator* (CIL 11105. 16542. 16543. DESS. 9026). Das → *garum* von L. war berühmt (Plin. 31,94). Ein Bischof *Leptiminensis* in Karthago im J. 258 (Cyprian. 449). Ruinen: Forum, Theater, Amphitheater, Thermen, Wall, Häuser, Kaispuren, Wasserleitung, byz. Festung. Nekropolen, Kirchen. M. L.

*Tissot* Géogr. Afr. 2,168ff. *Babelon, Cagnat, Reinach* Atl. Arch. Tun. f$^{e}$ 52 (Mokrine), Nr. 7.

**Leptos** (*λεπτός*), »enthülst, dünn«, ist Beiwort allg. oder spezieller Münzbezeichnungen (*νόμισμα, χαλκός, ἀργύριον, δραχμή*) und bezeichnet generell das Kleingeld oder unterscheidet schwerere von leichteren Sorten gleichen Namens. Das Substantiv *λεπτόν* bedeutet Kleingeld (meist der Städte im Gegensatz zur röm. Reichswährung) und wohl oft ein bestimmtes Nominal. Genauere Feststellungen sind nicht möglich, doch legt die Gleichung mit 1 resp. ½ → *κοδράντης* im NT. nahe, in den palästin. Kleinkupfermünzen des 1. Jh. das *λ.* zu erblicken. Als ½ *κοδράντης* wird das *λ.* später zu 1/6000 → Talent = → Solidus veranschlagt. H. Ch.

*Schrötter,* WBMzK s. Lepton.

**Lepus** **1.** s. Hase. **2.** s. Sternbilder

**Lerche.** Man unterschied nur 2 Arten ([Aristot.] hist.an. 9,25 p. 617 b 20). Die Hauben-L. (Galerida cristata L.), ἡ κόρυδος, κορυδαλός u.a. (Thom.Mag. p. 549), *corydalus* (Marc.med. 29, 30), *galerita* (Plin.nat. 10,137), *cassita* (Gell. 2,29, 3), kelt. *alauda* (Plin.nat. 11,121. Marc.med. 28, 50), ist so groß wie ein Grünling ([Aristot.] hist. an. 9,13 p. 615 b 33), unterscheidet sich von der Feldlerche (Alauda arvensis L.: Meist nur Wintergast), die keinen Federschopf auf dem Kopf trägt ([Aristot.] 9,25 p. 617 b 20), ist ein Erdbrüter (6,1 p. 559 a 2. Babr. 88,1), schläft zu Mittag (Theokr. 7,23), soll sich im Winter(-schlaf) verkriechen (Aristot.hist.an. 8,16 p. 600 a 21). Sie galt als Delikatesse (Epicharm. p. 237 L.) und wurde als Suppe bei Kolik verordnet (Gal. 12,360. 14,243. Plin.nat. 30,62). Der Gesang der Feld-L. wird allein von Marc.med. 29,30 hervorgehoben. Sie begegnet in Fabel (Aisop. 210 = Babr. 88 = Gell. 2,29; Aristoph.Av. 471 ff.) und Sprichwort (Simonid.frg. 68 B: »Keine L. ohne Haube« = Keine Rose ohne Dorn; Anth.Pal. 5,306. 9,280. 11,195). W. Kre.

1. *O.Keller* Die ant. Tierwelt, Lpz. 2,1913, 85 f. 2. *Gossen-Steier*, RE XII 2082 ff. 3. *G.Fuchs* Varros Vogelhaus bei Casinum, RhM 69, 1962, 96 ff.

**Lerna** (Λέρνη). Örtlichkeit 40 Stadien (ca. 7 km) s. von Argos mit heil. Hain, durch die Flüsse Pontinos im N. u. → Amymone im S. begrenzt, h. Myli; darin etwa ein Dutzend starker Quellen, die in der Sage von der lernaeischen Hydra personifiziert sind, und der »halkyonische Teich«, der als unergründlich u. als Eingang in die Unterwelt galt. Heiligtum der Demeter Prosymna und des Dionysos Saotes mit dem Mysterienkult der Lernaeen, nach Apoll.Rhod. 3,1241 f. auch Kult des Poseidon. Auf einem Hügel an der S.-Seite des Sumpfs bedeutende Siedlung seit neolith. Z., frühhelladisch befestigt und mit großem palastartigen Gebäude, h. mit Schutzdach, MDAI(A) 36, 1911, 24. D. Fimmen Die kret.-myken. Kultur 11. Fortlaufende Ausgrabungsberichte jährlich ab Hesp. 23, 1954, 3 ff. und Archaeology 6, 1953, 99 ff. Paus. 2, 15,5. 24,2. 36,6–37,6. 8,15,9. Strab. 8,6,2 p. 368. 6,8 p. 371. Mela 2,51. Plin.nat. 4,17. Ptol. 3,14,43. Hyg.fab. 169. Plut.Kleom. 15,2. Arat. 39,2. IG II² 3674 = Anth.Pal.app. 145 = EpGr. 866. Anth. Pal. 9,688. IG IV 664–667. CIL VI 1780 = 31930 = DessILS 1260. E. M.

1. *Boethius*, RE XII 2085 ff. 2. *Meuli*, RE XII 2089 ff. (Lernaia). 3. *H.Lehmann* Landeskde. der Ebene von Argos 54 f. 4. *Schachermeyr*, RE XXII 1385,2 ff. 1429 f., 68 f. 1456, 10 ff. 5. *Philipps.-Kirst.* 3,140. 6. *L.Guerrini*, Encicl. Arte Ant. 4,594 ff. (mit Lit.).

**Lernaia** s. Mysterien

**Lernos** (Λέρνος). **1.** Aitoler, Vater des Argonauten Palaimon(ios); als wirklicher Vater galt Poseidon. Apoll. Rhod. 1,202. 112. **2.** Argeier, Sohn des Proitos, Vater des Naubolos, Argonaut. Apoll. Rhod. 1,135. **3.** König in der Gegend von Lerna, dessen Kastell »Hydra« Herakles anzündet. Palaiph. 38. Euhemerist. Deutung von Herakles' Hydraabenteuer. H. v. G.

**Leros** (Λέρος). Insel vor der kleinasiat. W.-Küste, 15 km lang und 7 km breit mit 53½ qkm Fläche und bis zu 327 m hoch, mit mehreren tief eingreifenden Buchten und Küstenebenen, nach Strab. 10,5,19 p. 489 »von einigen« mit dem benachbarten Kalymna zu den Καλύδναι νῆσοι bei Hom. Il. 2,677 gerechnet. Spätestens seit Anf. 5. Jh. v. Chr. milesisch und Demos von Milet, Strab. 14, 1,6 p. 635. Hdt. 5,125. Die »Milesier von L.« gehörten zum att. Seebund mit einem Tribut von 3 Talenten, B.D. Meritt The Athenian tribute lists 1,330 f. 2,81. 3,253 f. Die Bewohner bezeichnete Phokylides insgesamt als bösartig (Strab. Eustath.). Im h. Ortsnamen Partheni im N. der Insel mit ant. Resten hat sich der ant. Name erhalten (Heiligtum der Parthenos), der ant. Hauptort lag beim h. Kastro an der O.-Seite, eine dritte Ruinenstätte liegt im S. bei Xirokambos. Strab. 10,5,12 p. 487. Plin.nat. 5,133. Stadiasm. m.m. 273 ff. Eustath. Dion. Per. 530. Inschr.: Bürchner, MDAI(A) 21, 1896, 33 ff. Haussoullier, RPh 26, 1902, 125 ff. SEG 4,750–752. E. M.

1. *L.Bürchner* Die Insel L., Progr. Münch. 1898 (mit Karte 1:50000). 2. *Ders.*, RE XII 2094 ff. 3. *R.M. Dawkins–A.J.B. Wace*, ABSA 12, 1905/06, 172 ff. 4. *Th.Wiegand* Milet 2,2,24 ff. 5. *G.E.Bean–J.M. Cook*, ABSA 52, 1957, 134 f. 6. *Philipps.-Kirst.* 4,280 ff. 7. *B.Conticello*, Encicl. Arte Ant. 4,596. 8. *J.L. Benson* Anc. Leros, Greek, Roman and Byzantine monographs 3, 1963. 9. *G.Gerola* Monumenti medioevali delle tredici Sporadi, ASAA 2, 1916, 61 ff. 10. *G. Manganaro*, ASAA 41/42, 1963/64, 296 ff.

**Lesbia** s. Clodia I 10

**Lesbische Liebe** s. Sappho

**Lesbonax.** **1.** Griech. Gramm. 1. Jh. n. Chr. ([2]), Vf. einer in 2 Auszügen verschiedenen Wertes erhaltenen Abh. περὶ σχημάτων (d.i. über Besonderheiten der Syntax), in der die bei Dichtern belegbaren Figuren nach Dichternamen (z.B. Ἀλκμανικόν), die bei Prosaikern nach deren ἐθνικά (z.B. Ἰωνικόν) benannt sind. Die Schrift bietet nützliches Material bei der Erforschung der Umgangssprache ([1]. [3]) und der lokalen Differenzierung der verschiedenen Dialekte ([4]).

1. *R. Müller* De Lesbonacte grammatico, Diss. Greifswald 1890 (Λεσβώνακτος περὶ σχημάτων, ed. R. Müller, 1900). 2. *W. Schmid*, Wochenschr. f. kl. Phil. 17, 1900, 404–406 (Rez. der ob. Ed.). 3. *F. Slotty* Der Gebrauch des Konjunktivs und Optativs in den griech. Dialekten, Forsch. z. griech. und lat. Gramm., H. 3, 1915, 34. 4. *H.W. Smyth* The Sounds and Inflections of the Greek Dialects. Ionic, 1894, 14 ff.

**2.** L., Attizist. Rhetor aus Mytilene, den man zur sog. 2. Sophistik zählt. Von ihm sind 3 Deklamationen polit. Inhalts erhalten. Die fiktive Z. der 3. Rede scheint das 5. Jh. (413?) zu sein, die der 1. Rede das 4. Jh. (imitatio der Diktion des isokrat.

Plataikos); der zeitliche Anlaß der 2. Rede ist nicht näher gekennzeichnet. Überliefert sind die Deklamationen zusammen mit den sog. kleinen att. Rednern im Cod. Crippsianus. Nach Phot. bibl. cod. 74 hat man im Alt. 16 *λόγοι πολιτικοί* von L. gekannt. Nach Sch. Ps.-Lukian. de salt. 69, das auf Arethas von Caesarea, den Kenner der 2. Sophistik, zurückgeht, verfaßte L. außerdem noch *ἐρωτικαὶ ἐπιστολαί*. Im Adressaten L. zweier (wohl unechter) Briefe des Apoll. v. Tyana (114 und 122 H.) darf man wohl nicht unseren L. sehen.

O. Dr.

1. *F. Kiehr* Lesbonactis Sophistae quae supersunt, 1907 (mit ausführl. Komm.; wertvolle Beiträge z. Text von Br. Keil). 2. *K. Aulitzky*, RE XII 2104ff. 3. *E. Richtsteig*, BursJb 211, 1927, 48.

**3.** L., Philosoph aus Mytilene, Vater des Rhetors Potamon; er lebte im 1. Jh. v. Chr., Sud. IV 181,29 Adler. Greek Inscr. Brit. Mus. II Nr. 211, 212. Mi III S. 48 Nr. 116. Suppl. VI Nr. 84. 85.

R. H.

**Lesbos** (*Λέσβος*). Die drittgrößte griech. Insel (nach Euboia und Kreta), 1614 qkm. Die größte Länge von N. nach S. beträgt ca. 47 km, die größte Breite von O. nach W. etwa 55 km. Von S. dringt der Golf von Hiero 14 km tief ein, von W. der noch größere Golf von → Pyrrha, h. Kalloni, sogar 21 km, beide mit engen Einfahrten fast geschlossene Buchten bildend. L. ist im allg. Hügelland mit einzelnen höher aufragenden Gebirgen, im N. Lepetymnos 838 m, im NW. Ordymnos 542–646 m, im SW. Olympos 940 (968) m. Der größere n. und w. Teil der Insel besteht aus vulkan. Gesteinen (Laven und Tuffen), der SO. aus Schiefern und Marmoren, dazu größere jungtertiäre Ablagerungen (Kalke und Sandsteine). Zahlreich sind heiße Quellen. Im Alt. und noch h. gilt die Insel als bes. gesegnet, angenehm und milde, Diod. 5,82. Tac. ann. 6,9, das Klima unterscheidet sich aber nicht von dem der sonstigen Aegaeis. Berühmt waren das Getreide und der Wein von Lesbos, s. auch IG XII 2 Nr. 74–80. H. spielt vor allem der Ölbaum eine große Rolle, der fast ein Viertel der Insel bedeckt. Die einst ausgedehnten Wälder bes. von Kiefern und Eichen nehmen auch h. noch mehr als ein Zehntel der Insel ein, daneben üppige Macchie.

Aus vorgesch. Z. liegen bisher außer der Ausgrabung der frühbronzezeitlichen Siedlung Thermi an der O.-Küste, ABSA 30, 1928/30, 1ff. 31, 1930/1931, 148ff., und einer Probegrabung in Antissa (spätere Bronzezeit und später), ABSA 31, 1930/1931, 166ff. 32, 1931/32, 41ff. nur wenig Funde vor, D. Fimmen Die kret.-myken. Kultur 15. Karo, RE Suppl. VI 612,32ff. Bei Hom. Il. 24,543ff. gehört L. zum Reich des Priamos und wird von Achilleus erobert, Il. 9,129. 271. 664. In hist. Z. gehört die Insel zum aiol. Dialektgebiet. Die bedeutendsten Städte waren → Mytilene an der SO.-Küste, im MA. und türk. dann Name der ganzen Insel, → Methymna an der N.-Küste, → Antissa und → Eresos im NW. und → Pyrrha an der S.-Küste der tiefen, danach benannten Bucht im W. Die sozialen Spannungen und Kämpfe der archaischen Z. und die Tyrannis des → Pittakos sind vor allem aus den Gedichten des → Alkaios bekannt, am Hellenion von → Naukratis war auch Mytilene beteiligt, Hdt. 2,178. Gründung von Kolonien wie → Ainos und das später an Athen verlorengegangene → Sigeion. Niederlage gegen → Polykrates von Samos, Hdt. 3,39, dann pers., Hdt. 4,97. Beteiligung am ion. Aufstand, Hdt. 6,8,2. 14,3. Versuch des → Histiaios, sich in L. eine neue Machtstellung zu schaffen, Hdt. 6,5,2f. 26,1–28,2. Pers. Rückeroberung, Hdt. 6,31,1. Nach Mykale schloß sich L. sofort an Athen an, Hdt. 9,106,4, und gehörte seitdem zum att. Seebund, und zwar mit eigenen Schiffen, Thuk. 1,19. 2,9,5. 56,2. 7,57,5, daher nicht in den Tributlisten. Am Abfall Mytilenes von Athen 428 v. Chr. beteiligte sich Methymna nicht und blieb daher auch von der Zuteilung der Insel an att. Kleruchen verschont, Thuk. 3,2,1ff. 5,1. 18,1f. 3,50,2f. 412 Abfall von Athen, Thuk. 8,5,2. 22,1ff. 389 v. Chr. gewann → Thrasybulos L. wieder für Athen, Xen. hell. 4,8,28ff. Diod. 14, 94,2–4, dann im 2. att. Seebund, IG II$^2$ 40.42 = Syll. I$^3$ 149. 43 = Syll. I$^3$ 147,80f. 116f., aus dem die Insel nach dem Bundesgenossenkrieg wieder austrat, Beloch GG 3, 1$^2$,244. Tyrannis in den Hauptstädten. 334 Anschluß an Alexander mit vorübergehender Rückeroberung durch die Perser, Arr. an. 2,1,1ff. 13,3. 3,2,4ff. In der Diadochenzeit gehörte L. zum Reich des → Antigonos, OGIS 8 VI. Syll.$^3$ I 344,30f., und war später ptolemaeisch, Niese St. 2,357 A. 1. 3,379. 191 v. Chr. schloß sich L. an Rom an, Liv. 37,12,5, dann an Mithridates VI., Diod. 37,37. Vell. Pat. 2,18,1. App. Mithr. 52. Mytilene wurde erst nach langer Belagerung 79 v. Chr. von Rom zurückerobert, Liv. per. 89. Suet. Caes. 2. Die hohe Gunst, in der → Theophanes von Mytilene bei Pompeius stand, verschaffte der Stadt wieder die Freiheit, Plut. Pomp. 42,4. Vell. Pat. 2,18,1. Strab. 13,2,3 p. 617f. Theophanes begründete die glanzvolle Stellung seiner Familie in der frühen Kaiserzeit, die mehrfach bis zum Konsulat gelangte [10]. Bischöfe sind für Mytilene und Methymna seit dem 5. Jh. bezeugt, Not. episc. oft. Le Quien 1,953ff. Auf L. spielt der Liebesroman Daphnis und Chloe des Longos mit vielen Einzelangaben über die Insel. In der griech. Geistesgesch. spielte die reiche Insel eine bedeutende Rolle vor allem in der frühen Lyrik, in der L. führend war mit den Namen Alkaios, Sappho, Terpandros und Arion. Aus späterer Z. seien erwähnt die Historiker Hellanikos und Phainias, ferner Theophrast, letztere beiden aus Eresos.

Skyl. 97. Strab. 1,3,19 p. 60. 13,2,1ff. p. 616ff. Hdt. 1,151. Diod. 5,81f. Ptol. 5,2,19. Plin. nat. 5, 139f. Hierokl. Synecd. 686,5f. Inschr.: IG XII 2. Suppl. Nr. 1–143. L. Robert, REG 38, 1925, 29ff. 423ff. BCH 59, 1935, 471ff. SEG II 497. III 690–

712. XIII 433–439. XIV 516f. XVI 463–466. XVII 369. XVIII 323. XIX 544. CIL III 450–455. 7156–7161. 14196–14199. Mz.: HEAD HN$^2$ 557ff. Jahrb. f. Numismatik 10,1959/60, 150ff. E. M.

1. *Bürchner*, RE XII 2107ff. 2. *Philipps.-Kirst.* 4,233ff. 3. *S. Accame*, Dizion. epigr. 4,670ff. 4. *A. Conze* Reise auf der Insel L., 1865. 5. *R. Koldewey* Die ant. Baureste der Insel L., 1890 (S. 74ff.; *H. Kiepert–R. Koldewey* Itinerare auf der Insel L.). 6. *W.H.D. Rouse* L., ABSA 2, 1895/96, 145ff. 7. *J.D. Quinn* Cape Phokas, L., site of an archaic sanctuary for Zeus, Hera and Dionysos?, AJA 65, 1961, 391ff. 8. *H. Pistorius* Beiträge zur Gesch. von L. im 4. Jh. v. Chr. 1913. 9. *S. Mazzarino* Per la storia di L. nel VI secolo A.C., Ath. 21, 1943, 38ff. 10. *Fr. Hiller von Gärtringen* Neue Forschungen zur Gesch. und Epigraphik von L., NGG 1, 1934–1936, 6,107ff.

**Lesche** (*λέσχη*). Bauten, in denen die Bürger sich zusammenfinden, sitzen, einzeln verhandeln und reden können, gab es an Marktplätzen und in Heiligtümern Griechenlands häufig. Die von den Knidiern errichtete L. in Delphi war ein rechteckiger Saalbau mit 8 Innensäulen, berühmt durch die Gemälde von → Polygnotos im Inneren der L. Harpokr., Hesych., Etym. m. s. *λέσχη*. Paus. 10, 25ff. W. H. G.

**Lesches** (*Λέσχης*, bei Paus. *Λέσχεως*), aus Pyrrha auf Lesbos, für uns zuerst genannt von Pha(i)nias aus Eresos, der ihn vor Terpander ansetzte und von einem Wettstreit mit Arktinos erzählte (frg. 33 Wehrli), wie Plut. mor. 153f von einem solchen mit Hesiod. Neben anderen hat man ihn als Vf. der Kl. Ilias angesehen (Stellen: BETHE Homer 2, 1922, 167–176), auch neben Arktinos als den der Iliu Persis (Paus. 10,25,5). Über den Unwert dieser späten Zuteilungen WILAM. Unt. 344ff. R. K.

**Lessa** (*Λῆσσα*). Dorf auf der argol. Akte an der Grenze gegen Epidauros beim h. Ligurio, mit Athenaheiligtum. Paus. 2,25,10. 26,1. E. M.

1. *Frickenhaus-Müller*, MDAI(A) 36, 1911, 30. 2. *Boethius*, RE XII 2136f.

**Lesura.** Bei Auson. Mosella 365 bezeugter w. Nebenfluß der Mittelmosel, h. die Lieser, die bei dem gleichnamigen Ort, unweit Bernkastel, in die Mosel mündet. J. POKORNY (Ztschr. f. celt. Philologie 21,97) vermutet illyr. Einfluß bei der Namenbildung (anders F. CRAMER Rhein. Ortsnamen aus vorröm. und röm. Zeit 15, der vorkelt. ligur. Namenbildung erschließt), wie auch für den Cevennenberg Lesura- Lozère bei Nîmes, und einen Fluß Lesuros an der span. O.-Küste. Rhein. Vierteljahresbl. 23, 1958, 15. H. C.

**Lete** (*Λητή*). Stadt in Makedonien (Ptol. 3,13, 33 in Mygdonia, Plin. nat. 4,36 im Binnenland gelegen). Name von einem Heiligtum der Leto abgeleitet. Erste Mz. aus den J. 500–480 s. HEAD HN$^2$ 197. H. das Dorf Ajwati n.ö. von Thessaloniki. Die Lage ist gesichert durch den Fund einer Ehreninschr. für den Quaestor M. Annius aus dem J. 118/17. Chr. D.

*Papazoglu* Die maked. Städte in der röm. Z. (serb.), 1957, 162 u.ö.

**Lethaia** (*Ληθαία*). Gattin des Olenos. Das Paar wurde in Steinsäulen auf dem Idagebirge verwandelt nach einer Ov. met. 10,68ff. angedeuteten, sonst unbekannten Sage. L. pochte (einer Gottheit gegenüber) auf ihre Schönheit, Olenos wollte als der Schuldige erscheinen (d.h. die Strafe auf sich nehmen). HÖFER, Myth. Lex. 2,1956. H. v. G.

**Lethaios** (*Ληθαῖος*). Name mehrerer Flüsse, Strab. 14,1,39 p. 647. **1.** Fluß von → Trikka in Thessalien, in den Peneios mündend, Strab. a.O. FR. STÄHLIN, RE XII 2139. **2.** Fluß der Messaraebene in S.-Kreta, an dem → Gortyn liegt, h. Ieropotamos oder Mitropolianos. Strab. 10,4,11 p. 478. Dionys. Call. 126. Ptol. 3,15,3. Quint. Smyrn. 10, 82. Solin. 11,9. GLM S. 149. E. M.

**3.** L., Fluß in Karien, der h. Derbend-Tschai, ein n. Zufluß des → Maiandros, erwähnt von Strab. 12,554 und 14,647, wonach er auf dem ephes. Berg Paktyas entspringt (s. RE XVIII 2440 [1]). H. T.

*Bürchner*, RE XII 2140. *Forbiger* HB alt. Geogr. 2,104. 210. *H. Kiepert* Atl. ant. T. V.

**Lethe** s. Unterwelt

**Lethos** (*Λῆθος*). Pelasger, Vater von → Hippothoos (2) und Pylaios, die aus Larisa den Troern pelasg. Hilfstruppen zuführten. Il. 2,840ff. H.v.G.

**Leto** (*Λητώ*). Kleinasiat. Göttin ([4],84ff.; etr. *letun* E. FIESEL Namen des griech. Mythos im Etr., 1928, 73); schon bei Hom. Il. 21,497ff. 24,606f. respektierte Zeusgemahlin und Mutter von Apollon und Artemis (F. CODINO, Belfagor 15, 1960, 561). Die Rolle der Zwillingsmutter (vgl. L. STERNBERG, Ztschr. f. Ethn. 61, 1929, 152ff.) erweist L. als alte Fruchtbarkeitsgöttin (U. HOLMBERG, Mém. Soc. Finno-Ougr. 52, 1924, 48ff.). Als Kreißende berührt sie die Erde Lykiens (Q. Smyrn. 11,23f.) bzw. die del. Palme (Kall. h. Del. 209ff. [8],820ff.) im Bereich des → Kynthos (Eur. Iph. T. 1098ff. POxy. XV 1792,1. A. PLASSART Le sanctuaire et les cultes du Mt. Cynthe, 1928, 64f.), während die gesamte Natur den exempl. Akt des Neuwerdens wundersam begrüßt (Hom. h. 3,117ff. Kall. h. Iov. 29ff. h. Del. 260ff. E. HEITSCH Die griech. Dichterfragmente der röm. Kaiserzeit, 1961, 168. → Eileithyia). Ihr Name daher nicht mit H. OSTHOFF, IF 5, 1896, 304ff. 309. H. GÜNTERT Kalypso, 1919, 134 als »Verbergerin« zu lat. *latere* usw. (vgl. F. MULLER, Mnem 2, 1935, 220), vielmehr wie *Λῆδα* mit lyk. lad/ta »Frau« (H. PEDERSEN Lykisch und Hethitisch, 1945, 15. R. GUSMANI, IF 68, 1963, 291f.) sprachlich ident. (P. KRETSCHMER, Gl 14, 1925, 307. 30, 1943, 91,2. 32, 1953, 187. 197. FRISK 2,118f.). Der göttlichen »Frau« und maternalen »Herrin« ([5],273. [7],121. H.J. ROSE, HThR 51, 1958, 29) galt als L. *Φυτία* das kret. Fest der Ekdysien zu Phaistos (Ant. Lib. 17. NILSSON Griech. Feste 370f. → Leukippos). Gleichwohl wurde ein Primat des kret.-argiv. Sitzes der L. als mediterraner *Πότνια θηρῶν καὶ φυτῶν* ([8],823ff.) von

E. Bethe, Antidoron J. Wackernagel, 1923, 20f. gegen U. v. Wilamowitz, H 38, 1903, 583f. nicht mit Recht behauptet, da die Göttin in verschiedenen alten Heiligtümern Lykiens (App. Mithr. 27. Strab. 14,651.662.665. [5],275.277), vor allem im N. des Xanthos-Tales bei Araxa (Strab. 14,666. Benndorf-Niemann Reisen in Lykien 1, 1884, 118ff.) und an der Quelle Melite (Ant. Lib. 35. Ov. met. 6,317ff. G. Neumann, Sprache 7, 1961, 73ff.) genuin festsitzt (L. Malten, JDAI 27, 1912, 262f. Fiesel 111f.). Von dort aus erfolgte eine Kult-Expansion über Phrygien (→ Lairbenos; [2],1,130ff. [4],54f.), Pamphylien, die Mäanderebene und die → Katakekaumene bis zu dem Wallfahrts- u. Mysterienort → Ortygia bei Ephesos (Strab. 14,639f. Ch. Picard Éphèse et Claros, 1922, 468f. B. Koetting Peregrinatio Religiosa, 1950, 52f.). In Lykien setzt auch die wichtige, durch → Olen repräsentierte Verbindung des kleinasiat. Letoiden- mit dem hyperbor. Apollonkult an (F. W. König, Klotho 1, 1936, 10f.), dessen bis ins Neolithikum zurückreichende Wurzeln (P. Guerre, Cahiers du Sud 54, 1963, 323ff.) skyth.-schamanist. Gepräge erkennen lassen (J. Wiesner, JDAI 78, 1963/64, 200ff. O. J. Maenchen-Helfen, Riv. St. Or. 39, 1964, 69 f.). Dem kleinasiatischen Ortygia-Heiligtum steht demgemäß die Verehrung der »Wachtelgöttin« (Aristoph. Av. 870) auf → Delos-Ortygia (FGrH 325 F 2 J. Tréheux, BCH 70, 1946, 571ff. [8],806ff.) gegenüber, wo die Hyperboreer-Tradition (J. Harmatta, Acta Ant. Hung. 3, 1955, 57ff. G. Moravcsik, Byzantinoturcica 1, 1958², 47f.) ihre zentrale Stätte besaß (Tréheux Stud. D. M. Robinson 2, 1951, 758ff.). Im Zeichen des Baumidols der hlg. Palme (E. Bethe, H 71, 1936, 358f.) trat hier der L.-Kult (→ Delios; zum del. Letoon H. Gallet de Santerre, RA 50, 1957, 58ff.) in Rivalität zu dem der Zeus-Gattin Hera (Gallet de Santerre, BCH 70, 1946, 208ff.). Die Römer übernahmen die Göttin aus dem dor. Unteritalien mit der dor. Namensform *Lato*, die sie zu *Latona* erweiterten. W. F.

1. *O. Treuber* Gesch. der Lykier, 1887, 68ff. 2. *W. M. Ramsay* Cities and Bishoprics of Phrygia, 1895. 3. *C. H. Macurdy* Troy and Paeonia, 1925, 151ff. 4. *R. Pettazzoni* La Confessione dei Peccati 3, 1936. 5. *U. Pestalozza*, MIL 24, 1937/39, 273ff. 6. *F. R. Schroeder* Ingunar-Freyr, 1941, 48ff. 7. *A. H. Krappe*, SMSR 19/20, 1943/46, 121ff. 8. *E. Secci*, RIL 91, 1957, 803ff. 9. *F. Wehrli*, RE Suppl. V 555ff.

**Letopolis** (*Λητοῦς πόλις*), altäg. *Ḫm*, h. Usim, NW. Kairo, alter Hauptort des 2. unteräg. Gaues, am l. Ufer des westlichsten Nilarms, der neben der Bezeichnung *itr-ᶜ3*, »großer Fluß« auch *p3-rm.wj* »der (Arm) der beiden Fische« hieß. Danach bezeichnete man L. auch als »die (Stadt) des (Arms) der beiden Fische« *p3-n-p3-rm.wj*, d. h. bei Hdt. 2,59.63 *Πάπρημις* (Altenmüller, Ex oriente Lux 18,271ff.). In L. wurde ein »augenloser« Gott *Mḫntj-ir.tj* verehrt (Junker Der sehende und blinde Gott, SBAW 1942, 7), Personifizierung der untergegangenen Sonne, dem sein Sohn (Haroeris-Onuris) die Sonne als das »Auge« wiederbringt. Dieses »Auge« wird der Hathor gleichgesetzt und damit Mutter des Haroeris-Onuris. Das Kultspiel hat Hdt. a. O. ausführlich geschildert: Onuris (»Ares«) dringt mit Gewalt in den Tempel ein, um sich mit seiner Mutter zu vereinigen; dabei kommt es zu einem rituellen Knüttelkampf der Priester, der bereits seit Pyr. Texten und Drammatischem Ramesseumspap. belegt ist. Dem *Mḫntj-ir.tj* war die Spitzmaus heilig (Brunner-Traut Gött. Vortr. 123ff.) als »blindes« w. Gegenstück zum Gott der Morgensonne in Heliopolis in Gestalt eines Ichneumons. – Bei L. (*Πάπρημις*) schlug nach Hdt. 3,12 der libysche Aufständige Inaros im J. 463 v. Chr. die Perser. Die Griechen setzten die Hathor mit Leto gleich (da Hathor hier Mutter des »älteren« Horus: Haroeris, in dem die Griechen Apollon sahen), daher der Stadtname. Der Gau bestand als Letopolites bis in späteste Zeiten weiter. W. H.

**Letrinoi** (*Λετρῖνοι*). Ortschaft an der Hauptstraße von Elis nach Olympia mit Heiligtum der Artemis Alpheiaia, zu Pausanias' Zeit nur aus wenigen Häusern bestehend, n. des Alpheios, wohl das h. Pyrgos, Partsch Olympia 1,6. Philipps.-Kirst. 3,347; von Geiger, RE XII 2148. Skias, EA 1919, 43 weiter w. bei Hg. Joannis angesetzt. Paus. 6,22,8–11. Xen. hell. 3,2,25.30. 4,2,16. Lykophr. 54 m. Sch. 158. Einheim. Namensform inschrift. und bei Xen. in den Hss. Ledrinoi: BCH 90, 1966, 818. E. M.

**Leucetius** (Loucetius), kelt., mit Mars verbundener Gott, der nach Ausweis der Inschr. bes. bei den Vangionen verehrt wurde (CIL XIII 6221. 7241. 7242. 7249a. 7252. 7608), während CIL XIII 7412 und CIL VII 36 (aus Bath in England) die Verehrung des L. durch Treverer bezeugen. H. C.

*Haug*, RE XII 2150. *Holder* 2,193.

**Leuchtturm** (*Φάρος, Pharus*). Als Vorstufen des L. erfüllten schon bei Homer (Od. 10,30) erwähnte Strandfeuer ([4],217ff.), Säulen mit Leuchtfeuer darauf ([4],230) oder einfache Seezeichen (*σημεῖα*) in den Zufahrten (Arr. Ind. 41,2) den Zweck eines L. Der älteste L. ist der aus hellenist. Z. stammende alexandrin. Pharos. Seine Stellung am Ende des sich über die Mole fortsetzenden Mauerzuges weist ihn zunächst als einen ins Monumentale ausgestalteten Stadtmauerturm aus. (Spätere L. stehen meist an dieser Stelle, doch auch auf Höhen [Capri] oder auf Wellenbrechern [Portus].) In seinen abgestuften Geschossen (Quadrat, Achteck, Zylinder, Kegel) wurde er Vorbild für die meisten späteren L. Die Beleuchtung bestand aus offenen Feuern. S. O.

1. *Karl Lehmann-Hartleben* Die ant. Hafenanlagen des Mittelmeeres, Klio Bh. 14, 1923. 2. *Ders.*, RE XIII 547ff. s. *λιμήν*. 3. *H. Thiersch* Pharos, Ant., Islam und Okzident, 1909. 4. *Ders.*, JDAI 1915, 213ff. (mit Abb.). 5. *J. Liegle* Architekturbilder auf ant. Mz.en, Antike 12, 1936, 215ff.

Abb. 13a–c. 6. Encicl. Arte Class. Or. 3,596, Abb. 717–719. 7. *L. A. Veitmeyer* Leuchtfeuer und Leuchtapparate, Münch.-Lpz. 1900.

**Leuci.** Gall. Volksstamm n.w. von den Sequanern und s.w. von den Mediomatrikern, zwischen Matrona und Mosella. Caes. Gall. 2,14. Tac. hist. 1,64. Strab. 4,193. Ptol. 2,9,13. Plin. nat. 4,106 *Leuci liberi*. Nach Lucan. 1,242 waren sie geschickte Lanzenwerfer. Ihre Stadt war *Tullum* (Toul) (CIL XIII 1,702). M. L.

**Leucosia** (Nissen It. Ldk. 2,895), Insel im S. des Golfs von Paestum (Sch. Lykophr. 723. Strab. 2,123. 6,252. Plin. nat. 2,204. 3,85. Ov. met. 15,708. Sil. 8,580. Dion. Hal. ant. 1,53. Solin. 2,13); h. Licosa. G. R.

**Leuga.** Die »gallische Meile« wird von Amm. 16,12,8, Isid. orig. 15,16 u. a. zu 1½ röm. Meilen = ca. 2200 m gerechnet. Sprater glaubt im Gelände einen Betrag von 2300 m ermitteln zu können. Die L. findet sich seit Traian in Aquitanien und der Lugdunensis weithin verwendet und ist seit Septimius Severus (202) allg. in den tres Galliae und den beiden Germanien in offiziellem Gebrauch (Meilensteine). H. Ch.

*Holder* 2,197ff. (Belege). *O. Hirschfeld* Kl. Schriften, 1913, 721ff. und CIL XIII 2 p. 645f. *F. Sprater*, Germania 21, 1937, 32f. *E. de Ruggiero–M. Sordi*, Diz. ep. 4,700f.

**Leukai** (Λεῦκαι). **1.** Perioikenstadt an der O.-Küste des lakon. Golfs, Akriai benachbart, Pol. 5,19,8. Liv. 35,17,3, wohl am n.ö. Rand der von Strab. 8,5,2 p. 363 genannten Ebene Leuke. E. M.

1. *A. J. B. Wace*, ABSA 14, 1907/08, 162f. 2. *Wrede*, RE XII 2210. 3. *Bölte*, RE III A 1316,48ff..

**2.** L., eine am Golf von Smyrna auf ionischem Boden 383 v. Chr. gegründete Stadt (h. Levki oder Lefke), in urspr. Insellage. Zwar öfters erwähnt (Skyl. 98. GGM I 71. Strab. 14,646. Plin. nat. 5,119), aber nicht bedeutend und hist. kaum hervorgetreten. 130 v. Chr. verlor der röm. Konsul P. Licinius Crassus durch → Aristonikos (3) bei L. Schlacht und Leben (vgl. auch Iust. 36,4,8). H. T.

*Bürchner*, RE XII 2209 mit Lit. *A. Forbiger* HB der alten Geogr. 2,181. *W. M. Ramsay* The hist. geogr. of Asia Min., 206. *H. Kiepert* Atlas ant., tab. V.

**Leuka (ore),** Λευκὰ (ὄρη). Das große und bes. unzugängliche und wilde Hauptgebirge des w. Kreta, h. mit verschiedenen Namen, amtlich wieder Λευκὰ ὄρη, bis 2482 m hoch. Strab. 10,4,4 p. 475. Ptol. 3,15,6. Plin. nat. 16,142. 31,43. Theophr. h. pl. 4,1,3. Kall. h. 3,41. E. M.

1. *E. Fabricius*, Geogr. Ztschr. 3, 1897, 365. 2. *Bürchner*, RE XII 2209f. 3. *J. D. S. Pendlebury* The archaeology of Crete 4. *J. Bowman* Kreta 1965, 261. 271ff.

**Leukarion** (Λευκαρίων) = → Deukalion, Epicharm. frg. 117 Kaibel. Die Namen sind etym. nicht verwandt, L. ist aus λευκός entwickelt, wohl als Gegenstück zur »roten« Pyrra. Vielleicht steht die seltsame Sage vom »leukad.« Sprung des Deukalion (Ov. her. 15,165ff. Pherekyd. frg. B 4 Diels) mit der Namensform L. in Zusammenhang. Wilam. GldH. 1,64,2. H. v. G.



**Leukas** (Λευκάς). Die Insel im Unterschied von der Stadt oft auch Λευκαδία genannt, so Thuk. 3,94,1. 8,13 (aber auch Λευκάς für die Insel 2,30,2). Liv. 33,17,5.8. Mela 2,110. Plin. nat. 4,5. 52f. Tab. Peut. 7,3/4. Geogr. Rav. 5,22 p. 401,16 u. a. Die nördlichste der mittleren Gruppe der ion. Inseln an der akarnan. Küste, 292 qkm mit einer Länge von 31 km. Geolog. besteht die Insel aus Kalken verschiedenen Alters mit größeren Anlagerungen tertiärer Flysche, Tone und Sandsteine, und bes. im N. kleineren Flächen jungen Schwemmlandes. Der Kalk bildet eine geschlossene zentrale Gebirgsmasse, im Stavrotas bis 1141 m ansteigend, die W.-Küste gegen das offene Meer ist eine einzige grandiose Kalkkliffküste, stellenweise bis 500 m hoch, mit starker Brandung. Sie endet in der weit nach S. vorspringenden schmalen Landzunge, die in dem berühmten leuchtend weißen und bei den ant. Seefahrern gefürchteten Kap Leukatas ausläuft, das wohl schon bei Hom. Od. 24,11 als Eingang in die Unterwelt erwähnt ist. Auf dem Kap befand sich ein Heiligtum des Apollon, und von hier wurden Verbrecher ins Meer gestürzt und sollen sich unglücklich Liebende selber hinabgestürzt haben wie Sappho, Strab. Phot. bibl. cod. 191 p. 153. Ampel. 8,4. Plut. mor. 236 DE. 255 A. Verg. Aen. 3,274f. und Serv. z. St. Serv. Verg. buc. 8,59 u. a. [2],19. [4],271ff. [5],462f. mit weiterer Lit. Meuli, RE XII 2259. Aly, RE I A 2364,58ff. Zielinski, Klio 23, 1930, 1ff. Janssens, AC 30, 1961, 381ff.: Leucade et le pays des morts.

Die S.- und O.-Küste ist stärker gegliedert mit mehreren Buchten, von denen die Vlichobucht an der mittleren O.-Küste am tiefsten eindringt. Größere Ebenen liegen im S. an der Vassilikibucht, im Inneren der oberirdisch abflußlose und daher im Winter überschwemmte Talkessel Livadi, am Eingang der Vlichobucht die Ebene von Nidri und im N. kleinere Schwemmlandebenen. An ihrer NO.-Seite ist die Insel nur durch einen schmalen Sund und eine ganz seichte Lagune von nur wenigen cm bis 60 cm Tiefe, teilweise mehr Sumpf als Lagune, vom Festland getrennt, die gegen das Meer gegen W. und N. durch eine flache Nehrung (ἰσϑμός) abgeschlossen wird. Der Sund nach S. ist an der schmalsten Stelle nur 200 m breit. Die Verhältnisse in der Lagune und im Sund haben sich durch Anschwemmungen und Strömungen seit dem Alt. offenbar stark verändert, und die Lagune muß früher tieferes Wasser gehabt haben als h. und war mit Schiffen befahrbar. Nach einhelliger ant. Tradition soll allerdings L. mit dem Festland durch den Isthmos verbunden gewesen sein und hätten erst die korinth. Siedler den Isthmos mit einem Kanal durchgraben, den Dioryktos. Sichere Aussagen über den ant. Zustand sind nicht möglich. Über den S.-Teil des Sundes führte in röm. Z. eine Brücke, Strab. [4],268. Eine Fahrrinne wird in der Neuzeit offengehalten. Ant. Beschreibungen des Isthmos, Arr. Ind. 41. Charis. KEIL GrL 1,134f., vgl. Thuk. 3,81,1. 4,8,2. Pol. 5,5,12. Sonst zu Lagune und Nehrung bes. [3],2220ff. [4], 359ff. mit Spezialkarte 1 : 33300 Taf. 6 und 20. [5],474ff.

Vorgesch. Funde auf der Insel sind zwar seit neolith. Z. zahlreich, aber im ganzen unbedeutend, D. FIMMEN Kret.-myken. Kultur 4. [3],2237f. [5], 601f. SCHACHERMEYR, RE XXII 1386,29ff. 1457, 55ff. [4], bes. 198–203. 207–250. 275–318. 330–338. P. GOESSLER, AA 42, 1927, 258ff. S. BENTON, ABSA 32, 1931/32, 229f. 245. N. VALMIN Das adriat. Gebiet in Vor- und Frühbronzezeit, Acta Univ. Lund. NS. 1,35,1 1939, 66ff.

Die hist. Stadt L. ist korinth. Kolonie, Skyl. Strab. Hdt. 8,45. Thuk. 1,30,2f. u. ö. Nikol. Dam. FGrH 90 F 57,7. Demosth. 9,34. Plut. Them. 24,1; Timol. 15,1; mor. 552 EF. Teilnahme am Perserkrieg mit 3 Schiffen und Landkontingent Hdt. 8,45.47. 9,28,5.31,4. Syll.$^3$ I 31,29. Beim Konflikt mit Epidamnos unterstützte L. die Korinther und war auch im pelop. Krieg auf ihrer Seite. Athen. Angriffe Thuk. 3,7,5f. 94,1f. 95,2. Am Hilfszug des Gylippos für Syrakus waren 2 Schiffe aus L. beteiligt, Thuk. 6,104,1. 394 v. Chr. im antispartan. Bund, Diod. 14,82,3, aber dann wieder und noch 375 v. Chr. auf spartan. Seite, Xen. hell. 6,2,3. 26, auch nicht im 2. att. Seebund. Ein Vertrag mit Athen IG II$^2$ 104. Demosthenes brachte L. 343 v. Chr. zum Anschluß an den Bund gegen Philipp, Demosth. 18,237. Plut. Demosth. 17,4. Beteiligung am Lamischen Krieg Diod. 18,11, 1. 314–312 v. Chr. unter Kassander, Diod. 19,67,5. 89,3, dann nacheinander im Besitz des Agathokles, Demetrios Poliorketes und Pyrrhos, BELOCH GG IV 2$^2$,377f. Auch weiterhin epirot. Frontin. strat. 3,4,5. Nach dem Sturz der epirot. Monarchie wurde L. Hauptort des akarnan. Bundes, Liv. 33, 16,3. 36,11,9. IG IX 1,1$^2$,3 A 24 = Syll.$^3$ I 421. Inschr. von Magnesia 31 = IG IX 1,2$^2$ 582,47 = Syll.$^3$ II 557 App. B. IG IX 1,2$^2$,583,2f. 19f., und stand daher mit dem gesamten Bund im Kampf gegen Rom auf makedon. Seite, → Akarnanien. 197 v. Chr. Eroberung durch L. Flamininus, Enn. ann. 10,334. Liv. 33,17. Zon. 9,16. CIL I$^2$ 613 = XIV 2935 = DESSILS 14. 167 v. Chr. vom Bund der Akarnanen getrennt, Liv. 45,31,12. Dion. Hal. ant. 1,51. Plünderung des Apollonheiligtums durch die Seeräuber, Plut. Pomp. 24,5. Cicero auf seinen Reisen in und bei L., Att. 5,9,1; fam. 16,1,2. 2. 4. 5. Eroberung durch Agrippa 31 v. Chr. Cass. Dio 50, 13,5. 30,1. Zon. 10,29. Flor. 2,21,4. Vell. Pat. 2,84,3. In der Kaiserzeit zu Nikopolis gezogen, Strab. 10, 2,2 p. 450. Anth. Pal. 9,553, daher mit Akarnanien seit 67 n. Chr. zur Provinz Epirus. Als Bistum erscheint L. erst in späteren byzantin. Listen, Not. episc. passim. LE QUIEN 2,151ff.

Die Stadt der gesch. Z. lag an der NO.-Ecke der Insel etwa 1½ km s. der h. Stadt. Erhalten sind vor allem Teile des Mauerrings und eines Theaters, [2], 8ff. [4], 267f. Mit einem Mauerumfang von 3 km u. einem Flächeninhalt von etwa 100 ha war L. eine der größeren Städte Griechenlands. An sonstigen Orten werden außer der Hauptstadt erwähnt Ellomenon an der O.-Küste, Thuk. 3,94,1, ebenso → Nerikos, Thuk. 3,7,5. Strab. 10,2,8 p. 452. RE XVII 30ff., ferner Phara, Skyl. 34, wohl im S. bei Vassiliki, dazu [5],485f. Für einzelne ant. Reste s. [2],20f. [4],256ff. [5],469ff. Zusammenfassender Ber. über Dörpfelds Ausgrabungen auf L. [4], neuere Ausgrabungen AA 46, 1931, 265. 49, 1934, 162f. 50, 1935, 211f. 51, 1936, 141. BCH 79, 1955, 262.

Die vor allem von DÖRPFELD mit Energie verfochtene These, daß L. das homer. Ithake sei, zuletzt ausführlich [4], findet h. kaum noch Anhänger, ausführliche Besprechung der älteren Lit. [3], 2239ff. RE IX 2289ff., neuere Lit. → Ithake.

Skyl. 34. Thuk. 3,94,2. Liv. 33,17. Strab. 10,2,8f. p. 451f. Plin. nat. 4,5. Ptol. 3,13,4.9. Dion. Hal. ant. 1,50. Anth. Pal. 6,251. IG IV 1$^2$,95,20. BCH 45, 1921, 26 IV 137. Inschr.: IG IX 1 Nr. 534–609. [3],2232f. SEG 17 Nr. 247f. KLAFFENBACH, SPr AW 1935, 709f. CIL III 574. p. 989. Mz.: HEAD HN$^2$ 329ff. [3],2233. E. M.

1. *E. Oberhummer* Akarnanien, Ambrakia, Amphilochien, Leukas im Alt., 1887. 2. *J. Partsch* Die Insel Leukas, Peterm. Mitteil. E. H. 95, 1889 (mit Karte 1:100000). 3. *Maull-Bürchner*, RE XII 2213ff. mit Karte und umfangreicher Bibliogr. 4. *W. Dörpfeld* Alt-Ithaka, 2 Bde. 1927 (mit neuer Karte 1:100000, vielen weiteren Karten, Plänen und Photos). 5. *Philipps.-Kirst.* 2,460ff. 6. *L. Moretti*, Dizion. epigr. 4,688f. 7. *K. Lehmann-Hartleben* Die ant. Hafenanlagen des Mittelmeeres 263ff.

**Leukaspis** (*Λεύκασπις*). **1.** Einer der 5 Führer der Sikaner, die Herakles auf seinem Zuge durch Sizilien erschlug. »Sie genießen bis heute Heroenehre« Diod. 4,23,5. Das wird für L. und Pediokrates durch sizil. Mz. bestätigt. Sie zeigen L. als nackten, stürmenden Helden mit Helm, Schwert und Schild, z. T. mit einem Widder vor einem Opferfeuer. HEAD HN$^2$ 154 (175). Der wohl vorgriech. Kult drang sogar nach Athen; L. erscheint in einem att. Opferkalender der 1. H. des 4. Jh. G. DUNST, L. BCH 88, 1964, 284 (HZ 201, 1965, 176). **2.** Gefährte des Aineias, wohl der Steuermann von Orontes' im Sturm untergegangenem Schiff (Verg. Aen. 1,115); beide begegnen Aineias am Acheron, klagend über ihre Nichtbestattung, ebd. 6,333. H. v. G.

**Leuke** (*ἡ Λευκή*). Stadt Ioniens am N.-Rand des Golfs von Smyrna (Ps. Skyl. 98. Diod. 18,2. Strab. 14,646. Plin. nat. 5,119: *Leuce*), 383 v. Chr. gegründet von dem pers. Flottenführer Tachos, Ruinen, auf dem Hügelrücken *Τρεῖς Τεπέδες*. Mz. HEAD HN$^2$ 581. H. T.

*H. Kiepert* FOA IX. *Bürchner*, RE XII 2209.

**Leuke Akte** (*Λευκὴ ἀκτή*, Strab. 10,489. 17, 799. Ptol. 4,5,3). Weißer Dünenvorsprung an der libyschen Küste ca. 60 km ö. Marsa Matruh, h. Ras el-ebjad am Ras el-Kanais bei Fuka, nach Skyl.107 Ende der Bucht von Plinthine. Nach POxy 1380,45 verehrte man hier Isis als Aphrodite, Muchis und Eseremphis (»Isis, die den guten Namen schafft«); außerdem lag hier ein Orakelheiligtum des Horus (Apollon). W. H.

**Leuke Kome** (*Λευκὴ κώμη*). **1.** Dorf mit Hafen in Phoinikien zwischen → Berytos und → Sidon, wo Antonius auf der Rückkehr vom Partherkriege mit Kleopatra zusammentraf, Plut. Ant. 51, 2f. Vermutungen über die Lage bei HONIGMANN, RE XII 2261f. K. Z.

**2.** L. K. (Strab. 16,780.781. Peripl. m. Erythr. 19. Cosmas Indicopl. 2,143), Hafen und Festung am Roten Meer in NW.-Arabien, Umschlagplatz für den Handel zwischen S.-Arabien und Petra. Zur Z. des Peripl. (um 75 n. Chr.) hatte der zum nabatäischen Reich gehörige Ort eine Garnison unter einem Centurio, beide nabatäisch (nicht röm., da das Nabatäerreich erst 106 n. Chr. röm. wurde). *Λ. κ.* bildete die N.-Grenze des Landes der Kinaidokolpiten. Seine Lage ist umstritten: der nördlichste Ansatzpunkt ist die Mündung des h. Wādī el-Ḥamḍ, der südlichste Yanbu' (→ Iambia). A.D.

1. *J. Pirenne* Le Royaume Sud-Arabe de Qatabân et sa Datation, Löwen 1961, 178. 2. *H. v. Wissmann* Zur Gesch. und Landeskunde von Alt-Südarabien, SAWW ph.-h. Kl., 246, 1964, 65.

**Leukimne** (*Λευκίμνη*, var. *Λευκίμμη*, -α). Nach N. vorspringende, niedrige Landspitze an der s.ö. Küste von → Korkyra, h. Lefkimo. Thuk. 1,30,1. 4. 47,2. 51,4. 3,79,3. Strab. 7,7,5 p. 324. Ptol. 3,13,9. E. M.

*Philipps.-Kirst.* 2,445f. 270 A. 26a.

**Leukios Charinos.** L. gilt als Vf. apokrypher Apostelgesch.: der Joh.-Akten, der Joh.- und Petrus-Akten und der Andreas-Akten. Augustin (C. Felicem 2,6) schreibt L. die Vf.-schaft des gesamten manichäischen Corpus der apokryphen Apostelakten zu. Von diesem Corpus schreibt Phot. bibl. cod. 114: »Ein B., die sog. Wanderungen der Apostel, worin enthalten sind die Akten des Petrus, Joh., Andreas, Thomas, Paulus. Es hat sie, wie eben das B. anzeigt, Leukios Charinos geschrieben.« Phot. nennt diese Akten »Quelle und Mutter aller Häresie«. Bei den Manichäern war L. als Vf. der Apostelakten geschätzt. Kl. W.

*Bardenhewer* 1,506f. 546 Anm. 1. 574. Dict. Arch. et Liturg. VIII 2982ff. *Hennecke - Schneemelcher* Neutestamentliche Apokryphen 1. 2, 1959-1964: 1, 190. 353ff.; 2, 117ff. 120ff. (Lit.).

**Leukippe** (*Λευκίππη*). Ep.-myth. Name ohne Unterlage im Kultus. **1.** Gespielin der Persephone, Hom. h. 5,418. **2.** Tochter des → Minyas von Orchomenos, die, mit ihren Schwestern → Alkathoe (Alkithoe) und Arsippe (→ Arsinoe) widerstrebend in den dionys. Taumel hineingerissen, ihren Sohn → Hippasos (3) zerfleischte. Anton. Lib. 10. Ov. met. 4,1-42. 389-415 (4,168 heißt sie *Leuconoe*). **3.** Gattin des → Thestios, Mutter des Argonauten → Iphiklos (2). Hier nachzutragen: Von Meleagros getötet, Bakchyl. 5,128. **4.** Gattin des → Laomedon (1), Apollod. 3,146. Mutter des Laomedon, Hyg. fab. 250. H. v. G.

**Leukippides** (*Λευκιππίδες*). Geschwisterkinder der spartan. → Dioskuren (Kastor und Polydeukes) und der messen. Apharetiden (Idas und Lynkeus). Mit den letzteren waren sie verlobt, aber sie wurden von den ersteren entführt, nachdem sie ihren Vater Leukippos bestochen hatten. Der Raub ist häufig auf att. Vasen dargestellt. Die Apharetiden setzten den Räubern nach und holten sie bei dem Grabmal des Aphareus ein. Nun fochten Kastor und Lynkeus im Zweikampf um beide Bräute. Lynkeus, verwundet, zog sich zum Grabmal zurück, Kastor eilte ihm nach und erstach ihn. Da faßte Idas die Grabsäule, um Kastor zu töten, aber Zeus streckte ihn mit dem Blitzstrahl nieder. Theokrit. 22,137ff. Andere Darstellungen: Pind. N. 10,60ff. (nach den Kyprien). Ov. fast. 5,699ff. Hyg. fab. 80. Apollod. 3,117. 136. – Ihre Namen Phoibe und Hilaeira verraten noch, daß sie urspr. Göttinnen waren. In den Kyprien ist Apollon ihr Vater (Paus. 3,16,1). Sie hatten ein Heiligtum in Sparta, und die Mädchen, die ihren Kult besorgten, hießen auch L., Eur. Hel. 1466. WILAM. GldH 1,229. Die L. erhielten bei ihrer Vermenschlichung Leukippos zum Vater. Als 3. L. wurde → Arsinoe bezeichnet. H. v. G.

**Leukippos** (*Λεύκιππος*, »Schimmelreiter«). **1.** Heros und myth. Gründer von Magnesia am Maiandros, IG III 16, erscheint auf Mz. und Inschr. als reitender Krieger. Er galt als Sohn des Karers Xanthios und Abkömmling des → Bellerophon. Als Blutschänder und Vatermörder aus Thessalien flüchtend (Parthen. 5, nach Hermesianax' «Leontion»), führte er Thessaler erst nach Kreta (vgl. Nr. 2), dann in die Gegend von Ephesos und gewann durch Verrat der Königstochter Leukophrye den Ort Leukophrys. Schwer zu entscheiden, ob er urspr. ein göttlicher »Schimmelreiter« ist oder nur den Reitergeist der alten Thessaler verkörpert. KERN Gründungsgesch. von Magnesia. Bln. 1894. **2.** Kreter, Sohn des Lampros und der → Galateia (2), Held der aitiolog. Gesch., die den Ritus der in → Phaistos zu Ehren der → Leto Phytia gefeierten *'Εκδύσια* erklären sollte, daß die Brautleute (oder die Braut) sich neben dem Bilde des L. hinlegten (Anton. Lib. 17 nach Nikandros; ähnlich ist die Sage von → Iphis II Nr. 3). Der Name des Festes deutet auf eine Entkleidungszeremonie, sei es der Braut, sei es des weiblich gekleideten Bildes (NILSSON Griech. Feste 370). L. war wohl eine androgyne oder ithyphall. Gottheit. W. KROLL, RE XII 2265. **3.** Sohn des → Oinomaos von Pisa, der die spröde → Daphne liebt, sich mädchenhaft kleidet, um ihr nahe zu sein, und bei der Entdeckung seines Geschlechts getötet wird. Parthen. 15 (nach Diod. v. Elaia und

Phylarchos). Paus. 8,20,2ff. **4.** Führer der achaischen Kolonie nach → Metapontion, Strab. 6,265, das er durch Überlistung der Tarentiner gewinnt. H. v. G.

**5. L.**, Begründer der Atomistik, Lehrer des → Demokritos. Als Ort seiner Herkunft werden genannt Milet, Elea und Abdera (Diog. Laert. 9,30 = DIELS Vorsokr. 67 A 1); da Elea auf Grund einer möglichen Benennung nach L.' Anlehnung an die eleat. Schule und Abdera wegen des nahezu völligen Verschwindens des L. hinter seinem Schüler Demokritos als Geburtsorte unwahrscheinlich sind, ist wohl Milet als Heimat des L. anzunehmen. BURNET Early Greek Philosophers $^{4}$331 läßt L. infolge der aristokrat. Revolution (450/49) von Milet über Elea nach Abdera gelangen.

Seine Lebenszeit ist nur durch dieses Lehrer-Schüler-Verhältnis annähernd bestimmbar. Das würde auf 480/70 als Geburtsjahr L.' führen. Über seine Lebensdauer ist nichts bekannt. Diese Unsicherheit der Lebensdaten und die fast völlige Verdrängung seiner Lehren durch die des Demokritos (deren Gründe wohl in der größeren stilist. Wirksamkeit des Demokritos zu suchen sind) haben dazu geführt, daß schon Epikur (Diog. Laert. 10,13) Zweifel an L.' Existenz äußerte; wenngleich jüngere Epikureer diesen Zweifel wieder aufgaben und L. außerdem durch Aristoteles und Theophrastos glaubhaft bezeugt ist, entstand durch ROHDES 1880 entwickelte These (Kl. Schr. 1,205–245) eine längere Kontroverse um die Frage der Existenz L.', die aber durch DIELS' Stellungnahme (Verh. d. 35. Philol.-Vers. zu Stettin 1881) als abgeschlossen anzusehen ist (Näheres s. RE XII 2267ff.).

Aristot. und Theophr. schreiben L. die beiden Schriften *Μέγας διάκοσμος* und *Περὶ νοῦ* zu, deren erstere die physikal. Atomlehre, die Weltentstehung und -ordnung, die letztere die Lehre von der sinnlichen Wahrnehmung der *εἴδωλα* enthalte. Da seit hellenist. Z. nicht mehr deutlich zwischen der Lehre des L. und der des Demokritos unterschieden wurde und das gesamte, ausgebildete atomist. Lehrgebäude unter dessen Namen lief, können nur geringe Teile davon mit Sicherheit dem L. zugewiesen werden. (ALFIERI Per la cronologia della scuola di Abdera, Riv. crit. di stor. della filos. 7/1952, nimmt eine Zusammenarbeit beider an.) Die Physik des L. beruht, sich anlehnend an das All-*πέρας* des Parmenides und auch in der Kleinheit ein *πέρας* setzend, auf dem damit gewonnenen Prinzip des Vollen (= Seienden), in unsichtbarer Kleinheit nicht weiter Teilbaren, dem er das Prinzip des Leeren (= Nichtseienden) entgegensetzt, weil es ohne dieses keine Bewegung gebe. Das Volle nennt er *ἄτομον*, es existiert in unendlicher Fülle, und die einzelnen Atome sind voneinander nicht durch ihre Qualität, wohl aber durch ihre Form verschieden. Die Welt (Diog. Laert. 9,30ff.) entsteht durch die Absonderung vieler verschieden geformter Atome von der unendlichen Atommasse, ihren Einfall in das Leere und ihre Zusammenballung in einem großen Wirbel, worin sich durch gegenseitigen Anstoß und dauernde Kreisbewegung die Atome sondern und gleiche sich mit gleichen verbinden. Die feineren Atome weichen nach außen ins Leere, die dichteren ballen sich in der Mitte des Wirbels zu einem kugelförmigen Körper zusammen, der sich nach außen hin durch eine Art Membrane (aus miteinander verflochtenen, hakenförmigen Atomen) abschließt. Diese ist nicht als nach außen oder innen völlig dicht gedacht, sondern sie läßt noch einen Austausch der Atome zu, wodurch die Möglichkeit eines Abnehmens und Vergehens des Kosmos gegeben ist. Alles dies geschieht mit Notwendigkeit nach mechan. Gesetzen, und durch diese Notwendigkeit entsteht Ordnung im großen und im kleinen.

Diese naturnotwendige Bewegung der Atome ist aber nicht nur das Prinzip der Weltentstehung, sondern auch der Wahrnehmung, denn durch ihren Zusammenschluß und ihre Ordnung nehmen die Atome erst Qualitäten an, die eine Wahrnehmung ermöglichen. Sie kommt zustande durch Ausfluß von Atomen aus den Dingen, wodurch *εἴδωλα* erzeugt werden und auf die Sinne des Menschen treffen, wo die empfangenen Eindrücke umgebildet werden; deshalb ist volle Erkenntnis auch nicht durch sinnliche Wahrnehmung möglich, sondern nur durch Vertiefung mit Hilfe des *νοῦς*. Dieser (von der Seele nicht geschieden) besteht wie das Feuer aus feinen, runden Atomen und ist durch den ganzen Leib verbreitet, wo er in den einzelnen Organen verschiedene Funktionen ausübt. – Eine Ethik des L. ist nicht mehr nachzuweisen. Frg.: DIELS Vorsokr. Nr. 67. F. Z.

*C. Bailey* The Greek Atomists and Epicurus, 1928. *V.E. Alfieri* Gli atomisti, 1936. *Ders.* Per la cronologia della scuola di Abdera, Riv. crit. di stor. della filos. 7/1952. *J. Kerschensteiner* Zu Leukippos A 1, H 87, 1959, 441–448.

**Leukoma** (*λεύκωμα*). Die geweißte Tafel entspricht in Herstellung und Gebrauch dem → Album. Außer öffentlichen Bekanntmachungen und amtlichen Aufzeichnungen wird das L. in Griechenland auch im privaten Bereich und für Kaufverträge sowie bei Gericht benützt. Änderungen am Wortlaut waren beim L. schwer möglich [Demosth.] 46,11; waren Änderungen vorauszusehen oder möglich, bevorzugte man Wachstafeln. W. H. G.

**Leukon** (*Λεύκων*). **1.** Boiot. Heros, Sohn des → Athamas und der Themisto, Tochter des Lapithenkönigs → Hypseus, Apollod. 1. 84. Paus. 9,34, 6f. Eponym des Leukonis (= Kopais)-Sees, Steph. Byz. Seine Tochter Euhippe heiratet Andreus von Orchomenos, Paus. 9,34,9. L. galt auch als Sohn Poseidons, nach Hyg. 157 (wenn man mit BUNTE *Leucon* statt *Leuconoe* liest). – Über Beziehungen zu Leukothea s. WILAM. Pind. 21. H. v. G.

**2.** L., Dichter der Alten Komödie, der an den Lenäen 422 mit Aristoph. Vesp., Dionysien 421 mit dessen Pax konkurrierte und jedesmal dritter blieb. Sein Name in der Siegerliste IG II$^2$ 2325,66. Er griff Hyperbolos und den Tragiker Melanthios an. W. K.

**3.** L. I., Sohn des Satyros aus der Spartokidendynastie im bosporan. Reich auf der Krim, 389/388–349/48. Diod. 14,93,1. 16,31,6. L. kämpfte mit Herakleia Pontike, eroberte die miles. Kolonie Theodosia, baute sie zum Umschlaghafen aus, nannte sich Archon von Bosporos und Theodosia und nach friedlichem Anschluß der Sinder durch seinen Bruder Gorgippos auch deren Archon. Demosth. 20,33. Strab. 7,311. Polyain. 6,9,3 f. Corp. inscr. regni Bosporani (CIRB = Korpus Bosporshich Nadpisej) 1965, 6a. 1111. Weitere Erwerbungen verrät der endgültige Titel »Archon von Bosporos und Theodosia und König der Sinder, Toreteer, Dandarier und Psesser«. CIRB 6. Für jährliche Getreidezufuhr von 400000 Medimnen, Sonderlieferung von 2100000 Medimnen, Erlaß des Ausfuhrzolls und andere Vorrechte erhielt L. athen. Bürgerrecht und Atelie. Demosth. 20,29 ff. Ehrendekrete der Arkader und Mytilenaier, CIRB 37. Sylloge$^3$ 212. Zu der Fahrt des Rhodiers Memnon 353 gegen L., einer Verschwörung gegen L. und gerissenen Finanzgeschäften Polyain. 5,44, 1. 6,9,1 ff. Aen. poliorc. 5,2. L. hatte 3 Söhne, Spartokos, Pairisades und Apollonios. Sylloge$^3$ 206. R. WERNER Abriß der Gesch. antiker Randkulturen, 1961, 142 (Lit.). 146. **4.** Bruder des Königs Spartokos IV., Priester des Apollon Ietros. CIRB 25. **5.** L. II. zwischen 160 und 150, tötete den Bruder Spartokos V. wegen Ehebruchs mit seiner Gattin Alkathoe, sicherte als König durch Münzreform die Wirtschaft und wurde von Alkathoe ermordet. Ov. Ib. 309 f. Sch. HEAD HN$^2$ 503. H. V.

**Leukonoe** (*Λευκονόη*). **1.** Tochter des Phosphoros, Mutter des Philammon von Apollon, Hyg. 161. Als solche wird sonst → Chione oder Philonis genannt. → Leukon (1). **2.** S. Leukippe (2). H. v. G.

**3.** L., großer Demos der Stadttrittys der Leontis, danach im NO. von Athen zwischen den Turkovunia und dem Hymettos anzusetzen, genauere Lage unbekannt. Harpokr. Phot. Suda s. v. IG II$^2$ 1742,25 ff. 2362,32 ff. Hesp. 30, 1961, 33,227 ff. E. M.

1. *Kock*, RE XII 2284 Nr. 3 (mit ält. Lit., großenteils überholt). 2. *Philipps.-Kirst.* 1,888, 1.

**Leukonotos** s. Winde

**Leukopetra** (NISSEN It. Ldk. 2,967. FORBIGER HB der alten Geogr. 3,360. MILLER Itin. Rom. 359), Kap in Bruttium (vgl. Sall. b. Serv. Aen. 3, 400) am Südende der Apenninen (Strab. 5,211. 6,259): Ptol. 3,1,9. Plin. nat. 3,43.74. Cic. Att. 16, 7,1. Phil. 1,7; bei Thuk. 7,35,2 nur *Πέτρα*; h. Capo dell'Armi (84 m hoch; Verwechslung mit dem völlig flachen Capo Pellaro durch falsche Entfernungsangabe bei Strab. Tab. Peut. 7,2). Cic. Att. 16,6,1: *L. Tarentinorum* = Leuca. G. R.

**Leukophryene** (*Λευκοφρυηνή*). Lokale Epiklese (Etym. m. 565,16. 599,36) der Artemis von Magnesia am Maiandros (Anakr. fr. 1 D. [1],13), einer Form der anatol. Großen Göttin (U. v. WILAMOWITZ, H 30, 1895, 179) mit jungfräulichen und maternalen Charakteristika (E. FEHRLE, RVV 6, 1910, 120). Unter griech. Einfluß wurde L. in Gestalt einer im magnet. Artemistempel bestatteten Heroine (Parthen. 5. [1],19 f. 22) von der Göttin abgespalten (Clem. Al. protr. 2,45,3 m. Sch.). Letztere wird in Fest- und Asylieinschr. der Stadt mehrfach erwähnt (KERN Inschr. v. Magnesia, 1900, 16 ff. F. SOKOLOWSKI Lois sacrées de l'Asie Min., 1955, 88 ff. 96). Über die Feiern und den Tempelbau ab 221/20 NILSSON Griech. Feste 248 ff. M. SEGRE, Hellenica 5, 1948, 122 f. W. F.

1. *O. Kern* Die Gründungsgeschichte von Magnesia, 1894. 2. *Ders.*, H 36, 1901, 491 ff.

**Leukos** (*Λεῦκος*). **1.** Beiname des Hermes im Gebiet von Tanagra. PRELL.-ROB. 1,397,4. 416,1. **2.** Gefährte des Odysseus, von Antiphos getötet. Hom. Il. 4,491. **3.** Sohn des Talos, von → Idomeneus erzogen, der ihm für die Zeit seines Troiazuges Haus und Herrschaft zur Verwaltung überträgt. Er verführt Meda, die Frau des Idomeneus, tötet sie und ihre Kinder, trennt 10 kret. Städte ab und wirft sich zu deren Herrscher auf. Nach der Rückkehr von Idomeneus geblendet. Apollod. epit. 6,10. Lykophr. 1214 ff. mit Sch. Dagegen heißt es in den Hom. Sch., er habe Idomeneus mit Waffengewalt vertrieben; dabei seien 10 Städte untergegangen. Die Zahl 10 erklärt GUNDEL, RE IX 908 ansprechend als Differenz zw. den 100 kret. Städten der Il. und den 90 der Od. H. v. G.

**Leukos Limen** (*Λευκὸς λιμήν*). Nur Ptol. 4,5,8, Hafen am Roten Meer am O.-Ausgang des Wadi Hammamat in der Höhe von Koptos, h. Marsa Koseir el-qadim, Ausgangspunkt der Fahrten nach Punt (Küste von Erythraea). Seit der Ptolemäerzeit haben die Häfen Myoshormos und Berenike L. l. überflügelt. Kaum ant. Reste erhalten. W. H.

**Leukosia** (*Λευκωσία*). Eine der 3 nachhom. → Seirenen, die an der Küste von Kampanien lokalisiert waren. Auf dem gleichnamigen Inselchen s. von Paestum wurde ihr Grab verehrt. Lykophr. 715. 728 mit Sch. Strab. 2,123. 6,252. Als die Aeneassage sich in dieser Gegend heimisch machte, wurde L. zu einer auf dieser Insel gestorbenen Nichte des tro. Helden. Dion. Hal. 1,53 *(Leucasia)*. H. v. G.

*Prell.-Rob.* 1,614. *Nissen* It. Ldk. 2,895.

**Leukosyroi** (*Λευκόσυροι*). Das Gebiet an der mittleren N.-Küste Kleinasiens, vom Thermodon über den Halys bis Harmene und Tetrakis mit der Stadt Sinope wird als das Land der L. (auch Leukosyria, Leukosyriake oder Assyria) bezeichnet (Apoll. Rhod. 2,946. 964. 972. 999. Skyl. 89. Hdt. 2,104. App. Mithr. 69. Dion. Per. 774. 975). Ptol. 5,6,2 beansprucht dafür auch das Irisgebiet, Strab. 12,544. 553 rechnet Themiskyra mit dem Amazonenland hinzu. Inwieweit dieses Gebiet sich ins Innere erstreckt hat, wird sehr verschieden angegeben. Daß ein Teil Kappadokiens einbegriffen war, wird dadurch bewiesen, daß die Kappadoker vielfach (Leuko)syrer genannt wurden (Hdt. 1,72. 7,72. Sch. Apoll. Rhod. 2,946 f. Strab. 12,542. 16,737. Plin. nat. 6,9. Steph. Byz. s. *Σύροι*). Ob dieser Name mit syr. Handelskolonien, die sich in Mittelanatolien seit uralten Zeiten niederließen, zusammenhängt oder ob in dem Namen der kleinasiat. Stamm *Lukki-* oder *Lyko-* zu erkennen ist, von den Griechen zu *Leuko-* umgestaltet, ist h. nicht zu entscheiden. A. M. M.

*Th. Nöldeke*, H 5,443 ff. *R. Leonhard* Paphlagonia, 1915, 290 ff. *F. Bilabel*, Philol. Suppl. 14, 1920, 1,34 ff. *D. M. Robinson*, AJPh 27, 1906, 145 ff. *H. Winckler* Der Alte Orient I, 1, 1903, 23 ff. *Ruge*, RE XII 2291 ff. *D. Magie* Rom. Rule in Asia Min., 1950, 1074, Anm. 18.

**Leukothea** (*Λευκοθέα*, auch und zwar primär *Λευκὰ θεά* »die helle Göttin«. Dazu vgl. die Hesych-Notiz *Λευκοθέαι· πᾶσαι αἱ πόντιαι*). Meeresgöttin des Volksglaubens, die in Hom. Od. 5, 333 f. mit der Kadmos-Tochter → Ino gleichgesetzt wird; der Konnex ist in einer »hist.« Dimension gesehen (*ἣ πρὶν μὲν ἔην*). Das Motiv des Sprunges ins Meer (Eur. Med. 1284 ff. Ov. met. 4, 481 ff. Sch. Lykophr. 229) kehrt in nächster Parallele bei Britomartis-Diktynna, aber auch bei Glaukos wieder und soll eine Existenzverwandlung zum Ausdruck bringen (vgl. A. Lesky Thalatta, Wien 1947, 142 ff.). Die Gesch. vom *κρήδεμνον* (Hom. Od. 5,346 ff.) ist ein Märchenmotiv und fügt sich gut in das alte Seefahrermärchen vom schiffbrüchigen Heimkehrer. Nach der Identifizierung mit Ino wird der religiöse Gehalt der L. weitgehend durch die Züge der Ino gestaltet. L. hatte in Boiotien, auf dem Isthmos von Korinth, auf Kreta u. a. Kult; auffälliges Schwanken zwischen Götterkult und Heroenkult in Boiotien (vgl. Pind. Pyth. 11,2. Plut. apophth. Lac. 228 E). L. ist auch in anderen Landschaften bezeugt; bes. interessant die Sesselinschr. (IG II 3,368) im Dionysos-Theater in Athen (aus der Kaiserzeit). – Der L. vergleichbar ist bei den Römern Mater → Matuta (vgl. Serv. Aen. 5,241. M. Halberstadt Mater Matuta, Frankf. a. M. 1934, bes. 22 ff. 65 ff.). W. P.

**Leukothoe** (*Λευκοθόη*). Myth. Tochter des Perserkönigs Orchamos und der Eurynome, Geliebte Apollons, von der Nebenbuhlerin → Klytia aus Neid dem Vater verraten, von ihm lebendig begraben, von dem Gott in eine Weihrauchstaude verwandelt. Ov. met. 4,190 ff. H. v. G.

**Leuktra** (*τὰ Λεῦκτρα*). Ebene und vielleicht Ortschaft im Gebiet von Thespiai im s. Boiotien, etwa n.w. vom h. Parapungia, berühmt durch den Sieg des Epameinondas über die Spartaner 371 v. Chr. Reste eines Siegesdenkmals, eines Rundbaus von etwa 3½ m Durchmesser mit Triglyphenfries und Relieffries mit Rundschilden, das man wohl



mit Recht auf diese Schlacht bezieht, h. an Ort und Stelle wieder aufgebaut, Orlandos, *Πρακτικά* 1922, 38 ff. *Τὸ ἔργον τῆς Ἀρχαιολ. Ἑταιρείας* 1958, 48 ff. und folgende Bde. BCH 83, 1959, 675 ff. 86, 1961, 773 f. AA 40, 1925, 321. Strab. 9,2,39 p. 414. 8,4,4 p. 360. Xen. hell. 6,4,4. Diod. 15,53,2. Plut. Pelop. 20,3 f. Paus. 9,13,3 ff. Plut. mor. 773 B. 1098 A. Harpokr. Suda. Etym. m. IG VII 1724,24. 2462 = EpGr. p. XVI Nr. 768 a. E. M.

1. *W. Wrede*, RE XII 2306 f. 2. *Philipps.-Kirst.* 1,503. 3. *W. Kendrick Pritchett* Stud. on anc. Greek topography 1, 1965, 49 ff. 4. Zur Schlacht s. bes. *J. Wolter* in *Kromayer* Ant. Schlachtfelder 4, 1924/31, 290 ff.

**Leukusia.** Die h. Hauptstadt Cyperns, h. Nikosia, amtlich *Λευκοσία*, erst nachant. genannt. Mehrere große prähistor. Nekropolen in der s. Umgebung der Stadt [3]. E. M.

1. *Oberhummer*, RE XII 2308 ff. 2. *R. Gunnis* Historic Cyprus 126 ff. 3. *O. Masson* Les inscr. chypriotes syllab. 229 ff.

**Leuthari.** Im Frankenreich mächtiger Alamanne, sammelte mit seinem Bruder Butilinus ein starkes Heer aus Alamannen und Franken, um den O.-Goten zu helfen. Die beiden Brüder, mehr auf Bereicherung und Ruhm als auf Hilfe bedacht, kamen 553 und 554 bis nach Apulien und Kalabrien. Auf dem Rückweg, bei dem er die reiche Beute weitgehend verlor, erlag L., wie die meisten der Seinen, in der Nähe des Gardasees einer Seuche (Agathias 1 und 2 pass.). A. L.

**Levaci.** Kleine Völkerschaft in Gallia Belgica, den Nerviern benachbart, von ihnen abhängig (Caes. Gall. 5,39). Sie werden zusammen mit den ebenfalls der Herrschaft der Nervier unterworfenen Ceutrones, Grudii, Pleumoxii und Eidumni genannt. M. L.

**Levana.** Bei Aug. civ. 4,11 (Tert. nat. 2,11 nur Konj.) genannte Gottheit der → indigitamenta, die die Neugeborenen von der Erde, wo diese niedergelegt wurden, »aufhebt« (Dieterich Mutter Erde, 1925³, 6 ff. 122. Samter Geburt, Hochzeit und Tod, Lpz. 1911, 2 ff.: beide mit vielen Parallelen, daß Neugeborene mit der Erde in Berührung kommen müssen). Auf den Brauch, daß der Vater das Kind durch Aufheben anerkannte, bezogen den Namen L. Prell.-Jord. 2,210 u. a.; ablehnend Peter, Myth. Lex. 2,201. Dieterich a. O. Samter a. O. W. E.

**Lewismaler.** Att. Vasenmaler um 470–450 v. Chr. Beazley schreibt ihm 37 Skyphoi zu. Auf einem im Vatikan steht: Polygnotos hat es gemalt. Der gängige Name nach einer engl. Slg. unterscheidet ihn vom späteren Polygnotos I. Zwei Figuren je Seite auf meist großen, je eine auf meist kleinen Skyphoi füllen anf. ohne, später mit mehr und mehr ausgebildetem Henkelornament, sorgsam abgestimmt, die Flächen. Die Themen sind meist myth. zu deuten; die Zeichnung ist sicher bis flüchtig; der Stil im Übergang von der strengen zur klass. Phase. H. Ma.

*H. R.W. Smith* Der Lewismaler, 1939. *J.D.Beazley* ARV$^2$, 972–976.

**Lex, leges** (ls.) in Auswahl. Die ant. Theorie (Cic. leg. 1,19) versteht die *l.a legendo* als Auswahl aus dem *ius*, der Gesamtheit der Rechtssatzungen. ERNOUT-MEILLET Dict. étym., $^3$1951, 629 ff. setzen für das awest. Wort *rāzan* »religiöse Satzung« im Gegensatz zu WALDE-HOF. $^3$790 und WALDE-POK. 855, die es von **rēg* (lat. *rex*) ableiten, ein altes **lēg-* voraus und finden die so gegebene sakrale Herkunft der l. in der alten Formel des *ver sacrum* (Liv. 22,10,4 *qui faciet quando volet quaque lege volet facito*), im Verkehr mit den Göttern durch die *legum dictio*, die Ansage der Zeichen, die der Augur aufstellt und der Gott beantwortet (Serv. Aen. 3,89) und in Tempelstatuten wie der *l. templi Furfensis* (CIL I$^2$ 756). Verwandt mit *ligare* (binden) bezeichnet l. jedenfalls die dauernde Bindung zweier Rechtssubjekte durch den in Rede und Gegenrede geschlossenen Vertrag, in erster Linie das vom Volk beschlossene Gesetz.

Das röm. Staatsrecht unterschied 2 Arten der *ls. publicae*. Die *ls. rogatae* wurden auf Antrag eines Magistrates von der Volksversammlung beschlossen. Gell. 10,20,2: *l. est generale iussum populi aut plebis rogante magistratu. Ls. datae* wurden einseitig durch einen Imperiumsträger gegeben, den Volk oder Senat ermächtigten, mit konstituierender Gewalt z.B. die Verwaltung einer Provinz zu ordnen. MOMMSEN RStR 2$^3$,725. 3,311. *Ls. rogatae* konnten in 4 Formen Verbote verkünden, die *l. imperfecta* ohne Sanktion auf Nichtigkeitsfolge und Strafe, die *l. minus quam perfecta* ohne Nichtigkeitsfolge, aber mit Strafdrohung, die *l. perfecta* mit Sanktion auf Nichtigkeitsfolge und die *l. plus quam perfecta* mit Nichtigkeitsfolge und Strafdrohung. Ulp. 1,20. Durch vom Volk beschworene *ls. sacratae* verfällt der Schuldige, aus der Bürgerschaft ausgestoßen, mit seiner Habe den Göttern. Sondergesetze mit dieser religiösen Verpflichtung schützten bes. die Volkstribunen. Liv. 2,33,3. 3,55,7. Im Geschäftsleben gab es die *l. dicta*, den Vertrag zwischen einer Behörde und einem Unternehmer oder zwischen Privatpersonen. Der Magistrat nannte in den *ls. contractus* die Bedingungen, die jeweils der Unternehmer anerkennen mußte, *ls. censoriae* enthielten Formulare mit Rechtsbedingungen für Pächter der öffentlichen Einnahmen *(publicani)*, Domänen- und Bergwerksordnungen wurden als ls. bezeichnet *(l. Manciana, l. metalli)*, man unterschied den Miet- und Pachtvertrag *(l. locationis conductionis)*, den Dienstvertrag einer Arbeitskraft *(l. operarum)*, den Verkaufsvertrag *(l. venditionis)* u.a. Dig. 16,3, 1,6 *contractus enim legem esse ex conventione accipiunt*.

Die *l. rogata* wurde durch 4 Akte, die *legislatio*, *rogatio*, *renuntiatio* und *publicatio* rechtsgültig. Als *lator* oder *auctor* gab der Magistrat, meist im Einvernehmen mit dem Senat, den Wortlaut des Gesetzes mündlich in einer *contio* oder durch Edikt bekannt. Cic. leg. 3,11. Zwischen der Ankündigung *(promulgatio)* und Abstimmung konnte die Vorlage während der Mindestfrist von 3 *nundinae* (3x8 Tage) in einer *contio* erörtert, empfohlen *(suadere)* oder abgelehnt *(dissuadere)* werden. Liv. 10,7. 34,1,4 ff. Bei der Abstimmung las der Magistrat nach Einholen der Auspizien der *contio* das Gesetz mit der Frage vor: »Wollt ihr und wollt ihr als Recht setzen, daß . . . Dies, wie ich es gesagt habe, frage ich euch, Quiriten« (*velitis iubeatis ut . . . haec ita, uti dixi, ita vos, Quirites, rogo*. Gell. 5,19,9). Die Bürger traten in die Stimmabteilungen der *comitia centuriata* oder *tributa* auseinander und antworteten mündlich, seit der *l. tabellaria Papiria* 131 v. Chr. (Cic. leg. 3,35) schriftlich mit einem Täfelchen *UR* (*uti rogas*, wie du beantragst) oder *A* (*antiquo*, ich lasse es beim alten). Cic. leg. 3,38. Allein die korporative Stimme der Centurie oder Tribus zählte. Dann verkündete der Magistrat Annahme oder Ablehnung der Vorlage. Bis zu dieser *renuntiatio* war die Interzession eines Volkstribunen zulässig. Die gültige l. wurde auf Erztafeln oder Stein festgehalten, protokolliert wurde der Name des Antragstellers, die Versammlung, Ort und Tag, die *tribus praerogativa* und der Name des ersten Wählers. Die *l. Quinctia de aquaeductibus* (9 v. Chr., Frontin. aq. 129), das einzige in vollem Wortlaut erhaltene Gesetz, beginnt: *T. Quinctius Crispinus consul populum iure rogavit populusque iure scivit in foro pro rostris aedis divi Iulii p(ridie) K(alendas) Iulias. tribus Sergia principium fuit, pro tribu S. Sextius L.f. Virro* [*primus scivit*]. Der Stil des Volksgesetzes ist in der *l. Tappula convivalis* persifliert, in der Satzung eines Gelages der Satten *(tribus Satureia)* auf Antrag des Narren *(Tappo)* und seiner Genossen Vielfraß *(M. Multivorius)*, Eilebald *(P. Properocius)* und Weinert *(M. Mero)*. DESSILS 8761. Fest. 496,30 L. Das Einbringen einer *l. satura*, die sachlich nicht zusammengehörige Bestimmungen umfaßt, wurde 98 v. Chr. durch die *l. Caecilia Didia* (Cic. dom. 53) verboten. Eine l. konnte völlig (*abrogatio*, Cic. rep. 2,63) oder zum Teil (*derogatio*, Cic. inv. 2,134) aufgehoben, teilweise abgeändert (*obrogatio*, Cic. rep. 3,33) oder durch Zusätze (*subrogatio*, Ulp. 1,3) erweitert werden. Diese Möglichkeiten waren in manchen Gesetzen verboten. CIL VI 930,34 ff. XI 46329. Cic. Att. 3,23,3. Beschworene Volksgesetze und mit Eid gefaßte Beschlüsse der Plebs galten als unabänderlich. MOMMSEN RStR 3,362 f.

Die ältesten bekannten ls., die sog. Forumsinschr., die Zwölftafelgesetze und das Perduellionsgesetz, leiten den zu regelnden Tatbestand als Bedingungssatz *(si quis fecerit)* ein und verzichten auf letzte Genauigkeit. Seit dem 2. Jh. v. Chr. führt ein Relativsatz *(quicumque fecerit)* in den Tatbestand ein, der erschöpfend erfaßt wird. So zählt die *l. Quinctia de aquaeductibus* (9 v. Chr.) die einzelnen Arten der Beschädigung und Wiederherstellung auf, statt sie mit einem Ausdruck anzugeben: *quicumque ... dolo malo foraverit ruperit foranda rumpendave fecerit curaverit peiorave fecerit, quo minus eae aquae earumve quae queat in urbem Romam ire cadere fluere pervenire duci..., id omne sarcire reficere restituere aedificare ponere excidere demolire damnas esto.* Die l. spricht unterschiedslos Bürger und Magistrate mit dem Imperativ, dem Ausdruck der Volkssouveränität, an; der Konjunktiv wird in Rubriken verwandt, die zur Übersicht in den Gesetzestext eingefügt werden. Benannt werden die ls. nach dem nomen gentile des, bzw. der Antragsteller oder nach dem Inhalt des Gesetzes.

Für die Königszeit sind *ls. regiae*, sakrale, im *ius Papirianum* gesammelte Satzungen berühmter Könige überliefert, die das Familienrecht, das Mord- und Schuldrecht und Opferhandlungen regelten. Dig. 1,2,2,2f. Wenger 353ff. Ob sie *ls. datae* waren oder das Volk sie mitbeschloß, ist nicht erkennbar. Das in *comitia curiata* gegliederte Volk sicherte urspr. in der *l. curiata de imperio* dem König Gehorsam zu. In der Republik bestätigte diese l. den höheren Magistraten die mit der Wahl übertragene Amtsbefugnis. Familienrechtliche Fragen, Adoptionen wie die des C. Octavius 44 v. Chr. und der Übertritt von Patriziern in die Plebs wie der des P. Clodius 51 v. Chr. wurden durch *ls. curiatae* gültig. Die eigentliche Gesetzgebung der Republik war zunächst Sache der *comitia centuriata*, die der Zustimmung des Senates, der *patrum auctoritas*, bedurfte. Sie wurde seit der *l. Publilia* 339 v. Chr. (Liv. 8,12,15) vor dem Einbringen der Gesetze gegeben. Die erste l. der *comitia centuriata* war die *l. Valeria de provocatione* 510/09. Cic. rep. 2,53. Das Zwölftafelgesetz wurde 451/50 ebenfalls von diesen *comitia* beschlossen. Liv. 3,34,6.37,4.51,3. Dig. 1,2,2. Dann stellte die *l. Hortensia* 287 v. Chr. die Beschlüsse der Plebs (Plebiszite) mit Gesetzeskraft für alle Bürger den *ls. centuriatae* gleich. Gell. 15,27,4. Gai. inst. 1,3. Daher kam die Doppelbezeichnung *lex plebive scitum* für Gesetzesanträge und Gesetze auf. Da die Gruppierung der Wähler in den *comitia tributa* einfacher war als in den *comitia centuriata*, wurden nun ls. bis z. Z. Sullas allein den *comitia tributa* vorgelegt. Sulla ordnete 80 v. Chr. die vorherige Genehmigung der Plebiszite durch den Senat an, daher beginnt die *l. Antonia de Termessibus* 72 v. Chr. (FIR 1,11, J. Béranger, Mél. à A. Piganiol 1966, 723ff.): *C. Antonius ... tr(ibuni) pl(ebei) de s(enatus) s(ententia) plebem* [*ioure rogaverunt*...]. Die *l. Pompeia Licinia* hob die Beschränkung 70 auf. Die Triumvirn Octavian, Lepidus und Antonius arbeiteten auf Grund der *l. Titia* mit *ls. datae*, doch setzten die ersten Kaiser, bes. Augustus, ihre Absichten wieder öfter durch von Konsuln beantragte Volksgesetze *(ls. rogatae)* oder Plebiszite durch. Das Vollmachtgesetz für Vespasian 69 n. Chr. (FIR 1,15) war eine *l. rogata.* Das nachweisbar letzte Volksgesetz brachte Nerva 96 n. Chr. für eine Landverteilung ein. Dig. 47,21, 3,1. In der Kaiserzeit wurden die ls. durch Senatsbeschlüsse mit Gesetzeskraft und durch die kaiserlichen Konstitutionen als organisch fortgebildete *ls. datae* verdrängt. Gai. inst. 1,4. Wenger 395. Dig. 1,4,1: *quodcumque igitur imperator per epistulam et subscriptionem statuit vel cognoscens decrevit vel de plano interlocutus est vel edicto praecepit, legem esse constat.* Seit Diocletian wurden alle kaiserlichen Entscheidungen ls. genannt, solche allgemeiner Bedeutung wurden als *ls. generales* im Consistorium und im Senat beraten. Cod. Iust. 1, 14,3. 1,14,8. Zu den im *armarium legum* aufbewahrten *ls. salutares* der Not. dign. or. XII (34 Seeck) und occ. X (147) C. Wendel, NGG 1946/ 1947, 1ff. Die von Caesar beabsichtigte Kodifikation des Zivilrechts kam durch seine Ermordung nicht zustande. Suet. Iul. 44,2. Die Fülle der allmählich erlassenen ls. wurde in privaten Sammelwerken, dem Codex Gregorianus (294 n. Chr.) und dem Codex Hermogenianus (295), dann amtlich im Codex Theodosianus (438) und abschließend im Codex Iustinianus (534), in den Novellae und den Digesta zusammengefaßt. Als Rechtsquelle haben die Römer ls. sparsam angewandt. Vom Beginn der Republik um 510 v. Chr. bis zum E. des 1. Jh. der Kaiserzeit zählt Rotondi etwa 800 *ls. rogatae.* Die Klage des Liv. 3,34: *immensus aliarum super alias acervatarum legum cumulus* erklärt sich wohl aus dem Fehlen einer Gesetzessammlung zu seiner Zeit.

In der folgenden Auswahl weiterer, bisher nicht genannter, wichtiger, vornehmlich staatsrechtlicher ls. wird jeweils die Bezeichnung der l., der Antragsteller, wenn bekannt, die Zeit, der Inhalt und wenigstens ein Quellenhinweis angegeben:

1. *Acilia repetundarum*, Volkstrib. M.' Acilius Glabrio, 123 v. Chr., gegen Bestechungen. FIR 1,7.

2. *agraria*, Volkstrib. Sp. Thorius?, 111 v. Chr., Aufteilung des Gemeindelandes wird eingestellt. FIR 1,8.

3. *Antonia*, Konsul M. Antonius a) *de mense Quintili*, 44 v. Chr., Umbenennung des Monats in Iulius. Macr. Sat. 1,12,34; b) *de dictatura in perpetuum tollenda*, 44 v. Chr., Abschaffung der Diktatur. Cic. Phil. 5,4,10; c) *de actis Caesaris confirmandis*, 44 v. Chr., Bestätigung der Verfügungen Caesars. Cic. Phil. 5,3,8.

4. *Aurelia*, Praetor L. Aurelius Cotta, 79 v. Chr., Teilung der Richterstellen zwischen Senatoren, Rittern und Aerartribunen. Ascon. Corn. p. 67 C.

5. *Aurelia*, Konsul C. Aurelius Cotta, 75 v. Chr., Wiederzulassung der Volkstribunen zur Ämterlaufbahn. Ascon. Corn. p. 67 C.

6. *Calpurnia de repetundis*, Volkstrib. L. Calpurnius Piso, 149 v. Chr., Einsetzung ständiger Gerichtshöfe *(quaestiones perpetuae)* für Erpresungsklagen. Cic. Brut. 106.

7. *Canuleia*, Volkstrib. C. Canuleius, 445 v. Chr., *conubium* der Plebeier mit Patriziern. Liv. 4,1.

8. *Cassia tabellaria*, Volkstrib. L. Cassius Longinus, 137 v. Chr., schriftl. geheime Abstimmung bei Gericht. Cic. leg. 3,35.

9. *Claudia*, Volkstrib. Q. Claudius, 218 v. Chr., Verbot von Handelsgeschäften für Senatoren. Liv. 21,63.

10. *Clodia*, Volkstrib. P. Clodius Pulcher, 58 v. Chr., Ächtung des Magistrats, der einen Bürger ohne gesetzlichen Urteilsspruch getötet habe, führte zu Ciceros Exilierung. Vell. 2,45.

11. *Coloniae Genetivae Iuliae sive Ursonensis*, Diktator C. Julius Caesar, 44 v. Chr., Gründung der Bürgerkolonie in Urso. FIR 1,21.

12. *Cornelia*, Konsul bzw. Diktator L. Cornelius Sulla: a) 88 v. Chr., Gesetzanträge der Volkstrib. nur nach Zustimmung des Senats. App. civ. 1,59; b) 82, Ächtung der Proskribierten und ihrer Nachkommen. Cic. S. Rosc. 125; c) 82, Ausschluß der Volkstrib. von der Ämterlaufbahn. Liv. perioch. 89; d) 81, Erhöhung der Quaestorenzahl auf 20. FIR 1,10; e) 81, Ergänzung der Priesterkollegien durch *cooptatio*. Liv. perioch. 89; f) 81, Landanweisungen an Veteranen. Liv. perioch. 89; g) 81, Strafen für Fälschungen von Testamenten, Münzen u.a. Dig. 48,10.

13. *Flavia municipii Malacitani*, Kaiser Domitian, 82/84 n. Chr., Stadtrecht von Malaga. FIR 1,24.

14. *Gabinia tabellaria*, Volkstrib. A. Gabinius, 139 v. Chr., schriftl. geheime Abstimmung bei Wahlen. Cic. leg. 3,35.

15. *Gabinia*, Volkstrib. A. Gabinius, 67 v. Chr., Oberbefehl für Pompeius im Seeräuberkrieg. Vell. 2,31.

16. *Iulia*, Konsul L. Iulius Caesar, 90 v. Chr., Bürgerrechtsverleihung an nichtabgefallene Italiker. Cic. Balb. 21.

17. *Iulia*, C. Iulius Caesar: a) *agraria*, 59 v. Chr., Ansiedlung von Proletariern und Veteranen. Cass. Dio 38,1; b) *de repetundis*, 59, gegen Erpressung der Provinzialen. Dig. 48,11; c) *frumentaria*, 46, Getreideverteilung auf 150000 Personen beschränkt. Suet. Iul. 41; d) *municipalis*, 45, Verfassung der Municipien? DESS ILS 5406. Dig. 50,1.

18. *Iulia*, Kaiser Augustus: a) *de maritandis ordinibus*, 18 v. Chr., Verbot standeswidriger Ehen. Suet. Aug. 34; b) *de ambitu*, 18 v. Chr., gegen Wahlbestechung. Cass. Dio 54,16. Dig. 48,14; c) *iudiciorum publicorum et privatorum*, 17 v. Chr., Gerichtsordnungen. Dig. 43,16,1,2. 48,2,12,2.

19. *Licinia Sextia*, Volkstrib. C. Licinius Stolo, L. Sextius Lateranus, 367 v. Chr.: a) Gleichberechtigung der Plebeier bei der Besetzung des Konsulats; b) Höchstmaß (500 *iugera*) für Grundbesitz aus Gemeindeland. Liv. 6,3.

20. *Manilia*, Volkstrib. C. Manilius, 66 v. Chr., Oberbefehl des Pompeius gegen Mithradates VI. Cass. Dio 36,43.



21. *Ogulnia*, Volkstrib. Q. Ogulnius Gallus, 300 v. Chr., Zulassung der Plebeier zu den Priesterstellen. Liv. 10,6.

22. *Pedia*, Konsul Q. Pedius, 43 v. Chr., Sondergerichte gegen die Caesarmörder. Vell. 2,69,5.

23. *Plautia Papiria*, Volkstrib. M. Plautius Silvanus, C. Papirius Carbo, 89 v. Chr., Bürgerrecht für die Italiker. Cic. Arch. 7.

24. *Pompeia Licinia*, Konsuln Cn. Pompeius Magnus, M. Licinius Crassus, 70 v. Chr., Wiederherstellung der Tribunatsgewalt und der uneingeschränkten Plebsbeschlüsse. Cic. leg. 3,22.

25. *Porcia de tergo civium*, M. Porcius Cato, 198 oder 195 v. Chr., Provokationsrecht der Bürger gegen Prügelstrafe. Liv. 10,9,4.

26. *Porcia*, Volkstrib. P. Porcius Laeca?, 199? v. Chr., Provokationsrecht auf das Reichsgebiet ausgedehnt. E. A. SYDENHAM The coinage of the Rom. rep. 1952, 78,571.

27. *Roscia*, Praetor L. Roscius Fabatus, 49 v. Chr., Bürgerrecht für die Transpadaner. FIR 1, 20.

28. *Rubria*, Volkstrib. Rubrius, 49 v. Chr., Gerichtsordnung für Gallia Cisalpina. FIR 1,19.

29. *Sempronia*, Volkstrib. Tib. Sempronius Gracchus, 133 v. Chr.: a) Amtsenthebung des Volkstrib. M. Octavius. Cic. leg. 3,24; b) *agraria*, Höchstmaß an *ager publicus*, Bildung von Kleinbauernstellen. App. civ. 1,9; c) Verwendung des Vermögens des Attalos III. von Pergamon. Liv. perioch. 58.

30. *Sempronia*, Volkstrib. C. Sempronius Gracchus, 123 v. Chr.: a) Verbot der Hinrichtung eines Bürgers ohne Volksbeschluß. Cic. Rab. perd. 12; b) *agraria*, Ergänzung zu der 1. Sempronia seines Bruders. Liv. perioch. 60; c) *frumentaria*, verbilligtes Getreide für die Stadtbevölkerung. Cic. Sest. 103; d) *iudiciaria*, Übertragung der Repetundengerichte auf den Ritterstand. App. civ. 1,22.

31. *Sulpicia*, Volkstrib. P. Sulpicius Rufus, 88 v. Chr., Aberkennung des Oberbefehls Sullas für den Krieg gegen Mithradates VI. Vell. 2,18,6.

32. *Titia*, Volkstrib. P. Titius, 43 v. Chr., Einsetzung des Antonius, des Octavianus und des Lepidus als *tresviri rei publicae constituendae*. App. civ. 4,7.

33. *Valeria de provocatione:* a) Konsul P. Valerius Poplicola, 510/09 v. Chr., Einführung des Provokationsrechtes. Cic. rep. 2,53; b) Konsuln L. Valerius Poplicola, M. Horatius Barbatus, 449 v. Chr. Liv. 3,55; c) Konsul M. Valerius Corvus, 300 v. Chr. Liv. 10,9.

34. *Valeria*, Interrex L. Valerius Flaccus, 82 v. Chr., Diktatur Sullas. Cic. leg. agr. 3,5.

35. *Valeria Cornelia*, Konsuln L. Valerius Messala, Cn. Cornelius Cinna, 5 n. Chr., neues Verfahren *(destinatio)* für die der Wahlversammlung vorzuschlagenden Kandidaten für Praetur und Konsulat. J. BÉRANGER, MH 14, 1957, 216ff. P. R. L. BROWN, JRS 51, 1961, 71ff.

36. *Vatinia*, Volkstrib. P. Vatinius, 59 v. Chr., fünfjähriges Prokonsulat in Gallia Cisalpina für Caesar. Suet. Iul. 22.

37. *Villia annalis*, Volkstrib. L. Villius, 180 v. Chr., Mindestalter für Führung kurul. Ämter. Liv. 40,44,1. A. E. Astin The lex annalis before Sulla, 1958.

38. *Voconia*, Volkstrib. Q. Voconius Saxa, 169 v. Chr., Erbeinsetzungsverbot von Frauen in der ersten Zensusklasse. Cic. Balb. 21. Gell. 17,6,1 (Suasio des M. Porcius Cato für das Gesetz).

39. Zwölftafelgesetz *(duodecim tabularum)*, *decemviri legibus scribundis*, 451/50 v. Chr., Kodifizierung des Gewohnheitsrechtes. Liv. 3,34. Dig. 1,2,2. H. V.

Verzeichnisse der liter. und inschr. erhaltenen Gesetze: *E. Cuq* in Dar.-Sagl. 3, 1904, 1107–1174. *S. Riccobono*–*G. Baviera*–*C. Ferrini*–*G. Furlani*–*V. Arangio-Ruiz* Fontes iuris anteiustiniani (FIR) 1940/43. *L. Wenger* Die Quellen des röm. Rechts, 1953. *A. Berger* Encycl. diction. of Rom. Law 1953, 544–561. *G. Barbieri* – *G. Tibiletti*, Dizion. epigr. de Ruggiero 4, 1956/57, 702–793. *G. Rotondi* Leges populi Romani, 1912 (Nachdr. 1962), 189–507. Zum Stil der Gesetze *D. Daube* Forms of Roman legislation, 1956. *H. Petschow*, ZRG 82, 1965, 24ff. RE XII 2315/2430. XIII 1260. 2560. Suppl. V 576/82. VI 227/32. VII 378/416. X 374/80; vgl. XXIII 2563.

**Lex Romana Visigotorum.** Auch Breviarium Alarici genannt. Sie ist ein Gesetzbuch, das der Westgotenkönig Alarich II. 506 n. Chr. in S.-Frankreich für seine röm. Untertanen erließ. Es enthält Auszüge aus dem Cod. Theod., den posttheodosian. Novellen, einer vergröberten Ausg. der Gaiusinstitutionen, den Paulussentenzen, den Codices Gregorianus und Hermogenianus und als Schluß eine Stelle aus den Responsen Papinians. Allen diesen Stücken mit Ausnahme der Gaiusepitome ist eine *interpretatio* beigegeben, die wohl durch den weström. Elementarunterricht des 5. Jh. vorbereitet worden ist. Das Gesetz ist anscheinend eilig angefertigt und inhaltlich dürftig. Die *interpretatio* enthält teils Zusammenfassungen des Textes, teils aber auch ausführliche Umschreibungen seines Inhalts. Sachlich ist sie oft noch schlechter als das Gesetz und eine noch deutlichere Quelle für das weström. Vulgarrecht als der Gesetzestext. Den Erlaß der L. R. V. wird man als den Versuch der Westgoten verstehen müssen, sich für die bevorstehende Auseinandersetzung mit den Franken das Wohlwollen des röm. Bevölkerungsteils und der kath. Kirche zu verschaffen. Die L. R. V. hat die Westgotenherrschaft lange überdauert und ist in SW.-Europa zur wichtigsten Rechtsquelle geworden. In S.-Frankreich hat sie bis ins 13. Jh. gegolten; erst dann wurde sie von dem inzwischen wiederentdeckten Corpus Iuris Iustinians abgelöst. Zu benutzen ist h. noch die Ausgabe von G. Hänel, 1849 (Neudruck geplant). D. M.

*E. Fr. Bruck* Über röm. Recht im Rahmen der Kulturgesch., 1954, 146ff.



**Lexikographie.** I. Griechisch. Die Termini Lexikon und L. sind nicht ant. Erst Photios (bibl. 145) bezeichnet das Werk des → Helladios (2) als *λεξικόν*, und nur im Etym. m. (p. 221,33) findet sich *λεξικογράφος* (angewendet auf den kaiserzeitlichen Glossographen Kleitarchos von Aigina). Die klass. Benennung lautet *λέξεις* (→ Aristophanes 4, → Didymos 1), sofern die Slg.en nicht, entsprechend den Absichten der frühesten, der Worterklärung dienenden Werke, den Namen *γλῶσσαι* trugen (→ Glossographie).

Hier soll im wesentlichen ein Überblick über die spätere, d.h. kaiserzeitliche und byz. L. gegeben werden, die rein äußerlich durch das Bestreben der Kompilatoren neuer bzw. der Bearbeiter älterer Werke nach Vereinfachung gekennzeichnet ist. Diesem Zwecke diente sowohl die Streichung »überflüssiger« Beleg- und Parallelstellen wie die Einführung der alphabet. Ordnung (*κατὰ στοιχεῖον*). Freilich wurde letztere niemals so streng eingehalten, wie es in moderner Z. üblich ist. Vielmehr sind die Wörter zumeist nur nach den Anfangsbuchstaben (frühestes Beispiel: PHibeh 175, Mitte 3. Jh. v. Chr.; vgl. das Komikerglossar POxy 1801, 1. Jh. n. Chr., dazu W. Luppe, Philol. 111, 1967, 86ff. Weitere Glossare und Lex. auf Pap.: Nr. 2119ff. Pack[2]), seltener noch unter Berücksichtigung des 2. oder gar 3. Buchstabens gruppiert. In byz. Lex. (→ Suda) tritt nicht selten infolge der veränderten Aussprache einiger Vokale und Diphthonge die Anordnung *κατ' ἀντιστοιχείαν* auf, so daß z. B. mit *αι* und *ε*, *ο* und *ω* sowie *ει*, *η* und *ι* anlautende Wörter zusammengerückt werden.

Stehen Grammatiker des Späthellenismus und der frühen Kaiserzeit wie → Didymos, → Apion oder → Seleukos noch vorwiegend in der Tradition der alexandrin. Glossographie und L., was sich bes. darin äußert, daß ihre Slg.en speziellen Themen gewidmet sind (Wortschatz der klass. Dichtung, vor allem Homers, der Tragödie und Komödie; Dialektausdrücke; Vokabular bestimmter techn. Bereiche [→ Onomastikon]), so richtet sich in der Folgezeit das Interesse auch auf Gegenstände, die von den alexandrin. Philologen entweder überhaupt nicht oder allenfalls am Rande berücksichtigt worden waren. Gefördert durch das Vordringen des Klassizismus in der Lit. wurden in stärkerem Umfang Sprache und Wortschatz der Prosaiker des 5. und 4. Jh. behandelt. So entstand z. B. das Speziallex. des → Caecilius (III 2) von Kale Akte zu den att. Rednern (bereits alphabet. angelegt), in dessen Nachfolge das viel knappere Werk des → Harpokration steht; es entstehen Arbeiten zu Platon (von Klemens, Boethos und in späterer Z. [3./4. Jh.?] von → Timaios), und auch die Sprache des Thukydides (→ Didymos 3) und der ion. Dialekt Herodots, für den sich bereits → Aristarchos (6) interessiert hatte, werden lexikal. erfaßt. Eine längere glossograph. Tradition bestand im Falle des Corpus Hippocraticum (→ Bakcheios, → Dioskurides 6). Nur noch ein spärlicher Rest dieser gelehrten Beschäftigung liegt in dem mehrfach überarbeiteten Lex. des → Erotianos vor; einschlägige Arbeiten anderer Ärzte (→ Dioskurides 7, → Galenos, → Rufus von Ephesos) sind wenigstens fragmentar. kenntlich. Bei dem vielseitigen Galenos verrät sich daneben ein weit über den speziellen med. Bereich hinausgehendes attizist. Interesse an klass. Terminologie (vgl. seine verlorene Slg. *τῶν παρὰ τοῖς Ἀττικοῖς συγγραφεῦσιν ὀνομάτων* in 48 B. sowie eine Reihe, nur dem Titel nach bekannter, einzelnen Autoren gewidmeter Wortlisten).

Weit verbreitet waren attizist. Lex., als Hilfsmittel für Redner und Schriftsteller angelegt. Hierzu gehören die Werke des Ailios → Dionysios (29), → Pausanias und des bes. engherzigen → Phrynichos, die dank späterer Zit. wenigstens in Umrissen zu rekonstruieren sind, sowie das Onomastikon des gemäßigten Attizisten Iulios → Polydeukes, der *Ἀττικιστής* des → Moiris und die verschollenen *Ἀττικαὶ λέξεις* des → Longinos. Eine ganze Reihe solcher Redner-Lex. sind dank Photios' Kurzreferaten (bibl. 145ff.) oder Erwähnungen in der Suda (→ Valerius Pollio, → Telephos) dem Namen nach bekannt.

Eindrucksvolle Ergebnisse eines ungeheuren Sammlerfleißes lagen vor in der *λέξεων συναγωγή* (108 B.) des → Dorotheos (1) und der Kompilation des → Pamphilos, der nichts Geringeres anstrebte, als die zuvor geleistete Arbeit auf allen Einzelgebieten zu vereinigen. Bereits in hadrian. Z. wurde sein 95 B. umfassendes Werk von Iulius → Vestinus epitomiert (wohl zu 30 B.), aus denen → Diogenianos (2) einen Auszug von 5 B. in alphabet. Reihenfolge herstellte. Dieser bildete die wichtigste Quelle für das Lex. des → Hesychios (1).

Im beginnenden 5. Jh. entstanden die Lex. des → Oros, das etymol. ausgerichtete Sammelwerk des → Orion und das bei den Byzantinern bes. beliebte sog. → Kyrillos-Glossar. Auch das vorwiegend auf hom. Wörter spezialisierte Lex. des Methodios (Auszüge erhalten) dürfte dieser Z. entstammen. Etwas später verfaßte → Ioannes Philoponos (14) seine in verschiedenen Rezensionen überlieferte Slg. von Wörtern, die je nach dem Akzent unterschiedliche Bedeutungen haben können. Ähnliche Interessen verraten sich in dem Auszug aus → Herodianos (1), den → Theodoretos anfertigte.

Die byz. Z. brachte eine große Zahl von (im Original oder wenigstens in Epit. erhaltenen) Lex. verschiedenster Ausrichtung hervor. Im 6. Jh. kompilierte → Stephanos von Byzanz seine *Ἐθνικά*, ein Lex. geogr. Eigennamen und ihrer adjektiv. Ableitungen, das in einem immer noch ziemlich gehaltvollen Auszug überliefert ist. Neu ist bei den Byzantinern das verstärkte Interesse an etymolog. Slg.en. Solche Etymologica entstanden namentlich seit dem 9. Jh. in großer Zahl, wobei neben den bewährten Werken der kaiserzeitlichen L. auch Jüngeres (→ Epimerismen) verarbeitet wurden (→ Symeon). Ebenfalls zahlreich waren Redner-Lex., von denen einige anonyme Beispiele (z. B. das sog. 4. und 5. Bekkersche Lex.) erhalten blieben. In die bekannte attizist. Tradition gehören schließlich Manuel Moschopulos und Thomas Magister, die beide um 1300 für Schulzwecke Slg.en att. Ausdrücke anlegten. Enzyklopäd. Charakter tragen dagegen das Lex. des → Photios, dessen erst kürzlich entdeckte vollständige Fassung wohl demnächst ediert werden wird, und die im 10. Jh. kompilierte → Suda. In beiden Fällen sind neben den geläufigen, allein an sprachlichen Erscheinungen orientierten Werken zusätzlich vor allem Schriftsteller-Lex. berücksichtigt, die durch verschiedene Bearbeitungen aus dem *Ὀνοματολόγος* des → Hesychios (4) Illustrios hervorgegangen waren. H. Gä.

Lit.: *L. Cohn* Griech. L., in: *K. Brugmann*, Griech. Gramm., München 1913, 679ff. *Tolkiehn*, RE XII 2432ff. *K. Rupprecht*, Philol. Suppl. 15, 1 (1925). *H. S. Jones*, CR 55, 1941, 1ff. *H. Erbse*, Lex. d. Alt. W. 1722ff.

II. Lateinisch. Über die relativ dürftige L. der Römer → Glossographie II; das überkommene Material erlaubt keine strenge Unterscheidung von Wortverzeichnissen mit rein sprachlichen Erläuterungen (= Glossenslg.en) und Wortverzeichnissen, die den Lemmata mehr oder minder ausführliche Sacherklärungen folgen lassen (= Lexika). Wie die Auszüge des → Festus (6) und → Paulus Diaconus beweisen, hat jedenfalls → Verrius Flaccus in seinem Werke *De verborum significatu* die hier angedeutete Grenze der Glossographie überschritten. Weiterhin kann man den größten Teil (Cap. 1–12) der von → Nonius verfaßten Schrift *De compendiosa doctrina* als lexikonartig bezeichnen; die Cap. 13–20 hingegen gehören zur verwandten Gattung des → Onomastikon. M. F.

**Lexovii.** Völkerschaft in Gallia Celtica, später in G. Lugdunensis, w. der unteren Sequana. Z. Z. Caesars gehörten sie zum armorikan. Bund (Caes. Gall. 3,9. 7,75. Strab. 4,189. 194. Plin. nat. 4,107. Ptol. 2,9,2.5. CIL XIII 1,502), h. Lisieux. M. L.

**Libanios** (*Λιβάνιος*). Der berühmte Rhetor. Quellen: in erster Linie seine Reden und Briefe; ferner Äußerungen von Zeitgenossen, bes. Iulian. ep. 3. 14. 27. 44. 74; eine unfreundliche Vita bei Eun. VS 16, von dieser beeinflußt Suda s. *Λ.* und die byz. Historiographie.

L., * im J. 314 n. Chr. zu Antiocheia, entstammte einer angesehenen heidn. Familie, die im polit. Leben der Stadt seit mehreren Generationen hervorgetreten war. Der Name seines frühverstorbenen Vaters ist unbekannt. Nach einem unbeschwerten Landleben in der Obhut der Mutter und ihrer Brüder widmete sich L. von seinem 15. Lebensjahre an mit unglaublicher Besessenheit dem Studium der Klassiker. Unter Anleitung verschiedener Lehrer (Ulpianos von Askalon, Zenobios von Elusa) eignete er sich in wenigen J. eine erstaunliche Bildung an, die ihn vor allen seinen Zeitgenossen auszeichnet. Zwecks weiterer Ausbildung ging er nach Athen, wo er bereits im Alter von 25 J. für eine Professur in Aussicht genommen wurde. 340 verließ er wegen allerlei Anfeindungen die Stadt und ließ sich, nach kurzer Lehrtätigkeit in Konstantinopel und Nikaia, in Nikomedeia als Lehrer nieder (344/48). Einem ehrenvollen Ruf in die Hauptstadt leistete er nur widerwillig Folge. 354 kehrte er in seine Heimatstadt zurück und wirkte fortan, nachdem der Kaiser schließlich seine Zustimmung zur Übersiedlung erteilt hatte, dort bis zu seinem Tode (wohl im J. 393; für späteren Ansatz, kaum zu Recht, Chr. Lacombrade, Mél. Grégoire 2, Bruxelles 1950, 361 ff.). Sein Ruf als glänzender Rhetor und Stilist brachte ihm ständig großen Zulauf von Schülern (darunter wahrscheinlich Christen wie Iohannes Chrysostomos und → Basileios Nr. 4), setzte ihn aber auch häufig Angriffen und Intrigen von seiten neidischer Kollegen und kaiserlicher Beamter aus, zumal L. sich als Sprecher der Antiochener oft exponierte (vgl. or. 31,7) und seinerseits mit Kritik an seiner Umwelt nicht zu sparen pflegte. Seine letzten Lebensjahre waren durch Krankheits- und Todesfälle in seiner engsten Umgebung verdüstert (vgl. ep. 1045).

Die riesige, nicht einmal vollständig erhaltene literar. Hinterlassenschaft des L. enthält mehr als 60 Reden, die z.T. den Charakter polit. Flugschriften tragen. Am Anf. der (posthum edierten) Slg. stehen 5 autobiogr. Vorträge, unter denen die gegen 374 begonnene und in mehreren Anläufen bis zum J. 391 fortgesetzte or. 1 (*Βίος ἢ περὶ τῆς ἑαυτοῦ τύχης*) das größte Interesse beanspruchen darf. In subjektiver und etwas selbstgefälliger Weise stellt L. sein Leben als unter der zwar unberechenbaren, jedoch keinesfalls bösartigen Leitung der Tyche stehend dar, die für ihn geradezu Züge einer persönlichen Schutzgottheit angenommen hat. Eine größere Gruppe (or. 12–18.24; vgl. 37) bezieht sich auf den mit ihm eng befreundeten Kaiser → Iulianos (5), der L. den Titel *quaestor* verliehen und seinen unehelichen Sohn Kimon legitimiert hatte. 362/63 ergriff L. in or. 16 die Partei des enttäuschten und erzürnten Kaisers gegen die Antiochener; or. 18 ist ein umfangreicher Epitaphios auf den Gefallenen. Eine Reihe von mutigen Eingaben sind an → Theodosius I. gerichtet, der den heidn. Sophisten, im Unterschied zu → Valens, offensichtlich wohlwollend behandelte (or. 19 und 20 anläßlich des Aufstandes von 387; or. 30 gegen die gewaltsame Enteignung und Zerstörung von Heiligtümern durch Mönche; or. 33 und 45 Klage über Beamte; vgl. or. 51 und 52), und bezeugen die lebhafte Anteilnahme des L. an öffentlichen Angelegenheiten. Auch Enkomien (früheste Rede der *Βασιλικός* auf → Constantius II. und → Constans, or. 59; *Ἀντιοχικός* or. 11), Threnoi (or. 61 über das Erdbeben in → Nikomedeia; or. 60 über den Brand des Apollontempels von → Daphne [4] )und erzieherische Aufrufe (or. 53: Sittenverderbnis durch Feste) sind in der Slg. vertreten.



Im Zusammenhang mit dem Lehrbetrieb sind die Deklamationen (51, darunter aber Fälschungen) entstanden. Am wichtigsten ist die *ἀπολογία Σωκράτους* (decl. 1), in der vorwiegend die Argumentation der *κατηγορία Σωκράτους* des → Polykrates widerlegt wird. Den Bedürfnissen des Unterrichts diente ferner die Slg. der Progymnasmata, bemerkenswert wegen der großen Zahl von Musterstücken; freilich ist auch hier Späteres eingedrungen. Aus den frühen fünfziger J. stammen, für den Proconsul Montios verfaßt, die *ὑποθέσεις* zu Demosth., für die sich L. bes. auf → Caecilius (III 2) gestützt zu haben scheint. Sie waren später als Einleitungen zu Werkausgaben des Demosth. weit verbreitet (benutzt z.B. von Phot. bibl. 265). Den besten Eindruck von der überragenden, den Zeitgenossen durchaus bewußten Bedeutung des L. vermittelt indes die gewaltige Slg. der Briefe (1544 Stück, erhalten nur aus den frühen fünfziger J. – 365 und 387–393). Unter den Adressaten finden sich nahezu alle Größen des 4. Jh. (→ Ammianus Marcellinus, → Themistios, → Basileios 4 [ep. 501 und 647; gefälscht hingegen ein umfangreicherer Briefwechsel zwischen beiden: Bd. 11,572 ff. F.]). Diese Briefe, deren spätere Publikation wohl von vornherein vorgesehen war, ergeben durch die Fülle der in ihnen mitgeteilten Einzelheiten eine nahezu lückenlose Biogr. des L. und illustrieren überdies höchst anschaulich den polit. und gesellschaftlichen Hintergrund seiner Zeit, zumindest für die Großstadt Antiocheia. Neben den Meletai war es vor allem die Korrespondenz, die L.' Ruhm begründete (vgl. Phot. bibl. 90). Der unter seinem Namen überlieferte Briefsteller (*ἐπιστολιμαῖοι χαρακτῆρες*) dagegen entstammt erst späterer Zeit.

Die profunde und selbst innerhalb der gebildeten sophist. Kreise einzig dastehende Kenntnis klass. Autoren macht sich im Werk des L. naturgemäß stilbestimmend bemerkbar. Sein meistbewundertes Vorbild war, ähnlich wie für den von ihm hochverehrten Aelius → Aristeides, → Demosthenes (2; vgl. or. 64,4). Daneben treten aber auch die übrigen kanon. Stilmuster stark in Erscheinung (von den att. Rednern bes. → Isokrates; außerdem → Platon, → Herodot und → Thukydides; die alte Dichtung ist ihm geläufig). Zur röm. Sprache und Lit. hatte L. kein Verhältnis. Sein Bemühen galt ausschließlich der Weitergabe griech. Bildung auf dem Wege des sophist. Unterrichts (damit hängt seine starke Abneigung gegen die Juristenschule von → Berytos zusammen; vgl. or. 4,18). Der Qualität der von ihm meisterlich gehandhabten klassizist. Kunstprosa mit ihrem

Reichtum an Nuancen und ihren häufig mehr andeutenden als aussprechenden Formulierungskünsten entsprach ihre nachhaltige Wirkung in der Folgezeit. Obwohl es offenbar keine ant. Gesamtausgabe gab, wurde er unablässig (sogar in der Schule von → Gaza) als Musterautor studiert. In der byz. Lit. ist die Bekanntschaft mit seinen Schriften überall spürbar; eine Auswahl wurde im Schulunterricht gelesen. Das Interesse der Humanisten schlägt sich (ab 1500) im Sammeln von Hss. und zahlreichen Editionen nieder, die freilich infolge der uneinheitlichen, im Bestand stark divergierenden Überlieferung immer nur Teilausgaben waren. H. Gä.

Ta.: Unter den älteren am wichtigsten *J.Ch. Wolf*, Amsterdam 1738 (Briefe) und *J.J. Reiske*, Altenburg 1791/97. Moderne Gesamtausg.: *R.Foerster–E. Richtsteig*, Lpz. 1903/27 (Nachdr. Hildesheim 1963). Ausg., Komm. und Übers. einzelner Schriften: or. 1: *A.F. Norman*, Oxf. 1965; or. 1–5: *P. Wolf*, Zürich–Stuttg. 1967; or. 11: *G. Downey*, PAPhS 103, 1959, 652ff., or. 30: *R. van Loy*, Byzantion 8, 1933, 7ff. 389ff.; or. 45: *R.A. Pack*, Stud. in L., Diss. Michigan 1935; or. 47: *L.Harmand*, Par. 1955; decl. 1: *O.Apelt*, Lpz. 1922; decl. 2: *M.Crosby–W.M. Calder*, Greek, Rom. and Byz. Stud. 3, 1960, 185ff.; decl. 26: *L.Lucassen*, Bull. sém. Assoc. Class. Univ. Liège 3, 1955, 80ff.; Briefsteller: *V. Weichert*, Lpz. 1910, 52 Briefe: *H.F. Bouchery*, Antwerpen 1936; Pap.: Nr. 1284 *Pack*² (Bruchst. von or. 18): *A. Traversa*, Aegyptus 35, 1955, 185ff.

Lit.: (Ausführlich RE XII 2485ff. und Suppl. VIII 757ff. Lit.-Ber.: *K. Münscher*, BursJb 216,25ff. 238,82ff. *K. Gerth*, 272,176ff.). *Christ-Schmid* 2,2,987ff. *G.R. Sievers* Das Leben des L., Bln. 1868. *O. Seeck* Die Briefe des L. zeitlich geordnet, Lpz. 1906 (Nachdr. Hildesheim 1967). *J. Sundwall*, Eranos 22, 1924, 61ff. *F. Schemmel*, NJA 20, 1907, 52ff. *P.Petit*, Les étudiants de L., Par. 1956. *P. Wolf* Vom Schulwesen der Spätantike, Baden-Baden 1952. *P.Petit* L. et la vie municipale à Antioche ..., Par. 1955. *A.J. Festugière* Antioche païenne et chrétienne, Par. 1959 (mit archäol. Komm. zu or. 55). *I.Hahn*, Klio 38, 1960, 225ff. Zu einzelnen Reden: or. 1: *G. Misch* Gesch. d. Autobiogr. ³1,2, Frankf. 1950, 566ff.; or. 11: *A.D. Nock*, Journ. of Egypt. Arch. 40, 1954, 76ff., or. 25: *J. Mesk*, RhM 76, 1927, 205ff.; or. 30: *P.Petit*, Byzantion 21, 1951, 285ff.; or. 36: *C.Bonner*, TAPhA 63, 1932, 34ff.; or. 56: *O. Seeck*, RhM 73, 1920, 84ff., or. 59: *J. Moreau*, Hist. 4, 1955, 234ff.; or. 63: *M. Schwabe*, Analecta Lib., Diss. Bln. 1918, 15ff.; decl. 1: *H. Markowski* De L. Socratis defensore, Diss. Breslau 1910. Verschiedenes: *H.Hunger*, Scriptorium 6, 1952, 26ff. *A.F. Norman*, CQ 46, 1952, 142ff. *P. Petit*, Hist. 5, 1956, 479ff. *A.Perosa–S. Timpanaro*, SİFC 27/28, 1956, 411ff. *A.F. Norman*, RhM 107, 1964, 158ff.

**Libanomanteia** s. Mantik

**Libanos** (*λίβανος*). **1.** s. Weihrauch

**2.** *Λίβανος* oder *Λίβανον*, das n.-s. streichende Gebirge Syriens von Hochgebirgscharakter (h. Dschebel Libnân), dem der → Antilibanos ö. parallel läuft. Der L. ist etwa 160 km lang. Seine höchste Erhebung liegt bei 3126 m im Dsch. Makmal. L. und Antilibanos schließen die Senke *Κοίλη Συρία* (h. el Bika) ein. H. heißt auch der dem Gebirge vorgelagerte Staat L. (Al Lubnaniya). Zw. L. und Ant. strömt aus der *Κοίλη Συρ.* der Leontes (h. Lita) zuerst s., w. am S.-Rand des L. entlang und mündet als Nahr el-Kasimije ins Mittelmeer. Der Eleutheros (h. Nahr el-Kebir) begrenzt entsprechend den L. im N. (→ Lykos 13). Der w. Welt ist der L. erst z.Z. Alexanders d.Gr. bekanntgeworden, wie u.a. aus Curt. 4,2,18. 24. 10,1,19 hervorgeht, wonach vom L. Bauholz für Flöße und Türme bei der Belagerung von Tyros und später zum Schiffbau nach Thapsakos am Euphrat geschafft wurde (vgl. auch Diod. 19,58,2). Es folgt die Erwähnung des L. anläßlich der Ereignisse von 221 v.Chr. bei Pol. 5,45,9 (s. RE XVI 10 Molon Nr. 5). Das Wissen um den L. in der Vergangenheit stützt sich auf das AT. und auf assyr. Texte. Wiewohl in der Bibel öfter genannt, gehörte der L. doch niemals zu Palästina. Der w. Teil war phoinik. (später syr.), der Hauptteil fiel nach Syrien (Ptol. 5,14,6 M.) oder, wie dieses Gebiet im Abschnitt des L. z.Z. der Könige David und Salomo hieß, Aram-Zoba (W. Sieglin Schulatl. z. Gesch. d. Alt. S. 3). Der L. war im Alt. ein naturschönes Gebiet, wie vor allem die bibl. Quellen berichten (Jes. 60,13ff.). Am bekanntesten waren seine Zedern (Jes. 2,13), von denen h. nur wenige Hundert erhalten sind. Großer Wildreichtum wird gerühmt (2. Kön. 14,9. Ps. 72,16. Jes. 40,16 u.a.). Das gesamte Gebiet am L. und Antil. rühmt Strab. 16,755 als ein fruchtbares Land. Kurze Beschreibung vom L. und seiner Umgebung bei Plin. nat. 5,77. Tac. hist. 5,6,2 nennt den L. *praecipuum montium*, der trotz der großen Hitze schattenreich sei und den Schnee festhalte. Irrig fügt er hinzu, daß der Jordan auf dem L. entspringt. Das L.-Gebiet war an das röm. Wegenetz durch eine Straße angeschlossen, die ö. des Gebirges verlief (K. Miller Itin. Rom., Skizze Nr. 259; S. 805/06. Vgl. auch S. 850). Die Kenntnis des L. war weit in Vorderasien verbreitet. Im Altpers. erscheint er als *Labanāna*. H. T.

*Honigmann*, RE XIII 1–11. *A. Forbiger* HB der alten Geogr. 2,660. *K. Baedeker* Palästina, Syrien; S. XLV und 265. *F.W.P. Lehmann* Länder- und Völkerkde. 2,228. Gr. Hist. Weltatl. I, S. 27a. Karte von Palästina 1:700000 von *Fischer-Guthe*, Verlag Wagner-Debes, Lpz.

**Libanotris** (*λιβανωτρίς*, *-τίς*, seltener *λιβανωτός*). Die Weihrauchkästchen runder oder eckiger Form, aus edlem Metall oder in weniger kostbarer Ausführung, immer mit Deckel versehen, aber von ganz verschiedener Größe, dienten der Aufbewahrung der Weihrauchkörner für den häuslichen und öffentlichen Kultgebrauch. Wahrscheinliche Darstellungen z.B.: HBArch 3, 1, T. 38,4 (Deckel der L. auf dem Boden!), 41,4. 43,1 (in der Hand der Sitzenden). Ant. Plastik hg. von W.H. Schuchhardt 4, 1965 T. 28. 30. W.H.G.

**Libatio** s. Trankopfer

**Libella. 1.** (zu *libra* = Waage). Gerät zur Ermittlung »waagerechter« Flächen, Setzwaage. Die l. hatte die Form eines großen lat. A, dessen Schenkel auf die zu kontrollierende Ebene gestellt wurden und dessen Querhaste als Meßskala für ein von der Spitze herabhängendes Pendel diente. Gerät der Zimmerleute, Steinmetzen und Feldmesser. Abb. auf Grabsteinen stehen mit dem Beruf des Toten in Zusammenhang oder in Gallien wohl mit der dort gebräuchlichen jurist. Formel *sub ascia dedicavit* (→ Ascia) [1]. **2.** »Pfündchen«, auch *pusilla libra*, gleich der sizil. → *litra* 1/10 einer Silbereinheit, erst wohl der sog. röm.-campan. → Didrachmen und vielleicht als Kreditmünze ausgebracht, später von → Denar und → Sesterz und lediglich in der → Kleingeldrechnung verwendet. Die Annahme HAEBERLINS, die geprägten *unciae* semilibralen Fußes vom Typ Solkopf frontal – Mondsichel und 2 Sterne seien als »Wertlibellen« anzusprechen, findet immer weniger Anhänger. In übertragener Verwendung bedeutet l. eine geringe Summe oder in der Wendung *heres ex libella* den Anteil von 1/10 der Erbmasse [2]. H. Ch.

1. *O. Brendel*, RE Suppl. VII 415ff. 2. *Haeberlin* Agr. 135ff. *Schrötter*, WBMzK s. v. *F. Panvini Rosati*, Diz. ep. 4,798f. *R. Thomsen* Early Roman Coinage, 1957/61, 1, 88ff. 220ff. 2, 35f. 50. 229ff.

**A libellis.** Amt und Beamter der röm. Kaiser mit der Aufgabe, Anträge, Bittschriften und Beschwerden *(→ libelli)*, die an Kaiser oder Senat gerichtet waren, entgegenzunehmen und in Form einer *subscriptio* zu beantworten, dies geschah z. T. auch auf Reisen des Kaisers (H. A. Marc. 8,10). Griech.: ὁ τὰ τῆς ἀρχῆς βιβλία διέπων (Cass. Dio 60,31. 61,5. 67,15), ἐπὶ βιβλειδίων (IG XIV 1072) o. ä. Vermutlich war ein Beamter a. l. schon bei Augustus tätig (Suet. Aug. 53,2). Ein Freigelassener des Tiberius wird *acceptor a subscr(iptionibus)* bezeichnet (CIL VI 5181). Als ständiges Amt besteht a. l. seit Claudius, der 2 Freigelassene, → Polybius (Sen. dial. 11,6) und → Iul. Callistus II 2 (Tac. ann. 11,29), beschäftigte, diezus. mit → Narcissus und → Pallas (Tac. ann. 12,1) den schwachen Kaiser und die ganze Reichsverwaltung in der Hand hatten.

Die a. l. waren anfangs Freigelassene (noch Suet. Dom. 7), seit Vitellius auch Ritter (CIL XI 5028), seit Hadrian nur noch Ritter (H. A. Hadr. 22,8. Herodian. 5,7,7. CIL XI 5213), im 3. Jh. bisweilen Rechtsgelehrte, so → Papinianus unter Sept. Severus (Dig. 20,5,12 pr.).

Auf die zunehmende Bürokratisierung des kaiserlichen Staatsapparates weist hin: a) das Amt a. l. erhält immer mehr Unterbeamte (*proximi, adiutores, custodes, scriniarii:* Plin. epist. 7,27. CIL VI 180. 8615–8617) mit speziellen Aufgaben, deren Vorsteher, der *magister a. l.*, im 4./5. Jh. zu den hohen Reichsbeamten und zur Schicht der *viri illustres* zählt (CIL VI 1628. 1704. X 1487. Cod. Iust. 1,17,2,9). b) Es wurden weitere Ämter mit ähnlichen Aufgaben geschaffen, die jeweils nur bestimmte Ressorts bearbeiteten, z. B. ab epistulis, a censibus, a rationibus, a studiis u. a. G. Sch.

*Mommsen* RStR 2,838. 3,490. *Friedländer-Wiss.* 1, 2. Abschnitt (Anh.).

**Libellus.** Bedeutet als Deminutiv von *liber* das (amtliche oder private) Schriftstück. Dabei kann der Umfang vom kleinen Papyrusstück bis zur Schriftrolle reichen. Die Anwendungen in Rom sind deshalb von nahezu unbeschränkter Vielfalt. Für das Rechtsleben ist der l. vor allem in 3 Beziehungen erheblich:

I. Libellus im Zivilprozeß.

Libelli als zivilprozessuale Schriftsätze finden im Beamtenprozeß (Kognitionsverfahren) seit seinem Aufkommen im Prinzipat Anwendung. Geradezu als Libellprozeß wird aber nur eine bestimmte Entwicklungsstufe der Kognition bezeichnet, nämlich die in der 2. Hälfte des 5. Jh. n. Chr. aufkommende Prozeßart. Ihr Vorgänger ist der Anf. 4. Jh. n. Chr. eingeführte Denuntiationsprozeß. Dieser beginnt mit der *litis denuntiatio.* Das ist die an den Beklagten gerichtete Streitansage des Klägers; sie wird dem Beklagten mit Erlaubnis und oft auch mit Hilfe des Gerichts zugestellt und hat damit halbamtlichen Charakter. Mit dieser Zustellung ist die Ladung bewirkt; zugleich beginnen zu Lasten des Beklagten bestimmte Fristen. Demgegenüber beginnt der Libellprozeß damit, daß der Kläger dem Gericht einen *l. conventionis* übersendet. Hierin spricht der Kläger nicht den Beklagten an, sondern das Gericht. Dieses entscheidet nach summarischer Prüfung entweder dahin, daß die Klage wegen offensichtlich fehlender Begründung denegiert wird, oder dahin, daß die Ladung *(conventio)* erfolgen soll. Diese geschieht dann stets in amtlicher Form durch einen richterlichen Hilfsbeamten *(exsecutor).* Sie ergeht an den Beklagten nicht mehr – wie beim Denuntiationsprozeß – als Aufforderung des Klägers, sondern als solche des Gerichts. Auch sind jetzt die starren Fristen, die mit der *denuntiatio* begannen, abgeschafft. Im ganzen aber ist der Unterschied zwischen Denuntiations- und Libellprozeß vielfach überbewertet worden; er ist mehr ein Unterschied des Stils als der Substanz (vgl. A. STEINWENTER, Stud. doc. hist. iur. 1, 1935, 133ff. 145. M. KASER Röm. Zivilprozeßrecht, 1966, 456ff. 460ff., dort auch die umfangreiche weitere Lit.). Man wird sagen dürfen, daß der geschilderte Stilwandel dem beherrschend gewordenen Einfluß des Staates auf den Zivilprozeß Rechnung trägt. Dabei mögen ältere Arten der amtlichen Ladung, wie sie für den Strafprozeß und einzelne Provinzen überliefert sind, Pate gestanden haben.

Der eben erwähnte *l. conventionis* enthält eine ganz summarische Klagebegründung sowie den Antrag des Klägers auf Ladung des Beklagten. Er muß datiert und vom Kläger unterschrieben sein,

Nov. Iust. 47,1. 112,2. Er enthält zugleich eine Frist, binnen derer der Beklagte seine Gegenschrift *(libelli contradictorii)* einreichen muß.

Weitere typ. libelli in der nachklass. Kognition sind die *libelli refutatorii*. Sie sind Bittschriften der Parteien an den Kaiser, die diesem vorgelegt werden, wenn der Richter selbst kein Urteil wagt und daher eine Entscheidung des Kaisers erbittet (Kaser 501f.), oder wenn eine Partei gegen das Urteil *appellatio* an den Kaiser einlegt (Kaser 510f.). Die Berufungsschrift der durch das Urteil beschwerten Partei selbst heißt *libelli appellatorii*, und zwar schon in der klass. Kognition, vgl. Ulp. Dig. 49,1,1,4. In diesem Sinne sagt auch Call. Dig. 42,1,33: *Divus Hadrianus, aditus per libellum* ... Endlich bleibt zu nennen der *l. principi datus*. Dies ist die Bittschrift, mit der ein Rechtsuchender den Reskriptprozeß (Kaser 520ff.) einleitet. Ziel dieses regelmäßig einseitigen, also ohne Beteiligung des Gegners ablaufenden Verfahrens ist eine kaiserliche Rechtsauskunft *(rescriptum principis)*. Dieses ergeht freilich unter dem Vorbehalt, daß der Antragsteller die Sachlage richtig vorgetragen hat.

II. Libelli an den Princeps oder an Behörden.

Die eben für den Zivilprozeß genannten *libelli* sind nur zu fest umgrenzten Rechtsinstituten erstarrte Spezialfälle der auch für viele andere Fälle möglichen schriftlichen Eingaben an den Kaiser oder Behörden. Hier wird der l. vom Gesuchsteller der angegangenen Behörde während der Dienststunden überreicht. Den Gegensatz dazu bildet die *epistula;* diese einfachere und gleichsam kollegiale Art des Schriftverkehrs ist Beamten vorbehalten. Entsprechend wird auch der l. regelmäßig durch bloßen Vermerk *(subscriptio)* beantwortet, während die *epistula* durch ein Antwortschreiben auf eigenem Blatt (gleichfalls *epistula*) Erledigung findet. Dieser Unterschied spiegelt sich darin wider, daß für die eine Art von Schriftstücken beim Kaiser die Kanzlei *a libellis* zuständig ist, für die andere die Kanzlei *ab epistulis*. Allerdings können durch l. nur solche Sachen erledigt werden, die keine *causae cognitio* erfordern, Ulp. Dig. 50,17, 71. Eine Aufzählung uns erhaltener *libelli* an den *princeps* bringt v. Premerstein, RE XIII 1,35ff., ein Muster für einen l. an den Praetor gibt Ulp. frag. vat. 166.

III. Libellus (oder liber) famosus.

So wird seit dem Prinzipat die öffentliche, meist anonyme Schmähschrift bezeichnet. Sie ist im polit. Kampf, aber auch zu persönlichen Zwecken weit verbreitet. Daher sucht man immer wieder, dem l. f. durch scharfe Strafdrohungen beizukommen. Bestraft wird bes. nicht bloß der Vf., sondern auch jeder Verbreiter. Wer öffentliche Mißstände anprangern will, soll das in guter Absicht und unter Angabe seines Namens tun, Cod. Iust. 9,36,2,2, a. 365. Die Strafdrohungen gegen die an einem l. f. Beteiligten verändern sich ständig im Sinne einer Verschärfung; sie reichen vom Verlust der Zeugnisfähigkeit (Ulp. Dig. 47,10,5,9, wohl zur *lex Cornelia de iniuriis*) über die *deportatio in insulam* (Paul. Sent. 5,4,15) bis zur Kapitalstrafe (Cod. Iust. 9,36,2,1, a. 365). Die Verfolgung wegen *crimen maiestatis* wird allerdings dem gegen den Kaiser gerichteten l. f. vorbehalten gewesen sein. Auch dürfte das *malum carmen incantare* von XII Taf. 8,1a nicht die einfache Schmähschrift meinen, sondern nur die zauberische Verwünschung. Auf den l. f. wird nach dem Recht der XII Taf. nur die Bußvorschrift gegen *iniuria* angewendet worden sein. Auch in der späteren Z. wird der l. f. noch – unbeschadet seiner öffentlichen Strafbarkeit – dem Privatdelikt der *iniuria* eingeordnet, vgl. etwa Paul. Sent. 5,4,1. Daher ist zum l. f. die Lit. über die *iniuria* heranzuziehen, vgl. Kaser Röm. Privatrecht 1, 1955, 520ff. Quellen: Dig. 48,10. Cod. Theod. 9,34. Cod. Iust. 9,36. Paul. Sent. 5,4. D. M.

**Liber. Libera. Liberalia.** Wie von vielen ital.-röm. Gottheiten ist das urspr. Wesen des L. verdunkelt, da er mit Dionysos identifiziert wurde.

I. Wz. **leudh* »keimen, sprießen« (Bömer [9]. Radke [10],176. 180). Die ant. Deutungen gehen entweder von λοιβή, λείβειν, *libare* aus (Paul.-Fest. 108 L. Plut. mor. 289 A; vertreten noch von Wissowa [2],2023 und *Schur* [1],68) oder von *liberare* in verschiedenen Varianten (*quod vino nimio usi libere loquantur* Paul.-Fest. 103 L. vgl. Naevius ebd. *servi ebrii liberi sibi videntur* Myth. Vat. 3,12, 1. Plut. a. O. L. befreit von der Knechtschaft der Sorgen Sen. dial. 9,17,8. L. befreit *marem effuso semine* und L.a [oder Venus!] die Frau *emisso semine* Aug. civ. 7,2; vgl. 6,9) oder von *liberi* »Kinder« (L. und L.a sind *Cerere nati* Cic. nat. 2,62). Daß L. Übers. von *Διόνυσος Ἐλευθερεύς* sei (den es im boiot. Eleutherai gab, vgl. Alex. Polyh. FGrH 273 F 109) oder von *Διόνυσος Ἐλευθέριος* (die Behauptung von dessen Existenz nennt Wilam. GldH. 2,334,2 »Schwindel«, obwohl schon Arnob. 6,23 »dieser leichtfertige, unwissende Christ« sie aufstellt), hat bis in neue Z. Nachfolger gefunden (dagegen gab es seit den Perserkriegen einen *Ζεὺς Ἐλευθέριος* »Befreier«: Wilam. a. O. → Libertas). Wissowa [3],120. 299 erkennt im Namen des L. die »schöpferische Fülle«, nimmt aber zu Unrecht (Bömer [8],126f.) an, daß L. von Iuppiter Liber abgetrennt sei. Radke [10], 182 tritt für illyr. Herkunft bzw. Vermittlung ein; von hier sei der Name vor dem 6. Jh. nach Boiotien (hier entstand die Form *Ἐλευθερεύς*), zu den Venetern und Römern gekommen.

II. Die Angleichung an Dionysos muß sehr früh erfolgt sein. Dionysos ist in Latium im 5. Jh. bekannt (Radke [10],180.) Zu der von Altheim [6], 21 und Bömer [8],127 herangezogenen Inschr., die die Identifizierung im 7./6. Jh. beweisen sollte, s. Peruzzi, Maia 16, 1964, 149ff. Radke [10],180.

III. L. und L.a bilden eines der echt ital. Götterpaare (LATTE [4],59f.). Ihnen gehört das schon dem ältesten Kalender angehörende Fest der Liberalia am 17. März (fasti: DEGRI XIII,2,425f. [am gleichen Tag → *agonium Martiale*]); *Libero in Ca[pitolio]* nur die f. Farn.: Von einem solchen Heiligtum wissen wir nichts; daß aber wenigstens eine Statue dort stand, zeigen die Militärdiplome CIL XVI 10, 11 und 13 aus den J. 70 bzw. 71 n. Chr. An den Liberalia boten alte Frauen Opferkuchen feil, die sie für den Käufer auf einem tragbaren Herd opferten (ebenso Volksetym. zu → *libum* wie Ov.fast. 3,713ff. *libamina* < *L.*). Der Tag wurde oft zum Anlegen der Männertoga gewählt. Urspr. dürften dagegen phallische Umzüge sein (Varro bei Aug.civ.7,21: *pro eventibus seminum;* in Lavinium ein ganzer Monat L. heilig).

IV. Das Epith. pater, das nach Lucil. frg. 19ff. eigentlich allen Göttern (und dann wohl auch mater allen Göttinnen) zukommt, ist bei L. »wie bei wenigen Bestandteil des Namens« (BÖMER, G 62, 1955, 281). Aber ob dabei tatsächlich an genealog. Zusammenhänge zu denken ist (wie KOCH, Frankf. Stud. 3, 1933, 117f. meint), ist mehr als zweifelhaft.

V. Ob L. schon immer mehr mit dem Wein zu tun hatte (BÖMER [8],127) als auf Grund seiner allg. Funktion als Wachstumsgott oder nicht (LATTE [4],70, der auch die Liberalia als Saatfest versteht), ist unsicher, wenn auch ein Weingott die Identifizierung mit Dionysos erleichtert hätte. Ob in dem L. der Trias Ceres, L., L.a (s.o. Bd. I 1113) noch etwas von dem ital. Gott lebendig war, ist fraglich; doch ist mindestens seitdem die Identifizierung mit Dionysos übermächtig (BÖMER, G 62, 1955, 280. RADKE [10],181).

VI. Die Gleichsetzung mit Dionysos ist in hist. Z. schon vollzogen. So wird auch L.a mit Ariadne identifiziert (Ov.fast. 3,512). L. wird geradezu zum Mysteriengott (myst. Reinigung z.B. Serv.Georg. 1,166).

Die zahlreichen Inschr. in Dacien, Pannonien, Dalmatien (SCHUR [1],74) dürften interpretatio Romana für einheim. Götter sein. W. E.

1. *Schur*, RE XIII 68ff. 2. *Wissowa*, Myth.Lex. 2,2021ff. 3. *Ders.* Religion$^{2}$ 297ff. 4. *Latte* RRel 70.161. 5. *Deubner*, ARW 33, 1936, 107ff. 6. *F.Altheim*, RVV 22,2,15ff. 7. *A.Bruhl* Liber pater, Paris 1953. 8. *F.Bömer*, AAMz 1957, 7. 9. *Ders.* Komm. zu Ov.fast. 3,512. 10. *G. Radke* Die Götter Altitaliens, Münster 1965, 175ff.

**Liber glossarum.** Ein anon. lat. Glossar des 8.Jh. → Glossographie II 4. M. F.

**Liber pontificalis.** Slg. von Papstbiographien, die in den ältesten Hss. (7./8.Jh.) von Petrus bis Conon († 687) reicht, dann erweitert bis Hadrianus II. († 872) und Stephanus V. († 891). Jüngere Fortsetzer führten sie bis zu Martin V. († 1431). Den Grundstock bildet der bis Felix III. († 530) reichende Teil, wo als Quelle u.a. die im → Chronographen vom J. 354 enthaltene Papstliste, der sog. Catal. Liberianus (MGAA 9,73–76 M.), benutzt und mit hagiograph. Legendenmaterial angereichert ist. Von diesem Teil des L.P. gibt es eine Kurzfassung (Epit. Feliciana), die auf einen besseren Text zurückgeht als den Archetypus der vollständigen Überlieferung. Ebenso wurde von der Form, die der L.P. im 7.Jh. erreicht hatte, die Epit. Cononiana hergestellt. Die Angaben des L. P. haben bis z.Z. des Gelasius († 496) keine hist. Gewähr. Dagegen wird von 496 an hist. Material durch zeitgenöss. Redaktoren verarbeitet. O. H.

Ta.: *L.Duchesne*, 1886–1892; 3.Bd. mit Erg. und Bibliogr. von C.Vogel, 1957. *Th.Mommsen*, MG Gesta pontif. Rom. 1, 1898 (nur 1.Bd. bis zum J. 715).

**Liberalis.** Cognomen, in den kaiserzeitlichen Fasten bei Noniern, Pomponiern, Salviern, Vibiern, vgl. A.DEGRASSI FImp. 256. H. G. G.

**Liberalitas.** Die freie, großzügige Denkungsart, die den anderen gewähren läßt (Ter.Ad. 57), das uneigennützige Entgegenkommen (Cic.Att. 3,22,1), die Freigebigkeit (begriffliche Fassung bei Cic.off. 2,52ff.), ist ein typisch röm., eth.-individualist. Wertbegriff, doch als Teil der *magnitudo animi* (KNOCHE, Philol.Suppl. 27, 1935, 52f.) weniger zentral [1]. L. ist als privates Verhalten gesinnungsmäßig von *largitio* unterschieden (Cic. Att. 6,6,2; de or. 2,105). U.a. ein Schlagwort der Herrschaft Caesars (Cic.Att. 9,761: *haec sit nova ratio vincendi, ut misericordia et liberalitate nos muniamus;* dazu vgl. DAHLMANN Clementia Caesaris, NJb 10, 1934, 17ff.; kritisch M.TREU, MH 5, 1948, 197ff.). An der eth. Grundidee änderte sich nichts (Sen.ben. 2,8,1), l. wird aber später für die Spende selbst gebraucht (Tac.hist.1,20,1; dazu HEUBNER, Hist. 1, 1963, z. St.), vielfach für die aus eigenem Besitz (Plin.ep.1,8,9) an einzelne Personen oder das Volk; Assignation von Land, Alimentatio, → Donativum, → Congiarium sind Auswirkungen der l. ([2],142). Als *virtus*, die die *commoda* des anderen vermehrt, dient die l. zum Lob des Herrschers. Münzprägungen der l. zeigen die ans Volk verteilten *congiaria* an, von denen sie nicht unterschieden, sondern der übergeordnete Begriff ist ([2],143f.; anders, aber sicher irrig [3], 84ff.). Die Münzbilder zeigen 2 Typen: 1. l. mit Füllhorn; 2. Spendenszene mit Kaiser ([3],90). Jurist. bedeutet l. später die Schenkung (Inst.Iust. 1,19 pr. Cod.Iust.1,5); im chr. Sinn wird *l. dei* zur Gnade Gottes (Firm. err. 2,8). H. Gu.

1. *K.H. Heuer* Comitas, facilitas, liberalitas. Stud. zur gesellschaftlichen Kultur der cic. Zeit, Diss. Münster 1941. 2. *P.L. Strack* Reichsprägung z.Z. des Traian, 1931, 141ff. 3. *H.Berve*, RE XIII 82ff.

**Liberius. 1.*** ca. 465 in Italien, 493 durch Theoderich *praefectus praetorio* Italiens, 500 Patricius, erhielt 511 von Theoderich die gall. Präfektur, die er bis etwa 530 innehatte. Als Gesandter Theodahads deckte er 534 in Constantinopel dessen Verrat an → Amalasuntha auf. 538/42 *praefectus Augustalis* (Prok. anecd. 27f.). 550/51 befehligte er ein Geschwader im Kampf gegen die O.-Goten auf Sizilien (Prok. 7,39 f. 8,24), 553 das Expeditionskorps gegen die W.-Goten in Spanien (Iord. Get. 58. Isid. hist. Goth. 284 ff.). Panegyr. Lob des bes. in der Verwaltung bedeutenden Mannes bei Cassiod. var. 2,16. 11,16. Ennod. ep. 9,23; Grabschrift: CIL XI 382. A. L.

**2.** L., röm. Papst 352–366. Der den → Arianismus begünstigende Kaiser Constantius verbannte L. und setzte Felix II. als Gegenpapst ein. Aus dem Exil in → Beroia (2) kehrte L. 358 nach Rom zurück, das ihm den Bau der Basilica Liberiana (der Vorgängerin von S. Maria Maggiore) verdankt [3]. 4 Briefe aus dem Exil, in denen L. die Orthodoxie verleugnet, haben sein Andenken belastet. Doch hat → Hilarius (1) diese als Fälschungen den echten Briefen des Papstes gegenübergestellt. Ambr. virg. 3,1,1–3,3,14 gibt den Inhalt einer Predigt des L. wieder. O. H.

Ta.: Hilarius ed. *A. Feder*, 1916, CSEL 65 (Echte und falsche Briefe). *V. Bulhart*, 1957, Corp. Chr. 9,121–124 (Briefe an Eus. von Vercellae).

Lit.: 1. *E. Caspar* Gesch. des Papsttums 1, 1930, 166–195. 2. *P. Glorieux*, Mél. de science relig. 1, 1944, 7–34 (Beweis, daß Hilarius die Exilsbriefe als Fälschungen betrachtet hat). 3. *R. Vielliard* Rech. sur les origines de la Rome chrét., 1959, 70. 4. *Jaffé* Reg. 207–229.

**Libertas.** Gehört zu den personifizierten und vergöttlichten abstrakten Begriffen. Aus Strafgeldern erbaute Ti. Sempronius Gracchus (cos. 238) das *templum Libertatis in Aventino*. Sein Sohn ließ nach dem Sieg von Benevent 214 ein Bild der Siegesfeier anbringen (Liv. 24,16,19; vgl. Paul. Fest. 108 L.). Wir kennen auf dem Aventin auch einen Tempel des Iuppiter Libertas, Stiftungstag 13. April: fast. Ant. vet. Ov. fast. 4,623 f.; letzterer spricht zwar von dem Atrium der L.; da jedoch ein weltliches Gebäude nicht in den Kalender gehört, glaubt man (WISSOWA [1],2032. BÖMER z. St.) an Irrtum Ovids. Ob dieser Tempel ident. ist mit dem des Gracchus, ist nicht sicher (PLATNER-ASHBY 297). Nimmt man das aber an (anders WISSOWA [2],138 mit MERLIN L'Aventin dans l'antiquité, Paris 1906, 107. 127 f.) und bringt noch die fasti Arval. zum 1. Sept. *Iovi Libero Iunoni Reginae in Aventino* ins Spiel (RADKE [4],179 und RhM 106, 1963, 313 ff. verweist noch auf Iuppiter Liber von Furfo, dessen Fest nach röm. Kalender wohl ebenfalls auf den 13. April fiel), ist L. = Iuppiter Libertas = Iuppiter Liber (unklar LATTE [3],70,6); Augustus hat dann bei der Restauration (Mon. Anc. 4,6 *Iovis Libertatis in Aventino*) den Festtag verlegt. – Ein Heiligtum errichtete Clodius unter Heranziehung von Ciceros palatin. Besitz (später zurückgegeben). Für Caesars Siege beschloß der Senat im J. 46 ein Heiligtum (Cass. Dio 43,44,1. vielleicht nicht gebaut). – Weihungen sind in der Kaiserzeit häufig, z. B. nach dem Sturz von Seian, Nero, Domitian, Commodus. Mz.: Schon in der Rep., oft auf Vier- oder Zweigespann, von stehender Victoria bekränzt (BMC Rom Rep. 1, 151. 153; 399). Hauptsächliches Attribut ist der *pilleus*. Mz. der Caesarmörder und viele in der Kaiserzeit (F. GNECCHI, Riv. ital. di Numism. 18, 1905, 354 ff. BMC Rom Rep. BMC Rom Emp. pass.). → Liber. → Iuppiter. W. E.

1. *Wissowa*, Myth. Lex. 2,2031 ff. 2. *Ders.* Rel.² 120. 138. 3. *Latte* RRel 256. 4. *G. Radke* Die Götter Altitaliens, Münster 1965, 175 ff. 5. *Platner-Ashby* 296 f.



**Libertatis Atrium** s. Atrium Libertatis

**Libertini** sind im klass. röm. Recht die *ex iusta causa manumissi* (Gai. inst. 1,11). Jeder Freigelassene *(libertus)* wird durch die Freilassung vom Sklaven zum röm. Bürger, behält aber im öffentlichen Leben gegenüber dem *civis Romanus* eine untergeordnete Stellung. Sogar die Söhne der Freigelassenen waren von dieser polit. Zurücksetzung betroffen. Die vor allem von VOIGT und HUSCHKE vertretene Meinung, *libertinus* ist der *liberti filius*, wird h. nur mehr für die Frühzeit aufrecht zu halten sein. Gegen CONSENTINI wird man mit KASER die Auffassung teilen, daß eine anf. bis zum *ius vitae necisque* reichende Gewalt des Freilassers mehr und mehr zurückgebildet wurde. Doch behält der Patron über den Freigelassenen eine vom Zensor überwachte Zuchtgewalt, die in des Patrons Verpflichtung, dem Freigelassenen in Not Hilfe zu leisten, ihr Gegenstück findet. Umgekehrt ist der Freigelassene dem Patron Ehrerbietung und Gehorsam *(reverentia, obsequium, honor)* schuldig. Gegen die h. gültige Meinung wird anzunehmen sein, daß der Freigelassene trotz des Verbots, seinen Patron mit der infamierenden Klage zu belangen (Ulp. Dig. 37,15,1. 4,3,11,1. Cod. Iust. 6,6,1. Ulp. Dig. 2,4,10,12), bei *iniuria atrox* vom Praetor die *actio iniuriarium* gegen den Patron erhält (vgl. Ulp. Dig. 2,4,10,12. 47,10,7,2. 3. Pap. Dig. 48,5,39,9). Kalumnienklage und Strafanklage gegen den Patron sind dem Freigelassenen verboten. Meist läßt sich der Freilasser schon vor der Freilassung Dienste *(operae)* vom Sklaven versprechen; der Patron konnte sie in der jüngeren Republik mit einer *actio operarum* einklagen, wenn das Versprechen unter Eid nach der Freilassung erneuert wurde (Ulp. Dig. 38,1,7,2. 15,1). Stirbt der Freigelassene, ohne *sui heredes* zu hinterlassen, so fällt das Vermögen nach der Intestaterbfolge an den Patron zurück. Stirbt der Patron, so geht das Patronatsrecht auf die agnat. Deszendenten des Patrons über.

In nachklass. Z. wurde die Bindung des Freigelassenen an seinen Patron noch verstärkt; der undankbare Freigelassene konnte seit Konstantin bei Ehrverletzung und anderen Verfehlungen dem Patron gegenüber wieder in die Sklaverei zurückgerufen werden *(revocari in servitutem)*. Ehrenrechte hatten noch bei Iustinian auch die Deszendenten des Patrons und sogar dessen *extranei heredes*. Doch gab es unter Iustinian auch Freilassungen, die nicht den Beschränkungen des Patronats unterlagen. Die Pflicht zur Ehrerbietung und die *actio ingrati* blieben jedoch immer bestehen. F. R.

*Cosentini* Studi sui liberti 1, 1948. *Leist* bei *Glück*, Ausführliche Erläuterung der Pandekten 37/38 IV (1879). *Mommsen* RStR 3, 1886/1952, 420ff. *Steinwenter*, RE XII 910ff. *J.Lambert* Les operae liberti (1934). *Kaser*, ZRG 58, 1938, 88ff. *Duff* Freedmen in the early rom. empire², 1958. *G.Boulvert* Les esclaves et les affranchis imperiaux sous le H.-E. rom., jur. Diss. Aix-en-Provence, 1964. *Ders.*, Labeo 12, 1966, 94ff. *Pescani*, Boll. della Scuola di perf. in dir. del lavoro, Univ. Trieste 35–36, 1966, 54ff.

**Libertus** s. Libertini

**Libethrion** s. Leibethrion

**Libias** (*Λιβιάς Livias*), aram. Name *bēṯ ramṯā* (*Βηϑ[α]ϱαμ[φ]ϑά*), Ort im ö. Jordantal jenseits Jericho, h. *tell er-rāme*. Nach jüd. (pal. Talmud Šebiith 9,2 38d63) und chr. (Eus. onom. 48,13ff.) Überlief. mit *bēṯ hārām/hārān* (Jos. 13,27 Num. 32,36) ident. (vom arch. Befund her fraglich, [4]). Im Alt. wegen seiner fruchtbaren Umgebung (Plin. nat. 13,4,44 Theodos. 19 [CSEL 39, 145]. Madebakarte: Datteln; babyl. Talmud Pesaḥim 26a: Balsam) bekannt. Erstmalig in Verbindung mit einem Palast Herodes' d. Gr. erwähnt (Ios. bell. 2,59). Unter Herodes Antipas befestigt und nach Augustus' Gemahlin L., nach 14 n. Chr. z. T. Iulias, benannt (ant. 18,27; bell. 2,168. Hier. onom. 49,13). Seit 54 in der Hand Herodes' Agrippa II. (ant. 20,159), 68 von den Römern besetzt (bell. 4,438). Jüd. Bevölkerung, laut Antiochos Monachos (Homilia 85, MIGNE PG 89,1692) noch im 6. Jh. In chr. Z. Bischofssitz (ab 431 bezeugt, [3]), in Pilgerberichten als Ort von Dt. 31–34 genannt (CSEL 39,51ff. 145. 165). B. Sch.

1. *Schürer* 2, 1907⁴, 213–216. 2. *A.Mallon*, Biblica 10, 1929, 220–223. 3. *F. M. Abel*, Rev. Bibl. 40, 1931, 217–223. 4. *N.Glueck*, AASO 25–28, 1945–1949 (1951), 389–391. 5. *G.Harder*, ZDPV 78, 1962, 60–63.

**Libici** (NISSEN It. Ldk. 2,174), kelt.-ligur. Volk Oberitaliens (Pol. 2,17,4. Plin. nat. 3,124. Ptol. 3,1, 36. Liv. 5,35,2. 21,38,7. 33,37,6), gründen Vercellae (Plin. Ptol.); bei Liv.: *Libui*. G. R.

**Libitina.** Röm. Göttin, die die Erfüllung der Begräbnispflichten überwachte (Plut. Num. 12). Bei Sterbefällen wurde eine Abgabe an die Kasse ihres Tempels entrichtet (Piso bei Dion. Hal. 4,15, 5), der in einem Hain (vielleicht auf dem Esquilin: PLATNER-ASHBY 319) lag (Dion. Hal. a. O. *lucus Lubitina* CIL VI 9974. *lucus Libitina* CIL VI 10022: SCHULZE Eigenn. 480,9). Von hier wurden Begräbnisse gegen Bezahlung arrangiert; die *libitinarii* (Leichenbestatter) hatten hier ihren Sitz. Name ungedeutet (Übersicht RADKE [4]. Vielleicht etr. WALDE-HOF.³). Metaphorisch = *funus* (Hor. c. 3, 30,7 u. a., vgl. WISSOWA [1],2034). Wird mit *Libentina* = *Lubentina*, Beiname der Venus, gleichgesetzt, mehr wegen der Namensähnlichkeit, weniger weil im Hain ein Heiligtum der Venus stand (dies WISSOWA [2]. RADKE [4]; aber Vorliebe der Venus auch für andere Haine: KOCH [7],20). W. E.

1. *Wissowa*, Myth. Lex. 2,2034f. 2. *Ders.* Rel.² 245. 3. *Wagenvoort*, Mnem. 17, 1964, 59. 4. *G. Radke* Die Götter Altitaliens, Münster 1965, 183f. 5. *Latte* RRel 185. 6. *C. Koch*, RE VIII A 850f. 7. *Ders.*, H 83, 1955, 4f. 20.

**Libitinarii.** Die Begräbnisunternehmer, nach ihrem Sitz im Heiligtum der → Libitina genannt, führten im Auftrag (*funus locare*) Bestattungen aus (*libitinam exercere, facere*), wozu sie Personal, vielfach Sklaven, und Material stellten. Das Gewerbe der l. galt im Kreise des Trimalchio als *honesta negotiatio* (Petron. 38), schloß jedoch Freie von den städt. Magistraturen aus, MARQU.-MAU 179,1. W. H. G.

**Libo.** Cognomen, in den Fasten der republ. Z. bei den Iuliern, Liviern, Poeteliern und Scriboniern (DEGRASSI FCap. 145), in denen der Kaiserzeit bei Anniern, Flaviern, Liviern und Scriboniern (DEGRASSI FImp. 256). H. G. G.

**Libon** s. Olympia

**Libra. 1.** Pfund, ursprünglich das Gewicht des → As und gleich diesem duodezimal in → *unciae* geteilt. Es gab verschiedene Normen. Wichtig ist vor allem die des sog. osk. Pfundes zu 272,88 g, die einst vielleicht auch in Rom galt, und die der röm. l. zu 327,45 g. In der Spätant. wurden vielfach Zahlungen statt in Münzen nach l. Gold und Silber geleistet. → *λίτϱα* und *pondo*. H. Ch.

*F.Panvini Rosati*, Diz. ep. 4,951ff. *H.Chantraine*, RE IX A 604ff.

**2.** Waage s. Libella

**3.** s. Sternbilder

**Librarius.** 1. Im Gegensatz zum Autor (*scriptor*) ist der l. Abschreiber von Büchern (Liv. 38,55, 8. Cic. Att. 12,40,1), auch Buchhändler (Sen. benef. 7,6,1. Gell. 5,4,1). 2. Der Schreib- und Elementarlehrer, meist *literator*, kann spät l. heißen, Edict. Diocl. 7,69. Dig. 50,6,7 (6), ebenso 3. der Sekretär, dem man diktierte, Vell. 2,83,1. Cic. Att. 4,16,1. Plin. nat. 7,91 (oft *scriba*). 4. Cic. leg. agr. 2,13 (32) kennt einen l. neben dem *scriba* im Personal eines Amtes, wo er wohl Briefe zu schreiben oder Akten zu führen hatte, vgl. Fest. 446 L. Beim Heer ist l. der Rechnungsführer, Veg. mil. 2,7. CIL III 1317. 1885. 5. Ein l. rühmt sich DESSILS 7750, er habe *testamenta annos XXV sine iuris consulto* geschrieben, vgl. Dig. 50,13,1,6. W. H. G.

**Librator.** L.-es (*libritores*) waren im röm. Heer

**1.** Soldaten, die mit der Hand Steine warfen. Die Bezeichnung findet sich bei Tac. ann. 2,20 und 13,39 neben → *funditores*, von denen sie zu unterscheiden sind. Auch diese warfen Steine mit den Händen, wenn es nicht anders ging. Doch umgekehrt waren nicht alle l. zugleich auch *funditores* (so auch Veg. mil. 2,23: *sed et manu sola omnes milites meditabantur libralia saxa iactare*, was sich hier aber nur auf die Legion bezieht, in der die Ausbildung im Steinwerfen mit der Hand wahrscheinlich seit jeher geübt wurde. L. und funditores nebeneinander bei Tac. ann. 2,20. **2.** Techniker, die offenbar erst eine Einrichtung des stehenden Heeres waren (CIL VIII 2728.2934). **3.** Zivile l., die dem *curator aquarum* unterstanden (Frontin. de aqu. urbis Rom. 2,105). A. N.

BJ 117, 1908, 76.

**Libripens.** Vor Einführung der Münze wurde der Kaufpreis als Rohkupfer *(→ aes rude)* vermittels der Waage *(libra)* zugewogen *(pendere)*. Manche feierlichen Rechtsgeschäfte: → *mancipatio*, *nexum*, *nexi liberatio* oder *solutio*, wurden als Kaufakte *per aes et libram* (Libralgeschäfte) getätigt, wobei in Gegenwart von 5 geladenen, mündigen röm. Bürgern als Zeugen der L. (wohl als privater Unparteiischer) die Kaufsumme zuwog. Die Form wurde später symbol. beibehalten und übertragen, indem der Erwerber mit einem Erzstückchen *(raudusculum)* oder einem Geldstück *(nummus)* an die vom L. gehaltene Waage schlug und es dann dem Veräußerer übergab. H. Ch.

*M. Kaser* Das röm. Privatrecht 1, 1955, 37ff.

**Libs** (*Λίψ*). Ein auf der 12strichigen Rose des Aristoteles vom Sonnenuntergangspunkt der Winterwende wehender Wind, s. Böker Art. Winde RE VIII A 2347 Fig. 11. Er wurde von den Römern einer falschen Etymol. zufolge mit »Libyen« in Verbindung gebracht und deshalb »Africus« genannt. Er wird beschrieben als feucht, regenbringend, stürmisch, aprilhaft wechselnd und Schiffahrt gefährdend, aber auch als ein die Weinstocktriebe vernichtender Glutwind, s. Rehm, RE XIII 142. In äg. Terminologie bezeichnet er einen w. (oder w. knapp auf s. gerichteten) Wind, vgl. Böker a. O. 2339,28ff. Fig. 13. Auf der 12strichigen Rose des Timosthenes wird zwischen dem L.-Africus und dem reinen → *Νότος* ein *Λιβόνοτος* eingeschaltet als andere Bezeichnung für den *Λευκόνοτος* (→ Winde), Rehm, RE XII 2285. R. B.

**Libum.** Opferkuchen. Etym. Varro l. l. 7,44: von *libatio;* Ov. fast. 3,733f. von → Liber (richtig *Liber < libare* Bömer zu Ov.). Wurde von → *fictores* gebacken. Rezept Cato agr. 75: geriebener Käse, Weizenmehl, Eier. Wesentlich verbessert durch Honig und Milch (statt Käse) (Ov. fast. 3, 761f. Serv. Aen. 7,159. Athen. 3,125f.). Bes. dem Genius am Geburtstag dargebracht. Auch als Leckerbissen geschätzt. W. E.

**Liburna** (*λιβυρνίς, liburnica*). Der Zweireiher der röm. Kriegsmarine, nach dem Vorbild illyr. Seeräuberschiffe scharf und niedrig gebaut, hatte Mast und Sporn und galt als schnell. Er bildete die unterste Klasse der röm. Flotte (CIL X p. 1128). Seit bei Actium die leichten beweglichen Schiffe vom Typus l. den Sieg gewonnen hatten, wurden sie bald zur Bezeichnung von Kriegsschiff überhaupt. Eine Sonderform stellte die Luxus-l. Suet. Cal. 37,2 dar. W. H. G.

*Torr* Ancient Ships, 1894, 16f. *Gauckler*, Monuments Mémoires Piot 12, 1905, 121.147. *Assmann*, JDAI 4, 1889, 91ff. 21, 1906, 111f. *Grosse*, RE XIII 143ff.



**Liburni.** Die Sitze dieses Stammes lagen nach Plin. nat. 3,139 in röm. Z. zwischen den Flüssen Titius (Krka) im S. u. Arsia (Raša) im N., also im n. Dalmatien. (Eine über die Adria ausgewanderte Gruppe von ihnen sind wahrscheinlich die von Plin. nat. 3,110 bei → Truentum in → Picenum erwähnten *Liburni*.) Mit diesem Bereich deckt sich ein von Rendić-Miočević [2] abgegrenztes Gebiet mit eigenständiger Namengebung, das daher »liburnisch« genannt wird. Seine n.ö. Grenze verlief vermutlich auf dem Kamm des Velebitgebirges. Im W. gehören zu ihm die Inseln Curictae (Krk), Crexi (Cres) und Arba (Rab). An liburn. Namen besitzen wir aus Inschr. vor allem Personennamen *(Aetor, Ceunus, Cliticus, Curticus, Darmocus, Lambicus, Oeplus, Opiavus, Raecus, Suioca, Turus, Vadica, Verica, Veturia, Viniocus, Volso, Volsonus, Voltimesis, Voltissa, Zupricus* u. v. a.), sowie die Namen der Göttinnen *Iutossica, Latra, Sentona*, aber auch Orts- und Stammesnamen wie die bei Plin. nat. 3,139 überlieferten *Mentores, Himani, Enchelaeae, Peucetii.* Zusammenhängende Texte und Glossen sind nicht erhalten. Entgegen der alten Anschauung, die alle westbalkan. Sprachen als »Illyrisch« zusammenfaßte, hängt die liburn. Namenlandschaft mit dem → Illyrischen im engeren Sinn nicht näher zusammen; Katičić [7] und Alföldy [9] vermuten Beziehungen zu dem idg. → Venetischen, dessen Namenstypen nach Untermann [6] auch in Istrien herrschten. (Argumente: Eine Person trägt 2 Namen, und zwar Individualname und Gentilname, nicht Individualname und Vatersname, wie z. B. in SO.-Dalmatien üblich; Vorkommen von typ. venet. Wurzeln wie *Volt-*, von Endungen wie *-(i)cus* und *-ocus* bei den Gentilnamen. G. N.

1. *G. Zippel* Die röm. Herrschaft in Illyrien bis auf Augustus, Lpz. 1887. 2. *D. Rendić-Miočević* Onomastičke studije sa teritorije Liburna (mit engl. Resümee), Zbornik Instituta za hist. nauke u Zadru 1, 1955, 125–145. 3. *A. Mayer* Die Sprache der alten Illyrier 1, Wien 1957, bes. S. 208ff., 2, 1959. 4. *H. Krahe* Vorgeschichtliche Sprachbeziehungen von den balt. Ostseeländern bis zu den Gebieten um den Nordteil der Adria, AAMz 1957 Nr. 3. 5. *O. Parlangèli* La penisola balcanica e l'Italia, Milano 1958. 6. *J. Untermann* Die venet. Personennamen, Wiesbaden 1961. 7. *R. Katičić*, Simpozijum o teritorijalnom i hronološkom razgraničenju Iliru u praistorijsko doba, Sarajevo 1964, 48ff. 8. *Ders.* Namengebiete im röm. Dalmatien, Die Sprache 10, 1964, 23–33. 9. *G. Alföldy* Beiträge zur Namenforschung 15, 1964, 55–104, bes. 66–75.

**Libyci montes** (Hdt. 2,8. *τὸ Λιβυκὸν ὄρος*. Strab. 17,819 Ptol. 4,5,10 *τὰ Λιβυκὰ ὄρη*). Bezeichnung der das Niltal im W. begrenzenden Wüstenberge im Gegensatz zu den ö. »arabischen«. W. H.

**Libye** (*Λιβύη*). Nach Hdt. 4,45. Apollod. 2,1,4 trug L. den Namen einer autochthonen Frau bzw. einer äg. Königstochter. Tatsächlich nannten griech. Siedler zunächst den Landstrich w. des Nils L. nach dem in altäg. Quellen erwähnten nordafrik. Stamm der Libu, der im Gebiet der heutigen Kyrenaika saß. Dann übertrugen die Ioner und die ant. Autoren den Namen des Teilgebiets auf ganz Afrika w. des Nils. Pind. P. 9,8, Hdt. 2,16, Aristot. meteor. 1,13 p. 350 a 18. b 1.3.11. Strab. 17,824 kannten 3 Erdteile, Europa, Asien und L. Als O.-Grenze des Erdteils L. galt der Nil und sein westlichster Deltaarm, später der arab. Meerbusen und der Isthmos von Suez. P. Bolchert Aristoteles' Erdkunde von Asien und Libyen, 1908, 43. Die Bezeichnung L. wurde also in engerem und weiterem Sinne gebraucht. Hdt. 2,32 gliedert L. in 3 Teile, den n. bewohnten (*οἰκουμένη*) Küstenstrich von Äg. bis zum Vorgebirge Soloeis, das tierreiche (*θηριώδης*) L. s. des Atlas und das wüste (*ψάμμος*) L., die Sahara. Für Aristoteles umfaßt der Erdteil L. Äg., L. im engeren Sinne und Aithiopien. Bolchert 44. Eratosthenes (Strab. 2,130. 17,825) verglich L. mit einem rechtwinkligen Dreieck, dessen Hypotenuse (25000 Stadien), die Ozeanküste, die Katheten, die Mittelmeerküste (22000 Stadien) und den Nillauf (13000 bis 14000 Stadien), überspannte. Für Poseidonios ähnelte L. einem Trapez. Berger Erdk. 400 fig. 9. F. Strenger Strabos Erdkunde von Libyen, 1913, 27. Aristoteles und Ptolemaios teilten L. in 3 Zonen, zur ersten gehörten die Mittelmeerländer Mauretanien, Afrika, die Kyrenaika und Äg. mit der Marmarike und dem Nomos Libyes, zur zweiten das »innere« L. (*ἐντὸς Λ.*) und Aithiopien s. Äg. (*Αἰθιοπία ἡ ὑπὸ Αἴγυπτον*), zur dritten das »innere« Aithiopien (*Αἰθιοπία ἐνδοτέρα*). Da Sonderartikel über Einzelländer wie Mauretanien, Africa usw. unterrichten, werden hier nur die wichtigsten Nachrichten zur Gesch. der Libyer und der Entdeckung des Erdteils gegeben.

Entgegen früherer Annahme sind die Tehenu nicht zu den Libyern zu rechnen, sie sind aus ihrer Heimat verdrängte Ägypter, wie ihre Namen und ihre Tracht bezeugen. Gegen E. des Alten Reiches stoßen die hellhäutigen, blonden, blauäugigen Temehu vom SW. längs des Niltales vor. Ihr Stammesnamen wird seit dem Neuen Reich schlechthin die Sammelbezeichnung für Libyer. Sie entsprechen den *ξανθοὶ Λίβυες*, die Ps. Skyl. 110, Kall. h. 2,85f. Lucan. Phars. 10,129ff. und Prok. b. Vand. 2,13,29 erwähnen, den heutigen Berbern in N.-Afrika, und trugen das Haar auf der r. oder auf beiden Seiten zu Zöpfen geflochten, Ohrringe, Gewänder aus buntbemaltem Ziegenleder und die Phallustasche. Hdt. 4,189. 7,71. Diod. 3,49,3. Sil. 3,278. Hauptträger der großen lib. Invasion des NR sind die Libu und die Maschwesch, die später als *Μάξυες* (Hdt. 4,191), *Μάζυες* (Hekat. bei Steph. Byz.) oder *Μάζικες* (Ptol. 4,2,5) begegnen. Inschr. Merneptahs in Karnak und Ramses' III. und dessen Reliefs in Medinet Habu zeigen die Abwehrkämpfe der Ägypter in der 19. und 20. Dynastie und Tracht und Aussehen der libyschen Angreifer. So tragen die Maschwesch unter dem Mantel die Phallustasche, die unbeschnittenen Libu nur einen Schurz. Einige lib. Stämme siedelte Ramses III. in Äg. an, sie assimilierten sich mit den stammverwandten Ägyptern und waren als Söldner beliebt. 950 v. Chr. wurde ein libyscher Häuptling als Scheschonk I. König von Äg. und begründete die 22. Dynastie. W. Hölscher Libyer und Ägypter, Beitr. zur Ethnologie und Gesch. lib. Völkerschaften nach den altäg. Quellen[2] 1,1955. G. Fecht, ZDMG 106, 1956, 37ff.

Bei den Griechen nennt zuerst Hom. Od. 4,85. 14,295 die s.w. Küstenländer des Mittelmeeres L. und die Lotophagen. Durch die griech. Besiedlung von → Kyrene 631 v. Chr. wurden die lib. Stämme ins Binnenland abgedrängt. Eine Mischung griech. und lib. Elemente ist in der Annahme des lib. Königstitels Battos und in den Namen der Herrscher von Kyrene erkennbar. Hdt. 4,168–199 zählt 16 lib. Stämme von O. nach W. auf, darunter die Adyrmachiden, deren Frauen Kupferringe um die Beine tragen, die Nasamonen, die im Sommer ihre Herden zurücklassen und zur Dattelernte an die Küste ziehen und die ihre Toten in Hockerstellung bestatten, die Garamanten, die mit den Aithiopen kämpfen und auf Felsplatten der Sahara eingeritzte Wagen darstellen, die ackerbauenden Maxyes, die w. des Tritonsees wohnen und durch ihn von den sich mit Fleisch und Milch ernährenden Libyern getrennt werden, und die Troglodyten, die Höhlenbewohner. Mit Libyern an der Ozeanküste pflegten die Karthager einen stummen Tauschhandel. Hdt. 4,196. Phoiniker, die in L. wohnten, hießen deshalb Libyphoiniker. Zahlreiche weitere lib. Stämme begegnen bei späteren Autoren und in Inschr. Die Stammesbünde der Masaesyli unter Syphax und der Massyli unter Massinissa besiedelten Numidien. Sie besetzten meist steile Höhen nahe einer Quelle wie Thugga (Dougga), Cirta (Constantine) u.a. Diese Libyer, ausgezeichnete Reiter und Krieger, waren als Söldner bei Karthagern und Römern sehr beliebt. Ihre h. noch als Tifinagh bei den Tuareg gebräuchliche Schrift (Fulgent. de aetatibus mundi, ed. Helm 132,9: *libicisque litteris*) konnte durch ältere lib.-pun. und spätere lib.-lat. Inschr. entziffert werden, so die pun. Inschr. in lib. Proto-Tifinagh-Schriftzeichen an dem Mausoleum des Numiders Ateban in Thugga um 200 v. Chr. Cl. Poinssot Les ruines de Dougga, 1958, 58ff. CIL VIII 17317. Die Bauform des Mausoleums, das als oberen Abschluß über dem Sockel mit der Gruft und anderen Bauteilen zunächst eine Pyramide trug, in kaiserzeitlichen Anlagen aber einen schlanken Obelisken als Oberteil erhielt und so zum Typus des Pfeilergrabes wurde, erläutert A. Hermann, JbAC 7, 1964, 125f. Abb. 12ff. T. 7c. d. Nach Hdt. 4,188 opferten alle Libyer der Sonne und dem Mond und kannten sonst keine Götter. Wie ein Relief des 3. Jh. n. Chr.

aus der Umgebung von Vaga (Beja) zeigt, hatten sie später jedenfalls in den von Karthago beeinflußten Gebieten Sondergötter. 2 Reitergötter Magutam und Iunam, ferner Bonchor, Macurgum und Matilam sowie die Göttinnen Varsissima und Vihinam haben lib. Namen, aber z.T. Attribute griech.-röm. Gottheiten. G. Ch. Picard Les religions de l'Afrique ant., 1954, 21f., Abb. 1. Die Paneben schnitten den Kopf des toten Königs ab, vergoldeten ihn und stellten die segenbringende Knochenreliquie in einem Heiligtum auf. Nikol. v. Damaskos FGrH 90 F 123. 103 n–u (Besonderheiten anderer lib. Stämme). Die Römer suchten ihr afrikan. Gebiet durch Strafexpeditionen und später durch → Limesanlagen gegen die Einfälle der lib. Stämme zu sichern, gegen die Gaetuler 6 n. Chr. und gegen die Musulamer und Garamanten unter ihrem Häuptling → Tacfarinas 17/24 n. Chr. Cass. Dio 55,28,3f. Tac. ann. 2,57. 4,24.27. Der Legat Cn. Suellius Flaccus rottete 86 n. Chr. die aufständ. Nasamonen aus. Cass. Dio 67,4,6. Später überwachten die Römer manche Stämme durch *praefecti gentium*. S. Gsell Inscr. lat. de l'Algérie 1, 1922, 3992. Strab. zählt im 17. B. viele Völker L.s auf, Plin. nat. benutzte hauptsächlich im 8. B. 3 B.er Libyca, die → Iuba II. von Numidien schrieb. FGrH 275. F. Münzer Beitr. zur Quellenkritik des Plin. 1897, 411ff. Die Doppeleintragungen gleicher Völkernamen bei Ptol. gehen auf ungenaue und schlecht verarbeitete Itinerare zurück.

Die Erforschung L.s befaßte sich hauptsächlich mit 2 Problemen, die für seine Ausdehnung wichtig waren, mit der Umseglung des Erdteils und mit der Lage der Nilquellen, bzw. der Ermittlung des Niloberlaufes. Um 600 veranlaßte der Ägypterkönig Necho Phoiniker zu einer mehr als 2jährigen Fahrt um L. vom arab. Meerbusen aus durch die Säulen des Herkules zurück; die Seefahrer hatten, als sie die S.-Spitze L.s umfuhren, die Sonne zur Rechten. Hdt. 4,42. Um 510 fuhr der Karthager → Hanno (1) aus, um Kolonien zu gründen und kam bis zum ἑσπέρου κέρας und dem νότου κέρας, er sah den »feuerspeienden Wagen der Götter« (wohl den Kamerunberg) und fing Gorillas. GGM 1,1. R. Hennig Terrae incognitae, $^{2}$1944, 86ff. Thomson fig. 8. Xerxes befahl um 470 seinem Vetter Sataspes, von den Säulen des Herakles aus L. zu umfahren. Sataspes traf im S. wohl am Senegal Pygmaeen an, kehrte aber um, ohne den Auftrag völlig auszuführen. Hdt. 4,43. Polybios fuhr mit einer von Scipio zur Verfügung gestellten Flotte 147 durch die Säulen des Herakles an der westafrikan. Küste bis zu dem nicht bestimmbaren Anatisfluß. Plin. nat. 5,9. → Eudoxos (3) von Kyzikos, auf einer Indienfahrt nach dem s. L. verschlagen, schrieb 115 dort einige Worte aus der Sprache der Aithioper auf und fand Schiffstrümmer, die von einem aus dem W. zugesegelten Schiff stammen sollten und in Alexandreia als Reste eines Schiffes aus Gades erkannt wurden. Er sah darin einen Beweis für die Möglichkeit, L. zu umsegeln, fuhr von Gades an der atlant. Küste südwärts und fand ein Volk, dessen Sprache den aufgeschriebenen Worten entsprach. Er kehrte zurück und rüstete eine weitere Expedition aus, über die nichts bekannt ist. Poseid. FGrH 87 F 28,4f. Trotz dieser Vorgänger dachte noch Ptol. an einen s. Zusammenhang L.s mit Asien. Für die Herkunft des Nils gab es 3 Erklärungen. Der Strom wurde aus dem W., aus dem O. und aus dem S. hergeleitet. Nach Hdt. 2,32f. zogen 5 Nasamonen durch die lib. Wüste in w. Richtung, kamen über ausgedehnte Sümpfe zu einem großen Fluß, der von W. nach O. strömte und viele Krokodile hatte. Diesen Fluß hielt Etearchos für den Nil, in Wirklichkeit war es wohl der Niger. Da der Nil auf dem Weg durch die heiße Wüste zuviel Wasser zu verlieren schien, nahm man streckenweise seinen unterird. Lauf in L. an. Strab. 6,275. Iuba (Plin. nat. 5,51f.) u.a. verlegten die Nilquellen auf den schneebedeckten Atlas im n.w. L. Thomson fig. 43. Der Ansatz im O. hing mit der noch von Ptol. geteilten Vorstellung des Indischen Ozeans als eines Binnenmeeres zusammen. Die ostafrikan. Küste mußte dann bei den Aithiopern unmittelbar in die ind. übergehen. Daher glaubte Alexander d. Gr. im → Hydaspes den oberen Nil zu erkennen. Schließlich setzte → Nikagoras von Kypros die Nilquelle in der Antioikumene an und ließ den Nil sogar unterird. in der Äquatorialzone unter dem Okeanos fließen. Aristot. frg. 248 R. Die für alle späteren byzantin. und arab. Kartographen maßgebliche Darstellung des Ursprungsgebietes des Nils und des Erdteils L. überhaupt gab Ptol., der die Quellflüsse des Nils vom Mondgebirge durch 2 Seen zur Vereinigung leitet. P. Schnabel Text und Karten des Ptolemaeus, 1938, T. 1–8 (Karte L.s aus der Hs. Constantinopol. Seragliensis 57, E. 13. Jh.). J. O. Thomson History of anc. geography, 1948, 257ff. fig. 37–45. A. Hermann, JbAC 2, 1959, 40ff. H. V.

**Libys. 1.** Einer der tyrrhen. Seeräuber, die Dionysos in Delphine verwandte. Hyg. fab. 134. Ov. met. 3,617. → Akoites. H. v. G.

**2.** König in Kyrene 403, Gastfreund → Lysanders vom Vater her. Diod. 14,13,5f. **3.** Bruder des Lysander, benannt nach Nr. 2, spartan. Nauarch, blockierte 403 den Peiraieus zur See. Diod. 14,13, 6. Xen. hell. 2,4,28. H. V.

**Libyssa.** Kleiner Ort mit gleichnamigem Fluß (Libyssos) an der S.-Küste der bithyn. Halbinsel an der Straße → Kalchedon — → Nikomedeia, nach Arrianos zu seiner Zeit τὰ Βουτίου genannt (FGrH 156 F 28 S. 857). In der Nähe lag der für Hannibal († 183 v. Chr.) errichtete Tumulus (Plin. nat. 5,148), den Septimius Severus mit »weißem Marmor« schmückte (Tzetz. chil. 1,803ff.). Der Ort wurde von Th. Wiegand in der Mündungsebene des Libyssos, h. Dil bzw. Tavşanlı Dere lokalisiert, MDAI(A) 27, 1902, 321ff. m. Plan Taf. 12. F. K. D.

**Licates.** Strab. 4,206, Ptol. 2,12, *Λικάττιοι*, Plin. nat. 3,137 *Licates*, vindelic. Stamm in Oberbayern am Lech (→ Likias), genauere Wohnsitze unbekannt. Strabo nennt ihren Hauptort Damasia. E. M.

*R. Heuberger* Rätien im Alt. und Frühmittelalter 12f.

**Licentius** aus Thagaste, Sohn des Romanianus, des Gönners Augustins (Aug. Conf. 6,14). Mit Aug. aufgewachsen, hat L. ihn nach Karthago und Rom begleitet. Auch in Cassiciacum finden wir L. in der Gesellschaft Aug.' (Conf. 9,3,5 in Verbindung mit De ord. 1,2,5). In die Heimat scheint L. dem Augustin aber nicht gefolgt zu sein (L. Carm. 71ff.). Vom J. 395 an wissen wir nichts mehr von ihm. Erhalten ist ein an Aug. gerichtetes Briefgedicht mit 154 Hex. Das Urteil Augustins *L. poeta paene perfectus* (De ord. 2,3) wird durch dieses Gedicht nicht verständlich. Kl.W.

Ausg. CSEL XXXIII, 1 (Goldbacher), 1895. RE XIII 204ff.

**Lichas** (*Λίχας*). **1.** Diener des Herakles in der Sage von → Deianeira und → Iole. Nach der Eroberung von Oichalia geleitet er Iole nach Trachis und überbringt von da als Geschenk das mit dem Blut des Kentauren Nessos getränkte Gewand dem am euboi. Vorgebirge Kenaion opfernden Herakles. Als dieser die Wirkung des Gewandes spürt, schleudert er L. ins Meer. Aischyl. frg. 30. Bakchyl. 15. Soph. Trach. 772ff. Gemeinsame Quelle wohl das Epos *Οἰχαλίας ἅλωσις*. Die Metamorphose des L. in einen Felsen, Apollod. 2,157. Ov. met. 9,211ff., knüpft vielleicht an eine menschenförmige Klippe an, die zu der Inselgruppe der Lichaden gehört, Strab. 9,426. **2.** Latiner, von Aeneas erschlagen, Verg. Aen. 10,315. H. v. G.

**3.** L., Spartiat, Agathoergos, brachte in der Mitte des 6. Jh. die von ihm in Tegea gefundenen Gebeine des Orestes nach Sparta. Hdt. 1,67f. Paus. 3,3,5f.

**4.** L., Spartiat, Sohn des Arkesilaos, 421 Gesandter in Argos, 420 Sieger mit dem Viergespann in Olympia. Da Spartanern damals Teilnahme verboten, ließ L. als Sieger Theben ausrufen. Bei der Bekränzung des Wagenlenkers wurde L. mit Schlägen zurückgetrieben. Thuk. 5,22.50. Xen. hell. 3, 2,21. Später errichtete Elis sein Standbild. Paus. 6, 2,2f. L. vermittelte 418 Frieden zwischen Argos und Sparta, überwachte 411 in Ionien den Admiral Astyochos, verhandelte mit Tissaphernes und setzte einen Vertrag zwischen Sparta und dem Großkönig durch, der die ion. Städte preisgab. Deshalb verweigerte Milet L., der dort 411 starb, den Begräbnisplatz. Thuk. 5,76. 8,39,2.43,2f.52. 58. 84,5,87,1. Mehrfach auf rf. Vasen Mitte 5. Jh. erwähnt. W. KLEIN Die griech. Vasen mit Lieblingsinschr.[2] 1898, 160f. D. M. ROBINSON–E. J. HUCK A study of the Greek love-names, 1937, 100f. J. D. BEAZLEY Attic red-figure Vase Painters[2] 2,1963,995, 123 liest den Zusatz einer Lekythos *CAMI[O]Ɔ* (der Samier), dagegen nimmt BOSANQUET, JHS 16, 1896,166f. *CAMI[O]YƆ* für den Hdt. 3,55. Xen. hell. 3,1,1 genannten Spartaner Samios. **5.** Akarnane, Sohn des Pyrrhos, zweimal Stratege für Elefantenjagd *(στρατηγὸς ἐπὶ τὴν θήραν τῶν ἐλεφάντων)*. OGIS 82. SB 7306. P. Hib. 1,81,18 (238/37 v. Chr.). P. Petr. 3,3,12. 18,6 (237/36). Gründer der Licha benannten Jagdstation. Strab. 16, 773. W. PEREMANS–E. VAN'T DACK Prosopogr. Ptolemaica, 1952, Nr. 1938, 4422. H. V.

**Licinia. 1.** L., 1. Frau des M. Porcius → Cato Cens. (4), Mutter des M. Porcius Cato Licinianus (RE XXII 167 Nr. 14). **2.** L. wurde 153, zus. mit Publicia, wegen Giftmordes an ihrem Mann angeklagt und nach der Entscheidung eines Familiengerichts erdrosselt, Liv. ep. 48. Val. Max. 6,3,8. **3.** L., jüngere Tochter des P. Licinius Crassus Dives Mucianus (sie hatte eine gleichnamige ältere Schwester, die mit C. Sulpicius Galba verheiratet war). Seit vor 133 war sie mit C. Sempronius → Gracchus verheiratet. Plut. C. Gracch. 15,2. MÜNZER Adelsp. 268ff. **4.** L., Tochter eines C. (Crassus, tr. pl. 145?), Vestalin, erhielt 123 nicht die Erlaubnis, ein von ihr errichtetes Heiligtum der Bona Dea auf dem Aventin zu weihen; sie ist wohl ident. mit der L., die im Inzestprozeß von 114 zunächst freigesprochen, dann aber verurteilt wurde. **5.** L., Tochter des Redners → Crassus Nr. 1 und der Mucia, Gattin des P. Cornelius Scipio Nasica (Praetor 93); von ihren 2 Söhnen wurde der eine in die Familie der Crassi, der andere in die der Caecilii Metelli adoptiert. **6.** L., jüngere Tochter des Redners Crassus und Schwester von Nr. 5, wie diese rhetor. begabt (Cic. Brut. 211f.), Gattin des jüngeren C. → Marius. **7.** L., Vestalin, 73 freigesprochen (unerlaubte Beziehungen zu → Crassus Nr. 2), trat 64 bei einem Priestergelage hervor (Macr. Sat. 3,13,11) und überließ 63 ihren Platz bei Gladiatorenspielen ihrem Verwandten Murena (Wahlunterstützung!). Cic. Mur. 73. H. G. G.

**Licinianus.** Cognomen, meist nach Adoption aus der gens Licinia in ein anderes Geschlecht, vgl. RE IV 227. In den Fasten der Kaiserzeit bei Calpurniern, Claudiern, Liciniern, Pompeiern, Valeriern, vgl. A. DEGRASSI FImp. 256. H. G. G.

**Licinius.** Name des wohl bedeutendsten pleb. Geschlechts in Rom, abgeleitet von *licinus* »aufwärts gekrümmt« (SCHULZE Eigenn. 142. WALDE-HOF.[3] 1,798. Zum Suffix *-ius:* RE XV I 1652); der Name und die etr. Entsprechung *lecne* (CIE I 272) sind auch in Etrurien so häufig belegt, daß man an etr. Herkunft des Geschlechts denken kann (zumal hist. mehrfach Beziehungen zu Etruskern feststellbar sind, MÜNZER Adelsp. 56), jedoch ohne Beweismöglichkeit. Gelegentlich *n*-Gemination, nicht nur in der griech. Form *Λικίννιος*, sondern auch in lat. Inschr., SCHULZE 108,1. – Angehörige der röm. Gens erscheinen unter den ersten Volkstribunen (Nr. 5. 10) und erreichten im 4. Jh. v. Chr. einen bes. Höhepunkt, als C. L. Stolo (Nr. 51) den Plebeiern 367/66 den Zugang zum Consulat erkämpfte (→ Leges Liciniae-Sextiae; andere leges Liciniae s. Nr. 2. 20. 37. RE XII 2394f. Suppl. VII 399). Nach einem (angeblich durch Habgier verursachten) Rückgang erhob sich das Geschlecht wieder seit dem ausgehenden 3. Jh. v. Chr. mit den Familien Varus (Nr. 55) und Crassus (bzw. Crassus Dives Nr. 24), um im 1. Jh. in den Familien Crassus und Lucullus die bedeutendsten polit. Vertreter zu finden; andere Familien: Calvus, Murena (aus Lanuvium), Nerva, Sacerdos. Als Annalist und Familienhistoriker trat C. L. Macer hervor. Aus späterer Zeit: die Kaiser P. L. Valerianus (253–260), P. L. Egnatius Gallienus (253–268) und L. (308–324). Nach Cato agr. 6,2 hieß eine Olivenart *olea Liciniana*, nach orig. frg. 40 Peter eine Ortschaft in Oberitalien *Forum Licini*. Vgl. Drumann[2] 4,60–219 (verbesserte Stammbäume bei Münzer, RE XIII; Adelsp.). Mz.: Syd.

I. Republikanische Zeit: **1.** (Sex.?) L., Volkstribun 138, ließ mit seinem Collegen C. Curiatius bei Aushebungen die Consuln (P. Scipio Nasica und Dec. Brutus) verhaften, Liv. ep. 55. **2.** L., Volkstribun (?) vor 63, brachte eine *Lex Licinia* (über Zusammensetzung von Kommissionen) durch. Mommsen RStR 1,501,2. **3.** L., Sklave des C. Gracchus, dem er bei geistiger Arbeit und beim Reden half; wohl 121 freigelassen und bis 91 dem Q. → Lutatius Catulus nahestehend, Cic. de or. 3,225. Schanz-Hos. 1,220. **4.** L., Bruder der Licinia Nr. 4, beim Inzestprozeß 114 verurteilt. **5.** C. L. soll zum 1. Volkstribunenkollegium 494 gehört haben, Liv. 2,33,2 (mit L. → Albinius Nr. 4). **6.** C. L., 218 Mitglied der Fünfergesandtschaft nach Karthago (Kriegserklärung), Liv. 21,18,1 ff. **7.** M. L., fiel als Kriegstribun 209 bei Canusium. **8.** M. L., 149 Leiter einer Dreiergesandtschaft nach Bithynien, gehbehindert (ποδαγρικός), Pol. 37,6,2. Plut. Cato Maior 9,1. **9.** P. L. wurde 56 als Vertrauter des M. → Caelius Rufus (I 9) in dessen Prozeß belangt. **10.** Sp. L., angeblich 481 Volkstribun, wobei er Aushebungen zu vereiteln (vgl. Nr. 1!) und die Agrarfrage zu forcieren suchte; wohl Erfindung. Liv. 2,43f. **11.** L. L. Aristoteles (aus Melite/Kreta), Gastfreund Ciceros, Pompeianer, von Caesar begnadigt, von Cic. (fam. 13,53) 46 empfohlen. **12.** C. L. Calvus (C. f. P. n., Enkel von Nr. 13), Consulartribun 378, 1. pleb. magister equitum 368 (dict. P. Manlius Capitolinus), Consul 364 (3. pleb. cos.) mit C. Sulpicius Peticus, Fast. Cap. (nach Liv. 7,9,1 erst im J. 361); damals veranstaltete man erstmals etr. Bühnenspiele in Rom, Liv. 7,2,3 ff. Schanz-Hos. 1,20. Calvus war wohl das angesehene Haupt der damaligen Gentilen, vgl. Nr. 51. **13.** P. L. Calvus Esquilinus, Consulartribun 400 und 396 (400 nicht, wie Liv. 5,12, 7 ff. will, als 1. Plebeier!). Möglicherweise gehörte er 398 zur Gesandtschaft nach Delphoi, Broughton Mag. 1,86. Einzelheiten, bes. zu 396, in späterer Überlieferung (von Lic. Macer, dem Annalisten?) ausgeschmückt. Sein Bruder war der Patrizier Cn. Cornelius Cossus (Liv. 5,12,12; hier ist Verbindung der Licinier mit Patriziern faßbar).

**14ff.** Crassi, vgl. o. Bd. I 1328 ff. **14.** C. L. Crassus (C. f. P. n.), jüngerer Bruder von Nr. 16, praetor urbanus 172 (verschleppte das Verfahren gegen M. Popillius Laenas, Flottenrüstung gegen Perseus), war 171 Legat seines Bruders auf dem Balkan und 168 Consul mit L. → Aemilius Paullus Nr. 22 (Degrassi I 13,50f. 460f.), blieb zunächst in Rom und dann – auch 167 mit prorogiertem Imperium – in Oberitalien. 167 gehörte er zur Zehnerkommission (Neuordnung Makedoniens). **15.** C. L. Crassus, Volkstribun 145; seit ihm sprachen Redner (Rostra!) zum Forum (= Volk) hin; nicht angenommen wurde sein Antrag auf Volkswahl der Priesterkollegien, → Laelius Nr. 2, Cic. Lael. 96. Sohn von Nr. 14? **16.** L. L. Crassus, L. f., Enkel von Nr. 14, der Redner, → Crassus Nr. 1. **17.** M. L. Crassus, älterer Sohn des → Crassus Nr. 3. **18.** M. L. Crassus (Agelastus), Praetor um 126 v. Chr., Vater von Nr. 20, Großvater von Nr. 23. **19.** P. L. Crassus (C. f. P. n.), Praetor 176 (lehnte aus religiösen Gründen die ihm übertragene Provinz Hispania cit. ab), war 171 Consul mit C. → Cassius Longinus Nr. 11 (2. rein pleb. Collegium!), begann nach umfangreichen Rüstungen den 3. Maked. Krieg gegen Perseus, von dem er am Kallikinos (Thessalien) geschlagen wurde, aber bei Verhandlungen selbstbewußt die unbedingte Kapitulation forderte; Entscheidendes erreichte er auch 170 als Proconsul nicht, wurde sogar wegen Grausamkeiten vom Senat bestraft. 167 leitete er eine Gesandtschaft nach Kleinasien. **20.** P. L. Crassus (Dives, schlecht bezeugt), L. f. P. n. Urheber einer *lex Licinia sumptuaria* (gegen Tafelluxus[?]) 102 Aedil?, 100 wohl im Kampf gegen Saturninus. 97 Consul, mit Cn. Cornelius Lentulus (Broughton Mag. 2,6), ging nach Spanien, das er auch als Promagistrat 96–93 verwaltete, um 93 *de Lusitanis* zu triumphieren. (Vielleicht besuchte er die Zinninseln, Strab. 3,176.) Als Legat im Bundesgenossenkrieg wurde er 90 in Lucanien geschlagen, → Lamponius. 89 war er Censor mit L. Iulius → Caesar Nr. 3. 87 gab er sich bei der Einnahme Roms durch Cinna und Marius selbst den Tod, einer seiner Söhne (von Venuleia) fiel, ein anderer war zuvor gestorben, der 3. war L. Nr. 23. **21.** P. L. Crassus, jüngerer Sohn von Nr. 23, → Crassus Nr. 4. **22.** L. Crassus Dives, 2. Hälfte 2. Jh., machte bankerott und das 2. Cognomen zum Hohn, Cic. Tusc. 1,81. **23.** M. L. Crassus Dives, jüngster Sohn von Nr. 20, → Crassus Nr. 2. **24.** P. L. Crassus Dives (P. f. P. n.), 1. Träger des 2. Cognomens (um 240–183), hochbedeutende Persönlichkeit, durch Reichtum und Anschluß an die Scipionen gekennzeichnet. Seit vor

216 Pontifex, curul. Aedil 212 (prächtige Spiele, beliebt, daher:) 212–183 Pontifex Maximus (als 3. Plebeier, längste überhaupt erreichte Amtszeit, Münzer Adelsp. 414). Außergewöhnlich wurde er 210 Reiteroberst des Dictators (zur Wahlleitung) Q. Fulvius Flaccus und dann Censor mit L. Veturius Philo (→ Livius Nr. 18 wieder im Senat). 209 praetor peregrinus, 205 Consul mit P. Cornelius Scipio (Africanus); 205 und 204 (als Proconsul) kommandierte er in Bruttium, ohne bedeutende milit. Erfolge. Noch öfters genannt (z. B. 194 beim Gelöbnis eines *ver sacrum*); bes. große Leichenfeier 183. **25.** P. L. Crassus Dives, 59 Untersuchungsrichter gegen L. Vettius *(de vi)*, 57 Praetor (Eintreten für Cic.). **26.** P. L. Crassus Dives Mucianus (um 180–130), leiblicher Sohn des P. Mucius Scaevola (cos. 175), urspr. Q. Mucius Scaevola, adoptiert von dem Sohn von Nr. 24. Quaestor 152, curul. Aedil um 142, Praetor um 134, unterstützte 133 den Ti. Gracchus, den er in der Ackerkommission ablöste, und wurde – bereits Pontifex – 132 Pontifex Maximus. 131 war er Consul mit L. Valerius Flaccus; obwohl er als Pont. Max. Italien nicht hätte verlassen dürfen, erhielt er den Oberbefehl in Asia gegen → Aristonikos Nr. 3, auch 130 als Proconsul, fiel aber. Hervorgetreten ist er auch als Rechtsgelehrter und Redner, Typus des Reichen bei Cic. rep. 3,17, und Oppositionsführer gegen Scipio Aemilianus. Seine Gattin Clodia schenkte ihm einen Sohn und 2 Töchter, → Licinia Nr. 3. **27.** P. L. Crassus Iunianus, leiblicher Sohn eines Iunius, von einem P. Crassus adoptiert. 53 war er Volkstribun, damals und im Bürgerkrieg 49 Pompeianer (wohl Legat in Karien) und entkam 46 (als Legat) aus der Schlacht bei Thapsus. **28.** C. L. Geta (P. f.), 116 Consul (mit Q. Fabius Maximus Eburnus), 115 aus dem Senat gestoßen, trotzdem 108 Censor. **29ff.** Luculli → Lucullus; ganz bes. Namensträger: **29.** L. L. Lucullus, der reiche Sullaner, Consul 74 → Lucullus Nr. 5. **30.** M. L. Lucullus, Consul 73, → Lucullus Nr. 6. **31.** C. L. Macer, der Annalist, → Macer. **32.** C. L. Macer Calvus, Dichter und Redner, s. Macer. **33ff.** L. Murenae. Cognomen nicht – wie Varro rust. 3,3,10 (zu Nr. 35) will – von dem Seefisch, sondern etr. Herkunft, Schulze Eigenn. 196. Walde-Hof.[3] 2,128. Die Familie stammte aus Lanuvium (Cic. Mur. 86.90) und trat seit der Mitte 2. Jh. in Rom hervor. **33.** C. L. Murena, Legat 64–62, vertrat 62 seinen älteren Bruder Nr. 37 als Statthalter in Gallia Transalpina. Aedil ca. 59 (ließ Mosaiken aus Sparta in Holzrahmen nach Rom bringen). **34.** L. L. Murena, Stammvater der Familie, Münzmeister ca. 150, Praetor 147, Gesandter 146/45 (Zehnerkommission in Hellas; Inschr. in Olympia). **35.** L. L. Murena, Praetor um 101, Großvater von Nr. 37. **36.** L. L. Murena, Sohn von Nr. 35. Praetor 88 oder 87, Legat 87? und 86–84 unter Sulla in Hellas (befehligte den l. röm. Flügel bei Chaironeia), dann 84–81 Statthalter in Asia (propraetor. Imperium), wobei er den sog. 2. Mithridat. Krieg 83–81 führte, ein für Rom etwas peinliches Unternehmen, an dessen Abschluß L. aber triumphieren durfte. **37.** L. L. Murena (L. f. L. n.), * um 105. 83–81 diente er unter seinem Vater Nr. 36, war 75 Quaestor, folgte 73–69 dem → Lucullus Nr. 5 als Legat gegen Mithridates (Belagerung von Amisos 72/71; Erfolge gegen Tigranes 69). 67 Mitglied der Zehnerkommission für Asien, 65 Praetor urbanus (Apollinarspiele), 64 Propraetor in der Narbonensis. 63 wurde er als designierter Consul von seinem früheren Collegen Ser. Sulpicius Rufus und von M. → Cato Nr. 10 wegen ambitus angeklagt, von Crassus (o. Nr. 24), Hortensius und Cic. (Mur.) verteidigt und im Nov. 63 freigesprochen. An der Sitzung gegen die Catilinarier am 5. Dez. nahm er teil. Consul war er 62 mit D. Iunius Silanus (*Lex Licinia Iunia* über Bekanntmachung von Gesetzesanträgen). **38.** P. (L.) Murena, wohl Sohn von Nr. 35, fleißiger, gebildeter, aber nur mittelmäßiger Redner, kam 82 ums Leben. **39ff.** L. Nervae, hervorgetreten seit um 170 v. Chr. **39.** L. Nerva, Volkstribun 178, wollte den Procos. A. Manlius Vulso gerichtlich belangen. **40.** L. Nerva, Praetor 143 und Propraetor in Makedonien 142 (Aufstand des Philippos), Imperatortitel. **41.** A. L. Nerva, Kommissionsmitglied 171 nach Kreta und 169 nach Makedonien, Praetor 166 (wohl in Spanien). **42.** A. L. Nerva, Münzmeister ca. 47 (vgl. Nr. 56). **43.** C. L. Nerva, Legat 168 und 167 in Illyrien (von dort wohl nach Thrakien als Mitglied einer Gesandtschaft geschickt). Eine andere Person dürfte der gleichnamige 167 für Hispania ult. bestimmte Praetor gewesen sein. **44.** C. L. Nerva, tr. pl. um 120 (Münzer) bzw. um 110 (Broughton Mag. 1,540), Anhänger der gracch. Richtung. **45.** P. L. Nerva, Praetor 105, Propraetor in Sicilien 104, veranlaßte durch Ungeschicklichkeiten den Sicil. Sklavenkrieg. **46.** P. (L.) Nerva, Münzmeister ca. 106, zuletzt von Broughton Mag. 2, 443 mit Nr. 45 identifiziert (?). **47.** L. Philonicus (Spitzname?), Staatspächter (publicanus) im Anhang des P. Scipio Aemilianus 142. **48.** L. L. Pollio, Senator, Mitglied einer Dreiergesandtschaft zu dem verwundeten cos. T. Quinctius Crispinus. **49.** C. L. Sacerdos (C. f., C.?n., tribu Stellatina), 75 Praetor urbanus, 74 Propraetor in Sicilien, jeweils als Vorgänger des Verres (charakterlich jedoch völlig verschieden), 69 Legat unter Q. Metellus auf Kreta, bewarb sich 64 erfolglos um den Consulat. **50.** L. L. Squillus, beteiligte sich 48 an einem Attentatsversuch auf Q. → Cassius Longinus (Nr. 21) in Hispania ult. **51ff.** L. Stolones (Cognomen nach Varro rust. 1,2,9 »wilder Wurzelschößling«, doch unwahrscheinlich); mit dem berühmten St. Nr. 51 bricht die Familie ab, später wird das Cognomen wieder aufgenommen (Nr. 52). **51.** C. L. Stolo, Vorkämpfer der Plebeier und Urheber der Licin.-Sext. Gesetze.

Diese brachte er als Volkstribun zusammen mit seinem langjährigen Collegen L. Sextius Sextinus Lateranus (376–367) durch: das Schuldentilgungsgesetz, das Ackergesetz (Höchstbesitz an Staatsland: 500 iugera) und das Gesetz über die Zulassung der Plebeier zum Consulat, Liv. 6,35,4f.; die Faktizität der beiden ersten Gesetze ist in der Forschung umstritten. Beloch RG 342ff. K. v. Fritz, Hist. 1, 1950, 3ff. Die Einzelheiten sind später ausgeschmückt (auch der Hinweis, daß seine Frau, die tatsächlich eine Tochter des M. → Fabius Ambustus Nr. 16 gewesen sein mag, infolge persönl. Enttäuschung über den Autoritätsverlust bei ihrer Wechselheirat mit einem Plebeier ihn zum polit. Kampf für die Gleichberechtigung der Plebeier veranlaßt habe); 368 wird erstmals ein pleb. Reiteroberst ernannt (Nr. 12). 367 werden nicht mehr *Duumviri sacris faciundis* bestellt, sondern *Decemviri*, zur Hälfte aus der Plebs, 366 gibt es keine Consulartribune mehr, und der gemäßigtere L. Sextius erhält den Consulat (mit L. Aemilius Mamercinus). Consul wurde L. erst 361 (Fast. Cap.; nach Liv. schon im J. 364) mit C. Sulpicius Peticus. Wahrscheinlich war er vielgehaßt und ist 357 durch Verurteilung (nach Liv. 7,16,9 wegen Übertretung seines eigenen Ackergesetzes) polit. gestürzt worden. **52.** C. L. Stolo, Landwirt und Baumzüchter, von Varro rust. 1 als Gesprächspartner eingeführt, lebte wohl um 56 v. Chr. **53.** M. L. Strabo, fiel als Kriegstribun 178 in Istrien. **54.** P. L. Tegula, wohl Klient von Nr. 24, dichtete 200 den Text für einen Sühnechor, Liv. 31,12,10. Schanz-Hos. 1,124. **55.** C. L. Varus (P. f. P. n.), Consul 236 mit P. → Cornelius Lentulus Caudinus Nr. 40, stand zunächst abwehrbereit gegen die Kelten, begann dann Kämpfe auf Corsica. Die seit Nr. 51 zurückgetretene Gens begann mit ihm ihren Aufstieg in der Nobilität. **56.** P. L. Varus, Sohn von Nr. 55, curul. Aedil 210 (ludi Romani), Praetor urbanus 208 (ludi Apollinares als selbständige Einrichtung; Anspielung auf Denaren von Nr. 42!). 207 überbrachte er die Meldung vom Sieg bei Sena in Rom. Münzer Adelsp. 126f. u. ö. H. H. Scullard Rom. Politics, 1951, 276. – Frauen → Licinia. H. G. G.

II. Kaiserzeit: **1.** L. L., Senator unter Claudius, CIL VI 1442. **2.** L. L. C. . . . Nach Quaestur, Aedilität und Praetur wurde er Statthalter einer kaiserlichen Provinz unter Augustus, nach 8 n. Chr. praef. frumenti dandi, dann procos. von Bithynien-Pontus, procos. Hispaniae ult., comes des C. Caesar in Asien, CIL VI 1442. **3.** L., (Valerius Licinianus L.) röm. Kaiser 308–324, Sohn von Bauern aus Dakien s. der Donau, epit. Caes. 41,9. * um 250, Eus. hist. eccl. 10,8,13. Altersgenosse und Freund des Galerius, Lact. mort. persec. 20,3, in dessen Perserkrieg 297 er sich auszeichnete (Eutr. 10,4,1) und an dessen Feldzug gegen Maxentius er 307 teilnahm, Anon. Vales. 3,7. Von Diokletian adoptiert, hieß er Valerius Licinianus,



Dess. 675, auch Iovius L., ebd. 676. Am 11. Nov. 308 vor Diokletian von Galerius in Carnuntum zum Augustus erhoben, Lact. mort. pers. 29,2. Cos. 309. 312. 313. 318, Chron. Min. I 231f. M. L. sollte Maxentius bekämpfen, Zos. 2,11. Nach dem Tod des Galerius 311 wurden dessen asiat. Provinzen durch Maximinus Daia besetzt und L. entzogen, Lact. mort. pers. 36,1. Um gegen diesen aufkommen zu können, verlobte sich L. mit Constantia, der Schwester Constantins (ebd. 43,2), der am 28. Okt. 312 Maxentius an der Milv. Brücke vernichtete. E. 312 war Constantin vom Senat zum älteren Augustus mit dem Recht der Gesetzgebung ernannt (ebd. 44,11), L. zu seinem Mit-Augustus. Anläßlich der Hochzeit des L. im Febr. 313 in Mailand (ebd. 45,1f.) wurde festgelegt, daß nach der Besiegung des Maximinus das Christentum auch im Orient Toleranz genießen sollte (ebd. 48, 2), die nach der Niederlage des Maximinus am 30. April 313 auf dem Campus Serenus bei Tzirallum am 13. Juni 313 durch L. in Nikomedeia auch verkündet wurde, Eus. hist. eccl. 10,5,1–14. Als der flüchtige Maximinus in Tarsus starb, beherrschte L. den ganzen O. und Äg. Im Bestreben, Alleinherrscher zu werden, versuchte er nach Ausrottung der Familien des Maximinus, Galerius und Severus auch Constantin umzubringen, Anon. Vales. 14f. Eus. hist. eccl. 10,8,5, doch dieser besiegte ihn am 8. Okt. 314 bei Cibalae (Slawonien), epit. Caes. 41,5. L. floh nach der thrak. Diözese, Zos. 2,18,1–19,1; doch E. 314 kam es zu einer Einigung der beiden. Die Streitigkeiten zwischen dem Bischof Alexander von Alexandreia und Arius veranlaßten L. 320 zum Verbot von Synoden aller Bischöfe (Eus. vit. Const. 1,51,1. 3,1,5), zur Absetzung chr. Beamter, schließlich zu → Christenverfolgungen, ebd. 10,8,10–18. s. M. Fortina La politica religiosa dell'imp. L., RSC 7, 1959, 245–265. Das führte zum Krieg mit Constantin, der L. am 3. Juli 324 bei Adrianopel und am 18. Sept. 324 bei Chrysopolis vernichtend schlug, doch begnadigte und in Thessalonike internierte, Anon. Vales 28f. Sokr. 1,4,3. Zos. 2,22,3–26,3. Als L. trotzdem durch die Goten eine Rückkehr auf den Thron versuchte, wurde er 325 hingerichtet, Zon. 13, 1 p. 3a. Eutr. 10,6,1. Mz. und bildliche Darstellungen bei Cohen V² p. 187ff. R. Delbrück Ant. Porphyrwerke p. 127f. T. 60 u. a., s. Enc. Art. Ant. 4, 1961, 620f. (mit Lit.-Angaben), E. Stein Gesch. des spätröm. Reiches, H. Feld Der Kaiser L., Diss. Saarbrücken 1960. **4.** Valerius Licinianus L., Sohn von Nr. 3 und einer Sklavin, Cod. Theod. 4,6,2f., * um 313/14, Anon. Vales. 5,17. Am 1. März 317 zum Caesar ernannt, Chron. min. I 232 M., cos. 319 mit Constantin. Nach 324 nach Afrika geschickt und in den Sklavenstand rückversetzt, arbeitet er 336 in der kaiserlichen Weberei in Karthago, Cod. Theod. 4,6,2.3; bald hernach hingerichtet, Eutr. 10,6,3. Mz. Cohen V² p. 212ff. R. Delbrück, Spätant. Kaiserporträts

p. 132 Fig. 35–36. T. 45 C, s. G. Bermond Montanari, Enc. Art. Ant. 4, 1961, 621. **5.** P. L. Cornelius Salonius Valerianus, jüngerer Sohn des Kaisers→Gallienus und der Cornelia→Salonina, Pap. Oxy. 1273,44. CIL III 184. Nach dem Tod seines älteren Bruders→ Nr. 6 Anf. 258 zum Caesar ernannt, so im Protokoll über den Prozeß Cyprians vom 13. Sept. 258, CSEL III p. CXIII. epit. Caes. 32,2. Imperator auf Mz. aus Lugdunum, Cohen $V^2$ 519 Nr. 23. 40. 41. 93. 95, fälschlich auch Augustus, ebd. Nr. 22. 94. Zwischen 26. März 260 (Pap. Oxy. 1273,42ff.) und Herbst 261 †, Zon. 12, 26 (III p. 150 D.) sein Name eradiert CIL IX 5683. XI 5380. **6.** P. L. Cornelius Valerianus, ältester Sohn des Gallienus, → Valerianus. **7.** M. L. Crassus Frugi, cos. 27 n. Chr., Sohn oder Enkel des M. L. Crassus Frugi (IRT 319, s. R. Syme, JRS 50, 1960, 12–20) cos. 14 v. Chr., nicht des L. Calpurnius Piso (so PIR II 54 Stemma). Studienhalber in Athen, IG III 1,607. 608. Schon früh im Collegium der pontifices (CIL VI 1445), war er nach der Quaestur curator locorum publ. iudic. ex. s.c., CIL VI 1266, praetor urb. im J. 24, Inscr. It. XIII,1 p. 298, cos. ord. 27, CIL 31721; durch die Heirat seines Sohnes → Nr. 8 von Scribonia, einer Verwandten des Pompeius Magnus, mit Claudius verwandt, war C. legat. Ti. Claudi Caesaris Aug. Germ. in M[acedoni]a? (s. IGR I 1501), wo er die Triumphalornamente erhielt; er gehörte dem Stab des Kaisers bei dessen Expedition nach Britannien im J. 43 an, zog beim Triumph als einziger *equo phalerato et in veste palmata* in Rom ein, Suet. Claud. 17. Durch Messalina erfolgte Anf. 47 der Sturz und die Vernichtung des L., seiner Gattin und seines ältesten Sohnes, Sen. apocol. 11,2. 4. 13,5. Tac. hist. 1,48,1. Cass. Dio 60,31,7. Beigesetzt im Familiengrab an der via Salaria. **8.** M. L. Crassus Frugi, Sohn von Nr. 7, Bruder von Nr. 9; er entging der Katastrophe des J. 47, da er damals wohl in Athen weilte, IG III 1,609. Cos. ord. 64, CIL XVI 5. Vermählt mit Sulpicia Praetextata, Tac. hist. 4,42,1. Wegen angeblicher Verschwörung, vielleicht auch wegen seines Reichtums (Tac. hist. 2,72,1. Plin. nat. 31,2,5) von Aquilius Regulus im J. 67 mit anderen angeklagt und hingerichtet, Tac. hist. 1,48,1, Plin. epist. 1,5,3. **9.** (L.) Crassus Scribonianus, Sohn von Nr. 7. Gemäß eines Schiedsspruches des späteren Kaisers Vespasian wurde zwischen seinen Gütern in Rom und denen seines Bruders C. Calpurnius Piso Frugi Licinianus eine Grenzbereinigung vorgenommen, CIL VI 1268. Am 15. Jan. 69 begrub er diesen, Tac. hist. 1,47,2. Anf. 70 wollte ihn Antonius Primus zum Kronprätendenten aufstellen, ebd. 4,39,3; obwohl er ablehnte, ließ ihn Mucian töten, ebd. 1,48,1. **10.** L. Nepos, Praetor im J. 105, dem die *quaestiones publicae* oblagen, Plin. epist. 5,9,3, die er streng handhabte, ebd. 4,29,2f.; schon in seinem Edikt hatte er sich gegen die Bestechlichkeit der Advokaten gewendet, ebd. 5,9,3, und er schritt dagegen ein, 5,4,2. 13,1ff. Im J. 106/07 griff er in den Prozeß des Varenus Rufus ein, ebd. 6,5,1ff. 13,4ff. Sein Sohn M. L. Nepos war cos. suff. 127, L. Vidman Fast. Ost. 21 (Arvalbruder 139, CIL VI 2084). **11.** Q. L. Nepos, wohl Enkel von Nr. 10, Magister der Arvalbrüder 183, CIL VI 2099, cos. suff. unter Commodus oder Septimius Severus, procos. Asiae 198/212, Dess. III 9464. **12.** A. L. Nerva Silianus, Sohn des P. Silius Nerva, des cos. 20 v. Chr., wohl von dem Münzmeister 48 v. Chr. A. L. Nerva adoptiert; selbst Münzmeister ca. 6 v. Chr., RIC I p. 79 Nr. 195. Cos. ord. 7 n. Chr., Dess. 6847. Cass. Dio ind. 1,55. Mit Augustus befreundet, starb er vor diesem, Vell. 2,116,4. **13.** A. L. Nerva Silianus Firmus Pasidienus, Enkel von Nr. 12. Procos. Bithyniae nach 47/48, Bosch Kleinasiat. Münzen II 1, 1935, 82f., Cos. ord. 65, CIL XI 1331. Inscr. It. XIII 1 p. 312. 314. Nach Ermordung seines Mitkonsuls (Tac. ann. 13,68f.) war L. allein im Amt, ebd. 15,48,1 (Hs.: *Silius*). **14.** L. Proculus, Freund Galbas, nach Mitte Jan. 69 praef. praet., Tac. hist. 1,46,1. 82,2; mit der Kriegführung gegen die Vitellianer betraut, ebd. 1,87,2. Plut. Otho 7; verursachte durch Unfähigkeit am 14. April die Niederlage bei → Betriacum, ebd. 2,33,1. 39,1. 40; gefangengenommen, von Vitellius nicht hingerichtet, ebd. 2,60,1. **15.** Q. L. Silvanus Granianus Quadronius Proculus, Spanier. Münzmeister unter Domitian, trib. leg. VI Victrix in Germ. inf. CIL II 4609; cos. suff. 106, CIL VI 2016. XVI 52. Ca. 123/24 procos. Asiae; er richtete an Hadrian eine Anfrage über Christenprozesse, die dieser in einem Reskript an seinen Nachfolger Minicius Fundanus beantwortete, Iustin. apol. 1,68. Eus. hist. eccl. 4,8, 7f. Hier. Chron. p. 199 (Helm). **16.** P. L. Stolo, Münzmeister ca. 17 v. Chr., Mattingly 1,14 Nr. 74–76. 39 Nr. 195–197. RIC 55,72f. Nr. 136–140. Sein gleichnamiger Sohn war ca. 15/20 n. Chr. Mitglied der curatores locorum publicorum iudicand. ex. s.c., Dess. 5940. 5941. **17.** L. L. Sura, aus Hispania cit., Martial. 1,49 (s. A. Balil, Zephyrus 11, 1960, 215–224) * ca. 55 n. Chr. Nach einer Marmorbasis vom Caelius, deren Inschr. wahrscheinlich auf L. zu beziehen ist, war er unter Vespasian IVvir viarum curandarum, quaestor prov. Achaiae, unter Domitian als hochgebildeter (Plin. epist. 4,30,11. 7,27,15f.) Redner und Advokat tätig (Martial. 1,49,40. 6,64,9 – er gehörte zu den Gönnern Martials –), Praetor und Volkstribun (als cand. Caes.), im J. 92 schwer erkrankt (Martial. 7,47), ca. 93/95 legat. leg. I Minerviae (Bonn), wohl 95/97 legat. pr. pr. prov. Belgicae, CIL VI 1444; er setzte sich für die Adoption Traians ein, epit. Caes. 13,6. Cos. suff. wohl im J. 97 (s. R. Syme Tacitus 2,641), ca. 97/101 pontifex und sodalis Augustalis, CIL VI 32445 (sein Kalator). II 4508. Im 1. Dakerkrieg 101 comes Augusti und Generalstabschef ohne bestimmtes Truppenkommando; versuchte vergeblich, mit Decebalus zu verhandeln, Cass. Dio 68,9,2f. Auf der Traianssäule neben Traian wiederholt abgebildet, Cichorius Reliefs 2,277 u.a. K. Lehmann-Hartleben, Traianssäule (pass.). Cos. II ord. 102, Inscr. It. XIII 1, p. 194f.; ab 1. März wieder in Dakien. Er erhielt die *dona militaria*. Auch am 2. Dakerkrieg nahm er als legatus (Aug.) pr. pr. teil (Cichorius Reliefs 3,87f. u.a.). Wieder erhielt er die *dona militaria*, ferner die *ornamenta triumphalia* und eine Statue, CIL VI 1444, außerdem war er cos. III ord. 107, Inscr. It. XIII 1, p. 198f. Er war nach Traian der erste Mann im Staate und des Kaisers vertrautester Freund, Dio-Xiph. 68,15,4–6; er begünstigte Hadrian. Ungeheuer reich (ebd. 15,3), errichtete er öffentliche Bauten: Thermen auf dem Aventin (Martial. 6,64,12f.), Gebäude in Barcino, CIL II 4508, wo er eine Ehrenstatue hatte, AE 1957, 26, in Tarraco, CIL II 4282 (h. noch stehender Triumphbogen). † bald nach 110; er erhielt ein Staatsbegräbnis und eine 2. Statue, Dio-Xiph. 68, 15,3–6. – A. Hekler, Archaeol. Ertesitö 51, 1938, 1–16, T. VIII. **18.** (L.) Valerianus, jüngerer Sohn des Kaisers → Valerianus. **19.** P. L. Valerianus (253–260) → Valerianus.

Nachtrag zu I. Republikanische Zeit:

**57.** M. L. Crassus. Cos. ord. 30 v. Chr., Enkel des Triumvirn, Sohn des M. L. Crassus und der Caecilia Metella, um 44 v. Chr. Parteigänger des Sex. Pompeius, wurde er durch den Vertrag von Misenum (Sommer 39) von Octavian begnadigt und gelangte zur Quaestur. Trotzdem schloß er sich im Herbst 36 M. Antonius an, Cass. Dio 51,4,3. Etwa 37–35 Statthalter von Creta-Cyrene, BMC Cyrenaica CCVI. CCXII Nr. 113f., s. Grant From Imperium to Auctoritas, 55ff. Doch vor Actium ging er zu Octavian über, A. Glauning Anhängerschaft des Antonius und des Octavian 16. Dafür wurde er 30 cos. ord. (L. für die erste Jahreshälfte) mit Octavian, obwohl L. die Praetur nicht bekleidet hatte, Cass. Dio 51,4,3. Inscr. It. XIII 1 p. 170f. 254f. 283f. 510. CIL VIII 22640,4. Daß er Augur war, ist nicht bezeugt, Degrassi, BCAR 71, 1945, 15. Für 29 und 28 hatte er sich das Kommando über die 4 (5?) Legionen in Makedonien (und Achaia) als procos. und Legat des Caesars von diesem ausbedungen, Cass. Dio 51, 23,2. A. Stein Legat. Moesien 10ff. Groag Reichsbeamte Achaia 11. L. kämpfte gegen die Bastarner, Moeser, Thraker und Geten, Liv. per. 134. 135. Cass. Dio 51,23–27. Den Bastarnerkönig Delton tötete er mit eigener Hand, Cass. Dio 51, 24,3–5. Obwohl für L. und Octavian Supplikationen und der Triumph beschlossen wurden (Cass. Dio 25,2), führte L. den Krieg gegen die Thraker und Geten weiter, Cass. Dio 25,3ff., nicht nach dem Willen Octavians. Die Achaier errichteten L. auf der Akropolis eine Statue, Dess. 8810. Am 4. Juli 27 feierte L. seinen Triumph über Thraker und Geten, Inscr. It. XIII 1, p. 344f. – Patsch, SAWW 214,1, 1932, 69–82. E. Swoboda, Forsch. obermös. Limes, 1939, 110ff. R. Syme Roman Revolution 308f.; JRS 50, 1960, 12–20. **58.** M. L. Crassus Frugi. Sohn des M. Piso Frugi, praet. 44 v. Chr., adoptiert von dem Vorigen. Cos. ord. 14 v. Chr., Mon. Anc. lat. 3,23. Cass. Dio 54,24,1. CIL VI 23532. X 1938. Inscr. It. XIII 1, p. 273f. 284. 291. Er gehörte dem Augurenkollegium an, R. G. Goodchild PBSR 18 (1950) 72–77. Als legat. Aug. pr. pr. stand er wohl 13–10 in Hispania cit., im J. 9/8 v. Chr. procos. Africae, Reynolds-Perkins IRT 319, s. R. Syme, JRS 50, 1960, 16f.

R. H.

III. Sonstige Persönlichkeiten:

**1.** L. Imbrex, lat. Komiker, *vetus* bei Gell. 13, 23,16f., der 2 V. einer Palliata *Neaera* (CRF³ 39f.) anführt, deren Titel schon bei Timokles und Philemon erscheint und die Hetäre eines *miles* bezeichnet (Plaut. Truc. 515, Ed. Fraenkel Plautin. im Plaut. 31ff., vgl. zuletzt A. Traina Comoedia, Padua 1966², 150). Volcacius Sedig. setzt ihn in seinem Kanon an 4. Stelle (Frg. 1,8 Morel), Paul. Fest. 109 M. erwähnt ihn des *cognomen* wegen; anderes ist nicht überliefert (CRF³ XXf.). Vossius u.a. haben ihn mit P. L. Tegula identifiziert, der im J. 200 v. Chr. 7 J. nach → Livius Andr. einen Sühnehymnus für Iuno Regina (Liv. 31,12,10) gedichtet hat: vgl. Ritschl Parerga 196f., Fraenkel a.O. 31,2. Vielleicht handelt es sich aber um 2 verschiedene Personen (so Ribbeck Gesch. der röm. Dicht. 1², 160f.) und die fast gleiche Bedeutung von *imbrex* und *tegula* weist auf verwandtschaftliche Beziehungen der beiden Familien hin. It. M.

**2.** L. Rufinus, Vf. von 12 *libri regularum*, die durch ihre verallgemeinernde Tendenz schon an → Modestins *regulae* gemahnen. Durch Dig. 40,13,4 wird nahegelegt, daß L. R. Zeitgenosse des Paulus war und also zu den Spätklassikern gehört. Kunkel identifiziert ihn überzeugend mit dem in IGR IV 1214–1216 (aus Thyateira) bezeugten Consular M. Cn. Licinius Rufinus, dem auch zwei Inschr. aus Saloniki (ZRG, rom. Abt., 27,420) gelten.

Th. M.-M.

*Kunkel* Herkunft und soziale Stellung der röm. Juristen (1952) 255f.

Weitere Licinii s.u. Crassus, Lucullus, Gallienus.

**Licinus.** Cognomen und Personenname, zur Herkunft → Licinius, Vorbem. a) Röm. Cognomen in republ. Z. bei den patriz. Fabiern (Bd. II 492 Nr. 30) und den pleb. Porciern (RE XXII 214 Nr. 22–26), in den kaiserzeitl. Fasten bei den Clodiern (o. Bd. I 1231 Nr. 12) und bei Passienus (Degrassi FImp. 256), sonst bei einem Larcier (RE XII 800f. Nr. 12) und bei verschiedenen Freigeborenen (Belege bei Münzer, RE XIII 501). b) Familienname, inschr. und bes. als Sklavenname, wahrscheinlich kelt. Herkunft (vgl. *Licnos*, Holder 210ff.). H. G. G.

**Licitatio.** Das Bieten bei der → Auction geschah durch Aufheben des Fingers (Cic. Verr. 2,1, 141. 3,27). Ein Gegengebot machen hieß *contra* *liceri*, den Zuschlag erteilen *addicere*. Die Häufigkeit der Auctionen, die Lebhaftigkeit und die Machenschaften dabei (vgl. etwa *inlicitatores* »Scheinbieter« Fest. 100,25 L) zeigen, wie *licitari* schon ganz früh (Plaut. Merc. 441. Caecil. 68. Enn. ann. 74) zur Bedeutung »streiten, kämpfen« kam. W. H. G.

**Licium.** Faden aus Leinen, Seide oder Wolle, oft mehrfach in verschiedenen Farben zusammengesponnen (Verg. ecl. 8,73), der vor allem geknotet Zauberkraft besitzt (Plin. nat. 28,48). Er hat Bedeutung als Amulett, im Liebes- und Schaden-Zauber sowie im Kult.

a) Fadenamulette, schon Babyloniern und Ägyptern bekannt ([2],75. [4]. [5]), trug man am Arm, Knie und gekreuzt über der Brust (arch. Material bei [3]). Vgl. Ov. fast. 2,575 (dazu Frazer Komm. z. St.) und Petron. 131,4 *(licium varii coloris filis intortum)*. b) Gebrauch des (meist geknoteten) Fadens im Liebeszauber: Verg. ecl. 8,73 (vgl. Theokr. 2,2); Ov. am. 1,8,8 (Lit.: R. Dedo De antiquorum superstitione amatoria, Diss. Greifswald 1904, 17 ff.). Moderne Parallelen zu a), b) bei Aly HWB. des dt. Aberglaubens 2,1114–1120. Frazer GB 3,305 ff. c) Im Kult werden Fäden (Binden) analog den Zaubervorstellungen verwendet: Die eleusin. Mysten tragen einen Faden (κροκή) um Hand und Fuß (Phot. Lex. s. κροκοῦν); Fäden hegen die Opferstätte ein (Verg. ecl. 8,64. Prop. 4,6,6); die Priesterbinde (z. B. Tib. 1,5,15. Prop. 4,9,51) ist urspr. ein Amulett (vgl. PGM VI 1335 f.; Kroll, RE XII 615. Gow zu Theokr. 2,2). Vgl. auch Macr. Sat. 1,8,5. C. Z.

1. *Wickert*, RE XIII 505–507. 2. *A. Abt* Die Apologie des Apul. (RVV 4,2,74–76). 3. *P. Wolters* Faden und Knoten als Amulett (ARW 8 Bh. S. 1 ff.). 4. *Fr. von Bissing* Äg. Knotenamulette (ARW 8 Bh. S. 23 ff.). 5. *Hopfner* I §§ 617/18.

**Lictor.** Röm. Beamter (griech. ῥαβδοῦχος, ῥαβδοφόρος), gehört zu den → apparitores, Dienern der höheren Magistrate und einiger Priester (Liv. 1,8. Cic. Verr. 3,66; leg. agr. 1,3,9. Lucr. 3,996. 5,1234), trug diesen die Fasces voran (Rutenbündel mit Richtbeil als Zeichen der Amtsgewalt röm. Beamter, das aus Etrurien stamme: Dion. Hal. ant. 3,62. Diod. 5,40. Macr. Sat. 1,6,7. Sil. 8,484). Der l. wurde anfangs für die Amtsdauer der Magistrate bestellt, später auf Lebenszeit; die Zahl der l.es richtete sich nach dem Rang des Beamten (Konsul 12, Prätor 6, in der Kaiserzeit mehr), sie waren meist Freie oder Freigelassene (Liv. 2,55), in Korporationen zusammengefaßt, die in Dekurien meist zu 24 Mann gegliedert waren (CIL VI 1878. 32294), ein Jahresgehalt von 600 Sesterzen erhielten (CIL II 5459). Sklaven heranzuziehen, war verboten (Cass. Dio 47,43). Bekleidet war der l. in der Stadt mit Toga (Plut. Rom. 26), im Militärlager mit Kriegsmantel (Cic. Pis. 23. Varro l. l. 7,37. Liv. 31,14. 41,10. 45,39), bei öffentlicher Trauer mit schwarzer Kleidung und mit umgekehrten Fasces (Hor. epist. 1,7,6. Tac. ann. 3,2). Zu den Aufgaben des l. gehörte:

1. Begleitung des Magistrats bei Dienstgängen, um ihm in der Öffentlichkeit Platz zu machen (*plebem summovere:* Liv. 3,45.48. 6,38. 8,33.28,27. Martial. 8,66. Plut. Pomp. 22. App. civ. 1,78; Mithr. 20. Plin. paneg. 23,3 u. a.), ihm bei einer Rede zur Seite zu stehen (Dion. Hal. ant. 3,63. Liv. 23,23. Cic. Cluent. 53), vor Eintritt in ein Haus anzuklopfen (Liv. 6,34. Flor. 1,26. Plin. nat. 7,112. Stat. 1,2, 48. Petron. 65); Begleitung auch bei Privatwegen (Iuv. 3,128), so ins Bad (Liv. 25,17), ins Theater (Suet. Caes. 80), in den Tempel (App. civ. 4,134. Plut. Brut. 31. Cass. Dio 47,40). Der Magistrat zeigte sich nie ohne l. (Liv. 39,12.32), mußte aber bei einem höheren Beamten ohne l. eintreten (Liv. 22,11. Cic. Planc. 41. Plut. Fab. 4), so ebenfalls beim Besuch einer freien Stadt (Tac. ann. 2,53: Germanicus betritt Athen mit nur ein l.). Demjenigen, der Fest- oder Leichenspiele gab, standen ebenfalls l.es zu (Dion. Hal. ant. 6,95. Cic. leg. agr. 2,24. CIL VI 2065. 2075. 2080).

2. Im Auftrag der Magistrate Festnahmen und Verhaftungen (Dion. Hal. ant. 10,31. Liv. 2,29. Tac. ann. 6,40. Gell. 13,12), Bestrafungen und vor allem Geißelungen auszuführen (Cic. Verr. 5,54. Liv. 2,5,8. Dion. Hal. ant. 9,39) und sogar Todesurteile zu vollstrecken (Cic. Verr. 3,67. Liv. 26,15. 28,29. 36,28. Pol. 11,30. Val. Max. 3,8,1. Sen. contr. 9,2,22).

3. Die schon in früher Zeit in kult. Dienst eingesetzten l.es, die *l.es curiati(i)*, beriefen die vom Pontifex maximus geleiteten Kuriatkomitien ein (Gell. 15,27). Sie halfen beim Opferdienst (CIL VI 1846. 1847. 1852. 1885–1892. XIV 296), waren Diener der → Flamines (Plut. quaest. Rom. 113. Ov. fast. 2,21 ff. CIL XII 6038) wie auch der Vestalinnen (Plut. Num. 10. Sen. contr. 1,2. 6,8. Cass. Dio 47,19). G. Sch.

*Mommsen* RStR 1,355. 374–392. *P. Grimal* Röm. Kulturgesch., München-Zürich 1961, Abb. 38 mit Prozessionsszene von l.es auf der Ara Pietatis Augustae. *E. Meyer* Röm. Staat und Staatsgedanke², passim.

**Lieblings-Inschriften.** L. auf Vasen zwischen 550–450 v. Chr., später nur vereinzelt, verbinden meist einen Namen mit dem Adj. καλός, gelegentl. verstärkt durch κάλλιστος, oder Zusätze wie ναιχί, ὁ παῖς, χαῖρε u. a. Nach Beazley zählen wir ca. 120 sf. Gefäße, überwiegend Hydrien und Halsamphoren mit männlichen, 21, meist Hydrien, mit weiblichen Namen; ca. 760 rf. Gefäße (über 410 Schalen, 170 Lekythen und nolan. Amphoren) mit männlichen und 24 mit weiblichen Namen. Einige Namen sind mit hist. Personen identifizierbar (Studniczka), deren Blütezeit zw. 15–25 J. erlaubt, den Zeitraum nach L.-Namen in Jahrzehnte aufzuteilen (Hartwig, Hauser, Buschor). Das καλός bezieht sich aber nach Darstellung und Namen auch auf gereifte Persönlichkeiten, was lit. Zeugnisse bestätigen (Langlotz).

Gemeinsam bleibt eine erhöhende Preisung, der griech. Heroisierungstendenz entsprechend. Die häufigsten L.-Namen sind im Sf.: Stesias (3; 550–540), Onetorides (9; 540–520), Leagros (6; 510–500); im Rf.: Memnon (38; 525–515), Hipparchos, Epilykos (17,19; 520–510), Leagros (51; 510–500), Athenodotos, Panaitios, Chairestratos (14,28,31; 500–490), Hippodamas (12; 490–480), Glaukon, Sohn des Leagros (29; 475–465), Alkimachos II (6; 470–460), Diphilos, Sohn des Melanopos (16; 460–450), Euaion, Sohn des Aischylos (9; 460–445), Axiopeithes (6; 445–435). H. Ma.

*F. Studniczka*, JdI. 2, 1887, 159ff. (»Zur Zeitbestimmung der Vasenmalerei mit roten Figuren«). *W. Klein* Die griech. Vasen mit L. (1898). *E. Langlotz* Zur Zeitbestimmung der strengrotfigurigen Vasenmalerei und der gleichzeitigen Plastik, 1920, 43ff. *D. M. Robinson–E. J. Fluck* A study of the Greek Love-Names (1937). *E. Buschor* Griech. Vasen (1940). *J. D. Beazley*, ABV. 664–678; ARV.² 1559–1616.

**Ligarianus.** Cognomen des cos. L. Burbuleius Optatus, vor 138 n. Chr., vgl. DEGRASSI FImp. 159. H. G. G.

**Ligarius.** Seltener röm. Familienname, wohl anderer Herkunft als Ligurius, SCHULZE Eigenn. 359. 523. Namensträger traten im 1. Jh. v. Chr. als Anhänger des Pompeius und des Brutus hervor. **1.** L., Opfer der Proskriptionen 43 v. Chr., App. civ. 4,93ff. **2.** P. L., Anhänger des Pompeius, 46 bei Hadrumetum von Caesar erneut gefangen und hingerichtet, Bell. Afr. 64,1. **3.** Q. L., einer von 3 Brüdern aus dem Sabinergebiet. 50 Legat des Propraetors → Considius Longus (Nr. 6) in Africa, wo er auch in den folgenden Jahren, ohne hervorzutreten, blieb. 46 wurde er von Caesar gefangen, aber trotz Fürsprache Ciceros nicht begnadigt. Erst als L. von Q. → Aelius Tubero (Nr. 18) (wegen perduellio im J. 49) angeklagt und von Cic. (in der erhaltenen Rede Lig.) erfolgreich verteidigt worden war (G. WALSER, Hist. 8, 1959, 90ff.), gestattete ihm Caesar im Oktober 46 die Rückkehr nach Rom. 44 gehörte er zu den Verschwörern gegen Caesar (App. civ. 2,474) und kam anschließend wohl im O. ums Leben. DRUMANN² 3,635ff. SCHANZ-HOS. 1,321. 439f. **4.** T. L., ein Bruder von Nr. 3. Um 54 (BROUGHTON Mag. 2,223) war er quaestor urbanus und vertrat Caesars Interessen, Cic. Lig. 35f. im Bürgerkrieg 49 blieb er neutral, wohl auch 44. Bei den Proskriptionen von 43 wurde er (wegen der Haltung von Nr. 3) zusammen mit einem weiteren Bruder getötet. App. civ. 4,87ff. H. G. G.

**Liger.** Fluß in Gallien (Caes. Gall. 3,9. 7,5,55. 59. Lucan. 1,439. Auson. Mos. 461. Strab. 4,189. 191. 193 Λείγηρ. Ptol. 2,2: Λέχειρ. Cass. Dio 39, 40. 44,42: Λίγρος), h. Loire. Er entspringt auf dem M. Cevenna. Strab. 4,189, nimmt seinen Lauf irrtümlich als parallel mit dem der Garumna an, Ptol. ist richtiger. Nach den Angaben der Alten war er etwa 2000 Stad. weit schiffbar und diente als Handelsweg zwischen Britannien, Massilia und Italien, Strab. 4,190. CIL XIII 3105 *nautae Ligerici* (in Nantes). M. L.



**Ligo.** Die langstielige Hacke oder Haue mit schräg zum Stiel stehendem, breitem Eisen, das eingekerbt sein konnte (Colum. 10,87. BLÜMNER PrAlt. 565f.) war schwerer als ein *sarculum* und diente zum Umwenden des harten Bodens, zum Zertrümmern der Schollen, zum Roden. Nachweise bei A. HUG, RE XIII 525. W. H. G.

**Ligula** s. Löffel

**Ligures.** 1. Name: Hes. Frg. 55 Rz.³ (Acc. pl. Λίγῦς). Aischyl. Frg. 199,9 N.² (Λίγυν) als ū-Stamm (Hom. Il. 18,152 νέκυν. 7,420. Od. 24, 417 Acc. pl. νέκῦς), was Einordnung für Λίγυες (Hdt. 5,9. Skyl. 3f. Skymn. 202), Λιγύων (Hekat. FGrH 1 F 53. Aischyl. a. O. 1. Hdt. 7,165. Philist. FGrH 556 F 46. Thuk. 6,2,2. Plat. Phaidr. 237a) gestattet; erst Strab. 4,203 u. a. Λίγυας wie νέκυας. Daneben *st*-Suffix: Λιγυστική (Hekat. 55. 57. 58. Soph. Frg. 541 N.² Eratosth. b. Strab. 2,92. Lykophr. 1312. Skymn. 211), Λιγυστίς (Eur. Tro. 437. Apoll. Rhod. 4,553), Λιγυστιάς (Dion. Per. 76), Λιγυστῖνοι (Lykophr. 1356. Pol.) Zuerst b. Cato or. 2,1 Jord. belegtes *Ligures (< lĭgŭses)* bezeugt kaum alten *s*-Stamm, woraus durch *s*-Lenition schon im 2. Jt. v. Chr. Λίγυες (ALTHEIM Gesch. der lat. Sprache 166), sondern hat als heteroklit. Weiterbildung zu *Ligus* (Cic. Sest. 68 u. a.) < Λίγυς bei Rhotazismus zu gelten. 2. Gebiet: Warum Eratosth. die iber. (vgl. Thuk.) Halbinsel Λιγυστική nennt, ist unbekannt. W.-Grenze der L. nach Skymn. 202ff. Ampurias, Avien. or. mar. 613. 628f. Sète, Hdt. 5,9. Skyl. 4. Pol. 2,16,1. Mela 2,4. Strab. die Rhône (Skyl. 3: bis zur Rhône L. und Iberer gemischt; Herodor. FGrH 31 F 2 nur Iberer). Die 9. august. Region vom Var bis zur Macra (Plin. nat. 3,47.49) am Λιγυστικόν πέλαγος (Ptol. 3,1,78). N. des Apennin L. bis Alpenrand (→ Laevi, Libici) und Bononia (Liv. 39,2,1 *Friniates L.*), s. des Gebirges über Luna (Liv. 41,13,5 *de Ligure captus ager*) bis Pisa und Arezzo (Pol. 2,16,2) sowie auf Corsica (Solin. 3,3. Isid. or. 14,6,41) und Elba (Liv. 31,10, 2). L. in Rom (Fest. 424,32 L.) und Sizilien (Philist.) schwer erklärbar (NISSEN 1,470: Entella, Segesta, Eryx; BONFANTE, Emerita 2, 1934, 95: ON auf *alb-* und *sabat-*). 3. Geschichte: Unkenntnis früher Zeit (Dion. Hal. ant. 1,10,13 σαφὲς οὐδέν), sicher Verlust weiter Gebiete seit 6. Jh. v. Chr.; zuerst durch Kelten (Ps.-Arist. mir. ausc. 85. Strab. 3,203: Κελτολίγυες), dann Unterwerfung durch Rom seit 328 (Zon. 8,18,2)/236 (Eutr. 3,2, 1). 187–175 schwere Widerstandskämpfe mit Rückschlägen für die Römer (Liv. 38,42,8–41,19, 3); 180 Umsiedlung (Liv. 40,38,3. 41,4) der *L. Baebiani* und *Corneliani* (Plin. 3,105) nach Samnium; 173 Versklavung der *Statielli* (Liv. 42,7,3. 9,6); 154 Unterwerfung der *Deciates* (Pol. 33,10f. Liv. ep. 47); 117 Triumph *de Stoenis* (BROUGHTON o,529). 4. Wesen: L. gelten als verschlagen (Cato

1r. 2,1 Jord. Verg. Aen. 11,701. Strab. 2,128), sind klein, behende, zäh, tapfer (Poseidon. FGrH 87 F 57f. Diod. 4,20. 5,39), als Bergbewohner anspruchslos und abgehärtet (Strab. 3,165 leichte Niederkunft), trinken Milch und Bier (Strab. 4, 202); Söldner (Hdt. 7,165. Pol. 1,17,4. Diod. 11,1. 16,73), Wegelagerer (Liv. 40,27,10). 5. Sprache (Sen. dial. 12,7,9): wenige Glossen: *asia* (Plin. 18, 141), *Bodincus* (3,122), *σιγύννης* (Hdt. 5,9), *λεβηρίς* (Polemarch. b. Erotian. lex. Hippocr. Λ 25. Strab. 3,144), häufige ON-Bildung auf *Borm-* aus **gu̯horm-* »warm« herzuleiten; Bergname *Berigiema* (CIL I² 584,19) < **bhero-gheįem-* »Sturmbringer« und Suffixe *-asca, -esca, -usca, -l- -inc-, -aun-* u.a. Inschr. Reste schwer vom Kelt. und Raet. zu unterscheiden; illyr. Überschichtung (Krahe, Festschr. Hirt 2,255. Pokorny Urgesch. der Kelten und Illyr. 77f.) kaum nachweisbar; VN *Ambrones* (Plut. Mar. 19) zufäll. gleichlautend. G.R.

*Nissen* It. Ldk. 1,468f. 2,131. *Sanctis* StR 1²,60ff. *Pais* Storia 14ff. *Devoto* Ant. Ital. ²50ff. *van Windekens*, Glotta 35, 1956, 211ff. *Whatmough* Foundations of Rom. Italy 126ff. PID 2,147ff.

**Ligurinus.** Fingierter Name eines schönen Jünglings, in den der alternde Horaz verliebt ist, Hor. c. 4,1,33. K. Z.

**Ligurius.** Seltener röm. Familienname unklarer Herkunft (wohl nicht von Ligures? Schulze Eigenn. 191. 523,4), in republ. Z. in Rom und Praeneste bezeugt. **1.** A. L., Bekannter Caesars und der Brüder M. und Q. Cicero, wird mehrmals in der Korrespondenz Ciceros genannt, † um 45, fam. 16,18,3. **2.** Cn. L., fiel als Militärtribun in der Cisalpina 197 v. Chr., Liv. 33,22,8. H. G. G.

**Ligus.** Cognomen bei den Aeliern (Bd. I 87 Nr. 7 u.a.) und einem Octavius (RE XVII 1851 Nr. 68f.). In der Correspondenz Ciceros zwischen 51 und 45 erscheint der Name mehrmals, möglicherweise als Familienname. H. G. G.

**Ligustinus.** Seltener Familienname etr. Bildung (Schulze Eigenn. 180. 211). – Sp. L., um 222 bis nach 171, aus dem Sabinerland, ein tapferer, in 22 Feldzügen bewährter Soldat, 171 Primus pilus der 1. Legion. Liv. 42,34,1–35,2. H. G. G.

**Likias** (*Λικίας*). Der ant. Name des Lech, Ptol. 2,12,3, danach die → Licates. E. M.

**Liknites** s. Dionysos

**Liknon** (*λίκνον, vannus*). Die geflochtene, im Rand sich nach einer Seite verjüngende »Getreideschwinge« dient der Trennung von Korn und Spreu durch Schütteln, wobei die Spreu herausfällt, sowie der Scheidung von schwererem und leichtem Futter (Aristot. meteor. 2,8. 368b / 29. Colum. 2, 20,5). Das L. kann als ländlicher Ersatz einer Wiege benutzt werden (Hermes im L.: EA 1953/ 1954, II 177f.). Im eleusin. Kult und dem des Dionysos dient das L. als Behälter für Früchte und vor allem für den Phallos, so z. B. auf dem großen Fries in Pompei oder auf den Reliefs bei F. Matz, AAMz 1963/15 Taf. 2. 10. 12. 13. 22. 24. W. H. G.

**Likymnios** (*Λικύμνιος*). **1.** Eponymer Heros der Likymna, Akropolis von Tiryns. Strab. 8,373. Sohn des Elektryon, Königs von Mykene, Enkel des Perseus, Halbbruder Alkmenes. Seine Mutter Mideia, urspr. einheimisch, wurde in der Sage zu einer phryg. Sklavin gemacht. In dem Kampf seiner Brüder mit den Söhnen des Pterelaos bleibt er allein am Leben. Elektryons Nachfolger, Amphitryon, gibt ihm seine Schwester Perimede zur Frau. Kinder: → Oionos, → Argeios (1), Melas. Apollod. 2,52ff. Als Mutterbruder des Herakles bleibt er ihm und seinem Hause eng verbunden. Nach Herakles' Tode lebt er erst bei Keyx in Trachis, dann bei Herakles' Sohn Tlepolemos in Argos. Dieser tötet ihn (Hom. Il. 2,661ff.), mit Absicht (Pind. O. 7,27) oder unabsichtlich (Apollod. 2,170. Sch. Pind. z. St.). An seinem Grabmal stürzte 272 → Pyrrhos im Straßenkampf vom Pferde; er wurde gefangen und enthauptet. Plut. Pyrrh. 34,4. H. v. G.

**2.** L., von Chios, griech. Lyriker und Rhetor wohl in ein und ders. Person, lebte etwa um 400 v. Chr. Er scheint vor allem durch ungenaue Trennung der beiden von ihm gewählten Literaturgattungen aufgefallen zu sein: so waren seine → Dithyramben eher zum Vorlesen bestimmt (Aristot. rhet. 1413 b 13f.), während er in seinen Reden als Gorgiasschüler übertriebenen poet. Aufputz zeigte (Plat. Phaidr. 267 C). Ähnlich schwülstig war nach Aristot. rhet. 1414 b 17f. auch seine rhetor. Terminologie. U. K.

Lyr. Frg. bei C. *del Grande* Ditirambografi, 1946 (vgl. auch Anth. lyr. 2,5²,164 sowie Poet. Mel. Gr. [ed. *D.L. Page*], 396–398); rhet. Frg. bei *L. Radermacher* Artium scriptores (SAWW phil.-hist. 227,3), 1951, 117f. Lit. bei *Aulitzky*, RE XIII 541.

**Lilaia** (*Λίλαια*), Stadt am N.-Abhang des Parnaß an den Kephisosquellen beim h. Kato Agoriani mit gut erhaltener Akropolis. Der → Kephisos hatte ein bes. Heiligtum bei der Stadt, und sein Priester war Eponym von L. Schon bei Hom. Il. 2, 523; h. 2,62f. (240f.) genannt, nach dem 3. Heiligen Krieg zerstört. Strab. 9,407. 9,424. Paus. 10, 33,3-5. Ptol. 3,14,14. Plin. nat. 4,27. Lykophr. 1073. Steph. Byz. Inschr.: IG IX 1 nr. 232. 233. Mz. Head HN² 343. E. M.

1. *J. G. Frazer* Pausanias 5,410ff. 2. *L.B. Tillard*, ABSA 17, 1910/11, 60ff. 70f. 3. *Fr. Schober* Phokis 35f. 4. *L. Robert* Etudes épigr. et philol. 1938, 237 und pl. XIV. 5. *E. Janssens*, AC 27, 1958, 114ff. 6. *Philipps.-Kirst.* 1,395. 725 A. 64.

**Lilie** (*lilium* aus *λείριον*; *κρίνον*). Die L. als Zierpflanze erscheint schon in der assyr. und der kret.-myken. Kunst. Homer kennt das Beiwort *λειριόεις* = lilienhaft, zart (Il. 13,830 iron. die Haut des Aias; 3,152 die Stimme der Zikaden, Hes. theog. 41 der Musen). Im Hom. h. 5,427 pflückt Persephone L. Vom 5. Jh. ab werden L. oft erwähnt, häufiger als *κρίνον* bezeichnet, das aber auch für andere Blumen verwendet wird, so Hdt. 2,92 für Lotos. Plin., der nat. 21,22–26 (*l. rosae* *nobilitate proximum est)* die L. behandelt, sagt 24, die rote L. heiße bei den Griechen *crinon*, spricht aber gleich 25 von *purpurea lilia*. Viele Angaben über Anbau, Zucht, Verwendung usw. bei Theophr., Dioskur., Athen., Varro, Geop., Martial. usw. Mytholog. ist die L. aus der Milch Heras entstanden, als sie schlafend Herakles nährte, Aphrodite war sie wegen ihrer Reinheit verhaßt, sie setzte ihr das an einen Eselsphallos erinnernde gelbe Pistill ein. Im Christentum wurde die L. zum Symbol der Reinheit (doch ohne Staubgefäße). K. Z.

*Hehn-Schrader* Kulturpflanzen[8] 251–263. *Olck*, RE VII 792–794 (Gartenbau).

**Lilybaion** (*Λιλύβαιον*, *Λιλύβη*, *Lilybaeum*) die flache W.-Spitze Siciliens, von Afrika = Libyen (womit der Name vielleicht zusammenhängt) nach ant. Angaben 1000 oder 1500 Stadien, tatsächlich 140 km = 760 Stadien entfernt, von jeher wichtiger Orientierungspunkt für die Schiffahrt. Nach ihr (oder nach der auf ihr befindlichen gleichnamigen Quelle) benannten die Karthager die Stadt, die sie nach der Zerstörung ihres Stützpunktes → Motya im J. 397 hier gründeten und zur starken Seefestung ausbauten, die ihnen für alle Unternehmungen auf der Insel als Operationsbasis diente und allen Angriffen der Griechen (368 Dionysios, 277/76 Pyrrhos) und auch denen der Römer bis zum E. des 1. pun. Krieges trotzte, so daß L. erst durch den Friedensschluß von 241 röm. wurde. Ein karthag. Anschlag gegen L. im Anf. des 2. pun. Krieges scheiterte. Obwohl wegen des langen Widerstandes in der röm. *provincia Sicilia* unter die staatsrechtlich schlechtest gestellten Gemeinden, die *civitates censoriae*, versetzt, deren Gebiet *ager publicus p. R.* war, blieb L. dank seiner Lage und seines Seehandels eine der reichsten Städte Siciliens (*splendidissima civitas Lilybaetanorum* Cic. Verr. 5,10), auch Sitz eines der beiden Quaestoren, so daß Verres viele wertvolle Kunstwerke aus ihr entführen konnte. Augustus gab L. das *ius municipii*, Pertinax machte es zur *colonia Helvia Augusta*. Der h. Name Marsala stammt aus der arab. Zeit. Infolge der mittelalterlichen und modernen Überbauung sind die ant. Reste – bis auf die Trümmer der einstigen starken Befestigung – unbedeutend. ZIEGLER, RE XIII 542. K. Z.

**Lima** (= *ῥίνη*). Die Feile (und Raspel), rund, drei- oder vierkantig, von verschiedener Breite und Stärke, mit oder ohne Holzgriff, diente zur Bearbeitung von Holz und Metallen (Gold: Herodian. 1,7,5. Silber: Plin. nat. 33,140. Bronze: a. O. 34,83. 111. Eisen: a. O. 28,148. Blei: a. O. 34,168), eines kostbaren Steines (a. O. 37,109), zum Ablösen stark an der Muschel haftender Perlen (a. O. 9, 109), zu chirurgischen Zwecken (Cels. 8,10,7). Die Arbeit mit der L. hieß *ῥινεῖν*, *ῥινᾶν*, *limare*, *delimare*, *polire*, *adradere*, die Feilspäne *ῥίνημα*, *scobis*, *scobs*. Übertragen wird »feilen« seit Aristoph. Ran. 901 f., bes. bei den Römern (Cic. ac. 1,66. Hor. ars 291) für genaue künstlerische »Ausfeilung« des Ausdrucks gebraucht. W. H. G.

**Limbus.** Die Borte, das Band fand Verwendung als Kopfband und als Besatzstreifen auf Kleidern. L. heißt weiter der Streifen am Himmelsglobus, der den Tierkreis enthält (Varr. rust. 2,3,7) → Zodiakos, sowie eine Schnur am Fangnetz der Jäger (Gratt. 25). Im MA. ist L. ein Gewand sowie die Stelle, an der sich fromme Seelen vor Christi Tod, danach die ungetauft verstorbenen Kinder aufhalten. W. H. G.

**Limen** (*λιμήν*) s. Hafenanlagen

**Limenia.** Stadt an der N.-Küste Cyperns w. von → Soloi, Strab. 14,683, und in nachant. hagiogr. Quellen. Name h. im Fluß- und Ortsnamen Limniti weiterlebend. Kurzlebige neolith.-vorkeram. Siedlung auf der kleinen Felseninsel Petra tu Limniti [2],1,1 ff. u. ö. Kleines Heiligtum an der Flußmündung, JHS 11, 1890, 82 ff. Bronzestatuette [2],4,2,109. Ethnikon *Λιμνίσιος* [3], nr. 428(?). E. M.

1. *Oberhummer*, RE XIII 570 f. 2. The Swedish Cyprus Expedition. 3. O. *Masson* Les inscr. chypriotes syllab. 378 f.

**Limenius** ging nach 342 als *proconsul* gegen Libanius vor (Liban. or. 1,45 ff.). 347/49 *praefectus praetorio Italiae* u. *praefectus urbi Romae*, 349 *Consul* (Chr. min. 1,68. Cod. Theod. 9,21,6. 17,2). A. L.

**Limes.** Urspr. im allg. ein Grenzweg, dann eine Vermessungsachse (→ Limitation). In der Kaiserzeit wird es Bezeichnung der durch mancherlei Wehrbauten gesicherten Reichsgrenzen.

I. Obergermanischer L. Ausgehend von den unter Drusus am Mittel- und Oberrhein eingerichteten Legions- und Auxiliarbefestigungen wurde eine Vorverlegung und Begradigung der Grenze angestrebt zum Schutze Galliens und der Alpenpässe, zur Gewinnung einer besseren Verbindung zu den Donauprovinzen und in der Absicht, den gefahrvollen, tiefen Einsprung nicht übersehbaren Waldgebirges in das Reichsgebiet röm. Kontrolle zu unterwerfen. In mehreren Etappen wurde das Vorhaben von claud. bis in antonin. Z. verwirklicht. Vom Legionslager Mainz aus wurde 39/40 n. Chr. die Eroberung des Mattiacergebietes und die Kontrolle des strateg. wichtigen Rhein-Main-Dreiecks eingeleitet. Vom Legionslager Windisch aus erfolgte in n. Richtung ein Vorstoß bis zur Wutach, der die Verbindung zum rät. Donaulimes herstellte und mit den Befestigungen Zurzach, Schleitheim, Hüfingen das Bodenseegebiet abschirmte. Nach vorbereitender Durchdringung des Zehntlandes mit gall. Siedlern schnürte in vespasian. Z. ein Vorstoß vom Legionslager Straßburg aus den S.-Schwarzwald entlang der Kinzig ab und wurde durch Befestigungen in Offenburg, Waldmössingen und Rottweil gesichert, während an der Neckarmündung Ladenburg zur Einleitung eines Vormarsches zum oberen Neckar eingerichtet wurde → Lopodunom.

Der 1. und 2. Germanenkrieg Domitians (83 und 88/89 n. Chr.), nur kurzfristig gestört durch den Aufstand des Saturninus, brachten erhebliche Gebietsgewinne und die Erweiterung des rechtsrhein. Brückenkopfes bei Mainz, eine Vorverlegung der Grenze auf die Linie Hanau, Stockstadt, Neckarburken, entlang des Neckars bis Köngen und den Anschluß an den rät. L. und in n. Richtung bis zum Neuwieder Becken. Frühhadrian. Z. gehört die Sicherung des Grenzverlaufs durch einen Palisadenzaun an. Weitere Grenzkorrekturen und Gebietsgewinne brachten unter Antoninus Pius den L. auf die Linie vom Vinxtbach (Grenze nach Niedergermanien), Ems, Zugmantel, Saalburg, Arnsburg, Großkotzenburg, entlang des Mains bis Miltenberg und von hier geradlinig bis Lorch. Dieser L. wurde in seinem Verlauf nicht mehr verändert, wohl aber durch Truppenzuführung und Ausbau der Befestigungen (Steinlager an Stelle von Holz-Erdelagern) verstärkt. Seit Marc Aurel wird der obergerm. L. Kriegsschauplatz (Kämpfe gegen Chatten, Alamannen und Franken). Die Grenzbefestigungen werden in der Folgezeit mehrfach durchbrochen, die gesamte Verteidigungslinie unter Gallienus um 260 n.Chr. überrannt und, soweit nicht zerstört, von den Truppen geräumt. Einzelne Teile rechtsrhein. Gebiets verbleiben in röm. Hand (um Mainz, an der Neckarmündung und n. des Bodensees), während die Grenze mit den Befestigungswerken auf die Rheinlinie zurückgenommen wird und bis zum Abzug der Römer gehalten werden kann.

*Fabricius,* RE XIII 582ff. *W. Schleiermacher* Der röm. Limes in Deutschland ²(1961) mit Bibliogr.

II. Niedergermanischer L. Im Gegensatz zu den über ein weites Gebiet verteilten Militärlagern der Z. des Drusus, die der Kontrolle unterworfener Völkerschaften dienten, erfolgte die Einrichtung einer befestigten und bewachten Grenzlinie am Niederrhein erst, als in tiber. Z. der Plan einer Besetzung Germaniens bis zur Elbe aufgegeben wurde. So entstand aus der Angriffs- und Versorgungslinie mit ihren Aufmarschzentren an günstigen Übergangs- und Einbruchsstellen der niedergerman. L., der in seinem Verlauf bis zum E. der röm. Herrschaft unverändert blieb. Hinter dem natürlichen Annäherungshindernis des Rheinstromes stützte sich die Befestigungslinie auf die Rheintal- und Limesstraße und kontrollierte mit den Legions- und Auxiliarfestungen sowohl die Straßenverbindungen in das w. und s. Hinterland wie auch die rechtsrhein. Nebenflüsse und Vormarschwege nach Innergermanien. Von urspr. 4 Legionen (in Bonn, Neuss, Xanten-Doppelager bis 70 n.Chr.) sind in domitian. Z. noch 3 Legionen (in Bonn, Xanten und Nijmegen) und seit traian. Z. nur noch 2 Legionen (in Bonn und Xanten), verstärkt um zahlreiche Auxiliareinheiten, zum Schutz der Grenze am Rhein stationiert.

*H. v. Petrikovits* Das röm. Rheinland (Arbeitsgemeinschaft f. Forsch. d. Landes Nordrhein-Westfalen) 1960.

III. Rätischer L. In august. Z. wurde das von Vindelikern und Rätern besiedelte Alpenvorland besetzt und erst in claud. Z. durch Straßen erschlossen und durch Befestigungen gesichert. Einer ersten Kastellinie entlang der Donau von Hüfingen bis Passau folgt in mehreren Abschnitten die Vorverlegung der Grenze auf das n. Ufergelände der Donau mit Errichtung der Grenzbefestigungen auf der Linie Burladingen bis Pförring in frühdomitian. Z. In antonin. Z. ist der Grenzverlauf festgelegt auf die Kastellinie Schierenhof–Pförring und schließt im W. an den obergerm. L. bei Lorch an, im O. an den rät. (von Eining bis Passau) und den nor. der Donau folgenden L. Mehrfach durch Truppenzuführungen verstärkt (Legionslager Regensburg 179 n.Chr. eingerichtet), wird der L. im Alamanneneinfall 233/34 n.Chr. überrannt, die Grenze auf die Ausgangslinie entlang der Donau zurückgenommen, die bis in das 5.Jh. n.Chr. besetzt bleibt. H. C.

*Fabricius,* RE XIII 605. *W. Schleiermacher* Der röm. Limes in Deutschland ²(1961) mit Bibliogr. *Ph. Filtzinger* Bem. zur röm. Okkupationsgesch. SW.-Deutschlands, BJ 157, 1957, 181.

IV. L. in den Donauprovinzen. In den Provinzen Noricum und Pannonien bildete die Donau die Grenze des Imperiums. Entlang des rechten Ufers lief eine Heerstraße, *via iuxta amnem Danuvium* (CIL III 11846), die, wie durch die Meilensteine bezeugt, planmäßig ausgebessert wurde. Die längs der Straße in Abständen von 1½ bis 2 km errichteten Wachttürme *(burgi, praesides)* waren aus Holz oder Stein gebaut. Neben Abbildungen der Traian- und Marcus-Säulen sind uns auch zahlreiche Bauinschr. bekannt (CIL III 3385, 3653, Intercisa I. Nr. 297–307), und es konnte bereits die genaue Lage zahlreicher Wachttürme ermittelt werden (G. Pascher, RLiÖ 19, 1949. L. Barkóczi Brigetio S. 5. S. Soproni, Arch. Ért. 87, 1960, 209; Ders. L.-Rom.-Konferenz Nitra 139; Ders. Kunstdenkmäler des Komitats Pest I 37f. J. Fitz, Arch. Ért. 82, 1955, 69f.). Reste von Palisaden sind bisher nicht bekannt. Die Verteidigung der Grenze versahen nicht nur die Hilfstruppen der Auxiliar-Lager, sondern auch die an der Donau gelegenen Legionslager. Der Grenzschutz wurde durch die am l. Donauufer errichteten Römerfesten gegenüber von Carnuntum, Brigetio (Celemantia), Aquincum (Transaquincum, Contra Aquincum), Lussonium, Lugio (Contra Florentiam), Bononia (Castellum Onagrinum) ergänzt und vervollständigt.

Die Besetzung des Donaulimes begann in beiden Provinzen bereits unter Tiberius. Die legio XV Apollinaris kam im J. 14 n.Chr. nach Carnuntum. Die Besetzung der wichtigeren Orte (Lauriacum, Vindobona, Arrabona, Brigetio, Aquincum, Lussonium, Cornacum, vielleicht Mursa) vollzog sich in der ersten Hälfte des 1.Jh. Der systemat. Ausbau des L. erfolgte unter Domitian und Traian. In dieser Z. wurden auch die anderen 3 Legionslager Pannoniens gebaut, die seit den letzten Regierungsjahren Traians ihre ständige Besatzung hatten: Vindobona (legio X gemina), Brigetio (legio I adiutrix), Aquincum (legio II adiutrix), in Carnuntum wurde die legio XV Apollinaris von der legio XIV gemina abgelöst. Noricum hatte bis zu den Marcomannenkriegen keine Legion. Die Zahl der Hilfstruppen, die meistens in den Auxiliar-Lagern standen, wurde seit dem E. des 1. Jh. nur in kleinerem Maße erhöht. Nach den dak. Kriegen stationierten in Noricum 3 alae und 6 cohortes, in Pannonia sup. 2 alae und 6 cohortes, in Pannonia inf. 4 alae und 10 cohortes. Die Kriegsmacht der beiden Provinzen belief sich auf etwa 42000 Mann; diese Zahl wuchs bis z. Z. des Antoninus Pius auf ungefähr 45000 Mann (J. Szilágyi, Acta Ant. 2, 1954, 171f. 179f.).

Während der Marcomannenkriege durchbrachen die Barbaren öfters den Grenzwall, und ein Teil der Militärlager wurde zerstört. Seit 167 garnisonierte in Pannonia inf. zeitweilig auch eine 2. Legion. In Noricum wurde für die Legio II Italica anfangs bei Lotschitz ein Lager errichtet. Im Laufe des Krieges wurde das Lager nach Albing, später nach Lauriacum verlegt. Die nach dem Krieg wiederaufgebauten Lager, neuerrichteten Wachtturmlinien, Umgruppierungen und der Einsatz neuer Truppeneinheiten (cohors I Hemesenorum in Intercisa) dienten der Sicherung und Festigung des Grenzschutzes.

Neue, noch bedeutsamere Veränderungen brachte die Reorganisation Diocletians. Gegenüber Aquincum und Bononia wurden Gegenlager gebaut, zahlreiche Lager vergrößert und befestigt. Diese Bautätigkeit reichte bis in die valentinian. Z. hinein. Die am L. stehende Armee erfuhr im 4. Jh. eine bedeutsame Umgestaltung, obwohl der Mannschaftsbestand mit etwa 44000 Mann unverändert blieb. Die Zahl der reorganisierten Legionen wurde erhöht: in Noricum garnisonierte neben der legio II Italica noch die legio I Noricorum, in Pannonien neben den früheren vier Legionen noch die V Iovia und die VI Herculia (Not. dign. occ. XXXII 44–48. XXXIV 40–41). J. F.

V. L., Britannicus. 4 L.-Zonen sind für Britannia Romana bekannt, drei ausgezeichnet erforscht, die vierte bedauerlich vernachlässigt. Die »Wälle« des Hadrian und des Antoninus Pius aus dem 2. Jh. sind besser in allerlei Einzelheiten bekannt als selbst der L. in Süddeutschland, das »Litus Saxonicum« des Constantius I. und Constantinus d. Gr. nur wenig schlechter. Der früheste brit. L., die sog. *fosse* aus der Z. von Claudius I. bis Hadrian, die von Lindum-Lincoln bis über Glaevum-Gloucester hinaus die Altbritannia außerhalb von Wales und N.-England speziell beschützte, ist dagegen nur fragmentar. in → Lindum und Glaevum, in einigen Einzelheiten in → Margidunum bei Nottingham sowie durch Luftphotos archäolog. erfaßt worden.

Der geniale Stratege Hadrian gab die *fosse* als unnötig mit Recht auf, ließ aber mit größter Vorsicht alle Wehrbauten radikal vernichten, die zukünftigen Rebellen Vorteile bringen konnten. Sein neuer »Wall« in N.-England, von der Irischen zur Nordsee in etwa 3 Experimentalstufen technisch ausgeführt, war strategisch ein Meisterwerk, da die Versorgungslinien von Newcastle bis zum Solway über die Großfestung Eburacum-York zum brit. Kanal- und Straßennetz für kurz- und langfristige Truppen- und Materialtransporte außerordentlich günstig waren. Dagegen war der eine Generation jüngere »Wall« des Antoninus Pius in Südschottland zwar kürzer, aber für Nachschub zuweit vorgetrieben und darum nur unter kurzlebigen Spezialumständen strateg. zu halten. Das spätröm. Litus Saxonicum wurde als Küstenergänzung des »Hadrianswalles« unabweisbar, sobald Roms Seeüberlegenheit auf dem Atlantik unwiderbringlich fraglich geworden war. Einfälle kelt. und germ. Piraten und Bauernkrieger wurden hier durch ein sorgfältig geplantes Netz von kleinen Küstenfestungen mit Hilfe des brit. Straßensystems elastisch und erfolgreich bis ins 5. Jh. aufgefangen. F. M. H.

Vgl. mit Vollbibliogr. RE Art. Margidunum. Limes, RE XIII 615–634. Oxf. Cl. Dict. s. v. Limes, Wall of Antoninus, Wall of Hadrian, Litus Saxonicum. *W. Bonser* A Romano – British Bibliography (1964), Nr. 553/58, 761/773, 855/63. 7107/21. 7453–8064. 8797–8858. *R. G. Collingwood – R. P. Wright* The Rom. Inscr. Brit. I (1965), Ind. s. v. Antonine Wall, Hadrian's Wall. *Frank* ESAR, Ind. s. v. Wall (Hadrian's, Antonine's). *I. A. Richmond* Rom. Britain² (1963), Kap. I. *D. A. White* Litus Saxonicum (1961). *Sir G. Macdonald* The Roman Wall in Scotland² (1934). *A. S. Robertson* The Antonine Wall (1960). *K. A. Steer* The Antonine Wall, 1934–1959. JRS 50, 1960, 84f. *E. Birley* Research on Hadrian's Wall (1962). *I. A. Richmond* Handbook to the Roman Wall (1957). *F. Oswald* Margidunum (1927). *A. C. Wood* A History of Nottinghamshire (1947) 3f.

VI. L. an der Grenze im Orient. Die Orientgrenze des röm. Reiches hat sich durch wechselvolle Kämpfe mit den Parthern und Persern ebenso oft verändert wie Ausdehnung, Zahl und Einteilung der ö. Provinzen. Die Lage vieler in der Überlieferung genannten Standorte röm. Truppen ist unbekannt. Wieweit sie zu einem bestimmten Grenzverteidigungssystem, einem l., gehörten, ist schwer zu ermitteln. Bei dem häufigen Besitzwechsel der Grenzlandschaften sind Reste befestigter Bauten nicht immer mit Sicherheit den Römern oder ihren Gegnern zuzuschreiben. Fortlaufende Grenzsperren mit einem Graben, Wall oder Mauer oder Palisaden sind im Bereich des Orients bisher nicht gefunden worden.

A. Der Abschnitt vom Schwarzen Meer bis zum Euphrat: Kappadokien und Kleinasien. Cn. Domitius Corbulo legte 63 n. Chr. an der N.-Küste Kleinasiens vom Halys bis zum Kaukasus und an der armen. Grenze Truppen in Kastelle. Tac. hist. 2,6: *Cappadocia Pontusque et quidquid castrorum Armeniae praetenditur*. Von Vespasian bis zum Anf. 4. Jh. lief die Grenze von Trapezunt über Satala (seit Hadrian Standort der leg. XV Apollinaris) im oberen Lykosgebiet, dann über die hohe Wasserscheide zwischen dem Lykos und dem oberen Euphrat nach Zimara und folgte dem Euphrat über Melitene (Standort der leg. XII Fulminata) bis Samosata. CIL III 306. An der Küste von Trapezunt bis Dioskurias-Sebastopolis lagen mehrere Kastelle, eines am Phasis beschreibt Arr. per. p. E. 9,3. F. CUMONT Stud. Pont. 2, 1906, 328f. 343f.

B. Mesopotamien und Syrien. Die für dieses Gebiet von R. DEVREESSE Le patriarcat d'Antioche depuis la paix de l'église jusqu'à la conquête arabe, 1945, 270f., Anm. 1 vorgeschlagene Dreiteilung des L.-Begriffs in Militärgrenze, polit. Grenze und Grenzzone bzw. Grenzgrabensystem ist überspitzt. RUBIN 490,815. Als Militärgrenze sieht DEVREESSE den von Sextus Rufus brev. 14 erwähnten l. orientalis Traians und den l. Diokletians, beide jenseits des Tigris an. Bisweilen gab es durch Kastelle geschützte *regiones Transtigritanae*. Amm. 25,7,9. Als polit. Grenze faßt er den l. von Palmyra auf. Malal. 426. Bei den kurzfristigen Erwerbungen Traians in Mesopotamien ist es unwahrscheinlich, daß hier ein ausgebauter l. bestand. Dagegen entwickelt sich seit Traian und bes. unter Septimius Severus ein als l. ansprechbares, tief gegliedertes Verteidigungssystem aus Heerstraßen und Lagern an der SO.-Grenze Syriens von Bostra, der Hauptstadt der Provinz Arabien, herauf bis Amida, der Zentralfestung Armeniens. Die festen Stützpunkte waren Damaskus, Palmyra, Sura, Kirkesion an der Mündung des Chaboras, Thannuris (RUBIN T. 13a), Singara und Nisibis. Empfohlen wurde dieser Verteidigungsl. durch natürliche Hindernisse, durch das Gebirgsmassiv des Dschebel Hawrân und die Kette des Dschebel Rowâq zwischen Bostra und Palmyra, den Dschebel Bisri von Palmyra bis zum Euphrat, den Euphrat zwischen Sura und Kirkesion, dann den Fluß Chaboras und den Dschebel Singar von Kirkesion bis zum Tigris. Diokletian baute den Grenzschutz großzügig aus, legte am l. Kastelle »von Ägypten bis zur Persergrenze« an und setzte in sie Grenzer *(limitanei)* ein. Malal. 308,17ff. Er versah Kirkesion mit hohen Mauern und Türmen, als er die inneren Grenzverteidigungslinien *(interiores limites)* in Ordnung brachte. Amm. 23,5,2. Der »innere L.« dürfte die militär. und polit. Grenze des Staatsgebietes darstellen, der »äußere L.« umfaßte nur die Polizeistationen, vorgeschobene Wüstenforts, deren Aufgabe nicht intensive Herrschaft, sondern extensive Überwachung der Weideplätze und Wasserstellen der nomad. Stämme vor der Reichsgrenze und die Nachrichtenübermittlung war. Bes. wichtig war als Hauptrückhalt des Verteidigungsnetzes die mit Meilensteinen ver-



sehene *strata Diocletiana* (RUBIN T. 14a), die von Sura (RUBIN T. 14c. d.) über Resapha (Sergiopolis, RUBIN T. 13c) und Palmyra nach Bostra führte. CIL III 6717ff. 6721. Malal. 308,22. Ihr Verlauf wurde von POIDEBARD durch Flugzeugaufnahmen und Unt.-en an Ort und Stelle festgestellt. Nach den Acta ss. Sergii et Bacchi, Anal. Bolland. 14, 1895, 375ff. wurde Sergios unter Maximinus Daia (305–313) von Sura ἐν τοῖς λιμέτοις über Tetrapyrgia 18 Millien nach Resapha geschleppt, das nach ihm Sergiopolis benannt wurde. Der Hl. Alexander Akoimetos gelangte Anf. 5. Jh. vom Euphrat διὰ παντὸς τοῦ λιμίτου nach Palmyra. Die Gegend s. von Palmyra wurde noch um 540 die *strata chora* genannt. Prok. b. Pers. 2,1,1ff. Ein bes. bedeutender Straßenkreuzungspunkt war Chalkis. Hier trafen sich, wie die Tab. Peut. und das Itin. Anton. zeigen, 6 Hauptverkehrsrouten, Antiocheia–Hierapolis, Apameia–Hierapolis über Bersera, Antiocheia–Palmyra, Kyrrhos–Apameia, Kyrrhos–Epiphaneia und Kyrrhos–Seriane–Emesa. Das Gebiet s.ö. von Chalkis zwischen dem Orontes, den Bergen von Palmyrene und dem Euphrat wurde durch ein Netz von Straßen und festen Plätzen gesichert, die R. MOUTERDE und A. POIDEBARD zum größten Teil durch Flugbilder entdeckten. Die zur Grenze stoßenden Vormarschstraßen wurden durch Rochadestraßen gekreuzt, deren wichtigste Ausgangspunkte Barbalissos und Sura waren. An den zumeist markierten Sandwegen, die bisweilen durch Kunstbauten abgelöst wurden, lagen größere und kleinere Etappen in festen Abständen von 15, 30 und 45 km. Dieser Hauptabschnitt des oriental. L.-Systems, der Antiocheia am Orontes gegen Einfälle der Parther und Perser deckte, wird bei Malal. 295f. für das J. 256 als τὸ λίμιτον Χαλκίδος erwähnt. Er wurde von Diokletian und später von Iustinian planmäßig ausgebaut. A. POIDEBARD La trace de Rome dans le désert de Syrie. Le L. de Trajan à la conquête arabe. Recherches aériennes 1925–1932. 1934. W. ENSSLIN Zur Ostpolitik des Kaisers Diokletian, SBAW 1942, 1,66ff. R. MOUTERDE–A. POIDEBARD Le L. de Chalkis, organisation de la steppe en haute Syrie Rom., 1945. Weitere Lit. bei B. RUBIN Justinian 1, 1960, 490f. Anm. 815ff. Zu dem l. Palaestinae A. ALT Ztschr. Dtsch. Paläst. Ver. 71, 1955, 82ff. S. APPLEBAUM The initial date of the L. Palaestinae, Zion (A Quarterly for Research in Jew. Hist., Jerusalem) 27, 1962, 1ff. findet in der starken Militärkolonie von 3000 Idumäern, die Herodes 9 v. Chr. in der Trachonitis (Ios. ant. Iud. 16,285) ansiedelte, und in weiteren Krongütern zwischen Rapha und dem Toten Meer die Vorstufe des l. Palaestinae. M. AVI-JONAH The date of the Limes Palestinae, Eretz-Israel (Arch., hist. and geograph. studies) 5, 1958, 135ff. setzt den l. in die Zeit Diokletians.

C. Arabien. Als l. im weiteren Sinn kann die Straße gelten, die das im J. 105 besetzte Nabataerland von N. nach S. durchzog. Auf ihren Meilensteinen wird sie allerdings nur als *via* bezeichnet: DESSILS 5834. Ungefähr ihr parallel gab es auf der O.-Seite der Provinz Straßen- und Befestigungslinien, die wohl die wechselnden Grenzen zwischen dem besiedelten Provinzialgebiet und der Wüste markierten. Das ganze Binnenland war um die Mitte des 4. Jh. *castris oppleta validis et castellis, quae ad repellendos gentium vicinarum excursus sollicitudo pervigil veterum per opportunos saltus erexit et cautes.* Amm. 14,8,13. Im n. Teil zwischen Bostra und Philadelphia lagen ö. der Traiansstraße als vorgeschobene Posten Motha (Imtân, CIL III 109f. Not. dign. or. 37 Standort der *equites scutarii Illyriciani*), das Kastell von Deir el-Kahf (CIL III 14380ff. aus den J. 306 und 367–375) und der *burgus* von Umm el-Djemal (CIL III 88. BRÜNNOW-DOMASZEWSKI 2,27). An der Via nova selbst befanden sich nach der Liste Not. dign. or. 37 Truppen in Thainatha, Adittha und Gadda. S. von Philadelphia zweigte von der Traiansstraße ein ö. Straßenzug ab, der über das Kastell el-Kastal und das Lager el-Leggun (der Name entspricht dem röm. *legio*, dort Standort des *praefectus legionis IV Martiae Betthoro*, Not. dign.) bis Ma'âb (Maan, s.ö. von Petra) führte und in der Fortsetzung bis an das Rote Meer noch nicht bekannt ist. Das unter Diokletian (292/305) 66 km s. von Philadelphia errichtete Kastell von Kasr Bser (CIL III 14149) lag neben einem großen Wasserreservoir, das *castra praetorii Mobeni* hieß, zunächst also eine Wegstation war, wie Nero sie z. B. in Thrakien anlegen ließ (CIL III 6123 *tabernas et praetoria per vias militares fieri iussit*). Die Wachttürme standen meist seitlich von der Straße auf Kuppen oder Bergvorsprüngen, auf einer n. von el-Leggun wurden 28 Türme in Abständen 14 km langen Strecke von 0,3–3,1 km festgestellt. Als einzige Legion befand sich in der älteren Zeit die legio III Cyrenaica in Bostra; durch Diokletian erhielt der langgestreckte l. nach el-Luggun die legio IV Martia. R. E. BRÜNNOW–A. VON DOMASZEWSKI Die Provincia Arabia 1–3, 1904–1909.

VII. L. in den afrikan. Provinzen. Der l. der afrikan. Provinzen zeigt 3 typ. Formen der Grenzsicherung, die je nach der Bodenbeschaffenheit wechselnd angewandt wurden: 1. das → *fossatum*, den Graben, der von einer Mauer, einem Wall oder Türmen begleitet wird, 2. einzelne Forts, die vor oder hinter dem *fossatum* liegen, 3. ein nach strateg. Gesichtspunkten ausgespanntes Straßennetz. Der l. ist also in Afrika nur selten linear gezogen, sondern meist als ein tief gegliedertes System errichtet worden. Eingehend und zusammenfassend ist bisher nur der l. in Numidien, das → *fossatum Africae*, untersucht worden; für die übrigen l. liegen mehr oder weniger umfangreiche Ergebnisse vor. Einen Gesamtüberblick über das Vorrücken der röm. Grenzen und der l.-Formen gibt Ch. A. JULIEN Hist. de l'Afrique du Nord 1951, 133ff.



A. Mauretanien: Dieses Gebiet wurde 42 n. Chr. durch Claudius in die Provinzen Mauretania Tingitana (MT) und Mauretania Caesariensis (MC) geteilt, die der Mulucchafluß trennte. Cass. Dio 60,9,5. Die von Augustus an der Küste angelegten Veteranenkolonien wie das Municipium Tingi und die von Claudius hinzugefügten Kolonien, das Oppidum novum und das Municipium Volubilis, wurden später – wie CARCOPINO vermutet, nach 144 n. Chr. – durch den l. Tingitanus gegen die Gaetuler geschützt. Etwa 6 km s. von Rabat und der röm. Kolonie Sala (Chella-Rabat) wurde in dem verlassenen Kanal Seghiat el Faraoun ein Grenzgraben entdeckt, der dem in Numidien gefundenen fossatum Africae entspricht. Dieser Graben mit seinem Wall konnte mehr als 20 km in das Innere verfolgt werden. Zahlreiche Kastelle, meist aus spätröm. Zeit, legen den weiteren Verlauf der Grenze z. B. 4 km s. von Volubilis fest und verlängern sie über das h. Meknes und Fes. Zwischen Bou Hellou (15 km ö. von Taza) und dem Posten des *numerus Syrorum* (Lalla Marnia) fehlen solche Merkmale für eine Strecke von 200 km. Daher ist es noch nicht beweisbar, daß der l. Tingitanus mit dem l. der MC verbunden war, doch ist der Übergang in das Nachbarland sehr wahrscheinlich, da beide Provinzen unter einer Verwaltung standen und die beiden l. sich in der Anlage gleichen. JULIEN 138. 306f. J. CARCOPINO Le Maroc ant.[3], 1943, 243 (Karte). In der Provinz MC besichtigte Hadrian 128 an der W.-Grenze Numidiens in Zarai ein Auxiliarkastell. DESSILS 2487. Von dort lief eine Straße über Auzia, Rapidum und Tasacorra zu dem Posten *numerus Syrorum*, ihr könnte der früheste l. der MC gefolgt sein. Von Commodus bis Gordian drangen die Römer nach S. vor, viele durch Meilensteine oder Itin. bezeugte Straßen können als Teile eines 2. l. aufgefaßt werden. Musterbeispiel ist etwa die Straße von Usinaz über Cohors Breucorum nach Altava mit Meilensteinen des Septimius Severus und seiner Söhne. Da in der Inschr. DESSILS 5850 *miliaria nova* (*novae* CIL VIII 22602ff.) *praetenturae poni iusserunt* die *praetentura* Schutzwehr oder fortlaufende Grenzsperre bedeutet, war die Straße wie ein l. auf ihrer Außenseite durch Palisaden oder Flechtzäune gedeckt. Je nachdem man das überl. *nova* oder *novae* der Inschr. vorzieht, bestand die Anlage bereits vorher oder wurde die Schutzwehr erst damals angelegt. CARCOPINO 240 nimmt den Lauf dieses l. von Auzia (Aumale) nach Numerus Syrorum (Lalla Marnia) über Rapidum (Masqueray), Usinaz (Saneg), Cohors Breucorum (Henchir Souik), Ala Milliaria (Benian), Lucus (Timzouine), Tasaccora (Chanzy), Altava (Lamoricière) und Pomaria (Tlemcen) an.

B. Africa proconsularis und Numidien. Vor dem Eingreifen der Römer war das eigentlich karthag. Gebiet in Afrika von dem der unterworfenen Libyer durch Grenzgräben getrennt. 202 v. Chr. forderte Scipio, die Karthager sollten die Besatzungen aus allen Städten außerhalb der phoinik. Gräben (*τῶν Φοινικίδων τάφρων ἐκτός*) zurückziehen. App. Lib. 54,235f., dessen Quellenwert F. Gschnitzer, WS 79, 1966, 286,24 bezweifelt. 146 wurde das karthag. Gebiet röm. Provinz unter einem Prokonsul (Africa proconsularis) und von Numidien durch den Grenzgraben getrennt, der nach den numid. Königen *fossa regia* hieß. Der durch die gefundenen Termini festgestellte Lauf der *fossa regia* war vielfach nach dem Gelände gewunden. Von der Mündung des Tusca nahe des Hafens Thabraca (Tabarka) ging der Graben nach SO., ließ Vaga (Béja), Thubursicu Bure (Téboursoute) und Thugga (Dougga) ö. liegen, bog dann nach O. zum Dschebel Fkisin und endete wenig s. von Thaenae an der kleinen Syrte. Plin. nat. 5,22.25. CIL VIII 25860. 25967. R. Cagnat, A. Merlin, L. Chatelain Inscr. lat. de l'Afrique, 1923, 496. A. Merlin Inscr. lat. de la Tunesie, 1944, 623f. 1293. Diese Grenze schied 46 v. Chr. das als Provinz Africa nova eingerichtete Numidien von der provincia vetus und wurde 75 n. Chr. durch Grenzsteine markiert. DessILS 5955. Add. p. 186: *ex auct. imp. Vespasiani* . . . *fines provinciae novae et veter. derecti qua fossa regia fuit per Rutilium Gallicum* . . . Karte bei W. Barthel, BJ 120, 1911, T. 1. Ch. Saumage, RAL 6 Vol. 4, 1928, 451ff. T. 1. Julien 106. Die Reichsgrenze wurde allmählich durch Straßen- und Kastellbauten vorgeschoben. Nach den Meilensteinen (CIL VIII 10018. 10023) war die *via ex castris hibernis Tacapes* 14/15 n. Chr. ausgebaut. Sie führte von dem Lager der leg. III Augusta (in Ammaedara, später in Theveste) s.ö. über Thelepte (Medinet-Kedime) nach Capsa (Gafsa), dann s. bis Aquae Tacapitanae (El Hamma) und scharf ö. nach Tacape (Gabes) und war seit 17 n. Chr. Operationsbasis für den Krieg gegen Tacfarinas. 83/84 wurde unter Iavolenus Priscus eine Zweigstraße von El Hamma nach Turris Tamalleni (Telmine in Tripolis) gebaut. Unter den Flaviern wurde die Grenze von Africa nova bis zu den Schotts el-Dscherid und el-Gharsa vorgeschoben; der Isthmus zwischen ihnen wurde 97 durch den *castellus Thigensium* bewacht. CIL VIII 23165/66. Von Theveste (Tebessa) lief n. des Mons Aurasius eine Straße westwärts über Mascula und Thamugadi nach Lambaesis, wohin die leg. III Augusta verlegt wurde. 105 n. Chr. wurde s. des Aurasiusgebirges die Straße zwischen den Stützpunkten Ad Maiores, Ad Medias, Ad Badias und Bercera (Biskra) erbaut und der Rand der Wüste erreicht. CIL VIII 2478. 17971. Der über 50 km breite Grenzstreifen, der durch das Straßennetz, die Lager, *burgi* und Türme geschützt wurde, bot durch Bewässerungsanlagen und landwirtschaftliche Siedlungen den Grenztruppen trotz des schwierigen Klimas Lebensmöglichkeit. Er wurde zusätzlich durch die linearen Grenzbauten des *fossatum* gesichert. Beide Grenzformen, *fossatum* und l., werden dreimal nebeneinander in einer auf Afrika bezüglichen Konstitution des Theodosius vom J. 409 erwähnt. Cod. Theod. 7,15,1. Die ersten Überreste des *fossatum* mit einer Länge von etwa 60 km entdeckten S. Gsell und J. Guey Mél. Boissier, 1903, 227ff. Mél. d'archéol. et d'hist., 1939, 178f. s. von Biskra auf der S.-Seite des Wadi Djedj in der Seguia (arab. für Kanal) Bent el Kras. Der Graben lief parallel zu dem Wadi in einer Entfernung von 4–5 km, war etwa 10 m breit und die Erde war n., z. T. auch s. von ihm ausgeworfen. Der so gebildete niedrige Wall (1–1,50 m) war bisweilen mit Mauerwerk verstärkt. Unmittelbar hinter dem n. Wall fanden sich in Abständen von 1 km auf Schutthügeln Reste von Wachttürmen. Zwischen dem *fossatum* und dem Wadi lagen Kastelle, so 2,5 km hinter dem Graben El Kasbat = Gemellae, das im 3. Jh. von einer *vexillatio milliaria* der leg. III Augusta besetzt war. DessILS 531. Verschiedene, bis zu 150 m breite Unterbrechungen dürften Durchlässe für Karawanen gewesen sein. J. Baradez hat durch 275 Luftbilder und durch Grabungen das *fossatum* für eine Strecke von 750 km ermitteln können. Vereinzelt fanden sich Stützpunkte in der vorgelagerten Wüste. Die breite Zone hinter dem *fossatum* verrät in der Art der militär. Anlagen ihre zeitliche Entwicklung. Da der Kastelltypus der mittleren Kaiserzeit in Gemellae und Ad Maiores begegnet, wird schon Hadrian 127 mindestens in dem Abschnitt von Gemellae, d.h. am Wadi Djedj, mit dem linearen System des *fossatum* begonnen haben. J. Baradez Mél. offerts à J. Carcopino, 1966, 55ff. 58,1. Aus der Z. der Tetrarchie unter Diokletian stammen die Kastelle mit scharfen Ecken, vorspringenden Türmen und an die Mauern angebauten Kasernen, z. B. in Bourada (Baradez 88 B) und Aquae Herculis (Baradez 223 B). Die Reihe der Lager und Festungen zog sich bis zu den Hodnabergen an die Grenze von Mauretanien hin. Hadrian ließ viele Verbindungsstraßen anlegen, von Rapidum (Masqueray) nach Auzia (Aumale), von Sitifis (Sétif) nach Saldae (Bougie), von Lambaesis nach Karthago über Theveste (Tebessa), wahrscheinlich von Lambaesis nach Gemellae über Calceus, von Calceus über Zarai nach Sitifis und von Zarai nach Auzia. Die Severer brachten syr. Truppenkontingente von Palmyra und Emesa. 198 wurde Castellum Dimmidi (Messad) errichtet, und unter Alexander Severus wurden *limitanei* am Rande der Sahara eingesetzt. G. Ch. Picard Castellum Dimmidi, 1947. J. Baradez Fossatum Africae. Recherches aériennes sur l'organisation des confins sahariens à l'époque rom., 1949. J. Carcopino Jour. d. sav., 1949, 133ff. W. Schleiermacher Saalburg-Jb 13, 1954, 69f. J. Baradez Réseau routier de commandement, d'administration et d'exploitation de la zone arrière du l. de Numidie, in Limesstudien, Schrift. des Inst. f. Ur- und Frühgesch. der Schweiz 14, 1959, 19ff. T. II–VII.

C. Der l. Tripolitanus. Der Name wird im Itin. Anton. und in der Bauinschr. von dem unter Gallienus 262 n. Chr. erbauten Lager Tabalati genannt. DessILS 8923. Der l. zog sich fast 1000 km von W. nach O., vom Turris Tamalleni (Telmine) in Tunesien bis zu den Arae Philaenorum im großen Syrtebogen hin. Eine lineare Form des l. ist hier nicht nachzuweisen. Wall und Graben begegnen nur in geringer Länge als Straßen- oder Talsperren. Der 300 km lange Abschnitt vom Salzsee Sebcha Tauorga bis Arae Philaenorum ist noch nicht erforscht. Im 1. Jh. der Kaiserzeit führte eine Straße längs der Küste. CIL VIII 10016. Militär. Anlagen sind erst von Septimius Severus ab nachweisbar. Das Itin. Anton. 73,4 kennt den Inlandweg, der von Tacape (Gabes) bis Leptis Magna führte *(iter quod limitem Tripolitanum per Turrem Tamalleni a Tacapis Lepti magna ducit)*. Er schützte die reichen Küstenstädte Sabratha, Oea und Leptis, die 3 Endpunkte bedeutender Handelsstraßen, die in den Fezzan, das Reich der Garamanten, führten, und das landwirtschaftlich reiche Gebiet des tripolit. Dschebels mit den Ölbaumkulturen gegen Einfälle barbar. Stämme aus dem S. Von seinen Stationen sind Vezereos, das 244/46 unter Philippus errichtete *centenarium* von Gasr Duib, Thenadassa (Ain-Wif) und Mesphe (Medina Doga) bekannt. Cagnat-Merlin-Chatelain Inscr. lat. d'Afrique 26 ff. Der l. war in lokale Zonen eingeteilt, so gab es den *l. Tentheitanus*, der, inschr. und in der Not. dign. erwähnt, eine *regio partita* hatte. Im Vorfeld kontrollierten große Forts die alten Handelswege nach dem S. Die Lücken zwischen den Kastellen konnten leicht gesperrt werden, da ihre Durchquerung von wenigen, leicht zu überwachenden Wasserlöchern abhängig war. Unter Caracalla und Alexander Severus wurde die Verteidigungszone weiter ausgebaut, der Mittelabschnitt zwischen dem Dschebelrand und der Linie Gheriat-Bu-Ngem durch zahlreiche mit Wehrbauern besetzte Siedlungen verstärkt. O. Brogan-D. Smith, JRS 47, 1957, 173 ff. Romanisierte Libyer übernahmen als *limitanei* die Verteidigung. Das seltene Vorkommen offizieller Inschr. nach 276 beweist nicht die Aufgabe des l. durch Diokletian, sondern erklärt sich aus der Eigenart der Verteidigung durch nur wenige Truppen und nichtröm. Milizbauern. A. di Vita Il limes rom. di Tripolitania nella sua concretezza archeol. e nella sua realtà storica, Libya Antiqua 1, 1964, 65 ff. Als die Vandalen die tripolitan. Küste besetzten, wurde die Limeszone merkwürdigerweise nicht in den neuen Staat einbezogen und blieb unbehelligt. Auch als Byzanz die Vandalen vertrieb, wurden die Verteidigungsanlagen im S. erst spät reorganisiert. R. G. Goodchild-J. B. Ward Perkins, JRS 39, 1949, 85, Fig. 15 (Karte). R. G. Goodchild, JRS 40, 1950, 30 ff. H. Weiss Der ant. Fezzan – das Glacis des L. Tripolitanus, JÖAI 44, 1959, Beibl. 167 ff. Karte 83.

D. Cyrenaica. Im Gegensatz zu der Strategie der vorgeschobenen Grenzen in Algerien und Tripolitanien suchten die Römer in der Cyrenaica nur die Küstenzone, die von Arae Philaenorum sich bis Sollum erstreckte, gegen Einfälle aus dem Landesinnern zu verteidigen. Die in hellenist. oder frühröm. Z. mit Mauern umgebenen Küstenstädte wie Berenike (Benghazi), Taucheira, Ptolemais, Kyrene u. a. wurden untereinander durch eine Straße verbunden und zwischen ihnen Forts wie Corniculanum (Agedabia, SEG 9, 1944, 773 ff.), Tailimun u. a. angelegt. Das schmale Gelände vor dieser Kastellkette bis zur libyschen Steppentafel wurde durch zerstreute Festungsanlagen in mannigfachen Bautypen (Goodchild Fig. 17–21) gesichert. In dem Abschnitt Ptolemais-Kyrene-Darnis umringten solche Posten das Hochplateau selbst. Später wurden Wachtürme mitten in den bebauten Feldern nahe bei den großen Städten errichtet. Vom 5. Jh. ab war die ganze schmale Provinz ein l., d. h. eine mit vielen hundert Festungen übersäte Grenzmark. R. G. Goodchild, JRS 43, 1953, 65 f.; Karte S. 66 Fig. 15.

E. Ägypten. Für Äg. wird bis zur byzantin. Z. ein l. nicht erwähnt. Die röm. Truppen lagen im Delta, an beiden Ufern des Nils bis Syene und zeitweilig in Unternubien, ferner im W. in der großen und kleinen Oase und im O. in Arsinoe, Taubastum, Sele und in Rhinocotura an der Küste.

F. Die Grenzverteidigung der afrikan. Provinzen nach der Z. Diokletians. In dieser Z. wird das Wort l., das zunächst einen Abschnitt der Reichsgrenze bezeichnet, auch für einen bestimmten Kommandobezirk verwandt, der nicht im Grenzgebiet liegt. Nach der Not. dign. occ. 31, die wohl E. 4. Jh. zusammengestellt wurde, gab es in der provincia Tripolitana 12 praepositi der nach Kastellen oder Vororten benannten L.-Abschnitte, so den praepositus limitis Talalatensis, den pr. limitis Tenthetanni, den pr. limitis Bizerentani usw. Die Namen decken sich z. T. mit den Stationsbezeichnungen des Itin. Anton. und zeigen, daß der Lauf des l. Tripolitanus damals unverändert war. Not. dign. occ. 25 führt unter dem comes Africae 16 praepositi der limites auf, die Vororte des l. Thamalensis, Gemellensis u. a. entsprechen den bereits genannten Posten Turris Tamalleni, Gemellae u. a. Einige l. wie der l. Bidensis und der l. Taugensis gehören zum Küstenland. Nach Not. dign. occ. 30 unterstand dem comes Africae auch ein Teil der L.s der Provinz MC. Der dort erwähnte l. Audiensis, benannt nach Auzia, lag im Binnenland. Steine mit der Aufschrift *limes pr(ovinciae) Afri(cae)* und *limes Maur(etaniae)* markierten die Grenze der Provinzen wie früher die Termini der *fossa regia*. CIL VIII 20817 f. In Not. dign. occ. 26 über die provincia Tingitana fehlt das Wort l., die dort aufgezählten Abteilungen der *limitanei* hatten ihre Standorte an der O.-Küste oder im Innern. In Äg. gab es den comes limitis Aegypti. Not. dign. or. 28. Daneben begegnet die Amtsbezeichnung Dux limitis Thebaici. WILCKEN Chrestom. 1,1,75. 2,12. Das nub. Grenzgebiet wird in arab. Zeit τὸ Λίμιτον genannt. WILCKEN 1,1,90. 232. E. KORNEMANN, Klio 9, 1909, 502. Das Bemühen der byzant. Z., die Grenzanlagen wieder herzustellen, bezeugen Cod. Theod. 7, 15,1 *(propter curam munitionemque limitis atque fossati)* und bes. Cod. Iust. 1,27,2,4 ff., nach dem alle Gegenden besetzt werden sollten, *in quibus uniuscuiusque provinciae antiquus limes constitutus erat.* H. V.

**Limia.** Küstenfluß s. vom Miño = h. Lima (Name kelt. nach HOLDER s. v.); genannt bei Mela 3,10. Plin. nat. 4,112. Ptol. 2,6,1. Andere Namen: Λιμαίας Strab. 3,153. Plin. nat. 4,115 (112). *Oblivio* Mela 3,10. Plin. nat. 4,115 (112). Flor. 1,33,12 u. ö. Λήθης Strab. 3,153. App. Ib. 301. 304. Sil. 1, 236. 16,476 u. ö. Βελιών Strab. 3,3,3,4. *Aeminius* Plin. nat. 4,115 (112). Alte und neue Erklärungen dieser Vielfältigkeit des Namens bei AD. SCHULTEN Iber. Landeskde. 1, Strasbourg/Kehl 1955, 353 f. Über eine vermutete Stadt Limia und die Anwohner des Flusses, die lusitan. Limici, s. RE XIII 671. Über die Quellen s. Font. Hisp. Ant. IV 136. VI 204. VIII 220. 226 (Barc. 1937. 1952. 1959). R. G.

**Limitanei.** Die Bezeichnung l. (λιμιτάνεοι) ist zuerst für 363 n. Chr. (Cod. Theod. 12,1,56) nachweisbar, im 5. und 6. Jh. n. Chr. für das spätröm. Besatzungsheer im Gegensatz zum Feldheer, den → *comitatenses*, allg. gebräuchlich. Doch traf die darin zum Ausdruck kommende örtliche Beziehung bloß teilweise zu (GROSSE 66) wie bei der wahrscheinlich urspr. Benennung als *ripenses* (Cod. Theod. 7,20,4) oder *riparienses* (H. A. 26,38, 4. Not. dign. or. 39,28) oder *in ripa constituti* (Cod. Theod. 7,13,7,3). Andererseits lagen im 5. Jh. auch Truppenkörper des Feldheeres in Grenzprovinzen (Cod. Iust. 12,35,18. BRGK 18, 1928, 92 ff.). Dieses Besatzungsheer bestand nach der Not. dign. aus mehr als 41 Legionen (→ legio), 44 Auxilien (→ auxilia) und 105 Kohorten (→ cohors) Infanterie und 47 cunei, 121 equites (→ equites militares – singulares) und 65 alae (→ ala 2) Kavallerie, wozu noch die Flotten und die Kontingente der Klientelfürsten kamen (GROSSE 70 ff. 80 ff.). Die l. waren in → castra oder → castella oder in loca verteilt (Cod. Iust. 1,27,2,8), unterstanden duces (→ dux) und waren seit dem 4. Jh. seßhafte Wehrbauern. Für den Besitz an ihren steuerfreien und außerhalb der städt. Gemeinde stehenden *fundi limitotrophi* bildete der Wehrdienst die Grundvoraussetzung (GROSSE 65). Die Entstehung dieses Wehrbauerntums, die schon im 2. Jh. n. Chr. begann (→ exercitus, → castellum 1,2), – doch nicht in dem Sinne, daß die Soldaten, wie man lange annahm, mit der Erteilung der Heiratserlaubnis durch Sept. Sev. bereits Ackerpächter und Grenzer geworden wären (AAWW, ph. h. Kl. 1951, 18,



223 ff.) – ist weithin nicht geklärt (GROSSE 63 ff.). A. N.

*R. Grosse* Röm. Militärgesch. 27. 63 ff. 275 f. *Krom.-Veith* 481. 578 ff. *Rostovčev* GuW 2,136 ff. 138 ff. 140 f. 217 ff. AAWW ph. h. Kl., 1949, Nr. 1, 1951, Nr. 18,206 ff. *D. v. Berchem* L'armée de Dioclétien et la réforme constant., Par. 1952, Zschr. der Karl-Marx-Univ. Lpz. 3. 1953/54, 289 ff. Hist. 4, 1955, 284 ff. *M. Ramsay* Soldier and civilian in the later Rom. emp., Cambr. Harv. 1963, Harv. hist. monogr. 52, RE Suppl. XI.

**Limitation.** Vermessung des Bodens durch sich rechtwinklig schneidende → *limites* wurde bei Koloniegründungen oder Einzelanweisungen von Land (Viritanassignation), bei der Konstituierung von → Municipien, Praefecturen und Fora, beim *ager publicus*, bei neuerworbenem oder zum Verkauf stehendem Provinzialboden, kaiserlichen Domänen angewendet und war meist Ausweis der jurist. Bodenqualität, begegnet aber auch sonst.

Das zu limitierende Gebiet wurde von den → Feldmessern vermittels der Hauptvermessungsachsen, des → *decumanus maximus* (DM, Y-Achse) und des → *cardo maximus* (KM, X-Achse) in 4 *regiones* geteilt. Das System sollte den Feldmessern zufolge nach den Himmelsrichtungen (namentlich nach W. oder O.) orientiert sein, wobei der Verlauf des DM maß- und namengebend war, in praxi folgte dieser der größten Ausdehnung des Geländes oder dem Verlauf einer durchs Territorium ziehenden wichtigen Straße. Entsprechend lag der KM an der breitesten Stelle. Nach ihrer Lage zu diesen Achsen, ob rechts oder links des DM und jenseits (oberhalb) oder diesseits (unterhalb) des KM hießen die 4 Regionen *dextra decumanum ultra cardinem* (DD VK), *sinistra dec. ultra card.* (SD VK), *dextra dec. citra card.* (DD KK), *sinistra dec. citra card.* (SD KK). Parallel zu den Hauptachsen und in gleichen Abständen wurden weitere *limites* gezogen. Nach dem Abstand und ihrer Lage zu DM und KM hießen sie *dextra decumanum primum* (DD I), *secundum* etc. bzw. *ultra cardinem primum* (VK I) etc. Der Kreuzpunkt der Hauptachsen, das Zentrum der Metation (→ *groma*), hieß DM KM, die Kreuzung von DD I mit dem KM folglich DD I KM. Demgemäß bedeutet DD III VK V den Schnittpunkt des 3. *limes* rechts des DM mit dem 5. *limes* oberhalb des KM. Als Schlußwinkel *(angulus clusaris)* des von diesen beiden *limites* begrenzten Quadrats (oder Rechtecks) gab er genau die Lage dieser Parzelle in der L. an und somit ihr den Namen. Da die *limites* normalerweise im Abstand von 20 → *actus* (710,4 m) verliefen, bildeten sie Quadrate von 200 → *iugera* oder 100 → *heredia*, die deshalb *centuriae* hießen. Doch finden sich andere Abmessungen und auch Rechtecke. Der DM und KM waren als öffentliche Straßen ausgebaut, ebenso jeder 5. *limes (quintarius* oder *actuarius)*, die übrigen *limites* erscheinen als Feldwege (*l. subruncivi* = mit der Hacke zu reinigen), als Gräben *(fossae limitales)* oder als Mäuerchen. Sie durften nicht überackert werden. Die Wege waren durch Rinnen gegen die Äcker abgesetzt. Die Wegbreite ging entweder von der jeweiligen *centuria* ab oder wurde gesondert gerechnet. Die Inneneinteilung der *centuriae* erfolgte nach der Größe der Landloose *(acceptae, sortes)* durch Vermessungslinien *(rigores, limites interiectivi)*, wobei auch *sortes* in 2 *centuriae* gelegen sein konnten. Der Verlauf der limites war durch Grenzsteine *(termini, lapides)* markiert. Sie waren entweder nur mit einem Richtungskreuz (→ *decussis)* versehen *(muti)* oder gaben nach dem oben geschilderten System den Kreuzpunkt der jeweiligen *decumani* und *cardines* an. Die *termini* waren als Säulen oder Quader gebildet und trugen die Beschriftung auf der Oberseite oder auf dem Schaft. Nicht selten war auch die ausführende Behörde genannt. In steinarmen Gegenden waren nur DM, KM und die *quintarii* abgesteint, sonst fanden Eichenpfähle *(termini roborei)* Verwendung, wie das gewöhnlich bei der Innenteilung der *centuriae* geschah. Der nicht der L. unterworfene Teil eines Territoriums hieß *ager extraclusus*, Gelände an der Peripherie, das keine volle *centuria* mehr ergab, sowie nicht assignierte Teile einer *centuria subsecivum*. Als *loca excepta* galten unebene, sumpfige Stellen, Überschwemmungsgebiete von Flüssen, Heiligtümer, Gräber etc.

Von jeder L. wurde eine Flurkarte *(forma)* angefertigt, die über den Verlauf der *limites*, die Lage der *subseciva* usw., die Namen der Empfänger von Landloosen und die Größe der *acceptae* Aufschluß gab. Sie existierte, oft in Erz eingegraben (daher auch *aes, tabulae aeris* genannt) in doppelter Ausfertigung: einmal in der betreffenden Gemeinde, das andere Mal im Archiv in Rom. Sie diente bei Rechtsstreitigkeiten als Hauptbeweismittel.

Alle die L. betreffenden Fragen waren bis ins Detail in den Ackergesetzen (so der Gracchen), in den die Kolonien oder Municipien konstituierenden *leges* geregelt und finden sich zahlreich in den Schriften der → Feldmesser. Erhaltene Reste von L. in Campanien, Gallia Cisalpina, Africa und sonstwo geben eine Bestätigung und Ergänzungen.

Neben der L., gelegentlich aber mit ihr kombiniert, steht eine Einteilung *per strigas* (Langrechtecke) und *scamna* (Querrechtecke). Statt ausgebauter *limites* finden sich lediglich Besitzgrenzen. H. Ch.

*E. Fabricius*, RE XIII 672ff. *A. Oxé*, BJ 143/44, 1938, 47ff. *F. Castagnoli* Diz. ep., 4,1379ff.

**Limnai** (*Λίμναι*). **1.** Stadtviertel in Athen mit altem Dionysos-Bezirk (Thuk. 2,15,4) in der Nähe der Akropolis, meist nach Dörpfeld, MDAI(A) 20, 1895, 167 identifiziert mit dem kleinen Dreiecksbezirk am Westabhang der Burg (Judeich Topogr. 291 ff.). Innerhalb der Mauern ein kleiner Tempel, Altar mit Stelenbettungen (MDAI[A] 36, 1911, 118 Abb. 1) für die Satzung des Limnaions,



und einer Kelter. Der Bezirk hat nur einen Eingang an der S.-Spitze und wurde nur an einem Tage, den Anthesterien, geöffnet (Deubner Att. Feste 93). Später überbaute das Bakcheion den Bezirk. W. Z.

*Hill* Anc. City of Athens 192f., Gesamtsituation Fig. 30.

**2.** L., eine Örtlichkeit in Messenien an der Grenze gegen Lakonien mit Heiligtum der Artemis Limnatis, zum Gebiet der zwischen Sparta und Messenien umstrittenen → Dentheliatis gehörend, Paus. 3,2,6. 4,31,3. Strab. 8, 362. Tac. ann. 4,43. IG V 1,1373–1378. Das Heiligtum lag im Gebirge n. von Kalamata am S.-Abhang des Gomovuno, zu unterscheiden von dem Heiligtum der Artemis Limnatis in der Grenzinschr. IG V 1,1431,37ff. weiter südl. Valmins Ansetzung bei Hg. Floros ist unmöglich. E. M.

1. *L. Roß* Reisen im Peloponnes, 1841, 4ff. 2. *Bölte*, RE III A 1312,67ff. 3. *N. Valmin* Etudes topogr. sur la Messénie ancienne 53f. 190ff.

**3.** L., Stadt der thrak. Chersonesos, Gründung Milets (Strab. 7,331, frg. 52. 14, 635), an der w. S.-Spitze der Chersonesos gelegen, wo ein Strandsee der Stadt den Namen gab. S. Kiepert FOA IX. Hekat. FGrH 1 F 164. Skymn. 705. Chr. D.

*Casson* Macedonia, Thrace and Illyria 219ff. *Kahrstedt* Beitr. zur Gesch. der Thraker. Chers. 1954, 16ff.

**Limnaia.** Talsenke am S.O.-Ufer des Golfs von Ambrakia, Pol. 5,5,14. 6,5. 14,2; im pelop. Krieg unbefestigtes Dorf, Thuk. 2,80,8. 3,106,2. Der namengebende See, h. Rivio, bei Xen. hell. 4,6,6–9, genannt. Im N. liegt bei Karvasaras (h. amtl. Amphilochia) eine ant. Akropolis, der Hauptort der Landschaft, entweder auch Limnaia genannt oder Herakleia. Ethnikon *Λιμναῖος* IG IV $1^2$, 95,8. IG V 1,29 = IX 1,$2^2$, 588 = Syll. $II^3$ 669, 9f., wohl auch EDelph 3,1,351,2. Syll. $II^3$ 553,4. E. M.

1. *E. Oberhummer* Akarnanien, Ambrakia, Amphilochien, Leukas im Alt. 37f. 212f. u.ö. (mit Karte). 2. *Ders.*, RE XIII 707. 3. *Rhomaios* Ἀρχ. Δελτ. 4, 1918, 114f. 4. *E. Kirsten* Die griech. Polis 58 mit Taf. 5. 5. *Philipps.-Kirst.* 2,328ff.

**Limnaion,** nur bei Liv. 36,13,9. 14,1ff. im Zusammenhang des Krieges gegen Antiochos III. im J. 192/1 v. Chr. genannt, damals von den Athamanen besetzt und kampflos an Rom angeschlossen; danach in der Nähe von Pelinnaion im N. der innerthessal. Ebene. Genaue Lage unsicher, wahrscheinl. auf dem isolierten Felsberg Petromagula 2 km n.w. von Kortiki. E. M.

1. *Fr. Stählin*, RE XIII 707f. 2. *Ders.*, Das hellenische Thessalien 83f. 130 A. 5. 3. *Philipps.-Kirst.* 1,61. 260 A. 2.

**Limyra.** Mehrfach, zuerst von Skyl. 100 (GGM I 74), dann von Strab. 14,666. Ptol. 5,3,3. Steph. Byz. s. *Λίμυρα* und *Ποδάλεια*. Plin. nat. 5,100 u.a. erwähnte Stadt im s. Lykien (n.ö. des h. Fineka) am Flusse → Limyros. In den Itinerarien *Limere* (K. Miller Itin. Rom. 708). Viele Inschr. TAM I 98ff. Mz. Head $HN^2$ 695. H. T.

*Ruge*, RE XIII 710/11 mit Lit. *A.Forbiger* HB. der alt. Geogr. 2,261. *H.Kiepert* Atl. ant., tab. V.

**Limyrike** (*Λιμυρική*). Landschaft an der Malabarküste (Ptol. 1,7,6. 7,1,8. 85. Peripl. m.r. 31f. 47. 51. 53f. 56f. 60. 64 [GGM 281ff.]), die im S. von *Νάουρα* begann und bis nach *Νέλκυνδα* reichte (peripl. m.r. 53). Schon vor Jahren (RE IX 1281) hatte man die inzwischen allg. akzeptierte Auffassung ([2],309,20) geäußert, das »Limyrike« des Textes sei in *Damirika* (vgl. die XII. Abt. der Tab. Peut.), was etwa »Land der Tamilesen« bedeutet, zu ändern. Häufig besuchte Umschlagplätze (Tyndis, Muziris, Nelkynda) waren in L. gelegen (peripl. m.r. 56). Für die Verbindung dorthin war die von Hippalos entdeckte Monsunfahrt (RE Suppl. IX 403–411) von großer Bedeutung (peripl. m.r. 57). F. F. S.

1. *R.Delbrueck*, BJ 155–156, 1955–1956, 236ff. 2. *R.C. Majumdar* Classical Accounts of India, Calcutta 1960, 298ff. 3. *M. Wheeler* Der Fernhandel des röm. Reiches, Münch. 1965, 124ff. 4. *M.Cary–E.H. Warmington* Die Entdeckungen der Ant., Zürich 1966, 146ff. 152ff.

**Limyros** (*Λίμυρος*). Fluß im s. Lykien (h. Düden Su). Strab. 14,666. Ptol. 5,3,2. Steph. Byz. s. *Λιμύρα*. Plin. nat. 5,100: *Limyra cum amne in quem Arycandus* (h. Baschkos Tschai) *influit*. H. T.

*A.Forbiger* HB. der alt. Geogr. 2,254. *Ruge*, RE XIII 712.

**Linde** (*φιλύρα*; *tilia* aus *πτελέα* »Ulme«?). Mehrere Arten der L. (Silber-, Winter-, Sommer-L.) waren in Griechenland und Italien bekannt, mehr in kühl-feuchtem Bergland als in heißen Ebenen. Die Beschreibungen bei Theophrast, Dioskurides und Plinius sind z.T. sehr gut und genau, z.T. irrig (»männl.« und »weibl.« L.). Das Holz wurde wegen seiner Weichheit vielfältig verarbeitet, zu Kasten, Truhen, Bechern, Hohlmaßen, auch Schreibtäfelchen. Aus der Rinde machte man allerlei Behälter und Bedachungen von Hütten. Der Bast diente zum Kränzebinden und als Schreibmaterial. Medizinisch verwendete man die L.-Blätter (nicht die Blüten). Mythol.: In eine L. verwandelt wurden → Baukis und → Philyra. K. Z.

*Hehn-Schrader* Kulturpflanzen[8] 598. *Steier*, RE Suppl. V 594–598.

**Lindos** (*Λίνδος*). Eine der 3 alten Städte auf Rhodos, etwa in der Mitte der O.-Küste der Insel herrlich gelegen. Die Akropolis steigt auf nahezu senkrechten Felsen unmittelbar aus dem Meer zu 116 m Höhe auf. An der schmalen S.-Spitze steht unmittelbar an dem senkrechten Absturz ins Meer der Tempel der Athena Lindia, ein schmaler viersäuliger Amphiprostylos des 4.Jh. v.Chr. (21½: 7¾ m). Die oberste Burgfläche um den Tempel war von Säulenhallen umrahmt mit einem großen Torbau an der N.-Seite (um 300 v.Chr.). Zu diesem Propylon führte von N. eine breite Freitreppe hinauf, die beiderseits von zus. 88 m breiten Flügelbauten mit Säulenhallen flankiert war (2.Jh.



v.Chr.). Tempel und Propylaeen von den Italienern z.T. wiederaufgebaut. Auf der unteren Terrasse der Akropolis ein weiterer Tempel und Nebengebäude und die mächtige Johanniterburg mit Kirche. Auf vorspringendem n. Ausläufer des Burgberges archaische Altäre und Felsinschr., [2], 2,2 S. 897ff. 3,2,457ff. Im S. der Akropolis eine kleine, im N. eine größere Hafenbucht. Reste des Theaters und ein Dionysosheiligtum am W.-Fuß des Burgberges, großes hellenist. Felsgrab und weitere Felsgräber in der gegenüberliegenden Felswand, großes hellenist. Tumulusgrab auf dem die N.-Bucht nach N. abschließenden Kap (»Grab des Kleobulos«).

Das Gebiet von L. umfaßte die Mitte und den ganzen S., über die Hälfte der Insel (Karte [4], 751ff. Bekannt sind etwa 12 Demennamen und viele weitere Ortsnamen, [7]. [4], 746f. IG XII 1 S. 112. [2], 2,1,20ff. L. besaß auf dem kleinasiat. Festland Landbesitz mit dem Hauptort → Physkos, RE XIX bes. 576f. [4], 751, 59ff.

Die Funde in L. beginnen bereits neolith., [2], 1,1,61ff., myken. Nekropolen im Gebiet von L., ASAA 6/7, 1923/4, 252ff. Genannt ist L. bei Hom. Il. 2,656. Gela war Kolonie von L., Hdt. 7,153,1. Thuk, 6,4,3. Aus L. stammte der zu den Sieben Weisen gezählte Kleobulos, nach Plut. mor. 385 E Tyrann von L., Diog. Laert. 1,89–93. Im att. Seebund war L. mit einem Tribut von 8 Talenten 2500 Drachmen, seit 450 von 10 und seit 421 von 15 Talenten veranlagt, dazu waren die Oiatai und Pedieis von L. gesondert veranlagt, B. D. MERITT The Athen. trib. lists 1,334f. 370f. 411 v.Chr. Abfall von Athen, Thuk. 8,44,2. Auch nach der Gründung der Hauptstadt Rhodos bestand L. weiter, und der Tempel der Athena Lindia blieb eines der bedeutendsten Heiligtümer der Insel. Die »Lindische Tempelchronik« mit den vielen Angaben über Weihgeschenke ist eine wichtige hist. Quelle, CHR. BLINKENBERG Die lind. Tempelchronik, Kleine Texte 131, 1915. [2] 2, 1,149ff., der Aufstellungsbeschluß auch Syll. II[3] 725. [4], 825, 46ff., ebenso das Verzeichnis der Priester der Athena Lindia, das von 375–27 v.Chr. in größeren Stücken erhalten ist, [2], 2,1,61ff. M. SEGRE Un nuovo frammento del catalogo dei sacerdoti di Atena Lindia, Parola del passato 3,1948,64ff. Der Verfertiger des Kolosses von Rhodos, → Chares (4), war aus L. Die angebliche Landung des Apostels Paulus in L. hat in der Apg. 21,1. 27,5ff. keinen Anhalt. Ausbesserungen und Verschönerungen im Tempelbezirk werden noch in der späteren Kaiserzeit erwähnt, IG XII 1, 779–783. 832. [2], 2 nr. 498. Die Kultstatue ist wie so manche andere später nach Konstantinopel gewandert, Cedren. p. I 564, 7ff. Bonn. Im übrigen → Rhodos. Skyl. 99. Hdt. 1,144. Strab. 14,655. Ptol. 5,2,19. Pind. O. 7,136. Diod. 5,55,2. 57,8. 58,1.3. Anth. Pal. 7,618. 15,11. Inschr.: IG XII 1 nr. 760–955. [2], Bd. II, 2 Bde. Inscr., 1941. ASAA 33/34, 1955/56, 165ff.

nr. 16–31. SEG 3, 686f. 12,432. 14,512f. 16,460f. 18,331. 435. 19,542. Syll. I$^3$ 340. 110 Anm. 4. II$^3$ 725. 725a. III$^3$ 983. Mz. HEAD NH$^2$ 637. HERBERT A. CAHN Die archaischen Silberstatere von L., Charites, Bonn 1957, 18ff. E. M.

1. *Chr. Blinkenberg–K.F. Kinch*, Explor. archéolog. de Rhodes, Bull. de l'Acad. R. des sciences de Danemark, 1903, 73ff. 1904, 59ff. 1905, 29ff. 1907, 21ff. 1909, 37ff. 2. *Chr. Blinkenberg–K.F. Kinch–E. Dyggve* L., fouilles et recherches 1902–1914, 3 (6) Bde. 1931–1960. 3. *Fr. Hiller von Gärtringen*, AA 1904, 208ff. 4. *Ders.*, RE Suppl. V 746,21ff. 5. *A. di Vita* Encicl. Arte Ant. 4,638ff. (mit Plan). 6. *E. Kirsten–W. Kraiker* Griechenlandkunde$^4$ 1962, 586ff. (mit Plan). 7. *Fr. Hiller von Gärtringen* Die Demen der rhod. Städte, MDAI(A) 42, 1917, 171ff. 8. *Chr. Blinkenberg* Lindiaka I, L'image d'Athana Lindia. Danske Videnskab.-Selskab, Hist.-filol. meddelelser 1,2, 1917. 9. *Ugo Bianchi* La dea di L., Epigr. 19, 1957, 10ff. 10. *P. M. Fraser* The tribal-cycles of eponymous priests at L. and Kamiros, Eranos 51, 1953, 23ff. 11. *G. Gerola* I monumenti medioevali delle tredici Sporadi, ASAA 1, 1914, 339ff.

**Lindum.** Der Name, wohl mit welsch *llyn*, »See« und kelt. *dunum*, »Befestigung« zu verbinden, ist für 2 brit. Orte überliefert. Der eine lag im h. Ayrshire-Stirlingshire, wohl n. der schott. Forth-Clyde Zone (Ptol. 2,3,9. I. A. RICHMOND Roman and Native in North Britain [1958], Ind. s.v.), der wichtigere zwischen Humber und Wash. Prähist. Funde existieren hier, ohne daß z. Z. eine vorröm. Dauersiedlung sicherzustellen ist. Sobald Rom die Severn-Trent Linie ca. 46/47 erreichte, wurde L. ausgebaut, da es durch seinen Witham Fluß, Wash, Humber, Kanäle und Straßen strateg. als Etappenfulkrum sich unentbehrlich erwies.

Zuerst Hauptquartier der 9., bald nach 71 für wenige J. der 2. Legion, schließlich seit Domitian Veteranencolonia für die 9. Legion, jetzt nach York vorgeschoben, wird L. nach 150 Steinfestung, die als Igelstellung im Hinterland im 3. Jh. auf den doppelten Umfang ausgedehnt werden muß. Wohl seit Septimius Severus gehört L. zur Britannia Inferior, hat *seviri augustales* und bleibt bis über 400 hinaus von Bedeutung. Ob irgendwie Siedlungskontinuität zwischen L. und dem ma. Lincoln bestand, ist umstritten, obwohl Beda Hist. Eccl. Gentis Angl. 2,16 einen *praefectus Lindocolinae civitatis* für etwa 628 erwähnt. F. M. H.-J. Ward

Vgl. mit Vollbibliogr. RE s.v. Oxf. Cl. Dict. s.v. *W. Bonser* A Romano-British Bibliography (1964), Nr. 6707–6755. *R.G. Collingwood–R.P. Wright* The Rom. Inscr. of Britain 1, 1965, Nr. 246–272. 2240/41. *R.W. Moore* The Romans in Britain (1938), Ind. s.v. Lincoln. *I.A. Richmond* Rom. Britain$^2$ (1963), Ind. s.v., sowie zahlreiche Nachkriegsbeiträge in Antiquaries J., Archaeological J., JRS.

**Linearschriften.** Von Linear-Schrift können wir sprechen, wenn sich in einem Schriftsystem die urspr. Bildzeichen (also sog. Hieroglyphen oder piktograph. Zeichen) in Zeichen wandelten, die aus Linien bestehen, ohne daß ihr einstiger Bildcharakter in der Regel noch erkennbar wäre. Im ägäischen Raum läßt sich die Verwendung der Schrift am weitesten auf Kreta zurückverfolgen, wo sie schon am Beginn der Palastzeit in M. Min. I als Bilderschrift (seit EVANS als »piktographisch« bezeichnet) auftritt, wobei aber daneben bereits auch eine mehr lineare Variante des gleichen Schriftsystems festgestellt werden kann. Der piktograph. Typus gliederte sich auf Kreta in verschiedene Spezialsysteme, so von Knossos, von Mallia und vom Diskos von Phaistos. Daneben bildete sich im Lauf von M. Min. II bis S. Min. I auf ganz Kreta die L.-Schrift A heraus, die auf der Insel mit Ausnahme von Knossos dann bis an das E. der Palastzeit verwendet wurde. Man hat sie vor allem wohl mit Tinte auf Papyrus geschrieben, wovon sich aber nichts erhalten konnte. Gefunden wurden vor allem Tontafeln mit eingeritzten Texten der Palastbuchhaltung, so bes. zu Haiga Triada und Kato Zakro, weiter Beschriftungen von Gegenständen, bes. Kultgeräten, und einige Wandbeschriftungen. Linear A war auch auf den kleineren Inseln der Ägäis (so auf Keos) und wahrscheinlich auch auf dem frühmyken. Festland bekannt. Das Schriftsystem umfaßt (von den ad hoc für einzelne Objekte geschaffenen Bildideogrammen abgesehen) gegen 80 Zeichen, darunter einige öfter wiederkehrende Ideogramme, weiter Zahlzeichen und die Mehrzahl Silbenzeichen (einige Vokale, das übrige offene Silben, d.h. Konsonant plus Vokal). Da die meisten Zeichen mit nur schwächeren graph. Varianten auch in Linear B wiederkehren und sich eine Übertragung der Lautwerte von Linear B auf Linear-Zeichen bei den Eigennamen bestens bewährt hat, lassen sich die meisten Linear-A-Zeichen lesen, nur muß man berücksichtigen, daß die Sprache von Linear A das Minoische war, die von Linear B aber das Griechische, die Lautungen sich daher nicht völlig gedeckt haben. Die minoische Sprache, die uns bisher nur aus dem griech. Wortschatz durch Namen und Kulturwörter bekannt war, spricht nun auch durch Linear A zu uns. Wir erkennen, daß sie mit dem Griechischen nichts zu tun hat. Auch die phantasiereichen, aber auf Zirkelschlüssen beruhenden Versuche, das Minoische vom Semitischen oder vom Indo-Europäischen abzuleiten, befriedigen nicht.

Auf Knossos trat dann in der letzten Stufe der dortigen Palastzeit, d.h. wohl in S. Min. II, ein anderes Linearsystem, das sog. Linear B, an Stelle von Linear A. In der spätmyken. Z. war Linear B auch auf dem gesamten griech. Festland verbreitet. Wieder handelt es sich vor allem um Tontafeln, welche Notierungen der Palastbuchhaltung trugen, nur sind sie nun ausnahmslos (und auch in Knossos) in griech. Sprache abgefaßt. Knossos lieferte 3325 Texte, der Palast von Pylos (Ano Englianos 1872, Mykenai 75). Einiges fand sich auch in Tiryns, zu Theben und Orchomenos.

Linear B umfaßt wieder eine Anzahl von Ideogrammen und Zahlzeichen, weiter gegen 90 Silbenzeichen (Vokale oder offene Silben mit Konsonant und Vokal). Die knoss. Texte wurden seit 1900 von A. Evans gefunden, die pylischen seit 1939 von C. W. Blegen. Ältere Entzifferungsversuche blieben erfolglos, erst die genialen Untersuchungen von Michael Ventris brachten (ab 1952) vollen Erfolg. An der systemat. Auswertung der Entdeckung nahm J. Chadwick in dankenswerter Weise teil. Versuche von A. J. Beattie, W. Eilers und E. Grumach, die Forschungen von Ventris zu diskreditieren, sind gescheitert. Allerdings bleiben die Linear B-Texte auch nach ihrer Entzifferung infolge ihrer Orthographie (Verzicht auf Schreibung von Konsonanten am Silben- und Wortende, keine Scheidung von *r* und *l*, meist keine Unterscheidung von Media, Tenuis und Aspirata), wie auch durch den altertümlichen Charakter dieses Griechischen (Labiovelare und Digamma noch vorhanden) nur beschränkt verwendbar, da die Linear-B-Schreibung oft eine mehrfache Umdeutung ins klass. Griechisch offenläßt (so *oka* als ἀρχή und ὁλκάς).

Von höchster Bedeutung für unsere Kenntnis der griech. Sprache ist die Entzifferung von Linear B insofern geworden, als die ältesten schriftlichen Zeugnisse nun um ein halbes Jahrtausend weiter zurückreichen. Was die Sprachforschung mit Hilfe der sprachvergleichenden Methoden bisher an Merkmalen eines solchen älteren Griech. nur erschließen zu können vermeinte, ist nun eingetroffen, und gerade hierin liegt wohl der beste Beweis für die Richtigkeit der Entzifferung. Dabei zeigen sich im Griechischen von Knossos, Pylos und Mykenai so geringe Unterschiede, daß wir keineswegs von verschiedenen Dialekten sprechen können. Es bestehen nun die beiden Möglichkeiten, daß es solche größere Dialektunterschiede damals entweder noch gar nicht gegeben hat oder daß in den verschiedenen Palästen durch Generationen hindurch eine Schreiberschule tätig war, die sich einer gemeinsamen Schriftsprache bediente. Diese Schriftsprache zeigt noch gar nichts Dorisches, was sich ohne weiteres damit erklärt, daß die Dorier ja erst in der nachmyken. Z. in die Peloponnes eingewandert sind. Sie zeigt vielmehr die meisten Übereinstimmungen mit dem späteren Arkadischen und auch mit dem Kyprischen, das die griech. Einwanderer während und am E. der myken. Z. nach dieser Insel mitgebracht haben. Auch mit dem sog. Aiolischen bestehen einige Beziehungen. Dagegen fehlen spezifisch ion. Merkmale, und maßgebliche Sprachforscher, wie E. Risch und J. Chadwick, haben mit guten Gründen die Ansicht vertreten, daß sich der ion. Dialekt überhaupt erst nach dem Zusammenbruch der myken. Kulturwelt im Zusammenhang bzw. als eine Folge der ionischen Wanderung ausgebildet habe.

Die hist. Bedeutung von Linear B liegt darin, daß sie uns eine ganz neue, bisher völlig unbekannte Seite der myken. Kulturwelt kennen lehrt, die wirtschaftlich-organisatorische. Bisher war uns diese Ära immer nur in ihrer heldisch-romant. Aufmachung entgegengetreten, so wie sie die hom. Epik bietet. Man darf diese Betrachtungsweise nicht gering schätzen, denn sie geht sicher schon in die myken. Z. zurück, in der die Kunst der epischen Sänger in höchster Blüte stand und sich die ritterliche Gesellschaft ob ihrer heldischen Taten entsprechend verherrlichen ließ. In spätmyken. Z. trat aber das Machtmäßige und Organisatorische immer stärker in den Vordergrund, man baute gewaltige Paläste, und es bildeten sich die »Reiche« von Pylos, Theben, Iolkos, vor allem aber das von Mykenai, welches eine gewisse Oberhoheit beanspruchte. Nun nahm das Schreiben überhand, und vor allem die Buchführung. Damit tritt uns zugleich die Rolle dieser Paläste als Wirtschaftstreuhänder und gleichsam als Tauschzentralen vor Augen. Da es noch kein geprägtes Geld gab und auch das Zuwägen von ungeprägtem Edelmetall noch keine bes. Rolle spielte, war man auf Tauschhandel angewiesen und bedurfte einer Zentrale, welche die Tauschgeschäfte vermittelte und auch die Ein- wie Ausgänge im Sinne einer Kontenführung buchte. Außerdem brauchten die Paläste die Buchführung auch noch für ihre eigene Palastwirtschaft, die den Charakter einer Oikos-Wirtschaft trug, und für die Verwaltung ihres Reichsgebietes. Darum bestehen die Texte in der Regel aus Einzelzeilen oder aus Listen, mit Nennung von empfangenden oder erhaltenden Personen bzw. von eingegangenen oder ausgegebenen Waren, wozu dann noch Palastinventare, Aufzeichnungen über Herdenhaltungen, über Grundstückbewirtschaftung usw. kommen. Von höchster Wichtigkeit sind für uns schließlich die Notierungen für Opfer an verschiedene Götter und die Erwähnung ihrer Heiligtümer. Dabei stehen in Knossos die weiblichen Gottheiten und auch ein weibliches Priestertum im Vordergrund (u. a. wird uns genannt die Potnia des Labyrinthes, d. h. wohl des Palastes, die Potnia Athene und Eileithyia; als männliche Gottheiten u. a. Paiawon und Poseidon), während in Pylos vor allem Poseidon an der Spitze des Pantheons zu stehen scheint, neben dem auch Zeus und eine Reihe von weiblichen Gottheiten genannt werden, wobei die Priesterschaft auch hier vor allem von Frauen gestellt wird. Dionysos wird gelegentlich schon erwähnt. Leider bleibt bei den Texten immer noch offen, ob gewisse Würdebezeichnungen wie Wanax polit. oder aber religiös-kult. zu deuten sind. Je nach der Auffassung erhalten die Texte dann vielfach einen mehr religiösen oder aber einen mehr machtmäßig-polit. Charakter.

Bedauerlicherweise bieten uns die Tontafeln keinerlei polit. Aktenstücke, auch keine Gesetze,

Briefe oder Verträge. Alles das scheint ja auf Papyrus abgefaßt worden zu sein. Ohne schriftliche Fixierung dürfte damals der Heldengesang geblieben sein. Tontafeln oder Tonleisten wurden nur beschriftet, wenn es galt, Buchungsbelege für kürzere Zeit aufzubewahren. Bedurfte man ihrer nicht mehr, so wurden sie wohl weggeworfen und sind vergangen. Wenn sie sich bis auf unsere Zeit erhielten, so ist das allein Brandkatastrophen zu verdanken, welche die damals im Palast noch aufbewahrten Tontexte dermaßen hart brannten, daß sie sich bis in unsere Zeit erhielten. Es dürften daher auch bei den Ausgrabungen von Schliemann, Dörpfeld und Tsountas in Mykenai oder Tiryns mancherlei Texte unbeachtet und ungeborgen geblieben sein. Künftige Tontafelfunde wären in Mykenai, in der Unterstadt von Tiryns, im noch unentdeckten Palast bei Vaphio in Lakonien und auch in Theben zu erwarten.

Eine weitere Linearschrift ist auf Kypros wohl schon im 17. oder 16. Jh. entstanden. Man könnte sie etwa als Linear C bezeichnen. Sie ist zweifellos unter ägäischem Einfluß und zwar unter dem von minoischem Linear A geschaffen worden, zeigt in den Zeichen gewisse Ähnlichkeiten damit und stellt ebenfalls eine Silbenschrift mit offenen Silben (Vokale und Konsonant plus Vokal) dar. Aus ihr ist dann die kypr. Silbenschrift der hist. Z. entstanden. F. Sch.

Literaturübersicht: Zu Linear A vgl. *M. Pope* Aegean Writing and Linear A (Stud. in Medit., Archaeol. VIII) 1964. *W.C. Brice* Inscr. in the Linear Script of Class A, 1961. *F. Schachermeyr* Die mino. Kultur des alten Kreta, 1964, 253ff. – Zur Entzifferung von Linear B: *M. Ventris* und *J. Chadwick* Documents in Mycenaean Greek, 1956. *A. Furumark*, Eranos, 51, 1953, 103ff. 52, 1954, 18ff. *J. Chadwick* The Decipherment of Linear B, 1958. *F. Schachermeyr* Die Entzifferung der myken. Schrift, Saec. 10, 1958, 48ff. (vgl. weiter *Beattie* und *Schachermeyr*, ebd. 370ff. und 374ff.). – Editionen: *J. Chadwick–J. T. Killen* The Knossos Tablets 3rd ed. Univ. Lond., Bull. Inst. Cl. Stud. suppl. 15, 1964. *E.L. Bennett* The Pylos Tablets, 1958. *C. Gallavotti–A. Sacconi* Inscr. Pyliae, Rom 1961 (Incunabula Graeca I). *M. Lang* in AJA 66, 1962 bis 69, 1965. *E.L. Bennett* The Mycenae Tablets II. TAPhA 48, 1, 1958. *J. Chadwick* The Mycenae Tablets III ebd. 52, 7, 1963. – Wörterbücher: *J. Chadwick–L. Baumbach* The Mycen. Greek Vocabulary, Glotta 41, 1963, 157ff. *A. Morpurgo*, Mycenaeae Graecitatis Lex., Rom 1963 (Incunabula Graeca III). – Grammatik: *E. Vilborg* A tentative grammer of Mycen. Greek (Stud. Graeca et Lat. Gothoburg. IX) 1960. – Sprache: *J. Chadwick* The Prehistory of the Greek Language, Cambr. Anc. Hist. 2, 1963, 39. *E. Risch*, MH 12, 1955, 61ff. 16, 1959, 215ff. – Personennamen: Myken. Griech. PN (Stud. Graeca et Lat. Gothoburgensia VII) 1958. – Exegese: *L. A. Stella* La civilta micenea nei documenti contemporanei, Rom (Incunabula Graeca) 1965. *L. R. Palmer* Mycenaeans and Minoans[2], 1965. *Ders.* The Interpret. of Mycen. Texts, 1963. *E. Vermeule* Greece in Bronze Age, 1964, 156ff. *K. Wundsam* Die polit. und soziale Struktur in den myken. Residenzen nach den Linear B-Texten (im Druck). *F. Schachermeyr* Die mino. Kultur 222ff. – Zeitschriften: Nestor, hg. von *E. L. Bennett*; Minos, hg. von *A. Tovar, E. Peruzzi* und *M. S. Ruiperez*; Kadmos, bisher hg. von *E. Grumach*. – Forschungsberichte: Im AAHG, 1. Ber. von *F. Schachermeyr* 11, 1958, 193ff. 2. Ber. von *W. Merlingen* ebd. 16, 1963, 157ff.



**Lingones.** Kelt. Volk an der Grenze des lugdunens. und des belg. Galliens, zwischen Senones und Sequani (Ptol. 2,9,9). Sie waren nicht beteiligt an den Kämpfen der Gallier gegen Caesar (Gall. 1,26.40. 7,9.63. Plut. Caes. 26. Cass. Dio 40,38. 66,3). *Foederati* schon damals (Plin. nat. 4,31), erlangten sie das röm. Bürgerrecht am E. 1. Jh. nach Tac. hist. 1,78. Hauptstadt Andematunnum (h. Langres), Strab. 4,186. 193. 208. M. L.

*G. Drioux* Les L., Text. et inscr. ant. Par. 1934. *Ders.*, Cultes indigènes des L., Par. 1934.

**Linos** (*Λίνος*). **1.** Myth. Gestalt wechselnder Genealogie, zuerst Sohn des Apollon und der Psamathe, dann von der Sage mehrfach mit der Musik in Verbindung gebracht: so nach Paus. 9,29,6f. als berühmter Musiker von Apollon im Wettstreit getötet; bei Theokr. 24,103 u.a. ist er der Lehrer des Herakles, den der Schüler beim Leierspiel erschlägt; Plin. nat. 7,204 kennt ihn als berühmten Komponisten und Kitharöden schlechthin. **2.** Als Bezeichnung eines Liedes bedeutet L. urspr. einen phorminxbegleiteten Winzergesang (Hom. Il. 18, 570), der dann durch die Personifikation, die sich wohl aus dem Refrainruf *αἴλινος* entwickelte, eine Bedeutungsverschiebung zu einem Threnos, einem Klagelied zu Ehren des L. erfuhr. U. K.

*E. Reiner* Die rituelle Totenklage der Griechen (Tüb. Beiträge 30), 1938, 109–113. *A. Lesky*, RhM 93, 1950, 56.

**Linse** (aus *lens, lentis; φακός; φακῆ* = L.-Brei). Die seit ältesten Zeiten als Nahrung dienende Hülsenfrucht (Äg., AT. Gen. 25,34 das L.-Gericht Esaus). Erste griech. Erwähnung Solon frg. 26,3. Im 5. Jh. nach Aristoph. Plut. 1004 Kost der Armen. Anweisungen über Anbau und Aufbewahrung geben Theophrast, Cato und Columella. Ausführlich über medizin. Wirkungen Dioskur. mat. med. 2,107. K. Z.

*Hehn-Schrader* Kulturpflanzen[8] 212. *Gossen*, RE Suppl. VIII 263.

**Lintearius** (*linteo, linarius, λινουργός, λινοποιός, ὀθονοποιός, λινόϋφος, linyphus, linyphio, linyfarius*). Die Tätigkeit der Leineweber (seltener: Leinwandhändler, *ὀθονοπώλης*) ist seit alters technisch wenig verändert, Blümner Techn. 1,135ff. 195f. In der Spätant. standen die Leiter der kaiserlichen Webereien, *procuratores linyphiorum*, unter dem *magister sacrarum largitionum* (Not. dign. occ. 49). W. H. G.

**Linter** (*lintris, lunter, luntriculus*). **1.** Das kleine, urspr. aus einem ausgehöhlten Baumstamm bestehende Fahrzeug (Liv. 21,26,8f. Pol. 3,42,2) fuhr hauptsächlich auf Flüssen und Seen (Küstenfahrt: Plin. nat. 6,104f.) und wurde für Schiffsbrücken benützt (Caes. Gall. 1,12,1). Das starke Schwanken des l. führt zu dem Spott Cic. Brut. 216. **2.** Kahnförmiger Trog, Verg. georg. 1,262, in dem die Trauben zur Presse geschafft wurden, Cato agr. 11,5. Tib. 1,5,23. W. H. G.

*Torr* Ancient Ships, 1894, 117. *Hug*, RE XIII 717f. *Miltner*, RE Suppl. V 959,63ff. *Otto* Sprichwörter der Römer, 1890 (Neudruck 1964) 195.

**Linum** s. Lein. Flachs

**Lipara** (*Λιπάρα, Liparae*), h. Lipari. Die größte der nach ihr – auch nach → Aiolos oder → Hephaistos – benannten vulkan. Inselgruppe; tätig nur → Strongyle (Stromboli). Neuere Grabungen haben bedeutende prähist. Besiedlung erwiesen (Handelsverkehr mit dem O., Ausfuhr von Obsidian). Griech. Kolonisierung um 575 durch die knid.-rhod. Kolonistengruppe, die in W.-Sicilien unter → Pentathlos den → Elymern und Phoinikern unterlegen war (Thuk. 3,88. Diod. 5,9. Paus. 10,11,3 mit Berichten über die Gemeinwirtschaftsform). Im Kampf mit den Etruskern schafft L. sich eine starke Seemacht und treibt selbst Seeräuberei. Mit Syrakus verbündet, wird es 427–425 wiederholt von den Athenern verheert. Im 4. Jh. zwischen Griechen und Karthagern strittig, dann unter Agathokles, nach seinem Tode unter karthag., von 252 ab unter röm. Herrschaft. Nach Cic. Verr. 3,84f. *civitas decumana*, später röm. Kolonie. Hauptkulte Hephaistos und Poseidon. Heiße Quellen. Mz. HEAD HN$^2$ 191. K. Z.

*Ziegler*, RE XIII 719–21. *L. Zagami* L. e i suoi cinque millenni di storia, 1960. *L. Bernabò Brea – M. Chevalier* La stazione preistorica della contrada Diana e la stazione protostorica di L., 1960.

**Lipomartyriu dike** (*λιπομαρτυρίου δίκη*). Wenn in Athen ein von dem Kläger oder Beklagten privat geladener Zeuge nicht erschien, konnte ihn der Zeugensteller ohne Rücksicht darauf, ob der Geladene sein Erscheinen zugesagt hatte (Demosth. 29,15. Irrig Pol. 8,36), wegen Zeugnisverweigerung verklagen (Demosth. 49,19). Über diese Klage entschied das Gericht des Hauptprozesses sofort. Wahrscheinlich wurde der Zeuge zu einer im Schätzungsverfahren festgesetzten Buße verurteilt ([1],49. [2],784f.). Da die Zeugnispflicht auch öffentlich-rechtlicher Natur war, gab es neben der *λ. δ.* zur Ausübung des Zeugniszwangs auch noch den Rechtsbehelf des *κλητεύειν* (s. hierüber [1],54f., [2],880f. und [3],142f.). E. B.

1. *E. Leisi* Der Zeuge im Att. Recht, 1907. 2. *J. H. Lipsius* Das att. Recht und Rechtsverf., 1905–1915. 3. *Bonner-Smith* The Administration of Justice from Homer to Aristotle, 1938, Bd. 2.

**Lipotaxiu graphe** (*λιποταξίου γραφή*). Nach dem att. Militärstrafgesetz wurde mit dem Verlust der bürgerlichen Ehre bestraft, wer aus Feigheit den in der Schlachtordnung angewiesenen Platz verließ, um in den hinteren Reihen zu kämpfen (Lys. 1,5). Diese Bestimmung fand auch Anwendung auf den, der sich dem Heer oder dem Truppenteil, zu dem er ausgehoben war, nicht stellte oder das Heer ohne Befehl verließ ([1],452f.). Bei Dion. Hal. (8,72,2) erstreckt sich der Tatbestand auch auf das befehlswidrige Vorstürmen ([2],62). In der alten Bedeutung begegnet der t. t. *λειποταξία* noch im Cod. Iust. (9,6,1). Die Klage war eine → *γραφή* zu den Strategen. E. B.

1. *J. H. Lipsius* Das att. Recht und Rechtsverf., 1905–1915. 2. *Ch. H. Brecht* Perduellio, 1938, 21.62f.

**Lippitudo.** Lat. Bezeichnung einer Augenerkrankung. Das Wort weist sprachlich auf (eitrige) Absonderungen des Auges (etym. Verwandtschaft mit *λίπος*) und deckt sich insofern mit dem griech. *λήμη*. Es ist jedoch (wie so oft) unmöglich, aus dem Terminus selber auf eine spezif. Krankheit zu schließen; l. ist vielmehr einfach der lat. Standardausdruck für »Augenleiden« und als solcher ebenso verbreitet, wie es die verschiedenen Augenkrankheiten in der Ant. waren. F. K.

**Liquentia** (NISSEN It. Ldk. 1,195. FORBIGER HB der alt. Geogr. 3,372. CIL V p. 185. KRAHE, Würzb. Jbb. 1, 1946, 208; Spr. d. Illyr. 1,90), Fluß Venetiens (Plin. nat. 3,126. Serv. Aen. 9,676: *Liquetia*. Tab. Peut. 4,4: *Licenna*); h. Livenza. G. R.

**Liquet.** Im röm. Zivilprozeß brauchte der *iudex* nicht unbedingt zu einem Urteil zu kommen. Vielmehr konnte er, wenn ihm die Sach- oder Rechtslage unklar geblieben war, schwören *rem sibi non liquere* (Gell. 14,2,25). Leistete er diesen Eid, so war er von seiner Pflicht entbunden, und das Verfahren mußte unter einem anderen *iudex* neu aufgenommen werden. Die gleiche Schwurmöglichkeit hatte nach Ulp. Dig. 4,8,13,4 auch der *arbiter*. Bei Zuständigkeit von Richtergremien hinderte die Eidesleistung durch einzelne Richter die Entscheidung nicht, wenn nur die nötige Mehrheit über das Urteil einig war, Pomp.-Paul. Dig. 42,1,36. D. M.

*M. Kaser* Röm. Zivilprozeßrecht 1966, 284.

**Lirenates** s. Interamna (2)

**Liris** (NISSEN It. Ldk. 1,329. FORBIGER HB der alt. Geogr. 3,369), mittelital. Fluß, entspringt w. des *lacus Fucinus* und mündet nach 168 km bei → Minturnae ins Tyrrhen. Meer (Strab. 5,233. Plin. nat. 3,59: alter Name *Clanis*); Hor. c. 1,31,7. Sil. 4,350. Liv. 10,21,8 u. a.; h. im Oberlauf Liri, im Unterlauf Garigliano. G. R.

**Lischt.** Moderner Ort 55 km stromauf von Kairo, wo im Mittleren Reich die Hauptstadt It-tꜣwj lag. Am Wüstenrand w. des Nil liegen die stark zerfallenen Pyramiden der Könige Amenemhet I. und Sesostris I. W. H.

*Gautier-Jéquier* Fouilles de Licht.

**Lisos.** Inschr. und Mz. *Λισός*, liter. *Λισ(σ)ός*, kleine Stadt an der S.-Küste Kretas mit geringen Resten beim h. Hg. Kyriakos. Skyl. 47 (*Λίσσα*). Ptol. 3,15,3. Stadiasm. m. m. 332f. Geogr. Rav. 5,21 p. 397,15. Tab. Peut. 8,5. Hierocl. synecd. 650, 16. Not. episc. 8,239. 9,148. BCH 45, 1921,19 III

105. Herodian. p. 206,12f. 944,2. Inschr.: [2], nr. 1–9. Mz. HEAD HN$^2$ 471. [2] 211. E. M.

1. *L. Savignoni*, Mon. ant. 11, 1901, 448ff. 509f. 2. *M. Guarducci* Inscr. Cret. 2,210ff. 3. *J. R. S. Pendlebury* The archaeology of Crete 344. 368. 4. *J. Bowman* Kreta 1965, 100. 282. 284. 5. BCH 83, 1959, 753f.

**Lissen** (*Λισσήν*), Vorgebirge an der S.-Küste Kretas bei Phaistos, h. Kap Lithinos oder ein kleines Kap etwas n. bei Matala. Strab. 10,479 (*ὁ Λισσήν* coni. Korais). Steph. Byz. s. *Φαιστός* (*Λισσῆς*). Sch. und Eustath. zu Hom. Od. 3,293. E. M.

*M. Guarducci* Inscr. Cret. 1,239.

**Lissos** (*Λισσός*). Dalmatin. Stadt, h. Lesh (Alessio) in Albanien, an der Drina-Mündung; Caes. erwähnt sie als Hafenstadt. Hier hatte Anf. 4. Jh. v. Chr. Dionysios I. von Syrakus eine griech. Kolonie gegründet. Später gehörte L. zum Ardiäerstaat. 213 eroberte Philipp von Makedonien ihre Akropolis »Akrolissos«. Während der makedon. Herrschaft war L. autonom und besaß eine Geldprägestätte. Im 2. Jh. gehörte L. zum Königreich des → Genthius, der 169 hier den Gesandten des makedon. Königs empfing. Nach der röm. Eroberung (167) gehörte L. zu den bedeutendsten röm. Siedlungen in Illyricum. Unter Caes. lebten hier zahlreiche röm. Bürger, deren *conventus* uns bekannt ist (Caes. Gall. 3,29,1). Im Bürgerkrieg kämpfte L. an der Seite Caesars und wurde mit Ringmauern und Türmen bewehrt, die in der august. Z. von einem Munizipalbeamten erneuert wurden, vermutlich im J. 33 v. Chr., als L. zu einer *colonia* erhoben wurde (CIL III 1704). Die Inschr. erwähnt einen *augur, II vir quinquenalis, decurio*. In der Kaiserzeit war L. als Verkehrsknotenpunkt von Bedeutung. Nach der Aufteilung des Imperiums wurde L. dem oström. Reich angeschlossen. 1393 eroberten die Venezianer, 1478 die Türken die Stadt. J. F.

*G. Alföldy* Bevölkerung und Gesch. der röm. Provinz Dalmatien, 1965.

**Litai** (*Λιταί*). »Bitten«. Das als persönlich erlebte Phänomen des Bittens gehört den sog. Person-Bereicheinheiten, wenn auch jenen an, deren Persönlichkeitskomponente geringer ist (vgl. W. PÖTSCHER, WS 72, 1959, 5ff., bes. 23). In Hom. Il. 9,503f. werden sie als *χωλαί, ῥυσαί, παραβλῶπες ὀφθαλμώ, μετόπισθ᾽ Ἄτης κιοῦσαι* bezeichnet, was ihre Funktion als »Abbitten« (für begangene Fehler) zum Ausdruck bringen soll. Durch die Bezeichnung *Διὸς κοῦραι* (so auch Quint. Smyrn. 10,300f., Orph. Argonaut. 109) sind sie in das Göttersystem (wenigstens am Rande) eingeordnet. Da sie in der Rede des Phoinix erscheinen, darf man annehmen, daß sie volkstümlichen Erzählungen angehören. W. P.

**Litana silva** (NISSEN It. Ldk. 2,256), Wald n. Bologna (?), Ort röm. Niederlage 216 (Liv. 23,24, 7. Frontin. 1,6,4. Zon. 9,3) und röm. Sieges 195 (Liv. 34,22,1. 42,2). G. R.

**Litatio.** Abgeleitet von *litare*, einem Denominativum zu **litā*, das wohl aus *λιτή* entlehnt ist (WALDE-HOF.$^3$ 1,814. ERN.-M. Dict. étym. 363; vgl. Paul.-Fest. 103 L.). Ausdruck des Pontificalrechts (Serv. auct. Aen. 2,119) für den normalen Verlauf der Opferhandlung (Störungen z. B. wenn das Tier sich losreißt, Abnormitäten bei den inneren Teilen aufweist, der Opfernde etwas falsch macht). Das Opfer ist so oft zu wiederholen, bis die l. erreicht ist (Liv. 41,15,4). Das Ersatzopfer heißt *hostia succidanea* (Gell. 4,6,5f.). Zeugnisse WISSOWA, RE s. v. (Mit Eingeweideschau und Orakel hat l. nichts zu tun). W. E.

**Litaviccus** (nach der Göttin Litavis benannt, HOLDER 2,245), adliger Haeduer, rief 52 auf dem Wege nach Gergovia das Aufgebot der Haeduer und das Volk zum Abfall, da Caesar die Reiterei und seine Brüder des Verrats bezichtigt und umgebracht habe. Caesar suchte die Haeduer aufzuklären und beim Bündnis mit Rom zu halten, L. entkam nach Gergovia. Nach ihrer Unterwerfung straften die Haeduer L. und seine Brüder mit Vermögenseinzug. Auf die röm. Niederlage bei Gergovia hin kehrte L. nach Bibrakte zurück und brachte mit Convictolitavis das ganze Volk zum Abfall. Sein Ende ist nicht bekannt. Caes. Gall. 7,37–38,10. 40,7. 43,2. 54,1. 55,4. 67,7. Silbermz. HOLDER a. O. H. V.

**Liternius.** C. L. Fronto. Präfekt von Äg. 67/70 n. Chr.; als solcher hat er die leg. III Cyrenaica und die leg. XXII Deiotariana im J. 70 dem Titus zur Erstürmung Jerusalems zugeführt und befand sich in dessen Kriegsrat, Ios. bell. Iud. 7,238. AE 1937, 236. – STEIN Praef. 39. R. H.

**Līternum** (Nissen It. Ldk. 2,714. FORBIGER HB der alt. Geogr. 3,492. BELOCH Campanien $^2$377ff. SCHULZE Eigenn. 571; zum ī: Ov. met. 15, 714. Sil. 6,654. 7,278. Stat. silv. 4,3,66), Stadt n. Cumae (Itin. Ant. 122,6) an der *palus Literna* im Bereich der *Λευτέρνιοι* (Strab. 5,281), 215 von Römern besetzt (Liv. 23,35,5), 194 Kolonie (Liv. 32,29,3. 34,45,1), *praefectura* (Fest. 262,10 L.), später *municipium* (Ptol. 3,1,6) der 1. Region (Plin. nat. 3,61), berühmt durch das Landhaus Scipios (Val. Max. 2,10,2. Plin. nat. 14,49. 16,234, wo er sein Leben beschloß (Liv. 38,52,1. 53,8), und sein Grab (Liv. 38,56,3): h. Literno mit Resten am Lago di Patria. G. R.

**Lithika** (*λιθικά*). Steinbücher, in denen neben mineralog. Angaben vor allem die mag.-medizin. Kräfte der Wundersteine behandelt werden. Die L. gehören in die Kategorie der seit dem 2. Jh. v. Chr. aufblühenden, stark oriental. beeinflußten Physika-Lit. Diese zeigt die Zauberkräfte der organ. und anorgan. Natur in ihrer Wirkung nach Sympathie und Antipathie auf. Man trachtete für die meist apokryphen Sammelwerke der L. die Namen der großen Magier in Anspruch zu nehmen: → Ostanes erscheint (z. B. Damigeron 34) als Autorität; ein Steinbuch des → Zoroaster (*περὶ* *λίθων τιμίων*) nennt Suda s.v., und Plin. nat. 37 benutzt ihn (Lit.: [8], I 188–191). L. des Demokrit erwähnt Georg. Synk. 1,471 Dind. (vgl. auch Petron. 88; Lit.: [8], I 128–130). Unter dem Namen des Demokr. liefen Schriften des → Bolos aus Mendes um, in denen auch die sympathet. Wirkungen der Steine behandelt waren (Zeugnisse bei Diels Vorsokr. 2,210ff.); bewußte Fälschertätigkeit des Bolos, die [5] annimmt, schränkt begründet ein W. Kroll, H 69, 1934, 228ff. (Lit.: [5]. [8], I 117–119; Waszink RACh II, 1954, 502–508; Burkert, Philol. 105, 1961, 232f.).

Die wichtigsten erhaltenen L.: a) Theophrast De lapidibus (Ausg. Eichholz, Oxford 1965) ist neben Aristot. meteor. 3,378 a 19ff. das einzige erhaltene rein mineralog. Steinbuch. (Der liber Aristotelis de lapidibus ist eine syr. Fälschung des 6. Jh. n. Chr. vgl. [5]. [4]). b) Die weite Verbreitung der mag.-medizin. L. zeigt das Steinbuch des Plin. (nat. 37; Quellenunt. bei [6]), wo 11 Vf. solcher Werke aufgezählt werden. c) Die ältesten L. repräsentiert der Damigeron Latinus (Ausg. Kap. 1–50 bei [3],157ff.; Kap. 51–80 ed Pitra, Anal. sacra 2,644ff.). Er ist z.T. die lat. Wiedergabe eines verlorenen griech. Steinbuches (Ps. Zoroaster?), welches auch bei Plin. nat. 37,139–185 erkennbar wird. Damigeron als Magier bei Apul. apol. 90. Arnob. 1,52 (Lit.: V. Rose, H 9, 1875, 471–491; [6],137ff.; [7],42ff.; [8], I 128. 192; Hermann, RACh III [1957] 565–567). d) Aus der Vorlage des Damigeron (Zoroaster, Ostanes vgl. [6],122ff.) schöpft auch das einzige hexametr. ant. Lapidarium, die L. des Ps. Orpheus (4. Jh. n. Chr.), der vorgibt, die Menschen im Auftrag des Hermes über die mag. Kräfte der Steine aufzuklären (Ausg.: bei [3] zusammen mit der späten griech. Prosa-Paraphrase. Lit.: [8], I 192f.; [7],2ff.). e) Die Koiraniden des Hermes (1. Jh. n. Chr.; Vf. nach cod. Parisin. 2256 [D] → Harpokration Nr. 2) erläutern im 1. B. alphabet. geordnet jeweils Pflanzen, Vögel, Fische, Steine mit gleichem Anlaut (der Buchstabe ist Sympathieband) in ihrer medizin. Heilkraft. Lat. Übers. (12. Jh.) zusammen mit altfranzös. Texten bei [9]. (Lit.: [12],201ff.). f) Medizin. ausgerichtet sind: die L. des Arztes → Dioskurides (5) (De materia medicina 5,123–150 ed. Wellmann, Bln. 1914); der Traktat des Bischofs → Epiphanios (1) über die 12 Edelsteine im Brustschild des hohen Priesters (Reste des griech. Textes bei [2], II 193ff. Georg. Übers. hg. von Blake, Lond. 1934); das Steinbuch des syr. Christen Aetius (6. Jh. n. Chr. Ausg. bei [2], II 131). Nachwirkungen der L. sind im MA deutlich; genannt seien → Psellos *περὶ λίθων δυνάμεων* (Ausg. bei [2], II 201) und Albertus Magnus De rebus metallicis.

In den Darstellungen der L. und im Volksglauben dienen Wundersteine (bes. mit Gravierung) als Amulett und zur Erreichung von Zauberwirkung. (Belege bei [1],754ff. [11],148ff.; Parallelen aus den Pap. bei Abt, Apol. d. Apul., RVV 4,2,115f. Auch der Neuplatonismus lehrt die Sympathiebeziehung zwischen Steinen und göttlichen Kräften, sublimiert aber diese Vorstellungen, indem er sie auf den Heiligungsprozeß der menschlichen Seele anwendet (Theoret. Grundlegung dieser Anschauung bei Iambl. de myst. 5,23. Prokl. inst. theol. 145. CMAG 6,148ff.). C. Z.

1. *Hopfner*, RE XIII 747–769. 2. *F. de Mély* Les Lapidaires Grecs 3 Bde., Par. 1898. 3. Orphei Lithica rec. *Abel*, Bln. 1881. 4. *Th. Weidlich* Die Sympathie in der ant. Lit. Progr. Stuttg. 1894. 5. *M. Wellmann* APrAW 1928, 7. 6. *Ders.* Die Stein- und Gemmenbücher der Ant., 1935. 7. *K.W. Wirbelauer*, Ant. Lapidarien, Würzb. 1937. 8. *Bidez-Cumont* Les Mages hellénisés. 2 Bde. Par. 1938. 9. *L. Delatte* Textes Lat. et vieux Franc. rel. aux Cyranides, Par. 1942. 10. *R. Keydell*, Byz.-neugr. Jbb. 16, 1940, 17f. 11. *Ed. Stemplinger* Ant. Volksglaube, Stuttg. 1948. 12. *P. Festugière* La Révélation d'Hermès Trismég. I³, Par. 1950.

**Lithobolos** (*λιθοβόλος*) war eine andere Bezeichnung (Heron *Βελοποιικά* c.3: *τὰ δὲ παλίντονα ἔνιοι καὶ λιθοβόλα καλοῦσι διὰ τὸ λίθους ἐξαποστέλλειν ἢ καὶ οἰστοὺς πέμπειν, ἢ καὶ συναμφότερα*) für das Palintonon, das Wurfgeschütz, mit dem vorwiegend Steinkugeln verschossen wurden (→ Geschütze), Vitr. 10,10,1 *ballista*, Amm. 23,4,4ff. 31,15,12. 19,7,6.7 *scorpio* bzw. *onager*. A. N.

**Lithomanteia** s. Mantik

**Lithostroton** (*λιθόστρωτον*). Der Fußbodenbelag aus kleinen unregelmäßigen farbigen Marmorsteinchen (Varr. rust. 3,1,10; 2,4. Plin. nat. 36,184; 189. Ev. Ioh. 19,13. Poll. 7,121. H. A. Gord. 32,6. Eust. Od. 22,297 p. 1927, 61) ist kein Mosaik. Bestes erhaltenes Beispiel: L. aus Praeneste, Bull. Comissione Arch. Comunale di Roma, 1909 T. 3,2. W. H. G.

*M.E. Blake* Mem. Am. Ac. Rome 8, 1930, 50ff. *v. Lorentz*, RE XVI 330f.

**Liticen.** Der → lituus als Militärsignalinstrument legt den l. als Militärmusiker nahe, auch wenn es keinen Beleg für einen solchen gibt. Ob Cic. rep. 2,40 von einer *centuria l.* des röm. Milizheeres der Frühzeit spricht, wird bezweifelt (K. Ziegler liest in seiner Ta. *cornicinibus*). Dagegen ist der zivile l. durch CIL VI 33999 = Dess. ILS 4968 bezeugt. Abb. bei Dar.-Sagl. 3,1268. A. N.

**Litis aestimatio** s. aestimatio litis

**Litis contestatio.** Im Formularprozeß des klass. röm. Rechts bildet die l. c. die markante Zäsur zwischen dem Verfahren *in iure* und dem Verfahren *apud iudicem.* Von ihr geht die Ausschluß- und Konsumptionswirkung der *res in iudicium deducta* aus: Gleichzeitige Verfahren über dieselbe Sache sollen ebensowenig stattfinden wie spätere Prozesse *de eadem re.* Aus dem bisher bestehenden *dare oportere* wird durch die l. c., die Gaius (inst. 3,180f.) daher mit der *novatio* (Neuerung) vergleicht, ein *condemnari oportere.* Die von der l. c. ausgelöste Rechtshängigkeit macht Ansprüche aus praetor. Klagen vererblich und unbefristet. Restitutionspflichten richten sich ebenso nach ihr wie die Differenzierung von Aufwandersatz und Schadensausgleich im Rahmen der sog. juventian. Grundsätze über die Haftung des Erbschaftsbesitzes und des mit einer *rei vindicatio* Beklagten.

Auf die Frühzeit der l. c. weist Festus s. *Contestari* und *Contestari litem* (ed. Lindsay 34 und 50). Es gehört zu den Spruchformeln der *legis actio*, wenn es dort heißt, die *adversarii* hätten nach der *ordinatio iudicii* beide mit den Worten *testes estote* Zeugen aufgerufen. Von solchem gemeinsamen Zeugenaufruf hat die l. c. ihren Namen. Ungewiß ist, ob sie nur für das schon zweigeteilte Verfahren angenommen werden kann oder ob sie auch für ein älteres, noch ungeteiltes Verfahren vermutet werden darf. Nach Jahr ist die l. c. nicht älter als die Verfahrensteilung. Strittig ist aber auch die Funktion der frühen l. c. Ist ein privater Urkundsakt anzunehmen, in dem sich die Parteien das *iudicium* bezeugen? Oder soll nicht eher klargestellt werden, daß ein förmlich-geordneter Rechtsstreit *(lis)* einsetzt?

Im Formularprozeß ist ein an eine Spruchform gebundener Zeugenaufruf unvorstellbar. Von den *testationes*, die Jahr als wirklich errichtete Urkunden annimmt, finden wir in den Quellen keine Spur. Daher ist nicht auszuschließen, daß die l. c. nun bloß als jurist. Sekunde gesehen wurde – als die mit dem *iudicium accipere* einsetzende Streitanhängigkeit.

Der Rechtsnatur der l. c. gilt eine der berühmtesten Streitfragen der Wissenschaft vom röm. Recht, seit Wlassak die Lehre vom Vertragscharakter der l. c. aufstellte. Dem hat in neuerer Zeit Jahr nachdrücklich widersprochen: Er sieht bloß ein Handeln mit gemeinsamem Ziel, wie es auch in modernen Prozessen geläufig sei. Weder Wlassak noch Jahr ist zu folgen, beider Frage wird falsch gestellt. Die röm. Juristen hatten keinen ausgeprägten, allg. Vertragsbegriff, an dem man die l. c. messen konnte. *Contractus* war sie jedenfalls nicht. Wlassaks Vertragsthese trifft jedoch weithin zu, wenn man sie als anachronist. Aussage zum besseren Verständnis der Eigenart des röm. Verfahrens deutet: Konvergente Aktionen der Parteien wurden im röm. Prozeß doch häufiger nötig als in der Gegenwart.

Für das iustinian. Zivilprozeßrecht ergab sich ein »Litiscontestationsproblem« daraus, daß schon dem klass. Cognitionsverfahren ein der l. c. entsprechender Akt wesensfremd war. Dennoch übernahm das nachklass. Cognitionsverfahren und der iustinian. Prozeß den Namen, um typ. Wirkungen der l. c. zu bezeichnen. So ergab sich als »Litiscontestationsproblem« die Frage, wann diese Wirkungen eintreten. Man orientierte sich schließlich an der den Klagvortrag *(narratio)* beantwortenden *contradictio* des Beklagten (Cod. Iust. 3,1, 14,4). Th. M.-M.

*M. Wlassak* Die Litiskontestation im Formularprozeß (Bresl. Festschr. für Windscheid 1889, 69ff.). *G. Jahr* Litis contestatio, 1960. *Mayer-Maly* ZRG (rom. Abt.) 78, 1961, 493ff. *M. Kaser*, ZRG (rom. Abt.) 84, 1967, im Druck.

**Litis denuntiatio** s. am Schluß des Bandes.

**Litorius,** *comes, mag. militum*, geriet 439 beim Kampf um Tolosa, das er aufgrund einer heidn. Weissagung zu erobern hoffte, in gotische Gefangenschaft und wurde getötet (Chr. min. 1,475f. Sidon. c. 7,246ff. Salvian. de gub. dei 7,10). A. L.

**Litra** (*λίτρα*). »Pfund«, sicul. Wort, lat. → *libra* und wie diese duodezimal in *ὀγκίαι* (→ *unciae*) geteilt. Die L. in Sizilien wog 109,15 g = ⅓ röm. *libra* (fragwürdig ist eine L. zum doppelten Betrage). Sie liegt den Aes-Münzen von Lipara in voller Norm zugrunde, in Sizilien und S.-Italien begegnet sie nur in reduzierter Form oder als Silberaequivalent. Als solches wiegt sie 0,87 g. Auf die → Drachme gehen 5 L., auf das → Didrachmon (Stater) 10, → *Dekalitron*. In der Kaiserz. bezeichnet L. die röm. *libra*. H. Ch.

*Schrötter* WBMzK s. v. *H. Chantraine*, RE XXIV 649ff. IX A 614ff. 640ff. 652f.

**Litterarum obligatio.** Für die Kontraktsobligationen unterscheidet Gai. Inst. 3,89 4 Begründungsarten: *re, verbis, litteris, consensu*. Von der dritten, der durch Schriftakt, ist hier zu handeln. Gai. erörtert sie im einzelnen in Inst. 3,128ff. Das ist neben einigen Nachrichten in der nichtjur. Lit. zugleich unsere Hauptquelle für die l. o. Denn diese ist, vom hellenist. Bankwesen stammend, schon z. Z. des Gai. nur noch selten verwendet worden und bald danach ganz außer Übung gekommen. Daher finden sich von ihr im Corpus Iuris Iustinians nur noch wenige Spuren, die von den Kompilatoren gelassen worden sind. Nicht mehr dem urspr. Sinn entspricht es, wenn in Inst. Iust. 3,21 der Schuldschein über ein nicht ausbezahltes Darlehen als l. o. bezeichnet wird.

Die röm. l. o. wurde vermutlich begründet durch eine Lastschrift *(expensum ferri)* im *codex accepti et expensi* des Gläubigers. Die Summe wird hier von diesem wie eine Barauszahlung eingetragen. Die Gegenbuchung beim Schuldner *(acceptum ferri)* ist unwesentlich. Die l. o. dient aber nicht dazu, eine Schuld völlig neu zu schaffen. Vielmehr soll sie nur eine bestehende Schuld, ähnlich wie bei der *novatio*, in eine neue verwandeln. Das geschieht entweder unter denselben Personen (*transscriptio a re in personam*, Gai. Inst. 3,129) oder mit Wechsel des Gläubigers oder Schuldners (*transscriptio a persona in personam*, Gai. Inst. 3, 130). Daher heißen die Forderungen aus der l. o. *nomina transscripticia*. Sie schaffen eine *obligatio civilis*, die röm. Bürgern vorbehalten ist. Aus ihr wird geklagt mit der *actio certae creditae pecuniae (condictio)*. Neben dem der Schuldbegründung dienenden Skripturakt hat der Schuldner wohl häufig noch einen von ihm ausgestellten Schuldschein gegeben. Das war zu Beweiszwecken sinnvoll, weil das nur vom Gläubiger stammende *expensum ferri* keinen Beweiswert hat. Dieser Schuldschein, der sich nach ius civile auf die Beweisfunktion beschränkt, kann eine Schuld nur nach Peregrinenrecht schaffen. Auch sie wird l.o. genannt, Gai. Inst. 3,134: *praeterea l.o. fieri videtur chirographis et syngraphis.* Diese Art der Schuldbegründung verschmilzt nach dem Ende der Klassik mit der veränderten *stipulatio* zu einem schriftlichen Schuldversprechen, das für die spätere Rechtsentwicklung maßgeblich wird. D. M.

1. *M. Kaser* Röm. Privatrecht 1, 1955, 453ff. 2, 1959, 280 (an beiden Stellen weitere Angaben). 2. *A. Watson* The Law of Oblig. in the Later Rom. Rep. 1965, 18ff.

**Liturgie** wird in der LXX und der chr. Kirche überwiegend kult. gebraucht. Der altchr. Gebrauch λ. = Gottesdienst verengt sich im O. später zu λ. = Messe (so im W. seit dem 15. Jh.). Über urchr. L. wissen wir nur sehr wenig (doch vgl. 1. Kor. 14 mit Apk. Joh. 19). L. Anweisungen finden sich im NT. z. B. Apg. 6,6. 13,6. 1. Tim. 4,14. 6,11 ff. (Ordination). 1. Kor. 11,23 ff. (Abendmahl). Apg. 8,14. 19,5f. u. ö. (Taufe). L. Texte begegnen z. B. Phil. 2,6–11 und Eph. 5,14. Älteste Aufzeichnungen nachneutestamentlicher, noch nicht normativer l. Texte begegnen Did. 7–10; 1. Clem. 59ff., bei Hippol. Traditio apostolica (Text bei G. Dix The Treatise on the Apostolic Tradition of St. Hipp. of Rome, 1937) und in dem 30 Gebete enthaltenden Euchologium des Serapion von Thmuis (4. Jh.). Vom 4. Jh. an beginnen sich erste. Zentren herauszubilden (Antiocheia, Alexandreia, Rom), innerhalb derer es aber noch mannigfache Unterschiede gibt. Zur Kodifizierung normativer Formulare kommt es erst im 6. Jh. in Rom und Konstantinopel. Die wichtigsten L. des O. sind die o.-syr. Apostel-L. (Kern vornicänisch, später von den griech. L. des Nestorios und Theodoros von Mopsuestia überformt), die aus N.-Syrien stammenden Apostol. Constitutiones, die antiochen. Jakobus-L., die auf eine jerusalemer Ordnung zurückgehen wird, die alexandrin. Markus-L. (in kopt. Gestalt nach Kyrillos genannt), die ebenfalls alexandrin. L. des Basileios und Gregorios und die Stadt-L. von Konstantinopel (seit dem 10. Jh. Joh. Chrysostomus zugeschrieben). Lat. L.n des W. sind uns erst für das 6. Jh. greifbar. Am wichtigsten die Sakramentare Gelasianum und Gregorianum, die Mailänder oder ambrosian. L., die gall. und kelt. L. (älteste Darstellung bei Pseudogermanius von Paris) und die altspan. oder mozarab. L. Seit dem 7. Jh. wird die röm. L. auch in Gallien normativ (664 in England, im Frankenreich unter den Karolingern). Kl. W.

Text-Slg.: *J. A. Assemani*, Cod. liturg. Eccles. Univers., 13 Bde., Rom 1749–1766, Nachdr. Par. und Lpz. 1902). Alle ö. L. bei *E. Renaudot*, Liturg. Orient. Collectio I. II. 1716 (Nachdr. 1847); *H. Denzinger*, Ritus Orient. Copt. Syr. et Armen. in administr. sacramentis I. II. 1863f. *E.E. Brightman* L. Eastern and Western I, 1896.
Lit. s. in Lit.-Ber. d. Arch. f. L.-Wiss., des L.-Jb. und des Jb. f. Liturgik und Hymnologie. Vgl. auch die Art. in RGG$^3$ 4,404ff. LThK 6,1085ff. Lit. z. NT.: *G. Delling* Nov. Test. 3, 1959, 107–137. *S. Läuchli*, ThZ 16, 1960, 359ff. *G. P. Wetter* Altchr. L. 1. 2. (FRLANT 13. 17) 1921 f. Zu or. L.: *A. Baumstark* Vom gesch. Werden der L., 1923. *I. H. Dalmais* Les L. d'Orient, 1959, dt. 1960. Zu abendl. L.: *Th. Klauser* Abendl. L.-Gesch., 1944. *G. Dix* The Shape of the L. $^4$1949. *A. H. King* Liturgy of the Rom. Church. 1957.

**Lituus. 1.** Der l. war wie die → *tuba* lang und gerade, doch an einem E. hakenförmig zum Schallbecher abgebogen (Sen. Oedip. 732ff.). Nach der Überlieferung (z. B. Strab. 5,220) übernahmen die Römer auch den l. von den Etr. Die Angabe von Acro zu Hor. c. 1,1,23 *lituus equitum est* ist zweifelhaft, nicht aber, daß es sich beim l. um ein röm. Militärsignalinstrument handelte. Mit ihm, dessen Ton hell und durchdringend war (Lucan. Phars. 1,237), wurde zum Angriff geblasen (Ov. fast. 3,217). Seine Form und seine Konstruktion sind durch Funde und Darstellungen bekannt. Die Form fand auch bei anderen Völkern Verbreitung und erhielt sich noch in den tönernen Pesthörnern des MA.s. A. N.

*Fr. Behn* Musikleben im Alt. und frühen MA., Stuttg. 1962, VIII, IX. Musikgesch. in Bildern, hg. v. *H. Besseler* und *M. Schneider* 2: Musik des Alt. Lief. 5: *G. Fleischhauer* Etrurien und Rom. Lpz. 1964 (dazu Gn 1965, 838f.). Mainzer Ztschr. VII (1912) 37ff. *G. Wille* Mus. Rom. 1967, 79–84. 90–92 u. ö.

**2.** Oben gebogener, knotenloser (Liv. 1,18,7. Hygin. bei Gell. 5,8,2) Stab der → augures zur Bezeichnung des → templum (Serv. Aen. 7,187). Urspr. Zauberstab (nicht Szepter: so Thulin Etr. Disciplin 3, Göteb. Högsk. Årsskr. 1909, 114). Da Krummstäbe nicht selten sind und in Iguvium ein ähnlicher Stab als Abzeichen eines Priesters vorkommt, hält Latte, RE XIII 805; RRel 157,3 gegen Thulin a. O. 113 (wahrscheinlich aus Etr.; erscheint auf etr. Denkmälern) gemein-ital. Herkunft für möglich. Etym. unklar (etr. oder lat.: Walde-Hof.$^3$). Die Denkmäler zeigen, daß das urspr. gebogene obere Ende spiralförmig wurde (Denare des C. Serveilius, Anf. 1. Jh. v. Chr. BMC Rom Rep. 1, 179f.). Signalhorn nach Augurstab benannt, nicht umgekehrt, wie Gell. 5,8,8ff. behauptet (Bömer zu Ov. fast. 6,375).

Der sog. l. des Romulus in der Curia Sabinorum war in Wirklichkeit Trompete (s. o. Nr. 1), falls Cic. div. 1,30 *id est incurvum . . . invenit* nicht Glosse ist (Pease z. St.). W. E.

**Lityerses** (*Λιτυέρσης*). Ein phryg. Schnitterlied (Theokr. 10,41 mit Sch.), in hellenist. Volksliedforschung mit Aletis, Iulos, → Bormos u. a. zusammengestellt (Athen. 10,415b. 14,619a. Poll. 4, 54). Wie bei → Linos machte man aus dem Namen des Liedes den ersten Sänger des Liedes und erzählte von ihm eine Geschichte. In dem Liede verband sich der Ansporn zur Arbeit mit der Klage um den Helden und der Tröstung seines Vaters. L. ist ein Bastard des berühmten Königs → Midas, haust (als König oder als Bauer) in Kelainai in Phrygien, bewirtet die vorbeikommenden Fremden (er selbst ist nach Suda ein großer Fresser und Säufer), nötigt sie dann zur Erntearbeit mit ihm um die Wette, peitscht sie, wenn ihre Kraft erlahmt; abends köpft er sie, bindet den Rumpf in die Garbe und singt dazu; oder er versklavt sie. Man erkennt darin alte, z.T. noch nachlebende volkstümliche Bräuche; vgl. das Einbinden der Schnitterin, die die letzte Garbe bindet, in diese, das Fangen des Wachstumsgeistes beim Abschneiden der letzten Halme. E. FEHRLE Deutsche Feste und Volksbräuche ³1927, 76. MANNHARDT Myth. Forsch. 1884, 55ff. NILSSON Griech. Feste 430. Jüngeren Ursprungs ist die Verbindung mit der → Daphnis- und der Herakles-Sage. Daphnis findet seine überall gesuchte Geliebte Pimpleis unter den Mägden des L. Für ihn tritt Herakles in den Erntewettkampf ein, besiegt den Unhold, enthauptet ihn und wirft den Leib in den Strom. Sositheos (3. Jh.) schrieb ein Satyrspiel *Δάφνις ἢ Λ.* K. KERÉNYI Die Heroen der Griechen 213 sieht in L., wohl zu Unrecht, den Herrn der Unterwelt. H.v.G.

**Livia. 1.** L., Tochter des M. Livius Drusus, verheiratet seit etwa 104 in 1. Ehe mit Q. Servilius Caepio (RE II A 1786 Nr. 50); von den Kindern wurde die Tochter Servilia später Mutter des M. Iunius → Brutus; die Ehe wurde geschieden, als sich Servilius mit M. Livius → Drusus (Nr. 4), dem Bruder der L. verfeindete. Darauf heiratete L. in 2. Ehe um 98 den M. Porcius Cato (RE XXII 166 Nr. 12), dem sie einen Sohn, den M. Porcius → Cato Uticensis (Nr. 10), und eine Tochter gebar. Nach frühzeitigem Tod ihres Gatten erzog sie ihre unmündigen Kinder aus beiden Ehen in ihrem Elternhaus, in dem noch ihre Mutter Cornelia lebte, starb aber schon um 92. Val. Max. 3,1,2. Plut. Cato min. 1,1 u.a. DRUMANN² 4,19f. MÜNZER Adelsp. 295f. H. G. G.

**2.** L. Drusilla = Iulia Augusta, Tochter des M. L. Drusus Claudianus und der Alfidia (T. WISEMAN, Hist. 14, 1965, 333f.) * 30. Jan. 58 v. Chr., EHRENBERG-JONES Documents² p. 46. Cass. Dio 38,2. Im J. 43 dem Ti. Claudius Nero vermählt, dem sie am 16. Nov. 42 den späteren Kaiser Tiberius gebar, Suet. Tib. 5,1. Sie ging im J. 40 mit ihrem Gatten zu Sex. Pompeius nach Sizilien, Tac. ann. 5,1,1, dann zu M. Antonius nach Griechenland, Suet. Tib. 6,2, doch schon ca. E. 39 nach Rom zurück. Als Octavian sie dort kennenlernte, ließ er sich von seiner Gattin Scribonia scheiden und nahm L. am 17. Jan. 38 zur Frau, obwohl sie mit Nero Claudius Drusus schwanger war, Suet. Aug. 6,2,2; Tib. 4,3. Aus der Ehe mit Octavian hatte sie nur eine Totgeburt, Suet. Aug. 63,1. Plin. nat. 7,57; trotzdem war diese Ehe dank der Charaktereigenschaften der L. mustergültig, Tac. ann. 5,1,3. Suet. Aug. 62,2. 35 v. Chr. wurde L. *sacrosanctitas* und das Recht, ihr Vermögen selbst zu verwalten, zuerkannt, Cass. Dio 49,38,1; sie hatte ausgedehnte Besitzungen, s. M. M. GABRIEL L.s gardenroom at Prima Porta, New York Univ. Pr. 1955; das Columbarium ihrer Sklaven und Freigelassenen CIL VI p. 878ff. Die Rolle der Kaisersgattin vorbildlich spielend, unterstützte sie alle Bestrebungen des Augustus, Plin. nat. 14,60. Sen. dial. 6,3,3, begleitete ihn beratend auf allen Reisen, Sen. dial. 6,4,3. Tac. ann. 3,34,6, so auf der Orientreise 30/29 v. Chr., Krinagoras ep. 26 (L. erhielt Kult in Athen, IG III 316. s. J. H. OLIVER, CPh 60, 1965, 179; Freundschaft mit Salome in Syrien, Ios. ant. 17,10), nach Gallien 16 v. Chr., Cass. Dio 54, 19,6. Göttliche Ehrungen erhielt sie im ganzen O. An den Ereignissen und Schicksalen der Mitglieder des Kaiserhauses nahm sie lebhaft Anteil; schwer traf sie der Tod des Drusus 9 v. Chr., Consol. ad Liviam 95ff. Sen. dial. 6,2,3–5, sie nahm seine Familie in ihr Haus, Val. Max. 4,3,3. Von 6–2 v. Chr. bangte L. um Tiberius, Suet. Tib. 10,2, der dann allerdings 4 n. Chr. von Augustus adoptiert und Thronfolger wurde, was ihre Stellung weiter erhöhte, s. CIL V 6426 (Triumphbogen von Pavia); in Pontus wurden Liviopolis, in Iudaea Livias nach ihr benannt, Plin. nat. 6,11. 13,44. Wenn sie auch Tiberius emporbringen wollte, waren Gerüchte, sie sei am Schicksal des Agrippa Postumus (Tac. ann. 1,3,4. 6,3), ja sogar am Tod des Augustus (Tac. ann. 1,5,1) schuld, unsinnig. L. setzte die Gebeine des Gatten in seinem Mausoleum bei (Cass. Dio 56,42,4). L. wurde auf Grund seines Testamentes in die jul. Familie aufgenommen und erhielt den Augusta-Titel, Tac. ann. 1,8,1. Cass. Dio 56,43,1. Auch im W. begann ihr Kult um sich zu greifen, CIL X 7340 (Himera). Für Tiberius bedeutete L. bald eine Belastung, Cass. Dio 57,12,3f. Suet. Tib. 51,1, die das Zerwürfnis zwischen L. und Agrippina noch vergrößerte, Tac. ann. 2,43,4 u.a. Im J. 22 schwer erkrankt (Tac. ann. 3,64,1. 71,1), starb sie 86jährig im J. 29 und wurde im Mausoleum Augusti beigesetzt, Dio-Xiph. 58,2,3; erst 42 wurde sie durch Claudius konsekriert, Cass. Dio 60,5,2. Mz. COHEN I² 170ff. MATTINGLY I p. 124ff. 130f. u.a. S. COLAVITO, RIN 60, 1958, 27–36 (Mz. unter Claudius). – Ikonographie: W. H. GROSS Iulia Augusta, AAG 1962, 138 p. + 30 pl.; DERS. Augustus und L., AA 35, 1964, 51–60. H. BARTELS Stud. zum Frauenporträt, 1963, 113 p. L. FABRINI, Enc. Art. Ant. 4, 1961, 663–667 (mit Lit. und Abb.). **3.** L. Iulia (Livilla bei Suet. Tib. 62,1; Claud. 1,6. 3,2), Tochter des Nero Claudius Drusus und der Antonia minor. Sie wurde nach 9 v. Chr. von ihrer Großmutter Nr. 1 in ihr Haus genommen (s.o.); 1 v. Chr. mit C. Caesar vermählt (Zon. 10,36), nach dessen Tod 4 n. Chr. mit Drusus, dem Sohn des Tiberius, Tac. ann. 4, 40,4. Sie lebte am Hofe in Unfrieden mit Agrippina, ebd. 2,43,6. Um deren Söhne von der Thronfolge fernzuhalten, verleitete Seian L. zum Ehebruch und zur Ermordung des Drusus 23 n. Chr., Tac. ann. 4,3,3. 4,8–11. Dio-Xiph. 57,22,2, und verlangte von Tiberius L. zur Gattin; doch dieser schlug ab, Tac. ann. 4,39.40. Durch die Anzeige der Frau Seians, → Apicata (Tac. ann. 4,112), überführt, mußte sie im J. 31 Hungers sterben, Cass. Dio 58,11,7; im nächsten Jahr erfolgte die *damnatio memoriae*, Tac. ann. 6,2,1. **4.** L. Medullina Camilla, Verlobte des späteren Kaisers Claudius seit 8 n. Chr., starb aber bald darauf, Suet. Claud. 26,1. **5.** L. Orestilla, Gattin des C. Calpurnius Piso; diesem im J. 37 von Caligula entführt, bald verstoßen, beide im J. 40 verbannt, Suet. Cal. 25,1. Cass. Dio 59,8,7. R. H.

**Livianus.** Cognomen (nach Adoption, RE IV 227) bei Mam. Aemilius Lepidus L., cos. 77 v. Chr. H. G. G.

**Livineius.** Röm. Familienname, auch inschr. mehrmals bezeugt und möglicherweise etr. Herkunft, SCHULZE Eigenn. 181. 412. Namensträger traten im 1. Jh. v. und n. Chr. hervor.

I. Republ. Zeit: **1.** L. L. Regulus, Bekannter Ciceros (Att. 3,17,1), wahrscheinlich Praetor in einem nicht nachweisbaren J., BROUGHTON Mag. 2,464. **2.** L. L. Regulus, Anhänger Caesars, 46 in Africa Praefect (Bell. Afr. 89,3), 43 oder 42 *IIIvir a(uro) p(ublico) f(eriundo)*, Mz. zuletzt bei SYD. LXVI 42 nachgewiesen (auf ihnen Kopf seines Vaters L. Regulus pr., wohl Nr. 1). BROUGHTON Mag. 2,443. **3.** L. L. Trypho, Freigelassener von Nr. 1, 58 zu Cic. geschickt, für dener 58/57 mehrfach als Kurier diente. H. G. G.

II. Kaiserzeit: L. Regulus, im J. 47 aus dem Senat gestoßen, im J. 59 wegen Schlägereien nach einem von L. in Pompei veranstalteten Gladiatorenspiel verbannt, Tac. ann. 14,17,1 f. R. H.

**Livius.** Name eines röm. pleb. Geschlechts, das seit der 2. Hälfte 4. Jh. v. Chr. hervorgetreten ist. Die Bildung läßt sich weder mit etr. Parallelen (SCHULZE Eigenn. 178. 181a) noch mit gall. *Livo* (HOLDER 2,251) oder durch Rückführung auf *liveo* (vgl. WALDE-HOF.[3] 1,816) befriedigend erklären. Die röm. Gens dürfte auf ein latin. Adelsgeschlecht zurückgehen, das 338 v. Chr. das Bürgerrecht erhalten hat; Höhepunkte: um 300, 207, 112; Familien: Drusus und Salinator (daneben Denter, Macatus, Ocella, die wahrscheinlich in die Hauptfamilien einzureihen sind, vgl. Stammbaum bei MÜNZER, RE XIII 811 f.); Überblick: Suet. Tib. 3,1. *Leges Liviae:* RE XII 2396. → Drusus Nr. 4. Der Familie Drusus entstammte Livia Drusilla, die Mutter des Kaisers Tiberius (und 2. Gemahlin des → Augustus). Literar. traten außerhalb der röm. Gens hervor: der Freigelassene L. Andronicus (B 1) und der Historiker L. (B 2).

A. Historische Persönlichkeiten:

I. Republikanische Zeit: **1.** L. L. hat als Volkstribun 320 zusammen mit Q. Maelius Veto eingelegt gegen die Nichtanerkennung des Caudin. Vertrags, es jedoch später zurückgezogen, Liv. 9, 8,13 ff. (Cic. off. 3,109 nennt statt L. den T. Numicius). **2.** Postumius L. aus Fidenae, Dictator des Latin. Bundes um 390, Varro bei Macr. Sat. 1,11, 37: der älteste bekannte Namensträger. **3.** M. L. Denter, 302 Consul (als erster der Gens) mit M. → Aemilius Paullus Nr. 24, BROUGHTON Mag. 1,169. Er gehörte zu den 4 ersten Plebeiern, die im J. 300 (lex Ogulnia) pontifices wurden, Liv. 10,9,2. **4ff.** L. Drusi. Zum Cognomen (kelt.) als Ehrenname s. → Drusus o. Bd. II 168 f. **4.** (L.?) Drusus, Reiteroberst 324 → Drusus Nr. 1. **5.** M. L. Drusus, Praetor nach 283 (?), Suet. Tib. 3,2, nahm an Senonenkämpfen teil und war möglicherweise bei Pisaurum siegreich. **6.** C. L. Drusus, Consul 147 → Drusus Nr. 2. **7.** C. L. Drusus, Sohn von Nr. 6, älterer Bruder von Nr. 8, war erblindet, trat aber als Rechtsgelehrter hervor, Cic. Brut. 109 u. ö. **8.** M. L. Drusus, Consul 112, Censor 109 → Drusus Nr. 3 (vgl. H. C. BOREN, CJ 52, 1956, 27 ff.). **9.** M. L. Drusus, Sohn von Nr. 8, Volkstribun 91 → Drusus Nr. 4. **10.** M. L. Drusus Claudianus, Vater der Livia, Großvater des Tiberius, → Drusus Nr. 5. **11.** M. L. Drusus Libo, Consul 15 v. Chr. mit L. Calpurnius Piso Frugi (vgl. z. B. A. DEGRASSI FImp 4). Herkunft umstritten: entweder Sohn des L. Scribonius Libo (RE II A 881 ff. Nr. 20) und von L. Drusus Nr. 10 adoptiert (BORGHESI Oeuvres 5,301, unwahrscheinlich) oder Sohn eines L., der das Cognomen Libo von seinem mütterlichen Großvater erhalten haben würde. **12.** M. L. Macatus, Festungskommandant von Tarent 214–208. Der Proconsul M. Valerius Laevinus beauftragte ihn 214 mit der Sicherung der Stadt gegen Hannibal, Liv. 24,20,13. Pol. 8,26–36. 212 fiel jedoch die Stadt durch Verrat dem Feind in die Hand – Fahrlässigkeit des L. mochte dabei mitgewirkt haben. L. aber konnte sich jahrelang in der Burg erfolgreich halten, weil ihm die Verbindung über See offenstand. Erst der Cunctator (→ Fabius Nr. 40) konnte 208 die Stadt – wiederum durch Verrat – den Puniern wegnehmen. Novellistisch ausgeschmückt ist die zu keiner Bestrafung führende Senatsverhandlung über die Schuld des L., Liv. 27,25,3 ff. Cic. de or. 2,273. Plut. Fab. 23. **13.** L. L. Ocella, Vater und Sohn, Pompeianer, wurden 46 nach Thapsus von Caesar begnadigt und erscheinen 42 im Gefolge des Brutus, der den Vater (gewesener Praetor?) wegen Unterschlagung in Sardes verurteilte. Plut. Brut. 35. CICHORIUS Röm. Stud. 253 ff. **14ff.** Salinatores, Cognomen, nach Liv. 29,37,4 Individualcognomen für Nr. 18, weil er als Censor eine Salzsteuer eingeführt habe; doch läßt sich der Beiname schon früher bei den Livii wahrscheinlich machen; im übrigen tritt er auch als Gentilname in Erscheinung, SCHULZE Eigenn. 413 f. MÜNZER, RE I A 1902 f. **14.** C. L. Salinator, Sohn von Nr. 18, * um 234. 211 Pontifex, 204 curul. Aedil, 202 Praetor (Bruttium, mit

2 Legionen), Herbst 199 bis Frühjahr 198 Flottenbefehlshaber im 1. Makedon. Krieg (Kephallenia), entschied 193 als praefectus equitum die Schlacht bei Mutina gegen die Boier (Liv. 35,5,8ff.), bewarb sich erfolglos um den Consulat für 192, war 191 Praetor II (Flottenkommando gegen Antiochos, Seesieg vor Ephesos, blieb auch 190 als Promagistrat zunächst im O.), wurde E. 190 als Gesandter zu Prusias nach Bithynien geschickt, dessen Beitritt zur Koalition gegen Antiochos er erwirkte, und wurde 188 Consul mit M. Valerius Messala, Broughton Mag. 1,365. Er erhielt Gallia (Cisalpina) und legte im Boiergebiet die Stadt Forum Livi (h. Forli) an, Liv. 38,35,8f. Nissen It. Ldk. 2,258. Er lebte noch bis 170. **15.** L. L. Salinator, wurde kurz vor 123 als Praetorier in einem Repetundenverfahren freigesprochen, App. civ. 1,92. **16.** L. L. Salinator, Münzmeister um 83, Syd. LXII. Wohl ident. mit dem 81 genannten Sertorianer Salinator (Sall. hist. 1,96 M.; bei Plut. Sert. 7,1 in L. korrigiert von Cichorius Röm. Stud. 256, von Broughton Mag. 2,442 noch unter L. Iulius [Livius?] Salinator aufgeführt). **17.** M. L. Salinator, 236 Magister decemvirum; vielleicht auch schon bei den Säkularspielen von 249? Vater von Nr. 18. **18.** M. L. Salinator, Consul und Dictator 207. Sohn von Nr. 17, Enkel von Nr. 5, Urenkel von Nr. 3, * um 254, unterrichtet von dem im Elternhaus dienenden Sklaven und späteren Freigelassenen L. L. Andronicus, verheiratete sich um 235 mit einer Tochter des Capuaner Adligen Pacuvius → Calavius (Nr. 4) und einer Claudia. 219 war er Consul mit L. Aemilius Paullus Nr. 23 (Broughton Mag. 1,236); beide bekämpften den Demetrios von Pharos und triumphierten *de Illyriis*. L. wurde dann aber wegen ungerechter Beuteverteilung verurteilt, Frontin. strat. 4,1,45 u. a. (Umstritten ist, ob er 218 zu der Gesandtschaft gehörte, die in Karthago den Krieg erklärte, wie Liv. 21,18,1 berichtet). Erbittert – und erschüttert, weil sein Schwiegervater 216 Capua dem Hannibal auslieferte – lebte er dann zurückgezogen auf dem Lande, bis die Consuln von 210 ihn nach Rom zurückriefen; aber er brach sein freiwillig eingehaltenes Schweigen erst 208 im Senatsverfahren gegen seinen Verwandten Nr. 12. Im gleichen J. wurde er für 207 zum Consul II gewählt mit C. → Claudius Nero Nr. 21 (Degrassi I. 13,46f. 450f.). L. fiel die Kampfführung gegen den heranrückenden → Hasdrubal zu, während Nero zunächst in Unteritalien gegen Hannibal operierte, sich dann aber mit L. vereinigte; beide coss. schlugen den Hasdrubal am Metaurus 207 vernichtend und erzielten damit die entscheidende Wendung des Krieges, Liv. 27,45–51. Pol. 11,1,1ff. Kromayer Ant. Schlachtfeld. 3,1,424ff. L. erhielt einen Triumph, Nero eine Ovatio. Als *dictator comitiorum habendorum causa* leitete L. sodann 207 die Wahlen für 206, vgl. Münzer Adelsp. 128f., und stand als Proconsul 206–204 mit 2 Legionen in Etrurien bzw. Oberitalien (gegen Mago). 204 wurde er Censor – wieder mit Claudius Nero, mit dem er mancherlei persönliche Differenzen hatte; sie führten eine Salzsteuer ein und gaben u. a. den Tempel der Mater Magna und den von L. 207 gelobten der Iuventas (vgl. A. Lippold Consules, 1963, 339f.) in Auftrag, der 191, lange nach seinem Tod, geweiht wurde. Er war eine schroffe und stolze Persönlichkeit und der berühmteste Gentile, vgl. Suet. Tib. 3,1. H. G. G.

II. Kaiserzeit: P. L. Larensis, Pontifex minor unter Marc Aurel, CIL VI 2126 (32401), Procurator von Moesien, Athen. 9,398e, s. Stein Statth. 115f.; unter Commodus procurator patrimonii, Pflaum Carrières proc. éq. 1,531f. Nr. 194. E. 192 hatte er die Leiche des Commodus dem cos. des. zu übergeben, vit. Comm. 20,1. Literar. gebildet, Gesprächsteilnehmer bei Athenaios 1,2c u. a. R.H.

B. Literarische Persönlichkeiten:

**1.** L. L. Andronicus (für das Praenomen vgl. Schanz-Hos. 1,46), lat. epischer und dramat. Dichter griech. Abkunft, nach einer auf Varro zurückgehenden verbreiteten Meinung Archeget der lat. Lit. (Cic. Brut. 71ff.; Tusc. 1,3. Hor. epist. 2,1, 62. Quint. inst. 10,2,7; vgl. zuletzt H. Dahlmann, AAMz, 1962, 580ff.).

Als feste Anhaltspunkte für die Chronologie des L. dürfen gelten: 240 v. Chr. erste dramat. Aufführung (Cic. a. O. [im Brut. 72f. polem. gegen Accius und mit Berufung auf Atticus und auf *antiqui commentarii*, über diese vgl. zuletzt H. J. Mette, Lustrum 9, 1964, 45]. Gell. 17,21,42) anläßlich der Ludi Romani (Cassiod. chron. z. J. 239, für andere Angaben ungenau); 207 Abfassung eines von Jungfrauen zu singenden *carmen* zu Ehren der Iuno Regina anläßlich von Sühnezeremonien, (Liv. 27, 37, 7, vgl. 31, 12, 10. Fest. 333 M.), auf deren guten Erfolg hin *scribis histrionibusque* die Benutzung des Minervatempels auf dem Aventin *in honorem Livi* erlaubt wurde (Fest. a. O., vgl. [4],599f.). Die von Cic. Brut. 72f. angegriffene Datierung des Accius setzte die Ankunft des L. in Rom in das J. 209 unter den Kriegsgefangenen nach der Einnahme von Tarent, machte ihn zum Freigelassenen des M. L. Salinator (18), dessen Söhne er unterrichtet hätte (so Hier. chron. 1830, der die ἀκμή des L. auf 187 setzt) und verlegte seine erste Aufführung auf die von Salinator gelobten Ludi Iuventatis, die 197 (oder eher 191 nach Liv. 36,36,5ff.) gefeiert wurden. Nimmt man notgedrungen die varron. Datierung für die erste Aufführung des L. an, so erscheinen alle Elemente der Konstruktion des Accius chronolog. unhaltbar, ausgenommen die an sich nicht unwahrscheinliche tarentin. Abkunft (vgl. [3],55,2. [4],599); es sind einfach Hypothesen, daß L. Gefangener im tarentin. Krieg 280–272 (jedenfalls nicht beim Fall der Stadt, vgl. B. Niese, H 31, 1896, 505,2) und Freigelassener des M. L. Salinator (17) gewesen sei. Nach Suet. gramm. 1 lehrte L. griech. und lat. als *grammaticus*, was ganz wahrscheinlich ist (Vorbehalte bei [4],601), und trat als Schauspieler in den eigenen Dramen auf (Fest. a.O. Liv.7,2,8f. Val. Max. 2,4,4. Gloss. Salom. bei H. USENER Kl. Schr. 3,37,20ff.; Vorbehalte bei [3],56).

Mit Ausnahme des Carmen aus dem J. 207, von dem nichts erhalten ist und der eher liturg. als literar. Charakter trug (vgl. zuletzt ED. FRAENKEL Horace, Oxf. 1957, 379f.), bestanden die Arbeiten des L. aus Dramen und einer Übers. der Odyssee. Äußere Gründe lassen vermuten, daß das Epos nach dem Beginn der dramat. Tätigkeit entstanden ist ([2],88,2. [6],19,1).

Dramen: Cothurnatae und Palliatae, anscheinend mit einer deutlichen Vorliebe für die ersteren im Gegensatz zu Naevius (2 Tragödientitel sind ihnen gemeinsam: *Danae* und *Equos Troianus*). Unter den Tragödien gehören zum troian. Sagenkreis: *Achilles* (Vermutungen dazu bei E. BICKEL, RhM 86, 1937, 1ff.), *Aegisthus* (aischyl. Thema, jedoch deutlich unterschieden von Aischyl. und verwandt mit Sen. Ag., dazu außer [5],28ff. F. STRAUSS De ratione inter Sen. et antiquas fabulas Rom. interced., Diss. Rostock 1887, 44ff. J. ŁANOWSKI Tragica 1, Bresl. 1952, 139ff.), *Aiax mastigophorus* (aus Soph. Ai., vgl. u.), *Equos Troianus*, *Hermiona* (sophokleischer Titel), *Teucer* (Titel unsicher, s. Varro l.l. 7,3); zur Perseussage *Andromeda*, *Danae;* zur Tereussage *Tereus*. Ein aus einer *Ino* des L. zitiertes Frg. (TRF³ p. 4f.) ist sicher der *Ino* des → Laevius zuzuschreiben ([1], 173ff. [6],68,2; anders LEO De trag. Rom. 12). METTE a.O. 49 möchte jetzt die bei Non. 170,12 M. zitierte *Antiopa* (Pacuv. trag. 4f. R.) dem L. vindizieren. Ein einziger Komödientitel ist sicher, *Gladiolus*, vielleicht mit der Figur des *miles gloriosus;* vgl. [1],183f.). Wahrscheinlich *Ludius* (= '*histrio*' [überl. *Lyd-*]); verdorben Fest. 174 M. *L. in* † *Virgo*.

Nach den uns verbliebenen Frg. zu schließen, unterschieden sich die Dramen des L. in techn. und stilist. Hinsicht nicht entscheidend von der späteren (z.T. zeitgenössischen) archaischen szen. Dichtung: zahlreich sind die Klangfiguren (eine lange Alliteration trag. 2ff.; Lautmalerei trag. 18. 37, [6],44,1), auch *cantica* vorhanden (trag. 20ff. ED. FRAENKEL Plautinisches im Plaut. 344ff.). Freies Vorgehen in der Übers. in den 2 Frg. des einzigen Dramas, dessen Original erhalten ist *(Aiax mast.)*: V.15 R. hat bei Soph. Ai. keine Entsprechung (vgl. [3],70,3); 16f. gestalten die Gnome bei Soph. 1266f. beträchtlich um. Mittelbarer oder unmittelbarer Bezug zu Aisch. Coeph. 897f. zeigt V. 38, vielleicht aus dem *Aegisthus* (J. CONINGTON zu Verg. Aen. 11,572 u.a.). Unbewiesen ist die Verwendung hellenist. trag. Vorbilder.

Odyssee (urspr. Titel *Odusia*, vgl. z.B. U. KNOCHE, Gn 4, 1928, 692). Übers. der hom. Odyssee in Saturniern (die Frg. in Hexametern stammen aus einer späteren Übers., die im Alt. ebenfalls dem L. zugeschrieben wurde, aber sicher später als Ennius entstanden ist. O. RIBBECK Gesch. der röm. Dichtung 1², 16. LEO Sat. Vers 60,4. S. TIMPANARO JR. Ann. Sc. Norm. Sup. Pisa, Ser. 2, 18, 1949, 186ff.), nicht in Bücher eingeteilt (E. SPROCKHOFF De libri etc. vocabulorum usurpatione, Diss. Marb. 1908, 27f. [6],75ff.). Die Treue zum Original ist hier größer als gewöhnlich im archaischen Drama, was verständlich ist, weil das Werk für die Lektüre und nicht für die Aufführung gedacht war; immerhin paßte sich L., nicht nur verschiedentlich der röm. Tradition und Mentalität an (z.B. Frg. 1 Mor. *Camena* für *Μοῦσα*; Frg. 10 / *γ* 110, vgl. [3],74), sondern er bewegte sich auch nicht ohne künstlerische Freiheit: er variierte die hom. Ausdrücke (Frg. 16 / *ε* 297), betonte die »epische« Feierlichkeit, indem er aus dem religiösen röm. Formelschatz schöpfte (Frg. 14 / *δ* 513), suchte das Pathos zu erhöhen (Frg. 38 / *ξ* 144, vgl. [6],49ff.). Die Feierlichkeit suchte er durch bewußte morpholog. (Genitive in *-as* usw. [4],604ff.), lexikal. (frg. 1 *insece*), stilist. (Einfachheit der Struktur des Satzes: Frg. 20 / *ϑ* 138ff.) Archaismen zu erreichen. Über Eigentümlichkeiten seines Verfahrens beim Übersetzen [2], 90ff. [3],73f. [4],603ff. [6],35ff. KNOCHE, G 65, 1958, 325ff.; über Einzelheiten A. TRAINA, Paideia 8, 1953, 185ff. A. RONCONI, SIFC NS. 34, 1962, 17ff.

Die Bedeutung der Persönlichkeit des L. liegt darin, daß er nach unserer Kenntnis der Begründer der Kunst des Übersetzens ist und gleichzeitig Schöpfer der ersten Lit., die sich von der griech. unterschied und ihre Nachfolgerin wurde ([3],59ff. u.a.). Die vielfältigen techn.-literar. Probleme, die er bei dieser schwierigen Aufgabe zu bewältigen hatte, löste er in einer Weise, die zum guten Teil bindend für die spätere Lit. wurde. Die stärkeren Persönlichkeiten des Naevius und des Ennius trugen zu schneller Abschwächung der Erinnerung an ihn bei, was auch durch das völlige Fehlen klarer Begriffe von ihm bei Accius (s.o.) bezeugt wird. Hinzu kommt das negative Urteil des Ennius (ann. 214ff. V.²) wegen seiner Primitivität und Ungeschliffenheit, auf die auch Cic. Brut. 71 und Hor. epist. 2,1,69ff. hinweisen. Immerhin bezeugt die letztere Stelle die Einschätzung des L. bei den Archaisierenden u. daß seine Odyssee um die Mitte des 1. Jh. v. Chr. in der Schule gelesen wurde, in Anlehnung an die Homerlektüre in den griech. Schulen. Auch später bei den Grammatikern erscheint L. nicht häufig. Für angenommene Reminiszenzen des L. bei Verg. Aen. vgl. V. USSANI JR., Maia 9, 1957, 148ff. und G. N. KNAUER Die Aeneis und Homer, Gött. 1964, 60,1.321,2. Sc. M.

Ausg. Frg.: Dramen: TRF³ 1ff. (und *Klotz* Trag. Frg. 22ff.). CRF³ 3ff. Odyssee: *Morel* FPL 7ff. [6],93ff. Vollständige Slg.: *M. Lenchantin de Gubernatis*, Aug. Taur. 1937 (mit Slg. der Testimonia). *E.H. Warmington* Remains of Old Latin 2,2ff. 596.

Lit.: 1. *H. De la Ville de Mirmont* Ét. sur l'anc. poésie lat., Paris 1903, 5ff. 2. *F. Leo* Plaut. Forschungen, Bln. $1912^{2}$, 66f. 88ff. 3. *Ders.* Gesch. röm. Lit. 1,55ff. 4. *Ed. Fraenkel*, RE Suppl. V 598ff. 5. O. *Ribbeck* Die röm. Tragödie im Zeitalter der Rep., Lpz. 1875, 19ff. 6. *Sc. Mariotti* Livio Andr. e la traduz. artistica, Milano 1952.

**2.** T. L. Röm. Geschichtsschreiber, * 59 v. Chr. (?) zu Patavium (Padua), † 17 n. Chr. (?) ebd. Über sein Leben ist wenig bekannt. Er entstammte wohl einer begüterten Familie von gediegen-konservativem Lebensstil; gewiß erhielt er eine sorgfältige rhetor.-philosoph. Bildung. Bereits die ersten B. des Geschichtswerkes verraten die Kenntnis Roms; L. bezeugt selbst einen Aufenthalt in Kampanien (38,56,3). Er enthielt sich wohl jeder öffentlichen Wirksamkeit; er verfaßte also sein Werk ohne eigene polit. oder militär. Erfahrung. Er schrieb auch über philos. Themen, z.T. in Dialog-Form (Sen. epist. 100,9). Hiervon ist ebensowenig etwas erhalten wie von einem an den Sohn gerichteten Brief über stilist. Fragen, worin Demosthenes und Cicero als Vorbilder empfohlen wurden (Quint. inst. 10,1,39. 2,5,20. S. ferner ebd. 8,2,18. Sen. contr. 9,1,14. 9,2,26). Die Arbeit an dem Geschichtswerk scheint bald die Bekanntschaft mit Augustus vermittelt zu haben; die Beziehungen blieben ungetrübt, obwohl der Kaiser L. wegen seines Urteils über Pompeius einen Pompejaner nannte (Tac. ann. 4,34,3).

Der Titel des Geschichtswerkes lautet in den Hss. *Ab urbe condita libri*. Die Darstellung reichte bis zum Tode des Drusus (9 v. Chr.); offenbar verhinderte der Tod des L. einen geeigneteren Abschluß (anders [12]). Das Werk bestand aus 142 B. Hiervon sind 35 erhalten: B. 1–10 (bis 293 v. Chr.) und B. 21–45 (218–167 v. Chr.; ab B. 41 lückenhaft). Ein Palimpsest bewahrte ein Frg. aus B. 91 (über Sertorius); der ältere Seneca zitiert aus B. 120 die Schilderung von Ciceros Tod mitsamt Charakteristik (suas. 6,17 und 22). Über den Inhalt der verlorenen Teile unterrichten Auszüge, bes. die sog. Periochae (zu allen B. außer B. 136 und 137); auf einem Oxyrhynchos-Pap. fanden sich Reste von Inhaltsangaben über B. 37–40, 48–55 und 87–88. Iulius → Obsequens exzerpierte aus L. die Prodigien der J. 190–11; die Konsulliste in den Chronica Cassiodors geht ebenfalls auf L. zurück.

L. schrieb an seinem Werk über 40 J.; er hat es offenbar abschnittweise verfaßt und herausgegeben. B. 1–5 (bis 389 v. Chr.) erschienen in den J. 27–25 v. Chr.; B. 9 entstand wohl vor dem J. 20 v. Chr., B. 28 nach dem J. 19 v. Chr. Der Schluß (ab B. 121) wurde, wie die Periochae bekunden, erst nach dem Tode des Augustus veröffentlicht. L. hat sich zunächst um eine Gliederung in Pentaden oder Dekaden bemüht. B. 6 eröffnet mit einer bes. Einleitung den 2. Abschnitt, der sich bis B. 15 (bis 264 v. Chr.) erstreckt hat. Die Pentade B. 16–20 galt dem 1. pun. Kriege und der folgenden Friedenszeit. Die Dek. B. 21–30, die abermals mit einer bes. Einleitung beginnt, ist dem 2. pun. Kriege gewidmet. B. 31 setzt wiederum mit einem kurzen Prooemium ein; es läßt erkennen, daß L. keinen Gesamtplan für sein Werk ausgearbeitet hatte. Die Einteilung in Pentaden oder Dekaden scheint er nunmehr aufgegeben zu haben (anders [15],5ff.). Gleichwohl bleiben Abschnitte erkennbar. Mit B. 108 (Eroberung Galliens durch Caesar) endete der die Vergangenheit darstellende 1. Hauptteil (s. Serv. Aen. 1,373). B. 109–116 (bis zur Ermordung Caesars) wurden als *civilis belli libri* gesondert gezählt (s. Peri.); sie machten den 1. Abschnitt des 2., die Zeitgesch. behandelnden Hauptteiles aus. B. 117–133 galten den Ereignissen bis Actium; B. 134–142 waren der Regierung des Augustus vorbehalten.



L. entnahm den Stoff seines Werkes fast nur literar. Darstellungen. Die Frage nach seinen Quellen hat daher zumal für die erhaltenen Teile großes Gewicht. Da indes die jeweils von ihm benutzten Autoren bis auf Polybios fast gänzlich verloren sind, vermochte die mod. Forschung nicht allzu viele wirklich gesicherte Resultate zu erzielen (s. bes. [5]). In der 1. Dek. folgte L. der jüngeren Annalistik (Q. → Aelius Tubero [I. 18], → Valerius Antias, Licinius → Macer, Q. → Claudius Quadrigarius [I. 34]). In der 3. Dek. beruht die Schilderung der militär. Operationen wohl vor allem auf → Coelius Antipater (I. 6) und ab B. 24 in zunehmendem Maße auf Polybios; die stadtröm. Ereignisse gibt L. offenbar hauptsächlich nach Valerius Antias wieder. In den B. 31–45 geht die Darstellung der ö. Angelegenheiten auf Polybios zurück; außerdem sind abermals Valerius Antias und Claudius Quadrigarius benutzt.

Die historiograph. Methoden des L. geben zu Bedenken Anlaß, auch wenn man sie nicht nach modernen, sondern, wie billig, nach ant. Maßstäben beurteilt. L. stand zwar außerhalb des von Leidenschaften erfüllten parteipolit. Getriebes, das zumal in der jüngeren Annalistik arge Verfälschungen der Überlieferung verursacht hatte. Andererseits hat er sich nicht bemüht, sein Quellenmaterial wirklich krit. zu sichten; er übernahm, was er vorfand und fügte lediglich hin und wieder einen Hinweis auf abweichende Meinungen ein oder suchte extreme Behauptungen durch Wahrscheinlichkeitserwägungen zu widerlegen. Seine Zuverlässigkeit hängt daher in erheblichem Maße von der Zuverlässigkeit des jeweils benutzten Gewährsmannes ab. Sein Werk enthält überdies mancherlei techn. Versehen (Übers.-Fehler, chronolog. Unstimmigkeiten, durch Quellenwechsel bedingte Doppelfassungen desselben Ereignisses u. a.). Eine weitere Kategorie von Verzeichnungen ist durch geograph. Unkenntnis sowie durch Mangel an militär. und polit. Sachverstand verursacht. Schließlich hat sich L. nicht selten durch seinen Patriotismus zu tendenziös gefärbten Berichten verleiten lassen.

L. verdient vor allem als Schriftsteller gewürdigt zu werden: es gelang ihm, die gesch. Überlieferung in ein zeitgemäßes literar. Gewand zu kleiden. Er machte sich hierbei eine reiche formale Tradition zunutze. Er knüpfte äußerlich an die republikan. Annalistik an; von dort stammt u.a. das Schema des von Jahr zu Jahr fortschreitenden Berichts. Der Stil des L. zeigt sich der »rhetor.« und seine Kompositionsweise der »trag.« Richtung der hellenist. Geschichtsschreibung verpflichtet (→ Theopompos, → Duris, → Phylarchos). Er wird das künstler. Repertoire dieser Richtungen teils direkt, teils durch Vermittlung röm. Historiker gekannt haben; überdies waren ihm Ciceros Ausführungen über Mittel und Zwecke der Geschichtsschreibung vertraut (de or. 2,36.51–64; leg. 1,5–7), die sich ihrerseits hellenist. Lehren zu eigen gemacht hatten. L. vermied die Exzesse manches Vorgängers; sein gebändigtes Pathos erstrebte reine Wirkungen. Die Struktur wird im Großen wie im Kleinen vom Prinzip der Variation beherrscht; wichtigstes Element der Erzählung ist die dramat. geschilderte einzelne Aktion (Schlacht, polit. Versammlung usw.). Der Stil ist vor allem den Schriften Ciceros verpflichtet: an ihnen schulte L. seine *lactea ubertas* (Quint. inst. 10,1,32); von dort stammt die klass. Strenge des Wortgebrauchs und der Syntax, die freilich durch poet. Ausdrücke und Modernismen der beginnenden Kaiserzeit gelockert ist. Sallustische *brevitas* lag L. fern; von Archaismen machte er nur in altertümlichen Formeln sparsamen Gebrauch.

Die Geschichtsauffassung des L. gibt schwierige Fragen auf; in dieser Hinsicht wirkt sich der Verlust der zeitgeschichtlichen Partien sehr störend aus. L. pflegt das aristokrat. Regiment der frühen und mittleren Republik zu idealisieren; außerdem ist bezeugt, daß er bei der Darstellung des cäsar. Bürgerkrieges aus seiner republikan. Gesinnung kein Hehl gemacht hat. Andererseits war ihm gewiß manche Maßnahme des Augustus sehr willkommen, z.B. die Erneuerung des staatl. Götterkultes. Der sich in diesen Gegebenheiten andeutende Konflikt wurde offenbar nicht ausgetragen. L. machte sich zwar schon in der Praefatio das seit Cicero und Sallust geläufige Schema von Roms Aufstieg zur weltbeherrschenden Macht und dem darauf folgenden inneren Verfall zu eigen; das Erhaltene läßt indes nicht erkennen, wie er den augusteischen Prinzipat in dieses Geschichtsbild eingeordnet wissen wollte. So fehlt ein scharf fixierter Standort; der Romglaube des L. schwebt eigentümlich zwischen Republik und Prinzipat, zwischen pessimist. Dekadenzbewußtsein und der Hoffnung auf sittliche Besserung, zwischen lehrhafter Präsentation der Vergangenheit und romant. verklärender Schau.

Dem Werk des L. war sofort großer Erfolg beschieden. Nachfolger blieben aus; die Vorgänger wurden vergessen; L., der letzte Annalist, galt in der Kaiserzeit als die maßgebliche Autorität für die Gesch. der röm. Republik. Man benutzte ihn für histor. Epen (Lucan, Silius Italicus) und rhetor. Exempelslg.en (Valerius Maximus, Frontinus). Bereits Martial bezeugt eine Epitome (14,190); was spätant. Geschichtsschreiber über die Republik zu berichten wissen, geht meist durch die Vermittlung derart. Auszüge auf L. zurück (→ Eutropius, → Festus (4), → Orosius u.a.). Der Kreis des → Symmachus bemühte sich um eine Revision des L.-Textes. Die größten Verluste traten wohl in der Übergangszeit zwischen Ant. und MA. ein; was erhalten blieb, war im MA. nur wenig verbreitet. Die Überlieferung geht teils auf spätant. (3. Dek.: Puteanus, s. V. B. 41–45: Laurishamensis, s. V/VI), teils auf ma. Hss. (1. Dek.: Mediceus, s. XI u.a. 4. Dek.: Bambergensis, s. XI u.a.) zurück.

Seit der italien. Renaissance erfreute sich L. abermals großer Hochschätzung; die krit. Geschichtswissenschaft des 19. Jh. brachte eine allzu radikale Ernüchterung. Die Forschung des 20. Jh. hob demgegenüber mit Recht die künstler. Leistung des L. hervor. Sein Werk diente zugleich als wichtiges Dokument für das »Römertum«, für die »röm. Lebenswerte«. Diese Richtung der gegenwärtigen L.-Forschung ist nur dann nicht problematisch, wenn der fiktive Charakter jenes Römertums sowie die Tatsache hinlänglich beachtet wird, daß der forcierte Moralismus des L. eine allzu simple Vorstellung von den Ursachen histor. Prozesse vermitteln möchte. M. F.

Erstausg. Rom 1469 und Basel 1531 (B. 41–45).

Ta.: *Weissenborn-Müller-Rossbach*, 10 Bde., 1880ff. (m. Komm.). *Conway-Walters-Johnson*, 4 Bde., 1914–1935 (1. und 3. Dek.). *Bayet-Baillet*, 5 Bde., 1940ff. (B. 1–5; m. franz. Übers.). Periochae, Frg. Oxyrhynch., Iul. Obsequens: *Rossbach*, 1910.

Lit.-Berichte: *K. Gries*, CW 53, 1959, 33–40. 69–80. [3] IXff. 1. *H. Bornecque* Tite-Live, 1933. 2. *R. Heinze* Die august. Kultur, 1933², 91–106. 3. *E. Burck* Die Erzählungskunst des T. Livius, (1934) 1964². 4. *Ders.*, Altsprachlicher Unterr. 3,2, 1957, 34–75. 5. *A. Klotz* L. und seine Vorgänger, N. Wege z. Ant. 2,9–10, 1940/41. 6. *W. Hoffmann* L. und der 2. pun. Krieg, H-Einzelschr. 8, 1942. 7. *Ders.*, Ant. und Abendl. 4, 1954, 170–186. 8. *M. L. W. Laistner* The Greater Roman Historians, 1947, 65–102. 9. *H. Hoch* Die Darstellung der polit. Sendung Roms bei L., 1951. 10. *A. M. McDonald*, JRS 47, 1957, 155–172. 11. *J. Kajanto* God and Fate in Livy, Ann. Univ. Turk. 64, 1957. 12. *R. Syme*, HSPh 64, 1959, 27–87. 13. *F. Klingner* Röm. Geisteswelt, 1961⁴, 444–468. 14. *H. J. Mette*, G 68, 1961, 269–285. 15. *P. G. Walsh* L., His Histor. Aims and Methods, 1961.

**Lix** (*Λίγξ*, Lixos, Lixa). **1.** Alte phoinik. Stadt in Mauretania Tingitana, topogr. gesichert durch eine Inschr. des 2. Jh. v.Chr. Ruinen auf dem Hügel Tschemmisch bei el-Araïsch (Larasch) nahe dem h. Flusse Lukkûs (s. Lix 2), 120 km s. vom h. Ceuta (Skyl. 112. GGM I 92. Strab. 17,826. 827. 829: *Λίγξ*. Ptol. 8,13,5. Steph. Byz. *Λίγξ* und

*Λίξα*). L. empfing unter Kaiser Claudius eine röm. *colonia* (Plin. nat. 5,2). Die Sage verlegte u. a. auch nach L. → Antaios und die Gärten der → Hesperiden (Plin. 5,3). S. Karte zu Skyl. GGM tab. II. **2.** Fluß Mauretaniens (h. Lukkûs), an dem die Stadt L. 1 lag. Skyl. 112. Ptol. 4,1,2. Steph. Byz. s. *Λίγξ*. Strab. 2,99. **3.** Nur von → Hanno (1) genannter Fluß viel weiter s., mit dem h. Draa ident. (Hann. Carth. Per. 6 in GGM I 5 mit Comm. und tab. I). H. T.

*Dessau*, RE XIII 928–930. *A. Forbiger* HB. der alt. Geogr. 2,875. *Meltzer-Kahrstedt* Gesch. der Karthager 3,106. *A van Kampen* Orbis terr. ant. 1888, tab. XIV. Gr. Hist. Weltatl. I, S. 42b. Atlas of the World (Times), Pl. 88.

**Lixa. 1.** Die l.-ae (*λεῖξαι*) – Wortbedeutung ungeklärt – gehörten zu den Marketendern, Händlern u. a., die den röm. Truppen folgten und für deren Bedürfnisse sorgten (→ canabae). Sie werden neben *institores*, *mercatores* und *negotiatores* genannt (Sall. Iug. 44,5. 45,2. Tac. ann. 2,63. Val. Max. 7,1), ohne daß ihre spezielle Funktion zum Ausdruck kommt. Nach Amm. 28,4,4 verkauften sie gekochtes Fleisch, nach Iust. 38,10 zählten zu ihnen Bäcker, Köche und Schauspieler. Die l. unterstanden, wie der gesamte zugehörige Personenkreis, offenbar von Anfang an militär. Befehlsgewalt, was bes. aus Veg. mil. 1,10 hervorgeht, wo sie auch *galiarii* genannt werden. **2.** L. bedeutete auch den Gerichtsdiener (Apul. met. 1,24). A. N.

**Lobon** von Argos (*Λόβων*). 3. Jh. v. Chr.? Vf. einer bei Diog. Laert. (Thales, Epimenides) und wohl vit. Soph. zit. Schrift *π. ποιητῶν*. Von diesen Frg.en aus wurde das Material weiter vermehrt (Diog. Laert., Suda etc.); Indizien waren Anführung von Statuen- oder Grabepigrammen (bes. für die → Sieben Weisen, wo L. auch Skolien gab), summar. stichometr. Angaben, phantast. Titel, *εὑρήματα* etc. L., den vielleicht schon Hermippos benutzte, parodierte wohl die *πίνακες* des Kall. Er vergrößerte die lit. Tätigkeit der Dichter, denen er auch Prosawerke zuschrieb (Theologen, Epiker, Philosophen, Sieben Weise, Lyriker, Soph. etc.). Fraglich ist, ob die suspekten Werke von L. erschwindelt wurden oder schon pseudepigraph waren. W. Sp.

Lit.: *Susemihl* 1,510f. *W. Crönert* *Χάριτες* F. Leo, 1911, 123ff. (Frg.). *W. Kroll*, RE XIII 931ff. *Diehl* Anth. Lyr. 2,190ff. *Schmid* 1,374. *Diels* Vors. 1,66,4. 114,6. 218,27. 282,34. 3,614. *F. Jacoby*, Atthis, 1949, 364. FGrH I²a,519. 551. 556. IIIb, 287. 296. 312ff. 316. 456; Noten, 56. 238; Suppl. 2,473. *M. Untersteiner*, Senofane, 1955, CCLff. *Bolton*, s. Hekat. (3),254. RE XVIII, 2. H. 874f. XX 1425. II A 2254f. III A 1050. V A 1243.

**Locatio conductio.** Die l. c. ist einer der vier Konsensualkontrakte (also durch bloße Willenseinigung als klagbar zustande zu bringenden Verträge) des klass. röm. Rechts. Sie umfaßt mehrere im modernen Zivilrecht ganz verselbständigte Geschäftstypen: Sachmiete, Werkvertrag, Dienstvertrag. Von diesen Typen wiederum haben sich einige Sondertypen wie die Pacht oder der Frachtvertrag auch h. (noch) nicht ganz abgehoben. Die Weite des von der l. c. erfaßten Bereichs legt Gruppierungsversuche nahe. Doch ist strittig, wie stark schon die Klassiker und überhaupt die Ant. jene Dreigliederung vorbereitet haben, die in der gemeinrechtlichen Terminologie (*l. c. rei* = Sachmiete, Pacht, *l. c. operis* = Werkvertrag, *l. c. operarum* = Dienstvertrag) ihren Ausdruck fand. Einer »Einheitstheorie« der l.c. (BRASIELLO, AMIRANTE) stehen Anhänger einer schon von der Ant. zugrunde gelegten Dreiteilung gegenüber. Es gilt zu differenzieren: Terminologisch haben die Römer bis auf Iustinian noch nicht geschieden. Damit hängt es zusammen, daß im Edikt nur eine *actio locati*, nur eine *actio conducti* proponiert war. Dagegen ist für die Konkretisierung des jeweiligen Inhalts der *bona fides* mit Variationen nach dem Geschäftstyp zu rechnen. Dies gilt bes. für die Verteilung des *periculum* und für die Maßstäbe der Sorgfalt und des Verschuldens. Die hier wahrnehmbaren Abstufungen folgen jedoch nicht einfach den Grenzen der drei gemeinrechtlichen Typen, sondern richten sich oft nach eigenen Kriterien wie der Sonderstellung von *horrearii*.

Die Geschichte der l.c. dürfte im Zeichen der Gemeinsamkeit des Ausgangspunktes aller Typen stehen. Die Bezeichnung der beiden Vertragspartner und ihres Verhaltens weist auf Ortsveränderungen: Jeder *conductor* nimmt etwas mit (die gemietete Sache und den zur Bearbeitung übernommenen Stoff aus dem Haus des *locator;* den gedungenen Arbeiter vom Markt, auf dem sich *mercennarii* anbieten); jeder *locator* »placiert«, stellt zur Mitnahme zur Verfügung.

Als von der *bona fides* beherrschter Konsensualkontrakt ist die l.c. erst für das 3. Jh. v. Chr. anzunehmen. »Mietsachverhalte« (H. KAUFMANN) aber sind viel älter. Der Monatsname *Mercedonius* weist auf sie; Klageweiber *(praeficae)* waren für Geld gedungen; die XII Taf. setzen die Miete von Zugvieh voraus (Gai. inst. 4,28). Die Art der rechtlichen Erfassung dieser Frühformen liegt im Dunkeln. Offen und umstritten ist aber auch der Anteil, der Einflüssen, die vom Staatsrecht und vom Fremdenrecht ausgingen, zukommt. Die lange überschätzte Bedeutung der Auflösung von Klientelverbänden wird doch nicht völlig zu vernachlässigen sein.

Die Klassiker sehen in der l.c. ein natürliches, insofern dem *ius gentium* zuzurechnendes Geschäft, das sie in enger Verwandtschaft zum Kauf *(emptio venditio)* zeichnen. Wie jener ist die l.c. wesentlich entgeltlich; die *conductio nummo uno* ist *nulla* (Dig. 19,2,46 und 41,2,10,2). Außer bei der Teilpacht (vgl. Dig. 19,2,25,6) besteht das Entgelt stets in Geld. Es muß in keinem Verhältnis zum Wert des Sachgebrauchs oder der Fruchtziehung stehen *(naturaliter concessum est invicem se circumscribere:* Dig. 19,2,22,3).

Die »Bedingungen« des Vertrages werden bei Verpachtung und Sachmiete ganz vom *locator* beherrscht, der *leges locationis* aufsetzt (CIL VI 33747. Dig. 19,2,30,3). Der *conductor* hat auf den unversehrten Bestand des Objekts zu achten und pünktlich den Zins zu zahlen. Je stärker der Zug zur Landflucht wurde, um so mehr Nachdruck wurde auf seine Kulturpflicht gelegt. Andererseits schuldete der *locator* dem *colonus* das *frui licere;* minderten Elementarkatastrophen den Ertrag, so kam auf Grund von Reskripten eine *remissio mercedis* in Betracht. Die Bodenpacht wurde grundsätzlich auf 5 J. abgeschlossen, wobei es oft (wohl auch ohne neue Abreden) zu Verlängerungen kam. Dogmat. Eigenständigkeit hat schon bei Gaius (inst. 3,145) die *locatio in perpetuum* als Erbpacht, die Zeno (Cod. Iust. 4,66,1) zu einem der Ansätze des *contractus emphyteuticarius* machte. Ob bei gewöhnlicher, unbefristeter l.c. jederzeitiger Abstand zulässig oder wenigstens wirksam war, ist umstritten.

Beim Werkvertrag hatten sich die Klassiker vor allem mit der Verteilung von Schadensfolgen zu beschäftigen – je nach Unkunde, Materialmangel oder Auswirkung höherer Gewalt. Zum Dienstvertrag sind die auf uns gekommenen Zeugnisse am spärlichsten (wohl weil Anfragen an *iuris periti* meist nicht lohnten). Die wenigen dispositiven Maximen, auf die wir stoßen (vgl. Dig. 19,2,19,9), sind durchaus nicht unsozial, wurden aber oft vertraglich abgedungen (CIL III 948).

Die nachklass. Entwicklung bringt die Verdrängung des alten *precarium* durch eine zur Abhängigkeitsform entwickelte *locatio conductio; servi* und *coloni* rücken einander nahe; das »In-Dienst-Treten« erscheint als Statuswechsel (Pauli sent. 1,18,1). Iustinians im ganzen doch klassizist. Restaurationsversuch wirkte nicht auf die Praxis.

Th. M.-M.

*U. Brasiello,* Riv. ital. per le scienze giuridiche, 1927/28, 527 ff. *Mayer-Maly* Locatio conductio, 1956; Recht der Arbeit, 1967, 281 ff. *L. Amirante,* Bull. dell' Ist. di diritto rom. 62, 1959, 1 ff. *H. Kaufmann* Die altröm. Miete, 1964. *F. M. De Robertis* Lavoro e lavoratori nel mondo rom., 1963.

**Lochos. Lochagos** (λόχος, λοχαγός). Die takt. Einheit des L. unter dem Kommando eines L.-agos ist in den griech. Heeren mehrfach bezeugt. So war der ordentliche spartan. Heerbann in L. gegliedert, deren Zahl für den Pelop. Krieg 7 bzw. 8 (Thuk. 5,67. KROM.-VEITH 34) betrug. Im 4. Jh. gab es dagegen bloß 6 solche Einheiten, die nun → Morai (μόραι) hießen und von → Polemarchoi (πολέμαρχοι) befehligt wurden, da es sich um gemischte, auch aus Reiterei bestehende Verbände zu je 2 L. handelte. Auch die Hopliten der Korinther waren in L. gegliedert (Thuk. 4,43, 3), ferner die → Taxeis (τάξεις) der Athener (KROM.-VEITH 49), das Fußvolk der Boioter (KROM.-VEITH 65) und das der Söldnerheere (Plut. Dion. 45. KROM.-VEITH 74 ff.).

A. N.

BursJb 274, 1941, 65 ff. → Heerwesen.



**Loculi.** Der Plural bezeichnet jedes in Fächer eingeteilte Behältnis: Kästchen, Schränkchen, Kapseln aus den verschiedensten Materialien. Die l. dienten zur Aufbewahrung von Geld, das man mitnehmen wollte, von Schmuck, Parfümerien, Medikamenten, Malfarben; Schüler taten ihre Rechensteine und anderes Gerät hinein. In der Landwirtschaft heißen die Einzelgelasse für das Vieh l. Ebenso kann die Urne bei der Abstimmung als l. bezeichnet werden. Den *loculus Archimedius* (Zusammensetzspiel in Kästchen) kennt erst das MA. Im Begräbniswesen ist l.-us der Sarg und die einzelne Grabstätte; in letzterer Bedeutung ist l.-us in der archäolog. Fachsprache der Gegenwart häufig.

W. H. G.

**Locuples** (aus **loco-ple-t-s:* WALDE-HOF.$^3$ 1, 817) hieß wahrscheinlich urspr. der Besitzer einer ungeteilten Hufe, des alten → *heredium* von 2 *iugera,* wie es angeblich → Romulus jedem Bürger zuteilte (Varro rust. 1,10,2) und später bei Kolonie-Gründungen gern den Kolonisten angewiesen wurde (Liv. 4,47,7; R. M. OGILVIE Comment. on Livy z. St.). Den Gegensatz zum → *proletarius* hat l. gemeinsam (Varro bei Non. p. 94,3 L.) mit dem syn. *assiduus* (Cic. top. 10). – 1. Grundbedeutung: Nur der l. hat ein vollgültiges Stimmrecht in den *classes* der »servianischen« Zenturienordnung (Cic. rep. 2,40). Wer als → *vindex* einen l. davor bewahren will, sofort der Ladung des Gläubigers vor Gericht folgen zu müssen, oder den verurteilten Schuldner der *manus iniectio* entzieht, muß selbst ein l. sein (Lex XII tab. 1,4 mit Cic. top. 10; lex Ursonensis, BRUNS-GRAD. 28 I 3,3–5; lex Rubria, ebd. 16 II 23), um dem Gläubiger angemessen haften zu können (Dig. 2,6,1; M. KASER Das röm. Zivilprozeßrecht, 1966, 49 ff. 98 ff.). – 2. Entwickelte Bedeutung: Mit der Differenzierung der Gesellschafts- und Vermögensverhältnisse verliert l. seinen terminolog. Charakter und bezeichnet den Vermögenden schlechthin, obwohl man noch in spätrepubl. Z. vornehmlich den Besitz von Land, jetzt freilich großräumigen Grundbesitz, darunter versteht und sich der Ableitung von → *locus* bewußt bleibt (Cic. rep. 2,16. Ov. fast. 5,280 f.). Zu den *locupletes* gehören die reichen Mitglieder des senator. Amtsadels, aber bes. die Ritter ([2],471), die ihre Gewinne in dem verläßlichen Landbesitz anlegen (Cic. off. 1,151: M. GELZER Kl. Schr. 1,226 f.). Diese Gruppen verbindet der Widerstand gegen revolutionäre Agrarreformen; so identifiziert Cicero gelegentlich *locupletes* und *boni viri* (rep. 1,31; Phil. 13,23), die sich in großem Maß aus der gehobenen Mittelschicht der Besitzenden rekrutieren (E. LEPORE Il princeps ciceroniano, 1954, 181 ff.). Sie haben bei Proskriptionen den Verlust von Besitz und Leben zu befürchten (Cic. Att. 7,7,7: Sulla; Sall. Cat. 21,2: Catilina; Cic. Phil. 5,22: Antonius), im Krieg tragen sie Plünderung (Caes. civ. 3,110,5) und Kriegssteuern (Cic. ad Brut. 26,5 W.). In der Kaiserzeit verliert der Begriff endgültig seinen polit. Nebensinn: l. wird syn. mit *dives* gebraucht (Sen. dial. 9, 11,10; in CIL V 1444 als Cognomen eines Freigelassenen). W. Ki.

1. *H. Berve*, RE XIII 949ff. 2. *J. Hellegouarc'h* Le vocabulaire lat. des relations et des partis politiques sous la république, 1963 [Ind.]. 3. *G. Samonati*, Diz. epigr. IV 1458f., s.v.

**Locus** (pl. auch *loca*, bes. im amtlichen Gebrauch) wird in jurist. Quellen als Teil eines → *fundus* (Pomp. Dig. 41,2,26) definiert, der im Gegensatz zu diesem nicht begrenzt zu sein brauche und in der Regel auch nicht bebaut sei (Ulp. Dig. 50,16,60). L. begegnet auch als Oberbegriff für *area* und *ager* (Flor. Dig. 50,16,211). Wichtig ist die Unterscheidung zwischen *l. publica, sacra, sancta* und *religiosa* sowie *privata*. Der *l. publicus* stand im Eigentum des röm. Volkes. *L. sacra* waren *ex auctoritate populi Romani* den überird. Göttern konsekriert (Gai. Inst. 2,4–5). Die *l. sancta* standen nicht im Eigentum der Götter, jedoch unter ihrem bes. Schutz (Marc. Dig. 1,8,8. pr.), l. *religiosa* waren Plätze, auf denen ein Leichnam von jemandem bestattet war, der entweder Eigentümer des l. war oder das *ius sepulcri* hatte. Sie waren sakrales Eigentum der Dii Manes. Die *l. priv.* unterlagen den allg. Regeln des Rechtsverkehrs. Dagegen waren die *l. publ., sacra, sancta* und *relig. extra commercium*. Zu ihrem Schutz wurden bes. Interdikte (→ interdictum) gewährt. Die vom Praetor im Edikt proponierten Interdikt-Formulare sind für die *l. publ.* und *sacra* überliefert (Ulp. Dig. 43,8,2 pr. 43,6,1 pr.). Das *I. de l. publ.* schützte diese vor unerlaubtem *facere* und *inmittere*. Ebenso das *I. de l. sacris et relig.* Für diese gab es neben dem prohibitor. auch noch ein restitutor. I., das die Beseitigung von Störungen und die Wiederherstellung des früheren Zustandes anordnete (Ulp. Dig. 43,8,2,19). Auch für die *l. sancta* bestand I. Schutz.

Entstand zwischen Eigentümern benachbarter Feldgrundstücke Streit um die Grenzen, so war die Unterscheidung zwischen der *controversia de fine* (→ finis) und der *controv. de loco* bedeutsam (Frontin. 1 p. 9,2 L., Cod. Theod. 2,26,3, s. a. → Feldmesser). Die *controv. de fine* betraf den Fall, daß die von der einen Partei behauptete Grenzlinie um nicht mehr als 5 Fuß von der seitens der Gegenpartei behaupteten differierte *(intra quinque pedes)* und führte zur *actio finium regundorum*. Ging der Streit um eine darüber hinausgehende Fläche, so wurde er als *controv. de loco* bezeichnet (Frontin. 1 p. 43,20) und in der Form der *vindicatio* durchgeführt. D. V. S.

*Kübler*, RE XIII 957ff. *Karlowa* 2,459ff. *A. Rudorff* Gromat. Institutionen (= Bd. 2 von Die Schriften der röm. Feldmesser). 422ff. *Kaser* Das röm. Privatrecht 1,320f. *G. Broggini* iudex arbiterve, 1957 (Forsch. z. röm. Recht X) S. 166$^{20}$. *Berger*, RE IX 1653.

**Locusta** s. Lucusta

**Locutius** s. Aius Locutius

**Löffel.** Schon der Steinzeit sind L. bekannt, aber noch im 5. Jh. benützt man in Athen zum Essen von Brühen und Brei oft ausgehöhltes Brot, *μυστίλη, μύστρον* (Aristoph. Equ. 1168, vgl. 827. Sch. Plut. 627). So heißen auch die L., dazu *λίστρος, κοχλιάριον*. Die L. sind aus Holz, Bein, Bronze oder kostbarem Metall. Die Römer unterscheiden L. mit ovaler Schale, *ligula* (für Suppe, Brühen, Mehlspeisen, Brei) von L. mit kleiner, runder Schale, *cochlear* (für Eier, Schnekken, Austern, Muscheln, oft am Stiel geschärft zum Öffnen der Schalen). Erhaltene L. aus Bein, Bronze und Silber haben glatte oder verzierte Stiele. W. H. G.

*G. Davidson* The Minor Objects (Corinth XII 1952) Nr. 1392–1401. *W. Deonna* Le mobilier Délien (Délos XVIII) 228ff.

**Loesius** (oder Loisius). Osk. Familienname, nach Schulze Eigenn. 184f. 486 mit dem Götternamen *Lois-*, etr. *luesna* zu verbinden, vgl. Walde-Hof.$^3$ 1,829. **1.** Seppius L. aus Capua, 211 v. Chr. als → *meddix tuticus* letzter Eponym der Stadt, Liv. 26,6,13ff. 12,8. **2.** Trebius L., ital. Kaufmann, der um 160 v. Chr. auf Delos (Freihafen!) hervortrat. H. G. G.

**Löwe** *λέων* (fem. *λέαινα*, bei Dichtern seit Hom. *λίς, λῖς*, bei Hom. auch *ἡ λέων*), *leo* (fem. *leaena*, poet. *lea*); etym. ungeklärt (Boisacq, Dict. ét. 575. Walde-Hof.$^3$ 1,785); Jung-L.: *λεοντιδεῖς* (Ail. nat. 7,47). Im Alt. ist Vorkommen, z.T. in großen Mengen, gesichert für N.-Afrika (einschließlich Äg.), Äthiopien, ganz Vorderasien (einschließlich Arabien), Persien, Baktrien und Indien. Für Europa ist die Begegnung des Xerxes mit L. in Makedonien (Hdt. 7,125) ein Sonderfall. Sonst kannte Europa keine frei lebenden L. (vgl. Keller Tierw. 1,36; Richter Archaeol. Homerica, Landwirtschaft [in Vorb.]). Ihr häufiges Auftreten in Lit. und Kunst beruht vorwiegend auf oriental. Einfluß.

An Arten unterschied man summarisch eine gedrungene, krausmähnige (Berber- oder Perser-L.?) und eine längere, glattmähnige Form (Gutscherat-L.?). – Zool. Schilderungen mehrfach, überwiegend nach den bei Aristot. hist. an.; part. an.; gen. an. verstreuten, teilweise trefflichen Angaben. Danach zählte der L. zu den vielzehigen Vierfüßlern und fleischfressenden Raubtieren, die Reißzähne und retraktionsfähige Klauen kennzeichnen. Gut beschrieben werden die feilenartige Zunge, der hornige Nagel unter der Schwanzquaste, der Verdauungstrakt und die Genitalien; treffende Beobachtungen über Begattung, Bewegung im Gelände, Verhalten bei Verfolgung, bei Begegnung mit Menschen, nach Verletzung, sowie über die Entwicklung der Jungen. Ausgezeichnete Schilderungen von Überfällen auf Herden oder Einzeltiere bietet schon die Ilias (5,161. 11,172. 17,61. 18,579 u.ö.). Daneben wurden grobe Irrtümer bis ins späte Alt. mitgeschleppt; so hielt man die Knochen des L. für extrem hart, zählte beim Weibchen nur 2 Zitzen, hielt die neugeborenen Jungen für blind, glaubte teils an Verlust der Gebärmutter beim ersten Wurf, teils an jährliche Abnahme der Wurfstärke von 6 (5) bis 1 Jungtier (vgl. dazu Brehms Tierl. 12. 64), u.a.m. Die interessante Stelle Aristot. a.O. 497 b 16 beweist, daß L. seziert worden sind, doch schwerlich von Aristot. selbst. – Schief oder übertrieben sind auch Angaben über die Neigung des L., allein zu jagen, den Schakal als Konkurrenten zu hassen (vgl. Keller a.O. 1,28), sich unbedenklich mit anderem Großwild (für Tiger ist es erwiesen), ja sogar mit Hunden zu kreuzen (gut jedoch Plin.nat. 8,42). Von allen Nachrichten über Dinge, die den L. schrecken, ist allein die über seine Scheu vor Feuer realistisch (Il. 17,663).

Die majestätische Erscheinung und das stolze Verhalten des L. ließ ihn zum Sinnbild von Männlichkeit, Mut und Kraft werden; daneben galt er als edelmütig und dankbar. Vor allem die erstere Komponente drückt sich in vielen Sprichwörtern und Redensarten aus (Otto Sprichw. 189f. Köhler Tierleben im Sprichw. der Gr. und Römer 112f.); den Gegensatz verkörpern meist Fuchs, Hase und Hirsch. In den Fabeln tritt dieser Zug seltener hervor, ebenso die großmütige Gesinnung; öfter erscheint der L. als ungeschickt, furchtsam oder geprellt, zuweilen einfach als brutal. Der »König der Tiere« (vgl. Babr.fab. 95) ist zugleich ein hochpoet. Tier. Die Ilias schildert in berühmten Gleichnissen sein Verhalten in allen Lagen, die denen des Kriegers ähnlich sind (s. H. Fränkel Hom. Gleichnisse 59ff.); die Odyssee und spätere Dichter setzen die Motivtradition fort, bes. Aischyl. (vgl. A. Sideras Homerismen in der Sprache des Aisch., Diss. Göttingen 1967) und Verg. Das Bild von der Löwin, der die Jungen geraubt wurden (Il. 18,318), findet bei Soph. (Ai. 987) und lat. Dichtern (z.B. Verg. georg. 3,245. Hor. carm. 3, 20,2. Ov. met. 13,547) Nachbildungen. Im hohen poet. Stil fast ein »heraldisches« Tier, wird der L. von den niedrigeren Gattungen (Lyrik, Bukolik, Satire usw.) eher gemieden.

Bedeutend ist seine Rolle in Religion und Mythos; auch hier weisen die meisten Tatsachen auf oriental. Urspr. So ist er Attribut oder Gespanntier von Ischtar (der pers. »Artemis«), Bakchos, Kybele u.a.; von dort aus geht er auf Hera (vgl. Lévêque, BCH 73, 1949, 125ff.) und Athene (vgl. Yalouris, MH 7, 1950, 99ff.) über; eine enge Verbindung besteht zu Apollon als Sonnengott ö. Herkunft (vgl. Cahn, MH 7, 1950, 185ff.). Auch im Mithraskult und anderen solaren Religionen symbolisiert er die Sonne. Im Triumphzug des Dionysos figuriert er neben anderen Tieren. Symbol. Charakter hat die Überwindung des L. von Nemea durch Herakles (Gruppe, RE Suppl. III 1028ff.; die Lokalisation ist ungeklärt). Die massenhaften, z.T. vorzüglichen plast. Darstellungen aus dem alten Orient betonen bes. seine Eigenschaft als torhütender (d.h. apotropäischer) Dämon und wirken frühzeitig nach Griechenland hinüber (z.B. L.-Tor von Mykenai). Ähnlich erscheint er in Äg. als Tempel- oder Grabwächter. – Nach Hdt. 1,84 spielt er in der Gründungssage von Sardes eine Rolle. Goldene L.-Figürchen dienten im Lyderreich als Gewicht oder »Geld«; die Mz. von Milet zeigen seit frühester Z. das Bild des L. (vgl. Regling Die Mz. als Kunstwerk 17. Cahn a.O. 187). Von hier aus lassen sich kräftige Einflüsse auf die griech. Ornamentalplastik, Vasenmalerei usw. verfolgen (vgl. Poulsen, Orient und frühgr. Kunst 80.104. Jacobsthal Ornamente gr. Vasen 42. Payne Necrocorinthia 67ff.); auch der L. von Chaironeia geht wohl auf die Idee des Grabhüters zurück. Erst in röm. Z. kommen neue künstlerische Impulse aus unmittelbarer Anschauung hinzu.

Im O. war der L. das Jagdtier der Könige (schöne Darstellungen auf assyr. Reliefs, dem Siegel des Dareios, den myken. L.-Dolchen u.a.; s. Keller a.O. 36ff.), ebenso bei den hellenist. Herrschern; eingehende Schilderung der Jagdmethoden bei Opp. cyn. 4,77–212 (vgl. auch Plin. nat. 8,55). Auch die Haltung domestizierter L. scheint ein königliches Privileg gewesen zu sein; spektakuläre Imitation fand es in Rom durch M. Antonius (Plin. nat. 8,55), später durch manchen Kaiser, so Domitian, Caracalla, Heliogabal. Seit 186 v.Chr. (Liv. 39,22) traten L. mit zunehmender Regelmäßigkeit als Kampftiere im Zirkus auf, zunächst in reinen Tierkämpfen, seit Sulla auch gegen Menschen. Ein berühmter L.-Züchter und -Abrichter war Hanno von Karthago (RE VII 2363 Nr. 27).

Das Fleisch der L. wurde im allg. nicht gegessen, das Fett dagegen kosmet. verarbeitet. Das L.-Fell als Umhang ist meist nur literar. Requisit heroischer Gestik; doch ist Handel mit L.-Fellen (als Teppiche?) in der Kaiserzeit nachweisbar. W. R.

*O. Keller* Ant. Tierwelt 1,24ff. *T. Hopfner* Der Tierkult im alten Äg. (1913) 40ff. *Brehms* Tierleben 12, 1915, 55ff. *E.F. Rambo* Lions in Greek Art (Diss. Bryn Mawr 1918). *Wreszinski* Löwenjagd im Alten Äg. (Morgenland H. 23, 1932). *U. Schweitzer* Löwe und Sphinx im Alten Äg. (Ägyptol. Forsch. 15, 1948). *W.L. Brown* The Etruscan Lion (Oxf. Monogr. in Class. Arch. 1960). *H. Gabelmann* Stud. zum frühgriech. L.-Bild (1965).

**Log.** Hebr. Hohlmaß für Flüssiges, ¼ → *κάβος*, von den LXX als → *κοτύλη* übersetzt, in der Vulg. mit → *sextarius* wiedergegeben. Der Inhalt differierte zeitlich und örtlich, die modernen Ansätze variieren von 0,64 l. – 0,29 l. H. Ch.

*H. Chantraine*, RE IX A 2123f.

**Logeion** s. Theater

**Logik.** Ein jeder *λόγος* = Sinn-enthaltende Aussage ist für den, der ihn aufnimmt, zunächst ambivalent: Er kann wahr und er kann falsch sein. Die Logik hat sich an der Aufgabe, gültige Kriterien zu finden, zur Wissenschaft entwickelt. Ansätze sind schon früh im »Spiel« der Fangschlüsse und der paradoxalen Folgerungen zu erkennen; nicht erst die »Eristiker« der → Megarischen Schule, sondern bereits die sog. → Sophisten des 5. Jh. waren in wichtigen Gebieten der L. wohl bewandert.

Freilich wurde – zunächst wohl gutgläubig, später mißbräuchlich – das subjektiv Glaubwürdige – *πιϑανόν* – nicht vom objektiv Wahren gesondert. Es war verführerisch, den *κρείττων λόγος* d.h. den besseren und darum wahreren Logos in derjenigen These zu erblicken, die den Beifall recht vieler fand. Es ist Sokrates' Verdienst, das Kriterion »Erfolg« mit Entschiedenheit ausgeschaltet und die Entwicklung der L. auf die Suche nach objektiv gültigen Kriteria gelenkt zu haben. Allerdings wird schon in der vorsokrat. Frühzeit der L. die Tendenz zur Skepsis sichtbar; deren These besagt, daß objektiv gültige Kriteria der Wahrheit nicht bestehen, daß also die L. keine absolute Grundlage hat. Gerade darum sind die skept. Philosophen aller Richtungen treffliche Logiker gewesen; denn ihnen stellte sich die Aufgabe, mit den Mitteln der L. die Thesen aller übrigen Philosophien ad absurdum zu führen.

Zu einem guten Teil war S o k r a t e s der Schrittmacher einer solchen auf L. basierenden Skepsis; wieder und wieder wies Sokrates seinen Gegnern nach, daß ihre Lehren den Kriterien der L. nicht genügten: das sokrat. *ἐλέγχειν* führte regelmäßig zu diesem negativen Ergebnis. Für P l a t o n dagegen gewann die L. zunächst hohe Bedeutung als Methode, die zur Erkenntnis des Seienden zu führen vermag. Die Rationalität = *διάνοια καὶ λογισμός* wurden als der e i n z i g e Weg zu diesem Ziel erkannt, und Platon hat, namentlich in den Dialogen seines Alters, nachdrücklich am Ausbau dieser Methode gearbeitet. Aus gutem Grunde ging es ihm vor allem um die Begriffsbestimmungen (Definitionen) und um den Versuch, durch Sonderung – *διαίρεσις* – zum Besonderen vorzustoßen. Platon. *διαιρεῖν* und platon. *διαλέγεσϑαι* sind von der ontolog. Fragestellung nicht zu trennen; deshalb kann Platon die L. nicht als ein bes. Wissensgebiet, sondern nur in ihrer Beziehung auf das Sein verwenden. Stärker unterstrich → A r i s t o t e l e s die method. Funktion der L., indem er sie als *ὄργανον* = Werkzeug zur philos. Forschung bezeichnet. Der eigentliche Unterschied zu Platon besteht freilich darin, daß nunmehr die L. nicht auf eine *οὐσία* gerichtet ist, die als absolut und als transzendent gedacht ist, sondern L., von Aristoteles vor allem im Hinblick auf die Urteile und die Schlüsse untersucht, wird zu einem method., und dabei wertneutralen Hilfsmittel.

Was die S t o a anlangt, so ist die Forschung zur L. im vollen Fluß: Über Aristoteles hinaus ist dort die L. nicht nur daraufhin untersucht worden, ob eine Satzaussage richtig oder falsch sei, sondern es sind (ohne Rücksicht auf die etwa darin ausgedrückten Inhalte) die Strukturen der hypothet. Zuordnungen untersucht worden. In der älteren Stoa sind vielerlei Grundlagen der modernen formalen Logik aufgefunden worden. Dabei lag es den Stoikern fern, derlei spekulativ oder als Kalkül zu betreiben, sondern sie waren überzeugt, hierin naturgegebene Strukturen darzustellen, deren Beschreibung der Kenntnis der *φύσις* dient und deren Anwendung vor einem Absinken ins Naturwidrige und damit Irrtümliche bewahrt. Auch hier also dient die L. dem Aufsuchen des vor Irrtum bewahrenden Kriterion. Aber nur im Ausnahmefall kann ein solches Kriterion für eine isolierte Aussage in Anspruch genommen werden. Wohl aber soll die gesamte Aussage einer Philos. mit der *φύσις* im Einklang stehen, d.h. im Formalen die als naturgemäß erkannten Strukturen beachten.

Es scheint, als habe die a k a d e m. S k e p s i s (→ Karneades) diesen Anspruch der Stoa mißverstanden. Die skept. Kritik jedenfalls richtete sich mit unverkennbarer Verbissenheit gegen zahlreiche Einzel-Thesen der Stoa, namentlich im Bereich der Ethik. Es muß als zweifelhaft gelten, ob es im Bereich der L. zu einer Grundsatz-Diskussion kam. Im ganzen hielt die skept. Akademie daran fest, daß keiner Aussage die volle Gewißheit zukomme; im einzelnen arbeitete man daran, den höheren oder geringeren Grad an Glaubwürdigkeit – *πιϑανότης* – differenzierend herauszuarbeiten. Als kurz vor der Z. des Kaisers Augustus die Lehrschriften des → Aristoteles wiederentdeckt wurden, führte dies namentlich zu einem Aufschwung der L. Das Organon des Aristoteles ist vielfach kommentiert worden. Schließlich wurden die *quinque voces* des → P o r p h y r i o s, ein elementarer Komm. zur Kategorienschrift, zum Schulbuch der L. für Ant. und MA. In diese Komm.-Lit. flossen die Ergebnisse der stoischen L. mit ein (die ja nicht im Gegensatz, sondern in Ergänzung zu Aristoteles' L. erarbeitet waren). Namentlich durch die beiden Komm., die → B o e t h i u s, gestützt auf Porphyrios, zur Kategorienschrift des Aristoteles verfaßte, ging die Quintessenz der ant. Logik in den geistigen Besitz des MA. über; die Scholastik wäre ohne dieses Erbe undenkbar.

H. D.

*C. Prantl* Gesch. der L. im Abendlande, 4 Bde. 1855–1870; Nachdr. 1955. *J. Lukasiewicz* Aristotle's Syllogistik from the Standpoint of modern Formal Logic, $^{1}$1951, $^{2}$1957. *I.M. Bochenski* Formale L., 1956. *G. Patzig* Die aristotel. Syllogistik, 1959. *B. Mates* Stoic L., 1953.

**Logistai** (*λογισταί*). »Rechner«, Behörden in Athen zur Kontrolle der Finanzen. Im 5. Jh. nahmen 30 L. die Abrechnungen (*λόγοι*) der → Hellenotamiai an und berechneten 1/60 für die Athena. IG I$^2$ 324. B. D. MERITT, H. T. WADE-GERY, M. F.

McGregor The Athenian tribute lists 3, 1950, 14, 37. 343,90. Ihre Teilnahme an der Rechenschaftsablegung aller Beamten erwähnt Harpokr. s.v. Im 4. Jh. loste der Rat aus seiner Mitte 10 L. aus, die in jeder Prytanie die Rechnungen der Beamten prüften. Aristot. Ath. pol. 48,3. Lys. 30,5. Nach dieser Vorarbeit kamen die Schlußrechnungen nach Ablauf des Amtsjahres an 10 durchs Los aus der Bürgerschaft bestellte L. und ihre 10 *συνήγοροι*. Aristot. Ath. pol. 54,2. Die Prüfung, bei der ein Herold zur Anklage aufrief, mußte in 30 Tagen folgen. Aischin. 3,23. Jeden Beamten, ob schuldig oder nicht, stellten die L. vor ein Geschworenengericht unter ihrem Vorsitz. Mit dessen Urteil schloß der erste Teil der → Euthynai, der sich gegen Mißbrauch, Unterschlagung von Staatsgeldern oder gegen Bestechung richtete. Unter Umständen folgte ein Verfahren vor den Euthynoi. L. gab es auch für die Beamten der → Demoi. IG II$^2$ 1183. Busolt GStk. 967. Außerhalb Athens begegnen L. verschiedener Zahl inschr. in vielen Orten. Busolt 472,4. Ihr Verfahren ist meist unbekannt. In Delos, Teos und Gambreion kontrollierten Ratsl. alle Monate die Rechnungen. Der L. der Kaiserzeit in Athen verwaltete als Kurator die Stadtfinanzen. IG II$^2$ 1077. H. V.

**Logographen.** Seit Fr. Creuzers falscher Interpretation von Thuk. 1,21,1 u.a. Stellen (in: Die histor. Kunst der Griechen in ihrer Entstehung und Fortbildung, Lpz.$^2$ 1845) ist es zur Gewohnheit geworden, die frühgriech. Historiker vor Herodot mit der ein wenig abwertenden Bezeichnung L. zu benennen. Da inzwischen mehrere Philologen (u.a. E. Curtius, Jacoby, Bux, von Fritz) aufgezeigt haben, daß Thuk. a.O. auch Hdt. zu den L. zählt, und überhaupt das Wort L. in der Ant. eine umfassendere Bedeutung hat (= Prosaschriftsteller; die verschiedenen Bedeutungsnuancen s. bei Bux, RE XIII 1021 ff.), sollte der Begriff L. (und auch »sog. L.«) im obigen Sinne endgültig vermieden werden. O. Dr.

**Logographos** (*λογογράφος*, auch *λογοποιός*, *δικογράφος* O. Navarre, Dar.-Sagl. 3,2,1300), Redenschreiber. Da nach att. Recht jeder vor Gericht persönlich seine Sache führen mußte, ließen sich viele von einem jurist. versierten Redekundigen für Entgelt eine Rede anfertigen und trugen sie vor. Aristot. rhet. 1,1,1355 a 39 ff. Quint. inst. 2,15,30. Als erster gewerbsmäßiger Vf. solcher Gerichtsreden wird → Antiphon (5) genannt. Plut. mor. 832 C. Viele der großen att. Redner waren L., → Lysias, → Demosthenes (2), → Deinarchos (1), → Isaios (1) und → Hypereides. Der einträgliche Beruf war nicht geachtet. Plat. Phaidr. 257 C braucht L. als Schimpfwort, Aischin. 2,180. 3,173 wirft diese Tätigkeit Demosthenes vor. Die soziale Minderbewertung der L. wegen ihrer Geldgeschäfte zeigt die Taktik des → Isokrates (2; 15,38), der als Greis seine Vergangenheit als L. abstritt. Dagegen behauptete Aristoteles, Isokrates sei durch das L.gewerbe in häufige Prozesse verwikkelt worden und es gebe viele Bündel seiner Gerichtsreden im Umlauf. Cic. Brut. 48. Dion. Hal. Isocr. 18. Die Logographia, für Demosthenes und Isokrates ein durch die Verhältnisse bedingtes Durchgangsstadium, bot den Nichtattikern Lysias, Isaios und Deinarchos Ersatz für die ihnen persönlich von Rechts wegen verwehrte polit. Redetätigkeit. Plut. mor. 850 C. Den Reichtum des L. Deinarchos rühmt Plut. mor. 850 C, den des Hypereides Plut. mor. 849 D. IG II$^2$ 1672,253.

H. V.

Als L. wird weiter ein spätröm., byz. und selbst früharab. Beamter bezeichnet, der eine Art Buchhalter oder Protokollführer gewesen sein dürfte. Das Amt beginnt anscheinend im 3. Jh. als ein → *munus* für → *decuriones*. Es ist seit etwa Diokletian Munizipal-, seit etwa Konstantin d. Gr. auch Kirchenorganisationen zugeordnet.

F. M. H.

Vgl. mit Vollbibliogr. RE s.v. (3). *A.H.M. Jones* The Later Rom. Empire 2, 1964, 600. 3,178, Anm. 89. *Heumann-Seckel* s.v. *G.W.H. Lampe* A Patristic Greek Lex., fasc. 3 (1964), 807 s.v. (3). Lidd.-Sc. s.v. (IV).

**Logos. 1.** Griech. *λόγος*, stellt den Ablaut vom Verbalstamme *λεγ* - dar und bezeichnet zunächst Tätigkeit und Inhalt des Sprechens = *λέγειν*. Somit muß von der Bedeutung »Rede« ausgegangen werden. Das Wort ist bei Homer noch ungebräuchlich (Belege nur Il. XV 393 und Od. I 56, beide Male nur im Plur.). L. ist mithin jüngstes Mitglied der Synonymen-Familie *ἔπος μῦθος αἶνος λόγος*. Die großen geistigen Umsetzungen des 6. und des 5. Jh. tragen zu strenger Differenzierung dieser zunächst bedeutungsverwandten Wörter bei. Dabei erfahren *ἔπος*, *μῦθος*, *αἶνος* starke, vorwiegend abwertende Bedeutungs-Einschränkungen; *λόγος* dagegen erfährt eine wertpositive Bedeutungs-Erweiterung: *ἔπος* wird darauf eingeengt, 1. den einzelnen hexametr. Vers, 2. die aus solchen Versen bestehende ep. Dichtung zu bezeichnen. Im Unterschied dazu bezeichnet *λόγος* eine Darstellung in Prosa (vgl. → Logographen), die zudem nicht als erdichtet (= fiktiv), sondern beglaubigt wahr zu sein beansprucht. Am deutlichsten ist die Bedeutung von *λόγος* aus dem Vergleich mit *μῦθος* zu gewinnen: In der mit Schärfe geführten Diskussion über den Wert des Überlieferten wurde *μῦθος* abgewertet als ungenügend beglaubigter Bestand alter, aber nicht mehr nachprüfbarer Überlieferungen: Die hauptsächlichen Einwände gegen die *μῦθοι* waren: a) Mangel an ethischem Fundament (»verderben die Jugend«); b) Widersprüche und Unwahrscheinlichkeiten; c) Verdacht willkürlicher Abänderungen und Entstellungen. Im Unterschied dazu ist *λόγος* durch das Merkmal der Nachprüfbarkeit gekennzeichnet (*ἔλεγχος*, *ἐλέγχειν*). Durch krit. Nachprüfen wird ein *λόγος ψευδής* als unwahr erkannt und somit eliminiert. Nur ein λόγος ἀληθής bleibt bestehen. Am Ende des 5. Jh. kommt es (sog. Sophistik, Platon) zur Diskussion der Frage, ob vom durchschlagenden Erfolg eines L. auf seinen Wahrheitsgehalt geschlossen werden dürfe (Behauptung des Protagoras, man könne durch Kunstmittel τὸν ἥττω λόγον κρείττω ποιεῖν, Aristot. rhet. B 24. 1402 a 23 ff. = Vorsokr. 74 A 21). Demnach schien dem L. ein nur relativer Wert zuzukommen. Es ist ohne Zweifel auf Sokrates, Platon und Aristoteles zurückzuführen, daß L. zu einem absoluten Wertbegriff wurde.

Auf das dritte Kontrast-Wort αἶνος, αἴνιγμα, das planvolle, u. U. aus didakt. Gründen gewollte Verschlüsselung bezeichnet, braucht hier nicht eingegangen zu werden; einem αἴνιγμα wohnt ein λόγος inne, den der Ungeschulte nicht erfaßt. Deutlich erkennbare Determinierung empfing die Wortfamilie λόγος-λέγειν in der Abgrenzung gegen λαλιά-λαλεῖν. Diese Abgrenzung wurde verständlicherweise in den polit. Diskussionen der jungen πόλεις gewonnen. Eupolis frg. 91 Edm. verspottet einen Gegner als λαλεῖν ἄριστος, ἀδυνατώτατος λέγειν. Neben die eben gewonnene sachliche Abgrenzung: »Logos als das durch Prüfung als wahr Erwiesene« tritt die mehr formale Bestimmung: L. ist Wahrheitsdarstellung in geordneter, gegliederter, überlegter Form; ihm haftet nichts von der Stimmung des Augenblickes an. Somit ist die Übersetzung L. = »Wort« nahezu immer zu eng (NT. Ioh. 1,1; J. W. v. Goethe, Faust I 2. Studierstubenszene). L. ist ein zentraler Wertbegriff, in welchem sich die Rationalität der Griechen den ihr adaequaten Ausdruck geschaffen hat. L. ist der vernünftigen, richtigen Einsicht zugeordnet und drückt diese aus. Schon früh haben die Griechen das Unsinnige und das Widernatürliche als eine und dieselbe Defizienz angesehen. In der Bekämpfung des für die Gesellschaft des 5. Jh. sinnlos gewordenen Herkommens berief man sich ebenso gern auf φύσις = die Natur wie auf λόγος = die unvoreingenommene Überlegung. Seither sind λόγος und φύσις ein in enger Wechselbeziehung stehendes Wertepaar. Das wird bei Platon nicht so sehr deutlich (ihm hat λόγος, mit λογισμός verwandt, vorwiegend method. Funktion; φύσις ist noch nicht All-Natur, sondern natürliche Beschaffenheit jedes Wesens), wird aber in der Philos. der Stoa zur beherrschenden Gleichung.

Zur Sublimierung des L.-Begriffes trug zunächst einmal die Unterscheidung bei, nach der man den λόγος προφορικός vom λόγος ἐνδιάθετος sonderte und letzteren zum Merkmal des Menschen machte (SVF II 43,18). Der λόγος προφορικός ist eine Aussage, wie sie sich akust.-phonet. im Aussprechen manifestiert und so zum Hörenden dringt. Sie kann durch Hindernisse, die im Sprechenden und im Hörenden bestehen, verdunkelt, ja aufgehoben werden. Dagegen ist der Wahrheitsgehalt im λόγος ἐνδιάθετος reiner und werthafter; damit ist der eigentliche, durch die Umstände des Vortragens nicht verdunkelte oder beeinträchtigte Sinn gemeint. Der Stoa lag es durchaus fern, Transzendentes in ihre philos. Forschung einzubeziehen. Beide Aspekte des L. müssen als materiell verstanden werden: Der λόγος προφορικός ist Manifestation der phonet.-expirator. Energie des Sprechenden, der λόγος ἐνδιάδετος ist Manifestation des feurigen Pneuma, das als feinste Materie und zugleich als Sinn-Träger alles durchwaltet (SVF I 34,24 und oft). Dennoch hat diese Sonderung es vorbereitet, daß ein irdischer Fehlhaftigkeit entrückter L. als Weltvernunft konzipiert wurde. Das um so mehr, als nach Auffassung der älteren Stoa (anders nachmals Poseidonios) die Natur der Welt im ganzen und in allen einzelnen Äußerungen sinnvoll, also vom L. bestimmt ist. Jedes Ereignis ist durch physikal. Ursachen hervorgerufen; nirgendwo ist der Kausal-Zusammenhang unterbrochen, immer und ohne Ausnahme wird die Kausalität durch den L. bestimmt. Dieser durchwaltet, mit Zeus ident. (SVF III 4,3), als πῦρ τεχνικόν die Welt; als feinste und leichteste Materie tendiert er dazu, die äußerste Schicht der Weltkugel zu bilden. Aber durch die totale Durchmischung = κρᾶσις δι' ὅλων ist er samenartig aller Materie beigemischt (SVF II 314,20). Dieser Allgegenwart der λόγοι σπερματικοί ist es zuzuschreiben (SVF I 32,17. II 306,20), daß es nie zu einer Unterbrechung des Kausal-Nexus kommt (= καθ' οὓς [sc. σπερματικοὺς λόγους] ἕκαστα καθ' εἱμαρμένην γίνεται). Kurz, es hat die völlige Gleichsetzung eines physikal. Prinzips, des πνεῦμα πυρῶδες, mit der sinnvollen Konsequenz aller naturgemäßen Abläufe stattgefunden. »Logos« ist zum Inbegriff dieser stoischen Weltanschauung geworden, wovon der Zeus-Hymnus des → Kleanthes Zeugnis ablegt.

Was die Bewertung der φύσις anlangt, wurde diese Konzeption nachmals von → Poseidonios in Frage gestellt; die Werthaftigkeit des L. aber wurde nicht angetastet, sondern eher gesteigert: Wohl läßt es die in ihrem negativen Aspekt defiziente φύσις zu, daß nicht nur der L., sondern oft auch ἀλογία im ir . Bereich herrscht; der Mensch steht auf der Grenze = ἐν μεθορίοις τῆς ἀλόγου καὶ λογικῆς φύσεως (Diog. Laert. 7,138). Ihm ist die Aufgabe gestellt (Teloslehre des Poseidonios gut dargestellt bei M. Pohlenz Stoa 1,228 und 236/37), sich vom ἄλογον abzuwenden: Erkenntnis von Wahrheit und Ordnung des Alls (Regelhaftigkeit des Laufes der Sterne) führt unmittelbar zur ethisch richtigen Entscheidung: In dieser Sicht bezeugen »gestirnter Himmel über mir« und »moralisches Gesetz in mir« (Kant) den gleichen, absolut wahren L. (vgl. Cic. nat. 2,79 *eadem veritas utrobique . . . eademque lex*, vgl. leg. 2,16 u. ö.). Der Platonismus, der als beherrschende Schulphilosophie an die Stelle der Stoa treten sollte, änderte an dieser Zuordnung nichts: Nur der richtige L. führt die Menschen zur richtigen Lebensführung; darum konnte der Platoniker→Kelsos in seinem *ἀληθὴς λόγος* den breit angelegten Nachweis führen, daß die Christen, weil sie sich zu einem irrigen L. bekennen, notwendig zu einer im Ethischen anstößigen Lebensführung abgleiten müssen.

Das vernünftige Welt-Prinzip benennt der Platonismus *νοῦς*, ordnet ihm indes den L. als eine seiner wichtigsten Wirkungen – *ἐνέργεια* – zu. Damit rückt der L. zwar an eine nachgeordnete Stelle, behält aber seinen zugleich physikal. wie ethisch wie erkenntnistheoretisch definierten Rang als Träger der göttlichen *ἐνέργεια*. Unabhängig davon ist es im para-philos. Bereich zu einer Verselbständigung des L., der damit göttliche Züge erhält, gekommen. Zu allen Zeiten konnten die Griechen Wertbegriffe als göttlich, ja als Götter ansehen. Wenn nun in der gnost.-chr. L.-Lehre der Aspekt eines göttlichen L. sichtbar wird, dem die Merkmale der Unveränderlichkeit, Intellektualität und gleichförmigen (ungeschichtlichen) Wirksamkeit anhaften, so muß dieser Aspekt vor allem von der Stoa her erklärt werden. Unverkennbar ist ein anderer Aspekt, wonach *ὁ λόγος τοῦ θεοῦ* ein Machtwort Gottes, d.h. eine sogleich und vollkommen sich in der Gesch. realisierende Willens-Äußerung Gottes ist. Dieser Aspekt chr. L.-Lehre ist aus der griech. Bedeutungsgesch. nicht herzuleiten. Der Eingang des Johannes-Evang. enthält eine bewundernswerte Verbindung beider Aspekte. Denn hiernach tritt der praeexistente, bei Gott und in Gott befindliche L. (1,1) zur gesch. Verwirklichung in die Welt hinaus: 1,14 *ὁ λόγος σὰρξ ἐγένετο*. H. D.

**2.** L., chr. Im NT. ist L. in der Regel Bezeichnung eines Wortes, das sich als Anrede zu Gehör bringen möchte (ähnlich im AT., vgl. Ps. 33,9. 107, 20. Jes. 55,11). In der Bibel bestimmt sich also L. nicht wie im Griechentum als Sinn, Begriff, Satz oder Maß aus dem Denken, sondern aus dem Zu-Gehör-Bringen, *ἀκοή*, vgl. 1. Kor. 1,17f. 2,4f. Noch eine andere Dimension gewinnt der L. im Joh.-Evg. Wie die jüd. »Weisheit« (Spr. 3,19. 8, 22ff. Weish. 7,12. Sir. 1,1–10 u.ö.) oder der gnost. Offenbarer (Corp. Herm. 1,25f. Evang. verit. 16.23 u.ö. Od. Sal. 12,10ff. Ginza 289,8ff.) ist der L. hier als Person vorgestellt. Er ist praeexistent (1,1a), bei der Schöpfung tätig (1,3, vgl. Gen. 1,3), Vermittler von Licht und Leben (1,4.9), inkarniert (1,14). Joh. 1,1c scheint er mit Gott identifiziert zu werden. Wie 1,2 zeigt, verliert er aber damit nicht seine Besonderheit. Eher gilt: Im L. ist Gott da; wer den inkarnierten L. sieht, sieht den Vater (14,9).

2. Das Problem, welches die Quelle für die joh. L.-Vorstellung sei, ist viel behandelt worden. In Frage kommt die jüd. Weisheitsspekulation, → Philon von Alex. und die Gnosis. Bei genauerer Betrachtung bleibt nur die Gnosis, weil die Weisheitsspekulation trotz der in ihr vorausgesetzten Heilsbedeutung und Schöpferrolle der Weisheit keine Parallele für die lit. Struktur des Joh.-Prologs besitzt und Philon jegliche Aussage über eine Inkarnation des L. vermissen läßt. In der Gnosis bes. ö. Prägung hat der L. wie bei Joh. sowohl kosmol. als auch soteriol. Bedeutung und erscheint außerdem in Menschengestalt (Act. Thom. 109, p. 221,4. Od. Sal. 7,3ff.; Ginza 112,12ff.). Allerdings könnte die Gnosis nicht sagen *ὁ λ. σὰρξ ἐγένετο.* (Gegen die Gnosis als Quelle u.a. SCHNACKENBURG und PERCY; für sie vor allem R. BULTMANN.)

3. Der Hintergrund der L.-Lehre der Apologeten ist nicht mehr die Gnosis, sondern die Philos. der Stoa und des mittleren Platonismus. Die Apologeten versuchten mit dem in allen Farben des spätant. Synkretismus schillernden L.-Begriff dieser Philos. den Gebildeten die Bedeutung Jesu Christi zu verdeutlichen, ohne die Einheit des transzendenten Gottes zu gefährden. Der L. ist hier zwar vom Vater verschieden (Iust. Dial. 128,4. Theophil. v. Ant. Ad Autol. 2,10. Iren. Adv. haer. 2,28,5 u.ö.), aber doch nicht von ihm getrennt (Iust. Apol. 1,63,15. Tert. Adv. Prax. 3. 5 u.a.). Für Clem. Al. ist der L. anfangslos, für Orig. von Ewigkeit gezeugt. Als göttlicher steht er allen Geschöpfen gegenüber (Iust. Apol. 1,21,1. Athenagoras, Suppl. 24,1. Tatian. Ad. Graec. 5,1. Orig. *περὶ ἀρχῶν* 4,4,1). Zum Zweck der Schöpfung tritt der L. aus Gott heraus. Der L. ist es, der den Vater offenbart (Iren. a.O. 2,20,9). Das gilt trotz der verbreiteten Ansicht, daß die Menschen am göttl. L. Anteil haben (Iust. Apol. 1,46,2, Clem. u.a.). Viele Spielarten hat die Inkarnationslehre. Bes. interessant ist die des Iren., der den L. um der Vergottung des Menschen willen inkarniert werden läßt. Die weitere Entwicklung der L.-Vorstellung ist vielschichtig, hat aber darin eine deutliche Tendenz, daß immer stärker die Einheit der göttl. Personen des Vaters und des L. betont wird.

Kl. W.

Zu 1. ThWB 4,69ff. (Lit.). DThC 15,2639ff. Lex. f. Theol. und K. 6,1119ff.; RGG $1^3$,1757ff. $4^3$,434ff. (Lit.). *R. Bultmann* Das Evang. des Joh. ($1941^{10}$): ($1964^{18}$) mit E.H. *R. Schnackenburg* L.-Hymnus und joh. Prolog, Bibl. Ztschr. 1957, 69ff. *S. Schulz* Komposition und Herkunft der joh. Reden, 1960. *E. Haenchen* Probleme des joh. Prologs, Ztschr. f. Theol. u. K. 60, 1963, 305ff. *E. Käsemann* Exeget. Versuche und Besinnungen 2, 1964, 155ff. *R. Deichgräber* Gotteshymnus und Christushymnus, 1967. Zu 2. *C. Spicq* Le Siracide et la structure litter. du Prologue de S. Jean, Mémorial Lagrange 1940, 183ff. *H.A. Wolfson*, Philol. $1948^2$, 226ff. *H.H. Schaeder* Stud. zum ant. Synkret., 1926, 306ff. *R. Bultmann* a.O. *Hennecke-Schneemelcher*, Neutest. Apokryphen $1^3$, 1959, $2^3$, 1964 (s. Reg.). Zu 3. *C. Andresen* L. und Nomos, 1955. *G. Kretschmar* Stud. z. frühchr. Trinitätstheol., 1950. *W. Pannenberg*

Grundzüge der Christologie, 1964. S. ferner die Lehrb. der Dogmengesch. von *Harnack*, *Seeberg*, *Loofs*, *Köhler* und *W.Kelber* Die L.-Lehre von Heraklit bis Origenes, 1958.

**Loidoria** (λοιδορία), wie das Verbum λοιδορεῖν von λοίδορος, schmähend, schimpfend, lästernd. Die etym. Ableitung des Wortes ist unsicher ([1], s.v.). Die urspr. wohl auf »Gotteslästerung« beschränkte Bedeutungssphäre (Pind. O. 9,37) ist in einem solon. Gesetz (Lys. 9,9 mit Plut. Sol. 21) auf »Beleidigung und üble Nachrede« erweitert. Dieses Delikt war nur bei öffentlicher Begehung strafbar ([3]). Seit dem 4. Jh. erfüllte der Gebrauch bestimmter Schmähworte den Tatbestand eines besonderen Vergehens, → κακηγορία. Diese beiden Tatbestände wurden danach terminolog. nicht mehr scharf unterschieden ([2]. [4]). Über λ. in den Pap. s. [5]. E.B.

1. *Frisk* s.v. 2. *J.H. Lipsius* Das att. Recht und Rechtsverf., 1905–1915, 649f. 3. *Bonner-Smith* The Administration of Justice from Homer to Aristotle, 1938, Bd. 2, 92ff. 4. *U.E. Paoli* Noviss. Digesto Ital. VIII, 683. 5. *R. Taubenschlag* The Law of Greco-Rom. Eg., 1955, 435. 480,56.

**Lokalchronik. Lokalgeschichte.** Lokalgesch. (Lg.) berichtet über ein räumlich beschränktes Gebiet; sie muß nicht Gesch. im strengen Sinne sein (vgl. Ethn.). Lokalchronik (Lchr.) impliziert als Chronistik Erzählung nach Eponymenjahren. Die gängige Bezeichnung jeder Lg. als Lchr. (vgl. R. Laqueur, RE XIII 1083ff.) ist zu vermeiden. Nach verbreiteter Ansicht entstand die griech. Lchr., indem in amtlich fortlaufend geführte Listen und Verzeichnisse lokaler Natur (Beamte, Priester, Sieger in Wettkämpfen etc.) Notizen über allerhand Ereignisse eingefügt wurden; aus den so allmählich erwachsenen vorlit. Stadtchroniken sei die lit. Lchr. entsprungen, als erste – im 6./5. Jh. und in Ionien (Samos) – die ὧροι (»Jahrbücher«; vgl. F. Jacoby Atthis, 1949, 289; festländ. ὧροι in Theben). Demgegenüber bezweifelt Jacoby a.O. 1ff. 51ff. 176ff. 198ff. die Existenz von vorlit. Lchr.en; bes. glaubt er nicht, daß die → Atthiden aus einer vorlit., halboffiziellen, mindestens seit etwa Solons Z. von den → Exegeten geführten und ca. 380 v.Chr. als »Uratthis« publizierten Chronik derivieren (gegen Wilam. Aristot. und Athen, 1893, der in Analogie zu Rom Priesterchroniken für Athen und die Peloponnes ansetzt). Überhaupt sei Lg. nicht das älteste historiogr. Genre (trotz Dion. Hal. Thuk. 5); vermutlich sei sie nicht vor der 2. Hälfte (letztes Drittel) des 5. Jh. wohl in Ionien (Samos?) entstanden. Hdt. verdanke sehr viel mündlicher Tradition und habe noch keine Lg.n benutzt; diese seien vielmehr durch die große Historiogr. angeregt, zu der sie zuweilen in lokalpatriot. Sinne in Gegensatz treten. Bis h. ist im archaischen Hellas keine vorlit. polit. Chronikführung nachweisbar. Lokale Listen (auch Stammbäume) reichten z.T. hoch hinauf: argiv. Herapriesterinnen (bis Urz.) und Könige, Karneoniken (Sparta, bis 676/73), Olympioniken (bis wohl 776), spartan. Könige und Ephoren (bis 10./9. Jh. bzw. 754/53 oder 753/52), att. Könige und Archonten, sikyon. Könige, Pythioniken, Poseidonpriester (Halikarnass; bis Götter-Z. Syll. 1020), Archonten von Paros und Thasos (bis 7. bzw. 6. Jh.) etc. Unsicher ist jedoch oft, ob oder seit wann diese großenteils in der Lit. ab 5./4. Jh. erscheinenden Listen (→ Hellanikos, → Charon, Hippias (6), → Kallisthenes, Aristot., Menaichmos, Demetr. Phaler., Phainias) fortlaufend und gleichzeitig geführt wurden, inwieweit die lit. Publikation auf dokumentar. Material beruht, ob die ältesten Teile der Listen urkundlichen Wert haben und zu den frühesten rein hist. Nachrichten über Hellas zu zählen sind etc. Eine → Archonten-Liste, wohl eher mit Kreon (wohl 683/82 oder 682/81) als mit Solon (594/93?) beginnend, scheint ca. 425 v.Chr. auf der athen. Agora aufgestellt worden zu sein (Hesp. 32, 1963, 187ff. [mit weiteren Listen]. REG 77, 1964, 151). Daß aus solchen Listen vorlit. Lchr.en sich bildeten, ist unbewiesen (ältestes epigraph. Material, ab 6. Jh.: L.H. Jeffery The Local Scripts of Archaic Greece, 1961, 59ff.). Inschr. wie die miles. Stephanephorenliste (spätestens ab J. 525/24, mit Lücken bis J. 31/32; 1. Teil bis 335/34 zu jährlicher Fortsetzung einheitlich aufgezeichnet) geben dafür nichts aus (Material: Jacoby a.O., 180f. 356ff.). Die musische, nach argiv. Herapriesterinnen datierte sikyon. Anagraphe (FGrH 550; ca. 400 v.Chr.) war wohl keine »alte Stadt(Fest)-chronik«. Erst auf den Arbeiten des Aristot. fußen die → Didaskaliai etc. Älteste bekannte Tempelchronik ist die nach Archonten datierte athen. Asklepioschronik (Anf. 4. Jh. v.Chr.; Protokolle ab J. 420/19; IG II/III² 4960). – Im einzelnen ist oft unklar, inwieweit eine Lg. auch Lchr. war.

Lokalhist. Material gaben bereits Epos, Genealogie, Elegie etc. Alte poet. κτίσεις (Xenophan. etc.) sind zweifelhaft (→ Lobon); pros. κτίσεις beginnen im 5. Jh. (Ion [Chios], Hellanikos, Charon). Zu den ältesten lit. Lchr.en gehören → Charons ὧροι von Lampsakos; relativ früh ist Lg. wohl auch für Samos, wo man lange am alten Titel ὧροι festhielt, Kyzikos, Ephesos, Keos, Kolophon, Kreta (Theologie, Episches, Sitten) etc.; die alte Lg. von Milet beruht u.a. auf dem wohl unhist. Kadmos, der als ältester Prosaiker mit Pherekydes von Syros konkurriert (FGrH 489; → Klytos; anders A. Gitti AeR, NS 2, 1957, 85ff.). → Hellanikos mag die ersten festlandgriech. Lg.en (Lchr., Ethn.) geschaffen haben (auch Lg. von Lesbos). Ab 4. Jh. haben alle wichtigeren Poleis epichor. Lg.en, oft in mehreren B. und mit polit. Tendenz; auch antiquar. und kult. Interessen sind in der Lg. maßgebend. Spät ist die Lg. in Achaia, Messenien etc. In Delphi und Delos überwiegt das Antiquarische. Ganz unlit. ist Korinth; Sparta hat Politien. Nicht eigentlich Lg. ist die sizil. Historiogr. Zur kaiserzeitlichen Nachblüte der Lg. (vgl. auch Paus.): Lex. der Alt. Welt 1070/1071. Weitere Formen der Lokallit.: ebd. 1069; bes. tritt zu den Atthiden Speziallit. über Staat, Kult, Altertümer etc. Die griech. Lg. ist h. ein einziges Trümmerfeld. Die Frg.e gehen oft nur auf Kult und Sage; nicht immer behandelte die Lg. auch die hist. Z. Ein Zufallsfund kann neue Namen und für bekannte Autoren neue Buchtitel bringen (lind. Anagraphe). Papyri zeigen, daß Kall. oft Lg. heranzog. Inschr.en bezeugen Ehrungen für Lokalautoren; in Rechtshändeln berief man sich auf letztere (→ Leandr[i]os). W. Sp.

Frg.: FGrH 3 B/b.

Lit.: *Busolt* GStk. 1,37f. 59ff. 82ff. 99f. *A.E. Raubitschek*, AJPh 65, 1944, 294ff. *F.Jacoby* Atthis, 1949 (vgl. REG 63, 1950, 144). *A.Momigliano*, Riv. stor. it. 61, 1949, 604ff.; CR 57, 1943, 74f. *K. v. Fritz* Die griech. Geschichtsschreibung, 1, 1967, Kap. 4. 6. *T.S. Brown*, AmHistRev 56, 1950/51, 81f. *A.W. Gomme*, CR 65, 1951, 82ff. 67, 1953, 89ff. *L. Pearson*, CPh 46, 1951, 120ff. 51, 1956, 255ff. *H.Bloch*, AJPh 74, 1953, 288ff; AmHistRev 48, 1943, 765f. Gn 31, 1959, 487ff. *H. Strasburger*, Saeculum 5, 1954, 397f. *N.Hammond*, JHS 81, 1961, 76ff. *F.Kiechle* Lakonien und Sparta, 1963, 220ff. 233ff. *C.G. Starr*, Hist. 14, 1965, 268f. *E.N.Tigerstedt* The Legend of Sparta 1, 1965, 20ff. 313ff. (Lit.).

**Lokris** (*Λοκρίς*). Name zweier getrennter Landschaften Mittelgriechenlands, das ö. u. w. L. O.-Lokris ist die an Malis, Phokis und Boiotien grenzende Küstenlandschaft am Sund von Euboia von den Thermopylen im W. bis zu den Bergzügen w. des Kopaissees im O., W.-Lokris die an Aitolien und Phokis grenzende Landschaft am korinth. Golf von w. Delphi im O. (lange ant. Grenzbeschreibung aus dem J. 117 v. und 116/117 n.Chr. Syll. II$^3$ 826 E. 827 CD), bis zum → Taphiassos im W., wobei aber die ant. Angaben über die Grenze zwischen Aitolien und L. hier stark schwanken. Die natürliche Grenze zwischen O.-Lokris und Phokis-Boiotien bilden die zusammenhängenden Gebirgszüge, die im Alt. über den Thermopylen → Kallidromon hießen, während die w. Fortsetzungen bis zum Sund von Euboia keinen gemeinsamen Namen mehr haben. Im mittleren Teil läuft diesen Ketten ein getrennter Gebirgszug weiter n. an der Küste parallel, der im Alt. → Knemis hieß. Das Knemisgebirge trennt zugleich O.-Lokris in zwei deutlich von einander abgesetzte Gebiete, die Landschaft an diesem Gebirge im W. und die mehr ö. Teile mit der großen Ebene von Opus. Geolog. bestehen die Gebirge zum kleineren Teil aus Kalken, zur Hauptsache aus tertiären Serpentinen, Schiefern und Konglomeraten in sehr komplizierter Lagerung, daneben Sandsteine und Mergel. Die Küste von O.-Lokris weist mehrere geräumige Buchten mit guten Häfen und größeren Küstenebenen auf, ist aber durch seine Lage an der großen Bruchzone des Sundes von Fuboia besonders erdbebengefährdet. W.-Lokris nimmt nur die Täler und Küstenzonen am S.-Rand des → Pindos und des aitol. Berglandes s. des Tales des Mornos (i.A. Daphnos) ein mit Übergreifen über den Unterlauf des Mornos nach W.

Der Stammname Lokroi ist unerklärt, bedeutet aber vielleicht »Bogenkämpfer«, Kretschmer, Glotta 4,1913,343f. [2], 1157,20ff. [6], 2,6. Die Aufteilung des Stammes in mehrere getrennte Siedlungsgebiete bringt eine Unterteilung auch im Namen mit sich. Die O.-Lokrer zerfielen wieder in die *Λ. Ἐπικνημίδιοι*, die »L. am Knemisgebirge«, und die *Λ. Ὑποκνημίδιοι*, die »L. unter (d.h. s.) dem Knemisgebirge«, nämlich die Lokrer der Ebene von Opus und weiter ö. Der erstere Name, *Λ. Ἐπικνημίδιοι*, dient in der Lit. im allg. auch als Gesamtbezeichnung der O.-Lokrer, so z.B. Strab. öfter. Apollod. 2,156. Plin. nat. 4,27. Steph. Byz. s. *Ὀζόλαι* und *Ὀπόεις*. Strab. unterscheidet *Ἐπικνημίδιοι* und *Ὀπούντιοι* nur 9, 425, ebenso Ptol. 3,14,9f. (z.T. falsch). Sie waren durch das phokisch gewordene → Daphnus getrennt. *Ὑποκνημίδιοι* steht lit. nur bei Paus. 10,1,2. 8,2. 20,2 und im Etym. m. 360,33, *Ἐπικνημίδιοι* aber auch bei Paus. 10,13,4 und in einzelnen codd. 10,1,2. Die Benennung »Ostlokris« ist modern, ant. nur einmal *Λ. οἱ ἠοῖοι* als Bezeichnung des kurzlebigen gemeinsamen *κοινόν* nach 167 v.Chr. in Kassanders Ehrentafel 165 v.Chr., Syll. II$^3$ 653 A 6. B 23. *Ὀπούντιοι* sind im genauen Sprachgebrauch nur die Bürger von Opus, doch wird *Λ. οἱ Ὀπούντιοι* lit. auch als Gesamtname für die O.-Lokrer gebraucht, z.B. Hdt. 7,203. 8,1. Xen. hell. 4,2,17. Skymn. 316. Paus. 1,23,4. Zur Unterscheidung der Bezeichnungen bes. G. Klaffenbach, Klio 20,1926, 68ff. [2] 1155ff. (z.T. unrichtig). Die w. Lokrer hießen *Ἑσπέριοι* oder *Ὀζόλαι*. Letztere Bezeichnung wurde von den L. selber wegen des Anklangs an *ὄζω* »stinken«, womit man im Alt. den Namen auch erklärte, gemieden. Bedeutung vielleicht auch »Bogenkämpfer«, [2], 1157, 20ff. [6], 2,7.

O.- und W.-Lokris haben wegen ihrer räumlichen Trennung getrennte gesch. Schicksale. Daß beide Stammesteile sich trotzdem als zusammengehörig betrachteten, zeigt vor allem das große Siedlungsgesetz für Naupaktos, IG IX 1, 334. Syll. I$^3$ 47. Schwyzer nr. 362, nach dem die nach Naupaktos übersiedelnden hypoknemid. Lokrer den Zusammenhang mit der alten Heimat nicht verlieren und unter bestimmten Bedingungen ein Rückwanderungsrecht haben. Die Kulte bestätigen den urspr. Zusammenhang beider Teile.

Die wichtigsten Ortschaften in O.-Lokris sind von O. nach W. Larymna, Halai, Opus, Kynos, Alope, Daphnus, Thronion, Skarpheia, Nikaia und Alpenos, im Inneren Naryka. Die Angliederung von Daphnus an Phokis zerteilte O.-Lokris seit klass. Z., in das epiknemid. (im W.) und hypoknemid. (opunt.) L. (im O.). Die wichtigeren Orte in W.-Lokris sind von O. nach W., Amphissa, Myania bei Hg. Efthimia und Physkos bei Malandrino im Inneren des ö. Teils von W.-Lokris, Chaleion bei Galaxidi, Tolophon bei Vidavi, Phaistinos bei Kisseli, Oiantheia bei Vitrinitsa, Naupaktos, Makyneia bei Mamaku und Molykreion.

Prähist. Funde sind in W.-Lokris bisher äußerst spärlich und z.T. unsicher, [6], 2,11ff. EA 1956 *παρά.* 22f. In O.-Lokris ist die neolith. Siedlung von → Halai zu nennen. Bei Homer sind die W.-Lokrer überhaupt nicht erwähnt, die auch in der Sagengeschichte keine Rolle spielen, in O.-Lokris nennt Hom. Il. 2,527ff. die Städte Kynos, Opoeis, Kalliaros, Bessa, Skarphe, Augeiai, Tarphe, Thronion, von denen Kalliaros, Bessa, Augeiai und Tarphe in gesch. Z. nicht mehr existieren. Die L. gehören der n.w.-griech. Dialektgruppe an, die W.-Lokrer galten als Kolonisten der O.-Lokrer, Skymn. 482. Strab. 9,427. Das ital. → Lokroi wurde vermutlich von O.-Lokris aus gegründet. Mit der Ausdehnung der thessal. Macht über Mittelgriechenland im 6. Jh. v. Chr. muß auch O.-Lokris unter thessal. Einfluß gewesen sein, der Sieg der Phoker über die Thessaler scheint eine vorübergehende Besetzung der Thermopylen durch die Phoker zur Folge gehabt zu haben, »Phokermauer«, Hdt. 7,176,4. Paus. 2,29,3 (?). Vielleicht wurde damals auch Daphnus phok., s. auch Skyl. 61. Am Perserkrieg waren die O.-Lokrer mit einem starken Kontingent an den Thermophylen, Hdt. 7,203. 207. Diod. 11,4,6f. Strab. 9,4,2 p. 425. Paus. 10,20,2, wie auch mit Schiffen am Artemision beteiligt, Hdt. 8,1,2, mußten sich aber den Persern unterwerfen, Hdt. 8,66,2. 9,31,5. Kurz vor der Mitte des 5. Jh. v. Chr. Verstärkung von Naupaktos durch o.-lokr. Siedler wohl zum Schutz gegen die Aitoler (s.o.). Die berühmte Inschr. ist auch wichtig für die staatlichen Verhältnisse mit der Vorherrschaft von Opus. Etwa gleichzeitig ein anderes Siedlungsgesetz, Pappadakis, EA 1924, 119ff. Wilamowitz, SPrAW 1927,7ff. RE XVI 1986. Dritte wichtige Inschr. der Zeit der Vertrag zwischen → Oiantheia und Chaleion, IG IX 1,333. Schwyzer nr. 363. Die Unsicherheit der Verhältnisse betont Thuk. 1,5,3. Um 460 v. Chr. besetzte Athen Naupaktos und siedelte die vertriebenen Messenier dort an, Thuk. 1,103,3. Diod. 11,84,7. Syll. I³ 80. Paus. 5,26,1. Auch → Molykreion von Athen besetzt, Thuk. 3, 102,2. Nach der Schlacht von Oinophyta erzwungener Anschluß von O.-Lokris an Athen, Thuk. 1, 108,3, gleich darauf wieder selbständig, Thuk. 1, 113,2. Am Beginn des pelop. Krieges stand O.-Lokris und später auch → Amphissa auf spartan. S., Thuk. 2,9,2, Diod. 12, 42,4. Thuk. 1,101,2 das übrige W.-Lokris auf athen. Seite, 3,95,3. 101,1. Athen. Unternehmungen gegen O.-Lokris, Thuk. 2,26. 32. Diod. 12,44,1. Thuk. 3,89,3. 5,18,7. 3,91, 6. Diod. 12,65,5. Schweres Erdbeben 426 v. Chr., Thuk. 3,89,2ff. Strab. 1,3,20 p. 60. Der Bericht bei Thuk. 3,95–102. Diod. 12,60 über den Zug des Demosthenes von W.-Lokris gegen Aitolien und den aitol. Vergeltungszug 426 v. Chr. wichtig für die Topographie [10]. Um 421–418 v. Chr. Niederlage gegen Phokis, wahrscheinl. W.-Lokris, Thuk. 5,32,2. Diod. 12,80,4. Nach dem E. des Krieges erhielten die Lokrer Naupaktos zurück, Diod. 14, 34,2. Paus. 10,38,10.

Ein Grenzstreit zw. Phokis und L. gab den Anstoß zum »korinthischen Krieg«, Hell. Oxy. 18 (13),2ff. Paus. 3,9,9. Xen. hell. 3,5,3. Zur Frage, ob W.- (Hell. Oxy., Paus.) oder O.-Lokris (Xen.) s. [6],2,42f. Beide L. am antispartan. Bund beteiligt, Xen. hell. 4,2,17. 3,15 u.ö., Vertrag mit Athen IG II² 15. Nach dem Krieg unter spartan. Hegemonie, Diod. 15, 31,2, nach Leuktra im Bündnis mit Theben, Diod. 15,57,1 u.ö. Xen. hell. 6,5,23 u.ö. W.-Lokris erhält das an Aitolien verlorene Naupaktos zurück, Diod. 15,75,2. Im 3. Heiligen Krieg Besetzung durch die Phoker und Zerstörung von Städten. Folgen waren einerseits die Rückkehr von Daphnus zu O.-Lokris, andererseits die Besetzung von Nikaia durch makedon.-thessal. Truppen, Naupaktos wieder an die Achaier verloren. Im »Heiligen Krieg« gegen Amphissa Eroberung der Stadt durch Philipp II., Polyain. 4,2,8. Strab. 9,419. [6],2,53f. Während des Krieges Naupaktos von Philipp besetzt und den Aitolern überlassen, womit auch Molykreion und Makynia aitol. wurden, wenn sie es nicht schon waren, [6],2,54f. Im »Korinthischen Bund« nach Chaironeia besaßen die Lokrer drei Stimmen, IG II² 236. Syll. I³ 260b 8. W.-Lokris bildete im 4. Jh. v. Chr. ein *κοινόν* mit Hauptort Physkos, dem Amphissa anscheinend nicht angehörte, die W.-Lokrer daher auch als *Φυσκεῖς* bezeichnet, Steph. Byz. s. *Φύσκος* Eustath. Il. 2,277,17 zu v. 531 (= Aristot. frg. 560. 561). [6], 2,55ff. Teilnahme am lam. Krieg, Diod. 18,9,5. 11,1.321 v. Chr. am aitol. Feldzug gegen Amphissa, Diod. 18,38,2.

In der hellenist. Z. gehörte W.-Lokris mindestens seit Anf. 3. Jh. zum aitol. Bund und teilte seitdem dessen Schicksale. O.-Lokris zunächst unter Kassander bis zur Eroberung durch Demetrios Poliorketes im J. 304, Diod. 19,35,2. 78,5. Plut. Demetr. 23,2. Anschluß des hypoknemid. L. an den boiot. Bund, → Larymna blieb seitdem dauernd boiot. Das epiknemid. L. blieb zunächst selbständig, wurde aber 266 mit Phokis vereinigt und etwa 262 aitol. mit vorübergehender Zugehörigkeit zu Makedonien von 208–196. Das hypoknemid. L. kam zusammen mit Boiotien 245 zum aitol. Bund, wurde 234 zusammen mit Boiotien makedon. und 196 wieder aitol. 167 wurden alle drei Teile frei und bildeten eigene *κοινά*, O.-Lokris zunächst ein gemeinsames *κοινὸν τῶν Λ. τῶν Ἠοίων* (s.o.), das dann schnell in die zwei getrennten *κοινά* der epiknemid. und hypoknemid. L. zerfiel, die W.-Lokrer erneuerten ihr *κοινὸν τῶν Λ. τῶν Ἑσπερίων* mit Hauptort Physkos, wieder ohne Amphissa und auch Chaleion. Der W.-Teil von W.-Lokris w. von Oiantheia blieb aitol. Zu den Verhältnissen der hellenistischen Z. s. KLAFFENBACH, Klio 20, 1926, 68ff. Gn 14,1938,17ff. BELOCH GG IV 2[2], 429ff.

Trotz Beteiligung am Aufstand gegen Rom 146 (wohl O.-Lokris), Pol. 38,5 (1c), 8, blieb die Stammverfassung erhalten oder wurde wiederhergestellt. 86 Halai und Larymna durch Sulla zerstört, aber wieder aufgebaut. Im Krieg Caesar – Pompeius zunächst auf seiten des Pompeius, dann Caesars. In der Kaiserzeit gehörte W.-Lokris zum Territorium der Kolonie Patrai, Paus. 10,38,9. Amphissa verlor durch Zuzug von Aitolern, die sich der Übersiedlung nach Nikopolis entzogen, seinen Charakter und empfand sich als aitol.- Paus. 10,38,4. Plin. nennt W.-Lokris und Amphissa *immunes*, Pausanias behandelt von O.-Lokris nur die damals zu Boiotien gehörenden ö. Städte Layrmna, Korseia und Halai, 9,23,7. 24,5, das übrige O.-Lokris nicht, in W.-Lokris nur Amphissa, Myania, Oiantheia und Naupaktos. Naupaktos wird schon 197 n.Chr. als Bistum genannt, LE QUIEN 2, 197ff., seit dem 4.Jh. sind auch Opus und Skarpheia als Bistümer belegt, [2], 1235,50ff. LE QUIEN 2,205ff. 212f. Im Itin. Anton. ist Opus genannt, 327,4, im Itin. marit. 488,1 Naupactus, auf der Tab. Peut. 7,5 Naupactos und Euanthia und 8,1 Scarpias zwischen Elateia und den Thermopylen, ebenso Geogr. Rav. 5,13 p. 374,6. 377, 1f. Eine kaiserliche Verfügung von 401/2 bestimmt Skarpheia als Sammelspeicher für die Getreidelieferungen aus Mittelgriechenland, IG VII 24 = Syll. II[3] 908. Hierokles nennt noch Skarphia, Opus und Bumelitaia und Naupaktos und Amphissa, 643,7. 12. 644,1. 8. 645,1. Einzelne spätere Angaben [2],1236f.

Skyl. 36. 60f. Skymn. 478ff. 587ff. Dionys. Call. 64ff. Strab. 9, 425ff. Paus. 10,38. Ptol. 3,14,3. 9f. Plin. nat. 4,7f. 27. Inschr.: IG IX 1 nr. 234–395. CIL III 568–570. 6547 und p. 1055 (Preisedikt Diokletians von Atalante). W.-Lokris SEG 2, 352–354. 3,428–435. 12,266–302. 14,469. 15,353–355. 16, 354–364. 17,245f. 18,258f. O.-Lokris: 3, 421–427. 15,352. E. M.

1. *W.A. Oldfather*, Stud. in the history and topography of L., AJA 20, 1916, 32ff. 154ff. 346ff. 26, 1922, 445ff. 2. *Ders.*, RE XIII 1135ff. 3. *Philipps.-Kirst.* 1,339ff. 370ff. 4. *L. Moretti*, Dizion. epigr. 4,1455ff. 5. *O. Roltsch* Die Westlokrer, Diss. Jena 1914. 6. *L. Lerat* Les Locriens de l'ouest, 2 Bde. Par. 1952. 7. *G. Sotiriadis* Ἀνασκαφαὶ ἐν τῇ Ἑσπερίᾳ Λοκρίδι, ἐν Αἰτωλίᾳ καὶ ἐν Φωκίδι, Πρακτικά 1906, 130ff. MDAI(A) 31, 1906, 392ff. 8. *G. Klaffenbach*, SPrAW 1935, 693ff. 9. *F. Chamoux–L. Lerat* Voyage en Locride occident., BCH 71/2, 1947/48, 47ff. dazu 76, 1952, 250f. 10. *L. Lerat* La liste des peuples locriens dans Thucydide III 101, BCH 70, 1946, 329ff. 11. *Busolt* GStK 2,1455ff.

**Lokroi** (*Λοκροί*, Plat. und Spätere *Λοκρίς*, *Locri;* Beiname *Ἐπιζεφύριοι* oder *Ζεφύριοι*), bedeutende, von lokr. Kolonisten gegründete Stadt an der brutt. Küste des Ion. Meeres, 4 km s.w. des h. Locri, etwa 35 km n.ö. der SW.-Spitze Italiens (Capo Spartivento = Herakleion). Die überlieferte Voransiedlung 20 km s. bei Zephyrion Akron, am »Westkap«, h. Capo Bruzzano (Strab. 6,259, vgl. Pind. frg. 140 b SN. Dion. Hal. ant. 19,4,1) – schon im Alt. bezweifelt (Kall. frg. 615 PF.) – kann Erfindung sein, um den Beinamen zu erklären, der nichts weiter bedeuten könnte als »die westlichen«.

Die archaische Stadt entwickelte sich von dem dreigipfligen, etwa 150 m hohen Akropolisrücken der Ἐσῶπις (Strab. a. O.) – h. die Hügel Mannella, Abbadessa u. Castellace, von denen die zwei ersten die eigentliche Akropolis bildeten (vgl. Liv. 29,6, 14) – zwischen der Fiumara di Portigliola und dem Vallone Ficareto den SO.-Hang hinunter bis zum Meer, wo schon früh eine bes. Hafensiedlung (Keramik des 7. Jh.) angenommen werden kann. Für die Anlage wurde also ein Ort genau in der Mitte der hier auf 20 km geradlinig verlaufenden, schmalen, aber fruchtbaren Küstenebene gewählt, der bes. Schutz versprach. Die Einheimischen sind, wie die Aufgabe der sicul. Nekropolen E. 8. Jh. beweist, verdrängt worden (vgl. Pol. 12,6. Polyain. 6,22); neben anderen archäolog. Zeugnissen bestätigt der Zeitpunkt der Nekropolenaufgabe auch die annähernde Gründungschronologie bei Strab. a. O. (nicht dagegen den Ansatz auf 675 bei Eus.). Angaben über eine Verbindung mit dor. Elementen während der Gründungszeit (Strab. a. O. 6, 270) sind offenbar legendäre Reflexe teils ökonom. Beziehungen (Zugehörigkeit von L. zum korinth. Handelskreis, wohl Benutzung korinth. Geldes bis ins 4. Jh.), teils späterer polit. Freundschaft zu Syrakus; auch Kultisches (Dioskurenverehrung) und das Wirken des Lyrikers → Xenokritos (s. u.) in Sparta spielt mit. Daraus und aus der aitiolog. Gründungssage, nach der die Lokrer Griechenlands am 1. Messen. Krieg teilnahmen, ergab sich offenbar der Fehlschluß, L. sei spartan. Kolonie (Paus. 3,3,1); daß die ersten Kolonisten Sklaven und freigeborene lokr. Frauen gewesen seien, die während des Krieges die Ehe gebrochen hätten (so Aristot. frg. 547 ROSE[2] und Theophr.; dagegen Timaios FGrH III 566 F 11f., wogegen wieder – die Kontroverse referierend – Pol. 12,5ff.), reflektiert einerseits wohl mutterrechtliche Sitten (Pol. 12,5, 6f.) und ist zum andern sicher spätere antiaristokrat. Propaganda.

Noch ins 7. Jh. fällt die Gesetzgebung zu L. – die erste Europas – durch → Zaleukos, dessen Gestalt später mit mancherlei Legende umgeben wurde, dessen Existenz jedoch Timaios F 30 zu unrecht bestritt; offenbar ist diese frühe Rechtsfixierung auch durch den Charakter einer Stammeskolonie begründet. L. war Jh.e hindurch eine streng aristokrat. regierte Polis (Aristot. pol. 5,7,1307 a 38); der obere Stand waren die »Hundert Häuser« (Pol. 12,5,6f.), der agrar. Adel bildete – wie ebenfalls noch im 5. Jh. bei den opunt. Lokrern, aber auch in Rhegion und Kroton – die Kaste der »Tausend« (Pol. 12,16).

Der Lage nach nicht nur zur Beherrschung des schmalen Küstenstreifens, sondern auch der Bergtäler des Hinterlandes geeignet, beschränkte sich L. nicht nur auf die Grenzen seines eigentlichen Umlandes, der *Λοκρίς* (1200 $km^2$) – im S. das zwischen Rhegion und L. strittige Gebiet zwischen → Halex (Fiumara di Mélito) und → Kaikinos (Fra. di Amendolea), im NW. und N. der Kamm der Sila (an diesem Teil h. Aspromonte), im NO. der → Sagras (wohl Fra. di Allaro) –, sondern stieß spätestens E. 7./Anf. 6. Jh. an das nur 40 km entfernte Tyrrhen. Meer vor: so auf kurzem Landwege die Fahrt durch die Meerengen vermeidend. Seine wichtigsten Kolonien dort waren Hipponion (→ Vibo) auf dem ersten beherrschenden Kamm des Gebirgsaufstiegs sowie in der großen Ebene von Rosarno → Medma und → Metauros; letzteres wohl Herkunftsort des Stesichoros – wie sein Vorgänger Xenokritos ein früher Exponent der später (Pind. O. 10,14. 11,17) gefeierten lokr. Musik und Dichtkunst. – Frühe Grenzkämpfe gegen → Kroton in der Mitte des 6. Jh. beendete die für L. siegreiche, legendenumwobene Schlacht am Sagras (Strab. 6,261. Iust. 20,2,10–3,9, vgl. Theop. FGrH 115 F 392. Konon FGrH 26 F 1 [18]. Diod. 8,32. Liv. 29,18,16. Plut. Aem. Paul. 25,1); auf diesen Sieg bezieht sich wohl auch die Schildinschrift von Olympia (E. Kunze – H. Schleif, 3. Olympia Ber. [1938/39], 77 ff. SEG XI 1211). Angeblich wegen ihrer Hilfe in der Schlacht genossen die Dioskuren in L. bes. Verehrung, s. u. Um das J. 493 hielten sich die Samier auf dem Weg nach Kale Akte kurze Zeit in L. auf (Hdt. 6,23,1); ob aber der ion. Einfluß in Architektur und Kunst, z. B. auch Ton- und Bronzeplastik, von Samiern und anderen Ionern oder von der Rivalin → Rhegion herrührt, ist unklar. Im 5. Jh. setzt sich die Blütezeit von L. fort; andererseits lebt es während der Machtausdehnung von Rhegion und Kroton – womit auch die Loslösung von Medma und Hipponion zusammenhängen mag – in ständiger Kampfbereitschaft (vgl. Pind. O. 10,13 ff. 99. 11, 18 ff.). Syrakus wurde sein Bundesgenosse in den Konflikten mit Rhegion unter dessen Tyrannen → Anaxilaos (Pind. P. 2,17. Epicharm. CGF I frg. 98) und Leophron (Iust. 21,3,2 f.); 465 fand der gestürzte Deinomenide → Thrasybulos in L. Zuflucht (Diod. 11,68,4). Auch während des Pelop. Krieges stand L. auf der Seite der von Syrakus geleiteten dor. Symmachie (Thuk. 3,86,2; Aktionen 427: Thuk. 3,99. Diod. 12,54,4; 426: Thuk. 3,103, 3; 425: Thuk. 3,115,6, gemeinsamer Zug gegen Rhegion und Messana Thuk. 4,1. 24,2 f. 25,3. 11); nur L. unterzeichnete den allg. Frieden mit Athen 424 nicht (Thuk. 5,5,3); 422 kam es nur deswegen zum Einverständnis mit → Phaiax, weil L. mit seinen Tochterstädten Medma und Hipponion im Krieg lag (Thuk. 5,5,1–3). Während der großen



Sizil. Expedition zeigte es wieder deutlich athenfeindliche Haltung (Thuk. 4,44,2. 7,1. 25,3) und stellte 411 mit Tarent die meisten Schiffe zur Unterstützung Spartas (Thuk. 8,91,2). Zu dieser Z. dürfte das eigentliche, 230 ha große Stadtgebiet etwa 20000 Einwohner gehabt haben, unter → Dionysios I. sicher noch mehr. Dieser – seit 397 mit der lokr. Adligen → Doris, der Mutter Dionysios' II., verheiratet – verband die traditionelle syrakus. Politik gegenüber L. mit seinen imperialen Bestrebungen, an denen L. teilnahm und aus denen es größten Nutzen zog; 390 diente es als Angriffsbasis gegen Rhegion (Diod. 14,100,2, vgl. Dion. Hal. ant. 20,7,2) und erhielt 389 nach der Niederlage des unterital. Städtebundes das entvölkerte → Kaulonia (Diod. 14,106,3) sowie → Skylletion (Strab. 6,261), 388 Hipponion (Diod. 14,107,2 f. Dion. Hal. ant. 20,7,3) – das es freilich 9 J. später wieder verlor –: L. wurde zur herrschenden Stadt in ganz Bruttium. Der Mauerring dieser Zeit (s. u.) reichte vom Akropolisgebiet bis an die Küste.

Der polit. und materiellen Blüte entspricht ein reges geistiges Leben in der 1. Hälfte des 4. Jh.: bekannt sind u. a. der berühmte Arzt → Philistion, der Philosoph → Timaios – unter dessen Namen Platon, der selbst in L. studierte (Cic. fin. 5,87, vgl. Plat. epist. 13,360 a f.; Tim. 20 a; leg. 1,638 a), seine Kosmologie herausgab –, die Pythagoreer Arion und → Echekrates und Platons Freund → Philippos von Medma.

Verderblich war für L. die Regierungszeit → Dionysios' II. (vgl. Aristot. a. O.): dieser fand, 356 aus Syrakus vertrieben, hier Aufnahme und übte eine despot. Herrschaft aus, was zum großen Aufstand von 346 führte (Klearch. frg. 47 Wehrli. Strab. 6,259. Iust. 21,2. Plut. mor. 821 d. Timol. 13. Ail. var. 6,12). Mit der Demokratisierung und dem Vorrücken der handeltreibenden Stände setzte nun auch die eigene Münzprägung ein. Gleichzeitig hatte sich L. der Stämme des Hinterlandes zu erwehren (Strab. 6,255. Diod. 16,15. Iust. 31,3,3); die Kämpfe zogen sich bis zur Jh.-Wende hin; auf eine dieser Schlachten spielt die lokr. Dichterin Nossis Anth. Pal. 6,132 an. Seit 282 wohl unter röm. Schutz, trat L. 280 auf die Seite des Pyrrhos und bildete zusammen mit Tarent einen seiner Stützpunkte in Italien (Iust. 18,2,125, vgl. Diod. 22,8,2); Pyrrhos errichtete hier eine Münzstätte. Ein zwischenzeitlicher Abfall zu den Römern wurde bestraft (Liv. 29,18,3 ff. Zon. 8,6). Nach Pyrrhos' Abzug wandte sich L. betont den Römern zu; seit 270 prägten die Lokrer die auf das Treueverhältnis zu Rom hindeutenden Pistis-Münzen. Als *socii navales* stellten sie Schiffe gegen Karthago 264 (Pol. 1,20,14). Im 2. Pun. Krieg gingen sie nach Cannae zu Hannibal über (Liv. 23,30,8. 24,1,2 ff. 13) und verstärkten ihre Bürgerschaft durch Zuzug der Restbevölkerung von Kroton (Liv. 24,3,14 f.). 208 vorübergehend belagert (Liv.

27,25,11), wurde L. 205 erst teilweise, dann ganz von den Römern eingenommen, worauf Scipios Legat Pleminius ein später durch den Senat verurteiltes Schreckensregiment ausübte (Diod. 27,4. Liv. 29,6–9. 16,4ff. 31,12,1ff. 13,1. 32,1,8. Plut. Cato M. 3). 196 und 171 stellte L. Schiffe gegen Antiochos (Liv. 36,42,3) und Perseus (Liv. 42,48, 7). Vermutlich nach dem Verresprozeß wurden die Lokrer *clientes* Ciceros (leg. 2,15). Den Ruhm einer Kunststadt bewahrte sich L. noch im 1. Jh. v. Chr. (Cic. Arch. 9), und von Reichtum spricht noch Stat. silv. 2,61, wenngleich in der Kaiserzeit sicher nur noch die Unterstadt bewohnt wurde und sich Siedlung und Wirtschaft immer mehr auf die ländlichen Mittelgüter verlagerten (vgl. U. Kahrstedt, Hist.-Einzelschr. 4). Immerhin aber konnte es im 5. Jh. noch zu den größeren Orten S.-Italiens gerechnet werden (Prok. 5,15,23). Verfallen ist L. wohl während der Sarazenenangriffe Anf. 10. Jh.; Nachfolgeort der »Palaiopolis« wurde Hag. Kyriaki, h. Gerace oder (seit 1934) Locri.

Ausgrabungen: Stadtmauer (s.o.) von etwa 7,5 km Umfang; Wohnviertel; Theater; mehrere Tempel, bes.: Tempel des 5. Jh. (diesem vorausgehend ein älterer, vielleicht des 7. Jh.) mit Marmorgruppe berittener Dioskuren; Reste eines dor. Tempels Mitte 5. Jh. bei Casa Marafioti; Athenatempel ö. der Mannellakuppe; am w. Hang von Mannella Hieron der Persephone; hier Fund polychromer Terrakottapinakes vom E. 6. bis Anf. 5. Jh., bedeutender Zeugnisse italiot. Kunst (Q. Quagliati, Ausonia 3, 1908, 136ff. B. Neutsch, MDAI(R) 60/61, 1953/54, 62ff. P. Zancani Montuoro, ArchClass 12, 1966, 37ff.); Bronzetafeln (Archaeology 1959, 135f. AJA 1959, 389); mehrere griech. und röm. Nekropolen. – Inschr.: IG XIV 630/32. SEG IV 70 (= IG XIV 644 = V. Arangio-Ruiz, A. Olivieri, Inscr. Graec. Sicil. et infim. Italiae ad Ius pert. 165ff.). CIL X 16/37. 8339d. Mz.: Head HN² 101ff. 407. H.-P. D.

*W. A. Oldfather*, RE XIII 1289ff. *P. Orsi*, Dedalo 1925, 345ff. *U. Zanotti Bianco*, Archiv. Stor. Cal. Luc. 24, 1955, 253ff. *A. de Francisci*, Archaeology 1958, 206ff. *P. Zancani-Montuoro*, Archiv. Stor. Cal. Luc. 24, 1955, 283ff. RAL 14, 1959, 225ff. – Neuere Grabungen: Atti e Mem. della Soc. M. Grecia 1954, 71ff. AA 1956, 312ff. JHS 1958, Arch. Rep. 42. 1961, Arch. Rep. 37.

**Lokros** (*Λοκρός*). **1.** Myth. Ahnherr des lokr. Stammes, Sohn des Physkos (*Φυσκεῖς* = Westlokrer), Enkel des → Amphiktyon (die älteste heilige Stätte der delph. Amphiktyonie in Anthele lag auf lokr. Gebiet). Die von ihm geführten → Leleger nannten sich nach ihm Lokrer. Gattin → Kabye (irrtümlich Protogeneia Sch. Pind. O. 9, 57ff.). Sohn Lokros (Opus). Pind. a. O. Plut. qu. Gr. 15. **2.** Sohn des Zeus und der argiv. Königstochter → Maira, Helfer von Amphion und Zethos beim Bau Thebens. Eustath. Od. p. 1688,64. Die Sage deutet auf lokr. Bestandteile in der Bevölkerung Boiotiens; in Kriegen der gesch. Z. zeigten sich Boioter und Lokrer stets verbunden. **3.** Sohn des Phaiax von Scheria, Bruder des Alkinoos. Siedelt mit einem Teil der Phaiaken nach Italien über, wo er bei → Lakin(i)os wohnt, dessen Tochter Laurine zur Gattin nimmt und später bei einem Streit zwischen seinem Schwiegervater und Herakles von diesem erschlagen wird. Am Grabe des L. wird auf Weisung des Herakles eine Stadt gebaut: *Λοκροί Locri*. Konon 3. Eine späte Mythenkonstruktion. H. v. G.

**Lollianus.** Cognomen (meist nach Adoption), in den kaiserzeitlichen Fasten bei Egnatius, Flavius, Hedius, Maesius, Plautius, vgl. A. Degrassi FImp. 256. H. G. G.

**1.** L. Hedius Rufus L. Avitus, Cos. suff. 114 (1. September bis E. Dezember), CIL XVI 61. AE 1949, 23, Z. 13. **2.** L. Hedius Rufus L. Avitus, Sohn von Nr. 1. Cos. ord. 114, CIL X 1597. XVI 90. AE 1949, 23 Z. 13; Curator operum publicorum 146, CIL VI 1108; procos. Africae 156/57, IRT 533–535, Apul. apol. 94–96, Thomasson Statth. Nordafr. 73f., 165/66 Statthalter von Bithynien, IGR III 84, D. Magie Rom. Rule As. Min. 1533. Er war literar. gebildet und selbst tätig, Apul. apol. 95f. Fronto ad am. 1,3 (p. 166 v. d. Hout), s. PIR² IV 54f. Nr. 40. **3.** L. Hedius Rufus L. Avitus, Sohn von Nr. 2. Als Knabe 155 in den Arvalakten genannt, CIL VI 2086,28. 170–177 Salius Palatinus, CIL VI 1978. 1979. cos. suff. vielleicht 178. Procos. Asiae 195, A. Wilhelm, SDAW 1933, 858f. **4.** Q. Hedius Rufus L. Gentianus, jüngerer Sohn von Nr. 2. Nach CIL II 4121. 4122 Münzmeister um 180, trib. mil. leg. VII Gemin. piae fel., Quaestor als cand. Caesaris, ebenso Praetor; unter Commodus legat. leg. XXII primig. (in Mainz), cos. suff. vor 194, vit. Pert. 7,7, legat. Augg. pr. pr. Hispaniae Tarracon. nach 198, CIL VI 1979; auf Feldzügen als comes des Septimius Severus und Caracalla, Censitor in Gallia Lugdunensis, Statthalter von Asia 201/02, ABSA 50,1955, 106. CIL III 471. D. Magie Rom. Rule 677. 1585. Im J. 171 Salius Palatinus, CIL VI 1978. **5.** Q. (Hedius) L. Plautius Avitus. Vielleicht Sohn von Nr. 4. Nach CIL VI 32412 wie dieser Münzmeister, trib. mil. leg. XIII Gem. in Dakien, Quaestor, Legat des Statthalters von Asia, iuridicus in 2 Sprengeln von Hispan. cit., dort legat. leg. VII gem. piae fel., Praetor, cos. ord. 209, PSI XIII 1308. **6.** Q. Flavius Maesius Egnatius L. (Mavortius). Hoher Beamter des 4. Jh. Nach Dess. 8943. 1223. 1224a. b. c. 1225 und 1232 Quaestor, praetor urbanus, Curator in mehreren Aufgabenkreisen, so curator aquarum et Minuciae im J. 328. Consularis Campaniae, als Comes Flavialis oder comes intra palatium et vice sacra iudicans Palastbeamter mit Appellationsgerichtsbarkeit, Comes Orientis, procos. prov. Africae, praefect. urbis im J. 342, unter Constans iterum comes ordinis primi intra palatium; praef. praet. 354–356. Cos. ord. 355. Verwaltete 357 Italien, Amm. 16,8,5. R. H.

**7.** P. Hordeonius L., Sophist aus Ephesos, wo eine Ehreninschr. seiner Tochter, einer Artemispriesterin, gefunden wurde ([6],9ff.); sein Name läßt auf ital. Herkunft seiner Familie schließen. L.' Lehrer war der Attizist Isaios. Auf Grund seines Ruhmes als Rhetor erhielt er einen der beiden in Athen im Zuge der att. Renaissancebewegung eingerichteten Lehrstühle für Rhetorik, wohl noch zur Zeit Hadrians. Sein Kollege war Pyrrhos von Klazomenai. L.' Lehrtätigkeit, in der er nicht nur auf prakt. Redeübungen, sondern bes. auf rhetor. Theorie in Vorlesungen und Schriften Wert legte, machte ihn zu einem der bedeutendsten Vertreter der 2. Sophistik. Seine *τέχναι* wurden bis in das 5. Jh. gelesen; die immer zahlreicher werdenden Komm. zu → Hermogenes (9) verdrängten sie dann allerdings. Die erhaltenen Frg. lassen sich auf eine Stasislehre, eine rhet. Topik und eine Stilistik (?) verteilen ([1]). In ihnen ist Kenntnis des Aristot., des älteren → Hermagoras (1), des Kornutos und anderer nachweisbar ([1]). Schüler L.' waren Iulius Theodotos von Melite und Philagros von Kilikien. Zeichen seines Ansehens, das er im polit. Leben Athens genoß, u.a. als *στρατηγὸς ἐπὶ τῶν ὅπλων*, der z.Z. L.' für die Lebensmittelversorgung zuständig war, als Prytane und als Prozeßredner, sind 2 Ehrenstatuen und eine Ehreninschrift. O. Dr.

1. *O. Schissel*, Philol. 82, 1927, 181–201 (185–201 Frg. mit Komm.), vgl. RE XIII 1373–1375. 2. *E. Richtsteig*, BursJb 238, 1933, 11f. 3. Lustrum 3, 1958, 76f. 123f. 4. IG II/III² 1764 und 4211 (= EpGr 877). 5. PIR IV 98. 6. *J. Keil*, JOEAI 40, 1953, 7–12.

**Lollius.** Name einer röm. pleb. Familie, geht möglicherweise auf einen nichtital. Stamm zurück, Schulze Eigenn. 424a. 519. Walde-Hof.³ 1,819. Namensträger, seit dem 3. Jh. v. Chr. bezeugt (Nr. 1), erhielten vielleicht erst nach dem → Bundesgenossenkrieg die röm. civitas und traten zunächst als Kaufleute hervor.

I. Republikanische Zeit: **1.**, L. Samnite, Anführer einer Räuberbande, die 269 ausgehoben wurde. **2.** L., Opfer der Proskriptionen 82 v. Chr. **3.** L. L., Legat des Pompeius 67 (Befehlsbereich: Küstenraum W.-Kleinasien) bis 65 (Einnahme von Damaskus). 51 war er Geschworener im Prozeß des M. Servilius. **4.** M. L. (C. f.), um 80 v. Chr. zusammen mit A. Hirtius Censor der Stadt Ferentinum im Hernikergebiet; sie erbauten die dortigen z.T. noch erhaltenen Festungsmauern, Dess. ILS 5342ff. **5.** M. L., jüngerer Sohn von Nr. 8, den er im Verresprozeß 70 als Belastungszeuge vertrat (Cic. Verr. 3,63), wohl ident. mit dem erkrankten Quaestor von 65. **6.** M. L., Bandit unter P. → Clodius 58 und 57, bedrohte u.a. Pompeius und Cicero. **7.** M. L. (M. f.), Consul 21 v. Chr. Schon im Herbst 44 stand der etwa Zwanzigjährige vielleicht auf seiten Octavians (Konjektur von Groag, RE XIII 1378f.), oder aber er war zunächst Legat (?) unter Brutus, wurde 43 proskribiert, 42 bei Philippi gefangen und von Aemilius Barbula gerettet, App. civ. 4,49. Broughton Mag. 2,354. 365; nach der gleichen Quelle würde er sodann als Legat im J. 31 den Barbula gerettet haben. Zweifellos bewährte er sich unter Octavian (vgl. die an ihn gerichtete Ode Hor. c. 4,9,32ff. Baehrens PLM 1 p. 126 – von den Freunden L. und Maecenas), für uns tritt er jedoch erst als Statthalter der Provinz Galatien im J. 25, die er als *legatus Augusti pro praetore* neu ordnete, in Erscheinung; dort blieb er wohl mehrere Jahre. 21 war er Consul und führte zunächst die Geschäfte allein, weil Augustus die andere ihm vorbehaltene cos.-Stelle nicht ausübte und erst spät im J. eine Nachwahl zuließ, durch die Q. Aemilius Lepidus Kollege des L. wurde, Cass. Dio 54,6,2. CIL I² p. 162 (Wiederherstellung des Pons Fabricius zur Tiberinsel, Dess. ILS 5892. E. Nash Bildlex. zur Topogr. des ant. Rom, 1962, 2,190). Vor 17 stand er sodann (als Proconsul von Macedonien?) in Thrakien und bekämpfte die Besser, Cass. Dio 54,20,3. Im J. 17 nahm er als XVvir sacris faciundis am Saecularfest teil (Mommsen Ges. Schr. 8,584), ging aber wohl noch im gleichen J. als Statthalter in die Gallia comata. Im Sommer 16 erlitt er gegen die über den Rhein vorgedrungenen Germanen (Sugambrer, Usipeter, Tenkterer) eine schwere Niederlage und verlor den Adler der V. Legion, Cass. Dio 54,20. Vell. 2,97,1. Tac. ann. 1,10,4 *(clades Lolliana)*. L. Schmidt Westgermanen, 1940, 176f. Augustus eilte sofort nach Gallien (zur Stimmung im Reich: Krinagoras Anth. Pal. 9,291, Ed. Norden S.-Ber. Bln. 1917, 668ff., vielleicht auch Prop. 5,1,89ff.) und konnte mit den wieder abgerückten Germanen Frieden schließen. L., der sich damals die Verachtung des Tiberius zugezogen haben mochte, trat wohl völlig zurück, bis er 1 v. Chr. als *comes et rector* dem Gaius Caesar in den O. mitgegeben wurde, Suet. Tib. 12. Tac. ann. 3,48,2. Im J. 2 n. Chr. kam es jedoch zum Bruch zwischen beiden, weil L. offensichtlich im Orient Geschenke angenommen hatte – in der ihm ungünstigen Überlieferung bei Vell. 2,97,1. Plin. nat. 9,117f. wird ihm auch sonst Habgier vorgeworfen – und vom Partherkönig Phraates denunziert wurde (zu den Motiven Dessau G. d. RKZ 1,376f.). L. starb bald darauf, möglicherweise, nachdem er Gift genommen hatte (Plin.). Er war sehr begütert, hatte viele Sklaven und Freigelassene (vgl. CIL VI 21443ff.) und hinterließ einen Sohn. PIR 2,295 Nr. 226. Gardthausen 1.2. R. Syme Rom. Rev., 1960, passim. **8.** Q. L., röm. Ritter, litt unter Q. Apronius während der Amtszeit des Verres auf Sicilien 73–71, war hochbetagt und wurde 70 während des Prozesses durch einen seiner Söhne (wohl Nr. 5) vertreten. **9.** Q. L., älterer Sohn von Nr. 8, erfolgreicher Ankläger des Q. → Calidius Nr. 5, wurde gegen 70 auf einer Reise nach Sicilien, wo er Belastungsmaterial gegen Verres sammeln wollte, ermordet. Cic. Verr. 3,63. **10.** L. Maximus, Freund des Horaz, der an ihn epist. 1,2 und 1,18 (im J. 20 v. Chr.) richtete. Wohl kaum ein Sohn von Nr. 7 (cos. 21), möglicherweise aber ein näherer Verwandter. PIR 2,295 Nr. 231. KIESSLING-HEINZE z. St. Er hatte unter Augustus in Spanien gedient und suchte Anschluß an führende Kreise. **11.** (L.) Palicanus. Münzmeister unter Caesar um 47. GRUEBER Coins 1,517f. (weitere Nachweise bei BROUGHTON Mag. 2,444). Vielleicht ident. mit dem L. L. (Palicanus?), der auf Mz. von Creta und Cyrenaica als Promagistrat (?) etwa 35/34 erscheint, GRANT From Imperium to auctoritas 54ff. BROUGHTON Mag. 2,408. Eine andere Person scheint *M. (...f.) Pop(lilia tribu) Pallakeinos* (VIERECK Sermo Graecus 41 Nr. 20,11), Senator im J. 39, zu sein, BROUGHTON 2,498. **12.** M. L. Pallicanus, Picenter von niederer Abstammung, beliebter Redner und leidenschaftlicher Gegner der Sullan. Restauration, Volkstribun 71 (BROUGHTON Mag. 2,122), wobei er für Sthenius, ein Opfer des Verres, eintrat und die Wiederherstellung der vollen Rechte der Volkstribunen forderte; seine Verhandlungen mit Pompeius sicherten diesem den Consulat für 70 und ihm die Erfüllung der popularen Wünsche, GELZER Pompeius 63f. Im J. 69 war er wohl Praetor, denn 67 (und vielleicht 65) bewarb er sich erfolglos um den Consulat. Mit dem J. 60 hören Nachrichten über ihn auf. Cic. Verr. 2,100. Sall. hist. 4,43 M. Val. Max. 3,8,3 u. a. H. G. G.

II. Kaiserzeit: **1.** M. L., Sohn des cos. 21 v. Chr., cos. suff. unter Augustus, Tac. ann. 12,1,2. Vater der Lollia Paulina. **2.** Q. L. Urbicus. Er stammte wohl aus Afrika, CIL VIII 6705 verzeichnet die im 2. Jh. übliche Laufbahn bis zur Praetur. Dann als Legat. leg. X Geminae in Wien. Er begleitete Hadrian 133 auf seiner Expedition gegen die Juden. Cos. suff. vor 138, damals kaiserlicher Statthalter von Germania inf., CIL VIII 6706, von Britannien (CIL VII 1041. 1125. vit. Pii 5,4) im J. 142/43, G. MACDONALD Rom. Wall Scotland 8ff. 404ff. praef. urbi nach 150, CIL VI 28. 10707. Apul. apol. 2,11. iuridicus per Italiam regionis Transpadanae 163/64, Fronto ad am. 2,7 (p. 183,11 v. d. Hout). **3.** Lollia Paulina, Tochter von Nr. 1. Vermählt mit P. Memmius Regulus, dem sie im J. 38 n. Chr. Caligula wegnahm und heiratete, Suet. Cal. 25,2. Cass. Dio 59,12,1, aber 39 wieder verstieß, Cass. Dio 59,23,7. Im J. 49 durch Intrigen der Agrippina verbannt und getötet, Tac. ann. 12, 22,3. Dio-Xiph. 60,32,4. Erst 59 wurde ihre Asche in Rom bestattet, Tac. ann. 14,12,4. R. H.

Literarische Persönlichkeit: L. Bassus, Epigrammatiker des Philippos-Kranzes, aus Smyrna, wenn ident. mit dem für Anth. Pal. 11,72 angegebenen Vf. (*Βάσσου Σμυρναίου*), lebte aber in Rom. Er feiert Germanicus (seine Feldzüge 9, 283; sein Tod 19 n. Chr. 7,391) und unter dem Eindruck von Vergils Aeneis die Größe Roms (9,236). Daneben stehen beliebte Themen wie die 300 Spartaner (7,243. 9,279), Niobe (7,386), die billige Hetärenliebe (5,125). Der Stil mancher seiner Epigr. (zu nennen noch 7,372, nicht epideikt.; 9,289; das an Hor. c. 2,10 erinnernde 10,102) zeigt eine gewisse Künstlichkeit. R. K.

*C. Cichorius* Röm. Studien, 1922, 308.

**Lomentum.** **1.** Das Bohnenmehl (Plin. nat. 18,117) diente, mit Reis vermischt, als Waschmittel (Veget. mil. 5,62) und Kosmetikum (Cic. fam. 8,14,4) röm. Damen (Martial. 3,42. 14,60. Plin. nat. 30,127: weitere Zutaten), als Heilmittel (Plin. nat. 20,127. 22,141. 24,15. 30,127), angeblich auch zur Weinverfärbung (Apic. 1,5. Pallad. 11,14,9f.). **2.** Zwei Sorten blauer Farbe, eine teure, eine billigere *(l. tritum)*, Plin. nat. 33,162. W. H. G.

**Londinium.** Die Etym. von L. wird mit einem kelt. Stamm zusammengebracht, der »wild« bedeutet, aber vielleicht urspr. als Klan- oder Stammesname auf den Ortsnamen übertragen wurde. Vorröm. Siedlungsreste fehlen noch immer. Bereits seit ca. 43 n. Chr. beginnt aber am Walbrook, der von N. in die Themse mündet, die röm. Siedlung. Straßen-, Fluß- und Kanalverbindungen nach allen Himmelsrichtungen und zur Nordsee waren hier leicht herzustellen. Tac. ann. 14,33 bezeichnet L. bereits vor dem Boudiccaaufstand von 60 als bedeutenden Knotenpunkt. Die damalige Zerstörung und eine weitere Brandkatastrophe von ca. 125/30 hielten das Wachstum von L. nur zeitweise auf.

Unter Septimius Severus wurde L. Hauptstadt der Provinz Britannia Superior und mit Befestigungen versehen. → Carausius hatte hier eine Prägestätte, die erst ca. 326 geschlossen und von Magnus Maximus für kurze Zeit noch einmal eröffnet wurde. Im 2. und 3. Jh. wurde aus L. eine richtige Stadtsiedlung mit archäolog. interessanten Einzelgebäuden, die sich auch irregulär s. der Themse ausbreiteten. → Constantius Chlorus (1) hatte L. 296 der plündernden Soldateska des → Allectus entrissen. Seit Diokletian war L. die Hauptstadt einer der 4 spätröm. brit. Provinzen und vermutlich Hauptquartier des *vicarius* der zuständigen Diözese.

Ein chr. Bischof existierte hier bereits vor 314, dem Jahr, in dem der Titular von L. an der Synode von Arles teilnahm. 367/68 stießen Picti, Scotti und Attacotti von N. bis in die Gegend von L. vor, das dem *comes* Theodosius als Etappenquartier und Fulkrum vor ihrer Besiegung diente und wohl damals in Augusta umbenannt wurde. Die Not. dign. occ. erwähnt dann hier ein Depot der *Sacrae Largitiones* unter einem *praepositus thesaurorum Augustensium in Britannis*. Gegen die Invasion der Sachsen wurde L. vergeblich verteidigt. Eine archäolog. nicht leicht zu definierende Siedlungskontinuität scheint aber geblieben zu sein. 604 wurde ein Mellitus durch den Erzbischof St. Augustin von Canterbury als Bischof von L. konsekriert. F. M. H. – J. Ward

Vgl. mit Vollbibliogr. RE s. v. Oxf. Cl. Dict. s. v. *W. Bonser* A Rom.-Brit. Bibliography, 1964, Nr. 6801–7018. *R. G. Collingwood–R. P. Wright* The Rom. Inscr. of Brit. (1965), Ind. s. London. *Frank*, ESAR, Ind. s. v. *A. H. M. Jones* The Later Rom. Empire (1964), Ind. s. London. *R. Merrifield* The Rom. City of London (1965). *R. W. Moore* The Romans in Brit. (1938), Ind. s. London. *T. Rice Holmes* Anc. Brit. and the Invasions of Julius Caesar (1907), Ind. s. v. *I. A. Richmond* Rom. Brit.$^2$ (1963), Ind. s. v.; Royal Commission on Hist. Monuments (England). London 3 (Roman London, 1928). *J. O. Thomson* History of Anc. Geography, 1948, 235.

**Longinianus,** Flav. Macrobius, 399 *comes sacrarum largitionum*, stellte als *praefectus urbi Romae* 401/02 Mauern und Tore wieder her, 406 *praefectus praetorio Italiae*, Freund Stilichos (CIL VI 1188/90. Symm. ep. 7,93 ff.). A. L.

**Longinos** (Cassius). **1.** Homer-Kritiker u. Platoniker, lebte etwa 210–273, Schulhaupt der Akademie etwa 250–267. L. war Neffe des Rhetors → Fronto; er machte mit seinen Eltern weite Reisen (Selbstzeugnis bei Porph. vita Plot. 20,23), wobei er viele damals bedeutende Philosophen kennenlernte, darunter → Ammonios Sakkas (8). L. studierte in Athen Philos., was nur im Rahmen der Akademie geschehen konnte. Seine Schrift *περὶ τέλους* verfaßte er, als noch → Theodotos und → Eubulos (4) die beiden »planmäßigen Lehrstühle« der Akademie innehatten. Später, 262 (oder wenig rüher) lag die Leitung des jährlichen Platon-Festes der Akademie in L.' Händen (Porph. bei Eus. praep. ev. 10,3,1); damals dürfte L. Schulhaupt gewesen sein. Mehrere Zeugnisse berichten davon, wie stark sich L. an sein Lehramt gebunden fühlte und welche Kenntnisfülle er besaß (vgl. Eun. vitae soph.: Porph., p. 7. Boiss.). Sein bedeutendster Schüler war Porphyrios, der ihn aber 262 verließ, um sich → Plotinos anzuschließen.

Überraschenderweise folgte L. einem Rufe der Königin → Zenobia nach Palmyra (267/68), gab also sein Lehramt an der Akademie zu Athen auf. Diese viel diskutierte Entscheidung wird durch den Blick auf → Platon verständlich. Wie dieser griff L. zu, als sich ihm eine Möglichkeit bot, polit. zu wirken. L. hatte Zenobia in Philos. und Lit. zu unterrichten; indes ist damit nur die offizielle Stellung des L. an ihrem Hofe bezeichnet. Er bestärkte Zenobia in ihrer Tendenz, die auf polit. Autonomie Palmyras gerichtet war – in den Wirren nach dem Tode des Kaisers Gallienus verständlich und realisierbar. Aber unerwartet rasch festigte Aurelian seine Position als Imperator: Von da an war es polit. falsch, auf dem eingeschlagenen reichsfeindlichen Kurse zu verharren. Trotzdem erging ein stolzes Absage-Schreiben an den Kaiser (H. A. Aurelianus 27), der daraufhin erst recht mit Strenge durchgriff. Die sassanid. Hilfe, auf die Zenobia gerechnet hatte (ebd. 27,4) blieb aus; Zenobia und L. fielen in Aurelians Hand. Diesen ließ der Kaiser grausam töten, weil L., als Autor jenes Briefes denunziert (ob mit Recht, bleibt fraglich), nun als Hochverräter dastand.

Als Philosoph hielt L. eine vor allem konservative, traditionsbewußte Richtung ein, was ihm vermutlich den Beinamen *φιλαρχαῖος* eintrug (vgl. Porph. vita Plot. 14,19 mit Ruhnkens Text-Besserung). Obgleich L. es betonte, den Unterricht des Ammonios Sakkas genossen zu haben, folgte er den Konsequenzen, die Plotin aus dessen Lehre zog, keineswegs: L. ordnete die Ideen nicht in den *νοῦς* ein, sondern sah sie, der Tradition folgend, als eigene Wesenheiten an. Zum Verhältnis von *νοῦς* und *δημιουργός* vgl. Prokl. in Plat. Tim. 1,322,24 Diehl. Zwischen L. und Plotins Schülern gingen mehrere kontrovers-philos. Schriften hin und her; Plotin legte Wert darauf, durch seine Schüler den allem Neuen abholden L. höflich, aber gründlich darüber informieren zu lassen, inwiefern Plotins Lehre, wenn auch neu, so doch legitim im Sinne platon. Tradition sei. Denn zuvor hatte L. gemeint, Plotin wiederhole nur die Lehren des → Numenios (Porph. vita Plot. 17,3. 18,3. 20,75. 21,4); dieser Vorwurf ärgerte Plotin so, daß er → Amelios ein Buch verfassen ließ, das die Unterschiede zwischen Numenios und Plotin zum Gegenstand hatte. Später räumte L. ein (vgl. ebd. 20, 80), beim gegenwärtigen Tiefstand der Philos. sei die Auseinandersetzung einzig mit Plotin und seinem Kreis lohnend – ein freilich sehr relatives Kompliment.

Seine Platonforschung war bes. auf Sprache und Stil gerichtet; eine Reihe von Erklärungen zum Prooimion des plat. Timaios sind bei Prokl. in Plat. Tim. erhalten. Diese Forschungsrichtung L.' war ein Anlaß für Plotin, das alte Spottwort, die Philosophie sei zur Philologie degeneriert (Sen. epist. 108,23. Epikt. 2,19,6) auf L. anzuwenden (Porph. vita Plot. 14,21).

Das einzige in Teilen erhaltene Werk des L. ist seine *ῥητορικὴ τέχνη* (Spengel Rhet. $1^2$, 1894, 299–328); dieser Text ist ein wertvolles Zeugnis dafür, daß die von → Philon von Larissa (Ciceros Lehrer) geknüpfte Verbindung zwischen Philos. und Rhet. nicht wieder abriß. Besonderen Rang hat L. als Kenner der hom. Phil.; einschlägige Titel: *Ἀπορήματα Ὁμηρικά. Προβλήματα Ὁμήρου καὶ λύσεις* (2 B.). *Εἰ φιλόσοφος Ὅμηρος.*

Hohe Bedeutung müssen seine »Philologischen Vorlesungen« – *Φιλόλογοι ὁμιλίαι* – in mindestens 21 B. gehabt haben. Wohl ist sein Schüler Porphyrios dem L., was die Gelehrsamkeit anlangt, gleichgekommen. Aber während Porphyrios alles Wissen dem einen metaphys. Beweisziel zuordnete und es in sein geschlossenes System einbezog, verdient L. Bewunderung als der – wohl letzte – hellenist. geprägte Gelehrte von zweckfreier Universalität. Eine Monographie über diese ungewöhnliche Persönlichkeit fehlt leider. H. D.

**2. Ps. Longinos,** *περὶ ὕψους*. Die Überlieferung stützt sich auf eine einzige Hs., cod. Paris. Gr. 2036 saec. X; alle jüngeren Textzeugen hängen direkt oder indirekt von ihm ab. Durch Blattverlust ging gut ein Drittel des Textes verloren (LEBÈGUE, Introd. XIVf.). Der Vf. ist unbekannt, aufgrund der Notiz *Διονυσίου ἢ Λογγίνου* fol. 1v wurde die Schrift dem Longinos (1) zugeschrieben, was erst G. KAIBEL (H 34, 1899, 107ff.) widerlegte. Doch erneute Zuweisung an Longinos (1) durch G. LUCK, Arctos 5, 1967, 97ff. Ebenso abwegig ist die Zuschreibung an → Dionysios (20), neuerdings von D. S. MARIN [5] vertreten, dagegen sprechen deutliche Stilunterschiede sowie der Formalismus des Dionysios. Zuweisungen der Schrift an → Theon (I. LANA) oder → Hermagoras (2) (ROSTAGNI) sind nicht minder fragwürdig. – Auf Abfassung in der 1. Hälfte 1. Jh. n. Chr. scheint zu weisen: der individuelle Stil, frei von attizist. Rigorismus; die Klagen über den Verfall der Redekunst (44); die Polemik gegen → Caecilius (2), die geringen zeitlichen Abstand nahelegt (anders [4], 341 f.). Die Schrift, einem sonst unbekannten Römer Postumius Terentianus gewidmet, war wohl nie zur Veröffentlichung bestimmt; Zitate in ant. Autoren fehlen. Der Vf. verweist auf eigene Werke über Xenophon (8,1) und über *σύνθεσις* (39,1), die wir nicht identifizieren können.

Caecilius hatte versucht, literar. Größe pedantisch zu definieren, doch keine Anweisungen zu ihrer Erlangung gegeben. Auch der Vf. liefert selten Regeln: 2 seiner »5 Quellen des Erhabenen« (8,1) – das Fassen großer Gedanken und die Fähigkeit zum Pathos – entziehen sich techn. Fertigkeit, über Figuren, Wortwahl und Gedankenfügung handelt er anhand treffender Beispiele. Sein gesundes Urteil wird den klass. Vorbildern gerecht, und so ergibt sich das *ὕψος* als ein Ziel, zu dem verschiedene Wege führen: das jähe Pathos des Demosthenes, Platons strömende Diktion, Sapphos Meisterschaft affekt. Steigerung. Neben den griech. Autoren steht eine Charakteristik Ciceros (12,4) und das berühmte (umstrittene) Genesis-Zitat (9,9), beides vielleicht aus Caecilius. Mimesis der Klassiker wird als Akt geistiger Inspiration verstanden (13,2ff.), wahre Größe aber hat nichts mit matter Fehlerlosigkeit zu tun: das Bild vom Nil, der mehr beeindruckt als klare Bäche (35,4), kehrt das alexandrin. Kunstideal um. – Der unschulmäßigen Betrachtungsweise des Gegenstands entspricht eine lose Komposition. Die Behandlung des Pathos wird ausgespart (3,5. 44,12), doch spielt es auch so eine wichtige Rolle. Glanzstücke sind die Exkurse: Ilias und Odyssee (9,10–15), Demosthenes und Platon (12,2–13,1), »Regel und Genie« (33–36; vgl. v. WILAMOWITZ, Griech. Leseb. 2,377ff.). Der Vf. des Essays über großen Stil hat selbst ein stilist. Meisterstück geliefert. Das souveräne Beherrschen der klass. Muster weist ihn als Nachkommen aus, die Zeit individueller Stilbildung ist vorbei. Unvermerkt werden die jeweils theoret. geforderten Stilmittel in der eigenen Darstellung angewendet, das Ergebnis ist bunt und fesselnd: kühne Perioden neben knapper Parataxe, neue Wortschöpfungen, Bilder, Metaphern, schmückende Zitate. Kein ängstlicher Attizismus, doch nur wenige von der Koine geprägte Vulgarismen. – Lebhafte Nachwirkung seit BOILEAUS epochemachender Übers. (1674).
H.-D. B.

Ta.: *B. Weiske*, Lpz. 1809 (mit Komm.). *O. Jahn – I. Vahlen*, Lpz. 1910[4] (Nachdr. mit Wortindex Stuttg. 1967). *H. Lebègue*, Par. 1952[2]. *D. A. Russell*, Oxf. 1964 (mit Komm.). *R. Brandt*, Darmstadt 1966 (mit dt. Übers.). Lit.: 1. *J. W. Atkins* Literary Criticism in Antiquity Bd. 2, Lond. 1952[2]. 2. *H.-D. Blume* Unters. zu Sprache und Stil der Schrift *π. ὕψ.*, Diss. Gött. 1963. 3. *W. Bühler* Beiträge zur Erklärung der Schrift vom Erhabenen, Gött. 1964. 4. *G. M. A. Grube* The Greek and Roman Critics, Lond. 1965. 5. *D. S. Marin* Bibliography of the »Essay on the Sublime« [bis 1956], priv. 1967.

**Longinus. 1.** Cognomen (zunächst wohl als Bezeichnung für den Sohn eines Longus), in den republ. Fasten bei den Cassiern (o. Bd. I 1070ff. Nr. 11–21), in den kaiserzeitlichen bei Aemilius, Arrius, Calpurnius, Cassius, Eggius, Flavius, Iulius, Maecius, Marcius, Pinarius, Pompeius, Pomponius, Porcius und Statius. DEGRASSI FImp. 257.
H. G. G.

**2.** L., in den J. 536/39 Stadtpräfekt von Constantinopel, hatte im Auftrag Kaiser Iustinians einen Rechtsstreit mit der Kirche von Emesa ausgetragen (Prok. anecd. 28. Nov. Iust. 9. 43. 63. 64. Constit. 44,65. 66).
A. L.

**Longos** (*Λόγγος*). **1.** Vielleicht aus Lesbos stammender Vf. der *Ποιμενικὰ κατὰ Δάφνιν καὶ Χλόην* (4 B.), wohl dem 2. Jh. n. Chr. zugehörig. Sein Roman unterscheidet sich von den übrigen durch die strenge Anlage (Einfluß der Neuen Komödie, der auch einige Motive entlehnt sind) und den bukol. Charakter ([1]). Unter einfachen Landleuten auf Lesbos wachsen die Findelkinder Daphnis und Chloe als Hirten auf. Dargestellt ist ihre erwachende Zuneigung, die am Schluß, nach Auffindung ihrer Eltern, in ihre Verheiratung einmündet. L.' Stärke liegt auf dem Gebiet der idyll. Landschafts- und Stimmungsmalerei. Dem Thema gemäß treten ländliche Gottheiten (Pan, Nymphen, Dionysos) stark hervor (rel.-gesch. Deutung: [2] und [3]; vgl. [4]). Der lieblichen Szenerie und Handlung des Romans, der zu allen Zeiten Bewunderer und Nachahmer gefunden hat, entspricht die zierliche, jedoch höchst künstliche Sprache.
H. Gä.

Ta.: Ed. princ. Juntina, Florenz 1598. *G. Dalmeyda*, Paris [2]1960 (m. frz. Übers.). *J. M. Edmonds*, Lond./Cambr. 1916, zuletzt 1955 (m. engl. Übers.). *O. Schönberger*, Bln. 1960 (zweispr., m. ausgezeichneter Einführung). Übers.: *J. Amyot*, Paris 1559, dt. u. a. *F. Jacobs*, Stuttg. 1832, zuletzt Augsburg 1956. *A. Mauersberger*, Lpz. 1960.

Lit.: (vgl. *Schönberger* 39ff. und den Lit.-Ber. von *O. Mazal*, Jb. d. Österr. Byz. Ges. 13, 1964, 55ff.). 1. *G. Rohde*, RhM 86, 1937, 23ff. 2. *R. Merkelbach*, Antaios 1, 1959, 47ff. 3. *Ders.*, Roman und Mysterium in der Ant., Münch. Bln. 1962, 192ff. 4. *H.H.O. Chalk*, JHS 80, 1960, 32ff. 5. *M.C. Mittelstadt* L. and the Greek Love Romance, Diss. Stanford Univ. 1964. Zur Überl.: *H. Dörrie* De L. Ach. Tat. Heliod. memoria, Diss. Gött. 1935. *H. van Thiel*, RhM 104, 1961, 356ff.

**2.** *Κορνήλιος Λόγγος*. Von ihm 2 Epigr. in der Anth., 6,191 (*Κορνηλίου Λόγγου*, Plan. *Λογγίνου*), Nachbildung von 6,190 *(Gaetulicus)*, und Plan. 117 (*Κορνηλίου*) auf den viel behandelten Kynegeiros. R. K.

**Longula** (Nissen It. Ldk. 2,631. Forbiger HB der alt. Geogr. 3,477. Radke, RE IX A 825), latin. Ortschaft unbekannter Lage (Liv. 2,33,4. 39,3. Dion. Hal. ant. 6,91. 8,36,85). G. R.

**Longus.** Weitverbreitetes röm. Cognomen, urspr. wohl zur Bezeichnung körperl. Abnormität, vgl. Quint. inst. 1,4,25. 6,38 (RE IV 225). In den Fasten der republ. Z. findet es sich bei Duiliern, Luciliern, Manliern, Semproniern, Sulpiciern, Tulliern (vgl. A. Degrassi FCap. 146), in denen der Kaiserzeit bei Aemiliern und Luciliern (Degrassi FImp. 257). H. G. G.

**Lophis** (*Λόφις*). Nur bei Paus. 9,33,4 mit Namenslegende genannter Bach unmittelbar w. von Haliartos. E. M.

*Bölte*, RE XIII 1428f.

**Lopodunum** heute Ladenburg am Neckar, Brückenkopf der vorröm. Rheintalstraße. Der aus dem Namen Feste *(-dunum)* des Lopos vermuteten vorröm. (früh- und mittellatènezeitliche Gräber n. des Ortes) und frühröm. Siedlung (Keramik der 1. Hälfte des 1. Jh. n. Chr.) folgte ein Auxiliarkastell (zunächst als Erdkastell), das in domitian. Z. zum Schutze der Heerstraße von Mainz zur Donau (vielleicht für die Ala I Cannenefatium) ausgebaut, mit Begründung der Civitas Ulpia Sueborum Nicretum in traian. Z. aufgelassen wurde. Aus dem Lagerdorf wurde der Vorort der Civitas (Sitz der *duoviri iure dicundo*) mit öffentlichen Bauten (Marktbasilika unter der St. Galluskirche). In der 1. Hälfte des 3. Jh. ummauert, fiel. L. in germ. Hand, wurde aber unter Valentinian für kurze Zeit von den Römern zurückerobert (Auson. Mosella 423). Die Bewohner sind trotz des kelt. Ortsnamens Elbgermanen. Im MA. Lobdengau. H. C.

*D. Baatz* Lopodunum. Badische Fundber. Sonderh. 1 (1962).

**Lorarius. 1.** Der Riemenschneider bearbeitete *loramenta et cetera* (Ed. Diocl. 8,8. CGIL III 25,42. 164,23. 201,42. 271,42). Der weit verbreitete Beruf – in Rom gab es einen *vicus Lorarius* – wurde wohl meist von Freigelassenen (CIL VI 9528) oder Sklaven ausgeübt. **2.** Nach dem Riemen als Züchtigungsinstrument heißen in der Komödie l. diejenigen Sklaven, die im Haus *quos erant iussi vinciebant aut verberabant* (Gell. 10,3,19). Beispiele kennen wir in mehreren Stücken des Plautus (z. B. Capt. 110ff. Bacch. 799ff.) und in der Andria des Terentius. W. H. G.

**Lorbeer** (*δάφνη*, *laurus*, woraus Lor-beer). Nach fossilen Funden war der L.-Baum schon seit dem Tertiär im Mittelmeerraum heimisch. Wild meist nur buschförmig vorkommend, ist er zum hochstämmigen, Haine oder gar Wälder bildenden Baum erst emporgezüchtet worden. Schon bei Homer begegnet *δάφνη* (Od. 9,183: die Höhle des Kyklopen ist von *δ.* überdacht) und danach in Dutzenden von Ableitungen und Komposita. Eingehende Beschreibungen des Wurzelwerkes, der Rinde, des Holzes, der Blätter, Blütenstände und Früchte, Pflanzungsvorschriften (Vermehrung durch Schoßreiser in Stecklingszucht, Pfropfungen) usw. geben Theophrast an vielen Stellen, Plinius bes. in den B. 15 und 17, die Geoponica u. a. Man unterschied mehrere Arten nach Form und Größe der Blätter und schätzte bes. die *laurus Delphica* mit gleichfarbig dunkelgrünen Blättern und großen Beeren, die als Preis und Schmuck für die Pythioniken und für die röm. Triumphatoren diente. – Daß der L. zweihäusig ist, war bekannt. Verwendet wurde das Holz, obwohl nur von mittlerer Härte und leicht faulend (freilich auch ziemlich immun gegen Wurmfraß) als Bohrholz zur Feuerbereitung, zur Herstellung von Stöcken, Rebpfählen, Hebebäumen, Pflugdeichseln usw. Sehr geschätzt war das aromatische L.-Öl, und zwar das aus den Blättern mehr als das aus den Früchten gepreßte. Seine Gewinnung beschreiben Dioskurides, Plinius u. a. und berichten über die sehr vielfältige medizinische Verwendung (viel aus der traditionellen Volksmedizin).

Eine bedeutende Rolle hat der L. im Kult gespielt. In erster Linie ist er der heilige Baum Apollons. (Die Sage von → Daphne ist erfunden, um die enge Verbindung des L. mit dem Gott zu erklären. Vom L. her (*ἐκ δάφνης*) gab er nach Hom. h. 1,396 seine Orakel, mit L. reinigte und entsühnte er sich nach der Tötung der Pythonschlange und den Orestes nach dem Muttermord. So ist dem L., wie in der profanen Medizin, die kathartische Kraft auch gegen die seelische Befleckung übertragen. L.-Haine wurden bes. bei Apollon-Heiligtümern angelegt, und L.-Blätter kaute die Pythia, ehe sie den mit L. umkränzten Dreifuß bestieg, von dem sie ihre Wahrsprüche lallte: der L. gab ihr die mantische Kraft. – Von ihrem Gott übernahmen den L. als Abzeichen seine Diener und Schützlinge, die Sänger und Dichter. Hesiod empfing von den dem Apollon eng verbundenen Musen die Weihung zum Dichter durch Überreichung eines L.-Stabes (theog. 30f.). Statt vieler weiterer Beispiele: Hor. c. 3,30,15 *et mihi Delphica lauro cinge volens, Melpomene, comam.* Vgl. noch den Kultbeinamen *δαφνηφόρος* und das dem Apollon in Theben gefeierte Fest der → Daphnephoria. Auch dem Dionysos war – neben dem Efeu – der L. heilig. Sein Bild in Phigaleia war von L. und Efeu umwuchert (Paus. 8,39,6). L.-Freund heißt er bei Eur. frg. 480. Den Dioskuren geweiht war ein L.-Hain im achaiischen Pharai (Paus. 7,22,5).

Bei den Römern ist der L. – neben Apollon – bes. dem Iuppiter verbunden. Über die Gründe verbreitet sich Plin. nat. 15,133–138: Der L. bedeute den Frieden und sei darum das Zeichen, mit dem die Siegesbotschaften, die siegreichen Waffen und die Rutenbündel des siegreichen Feldherrn geschmückt würden, der dann den L. im Schoß des Iuppiter Optimus Maximus niederlege. Auch sei der L. ja der Lieblingsbaum Apollons auf dem Parnaß, von wo die Römer schon seit den Zeiten der Könige Orakel einzuholen pflegten. Zudem werde der L. als einziger der von Menschenhand gepflanzten Bäume nicht von (Iuppiters) Blitz getroffen. Darum werde ihm bei den Triumphen so hohe Ehre zuteil und nicht, wie einige meinten, weil er der Entsühnung vom vergossenen Blut der Feinde diente. Gefördert wurde die Verbindung des L. mit Iuppiter durch Augustus. Bei Opfern und Beschwörungen verbrannte man L.-Reiser und nahm ihr Knistern als gutes Zeichen, ein Brauch, den freilich Plin. a.O. 135 als unfromm ablehnt.

Häufig sind Darstellungen des L. (Bäume, Zweige, Blätter, Kränze) in der bildenden Kunst, nicht nur auf Münzen und Gemmen als Attribute Apollons oder Iuppiters, sondern auch auf Vasenbildern und Reliefs in sakralen und profanen Szenen als Zeichen der Festfreude. K. Z.

*Hehn-Schrader* Kulturpflanzen[8] 223–240. *Weniger* Altgriech. Baumkultus 16ff. *Steier*, RE XIII 1431–42. *P. Amandry* La mantique apollinienne à Delphes, 1949. *D. B. Thompson* Garden Lore of ancient Athenes, 1963.

**Loretum** (Jord. Top. 1,3,162. Richter Top. 206), nach Lorbeerhain benannte Örtlichkeit auf dem Aventin (Serv. auct. Aen. 8,276. Dion. Hal. ant. 3,43. Plin. nat. 15,138) mit Grab des T. Tatius (Varro l.l. 5,152); nach L. ein *vicus L. maioris* mit Vertumnustempel (CIL I² p. 325) und *minoris* benannt (CIL VI 975 = DessILS 6073). G. R.

**Lorica.** Nach Serv. Aen. 11,679 *proprie lorica est tegimen de loro factum, quo maiores in bello uti consueverant* war der älteste, im röm. Heere verwendete Panzer aus Leder. Er ist schon für das frühe röm. Milizheer anzunehmen ([2],279), sicher für die Zeit der Manipulartaktik, vgl. ([2],324). Für diese Periode bezeugt Pol. a.O. bereits den Kettenpanzer (θώραξ ἁλυσιδωτός), den nur die Angehörigen der obersten Zensusklassen trugen, während die anderen meistens einen aus Metall gefertigten Herzschützer (καρδιοφύλαξ) verwendeten. Nach Varro l.l. 5,24 wurde die Bezeichnung l. auf den Kettenpanzer übertragen. In der Z. der Kohortentaktik vollzog sich der Übergang zum Metallpanzer ([2],410), der für die Kaiserzeit typisch wurde, während der Lederpanzer selten war ([5],397). Von den Panzern aus Metall wurde der feste Muskelpanzer ([7]) vom Kaiser und den höheren Offizieren getragen. Alle übrigen Metallpanzer waren beweglich und eine Schutzwaffe der Mannschaften und der Offiziere niederen Ranges ([8],70). Es handelte sich dabei um verschiedene Typen des Ketten- *(l. hamata)*, Schuppen- *(l. squamata)* und Schienenpanzers *(l. segmentata)*, wie sie von J. Alfs unter Heranziehung der schriftlichen Zeugnisse und der Denkmäler mit den Veränderungen z. Z. des homogenen Heeres aufgezeigt worden sind. Anf. 2. Jh. wurden die dem hellenist. O. entlehnten Kettenpanzer wie die von den Griechen übernommenen Schuppenpanzer, die beide bis ungefähr zur Mitte der Oberschenkels reichten und mit Schulterklappen versehen waren, offenbar z. Z. des Kaisers Traian durch ein entsprechendes, kürzeres Panzerhemd ohne Schulterklappen ersetzt. Gleichzeitig wurde der von den Persern übernommene Schienenpanzer häufiger verwendet. Durch diese Neuerungen wollte man den Panzerträger beweglicher machen und das Gewicht des Panzerhemdes vermindern (bei dem Schienenpanzer auf ca. 3 kg [6],113). Auch konnte er rascher hergestellt und angelegt werden Dagegen erforderte die Herstellung eines Ketten- oder Schuppenpanzers bei weitem größeren Aufwand an Zeit und Material. Außerdem war der Schuppenpanzer nur am Rücken zu schließen und zu öffnen. Die Schuppen waren meistens rechteckig, aber auch abgerundet oder zugespitzt. Zugespitzte mit einem Mittelgrat waren für die *l. plumata* (Iust. 41,2,10) charakteristisch. Auch Drahtpanzer wurden verwendet ([6],113f.) und Kombinationen der *l. hamata* und *plumata* (Sil. 5,140). Im 3. Jh. wurde der Ketten- und Schuppenpanzer wieder verlängert, doch blieb die Tendenz zu größerer Beweglichkeit des Panzerträgers bestehen und führte z. Z. des differenzierten Heeres der Kaiserzeit dazu, daß seit E. 4. Jh. nur noch die Kavallerie und ein kleiner Teil der Infanterie Panzer trugen. A. N.

1. *P. Couissin* Les armes Rom., Par. 1926. 2. *Krom.-Veith* 279.324.410.522.588. 3. *R. Grosse* Röm. Militärgesch., Bln. 1920, 320ff. 4. BursJb 218, 1928, 97f. 248, 1935, 187. 274, 1941, 145. 5. *E. Hübner*, H 16, 1881, 306. 6. *M. Groller*, Ber. d. Ver. Carnuntum in Wien 1899, 85ff. 7. *A. Hagemann* Griech. Panzerung I.: Der Metallharnisch. Lpz.-Bln. 1919. 8. *J. Alfs* Der bewegliche Metallpanzer im röm. Heer. Diss. Münster 1937, in Ztschr. f. hist. Waffen- und Kostümkde. 7,69ff.

**Lorium** (Nissen It. Ldk. 2,351), Station der via Aurelia (Tab. Peut. 5,5. Itin. Ant. 290,1: 12 mp von Rom) nahe h. La Bottaccia w. Rom, bekannt durch Palast des Antoninus Pius (H. A. Anton. 1,8. 12,6. Eutr. 8,8), den auch Marcus Aurelius benutzte (Fronto ad Marc. 2,15. 3,20. 5,7). G. R.

**Lorum.** Der Lederriemen diente zur Fesselung von Gefangenen und Sklaven sowie als Züchtigungsmittel. Außerdem wurden l. als Gurte, zur Bespannung von Wagen, Bettgestellen usw., als

Halsband und Leine für Hunde verwandt. In der späteren Kaiserzeit sind l. auch bandartige Streifen, die in 2–5 Reihen auf Kleider genäht wurden. W. H. G.

**Loryma** (*τὰ Λώρυμα*). Küstenplatz mit Hafen in Karien, Rhodos unmittelbar gegenüber, erwähnt zuerst von Hekat. FGrH 1 F 247, dann von Thuk. 8,43,1. Strab. 14,656. Diod. 14,83,4 und 20, 82,4 im Zusammenhang mit Ereignissen von 395 und 305 v.Chr. Ptol. 5,2,8. Liv. 37,17,8. 45,10,4. (3. Makedon. Krieg). Plin.nat. 5,104. In den Itinerarien *Lerimna* oder *Lorimna* (s. K. MILLER Itin. Rom. 706 mit Skizze Nr. 230). Ruinen w. des h. Hafens Aplothika. H. T.

*A. Forbiger* HB. der alt. Geogr. 2,223. *W. M. Ramsay* The histor. geogr. of Asia Min., 424.

**Losung.** I. Als religiöse Institution.

Die L. (*κλήρωσις*, *sortitio*) stellt eine urspr. Form der Befragung des göttlichen Willens dar. Ihre weite Verbreitung bezeugen Hdt. 4,67 (Skythen), Tac. Germ. 10 (Germanen), Amm. 31,2,24 (Alanen; vgl. auch FRAZER zu Paus. 7,25,10). Auf das Alter der L. weist die Sage von → Leukippe (2): sie wurde durch ein gezogenes Los dazu bestimmt, dem Dionysos zu opfern (Anton. Lib. 10,3). Hom. Il. 7,171 ff. wird Aias als Gegner Hektors ausgelost. Das delph. Orakel war wohl erst ein Losorakel (Suda s. *Πυθώ*; vgl. ROHDE Psyche 2,57, dazu WILAM. GldH 1,372 ff.), welches später durch Inspirationsmantik (→ Mantik) abgelöst wurde (Zenob. 5,75; Apollod. 3,10,2 tritt Apollon die *διὰ τῶν ψήφων μαντική* an Hermes ab). Ebenso wahrsagt bei Verg. Aen. 3,444 auch die Sibylle in Cumae durch L. Berühmte Losorakel befanden sich in Dodona, Praeneste (Cic. div. 1,34. 2,41) und Caere. Für Äg. wird die L. bezeugt durch POxy Nr. 886. Zur L. wurden vor allem Holzstäbchen verwendet; daneben auch Ölbaumblätter (Suda s. *κλῆρος Ἑρμοῦ* vgl. Verg. Aen. 3,444 *folia*), Steinchen (*θριαί* Zusammenhang mit *θρῖα* Feigenblättern vermutet (WILAM. GldH. 1,374). Vulgarisiert war die L. als Losziehen weit verbreitet (Hor. s. 1,9,29. Tib. 1,3,11); ebenso das Würfelorakel (*ἀστραγαλομαντεία*, vgl. Paus. 7,25,10. Tib. 14). Verwandt sind die Buchstabenorakel ([6], 76 f.); daraus entwickelte sich der Brauch, in der Ant. Homer und Verg. Aen., im MA. neben Verg. die Bibel als »Stechbuch« zur Weissagung zu benutzen. C. Z.

1. *Heinevetter* Würfel- und Buchstabenorakel. Diss. Breslau 1912. 2. *L. Weniger*, Sokrates 5, 1917. 3. *Hopfner* II §§ 296 ff. 4. *G. Björk*, Symb. Osl. 19, 1939. 5. *Latte*, RE XVIII 831 ff. 6. *Ed. Stemplinger* Ant. Volksglaube, 1948, 75 ff. 7. *Nilsson* GgrR 2,471 f. 8. *R. Flacelière* Devins et Oracles Grecs, Par. 1961.

II. L. als politische Institution.

a) In Griechenland

Die Gesch. dieser demokratischen Einrichtung für das Gleichheitsprinzip der Bürger (Plat. rep. 8, 557 A) ist umstritten. Daß Solon sie für alle Ämter einführte (Aristot. Ath. pol. 8,1. Demosth. 20,90), ist unwahrscheinlich. Aristot. pol. 2,1274 a 1 f. 16. C. HIGNETT A history of the Athenian constitution 1952, 321 ff. Kleisthenes bildete den Rat der 500 durch L. Die Archonten wurden seit 487/86 aus vorgewählten 500 Kandidaten der Demen, später mit doppelter L. aus 100 vorgelosten Bewerbern der Phylen ausgelost. Aristot. Ath. pol. 8,1. 22,5. In Athen wurden der Rat der 500, die Geschworenen (→ *Δικαστήριον*) und alle Beamten mit Ausnahme der Strategen, Hipparchen und einiger Finanzbeamter durch L. bestellt. Aristot. Ath. pol. 43 ff. Jeder Vorstoß gegen die Demokratie richtete sich gegen die L. In der Verfassung der Vierhundert 411 und unter den Dreißig aufgehoben, wurde sie im 4. Jh. wieder üblich. In der hellenist. Z. verloren die Losämter in dem außenpolit. bedeutungslosen Athen an Bedeutung, in der Kaiserzeit wurde das Archontenamt durch Wahl besetzt. Die Art der L. ist nur für die bes. im 4. Jh. umständliche Richterl. bekannt, V. EHRENBERG, RE XIII 1487 ff. zählt 7 L. Benutzt wurden Bronzetäfelchen mit dem Namen der Richter, weiße und schwarze Bohnen oder Kugeln und Losmaschinen. S. DOW, HSPh 50, 1939, 1 ff. RE Suppl. VII 322 ff. Zur Kritik an der L. Xen. mem. 1,2,9. DIELS Vorsokr. 2,414,7. H. V.

b) In Rom

Von den zahlreichen Fragen, die im polit. Leben Roms durch L. entschieden wurden, folgt eine Auswahl. 1. Volksversammlung: In den → *comitia centuriata* wurde seit dem 3. Jh. – vielleicht nur bei Wahlen – aus der ersten Klasse die → *praerogativa centuria* erlost (CHR. MEIER, RE Suppl. VIII 567 ff.). In den → *comitia tributa* (vielleicht auch *comitia curiata*: Liv. 9,38,15; [2],274) erloste man eine Stimmgruppe als *principium* zur Eröffnung der sukzessiven Abstimmung (PL. FRACCARO Opuscula 2,246 ff.; [2],274 ff.) und bestimmte bei Wahlen in der späten Republik durch L. die Reihenfolge der → *renuntiatio* (Varro rust. 3,17,1; entsprechend das munizipale Wahlverfahren in lex Malacitana 57). – 2. Gerichte: Richter des Zivilprozesses (→ *iudex*) können in Rom ([3],43 f.) und in den Provinzen (Cic. Verr. 2,2,42; CIL X 5393: [3],123) auf Grund von L. bestellt werden. → *recuperatores* werden in der Regel durch L. bestimmt ([3],143), ebenso die senator. Richter des SC Calvisianum (SEG IX 8,107 ff.). Die Geschworenen der → *quaestiones perpetuae* weist man seit Sulla durch L. den Jahreslisten der Gerichtshöfe zu und trifft daraus durch erneute L. die Auswahl für den einzelnen Prozeß (J. LENGLE, ZRG 53, 1933, 275 ff. W. KUNKEL, RE XXIV 751 ff.); die Richter des provinzialen Strafprozesses werden ebenfalls erlost (SEG IX 8,24 ff.). Die L. der → *duoviri perduellionis* im J. 63 (Suet. Caes. 12) war ungesetzlich (Cass. Dio 37,27,2). – 3. Priester. Magistrate: Bestellung ordentlicher Magistrate durch L. ist in Rom unbekannt (Cic. Planc. 53 bezeugt freilich Entscheidung durch L. bei Stimmengleichheit; vgl. lex Malacitana 56). Die Vestalinnen wurden aus 20 Kandidatinnen erlost (Gell. 1, 12,11), erlost auch – bei der Gründung des Kollegiums – die → *sodales Augustales* (Tac. ann. 1,54,1). Die Senatsboten *(legati)* wurden in Republik und Kaiserzeit gelegentlich durch L. bestellt (Cic. Att. 1,19,2–3. Tac. hist. 4,8,5). Mehrere kaiserliche Ämter wurden zunächst durch L. (Cass. Dio 55,25,2 → *praefecti aerarii militaris;* 54,17,1 → *curatores frumenti;* 57,14,8 → *curatores riparum*), später durch kaiserliche Ernennung besetzt. Die Konsuln einigen sich durch *comparatio* oder L. über die Ausführung einmaliger Amtsgeschäfte (Liv. 2, 8,6. 4,26,11. 35,20,2; entsprechend die Zensoren: Varro l. l. 6,87), teilen sich ebenso in die → *provinciae* (Liv. 28,45,9) bzw. seit Sulla in die prokonsular. Provinzen. Die Praetoren verteilen stets durch L. ihre Kompetenzen (Liv. 25,3,1 f.), seit Sulla zuerst die Jurisdiktion, dann noch einmal die propraetor. Statthalterschaft. Nach der L. der Oberbeamten werden die Quaestoren (Cic. Verr. 2,1,34: L. A. Thompson, Hist. 11, 1962, 339 ff.) und die → *scribae* (Cic. Catil. 4,15. Plin. epist. 4,12,2) ebenfalls durch L. verteilt. – d) Verschiedenes: Man erloste, aus welchen Tribus ausgehoben wurde (Liv. 4,46,1). 169/68 wurde eine → *tribus urbana* erlost, der die Freigelassenen zugewiesen wurden (Liv. 45,15,5–6: L. R. Taylor Voting Districts, 1960, 140 f.); erlost wurden die 17 Tribus, die den → *Pontifex maximus* wählten (Cic. leg. agr. 2,17 f.). Ackergesetze sahen die Verteilung der Parzellen durch L. vor (lex agraria [Bruns-Grad. 11] 3: F. T. Hinrichs, ZRG 83, 1966, 260 ff.). Augustus ließ im September und Oktober nur einen durch L. ermittelten Teilsenat tagen (Suet. Aug. 35,3) und beriet selbst mit einem probuleut. Gremium aus amtierenden Magistraten und durch L. ermittelten Senatoren (Cass. Dio 53,21,4. J. Crook Consilium Principis, 1955, 8 ff.). W. Ki.

1. *V. Ehrenberg*, RE XIII 1493 ff. 2. *U. Hall* Voting Procedure in Rom. Assemblies, Hist. 13, 1964, 267–306. 3. *M. Kaser* Das röm. Zivilprozeßrecht, 1966.

c) In Ägypten

Während im alten Ägypten Losstäbchen nur noch im Spiel benutzt wurden, bringt die griech. Besetzung des Landes die L. mit für die Besetzung verschiedener Verwaltungsämter, die Leiturgien waren. Der eigentliche L.s-Vorgang ist nicht überliefert, er scheint aber durch oder vor dem Epistrategen vorgenommen worden zu sein. Möglicherweise hat man bald nur noch die Fiktion einer L. der betreffenden Beamten aufrechterhalten, und der Epistratege wählte nach seiner Kenntnis aus. – Auch wurden Felder zur Zwangspacht durch Los verteilt oder einzelne der Gemeinschaft dienenden Aufgaben wie der Antransport des Steuergetreides zu den Ladehäfen. Auch bei der Erbteilung scheint durch L. verteilt worden zu sein, was aber kaum auf altäg. Sitte zurückgeht. W. H.



**Lotis** (Λωτίς). Nymphe, die durch den Schrei von Silens Esel aus dem Schlafe geweckt wurde und so dem heranschleichenden Priapos entging. Im Zorn schlug Priapos den Esel tot: Aition für die Eselsopfer an → Priapos in Lampsakos. Ov. fast. 1,415 ff. Ähnlich ist die Erzählung von Priapos und Vesta ebd. 6,319 ff. (Lact. inst. 1,21,25 ff.). Eine andere Version erzählt von der Verwandlung der fliehenden L. in einen Lotosbaum, Ov. met. 9, 347 f. im Anschluß an die Verwandlung der → Dryope. Bei Serv. Verg. georg. 2,84 wird die Nymphe Lotos in eine *faba Syriaca* verwandelt. Modell dieser Gesch. ist die Verwandlung der → Daphne. H. v. G.

**Lotophagoi** (Λωτοφάγοι). Märchenvolk der Od. 9,82 ff. Nach dem Kikonenabenteuer wird Odysseus vom Kap Malea her verschlagen und landet bei einem friedlichen Volk, das »Blumenspeise ißt« (84; λωτοῦ καρπόν 94). Die Kundschafter genießen den → Lotos und »wollen« (95 f.) nicht mehr heimwärts fahren, so daß Odysseus sie gewaltsam auf die Schiffe zurückbringen und unter den Ruderbänken anbinden muß (bis er vom Lande entfernt ist). Übersicht über die Lokalisierung der L. Jessen, Myth. Lex. 2,2142 ff. Lamer, RE XIII 1507 ff. Durchweg suchte man sie in Nordafrika, von Marokko bis nach Kyrene hin, Artemidor bei Strab. 3,157. 17,829. Schol. Od. 9, 81.84, spez. an der großen Syrte Mela 1,37. Plin. nat. 5,28, an der kleinen Syrte (auch Λωτοφαγῖτις Σύρτις genannt), auf der vorgelagerten Insel Meninx, von Eratosth. Λωτοφαγῖτις genannt, h. Djerba, Hdt. 4,177. Skyl. 110, wo ein von Odysseus geweihter Altar stand, Pol. 1,39,2. Strab. 1,25. 3, 157. 17,834. Plin. nat. 5,41. Seltener wurden sie bei Akragas und Kamarina (Sch. Od. 10,1) und in Illyrien (Skyl. 122), vereinzelt jenseits der Säulen des Herakles (Eustath. Od. 1644,40) gesucht. Aus der Übersicht ist ersichtlich, wie schwer die Alten es hatten, ein Land und Volk zu finden, das der Beschreibung Homers entsprach, bes. wenn man wie Hdt. annahm, daß die L. nur vom Lotos lebten, während Artemid. auch Milch und Fleisch als Speisen einbezog und die meisten die hom. Lotosblume durch den Lotosbaum ersetzten. Wenn Apollod. epit. 3,7, Hom. übersteigernd, sagt, die Gefährten des Odysseus hätten alles vergessen, so bleibt er wenigstens dem märchenhaften Charakter der Erzählung näher. Lesky Thalatta 152 sieht in der neuntägigen Sturmfahrt bei Hom. die Andeutung einer außerordentlich langen Fahrt, die den Übergang aus der realen in eine irreale Welt verdecken konnte. Einige sehen in dem L.-land das Totenreich, indem sie die Wirkung des Lotosessens mit dem Trank aus der Lethe vergleichen und an Persephone erinnern, die in der Unterwelt bleiben muß, nachdem sie einmal von dem Granatapfelkern des Hades gegessen hat.

H. v. G.

*Hennig* Die Geogr. des hom. Epos, 1934. *A. Klotz* Die

Irrfahrten des Odysseus und ihre Deutung im Alt., G 59, 1952, 289ff.

**Lotos** (λωτός, auch λωτόν, wohl semit.). Bezeichnung verschiedener Pflanzen. **1.** Der äg. L., eine Seerosen- oder Wasserlilienart, unterschieden in weiß- und blaublühende (Nymphaea lotus L. und Nymph. caerulea Sav.), im alten Äg. viel mehr verbreitet als h., auf mannigfache Weise dargestellt in der äg., mino. und griech. Kunst. Erste Erwähnung bei Hdt. 2,92, nach dem Frucht und Wurzel gegessen wurden. Eingehende Beschreibung bei Theophr. h. plant. 4,8,9ff. Dioskur. mat. med. 4, 113. Plin. nat. 4,107ff. In Äg. hatte der L. auch große kult. Bedeutung als Symbol der Fruchtbarkeit und des Überflusses in Verbindung mit Osiris, Isis und Horos-Harpokrates, der in äg.-hellenist. Kunst auf einer L.-Blume sitzend dargestellt wurde. **2.** Der indische L., Nelumbo nucifera Gärtn., auch als *κύαμος Αἰγύπτιος* bezeichnet, wohl erst um 500 in Äg. eingeführt, ebenfalls zuerst von Hdt. 2,92 erwähnt und als eßbar bezeichnet, dann Theophr. h. plant. 4,8,77. Dioskur. 2,106. Plin. nat. 18,122. Er hat rosafarbene Blüten und tütenförmige Blätter, hoch aus dem Wasser hervorragend, und Fruchtkörper gleich einem Wespennest (so Hdt. a. O.). **3.** Der schon Hom. Od. 9,91ff. genannte (dann Hdt. 2,96. 4,177) L.-Baum, der Judendorn, Zizyphus lotus Willd., aus der Familie der Faulbäume, mit kirschenartigen, wohlschmekkenden Früchten, am besten beschrieben von Pol. 12,2; bei Theophr. h. plant. 4,3,1 f. verwechselt mit dem ähnlichen Zürgelbaum, Celtis australis L., bei Plin. nat. 16,123f. 235f. 17,5. 24,6 mit der Dattelpflaume, Diospyros lotus L. **4.** Die Futterpflanze L., nach Dioskur. mat. med. 4,110 synonym mit *τρίφυλλον*, also Klee, als Viehfutter seit Hom. Il. 2,776. 12,283. 14,348. Od. 4,603 oft genannt. Welche der vielen Kleearten an den zahlreichen Belegstellen (u.a. bei Ärzten mit Rezepten) jeweils gemeint ist, ist meist nicht sicher feststellbar. K. Z.

*Steier*, RE XIII 1515–1532 mit Lit. *H. Jucker* Das Bildnis im Blätterkelch, 1961, 178ff.

**Loxias** s. Orakel

**Loxo** (*Λοξώ*). → Hyperboreerin, die mit ihren Schwestern → Hekaerge und Upis von den Arimaspen zum Apollonheiligtum auf Delos kam und dort blieb. Kallim. h. 4,292. Vielleicht urspr. Partnerin des Loxias. H. v. G.

**Lua (mater).** Bei Varro l.l. 8,36 und in einer alten Anrufungsformel Gell. 13,23,1 f. steht *Lua Saturni.* In letzterer bezeichnen die Feminina etwas der betr. Gottheit Zukommendes (vgl. LATTE [3], 55. Zum Gen. ALTHEIM, SMSR 8, 1932, 162ff. KERÉNYI, SMSR 9, 1933, 17ff. LATTE, ARW 24, 1926, 251ff.). L. ist, falls ital. (KERÉNYI a. O. etr.), von *lues* nicht zu trennen, bezeichnet die vernichtende Macht (LATTE [3],55,3. WISSOWA unter Heranziehung der unsicheren Stelle Serv. auct. Aen. 3,139). L. aus Luna Macr. Sat. 3,9,4 unter den



möglichen Schutzgottheiten Roms ist Konj. von WILAMOWITZ. ROSE [4] will in ihr schlechte und gute Eigenschaften erkennen. *L. mater* nur Liv.: Erbeutete Waffen werden ihr verbrannt, 45,33,2, wo noch Mars und Minerva erscheinen (griech. Einfluß: LATTE [3],129,1) oder geweiht (8,1,6). W. E.

1. *Wissowa*, Myth. Lex. 2,2146. 2. *Ders.* Rel.[2] 208. 3. *Latte* RRel 55. 129. 4. *H. J. Rose*, CR 36, 1922, 15ff.

**Luca** (NISSEN It. Ldk. 2,287f. FORBIGER HB der alt. Geogr. 3,423. BORMANN, CIL XI p. 295), latin. Kolonie, für die Pisa im J. 180 v. Chr. Land versprach (Liv. 40,43,1), 177 gleichzeitig mit Luna (Liv. 41,13,4f. *eodem anno.* Vell. 1,15,2) gegründet, seit 89 *municipium* (Paul. Fest. 155,19 L. Cic. fam. 13,13) der Gallia Cisalpina (Caesars Hauptquartier: Cic. fam. 1,9,9; Ort der Erneuerung des Dreibundes: Plut. Pomp. 51; Caes. 21; Crass. 14. Suet. Caes. 24,1), zur *tribus Fabia* und später innerhalb Etruriens (Ptol. 3,1,47) zur 7. Region (Plin. nat. 3.50) gehörig; Straßenknotenpunkt (Itin. Ant. 283ff. Tab. Peut. 4,1) am S.-Ufer des Auser n. Pisa; h. Lucca mit Ruinen. G. R.

**Luca bos** (»lukanischer Ochse«, s. Varro l.l. 7,39 und WALDE-HOFM.[3]), im Altlat. = »Elefant«, nach Naev. Bell. Poen. Frg. 60,2 Strz. *(atque prius pariet lucusta Lucam bovem)* z. B. noch Plaut. Cas. 847. Lucr. 5,1302. 1399, Plin. nat. 8,16. E. Mg.

**Lūcāni.** Von Samniten abstammendes (Strab. 5,228. 6,254) ital. Volk, dessen Gastlichkeit (Ail. var. 4,1), Sittenstrenge (Nikol. Dam. FGrH 90 F 103b) und spartan. Erziehung (Iust. 23,1,7) gerühmt wurden; in Kriegszeiten unter Königen, sonst demokrat. regiert (Strab. 6,254). Hekat. (FGrH I a S. 333) und Hdt. 1,167 kennen nur Oinotrer (Italos Oinotrer bei Antioch. FGrH 555 F 5, Lukaner bei Serv. auct. Aen. 1,533; vgl. Skymn. 246f.), ignorieren L.; Antioch. (Strab. 6,255) weiß L. von Bruttiern nicht zu scheiden: Demnach wanderten L. Mitte 5. Jh. ein (myth. König Lamiskos: Herakl. pol. 20), stießen bis Thurioi vor (Diod. 13, 106. Polyain. 2,10,2. Frontin. strat. 2,3,12), was Allianz der Italioten veranlaßte (Diod. 14,101 f.), die 389 am Laos geschlagen wurden (Diod. Strab. 6,253). Erst seit Mitte 4. Jh. (Skyl. 12f.) Name *Λευκανοί* (*Λευκανία* in späteren Grenzen von Silaros bis Laos und am Golf von Tarent; vgl. Strab. 6,255; ebenso 3. august. Region bei Plin. nat. 3,71) bezeugt; Lautwandel *eu* > *ou* vor 300 erfolgt, da dann Mz. mit *ΛΟΥΚΑΝΟΜ* (HEAD HN[2] 70. VETTER, HB 200 F 1; vgl. ebd. 173 *lúvkanateís*) vorliegen; später *ΛΥΚΙΑΝΩΝ* (HEAD a. O. mit Wolfskopf), was zu irriger (E. MEYER Röm. Staat und Staatsgedanke[2] 15) Herleitung von *λύκος* (Herakl.), *Lucilius* (Paul. Fest. 106, 18 L.), *Lucius* (Plin. 3,71) verführt. In ständigem Krieg der L. mit den Italioten Kämpfe gegen Archidamos (Diod. 16,62) 338, Alexander von Epeiros (Liv. 8,17,9. Iust. 23,1,15) 332, Kleonymos (Diod. 20,104) 303. L. suchten 330 Bündnis mit Rom (Liv. 8,19,1), erhielten es 326 (8,25,3. 27,2), doch Kampfhandlungen 317 (9,20,9) und Unterwerfung 298 durch Scipio Barbatus (CIL $I^2$ 7 = Inscr.Lat.LRP 309). 294 Kohorte der L. im röm. Heer (Liv.10,33,1). 285 L. Verbündete des Pyrrhos (Plut.Pyrrh.13. Iust.18,1,1. Dion.Hal. ant.19,13. 20,1 ff.); 278–275. 273. 272 röm. Triumphe *de Lucaneis* (CIL $I^2$ p. 46); 273 Kolonie Paestum (Vell.1,14,7). Im 2. pun. Kriege teils auf röm. (Liv. 27,15 u.a.), teils auf karthag. Seite (24,15). Seit 206 in röm. Hand (28,11). Bald darauf (194) Bürgerkolonien in Buxentum (Vell.1,15, 3), Tempsa, Croton (Liv. 34,45,4), latin. Kolonien 193 Thurioi-Copia (Liv. 34,53,1), 192 Vibo (35,40, 5). L. im Bundesgenossenkrieg gegen Rom (App. civ.1,39); dann zur *tribus Pomptina* (Kubitschek Imp.Rom.trib.discr. 45.265. Beloch RG 578); L. als *servi publici* (Strab. 5,251). In 2.Hälfte 2.Jh. Straßenbau des Praetors Annius (InscrLatLRP 454a) und des Konsuls Popilius (ebd. 454. Radke, G 71, 1964, 231 f.) bis Rhegion (→ Forum II 603, 16). Das wald- (Sen.dial.9,2,13; vgl. Paul.Fest.106, 18L. *quod . . . in luco consederint*) und tierreiche (Hor. s. 2,3,234. 8,6; Bären: Varro l.l. 5,100), fruchtbare (Wein: Cato agr. 6,4) Land seit dem hannibal. Kriege durch Latifundienwirtschaft verödet. Einheim. Inschr.: Vetter HB Nr.180 ff. G.R.

*Nissen* It. Ldk. 2,888 f. *Forbiger* HB der alten Geogr. 3,504 f. *Beloch* RG 544 ff. *Kirsten-Kraiker* Süditalien. *Tropea* Storia dei Lucani, 1894. *Racioppi* Storia dei popoli della Lucania $I^2$ 1902.

**Lucanius.** Röm. Familienname, abgeleitet von einem Ortsnamen (Luca, vgl. Schulze Eigenn. 359,532), inschr. häufig, hist. seltener hervortretend. **1.** M.L., M.f., Hor(atia tribu), 89 im Stab des Pompeius Strabo vor Asculum, Dess. ILS 8888 (vgl. die lex Lucania bei Varro Men. 67), möglicherweise ident. mit dem von Liv.per.75 genannten Lucanus, Legat unter Cosconius in Apulien 89 (so Münzer; mit Fragezeichen: Broughton Mag. 2,37). **2.** Q.L., fiel 54 als Centurio primipilus unter Caesar in Gallien, Caes.Gall. 5,35,7. H. G. G.

**Lucanus.** Personenname, → Lucanius, inschr. Belege bei Schulze Eigenn. 532, vgl. auch Lucanius Nr.1. – Cognomen in den kaiserzeitl. Fasten bei Claudius, Curvius, Domitius, Titius, A. Degrassi FImp. 257. H. G. G.

**Lucanus, M. Annaeus.** Röm. Epiker. Über Leben und Werke unterrichten vor allem die mit den Sch. überlieferten Viten des Sueton und des Vacca. L., * am 3. Nov. 39 n.Chr. zu Corduba, war ein Sohn des M. → Annaeus Mela (II. 3) und Neffe des Philosophen Seneca. Er genoß in Rom eine vorzügliche Ausbildung; zu seinen Lehrern gehörte der Stoiker Cornutus (vit. Pers. 5). Sein Talent erregte Aufsehen; Nero nahm ihn unter seine Freunde auf. L. bekleidete vorzeitig die Quaestur und wurde Augur. Im J. 60 trat er an den Neronia öffentlich als Dichter auf; bald darauf (62/63?) erschienen die ersten 3 B. seines Epos. Es kam zu Spannungen mit Nero, der L. die Ausübung der Dichtkunst untersagte. L. beteiligte sich an der Verschwörung des C. → Calpurnius Piso (II.12); er starb am 30.April 65 auf Befehl Neros durch selbstvollzogenen Tod (Tac.ann.15,49. 56. 70).

Der 25jährige L. hinterließ ein enormes literar. Oeuvre. Er hatte sich an myth. Stoffen teils in ep. (Iliacon, Catachthonion, Orpheus), teils in dramat. Form (Medea, unvollendet) versucht; außerdem waren zahlreiche Gelegenheitswerke entstanden: ein Preisgedicht auf Nero, eine Slg. *Silvae* (10 B.), 14 Libretti für Pantomimen u.a. Einzig das Hauptwerk, das hist. Epos über den Bürgerkrieg, blieb erhalten. Sein Titel lautet in den Viten und den Hss. *Bellum civile;* L. selbst nennt es einmal *Pharsalia* (9,985). Das Werk ist unvollendet (anders [12.17]); die Handlung bricht im 10.B. mit dem äg. Aufstand gegen Caesar ab.

Der Aufbau der Pharsalia beruht wie das Vorbild, die vergil. Aeneis, auf dem Widerspiel von Hexaden und Tetraden. Das 6.B. schließt mit dem Gegenstück der Unterweltsfahrt des Aeneas (Nekromantie-Szene); im 7.B. erreicht die Handlung mit der Schlacht von Pharsalus ihren Höhepunkt. Andererseits treten Einheiten von je 4 B. als Bauelemente hervor. Die B.1–4 bringen die Exposition (1–3,297: Ital. Ereignisse bis zum Rom-Aufenthalt Caesars) und schildern das wechselnde Kriegsglück der Parteien auf einigen Nebenschauplätzen. Die B. 5–8 enthalten die Caesar-Pompeius-Handlung (Caesars Landung; Dyrrhachium; Pharsalus; Flucht und Tod des Pompeius); Griechenland dient als einheitlicher Schauplatz, der sich am Ende nach Afrika hin öffnet. Die Werkstruktur legt somit den Schluß nahe, daß die Pharsalia wie die Aeneis auf 12 B. berechnet war. Wahrscheinlich sollte der Tod Catos das trag. Finale ausmachen (so bes. [3.10.14]. Anders z.B. [5.13]: Ermordung Caesars; [16]: Philippi; [8]: 29 v.Chr.). Die 3.Tetrade war somit für die in Afrika lokalisierte Caesar-Cato-Handlung bestimmt, von der lediglich Catos Marsch durch die Wüste (B. 9) und der äg. Aufstand (B.10) ausgeführt wurden.

L. hat das übliche formale und motiv. Repertoire der Gattung übernommen: Vergleiche (hierüber [11]), Reden, Vorzeichen, Truppenkataloge, Kampfszenen u.a. Mit ungewöhnlicher Großzügigkeit hat L. Exkurse in das Werk eingestreut; sie haben geograph.-ethnograph., naturwiss., mytholog. oder religiös-kult. Inhalt. Diese Gattungstreue läßt die einzige Ausnahme desto auffälliger hervortreten: L. hat auf den sog. Götterapparat verzichtet. Diese Besonderheit erklärt sich aus der negativen, die polit. Wirklichkeit radikal verwerfenden Geschichtsauffassung des Werkes.

Versbau, Stil und epische Technik erweisen L. als den Erben der gesamten literar. Entwicklung seit Vergil (Ovid; Senecas Tragödien). Als die markantesten Merkmale des Stils gelten mit Recht die Sentenzen und Antithesen, Hyperbeln und Paradoxien. Die mittleren und kleinen Darstellungseinheiten pflegen den kontinuierlichen Fluß der Erzählung zu vernachlässigen. Stationäre Szenen von einheitlichem, oft hochpathet. Stimmungsgehalt lösen einander ab; sie sind durch formale Beziehungen (Steigerung, Gegensatz) zu »Blökken« (s. [10]) verbunden. Die überaus künstl. Kunst des L. setzt sich über die Wahrscheinlichkeit hinweg und sucht die ep. Tradition durch Vorstellungen von äußerster Kühnheit zu überbieten.

Als Quelle der Pharsalia dienten wohl vor allem die verlorenen B. 109–112 des Livius. Die Stoffbehandlung des L. strebt nach Reduktion und Konzentration. Dem Faktischen, zumal den militär. Operationen, kommt nur geringe Bedeutung zu. Unter den Personen ragen Caesar, Pompeius und Cato als Protagonisten hervor, deren Charaktere zu ebenso eindringlichen wie geschichtsfernen Prototypen vereinfacht sind; zumal die Porträts der Antipoden Caesar und Cato wollen zu allererst als die personifizierten Prinzipien der Tyrannei und der Freiheit verstanden werden.

Das Epos des L., ein polit. Bekenntnis par excellence, setzt konsequent in dem Bereich, der für den Römer alles bedeutete, die Sinnlosigkeit an die Stelle des Sinnes. Es verzichtet radikal auf jeden Versuch einer Theodizee: Götterwalten und Schicksalsmacht *(fatum, fortuna)* sind nahezu gleichbedeutende Ausdrücke für den dämon. Prozeß, der die Monarchie hervorbrachte. Mit Caesar, dem skrupellosen Günstling dieser Gewalten, siegt das Verbrechen über das Recht. Es bleibt einzig die von jeder äußeren Bestätigung unabhängige Selbstbestimmung des Individuums, eine eigentümlich abstrakte, aus der Negation der Wirklichkeit erwachsende Autonomie; sie wird paradigmat. durch Cato verkörpert. Diese Thematik verursachte den Verzicht auf eine einheitliche Handlung im herkömmlichen Sinne: Caesar bestimmt das äußere Geschehen, während Cato, der Held, mit dem L. sich vorbehaltlos identifiziert, den Wertmaßstab für dieses Geschehen abgibt. Diese Konzeption ist jedoch folgerichtig durchgeführt. Das Werk enthält also keinen inneren Bruch; die ältere These, wonach die Pharsalia eine durch die Enttäuschung von Nero bedingte allmähliche Verdüsterung der Auffassung widerspiegele, wurde mit Recht aufgegeben (anders z.B. noch [7]). Einzig das Nero-Elogium (1,8–66) läuft auf eine diametral entgegengesetzte Anschauung hinaus; es läßt sich wohl nur als der unerläßliche Tribut an eine zwingende Konvention verstehen (das Problem ist noch nicht gelöst; verschiedenartige Deutungsversuche bei [9.14.15.16]).

L. erfreute sich zunächst großen Ansehens (Stat. Silv. 2,7. Martial. 7,21–23. 14,194. Tac. dial. 20,5. Iuv. 7,79 f.); Klassizismus und Archaismus beurteilten ihn ebenso zurückhaltend oder ablehnend wie seinen Onkel Seneca (Quint. inst. 10,1,90. Front. ep. ad Ant. de or. 7 p. 151 v. d. Hout). Einige Gelehrte der Spätant. knüpften zwar an die Kritik Petrons (Cap. 118) an, d.h. sie wollten L. eher als Historiker betrachtet wissen denn als Dichter (Serv. Aen. 1,382 u.a.). Andererseits wurde er nunmehr häufig zitiert; man verfaßte erklärende Schriften. Die erhaltenen Sch. gehen wohl auf den Komm. des Vacca zurück (s. [6]). L. gehörte zu den verbreitetsten ant. Autoren des MA. (über 200 Hss.); Arnulf von Orléans (12. Jh.) verfaßte einen ausführlichen Komm. (Glosule super Lucanum, ed. M. Marti, 1958). Die Pharsalia hat vielfältig auf die Dichtung der röm. Kaiserzeit, des MA. und der Neuzeit, zumal des 17. Jh., gewirkt. Erst die Vorherrschaft des dt. Klassizismus während des 19. Jh. tat dem Prestige des L. erheblichen Abbruch. Auch die Forschung jener Z. stand ihm fremd gegenüber; erst die jüngsten Jahrzehnte haben eine energische Revision des ablehnenden Urteils herbeigeführt. M. F.

Erstausg. Rom 1469. Ta.: *Francken*, 2 Bde., 1896/97 (m. Komm.). *Hosius*, 1913[3]. *Housman*, 1926. *Bourgery-Ponchont*, 2 Bde., 1926/29 (m. franz. Übersetzung). Ind.: *Mooney*. Konkordanz: *Deferrari–Fanning–Sullivan*, 1940. Scholien: *Usener*, 1869 (Comm. Bern.). *Endt*, 1909 (Adnot.). Lit.-Berichte: *R. Helm*, Lustrum 1, 1957, 163–228 (1925–1942). *W. Rutz*, ebd. 9, 1964, 243–340 (1943–1963).

1. *E. Fränkel*, Vortr. Bibl. Warburg 1924/25, 1927, 229 ff. 2. *A. Thierfelder*, Arch. f. Kulturgesch. 25, 1935, 1–20. 3. *W.H. Friedrich*, H 73, 1938, 391–423. 4. *W. Fischli* Stud. z. Fortleben der Pharsalia des M. Annaeus L., o.J. (zuerst 1945). 5. *B.M. Marti*, AJPh 66, 1945, 352–376. 6. *Dies.*, Speculum 25, 1950, 198–214. 7. *W. Wünsch* Das Bild des Cato v. Utica in der Lit. der neron Z., Diss. Marburg 1949 (Masch.). 8. *R. T. Bruère*, CPh 45, 1950, 217–235. 9. *H. Flume* Die Einheit der künstler. Persönlichkeit L.s, Diss. Bonn 1950 (Masch.). 10. *W. Rutz* Stud. z. Kompositionskunst und zur ep. Technik L.s, Diss. Kiel 1950 (Masch.). 11. *J. Aymard* Quelques séries de comparaisons chez L. (Coll. de la Fac. des Lettres de l'Univ. de Montpellier 2), 1951. 12. *H. Haffter*, MH 14, 1957, 118–126. 13. *H.P. Syndikus* L.s Gedicht vom Bürgerkrieg, Diss. München 1958. 14. *G. Pfligersdorffer*, H 87, 1959, 344–377. 15. *P. Grimal*, REL 38, 1960, 296–305. 16. *O. St. Due*, Class. et Med. 22, 1962, 68–132. 17. *J. Brisset* Les idées polit. de L., 1964.

**Lucaria.** Kaum bekanntes röm. Fest, gefeiert 19. und 21. Juli (fasti Ant. vet., Maff., Amit.; Zwischentag alte Regel: MOMMSEN CIL I[2] S. 288). Die Tage sind NP. Paul.-Fest. 119 M.: Fest in großem Hain zwischen via Salaria und Tiber, weil die vor den Galliern Fliehenden sich dort verborgen hätten (wohl wegen des vorhergehenden *dies Alliensis* so gedeutet). W. E.

**Lucceius.** Röm. Gentilname, Weiterbildung von → Lucius, auch inschr. häufig (SCHULZE Eigenn. 359. 426), in Rom seit dem 1. Jh. hervortretend. I. Republikanische Zeit:

**1.** L., klagte zusammen mit Dec. → Laelius Nr. 5

u. anderen den L. Valerius Flaccus im J. 59 an, Cic. Flacc. 83. **2.** Cn. L., verkehrte 44 mit M. Brutus (Cic. Att. 16,5,3), gehörte wohl zur Aristokratie von Cumae. **3.** L. L. (M. f.), Geschäftsmann, Bekannter Ciceros (Att. 5,21,13). **4.** L. L. (Q. f.), begabter, etwa gleichaltriger, begüterter und intimer Freund Ciceros. 67 praetor urbanus (Cass. Dio 36,41,1 f.), lehnte 66 die Statthalterschaft von Sardinien ab, klagte 64 den → Catilina *inter sicarios* an, erlitt aber 60 bei der Bewerbung um den Consulat trotz Wahlbündnis mit Caesar und großen Geldausgaben eine Niederlage (Suet. Caes. 19, 1 u.a. GELZER Caes. [6]58) und verzichtete auf eine weitere polit. Laufbahn. 56 trat er als Zeuge in einem Prozeß auf (Cic. Cael. 51 ff.) und stand vor dem Abschluß eines Geschichtswerkes über den Bundesgenossenkrieg und den Bürgerkrieg, Cic. fam. 5,12,2 (SCHANZ-HOS. 1,327), wobei er von Cicero, den er gegen Catilina unterstützt hatte, aufgefordert wurde, auch die Zeitgeschichte von 63–57 zu behandeln (ebd. 3 f. 10). Vollendet hat er jedoch weder die Gesch. noch die Monographie. HRR 2, VI; XXX. 49 und 48 befand er sich in der Umgebung des Pompeius (GELZER Pompeius 234), wurde 48 von Caesar begnadigt, kehrte nach Rom zurück und stand weiter mit Cic. in Verbindung, z. B. fam. 5,14 f. (45 v. Chr.); möglicherweise kam er bei den Proskriptionen 43 ums Leben, ein Mann *humanitate praeditus* (Cic. Cael. 54). MÜNZER, RE XIII 1554 ff. **5.** Q. L., Bankier in Rhegion (72) u. 70 Zeuge gegen Verres, Cic. Verr. 5,165. H. G. G.

II. Kaiserzeit: **1.** L. Albinus, wohl Spanier. Prokurator von Iudaea 62–64, Ios. ant. 20,117. 200–210; bell. 2,272–276, bereicherte er sich schamlos. Dann procurator von Mauretania Caesariensis, E. 68 auch der Tingitana; schloß sich Otho an. Durch das Eingreifen des Cluvius Rufus wurde L. getötet, Tac. hist. 2,58,2.3. 59,1. H. G. PFLAUM Carrières proc. éq. 1,75–77 Nr. 33. **2.** L. Albinus, Sohn von Nr. 1. Freund des jüngeren Plinius, sprach 101 mit ihm für die Baetiker gegen Caecilius Classicus, epist. 3,9,7 ebenso 103 im Prozeß für Iulius Bassus, ebd. 4,9,13. Adressat von epist. 6,10. R. H.

**Luceres.** Angehörige der 3. patriz. Urtribus neben den → Tities und → Ramnes; ihre polit. und relig. Gleichberechtigung soll Tarquinius Priscus eingeführt haben, indem jede Tribus 100 Senatoren zu stellen hatte (Liv. 1,35,6. Cic. rep. 2,8.20). Die Erklärung des Namens (bisweilen kommt auch *Lucerenses* vor: Fest. 106,14. 107,3. Plut. Rom. 20) ist widersprüchlich: er wird auf Lucumo (Cic. rep. 2,14. Varro l.l. 5,55), Lucerus (Fest. 106), oder auf *lucus* (Plut. Rom. 20) zurückgeführt. Fest steht die etr. Herkunft des Namens (Varro 5,55. 89.91. Ov. fast. 3,131. Liv. 1,13), zumal das etr. Gentiliz *luχre*, *luc-* mit *rex* gleichbedeutend ist (CIE 2106. 2659) und die → Tribus selbst ein altes etr. Einteilungsprinzip darstellen. G. Sch.

*Mommsen* RStR 3,97 ff. 845. *Berve*, RE XIII 1563 ff.



**Luceria** (Aur. Vict. ill. 30: *L. Apula;* Ptol. 3,1, 72: L.'Απουλῶν; HEAD HN[2] 47: *LOUCERI*), daun. (Strab. 6,284. Plin. nat. 3,104), apul. Stadt der 3. august. Region (Plin.) w. Sipontum an der Straße Aecae–Arpi (Tab. Peut. 6,3 *Nuceria* Apula; vielleicht *Nuceria* »Neustadt« urspr. Form, wodurch *Apula* begründet wäre). Seit 321 mit Rom im Bunde (Liv. 9,2,5 f.), 314 röm. Kolonie (9,26,3; andere Daten: Vell. 1,14,4. Diod. 19,72); als wichtige Festung im Rücken der Samniter hart umkämpft (294: Liv. 10,35,1.36,17; im 2. pun. Kriege: Pol. 3,88,5.100,1. Liv. 22,9). Berühmter Athenatempel (Aristot. mir. ausc. 109. Strab. 6,254.284); unbedeutend z. Z. Strab. 284; h. Lucera. G. R.

*Nissen* It. Ldk. 2,842. *Forbiger* HB der alten Geogr. 3, 499.

**Lucerna** s. Lampen

**Luchs** (*λύγξ*, *λυγκίον* [Ail. nat. 7,47 *βρέφος τῆς λυγκός*: *σκύμνιοι*], lynx, chama [s. u.]). Während der Sumpf.-L. in der Lit. nicht (wohl aber auf äg. Darstellungen) bezeugt ist, scheint die Unterscheidung von Nordischem L. (sicher Plin. nat. 8,70 *chama, quem Galli rufium vocabant;* 11,202 *lupus cervarius*) und Wüsten-L. (Karakal) strittig, mit STEIER, RE XIII 2476 werden wohl nahezu alle Zeugnisse auf letzteren gehen. Genauere Beschreibungen fehlen (Aristot. hist. an. nennt ihn nur 499 b 24. 500 b 15. 539 b 22). Neben dem gefleckten Fell (Verg. georg. 3,264; Aen. 1,322) und der Feigheit (Hor. c. 2,13,40. 4,6,33) gilt bes. sein scharfes Auge als charakteristisch (s. Plin. nat. 28,122; *λυγκικὸν βλέπειν*; vgl. → Lynkeus). E. Mg.

**Lucianus.** Sohn des → Florentius (1), Christ, 388 consularis Syriae (Liban. or. 1,269 f. 44 und 46 pass.), E. 392 comes Orientis. Da er → Eucherius (1), dem Oheim des Kaisers Theodosius I., eine Bitte abschlug, ließ ihn der praefectus praetorio Rufinus totpeitschen, wohl 395 (Zos. 5,2. Lyd. mag. 3,23). A. L.

**Lucienus.** Ital. Familienname (SCHULZE Eigenn. 105). Hervorgetreten ist: Q. L., Senator um 67 v. Chr. (BROUGHTON Mag. 2,492), Freund des Atticus, Gutsbesitzer in Epirus, bei Varro rust. 2 als Gesprächspartner. Vielleicht ident. mit dem von Cic. Att. 7,5,3 im J. 50 genannten Luscenius. H. G. G.

**Lucifer. 1.** Bischof von Calaris (= Cagliari) auf Sardinien, † um 370. Hitziger Parteigänger der Nicäner, widersetzte er sich der auf der Synode von Mailand (355) geforderten Preisgabe des → Athanasios und wurde nach Syrien, Palästina und der äg. Thebais verbannt. Seine gegen Kaiser Constantius gerichteten 5 maßlosen Streitschriften sind dogmat. unergiebig, jedoch durch zahlreiche Zitate aus der vorhieronymian. lat. Bibel sowie als Dokumente der damaligen lat. Volkssprache bemerkenswert. Zerfallen mit allen ehemaligen Nikaia-Gegnern, sabotierte L. die von Athanasios einberufene Einigungssynode von → Alexandreia

(362) und starb schließlich in schismat. Absonderung von der Großkirche. J. Wi.

Ausg.: *W.Hartel*, CSEL 14, 1886.

Lit.: 1. *F.Piva* Luc. di C. contro l'imperatore Costanzo, Trento 1928. 2. *G.Thörnell* Studia Luciferiana, Uppsala 1934. 3. *C.Zedda*, Divus Thomas 52, 1949, 276–329.

**2.** s. Planeten (Hesperios)

**Lucilia. 1.** L., Tochter des M'.Lucilius, Nichte des Dichters C.Lucilius, verheiratet mit Cn.Pompeius Strabo (cos. 89), gebar 106 den späteren Cn. Pompeius Magnus. Vell. 2,29,2 u.a. **2.** L., wahrscheinlich (CICHORIUS Röm.Stud.145f.) Schwester von Nr.1, Mutter des M.Atius Balbus (o. Bd. I. I 726, Nr. 4), und Urgroßmutter des Augustus. H. G. G.

**Lucilianus.** Cognomen des (L.) Flavius Honoratus, cos. vor 236–238 n.Chr., DEGRASSI FImp. 183. H. G. G.

**Lucilius.** Name eines röm. (pleb.) Geschlechts, abgeleitet von Lucius (zum Suffix *-ilius:* RE XVI 1656.1667), mit Varianten wie *Luccilius* (SCHULZE Eigenn. 450). Schon in vorchr. Z. nach Ausweis der Inschr. (Auswahl bei MÜNZER, RE XIII 1617) in Italien weit verbreitet. In Rom traten Namensträger seit dem 2.Jh. v.Chr. hervor, bes. der Satirendichter L.

A. Historische Persönlichkeiten

I. Republikanische Zeit. **1.** L., Freund des M. Brutus (gab sich opferbereit in den 2 Schlachten bei Philippi 42 für diesen aus) und später ebenso treuer Gefolgsmann des Antonius, App. civ. 4,542ff. **2.** Sex.L., Volkstribun 87, wurde 86 von einem seiner Nachfolger (P.Popillius Laenas) vom Tarpeischen Felsen gestürzt, Vell. 2,24,2. **3.** Sex. L., Kriegstribun unter M. Calpurnius Bibulus, fiel 51 v.Chr. gegen die Parther, Cic.Att. 5,20,4. **4.** L.Balbus, Vater von Nr. 6, als Zeuge genannt für 162 und 129 v.Chr., Cic.nat. 2,11. **5.** L.L. Balbus, Rechtsgelehrter, um 90 v.Chr., Schüler des Q.Mucius Scaevola, Lehrer des Ser. Sulpicius Rufus (um 105–43). 81 war er Beisitzer im Prozeß des P.Quinctius. Wenn er einer der beiden von Cic. de or. 3,78 als Stoiker genannten Balbi war, dürfte er Bruder oder Vetter von Nr. 6 gewesen sein. Cic.Brut.154 *doctus et eruditus homo.* SCHANZ-HOS.1,240. **6.** Q.L. Balbus, Sohn von Nr. 4, Stoiker (vgl. Nr. 5), genannt vom Redner Crassus bei Cic. de or. 3,78 in dem ins J. 91 gelegten Dialog, von Cic.nat. 2 (fiktive Datierung: 78/75) als wichtiger Gesprächspartner eingeführt, bekannt mit Poseidonios, Antiochos von Askalon und Cic. **7.** C.L. Hirrus (C.f. Pup[inia tribu]), wahrscheinlich Großneffe und Haupterbe des Dichters L. (vgl. Varro rust. 2,1,2 zum J. 67), verheiratet mit der Tochter des L.Cossinius. Als Gefolgsmann des Pompeius wurde er 53 Volkstribun, hatte jedoch keinen Erfolg, als er zusammen mit M. → Coelius Vinicianus (Nr.11) den Antrag stellte, Pompeius zum Dictator zu ernennen, Cic. fam. 8,8,5. Plut.Pomp. 54,2. ED.MEYER Caes. Mon. 208f. BROUGHTON Mag. 2,228f. Erfolglos blieb auch seine Bewerbung um eine Augurenstelle (52) und um die Aedilität (51), Cic.fam. 2,15,1. Im → Bürgerkrieg 49 stand er von Anf. an als Offizier auf der Seite des Pompeius, der ihn von Griechenland aus im J. 48 als Gesandten zu den Parthern schickte, so daß L., dem schon die Berücksichtigung bei den Praetorenwahlen zugesagt war, bei Pharsalos 48 nicht anwesend war; später wurde er von Caesar begnadigt, dem er als Fischzüchter 45 zum Triumphalgelage 6000 Muränen lieferte (Plin. nat. 9,171. MÜNZER Quellenkritik des Plin. 139). 44 wohl näherte er sich wieder den Pompeianern, wurde 43 proskribiert (Folge: Versteigerung seiner Villa), entkam aber über Bruttium nach Sicilien und trug dort entscheidend dazu bei, daß die Insel dem Sex. Pompeius übergeben wurde, App.civ. 4,180. 354. CICHORIUS Röm.Stud.70. Er war vor allem Geschäftsmann, bei Cic. oft erwähnt und gelegentlich scharf verspottet (z.B. fam. 2,10,1 als *Hillus*, weil er das R schlecht aussprach). **8.** M.L. Rufus, Münzmeister ca. 100–95 v.Chr. GRUEBER Coins 1,224. BROUGHTON Mag. 2,444. Vielleicht war ein Sohn des M'. L. (Bruder des Dichters L.) und somit selbst Bruder der Mutter des späteren Cn.Pompeius Magnus. **9.** Lucilia. Tochter des M'. L. (vgl. Nr. 9), Nichte des Dichters L., Gattin des Cn. Pompeius Strabo, Mutter des berühmten Pompeius und einer Tochter. Vell. 2,29,2. H.G.G.

**10.** C. L, lat. Satiriker aus Suessa Aurunca (Iuv. 1,20, Sch. z. St.). L. war dank seiner literar. Tätigkeit in den J. vor dem Tode des Pacuvius (Gell.17, 21,49), ca. 131, und nach dem numantin. Krieg berühmt, an dem er 134–133, zusammen mit Panaitios und Polyb., im Gefolge seines Freundes Scipio Aemilianus als *eques* »gedient« hatte (Vell. 2,9,4), so wie früher Enn. als 50jähriger im Gefolge des Fulvius Nobilior (→ o. I, I Nr. 23) in Ambracia. † in Neapolis 103 (Hier.Chron.J. 1914) als *senex* (Hor.s. 2,1,34), * sehr wahrscheinlich 180, einige J. nach Aemilianus: das Datum 148, das Hier. ebd. zum J. 1869 angibt, erklärt sich, nach der Hypothese von M.HAUPT (vgl. JbPhPäd 1873, 72.365), aus der Gleichnamigkeit der Konsuln. L. war reich und hochgestellt (Hor. ebd. 75), ohne Zweifel röm. Bürger aus dem Ritterstande (Vell. ebd., L. 671 Marx, [1], 77): die Mutter des Pompeius war eine Lucilia *stirpis senatoriae* (Vell. 2, 29,2), Tochter eines Bruders des L. (Sch.Hor. z. St., vgl. L. 427); sein Besitztum bezeugt Cic. de or. 2,284; auch eine Reihe von Frg.en scheinen sich darauf zu beziehen (bes. 105f.). Ein Familienbesitz bei Suessa kann gut die Freundschaft mit Aemilianus erklären (Hor.ebd. 71ff., Sch. z. St., L. 963f. 1138ff.; [1],55f.). Seiner gehobenen gesellschaftlichen Stellung verdankt L. seine, wahrscheinlich in Athen vervollkommnete, feine Bildung, auf die das Gedankengut der Akademie tiefen Einfluß ausübte (Cic.ac.1,102. L. 753ff.; gegen die Übertreibungen der Stoiker 515f.1225f.), ebenso wie die Freundschaft angesehener *viri boni* (Scipio, Laelius u.a.) und die Freiheit zu heftigen Angriffen gegen seine und Scipios Feinde (die Caecilii Metelli, Lentulus Lupus, den Dichter Accius u.a.: vgl. auch Hor. ebd. 69, Pers. 1,114; über einen Gerichtsfall berichtet Rhet. Her. 2,19). Aus dem Freundeskreis des L. stammten Laelius Archelaus und Vettius Philocomus, die eine Ausg., wahrscheinlich die erste Gesamtausg. des Dichters, besorgten (Suet. gramm. 2). Dieser Ausg. folgte dann die des Valerius Cato ([Hor.] s. 1,10,1 a ff.). Von den in der Kaiserzeit noch gelesenen 30 B. der *Saturae*, die nicht wenige denen des Hor. (Tac. dial. 23), manche sogar jedem anderen Dichterwerk (Quint. inst. 10,1,93) vorzogen, sind nur 940 Frg.e mit 1350 V. oder Versstücken erhalten, die größtenteils bei Non. als Belege für damals schwerverständliche Wörter zu finden sind. Das Gesamtcorpus zerfällt in 3 Gruppen: B. 1–21 (Varro l.l. 5,17) in Hexametern, B. 22–25 (von denen nur 6 V. überliefert sind) in eleg. Distichen, B. 26–30 in Septenaren (26–29), Senaren (28–29), Hexametern (28–30). Angesichts ihrer metr. Vielfalt müssen zumindest B. 28–29 wenigstens je 3 Satiren enthalten haben. Deutlich zeichnet sich im Gesamtwerk die Entwicklung vom dramat. lebhaften iambotrochäischen Versmaß zum ruhiger erzählenden Hexameter ab, der schließlich das alleinige Metrum der Gattung werden sollte; B. 26–30 bilden danach die älteste Slg. Die Chronol. der einzelnen Gedichte bleibt trotzdem unsicher ([4], 1624 ff.). Auf jeden Fall war das Programmgedicht des B. 26 (587 ff.) für die Ausg. der ersten Slg. gedacht; dem *tumor* der Tragiker und Epiker (587 *nisi portenta anguisque volucris ac pinnatos scribitis*, vgl. 597 ff.; 628 f., vgl. 620 f.) stellt der Dichter seine eigene Art (590 *ego*) entgegen: sie besteht in der ungeschminkten Darstellung des eigenen Lebens (Hor. s. 2,1,30 ff.) und des Lebens der Stadt, verbunden mit nach Art des altatt. ὀνομαστὶ κωμῳδεῖν (ebd. 1,4,1 ff.) vorgetragenen rückhaltlosen Angriffen gegen persönliche Feinde und Gegner der *virtus* (ebd. 2,1,70). Scherzhafter Ton (ebd. 1,10,65 u.a.), erzieherische Grundhaltung und Angriffslust gegen das Laster (Iuv. 1,165) gelten seit L. als typ. Merkmale der Satire (Diom., GrL 1,485) und lassen ihn als eigentlichen *inventor generis* erscheinen (Hor. ebd. 48. 2,1,63). In den *Saturae* des Enn. (die stofflichen und metr. Entsprechungen sind unleugbar) und des Pacuvius konnte er ein Vorbild finden; dieses formte er mit der Eigenwilligkeit seiner kraftvollen Persönlichkeit um, wobei er sich bes. an die Grundsätze der kallimacheischen Poetik ([6], 116 ff. 358 ff.) hielt: Kurzform der Gedichte (*poemata* 1013, vgl. 340 f.), Gesprächsstil (*sermones* 1015 f., *ludus ac serm.* 1039), Anschein der Improvisation (*schedium* 1279), schlichte, persönl. und öfters erot. Themen. L. wandte sich an Leser, die – weder *indoctissimi* noch *doctissimi* (592 ff.) – den ihm angemessenen antirhetor. Gesprächston zu schätzen wußten. Wie Kall. und Enn. ist L. ein *poeta doctus;* als solcher zögert er nicht, in die Satiren Literatur- und Sprachkritik aufzunehmen (Hor. s. 1,10,53 f., Plin. nat. praef. 7; über orthograph. und etym. Frg.e [8], 25 ff.).

Sein starkes Selbstbewußtsein (vgl. 671 f.) – Zeuge des bereits ausgeprägten Individualismus der Epoche – sowie sein lebhaftes Temperament lassen seine ichbezogene Dichtung im Rom seiner Zeit als ausgesprochen modern erscheinen; sie finden auch in jener plautinisierenden *abundantia* von Stil und Sprache ([8], 3 ff. 41 ff.) Ausdruck, die der fast unerschöpflichen Vielfalt der Themen entspricht, welche ihm sein Hang zum Realismus und zum Autobiographischen (der erst mit Catull und den Elegikern sich vollends durchsetzen sollte) eingaben: Misogynie (B. 26 u.ö.), Unstetigkeit des Schicksals und Treulosigkeit der Parasiten (B. 27), philos. Diskussion und persönliche Angriffe (B. 28), Liebeshändel (B. 29, wo in Senaren der Überfall auf das Haus eines *leno* beschrieben wird, u.ö.), polit. Ereignisse und Selbstverteidigung (B. 30), Epos-Parodie (B. 1, *Concilium deorum:* Rom wird dadurch gerettet, daß Lupus an Sardellen-Magenverstimmung »platzt«), Gerichtsverhandlungen (B. 2), Reisetagebuch (B. 3, »*iter Siculum*«), Gladiatorenkampf (B. 4), Brief an einen Freund und Beschreibung eines bäuerlichen Mahles (B. 5), Geldgier (B. 6), grammatikal. (B. 9) und liter. Fragen (B. 10), Anekdoten (B. 11), Aberglaube (B. 15), Verse an eine Freundin (B. 16, *Collyra*), Epitaphien (B. 22) usw. Sc. M.

Frg.: *F. Marx* 1 (mit Testimonia und wichtigen Prolegomena), 2 (Komm.), Lpz. 1904/05 (= 1963), dazu *Leo*, GGA 1906, 837 ff. (= Ausgew. kl. Schr. 1,221 ff.). *E. H. Warmington* Remains of Old Lat. 3, Lond. 1938 (= 1961). *N. Terzaghi*, Florenz ³1966. Grammat. Frg. *Fun* GrRF 32 ff.
Lit.: 1. *C. Cichorius* Unt. zu L., Bln. 1908 (= 1964). 2. *G. C. Fiske* L. and Horace, Madison 1920 (= 1966). 3. *Leo* Gesch. röm. Lit. 406 ff. 4. *A. Kappelmacher*, RE XIII 1617 ff. 5. *Terzaghi* Lucilio, Torino 1934. 6. *M. Puelma Piwonka* L. und Kall., Frankf. a. M. 1949. 7. *U. Knoche* Die röm. Satire, Gött. ²1957, 20 ff. 113 f. 8. *I. Mariotti* Studi luciliani, Florenz 1960. 9. *W. Krenkel* (zur lit. Kritik) Wiss. Ztschr. Univ. Rostock 1957/58, 249 ff.

II. Kaiserzeit: **1.** Centurio, 14 n. Chr. in Pannonien erschlagen, Tac. ann. 1,23,3. **2.** Sex. L. Bassus, Alenpraefekt, 69 von Vitellius zum Kommandanten der Flotten von Ravenna (CIL XVI 12. 13. 15) und Misenum (CIL XVI 14. 16) ernannt. Er spielte die von Ravenna dem Vespasian in die Hände, Tac. hist. 2,100,6. 3,12,2–8. Im J. 71 legat. Aug. pr. pr. Iudaeae, Ios. bell. 7,163, starb er dort, ebd. 7,252. PFLAUM Carrières procur. éq. 1,92–94. **3.** L. Capito, Procurator in Asien 23 n. Chr., wegen Anmaßungen verbannt, Tac. ann. 4,15,2. Dio-Xiph. 57,23,4 f. **4.** L. Iunior, Freund Senecas, der ihm die Briefe, die nat. quaest. und de provid. widmete. Bei Pompei in ärmlichen Verhältnissen geboren (Sen.epist. 49,1. 70,1), stieg er in den Ritterstand auf (ebd. 44,2.6). Sicher ist nur seine Prokuratur auf Sizilien 63/64; nach epist. 31,9 müßte er davor noch andere innegehabt haben, s. PFLAUM Carrières procur. éq. 1,70–73 Nr. 30. Er war auch literar. tätig, Sen.epist. 19,3. 79,5, doch ist seine Autorschaft der Aetna (so auch WASZINK, Mnem 4, 1949, 224–241) wenig wahrscheinlich, s. F. GOODYEAR Incerti auct. Aetna (Cambridge Texts 2) 1965, 56–59. **5.** L. L. Priscillianus. Nach Forsch. Ephes. 3, 1923, 138/39, Nr. 53. 54 Procurator von Asia, s. PFLAUM Carrières proc.éq. 2,672–677 Nr. 249. R. H.

**Lucilla** Annia, * 148/49, Tochter des Kaisers M. Aurelius und der → Faustina (Bd. II 1583, 34 ff.), 164 vermählt mit dem Kaiser L. Verus und zur Augusta erhoben. 166 gebar sie eine Tochter. 169 mußte L. gegen ihren Willen Ti. → Claudius Pompeianus (II 43) heiraten. Unter anderem über Zurücksetzung hinter die Gemahlin ihres Bruders → Commodus empört, drängte sie auf dessen Ermordung. Als der Anschlag vorzeitig aufgedeckt wurde (s.o. Bd. I 1262) wurde L. 182 nach Capri verbannt und alsbald hingerichtet (Cass. Dio 72,4. Herodian. 1,8. H.A. v. Marci 20. Comm. 4 f.). Porträt: M. WEGNER Herrscherbildnisse in anton. Z. 1939, 74 ff. GUERINI, Enc. Arte Ant. 4, 1961, 720 f. A. L.

**Lucillianus. 1.** Schwiegervater des Kaisers → Iovianus, verteidigte 350 Nisibis erfolgreich gegen die Perser (Zos. 2,45. 3,8), wurde 358 als Gesandter J. von den Persern festgehalten. 361 wollte er als magister militum per Illyricum Kaiser → Iulian entgegentreten, wurde jedoch bei Sirmium gefangen. Iovian erhob ihn zum magister equitum et peditum, 364 wurde er von Soldaten in Gallien erschlagen (Amm. 21,9 ff. 25,8.10. Zos. 3,35). **2.** Comes, war als Befehlshaber zur See und zu Lande am Perserfeldzug Iulians beteiligt (Amm. 23,3. 24,1. Zos. 3,13 f. 16 f.). A. L.

**Lucillus. 1.** Cognomen des L. Caesonius L. Macer Rufinianus, cos. nach 230 n.Chr. (?). A. DEGRASSI FImp. 161. H. G. G.

**2.** L., ein Zeitgenosse des → Rutilius Namatianus (4./5. Jh. n.Chr.), *comes sacrarum largitionum* (Rut. Nam. 1,607 ff.), der sich durch unbestechliche Amtsführung wie durch Satiren altröm.-censor. Schärfe ausgezeichnet haben soll (ebd. 603 ff.). P. L. Sch.

RE XIII 1648 Nr. 1 = 3 = 4. Rut. Nam., ed. *J. Vessereau*, 1904, 248 ff.

**3.** L., Maler, arbeitete E. 4. Jh. im Hause des Symmachus, der ihn unter anderem mit Zeuxis und Apelles vergleicht (Symm.epist. 2,2. 8,21. 9,50). A. L.

**Lucina.** Alte Geburtsgöttin, die ganz in → Iuno Lucina (o. Bd. II 1564) aufgegangen ist. Daß jede Frau ihre eigene L. hatte (wie ihre Iuno), schloß WISSOWA Rel.[2] aus Plaut. Truc. 476 (so auch RADKE [2]), aber das *L. mea* kann Zärtlichkeitsausdruck sein (LATTE RRel 53) und ist auch etwas ironisch. Nach Varro l.l. 5,74 wurde ihr ein Altar von Titus Tatius geweiht (RADKE [3], anders [2],188. 93, schreibt *Cloacina* mit dem verschollenen cd. B unter Hinweis auf Aug.civ. 4,23. 6,10, vgl. aber die Ausg. Spengel XXVII f.). W. E.

1. *E.C. Evans* The cults of the Sabine Territory, Papers and Monogr. Amer.Acad.Rome 11, 1939, 237. 2. *G. Radke* Die Götter Altitaliens, Münster 1965, 188 f. 3. *Ders.* Romanitas 6/7, 165. 291,6.

**Lucius.** Praenomen, Gentilname und Cognomen. a) Vorname (Abkürzung: → L.), Bezeichnung nach ant. Auffassung entweder für die beim ersten Tageslicht *(luci)* Geborenen, Varro l.l. 5,60, oder für die von Lucumonen Abstammenden, Auct. de praen. 5, etym. zweifellos mit *lux* zusammenhängend, WALDE-HOF.[3] 1,823. Bei den Claudiern verpönt, Suet.Tib. 1,2. – b) Eigenname, durch Inschr. gesichert, in republ. Z. z.B. für den Aedil C.L. M.f. in Fundi, CIL $I^2$ 1559 = DESS. ISL 5324. Vgl. SCHULZE Eigenn. 424. 469. – c) Cognomen, kaiserzeitl., inschr. Belege bei J. REICHMUTH Die lat. Gentilicia, Diss. Zürich 1956, 100. **1.** L., Gesandter 43 v.Chr. BROUGHTON Mag. 2, 351. **2.** L. (Λεύκιος), Unterbeamter in Spanien 40 v.Chr. App.civ. 5,229. H. G. G.

**3.** L., Pharmakologe und Zeitgenosse des berühmten → Dioskurides; öfter bei → Galen erwähnt. F. K.

**Lucrativarum causarum concursus.** Treffen mehrere Erwerbsgründe zusammen, wird z.B. dieselbe Sache aus Kauf und Vermächtnis geschuldet, so berührt das zunächst die Wirksamkeit der gehäuften *causae* nicht. Ist freilich die eine *causa* erfüllt, z.B die Sache auf Grund des Vermächtnisses übereignet, so ist die Erfüllung der anderen *causa* unmöglich geworden. Daher treten bei ihr die Unmöglichkeitsfolgen ein: im Beispielsfall kann also der Käufer den etwa schon gezahlten Kaufpreis zurückverlangen. Das entspricht der unter den röm. Klassikern siegreichen Ansicht, Cels.-Pomp.Dig. 21,2,29 pr. Eine Sonderstellung nimmt aber ein der l.c.c., also das Zusammentreffen zweier lucrativer Erwerbsgründe (z.B. Vermächtnis und Schenkung). Er ist nämlich spätestens seit Iulian Erlöschensgrund: Wird auf die eine *causa lucrativa* geleistet, dann erlischt die andere ersatzlos. Trifft dagegen eine *causa lucrativa* mit einer *causa onerosa* zusammen, so tritt kein Erlöschen ein, Iul.Dig. 30,84,5. 44,7,19. D. M.

1. *Fr. Schulz*, ZRG 38, 1917, 114 ff. 2. *G. Beseler* Beiträge 4, 1920, 326 ff. 3. *D. Medicus* Id quod interest, 1962, 100 ff.

**Lucretia. 1.** L., Gattin des Numa Pompilius, Mutter der Pompilia und über sie Großmutter des Ancus Marcius. Plut. Numa 21,2. **2.** L., berühmt durch die z.B. bei Liv. 1,57,6–59,6 erhaltene Darstellung vom Sturz der Tarquinier. Danach war sie Gattin des Collatinus und wurde von dem Königssohn Sex. Tarquinius in Collatia entehrt;

nachdem sie ihren aus dem Feld zurückgerufenen Gatten, ferner den L. Iunius → Brutus Nr. 2 und den P. Valerius zur Rache verpflichtet hatte, erdolchte sie sich selbst. Die ganze Sage mag einen hist. Kern haben. H. G. G.

**Lŭcrĕtĭlis** (Hor. c. 1,17,1; zum Namen vgl. *Lucretinus* bei Cic. Att. 7,11,1), *mons in Sabinis* (Ps.-Acro z. d. St. Paul. Fest. 106,28 L.); h. Mte. Gennaro (Nissen It. Ldk. 2,616). G. R.

**Lucretius.** Ital. Familienname (vielleicht von etr. *luχre* oder von *Louceria* gebildet, Schulze, Eigenn. 182 f.) und Name einer urspr. patriz., später pleb. röm. Gens. Patriz. Namensträger berühmt durch → Lucretia Nr. 2, im 5. Jh. v. Chr. hervorgetreten mit der Familie der Tricipitini (Vorname u. a. Hostus), verschwanden nach 387 v. Chr. Plebeier seit dem 3. Jh. v. Chr. häufig, Familien: Gallus, Ofella, Trio, Vespillo. Berühmt der Dichter L. Lex L. Nr. 4. – Mz.: Syd.

A. Historische Persönlichkeiten **1.** L., klagte mit Anderen 54 den M. Livius → Drusus Claudianus Nr. 5 wegen *praevaricatio* an, Cic. Att. 4,16,5; vielleicht ident. mit dem Senator und Caesargegner Q. L., der 49 bei Sulmo starb (?), Caes. civ. 1,18, 1 ff. **2.** L. L., Quaestor 218, wurde von Ligurern dem Hannibal ausgeliefert, Liv. 21,59,10. **3.** M. L. 2 Personen, einer 210 tr. pl., der andere Befehlshaber von Hilfstruppen, die Scipio 207 dem → Livius Salinator (Nr. 18) auf dem Seeweg schickte. Liv. 27,5,16. 38,12. **4.** M. L., 172 Volkstribun (erwirkte Verpachtung des ager Campanus, *Lex Lucretia de agro Campano*, RE Suppl. VII 399), 171 Legat unter seinem Bruder Nr. 9, bewährte sich zur See. Liv. 42,19,1. 48,6 ff. 56,1 ff. **5.** P. L., angeblich cos. 506, nicht zu halten (Verwechslung mit Sp. → Larcius), Broughton Mag. 1,6 f. **6.** Sp. L., 206 pleb. Aedil, 205 Praetor in Oberitalien, hatte zuerst mit Mago Feindberührung, vereinigte sich mit dem herbeigeeilten Procos. M. → Livius Salinator Nr. 18, blieb mit prorogiertem Imperium, baute 203 Genua wieder auf (Liv. 30,1, 9 f.) und gehörte als Experte für das Pogebiet zu einer Gesandtschaft nach Karthago 200, Liv. 31, 11,4 ff. **7.** Sp. L., Sohn von Nr. 6, Praetor 172 (Hispania ult.), war 169 Legat im 3. Makedon. Krieg (Besetzung des Tempe-Tales), 164 Gesandter mit Cn. Octavius und einem jüngeren Senator nach Kleinasien und Syrien, Pol. 31,12,9 ff. 32,4,5. **8.** L. L. Flavus Tricipitinus, Q. f. Ser. n., 393 Suffectconsul mit Ser. Sulpicius Camerinus, Broughton Mag. 1,91. Er bekämpfte die Aequer und teilte das Gebiet von Veii auf, Diod. 4,102,4. Consulartribun war er 391 (Zug gegen Volsinii), 388, 383, 381, zweifellos eine bedeutende Persönlichkeit. **9.** C. L. Gallus, IIvir navalis 181 (Küstenschutz gegen Seeräuber), Praetor 171 und Flottenbefehlshaber im 3. Makedon. Krieg, doch ohne Erfolg und grausam bei Kampfhandlungen in Ostmittelgriechenland, so daß er 170 von Griechen angeklagt und in Rom verurteilt wurde, Liv. 43,4.6.7. 8 u. ö. **10.** Q. L. Ofella, Ritter, zunächst Marianer, dann (83?) Sullaner. Nach der Schlacht bei Sacriportus 82 belagerte er Praeneste, das von dem jüngeren Marius und vielen Senatoren verteidigt wurde, und zwang es zur Kapitulation, App. civ. 1, 434. Da er sich 81 gegen Herkommen und Willen Sullas um den Consulat bewarb, ließ ihn dieser durch C. → Bellienus (3) niederstoßen, Liv. ep. 89. W. Schur Das Zeitalter des Marius und Sulla, 1942, 206. **11 ff.** Tricipitini, Patrizierfamilie; das Cognomen deutet möglicherweise auf den Gentilkult einer dreiköpfigen Gottheit, Usener, RhM 68,176. **11.** Hostus L. Tricipitinus, Consul 429 mit L. Sergius Fidenas. Altertümliches Praenomen. **12.** L. L. Tricipitinus, T. f. T. n., Consul 462 mit T. Veturius Geminus, Feldzug gegen Aequer und Volsker (Einzelheiten Erfindung: Beloch RG 297), Triumph. 459 praefectus urbis, erklärte sich 449 gegen die Decemvirn. Liv. 3,10,1 ff. 12,5 ff. 24, 2. Dion. Hal. 11,15,5. **13.** P. L. Tricipitinus, Sohn von Nr. 11, Consulartribun 419 (Aufdeckung einer Sklavenverschwörung) und 417. **14.** Sp. L. Tricipitinus, Vater der Lucretia Nr. 2. Späterer Ausschmückung sind seine angeblichen Ämter zuzuschreiben: Senator, praefectus urbis unter Tarquinius Superbus, Interrex 509 (von dem Tribunus celerum Brutus zur Consulwahl ernannt) und Suffectconsul 509, † im Amt, Liv. 2,8,4 f. Degrassi I. 13,88. 348 f. **15.** T. L. Tricipitinus, T. f., Consul I 508, II 504 mit P. Valerius Poplicola. Nach der Annalistik soll er 508 im Porsennakrieg sich ausgezeichnet und 504 nach dem Sabinerkrieg (Aufnahme der Claudier!) triumphiert haben, Liv. 2, 11,8 ff. 16,6. **16.** Cn. L. Trio, Münzmeister ca. 135–127. Broughton Mag. 2,444. **17.** L. L. Trio, Münzmeister um 74 (Enkel von Nr. 16?). Denare u. a. mit Mond und 7 Sternen (Anspielung auf Herleitung des Namens L. von *lux* und Trio von *septem triones*?) Grueber Coins 1,396 ff. Syd. LXIII. **18.** L. Vespillo, 133 pleb. Aedil, ließ die Leiche des Ti. Gracchus in den Tiber werfen (daher das Cognomen »Leichenträger«, das erblich wurde), Val. Max. 1,4,2. Vir. ill. 64,8. **19.** Q. L. Vespillo, Redner, 81 bei den Proskriptionen Sullas getötet. Cic. Brut. 178. App. civ. 4,190. **20.** Q. L. Vespillo, Sohn von Nr. 19. Als Pompeianer war er im J. 49 bei Sulmo nicht erfolgreich (Caes. civ. 1, 18,1), befehligte dann eine Flottenabteilung in Orikos, wurde nach Pharsalos von Caesar (48?) begnadigt, stand 43 auf den Proskriptionslisten, erwirkte aber durch seine Frau Turia und Freunde seine Begnadigung, App. civ. 4,44. 19 ging er als einer der Gesandten dem Augustus nach Campanien entgegen und wurde Consul, A. Degrassi FImp. 4; (das vereinzelt überlieferte Cognomen Cinna beruht wohl auf Irrtum). PIR 2,305 Nr. 302. Umstritten ist, ob der Text Dess. ILS 8393 die *laudatio (funebris?)* auf seine Gattin ist, vgl. Schanz-Hos. 2,337 f. H. G. G.

B. T. L. Carus, der Dichter.

I. Leben. Die Nachrichten über L.' Lebenszeit, Hier. chron. p. 149 H (aus Suet. de poetis) und Don. vit. Verg. 6, sind in sich z. T. widersprüchlich, doch miteinander kombinierbar; * ist L. demnach zwischen 98 und 94, wahrscheinlich 97 v. Chr., † am 15. Okt. 55 (Rostagni, RFIC 15, 1937, 25ff., Grimal, REL 35, 1957, 184ff.: im J. 53). Wo L. geboren wurde, wirkte, starb, ist unbekannt. Der Nachweis engerer Verbundenheit L.' mit Campanien ([7]. [8], vgl. [14],1 ff.) ist nicht gelungen (eher L. in die röm. Erfahrungswelt zu stellen: [6]. [28],253ff.), ebensowenig der Schluß aus dem cognomen auf niedere Herkunft (Freigelassener?), gegen [1] (vgl. [6],19) Frank in: Stud. in hon. of Collitz, 1930, 63ff.; vgl. Kajanto The Lat. Cognomina, 1965, 284. L. mag der röm. gens Lucretia entstammen, stand andererseits aber keinesfalls auf gleicher sozialer Stufe wie C. → Memmius, der Adressat seines Gedichts. Die Hier.-Notiz, L. habe *per intervalla insaniae* gedichtet und Selbstmord begangen, wurde von [9] (vgl. [31]) als chr. Legende des 4. Jh. erwiesen, findet aber noch immer Beachtung (*insania* = Depressionszustände? [6],87. [19],156f. [28],286. [38],19), da sie mit Wesenszügen des Dichters vereinbar scheint, die man aus seinem Werk erschließen zu können glaubt (»Einsamkeit«: [6],48; »angoisse«: [38],300; Kritik des Verfahrens bei [30]). Zuverlässig wohl die Nachricht, die Herausgabe des Gedichts habe nach L.' Tod → Cicero besorgt (*emendavit:* Hier. a. O.), der im J. 54 ad Q. fr. 2,9,3 (vgl. u. a. [8]. [21]. [31]) Kenntnis des Werkes zeigt.

II. Das Werk. De rerum natura, eine Darstellung der epikur. Physik (Atomlehre), bezeugt in einzigartiger Weise das Wirken fortschrittlicher griech. Denktraditionen in Rom und erfüllt als eine der großartigsten lat. Dichtungen bes. rein, unter Abstreifung des spieler.-artist. Elements hellenist. Poesie, die Idee der Lehrdichtung. Traditionelle Formelemente des ant. Epos, die Lehr- und Argumentationsformen der hellenist. Philos. (mit Beimischung diatribenhafter Züge) und eine Kompositionskunst, die wesentliche Gedankenlinien eindrucksvoll, wenn auch nicht in glatter Fügung herauszuarbeiten weiß, vereinigen sich in ihr mit kraftvoller, an bildlichen Vorstellungen reichen Sprache zu bekenntnishaft-eindringlicher Gestaltung eines streng materialist. Lehrgehalts.

Die Titel-Junktur *rerum natura* kehrt im Werk mehrmals wieder, vorwiegend in der Bedeutung »Beschaffenheit, Wesen der Dinge« (doch vgl. [40], 175 und I. Fischer in: Mélanges linguistiques, 1957, 17ff.). Der Titel knüpft an die griech. *Περὶ φύσεως*-Lit., zugleich aber auch an die epikur. Wendung *τῶν ὄντων φύσις* an ([37]. [15],491f.). Das Werk selbst, mit einem überlieferten Versbestand von 7409 Hex., umfaßt 6 B. (mehr offenbar nie geplant; anders Pascal, RFIC 34, 1906, 257ff.), die sich nach ihrem Inhalt zu Gruppen



von je 2 B. anordnen. 1/2 behandeln Grundprinzipien der Atomlehre, 1 die Existenz und Unvergänglichkeit der Atome und des Leeren sowie die Atomverbindungen, 2 die Atomformen und -bewegungen. 3/4 wenden sich dem für L. zentralen Thema des Menschen zu, 3 der Seelenlehre (Betonung der Sterblichkeit der Seele), 4 der Wahrnehmungslehre (*εἴδωλα*-Theorie). 5/6 stellen den Aufbau der empir. Welt dar, 5 die Kosmologie, 6 hauptsächlich die Meteorologie. Alle Teile des Werkes beherrschende Tendenzen sind die Überzeugtheit von der grundsätzlichen Erklärbarkeit der Naturerscheinungen u. der damit verbundenen Befreiung des Menschen von Todes- u. Götterfurcht.

Vorangestellt sind den B. Proömien, die nicht der Erkenntnisvermittlung, sondern bekenntnishaften Anliegen dienen. In den »Außenproömien« (1,3,5; zum Begriff [6]) dominiert das hymn. Lob Epikurs (namentlich nicht genannt; Tronskij in: Charisteria Novotný, 1962, 62) als Kämpfers gegen die *religio* (1), Erlösers (3), Gottes (5). Die »Binnenproömien« preisen in mehr kontemplativem Ton Epikurs Befreiungstat (6) und das Glück sicheren Lebenshaltes (2). Proöm. 4 zeigt kaum die von L. vorgesehene Gestalt; umstritten, ob der Gedankenablauf durch eine Textdublette ([2]. [10]. [11]. [35]) oder Interpolation ([13]. [29]) gestört ist und ob 4,1–25 (= 1,926–950) von L. selbst zur Bucheinleitung [35] bzw. gar zur Markierung der Werkmitte ([36],30) bestimmt waren. Zusätzliche Motive zeichnen Proöm. 1 aus. Überraschend, wenn auch mit epikur. Lehre nicht geradezu unvereinbar (P. Friedländer, H 67, 1932, 43ff. Kleve, Symb. Osl. 41, 1966, 86ff.) die Anrufung der Venus 1,1–43 (vielf. als Allegorie der epikur. *ἡδονή* verstanden: [19],136. 427ff. [23], 17. 22. [30],120. [38],65. 299; andere Auffassungen: Lebensprinzip [32]; Naturkraft; vgl. [37],143) sowie die Art, wie ihr ein »Widerruf« (1,44–49; sehr umstritten, ob von L. selbst beabsichtigt, vgl. die Lit. bei [32]) und scharfe Kritik an Religion und Priestern folgen. Themat. markiert sind auch die »Finale« der Bücher (zu Unrecht bestritten von [27],52): 2 Altern der Erde, 3 Sterblichkeit des Menschen, 4 Sexualität, 5 Kulturentstehung (bes. ausgedehnt), 6 Pestschilderung (nach Thuk.). Die Ausblicke am E. der 1. Buchdyade und des Gesamtwerks scheinen in beabsichtigtem Gegensatz zur Zuversicht der Proömien und des Werkbeginns zu stehen. Für den Schluß auf »Pessimismus« des L. reicht der Befund dennoch nicht aus, zumal das Fehlen der 5,155 angekündigten Götterlehre die Möglichkeit offenläßt, daß 6 nicht abgeschlossen ist und mit dem Blick auf göttliche Eudaimonia enden sollte ([38]; anders, originell [36],36 und G. Müller in: Acta Philol. Aenipont. 2, 1967, 56).

Zu entscheiden ist die Frage, ob L. sein Gedicht vollendet hinterließ, nur aus der Analyse des Werkes selbst. Seit Lachmann wurde sie meist verneint. Doch mehren sich die Stimmen, die zumindest größeren Werkteilen einen starken Vollendungsgrad zuschreiben (HEINZE in der Ausg. v. B. 3; [30] zu 1/2; vgl. [23]), z.T. allerdings unter Zuhilfenahme von Interpolationshypothesen ([13]. [14],8. [29]. [30]; zurückgewiesen u.a. von [6],39. P. BOYANCÉ, Gn 32, 1960, 618ff. [35],3. [38]; eine umfassende Diskussion steht aus). Letztlich ist die Frage der Vollendung ein Spezialfall des allg. Problems der Entstehung von De r. n. Genetische Betrachtung empfahl sich bes. auf Grund der erwähnten Annahme einer Dublette im Proöm. 4, die als Indiz gewertet wurde, daß L. durch Umstellung von B. 3 vor 4 erst nachträglich die Lehre vom Menschen akzentuiert hätte. Der Ansatz wurde von F. MUSSEHL Diss. Greifsw. 1912 und [4] Nr. 1 zur Annahme einer urspr. B.-Folge 1, 2, 5, 6, 4, 3 ausgebaut, u.a. von [10],63ff. weiter modifiziert und gegen andere Hypothesen (BARWICK, H 58, 1923, 163. PERELLI, RFIC 25, 1947, 18ff., [21],325f.) verteidigt. Doch sind Ansatz wie Ergebnisse umstritten, man kehrt vielfach zur Annahme der Werkkonzeption in der überlieferten Folge zurück ([22], [35]).

III. L.' Verhältnis zu den philos. Quellen. Daß L. griech. Vorlagen benutzte, ist ebenso unverkennbar wie, daß sein Arbeitsanteil sich nicht auf Versifizierung beschränkte. Als Quelle kommen in Frage: 1. Epikur selbst, und zwar *Περὶ φύσεως* (z.B. [6],43) oder eher noch die *Μεγάλη ἐπιτομή* (z.B. [38],54, dort Lit.), 2. jüngere Epikureer (Zenon, Phaidros? vgl. z.B. DIELS Elementum, 1899, 9ff.). Beide Möglichkeiten schließen einander nicht schroff aus, da L. sein Werk doch wohl in einer Prosaskizze konzipierte, in der er Vorlagen miteinander kontaminieren konnte. Berührungspunkte mit der Stoa, bes. in 6, dürften vorwiegend auf gemeinsame Quellen zurückgehen, vgl. z.B. [5]. Der Einfluß des 1,716 gerühmten Empedokles ([18]. [37]. BOLLACK, Die Neue Rundschau, 1959, 656ff.) ist offenbar stärker in der Grundidee als im Detail des lukrez. Werkes, jedoch z.B. auch in der Terminologie spürbar ([11], 201). Eigenes steuert L. nicht nur in den Proömien, Gleichnissen, Episoden bei, sondern z.B. auch in der (die Zeitsituation voraussetzenden?) Beobachtung des »Alterns« der Erde, in der Beweisreihung und im Gesamtaufbau. L.' Naturbegriff ist dynamischer als der Epikurs (DEICHGRÄBER, RhM 89, 1940, 59f. [37]), ohne zu ihm geradezu in Gegensatz zu stehen ([14],17f. [15],490).

IV. Sprache, Stil. Für die sprachliche Gestalt von De r. n. ist das Archaisieren charakteristisch (vgl. z.B. C. BAILEYS Ausg. 1,72ff. [39], 69ff.), d.h. das Bemühen, den Epikureismus dem Bereich modernist. Zeiterscheinungen zu entrücken, nur gelegentlich Anklänge an die Vulgärsprache, keine Provinzialismen (anders H. DIELS Ausg. p. XXXII und [4] Nr. 5). Auch der Stil (Ausdrucksfülle, viel Alliteration) mutet altertümlich an, strebt jedoch unverkennbar, nicht nur in der Theorie (1,28. 1,



934 = 4,9), nach *lepos* (*variatio* z.B. in den Ausdrücken für »Atom«). Der Hex., noch stark durch Ennius' Vorbild bestimmt, zeigt nicht vergil. Glätte. Sprache, Stil, Vers ordnen sich dem Streben nach eindringlicher, anhaltender Wirkung unter und künden nur auf diese indirekte Weise vom Anliegen und damit der Persönlichkeit des Dichters. Der Versuch, lukrez. Wesenszüge (»Sachnähe« des Denkens) direkt aus den stilist. Phänomenen abzulesen [10], führte zu interessanten, aber problemat. Resultaten, wie sich auch die Ansätze für die Erkenntnis einer lukrez. Stilentwicklung (zu [10] vgl. [35]) noch nicht als ausreichend tragfähig erwiesen.

V. Persönlichkeit und Weltverständnis. Die Bewunderung, die man L.' dichter. Leistung in neuerer Z. kaum je versagte, steigerte die Zustimmung zu seiner aufklärerischen Haltung, kontrastierte ebensooft aber auch mit Unbehagen am Inhalt des lukrez. Werkes. Beobachtungen über Antinomien im Gedicht (vgl. das über die Finalteile von 2 und 6 Gesagte) wurden z.T. mittels der biograph. Notizen zu Aussagen über Denken und Persönlichkeit des L. verallgemeinert, die L.' Absichten widersprechen. Die Formel vom »Antilukrez in L.« (M. PATIN Étud. sur la poésie lat., 1, 1868, gelobt z.B. noch von [6],80) wird h. zwar fast durchweg abgelehnt, lebt in den Auffassungen eines für L. charakterist. Zwiespalts zwischen vordergründiger Rationalität und hintergründiger Irrationalität (z.B. [16]. [17]. O. TESCARI L., 1939), Optimismus und Pessimismus, Philos. und Dichtertum jedoch fort und erhielt ihren bes. Zuschnitt durch die Annahme, im Innersten stimme L. in jedem dieser Punkte nicht mit Epikur überein.

Der Gegensatz Optimismus–Pessimismus läßt sich kaum in der Richtung lösen, daß schon Epikurs Denken pessimist. gewesen sei (E. BIGNONE in: Italia e Grecia, 1939, 121ff.) oder Religionsfeindlichkeit eo ipso zu Pessimismus führe (J. MEWALDT Der Kampf des Dichters L. gegen die Rel., 1935). Auch nicht das »ondeggiare« zwischen dem einen und anderen ([23],117) ist das eigentlich Bezeichnende. Optimist. Weltsicht, Vertrauen in die menschlichen Verstandeskräfte, Gefaßtheit gegenüber der Unabänderlichkeit des Todes herrscht bei L. vor (vgl. z.B. [27]. [30]. [38]), gedämpft allerdings durch krit. Sicht der Zeitverhältnisse und Sensibilität für menschliche Nöte; treffend die Formel vom »ottimismo relativo« [33]. (Auch die in ihrer Tendenz umstrittene lukrez. Kulturentstehungslehre scheint dieser Denkweise zu folgen. Zwar räumt sie ein, daß Vorzüge der Urzeit durch die Entwicklung verlorengingen, doch schätzt sie die Entfaltung der *artes*, ein progressiver Zug, herrscht vor; vgl. z.B. [20]).

Richtig ist, daß L.' Schilderungen religiöser Phänomene und zerstörender Kräfte dichterisch bes. intensiv sind [24]. Trifft die Antinomieauffassung also dergestalt zu, daß der Dichter L. die

Akzente anders verteilt, als sie der Philosoph L. setzen müßte? Wesentlich ist es, über den wenigen Versen, für die das zutreffen mag, die vielen Stellen nicht zu übersehen, die Philos. und Rationalität mit dem Poetischen in Einklang zeigen (vgl. [26]. [30],111 ff.). Gleich im hochpoet. Einleitungshymnus ist z. B. das geschickte Ausnutzen des Venus-Motivs zur Friedensbitte ein rationales Moment; poet. und philos. Weltsicht verbinden sich zur Gegenwärtigkeit des Weltganzen in den zahlreichen Nennungen der Dreiheit Himmel-Meer-Erde (1,2f. 6–8. 161f. 278 usw.).

L.' Zuspitzung der epikur. Lehre gegen die Religion ist auffällig, zumal L. damit kaum die Hauptübel seiner Zeit trifft ([3] 1,1 ff.). Doch kämpft L. »nicht gegen Windmühlenflügel« (Wormell Greece and Rome II 7, 1960, 63) und nicht gegen eigene religiöse Empfindungen, sondern gegen Aberglauben und Religionsmißbrauch seiner Zeit (vgl. z. B. [6]), und die spätere Entwicklung lehrt, ein wie charakterist. Motiv rationalen und materialist. Weltverständnisses L. gerade in der antireligiösen Polemik aufgriff.

VI. Textüberlieferung, Nachwirkung. Von der antik. Beschäftigung mit dem L.-Text sind außer Cic.s Edition das Einsetzen der capitula (H. Fischer, Diss. Gießen 1924. [6],70), eine Ausgabe des Val. Probus (Suet. de notis p. 138 R) und ant. Kommentierung (Hier. adv. Rufin. 1,16. [9],434) kenntlich. Die weitere Überlieferung (vgl. [34]) führte Lachmann auf einen Capitaliscod. des 4./5. Jh. und dessen angelsächs. Abschrift zurück; anders jetzt F. Brunhölzl, H 90, 1962, 97 ff. Haupttextzeugen sind die Leidener Hss. O und Q (9. Jh.). Daß die aus einem verlorenen Cod. Poggios abgeschriebenen »Itali« selbständigen Quellenwert haben, wird h. nicht mehr allg. verneint. Über L.' Fortwirken im Alt. und die Polemik gegen ihn vgl. Schmid, RACh s. Epikur, über seinen bes. seit Gassendi starken Einfluß auf das moderne Denken u. a. [41]. [42]. [38],316 ff. [39], 131 ff. G. Schm.

Ausg.: *C. Lachmann*, 1850 ($^{4}$1871, Komm. $^{4}$1882; Muster krit. Editionen). *H. Diels*, 1923 (grundlegend, mit Übers.). *J. Martin*, $^{6}$1963. *K. Büchner*, 1966 (*Ders.* L. Welt aus Atomen. Text und Übers., 1956).

Komm.: *H. A. J. Munro*, 1864 ($^{4}$1886; Nachdr. 1928). *C. Giussani*, 4 Bde., 1896–1898 ($^{2}$1921; eindringliche philos. Erklärung). *A. Ernout–L. Robin*, 3 Bde., 1925–1928. *A. Petrovskij*, 1947 (mit russ. Übers.). *C. Bailey*, 3 Bde., 1947 (umfassend, mit engl. Übers.). *E. Paratore–U. Pizzani*, 1960 (Komm. Auswahl). *R. Heinze*, 1897 (B. 3). Weitere Ausg., Komm. und Übers. nennt: *C. A. Gordon* A bibliogr. of L., 1962. – Ind. Lucret.: *J. Paulson*, $^{2}$1926 (= $^{3}$1961).

Erläuterungen. Auswahl-Bibliogr.: [38],329 ff. – 1. *F. Marx*, NJb 3, 1899, 532 ff. 2. *J. Mewaldt*, H 43, 1908, 286 ff. 3. *J. Masson* L. Epicurean and Poet, 1909. 4. *H. Diels*, L.-Studien 1–6, SPrAW 1918–1919. 5. *E. Reitzenstein* Theophrast bei Epikur und L., 1924. 6. *O. Regenbogen* L., 1932 = Kl. Schr., 1961, 296 ff. 7. *G. della Valle* Tito L. Caro e l'epicureismo Campano, 1933. 8. *Ders.*, Atti della R. Accad. d'Italia, 1941, 307 ff. 9. *K. Ziegler*, H 71, 1936, 421 ff. 10. *K. Büchner* Beobachtungen über Vers und Gedankengang bei L., 1936. 11. *Ders.* L. und die Vorklassik, Stud. z. röm. Lit. I, 1964 (vgl. auch *Ders.* Stud. VI, 1967, 26–45). 12. *Chr. Lenz* Die wiederholten Verse bei L., Diss. Lpz. 1937. 13. *W. Schmid*, Philol. 93, 1938, 338 ff. 14. *Ders.*, Gn 20, 1944, 1–22. 85–100. 15. *Ders.*, Gn 39, 1967, 464 ff. 16. *H. Klepl* L. und Virgil in ihren Lehrgedichten, Diss. Lpz. 1940. 17. *M. Rozelaar* L., 1943. 18. *W. Kranz*, Philol. 54, 1944, 68 ff. 19. *E. Bignone* Storia della lett. Latina 2, 1945, 149–342. 427–443. 20. *M. Taylor*, AJPh 68, 1947, 180 ff. 21. *J. Martin*, WJ 4, 1949, 1–52. 309–329. 22. *H. Diller*, SIFC 25, 1951, 5 ff. 23. *G. Barra* Struttura e composizione del De r. n. di L., 1952. 24. *F. Klingner*, H 80, 1952, 3 ff. = Stud. 1964, 126 ff. 25. *G. Cogniot*, Lucrèce, 1954 (marxist.). 26. *J. H. Waszink* L. and Poetry, 1954. 27. *P. Ferrarino*, in: Studi in onore di Funaioli, 1955, 40 ff. 28. *A. Menzione*, Riv. di studi class. 6, 1958, 253 ff. 29. *G. Müller*, Philol. 102, 1958, 247 ff. 103, 1959, 53 ff. 30. *Ders.* Die Darstellung der Kinetik bei L., 1959. 31. *I. Trencsényi-Waldapfel*, Acta Ant. 6, 1958, 321 ff. = Unt. zur Religionsgesch., 1966, 286 ff. 32. *F. Giancotti* Il preludio di L., 1959. 33. *Ders.* L'ottimismo relativo nel De r. n. di L., 1961. 34. *U. Pizzani* Il problema del testo e della composizione del De r. n. di L., 1959. 35. *L. Gompf* Die Frage der Entstehung von L.ens Lehrgedicht, Diss. Köln 1960. 36. *K. Gaiser*, in: Eranion, Festschr. Hommel, 1961, 19 ff. 37. *K. G. Sallmann* Die Natur bei L., Diss. Köln 1959 = Arch. für Begriffsgesch. 7, 1962, 140 ff. 38. *P. Boyancé* L. et l'épicurisme, 1963. 39. L., ed. *D. R. Dudley*, 1965. 40. *O. Seel* Weltdichtung Roms, 1965, 171–221.

Nachwirkung: 41. *G. D. Hadzsits* L. and his influence, 1935. 42. *W. Schmid*, AuA 2, 1946, 193 ff.

**Lucrinus lacus** (Nissen It. Ldk. 1,267. Beloch Campanien$^{2}$ 172 ff. Maiuri I campi Flegréi 57 f.), durch früh (Lykophr. 697) bekannten Steindamm (Wiederherstellungen: Serv. auct. georg. 2, 162. Plin. nat. 36,125), Werk des Herakles (Cic. leg. agr. 2,36 *via Herculanea;* Prop. 1,11,2. 3,18,4), zur Lagune gewordene Bucht des Golfs von Baiae (Strab. 5,245). Fischreichtum (Serv. georg. 2,161), Austernkultur (Plin. 9,168) mit reichen Steuern (Paul. Fest. 108,24 L. Serv.); berühmte Villen (Cic. Cael. 49. Hor. c. 2,15,3. Iuv. 12,80 u. a.). G. R.



**Lucterius.** Häuptling der Cadurker im s. w. Gallien, bester kelt. Führer unter Vercingetorix, wiegelte 52 die Rutenen, Nitiobrigen und Gabaler zwischen Garonne und Rhône auf und bedrohte Narbo. Caesar zwang ihn zum Abzug. 51 fiel L. mit dem Senonen Drappes erneut in die Narbonensis ein; zurückgedrängt und in → Uxellodunum von C. → Caninius Rebilus (5) belagert, verließen sie vor völliger Absperrung die Festung, um Getreide zu holen. Von Caninius geschlagen, irrte L. umher, wurde durch den Arverner Epasnactus Caesar ausgeliefert und vermutlich hingerichtet. Bronzemz. Holder 2,304. An dem Nachkommen

M. Lucterius Leo, Priester am Altar des Augustus und der Roma in Lugdunum, zeigt sich die Assimilierungskraft Roms. Caes. Gall. 7,5,1. 7,1 f. 8,30. 32–36. 44,4 ff. Oros. 6,11,29 f. Dess ILS 7041. AE 1955, 212. H. V.

**Luctus.** Die Pflicht zur Trauer um einen Verstorbenen dürfte urspr. dem *fas*, seit der Republik der Sitte angehört haben. Es trauerten die *familia* des Erben (Gai. Dig. 45,3,28,4), Eltern, Kinder, der Ehegatte und Blutsverwandte. Livius berichtet von der Trauer aller Römerinnen um den Tod verdienter Männer (Brutus: 2,7,4; Publicola: 2, 16,7). In der Kaiserzeit wurde bei Todesfällen im Kaiserhaus durch Senatsbeschluß öffentliche Trauer angeordnet (→ *iustitium*). Um Mitgefühl zu erregen, trugen Angeklagte Trauerkleider (Cic. Verr. 2,1,152. Gell. 3,4,1). Damit verwandt ist das in der Republik bezeugte Anlegen der Trauerkleidung als Mittel polit. Demonstration (gegen Ciceros Verbannung: Cic. dom. 55. 99; Sest. 26. 27. 32. 53). In der Kaiserzeit war nur nahen Angehörigen des Angeklagten das Tragen von Trauerkleidung gestattet (Venul. Dig. 47,10,39), die Trauer um hingerichtete Hochverräter verboten (Ulp. Dig. 3,2,11,3. Suet. Tib. 61,2). Die Trauer brachte man durch Ablegen des Schmucks (Liv. 34,7,10), der Rangabzeichen (Liv. 9,7,8) und bunter Kleider (Herodian. 4,2,3), bes. aber durch Kleidung aus naturfarbener grauschwarzer Wolle (Fest. s. *praetexta pulla*, 272 L. Iuv. 10,245. Tac. ann. 3,2,2) zum Ausdruck.

In verschiedener Hinsicht befaßte sich die Rechtsordnung mit der Trauerpflicht der Witwe. Vor Ablauf der Trauerzeit (urspr. 10 Monate, dem alten röm. Jahr entsprechend, Plut. Numa 12. Ov. fast. 1,35, seit 381 n. Chr., 12 Monate, Cod. Theod. 3,8,3) durfte sie keine neue Ehe eingehen. Der Kaiser konnte Dispens erteilen (Paul. Dig. 3,2, 10 p). Der Ursprung dieses Eheverbots liegt wahrscheinlich in der *reverentia marito debita*; die in der klass. Rechtslit. geäußerte Befürchtung einer *turbatio sanguinis* (Ulp. Dig. 3,2,11,1) dürfte eine rationalisierend nachgeschobene Begründung sein. Eheschließung vor Ablauf der Wartefrist bewirkte zwar nicht die Ungültigkeit der Ehe, wohl aber → *infamia* der Frau (Iul. Dig. 3,2,1. Fr. Vat. 320). Chr. Kaiser drohten außerdem Vermögensnachteile an (Cod. 6,56,4 a. 380. Nov. 22,22 a. 536). Dem Witwer oblag keine rechtlich sanktionierte Trauerpflicht (Paul. Dig. 3,2,9, p). E. Bu.

*B. Kübler*, RE XIII 1697 ff. *E. Volterra*, Riv. ital. per le scienze giurid. 8, 1933, 171 ff. *P. Rasi*, Scritti Ferrini (Milano) 1, 1947, 393 ff. *Th. Mayer-Maly*, RE VIII A 2098 ff.

**Lucullus.** Cognomen, als Deminutivum wohl von Lucius (Schulze Eigenn. 177. 461); unsichere ant. Ansichten zur Herkunft von Münzer, RE XIII 372 nachgewiesen. Beiname vor allem in der Gens Licinia, in republ. Fasten aber auch bei Terentiern (cos. 73, vgl. Degrassi FCap. 146, ein adoptierter Licinier, – und Nr. 6), in kaiserzeitl. bei Sallustius L. (cos. vor 86? n. Chr., Degrassi FImp 224). Seit um 200 v. Chr. traten Namensträger bei den Liciniern hervor: **1.** C. Licinius L., Volkstribun 196 (Gesetz über die Einführung von *tresviri epulones* zur Entlastung der Pontifices), IIIvir epul. 191 IIvir, Einweihung des von M. → Livius Salinator Nr. 18 gelobten Tempels der Iuventas. **2.** L. Licinius L., 202 curul. Aedil, wurde wegen Veruntreuung bei den ludi Romani verurteilt, Liv. 30,39,6 f. **3.** L. Licinius L., führte seine Familie in die Nobilität ein: um 154 Praetor, 151 Consul mit A. Postumius Albinus (Broughton Mag. 1,454 f.). Nach straff durchgeführten Aushebungen ging L. in seine Provinz Hispania cit., begann (aus Habgier) den Kampf gegen die Vaccäer, hatte gewisse Erfolge (Cauca, Intercatia, Palantia), wobei sich auch der jüngere Scipio auszeichnete, und überwinterte in Turdetanien. 150 begann er als Proconsul den Kampf gegen die Lusitanier, wiederum nicht frei von Perfidie und Grausamkeit. Später errichtete er der Felicitas im Velabrum einen Tempel (142 geweiht). H. Simon Roms Kriege in Spanien, 1962, 46 ff. **4.** L. Licinius L., Sohn von Nr. 3, seit ca. 119 verheiratet mit einer Caecilia Metella (2 Söhne). 104 praetor urbanus (Unterdrückung des Sklavenaufstandes unter Vettius in Lucanien), 103 Propraetor (gewisse Erfolge im sicil. Sklavenkrieg), wurde 101 wegen Unterschlagung verurteilt und ging ins Exil nach Lucanien. **5.** L. Licinius L. (117–56), Consul 74 v. Chr., älterer Sohn von Nr. 4, zeichnete sich 89 als tribunus militum im Bundesgenossenkrieg aus, war 87 Quaestor unter Sulla (Lucullusgeld: ausgemünzte Tempelschätze von Epidauros und Olympia, vgl. G. Daux, RNum Ser. 4,38 [1935] 1 ff.). Als Proquaestor fuhr er 86, um eine Flotte zu organisieren, nach Kreta, Kyrene, Alexandreia, Syrien und Rhodos; 85 unterstützte er nach Erfolgen an der kleinasiat. W.-Küste Sulla beim Hellespontübergang. Auch in den J. 85–80 bewährte er sich als Proquaestor in Asia. 79 war er Aedil zusammen mit seinem Bruder Nr. 6 (großartige Spiele; drehbare Bühne), 78 Praetor, 77–76 Propraetor in Africa (gerechte Verwaltung) und 74 Consul zusammen mit M. → Aurelius Cotta Nr. 17 (Degrassi I. 13,56 f. 486 f.). Er erhielt Cilicia sowie den Oberbefehl gegen Mithridates (3. Mithr.-Krieg) und über Asia; als Proconsul hatte er sodann die kriegsbedingte Ausnahmegewalt in Cilicia 73–68, in Asia 73–69, in Bithynia und Pontus 73–67. 74 stand er dem Mithridates zunächst im Raum an den Meerengen (Verteidigung von Kyzikos; Seesieg bei Lemnos) gegenüber, drang 73 nach Pontos vor, wo er 72 bei Kabira festlag, aber 71 siegreich war, um dann ganz Pontos (bis auf wenige Stützpunkte) zu erobern; Mithridates war nach Armenien zu Tigranes entkommen, der ihn trotz der von L. veranlaßten Gesandtschaft des Ap. → Claudius Pulcher Nr. 28 (Schwager des L.) nicht auslieferte. L., nunmehr imperator und

»Ponticus«, ordnete 71 und 70 in Asia vor allem den dortigen Schuldendienst (Folge: Gegnerschaft der Ritter) und nahm 70 ganz Pontos (Sinope und Amasia). 69 begann er die Offensive gegen Tigranes, besiegte ihn bei Tigranokerta und nahm die Stadt, ohne jedoch ihn selbst und Mithridates fassen zu können, so daß sich für 68 Verwicklungen mit den Parthern abzeichneten. Auch ein neuer Vorstoß des L. nach Armenien 68 brachte zwar einen Sieg bei Artaxata, aber keine Entscheidung, der Winter 68/67 sogar neue Schwierigkeiten mit den eigenen Soldaten und 67 die Katastrophe des → Triarius; er blieb auch nach seiner Ablösung beim Heer, ohne jedoch das erneute Vordringen des Mithridates verhindern zu können. 66 leitete er noch eine Zehnerkommission des Senats, stieß aber dann mit seinem tatsächlichen Nachfolger Pompeius zusammen und durfte erst 63 triumphieren, nachdem man ihm in Rom mancherlei Schwierigkeiten gemacht hatte. 63 unterstützte er Cicero gegen Catilina, trat 61 als Belastungszeuge gegen seinen ehemaligen Schwager → Clodius auf und verhinderte 60 die Bestätigung der *acta* des Pompeius im O. 59 war er Richter im Repetundenprozeß des L. Valerius Flaccus, zog sich aber dann aus dem polit. Leben zurück. 56 starb er in geistiger Umnachtung, der nach Crassus reichste Römer seiner Zeit, Besitzer prachtvoller Villen mit Bibliotheken, Fischteichen, Tiergärten, Obstanlagen (Kirsche!), Förderer von Kunst und Wissenschaft (→ Antiochos von Askalon, A. Licinius → Archias Nr. 6) und Vf. einer griech. Gesch. des Bundesgenossenkriegs. HRR CCLXXXI. Biogr.: Plut. Vgl. Cic. ac. 1 (= L.). DRUMANN² 4,134–188. GELZER, RE XIII 376–414. M. VILLORESE L., Firenze 1939. J. VAN OOTEGHEM L., 1959. **6.** M. Licinius L. (116 bis nach 56), Sohn von Nr. 4, Bruder von Nr. 5, nach Adoption durch einen M. Terentius Varro offiziell: *M. Terentius M.f. Varro L.* Die Brüder verklagten 100 den C. Servilius (Verurteilung) und standen dann mit dem Dichter Licinius Archias in Verbindung. Unter Sulla war M. legatus, 82 in Oberitalien, wo er bei Fidentia den überlegenen Quinctius besiegte und auch 81 mit propraetor. Imperium stand (anschließend wohl beim Wiederaufbau von Praeneste tätig). 79 curul. Aedil mit Nr. 5, 76 praetor peregrinus (Prozeß gegen C. Antonius Nr. 2; Edikt gegen Bandenunwesen), 73 Consul mit C. → Cassius Longinus Nr. 14 (BROUGHTON Mag. 2,109, *lex Terentia et Cassia frumentaria*). 72 und 71 war er Proconsul in Macedonia (Unterwerfung der Besser in Thrakien, Vorstoß bis zur Donau und zur W.-Küste des Schwarzen Meeres) und triumphierte 71. 67 Mitglied der Zehnerkommission des Senats in Asia; wurde 66 oder 65 wegen seiner Tätigkeit unter Sulla verklagt, aber freigesprochen. Mit Nr. 5 war er 65 Belastungszeuge gegen C. → Cornelius Nr. 3 und 63 Gegner Catilinas, 62 war er Hauptzeuge für den Dichter Archias, trat 58 und als Pontifex 57 für Cicero ein, übernahm die Pflegschaft für seinen Bruder Nr. 5 und sorgte für dessen Beisetzung in Tusculum 56, starb selbst bald darauf. Auch er ein reicher Grundbesitzer, nach Cic. Arch. 8 *vir summa auctoritate et religione et fide.* DRUMANN² 4,189ff. **7.** M. Licinius L., Sohn von Nr. 5 und der Servilia (2. Ehe), * um 64, wurde mit seiner Mutter 49 von seinem Vormund M. → Cato Nr. 10 nach Rhodos gebracht, kehrte nach Pharsalos (48) nach Rom zurück, ging 44 zur Partei der Caesarmörder und endete 42 bei Philippi. **8.** P. Licinius L., Volkstribun 110, versuchte vergeblich seine Wiederwahl für 109 durchzusetzen. Sall. Iug. 37,2. H. G. G.

**Lucumo** (latinisierte Form zu etr. *lauχume* u.ä.: WALDE-HOF.³ 1,827). 1. Titel: L.nes hießen im Etr. die Könige (Serv. Aen. 2,278. 8,475), die in archaischer Z. über die 12 etr. *populi* herrschten und die höchste Gewalt als Feldherren, Richter und Priester ausübten; einer von ihnen soll den Vorsitz im etr. Städtebund geführt haben. Nach Beseitigung des Königtums bezeichnete der Titel wahrscheinlich nicht die Häupter der Aristokratie, sondern den Träger eines hohen Priesteramtes nach Art des → *rex sacrorum* ([2],117 nach E. VETTER, Glotta 13, 1924, 145f.). In Mantua sollen die Vorsteher der 12 *curiae* l.nes geheißen haben. (Serv. Aen. 10,202). – 2. Name: a) Eponym der → Luceres (Cic. rep. 2,14. Varro l.l. 5,55); etr. Fürst, der Romulus im Kampf gegen die Sabiner unterstützte (Serv. Aen. 5,560. Dion. Hal. ant. 2,37ff.). – b) Urspr. Name (Liv. 1,34. Macr. Sat. 1,6,8) des Königs → Tarquinius Priscus (obwohl ähnliche etr. Namen inschr. bezeugt sind, wohl nur falsches Aition für sein Praenomen *Lucius*: R. M. OGILVIE Comment. on Livy, zu 1,34,1). – c) Vornehmer Jüngling in → Clusium; verführte die Frau seines Vormundes Arruns, der dann, um sich zu rächen, die Kelten nach Italien holte (Liv. 5,33,2–4. Plut. Cam. 15,4–6: problemat. die Deutung von J. GAGÉ, RHR 143, 1953, 170–208). – d) Cognomen in lat. Inschr. (CIL I² 2,988. II 984. V 428. 6522). W. Ki.

1. *K.O. Müller–W. Deecke* Die Etrusker, 1877 (Nachdr. 1965). 2. *M. Pallottino* Die Etrusker, 1965 (Lit.).

**Lucus Feroniae.** Kolonie des Augustus (CIL XI 3938. Ptol. 3,1,47. Plin. nat. 3,51: 7. Region), nahe dem im *lucus Capenatis* (Cato or. 1,26 Jord. = frg. 30 P.; Verg. Aen. 7,697 *luci Capeni*) gelegenen Feroniaheiligtum (Liv. 1,30,5. Dion. Hal. ant. 3,32; Gründung: Cato or. 2,17 Jord. = frg. 48 P.; Plünderung durch Hannibal 211: Liv. 26,11,8f. Sil. 13,84ff.). Alte Lokalisierungen (NISSEN It. Ldk. 2,370. PHILIPP, RE XIII 1709f. L. ROSS TAYLOR Local Cults in Etr. 50) berichtigt durch FOTI, NSA 1953, 14ff., der L. b. Scorano s.ö. Capena wiederfand. G. R.

**Lucusta.** Name von Männern und Frauen, aber auch Cognomen (z.B. bei Licinius L. und bei Caecilia L., DESSILS 6537). – **1.** L., ein in Rom wohnender Grundbesitzer im Raum von Arpinum um 55 v. Chr., Cic. ad Q. fr. 3,1,4. H. G. G.

**2.** L., berüchtigte Giftmischerin in Rom um Mitte 1. Jh. n. Chr. Schon wegen *veneficium* verurteilt und in Haft befindlich, lieferte sie im Oktober 54 Agrippina das Gift zur Beseitigung des Claudius (Tac. ann. 12,66. Cass. Dio 60,34,2) und Anf. 55 Nero zur Ermordung des Britannicus, wofür sie aus der Strafverfolgung entlassen wurde und eine hohe Belohnung erhielt (Tac. ann. 13,15. Suet. Nero 33,2 f. Sch. Iuv. 1,71). Ein von ihr bereitetes Gift hatte Nero 68 auf der Flucht bei sich, aber nicht den Mut, es einzunehmen (Suet. Nero 47, 1). Galba ließ sie hinrichten (Cass. Dio 64,3,4). K.Z.

**Ludi** s. Spiele

**Lugdunum** s. Lugudunum

**Lugii** (Lygii, *Λοῦγοι*, Lugiones). Sammelname einer Kultgenossenschaft mehrerer Stämme der s. O.-Germanen, der nach Tac. Germ. 43 die Harii, Helvecones, Manimi, Helisii und Nahanarvali sowie kleinere Völker wie Silingi, Burgundiones, Lacringi und Victuali, angehörten. Sueben und Goten benachbart, sind ihre Wohnsitze zwischen Sudeten und Weichsel gelegen. Nach Strab. 7,220 waren sie im Bunde mit den Markomannen unter Marbod, vernichteten um 50 n. Chr. mit den Hermunduren das Suebenreich des von Rom begünstigten → Vannius (Tac. ann. 11,29 f.) und erbaten, von den Sueben bedrängt (91/92 n. Chr.), von Domitian Unterstützung. Durch Aufsplitterung und Abwanderung zerfiel der Kultverband, während die einzelnen Völkerschaften unter ihren ethn. Namen (bes. die Vandili und Hasdingi) in den gesch. Quellen erscheinen. H. C.

*Schönfeld*, RE XIII 1715. *L. Zeuss* Die Deutschen 124.442. *Miltner*, RE VIII A 298 (Vandalen).

**Lugio** (*Lugione, Lucione, Lucionae, Λουγίωνον*; später, nach der Zeit Diocletians, umbenannt in Florentia), röm. Militärlager an der Donau in Pann. inf. (h. Dunaszekcső), Ausgangspunkt einer Straße, die über das Gebiet der Jazyger nach Dacien führte. Auf dem Hügel »Várhegy« befindet sich die S.-Mauer des Castells, Gebäudeteile ö. des castrum, Gräber u. a. sind freigelegt. Zu den Besatzungen s. A. Radnóti – L. Barkóczi, Acta Arch. Hung. 1, 1951, 213 ff. Das castrum, 85 x 59 m groß, bestand schon im 1. Jh. n. Chr. Im Nov. 293 n. Chr. hielt sich Diocletian kurz in L. auf (Cod. Iust. 9,20,10,11). Letzte Erwähnung von L. Not. dign. occ. 33,43. 58,44. Gegenüber L. stand der burgus *contra Florentiam*, erbaut z. Z. Diocletians, auf der Donauinsel. In den Mauern des Wachtturmes wurden eingebaute Inschr. der Severerzeit gefunden, neben dem Lager von L. Teile einer spätröm. Schiffslände: Spuren der beiden Ecktürme, Ruinen einer Mauer, welche den Eckturm mit dem Zentralgebäude verband, gebaut in der Z. von Diocletian bis Valentinian I. J. Sz.

*Fitz*, RE Suppl. IX 391 ff. *A. Mócsy*, Folia Archaeol. 10, 1958, 89 ff.



**Lugudunum.** Hauptstadt der Tres Galliae, h. Lyon. Älteste, rein kelt. Form auf einer Silbermünze aus dem J. 42 v. Chr. *Lugudunon*, lat. *Lugudunum*, Ptol. *Λούγδουνον*. Cass. Dio 46,50 nennt *Λουγούδουνον* als ältere, *Λούγδουνον* als zu seiner Zeit gebräuchliche Form. Die Bedeutung des ersten Wortteils ist umstritten: von *lugu*, dem Namen des Sonnengottes, oder von *λοῦγος*, nach Kleitophon bei Ps. Plut. de fluv. 6,4 im kelt. = Rabe, also »Rabenburg« (*dunon* ist die im kelt. häufige Bezeichnung von Berg, Burg).

Es handelt sich um 2 kelt. Niederlassungen aus vorcaesar. Z., die erste auf dem Hügel Fourvière am r. Ararufer mit einem oppidum, die zweite, spätere auf dem Landzipfel zwischen Rhodanus und Arar (Strab. 4,186). Strab. a. O. nennt sie *πόλις Σεγουσιανῶν*, Plin. nat. 4,107 *colonia in agro Segusiavorum*. Die erste röm. Niederlassung erfolgte im J. 61 v. Chr., als im Zusammenhang mit der Empörung des Gallierfürsten → Catugnatus die in → Vienna ansässigen röm. Kaufleute vertrieben wurden, und zwar am Fuße des Hügels (Strab. 4,192 *ἐκτισμένον ὑπὸ λόφῳ*). Ihre eigentliche Begründung als Stadt und ihre Erhebung zur Colonia erhielt sie im J. 43 v. Chr. durch den Praetor von Gallia Transalpina L. Munatius Plancus. Die Ansiedler waren nach Tac. hist. 1,65,2 Veteranen; die Colonia hatte also einen militär. Ursprung. Sie erhielt den Namen *Col. Copia Claudia Augusta (tribu Galeria)*.

L. wurde der Mittelpunkt der Verwaltung und der Wirtschaft der Tres Galliae: Sitz des Landtages der 60 *civitates*, der jährlich am 1. August am Altar der Roma und des Augustus sein Weihefest feierte; wichtiger Straßenknotenpunkt seit Agrippa, Sitz der Verwaltung der provincia Lugdunensis. Die Stadt blühte im 1. Jh. n. Chr. rasch auf. Augustus hielt mehrfach in ihr Hof. Caligula heckte dort seinen Plan aus, Rhetorenwettkämpfe und Spiele beim Bundesaltar auszuführen und ließ dort den König Ptolemaeus von Mauretanien ermorden (Suet. Cal. 17.35). Dort ist Claudius geboren (Suet. Claud. 2). Sen. ep. 91 nennt sie *maxima* und *ornamentum trium provinciarum*. Im J. 65 verwüstete sie ein Brand (Tac. ann. 16,3). Aber sie gelangte zu neuer Blüte trotz der Ereignisse von 68/69. Unter Hadrian dem restitutor Galliae, rege Bautätigkeit. Septimius Severus war legatus prov., Caracalla ist dort geboren. Im J. 197 nach dem Kampf des Severus gegen Clodius Albinus wurde L. teilweise eingeäschert. Damit verlor L. seine Bedeutung. Am E. des 3. Jh. wurde die zeitweilige Kaiserresidenz von L. nach Trier verlegt.

Der Einfluß der Stadt auf Gallien war sehr groß: im wirtschaftlichen Leben mit ihren Werkstätten und ihrem Handel *(nautae, vinarii, utricularii, centonarii, sagarii* usw.*)*, für den Verkehr (Tab. Peut. *Lugduno caput Galliarum, usque hic leugas*) und im religiösen Leben mit ihren oriental. Kulten und ihrer raschen Christianisierung, mit der die Namen des Pothinus und Irenaeus und der Märtyrer von 177 verbunden sind. In L. war die 1. chr. Gemeinde Galliens. Im J. 470 besetzten die Burgunder L., 725 wurde es von den Sarazenen ausgeplündert.

Mehrere bedeutende Denkmäler sind erhalten: in Fourvière Theater, Odeon, Tempel der Kybele; in La Croix-Rousse Amphitheater; Wasserleitungen; zahlreiche Gräber. Inschr. CIL XIII 1664; ALLMER, DISSARD Inscr. ant. de Lyon. P. WUILLEUMIER Inscr. lat. des Trois-Gaules, Paris 1963. M. L.

*O. Hirschfeld* Lyon in der Römerzeit, Wien 1878. *C. Jullian* Hist. de la Gaule 6,515. *A. Kleinclausz* Lyon des origines à nos jours, Lyon 1932. *P. Wuilleumier* Lyon métropole des Gaules, Paris 1953. *A. Audin* Essai sur la topogr. de L., Lyon 1959. *Ders.* Lyon miroir de Rome dans les Gaules, Paris 1965. *Germain de Montauzan* Les aqueducs ant. de Lyon, 1908. *P. Wuilleumier* et *A. Audin* Les médaillons d'applique gallo-rom. de la vallée du Rhône, Paris 1952. *M. Rambaud* L'origine militaire de la colonie de L., CRAI 1965, 254.

**Luguvallium** (Luguvallum, Luguvallium, Lagubalium) hat kelt. Etym., war wohl urspr. ein Klanname und bedeutet »stark wie der Gott Lugus«. Der »Stanegate«, die prähist. Nord–Südstraße Englands, überschreitet hier von York herkommend den Fluß Eden, und stößt mit einer ebenfalls vorröm. »West–Ost«-Straße zusammen. Ein röm. Fort wurde hier wohl bereits unter Petilius Cerealis um 71 n. Chr. angelegt. Die Front wurde aber dann zum Fort Stanwix vorverlegt, so daß L. zur Etappe des Hadrianswalles gehörte. Hier entstand eine aufblühende röm. Zivilsiedlung, die baugeschichtlich im mittleren 2., im späten 3. und im mittleren 4. Jh. durchgreifenden Änderungen unterlag, z.T. als Folge von Aufständen und Invasionen. Seit spätestens dem 4. Jh. gab es hier eine chr. Gemeinde. Nach Aufgabe des Hadrianwalls im 5. Jh. scheint L. noch eine Zeitlang der Sitz des Kelten Cunedag, eines eingeborenen »Römerführers«, gewesen zu sein. Um 800 gab es einen *praepositus* von L., der St. Cuthbert die Römerreste der vermutlich völlig aufgegebenen Siedlung noch zeigen konnte, deren Nachfolge das ma. Carlisle antrat. F. M. H. – J. Ward

Vgl. mit Vollbibliogr. RE s.v. *E. Birley* Research on Hadrian's Wall, 1962, 136f. und Ind. s. Carlisle. *W. Bonser* A Romano-British Bibliogr., 1964, Nr. 7631–7660. *R. G. Collingwood – R. P. Wright* The Rom. Inscr. of Brit. I (1965), Ind. s. Carlisle. *I. A. Richmond* Rom. Brit.² (1963), Ind. s.v. *P. Salvay* The Frontier People of Rom. Brit., 1965, Ind. s. Carlisle. Vgl. auch Transact. Cumberland and Westmoreland Antiq. and Arch. Soc. pass.

**Lukas** (Kurzform von *Λούκιος*), nach Phlm 24 ein Mitarbeiter und Begleiter des Paulus. Nach 2. Tim. 4,11 (nachpaul.) weilt er als einziger beim gefangenen Apostel. Kol. 4,14 wird L. *ὁ ἰατρὸς ὁ ἀγαπητός* genannt. Weil L. an dieser Stelle ausdrücklich von den Mitarbeitern aus der Beschneidung unterschieden wird, muß angenommen werden, daß L. geborener Heide war. (Der *Λούκιος* Röm. 16,21 und der *Λούκιος* Apg. 13,1 sind mit diesem L. nicht identisch.) Kirchlicher Tradition zufolge (ältestes Zeugnis ist der Kanon Muratori 3–8; 34ff. Text bei ALTANER Synopsis Quattuor Evangeliorum, 1964, 538) ist L. der Vf. des 3. Egl. und der Apg. So urteilt auch der fälschlich antimarcionit. genannte Prolog zum L.-Evg. (Text bei ALAND 533), dessen Alter nicht mehr genau festgestellt werden kann. Nach ihm soll der Arzt L. ein Syrer aus Antiocheia sein (vgl. Eus. h.e. 3,4, 16), der zuerst Schüler von Aposteln und dann Begleiter des Paulus bis zu dessen Tod gewesen sei. Sein Evg. habe er in Achaia geschrieben und sei 84jährig in Boiotien gestorben. Wahrscheinlich sind diese Nachrichten Folge der Tendenz des 2. Jh., die Evangelisten in möglichster Nähe zu den Aposteln zu sehen. Eine Entscheidung, ob der Begleiter des Paulus L. (Phlm 24) und der Vf. des 3. Evg. (Kanon Mur.) miteinander ident. sind, kann nicht auf Grund der genannten kirchlichen Tradition gefällt werden, sondern nur mit Hilfe eines Vergleichs zwischen der Theologie des Paulus und der des L. Ein solcher Vergleich zeigt, wie L. der paul. Theologie völlig fremd gegenübersteht (T. E. BLEIBEN The Gospel of L. and the Gospel of Paul, Journ. Theol. Stud. 45, 1944, 134ff.). Für die Apg. liegen die Dinge ähnlich (s. vor allem PH. VIELHAUER Zum »Paulinismus« der Apg., Ev. Theol. 10, 1950/51, 1ff. und FEINE-BEHM-KÜMMEL Einl. in das NT. ¹³1964, 114ff.). Nach Clem. Al. (Eus. h.e. 6,14,2) ist L. der Übersetzer des angeblich von Paulus stammenden Hebr.-Br. Hieron. v. ill. 7 erzählt, daß die Gebeine des L. im 4. Jh. nach Konstantinopel überführt worden seien. Kl. W.

Ältere Zeugnisse *H. J. Cadbury* in: The Beginnings of Christianity 1,2, 1922, 209ff. *Aland* a.O. 531ff.; Lit. bei *Feine-Behm-Kümmel* Einl. in das NT. ¹³1964, 72f. 94ff.

**Lukianos** (*Λουκιανός*) **1**. Aus Samosata in Kommagene, der berühmte Sophist und Satiriker. Obwohl nahezu sein gesamtes Oeuvre vorliegt (verloren eine Biogr. des Boioters Sostratos: Demon. 1) und L. gerne von sich selber spricht, ist es nahezu ausgeschlossen, die einzelnen Abschnitte seines Lebens exakt zu bestimmen. Anderweitige biogr. Tradition ist spärlich, überdies durch chr. Polemik getrübt (Suda s. *Λ.*; vgl. Isid. Pelus. epist. 4,55).

L., * gegen 120 n. Chr., entstammte einer einfachen syr. Familie. Nachdem er sich wenig erfolgreich als Lehrling seines Oheims, eines Bildhauers, versucht hatte (vgl. die unter Anlehnung an → Prodikos' berühmte Allegorie von Herakles am Scheideweg verfaßte Darstellung im Somnium), ging er wahrscheinlich nach Ionien (bis acc. 27), wo er die griech. Sprache erlernte, die Klassiker studierte und sich jene bemerkenswerte Bildung und stilist. Sicherheit erwarb, die in seinen Werken spürbar wird. Seine Lehrer lassen sich nicht ermitteln. Anschließend verbrachte er längere Zeit als erfolgreicher Wanderredner auf Reisen in Griechenland, Italien und Gallien. Im J. 165 erlebte er in Olympia, wohin er im Laufe seines Lebens insgesamt viermal reiste (Peregr. 35), die Selbstverbrennung des → Peregrinos Proteus. Etwa in der gleichen Z. scheint er sich um die Aufmerksamkeit des Kaisers L. → Verus in Antiocheia bemüht zu haben (Verherrlichung der → Pantheia in den Imagines). In Athen, wo er seit 157 vorwiegend lebte, lernte er den Kyniker → Demonax kennen und gewann Einblicke in die Streitigkeiten der offiziellen Lehrstuhlinhaber. Seine Verbindungen zu hohen röm. Beamten (z.B. → Mummius Sisenna Rutilianus, → Lollianus Avitus: Alex. 54ff.) verhalfen (im J. 171?) dem schon betagten L., der sich stets auf seine Unabhängigkeit viel zugute gehalten hatte (vgl. De mercede conductis; Apologie), zu dem Amt eines Kanzleichefs beim Statthalter von Äg. (Pro lapsu inter salutandum). Ab wann und wie lange er diese Stellung innehatte, ist unklar; jedenfalls nahm er gegen E. seines Lebens die sophist. Epideixeis wieder auf (vgl. z.B. Herc. 1.7). Sein Todesjahr ist nicht überliefert, doch überlebte er (vgl. Alex. 48) Kaiser Marcus († 180).

Ca. 70 Schriften des Corp. Luc. sind in ihrer Echtheit unbestritten. Aber nur in wenigen Fällen sind wir in der Lage, die jeweilige Entstehungszeit exakt zu bestimmen. Ältere Versuche, formal oder themat. verwandte Schriften womöglich chronol. zusammenzunehmen und mit ihrer Hilfe eine konsequente Entwicklung L.' nachzuweisen, haben durch neuere Unters. erhebliche Einschränkungen erfahren. Die Methode muß schon deswegen Bedenken erregen, weil ein so überaus behendes und vielseitiges Talent natürlich zu jeder Zeit sowohl auf bereits früher erprobte Formen und Themen zurückgreifen als auch ebensogut mit neuen Mitteln experimentieren konnte. Entsprechende Vorsicht ist am Platze, will man L. einen festen philos. Standort zuweisen; dieser wendige Satiriker gießt seinen mitunter äußerst boshaften Spott über alles, was seinem skept. Auge als überholt, albern oder töricht erscheint, und nimmt dafür Anregungen und Argumente mit größter Selbstverständlichkeit von überall her, wo immer sich ein bequemes Repertoire fand.

Den Jahren des Wanderlebens als Vortragsredner entstammen eine Reihe epideikt. Produkte, darunter Ekphraseis (De domo, Hippias), Deklamationen (Phalaris, Tyrannicida), das verspielte Muscae encomium und verschiedene Prolaliai (De electro, Herodotus, Scytha), die z.T. möglicherweise als Einleitungen erhaltener umfangreicherer Schriften gedient haben.

Nach eigenem Zeugnis (Bis acc. 32f.) entschied sich L. im Alter von etwa 40 J. für neue literar. Formen; in der genannten Schrift (entstanden um 165) führt er sich selbst als Angeklagten ein, den die Rhetorik der Untreue und der Dialogos, der »Sohn der Philosophie«, der Mißhandlung bezichtigen. Damit zieht L. einen vorläufigen Schlußstrich unter seine der sophist. Epideiktik gewidmete Periode. Im Anschluß an sie bediente er sich für eine Weile der Dialogform, um in gefälligem Gewande vor allem die grotesken Seiten und Ungereimtheiten der gängigen myth. Vorstellungen aufzuweisen. Das geschieht z.B. in den Deorum dialogi, den Dialogi marini und im Prometheus. Effektvolle Verbindung von »sokratischer« Form mit Komödienmotiven, wobei diese gelegentlich den Gesamteindruck bestimmen, liegt bes. im Timon und auch in den Hetärengesprächen vor, einer abwechslungsreichen, mit leichter Hand und bemerkenswerter Einfühlung in die Zustände innerhalb der Halbwelt des klass. Athen geschriebenen Serie »typischer« Situationen.

Die mit Selbstgefälligkeit mehrfach angedeuteten philos. Interessen (außer dem Bis acc. vgl. auch Nigrinus, Hermotimus) hingegen erweisen sich bei näherem Zusehen als fadenscheinig; für gewöhnlich läßt sich bei L. nicht mehr als eine oberflächliche und eher laienhafte Verwendung doxograph. Gemeinplätze feststellen, die jedem halbwegs Gebildeten zur Hand waren. Das gilt z.B. für den sehr breit angelegten Hermotimus (aus dem J. 165?), wo der Hauptunterredner vor L. (der hier, wie öfter, unter seiner gräzisierten Namensform Lykinos auftritt) seine Entscheidung für die Stoa zu begründen sucht, jedoch mittels gängiger Argumente extrem skept. Richtung in die Aporie gedrängt wird. Es gilt aber auch für den Nigrinus (Mitte der fünfziger J.?), einen überschwänglichen Erguß in Dialogform mit vorangestelltem Widmungsbrief. Die vorgebliche Begeisterung für die tiefen philos. Lehren dieses Platonikers, den L. in Rom kennengelernt haben will, steht in peinlichem Kontrast zum Inhalt des reichlich banalen Lehrvortrags, in dem großstädt. Oberflächlichkeit und Genußsucht mit der Anspruchslosigkeit und der wahren Bildung eines idealisierten Athen konfrontiert werden, so daß der Ansicht, hier werde in scheinbarem Ernst ein boshaftes, ironisches Spiel getrieben [7], große Wahrscheinlichkeit zukommt.

Philos. Elemente, freilich primär bedingt durch L.' Bemühen, ein seinen Ansichten und seinem literar. Talent gemäßes Ausdrucksmittel zu finden, werden wir in der Wiederbelebung der kyn. Diatribe des → Menippos von Gadara (den er mehrfach, neben Diogenes, persönlich zu Wort kommen läßt) und in ihrer mannigfachen Verbindung mit seinen schon zuvor erprobten Formen sehen. Hier konnte der Satiriker, teils giftig eifernd, teils herablassend und beinahe nachsichtig spottend, seiner Zeit einen Spiegel vorhalten, und er tat dies mehr als 10 J. lang, wobei er die wichtigsten Lebensbereiche einer rationalist. Betrachtung unterzog. Auf die Ausformung und fortwährende Benutzung dieser Gattung, die L. gern als seine spezif. Leistung hinstellt, beziehen sich die »Vorwürfe«, die er sich im Bis acc. machen läßt.

In Anknüpfung an seine frühen Dialoge behandelt L. nunmehr mit diesen schärferen Waffen relig. Themen, etwa im Iupiter confutatus (Unklarheit der Stellung der Götter gegenüber dem Schicksal im Epos), im Iupiter tragoedus (wo die Existenz der Götter durch epikureische Argumente in Frage gestellt erscheint) oder im Deorum concilium (wo die alte olymp. Götteraristokratie als durch den Zustrom neuer Gottheiten gefährdet dargestellt wird). Zeitgenöss. Auswüchse des Irrglaubens geißelt er (in Briefform) mit der bösartigen Schilderung der Selbstverbrennung des Wanderphilosophen Peregrinos (Korrektur dieses Zerrbildes ermöglicht Gell. 8,3. 12,11) und in der erst nach 180 abgeschlossenen Kampfschrift gegen den Propheten Alexandros von Abonuteichos, dessen auf die Wundergläubigkeit des Volkes berechnete Praktiken L. anläßlich einer Reise im J. 164 nicht ohne Lebensgefahr kennengelernt hatte. Dem menipp. Bereich gehört sodann eine Gruppe von um 160 entstandener Schriften an, in denen L. die Sinnlosigkeit alles menschlichen Bemühens um hinfällige Güter wie Reichtum und Ruhm vor dem Hintergrund des Hades erweist. Am bekanntesten hiervon sind die Totengespräche geworden, obwohl sie trotz der Einbeziehung bedeutender historischer Persönlichkeiten von monotonen Wiederholungen nicht frei sind; daneben gehören Cataplus, Charo, Menippus und der in der Oberwelt spielende Gallus themat. in diesen Zusammenhang. Gegen Entartungserscheinungen in der Philosophie, vor allem gegen die unwürdige Habgier und Eifersucht zeitgenöss. Philosophen, zielen Eunuchus (um 177), Vitarum auctio (in der lediglich die skept. und die ihr in mancher Hinsicht nahestehende epikur. Richtung geschont werden), Convivium, Piscator, Fugitivi und auch Philopseudes (wohl 168), wo gehässigerweise sog. Philosophen als überzeugte Anhänger ärgsten Aberglaubens auftreten. Schließlich kommen auch die Vertreter eines pedantischen Hyperattizismus nicht ungeschoren davon. L., selber in sprachlicher wie sachlicher Hinsicht antiquarisch ausgerichtet, aber nicht völlig gleichgültig gegenüber seiner eigenen Z. und bereit, ihr Zugeständnisse zu machen, wendet sich ebenso gegen übertriebenen Purismus (Lexiphanes [vielleicht gegen den Lexikographen → Polydeukes = Pollux gerichtet], Pseudologista, Pseudosophista, Iudicium vocalium) wie gegen die Praxis, durch geschickt berechnete Kniffe die Hörer zu blenden (Rhetorum praeceptor [eine iron. Anweisung, wie der angehende Redner am schnellsten zu Erfolg gelangen könne]). Die Gattung der Wundererzählung und des Abenteuerromans parodiert L. recht lustig in der *Ἀληϑὴς ἱστορία* (2 B.). Ernsthaftere Töne schlägt er, in der Form eines Lehrbriefes, in der Schrift *Πῶς δεῖ ἱστορίαν συγγράφειν* an: verärgert über die ephemeren enkomiast. Geschichtswerke z.Z. des Verus behandelt er, unter Anlehnung an letztlich aus dem



Werk des Thukydides abgeleitete Gesichtspunkte, Fragen des Verhältnisses der Historiographie zu anderen Genera der Lit.

Unter den Pseudepigrapha verdienen das Romanexc. *Λούκιος ἢ Ὄνος* (→ Lukios), die religionsgeschichtlich bedeutsame, in künstlichem ion. Dialekt verfaßte Schrift De Syria dea und der platonisierende hellenist. Dialog Alcyon Erwähnung. Die Zuweisung einer Reihe von Epigrammen ist unsicher.

L. fand zu fast allen Zeiten Leser und Bewunderer. Abgesehen von den stilist. Vorzügen trug der moralisierende Tenor eines großen Teiles seiner Schriften zu dieser Beliebtheit bei. Daß die sophist. Kreise der Spätantike (→ Libanios, → Iulianos, → Alkiphron) mit ihm vertraut sind, erscheint weniger überraschend als die Tatsache, daß er vom 9. Jh. an auch den Byzantinern lieb und wert ist, ungeachtet seiner Ausfälle gegen das Christentum und seiner nur selten konstruktiven Kritik. Das war nur möglich, weil man in ihm vor allem den Gegner heidn. Götzendienstes und menschlicher Torheit sah oder sehen wollte. So etwa interpretiert ihn → Photios (bibl. 128), und so mag sich auch das lebhafte, keineswegs ausschließlich attizist. orientierte Interesse des Arethas, Leons des Philosophen, des → Tzetzes u.a. an ihm erklären. Außer dem Timon-Stoff übte die Motivik der Totengespräche bes. nachhaltigen Einfluß aus. Nachdem L.' Schriften im Laufe des 15. Jh. im Abendland bekanntgeworden waren, ließen sich Humanisten wie Reuchlin, Erasmus, Hutten, Peutinger und Melanchthon von ihnen anregen, teils als Übersetzer, teils ihn imitierend, und im Gefolge von Hans Sachs entlehnten unzählige Dichter beinahe aller europ. Länder bis in das 19. Jh. hinein L. Thematik und Szenerie.

Die urspr. einzeln publizierten Schriften wurden erst später in uneinheitlicher Reihenfolge zu Corpora vereinigt. Zwei solcher Slg.-en, eine Gesamtausgabe ($\Gamma$-Klasse [Hauptvertreter: Vatic. Gr. 90], welcher der von Photios benutzte Codex angehörte und zu der auch die von Arethas veranlaßte Ausgabe [Rest mit Sch. im Harleian. 5694] zählt) und eine Auswahl (B.-Klasse), die nachträglich zu einer Gesamtausgabe, aber mit anderer Schriftenfolge, erweitert wurde, sind kenntlich. Die ältesten der ca. 160 Hss. entstammen dem 10. Jh. Zit. in den Sch. lassen erkennen, daß die Anfänge der L.-Erklärung in die Z. vor dem 7./8. Jh., somit auf spätant. gramm. Tradition zurückgehen. H.Gä.

Ta.: *C.Jacobitz*, Lpz. 1836/41 (Nachdr. Hildesh. 1966), ed. min. Lpz. 1852/53 u.ö. *J.Sommerbrodt*, Bln. 1886/99. *N.Nilén*, Lpz. 1906/23 (unvollst.). *A.-M.Harmon–K.Kilburn–M.D. Macleod*, Lond. 1913ff. (m. engl. Übers.). *K.Mras*, Hauptwerke, Münch. 1954 (m. dt. Übers.).
Einzelschriften (Ta., Komm., Übers.): DMeretr.: *K. Mras*, Bln. 1930. *W.Plankl*, Wien 1947. – Syr. D.: *C.Clemen*, Lpz. 1938. – Philops. und Peregr.: *J.Schwartz*, Paris 1951. – Peregr.: *W.Nestle*, Münch. 1925. – Hist. Conscr.:

G. *Avenarius*, Meisenheim/Glan 1956. *H. Homeyer*, Münch. 1965. – Alex.: *M. Caster*, Paris 1938. – V. H.: *C. S. Jerram*, Oxf. ²1880 (zuletzt 1962). *F. Ollier*, Paris 1962. – Vit. Auct.: *Th. Beaupère*, Paris 1967. – Tox.: *E. Steindl*, Zürich 1962. – Menipp. und Tim.: *E.C. Mackie*, Cambr. 1904. – Dem. Enc.: *F. Albers*, Lpz. 1910. – Podagra und Ocyp.: *J. Zimmermann*, Lpz. 1909. – Anach.: *E. Steindl*, Zürich 1965.
Komm. Auswahl. *J. Sommerbrodt*, Bln. 1853/72.
Übers.: *Chr. M. Wieland*, Lpz. 1788/89 u.ö. (danach zuletzt in Auswahl von *E. Ermatinger–K. Hoenn*, Zürich-Stuttgart 1948).
Index: *C.C. Reitz*, Utrecht 1746 (Nachdr. Amsterdam 1965). *C. Jacobitz*, Bd. 4 d. Ausg. Sch.: *H. Rabe*, Lpz. 1906.
Lit.-Ber.: *E. Richtsteig*, BursJb 216,58ff. 220,246f. 238, 22ff. Lit.: (Spezialunters. in den Bibliogr. der im folgenden angeführten Werke) 1. *Schmid-Stählin* 2,2,710ff. 2. *Lesky* GrLL² 894ff. 3. *R. Helm* L. und Menipp, Lpz./Bln. 1906. 4. *O. Schissel v. Fleschenberg* Novellenkränze L.', Halle 1912. 5. *M. Caster* L. et la pensée religieuse de son temps, Paris 1938. 6. *J. Bompaire* L. écrivain, Paris 1958. 7. *G. Misch* Gesch. d. Autobiogr. ³1,2,385ff. 8. *J. Schwartz* Biogr. de L. de Samosate, Bruxelles 1965. 9. *H.D. Betz* L. und das NT., Bln. 1961. 10. *K. Mras* Die Überl. L.', SAWW 167,7 (1911).

**2.** L. von Antiocheia (* ca. 240, † 312 als Märtyrer) ist der Begründer der antiochen. Exegetenschule, deren Theologie in einem bemerkenswerten Gegensatz zu der der Alexandriner stand. Unterschiede betrafen vor allem die Christologie (Alex.: Der Logos ist von Ewigkeit gezeugt; Ant.: Der Logos ist geschaffen) und die Schriftauslegung (Alex.: Allegorese – Ant.: Betonung des Literalsinns). Ausgebildet wurde L. in Edessa. Von da siedelte er in den 60er J. nach Antiocheia über. Hier kam es in der Auseinandersetzung zwischen alexandr. und edessen. Theologie zum Schisma (268). Zu Beginn des arian. Streits hatten viele Schüler des L. wichtige Bischofssitze inne (Arius!). Auf L. geht eine wichtige Bibelrez. zurück. Kl.W.

*G. Bardy* Recherches sur L. d'A. et son école, 193 6. *Ders.* DThC 9,1024ff. *A. Dörrie* Zur Gesch. der LXX ..., in: ZNW 39, 1940, 57ff. *Altaner* 190.

**Lukillios** (*Λουκίλλιος*), Epigrammatiker z. Z. Neros, dem er sein 2. B. mit einem Dank für Unterstützung widmete (Anth. Pal. 9,572) und der auch mit den Anreden in 11,75.116.132.185 gemeint sein wird. Verschiedene Indizien weisen auf den 1. Teil der Regierung Neros (C. Cichorius Röm. Stud., 1922, 372–374). *Λουκίλλιος* nennt sich der Dichter 6,164 und 11,196. In den Vf.-Angaben der Anth. erscheint öfter *Λουκίλλου*; doch ist die Identifizierung mit dem Grammatiker Lukillos von Tarrha ebenso unberechtigt wie die mit Lucilius, dem Freunde Senecas. Daß L. Grammatiker war, ist trotz 11,10 nicht sicher (Vf.schaft von 401 zweifelhaft). Von L. sind über 100 Epigr. in der Anth. erhalten; die Zuweisung weiterer Epigr. ist unsicher, da bes. die Angabe *Λουκιανοῦ* aus *Λουκιλλίου* verdorben sein, wie 6,164, aber auch einen Dichter dieses Namens bezeichnen kann. Fast alle sind Spottepigr.; L. hat dies Genus nach früheren Ansätzen zur Vollendung gebracht. Er parodiert Weih- (6,164. 11,194), Grab- (11,80. 312) und agonist. Epigr. (11,81.84), in 11,194 und 80 speziell Leonidas von Tarent. Hauptsächlich aber richtet sein Spott sich gegen menschliche Typen (Berufe, Charakter- und Körperfehler, Gastmahlsitten usw.). Wesentliches Mittel, mit diesen meist gut pointierten Epigr. Lachen zu erregen, ist die Hyperbel. Gelegentlich treffender Witz tritt zurück hinter der ermüdenden Motivwiederholung. Die Sprache des L., der Attizismus und Solöcismus gleichermaßen verspottet, steht der gesprochenen nahe. Der Versbau ist glatt (11, 295 gehört nicht L.). Die Wirkung des L. auf die griech. (bis zu Palladas) und lat. Epigrammatik (Martial) war bedeutend. R. K.

*A. Linnenkugel* De Lucillo Tarrhaeo (Rhetor. Stud. 13) 1926. *O. Weinreich*, SHAW 1944/48, 1,82–90. *Garzya*, Giorn. Ital. Filol. 8, 1955, 21–34.

**Lukillos** (*Λούκιλλος*). Griech. Grammatiker aus Tarrha/Kreta (Steph. Byz. s. *Τάρρα*). Seine Lebenszeit läßt sich nur ungefähr bestimmen: Da der Paroimiograph → Zenobios L.' Sprichwörter-Slg. (nach Steph. Byz. a. O. in 3 B., die Zahl jedoch u. U. verderbt) neben der des → Didymos (1) als Quelle nennt, muß L. vorhadrian. Z. angehört haben. Falls andererseits die Reihe der Namen Didymos – L. – Zenobios in der Suda-Notiz s. *Ζηνόβιος* eine chronol. Abfolge bezeichnet, kann er dem 1. Jh. n. Chr. zugewiesen werden. Wahrscheinlich darf aus Suda a. O. (vgl. Anon. in Aristot. rhet. 2,21 p. 128 R.) sogar geschlossen werden, daß Zenobios überhaupt nur eine auf L. zurückgehende Epit. der Slg. des Didymos benutzt hat. An weiteren Titeln überliefert Steph. Byz. a. O.: einen Komm. zu Apollonios Rhod. (Zit. in den Sch., häufig Quellenfragen betreffend); eine Schrift *Περὶ Θεσσαλονίκης* (Spuren bei Steph. Byz.; FHG 4,440f.); schließlich ein offenbar recht umfassendes gramm. Werk (*Τεχνικά*), zu dem höchstwahrscheinlich auch der Abschnitt *Περὶ γραμμάτων* gehörte, der in den Sch. zu → Dionysios Thrax (26) und bei → Priscianus mehrfach zit. wird. H. Gä.

*A. Linnenkugel* De L. Tarrhaeo epigrammatum poeta, grammatico, rhetore, Paderborn 1926 (mit Frg.-Slg. S. 74ff.); vgl. aber die Vorbehalte gegen die dort vorgenommene Gleichsetzung des L. mit → Lukillios von *Martin*, Gn 5, 1929, 124ff. und *Preisendanz*, PhW 50, 1930, 289ff.

**Lukios** (*Λούκιος*). **1.** Platoniker (nicht Stoiker, wie man z. T. annahm), bekannt nur aus dem Kategorien-Komm. des Simplikios (CiAG VIII) als Vf. von Aporien zur aristot. Kategorienschrift. Simplikios zitiert L. und Anhänger (*οἱ περὶ Λ.*) öfters zusammen mit → Nikostratos und deutet p. 1,18ff. Priorität des L. an. Da Nikostratos die Akme um 160–170 n. Chr. hatte, dürfte L. einige

Jahre oder auch Jahrzehnte vor dieser Zeit gewirkt haben. Vgl. L. 3.

*K.Prantl* Gesch. der Logik 1,618f. *K.Praechter*, H 57, 1922, 502f. RE XIII, 1791–1797.

**2.** Treuer Anhänger des Stoikers → Musonius. L. hörte ihn auf Gyaros und gab die Aufzeichnung dieser Lehrgespräche wohl um 100 n.Chr., nach dem Tode des Musonius, heraus. Ihnen entstammen die Musonius-Frg. bei Stobaios (der L. 2,15, 46 p. 193,3 W. zitiert).

*Hense* Musonii reliquiae praef. IXff. RE XIII, 1797. *M. Pohlenz* Die Stoa 2,145.

**3.** Freund des → Herodes (16; Philostr. 2,1,9). Chronolog. Gründe (Zusammenkunft mit Kaiser Marc Aurel) sprechen trotz der Angabe, L. habe bei dem »Tyrier Musonius« philosophiert, gegen seine Gleichsetzung mit L. 2; ungewiß bleibt, ob er mit L. 1 ident. ist. **4.** Schüler des Neupythagoreers Moderatos, Gesprächsperson bei Plut. quaest.conviv. 8,7.8. G. Schm.

**4.** L., von Patrai, Name des Helden, schwerlich des Vf., der romanhaften Erzählung von den Abenteuern eines in einen Esel verwandelten Menschen. Sie bildete B. 1 und 2 einer *Μεταμορφώσεων λόγοι* betitelten Slg. von Wundergeschichten (Phot.bibl.129). Eine Epit. liegt in der unter Lukians Namen überlieferten Schrift *Λούκιος ἢ Ὄνος* vor. Auch → Apuleius' Metamorphosen gehen im Kern auf diesen Stoff zurück. H. Gä.

Lit.: (vgl. den Ber. von *O.Mazal*, Jb. der Österr. Byz. Ges. 13, 1964, 67ff.). *Christ-Schmid* 2,2,737. *B.E. Perry* The Metam. ascribed to L. of Patrae, Diss. Princeton Univ. 1920. *A.Mazzarino* La Milesia e Apuleio, Torino 1950. *G.Bianco*, RIL 89/90, 1956, 47ff. *L.Pepe* Giorn. It. Fil. 16, 1963, 111ff.

**Lukuas** (*Λουκουᾶς*). »König« der aufständ. Juden 115 n.Chr. in Kyrene, verwüstete Äg. Der Präfekt von Äg. M.Rutilius Lupus konnte den Aufruhr nicht unterdrücken; erst Q.Marcius Turbo gelang dies 117. Eus. hist. eccl. 4,2,2ff. Cass. Dio 68,32,1 nennt ihn Andreas; vielleicht trug er den Doppelnamen *Λουκουᾶς ὁ καὶ Ἀνδρέας*. V.A. Tcherikover–A. Fuks Corp. papyr. Iudaic. 1, 1957, 86.89.90,83. 2, 1960, 95,7, Nr. 158a. H.V.

**Luna** der Mond. **1.** Die italische Mondgöttin. Etym.: zu *lūcere* (schon ant.: Varro l.l. 5,68). Alter der Verehrung unsicher. Gründung einer *ara* für Sol und L. durch den Sabiner Titus Tatius (*ut annales dicunt!* Varro l.l. 5,74. Dion. Hal. 2,50, 3. Aug. civ. 4,23). Alter Gestirn-Kult in Ital. wurde fast allg. geleugnet (s. [3],1808. [4],315; daher griech. Herkunft vermutet [4],315. [2],1138f.). Doch hat [5] Spuren davon auch in Italien gefunden (vgl. Bömer zu Ov. fast. 3,883), ohne nennenswerten alten Kult nachweisen zu können. Auch in hist. Z. Kult nicht bedeutend. Inschr. selten ([3], 1810). → Sol. → Selene.

Heiligtum am Aventin (Liv. 40,2,2. Ov. fast. 3, 883f.). Nach Tac. ann. 15,41,1 von Servius Tullius erbaut. Von L. Mummius nach der Zerstörung Korinths mit Weihgeschenken geschmückt (Vitr. 5,5,8). Fest 31. März (Ov. a.O., fasti Caer., Praen.). Abgebrannt beim Brand Roms unter Nero (Tac. a.O.); nicht mehr erwähnt. Nicht ident. mit dem Tempel für Sol. und L. in der XI. Region ([3], 1808f. Platner-Ashby 320): s.u. Einen nachts beleuchteten Tempel der L. Noctiluca gab es auf dem Palatium (Varro l.l. 5,68). Von einer Feier *in Graecostasi* sprechen fasti Pinc. zum 24. Aug. (am gleichen Tag → *mundus patet*).

Im Anschluß an myth. Vorstellungen war L. Schützerin der *bigae* wie Sol der *quadrigae* im Zirkus (Tert. spect. 9. Cass. var. 3,51,6. Anth. Lat. 197,17 R.). Heiligtümer im Zirkus: *templum Solis et L.* (Reg. urb. R., regio XI; das ist der früher mit dem aventin. Heiligtum identifizierte, [3],1808f. [5],41). Dieses wohl vom Kalender des Philocalus zum 28. Aug. gemeint. Ein Bruchstück der fasti Praen. gehört vielleicht zu diesem Tag (Degrassi 13,2, S. 134). Einen Altar der L. erwähnt Lyd. mens. 1,12. Ob 2 Tempel oder nur 1 im Zirkus (in letzterem Fall L. nur *sacellum*), ist ungeklärt ([5], 41). → Sol.

Aus der Beziehung der physiolog. Funktionen des weiblichen Lebens zu L./Monat wurde sie mit Geburtsgottheiten identifiziert: → Diana o. Bd. I 1512. → Iuno Lucina o. Bd. II 1564.1565. Deutlich Cat. 34: Diana = Latonia = Iuno Lucina = Trivia = Luna. Griech. Vorstellung liegt zugrunde (*Ἄρτεμις*). – Mz.: Unterital. Bronzemz. 3. Jh.: Vs. Sol. Rs. Halbmond mit 2 Sternen (Sydenham Coins R. Rep. 96). E. 2. Jh. Sol auf *quadriga*, L. auf *biga* (Sydenham a.O. 543. 557). Der Typ ist griech. W. E.

1. *Aust*, Myth. Lex. 2,2154ff. 2. *Fr. Richter*, ebd. 4,1137ff. 3. *Wissowa*, RE XIII 1808ff. 4. *Ders.* Rel.² 315ff. 5. *Carl Koch* Gestirnverehrung im alten Ital., Frankf. Stud. 3, 1933. 6. *Latte* RRel 232f.

**2.** L., lunula (*μηνίσκος*). Amulett in Halbmondform, dessen mag. Kraft auf der Form (nicht im Stoff) beruhte. Frauen und Kinder trugen die L. bis in die chr. Z. als Schmuck (Isid. Orig. 1931, 17. Tert. de cultu fem. 2,10,4. Abb. mit reichem Vergleichsmaterial bei Delatte-Derchain Les Intailles Magiques Gréco-égypt., Par. 1964, 271). Auch Pferden hängte man die L., oft verkörpert in einem halbmondförmigen Eckzahn, ans Geschirr (Stat. Theb. 9,689 *niveo lunata monilia dente*). Noch h. findet sich die L. als Geschirrschmuck bei Zugpferden. C. Z.

*Wickert*, RE XIII 1811. Allg. orientiert: *Ed. Stemplinger* Ant. Volksglauben, 1948, 152ff.

**Lupatum** (scil. frenum, meist Plur. *λύκος*). Das mit Stacheln besetzte Pferdegebiß, wohl ident. mit dem schärferen Gebiß, *χαλινὸς τραχύς* Xen. equ. 9,9. 10,6, den *frena asperiora* Liv. 39,25,13, heißt L. nur bei den Dichtern, *λύκος* bei Plut. mor. 2,641 F, vgl. Hesych. s. *λύκος*. W. H. G.

**Lupercal. Lupercalia. Luperci. Lupercus.** I. Etym. Von *lupus* nicht zu trennen (o. Bd. II

522); aber verschiedene Erklärungen: Übersicht Bömer zu Ov. fast. 2,267 und J. Gruber, Glotta 39, 1961, 273ff.; *lupercus* < *lupus* + *arcere* Serv. Aen. 8,343, Deubner, Wissowa, Latte u.a. (abgelehnt Walde-Hof.[3]). Das ergibt die Schwierigkeit, daß im *lupercal*, dem Lokal der »Wolfsabwehrer«, Romulus und Remus von der Wölfin, dem Tier ihres Vaters Mars, genährt wurden. W. F. Otto, F. Altheim sehen in *lupercus* suffixale Weiterbildung zu *lupus*, also ≈ *lupus*. Nach Gruber a.O. wurde **lupo-sequos (= qui lupum sequitur)* mit lautgesetzmäßigen Zwischenstufen zu *lupercus*; in *luperci* sieht er »Gefolgsleute des *lupus*« unter Hinweis auf Alföldis Gedanken über Roms Ursprung aus einem Männerbund (Die Trojan. Urahnen der Römer, Basel 1957, 24f.).

II. Das l.al war eine Höhle am Fuß des Palatium, wohl am NW.-Abhang. Einst waren in der Gegend Wald und Quellen (Dion. Hal. 1,32,4). Romulus und Remus wurden dort von der Wölfin genährt, weshalb später das eherne Bild der Wölfin aufgestellt wurde (Liv. 10,23,12. Dion. Hal. 1,79,8; → Rumina). → Euandros soll hier ein Heiligtum des → Faunus = lykaiischem Pan gestiftet haben (Dion. Hal. 1,32,3. 79,8. Serv. Aen. 8,343, vgl. Verg. Aen. 8,343. Ov. fast. 2,279ff. Serv. auct. georg. 1, 10). Zur Gleichung Pan Lykaios = Faunus und zu Lykaia-Lupercalia-luperci s.o. Bd. II 522; Ov. fast. 2,423f. Serv. Aen. 8,343. Dion. Hal. 1,32, 3. → Lykaion. Das Lupercal wurde von Augustus wiederhergestellt (Mon. Anc. 4,2).

III. Die Lupercalia sind das Fest des → Faunus. Sie wurden am 15. Februar begangen; der flamen Dialis war beteiligt (Ov. fast. 2,282), was unter Hinweis darauf, daß der flamen Dialis »Ziege« und »Hund« nicht einmal aussprechen durfte, von H. J. Rose Mnem. 60, 1933, 393 bestritten wird; vgl. Bömer zu Ov. fast. 2,282. Die Zeremonien des Festes deuten auf mag. Charakter. Die Verbindung mit Faunus könnte also sekundär sein; vgl. Latte 87, der jedoch anders schließt: Das Fest der »Wolfsabwehrer« (wie er *luperci* deutet) in der Stadt müsse auf Zeiten zurückgehen, als es dort noch Ställe gab und das Vieh auch da bedroht war, während Faunus der Schützer der Herden auf freier Weide sei.

Die luperci bestanden aus 2 gleichartigen Genossenschaften, l. Quinctiales und l. Fabiani. H. J. Rose a.O. 391: diese beiden Geschlechter seien die urspr. einzigen Bewohner des Palatium; frühere Deutung: die l. Quinctiales seien die Priester der palatin. Gemeinde, den Fabiern sei ein gleiches Collegium nach dem Synoikismos zugestanden worden. Zu Ehren Caesars wurden 44 v. Chr. l. Iuliani eingesetzt (wegen des Anklangs *Caesar-caedere* [Schlagen bei den Lupercalia, s.u.]? St. Weinstock, JRS 51, 1961, 212, was zu der Bemerkung Mommsens RF 1,17 und Wissowas 559,2 passen würde, daß der später verschwundene Vorname *Kaeso* hauptsächlich in jenen beiden Familien vorgekommen sei; entschieden dagegen Otto, RE VI 2063. Latte 85,1, der *Kaeso* für etr. hält).



Ein Bock wurde geschlachtet (Serv. Aen. 8,343. Ziege: Plut. Rom. 21. Ov. fast. 2,361: aber weibl. Tier für männl. Gott unröm., vgl. Bömer zu Ov. fast. 2,361). Nur bei Plut. a.O. steht, daß 2 junge Männer mit dem Opfermesser an der Stirn berührt wurden und sofort mit in Milch getränkter Wolle wieder abgewischt wurden, worauf sie laut lachen mußten (Zeremonie ungedeutet; alle Versuche unbefriedigend oder absurd: Deubner denkt an Entlehnung aus den griech. Mysterien, Latte 86 an stellvertretende Darstellung des blutigen, nicht tödlichen [Lachen] Kampfes mit Wölfen). Die luperci genannten Priester sind nur mit einem Schurz aus Ziegenfell bekleidet: alte Hirtentracht (Aition für ihre »Nacktheit« Ov. fast. 2,303ff.). Am Fuße des Palatium vollzogen sie einen Umlauf. Mit Riemen aus dem Fell des geopferten Tieres schlugen sie dabei die ihnen Begegnenden; bes. Frauen ließen dies gerne zu: d. i. Unheil abwehrender und Fruchtbarkeit fördernder Ritus (Plut. Rom. 21; Caes. 61. Ov. fast. 2,425ff.). Deubner, ARW 13, 1910, 481ff. glaubt an Entwicklung vom Zauberritus zur Sühnefeier. Zu letzterer rechnet er die nur von Plut. Rom. 21 überlieferte Zeremonie mit den beiden jungen Männern sowie das ebenfalls nur von Plut. (Rom. 21; mor. 280b; 290d) überlieferte Hundeopfer. Er hält griech. Einfluß für wahrscheinlich (vielleicht bei der Erneuerung durch Augustus). Der Hund ist bei den Griechen nach dem Ferkel übliches Reinigungsopfer (Nilsson GgrR $1^2$,104; vgl. H. Scholz, Diss. Bln. 1937, 12ff. Kaum richtig Latte 87, der einen Gedanken Preuners, Hestia-Vesta 389,3 wieder aufnimmt: Ähnlichkeit zwischen Hund und Wolf. [Man müßte dann aber Vorschriften über das Aussehen des Hundes erwarten.]). Deubner glaubt in der Zeremonie mit den jungen Männern eine griech. Wiedergeburtssymbolik zu erkennen (vgl. Scholz a.O. 22): Widerspruch von Wissowa 210, 5, der trotz Deubners beachtlichen Bedenken am Sühneritus festhält. Samter Geburt, Hochzeit und Tod 184ff. sieht darin Ersatz für Menschenopfer (dagegen Wissowa 210,5 [in dessen Bild von der röm. Rel. Menschenopfer nicht passen]). Merkwürdig bleibt, daß der sonst ausführlich berichtende Ov. über die beiden von Plut. erzählten Bräuche schweigt: das ist nicht durch ältere Quelle (Varro) allein zu erklären; der auffallende Ritus müßte großen Eindruck gemacht haben.

Der Reinigungscharakter, auf den schließlich auch das Schlagen mit Riemen gedeutet wird (u.a. Paul.-Fest. 85 M. Varro l.l. 6,34) wurde betont, wenn der Monatsname → Februarius erklärt werden soll (Varro l.l. 6,34; vgl. 6,13. Plut. mor. 280b; Rom. 21. Cens. 22,14. Über *februare* u.ä. Bömer zu Ov. fast. 2,19).

An den Lupercalia (wie an Vestalia und Iden des Sept.) bereiteten die Vestalinnen die → mola salsa. Weshalb gerade an den L. und Id. Sept. ist unerklärt (C. Koch, RE XV 2516f.).

IV. Ein Gott Lupercus erscheint nur Iust. 43,1 (wo Lycaeus = Pan = Lupercus).

V. Die Lupercalia sanken zur bloßen Volksbelustigung herab (Schlagen mit Riemen!). Sogar der *magister* der luperci war gelegentlich Freigelassener, bis Augustus den relig. Charakter erneuerte; die *magistri* sind nun in der Regel Ritter, in der Severerzeit sogar Senatoren (Latte 85,1). Im J. 494 wurden sie als »letzter öffentlich geduldeter Überrest des heidnischen Kultes« von Papst Gelasius I. in das Fest Mariae Reinigung umgewandelt und auf den 2. Februar angesetzt (Gregorovius Gesch. der Stadt Rom 123f. der Neuausg. Tübingen 1953). W. E.

Lit. s. Art. Faunus o. Bd. II 522. Außerdem: *W. Aly*, ARW 33, 1936, 68f. *P. Lambrechts* in Hommages Bidez-Cumont (Coll. Latomus 2) 1949, 167ff. *K. Kerényi* Niobe, Zürich 1949, 136ff. *A. Kirsopp Michels*, TAPhA 84, 1953, 35ff. *E. Sachs*, AJPh 84, 1963, 266ff.

**Lupercus.** Personenname. **1.** Vielleicht praefectus alae, möglicherweise im J. 16 v. Chr. unter Lollius gegen die Germanen gefallen. Prop. 4,1, 93f. **2.** L., Freund des jüngeren Plinius, literar. gebildet. Plin. epist. 2,5. 9,26. **3.** Cognomen des L. Tutilius L. Pontianus, cos. ord. 135 n. Chr. H.G.G.

**Luperkos.** Nach der Suda Gramm. aus Berytos, dessen Akme in die J. kurz vor der Regierungszeit → Claudius' II. (Bd. I 770,47) fällt. Aus seiner vielseitigen Tätigkeit nennt uns die Suda folgende Schriften, von denen nichts erhalten ist: 1. *περὶ τοῦ ἄν* in 3 B.; 2. *περὶ τοῦ ταώς*, wo wohl nicht nur die Frage des Akzents (*ταώς* oder *ταῶς*), sondern auch die der Deklination behandelt wurde (vgl. ähnliche Diskussionen bei Choirob. I 253 H., I 284 H. u.ö.); 3. *περὶ τοῦ καρίδος* (über die Quantität des *ι* in *καρίς*). 2. und 3. waren wahrscheinlich Teilabschn. von 4. *λέξεις Ἀττικαί* (sie werden im unechten Proöm. der Suda als eine ihrer Quellen genannt); 5. *περὶ τοῦ παρὰ Πλάτωνι ἀλεκτρυόνος* (sc. am E. des Phaidon). 6. *κτίσις τοῦ ἐν Αἰγύπτῳ Ἀρσινοΐτου* (sc. *νομοῦ*, vgl. A. v. Gutschmid Kl. Schr. 1,150f.); 7. *τέχνη γραμματική*; 8. *περὶ γενῶν ἀρρενικῶν καὶ θηλυκῶν καὶ οὐδετέρων* in 13 B.; die Angabe über die Zahl der B. muß sich auf die vorher genannte *τέχνη* beziehen, zu der 8. gehörte. Andere Nachrichten über L. lassen erkennen, daß er sich auch mit dem Problem *Νήρικος – Νήριτος* bzw. Leukas–Ithaka beschäftigte. O. Dr.

*A. Gudeman*, RE XIII 1839–1841.

**Lupia. 1.** (Nissen It. Ldk. 2,881. Forbiger HB der alt. Geogr. 3,503), Stadt Kalabriens zwischen Brundisium und Hydruntum (It. Ant. 118,3: je 25 mp) mit gleichnamigem Hafen (Paus. 6,19,9) am ion. Meer (Ptol. 3,1,14. Mela 2,4. Strab. 6,282. Plin. nat. 3,101: 2. Region), früherer Name Sybaris (Paus.), vom Sallentiner Malemnius gegründet (H.A. Marc. Anton. 1,6. Eutr. 8,9); in L. landete 44 der junge Caesar (Nikol. Dam. FGrH 90 F 130, 47. App. civ. 3,10); h. Lecce. G. R.

**2.** h. die Lippe, ein r. Nebenfluß des Rheins, der oberhalb von Castra Vetera-Xanten einmündet. Als schiffbarer Vormarsch- und Nachschubweg von Bedeutung, benutzten ihn die Römer bei ihren Feldzügen nach Innergermanien zwischen 12 v. Chr. und 9 n. Chr. (Mela 3,3,3. Tac. ann. 1,60. 2,7; hist. 5,22. Strab. 7,291 und Cass. Dio 54,33). Von den entlang der L. angelegten Lagern sind Haltern, Oberaden und Holsterhausen untersucht worden. H. C.

*Holder* 2,348. *Cramer*, RE XIII 1842. Haltern: Mitt. Altert. Komm. f. Westfalen 4, 1905, 33. 5, 1909, 1. Oberaden: *Chr. Albrecht* Das Römerlager von Oberaden 1 (1938). Holsterhausen: Germania 32, 1954, 165.

**Lupicinus. 1.** Flavius L., Consul 367, kämpfte als magister militum per Gallias 359/60 gegen Alamannen, Scoten und Picten. Bei der Rückkehr aus Britannien ließ ihn Iulian verhaften. 363 ernannte ihn Iovian zum mag. mil. per Orientem. 365/66 unterstützte er Valens im Kampf gegen den Usurpator Procopius (Amm. 17,2. 18,2. 20,1.4.9. 26,5. 8. Iulian. epist. ad Athen. 282f. Liban. or. 1,164f.). **2.** 376 comes rei militaris per Thracias, trieb die dort ins Reich gekommenen Goten aus Gewinnsucht in die Hungersnot und zum Aufstand. 377 wurde er bei Marcianopolis von den Goten vernichtend geschlagen (Amm. 31,4f. Iord. Get. 26). A. L.

**Lupine** (*θέρμος*, Etymol. unbekannt; *lupinus* oder *lupinum*, gewiß zu *lupus* Wolf gehörig, doch Beziehung unerklärt), Wolfsbohne oder Feigbohne. Die bekannte Hülsenfrucht wuchs im Alt. in Griechenland und Italien wild. Welche der vielen Arten kultiviert wurden, ist wegen der ungenügenden Beschreibungen nicht feststellbar. Solche sowie allerlei Anweisungen über Anbau, Pflege, Ernte, Aufbewahrung usw. finden sich bei Theophr. h. plant. und c. plant., bei Cato, Varro, Columella und bes. Plin. nat. 18,133–136. 185. 187. 252. 257 usw. Wohlbekannt war der hohe Wert der L. für Verbesserung des Bodens durch Gründüngung, doch auch als Nahrungsmittel wurde sie geschätzt und viel verwendet, nicht nur für das Vieh, sondern auch für Menschen, freilich nur für die ärmeren Volksschichten. Den bittern Geschmack beseitigte oder dämpfte man durch langes Wässern, Kochen und Zerstoßen. Auch medizinisch – für Menschen wie für das Vieh – wurden Wurzel, Blätter, Samen und Öl der L. vielfältig verwendet sowie zur Herstellung kosmetischer Mittel. Viele Belege bes. wieder bei Plin. (auch Ov. med. fac. 69). K. Z.

*Steier*, RE XIII 1845ff. *Regling* ebd. 1850.

**Lupinus** (*θέρμος*), »Wolfsbohne«, findet sich als Gewicht einmal von ¼ → *scripulum* = 1½ → *siliquae* (0,28 g), das andere Mal von ⅓ *scripulum* = 2 *siliquae* (0,38 g). Sie diente beim Spiel als Geld. H. Ch.

*Hultsch* Metrologie ²1954, 4. 706. *Regling* RE XIII 1850.

**Lupodunum** s. Lopodunum

**Lupus. 1.** Personenname (vgl. SCHULZE Eigenn. 115) und Cognomen (z.B. bei Cornelius Lentulus, RE IV 1386f. Nr. 224, und bei den Rutiliern, RE IA 1265ff., in kaiserzeitl. Fasten bei Cornelius, Iulius und Virius, A. DEGRASSI FImp. 257). – L., familiaris des Cicero und des D. Brutus, in den J. 44 und 43 v.Chr. mehrfach erwähnt. Cic. fam. 11, 5,1. H. G. G.

**2.** L., zu dem Zeugpark der röm. Legion zählte nach Veg. mil. 2,25 auch der l., ein eiserner Haken. Nach 4,23 hatte er auch die Form einer gezähnten Zange. Diese Haken und Zangen dienten offenbar verschiedenen Zwecken, z.B. s. Veg. a.O., zur Unschädlichmachung des Sturmbockes (→ aries, → Poliorketik). Für das 6. Jh. bezeugt Prok.. bell. Goth. 1,21,19ff. den l. in der Form eines Holzgitters mit starken Eisenstacheln. Es wurde an Toren angebracht; der emporsteigende Gegner konnte mittels eines zweiten, oberhalb angebrachten Gitters, in dessen Löcher die Stacheln des ersten einspielten, wenn es herabgelassen wurde, aufgespießt werden.

Ferner bedeutete l. in der Landwirtschaft eine Säge. A. N.

**Lurco.** Cognomen des A. Petronius L., cos. 58 n.Chr. H. G. G.

**Luscinia** s. Nachtigall

**Luscinus.** Cognomen, »geblendet«, vgl. WALDE-HOF. $^3$1,838, in republ. Z. bei → Fabricius (4f.). H. G. G.

**Luscius.** Personenname, abgeleitet von Luscus, selten. Inschr. Belege (Praeneste). SCHULZE Eigenn. 364. – **1.** L. L., Centurio Sullas, hatte sich bei den Proskriptionen 82 bereichert und wurde 64 wegen Mordes verurteilt, Ascon. tog. cand. 81 K.-S., vgl. Cass. Dio 37,10,2. **2.** C. L. Ocrea, Senator, 76 Zeuge im Prozeß des Q. Roscius. BROUGHTON Mag. 2,492. H. G. G.

**Luscius Lanuvinus.** Palliatendichter, älterer Zeitgenosse des Terenz (Don. Andr. 7), Vf. eines *Phasma* (nach Menander) und eines *Thesaurus* (Ter. Eun. 9ff.), deren Inhalt Don. Eun. z. St. referiert. Danach scheint L. eine Vorliebe für Stücke mit bewegter äußerer Handlung gehabt zu haben; er bestand auf möglichst getreuer Wiedergabe der Originale und nahm deshalb Anstoß an Terenz' freieren Bearbeitungen. Nachwirkung blieb ihm versagt: In der Wertung des → Volcacius Sedigitus (MOREL FPL 46f.) nimmt L. die 9. von 10 Stellen ein. P. L. Sch.

Frg.: CRF $^2$1873, 83f. $^3$1898, 96ff.

Lit.: *W. Kroll*, RE Suppl. VII 419f. *E. Fraenkel*, Sokr. 1918, 302ff. *H. Bardon* Litt. Lat. Inc. 1, 1952, 47ff. *H. Marti* Terenz, Lustrum 1963, 15ff.

**Luscus.** Cognomen (»schielend«, »einäugig« u.ä., WALDE-HOF.$^3$ 1,838), urspr. also von einer körperl. Eigenart (RE IV 225), in republ. Z. bei Anniern (o. Bd. I 361, Nr. 12–15), Atiliern (I 709 Nr. 17) und Postumiern, vgl. A. DEGRASSI FCap. 146, später in Fasten nicht mehr.–Vereinzelt tritt L. auch als Familienname auf: RE XIII 1866. H. G. G.



**Lusios,** der h. nach Dimitsana genannte n. Nebenfluß des Alpheios, an dessen Quelle sich die Legende von der Geburt des Zeus knüpfte, nach Paus. im Unterlauf Gortynios genannt, Paus. 8, 28,2f. Pol. 16,17,7. E. M.

*Bölte*, RE XIII 1867.

**Lusitania. -i.** Name iber. (HOLDER s. Lusones, nur durch die Endung von L. unterschieden), ebenso das Volk, aber, wie die vielen Eigennamen zeigen, stark mit Kelten vermischt. Sie siedelten urspr. zwischen Durius und Tagus (Font. Hisp. Ant. VI, Barc. 1952, 202), drangen aber dann bis zum Anas vor (zuerst 153 v.Chr. bezeugt; App. Ib. 239), so daß die spätere Provinz L. ungefähr dem h. Portugal entspricht, wie auch die Portugiesen sicher Nachkommen der L. sind. Natürlich sind diese romanisiert und wohl auch später, bes. im S., durch arab.-berber. Einwanderung beeinflußt worden. – Die Landschaft zählte nur wenige Städte [1], die vermutlich urspr., wie bei den Keltiberern, nur den Charakter von Volksburgen (Zufluchtsstätten für einen Stamm, s. Ad. SCHULTEN Numantia 1,183f.) trugen, wohl aber, bes. im N., unzählige castros, Ringwälle, die einer Sippe oder mehreren als Zuflucht dienten [2]. Mz. haben sich nur von der Stadt Salacia = h. Alcacer do Sal gefunden [3]. – Wenn man von der kleinsten Einheit, der Sippe, absieht, so fehlte den L. jeder polit. Zusammenhang. Strab. 3,154 zählte 30 (andere Lesart: 50) Stämme, die aber nie als polit. oder militär. Faktoren genannt werden. Nur einem genialen Führer, wie es → Viriatus war, gelang es, sein Volk 8 Jahre lang zum Freiheitskampf einigermaßen zu einigen. Alle Quellen [4] stimmen darin überein, daß die L. den besser bekannten Keltiberern glichen: sie galten als tapfer und freiheitsliebend, mit manchen sympathischen Zügen, aber ohne politische Schulung, und als roh und unkultiviert [5].

Die L. haben der röm. Herrschaft tapferen Widerstand geleistet. Die Kämpfe begannen 194 v. Chr. (Font. Hisp. Ant. III 195) und endeten erst unter Caesar. Ihre Höhepunkte waren die Kämpfe unter → Viriatus u. → Sertorius [6]. Sonst handelte es sich meist um einen Guerillakrieg oder auch nur um einzelne räuberische Unternehmungen [7]. 27 v.Chr. wurde L. endgültig kaiserliche Provinz unter einem *legatus* (Font. Hisp. Ant. V 184. 202f. CIL II Suppl. p. LXXXVII). Die Provinz zerfiel in drei *conventus iuridici*, → Augusta Emerita, Pax Augusta, Scallabis (Plin. nat. 4,117). Seit dieser Zeit teilte L. fast tausend Jahre lang das Schicksal der übrigen Halbinsel (RE VIII 2036 bis 2046).

Im Kaiserreich scheint L. handelspolit. durch seinen Reichtum an Metallen eine gewisse Rolle gespielt zu haben. Das *metallum Vipascense* war ein großes fiskal. Kupfer- und Silberbergwerk bei h. Aljustel [8]. Nach dem Zusammenbruch W.-Roms geriet L. nach einer vorübergehenden Herrschaft der Alanen unter die der W.-Goten und bildete bis 712 einen Teil ihres Reiches [9]. Es folgte die arab. Epoche. In den Wirren der Reconquista entstand um 1095 die Grafschaft Portucalia = h. Nordportugal, die sich bis etwa 1250 bis zur Größe des heutigen Staates ausdehnte, der dann bald als hervorragende Seefahrernation in die Gesch. der Neuzeit eintrat. R. G.

1. Für die röm. Z. s. *A. García y Bellido* Las colonias Romanas de la provincia de L. Arqueologia e Historia 8, Lisboa 1958/59, 13–23. 2. RE XIII 1870. CIL II Suppl. p. 896 (Citania). *Mario Cardozo* Alguns elementos para a localização e estudo dos »castros« do norte de Portugal, Archivo español de arqueología 20, Madrid 1947, 249–264. 3. *Antonio Vives* La moneda hispánica 3, Madrid 1924, 24ff. 4. Font. Hisp. Ant. I²–IX, Barc. 1925ff., s. Indices. 5. *J. Leite da Vasconcellos* Religiões da Lusitania, 3 Bde., Lisboa 1897–1913. 6. *Ad. Schulten* Viriatus, Neue Jbb., Lpz. 1917, 1. Abt. H. 4; Sertorius, Lpz. 1926. *Helmut Simon* Roms Kriege in Spanien, Frankf. a.M. 1962. 7. Font. Hisp. Ant. III–V (Indices). 8. *Ad. Schulten* Ib. Landesk. 2, Strasbourg–Kehl 1957, 504f. 9. *Francisco José Velozo* A Lusitania Suévico-Bizantina. Bracara Augusta 2, Braga 1950, 115–154. 241–256. 389–402. Font. Hisp. Ant. IX. Encicl. Univ. Ilustr. 31, 849–856.

**Lusitanicus.** Cognomen des L. Carminius L., Bd. I 1058 Nr. 4, vgl. Degrassi FImp. 257. H. G. G.

**Lusius.** Ital. Eigenname (Schulze Eigenn. 184. 359, mit inschr. Belegen).

I. Republikanische Zeit. **1.** C. L., Sohn der Schwester des C. Marius, Kriegstribun 104 im Kimbernkrieg in Gallien (Broughton Mag. 1, 561), wurde von einem Soldaten niedergestochen, der den unsittlichen Aufforderungen des L. nicht folgte und später freigesprochen wurde. Val. Max. 6,1,12 u.a. **2.** C. L., Freigelassener, vielleicht von Nr. 1. H. G. G.

II. Kaiserzeit: **1.** A. L. Gallus. Nach CIL X 4862 trib. mil. leg. XXII Cyrenaicae um die Mitte des 1. Jh. n. Chr. **2.** L. L. Geta. Praef. praet. 48–51 n. Chr., Günstling Messalinas, Tac. ann. 11,31,1. 33; daher durch Agrippina abgesetzt, ebd. 12,42,1, doch zum praef. Aeg. befördert, IGR I 1118 (29. März 54), s. Stein Praef. 31f. **3.** L. Quietus, Maurenscheich, der mit den Reitern seines Stammes in den Dienst Domitians trat und nach Verdiensten in den Ritterstand erhoben, doch wegen eines Deliktes wieder ausgestoßen und heimgeschickt wurde, Dio-Xiph. 68,32,4. Wahrscheinlich war er dunkelhäutiger Aethiopier; über diese alte Streitfrage s. A. G. Roos, Mnem. 3, 1950, 158–165 und W. den Boer, ebd. 263–267 (auch 1, 1948, 327–337). Vor dem ersten Dakerkrieg bot er sich Traian an und bewährte sich, Dio-Xiph. a.O. Im 2. Dakerkrieg umging er eine starke Abteilung der Daker und rieb sie auf, Cichorius Reliefs der Traianssäule T. 44. 45. Lehmann-Hartleben Traianssäule 100. L. erhielt die *dona militaria*, Dio-Xiph. 68,32,5; Traian erhob ihn im Partherkrieg zum Armeeführer. Er bekämpfte 114 in Armenien die Marder, Themist. or. 16 p. 250 D. Dio-Xiph. 68,18,3b. Er eroberte im aufständ. n. Mesopotamien Singara, Cass. Dio 68,22,1f. Den großen Aufstand im O. im J. 116 (RE Suppl. IX 1099ff.) bändigte L. durch die Eroberung von Nisibis und Edessa, das er plündern ließ, Dio-Xiph. 68,30,1. Er schlug den Arsakiden Sanatukres, Malal. 11 p. 273f. D. Im J. 117 wurde L. zur Unterwerfung des Judenaufstandes in Mesopotamien beordert; er erstickte ihn in einem Blutbad, Eus. hist. eccl. 4,2,5. Oros. 7,12,7. L. wurde zum legat. Aug. pr. pr. Iudaeae ernannt, Nicephor. 3,22, wo er den Aufstand gleichfalls zerschlug, Vita Hadr. 5,2, und jüd. Quellen, s. E. M. Smallwood, Hist. 11, 1962, 500–510. Dafür cos. suff. 117, Dio-Xiph. 68,32,5. Er gehörte zu den 4 mächtigsten Männern, als Traian starb, und hatte dessen polit. Linie mit brutaler Gewalt vertreten. Daher war er für Hadrian untragbar. Nach Vita Hadr. 5,8 wurde er sofort der Statthalterschaft enthoben, seine Krieger wurden entwaffnet und nach Hause geschickt. Im Frühsommer 118 wurden die 4 der Verschwörung bezichtigt, im Kurzverfahren in Abwesenheit abgeurteilt und umgebracht, L. auf der Reise, Cass. Dio 69,2,5. 23,2. Vita Hadr. 7,2. – A. Iordanescu L. Quietus, Bukarest 1941. R. H.

**Lusoi** (*οἱ Λουσοί*), Ethnikon inschr. *Λουσιάτας*, liter. auch *Λουσιεύς*, *Λουσεύς*, wohl nach dem gleichen att. Demotikon gebildet. Ort im N. Arkadiens in einem abgeschlossenen Tal zwischen Kynaitha und Kleitor beim h. Chamaku in etwa 1000 m Höhe mit Heiligtum der Artemis Hemera und Spielen Hemerasia. Ausgrabung des Heiligtums: W. Reichel-Ad. Wilhelm, JOEAI 4, 1901, 1ff. Ein Tempel mit Kultbild bestand seit dem 6. Jh. v. Chr., der erhaltene Tempel stammt aus dem 3. oder späten 4. Jh. mit Nebengebäuden. Mythographen und Dichter seit Bakchylides machten L. zum Ort der Heilung der Töchter des Proitos vom Wahnsinn durch das Wasser der dortigen Quelle. Das Wasser habe dabei die Eigenschaft bekommen, wenn man davon trinke oder darin bade, Abscheu vor dem Genuß von Wein zu erzeugen, Epigramm bei Vitr. 8,3,21 = Preger 215 und oft bei den Paradoxographen. Nach 234 v. Chr. war L. Mitglied des achaiischen Bundes (Mz.), die Inschr. enthalten außer Weihungen an Artemis bes. Proxenieverleihungen. 220/19 wurde das Heiligtum wie schon vorher einmal von den Aitolern geplündert, Pol. 4,18,9ff. 25,4. 9,34,9. L. gehörte später zu Kleitor, die Hemerasia »in L.« werden aber noch im 1. Jh. v. und n. Chr. genannt, SEG 13,279,5f. 17,628 C 6. Zu Pausanias' Zeit lag der Ort in Trümmern. Paus. 8,18,7f. Bakchyl. 10, 95ff. Steph. Byz. Inschr.: IG V 2 nr. 387–410. Wilhelm JOEAI 4, 1901, 64ff. SEG 11, 1115–1122. Mz. Head HN² 418. E. M.

1. *Hiller von Gärtringen*, IG V 2 S. 93f. (mit allen Belegen). 2. *Bölte*, RE XIII 1890ff. (mit Kartenskizze). 3. *L. Guerrini*, Encicl. Arte Ant. 4,693ff.

**Lusoria tabula** s. Spielbrett

**Lustratio.** I. Wie → *lustrum* zu *lustrare* gehörend. Je nach der Anschauung über die Grundbedeutung modifiziert sich die Vorstellung von der l. War urspr. wesentlich das Vollziehen einer Kreisbewegung, so gehören alle entsprechenden magischen Akte sowohl die apotropäischen wie die des (zusammenschließenden) Beschwörens (Bedeutung des Kreises in der Magie der Völker) zur l. (dazu scheint BOEHM [1] zu neigen). Doch tatsächlich werden mit l. nur apotropäisch-kathart. Akte bezeichnet: Beide Tendenzen sind in hist. Z. vermischt (vgl. Tib. 2,1,17f.), die kathart. tritt oft sogar in den Vordergrund (vgl. App. civ. 5,401f.), obwohl die apotropäische vielleicht die ursprüngliche ist (→ *lustrum*).

II. a) Private l. agri. Nach Cato agr. 141: Herumführen der Opfertiere (suovetaurilia *lactentia*); Gebet und Vorspende von Wein für Ianus und Iuppiter; Gebet am Mars, Übel von familia, Grundstück und Vieh abzuwehren; Opferung der Tiere (→ *hostia*). – Auch die Spender der Feldfrüchte, Ceres und Liber (Bacchus), werden oft angerufen (vgl. Verg. georg. 1,338ff. Tib. 2,1: diese Elegie gehört nicht zu den staatlichen → Ambarvalia). b) Ähnlich müssen wir uns die *l. pagi*, gemeinsame l. der Gaugenossen, vorstellen (vgl. A. SCHULTEN, Philol. 53, 1894, 638f.). c) Auch die → Ambarvalia sind eine l. d) Ebenso das → Amburbium. Alle sind sie *feriae conceptivae*.

III. a) Eine spez. Form ist das censor. → lustrum (vgl. Cic. div. 1,102. DOMASZEWSKI [2],16). b) Vor wichtigen Aktionen erfolgte l. von Heer bzw. Flotte. Darstellung einer l. exercitus auf der Traians-Säule (Lit. NASH 1,283). L. classis bei App. civ. 5,401 (zum J. 36): Der Befehlshaber fährt mit den Opferpriestern und Opfertieren dreimal um die Flotte; ein Teil der καθάρσια wird ins Meer geworfen (vgl. Liv. 29,27,5 *cruda exta*), ein Teil auf Altären verbrannt. Da ersteres deutlich kathart. Akt ist, wurde die l. wenigstens in damaliger Z. vornehmlich so verstanden (s. App. a.O. ἐκάθαιρεν... καθάρσια), falls App. recht hat u. wir verallgemeinern dürfen. Sonst erfahren wir weder von der *l. classis* noch von der *l. exercitus* Einzelheiten. Doch kann die kathart. Tendenz nie allein bestanden haben, da die l. vor dem Kampf auf Schutz und Stärkung des Heeres, der Flotte, Waffen (s.u.) hinweist. c) Gleiches gilt für die l. iones der Pferde, Waffen und *tubae*. Einige sind zu regelmäßigen staatlichen Festen geworden (z.B. Armilustrium, Tubilustrium, Equirria. »Die Pferde, die Waffen und die Hörner nach der Winterzeit von allem Unheil zu reinigen [»Unheil« in der Ruhe erworben?] und kraftvoll zu machen für den beginnenden Krieg«, LATTE [4],117). W. E.

1. *Boehm*, RE XIII 2029ff. 2. *v. Domaszewski* Abh. zur röm. Rel. 16ff. 3. *Wissowa* Rel. $^2$142f. 390f. 4. *Latte* RRel 117ff. 5. *S. Eitrem* Opferritus und Voropfer 16ff. 6. *Ders.* Beitr. zur griech. Religionsgesch. 2 (1917).

**Lustrum.** I. Frühere Etym. (VANIČEK. CORSSEN Krit. Beitr. 410f. WALDE. DEUBNER [1],127ff.): zu *lavare*: l. < **louestrom* »Wasch-, Reinigungsmittel« (l. »Spülwasser« > »Schmutz, Morast«!). Von sachlichen Gründen (s.u.) abgesehen ist die Trennung des religiösen l. von »Morast« sicher, falls Paul.-Fest. recht hat, daß letzteres *ŭ*, ersteres *ū* hat (vgl. Mon. Anc. *-ú-* mehrmals Kap. 8); als Grammatikerkonstruktion verdächtigt von CORSSEN a.O. 411f. unter Zustimmung DEUBNERS [1], 131,3.

II. Das censor. l. bildete den Abschluß der Schatzung und Musterung auf dem Marsfeld (→ *census*, → *censores*: über die staatsrechtlichen Aufgaben und Handlungen). Welcher der Censores das l. vollzog, wurde gelost (Varro l.l. 6,87). Er hatte rituelle Befleckung zu vermeiden. Beim l. trat er mit *vexillum* auf und ließ Leute mit glückbedeutenden Namen (Cic. div. 1,102. Plin. nat. 28, 22) → *suovetaurilia* in rechtswendigem Kreis (KOCH [6],23) um das Volk herumführen (Dion. Hal. 4,22. Liv. 1,44,1f.). Dann wurden die Tiere dem Mars geopfert. Im Gebet soll Scipio Africanus minor die Bitte um Vermehrung der Güter des Gemeinwesens auf Bewahrung geändert haben (Val. Max. 4,1,10). Es wurde das gleiche Opfer gelobt, wenn der Gott (Mars) das Volk bis zum nächsten l. schütze (Suet. Aug. 97,1). Schließlich führte der Censor das (als Heer aufgestellte) Volk in die Stadt zurück. – Für die Zeit bis zum nächsten l. galten die Censores, bes. der, der den Akt selbst vollzog, als ominös verantwortlich (vgl. Catos Rede De lustri sui felicitate. Cic. de or. 2,268. Gell. 4,17,1. Liste der *lustra* bei BERVE [4],2047.

III. Nach unserer Kenntnis stand die abwehrend-schützende Funktion im Vordergrund, weshalb DEUBNER [1], von *lustrare* »reinigen« ausgehend, mit Änderung eines urspr. kathart. Zwecks rechnete. OTTO [2] aber hielt nur den profanen Zweck für urspr.: l. sei mit *luco*, *lux* usw. zu verbinden, bedeute »Musterung«, nämlich des Heeres (ebenso *armilustrium*, *tubilustrium* der Waffen bzw. Tubae). *l. condere* sei das Niederlegen der Census-Listen im Aerarium. Der relig. Akt sei sekundär, aus der Grundbedeutung von *lustrare* »sehen, betrachten, mustern« habe sich in Anlehnung an das censor. l. die Bedeutung »herumgehen« (mit oder ohne *suovetaurilia*) entwickelt, daraus das erst kaiserzeitliche »reinigen«. Gegen die Zurücksetzung des Religiösen protestiert BERVE [4],2041f. mit Recht. Er versteht als Grundbedeutung von *lustrare* »leuchtend umwandeln« und sieht in *l. condere* die »Begründung, Neukonstituierung« der Bürgerschaft. (Aber *condere* ist nicht »aufs neue [wieder] begründen«, und nur dazu paßt der censor. Akt.) Um den Akkusativ zu erklären, verstand MOMMSEN *l. condere* als *rem publicam in proximum lustrum condere;* da aber l. als Zeitabschnitt in alter Z. nicht möglich ist, versucht es Berve [4],204 mit *lustro* (Instrum.) *rem p. condere*. Ein neues Moment brachte Koch [6], 25f.: Der rein sakrale Schlußakt könne keinen profanen Nebenzweck haben. Der einzige Fall, wo »umkreisen« und »leuchten« eine Einheit bilden, sei der Umlauf der Sonne (ebenfalls rechtswendig). Leider hat Koch nicht ausgeführt, wie dann l. urspr. zu verstehen sei.

IV. l. wird zur Bezeichnung einer Zeitspanne (Fest. 107 L. Varro l.l. 6,11, der *dies* als Grundbedeutung auffaßt und damit eine falsche Etym. verbindet). Wichtig die periodische Wiederkehr, so daß alle möglichen Zeitabschnitte als l. bezeichnet werden konnten. Die Festlegung einer bestimmten Spanne war aber nötig, da die Censores nicht nur die öffentlichen Arbeiten vergaben, sondern auch die staatlichen Pachtverträge schlossen (→ Censores und → Census, wo aber die angeblich je 5jährige Spanne von l. zu l. zu modifizieren ist). Es ist zu verstehen, daß sich die Bezeichnung l. von dem censor. l. freimachte, da z.B. zwischen den J. 70 und 28 kein censor. l. zustande kam: Die für diese Z. erwähnten l.a sind Pachtzeiten. Was im 2. Jh. üblich wurde (und nur in diesem ziemlich regelmäßig durchgehalten wurde), die 5jährige Periode, galt schließlich als Norm (Varro l.l. 6,11 und Paul.-Fest. 107 L. Berve [4],2053). Seit Aufhebung der republ. Censur durch den Prinzipat nahmen die Consules die Verpachtungen vor, wie sie das schon früher, wenn kein l. zustande kam, getan hatten, z.B. zwischen den J. 86 und 70. → lustratio. W. E.

1. *L. Deubner*, ARW 16, 1913, 127ff. 2. *W.F. Otto*, RhM 71, 1916, 17ff. 3. *O.Leuze* Zur Gesch. der röm. Censur, Halle 1912. 4. *H.Berve*, RE XIII 2040ff. 5. *Boehm*, RE XIII 2029ff. 6. *Carl Koch* Gestirnverehrung im alten Italien, Frankf. Stud. 3, 1933, 23ff.

**Lusus Troiae** s. Troiae lusus

**Lutatius.** Röm. pleb. Gentilname, inschr. auch als ital. Eigenname. Die röm. Gens stammte möglicherweise aus Italien, wurde im 3. Jh. v. Chr. in die röm. Nobilität aufgenommen (Nr. 3. 6), war recht begütert (u.a. Familiengrabstätte auf dem r. Tiberufer, Oros. 5,21,7. Val. Max. 9,2,1) und trat bes. mit den Familien Catulus und Cerco hervor. Lex Lutatia *de vi*: RE Suppl. VII 399f. J. K. Hough, AJPh 51, 1930, 135ff. **1.** (L.) Amphio, einflußreicher und begüterter Freigelassener von Nr. 5, Plin. nat. 35,200. **2.** C. L. Catulus (C.f. C. n.), älterer Bruder des Cerco Nr. 6. Consul 242 mit A. Postumius Albinus (Quellen z.B. bei Broughton Mag. 1,218). Er übernahm (zusammen mit dem Praetor Q. Valerius Falto) den Oberbefehl über die neu erbaute röm. Flotte und siegte (nach schwerer Verwundung vor Drepana) am 10. März 241 in der Entscheidungsschlacht bei den Ägatischen Inseln über → Hanno, Pol. 1,60ff. Liv. 22,14,13. Val. Max. 2,8,2. Dann schloß er als Proconsul mit → Hamilkar einen Feldherrnvertrag, der durch eine von Rom eingesetzte Zehnerkommission (wohl unter Nr. 6) noch verschärft wurde. Im Okt. 241 triumphierte er *de Poenis*, Act. triumph. Mit der Beendigung des 1. Pun. Krieges begründete er den Ruhm seines Geschlechts. Münzer Adelsp. 261. A. Lippold Consules, 1963, 371f. **3.** C. L. C., Sohn von Nr. 2, beendete als Consul 220 (mit L. Veturius, Degrassi I. 13,118. 442f.) kampflos den Keltenkrieg in Oberitalien, leitete 218 eine Dreierkommission zur Anlage von Placentia und Cremona, wobei er gefangen und erst 203 befreit wurde, Liv. 21,25,3ff. 30,19,7ff. **4.** Q. L. Catulus (um 150–87), Consul 102. Sohn eines Q. und einer Popillia, älterer Stiefbruder von L. → Caesar Nr. 3 und C. → Caesar Nr. 2. Vielleicht hat er schon 134f. in Spanien Kriegsdienst unter Scipio Africanus geleistet. Um 109 war er Praetor und verwaltete wahrscheinlich Sicilien (Broughton Mag. 1,545f.). Um den Consulat bewarb er sich 107, 106 und 105 erfolglos, wurde aber für 102 zusammen mit Marius (cos. IV) gewählt, Degrassi I. 13,128. 476f. Er versuchte, den Kimbern den Durchgang durch die Veroneser Klausen zu versperren, konnte aber lediglich ein geordnetes Absetzen der eigenen Kräfte vom Feind erzielen, dem das Gebiet n. des Po überlassen werden mußte, Plut. Mar. 23,2. Sadée, Bonn. Jb. 118,100ff. Miltner, Klio 33, 1940, 289ff. Als Proconsul 101 konnte er seine Truppen mit denen des nach der Schlacht bei Aquae Sextiae siegreich herbeieilenden Marius vereinigen; auf den Campi Raudii (bei Vercellae) kommandierte er am 30. Juni 101 das röm. Zentrum gegen die Kimbern und hatte zumindest führenden Anteil am röm. Sieg. Beide Feldherrn, von denen jeder sich den Hauptanteil am Sieg zuschrieb (was bis in die Historiographie hinein nachwirkte), erhielten einen Triumph, Plut. Mar. 27,10, gerieten aber von da an in persönl. Gegensatz. L. erbaute am Palatium ein Wohnhaus und eine Säulenhalle und auf dem Marsfeld einen → Fortuna-Tempel. 100 kämpfte er gegen → Appuleius Saturninus, wandte sich 91 aber auch gegen den reaktionären Cos. L. Marcius Philippus, weil er selbst ein führender Mann der ausgleichenden Richtung war (daher wurde er von Cic. de or. 2.3. auch als Hauptperson des im J. 91 spielenden Dialogs eingeführt). Vielleicht tat er im Bundesgenossenkrieg 90 als Legat nochmals Dienste, 87 ergriff er Partei gegen → Cinna, ging als einer der Senats-Gesandten zu Q. Metellus Pius, fand jedoch nach dem Sieg des Marius keine Gnade, sondern zog der sicheren Verurteilung den Freitod vor, Cic. de or. 3,9; Tusc. 5,56. Vell. 2,22,4. Verheiratet war er mit Servilia. – Hervorgetreten ist er: 1. als Redner mit feiner Diktion, Cic. de or. 3,8,29. Teuffel-Kr.-Sk. 1 § 142,4; u.a. hielt er – wohl 103 – seiner Mutter die laudatio funebris. 2. Als Geschichtsschreiber, nicht nur mit seinen Memorien *de consulatu* (Cic. Brut. 132), sondern auch mit 4 B. *communes historiae* – vielleicht ein mytholog. ausgerichtetes populäres Allbuch: Serv. Verg. georg. 4,564. HRR CCLXII 191ff. 3. Als Epigrammdichter. Gell. 19,9,14, SCHANZ-Hos. 1,166f. 206f. **5.** Q. L. Catulus (um 121–61/60), Sohn von Nr. 4, unter dem er im Kimbernkrieg 102/01 diente und den er auch 100, 91 und 90 unterstützt haben dürfte. 87 war er mit ihm Senatsgesandter zu Q. Metellus Pius, konnte sich aber vor Cinna und Marius retten, ging wohl zu Sulla und wurde um 81 Praetor. Als Consul 78 (BROUGHTON Mag. 2,85) leistete er Widerstand gegen die Versuche seines Collegen M. Aemilius → Lepidus Nr. 5, die Sullan. Ordnung abzubauen; als Proconsul 77 schlug er ihn vor Rom und erstickte damit den aufflammenden Bürgerkrieg, ohne sich jedoch als bald hochgeachteter Führer der Mittelgruppe gegen seinen Verbündeten Pompeius durchsetzen zu können. Wie wohl auch sein Vater wurde er pontifex – etwa 80 v. Chr. – (Cic. nat. 1,79) und war 63 aussichtsreicher, aber erfolgloser Kandidat für den Oberpontifikat. 73 verteidigte er → Catilina in einem Inzestprozeß erfolgreich. 70 war er Richter im Verresprozeß, 69 weihte er den neugebauten Capitolin. Iuppitertempel (als *pont.* und *curator restituendi Capitolii*, Varro bei Gell. 2,10,2), an dessen Giebel sein Name bis zum Brand von 69 n. Chr. zu sehen war, Val. Max. 6,9,6 (daher späteres Ehrencognomen *Capitolinus*, Plut. Galba 2); bei der Neugestaltung des Capitols war das Tabularium von ihm errichtet worden, DESSILS 35f. E. NASH Bildlex. zur Topogr. des ant. Rom 2,408. 67 opponierte er gegen die lex Gabinia (Oberkommando für Pompeius im Seeräuberkrieg, Cass. Dio 36,30f.) und 66 zusammen mit seinem Schwager → Hortensius gegen die lex Manilia. 65 war er Censor (mit M. Licinius → Crassus Nr. 2). 63 setzte er sich von Catilina ab (Sall. Cat. 34,3ff.) und stützte Cic. (Sest. 121). Darüber verschärften sich bestehende Spannungen zu Caesar. Die lautere Persönlichkeit des L. wurde von Cic. hochgeschätzt, als Redner jedoch nicht anerkannt, Brut. 133. **6.** Q. L. Cerco, jüngerer Bruder von Nr. 2 und 241 dessen Nachfolger als Consul (mit A. Manlius Torquatus Atticus II); beide coss. unterdrückten den Faliskeraufstand in 6 Tagen (Act. triumph.), L. wohl gelobte der Iuturna einen Tempel, A. LIPPOLD, Consules, 1963, 334, dann ordnete er die Verhältnisse in Sicilien (1. Provinz!). 236 starb er als Censor im Amt, BROUGHTON Mag. 1,222. **7.** Q. L. Cerco, Quaestor etwa 90 v. Chr. (GRUEBER Coins 2,297f.) oder um 106 (SYD.); seine Denare zeigen ein Kriegsschiff mit Eichenkranz, offenbar auf Nr. 2 zu beziehen. **8.** L. Daphnis, Freigelassener von Nr. 4, Grammatiker (Plin. nat. 7,128. Suet. gramm. 3). **9.** Lutatia, Tochter von Nr. 4 und der Servilia, Schwester von Nr. 5, Gattin des Q. → Hortensius, Cic. de or. 3,228f. H. G. G.

**Lutecia Parisiorum.** Mitte 3. Jh. v. Chr. auf der Insel der Sequana von den Parisii gegründet. Erste gesch. Erwähnung 53 v. Chr. Caes. Gall. 6,3. 7,57. 58 *L. oppidum Parisiorum in insula fluminis Sequanae*. Strab. 4,194 *Λουκοτοκία*. Ptol. 2,8 *Λευκοτεκία Παρισίων*. Itin. Ant. 366,5f. *Luticia*. Tab. Peut. *Luteci*. Später nahm die Stadt den Namen des Volksstamms an: *apud Parisiam civitatem* (Konzilbericht vom J. 360). Zos. 3,9 *Παρίσιον*. In den Kämpfen des J. 52 abgebrannt (Caes. Gall. 7,58), wurde L. auf der Insel und am w. Ufer des Flusses wieder aufgebaut. Diese neue Stadt hatte ein Forum (h. rue Soufflot), 3 Thermen (Cluny, Collège de France, rue Gay-Lussac), ein Theater (zwischen Boulevard St. Michel und rue Racine), Amphitheater (rue Monge), Tempel (z. B. Mercurius = Montmartre). L. war ein wichtiger Schiffsplatz an der Sequana *(nautae Parisiaci)*. Mitte 3. Jh. zerstört. In L. wurde Iulianus zum Kaiser ausgerufen (Amm. 17,2,8. 20,4). M. L.

*P. M. Duval* Paris ant. des origines au III[e]s., Paris 1961. *Ders.* Les inscr. ant. de Paris, 1961.

**Lutia,** wahrscheinlich = h. Cantalucia bei Osma, Prov. Soria [1]. Name iber. nach HOLDER s. v. Als 134/33 v. Chr. die Lage des belagerten Numantia verzweifelt wurde, war die Jugend von L. geneigt, ihm Hilfe zu bringen. Aber die älteren Leute verrieten dies dem Scipio, der herbeieilte und grausam strafte, indem er 400 jungen Menschen die Hände abhauen ließ (App. Ib. 409–411). Dies das einzige literar. Zeugnis. Außerdem wird die Stadt genannt auf der Bronzetafel von Luzaga als Mitglied eines arevakischen Städtebundes unbestimmter Zeit [2] und auf Mz.-en mit *lutaqs* [3]. R. G.

1. Font. Hisp. Ant. IV, Barc. 1937, 80. 2. Text und Versuch einer Interpretation bei *Ad. Schulten* Numantia 1,335. 3. *Aem. Hübner*, Mon. Ling. Iber. 82.

**Lutrophoros** (*λουτροφόρος* scil. *ὑδρία*). Das schlanke Gefäß mit langem Hals, breitem Mündungsrand und 2–3 Henkeln diente zum Holen des Badewassers, bes. des Wassers für das Brautbad, das in Athen aus der → Kallirhoe-Enneakrunos (6) geschöpft wurde (Thuk. 2,15,5), und zu rituellen Zwecken, bes. im Totenkult. Die erhaltenen L. aus Ton tragen daher vielfach Bilder von Hochzeit oder Totenklage. Seit E. 5. Jh. stehen monumentale L. aus Marmor auch auf Gräbern unvermählt Verstorbener (symbol. Nachvollzug der Ehezeremonien). W. H. G.

*P. Wolters*, MDAI(A) 16, 1891, 371ff. *H. Nachod*, RE XIII 2098ff. *K. F. Johansen*, Arkaeologiske og Kunsthistoriske Afhandlinger tilegnede Fr. Poulsen (1941) 67ff. *R. Ginouves* Balaneutike (1962) 239ff.

**Luvii.** Die Bedeutung der Luwier wird im Gegensatz zu der der → Hethiter bis h. in der Wissenschaft oft überschätzt. Nichts spricht z. B. zugunsten von luw. Sprache als Substrat unter dem Griechischen Griechenlands oder Kretas. Die immer wieder mit griech. Ortsnamen auf *-νϑος* und *-σσος* verglichenen anatol. Ortsnamen auf *-anda* und *-šša* bezeugen mit Sicherheit keine luw.

Einwanderung von W. (statt von O.) nach Kleinasien. Die ältesten anatol. Ortsnamen auf *-anda* und *-šša* entstammen einer noch nicht ermittelten Sprache aus der Z. vor der Anwesenheit der Hethito-Luwier in Kleinasien. Neue Ortsnamen mit anklingenden eigenen Suffixen schufen später sowohl die Hethiter als die Luwier. Ähnlich klingende Ortsnamen in Anatolien und Griechenland, wie z.B. der Stadtname *Parnašša* und der griech. Bergname *Παρνασσός* ergeben bei einer einwandfreien heth. bzw. luw. Übers. gelinde gesagt keinen Sinn für den griech. Namen; denn diese lautet »zum Haus gehörig« ([11],143ff. 259ff.).

Erstmalig bezeugt sind der Landesname *Luwiya* und *Luiumna-* »Luwier« in den Heth. Gesetzen, deren älteste Texte (A, M) aus der Z. des Hethiterkönigs Ḫattusilis I. (2. Hälfte 17. Jh. v. Chr.) stammen dürften. Daneben zeigt die jüngere Abschrift B in § 19a auch schon den später allein gebräuchlichen Landesnamen *Arzawa*. In der Hethiterzeit (ca. 1750–1200) bewohnten die Luwier Kizzuwatna/Kilikien und die w. angrenzenden Arzawa-Länder. – Über die luw. Sprachen, die ihrerseits zur Gruppe des idg. Hethito-Luwischen gehören (→ Hethiter), sind wir durch die überlieferten Texte einigermaßen informiert. Aus dem 14. bis 13. Jh. v. Chr. stammen die in der heth. Hauptstadt Ḫattuša-Boğazköy aufgezeichneten keilschriftluw. *(luwili)* Texte, überwiegend mag. Rituale mit einer einfachen volkstümlichen »Frömmigkeit«. Das sog. Hieroglyphenluwische ist zuerst um 1300 (Aleppo-Inschr.) in der von den Hethitern erfundenen Bilderschrift, in der hieroglyphenhethit. Schrift, bezeugt. Derselben Schrift und Sprache, die ebenso wie das in einem griech. Alphabet nach 500 v. Chr. überlieferte → Lykische Altertümlichkeiten gegenüber dem (Keilschrift-)Luw. bewahrt hat, bedienten sich die Erben des Hethiterreiches, die »späthethitischen« Stadtstaaten im SO.-Anatolien und N.-Syrien im 1. Jt. bis zu ihrem Untergang gegen E. des 8. Jh. v. Chr. A. K.

1. *B. Rosenkranz* Beiträge zur Erforschung des Luv. (1952). 2. *H. Otten* Luv. Texte in Umschrift (1953). 3. *Ders.* Zur grammatikal. und lexikal. Bestimmung d. Luv. (1953). 4. *A. Kammenhuber*, OLZ 1955, 352ff. 5. *Dies.* KZ 76 (1959) 3ff. 6. *E. Laroche* Dictionnaire de la langue louvite (1959). 7. *Les* Hiéroglyphes hittites; Première partie: L'écriture (1960). 8. *Ph. H. J.* Houwink ten Cate The Luwian Population Groups of Lycia and Cilicia Aspera During the Hellenistic Period (1961). 9. *P. Meriggi* Hieroglyph.-Hethit. Glossar (1962). 10. *Ders.* Manuale di eteo geroglifico I, II (1966f.). 11. *A. Kammenhuber*, Hb. Oriental. 1. Abt. Bd. 2 Abschn. 1 und 2: Hethitisch, Palaisch, Luwisch und Hieroglyphenluwisch (im Druck).

**Luxor.** Abzuleiten von arab. *al-ʾuqṣūr*, »die Kastelle«, h. wichtige Stadt auf dem Gebiet des alten Theben, s. des Tempels von Karnak, um den »Harim« *(ip.t)* des Amun von Karnak erwachsen, dessen imponierende Reste von Amenophis III. und Ramses II. stammen, im vordersten Hof gekrönt von der Moschee des Abu'l-Haggag, dessen jährlicher Auszug an das altäg. *Ip.t*-Fest erinnert, bei dem Amun von Karnak nach Luxor zog. Über mythol. und kult. Hintergründe dieses Festes ist nichts bekannt. Reste der röm. Siedlung sind w. und ö. des Tempels ausgegraben; sie hieß *'Οφιῆον*. Im Tempel selbst baute man ein Tetrarchenheiligtum ein, von dem Reste in der Halle hinter dem hypostylen Saal noch erkennbar sind. W. H.

**Luxurius** (Luxorius), lat. Epigrammatiker, der z. Z. der Vandalenherrschaft (1. Drittel des 6. Jh.) in Karthago lebte. Von ihm ist am Schluß des Codex Salm. (→ Anthologie; die Slg. entstammt dem J. 534 n. Chr.) ein *liber epigrammaton* erhalten, der aus 89 teils epideikt., teils skopt. Gedichten in verschiedenen Versmaßen besteht (Anth. Lat. I 1 Nr. 287–375); ferner findet sich ebd. ein weiteres vereinzeltes Epigramm (Nr. 203) und ein hexametr. Epithalamium, ein Vergilcento (Nr. 18). L. wählte sich vor allem Martial zum Vorbild. Fast alle Gedichte enden mit einer Pointe; die Spottepigramme sparen nicht mit drast. Erotik. Grammatiker des MA. zitieren einige Verse eines Lisorius; die Identität dieses Dichters mit L. ist unsicher (s. [3.4]). M. F.

Ta.: Anth. Lat. I 1 (Riese), 1894$^2$. *H. Happ* L. (m. Komm.), Diss. Tüb. 1958 (Masch.). *M. Rosenblum* L., A Latin Poet among the Vandals, 1961.

1. *H. Happ*, Gn 34, 1962, 695–704. 2. *Ders.*, Beitr. zur Namensforschung 13, 1962, 243–257. 3. *Ders.*, Arch. Lat. Med. Aev. 32, 1962, 189–225. 4. *Sc. Mariotti*, RFIC 92, 1964, 162–172.

**Luxusgesetze** s. Lex

**Luzerne** s. Klee

**Lyaios** s. Dionysos. Mysterien

**Lychnidos** (*Λυχνιδός*, *Λυχνίς*, *Lychnitus*, *Lignido* usw.), Stadt im Gebiet der → Dassareten am See Ochrida an der Via Egnatia, zur Römerzeit zur Provinz Macedonia gehörend. Sie wird erst in den Kriegen Roms gegen Makedonien genannt (Pol. 5,108,2.8. 18,47,12. Liv. 27, 32,9. 33,34,11). Sie war günstig gelegen, mit fruchtbarer Umgebung, dicht bevölkert. Caracalla ließ die wichtige Straße wenigstens in der Umgebung von L. mit Steinbelag ausbauen (CIL III 711. 712). Im J. 479 n. Chr. erwehrte sich L. des Angriffs durch den O.-Gotenkönig Theoderich. Der erste uns bekannte Bischof von L. war der im J. 344 gewählte Zosimus. Im J. 519 nennt Marcellinus Comes einen *Laurentium Lychnidi*. Im 9. Jh. war L. kurze Z. Vorort eines bulgar. Königreiches. Ringmauern aus dem MA. sind erhalten. J. Sz.

*M. Fluss*, RE XIII 2111ff. *K. Regling*, Ztschr. f. Num. 25,4.

**Lychnomanteia** s. Mantik

**Lyco** war eine Stadt der → Bastetani. Bei L. fügten die Lusitaner dem L. Aemilius Paulus 190 v. Chr. schwere Verluste zu (Liv. 37,46,7). Der Name ist wohl iber., die Bastetani hießen nach Basti, h. Baeza. Genauere Lage nicht festzustellen. Identifikation mit Ilugo, Ilucia, *Ἴλουνον* sehr fraglich. S. die betr. Art. der RE, bes. Suppl. III 1230–1233, dazu Font. Hisp. Ant. III, Barc. 1935, 199f. R. G.

**Lycoris** s. Gallus

**Lydda** (hebr. *lōd*). Stadt in Palästina an der Straße → Ioppe (20 km von dort) nach → Hierosolyma (44 km nach dort), zuerst auf einer Liste Thutmoses' III. im 15. Jh., dann im AT selten im Bereich von Benjamin erwähnt. In hellenist. Zeit samaritan., wurde L. 145 v. Chr. von → Demetrios II. (6) an → Jonathan übergeben (1. Makk. 11,34. Ios. ant. 13,4,9). In röm. Z. war L. Hauptort einer der 11 (Ios. bell. 3,3,5) bzw. 10 (Plin. nat. 5,15,70) Toparchien; nach Eroberung im 1. (bell. 4,8,1) und im 2. (b. Baba Bathra 10b) jüd. Krieg bis ins 3. Jh. Sitz rabb. Gelehrsamkeit (Eliezer b. Hyrkanos, Tarphon, Aqiba; Festsetzung des Schaltj. von L. aus), seit etwa 200 n. Chr. unter dem Namen Diospolis. Seit spätestens dem 6. Jh. gilt L. als Geburts- und Begräbnisstatt des hl. Georg (erste Erwähnung 530 durch Theodosius: CSEL 39,139) und zog als solche Muslime (unter ihnen *ludd*) wie Kreuzfahrer an. 1948 israel. (wieder *lōd*), 21 000 Einwohner. C. C.

1. Dict. de la Bible 4,444ff. 2. *A. Alt*, ZDPV 47, 1924, 169–185. 3. *Abel* Geogr. 2,370. 4. *J. Simons*, The Geogr. and Topogr. Texts of the OT, 1959, Reg. s. Lod, L.

**Lydia.** I. Geographie: Schon früh erwähnte Landschaft im w. Kleinasien, der die h. türk. Provinz Saruchan und ein Teil der Provinz Sighadjik (s. Andrées Allg. Handatl. S. 152/53) entspricht; eine alte Bezeichnung für L. war *Μαιονία* (Steph. Byz. p. 427 *Μαιονία, ἡ Λυδία*). L. grenzte im N. an Mysien, im O. an Phrygien, im S. an Karien und im W. an das ion. Kolonialgebiet. L., mit Einzelerhebungen von über 2000 m, aber sonst nur wenig über Mittelgebirgshöhe hinausgehend, besaß keine scharfen natürlichen Grenzen. Bei Ptol. 5,2,14 ist L. nicht mehr ein eigenes Gebiet, sondern (verwaltungsmäßig) Teil der *ἰδίως καλουμένη Ἀσία*. Als gewisse natürliche Scheide konnte immerhin im S. gegen Karien einmal die *Μεσ(σ)ωγίς* (*ὄρος*, Strab. 13,629, h. Djuma Dağ), ferner der Fluß → Maiandros (h. Menderez) gelten, im N. gegen Mysien der Gebirgsstock des *Τήμνου(ς) ὄρος* (h. Demirdji Dağ mit Ak Dağ, Strab. 13,616), während L. im W., bestimmt durch gleiches Klima und gleiche Bodenverhältnisse, durch das Ägäische Meer seine natürliche Begrenzung fand; die Hauptflüsse L.s münden in die Ägäis, außer dem → Maiandros der → Hermos (2) mit seinem Nebenfluß → Hyllos (2) und der → Kaÿstros (1). Sie sind alle wenig schiffbar, im allg. fischreich und laufen meist in einer Schwemmlandschaft mit Deltabildung aus. Der *Κάϋστρος* durchfließt in seinem Mittellauf eine sehr fruchtbare Ebene, das → *Καΰστρου πεδίον* (1), das in das *Κιλβιανὸν πεδίον* am oberen Kaÿstros übergeht (Strab. 13,629), von Homer Il. 2,461 auch *Ἄσιος λειμών* genannt. *Κάϋστρ.* und *Ἄσ. λειμών* sowie *Γυγαίη λίμνη* und *Τμῶλος* (Hom. Il. 2,865/66 s.u.) sind zugleich die frühesten bezeugten geogr. Namen in L., *Ἄσιος* noch bes. beachtenswert als Ausgangspunkt für den Erdteilnamen Asien. Noch nennenswerte Gebirge: das → Dindymon *ὄρος* (2) an der NO.-Grenze Phrygiens mit der Quelle des Hermos und der → Tmolos s. von Sardes, der höchste Bergstock im inneren L. (2100 m) mit der Quelle des Kaÿstros. Nach Hom. ist L. beschrieben von Hdt. 1,93, das Volk der *Λυδοί* häufig genannt (1,13. 27. 2,167 u.ö.), später kurz dargestellt von Ptol. (s.o.), Mela 1,13 und Plin. nat. 5,110f. Eine umfassende Schilderung L.s bietet allein Strab. 13, 625ff. mit der Erwähnung der → *Γυγαία λίμνη*, der Ebene → *Κατακεκαυμένη* (1) und der Städte → Sardes, Hypaipa (s. des Tmolos) und Philadelpheia. Ptol. a.O. nennt 13 Städte. Auf Dareios' I. Veranlassung entstand die »Königliche Straße« von Susa nach Sardes (Hdt. 5,52f. K. Miller Itin. Rom. 685/86 mit Skizze Nr. 225f.). Zu den Straßen L.s in röm. Z. s. K. Miller Skizze Nr. 229, S. 701f. H. T.

*Bürchner*, RE XIII 2122ff. The Oxf. Class. Dict., S. 522 mit Lit. *Aubrey de Sélincourt* Die Welt Herodots, S. 80–89: Lydien, Wiesbaden 1967. *A. Forbiger* HB der alt. Geogr. 2,167ff. *H. Kiepert* Lehrb. der alt. Geogr. 111–113. *W. M. Ramsay* The hist. geogr. Asia Min. 95, 99 u.ö. mit Karte bei S. 105. *H. Kiepert* Atl. ant., T. V. *A. van Kampen* Orbis terr. ant., T. 8. Atl. of the World (Times), Pl. 36.

II. Geschichte. Über die polit. und ethn. Verhältnisse von L. im 2. Jt. v. Chr. wissen wir wenig. Die in den heth. Texten erwähnten Ländernamen Masa, Wilusa, Karkisa, Assuwa, vielleicht auch Ahhijawa werden meist in W.-Kleinasien vermutet; genauere Lokalisierungen, etwa in dem später L. genannten Bereich, sind aber noch nicht möglich. Für das Küstengebiet lehren die archäolog. Funde, daß es im 14. und bes. im 13. Jh. v. Chr. in einem noch nicht klar bestimmbaren Grad Anteil an der myken. Kultur hatte. Die 3 Felsreliefs am Karabel 30 km ö. von Izmir, am Verkehrsweg von Ephesos nach Sardeis, galten früher als Denkmäler eines heth. Königs, der sie etwa als Siegesdenkmäler oder zur Markierung der Machtausdehnung seines Reiches nach W. habe einmeißeln lassen, so [2],2165. Die neueste Deutung [10] dagegen, die sie ins 13. Jh. v. Chr. datiert, faßt sie ebenso wie das (in der Ant. als Niobe gedeutete) Felsbild vom Sipylos ö. von Magnesia als von einer lokalen Dynastie geschaffen, die sich damit an die gleichzeitigen inneranatol. Vorbilder angelehnt habe.

Unsere Hauptquelle für die lyd. Gesch. bildet Herodotos Hist. B. I, danach die Fragmente der *Λυδιακά* des Xanthos (FGrH 765), die zu einem wesentlichen Teil durch Nikolaos von Damaskos (FGrH 90) überliefert worden sind. Sagenhaft ist noch die Frühzeit unter den Dynastien der Atyaden und Tyloniden (Herakliden), dazu vgl. [6]. Erst mit → Gyges, dem Stifter der Mermnadendynastie, beginnt um 680 v. Chr. die lyd. Gesch. im strengen Sinn. Er verbündet sich mit Assur gegen die → Kimmerier, gleichzeitig aber gegen Assur mit Äg., zu Delphi knüpft er enge Beziehungen (reiche Schenkungen, wohl wesentlich mit polit. Zwecksetzung). Seine Nachfolger sind → Ardys, → Sadyattes II, → Alyattes, → Kroisos. Unter Gyges, Ardys und Alyattes finden Einbrüche des Reitervolks der Kimmerier (und der Treren) in L. statt, die Hauptstadt Sardeis wird zweimal von ihnen erobert. – Seit Gyges beginnt auch der (wohl durch den Zusammenbruch des Phrygerreichs begünstigte) polit. Aufstieg Lydiens, es gewinnt W.-Phrygien hinzu und schiebt seine O.-Grenze im inneranatol. Hochland bis zum Fluß Halys vor. Später wird → Bithynien erobert und im W. die Griechenstädte (Magnesia, Kolophon, Priene, Smyrna, Ephesos, fast die ganze W.-Küste Kleinasiens und die küstennahen Inseln, aber nicht Milet) unterworfen. Die Regierungszeit des Alyattes (etwa ab 607), als die Kimmerier endgültig zurückgeworfen sind, ist die Blütezeit von L. Wohl in dieser Z. wird in L. die vom Staat (durch den Münzen aufgeprägte Wappenzeichen des Königshauses) garantierte Münzprägung erfunden, die den Übergang vom Tauschhandel zur Geldwirtschaft erlaubte. – Nach der Niederlage des Kroisos gegen Kyros 547/46 kommt L. unter pers. Hoheit; die pers. Königstraße führt nun vom Satrapensitz Sparda (= Sardeis) über Gordion nach Susa. 334 erobert → Alexander das Land, nach seinem Tod gehört es zum Seleukidenreich, seit der Schlacht von Magnesia, 190 v. Chr., zu Pergamon. 133 v. Chr. wird es zur röm. Provinz Asia geschlagen. → Diokletian macht L. zu einer eigenen Provinz mit Sardeis als *μητρόπολις*.

1. G. *Radet* La Lydie et le monde grec au temps des Mermnades, 1892, Bibl. écol. franç. Athènes, Rome fasc. 63. 2. *J. Keil*, RE XIII 2161–2202. 3. *K. Bittel* Grundzüge der Vor- und Frühgesch. Kleinasiens, $^1$1945, $^2$1950, 94ff. 4. *H. Kaletsch* Die Könige der Lyder, I. Von der Urzeit bis Gyges = Diss. phil. München 1954 (masch.schr.). 5. *A. Goetze* Kleinasien, HB. Alt.wiss. $^2$1957, 206ff. 6. *G. M. A. Hanfmann* Lydiaka HSPh 63, 1958, 65ff. 7. *H. Kaletsch* Zur lyd. Chronologie, Hist. 7, 1958, 1ff. 8. *G. M. A. Hanfmann* Sardis und Lydien, AAMz 1960, 6. 9. *G. E. Bean* Aegean Turkey, 1966. 10. *K. Bittel* Karabel, MDOG 98, 1967, 5ff.

III. Lydische Sprache. Unsere (unvollkommene) Kenntnis gewinnen wir aus 64 Inschr., die meist aus Sardeis stammen und dem 6.–4. Jh. v. Chr. Geb. angehören, ferner aus Glossen, die bei Buckler [1] und Personennamen, die bei Zgusta [9] gebucht sind. Die Inschr. gehören meist zu Grabstelen, einige (Nr. 10–15) scheinen am Zeilenende Vokalassonanz zu haben, also Gedichte zu sein. Alles inschr. Sprachmaterial, das in einer national-lyd. Buchstabenschrift aufgezeichnet ist, sowie die durch griech. (und lat.) Autoren bewahrten Glossen jetzt bequem zugänglich bei Gusmani [8]. Das erste Eindringen ins Verständnis der Texte erleichterte eine aramäisch-lyd. Bilingue, die von Kahle-Sommer [3] maßgebend bearbeitet wurde. H. ist sicher, daß das Lyd. (wie das → Lyk. und wohl auch das → Kar. und → Sidet.) zum heth.-luw. Sprachzweig des Idg. (→ Indogermanen) gehört; zu welcher der älteren Sprachen das Lyd. die nächsten Beziehungen hat, erkennen wir noch nicht. G. N.

1. *W. H. Buckler*, Sardis VI 2, 1924. 2. *G. Deeters* Lydia: Sprache und Schrift, RE XIII 2154ff. 3. *P. Kahle–F. Sommer* Kleinasiat. Forschungen 1, 1927/30, 18ff. 4. *P. Meriggi*, in: Rev. Hittite et Asianique 19, 1935, 69ff. 5. *Ders.*, Festschr. f. H. Hirt 2, 1936, 283ff. 6. *A. Heubeck* Lydiaka, 1959. 7. *O. Carruba*, in: Mitteilungen des Inst. für Orientforsch. 8, 1963, 383ff. 8. *R. Gusmani* Lyd. Wörterbuch, 1964. 9. *L. Zgusta* Kleinasiat. Personennamen, 1964. 10. *V. V. Ševoroškin* Lidijskij jazyk, Moskau 1967. 11. *A. Heubeck*, in: HB. der Orientalistik, Abt. I, Bd. II, Abschn. I/2, Leiden (demnächst).

**Lydias** (*Λ[ο]υδίας*: Strab. 7,330 frg. 20.22f. *Rhoedias:* Plin. nat. 4,34), Fluß in Makedonien, der, zunächst aus dem gleichnamigen, vom Axios gespeisten See (h. Jenidže) kommend, sich mit dem Haliakmon (h. Bistritza) vereinigte und die Grenze von Bottiaia und Makedonia bildete. Hekat. FGrH 1 F 145. Hdt. 7,127. Skyl. 66. Ptol. 3,12, 12. Aischin. 2,124ff. Chr. D.

*A. Struck* Maked. Fahrten 2,86ff. 95ff. *Casson* Macedonia, Thrace and Illyria 14ff. u.ö. *Papazoglu* Die maked. Städte in röm. Z., 1957, 97 u.ö. (serb.). *Detschew* Die thrak. Sprachreste 277ff.

**Lydiadas** (*Λυδιάδας*). **1.** Sohn des Eudamos aus Megalopolis, führte 249 dessen Truppen bei Mantineia gegen die Spartaner. Sylloge$^3$ 504. Paus. 8,10,6.10. Als Tyrann in Megalopolis stellte L. 235 mit Anschluß an den achaiischen Bund die Demokratie wieder her. Pol. 2,44,5. Plut. Arat. 30,4. Bundesstratege 234/33, ebenso trotz Widerstandes des → Aratos 232/31 und 230/29, klagte L. mehrmals Aratos vergebens an. Plut. 30,4.6f. In der Wahl für 227/26 unterlag L. dem Rivalen. Plut. 35,7. Bei Ladokeia wollte er als Reiterführer wider Willen des Aratos den Sieg über die Spartaner des → Kleomenes III. erzwingen und fiel. Die mit Purpurkleid und Kranz geschmückte Leiche lieferte Kleomenes aus. Pol. 2,51,3. Plut. Arat. 37,1f.; Cleom. 6,4ff. Ehrung des L. durch → Kaphyai. Sylloge$^3$ 504. **2.** Enkel von Nr. 1?, 180/79 achaiischer Gesandter in Rom. Pol. 24,8,8. H. V.

**Lydios.** Isaur. Räuberhauptmann in Lykien-Pamphylien z. Z. des Probus (276–282), Zos. 1,69. 70 s. D. Magie Rom. Rule Asia Min. 2,1577. R. H.

**Lydos** (*Λυδός*). **1.** Myth. König, nach dem das früher *Μῄονες* (Il. 2,864 u. s.) oder *Μαίονες* heißende Volk sich umnannte. Sohn des → Atys, Bruder des Tyrsenos (Tor[r]ebos), von dem das Volk der Etrusker stammen sollte. Hdt. 1,94. Strab. 5, 219. Tac. ann. 4,55. Nach Hdt. 1,171 ist L. Bruder von Kar und Mysos, was auf Autochthonie und

Stammesverwandtschaft der Karer, Lyder und Myser deuten soll. Vgl. Gen. 10,22 Lud, Ios. ant. Iud. 1,6,4 Ludas. H. v. G.

**2.** L. Iohannes Laurentius. Lebensdaten (nach de mag. 3,25–30, wenn nichts anders angegeben): * 490 in Philadelphia (Lydien). Schon bekannt durch seine Gelehrsamkeit, diente er 504 vorübergehend bei den Commentarienses (→ a commentariis) (mag. 3,17.67), kam 511 nach Konstantinopel, studierte dort Philosophie in der Hoffnung auf eine Stellung bei den → Memoriales, doch nötigte ihn sein Landsmann, der Präfekt Zoticus, bei den → Praefectiani einzutreten. Nach anfänglicher schneller Beförderung schloß L. eine vorteilhafte Ehe, doch starb seine Frau bald (de mens. 4,89). Die Reformen Iohannes' des Kappadokers stellten L.'s Karriere in Frage, er arbeitete zusammen mit Phokas, der nach dem Nika-Aufstand Präfekt unter Iustinianus geworden war, zog sich aber in die Bücherwelt zurück, nachdem der Kappadoker zurückgekehrt war. Berichte über eine amtliche Tätigkeit des L. brechen plötzlich ab. Nachdem er wissenschaftlichen Ruf erlangt hatte, gewann er nach 541 Justinians Gunst; seine akademische Tätigkeit wurde als Verwaltungsdienst gerechnet. Nach Abschluß seines Dienstes zog sich L. als comes 552 zurück, arm und verbittert: Einsparungsmaßnahmen kosteten ihn die Sporteln, die bis zu den obersten Dienstgraden angewachsen wären und eine Pension dargestellt hätten.

Erhaltene Schriften: 1. *περὶ μηνῶν* (de mensibus) behandelt weitschweifig Bräuche und Sitten an Wochen- und Monatstagen. 2. *περὶ διοσημειῶν* (de ostentis), ein Mischmasch aus Übersetzungen von Werken über die Deutung von Omina aller Art. 3. *περὶ ἀρχῶν τῆς Ῥωμαίων πολιτείας* (de magistratibus) 2. B., eine weitschweifige Abhandlung über die Beamten der Republik und des Kaiserreichs, dazu ein jetzt unvollständiges 3. B. über die Praetorianische Praefektur.

De ost. Prooem. 7 verweist auf de mens., dort 4,79 ein Verweis auf de ost., beide stehen allg. in inhaltlichem Zusammenhang. De ost. ist wahrscheinlich bald nach 540 geschrieben (Prooem. 1. 8.9 C), vielleicht auf Zypern (de mens. 4,47; der S.O., Äg. und Indien bleiben in de mag. außer Betracht). De mag. nach 552 und wahrscheinlich vor 554 geschrieben, nimmt oft Bezug auf de mens., mit dem es manche Stücke gemein hat; textliche Mängel (z.B. 2,10–12. 3,40–42) deuten darauf hin, daß L. starb, bevor er den Text fertig redigieren konnte. Keine Verweisungen zwischen de mag. und de ost.; letztere Schrift wirkt stark heidnisch, während L. gewöhnlich vom chr. Glauben nicht abweicht. L. beweist ein nur sehr oberflächliches Wissen über Rom und Griechenland, mit viel Anachronismen und Irrtümern im einzelnen. Dagegen ist er gut orientiert über das oströmische Reich. Am besten ist ihm noch die Zeit von den Gracchen bis Nero vertraut. Er zitiert reichlich lat. und griech. Quellen, doch offenbar häufig aus 2. Hand, aus späten, nicht genannten Kompilatoren; Autoren des 2. Jh. n. Chr. erscheinen vorzugsweise. L. beweist gute Kenntnis des Latein, doch mit nur mäßigem Verständnis, obwohl er als Fachmann galt. Der Brauch verlangte Abschweifungen, dabei zeigen sich oberflächliche Kenntnisse von Geographie und Naturgeschichte. L. kennt Hom. (Il.), Hes., Soph., Eur., Aristoph., Thuk., Plat., Aristot., Diod., Plut., Ptol., Arr., Dio, Prokl. und wahrscheinlich Verg. (Aen. VI–VIII), Iuv., Claud., Apul., Suet.; er las auch Iustinians Digesten (I 1, 11–15. 2,22.34), Slgn. von Epigrammen und spezielle Monographien.

In de mag. (bes. III) zeigt sich ein starker Verfall der Moral unter den Praefectiani; viele Intrigen innerhalb der Verwaltung; wenig Sinn für die sozialen Konsequenzen der Reformen; Unzufriedenheit mit Iustinian. T. F. C.

Ta.: de mens. Wünsch, Lpz. 1898; de ost. Wachsmuth, Lpz. $1897^{2}$; de mag. Wünsch, Lpz. 1903. Übers.: *Carney* John the Lydian, On the Magistrates of the Roman Constitution, 1965. Lit.: *Klotz* RE XIII 210 ff. *Cumont*, ByzZ 30, 31–35. *Haury*, ebd. 37, 1–9. *Ensslin*, PhW 63, 452–454. *Dölger*, PhW 63, 667–669. *Ders.* ByzZ 62, 291. *Jones*, JRS 39, 38–55; *Rubin* Das Zeitalter Iustinians, 168–171.

**3.** L., att. sf. Vasenmaler um 560–520 v. Chr. Signierte zweimal, arbeitete sicher bei drei, vielleicht bei mehreren Töpfern. Bedeutend durch monumentale Neuformulierung von Sagen, vor allem nach Homer, und der Prothesis: Er reduziert die Bewegung auf reine Aussage der Klage. Paßt sich im Alter äußerlich dem »Fortschritt« z.B. der Faltengebung an. H. Ma.

*J. D. Beazley*, ABV. 107–113. *H. Marwitz*, Kindlers Malerei-Lex. Bd. IV »Lydos«.

**Lygdamis** (*Λύγδαμις*). **1.** Naxischer Adeliger, half → Peisistratos nach dessen zweitem Exil bei der gewaltsamen Rückgewinnung der Tyrannis in Athen (Hdt. 1,61. Aristot. Ath. pol. 15,2). Dieser unterwarf dann Naxos und übergab es L., dem er auch seine Geiseln aus den att. Adelsfamilien anvertraute (Hdt. 1,64. Aristot. 15,3). Gestürzt wurde L. wohl durch die Spartaner bei ihrer Expedition gegen Polykrates (ca. 524). G. Do.

**2.** L., Vater der → Artemisia (1) (Hdt. 7,99,2. Paus. 3,11,3 u.a.), wahrscheinlich wie diese Dynast von → Halikarnassos unter pers. Oberhoheit (H. Berve Die Tyrannis bei den Griechen, 1967, 120). **3.** L., Sohn des Pisindelis, Enkel der Artemisia (Suda s. *Ἡρόδοτος*: anders Beloch GG 2, 2,1 f.), als Dynast von Halikarnassos auch inschr. bezeugt (Sylloge$^{3}$ 45: F. Gschnitzer, SAWW 235,3 [1960], 37–40); sein Regiment endete nach heftigen Auseinandersetzungen (Suda s. *Ἡρόδοτος*; s. *Πανύασις*) wohl vor 454 (IG $I^{2}$ 191; H. Berve a. O. 121). **4.** L., Syrakusaner, 648 v. Chr. Sieger im ersten → Pankration-Wettkampf zu → Olympia (Paus. 5,8,8; Philostr. Gymn. p. 267 f. K.; Eus. Chron. 1, zu Ol. 33: L. Moretti Olympionikai, 1957, 65); Paus. kannte sein Grabmal in Syrakus. W. Ki.

**Lygdamus** nennt sich der Vf. eines im Corpus Tibullianum (3,1–6) überlieferten Zyklus von 6 Elegien. Ihr Inhalt ist (über 5 unten) seine Liebe zu Neaera, seiner Verlobten oder Frau, die sich von ihm trennen will. Beide Namen sind Pseudonyme; da L. 1,2 von »unseren Ahnen« und 4,92 von ihren Eltern und deren *culta domus* spricht, handelt es sich um vornehme Römer. Versuchte Identifikationen sind grundlos oder unmöglich (so die mit Ovid oder seinem Bruder). Die Gedichte zeigen das Gepräge der in → Catulls Nachfolge entwickelten subjektiv-erot. Elegie. Inhalt ist die leidenschaftlich-sentimentale Liebe zu einer Frau, die Dialektik von Liebe und Eifersucht, Verfallenheit und Freiheitswunsch. Widersprüche und Schwankungen zeichnen den Zustand der Seele. An Catull erinnert die Antithese von erot. Verlangen und selbstloser Liebe, an Tib. die von Reichtum und Liebesglück, das Motiv der Krankheit und Todesahnung (in 5, ohne Erwähnung der Liebe, aber doch wohl zugehörig). Wie Tib. und Prop. malt sich L. sein Begräbnis aus und gibt die Grabschrift an. Ihm eigen ist ein ins einzelne gehendes Beschreiben (1,9ff. 4,23ff.) und grelle Farbeffekte. L. ist als Dichter Dilettant, aber nicht ohne persönliche Eigenart. Manche Wendung ist ihm gelungen, in anderem hat er sich vergriffen. Ein vertracktes Problem ist seine Beziehung zu Ovid. In 5 fleht er Persephone an, ihn nicht vor der Zeit hinwegzuraffen, und gibt dabei das Jahr seiner Geburt (oder seines 1. Geburtstages?) mit demselben V. wie Ovid an: *cum cecidit fato consul uterque pari* (trist. 4,10,6), d. h. 43 v.Chr. Daß Ov. diese Prägung für sein Geburtsjahr einem anderen entlehnt hätte, ist kaum denkbar (anders Büchner); L. aber konnte trist. 4 nicht vor 11 n.Chr. kennen, wäre also wenigstens 53 J. alt gewesen, als er sich mit *crescentibus uvis* und *modo nata poma*, wenn auch hyperbolisch, verglich. Die Vermutung, Ov. könnte den V. schon in einem bei der Reduktion auf 3 B. weggefallenen Schlußgedicht der 1. Ausg. der amores gehabt haben (Kraus nach Henning), ist zwar nicht verifizierbar, aber nicht unbegründet (so trist. 4,10,7 = am. 3,15,5). Es bleiben aber andere Parallelen zwischen L. und Ov. ars, met., fast., trist., bei denen es schwer fällt, Ov.s Priorität mit Büchner gegen Axelson zu bestreiten. Anderseits hat Büchner gezeigt, wie sehr L. in Metrik, Prosodie, Stil vorovidisch erscheint. Unmöglich daher Axelsons Versuch, den datierenden V. auf Galba und Vinius (coss. 69 n.Chr.) zu beziehen und L. in Domitians Zeit zu versetzen. Eher ist mit O. Skutsch an eine Mystifikation zu denken, eine fingierte Jugenddichtung Ov.s Dann aber doch eher für den ganzen Zyklus (stoffliche Anregung trist. 4,10,69) als für 5 allein, obgleich die Einführung des Namens L. eine Komplikation bringt. Das Problem bleibt offen; zuviel ist uns unbekannt: die Neoteriker außer Catull, Cornelius Gallus, Valgius Rufus u.a. W. K.

Die Lit. bei *K. Büchner*, H 93, 1965, 65ff. 503ff., dazu *O. Skutsch*, Philol. 1966, 142ff.

**Lygdus.** Lieblingssklave des jüngeren Drusus, den er, angestiftet durch Seian und Livia Iulia, 23 n.Chr. vergiftete, Tac. ann. 4,10,2. Dio-Xiph. 57, 22,2; im J. 32 hingerichtet, Tac. ann. 4,11,2, Dio-Xiph. 58,11,7. R. H.

**Lykabas** (*Λυκάβας*). **1.** Einer der tyrrhen. Seeräuber, die Dionysos auf der Fahrt nach Naxos bedrohten. Wegen eines Mordes war er aus der Heimat verbannt und trat in den Schiffsdienst bei → Akoites, den er mißhandelte. Die Schiffsbesatzung wurde in Delphine verwandelt. Ov. met. 3, 624.673. Hyg. fab. 134. **2.** Kentaur, auf der Hochzeit von → Peirithoos und → Hippodameia (2) am Streit mit den Lapithen beteiligt, konnte entfliehen. Ov. met. 12,302. Der Name hängt mit *λύκος* als Symbol der Mordsühne zusammen. S. → Lykaon. Über das hom. Wort *λυκάβας* Wilam. Hom. Unt. 54. Prell.-Rob. 1,128. Joh. Schmidt, RE XIII 2228. H. v. G.

**Lykabettos** (*Λυκαβηττός*), der für das Stadtbild Athens charakteristische, steile, isolierte Bergkegel im n. Teil des h. Stadtgebietes, 277,3 m hoch mit Kapelle des Hl. Georgios. Da Plato ihn mit der Pnyx als Grenzpunkte seines myth. Athen nennt, ist die Gleichsetzung genügend gesichert; die Angabe bei Marin. v. Procli 36 über dessen Grab »in den östlicheren Vorstädten der Stadt am L.« paßt dazu. Da aber Strab. den L. unter die größten Gebirge Attikas rechnet, und auch sonst seine Größe betont wird, muß man die ganze Kette der Turkovunia dazu rechnen. Der L. lag im Alt. außerhalb der Stadt. Plat. Kritias 112 A m. Sch. Eryx. 400 B. Aristoph. Ran. 1056. m. Sch. Xen. oec. 19,6. Strab. 9,399. 10,454. Antig. h. mir. 12. Plin. nat. 4,24. Stat. Theb. 12,621. Hesych. Suda Tim. lex. Platon. E. M.

1. *Judeich* Topogr. von Athen² 44f. 2. *Philipps.-Kirst.* 1, 887. 890ff.

**Lykaia** (*Λύκαια*). Name zweier kleinerer Orte im n.w. Arkadien, beide auch in der Namensform *Λυκόα* bezeugt und in Megalopolis eingemeindet. L. im Gebiet der Mainalier am Oberlauf des Helisson, Paus. 8,3,4, 27,3. 30,1. 36,7, vielleicht mit einem Palaeokastro zw. Arachova und Karteroli im S.O. der Ebene von Davia gleichzusetzen. L. im Gebiet der Parrhasier am N.-Abhang des Lykaion, w. der Einmündung des → Lusios, Paus. 8,27,4. Pol. 16,17,7, wohl das »Kastro der Hl. Helena« bei Lavda. Neu dazu BCH 71/2, 1947/8, 128f. 133 Abb. 24. Sonst Steph. Byz. s. *Λύκαια* = Theopomp FGrH 115 F 244 u. *Λυκόα*. Eine Phratrie *τῶν Λυκοατᾶν* in Megalopolis IG V 2,446; Phyle *Λυκαειτῶν* IG V 2, 452. 464. E. M.

*E. Meyer*, RE XIII 2229ff.

**Lykaion** (*τὸ Λύκαιον*), im weiteren Sinne die gesamte, aus verschiedenen Kalken bestehende

Gebirgsmasse w. der Hochebene von Megalopolis, zur Landschaft Parrhasia gehörend, Paus. 8,38, 2ff. 4,20,2. 8,41,3. Strab. 8,348. Paus. 8, 2,1. Thuk. 5,54,1. Polybios zählte es zu den größten Gebirgen Griechenlands, Strab. 4,6,12 p. 208, daher *ὤρεα μακρά* bei Theokr. 1,123 (m.Sch.). Das Gebirge war im Alt. waldreich und besitzt noch h. ausgedehnte Fichtenwälder, war außerdem reich an Quellen, Paus. 8,38,3f. [3], 2243,7ff. Berühmt war das L. zudem durch hochaltertümliche Kulte. So sollte hier an einem Ort Kretea Zeus geboren sein, Paus. 8,38,2. Der Ort lag bei einem Heiligtum des Apollon Parrhasios, Paus. 8,38,8, von dem Reste beim h. Krambovo ausgegraben sind, [3], 2243,28ff. Das L. war ferner Heimat des Pan, der hier mehrere Heiligtümer hatte, eines bei Berekla s.w. des Diaforti (s.u.) gefunden, K. Kuruniotis, *Πρακτικά* 1902,72ff. RE XV 586,9ff. mit den Berichtigungen EA 1903,169 A.1 und RE XVII 821, 34ff., ein anderes lag unter dem Hauptgipfel des L. (s.u.).

Insbesondere wird aber als L. der n. Hauptgipfel des Gebirges mit dem berühmten Heiligtum des Zeus Lykaios bezeichnet, das gemeinsamer Hauptkultort ganz Arkadiens war. Der Gipfel besteht aus zwei Kuppen, dem 1420 m hohen Stephani im N. und dem etwas niedrigeren, aber freier und beherrschender liegenden Hg. Elias oder Diaforti (Dioforti). Zwischen den Gipfeln liegt eine Hochfläche in etwa 1200 m Höhe, 350:120 m, auf der sich Hippodrom und Stadion mit großer Stoa und weiteren Nebengebäuden befand, unter denen Paus. ein Panheiligtum erwähnt, 8,38,5. Die Bauten stammen zumeist aus frühhellenist. oder röm. Z. Hier wurden die Lykaia gefeiert. Etwa 20 m unterhalb des Gipfels des Hg. Elias an seiner S.-Seite lag auf einer kleinen Terrasse das eigentliche Zeusheiligtum, ein von einer niedrigen Mauer umgebener offener Bezirk, dessen Betreten verboten war. Menschen und Tiere warfen darin angeblich keinen Schatten, Paus. 8,38,6 u.a. Das Heiligtum besaß Asylrecht. Gebäude sind nicht gefunden, obwohl Thuk. 5,16,3 ein Haus erwähnt, in dem sich Asylsuchende aufhalten konnten. Der oberste Gipfel selber besteht aus den Resten des großen Aschenaltars, an dem noch in hist. Z. Menschenopfer stattfanden. Die weite Aussicht rühmt bereits Paus. a.O. Wer von dem Menschenfleisch aß, wurde nach der Sage in einen Wolf verwandelt. Zu Pausanias' Zeit war das Heiligtum verödet und wurden die Spiele nicht mehr gefeiert, bei Strab. 8,388 wird es »noch ein wenig geehrt«. Inschr.: IG V 2,548–553. Liste der Lykaioniken: EA 1905, 161ff. IG V 2, 549/550. SEG 11,1154. 19,331. E. M.

1. *Hiller von Gärtringen* IG V 2 S.140f. 2. *K.Kuruniotis* EA 1904,153ff. *Πρακτικά* 1909, 185ff. 3. *E.Meyer*, RE XIII 2235ff. 4. *Scherling*, RE XIII 2231ff. Nr.3 (Lykaia). 5. *W.Immerwahr* Die Kulte und Mythen Arkadiens 1ff. 193ff.



**Lykaios** s. Zeus

**Lykambes** s. Archilochos

**Lykaon** (*Λυκάων*) Myth. **1.** Ältester König von Arkadien, Sohn des → Pelasgos und der → Meliboia (Kyllene). Apollod. 3.96. Er hat 50 Söhne. Aus den Verzeichnissen Apollod. 3,97. Paus. 8,3. Steph.Byz. u.a. kennen wir im ganzen 73 Namen. Töchter: → Dia und Helike oder → Kallisto (1); sie wurden verstirnt (Kall. h. 1,41. Ov.fast. 3, 793). Um L. und seine Söhne gruppiert sich eine vielfältig abgewandelte Sage. In der älteren Überlieferung ist er ein frommer Herrscher, Gründer von Lykosura auf dem Lykaion und des dortigen Kultes des Zeus und der Spiele *Λύκαια*. Seine Söhne gründen Städte in Arkadien; → Nyktimos wird sein Nachfolger. Doch endet auch dieser L. unglücklich: weil er ein Kind auf dem → Lykaion opfert, wird er in einen Wolf verwandelt. Paus. 8,2. Die spätere Überlieferung schreibt ihm und seinem Haus äußerste Frevelhaftigkeit zu. Als Zeus sie in dürftiger Gestalt besucht, setzen sie ihm die Eingeweide eines geschlachteten Knaben, vermischt mit dem Opferfleisch, vor (→ Tantalos, → Thyestes). Voll Abscheu stößt Zeus den Tisch um (seitdem heißt der Ort → Trapezus) und tötet L. und alle Söhne, bis auf den jüngsten (bzw. ältesten, Paus. 8,3,1), Nyktimos, den er auf Bitten der Ge verschont. Aber unter der Herrschaft des letzteren kommt die → Deukalion. Flut über die Erde, um die entartete Menschheit zu vernichten. Apollod. 3,97ff. Nach Ov.met. 1,163ff. 211ff. trat Zeus in Arkadien als Gott auf. Nur L. zweifelt an seiner Göttlichkeit und setzt ihm nach einem vergeblichen Mordversuch die oben erwähnte Mischspeise vor. Nach Eratosth. kat. 8 hat L. seinen eigenen Enkel → Arkas geschlachtet; Zeus fügt ihn wieder zusammen und versetzt ihn an den Sternenhimmel. – Die Sage knüpft an Menschenopfer an, die auf dem Lykaion noch im 4.Jh. dargebracht wurden (Plat.rep. 8,565d), und hat eine Werwolfsgeschichte (Verwandlung eines mit Blutschuld beladenen Menschen in einen Wolf) in ihren Bereich gezogen. Nach O. Kern Die Rel. der Griechen 1,187f. gehört beides einem vorgriech. Wolfsgott an, der durch Zeus verdrängt wurde. Joh. Schmidt, RE XIII 2251 wendet sich gegen religionsgesch. Deutung. W. R. Halliday The Greek Questions of Plut., 1928, 169ff. Nilsson GgrR [2]1,398ff. **2.** Troer, Sohn des Priamos und der → Laothoe (3). In den Kyprien nimmt Achilleus ihn im väterlichen Weingarten gefangen und verkauft ihn nach Lemnos in die Sklaverei. Die Il. läßt ihn von dort nach Arisbe gelangen und heimlich nach Troia zurückkommen. W. Kullmann, H(E 14) 293ff. Schon nach 12 Tagen fällt er unbewaffnet wieder in Achilleus' Hand, wird von ihm erbarmungslos hingemordet und seine Leiche in den Skamandros geworfen. Nachgeahmt in der Montgomeryszene von Schillers Jungfrau von Orleans. Il. 3,332f. 20, 81ff. 21,34ff. 22,46ff. 23,740ff. Apollod. 3,152, epit. 3,32. Anders bei Diktys 4,9. **3.** Fürst der in der Troas wohnenden Lykier, der aus Zeleia am Fuß des Ida ein Hilfskorps unter seinem Sohn → Pandaros zu Priamos sendet. Il. 2,824ff. Apollod. epit. 3,35. Verg. Aen. 5,495ff. kennt einen andern Sohn L.s, → Eurytion (5). H. v. G.

**4.** L. (*lycaon* [griech. nicht bezeugt]; Hyänenhund). Von den 3 sicheren Belegen (unsicher z.B. Opp. kyn. 3,336ff., Hesych. s. θῶας) bietet Plin. nat. 8,123 Anfechtbares (Heimat Indien; Wechsel der Färbung); Solin. 30,24 übertreibt *l.: lupus est cervice iubatus.* Solin. a.O. *(tot modis varius, ut nullum colorem illi dicant* [sc. *Aethiopes*] *abesse)* und Mela 3,88 *(omni colore varii lycaones)* geben unregelmäßig geflecktes Fell und afr. Heimat richtig an. E. Mg.

**Lykaonia** (*Λυκαονία*). Binnenlandschaft im mittleren Kleinasien, im S. gegen Kilikien begrenzt durch den W.-Abschnitt des Tauros. Im NO. bildete der Tatta-See (h. Tuz Tschölü) eine gewisse Grenze (Strab. 12,568). Gegen die anderen Nachbarländer, Kappadokien (O.), Phrygien und später Galatien (N.), Pisidien und Isaurien (W.) waren die Grenzen unscharf und fließend. Strab. beschreibt L. als bergig und in den Niederungen wasserarm; es ist noch h. z.T. steppenhaft. Im Alt. wurden tiefe Brunnen angelegt, z.B. bei Soatra (h. Jaghli Baiyat ö. von Ikonion), wo das Wasser sogar bezahlt werden mußte. Große Schafherden lieferten reichlich Wolle. Die Hauptstadt → Ikonion sowie → Derbe und → Lystra hat Paulus besucht (Apg. 14ff. 16,1–5). Wichtig war noch → Laranda (h. Karaman oder Larenda) im S. L.s Ptol. 5,6,15 zählt eine Reihe lykaon. Städte auf, die er Kappadokien zuweist. Eine Zusammenstellung der überlieferten Örtlichkeiten L.s gibt Ruge, RE XIII 2260/65. Erste Nennung bei Xen. an. 1,2, 19; Kyr. 6,2,10. Im Perserreich gehörte L. wahrscheinlich zur 3. Satrapie an und war offenbar Phrygien zugeordnet (Hdt. 3,90); Xen. an. a.O. bezeichnet Ikonion als äußerste Stadt Phrygiens. Später oft genannt (Pol. 5,57,6; 21,22,14. Diod. 18, 5,4. 29,13. Liv. 38,39,16. Plin. nat. 5,95. 105 u.a.), hat L. doch niemals eine bes. hist. Rolle gespielt. Nach der Eroberung durch Alexander d. Gr. gehörte L. zum Reich der Seleukiden. 188 schlugen die Römer L. dem pergamen. Reich zu, mit dem es 133 durch das Testament Attalos' III. an Rom fiel. Von Roms Gnaden beherrschte von 36 v. Chr. ab ein König Amyntas auch einen Teil L.s (Strab. a.O. RE I 2007,57ff.). Der Sicherung des Landes gegen das Räuberunwesen diente die von Augustus gegründete Militärkolonie Parlais (Fr. Vittinghoff Röm. Kolonisation, 1952, S. 1348, 132 und 1349,133). Im weiteren Verlauf der Kaiserzeit scheint L. kaum jemals ein selbständiges Gebilde, sondern verwaltungsmäßig wechselnd mit einem oder dem andern der benachbarten Länder (Phrygien, Galatien, Kappadokien, Pisidien, Isaurien, Kilikien) vereinigt gewesen zu sein. Über die Verkehrswege in L. in röm. Z. vgl. K. Miller Itin. Rom., Skizze Nr. 227, S. 689/90. – Ethnogr. hatte L. urspr. keine Beziehungen zu den Griechen. Um 1300 v. Chr. reichte die Herrschaft der Hethiter von O. her w. über den Tatta-See in das lyk. Gebiet hinein (Gr. Hist. Weltatl. I, S. 10a). Die Bewohner L.s trugen autochthonen Charakter, mit eigener Sprache. Etym. ist der Name nicht griech., sondern wohl gräzisiert und erst spät mit dem myth. Lykaon zusammengebracht worden (Eustath. Dion. Per. 857, GGM II 367 M.). Ältere griech. Kolonien gab es in L. nicht. Die Seleukiden gründeten → Laodikeia (4) und → Antiocheia. Trotzdem blieb L. in seinem Kern ungriechisch. Die einheimische Bevölkerung überwog und war wohl bei ihrem Freiheitsdrang nie fremder polit. Obrigkeit voll untertan. H. T.

*Ruge*, RE XIII 2253ff. Oxf. Class. Dict. s. Lycaonia. *A. Forbiger* HB. der alt. Geogr. 314ff. *W. M. Ramsay* The hist. geogr. of Asia Min., 38, 69, 73 u.ö., Karten bei S. 197 und 330. *W. Sieglin* Schulatl. zur Gesch. des Alt., S. 8–9. Gr. Hist. Weltatl. I, S. 15c, 20a, 29a u.ö.

**Lykastos** (*Λύκαστος*). **1.** Kleine Stadt 11 km s. von Knossos auf Kreta, meistens zu Knossos gehörend, h. Kanli Kastelli. Hom. Il. 2,647. Eustath. z.St. Nonn. 13,235. Steph. Byz. Strab. 10,479. Pol. 22,19 (23,15), 1ff. Plin. nat. 4,59. Mela 2,113. E. M.

*J. D. S. Pendlebury* The archaeology of Crete 60. 316.

**2.** L., Fluß und Stadt an der S.-Küste des Pontos Eux. 20 Stadien ö. von Amisos, vermutlich der h. Mert-Irmák. Sch. Apoll. Rhod. 2,237.999. Skyl. 89. Mela 1,105. Plin. nat. 4,9. Anon. Peripl. P.E. 28. Chr. D.

*Danoff*, RE Suppl. IX 926ff.

**Lykeas. 1.** L., wohl von Argos. Kaiserzeit? Aus Paus. bekannter Dichter, der über Argos in ep. Form schrieb; t. post quem des Werkes ist das E. des Pyrrhos. Nach F. Jacoby war es eher eine Periegese (vgl. → Sokrates von Argos) als hist. Erzählung und wurde von Paus. nur zusätzlich zu der (den) Hauptquelle(n) herangezogen. FGrH 312. 314.

*P. Lévêque* Pyrrhos, 1957, 625 (Lit.).

**2.** L. aus Naukratis. 4. Jh. v. Chr.? Vf. von *Αἰγυπτιακά* (mind. 3 B.); Frg.: Plin. nat., Athen. Für L. wie für → Dinon war Neitetis nicht die Frau, sondern die Mutter des Kambyses. FGrH 613. W. Sp.

*Bux*, RE XIII 2266f.

**Lykeion** (*Λύκειον*), oft genannter Bezirk n.ö. von Athen etwas außerhalb der Stadt mit Heiligtum des Apollon Lykeios und Gymnasion. Großer Bezirk, der auch als Übungsplatz für die Reiterei diente, wofür Xen. ein *θέατρον* erwähnt. Im Gymnasion lehrten u.a. Sophisten, Protagoras, Aristoteles und Nachfolger, Zenodot. Weihgeschenke im L. IG II² 900,17, ein *ἐπιμελητὴς Λυκείου* in der Kaiserzeit IG II² 2875. Die Lage des L. ergibt sich aus Strab. 9,397.400. Paus. 1,19,3f. Plat. Lys. 203 A. Andere wichtigere Zeugnisse Xen. hell. 1,1,33. 2,4,27. Hipparch. 3,1. 6f. Aristoph. Pax

35ff. m. Sch. Herakl. 1 (GGM I 98). Nach Theopomp. FGrH 115 F 136 bei Harpokr. und Suda ist das Gymnasion von Peisistratos errichtet, nach Philoch. a.o. = FGrH 328 F 37 von Perikles. Unter Lykurgos wurde das L. neu hergerichtet, IG II$^2$ 457,8 = Syll. I$^2$ 326,19f., durch Philipp V. 200 v. Chr. schwer verwüstet, Liv. 31,24,18, ebenso durch Sulla bei der Belagerung Athens, Plut. Sulla 12,3. E. M.

1. *W. Kroll*, RE XIII 2267f. 2. *W. Judeich* Topogr. von Athen$^2$ 415.

**Lykeios** s. Apollon (I 443,7)

**Lykia.** I. Geographie. Geschichte. Von Gebirgen erfüllte, im S. den *Λυκιακὸν πέλαγος* (Ptol. 5,3,1) genannten Abschnitt des Mittelmeers berührende Landschaft im s. Kleinasien. Kurze, meist wasserreiche Flüsse wie → Indos 2, → Xanthos (h. Koca) und → Limyros schlossen mit ihrem Unterlauf ein schmales Flachland ein. L., ziemlich fruchtbar, brachte Getreide und Wein hervor, Zedern lieferten Holz, und man gewann Marmor. Nennenswerte Plätze, am Meere oder wenig aufwärts gelegen, waren u. a. (von W. nach O.) → Kalynda, → Telmessos (bei dem h. Makri), → Patara (h. noch P.), → Xanthos (h. Günük [Klinik]) und → Myra (h. bei Köidjik, h. noch Myra, türk. Dembre). Ausführliche Schilderung L.s bei Strab. 14,664ff., auch Plin. nat. 5,97–102; bei Ptol. 5,3 nur Aufzählung geogr. Namen; auch Skyl. 100 (GGM I 74–75). Hdt. 1,182. Thuk. 2,69. 8,41. Steph. Byz. s. v.

Die Geschichte L.s ist durch seine Lage am Meer stark mitbestimmt und durch Zuwanderungen in früher Z. charakterisiert. Die Lykier, ein Volk mit Mutterrecht, waren Einwanderer aus Kreta. Urspr. hieß L. Milyas. Von ihren Nachbarn wurden die Lykier *Τερμίλαι* genannt (Hdt. 1, 173ff. Hekat. FGrH 1 F 10 *Τρεμίλαι*). Zeitweilige phoinik. Besiedlung ist durch die Bergnamen *Φοινικοῦς* (Strab. 14,666) und *Μασίκυτος* (Ptol. 5,3,1 = phoin. *messukoth*) erwiesen. Griech. Einfluß erweisen die (neben lyk.) n. von Xanthos gefundenen griech. Inschr. Vgl. Hom. Il. 2,877 *Λυκίη Ξάνϑου ἄπο δινήεντος*; 17,172 *Λυκίη ἐριβῶλαξ*. Mitte des 6. Jh. v. Chr. endete die Selbständigkeit L.s. Um 540 erlag es den Persern (Kyros, Harpagos). Nach der Eroberung durch Alexander d. Gr. und der Diadochenzeit, in der L. nacheinander Antigonos Monophthalmos, den Ptolemaiern, den Seleukiden und schließlich den Rhodiern unterstand, wurde die röm. Oberhoheit durch den 3. Maked. Krieg 168 v. Chr. begründet und L. von Rom für frei erklärt (Liv. 45,25). 43 n. Chr. wurde es (mit Pamphylien) kaiserliche Provinz. Bei aller polit. Abhängigkeit bewahrte sich L. eine gewisse Freiheit. Es bestand aus einer Anzahl kleiner, durch ein *κοινόν* miteinander verbundenen Stadtstaaten. Mit Nachbarländern ist L. am E. des Alt. ebenfalls ein *κοινόν* eingegangen, was Steph. Byz. (s. *Λυκαονία*) andeutet, und



zwar mit → Isauria und → Lykaonia. Eine Küstenstraße verzeichnen die röm. Itinerarien (s. K. Miller Itin. Rom. S. 705f. Skizze Nr. 231). H. T.

*Ruge*, RE XIII 2270f. *A. Forbiger* HB alt. Geogr. 2,248ff. *H. Kiepert* Lehrbuch d. alt. Geogr., S. 123. *W. M. Ramsay* The histor. Geogr. of Asia Min., 95. 393. 415ff. u.ö. *Kalinka-Friedrich* TAM I 52–90. *A. H. M. Jones* Cities of the east. rom. Empire 96ff. *D. Magie* Rom. Rule in Asia min. 516ff. *W. Sieglin* Schulatl. z. Gesch. des Alt., S. 8–9. Gr. Hist. Weltatl. I, S. 20a. 29a. 34. Atl. of the World II, Pl. 36.

II. Lykische Sprache. Erhalten sind rund 150 Steininschr. (meist an Grabdenkmälern, aber auch ein langer hist. Text auf der Stele von Xanthos). Die Hauptfundorte sind Limyra, Telmessos, Pinara, Tlos, Xanthos, Antiphellos. Grundlegende Ausg. von Kalinka [1]. Dazu kommen kurze Mz.-Legenden. Alle lyk. Texte stammen aus der Z. vom 6.–4. Jh. v. Chr. Bequeme Zusammenstellung bei Friedrich [3]. Die griech. Überlieferung bietet lyk. Personennamen, vgl. [11], Ortsnamen und wenige Glossen. – Die national-lyk. Schrift ist aus einem griech. Alphabet entwickelt. Die seit 1820 einsetzende Entzifferung und Deutung wurde durch 6 lyk.-griech. Bilinguen erleichtert. Heute ist dank den Arbeiten von Pedersen [5], Tritsch [6] und Laroche [7] gesichert, daß die beiden lyk. Dialekte (»Lyk. A.« im Gros der Inschr., »Lyk. B« – auch »Milyisch« genannt – in Nr. 55 und im Schlußteil von Nr. 44) zum heth.-luw. Sprachzweig des → Idg. gehören und dem Luw. nahestehen. Gemeinsame Züge: nur 2 Genera bei Nomen und Pronomen, das Verb kennt nur die Temp. Präs. und Prät., nur die Modi Indik. und Imp.; gemeinsam ist ferner das System der Richtungsadverbien und die Verkettung von Partikeln am Satzanfang. Dazu kommen schlagende Übereinstimmungen im Wortschatz, z. B. bei den Verwandtschaftsbezeichnungen und den Pronomina. Die Erschließung der Sprache ist noch nicht abgeschlossen, vor allem fehlt die Kenntnis der Wortbedeutungen. G. N.

1. *E. Kalinka* Tituli Lyciae lingua Lycia conscripti (=TAM I), Wien 1901. 2. *G. Deeters* Lykia VII. Sprache, in RE XIII 2282ff. 3. *J. Friedrich* Kleinasiat. Sprachdenkmäler, 1932, 52ff. 4. *P. Meriggi* Der Indogermanismus des Lykischen, in: Festschr. H. Hirt 2, 1936, 257ff. 5. *H. Pedersen* Lykisch und Hittitisch, Det Kgl. Danske Vidensk. Selskab, Hist.-fil. Medd. XXX, Nr. 4, 1945. 6. *F. J. Tritsch* Lycian, Luwian and Hittite, in: Arch. Or. 18,1–2, 1950, 494ff. 7. *E. Laroche* Comparaison du louvite et du lycien, in: BSL 53, 1957/58, 159ff.; 55, 1960, 155ff. 8. *Ph. Houwink ten Cate* The Luwian Population Groups of Lycia and Cilicia Aspera during the Hellenistic Period, Leid. 1961. 9. *G. Neumann* Beiträge zum Lykischen, in: Die Sprache 7, 1961, 70ff.; 8, 1962, 203ff. 13, 1967, 31ff. 10. *Ders.*, Lykisch (demnächst im »HB der Orientalistik«, Abt. I, Bd. II, Abschn. 1/2, Lief. 3, Leid.). 11. *L. Zgusta* Kleinasiat. Personennamen, Prag 1964.

**Lykidas** (*Λυκίδας*). **1.** Athener, *βουλευτής*, riet 479 zur Unterwerfung unter die Perser, weshalb er samt den Seinen gesteinigt wurde. Hdt. 9,5; vgl. Lykurg. 122. Eine gleichartige Geschichte für 480 über einen Kyrsilos Demosth. 18,204. Cic. off. 3,48. **2.** L., Aitoler, 332/31 von Alexandros als Söldnerkommandant in Memphis eingesetzt. Arr. an. 3,5,3. K. K.

**Lykinos** (*Λυκῖνος*). **1.** L. erhob 347 gegen den von → Philokrates durchgesetzten Volksbeschluß, daß Philipp II. Gesandte zu Friedensverhandlungen nach Athen senden dürfe, die Klage wegen Gesetzwidrigkeit und forderte eine Geldstrafe von 100 Talenten. Demosthenes verteidigte Philokrates. L. verlor den Prozeß und erhielt nicht einmal ein Fünftel der Stimmen. Aischin. 2,13f. 3,62. **2.** L., verbannt aus Unteritalien, trat in den Dienst des → Antigonos Gonatas (2). Im chremonideischen Krieg 266/63 war L. *φρούραρχος* in Megara. Teles *περὶ φυγῆς* 23 H$^2$. H. V.

**Lykios** (*Λύκιος*). **1.** Athener, Sohn des Polystratos, 401/400 Reiterführer auf dem Rückzug der Zehntausend, erbeutete Gepäck der Feinde und eilte auf das Thalassageschrei nach vorn, da er einen Angriff vermutete. Xen. an. 3,3,20. 4,3, 22.25.4,7,24. **2.** Syrakusaner, Späher → Klearchs. Xen. an. 1,10,14ff. H. V.

**3.** L. aus Eleutherai, Sohn und Schüler des Myron, Bronzebildhauer. Kopien seiner literar. erwähnten Werke, meist in Athen, sind nicht nachweisbar, von seinem Stil wissen wir daher nichts. L. war wohl in der 2. Hälfte 5. Jh. v. Chr. tätig. L. GUERRINI, Enc. Arte Ant. IV (1961) 746f. **0.** L. aus Athen, Sohn des Ktesidemos, Bildhauer der Kaiserzeit. NSA 1923, 248. SEG II 522. W. H. G.

**Lykis.** Dichter der Alten Komödie, von Aristoph. Ran. 14 unter den Verwendern abgedroschener Späße genannt, erscheint in der Siegerliste IG II$^2$ 2325,65, etwa für das J. 410. Keines seiner Stücke kam nach Alexandreia. W. K.

**Lykiskos** (*Λυκίσκος*). **1.** L. Stratios, Aitoler, eifriger Parteigänger Roms, 178/77 Stratege SGDI 2051.2135, 171 Stratege zum 2. Mal. Liv. 42,38,2. L. denunzierte 170/69 seine Feinde bei den Römern, trat in Thermon für die Stellung von Geiseln ein und ließ 168/67 in der Ratsversammlung 500 Patrioten durch röm. Soldaten töten, andere ins Exil jagen. Pol. 27,15,14. 28,4,5ff. Liv. 45,28,7. Nach seiner Ermordung 160/59 trat Ruhe in Aitolien ein. Pol. 32,4,1ff. **2.** Akarnan. Gesandter, warnte 211/10 in Sparta vor einem Bündnis mit Rom. Pol. 9,32–39. **3.** L. beantragte im Prozeß nach den → Arginusen, die zugunsten der angeklagten Feldherren Einrede Erhebenden als gleichschuldig mit den Feldherren zu bestrafen. Xen. hell. 1,7,13. **4.** Stratege des → Kassandros, als *ἐπιμελητὴς καὶ στρατηγός* 316 nach Epeiros geschickt, Diod. 19,36,3ff. Kassandros unterstellte 314 L. Leukas und Akarnanien. Diod. 19,67,3ff. Den von der antimaked. Partei 312 zum König in Epeiros erhobenen → Alketas schlug L. und belagerte ihn in Eurymenai. Nach einer Niederlage durch Alexander, den Sohn des Alketas, eroberte L. endlich Eurymenai und zerstörte es; Alketas und seine Söhne entkamen. Diod. 19,88. H. BENGTSON Die Strategie 1, 1937, 92,1.139ff. H. V.

**Lykoleon** (*Λυκολέων*). Att. Redner des 4. Jh. v. Chr.; das einzige uns bekannte Frg., erhalten bei Aristot. rhet. 3,10,1411 b 6f. als Beispiel einer Metapher ([3]. [4]), stammt aus einer Verteidigungsrede für den Feldherrn → Chabrias, gegen den unseres Wissens nur die berühmte *δίκη περὶ Ὠρωποῦ* ([2]) aus dem J. 366 geführt worden ist, bei der er – dank der Rede L.'? – freigesprochen wurde. O. Dr.

1. OA II 249, XXXVII. 2. *A. Schäfer* Demosth. und seine Z. 1, $^2$1885 (Nachdruck Hildesheim 1965), 107ff. 3. *A. P. Burnett–C. N. Edmonson*, Hesp. 30, 1961, 89f. 4. *J. K. Anderson* The Statue of Chabrias, AJA 67, 1963, 411ff.

**Lykomedes** (*Λυκομήδης*). **1.** König der Doloper auf Skyros, Vater der → Deidameia, die Achilleus' Gattin wurde. L. stürzte Theseus, den er als Nebenbuhler um seine Herrschaft fürchtete, vom Felsen herab. Plut. Kim. 8; Thes. 35. Paus. 1, 17,6. **2.** Grieche vor Troia, Sohn eines Kreon. Il. 9,84 Führer einer Wache. Als sein Wagenlenker → Leiokritos (1) fiel, verwundete er den Paionen Apisaon, 17,348ff. In der Kl. Il. wird er selbst von dem Antenoriden → Agenor (2) verwundet; so dargestellt von Polygnot. Paus. 10,25,6. Ident. mit dem Freier der Helene Hes. frg. 95. KULLMANN, H(E 14) 134ff. H. v. G.

**3.** L., Athener, Sohn des Aischreas, erbeutete als erster der Hellenen bei Artemision (bei Salamis Plut. Them. 15) ein feindliches Schiff. Hdt. 8, 11,2. **4.** L., aus → Mantinea, begeistert für die Unabhängigkeit Arkadiens, 370 Mitbegründer des arkad. Bundes und der Stadt → Megalopolis, Xen. hell. 7,1,23. Diod. 15,59,1. Paus. 8,27,2, schlug das spartan. Söldnerheer des Polytropos und eroberte 369 → Pellene. Xen. 7,1,25. Diod. 15,62,2.67,2. In Theben lehnte L. 367 den neuen Königsfrieden unter theban. Hegemonie ab. Xen. 7,1,39. Er schloß 366 ein Bündnis mit Athen; auf der Rückreise von dort wurde L. von arkad. Verbannten ermordet. Xen. 7,4,2f. H. BENGTSON Die Staatsverträge des Alt. 2, 1962, 230f. H. V.

**Lykomidai** (*Λυκομίδαι*). Wichtiges att. Geschlecht in → Phlya, das seine Abstammung auf Lykos zurückführte. Die sprachliche Zwischenstufe zwischen Lykos und L. ist Lykomos. Ein berühmter Angehöriger dieses Geschlechts ist Themistokles. Lykomedes (vgl. Hdt. 8,11) stammte aus einer anderen Linie des L.-Geschlechts. Den L. oblag der Mysterienkult in Phlya, wo es nach Paus. 1,31,2 zwei Tempel gab. Bei aller Unsicherheit in Einzelheiten läßt sich festlegen, daß dieser Kult auf dem der Demeter ruht (und offenbar Demeter, Kore und etwa Zeus Ktesios zum alten Bestand gehören, vgl. NILSSON GgrR 1,669). Die Nennung der *Κόρη Πρωτογόνη* (Paus. 1,31,4) u. die Nachricht, daß die L. die Hymnen des Orpheus bei den *δρώμενα* zum Vortrag brachten (vgl. Paus. 9,30, 12. 1,22,7), zeigen orph. Einfluß. Nach Plut. Them. 1 ließ Themistokles das Telesterion in Phlya restaurieren und schmücken. W. P.

**Lykon** (*Λύκων*). **1.** L., Athener, unterstützte um 420 v. Chr. den Aufstand des → Pissuthnes gegen den Großkönig. Von → Tissaphernes bestochen, verließ L. Pissuthnes. Ktes. Pers. FGrH 688 F 15, 53. **2.** Vater des Autolykos (Xen. symp. 3,12), Ankläger des Sokrates (Plat. apol. 23e. 36a), wegen Armut, fremder Herkunft seiner Frau und des Verrats von → Naupaktos oft von Komikern verspottet. J. M. Edmonds The Fragments of Attic Comedy 1, 1957: Kratinos 203. Eupolis 53.215. 273. Ameipsias 23. Metagenes 10. **3.** Komischer Schauspieler aus Skarpheia in O.-Lokris, zweimal Sieger an den Lenäen. IG II² 2325,195. Haupt einer Schauspielertruppe, von Alexander d. Gr. 332 reich beschenkt, spielte 324 bei der Hochzeitsfeier in Susa. Philod. de rhet. 1 p. 197,9f. 2 p. 171,10. Plut. Alex. 29; mor. 334 F. Chares FGrH 125 F 4. Vielleicht war die Komödie L. des Antiphanes nach L. benannt. Edmonds 2, 1959, 231. H. V.

**4.** L., Sohn des Astyanax aus Alexandreia (Troas), Schüler des Straton, Schulhaupt des Peripatos als Nachfolger Stratons, der zwischen 272/268 starb. L. starb zwischen 228/25, war also 44 J. lang Leiter des Peripatos. Antigonos von Karystos (→ Nachträge am Schluß des Werkes) verfaßte die Lebensbeschreibung des L. Lebensführung und Schulleitung wichen – nach Aristoteles' Vorbild – stark ab von den zur Askese neigenden Formen anderer Schulen; auf Grund dieses Vergleiches stellt spätere Überlieferung ihm das ungünstige Zeugnis aus, er habe Wert auf *τὰ ἔξω ἀγαθά* (Tafelfreuden, Kleidung) gelegt; in der Tat wich er vom herkömmlichen *βίος* des Philosophen sogar darin ab, daß er Sport trieb (Diog. Laert. 5,67). Aus den dürftigen Zeugnissen werden Lehrentscheidungen des L. nicht kenntlich. Man sieht soviel, daß er sich mit Fragen der *εὐδαιμονία* Lehre beschäftigte und der Frage der *παιδεία* bes. Aufmerksamkeit zuwandte. Ioh. Damask. Florilegium 2,140 hat das schöne Wort erhalten: *Λ. τὴν παιδείαν ἔλεγεν εἶναι ἱερὸν ἄσυλον.* Das Testament des L., erhalten bei Diog. Laert. 5,69, weicht insofern vom Üblichen ab, als L. die Nachfolge in der Schulleitung nicht festlegte, sondern 10 namentlich genannten Schülern überließ: Wer von ihnen wolle, möge die Schule leiten. Zeugnisse und Frg.e des L. gesammelt von F. Wehrli Die Schule des Aristoteles, H. 6, 1952.
**5.** L., als Pythagoreer erwähnt von Diog. Laert. 5,69 und Iambl. v. P. 267; nach Athen. 10,418e stammte L. aus Iasos; er war ihm als Vf. einer Schrift *Περὶ Πυθαγορείου βίου* bekannt; aus dieser zitiert Aristokles bei Eus. praep. ev. 15,2,8 mit scharfem Tadel über die *μωρία* des Vf. Ferner gehen 2 botan.-pharmakolog. Notizen unter dem Namen des L. Alles Erhaltene zusammengestellt bei Diels-Kranz Vorsokr. Nr. 57,1,445/46. H. D.

**Lykone** (*Λυκώνη*), Paus. 2,24,5, Bergzug gleich ö. von Argos mit Heiligtum der Artemis Orthia mit Marmorstatue, die von Polyklet stammen sollte. E. M.

**Lykonpolis** (*Λύκων πόλις*). **1.** Altäg. *Sȝw.t*, die »Wache«, also urspr. eine Festungsanlage an der Nilenge des Gebel abu'lfeda auf dem W.-Ufer, h. Assiut, Hauptstadt des 13. oberäg. Gaues, 407 km s. Kairo. L. war schon alt wichtig als Ausgangspunkt von Karawanenstraßen in die w. Oasen. In der Z. zwischen Altem und Mittlerem Reich bildete L. den Mittelpunkt des Widerstandes der Herakleopoliten gegen die Thebaner unter Gaufürsten (Ḫtjj, Tfjib), deren große Gräber w. der Stadt am Gebirgsrand liegen. In der Assyrerzeit nennt Assurbanipal in L. (Sijautu) einen Fürsten Siḫa (Ḏd-Ḥr). Man verehrte in L. einen schreitend dargestellten Hund, den »Wegöffner« (*Wp-wȝw.t*, griech. Ophois), in dem die Griechen einen Wolf sahen. Seit der 18. Dynastie begrub man bei L. Hunde, Schakale und Wölfe als heilige Tiere. Aus L. stammte der Neuplatoniker Plotinos (205–270 n. Chr.). Von der ant. Stadt ist nichts mehr erhalten. **2.** L., ein nur aus ptolem. Z. bekannter Ort im inneren Delta, zwischen Busiris, Sebennytos und Mendes gelegen, auf der Rosettana äg. (demot.) *Šḳȝm* genannt. Hier brach unter Ptolemaios V. Epiphanes ein Aufstand aus, der erst 197 v. Chr. niedergeschlagen werden konnte. W. H.

**Lykopeus** (*Λυκωπεύς*). Sohn des aitol. Helden → Agrios (3), der mit seinen Brüdern den Oheim → Oineus zu Kalydon zugunsten ihres Vaters entthronte, dafür aber von → Diomedes (2) getötet wurde. H. v. G.

**Lykophron** (*Λυκόφρων*). **1.** Sohn des Tyrannen → Periandros von Korinth, nach Kerkyra gesandt und von den Kerkyraiern ermordet. Hdt. 3, 50ff. Diog. Laert. 1,94f. FGrH 90 F 60. W. Aly Volksmärchen, Sage und Novelle bei Herodot 1921, 93. **2.** Tyrann von Pherai 404–390, siegte über Larisaier und andere Thessaler am 3. Sept. 404 (Datum nach Sonnenfinsternis, Xen. hell. 2,3, 4. Beloch GG 3,1,22) und erstrebte die Herrschaft über ganz Thessalien, doch wurden die → Aleuadai in Larissa von dem maked. König → Archelaos unterstützt. Nach dessen Tode 399 schloß sich L. Sparta an und kämpfte gegen → Medios von Larisa. Xen. 6,4,24. L. siegte 395. Diod. 14, 82,5. Ein dauernder Erfolg blieb ihm versagt. M. Sordi La lega tessala fino ad Aless. M. 1958, 138ff. **3.** Sohn des → Iason, Tyrann von Pherai 355–352. L. und seine Brüder ermordeten 358 Alexandros von Pherai. Plut. Pel. 35,6ff. Diod. 15,61,2. Nach kurzer Regierung des Teisiphonos und der Vertreibung der Familie aus Pherai durch Philipp II. gewann L. mit Hilfe der Phoker die Tyrannis in Pherai, doch schlug Philipp die Phoker und vertrieb 352 L. endgültig aus Pherai. Xen. hell. 6,4,37.

Diod. 16,14,2. L. kämpfte dann als Verbündeter des Phokers→Phayllos gegen Philipp. Diod. 16,35, 1 ff. 37,3. In Athen erhielt er das Bürgerrecht, das ihm aber bald aberkannt wurde. Aristot. rhet. 3,9, 1410. Demosth. 59,91. BELOCH GG 3,2,83 f. SORDI 235 f. 240 f. **4.** Feldherr der Korinther, fiel gegen die Athener 425 v. Chr. bei Solygeia. Thuk. 4,43,5. 44,1 f. Plut. Nic. 6,4. H. V.

**5.** L. von Chalkis, nach Suda s.v. Sohn des Sokles und Adoptivsohn des → Lykos von Rhegion, Grammatiker und Tragiker, bearbeitete im Auftrag des → Ptolemaios II. für die Bibliothek des → Museion in Alexandreia die komischen Dichter, dichtete als einer der sog. alexandrin. »Plejade« 64 oder 46 Tragödien, darunter die zeitgeschichtliche, auf die 316 von → Kassandros (2) gegründete Stadt → Kassandreia bezüglichen Kassandreis; erhalten nur 1 frg. aus den Pelopidai TGF$^2$ 818; das Satyrspiel → Menedemos, auf den Philosophen des Namens bezüglich, in dessen Haus in Eretria L. verkehrte; erhalten 4 frg. TGF$^2$ 817 f.; Anagramme (*Πτολεμαῖος ~ ἀπὸ μέλιτος, Ἀρσινόη ~ ἴον Ἥρας*) und schrieb *περὶ κωμῳδίας*, von späteren Grammatikern mehrfach polemisch erwähnt; also ins 1. Drittel des 3. Jh. gehörig. Nach Ov. Ib. 529 starb er durch einen Pfeilschuß.

**6.** *Λυκόφρονος Ἀλεξάνδρα* ist ein in vielen Hss. erhaltenes Gedicht in 1474 iamb. Trimetern betitelt, das sich als Bericht des von Priamos für seine Tochter Alexandra = Kassandra eingesetzten Wächters über die Prophezeiungen gibt, die sie bei der Ausfahrt des Paris nach Sparta (wo er Helena entführen wird) ausgestoßen hat: also eine hypertrophische tragische Botenszene. Sie prophezeit 31–386 die Katastrophe Troias, 387–1089 die Leiden der nicht heimkehrenden Griechen (darin 648–819 als fast genaues Mittelstück des Ganzen die Odyssee), 1090–1282 die Leiden der heimgekehrten Griechen (darin 1226–1280 das Wiederaufleben Troias in Form der Weltmacht Rom), 1283–1450 den uralten Kampf zwischen Asien und Europa, endigend mit der Unterwerfung der Perser durch den Löwen von Chalastra (= Alexander = Makedonien), mit dem nach der 6. Generation ein Verwandter der Seherin (= ein Römer) siegreich kämpfen und sich dann mit ihm versöhnen wird (womit der uralte Hader zwischen Ost und West, Troern = Römern und Griechen, zum endlichen Abschluß kommt).

Daß die Verse über das Aufsteigen der Nachkommen des Aineias zur Weltmacht und damit das ganze überlange vaticinium ex eventu nicht von dem Tragiker L., dem Zeitgenossen des Philadelphos, sondern von »einem andern« L. sein müsse, sagt schon der Scholiast zu V. 1226. Über die darüber seit Beginn des 19. Jh. geführte heftige Diskussion berichtet ZIEGLER [1],2354–2381, dazu JOSIFOVIĆ [2],925 ff. Der Besieger des Makedonen aus troischem Stamm kann nur Flamininus sein,



der Sieger über Philipp V. Das ergibt die Datierung des Gedichtes auf: nach Kynoskephalai, 197. Das Streichen der auf Rom bezüglichen Verspartien, auf die das ganze vaticinium doch zustrebt, als spätere Eindichtung ist eine unmögliche Auskunft. Zu der Spätdatierung paßt auch der einen Gipfel »gelehrter« Dichtung darstellende, gewollt dunkle, »sibyllinische« Charakter des Gedichtes und die Anleihen aus → Kallimachos und → Euphorion. Zur Quellenkunde s. JOSIFOVIĆ [2] und [3], der betont, daß die herangezogenen Mythen durchweg auf die Verbindungen zwischen Ost und West Bezug haben, und die polit. Tendenz der Dichtung darin sieht, zu zeigen, daß die Leiden der Troer durch die darauffolgenden Leiden der Griechen aufgewogen und ein harmonischer Ausgleich zwischen beiden Völkern erzielt sei. Das Gedicht ist gewiß kein hohes Kunstwerk, aber ein erstaunliches Kunststück von stupender Gelehrsamkeit. Vergil und Ovid haben es gekannt. Anf. 1. Jh. n. Chr. schrieb → Theon einen Komm., auf den die Sch. in den Hss. und die ausführlicheren des → Tzetzes zurückgehen. K. Z.

Ta.: Grundlegend *Scheer* 1881, die Sch. 1908 (Neudr. 1958). *Mascialino* Madrid 1956 und BT 1964.

Komm.: *v. Holzinger* 1896. *Ciaceri* 1901.

Lit.: 1. *K. Ziegler*, RE XIII 2316–2381 und PhW 48, 1928, 94. 2. *St. Josifović*, RE Suppl. XI 888–930 (neueste Lit.). 3. *Ders.*, Zur Quellenkunde von L.s Alex., Novi Sad 1960. 4. *Beloch* GG$^1$ 3,2,478 ff. 5. *Sudhaus*, RhM 63, 1908, 481 ff. 6. *v. Wilamowitz* Hellenist. Dichtg. 2,143–164. 7. *Körte-Händel* Hellenist. Dichtg. 280 ff.

**Lykoreia** (*Λυκώρεια*). Dorf am S.-Abhang des Parnaß oberhalb von Delphi in der Nähe der koryk. Grotte, Strab. 9,3,3 p. 418. 3,13 p. 413. Plut. mor. 394 F. L. soll bereits vor der deukalion. Flut bestanden haben und Vorgängerin von Delphi gewesen sein, Marm. Par. FGrH 239, ep. 2.4. Paus. 10,6,2 f. Davon der Beiname des Apollon *Λυκωρεύς* und dichter. Bezeichnung der Delpher als *Λυκωρεῖς*. Sonst Sch. Apoll. Rhod. 2,711. 4, 1490. Steph. Byz. s.v. und s. *Αὐλή*. Suda. Etym. m. 571,47 ff. Auf dem Bergzug w. des Oberlaufs des durch die Kastaliaschlucht fließenden Baches w. der Kalyvia von Kastri und der koryk. Grotte liegen wirklich einige Reste griech. Z., die man mit L. verbinden darf, H. N. ULRICHS Reisen und Forsch. in Griechenland 1,120; Blocs h(elléniques) auf der französ. Karte. E. M.

*Bölte*, RE XIII 2382 ff.

**Lykoris** s. Kytheris

**Lykormas** (*Λυκόρμας*). Älterer Name des aitol. Flusses → Euenos. Der Name kam in einer alten, schon Il. 9,556 ff. benutzten Dichtung vom Brautraub der → Marpessa vor. Strab. 7,327. 10, 451. Ov. met. 2,245. Bakchyl. 15,34 (beim Nessosabenteuer). H. v. G.

*Wilam.* Hellenist. Dicht. 2,261,1; SDAW 1925, 218.

**Lykortas** (*Λυκόρτας*) aus Megalopolis, Sohn des Thearidas, Vater des Historikers Polybios, nach → Aratos und → Philopoimen Führer des achaiischen Bundes. Pol. 2,40,2. Sylloge[3] 626 (Stammbaum). L. bekämpfte 192 als Hipparch → Nabis, vertrat 189 in Rom als Gesandter im Streit mit Sparta die Unabhängigkeit des Bundes gegenüber Rom und erneuerte 187 in Alexandreia das Bündnis mit → Ptolemaios V., ohne dessen Wortlaut zu kennen, weshalb der Bund die Ratifikation verschob. Pol. 22,9ff. Liv. 35,29,1. Das Vorgehen des Bundes gegen Sparta verteidigte er gegen Q. Caecilius Metellus in Argos, als Bundesstratege 184 gegen Ap. Claudius Pulcher in → Kleitor. Pol. 22,10,8. Liv. 39,36,5–37,17. L. zog 183 mit Philopoimen gegen das aufständ. Messenien, unterwarf es nach dessen Tode als Bundesstratege 182 und führte es sowie Sparta in den Bund zurück. Pol. 23,16–18,2. Sylloge[3] 626. Seine zweite, 180 vorgesehene Reise nach Äg. vereitelte der Tod des Ptolemaios V. Pol. 24,6,3ff. Dem Wunsch Roms, spartan. Verbannte zurückzuführen, widersetzte sich L., dann verdrängte ihn der Römerfreund → Kallikrates für 10 J. in der Politik. Pol. 24,8,2ff. Als Römerfeind verdächtigt, trat L. 170 für Neutralität im 3. maked. Krieg ein. Pol. 28,3,7f. 6,3. 169/68 verlangte er vergebens Hilfe für die Ptolemaier gegen Antiochos IV. Ihre Bitte um seine Überlassung als Truppenführer hatte wahrscheinlich keinen Erfolg. Pol. 29,23f.25,7. Bald darauf verstarb L., unter den nach Italien deportierten Achaiern wird er 167 nicht genannt. Seine von Kallikrates beseitigten Bilder wurden 149 wieder aufgestellt. Pol. 36,13,1. H. V.

**Lykos** (*Λύκος*). Myth. Name verschiedener Helden, der sich nur in wenigen Fällen mit einer gewissen Wahrscheinlichkeit auf einen alten Wolfs- oder Lichtgott oder auf den Wolf als Führer und Symbol von Exulanten (GRUPPE Gr. Myth. 918) zurückführen läßt: **1.** Sohn des Poseidon und der Pleiade → Kelaino, alsbald auf die Inseln der Seligen entrückt. Apollod. 3,111 (Hellan.). **2.** Sohn des Prometheus und der Kelaino. An seinem Grab in der Troas opferte Menelaos, um Sparta von einer Seuche zu befreien. Lykophr. 132. **3.** Telchine, der am Xanthos dem lyk. Apollon einen Tempel erbaute. Diod. 5,56. Führt auf Dionysos' Indienfahrt den Wagen Poseidons, Nonn. Dion. 14,39 u.s. **4.** König in Libyen, der den dorthin verschlagenen → Diomedes seinem Vater Ares opfern wollte. Die Liebe der Königstochter Kallirrhoe rettete ihn. Ps.-Plut. par. min. 23. **5.** König der Mariandyner, Sohn des → Daskylos (1). Er empfängt die → Argonauten freundschaftlich, weil Polydeukes seinen Feind → Amykos erschlagen hatte, veranstaltet Leichenspiele für die dort gestorbenen Argonauten Idmon und Tiphys und gibt → Iason seinen Sohn Daskylos (2) als Führer auf der Weiterfahrt mit. **6.** Boioter, Sohn des → Hyrieus und der Nymphe Klonie, flieht mit seinem Bruder Nykteus aus Hyrie und wird wegen seiner Verwandtschaft mit Pentheus Bürger in Theben. Hier regiert er 20 J. für den unmündigen → Laios. In der Tragödie ist er Sohn des Chthonios, also echter Thebaner und rechtmäßiger König von Theben (Eur. Herc. 26). Er verstößt seine Gattin → Antiope und heiratet → Dirke. Durch → Amphion und Zethos findet er ein gewaltsames Ende (nach Hyg. fab. 8 verhindert Hermes die Tötung). Apollod. 3,40ff. Hyg. fab. 7. E. GRAF Die Antiopesage bis auf Eur., Diss. Zürich, Halle 1884. **7.** König von Theben. Aus Euboia (Boiotien) kommend, bemächtigte er sich des Thrones. In Herakles' Abwesenheit bedroht er dessen Frau (Megara) und Kinder. Der Zurückgekehrte tötet ihn. Hyg. fab. 31f. Frei gestaltete Figur des Eur. Herc., danach Sen. Herc. f. WILAM. Eur. 1,82. **8.** Urspr. nichtatt. Herkunft, wurde er von den Atthidographen zum Sohne des athen. Königs → Pandion gemacht, auch als Stammheros des att. Geschlechts der → Lykomiden betrachtet. Nach Apollod. 3,205 war er einer der 4 im Exil geborenen Söhne Pandions und einer Megareerin. In Attika führte er die Herrschaft über die Diakrier. Soph. frg. 872. Von ihm soll das → Lykeion den Namen haben, Paus. 1,19,3. Poll. 9,93 zählt ihn zu den ersten Münzprägern. Abgebildet ist er auf der Kodros-Schale. Eine junge Überlieferung macht ihn zum Erneuerer der Mysterien von → Andania, Paus. 4,1,5ff. S. → Kaukon. Von *χρησμοί* des L. spricht. Paus. 4,20,4. 10,12.11. Nach Hdt. 1,173. 7,92. Strab. 12, 573 wurde L von seinem Bruder Aigeus vertrieben, und flüchtete zu Sarpedon in das nun nach ihm benannte Land Lykien. **9.** Att. Gerichtsdämon, dessen Bild in Wolfsgestalt zur Ausstattung der att. Gerichtsstätten gehörte und dem man vor jeder Sitzung das Triobolon des Richtersoldes spendete. Isai. frg. 42,2.118. Er vertrat die Strenge des Gesetzes. Aristoph. Vesp. 389 schreibt ihm Schadenfreude über die Verurteilten zu. Mit der *Λύκου δεκάς* (Sud. Hesych. s.v.) ist die »Sippschaft« der unsauberen Kläger gemeint. Theseus' Verbannung nach Skyros wurde diesem L. in die Schuhe geschoben, Sch. Aristoph. Plut. 627. Deswegen braucht er aber nicht mit Nr. 8 ident. zu sein. **10.** Troer im Gefolge des Aeneas. Verg. Aen. 1,222. 9,542. 553. H. v. G.

**11.** L., 217 v. Chr. Unterfeldherr des → Aratos, siegte bei Leontion über die Aitoler und deckte erfolgreich gegen Elis. Pol. 5,34,1. 94,5f. 95,7.9f. Zur Ortslage E. MEYER Peloponnes. Wanderungen, 1939, 111ff. H. V.

**12.** L. von Rhegion. Adoptivvater des Tragikers → Lykophron. Scheint ca. 290 v. Chr. in angesehener Stellung in Alexandreia gelebt zu haben. Mit → Demetrios (25) geriet L. in Konflikt. Bezeugt sind 1. *Ἱστορία Λιβύης*. 2. *π. Σικελίας* (an Alexander I. von Epeiros gerichtet?). L. war offenbar (wie Alkimos?) eher Ethnograph als Hist. (mit starker Tendenz zur Paradoxographie); für Agatharchides war er mit → Timaios Autorität für Erkundung des W. In der Überlieferung ist L.

schlecht faßbar. Benutzt haben ihn Kallimachos (Thaumasia) und Antigonos v. Karystos sowie die Quellen von Ail., Athen., Steph. Byz. und den Sch. zu Aristoph., Lykophr. und Theokr.; ferner gilt er als unmittelbare Quelle für Ps. Aristot. π. θαυμασίων ἀκουσμάτων, und auch in Lykophrons Alexandra mag er herangezogen sein. Eine wichtige Quelle war er vielleicht für → Timaios. Von diesem L. ist wohl verschieden L., Vf. π. Θηβῶν (FGrH 380). – FGrH 570. 566, Komm., p. 528. W. Sp.

*R. Laqueur*, RE XIII 2404ff. *E. Manni*, Kokalos 7, 1961, 5.

**13.** L., aus Neapolis, Arzt um 100 v. Chr., Angehöriger der → Empiriker-Schule. Als solcher war er ein (bei → Erotian mehrfach genannter) subtiler Hippokrates-Erklärer; er hat aber auch über Pharmakologie und Gynäkologie geschrieben (einige Frg. bei → Oreibasios erhalten). F. K.

**14.** L., der Makedone, Arzt im 2. Jh. n. Chr., älterer Zeitgenosse des → Galen. Dieser hat eine kleine Monographie Πρὸς Λύκον verfaßt (CMG V 10,3 Wenkebach) und darin heftig gegen den (damals offenbar durchaus geschätzten und daher von Galen als Konkurrent empfundenen) Hippokrates-Kommentator L. polemisiert. Neben dieser Tätigkeit scheint L. auch als Anatom hervorgetreten zu sein; wir wissen, wiederum durch Galen (XVIII B 926f. K.), daß er ein umfangreiches B. speziell über Muskelanatomie geschrieben hat, welches mit klin.-patholog. und physiolog. Erörterungen durchsetzt war. L. scheint keiner besonderen Schule angehört zu haben; jedenfalls war er nicht (wie sein Namensvetter) Empiriker. F. K.

**15.** L., Nebenfluß des Tigris, aus dem n.w. Medien ihm zuströmend. Er entspringt auf den n. Ausläufern des Zagros. Er trägt diesen Namen bei Pol. 5,51,3. Strab. 16,737 Ptol. 6,1,7 (hier zu Assyrien gerechnet) u.a. Xen. (an. 2,5,1) verwendet als einziger ant. Autor den Namen Ζαπάτας, der sich bis h. erhalten hat: Großer oder Oberer Zab. Gr. Hist. Weltatl. I, S. 10b. **16.** L., Fluß im syr.-phoinik. Raum (h. Mahr el-Kelb), der an den w. Abhängen des → Libanos entspringt (Pol. 5,68,9. Strab. 16,755. Plin. nat. 5,78 u.a.) und wenige km n. von → Berytos das Mittelmeer erreicht. H. T.

*Weissbach*, RE XIII 2391/93.

**17.** L., kleiner Fluß im europ. Sarmatien, der im amadok. Gebirge entspringt und nach kurzem Lauf in ö. Richtung in die Maiotis fällt (h. Kalmikes bei der Stadt Ždanov (ehem. Mariupol). Hdt. 4,123. Ptol. 3,5,4. Chr. D.

**18.** L., ein kleiner Fluß, der südlich von Herakleia Pontike (h. Karadeniz Ereglisi) in das Schwarze Meer mündet (Ps.-Skyl. 91. Xen. an. 6, 2,3. Apoll. Rhod. 2,724. Sch. 2,649.724. Orph. Arg. 721. Arr. per. p. E. 18. Anon. per. p. E. 9. Plin. nat. 6,4. Tab. Peut. IX 4 (Miller). Wohl mit dem h. Gülünç-Su ident.

*C. Ritter* Erdk. XVIII 40. *P. Tschichatscheff*, Peterm. Mitt. E.-H. 20,42. *W. v. Diest*, ebd. 94, 81.

**19.** L. Nebenfluß des Maiandros (h. Çürüksu çayı): Ptol. 5,21,6. Er entspringt auf dem Kadmos (h. Honazdağ): Strab. 12,578, wird aber außerdem durch einen vom Sumpf Kocabaş (n. vom Kadmos) kommenden Quellarm gespeist. Sein durch Sinterablagerungen tief eingeschnittenes Tal (Hdt. 7,30. Plin. nat. 2,225) bildet einen wichtigen Zugang von der W.-Küste nach dem Inneren. An ihm lag die Stadt Laodikeia (Plin. nat. 5,105).

*G. Weber*, MDAI(A) 16, 1891, 194ff. 23, 1898, 178ff. *A. Philippson*, Peterm. Mitt. E.-H. 180, 1914, 96.106. *D. Magie* Rom. Rule in Asia Min. 1950, 37,784 Anm. 12 (s. auch Ind.).

**20.** R. Nebenfluß des → Iris (h. Kelkitsu): Strab. 12,547.556. Plut. Luc. 15. Demetr. 46. Plin. nat. 6, 8–10. Polyain. 4,7,12. Er entspringt im O. in der Gegend von Satala (h. Sadak) und fließt in der Hauptsache nach W. Sein ö. Flußtal ist eng, erweitert sich aber im W. bei → Neokaisareia (h. Niksar); sein Wasserstand ist veränderlich, oft mit starken Überschwemmungen (Greg. Nyss. Vita S. Gregor. Thaum. p. 929 = Migne PG 46). Über die röm. Straße, die z.T. durch das Flußtal ging, den L. mehrmals überquerte und deren Verlauf sich durch Meilensteine und Brücken feststellen läßt, vgl. Miller Itin. Rom., 1916, S. 678/79. Magie Rom. Rule in Asia Min., 1950, 1085f. An der Mündung in den Iris gründete Pompeius die Stadt Magnopolis (→ Eupatoria). A. M. M.

*C. Ritter* Erdkunde, Asien XVIII 190f. *J. A. R. Munro*, R. Geogr. Soc. Lond. 1893, Suppl. Papers 3,728ff. Stud. Pont. 1,51.75f. 2,258.273.284.293.302.304.354.

**21.** s. Halykos

**Lykosura** (ἡ Λυκόσουρα), Stadt der arkad. Landschaft Parrhasia 7 km w. von Megalopolis mit Heiligtum der Despoina, h. Siderokastro von Stala oder Palaeokrambavos genannt. L. liegt in waldigem Bergland am S.-Ufer des → Plataniston, das Heiligtum auf einer Terrasse eines Hügelzuges, auf dessen Gipfel darüber die Stadt lag, von der außer Teilen der Akropolismauer wenig erhalten ist.

Der Haupttempel des Heiligtums ist ein dor. Prostylos von 21½:12½ m mit 6 Säulen in der Front, Pronaos und Cella, nur die Front (Säulen, Gebälk, Giebel, Anten) aus Marmor, der Unterbau sonst aus Kalk, der Oberbau aus Lehmziegeln. Die Baugeschichte ist nicht sicher geklärt, wahrscheinlich stammt die Cella aus dem 4. Jh. v. Chr., die Marmorvorhalle gleichzeitig mit dem Einbau des großen Kultbildes aus dem 2. Jh. v. Chr., dazu mehrfach Reparaturen röm. Zeit. Von der großen Kultgruppe des → Damophon von Messene aus Marmor von Doliana sind viele Bruchstücke gefunden. Dargestellt waren sitzend Despoina und Demeter, neben ihnen stehend Artemis und Anytos. Noch außerhalb des heiligen Bezirks stand ein Tempel der Artemis Hegemone, die N.-Seite des

Temenos bildete eine 64 m lange Stoa. Darin und sonst im Tempel und heiligen Bezirk viele Weihgeschenke und Altäre. Oberhalb außerhalb des Bezirks am Abhang des Stadtberges das »Megaron« der Despoina, ein großer Monumentalaltar, darüber weitere Heiligtümer der Despoina, des Poseidon Hippios, des Pan, der Aphrodite und der Athena und weitere Götterstatuen, hier auch ein größeres Brunnenhaus und unterhalb des heiligen Bezirks röm. Thermen. Plan des Heiligtums [2].[4], 5 bei S. 622.

Die Stadt L. beanspruchte, die älteste der Welt zu sein, Paus. 8,38,1 und spielte auch in der Sagengesch. Arkadiens eine Rolle, Paus. 8,4,5. 10,10. Die Umsiedlung der Bewohner nach Megalopolis wurde mit Rücksicht auf das Heiligtum nicht vollzogen, Paus. 8,27,4f., doch gehörte das Heiligtum fortan zu Megalopolis und wurde von dort verwaltet. Hadrian erhielt eine Statue im Tempel, IG V 2,533, und die Kultgruppe ist noch auf Mz.en von Megalopolis in der Severerzeit dargestellt. Paus. 8,37–38,1. Inschr.: IG V 2 nr. 514–547. SEG 3,326. 11,1157–1160a. 14,348. 15,240. E. M.

1. *P. Kavvadias* Fouilles de Lycosoura I. Les sculptures de Damophon 1893 (mehr nicht erschienen). 2. *B. Leonardos* *Πρακτικά* 1896, 93ff. 3. *K. Kuruniotis* *Κατάλογος τοῦ Μουσείου Λυκοσούρας*, Athen 1911. 4. *J. G. Frazer* Pausanias 4,367ff. 5,622ff. 5. *Fr. Hiller von Gärtringen*, IG V 2 S. 132. 6. *E. Meyer*, RE XIII 2417ff. 7. *G. Bermond Montanari* Encicl. Arte Ant. 4,749f.

**Lyktos** (*Λύκτος*, jünger *Λύττος*), eine der bedeutenderen Städte Kretas im O. der Insel mit ausgedehntem Gebiet, das nach Skyl. beiderseits ans Meer reichte. Hafenorte an der N.-Küste Chersonesos mit Britomartisheiligtum, später unabhängig, und Minoa, auch Milatos etwa im 2. Jh. v. Chr. einverleibt (Strab.) und ein Arsinoe (Steph. Byz. s.v.). Bei Pol. 4,54,6 sogar als älteste Stadt Kretas und als spartan. Kolonie bezeichnet, so auch Aristot. pol. 1271 b 28. Strab. vgl. Athen. 4, 143 a-d. Angebliche Verwandschaft mit Athen Plut. mor. 247 F. Schon bei Hom. Il. 2,647. 17,611 und Hes. theog. 477 genannt. 346 v. Chr. durch die Söldner des Phalaikos erobert und von Archidamos von Sparta befreit, Diod. 16,62,3f. 221–219 v. Chr. der *Λύκτιος πόλεμος* mit Knossos unter Beteiligung anderer kret. Städte, in dem L. völlig zerstört wird, Pol. 4,53f. CARDINALI, RFIC 33, 1905, 519ff. Wiederaufbau, neuer Gebietsstreit mit Knossos 184 c. Chr., Pol. 22,19 (23,15), 67 v. Chr. Unterwerfung durch Metellus, Liv. per. 99. Archaische Inschr. des 6./5. Jh., Verträge mit kret. und anderen Staaten, viele Weihungen an röm. Kaiser und ihre Familie von Traian bis Septimius Severus, spätestes inschr. Zeugnis langes lat. Edikt Konstantins [3], nr. 188. Einzelne Siedlungsspuren schon mittelminoisch, sonst erst dor. Gründung, die ausgedehnten erhaltenen Ruinen beim h. Xida zumeist röm. Skyl. 47. Strab. 10,475. 476. 479. 481. Ptol. 3,15,7. Mela 2,113. Plin. nat. 4,59. Tab. Peut. 9,1 und Geogr. Rav. 5,21 p. 397,2 *(Litinus)*. Steph. Byz. Hierocl. synecd. 650,4. Not. episc. 8,233. 9,142. Sch. und Eustath. zu Hom. Il. 2,647. Nonn. 13,232. Quint. Smyrn. 11,42. Suda s. *ἐπικούρειος*. Inschr. [3] nr. 1–189. Mz. HEAD $HN^2$ 471f. E. M.

1. *L. Mariani*, Mon. ant. 6, 1895, 237ff. 2. *A. Taramelli*, Mon. ant. 9, 1899, 387ff. mit Planskizze. 3. *M. Guarducci* Inscr. Cret. 1,179ff. 4. *Kirsten*, RE Supl. VII 427ff. 5. *J. Baldassarre* Encicl. Arte Ant. 4,753f. (mit weiterer Lit.). 6. *J. D. S. Pendlebury* The archaeology of Crete 10. 344. 7. BCH 83, 1959, 733.

**Lykurgos** (*Λυκοῦργος*, Hom. *Λυκόοργος*). **1.** Thrak. König, Sohn des → Dryas, verfolgte die Pflegerinnen des Dionysos mit dem Ochsenziemer (mit dem Beil, Ov. met. 4,22 *bipennifer*), und das erschrockene »göttliche Kind« (NILSSON GgrR $1^2$,580f.) tauchte ins Meer, wo Thetis es aufnahm. L. aber wurde von Zeus geblendet und starb bald. Hom. Il. 6,130ff. Schauplatz ist das Nyseion, das u. a. auch auf dem s. thrak. Pangaiongebirge lokalisiert wird (Sch. Il. 6,133. Hesych. s.v. → Nysa). Eumelos behandelte den Stoff in seiner *Εὐρωπία*. Wahrscheinlich noch vor Polyphradmons Drama »Lykurgos« 467 dichtete Aischyl. seine L.-Tetralogie: *Ἠδωνοί, Βασσαρίδες, Νεανίσκοι, Λ.* Der Edonenkönig L., der den Gott fängt und als Weichling verhöhnt, wurde hier anscheinend noch nicht mit Wahnsinn gestraft, sondern im Pangaion eingekerkert (wie Soph. Ant. 955ff.). Er kam zur Einsicht und beugte sich der Wundermacht des Gottes. So M. POHLENZ Die griech. Tragödie 1, 131. 2,64f. gegen K. DEICHGRÄBER Die Lykurgie des Aischyl., Gött. 1939. So kann er im Rhesos 972 als Prophet des einst von ihm bekämpften Bakchos bezeichnet werden (anders NILSSON GgrR $1^2$,566) und Strab. 10,471 von einer Art Verschmelzung des L. mit Dionysos sprechen. Gleichwohl erscheint das Wahnsinnsmotiv bereits auf Vasen des 5. Jh. (herabschwebende *λύσσα* mit Strahlenkranz). Diese Bestrafung finden wir weiter ausgeführt Apollod. 3,34f. und Hyg. fab. 132. L. tötet, im Wahn, es mit einer ihm verhaßten Weinrebe zu tun zu haben, seinen Sohn → Dryas (o. II 171,51 lies: L. tötet seinen mit dem Großvater gleichnamigen Sohn) oder Sohn und Gattin und haut sich selbst einen Fuß ab (Serv. Verg. Aen. 3, 14. Ov. fast. 3,722. Selbstmord Hyg. fab. 242). Er wird im Pangaion gefesselt und von Pferden zerrissen oder Panthern vorgeworfen. Diod. 3,64f. erzählt von einem förmlichen Krieg zwischen Dionysos und L., nachdem dieser die Mainaden hatte niedermachen lassen, von L.' Gefangennahme, Blendung und Kreuzigung. Dabei gibt er an, daß Antimachos den Kampf des Gottes mit L. nach Arabien verlegt habe. So auch Nonn. Dion. 20f. Bei ihm findet L. sein Ende durch eine Bakche, die ihn wie eine Rebe umschlingt (Hyg. astr. 2,21).

Das urspr. Wesen des L. läßt sich aus dem Namen (»Wolfsgrimm« WILAM., andere: »Lichtwirker«,

»Lichtabwehrer«), nicht erkennen. PRELL.-ROB. 1, 688 und RAPP Myth. Lex. 2,202ff. sahen in ihm ein Bild des Winters und demgemäß eine Hypostase des thrak. Ares, MARBACH, RE XIII 2437 eine Verkörperung der die Frühlingsnatur vernichtenden Sommersglut, die ihrerseits später zurückgedrängt wird und im Winter erstarrt. H. gilt die Deutung aus der Religionsgesch.: Ein Reflex der Unterdrückungsversuche, gegen die die ekstat. Dionysosrel. sich durchzusetzen hatte (vgl. Pentheus u.a.). NILSSON GgrR $1^2$,565. W. NESTLE Griech. Stud., 1948, 572. **2.** Arkader aus Tegea, Sohn des Aleos und der Neaira, Gatte der Eurynome (Kleophile), Vater von → Ankaios, → Amphidamas (1), → Kepheus (sonst als Bruder genannt) u.a. Apollod. 1,67.112. 3,102.105. L. erlegt den keulentragenden → Areithoos mit der Lanze, trägt die Keule selbst und hinterläßt sie seinem Diener Ereuthalion. Hom. Il. 7,142ff. Grab in Lepreon, Paus. 5,5,5. **3.** Herrscher, Zeuspriester zu Nemea (hier auch sein Grab, Paus. 2,15,3), Sohn des Pheres (Apollod. 1,104), Bruder des Admetos, Gemahl der Eurydike, Vater des früh verstorbenen Opheltes (→ Archemoros). Apollod. 3,64f. → Hypsipyle. H. v. G.

**4.** L., der sagenhafte Begründer der spartan. Verfassung, wurde im Alt. zwischen dem 11.–8. Jh. datiert. Die wechselnde Überlieferung ist zusammengefaßt bei Plut. Lyk.: Er stammte aus königlichem Geschlecht und war Vormund seines Neffen, Königs Charilaos (Plut. 2f. Charillos: Aristot. pol. 2,7,1271 b 25f. Leobotes: Hdt. 1,65). Auf Reisen studierte er das polit. Leben in Ionien, Äg. und bes. in Kreta (Plut. 4. Aristot. a. O. Strab. 10,481 f.). Mit Hilfe des delph. Orakels schlichtete er in Sparta den Streit zwischen Volk und Königtum durch eine neue Verfassung (Plut. 5,1ff.). Aus Delphi erhielt er auch die sog. Große Rhetra (Plut. 6,1f. S.u. 3.8.10.11.13.14), die die Hauptpunkte der lyk. Verfassung nennt: das Zusammenwirken von Doppelkönigtum, Rat der Alten (Gerusia) und Heeresversammlung (Apella). Die Herkunft des Ephorats von L. wurde im Alt. meist verneint (Plat. leg. 3,692a. Aristot. pol. 5,9,1313 a 25ff. Plut. 7,1f. Bejahend Hdt. 1,65, vgl. Xen. Lak. pol. 8,4f.). Auf L. wurde auch eine rigorose Bodenreform (Plut. 8) und ferner die gesamte spartan. Lebensordnung und Jugenderziehung (Agoge) zurückgeführt (Plut. 9ff. Hdt. 1,65. Xen. a. O. 1ff.). Entsprechende Maximen waren in kleineren Rhetren zusammengefaßt (Plut. 13). Geschriebene Gesetze lehnte L. hingegen ab (Plut. 13,1). Vor einer Reise verpflichtete er die Spartaner eidlich auf seine Verfassung, bis er wiederkäme, und blieb dann bis zum Tode im Ausland (Plut. 29. 31,7ff.). – L. ist eine Sagenfigur und war urspr. vielleicht ein Gott. Als Verfassungsgründer erscheint er erstmals bei Hdt. 1,65 (damals nannte Hellanikos FGrH 4 F 116 noch die Könige Eurysthenes und Prokles als Gesetzgeber). Die spartan. Verfassung ist wohl stückweise bis E. 6. Jh. entstanden. Die Große Rhetra stammt vom E. 8. oder Anf. 7. Jh., die Echtheit der kleineren Rhetren ist umstritten. Die Berufung auf L. diente bei inneren Auseinandersetzungen in Sparta gerne als Kampfmittel, so bes. bei dem romant. Restaurationsversuch des Sozialreformers Kleomenes III.

1. *U. v. Wilamowitz* L. PhU 7, 1884, 267ff. 2. *Ed. Meyer* Die Entw. d. Überlief. über d. lyk. Verf., Forsch. 1,211ff. 3. *J. Toepffer* Die Gesetzgeb. des L. Beitr. z. griech. Alt.-Wiss., Basel 1897, 347ff. 4. *E. Keßler*, Plut.s Leben d. L., Quellen und Forsch. z. alt. Gesch. und Geogr. 23, 1910. 5. *V. Costanzi* L., RFIC 38, 1910, 38ff. 6. *V. Ehrenberg* Neugründer d. Staates, Münch. 1925, 5ff. 7. *Ders.* Der Gesetzgeber von Sparta. Epitymb. f. H. Swoboda, Reichenberg 1927, 19ff. 8. *M. Treu* Der Schlußsatz d. großen Rhetra, H 76, 1941, 22ff. 9. *N. G. L. Hammond* The Lyc. Reform at Sparta, JHS 70, 1950, 42ff. 10. *A. G. Tsopanakis* La Rhètre de L., Hellenika, Suppl. 6, Thessalonike, 1954. 11. *H. T. Wade-Gery* The Spartan Rhetra in Plut. Lyc. 6. Essays in Greek Hist., Oxf. 1958, 37ff. 12. *G. L. Huxley* Early Sparta, Lond. 1962, 37ff. 13. *F. Kiechle*, Lakon. und Sparta, Münch. 1963, 142ff. 14. *A. H. M. Jones* The Lyk. Rhetra. In: Stud. present. to V. Ehrenberg, Oxf. 1966, 165ff.

**5.** L., Spartaner aus nichtköniglicher Familie, wurde E. 220 nach dem Tod Kleomenes III. König (Pol. 4,35,8ff.). L. war bes. im Bundesgenossenkrieg Feind Makedoniens und lehnte sich an Aitolien an. Durch die Sozialrevolution des Cheilon zeitweilig vertrieben (Pol. 4,81,1ff.), floh er abermals nach dem militär. Mißerfolg gegen Philipp V. von Maked. (Pol. 5,20.22ff.) Herbst 218 vor den feindlichen Ephoren nach Aitolien (Pol. 5,29,8f.). Im Frühjahr 217 kehrte er zurück (Pol. 5,91,1f.), seine erfolglose Kriegführung (Pol. 5,91f.) endete mit dem Frieden von Naupaktos 217. – Undatiert ist die Vertreibung seines Mitkönigs Agesipolis durch L. (Liv. 34,26,14. Vgl. Pol. 4,35,10). L. starb noch vor 211/10 (vgl. Liv. 34,32,1f.), ihm folgte sein Sohn Pelops (Liv. a. O. Diod. 27 Frg. 1). G. Do.

**6.** L., Athener, Sohn des Aristolaides (Hdt. 1, 59), wohl Eteobutade (RE XIX 174). In der Folge des Machtkampfes der Pedieis unter L. und der Paralioi unter → Megakles erlangte als Führer der Diakrioi → Peisistratos 561/60 die Tyrannis (Hdt. 1,59. Aristot. Ath. pol. 13,4. Plut. Sol. 29,1). Ein Bündnis L.-Megakles, durch das Peisistratos 556/555 vertrieben wurde, zerfiel, so daß Megakles 549/548 Peisistratos zurückrief (Hdt. 1,60. Aristot. a. O. 14,3).

Zur Chronol. *Fr. Schachermeyr*, RE XIX 164ff.

**7.** L., Athener, führte ca. Mitte 475 gemeinsam mit Kratinos und Lysistratos Athener nach → Eion. Thraker vernichteten den Zug. Schol. Aischin. 2,31. J. D. SMART Kimon's Capture of Eion, JHS 87, 1967, 136f. **8.** L., Athener aus Butadai, Sohn des Lykomedes, Großvaters des Redners L.; erhielt ein Ehrengrab, nachdem er 404 unter den 30 Tyrannen umgekommen war. [Plut.] mor. 841 B.

842 E. 843 E. 852 A. Harpokr. Phot. 268. Vielleicht ident. mit dem von den Komikern (Aristoph. Av. 1296. Kratin. fr. 30. Pherekr. fr. 11) als Ägypter (Sch. Aristoph. Av. 1294) verspotteten L., KIRCHNER PA 9249. **9.** L., Byzantier. Als Alkibiades 409/08 die spartan. Besatzung von Byzantion belagerte, sorgten L. und andere Bürger dafür, daß den Byzantiern nichts Schlimmes geschah, indem sie sich mit den Athenern verständigten und die rasche Überwältigung der Spartaner ermöglichten. Xen. hell. 1,3,18. Plut. Alk. 31,3; vgl. Diod. 13, 66,6. K. K.

**10.** L., Sohn des Lykophron aus der Priesterfamilie der Eteobutaden, der att. Politiker und Redner. Quellen: Inschr., bes. das Dekret des → Stratokles (IG II² 457 = Sylloge³ 326); Ps. Plut. mor. 841 A ff. (mit wertvollem alten Material), daraus abgeleitet Phot. bibl. 268; Suda s. *Λ*. L., * gegen 390 v. Chr., war Schüler Platons und des Isokrates. Erst in späteren Lebensjahren trat er in der Öffentlichkeit hervor. Außer bei einer Reihe kult. Aufgaben, die er kraft seiner Abstammung wahrzunehmen hatte, bewährte er sich seit dem J. 338/37 als höchster Finanzbeamter Athens (*ἐπὶ τῇ διοικήσει* Hyp. frg. 118). Seine antimakedon. Politik, die ihn auf die Seite des → Demosthenes (2) und in Gegensatz bes. zu → Demades brachte und 335 zu einem Auslieferungsantrag von seiten Alexanders d. Gr. führte, hatte ihre Wurzeln in einem kompromißlosen Patriotismus stark konservativer Prägung. Sein Hauptinteresse galt der militär. Stärkung Athens (Ausbau der Flotte und der Befestigungsanlagen), daneben der Verschönerung seiner Heimatstadt (Lykeion, Stadion, Dionysostheater). Restaurativen Charakter tragen eine Serie von Maßnahmen, die in Zusammenhang mit den städt. Kulten und Festen stehen (Wiederaufstellung der goldenen Niken, Errichtung von Statuen der 3 Tragiker, Anfertigung eines Staatsexpl. ihrer Dramen).

Ähnlich wie Demosth. mußte L. den Mangel an redner. Begabung durch beharrliches Üben ausgleichen. Von seinen 15 (bzw. 14) Reden, die vorwiegend der Ahndung von Verstößen gegen religiöse oder staatliche Gesetze dienten, ist nur die Eisangelie *κατὰ Λεωκράτους* erhalten, eine von unerbittlichem Gerechtigkeitssinn und Verantwortungsgefühl bestimmte Abrechnung mit einem Bürger, der nach der Schlacht von Chaironeia sein persönliches Wohl dem der Stadt vorangestellt hatte, indem er sich und sein Eigentum nach Rhodos und später Megara in Sicherheit gebracht hatte. Als er im J. 331 erneut nach Athen übersiedeln wollte, belangte ihn L. als Hochverräter. In seiner Anklagerede beschwört er unablässig, unter reichlicher Verwendung von Dichterzit., das große Beispiel der Vorfahren und konfrontiert es mit dem unwürdigen Verhalten des Leokrates, der schließlich nur mit Stimmengleichheit freigesprochen wurde.

Zweifel an der Korrektheit seiner Amtsführung von seiten des Demades und des → Menesaichmos konnte L. kurz vor seinem im J. 324 erfolgten Tode noch abwehren, für seine eingekerkerten Söhne setzten sich seine Freunde ein (→ 11). Später ehrte die Stadt sein Andenken in hervorragender Weise (Statuen; Speisung des jeweils Ältesten der Familie im Prytaneion). Die Urteile der Rhetoren über L. lauten nicht allzu günstig: man erkennt zwar seine charakterliche Lauterkeit an, tadelt aber den Mangel an stilist. Sorgfalt und Anmut (Dion. Hal. de im. frg. 6,5. Dion. Chrys. 18,11. Hermog. Id. 2,11, p. 402f. R.). Allein → Didymos (1) scheint seine Reden kommentiert zu haben. Die Überlieferung beruht auf dem Cod. Cripps. Burn. 95 (13. Jh.), der die kleineren Redner enthält, und auf dem vom gleichen Archetypus abstammenden unvollständigen Oxon. Bodl. misc. 208 (13. oder 14. Jh.). Pap.-Frg. sind äußerst spärlich (Nr. 1288 f. Pack²).

Ta.: *Th. Thalheim*, Bln. 1880. *F. Blass*, Lpz. 1899. *F. Durrbach*, Paris ²1956 (m. frz. Übers.; Lit.-Verz. S. LIV ff.). *J. O. Burtt* Minor Att. Or. 2, London-Cambr. (Mass.) 1954, 2 ff. (m. engl. Übers.). Neuausg. von *N. C. Conomis* ist für die Bibl. Teubn. angekündigt.
Komm.: *C. Rehdantz*, Lpz. 1876. *A. Petrie*, Cambr. 1922. *P. Treves*, Milano 1934.
Frg.: *N. C. Conomis*, Klio 39, 1961, 72 ff.
Übers.: *O. Güthling*, Lpz. ²1928. *H. Bender*, Bln. ³1909.
Index: *L. L. Forman*, Oxf. 1897.
Lit.-Ber.: *K. Emminger*, Burs. 161, 172 ff.
Lit.: *Blass* Att. Bereds. 3,2,95 ff. *Jebb* Att. Or. 2,375 ff. *Th. Thalheim* Der Rhythmus bei L., Progr. Hirschberg 1900. *G. Colin*, REA 30, 1928, 189 ff. *P. Treves*, RFIC 61, 1933, 315 ff. *M. Pohlenz*, Symb. Osl. 26, 1948, 46 ff. Zu einzelnen Abschn. der Leocr.: *N. C. Conomis*, *Ἀθηνᾶ* 62, 1958, 79 ff. Hellenika 16, 1958/59, 6 ff. *Πρακτικὰ τῆς Ἀκαδ. Ἀθηνῶν* 33, 1958, 111 ff.

**11.** L., Sohn des Vorigen, im J. 324/23 zusammen mit seinen Brüdern Habron und Lykophron von → Menesaichmos (vgl. Deinarch. frg. 86) unter dem Vorwand eingekerkert, der Vater habe Staatseigentum veruntreut (Ps. Plut. mor. 842 D). Hypereides (frg. 118; vgl. Demosth. epist. 3) und → Demokles (2) setzten sich erfolgreich für ihn ein. H. Gä.

**Lykuria,** Paus. 8,19,4. 20,1, Örtlichkeit in der Ebene von Pheneos am Wege nach Kleitor in Arkadien, h. ein Dorf weiter w. E. M.
*E. Meyer*, RE XIII 2466 f.

**Lymax,** n. Nebenfluß der Neda etwa 2 km ö. von Phigaleia in Arkadien, h. Bach von Dragoi, Paus. 8,41,2. 4. 10. E. M.
*E. Meyer*, RE XIII 2468. Suppl. IX 396.

**Lymphae.** Name ital. Wassergöttinnen; urspr. *lumpae* bzw. *lumphae* (vgl. *limp-idus*). Mit den → Nymphen identifiziert (Varro l.l. 7,87. Fest.-Paul. 107 L. So entspricht *lymphatus*, *lymphaticus* dem griech. *νυμφόληπτος* (NILSSON GgrR 1², 251), obwohl bes. im späteren Lat. der Begriff des

Verrücktseins gegenüber dem der Mantik mehr hervortritt (F. Heichelheim, RE XVII 1553). Spezialisiert als Gattungsname, z. B. L.a Iuturna; L.ae Commotitiae. W. E.

**Lyncon montes,** nur bei Liv. 32,13,2f. genanntes bewaldetes Gebirge zwischen dem Flußgebiet des Aoos in Epeiros und Thessalien (Trikka) mit hohen Ketten, offenen Tälern und dauernden Wasserläufen, danach das Bergland von Metsovo am Zygospaß. E. M.

*Philipps.-Kirst.* 2,140ff.

**Lynkestis** (*Λυγκηστίς*). Gau von Obermakedonien (Thuk. 2,99,2), den s. Teil der Ebene des h. Bitolja umfassend, vom → Erigon durchflossen, entspricht nach den Angaben der ant. Schriftsteller vermutlich der Lage ö. vom h. Prespasee und dem ant. Begorritis-See und n. von → Eordaia. Die Mehrheit der Bevölkerung war illyr. Strab. 7,322. 326ff. Liv. 45,30. → Arr(h)abaios. → Herakleia (2). Chr. D.

*Casson* Macedonia, Thrace and Illyria. *Papazoglu* Die maked. Städte in röm. Z., 1957, 186ff. (serb.).

**Lynkeus** (*Λυγκεύς*, zu *λύγξ* »Luchs«). **1.** Einer der 50 Söhne des Aigyptios, der einzige, der bei der Bluthochzeit mit den → Danaiden in Argos überlebte. Seine Verlobte → Hypermestra verhalf ihm zur Flucht nach Lyrkeia, das angeblich früher Lynkeia hieß – umgekehrt Wilam. Aischyl.-Interpr. 24 und Prell.-Rob. 2,272, L. habe urspr. Lyrkeus geheißen –, von wo er durch Fackelzeichen sein Entkommen meldete, Paus. 2,25,4f. (Fackelfest in Lyrkeia). Nach ihrem Freispruch (Paus. 2,20,7) weihte Hypermestra der Aphrodite Nikephoros ein Standbild und der Artemis Peitho ein Heiligtum (Paus. 2,19,6. 21,1). → Danaos gab sie später dem L. zur Frau. Ihr Sohn → Abas, Nachfolger des Danaos, wurde Vater von → Akrisios und → Proitos. Nach Sch. Eur. Hek. 886 erschlug L. den Danaos und alle Danaiden. Gemeinsames Heiligtum für L. und seine Gattin in Argos, Hyg. fab. 168. Paus. 2,21,2. – Ov. her. 14. **2.** Sohn des → Aphareus und der Arene. Er und sein Zwillingsbruder → Idas, die Apharetiden, bilden das messen. Gegenstück zu den lakon. → Dioskuren. Beide werden als Teilnehmer an der kalydon. Jagd und am Argonautenzuge verzeichnet. Apollod. 1,67. 111. Apoll. Rhod. 1,151 ff. Nach der att. Version, die Theseus entlasten will, entführten beide Helene nach Aphidna. Plut. Thes. 31. Der Streit der Apharetiden und Dioskuren ging um die Verteilung der arkad. Rinderherde, die sie gemeinsam geraubt hatten (Apollod. 3,135f. Pind. N. 10,60ff. Metope am Schatzhaus der Sikyonier in Delphoi nach 560) oder um die von den Dioskuren entführten Bräute der Apharetiden, der → Leukippiden (Hyg. fab. 80). Der Kampf fand in Messenien statt, nur Lykophr. 559 gibt Lakonien an. Er endete mit dem Tode der Apharetiden. Ihr Grab in Sparta Paus. 3,13,1. L. war mit dem schärfsten Blick begabt, der feste Gegenstände und die Erde durchdrang. Seine Sehkraft wurde sprichwörtlich (Hor. ep. 1,1,28. »Türmer« in Goethes Faust II). **3.** Gefährte des Aeneas in Italien, von Turnus erlegt. Verg. Aen. 9,768. H. v. G.

**4.** L., Samier, Bruder des → Duris, war wie dieser Hörer Theophrasts. Von ihm gab es eine Komödie *Κένταυρος* und Prosaschriften: *περὶ Μενάνδρου* (mindestens 2 B.), *Ἀποφθέγματα* und *Ἀπομνημονεύματα* (Anekdoten von Parasiten, Hetären, Komödiendichtern), literarische Briefe (Schilderung von Gastmählern, Vergleich der att. und der rhod. Küche), eine »Kunst auf dem Markte einzukaufen«. Alle Frg. bei Athen., dazu Plut. Demetr. 27,3. Harpokr. *Ἰθύφαλλοι*. W. K.

**Lynx** s. Luchs

**Lyppeios** (*Λυππεῖος* Sylloge $^{3}$196. *Λυκκεῖος* H. Gaebler Die ant. Mz. von Makedonia und Paionia, 1935, 199ff. Taf. XXXVII. Zur verschiedenen Schreibung H. Krahe Die Sprache der Illyrier, 1955, 71), Paionenkönig 359–335, kämpfte im Bund mit Athen, → Ketriporis und Grabos 356 gegen Philipp II., schloß sich geschlagen ihm an. Diod. 16,22,3. Isokr. 5,21. H. Bengtson Die Staatsverträge des Alt. 2,281ff. H. V.

**Lyra. 1.** (*λύρα, fides*), neben der → Kithara bedeutendstes griech. Saiteninstrument der klass. Z., das auch in die etr. und röm. Musik Eingang fand. Über die Form der L. unterrichten neben dem Entstehungsmythos, der Hermes als Erfinder nennt (Hom. h. Merc. 24–61), vor allem bildliche Darstellungen (vgl. bes. [3]): der Schallkörper bestand aus einer Schildkrötenschale oder einer mit Schildpatt belegten Nachbildung aus Holz (daher die weitere Bezeichnung *χέλυς* bzw. *testudo*), während eine über die Öffnung gespannte Haut die Schalldecke ergab. Zur Aufnahme der wohl auch schon urspr. 7 Darmsaiten dienten ein Saitenhalter am Schallkörper selbst sowie ein hölzerner Querstab, der die beiden ebenfalls aus Holz oder auch aus Horn bestehenden Arme des Instrumentes verband.

Ob die L. in dieser Form oder auch in Gestalt der → Barbitos (mit längeren, oben einander zugewandten Armen) wie die Kithara eine Weiterentwicklung der älteren → Phorminx darstellt, ist trotz der Übereinstimmung in Besaitung und Art des Spiels (meist mit Plektron) sowie der Vertauschung der Benennungen zweifelhaft. So spricht vor allem die unterschiedliche Form (bes. die Gestaltung und das Ausmaß des Resonanzkörpers) eher dafür, in der L. – etwa gemäß dem Mythos einer »Erfindung« – ein selbständiges Instrument zu sehen. Auf eine Trennung weisen schließlich auch die Abbildungen [3] und das Zeugnis des Aristot. pol. 1341 a 17ff. hin, wenn sie die L. als Instrument des Hausgebrauchs und bes. der Musikerziehung, die Kithara dagegen als Instrument des virtuosen Vortrags kennzeichnen.

Über verschiedene Entwicklungsstufen der L., die sich vor allem in der Zahl der Saiten ausdrükken, berichten mehrere, meist späte Musikschriftsteller. Wenn sich dahinter auch vielfach spekulative Konstruktionen verbergen und meist nur die Kithara als das Instrument der Solisten genannt wird, so scheinen doch die Nachrichten etwa über → Terpandros, der als erster Kitharöde (um 675) und dementsprechend auch als hist. Erfinder eines sieben- oder achtsaitigen Instruments erscheint (vgl. Plut. mor. 238c u. a.), oder das Selbstzeugnis des → Timotheos, der mit 11 Saiten zum Erfolg gelangt sein will (Pers. 241–245), eine im Zusammenhang mit der Entwicklung des griech. Tonsystems erfolgte Erweiterung der Saitenzahl glaubhaft zu machen. Freilich bleibt offen, ob diese Zeugnisse grundsätzlich auch auf die L. zu beziehen sind. U. K.

1. *M. Wegner* Musikleben der Griechen, 1949, 37–42. 2. *G. Wille* Musica Romana, 1967, pass., bes. 29–31 und 212f. 3. Abb. in: Musikgesch. in Bildern 2,4 (Griechenland ed. *M. Wegner*), 1963, Abb. 21–23. 55–59 u. ö.; 2,5 (Etrur. und Rom ed. *G. Fleischhauer*), 1964, Abb. 1. 10. 13 u. ö.

**2.** s. Sternbilder

**Lyrkeia** (*Λυρκεία*), **Lyrkeion.** Ort n.w. von Argos im Inachostal, Paus. 2,25,4ff. Strab. 6,271. 8,376 (zum Text ALY Parola del passato 5, 1950, 249). Hesych. Anzusetzen entweder auf der Ruinenstätte von Skala oder derjenigen in einem Seitental Schinochori, beide bereits myken., W. MÜLLER, RE XIII 2498f. E. MEYER, RE Suppl. IX 396. Als Dorf von Argos BCH 82, 1958, 7ff. = SEG 17,143,3. An dem gleichnamigen Grenzgebirge gegen Arkadien entsprang nach Strab. 8,370. Sch. Apoll. Rhod. 1, 125 der Inachos, s. ferner Steph. Byz. Hesych. Deshalb wird Argos dichterisch lyrkeisch genannt. Über das Gebirge ging ein wichtiger Übergang nach Arkadien, an dem es 294 v. Chr. zu einem Gefecht zwischen Demetrios Poliorketes und den Spartanern kam, Plut. Demetr. 35,1. Polyain. 4, 7,9. E. MEYER, RE XIII 2499f. E. M.

**Lyrnes(s)os** (*Λυρνησσός*). **1.** Schon von Hom. Il. 2,690. 19,60. 20,92 genannte Örtlichkeit in Mysien, an der Grenze der Troas, Sitz des sagenhaften Königs Mynes (Strab. 13,584. 612). Die Angabe des Plin. nat. 5,122 (. . . *regio Scepsis, flumen Euenum, cuius in ripis intercidere Lyrnesos et Miletos*) ermöglicht die Ansetzung: Der Fluß E. ist ident. mit dem Fréneli-tschai, L. also das h. Fréneli, Milet die mys. Stadt des Namens, die z. Z. des Plin. nicht mehr bestand (vgl. Miletos Nr. 3, RE XV 1655). **2.** Ort in Pamphylien, bezeugt von Strab. 14,667. 676. Plin. nat. 5,96, nicht sicher zu lokalisieren; vielleicht mit Lyrnas (s. RE XIII 2500) ident. Der Name mit dem Suffix *-essos* ungriech. H. T.

*Bürchner*, RE XIII 2500/01. *A. Forbiger* HB. d. alt. Geogr. 2,146. *Andrées* Allg. Handatl. 1924, 152/53.

**Lysagoras** (*Λυσαγόρας*) aus Paros, Sohn des Teisias, verleumdete Miltiades 493 v. Chr. bei → Hydarnes, dem pers. *στρατηγὸς τῶν παραθαλασσίων ἐν τῇ Ἀσίᾳ*. Hdt. 7,135. Um sich an L. zu rächen, führte Miltiades 489 eine athen. Expedition nach Paros. Hdt. 6,133,1. H. BERVE H(E) 2, 1937, 63. 92f. H. V.

**Lysandra** (*Λυσάνδρα*). **1.** Tochter des Ptolemaios I. von Äg. und der Eurydike, heiratete um 297 v. Chr. den späteren König von Makedonien Alexandros, Sohn des → Kassandros, nach dessen Tode 293 Agathokles, den Sohn des → Lysimachos. Porphyr. FGrH 260 F 3,5. Paus. 1,9,6. BELOCH GG 4,2,179. Wegen dessen Hinrichtung floh L. mit den Kindern zu → Seleukos und forderte ihn zum Kampf gegen Lysimachos auf. Paus. 1,10,4. 16,2. Den bei Kurupedion 281 gefallenen Lysimachos überließ Seleukos der L., die seine Beisetzung bei Lysimacheia erlaubte. Paus. 1,10,5. App. Syr. 64. **2.** Tochter des Königs → Nikomedes I. von Bithynien und der Phrygerin Ditizele. Arr. Bithyn. FGrH 156 F 29. BELOCH GG 4,2,212. H. V.

**Lysandridas** (*Λυσανδρίδας*). **1.** (*Λυσανορίδας* Plut.). Spartiate, *ἁρμοστής* in Theben, nach der Vertreibung der spartan. Besatzung (379) von Sparta zu hoher Geldstrafe verurteilt. Plut. mor. 575A–578A. 594D. 598F. Pel. 13,3. Theop. FGrH 115 F 240. Vgl. Diod. 15,27. Xen. hell. 5,4,13.

*Bengtson* GG $^3$264 (Lit.).

**2.** L., aus → Megalopolis, riet 223/22 Kleomenes III. zur Rückführung der nach Messenien geflüchteten Bürger, was Philopoimen vereitelte. Plut. Kleom. 23,2–9. K. K.

**Lysandros** (*Λύσανδρος*). **1.** Spartaner aus verarmtem Herakleidengeschlecht (Plut. Lys. 2,1f.), ging 408/07 als Nauarch der peloponnes. Flotte nach Ionien (Xen. hell. 1,5,1. Diod. 13,70,1), aktivierte die pers. Hilfe für Sparta seitens → Kyros d. J. (Xen. a. O. Diod. 13,70,3. Plut. 4) und schlug 407 die att. Flotte bei → Notion in Abwesenheit des Alkibiades, der daraufhin gestürzt wurde (Xen. 1, 5,11ff. Diod. 13,71. Plut. 5,1ff. G. DE SANCTIS, RFIC NS. 9, 1931, 222ff.). Als sein Nachfolger → Kallikratidas bei den Arginusen 406 unterlag und fiel, kam L. auf Wunsch der Bundesgenossen Spartas als Epistoleus des Nauarchen Arakos für 405/404 nach Ionien (Xen. 2,1,6f. Diod. 13,100,7f.), blockierte den Hellespont (Xen. 2,1,17ff.) und entschied durch die Vernichtung der att. Flotte bei Aigospotamoi Herbst 405 den peloponnes. Krieg (Xen. 2,1,21ff. Diod. 13,105f. Plut. 9,6–13,2. Die Weihung für den Sieg in Delphi: Plut. 18,1f. Paus. 10,9,7ff.). Danach liquidierte L. die Reste des att. Seebundes (Xen. 2,2,1f. 5f. 9. Plut. 13,3f.) und blockierte seit E. 405 zur See Athen (Xen. 2,2,9ff. Diod. 13,107,2ff.), das April 404 kapitulierte (Xen. 2,2,17ff.); L. erzwang die Einsetzung der extrem oligarch. »Dreißig« (Xen. 2,3,2f. 11ff. Diod. 14,3, 4ff. Plut. 15,1f. 6). Durch Einführung von Dekarchien brachte er auch die griech. Städte unter die Herrschaft seiner persönlichen Anhänger, denen lakedaimon. Harmosten an die Seite traten (Xen.

3,4,2. 5,13. Diod. 14,10,1. Plut. 13,5ff. 14,2. Isokr. 5,95. Nep. Lys. 1,5. 2,1. E. Cavaignac Rev. Ét. Hist. 90, 1924, 285ff.). Gegen seine Vormacht stellten sich erfolgreich die spartan. Könige und Ephoren (wohl E. 403; Plut. 19,7–21,1. W. Judeich Kleinasiat. Stud., Marburg 1892, 33ff. Vgl. aber R. E. Smith, CPh 43, 1948, 145ff.), auch die Herrschaft seiner Anhänger in den griech. Städten wurde beseitigt (Xen. 3,4,2. Plut. 21,2ff. Nep. 3,1. Judeich a. O.). Seine Versuche, durch die Orakel zu Delphi, Dodona und der Ammonsoase zu neuer Macht und zur Einführung eines Wahlkönigtums zu gelangen, scheiterten (Diod. 14,13,2ff. Plut. 24ff. Nep. 3,1ff.). 399 verhalf L. dem Agesilaos zur Thronfolge (Xen. 3,3,3f. Plut. 22,6ff.; Ages. 3), begleitete ihn 396 zum Perserkrieg nach Kleinasien, wurde aber von ihm kaltgestellt (Xen. 3,4, 2ff. 7ff. Plut. 23; Ages. 7f., vgl. 6,1ff.). Beim Krieg mit Theben fiel L. bei Haliartos Herbst 395 (Xen. 3,5,6. 17ff. Diod. 14,81,1f. Plut. 27ff.). – L. war der erste Grieche, der zu Lebzeiten übermenschliche Ehren erhielt (Duris FGrH 76 F 26.71. Chr. Habicht Gottmenschentum und griech. Städte, Münch. 1956, 3ff. 6f. Vgl. aber F. Taeger Charisma 1, Stuttgart 1957, 161ff.).

Plut. Lys. Komm. *J. Smits*, Diss. Amsterdam 1939. *H. Schaefer*, Alkibiades und L. in Ionien, WJ 4, 1949/50, 287ff. = Probl. d. Alt. Gesch., Gött. 1963, 186ff. *D. Lotze* L. und der pelop. Krieg, Abh. Sächs. Ak. 57,1 (1964). *W. K. Prentice* The Character of L., AJA 38, 1934, 37ff.

**2.** L., Athener, 314 von Kassandros als Befehlshaber in Leukas eingesetzt (vgl. Diod. 19,67,5), half dessen Strategen Lykiskos 312 gegen den Epeirotenkönig → Alketas (4) und fiel bei Eurymenai (Diod. 19,88,5). **3.** L., trat angeblich nach 471/70 im Prozeß gegen Themistokles auf (Themistokles epist. 8 p. 747 H.). G. Do.

**Lysanias. 1.** Tetrarch von Abilene 27/28, Evang. Luc. 3,1. Syll.² II 606. Schwyzer, RhM 1913, 634. Ptol. 5,14,18. Zwischen 28 und 37 gestorben, da 37 seine Tetrarchie an Agrippa I. fiel, Ios. ant. 18,237. R. H.

**2.** L., griech. Grammatiker des 3. Jh. v. Chr., Lehrer des → Eratosthenes (2), wie dieser aus Kyrene gebürtig (Suda s. Ἐρατοσθένης). Aus seinem Werk Περὶ ἰαμβοποιῶν (mind. 2 B.) teilt Athenaios (14,620c. 7,304b) Notizen über Mnasion und Hipponax mit. L. wird des weiteren mehrfach im Zusammenhang mit → λύσεις homer. Probleme zit. (A-Sch. Il. 16,558. B-Sch. 9,378. Etym. m. s. ὑπερικταίνοντο und Sch. Od. 23,3; vgl. ferner Sch. Eur. Andr. 10). Die Tatsache, daß → Aristarchos (6) sich intensiv mit den Ansichten seines Vorläufers auseinandersetzt, spricht für das große Ansehen des L. Glossograph. Interessen erweist Athen. 11,504b (L. zum Wortgebrauch des → Herodoros). H. Gä.

*Susemihl* 1,345. *A. Baumstark*, Philol. 53, 1894, 708ff., gegen ihn *Gudeman*, RE XIII 2508ff. (mit den wichtigsten Frg.).

**Lyseis** (λύσεις). Als t. t. der griech. ästhet.-literar. Kritik bedeuten λ. die »Lösungen« eines Problems, einer Aporie oder eines Widerspruchs bzw. die Antworten auf (Streit-)Fragen (ζητήματα), die sich bei dem Versuch einer Erklärung eines Textes ergeben. Wie jede andere exeget. Methode der Griechen hat auch diese Art der Texterklärung, der Frage und Antwort bzw. Lösung die Form geben, ihren Anf. in der Deutung der hom. Gedichte. Bei genauerer Lektüre stellten sich durch grammat., stilist. u. sachliche Widersprüche und Probleme des Textes bei den Lesern Fragen ein, die nach einer Antwort bzw. Lösung verlangten. Eine einmal aufgeworfene Frage fand oft mehrere λ., die wir neben- oder gegeneinander gestellt in den Sch. wiederfinden. Von den ersten philolog. Bemühungen dieser Art können wir aus der Z. vor Aristot. nur wenig ausmachen. Erst bei Aristot. und in seiner Schule werden sie für uns genauer kenntlich. Die hauptsächlichen Gesichtspunkte der ζητήματα und der möglichen λ. hat Aristot. in der Poet. (bes. Cap. 25) bereits so ausführlich charakterisiert, daß alle späteren Arten von ζ. und λ. – mögen sie sprachlich auch mannigfache Formen annehmen – in die von ihm bestimmten Gruppen eingeordnet werden können. Gudeman ([1], 2515f.) hat die verschiedenen, z. T. fast formelhaft gewordenen Wendungen zusammengestellt, deren man sich am häufigsten zur Formulierung eines ζήτημα oder einer ἀπορία und der λ. bediente (vgl. die entsprechenden Wendungen z. T. bei [3]). Am beliebtesten war diese spezielle Art der Texterklärung bei den Alexandrinern. Entsprechende Schriften sind uns (zumeist nur dem Titel nach) von mehreren Grammatikern bekannt. Zudem existierte eine umfangreiche alexandr. ἀναγραφὴ ζητημάτων καὶ λύσεων, auf der – zumindest indirekt – Porphyrios' Ὁμηρικὰ ζητήματα fußen. – Die Römer übernahmen diese Interpretationsweise mit den dazugehörigen Wendungen (z. B. *solutiones* für λ.). Weit häufiger finden wir sie dann allerdings bei den Bibelexegeten, angefangen bei Philon (nicht nur in seinen Quaestiones et solutiones ad Gen. et Exod.), dann bei Clem. Al., Orig., Eus., Ioh. Chrys., Hesychios von Jerusalem, Augustinus und vielen anderen Kirchenvätern, schließlich bei Arethas von Caesarea und in der exeget. und katechet. Quaestionenlit. des MA., aus der hier nur Abaelards solutiones der quaestiones der Héloise genannt seien. – Daß diese Form der Interpretation bisweilen zu bloßen Spielereien mit »scharfsinnigen« Fragen und gesuchten Lösungen ausartete, dafür finden sich in der profanen wie chr. Lit. zahlreiche Beispiele. So hat man dem θαυμάσιος λυτικός → Sosibios ἀπροσδιονύσους λύσεις vorgeworfen; und der Beiname ὁ ζῆτα des Grammatikers → Satyros wird nicht gerade als Ehrenbezeichnung wegen guter ζητήματα gegolten haben. – ζ. und λ. waren nicht immer an einen

Text gebunden: bei den *συσσίτια* und *συμπόσια* und auch bei Spaziergängen war es üblich, Fragen aus den verschiedensten Wissensgebieten zu stellen, um deren Beantwortung sich die Anwesenden bemühten. Plut. und Athen., Gell. und Macr. haben in ihren Darstellungen angeblich hist. Symposien reichhaltige Problemata- und λ.-Slg.en ausgebreitet, in denen allerdings die aufgeworfenen »Probleme« und die vorgebrachten »Lösungen« eher Rätselspielen als wissenschaftlichen Gesprächen zu entstammen scheinen. Daneben gab es zahlreiche Problemata- und λ.-Slg.en ohne jegliche künstlerische Einkleidung (s. hierzu bes. [9], 295ff.). O. Dr.

1. *A. Gudeman*, RE XIII 2511ff. 2. *K.Lehrs* De Aristarchi stud. Homer., 1882, 197ff. 3. *J.Baar* Index zu den Ilias-Scholien, Dtsch. Beitr. z. Altertumswiss. 15, 1961. 4. *C.F.G. Heinrici* Zur patrist. Aporienlit., Abh. Sächs. Ges. Wiss., phil.-hist. Kl. 27, 1909, 841ff. 5. *Ders.* Griech.-Byz. Gesprächsbücher und Verwandtes aus Sammelhss., ebd. 28, 1911, Nr. 8. 6. *H.Jordan* Gesch. d. altchr. Lit., 1911, 409ff. 7. *G.Bardy* La littérature patristique des »Quaestiones et Responsiones« sur l'Ecriture Sainte, Rev. Bibl. 41, 1932, 210–236. 341–369. 515–537; ebd. 42, 1933, 14–30. 211–229. 328–352. 8. *J. Martin* Symposion, Stud. z. Gesch. und Kultur d. Alt. 17, H. 1/2, 1931. 9. Aristoteles, Problemata Physica, übers. v. *H. Flashar*, Darmstadt 1962. 10. *H. Dörrie, H. Dörries*, RACh 6, 342–70. s.v. Erotapokriseis.

**Lysiades.** Att. Töpfer um 540 v. Chr., signierte ein künstlerisch bedeutendes sog. Exaleiptron (früher »Kothon« genannt) in Lyon, Musée Archéol.: *Λυσιαδες μεποισενεν* = »L. hat mich gemacht.« BEAZLEY hat ihm ein 20–30 J. jüngeres Exaleiptron in Boston 99. 531 (SCHEIBLER 104 Abb. 28) zugeschrieben, das eine ähnliche, aber reichere Gliederung zeigt. H. Ma.

*J.C. Hoppin* A Handbook of Greek Black-Fig. Vas. 166. *J.D. Beazley* ABV. 348. *I. Scheibler* Exaleiptra, in: JdAI 79, 1964, 107.

**Lysias** (*Λυσίας*). **1.** Zum Strategen für 406/05 nachgewählt, befehligte L. 15 Schiffe des r. athen. Flügels in der Schlacht bei den → Arginusen. Sein Schiff wurde durch → Kallikratides versenkt. Wie die Kollegen wurde L. amtsenthoben, verurteilt und hingerichtet. Xen. hell. 1,6,30. 7,1ff. 34. Diod. 13,74,1. 99,3. 101,5ff. 102. Philoch. FGrH 328 F 142. **2.** Offizier des Seleukos, sperrte 286 v. Chr. → Demetrios (2) den Weg nach Syrien über den Tauros. Polyain. 4,9,5. **3.** Makedone, Sohn des Philomelos, Dynast im s.ö. Phrygien, 248/47 Proxenos in Delphoi (SGDI 2736, zur Datierung E. MANNI Fasti ellenistici 1961, 91), kämpfte um 225 gegen → Attalos III. von Pergamon (OGIS 272. 277), wohl ident. mit Lysanias, der 226 dem erdbebengeschädigten Rhodos half. Pol. 5,90,1. Sein Sohn Philomelos stiftete dem Didymaion Maulesel und half 189 → Termessos, Isinda zu plündern. Pol. 21,35,2. A. REHM Die Inschr. von Didyma, 1958, 277. **4.** Gesandter Antiochos' III., suchte in Rom die Meinung des Senats zu erfahren, verhandelte 196 mit T. Quinctius Flamininus in Korinth und in Lysimacheia. Pol. 18,47,1. 50,3. App. Syr. 6. **5.** Unter → Antiochos IV. (5) 165 Verweser der W.-Hälfte des Reiches, wurde von → Judas Makkabaios bei Bethsura geschlagen. I. Makk. 3,32. 4,26ff. Ios. ant. Iud. 12,313f. Nach dem Tode Antiochos' IV. eroberte L. als Kanzler und Vormund des Antiochos V. Bethsura und belagerte 163 den Tempel in Jerusalem. I. Makk. 6, 30ff. Ios. 12,361ff. Da L. seine Regentschaft gegen Philipp verteidigen mußte, bestätigte er 162 den jüd. Kult, zerstörte aber die Befestigung Jerusalems und tötete den Hohenpriester Menelaos. I. Makk. 8,23. II. Makk. 11,22ff. 13,3. Ios. 12, 384ff. 20,235. Die Ermordung des Cn. → Octavius entschuldigte L. durch Gesandte in Rom. Pol. 31, 11,2. Zon. 9,25. Der Thronprätendent → Demetrios (5) entfloh 162 aus Rom nach Syrien und tötete Antiochos und L. App. Syr. 47. I. Makk. 7, 14. Ios. 12,390. H. V.



**6.** L., Sohn des begüterten Metöken → Kephalos (2) aus Syrakus, der att. Logograph. Biogr. Quellen: seine Reden (bes. or. 12 und die Frg.e *πρὸς Ἱπποθέρσην* [POxy 1606]), denen auch, durch alexandrin. Vermittlung, das meiste Material der späteren Viten (Dion. Hal. De Lys., [Plut.] mor. 835Cff. Phot. bibl. 262, Suda s. *Λ.*) entstammt. * in den (frühen?) fünfziger J. des 5. Jh. ([12]) in Athen, wanderte L. nach dem Tode des Vaters 15jährig mit seinem ältesten Bruder Polemarchos (weitere Geschwister: Euthydemos und eine Schwester) nach → Thurioi aus, wo er rhet. Unterricht (angeblich bei → Teisias) erhielt und sich fest ansiedelte. 412 kehrte er, genötigt durch die athenerfeindliche Stimmung in Unteritalien, nach Athen zurück und betätigte sich dort zunächst als Redelehrer (die Zeugnisse bei L. RADERMACHER, Artium Script. 147ff.), später als Logograph. Seine demokrat. Gesinnung (die ihn freilich später nicht daran hinderte, auch kompromittierte Oligarchen zu verteidigen: or. 16. 25) und vor allem sein beträchtliches ererbtes Vermögen stürzten ihn unter den Dreißig ins Unglück: der Besitz der Familie wurde konfisziert (Bemühungen, wenigstens Teile zurückerstattet zu erhalten, in der Rede *πρὸς Ἱπποθέρσην*), Polemarchos hingerichtet, und L. entging dem gleichen Schicksal nur durch Flucht nach Megara. Von dort aus unterstützte er tatkräftig die Demokraten. Der Antrag des → Thrasybulos, L. dafür mit der Verleihung des Bürgerrechts zu belohnen, konnte infolge eines Formfehlers von → Archinos zu Fall gebracht werden, so daß L. weiterhin Metöke blieb, allerdings in der Klasse der → Isoteleis. Im J. 403 trat er in eigener Sache gegen den Hauptschuldigen am Tode seines Bruders, → Eratosthenes (1), vor Gericht auf (or. 12; der Abrechnung mit den Oligarchen dient auch or. 13, gegen → Agoratos; vgl. or. 34 *περὶ τοῦ μὴ καταλῦσαι τὴν πάτριον πολιτείαν Ἀθήνησι*). Bei den olymp. Spielen des J. 388 beschwor L. in seinem *Ὀλυμπιακός* (or. 33, nur Anf. erhalten) die Gefahr einer Allianz zwischen Persien und den großgriech. Tyrannen und rief zu gemeinsamer Abwehr auf. Seine Tätigkeit läßt sich bis in die Z. um 380 (Rede für Pherenikos, frg. 78 Th.) verfolgen. Sein Todesdatum ist unbekannt.

425 Reden wurden L. zugeschrieben, → Caecilius (III 2) und Dion. Hal. erkannten 233 als echt an; Titel (und zumeist auch Frg.e) von 172 Reden sind überliefert. Das L.-Corpus (erhalten im Cod. Pal. Heidelb. 88 [12. Jh.]) umfaßt 31 Reden, unter ihnen 5 unechte (or. 6. 8. 9. 15. 20) und 2 umstrittene (or. 2 [Epitaphios auf Gefallene des Korinth. Krieges] und 14). Die Einl. von 3 weiteren (or. 32–34) teilt Dion. Hal. (a.O. 23. 25. 27. 29. 33) mit; als or. 35 erscheint in den Ausgaben für gewöhnlich der von Plat. (Phaidr. 231 Aff.) als lysian. ausgegebene *Ἐρωτικός*, über dessen Authentizität die Meinungen geteilt sind.

Abgesehen von Olympiakos und Epitaphios sind nur Gerichtsreden aus der Feder des L. erhalten. Wichtige, wenngleich mit Vorsicht auszuwertende Quellen zur innenpolit. Situation Athens vom E. des Peloponnes. Krieges bis in die 80er J. des 4. Jh. sind vor allem die für Staatsprozesse verfaßten Plädoyers. Sie betreffen Amtsmißbrauch (or. 30 *κατὰ Νικομάχου* [399/98], einen ehemaligen *ἀναγραφεὺς τῶν νόμων*), Vernachlässigung militär. Pflichten (or. 28 *κατὰ Ἐργοκλέους* [389]), ungesetzliche Aneignung konfiszierten Vermögens (or. 29 *κατὰ Φιλοκράτους*, den Schwager des Vorigen; or. 19 *ὑπὲρ τῶν Ἀριστοφάνους χρημάτων* [387]) und Ankäufe zu großer Getreidemengen durch Metöken (or. 22 *κατὰ τῶν σιτοπωλῶν* [386]).

Die ant. Bewunderung für L. entzündete sich bes. an den Privatreden, die in der Tat eine seltene Meisterschaft der Darlegung des Falles und der Ethopoiia verraten. Diese Fähigkeit des Sachwalters, Schauplatz und Situation mit höchster Anschaulichkeit zu schildern und in der Maske der jeweiligen Sprechers den Eindruck unverstellter Biederkeit zu erwecken, zeigt sich namentlich in or. 1 (*ὑπὲρ τοῦ Ἐρατοσθένους φόνου*), einer Verteidigung des Euphiletos, der den angeblich in flagranti ertappten Ehebrecher Eratosthenes getötet hatte, gegen den Vorwurf des vorsätzlichen Mordes. Ein Meisterwerk ist auch or. 24 (*ὑπὲρ τοῦ ἀδυνάτου*), in der sich ein Erwerbsunfähiger um die erneute Gewährung staatlicher Unterstützung bemüht. Zweifelhafte Liebesaffären und in ihrem Gefolge aufgetretene Streitigkeiten mit Körperverletzung werden in or. 3 (*πρὸς Σίμωνα*) und 4 (*περὶ τραύματος ἐκ προνοίας*) vor dem Areopag ausgebreitet; vor diesem Gremium wird auch der Prozeß um einen angeblich beseitigten heiligen Ölbaum geführt (or. 7, *περὶ τοῦ σηκοῦ*). Neben den Reden sind für L. Briefe privaten Charakters gesichert (Frg.e: S. 380f. Th.).

L., bereits in hellenist. Z. geschätzt und nachgeahmt (vgl. Cic. Brut. 286; or. 226), wurde von den Attizisten in den Rang eines unbestrittenen Musterautors erhoben. Seine sprachlichen und stilist. Vorzüge (reines Attisch, »natürliche« Ausdrucksweise, Kürze, Transparenz, Anmut und Überzeugungskraft) und seine taktische Geschicklichkeit behandelt in erschöpfender Gründlichkeit Dion. Hal. a.O.; ihm ist allerdings nicht entgangen, daß die biedere Schlichtheit zu den wohlberechneten Kniffen des raffinierten Anwaltes gehört. Caecilius, der L. über Platon stellen wollte, wird vom Autor *Περὶ ὕψους* (→ Longinos) zurechtgewiesen, der, ähnlich wie Dion. Hal., das gänzliche Fehlen mitreißender Leidenschaftlichkeit und Sprachgewalt betont. Trotzdem beherrscht das positive Urteil die rhet. Lit. (Hermog. De id. 2,11, p. 395 R.); versch. Komm. der Kaiserzeit nennt die Suda a.O. H. Gä.

Ta.: Ed. princ. Aldina. Ven. 1513. *Th. Thalheim*, Lpz. $^{2}$1913. *K. Hude*, Oxf. 1912. *L. Gernet–M. Bizos*, Par. 1924/1926 ($^{2}$1955). *W. R. M. Lamb*, Lond. 1930 (m. engl. Übers.). *U. Albini*, Firenze 1955 (m. ital. Übers.; S. LXVff. Bibliographie).

Einzelausg., Komm.: *R. Rauchenstein–K. Fuhr*, Ausgew. Reden 1917/1897 (Nachdr. Bln. 1963). *M. Fernández-Galiano*, Discursos 1–12, Barcelona 1953. or. 1: *R. Randazzo*, Milano 1957, or. 2: *G. Schiasso*, Bologna 1967. or. 4: *M. Marzi*, Milano 1956, or. 7: *L. Dal Santo*, Milano $^{2}$1950. *G. Quaglia*, Milano 1957, or. 12: *E. Ferrai–G. Campagna*, Torino 1951. *A. Stinelli*, Milano 1958, or. 16: *G. Quaglia*, Milano 1956, or. 17 und 27: *L. Dal Santo*, Firenze 1959, or. 22: *L. Dal Santo*, Milano 1950, or. 24: *U. Albini*, Firenze 1956, or. 27: *M. Gigante*, Napoli $^{2}$1960, or. 32: *L. Dal Santo*, Bologna 1965, or. 33 und 34: *S. Cecchi*, Milano 1958. Pap.: Nr. 1290/94 *Pack*$^{2}$ POxy Nr. 2537f. Index: *D.H. Holmes*, Bonn 1895 (Nachdr. Amsterdam 1962).

Lit.-Ber.: 1901–1954: *U. Albini*, AeR 14/16, 1954, 56ff. (dort die ältere Lit.). Lit.: 1. *Lesky*, GGrL $^{2}$639ff. 2. *Blass* AttBereds. 1,339ff. 3. *Jebb*, Att. Orators 1,142ff. 4. *E. Wolf*, Griech. Rechtsdenken 3,2,176ff. 5. *Fr. Schnetzke*, Die Urkunden aus And. und L. ..., Diss. Greifswald 1923. 6. *U. Albini*, Maia 5, 1952, 182ff. 7. *H. Erbse*, Festschr. E. Kapp, Hamburg 1958, 51ff. 8. *J.J. Bateman*, TAPhA 89, 1958, 276ff. 9. *Ders.*, Phoenix 16, 1962, 157ff. 10. *V. Fumarola*, AeR N.S. 10, 1965, 49ff. 11. *S. Usher*, Eranos 63, 1965, 99ff. 12. *U. Schindel*, RhM 110, 1967, 32ff. Zu einzelnen Reden: or. 2: *J. Klowski* Zur Echtheitsfrage des lysian. Epitaphios, Diss. Hamburg 1959. or. 7: *E. Heitsch*, MH 18, 1961, 204ff. or. 22: *R. Seager*, Hist. 15, 1966, 172ff. or. 23: *S. Usher*, CR 80, 1966, 10ff. or. 24: *U. Albini*, RhM 95, 1952, 328ff. or. 33: *M. Gigante* Studi L. Castiglioni, Firenze 1960, 373ff. Frg.e: *A. Messina*, Emerita 16, 1948, 235ff. 17, 1949, 42ff. 18, 1950, 46ff. Stil, Sprache: *J. Vendryes*, RPh 3. Ser. 18, 1944, 113ff. *G.E. Dimock jr.*, AJPh 73, 1952, 381ff. *G. Wolgast* Zweigliedrigkeit im Satzbau des L. und Isokr., Diss. Kiel 1962.

**7.** L., Arzt aus hellenist. Zeit, als Pharmakologe bei → Celsus und → Galen erwähnt. F. K.

**8.** L. aus Chios, Sohn des Pyrrhandros. Mit dem durch 2 Signaturen aus Lindos bekannten Bildhauer (wohl 1. Hälfte 2. Jh. v. Chr.) ist vielleicht ident. L., von dem eine Marmorquadriga mit Apollon und Artemis in Rom stand, Plin. nat. 36, 36. G. A. MANSUELLI, Enc. Arte Ant. 4, 1961, 752. W. H. G.

**9.** L. auf der bildlosen Kanne im Louvre F 339 (HOPPIN Abb.) steht linksläufig: *Λυσιας μεποιεσεν Hεμιχονει* = »Lysias hat mich gemacht, einen halben *χοῦς* fassend« (der Inhalt der Kanne – 1,62 l – entspricht dem halben att. Chous solon. Norm). BEAZLEY gruppiert sie mit 2 anderen der Töpfer Kriton und Priapos und 1 unsignierten zur »Kriton-Group«. H. Ma.

*P. Kretschmer* Die griech. Vaseninschr., 1894, 143 f. Nr. 127. *J. C. Hoppin* A Handbook of Greek Black-Fig. Vas. 167. *J. D. Beazley* ABV. 446,1–4.

**Lysidike** (*Λυσιδίκη*). **1.** Tochter von → Pelops und Hippodameia, erscheint als Gattin dreier Perseussöhne, des → Mestor, Mutter der → Hippothoe (3), Apollod. 2,50 (dies das Ursprüngliche), des Alkaios, Mutter des → Amphitryon, Paus. 8, 14,2, des → Elektryon, Mutter der → Alkmene, Plut. Thes. 7. SCHIRMER, Myth. Lex. 2,2211. **2.** Eine der Gefährtinnen von Theseus und Ariadne beim Reigentanz auf Naxos (Delos) auf der von Klitias bemalten Françoisvase (FURTWÄNGLER-REICHHOLD I). Über die Glaubwürdigkeit solcher Namenlisten LAMER, RE XIII 2547f. **3.** Tochter des Lapithen → Koronos, Gattin des Telamoniers → Aias, Mutter des Philios, während → Eurysakes von der Nebenfrau → Tekmessa stammt. Steph. Byz. gibt ihr den Namen *Lyside*, den auch die Frau des Periandros von Korinth führte. Nach TOEPFFER Att. Geneal. 276 ist ihr Vater nicht der Lapithe Koronos, sondern der Eponym des att. → Koroneia, nach LAMER, RE XIII 2549 möglicherweise auch der des boiot. Koroneia, wodurch man dem thessal. Lapithen näher käme. H. v. G.

**Lysikles** (*Λυσικλῆς*). **1.** Im pelop. Krieg ein Führer der Kriegspartei, bezog sein Einkommen aus dem Viehgroßhandel (Aristoph. Equ. 132 mit Sch.). Nach dem Tod seines Freundes Perikles heiratete er Aspasia (Plut. Per. 24,2. Sch. Plat. Mx. 235e. Harpokr. s. *Ἀσπασία*) und fiel 428/27 als Stratege in Karien (Thuk. 3,19,1 f.). **2.** L., att. Stratege bei Chaironeia 338, nach der Niederlage von Lykurgos angeklagt und zum Tode verurteilt (Diod. 16,85,2. 88,1 f. Lykurg. Frg. 75). G. Do.

**Lysikratesmonument.** An der Tripodenstraße in Athen (Paus. 1,20,1). Lageplan JUDEICH Topogr. Abb. 39. Ausgrabung: EA 1921, 83ff. MdAI(A) 47, 1922, 72ff. Nach der Inschr. am Architrav (IG II² 3042) errichtet unter dem Archon Euainetos (335/34) von Lysikrates, der als Chorege mit einem Knabenchor siegte. Der Bau – über quadrat. Sockel zylindrischer Kern als Pseudomonopteros korinth. Ordnung – trug einst über dem Marmordach mit der reichen Akanthosblume den Preis, einen bronzenen Dreifuß. Bemerkenswert und für die Zeit bezeichnend ist die Verwendung verschiedener Steinsorten als farbiger Effekt: pentel. Marmor der Kern, hymett. Sockel und Geison, Peiraeuskalk die Stufen und Breccia im Fundament. Die korinth. Ordnung gehört zu den ersten Beispielen im Außenbau, das Kapitell entspricht noch nicht der späteren Form. Eigenartig ist der doppelte Kranz von Stirnziegeln über dem Zahnschnittgeison. Am Fries Reliefdarstellung mit Dionysos, auf Fels gelagert, wie er die Seeräuber in Delphine verwandelt (WINTER Kunstgesch. in Bildern 316,1. BRUNN-BRUCKMANN 488) in ausgewogener gegengleicher Komposition (RIEMANN, RE Suppl. VIII 286f.). LIPPOLD (HBArch, 5. Lief. T. 94,3) schreibt S. 271 den anmutigen Fries einer dem Leochares nahestehenden Werkstatt zu. W. Z.

*Judeich* Topogr. 305f. *Hill* Anc. City of Athens S. 105d. *Dinsmoor* Archit. of Anc. Greece 236ff.

**Lysimache** (*Λυσιμάχη*). Tochter des → Abas, Enkelin des → Melampus, Gattin des argiv. Königs Talaos (Lysianassa Paus. 2,6,6), Mutter von → Adrastos, Parthenopaios, Eriphyle u.a. Apollod. 1,103. H. v. G.

**Lysimacheia** (*Λυσιμάχεια*). **1.** Stadt auf dem Isthmos der thrak. Chersonesos, an der S.-Küste des Golfes von Saros (Melas Kolpos) in der Umgebung des h. Baklaburnu gelegen. Im J. 309 von Lysimachos gegründet und befestigt (Diod. 20,29. Paus. 1,9,9. Iust. 16,3. Strab. 7, frg. 51. Liv. 23,38, 11. App. Syr. 2. Ptol. 3,11. Amm. 22,8). Nach der Niederlage des Lysimachos (281) kam die Stadt unter die Herrschaft des Seleukos I. (280) (Pol. 5, 34,7. 18,51,4), dann des Ptolemaios Keraunos, der den syr. König dort ermordete (Paus. 1,16,2. Iust. 17,1. App. civ. 4,88). Im J. 279/78 Eroberung durch die Galater (Liv. 38,16), die aber bald danach vertrieben wurden (Diog. Laert. 2,141. Iust. 25,1). Um die Mitte des 3. Jh. v. Chr. für kurze Zeit unter äg. Einfluß, dann Mitglied des aitol. Bundes (Pol. 18, 3,11. 15,23,8). Vom makedon. König Philipp V. besetzt (202/200), nach dessen Räumung von Thrakern zerstört (Liv. 38,8. Pol. 18,4,5. 51,7), von Antiochos III. wieder aufgebaut (195), bald danach von L. Corn. Scipio erobert. Nach den Bestimmungen des Friedens von Apameia (188) kam L. unter die Herrschaft der Pergamener (Pol. 21, 46,9. Liv. 38,39,14). Um 144 v. Chr. vom Thrakerkönig Diegylis erobert und endgültig zerstört (Strab. 13,624. Diod. 33,14). Mz.: HEAD HN² 260. Inschr. Sylloge³ 476,15. A. M. M.

*A. M. F. Schultz* De Chersoneso Thracica, 1853, 15f. 19f. *St. Casson* Macedonia, Thrace and Illyria, 1926, 225.

**2.** L., eine Stadt in Aitolien an dem gleichnamigen See, nach Pol. a. O. zwischen → Konope und → Trichonion. Da der Ansatz von Konope bei Angelokastro und von Trichonion in der Ruinenstätte von Gavalu jetzt gesichert ist, ist damit auch die Ansetzung von L. in den Ruinen s. des Dorfes

Murstianu (h. amtl. Lysimachia) s. des h. nach Angelokastro genannten Sees sicher. Sehr ausgedehnte Ruinen, bes. der Mauerring erhalten. Da das benachbarte Konope den Namen Arsinoe erhielt, muß die Gründung oder Umbenennung von L. in die Jahre 284–281 v.Chr. fallen. Über die weitere Gesch. von L. ist nichts bekannt. Bürger von L. erscheinen im 3. und frühen 2.Jh. v.Chr. häufig in Amtsstellen des aitol. Bundes. Strabo bezeichnet den Ort als nicht mehr vorhanden. Strab. 10,460. Pol. 5,7,7. Liv. 36,11,7. Steph. Byz. BCH 45, 1921, 24 IV 74. Inschr.: IG IX $1,1^2$ 128–130. SPrAW 1936,364. E. M.

1. *Bölte*, RE XIII 2552ff. 2. *G.Klaffenbach*, SPrAW 1935, 715. 1936, 364. 3. *Kirsten*, AA 56, 1941, 111f. 4. *Philipps.-Kirst.* 2,340. 344.

**Lysimachides.** Griech. Gramm., (jüngerer?) Zeitgenosse und Gegner des → Caecilius von Kale Akte (III 2). Er schrieb nach Harpokr. s. *Μεταγειτνιών* und *Μαιμακτηριών*: *περὶ τῶν Ἀθήνησι μηνῶν*. Er zeigt, wie auch die anderen Berichte über ihn bezeugen, sowohl für die Altertümer als auch für die Sprache des Kultes Interesse. FGrH 366. O. Dr.

**Lysimachos** (*Λυσίμαχος*). **1.** König Thrakiens und dann auch Makedoniens 305 bzw. 286–281. Sohn des Agathokles, * 361 (Hieronym. v. Kardia FGrH 154 F 10), nicht aus Thessalien (Porphyr. FGrH 260 F 3,8), sondern aus → Pella (Arr. an. 6,28,4; Ind. 18,3), nahm während des Alexanderzuges an Löwenjagden 333/32 bei → Sidon und 327 in → Sogdiana teil. Curt. 8,1,14ff. Somatophylax des Königs am → Hydaspes, verwundet bei Sangala, wurde er 326 Trierarch und 324 in Susa mit einem Goldkranz belohnt. Arr. 5,13,1. 24,5. 7,5,5; Ind. 18,3. L. suchte die → Kleitoskatastrophe zu verhindern und bedauerte das Ende des → Kallisthenes, dessen Hörer er war. Curt. 8,1,46. Iust. 15,3,6. Der ind. Philosoph Karanos schenkte L. sein Pferd. Arr. 7,5,6. Nach Alexanders Tode erhielt er 323 Thrakien unter Aufsicht des Strategen von Europa → Antipatros. Arr. FGrH 156 F 1,7. Diod. 18,3,2. Zunächst mit der Niederwerfung der Odrysen des → Seuthes III. beschäftigt, strebte L. eine selbständige Herrschaft an und bekämpfte fortan jede Zentralgewalt, zuerst 322 im Bunde mit Antigonos, Antipatros, dessen Tochter Nikaia er heiratete (Strab. 12,565), Krateros und Ptolemaios den → Perdikkas. Diod. 18,14,2ff. 19, 73,8. In → Triparadeisos wurde 321 sein thrak. Besitz bestätigt. 319 bekriegten L., Antigonos, Kassandros, Ptolemaios und Eumenes den Polyperchon. Im 3. Kriege 315 schloß sich L. Kassandros, Ptolemaios und Seleukos gegen Antigonos an, der L. durch einen Aufstand in Thrakien und in → Kallatis lähmte. Im Frieden von 311 blieb L. Thrakien, doch mußte er, der 313 eine Besatzung nach Kallatis gelegt hatte, die Autonomie der Griechenstädte anerkennen. Diod. 19,105,1. C.B. Welles Royal corresp. Nr. 1. Seine Herrschaft vom Ägäischen Meer bis zur Donaumündung festigte L. durch Heirat mit einer Odrysin und durch die 309 gegründete Hauptstadt → Lysimacheia am Hellespont. Paus. 1,10,4f. Diod. 20,29, 1. Nach dem Vorbild des Antigonos nahm er 305 den Königstitel an. Diod. 20,53. Iust. 15,2,12. Dem von Antigonos belagerten Rhodos sandte er Getreide. Diod. 20,96. Im Bunde mit Kassandros, Ptolemaios und Seleukos griff er 302 im 4. Koalitionskrieg Antigonos an, eroberte in Kleinasien durch den Strategen Prepelaos mehrere Plätze, darunter Sardes, und hielt den überlegenen Antigonos solange hin, bis Seleukos sich 301 mit L. vereinigte. Diod. 20,107,4. 113. Iust. 15,4,21f. Sylloge$^3$ 353. H. Bengtson Die Strategie 1, 1937, 210ff. Nachdem Antigonos bei Ipsos geschlagen und gefallen war, erhielt L. Kleinasien bis zum Tauros und kontrollierte mit den Meerengen die Verbindung zwischen Europa und Asien. Diod. 21,1,4. In 3. Ehe heiratete er → Arsinoe, die Tochter des Ptolemaios, verbündete sich mit ihm und Kassandros 300 gegen Seleukos und gewann allmählich die von → Demetrios (2) besetzten westkleinas. Städte, darunter Ephesos, Milet und Priene. Plut. Demetr. 35. Polyain. 5,19. Sylloge$^3$ 368. Den ion. Städtebund unterstellte er den Strategen Hippostratos und Sosthenes. Bengtson 215ff. Die Unterwerfung des bithyn. Dynasten → Zipoites mißlang jedoch 297. Memnon FGrH 434 F 6,3. Durch den Komödiendichter → Philippides und → Lachares und durch Stiftungen suchte L. Athen zu gewinnen, doch besetzte es 294 Demetrios. Plut. Demetr. 12. Sylloge$^3$ 374. Im Getenkrieg 292 von → Dromichaites gefangen, erkaufte L. seine Freiheit durch Preisgabe der Gebiete n. der Donau, behielt aber Stützpunkte s. des Flusses, so Tirizis s.ö. von Kawarna an der Pontosküste, und übernahm die Schutzherrschaft über Herakleia am Pontos. Diod. 21,12,1ff. Memnon FGrH 434 F 5,1.3ff. Strab. 7,319. J. Wiesner Die Thraker, 1963, 141ff. Gegen Demetrios vereinigte sich L. 289 mit Seleukos, Ptolemaios und Pyrrhos und teilte sich 287 mit Pyrrhos Makedonien. Plut. Pyrrh. 12. Paus. 1,10,2. Nachdem Demetrios von Agathokles, dem Sohn des L., in Kleinasien zurückgetrieben und 286 von Seleukos gefangen war, verdrängte L. den bisher verbündeten Pyrrhos aus dem w. Makedonien und Thessalien, besetzte Paionien und befreite Phokis. Iust. 16,3,1. Polyain. 4,12,3. Sylloge$^3$ 361 C. Die Aitoler nannten ihre neugegründete Stadt → Lysimacheia. 284 herrschte L. vom Tauros bis an die Donau, den Pindos und den Meerbusen von Pagasai. Von diesem Höhepunkt der Macht stürzte er durch den Familienzwist, der zwischen → Lysandra (1), der Frau seines Sohnes Agathokles, und Arsinoe, der Gemahlin des L., um das Erbrecht entbrannte. Arsinoe, der er Herakleia, Amastris und Tios als Fürstentum zugeeignet hatte, bewog ihn zur Hinrichtung des Agathokles. Lysandra und Anhänger des Agathokles flohen, durch weitere Hinrichtungen erschreckt, zu Seleukos und forderten ihn zum Krieg gegen L. auf. Iust. 17,1,8. → Philetairos, der Schatzmeister des L., fiel ab und begründete das Fürstentum Pergamon. Paus. 1,10,4. Strab. 12,623. Der Kommandant von Sardes übergab Seleukos Burg und Schätze. Polyain. 4,9,4. Bei → Kurupedion n. von → Magnesia am Berge Sipylos verlor L. Febr. 281 Schlacht und Leben. Porphyr. FGrH 260 F 3, 8. P. ROUSSEL in G. GLOTZ Hist. gr. 4,1, 1945, 372, 86. Er wurde später bei Lysimacheia beigesetzt. Paus. 1,10,5. Zielbewußt hatte L. ein Reich erobert, das als Wirtschaftsgebiet kleinasiat. Manufakturen und europ. Rohstoffbezirke glücklich vereinigte. Seine Mz. wurden nach seinem Tode in griech. Handelsstädten für den Verkehr mit Balkanvölkern nachgeprägt. HEAD HN² 269. ROSTOVČEV Soc. a. Ec. Hell. W.T. XVIII 7f. Ephesos verlegte er unmittelbar ans Meer, nannte es Arsinoeia nach seiner Frau und überführte dorthin die Bewohner von → Lebedos und → Kolophon. Strab. 14,640. Paus. 1,9,7. 7,3,4f. Als Wohltäter oder Gründer erhielt L. in Ephesos, Priene, Samothrake, wo Arsinoe einen Tempel der Kabiren weihte, und Kassandreia kult. Ehren. C. HABICHT Gottmenschentum und griech. Städte, 1956, 38ff. G. SAITTA, Kokalos 1, 1955, 62ff. **2.** Sohn des berühmten → Aristeides, auf Antrag des Alkibiades vom Staat mit Land, Geld und Rente beschenkt. Plut. Aristeid. 27. Demosth. 20,115f. Plat. Lach. 178ff. führt L. als Dialogperson und unbedeutenden Sohn ein. **3.** Akarnane, Erzieher Alexanders d. Gr. und Begleiter auf dessen Zuge. Plut. Alex. 5.21. BERVE Alex. 2,241, Nr. 481. H. V.

**4.** L., griech. Gramm. und Mythograph, schrieb 1. *Νόστοι* in mind. 3 B., 2. eine *συναγωγὴ τῶν Θηβαϊκῶν παραδόξων* (bisweilen als *Θηβαϊκὰ παράδοξα* oder *Θηβ.* zitiert) von mind. 13 (oder 3?) B., 3. 2 B. *περὶ τῆς Ἐφόρου κλοπῆς*, 4. *Αἰγυπτιακά* (?), 5. vielleicht *περὶ ποιητῶν*. Wenn L. Sch. Apoll. Rhod. 1,558 und Sch. Soph. Oid. K. 91 *ὁ Ἀλεξανδρεύς* genannt wird, ist damit höchstwahrscheinlich sein Beruf (d. i. alexandrin. Gelehrter), nicht seine Herkunft gemeint. Ob unser L. mit dem L. aus Kyrene ident. ist, der (nach Tzetz.) *περὶ ποιητῶν* geschrieben hat, ist ungeklärt ([1]). Da wir einerseits wissen, daß L. für seine Nostoi eine Schrift des Eratosthenesschülers → Mnaseas benutzte, und es andererseits nach GUDEMANS Beweisführung ([3]) als sicher gelten kann, daß der Epigrammatiker → Alkaios aus Messene (5) in seiner Verspottung des Ephoros L.' Schrift über die Plagiate des Ephoros benutzte (vgl. [4]), ist L.' Lebenszeit um 200 v. Chr. anzusetzen. – Der Hauptzweck seiner Nostoi, zu deren Themen auch die Zerstörung Troias und die Beuteverteilung gehören, und der Thebaika ist es, die ältesten und wichtigsten Sagenversionen (hauptsächlich aus Epen, *κτίσεις* und Lokalhistorien) zu sammeln und zum Vergleich nebeneinanderzu-



stellen. L. ist dadurch dem Alt. (bes. den Kommentatoren → Didymos (1) und → Theon) und auch uns einer der wichtigen Quellenautoren für ein großes Gebiet der griech. Sage geworden; reichhaltige Belege für seine gelehrte Tätigkeit liefern uns die Sch., bes. zu Eur., Apoll. Rhod. und Lykophr., aber auch zu Soph., Pind. und sogar zu Verg. Selbst Stat. in seiner Thebais scheint in einzelnen *μυθολογούμενα* über den von ihm benutzten Komm. zu Eur.' Phoen. auf L. zurückzugehen. L.' Schrift über die Plagiate des Ephoros wird wohl als Parergon bei der Durchsicht der griech. Lit. für seine mythograph. Slg. en entstanden sein; denn Ephoros war eine Hauptquelle für *κτίσεις*, denen L. einige Sagenversionen in seinen Nostoi verdankt (vgl. [1] zu Frg. 22). Ob L. die antisemit. Streitschrift Aigyptiaka verfaßte, deren Charakter uns nur aus Ios.' Polemik gegen sie in seiner Schrift c. Ap. bekannt ist, ist nicht völlig beweisbar, doch sehr wahrscheinlich (vgl. [3], dagegen F. JACOBY, der diese Schrift einem L. um Chr. Geb. zuschreibt und daher die zugehörigen Test. und Frg. nicht mit denen der anderen Werke L.' zusammenstellt). O. Dr.

1. Frg.: FGrH 382 (Aigyptiaka 621). 2. *W. Radtke* De Lysimacho Alexandrino, Diss. Straßburg 1893. 3. *A. Gudeman*, RE XIV 32–39. 4. *K. Ziegler*, RE XX 1980 (s. Plagiat).

**5.** L., von Kos, Arzt in hellenist. Zeit, wird bei → Erotian als Hippokrates-Erklärer erwähnt. Ob er mit dem bei Plin. nat., Varro u. a. mehrfach genannten Pharmakologen und Entdecker der Pflanze *Λυσιμάχειος* (s. Hesych. s. v.) ident. ist, bleibt zweifelhaft; die Verbindung von Hippokrates-Exegese und Pharmakologie würde auf einen → Empiriker passen. F. K.

**Lysimeleia** (*Λυσιμέλεια λίμνη*). Nach Thuk. 7,53,2 Sumpfgebiet der Schwemmlandebene von → Syrakusai, aber nicht völlig gleich mit dem 6,101,1ff. genannten *ἕλος*, vielmehr dessen S.-Teil, gelegen zwischen Fusco-Nekropole, Anapos und dem NW.-Rand des Großen Hafens im Mündungsbereich kleinerer Wasserläufe (h. Can. Regina und Can. Pisimotta), z. T. der Contr. Pantanelli entsprechend. Theokr. 16,84 von Syrakusai: *μέγα ἄστυ παρ' ὕδασι Λυσιμελείας*; trotzdem Gleichsetzung der L. mit dem Sumpf → Syrako umstritten. H.-P. D.

*H.-P. Drögemüller* Syrakus, Heidelberg 1968, 1 f. m. Anm. 10, 11. Abb. 8, 19.

**Lysinia** (*Λυσινία*). Binnenplatz Pisidiens nahe der Grenze Pamphyliens, erstmalig genannt von Pol. 21,36,2 in der Darstellung der Ereignisse des J. 189 v. Chr. (bei Liv. 38,15,8 *Lysinoe*). Nach Ptol. 5,5,4 gehörte L. zur *ἐπαρχία Φρυγίας μὲν Πισιδίας*. Hierokl. Synecd. 680 p. 25,12 rechnet *Λυσήναρα* zu *Παμφυλία*. L. lag am Flusse Lysis und ist vielleicht dem h. Budjak gleichzusetzen, RUGE, RE XIV 40–41. H. T.

**Lysippe** (*Λυσίππη*). Tochter des → Proitos und der Stheneboia (Anteia Hom. Il. 6,160. Apollod. 2,25), mit ihren Schwestern → Iphianassa (1) und → Iphinoe (2) wegen Frevels gegen Götter mit Wahnsinn geschlagen, von → Melampus geheilt und mit dessen Bruder → Bias vermählt. H. v. G.

**Lysippides**-Maler, genannt nach der Lieblingsinschr. der Halsamphora London Br. Mus. B 211. Schuf die sf. Bilder des → Andokides-Malers, von BEAZLEY seit 1956 als selbständiger Maler von 23 eigenhändig bemalten Gefäßen interpretiert; 6 Amphoren und 1 Schale habe er sich mit dem Andokides-M. geteilt. Gegen BEAZLEY ist die Identität von anderen Autoren neu begründet worden. H. Ma.

*J.D. Beazley* ABV. (1956) 254ff. ARV. [2](1963) 2. *K. Schauenburg*, JDAI. 76, 1961, 48ff. *H. Marwitz*, JOEAI 46, 1961–1963, 73ff.

**Lysippos** (*Λύσιππος*). **1.** Dichter der Alten Komödie. Das Frg. der Inschr. IG XIV 1097 bezeugt einen Dionysiensieg um 440 und 2 andere Aufführungen: *Καταχῆναι* (410 oder 409) und *Βάκχαι*; auch, daß dieses Stück allein erhalten war. Aus ihm also die vorhandenen Fragmente. W. K.

*W.A. Dittmer* The Fragments of Athenian Comic Didascaliae found in Rome, Leiden 1923, 42.

**2.** L. aus Sikyon, Bronzebildhauer. Der bedeutendste Plastiker der Peloponnes im 4. Jh., Haupt einer großen Werkstatt und Schule, * wohl 400/390 und gegen E. des Jh. gestorben (zum Alter Anth. Plan. 4,332), schuf zahlreiche Werke, von denen wir einige wenige in Kopien zu erkennen glauben. Bezeugt sind Arbeiten für die Peloponnes, Boiotien, Delphi, Akarnanien, Aitolien, Thessalien, Makedonien, Kleinasien, Rhodos und (in) Tarent. Die Themen: Götter, Heroen, Musen, Athleten, zahlreiche Porträts von Königen (bes. Alexander), Staatsmännern, Philosophen, Dichtern. Er arbeitete in allen Formaten. Sein Stil durch die Kopie seines Apoxyomenos ([12], T. 242) und stilist. daran angeschlossene Werke kenntlich (z. B. die Porträts des Sokrates, A. HEKLER Bildnisse berühmter Griechen [[3]1962], T. 23), des Alexander, der angeblich nur von L. plastisch dargestellt sein wollte, eine ant. Legende, [12]. T. 47, vgl. [10]). Der vollendete Bronzetechniker war ein kühner Neuerer, Überwinder der Klassik und Vorläufer des Hellenismus, bezog bewußt optische Wirkungen in seine Gestaltung ein, aktivierte energisch den Raum seiner Figuren. Er soll gesagt haben (Plin. nat. 34,65), er stelle die Menschen dar, nicht, wie sie seien (also nicht wie Polykleitos), sondern wie sie erschienen. Dementsprechend sind bei ihm die Körper länger, gestreckter, hagerer, die Köpfe kleiner. Die Sorgfalt seiner Detailarbeit war berühmt. Viele Zuschreibungen sind kontrovers, aber die starke Wirkung auf Zeitgenossen und Spätere ist deutlich. L. gehört zu den bedeutendsten Bildhauern des Altertums.

1. *G. Lippold* HBArch III 1,276ff. 2. *E. Buschor* Maussollos und Alexander (1950) 48f. 3. *E. Sjöqvist* Opusc. Atheniensia 1, 1953, 87ff. 4. *W.H. Schuchhardt*, *G. Kleiner*, in: Neue Beiträge (Festschr. B. Schweitzer, 1954) 222ff. 227ff. 5. *J. Doerig*, JDAI 72, 1957, 19ff. 6. *F. de Visscher–J. Mertens*, Boll. d'Arte 45, 1960, 293ff. 7. *A. Giuliano–S. Ferri* Enc. Arte Ant. 4,654ff. 8. *K. Schauenburg*, in: Ant. Plastik 2, 1963, 75ff. 9. *J. Doerig*, JDAI 79, 1964, 257ff. 10. *M. Bieber* Alexander the Great in Greek and Roman Art (1964). 11. *J. Doerig*, in: Ant. Plastik 4, 1965, 37ff. 12. *J. Doerig*, in: Boardman-Doerig-Fuchs Griech. Kunst, 1966, 181ff.



**3.** L. der Jüngere (*ὁ νέος*), Bildhauer der 2. Hälfte 3. Jh. v. Chr., bekannt durch 2 Signaturen aus Thermos und Kos. MANSUELLI, Enc. Arte Ant. 4, 1961, 752. **4.** L., Sohn des L., aus Herakleia (welchem?), Bildhauer in Delos im frühen 1. Jh. v. Chr. Enc. Arte Ant. 4,752. W. H. G.

**Lysis** (*Λῦσις*), von Tarent, Pythagoreer, bei Diog. Laert. 8,39 Gewährsmann für das gewaltsame Ende des Pythagoras; 8,7 stellt er ihn vor als einen Flüchtling, der nach der Katastrophe von Kroton nach Theben floh und dort mit Epameinondas zusammentraf; diese Episode novellist. ausgeschmückt bei Plut. gen. Socr. 13, vgl. Nep. Epam. 2. Unter den Pythagoreer-Briefen (vgl. HERCHER Epistol. Gr. 602ff.) steht ein Brief des L., dessen Schluß Diog. Laert. 8,41 als legitimes Zeugnis für Pythagoras' Ehe zitiert; 8,7 nimmt er ihn als Autor einer Schrift in Anspruch, die als Werk des Pythagoras umlief. Züge theolog. Spekulation trägt an sich ein Zeugnis, das Athenag. 5, p. 6,15 Schw. bewahrt hat, Gott sei eine nicht mitteilbare Zahl. Vermutlich hat kaiserzeitl. Pythagoreertum alles bisher genannte Beiwerk erfunden; der Name L. allein (also Schüler des Pythagoras, aber ohne weitere Daten) dürfte authent. sein. Vgl. DIELS-KRANZ Vorsokr. 1,420. H. D.

**Lysistratos** (*Λυσίστρατος*). **1.** Athener, von Aristoph. als bettelarm, feig usw. verspottet (Ach. 855; Equ. 1265; Vesp. 787. 1302. 1308. fr. 198; vgl. Sch. Equ. 1265; Vesp. 787; Suda *Λυσίστρατος ἀνέστιος*; Apostol. 10,98). Ein Wortspiel, das kaum auf L. zu beziehen ist, Aristoph. Lys. 1105. **2.** L., Athener, der 415 von → Andokides als am Hermenfrevel Beteiligter angezeigt wurde und floh. Z. Z. des Andokidesprozesses von 399 in Athen. And. 1,52. 67. 122. **3.** L., Olynthier im Heer des Brasidas 424, Anführer eines kühnen Sonderkommandos, das die Einnahme des athen. besetzten → Torone mit Hilfe von Verrätern vorbereitete. Thuk. 4,110,2. **4.** L., Athener aus Oie, Sohn des Empedos. Nach IG I[2] 302,20 (J. 418/17) Stratege neben Nikias, dem Thuk. 5,83,4 allein erwähnten Führer eines gescheiterten Feldzuges in Thrakien gegen Chalkidier und Amphipolis. K. K.

**5.** L. aus Sikyon, Bruder des → Lysippos (2), »erfand« nach Plin. nat. 35,153 die Gipsabgüsse ganzer Statuen und von Gesichtern Lebender. Diese wurden dann mit Gips ausgegossen und »verbessert« (= künstler. gestaltet). Identität dieses L. mit dem L. zweier Signaturen aus Theben und Tanagra ist ungeklärt. G. LIPPOLD, HBArch III 1 (1950) 286. W. H. G.

**Lysitheides** (*Λυσιθείδης*). **1.** Soll das Heer des gegen Hellas ziehenden Xerxes bewirtet und später den geflohenen Themistokles bei ihm eingeführt haben (Diod. 11,56,4ff.). Plut. Them. 26 nennt ihn Nikogenes. **2.** L., vornehmer, reicher Athener (Demosth. 21,157), Schüler des Isokrates (Isokr. 15,93). 369/68 war er Schiedsrichter zwischen → Apollodoros (1) und Kallippos (Ps. Demosth. 52,14f.) und 355 Trierarch des Schiffes einer att. Gesandtschaft an → Maussolos (Demosth. 24,11). G. Do.

**Lyson.** Griech. Familienname. **1.** L. aus Lilybaion, nahm 72 den Verres bei sich auf, nicht ohne Verluste und Dienstleistungen (Cic. Verr. 4,37); auch mit Cic. (vgl. fam. 13,34) war er bekannt. **2.** L. aus Patrai, Gastfreund Ciceros, pflegte 50 den erkrankten Tiro (war aber kein Arzt), ergriff im → Bürgerkrieg die Partei des Pompeius, weilte 48/47 in Rom und wurde 46 von Cic. (fam. 13,24,1) dem Statthalter von Achaia empfohlen. H. G. G.

**3.** L., Bronzebildhauer unbekannter hellenist. Z. (Plin. nat. 34,91) schuf nach Paus. 1,3,5 eine Statue des Demos Athen für das athen. Metroon. H. A. THOMPSON, Hesp. 6, 1937, 134. W. H. G.

**Lysos** (*Λῦσος*). Bronzebildhauer unbekannter, wohl hellenist. Z. aus Makedonien, schuf nach Pausan. 6,17,1 eine Siegerstatue für Olympia. W. H. G.

**Lyssa** (*Λύσσα, Λύττα*). Etym. und bes. die sprachstrukturelle Erklärung sehr umstritten; wenn zu *λυκ-* und nach dem Muster von *ὄσσα* gebildet, dann heißt *Λύσσα* »die Wölfin« im Sinne von W. PORZIG Die Namen für Satzinhalte im Griech. und im Indogerman. Bln.-Lpz. 1942, 349f., der meint, »die Dämonin, die den Hund zum Wolfe macht, ist selbst eine Wölfin«. Andere Deutungen vgl. bei FRISK 147. In nach-ep. Ausformung handelt es sich bei L. um eine → Person-Bereicheinheit (vgl. FTG frg. 169. Eur. Herc. 822ff.). Die klass. Stelle, an der L. auftritt, ist Eur. Herc. 843ff. Dort wird auch ihre Abstammung (von Nyx und Uranos) und ihr Wirken beschrieben. Wenn sich auch in dieser Darstellung viel typ. Euripideisches zeigt, wird doch etwa am Worte *δυσόμεσθ'* (874), verglichen mit Hom. Il. 9,239 (*κρατερὴ δὲ ἑ λύσσα δέδυκεν*, wozu wieder Hom. Il. 17,210 *δῦ δέ μιν Ἄρης* zu vergleichen ist), der Zusammenhang der Vorstellungen klar. Man wird mit einiger Zuversicht annehmen dürfen, daß das einerseits persönliche und anderseits sachhafte Wesen der L. noch in vorhom. Z. zurückreicht, aber von der hom. Dichtung auf die sachliche Anschauungsweise reduziert wurde. Die inhaltliche Nähe der L.-Vorstellung zu der der Erinys liegt auf der Hand und führt auch dazu, daß man auf bildlichen Darstellungen zwischen beiden schwer unterscheiden kann (vgl. RE XIV 69). Genetisch gesehen, besteht aber trotz der etym. Unklarheiten ein gewaltiger Unterschied zwischen L. und Erinys. – Das Wirken der L. bezeichnet Wahnsinn und Raserei, aber auch die unberechenbare Liebesglut (vgl. *λύττης δὲ ἐρωτικῆς καὶ μανίας* Plat. leg. 839 A). – Mit L. verwandte Begriffe sind → Mania, → Oistros. W. P.

**Lystra.** In Lykaonien, s.w. von → Ikonion (h. Konya) gelegene Stadt. Unter Augustus röm. Kolonie, wird sie später bald Pisidien, bald Galatien zugerechnet. L. spielt in der ältesten Missionsgesch. des Christentums eine bedeutsame Rolle: Hier wirkten Paulus und Barnabas (vgl. Apg. 14, 6–20), von hierher berief Paulus den Timotheos (Apg. 16,1ff.). J. Wi.

*W. M. Ramsay* Cities of St. Paul, Lond. 1908, 407ff.

**Lytaia** (*Λυταία*). → Hyakinthide, mit ihren Schwestern Antheis, Aigleis, Ortheia in Athen in Kriegsnot geopfert. Apollod. 3,212. Steph. Byz. s. *Λουσιά* nennt sie Lusia. H. v. G.

**Lytron** (*λύτρον*, meist in Mehrzahl *λύτρα* gebraucht). Lösegeld für Gefangene bes. im Kriege, seit Hom. Il. 24,686 bezeugt. Das durch Brauch oder Vertrag bestimmte L. (Xen. hell. 6,2,36) schwankte. Die von den Athenern gefangenen Boioter wurden für je 2 Minen freigelassen. Hdt. 5,77. Philipp II. verlangte 3–5 Minen. Demosth. 19,169. Wohlhabende mußten mehr bezahlen, Platon 20 oder 30 Minen (Diog. Laert. 3,20), Nikostratos 26 Minen, deren mühevolles Aufbringen Demosth. 53,7ff. schildert. Wer, durch eine Anleihe der Gefangenschaft entgangen, daheim die Schuld nicht bezahlen konnte, verfiel der Schuldknechtschaft. Demosth. 53,11. Die Verhandlungen führten Gesandte oder Proxenoi. Diod. 12,57. Zum Verzicht auf L. oder Austausch Polyain. 4, 11,1. Thuk. 2,103,1. BUSOLT GStk. 1261. H. V.

**Lyttos** s. Lyktos

# M

**M.** Sigle für das Praenomen Marcus (osk. *Markas*, etr. Lehnform *marce*, vgl. WALDE-HOF. $^{3}$2,38), die gerade für diesen gebräuchlichen röm. Vornamen schon ins 4. Jh. v. Chr. ansetzbar ist (E. FRAENKEL RE XVI 1661). H. G. G.

**Ma** (*Mā*). Urspr. appellat. Lallbenennung (KRETSCHMER Einl. 338 f. 341 f. A. ZIMMERMANN, ZVS 50, 1922, 147 ff.) der prähell. Erd- und Muttergöttin (Aischyl. Suppl. 890. 899. F. R. SCHRÖDER Festg. K. Helm, 1951, 31. → Gaia), nach S. LURIA, Minos 5, 1957, 41 ff. schon in der myk. Rel. (= → Rhea) verwendet. Kleinasien belegt M. namentlich in Phrygien (O. HAAS, Sprache 6, 1960, 27 f. 7, 1961, 77 f. Ling. Balk. 10, 1966, 55. 97. 166), Lydien (* *Mavś* in *μαῦλις* [Hesych.] = * *mavlis* [J. JONGKEES, Acta Or. 16, 1938, 146 ff. Gl 27, 1939, 252 ff. A. Heubeck, EF 12, 1961, 76] und *Μαίωνες* = * *Mavones* V. ŠEVEROŠKIN, Rev. Hitt. As. 74, 1964, 37; anders O. CARRUBA, Ath. 42, 1964, 294 ff.), Karien (*Μαύσσωλος* Hdt. 5,118. St. Byz. p. 437 M. »Speerkämpfer der M.« (?) KRETSCHMER, ZVS 57, 1930, 254,2). Eigenständiger Kult im kappadok. und pont. → Komana (Strab. 12, 537. 557. P. COLLART Stähelin-Festschr. 1943, 17 ff.) mit den Merkmalen der Stadtgöttin und Hetärenherrin (Tempelstaat mit 6000 Hierodulen [5],164 f.). Trotz vielfacher Überlagerung des altanatol. Habitus ([5],409), des Austauschs mit Gestalten wie → Kybele, → Hipta, → Artemis Anaitis (F. CUMONT, Byz. 6, 1931, 526 ff. W. W. TARN The Greeks in Bactria and India, 1951$^{4}$, 68) und der Entfaltung ekstat. Riten (CUMONT 50 f.) bewahrte M. einen genuinen martial. Wesenszug (*Μᾶ ἀνείκητος* [Edessa/Mak.] M. N. PAPAGEORGIU, *Ἀθηνᾶ* 12, 1900, 65 ff. A. E. KONTOLEON, REG 12, 1899, 169 ff.). Als *Ἐνυώ* (Strab. 12,535. G. HERZOG-HAUSER, WS 51, 1933, 67. A. CARNOY, BN 7, 1956, 119 f.) bildete sie die Gegenfigur zu → Ares-Enyalios (M. BOCK, Wiener Jh. 33, 1941, 46 ff. Vgl. Archil. frg. 1 D. H. DELLA CASA Lanx Satura N. Terzaghi, 1963, 105 ff.); sie wurde von den Römern seit Sulla und Catilina ihrer siegverleihenden Macht wegen verehrt (Plut. Sull. 9,7. 27,12. E. CAVAIGNAC, Aesculape 1, 1960, 180 ff.) und der → Bellona gleichgesetzt (Bell. Al. 66. Verg. Aen. 8, 703. Tib. 1,6,43 ff. Lucan. 1,565 ff. C. BAILEY Rel. in Vergil, 1935, 115 f. [3],60 ff. LATTE RRel 235. 281 f.). Daher gelten die kleinasiat. → Amazonen (»Kriegerinnen« zu skyth.-sak. hamazana O. LAGERCRANTZ Xenia Lidéniana, 1912, 270 ff. Vgl. R. EISLER, Caucasica 5, 1928, 83. G. KAHLO, Živa Ant. 12, 1962, 121 ff.; skyth. *οἰόρπατα* »Männertöterin« Hdt. 4,110. G. W. ELDERKIN, AJPh 56, 1935, 344 f. W. BRANDENSTEIN Gedenkschr. P. Kretschmer 1, 1956, 59 f.) als kämpfer. Totendämonen der pont.-anatol. Ma-Artemis-Anaitis (P. DEVAMBEZ Le Bas Relief de Téos, 1962, 31 ff.). W. F.

1. *Th. Reinach* Mithridates Eupator, 1895, 238 ff. 2. *D. Le Lasseur* Les Déesses armées, 1919. 3. *E. Manni*, Ath. 24, 1946, 55 ff. 4. *A. Garcia y Bellido*, Rev. Un. Madrid 20, 1957, 471 ff. 5. *W. Tarn–G. T. Griffith* Kultur der hellenist. Welt, 1966$^{3}$.

**Maacha** (hebr. *mǎʿakā*, LXX *Μααχα* [auch Eus. onom. 132,15] u. ä.), aram. Kleinstaat s. des → Hermon, z. Z. Davids selbständig (2. Sam. 10,6. 8); später wohl zusammen mit seinem s. Nachbarn Gessur in dem Staat von → Damaskus aufgegangen. E. Ku.

*B. Mazar*, Journ. of Bibl. Lit. 80, 1961, 16–28. *K.-H. Bernhardt* Bibl. Hist. HWB 2,1117 f.

**Maat** (mꜣꜥ.t). Altäg. Bezeichnung für die Weltordnung, die urspr. vom König, seit 5. Dyn. vom Sonnengott Re durch seinen Ausspruch geschaffen ist. Sie ist den Menschen erkennbar und lehrbar, daher schon früh die sog. Weisheitslehren. Ihr Wesen ist charakterisiert durch Betonung des vom Verstand beherrschten Lebens und grundsätzlicher Ablehnung jeder Gefühlsregung, auch positiver. Auch später bleibt der König als Gottessohn Garant und Bewahrer der M. W. H.

**Mabartha** (aram. *maʿbartā* »Durchgang, Furt«), palästin. Orts- und Flurname (vgl. j. Taan. 4,68 c, 74–d,1), bes. nach Ios. bell. Iud. 4,449 (*Μαβαρθα*) einheimischer, nach Plin. nat. 5,69 *(Mamortha)* ehemaliger Name (der Gegend?) von → Neapolis (11) im Tal zwischen Ebal und → Garizim. Chr. B.

**Macarius** überbrachte 347 zusammen mit dem Notar Paulus allen Kirchen Afrikas eine Spende des Kaisers Constans. → Donatus (2) jeglichem staatlichen Eingriff in kirchliche Verhältnisse mißtrauend, wies die Gaben zurück und forderte auch seine Anhänger auf, dies zu tun. Als es zu handgreiflichem Widerstand kam, erbat M. Schutz vom comes Africae. Später wurde er von dem Donatisten als Urheber nun entstandenen Blutvergießens und als Verfolger bezeichnet (Optat. Mil. 2, 15. 18. 3,1. 3. 8. 12 u. ö. August. ep. 23. 24). A. L.

*E. Grasmück* Coercitio 1964.

**Macatus** s. Livius AI 12

**T. Maccius Plautus** s. Plautus

**Maccus** s. Atellana Fabula

**Macedo.** Personenname, später gelegentlich auch Cognomen durchsichtiger Herkunft. **1.** M., Lustknabe, von Lucil. 7,272.275 (Apul. apol. 10) genannt und verspottet. H. G. G.

**2.** M., ein junger Mann, der z. Z. Vespasians, von seinen Gläubigern bedrängt, seinen Vater tötete, Dig. 14,6,1, DAUBE, ZRG 65, 1947, 308 ff.

F. SCHULZ Class. Rom. Law, 1951, 511 f. Vespasian verbot durch das SC Macedonianum Gelddarlehen an Haussöhne, Suet. Vesp. 11, M. KASER Röm. Privatrecht 1,444 f. **3.** Führer der Bogenschützen von Osrhoe, tötete den Consular → Quartinus, wurde selbst von Maximinus ermordet, Herodian. 7,1,9–11. R. H.

**Macedonicus.** Cognomen (nach dem Sieg über Makedonien 146 v. Chr., I. KAJANTO The Latin Cognomina, Soc. Scient. Fenn., Comm. Hum. Lit. 36,2, 1965, 52) in der Gens Caecilia (DEGRASSI FCap. 146) bei Q. Caecilius → Metellus M. Nr. 18. H. G. G.

**Macedonius. 1.** Kilikier, korrespondiert 358/364 mit Libanios (Liban. epist. 27. 120. 789. 1299). **2.** M., 381 comes sacrarum largitionum, 382/83 magister officiorum, begünstigte die Priszillianisten, wurde nach Kaiser Gratians Tod angeklagt und 384 oder 385 – wahrscheinlich durch ein Senatorengericht – verurteilt (Symm. rel. 36. 44. Sulp. Severus 2,48 f.). **3.** M., Schüler des Libanios, als Gesandter für Antiocheia tätig (Liban. epist. 871/873. 1072). **4.** M., 414 vicarius Africae, Gegner der Donatisten, im Briefwechsel mit Augustinus (Aug. epist. 152/55. Possidius vita Aug. 20). A. L.

*E. Grasmück* Coercitio 1964, 229 ff.

**Macellum** (*μάκελλον*. Etym. unsicher). Der meist von Säulenhallen umgebene Markt mit zentralem Rund- oder Achteckbau war für den Verkauf von Lebensmitteln, bes. Fleisch, Fisch und Delikatessen, bestimmt. Die Händler boten ihre Ware in tabernae feil, man konnte dort Köche für Geselligkeiten zu Hause mieten (Ter. Eun. 257 und Plin. nat. 18,108) und in mietbaren Räumen vollständige Mahlzeiten zu- und anrichten lassen. In Pompei diente der Brunnen des Zentralbaus als Fischbecken. In Rom entstand das älteste M. 179 (Liv. 26,27,2. 40,51,5. Varro l.l. 5,147), es entsprach damit Aristot. pol. 7 p. 1331, der die Märkte für Politik und Versorgung getrennt wissen wollte. An die Stelle des »alten« M. in Rom trat unter Augustus das *M. Liviae* (Esquilin), dazu kam unter Nero das *M. magnum* auf dem Caelius, Cass. Dio 61,18,3. Zahlreiche Städte Italiens und der Provinzen hatten eigene M., erhaltene M. finden sich z. B. in Leptis Magna (2 M.!), Thugga, Timgad, Tuburbo Maius, Puteoli, Cuicul, Ephesos, Kremna, Perge und Sagalassos sowie Aquincum. Bes. gut erhalten ist das M. in Pompei, das neben den genannten Räumen über Eingänge von 3 Seiten, Obergeschoß, Läden innen und außen sowie einen Raum für den Kaiserkult verfügte. W. H. G.

*K. Schneider*, RE XIV 129 ff. *Overbeck-Mau* Pompeji ([4]1884) 120 ff. *R. Martin* Recherches sur l'agora grecque, 1952. *L. Crema* L'architettura romana, 1959, bes. 171 ff.

**Macer. 1.** (Calvus, vgl. [1], CCCL, 4), C. Licinius, röm. Politiker und Historiker der späten Republik, jüngerer Freund des vor 118 v. Chr. geb. → Sisenna (Cic. leg. 1,7). Aus vornehmer pleb. Familie stammend, ca. 83 *triumvir monetalis*, trat M. in seinem Tribunatsjahr (73) durch seine gegen die Nobilität gerichteten Brandreden hervor (Sall. hist. 3,48; gegen Rabirius, vgl. Cic. Rab. perd. 7; *pro Tuscis*). Selbst Ciceros von polit. Antipathie gefärbtes Urteil über M.s Beredsamkeit bestätigt ihm ungewöhnliche Sorgfalt als *patronus* und Qualitäten auf dem Gebiet von *inventio* und *dispositio*, kritisiert jedoch seine *elocutio* (vgl. leg. 1,7). Ca. 68 Praetor, verwaltete M. anschließend eine Provinz, wurde 66 vor dem Praetor Cicero *repetundarum* angeklagt und trotz Unterstützung durch Crassus verurteilt (Plut. Cic. 9,2. Cic. Att. 1,2,4, unglaubwürdig Val. Max. 9,12,7); M. überlebte das Urteil nicht lange.

Von seinem Geschichtswerk *annales* in mind. 16 B. (frg. 22) sind mehr als 20 Frg. namentlich bezeugt (hinzu kommen Orig. g. Rom. 19,5. 23,5). Danach war M. bes. an antiquar. Details interessiert; populare Tendenzen sind deutlich. Stilist. wirft ihm Cic. leg. a. O. *(cuius loquacitas habet aliquid argutiarum)* mangelnde Berücksichtigung griech. Quellen vor; von Lateinern sind nachweisbar → Gellius (I 2) und für das annalist. Gerüst die Magistratslisten der *libri lintei* benutzt. M.s Annalen waren Quelle für → Tubero, → Dionysios (II 20) von Halikarnass und Livius' 1. Dekade, wo – etwa in B. 4 – die eigentlichen Zitate die Einflußsphäre der Vorlage nur punktuell verdeutlichen.

Frg.: HRF 190 ff. HRR I [2]1914 (Nachdr. 1967), 298 ff. *(annales)*. *E. Malcovati* Or. Rom. Frg. I, [3]1967, 356 ff. (Reden).

Lit.: 1. HRR a. O. CCCL ff. 394 (Lit. seit 1914). 2. *F. Münzer*, RE XIII 419 ff. 3. *Schanz-Hos.* 1,319 ff. 4. *Broughton* 2,138. 146. 443. 580. 5. *H. Bardon* Lit. Lat. Inc. I, 1952, 258 ff. 6. *R. M. Ogilvie* Livy, L. M. and the libri lintei, JRS 1958, 40 ff. 7. *Ders.* Comm. on Livy 1–5, 1965,

**2.** M. Calvus. C. Licinius, röm. Redner und Dichter der ausgehenden Republik, Sohn des Vorigen. * 82 v. Chr. (Plin. nat. 7,165; Zweifel bei [3],429); er trat schon in jungen Jahren als Gerichtsredner auf (Quint. inst. 12,6,1). Die bezeugten Reden, von denen noch die Z. des Tacitus (dial. 21,1) eine Ausgabe in 21 B. las, fallen in die J. 56–54. Bis in die Spätant. berühmt waren die Reden gegen Vatinius (Tac. dial. 21,2. 34,7, vgl. Catull. 14,1 ff. 53). Das plötzliche Verstummen der zeitgenöss. Zeugnisse spricht für M.s Tod nicht lange nach 54, vgl. Cic. Brut. 279 f. Quint. inst. 10,1,115. M. galt als Konkurrent Ciceros (Sen. contr. 7,4,6, vgl. Tac. dial. 17,1. 18,1 usw.), mit dem zusammen er eine Reihe von Prozessen bestritt. Als einer der Hauptvertreter des Attizismus gehörte er auch auf dem Gebiet der rhetor. Theorie zu Ciceros Gegnern (vgl. Cic. Brut. 283 f.) und setzte sich in einem Briefwechsel (mind. 2 B., vgl. G. L. HENDRICKSON, AJPh 1926, 234 ff. Tac. dial. 18,5) mit ihm darüber auseinander.

Nicht minder berühmt war M. als neoter. Dichter, speziell als Freund und Kunstgenosse Catulls

(Hor. s. 1,10,19. Ov. am. 3,9,61 f. u. ö.), der ihm c. 14. 50. 96 (Ed. Fraenkel Kl. Beitr. 2, 1964, 103 ff.) widmete. In seiner Gedichtsammlung (*carmina*, vgl. frg. 15. 16. 18, oder *poemata*, vgl. frg. 2. 4) standen neben Spottversen (Hinkiamben, Phalaeceen, Distichen) auf Pompeius, Caesar (vgl. Suet. Iul. 73) und dessen Günstlinge (z. B. M. Tigellius, vgl. Cic. fam. 7,24,1 f.), ein Epikedion auf die Geliebte (Prop. 2,34,89 f. neben Catulls Lesbia und Gallus' Lycoris, vgl. 2,25,4) Quintilia und andere Liebesgedichte (Ov. pont. 2,431 f.), ein Epyllion *Io* (phantast. E. Castorina, Giorn. It. Filol. 1952, 330 ff.) und mind. ein Epithalamium. Sogar im griech. Kulturkreis scheint M. auf Anerkennung gestoßen zu sein (Gell. 19,9,7). P. L. Sch.

Frg.: *E. Malcovati*, Or. Rom. Frg. 1, $^3$1967, 492 ff. Cic. epist. 3, rec. *W. S. Watt*, 1958, 167 ff. *Morel* FPL 84 ff. *A. Traglia* Poetae Novi, 1962, 69 ff. (vgl. S. 16 f. 133 ff.). Lit.: 1. *F. Plessis* C. L. C. reliquiae, 1896. 2. *M. Krüger* C. L. C., 1913. 3. *F. Münzer*, RE XIII 428 ff. 4. *Schanz-Hos.* 1,289 f. 392 ff. 5. *E. Castorina* L. C., 1946. 6. *H. Bardon* Lit. Lat. Inc. 1, 1952, 225 f. 341 ff.

**3.** M. Adressat von Plin. epist. 6,24, wahrscheinlich P. Calpurnius M. Caulius Rufus, cos. suff. 103, (Vidman Fast. Ostiens. 18. 55), leg. Aug. pr. pr. Moesiae 109–112 (s. o. Bd. II 1022 nr. 10). Stein Legat. 63. **4.** M., s. Septimius. **5.** M., Procos. von Dalmatia im J. 98, Martial 10,78. Syme Tacitus 647. **6.** (Q. Baebius) M. Nach Martial 10,17,6 ca. 95 curator viae Appiae, 100/1 procos. der Baetica, ebd. 12,98,7, cos. suff. 103, Vidman Fast. Ost. 18. 55, praef. urbi 117, SHA Hadr. 5,5. Syme Tac. 666. R. H.

**Maceria,** maceries. Neben einer Mauer aus erweichtem, in eine Bretterform gestampftem Lehm (Varro rust. 1,14,4) bezeichnet m. auch eine Trockenmauer aus Bruchstein ohne Mörtel (Cato agr. 15,1) oder mit Erdmörtel (Plin. nat. 25,43) und eine Luftziegelmauer (Plaut. Truc. 303), vor allem zur Einfriedigung von Gärten, Gehöften, auch Lagern (Caes. Gall. 7,69,5). W. H. G.

**Macerinus.** Cognomen bei M. → Geganius M. Nr. 2, vgl. Degrassi FCap. 146. H. G. G.

**Machairion** (*Μαχαιρίων*), tötete Epameinondas in der Schlacht von Mantineia (Paus. 8,11, 5 f.); die att.-theban. Version, daß → Gryllos, Xenophons Sohn, es war, ist unmöglich, da G. vor der Schlacht fiel (FGrH 70 F 85, Komm. S. 59). Nach Plut. Ages. 35,1 (in Kenntnis einer Familientradition und z. T. nach Dioskurides. FGrH 594 F 4) war es der Lakedaimonier Antikrates, der für die Tat den erblichen Ehrennamen und Steuerfreiheit erhielt. H. Gu.

**Machairophoroi** (*μαχαιροφόροι*). **1.** Mit Schwertern oder Messern ausgerüstete Mannschaften, bildeten in Äg. z. Z. der Ptolemaier einen Teil der Königsgarde und wurden bes. für Gendarmeriezwecke und zum Schutz hoher Zivilbeamter herangezogen, in der röm. Kaiserz. im Dienste des kaiserl. Hausgutes verwendet. A. N.

**2.** Beiname des thrak. krieger. Volksstammes der Dioi, eines Unterstammes der Bessoi (vgl. *Diobessi* Plin. nat. 4,40), zwischen den s. ö. Abhängen des Donax (h. Rila) und den n. ö. Ausläufern des Rhodopegebirges. Der Beiname bezieht sich auf ihre Hauptwaffe *σκάλμη*, ein leicht gekrümmtes Schwert. Dank ihren Wohnsitzen im Gebirge blieben sie unabhängig von den Odrysern. Sie dienten viel als Söldner. Thuk. 2,96,1. 98,4. 7,27,1. Xen. Kyr. 6,2,10. Cass. Dio 51,22,6. 7. Chr. D.

*Lenk*, RE XIV 138. *Kazarow* Beitr. z. Kulturgesch. der Thraker, 71, 81. *Wiesner* Die Thraker, 13, Abb. 1. *Danoff* Altthrakien, Sofia, 1968, 115 (bulg.).

**Machairus** (Strab. Ios.: *Μαχαιροῦς*; Plin.: *Machaerus;* rabbin. Lit.: *m$^e$kawar, m$^e$kabar*). Bergfeste (Plin. nat. 5,72) in S.-Peräa ö. des Toten Meeres (Grenze zum Nabatäerreich; Ios. ant. 18, 111), ident. (?) mit *Ἐπίκαιρος* (Ptol. 5,15,6, vgl. Ios. bell. 7,172), h. *ruǧm el-mesneqe* (Lagebeschreibung ebd. 165–170). Von → Alexandros (14) Iannaios erbaut (ebd. 171), 63 v. Chr. von Pompeius teilweise (Strab. 16,763), 57 v. Chr. von Gabinius vollständig (bell. 7,171) in den Kämpfen mit → Aristobulos II. (2) und dessen Sohn Alexandros zerstört. Unter Herodes d. Gr. erneut befestigt und durch Gründung einer unterhalb der Feste gelegenen Stadt (h. *ḫirbet el-mkāwer*? Vgl. [5],172 ff.) erweitert (bell. 7,172–177). Nach ant. 18,119 Ort der Gefangenschaft und Hinrichtung Johannes d. Täufers (vgl. Mk. 6,21 ff.). Im jüd. Krieg eines der letzten jüd. Widerstandszentren (bell. 7,190–209). In byz. Z. dörfliche Siedlung mit chr. Bevölkerung. – Feste und Stadt sind archäolog. bisher nur oberflächlich untersucht ([5],170 ff.). B. Sch.

1. *F. M. Abel*, Rev. Bibl. 6, 1909, 386–397. 2. *N. Glueck*, AASO 18–19, 1939, 131–135. 3. *C. Kopp* Die hlg. Stätten der Evangelien, 1959$^2$, 175 f. 4. *O. Plöger*, ZDPV 71, 1955, 151–155. 5. *W. Schottroff*, ZDPV 82, 1966, 168 bis 174 (Lit.).

**Machanidas** (*Μαχανίδας*). Tyrann in Sparta 211–207 als Vormund des unmündigen Königs Pelops, antimaked. Politiker, bedrohte mit seinem Söldnerheer die Achaier und 208 die olymp. Spiele. Pol. 10,41,2. Liv. 27,29,4. 28,5,5. M. eroberte Tegea, zog 207 gegen Philopoimen, gebrauchte die für die Belagerung mitgenommenen Katapulte in der Schlacht bei Mantineia und verfolgte den l. Flügel der Achaier zu weit. Inzwischen besiegte Philopoimen die spartan. Phalanx und tötete den zurückgekehrten M. im Zweikampf. Pol. 11,11 ff. Plut. Philop. 10. 12,4. Paus. 4,29,10. 8,50,2. Weihinschr. des M. in Sparta. Bronzedenkmal des Zweikampfes in Delphoi. Sylloge$^3$ 551. 625. H. V.

**Machaon** (*Μαχάων*). Alter thessal. Heilgott, früh als Sohn des → Asklepios in den Kreis der Heilheroen eingegliedert, in der Il. mit seinem Bruder → Podaleirios Sohn des »untadligen Arztes Asklepios«. Die Brüder kommen mit 30 Schiffen aus dem thessal. Trike (Trikka), wozu der Schiffskatalog die Orte Ithome und Oichalia fügt, sind also Kämpfer, wie der Name M. sagt, u. Ärzte zugleich; die ärztlichen Kenntnisse haben sie über Asklepios von → Chiron. M. behandelt die Verwundung des Menelaos durch Pandaros, wird selbst von Paris verwundet und von Nestor in dessen Zelt gebracht, wo → Hekamede ihm einen *κυκεών* bereitet. Il. 2,729 ff. 4,193 ff. 11,506 ff. 14, 2 ff. In der Kl. Il. heilt M. den aus Lemnos geholten → Philoktetes, Prop. 2,1,59. In der Iliu Persis gehört er als Insasse des hölzernen Pferdes zu den Eroberern Troias. Hdt. 4,8 f. Verg. Aen. 2,263. Hyg. fab. 108. Nach Ps. Hippokr. ep. 27 (Epistol. Gr. Hercher 318) fällt er unter den Ersten. Nach der Kl. Il. fällt er schon vorher im Kampf gegen den Myser → Eurypylos (2); oder er wird, wohl nach der Aithiopis, ein Opfer Penthesileias (Apollod. epit. 5,1). Nestor nimmt seine Gebeine mit nach dem messen. Gerenia, wo M. ein Heiligtum, genannt *῾Ρόδον*, und ein Standbild hatte, Paus. 3,26,9. Auch im messen. Heraia, in Epidauros, Troizen, Athen und Kos genoß er Kult. Nach der koischen. Tradition (Aristeid. 38,11 ff. 19 ff.) haben die beiden Brüder der ganzen Erde ihre Hilfe angedeihen lassen, den Asklepioskult verbreitet und sind unsterblich geworden. – M.s Mutter heißt Epione oder Xanthe, seine Schwestern → Aigle (4), → Akeso, → Hygieia, Iaso, Panakeia, alles heilende Heroinen. Ebenso sind verschiedene Heilheroen der Peloponnes als seine Söhne mit Asklepios verknüpft: → Gorgasos und Nikomachos, Alexanor, Polemokrates, Sphyros. H. v. G.

*Prell.-Rob.* 1,517 ff. *Wilam.* Isyllos, 1886. *Ders.* GldH 2, 225 f. *Kern* Griech. Rel. 1,122. *Nilsson* GgrR² 1,540. *E.* und *L. Edelstein* Asclepius, 1945, 2,10 ff. *K. Kerényi* Der göttl. Arzt², 1956, 86. *W. Kullmann* H(ES 14) 115. 337 f. – Kunstdarstellungen: *v. d. Kolf*, RE XIV 150 ff.

**Machares** (*Μαχάρης*). Sohn des Mithradates VI., erhielt von ihm 80 v. Chr. das Reich am Bosporus, fiel 70 von ihm ab, half Lucullus vor Sinope, wurde durch ein Goldgeschenk *amicus et socius populi Romani*, floh 65 vor Mithradates nach Pantikapaion und beging Selbstmord. App. Mithr. 67, 281. 78,342. 83,375. 101,468. 102,474 f. Plut. Luc. 24,1. Memnon FGrH 434 F 37 f. Cass. Dio 36,50,2. T. Reinach Mithradates Eupator, 1895. H. V.

**Machatas** (*Μαχάτας*). **1.** Makedone aus dem elimiot. Fürstenhaus, Bruder des Derdas und der → Phila, die König Philipp II. heiratete. Athen. 13, 557 c. Vater des → Harpalos, des Tauron und wohl des Philippos. Arr. an. 3,6,4. 5,8,3. Von König Philipp ungerecht verurteilt. Plut. mor. 178 F. **2.** Gesandter der Aitoler, trieb 220 vergebens Sparta zum Abfall von Makedonien, überredete 219 Spartaner und Eleer zum Krieg gegen die Achaier. Pol. 4,34,4 ff. 36,1 ff. 6. **3.** Vater des Römerfreundes Charops, der 198 Flamininus half. Plut. Fl. 4,5. **4.** Sohn von Nr. 3, Vater des jüngeren Charops, der gegen Perseus arbeitete. Pol. 27,15,4. H. V.

**Machimoi** (*μάχιμοι*) hießen in Griechenland die Kampffähigen (Hdt. 7,186). In Äg. wurden sie als die einheim. Krieger, die teilweise auch beritten waren (*μάχιμοι ἱππεῖς*), von den *στρατιῶται* und → *μαχαιροφόροι* unterschieden. In ptol. Z. waren sie in *λααρχίαι* eingeteilt und wurden von *λαάρχαι* befehligt. Griechen fanden keine Aufnahme. Krom.-Veith 129. A. N.

**Machinae** s. Geschütze. Poliorketik

**Machon** (*Μάχων*), aus Sikyon oder Korinth, Komödiendichter und Schriftsteller, lebte in Alexandreia (Athen. 6,241 f. 14,664 a). Er wird als Zeitgenosse des Apollodoros v. Karystos bezeichnet (3. Jh., 1. Hälfte) und soll, offenbar in höherem Alter, Aristoph. v. Byz. in die Kenntnis der Komödie eingeführt haben. M. schrieb unter dem Titel *Χρεῖαι* in kom. Trimetern Anekdoten von attischen Lebemännern, Parasiten und Hetären. Aus seinen Komödien hat Athen. 2 Frg.; interessanter ist ein leider unsicher überliefertes Zitat bei Philodem. *π. ποιημ.* (C. Jensen, RhM 83,195), wonach, wie es scheint, M. in einer Komödie »Auge« *τὰ Σωκρατικά* und bes. Aristot.' Dialog »Eudemos« parodiert hatte. W. K.

Die Frg. mit Kommentar: *A. S. F. Gow*, Cambridge 1965.

**Machlyes** (*Μάχλυες*. Ptol. 4,3,6 *Μάχρυες*). Libysches Nomadenvolk, das nach Hdt. 4,178. 180 an die Lotophagen an der Kl. Syrte grenzt. Plin. nat. 5,28. 7,15 setzt sie weiter ö. an der Gr. Syrte an und bezeichnet sie als Mannweiber *(androgynes)*. M. L.

*J. Desanges* Catalogue des tribus afric. de l'Antiquité class. (Dakar 1962) 107.

**Macra** (Lucan. 2,426 *M. moratus*. Strab. 5,222 *ὁ Μάκρας*), für Kähne befahrbarer (Lucan.: *nullas vado moratus alnos*) Fluß Liguriens (Ptol. 3,1,3. Vib. p. 150 R.) bei Lunae (Liv. 39,32,2. 40,41,3. It. mar. 501,6), seit der august. Regionenordnung Grenze zwischen Liguria und Etruria (Plin. nat. 3,49 f. Strab. Flor. 1,19), entspringt am Cisapaß; h. Magra. Nissen It. Ldk. 2,131. 283. Forbiger, HB der alt. Geogr. 3,377. G. R.

**Macrianus.** König (rex) zwischen Untermain und Lahn siedelnder Alamannen, unterwarf sich 359 Iulian, wurde 370 auf Betreiben Valentinians I. von den Burgundern, 372 vom Kaiser selbst angegriffen. 374 schloß M. Frieden mit Valentinian und war nunmehr treuer Verbündeter Roms (Amm. 8, 2. 28,5. 29,4. 30,3). S. a. Gallienus. A. L.

**Macri campi** (Liv. 41,18,6. 45,12,11), besuchter Viehmarkt (Varro rust. 2, pr. 6. Colum. 7,2,3. Strab. 5,216) nahe Mutina (Nissen It. Ldk. 2,265: h. Magreta). G. R.

**Macrinius. 1.** M. M. Avitus Catonius Vindex. Sohn von (4). * um 140 n. Chr. *Praef. coh. VI Gallorum*; *tribunus militum leg. VI victr.* in Britannien; als Alenpräfekt in Oberpannonien besiegte er ca. 166 Germanen bei Brigetio, Cass. Dio 71,3,1 a (III p. 250,6–251,7 Boiss.), wofür er ausgezeichnet wurde. Er wurde Prokurator von Dacia Malvensis; wohl als *adlectus inter praetorios* erhielt er die Curatel von Ariminum, war um 170 cos. suff. und bekam den Augurat; er verwaltete als *legat. Aug. pr. pr.* Obermoesien und bald darauf Untermoesien. Da er 42 J. und 5 Mon. alt wurde, starb er ca. 182/83, CIL VI 1449, s. PFLAUM Carrières 1, 510–12. **2.** C. M. Decianus, *v(ir) c(larissimus)*; im J. 259/60 besiegte er als Statthalter von Numidien nach CIL VIII 2615 (vgl. p. 1739); 9047 (vgl. 20736) die Bavares; unmittelbar darnach war er Statthalter von Noricum, ebd., B. THOMASSON Statth. Nordafr. 221 f. **3.** C. M. Sossianus. *v(ir) c(larissimus)*, hatte im J. 283 die Curatel von Calamae inne, CIL VIII 5332, bald darauf Suffektkonsul; von 290–294 legatus prov. Africae, ebd. 608. 4645. 5290. IL Alg. 2048, AE 1933, 60. – BARBIERI Alb. senat. 291 nr. 1640 (cf. p. 633). **4.** M. M. Vindex. Praesidialstatthalter von Dacia Porolissensis am 27. Sept. 159, CIL XVI 110. E. 168 praefectus praetorio mit M. Bassaeus Rufus, CIL IX 2438; er fiel um 172 an der Donau im Kampf gegen die Markomannen und wurde von Marc Aurel durch 3 Statuen geehrt, Cass. Dio 71,3,5, PFLAUM Carrières 1,388 f. R. H.

**Macrinum** (besser wohl *Matrinum:* NISSEN It. Ldk. 2,431), Ort der adriat. Küstenstraße (Tab. Peut. VI 1. Geogr. Rav. V 1. Guid. 70) nahe der Mündung des Matrinus (Strab. 5,241. Ptol. 3,1,20) = Piomba. G. R.

**Macrinus. 1.** (Caecilius) M., Freund des Plinius, der an ihn epist. 2,7. 7,6. 7,10. 8,17. 9,4 richtete, während der M. von epist. 8,5,1 (und der M. in 1,14,5) Minicius M. ist. **2.** M., vornehmer Römer, dem L. Ampelius seinen *liber memorialis* gewidmet hat, vielleicht ident. mit (3). **3.** M. Opellius M. = imp. Caes. M. Opellius Severus M. Aug. (Cass. Dio 78,16,2). * in Caesarea in Mauretanien im J. 164 (Cass. Dio 78,40,3). Als Anwalt von Plautian zu seinem Prokurator bestellt, überdauerte M. dessen Sturz, Cass. Dio 78, 11,2. Er wurde *praefectus vehiculorum* entlang der via Flaminia, ebd. 3, um 208 *procurator aerarii maioris*, SHA vit. Diadum. 4,1, im J. 212 *praef. praetorio*, vit. Macrini 4,7. Schon im Frühj. 216 nahm M. am Partherfeldzug Caracallas teil, (AE 1947, 182). Cod. Iust. 9,51,1. Im J. 217 erhielt er die ornamenta consularia, Cass. Dio 78,13,1, und mit seinem Sohn den Clarissimat, CIL XV 7505; er fühlte sich aber von Caracalla bedroht und zettelte eine Verschwörung an, der Caracalla am 8. April 217 auf dem Weg von Edessa nach Karrhai zum Opfer fiel, Cass. Dio 78,4,1–5,5. Herodian. 4,12,4–14,2. Am 11. April 217 riefen die Soldaten M. (als ersten nichtsenat. Herkunft) zum Kaiser aus Cass. Dio 78,11,6. Herodian 4,14,1–3, der Senat bestätigte ihn, Cass. Dio 78,17,1. Herodian 5,2,1; M. ließ noch 217 den 9jähr. Diadumenianus den Namen Antonius annehmen und erhob ihn zum Imperator und zum Caesar, Cass. Dio 78, 17,1. 19,1. AE 1953, 54. 1954, 8. 1960, 36. M. war cos. II ord. 218, AE 1953, 11. 1964, 229; er führte den Partherkrieg gegen Artabanos V. weiter, Cass. Dio 78,12,1–24,3. 26,5 ff., schloß aber im Frühj. 218 gegen hohe Entschädigung an die Parther Frieden, ebd. 26,8. 27,1, D. MAGIE Asia Minor 686. 1554 f. M. sicherte Armenien, indem er dort Tiridates zum König machte, Cass. Dio 78,27,4. Durch Sparsamkeit verbitterte M. die Massen, durch strenge Disziplin das Heer, durch Personalpolitik zu Gunsten des Ritterstandes den Senat. Die Unzufriedenheit machte sich → Iulia Maesa in Emesa zunutze, um Elagabal auf den Thron zu bringen. Die Erhebung des Diadumenianus zum Augustus und ein Donativ nützten gegenüber den meuternden Legionen nichts mehr, Cass. Dio 78,34,2. Am 8. Juni 218 verlor M. bei Antiochia die Entscheidungsschlacht, Herodian. 5,4,7; er floh bis nach Chalkedon, Cass. Dio 78,39,1–6, wo er gefangengenommen, nach Antiocheia geschleppt und um die Mitte des J. 218 ermordet wurde, Herodian. 5,4,11. v. PETRIKOVITS, Klio 31,1938,103 ff. H. MATTINGLY The Reign of M., in: Stud. pres. to D. M. Robinson 2, 1953, 962–69. *Calderini* I Severi 98–107. Mz. bei P. NASTER, Rev. Belge Numism. 97, 1951, 161 bis 166. RIC IV 2 p. 1 ff. Bildnisse bei F. PANVINI ROSATI, Enc. art. ant. 4,759. **4.** Macrina, Mutter des Rhetors Basileios, Großmutter von Basileios d. Gr., Petrus von Sabaste, Gregor von Nyssa und von (5), * vor 270, lebte in Neocaesarea in Pontus, überstand im Exil die diokletian. Verfolgung; † um 340. – KIRSCH D. Kirche in d. ant. Welt 425. Lex. f. Theol. u. Kirche VI 1320. **5.** Macrina, Tochter von (4), * um 327, führte am Irisfluß in Pontos ein asket. Leben; † ca. 380, s. Gregor v. Nyssa, vita M. iunioris, in: Opera, ed. (W. Jäger) V. W. CALLAHAM VIII/1 (1952) 370–414 = MIGNE PG. 46, 960 ff., dessen angeblicher Dialog mit M. über die Seele u. Auferstehung MIGNE PG. 46,12 ff. Lex. Theol. u. Kirche VI 1320. R. H.

**Macro.** Q. Naevius Cordus Sutorius. Aus Alba Fucens; praefectus vigilum, AE 1957, 250. Er wurde am 17. Okt. 31 von Tiberius zum Praetorianerpraefekten erhoben mit dem Befehl, den Sturz Seians durchzuführen, was er am nächsten Tage tat, Cass. Dio 58,9. Tac. ann. 6,48,2. Philo, leg. Gai. 6,37; er erhielt die ornamenta praetoria, Cass. Dio 58,12,7. Als Praetorianerpraefekt erscheint er im J. 33, Tac. ann. 6,15,2. Cass. Dio 58,18,5; als solcher leitete er zahlreiche Kapitalprozesse, Cass. Dio 58,21,3. 24,2 ff. Tac. ann. 6,29,3. 47,3, was ihn vor allem verhaßt machte, ebd. 6,38, 2. 48,2. Er setzte den Judenkönig Agrippa (I.) in Haft, Ios. ant. Iud. 18,186. 188–190. Beim Versuch, sich auch die Gunst des Thronfolgers Gaius zu sichern, spielte die Gattin des M., Ennia Thrasylla, eine Rolle, Tac. ann. 6,45,3. Cass. Dio 58,28,4. 59, 10,6. Suet. Cal. 12,2. Man sagte M. nach, er habe Tiberius am 16. März 37 mit Kissen erstickt, Tac. ann. 6,50,5, während Seneca berichtet hatte, er sei eines natürlichen Todes gestorben, Suet. Tib. 73,2. Trotz seiner Verdienste um Caligula, Philo, leg. Gai. 8,58, VI p. 166 Cohn, schob ihn dieser auf den

Posten eines praef. Aegypti im J. 37 ab, STEIN Praef. Aeg. 28. Bevor er abreiste, erhob Caligula gegen M. und seine Frau heftige Anklagen im Senat, worauf beide Selbstmord verübten, Philo, leg. Gai. 8,61 (VI p. 167 Cohn). Dio 59,10,6. F. DE VISCHER, Riv. cult. class. mediev. 2, 1960, 245ff.
R. H.

**Macrobius. 1.** Ambrosius Theodosius (so nach den Hss.), lat. Schriftsteller Anf. 5. Jh. I. Der traditionelle Ansatz ist durch [14] – vgl. aber schon [4] – erschüttert worden, hiernach können sich die Macrobii im Cod. Theod. 6,8,1. 11,18,6. 16,10,15 kaum auf eine Person beziehen und nicht mit M. ident. sein; wahrscheinlich ist M. der Cod. Theod. 12,6,33 genannte praef. praet. Italiae des J. 430. Ihm hat Avianus seine Fabeln gewidmet; M. widmete seine grammat. Schrift einem Symmachus (wohl dem Sohn des Redners).

II. Verstümmelt erhalten sind die Saturnalia, ein lit. Symposion (7 B.): an den 3 Saturnalientagen versammeln sich Vettius Agorius Praetextatus, Symmachus, Nicomachus Flavianus, Avianus, Servius und andere Nebenpersonen; Thema ihrer Gespräche ist vor allem Vergil; sein Wissen in der Astronomie, Philosophie, Auguraldisziplin (im verlorenen Teil von B. 2 und 3), im Pontifikalrecht (erhalten 3,1–12), seine Beherrschung der rhet. Technik (erhalten das fragmentar. B. 4 über den pathet. Ausdruck); seine Kenntnis der griech. (B. 5) sowie der röm. Vorbilder (B. 6, das E. fehlt) wird aus dem Werk interpretiert. Antiquar. wertvoller ist vor allem B. 1: über das Saturnalienfest (1,7,14–1,11,16), den röm. Kalender (12–16), die neuplaton. Göttersynthese, in der die Hauptgötter dem Sol gleichgesetzt werden; M. bejaht hierbei die Methode der Mythenexegese (*altiora inesse* 1,24,5), wobei er wie → Mar. Vict. Vergil und Cicero als kanon. Texte hervorhebt und den ant. Polytheismus ablehnt; vgl. 1,17,3. 24,6f. (ähnlich dem chr.-apologet. Standpunkt); vgl. → Mart. Cap. Zur Quellenanalyse im einzelnen vgl. [1], 184ff. [2],286. [5],10ff. [10]. [14],28; direkt sind Gell. und wahrscheinlich Athen., ferner in B. 7 Plut. quaest. conv. benutzt. Die Saturnalia folgen auch in Einzelheiten dem genus des lit. Symposions: Widmung an den Sohn, Rahmenerzählung, Mittelpunktsfigur, Gesprächsgegner als *non evocati;* vgl. [1],178. [3],162f. [13]; er setzt sich in der Praef. deutlich mit Gell. über die Methode der Buntschriftstellerei auseinander (vgl. [10]). Nach den Nachweisen von [14] kann man die Saturnalia nicht mehr als zeitgenöss. heidn. Manifest unter der Maske antiquar. Wissens ansehen; es handelt sich um die idealisierende Darstellung einer Aristokratie. Versuche, einen Einfluß M.' auf Ambr. und Hier. nachzuweisen ([7]. [8]), sind gescheitert ([12]), jedoch kann man mit [9] M. als Namenschristen ansehen.

III. M. hat Ciceros Somnium Scip. in der Weise kommentiert, daß er aus ausgewählten Abschnitten des Textes die neuplat. Seelenlehre, Astronomie und Musiktheorie herausspann, wobei er wie in den Saturnalia um Durchgliederung des Stoffes bemüht ist: 1,1–1,5,1: Einl. (Synkrisis mit Plat. rep., fabula als Einkleidung, Arten der Träume), 1,5,2–1,14,20: von der Zahlenspekulation ausgehende Diskussion der neuplat. Seelenlehre, 1,14,21–1,21: Astronomie, 2,1–4: Musik, 2,5–9: Geographie, 2,10–17: vom Problem der Ewigkeit der Welt ausgehend wieder Übergang zur Seelenlehre. Hauptquelle für die Kosmologie ist der Timaioskomm. des Porph. Während die ältere Forschung M. als bloßen Kompilator ansah und gern lat. Mittelquellen ansetzte, wird seit [3] mehr die Selbständigkeit des Neuplatonikers M. (im Referat der Seelenlehre) gesehen. M.' Problem ist die Harmonisierung von Platon und Cicero (vgl. 1,17,7. 2,4,12), ihr opfert er kontaminierend die Ergebnisse der griech. Wissenschaft; vgl. 1,19 (Himmelssphären) und 2,5,7ff. (Erdzonen), vgl. [3],112ff.; auch Vergil gilt als unfehlbare Autorität (2,4,12). Das Werk hat dem MA., in dem es zu den gelesensten gehörte, vor allem die Kosmologie vermittelt; einige ma. Weltkarten gehen wahrscheinlich über Vorlagen der Spätant. auf M. zurück (vgl. K. MILLER Mappaemundi 3, 1895, 122ff.).

IV. Auszugsweise erhalten ist *de differentiis et societatibus graeci latinique verbi;* zur Überlieferung und Charakteristik eingehend [1],171 und 174f.
R. He.

Ta. Nr. II und III: *J. Willis* 2 Bde, 1963 (unbefriedigend; zur Überlieferung vgl. [6]); Nr. IV: *Keil* GrL 5,599ff. 1. *P. Wessner*, RE XIV 170ff. 2. *J. Martin* Symposion, 1931. 3. *K. Mras* M.' Komm. z. Somn. Scip., SPrAW 1933, 6. 4. *S. Mazzarino* La politica religiosa di Stilicone, Rend. Ist. Lomb. Sc. Lett. 71, 1938, 235ff. 5. *P. Courcelle* Les lettres grecques ..., 1948². 6. *A. La Penna* Stud. s. tradiz. manoscr. dei Sat. di M., Ann. Sc. Norm. Sup. Pisa 22, 1953, 225ff. 7. *P. Courcelle* Ambroise lecteur de M., REL 34, 1956, 232–239. 8. *Ders.* La postérité chrét. du Songe de Scip., REL 36, 1958, 215ff. 9. *W.H. Stahl* Dominant traditions in early ma. science, Isis 50, 1959, 95ff. 10. *V. D'Agostino* Sui Sat. di M., RSC 8, 1960, 158ff. 11. *E. Tuerk* M. und die Quellen seiner Sat., 1962. 12. *M. Fuhrmann* M. und Ambr., Philol. 107, 1963, 301ff. 13. *E. Tuerk* M. et les nuits att., Latomus 24, 1965, 381ff. 14. *A. Cameron* The date and identity of M., JRS 56, 1966, 25ff.

**2.** M., um 422 praepositus sacri cubiculi Theodosius' II., der zu Ehren des offenbar einflußreichen M. die praep. sacri cub. im Rang den Präfekten und Heermeistern gleichstellte, also in die höchste Rangklasse einreihte (Cod. Theod. 6,8,1). Dieser M. ist nicht ident. mit M., der 399/400 vicarius Hispaniarum und 410 proconsul war, oder mit dem Schriftsteller M.
A. L.

**Mactaris.** Stadt in Afrika (Byzacena); h. Maktar. Alte Siedlung mit starkem pun. Einfluß (pun. Inschr. Baʿal Hammon gewidmetes tophet). Um 180 wurde sie *col. Aelia Aurelia Augusta M.* (CIL

VIII 11801. 11804). Verehrt wurden Iuppiter, Iuno, Minerva, Apollo deus patrius, Latona, Diana, Neptunus, Aesculapius, Ceres, Bona dea, Venus, Liber pater, Mars, Saturnus, Kybele, Hathor Miskar, Heliosarapis. Zahlreiche Denkmäler: Forum, Basiliken, Thermen, Tempel, Triumphbogen Traians. M. L.

*Cagnat-Merlin* Atl. Arch. Tun. 1/100000, fe Maktar, Nr. 186. *G.Ch. Picard* Civitas Mactaritana, Karthago VIII, 1957.

**Madaba** s. Medeba

**Madates** (*Μαδάτης*, *Medates* Curt., *Μαδέτης* Diod.) von Persien weitgehend unabhängiger (Arr. an. 3,17,1) Fürst (*praefectus* Curt., dies bezüglich bestimmter, vertragsmäßig festgelegter Verwaltungsfunktionen im Rahmen des Perserreiches) im uxischen Bergland zwischen Susiane und Persis. Er suchte 331/30. Alexander d. Gr. den Durchmarsch zu verwehren, wurde jedoch besiegt, dann auf Bitten seiner Verwandten Sisigambis begnadigt. Sein Gebiet blieb steuerfrei, wurde jedoch der Satrapie Susiane angegliedert (Diod. 17,67,4. Curt. 5,3,4–13. Arr. an. 3,17 ohne Namen). G. W.

**Madauros.** Stadt in Africa proconsularis; h. Madaure und Mdaourouch (Ptol. 4,3,30 *Μάδαυρος*). Numid. Zentrum, das zum Reich des Syphax, dann des Masinissa gehörte und später eine Veteranenkolonie der flav. Kaiser wurde: *[co]l. Fl. Aug. veter[an. Madauren] sium* (I. L. Alg. I 2152). M. war nie eine große Stadt, aber ein Mittelpunkt röm. Lebens im musulam. Volk. Apuleius ist dort geboren (Statue mit der Unterschr. *[phi]losopho [Pl]atonico [Ma]daurenses cives ornamento suo* ILAlg. 2115). Augustinus studierte dort (Conf. 2,3) und stand später im Briefwechsel mit dem sonst nicht bekannten *Maximus grammaticus Madaurensis* (Aug. ep. 16,17). Zahlreiche Gottheiten wurden in M. verehrt (Liste s. bei M. Leglay Saturne Afric., Monuments 1,361). Bischöfe werden seit 348 genannt. Reste ant. Bauten: Gsell Joly Mdaourouch, 1922. Inschr. Gsell ILAlg. I 2031. Ders. Atl. Arch. Alg. fe 18, Souk Ahras, Nr. 432. M. L.

**Maduateni.** Ein kleiner thrak. Volksstamm, nur bei Liv. 38,40 (wohl aus Pol.) erwähnt. Sie bewohnten die Randgebiete S.-Thrakiens, wahrscheinlich den → Astai benachbart. Zusammen mit ihnen und den → Kainoi überfielen sie im J. 189 v. Chr. das aus Kleinasien zurückkehrende röm. Heer unter Cn. Manlius Vulso in einem Engpaß zwischen Kypsela und dem Hebros. Chr. D.

*Lenk*, RE XIV 204. *Danoff* Polybios und seine Nachrichten über den O.-Balkan, Sofia 1942, 43, bulg. mit dt. Résumé.

**Madytos** (*Μάδυτος*). Stadt auf der thrak. Chersonesos, zwischen → Elaius und → Sestos gelegen (Skyl. 67. Strab. 7,331, frg. 56. Mela 2,26. Steph. Byz. s. v.), h. Maydos. Urspr. thrak. Siedlung (vgl. Liv. 38,40,8), im 6. Jh. v. Chr. von Aiolern aus Lesbos besiedelt (Skymn. 709. Eust. Dion. Per. 513). Von den Persern im J. 480 besetzt (Hdt. 7,33); 465 dem Del.-Att. Seebund angeschlossen (Plut. Kim. 4), erscheint M. in den Tributlisten 443/40 mit einem kleinen Beitrag (Meritt The Athen. Trib. Lists, 1, 1939, 336f.). 411 dient M. der athen. Flotte als Hafen (Xen. hell. 1,1,3). Von Alexander d. Gr. (334), Philipp V. (200) und Antiochos d. Gr. (gegen 196) erobert (Liv. 31,16. 33, 38), nach 190 im Besitze von Pergamon, 133 röm. In der Kaiserz. blühende Hafenstadt, später Bischofssitz (Act. Conc. Nicaen. 2,35. Not. episc. 2, 70. 3,61. 4,57. 10,70,192 usw.). A. M. M.

*F. Schultz* De Chersoneso Thracica, 1853, 30,35ff. *Chr. A. Papadopulos* *Μάδυτος, ἡ πόλις τῆς Χερσ.*, 1890. *St. Casson* Macedonia, Thrace and Illyria, 1926, 212ff.

**Maecenas** (*Μαικήνας*). Etr. Gentilname (vgl. *mehnate*, *mehnati* u. ä., Schulze Eigenn. 187. 529. Schanz-Hos. 2,18. E. Fraenkel RE XVI 1652. 1666), seit dem 1. Jh. v. Chr. in Rom nachweisbar. **1.** M., scriba und im J. 72 Zeuge der Ermordung des Sertorius in Spanien während eines Gastmahls des M. Perperna, Sall. hist. 3,83. **2.** C. M., war als röm. Ritter im J. 91 Gegner des tr. pl. M. Livius → Drusus Nr. 4. Cic. Cluent. 153 u. ö. **3.** L. M., Vater des berühmten C. M., Dess ILS 7848. H.G.G.

**4.** C. Maecenas, seltener (mit dem Gentile der Mutter) C. Cilnius M. (Tac. ann. 6,11,2).

1. Leben. Informationen über M. finden sich in den der august. Epoche gewidmeten Geschichtswerken, bes. bei Cassius Dio und Sueton, bei den Dichtern des Maecenaskreises (s. u.), bes. in Horaz' Gedichten und in den mit der Appendix Vergiliana überlieferten beiden *Elegiae in Maecenatem*.

M. stammte von väterlicher wie mütterlicher Seite aus führenden Familien (Hor. c. 1,1,1 u. ö.) der Etruskerstadt → Arretium; die des Vaters war seit einigen Generationen in Rom ansässig und hatte dort die Ritterschaft erworben (Vell. 2,88,2). M., * am 13. April (Hor. c. 4,11, vgl. H. Oppermann, G 1957, 102ff.) um 70 v. Chr., nahm 43 an der Schlacht von → Mutina, 42 (auf seiten der Triumvirn) an der von Philippi teil. Seit dem J. 40 wurde er von Octavian mit einer Reihe von bedeutenden diplomat. Missionen betraut, während er militär. nicht hervortrat; seit 36 vertrat er in Rom, wenn nötig, den Princeps mit unbeschränkter Vollmacht; seine staatsrechtlich nicht präzisierte Stellung paßt zu dem Bild der frühen Form des Prinzipats. Infolge von M.' Heirat mit → Terentia (vor 23, vgl. Suet. Aug. 66,3. Hor. c. 2,12) kühlte das Verhältnis zu Augustus merklich ab, zumal der Princeps der Frau des Freundes in aufsehenerregender Weise seine Aufmerksamkeit schenkte. In den letzten Jahren vor M.' Tode (8 v. Chr.) zwangen ihn auch Gesundheitsgründe zu einer zurückgezogenen Lebensweise.

M. verstand es, den durch seine Machtstellung erworbenen Reichtum zu genießen. Berühmt war sein prachtvoller Palast und die Parkanlagen auf dem Esquilin. Er schätzte Schmuck und feine Kleidung (Eleg. in Maec. 1,21 ff. 59) und hatte, wenn wir der moralisierenden Polemik der Nachwelt (vgl. Sen. epist. pass.) trauen dürfen, eine Schwäche für schöne Frauen und Lieblingsknaben.

2. Werke ([3],121 ff. [4],104 ff.). Auch in den etwa 20 Frg. ist M.' Individualität deutlich ausgeprägt. Einzeltitel einer Slg. von Dialogen (mind. teilweise in der Form der menipp. Satire, vgl. frg. 7. 14 L.) sind *Prometheus* (frg. 10), *De cultu suo* (frg. 11, autobiograph.) und *Symposium* (frg. 12), in dem Vergil, Horaz und Messalla auftreten. Die bes. in ihrem Rhythmus manierierte Prosa der Zitate (E. Norden Ant. Kunstprosa 1, $^{3}$1915, 292 ff.) weist M. als Asianer aus. Schon bei seinen Zeitgenossen (Augustus bei Suet. Aug. 86,2), aber auch später (Sen. epist. Quint. inst. 9,4,28) erregte die bewußt gesuchte Dunkelheit Anstoß, die sich in Neologismen (Eleg. in Maec. 1,67 f.), kühnen Übertragungen und einer stark gesperrten Wortstellung äußerte. In seinen Gedichten – wohl z. T. Verseinlagen aus den menipp. Satiren (vgl. frg. 7) – zeigt sich M. als Neoteriker in der Nachfolge Catulls, sowohl in der Metrik (Priapeen frg. 1 = Catull. 17; Galliamben frg. 4 = Catull. 63; Phalaeceen frg. 2. 3) wie in der Thematik (frg. 2 = Catull. 14; frg. 4 = Catull. 63). Dabei fällt auch die unverblümte Offenheit der persönlichen Aussage auf (frg. 1. 6). Umstritten ist die Einordnung von frg. 15 (Elogium auf Octavia, die Schwester Octavians?) wie von frg. 17–18. 21 (vgl. test. 1–3), die auf ein – autobiograph.? – Geschichtswerk deuten. Die direkte Kenntnis von M.' Schriften ist jedenfalls auf das 1. Jh. n. Chr. beschränkt, vgl. Lunderstedt 15.

3. Der Maecenaskreis. M.' Name ist jedoch durch großzügige und uneigennützige Förderung der Lit. in das Gedächtnis und den Sprachschatz der Nachwelt eingegangen. In den Jahren nach dem Zerfall der Republik sah er seine Aufgabe darin, junge Dichter durch Anerkennung zu ermutigen und auch materiell zu fördern. Vergil ([3],99 ff., vgl. georg. 1,1 ff. 2,39 ff. 3,40 ff.), Horaz und Properz ([3],110 f. J.-P. Boucher Études sur Properce 1965, 35 ff., spekulativ R. Lucot, REL, 1957, 195 ff.) sind die bekanntesten Namen, daneben sind zu nennen Varius, Plotius Tucca, Quintilius Varus, Aristius Fuscus, Valgius Rufus, Domitius Marsus und Aemilius Macer (vgl. [3],181 ff. T. T. Frank Vergil 1922, 139 ff. Hor. s. 1,5. 10,81 ff.). Darin das Ergebnis einer von Augustus gesteuerten, präzis definierten Kulturpolitik zu sehen, ist offenbar ein Mißverständnis (A. Dalzell, Phoenix, 1956, 151 ff., vgl. auch G. Williams, JRS 1962, 28 ff.). Das schließt nicht aus, daß M. gelegentlich eigene Wünsche (vgl. Verg. georg. 3,41), etwa nach einem nationalen Epos (vgl. Hor. 2,12. Prop. 3,9. W. Wimmel Kallimachos in Rom, 1960, 43 ff. 250 ff.), zum Ausdruck brachte. Horaz, der im J. 38 von Vergil und Varius in den Kreis eingeführt wurde (vgl. s. 1,6) und 33 das Sabinum erhielt



(vgl. s. 2,6), vermittelt in seinen Gedichten (M. sind gewidmet die ersten 3 Odenbücher, die Epoden, das erste Satiren- und das erste Epistelbuch, daneben eine Reihe einzelner Gedichte an ihn gerichtet) ein genaueres Bild einer Freundschaft ([3], 25,61. 102 ff. K. J. Reckford, TAPhA 1959, 195 ff. K. Eckert, WS 1961, 61 ff.), die Zuneigung mit innerer Unabhängigkeit verbindet, vgl. vor allem c. 2,17. 3,29 (V. Poeschl, SHAW 1961, 1) und ep. 1,7 (K. Büchner Stud. z. röm. Lit. 3, 1962, 139 ff. J. H. Gunning, Mnem 1942, 303 ff.). P. L. Sch.

Elegiae in Maecenatem s. Append. Vergil.

Frg.: *P. Lunderstedt* De C. M. fragmentis, 1911 (Comm. Phil. Ien. 9,1). [3],223 ff. *Morel* FPL 101 ff.

Lit.: 1. *A. Fougnies* Mécène 1947. 2. *P. Boyancé* Bull. Ass. G. Budé 1959, 332 ff. 3. *R. Avallone* Mecenate, 1962. 4. *J.-M. André* Mécène, 1967. 5. *Schanz-Hos.* 2,17 ff. 6. *H. Bardon* Lit. Lat. Inc. 2, 1956, 13 ff.

**5.** M., Praetorier, der im J. 238 n. Chr. Soldaten erstach, die während einer Sitzung des Senates in den Versammlungsraum eingedrungen waren, Herodian. 7,11,1–4. SHA vit. Maximin. 20,6. vit. Gord. 22,8. R. H.

**Maecia.** Tribus, die 332 v. Chr. zusammen mit der Tribus Scaptia eingerichtet wurde (Liv. 8,17, 11). Gegen Schulze Eigenn. 185 dürfte der Name nicht mit dem Gentilicium → Maecius zusammenhängen, sondern nach Fest. ep. 136 *a quodam castro* abgeleitet sein, das nach Liv. 6,2,8 bei Lanuvium gelegen haben könnte, vgl. Mommsen RG 1, 359. Nissen It. Ldk. 2,593; der Gentilname kann jedoch kaum von der Tribusbezeichnung getrennt werden, vgl. Münzer RE XIV 232. In Italien gehörten zur M. (vgl. Kubitschek Imper. Rom. trib. disc. 25. 39. u. ö.): Liberna, Hadria, Neapolis, Paestum, Brundisium und vielleicht Tarent. H. G. G.

**Maecianus** (Cassius) M. Sohn des Usurpators Avidius Cassius; *iuridicus Alexandriae*, vom Heer im J. 175 getötet, SHA vit. Marc. 25,4. Avid. Cass. 7,4. Dio-Xiphil. 71,27,3$^{2}$ (III p. 268 Boiss.). R. H.

**Maecilius.** Röm.-ital. Familienname (Schulze Eigenn. 185); singuläre Namensform L. Mecilius bei dem später in die Listen eingefügten Volkstribun vom J. 471 (Liv. 2,58,1 f., Münzer, RE XV 17. Broughton Mag. 1,30). Inschr. in republ. Z. in Capua bezeugt, CIL X 4155. **1.** Sp. M., soll als Volkstribun 417 oder 416 ein Ackergesetz vorgelegt, aber nicht durchgebracht haben, Liv. 4,48, 1–16. Broughton Mag. 1,74. Die spätere Probleme spiegelnden Zusammenhänge sind frei erfunden und machen auch die Person hist. suspekt. **2.** Ti. M. Croto, Legat, der 215 dem Praetor Ap. Claudius Pulcher Nr. 24 Verstärkungen zuführte, Liv. 23,31,6. H. G. G.

**Maecius.** Ital. Gentilname (Schulze Eigenn. 185), → Maecia, tritt zunächst bei röm. Bundesgenossen entgegen (Octavius M. im J. 293, Liv. 10, 41,5, doch nicht ganz gesichert) und im 2. u. 1. Jh.

v. Chr. häufig in Inschr. von Delos (z. B. Magister der Hermaisten D. Maicius im J. 113, DESSILS 9417), z. T. in der Form *Μαίκιος*, aber auch in Lucanien, DESS 5665.

I. Republikanische Zeit:

**1.** M. Geminus aus Tusculum, soll im Latinerkrieg 340 den T. Manlius zum Zweikampf gefordert haben und dabei gefallen sein. Liv. 8,7,2–12. Val. Max. 2,7,6. Oros. 3,9,2. **2.** Sp. M. Tarpa hat 55 v. Chr. möglicherweise als magister des Collegium poetarum bei der Einweihung des Pompeius-Theaters in Rom den Spielplan aufgestellt (Cic. fam. 7,1,1) und war noch dem Hor. (s. 1,10,38. ars 387) als Kunstkritiker bekannt. Er war auch Schriftsteller, SCHANZ-HOS. 1,586. H. G. G.

II. Kaiserzeit. **1.** M. M. Celer. Er stand als Militärtribun in Syrien, war dort als Praetorier um das J. 94 Legionslegat, Stat. silv. 3, 2, VOLLMER, Komment. 393–405. Cos. suff. am 26. April 101, CIL VI 2074,73 (= 32371). **2.** Q. M. Laetus. Praefekt von Äg. 200–203, PREISIGKE-BILABEL 7817 Z. 27. Eus. hist. eccl. 6,2,2. PSI III 199, weitere Belege bei STEIN Praef. 110f. RE XXII 2374. Er wird die ornamenta consularia erhalten haben. Im J. 215 praef. praetorio mit Papinian, CIL VI 228, zugleich cos. ord. II, CIL III 1063 u. a. Wie lange er praef. praetorio war, ist ungewiß. **3.** L. M. Postumus. Frater Arvalis seit 69, CIL VI 2051 (= 32359), im Kollegium 87, ebd. 2065 (= 32367). Cos. suff. Juli-August 98, Inscr. It. XIII 1 p. 152f. 158. Noch 115 erscheint er in den Arvalakten, CIL VI 2075 (= 32372). **4.** M. M. Probus *v(ir) c(larissimus)*, praefectus alimentorum, CIL X 3805. Cos. suff. vor 198, dann vor 212 legatus Aug. pr. pr. von Hispania Tarraconensis, Dig. 48,22,7,10. CIL II 4124. **5.** M. M. Rufus. Procos. Bithyniae 79, Catal. Brit. Mus. Coins Pontus 104f.; cos. suff. nach 80 (1. Dez.) CIL XIV 3543.
**6.** Maecia Faustina. Tochter Gordians I., Gattin des Iunius Balbus, SHA vit. Gord. 4,2. R. H.

**7.** Q. M. (in der Anth. *Μαικίου* oder *Μακκίου* oder nur *Κοΐντου*), Epigrammatiker des Philippos-Kranzes, griech. dichtender Römer etwa um Christi Geburt. Von seinen 12 Epigr. ahmen die Weihgedichte Leonidas von Tarent nach. Auch die übrigen (zumeist Erotika) variieren in der Regel überkommene Motive. R. K.

Siehe auch Eggius. Pomponius. Ruseius

**Maelius.** Nicht sehr häufiges röm. Gentilicium, SCHULZE Eigenn. 185, hist. hervorgetreten im 5. und 4. Jh., aber auch später inschr. genannt. **1.** Q. M., Volkstribun 320, der als Verantwortlicher für das Foedus Caudinum den Samniten ausgeliefert wurde, Liv. 9,8,13–10,2. Cic. off. 3,109. BROUGHTON Mag. 1,153. **2.** Sp. M. Vermögender Plebeier, der aus innenpolit. Gründen 439 v. Chr. von dem magister equitum C. Servilius Ahala in Rom getötet worden ist. Um diesen hist. Kern hat man später im 2. u. 1. Jh. in allmählicher Ausgestaltung (beste Schichtenanalyse bei MÜNZER, RE XIV 239ff.) eine breite und in Einzelheiten differierende Legende ausgearbeitet; Grundzüge: M. habe während einer Hungersnot 440 und 439 das Volk durch Getreide unterstützt, dabei aber zunächst das Konsulat, später eine noch höhere Würde (Königtum!) angestrebt. 339 hatte er größere Erfolge als der praefectus annonae L. → Minucius (Nr. 23), der ihn anklagte. Als dann – nach der jüngsten Überlieferung – L. Quinctius Cincinnatus (RE XXIV 1022) Dictator geworden war, habe dessen Reiteroberst (s. o.) den M. verhaften wollen, dabei getötet und so die *seditio* niedergeworfen. Tendenz: hist. Beispiel für die Rechtfertigung des Tyrannenmordes an einem Demagogen. Liv. 4,12ff. Dion. Hal. 12,1ff. Zon. 7, 20 u. a. MOMMSEN RF 2, 199ff. PAIS Storia 2,60ff. 189ff. SCULLARD Hist. Rom. World 753–146 B. C. (1951) 54. A. HEUSS RG 209. **3.** Sp. M., angeblich tr. pl. 436, wohl unhist. Liv. 4,21,3f. BROUGHTON Mag. 1,60. **4.** P. M. Capitolinus, Sp. f., C. n., Consulartribun 400 und 396; zum Cognomen → Aequimelium. BROUGHTON Mag. 1,84. 87. H. G. G.

**Maelo.** König der Sugambrer, besiegte die Römer ca. 17/16 v. Chr., Strab. 7,291; er flüchtete 8 v. Chr. schutzflehend zu Augustus, Mon. Anc. lat. 6,3; gr. 17,3. Sein Bruder Baetorix und dessen Sohn Deudorix wurden 17 n. Chr. im Triumph aufgeführt, Strab. 7,292. R. H.

**Maenia columna,** eine Statue auf einer Basis, errichtet zu Ehren eines gewissen Maenius, *qui devicerat priscos Latinos anno urbis CCCCXVI* (Plin. nat. 34,20). Sie stand in der Nähe des → Comitium und des → Carcer. Erwähnt auch von Ps.-Ascon. (201,20) und Cic. Sest. 18. Plut. Cat. min. 5 berichtet, daß der jüngere Cato sich der Beseitigung der Statue durch die Tribunen widersetzte. Rud. G.

RE XIV, 244.

**Maenianum.** Die Galerien über den tabernae am Forum in Rom, für Zuschauer der Gladiatorenspiele und ähnlicher spectacula gedacht, heißen nach dem Censor Maenius, der sie angeblich 348 v. Chr. zuerst einführte (Fest. 134 M.), vgl. Vitr. 5,1,2. Plin. nat. 35,113. CIL IX 1148. Danach heißen M. auch die Ränge im Amphitheater (CIL VI 2059,29ff.: *M. primum, secundum, summum*) sowie die Balkons der Privathäuser, Vitr. 5,6,9. In der Spätant. heißen M. auch Säulenhallen mit flach gedecktem Oberstock, Cod. Iust. 8,10,11. W. H. G.

**Maenius.** Röm. pleb. Gentilname, vielleicht etr. Herkunft (SCHULZE Eigenn. 185. 187), WALDE-HOF.[3] 2,13. Namensträger sind in Rom bes. zwischen 338–314 (Nr. 5) und später zwischen 186 bis 170 hervorgetreten.

I. Republikanische Zeit:

**1.** M., Urheber einer Lex Maenia um 287 v. Chr. (über die *auctoritas patrum* bei Wahlvorgängen). Cic. Brut. 55. **2.** M., Nachkomme von Nr. 5, verkaufte um 184 sein Eigentum am Forum an Cato für den Bau der Basilica Porcia, wobei er sich in Erinnerung an die seinem Ahnherrn errichtete *columna Maenia* einen Platz an einer Säule bei Gladiatorenspielen vorbehielt. Lucil. 1203. Hor. s. 3,21 ff. epist. 1,15,26 ff. **3.** M. beantragte ein Gesetz (über die väterl. Gewalt). Varro Men. 233–241 B. = 153–155 R. **4.** C. M., der älteste bekannte Namensträger, soll 483 v. Chr. Volkstribun gewesen sein und gegen Aushebungen der Consuln Veto eingelegt haben, Dion. Hal. 8,87,4 ff. BROUGHTON Mag. 1,23. **5.** C. M., P. f. P. n., Consul 338, zusammen mit L. → Furius Camillus Nr. 15, DegrI 13,104. 410 f. Sie beendeten den Latinerkrieg, M. triumphierte über Antium, Lavinium und Velitrae (Liv. 8,13,5. 8. Act. tr.); von den an der Rednerbühne angebrachten feindl. Schiffsschnäbeln erhielt diese den Namen *Rostra* (Liv. 14,8,12 u. a., RE IA 451 f.); M. wurde durch eine Statue geehrt *(columna Maenia)*, ferner erinnerte später das *atrium Maenium* und die nach ihm benannte Bauform des Erkers *(Maenianum)* an ihn. 320 wurde er Dictator I., Fast. Cap. (suspekt), 318 Censor (mit L. Papirius Crassus; Bau von Galerien für Zuschauer bei Spielen über den Tabernen, Fest. 134) und 314 Dictator II, mit M. → Fo(s)lius Flaccinator Nr. 3 als Reiteroberst, zur Unterdrückung von Unruhen in Campanien (Capua), was ihm gelang. Liv. 9,26,8. Diod. 19,76,4 f. BELOCH RG 479. BROUGHTON Mag. 1,157. Bedeutendster Namensträger, nach dessen Verdienst sich ein später Nachkomme das Cognomen Antias beilegte (Nr. 10). **6.** C. M., Praetor 180, Untersuchungsrichter über Giftmischerei in Italien, womit er so viel zu tun hatte, daß er die ihm zugefallene Statthalterschaft von Sardinien wohl nicht übernahm, Liv. 40,35, 2. 8. 37,4. **7.** P. Mae(nius), Münzmeister um 150 bis 146, Nachweise bei BROUGHTON Mag. 2,444. **8.** Q. M., Sohn von Nr. 9, Praetor 170, wobei er in Vertretung der Consuln das SC de Thisb. (IG VII 2225 = Syll.³ 646) verabschiedete und andere Ostfragen regelte (Liv. 43,4,11. 6,10. 8,4). BROUGHTON Mag. 1,423,3. **9.** T. M., Praetor urbanus 186, Legat des Propraetors Q. → Fulvius Flaccus Nr. 19 in Spanien im J. 181. Liv. 38,6,2 u. ö. 40,35,3. **10.** P. Mae(nius) M. f. Ant(ias) oder Ant(iacus), Münzmeister ca. 119–110 v. Chr. SYD. LVIII, 39. BROUGHTON Mag. 2,444. Vgl. Nr. 5. **11.** C. M. Gemellus, ein Klient Ciceros, der verurteilt wurde (um 52?), dann in Patrai im Exil lebte und gegen 46 starb. Cic. fam. 13,19,2. H. G. G.

II. Kaiserzeit: M. M. Agrippa L. Tusidius Campester. In die gens Maenia adoptiert, war er nach CIL XI 5632 *praef. coh. II Fl(aviae) Britton(um) equitat(ae)* in Moesia inf., dann *trib. coh. I Hispanor. equitat.*; als solcher wurde er von Hadrian nach 130 gegen die rebellierenden Britannen geschickt (CIL VII 379–382); als *praef. alae I Gallorum et Pannoniorum catafractae* stand er wieder in Moesia inf. Um 140 betrat er die ritterliche Verwaltungslaufbahn als *procurator Aug.*, und zwar als *praef. classis Britannicae*, dann als *procurator prov. Britanniae*. Sein Sohn [... Tusidiu]s Campester war 161 oder 162 cos. suff., PFLAUM Carrières 1,292–295. R. H.

**Maeonius.** Nach SHA trig. tyr. 15,5; 17,1 Name des Mörders des → Odaenath und seines Sohnes Herodes im J. 266/67; wahrscheinlich hieß er nach Synk. 1,717 gleichfalls Odaenath. R. H.

**Märchen 1.** (Griech.-röm.). Obwohl die Existenz und weite Verbreitung der M. als sicher gelten darf, sind detailliertere Angaben nur schwer möglich. Wie im Hinblick auf die anspruchslose Form nicht anders zu erwarten, sind vollständige Volks-M. in urspr. Form nicht erhalten: Apul. (met. 4,28–6,24) hat die Gesch. von Amor und Psyche zwar weitgehend als M. stilisiert (Wertung als *anilis fabula, bella fabula* [4,27. 6,25], die Sprecherin eine *delira et temulenta anicula* [6,25]; der Eingang in der Form »Es war einmal« [s. u.]: *erat in quadam civitate rex et regina. hi tres numero filias ... habuere;* weitgehende Anonymität der Personen; das Grundmotiv ist das eines M.: Übertretung eines Verbots, Suche nach Verlorenem, Erfüllung), doch – ganz abgesehen von der späten Niederschrift – lassen die Komposition der met. (das M. steht fast in der Mitte des Werks) und die wohl gesicherte Ausrichtung des M. auf die Isisweihe in B. 11 nur die Frage zu, ob oder in welchem Ausmaß Apul. bzw. ein Vorgänger ein Volks-M. verwertet hat (s. den Sammelbd. von MERKELBACH-BINDER Amor und Psyche, Wege der Forschung 126, 1967); den Alexanderroman und bes. die Nektanebos-Geschichte wird man dem Bereich der Legende und nicht dem des M. zuzuweisen haben (s. MERKELBACH Die Quellen des griech. Alexanderromans, 1954, 54 ff., zu den Briefen über Alexanders wunderbare Abenteuer 40 ff.). So bleibt nur die Slg. von (a) Testimonien und (b) M.-Motiven. (a) Nachrichten über die Existenz von M. (die Zusammenstellung von ALY, RE XIV 267,22 ff., ist nicht ganz zuverlässig) sind deshalb meist nicht mit Sicherheit auszumachen, weil ein Terminus für M. fehlt, *μῦθος (γραῶν), μυθεύω, λόγος, fabula, fabella (anilis)* können auch den Mythos, die → Fabel, die Legende und andere anspruchslose, zur Unterhaltung von Kindern geeignete Geschichten meinen: Plat. rep. 350 E *ταῖς γραυσὶν ταῖς τοὺς μύθους λεγούσαις* (vgl. Gorg. 527 A. Lys. 205 D [über Herakles!]. Tht. 176 B *γραῶν ὕθλος*), leg. 887 D *τοῖς μύθοις, οὓς ἐκ νέων παίδων ... τροφῶν τε ἤκουον καὶ μητέρων* (s. rep. 377 BC); Eur. Herc. 76 f. *ἐγὼ δὲ (Μεγάρα τοὺς παῖδας) διαφέρω/λόγοισι, μυθεύουσα.* Aristot. pol. 7,7,1336 a, 30 *καὶ περὶ λόγων καὶ μύθων* (s. Aristeid. or. 47,2,475 D.) *ποίους τινὰς ἀκούειν δεῖ τοὺς τηλικούτους (παῖδας), ἐπιμελὲς ἔστω τοῖς ἄρχουσιν.* Max. Tyr. 4,3 *ὥσπερ αἱ τιτθαὶ τοὺς παῖδας διὰ μυθολογίας βουκολῶσιν.* Cic. nat. 3,12 *fabellae aniles.* Hor. c. 3,4,9 f. *fabulosa ... nutrix.* Quint.

inst. 1,9,2, *Aesopi fabellae, quae fabulis nutricularum* (s. 1,8,19 *anilibus fabulis*) *proxime succedunt.* Tac. dial. 29,1 *fabulae et errores (ancillarum)*, doch vgl. Hor. s. 2,6,77f., der zu den *aniles fabulae* die Fabel von der Stadt- und Landmaus zählt. Aufschlußreich für die Unschärfe ist Aristoph. Vesp. 1179ff., wo Philokleon, nachdem seine Geschichten über → Lamia (1) und Kardopion allg. als *μῦθοι* abgelehnt wurden, seine – dann ebenso als nicht Männern gemäß abgelehnte – Gesch. (*τῶν ἀνθρωπικῶν* [*λόγων* oder doch *μύθων*?] *οἵους λέγομεν μάλιστα τοὺς κατ᾽ οἰκίαν*) beginnt: *οὕτως ποτ᾽ ἦν μῦς καὶ γαλῆ* (ein Tier-M. oder eine Fabel in M.-Form? vgl. Sch.z.St. *ἀρχὴ μύθου*, wie z.B. *ἦν οὕτω γέρων καὶ γραῦς*, ferner Verweis auf den *μῦθος* bei Plat. Phaidr. 237 B *ἦν οὕτω δὴ παῖς... μάλα καλός· τούτῳ δὲ ἦσαν ἐρασταὶ πάνυ πολλοί* [in beiden Belegen handelt es sich also nicht um Tiere; s. noch o. Apul.]). Eine Slg. der M. (entsprechend denen der Fabeln und Mythen) hat es allem Anschein nach nicht gegeben (es sei denn in Gestalt von Novellen in → Aristeides' (2) *Μιλησιακά*). – (b) M.-Motive begegnen bei Hdt. und den »Logographen« (das Motiv eines Lügen-M. Hdt. 3,20ff., vgl. W. Aly Volksmärchen, Sage und Novelle, 1921), in der alten Komödie (die Reise in ein glückliches Land, s. Aristoph. Av.; vgl. das Material von Zielinski Die Märchenkomödie in Athen, 1885, dazu Radermacher Aristophanes' Frösche, SAWW 198,4 ²1954, 43ff.), in Sprichwörtern (s. Crusius, Verh. der 40. Vers. dt. Philologen, 1889, 31ff.), bes. in den Ausformungen der Mythen, in der Chorlyrik (Bakchyl. 5,75ff. ist vorausgesetzt, daß Meleagros' Leben mit der Verbrennung des Scheits ausgelöscht wurde), in der Tragödie (s. Eur. Alk.: Die Gattin bringt ihr Leben als Opfer; der starke Mann besiegt den Todesdämon; vgl. Lesky Ges. Schriften, 1966, 281ff.), im Epos (aus der Od.: Blendung des einäugigen Menschenfressers [9, 380ff.], verbotene Öffnung eines verschlossenen Behältnisses [10, 44ff.], Verwandlung in Tiere [10,325ff.]; vgl. Lesky Homeros, 1967, 108ff.). Diese Überlieferungslage hat zur Folge, daß ohne Kenntnis von M. aus anderen Sprachen über das griech. (und lat.) M. kaum etwas ausgesagt werden kann; des weiteren, daß bei der Verwertung des volkskundl. Materials – neben den Fragen der Wanderung bzw. der unabhängigen Entstehung ein und desselben M.-Motivs an verschiedenen Orten – Probleme der Chronol. eine entscheidende Rolle spielen: Nur selten ist die Gewißheit gegeben wie bei dem in der Od. durchscheinenden Seefahrer-M., das bereits um 2000 v.Chr. in Äg. aufgezeichnet wurde (s. Lesky Homeros 108); sonst bleibt oft nur die vorsichtige Aussage, es liege im Griech. ein Motiv vor, das an viel später belegte M.-Motive erinnere. Aussagen über den Charakter des griech. M. im Unterschied zu anderen und über seine Entstehung (M. Lüthi Das europ. Volks-M., ²1960, 104f.: »Bei den Griechen [tritt der Typus M. auf] vielleicht in der hom. Epoche, welche die affektgeladenen Mysterienkulte abwies und den Göttern mit einer fast iron. Freiheit gegenüberstand«) scheinen bislang nicht möglich. E. Mg.

*O. Weinreich*, in *Friedländer-Wiss.* 4,89ff. *E. Bethe* Mythus, Sage, M., 1922. *Hausrath-Marx* Griech. M., ²1922. *W. R. Halliday* Greek and Roman Folk-Lit., 1927. *St. Thompson* Motiv-Index of Folk-Lit. I–VI, ²1955/58. *W. Ranke* Zum Wesen und zur Funktion des M., Stud. Generale 11, 1958, 647ff. *Aarne-Thompson* The Types of the Folktale, ³1961. *M. Lüthi* M. (Slg. Metzler), 1962. *Megas-Diller* [Neu-]Griech. M., 1965.

**2.** M., indische. Die traditionelle ind. Erzählungslit. läßt sich nach den Gesichtspunkten der europ. Literaturwissenschaft schlecht einteilen (über Einteilung und Form s. J. Hertel Ind. Märchen, in: Die Märchen der Weltlit., 1962 mit Lit.). Sie umfaßt 1. Mythen und Erzählungen in den Epen (Mahābhārata, Rāmāyaṇa, Pāli Tipiṭikas, Jaina Cūrṇis). 2. Unabhängige Erzählungssammlungen, wie z.B. die Jātakas (übers. von Jules Dutoit, 7 Bde., 1906–1921, Pañcatantra (übers. von Alsdorf, 1952), Kathā-sarit-sāgara (übers. von C. H. Tawney, mit Aufsätzen und Anm. usw. von N. M. Penzer The Ocean of Story, 10 Bde., 1924–1928), Simhāsana-dvātrimśati-kathā (Die 32 Throngesch., oder Vikrama-caritra Leben und Taten des Vikrama-ditya), Hitopadeśa (übers. von J. Hertel, Reclam 1955). Über die Quellen dieses Werkes s. L. Sternbach, Am. Orient. Ser. Bd. 44, 1962, mit Bibl., Vetāla-pañcavimśatikā (Die 25 Gesch. eines Vampirs), Śukasaptati (Die 70 Gesch. eines Papageis, übers. von R. Schmidt). 3. Erzählungen, die sich in der Romandichtung finden, z.B. Daśa-kumāra-caritra von Daṇḍin (übers. von J. Hertel, 1922. W. Ruben, 1952). S. ausführlich Winternitz Gesch. der ind. Lit., 3 Bde. 1908–1922. Reichhaltiges Material in der Lit. der Volkssprachen (Mahārāṣṭrī, Alt-Gujarātī, Braj-Bhāṣā) und in den heutigen Sprachen und Dialekten, das an die klass. ind. Vorbilder anknüpft und andererseits aus dem Erzählungsgut des Volkes schöpft, das seinerseits wiederum oft von den klass. Vorbildern entlehnt. Die von Benfey vertretene Theorie, die letztlich in Indien die Heimat aller Märchen sieht, während die Tierfabeln in Griechenland entstanden sein sollen (Das Pantschatantra, 1859; Überblick über fragwürdige Theorien und Kriterien bei der Bestimmung des Ursprungs bei A. B. Keith A History of Sanskrit-Lit. 1928, XVII), hat der Ansicht Platz gemacht, daß Erzählungen unabhängig entstehen können und wandern, wenn sie, frei von nationaler Bestimmtheit, der geistigen Haltung der Empfänger verwandt sind, so daß die Annahme gegenseitiger Beeinflussung in Einzelfällen berechtigt ist, und daß überdies M. in dem Bereich zwischen Griechenland und Indien entstanden sein können.

Dazu R. A. Jairazbhoy Foreign Influences in India, 1962, 92ff. (mit Lit.).

In vielen Fällen scheint der Einfluß Indiens auf Griechenland aus chronolog. Gründen ausgeschlossen. Z. B. ist auf einer korinth. Vase aus dem 6. Jh. v. Chr. die Fabel vom Fuchs und den Raben dargestellt (Philol. 74,470), während die Gesch. vom Fuchs und der Krähe in den Jātakas sicherlich später verfaßt wurde. Das trojan. Pferd ist älter als die Gefangennahme Udayanas mit Hilfe eines mit Soldaten gefüllten Elefanten (Jairazbhoy a. O. 101ff.). Die äg. Legende von »Rhampsinitos und den beiden Dieben« wird zuerst von Herodot (2,121) erzählt und tritt in späteren Versionen in den Jātakas, Rāmāyaṇa und Kathāsarit-sāgara auf (Nöldeke, H 29,155. 28,465). Für den Westen waren vor allem die Erzählungssammlungen von Bedeutung, die im MA. weitreichenden Einfluß hatten (z. B. J. Hertel Das Pañcatantra, seine Gesch. und seine Verbreitung, 1914. Winternitz a. O. 3,294–311). G.-D. S.

*W. Aly*, Art. M. RE XIV 262ff. (IV). *W. R. Halliday* Indo-European Folktales and Greek Legend, 1953. *S. N. Dasgupta* and *S. K. De* A History of Sanskrit Lit. 1, 1962. *G. N. Banerjee* Hellenism in Anc. India[3], 1962. *W. Noelle* Ind. M. 1964. *A. Holtzmann* Ind. Sagen, Neuausg. von *J. Rassat*, 1957. *E. Lüders* Buddhist. M., in Die M. der Weltlit., 1961.

**Märtyrerakten. 1.** Chr. → Acta sanctorum. → Martys. → Menologium. **2.** Sog. heidn. M. Durch v. Wilamowitz (AGG 1898, 690) aufgebrachte Bezeichnung für eine Reihe von Pap.-Texten, in denen Vertreter des griech.-alexandrin. Bürgertums in ihrem Widerstand gegen die röm. Gewaltherrschaft gezeigt werden. Diese Schriften bedienen sich der lit. Form eines Gerichtsprotokolls, wie sie auch in chr. M. verwendet wird. Märtyrer im chr. Sinne sind diese Vorkämpfer der polit. Opposition nicht, so daß sich die h. übliche Bezeichnung der Texte als Acta Alexandrinorum besser empfiehlt. O. H.

Ta.: *H. A. Musurillo* The acts of the pagan Martyrs, 1954 (mit Komm. u. Bibliogr.). *Ders.* Acta Alexandr., 1961.

**Maesesses.** Nur erwähnt Liv. 28,3,3, ein Stamm der → Bastetani in Andalusien in fruchtbarer Gegend, mit Silbergruben, 207 v. Chr. von P. Corn. Scipio angegriffen [1]. Eine wichtige Stadt war Orongis, das Ad. Schulten mit Aurgi, h. Jaén, identifiziert [2]. Der Name M. ist unerklärlich; nach einer sehr unsicheren Vermutung Schultens libyscher Herkunft [3]. R. G.

1. Font. Hisp. Ant. III, Barc. 1935, 131. 2. A. O. 84. 3. *Schulten* Numantia 1,39.

**Maesius. 1.** C. M. Aquilius Fabius Titianus. Cos. ord. 245, CIL XVI 149, wohl ident. mit dem CIL X 7345 (Thermae) Geehrten. **2.** M. Fabius Titianus. Vater von Nr. 1. Er setzte als *c(larissimus) p(uer)* Septimius Severus und Caracalla in den J. 197 und 198 mit seiner Schwester die Ehreninschr. CIL X 7276 (Panormus) und 7343 (Thermae). **3.** M. Maximus. Freund des Plinius aus dem Ritterstand, epist. 3,20. 4,25. **4.** C. M. Picatianus. Er war *Xvir stlitibus iudicandis, trib. leg. I Italic(ae)*, Quaestor in Afrika; von Antoninus Pius *inter tribunicios adlectus* erlangte er die Praetur und wurde *legatus Aug. pr. pr.* in Numidien ca. 162–165, CIL V 4338. VIII 10658 (= 17888). 4594 (= 18648). **5.** M. Titianus. Sohn eines Konsulars C. M. Titianus, Angehöriger des Patriziates, Vater von (2), CIL X 7346. R. H.

**Maevius.** Selten bezeugter ital. Eigenname, inschr. auch *Mevius*. **1.** M., Komplize des Verres in Sicilien 73 v. Chr., Cic. Verr. 3,175, vielleicht ein Schreiber (vgl. 176. 181 u. ö.). **2.** M., geriet als Centurio Octavians 30 v. Chr. bei Alexandreia in die Gefangenschaft des Antonius, der ihn freiließ, Val. Max. 3,8,8. **3.** M. M., fiel als Kriegstribun 203 v. Chr. in Oberitalien gegen Mago, Liv. 30,18, 15. – Vgl. Mevius. H. G. G.

**Maezaei.** Volk in Dalmatien nächst der pannon. Grenze. Plin. nat. 3,142 und Cass. Dio 55,32,4 zählen sie zu den Dalmatinern, Strab. 7,314 mit Recht zu den Pannoniern. Ihr Siedlungsgebiet erstreckte sich über den n. Teil des *conventus Salonitanus*, ö. von den Iapodes, n.ö. von den Ditiones. Die W.-Grenze bildete das Sanatal, die N.-Grenze war zugleich die Provinzgrenze, im O. waren die Daesitiates die Nachbarn. Die große Anzahl ihrer Dekurien (269) läßt ein ausgedehntes Stammesgebiet vermuten, daher kann auch Bistue nova mit dem Lašvatal und das Flußgebiet der unteren Bosna zu ihrem Stammesgebiet gehört haben. Sie wurden im J. 12 v. Chr. unterworfen. In der frühen Kaiserzeit standen sie zusammen mit den Daesitiates unter röm. Verwaltung (CIL IX 2564). Seit Augustus wurden die Jungmänner in die *cohortes Dalmatarum* eingereiht, seit Claudius dienten M. auch bei der Flotte von Ravenna. Unter den Flaviern entwickelte sich auf dem Gebiet der *civitas Bistue nova* ein Munizipium (bei Vitez Travnik). Die Würdenträger waren Eingeborene. Größere Siedlungen waren noch: die *canabae* bei Doboj im Bosnatal, Castra (Banjaluka) mit einem Militärlager. Ital. und süddalmatin. Kaufleute, aber auch der systemat. Militärdienst förderten die Romanisierung der M. (CIL III 6383). J. F.

*G. Alföldi* Bevölkerung und Ges. der röm. Provinz Dalmatien, 1965.

**Magaba.** Berg in Galatien, etwa 10–15 Meilen von Ankyra (h. Ankara) entfernt (Liv. 38,19,1. 24,1. 25,2. 26,1f. Flor. 1,27,5 [2,11,5]). Hier errichteten die Tektosagen einen Ringwall, als Manlius Vulso gegen sie zog, wurden aber von den Römern schwer geschlagen (darüber vgl. Pol. B. 21 und Liv. B. 38). Wohl mit dem Elmadağ s. ö. von Ankara ident. A. M. M.

*F. Stähelin* Gesch. der Kleinasiat. Galater[2], 1906, 56. *H. Kiepert* FOA VII, Text 4a. Vgl. auch RE VII 528.543 und die Karte auf S. 529/30.

**Magadis** (*μάγαδις*). Ein seiner Form nach nicht eindeutig bestimmtes, wohl harfenartiges griech. Musikinstrument mit höchstens 20 Saiten. Die Kenntnis der M. gründet sich – abgesehen von einer singulären Nennung bei Xen. an. 7,3,32 – durchweg auf Dichter- (vor allem Lyriker-), Grammatiker- und Musikerzitate, die bei Athen. 14,634b–637a unter der Frage *πότερον αὐλῶν εἶδος ἢ κιθάρας ἐστίν* (634c) gesammelt sind. Während daraus der Gebrauch des Instrumentes vorwiegend auf das 7.–5. Jh. v. Chr. festgelegt werden kann, lassen die untereinander sehr widersprüchlichen Angaben sowie fehlende ikonographische Anhaltspunkte nur eine hypothetische Charakterisierung der M. zu. So stellt sie wahrscheinlich eine Form der → Pektis (Harfe) dar, deren Besonderheit in einer Einrichtung zum Spiel in der Oktave liegt. Daneben ist allerdings entsprechend der Vielfältigkeit der Zeugnisse auch eine Übertragung der Bezeichnung M. auf andere, ebenfalls diese Eigenschaft aufweisende Instrumente nicht völlig auszuschließen. Aus dieser mehr generellen Verwendung scheint dann auch das Verbum *μαγαδίζειν* abgeleitet, das bei [Ps.-] Aristot. probl. 918 b 40 sowie 921 a 12 und 29 in der Bedeutung »Gesang im Oktavabstand« begegnet (vgl. [3]). U. K.

1. *W. Vetter*, RE XIV 288–291. 2. *M. Wegner* Das Musikleben der Griechen, 1949, 48. 3. *H. Flashar* Aristoteles. Problemata Physica, 1962, 612.

**Magalus** (*Μάγιλος*). Häuptling der Boier, kam 218 zu Hannibal an die Rhône, um ihn über die Alpen zu führen. Pol. 3,44,5ff. Liv. 21,29,6. H. V.

**Magarsa** (Strab. 14,676 *Μάγαρσα*, Arr. 2,5,9 *Μάγαρσος*. Plin. nat. 5,91 *Magirsos*), Ort Kilikiens an der Mündung des → Pyramos. M. (Ruinen beim h. Karatasch) lag nach Steph. Byz. s. M. auf einem hohen Hügel bei Mallos, das an das röm. Straßennetz angeschlossen war (K. Miller Itin. Rom., S. 760 mit Skizze Nr. 219, S. 665/66) und als Hafen von M. galt. Durch Anschwemmungen im Mündungsgebiet des Pyramos hat sich die Lage beider Plätze seit dem Alt. erheblich verändert. Kult der *Ἀθηνᾶ Μαγαρσίς*. H. T.

*A. Forbiger* HB. der alt. Geogr. 2,283. *F. W. Putzgers* Hist. Schulatl. 1913, S. 5b.

**Magas** (*Μάγας*). **1.** Vater der → Berenike (1). Sch. Theokr. 17,34. O. Hoffmann Die Makedonen, 1906, 222f. **2.** Sohn des Philippos und der → Berenike (1), eroberte für seinen Stiefvater Ptolemaios I. um 300 das aufständ. Kyrene, verwaltete es, fiel nach dem Tode des Ptolemaios (283) von dessen Nachfolger Ptolemaios II. ab, nahm den Titel König an, verbündete sich mit kret. Gemeinden und → Antiochos I. (2), dessen Tochter → Apama (3) er heiratete, brach aber den Feldzug, in dem er bis Taposiris (60 km vor Alexandreia) kam, infolge eines Aufstandes der Libyer ab. Kurz vor seinem Tode um 250 verlobte M. seine Tochter → Berenike (3) mit Ptolemaios III. FGrH 86 F 7. Paus. 1,7,1f. Iust. 26,3. Polyain. 2,28. SEG 9, 1954, 112. 17, 1960, 817. Inscr. Cret. 2,211ff. Unter M. gab es in Kyrene eine Philosophenschule, zu der Theodoros, der Ratgeber des M., gehörte. Diog. Laert. 2,103. Cic. Tusc. 1,102. Zum Zusammenstoß des M. mit dem Komödiendichter → Philemon Plut. mor. 458a. 449e. M. wird als Maka in der 13. Felseninschr. des ind. Königs Aśoka (268–233) erwähnt. J. Bloch Les inscr. d'Asoka, 1950. G. Pugliese Carratelli La parola del passato 8, 1953, 449ff. Mz. Head HN$^2$ 871. F. Chamoux, Rev. Hist. 216, 1956, 18ff. P. M. Fraser J. egypt. arch. 43, 1957, 108 Nr. 49 (zu der umstrittenen Chronol. von 308–258). Ders. Berytus 12, 1958, 104,2. Ders. J. egypt. arch. 46, 1960, 100f., n. 33f. G. Capovilla, Aegyptus 43, 1963, 143f. E. Will Histoire du monde hellénistique 1, 1966, 125. **3.** Sohn des Ptolemaios III. und der → Berenike (3), wurde beim Regierungsantritt des Ptolemaios IV. 221 mit seinem Anhang getötet. Pol. 5,34,1. 36,1. 15,25,2. Plut. Cleom. 33. H. V.

**Magazine** s. Horreum

**Magdala** (*Μαγδαλά*, aram. *migd$^e$la* »Turm«; in Palästina häufige Ortsbezeichnung, vgl. Jos. 15, 37; 19,38) aram. *migdal nunajjā* »Fischturm« (nach [2],42ff. *migdal sabbā$^c$ajja* »Färberturm«?) Ort an der W.-Seite des See Genezareth n.w. Tiberias in der Gegend der h. israel. Siedlung *migdal*, arab. *el meǧdel*. Griech. Name Tarichea(i) (*Ταριχέα[ι]*, vgl. Strab. 16,2,45. – Identität, lange bestritten [RE IV A 2317f.], kann trotz Plin. nat. 5,71 als gesichert gelten; [1],78f. [2]. [3],476). Vielleicht ident. mit dem at. *migdal el* (Jos. 19,38). Spätestens seit dem 1. Jh. v. Chr. eine der größten (Ios. bell. 3,359f. angeblich 37600 Einwohner; vgl. bell. 1, 180. 2,608) Städte Galiläas, hellenist. geprägt (Hippodrom: bell. 2,599. vita 132; Stadion: bell. 3,539), mit teils jüd. Bevölkerung (Synagoge: vita 277. 280). 52/51 v. Chr. durch → Cassius (15) erobert (bell. 1,180; ant. 14,120). Von Nero dem Königreich Iulius M. Agrippas (→ Herodes 8) einverleibt (bell. 2,252; ant. 20,159). Zu Anf. des jüd. Krieges in den Händen der Aufständischen, zeitweise Hauptquartier des → Iosephos (vita 96. 127. 159), Herbst 67 n. Chr. durch Titus erobert (bell. 3,462ff. Suet. Tit. 4). Seitdem bedeutungsloser Flecken. Jüd. Besiedelung (Sitz der Priesterklasse Ezechiel, [1],76 vgl. M. Avi-Yonah, Israel Explor. Journ. 12, 1962, 137ff.) bis ins 4. Jh. n. Chr. bezeugt. In der chr. Überl. wird M. in Zusammenhang mit der Wirksamkeit Jesu erwähnt (Mk. 8,10 v. l.; Mt. 15,39 v. l.; zur Textüberl. s. J. Jeremias, ZNW 35, 1936, 280f. = Abba, 1966, 87ff. B. Hjerl-Hansen, Rev. Bibl. 53, 1946, 372–384) und als Heimat der Maria Magdalena (Mk. 15,40; 16,1; Lk. 8, 2; Joh. 20,1. u. ö.) verehrt (Theodosius, de situ terrae sanctae 2 [CSEL 39,137f.]; [5],249ff.). B. Sch.

1. *S. Klein*, Beitr. z. Geogr. und Gesch. Palästinas, 1909, 76–84. 2. *W. F. Albright*, AASOR 2–3, 1921–1922, 29–46.

3. *Abel*, Géogr. II, 373. 476f. 4. *Alt*. II, 449f. 5. *C.Kopp*, Die hlg. Stätten der Evangelien, 1959, 246–251.

**Magdalensberg** s. Noricum

**Magdolon.** Vom sem. Wort *migdōl* »Turm« (im Altäg. Lehnwort, vgl. GARDINER Onomastica A 450), Bezeichnung mehrerer Orte in Palästina (z.B. Magdali bei KNUDTZON, El-Amarna Tafeln Nr. 234). Wichtig als Mittelpunkt der Befestigungskette an der Straße Sile–Raphia (sog. »Horusweg«) ein maktal des Mn-mꜣc.t-Rc (:Sethos' I.) (vgl. JEA 6,107), erwähnt auch Pap. Anastasi V 20,2 und als Hauptquartier Ramses' III. im Kampf gegen die Seevölker. Es wird im AT. (Exod. 14,2. Num. 33,7) als Station des Auszuges erwähnt: Der Lagerort Pihachirot läge zwischen Migdol und dem (Mittel)meer. Es wird jetzt bei Tell el-Ḥēr, 12 km s. Pelusion, lokalisiert. Dieses M. war auch Zufluchtsort vor den Babyloniern flüchtender Juden (Jer. 44,1. 46,14). – Hdt. 2,159 gibt Magdōlos fälschlich anstatt Megiddo als Ort der Schlacht Nechos gegen Josia von Juda an (2. Kön. 23,29). – Die durch Papyri bekannte Ortschaft Magdōla im Arsinoites ist h. Medinet Nehas. W. H.

**Mageia** (*μαγεία*), die in Griechenland eingeführte Lehre einer med. Priesterkaste, der Magier, und allgemein der Gebrauch von Zaubermitteln. Vorstellungen, die eindeutig der M. zuzuschreiben sind, lassen sich auf rechtlichem Gebiet ([1]) nur schwer nachweisen ([4]). 1. Im Vertragsrecht. a) In privaten Verträgen glaubte man wohl in der Epoche des prälog. Denkens, die Bindung des anderen durch einen Helfedämon herbeiführen zu können. Auf diese Anschauung geht die Übung zurück, verschiedene Verträge auch in späterer Z. noch zu beschwören ([3],67ff., 98, 111). b) In öffentlichen Verträgen. Die Wendung *ὅρκοι καὶ συνθῆκαι* bezeugt die enge Verbindung von Bündnissen und Friedensverträgen mit Schwüren, die ihre Rechtsbeständigkeit sichern sollten ([3],99). Daneben dienten der Bekräftigung der Erklärungen symbolische Handlungen (z.B. Versenkung glühender Eisenbarren ins Meer), die als Gleichniszauber anzusprechen sind (Diod. 9, 10,3. Plut. Arist. 25. Vgl. dazu [6]. [3],99). 2. Im Strafrecht. Schadenszauber wurde in → Teos für sich allein mit sakraler und wohl auch weltlicher Strafe belegt (SGDI 5632. [3],68), im att. Recht war er dagegen nur noch in Verbindung mit den Delikten der *ἀσέβεια* (Plat. leg. 10,908 D f. [3],69. [2],365) und der → *φαρμακεία* ([2],607 f.) strafbar. 3. Im Verfahrensrecht. Die feierliche Haussuchung beim Diebstahl im att. Recht (Plat. leg. 12,954, Aristoph. Nub. 497 und Sch. zu 499) ist sicherlich magisch zu deuten ([5]), ebenso die → *πρόρρησις* im Mordverfahren ([7],84).

E. B.

1. *Huvelin* Magie et droit individuel, L'Année Sociologique 10,1907. 2. *Lipsius* Das att. Recht und Rechtsverf., 1905–1915. 3. *Latte* Heiliges Recht, 1920. 4. *Beck* Festschr. Koschaker 1,1f. 5. *Kaser* Röm. R.-Gesch. 141,23. 6. *Düll*, ZRG 68, 198ff. 7. *Gernet*, L'Année Sociologique Sér. 3 (1948–1949), 1951, 21f.



**Magi.** Ortschaft in Britannien, Sitz des spätröm. *praefectus numeri Pacentium* (Not. Dign. occ. XL, 29), vielleicht das h. Piercebridge in County Durham. F. M. H.

Vgl. mit Vollbibliogr. RE XIX 396. *E. Foord* The Last Age of Rom. Brit., 1925, 161. 163. 277. *I. D. Margary* Rom. Roads in Brit. 2, 1957, 161. *I.A. Richmond* Rom. Brit.², 1963, Ind. s. Piercebridge. *W.Bonser* A Rom.-Brit. Bibliogr., 1964, Ind. s. Piercebridge.

**Magie** s. Zauber

**Magister. 1.** equitum. Der Diktator ernannte sich in seiner ersten Amtshandlung einen m.e. (griech. *ἵππαρχος*), dem er, bevor er selbst zurücktrat, den Befehl gab, sein Amt niederzulegen, da es zwangsläufig mit der Diktatur erlosch. Die archaische Form der Ernennung blieb immer erhalten ([3],251. [4],108); allein die Eignung für das Amt war ausschlaggebend (meist jedoch, seit 321 v. Chr. regelmäßig, Konsulare wie beim Diktator). Bestellung findet vor Tagesanbruch nach Einholung von Auspizien statt, ohne Rücksichtnahme auf Senat (Sonderfälle s. [5],642/43). In späterer Z., wo m.e. auch mit Reiterei nichts mehr zu tun hatte, war seine Ernennung eine bloße Formalität ([4], 159). Das Amt geht vielleicht auf das des *tribunus celerum* der Königszeit zurück ([1], II 176. [2],108. [3],269); jedenfalls reicht es wie das des *m. populi* weit in diese Z. und wurde als Ausnahmeamt für Notzeiten beibehalten ([4],39ff.); möglicherweise ident. mit *m. iuventutis* bzw. *iuvenum* (Führer der Adelsreiterei), der sich als ständige, aber zivile Magistratur in einigen Etrusker-, Latiner- und Sabinerstädten findet ([6],91f. [3],168; KORNEMANN, Klio 14,190ff.: auch in Rom urspr. ein ordentlicher Jahresbeamter; daher Zweiheit von Diktator und m.e. vielleicht Zwischenstufe zwischen Königtum und Konsularverfassung, s. [3], 168ff.; dagegen [4],41); notwendiges Pendant zum Diktator als dem Befehlshaber des Fußvolkes allein ([7], II 272. [4],41; dagegen R. STARK Res publica, 1937, 9ff. [3],270: *populus* ist die Gesamtheit des Heeres). M.e. wird vom Diktator mit dem *imperium* versehen und ist Magistrat, da er bei Aushebungen im Heimbereich über Bürger befiehlt, die noch keine Soldaten sind ([2],109). Seine Rangstellung (führt die *fasces* innerhalb der Stadt) ist der konsular.-prätor. gleichzustellen, wenigstens zu Caesars Z. stehen ihm sella curulis, Praetexta und 6 Liktoren zu ([1], II 176); m.e. ist Offizier und Untergebener des Diktators, den er bei Abwesenheit vollverantwortlich vertritt ([1], II 179), nichtmilitär. Belange obliegen ihm nur auf bes. Auftrag; die Verwaltung der Stadt wird einem Konsul oder Stadtpräfekten übertragen ([2],109). Trotz Unterordnung ist m.e. verfassungsmäßig selbständig, da sein *imperium* wie jedes andere inhaltlich unbeschränkt ist ([5],647: gleichsam von dem des Diktators umschlossen). Ob m.e. die allg.

magistrat. Rechte besaß, ist schwer zu entscheiden ([1], I 192), das Recht, den Senat einzuberufen, hatte er jedenfalls ([1], I 210). H. Gu.

1. *Mommsen* RStR² 2,173–180. 2. *H. Siber* Röm. Verfassungsrecht, 1952. 3. *U. v. Lübtow* Röm. Volk, 1955. 4. *E. Meyer* Röm. Staat, 1961. 5. *Westermayer*, RE Suppl. V 631 ff. (mit älterer Lit. u. Liste aller m. i e.). 6. *A. Rosenberg* Staat der Italiker, 1913. 7. *Ed. Meyer* Kl. Schr. 2,272 ff.

**2.** Magister militum, »Heermeister«, General des spätrömischen Reiches. Im Rahmen der Neuorganisation des Heeres und der Vollendung der Trennung zwischen Militär- und Zivilgewalt entkleidete Constantinus d. Gr. den *praefectus praetorio* seiner militär. Funktion und schuf das Amt des m. (Zos. 2,33). Bei der offiziellen Titulatur der am Hof amtierenden und den Kaisern unmittelbar zur Verfügung stehenden m. m. wurde in der Regel auf die Waffengattung verwiesen, d. h. jeder Kaiser hatte einen – bis Valentinian I. vermutlich ranghöheren (Ensslin, Klio 23, 1930, 312 f.) – *m. equitum* und einen *m. peditum*. Außer diesen dem → *consistorium* angehörenden *m. m. praesentales* gab es seit Constantius II. noch im Rang tieferstehende Sprengelgenerale für den Orient, Illyricum und Gallien. Alle m. waren jedoch seit Valentinian I. → *illustres* (Cod. Theod. 8,5,30 von 368). Seit 387 oder 388 (so Ensslin, Klio 24,144 f.; anders Jones Later Rom. Emp. 343) hatte man im O. 5 ranggleiche, meist *m. equitum et peditum* oder *m. utriusque militiae* titulierte, m. m.: neben den *praesentales*, je einen für den Orient (seit Iustinian I. zwei), Thrakien und Illyricum (vgl. Not. dign. or. 5–9 mit Verzeichnis der unterstellten Einheiten). Dem m. m. stand ein *officium*, bes. zur Rechtsprechung und Regelung der Besoldungsfragen, zur Verfügung (Not. dign. a. O.; nach Nov. Theod. 7,4 von 441 wohl höchstens 300 *officiales*). Im W. beließ es Theodosius I. bei 3 m. (vgl. Not. dign. occ. 1,5/7 und 5 f.). Mit der Sonderstellung → Arbogasts und → Stilichos wurde die Entwicklung eingeleitet, daß der *m. peditum praesentalis* über dem m. *equitum praes.* und dem *m. equitum per Gallias* stand. Der *m. peditum praes.*, seit 416 in der Regel mit dem Titel *patricius* (Cod. Theod. 15,14,14), wurde »Reichsfeldherr« und unter schwachen Kaisern faktisch Regent (z. B. → Constantius 6 → Aetius 3, → Ricimer). Auch im O. brachten es m. zu großer Macht (z. B. → Ardabur Aspar, → Belisarios), doch war dort der Einfluß hoher Zivilbeamter auf die Herrscher meist stärker. Von der Mitte 4. Jh. an finden wir unter den m. (Verzeichnis der m. bis 476 bei Ensslin, Klio 24), bes. im W., zahlreiche Germanen (z. B. Agilo, Alaricus, Bauto, Gainas, Merobaudes, Plinta, Richomer, Silvanus, Theodericus).

**3.** Mag. officiorum *(comes et magister officiorum)*, einer der höchsten Beamten der Spätant. (vgl. Not. dign. or. 11; occ. 9), zuerst bezeugt 320 (Cod. Theod. 16,10,1). Dem m., ständigem Mitglied des → *consistorium*, waren wohl zunächst die großen kaiserlichen Kanzleien (→ *scrinia*) und niedrigere Palastbeamte, wie *admissionales* (→ *admissio*), → *decani*, → *lampadarii*, unterstellt. Er war damit Chef der Zentralverwaltung (ohne Finanzen) und Zeremonienmeister am Hof. Schon unter Constantinus d. Gr. wurde der m. auch Befehlshaber der Palastgarden (→ *scholae*) und damit für die Sicherheit des Kaisers verantwortlich. Vor allem dank seiner Eigenschaft als Vorgesetzter der → *agentes in rebus* (*μαγιστριᾶνοι*), aus deren Reihen er (seit ca. 340) unter anderem die Bürochefs (→ *principes*) hoher Dienststellen auswählte, wurde der m. bald kaiserliches Kontrollorgan der gesamten Reichsverwaltung. Seit Constantius II. gewann der m. in Konkurrenz zum *praefectus praetorio* auch Einfluß auf die Kontrolle des → *cursus publicus*. Um 390 erhielt er dann die Oberaufsicht über die früher dem *praefectus praetorio* unterstellten Waffenfabriken (*fabricae*; → *fabricenses*). Schließlich hatte der m., dem auch die Dolmetscher unterstanden, schon im 4. Jh. den Gesandtschaftsverkehr mit dem Ausland abzuwickeln und somit Anteil an der Gestaltung der Außenpolitik (Amm. 26,5,7. Prisc. frg. 7. Lyd. mag. 2,25); Cassiod. var. 6,6,4). Obwohl der Einfluß bei Hof bes. durch die Eunuchen eine gewisse Minderung erfuhr, blieb die Stellung des m. im 5. und 6. Jh., auch etwa am Hofe Theoderichs (→ Cassiodorus), sehr stark. Im O. erhielt der m. im J. 443 die Aufgabe der jährlichen Inspektion der Grenztruppen, der → *limitanei* (Nov. Theod. 24). Leo I. unterstellte die *duces* und Offiziere der Grenztruppen der Gerichtsbarkeit des m. (Cod. Iust. 12,59,8), und 529 wurde der m. gemeinsam mit dem *quaestor sacri palatii* Appellationsinstanz bei Urteilen von Militärgerichten (Cod. Iust. 7,72, 38). 378 noch *spectabilis*, wurde der m. bald danach → *illustris*, im 6. Jh. *gloriosus*.

*A. Boak* The master of the offices, 1924. *W. Enßlin* Theoderich, 1947. *A. Jones*, Later Rom. Emp. 1964.

**4.** Magister a memoria, wohl nicht vor Hadrian vorkommender kaiserlicher Beamter. Der m. a m., zunächst Freigelassener und zugleich Kammerdiener (DessILS = 1672), hatte urspr. dem Kaiser ins Gedächtnis zu rufen, was er versprochen. Spätestens seit Diocletianus (Paneg. Lat., ed. Baehrens, 9,11), führte der frühere a m. den Titel *magister memoriae* und stand einer der großen kaiserlichen Kanzleien (dem → *scrinium memoriae*) vor. Im Laufe des 4. Jh. wurden dem m. m., der in die Klasse der → *spectabiles* aufrückte, noch Funktionen der Beamten *a libellis* und ab *epistulis* übertragen. Der m. m. hatte unter anderem die an den Rand von Vorlagen geschriebenen *adnotationes* des Kaisers zu verfassen, kaiserliche Reden zu entwerfen und militär. Ernennungen auszufertigen (Not. dign. or. 19,6; occ. 17,11. Cod. Theod. 1,8,1.2.). A. L.

*A. Reintjes* Unters. zu den Beamten bei den Script. Hist. Aug., 1961, 60 f.

**Magistratus.** 1. Terminologie: *M. (ma-g[i]steratus* CIL I[2] 401; < *magisterare, magister:* Dict. étym.[4] 378) bezeichnet sowohl in Rom als auch in den unter röm. Kontrolle stehenden Landstädten urspr. das öffentliche, in der Regel durch Volkswahl für ein Jahr kollegial besetzte Amt, daneben in hist. Z. statt des älteren *magister* (→ magister equitum; magister populi: Cic. rep. 1,63 mit Sen. epist. 108,31. Varro l.l. 6,61) den Träger des Amtes (Fest. 113 L., s. magisterare). Der Gegensatz zu m. ist *privatus* (Cic. Mur. 85. Liv. 2,56,13). Uneigentlich werden Amt und Amtsträger auswärtiger Nationen m. genannt (Caes. Gall. 1,16,5. Liv. 28,37,2). 2. Ursprung und Eigenart: Im Gegensatz zu modernen Theorien, die Anfänge oder Vorstufen der Magistratur für die Königszeit erschließen (z. B. K. Hanell Das altröm. eponyme Amt, 1946; anders R. Werner Der Beginn der röm. Republik, 1963, bes. 240ff.) oder die Jahres-Diktatur als Übergang zwischen Königtum und kollegialem Konsulat postulieren (z. B. F. de Martino Storia della costituzione rom. 1, 1951, 189ff.), sieht die röm. Tradition das kollegiale Jahresamt als zugleich mit der republ. Staatsform entstanden an (Sall. Cat. 6,7. Liv. 2,1,1. 7–8). Die M.e, zunächst wohl ausschließlich → Patrizier, sind Inhaber der Staatsgewalt und treten in dem mit → imperium ausgestatteten Oberamt dem Bürger mit fast unumschränkter Macht gegenüber. 3. Entwicklung: Neben den → Consules (unter dem älteren Titel *praetores*: Liv. 3,55,12. Fest. 249 L., s. praetoria porta) gab es anfangs nur die → Quaestores als Hilfsbeamte (zunächst ernannt: Tac. ann. 11,22,4). In der Folgezeit wurde die Magistratur entsprechend den äußeren und inneren Erfordernissen differenziert. Die Überlastung der Konsuln mit militär. Aufgaben führte einerseits zur Ausgliederung von Kompetenzen aus dem Oberamt (→ Censor; angeblich seit 443 v. Chr.: Liv. 4, 8,2–7), andererseits zur zeitweiligen Umgestaltung des Oberamtes (→ tribuni militum consulari potestate). Die Amtsträger der → Plebs (→ tribunus plebis; → aedilis) wurden im 4. Jh. v. Chr. in die Magistratur des Gesamtvolkes integriert. Durch das Reformwerk von 367 (→ lex Licinia Sextia) erhielt das System der röm. Magistratur seine bleibende Gestalt: man öffnete den Plebejern den Zugang zum Konsulat, reservierte aber das neue Amt des Gerichtspraetors (→ praetor urbanus), der als → collega minor der Konsuln galt, zunächst patriz. Bewerbern (Liv. 6,42,11); neben die 2 plebejischen traten 2 kurul. (anfangs patriz.) Aedilen. 4. Ordnung der klass. Republik: a) Gruppierung: Man unterscheidet m. plebeii und m. patricii (Liv. 3,39,9 u. ö.), von denen die ersten stets den Plebejern vorbehalten blieben (Fest. 259 L., s. plebeium magistratum); m. curules und nichtkurul. M.e (Liv. 23,23,5–6) nach dem Anrecht auf die → sella curulis (Gell. 3,18,4; vgl. aber L. R. Taylor, AJPh 60, 1939, 194ff.); m. maiores und minores



nach der Wahl in den → comitia centuriata oder tributa (Gell. 13,15,4). b) Amtsgewalt: Der M. ist durch die seinem Amt zukommende → potestas zur Wahrnehmung seiner Aufgaben in beiden Amtsbereichen (*domi militiaeque;* ausgenommen die m. plebeii und die »städtischen« M.e) befähigt: er kann das Volk in Versammlungen informieren (→ Contio), darf Verordnungen erlassen (Edictum: urspr. sicher mündlich), zur Durchsetzung seiner Absichten Strafen androhen oder verhängen (→ Coercitio). Amtshandlungen bedürfen nicht der Zustimmung des Kollegen (Ausnahme: → Censor), werden aber durch dessen Widerspruch unwirksam (→ Intercessio; auch bei Kompetenzenteilung: Cic. Verr. 2,1,119. Caes. civ. 3,20,1), ebenso durch Einschreiten übergeordneter Amtsträger (maior potestas) oder der Volkstribunen. Gemeinsames Handeln der Kollegen (bes. bei → Rogationen) oder Aufteilung der Kompetenzen (→ Provincia) ist die Regel. Die potestas der Oberbeamten (gewöhnlich: consules, praetores) ist durch → imperium und auspicium (vgl. → curiata lex) erweitert. Sie haben das Recht zur Heerführung (vgl. → imperator; → triumphus), → iurisdictio und kapitalen Coercition, dürfen → comitia einberufen und leiten (*ius cum populo agendi:* Cic. leg. 3,10) sowie mit dem → Senat verhandeln (*ius cum patribus agendi:* in jüngerer Z. auch den Volkstribunen zugestanden). Im Amtsbereich *domi* (begrenzt durch das → Pomerium [Gell. 13,14,1. 15, 27,5] bzw. den ersten Meilenstein [Liv. 3,20,7]) ist das Imperium unmilitär. und wird durch → provocatio und tribuniz. Interzession eingeschränkt. Die Praetoren verteilen ihre Kompetenzen stets durch → Losung (sortitio), die Konsuln auch durch Vereinbarung (comparatio) oder nach dem Turnus (L. R. Taylor–T. R. S. Broughton, MAAR 19, 1949, 3–14. Hist. 17, 1968, 166–172). Ihre Amtshandlungen gelten als Handlungen der ganzen Gemeinde (Sen. contr. 9,2,15), doch bedürfen Verträge und Bündnisse der Ratifizierung durch Senat und Volk (Sall. Iug. 39,3. Pol. 6,14,11: Walbank z. St.). Das Amtsjahr ist nach Z. und Amt verschieden; nach Ablauf der Amtszeit (Absetzung ist unzulässig) schulden die M.e dem Volk Rechenschaft für ihre Amtsführung (Pol. 6,15,10) und können für ernste Amtsvergehen (→ peculatus; → repetundae; → maiestas) gerichtlich belangt werden. c) Wahl und Wählbarkeit: Die m. patricii werden in den → comitia, die m. plebeii im → concilium plebis gewählt. Der Bewerber (→ candidatus) mußte sich in der ausgehenden Republik wenigstens ein trinundinum vor dem Wahltag persönlich (vielleicht erst zwischen 63 und 60 vorgeschrieben: Cic. leg. agr. 2,24. Plut. Caes. 13,1–2) beim Wahlleiter melden (*profiteri:* Sall. Cat. 18,3; vgl. D. C. Earl, Hist. 14, 1965, 325ff.). Unzulängliches Bürgerrecht (z. B. Fest. 117 L. s. municeps), Mangel der persönlichen Freiheit (→ Ingenuus 2) oder Einschränkung der

Ehrenrechte (→ Infamia) schlossen von der Wahl aus; im einzelnen befand der Wahlleiter über die Qualifikation (Vell. 2,92,3–4), notfalls unter Zuziehung eines Consilium (Asc. p. 89 C.). Unzulässig war wohl immer die gleichzeitige Führung mehrerer ordentlicher Ämter (verboten 342 v. Chr.: Liv. 7,42,2), anstößig die Bekleidung desselben Amtes durch mehrere Jahre (Liv. 3,21,2). Wiederholung desselben Amtes war urspr. auch nach kurzem Intervall häufig, seit 342 erst nach 10 J. erlaubt (Liv. 7,42,2), für die Censur nach 265 ganz (Plut. Cor. 1,1), für das Konsulat nach 151 zeitweise verboten (Liv. epit. 56. Fest. 282 L. s. pavimenta Poenica). Vor Sulla waren 10 J. Militärdienst Voraussetzung für den Eintritt in die Ämterlaufbahn (Pol. 6,19,4. Pl. Fraccaro Opuscula 2, 207 ff.). Mindestalter für die Bekleidung der m. curules, 2 J. Intervall zwischen den patriz. Ämtern und die verbindliche Folge von Praetur und Konsulat wurden durch die → lex Villia (180 v. Chr.: Liv. 40,44,1) oder wenig früher eingeführt (A. E. Astin The Lex Annalis before Sulla, 1958); erst ein Gesetz Sullas scheint ein Mindestalter für die Quaestur festgesetzt (Fraccaro 231 ff.) und sie zur Vorbedingung der Praetur gemacht zu haben (App. civ. 1,100). Die Wahl zu den hohen Ämtern wurde oft erbittert umkämpft (L. R. Taylor Party Politics in the Age of Caesar, 1949, 62 ff.); zahlreiche → ambitus-Gesetze versuchten, mißbräuchliche Praktiken zu unterbinden. d) Ehrenrechte: Die M.e bekleiden Ehrenämter, erhalten daher kein Entgelt, wohl aber Erstattung der durch die Amtsführung entstandenen Kosten (Dion. Hal. ant. 19,15,3–4). Für den Dienst außerhalb der Stadt erhalten sie Sachausrüstung (Cic. Verr. 2,4,9) oder Pauschalsumme (→ vasarium: Cic. Pis. 86), können auch alles Notwendige requirieren (Cic. Att. 5,16,3) oder auf Staatskosten kaufen. Die Amtsdiener (→ apparitores) werden vom Staat besoldet. In den M.en verkörpert sich die → maiestas populi Romani; jeder schuldet ihnen Ehrerbietung. Als sinnfällige Erscheinung des Imperium gelten die → lictores (Cic. rep. 2,55). Die m. curules (und die Censoren: Liv. 40,45,8) sitzen auf der → sella curulis und tragen die → toga praetexta. Die M.e haben reservierte Plätze bei den Spielen (Herodian. 1,9,3. Arnob. 4,35). Besitz des Imperium und Unverletzlichkeit der Volkstribunen schützen vor straf- und privatrechtlicher Verfolgung (zuletzt E. J. Weinrib, Phoenix 22, 1968, 32 ff.). Bekleidung der Ämter (seit Sulla: der Quaestur) führt zur Aufnahme in den → Senat. e) Promagistratur: Dem Mangel an M.en mit Imperium half man seit 327 v. Chr. (Liv. 8,23,12. 26,7) dadurch ab, daß den Konsuln (später auch den Praetoren) die Amtsgewalt im Bereich *militiae* von Senat und Volk (Liv. 10,22,9), später nur vom Senat (Pol. 6,15,6) über das Amtsjahr hinaus verlängert wurde (→ prorogatio) oder *privati* mit promagistrat. Imperium ausgestattet wurden (auch durch Delegation der Imperiumsträger: W. F. Jashemski The Origins and History of the Proconsular and the Propraetorian Imperium to 27 B.C., 1950, 37 f.). Der Leiter einer Provinz bestellte bei Abwesenheit seinen Quaestor (Sall. Iug. 103,4) oder → Legatus (DessILS 37) als Stellvertreter (stets *pro praetore*) und ernannte notfalls einen Stellvertreter für seinen Quaestor (Cic. Verr. 1,11). Die Bezeichnung *pro magistratu* findet sich als generalisierender Sammelbegriff in Gesetzen (z. B. lex Acilia [Bruns-Grad. 10] 70) und Senatsbeschlüssen (z. B. SC de Bacchanalibus [DessILS 18] 12). 5. Ordnung der Kaiserzeit: Trotz der monarch. Machtstellung des → Princeps bleiben die M.e der Republik in der Kaiserzeit bestehen (Tac. ann. 1,3,7. Cass. Dio 53,17,3). Polit. fast bedeutungslos, sind sie als Verwaltungsorgane wichtig genug, daß der Kaiser ihren Dienst sorgfältig beobachtet (Suet. Dom. 8,2. H.A. Marc. 24,2) und zahlreiche Werke *de officio* geschrieben werden (A. dell'Oro I libri de officio nella giurisprudenza rom., 1960). Insbesondere kontrolliert der Princeps die Wahlen: er prüft die Wahlqualifikation (→ nominatio) und spricht für die → candidati Caesaris eine in der Praxis verbindliche Empfehlung aus (→ commendatio: Tac. ann. 1,15,1. Dess ILS 244,10 ff.; vgl. B. M. Levick, Hist. 16, 1967, 209–214. R. Frei-Stolba Untersuchungen zu den Wahlen in der röm. Kaiserzeit, Diss. Zür. 1967). Seit Tiberius werden die Magistratswahlen im Senat entschieden (Tac. ann. 1,15,1. 14,28,1), vom Volk anschließend formell anerkannt (Cass. Dio 58,20,3–4); ob die Destinations-Centurien der tabula Hebana (revidierter Text: AJPh 75, 1954, 225 ff.) prakt. Bedeutung hatten, ist zweifelhaft (M. Gelzer Kl. Schr. 2, 1963, 362 ff. R. Syme, Tacitus, 1958, 756 ff.). Die Ämter-Laufbahn ist seit Augustus streng reglementiert, das Mindestalter für die Ämter niedriger festgesetzt (Cass. Dio 52,20, 1–2); vgl. J. Morris, Listy filologické 87, 1964, 316–337. Obwohl bes. das Konsulat durch Bestellung zahlreicher suffecti (später regelmäßig 6 Konsul-Paare: Cass. Dio 43,46,5) und durch Bekleidung »in Abwesenheit« (R. Syme, JRS 48, 1958, 1 ff.) abgewertet wird, bietet die Ämterlaufbahn weiterhin genug Anreiz wegen der Vorteile der sozialen Stellung und der Aussicht auf hochdotierte Posten in der kaiserlichen Verwaltung. Erst durch die Staatsreform → Diocletians werden Begriff und System der Magistratur beseitigt. 6. Munizipal-Magistratur: M. municipales (Dig. 50,1,25 u. o.) heißen generalisierend die Amtsträger der Landstädte (→ Municipium; → Colonia). Die urspr. sehr vielfältige Organisation dieser Magistraturen (Einzelheiten: [6], 5 ff.) wird am E. der republ. Z. weitgehend einheitlich (wahrscheinlich vor allem durch die → lex Iulia municipalis); diese Ordnung bleibt in der Kaiserzeit bestehen. Das Oberamt bekleiden in der Regel → duoviri iure dicundo, die häufig mit 2 aediles ein

Kollegium von quattuorviri bilden; daneben gibt es oft niedere Amtsträger (z. B. quaestores). Die M.e, vom Volk aus dem Kreis der → decuriones gewählt (Dig. 50,2,7,2), haben potestas, im Oberamt auch imperium (lex Ursonensis [DESSILS 6087] 125), das aber allg. auf die → iurisdictio beschränkt ist. Für die Bekleidung der Ämter in vorgeschriebener Folge (Dig. 50,4,14,5), das Wahlverfahren (vgl. bes. lex Malacitana [DESSILS 6089]), die Ehrenrechte und Befugnisse gilt ähnliches wie in Rom. Sogar städt. Promagistratur wird erwähnt (lex Rubria [BRUNS-GRAD. 16] I 50). W. Ki.

1. *Mommsen* StR I$^3$. 2. *B. Kübler*, RE XIV 400ff. s. v. 3. *E. Meyer* Röm. Staat und Staatsgedanke, 1964$^3$, bes. 106ff. 4. *G. Tibiletti*, Principe e magistrati repubblicani, 1953. 5. *M. Hammond* The Antonine Monarchy, 1959, 288ff.; 6. *H. Rudolph* Stadt und Staat im röm. Italien, 1935.

**Magius.** Familienname osk. Herkunft, v. PLANTA 2,693. SCHULZE Eigenn. 184. Namensträger waren bes. in Capua angesehen (Nr. 5, vgl. Cic. Pis. 24), wo sie auch inschr. erwähnt sind (z. B. CIL I$^2$ 689). Mit diesen dürften die meisten M. in Rom zusammenhängen.

I. Republikan. Zeit. **1.** M., *praefectus (sociorum)* unter (L.) Piso (Caesoninus) in Gallien um 112/11. Cic. de or. 2,265. BROUGHTON Mag. Suppl. 38. **2.** M., ein *viator* um 80, Großvater des Vergil. Donat. vit. Verg. 1. **3.** Cn. M. aus Larinum in Samnium, wurde um 88 beerbt von seinem Neffen (Sohn seiner Schwester Magia) Oppianicus. Cic. Cluent. 21. 33. **4.** Decius M., Führer der röm. Partei in Capua 216 v. Chr., wurde von Hannibal nach Afrika geschickt, aber nach Kyrenė verschlagen und fand in Äg. Asyl, wo er starb. Liv. 23, 7,4ff. 10,3ff. Vell. 2.16,2. Sil. 11,157–258. **5.** L. M., ging 85 mit L. → Fannius (5) nach dem Tod des C. → Flavius Fimbria (11) zu Mithridates über, für den er von seinem Wohnsitz Myndos aus im J. 76 mit Q. Sertorius verhandelte. Nach dessen Tod (72) soll er, obwohl geächtet, eine Rückkehr nach Rom versucht haben. Cic. Verr. 1,87 u. a. GREENIDGE-CLAY-GRAY Sources for Rom. Hist. 133–70 B. C.$^2$ 248f. **6.** Minatius M. aus Aeclanum (Hirpinerland), Enkel (?) von Nr. 4, treuer Anhänger der Römer im Bundesgenossenkrieg, nahm 89 mit T. → Didius (4) Herculaneum, unterstützte Sulla bei der Belagerung von Pompeii und der Einnahme von Compsa (und Aeclanum?) und erhielt das röm. Bürgerrecht. Vell. 2,16,2f. App. civ. 1,222f. GRAY 157. Zwei seiner Söhne erreichten die Praetur, BROUGHTON Mag. 2,67. **7.** Num. M. aus Cremona, praef. fabrum des Pompeius, wurde 49 von Caesar gefangen und zu Pompeius geschickt mit der Aufforderung zu persönl. Zusammenkunft, die nicht zustande kam. Caes. civ. 1,24,4f. 26,2. Cic. Att. 9,7 C,2. 13 A, 1. Plut. Pomp. 63,2. (Widersprüche betreffen nicht die Person des M.). **8.** P. M., tr. pl. 87 v. Chr., nach Cic. Brut. 179 *in dicendo pàulo copiosior* als sein Kollege M. Vergilius. BROUGHTON Mag. 2,47. **9.** Cn. M. Atellanus, 214 *meddix tuticus* in Capua, Verwandter, aber polit. Gegner von Nr. 5, weil er am Bündnis mit Hannibal festzuhalten suchte. Liv. 24,19,1f. **10.** P. M. Cilo, Freund des M. → Claudius Marcellus (19), mit dem er gegen Caesar gekämpft hatte, den er aber auf der Rückreise nach Rom im Peiraieus am 23. Mai 45 in persönl. Streit tötete, worauf er sich sofort selbst das Leben nahm. Cic. fam. 4,12,2; Att. 13,10,3. Val. Max. 9,11,4. **11.** P. M. Iuncus, städt. Censor in Thurioi, baute eine Basilica. DESSILS. 5530. **12.** Magia. Tochter von Nr. 2, Gattin des Vergilius, Mutter des Dichters Vergilius Maro. RE VIII A 1029f. 1038 H. G. G.

II. Kaiserzeit. **1.** M. Caecilianus. Praetor, der im J. 21 n. Chr. fälschlich wegen maiestas angeklagt war, Tac. ann. 3,37,1. **2.** M. Celer Velleianus. Bruder des → Velleius Paterculus; Legat des Tiberius im Dalmaterkrieg 9 n. Chr., beim Triumph im J. 13 ausgezeichnet, Vell. Pat. 2,115,1. 121,3. Praetor im J. 15, ebd. 2,124,4. **3.** M. M. Maximus. Procurator Hispaniae cit., Praefekt von Äg. (Plin. nat. 36,69. Syll.$^3$ II 665,27) vor 10 n. Chr. (Philo Flacc. 10,74 p. 133 R.) und ein zweites Mal im J. 12/13 n. Chr., CIL IX 1125. PSI X 1149,5. Syll.$^3$ II 665, 26f. – STEIN Praef. Aegypt. 22f. RE XXII 2368f. R. H.

**Magna Mater** s. Mater Magna

**Magn(ae).** 3 brit. Ortsnamen M. sind überliefert. Einer könnte mit → Magi ident. sein, der zweite ist das h. Carvoran (zugleich *Banna*?), damals ein Kastell des Hadrianwalls; das dritte, h. Kenchester, liegt 8 km w. von Hereford an der Römerstraße von Carmarthen nach Wroxeter. F. M. H.

Vgl. mit Vollbibliogr. RE XIV 444. *E. Birley* Research on Hadrian's Wall, 1961, 192f. *W. Bonser* A Rom.-Brit. Bibliogr., 1964, Ind. s. Carvoran, Kenchester. *R. G. Collingwood–R. P. Wright* The Rom. Inscr. of Brit. 1, 1965, Ind. s. Hadrian's Wall (Carvoran), Kenchester. *I. D. Margary* Rom. Roads in Brit. 2, 1957, 73f. 126f. 177f. 180. *I. A. Richmond* Rom. Brit., $^2$1963, Ind. s. Kenchester. *G. Webster*, in: The Civitas Capitals of Rom. Brit., 1966, 33. 41.

**Magnentius.** Flavius Magnus, Usurpator und röm. Kaiser 350–353; * in Amiens, von brit. Vater und fränk. Mutter, in der militär. Laufbahn bis zum *comes* aufgestiegen, verheiratet mit → Iustina, ließ sich durch den *comes rerum privatarum* Marcellinus zur Verschwörung gegen → Constans bewegen, nahm am 18. Jan. 350 in Autun den Purpur (Ps. Aur. Vict. 42. Zos. 2,42. Zon. 13,6. Chr. min. 1,237) und wurde bereits E. Februar in Oberitalien rasch auch im ganzen W. (einschließlich Afrika) anerkannt. Wohl um Widerstand gegen M. im Donauraum zu organisieren, bewog die Kaiserschwester → Constantia (Nr. 2) → Vetranio zur Usurpation. M. bemühte sich um Anerkennung durch Constantius II. Als dann Vetranio gestürzt wurde und es Constantius gelungen war, die

Rheingermanen gegen M. aufzuhetzen, suchte dieser durch Erhebung des → Decentius zum Caesar seine Position zu festigen. Im Frühsommer 351 erzielte M. einige Erfolge gegen Constantius, wurde aber dann am 28. Sept. bei Mursa (Pann.) geschlagen. M. zog sich nach → Aquileia zurück und suchte von dort aus eine neue Streitmacht aufzubauen, mußte aber im Sommer 352, als schon weite Teile seines Herrschaftsgebietes verloren waren, nach Gallien fliehen (Zos. 2,53. Iulian. or. 1,38. 2,71 f.). 353 erneut geschlagen, zog er sich nach Lugdunum zurück, wo er angesichts der Aussichtslosigkeit seiner Lage Selbstmord beging (Sokr. 2,32. Soz. 4,7. Zon. 13,9). M. war selbst Heide und begünstigte die Heiden, suchte aber auch, wie vor allem Münzen zeigen, die nicaen. Christen im Kampf gegen den Arianer Constantius auf seine Seite zu bringen. Vor allem beim Adel machte sich M. bald durch rigorose Steuermaßnahmen unbeliebt. Die Quellen beurteilen den gescheiterten Usurpator, der wohl vor allem auf den Gebieten der Organisation und der Diplomatie einige Fähigkeiten besessen haben muß, ungünstig. A. L.

*P. Bastien* Le monnayage de Magnence, 1964.

**Magnes** (*Μάγνης*). Myth. Repräsentant von → Magnesia in verschiedenen Stammbäumen. **1.** Sohn des Zeus und der Thyia, Tochter Deukalions, Hes. katal. frg. 5, wohnt mit seinem Bruder Makedon in Pierien und am Olymp und ist der Vater des → Pieros, Apollod. 1,16. **2.** Sohn des → Aiolos (1) und der Ainarete, zeugte mit einer Quellnymphe → Diktys und Polydektes, die Besiedler von Seriphos, Apollod. 1,51. 88. H. v. G.

**3.** M., neben Chionides als ältester Dichter der att. Komödie von Aristot. poet. 1448 a 33 genannt, siegte an den Dionysien 472 (IG II² 2318), im ganzen elfmal (Anon. CGF p. 7, bestätigt durch IG II² 2325). Aristoph. Equ. 520 ff. bezeugt, daß keiner öfter erster war (auch von den Späteren nicht, soviel wir wissen), aber auch, daß ihn zuletzt im Alter der Erfolg verließ. Das hatte Aristoph. offenbar schon miterlebt. Keines seiner Stücke kam nach Alexandreia (d. h. sie waren gar nicht buchmäßig herausgegeben), wohl aber 9, die die Kritik als untergeschoben erkannte (Anon. a. O.). Das wird auch bei den Zitaten meist angegeben. Sch. Aristoph. Equ. 522 gibt die wohl nur aus Aristoph. Worten erschlossenen Titel *Βαρβιτισταί, Ὄρνιθες, Λυδοί, Ψῆνες, Βάτραχοι*. W. K.

**4.** M., Beiname eines Epikureers, dessen eigentlicher Name vielleicht Epikuros war; um ihn vom Schulhaupt zu unterscheiden, nannte man ihn nur »den aus Magnesia«; dieser M. wird erwähnt von Diog. Laert. 10,26 und Pap. Hercul. 1479 = vol. Herc.² VI fol. 54,4. H. D.

**Magnesia. 1.** (*Μαγνησία; Μάγνης, Μάγνητες*; IG IX 2,1228 b16: dativ. plur. *Μαγνείτεσσι* 3. Jh. v. Chr., Name mit anderer Endung der gleiche wie *Μακεδνοί* – Makedonen).



Die thessal. Küstenlandschaft vom Peneios bis zum Golf von Pagasai mit der weit nach S. sich erstreckenden, schmalen Halbinsel, die den pagasaiischen Golf nach O. und S. abschließt, ganz von den Gebirgen Ossa und Pelion und ihren Ausläufern erfüllt. Die O.-Küste gegen das offene Meer war hafenlos und sehr gefürchtet. Hier erlitt die Flotte des Xerxes Schiffbruch, Hdt. 7,188 ff. Der S.-Teil dieser Küstenstrecke bis zum gleichnamigen Kap im S. (Hg. Georgios) hieß *Σηπιάς*. Die wichtigsten ant. Ortschaften an der O.-Seite von Ossa und Pelion waren → Homole, Eurymenai, → Rhizus, → Meliboia und → Kasthanaia. Die ganze O.-Seite der magnes. Halbinsel weist keine Ortschaften auf, an der klimat. bevorzugten W.-Seite des Pelion sind zu erwähnen → Lakereia, → Boibe, das sagenberühmte → Iolkos an der Stelle des h. Kastro von Volo und Orminion (Goritsa bei Volo, RE XVIII 1106,30 ff. 1107 ff.), an der W.-Seite der magnes. Halbinsel → Methone, Korope mit dem Orakelheiligtum des Apollon Koropaios (RE XI 1436 f.), Spalauthra und Olizon.

Von Magneten ist nach der Überlieferung der gleichnamige Ort M. am Maiander gegründet, im Schiffskatalog ist M. vor allem das Reich des Philoktetes, Il. 2,716 ff., der W.-Abhang des Pelion jedoch mit Iolkos und Boibe wird zum Reich des Eumelos gerechnet, 711 ff. Die Magnetes erscheinen im Schiffskatalog als offenbar nachträglicher Einschub am E. der gesamten Aufzählung ohne Ortsnamen am Peneios und Pelion, 756 ff. Auch der mit den Makedonen verwandte Name weist auf die Z. nach der Einwanderung der NW.-Griechen in Thessalien für die Entstehung des Stammnamens hin. Urtümliche Sitten erwähnen Pind. P. 4,141 ff. Xen. hell. 6,1,7 = Athen. 1,15 f. Die Magneten gehörten zu den alten Mitgliedern der pylaiisch-delph. Amphiktyonie und sind daher in den delph. Inschr. oft genannt, waren aber wie die anderen Randstämme Thessaliens von diesem abhängig, Aischin. 2,116. Paus. 10,8,2. Harpokr. s. *Ἀμφικτύονες* = Theop. FGrH 115 F 63. Aristot. pol. 1269 b 5 ff. Thuk. 2,101,2. Sie bewahrten jedoch eine beschränkte Selbständigkeit und teilten als Untertanen der Thessaler deren allg. Schicksale. Mit dem Aufschwung der Tyrannendynastie von → Pherai wurden sie von diesen abhängig, Polyain. 6,2,1, aber nach Pelopidas' Eingreifen 364 v. Chr. an Boiotien angeschlossen, Diod. 15,80,6. Plut. Pelop. 35,2. Philipp konnte daher nach seinem Sieg über die Nachfolger Alexanders von Pherai die Landschaft für sich behalten und mit Befestigungen versehen, Demosth. 1,13. 22. 2,11. 6,22. Isokr. Philipp. 21. Strab. 9,5,16 p. 437. Brief Speusipps 1 (Bickermann-Sykutris, Ber. Sächs. Akad. 80, 1928, 3).

Das einschneidendste Ereignis in der Gesch. der Landschaft war die Gründung von → Demetrias am S.-Ufer des inneren pagasaeischen Golfes dem

h. Volo gegenüber durch → Demetrios Pol. (2) bald nach 294 v. Chr. Fast die gesamte Landschaft wurde zum Gebiet der neuen Stadt geschlagen und die Ortschaften zu κῶμαι von Demetrias, Fr. Stählin–E. Meyer Pagasai und Demetrias 178 ff. Es gab trotzdem noch selbständige πόλεις der Magneten, von denen wir aber nur → Homole ganz im N. namhaft machen können, Stählin–Meyer a. O. 182. SEG XII, 372,18 ff. Die gesamte Landschaft blieb makedon., Magneten erscheinen daher in den Listen der delph. Amphiktyonie nicht mehr. 196 v. Chr. wurden die Magneten für frei erklärt, Pol. 18,46,5. 47,6. Liv. 33,32,5. Plut. Tit. 10,4. Sie bildeten nun ein eigenes κοινόν unter einem Μαγνητάρχης, Liv. 35,31,11. 43,5. Die Spannung zwischen Rom und dem aitol. Bund mit den anschließenden Ereignissen wie der Besetzung von Demetrias durch die Aitoler und dann Antiochos III. in den J. 192 ff. v. Chr. führten zu schweren Erschütterungen innerhalb des Bundes und zu vorübergehendem Anschluß an die Aitoler. M. mußte wieder unter makedon. Herrschaft zurückkehren. Nach der Auflösung des Königsreichs Makedonien wurden die Magneten wieder frei und konnten ihr κοινόν wieder aufrichten, das auch in der röm. Kaiserzeit weiterbestand. Der Bund war eine Sympolitie mit einem Strategen an der Spitze. Magneten erscheinen nun auch wieder in Delphoi als Hieromnemonen. Die völlige Vorherrschaft der Hauptstadt Demetrias führte im 2. Jh. v. Chr. zu Spannungen und Zwistigkeiten im Bunde [6], 468 f.

Hdt. 7,188 ff. Skyl. 33. 65. Dion. Call. 33 ff. (GGM 1,239). Skymn. 606 ff. Strab. 9,5,15 p. 436. 21 f. p. 441 ff. Plin. nat. 4,32. Solin. 8,7. BCH 45, 1921, 17 III 50. 28 V 41. Inschr.: IG IX 2, 358–396. 412. 1100–1225. SEG XI, 1113. XII, 306–309. XIV, 473 f. XV, 232. 381. XVII, 302. Mz. Head HN[2] 294 ff. unter den einzelnen Namen Homole, Magnetes, Meliboia, Rhizus. E. M.

1. *Mézières* Arch. des missions scient. 3, 1854, 149 ff. 2. *H. Tozer* Researches in the highlands of Turkey 2, 1869, 72 ff. 3. *A.J.B. Wace* The topogr. of Pelion and M., JHS 26, 1906, 143 ff. 28, 1908, 337 ff. 4. *G. Kip* Thessal. Stud., Diss. Halle 1910, 78 ff. 5. *Fr. Stählin* Das hellen. Thessalien 39 ff. 6. *Ders.*, RE XIV 459 ff. 7. *Philipps.-Kirst.* 1,127 ff. 8. AA 72, 1957, 57 f. 74, 1959, 76 ff. 9. *W. Kendrick-Pritchett* Xerxes' fleet at the ovens, AJA 67, 1963, 1 ff.

**2.** Stadt im s.w. Kleinasien (h. Maghnisa oder Inekbazar) am r. Ufer des → unteren Maiandros, zuerst bei Hdt. 1,161. 3,122, dann von Thuk. 1,138 als *M. ἡ Ἀσιανή* bezeichnet, später *M. ἐπὶ Μαιάνδρῳ* und πόλις Αἰολίς genannt (Strab. 14, 647 u. ö. Diod. 11,57,7. Ptol. 5,2,15 M. Hierocl. Synecd. 659. Steph. Byz. s. v. Liv. 37,45,20. Plin. nat. 5,114. Tac. ann. 3,62,1 u. a. Im 7. Jh. v. Chr. wurde M. von den → Kimmeriern zerstört und später wieder aufgebaut. 465 Zufluchtsort des verbannten Themistokles (Thuk. a. O. Nep. Them. 10). Ruinen eines Tempels der Artemis. Inschr. Mz. M. war an das röm. Straßennetz angeschlossen (K. Miller Itin. Rom. S. 725, mit Skizze).

*Bürchner*, RE XIV 471/72. Oxf. Class. Dict. S. 531. *A. Forbiger* HB der alt. Geogr. 2,225. *W. M. Ramsay* Hist. geogr. Asia Min. 49. 50. 105 mit Karte, 422 Anm. 432 u. ö. Gr. Hist. Weltatl. I, S. 14b.

**3.** Am l. Ufer des unteren → Hermos am Nordfuß des → Sipylos (*Μαγνησία ἡ ὑπὸ Σιπύλῳ*) gelegene Stadt Lydiens, zuerst von Skyl. 98 bezeugt, später von Arr. an. 1,18,1. Strab. 13,621 u. ö. Ptol. 5,2,14 M. Hierocl. Synecd. 660 (*Μαγνησιασούπολις*) u. a. Ö. der Stadt erhob sich der myth. Niobefelsen (Hom. Il. 24,602 ff. Ov. met. 6,149). Bei M. erlag Antiochos III. d. Gr. dem L. C. Scipio 190 v. Chr. (Liv. 37,10,12. 11,1 ff.). In späterer röm. Z. eine freie Stadt, unter Tiberius von einem Erdbeben heimgesucht (Strab. a. O. Tac. ann. 2,47). Inschr. Mz. H. T.

*Ruge*, RE XIV 472–473. *A. Forbiger* HB. d. alt. Geogr. 2, 193 f. *W. M. Ramsay* Hist. geogr. Asia Min. 61. 108 u. ö.

**Magnet.** Häufigste Bezeichnungen: *Ἡρακλεία λίθος* o. ä., *Μαγνῆτις* o. ä. (die Bedeutung beider war schon der Ant. unklar). Die Beobachtung des Magnetismus ist sehr alt. Erklärungsversuche der Philosophen und Naturwissenschaftler sind notwendigerweise spekulativ, zunächst eher magisch (»Seele« bei Thales), dann pneumat.-atomist. (Empedokles, Demokrit, Diogenes von Apollonia). Manchmal war man auch einfach agnostizist. (Stoa). Durchweg umstritten war das Problem der eigenen Anziehungskraft des M. Unsere Hauptquelle für die philos. Anschauungen über den M. ist Alexander von Aphrodisias *περὶ τῆς Ἡρακλείας λίθου διὰ τί ἕλκει τὸν σίδηρον*. Die Mediziner hatten sowohl theoret. wie prakt. Interesse am M. und seinen Wirkungen: Er spielte in physiolog. Erörterungen (Erklärung des Respirationsmechanismus; Beispiel für *σύμφυτος δύναμις* im Sinne der poseidonian. Sympathiekonzeption) und im Medikamentenschatz (als eisenhaltiges Mittel oder, magisch, als Sympathie-Amulett) eine beträchtliche Rolle. Die Technik verwendete den M.-Eisenstein ganz rational; sonst aber läßt sich die Grenze zwischen »rational« und »irrational« für die ant. Einschätzung dieses *ἔνδοξος καὶ πολυθρύλλητος λίθος* (vgl. Gal. 2,44 K.) – man bedenke dabei auch die Bedeutung des M. im Volksglauben! – kaum exakt ziehen. F. K.

**Magnia** Urbica, Gattin des Kaisers Carinus; Augusta (mit Ehrenmünzrecht), *mater castrorum*, CIL II 3394. VIII 2384. XI 6957. Mz. aus Lugdunum, Siscia, Ticinum, Tarraco, Rom bei Cohen VI[2] 405–408. RIC V 2,183–85. R. H.

*Delbrück* Münzenbildnisse 191 ff. T. 30. 31. *Wessel*, Arch. Anz. 1946/47 p. 65 tav. IV. *Felleti-Maj* Iconogr. 285 tav. LIX 205.

**Magnillus.** Verwandter und Freund des Symmachus (Symm. epist. 5,17–33), Statthalter von Ligurien (Symm. epist. 3,34), 391/93 vicarius Africae (Cod. Theod. 10,17,3. Symm. epist. 5,20), danach angeklagt und freigesprochen (Symm. epist. 3,34. 9,122). A. L.

**Magnus. 1.** Cognomen e virtute (I. KAJANTO The Latin Cognomina, Soc. Scient. Fenn., Comm. Hum. Litt. 36,2, 1965, 71f. 275) bzw. zur Bezeichnung des Altersverhältnisses (m. natu, J. REICHMUTH D. lat. Gentilicia, Diss. Zürich 1956,47); in den Fasten der republ. Z. bei Cn. Pompeius M. (Cognomen durch Akklamation im J. 81, vgl. E. FRAENKEL, RE XVI 1649) und seinem Sohn Sex. Pompeius M., bei Sp. Postumius Albinus M., cos. 148, sowie bei T. Roscius M. (RE IA 1125) und bei Cn. Cornelius Cinna M., cos. 5 n. Chr. (o. Bd. I 1315, Nr. 9). Vgl. DEGRASSI FCap. 146. P. P. SPRANGER Saeculum 9, 1958, 22–58. Zur Kaiserz.: TAEGER, Charisma 2,444. H. G. G.

**2.** Magnus sollte von Senatskreisen im Jahr 235 zum Gegenkaiser gegen Maximinus Thrax erhoben werden, doch wurde die Verschwörung vorzeitig aufgedeckt und mit anderen Beteiligten wahrscheinlich auch M. hingerichtet (Herodian. 7,1. H.A. v. Max. 10. trig. tyrr. 32). **3.** Flavius M., 354 *vicarius Africae*, 359 am Hof in Constantinopel, vielleicht als *quaestor sacri palatii* (Liban. ep. 82f. Cod. Theod. 8,5,6. CIL 3,445). **4.** M., Vindaonius, Advokat (Liban. epist. 356f.), brannte 361/63 eine Kirche in Berytos nieder, unterstützte 373 als *comes sacrarum largitionum* die Arianer in Alexandreia, war 375/76 Stadtpräfekt von Constantinopel (Chr. min. 1,242. 375. Cod. Theod. 1, 28,3. Theodoret. 4,22. Sokr. 4,21). **5.** M., Gallier aus Narbo, unter → Maiorianus 458 *magister officiorum*, 458/59 *praefectus praetorio Galliarum*, 460 *consul* (Sidon. ep. 1,11,10. c. 4,2 und 15,152ff.). **6.** M., comes, Reiterführer unter Belisar in Italien, 544 von Totila in Auximum belagert (Prok. 1,5,10. 2,4.28; 3,11. Iord. Get. 60,312). **7.** Magnus aus Karrhai, schloß sich bei Iulians Zug gegen die Perser dem Kaiser an und schilderte dann den Feldzug. Ein längeres Exzerpt ist bei Malalas (Chron. 328,20ff. ed. Bonn = FGrH 225) erhalten. Ob M. Quelle für Ammianus (23–25) und Zosimos (3, 12ff.) war, oder wie weit die 3 Autoren eine gemeinsame Quelle hatten, läßt sich nicht erweisen.
*Chalmers*, CQ 54, 1960, 152ff. A. L.

**8.** M., Arzt aus Ephesos, → Pneumatiker des 1. Jh. n. Chr., schrieb u. a. medizin. Briefe; nichts erhalten. **9.** M., spätant. Iatrosophist, galt speziell als »Urologe« (vgl. IDELER Phys. et med. Graec. min. 1,261 u. ö. DIELS, Hss. der ant. Ärzte 2,59f.). F. K.

**Magnus sinus** (*Μέγας κόλπος*). Meerbusen an der O.-Küste von India extra Gangem (mit dem Golf von Perimula [Ptol. 7,2,5]) und der W.-Küste der Sinae. Der M.s. (Ptol. 7,2,1.7. 3,1. 4. 5,10. Markian. 1,16. 45. 48 [GGM 1,525,537f.]) bezeichnet den Golf von Siam und wohl auch den von Tongking. F. F. S.
*A. Herrmann*, RE XIV 494. *O. Th. Schulz*, NClio 3, 1951, 312f. *E. Polaschek*, RE Suppl. X 728. 780f. 812f.

**Mago** (*Μάγων*). **1.** Stammvater der mächtigen Magoniden, Begründer der karthag. Macht. Nach der Niederlage des Malchos in Sardinien um 550 v. Chr. ersetzte M. die Bürgertruppen durch ein Söldnerheer mit straffer Disziplin und guter Taktik. Seine Söhne waren → Hasdrubal und → Hamilkar (1). Iust. 18,7,19. 19,1,1. **2.** Karthag. Feldherr 397–375, vernichtete als Nauarch im Krieg gegen Dionysios I. 396 bei Katana die syrakusan. Flotte und vereinigte sich mit → Himilkon (1), dem Führer des karthag. Landheeres, zum mißglückten Angriff auf Syrakus. Diod. 14,59–61. M. gewann 393 die meisten Sikeler für sich und zog an der N.-Küste gegen Messana, wurde aber bei Abakainon von Dionysios geschlagen. Diod. 14,90. Mit 80000 Söldnern marschierte er 392 von der N.-Küste durch das Innere der Insel auf Syrakus, wurde bei → Agyrion durch Agyris und Dionysios im Kleinkrieg aufgehalten und schloß den für Karthago ungünstigen Frieden, der Dionysios den größten Teil Siziliens überließ. Diod. 14,95f. Als Suffet (»König«, Diod. 15,15,2) und Oberfeldherr kämpfte M. seit 383 wieder gegen Dionysios, fiel 375 in der schweren Niederlage bei Kabala und wurde feierlich bestattet. Diod. 15,15,2ff. 16,2. K. F. STROHEKER Dionysios I., 1958. **3.** Karthag. Feldherr, erschien 343 v. Chr. mit Heer und Flotte in dem von dem Tyrannen Hiketas besetzten Syrakus, um ihm gegen Timoleon zu helfen. Nach einem vergeblichen Zug gegen Katana räumte M. Syrakus, beging infolge der Mißbilligung seines Verhaltens in Karthago Selbstmord. Sein Leichnam wurde gekreuzigt. Diod. 16,67ff. Plut. Timol. 17ff. 22,8. M. SORDI Timoleonte, 1961. **4.** Karthag. Admiral, bot 279 v. Chr. mit einer Flotte bei Ostia dem röm. Senat Hilfe gegen → Pyrrhos an. Iust. 18,2,1ff. Val. Max. 3,7,10. P. LÉVÊQUE Pyrrhos 1957, 410ff. **5.** Sohn des → Hamilkar (3), jüngster Bruder → Hannibals (5), verfolgte die Römer 218 nach dem Gefecht am Ticinus bis Placentia, griff an der Trebia aus dem Hinterhalt das röm. Zentrum im Rücken an, verhinderte aber den Durchbruch der Römer nicht. Pol. 3,71. Liv. 21,47. 54f. M. führte 217 die Nachhut beim Marsch durch die Arnosümpfe. Pol. 3,79,3f. Liv. 22,2,4. Bei Cannae 216 stand er neben Hannibal im Zentrum. Pol. 3,114,7. Liv. 22,46,7. Als Siegesbote erwirkte er in Karthago Unterstützung Hannibals durch Truppen, Geld und Getreide. Liv. 23,11ff. M. ging 215 mit 12000 Mann, 1500 Reitern und 20 Elefanten nach Spanien und kämpfte dort neben seinem Bruder → Hasdrubal (3) und Hannibal, Bomilkars Sohn. Bei Iliturgi besiegt, schlug er 214 aufständ. Spanier. Liv. 23,49,5ff. 24,41,1. Mit → Hasdrubal (5), dem Sohn des Geskon, vernichtete er 211 die Heere des P. und Cn. Scipio. Pol. 9,22. Liv. 25.32ff. Dann trennten sich die karthag. Feldherren. Pol. 10,7,5. M. stand w. der Straße von Gibraltar, als P. Scipio überraschend 209 Neukarthago nahm und → Hasdrubal (3) bei Baecula 208 schlug. Während dieser nach Italien zog, holte M. von den Balearen Söldner, wurde aber mit Hanno (→ 9) von M. Silanus geschlagen und floh zu Hasdrubal, Geskons Sohn. Liv. 28,1,4ff. Sie wurden 206 von P. Scipio bei → Ilipa besiegt. Pol. 11,21ff. Liv. 28, 12ff. M. fuhr nach Gades und dem gegenüberliegenden Afrika, um ein neues Heer aufzustellen. Liv. 28,16,13. 23,6ff. Sein Unterführer → Hanno (10) wurde geschlagen. M. verhinderte den Abfall von Gades, indem er die festgenommenen Verräter nach Karthago schickte. Liv. 28,30,4. Er sandte → Massinissa auf das Festland, um Zufuhr zu beschaffen, und gab ihm damit die Möglichkeit einer Unterredung mit Scipio. Liv. 28,35,2ff. Nach mißglücktem Handstreich auf Neukarthago und Plünderung von → Gades ging M. auf Befehl Karthagos über die → Pithyusen mit dem Truppenrest nach Menorka, dessen Hafen Mago benannt wurde. Liv. 28,32,8. 36,4ff. 37. Er fuhr 205 nach Genua und führte in dem ligur. Bergland einen Kleinkrieg, um röm. Truppen zu binden und ligur.-kelt. Söldner für Karthago anzuwerben. Als Scipio beim Waffenstillstand 203 die Räumung Italiens durch Hannibal und M. verlangte, befahl Karthago seine Rückkehr. Verwundet starb er auf der Überfahrt. Liv. 28,46,7ff. 30,18f. App. Hann. 54. Ib. 37. Lib. 7.9. **6.** Barkide, Verwandter Hannibals, mit → Hasdrubal (4) 215 von Manlius gefangen. Liv. 23,41,1f. **7.** Wurde von → Hannibal (5) 215 zu Philipp von Maked. geschickt, um den Vertrag mit ihm zu beschwören, von den Römern abgefaßt und nach Rom gebracht. Liv. 23,34,2ff. Vgl. Magonos. **8.** Der Samnite (*ὁ Σαυνίτης*, Pol. 9,25,4, Umwandlung eines phoinik. Namens oder Hinweis auf Taten in Samnium; S. Gsell Hist. anc. de l'Afrique du Nord 2, 1928, 282,6), Jugendkamerad → Hannibals (5), eroberte 212 Thurioi, lockte Tib. Sempronius Gracchus in einen Hinterhalt und schickte dessen Leichnam zu Hannibal, der ihn ehrenvoll verbrannte und die Knochen nach Rom sandte. Pol. 8,35,1. Liv. 25, 15,8ff. App. Hann. 35,152. Sein von Liv. 25,18,1 erzählter Ausfall aus Capua steht im Widerspruch zu 26,5,6. 12,10, wo Bostar und Hanno dort kommandieren. In Lokroi 208 von den Römern belagert, wurde M. von Hannibal befreit. Liv. 27,28, 14ff. **9.** Übergab nach heldenhaftem Widerstande 209 v. Chr. Burg und Besatzung Neukarthagos dem P. Scipio, der M. mit den Karthagern seines Stabes durch Laelius nach Rom schickte. Pol. 10,12ff. 15,7. 18,1. Liv. 26,46,8f. 51,1f. **10.** Ging als karthag. Gesandter 149 unmittelbar vor Ausbruch des 3. pun. Krieges nach Rom. Pol. 36,3,8. **11.** Der Bruttier (*ὁ Βρέττιος*), vornehmer Karthager, erklärte 149 v. Chr. nach Rückkehr der Gesandten aus Rom in der Volksversammlung, man habe nur zwei Möglichkeiten: Krieg oder völlige Unterwerfung. Damit erreichte er, daß die geforderten dreihundert Geiseln gestellt wurden. Pol. 36,5, 1ff. H. V.

**12.** M., Karthager, verfaßte wohl nach dem 1. pun. Krieg ein Lehrbuch über die Landwirtschaft in 28 B., wobei er pun. wie griech. Quellen zugrunde legte. Nach der Zerstörung Karthagos wurde es auf Senatsbeschluß unter Leitung des D. Silanus ins Latein. übersetzt (Colum. 1,1,13. Plin. nat. 18,22). Eine griech. Bearbeitung in 20 B. schuf → Cassius Dionysius (III 5) aus Utica und widmete sie dem afrikan. Praetor von 89 oder 88, P. Sextilius (Varro rust. 1,10, vgl. Broughton 2,41); aus dieser Fassung stellte in ciceron. Z. → Diophanes von Nikaia (2) einen dem König Deiotaros gewidmeten Auszug in 6 B. her (Varro rust. 1,1,8). In seiner lat. (vgl. Cic. de or. 2,249) wie in den griech. Versionen hat M.s Werk direkt oder indirekt auf Varro, Celsus, Columella, Plinius und Gargilius Martialis gewirkt. P. L. Sch.

*A. Klotz*, RE XIV 506ff. *W. Kroll*, RE Suppl. VI 237. *R. Reitzenstein* De scriptorum rei rusticae libris deperditis 1884, 47ff. *W. Enßlin* in: Rom und Karthago, 1943, 284ff.

**13.** M., h. Mahón, wichtige Hafenstadt der Insula Minor (h. Menorca) der Balearen, wahrscheinlich benannt nach dem Bruder Hannibals Mago, der 206 v. Chr. die Insel besetzte (Liv. 28, 37,8–10) und das *castellum* (Mela 2,124) gründete. Erwähnt bei Plin. nat. 3,77. Ptol. 2,6. 73. Inschr. CIL II 3708–3710. 3712. M. teilte weiterhin die Schicksale der Balearen und blieb bis h. eine Handelsstadt mit vorzüglichem Hafen. R. G.

**Magodia** s. Simodoi

**Magog.** Aus der Prophetie Ez. 38f. über den Großfürsten Gog (wohl von → Gyges) aus M. (wohl G. mit Lokalpräformativ *m*, »Gogien«), der »am Ende der Jahre« das erneuerte Israel überfällt, aber von Jahve vernichtet wird, entwikkelte sich die jüd.-apokalypt. Tradition vom Ansturm des myth. Völkerheers G. und M. als (verschieden eingereihte) Phase der Endzeit (anhaltende legend. Nachwirkung). Übernommen Apk. 20,8f. (G. u. M. ziehen zwischen 1000 j. Reich und Endgericht, vom Satan angestiftet, gegen »die Heiligen und die geliebte Stadt«, werden aber durch Feuer vom Himmel vernichtet), wodurch ein neuer, bis h. wirksamer Anreiz für Legenden und hist. Identifizierungen entstand. Chr. B.

*P. Billerbeck* Komm. zum NT. aus Talmud und Midrasch 3, 1926, 831ff. *K. G. Kuhn*, ThWB 1, 1933, 790ff. *W. Zimmerli* Ezechiel, Bibl. Komm., AT., 13, 1969, 921ff. (Lit.).

**Magoi** (*Μάγοι*). In Griechenland wurde die Magie nach den Magiern benannt, zumindest seit dem 5. Jh. v. Chr. Einige Autoren wußten allerdings, daß die gewöhnliche schwarze Magie zu unterscheiden sei von der wahren Magie der Perser, die eine Form des Götterkults (*θεῶν θεραπεία*) sei. So etwa der Vf. des pseudoplaton. Dialogs Alkibiades. Und Aristoteles (oder Antisthenes von Rhodos?) konnte in dem verlorengegangenen Traktat *Μαγικός* erklären, daß die iran. Magier die Magie überhaupt nicht kennen. Aber der allg.

Sprachgebrauch vermischte immer mehr die iran. Magier mit den Zauberern und Astrologen der Chaldaeer. In hellenist. Z. war die allg. Vorliebe für den Orient so groß, daß man, um irgendeiner mag. oder alchimist. oder astrolog. Schrift mehr Gewicht zu verleihen, nichts Besseres tun konnte, als sie unter die Autorität Zoroasters oder eines anderen angeblichen Magiers zu stellen.

Die M. waren nach Herodot, der ihre eigentümlichen Gebräuche beschrieben hat (1,140), ein medischer Volksstamm. Sie bestatteten weder ihre Toten noch verbrannten sie sie, sondern setzten sie den Vögeln aus. Sie kannten die Ehe unter Blutsverwandten. Ihre dualist. Auffassung von der Welt ließ sie unterscheiden zwischen Tieren, deren Tötung verboten, und solchen, deren Tötung Pflicht war. Sie waren Spezialisten in der Oneiromantie, der Astrologie und der Magie.

Als Dareios nach dem Sturz und der Hinrichtung des Magiers Gaumata die Regierung übernahm, wurde das Ereignis später alljährlich durch ein Fest, das man *Μαγοφονία* »Tod der Magier« nannte, gefeiert. Dann wuchs der Einfluß der M. im Staate unter den Achaimeniden weiter, so daß sie schließlich das Monopol der Religion in Händen hielten.

Die Schwierigkeit des Problems des Verhältnisses der M. zur zarathustr. Reform hängt wohl mit 2 Umständen zusammen, nämlich mit der unlösbaren Frage, ob die Achaimeniden Zarathustrier waren, und der Tatsache, daß der Name der M. im Awesta nur einmal erwähnt wird. Zwar erscheint der Terminus *maga* mehrmals in den Gâthâs sowie die Bildung *magavan*, deren Bedeutung jedoch nicht ganz sicher ist. Nun heißt auf Sanskrit *maghavan* »reichlich gebend«; andererseits wird *maga* von den Pahlevi-Übersetzern mit *apecakih*, d.h. »Reinheit«, wiedergegeben. Daraus kann man den Schluß ziehen, daß awest. *maga* soviel als »Gnade«, *magavan* etwa »gnadenreich« bedeutete, und daß im med. Dialekt *magu* eine ähnliche Bedeutung hatte. Demgemäß hatten die *magu* urspr. mit der Zarathustrischen Reform nichts zu tun, die sich erst am E. der Achaimenid. Periode bis nach W.-Iran ausbreitete. J. D.-G.

*G. Messina* Der Ursprung der Magier, 1931 (falsch). *Gh. Gnoli* Lo Stato di Maga, Annali Napoli 1965.

**Magon** (*Μάγων*). Hauptfluß (Arr. Ind. 4,4 [Megasthenes]) von Magadha, der entweder mit der Rāmgaṅgā oder wahrscheinlicher mit dem Mahānada (h. Mahona), der nicht weit unterhalb von Patna in den Ganges mündet, gleichgesetzt wird (B. N. PURI India in Classical Greek Writings, Ahmedabad 1963, 47). F. F. S.

**Magonos** (*Μάγωνος*). Eidesleister des Vertrages zwischen Hannibal und Philipp 215 v. Chr. nach Pol. 7,9,1, aber 7,9,4 nicht erwähnt. Dagegen nennt ihn Liv. 23,34,2 richtig Mago (→ 7). Den bei Pol. 7,9,1 (Hultsch) verderbten Text sucht J. F. C. CAMPE durch Einschub von *μετά* zu halten. H. V.

**Magulaba** (*Μαγουλάβα*), nach Ptol. 6,7,37 ein Ort in Arabia Felix zwischen Silaion und Marasdu. Falls jenes dem inschr. Sirīrān (h. Zireir) und dieses *Μάρα μητρόπολις* (→ Mariaba) entspricht, könnte M. an der Stelle des h. Neǧā gelegen haben. A. D.

*H. v. Wissmann* und *M. Höfner* Beitr. zur hist. Gseogr. des vorislam. S.-Arabien, AAMz, Geistes- und Sozialw. Kl. 1952, Nr. 4, 37.

**Magulen** (Einzahl Magula), slav., h. Bezeichnung der flachen Hügel in der thessal. Ebene, die aus dem Kulturschutt prähistor. Siedlungen bestehen. E. M.

*A. J. B. Wace – M. S. Thompson* Prehistoric Thessaly 4f. 8ff.

**Magulnius.** Ital. Familienname (SCHULZE Eigenn. 151. 360), inschr. faßbar vor allem bei einem der führenden Geschlechter von Praeneste bis 82 v. Chr., CIL $I^2$ 188–191. Die Ficoron. Cista ist von einer Dindia Macolnia (Frau eines M.) ihrer Tochter geschenkt worden, DESSILS 8562. KAPPELMACHER-SCHUSTER Lit. d. Röm. 50, Fig. 31. H. G. G.

**Magusum,** eine der nach Plin. nat. 6,160 von Aelius Gallus 24 v. Chr. in Arabia Felix zerstörten Städte: Negrana, Nestum, Nesca, Magusum, Caminacum, Labecia, Mariba. M. lag danach im Ǧōf und ist wahrscheinlich ident. mit dem h. Meǧzir. A. D.

*H. v. Wissmann* Zur Gesch. und Landeskde. von Alt-S.-Arabien, SAWW ph.-h. Kl., 246, 1964, 84 (Karte), 140.

**Magydos.** Küstenort im s. Kleinasien an der Grenze von Pamphylien und Lykien (Ruinen von Lara-Monastir ö. von Attalia), zuerst erwähnt von Skyl. 100, später von Ptol. 5,5,2 M. Hierocl. Synecd. 679. Geogr. Rav. 2,18 *(Magaudo)*. H. T.

*Ruge*, RE XIV 521. *W. M. Ramsay* Hist. geogr. Asia Min. 394. *C. Müller* Tab. in GGM, tab. V.

**Mahanaim** (hebr. *măḫ$^{a}$năjim*, [scheinbarer] Dual zu *măḫ$^{a}$nā̆* »Lager«, daher LXX [1. Kön. 2,8 u. a.] Ios. [ant. 7,10 u. ö.] *παρεμβολαί*; sonst LXX *Μα[α]να]ε]ιμ* u. ä., Ios. ant. 7,10 *Μαναλις*, Eus. onom. 130,4 *Μαναειμ*; äg. [Liste Schoschenks I. Nr. 22] *m-ḥ-n-m*), wichtige israelit. Stadt ö. des Jordans (benjaminit. Siedlung?), nach Ios. 13,26 Grenzpunkt zwischen Gad und Manasse, nach Ios. 21,38 Levitenstadt; nach Sauls Tod Stützpunkt des Sauliden Esbaal 2. Sam. 2,8 wie später Davids während Absaloms Aufstand 2. Sam. 17,24ff., Vorort eines der von Salomo eingerichteten Gaue 1. Kön. 4,14. Entgegen früheren Identifizierungen ist M. mit dem *tell heǧǧāǧ* ca. 3 km s. der am Jabbok gelegenen *tulūl eḏ-ḏahab* (= Pnuel) gleichzusetzen (M. NOTH, PJ 37, 1941, 83ff. R. DE VAUX, Vivre et penser, 1941, 16ff.), der ausweislich des Scherbenbefundes zunächst am Übergang von der Früh- zur Mittelbronzezeit, dann von der Eisenzeit bis in die hellenist. Periode intensiv besiedelt war. E. Ku.

*Abel* Géogr. 2,373f. *K.-D. Schunck*, ZDMG 113, 1963, 34–40.

**Maharbal** (*Μαάρβας*). **1.** Karthag. Feldherr, der aufständ. Libyer durch den in seinem Lager zurückgelassenen, mit einem Schlafmittel vermischten Wein überlistete. Frontin. strat. 2,5,12. Dieselbe Gesch. wird von → Himilkon, dem Gegner Dionysios' I., erzählt und ist daher hist. wertlos. Polyain. 5,10,1. **2.** Offizier → Hannibals (5), Sohn eines Himilkon (Liv. 21,12,1) oder Bomilkar (Flor. 1,22,19), leitete in Abwesenheit Hannibals die Belagerung von Sagunt, verwüstete als Reiterführer vor dem Treffen am Ticinus röm. Gebiet, zwang nach der Schlacht am Trasimen. See 217 die entkommene röm. Vorhut zur Kapitulation und vernichtete die Vorhut des Heeres des Konsuls Servilius. Pol. 3,84,14. 85,2. 86,4. Liv. 21,12. 45,2. Bei Cannae stand M. auf dem r. Flügel. Liv. 22,46,7. Als Hannibal den von M. geforderten sofortigen Marsch gegen Rom ablehnte, obwohl dieser ihm ein Mahl binnen 5 Tagen auf dem Kapitol versprach, sagte M.: *vincere scis, Hannibal, victoria uti nescis.* Liv. 22,51,2 ff. Flor. 1,22. 19. Amm. 18,5,6. Val. Max. 9,5 ext. 3. Zon. 9,1,16. Beim Sturm auf Casilinum 216 wird er zuletzt erwähnt. Liv. 23,18,4. H. V.

**Mahlzeiten.** 1. Griechenland. In hom Z. kennt man 2 M., das Frühstück (*ἄριστον* Hom. Il. 24,124. Od. 16,2) und die Haupt-M. gegen Abend (*δεῖπνον. δόρπον.* Mehrere Gänge). Das Essen wird sitzend eingenommen. Noch in archaischer Z. ändert sich die Sitte: Männer liegen zu Tisch, Frauen und Kinder sitzen. Die Kreter freilich nahmen bei den → Syssitien das Liegen nie an, bei den Makedonen saßen die Söhne bis zum Erlegen ihres ersten Wildschweins auf der Jagd (Athen. 4,143 e. 1,18 a). In archaischer Z. ist die Kost allg. karg, in Boiotien und Thessalien dringt damals Tafelluxus vom Orient über Ionien ein, doch leben Athener und Spartaner im 5. Jh. noch sehr einfach (→ Kochbücher o. S. 262 f.). Gabeln und Tischmesser waren ungebräuchlich, man aß mit Händen und Löffeln, nach jedem Gang werden die Hände gespült (gewaschen). Nur Sonderlinge aßen mit Handschuhen, *δακτυλῆθραι* Athen. 1,6 d. Die Serviette, *χειρόμακτρον* scheint erst in röm. Z. aufgekommen zu sein, Lukian. de merc. cond. 15. Frauen nehmen am Essen nur im engsten Familienkreis und natürlich an Hochzeitsessen teil, sonst speisen sie für sich bzw. mit den Kindern. Im Anschluß an die M. kommt in archaischer Z. das → Symposion auf (nur abends). Allg. wird vor dem Essen geopfert, meist eine Trankspende. In Athen nimmt man nach der M. einen Schluck ungemischten Weins zu Ehren des Agathos Daimon (Hesych. s. *Ἀγαθοῦ δαίμονος*). Seit dem 5. Jh. verschiebt sich das *ἄριστον* auf die Mittagszeit, an seine Stelle tritt ein neues Frühstück, *ἀκρατισμός, ἀκράτισμα.* Genügsame Leute und Geizhälse nahmen nur Frühstück und Haupt-M. (Aristoph. Nub. 416. Plut. mor. 526 F mit moral. Wertung). Wegen der in vielen griech. Landschaften üblichen gemeinschaftlichen M. der Männer → Syssitien. Der Luxus der M. an den Adelshöfen der hom. und nachhom. Z. gilt für die gewöhnlichen Sterblichen so wenig wie der Aufwand hellenist. Fürsten.

2. Rom. Die Essenszeiten der Römer entsprechen denen der Griechen, die Sitten im einzelnen sind andere. Wann die Römer anfingen, zu Tisch zu liegen, ist unbekannt; seit Augustus nehmen auch die Frauen liegend an der M. teil (Ov. am. 1,4,16. Petron. 67,5). Kinder, Bauern, Provinzler, Besucher von Hotels und Schenken essen meist sitzend, Colum. 11,1,19. Martial. 5,70. [3] Abb. 16. [4],411. Allg. nimmt man 3 M. zu sich, Schwelger wohl auch 4 (Suet. Vit. 13,1. Cass. Dio 65,4,3). Dabei sind Frühstück und Mittagessen *(ientaculum. prandium)* vielfach so knapp und einfach (Martial. 13,13. 31. Sen. epist. 83,6. Plin. epist. 3,5,11), daß man auf einen Tisch und das Händewaschen nach der M. verzichten konnte (Sen. epist. 83,6). Um so ausgiebiger konnte die → Cena sein, obwohl auch hier die uns erhaltenen Schilderungen Ausnahmen darstellen; der röm. Normalbürger aß immer einfach (Näheres → Kochbücher o. S. 263 f.). Außer den Fingern benützte man Tischmesser (Iuv. 11,133) und Löffel. Die Serviette *(mappa)* diente außer zu dem uns vertrauten Gebrauch ([2],313) auch zum Einpacken von Speisen, die man mitnahm, und von Geschenken (→ Apophoreta). Mit dem E. der Ant. geht wie die feinere Kochkunst auch der gehobene Luxus der M. für längere Z. verloren. → Apophoreta. Cena. Convivium. Deipnon. Garum (dazu inzwischen: M. Ponsich – M. Tarradell Garum et industries antiques de salaison, 1965). Gustatio. Kochbücher. Symposion. Syssitien. W. H. G.

1. *Hermann-Blümner* Lehrbuch d. griech. Priv. Altertümer ($^3$1882) 240 ff. 2. *Marqu.-Mau* 264 ff. 297 ff. 3. *T. Kleberg* Hôtels, restaurants et cabarets dans l'antiquité rom., 1957. 4. *J. Carcopino* Das Alltagsleben im alten Rom, 1950, 408 ff.

**Maia 1.** (» Mutter « P. Kretschmer, Gl 5, 1914, 307. Frisk 2,158. → Gaia). Tochter des Atlas (Hes. frg. 275 Rz.), Mutter des → Hermes von Zeus (Hes. theog. 938. Verg. Aen. 8,138 ff. Ov. Ib. 214), der daher *Μαιαδεύς* (Hippon. fr. 16 B.) oder *Μαίας υἱός* bzw. *παῖς* (Hom. h. Herm. 73. Aischyl. Choeph. 813) gerufen wird. Anfänglich war M. eine lokale Form der Muttergottheit (Kern Rel. 1,205), dann erste der → Nymphen des arkad. → Kyllene-Gebirges (Hom. Od. 14,435. Simon. frg. 18 B. Vgl. Soph. Ichn. 16 ff. 215 ff. E. Siegmann Unters. zu Soph. Ichneutai, 1941, 46 ff.), in dessen Höhle sie den Sohn empfing und gebar (Hes. frg. 276 Rz. Hom. h. Herm. 1 ff.). Die Hermes-Mythologie (zum Hymn. L. Radermacher, SAWW 213,1, 1931. Vgl. G. Graefe – W. Fauth, G 70, 1963, 515 ff.) läßt M. wenig hervortreten; Züge der Kurotrophos (vgl. Apollod. 3,8,2) und der Schatzhüterin (Hom. h. Herm. 244 ff. Radermacher, FF 14, 1938, 39) sind ihr erhalten geblieben. Seit Hesiod und Simonides (Sch. Pind. N. 2,16) wird die Berggöttin unter die → Pleiaden eingereiht (Arat. 261. Apollod. 3,10,2. 15. Ov. fast. 5,85. G. THIELE Ant. Himmelsbilder, 1898, 111 ff.). Verknüpfungsversuche mit der röm. und ind. Göttin gleichen Namens (K. KERÉNYI, SMSR 9, 1933, 19f. U. PESTALOZZA Miscellanea G. Galbiati 3, 1951, 51) bleiben ohne sicheren Anhalt. W. F.

1. *W. Immerwahr* Die Kulte und Mythen Arkadiens 1, 1891, 72ff. (Belege). 2. *P. Kretschmer*, Kl. Forsch. 1, 1930, 2ff.

**2.** M. (Cic. nach Zeugnis bei Quint. inst. 1,4,11. Plac. CGlL 5,82,23. KEIL GrL 7,54. 16 *Maiia*). Alte latin. (Fest. 120,6f. L.) Göttin, nach der der Monat *Maius* (Paul. Fest. 121,4 L.: osk. *Maesius*, was nach Varro l. l. 7,96 *pappus* bedeutet) benannt ist (Ov. fast. 5,103. Fest. 120,6ff. L. Cens. 22,12. Macr. Sat. 1,12,18. Lyd. mens. 4,76 p. 127 W.) und die in alter Kultverbindung mit Vulcanus stand (Gell. 13,23,2 *Maiam Volcani*. Macr. a. O.: Opfer des *flamen Volcanalis* für M. am 1. Mai; M. oder Maiesta als *uxor Volcani*), erhielt eine trächtige Sau als Opfer und wurde mit Terra und Bona Dea gleichgesetzt (Macr. Sat. 1,12,20). Schon früh verwechselte man M. mit der griech. Pleiade und Mutter des Hermes, so daß M. zu Mercurius trat (Fest. Cens. Macr. Sat. 1,12,19. Lyd. mens. 4,80 p. 132 W.; vgl. Weihungen aus Delos: CIL $I^2$ 2239. 2240. 2241). Opfer am 15. Mai (Fasti Ant. vet. DEGRASSI ILLRP Nr. 9). In Tusculum gab es einen Gott *Maius, qui est Iuppiter* (Macr. Sat. 1,12,17); vgl. etr. *mae* auf der Leber von Piacenza (TLE Nr. 719a). Name M. < * *măg-i̯a* = Potenz des Vermehrens, der Größe. G. R.

*Peter* Myth. Lex. 2,2235ff. *Wissowa* RRel $^2$229. 304f. *Altheim* Griech. Götter 180f. *Ders.* Röm. Rel. 1, 1931, 60. 2, 1956, 9. *Schulze* Eigenn. 469. 471. *Latte* RRel 230. *Walde-Hof.*$^3$ 2,12f. *Bömer* Ovids Fasten 2,180f. *Radke* Götter Altitaliens 192f.

**3.** Als Personenname (SCHULZE Eigenn. 469) und als Cognomen mehrfach bezeugt. H. G. G.

**Maiandrios** (*Μαιάνδριος*). **1.** Erst Sekretär, dann Stellvertreter und 523/22 Nachfolger des → Polykrates (Hdt. 3,123. 142. Lukian. Char. 14. Nek. 16). Tyrann durch Zufall, ohne polit. Veranlagung und ohne seiner Brüder (Hdt. 3,143. 145f.) Brutalität, deren einer Perser ermorden ließ, nachdem M. bereits dem zurückgeführten Polykrates-Bruder Syloson willig (Hdt. 3,144) gewichen war. M. suchte in Sparta ein Exil, das die Ephoren auf Kleomenes' Rat dem zu Freigebigen versagten (Hdt. 3,148. Plut. mor. 224). K. K.

*H. Berve* Die Tyrannis bei den Griechen 1967, 114f.

**2.** M. aus Tralles, vertrat 59 v. Chr., s. Vaterstadt im Prozeß gegen L. Valerius Flaccus, den Statthalter von Asia. Cic. Flacc. 52–54. 59. RE VIII A 34f. H. G. G.

**3.** M. aus Miletos, griech. Historiker vorhellenist. Z., Vf. von *Ἱστορίαι* bzw. *Μιλησιακά* (mind. 2 B.), falls der Name des mehrfach (z. B. von Kallimachos) zit. Leandr(i)os tatsächlich durch Korruptel aus M. entstanden ist (so zuletzt JACOBY). Er wird im Streit um Karion und Dryussa von den Samiern als Autorität gegen die Ansprüche von Priene ins Feld geführt (Inschr. v. Priene 37ff.; vgl. Sylloge$^3$ 599). Die gesicherten Frg. betreffen miles. Gesch. und Bräuche, daneben homer. Fragen. FGrH 491/92. H. Gä.

**Maiandros. 1.** Der Flußgott M. kommt schon im Flußkatalog Hes. theog. 339 als Sohn von Okeanos und Tethys vor. Seine Tochter Kyanee gebiert dem → Miletos die Zwillinge → Byblis und → Kaunos. Ov. met. 9,450ff. Als Söhne des M. werden → Kalamos Nonn. Dion. 11,464 und → Marsyas Sch. Zenob. 4,81 genannt. Mz. mit dem Flußgott s. Myth. Lex. 3,2241. H. v. G.

**2.** M., längster Fluß im s.w. Kleinasien (h. Menderez) entspringt bei → Kelainai und nimmt nach kurzem Lauf den → Marsyas auf (Hdt. 5,118. 7,26. Xen. an. 1,2,7–8). Weitere Nebenflüsse: von S. der → Marpasos und ein anderer → Marsyas (h. Tschina). In stark gewundenem w.s.w. Lauf mündet der M. nahe Priene durch ein breites Anschwemmungsgebiet in das Ikar. Meer. Der M. war schon früh bekannt: Hom. Il. 2,869, später Skyl. 98. Hdt. 2,29. 3,122 u. ö. Thuk. 3,19,2. Strab. 13,629f. u. ö. Ptol. 5,2,6 M. Plin. nat. 5,106 u. a. H. T.

*Ruge*, RE XIV 535–540. Oxf. Class. Dict. S. 527. *A. Forbiger* HB. der alt. Geogr. 2,341. *W. M. Ramsay* Hist. geogr. Asia Min. 403. *K. Miller* Itin. Rom. 841. *C. Müller* Tab. in GGM, tab. IV. Atl. of the World (Times) II, Pl. 36.

***Μαιάνδρου Πεδίον*** ist die vom Maiandros durchströmte Talebene, mehrfach erwähnt (Hdt. 1,18. 161. 2,10. Thuk. 8,58,1. Xen. hell. 3,2,17. 4,8, 17. Strab. 14,648. 15,691. Arr. an. 5,6,4), bekannt durch ihre Fruchtbarkeit, auch als Grenzgebiet zwischen → Karien und → Lydien betrachtet. H.T.

*Bürchner*, RE XIV 540.

**Maiatai.** Frühpikten (kelt. Miathi) n. des Antoninwalles (wohl nicht des Hadrian), d.h. zwischen etwa Forth und Dee, die nach Cass. Dio unter Septimius Severus weder durch Subsidien noch krieger. Operationen befriedet werden konnten. F. M. H.

Vgl. mit Vollbibliogr. RE XIV 540. *I. Henderson* The Picts, 1967, 16f. *I. A. Richmond* Rom.-Brit.$^2$, 1963, 48/50. *F. T. Wainwright* The Problems of the Picts, 1955, Ind. s. Maeatae.

**Maidoi** (*Μαῖδοι, Maedi*). Zahlreicher, freiheitsliebender thrak. Volksstamm hauptsächlich im Gebiet des mittleren → Strymon, der bes. in hellenist. Z. im Strymontal eine Rolle spielte. Makedonien benachbart führten sie häufige, wechselvolle Kriege mit dessen Herrschern. Alexander d. Gr. gründete auf ihrem Stammesgebiet Alexandrupolis, dessen Lage noch nicht identifiziert ist. Philipp V. eroberte 211 Iamphorynna, das Hauptzentrum des Stammes. Eine Zeitlang waren sie Bundesgenossen der Römer gegen Makedonien (172); 86 v. Chr. fiel Sulla in ihr Gebiet ein. In den folgenden Kämpfen der Römer mit den M. geriet → Spartakos, der wahrscheinlich ein Maider war, in röm. Gefangenschaft, K. ZIEGLER, H 73,248 ff. Im J. 29 v. Chr. wurden die M. endgültig von Rom unterworfen. Zwei Maidern wird die Erfindung der μονοκάλαμος σῦριγξ zugeschrieben. Thuk. 2,98. Strab. 7,331. 316. 318. Aristot. hist. an. 9,45. Plin. nat. 6,217. Liv. 26,25–28,5. 40,21 ff. 42,19. Pol. 10,41,4. App. Ill. 5. Chr. D.

*Lenk*, RE XIV 541. *Detschew* Thrak. Sprachreste, 280ff. *Gerov* Unters. über die westthrak. Gebiete in röm. Zeit. Jb. Sofiot. Univ. Philol. Fak. 54,3, 1959–1960 (1961), 7ff. *Wiesner* Die Thraker 14. *Danoff* Altthrakien, Sofia 1968, 111ff. (bulg.).

**Maiesta.** Partnerin des Vulcanus (Piso frg. 42 P. bei Macr. Sat. 1,12,18), die sonst → Maia heißt. G. R.

**Maiestas.** Hoheit, Erhabenheit, Würde; eine Eigenschaft, die den Göttern (Cic. div. 1,82), dem röm. Volk (Liv. 38,11. Cic. Balb. 35; part. 105), seinem Staat (Cic. de or. 2,164; Sest. 12; Verr. 2,5, 50) und dessen Repräsentanten (Senat: Liv. 4,2,4. Val. Max. 1,8,1; 9,5,1; Konsuln: Cic. Vatin. 22; Pis. 24; Kaiser), aber auch dem *pater familias* gegenüber seinen Gewaltunterworfenen (Liv. 4,45,8. 8,7,15. 23,8,3. Val. Max. 7,7,5) zukommt. *M. populi Romani* drückt den Anspruch auf Führung im Verhältnis zu anderen Völkern, im Verhältnis zu Römern die Überordnung des Staates über den einzelnen Bürger, bes. den Beamten, aus. Die dem Staat und Staatsorganen beigelegte m. ist kein staatsrechtlich definierter, wohl aber ein polit., staatsideolog. und vor allem strafrechtlich relevanter Begriff. Verletzung der m. erfüllt den nicht exakt definierten Tatbestand des *crimen (minutae,* in der Kaiserzeit *laesae) maiestatis;* die Abgrenzung zur → *perduellio* ist unsicher. Aus der frühen und mittleren Republik sind Fälle bezeugt, in denen Verletzung der m. geahndet wurde, ohne daß die techn. Bezeichnung der Tat als *crimen m.* zuverlässig überliefert wäre: öffentliche Beleidigung der *plebs* durch die Schwester des P. Claudius Pulcher (Liv. ep. 19. Suet. Tib. 1,3. Gell. 10,6. Val. Max. 8,1: damn. 4), Anordnung einer Hinrichtung zum Vergnügen einer Dirne durch den Statthalter L. Flamininus (Cic. Cato 42. Liv. 39,43. Val. Max. 2,9,3). In der röm. Revolution wurde die Anklage wegen Majestätsverletzung zum beliebten polit. Kampfmittel gegen die Optimaten. Die Überlieferung bringt 5 Gesetze der Republik mit dem *crimen m.* in Zusammenhang: lex Gabinia (139?), lex Appuleia (103?), lex Varia (90?), lex Cornelia (81), lex Iulia (46). Nur der Inhalt der lex Cornelia de maiestate ist (durch Cic. Pis. 50; fam. 3,11,2; Cluent. 97; Verr. 2,1,12) zuverlässig bekannt. Sie nannte zahlreiche Einzeltatbestände, die sich im wesentlichen 3 Grundtypen zuordnen lassen: eigenmächtige Kompetenzüberschreitung des Feldherrn oder Statthalters, Hochverrat, Landesverrat eines Beamten. Es handelte sich fast durchweg um Amtsdelikte. Das in der lex geregelte Verfahren fand vor einer → quaestio perpetua statt. Die Strafe war Verbannung. Die überlieferten Rechtsquellen (Inst. 4,18,3. Dig. 48,4. Cod. 9,8. Cod. Theod. 9,5. Paul. Sent. 5,29, zu ergänzen durch das fr. Leidense, Cod. Leid. BPL 2589) informieren nur über das Majestätsverbrechen der Kaiserzeit. Aus dem Amtsdelikt gegen den Staat war ein jedermann mögliches Verbrechen gegen die Person des Kaisers oder Mitglieder seiner Familie geworden. Inwieweit schon Augustus' lex Iulia maiestatis (8 v. Chr.) diese Entwicklung einleitete, ist bestritten. Wahrscheinlich brachte sie im Verhältnis zur lex Cornelia keine grundsätzliche Neuerung. Jurist. Autoren des 2. und späterer Jh. e führten Rechtssätze ihrer Zeit vermutlich unzutreffend auf die lex Iulia zurück. Die aus augusteischer Z. bekannten Majestätsprozesse lassen sich aus den Grundgedanken der lex Cornelia erklären. Bereits unter Tiberius kam es jedoch zu Majestätsprozessen, die das republikan. Empfinden verletzten. Jede Unehrerbietigkeit gegen den Kaiser oder sein Bildnis, jede Anmaßung eines kaiserlichen Vorrechts, z. B. der Münzprägung, wurde nunmehr als *crimen laesae m.* geahndet (Suet. Tib. 58. Sen. benef. 3,26. Venul. Dig. 48,4,6). Als der Kaiserkult als Bestandteil der Staatsreligion ins öffentliche Bewußtsein rückte, konnte das *crimen m.* gleichzeitig Religionsfrevel sein. Christen und unter den chr. Kaisern Häretiker wurden daher des *crimen m.* beschuldigt. Als bes. schwerer Fall der Majestätsverletzung galt die Befragung von Astrologen oder Wahrsagern über das Schicksal des (göttlichen und daher dem Einfluß der Gestirne entzogenen) Kaisers (Ulp. Coll. 15,2,3. Paul. Sent. 5,21,3. Cod. Theod. 16,10,12). Bemerkenswert am Majestätsverbrechen der Kaiserzeit ist das Verfahren. Anders als im gewöhnlichen Strafprozeß wurden auch Anzeigen von Sklaven, Soldaten, Infamen und Frauen entgegengenommen (Mod. Dig. 48,4,7, p–2. Pap. Dig. 48,4,8. Cod. 5,17,8,6. 9,1,20. Cod. Theod. 9,6,2). Die grundsätzlich verbotene Folterung freier Zeugen und Beschuldigter und von Sklaven im Verfahren gegen ihren Herrn wurde hier vorgenommen; unter den jul.-claud. Kaisern (Suet. Tib. 58. Cass. Dio 60,15,6. Tac. ann. 11,22,1. 15,56 f.) ohne, später mit gesetzlicher Ermächtigung (Paul. Sent. 5,29,2. Cod. 9,8,4. 9,41,16,1. Amm. 19,12,7. Arcad. Char. Dig. 48,18,10,1). Die Strafe war seit Tiberius die Todesstrafe (Suet. Tib. 61. Tac. ann. 6,18. Paul. Sent. 5,29,1). Die uferlose Ausdehnung des Tatbestandes und die mangelnden Garantien des Verfahrens wirkten demoralisierend auf die Oberschicht und förderten das Denunziantenunwesen. Einige Kaiser versuchten daher den Tatbestand des *crimen m.* und die Intensität der Verfolgung einzuschränken (Plin. paneg. 42. HA 8,6,8. Cod. 9,8,3). Meist ließen sich die Kaiser jedoch von dem Bestreben leiten, ihre Herrschaft mit möglichst allen Mitteln, den Terror im Gewande des Strafrechts nicht ausgenommen, zu sichern. Diese Tendenz gipfelte in einem Gesetz des Arcadius *(lex Quisquis)* von 397 (Cod. Theod. 9,14,3 = Cod. 9,8,5). Danach waren nicht nur Versuch und Vorbereitungshandlungen, sondern sogar die bloße Absicht eines *crimen m.* strafbar. Der Kreis der geschützten Personen wurde auf alle kaiserlichen Beamten ausgedehnt; das Vermögen nicht nur des Verurteilten, sondern auch seiner Söhne wurde eingezogen. E. Bu.

*B. Kübler*, RE XIV 542ff. *C. Brecht*, ZRG 64, 1944, 354ff. *K. Tietz* Perduellio und maiestas, Diss. Breslau 1936. *H. G. Gundel*, Hist. 12, 1963, 283ff.

**Maimakterion** (*Μαιμακτηριών*). Monatsname: 1. In dem athen. Kalender der 5. Monat, dem November/Dezember entsprechend, benannt nach dem *Ζεὺς Μαιμάκτης* (Harpokr. s. v. *ὠνόμασται ἀπὸ Διὸς Μαιμάκτου. Μαιμάκτης δ᾽ἐστὶν ὁ ἐνθουσιώδης καὶ ταρακτικός*), dem wohl urspr. am Anf. des Monats die *Μαιμακτήρια* und dann am E. als dem *Ζεὺς Μειλίχιος* Opfer und Prozessionen gefeiert wurden. In den meisten ion. Kalendern nahm seine Stelle der *Ἀπατούριος* ein. 2. In Keos IG XII 5,647 und als *Μαιμάκτης* in Priene (s. Hiller v. Gärtringen Inschr. v. Priene 64). W. S.

RE XIV 560f.

**Maᶜīn** → Minaioi.

**Mainades** (*Μαινάδες*). Die myth. Begleiterinnen des → Dionysos, sowohl die Gespielinnen des göttlichen Kindes wie das lärmende Gefolge des herangewachsenen Gottes bei seinem Zuge durch die Bergwälder, dann auch die für seinen Dienst gewonnenen Frauen der Sage = *Βάκχαι, Λῆναι*, während die wirklichen Teilnehmerinnen des Kultes zumeist Thyiades heißen. Das Wesen des M.tums, schrankenloser Taumel der Gottbesessenen stammt mit dem Dionysoskult aus Thrakien, hat aber lyd. und phryg. Elemente des → Kybelekults aufgenommen. Älteste Erwähnungen Hom. Il. 10,460. h. 5,386. In den erhaltenen Tragödien bieten Eur. Bacch. die beste Schilderung des myth. M.-tums. Mit aufgelöstem Haar, mit Efeu bekränzt, gehüllt in buntgefleckte Reh- und Pantherfelle, umgürtet mit Schlangen, ziehen sie in die Wälder, ihrem Gott zu folgen oder ihm zu begegnen, schlagen mit ihren → Thyrsosstäben Milch, Wein, Honig aus den Felsen, nehmen, selbst unverwundbar, junge Tiere auf den Arm und säugen sie oder zerreißen und verzehren sie roh (Omophagie); Becken und Pauken, Fackeln zur Erhellung der Nacht, *εὐοῖ*-Rufe sind Übertragungen aus dem wirklichen Kultbrauch. Auf eurip. Einfluß und der Anschauung weitverbreiteter bildlicher Darstellungen fußen die Schilderungen Späterer, wie Theokr. eid. 26. Catull. 64,254ff. Ov. met. 3,511ff. – In der bildenden Kunst, bes. in der Vasenmalerei lassen sich 3 Perioden unterscheiden: die 1. verkörpert mehr unbewußt die Ungebundenheit von M., die jedoch züchtig gekleidet sind, die 2. verleiht den Darstellungen eine gewisse relig. Würde und Erhabenheit, die 3. bietet absichtsvoll die sinnlichen Reize der Körperformen dar, bes. die pompej. Wandgemälde. Die ältesten rf. Vasen zeigen die M. im bakch. Thiasos im Tanz mit Satyrn und Silenen in ausgesprochen myth. Sphäre; Attribute (Flöte, Becken, Pantherfell, Binde, Haube) sind seltener. Später wird die relig. Ekstatik z. T. gerade durch die Attribute gesteigert (Schlangen im Haar, Reh, Löwe). Genannt seien die Berliner Schale des → Hieron (Fr. Winter 50. Berl. Winckelm.-Prg. 112. Fr. Weege Der Tanz in der Ant., Halle 1926, 73. Abb. 103. 105), die Münch. Schale des → Brygos (Weege 74. Abb. 107) und der Stamnos von Nocera (Furtwängler-Reichhold T. 36f.). Als plast. Darstellung des 5. Jh. seien das Relief vom Konservatorenpalast in Rom (tanzende M. mit einem Messer in der Rechten, einem zerrissenen Rehzicklein in der Linken) und 4 ähnliche Reliefplatten aus Madrid erwähnt (Weege Abb. 114–118). Nachahmungen sind die sog. »neuatt. Reliefs« (F. Hauser Die neuatt. Reliefs, 1889). Die berühmteste M. des Alt. war die von → Skopas (Torso in Dresden, Weege 81, Abb. 122).

Als allg. menschliche Wurzel des M.tums, die der Dionysoskult sich zunutze machte, ist das Bedürfnis anzusehen, sich gelegentlich über allen gesellschaftlichen Zwang hinwegzusetzen, das Menschliche in Maskenaufzügen in Rollen göttlicher Wesen zu transzendieren, sich dem Tanzen und Rasen bis zur völligen Erschöpfung hinzugeben. Das konnte zu Halluzinationen, zu Ekstase und Orgiasmus, zu psychopath. Epidemien führen. Die in der Omophagie gipfelnde Zerstükkelung des sich in Tiergestalt offenbarenden Gottes wird meist als ein barbar. Ritus der Vereinigung mit der Gottheit aufgefaßt (*ἔνθεος, ἐνθουσιασμός*), gegen den beachtenswerten Einspruch von Wilam. GldH 1,281f. 2,67. Auch Nilsson GgrR² 1,577 warnt vor allzu zweckhaftem Denken bei Beurteilung dieser Phänomene: »Ekstat. Religiosität kennt keine äußeren Zwecke, oder macht sich bald von ihnen frei.« Beachtenswert ist die Vereinigung von Aktivität und Passivität, die gleichzeitig die Rolle des mordlustigen Verfolgers und des gepeinigten Opfertieres übernimmt, W. Fauth o. Bd. II 81 u., beachtenswert aber auch, daß der Rauschzustand nicht etwa durch Weingenuß hervorgerufen wurde und daß die bakch. Schwärmerei meist eine ausschließliche Angelegenheit der Frauen war, wenigstens urspr. ohne erot. Tendenz (Eur. Bacch. 314ff.). Die Konflikte, die der aus Thrakien und Kleinasien eindringende Dionysoskult auslöste, aber auch seine alle Hindernisse überwindende Gewalt spiegeln sich in den Sagen von → Lykurgos, von → Pentheus und den Kadmostöchtern, den → Proitiden in Argos u. a. Aber die Eingliederung in den griech. Götterdienst geschah in geläuterter Gestalt. H. v. G.

*Prell.-Rob.* 1,686ff. 693ff. *E. Rohde* Psyche 2,1ff. *Nilsson* Griech. Feste 260. *Ders.* GgrR 1,156f. 568ff. 611ff. *E. R. Dodds* Maenadism in the Bacchae, HThR 33, 1940, 155ff. *H. Jeanmaire* Dionysos, 1952. *Belknap* The Social Value of Dionysiac Ritual, RHR 106, 1932, 575ff.

**Mainake** (*Μαινάκη*). Südspan. Stadt. Name wohl abgeleitet von *μαίνη*, *maena*, einem Pökelfisch, also griech., wahrscheinlich phokaiisch [1], als bestehend genannt von Avien. or. m. 426–431 [2], hier mit Malaca verwechselt, von Skymn. 147 und von Steph. Byz. s. *Μάκη*, merkwürdigerweise als kelt. bezeichnet. Nach Strab. 3,4,2 war sie eine nicht mehr bestehende phokaiische Kolonie. AD. SCHULTEN hat ihre Lage w. von der Mündung des Vélez festgestellt auf dem Hügel Cerro del Peñón [3]. Auf der anderen, ö. Seite des Flusses, auf dem Hügel Cerro del Mar, lag eine kleine iber.-röm. Stadt, öfters erwähnt als *Maenob(or)a*, *Maenuba*. SCHULTEN neigt dazu, diesen Namen mit M. zu identifizieren [1],47f. Auf einer Flußinsel befand sich das Heiligtum der Mondgöttin Noctiluca [4]. Es gehörte aber zu Tartessos (Avien. or. m. 428 *Tartessiorum iuris*).

Es ergibt sich nun mit Wahrscheinlichkeit: M. wurde im 7. Jh. von den Phokaiern gegründet und stand in engen Beziehungen zu Tartessos, das sich die Flußinsel mit dem Heiligtum der Noctiluca reservierte. Zusammen mit Tartessos wurde es von den Karthagern zerstört. Gegenüber entstand die kleine iber., dann röm. Stadt Mainoba; ob vor oder nach der Zerstörung, wissen wir nicht [5]. R. G.

1. *Ad. Schulten* Tartessos$^2$, Hamb. 1950, 47. 2. Font. Hisp. Ant. I$^2$ (Barc. 1955) 80. 3. Von seinen zahlreichen Veröffentlichungen nenne ich nur M., AA 1922, 35–38. 1943, 23–31; Tartessos$^2$ a. O. 46ff. 4. Font. Hisp. Ant. a. O. v. 429, dazu S. 127. 5. Zweifel an den Ergebnissen Schultens bei *Simeón Giménez Reyna*, Memoria arqueológica de la prov. de Málaga (Informes y Memorias no 12), Madrid 1946, 55–57.

**Mainalon, -os** (*Μαίναλον*). Fast 30 km langes Kalkgebirge zwischen der ostarkad. Ebene und dem → Helissontal, h. ohne einheitlichen Namen, bis 1981 m hoch. Als dem Pan heilig, der danach »mainalisch« hieß, bei Dichtern oft genannt, »mainalisch« daher auch stellvertretend für »arkadisch«. Ebenso erscheint das Gebirge als Jagdgebiet der → Atalante und der Artemis und sind weitere Sagen hier lokalisiert. M. ist auch Name des Hauptorts der oberen Helissonsenke, dessen Lage nicht sicher bekannt ist, am ehesten in der ziemlich bedeutenden Ortslage bei Apano-Davia am oberen Helisson; danach genannt der Gau der Mainalier. Gegen E. 5. Jh. v. Chr. geriet der n. Teil der Landschaft in Abhängigkeit von Mantinea, Thuk. 5,29,1. 67,2. 77,1, dazu 8,9,3f., während der s. Teil mit Oresthasion bei Sparta blieb, Thuk. 4,1. 5,64,3. 67,1. dazu BÖLTE, RE XIV 1321f. Bei der Gründung von → Megalopolis wurde das ganze Gebiet in dieses einverleibt; Paus. 8,27,3 nennt dabei als weitere Orte Alea, Pallantion, Eutaia, Sumateion, Asea, Peraitheis, Helisson, Oresthasion, Dipaia und Lykaia (Lykoa), von denen aber die ö. des Gebirges gelegenen Asea und Pallantion nicht gut als zugehörig bezeichnet werden können. In Megalopolis gab es eine *φυλὴ Μαιναλίων*, IG V 2 Nr. 452. Spiele *ἐμ Μαινάλωι* BCH 81, 1957, 684 Nr. 1,6 = SEG 17,150. Strabo nennt M. unter den Städten Arkadiens, die ganz oder fast verschwunden seien. Aus M. stammte der Erzgießer → Nikodamos, RE XVII 346f. Strab. 8,8,2 p. 388. Paus. 3,11,7. 6,7,9. 8,3,4. 36,5. 7f. Steph. Byz. Syll. I$^3$ 183,15. E. M.

1. *A. Philippson* Der Peloponnes 100f. 2. *Philipps.-Kirst.* 3,259ff. 3. IG V 2 p. 131. 4. *E. Meyer*, RE XIV 576f.

**Mainz** s. Mogontiacum

**Maiocariri.** Ort im oberen Mesopotamien, n.w. von → Nisibis, bei Amm. 18,6,16. 10,1 (var. lect. *Meiacarire*), h. Sēḫañ oder Sulṭān Mūsā. Der Name rührt von einer kalten Quelle her (*majja karire* = »kaltes Wasser«). M. ist mit *Aque Frigide* der röm. Itinerarien (K. MILLER Itin. Rom. 740) ident. H. T.

*Weissbach*, RE XIV 578f.

**Maion** (*Μαίων*). **1.** Myth. König von Lydien (Maionien) und Phrygien, Gemahl der Dindyme, läßt den Liebhaber seiner Tochter → Kybele, → Attis, töten, Diod. 3,58. S. auch → Kritheis (3). **2.** Vater Homers, von dem dessen Beiname *Μαιονίδης* abgeleitet wird, aus Smyrna, Sohn des Apellis (Apelles). Auch Großvater Homers, der als Sohn einer Tochter des M. und des Flußgottes Meles bezeichnet wird. → Kritheis (2). R. v. SCHELIHA, Patroklos, 1943, 344. **3.** Thebanische Sagengestalt, Sohn Haimons, mit Polyphontes Führer eines Hinterhalts, den die Thebaner dem von einer Gesandtschaftsreise nach Theben (vor dem Zuge der Sieben) heimkehrenden Tydeus legten. Tydeus erschlug sie alle, verschonte nur M., der sich später dankbar zeigte, indem er den gefallenen Tydeus in theban. Erde bestattete, Hom. Il. 4,382ff. 14,114. Apollod. 3,67. Paus. 9,18,2. – In Eur.' Antigone ist M. der Sohn von → Haimon (5) und → Antigone (2). Das Argument des Stükkes liegt Hyg. fab. 72 vor. Nur die Schlußwendung, daß Kreon dem mahnenden Herakles nicht nachgibt, sondern M. tötet und daß dessen Eltern ihm in den Tod folgen, ist nicht euripideisch. H. v. G.

*Welcker* Griech. Trag. 2,563ff. *Robert* Oidipus 1,305ff. 381ff. *M. Pohlenz* Die griech. Trag. 1,373.

**Maionia** (*Μαιονία*). **1.** Landschaft im w. Kleinasien, nie von eigener Bedeutung, wenn auch zunächst neben Phrygien (Hom. Il. 3,400 *Μηονίη*) und anderen Ländern bes. aufgeführt. Ihr Gebiet deckte sich im wesentlichen mit der → *Κατακεκαυμένη* (1) im NO. Lydiens (W. SIEGLIN Schulatl. z. Gesch. des Alt. 11) und wurde dann ein Name für ganz → Lydien (Hdt. 1,7. Strab. 14,678. Steph. Byz. s. v. Plin. nat. 5,110). **2.** Stadt in M. (1) (h. Menje), bei Plin. nat. 5,111 *(Maeonii)* und Hierocl.

Synecd. 670 (*Meonia* zur Ἐπαρχία Λυδίας gehörig). Inschr. Mz. H. T.

*Ruge*, RE XIV 582f. *A.Forbiger* HB alt. Geogr. 2,167. *W.M. Ramsay* Hist. geogr. Asia Min. 123.168.

**Maioran** s. Amarakos

**Maiorianus. 1.** M., Iulius, 457–461 röm. Kaiser im W., diente wie sein Vater unter Aetius, verteidigte (446?) Tours gegen die W.-Goten, war gegen 450 am Sieg über den Salfranken Cloio beteiligt, lebte dann einige Z. zurückgezogen auf seinen Gütern (Sidon. c. 5,126ff. 198ff. 210ff.). Mit → Ricimer war M. 456 am Sturz des → Avitus beteiligt. Den am 1. April 457 bei Ravenna zum Augustus erhobenen M. erkannte der O.-Kaiser → Leo nicht an, obwohl er ihn selbst zum Heermeister ernannt und gefördert hatte. M., frommer Christ und die Verbundenheit mit röm. Tradition betonender Herrscher (Nov. Marcian. 4. 6. 9. 11), bemühte sich unter anderem energisch um die Stärkung der Wehrmacht (Sidon. c. 5,441 ff.; Priscus frg. 27 = FHG 4,103) und Reformen auf dem Gebiet des Steuerwesens (Nov. Marc. 2. 5). Den schon 457/58 geplanten Feldzug gegen die Wandalen konnte M. erst 460 beginnen, nachdem er zuvor beträchtliche Widerstände in Gallien hatte überwinden müssen (Sidon. 4,9ff. 5,483ff.; epist. 1,11). Als er durch Verrat das Gros seiner Flotte verloren hatte, mußte M. einen ungünstigen Frieden mit den Wandalen schließen (Chr. min. 2,31 f. Prisc. frg. 27. 29. Ioh. Ant. frg. 203 = FHG 4,616). Ricimer nahm den Mißerfolg zum Anlaß, M. zu stürzen und am 7. August 461 bei → Dertona (Ligurien) hinrichten zu lassen (Chr. min. 1,305. 2,32). A. L.

*Stein* 1,374ff. *A.Loyen*, Recherches hist. sur les panégyriques de Sidoine Apollinaire, 1942.

**2.** M., 379 *magister equitum et peditum* Theodosius' I., Großvater von Nr. 1 (Sidon. 5,109ff.).

**Maiorica** s. Baliares

**Maiorina** (sc. pecunia). »Größere« Geldsorte, erwähnt Cod. Theod. 9,21,6. 9,23,1 f. für die J. 349, 356 und 395 im Gegensatz zum *centenionalis*. Im J. 395 abgeschafft. Gemäß diesen Zeitgrenzen sieht man die M. in den von Constantius II. und Constans eingeführten und von Honorius und Arkadius verbotenen größeren Erzmünzen (Dm ca. 22 mm, Gew. ca. 5 g), zu denen es Teilstücke *(centenionalis?)* und – unter Magnentius, Iulianus und Prokopios – auch Doppelstücke gab. Doch hat es den Anschein, daß die M. eine Silbermünze und ident. mit dem *decargyrus* war. H. Ch.

*Mommsen* RW 805ff. *Schrötter* WBMzK 492f. *Pearce* bei *Mattingly* RIC 9 p. XXIXf. *Mattingly* 220f. 253.

**Maiotai** (*Μαιῶται, Maeotae*). Sammelbegriff für die Volksstämme an der ö. und s.ö. Küste der Maiotis, die angeblich kulturell tiefer standen als ihre Nachbarn. Sie ernährten sich vom Fischfang und bes. vom Handel mit eingesalzenen Fischen. In der Blütezeit des Bosporan. Reiches war ein Teil der asiat. M. den Bosporanern tributpflichtig, ein anderer von der Stadt Tanais abhängig. Unterstämme waren die Sindai, Toretai, Dandarioi, Tarpetai u.a. Skyl. 71. Hdt. 4,123. Xen. mem. 2,1,10. Skymn. 878. Strab. 1,14. 11,495 u.ö. Plin. nat. 4,88. 6,19. Chr. D.

*Herrmann*, RE XIV 590. Sowjet. Hist. Enzykl. 9, 1966, 364.

**Maiotis** (*Μαιῶτις, Maeotis lacus* bzw. *palus*), das heutige, ca. 38000 qkm große, Asovsche Meer, durch den Kimmerischen → Bosporos (2) mit dem Pontos Euxeinos verbunden. Der Umfang der M. wurde von den Alten stets überschätzt, ihre Seichtigkeit war den ant. Autoren wohlbekannt. Die Ansichten der Alten über die hydrograph. Stellung der M. gingen sehr auseinander. Hdt. 4,20.123. Strab. 2,125. 3,310. 11,493. Plin. nat. 4,78. Pol. 4, 39. 40. Chr. D.

*Herrmann*, RE XIV 590ff.

**Maipha** (*Μαίφα μητρόπολις*), nach Ptol. 6,7,41 eine Stadt im Innern von Arabia Felix. In den altsüdarab. Inschr. begegnen sowohl MYF$^{c}$ (*Maifa$^{c}$*, welches lautlich M. entspräche) als Name verschiedener Orte wie auch die Fem.-Form MYF$^{c}$T (*Maifa$^{c}$at*, welches lautlich → Maiphat entspräche) für 2 verschiedene Städte. Ferner kennen die altarab. Geographen, Historiker und Lexikographen (Bakrī, Yāqūt, Fīrūzābādī und der Autor der *Buġyat al-mustafīd*) mehrere Städte des Namens Maifa$^{c}$a bei meist unbestimmter Lokalisierung. Es ist kaum zweifelhaft, daß das als *μητρόπολις* bezeichnete M. entgegen der lautlich zu erwartenden Form dem inschr. bezeugten *Maifa$^{c}$at* entspricht, das einst die s. Hauptstadt Ḥaḍramauts war (wie → Sabbatha die n.) und deren im Trockendelta von Nusām, dem jetzigen Wadi Maifa$^{c}$a, gelegene Ruinen h. Naqab al-Haǧar heißen. Die von einer massiven Mauer umgebene Stadt war offenbar bedeutend; sie lag an der Handelsstraße, die vom inneren S.-Arabien über Ḥabbān durch das genannte Wadi zu dem vorzüglichen Hafen Qana' (→ Kane) führte. A. D.

1. *H. v. Wissmann* und *M. Höfner* Beitr. zur histor. Geogr. des vorislam. S.-Arabien (AAMz, Geistes- und Sozialw. Kl. 1952, Nr. 4), 76. 82. 85f. 95. 114 und Karten. 2. *J. Ryckmans* in: Le Muséon 70, 1957, 95f. 3. *H. v. Wissmann* Zur Gesch. und Landeskde. von Alt-S.-Arabien (SAWW ph.-h. Kl., 246, 1964), 189, 416.

**Maiphat** (*Μαιφάθ κώμη*), nach Ptol. 6,7,10 ein Ort im Gebiete der Ἀδραμῖται nahe der arab. S.-Küste, im Anschluß an → Kane und das in der Gegend des h. Hafens al-Maǧdaḥa zu suchende *Τρούλλα λιμήν* erwähnt. M. liegt im Wadi Maifa$^{c}$, dem Deltaland des perennierenden Ḥaǧar-Flusses (*Πριώνος ποταμοῦ ἐκβολαί* bei Ptol.) und ist nicht zu verwechseln mit dem im Wadi Maifa$^{c}$a gelegenen → Maipha. A. D.

**Maira** (*Μαῖρα*). **1.** Argiv. Heroine, Tochter des → Proitos und der Anteia, Gefährtin der Artemis, die sie erschoß, als sie von Zeus den → Lokros (2) gebar. Od. 11,326 gibt nur den Namen, die

Gesch. geben die Sch. z. St. (Pherekyd.). Polygnotos stellte M., neben Aktaion sitzend, in der delph. Lesche dar, Paus. 10,30,5. **2.** Arkad. Heroine, Tochter des Atlas, Frau des Lykaonsohnes Tegeates zu Tegea, wo die Gräber des Königspaares sich befanden, Paus. 8,48,6. Die Mantineer zeigten ihr Grab in dem Dorfe M. und kannten einen Tanzplatz der M., Paus. 8,8,1. **3.** Die Hündin aus der Sage von → Ikarios und → Erigone, die ihren toten Herrn findet. Sie wurde mit den beteiligten Personen verstirnt, Hyg. fab. 130; astr. 2,4: Canicula, Prokyon, auch Seirios. Bei Nonn. Dion. 47,218 ff. bewacht M. den Leichnam Erigones und stirbt vor Sehnsucht auf ihrem Grabe. **4.** Nereide, Il. 18,48. H. v. G.

**5.** M., Dorf im Gebiet von → Mantinea an der Grenze gegen Orchomenos, zu Pausanias' Z. in Trümmern, wohl beim h. Kakuri, Paus. 8,12,7. E. M.

*E. Meyer*, RE XIV 605 f.

**Maisaimaneis** (*Μαισαιμανεῖς*), ein Stamm, der von Ptol. 6,7,21 im Binnenland des n.w. Arabia Felix w. vom → Zames-Gebirge zusammen mit anderen Stämmen unmittelbar nach den → Thamudenoi erwähnt wird. Sie sind wohl zu den Marsi-ma-[nu] zu stellen, von denen in dem Bericht Sargons II. von Assyrien über seinen Feldzug vom J. 715 gegen die n.-arab. Völkerschaften die Rede ist. A. MUSIL The Northern Ḥeǧâz, New York 1926, 292 f., hat den sehr bemerkenswerten Vorschlag gemacht, den von Agatharchides de mari Erythr. 90 (= GGM I 180) genannten, n.ö. der Thamudenoi zeltenden Stamm der *Βατμιζομανεῖς*, der bei Diod. (ebd.) unter dem Namen *Βανιζομενεῖς* erscheint, mit den Marsimani Sargons zusammenzubringen. Treffen diese Gleichungen zu, so wohnten die M. w. der Datteloase Taimā und w. der von S.-Arabien zum Mittelmeer führenden Karawanenstraße, d.h. in der Gegend des bibl. Midian. A. D.

**Maisis** (*Μαῖσις*). Spartan. Aigeide, Sohn des Hyraios und Enkel des Aigeus, gründete mit seinen Brüdern Laias und Europas in Sparta bei der sog. Lesche Poikile für seine Vorfahren Aigeus, Oiolykos, Kadmos und Amphilochos Heroa (Paus. 3,15,8). → Aigeidai. H. Gu.

**Maisolia** (*Μαισωλία*). Land (Ptol. 7,1,15; Peripl. m. r. 62 [GGM 1,302]: *Μασαλία*) der *Μαισῶλοι* (Ptol. 7,1,79.93) in India intra Gangem. Das nach dem Fluß Maisolos benannte Gebiet, in dem sich die Stadt → *Καλλίγα* befand, liegt an der O.-Küste zwischen den Flüssen Kistna (Kṛṣṇā) und Mahānadī, bedeutete also das Reich → Kaliṅga. F. F. S.

*A. Herrmann*, RE XIV 608.

**Maisolos** (*Μαισῶλος*). Fluß (Ptol. 7,1,15.37), der im Orudiagebirge (R. C. MAJUMDAR The Classical Accounts of India, Calcutta 1960, 380[25]) entspringt und in den Gangetischen Meerbusen mündet. Der M. wird mit den Flüssen Godāvarī oder wohl richtiger mit Kistna (Kṛṣṇā) gleichgesetzt. Die an seiner Mündung gelegene Stadt Masulipatam (h. Bandar) scheint einen Nachhall von M. bewahrt zu haben. F. F. S.

**Maison** (*Μαίσων*). Maskentyp der Komödie, danach *σκώμματα Μαισωνικά*. Chrysipp leitete das Wort von *μασᾶσθαι* ab (nach FRISK unmöglich), Aristoph. v. Byzanz von dem Eigennamen eines Schauspielers aus Megara, offenbar dem mutterländischen, denn Polemon v. Ilion behauptete, er sei vielmehr aus dem sizil. gewesen. Jedenfalls ein Autoschediasma, bezeugt aber, daß der Typ aus der dor. Komödie stammte. Eine stehende Person mit Eigennamen in verschiedenen Rollen, als Koch, Sklave, nach Fest. auch Schiffer, das erinnert an die → Atellana. Über den M. zugeschriebenen Vers *Ἀντ' εὐεργεσίης Ἀγαμέμνονα δῆσαν Ἀχαιοί* auf einer Herme des Markts in Athen O. CRUSIUS, Philol. Suppl. 6, 1892, 275. Athen. 14,659 a. Poll. 4,148.150. Hesych. s. *Μαίσωνα, Τέττιξ*. Fest. 134 M. W. K.

*L. Breitholtz* Die dor. Farce, Stockholm 1960, 86 ff.

**Maius. 1.** Personenname und Cognomen (vgl. I. KAJANTO Soc. Scient. Fenn., Comm. Hum. Litt. 36, 1965, 61), mehrfach inschr. bezeugt. WALDE-HOF.[3] 2,13. H. G. G.

**2.** M. (mensis), der 3. Monat des voriulian. und der 5. des iulian. J., in beiden Kalendern mit 31 Tagen. Der Zusammenhang mit der Wurzel **mag* (s. Art. Maia) kennzeichnet ihn als den Wachstumsmonat (des Getreides), der sich mit den anderen Vegetationsmonaten in das urspr. röm. Bauernjahr einordnet. W. S.

**Majuskel** s. Schrift

**Makai. 1.** (*Μάκαι*), nach Ptol. 6,7,14 ein Volk in O.-Arabien im Hinterland der Buchten der Ichthyophagen, d.h. der Buchten um das h. Rās Musandem an der Straße von Hormuz beim Eingang in den Pers. Golf. Strab. 13,765 f. Plin. nat. 6,98.152. Pomp. Mela 3,79 *(Macae)* und Amm. 13,6,23 *(Maces)* kennen die M. gegenüber dem Karman. Vorgebirge. Nach Arr. Ind. 32 (GGM I 353) war *Μάκετα* (Rās Musandem) Umschlagplatz für den Zimt- und Gewürzhandel nach Assyrien. Ob der Name M. mit dem Land Magan der Assyrer zusammenhängt, ist sehr fraglich. A. D.

**2.** M., nomadisierendes Hirtenvolk an der Gr. Syrte, w. von den Nasamonen. Nach Hdt. 4,175 sind sie beiderseits des Flusses Kinyps anzusetzen, nach Ps. Skyl. Per. 109 zwischen Nasamonen und Kinyps. Ptol. 4,3,27 nennt sie *Συρτῖται* und setzt sie 4,6,17 dennoch im inneren Libyen an, vielleicht weil sie im Sommer mit ihren Herden in die s. gelegenen Berge zogen. Nach Diod. 3,49 waren die M. ein zahlreiches Volk. Sil. Pun. 3,275 nennt sie *Cinyphii* und sagt von ihnen, sie seien mit Wurfkeulen *(cateiae)* bewaffnet. M. L.

*J. Desanges* Cat. trib. afr. de l'Ant. class. 1962, 106.

**Makareai** (*Μακαρέαι*). Kleiner Ort w. von Megalopolis, in dieses eingemeindet, zu Pausanias'

Z. in Ruinen, Reste nicht bekannt, Paus. 8,3,3. 27,4. 36,9. Steph. Byz. E. M.

*E. Meyer*, RE XIV 616f.

**Makar(eus)** (*Μάκαρ, Μακαρεύς*). **1.** Oikist und König von Lesbos (*Μάκαρος ἕδος* Hom. Il. 24,544. h. 1,37). Er kommt dorthin entweder aus dem achaiischen Olenos, mit Ionern und gemischter Volksmenge, oder aus Rhodos, Diod. 5,81. 56f. Herrscher einer aiol. Insel, galt er als Sohn des Aiolos (2) oder Krinakos, oder er wurde unter die 7 rhod. Söhne des Helios (→ Heliadai) eingereiht, war an der Ermordung des jüngsten Bruders Tenages beteiligt und mußte auswandern. Auf Lesbos betätigte er sich als guter Herrscher und Schöpfer eines Gesetzes, das er selbst »Löwe« nannte, Diod. 5,82. Seine Söhne besetzten benachbarte Inseln, seine Töchter trugen Namen lesb. Städte wie Mytilene, Methymna (die den Lesbos heiratete). S. auch → Megaklo. – Eur. behandelte in seinem »Aiolos« die sträfliche Geschwisterliebe des M. und der Kandake, die mit beider Tod endete, von Plat. leg. 7,838c. Ov. her. 11,103. Hyg. fab. 242 erwähnt. Prell.-Rob. 2,380ff. – Ail. var. 13,2 erzählt von M. als Dionysospriester in Mytilene, er habe einen Fremden, der sein im Tempel deponiertes Geld zurückforderte, erschlagen und das Geld unterschlagen; daraufhin sei eine Katastrophe über seine ganze Familie gekommen. **2.** Sohn Lykaons, Apollod. 3,97, Gründer des arkad. Makaria, Paus. 8,3,2. **3.** Gefolgsmann des Odysseus, der bei Caieta freiwillig zurückblieb und dort unter Aeneas' Leuten den von Odysseus am Fuß des Aetna zurückgelassenen → Achaemenides gesund antraf. Erfindung Ovids. met. 14,159–441. H. v. G.

**Makaria** (*Μακαρία*). **1.** Tochter des Herakles und der Deianeira. Nach der Apotheose ihres Vaters und der Flucht der → Herakleiden in die marathon. Tetrapolis weihte sie sich freiwillig dem Tode, um einem Orakel gemäß den Sieg der Athener und der Herakleiden über Eurystheus zu gewährleisten. Dargestellt in Eur. Heraclid. aber ohne Namen. Arg. anon. misc. 2. Plut. Pelop. 21. Freie Erfindung des Eur. (Wilam.). Nach ihr hieß eine Quelle bei Marathon, Paus. 1,32,6; gemeint ist die bei → Trikorythos, wo das Haupt des Eurystheus begraben lag, Strab. 8,377. H. v. G.

*Pfister* Reliquienkult im Alt., RVV 5,1. 114ff. *Wilam.* De Eur. Heraclidis. Ind. Greifsw. 1882. *J. Schmitt* Freiwilliger Opfertod bei Eur., RVV 17,2. 55ff. *M. Pohlenz* Die griech. Trag. 1,355.

**2.** M., Name einer Quelle bei → Trikorythos in der marathonischen Ebene, die nach der Heraklestochter benannt gewesen sein soll, die sich im Kampf gegen Eurystheus geopfert hatte, h. Quelle Megalomati bei Kato Suli, Paus. 1,32,6. Strab. 8, 6,19 p. 377. Sch. Aristoph. Equ. 1151. Sch. Plat. Hipp. 1,293a. Zenob. 2,61. E. M.

1. *W. M. Leake* Demen von Attika 80f. 2. *Milchhöfer, Curtius-Kaupert* Karten von Attika, Text III–VI 49. 3. *W. Wrede*, RE XIV 624 Nr. 5.

**3.** Name der bes. fruchtbaren unteren messen. Ebene, Strab. 8,4,6 p. 361. E. M.

*Bölte*, RE XIV 625f. Nr. 6.

**4.** Andere Namensform für → Makareai.

**Makarios. 1.** Spartiate. Im Spätherbst 424 sandte Sparta den Aitolern als Hilfe gegen Athens Macht in Naupaktos 300 bundesgenöss. Hopliten unter Eurylochos, dem M. und Menedaïos beigegeben waren (Thuk. 3,100,2). Dieses Heer wurde bei Olpai geschlagen, wobei M. fiel (ebd. 109,1). G. Do.

**2.** Makarios, der Ägypter, um 300 bis etwa 390, war einer der bedeutendsten Einsiedler des 4. Jh. und galt als Begründer des Mönchtums in der sketischen Wüste. Unter dem Namen des M., der selbst nichts geschrieben zu haben scheint, ist neben Kleinigkeiten Schrifttum aus der Sekte der Messalianer überliefert, das wahrscheinlich von Symeon von Mesopotamien stammt. Unter den verschiedenen, z. T. noch nicht publizierten Sammlungen ragen die orthodox überarbeiteten 50 *ὁμιλίαι πνευματικαί* [1] hervor, deren Einfluß in der Mystik des O. wie des W. bis zum Protestantismus des 18. Jh. zu verfolgen ist.

Ta.: 1. *Migne* PG 34. *H. Dörries–E. Klostermann–M. Kroeger*, 1964. Weiteres s. *Altaner*[7], 264/65.

Lit.: *H. Dörries* Symeon von Mesopotamien, TU 55/1, 1941. *Altaner*[7], 264/65 (Lit.). *G. Quispel*, M., das Thomasevangelium und das Lied von der Perle. NT. Suppl. 15, 1967.

**3.** M. Magnes, wahrscheinlich der für 403 bezeugte Bischof M. von Magnesia, verfaßte ein Streitgespräch *Ἀποκριτικὸς ἢ Μονογενὴς πρὸς Ἕλληνας*, das in überarbeiteter Form sonst verlorene Argumente des → Porphyrios gegen das Christentum enthält. B. R. V.

Ta.: *C. Blondel*, 1876.

Lit.: *Christ-Schmid* 2,2,1431/32. *Altaner* [7]332/33.

**Makaron Nesoi** (*Μακάρων νῆσοι* = *Ἠλύσιον*). Die Inseln der Seligen sind als myth. oder eschatolog. Begriff zunächst ganz allg. an den Grenzen der Erde, im Okeanos, lokalisiert. Der Begriff deckt sich mit dem des Elysion, das zuerst Hom. Od. 4,560ff. als Raum glücklichsten Klimas und leichtesten Lebens erwähnt wird: Menelaos wird als Eidam des Zeus dort wohnen, wo auch der Zeussohn Rhadamanthys lebt. *Ἠ.* wurde schon in der Ant. als »Ort der Hinkunft« gedeutet; ähnlich Rohde Psyche 1,70 als »Stätte der Heimgegangenen«. Dies kann für die älteste Z. nicht richtig sein, da es ja eine Wohnstätte für Auserwählte ist. J. B. Hofmann hält das Wort für vorgriech.; Wilam. GldH 2,15f. erklärt es als »geheiligt, unzugänglich« im Hinblick auf die *ἐνηλύσια* in Athen, vom Blitz getroffene Stellen (Etym. m. Hesych. s. v.). J. Kroll Elysium (s. u.) 14. In der Od. werden auch die Phaiakeninsel Scherie, die Inseln der Kirke und der Kalypso mit Farben, die an das E. erinnern, ausgemalt, entsprechend bei Hes. theog. 215. 274. 518 die Gärten der → Hesperiden.

Bei Hes. erg. 167ff. sind die *μ. ν.* Wohnsitz derjenigen Heroen, die Zeus vor dem leiblichen Tode bewahrt und der Herrschaft des Kronos unterstellt hat. Das att. Skolion auf Harmodios (um 500) versetzt einen Mann der unmittelbaren Vergangenheit zu Achilleus und Diomedes auf die *μ. ν.* Die orph. Vorstellung vom Vorrang und von der Unsterblichkeit der Seele schafft bald ein neues Jenseitsbild; der Kreis der Auserwählten erweitert sich. Pind. verspricht O. 2,75ff. allen, die dreimal ihr Erdenleben rein erfüllt haben, den Turm des Kronos auf der Insel der Seligen als Ziel. Nimmt er ein doppeltes E. an? Auch Plat. Phaid. 249a verlangt 3 tugendhafte Lebensläufe. Der Masse genügt *ein* tugendhaftes Leben. Als *μάκαρες* oder *μακαρῖται* können nun alle Verstorbenen verklärt werden. Zahlreiche Grabsteine wünschen ihnen ein ewiges Leben im E. oder auf den *μ. ν.* Verg. Aen. 5,734f. 6,638. 744 verlegt das E. in die Unterwelt als Gegenstück zum Tartarus. Hier herrscht Sport und Saitenspiel, trifft Aeneas die Sänger Orpheus und Musaios und seine Vorfahren. – Inzwischen hatte man die Wunsch- und Märchenländer phantast. ausgemalt, vgl. Atlantis (→ Okeanos), → Meropis, →Hyperboreer (Helixoia), anderseits suchte man sie auf Grund der geogr. Erfahrungen und Erkenntnisse zu lokalisieren (→ Fortunatae insulae), nicht nur im W., auch in Libyen (Hdt. 3,26) und im Ind. Ozean (H. Treidler, RE XXII 1036f.). Bei Plut. fac. in o. lun. 28f. wird von einem ungeheuren Festland des Kronos w. von Britannien gefabelt, wo der Gott von ausgewählten Männern bedient wird, die alle 30 J. abgelöst werden können: ein Schlaraffenland, aber mit Philosophie und Wissenschaft. Vgl. B. Kapossy, G 74, 1967, 35ff. H. v. G.

*Prell.-Rob.* 1,629. 815. 826. *Rohde* Psyche. *Ders.* Der griech. Roman. *Malten*, JAI 1913. *Schulten*, Geogr. Zs. 1926. *L. Radermacher* Das Jenseits im Mythos der Griechen, 1903. *J. Kroll* E., Arb.-Gem. für Forsch. Nordrhein-Westf., Geisteswiss. 2, 1953. *A. Dieterich* Nekyia, 1913.

**Makartatos** (*Μακάρτατος*), Athener. **1.** Sohn des Apoplexis aus Prospalta. Er verkaufte seinen geringen Landbesitz in Prospalta, kaufte (zur Gänze mit Eigenkapital?) eine Triere, belud sie und fuhr nach Kreta aus. Er verlor bei dieser Fahrt Schiff und Leben. **2.** Sohn des Theopompos aus Oion und der Schwester des M. (1), vom kinderlosen M. (1) adoptiert. Er war in einen komplizierten Erbstreit um das Gut des Hagnias, des Onkels seines Vaters Theopompos, verwickelt. [Demosth.] 43. Isai. 11.

RE XIV 632ff. s. v. *N. Lewis*, AJPh 80, 1959, 162ff. *R. F. Wevers* Isaeus, Chronology, Prosopography and Social History, Diss. Wisconsin, 1962 (Mikrofilm). *I. A. F. Bruce* An Hist. Comm. on the Hell. Oxyrh. 1967, 51. 54.

**3.** Die Athener M. und Melanopos fielen im Kampf gegen Lakedaimonier und Boioter, nahe Tanagra und Eleon. Eine beiden gewidmete Stele sah Paus. (1,29,6) im Kerameikos. Ein Rest des Sockels dieser Stele mit Aufschrift scheint gefunden zu sein (Meritt, Hesp. 16, 1947, 147f.; zu lesen ist nur der Name Melanopos). Meritt a. O. datiert das von Paus. erwähnte Treffen auf die Z. nach der Besetzung Dekeleias 413; gewöhnlich dachte man an die Schlacht bei Tanagra 457 (RE XIV 634). K. K.

**Makeda** (hebr. *mǎḳḳedā*, LXX, Eus. onom. 126,22 *Μακηδα*, Ios. ant. 5,61 *Μακχιδα*; äg. *mḳt*), Ort im s. Teil des westjud. Hügellandes, durch eine Höhle (Ios. 10,10ff.) bekannt, unter Josia zum Gau von Lachis gehörend (Ios. 15,41); nach Eus. 8 m. p. ö. von Eleutheropolis *(= bēt ǧibrīn)*, deshalb = *bēt maḳdum*? 11 km s.ö. *bēt ǧibrīn*? E. Ku.

*K. Elliger*, PJ 30, 1934, 55ff.

**Makedon** (*Μακεδών*). Stammheros der Makedonen mit verschiedenen Genealogien. **1.** Sohn des Zeus und der Thyia, der Tochter → Deukalions, Bruder des → Magnes, Hes. frg. 75. Seine Gattin wird Oreithyia, Aithyia, Aithria genannt, seine Kinder sind Europos, Pieros, Amathos (nach makedon. Städtenamen). **2.** Auch als Sohn des → Aiolos, des Bruders von Doros und Xuthos, verbindet er die Makedonen mit hellen. Stammbäumen, FGrH I F 74. **3.** Als Sohn → Lykaons (1) bringt er sein Volk in den Pelasgerstammbaum, Ail. nat. 10,48. Apollod. 3,97 (*Μακεδνός*). Iustin. 7,1. **4.** Eine andere Genealogie ist mehr kosmopolit. Als Sohn des → Osiris begleitet er mit seinem Bruder Anubis den Vater auf seinem Welteroberungszug und bleibt in Makedonien zurück, Diod. 1,18,1. 20,3. Wie Anubis sich mit einer Hundskappe schmückt, so versieht sich M. mit dem Vorderteil eines Wolfes. Grundlage der Erfindung ist die Verehrung eines hundsköpfigen und eines wolfsgestaltigen Gottes im äg. Abydos. Ed. Meyer, Äg. Zs. 41, 1904, 100ff. Auch Beziehung zu Lykaon (3). H. v. G.

**Makedonia** (*Μακεδονία*). I. Topographie. Nach jahrhundertelangen Eroberungen umfaßte M., zuerst bei Hdt. 5,17 genannt, schließlich Niedermakedonien, Obermakedonien, das Tal des Axios (Wardar) und Ostmakedonien.

A. Niedermakedonien (*ἡ κάτω Μακεδονίη* Hdt. 7,173), bei Hom. Il. 14,226 und Ptol. 3,12,36 M. *Ἠμαθία*( Sandland von *ἄμαθος*) genannt, ist die von dem Axios und Haliakmon (Vistritza) begrenzte Ebene am Thermäischen Meerbusen (Golf von Thessalonike) und Pierien s. des Haliakmon an der Küste ö. des Olymp und in 4 Bezirke gegliedert. 1. Die Küstenebene Bottiaia, junges von den Ablagerungen der genannten Flüsse und des aus vielen Gebirgsbächen gespeisten Lydias (Kara Asmak) gebildetes Schwemmland, reichte vom Axios bis zur gemeinsamen Mündung des Lydias und Haliakmon. Hdt. 7,127. Strab. 7,330, frg. 23. In ihr lagen die Städte Aigai (urspr. Edessa, h. Wodena), Beroia (Werria), Pella, Geburtsort Philipps II. und Alexanders d. Gr., an einem tief ins Land reichenden Meerarm (Plut. Demetr. 43,4), später am See von Jiannitsa, und Kyrrhos. Thuk. 2,100,4. 2. S. des Haliakmon erstreckte sich als Küstensaum Pieria am O.-Fuß des Olymp bis zum Peneios mit den Städten Methone, Pydna und Dion. Hdt. 7, 131. Strab. 7,329, frg. 12. 3. Der Streifen zwischen dem l. Ufer des Axios und dem Echeidoros hieß Amphaxitis. Er wurde von Hdt. 7,123 und Thuk. 2,99,4 zu Mygdonien gerechnet. 4. Zu Niedermaked. gehörte ferner Almopia (Moglena), das fruchtbare Tal n. von Aigai am Oberlauf des Lydias hinter dem Paikonberg.

B. Obermakedonien (ἡ ἄνω *M.* Hdt. 7,173. 8,137. Thuk. 1,59. 2,99. Strab. 7,326) gehörte seit Philipp II. 359 v. Chr. zum maked. Reich. Seine Landschaften waren:

1. Elimeia oder Elimiotis um den mittleren Haliakmon s. des Wegorritis-Sees (Ostrowo-Sees) mit den Städten Elimeia und Phylakai. Arr. an. 1,7,5. Liv. 31,40,1. 42,53,5. 2. Orestis n. von Elimeia, ältester Sitz der Makedonen am Grammos, dem höchsten Gebirge (Oros), umfaßte die Ebene von Kortza im h. Albanien, das Quellgebiet des Haliakmon und das Becken des Sees Orestias (h. See von Kastoria) mit der Stadt Keletron (Kastoria). Liv. 27,33,1. 31,40. Strab. 7,329, frg. 6. 3. Lynkestis oder Lynkos n. des Ostrowo-Sees und der Landschaft Eordaia, durchflossen vom Erigon, urspr. von Pelagonen bewohnt. Strab. 7,327. Daher erhielt die Hauptstadt Herakleia (h. Bitolj-Monastir in Jugoslavien) 168 v. Chr. den Namen Pelagonia und das Gebiet die Bezeichnung Pelagonien. 4. Der durch eine Hügelkette getrennte N. des Beckens von Monastir, nach dem paion. Stamm der Deuriopes Deuriopos benannt. Strab. 7,326 f. (mit den Siedlungen). Liv. 39,53. 5. Dassaretis, das von 3 und 4 durch den Barnus geschiedene Gebiet des Prespa-, Ochrida- und Meliksees am h. Dreiländereck Albanien–Griechenland–Jugoslavien, besiedelt von den illyr. Dassareten, gehörte vorübergehend zum maked. Reich. 6. Eordaia, die Umgebung des Ostrowo-Sees n. des Haliakmon zwischen Lynkestis im NW., Bottiaia im O. und Elimeia im S., eine Senke mit abflußlosen Seen, darunter dem See von Ostrowo. Pol. 34,12,8. Strab. 7,326. Liv. 31,39,7. 40,1. 42,53,5. Arr. an. 1,7,5.

C. Das Tal des Axios, Haupteinfallstor vom N. her, h. von der Bahn Belgrad–Nisch-Thessalonike benutzt, hatte in älterer Z. für den Verkehr geringe Bedeutung, konnte gegen feindliche Angriffe in der Felsenenge von Demirkapu abgeriegelt werden. Der Unterlauf des Axios wurde früh von den M. besetzt. Am Axios lagen → Bylazora und Stoboi (Gradsko). Pol. 5,97,1. Liv. 44,26,8. Strab. 7,329, frg. 4. Plin. nat. 4,34.

D. O.-Makedonien, das Gebiet zwischen Axios und Strymon (Struma) und jenseits des Strymon die Ebene von Philippoi mit ihrem Küstenstrich, von thrak.-paion. Stämmen bewohnt, seit den Perserkriegen Bestandteil M.s, zerfiel in



1. Mygdonien, im W. vom Axios, im N. von den Vorgebirgen des Dysoros (Kruša Balkan), im S. von den Bergen der Chalkidike begrenzt. Für die O.-Grenze nennt Hdt. 7,115 den Bergzug Bertiskos (Bežik Dagh), Thuk. 1,58. 2,99,4, der Mygdonien in weiterem Sinn gebraucht, den Strymon. Bedeutende Städte waren hier Sindos, Lete und Thermai (seit 315 v. Chr. Thessalonike genannt). 2. Bisaltia w. des Strymon bis zum Bertiskos, nach Strab. 7, 331, frg. 36 auch das ö. Ufer des Strymon. Diod. 31,8,8. Am Meer lag Argilos, im Innern Berge und Herakleia Sintike. 3. Krestonia (Γρηστωνία Thuk. 2,99,6. 100,4), im N. von Mygdonien mit dem Dysorosgebirge (Kruša Balkan). Hdt. 7,124. 127. 4. Anthemus, Stadt und Landschaft s. von Thessalonike. Hdt. 5,94. Aischin. 2,27 ff. 5. Die Ebene von Philippoi (urspr. Krenides genannt), das am N.-Abhang des durch Gold- und Silbervorkommen wertvollen Pangaion lag. Über den s. Gebirgszug führte ein Paß zu dem Hafen Neapolis. An der Küste lagen ferner Galepsos und Eion. Strab. 7, 331, frg. 41.

Einen Städtekatalog, der mit Einschluß der bereits genannten 167 Orte zählt, gibt F. Geyer, RE XIV 656 ff. M. war ein wichtiges Durchgangsland für den Verkehr von den Donauländern und dem Adriat. Meer zur Ägäis. Neben der NS. Straße durch das Tal des Axios gab es als wichtigste OW-Straße nach der Mitte 2. Jh. v. Chr. die via Egnatia von Dyrrhachion am Adriat. Meer an dem westmaked. Seen vorbei nach Herakleia und auf dem N.-Ufer des Meerbusens an Pella vorüber nach Thessalonike und zum Strymon. Sie wurde die Hauptverbindung zwischen Italien und den kleinasiat. O.-Provinzen. Die fruchtbaren, weit versumpften Niederungen begünstigten Getreide- und Obstanbau sowie die Vieh- und Pferdezucht. Die bewaldeten Berge lieferten das für den Schiffbau unentbehrliche Holz, um dessen Ausfuhrmonopol sich Athen bemühte, sowie Teer und Pech. Hdt. 5,23. And. 2,11. Theophr. h. plant. 3,3,1. 5,2,1. Sylloge[3] 104. 135. H. Bengtson Staatsverträge 2, 1962, Nr. 186. Neben Eisen und Kupfer wurde Gold und Silber im Dysorosgebirge zwischen Krestonia und dem Strymontal, im Pangaiongebirge bei Philippoi und in Skaptesyle zwischen Strymon und Nestos gewonnen. Skaptesyle lieferte um 480 jährlich 80 Tal. Gold. Hdt. 5,17. 6,46. 7,112. R. J. Forbes Stud. in anc. technology 8, 1964, 163. 225. F. Geyer Makedonien bis zur Thronbesteigung Philipps II., 1930. J. N. Kalléris Les anc. Macédoniens, 1954 (Karte). Kirsten-Kraiker Griechenlandkde.[4] 1962, 595, Abb. 159 (Landschaften M.s). 847 (Lit.). Kiepert FOA XVI.

Das Volkstum der Makedonen.
Die kulturelle Kluft zwischen Griechen und M.en, die langen Kämpfe der M., in denen sie die Illyrier und die Thraker zum größten Teil aus M. vertrieben, und ihre engen Beziehungen zu diesen barbar. Nachbarn im W., N. und O. erklären es, daß die

Griechen, meist als polit. Gegner, aber auch als Freunde wie Isokr. 5,108, die M.en als Barbaren betrachteten und nur die griech. Herkunft des Königshauses, die Alexander I. mit der Genealogie seiner Ahnen bewies, anerkannten. Ebenso galt das Fürstentum der Lynkestis, das sich aus Korinth herleitete, als griech. J. JÜTHNER Hellenen und Barbaren, 1923, 30. Freilich waren in dem M. des 4. Jh. Volksstämme verschiedener Abstammung und verschiedener Sprachen zu einer polit. Einheit verbunden. Die moderne Forschung bemüht sich nun, das maked. Volkstum und seine Sprache unabhängig von der ant. Auffassung zu bestimmen. Das Namenmaterial, das Personen-, Orts-, Kult- und Monatsnamen umfaßt, und die maked. Worte, die gelegentlich von ant. Autoren wie Plut. u.a. und als Glossen von alexandrin. Grammatikern erwähnt werden, sind von O. HOFFMANN Die M.en, ihre Sprache und ihr Volkstum, 1906 und RE XIV 681 ff., A. MAYER, Glotta 32, 1953, 45 ff., J. N. KALLÉRIS Les anc. Macédoniens 1, 1954 und A. DASKALAKIS The hellenism of the anc. Macedonians, 1965, geprüft worden. Hier können nur prägnante Beispiele vorgeführt werden. Nach dem gesamten Befund waren die M.en ein urspr. im n. Thessalien wohnhafter griech. Volksstamm, der über die obermaked. Landschaften Orestis und Eordaia nach Niedermaked. vordrang. Der Name *Μακεδόνες* ist griech.; Hdt. 1,56. 8,43 nennt für Thessalien das *Μακεδνὸν ἔθνος*. Er bedeutet die »Hohen« oder »Schlanken«, bezeichnet eine Eigenschaft wie im German. Langobardi die »Langbärte«. Die Namen der maked. Könige, Fürsten und Vornehmen sind meist rein griech. und klingen an griech. Namen Thessaliens an. So ist Perdikkas, der Name dreier Könige, wohl Kurzform zu *Περι-δίκαιος* oder durch Verdoppelung des *κ* aus *Περι-δίκας* zu erklären. Die Kürzung des anlautenden *περί* (»sehr«) zu *περ* ist im thessal. und aiol. Dialekt gewöhnlich. *Σιμμίας*, Vatersname des Polyperchon, ist mit *μμ* für *μ* wie im boiot. *Σιμμίας* und in thess. *Σίμμος*, *Σίμμιχος* und *Σιμμίους* gebildet. Namen wie Philippos, Alketas, Amyntas, Archelaos, Pausanias, Alexandros und Kassandros waren auch in Griechenland gut bürgerlich. Da es ausgeschlossen ist, daß die M.en ihre ganze Namengebung im 6. und 5. Jh. den Griechen entlehnten, zwingt der griech. Charakter ihrer Namen zu dem Schluß, daß die Führungsschicht im maked. Staate von griech. Abstammung war. Nichtgriech. Namen, die selten begegnen, erklären sich aus der Herkunft ihrer Träger. *Αὐδάτα*, Gemahlin Philipps II., die dann den Namen Eurydike annahm, war eine Illyrierin, der Name ihrer Tochter *Κυννάνα* oder *Κύννα* dürfte ebenfalls illyr. sein. Athen. 13,557 C. Vier Monatsnamen *'Απελλαῖος*, *'Αρτεμίσιος*, *Δῖος* und *Πάναμος* finden sich auch in Städten Mittelgriechenlands, der Peloponnes und in ion. Orten, die anderen lassen sich mit



griech. Wortstämmen verknüpfen. Die Götter (Zeus an erster Stelle) und Dämonen tragen griech. Namen. Ein leichter Einschlag des thrak.-phryg. Kultes, den der Vegetationsgott *Σαυάζιος* und die Silenen *Σαυάδαι* bezeugen, erklärt sich aus der Besiedlungsgesch. M.s. S. a. II Sprache.

Geschichte. Die frühe Besiedlung M.s wird durch die Tumbas erhellt, abgeplattete Wohnhügel, die über der Ebene sich immer mehr erhoben, da über dem Schutt älterer Siedlungen neue Wohnschichten entstanden. Sie bergen Reste der mittleren und späteren Bronzezeit, bisweilen der frühen Eisenzeit. In Wardaroftsa erscheinen Träger der Lausitzer Kultur als Einwanderer aus dem N., nach W.-Maked. ins obere Haliakmongebiet kamen aus dem S. von dem vordor. Thessalien Träger der myken. Kultur. An ihre Kuppelgräber erinnern die Kegelhügel, die noch in hellenist. Z. bei Pella, Dion und anderen Orten Kammern mit gewölbter oder flacher Decke bergen, in denen Sarkophage der Toten standen. KIRSTEN-KRAIKER 596 ff. 608 ff. Als frühe Bewohner des Flachlandes nennt Strab. 7,329, frg. 11 Illyrier und Thraker. Von den Phrygern, die nach der Bronzezeit nach Kleinasien abwanderten, blieben die Bryger am Bermiongebirge zurück. Hdt. 6,45. Strab. 7,330, frg. 25. Mit der dor. Wanderung um 1200 stießen die M.en aus der Orestis und Elimeia unter dem Druck nachdrängender Illyrier in das Gebirgsland der Eordaia vor. P. CLOCHÉ Histoire de la M. 1960, 16 ff. Die Urgesch., nach der der aus Argos geflohene Temenide Perdikkas durch Sonnenmagie seine Dynastie begründete, ist wohl erst Anf. 5. Jh. entstanden. Hdt. 8,137 f. H. KLEINKNECHT, H 94, 1966, 134 ff. Dagegen ist die beigefügte Königsliste (Perdikkas, Argaios, Philippos, → Aeropos (1), Alketas, Amyntas I., Alexandros I.) hist. einwandfrei, wenn auch die Regierungszeiten der ersten Herrscher bis auf Amyntas I. unsicher sind. Das Heerkönigtum der Argeaden behauptete sich gegen die übrigen Adelsgeschlechter (Hetairen), die maked. Bauernschaft sprach bei der Wahl des Königs und bei Hochverratsprozessen in Wehr- und Gerichtsversammlung mit. F. GRANIER Die maked. Heeresversammlung, 1931. Zunächst besetzten die M. Edessa, das am O.-Rand der Eordaia über einem Steilabfall lag und als Aigai Sitz der maked. Könige und seit dem 7. Jh. Ausgangspunkt für die Bildung des maked. Staates wurde. Nach der Vertreibung der früheren Bewohner aus der fruchtbaren Ebene der Bottiaia vor Aigai wurden die maked. Wanderhirten dort als Bauern seßhaft. Sie eroberten Pieria, Almopia und Mygdonia sowie Krestonia, Anthemus und Bisaltia. Amyntas I. unterwarf sich 513 der pers. Oberhoheit und bot dem 510 aus Athen vertriebenen Hippias Anthemus zum Wohnsitz an. Hdt. 5,94. Thuk. 2,99. 5,18 ff. Iust. 7,3,2 ff. → Alexandros I. (2) Philhellen, zeitweilig pers. Vasall, trotzdem Freund der Griechen, besetzte die griech.

Kolonie Pydna in Pierien am Olymp und drang im O. bis zum Strymon vor. Die Bauern organisierte wohl er, nicht erst später → Archelaos (1), als »Gefährten zu Fuß« (πεζεταῖροι). Aus dem Dysorosgebirge am Prasiassee gewann er täglich ein Talent Silber und prägte als erster maked. König Mz. nach einem reduzierten phoinik. Mz.-Fuß, den auch Abdera gebrauchte. D. RAYMOND Macedonian regal coinage to 413 B.C., 1953. P.R. FRANKE Gesch., Politik und Münzprägung im frühen M., Jahrb. Numism. und Geldgesch. 3/4, 1952/53, 99ff. Die einzelnen Teilstämme, die wie die Elimioten und Lynkesten noch eigene Gaufürsten hatten, zwang er unter seine Oberhoheit. Thuk. 2,99,2. Wegen seiner Abkunft von den Temeniden zu den olymp. Spielen zugelassen, suchte er Anschluß an die griech. Kultur. Hdt. 5,22. Thuk. 2,99,3. Sein Sohn Perdikkas II. 454–414/13 vertrieb seine Brüder Alketas und Philippos aus den ihnen vom Vater zugewiesenen Teilreichen, obwohl Philippos von Athen und dem Thrakerfürsten Sitalkes unterstützt wurde. Thuk. 1,61,4. 2,95, 3. 100,3. Um die Festsetzung eines Gegners auf der Chalkidike und im thrak.-maked. Raum zu verhindern, half Perdikkas im pelop. Krieg bald Athen, bald Sparta und kämpfte nach den Umständen gegen oder für die chalkid. Städte. Die von Athen abgefallenen Chalkidier überredete er zum Synoikismos nach Olynth. Vor Poteidaia schloß er mit dem athen. Befehlshaber ein Bündnis. Thuk. 1,61. Dessen Bruch folgte 431 wieder ein Bündnis mit Athen. Thuk. 2,29,4. H. BENGTSON Staatsverträge 2, 1962, Nr. 165. Nach 429 versuchte Athen den Streit des Perdikkas mit Methone in Pierien zu schlichten. TOD Gr. hist. inscr. 1 Nr. 61. Er unterstützte die Operationen des Brasidas in der Chalkidike und am Strymon, doch scheiterte ihr gemeinsamer Zug gegen den Fürsten der Lynkestis Arrhabaios. 423/22 schloß Perdikkas mit Athen Frieden. Thuk. 4,132. SEG 10,86. H. BENGTSON Nr. 186. 417 trat er aber dem Bündnis zwischen Sparta und Argos bei. Thuk. 5,80,2. BENGTSON Nr. 194. Darauf erklärte ihm Athen den Krieg. Doch half Perdikkas schon 414 den Athenern bei einem Angriff auf Amphipolis. Thuk. 7,9. Nach ihm erhob → Archelaos (1) 413–399 M. zu einem Machtfaktor der großen Politik, eroberte 410 Pydna, besetzte 400 Larissa in Thessalien und die Perrhaibeia, verlegte die Residenz nach Pella (Stadtplan KIRSTEN-KRAIKER 612) und förderte die griech. Kultur in M. Seine Ermordung führte zu immer neuen Kämpfen. → Aeropos II. (2) beseitigte Orestes, für den er bis 396 die Vormundschaft geführt hatte. Sein Sohn Pausanias stritt mit → Amyntas II. (2) 393/92, bis dieser von dem Lynkesten Derdas getötet wurde. Pausanias wurde von → Amyntas III. (3) beseitigt. Er erreichte während seiner Regierung 393–370 mit Hilfe Spartas die Auflösung des chalkid. Staates und wieder die uneingeschränkte Herrschaft in M. Sein Sohn Alexandros II. (3) wurde von Ptolemaios von Aloros ermordet. Dieser regierte 369–365 als Vormund des Perdikkas III., der ihn ermordete. Perdikkas sicherte die wichtige Hafenstadt Amphipolis durch eine maked. Besatzung, fiel aber 359 mit 4000 M. im Kampf gegen die Illyrier. Thraker und Paionen brachen von N. und O. in M. ein. Diod. 16,2,4f. 3,3. Es ging um die Existenz des maked. Staates, zumal 3 von ausländ. Mächten unterstützte Prätendenten → Philippos, den jüngsten Bruder des Perdikkas, bedrohten. Zunächst Vormund seines unmündigen Neffen → Amyntas IV. (4), erhielt Philipp 355 den Königstitel. In der 1. Phase der Expansion bis 354 unterwarf er Paionien, gründete Herakleia und gewann durch die Besetzung von Amphipolis, Pydna, Poteidaia und Methone die Meeresküste für den maked. Binnenstaat (Eroberungskarte bei BENGTSON GG² VI). In der 2. Phase bis 338 wurde er Archon der Thessaler, zerschlug den chalkid. Städtebund, zerstörte Stageiros und Olynth, besetzte Phokis, gewann Einfluß in Epeiros, schuf die maked. Strategie in Thrakien bis zum Schwarzen Meer, gründete Philippoi und Philippopolis und zwang nach dem Sieg bei Chaironeia die Griechen in den Korinth. Bund. M. wurde die führende Macht der griech. Welt durch die Geschlossenheit seiner Bevölkerung und sein Volksheer. Mit diesem Rückhalt eroberte Alexander d. Gr., der den Thronanwärter Amyntas IV. beseitigte, das pers. Reich. M. schien als Kernland an Bedeutung zu verlieren, doch sandte Alexander gefangene griech. Söldner zur Bergwerksarbeit und ind. Rinder zur Viehzucht. Arr. an. 1,16,6. 4,25,4. Die Diadochenkämpfe lösten M. aus dem Weltreich; mit der Ermordung der Schattenkönige Philipp IV. Arrhidaios und Alexander IV. sowie Alexanders illegitimen Sohnes Herakles erlosch 310/09 die Argeadendynastie, → Kassandros (2), Reichsverweser und Herr M.s, gründete 315 an der Stelle von Poteidaia Kassandreia und bei Thermai Thessalonike und nannte sich seit 305 König der M. Nach ihm regierte 298 der älteste Sohn Philipp IV. wenige Monate; im Thronstreit der übrigen Söhne rief das Heer → Demetrios (2) 293 zum König von M. und Thessalien aus, er begann als Sohn des → Antigonos (1) die Antigonidendynastie und gründete bei Pagasai die Stadt Demetrias (KIRSTEN-KRAIKER 605, Abb. 160). 287 wurde er vertrieben, → Pyrrhos in Epeiros und → Lysimachos (1) in Thrakien teilten sich M., doch drängte Lysimachos 284 Pyrrhos aus W.-Maked. und wurde König der M. Nach seinem Tode 281 rief das Heer Ptolemaios Keraunos zum König aus. Er fiel 279 im Kampf gegen die Kelten, die M. und Thessalien verwüsteten. Nach mehrjähriger Anarchie, in der das Heer statt eines Königs den maked. Adligen Sosthenes zum Strategen wählte, sicherte → Antigonos (2) Gonatas 276 durch den Sieg über die Kelten dem Haus der Antigoniden den maked.

Thron, den Wiederaufstieg M.s und dessen Einfluß in Griechenland (maked. Garnisonen in Korinth, Chalkis und Demetrias), erlitt aber seit 252 Rückschläge durch Abfall griech. Städte und Einigung des aitol. und achai. Bundes gegen M. unter → Aratos (2). Iust. 24,5,12ff. H. BENGTSON Die Strategie 2, 1944, 383ff. E. WILL Hist. polit. du monde hellénist. 1, 1966, 285ff. 306ff. Gegen diese Bünde behauptete → Demetrios II. (3,239–229) an griech. Besitz nur Demetrias, Euboia und einige Kykladen. Die Nachfolger nutzten geschickt die Rivalitäten der griech. Städte aus. → Antigonos (3) Doson vereinigte 224 Achaier, Thessaler, Epeiroten, Akarnanen, Boioter, Phoker, Lokrer und Euboia zu einem Hellenenbund unter maked. Führung und zog als Sieger in Sparta ein. → Philipp V. (221–179), Sohn des Demetrios II., besetzte, gestützt auf das Bündnis mit → Hannibal, im Kampf mit Rom um die adriat. Küste illyr. Städte und nach einem Geheimvertrag mit → Antiochos III. (4) über die Teilung des Ptolemaierreiches Städte am Marmarameer, Samos und Karien. Im 2. maked. Krieg verlor er durch die Niederlage bei Kynoskephalai 197 seine gesamten Besitzungen in Hellas und Kleinasien und wurde zur Heeresfolge für Rom verpflichtet. Für die gegen Antiochos III. geleistete Hilfe erhielt Philipp nur einige thessal. und thrak. Städte, mußte sie aber bald räumen. Seitdem verstärkte er seine Kriegsrüstungen durch ein Bündnis mit den germ. Bastarnern n. der Donau. Sein Sohn → Perseus lockerte durch dynast.-diplomat. Verbindungen mit Syrien und Bithynien die Isolierung M.s und unterwarf die thessal. Doloper. Im 3. maked. Kriege 168 bei Pydna geschlagen, geriet der letzte König der M. in röm. Gefangenschaft. M. wurde für frei erklärt und in 4 selbständige Teile mit den Hauptstädten Amphipolis, Thessalonike, Pella und Pelagonia (= Herakleia Lynkestis) geteilt. Jeder Staat hatte eigene jährlich gewählte Beamte und kein *commercium* und *conubium* mit den anderen; Gold- und Silberabbau und Holzeinschlag für Flottenbau wurde untersagt. Zu den damals in maked. Städten eingeführten *πολιτάρχαι* C. SCHULER, CPh 55, 1960, 90ff. Nach dem Aufstand des Andriskos, der sich für Philipp, den Sohn des Perseus, ausgab, wurde M. 148 (Beginn der maked. Aera) röm. Provinz, die illyr. Gebiete, Epirus und bis 27 v. Chr. Griechenland umfaßte. Die 4 maked. Teile blieben als Gerichtsbezirke. Seit 27 v. Chr. war M. senator. Provinz, wurde von 15 n. Chr. bis 44 n. Chr. mit Achaia vom kaiserlichen Legaten Moesiens verwaltet, dann wieder senator. Provinz. Tac. ann. 1,76. Cass. Dio 60,24. Röm. Kolonien entstanden in Dyrrachium, Dion, Pella, Philippi, Kassandreia und Stoboi. Hauptstadt der Provinz war Thessalonike, Sitz des Provinziallandtages (*κοινὸν Μακεδόνων*) war Beroia. J. DEININGER Die Provinziallandtage der röm. Kaiserzeit, 1965, 21. 91ff. R. K. SHERK Rom. imperial troops in M. and Achaea, AJPh 78, 1957, 52ff. Bei der Neuordnung des röm. Reiches durch Diokletian und Konstantin gehörte M. nach dem Veroneser Verzeichnis zur Diözese Moesien. Nach 369 erwähnt Rufius Festus (brev. c. 8) die Diözese M. mit den 7 Provinzen M., Thessalia, Achaia, Epiri duae, Praevalis und Creta. In der Not. dign. or. 1,76. 125 steht die Diözese M. unter dem praef. praetorio per Illyricum mit 6 Provinzen, darunter M. und M. salutaris. MOMMSEN GSchr. 5,563. 568f. Zur Verbreitung des Christentums in M. durch Paulus, der 50 nach Thessalonike und Beroia kam, H. JEDIN HB. Kirchengesch. 1, 1963, 122ff. H. V.



II. Sprache. Von der Sprache der M. besitzen wir keine zusammenhängenden Texte, sondern nur PN, ON und eine Anzahl Glossen, die der m. Lexikograph Amerias aufgezeichnet hat. Anscheinend haben die M. nie in ihrer Sprache geschrieben. Auch die ant. Nachrichten sind spärlich und nicht durchweg verläßlich. Hdt. 5,22 deutet darauf hin, daß das Hellenentum der M. schon damals umstritten war. Dieser Streit dauert bis h. an.

Der unbefriedigende Überlieferungszustand hat zu weit divergierenden Beurteilungen der m. Sprache geführt. FICK [3], SOLMSEN, O. HOFFMANN [5], BELOCH, HATZIDAKIS [8], KALLÉRIS [15] halten die M. schon ihrem Ursprung nach für einen griech. Stamm, KRETSCHMER [4], 283ff. hält sie für ein »den Griechen eng verwandtes Volk«, O. MÜLLER [2] und H. HIRT für verwandt mit den »Illyriern«, während VON BLUMENTHAL [9] und KRAHE [11 und 16] nur mit stärkerem »illyr.« Einschlag im M. rechnen (Pol. 28,8,9 beweist aber, daß Ill. und M. sich nicht ohne Dolmetscher verständigen konnten).

Deutlich ist, daß jahrhundertelang ein Prozeß kultureller und sprachlicher Hellenisierung stattgefunden hat, der vor allem die Oberschicht erfaßte. Seit dem 8. Jh. v. Chr. konnte griech. Einfluß durch die Kolonien in Chalkidike und später auch von Methone aus auf M. wirken. Möglich bleibt aber, daß schon die Grundschicht von e. griech. Dialekt gebildet wurde (der etwa dem thessal. Dialekt nahe stand). – Das spärliche Sprachmaterial läßt sich in 5 Gruppen gliedern: 1. Junge griech. Fremd- und Lehnwörter, z. B. *ἑταῖρος*. 2. Griech. Lehnwörter, die nur oberflächlich makedonisiert worden sind, z. B. die PN *Βερενίκη*, *Βίλιππος*. 3. Vokabeln, die sich zwar am ehesten mit dem Griech. verknüpfen lassen, von ihm aber durch starke Abweichungen in Lautung oder Wortbildung geschieden sind, wie *ἀδῆ* »Himmel« zu griech. *αἰθήρ*, *δάνος* »Tod« zu griech. *θάνατος*. Sie deuten auf alte Beziehungen zum Griech. – 4. Nicht-griech., aber idg. Bestandteile, z. B. *ἄλιζα* »Silberpappel«, *ἀβροῦτες* ~ *ὀφρύες*, *Σαυᾶδαι* »Silene«, die teils dem Balkan-Idg. (früher Illyrisch genannt), teils vielleicht auch dem Thrak. am nächsten stehen. 5. Glossen, die einen nicht-idg. Eindruck machen wie *ἄβαγνα* »Rosen«, *βαβρήν· ὑπόστασις ἐλαίου*; der Monatsname *Γορπιαῖος* usw. Bei 4. und 5. ist es fraglich, ob es sich um einzelne Entlehnungen oder um Spuren von stärkeren Sprachstraten handelt.

An lautlichen Besonderheiten fällt auf, daß den griech. Aspiraten mehrfach die Media entspricht: βαλακρός ~ griech. φαλακρός, ἀδῆ ~ αἰθήρ (s.o.) usw., griech. kurzem o in Stammsilben kurzes α: ἀβροῦτες (s.o.) G. N.

1. *F.G. Sturz* De dialecto Maced. et Alexandrina, 1809. 2. *K.O. Müller* Über die Wohnsitze, die Abstammung und die ältere Gesch. des Maked. Volkes, 1825. 3. *A.Fick* Über die Sprache der Macedonier, in: Orient und Occident 2, 1866, 718–729. 4. *P.Kretschmer*, Einl. in die Gesch. der griech. Sprache. 1896, 283–288. 5. *O.Hoffmann* Die M., ihre Sprache und ihr Volkstum, 1906. 6. *Ders.* Makedonia VI, Volkstum und Sprache der Maked., in: RE XIV 681ff. 7. *V.Lesný*, KZ 42, 1909, 297–302. 8. *G.N. Hatzidakis* REG 41, 1928, 390–415. 9. *A. v. Blumenthal*, IF 49, 1931, 169ff. 10. *A.Thumb–E.Kieckers* HB der griech. Dialekte, 1², 1932, 9f. 11. *H.Krahe*, ZONF 11, 1935, 78–103. 12. *J.J. Russu*, Ephemeris Dacoromana 8, 1938, 105–232. 13. *Anton Mayer*, Glotta 32, 1953, 45–89. 14. *J.N. Kalléris* Les anc. Macédoniens, Étud. linguist. et hist. 1954, I. Teil (mit reicher Bibliogr.). 15. *H.Krahe* Die Sprache der Illyrier 1, 1955, 43f. 16. *A.P. Daskalakis* The Hellenism of the Anc. Macedonians, Thessaloniki 1965. 17. *P.Chantraine*, Bull. Soc. Ling. 61, 1966, 157ff.

**Makedonianer.** Altkirchl. Gruppe, die die Gleichsetzung des Hl. Geistes mit Vater und Sohn ablehnte, zuerst 379 in Rom begegnend, wo Damasus sie nach Makedonios von Konstantinopel († 364) benennt (MIGNEPL 13, 558), um das Ansehen des dortigen Bischofsstuhles herabzusetzen; viell. auch von Eleusios und Marathonios, zwei sog. Linkshomöusianern, stammend. Die M. heißen auch Πνευματομάχοι (MIGNE PG 26,605 B. 637 B. 29,753 A. 32,1164 A u.a.) und Ἡμιαρειανοί (MANSI 3,557). 381 auf dem Konzil von Konstantinopel verurteilt und von Theodosios I. als Häretiker verfolgt (Cod.Theod. 16,5,11 ff.), verloren sie sich bald. Ihr Zentrum war der Hellespontos, ihr Begründer ist unbekannt (kaum Eustathios). Ihre Theologie ist biblizistisch und aller Spekulation abgeneigt, übrigens nur aus den Werken ihrer Widersacher (Greg. Naz., Greg. Nyss., Damasus, Hilarius, Faustus von Reji) zu erschließen. G. Ru.

*F.Loofs* Zwei maced. Dialoge, SDAW 1914, 526ff. *Ders.* Festschr. A.Hauck, 1916, 64ff. DThC 9,1464ff. *H.Dörries* De spiritu sancto, 1956. Lex. Theol. Kirche 6, 1961², 1313f. (Lit.).

**Makedonios. 1.** Epigrammatiker des Philippos-Kranzes, aus Thessalonike, in der Anth. Pal. mit den Epigr. 9,275. 11,27.39 vertreten. 11,27 preist die Tonbecher liefernde Erde Italiens. Identität mit dem Vf. des daktyl. Hymnos bei I.U. POWELL, Collect. Alex. 138 (WILAM. Griech. Verskunst 133,1) ist unsicher. **2.** Epigrammatiker des Kyklos des Agathias, dessen Zeitgenosse er nach Suda s. Ἀγαθίας war, Consul *(honorarius)*, vielleicht der *curator dominicae domus* von 531 (Cod. Iust. 7,37,3; AV. and AL. CAMERON, JHS 86, 1966, 17). Getreu dem von Agathias Anth. Pal. 4,4,67ff. verkündeten Grundsatz verfaßt er »im Wetteifer mit den Alten« Weihgedichte für die »früheren Götter«, wobei er den Stil des Leonidas von Tarent zu imitieren sucht (bes. 6,56 und 73). Um die »künstlerische Nachahmung« (σοφὸν μίμημα Agathias ebd.) der Älteren bemüht er sich auch sonst, freilich mit wenig Glück. Auch Palladas hat ihn beeinflußt (10,71. 11,375). Gefällig sind seine Epigramme auf ein Bad (9,625), auf sein Haus (9,648f.), auf Sardes (9,645), Themen, wie sie seine Zeit liebte. Grabepigr. fehlen; 7,566 ist kein solches, sondern enthält eine vielleicht von Palladas beeinflußte Betrachtung über das ungewisse Los des Menschen. Die Verskunst der 41 erhaltenen Gedichte ist glatt. Daktyl. Fluß wird gesucht, Proparoxytona am Hexameterschluß und vor der Pentametercäsur werden gemieden. R. K.

**Makella** (Μάκελλα, *Macela* die columna rostrata CIL I 195 = DESSILS 65, Z. 4) feste Stadt im Innern Siciliens, nach dem Seesieg bei Mylai 260 v.Chr. von C. → Duilius (2) erobert, im 2. pun. Kriege zeitweilig auf pun. Seite, im Sklavenkrieg um 102 Standquartier des → Athenion (2). Plin. nat. 3,91 zählt die *Magelini* zu den *stipendiarii.* Über die Lage gibt es nur Vermutungen. Vgl. Pol. 1,24,2 Liv. 26,21. Diod. 23,4,2. Cass. Dio frg. 93,4. Ptol. 3,4,14. K. Z.

**Makestos** oder **Mekestos** (Strab. 12,576. Plin. nat. 5,142. Pol. 5,77,9 Μέγιστος) 1. Nebenfluß des → Rhyndakos in Mysien, h. im Oberlauf Simav Tschai, im Unterlauf Susyrgyrli Tschai. Oberhalb dieser Stadt ist eine röm. Brücke erhalten. K. Z.

*Philippson* Petermanns Mitt. Erg.-H. 177,3. *Buresch* Aus Lydien 141f. *Ruge*, RE XIV 773.

**Makiston, -os** (Μάκιστον). Ortschaft in Triphylien am S.-Fuß des Kaiaphagebirges, zu deren Gebiet das Heiligtum des »samischen« Poseidon an der W.-Spitze des Gebirges in der h. Klidi genannten Enge und weitere Heiligtümer am → Minthegebirge (h. Alvena) und in der Küstenebene s. des Kaiaphagebirges gehörten. Bei Xen. erscheint M. um 400 v. Chr. noch als bestehende Stadt, später ist sie verschollen, und schon die hellenist. Homererklärer wußten ihre Lage nicht mehr anzugeben. Genauere Lage ist daher unbekannt. Einzelne Homererklärer setzten es mit einem ebenfalls unbekannten → Πλατανιστοῦς gleich, Strab. 8,3,16 p. 345. Apollod. benutzte den Landschaftsnamen Μακιστία als Bezeichnung für → Triphylien s. des → Alpheios, Artemid. nur für den Teil s. des Kaiaphagebirges, beides künstliche Behelfsbezeichnungen, von denen die zweite immerhin den bekannten Tatsachen besser entspricht, s. E. MEYER, RE XX 1740ff. (s. Pisa). Nach Sch. Eurip. Or. 4; Mant. prov. 2,94 wohnen Atreus und Thyestes nach ihrer Vertreibung aus Pisa in M. Hdt. bezeichnet M. als Gründung der

→ Minyer nach Vertreibung der Kaukonen. Hdt. 4,148. Strab. 8,3,13f. p. 343f. 3,16 p. 345. 3,18 p. 346. 3,21 p. 348. 6,1,6 p. 257. 10,1,10 p. 447. Aristot. frg. 611,55 R. Xen. an. 7,4,16; hell. 3,2,25. 30. Paus. 6,22,4. Plin. nat. 4,20. Steph. Byz. s.v. und s. *Μήκιστον* = Hekat. FGrH 1 F 122. E. M.

1. *Bölte*, RE XIV 774ff. 2. *E. Meyer* Neue Peloponnes. Wanderungen, 1957, 67f. 74ff.

**Makkabäer** s. Hasmonäer

**Makkabäerbücher** s. Jüd.-Hellenist. Literatur

**Makkala** (*Μάκκαλα*). Nach Ptol. 6,7,41 eine Stadt in Arabia Felix. Die naheliegende, mehrfach vorgeschlagene Identifizierung mit der bekannten Hafenstadt al-Makallā an der S.-Küste Arabiens ist abzulehnen, weil man damit die Ortsnamenfolge im Itinerar des Ptol. verlassen und viel zu weit nach O. geraten würde. Wahrscheinlich ist M. mit der mächtigen Burg in Daṯīna, die h. m-Qal$^c$a heißt, gleichzusetzen, wobei der h. Name aus dem alten volksetym. entstanden sein kann. A. D.

*H. v. Wissmann* und *M. Höfner* Beitr. zur hist. Geogr. des vorislam. S.-Arabien, AAMz, Geistes- und Sozialw. Kl., 1952, Nr. 4, 66f.

**Makna** (*Μάκνα* Ptol. 6,7,27) lag an der Stelle der h. Oase Maqnā am Golf von al-$^c$Aqaba. A. D.

**Makoraba** (*Μακοράβα*), nach Ptol. 6,7,32 eine Stadt im n.w. Arabia Felix, die schon früh mit Mekka gleichgesetzt wurde. Dem Namen liegt das s.-semit. Wort für »Tempel, Heiligtum« zugrunde: altsüdarab. *mkrb(n)* (mikrāb), äthiop. *mekrāb*, dagegen qataban. *mkrbt* und min. *mkrb* auch »Altar«. Schon in vorislam. Z. erfreute sich der »Tempel« des Mondgottes Hubal in Mekka unter den arab. Stämmen allg. Verehrung. Vielleicht geht auch *portus Mochorbae* (Plin. nat. 6,150) auf die gleiche Wurzel zurück. A. D.

1. *H. v. Wissmann* Bauer, Nomade und Stadt im islam. Orient, Die Welt des Islam und die Gegenwart, hrsg. von R. Paret, Stuttgart 1961, Anm. 42. 2. *Ders.* Zur Gesch. und Landeskde. von Alt-S.-Arabien, SAWW, ph.-h. Kl., 246, 1964, 360.

**Makra kome** (*Μακρὰ κώμη*). Ort im oberen Spercheiostal, den die Aitoler 198 v. Chr. einnahmen, Liv. 32, 13,10, nach [3. 4] die ant. Ruine ¾ Stunde n.ö. von Varibopi, das h. amtlich M. heißt. E. M.

1. *Oldfather–Stählin*, RE XIV 808f. Nr. 1. 2. 2. *Fr. Stählin* Das hellen. Thessalien 222ff. 3. *Y. Béquignon* La vallée du Spercheios 316ff. mit Plan und pl. XVII 1. 4. *G. Roux*, BCH 78, 1954, 89ff.

**Makrele** (*σκόμβρος* [Frisk: »unerklärt«], *σκομβρίς*, *scomber*; *κολίας* [Frisk: »Bildung wie ἀκανθίας . . . und andere Fisch- und Tiernamen; im übrigen unerklärt«], *colias*); die Verwandtschaft mit dem Tunfisch führt des öfteren zur Verwechslung beider). – Die M. (zum Aussehen Plin. nat. 9,49 *scombri, quibus est in aqua sulpureus color, extra qui ceteris*) laicht Anf. Juli (Aristot. hist. an. 599 a 2) in großen Schwärmen an den Küsten. Der Fang (s. Opp. hal. 3,576ff.) ist bes. ertragreich in der Propontis (Aristot. a.O. 598 a 24ff.; bei Byzanz und Paros, s. Athen. 3, 116B, Plin. nat. 32,146), im w. Mittelmeer in der Straße von Gibraltar beim Eintritt der M. aus dem Ozean (Plin. nat. 21,94; bei Karthago: Strab. 3, 121). Die M. wurde vor allem zu → *garum* oder zu Salz- bzw. Pökelfisch verarbeitet (s. Athen. 3, 116A. 118D. 121A). In Athen (Aristoph. Equ. 1008) und Rom (Plaut. Capt. 851) war die Salz-M. ein billiges Nahrungsmittel; Catull. 95,8 und Martial. 3,50,9. 4,86,8 nennen gewisse lit. Produkte Einwickelpapier für M. – Die Urteile über den Nährwert und den Geschmack differieren (s. Xenokr. de alim. 8 gegenüber 32. Sch. Opp. hal. 3,576. Athen. 3,121A. 7,321A). – Nach Colum. 8,17,12 eignen sich die Eingeweide der M. als Fischfutter für Seefischteiche. E. Mg.

**Makris** (*Μακρίς*). Nymphe, Tochter des → Aristaios, nährt den kleinen Dionysos, den Hermes ihr brachte, mit Honigseim, Apoll. Rhod. 4, 1130ff. Von Hera aus Euboia vertrieben, haust sie segenspendend auf Scheria (Kerkyra), das nach ihr *Μάκρις* heißt, ebd. 990. 540. In ihrer Grotte feiern Iason und Medeia Hochzeit. → Nysa. H. v. G.

**Makrobioi. 1.** M., Hdt. erwähnt im 3. B. die »langlebigen« Aithiopen, unter denen man von den gewöhnlichen Aithiopen unterschiedene Bewohner der Gebiete s. von Äg. verstanden hat. Jedoch handelt es sich wohl um ein Beiwort, das Hdt. in den myth. Teilen seines Aithiopenberichts auf Grund griech. Sagen den S.-Völkern beilegt. W. H.

*Herminghausen* Hdt.s Angaben über Äthiopien (Diss. Hamburg, 1964).

**2.** M., die Bewohner des Athos. Ihre Langlebigkeit wird von Plin. nat. 7,27. 4,37 auf den Genuß von Schlangenfleisch zurückgeführt. Das von ihnen erreichte Alter wird mit 130 Jahren angegeben. Mela 2,32 = Solin. 2,34. Lukian. Makrob. 5. Lenk, RE XIV 814. Chr. D.

**Makrokephaloi** (*Μακροκέφαλοι*, *Μεγαλοκέφαλοι*), Völkerschaft, w. von Kolchis; wahrscheinlich ist einer der von Hippokrates de aere 35 genannten Volksstämme gemeint, die die Schädelform der Neugeborenen durch Drücken und Binden vergrößerten. Sie wohnten angeblich vom Fluß Ophius bis zur Stadt Kerasus. Plin. nat. 6,2. Mela 1,19. Strab. 1,43. 7,299. 11,520. Skyl. 85ff. Peripl. P. Eux. 37. Chr. D.

*Herrmann*, RE XIV 815.

**Makron** (*Μάκρων*). Strengrf. att. Vasenmaler um 500–470 v. Chr., dem Beazley (ARV.$^2$ 458 bis 481. 1654f.) 345 Werke, darunter 336 Schalen mit überwiegend Genre- und dionys. Szenen zuschreibt. Im Frühwerk kraftvoll, wenn auch nicht ohne Manier, werden die Figuren später lockerer, freier bewegt und auch kleiner, aber nie zur Schablone. H. Ma.

**Makrones** (*Μάκρωνες, Machorones*). Volksstamm, eher Stammesverband im N.O. des Pont. Eux. ö. der Kolcher, wahrscheinlich einer der von Hippokrates de aere 35 bezeugten Stämme, die die Köpfe der Neugeborenen durch Drücken und Binden verlängerten (vgl. Makrokephaloi), roh und kriegerisch. Plin. nat. 6,2. Hdt. 2,104. 7,78. Xen. an. 4,8,3. 6. Apoll. Rhod. 2,396. 1245. Strab. 12, 548. Chr. D.

*Herrmann*, RE XIV 815.

**Maktorion** (*Μακτώριον*), alte Stadt Siciliens im Hinterland von → Gela, in die sich in früher, nicht näher bestimmbarer Z. im Bürgerkrieg verdrängte Geloer zurückzogen, aber von → Gelons Vorfahren Telines zurückgeholt wurden, Hdt. 7, 153; erwähnt auch von Philistos FGrH 556 F 3. Die modernen Lokalisierungsversuche (bei Butera?) sind hypothetisch. K. Z.

*P. Griffo–L. von Matt*, Gela, Genova 1964 (deutsch Würzburg 1964) 3.76 u.ö.

**Makynia** (*Μακύνεια, Μακυνία*, Archyt. bei Plut. mor. 294 F *Μᾴκῡνα*), die westlichste Stadt der w. Lokrer am N.-Ufer des korinth. Golfs, spätestens seit 338 v. Chr. aitol. M. lag an der O.-Seite des → Taphiassos, h. Klokova, wahrscheinlich auf dem kleinen niedrigen (163 m) befestigten Hügel Palaeokastro bei Mamaku [2],1,82ff. mit Plan und pl. II. Strab. 10,2,4. 6 p. 451. 2,21 p. 460. Plin. nat. 4,6. Steph. Byz. s.v. BCH 23, 1899, 356f. IG IX $1^2$,13,22. E. M.

1. *Oldfather*, RE XIV 816ff. 2. *L. Lerat* Les Locriens de l'ouest 1,34. 189ff. 2,61. 66. 77. 82ff. 99. 3. *Philipps.-Kirst.* 2,322. 610.

**Malabathron** (*μαλάβαθρον, μαλόβαθρον, malobathrum* aus skr. tamālapattra, daher auch *φύλλον Ἰνδικόν*), eine seit augusteischer Z. bezeugte Droge, hergestellt aus den aromat. Blättern einer Pflanze, die dem Alt. nicht näher bekannt war, weil nur ihre Blätter, in Kugeln oder Ballen verpackt, durch den Fernosthandel aus Indien oder aus (richtiger wohl: über) Syrien in die Mittelmeerländer kamen. Das aus ihnen gepreßte kostbare Öl (Plin. nat. 12,129 nennt die hohen Preise) wurde kosmetisch, als Gewürz und auch medizinisch mannigfach verwendet. Die Angaben über die Pflanze bei Plin. a. O. widersprechen denen des Dioskur. mat. med. 1,12, nach welchem das M.-Öl oft mit dem der Narde verwechselt wurde. Phantastisches über die Herkunft des M. im Peripl. m. Erythr. 65. Nach LAUFER Journ. asiat. 11, 1918, 1ff., der chines. Quellen heranzieht, kam es aus der Halbinsel Malakka. Eine sichere Bestimmung der M.-Pflanze ist noch nicht gelungen. K. Z.

*Alfr. Schmidt* Drogen und Drogenhandel im Alt., 1924. *Steier*, RE XIV 818–823.

**Malaca** (*Μαλάκη*), = h. Málaga. Der Name wohl semit., nicht von dem hebr. *malkah* = Königin, sondern von phoinik. *mlkt* = (Stätte der) Arbeit abgeleitet [1], wohl eine phoinik. Gründung. M. wird verhältnismäßig selten erwähnt: Avien. or. m. 181. 426 verwechselt es mit Mainake [2]. Etwa seit 205 v. Chr. unter röm. Herrschaft beteiligte M. sich 197 an einem Aufstand (Liv. 33, 21,6). 85 v. Chr. griff M. Licin. Crassus M. an (Plut. Crass. 6), 47 im Bell. Alex. 64,2 erwähnt. Nach Plin. nat. 3,8 *civitas foederata*, nach Strab. 3,4,2 wichtiger Handelsplatz für die N.-Afrikaner; mit einem Stadtplan, der nicht, wie der Mainakes, griech., sondern phoinik. sei, also wohl unregelmäßig [3]. Sonstige Erwähnungen: Plin. nat. 5,19. Itin. Ant. 404,2. Steph. Byz. s. *Μαλάκη*.

Die Bedeutung M.s wird durch Mz. [4] und Inschr. erwiesen, bes. wichtig die Bronzetafel mit der *Lex municipii Malacitani*, zus. mit der *L. m. Salpensani* bei M. gefunden, aus den J. 82–84 n. Chr. stammend [5]. Siehe RE XVI 614f. Andere Inschr. und Funde bezeugen seine weiten Handelsverbindungen [6]. – Das Christentum fand früh Eingang, schon 306 n. Chr. (?) auf dem Concilium Eliberitanum unterschreibt ein episcopus Malacitanus (Font. Hisp. Ant. VIII 59f.). Etwa 555–570 n. Chr. war M. unter byz. Herrschaft, dann von Leovigild dem westgot. Reiche einverleibt (Font. Hisp. Ant. IX 137/38. 411. 150/51). Münzstätte [7], öfters als Bischofsstadt genannt (Font. Hisp. Ant. IX 221. 234. 252. 288. 294. 305. 313. 348). 711–1487 unter arab. Herrschaft blieb es bedeutend [8], noch h. Großstadt mit wichtigem Hafen (Encicl. Univ. Ilustr. 32,453f.). Sein berühmter Wein wird im Alt. nicht erwähnt. **2.** Fluß bei M., h. Guadalmedina (Avien. or. m. 426. Plin. nat. 3,8). R. G.

1. *Littmann* bei *Ad. Schulten* Ib. Landesk. 2, Strasbourg/Kehl 1957, 574 Anm. 2. Font. Hisp. Ant. $I^2$, Barc. 1955, 197 Ind. s.v. 3. Font. Hisp. Ant. VI 223f. 4. *Ant. Vives* La moneda hispánica 3, Madrid 1924, 27ff. 5. Neueste Ausg.: *S. Riccobono* Font. Iur. Rom. Anteiust. 1, Florenz 1941, 209ff. (S. 202ff. und 208f. ältere Lit.). Frühere Ausg. CIL II 1964. *Dess.* ILS II 6089. *Th. Mommsen* Die Stadtrechte der latin. Gemeinden Salpensa und M., Ges. Schr. 1,265–282. 6. CIL II p. 251. 1965–1977. VI 9677. XV 4203. Altertümer: *Ad. Schulten* Forsch. in Spanien, AA 1933, 3/4, 564f. *Siméon Giménez Reyna* Memoria arqueológica de la prov. de Málaga (Informes y Memorias no 12), Madrid 1946, zusammenfassender Ber. über die Grabungen in der Provinz, nicht in der Stadt. – 7. *Mateu y Llopis* La ceca visigoda de M., in »Ampurias« 7–8, 1945–1947, 243f. 8. *Ad. Schulten* Forsch. in Span., AA 1940, 1/2, 96.

**Malachbelos.** Palmyren. Gottheit, die durch syr. Söldner weite Verbreitung im röm. Reich fand. Neben zahlreichen Inschr. auf Stelen und Tesserae in Palmyra selbst (Schreibung *mlkbl* z. B. CIS II 3927. 3981 u.ö.) wurden ihm auch in Rom Altäre geweiht (*Μαλαχβήλῳ θε[ῷ]* CIL VI 51; vgl. 10817; *[d]eo Soli inv[icto] Malachibe[lo]* DESSILS 4338). Weihungen sind ferner aus Dacien (CIL III Sppl. I 7954–7956) und N.-Afrika (*Malagbelo Aug. sancto* CIL VIII/1,2497, s. auch II 8795 mit add. p. 973; EE VII 266 Nr. 801) bekannt.

Der Gott, der in Palmyra in einer Triade zusammen mit Aglibol und einer anonymen Gottheit, sonst nur mit Aglibol oder der Gad Taimi dargestellt wird, trägt entweder eine Rüstung und den Strahlenkranz oder lokales Gewand mit weiter Hose, Weste, Tunika und Sichelschwert. Ist er durch letzteres als Vegetationsgottheit – dies wohl die ältere Erscheinungsform – gekennzeichnet, so überwiegen sonst und auch in den Inschr. die solaren Züge. Eine sichere Deutung des Namens ist noch nicht zu geben; wohl »Bote *(mal'ak)* des Bel«. W. R.

*K.Preisendanz*, RE XIV 824–828. *J.-G. Février* La réligion des Palmyréniens, 1931, 65ff. *O.Eissfeldt*, AO 40, 1941, 83ff. *H.Seyrig*, Syria 18, 1937, 198–209. *Comte du Mesnil du Buisson*, Tessères et monnaies de Palmyre, 1962, 259–284. *M.Höfner*, WbMyth. 1, 1961, 452f.

**Malalas** (*'Ιωάννης Μαλάλας* bzw. *Μαλέλας*). Syrer aus Antiocheia, Zeitgenosse der Kaiser Anastasios I. bis Iustinus II., Vf. der ältesten erhaltenen byz. Weltchronik (*Χρονογραφία*) in 18 B., die bis zum E. Justinians I., vielleicht sogar bis zum J. 574 reichte. Der griech. Fassung, wahrscheinlich einer verkürzten Redaktion des urspr. Werkes, die nur im Cod. Bodl. Barocc. 182 (12. Jh.) erhalten ist, fehlen B. 1 sowie Anf. von 2 und E. von 18, so daß die Darstellung mit den Ereignissen des J. 563 endet. Ergänzend treten einige griech. Exc. aus der Vorrede ([3]) und Frg.e einer kirchenslav. Fassung hinzu. Die Chronik des M. bietet eine bunte, völlig kritiklos kompilierte, mit Irrtümern und Widersprüchen durchsetzte Mischung von Heils- und Kirchengesch. mit Daten und Fakten aus der Urgesch. der wichtigsten Mittelmeervölker und schließlich der röm., griech. und byz. Gesch. Eingearbeitet ist in die B. 1–17, die übrigens monophysit. Tendenz verraten, die ausführliche Stadtchronik von Antiocheia ([5]) samt der Baugesch. ([9]), während B. 18, in loyaler orthodoxer Gesinnung verfaßt, Konstantinopel in den Mittelpunkt stellt. Möglicherweise muß deshalb Herausgabe des Werkes in 2 Teilen gefolgert werden. Da die Chronik nicht nur zahllose Kuriosa, Anekdoten und Klatschgeschichten enthält, sondern überdies in einer Sprache abgefaßt ist, die der gesprochenen Gräzität des 6. Jh. ziemlich nahestehen dürfte ([10]), erfreute sie sich als ein wahres Volksbuch (das wohl auch in illustrierten Exemplaren umlief [7]) viele Jh. hindurch großer Beliebtheit und Verbreitung. Fast alle späteren byz. Chronisten entlehnten mehr oder weniger wörtlich Abschnitte aus M. Gegen 900 entstand eine bulgar. Übersetzung, die das Werk auch dem slav. Kulturkreis erschloß.

Problemat. ist die Quellenfrage. Während es feststeht, daß M. von B. 15 an Berichte älterer Zeitgenossen und schließlich auch eigene Beobachtungen verwertet hat, ist bis h. umstritten, ob er die im Prooimion angeführten Chronographen selbst gelesen, ob er nicht vielmehr das meiste Material der Chronik des → Iulius Africanus (Bd. II 1547,40) entnommen hat. Unsicher ist die Vermutung von [4], M. sei ident. mit dem Patriarchen Ioannes III. Scholastikos (565–577), gleichfalls einem gebürtigen Antiochener (vgl. aber H.-G. Beck Kirche und theol. Lit. im byz. Reich, 1959, 422f.). H. Gä.

Ta.: *L.Dindorf*, Bonn 1831. *Migne* PG 97. B. 9–12: *A. Schenk v. Stauffenberg* Die röm. Kaisergesch. bei M., Stuttg. 1931. B. 8–18 aus dem Kirchenslav. in engl. Übers. von *M.Spinka* und *G.Downey*, Chicago/Cambr. 1940. Lit.: 1. *Krumbacher* 325ff. 2. *M.E. Colonna* Gli storici biz. dal IV al XV sec., Napoli 1956, 73ff. 3. *A.Wirth* Chronogr. Späne, Frankf. 1894, 1ff. 4. *J.Haury*, ByzZ 9, 1900, 337ff. 5. *W.Weber*, Festg. A.Deissmann, Tüb. 1927, 20ff. 6. *G.Downey*, TAPhA 66, 1935, 55ff. 7. *K. Weitzmann*, Byzantion 16, 1942/43, 87ff. 8. *G.Downey*, AJA 42, 1938, 106ff. 9. *Ders.*, ByzZ 38, 1938, 1ff. 10. *K. Weierholt*, Symb. Osl. Suppl. 18, 1963.

**Malangitai** (*Μαλαγγῖται*), ein Volk in Zentralarabien, das nach Ptol. 6,7,23 an den *Μάρειθα ὄρη* wohnte, d.h. am $^{c}$Āriḍ, im Gebiete von Aflāǧ. Wahrscheinlich sind es die Maḏḥiǧ, die von Imra'alqais um 300 n.Chr. aus ihren Sitzen vertrieben wurden. A. D.

*H. v. Wissmann* Zur Gesch. und Landeskde. von Alt.-S.-Arabien, SAWW ph.-h. Kl., 246, 1964, 175. 195. 404.

**Malaria.** Der volkssprachliche Terminus M. (ital. »mala aria«) ist in der Medizin erst seit dem 19. Jh. gebräuchlich; die Krankheit war jedoch schon der Ant. bekannt. Wenn wir uns an die Hauptsymptome Splenomegalie und period. Fieber (vor allem 3- und 4tägig) halten, dann werden wir sogar eine große M.-Häufigkeit annehmen dürfen, da diese Symptome außerordentlich oft erwähnt werden. Zusammenhang mit Sümpfen ist schon bei Hippokrates (aer. 7) gesehen. Sonst bleibt die ant. Ätiologie spekulativ (Humoralpathologie!). Auch wenn neben dem Sumpfwasser gelegentlich die »schlechte Luft« als Ursache angeschuldigt wird, dann bleibt das vage. Die Mükken (die man als Plagegeister genau kannte!) sind jedenfalls, trotz Varro r.r. 1,12,2 und ähnlichen Stellen bei Columella und Palladius, nie klar als M.-Überträger begriffen worden. Objektiv dürfte die beste Therapie im Meiden oder Trockenlegen von Sümpfen bestanden haben. F. K.

**Malarich.** Franke, tribunus, suchte im J. 355 zusammen mit → Mallobaudes seinen Landsmann Silvanus bei Hof zu verteidigen, lebte dann in Italien, lehnte es 363 ab *magister equitum per Gallias* zu werden (Amm. 15,5,4ff. 25,8,11. 10,6). A. L.

**Malatha.** Zuerst (wo nicht at. *Molada* Jos. 15, 26 u.ö.) Ios. ant. Iud. 18,147 (herod. Grenzfort *ἐν Μαλάθοις τῆς 'Ιδουμαίας*), dann Eus. onom. 14,2f. (4 mp. von Arad). 88,4. 108,3. Not. dign. or. 34,45 *(Moleatha; cohors prima Flavia)*. Den Namen führt wohl *tell el-milḥ* (isr. *Tel Malḥata*, 28 km ö. des h. Beerseba, Israel) fort (also aram. *malḥ$^{a}$tā* »Salzstelle«? Aber wovon?), Kastell des

→ Limes Palaestinae, das vielleicht Not. dign. (auch Ios.?) meint. Onom. 14,2f. weist eher auf *ḫirbet kesēfe* 6 km n.ö. (die Zivilsiedlung zum Kastell? Ruinen dreier Basiliken, in byz. Z. Bischofssitz?). Chr. B.

*E. Mader* Altchr. Basiliken und Lokaltraditionen in Südjudäa, Stud. z. Gesch. und Kultur d. Alt. 8, 5/6, 1918, 225ff. *A. Alt* Limes Palaestinae, Palästina-JB 26, 1930, 43ff. 27,1931, 75ff. *Abel* Géogr. $2^3$, 1967, 391f.

**Malchos. 1.** Karthag. Feldherr. Der semit. von Melech (König) gebildete Name ist aus verschiedenen Formen *(Maleus, Mazeus)* der einzigen Quelle Iust. 18,7, der Oros. adv. p. 4,6,7ff. folgt, von Voss hergestellt; zu seiner Vokalisation, die von der durch griech.-lat. Transkriptionen *Hamilkar, Himilkon* u.a. gesicherten Aussprache *Milk* abweicht, S. Gsell Hist. anc. de l'Afrique du Nord 4, 1924, 239,9. M. kämpfte erfolgreich gegen die Libyer und eroberte den n.w. Teil Siziliens. Dagegen verlor er Mitte 6. Jh. v. Chr. in Sardinien den größten Teil seines Heeres. Als er deshalb mit dem Rest des Bürgerheeres verbannt wurde, belagerte M. Karthago. Seinen Sohn → Karthalo, der in vollem Priesterornat zu ihm kam, um zu vermitteln, ließ M. kreuzigen. Nach der Einnahme Karthagos verteidigte er sich vor dem Volk, tötete 10 Senatoren, änderte aber die Verfassung nicht. Um 510 wurde M. wegen Tyrannisverdacht und der Tötung seines Sohnes hingerichtet. An ihm wurde erstmals der für Karthago später häufige Gegensatz der Behörden zu dem jeweiligen Feldherrn sichtbar. Die Heeresreform seines Nachfolgers → Mago (1) ersetzte das Bürgerheer durch Söldner. O. Meltzer Gesch. der Karthager 1, 1879, 158ff. 484f. H. V.

**2.** M. I. (*Μάλχος, Μάλεχος, Μάλιχος*, nabat. Maliku [*mlkw*]), König der Nabatäer, vor 57 bis nach 30 v. Chr., als Person nicht mehr, als Herrscher nur in meist unglücklichen äußeren Verwicklungen faßbar (keine Inschr., kaum Mz.). → Gabinius (6) bekriegte ihn aus unbekanntem Grund 55 (Ios. ant. Iud. 14,103). 47 sandte M. Caesar Truppen nach Alexandreia (14,128. bell. Alex. 1). 40 verweigerte er → Herodes d. Gr. (1) Asyl vor den Parthern (ant. 14,370ff.); → Ventidius legte ihm 39 wegen Unterstützung der Parther eine Geldbuße auf (Cass. Dio 48,41,5). 34 schenkte Antonius Kleopatra Einkünfte aus nabat. Gebiet am Toten Meer (Plut. Ant. 36,2), die dann Herodes pachtete (Ios. ant. 15,96). Als M. nicht mehr zahlte, ermunterte Antonius Herodes zum Krieg 32–31, den M. verlor (15,107–160). Eine Konspiration mit → Hyrkanos II. (3) endete mit dessen Hinrichtung durch Herodes 31/30 (15,165–178). **3.** M. II., Sohn und wohl Nachfolger → Aretas' IV. (4), 40/41–70 n. Chr., öfter durch Mz. (bis 23. J., 63) und nach ihm datierten Inschr. (Boṣrā, Ṣalḫad, Umm er-Reṣāṣ 14 km ö. → Dibon, al-Djōf 400 km ö. Petra, al-Higr; bis 25. J.) belegt, aber fast gar nicht lit., darum hist. ein Schatten. 67 schickte er Vespasian »1000 Reiter und 5000 Fußsoldaten, meist Bogenschützen« nach Ptolemais (Ios. bell. Iud. 3,68). Peripl. m. r. 19 erwähnt eine Handelsstraße von → Leuke Kome (2) nach Petra *πρὸς Μαλίχαν βασιλέα Ναβαταίων*. Chr. B.

*Schürer* $1^{3\cdot4}$, 1901 = 1964, 726ff. *J. Starcky* Pétra et la Nabatène, DB Suppl. 7, 1966, col. 886–1017: 909–911. 916–919. Sonst → Nabataioi.

**4.** M., griech. Historiker um 500 n. Chr. aus Philadelpheia/Syrien (Phot. bibl. 78). Aus Suda s. *M.* kann gefolgert werden, daß er später als Rhetor in Byzanz lebte. M. schrieb *Βυζαντιακά* in 7 B., die nach Phot. die Ereignisse der J. 473–480 behandelten, somit an das Werk des → Priskos anschlossen; nach Suda allerdings reichte der behandelte Zeitraum von Constantinus I. bis Anastasios. Die Divergenz könnte so zu erklären sein, daß Phot. ein verstümmeltes Exemplar las, in dem der Anf., ein gedrängter Überblick über die Gesch. der vorangehenden Z. etwa wie bei → Zosimos, fehlte. Andererseits mögen Vorverweise auf spätere (infolge frühen Todes? Vgl. Phot. p. 54b 33ff.), nicht mehr ausgeführte Partien zu dem Irrtum beigetragen haben. Die umfangreichen Exc. lassen erkennen, daß es sich um eine mit guter Sachkenntnis und histor. Verständnis geschriebene Darstellung handelte, in der die unzulängliche und das Reich gefährdende Politik Zenons ebensowenig beschönigt wie auf der anderen Seite die Begabung und Bedeutung Theoderichs d. Gr. verkleinert wurde. Im Unterschied etwa zu → Agathias scheint M. seine eigene Person gänzlich im Hintergrund gehalten zu haben, so daß nicht einmal klar ist, ob er Heide oder Christ war. Die sachliche Berichterstattung beherrschte die Darstellung, wertendes Urteil und Kritik begegnen vornehmlich in den zahlreichen Reden. Die Sprache ist gewandt, aber nicht künstlich oder schwülstig (so auch Phot. und Suda in ihren Stilurteilen). H. Gä.

Frg.: FHG 4,111ff. Hist. Gr. min. ed. *Dindorf* 1,383ff. Exc. de legat. ed. *de Boor* 1,155ff. 2,568ff. – *Christ-Schmid* 2,2,1036f. *M.E. Colonna* Gli storici biz. dal IV al XV sec., Napoli 1956, 77f.

**Maldra(s).** 456–460 König der Sueben in NW.-Spanien, Nachfolger des Rechiar, besiegte 457 die W.-Goten, suchte Frieden mit der röm. Bevölkerung, fiel 458 und 459 in Lusitanien ein und wurde 460 ermordet, wahrscheinlich vom Sohn seines zuvor von ihm beseitigten Bruders (Chr. min. 2,30f. 188f. 280. 301). A. L.

**Malea. 1.** *Μαλέα, Μάλεια*; Hom. Od. 3,287. 19,187 *Μαλειάων ὄρος*, verschiedene andere Varianten. Das in Alt. und Neuzeit überaus gefürchtete SO.-Kap der Peloponnes als Ausläufer der Parnonhalbinsel. Vgl. das Sprichwort *Μαλέας δὲ κάμψας ἐπιλάθου τῶν οἴκαδε* bei Strab. 8,6,20 p. 378. Die Hauptschwierigkeit für die ant. Segelschiffahrt lag in den oft tage- und wochenlang andauernden, oft heftigen und stürmischen Ge-

genwinden, die im Sommer vor allem aus W., im Winter aus N. bis O. wehen, während die Durchfahrt zwischen M. und der Insel Kythera im übrigen hindernisfrei ist. Das Kap selber ist der Abbruch eines etwa 500 m hohen, W.–O. gerichteten und bes. nach S. in steilen Wänden abstürzenden Kalkplateaus. Unmittelbar am Kap lag in einer Nische etwa 80 m über dem Meer eine winzige Terrasse mit 2 Kapellen, einer Einsiedlerklause und einzelnen ant. Resten. Die dunklen kahlen hohen Felswände am Kap trugen zum Ruf seiner Gefährlichkeit bei wie der Umstand, daß in der Nähe des Kaps keine Häfen Zuflucht boten. Trotzdem war der Verkehr um das Kap herum lebhaft und bei günstigen Verhältnissen ohne Schwierigkeiten; ein kaiserzeitlicher Kaufmann aus Kleinasien rühmt sich, M. 72mal umfahren zu haben, Syll.³ III 1229. Für die Kriegsschiffe galten die gefürchteten Schwierigkeiten der Windverhältnisse zudem im allg. nicht. M. war auch Bezeichnung für die weitere Umgebung des Kaps, in der vor allem der Kult des Apollon Lithesios bezeugt ist, [3],863f., vielleicht der ganzen Parnonhalbinsel. M. galt ferner als Geburtsstätte des Seilenos, Paus. 3,25,2. [3],864. Strab. 8,5,2 p. 364. 6,1 p. 368. 6,20 p. 378. Paus. 3,23,2. 25,2.

1. *Hasluck*, ABSA 14, 1907/08, 172ff. 2. *A. Philippson* Der Peloponnes 175f. 3. *Bölte*, RE XIV 859ff. Nr. 1 und 2. 4. *Philipps.-Kirst.* 3,498ff.

**2.** Name weiterer Örtlichkeiten bes. in der Peloponnes, danach der urspr. selbständige, dann mit Apollon gleichgesetzte Gott→Maleatas mit Hauptkultstätten auf dem Berge Kynortion über dem Asklepiosheiligtum von → Epidauros und an der O.-Küste der Parnonhalbinsel wohl bei Tyros n. von Leonidi, Rhomaios, *Πρακτ.* 1911, 254ff. IG V 1 Nr. 927. 929. 929c. 1517–1522. Zum Namen s. Wilam. GldH 1,393ff. E. M.

1. *Bölte*, RE XIV 865ff. Nr. 2 und 3. 2. *H. Waterhouse–R. Hope Simpson*, ABSA 56, 1961, 131.

**Maleatas** (*Μαλεάτας* »der von → Malea« [5], 32. H. Grégoire, MAB 45,1, 1949/50, 28). Urspr. selbständiger Lokalgott (Peiraieus-Inschr. IG II² 4962. [1], 100. [5], 32. Grégoire 27), in Sparta (Paus. 3,12,8. [2], 63. 91), Trikka (Paus. 2, 27,7) und Epidauros (IG IV² 1,128 III 27ff. [4], 220) von → Apollon depossediert ([5], 28); als Apollon M. wohl mit dem Apollon *Μαλόεις* von Mitylene (Thuk. 3,3. Steph. Byz. s.v.) etym. vermischt ([4], 218f.; vgl. [1], 98ff.). Aufgrund seines chthon. Wesens ([2], 92 – Hundeattribut Ch. Blinkenberg Asklepios, 1893, 22ff.; vgl. [1], 87) in → Epidauros mit Tempel am Berg Kynortion (Nilsson Griech. Feste 409,7) Vorgänger des erdgebundenen Heilgottes → Asklepios (Malos-Legende: [4], 216. [5],28f. Grégoire 26). W. F.

1. *U. v. Wilamowitz* Isyllos von Epidauros, 1886. 2. *S. Wide* Lakon. Kulte, 1893. 4. *M. Guarducci*, SMSR 8, 1932, 216ff. 5. *K. Kerényi* Der göttliche Arzt, 1956².

**Maleficium** s. Zauber

**Maleos** (*Μάλεως*, *Μάλεος*, *Μαλέας*, *Μαλεώτης*). Ein von dem meerfahrenden Dionysos bezwungener Seedämon, dessen Wesen und Art aus einzelnen, z.T. von Atthidographen stammenden mythogr. Notizen in komplizierter Weise erschlossen wurde. Ein Felsenriff vor dem Hafen von Phaistos (Kreta) wurde »Stein des M.« genannt, weil er es zum Schutz gegen Wogenanprall dem Poseidon geweiht habe, Sch. Od. 3,296. Suda. Anth. Pal. 7,275. Danach wäre M. als Hypostase Poseidons zu verstehen. Ein Tyrrhener M. war mit dem att. → Aiorafest verbunden, das zu Ehren der → Erigone gefeiert wurde. Gewöhnlich wird sie als Tochter des → Ikarios oder des → Aigisthos aufgefaßt. In diesem Falle ging sie nach Athen, um Orestes des Vatermordes anzuklagen, und erhängte sich nach dessen Freisprechung. Daneben begegnet Erigone aber als Tochter des Tyrrheners M. O. Crusius dachte hier an das bekannte Abenteuer des Dionysos mit den tyrrhen. Seeräubern; er faßte es myth. auf: die Seeräuber seien an die Stelle fischgestaltiger räuberischer Meerdämonen getreten: Philol. N.F. 2,206ff. E. Maass suchte darzutun, daß Soph. seinem Drama »Erigone« die M.-Version zugrunde gelegt habe, ebd. 31,1ff. M. hat mit Tyrrhenern ebensowenig wie mit dem Kap Malea zu tun. H. v. G.

**Malerei.** Die in der ant. Lit., bes. Plin. nat. 35, genannten Werke der ant. M., zu ihrer Z. wohl mehr geschätzt als die der Plastik, sind verloren. Erhalten blieben Reste der minoischen, myken., etr. und röm. Wand-M., einige griech. Pinakes, Metopen und Stelen in Ton, Holz und Marmor, sowie Nachklänge einiger Gemälde in → Mosaik. Die griech. Zeichenkunst können wir dank den Vasen des 8.-4. Jh. v. Chr. an Originalen studieren.

Die minoische M. des mittleren 2. Jt. v. Chr. fesselt durch Farbfreude, Detailbeobachtung, Raumdarstellung, lebhafte Bewegung von Gegenständen und Hintergrund, dekorative Wirkung. Jagd, Krieg, Prozession sind die Themen der myken. M. (2. Hälfte 2. Jt. v. Chr.), die bei Anlehnung an die minoische M. festere Struktur, z.T. härtere Konturen zeigt.

Wie in der Vasen-M. scheint in der »großen« M. im 7. und frühen 6. Jh. Korinth führend gewesen zu sein (Metopen von Thermos und Kalydon. Pinakes aus Penteskufia ([4], T. 8,1. 2. 13,8) und Pitsa [AA 1935, 197f.]). Etr. Gräber wenig späterer Z. zeigen lebhafte, bunte Farbigkeit. Im 6. Jh. übernimmt Athen die Führung, doch können wir dort bis ins 4. Jh. nur die Zeichenkunst (an Meister-Vasen) wirklich verfolgen. Noch bis tief in den Hellenismus vermitteln etr. Gräber (und erschlossene Nachklänge auf röm. Wandbildern, s.u.) die beste Anschauung von der malerischen Qualität der Epoche. Beherrschend bleibt trotz der (nur undeutlich faßbaren) Blüte der Bühnen-M. (→ Agatharchos 2) die präzis erfaßte Einzelfigur, auch in vielfigurigen mytholog. oder

Schlachtbildern. Im Grunde wissen wir vom Stil der → Polygnotos, → Zeuxis, → Parrhasios, → Pauson, → Timanthes, → Euphranor (2), → Apelles (4), → Protogenes u.a. nichts Genaues. Seit dem 5. Jh. entfernt sich die M. so weit von der Zeichenkunst der Keramik, daß Rückschlüsse nur noch bedingt möglich sind; Verwendung röm. Kopien zum gleichen Zweck bleibt problematisch, solange kein Vergleich mit auch nur einem qualitätvollen Original möglich ist.

Die hellenist. M., die sich parallel zum allg. Gang der Plastik entwickelt zu haben scheint, ist in ihrer Frühstufe durch das Alexandermosaik ([4], T. 49), dann durch röm. Kopien aus Boscoreale ([14]), provinzielle Grabstelen aus Pagasai ([4], T. 53,1–2), die Odyssee-Bilder ([4], T. 55) usw. besser erkennbar.

Mit der Z. Sullas tritt die röm. M., vor allem die Wand-M. als vollgültiger Zeuge ein. Die Gesch. der dekorativen Wand-M., vor allem bis 79 n. Chr., ist oft dargestellt worden ([8]. [9]. [11]. [15]. [16]). Der Stilwandel von der späthellenist. bis zur frühflav. Z. ist in der M. Roms und Kampaniens deutlicher zu erfassen als in der besser überlieferten Plastik. Nach dem 1. Jh. mehren sich erhaltene ant. M. in den Provinzen ([12]. [13]. [16]). Seit dem späteren 2. Jh. geht das Interesse an Raumdarstellung zurück; Flächigkeit, in der Spätant. durch den Goldgrund der Mosaiken bes. betont, sowie verfestigte Tektonik der Einzelgestalt und der Komposition bestimmen zunehmend das Bild, immer wieder durch »klassizistische« Perioden mit Rückwendung zu älteren Tendenzen unterbrochen. Die besten Erzeugnisse der spätant. und chr. M. finden sich im → Mosaik und in der Buch-M. → Landschaftsmalerei, o. S. 475. W. H. G.

1. *P. Herrmann* Denkmäler der M. d. Alt., 1906ff. 2. *Pfuhl.* 3. *G. Lippold* Ant. Gemäldekopien, ABAW 33, 1951. 4. *A. Rumpf* Malerei u. Zeichnung, HBArch 4,1, 1953. 5. *W. Kraiker* Die M. d. Griechen 1958. 6. *M. Robertson* Griech. M. 1959. 7. Monumenti della pittura ant. scoperti in Italia 1936ff. 8. *A. Mau* Gesch. d. dekorativen Wand-M. in Pompeji 1882. 9. *L. Curtius* Die Wand-M. Pompejis 1929. 10. *F. Wirth* Röm. Wand-M. v. Untergang Pompejis bis ans E. d. 3. Jh. 1934. 11. *H. G. Beyen* Die pompeian. Wanddekoration I. II, 1. 1938/1960. 12. *W. Drack* Die röm. Wand-M. in d. Schweiz 1950. 13. *K. Parlasca* Cambodunumforschungen 1953, 93ff. 14. *P. W. Lehmann* Roman Wall Paintings from Boscoreale 1953. 15. *A. Maiuri* La peinture Romaine 1953. 16. *K. Schefold* Pompeian. M. 1952. 17. *K. Parlasca* Röm. Wand-M. in Augsburg 1956. 18. *P. H. v. Blanckenhagen* u.a. The Paintings from Boscotrecase, MDAI (R) 6. Erg.-H. 1962. 19. *F. T. Bertocchi* La pittura funeraria Apula 1964. 20. *J. Wilpert* Die M. der Katakomben Roms 1903. 21. *Ders.*, Die röm. Mosaiken und M. vom 4. bis 13. Jh. 1916. 22. *J. de Wit* Spätröm. Bildnis-M. 1938. 23. *B. Koemstedt* Vormittelalterl. M. 1929. 24. *K. Parlasca* Mumienporträts u. verwandte Denkmäler 1966.

**Maleventum** s. Beneventum

**Malichai** (*Μαλῖχαι*), nach Ptol. 6,7,23 ein Stamm in Arabia Felix im Hinterland der Kinaidokolpiten, welche die Küste des Roten Meeres zwischen dem Baitios (Wadi Baiš) im S. und → Iambia im N. bewohnten. Die M. sind den Banū Mālik in ᶜAsīr gleichzusetzen, zu denen vielleicht auch die *Baramalacum* (Plin. nat. 6,157) zu stellen sind. A. D.

**Malichos** (*Μάλιχος*, Namensvariante von → Malchos). Anführer einer jüd Truppe unter → Hyrkanos II. (3) (Ios. bell. 1,162; ant. 14,84), idumäischer Herkunft. Insgeheim ein Gegenspieler des mit ihm verwandten → Antipatros (4) (bell. 1,220) im Machtkampf zwischen Hyrkanos und Antipatros. 43 v. Chr. ließ er letzteren vergiften (bell. 1,226; ant. 14,281), fiel aber selbst bald darauf einem Racheakt Herodes d. Gr. zum Opfer (bell. 1,234; ant. 14,288ff.). B. Sch.

*Schürer* 1, 1901[3.4], 350f.

**Malichu insula,** nach Iuba FGrH 275 F 35 eine Insel im s. Roten Meer vor der W.-Küste von Arabia Felix: *A promuntorio Indorum, quod vocetur Lepte Acra, ab aliis Drepanum, proponit (Iuba) recto cursu praeter Exustam ad Malichu insulam quindecies centena mil. passuum esse*, d.h. die Insel lag von Drepanum (*Λεπτὴ ἄκρα*, h. Rās Benas auf der afrikan. Seite) 1500 Meilen entfernt und wurde von hier in geradem Kurs an den auch h. noch gefährlichen Klippen der Insel Exusta (*Κατακεκαυμένη*, h. aṭ-Ṭair) vorbei angesteuert. Ptol. 6,7,44 verzeichnet dagegen im Anschluß an die Exusta z w e i Inseln M.: *Μαλίχου δύο*. A. D.

**Malier** (*Μαλιεῖς*). Bei Homer noch nicht genannter Stamm in der Mündungsebene des → Spercheios an dem nach ihnen benannten Meerbusen, im Spercheiostal im W. an die → Ainianen grenzend. Sie gehörten zu den alten Mitgliedern der pylaiisch-delph. Amphiktyonie, deren erster Mittelpunkt, das Demeterheiligtum von Anthele, in ihrem Gebiet lag, Aischin. 2,116. Paus. 10,8,2. Harpokr. s. *Ἀμφικτύονες* = Theop. FGrH 115 F 63. Ihre archaischen Sitten werden mehrfach erwähnt, Aristot. pol. 1297 b 14ff. F 512f. = 553f. R. und in den älteren Berichten stellen sie vor allem Leichtbewaffnete, Paus. 1,23,4. Thuk. 4,100,1, zu Alexanders Heer auch Reiter, Diod. 17,57,3. Bei Hdt. (s.u.) umfaßt ihr Gebiet noch den S.-Teil der Ebene bis ins Gebirge, und ihr Hauptort war → Trachis. Dementsprechend nennt Thuk. 3,92,1 als ihre Unterteile die Paralier, Hiereis und Trachinier. Im Perserkrieg mußten sie sich wie die übrigen nordgriech. Stämme dem Heer des Xerxes anschließen. Durch die benachbarten Oitaier bedrängt, wandten sie sich 426 v. Chr. um Hilfe an Sparta, das anstelle von Trachis das benachbarte → Herakleia (1) gründete, Thuk. 3,92, woraus aber Verwicklungen mit den anderen Maliern und den benachbarten Stämmen entstanden, Thuk. 5,51. Im 4. Jh. waren sie von Sparta abhängig, Xen. hell. 3,5,6. 4,3,9, bis zum Ausbruch des korinth. Krieges, Xen. hell. 4,2,17. Der Kampf gegen Sparta führte aber zum Verlust des Gebiets s. des Spercheios, Herakleia erhielten die Oitaier, so bei Skyl. 62. Paus. 10,23,13. Neue Hauptstadt des Landes wurde → Lamia n. des Spercheios auf vielleicht urspr. achaiischem Gebiet, das nun fast ausnahmslos die Hieromnemonen in die Amphiktyonie stellte. Die M. standen nun auf der Seite von Theben, Xen. hell. 6,5,23. Diod. 15,85,2. Die M. sind mit den Oitaiern und Ainianen zusammen in der Liste des korinth. Bundes Philipps genannt, Syll.$^3$ I 260 b 9 und gehörten seit etwa 235 v. Chr. zum aitol. Bund. 189 v. Chr. wurden sie an Thessalien angeschlossen, genauer an die Landschaft Achaia Phthiotis, und blieben auch in der Kaiserzeit damit vereinigt, so daß auch die kaiserzeitlichen Geographen die M. zu Thessalien rechnen.

Der nach den M. genannte mal. Meerbusen, in den der Spercheios mündet, heißt bei Aischyl. Pers. 486. Hdt. 4,33. Aristoph. Lysistr. 1169. Thuk. 4, 100,1. 8,3,1. Skyl. 62. Pol. 9,41,11. Plut. Per. 17,3 (*Μαλιεύς*) u. ö. *Μηλιεὺς κόλπος*, sonst zumeist *Μαλιακὸς* (*Μηλιακὸς*) *κόλπος*, vereinzelt *Αἰνιακὸς κόλπος*, Steph. Byz. s. *Αἰνία*. Pol. 10,42,5. Liv. 28,5,15 oder *Λαμιακὸς κόλπος*, Paus. 1,4,3. 10,1,2 u. ö. Wie weit der mal. Meerbusen gerechnet wird, schwankt bei den ant. Autoren, [3],906f. Hdt. 4,33. 7,196. 198–201. 213–217. 8,31. Strab. 9,5,1 p. 429. 5,7–10 p. 432–434. 5,13 p. 435. Plin. nat. 4,28. Ptol. 3,12,43. Inschr.: IG IX 2 Nr. 60–93. 1320. 1358–1360. SEG 3,461–465. Mz. HEAD HN$^2$ 296f. E. M.

1. *G. Kip* Thessal. Stud., Diss. Halle 1910, 42ff. 2. *Fr. Stählin* Das hellen. Thessalien 212ff. 3. *Ders.*, RE XIV 900ff. 4. *R. Flacelière* Les Aitoliens à Delphes 36.40.247. 358. 5. *G. Daux* Delphes au II$^e$ et I$^{er}$ siècle 309f. 673.

**Malkites** (*Μαλκίτης*). Thebaner. Nach dem Tod des Pelopidas 364 führte er gemeinsam mit Diogeiton ein Heer von 7000 Hopliten und 700 Reitern gegen Alexander von Pherai, der daraufhin die eroberten thessal. Städte freigab und schwur, den Thebanern Heeresfolge zu leisten (Plut. Pelop. 35). Der von Paus. 9,13,6 erwähnte Boiotarch Malgis, Begleiter des Epameinondas bei Leuktra, ist wahrscheinlich mit M. identisch. G. Do.

**Malleolus. 1.** Der Brandpfeil, bei den Römern (im Gegensatz zu den Griechen, Diod. 20,88,2.97, 2) im Festungs- und Seekrieg erst für die späte Kaiserzeit bezeugt; nach Amm. 23,4,14f. war er mit einem Zündsatz versehen, der im Brandzustand nicht mit Wasser gelöscht, sondern nur mit Erde erstickt werden konnte. Als Brand hervorrufende Mittel sind m. auch bei den Römern schon früher bezeugt (z. B. Non. 556 M). A. N.

*A. Bruhn-Hoffmeyer* Antik. artilleri, Kobenhavn 1958, 114ff.

**2.** Cognomen in der Gens Publicia in republikan. Z. DEGRASSI FCapit. 146. I. KAJANTO Soc. Sc. Fenn., Comm. Hum. Litt. 36, 1965, 342. H. G. G.

**Malleus** (*malleolus, marculus, martellus, σφῦρα, ῥαιστήρ, κροταφίς, κέστρα*). Der Hammer, angeblich eine Erfindung des → Kinyras, war formal von unseren Hämmern kaum verschieden. Mit Kopf aus Holz diente er zum Schlagen von Gold, Papier, Hanf; sonst war der Kopf aus gehärtetem Eisen (Plin. nat. 34,144). Darstellungen sind zahlreich, z. B. G. BRUSIN Aquileia e Grado ($^5$1964) Abb. 91. 125. W. H. G.

**Mallia.** Großer minoischer Palast, ca. 40 km ö. von Iraklion an der N.-Küste Kretas. Der Palast weist den üblichen Grundriß der kret. Paläste auf mit allerseits um einen großen Mittelhof angeordneten Räumen, wobei der Hof allerdings nicht die Mitte des Palastes bildet, sondern in der SW.-Ecke mit den Haupträumen nur an der N.- und W.-Seite liegt. Er erstand in frühmittelminoischer Z. (MM I), wurde in der 3. mittelmin. Periode (MM III) teilweise umgebaut und im Beginn der spätmin. Z. (SM I) verlassen, ist deshalb wichtig als Beispiel eines rein mittelmin. und nicht spätmin. überbauten Palastes. Neben dem Palast zur Küste hin sind größere Teile der Wohnstadt freigelegt, ferner Gräber und ein großer, in Einzelräume aufgeteilter, rechteckiger, mittelmin. Grabbau wohl der Königsfamilie. Der ant. Name ist unbekannt. E. M.

1. Fouilles exécutées à M., Ét. crét. Bd. 1. 2. 4. 6. 7. 9. 11–13, 1928–1963, von verschiedenen Vf.n. 2. *L. Banti*, Enc. Arte Ant. 4, 1961, 797ff. (mit Lit.). 3. *J. S. D. Pendlebury* The archaeology of Crete pass. (s. Ind.). 4. *Walter Graham* The palaces of Crete, 1962, bes. 41ff. 5. *Fr. Schachermeyr* Die min. Kultur des alten Kreta pass., s. Ind. 6. *Fr. Matz*, Kreta, Mykene, Troja 52f. 7. *Sp. Marinatos – M. Hirmer* Kreta und das myken. Hellas 87f. 8. *Cl. Tiré – H. van Effenterre* Guide des fouilles Françaises en Crète, Paris 1966, 1ff.

**Mallius.** Röm. Geschlechtsname, in der Überlieferung häufig verwechselt mit Manlius und Manilius. Polit. hervorgetreten ist bes. Nr. 4, doch finden sich Namensträger auch häufig auf Inschr. SCHULZE Eigenn. 188. 424. BROUGHTON Mag. Suppl. 38. **1.** L. M., im J. 191 v. Chr. Bergführer des → Cato Nr. 4 bei der Umgehung der Thermopylen. Plut. Cato 13,2. **2.** L. M., fiel 73 als Senator in der Seeschlacht bei Chalkedon gegen Mithridates. App. Mithr. 71. **3.** M. Glaucia, Freigelassener, der 80 seinem patronus P. Roscius Capito die Ermordung des Sex. Roscius meldete. Cic. Rosc. Am. 19. 96. **4.** Cn. M. Maximus, Cn. f., ein homo novus. Praetor um 108, Consul 105 (zusammen mit P. Rutilius Rufus). DegrI. 13,54f. 162f., Quellen auch bei BROUGHTON Mag. 1,555. M. erhielt den Oberbefehl gegen die Kimbern und deren Verbündete im Rhônegebiet, wo sich ihm sein Vorgänger, der Proconsul Q. Servilius Caepio, nicht fügen wollte. Die fehlende militär. Zusammenarbeit führte zur größten Katastrophe der röm. Gesch. seit Cannae, der Niederlage bei Arausio am 6. Okt. 105 (Quellen u. a.: Liv. epit.

67. Flor. 1,38,4. Eutrop. 5,1,1f. Oros. 5,16,1ff. sowie Vell. 2,12,2. Tac. Germ. 37,5. GREENIDGE-CLAY Sources for Rom. Hist. 133–70² 83f. W. CAPELLE D. Germ. i. Frühlicht d. Gesch., 1928, 26f. L. SCHMIDT G. d. dt. Stämme 2, 1938, 11). M. verlor dabei zwei Söhne. Er war der Aufgabe nicht gewachsen, und so wurde er 103 verurteilt und mußte, obwohl ihn geringere Schuld traf als Caepio und trotz nachhaltiger Verteidigung durch den Redner M. → Antonius (7), ins Exil gehen. MÜNZER Adelsp. 388. Chr. MEIER Res publica amissa, 1966, 137. **5.** M. Pantolabus, ein vielleicht zur Zeit des Lucilius lebender Spaßmacher *(scurra)* in vornehmen Häusern Roms, dessen Grab noch im 1. Jh. v. Chr. zu sehen war. Hor. s. 1,8,11. 2,1,22. H. G. G.

**Mallobaudes.** Franke, *tribunus armaturarum,* 354 an der Untersuchung gegen den Caesar → Constantius (5) beteiligt, suchte 355 → Silvanus vom Verdacht der Usurpation zu reinigen (Amm. 14, 11,21. 15,6,6). Wahrscheinlich ist dieser M. nicht identisch mit M., der als *comes et rex Francorum* (nur König eines Teilstammes!, vgl. H. WOLFRAM Intitulatio 1967, 44. 109) zusammen mit → Nannienus im J. 378 bei Colmar die Römer zum Sieg über die Alamannen führte, dann aber bald mit Kaiser → Gratianus in Konflikt geraten zu sein scheint (Amm. 30,3,7. 31,10,6f.). A. L.

**Malloi** (*Μαλλοί*). Kriegerischer Stamm (ai. Mālava) am Zusammenfluß von Jhelum, Chenāb, Rāvī. Die M. gehörten zu den Republiken im Punjab (Arr. an. 6,6,1). Zusammen mit den Oxydrakai (ai. Kṣudraka), mit denen sie schon im Mahābhārata genannt werden, leisteten sie Alexander heftigen Widerstand. F. F. S.

*Herrmann,* RE XIV 913. *Berve* Alex. 1,270f. *K.A. Nilakanta Sastri* A Comprehensive History of India 2, Calcutta 1957, 125–128.

**Mal(l)oia.** Nur bei Liv. 31,41,5. 36,10,5. 13,4 genannter Ort in der thessal. Landschaft Perrhaibien, schloß sich 199 und 191 v. Chr. an die Aitoler an, deshalb zweimal von Philipp V. zurückerobert, der die Stadt aber auf dem Kongreß von Tempe den Perrhaibern zurückgeben mußte, Liv. 39,25,6. 171 v. Chr. trat M. auf die Seite des Perseus, Liv. 42,53,8 (zu ergänzen) und wurde dann von den Römern erobert und geplündert, Liv. 42,67,7. Genaue Lage nicht sicher bekannt. [1. 2] setzt M. in der Stadtruine bei Palaeokastro am l. Ufer des → Titaresios an. E. M.

1. *Fr. Stählin* Das hellen. Thessalien 29f. 2. *Ders.,* RE XIV 913ff. 3. *Philipps.-Kirst.* 1,274.

**Mallos** (*Μαλλός*). Stadt im ö. Kilikien (Name phoinik. Ursprungs), auf einer Anhöhe gelegen (h. Karatasch), in hellenist. Z. → Antiocheia (4), nahe der Mündung des → Pyramos, infolge der Laufänderungen in wechselnder Lage schon seit dem 5. Jh. v. Chr. (Skyl. 102) und dann oft genannt (Strab. 14,675. Arr. an. 2,5,9 u. ö. Ptol. 5,7,4 M. Steph. Byz. s. v. Curt. 3,7,5. Plin. nat. 5,91), an das röm. Straßennetz angeschlossen (K. MILLER Itin. Rom. 760). Das s. w. gelegene → Magarsos galt als Hafen von M. Inschr. Mz. H. T.

*Ruge,* RE XIV 916f. *A. Forbiger* HB. alt. Geogr. 2,283. *W. M. Ramsay* Hist. geogr. of Asia Min. 358. 385. *F. W. Putzgers* Hist. Schulatl. 1913, S. 5b (Sonderkarte). Gr. Hist. Weltatl. I, S. 21a.

**Mallovendus.** Marserfürst, der dem Germanicus 16 n. Chr. den Ort des in der Varusschlacht verlorenen Legionsadlers verriet, Tac. ann. 2,25,1. R. H.

**Malorix.** Friesenkönig, der in Rom 58 n. Chr. Nero um Überlassung eines von den Friesen besetzten röm. Gebietes bat, selbstbewußt sich im Pompeiustheater zu den Senatoren setzte und das röm. Bürgerrecht erhielt, Tac. ann. 13,54,1ff. (s. Suet. Claud. 25,4). R. H.

**Malos** (*Μᾶλος*). Sohn des Amphiktyon, Eponym der → Malier und ihrer Stadt Malieus. Im Paian des Isyllos (Anth. lyr. 6,283f. D.) erscheint er als epidaur. König, der den Dienst des Apollon Maleatas einführte. Durch die Muse Erato wurde er Vater der Kleophema bzw. der Aigla und so Urgroßvater bzw. Großvater des Asklepios. H. v. G.

*Prell.-Rob.* 1,519. *Wilam.* Isyllos. *Ders.* GldH 1,386f.

**Malta** s. Melita

**Malthake** s. Herodes (I 1093/4)

**Maluginensis.** Cognomen bei den Corneliern (52f.). RE IV 225. XVI 1649. DEGRASSI FCap. 146. H. G. G.

**Malus** (*Μαλοῦς*). Paus. 8,35,1, l. Nebenfluß des Alpheios im S.-Teil der Hochebene von Megalopolis, wahrscheinlich der auf der französ. Karte 1 : 200000 eingetragene mittlere Bach zwischen den Dörfern Delihasan und Choremi. E. M.

*Bölte,* RE XIV 942ff.

**Malve** (*μαλάχη, μολόχη, malva*). Unter diesem Namen wurden verschiedene Arten der Familie Malvaceae (Käsekraut, Käsepappel) wie auch der Eibisch (Althaea officinalis, *ἀλθαία, ἐβίσκος, hibiscus*) zusammengefaßt. Sie wurde als (freilich minderwertiges) Gemüse gegessen und sehr vielfältig offizinell, innerlich sowohl wie äußerlich, verwendet. Sehr zahlreiche Belege, zuerst bei Hes. (erg. 41), dann Epicharmos, den att. Komikern, Theophr., Varro, Cic., Hor., Plin. und den meisten landwirtschaftlichen Schriftstellern und Medizinern. K. Z.

*Steier,* RE XIV 922–927.

**Malum Punicum** s. Granate

**Mamala** (*Μάμαλα κώμη*), nach Ptol. 6,7,6 eine Ortschaft der → Kassanitai an der W.-Küste von Arabia Felix, wohl an der Stelle des h. Ṣalīf oder Loḥīya, nicht zu verwechseln mit → Mamali. Der Name ist vielleicht von *mamlaḥa* »Salzgarten, Saline« abzuleiten, wie denn h. dort noch Salz abgebaut wird. A. D.

*H. v. Wissmann,* Stuttgarter Geogr. Studien 69, 1957, 300, 42b.

**Mamali** (*Μαμάλι*), in einem teilweise bei Theophr. h. plant. 9,4,2 erhaltenen Flottenbericht von 323 v. Chr. genanntes Land in S.-Arabien, das wohl an der Goldküste des h. ᶜAsīr zu suchen ist. Der Name dürfte von *maᶜmala*, etwa »Fabrik, Werk«, herzuleiten sein. → Mamala. A. D.

*H. v. Wissmann* in Stuttgarter Geogr. Studien 69, 1957, 300, Anm. 42b.

**Mamercinus.** Cognomen bei den Aemiliern (8–17) und den Pinariern, DEGRASSI FCap. 146, in der Kaiserzeit in den Fasten nicht mehr vorkommend. I. KAJANTO Soc. Sc. Fenn., Comm. Hum. Litt. 36, 1965, 176. H. G. G.

Q. **Mamercius.** Röm. Ritter aus Arpinum, 46 von Cic. fam. 13,11 erwähnt. H. G. G.

**Māmercus** (*ā* nach Iuv. 8,192. Martial. 2,88,1. 5,28,1). Altertümliche (nach Fest. 116,3 L. osk.) Form des Vornamens Marcus (< **mart-qŏ-*) nach Māmers (< **māmert-qŏ*) gebildet, in der gens Aemilia gebräuchlich. M. war angeblich ein Sohn des Numa, Stammvater der Aemilier (Plut. Numa 8,11. 21,1). Den Namen M. trug auch ein aus Italien stammender Tyrann von Katane Mitte 4. Jh. v. Chr. (Plut. Tim. 13.30 f. 34. Nep. Timol. 2,4. Diod. 16,69). Etr. *mamarce, mamarces* (PALLOTTINO TLE Nr. 34. 112. 242), *Μάμαρχος* (SCHULZE Eigenn. 62) seit dem 6. Jh. v. Chr. und der »ausonische« ON *Μαμάρκινα* (Steph. Byz. s. v.; vgl. Strab. 5,251 *Μάρκινα*) neben jüngeren Formen *μαμερεκηις*, *mamerces* (VETTER, HB Nr. 197. 119) bestätigen Vokalschwächung und Übernahme aus Rom vor deren Wirksamkeit (ALTHEIM Gesch. lat. Sprache 230 f.). G. R.

**Māmers** (*ā* nach Martial. 13,117,1 *Māmertina*. Iuv. 8,192 *Māmercorum*. Martial. 2,88,1 *Māmerce*. 5,28,1 *Māmercus*). Obwohl Verrius Flaccus (Fest. 116,3 f. 150,34. Paul. Fest. 117,3. 23 L.) M. als osk. (vgl. Mamersa, Mamertos), Varro l. l. 5,73 (vgl. jedoch SCHULZE Eigenn. 465,1) als sabin. Namen des Mars angeben, setzt die notwendige sprachliche Verbindung mit → Mars Vokalschwächung (ALTHEIM RRel 1, 1931, 69 f. 2, 1956, 14 f.) aus **māmors* und damit Herkunft aus Rom voraus. M. kam frühestens Anf. 4. Jh. v. Chr., d. h. vor den Samniterkriegen, zu den osk. sprechenden Stämmen. Nach M. heißen die → Mamertini und die brutt. Stadt *Μαμέρτιον* (Strab. 6,260. Steph. Byz. s. v.; vgl. Oros. 5,9,6). G. R.

*Hermansen* Stud. über den ital. und den röm. Mars 16. 105 f. *Ernout* Philologica 2, 1957, 209 ff.

**Mamertini** »Söhne des Mamers« (osk. = Mars) nannten sich nach dem Tode des → Agathokles (289) dessen herrenlos gewordene kampan. Söldner, die sich → Messanas bemächtigten, das ganze ö. Sicilien mit ihren Raubzügen heimsuchten, → Pyrrhos, als er fast das ganze Sicilien eroberte, widerstanden und ihm 276 in Bruttium auf dem Rückzuge von Rhegion schwere Verluste beibrachten. Dann wurde aber zwischen 270 und 264 ihre Kraft durch → Hieron II. von Syrakus gebrochen. Gegen ihn riefen sie 263 die Karthager, dann die Römer zu Hilfe, denen sie in dem anschließenden 1. pun. Kriege treu blieben, wofür Messana, *civitas Mamertina*, mit dem Status einer *civitas foederata* belohnt wurde. Eine andere Version leitete die M. von einer angeblichen Stadt Mamertium in Bruttium oder Sicilien ab. Pol. 1,7. 8. 10. Diod. 21,16. 18. Plut. Pyrrh. 23. 24. App. Samn. 9,2. Cass. Dio frg. 40,8. BELOCH GG 4,1, 542 f. 552 ff. 643 ff. K. Z.

*W. Kroll*, RE Suppl. VI 240.

**Mamilius.** Name eines alten Fürstengeschlechtes in Tusculum, das sich nach späterer Konstruktion von Mamilia, der Tochter des Telegonos und Enkelin des Odysseus und der Kirke herleitete (Fest. 130. Liv. 1,49,9. Dion. Hal. 4,45, 1), so daß die seit dem 4. Jh. v. Chr. in Rom wohnenden Namensträger den Odysseus als Ahnherrn auf Mz. zeigten (L. M., Münzmeister um 150–133, Quellen bei BROUGHTON Mag. 2,444. C. M. Limetanus, Münzmeister 82–81 v. Chr. SYD. LXIV. 119. Pl. 21,741: Odysseus und sein Hund Argos). Zum Namen, der hsl. oft mit Manilius, Manlius u. ä. verwechselt ist, vgl. SCHULZE Eigenn. 442. In Rom trat das Geschlecht bes. mit den Familien Turrinus und Vitulus hervor und starb wohl um 70 v. Chr. aus. Stammbaum: MÜNZER Adelsp. 68. Leges Mamiliae: RE XII 2396 f. (A. PIGANIOL CRAI 1939, 193 ff.). **1.** L. M., Sohn von Nr. 3, brachte 460 als Dictator von Tusculum den Römern unaufgefordert gegen Ap. → Herdonius Hilfe und erhielt deshalb 458 das röm. Bürgerrecht. Liv. 3,18,2 ff. Dion. Hal. 10,16,4. **2.** L. M., 75 v. Chr. *scriba quaestorius* des Cicero in Sizilien, Cic. Verr. 3,182. **3.** Octavius M., ältester bekannter Namensträger und Inhaber der wohl erblichen Fürstenwürde in Tusculum, Schwiegersohn des L. Tarquinius Superbus und dessen Anhänger. Nach dem mißglückten Zug des Porsena nahm er den vertriebenen röm. König in Tusculum auf und trieb dann die Latiner in den Gegensatz zu Rom; am See Regillus (499 oder 496) ist er (oder sein Sohn?) als Führer der Latiner verwundet worden und dann gefallen. Liv. 2,15 ff. Dion. Hal. 4,45 ff. Cic. nat. 2,6. M. GELZER, RE XII 954. **4.** C. M. Atellus, wurde 209 als erster Plebeier Curio maximus (vgl. o. Bd. I 1557. J. BLEICKEN Volkstribunat, 1955, 84), war 209 pleb. Aedil, 207 Praetor (Provinz Sicilien, Neubesiedlung von Agrigentum?) und gehörte 203 zu einer Dreiergesandtschaft an Philipp von Makedonien; er starb 174. Liv. 27,8, 1 ff. 41,21,8 u. ö. MÜNZER Adelsp. 69. **5.** C. M. Limetanus, Volkstribun 109, brachte zum Schutz des Staates ein Gesetz durch, das die Verfolgung aller Personen ermöglichte, die mit Iugurtha in Verbindung standen. Sall. Iug. 40, 1 ff. Cic. Brut. 127 f. BROUGHTON Mag. 1,546. **6.** C. M. Turrinus, Q. f., Q. n., Consul 239. Cognomen hergeleitet von der *turris Mamilia* in der Subura (Fest. 178. DESSILS 7242). Sein gleichnamiger

Sohn war 207 pleb. Aedil (durch Spiele sehr beliebt) und 206 Praetor, zunächst peregrinus, dann mit Oberbefehl in N.-Italien (Liv. 28,10,3. 7. 9. u.ö.). **7.** L. M. Vitulus, Consul 265 (zusammen mit Q. Fabius Maximus Gurges); er begründete das Ansehen der Familie im 3. Jh. **8.** Q. M. Vitulus, Q.f. M.n., Bruder von Nr. 7, Consul 262 nahm zusammen mit seinem Kollegen L. Postumius Megellus nach längerer Belagerung im Kampf gegen Hanno, die Stadt Akragas in Sizilien. Pol. 1, 17,6 ff. Diod. 23,7 ff. DegrI. 13,40 f. 432 f. Broughton Mag. 1,204. H. G. G.

**Mammius.** L. M. Pollio. Auf Betreiben der jüngeren Agrippina setzte er sich Anf. 49 als cos. design. im Senat dafür ein, Claudius sollte seine Tochter Octavia dem Nero zur Frau geben, Tac. ann. 12,9,1 f. Cos. suff. im Mai 49, CIL XI 6236. R. H.

**Mammula.** Cognomen bei den Corneliern (RE IV 1405 f. Nr. 257–260). I. Kajanto Soc. Sc. Fenn., Comm. Hum. Litt. 36, 1965, 303. Inschr. auch als weibl. Personenname. H. G. G.

**Mamre** (hebr. *mamrē'*, *Μαμβρῆ*, ungedeutet), uraltes Baum- und Brunnenheiligtum auf der höchsten südpaläst. Erhebung (h. *rāmet el-ḫalīl*, 1025 m ü. M.) 3 km n. → Hebron. Nach der Landnahme Kultzentrum des großjud. Stämmebunds (Schauplatz von Abrahamstraditionen Gen. 13,18. 14,13. 18,1 ff.; Salbung Davids 2. Sam. 5,3), liegt M. dann bis zur → Hasmonäerzeit im Dunkel. → Herodes d. Gr. (1) baute um Abrahamsterebinthe (Ios. bell. Iud. 4,533), -brunnen und -altar ein Temenos (ca. 65:49 m). Nach 70 n. Chr. zerstört, wurde es unter Hadrian als heidn. Heiligtum erneuert. Konstantin christianisierte M. (Basilika im ö. Teil des Temenos, dessen Mauer erhalten ist; Baudekret Eus. vita Const. 3,52 f.), doch blühte jüd. und heidn. Kult weiter, bes. beim altüblichen jährl. Markt (Hier. zu Sach. 11,4 f.; Jer. 31,15. Soz. 2,4). Chr. B.

*E. Mader* Mambre, 2 Bde., 1957 (Rez. *R. de Vaux* Rev. Bibl. 65, 1958, 594 ff.).

**Mamucium** (wohl nicht *Mancunium*). Vielleicht der röm. Vorläufer von Manchester, ein röm. Kastell, in dem bereits Steinkohle zum Feuern verwendet wurde. F. M. H.

Vgl. mit Vollbibliogr. RE XIV 965/66. *W. Bonser* A Rom.-Brit. Bibliogr., 1964, Ind. s. Manchester. *R. G. Collingwood–R. P. Wright* The Rom. Inscr. of Brit. I (1965), Ind. s. Manchester. *I. D. Margary* Rom. Roads in Brit. 2, 1957, 97 f. 101 f. 135.

**Māmŭrius** (Quantitäten nach Dion. Hal. ant. 2,71 *Μαμόριος*. Ov. Fast. 3,260. 383. 389. 392; vgl. jedoch Prop. 4,2,61 *Māmūri*), Schmied, der auf Geheiß des Numa 11 Nachbildungen des göttlichen *ancile* verfertigte und zur Belohnung in das Carmen Saliare aufgenommen wurde (Varro l. l. 6,49. Paul. Fest. 117,13 ff. L. Ov. fast. 3,259 ff. Plut. Num. 13. Dion. Hal.). Seit Schulze Eigenn. 360 M. zu etr. Eigennamen stellte, lehnt man die bisherige sachliche wie sprachliche Verbindung zu → Mars ab (Norden Aus altröm. Priesterbüchern 231); da das von Iuppiter gesandte *ancile* aber als *imperii sors* (Ov. fast. 3,379; vgl. Paul. Fest. 117, 18 L.) angesehen wurde, ist Herleitung von *smăr-*, *smr̥̄-* »zuteilen« keineswegs ausgeschlossen, so daß M. aus *smr̥̄-smr̥-i̯ŏ́-s* entstanden wäre. Dafür spricht, daß auch der Vejenter König Morrius die Salier eingesetzt haben soll (Serv. auct. Aen. 8,285): Morrius »isṭ die einfache, nicht reduplizierte Form« (Usener Kl. Schr. 4,125). Auch das 2. Namensglied Veturius ist umstritten. Eine Verbindung zum »Winteraustreiben« der späten *Mamuralia* (Lyd. mens. 4,49 p. 106 W.) ist nur schwer kenntlich. G. R.

*Roscher*, Myth. Lex. 2,2408 f. *Wissowa* RRel[2] 147. *Otto*, WS 34,329 f. *Fowler* Rom. Fest. 45 ff. *Altheim* Griech. Götter 63. *Dumézil* Rel. Rom. arch. 216. *Radke* Götter Altitaliens 195. *Wagenvoort* Stud. 226. *J. Loicq*, Coll. Latom. 40, 1964, 401 ff.

**Mamurra.** Ital. Eigenname (Schulze Eigenn. 228. 360. 420), der auch als Cognomen vorkam (bei den Vitruvii, RE IX A 421). **1.** M. aus Formiae, röm. Ritter, der 66 unter Pompeius, 61 unter Caesar diente und seit 58 bei Caesar als Praefectus fabrum in Gallien tätig war. 55 war er als reicher Emporkömmling wieder in Rom, baute sich ein aufwendiges Haus auf dem Caelius und spannte Catull dessen Geliebte aus (29,1 ff. 18 ff. 41 ff.), Hor. s. 1,5,37. Plin. nat. 36,48. Suet. Caes. 73. M. Gelzer Caesar[6] 121 f. Er wurde von P. Thielscher (RE IX A 427 ff., bes. 439 ff. mit Späterdatierung des Hausbaus) mit dem Baumeister und Schriftsteller L. → Vitruvius identifiziert. H. G. G.

**Manaemos** (*Μανάημ[ος]* hebr. *m[e]naḥem* »der Tröster«). Im Alten Orient verbreiteter (AT.: 2. Kön. 15,14 ff.) Personenname (vgl. Th. Nöldeke Beitr. zur semit. Sprachwissensch., 1904, 99). **1.** → Essener, z. Z. Herodes d. Gr., gerühmt wegen seiner Frömmigkeit und prophetischen Gabe (Ios. ant. 15,373 ff.: Voraussage der Königswürde Herodes' d. Gr.). Vielleicht ident. mit dem als pharisäischem Schulhaupt neben Hillel bekannten (Mischna Ḥagiga 2,2), später vom Pharisäismus (babyl. Talmud Ḥagiga 16 b; jerus. Talmud Ḥagiga 2 [77 d, 26]) abgefallenen Schriftgelehrten M. **2.** *Σύντροφος* des → Herodes (4) Antipas, wirkte als Lehrer und Prophet in der chr. Gemeinde zu Antiocheia (Apg. 13,1, vgl. E. Haenchen Die Apostelgesch., 1961[13], 336 f.). **3.** Sohn (oder Enkel) des Iudas Galilaios, wie dieser Anführer der zelot. Bewegung (vgl. M. Hengel Die Zeloten, 1961, 299 bis 302). Zu Beginn des jüd. Krieges 66 n. Chr. spielte er in Jerusalem eine kurze, aber entscheidende und unheilvolle Rolle (Ios. bell. 2,433 ff.). Als Messiasprätendent auftretend (ebd. 434), riß er die Führung des Aufstandes an sich und verschärfte z. T. heimtückisch und grausam die Maßnahmen gegen die in der Oberstadt Jerusalems eingeschlossene röm. Besatzung (ebd. 439) wie gegen die auf einen Ausgleich mit Rom bedachten jüd. Kreise (u.a. Ermordung des Hohenpriesters Ananias, ebd. 441), fiel selbst aber bald einem Anschlag der Aufständischen um den Oberpriester → Eleazar (9) zum Opfer (ebd. 443ff.). B. Sch.

**Mana Genita** s. Genita Mana

**Manalis lapis** hieß in Rom nach Fest. 255 L. ein vor der porta → Capena liegender Stein, der bei anhaltender Dürre in die Stadt geschleift wurde, worauf alsbald Regen fiel; *manalis* heiße der Stein, *quod aquas manaret*. Ähnlich Varro bei Non. 547. Nach Fest.exc. 2 M. 94 L. hieß das Herbeilocken von Regen mit magischen Mitteln (wie die Begehung mit dem m.l.) *aquaelicium*. Den Iuppiter Elicius (s.o. S.2), der auf dem Aventin einen Altar hatte, damit in Verbindung zu bringen, liegt nahe. Jedenfalls handelt es sich um eine altröm. Form des weitverbreiteten Regenzaubers. Über die mancherlei hierzu vorgebrachten Hypothesen vgl. Kroll, RE XIV 970f. Latte RRel 78f. K. Z.

**Manasse** (hebr. *m$^{e}$năššā*, griech. Μανασση[ς]). **1.** Israelit. Stamm in Mittelpalästina und ö. des Jordan, → Stämme Israels. **2.** Judäischer König (assyr. *me-na-si-i* u.ä.; 2.Kön. 21,1–18; 2.Chron. 33,1–20). Die Regierungszeit des M. (696/95 [kaum 687/86] bis 642/41) ist bestimmt durch seine starke Abhängigkeit von Assur auf polit. wie religiösem Gebiet. Das nach dem mißglückten Abfall seines Vaters und Vorgängers Hiskia im J. 701 v.Chr. diesem abgenommene Land Juda (er blieb König nur über → Jerusalem) ist unter uns nicht bekannten Umständen spätestens unter M. wieder an die Davididen gefallen. Die hier vorauszusetzende Loyalität gegenüber Assur bezeugen Inschr. der Großkönige Asarhaddon und Assurbanipal (Anc. Near East. Texts relating to the old Test. 291. 294). Ob Manasse – nach Beteiligung an einem Aufstand gegen den letzteren? 652/48? – vorübergehend in Babel gefangen saß (so 2.Chron. 33,11–13), ist umstritten. Die schon auf den König Ahas zurückgehende (2. Kön. 16,10ff.) und wohl auch unter Hiskia geübte Verehrung der assyr. Staatsgötter am Jerusalemer Tempel sowie die Wiedereinführung anderer nichtjahwist. Kulte wird von der at. Überlieferung gerade dem M. bes. angelastet (2. Kön. 21,2ff.; vgl. Zeph. 1,4ff.; Jer. 15,4). Erst der M.-Enkel Josia hat diesen Synkretismus beseitigt.

*R. Bach*, RGG 3,707f. *E.L. Ehrlich*, Theol. Ztschr. 21, 1965, 281–286. *E. Nielsen* Dansk Teol. Tidsskrift 29, 1966, 1–10.

**3.** Bruder des Jerusalemer Hohenpriesters Jaddua und, da dieser keine Kinder hatte, sein präsumtiver Nachfolger. Die Tatsache, daß M. mit Nikaso, der Tochter des von Darius III. in Samaria eingesetzten Statthalters Sanballat, verheiratet war, führte zu seiner Flucht nach Samaria, wo Sanballat ihm den Bau eines Jahwe-Tempels auf dem Berg Garizim als Konkurrenz zu Jerusalem versprach (Ios. ant. Iud. 11,302f. 306ff.). Unsicher ist, wann (im 4. Jh. v. Chr.) dieser (128 v. Chr. von Johannes Hyrkanus zerstörte) Tempel errichtet wurde. E. Ku.

*H.H. Rowley* Sanballat and the Samaritan Temple (Bull. J. Ryl. Libr. 38, 1955/56, 166–198 = Men of God, 1963, 246–276).

**Manceps** (von *man-cup* Bruns-Grad. 3,11,46. CIL VI 31713; μάγκιψ IG XIV 2491. Walde-Hof.$^{3}$ 2,23. F. Preisigke Wb. der griech. Papyruskde. 2, 1927, 45), t.t. für den Pächter der vectigalia des Staates oder den Übernehmer öffentlicher Arbeiten. Das Wort erklärt Fest. 151 mit einem Handritus des m.: *qui quid a populo emit conducitve, quia manu sublata significat se auctorem emptionis esse*, ebenso Cic. Verr. 1,141. Die röm. Republik verpachtete die Erhebung ihrer Einnahmen an Pachtgesellschaften. Haupt einer solchen *societas* (*princeps publicanorum*, Ps. Ascon. in div. 33) war der m., mit dem der Magistrat, meist der Censor, verhandelte. Zum Verhältnis des m. zu seinen Gesellschaftern *(socii)*, zur Stellung von Bürgen *(praedes)* und Pfändern *(praedia)* für den m. Pol. 6,17,4. F.W. Walbank A historical commentary on Pol. 1, 1957, 693. Ähnlich übernahm in griech. Poleis und hellenist. Staaten ein ἀρχώνης mit seinen μέτοχοι Steuer- und Monopolpachtungen. U. Wilcken Griech. Ostraka 1,538ff. Busolt GStk. 1230. Die einzelnen Arten von m. zählt Ps. Ascon. a.O. auf. Der *ager publicus* und das Gemeindeland der Kolonien und Municipien wurden an einen m. als Generalpächter verpachtet, der das Feld in Parzellen an kleine Pächter in Zeit- oder Erbpacht weitergeben mußte. Hyg. (Grom. Vet. 1) 116. 117,5 L. A. Piganiol Les documents cadastraux de la colonie rom. d'Orange, 1962, 330f. In Sizilien erhoben m. das Steuergetreide *(decuma)*. Das *frumentum mancipale* der Provinz Hispania beförderten m. mit Amphoren nach Rom. CIL II 1197. Rostovčew Gesch. der Staatspacht, 1902, 429. M. zogen die Weidepacht *(scriptura)* ein und kauften Staatsgut wie die Habe der Proskribierten. Ps. Ascon. a.O. Cic. S. Rosc. 2,21 *(m. fit Chrysogonus)*. In der Kaiserzeit trat allmählich anstelle der gesellschaftlichen Verpachtung die direkte Erhebung. Belege für m. bei Pacht der Zölle sind daher gering. Es gab *mancip(es) XXXX Galliarum*. CIL VIII 11813. Der *m. IIII publicae Africae* war Pächter 4 verschiedener Steuern. AE 1911, 113. Am Roten Meer begegnet ein *m. IIII merc(aturae)*. AE 1947, 180. S.J. De Laet Portorium, 1949, 260. 335. 387. In Bergwerksbetrieben finden sich Pachtgesellschaften mit m. CIL X 8044 (Agrigentum, *m. sulphuris*). VIII 12577 (Afrika, *m.* und *socii nitriones*). XIII 1811 (Gallien, *m. vectigalis massae ferrariae*). Unter den Begriff m. fällt ferner der Unternehmer, der mindestfordernd öffentliche Bauten erstellt, repariert oder instand hält. Aquaedukte und Staatsstraßen wurden an m. vergeben. Frontin. de aqu. 2,97 *(m. aquaeductus)*. Dessau ILS 1471f. *(m. viarum)*. Tac.

ann. 3,31 *(itinera fraude mancipum et incuria magistratuum interrupta et impervia)*. CIL XIV 2864 (Gebäudeerhaltung durch den *m. aedis per annos XIII*). In der späten Kaiserzeit wurden viele Staatsaufgaben als → munera im Zwangsdienst bestimmten Bevölkerungsgruppen aufgebürdet. Die *m. thermarum et salinarum* waren keine freien Pächter des Salzmonopols, sondern Angehörige einer Zunft, die in Rom Salz verkauften und die Thermen mit Holz zu versorgen hatten. Cod. Theod. 11,20,3. 14,5,1. Symm. ep. 9,103. 105; rel. 44. Cod. Iust. 4,61,11. H. Meusel Die Verwaltung und Finanzierung der öffentlichen Bäder zur röm. Kaiserzeit, Diss. Köln 1960, 127ff. Die m. des → cursus publicus hatten die Leitung der Poststationen. Sie rekrutierten sich aus den Municipalcurien und den Reihen ausgedienter Offiziere. Cod. Theod. 8,5,36 (Abwesenheit von der *statio* über 30 Tage strafbar). 8,5,42 (5. J. Dienstzeit). E. J. Holmberg Zur Gesch. des cursus publicus, 1933, 94ff. Für die Brotversorgung Roms und Konstantinopels hatten m. zu sorgen. Sokr. 5,18 nennt zwar die Vorsteher einer Bäckerei *μάγκιπες*, doch bezeichnet in der byz. Z. m. und *μάγκιψ* einfach den Bäcker. Cod. Theod. 8,4,4 meint mit *corpus m.* das *corpus pistorum* und Cod. Iust. 11,16 handelt unter der Rubrik *de pistoribus* nur von m. A. Stöckle Spätröm. Zünfte, 1911, 47. H. V.

**Mancinus.** Cognomen bei den Hostilii (Nr. 10 bis 13), Degrassi FCap. 146. H. G. G.

**Mancinus** s. Hostilius (10–13)

**Mancipatio** ist schon im altröm. Recht der förmliche Akt zur Begründung der → *mancipium*-Gewalt an Personen oder *res mancipi*. Die m. gehört zu den Geschäften *per aes et libram*. Sie geht folgendermaßen vor sich: Der Erwerber ergreift vor Zeugen (mindestens 5, die zu dem Akt geladen, mündig und röm. Bürger sein müssen) und dem Waagehalter *(libripens)* den zu erwerbenden Gegenstand. Er behauptet dabei förmlich, daß dieser Gegenstand ihm gehöre und von ihm gekauft sei (Formel bei Gai. 1,119). Der Veräußerer schweigt zu dieser Behauptung und verschweigt damit sein Recht: Deshalb erlangt es der Erwerber. Der *libripens* hatte urspr. die als Kaufpreis vereinbarte Menge des Währungsmetalls dem Veräußerer zuzuwägen. Das wird aber sinnlos mit dem Aufkommen gemünzten Geldes, das nicht mehr abzuwiegen, sondern zu zählen ist. Daher wird das alte Ritual der m. etwas geändert: Die eigentliche Kaufpreiszahlung geschieht jetzt außerhalb der m.; der Erwerber schlägt nur noch symbol. mit einem Kupferstückchen an die Waage *(m. nummo uno)*. Damit hat sich die m. vom Barkauf gelöst. Sie kann jetzt auch für Kreditgeschäfte, unentgeltliche Zuwendungen oder andere Leistungen verwendet werden. Der der m. zugrunde liegende Barkaufgedanke wirkt aber darin fort, daß der Rechtserwerb durch m. unabhängig von der Erreichung des verfolgten Zweckes bleibt.



Abhängig ist die Wirkung der m. dagegen von der Berechtigung des Veräußerers: Hatte dieser selbst kein Recht, so erlangt auch der Erwerber keines. Wird der Erwerber von einem Dritten angegriffen, der ein eigenes Recht behauptet, so kann der Veräußerer dem Erwerber Prozeßhilfe leisten. Obsiegt der Dritte trotzdem, so haftet der Veräußerer dem Erwerber aus der m. mit der *actio auctoritatis* auf den doppelten Kaufpreisbetrag. Diese Haftung wird bei Übereignungen ohne m. durch die *stipulatio duplae* nachgestaltet.

Im vorklass. und klass. Recht ist die m. neben der → *in iure cessio* das einzige Geschäft zur Verschaffung des quirit. Eigentums an *res mancipi*. Doch wird statt dieser umständlichen Formalgeschäfte vielfach schon die einfache *traditio ex iusta causa* verwendet; sie verschafft dem Erwerber freilich nur bonitarisches Eigentum. Nach dem E. der Klassik kommt die m. ganz aus der Übung. Iustinian hat in seiner Kompilation das Wort m. ganz streichen und regelmäßig durch *traditio* ersetzen lassen. M. findet sich daher nur außerhalb der Kompilation. D. M.

Vgl. die Zusammenstellungen in RE XIV 998 und bei Kaser Das röm. Privatrecht 1, 1955. 2, 1959 (Register).

**Mancipium** hat in den jurist. Quellen vor allem folgende Bedeutungen:

1. Synonym für → *mancipatio*.

2. Synonym für *servus*, vgl. Flor. Dig. 1,5,4,2f.: *Servi . . . mancipia vero dicta, quod ab hostibus manu capiantur*.

3. Bes. bezeichnet m. das durch *mancipatio* begründete Herrschaftsverhältnis. Gai. 1,49 hat folgende Einteilung: *earum personarum, quae alieno iuri subiectae sunt, aliae in potestate, aliae in manu, aliae in mancipio sunt*. Hier erscheint also das m. als 3. Form eines Herrschaftsverhältnisses neben der *potestas* (des *pater familias* über seine Hauskinder) und der → *manus*. Gai. 1,116ff. erläutert das m. dann näher. Danach ist *in mancipio* bes. das dem Erwerber manzipierte Hauskind. Damit kann bezweckt sein die → *emancipatio* (hier ist das m. bloß ein Durchgangsstadium), wirklicher Verkauf oder die Erfüllung einer Noxalverbindlichkeit. Das manzipierte Hauskind bleibt zwar rechtlich frei. Es kann auch eine gültige Ehe eingehen und eheliche Kinder haben (Gai. 1,135). Jedoch reicht im übrigen die m.-Gewalt des Erwerbers so weit, daß Gai. 1,123 die Stellung des Hauskindes *in mancipio* als *servorum loco* bezeichnet. So kann das Kind vor seiner Freilassung selbst weder Erbe noch Vermächtnisnehmer werden; was es erwirbt, erwirbt es wie ein Sklave seinem Gewalthaber.

Dieses seinem Ursprung nach sehr alte »Abhängigkeitsverhältnis eines Freien« kann auch in klass. Z. noch begründet werden; es dient jetzt vor allem der *noxae deditio*. Beendet wird das m. durch → *manumissio*. Sie wird jedenfalls in spätklass. Z. vom Praetor erzwungen, wenn die Noxalschuld, derentwegen das m. begründet worden ist, durch die Arbeitsleistung des Hauskindes *in mancipio* getilgt ist, Pap.coll.leg.mos. et rom. 2,3,1. Im Vulgarrecht verschwindet die m.-Gewalt völlig. Iustinian hat auch das Wort m. aus den alten Quellen beseitigen lassen, so daß es nur noch außerhalb der iustinian. Kompilation vorkommt. Soweit der Verkauf von Kindern in der Nachklassik zulässig bleibt, erwirbt der Käufer jetzt Eigentum. Doch bleibt der urspr. Gewalthaber berechtigt, das Kind wieder auszulösen. D. M.

Ältere Lit. RE XIV 1013f., dazu 1. *Kaser*, AJ Register. 2. *Ders.* Das röm. Privatrecht 1, 1955, 38f. 50f. 62f. 258f. 2, 1959, 89. 96f.; dort überall weitere Angaben.

**Mandäer** (Name von *mandā* = Gnosis) werden die Anhänger einer vermutlich unter dem Einfluß häret.-jüd. bzw. judenchr. Taufsekten am O.-Rand Syrien–Palästinas entstandenen synkretist. Gruppe genannt, die bis h. an den Unterläufen von Euphrat und Tigris und im Schat el Arab Anhänger besitzt. Die Gesch. der M. ist dunkel, jedoch gibt es Hinweise, daß sie um 200 n. Chr. aus ihren urspr. Wohnsitzen nach Haran und von dort im 5.–7. Jh. unter dem Druck der byzant. Kirche und später des Islam zu ihren h. Wohnsitzen gezogen sind. Nach RUDOLPH (Die M. 1, 1960, 175), sind die M. ein selbständiges Gebilde im Bereich judaisierender Gnosis. Mittelpunkt des religiösen Lebens der M. ist der Kult und hier die Sakramente der Taufe (Maṣbūtā) und des Aufstiegs der Seele eines Verstorbenen ins Lichtreich (Masiqtā).

Die Mythologie der M. ist eingebettet in eine Sammellit., deren Einzelteile aus verschiedenen Jh. stammen und Elemente aus vielerlei Vorstellungswelten in sich vereinigen (alttestamentlich-jüd., chr.-johanneische, nestorian., gnost., iran. und babyl.). Deutliche Grundzüge, von denen H. JONAS (Gnosis und spätant. Geist $1^2$, 1954, 327) Bruchstücke schon in den Oden Salomos zu erkennen meint, sind ein strikter Dualismus zwischen dem durch den Großen Mānā repräsentierten Lichtreich und dem Reich des schwarzen Wassers mit seinen Dēws, Liliths und Satanen – es ist vielleicht nicht von Anf. an –, der Kampf zwischen den beiden Reichen, der auch im Menschen tobt zwischen Leib und Seele, und der Prozeß der Erlösung des Lichts aus der von Ptahil erschaffenen Erde (Tibil): »Adam« wird die Gnosis und damit die Erlösung aus dem Leib durch Mandā d Haijē (Erkenntnis des Lebens) und Hibil Ziwa gebracht. Die M. erfahren von ihrem Licht-Sein und von ihrer Erlösung durch Johannes den Täufer und Anōš und retten ihre Seele durch Halten an der Wahrheit, durch bestimmte Waschungen und durch die Beachtung einer strengen jüd. Moral (Hochschätzung der Ehe!). Gegen die Erlösung kämpfen Planeten und Dämonen, die falsche Religionen schaffen (unter anderen das Christentum mit seinem falschen Propheten Jesus) und die M. verfolgen. Die dennoch dem Ruf aus der Lichtwelt folgenden Seelen gehen in die Lichtwelt ein. Wenn alles Licht erlöst ist, zerfällt die Erde.

Die die Forschung am Anf. unseres Jh. bestimmende »Mandäerfrage« – durch die Selbstbezeichnung der M. als Nazoräer veranlaßt – (Zusammenhänge zwischen den Ναζωραῖοι des NT. und den M.? Jesus vielleicht ein Observant der M.? Die Jünger Joh. des Täufers vielleicht schon M.? Im Hintergrund des Joh.-Evg. eine m. Mythologie?) hat sich der dunklen Gesch. der M. wegen als unlösbar erwiesen. Kl. W.

Haupt-Quellen: Das Rechte und Linke Ginza, ed. *H. Petermann* 2 Bde. 1867; Übers. von *M. Lidzbarski*, 1925; Das Johannesbuch, Text mit Übers. von *M. Lidzbarski* 2 Bde. 1908–1915; Das Qalastā (Hymnen und Gebete), ed. *S.E. Drower* The Canonical Prayerbook of the M., 1959. Bibliogr. bei *C.H. Kraeling*, Journ. of the Orient. Society 46, 1926, 49–55. 49, 1929, 281. *S.A. Pallis* Essay on M. Bibliogr. 1560–1930, Lond.-Kopenhag. 1933. Neuere Lit. bes. bei *K. Rudolph* Die M. I (Das M.-Problem), FRLANT 74, 1960 und II (Der Kult), ebd. 75, 1961. RGG $^3$4,712. LThK 6,1343ff. *F.M. Braun* Le Mandéisme et la secte Essénienne de Qumran, L'AT. et l'Orient, 1957, 193–230. *R. Macuch* Alter und Heimat des M., ThLZ 82, 1957, 401ff. *E. Segelberg* Maṣbūtā, Stud. in the Ritual of the M. Baptism, 1958. *S.E. Drower* The Secret Adam, 1960.

**Mandane** (*Μανδάνη*). **1.** Mutter des Kyros. Astyages träumte einst, dem Schoße seiner Tochter M. entquelle soviel Wasser, daß ganz Asien überschwemmt wurde. Infolgedessen gab er seine Tochter nicht einem Meder zur Ehe, sondern einem Perser namens Kambyses. Nach der Vermählung hatte er einen zweiten Traum. Als M. von einem Knäblein entbunden wurde, befahl der König einem seiner Vertrauten, Harpagos, es zu töten und zu bestatten. Aus Furcht vor der Rache der künftigen Thronerbin beschloß H., das Knäblein durch den Rinderhirten Mitradates aussetzen zu lassen (Hdt. 1,107–130. Der sagenhafte Charakter der Erzählung ist deutlich). **2.** Tochter des Dareios, Schwester des Xerxes (Diod. 11,57,1–5). **3.** Ort an der Küste von Kilikien, zwischen Kelenderis und dem Vorgebirge Poseidion. J. D.-G.

**Mandatum.** Bedeutet den Auftrag, also die vertragliche Übernahme der unentgeltlichen Besorgung eines fremden Geschäfts. Vgl. Gai. 3, 155ff. Dig. 17,1. Cod. Iust. 4,35. Den Gegensatz dazu bildet einerseits die entgeltliche → *locatio conductio*, andererseits die unbeauftragte → *negotiorum gestio*. Das m. hat im röm. Rechtsleben aus 2 Gründen weitaus größere Bedeutung gehabt, als sie dem Auftrag h. zukommt: es gehörte zum *officium* des Römers, seinen Mitbürgern unentgeltlich beizustehen, zugleich fielen unter das m. auch Dienstleistungen höherer Art, für die zwar dem Herkommen gemäß eine Vergütung nicht versprochen werden konnte, aber doch tatsächlich ein *honorarium* oder *salarium* gegeben wurde.

I. Zustandekommen und Inhalt. Das m. ist Konsensualvertrag, Gai. 3,135. Es kommt also durch formlose Einigung zustande. Durch das m. wird der Beauftragte zur Ausführung des Geschäfts verpflichtet. Dieses muß im Interesse des Auftraggebers oder eines Dritten liegen. Dient es dagegen allein dem Beauftragten *(m. tua gratia)*, so entsteht keine Rechtsbindung, Gai. 3,156. Auch muß der Beauftragte alles, was er im Zusammenhang mit dem m. erlangt hat, herausgeben, Paul. Dig. 17,1,20pr. Er haftet für *dolus* und nach den insoweit nicht eindeutigen Quellen bisweilen auch für nur fahrlässige Pflichtverletzung. Die Erfüllung der genannten Pflichten kann der Auftraggeber mit der *actio mandati* erzwingen. Deren *formula* stellt auf die *bona fides* ab. Läßt es der Beauftragte bis zum Urteil kommen, so gilt das als Treubruch; er wird durch Verurteilung infam. – Umgekehrt kann der Beauftragte mit der *actio mandati contraria* den Ersatz seiner freiwillig gemachten Aufwendungen verlangen, die er zur Ausführung des m. für notwendig halten durfte. Das ist schon von den Klassikern auf manche unfreiwillig erlittenen Nachteile (Schäden) erstreckt worden, Paul. Dig. 17,1,26,6f. – Das m. erlischt durch Kündigung *(revocare, renuntiare)* oder Tod eines Beteiligten. Die Kündigung durch den Beauftragten verpflichtet diesen aber zum Schadensersatz, wenn sie zur Unzeit erfolgt, Paul. Dig. 17,1, 22,11.

II. Abgrenzung. Das m. regelt als Schuldvertrag nur das Innenverhältnis zwischen Auftraggeber und Beauftragtem. Häufig aber wird der Beauftragte im Rahmen des m. auch Dritten gegenüber aufzutreten haben. Daß der Auftraggeber dieses Handeln gegen sich gelten lassen muß, beruht auf einer neben dem m. herlaufenden Ermächtigung *(iussum)*. Doch werden beide Begriffe schon von den Klassikern nicht streng getrennt. – Eine Sonderform ist das m., einem Dritten Kredit zu geben (Kreditauftrag, unröm. *m. qualificatum*). Es wird seit Sabinus überwiegend als verbindlich angesehen, Gai. 3,156. Daher muß hier der Auftraggeber notfalls für die kreditierte Summe selbst einstehen. Dieses m. hat also bürgschaftsähnliche Funktion.

III. Spätere Entwicklung. Im Vulgarrecht wird die notwendige Unentgeltlichkeit des m. aufgegeben, weil das entgeltliche Gegenstück, die *locatio conductio*, sich zurückbildet. Damit hängt zusammen, daß die Haftung verschärft und die Kündigungsmöglichkeit beschränkt wird. Auch beendet der Tod des Auftraggebers das m. jetzt nicht mehr ohne weiteres. Iustinian hat demgegenüber das Recht des m. wieder dem klass. Zustand angenähert. D. M.

Lit.: 1. *Arangio-Ruiz* Il mandato in dir. rom., 1949. 2. *M. Kaser* Das röm. Privatr. 1, 1955, 481ff. 2, 1959, 300f. 3. *E. Levy* Weström. Vulgarr., Das Obligationenr., 1956, 287ff. 4. *A. Watson* Contract of M. in Rom. Law., 1961 5. *Ders.* The Law of Obligations in the Later Rom. Rep., 1965, 147ff. 6. *D. Medicus* Id quod interest, 1962, 186ff.



**Mandela** pagus in der Nähe des Sabinergutes des Horaz (Hor. epist. 2,18,105), h. wieder M., dort CIL XIV 3482 *(massa Mandelana)* gefunden. G. R.

**Mandelbaum** s. Amygdale

**Mandonius.** Name eines iber. Häuptlings, vielleicht mit bask. *mando* = Maultier zusammenhängend [1]. Er war vom Stamme der → Ilergeten, meistens zus. mit seinem Bruder → Indibilis genannt. Quellen in Font. Hisp. Ant. III (Barc. 1935), s. Ind. 233 s.v. 217 v. Chr. verwüsteten er und sein Bruder das Gebiet von *socii Romani* (Liv. 22, 21,2–4). Im Winter 209–208 gelang es P. Cornel. Scipio, beide durch milde Behandlung der Gefangenen (darunter die Frau des M. und die Töchter des Bruders) für sich zu gewinnen (Pol. 10,18,7–15. Liv. 26,49,11–16). 206 erhoben sie sich aufs neue (Pol. 10,29,3. Liv. 28,24,3f. 25,11f. 27,13. 28,5. Zon. 9,10), wurden aber schnell besiegt (Liv. 28, 26,4. 31,5–34,2). M. erlangte noch einmal einen günstigen Frieden (Liv. 28,34,3–12). 205 wurde ein neuer Aufstand von den Proconsuln L. Lentulus u. L. Manlius niedergeworfen. Indibilis fiel, M. wurde ausgeliefert und hingerichtet (Liv. 29,3,1–5). R. G.

1. *Holder* s.v. *Ad. Schulten* Numantia 1,75.

**Mandragoras** (μανδραγόρας, gräzisierte Form eines Wortes unbekannten Ursprungs) hießen 3 Arten der Familie der Nachtschattengewächse (Solanaceae): M. vernalis, autumnalis, microcarpa, die im Alt. in Volksglauben und Medizin eine große Rolle spielten. Es sind stengellose Kräuter mit dicken, oft gespaltenen und verschlungenen Wurzeln, aus denen der Blätterkranz und das von ihnen umschlossene Blütenbüschel unmittelbar entspringen. Dioskur. mat. med. 4,75 beschreibt sie gut, minder gut Plin. nat. 25,147ff., widersprüchlich Theophr. h. plant. 6,2,9. 9,8,8. 9,1; c. plant. 6,4,5. Verwendet wurde der M. (wie auch im Orient) als Aphrodisiacum – daher die von Hesych. s.v. bezeugte Aphrodite Mandragoritis –, vor allem aber wegen der narkotisierenden Wirkung, bes. des eingedickten Saftes der Wurzel, doch auch der beerenförmigen Früchte, medizinisch, in schwachen Dosen als Schlafmittel, in stärkeren Dosen zur Narkotisierung bei chirurg. Operationen. Doch machte man davon aus Furcht vor schädlichen Wirkungen anscheinend keinen weitgehenden Gebrauch. Ferner bereitete man aus M. Arzneien gegen vielerlei Leiden (bes. Frauen-L.) und verwendete M. zu Umschlägen bei Geschwülsten, Geschwüren und Entzündungen. Früh beobachtete man die Ähnlichkeit mancher M.-Wurzeln mit kleinen Männchen, und die Anfänge des Alraun-Aberglaubens gehen ins Alt. zurück (Anweisungen über Vorsichtsmaßnahmen beim Ausgraben von M.-Wurzeln bei Theophr. h. plant. 9,8,8 und Plin. 25,148), seine Ausgestaltung fällt aber erst ins MA. K. Z.

*Hoffmann-Krayer* und *Bächtold-Stäubli*, H.W.B. des deutschen Aberglaubens 1, 1927, 312–324 (Alraun). *Steier*, RE XIV 1028–1037.

**Mandrobulos.** Theophorer Name, abgeleitet von dem des wenig bekannten kleinasiat. Gottes Mandros. M. ist Titelheld eines Stückes des Tragikers → Kleophon und eines Dialoges des → Speusippos. Um die Erklärung des schon im Alt. nicht mehr verständlichen Sprichwortes ἐπὶ τὰ Μανδροβούλου χωρεῖ τὸ πρᾶγμα haben sich die ant. → Paroimiographen mit allerlei Vermutungen bemüht. W. Kroll, RE XIV 1039. K. Z.

**Mandrokleidas** (Μανδροκλείδας). Als spartan. Name auffällig; μανδρο- weist nach Kleinasien (Fick-B. PN 194. Zgusta Kleinas. PN s. μανδρο-). Schäfer schlug für M. 1 (wo Ziegler mit den besten Hss. Μανδρικλείδας schreibt) Ἀνδροκλείδας vor. Ehrenberg trat RE XIV 1040 für Λανδροκλείδας ein; aber es scheint keinen Beleg für Erweiterung von ανδρο gleichzeitig nach vorne und hinten zu geben. **1.** Plut. überliefert Pyrrh. 26,24 einen vom spartan. Widerstandswillen gegen Pyrrhos 273 (Kienast, RE XXIV 157f.) oder 272 (Lévêque Pyrrhos, 1957, 635) zeugenden Ausspruch M.' (dasselbe unter eines Derkyllidas Namen mor. 219 F. Stob. 3,7,61 H.). **2.** Sohn des Ekphanes, einsatzbereiter, diplomat. gewandter Anhänger der Reformbemühungen Agis' IV. (Plut. Agis 6.9.12; Bengtson GG[3] 402,3). M.' Schicksal (Tod oder Exil?) nach Agis' Ende 241 ist unbekannt. K. K.

**Mandrokles** aus Samos, Architekt, erbaute für Dareios I. die Schiffsbrücke über den Bosporos (513, Skythenfeldzug). Von der reichen Belohnung dafür malte er oder ließ malen (γραψάμενος) ein Bild des Übergangs der Truppen unter den Augen des Königs, das er ins Heraheiligtum in Samos weihte. Hdt. 4,87ff. Anth. Pal. 6,341. Dion. Byz. Anapl. Bosp. 57. W. H. G.

**Mandubii.** Gall. Völkerschaft, die nur Caes. und (mit Irrtümern) Strab. 4,191 erwähnen. Ihre Hauptstadt ist Alesia (*oppidum Mandubiorum*), h. Alise-Sainte-Reine. Ihr Gebiet deckt sich wahrscheinlich mit der Landschaft Auxois (*pagus Alisiensis* im MA.). In der röm. Z. scheinen die M. in dem Volk der Haeduer aufgegangen zu sein. S. Art. Alesia. Ferner P. M. Duval, REA 1959, 368 (zur Frage von M. = Sequaner oder nicht). Nach Plin. nat. 33,162 waren die Einwohner von Alesia als Silberarbeiter bekannt. M. L.

**Mandubracius.** Sohn des von Cassivelaunus gestürzten Trinovanten-Königs. Caesar nahm ihn auf und führte ihn 54 v. Chr. als Herrscher in seine Heimat zurück. Caes. Gall. 5,20,1–4. Oros. 6,9,8. G. Walter Caesar 1955,258f. H. G. G.

**Manducus** (*Manduco, Mando:* Non. 17) wird mit Varro l. l. 7,95 zu *mandere* gestellt (wie *caducus* zu *cadere;* daher = Freßsack Apul. met. 6,31,4; eher für etr.: [8],1291). Nach Fest. 128 M *effigies (lignea hominis figura ingens:* Gloss.*)*, die bei *pompae* und *ludi* (eher *Compitalia* als *ludi circenses:* [8],1290; *ludi* [Osci?]: Plaut. Rud. 535) die großen Kinnbacken *(quasi manducando)* knirschend bewegte, um Lachen und Schrecken zu erregen. Unsicher ist die Beziehung zur griech. Figur des Μαίσων (Frisk Etym. Wb.) und zur Atellane (Varro s.o. und Pomp. frg. 112 R: beide unerklärt): 5. Type der Atellane ([2],87; unklar [8], 1296: masque d'Atellane appelé M.), oder = Dossennus ([7],70; dagegen: [4],12: es gibt keinen Atellanentitel M.: [3],131. [8],1283ff.), oder gar keine Beziehung (Marx zu Rud. 535). Maske (unsicher): [5],184. 185. Nachleben als Kasperle und Punch: [6],151. K. V.

1. *E. Diehl*, RE XIV 1044–1046. 2. *A. Dieterich* Pulcinella, 1897. 3. *W. Beare* The Roman Stage, 1950. 4. *G. E. Duckworth* The Nature of Rom. Com. 1952. 5. *M. Bieber* Denkmäler zum Theaterwesen im Alt. 6. *Dies.* Hist. of Greek and Roman Theater, 1961. 7. *P. Frassinetti* Fabula Atellana, 1953. 8. *J. G. Préaux* Manducus, Festschr. A. Grenier, 1962, 1282–1291.

**Mandulis** (Μανδοῦλις). Nub. Sonnengott (äg. Mrwr/l = Mer/lul H. Brugsch, Ztschr. äg. Spr. 25, 1887, 28. 78. [2],72f.) von Talmis-Kalabscha mit Filialkulten in Ajuala, Dendur und Philae (A. M. Blackman The Temple of Dendur, 1911, 61. 64. 80ff. Bonnet RÄRG 593). Zahlreiche Adorationsinschr. (Proskynemata) aus röm. Z. am Tempel von Kalabscha ([1],243,8. [3],54. 58) gelten dem M. als myst. verehrten → Horos-Apollon-Helios ([1],239. 246) an der Seite der → Isis. Die bekannteste enthält die sog. »Vision des M.« (H. Lewy, ASAE 44, 1944, 227ff. [3],61ff.), worin der Gott die Prädikate »allsehender Herr, Allkönig und → Aion Pantokrator« erhält ([3],78ff. Vgl. D. Levi, Hesp. 13, 1944, 277,22. H. Hommel, Theol. Viat. 5, 1953/54, 337. C. Capizzi, Or. Christ. Anal. 170, 1964, 11). W. F.

1. *H. Gauthier* Le Temple de Kalabchah 1, 1911. 2. *F. Ll. Griffith*, Journ. Eg. Arch. 15, 1929, 72ff. 3. *A. D. Nock*, Harv. Theol. Rev. 27, 1934, 53ff. 4. *J. Cazzaniga*, Parola del Pass. 19, 1964, 69ff.

**Manduria.** Sallent. Stadt (Inschriftenfunde: Krahe Die Sprache der Illyrier II Nr. 39. 53. 185 u. a.) s.ö. Tarents (Tab. Peut. VII 1. Geogr. IV 31. V 1: *Manduris*) mit auffälliger Quelle (Plin. nat. 2,226), 209 v. Chr. von den Römern zurückerobert (Liv. 27,15,4), vielleicht mit Mandonium (Plut. Agis 3,2. Plin. nat. 3,98) ident.; h. M. (früher Casalnuovo neben Ruinen M.s). Vgl. Nissen It. Ldk. 2,886. G. R.

**Maneros.** Hdt. 2,79 bezeichnet M. als einzigen Sohn des 1. Königs von Äg., der früh verstorben von den Ägyptern durch ein Klagelied geehrt werde, das dem Linos-Lied gleich sei. Černý erklärt den Namen M. (Misc. Gregor. 57ff.) als *mjnw-rꜣ* »Gänsehirt«, also Hütejunge; daher ist Linos bei Paus. (2,19,7. 9,29,3) auch als solcher bezeichnet, der von Hunden zerrissen wurde. Daneben besteht die von Plut. Is. 16/17 gegebene Deutung als Sohn des Königs von Byblos, den Isis, von ihm bei der Osirisklage gestört, durch einen Blick getötet habe. Die Deutung des M. ist schwierig: vielleicht steht dahinter eine alte Kultgestalt des früh umgekommenen Kindes. Plut. erwähnt aber auch die Deutung, M. sei ein Zuruf und kein Name (wie wohl Linos ein solcher Wehruf) ist. Vielleicht also war M. ein Klagegesang auf das frühverstorbene göttliche Kind, der mit dem Anruf »Gänsehirt!« begann. W. H.

**Manes** (aus dem 1. Jh. v. Chr. die ältesten Zeugnisse: CIL $I^2$ 2117 *deum maanium.* Cic. Verr. 5,113 *ab dis manibus;* mit Bezug auf bestimmte Personen: CIL $I^2$ 761 *dis manibus sacrum L. Caecili Rufi.* Cic. Pis. 16). M. wird adjektiv. (selbständig erst Verg. Aen. 6,743. Prop. 4,7,1. Tib. 2,1,35. Ov. fast. 2,535. Iuv. 2,149) zu *dii, divi* bzw. *deae* (Fest. 114,19 L. *manes deos deasque*) gebraucht (Cic. Vatin. 14 *deos manes mactare;* leg. 2,22: *deorum manium iura.* Lucr. 3,52 *manibus divis*). Ant. Deutung des Namens aus *manare* (Fest. 114,20. 146,22. Paul. Fest. 147,8 L. Serv. Aen. 3,63; auct. 4,490. Isid. orig. 8,11,100. Mart. Cap. 2,160) oder *manus* »gut« (Varro l. l. 6,4. Fest. 132,4f. Paul. Fest. 109,6. 112,24. 133,10f. L. Serv. Aen. 1,139. 3, 63. Non. p. 66 M. Isid. orig. 8,11,100. Plut. qu. Rom. 52); letztgenannte h. beliebt (Burck b. Oppermann Römertum 110. Müller-Deecke-Pfiffig Etrusker 2,97f.), aber sicherlich falsch, wie schon Serv. (*κατὰ ἀντίφρασιν quia non sint boni)* nahelegt; ferner werden die Toten nach spätant. Auffassung zuerst *lemures,* dann als gute Geister *lares,* als böse *larvae* und als unbestimmte M. (Aug. civ. 9,11. Isid. orig. 8,11,100f. Apul. apol. 64. de deo Socr. 15. Mart. Cap. 2,162f.), die M. oft aber gerade den *larvae* (Fest. 114,19 L.) oder *lemures* (Sch. Pers. 5,185) gleich. Name der M. eher zu Hesych. *μάνν· μικρόν* und *βανόν· λεπτόν* (*μᾶνός* <**μανϝός*), wodurch das Nebeneinander von *u*-Stamm (Aelius Stilo b. Fest. 132,3 L. *manuos;* Aurelius Opilius b. Paul. Fest. 133,10 L. *manues*) und gemischtem Stamm erklärt wird. Sachlich paßt M. »die Kleinen, Dünnen« gut neben *larvae* (<*ĝhḷrṷā, griech. *χλωρός*) »die Bleichen« zur Benennung der von den *di parentes* verschiedenen unbestimmten Totengeister (*mortui* Varro b. Aug. civ. 8,26; ähnlich auch *dei mortuorum* Serv. auct. Aen. 3,63. Isid. orig. 8,11,100). Seit Numa sorgt der Pontifex (Liv. 1,20,6; vgl. Macr. Sat. 1,13,3) für *iusta funebria placandosque manes* an den Lemuria (Sch. Pers.) wie an den Feralia (Ov. fast. 2,570); sie erhalten *inferiae* (Lucr. a. O. Paul. Fest. 99,26 L.); vernachlässigt schicken sie böse Träume (Tib.). Beim Opfer des Curtius (Varro l. l. 5,148 *deum manium postilionem*) werden sie angerufen (Liv. 7,6,4), ebenso bei der Devotion der Decier (Liv. 8,9,6ff. 10,28,13: zusammen mit Tellus; vgl. Suet. Tib. 75,1 *Terram matrem deosque manes*) und Karthagos (Macr. Sat. 3,9,10 nur *Manes*). Der Begräbnisplatz ist *Dis Manibus* geweiht (CIL $I^2$ 761 u. a.); die später weitverbreitete abgekürzte Schreibweise *D. M.* zuerst CIL $I^2$ 1273. Man gebraucht schließlich M. für die Totengeister des einzelnen Toten (→ laud. Turiae), für den Leichnam (Liv. 31,30,5 *omnium nudatos manes*) und schließlich für das Jenseits (Prop. 4,7,1 *sunt aliquid manes*) und die Strafen dort (Serv. Aen. 6, 743). Zeugnisse für das Wort M. aus dem 5. Jh. v. Chr.: sikul. dat. pl. *manepos* (PID 578; Radke, G 70, 1963, 174ff.), altsabell. dat. pl. *manus* (PID 350. Radke, RE Suppl. IX 1769f.), altlat. gen. pl. *manom* (CIL $I^2$ 4). G. R.

*Santoro,* RFIC 17, 1887, 53ff. *Steuding,* Myth. Lex. 2, 2316ff. *Bömer,* ARW Bh. 1, 1943, 39. *Ders.,* G 64, 1957, 128. *Wissowa* RRel$^2$ 238ff. *Deubner* bei *Chantepie* 2,438. *Otto* Manen 53ff. *Latte* RRel 99. *Banti,* SIFC 7, 1929, 171. *Dumézil* Rel. Rom. arch. 357ff. *Radke* Götter Altitaliens 195ff. *Walde-Hof.*$^3$ 2,26f.

**Manethon. 1.** Der Name Manethon bedeutet »Pferdehirt« (mjnjw-ḫtrj, vgl. Černý in Misc. Gregor. 57ff.) – aus Sebennytos (Plut. Is. 9,28), Priester in Heliopolis (Sync. 73,5ff.), schrieb auf Wunsch Ptolemaios' II. eine Gesch. Äg. für die Griechen bis ans E. der 30. Dyn. (die 31. Dyn. der zweiten pers. Eroberung ist späterer Zusatz). Außerdem soll M. maßgeblich bei der Einführung des Serapiskultes (entweder im 37. J. Ptolemaios' I., nach Hieron.: 287 v. Chr. oder im 7. Ptol. II. nach Euseb. (arm.): 278 v. Chr.) mitgewirkt haben. M. wird vielleicht noch im J. 241/40 v. Chr. im Pap. Hib. 72,6 namentlich genannt. – Die »Aigyptiaka« des M. sind uns nur in Resten erhalten: Teile des urspr. Werkes sind bei Ios. c. Ap. erhalten, jedoch bereits z. T. auf einen Text des M. zurückgehend, der von pro- und antijüd. Bearbeitern verändert worden war. Bes. ging es dabei um Iosephs Aufenthalt in Äg. und um den Auszug; ferner veränderten schon früh jüd. Gelehrte (in Alexandreia?) die Jahreszahlen bes. der frühen Dynastien, um Menes mit Adam gleichsetzen zu können (Rowton, JEA 34,57ff.), wobei sie bestimmten Regeln folgten. Von diesem bereits veränderten Text wurde eine Epit. hergestellt, die nur die Königslisten mit den Regierungsdaten exzerpierte. Von dieser Epit. hängen → Iulius Africanus und → Eusebios in ihren Chroniken ab, die in der *Ἐκλογὴ χρονογραφίας* des Georgios, gen. Synk. benutzt sind (um 800 n. Chr.). Die Eusebische Chronik ist auch in armen. Übers. erhalten. – Bei der Ausarbeitung seines Werkes stützte sich M. auf 3 Quellen: 1. für die ersten 4 Dynastien benutzte er einen (Auszug aus einer?) Datenliste, d. h. eine Aufstellung annalist. Art, in der für jedes J. die wichtigsten Vorkommnisse registriert waren. 2. Daneben und ab 5. Dyn. ausschließlich liegt seiner Aufstellung der Königsnamen und Regierungszeiten eine Königsliste zugrunde, wie sie im Turiner Königspap. (Gardiner Royal Canon of Turin) erhalten ist. 3. Für die Schilderung von Ereignissen stützte sich M. auf hist. Geschichten, wie sie von den Gelehrten mindestens seit dem M. R. niedergeschrieben worden sind. Es sind nicht, wie häufig behauptet, »Volkserzählungen« oder »Märchen«, sondern der Ägypter benutzte hist. Ereignisse, um an ihnen religiöse, moralische oder ethische Vorstellungen zu beweisen. Uns sind solche hist. Erzählungen, bei denen des Zweckes wegen die hist. Wahrheit verändert werden konnte, erhalten, z.B. Pap. Westcar über den Wechsel von der 4. zur 5. Dyn.; »Einnahme von Joppe«, »Seqennenre und Apophis« u.a. Zu diesen Erzählungen gehört, was Iosephos aus M. erhalten hat, so der Einbruch der Hyksos, oder die Osarsiph-Erzählung (die die Amarnazeit als Grundlage hat).

Aus dem Gesagten ergibt sich, daß M. im Urtext chronol. sichere Angaben berichtete und auch die Erzählungen echt äg. Tradition wiedergaben, wenn auch nicht »objektive« Geschichtsschreibung. In ihrer Art entsprachen die Aigyptiaka den Babyloniaka des → Berossos. – M. galt auch als Vf. weiterer B.: Eus. praep. evang. II prooem. § 5 nennt *ἱερὰ βύβλος καὶ ἕτερα συγγράμματα*; zu letzteren gehören wohl *περὶ ἑορτῶν* (nach Ioh. Lyd. de mens. 4,55), *περὶ ἀρχαϊσμοῦ καὶ εὐσεβείας* (Porph. de abst. II 55). *περὶ κατασκευῆς κυρίων* (Suda), vielleicht auch *τῶν φυσικῶν ἐπιτομή* (Diog. Laert. Prooem. § 10). Das Sothisbuch wird ihm aber zu Unrecht zugeschrieben. W. H.

*W. G. Waddell* Manethon (LCL 1940); FGrH 609. *W. Helck* Unters. zu Manetho und den äg. Königslisten (Unters. 18, 1956).

**2.** M., Astrologe wohl 4. Jh. n. Chr., von → Hephaistion (3) genannt, behandelt in dem Lehrgedicht *Ἀποτελεσματικά* in 6 B., von denen 2, 3 und 6 zusammengehören und 4, 1 und 2 dazugefügt sind, im 2. Fixsterne, Planeten, die Himmelskreise mit ihren Sternbildern, im 3. die Konstellationen, im 6. die Schicksale der Neugeborenen, dazu das eigene Horoskop und ein Gebet an die Sterne; im 4. die *ὅρια* und weitere Constellationen, diese auch im 1. und 2. ziemlich regellos. E. B.

Ausg.: *Köchly* 1858. Lit.: *Heeg*, H 45, 316.

**Mango** heißt ein Händler, der aus Gewinnsucht seine Ware (Parfumerien, Wein, Edelsteine, Plin. nat. 12,98. 23,40. 37,200) künstlich verfälscht, bes. ein Sklavenhändler, der die »Ware« schönt oder kastriert (Hor. epist. 2,2,13. Sen. epist. 80,9. Quint. inst. 2,15,25. Plin. nat. 7,56. 21,170. 24,35. 30,41. Martial. 9,7,4). Davon *mangonicare* »äußerlich aufputzen«. Der M. heißt auch *venalicius*, z.B. Cic. or. 232. W. H. G.

**Mani. Manichäer. Manichäismus.** 1. Das Leben Manis. 2. Die Lehre. 3. Der M.-us: a) Ausbreitung; b) Lehrentwicklung.

1. M., pers. Religionsstifter (* 216 n. Chr. in der Nähe von Seleukeia-Ktesiphon, † 276? in Gandeschapur), ist unter dem Einfluß einer enkratitisch-gnost. Taufsekte in S.-Babylonien aufgewachsen. Zwei Berufungsvisionen veranlaßten ihn zur Trennung von der Sekte. Nach einer Reise, die ihn bis nach »Indien« führte, trat er 242 vor Schapur I. (242–273), der ihm die Propagierung seiner neuen Religion erlaubte. Nach großen Missionserfolgen wurde er im J. 276 auf Anstiften zoroastr. Magier vom 2. Nachfolger Schapurs, Bahram I. (274–277), gefangengesetzt und starb in Ketten. Seine Leiche wurde an das Stadttor von Bētlapāt genagelt. Bis 310 folgten nun schwere Verfolgungen der m. Gemeinde, die aber nur die Ausbreitung des M. nach O. und W. beschleunigten.

2. Als Quelle für die Lehre M.s, der sich als der im Joh.-Evg. verheißene Paraklet, als Maitreya der Buddhisten und als Ušētar bāmīk der Zoroastrier verstand, stehen uns Originalschr., Frg.e von solchen, Exzerpte und referierende Darstellungen seiner Gegner zur Verfügung. Aus der Hand M.s stammen das Schapurakon, das große Evangelium mit Tafelband, der »Schatz des Lebens«, die Pragmateia, das »Buch der Geheimnisse«, das »Buch der Riesen« und Briefe. Die Quellen der Vorstellungen M.s sind sehr verschieden: Indisches, Babylonisches, Iranisches und Chr.-häretisches hat zum Werden der Lehre M.s beigetragen, die Antwort geben möchte auf die Fragen des Ursprungs von Welt, Seele, Körper, der Herkunft des Bösen und der Erlösung der Seele: Am Anf. sind Licht und Finsternis in Gestalt voneinander abgegrenzter und übereinanderliegender Reiche. Der mit dem Lichtreich ident. und dessen Personifikation darstellende Vater existiert in 5 Hypostasen (Vernunft, Denken, Einsicht, Sinnen und Überlegung). In einer entsprechenden Pentade (Rauch, Finsternis, Feuer, Wasser und Wind) existiert auch das Reich der Finsternis. Dieses zettelt einen Krieg mit dem Licht an. Der Vater antwortet mit der Zeugung des »Großen Geistes«, der seinerseits die »Mutter des Lebens« beruft, die ihrerseits den »Urmenschen« hervorbringt, damit er die Finsternis bekämpfe. Doch der Urmensch wird überwältigt. Zu seiner Rettung beruft der Vater jetzt den »Lebendigen Geist«, der einen Weckruf zum Urmenschen sendet und auch Antwort erhält. Damit ist der Urmensch befreit, seine Söhne jedoch bleiben in der Finsternis, verschlungen von den Archonten. Zu ihrer Befreiung kreuzigt der Große Geist die Archonten ans Firmament und ordnet sie in Sonne, Mond, Sterne, Himmel und Erde. Die Erlösung der Söhne geschieht aber erst, nachdem der »Dritte Gesandte« den bisher stillstehenden Kosmos in Bewegung gesetzt hat. Jetzt steigen die versprengten Lichtteilchen über eine Lichtsäule (Milchstraße) zum Mond empor, der sie an die Sonne, diese an den neuen Äon abgibt. Durch die Erscheinung des 3. Gesandten in weiblicher und männlicher Gestalt vor den Archonten, werden diese zum Samenerguß bzw. zur Freigabe der Leibesfrucht, und d.h. zur Freigabe von Licht, veranlaßt. Die Samen, die auf irdisches Land fallen, werden zu Bäumen, die ins Wasser fallenden zu Meerungeheuern, die Leibesfrüchte zu Dämo-

nen. Darauf schaffen die Archonten als hylische Gegenschöpfung den Menschen, um das Licht halten zu können. Damit der Mensch sich als Lichtträger erkennt, sendet der 3. Gesandte Jesus zu ihm, der seinerseits Apostel entsendet (Seth, Noah, Buddha, Zarathustra, Jesus, Paulus u. a.). M. selbst ist das »Siegel der Propheten« und begründet die eigentliche Heilsgemeinde, die den Menschen Gnosis verkündet und z. B. durch Geschlechtsaskese und durch das Essen vieler Früchte, in denen Licht eingekerkert ist, verhütet, daß das Licht weiter in die Welt versprengt wird. Totale Geschlechtsaskese beachten aber nur die »Vollkommenen«, die sich damit selbst erlösen und nach dem Tode sofort zur Lichtwelt zurückkehren. Die »Hörer« können erst durch mehrere Wiederverkörperungen gerettet werden. Das Weltende ist als Weltenbrand vorgestellt.

3 a) M.er finden sich schon bald nach dem Tod M.s im w. Mesopotamien, um 300 in Syrien, N.-Arabien, Äg. und N.-Afrika. Im 4. Jh. findet man M.er auch in Italien, Gallien, Spanien, Kleinasien und Armenien. Im röm. Reich werden sie außer von den Kaisern von Serapion von Thmuis, Kyrillos von Jerusalem, Epiphanios, von dem ehemaligen M. Augustinus und anderen bekämpft. Im 6. Jh. gibt es im W. nur noch kleine Gruppen M.er, dagegen dringt der M.us in der gleichen Z. bis nach O.-Turkestan und ins Innere Chinas vor. Im türk. Uigurenreich wurde der M.us 763 Staatsreligion, konnte sich jedoch auf die Dauer gegen Buddhismus und Islam nicht halten. Mag der M.us schließlich überall erlegen sein, so stellte er mit seiner fast tausendjährigen Gesch. und seiner zeitweise gewaltigen Ausbreitung doch eine Weltreligion dar.

3 b) Das nachkanon. Schrifttum der M. (liturg., hist. und dogmat. Texte, Paränesen, Katechismen und Beichtspiegel in vielen Sprachen) – es ist uns vor allem durch Expeditionen nach Zentralasien, China und in den Faijum bekannt geworden (1. Drittel unseres Jh.) – bietet mannigfache Modifikationen des dargestellten Systems Interessant ist, wie der M.us jeweils Begriffe und Vorstellungen der in fremder Umgebung vorgefundenen Religionen aufnimmt. In den Schr., die sich an Christen wenden, werden z. B. Begriffe wie Gottvater, Jesus der Sohn und Heiliger Geist durchaus verwendet. M. heißt hier »Apostel Jesu Christi«. Dennoch ist der M.us schwerlich eine chr. Häresie. »Als Prototyp und Vollendung der Gnosis« (Colpe) ist der M. in seinen vielen Gestalten aber jedenfalls Antwort auf damalige menschliche Erlösungssehnsucht und Vermittler einer spezif. Gottes- und Welterkenntnis. Kl. W.

Quellen s. bei *Alfaric* Les écritures manich., Par. 1918/19. – Angaben über m. Quellen: *Polotsky*, RE Suppl. VI 240–243. RGG $^3$4, 1960, 721 f. *A. Adam* Texte zum M. (KlT 175), 1954. Ältere Lit. bei *J. Ries* Introduction aux étud. manich. Quatre siècles de recherches I (Ephemer. Théolog. Lovanienses, 33, 1957, 453–482); II (Anal. Lovaniensia Bibl. et Orient. III 11, 1959, 362–409). – Forschungsübersicht: *Nyberg* Forschungen über den M., ZNW 34, 1935, 70–91; Bibliogr. bis 1945: *H. Ch. Puech*, Hist. génér. des relig. 3, Par. 1947, 446 ff. – *H. H. Schaeder* Urform und Fortbildungen des m.en Systems (Vortr. Bibl. Warburg 4, 1927, 65–157). RE Suppl. VI 240–271. *H. Ch. Puech* Der Begriff der Erlösung im M., Eranos-Jb. 4, 1936, 183–286; *Ders.* Le m., Par. 1949. *H. Jonas* Gnosis und spätant. Geist 1$^2$, 1954, 284–320. *R. C. Zaehner* Zurvan, Oxf. 1955. *A. Adam* Das Fortwirken des M. bei Augustin, ZKG 69, 1958, 1–25. *Hennecke* 1$^3$, 1959, 190 ff. 261 ff. 2$^2$, 1964, 117 ff. *G. Widengren* Mani und der M., 1961. 304 ff. *O. Klima* M.s Zeit und Leben, Prag 1962.

**Mania** (*Μανία*). **1.** Personifikation des Wahnsinns wie → Lyssa und → Oistros. Als Mehrzahl von Göttinnen verehrt in dem nach ihnen benannten arkad. Flecken Maniai, 7 Stad. von Megalopolis; Paus. 8,34,1–3 erzählt, Orestes sei dort wahnsinnig geworden, als die Göttinnen ihm schwarz erschienen, und er habe sich einen Finger abgebissen; als sie ihm später weiß entgegentraten, kehrte ihm der Verstand zurück; den ersteren opferte er wie chthon., den letzteren wie himmlischen Mächten. Paus. empfand die M. als Erscheinungsform der Eumeniden (→ Erinys). Im Sing. belegt ist M. nur Quint. Sm. 5,451 ff. (Aias). Auf einer unterital. rf. Vase des Assteas mit der Darstellung von Herakles' Kindermord – Illustration eines Bühnenspiels –, erscheint M., mit Namensbeischrift über der Brüstung eines Söllers. BAUM. Denkm. Abb. 732, S. 665 II 1308. WILAM. GldH 1, 399, 2. H. v. G.

**2.** An den Compitalia wurden der M. und den freundlich helfenden → Lares, als deren Mutter (→ Mater Larum) oder Großmutter sie galt (Fest. 114,21 L. Macr. Sat. 1,7,35. Arnob. 3,41), Wollpuppen nach der Zahl freigeborener Kinder im Hause und Bälle nach der der Sklaven *(pro f⟨amiliarium⟩ oribus)* aufgehängt (Paul. Fest. 273,7 ff. L. Macr. Sat.), um zu bezeichnen, wer bei dem fröhlichen Mittwinterfest zu beschenken sei (vgl. Novius b. Non. p. 154,17 f. M. *te volumus dono donare pulchro)*. Die Vorstellung eines früheren Kinderopfers kann entstanden sein, weil die Ammen die Kinder mit M. schreckten (Fest. 114,18 L. Sch. Pers. 6,56; vgl. Knecht Rupprecht mit Rute). M. hat den Namen nach Kuchen (Fest. 114,15 f. L.) bzw. Wollpuppen (Varro sat. Men. frg. 463 B. *mānĭās* statt * *mārĭnās**) in Menschengestalt; auch häßliche Menschen (Fest. 114,16. 128,20 L. Sch. Pers.) hießen danach *m.* G. R.

*Wissowa*, Myth. Lex. 2,2323. *Ders.* RRel$^2$ 174. 240. *Otto*, ALex 15,114 ff. *Altheim* Terra Mater 61 ff. *Walde-Hof.*$^3$ 2,26. *Latte* RRel 60. *Radke* Götter Altitaliens 198. *Dumézil*, Rel. Rom. arch. 337. *W. Richter* in Verg. georg. 2,389.

**3.** M. erhielt nach dem Tode ihres Mannes, des Dardaners Zenis, dessen Satrapie Aiolis von Pharnabazos. Mit einem griechischen Söldnerheer, dessen Kampf sie begleitete, eroberte sie

Larisa, Hamaxitos und Kolonai und half Pharnabazos gegen Myser und Pisider. 40 J. alt, wurde sie von dem Schwiegersohn → Meidias von Skepsis ermordet. Der Spartaner → Derkylidas eroberte 400/399 ihr Reich und ihre Schätze. Xen. hell. 3,1, 10ff. Polyain. 8,54. **4.** Freundin der → Berenike (2), versteckte 246 v. Chr. deren Leichnam, gab eine andere Frau als Berenike aus und veranlaßte angeblich den Rachefeldzug Ptolemaios' III. Polyain. 8,50. **5.** Athen. durch witzige Antworten berühmte Hetäre, Konkubine des → Demetrios (2). FGrH 161 F 4; hieß urspr. nach dem Komiker Machon Melitta, nach Plut. Demetr. 27,9 Demo. Athen. 13,578 b ff. H. V.

**Manicae** (χειρίς). 1. Ärmel, 2. Armschutz, 3. Handschuh, 4. Handfessel.

1. Obergewänder mit Ä. sind in kret. und myk. Z. schon belegt. Die sog. Schlangengöttin ([9], T. XXIV) trägt eine Jacke mit halben Ä.; ähnl. Obergewänder auf dem Sarkophag von Hagia Triada ([9], T. XXVII). Gewänder mit langen Ä. tragen die Krieger und eine Frau auf der sog. Kriegervase aus Mykene ([9], Abb. 232). Das Gewand, das von den Griech. mit geknüpften ([4], T. 7. 13,1) oder eingenähten ([6], III Abb. 417), langen und halben Ä. getragen wird, ist der Chiton. Urspr. den Griech. fremd, charakterisiert das Ä.-gewand die Nichtgr. Beliebtheit und Verwendung des sog. Ä.-chiton (χειριδωτὸς χιτών) ist daher durch die Jh. verschieden ([1], 2207). Als Berufskleidung können Schauspieler ([10], Fig. 32. 34. 39), Kitharöden ([1], 2213), Priester ([1], 2212), Wagenlenker ([8], T. 46) u. a. Gewänder mit langen Ä. tragen. Unter den Römern sind Ä. verpönt. Commodus wird getadelt, weil er öffentl. eine Ä.-tunica trägt. (Cass. Dio 72,17). Im 4. Jh. werden Ä.-gewänder üblich (Aug. doctr. christ. 3,12,20).

2. Oberarmschutz aus Leder, oft mit Metall beschlagen (Cic. Phil. 11,26).

3. Handschuhe, bei Griechen und Römern selten verwendet (Hom. Od. 24,226?). Sie können gegen Kälte (Plin. epist. 3,5,15) oder zu bes. Zwecken, z. B. von Ärzten (Oreib. 10,7,18) getragen werden.

4. Als Handfessel (→ *pedicae)* dienen sie zum Fesseln von Sklaven (Plaut. Capt. 659) und Gefangenen ([5], Fig. 4819). S. O.

1. *Amelung*, RE III 2206ff. 2. *Amelung*, RE III 2217ff. 3. *Schuppe*, RE XIV 1111ff. 4. *M. Bieber* Entwicklungsgesch. der griech. Tracht, $^{2}$1967. 5. *Dar.-Sagl.* 3,1576. 6. *E. Pfuhl* Malerei und Zeichnung der Griechen. 7. *Eckstein* Lex. d. A. W. 1533ff. 8. Brit. Mus. The Sculptures of the Parthenon, 1910. 9. *Marinatos-Hirmer* Kreta und das myk. Hellas, 1959. 10. *I. Brooke* Costume in greek classic Drama, $^{2}$1963.

**Manilius.** Röm. Gentilname, auch inschr. belegt und wahrscheinlich vom Praenomen Manius abgeleitet. SCHULZE Eigenn. 166. 442. FRAENKEL RE XVI 1656. J. REICHMUTH D. lat. Gentilicia, Diss. Zürich 1956, 116. In Rom traten Namens-



träger seit dem 2. Jh. v. Chr. hervor. In der Überlieferung häufige Verwechslung mit Mallius, Mamilius, Manlius. Leges Maniliae: RE XII 2397f. (s. u. Nr. 2). I. Republikan. Zeit. **1.** (L.) M. (oder Manlius?), Senator 97 und Schriftsteller, der u. a. erstmals lat. über den Vogel Phoinix schrieb, Plin. nat. 10,4f. SCHANZ-HOS. 1,605. **2.** C. M., Volkstribun 66 (BROUGHTON Mag. 2,153). Noch im Dez. 67 brachte er ein Gesetz durch über die Stimmabgabe von Freigelassenen in allen Tribus, das jedoch vom Senat aus formalrechtlichen Gründen verworfen wurde (RE XII 2397f.). Erfolgreich war er hingegen mit seinem nächsten Antrag, durch den der gerade im Seeräuberkrieg siegreiche Pompeius den unumschränkten Oberbefehl im Krieg gegen Mithridates und Tigranes erhielt, wobei der Praetor Cicero ihn mit der Rede Manil. unterstützte (= lex Manilia, vgl. Cass. Dio 36,42f. u. a. DRUMANN$^{2}$ 4,429ff. GELZER, RE VII A 855. Chr. MEIER Res publica amissa, 1966, 141). 65 wurde er angeklagt, zunächst *repetundarum*, wobei ihn Cic. verteidigen wollte (Cass. Dio 36,44,1f. Plut. Cic. 9, 4ff.), dann *maiestatis* (Ascon. Cornel. 53 = 49), wobei er verurteilt wurde. DRUMANN$^{2}$ 5,399ff. Cic. beurteilte ihn persönlich nicht günstig (z. B. Manil. 69. Cornel. 1,16 = Ascon. 52 St. Mil. 22). **3.** M'. M. (Praenomen in der Überlieferung auch M.), homo novus, bedeutendster Namenträger im 2. Jh. v. Chr. 155 (oder 154) Praetor in Hispania ulterior, wobei er von den Lusitanern (Beginn des großen Spanienkrieges) geschlagen wurde, App. Ib. 56, 234. BROUGHTON Mag. 1,448, H. SIMON Roms Kriege in Spanien, 1962, 13. 149 war er Consul und begann als Oberbefehlshaber des Heeres zusammen mit seinem Kollegen L. Marcius Censorinus den 3. Pun. Krieg in Afrika, nachdem er zuvor den Polybios in Lilybaeum über die Lage orientiert hatte (Pol. 36,3,1ff.); Quellen (u. a. Liv. epit. 49. Pol. 36,7f. Diod. 32,6. App. Lib. 75ff.): Degrl. 13, 52f. 464f. BROUGHTON Mag. 1,458. Beide stellten dem zunächst gefügigen Karthago das perfide Ultimatum (völlige Aussiedlung), das den verbissenen Heldenkampf der Punier zur Folge hatte; möglicherweise war M'. dabei der Wortführer (vgl. MELTZER-KAHRSTEDT G. d. Karth. 3,625. 629). Während der Kämpfe vor Karthago und anschließend gegen die Feldarmee unter → Hasdrubal Nr. 7, bei denen Scipio Aemilianus als Militärtribun in der 4. Legion stand, hat M., dem nach App. Lib. 102, 481 die Kriegserfahrung fehlte, keine wirksamen Erfolge gehabt (wodurch jedoch seine spätere Freundschaft mit Scipio nicht getrübt wurde). 133 warnte er den Ti. → Gracchus Nr. 8 vor verfassungswidrigem Vorgehen, Plut. Tib. Gr. 11,1. Bei Cic. rep. 1,18 erscheint er im J. 129 als Gesprächsteilnehmer; er gehörte also zu den Männern, die man sich im 1. Jh. v. Chr. zum »Scipionenkreis« zusammengeschlossen dachte, vgl. H. STRASBURGER, H 94, 1966, 60ff., bes. 65. M. war wohl schon vor seiner polit. Tätigkeit als Rechtsgelehrter hervorgetreten (vielleicht ist er auch bei Lucil. 595 – um 123 – gemeint). Cic. Brut. 108 rühmt seine Fülle des Ausdrucks und rechnet ihn (z. B. de or. 1,212) zusammen mit P. Mucius Scaevola und M. Iunius → Brutus (5) zu den Begründern der röm. Rechtswissenschaft. M. hat auch jurist. Schriften, *monumenta* (angebl. Gesetze des Numa) und *actiones* (Verkaufsformulare) hinterlassen, Varro rust. 2,5,11. Dig. 1,2,2,39 u. a. SCHANZ-HOS. 1,238 f. W. KUNKEL Herkunft ... d. röm. Juristen, 1952,11 f. **4.** P. M., Consul 120, vielleicht Sohn des P. M., der 167 mit einer Senatskommission nach Illyrien ging, und Neffe von Nr. 3. **5.** Sex. M. (nicht Manlius), 449 Kriegstribun und Führer eines der beiden Heere, die den Aventin besetzten. Liv. 3,51,10. Dion. Hal. 11,44, 2. Ältester bekannter Namensträger. **6.** T. M., Senator und Zeuge im Prozeß des Q. Roscius 76 v. Chr. Cic. Q. Rosc. 43 f. u. ö. **7.** M. Crispus wurde vor 61 von Pompeius verteidigt, Val. Max. 6,2,4. **8.** M. Tusculus wurde 48 bei einem Attentatsversuch auf Q. → Cassius Longinus (21) in Spanien verhaftet. Bell. Alex. 53,2. H. G. G.

II. Kaiserzeit. **1.** Senator der 1. Hälfte 3. Jh.; unter Caracalla betätigte er sich als Delator und wurde dafür *praefectus alimentorum*, Cass. Dio 78, 22,1. Macrinus verbannte ihn auf eine Insel, ebd. 78,21,2 f. **2.** Ti. M. Fuscus. Im J. 191 *legatus pro praetore Daciarum*, CIL XVI 142, STEIN Dazien 54. Praetor. Statthalter von Syria Phoenice im J. 194, AE 1930, 141, G. A. HARRER, AJA 36, 1932, 287 ff.; 195 oder 196 cos. suff. Ca. 203 *magister XVvirum sacris faciundis*, CIL VI 32326,6; er fungierte bei der Saecularfeier des J. 204, GROAG, WS 22, 1900, 145. Im J. 225 cos. ord. II, CIL VI 2107. 3001 u. a. Sein Sohn AE 1947, 178. R. H.

**3.** M. heißt nur in den jüngeren Hss. (auch noch mit starken Schwankungen) der Vf. des künstlerisch bedeutenden, zwischen 9 und 22 n. Chr. entstandenen und dem Kaiser Tiberius gewidmeten Lehrgedichtes Astronomica in 5 B. Es behandelt im 1. die Himmelskreise, die Sternbilder des N.- und S.-Himmels und der Ekliptik, die Milchstraße, die Kometen und ihre Bedeutung, im 2. die Tierkreiszeichen, ihre Konfigurationen und Schutzgottheiten, den Einfluß auf die unter ihnen Geborenen und die 12 Orte *(loca, templa)*; im 3. die 12 Lose *(sortes, athla)*, den Horoskopus und die Jahreszeiten; im 4. die Lehre von den Zodiakal-Dekanen und ihren Wirkungen und die astrolog. Geographie; im 5. die Paranatellonten und ihre Einflüsse. Ob M. noch die Planeten behandeln wollte, ist ungewiß. Quellen sind wohl Aratos, Poseidonios, Asklepiades von Myrlea, Nechepso-Petosiris. Benützt ist das Werk (ohne Namensnennung) in der Mathesis des → Firmicus Maternus. E. Bo.

Ausg.: *Housman* 1–4 (1903–1920). *Breiter* 1907/08. *van Wageningen* 1915.

Lit.: *van Wageningen*, RE XIV 1115 ff. *E. Bickel* Lehrb. Gesch. röm. Lit., 1953, 453 ff.

**4.** P. Manilius Vopiscus. Senator domitian. Z., dessen Villa am Anio bei Tivoli Stat. silv. 1,3 (publ. 93–94 n. Chr.) beschreibt; danach (vgl. auch praef. zu B. 1) galt M. als literar. Kenner und Mäzen, speziell als Gönner des Statius. Auch scheint er als Dichter in verschiedenen literar. Gattungen dilettiert zu haben (ebd. v. 22 f. 99 ff. 108). Sein Sohn war der Konsul von 114. P. L. Sch.

*Groag*, RE XIV 1142 f.

*Μανιόλαι νῆσοι.* Nur von Ptol. 7,2,31 N. genannte Gruppe von 10 Inseln der *ἐκτὸς Γάγγου Ἰνδική*, worunter Ptol. nicht nur das festländ. Vorderindien n. des Ganges, sondern die gesamte ind. Kontinentalmasse einschließlich Hinterindien bis zum Golf von Tonking nebst der anliegenden Inselwelt versteht. Die vor den *M. ν.* § 25 genannte *Χρυσῆ Χερρόνησος* (h. Malakka), vor allem aber die § 29 erwähnte → *Ἰαβαδίου νῆσος* (Java) und § 30 die *Σατύρων νῆσοι τρεῖς* (h. Anambas-Inseln) verweisen die *M. ν.* eindeutig in das w. Indonesien. H. T.

*Herrmann*, RE XIV 1145 f. Iro-Universal-Atl. 1962, 29.

**Manipulus.** Die Unterteilung der röm. Legion in M. erfolgte in der Frühzeit des Milizheeres, als es von der Phalanx- zur Manipularaufstellung überging. Der M., gegliedert in 2 → centuriae zu je 60–80 Mann, wurde die takt. Einheit der → legio, die nun aus insgesamt 30 solcher Einheiten bestand. Ihre Nummerierung reichte von 1–10, d. h. es gab je 10 M. → hastati, → principes, und → triarii. Der takt. Kommandant des M. war der in der Regel am r. Flügel stehende, rangältere → centurio. Jeder M. hatte einen signifer (→ Feldzeichen, → signa) und einen Bläser (→ cornicines). Mit der Ausbildung der Kohortentaktik wurden je 3 M. zu einer Kohorte zusammengefaßt, zu je einem der hastati, principes und triarii. Mit der Heeresreform des Kaisers Hadrian verschwand die Manipelordnung, und die Zenturie wurde zur takt. Einheit. A. N.

*Krom.-Veith* 264. 299. 308. 317 ff. 387. *D. Schenk*, Klio 13. Bh. (1930) 18 ff.

**Manius.** Lat. Personen- und Gentilname, der nach Varro l. l. (u. a.) 9,60 den am Morgen Geborenen bezeichnet, richtiger aber mit den *di manes* (Zos. 2,3,2) bzw. *manus* »gut« (SCHULZE Eigenn. 469. WALDE-HOF.[3] 2,25) und theophorem Bedeutungsgehalt verbunden wird, RE XVI 1656. Der weitverbreitete Namen (Sprichwort: *Multi Mani Ariciae*, Sklavennamen) tritt auch als Praenomen entgegen: *M'*., bes. bei den Aemiliern und Valeriern. **1.** Manios, war der Verfertiger der Fibula Praenestina, 6. Jh. v. Chr. DESSILS 8561. KAPPELMACHER-SCHUSTER Lit. d. Röm. 20, Abb. 19. **2.** C. M'., Quattuorvir in Tibur, DESS. 6230. **3.** M'., Vertrauter des M. Antonius nach 42 in Italien, trieb → Fulvia (32) in das bellum Perusinum und wurde 40 hingerichtet. App. civ. 5,54. 86–89. 112 f. u. ö. Epigramm des Octavian auf ihn bei Martial. 11,20,3–8. GARDTHAUSEN 1,196. 2,93. H. G. G.

**Manliana.** Stationen an der via Aemilia Scauri s.ö. Populonia (Tab.Peut. IV 2. Geogr. Rav. IV 32. V 2. Guid. 34.77. It. Anton. 292,4) und der Straße zwischen Siena und Chiusi (Tab. Peut. IV 4. Geogr. Rav. IV 36. Guid. 51. Ptol. 3,1,49); Namen nach Gutsbesitzer. G. R.

**Manlianus Saltus.** Als 180 v. Chr. der Proconsul Q. Fulvius Flaccus vom oberen Tajo zum Ebro marschierte, geriet er im M.S. in einen Hinterhalt der Keltiberer, erfocht aber einen verlustreichen Sieg (Liv. 40,39. 40. Font. Hisp. Ant. III, Barc. 1955, 217). AD. SCHULTEN identifiziert den Ort mit dem Puerto de Morata in der Sierra de Vicor. Er hieß wohl nach dem Praetor P. Manlius, der ihn 195 als erster passierte (Liv. 34, 19. Font. Hisp. Ant. III 189). R. G.

*Ad. Schulten* Numantia 1,155. 322. 328f. *Ders.*, Ib. Landesk. 1, Strasbourg/Kehl 1955, 166.

**Manlius.** Name eines röm. patriz. Geschlechts (griech. meist *Μάλλιος*), wahrscheinlich etr. Herkunft, SOMMER HB 227. In Hss. häufig mit Mallius und Manilius verwechselt. Im 5. Jh. traten die Familien Vulso und Capitolinus hervor. Die ersten 6 Jahrzehnte des 4. Jh. wurden später als heroische Blütezeit der Gens angesehen, repräsentiert durch M. M. Capitolinus Nr. 19 (trotz seines trag. Ausgangs und der späteren Ablehnung des Praenomens M.) und durch den Galliersieger T. M. Imperiosus Torquatus Nr. 23, ein *exemplum* röm. Strenge. Nach einer Phase des Niedergangs bis um 260 machten sich die jüngeren Vulsones und neu die Acidini im Rahmen der Nobilität einen Namen, starben aber im 2. Jh. aus, während die im 2. Pun. Krieg mit T. M. Torquatus Nr. 34 ausgezeichnet vertretene Hauptlinie sich bis ins 1. Jh. hielt. Mit dem Ausgang der Republik sind die patriz. Manlii erloschen (Nr. 31–33), nachdem der Name zuvor bereits auf pleb. Vertreter übergegangen war. Stammbäume: MÜNZER, RE XIV 1157f. (5. Jh.), 1166 (4. Jh.), 1178 (3. Jh.), 1182 (3.–1. Jh.). Mz.: SYD. Lex Manlia (357 v. Chr. vgl. u. Nr. 21): RE XII 2398.

I. Republikanische Zeit. **1.** M. Nach Plut. Flam. 2,1 tr. pl. (198 v. Chr.), doch Verwechslung mit → M'. Curius Nr. 2. **2.** A. M., Bruder des Capitolinus Nr. 19, Consulartribun 389, 385, 383, Einzelheiten (z. B. Liv. 6,2,8) sind spätere Zutaten. **3.** A. M., Legat des Marius, zeichnete sich 107 im Krieg gegen Iugurtha aus (Sall. 86,1. 90,2. 100,2) und führte 106 zusammen mit Sulla Verhandlungen mit → Bocchus. **4.** A. Manli(us) A. f. Q(uaestor), 81 v. Chr., ließ Münzen mit dem Reiterstandbild des Sulla prägen, GRUEBER Coins 2,463f. SYD. Wahrscheinlich mit dem Cognomen Torquatus und somit ident. mit dem Praetor vom J. 70 und Propraetor in Africa um 69 (s. Nr. 31), in dessen Umgebung Plancius war (Cic. Planc. 27), BROUGHTON Mag. 2,77. 127. 133. **5.** C. M., Centurio unter Sulla, dann nach Verschuldung Catilinarier. Im Herbst 63 hatte er im Raum Faesulae zahlreiche Anhänger zusammengezogen und begann am 27. Okt. den Aufruhr; im Nov. zusammen mit dem bei ihm eingetroffenen Catilina geächtet, fiel er im Jan. 62 bei Pistoria, Sall. Cat. 59,3. 60,5. **6.** Cn. M., Consul 480 (als erster seines Geschlechts), fiel in seiner Amtszeit gegen die Veienter (nach MÜNZER, RE XIV 1157 hatte er das Cognomen Vulso, während ein Teil der Überlieferung ihm den Beinamen Cincinnatus, der sonst nur bei den Quinctiern vorkommt, gibt, BROUGHTON Mag. 1,24). **7.** Cn. M., wurde 72 als Praetor von Spartacus geschlagen. **8.** L. M., mit Cato befreundeter Gutsbesitzer und Olivenzüchter. **9.** L. M., hatte als Quaestor 168 den Masgaba, Sohn Massinissas, in Puteoli zu empfangen, Liv. 45,13,12. **10.** L. M., 78 Statthalter in der Gallia Narbonensis, zog gegen Sertorius, wurde aber bei Ilerda von L. → Hirtuleius geschlagen, Caes. Gall. 3,20,1. Liv. epit. 90. **11.** P. M., 196 bis zu seinem frühzeitigen Tod (Seuche!) im J. 180 IIIvir epulo, vgl. MÜNZER Adelsp. 202f. BROUGHTON Mag. 1,338. Seine Ämterlaufbahn führte ihn vorwiegend nach Spanien: 195 als Praetor (Hispania citerior, zuletzt als Unterfeldherr des cos. Cato) und 194 als Propraetor (?, BROUGHTON). Möglicherweise wurde er 184 von Cato (Censor) aus dem Senat gestoßen, aber rasch rehabilitiert; denn 182 stand er erneut als Praetor und 181 mit prorogiertem Imperium in Spanien (jetzt in der Hispania ulterior) und hatte Erfolge, gründete vielleicht auch den Ort Manliana. Liv. 40,1,5.16,7. 18,6. **12.** Q. M., IIIvir capitalis 77, ließ sich von Oppianicus bestechen (Cic. Cluent. 38f.), von Cic. Verr. act. 1,30 im J. 70 viel günstiger beurteilt, Volkstribun 69 (BROUGHTON Mag. 2,132), starb vor 66. **13ff.** Manlii Acidini, traten bes. im 3. Jh. v. Chr. hervor, vgl. Cic. leg. agr. 2,64. **13.** M. Acidinus, 2 vornehme Jünglinge (L. und M.), die 171 den cos. P. Licinius Crassus gegen Perseus begleiteten, Liv. 42,49,9. **14.** L. M. Acidinus, 210 Praetor urbanus, 208 Gesandter nach Griechenland, sicherte 207 die umbr. Pässe gegen Hasdrubal und ging E. 206 mit procos. Imperium als Nachfolger des P. Scipio nach Spanien, wo er bis 199 geblieben ist. **15.** L. M. Acidinus Fulvianus, leiblicher Sohn des Q. → Fulvius Flaccus Nr. 17 und der Sulpicia, wurde infolge Adoption durch L. M. Acidinus Nr. 14 wohl als erster Plebeier zum Patrizier. Auch er wurde – als Praetor 188 – nach Spanien geschickt (Hisp. cit.), wo er 187–185 mit procos. Imperium blieb; nach seiner Rückkehr feierte er eine *ovatio de Celtiberis*, Liv. 39,29,4ff. 183 gehörte er zu einer Gesandtschaft an die Kelten und wurde in das Triumvirat zur Anlage der Colonie Aquileia gewählt (BROUGHTON Mag. 1,380), die 181 gegründet wurde (o. Bd. I 478); Inschr. für M.: CIL I² 621. Consul war er 179, zusammen mit seinem leiblichen Bruder Q. → Fulvius Flaccus Nr. 19, mit dem er in Ligurien stand, ohne jedoch bemerkenswerte Erfolge zu erzielen. Fast. Cap. **16ff.** Capitolini: Cognomen nach dem Wohnsitz. **16.** C. M. Capitolinus, Consulartribun 379, wurde von den Volskern geschlagen. **17.** L. M. Capitolinus, Consulartribun 422. **18.** M. M. Capitolinus (Vulso?), Consul oder Consulartribun 434. BROUGHTON Mag. 1,61. **19.** M. M. Capitolinus (T. f. A. n.), der berühmte Verteidiger des Capitols gegen die Kelten. Ausgezeichnet durch Tapferkeit und plebeierfreundliche Gesinnung wurde er 392 Consul zusammen mit L. Valerius Potitus, DEGR. I 13,30f. 386f. (Ludi magni, Erfolg gegen die Aequer). 390 (richtig 387) habe M. dann als erster die Gallier zurückgeschlagen, als diese bei einem Nachtangriff das Capitol bereits erklommen hatten und die Römer nur durch die Gänse der Iuno aufmerksam gemacht worden waren, Liv. 5,47,1–8. Diod. 14,116,6. Dion. Hal. 13,8,1f. Plut. Cam. 27,3–5. Zum J. 387 wird M. als Interrex genannt. Später wurde die Tradition über seine Verurteilung und Hinrichtung breit ausgeschmückt, u.a. durch seinen Gegensatz zu M. Furius → Camillus: 385 habe er (als Sozialreformer) die Alleinherrschaft erstrebt – für spätere Betrachter somit vergleichbar dem Sp. → Cassius und dem Sp. → Maelius – und sei 384 rechtskräftig verurteilt worden. Liv. 6,11f. 14ff. Hinfort sollte kein Patrizier mehr auf dem Capitol wohnen, das Praenomen M. wurde in der Gens gemieden. MOMMSEN RF 2,179ff. **20.** P. M. Capitolinus (A. f. A. n.), Consulartribun 379, mit Nr. 16, Dictator (suffectus, für Camillus) 368, wobei er erstmals einen Plebeier, C. Licinius (Calvus), zu seinem Reiteroberst ernannte. Als Mann des Ausgleichs war er sodann 367 nochmals Consulartribun. **21.** Cn. M. Capitolinus Imperiosus (L. f. A. n.), Consul I 359, II 357 (zum Problem: MÜNZER Adelsp. 24f.), Interrex 356 (doch suspekt), Censor 351 (mit dem pleb. C. Marcius Rutilus), magister equitum 345. **22.** L. M. (Capitolinus) Imperiosus (A. f. A. n.), der erste Dictator *clavi figendi causa* im J. 363, Fast. Cap. Liv. 7,3,4 (vgl. o. Bd. II 2f.). Ausgeschmückte Tradition über eine Anklage durch den tr. pl. M. Pomponius, vgl. RE XXI 2327 Nr. 8. **23 ff.** M. Torquati, Cognomen von dem Halsring *(torques)* eines Galliers, den Nr. 23 im Zweikampf besiegt hatte, Claud. Quadr. HRR $10^{b}$ Peter (Gell. 9,13,7ff.). **23.** T. M. Imperiosus Torquatus, Sohn von Nr. 22, der berühmteste Namensträger im 4. Jh., Tribunus militum 361, dann dreimal Dictator (353, 349, 320 – im einzelnen angezweifelt –) und dreimal Consul (347, 344, 340). Sein größter Erfolg war der Sieg im Latinerkrieg bei Trifanum (in der Nähe von Sinuessa wohl) im J. 340 und der anschließende Triumph. In der späteren Tradition sind 3 Anekdoten mit ihm verbunden: sein tapferes und erfolgreiches Eintreten für seinen Vater dem Volkstribunen Pomponius gegenüber, angeblich 363, sein Zweikampf mit dem Keltenführer – um 360 (mit verschiedenem Zeitansatz) – und schließlich die Hinrichtung seines siegreichen Sohnes T. M. im J. 340, weil dieser befehlswidrig den Feind bekämpft hatte (*exemplum* für das Recht des Imperiumträgers und die unerbittliche väterliche Strenge, Liv. 8,6f.). **24.** M. Lentinus, Legat des C. Pomptinus gegen die Allobroger 62–60. **25.** M. Malt(h)inus wurde 90 von Mithridates geschlagen. **26.** T. M. Mancinus, Volkstribun 107, verhalf dem Marius zum Oberbefehl gegen Iugurtha und griff dessen Vorgänger Q. → Metellus Numidicus heftig an. **27.** A. M. Sergia(nus?), Münzmeister um 100, BROUGHTON Mag. 2,444. **28.** (M.) Torquatus, Quaestor 43, übernahm nach dem Tod des cos. Vibius Pansa das Kommando über dessen Truppen und führte sie dem Dec. Brutus zu; auch ließ er den Arzt → Glykon Nr. 3 verhaften. **29.** M. Torquatus, Freund des Horaz, der epist. 1,5 und c. 4,7 an ihn richtet. **30.** A. M. Torquatus (A. f. T. n.), Praetor 167 (Unters. von Kapitalverbrechen), Consul 164 als Nachfolger seines Bruders Nr. 35. Wohl ident. mit dem Urkundszeugen im SC de Tiburt. um 159, DESS. ILS 19 und dem nach Plin. nat. 7,183 plötzlich verstorbenen Consular. **31.** A. M. Torquatus, Praetor um 70, Promagistrat (Propraetor?) 69 in Africa, säuberte als Legat des Pompeius im Seeräuberkrieg 67 den Raum um die Balear. Inseln, 54 von Cic. lobend erwähnt, 52 Untersuchungsrichter, 49 auf der Seite des Pompeius, kehrte wohl bis 44 nicht nach Rom zurück und wird sich nach der Schlacht bei Philippi 42 nach Samothrake gerettet haben. **32.** L. M. Torquatus (L. f.), um 108 – um 54, Freund des Atticus. Unter Sulla war er in Griechenland und dann in Italien als Proquaestor tätig, 68 (?) wurde er Praetor, übernahm 67 (?) mit procos. Imperium die Provinz Asia und gelangte 65 zum Consulat, zusammen mit L. → Aurelius Cotta Nr. 13 (Quellen u.a. bei BROUGHTON Mag. 2,157); 64 verwaltete er Macedonia und erhielt Anf. 63 den Titel Imperator, 58 trat er für Cicero ein. **33.** L. M. Torquatus, Sohn von Nr. 32, um 90–46, guter Bekannter Ciceros. 66 trat er zumindest als Nebenkläger in einem Ambitus-Verfahren gegen P. → Autronius Paetus (5) und P. Cornelius Sulla erfolgreich auf (Cic. Sulla 49f. 90; fin. 2,62), war um 65 IIIvir monetalis (BROUGHTON Mag. 2,445) und wurde XVvir sacr. fac. (bis zu seinem Tod), klagte 62 den Sulla erneut *de vi* an, nun aber erfolglos. Um 60 richtete Catull das Hochzeitsgedicht 61 wahrscheinlich an diesen M. Seit um 58 wird er dem Senat angehört haben, 49 war er Praetor, focht 48 bei Dyrrhachium gegen Caesar und gab sich 46 nach der Niederlage bei Thapsus selbst den Tod. Bei Cic. fin. 1 vertritt M. die epikur. Philos.; auch als Dichter dürfte er hervorgetreten sein, Plin. epist. 5,3,5. SCHANZ-HOS. 1,503. **34.** T. M. Torquatus (T. f. T. n.), erfolgreichster Namensträger in der 2. Hälfte des 3. Jh., Nachkomme von Nr. 23. Consul 235 (Befriedung Sardiniens, Triumph, Schließung des Ianus-Tempels – erstmals seit Romulus und letztmals vor Augustus, vgl. o.

Bd. II 1312), Censor 231, mit Q. Fulvius Flaccus Nr. 17 (doch mußten beide wegen eines Wahlfehlers abdanken), Consul II, wiederum mit Fulvius Flaccus, im J. 224 (Erfolge gegen die Gallier im Po-Gebiet). 216 opponierte er gegen den Rückkauf der bei Cannae gefangenen Römer (Liv. 22,60,1 charakterisiert ihn als Mann *priscae ac nimis durae . . . severitatis*) und gegen eine Senatsergänzung durch Latiner. 215 schlug er (wohl mit propraet. oder procos. Imperium) einen Aufstand in Sardinien nieder. Nachdem er – schon lange pontifex – 212 mit der Bewerbung um den Oberpontifikat keinen Erfolg hatte und 210 mit seiner Zustimmung (gegenüber Q. Fabius Maximus Cunctator) nicht zum Princeps senatus ernannt worden war, wurde er 208 Dictator zur Abhaltung der Wahlen und Durchführung von Spielen. † 202. **35.** T. M. Torquatus (A. f. T. n.), wohl Enkel von Nr. 34, Bruder von Nr. 30. Pontifex seit 170, Praetor um 170, Consul 165, Gesandter in den O. 162 mit Cn. Cornelius Merula. 140 verurteilte er, der Familientradition strenger Gerechtigkeit folgend, seinen von Iunius Silanus adoptierten Sohn wegen Amtsmißbrauchs in Macedonien, vgl. o. Bd. II 1556 Nr. 22. **36.** T. M. Torquatus (T. f.), Senator um 78, bewarb sich – wohl vor 60 – erfolglos um den Consulat. **37.** A. M. Torquatus Atticus (T. f. T. n.), Censor 247, Consul I 244, Consul II 241, wobei er den Falisker-Aufstand niederschlug und triumphierte. **38ff.** M. Vulsones, vgl. RE IX A 1305. **38.** A. M. Vulso (Cn. f. P. n.), der zweitälteste bekannte Namensträger. Consul 474, Xvir legibus scribundis 451. 474 soll er Veii zu einem 40jährigen Frieden gezwungen haben, Liv. 2,54,1, im J. 473 von → Genucius angeklagt worden sein. 454 wurde er mit Sp. Postumius und Ser. Sulpicius nach Griechenland zum Studium der dortigen Gesetze geschickt, Liv. 3,31,8. **39.** A. M. Vulso, 194–192 IIIvir zur Anlage der Colonie Copia, 189 wohl Praetor suffectus, 178 Consul, erlitt gegen die Histrer eine Niederlage, trat jedoch 177 mit seinem Kollegen M. Iunius Brutus erneut zum Angriff an, bis das Kommando von ihrem Nachfolger C. Claudius Pulcher übernommen wurde. **40.** Cn. M. Vulso (Cn. f. L. n., Bruder von Nr. 42 und Nr. 39). Als cur. Aedil 197 (zusammen mit P. Scipio Nasica) veranstaltete er prachtvolle Spiele, verwaltete als Praetor 195 Sicilien und wurde (nach erfolglosen Bewerbungen für 192 und 191) 189 Consul, zusammen mit M. Fulvius Nobilior Nr. 25. Er übernahm den Oberbefehl in Asien und führte einen erfolgreichen Feldzug gegen die kelt. Galater durch, Pol. 21,33–39. Liv. 38,12–27. 37–41. Nachdem er die → Tolistobogier und die → Tektosagen (sowie die → Trokmer) nahezu vernichtend geschlagen hatte, wurde ihm für 188 das Imperium prorogiert. Er beschwor den endgültigen Frieden mit Antiochos III. von Syrien und setzte dann, unterstützt durch eine Zehnerkommission des Senats, seine ganze Kraft für die Neuordnung Asiens



ein. Auf dem Rückmarsch erlitt er in Thrakien Verluste, feierte aber dann 187 einen ihm nicht ohne Widerspruch zugestandenen glänzenden Triumph. In der damit beginnenden Masseneinfuhr von asiat. Luxusartikeln sah man später den Anf. des allg. Sittenverfalls, Calp. Piso frg. 34 (= Plin. nat. 34,14). Aug. civ. 3,21. Bei der Bewerbung um die Censur 184 blieb M. erfolglos. **41.** L. M. Vulso, 218 Praetor (peregrinus), erlitt gegen die Boier w. von Mutina schwere Verluste; bei Cannae 216 gehörte er zu den Vermißten. **42.** L. M. Vulso, Praetor 197 (Sicilien), Legat seines Bruders Nr. 40 gegen die Galater 189, ging 188 als Gesandter u. a. zu Antiochos. **43.** L. M. Vulso, 149 Mitglied der Dreiergesandtschaft des Senats nach Bithynien. **44.** M. M. Vulso, Consulartribun 420, stand – wie auch schon seine Vorfahren – anscheinend in enger Beziehung zu den Furiern. **45.** P. M. Vulso verteidigte als Praetor 210 Sardinien (Olbia) gegen einen karthag. Überfall. **46.** L. M. Vulso Longus (A. f. P. n.), siegte als Consul 256 zusammen mit M. Atilius → Regulus bei Eknomos (S.-Küste Siciliens) über die karthag. Flotte – eine der größten Seeschlachten des Alt., Pol. 1,25,5–28,14. Beide Consuln führten sodann die Invasion in N.-Africa durch; M. wurde im Herbst zurückberufen und feierte einen *triumphus navalis*, während Regulus in Africa seiner Katastrophe entgegenging. Consul II war er 250 mit C. Atilius Regulus; beide belagerten mit großem Aufwand, aber ergebnislos, Lilybaion an der W.-Spitze Siciliens, Pol. 1,41 f. H. G. G.

II. Kaiserzeit. **1.** M., verführte die mit Augustus verwandte Appuleia Varilla; im J. 17 aus Italien und Afrika verbannt, Tac. ann. 2,50,3. **2.** L. M. Patruinus. Senator im J. 70 n. Chr., der in der colonia Seniensis insultiert worden war, Tac. hist. 4,45,1; im J. 75 war er cos. suff., tav. cer. Herculan., V. Arangio-Ruiz, Par. Pass. 8, 1948, 135. G. Pugliese Carratelli, ebd. 168ff. **3.** M. Sura. Sachwalter z. Z. des Claudius, Quintil. inst. or. 6,3,54; 11,3,126. **4.** C. M. Valens. (so richtig Cass. Dio 67, 14,5). * ca. 6/7 n. Chr. (Dio a. O.). Vor 50 Praetor, da er 51/52 Legionslegat in Britannien war; doch erlitt er eine Niederlage durch die Siluren, Tac. ann. 12,40,1, was der Karriere des M. schadete. Noch im J. 69 war er Legat der leg. I Italica in Lugdunum; er führte sie Vitellius bzw. dem Fabius Valens zu; doch auf dessen Veranlassung enthob ihn Vitellius des Postens, Tac. hist. 1,64,3 f. Unter den Flaviern trat er nicht hervor, bis Domitian den 90jähr. zum cos. ord. 96 machte, Inscr. It. XIII 1, p. 195. CIL VI 17707 u. a. Er starb wohl im Konsulat, Dio 67,14,5. **5.** Manlia Scantilla. Gattin des Didius Iulianus, Herodian. 2,6,7. Zos. 1,7,2; Augusta unmittelbar nach dem 28. März 193, Cohen III$^{2}$ 401 f. RIC IV 1, p. 16. 18 tav. a, 16–17. Nach dem 2. Juni 193 bestattete sie den Leichnam ihres Gatten; den Augustatitel mußten sie und ihre Tochter Didia Clara ablegen, SHA vit. Did. 8,9 f. R. H.

*M. Floriani Squarciapino*, Enc. art. ant. 7, 1966, 87f. *J. Marcadé–L. Pressouyre*, Gallia 17, 1959, 63–78.

**Mannus** (mannulus). Kleinpferd, Pony, nach Porph. Hor. epod. 4,14. Veg. mul. 3,2,2 u. a. auch *buricus* genannt. Namen (WALDE-HOF.$^3$ 2,29) und Sache sind gall. Herkunft; das Tier ist den Griechen unbekannt, in Rom seit dem 1. Jh. v. Chr. belegt, und zwar als Luxusbesitz reicher Leute (Lucr. 3, 1063 ff. Plin. ep. 4,2,3. Hieron. ep. 66,8), bes. auch von Damen (Hor. c. 3,27,3f. Prop. 4,8,15ff. Ov. am. 2,16,49f.), die damit aufzufallen suchten. Das zierliche, flinke (Ov. a. O. Auson. cp. 8,7), temperamentvolle (Hieron a. O.) Tier eignete sich trefflich für leichte, bes. zweirädrige Personengespanne (»Gig«, *parva esseda, carpentum, covinnus*, s. Martial. 12,24,8; vgl. auch BLÜMNER, PrAlt 416. 464), wurde aber auch als Reittier benutzt (Sen. ep. 87,9; Auson. a. O.). Medizin. Verwendung von M.-Mist gegen offene Wunden: Quint. Seren. 804f. W. R.

*Keller* Ant. Tierwelt 1,232. *Hehn* Kulturpflanzen$^8$ 54,593. *Schrader* Reallex. 623.

**Mansio.** Von der aus *manere* »bleiben« hergeleiteten urspr. Bedeutung »Aufenthalt« (Cic. Att. 9,5,3. fin. 3,60) hat sich m. über den »Aufenthaltsraum, das Gebäude« (Plin. nat. 18,194 *pecorum mansione*, CIL VI 2158 = DESSAU ILS 4944 *mansiones saliorum Palatinorum*) dahin entwickelt, den Halteplatz an den röm. Straßen zu bezeichnen, an dem man »bleiben« konnte (Dig. 50,4,18,10); in diesem Sinne begegnet m. im Itin. Burdig. neben *mutatio* (»Pferdewechsel«) und *civitas*. Schließlich bezeichnet m. auch die Strecke von einer Haltestelle zur anderen (Lact. mort. pers. 45 *mansionibus geminatis*) und die Zeit, die man dafür braucht, d. h. die Tagereise (CIL V 2108 = DESSAU ILS 8453 *mansiones L* = 50 Tage; vgl. HA v. Alex. Sev. 48,4). »*M.* und *mutatio* im Sinne von Absteig- und Umspannquartier hängen so innig mit der Gesch. der ant. (bes. röm.) Straßen zusammen, daß die ganze überreiche Lit. über den ant. und frühmittelalterlichen Reiseverkehr hier heranzuziehen ist« (KUBITSCHEK, RE XIV 1249). G. R.

**Mantēle** (*mantelium, mantellum*, χειρόμακτρον). Ein rechteckiges Stück Tuch aus Leinen oder zottigen Stoffen mit glattem Abschluß oder mit Fransen, welches als Opfergerät (Ov. fast. 4,933. OVERBECK Pompeji $^4$1884 Fig. 69), als Handtuch zum Trocknen der Hände (Athen. 9,410b), als Serviette zum Reinigen der Hände bei Mahlzeiten (Xen. Kyr. 1,3,5. Lukian, de merc. cond. 15), als Tischtuch (Martial. 12,29,12. 14,138. H. A. Heliog. 27,4) und als Kopfbedeckung (Sappho B. 5,2 App. Lobel. Hdt. 2,122?) verwendet wurde. Ähnlich in Aussehen und Funktion mit → *mappa*. S. O.

*Mau*, RE III 2223. *Dar.-Sagl.* 3,1579.

**Mantennius.** L. M. Sabinus. *Trib. coh. III pr(aetoriae)*, CIL XIV 2955. R. H.

**Manthurea** (*Μανθ(ο)υρέα*). Der s.w. Teil der ostarkad. Ebene, s.w. von Tegea, und Demos von Tegea, *Μανθυρεῖς*, mit einem nach Tegea verlegten Kult der Athena Hippia. Paus. 8,44,7. 45,1. 47,1. Steph. Byz. s. v. E. M.

*Bölte*, RE XIV 1255f.



**Mantias** (*Μαντίας*). **1.** Athen. Politiker und Rhetor, Sohn des Mantitheos aus Thorikos, war Tamias 377/76. IG II$^2$ 1604,10. 1609,61. 1622,d 4. Als Stratege 359 mit 3000 Hopliten und einer Flotte dem Prätendenten Argaios gegen Philipp II. zu Hilfe gesandt, blieb er in Methone und verschuldete die Niederlage des Argaios. Diod. 16,2,6. 3,5. † 357. Seine unerfreulichen Privat- und Eheverhältnisse schildern Demosth. 39 und 40. H. V.

**2.** M., Arzt im 2. Jh. v. Chr., Lehrer des → Herakleides von Tarent (23); war als Herophileer vor allem mit Pharmakologie befaßt. F. K.

**Mantica.** Ein über die Schulter zu hängender Sack zum Tragen von Gepäck in der Art, daß auf Rücken und Brust ein Teil des zu Tragenden hängt. (Hor. s. 1,6,106). Auch beim Reiten kann dieser Sack quer über die Kruppe des Pferdes gelegt werden. Aus Aisop. 229 ist für *πήρα* »Rucksack« bei Catull. 22,21 und Pers. 4,24 m. gebraucht. S. O.

*Hug*, RE XIV 1258. *Dar.-Sagl.* 3,1581 Fig. 4826.

**Mantik** (*μαντική, divinatio*), **Mantis** (*μάντις, vates, augur*), etym. wohl mit *μαίνεσθαι* (HOFMANN; CURTIUS Gr. Etym.$^4$ 312f.) verwandt, bedeutet urspr. das geistig Erregtsein, die durch außernatürliche Kräfte hervorgerufene Begeisterung (vgl. Eur. Bacch. 299f. Plat. Phaidr. 244 C).

I. Eingrenzung. II. Grundlagen. III. Natürliche M.: a) Ekstase. b) Traum. c) Orakel. d) Nekromantie. IV. Künstliche M.: a) Beobachtung lebloser Stoffe. b) Mechanische Mittel. c) Deutung von Prodigien. d) Auslegung von Opfervorgängen. V. Historische Wertung. VI. Literatur.

I. In der M. versucht der in seinem Wissen beschränkte Mensch in außerrationaler Weise an der Allwissenheit Gottes teilzunehmen, um Kenntnis der zukünftigen Ereignisse und Weisung für sein Handeln zu erlangen. Wissen und Wille Gottes werden als mit der Zukunft ident. betrachtet; Erkundung dieser Zukunft ist Empfang göttl. Offenbarung; die M. selbst Gottesgabe (Hom. Il. 1,72. Plat. Phaidr. 244 A; Tim. 71 E). Der Glaube an die M. ist auch für ant. Bewußtsein urspr. Volksgut (Cic. div. 1,2. Plut. mor. 574 E. Beispiele aus anderen Kulturen bei C. H. TOY Introduction to the Hist. of Religions, 1913, 406f.); myth. Erfinder der M. nennt Plin. nat. 7,203. Göttl. Wissen wird dem charismat. Menschen zuteil entweder direkt durch Inspiration oder mittelbar, indem er die Zeichen Gottes begreift und deutet. Die theoret. Scheidung in natürl. (intuitive) und künstl. (induktive) M. wird erst in der Stoa formuliert (Cic. div. 1,11. 2,26–27. Ps. Plut. Vita Hom. 212), ist aber schon früh bekannt gewesen (vgl. Hom. Od. 20,100f. Plat. Phaidr. 244 D). Zur natürl. M. gehören alle Arten der Inspirationsmantik: Ekstase, Traum, Orakeldivination. Die künstl. M. umfaßt die unzähligen Formen der

Vorhersage, die oft bei Anwendung bestimmter Technik auf *observatio* und *coniectura* (Cic. div. 1,34) beruhen.

II. Grundlage aller M. ist der Glaube an die Möglichkeit einer Verbindung zwischen Mensch und Gott. Dem homer. Menschen treten die Götter unmittelbar in Träumen oder durch Prodigien entgegen ([35]. [37], 163f.); später legt man Wert auf eine philos. Begründung dieses religiösen Phänomens; so vor allem in den beiden erhaltenen theoret. Schriften über ant. M.: bei Cic. div. und Iambl. de mysteriis B. 3. Die Sympathie des Alls ermöglicht durch den so gegebenen harmon. Zusammenhalt aller seiner Teile die Teilnahme an göttl. Wissen (Cic. div. 1,110; die Welt als ein ἓν ζῷον bei Diog. Laert. 7,143. 8,28. Plot. 4,4,32,13. Iambl. myst. 3,16. Zum stoischen Sympathiegedanken vgl. [31], 111f.; bezeugt ist er auch für Pythagoreer und Empedokleer bei S. Emp. math. 9,127; vgl. auch Phot. Bibl. cod. 248 p. 439 A 15). Durch diese Vorstellung wird es möglich, daß auch unbelebte Materien Zukunftswissen vermitteln (Iambl. myst. p. 233,7f. Prokl. im CMAG 6, 148f.; in Tim. 3,140,19f.). Solche mit göttl. Kraft erfüllten Ingredienzien (s.u. IV a,b) werden in den einzelnen Zweigen der künstl. M. verwendet. Als Mittler zwischen Göttern und Menschen treten auch Dämonen auf. Im Anschluß an Plat. symp. 202 E weisen Platoniker, Stoiker und Pythagoreer die M. den Dämonen als eigenen Wirkungsbereich zu; Cic. div. 1,64 *plenus aer ... inmortalium animorum, in quibus tamquam insignitae veritatis notae appareant*. (Vgl. auch Diog. Laert. 8,32. Apul. apol. 43, dazu [22], 178f. Plut. mor. 418 E. Pap. Par. 482 überbringt der ἀρχάγγελος des Mithras dessen Nachrichten an die Menschen; dazu Dieterich Mithrasliturgie 2,5.) Auch bei privater Divination werden Dämonen als Vermittler von Zukunftswissen herangezogen; sie können allerdings den Menschen auch täuschen (Iambl. myst. 3,18. 31. 4,7).

III. Die Formen der natürlichen M. beruhen alle auf göttl. Inspiration. a) In der → Ekstase (θεία μανία; *furor divinus*) löst sich der Geist von aller Körperlichkeit und wird von göttl. Pneuma erfüllt (vgl. [13], 56f.). Daher ist der Mensch in diesem Zustand über alle Formen diskursiven Denkens erhoben und gewinnt Einsicht auch in die Zukunft (Cic. div. 1,113. 129. Iambl. myst. 3,7–7, bes. p. 117,1f. im Anschluß an Plat. Phaidr. 244C). Solche Besessenheit (κατοκωχή) zeigt sich nach außen in Schmerzunempfindlichkeit (Iambl. myst. 3,4; auch Verg. Aen. 11,785f.) und Veränderung der Stimme (Plut. mor. 623B); vor allem spätant. Berichte schildern Lichterscheinungen der Götter bei solcher E. (Iambl. myst. 3,8. Prokl. in remp. 1, 110,27f. nach der Lehre der sog. chaldäischen Orakel). Die E. kann als urspr. Form religiöser Offenbarung jedem Menschen zuteil werden (vgl. Dieterich Kl. Schriften 319), engt sich aber in



späterer Entwicklung auf bes. begnadete Personen (z.B. den Mantis) ein. Die Äg. scheinen ekstat. Inspirationsmantik nicht gekannt zu haben ([20], 28), auch Homer erwähnt sie nicht, wenngleich Il. 1,86f. 385 prakt. eine Vorform der intuitiven M. darstellen: Der Seher kennt die Worte Gottes und spricht sie aus; durch ihn spricht der Gott (Cic. div. 1,66 *deus ... non Cassandra loquitur*). Heraklit und Demokrit kennen die ekstat. M. [14]. Platon erwähnt sie meist skeptisch (Apol. 22C. Men. 99C.); ausgehend von Plat. ep. 7,340C6 sehen die Neuplatoniker die E. als Erhebung zum Göttlichen, mit der sich dann als Folge auch das Zukunftswissen verbindet. (Plot. 4,6,8,1f. Porph. Vita Plot. 23.) Lit.: VIB und [2], 2 § 79f. 102. 280f. [8], 70f.

b) Träume: Da auch im Schlaf die Seele sich vom Körper trennt und auf sich selbst versammelt (Iambl. myst. 3,3), können auch Träume die Zukunft eröffnen (Belege bei Pease zu Cic. div. 1,63). Nach dieser Vorstellung haben vor allem Sterbende mant. Fähigkeiten: Hom. Il. 16,851. Plat. apol. 39 C. Poseid. bei Cic. div. 1,64. Bei Homer tragen die Träume einen Scheinleib (Il. 10,496), sind von Zeus gesandt (Il. 1,63) und teilen dem Träumenden meist einen Sachverhalt mit oder regen zu einer Handlung an; oft bedürfen sie auch des sachkundigen Traumdeuters (ὀνειροπόλος), fallen so also unter die kunstmäßige M. (vgl. [35]), Herodot stellt die Träume in ihrer mant. Bedeutung neben die Orakel ([40], 62f.); Sokrates ist von ihnen überzeugt (Plat. Krit. 44 AB; dazu Cic. div. 1,52). Die spätere Philos. mißt ihnen erhöhte Bedeutung zu: Chrysippos veranstaltete eine Sammlung von Träumen (Cic. div. 1,6. 39f.); Poseidonius entwickelte eine differenzierte Traumtheorie (bei Cic. div. 1,64); die neuplat. Begründung gab Porphyrios im Anschluß an Hom. Od. 19,562f. (bei Macr. somn. 1,3,18). Eine bes. Form der Traummantik stellt die Tempelincubation (ἐγκοίμησις) dar. Da man erkannt hatte, daß Träume oft nur psych. Reaktionen auf phys. oder geistige Vorgänge darstellen (so schon Plat. rep. 571 C f.) kannte gerade die Traumdivination eine Reihe von Vorschriften (Fasten, Keuschheit u.a.; vgl. Plin. nat. 10,98; Synes. de insomniis 11. Lit.: [11], 14f.); oft wurden solche Träume auch künstlich durch Narcotica herbeigeführt. Das Bestreben, dieser Art M. Gültigkeit zu bewahren, führte notwendig schon früh zur Unterscheidung zwischen wahren und falschen Tr., vgl. Hom. Od. 19, 560f. Verg. Aen. 6,894; zu Herodot s. [40], 61f. Iambl. myst. 3,2–3 unterscheidet menschl. (aus der Phantasie kommende) von göttl. (echten) Träumen. Artemid. 1,2 teilt die Tr. in theoremat. (eine Sache direkt ankündigende) und allegor. (mant.). Differenzierter ist die Unterscheidung bei Macr. somn. 1,3: er scheidet die drei eigentl. mant. Traumarten (ὄνειρος-*somnium*; ὅραμα-*visio*; χρηματισμός-*oraculum*) von zwei nicht divinator. Arten (*ἐνύπνιον-insomnium*; *φάντασμα-visum*; vgl. Chalc. § 250–260; Quellenanalyse bei Waszink, Mnem. 9, 1940, 65f.). Auch eine eigene Lit. zur Traumdeutung bildet sich aus, vgl. Artemid. B. 4. Literar. findet das Traummotiv häufig Verwendung bei Verg. (vgl. [36]), Heliodor und Apuleius. Lit.: VI B und [6], 3,166f.; [7], 36f.

c) Beim Orakel tritt meistens der Seher (μάντις) zwischen den Antwort suchenden Menschen und den offenbarenden Gott. Er erfährt ekstat. die Wahrheit (z.B. die Pythia in Delphi) und vermittelt sie als Werkzeug Gottes (Iambl. myst. 3, 11). Priester und Seher sind kaum zu scheiden (vgl. Eust. in Il. 1,63); sie stehen rel.-gesch. auf der Stufe der Schamanen ([8] 88,43). In einer vorwissenschaftl. Medizin ersetzen sie den Arzt (Apollo heißt bei Aristoph. Plut. 11 ἰατρὸς καὶ μάντις; vgl. auch Prokl. in Tim. 1,158,26; Damask. Vita Isid. § 120); daher später die Angriffe der wiss. Medizin (Hippokr. de morbo sacro 2–4). Seher können Tote erwecken (Emped. 31 B 111); sie sind in einer frühen Kultur zugleich Sänger (*vates* im CGIL). Beispiel der hohen Wertung des M. in früher Z. ist die Melampodie (dazu [19], bes. S. 12f. 60). Merkmal ihrer hervorgehobenen Stellung ist auch die Vererbbarkeit des Amtes. (Bedeutende Sehergeschlechter erwähnt Hopfner, RE XIV 1267; vgl. auch [19], 25f. und Marin. Vita Procli 28.) Dahinter steckt vielleicht die Vererbbarkeit der Disposition zur Ekstase in einzelnen Familien. (Lit.: Meuli, H 70, 1935, 121f. [8], 135f. [18]). Fasten, Wasser, Feuer oder Dämpfe werden von den Orakelpriestern bisweilen zu Hilfe genommen, um die Ekstase herbeizuführen (Cic. div. 1, 114). Selbst die spätant. Philos. hält solche theurg. Riten bei, versucht sie aber zu sublimieren durch den Hinweis, daß solche Zeremonien das Pneuma des Orakelpriesters nur vorbereiten für die Aufnahme des Gottes (vgl. Iambl. myst. 3,11; t.t. ἐπιτηδειότης, dazu [31], 253,1). Berühmt war das Orakel zu Klaros, wo die Priester vor der Weissagung ein bestimmtes Wasser tranken (Plin. nat. 2,103,232); in Delphoi, Delos, Hierapolis (Syrien) lagen die Orakelstätten in der Nähe von Quellen und Kratern, deren Dämpfe Einfluß gehabt haben werden. Eine aufschlußreiche Schilderung des Apollonorakels in Hierapolis (Phrygien) gibt aus eigenem Erlebnis Damask. Vita Isid. § 131 (ähnlich Paus. 9,39,5 über das Trophonios-Orakel in Lebadeia). Unterschiedlich wird die Entstehung der apoll. Inspirations-M. beurteilt. Gegen die von [4], 1,352–363 und [13], 2,59 begründete, auch h. noch vertretene These (vgl. [1], 1266), die ekstat. M. sei eine Begleiterscheinung der Übernahme dionys. Kulte, wenden sich mit guten Gründen K. Latte Harv. Theol. Rev. 33, 1940, 9 und [3], 2,569 (vgl. auch [16], 196): seltsam ist, daß in Delphoi in den Wintermonaten, wenn Dionysos anwesend war, keine Orakel erteilt wurden; auch sonst hat Dionysos in Griechenland außer dem



bei Paus. 10,33,11 erwähnten Amphikleia keine Orakelstätten gehabt. Die apoll. ekstat. M. kann selbst Überrest alter religiöser Formen sein. Lit.: VI B; [7], 41f.; [38]; zusammenfassend über die Wertung der Orakel durch die Philos. bei [29].

d) Nekromantie: Eine schon früh, bes. im Orient (Gilgameschepos) verbreitete Form der Inspirationsmantik stellt die Einholung des Totenorakels (νεκρομαντεία, νεκυομαντεία; oft durch einen ψυχαγωγός) dar; vgl. [2], 2,362f. Bei den Römern war die N. beliebter als bei den Griechen; sie hielt sich bis ins MA. Von den Totenseelen besitzen vor allem die mit Gewalt aus ihrer Leiblichkeit befreiten (βιαιοθάνατοι) Zukunftswissen. Daher legt man sich an Gräbern oder am Eingang zur Unterwelt (z.B. am Tainaron, Averner See) nieder, um nach Vollzug entsprechender Riten (Hom. Od. 10,517f. Max. Tyr. Diss. 14,2; vgl. auch Hippol. Ref. 4,41) von den Toten Aufschluß über eine Frage zu erhalten. Beispiele sind Hom. Od. 11. Hdt. 5,92,2. Verg. Aen. 6. Nach [2], 2,332f. läßt sich ein rein griech. Typ der N. von einem oriental. Mischtyp unterscheiden. Griech. sind Totenopfer aus Wein, Milch, Honig und Blut; oriental. ist der Gebrauch von Sympathiepuppen (Heliod. 6,14f.), bes. aber von Leichen oder Leichenteilen (der sog. οὐσία); dazu kommen oft Drohungen gegen den → νεκυδαίμων. In der oriental. Form der N. geht der Befragung offensichtl. eine Totenerweckung voraus (vgl. Apul. met. 2,28f.), während in der griech. Form der zu Befragende selbst erscheint. (Vgl. die Beschwörung des Dareios Aischyl. Pers. 623f.; vgl. seine ψυχαγωγοί frg. 273–278 N.²; für Eur. ist die Behandlung der N. aus frg. 912 kenntlich.) In der röm. Lit. findet sich das Motiv der N. häufig in der pathet. oriental. Form: Tib. 1,2,147. Prop. 4,1,106. Ov. met. 7,200 u.ö. Lucan. 6,590f. Sen. Oed. 530f. Dagegen stellt Sil. 13,372f. eine Beschwörung nach griech. Muster dar. Über die N. in den Zauberpapyri vgl. [2], 2,356f. 367f.; [22], 141f. Die Haltung der Philosophen zur N. ist unterschiedlich: Plat. leg. 909 B zählt sie zu den schwersten Verbrechen; Cic. div. 1,132 lehnt sie ab; Varro dagegen scheint an die N. geglaubt zu haben (bei Aug. civ. 7,35). Porph. de abst. 2,47 und Iambl. v.P. 139 erkennen sie an. Der Kaiser Konstantin trat der N. entschieden entgegen (Amm. 19,12); das hinderte die Christen nicht, den Namen des künftigen Herrschers durch Totenbefragung zu erforschen (Sokr. hist. eccl. 4,19). Lit.: [2], 2,328–376; H. Mende De animarum in poesi ep. et dram. ascensu, Diss. Bresl. 1913. S. Eitrem The Necromancy in the Persae of Aischylos: Symb. Osl. 6, 1928, 1f. H. D. Broadhead, Ausg. von Aisch. Pers. 1960, App. III, p. 302/09.

IV. Die künstliche M.: Während in der natürl. M. der Einzelne direkt in Verbindung zu göttl. Wesen tritt, erreicht die künstl. M. *(divinatio artificiosa)* Zukunftswissen durch Beobachtung einzelner Medien und Schlußfolgerungen aus deren Verhalten (vgl. Cic. div. 1,34; 2,26). Sie setzt meist die exakte Kenntnis bestimmter Techniken voraus, rückt so method. in die Nähe einer Wissenschaft. Das gilt bes. für die mant. Bedeutung der → Astrologie; aus einer exakten Naturwissenschaft wird sie ab 3. Jh. v. Chr. zunehmend zu einer Geheimwissenschaft, deren Hauptaufgabe die Stellung von Horoskopen ist. (Cumont$^4$ 1959, 148f.; umfassend [24]). Die Philos. weiß auch hier einen Ausweg: nach Cic. div. 1,29. Plot. II 3,1f. geben die Zeichen, welche der Mantis beobachtet, nicht die *causa* einer Entwicklung, sondern zeigen Bevorstehendes nur an. Entsprechend wird vom Seher nicht die Erklärung, sondern nur die Deutung der Phänomene erwartet. Die Zeichen selbst stammen aus allen Bereichen der Begegnung des Menschen mit seiner Umwelt; es gibt daher unzählige Arten induktiver M. Zu unterscheiden ist jedoch zwischen Zeichen, die von den Göttern gesandt werden *(signa oblativa)* und solchen, welche der Mensch erbittet oder herbeiführt *(signa impetrativa)*. Grundlage auch der induktiven M., die hier nur in wenigen Sonderformen erwähnt werden kann, ist die Vorstellung von der offenbarenden göttl. Kraft, die durch alle Elemente geht (Iambl. myst. 3,12).

a) Beobachtung lebloser Stoffe: Zur Wahrsagung werden benutzt Mehl (vor allem beim Opfern ἀλφιτομαντεία, ἀλευρομαντεία vgl. [2], 2,320); Wasser (ὑδρομαντεία vgl. [2], 2,288), das in eine Schüssel gegossen die Erscheinung göttl. Wesen bannen soll (λεκανομαντεία; sie ist eine oriental. Form der M.; Ber. bei Damask. Vita Isid. § 191, Hippol. Ref. 4,35. vgl. [2], 2,269); Weihrauch (λιβανομαντεία; Sen. Oed. 301f.; Ablehnung durch die Pythagoreer bei Diog. Laert. 8,20. vgl. [2], 2,539. [22], 132); einfacher Rauch (καπνομαντεία; vgl. Soph. Ant. 1005f.); beliebt war die Wahrsagung aus Steinen (λιθομαντεία; Damask. Vita Isid. frg. 6. § 203; theoret. Grundlegung bei Prokl. CMAG 6,149, 19f. Inst. Theol. § 145.)

b) Mechanische Mittel: Zur Wahrsagung dienten oft unter Zuhilfenahme techn. Tricks u.a. Spiegel (κατοπτρομαντεία; Paus. 7,21, 12; vgl. [2], 2,272; 25); Siebe (κοσκινομαντεία; Theokr. 3,31; Lukian. Alex. 9); Lose (κληρομαντεία → Losung); Lampen (λυχνομαντεία; Schilderung in den PGM 7,540f. vgl. [2], 2,214; [22], 161. Eitrem, Symb. Osl. 8, 1929, 49f.); Spindeln (σφενδυλομαντεία; Poll. 7,188. Amm. 29,1,28 mit ausführl. Beschreibung. vgl. [2], 2,309.). Anerkennung solcher Praktiken findet sich sogar bei Iambl. myst. 3,17 und Marin. Vita Procli 28.

c) Deutung von Prodigien: Die mant. Deutung außergewöhnlicher Phänomene *(prodigia, ostenta, portenta, monstra, miracula;* klare Abgrenzung kaum möglich vgl. Cic. div. 1,93; Varro bei Serv. Aen. 3,366) ist alt. Beobachtet werden bes. u.a. meteorolog. Erscheinungen (βροντομαντεία; νεφελομαντεία vergl. Damask. Vita Isid. § 69; 140); Mißgeburten bei Mensch und Tier; zufällige Laute (κληδονομαντεία); Stolpern; Zuckungen (παλμοσκοπία dazu Diels, Abh. Ak. Berl. 1907, 4. 1908, 4); Niesen (Cic. div. 2,84, vgl. Pease z. St.). Die mant. bedeutsamen Prodigien reichen vom Erhabenen bis zum Trivialen; benötigen fast immer den sachkundigen Seher zur rechten Deutung. Hierher gehört auch die Beobachtung des Vogelfluges (οἰωνοσκοπία); sie ist eine frühe (vgl. Hom. Il. 2,308f.) auch außerhalb Griechenlands geübte Form der M. gewesen (Cic. div. 1,92. Porph. de abst. 3,3); in Rom stellt sie eine bevorzugte Art offizieller Wahrsagung dar (→ Augures).

d) Auslegung von Opfervorgängen: Weit verbreitet im gesamten Mittelmeerraum ist die Opferschau (ἱεροσκοπία; *extispicium* erwähnt z. B. bei Aischyl. Hept. 230f. Ht. 6,112). Vor allem Leber, Galle, Milz, Herz, Lunge werden auf makellosen Zustand untersucht. Homer, der sonst keine Opferschau erwähnt, nennt (Il. 24,221) den θυοσκόος neben dem Mantis und dem Priester. Bei Etruskern und Römern entwickelte sich dieser Zweig der M. zu einer eigenen Disziplin mit festen Regeln. (Über die Bedeutung in Rom → Haruspices und Pease zu Cic. div. 1,16.) Der Hieroskopie liegt die alte, babylon. Vorstellung zugrunde, daß die Gestirnsgottheiten, die das Geschick lenken, in Zusammenhang stehen mit dem animal. Organismus und so eine Übereinstimmung zwischen Makro- und Mikrokosmos herrscht. Menschenopfer zur Hieroskopie erwähnt für Nichtgriechen Porph. de abst. 2,51; Knabenopfer zu diesem Zweck bezeugt in Rom Iuv. 6,548; vgl. auch Cic. Vatin. 14. Lit.: [2], 1,163. [7], 73f.; [26].

V. Historische Wertung: Die M. ist wahrscheinlich so alt wie religiöses Denken, das sich vom Willen einer göttl. Macht abhängig sieht. Man versucht diesen Willen im voraus zu erkunden oder sich seiner Zustimmung bei Handlungen zu versichern (so bes. in Rom). Kritik, die sich entweder auf die Grundlagen der M. oder auf ihre unzulängl. Formen richtet, taucht erst in philos. Z. auf. Platon lehnt die Formen der induktiven M. ab (apol. 22 C. rep. 364 B f.; Phaidr. 248 D steht der μαντικὸς βίος erst auf der 5. Stufe), der Inspiration als Form religiöser Erkenntnis hat er einen gewissen Raum zugestanden (Tim. 71 E; vgl. [8], 217f.). Kritik bei Eur. findet sich häufig (z. B. Hel. 744f., vgl. Radermacher, RhM 53, 1898, 497–510). Von den Späteren heben sich Epikur (Gnom. Vat. 24. Diog. Laert. 10,135) und Karneades (Cic. div. 1,12. 109) als deutl. Gegner ab; Panaitios' Stellung scheint zweifelnd gewesen zu sein (Cic. 1,7; dazu Pease). Cicero selbst steht der M. kritisch gegenüber (div. 1,58), bejaht sie nur im Staatsinteresse (leg. 2,13,32). Pythagoreer und Neuplatoniker sehen in der M. eine Möglichkeit religiöser

Erhebung; trotz des Bemühens sich von der trivialen M. zu scheiden (Damask. Vita Isid. frg. 213. 215; Kroll De Oraculis Chaldaicis, Bresl. 1894, 64), gelingt dies in der Praxis nicht. Den chr. Apologeten ist sie Blendwerk des Teufels (Orig. c. Cels. 2,51; zur Nachwirkung in chr. Z. s. Courcelle, RAC 2,1241 f.); der byz. Platonismus erkennt die M. dagegen an (Psell. Lit. VI D u. [2], 2,60 f.). Insgesamt bestimmte die M. das Leben des ant. Menschen viel stärker als dies unser heutiger Rationalismus begreifen kann, der sie in den Untergrund drängte. C. Z.

VI. Lit.:

A) Allgemein: 1. *Th. Hopfner*, RE XIV 1258–88. 2. *Ders*,. OZ I/II. 3. *Nilsson* GgrR 1,164 f. 2,229 f. 4. *Bouché-Leclerq* Hist. de la divination dans l'antiqu. 4 Bde., Par. 1879–1882. 5. *W. R. Halliday* Greek Divination, Lond. 1913. 6. *Friedländer-Wiss.* 3,157 ff. 7. *Ed. Stemplinger* Ant. Volksglaube, Stgt. 1948, 29–83. 8. *E. R. Dodds* The Greeks and the Irrational, Los Angeles 1951. 9. *R. Flacelière* Devins et Oracles Grecs, Par. 1961.

B) Natürliche M.: 10. *B. Bürhsenschüz* Traum u. Traumdeutung im Alterthume, Bln. 1868. 11. *L. Deubner* De incubatione, Lpz. 1900. 12. *J. Tambornino* De antiquorum daemonismo (RVV 7,3) Gießen 1909. 13. *Rohde* Psyche 2,38 ff. 14. *A. Delatte* Les conceptions de l'enthousiasme chez les philosophes présocratiques (AC 3, 1934, 1 ff.). 15. *S. Eitrem* Orakel und Mysterien am Ausgang d. Ant. (Albae Vigiliae 5), Zürich 1947. 16. *P. Amandry* La mantique Apollinienne à Delphes, Par. 1950. 17. *Parke-Wormell* The Delphic Oracle 2 Bde., Oxf. 1956. 18. *Ed. de Places* Extase dans la Grèce class. (Dict. de spiritualité 4, 1961, 2059 ff. 19. *I. Löffler* Die Melampodie (Beitr. z. Klass. Phil. 7), Meisenheim 1963 11–30. 20. *H. Klees* Die Eigenart d. griech. Glaubens an Orakel u. Seher (Tüb. Beitr. z. Altertumswiss. 43), Stgt. (o. J.) 1965.

C) Künstliche M.: 21. *L. Wülker* Die geschichtl. Entwicklung des Prodigienwesens bei den Römern, Diss. Lpz. 1903. 22. *A. Abt* Die Apologie d. Apuleius (RVV 4,2), Gießen 1908. 23. *K. Steinhauser* Der Prodigienglaube u. d. Prodigienwesen der Griechen, Diss. Tüb. 1911. 24. *Boll-Bezold-Gundel* Sternglaube u. Sterndeutung[4] Lpz. 1931. 25. *A. Delatte* La Catoptromancie Grecque et ses Dérivés, Par. 1932. 26. *S. Eitrem*, Symb. Osl. 18, 1938, 9 ff. 27. *R. Bloch* Les Prodiges dans l'antiquité class. Par. 1963.

D) M. in der Philosophie: 28. *C. Wachsmuth* Die Ansichten der Stoiker über Mantik u. Dämonen, Bln. 1860. 29. *F. Jaeger* De oraculis quid veteres philosophi iudicaverint, Diss. Rostock 1909. 30. *J. Bidez*, BAB 1919, 415/30. 31. *K. Reinhardt* Kosmos u. Sympathie, Münch. 1926, 214 ff. 32. *J. Bidez*, RBPh 7, 1928, 1477/81. 33. *S. Eitrem*, Symb. Ost 22, 1942, 49/79.

E) M. in der Lit.: 34. *R. Stählin* Das Motiv d. Mantik im ant. Drama (RVV 12,1), Gießen 1912. 35. *J. Hundt* Der Traumglaube bei Homer (Greifswalder Beitr. 9), Greifsw. 1935. 36. *H. R. Steiner* Der Traum in der Aeneis (Noctes Romanae 5), Bern 1952. 37. *H. Stockinger* Die Vorzeichen im hom. Epos, St. Ottilien 1959. 38. *J. Kirchberg* Die Funktion d. Orakel im Werke Herodots (Hypomnemata 11), Gött. 1965. 39. *B. Grassmann-Fischer* Die Prodigien in Vergils Aeneis (Stud. et Test. 3) Münch. 1966. 40. *P. Frisch* Die Träume bei Herodot (Beitr. z. Klass. Phil. 27), Meisenheim 1968.



**Mantiklos** (Μάντικλος). Stifter des ἱερόν des Ἡρακλῆς Μάντικλος in Messana, Paus. 4,23, 10. 26,3. Die Gestalt des M. mag erfunden sein, da sie der großenteils unhist. Überlieferung zum Aristomeneskrieg (ca. 500–489 [3]; vgl. [1]; dagegen: Bengtson GG[3] 80, 6; s. bes. [2]) entstammt, und da wohl eher der Heraklesbeiname als primär anzusehen ist (vgl. [1]). Paus. 4,21–23: Aristomenes bestimmt seinen Sohn Gorgos und den Sohn des Sehers Theoklos M. zu Führern der messen. Auswanderung nach → Hiras Fall; von → Anaxilaos (vgl. auch E. Manni Reggio e Messina nella prima metà del V secolo a. C., Klearchos 1, 1959, 61–75) von Rhegion gerufen, nehmen die Messenier an der Eroberung von Zankle (das in Messana umbenannt wird) teil, wo sie sich hernach ansiedeln. K. K.

1. *V. Ehrenberg*, RE XIV 1289 f. 2. *F. Jacoby* FGrH III a, [2]1954, 109–195 (bes. 169–181). 3. *F. Kiechle* Messen. Studien, 1959.

**Mantinea.** Ältere Namensform Μαντινέα, att. und danach lit. Μαντίνεια, Ethnikon Μαντινεῖς; der Stammesname ist primär, der Stadtname erst davon abgeleitet. Stadt im n. Teil der großen ostarkad. Hochebene etwa 12 km n. von Tripolis in 630 m Meereshöhe. Der Boden der großen Ebene von M. ist wie die ganze Hochebene fast völlig eben, zur Hauptsache aus Lehm bestehend und daher sehr fruchtbar, aber wegen der Höhenlage mit verhältnismäßig rauhem und niederschlagsreichem Klima, so daß die typ. mediterranen Gewächse nicht mehr gedeihen und auch der Baumwuchs h. recht spärlich ist. Die ganze Hochebene ist oberird. abflußlos und wird daher durch eine Reihe von Katavothren entwässert. Bes. der NW.-Teil der Ebene ist daher versumpft und steht im Winter h. z. T. unter Wasser. Die Ebene von M., etwa 13 km lang und 4–7 km breit, liegt tiefer als der s. Teil der Hochebene mit Tegea und dem h. Tripolis, so daß das Wasser von dort in die Ebene von M. fließt. Im Alt. wurde der Versumpfung durch Abzugsgräben und Offenhalten der Katavothren entgegengewirkt. Der südlichste Teil der Ebene von M. war im Alt. durch einen großen Eichenwald, Pelagos, eingenommen, urspr. vielleicht Grenzwald gegen Tegea.

Die h. sichtbare Stadtanlage, fast genau im Mittelpunkt des Gebiets völlig eben gelegen, ist anscheinend die Gründung des J. 370 v. Chr. (s. u.), nach den Spuren lag die Stadt des 5. Jh. an der gleichen Stelle. Erhaltene oder ausgegrabene Reste außer der Stadtmauer spärlich und zumeist röm. Die gut erhaltene Stadtmauer in der Form einer Ellipse hat einen Umfang von 3942 m und 10 Tore und etwa 105 Türme. Nur Steinsockel von 4,20 m bis 4,70 m Dicke und 1 m bis 1,80 m Höhe mit Lehmziegeloberbau. Von den Bauten ist bes. das

Theater an der W.-Seite des etwa 85 : 150 m großen Marktes, zu nennen, die übrigen hier ausgegrabenen Bauten sind mit den von Pausanias genannten nicht sicher zu identifizieren.

Der urspr. Stammbund bestand aus 5 Demen, den natürlichen Unterteilen der Landschaft entsprechend, mit einem Mittelpunkt »Ptolis« auf einer Kalkkuppe etwa 3 km n. der späteren Stadt (Paus. 8,12,7). »Lieblich« wird M. bei Hom. Il. 2,607 genannt, dazu Eust. Um 550 v. Chr. beriefen die Kyrenaier → Demonax aus M. als ihren Gesetzgeber, Hdt. 4,161 f. Diod. 8,30,2. Athen. 4,154 de. → Herakleides Lem. (18) POxy. 1367 [9]. Bei den Thermopylen standen als spartan. Verbündete 500 Hopliten, Hdt. 7,202; da bei Plataiai zu spät gekommen, Hdt. 9,77, auf der Schlangensäule nicht genannt. Auch weiterhin auf seiten Spartas, Hdt. 9,35,2. Paus. 8,8,6. Thuk. 3,100–114. Xen. hell. 5,2,3. Nicht datierbar ein Sieg, für den M. eine Nike in Olympia weihte, Paus. 5,26,6, und die Beziehungen zu Skillus, Inschr. von Olympia 16 = SCHWYZER ex. epigr. 418,17 f. Der von Strab. 8,3,2 p. 337 ohne Zeitangabe berichtete Synoikismos aus 5 Demen gehört entweder ins 6. Jh. v. Chr. oder (weniger wahrscheinlich) in die Z. von 460–450 v. Chr., in den zwanziger J. des 5. Jh. Verfassungsreform des Nikodoros, Ail. var. 2,23, dazu DIEHL Anth. lyr. 2 S. 127 Nr. 2. 3. Sie war im allg. demokrat., Thuk. 5,29,1. Xen. hell. 5,2,6 f. Aristot. pol. 1318 b 23 ff. Dazu gehören wohl auch die bei Aristot. genannten Wahlmänner, dazu wohl IG V 2 Nr. 323 = SCHWYZER ex. epigr. 663. [3],1320, 21 ff. J. A. O. LARSEN, CPh 45, 1950, 180 ff. Die Mantineer galten als *εὐνομώτατοι*, Ail. var. 2,22, daher die Rolle der Diotima aus M. in Plat. symp. 201 D. 211 D. Mit der Reform hängt wohl auch die Ausdehnung der Oberherrschaft über die w. benachbarten Gebiete zusammen, die M. in Konflikt mit Sparta brachte, [3],1321,18 ff. Daher Anschluß an das Bündnis gegen Sparta 420 v. Chr., Thuk. 5,29. IG I² 86. 418 Krieg im Gebiet von M., und Friede, in dem M. die eroberten Gebiete herausgeben mußte, Thuk. 5,64–81. Xen. hell. 5,2,2. IG V 1,1124 (?) [11. 12]. Das Verhältnis zu Sparta blieb gespannt, weshalb Sparta 385 die Aufgabe der Stadt und die Rücksiedlung auf die Dörfer erzwang, zugleich mit einer Verfassungsänderung in aristokrat. Sinne, Xen. hell. 5,2,1–7. 6,4,18. Isokr. 4,126. 8,100. Diod. 15,5. 12. Plat. symp. 193 A.

Nach der spartan. Niederlage bei Leuktra konnte die Stadt 370 v. Chr. neu gegründet werden, Xen. hell. 6,5,3–5. 8 f. 10 ff. Paus. 8,8,10. [3], 1323 ff. Die Verfassung wurde wieder demokrat., Einteilung der Bürgerschaft in 5 nach Göttern benannte Phylen, IG V 2,271 = SCHWYZER ex. epigr. 662, neue Münzprägung [3],1324,66 ff. M. war nun unter Führung des Lykomedes Hauptverfechter der arkad. Einheit und damit wie in seiner ganzen Gesch. im Gegensatz zu Tegea, Xen. hell. 7,1,23 ff. 4,2 f. 4,33 ff. Diod. 15,59. 62 ff. 82,2 ff. Paus. 8,27,2.



Beim Zerfall des arkad. Bundes, der zur Schlacht von M. führte (362), schloß sich M. an Sparta an, Xen. hell. 7,5,1 ff. Diod. 15,82 ff. 303 erfolgreicher Widerstand gegen Demetrios Poliork., Plut. Demetr. 25,1.

Um 270 Bündnis mit Areus von Sparta, IG II² 687 = Syll. I³ 434,24. 38. Zu der sonst unbekannten Schlacht zwischen Sparta und dem achaischen Bund um 249 bei Paus. 8,10,5–10 und 27, 14 s. [3],1326,30 ff. RE III A 1427,33 ff. Weitere Schicksale unklar, um 230 Mitglied des achaischen Bundes, Pol. 2,57,1. Mz., dann Anschluß an den aitol. Bund, Pol. a. O. und 2,46,2. 229/28 bemächtigte sich Kleomenes III. von Sparta der Stadt, Pol. a. O., die aber schon 227 von Arat zurückerobert wurde, Plut. Arat. 36,2; Kleom. 5,1. Paus. 2,8,6. Pol. 2,57,2 ff. Die Stadt erhielt eine achaiische Besatzung, Pol. 2,57,3. Plut. Arat. 36,2. Schon 226 erfolgte ein neuer Umsturz zugunsten von Kleomenes, wobei die achaiischen Kolonisten ermordet wurden, Pol. 2,58,4 ff. Plut. Arat. 39,1; Kleom. 14,1. Das führte zur größten Katastrophe der Stadt, 223 eroberte Antigonos Doson M., dessen gesamte Bürgerschaft zur Vergeltung für die genannten Morde hingerichtet, nach Makedonien verschleppt oder in die Sklaverei verkauft wurde, Pol. 2,54,11 f. 58,12. 62,11 f. Plut. Arat. 45,4 f. Damit zerriß auch die geschichtliche Tradition der Stadt.

M. wurde dann unter dem neuen Namen Antigoneia neu besiedelt, Plut. Arat. 45,6. Paus. 8,8,11. IG V 2,299. Als solche war sie Mitglied des achaischen Bundes, doch erhielt sich der alte Name auch weiterhin im Gebrauch, z. B. BCH 45, 1921, 13 II 113. 207 Niederlage des Machanidas bei M. durch Philopoimen, Pol. 11,11 ff. Plut. Philop. 10. Teilnahme an der Schlacht von Aktion auf seiten des Octavian, Paus. 8,9,12. 9,6. Strab. 8,8,2 p. 388 nennt auch M. unter den Städten, die ganz verschwunden oder nur noch in Spuren zu erkennen seien. Das wird widerlegt durch Pausanias' Schilderung, die erhaltenen Reste und die bis ins 3. Jh. n. Chr. reichenden Inschr., darunter Ehreninschr. für L. Verus, IG V 2,303; s. bes. auch KAHRSTEDT Das wirtschaftliche Gesicht Griechenlands in der Kaiserzeit 132 ff. Hadrians Besuch 125 n. Chr. gab der Stadt außer sonstiger Förderung den alten Namen wieder, Paus. 8,8,12. 10,2. 11,8. Antinoos erhielt Tempel und Kult in M., Paus. 8,9,7 f. [3], 1333,41 ff., ebenso Hadrian, IG V 2,302, falls das nicht der gleiche Tempel ist. Es gab im 1. Jh. n. Chr. röm. Kaufleute in M., IG V 2, 307 und im J. 212 eine Synagoge, IG V 2,295. In der Severerzeit neue Münzprägung. Erwähnt ist M. noch bei Hierokl. synekd. 647,7 (*Μαντίνα*), in der späten Ortsliste IG IV 619,8 (*Μαντίνια*, so auch IG XIV 1102,35) und noch später in der Ortsliste etwa aus dem E. 7. Jh. bei DE BOOR, ZKG 12, 1891, 533 Z. 801 (*Μαθηνία*), dazu a. O. 14,573 ff. H. GELZER, Ztschr. für wiss. Theol. 35, 1892, 419 ff. 423. BEES Oriens christ. N. S. 4, 1915, 238 ff.). Beim Slaveneinfall floh ein Teil der Bevölkerung nach Messenien, wo s.ö. von Kalamata 2 Dörfer Mandinia heißen, während die Stelle der alten Stadt Goritsa oder Paliopolis hieß, Plethon *Διαγραφὴ ἁπάσης Πελοποννήσου* bei Stob. ed. Canter 1575,231 = Sch. Ptol. 3,16,19 N. DOMINICUS MARIUS NIGER Geographia, Basel 1557,339. A. BON Le Péloponnèse byz. 60. 61, A. 1. 85. Mehrere byz. Kirchenruinen beweisen Weiterbewohnung in dieser Zeit. Paus. 8,7,1–12,1, bes. cap. 9. Inschr.: IG V 2,261–342a. CIL III p. $2316^{37}$ Nr. $14203^{12}$. SEG 3,325. 11,1086–1099. 15,230f. 17,190. 19,326. SCHWYZER ex. epigr. 660–663. FR. HILLER VON GÄRTRINGEN Arkad. Forsch., APrAW 1911, 14ff. D. COMPARETTI, ASAA 1, 1914, 1ff. Mz.: HEAD $HN^2$ 418. 449f. Jb. für Numism. 8, 1957, 91. E. M.

1. *G. Fougères* M. et l'Arcadie orient. 1898. 2. *J. G. Frazer* Pausanias 4,201ff. 3. *Bölte*, RE XIV 1290ff. 4. IG V 2 p. 46ff. 5. *A. di Vita*, Enc. Arte Ant. 4, 1961, 818f. (mit Plan). 6. *Philipps.-Kirst.* 3,246ff. 252ff. 7. *Kirsten-Kraiker* Griechenlandkde.[5] 395ff. 8. *Chr. Callmer* Stud. z. Gesch. Arkadiens, Lund 1943, bes. 9f. 70ff. 91ff. 96ff. 106ff. 9. *A. A. J. Waisglass* Demonax, *βασιλεὺς Μαντινέων*, AJPh 77, 1956, 167ff. 10. *J. Kromayer* Ant. Schlachtfelder 1,27ff. 281ff. 4,207ff. 317ff. (mit Karten). 11. *W. J. Woodhouse* The campaign and battle of M. in 418 B.C., ABSA 22, 1916/18, 51ff. 12. *Ders.* King Agis of Sparta and his campaign in Arcadia in 418 B.C., 1933. 13. *A. W. Gomme* Thucydides and the battle of M., Essays in Greek hist. and lit., 1937, 132ff. 14. Für die nähere Umgebung mit berichtigter Karte s. auch *H. Lattermann*, AA 28, 1913, 395ff.

**Mantios** (*Μάντιος*). Sohn des berühmten Sehers → Melampus, Hom. Od. 15,241ff. Vater des Polypheides und des Kleitos, durch ersteren Großvater des Theoklymenos. Nach Paus. 6,17,6 Vater des → Oïkles, der in der Od. Sohn des Antiphates ist, und Stammvater der → Klyti(a)den. H. v. G.

**Mantitheos** (*Μαντίθεος*), Athener. **1.** *Βουλευτής*, 415 im Hermokopidenprozeß angeklagt, flieht *εἰς τοὺς πολεμίους* (And. 1,43f.). 411 mit Alkibiades Flucht aus Sardeis (Xen. hell. 1,1, 10); Aufenthalt am Hellespont; 409 mit einer athen. Gesandtschaft in Persien (a.O. 3,13); bei Alk.' Rückkehr nach Athen 408 *ἐπιμελητής* bei den Truppen am Hellespont (Diod. 13,68,2). **2.** M. hatte 395–394 als Hoplit gekämpft (Lys. 16,13–16), war hernach zum *βουλευτής* erlost und bei der → Dokimasia des *ἱππεύειν* z.Z. der 30 beschuldigt worden. M.' Verteidigung Lys. 16: M. war (vom Vater geschickt) ca. 405 bis zum Sturz der 30 am Pontos (c. 4). In dieser Z. verlor M. das Familienvermögen (und wohl auch den Vater) (c. 10). **3.** M., ehelicher Sohn des Mantias aus Thorikos (Sohnes eines M.), Kläger in 2 Reden des Demosth. gegen seinen Halbbruder Boiotos (= M. 4) in Namensschutz- (39) und Erbsachen (40). SCHÄFER Demosth. $3^1$,211ff. PA 9675. PHOURKIOTIS, *Δημοσθένους πρὸς Βοιωτόν*, 1962. **4.** Sohn des Mantias, von diesem Boiotos genannt, nannte sich aber M. (→ M. 3). M. 3 und 4 gemeinsam IG $II^2$ 1622, 435. K. K.

**Manto** (*Μαντώ*). Tochter des theban. Sehers → Teiresias; ihre Mutter wird nirgends genannt. Ihre Schwester ist → Historis. M. ist Begleiterin und Helferin ihres blinden Vaters, Eur. Phoen. 834ff. Stat. Theb. Als »wahrsagende apollin. Jungfrau« trägt sie auch den Namen Daphne, Diod. 4,66. Ihr steinerner Sitz im Pronaos des theban. Ismenion hat kult. Bedeutung, Paus. 9,10,3. Die Epigonen weihen sie mit dem Zehnten der Beute dem delph. Apollon, Apollod. 3,85. Sch. Apoll. Rhod. 1,308. Paus. 9,33,2. In der Wahrsagekunst gefördert (Diod. a. O.), wird sie von Apollon nach Kleinasien geschickt, wo sie bei dem späteren Kolophon das Orakel des klar. Apollon gründet, Mela 1,88. M. heiratet hier den Kreter Rhakios und gebiert ihm → Mopsos, Paus. 7,3,1. Apollon selbst ist der Vater Apollod. epit. 6,3. Strab. 14, 675. – Abweichend erzählt Eur. im *Ἀλκμέων διὰ Κορίνθου*, der Muttermörder → Alkmaion, noch wahnsinnig, habe M. geheiratet und mit ihr → Amphilochos und → Teisiphone gezeugt, Apollod. 3,94. In dieser Version wird M. als schönstes Stück der Beute dem Führer der Epigonen zugesprochen. **2.** Weissagende Nymphe, vom Flußgott Tiberis Mutter der Ognus. Verg. Aen. 10, 198. H. v. G.

**Mantua.** Kleinstadt (Strab. 5,213. Ptol. 3,1,31: Cenomanen) der 10. Region (Plin. nat. 3,130; CIL V p. 406: *trib. Sabatina*) in den Minciosümpfen (Verg. ecl. 9,27ff.; georg. 2,198f. nennt Schwäne) an der Straße Verona–Hostilia (Tab. Peut. 4,4. Geogr. Rav. 4,30. Guid. 15), angeblich etr. Herkunft (Verg. Aen. 10,203. Plin.: *Tuscorum trans Padum sola reliqua;* Serv. Aen. 10,201: mit Venetern). Myth. Gründer: *Manto* (Isid. orig. 15,1,59) bzw. *Ocnus* (Verg. 198f. Serv.) bzw. *Tarchon* (Verr. Flacc. b. Sch. Veron. Aen. 10,200. Caecina ebd.; Serv. auct. 201: Thebaner, Etrusker, Gallier oder Sarsinaten aus Perusia). Herleitung des Namens (unsinnig Isid.: *quod manes tuetur*) aus dem Etr. (Caecina. Serv. auct.: nach *Mantus = Dis pater;* vgl. ALTHEIM Griech. Götter 8. OTTO, RhM 64, 452) unsicher neben cisalpinischen Flußnamen (M. = Mincius?) Addua, Padua, Verua-, Meduacus. (vgl. auch kelt. Mantala u. a). Röm. Bürgerkolonie seit 3. Jh. v. Chr. durch Liv. 24,10,7. Pol. 16,40,7 nicht nachweisbar (Catull. 17 geht nicht auf M.; so entfallen *colonia* und *pontes longi*). Verg. Aen. 10,202 durch ROSENBERG Staat der alten Italiker 129ff. erklärt (vgl. NORDEN Altgermanien 157ff. ALTHEIM Urspr. der Etrusker 9ff. PHILIPP, G 66, 1959, 115) Verluste durch Landanweisungen (Serv. auct. ecl. 9,7. 10. Vergil-Viten). Die Heimat Vergils gehörte zu M. (Grabepigr.: *M. me genuit*): Ov. am. 3,15,7. Martial. 1,61,2. 14. 195,2. Sil. 8,595 u. a. G. R.

*Forbiger* HB. der alt. Geogr. 3,406. *Nissen* It. Ldk. 2,202f. *Müller-Deecke-Pfiffig* Etrusker 1,131ff. *Miller* It. Rom. 286.

**Manturna,** altitalische Hochzeitsgöttin der Indigitamenta, nach Varro bei Aug. civ. 6,9 angerufen, damit die Braut bei dem Manne bleibe; wohl nicht zu trennen von → Mantus. K. Z.

*G. Radke* Die Götter Altitaliens 193.

**Mantus** war nach Serv. und sch. Veron. zu Verg. Aen. 10,200 der etr. Name des *Dis pater* und Gründer von → Mantua. Auf etr. Monumenten und Inschr. ist der Name nicht bezeugt. Der *mantrnsl* der Weihinschrift der Bronzestatuette aus Cortona CIE 447 ist wohl als Manturnus, männl. Gegenstück zu → Manturna, zu verstehen. K. Z.

*Fiesel*, RE XIV 1360f.

**Manubiae** (manibiae). Urspr. in der Schlacht gewonnene Beute *(manu habere)*, dann der Erlös aus dem Verkauf der Beute (Gell. 13,25), der dem Feldherrn zusteht und von ihm an Soldaten verteilt oder zu gemeinnützigen Zwecken verwendet (Tac. ann. 2,53) oder in die Staatskasse eingebracht werden kann. M. wird übertragen zum ungesetzlichen Gewinn (Cic. S. Rosc. 108) und in der Augurensprache zu Blitz- und Donnerschlag. S. O.

*Lammert*, RE XIV 1361. *Knapowski* Lex. d. A. W. 1846.

**Manumissio.** Sie ist das in verschiedenen Formen vorkommende Rechtsgeschäft zur Freilassung von Sklaven oder von fremden Hauskindern im → *mancipium* des Freilassenden (die Freilassung eigener Hauskinder geschieht durch → *emancipatio*).

I. Formen

1. *m. testamento* (Gai. 2,267): Im *t. per aes et libram* ordnet der Erblasser den Erwerb der Freiheit an *(liber esto)*. Die Freilassung erfolgt dann von selbst mit dem Erbfall; einer Freilassungshandlung bedarf es nicht. Patron des Freigelassenen wird der Verstorbene (daher »*libertus orcinus*«); praktisch besteht also keine Patronatsgewalt.

2. *m. vindicta:* Sie ist ein Unterfall der → *in iure cessio*, nämlich ein nachgeformter Freiheitsprozeß. Der Gewalthaber und der Freizulassende erscheinen vor einem Magistrat *cum imperio;* ein Dritter tritt als → *adsertor libertatis* auf und behauptet, indem er den Freizulassenden mit einer → *vindicta* (Stab) berührt, daß dieser bereits frei sei. In einem wirklichen Prozeß müßte der Gewalthaber dem widersprechen. Hier unterbleibt dieser Widerspruch aber, so daß der Magistrat die behauptete Freiheit durch *addictio* bestätigt. Diese Form verflacht im Laufe der Zeit; so wird etwa eine solche m. auch *in transitu* vollzogen (Gai. 1,20).

3. *m. censu:* Der Freizulassende meldet sich mit Erlaubnis seines Gewalthabers (Ausnahme: Gai. 1,140) zum *census*. Die m. ist vollendet, sobald er dort als freier Bürger eingetragen worden ist.

4. M. aufgrund eines *fideicommissum:* Seit der Anerkennung des → *fideicommissum* kann der Erblasser jedem, dem ein *fideicommissum* auferlegt werden kann, eine Freilassung aufgeben



(Gai. 2,263–266). Patron ist dann (im Gegensatz zu 1.) der Beschwerte. Die aufgegebene m. kann notfalls erzwungen werden.

5. Formlose Freilassungen, etwa vor Zeugen *(inter amicos)* oder durch einen Freibrief *(per epistulam)*, sind nach *ius civile* unwirksam. Doch werden sie allmählich vom Praetor insoweit anerkannt, als er dem Freilasser die *vindicatio in servitutem* abschneidet.

II. Wirkungen und Einschränkungen

Auch der nach *ius civile* wirksam Freigelassene steht einem Freigeborenen *(ingenuus)* nicht gleich. Vielmehr ist der Freigelassene *(libertus)* noch von den meisten staatsrechtlichen Befugnissen ausgeschlossen. Zivilrechtlich steht er unter dem → *patronatus* des *manumissor*. Ihm schuldet der *libertus* noch *obsequium*, *reverentia*, *honor* sowie die vor der m. versprochenen Dienste *(operae)*, deren Leistung mit einer *actio operarum* verlangt werden kann. Außerdem hat der Patron ein gesetzliches Erbrecht nach dem *libertus*, wenn dieser ohne Hauserben stirbt. Endlich steht dem Patron in bestimmten Fällen eine Vormundschaft zu. Eine Sonderstellung hat der unter einer (aufschiebenden) Bedingung Freigelassene *(statuliber)*: Er ist zwar vor Eintritt der Bedingung (meist Zahlung einer Geldsumme) noch nicht frei, hat aber eine rechtlich geschützte Anwartschaft auf die Freiheit.

In der späten Republik hatten die Freilassungen überhandgenommen; Grund dafür war vor allem Prahlsucht. Dem hat Augustus aus bevölkerungspolit. Motiven durch die *leges Fufia Caninia* und *Aelia Sentia* beikommen wollen: Beide Gesetze schränken Freilassungen ein, scheinen aber im ganzen wenig wirksam gewesen zu sein.

III. Die nachklassische Entwicklung

In der Nachklassik wird die m. vor allem unter dem Einfluß des Christentums begünstigt. So kommt seit Konstantin die *m. in sacrosanctis ecclesiis* hinzu: m. vor dem Bischof und der Christengemeinde (Cod. Theod. 4,7,1 = Cod. Iust. 1,13,2). Auch werden die Fälle der m. durch den Kaiser vermehrt. Die Freilassung chr. Sklaven wird bes. gefördert. Andererseits wird aber die Patronatsgewalt verstärkt. Konstantin verallgemeinert nach klass. Ansätzen das Recht, einen undankbaren oder unwürdigen *libertus* in die Sklaverei zurückzuholen *(revocari in servitutem)*. Dagegen verbessert Iustinian die Stellung der *liberti* vor allem in öffentlich-rechtlicher Hinsicht. D. M.

Umfangreiche Lit. zur m. bei *Max Kaser* Das röm. Privatrecht 1, 1955, 2, 1959 (Register).

**Manus. 1.** Personenname: Sklave aus Calavii (Campanien), der 210 seine Herren wegen Brandstiftung auf dem Forum anzeigte und deshalb die Freiheit erhielt, Liv. 26,27,7–9. H. G. G.

**2.** M. bedeutet neben → *mancipium* und → *potestas* ein Stück der Hausgewalt des → *pater familias*. Die 3 Begriffe sind zunächst nicht streng voneinander getrennt; sie überschneiden sich und sind daher weithin austauschbar. Im Laufe der Zeit bilden sich aber techn. Bedeutungen heraus. So stehen etwa in Gai. 1,49 ff. die 3 Begriffe abgegrenzt nebeneinander. Danach bedeutet m. die Gewalt des Ehemannes oder seines *pater familias* über die *uxor in manu*. M. ist also nicht die Ehegewalt schlechthin; sie ist nämlich keine notwendige Folge der Ehe, weil es seit alters auch die m.-freie Ehe gegeben hat. Vielmehr bedarf es zur Begründung der m. eines besonderen Aktes *(conventio in manum)* neben der Eheschließung.

I. Begründung der m.

1. Durch → *coemptio* (Gai. 1,113 ff.). Sie ist ein Sonderfall der → *mancipatio* und geht wohl auf einen Brautkauf zurück.

2. Durch → *confarreatio* (Gai. 1,112). Sie hat in der durch Überlieferung gedeckten Z. das vollste Ritual.

3. Durch → *usus* (Gai. 1,111). Diese Form der *conventio in manum* ist wohl ein Anwendungsfall der *usus-auctoritas*-Regel (XII T. 6,3): Die m. wird durch einjähriges Zusammenleben in gültiger Ehe ersessen. Danach hätte jede wirksame Ehe nach 1 J. zur m.-Ehe werden müssen. Wenn das verhindert werden sollte, mußte die Ehefrau vor Ablauf jedes Ehejahres 3 Nächte außerhalb des Hauses zubringen *(trinoctium)*; dadurch wurde der *usus* unterbrochen (XII T. 6,4). Der m.-Erwerb durch *usus* und das *trinoctium* sind aber in der Zeit zwischen Cicero und Gaius außer Übung gekommen und teils auch durch Gesetze abgeschafft worden (Gai. 1,111).

II. Wirkungen der m.

Die m. ist urspr. Vollgewalt. Sie reicht bis zum *ius vitae necisque*. Doch wird dessen Ausübung bald durch das Sakralrecht und den Zensor in enge Schranken verwiesen. Wichtiger bleiben daher die privatrechtlichen Wirkungen der m.: Die Ehefrau tritt in die Mannesfamilie ein; also in die Familie ihres Ehemannes, wenn dieser selbst *pater familias* ist, sonst in die Familie seines Gewalthabers. Die Ehefrau *in manu* steht dort *filiae loco*. Sie erlangt also ein gesetzliches Erbrecht wie eine Tochter ihres Ehemannes. War die Frau vor der *conventio in manum sui iuris*, so verliert sie ihre Rechtsfähigkeit; ihr Vermögen geht auf den Ehemann oder dessen Gewalthaber über. Ihre Schulden mit Ausnahme von Erbschaftsschulden erlöschen, Gai. 3,84, doch gewährt der Praetor dem Gläubiger eine *actio utilis*, Gai. 4,38. Was die Ehefrau nach der *conventio in manum* erwirbt, erwirbt sie ihrem neuen Gewalthaber. Bei der durch *confarreatio* begründeten m. treten allerdings in klass. Z. diese privatrechtlichen Wirkungen nicht mehr ein, Gai. 1,136; hier bleibt im wesentlichen der Eintritt in die *sacra* der Mannesfamilie.

III. Aufhebung der m. → *divortium*.

IV. Weitere Entwicklung

Am Beginn des Prinzipats scheint die *manus*-Ehe noch häufig gewesen zu sein. Dafür spricht auch, daß die *coemptio* noch durch die *lex Iulia de adulteriis* modernisiert worden ist: Die *coemptio* geht jetzt nicht mehr vom Gewalthaber der Braut aus, sondern von dieser selbst mit *auctoritas patris* (vgl. Pap. coll. leg. mos. et rom. 4,7,1). Andererseits wird die *coemptio* z.Z. des Gaius auch *fiduciae causa* verwendet, nämlich zur Vermeidung der Geschlechtsvormundschaft (Gai. 1,115); sie kann nun also von der Ehe gelöst werden. Mit dem E. der Klassik scheint die *conventio in manum* ganz abzusterben; die Nachklassiker haben von ihr keine lebendige Vorstellung mehr. D. M.

Ältere Lit. RE XIV 1399; neuere: 1. *H.J. Wolff*, Tijdschr. voor Rechtsgesch. 16, 1939, 145 ff. 2. *Kaser* AJ 316 ff. 343 f. 3. *Ders.* Das röm. Privatr. 1, 1955, 68 ff. 276 ff. 282. 2, 1959, 108. 4. *J. Gaudemet* Arch. d'hist. de droit orient., Rev. internat. des droits de l'antiquité 2, 1953, 323 ff.

**Manus ferrea** (*χεὶρ σιδηρᾶ*). Der Enterhaken findet sich bei den Griechen zuerst 425 v. Chr. auf syrakus. Schiffen (Thuk. 4,25,4). Bei den Römern ist die M. z. B. im Kriege gegen Antiochos 191 v. Chr. (Liv. 36,44) und bei Caes. civ. 1,57. 2,6 bezeugt. A. N.

**Manus iniectio.** Durch »Handanlegung« bemächtigt sich im altröm. Recht der Gläubiger seines Schuldners. Er leitet so die Personalvollstrekkung ein, die durch *legis actio per manus iniectionem* erfolgt. Vorher mag die m.i. ein Mittel privater Selbsthilfe gewesen sein, doch ist sie schon sehr früh unter gerichtliche Kontrolle gebracht worden: Die m.i. setzt voraus, daß zunächst die Haftung des Schuldners außer Streit gestellt und ziffernmäßig festgelegt ist. Dazu bedarf es in der Regel eines Urteils oder eines Anerkenntnisses vor dem Praetor *(confessio in iure)*. Daneben findet die m.i. statt gegen den *fur manifestus* und gegen den Schuldner aus bestimmten Formalgeschäften *(negotia per aes et libram*, wohl auch beim *nexum)*. Endlich ist der Anwendungsbereich der m.i. später durch Gesetze erweitert worden. Hier unterscheidet Gai. 4,22 f. zwischen der *m.i. pro iudicato* und der *m.i. pura:* Bei der ersten Form kann der Schuldner sich von der m.i. nicht selbst befreien. Nur ein Dritter, der *vindex*, kann die Hand des Gläubigers wegschlagen *(manum depellere)*. Hat der *vindex* die Haftung zu Unrecht bestritten, wird er dem Gläubiger selbst haftbar. Im Unterschied hierzu kann sich der Schuldner gegen die *m.i. pura* allein verteidigen. Später macht eine nicht datierbare lex Vallia die *m.i. pura* zur Normalform (Gai. 4,25). Mit dem Legisaktionenprozeß wird durch die leges Iuliae von 17 v. Chr. auch die m.i. abgeschafft. D. M.

1. *M. Kaser* Das röm. Privatr. 1, 1955. 2. *Ders.* Das röm. Zivilprozeßr., 1966 (beide Register und mit vielen weiteren Angaben).

**Maon** (hebr. *maʿôn* »Wohnung«, »Aufenthaltsort«). **1.** LXX *Μααν*, *Μαων*, Eus. onom. 130,12 *Μαων*; Stadt auf dem s. jud. Gebirge (1. Sam. 23, 24 f.; 25,1 f.; Eus. onom. 130,12), unter Josia vielleicht Vorort eines Gaues (vgl. Jos. 15,55), h. *tell maʿīn* 13,5 km s. → Hebron. **2.** *Μαων*, Eus. onom. 134,16 (*χώρα Μωάβ*) = *bêt bǎʿǎl meʿôn* Ios. 13. 17 (LXX *οἶκος Βεελμών*); Meša-Inschr. 30, = *bǎʿǎl meʿôn* Num. 32,38 (*Βεελμεών* Eus. onom. 44,21); Ez. 25,9. 1. Chr. 5,8 (LXX *Βεελμαών*); Meša-Inschr. 9, = *bêt meʿôn* Jer. 48,23 (LXX [31, 23] *οἶκος Μαών*) = *beʿôn* Num. 32,3 (vgl. 38; LXX, Eus. onom. 44,14 *Βαιάν* [nicht damit ident. *Βαιάν* 1. Makk. 5,4]), = *Μάγουζα* Ptol. 5,16,4; moabit. Stadt, seit vorstaatl. Z. bis ins 9. Jh. israelit. (vgl. Num. 32,37f.; Meša-Inschr. 10), um 850 v. Chr. von dem moabit. König Meša befestigt (Meša-Inschr. 9); z. Z. des Eus. *κώμη μεγίστη* unter dem Namen *Βεελμαους*, 9 m.p. (s.s.w.) von *'Εσβοῦς* (*ḥesbān*), das h. *maʿīn* ca. 8 km s.w. von *mādebā*. Ein Mosaik in *māʿīn* aus der Wende 6./7. Jh. zeigt u.a. Abbildungen von Kirchen in Palästina, darunter die des Ortes (Namensform: *Βελεμουνιη*); vgl. dazu R. DE VAUX, Rev. Bibl. 47, 1938, 227 bis 258. A. ALT, ZDPV 65, 1942, 68–76. 67, 1945, 93–101. E. Ku.

**Mapalia** bezeichnet seit Sall. Iug. 18,4 und Verg. georg. 3,340 die Strohhütten der Numider (Mosaik in Uthina, Mon. Piot, 1896); auch Eigenname mehrerer afrikan. Örtlichkeiten: 1. eines kaiserlichen Besitztums zwischen Hippo regius und Calama, Aug. ep. 66; 2. eines anderen Besitztums im Bagradastal: *fundus Villae Magnae Varianae sive Mappalia Siga* CIL VIII 25902; 3. einer *Dioecesis Mappaliensis*, Bezirk eines numid. Bistums, in den Akten des Konzils von Karthago vom J. 297 (MIGNE PL 67,193,c. 54). M. L.

**Mapharitis** (*Μαφαρῖτις*), nach dem Peripl. m. Erythr. 22 ein Land im Innern des s. Arabia Felix mit der Hauptstadt *Σαύη* (inschr. Śawwā$^{m}$) und dem Haupthafen → Muza, damals von einem Fürsten (*τύραννος*) namens *Χόλαιβος* regiert. Es ist das inschr. als M$^{c}$FRN (Ma$^{c}$āfirān, GLASER 1000 A, 3, vgl. N. RHODOKANAKIS Altsab. Texte I, SAWW ph.-h. Kl., 206, 2. Abh., 1927, 22), den arab. Geographen, insbes. Hamdānī, *Ǧazīra* ed. D. H. MÜLLER (= Übers. L. FORRER, AKM 27/3, 1942, Index) als al-Ma$^{c}$āfir bekannte Gebiet zwischen dem Wadi Naḫla und W. Ḥarāze. Unabhängig ist es wohl nur in sehr früher Zeit gewesen; denn Kariba'īl Watar II. (um 410 v. Chr.) verbrannte die Städte von M. und schlug das Land zum sabäischen Reiche. Wohl schon vor der Zeit des Ḥimyarenkönigs Yāsir$^{m}$ Yuhaṣdiq (um 75 n. Chr.?) war M. an Ḥimyar gefallen; als diese Vasallen des Hamdāniden Šā$^{c}$ir$^{m}$ Autar (um 180) geworden waren, gehörte M. zum Reich der Ḥabašat von Aksūm, ebenso noch während der Alleinherrschaft des Šammar Yuhar$^{c}$iš II. in Ḥimyar (um 200). Unter dem wohl unmittelbar auf ihn folgenden Kariba'īl (um 220) war M. wieder Teil des Ḥimyarenreiches, wohl nicht als Provinz, sondern als Vasallenland; denn nach Peripl. m. Erythr. 16. 31 verwaltete der *τύραννος* der *Μοφαρεῖτις* kraft überkommener Gerechtsame Teile des ḥimyar. Kolonialgebietes in O.-Afrika. Offenbar ident. mit M. sind die *Μαφορῖται*, die nach Ptol. 6,7,25 als Nachbarn der → Homeritae »oberhalb« der *Σαπφαρῖται* und *'Ραθῖναι* wohnten. A. D.

1. *J. Pirenne* Le Royaume Sud-Arabe de Qatabân et sa Datation, Löwen 1961, 164. 169. 172. 2. *H. v. Wissmann* Zur Gesch. und Landeskde. von Alt-S.-Arabien, SAWW, ph.-h. Kl. 246, 1964, 399–401.

**Mappa.** Ein meist rechteckiges Stück Tuch verschiedener Qualität und Größe – oft gleichbedeutend mit → *mantele* –, das verschiedenen Zwecken dienen kann. Verwendung als Tischtuch erst mit steigendem Luxus beim Essen. Die einfache m. wird zu einem kostbar gewirkten und verzierten Tischtuch, so daß am Hofe ein eigenes Amt *a mappa* (CIL VI² 8892) eingerichtet wird. In dieser Verwendung wird m. zum chr. Altartuch, das den Tisch des Herrn deckt (Abb. in JbAC 4, 1961 T. 1 und 2. [5],140). Weiter wird m. als Serviette gebraucht, die bei Gelagen vom Gastgeber gestellt (Martial. 8,59,7. Hor. s. 2,4,81) oder vom Gast mitgebracht werden kann (Martial. 12,29, 21), um Speisen und Geschenke darin mitzunehmen. M. ist ein beliebtes Geschenk bei den Saturnalien (Martial. 5,18,1). Seit Nero (Suet. Nero 22) wird mit der m., die der Spielleiter in die Arena wirft, das Zeichen zur Eröffnung der Spiele gegeben. ([3],62. Abb. [3], z. B. T. 2. 7. 17. HELBIG ⁴1966 Nr. 1491). Bei Zirkusspielen wird die m. auch zum Reizen der Kampftiere (Bären, Löwen) benutzt (Sen. de ira 3,30,1). Hierauf wohl anspielend eine Adressenangabe auf einem Halsband *mappa aurea in Aventino* ([4], I,3,170). Schließlich können Dokumente *(m. linteae)* und in der Schule gebrauchte Erdkarten *(m. mundi)* auf Tuch gezogen und als m. bezeichnet werden. S. O.

1. *Schuppe*, RE XIV 1413. 2. *Dar.-Sagl.* 3,1593. 3. *R. Delbrueck* Die Consulardiptychen und ihre verwandten Denkmäler, 1929. 4. *Jordan-Huelsen* Topogr. der Stadt Rom im Alt., 1907. 5. *A. Grabar* La peinture byz., 1953.

**Mara. 1.** (hebr. *marā*, LXX Ex. 15,23 = Eus. onom. 126,3 *Μερρα*; = die »bittere [Quelle]«, daher LXX Num. 33,8 *Πικρίαι*), Station der israel. Wüstenwanderung (Ex. 15,23ff.; mit ätiol. Erzählung); nicht sicher identifiziert. E. Ku.

**2.** M., *Μάρα μητρόπολις*, vulgo *Βάραβα*, (Ptol. 6,7,37), Stadt im Innern von Arabia Felix, auf Grund der Position bei Ptol. wohl trotz allen vorgebrachten Zweifeln mit der sabäischen Hauptstadt Mārib (→ Mariaba) gleichzusetzen. A. D.

**Marakanda** (*Μαράκανδα* oder *ἡ Μαρακάνδα*, h. Samarkand) in der fruchtbaren Ebene des Polytimetos- (h. Sarawschān) am Rande des iran. Hochlandes gelegen, alte Hauptstadt der Sogdiana (Arr. an. 3,30,6) mit 60 Stadien Umfang (Curt. 7,6,10), Umschlagplatz für den Handel nach N. und O. (Funde aus der T'ang-Zeit). Über frühe Geschicke der Stadt ist wenig bekannt, nach Eroberung durch Alexander d. Gr. 329 war sie für 2 J. Operationsbasis für die Unternehmen gegen die Transoxanier und mußte durch Alexander mindestens einmal zurückerobert werden; bei einem Gelage in ihrer Burg wurde → Kleitos ermordet. Hauptort der neuen Satrapie Sogdiana-Baktrien ist sie jedoch nicht gewesen. Später scheint sie ein wichtiger Ort des Euthydemos-Reiches gewesen zu sein, war aber wohl bereits 150 im Besitz der Yue tschi und schwindet aus dem ant. Gesichtskreis. Im 5. Jh. war sie Mittelpunkt eines sich bildenden Hephthalitenreiches; um die Mitte des 6. Jh. nahm der westtürk. Khan von ihr Besitz, 711 wurde sie durch Kutaiba ben Muslim endgültig der moslem. Herrschaft eingereiht. Zeugnisse für die Entwicklung der Stadt geben daher fast ausschließlich arab. Quellen (Dinawarî, Tabarî), doch sind Bodenfunde aus allen Zeitabschnitten in unmittelbarer Umgebung zahlreich. G. W.

Lit.: *H. Rawlinson* Bactria. History of a forgotten Empire, Lond. 1912. *H. Schaeder* Enzykl. d. Islam s. v. Samarkand; *R. Ghirschman* Les Chionites-Hephthalites, Paris 1948. *R. N. Frye* The History of Bactria, New York 1954. Über die Hephthalitenherrschaft Material bei *G. Moravczik* Byzantinoturcica² 1, Bln. 1958, 67ff., dazu *F. Altheim* Gesch. der Hunnen, bes. Bd. II 1960 pass. S. auch *E. Glaesser*, East and West 8, 1957, 90.

**Maranitai** (*Μαρανῖται*), arab. Stamm an der W.-Küste von Arabia Felix. Nach Agatharch. de m. Erythr. 88 (GGM I 177) bewohnten die M. einst den an das Palmetum (*Φοινικών*) angrenzenden Küstenstrich des Roten Meeres. Die Abwesenheit des Stammes zur Teilnahme an einem Opferfest im Palmetum benutzten die *Γαρινδανεῖς*, um die zurückgebliebenen M. umzubringen, die Heimkehrenden meuchlings zu ermorden sowie ihre Ländereien und Herden in Besitz zu nehmen. Die Wohnsitze der M. sind unbekannt. Es ist möglich, daß der Name mit der bei Plin. nat. 6,154 genannten Stadt Merme (alte Lesart: *Marane*) zusammenhängt, die an der Küste unweit Coralis (h. Ḥalī), also im Gebiet der → Kassanitai, zu suchen sein dürfte. A. D.

**Marathesion.** Stadt an der W.-Küste Kleinasiens s. von → Ephesos, zu dessen Gebiet gehörig, Skyl. 98. Strab. 14,639. Steph. Byz. s. v. (*πόλις Καρίας*). Plin. nat. 5,114; Mitglied des att. Seebundes seit 478/77, B. D. MERITT Athen. Trib. Lists 1,336f. 515. 2,80. 3,204. 307; in der Gegend von Skalanova gelegen. K. Z.

*J. Keil* JOEAI 11, 1908, Bbl. 136. 145–149.

**Marathon** (*Μαραθών*), Demos und Ort an der O.-Küste von Attika, Hauptort der att. Tetrapolis (M., Oinoe, Probalinthos, Trikorythos), auch Name des eponymen Heros, dargestellt auf dem Gemälde in der »Poikile« der Agora von Athen (Paus. 1,15,3). Der h. Ort Marathona ist nicht ident. mit dem ant.; diesen sucht man am O.-Hange des Agrieliki beim h. Vrana am SW.-Rande der Ebene (Spezialkarte FRAZER 2,432), hier myken. Mauern und Kuppelgrab des 14. Jh. mit Dromos, an dessen Eingang zwei Pferde bestattet waren (AA, 1953, 179. AJA 63, 1959, 280. Ergon 1958, 23ff.). Reste alter Besiedelungen über die Ebene verstreut, bedeutsam die neolith. und frühhellad. bei Nea Makri (Prakt. 1954, 114. MDAI(A) 71, 1956, 1ff.) und die Höhle am NO.-Hang eines Hügels bei → Oinoe (*ὄρος* und *σπήλαιον* nach Paus.), Verehrung des Pan gesichert durch Inschr.; es ist die von Paus. 1,32,6 ausführlich geschilderte Grotte, Papadimitriu fand sie wieder und die Angaben des Periegeten bestätigt: innen Gemächer, Wannen und Steine wie eine Ziegenherde (Ergon 1958, 15; 1961, 13, AJA 62, 1958, 321. Prakt. 1958, 14). Benutzung in neolith. Z. und wieder seit der Schlacht von 490 (rf. Vasen, Panstatuette) und seit der Ausbreitung des Pankultes in Attika; vgl. Weihung des Miltiades (Simonid. frg. 143) und des Kallimachos auf der Akropolis (HAMPE, A 15, 1939, 168). Die Reste von Mauern, Toren und Gräbern bei Nisi im NO. der Ebene wurden mit dem Besitz des Herodes Attikus, der in M. starb (s. o. Bd. II 1093) identifiziert (FRAZER 2,434), gesichert durch Inschr. funde. Die von Paus. 1,32,3 genannten Monumente – die Gräber für die Platäer und die Sklaven, die in der Schlacht gefallen waren, ferner das *μνῆμα* für Miltiades sowie das *τρόπαιον* – sind, außer dem *τύμβος*, kaum noch zu bestimmen. Der Grabhügel für die Gefallenen der Schlacht von M. liegt mitten in der Ebene, wohl dort, wo die Schlacht (Hdt. 6,107ff.; W. KENDRICK PRITCHETT, M. = Univ. Calif. Press 1960) sich entschied (KIRSTEN-KRAIKER, Griechenlandkde. 223), als die Athener vom Pentelikon herabstürmend die Flügel der Gegner umklammerten und sie in die Flucht schlugen. Der h. Soros genannte Hügel (vgl. Paus. 1,29,4) war 9 m hoch und trug Stelen mit den Namen der Gefallenen (Paus. 1,32, 3) nach Phylen geordnet. Die Ausgrabungen von STAIS (Delt. 1890, 65. MDAI(A) 18, 1893, 46) erwiesen die Identität des Soros mit dem *τύμβος*. Kulte von M. vor allem: Herakles, Dionysos. Apollon Delios, Pan s. o. WREDE RE XIV 1428. Heros Echetlaios Paus. 1,15,3. 32,5. Der Freundschaftsbund zwischen Theseus und Peirithoos wurde in der Ebene von M., wo Theseus auch den Stier erlegte, geschlossen, SOLDERS, Außeratt. Kulte 81. W. Z.

**Marathos. 1.** Stadt in Akarnanien, nur bei Steph. Byz. und Eustath. Dion. Per. 914 genannt und daher nicht lokalisierbar. E. M.

1. *Bölte*, RE XIV 1431. 2. *Philipps.-Kirst.* 2,396.

**2.** M., alte, bedeutende Stadt im n. Phoinikien s. Ant- → Arados, dem sie im J. 333/32 (Arr. an. 2,13,8. 14,1. 15,6. Curt. 4,1,6) wie auch 218 (Pol. 5, 68,7) unterstand. Um die Mitte 2. Jh. war M. unabhängig und konnte sich einer Überrumpelung durch die Aradier erwehren (Diod. 33,5f.). Nach Strab. 16,753 war M. zerstört und sein Land an

Siedler aus Arados aufgeteilt, doch muß die Stadt noch weiter existiert haben, da sie von Mela 1,67. Plin. nat. 5,78. 12,124. Ptol. 5,15,16 (zwischen Antarados und Mariamme). Dion. Per. 914 als bestehend erwähnt wird. Die zahlreichen Münzen (HEAD HN$^2$ 792f.) sind nicht gesch. verwertbar, weil die Ära ihrer Datierung (auf 33–375) nicht sicher bestimmbar ist. Die ausgedehnten Ruinen stammen größerenteils aus vorgriech. Z. K. Z.

*Renan* Mission de Phénicie, Paris 1864, 21f. 59–102. 841–850. *Dussaud* Topogr. histor. de la Syrie ant. et médiév., Paris 1927, 123ff. *Honigmann*, RE XIV 1431 bis 1435.

**Marathussa.** Eine der 3 → Klazomenai vorgelagerten Inseln, Thuk. 8,31,3. Plin. nat. 5,137. Steph. Byz. s.v.; wohl Aspronisi. K. Z.

**Marcella. 1.** Röm. Witwe, Mittelpunkt des Kreises von adeligen Damen um → Hieronymus in Rom, † 410/11. Hier. widmete ihr und Pammachius die Apologia adv. Rufinum (401) und den Daniel-komm. (407); in den Einl. der Komm. zum Galaterbrief und zu Ezech. gedenkt er ihrer. 19 seiner Briefe sind an sie gerichtet (23–29. 32. 34. 37. 38. 40–44. 46 im Namen von Paula und Eustochium. 59. 97). Im Brief 127 schrieb er ihr einen ausführlichen Nachruf. O. H.

**2.** s. Porphyrios

**Marcellianus** (Caelestius?). Sohn des Prätorianerpräfekten → Maximinus (2), durch dessen Einfluß er noch sehr jung *dux Valeriae* wurde. M. betrieb den von Valentinian I. befohlenen Festungsbau, lud 374 den Quadenkönig → Gabinius (2) zum Mahl und ließ ihn ermorden (Amm. 29,6, 5. Zos. 4,16). A. L.

**Marcellina.** Ältere Schwester des → Ambrosius von Mailand, legte 353 ihre Gelübde vor Bischof Liberius von Rom ab, stand später in regem Gedankenaustausch mit ihrem Bruder, † ca. 398 (Paulinus, vita Ambros. 3f. Ambros. ep. 20. 22,41). Ambrosius widmete ihr im J. 377 die Schrift *de virginibus*. A. L.

**Marcellinus. 1.** Cognomen (Sonderformen und Weiterbildungen: I. KAJANTO Soc. Scient. Fenn., Comm. Hum. Litt. 36, 1965, 113. 173), in republ. Z. bei der gens Aemilia (8–17) und Pinaria, DEGRASSI FCap. 146. H. G. G.

**2.** (Aurelius) M., war von ritterlicher Abstammung, STEIN Ritterstand 244, *vir perfectissimus*, Erbauer der Mauern von Verona im J. 265, CIL V 3329. Wohl ident. mit dem *praefectus Mesopotamiae* und *rector Orientis*, dem die Palmyrener im J. 273 vergeblich den Purpur antrugen, Zos. 1, 60,1, desgleichen mit dem cos. ord. 275 M., CIL VI 10060. **3.** M., Freund des Lucilius und Seneca, epist. 29. **4.** M., Freund Martials, 3,6, der im Sarmaterkrieg Domitians 93 kämpfte, 6,25. 7,80. 9,45. **5.** (Aefulanus) M., Adressat von Plin. epist. 5,16 und wohl auch von 8,23. **6.** Antonius M., *Praeses Lugdunensis primae* 313, Cod. Theod. 11,3,1; *praefectus praetorio* des Constans in Gallien 340, ebd. 11,12,1. 6,22,3; cos. ord. 341, CIL VI 108. 109; *praefectus praetorio* in Italien im J. 342, CIL III 12330. **7.** M., *Praeses Phoenices* 342, Cod. Iust. 2, 57,1. *Comes orientis* 349, Cod. Theod. 12,2,1. 15,1, 6. Er richtete mit anderen 351 über die Haeresie des Photius, Epiphan. haeres. 71,1. **8.** M., *Comes rerum privatarum* des Constans, Zos. 2,42,2, erhob gegen diesen den Magnentius am 18. Jan. 350 in Augustodunum zum Kaiser, Zos. 2,42,3. Epit. Caes. 41,22. Chron. min. 1,237,350 M. Er wurde dessen *magister officiorum*, zog gegen Nepotianus, den er nach der Eroberung Roms am 30. Juni 350 dort töten ließ, Zos. 2,43,4. Iulian. or. II 58 C (= 74, 7ff. H). M. fiel in der Schlacht bei Mursa 351, Iulian. or. II 57 D (= 73,10ff. H). E. STEIN Gesch. spätröm. Reich, 1,215ff. **9.** M. *Magister militum* des Magnentius, als Gesandter wurde er zu Constantius II. geschickt, der ihn gefangennehmen ließ, Petr. Patr. frg. 16 (= FHG IV 190a. b). Zon. 13,7 (= III p. 195 D). **10.** M. Aus Apamea, Liban. epist. 1165 (= XI 236,10 F.); an ihn sind mehrere Briefe des Libanius gerichtet. Der Sohn des M. war 360 dessen Schüler, epist. 135 (= X 134,9 F). R. H.

**11.** M., Antonius (DESSILS 6113. 8944), Vater der hl. Melania (Hier. Chron. 2390), 313 *praeses Lugdunensis I* (Cod. Theod. 11,3,1), 340/42 zuerst *praefectus praetorio per Gallias*, dann *praef. praet. Italiae* (Cod. Theod. 6,22,3. 11,12,1. DESSILS 8944). 341 war M. *consul ordinarius* (DESSILS 3991. 5696f.). **12.** M., gegen 350 *comes rerum privatarum* des Kaisers Constans, rief am 18. Jan. 350 Magnentius zum Kaiser aus (Chr. min. 1,237. Zos. 2,42). Als *magister officiorum* des Magnentius nahm er im Juni 350 Rom und ließ dort Nepotianus töten (Zos. 2,43). 351 fiel M. bei Mursa (Zos. 2,46f. Chr. min. 1,237. Iulian. or. 2,57f.). **13.** M., *magister militum* des Magnentius, nahm an einer Gesandtschaft an Constantius teil (Petr. Patr. frg. 16 = FHG 4,190).

**14.** M. verlor in dem Jahr 388 als Feldherr seines Bruders, des Usurpators Maximus, die Schlacht bei Poetovio gegen Theodosius I. (Pacatus, Paneg. 35). **15.** M., um 405 praeses der Cyrenaica, war nach Synesios (ep. 62) gerecht und schützte die Provinzialen vor Übergriffen des Militärs. **16.** M., Flavius, *tribunus et notarius*, wurde im J. 410 durch Honorius zur Schlichtung des Donatistenstreites nach Afrika entsandt (Cod. Theod. 16,5,51; MANSI 4,53,186; MIGNE PL 11, 1260. 1367). M. entschied 411 zugunsten der Katholiken (MANSI 4,18. 51ff. Cod. Theod. 15,5, 55). Der theolog. interessierte M. trat in Verbindung mit Augustinus, der ihm unter anderem sein Werk *de civitate dei* widmete (vgl. Aug. ep. 133f. 136. 138f. 143. 165. 190). 413 wurde M. in den Sturz des → Heraclianus verwickelt und hingerichtet (Augustin. ep. 151. Oros. 7,42,17). – E. L. GRASMÜCK Coercitio 1964. **17.** M., vornehmer Heide, brach im J. 454 mit Kaiser Valentinianus

III. und schuf sich eine unabhängige Herrschaft in Dalmatien (Suda). 457 suchte man M. in Gallien zum Kaiser zu erheben, doch ließ er sich dann von Maiorianus zur Unterstützung im Wandalenkrieg gewinnen (Prisc. frg. 29 = FHG 4,103). 461 kehrte er nach Dalmatien zurück, blieb dort unabhängig, im Einvernehmen mit → Leo I. Zum *magister utriusque militiae et patricius* erhoben, kam er 467 mit → Anthemius (2) nach dem W. Im Krieg gegen die Wandalen eroberte er 467 Sardinien (und Sizilien?). 468 wurde er (auf Betreiben → Ricimers?) ermordet (Prok. 3,6. Chr. min. 2,90. Damascius bei Phot. cod. 242 b. p. 342 = MIGNE PG 103,1274). A. L.

**18.** M. (*Μαρκελλῖνος*). Den Namen eines Marcellinus trägt im Cod. E (Pal. Heidelb. 252, s. XI) eine umfangreiche Vita des Thukydides (*M.ου ἐκ τῶν εἰς Θουκυδίδην σχολίων περὶ τοῦ βίου αὐτοῦ καὶ τῆς τοῦ λόγου ἰδέας*). Aus den einleitenden Sätzen geht hervor, daß der Vf. bzw. Redaktor zuvor Demosthenes behandelt hatte und daß die Biographie die Einleitung zu einer Erklärung des Thuk.- Textes bilden sollte (vgl. auch § 51). M. wird auch Sch. Xen. an. 2,6,29 als Vf. einer Thuk.-Vita angeführt (vgl. Suda s. *ἀπολαύω*); als Scholiasten kennt ihn Greg. Cor. De dial. Att. 34. Die Biogr., in der eine Reihe guter alter Quellen durch Vermittlung des → Didymos (1) verarbeitet ist, ist in Wahrheit eine unbeholfene und unausgeglichene, in Einzelheiten widersprüchliche Kontamination mehrerer biogr.-stilkrit. Abhandlungen. Abgesehen von der Einleitung (§ 1) heben sich mindestens 3 Abschnitte (2–44. 45–53. 54–58) deutlich ab. Jeder von ihnen bietet zunächst biogr. Angaben, auf die ein Stilurteil folgt. Das Material des letzten (56f.) geht mit größter Wahrscheinlichkeit auf → Caecilius (III 2) zurück (F. ZUCKER *ΑΝΗΘΟΠΟΙΗΤΟΣ*, SDAW 1952, Nr. 4,4ff.). Ältere Versuche, Teile der Vita → Zosimos von Askalon zuzuweisen, haben zu keinen gesicherten Ergebnissen geführt. Man hält es neuerdings für möglich, daß M., Redaktor der Vita und der Sch.-Slg., mit dem Hermogenes-Scholiasten (→ Nr. 19) ident. ist.

Ta.: Thukydides ed. *C. Hude* I, Lpz. 1898, 1ff. ed. O. *Luschnat* I, Lpz. [2]1960, 1ff.

Lit.: *Bux*, RE XIV 1450ff. *Gudeman*, RE II A 683ff. O. *Luschnat*, Philol. 98, 1954, 14ff., bes. 42ff. (dort weitere Lit.).

**19.** M., vielleicht ident. mit Nr. 18, Rhetor (5. Jh. n. Chr.?), Erklärer des → Hermogenes (9). Seine Erläuterungen zu der Schrift *Περὶ στάσεων* sind zusammen mit denen des → Sopatros und → Syrianos in einem Katenen-Komm. (WALZ Rhet. 4, 39ff.) überliefert. H. Gä.

*H. Rabe*, RhM 64, 1909, 578ff.

**20.** M., röm. Papst 295–304. Ihn verteidigte Aug. c. Petil. 2,92,208 (vgl. 202,125,22 P.) u.a. (CSEL 53 Ind. 334) nur formal gegen den von den Donatisten erhobenen Vorwurf, er habe in der diocletian. Verfolgung das Weihrauchopfer geleistet und die hl. Schriften ausgeliefert. Die hist. Bezeugung ist unsicher. O. H.

*E. Caspar* Gesch. des Papsttums 1 1930, 97–101. *A. Amore*, Antonianum 32, 1957, 411–426.

**21.** M., kaiserzeitlicher griech. Arzt unsicheren Datums (2. Jh. n. Chr.?); erhalten eine Pulsschrift (ed. H. SCHÖNE, Festschr. Philol. Vers. Basel 1907, 448–472), in der einige wichtige doxograph. Nachrichten (vor allem über → Herophilos) stehen. F. K.

**Marcelli theatrum.** Für den Bau eines ständigen Theaters im n. Teil des *forum holitorium* hatte bereits Caesar Gelände erworben, Augustus ließ es in den J. 17–13 (oder 11) v. Chr. erbauen und weihte es im Namen und zu Ehren seines im J. 23 v. Chr. gestorbenen Neffen → Marcellus (Claudius o. Bd. I, II 32). Der Travertinbau bestand aus drei Arkaden geschossen mit dor., ion. u. korinth. Halbsäulen und faßte 10000 bis 14000 Zuschauer. Der Verfall setzte gegen E. 4. Jh. n. Chr. ein; im MA. diente das Theater den Geschlechtern der Pierleoni, Salvati und Orsini als befestigte Wohnstätte; so ging das 3. Stockwerk des Zuschauerraums verloren. 1926 begann man, das Theater von späteren Anbauten zu befreien und die Arkaden des Untergeschosses freizulegen. 1932 waren die Arbeiten beendigt. Rud. G.

*Lugli* Centro 568ff. *Curtius-Nawrath* Das Ant. Rom. *E. Nash* Bildlex. 2,418–421, mit Lit.

**Marcellus. 1.** Cognomen (Deminutivum von Marcus) und Familienname in der Gens Claudia (o. Bd. I 1206f. Nr. 11–19. 1214 Nr. 32–35). I. KAJANTO, Soc. Scient. Fenn., Comm. Hum. Litt. 36, 1965, 39. 124. 129 u. ö. H. G. G.

**2.** M., *Procos. Africae* aus der Zeit des Kaisers Antoninus Pius, AE 1921, 38. 39. 1954, 215. IRT 304. THOMASSON Statth. Nordafr. 2,76f. **3.** M. Procurator von Iudaea 36/37, Ios. ant. 18,89. R. H.

**4.** M., aus Serdica, magister equitum per Gallias, sollte den Caesar Iulianus beaufsichtigen, wurde 357 durch Severus ersetzt. M. versuchte nun vergeblich, Iulianus bei Constantius II. der Illoyalität zu verdächtigen (Amm. 16,2.4.7f. 10,21. Eun. frg. 8,17 = FHG 4,16. 21). **5.** M., protector domesticus, Verwandter und Feldherr des Usurpators Procopius. Im Sommer 366 wurde M. in Chalkedon zum Kaiser ausgerufen, bald darauf jedoch in Thrakien gefangen und hingerichtet (Amm. 26, 10. Zos. 4,8). **6.** M., kämpfte 530 gegen die Perser bei Dara als Reiterführer und 533/34 gegen die Vandalen als Befehlshaber der Föderaten unter Belisar. 536 versagte er als dux Numidiae gegen den Aufrührer Stotzas (Prok. 1,13,21. 3,11,6. 4,3,4. 15,50). **7.** M., comes excubitorum, berief auf Befehl Iustinians im J. 540 Belisar aus Italien ab. 541 wirkte er beim Sturz des Kappadokers Iohannes mit. 548 deckte M. dem Kaiser die Verschwörung des Artabanes auf (Prok. 1,25,24. 7,32,22ff. 42ff.). **8.** M., Neffe Kaiser Iustinians, kämpfte 544 gegen die Perser und 562 als magister militum gegen die Hunnen (Prok. 2,28,2. Theophan. a. 6054 = 236, 24ff. de Boer). A. L.

**9.** M., röm. Papst 308–309 (?). Die Ber. über ihn sind unsicher. Er reorganisierte die röm. Kirche nach der diocletian. Verfolgung. Der liber Pontif. 1,164 D. schreibt ihm ohne hist. Gewähr die Einteilung der röm. Gemeinde in 25 tituli (Zahl für diese Z. falsch) unter je einem Presbyter zu.

*E.Caspar* Gesch. des Papsttums 1, 1930, 99–101. *E.H. Röttges*, Ztschr. f. kath. Theol. 78, 1956, 385–420. *A. Amore*, Antonianum 33, 1958, 57–75.

**10.** M., Bischof von Apameia am Orontes. Auf Grund des Religionsgesetzes des Theodosius I. vom J. 392 zerstörte er die heidn. Tempel. Darüber berichten Theodoret. 5,21,5–16 (zur Niederlegung des Zeustempels von Apameia angewandte Technik) und Soz. 7,15,12–15 (Tod des M. durch die sich für den Tempel von Aulon wehrenden Heiden). O. H.

**11.** M., Rhetor aus Pergamon, der nach Suda s. v. ein Buch *Ἀδριανὸς ἢ περὶ βασιλείας* schrieb. **12.** M. von Side, Arzt und Dichter z. Z. der Kaiser Hadrian und Antoninus Pius, die seine Bücher öffentlich aufstellen ließen (Anth. Pal. 7, 158). Er schrieb 42 B. *Ἰατρικά* in Hexametern, in denen er Tiere, Pflanzen und Steine und die aus ihnen gewonnenen Heilmittel aufzählte. Erhalten ist nur ein Frg. von 101 V. (über Fische und die von ihnen stammenden Heilmittel). Exzerpte und Paraphrasen einzelner Teile des Werkes finden sich bei verschiedenen späteren Medizinern. Ungeklärt ist noch, ob die inhaltlichen und sprachlichen Übereinstimmungen zwischen den *Ἰατρικά* und den Koiraniden des Hermes Trismegistos zu verstehen sind als Abhängigkeit M.' von den Koiraniden [1] oder umgekehrt [3] oder ob beide Werke HB.er als Vorlage haben ([2], vgl. [3]) und die bes. engen Querverbindungen zwischen ihnen auf Reminiszenzen der Koiraniden an das sehr bekannte Werk M.' beruhen [2]. Ein Zeichen für M.' Berühmtheit als Dichter ist es, daß Herodes Attikos ihn beauftragte, 2 größere Gedichte für 2 Tafeln auf seinem Triopion zu schreiben (ausführlicher Komm. zu diesen insgesamt 98 V. und kurze Bem. zum Stil der *Ἰατρικά* bei WILAMOWITZ Kl. Schr. 2,192ff.). O. Dr.

Frg. bei *E.Heitsch* Die griech. Dichterfrg. der röm. Kaiserzeit 2, Gött. 1964, 16–22. – 1. *M. Wellmann* M. von Side als Arzt und die Koiraniden des Hermes Trismegistos, Philol.-Suppl. 27, H. 2, 1934. 2. *E.Heitsch*, NAG 1963, 39ff. 3. *R.Keydell*, BursJb 272, 1941, 4f.

**13.** M., griech. Historiker der Kaiserzeit (?), Vf. von *Αἰθιοπικά*, aus denen → Proklos (in Plat. Tim. 1,177. 181 DIEHL) 2 Nachrichten über Atlantis mitteilt. FGrH 671. (RE XIV 1489, 43 irrig als Marcellinus behandelt). H. Gä.

**14.** M., gen. Empiricus, med. Schriftsteller in Bordeaux um 400 n. Chr. Es bleibt unsicher, ob M. selber Arzt war oder ein höheres Hofamt innehatte. Er schrieb *De medicamentis*, ein Arzneibuch, das viel Volksmedizin enthält und stark auf der → Medicina Plinii fußt (sprachlich interessant wegen einiger Gallizismen). F. K.

Ta.: *M. Niedermann*, CML V (1916). *E. Liechtenhan* Sprachliche Bemerkungen zu M. Emp., Diss. Basel 1917.



**Marcia aqua,** benannt nach dem Praetor → Q. Marcius Rex, der i. J. 144 v. Chr. vom Senat den Auftrag bekam, die *aqua Appia* und den *Anio vetus* zu restaurieren und eine 3. Wasserleitung bis zum Capitol zu bauen. Durch die Forschung LUGLIS sind wir über ihren Verlauf ziemlich genau unterrichtet. Der Aquädukt führte das Wasser des Anio z. T. unterird. nach der Stadt und wurde mehrmals verlegt und ausgebessert, so unter Augustus (CIL VI 1244), Titus und Caracalla. Vor Rom flossen die Marcia, Tepula und Iulia eine Strecke weit in einem Leitungsbau übereinander, was in der Nähe der Porta Maggiore in der Aureliansmauer h. noch zu sehen ist. Rud. G.

*Lugli* Monumenti 2,342–357.

**Marciana silva** auf der Tab. Peut. der sonst als Abnoba bezeichnete Schwarzwald. Amm. 21, 8,2 benennt im Zusammenhang mit Iulians Zug von Kaiseraugst nach Sirmium (361 n. Chr.) nur den s. Schwarzwald mit M.s. Zur Deutung des Namens vgl. ZEUSS Die Deutschen 10 Anm.: ahd. *marca* = Grenzwald, anders WILSER Tacitus Germ. 1 Anm. 4: angels. *myrce* = dunkel-düster = Schwarzwald. H. C.

*Franke*, RE XIV 1504.

**Marcianopolis** (*Μαρκιανοῦ πόλις*), h. Reká Dévnja in NO.-Bulgarien, Hauptstadt der Provinz Untermoesien, dort, wo sich die von Anchialos über das Balkangebirge nach Moesia führende Straße in 3 Zweige gabelt: der n.w. nach → Durostorum, der ö. nach → Odessos, der w. nach Nicopolis ad Istrum. M. wurde von Traian 18 mp. w. von Odessos gegründet und zu Ehren seiner Schwester Marcia benannt. Mitten in M. starke Karstquellen, deren Abfluß in der Spätant. als *Potamus* bezeichnet wurde. Die Bevölkerung bestand z. T. aus hellenisierten Kleinasiaten, die amtliche Sprache war das Griechische. Prägungsrecht seit Commodus. Das Gebiet war urspr. zur Provincia Thracia gehörig und wurde erst später zu Moesia Inferior geschlagen.

Im Kult überwiegen griech. und oriental. Gottheiten, aber auch thrak. Elemente treten in Weihungen und Grabinschriften auf.

Um 238 n. Chr. von den Goten überfallen, ausgeplündert. Eine zweite Belagerung (248) wurde abgeschlagen, ebenso spätere Gotenüberfälle. Die Blüte von M. fällt ins 4. Jh. n. Chr., zumal nachdem Kaiser Valens 367–369 n. Chr. dort residiert hatte. 378 wurde der comes → *Lupicinus* (2) von den Goten bei M. vernichtend geschlagen. Anf. 5. Jh. besaß M. eine Waffenfabrik. 447 Angriff Attilas, 477 Aufenthalt Theoderichs. Nach folgender Zerstörung von Iustinianus wiederhergestellt und befestigt. Bischofssitz. Itin. Ant. 228. Tab. Peut. 4,6,7. Amm. 27,4,12. 31,5,4. Iord. Get. 16, 93. Dexipp. FGrH 100 F 22. 25. Griech. Quellen für die Bulg. Gesch. 1, Sofia 1954, 2–4 (bearb. von Beševliev). Zos. 4,10. Themist. VIII. Iord. Get. 26, 135ff. Amm. 31,5,9ff. Malch. exc. de leg. Rom. 89 = FHG IV 122. Not. dign. or. XI 34. Chr. D.

*Fluss*, RE XIV 1505–1511. *V. Velkov* Die thrak. und dak. Stadt in der Spätant. (bulg., dt. Résumé), Sofia 1959, 84ff. *Kalinka* Ant. Denkm. Bulg. 358ff.

**Marcianus. 1.** M. nannte sich der von Galba freigelassene → Icelus nach seiner Erhebung in den Ritterstand, Tac. hist. 1,13,1. Plut. Galba 7,6. Suet. Galba 14. **2.** M., Lehrer des Marc Aurel, *πρὸς ἑ.* 1,6,6. **3.** M., General des Gallienus, besiegte zwischen 263 und 267 mehrmals die Goten, Zos. 1,40,1f. SHA vit. Gall. 13,10. Claud. 6,1.18,1. Mitverschworener gegen Gallienus im J. 268, vit. Gall. 14,1,7. 15,2. R. H.

**4.** M., Lehrer der Tochter des Kaisers Valens, Presbyter und von 384–395 Bischof der Novatianer in Constantinopel (Sokr. 4,9. 5,21. 6,1. Soz. 6,9. 7,12.14.18). Vielleicht ident. mit dem officialis M. bei Liban. ep. 54. **5.** M., gebildeter Freund des Symmachus, zum Heidentum abgefallen, wurde 384 vicarius Africae und 394 (unter → Eugenius) proconsul Africae (Symm. ep. 3,33. 8,9. 23). Während seiner Stadtpräfektur im J. 409/10 herrschte in Rom Hungersnot (Zos. 6,7). Wohl ident. mit Iulius Agrius Tarrutenius M. in CIL VI 1735. **6.** M., Kaiser 450–457. * 396 (?) als Sohn eines Soldaten in Thrakien (Euagr. 2,1), nahm 421 am Perserkrieg teil. Im Dienste Ardaburs und Aspars wurde M. domesticus und tribunus (Prok. 3,4: Theophan. a. 5943 = 104,19ff. de Boer. Theod. Lect. 1,2). Nach dem Tode Theodosius' II. (28. 7. 450), wählte Pulcheria M. zum Gemahl und ließ ihn am 25. 8. 450 in Gegenwart von Senat, Heer und Volk zum Kaiser erheben, offiziell nach dem Willen des Theodosius (Chron. Pasch. 1,590. Euagr. 2,1. Zon. 12,24. Theod. Lect. Prok. a. O.). M. teilte seine Thronbesteigung Valentinian III. und Papst Leo mit (Leo ep. 73).

Gegenüber Attila trat M. energisch auf, doch war die Entspannung auf der Balkanhalbinsel vor allem Attilas Hinwendung nach dem W. zu danken. Nach dem Zerfall des Hunnenreiches siedelte M. bisher den Hunnen untertänige Stämme auf Reichsboden an, mit anderen (→ Gepidae. → Ostgoten) schloß er *foedera*. Von den Vandalen forderte er 455/56 die Auslieferung der → Eudoxia (2), ging aber nicht mit Waffengewalt gegen sie vor. Im O. mußten Angriffe der Araber auf Syrien und der Blemyer und Nubaden auf Äg. abgewehrt werden (Prisc. frg. 20f. = FHG 4,100f.); erfolgreich war ein Krieg gegen den Lazenkönig → Gobazes. Da im O. weitgehend Friede herrschte und er den bedrängten W. militär. nicht unterstützte, hatte M. die Möglichkeit, das Los seiner Untertanen zu erleichtern und so seiner Regierung ein gutes Andenken in der Nachwelt zu verschaffen (z. B. Theophan. a. 5946. Euagr. 2,1. Lyd. mag. 2,42. Zon. 13, 25. Const. Porph. de caerem. p. 432 Bonn). M., bes. den Senatoren zugetan, gewährte unter anderem Steuererleichterungen und bemühte sich um Ordnung in der Finanzverwaltung (z. B. Nov. Marc. 2.3. Cod. Iust. 2,7,10. 12,2,1f.).

Kirchenpolit. stand M. zunächst sehr unter dem Einfluß seiner Gemahlin → Pulcheria († 453). Die Entscheidungen der »Räubersynode« von 449 machte M. rückgängig. Unter nur zögernder Zustimmung des Papstes Leo berief M. ein neues Konzil nach Nicaea, das aber dann vom 8. 10. bis 1. 11. 451 in Chalkedon abgehalten wurde (4. ökum. Konzil; E. Schwartz, Acta Conc. Oecum. 2, 1933. A. Grillmeier – H. Bacht Das Konzil von Chalkedon, 3 Bde. 1951/54). Auf der Sitzung vom 25. 10., der einzigen in Anwesenheit und unter Vorsitz des M., wurde das letztlich auf kaiserlichen Befehl formulierte Symbolum Chalcedonense verkündet, das auf dem Nicaenum (von 325) und dem Constantinopolitanum (von 381) basierte und in welches die epist. dogmatica Leos von 449 (ep. 28) aufgenommen wurde. M. konnte aber nicht verhindern, daß nun ein lang anhaltendes Ringen um das Bekenntnis einsetzte (→ Monophysiten). Päpstlicher Protest erhob sich gegen »Kanon« 28, der, den 3. Kanon des Konzils von 381 bestätigend, festsetzte, daß die Kaiserstadt Constantinopel nun auch kirchlich als 2. Stadt nach Rom zu gelten habe. Auf kaiserlichen Wunsch wurde die von Constantinopel seit 381 erstrebte Jurisdiktion über Thrakia, Pontus, Asia und das Missionsgebiet nun gesetzlich verankert (Kanon 9 und 17). Auch nach dem Konzil trat M., der die kirchlichen Privilegien bestätigte und gegen das Heidentum vorging, bewußt als Schützer des wahren Glaubens auf (Cod. Iust. 1,2,12. 11,7. Mansi 7,475.478. 502ff.). Als Nachfolger sah M. offenbar seinen Schwiegersohn → Anthemius (2) vor, doch wurde nach seinem Tode → Leo (2) zum Kaiser erhoben.

Als M. wird jetzt meist die Kolossalstatue von Barletta gedeutet (Volbach-Hirmer Frühchristl. Kunst 1958, 69f.). Mz.: Sabatier Monn. Byz. 1862 (1955), 122f.

*Stein* I. *Jones* Later Roman Empire.

**7.** M. Flavianus, Enkel des Kaisers M., Sohn des → Anthemius (2), * 455, Consul 469 und 472, um 470 verheiratet mit Leontia, der Tochter des → Leo. Nach erfolgloser Erhebung gegen Zeno im J. 479 wurde M. zum Priester geweiht und verbannt. 483/84 erwog Illus seine Erhebung zum Gegenkaiser (Malch. frg. 19. Candid. frg. 1. Ioh. Antioch. frg. 211. 214 = FHG 4,131.137.619f. Euagr. 3,20). **8.** M., Neffe Kaiser Iustinians I., erreichte 563 Frieden in Afrika, wurde 573 nach Mißerfolg vor Nisibis von Iustinus II. als Feldherr abgesetzt. A. L.

**9.** M., von Herakleia (Pontos), Geograph, nur durch seine Werke bekannt, lebte zwischen 250

(Benützung des Periegeten → Protagoras) und 500 n. Chr. (zitiert von Steph. Byz., Sch. Apoll. Rhod. 3,859), vielleicht nach 400, da er Strabon aus erster Hand zu benützen scheint, von dem eine Hs. zu dieser Z. in Byzanz auftaucht (Epit. Per. Menipp. 3). Erhalten sind Frg.e der *Ἐπιτομὴ τῶν ἕνδεκα τῆς Ἀρτεμιδώρου τοῦ Ἐφεσίου Γεωγραφίας βιβλίων* (2 B.: GGM 1,574), Exzerpte aus dem *Περίπλους τῆς ἔξω θαλάσσης* (2 B.: ebd. 515) und der *Ἐπιτομὴ τοῦ τῆς ἐντὸς θαλάσσης Περίπλου ὃν ἔγραψεν ἐν τρισὶ βιβλίοις Μένιππος Περγαμηνός* (1 B., Titel von K. Müller konjiziert: ebd. 564 und A. DILLER The Trad. of the Min. Greek Geographers, 1952, 147–164). Die Epitome Artemidors ist nützlich bes. für die Rekonstruktion der *Γεωγραφούμενα*, die M. als Führer für seine Beschreibung des Mittelmeeres im Hinblick auf ihre Genauigkeit gewählt hatte. Vom *Περίπλους*, dem persönlicheren, auf → Artemidor, Ptolemaios und Protagoras sich stützenden Werk, sind erhalten: die allg. Beschreibung des Ind. und Atlant. Ozeans, die als getrennt voneinander aufgefaßt werden, die Messung des Erdumfangs nach → Eratosthenes und Ptolemaios, die Maße der Festländer, die Liste der bedeutendsten Inseln, ferner Exzerpte des Periplus des Ind. Ozeans bis China (B. 1) und des Periplus des Atlant. Ozeans bis zu den Britann. Inseln (B. 2); Afrika fehlt fast ganz. Die Herkunft dieser Kompilation, die nichts autoptischer Erkundung verdankt, ist doppelt. Einerseits nimmt M. als Leitfaden eine Erdkarte, die ihm die Orientierung der Küsten und die allg. Form der Kontinente und der Meere liefert (J. FISCHER Claudii Ptol. Geographiae cod. Urb. gr. 81,1, 1932, 447 ff.), andererseits verbindet er das genaue Programm einer »Geographie« (kartograph. Angaben) mit dem eines »Periplus« (Entfernungen von Hafen zu Hafen), jedoch ohne die dieser liter. Gattung eigenen Bestandteile. Bes. um Genauigkeit bemüht, rühmt er sich, überall genaue Maße durch Berechnung der Mitte zwischen den Mindest- und den Höchstmaßen seiner Quellen zu erreichen. Aber in Wirklichkeit entlehnt er diese Methode und die sich aus ihr ergebenden Zahlen dem Protagoras, wahrscheinlich meist seinem einzigen Gewährsmann (E. A. WAGNER Die Erdbeschr. des Timosthenes v. Rhodos, Diss. Lpz. 1888, 21 ff.), was sein Verdienst stark herabmindert. Die Epitome des Menippos beschreibt mit der gleichen Trockenheit die Küsten des Pontos Eux. und dient offensichtlich der Ergänzung der beiden vorausgegangenen Werke. Die Durchführung eines so zusammenhängenden Planes und die Einheitlichkeit des dem Ganzen aufgeprägten Stiles – Abneigung gegen die nur *πείθειν ἐθέλοντες* spricht er Epit. Per. Men. 1 aus – lassen in seinen 3 Werken eine nicht zu unterschätzende Persönlichkeit erkennen, trotz der Fehler, die einem ohne kritischen Geist und auf zu schmaler Basis durchgeführten Flickwerk anhaften. F. L.

**Marcias.** Ostgote, Befehlshaber der ostgot. Streitkräfte in Gallien, 537/38 an der Verteidigung Roms beteiligt (Prok. 5,13,14 f. 29. 19,12. 29,2). A. L.

**Marcilius.** Personenname (auch inschr.: SCHULZE Eigenn. 188,4. vgl. 456). **1.** L. M., um 72 Legat des M. → Antonius (8) im Seeräuberkrieg, vermittelte in einem Rechtsstreit der Gemeinde Gytheion. Sylloge³ 748,8. BROUGHTON Mag. 2,105. **2.** M. M., Dolmetscher Ciceros in Kilikien und dessen gleichnamiger Sohn. Cic. fam. 13,54. H. G. G.

**Marcina.** Von Etruskern (vgl. Plin. nat. 3,70) gegründete und von Samniten bewohnte Stadt am Golf von Paestum (Strab. 5,251), h. Vietri (?); vgl. NISSEN It. Ldk. 2,825. G. R.

**Marcio** s. Markion

**Marcius.** Alter röm. Gentilname, abgeleitet vom Praenomen Marcus, mit Suffix *-ius* (FRAENKEL, RE XVI 1652 f. 1659), auch inschr. häufig (SCHULZE Eigenn. 188. 466). WALDE-HOF.³ 2,38. J. REICHMUTH Die lat. Gentilicia, Diss. Zürich 1956, 94. I. KAJANTO Soc. Scient. Fenn., Comm. Hum. Litt. 35, 1965, 27. In der Überlieferung tritt eine frühere, patriz. Gruppe von Namensträgern entgegen, die nur bedingt als histor. angesprochen werden kann; zu ihr gehört – außer dem 4. röm. König Ancus M. Nr. 3 – vor allem Cn. M. → Coriolanus, den erst spätere hist. Legende zum Vorkämpfer der Patrizier gemacht hat; auf beide beriefen sich die späteren Marcier als Ahnherren (Suet. Caes. 6,1). Die spätere Gruppe (seit Nr. 36) ist plebeisch, ihr Zusammenhang mit der früheren ist unklärbar, vgl. MÜNZER Adelsp. 81; sie tritt seit dem 3. Jh. als führendes Geschlecht der Nobilität hervor mit den Zweigen Rutilus (später Censorinus), Tremulus (dann Philippus, Seitenlinie Figulus), die zusammen 6 Censoren stellten, sowie Rex (seit dem 2. Pun. Krieg) und Ralla. Mz.: SYD. Nur inschr. bekannte Namensträger z. B. DESS. ILS 3427. 4420. Leges Marciae: RE XII 2398.

I. Republikanische Zeit. **1.** M., 2 legendäre Söhne des Königs Ancus M., die den L. Tarquinius ermorden ließen und dann verbannt wurden. **2.** M., ein oder mehrere als Person nicht faßbare Urheber *(vates)* der *carmina Marciana*, die 212 zur Einrichtung der Apollinarspiele den Anlaß gaben. **3.** Ancus M., der 4. röm. König, nach späterer Konstruktion der Tochtersohn des Numa Pompilius. In der späten Republik sah man ihn als den Ahnherrn der pleb. Marcii an; die angenommene Filiation ist für uns jedoch nicht mehr erkennbar (Mz. mit Köpfen des M. und des Numa um 86 v. Chr.). **4.** C. M., Spanier aus Italica, unternahm im Auftrag des Q. Pompeius im J. 142 Streifzüge gegen Viriatus. H. SIMON Roms Kriege in Spanien 154–133 v. Chr., 82.118. **5.** Cn. M., soll als Volkstribun 389 den Q. → Fabius Ambustus (19) angeklagt haben. **6.** M. M., der legendäre älteste Namensträger. Sein Sohn Numa M.

habe Pompilia, die Tochter des Königs Numa Pompilius, geheiratet und sei von diesem zum Pontifex bzw. von Tullus Hostilius zum Stadtpraefekten eingesetzt worden, Liv. 1,20,5. Tac. ann. 6, 11,1. Beider Sohn sei Ancus M. Nr. 3 gewesen. **7.** M. M., als erster Plebeier *rex sacrorum*, † 210, wahrscheinlich Ahnherr der Marcii Reges. **8.** M. M. (M.' f.), Münzmeister um 119–110 v. Chr. (Nachweise bei BROUGHTON Mag. 2,445). Seine Münzdarstellungen weisen auf einen Ahnen hin, der die Getreidepreise ermäßigte (nach Plin. nat. 18,15 ein *M.' M. aedilis*, der entweder in die Z. vor 439 oder in die Z. um 150 datiert werden kann). **9.** Q. M., ging 45 als Kriegstribun des jüngeren Cn. Pompeius zu Caesar über, Bell. Hisp. 11,2. **10.** (M.) Censorinus (zum Cognomen s. Nr. 37) wurde 70 als Flottenführer vor Sinope von Streitkräften des Mithridates geschlagen. **11.** C. M. Censorinus, früh ein Gegner Sullas, Anhänger des Marius und Cinna, ließ 87 den cos. Cn. Octavius ermorden. Ausgedehnte Münzprägung um 86 (Nachweise bei BROUGHTON Mag. 2,445). 82 wurde er als legatus von Pompeius bei Sena (Gallica) geschlagen, erlitt dann in Etrurien schwere Verluste. Nach der Schlacht an der Porta Collina (1. Nov. 82) wurde er auf Befehl Sullas hingerichtet, App. civ. 1,433. Cic. Brut. 311 (ebd. 237 wird M. als Redner erwähnt). **12.** Cn. M. Censorinus brachte 123 oder 122 ein Gesetz über Kriegstribunenwahl ein, vielleicht als Volkstribun, BROUGHTON Mag. 1,517. **13.** L. M. Censorinus, C. f. C. n. Als cur. Aedil ließ er die Hecyra des Terenz zum 3. Mal aufführen (160 oder 156). Consul 149, mit M.' Manilius (Quellen u. a. bei DEGR. I 13,52f. 464f.). M. fiel die Seekriegsführung gegen Karthago (3. Pun. Krieg) zu. Nach App. Lib. 80ff. forderte er die Karthager auf, zunächst die Waffen abzuliefern, und später, die Stadt zu räumen; die andere Version bei Diod. 32,6,3 läßt es fraglich erscheinen, ob ihm dieser Höhepunkt röm. Perfidie zur Last zu legen ist. Beim Angriff auf Karthago hatte er von S. her nur vorübergehende Erfolge und kehrte dann zur Leitung der Wahlen nach Rom zurück. 147 Censor mit L. Cornelius Lentulus Lupus. Gewidmet war ihm die Erstausgabe einer Schrift des Akademikers → Kleitomachos (der die 2. Aufl. dem Satirendichter → Lucilius widmete). **14.** L. M. Censorinus, Sohn eines L. (wohl der Münzmeister um 82, BROUGHTON Mag. 2,445), Enkel eines C., Neffe von Nr. 11. Anhänger Caesars, den er am 15. März 44 vergeblich zu schützen versuchte. Praetor 43, zog mit Antonius in den Perusin. Krieg, wurde geächtet, brachte nach den Proskriptionen 43 das Haus Ciceros auf dem Palatium in seinen Besitz und stand 42–40 als Statthalter in Macedonia. 39 triumphierte er *ex Macedonia* und war Consul, zusammen mit C. Calvisius Sabinus, BROUGHTON Mag. 2,386. Wahrscheinlich ident. mit dem im J. 17 genannten XVvir sacris faciundis. **15.** Cn. M. → Coriolanus. **16.** Q. M. Crispus, Anhänger Caesars. 57–55 Legat in Macedonien, 46 bei Thapsus (Bell. Afr. 77,2), 46 Praetor, 45 Propraetor in Bithynien, 44 in SO.-Kleinasien, übergab 43 seine Truppen an C. Cassius, von dem er unbehelligt entlassen wurde. **17.** C. M. Figulus, C. f. Q. n. (wohl Enkel von Nr. 24). 169 Praetor mit dem Oberbefehl zur See gegen Perseus (verlustreiche und ergebnislose Kampfführung). 162 Consul mit P. Cornelius Scipio Nasica Corculum, wobei M. bereits in seiner Provinz Gallia stand, als die Wahl wegen eines Formfehlers für ungültig erklärt wurde und beide coss. abdanken mußten. 156 Consul II mit L. Lentulus Lupus, BROUGHTON Mag. 1, 447. M. bekämpfte von Illyrien aus die Dalmater, die dann von seinem Nachfolger P. Nasica endgültig niedergeworfen wurden. **18.** C. M. Figulus, Sohn von Nr. 17, Rechtsgelehrter, der sich um 130 vergebens um den Consulat bewarb. **19.** C. M. Figulus, C. f., Enkel von Nr. 18. Consul 64 (mit L. Iulius Caesar), unterstützte 63 Cicero gegen die Catilinarier. Sein Sohn war wohl der L. Figulus, der 43 im S. Kleinasiens eine Flotte für Dolabella aufstellte, App. civ. 4,258. **20.** M. Libo, 66 Praefectus fabrum unter M. Terentius Varro in Asien, Weinbergbesitzer in Faventia. Er war wohl ein Nachkomme des Münzmeisters Q. M. Libo, um 145–138, BROUGHTON Mag. 2,445. **21ff.** Philippi, Cognomen, wohl von Nr. 24 angenommen. **21.** L. M. Philippus, Q. f. Q. n., um 136 bis um 75, der Censorier. Ca. 104 tr. pl. (eine *lex agraria* erfolglos eingebracht), kämpfte 100 gegen → Appuleius Saturninus, war Augur seit einem unbekannten J., spätestens 96, Praetor und Consul 91 mit Sex. Iulius → Caesar Nr. 10 (DEGR. I. 13,54f. 480f.), wobei er dem tr. pl. Livius Drusus opponierte, vgl. CHR. MEIER Res publica amissa, 1966, 213. Doch bei Beginn des → Bundesgenossenkrieges einigte er sich mit seinen seitherigen Senatsgegnern. Als Freund der Ritter und der Popularen blieb er auch unter Marius und Cinna in Rom und wurde 86 Censor (mit M. Perperna). Unter Cinna hielt er sich zurück, so daß er auch von Sulla anerkannt wurde, nachdem er (als legatus) diesem im J. 82 Sardinien zugeführt hatte. Nach 78 spielte M. im Senat eine führende Rolle bis um 76; u. a. trat er für die Entsendung des Pompeius nach Spanien ein. Durch Begabung, Bildung, gemäßigte Haltung war er ein angesehener Politiker und ein tüchtiger Redner mit viel Witz, Cic. Brut. 173. SCHANZ-HOS. 1,229. **22.** L. M. Philippus, Sohn von Nr. 21, um 102 bis nach 43. Praetor 62 (u. a. Kollege Caesars), 61–60 Statthalter von Syrien. 58 heiratete er in 2. Ehe → Atia Nr. 9, die Schwesterstochter Caesars und Mutter des späteren Augustus. 57 trat er für Cicero ein. 56 war er Consul mit Cn. Cornelius Lentulus Marcellinus, BROUGHTON Mag. 2,207, und stand polit. auf der Seite Caesars wie auch in der Folgezeit, am Bürgerkrieg aber beteiligte er sich nicht. Auf seinem Gut in Puteoli (wo er Nachbar Ciceros war) riet er 44 seinem Stiefsohn Octavius, die Erbschaft Caesars nicht anzutreten (vgl. W. SCHMITTHENNER Oktavian und das Testament Cäsars, 1952, 72. 80f.), unterstützte ihn aber, als dieser Rat nicht angenommen wurde, auch Cicero gegenüber. 43 sollte er als Senatsgesandter eine Versöhnung mit Antonius herbeiführen, zog sich jedoch nach dem Fehlschlagen, obwohl er zu den *principes civitatis* gehörte (Cic. Phil. 8,28), aus der Politik zurück. Während man früher die Wiederherstellung des Tempels des Hercules Musarum und den Bau der Porticus Philippi um diesen mit M. in Verbindung brachte, muß man seit PIR 2, 338 und MÜNZER, RE XIV 1571 dafür eher an Nr. 23 denken, während LATTE RRelG 219 sich nicht entscheidet. **23.** L. M. Philippus, Sohn von Nr. 22 aus dessen 1. Ehe, um 80 bis nach 33. Er begann als Münzmeister um 56 (BROUGHTON Mag. 2,445), trat als tr. pl. 49 für Caesar ein, war 44 Praetor (?), 38 Suffectconsul (mit P. Cornelius Scipio), stand als Proconsul 34–33 in Spanien, triumphierte 33 *ex Hispa[n]ia* und war seit ca. 56 Augur. Zur Bautätigkeit in Rom s. Nr. 22 und dazu das Fragment des Sever. Stadtplans bei E. NASH Bildlex. zur Topogr. des ant. Rom 1,471 (mit Lit.). Verheiratet war er mit Atia, der jüngeren Schwester seiner Stiefmutter. **24.** Q. M. Philippus, Q. f. Q. n., der erste bedeutende Vertreter des Zweiges (MÜNZER Adelsp. 64). Consul 281 (Triumph über Etrusker, Einstellung von Proletariern ins Heer), 280 Praetor? (BROUGHTON Mag. 1,191), 269 Censor? (ebd. 199), 263 Reiterführer des für die Nagelschlagung bestimmten Dictators Cn. → Fulvius Maximus Centumalus (I 24). **25.** Q. M. Philippus, L. f. Q. n., wohl Enkel von Nr. 24, um 229 bis nach 164. Praetor 188 (Sicilien), Consul 186, mit Sp. Postumius Albinus (Quellen u. a. bei DEGR. I. 13, 48f. 456f.), wobei beide coss. die Untersuchung der → Bacchanalia durchführten und M. dann in Ligurien im Raum der Apuaner eine Niederlage erlitt (seither *Marcius saltus*, Liv. 39,20,10). 183 leitete er eine Gesandtschaft nach Makedonien und auf die Peloponnes. Seit 180 Xvir sacrorum, führte er 172 eine Fünfergesandtschaft nach Griechenland und schloß in skrupelloser Diplomatie mit Perseus einen Waffenstillstand. 171 führte er als Legatus einige Seeunternehmungen in Griechenland durch. 169 war er Consul II und übernahm die Landkriegführung gegen Perseus, errang jedoch, obwohl er die Offensive nach S.-Makedonien – übrigens in Begleitung des Polybios – vorgetragen hatte, keine Entscheidung, sondern mußte die Truppen 168 seinem Nachfolger L. → Aemilius Paullus (22) übergeben. Pol. 28,1,9. 13,1–7. 29,24,1f. 7. u. ö. Liv. 44,1–11. 164 war er Censor mit L. Aemilius Paullus, dem Sieger im 3. Maked. Krieg. H. BENGTSON RG, 1967, 127ff. **26.** Q. M. (Philippus), Sohn von Nr. 25, führte 169 beim Vorstoß nach Makedonien die Vorhut des Heeres, Liv. 44,3,2. Möglicherweise gehörte er im J. 163 zu der Gesandtschaft, die zwischen Ptolemaios VI. und VII. Frieden stiften sollte, BROUGHTON Mag. 1,441. **27.** Q. M. Philippus, Münzmeister ca. 125–120, BROUGHTON Mag. 2,445, vielleicht ident. mit einem von Cic. Balb. 28 genannten Verbannten in Nuceria. **28.** Q. M. Philippus (L. f. Papiria tribu), 89 im Stab des Pompeius Strabo vor Asculum, CIL $I^2$ 709,9f. CICHORIUS RSt 168f. Praetor um 48, Proconsul in Cilicia (?) 47, von Cic. fam. 13,73f. angeschrieben; Datierung gegen MÜNZER, RE XIV 1580 Nr. 83 mit BROUGHTON Mag. 2,289 (Lit.). **29.** M. M. Ralla, 204 Praetor (urbanus), schützte 203 als Promagistrat die ital. Küsten mit einer Flotte, focht 202 unter Scipio in Africa und begleitete dann die karth. Friedensgesandtschaft nach Rom, Liv. 30,2,5. 38,4. **30.** Q. M. Ralla, tr. pl. 194, bewirkte die Ratifikation des Friedens mit Philipp v. Maked. 194 und 192 weihte er als Duumvir je einen Tempel der Fortuna Primigenia auf dem Quirinal und des Iuppiter auf dem Capitol, Liv. 34,53,5. 35,41,8 (wahrscheinlich war es nur *ein* Tempel, → Furius Nr. 34). **31ff.** M. Reges, Cognomen nach dem Priesteramt von Nr. 7. **31.** P. M. Rex, ältester bekannter Cognomenträger, 171 Gesandter an C. → Cassius Longinus (11). **32.** Q. M. Rex, Praetor urbanus 144 und mit prorogiertem Imperium 143. Er setzte die vorhandenen Wasserleitungen instand (Aqua Appia und Anio novus) und erbaute die Aqua Marcia vom oberen Aniotal bis zum Capitol, Frontin. aq. 1,7,12f. Plin. nat. 31,41f. Vgl. RE VIII A 468f. Er wurde durch eine Statue geehrt. Zu den Resten E. NASH Bildlex. zur Topogr. des ant. Rom 1,48f. (Lit.). **33.** Q. M. Rex, Q. f. Q. n., Praetor um 121, Consul 118 mit M. Porcius Cato. Nachdem er den Tod seines Sohnes mit beispielhafter Fassung getragen hatte (Cic. cons. frg. 15), bekämpfte er die Stoener in den Alpen und triumphierte 117 *de Liguribus Stoenis;* in einem wohl anschließenden Gerichtsverfahren wurde er von M. → Antonius (7) verteidigt und freigesprochen. MÜNZER Adelsp. 386ff. **34.** Q. M. Rex, Q. f. Q. n., vielleicht Sohn von Nr. 33, ca. 111 bis ca. 61. Praetor um 71, Consul 68 mit L. Caecilius Metellus, der jedoch bald ebenso wie der nachgewählte Nachfolger starb, so daß M. alleiniger cos. war, Cass. Dio 36,4,1. 67 ging er als Proconsul nach Cilicia, ohne seinen Schwager → Lucullus gegen Mithridates zu unterstützen, ja er nahm sogar ihren gemeinsamen Schwager P. → Clodius (8) auf, der kurz zuvor die Truppen des Lucullus aufgehetzt hatte; aber auch er hatte keinen wirklichen Erfolg und wurde 66 von Pompeius abgelöst (G. DOWNEY, TAPhA 72, 1951, 149ff.). Noch 63 wartete er auf den beanspruchten Triumph, wurde gegen die Catilinarier eingesetzt (→ Manlius [5]. Sall. Cat. 32f.), starb aber bald. Verheiratet war er mit → Clodia Tertia (12). R. SYME Rom. Rev., 1960, 20. 23. **35.** M. Rufus, Quaestor 49 unter → Curio (2), bewährte sich vor allem zur See, Caes.

civ. 2,23,5. 24,1. 43,1ff. Vielleicht ein Sohn des Q.M. Rufus, der 71 Legat des Crassus gegen Spartacus war. **36.** C.M. Rutilus, L.f. C.n., begründete das Ansehen der pleb. Marcier. 357 Consul I mit Cn. Manlius Nr. 21, Broughton Mag. 1,122 (Kampf gegen Privernum, Triumph). 356 wurde er als erster Plebeier Dictator (Mag.equ. C. Plautius Proculus), besiegte angeblich die Etrusker und triumphierte auf Weisung des Volkes (Mommsen RStR 1,134,7. 3,1233,4). 352 Consul II, wobei er vielleicht das marcische Wuchergesetz durchbrachte. 351 Censor (als erster Plebeier) mit C. Manlius (21). 344 Consul III mit T. → Manlius Torquatus (23), 342 Consul IV mit Q. Servilius Ahala; damals soll M. einen Soldatenaufstand in Campanien verhütet haben (suspekt, vgl. Mommsen RG 1,355f., doch Münzer Adelsp. 31 und RE XIV 1589,25ff.). M. war zweifellos eine sehr bedeutende Persönlichkeit. **37.** C.M. Rutilus Censorinus, Sohn von Nr. 36, tr.pl. 311 (Gesetz über die Wahl von Kriegstribunen), Consul 310, mit Q. → Fabius Rullianus (38); M. focht in Apulien gegen die Samniten. Aufgrund der lex Ogulnia wurde er 300 Pontifex und zugleich Augur, eine bes. Auszeichnung. 295 war er angeblich Legat in der Schlacht bei Sentinum (recht fraglich). 294 wurde er Censor mit P. → Cornelius Arvina (6; dort Jahreszahl zu berichtigen), und Censor II im J. 265 mit Cn. → Cornelius Blasio (10). Daher das Cognomen Censorinus, das seine Nachkommen (o. Nr. 10–14) übernahmen. Die Ämter erweisen die Bedeutung und das hohe Ansehen des M. **38.** L.M. Septimus. Als tr. mil. übernahm M. nach dem Untergang der Brüder Cn. und P. Scipio in Spanien im J. 211 als *tumultuarius dux* (neben dem Legaten Ti. → Fonteius Nr. 7) das Kommando über die restlichen Truppen und übergab sie noch 211 dem neuen Promagistrat C. → Claudius Nero (21) (die Leistung des M. durch die Annalistik maßlos übertrieben, Liv. 25,37–39). Sodann wird M. als Unterfeldherr des P. Scipio 206 in Spanien (neben M. → Iunius Silanus [25]) bes. genannt (Kommando über den linken Flügel in der Schlacht bei Ilipa [H. Bengtson RG 1967, 102], Erfolge von Carthago Nova aus, Vertrag mit Gades [*foedus Marcianum*, Cic. Balb. 34]). **39.** Q.M. Tremulus, Q.f. Q.n. Als Consul I 306 (mit P. → Cornelius Arvina [6], Broughton Mag. 1,165) brachte er durch seine Erfolge gegen Herniker und Samniten (Triumph *de Anagnineis Herniceisque*) eine wichtige Phase der Samnitenkriege zum Abschluß; man ehrte ihn durch eine Reiterstatue vor dem Castortempel (auf späteren Mz. abgebildet, Cic. [Phil. 6, 13] sah sie noch). Consul II 288, wiederum mit Arvina.

**40.** Marcia, vielleicht eine Tochter von Nr. 24, nach Sil. It. 6,403. 576 Gattin des unglücklichen M. Atilius Regulus, cos. II 256. **41.** Marcia, Tochter oder Schwester von Nr. 32, Großmutter (väterlicherseits) Caesars. M. Gelzer Caesar[6] 17. **42.** Marcia, vermutlich Tochter von Nr. 32, Vestalin, die im Incestprozeß zusammen mit Aemilia und Licinia im J. 114 belangt und 113 verurteilt wurde, → Cassius Nr. 22. **43.** Marcia, Tochter von Nr. 22 (aus 1. Ehe), Schwester von Nr. 23, Gattin des M. Porcius → Cato Uticensis (10, in dessen 2. Ehe), ca. 61–56, von diesem Mutter von 3 Kindern. Dann war M. mit merkwürdiger Zustimmung ihres seitherigen Gatten und ihres Vaters verheiratet mit → Hortensius (7), kehrte jedoch nach dessen Tod 50 wieder zu Cato zurück. Drumann[2] 3,101f. 5,208f. Syme Rom. Rev., 1960, 24. 36. J.P. V.D. Balsdon Rom. Women, 1962, 185. 190. **44.** Marcia, Tochter von Nr. 23, verheiratet seit um 15 v. Chr. mit Paullus Fabius Maximus, cos. 11 v. Chr. (vgl. o. Bd. II 497 Nr. 10), dessen Tod 14 n. Chr. sie angeblich durch Schwatzhaftigkeit verschuldete, Tac. ann. 1,5,1f., dazu RE VI 1784f. Befreundet war sie mit Ovids dritter Gattin, über ihren Charakter Ov. fast. 6,802ff. H. G. G.

II. Kaiserzeit. **1.** M. Claudius Agrippa. Sklave von Geburt, erschlich er sich den Ritterstand und wurde unter Septimius Severus *advocatus fisci*, Cass. Dio 78,13,3; auf eine Insel verbannt, wurde er von Caracalla zurückgeholt. Er wurde Chef der Kanzleien *a cognitionibus* und *ab epistulis* und wurde in den Senatorenstand unter die Praetorier erhoben, ebd. 78,13,4. Im Partherkrieg Caracallas befehligte er die Flotte an der syr. Küste. Er nahm an der Verschwörung des Macrinus gegen Caracalla teil (8. April 217), SHA vit. Car. 6,7. Er wird von Macrinus die *ornamenta consularia* erhalten haben und war kurz *legat. Aug. pr. pr.* von Pannonia inf., dann 217/18 von Dakien und zugleich von Moesia inf., Dio 78,13,1, Stein Legat. Moes. 91f. Barbieri Alb. senat. 86 nr. 353. Pflaum Carr. proc. équ. 2,747–750. **2.** Q.M. Barea Soranus. Cos. suff. 34, Inscr. It. XIII, 1,188f. Procos. Africae 41 bis 43, CIL VIII 11002. 19492. AE 1935, 32. ITR 273, E. Albertini, Bull. Accad. d'Hippone 38, 1936–1961, 39–44, Thomasson Statth. Nordafr. 2, 31. Sein gleichnamiger Sohn war cos. suff. 52. **3.** C.M. Censorinus aus Aquinum, CIL X 5396. Schon in jugendlichem Alter in das Augurenkollegium aufgenommen (CIL X 5396), begann er als *triumvir monetalis* 21/20 v. Chr., RIC I 68 nr. 85 bis 86, wurde Statthalter von Bithynien, AE 1906, 1, und 8 v. Chr. cos. ord., CIL VI 458. XI 844. VI 1235 a–n, 31541 a–s (Tiberregulierung), AE 1951, 182a. Dess. 8894 (*ludi votivi* für Rückkehr des Augustus aus Gallien), s. o. Bd. I 752. *Procos. Asiae* 2/3 n. Chr., Ios. ant. Iud. 16,165. Fränkel Inschr. Pergam. 292. Milet 1,7 nr. 255. IGR IV 427. SEG II 549. † in der Provinz, Vell. 2,102,1. Adressat von Hor. c. 4,8 (?). **4.** Sex. M. Priscus *Legat. Aug. pr. pr.* von Lykien-Pamphylien ca. 74–78, TAM II 131. 270. 275. 396. 461. Cos. suff. wohl E. 79, CIL XVI 25. **5.** M. Salutaris. Hoher Beamter der Finanzverwaltung in Äg. im J. 246, Wilcken Chrest. 375. POxy. 78. Er war auch literar. tätig, bearbeitete vielleicht eine Schulgrammatik, aus der C. → Iulius Romanus bei Charis. II 229. 202 K Erklärungen zu Vergil genommen hat. **6** Q. M. Turbo Fronto Publicius Severus. Centurio der *leg. II adiutr.* in Aquincum im J. 107, CIL III 14349$^{2}$, seither mit Hadrian, der Statthalter von Pannonia inf. war, befreundet. Nach dem 2. Primipilat war er seit E. 113 *praefectus classis praetoriae* von Misenum, AE 1955, 225; auf der Quadriere Ops fuhr Traian nach dem O., CIL XVI 60. M. nahm am Partherfeldzug teil und erhielt die *dona militaria*, CIL XIV 4243. Im J. 117 erhob ihn Traian zum *Praefectus Aegypti* (STEIN 59 f.), als solcher warf er dort den Judenaufstand nieder, Eus. h. e. 4,2. SHA vit. Hadr. 5,8. Im Herbst 117 schickte ihn Hadrian als *procurator pro legato* nach Mauretanien, wo er den aufständischen Anhang des Lusius Quietus niederrang, vit. Hadr. 5,8. Anf. 118 hatte er in außerordentlicher Stellung gleich der *praefectura Aegypti* Befehlsgewalt in Pannonia inf. und Dakien, ebd. 6,7. 7,3 (J. FITZ, Act. Antiqu. Acad. scient. Hungar. 11, 1963, 251 f.) und besiegte die Sarmater (WEBER Hadrian 74), CIL III 1462. 1551. M. wurde 119 *praefectus praetorio*, Dio 69,18,1 f. AE 1913, 164. H. G. PFLAUM, REL 36, 1958, 390–393. Fronto ad Antonin. Pium 3,3 (p. 157,23 van den Hout). A. MERLIN, MUB 37, 1960/61, 257 f. L. LESCHI La carrière de Q. M. Turbo, CRAI 1945, 144 ff. J. H. OLIVER, AJPh 69, 1948, 223 ff. R. SYME, JRS 36, 1946, 161 f., ebd. 52, 1962, 87–96. PFLAUM Carr. proc. 1,199–216. **7.** Marcia. Tochter des Historikers → A. Cremutius Cordus, Sen. dial. 6,1,2. Cass. Dio 57,24,4. Unter Zustimmung Caligulas brachte sie gerettete Exemplare des väterlichen Werkes an die Öffentlichkeit, Sen. dial. 6,1,3. Suet. Cal. 16,1 (W. RICHTER, G 68, 1961, 300). Verheiratet mit einem Metilius, hatte sie 2 Söhne und 2 Töchter. Einer der Söhne starb ca. 38 n. Chr., im J. 40/41 richtete Seneca daher an sie die Schrift *ad Marciam de consolatione*. **8.** Marcia. Freigelassene, Epit. Caes. 17,5, Geliebte erst des Ummidius Quadratus, dann des Commodus, Cass. Dio 72,4,6. 13,5. SHA vit. Comm. 8,6. 11,9. 17,1. Herodian. 1,16,4. Von großem Einfluß auf den Kaiser, erwirkte sie die Rückkehr nach Sardinien verbannter Christen, Hippolyt. refut. haeres. 9,12,10 f.; ungewiß ist, ob sie selbst Christin war, Cass. Dio 72,4,7. Als Commodus auch ihr nach dem Leben trachtete, beteiligte sie sich an einer Verschwörung und brachte ihn durch Gift und einen gedungenen Athleten um, Herodian. 1,16,4–17,11. Cass. Dio 72,22,4. M. heiratete einen Eklektos, der nach dem Sturz des Pertinax fiel, sie selbst ließ Didius Iulianus ermorden, Cass. Dio 73,16,5. SHA vit. Did. Iul. 6,2. **9.** Marcia Furnilla, Tochter von Q. M. Barea Sura und der Antonia Furnilla, CIL VI 31766. Ca. 63 wurde sie 2. Gattin des Titus, dem sie eine Tochter Iulia gebar, von dem sie dann aber verstoßen wurde, Suet. Tit. 4,2. **10.** M. Otacilia Severa. Gattin des Kaisers Philippus (244–249) schon vor 237, Mutter des Philippus iun. (AE 1944, 40. 54) und anderer Kinder, Ioann. Antioch. Exc. de insid. 109,59 Boor. Seit 244 ist sie *Augusta mater castrorum*, AE 1944, 40. 54 u. a. und hat Münzrecht, CIL III 12270. Basis eines Ehrendenkmals CIL VIII 20139. Mit der Familie 249 umgekommen. Obwohl sie nicht Christin war, legt Eus. h. e. 6,36 einen Brief des Origenes an sie ein. Mz. bei DELBRÜCK Münzbildnisse 78 ff. T. 6, Abb. 9. 10. COHEN V$^{2}$ 133. 143 f. J. VOGT Alexandr. Mz. 2,140–147. Bildnisse bei B. M. FELLETTI Iconogr., 1958, 44. 177 ff., s. a. Enc. art. ant. 5, 1963, 802 f. R. H.



**Marcodurum** nach Tac. hist. 4,28 Örtlichkeit im Gebiet der Ubier, in der die römerfreundlichen *cohortes Ubiorum* beim Aufstand des Civilis 69 n. Chr. niedergemacht wurden. Der Ortsname ahd. *marca*-Grenze und *durum*-Burg = Grenzburg, h. wahrscheinlich Merken bei Düren. H. C.

**Marcomagus vicus** nach Itin. Ant. 373 und Tab. Peut. III 1 Ansiedlung an der Straße Trier–Köln, h. Marmagen, Kreis Schleiden (Wallanlage und zahlreiche Siedlungsfunde). H. C.

**Marcomanni.** Der Name bedeutet »Bewohner einer Mark«. Dem Suebenstamm zugehörig, saßen sie urspr. wohl an der mittleren Elbe, SCHMIDT Gesch. deutsch. Stämme 2,141, und wurden durch den Stoß der Kimbern und Teutonen Anf. 1. Jh. v. Chr. in das Gebiet s. des oberen und mittleren Mains (von der Schwarzwaldgegend bis Regensburg) gedrängt, MÜLLENHOFF DA 2,300. Sie schlossen sich ab 72 v. Chr. den Sequanern in deren Kampf gegen die Haeduer an und unterstützten 60 v. Chr. die Daker bei der Zerstörung des Boierreiches in Böhmen; eine Hilfstruppe der M. kämpfte Mitte Sept. 58 unter Ariovist bei Mühlhausen gegen Caesar, bell. Gall. 1,51,2. Im Verlauf der Angriffskriege des Augustus gegen die Germanen hat der ältere Drusus 9 v. Chr. die M. besiegt, Cass. Dio 55,1. Oros. 6,21,15. Flor. 2,30,23. Vor dem Druck der Römer führte bald nachher → Maroboduus die M. in das seit 50 J. von dem Großteil der kelt. Boier verlassene h. Böhmen, Vell. 2,108,2, J. DOBIÁŠ, Listy Filol. 8, 1960, 88–92; ein Teil der M. begab sich auf röm. Gebiet und wurde wohl in Flandern angesiedelt, Suet. Aug. 21,1. Mon. Ancyr. 6,3. Die M. waren den Boiern kulturell überlegen, so auf dem Gebiet der Eisenverhüttung, R. PLEINER Základy slovanského železářského hutnictví, 1958, 297 ff. So konnte Böhmen mit seinem Hercynischen Wald das Kernstück des Machtbereiches des Marbod werden, C. PATSCH, SAWW 214, 1932, 110–112. L. SCHMIDT Gesch. der deutschen Stämme 2,1,166 ff.; DERS. 2$^{2}$ (Westgermanien) 1938, 153 ff. Den Feldzug des Tiberius 4–6 n. Chr. überdauerten die M., Vell. 2, 108,1; obwohl dann dazu vom N. die Heersäule des C. Sentius Saturninus gegen sie vorrückte, blieben die M. durch das Aufflammen des pannon. dalmatischen Aufstandes von den Römern unbehelligt; Marbod schloß mit Tiberius Frieden, Vell. 2,109,5. 110,1f. Tac. ann. 2,46. Dio 55,28. Dagegen brach im J. 17 n. Chr. der Krieg zwischen den Germanenstämmen des norddeutschen Raumes, die sich unter Arminius geeint hatten, und den M. unter Marbod aus. Er brachte keine Entscheidung, L. Schmidt a. O. 2,1,131. Doch die M. kamen dadurch immer mehr unter röm. Einfluß. Nach der Vertreibung des Marbod durch → Catualda (Katwalda) und die Gotonen (Tac. ann. 2, 62,2) und dessen Verdrängung durch die Hermunduren setzte Drusus im J. 19 den Quaden Vannius als König über das Gebiet zwischen March und Waag ein, Tac. ann. 12,29,1. Das 30 J. dauernde → Vannianum regnum (Plin. nat. 4,81), ein röm. Klientelstaat, umfaßte die M. in Böhmen und die Quaden in Mähren, als in Mähren Vannius die Herrschaft des Quaden Tudrus übernahm; die M. waren Rom zur Stellung von Hilfskontingenten verpflichtet, Cass. Dio 67,7,1. Als den Vannius die aus Schlesien einbrechenden Lugier vertrieben, teilten sich seine Neffen Vangio und Sido die Herrschaft, Tac. ann. 12,29,3–30,2. Röm. Geld hielt sie römerfreundlich, Tac. Germ. 42,2; sie kämpften 69 für Vespasian, Tac. hist. 3,5,1. 21,2, M. Bang Germanen im röm. Dienst, 1906, 59. Erst Domitian führte 2 Feldzüge gegen sie im J. 89 und 92, Cass. Dio 67,7,1f. Stat. silv. 3,3,167f. Dess. 9200, Patsch, SAWW 217, 1937, 33ff. Noch unter Nerva erfolgte 97 ein Einfall der M. in Pannonien, Dess. 2720, Plin. pan. 8; sie wurden aber besiegt, das alte Klientelverhältnis wiederhergestellt, doch traten an Stelle der Nachkommen aus dem Geschlecht des Marbod und Tudrus Fürsten fremden Stammes die Herrschaft über die M. an, Tac. Germ. 42,2. Wieder röm. Klientelstaat geworden, wuchs in einer fast 100 J. dauernden relativ ruhigen Periode in diesem Gebiet der Bevölkerungsüberschuß der M., während zugleich die andrängenden Goten die M. immer näher an die Grenzen des röm. Reiches preßten (SHA vit. Marc. 14,1), das z.Z. Marc Aurels alle Truppen, die ohnehin durch die Pest geschwächt waren, für den Partherkrieg brauchte. Diese Gelegenheit ausnützend, drängten Germanen, darunter M. unter ihrem König Ballomarius, im J. 166 zum erstenmal über die Donau, mußten aber bald bei dem Statthalter von Pannonien, → Iallius Bassus, um Frieden bitten, Petr. Patr. exc. de legat. 2,391,6 (Cass. Dio 71,3,1 III p. 250f. Boiss.). Im gleichen J. fielen sie aber mit den Quaden und Victofalen nochmals in Pannonien ein, worauf Marc Aurel und L. Verus Mitte Okt. 168 auf den Kriegsschauplatz eilten, vit. Marc. 14,1–3. Cass. Dio 71,13,3. Die Germanen zogen sich zurück, doch nach dem Tod des Verus fielen die M. im Frühjahr 169 über die Iul. Alpen ein, zerstörten → Opitergum (Oderzo) und belagerten Aquileia, Amm. 29,6,1. Lukian. Alex. 48. Als Marc Aurel anrückte, wichen sie allerdings wieder aus Oberitalien, und Claudius Pompeianus, der Schwiegersohn Marc Aurels, säuberte 170 Raetien und Noricum, das 171 Helvius Pertinax völlig unterwarf. Nachdem der Kaiser 171 die Quaden zum Frieden gezwungen hatte, schlug er die M. an der Donau, nahm 173 die Königsburg des Ballomar, des Führers der M., schlug sie auch im J. 174, vit. Marc. 21,10, worauf sie unter schweren Bedingungen Frieden schließen mußten, Cass. Dio 71,15.16. Das führte zum 2. Markomannenkrieg (177–180), Cass. Dio 71,20. Vit. Marc. 27,10. Dess. 2747; er führte nicht zur Errichtung der geplanten Provinz Marcomannia. 20000 Mann röm. Truppen hat Marc Aurel im Land der M. und Quaden stationiert, Cass. Dio 72,20,1. Aber er starb, und so endete der Krieg unter Commodus mit einem Friedensschluß, der die M. zur Abtretung eines über 6,5 km breiten Streifens an der Donau und zur einmaligen Stellung eines Hilfstruppenkontingents zwang, Cass. Dio 72,2. Die M.-kriege sind im Bilderbogen der Marc-Aurel-Säule annähernd festgehalten, W. Zwikker Stud. z. Markussäule, 1941, 150ff. 187ff. 193ff. 227ff. Kriegsgefangene M. wurden als Kolonnen vor allem im Gebiet von Ravenna angesiedelt, bald aber, als Unruhen ausbrachen, in andere Provinzen, vor allem Gallien, gebracht, s. Gamillscheg Romania Germanica 3, 1936, 206. Als Septimius Severus in Oberpannonien zum Kaiser ausgerufen wurde, versuchte er, die M. für sich zu gewinnen, Herodian. 2,9,12. Im 3. Jh. verhinderte Caracalla eine gegen Rom gerichtete Koalition der M. und Vandalen, Cass. Dio 77,20, 3. Unter Alexander Severus drängten sie über die Donau, wurden aber von Maximinus 236 zurückgedrängt, Herodian. 6,7,2. Im Verein mit Skythen verwüsteten sie 253 Noricum und Pannonien, Zos. 1,29,2; → Gallienus siedelte den M.-könig Attalus mit einer Abteilung von M. in Oberpannonien an, Epit. Caes. 33,1. Ob Anf. 270 M. unter den Germanen waren, die tief nach Italien eindrangen, so daß Aurelian Roms Mauer erbaute, ist unwahrscheinlich, vit. Aurel. 18,3f. 19,4; 21,5. Diokletian besiegte sie, die mit anderen Stämmen seit 295 anstürmten, im J. 299, Aurel. Vict. Caes. 39,43; Licinius im J. 310, CIL $I^2$ 323. Nach Amm. 29,6,1 bekriegte Valentinian 374/75 im Quadenkrieg auch die M. erfolgreich. Einfälle nach Noricum und Pannonien unternahmen sie von Böhmen aus noch 395, Claudian. in Rufin. 2,26ff. → Stilicho schloß 396 unter Vermittlung des hl. Ambrosius einen Vertrag mit den M., Paulin. vit. Ambros. 36; damals war die M.-fürstin Fritigil schon zum Christentum übergetreten. M. dienten unter den Auxiliartruppen, Not. dig. occ. 7,38,198, auch in Afrika, Synes. v. Kyrene bei Hercher, Epistologr. Graeci Nr. 110 (im J. 410). Im J. 433 kamen die in Pannonien angesiedelten M. unter die Herrschaft der Hunnen; sie nahmen 451 am Zug Attilas gegen Gallien teil, Paul. Diac. hist. Rom. 14,2. Erst Anf. 6. Jh. wanderten die M. nach Bayern ein.

Seit Marbod bis in die Mitte des 3. Jh. standen die M. unter einem König, der vom Volk eingesetzt und von Rom bestätigt wurde; dann herrschten Gaufürsten über die einzelnen Gebiete. Könige und Fürsten entstammten dem Adel, Vell. 2,108,2. Die M. kämpften erst als Fußtruppen, vom 3. Jh. an als Reiter. Ackerbau und Viehzucht standen in hoher Blüte, Cass. Dio 71,20 (Darstellungen auf der Marcussäule); beides war Sache der Sklaven und Hörigen, Cass. Dio 71,13, desgleichen das Handwerk. Mit röm. Händlern trieben sie bis in die Zeit Marc Aurels intensive Geschäfte. R. H.

**Marcomannus.** Vf. eines u. a. auf → Hermagoras von Temnos basierenden (D. Matthes, Lustrum 3, 1958, 78,2. 122,6) Kommentars zu Cicero De inventione, aus dem → Marius Vict., z. T. polemisierend, zit. (p. 173,25 ff. 299,13 ff. H), benutzt auch in den Rhetoriken des → Chirius Fortunatianus (p. 98,26 f. H), → Sulpicius Victor (p. 339,2 ff. 340,14–341,28 H) und (nach Titel und Subskription) des → Iulius Victor (B 20), die wohl in das 4. Jh. n. Chr. gehören. Da sich Marius Vict. mit M. als direktem Vorgänger auseinanderzusetzen scheint, empfiehlt sich eine Datierung des Kommentars ebenfalls in das 4. Jh., wozu auch der german. Name des Vf. paßt. P. L. Sch.

**Marcomer.** Fränk. Fürst, fiel 388/89 ins röm. Reich ein, mied 392/93 den Kampf mit Arbogast, schloß dann einen Vertrag mit Eugenius. Stilicho verdächtigte ihn 398 des Vertragsbruches, zitierte ihn nach Mailand und internierte ihn in Etrurien (Greg. Tur. 2,9. Claud. c. 18,37 ff. 21,236 ff.). A. L.

**Marculus.** Donatist. Bischof in Numidien, † 347. Sein Tod in der Verfolgung, welche der vom Kaiser als Schlichter des Religionsstreites bestellte → Macarius ausgelöst hatte, machte ihn zum Märtyrer. Seit 1934 sind die Ruinen der seinem Gedächtnis geweihten Basilica in Vegesela bekannt (RE VIII A, 575,48). O. H.

Passio Marculi, Ta. *Migne* PL 8,760–766. Lit.: *P. Monceaux* Hist. lit. de l'Afrique chrét. 5, 1920, 69–82. *W. H. C. Frend* The Donat. Church, 1952, 179. 184.

**Marcus. 1.** M., angeblich röm. Kaiser zwischen Gordianus III. und M. Iulius Philippus (244 n. Chr.), Zon. 12,18 (III p. 130 D.). **2.** M. Aurelius. Marcus Annius Verus = imp. Caes. M. Aurelius Antoninus Aug. Span. Herkunft (Ucubis in der Baetica), * 26. April 121 (vit. Marci 1,5) auf dem Caelius (Fronto ad M. Caes. 2,8 p. 30,20 Hout) in Rom als Sohn des M. Annius Verus und der Domitia Lucilla, vit. Marci 1,2 ff.; er hieß erst M. Annius Catilius Severus nach seinem mütterlichen Urgroßvater (Galen. 7,478). Im J. 126/27 von Hadrian in den Ritterstand, 128/29 unter die Salier erhoben, vit. Marci 4,1 f. Nach dem Tod seines Vaters von seinem mit diesem gleichnamigen väterlichen Urgroßvater adoptiert, der dreimal Cos. und Stadtpraefekt gewesen war, und in dessen Haus beim Lateran erzogen (Cass. Dio 69,21,1. vit. Marci 1,10) und in griech. und lat. Grammatik, Philos. und Malerei unterrichtet, *εἰς ἑ.* 1,4 ff. vit. Marci 2,2 ff. In bes. Gunst des Spaniers → Hadrianus (1) stehend – M. war Neffe der Gattin Hadrians –, der ihn *Verissimus* nannte (Cat. Coins, Brit. Mus. Mysia 173), erhielt er schon 136 die toga virilis, hieß jetzt M. Annius Verus und wurde auf Hadrians Wunsch mit einer Tochter seines praesumptiven Nachfolgers L. Ceionius Commodus, = L. Aelius Caesar, verlobt, vit. M. 1,10. 4,5. Er wurde 137/38 *praef. fer. Lat.*, vit. M. 4,6. Nach dem Tod der in Aussicht genommenen Nachfolger adoptierte Hadrian am 25. Febr. 138 den Oheim des M., T. Aurelius Fulvus Boionius Arrius Antoninus (→ = Antoninus Pius), der seinerseits M. und den gleichnamigen Sohn des L. Ceionius Commodus, den späteren Kaiser → Verus, adoptieren mußte, Cass. Dio 69,21,1; M. hieß nun M. Aelius Aurelius Verus; Quaestor 5. Dez. 138 bis 4. Dez. 139, vit. M. 5,6. Im J. 139 wurde er mit seiner ca. 9jährigen Cousine Annia Galeria → Faustina d. J. (Bd. II 1583) verlobt, Tochter des Antoninus Pius, vit. M. 6,2. Damals war → Fronto bereits sein Lehrer in der lat. Rhetorik, → Herodes (16) Atticus in der griech., vit. 2,4. Dio 71,35,1. Noch vor E. seiner Quaestur cos. des., erhielt er den Caesartitel, vit. M. 6,3. RIC III p. 171 Nr. 1206–1210. CIL VI 32379, 18, und übersiedelte in die domus Tiberiana (vit. M. 6,3. Dio 71,35,4). Er war *princeps iuventutis*, Dio 71,35,5, und *sevir turmis equit. Rom.*, vit. M. 6,3, Mitglied des Kollegiums der Arvalbrüder, deren magister er 145 war, CIL VI 32379. Mit Pius *cos. ord.* 140, CIL VI 159. 1009; *cos. II ord.* 145, CIL III 282, 51. In diesem J. heiratete M. die Faustina, die sofort den Augustatitel erhielt, 146 wurde seine älteste Tochter geboren und M. bekam am 10. Dez. 146 die *tribunicia potestas*, vit. M. 6,6, deren Zählung mit diesem Tage beginnt, Dess. 379. 380, und das *ius quintae relationis*, 5 Anträge im Senat stellen zu dürfen, vit. M. 6,6, Kornemann Doppelprinzipat 75 ff. Trotz der Diskrepanz ihrer Titel lebte M. in bestem Einvernehmen in der Familie des Antoninus Pius, vit. M. 7,2, in Rom oder auf Gütern in Italien, vor allem bei Neapel, Fronto p. 31,2 Hout; M. war eifrig den rhetor., philos. (*εἰς ἑ.* 1,12,14) und jurist. (vit. M. 3,6) Studien ergeben, wobei unter dem Einfluß des Stoikers Q. Iunius Rusticus die philos. seit 146 die Oberhand gewannen, *εἰς ἑ.* 1,7. 9. 13. 15. Fronto 144,9 H. *Cos. ord. III* 161 mit seinem Adoptivbruder, CIL VI 1984, 22. Am 7. März 161 starb Pius in Lorium, M. trat die Herrschaft sofort als Samtherrschaft mit seinem Adoptivbruder an, dem er den Augustustitel verlieh, vit. M. 7,5. Cass. Dio 71,1,1. Eutr. 8,9; ihm verlobte M. seine Tochter Annia Lucilla, vit. M. 7,7. Cass. Dio 71,1,3; M. nahm den Beinamen Antoninus an, seinem Adoptivbruder Lucius gab er den Beinamen Verus, vit. 7,6 f. Sich selbst behielt er bloß den Oberpontifikat vor, CIL XVI 121, 2 (J. 166); ebd. 123,2 (5. Mai

167). Gerade mit dem Regierungsantritt dieser liebenswürdigen, der Philosophie ergebenen Persönlichkeit brechen schlagartig Kriege an allen Fronten und sonstiges Unheil über das Reich herein. Ein Erdbeben suchte Kyzikos heim, Cass. Dio 70,4,1. Fronto p. 91,13ff. H. Die 162 in Germanien und Raetien einfallenden Chatten mußte Aufidius Victorinus zurückschlagen, vit. M. 8,7f. Die in Britannien aufständischen Kaledonier mußten niedergeworfen, vit. M. 8,7f., gegen eine mächtige parth. Offensive des Vologaeses III. mußte im Frühj. 162 L.Verus geschickt werden, Cass.Dio 71,1,2. vit. M. 8,9. RIC III 252 Nr. 477–481 *(profectio Aug.)*. M. Statius Priscus wurde von Britannien nach Armenien beordert und eroberte 163 die Hauptstadt Artaxata, vit. M. 9,1, und M. nannte sich seit 164 *Armeniacus*, vit. Ver. 7,2. Im J. 164 konnte in Armenien → Sohaemus als König eingesetzt werden, Fronto 120,20 H. Obwohl Verus das wenigste zu den militär. Erfolgen beitrug, ließ ihm M. seine Tochter Annia Lucilla nach Syrien als Gattin zubringen, Cass. Dio 70,2,2. Im J. 165 gelang C.Avidius Cassius die Eroberung von Seleucia und Ktesiphon, Cass. Dio 71,2,2–4, nach einem Feldzug nach Medien (CIL VIII 965) wurde 166 Friede geschlossen (RIC III p. 224 Nr.145f. 159) und die Augusti feierten am 12. Okt. einen Triumph, vit. M. 12,7–11. Doch die heimkehrenden Soldaten schleppten eine furchtbare Pest ein, J.F. Gilliam, AJPh 82, 1961, 225–251. Vit.Ver. 8,1f. Nur Armenien und Osroene blieben in röm. Hand. 167/68 fielen, vielleicht nach Einbrüchen schon 165 (J.Fitz, RE Suppl. IX 555ff.), die Markomannen und Quaden unter Ballomars Führung, wobei jedoch die ganze german. Welt von Illyrien bis Gallien in Bewegung geriet, in Italien ein, Amm. 29,6,1. Nach Aufbruch beider Augusti im Spätsommer 168 zogen sie sich zurück, aber Friedensbestrebungen scheiterten, vit. M. 14,1–3. M. und Verus zogen nach Pannonien und sicherten den Donauraum. Anf. 169 wollte M. den Verus nach Rom entlassen; dieser starb in seinem Beisein in Altinum an einem Schlaganfall, vit.Ver. 9,11. M. brachte seine Leiche nach Rom, Gal.14,650. Die Barbaren drangen erneut vor, vernichteten die Legionen von Pannonia sup., der Statthalter C. Iulius Commodus Orfitianus fiel, sie verwüsteten etwa Mai bis Juli 169 Opitergium und belagerten Aquileia, J.Fitz, Hist. 15, 1966, 336–367. Die Kriegsführung im pannon. Raum, wohin M. 2 neu ausgehobene Legionen schickte, für die er die Kronjuwelen und anderen kaiserlichen Schmuck versteigerte, vit. M. 17,4–5, obwohl von einer Finanzkrise unter M. nicht gesprochen werden kann (Th.Pekáry, Hist. 8, 1959, 448ff.), übertrug M. dem T. Claudius Pompeianus, dem er die Witwe des Verus vermählte, vit. M. 20,6. Dem Avidius Cassius gab er das Oberkommando über den ganzen Orient, Cass. Dio 71,3,1. M. selbst ging gleichfalls nach



Pannonien, vit. M. 22,8, wo ein Sieg des Pompeianus 170 etwas Ruhe schaffte. Doch überrannten Germanen und Iazygen 170 die 3 dak. Provinzen und Obermoesien, die zu einem großen Militärkommando unter M. Claudius Fronto zusammengefaßt worden waren; dieser fiel in der Schlacht, CIL VI 1377, vgl. 31640. Das hatte Germaneneinfälle bis Griechenland (Zerstörung von Eleusis!) und Kleinasien zur Folge, 172 Aufstände in Äg., die Avidius Cassius niederschlug, Cass. Dio 71,4, und Maureneinfälle in Spanien, vit. M. 21,1f. Aber Helvius → Pertinax säuberte Noricum und Raetien, so daß M. sein Hauptquartier nach → Carnuntum verlegen konnte, Eutr. 8,13. Erst 172 war die Germanengefahr zurückgedrängt, Cass. Dio 71,3,5, und M. ging zum Angriff über (Regenwunder, Cass. Dio 71,8–10), trieb durch die Eroberung Mährens einen Keil zwischen Quaden und Sarmaten und unterwarf 173 und 174 die Quaden und Markomannen, Cass. Dio 71,8,1–10,1, zugleich von Sirmium aus 173–175 die Iazygen, Cass. Dio 71,7 (III p. 257f. B.). M.s Gattin Faustina wurde zur *mater castrorum* ernannt, Cass.Dio 71,10,5. Von Aquincum aus begann M. 175 den Großangriff gegen die Sarmaten, CIL VIII 2276, und war im Begriff, durch die Schaffung von röm. Provinzen Marcomannia und Sarmatia die Grenzen des Reiches vorzuschieben, vit. M. 24,5, als sich im O. an der Spitze einer weit verzweigten Verschwörung unter Einbeziehung von Äg. (PIR $I^2$ p. 283) C. → Avidius (1) Cassius zum Kaiser ausrufen ließ, Cass.Dio 71,22–27. M. gab seine Pläne im W. auf und eilte Mitte Juli 175 nach dem O.; bei seinem Eintreffen war der syr. Usurpator bereits getötet, Cass.Dio 71,27,2–28,1. Vit. M. 25,1–8. M. blieb bis E. 176 im O.; auf der Heimkehr verlor er in S.-Kappadokien seine Gattin, Cass.Dio 71,29,1. Über Griechenland kam er heim; er feierte am 23. Nov. 176 den Triumph über Germanen und Sarmaten, CIL VI 1014, und erhob am 27. Nov. seinen Sohn → Commodus zum Mitregenten durch Verleihung des Imperatortitels, vit. Comm. 2,4. Die *tribunicia potestas* und den Augustustitel gab er Commodus Anf. 177. Im gleichen J. brach der Markomannenkrieg von neuem aus, Cass.Dio 71,33,1. Am 3. Aug. 178 (vit. Comm. 12,6) zog M. in das Kriegsgebiet, seine Feldherren errangen Erfolge (so M.Valerius Maximianus, H.Bengtson, Hist. 8, 1959, 213–221), M. starb aber am 17. März 180 (Cass.Dio 71,33,$4^2$) in Vindobona, epit.Caes.16,12, an der Pest. Er wurde konsekriert, vit. M. 18,3,5, und erhielt eine goldene Bildsäule im Senat, Cass.Dio 71,34,1. M. hatte 13 Kinder, s. PIR $I^2$ p.123; über seine Verwandtschaft hinsichtlich der Nachfolger s. J.Keil, Klio 31, 1938, 293–300.

Unter dem Zwang der Kriege wurden Veränderungen in der Provinzialverwaltung geschaffen: die beiden praetor. dak. Provinzen wurden zu einer einzigen konsular. zusammengeschlossen und in 3 Verwaltungsgebiete zerlegt. Raetien und Noricum wurden praetor. Provinzen; Germanen wurden am röm. Ufer als Grenzschutz angesiedelt; andere Maßnahmen waren vorübergehender Natur. In Rom hob er das Ansehen des Senats, der eine Körperschaft hoher Beamter, Heerführer und Statthalter war, vit. M. 10,1–9. Cass. Dio 71, 30,2. Wichtigen Beamten gab er Unterbeamte zur Seite, so für die Fiskalverwaltung (CIL VI 1564 *procur. summar. rat.*) und für die Getreideversorgung (CIL V 8659 *subpraef. annonae*). Die *iuridici Italiae* wurden in praetor. Rang wieder instituiert, Cass. Dio 78,22,1. Beamte wurden die *consiliarii Augusti* CROOK Consilium principis 74ff. (CIL VI 1634). Das Alimentationswesen wurde auf Beamtenbasis organisiert (CIL X 3865), die Zollgesellschaften verstaatlicht, DE LAET Portorium, 1949, 403ff.

M.-Aurel-Säule: In Nachahmung der Traianssäule wurde nach M.s Tod die nach ihm benannte, am Corso stehende Säule mit Darstellungen aus den Markomannenkriegen errichtet, W. ZWIKKER Stud. z. M.-Säule (1941). CAPRINO-COLINI-GATTI-PALLOTTINO-ROMANELLI La Colonna di M. A. (1955). G. BECATTI Colonna di M. A. (1957); DERS. La colonna coclide istoriata (Stud. e mater. del mus. dell'imp. Rom) 6, 1960, 47–82. – Ein Bogen in Isaura Vetus, P. VERZONE, Palladio 9, 1959, 1–18. RE IV 2109ff., s. M. WEGNER Bemerkungen zu den Ehrendenkmälern des M. A., Arch. Anz., 1938, 155–195. Ein Ehrenbogen in Tripolis, AURIGEMMA, Boll. d'arte 19, 1925, 544–570. – Münzen: von 139–161 RIC III p. 77–92 Nr. 411–491; als Kaiser p. 195–343 Nr. 1–1618. MATTINGLY Coins Brit. Mus. 4, 1940, p. 21–384 (139–161); p. 385–688 (161–180). – Ikonographie: Zahllose Statuen, s. L. VLAD. BORRELLI, Enc. Art. Ant. 4, 1961, 825–829 (mit Lit.).

M. als stoischer Schriftsteller: Durch Iunius Rusticus und die Lektüre von → Epiktetos wurde M. zur stoischen Philos. geführt, von der ihn nur die Ethik interessierte. Sie formte seine Weltanschauung und Lebensauffassung und gab ihm innerlich Halt in den schweren J. seiner Regierung, freilich auch pessimist. Resignation. Erst in Zeiten der Bedrängnis hat er seine aus Aphorismen (außer B. 1) und Gesprächen mit sich selbst (erstmals in der griech. Lit.!) bestehenden Selbstbetrachtungen *εἰς ἑαυτόν* in 12 B. geschrieben, B. 1 168/69 im Land der Quaden, B. 2 171/72 in Carnuntum, die restlichen bis zu seinem Tod. Ausg. H. SCHENKL 1913, Lat.-dt. W. THEILER 1951.
R. H.

*M. Pohlenz* Stoa, 1948, 288ff. 341–353. *W. Weber* Rom, Herrschertum und Reich, 1937, 282–350. *A. S. L. Farquharson* M. A.$^2$ (1952). *Th. Fr. Carrata* Il regno di M. (1953). *C. Parain* M. A. (1957). *A. Cresson* M. A.$^4$ (1962).

**2.** M., wurde 406 von den Soldaten in Britannien zum Kaiser ausgerufen, 407 wieder beseitigt (Olymp. frg. 12 = FHG 4,59. Zos. 6,2). **3.** M., Sohn des Basiliskos und der Zenonis, wurde 475 im Knabenalter zum Caesar und nachher zum Augustus erhoben. Nach Rückkehr Zenons wurde er 476 mit dem Vater nach Kappadokien verbannt und dort getötet (Chr. min. 2,91. Prok. 3,7,21ff. Euagr. 3,3. 5,8. Candid. frg. 1 = FHG 4,136). A. L.



**4.** Johannes M., Verfasser des Evangeliums (Ev.), aus Jerusalem (Act. 12,12), Begleiter von → Paulos und → Barnabas (Act. 12,25. 13,5. 13. 15,39; nach Kol. 4,10 Vetter des Barnabas), viell. ident. mit dem Mitarbeiter des Paulos (Philem. 24. Kol. 4,10. 2. Tim. 4,11). Nach 1. Petr. 5,13 wirkt er mit Petrus in Babylon (Rom?). Hierauf fußt die Überlieferung, er sei der Dolmetscher des Petrus gewesen (vgl. Eus. h. e. 3,39,15 nach Papias 2,15. Clem. Al. Strom. 7,106,4. Eus. h. e. 6,14,6f. Hieron. ep. 120,11). Nach Meinung von Papias a. O., → Eirenaios (adv. haer. 3,1,1) und den antimarkionit. Evangelienprologen war Petrus bei Abfassung des Ev. bereits tot. Schließlich erscheint M. als Missionar, Gründer und Bischof der Kirche von Alexandreia (Eus. h. e. 2,16); Weiteres über ihn bei Hippol. Ref. 7,30 und Hieron. vir. ill. 8.

Sein Ev. ist das älteste erhaltene Ev., viell. das älteste überhaupt. Um 70 n. Chr. verfaßt, wendet es sich an heidenchr. Leser. Über den Entstehungsort gibt es nur Vermutungen (Rom? Syrien? Galiläa?). Der Aufbau folgt dem Leben Jesu. Eine Gliederung ist nur in groben Umrissen möglich (1,1–13. 1,14–9,50. 10,1–16,8. 16,9–20: unechter Markusschluß, viell. schon im 2. Jh. entstanden). Nach langer Erforschung der liter. Einzelgattungen, Traditionen und redaktionellen Kompositionen (letztere gehen auf M. selbst zurück) steht fest, daß M. nicht das Leben, sondern die Verkündigung Jesu beschreiben wollte und viell. in der paul. Schultradition stand. »Jesus erscheint dabei als Bringer und Prediger des Ev., nicht als sein Inhalt« (RGG 2, 1958$^3$, 760). Im Dienst der Christologie des M. (Jesus, der Sohn Gottes, vgl. 1,1. 1,11. 9,7. 15,39) stehen Parabeltheorie (4,10ff.) und die Theorie vom Messiasgeheimnis (1,34. 3,12. 5,43. 7,36 u. a.; vgl. EKL 2, 1311ff., dort Lit.). Ausgangspunkt des Ev. ist Leiden und Auferstehung Jesu (9,9); es kann mit Recht als »Buch der geheimen Epiphanien« (M. DIBELIUS) oder als »Passionsgesch. mit ausführlicher Einl.« (M. KÄHLER) bezeichnet werden. Das besondere Verdienst des M. ist es, daß er im Anschluß an paul. Theologumena durch Erinnerung an die Gestalt Jesu gnostisierender Entgeschichtlichung der altkirchl. Verkündigung zu wehren vermochte.

Matthaios und Lukas haben den Markosstoff krit. bearbeitet (vgl. z. B. Mark. 8,27), durch die Logienquelle (Q) erweitert und durch Sondergut ergänzt. Die älteren Hypothesen, andere Ev. seien älter als M., bzw. aus dem M. Ev. sei ein aramäischer Urmarkus zu eruieren, sind widerlegt. Die Zweiquellentheorie (M., Q) hat sich überall durchgesetzt.

*Hauck*, RE 12, 1903$^{3}$, 288ff. *Eltester*, RE XIV 1856ff. RGG 2, 1958$^{3}$, 760ff. LThK, 7, 1962$^{2}$, 95ff. (Lit.). *M. Kähler* Der sog. hist. Jesus und der gesch.-bibl. Christus, 1961$^{3}$. *R. Bultmann* Die Gesch. der synopt. Tradition, 1967$^{7}$. *M. Dibelius* Die Formgesch. des Ev., 1966$^{5}$. *W. Wrede* Das Messiasgeheimnis in den Ev., 1963$^{3}$. *H. J. Ebeling* Das Messiasgeheimnis und die Botschaft des M.-Ev., 1933. *F.C. Grant* The Earliest Gospel, 1943. *R.G. Lightfoot* The Gospel Message of St. Mark, 1950. *J.M. Robinson* Das Geschichtsverständnis des M.-Ev., 1956. *H. Riesenfeld*, ZNW Beih. 21, 1957$^{2}$, 157ff. *W. Marxsen* Der Evangelist M., 1959$^{2}$. *S. Schulz*, Stud. ev. 2, TU 87, 1964, 135ff. *E. Schweizer*, Ev. Th. 24, 1964, 337ff. *E. Haenchen* Der Weg Jesu, 1966. *J. Schreiber* Theologie des Vertrauens, 1967, und die Komm. und Einl. zum NT.

**5.** M., Bischof von Arethusa in Koilesyrien und Teilnehmer der Kirchweihsynode von Antiocheia 341, legt Konstans in Gallien das Bekenntnis der Synode, die sog. 4. antiochen. Formel vor (A. Hahn Bibl. d. Symbole, 1962$^{5}$, § 156. Athanas. de synod. 25. Sokr. h.e. 2,18,1. Soz. h.e. 3,10,4). In Sardica 342 vertritt er den ö. Standpunkt gegen die abendländ. Mehrheit (Migne PL 10,676 C) und setzt sich in der Folgezeit für die Einigung der zerstrittenen theol. Richtungen ein (Migne PL 10,721). Seine auf Ausgleich bedachte Symbolformel (A. Hahn, § 163) setzt sich auch im O. nicht durch und bringt ihn als Homöer in Verruf, bis er sich den sog. Jungnicänern anschließt. Unter Iulianos Apostata erlangt er den Titel des Konfessors und wird von der griech. Kirche bis h. am 28.3. als Heiliger verehrt (Act. Sanct. Propyl. 565ff.). Zu seiner Würdigung vgl. Soz. h.e. 4,12,4. 5,10,8ff. Greg. Naz. or. 4,88ff. Theodoret. h.e. 3,7,6ff.

*E. Schwartz*, NGG, 1911, 513. *Eltester*, RE XIV 1866f.

**6.** M. Diaconus kommt nach eigenem Bericht aus Asia nach Jerusalem, arbeitet dort als Kalligraph, bis er dem Anachoreten →Porphyrios nach dessen Wahl zum Bischof von Gaza als Diakon folgt. Neben einer (verlorenen) Schrift über eine antimanichäische Disputation des Porph. verfaßt er um 420 die vita des Porph., die im 6. Jh. noch einmal überarbeitet wurde. Die lebendig geschriebene vita ist kultur- und religionsgesch. wegen der Nachrichten über den Marnaskult interessant.

Ta.: *M. Haupt*, 1874. Soc. phil. Bonn. sod., 1895. *H. Grégoire–M.A. Kugener*, 1930 (Übers. und Komm.). *P. Peters* An. Boll. 1941, 65ff. *G. Rohde*, 1927 (Übers.).

Lit.: *A. Nuth* De Marci Diaconi vita Porphyrii, 1897. *H. Priessnig* Die biogr. Form der griech. Heiligenlegende, Diss. Münster, 1924, 50ff. *O. Stählin* Gesch. d. altchr.-griech. Lit., 1924, 1396. Dict. Arch. Chret. Lit. 14, 1938, 1464ff. *H. Dörries*, RE XIV 1867.

**7.** M. Eremita (oder Monachos) * nach 360, † 430, lebt als Abt in Ankyra und später als Einsiedler in der jüd. Wüste. Seine Schriften sind dogmat. (adv. Nestorianos, de Melchisedek) und asket. Inhalts (de lege spirituali, de poenitentia, de ieiunio u.a.), verraten aber wenig Originalität und bezeugen deutlich die im Grunde undogmat. Haltung des Mönchtums. Über ihn vgl. Nik. Kallist. h.e. 14,30. 53f. G. Ru.

Ta.: *Migne* PL 65,905ff.

Lit.: *J. Kunze* M. Eremita, 1855. *Hauck*, RE 12, 1903$^{3}$, 280ff. *O. Bardenhewer*, GAL 4, 1924, 178ff. *H. Dörries*, RE XIV 1867ff. *E. Peterson*, ZNW 31, 1932, 273ff. DThC 9, 1964ff. *J. Hausherr*, Or. Chr. P 1, 1935, 340ff. *K. Rahner*, ZkTh 61, 1937, 258ff. *K. Jüssen*, ZkTh 62, 1938, 76ff. *Khalifé*, Mél. Univ. St. Jos. Beyrouth 28, 1949/50, 61ff. 115ff.

**8.** M., Sophist aus Byzanz, führte sein Geschlecht auf Byzas, den Gründer von Byzanz, zurück. Das Jahr seiner Geburt wird etwa 80 n. Chr. anzusetzen sein. Er gehörte zu den Schülern des Attizisten → Isaios (2) von Assyrien. Seine Tätigkeit als Redelehrer übte er in seiner Vaterstadt aus, die ihn – offensichtlich wegen seiner Berühmtheit – mit einer Gesandtschaft an Kaiser Hadrian beauftragte. Reisen führten ihn zu → Polemon, dem berühmten Sophisten der smyrnäischen Schule, und nach Megara, der Mutterstadt von Byzanz. Der Grund dafür, daß Polemon M. schätzte, wird darin zu sehen sein, daß M. in manchen Punkten von dem rednerischen Ziel der attizist. Schule des Isaios abwich. So berichtet Philostr. von einer gewissen Lieblichkeit seiner Reden, die der von Isaios angestrebten *ἀκρίβεια* und *τραχύτης* widerstrebte. Doch im ganzen gesehen war M. ein typ. Schüler des Isaios, der die Lehre, die dauernde Übung und Gedächtnisschulung betonte – die Smyrnäer dagegen die Veranlagung. Eine Folge der dauernden Übungen war die Vernachlässigung des äußeren Habitus. – Als Werke M.' nennt Philostr. *μελέται* und *διαλέξεις* (wahrscheinlich Reden populärwissenschaftlichen Inhalts, in denen er z.B. Umfang und Mannigfaltigkeit der sophist. *τέχνη* behandelte). In Megara hielt er aus dem Stegreif eine Rede zur Beschwichtigung der Einwohner, die die Athener nicht zur Feier der kleinen Pythien in ihre Stadt lassen wollten. O. Dr.

**Marde** (*Μάρδης, Μάρδις, Μάργδις, Maride*), h. Mārdīn, Bergstadt im n. Mesopotamien am S.-kamm des Izalagebirges (h. Ṭūr ʿAbdīn), in der Spätant. eins der stärksten Bollwerke gegen die Perser, von Iustinian neu befestigt. K. Z.

*Weissbach*, RE XIV 1648.

**Marder.** Wegen fehlender detaillierter Beschreibungen ist es unklar, ob und in welchem Ausmaß die Ant. den M. kannte. Am ehesten wird ihm die *ἴκτις* (Frisk: »Ohne Etymologie«) entsprechen (doch s. Plin. nat. 29,60: *ἴκτις = mustelarum genus silvestre* [»wildes Wiesel«]): *κτιδέη κυνέη* bei Hom. Il. 10.335. 458, von *κτίς* abgeleitet (s. Leumann Hom. Wörter 53f.), also »Helm aus M.-Fell« (so Keller Ant. Tierwelt 1, 160, skept. Steier, RE XVI 903; Sch. z. St.: *ἴ.* ähnlich dem Wiesel, aber größer, entsprechend Hesych. s. *κτίς*); Aristoph. Ach. 880 (Felle der *ἴ.* auf dem athen. Markt); Nikand. ther. 196 (*ἴ.* geflügelmordend). Die bei Aristot. hist. an. 612 b 10 beschriebene *ἴ.* war nach KELLER 162 ein Honigwiesel, nach STEIER a.O. ein Stein-M. (zu *feles* s. → Katze). E. Mg.

**Mardoi** oder → **Amardoi,** ein Volksstamm Vorderasiens, zuerst erwähnt von Aischyl. Pers. 994 als Bestandteil des Heeres des Xerxes, dann von Hdt. 1,125 als einer der nomadisierenden Stämme der Perser. Bei Xen, an. 4,3,4 begegnen sie als Söldner im Heere des → Orontas an der Grenze Armeniens, Arr. Ind. 40,6 nennt sie Nachbarn der Perser. Die sich widersprechenden Angaben über die Wohnsitze der M. (Armenien, Medien, Persis) erklären sich am ehesten wohl aus ihrem nomadischen Charakter. Vgl. noch Plut. Ant. 41 und Tac. ann. 14,23. K. Z.

*Weissbach*, RE XIV 1648 ff.

**Mardokempados** s. Marduk

**Mardonios. 1.** (Mardunija), Sohn des → Gobryas, Dareios' I. Neffe, Schwiegersohn und Schwager. Setzte in Ionien anstelle der den Persern untreu gewordenen Tyrannen sog. »demokratische« Verfassungen ein. 492 Zug nach Thrakien zur Wiederherstellung der pers. Autorität, doch kaum gegen Hellas gerichtet (nach Hdt. 6,43 ff. BUSOLT GG 2,569. MEYER GdA 3,191; [4]; dagegen richtig H. WELZHOFER, JbPhPäd 143, 1891, 145 ff. BELOCH GG 2,2,84 ff. BENGTSON GG² 154); auf der Rückfahrt Schiffbruch der Flotte am Berg Athos. Die großartige Anlage von Xerxes' Feldzug geht auf M. zurück, der die Spitze des vorrückenden Landheeres befehligte. Nach der Schlacht von Salamis übernimmt er den Oberbefehl, überwintert mit dem Gros des Heeres in Thessalien; er verhandelt vergeblich mit Athen, um den Block der Hellenen zu sprengen, erobert darauf Athen zum zweitenmal und zerstört es. Beim Herannahen der Spartaner geht er nach Boiotien zurück und erwartet das Heer der vereinigten Griechen unter Pausanias bei Plataiai. Die Heere stehen sich einige Tage gegenüber, doch als M. den Nachschub und die Wasserversorgung der Griechen bedroht, kommt es zur Schlacht. Trotz des Auseinanderfallens des griech. Heeres durch eigenwilliges Operieren erringt die schwere griech. Hoplitenbewaffnung den Sieg. M., der sich als umsichtiger Feldherr und Taktiker erwiesen hatte, fällt im Kampf. Hdt. 6,43 f. 8,100–9,64. Plut. Arist. 10–19. H. Gu.

1. *G.B. Grundy* The great Persian war and its preliminaries, 1901. 2. *E. Obst* Der Feldzug des Xerxes, Klio Beih. 12, 1914. 3. *Ders.*, RE XIV 1654 ff. 4. *H. U. Instinsky* Hdt. und der 1. Zug des M. gegen Griechenland, H 84, 1956, 477 ff. (= Wege der Forschung 27, 1962, 471 ff.). 5. *W.K. Pritchett* New Light on Plataia, AJA 61, 1957, 9 ff. 6. *C. Hignett* Xerxes' Invasion of Greece, 1963, bes. 264 ff. (mit weiterer Lit.).

**2.** M., Eunuche, Pädagoge der Basilina und später ihres Sohnes → Iulianus (5), wahrscheinlich Christ (Iul. misop. 351 ff.; ep. ad Athen. 274; or. 6,198). **3.** M., Eunuche, primiscrinius sacri cubiculi unter Valens, 388 wahrscheinlich praepositus sacri cub. Auf sein Gut bei Chalcedon ließ Valens das Haupt Johannes des Täufers bringen (Soz. 7, 21. Liban. ep. 845. 853). A. L.

**Marduk.** Urspr. unbedeutende Gottheit von Babylon (sumer. *ᵈamar-utu(k)*, *ᵈmarutu(k)* »Jungrind des Sonnengottes«), die mit dem Aufstieg der 1. Dyn. dieser Stadt in den Vordergrund tritt und zur beherrschenden Gestalt des babylon. Pantheons wird. Erste Erwähnung in einer Votivinschr. der Mesalim-Zeit (F. STEPHENS, Yale Orient. Ser. Vol. 9 Nr. 2, um 2600 v. Chr.). Nach dem Zeugnis der Personennamen erfolgt M.s Aufstieg auch in Babylon erst allmählich, obgleich Hammurapi bereits im Prolog der Gesetzesstele proklamierte, daß M. die »Enlilschaft über die Menschen«, d.h. die höchste göttliche Stellung übergeben worden sei. Der endgültige Durchbruch kam erst unter Nebukadnezar I. (1123–1101 v. Chr.), in dessen Zeit wahrscheinlich auch das sog. Weltschöpfungsepos Enuma eliš (»Als droben«) konzipiert wurde. Dieses auch beim Neujahrsfest rezitierte Lehrgedicht gibt die theolog. Rechtfertigung für die hervorragende Stellung des M. damit, daß M. der Sieg über Tiāmat gelang, der die Götter vor dem Untergang bewahrte. Für diesen Kampf übertragen die Götter M. die Schicksalsentscheidung (deshalb auch Namensdeutung *mār-duku* »Sohn des Heiligen Hügels« der Schicksalsentscheidung) und machen ihn damit zum obersten Gott. Am Schluß des Gedichts wird dieser Akt bekräftigt durch das Aussprechen der 50 Namen des M., deren letzter »Herr der Länder« ihm auch den Bereich des bisherigen Götterherrn Enlil unterwirft. Theol. Spekulation hat M. dann zu verschiedenen Götterkreisen in Beziehung gesetzt. Er wird als Sohn des Enki/Ea verstanden (Gleichsetzung mit Asalluḫi) und wird damit Herr der Weisheit (das Gedicht *ludlul bēl nēmeqi* »Ich will preisen den Herrn der Weisheit« ist ihm geweiht), der Beschwörung und der Heilkunde. Er ist Bruder des Sonnengottes Šamaš, dem er urspr. nahestand. Sein Sohn ist Nabû, seine Gattin Ṣarpanītu. Später wurde er mit zahlreichen Göttern wesensgleich (Gleichsetzungstheologie) und als Bēl der höchste Gott schlechthin. Seit Adadnērārī II. (912–891 v. Chr.) fand er auch in Assyrien Einlaß. Auf Bekämpfung M.s unter Sanherib deutet ein Propagandagedicht, in dem M. dem Flußordal unterworfen wird. Der Text wurde früher als Erzählung von Tod und Auferstehung des M. mißverstanden. Auch ein Grab des Bēl (Strab. 16,738) gab es nicht. Es war vielmehr der Tempelturm Esagila im Heiligtum Etemenanki in Babylon (s. Gen. 11,1–9). Hier wurde alljährlich vom 1.–11. Nisan das Neujahrsfest *(zagmukku)* mit Opfern, Rezitationen und Prozessionen gefeiert, wobei der König die Hände M.s ergriff und damit Macht verliehen bekam. W. Rö.

*J.Hehn*, Beitr. z. Assyr. 5/3, 1905, 279–400. *A.Schott*, Ztschr. f. Assyr. 43, 1936, 318–321. *W. von Soden*, ebd. 51, 1955, 130–166. 52, 1957, 224–234. *D.O.Edzard*, WbMyth. 1,96f. *H.Schmökel*, RAss 53, 1959, 183–204. *W.G. Lambert* The Seed of Wisdom (Toronto 1964) 3–13.

**Marduk-apla-iddina.** M. I., babylon. König der Kassitendynastie (ca. 1172–1159 v.Chr.), wenig bedeutsam. – M. II. (*Μαρδοκέμπαδος* bei Ptol., *Μαρωδαχβαλδάν* in LXX, *M/Berōdaḳ-Bal'adān* im AT.), urspr. Scheich des aram. Stammes Bīt-Jakīn und Fürst des Meerlandes in S.-Babylonien. Er unterwirft sich 729 v.Chr. Tiglatpileser III., erhebt sich aber zu Beginn der Regierung Sargons II. zum König von Babylon. Trotz eines Bündnisses mit Elam nimmt er an der Schlacht von Dēr zwischen Umbanigaš und Sargon (720) nicht teil, regiert vielmehr friedlich und offenbar mit neuen Impulsen (z.B. Anlage eines Gartens mit exotischen Bäumen), bis ihn Sargon 710 v. Chr. während eines Feldzuges gegen Elam (Šutruk-Nahhunte II.) vertreibt. M. zieht sich ins Meerland zurück, kehrt aber 703 nach Sargons Tod 9 Monate auf den babyl. Thron zurück. Der Versuch, mit Hiskia von Juda Verbindungen – wohl mit dem Ziel einer antiassyr. Koalition – aufzunehmen, scheitert am Eingreifen Jesajas (2. Kön. 20,12–21 = Jes. 39,1–8; vgl. Ios. ant. Iud. 10,2,2). 703 v.Chr. wird M. bei Kiš von Sanherib geschlagen. Er flieht wiederum ins Meerland. Ein Feldzug Sanheribs in dieses Gebiet (700 v.Chr.) zwingt M. samt seinen Göttern und den Gebeinen seiner Ahnen zur Flucht nach Nagīte im elam. Grenzgebiet, wo er wenig später gestorben sein wird. W. Rö.

*J.A. Brinkman* Merodach-Baladan II., Stud. Pres. to A.L. Oppenheim, 1964, 6–53.

**Mare Adriaticum** s. Mittelmeer

**Mare Germanicum** s. Nordsee

**Mare Nostrum** s. Mittelmeer

**Mare Suebicum** s. Ostsee

**Mare Superum** s. Mittelmeer

**Marea.** Ein seit Hdt. 2,18. 30 bekannter Ort w. des späteren Alexandreia auf einer in den Mareotis-See an dessen N.-Küste vorspringenden Halbinsel, h. wohl Kom el-Idris bei Mergheb. Danach wurde die Gegend Mareotis benannt; sie galt als von Libyern bewohnt (Hdt. 2,18), die sich in unsicheren Zeiten unabhängig machten, wie der Aufstand des → Inaros gegen Artaxerxes zeigt, der von hier ausging (Thuk. 1,104). M. war auch Schauplatz der Niederlage des → Apries gegen → Amasis, als dieser von den durch Kyrene geschlagenen Truppen zum Gegenkönig ausgerufen worden war (Diod. 1,68). Die Mareotis war eine berühmte Weingegend. Verwaltungstechnisch gehörte sie in der altägyptischen Zeit zum 3. unteräg. Gau, wurde aber in der Kaiserzeit selbständiger Gau. Die Einwohner besaßen auch ein von den Äg. unterschiedliches Recht (Wilcken Chrest. 322). W. H.

**Mares 1.** (*Μᾶρες*). Volksstamm an der S.-Küste des Pontos Euxeinos, den Mossynoiken benachbart und zusammen mit ihnen, den Makronen u.a. Stämmen unter Dareios die 19. Satrapie bildend nach Hdt. 7,79, der ihre Bewaffnung schildert. Erwähnung bei Hekat. FGrH 1 F 357. Später verschollen. Chr. D.

*Herrmann*, RE XIV 1680.

**2.** (*Μάρης*), Kentaurenartiger Stammvater der Ausonier, der das Reiten erfand (Ail. var. 9,16); zur Namensbildung vgl. Ceres, Heres, Pales. G. R.

*Schirmer*, Myth.Lex. 2,2373. *Hermansen* Stud. über den ital. und den röm. Mars 55ff. *Altheim* Gesch. der lat. Sprache 233,4. *Radke* Götter Altitaliens 199.

**Marganeis** (*Μαργανεῖς*). Kleine Gemeinde w. von Olympia in der Ebene n. des Alpheios etwa zwischen den h. Dörfern Phloka und Strephi, als Perioiken von → Elis abhängig. Beim Krieg Spartas gegen Elis 401 v.Chr. auf spartan. Seite, Xen. hell. 3,2,25. Diod. 15,77,4, im Frieden von 400 autonom, Xen. hell. 3,2,30, und weiter spartan., Xen. hell. 4,2,16, aber von Elis beansprucht, Xen. hell. 6,5,2. Zuletzt 364 v.Chr. als Verbündete der Arkader bei der Besetzung von Olympia genannt, Xen. hell. 7,4,14. Sonst Steph. Byz. und wohl Strab. 8,3,24 p. 349 (*Μαργάλαι*, *Μαργάλα*). E. M.

*Bölte*, RE XIV 1680ff.

**Margaritai** (*μαργαρῖται*). Die echten Perlen wurden von der Seeperlmuschel (Meleagrina margaritifera L.), der Flußperlmuschel (Unio margaritifera L.) u.a. geliefert. Der Name *ὁ μαργαρίτης* (*λίθος*) oder *τὸ μάργαρον* geht auf ai. *mañjaram* n., *mañjari* f. = Blütenknospe, Perle zurück (J.B. Hofmann Etym. Wtb. des Gr., München 1950, 190); die Römer (Plin. nat. 13,42) benutzten *margarita* (Charis. 72,9 B), daneben *unio* (Plin. nat. 9,112.123. Suet. Nero 31,2) sowie *bacca* (Sch. Pers. 2,66. Petron. 55,6,7), *elenchi* und *tympana* (Plin. nat. 9,109.113. CGL 2,364,59. Iuv. 6,459), die einseitig abgeplatteten »Paukenperlen« (Dig. 34,2,32, 9). Im O. waren die Perlen der beliebteste Schmuck, der noch dreimal höher bewertet wurde als Gold (Arr. Ind. 8,13. Athen. 3,93 B). Mesopotamien, Meder und Perser übernahmen den Perlenluxus (Athen. 2,93 B. Amm. 23,6,84), mit dem die Griechen durch die Feldzüge Alexanders bekannt wurden (Nearchos bei Arr. Ind. 38,3). In Indien (Plin. nat. 9,106) war die Meerenge zwischen Vorderindien und Ceylon (Taprobane) am ertragreichsten (Plin. nat. 6,81. Peripl. m. Erythr. 61), ferner das Vorgebirge Perimula (Ail. nat. 15,8) und die Insel Stoidis im Pers. Golf (Plin. nat. 6,110; vgl. Peripl. m. Erythr. 35. Theophr. lap. 36); in Europa fand man Perlen in Britannien und Schottland (Auson. Mos. 68f. Suet. Iul. 47), die aber kleiner, mißfarben (Plin. nat. 9,116) und von geringerem Glanz waren (Ail. nat. 15,8. Amm. 23,6,88. Tert. cult. fem. 1,6); am ausführlichsten darüber Tac. Agr. 12. Für das Mittelmeer vgl. Plin. nat. 9,115 (Mauretanien). Am genauesten wird die Perlmuschel beschrieben von Androsth. bei Athen. 3, 93 B. Plin. nat. 9,107 vergleicht sie mit der Auster; vgl. noch Theophr. lap. 36. Amm. 23,6,84. Isid. Char. bei Athen. 3,93 F, der auch über die Perlentaucher berichtet. Unsinniges über den Fang bei Plin. nat. 9,111. Die Taucher werden von Haien bedroht (Plin. nat. 9,110. Amm. 23,6,87) und leicht von den Muscheln selbst verletzt (Isid. Char. bei Athen. 3,93 F). Die Bildung der Perlen über Fremdkörpern war so gut wie nicht bekannt; man hielt sie für himmlische Tautropfen (Plin. nat. 9, 107. Solin. 53,23 ff. Isid. orig. 12,6,49. 16,10,1. Physiol. 44) oder durch Blitze entstanden (Isid. Char. bei Athen. 3,93 F. Ail. nat. 10,13) oder für fehlerhafte Auswüchse (Tert. cult. fem. 1,6) oder richtig für Fremdkörper (Tzetz. chil. 11,480 ff.). Perlen von mehr als 15 g = 70 Karat waren selten (Plin. nat. 9,116; vgl. Suet. Iul. 50,2); Perlen wurden zu Bildern (Plin. nat. 37,13. 14), Ohrgeschmeiden (Plin. nat. 9,114. Sen. benef. 7,9,4), sonstigem Schmuck (Plin. nat. 9,117) an Kleidern (Suet. Cal. 52), Sänften (Plin. nat. 37,17), Statuen (CIL II 3386 Macr. sat. 3,17,15 ff.) verwendet. Imitationen (Plin. nat. 37,197) wurden aus Glimmer, Fischschuppen, kleinen Perlen (Tzetz. chil. 11,493 ff.), Tragantgummi als Bindemittel u. a. gefertigt (Pap. Gr. Holm hrsg. und erklärt von LAGERCRANTZ 1913, p. 8,27 ff. 9,21 ff.). W. Kre.

*O. Keller* Die ant. Tierwelt 2,552 ff. *Kunz-Stevenson* The book of the pearl, The history, art, science and industry of the queen of gems, Lond. 1908. *J. Bolman* The mystery of the pearl, Leiden 1941. *E. Coche de la Ferté* Les bijoux ant., Par. 1956. *R. A. Higgins* Greek and Roman jewellery, Lond. 1961. *A. Hermann*, RAC 5, 1962, 505–552.

**Margiana** (ἡ Μαργιανή, altpers. *Marguš*, h. *Merw*), eine der ö. Landschaften des Achaimenidenreiches, die aber keine eigene Satrapie bildete. Sie wird von Dareios unter den Ländern genannt, die abtrünnig wurden, solange er sich in Babylon aufhielt. Der Margier Fräda, der sich zum König in M. erklärt hatte, wurde am 23. Kislim (wahrscheinlich 28. Dez. 521) von dem Satrapen Baktriens besiegt, womit der Aufstand sein Ende erreichte. Strabon (2,73. 11,516) nennt M. unter den von der Natur begünstigten Nordländern; eingehender ist die Beschreibung bei Ptolemaios (B. 6.8). Wahrscheinlich ist im J. 328 die Stadt Alexandreia M. begründet worden, die später zerstört und von Antiochos I. als → Antiocheia (2) wieder aufgebaut wurde. J. D.-G.

**Margidunum** bedeutet in kelt. Etym. »Hügelfestung der (Göttin oder des Stammes) Margis«. Dieses röm. Kastell am Fosseway, dem frühesten Britanniens (→ Limes), ist jetzt sicher auf Castle Hill unweit East Bridgeford in Nottinghamshire durch den Ausgräber F. OSWALD festgelegt. M. wurde z. Z. des Claudius errichtet, aber unter Hadrian völlig geschleift. Die verbleibende Poststation der Folgezeit wurde im späten 4. Jh. noch einmal zur Festung. F. M. H.

Vgl. mit Vollbibliogr. RE XIV 1704. *W. Bonser* A Rom.-Brit. Bibliogr., 1964, Ind. s. Castle Hill (Notts). *D. R. Dudley–G. Webster* The Rom. Conquest of Brit., A. D. 43–57, 1965, 119 f. *E. Foord* The Last Age of Rom. Brit., 1925, 102. *I. D. Margary* Rom. Roads in Brit. 1, 1955, 193. *G. Webster*, in: The Civitas Capitals of Rom. Brit., 1966, 33. 41. *A. C. Wood* A History of Nottinghamshire, 1947, Ind. s. v.

**Margites** (Μαργίτης). Titel und Held eines kom. Epos, das dem Homer (Aristot. poet. 1448 b 30, [Plat.] Alkib. 2,147 b. Aristoph. Av. 909), später auch dem Pigres (Suda) zugeschrieben wurde. Es bestand aus Hexametern, denen in unregelmäßiger Folge iamb. Trimeter beigemischt waren. Die Form erscheint als Vorstufe zu Archil. Epoden (1 Trimeter vor 2 Hexametern auch auf dem »Nestorsbecher«, 8. Jh., RAL 1955, 215), aber ob Archil. den M. schon gekannt hat, bleibt unsicher, da das Zitat Ἀρχίλοχος καὶ Κρατῖνος (Eustrat. zu Aristot. eth. Nic. 1141 a 12) auch bedeuten kann »Archil. in Krat. Ἀρχίλοχοι« (vgl. auch J. A. DAVISON, Eranos 53, 1955, 135) und die Priorität des M. vor Archil. frg. 103 D. nicht feststeht. Das Gedicht enthielt nach einer Rahmenerzählung (frg. 1) Geschichten von einem Dümmling (ὁ πάντων ἀβελτερώτατος Hyper. 2,7, zu μάργος v. WILAMOWITZ Eur. Her. 2,228), dem Sohne reicher Eltern, der nichts ordentlich verstand, weder zu graben noch zu pflügen (frg. 2,3), der nur bis fünf zählen konnte, nicht wußte, ob der Vater oder die Mutter ihn geboren hatte und was er mit seiner Frau anfangen sollte, bis sie es ihm listig beibrachte. Ein Papyrusfrg. (POxy 22, 1954, Nr. 2309) ist leider sehr zerstört, die Zugehörigkeit bestritten. Aristot. a. O. sah im M. den hom. Entwurf der Komödie wie im heroischen Epos den der Tragödie. W. K.

Test. und Frg.: Homer rec. Allen, 5,152–159. *L. Radermacher*, RE XIV 1705–1708. *A. Lesky*, RE Suppl. XI 830.

**Margos** (Μάργος) aus Keryneia tötete 275/74 den Tyrannen von Bura, daher legte Iseas in Keryneia seine Tyrannis nieder. M. bekleidete als erster das 255/54 im achaiischen Bunde neugeschaffene Amt des Einzelstrategen und fiel 229 in der Seeschlacht gegen die Illyrier bei Paxos. Pol. 2,10,5. 41,14. 43,2. H. V.

**Margus. 1.** Hauptfluß von Moesia sup. (Iord. Get. 300, Geogr. Rav. 4,16, 212,4, Plin. nat. 3,149, Strab. 7,318). Das Ufergebiet bewohnten die *Scordisci minores.* **2.** Befestigte Siedlung und Zollstation in Moesia sup. an der dak. Grenze, nach Eutr. 9,20 *inter Viminacium atque Aureum montem.* Seit der 2. Hälfte 2. Jh. *mun. Aur. Aug. Mar.* (CIL III 8111. 8223). Von Verwaltungsbeamten ist ein *eq. R. dec. quattuor [vir] mun. Ma.* aus der Z. 244–249 bekannt (CIL III 8113). An der Mündung des M. lag eine wichtige Handels- und Zollstation (CIL III 8140). Im 4. Jh. wurde am l. Ufer ein Kastell gebaut. Die Not. dig. or. 41,33 erwähnt hier einen *praefectus militum . . . contra Margum in castris*

*Augustoflavianensibus*. Um 400 war M. eine Flottenbasis (Not. dign. or. 41,39). Der Bischof von M. übergab M. 442 die Stadt den Hunnen. J. F.

**Maria. 1.** Gemahlin des Honorius, des Bruders Theodosius' I., Mutter der → Serena und der Thermantia (Claudian. c. 30,69. 117f.). **2.** M., * ca. 385, Tochter des Stilicho und der Serena, 398 Gemahlin des Kaisers Honorius (vgl. das Epithalamium Claudian. c. 10; zur Hochzeit entstand wahrscheinlich der Cameo bei VOLBACH-HIRMER Frühchr. Kunst, 1958, Nr. 59). M. starb 407/08 kinderlos (Zos. 5,28). A. L.

**Mariaba,** Hauptstadt der Sabäer (→ Sabaioi) im s.w. Teil von Arabia Felix, als solche bereits von Eratosth. bei Strab. 16,768 erwähnt, von Artemidor bei Strab. 16,778 auf (oder: bei) einem »baumreichen Berge« lokalisiert, von Steph. Byz. irrig an die Küste des Roten Meeres verlegt, von Ptol. 6,7,37 *Μάρα μητρόπολις* (→ Mara 2) genannt. In den sab. Inschr. ist M. als MRYB (später kontrahiert in MRB = Mārib) häufig belegt. Außerdem führte die Stadt noch den Namen *Σάβαι* (Agatharch. 100 = GGM I 188. Steph. Byz. s. *Λάβαι* und *Τάβαι*), der jedoch nicht ohne weiteres mit dem Landesnamen Saba' zusammengebracht werden kann. → Marsyaba.

Das alte M. liegt in 1160 m Höhe ziemlich genau ö. der h. Landeshauptstadt Ṣanᶜā' am Schnittpunkt mehrerer »Weihrauchstraßen« (s. d. Karte bei C. RATHJENS Die Pilgerfahrt nach Mekka, Hamburg, 1948, 33). M. hatte, soweit wir wissen, unter allen altsüdarab. Städten das weitaus größte Areal (fast 100 ha, H. v. WISSMANN, Le Muséon 75, 1962, 177–209); es hatte die Form eines Trapezes und war von einer 1 m dicken, von 8 (?) Toren durchbrochenen Mauer umgeben. Den Stammsitz der sab. Könige, die Burg Salḥīn, kannten auch noch die arab. Geographen: Hamdānī, *Ǧazīra* ed. D. H. MÜLLER, 203 = Übers. L. FORRER, AKM 27/3, 1942, 276; ihr griech. Name *Σιλεη* (für *Σιλεην*) hat wenigstens noch eine Entsprechung in dem Salḥē einer sab.-äthiop. Inschr. (E. LITTMANN, Miscell. Acad. Berolinensia, Berlin 1950, 99 und 101, jeweils Z. 2, falls nicht Schreibfehler). In M. befand sich ferner der dem Reichsgott Almaqah geweihte, inschr. AWM (Awwām?), h. Ḥaram Bilqīs genannte Tempel; die Fundamente seiner ellipt. Mauer wurden schon um 660 v. Chr. errichtet (Grundriß bei F. P. ALBRIGHT, BASOR 128, 1952, 27 Abb. 1). Das großartigste Bauwerk jedoch war der 770 Schritt lange Staudamm, der den Aḏanat (h. Wadi Ḏana) verriegelte und einen Stausee schuf, der der Bewässerung diente. Über die Dammbrüche und ihre Reparaturen berichten für die spätere Zeit die Inschr. (CIS IV 540 vom J. 450 n. Chr., ebd. 541 vom J. 542). Schon vorher hatte M. aufgehört, Hauptstadt des sab. Reiches zu sein; denn bereits im Peripl. m. Erythr. 23 wird Ẓafār (→ Saphar) als solche genannt. Wohl bald nach 575 barst der Damm endgültig und ließ weite Flächen wertvollen Fruchtlandes veröden – eine Katastrophe, die als *sail al-ᶜarim*, » gewaltige Überflutung«, noch im Koran 34,16 einen Nachhall fand. A. D.

1. *H. v. Wissmann* und *M. Höfner* Beitr. zur hist. Geogr. des vorislam. S.-Arabien, AAMz, Geistes- und Sozialw. Kl. 1952, 4), Ind. 2. *J. Pirenne* Le Royaume SudArabe de Qatabân et sa Datation, Löwen 1961, Ind. 3. *A. Grohmann* Arabien, HB Alt.-Wiss., 3. Abt., 1. Teil, 3. Bd., 3. Abschn., 4. Unterabschn., München 1963, Ind. 4. *H. v. Wissmann* Zur Gesch. und Landeskde. von AltS.-Arabien, SAWW, ph.-h. Kl., 246, 1964, Ind.

**Mariades.** Bürger und Ratsherr von Antiocheia am Orontes, der um 260 n. Chr. die Stadt an den Perserkönig Sapor verriet, Zos. 1,27. 3,32,5. SHA trig. tyr. 2,2f. Amm. 23,5,3. Malal. 12,295f. Zon. 12,23 (III p. 141 D). Orac. Sibyll. 13,89–102. 119–136. R. H.

**Mariamme** (*Μαριάμμη* hebr. *mirjam*; die Form *Mariamne*, popularisiert durch Fr. Hebbels Drama, ist Korruptel später Hss.) **1.** Gattin → Herodes' d. Gr., hasmonäischer Herkunft (Enkelin → Hyrkans II.; Ios. bell. 1,241). Konnte trotz ihrer aus polit. Gründen mit Herodes (37 v. Chr.) geschlossenen Ehe (ant. 14, 300. 467) dessen antihasmonäische Politik nicht verhindern und fiel 29 v. Chr. ihr selbst zum Opfer (ant. 15, 232ff.). **2.** Turm in der »alten« Stadtmauer Jerusalems (n. w. Ecke), von Herodes d. Gr. zusammen mit den Türmen Hippikos und Phasaelis sowie der Zitadelle erbaut, nach M. (1) benannt (bell. 5, 161 bis 175). 70 n. Chr. von der Zerstörung Jerusalems ausgenommen (bell. 7,1). Genaue Lokalisierung bis h. unsicher. B. Sch.

Zu 1: *St. Perowne* Herodes d. Gr., 1957, 101–107. Zu 2: *J. Simons* Jerusalem in the Old Testament, 1952, 265ff. *L. H. Vincent* – *A. M. Steve* Jérusalem de l'Ancien Testament I, 1954, 223. 231f.

**3.** M., Stadt in Syrien, h. Marjamīn nahe bei Rafnīje, zuerst erwähnt in der Alexandergeschichte, Arr. an. 2,13,8, dann Plin. nat. 5,82 *Mariamnitanos*; nach der Teilung der Provinz Syrien zur Syria Secunda gehörig, Hierokl. 712. Bischöfe von M. sind ab 451 bezeugt, s. MANSI 7,144 C usw. HONIGMANN, RE XIV 1745f. K. Z.

**Mariandynoi** (*Μαριανδυνοί*), Volk thrak. Stammes an der S.-Küste des Schwarzen Meeres zwischen → Bithynien (w.) und → Paphlagonien (ö.). Nach der Gründung von → Herakleia (7) in ihrem Lande durch Megarer und Boioter im 6. Jh. wurden die Bewohner des Hinterlandes in eine den Heloten oder Penesten ähnliche Stellung herabgedrückt (Plat. leg. 6,776d. Strab. 12,542. Athen. 6, 263d); übrigens gehorchten sie Kroisos (Hdt. 1, 28), gehörten dann im Perserreich dem 3. Nomos an (Hdt. 3,90) und nahmen am Zug des Xerxes unter dem Kommando des → Gobryes (2) teil (Hdt. 7,72). Über die Ausdehnung ihres Gebietes schwanken die Angaben. Die → Argonautensage verknüpfte sie mit den → Bebrykern, gegen die ihnen Herakles beistand. Auf das Klagelied um die in diesen Kämpfen Gefallenen führte man den *Μαριανδυνὸς θρῆνος* zurück (Aischyl. Pers. 937). In ihrem Land lag der Eingang zur Unterwelt, durch den Herakles den → Kerberos heraufholte, und die *Ἀχερουσία ἄκρα*. Vgl. RUGE, RE XIV 1747 ff. K. Z.

**Mariandynos** wurde nach der Gründung von → Herakleia (7) im Lande der → Mariandynoi von den griech. Kolonisten als deren Heros eponymos aiolischen Stammes erfunden, zum Herrscher erst über einen Teil Paphlagoniens, dann über die → Bebryker gemacht und mit vielen Heroen der Gegend – Phineus, Phrixos, Kimmerios, Titias, Idaia – in genealog. Beziehung gebracht. Genaueres darüber bei PRELL.-ROB. 2,816. Myth. Lex. 2, 2373. RE XIV 1749. K. Z.

**Mariane.** Stadt der O.-Küste Corsicas (Ptol. 3,2,5. It. Ant. 85,5. Geogr. Rav. V 27. Guid. 63), angeblich von C. Marius gegründete Kolonie (Plin. nat. 3,80); Name paßt eher zu Cap *Marianum* im SW. (Ptol. 3,2,3). G. R.

**Marianos. 1.** Vf. von iamb. Paraphrasen zu Theokrit., Apoll. Rhod., Kallimachos (Hekale, Hymnen, Aitia, Epigramme), Arat und anderen, wanderte aus Rom mit seinem Vater nach Eleutheropolis in Palästina aus, unter Anastasios (491–518). Consul, Präfekt und Patricius (Suda). **2.** Rechtsanwalt, Epigrammatiker des Agathias-Kyklos, behandelt formgewandt zu seiner Zeit beliebte Themen (auf ein Bad Anth. Pal. 9,626 f.; einen Park 668 f.; hier spricht sich bei aller Rhetorik auch das Naturgefühl der Zeit aus). Philos. Erklärung einer Erosstatue 16,201. 9,657 auf den Palast der Kaiserin Sophia, von Zon. ann. 14,10 irrtümlich Agathias zugeschrieben, ist frühestens 566 verfaßt. R. K.

*Av.* and *Al. Cameron*, JHS 86, 1966, 17. 21.

**Mărīca** (zu den Quantitäten vgl. Hor. c. 3,17,7. Lucan. 2,424. Martial. 13,83,1), ital. Göttin (oder »Nymphe«), deren Tempel (Plut. Mar. 40,1. Vib. Sequ. p. 149 R.) in einem heiligen Hain (Liv. 27, 37,2. Lucan. Martial. Porph. Hor. a. O. Aug. civ. 2,23. Vib. Sequ. p. 153 R. Strab. 5,233. Plut. Mar. 39,8: mit Tabu) inmitten von Sümpfen (Vell. 2,19, 2. Sch. Lucan. a. O.) lag und durch Grabung seit dem 6. Jh. v. Chr. nachzuweisen ist (MINGAZZINI Monum. Ant. 37, 1938, 941 ff. JOHNSON, RE Suppl. VII 485 f.; Nachbildungen von Wickelkindern als Votivgaben). Weihungen: CIL I$^2$ 374 (Pisaurum!). 2438 (Minturnae). DESSILS 9264 (Minturnae). Das urspr. Wesen der M. wurde vergessen, so daß man sie für Venus (Serv. Aen. 7,47), Diana (Sch. Aug. b. BOLL a. O.), Circe (Serv. Aen. 12,164. Lact. inst. 1,21,23) oder Mutter des Latinus (Verg. Aen. 7,47) hielt. G. R.

*Peter*, Myth. Lex. 2,2373 ff. *Wissowa* RRel$^2$ 49. *Boll*, ARW 13, 1910, 567 ff. *Latte* RRel 192. *Radke* Götter Altitaliens 199. *Lazzeroni* Stud. sagg. ling. 4, 1964, 127 ff. *Krahe* Die Sprache d. Illyrier 1,84. *Borgeaud*, REL 25, 1947, 83 ff.

**Mariccus.** Boier, der im J. 69 n. Chr. eine Erhebung gegen Vitellius versuchte; er wurde gefangen und getötet, Tac. hist. 2,61. R. H.

**Marina. 1.** M., Gemahlin Valentinians I., Mutter → Gratians (2), wirkte 364 auf die Erhebung Gratians zum Kaiser ein, wurde bald danach geschieden, nach 375 wieder an den Hof gerufen (Ps. Aur. Vict. 45. Malal. 13,341). **2.** M., Tochter des Kaisers Arcadius, * 403, † 449, weihte sich auf Rat ihrer Schwester Pulcheria dem jungfräulichen Leben (Chr. min. 2,67,83; Theophan. a. 5901). Kyrillos v. Alexandreia widmete ihr eine Schrift über den rechten Glauben (MIGNE PG 76,1201 ff.). A. L.

**Marinianus. 1.** M., aus der span. Prov. Gallaecia, vermögend; Rechtslehrer in Rom, als vicarius Hispaniae im J. 383 von Gratian mit der Untersuchung gegen die Priscillianisten beauftragt, † nach 409 (Symm. ep. 3,23–29. Sulp. Sev. 2,49. Zos. 5,45. Cod. Theod. 9,1,14). **2.** M., Flavius Avitus, war 422 praefectus praet. Italiae, Illyrici et Africae (Cod. Theod. 3,5,12. 13,3), 423 Consul. Mit seiner Frau Anastasia beteiligte sich M. unter Papst Leo I. an der Erneuerung der Petrusbasilika im Vatikan (DESSILS 8989. DIEHL Inscr. Lat. Christ. Vet. 1758). A. L.

**Marinos** (*Μαρῖνος*). **1.** Neuplaton. Philosoph, folgte 485 dem → Proklos als Schulhaupt der Akademie; M. stammte aus Sichem (= Neapolis) in Samaria. Von der dortigen halbjüd./synkretist. Religion wandte er sich ab: *τὰ τῶν Ἑλλήνων ἠγάπησεν*. M., von Proklos hoch geschätzt (er widmete dem M. seinen Komm. zum Mythos im 10. B. von Platons Staat), lenkte von der enthusiast. Theologie seines Lehrers ab; nachmals wurde sein Ausspruch zitiert »Wäre doch alles Mathematik!« (Elias, Prolegg. 28,29). Er verfaßte einen Komm. zu Platons Philebos, verbrannte diesen aber, als der krit. Widerspruch des → Isidoros ihn erkennen ließ, daß er damit außerhalb der Schultraditionen stand. Fast hätte M.' Komm. zum Parmenides Platons das gleiche Schicksal erfahren (das B. war aber schon publiziert, als Isidoros' Protest eintraf); in diesem Komm. hatte M. die These verteidigt, Platons Parmenides sei nicht theolog., sondern als eine Begründung der Ideenlehre zu verstehen. Die einzige erhaltene Schrift des M. *Πρόκλος ἢ περὶ εὐδαιμονίας* entspricht der eben formulierten Haltung nicht. Diese Schrift, unmittelbar nach dem Tode des Proklos verfaßt (sie nimmt Bezug auf die Sonnenfinsternis am 29. Mai 485), ist, wie akadem. Tradition es forderte, zugleich Biographie, *ἐγκώμιον* und philos. Würdigung des verstorbenen Vorgängers; sie vollzieht den philos. Habitus des Proklos nach – übrigens in einer höchst bezeichnenden und lehrreichen Weise –; als Zeugnis für M.' philos. Confessio darf sie nur mit Vorsicht herangezogen werden. Wahrscheinlich war M. (durch Krankheit?) frühzeitig genötigt, das Scholarchat an Isidoros abzugeben.

Alle Zeugnisse über M., die uns überkommen sind, sind enthalten in der vita Isidori des Damaskios, deren Frg.e Cl. Zintzen 1967 herausgegeben hat. H. D.

**2.** M., von Tyros, griech. Geograph, Vorgänger des → Kl. Ptolemaios, dessen Geographie fast ausschließlich auf seinen Arbeiten beruht. Seine Lebenszeit ist an das E. des 1. und in das 1. Drittel des 2. Jh. zu setzen, was aus der Materialsammlung der Ptolemaioskarten hervorgeht. Die zahlreichen Ortsnamen mit dem Namen Traians setzen den term. p. q. des Beginns seiner Sammlungen auf 107 n. Chr. (E. des Dakerkrieges), das Fehlen der durch Hadrian nach den Partherkriegen (114–116) eingeführten Ortsnamen den term. a. q. auf 114 oder 115. Offenbar nach den Veröffentlichungen des Ptolemaios in Vergessenheit geraten, wird das Werk des M. nur durch diesen erwähnt und bekannt, der seine erste Darstellung *ἡ τοῦ γεωγραφικοῦ πίνακος διόρθωσις* (Geogr. 1,6,1) und seine letzte Ausgabe, nach mehreren anderen, *σύνταξις* nennt. Der erste Titel bescheinigt, daß die Schrift als Kommentar für eine Karte gedacht war, aber es ist nicht sicher, daß jede Ausgabe eine solche enthalten hat, und die letzte hatte jedenfalls keine (1,6,2). Der Ausdruck *διόρθωσις* zeigt indessen, daß M. größeren Wert auf die theoretische Darlegung der mathem. Grundlagen der Kartographie und auf ihre Verwendung für die Bestimmung jedes Ortes als auf die Ausführung der Karte selbst legte. Nach der *Γεωγραφικὴ ὑφήγησις* des Ptolemaios kann man sich sein Werk als eine Liste von Ortsnamen vorstellen, die nach Provinzen und Ländern gruppiert waren, jedes einzelne begleitet von einer topothetischen Notiz, die manchmal die Quelle der für die Lokalisation des Ortes benutzten Nachricht angibt.

Alle vorausgehenden Projektionsversuche verwerfend, hält M. jedoch an der Zylinderprojektion fest, die erfahrungsgemäß von allen Geographen übernommen wurde, u. dem Parallelkreis (*κλίμα*) sowie dem Meridian von Rhodos (→ Dikaiarchos) als Basiskoordinaten. Ebenso sind die meisten der anderen Klimata noch diejenigen des Eratosthenes: → Thule, → Borysthenes, *μέσος Πόντος* (neu), Lysimacheia, Alexandreia, Syene, Meroe, Zimtküste, Äquator. Aber er ersetzt die Meridiane durch 15 gleiche *ὡριαῖα διαστήματα*, die auf dem Parallelkreis von Rhodos der gesamten Länge der Oikumene von 90000 Stadien entsprechen, im ersten Versuch aufgefaßt als gleichwertig mit 180° (der Hälfte des Erdumfanges gemäß Poseidonios: 180000 Stadien) und, nach neuer Überlegung, also in den verbesserten Karten, als gleichwertig mit 225°, so daß 90000 Stadien auf die 180° des Äquators ausgerechnet werden (Reduzierung um $^1/_5$). Dabei zeichnete er doch in der ererbten Zylinderprojektion die neuen Meridiane gradlinig und parallel, so daß er auch auf dem Äquator 225° maß, wobei die Breite der rechteckigen Oikumene



mit 45000 Stadien, der Hälfte der Länge, beibehalten wurde. So durch E. Honigmann, RE XIV 1772–1779, auf der Grundlage der Kritik des Ptolemaios wiederhergestellt, verdient die Karte den durch diesen gegen M. erhobenen Vorwurf, er habe sich nicht klargemacht, daß die Grade auf seiner Plattkarte je nach der Breite ganz verschiedene Größen darstellen mußten. Was die geograph. Dokumentation betrifft, so scheint sie sehr verbreitet gewesen zu sein: Ptolemaios zitiert Diodoros von Samos, der über den Seeweg nach Indien schrieb, einen Alexandros, der bis → Kattigara (Kiau-tschi im Golf von Tongking) gelangte, Septimius Flaccus und Iulius Maternus, die z. Z. des Claudius Innerlibyen bis Agisymba nahe beim Tschadsee erforschten, Diogenes, Theophilos und Dioskoros, die die libysche O.-Küste bis Sansibar erkundeten, den makedon. Kaufmann Maës, der über die serische Handelsstraße berichtete, ferner den Geographen Philemon, dessen Gewährsmänner Irland erreicht hätten, und ältere Autoren wie → Timosthenes und → Hipparchos. Diese Namen haben sich wegen der zitierten Orte erhalten, die die durch die Forschungen des M. erreichten Grenzen der Oikumene bildeten, aber er hatte deren viel mehr angegeben, deren Mannigfaltigkeit sich z. B. aus der Tatsache erraten läßt, daß man Messungen nach Stadien in Italien, nach *milia* in Britannien und Kleinasien, nach *σχοῖνοι* im Partherreich findet, wie auch Besonderheiten der Schreibweise, die deutlich die Benützung lat. Quellen zeigen. Die Quellenanalyse führt jedoch zu keinem sicheren Resultat. Man wird bemerken, daß diese Dokumentation hauptsächlich auf Reiseberichten beruht, was erklärt, daß M. die Mehrzahl der von ihm erwähnten Orte mehr mittels Wegemessungen und Marsch- oder Schiffahrtstagen als nach astronom. Beobachtungen bestimmt hat, wobei er sich in dieser Beziehung auf die des Hipparchos beschränkte. Sein kartograph. System, bei dem die Grade wegen ihrer veränderlichen Länge mehr einen formalen Rahmen als ein wirkliches Koordinatensystem bilden, erklärt andererseits, daß er die aus den Wegemaßen sich ergebenden Daten nicht in Länge- und Breitenpositionen umgewandelt hat. Die Richtungshinweise, die der Windrose des Timosthenes entlehnt und den Entfernungsangaben beigefügt sind, scheinen sehr genau gewesen zu sein: Ptolemaios hat die Position fast aller Orte, die er auf seinem eigenen Gradnetz festlegt, nach ihnen und nach den *ἀντικείμενα* bestimmt (vermutlich auf der gleichen Breite oder Länge beiderseits eines Meeres gelegene Orte). Es ergibt sich daraus, daß man berechtigterweise heute die vollendete Karte des M. nach der des Ptolemaios wieder herstellen kann, indem man die zylindrische Projektion wieder einsetzt und davon einige, jüngeren röm. Karten Italiens entlehnte Bestandteile abzieht (E. Polaschek, RE Suppl. X 680–833). Der Versuch ist mit Erfolg von E. HONIGMANN a. O. 1785 gewagt worden. F. L.

*N.C. Photinos* Περὶ τοῦ Μαρίνου τοῦ Τυρίου, Athen 1960. *Ders.* Art. Marinos in RE Suppl. XII.

**3.** M., Arzt im 2. Jh. n. Chr., hauptsächlich Anatom. Seine Anatomie (20 B.) hat Galen epitomiert (in 4 B.); beides nicht erhalten. Schrieb auch anatom. Spezialtraktate (Zitate bei Galen). F. K.

**4.** M., seit 386 arian. Bischof in Konstantinopel. Durch den Gegenbischof Dorotheos verdrängt, gründete er eine Sekte, die den Spottnamen ψαθυριανοί (Mürbgebäckler) erhielt. Ihr gehörten kurze Zeit bis zur nochmaligen Spaltung die arian. Goten mit an. Sokr. 5,12,7f. 5,23. Soz. 7,14,4. 7, 17,9–14. O. H.

**Marinus. 1.** M., comes Africae, besiegte 413 den Heraclianus, vollstreckte das Todesurteil an ihm, ging sehr hart gegen seine Anhänger vor, wurde dann wahrscheinlich noch 413 selbst seines Amtes enthoben (Marc. Comes; Aug. ep. 151. Oros 7,42,17. Hier. adv. Pelag. 3,6 = MIGNE PL 22,588f.). **2.** M., aus Apamea in Syrien (Ps. Zachar. Rhet. 7,9), machte unter Kaiser Anastasius Karriere in der Finanzverwaltung und war dann von 512–515 praefectus praetorio Orientis. Mit auf seinen Rat hin suchte Anastasius 512 das Dreimal-Heilig (Trishagion) der Liturgie in monophysit. Sinn zu ergänzen (Ps. Zachar. Rhetor 7,9. Chr. min. 2,97f.). Auf Vorschlag des M. sollte die annona nicht mehr durch die Kurien, sondern durch sog. vindices, welche die Steuer pachteten, erhoben werden (Edict. Iust. 13,15, günstig beurteilt bei Ps. Zach. a. O.; negativ bei Lyd. mag. 3,49. Euagr. 3,42). Obwohl Zivilbeamter, erhielt M. 515 das Kommando gegen Vitalianus übertragen, dessen Flotte er am Eingang des Goldenen Horns besiegte (Malal. 403/05). Unter Iustinus wurde M., einer der wichtigsten Ratgeber des Anastasius, nochmals praefectus praetorio (Cod. Iust. 2,7,25. 5,27,7 von 519). A. L.

*Stein* II. *Karayannopulos* Finanzwesen des frühbyz. Staates, 1958.

**Mario.** Personenname (auch inschr. bei einem Sabiner: SCHULZE Eigenn. 306. 313). **1.** M., Sklave Ciceros, der 50 v. Chr. Verbindung zu Tiro nach Patras hielt, Cic. fam. 16,1,1f. 2. 3,2. 5,1. H. G. G.

**Marion. 1.** Μαρίων. Tyrann von Tyros, unbekannter Herkunft, 42 v. Chr. von → L. Cassius (6) eingesetzt (Ios. bell. 1,239; ant. 14,297), 41 v. Chr. wohl bereits wieder vertrieben (vgl. ant. 14,314), beteiligt am Versuch → Antigonos' (5), Herodes d. Gr. die Herrschaft über Palästina streitig zu machen (bell. 1,238f.; ant. 14,297). B. Sch.

*Schürer* 1, 1901$^{3\text{-}4}$, 351f.

**2.** Μάριον. Griech. Stadt an der NW.-Küste Cyperns n. des h. Polis (tis Chrysochu). 449 v. Chr. durch Kimon erobert, Diod. 12,3,3. Könige des 5. und 4. Jh. auch aus Mz. bekannt. Der letzte König, Stasikypros II., von Ptolemaios I. 312 v. Chr. nach vorangegangenen Kämpfen abgesetzt, die Stadt zerstört und die Bewohner nach → Paphos umgesiedelt, Diod. 19,59,1. 62,6. 79,4. M. wurde unter dem Namen Arsinoe neu gegründet und bestand unter diesem durch das ganze Alt., später Bischofssitz, Hierokl. synekd. 706,10. Not. episc. 1,1056. Nil. Dox. 183. LE QUIEN Oriens christ. 2,1065/66. Gräber beginnen bereits in der Bronzezeit [7], Siedlungsspuren überwiegend erst von der hellenist.-röm. Stadt. Kupfer aus M. IG II$^2$ 1675 = Syll. III$^3$ 971,16f. Skyl. 103. Strab. 14,6,3 p. 683. Ptol. 5,13,4. Stad. m. m. 233. Plin. nat. 5, 130. Steph. Byz. s. Μάριον und Ἀρσινόη. Inschr.: SEG 12,550. 13,589. 17,749. 18,590f. 20,259–291. MITFORD Opusc. Athen. 3,177ff. AJA 65, 1961, 93ff. SITTIG, Hist. 9, 1960, 244f. [3],854ff. [4] Nr. 94–167a. [5]. Mz.: HEAD HN$^2$ 739f. [4],181ff. Opusc. arch. 4, 1946, 44. E. M.

1. *J.A.R. Munroe*, JHS 11, 1890, 4ff. 12, 1891, 298ff. 2. *Oberhummer*, RE XIV 1802f. XII 96,10ff. II 1278 Arsinoe Nr. 9 *(Hirschfeld)*. 3. The Swedish Cyprus Exped. 2, 181ff. 826; Ind. Bd. 4,535f. 4. *Ol. Masson* Les inscr. chypr. syllabiques 150ff. 5. *M. Segrè* Documenti di storia ellen. di Cipro, ASAA 27/29, 1949/51, 319ff. 6. *George Hill* A hist. of Cyprus 1 pass. (Ind. s. M. u. Arsinoe). 7. Neuere Grabungen: Fasti archaeol. 13, 1958, 115 Nr. 1795. 15, 1960, 119f. Nr. 1832. BCH 85, 1961, 314.

**Maris** (Μάρις). **1.** Sohn des kar. Königs Amisodaros. Er und sein Bruder → Atymnios (1), auf tro. Seite als Gefährten Sarpedons kämpfend, werden von Söhnen Nestors erlegt, Hom. Il. 16, 317ff. H. v. G.

**2.** (*Μάρις*, *Μάρισος*, *Marisia*, h. Maroš), Fluß in Dakien, den die griech. Autoren irrtümlich nicht in die Theiß (→ Tisia), sondern in die Donau münden lassen. Im 6. Jh. saßen an ihm Vandalenstämme, die vom Gotenkönig Geberich geschlagen wurden. Hdt. 4,48. Strab. 7,304. Iord. Get. 5 (113ff.). Chr. D.

*Kiepert*, FOA XVII. *Fluss*, RE XIV 1807.

**Marissa** (*Μαρισ[σ]α*, hebr. *mārē'šā* »Ort auf der Kuppe«), Stadt in SW.-Judäa, Einfallstor ins Bergland. Zuerst (falls nicht = *muḫrašti* Amarnabrief 335) in der Königszeit lit. (Mi. 1,15. Jos. 15, 44) und arch. nachweisbar, nach 587 → idumäisch, in hellenist. Z. aufgeblüht (Kolonie von Sidoniern und Makedonen mit Nekropole; Sklavenhandel mit Äg.), um 110 von → Hyrkanos I. (2) annektiert (Ios. bell. Iud. 1,63), 63 von Pompeius befreit (1, 156), 57 von → Gabinius (6) restauriert (1,166), wurde M. 40 v. Chr. von den Parthern zerstört (1, 269) und blieb wüst (vgl. Eus. onom. 130,10f.). H. *tell sandaḥanna*, isr. *Tel Maresha*, 1,5 km s. Bet Guvrin, Israel. Chr. B.

*F.J. Bliss–R.A.S. Macalister* Excav. in Palestine, 1902. *J.P. Peters–H. Thiersch* Painted Tombs in the Necropolis of M., 1905. *Abel* Géogr. 2$^3$, 1967, 379.

**Maritima.** Stadt der Avatici in Gallia Narb., Mela 2,78 *inter eum* [sc. *Lacydon portus Massiliensium*] *et Rhodanum M. Avaticorum stagno adsidet, Fossa Mariana partem eius amnis navigabili alveo* *effundit*. Plin. nat. 3,34 *oppidum M.* Ptol. 2,10,5 *Μαρίτιμα κολωνία* und Geogr. Rav. 4,28. 5,3 *colonia M.*, vielleicht irrtümlich: C. JULLIAN Hist. Gaule 5,133 denkt an die Möglichkeit einer durch Caesar oder Augustus gegründeten *col. M.* Die Lage ist nicht genau festgestellt: am Etang de la Valduc oder am Etang de Berre bei Miramas oder besser bei Martigues (s. F. BENOIT Rech. sur l'hellénisation du Midi de la Gaule, 1965, 129). M. L.

**Marius.** Osk. Praenomen (z. B. bei M. → Egnatius Nr. 4), von dem das Gentilicium M. abgeleitet ist, beide auch inschr. bezeugt. SCHULZE Eigenn. 189. 360. J. REICHMUTH D. lat. Gentilicia, Diss. Zürich 1956, 99. In Rom wurde der Geschlechtsname im 2. Jh. und dann vor allem durch den homo novus C. M. (cos. 107 usw.) bekannt. RE XVI 1649. 1657. 1666. Mz.: SYD. Lex Maria s. RE XII 2398.

I. Republikan. Zeit. **1.** M., Quaestor im J. 50, war als Nachfolger des C. Sallustius bestimmt, konnte jedoch wegen des Ausbruchs des Bürgerkriegs nicht nach Syrien gehen. Cic. fam. 2,17,5. H. G. G.

**2.** C. M., Sohn des C. Marius und der Fulcinia, * etwa 158/57 v. Chr. in Cereatae bei Arpinum, aus röm. Ritterstand. Kriegsdienst als *eques* und *contubernalis* des Scipio vor Numantia (134–133), trib. mil. und quaestor (121?), trib. pleb. 119 (*lex de suffragiis*, Streit mit den Metelli wegen seines Widerspruches gegen Getreideverteilung). Bei der Bewerbung um die Ädilität fiel M. zweimal durch, wurde aber bald darauf zum praetor gewählt (115). 114 proconsul von Hispania ult. Ca. 110 Heirat mit → Iulia (I 19), 109 Geburt des Sohnes Gaius. Q. Caecilius Metellus nahm M. als *legatus* in den Krieg mit Iugurtha mit. Durch den Hochmut des Metellus gereizt, bemühte sich M. hinter seinem Rücken um den Konsulat und um den Oberbefehl (oder täuschte Metellus vorsätzlich, um seine eigenen Interessen zu verfolgen: zwiespältige parteiische Überlieferung; seinen Zeitgenossen gilt M. als durchtriebener Opportunist). Als Konsul (107) war M. *homo novus*. Er nahm Freiwillige aus den *capite censi*, um die Legionen wieder aufzufüllen, und zwang schließlich Bocchus von Mauretanien, Iugurtha auszuliefern (durch Vermittlung Sullas, der daraufhin – wenn auch erfolglos – das Verdienst in Anspruch nahm, den Krieg beendet zu haben).

Da kein anderer General fähig schien, die Germanengefahr abzuwenden, wurde M. fortlaufend für 104–101 zum Konsul gewählt (105 und 102 *in absentia*, in allen Fällen unter Verletzung der für die Wiederwahl vorgeschriebenen Wartefrist). Nach der Rückkehr von Africa erregte M. durch den glanzvollen Triumphzug und durch das Auftreten im Triumphkleide im Senat bei diesem Anstoß. M. reformierte das Heerwesen (→ exercitus). Um die Disziplin der Truppe angesichts der Germaneninvasion zu stärken und zur Erleichterung der Rhôneschiffahrt, ließ er die Fossa Mariana bauen (104–103) und besiegte zuerst die Ambronen, dann die Teutonen bei Aquae Sextiae 102, die Kimbern bei Vercellae 101. Catulus und Sulla beanspruchten erfolglos den letzteren Sieg für sich. Wichtig war als Präzedenzfall, daß die Camertin. Kohorten von M. das Wahlrecht *in acie* erhielten. Eine bis dahin beispiellose *supplicatio* fand statt und M. wurde als dritter Gründer Roms geehrt. Zugleich mit den Göttern wurde ihm das erste Trankopfer dargebracht. Seine Freundschaft mit Saturninus (Tribun des J. 103) ermöglichte die Gesetzgebung über die Landzuweisung an M.' afrikan. Veteranen. Im J. 100 zum 6. Mal Konsul, wirkte er mit Saturninus (wiederum Tribun) zusammen. Metellus wurde ins Exil geschickt. Danach veranlaßten Übergriffe des Saturninus den M., ihn durch ein *senatus consultum ultimum* absetzen zu lassen. Als Saturninus sich dem M. gegen Zusicherung der *fides publica* ergab, wurde er von der Menge gelyncht. M. büßte an Ansehen ein, doch ohne ernstliche Gefährdung seiner Stellung. 97 erhielt er das Auguramt *in absentia* (ein Novum). In den ereignisarmen 90er J. gewann er alle Prozesse. In dieser Z. entstanden seine Luxusbauten in Rom und Baiae. Der Streit mit Sulla begann kurz vor dem Bundesgenossenkrieg. Trotz einer Reihe von Erfolgen (90) wurde ihm der Oberbefehl nicht verlängert (89), worauf M. gemeinsame Sache mit dem Tribunen Sulpicius Rufus machte und erwirkte, daß der Oberbefehl im 1. Mithradat. Krieg Sulla aberkannt und ihm übertragen wurde (88). Sulla marschierte daraufhin gegen Rom, M. floh ohne ernstlichen Widerstand, wurde geächtet und entkam zu seinen Veteranen in Africa (87; Plutarchs Bericht ist romantisiert, aber in der Sache zutreffend). Zurückgerufen von Cinna, stellte M. ein neues Heer aus Sklaven und Samniten auf, umschloß Rom (dort Hungersnot und Seuchen) und plünderte Ostia, Aricia, Antium und Lanuvium. Nach der Kapitulation von Rom zog M. erst ein, als seine Ächtung förmlich aufgehoben war. Nach anfänglichen Unruhen ließ Cinna eine kleine Anzahl der Hauptwidersacher teils sofort, teils am 1. Januar 86 hinrichten. Nur Catulus wird übereinstimmend als Opfer von M.' Rache bezeichnet (das angebliche M.-Massaker tritt erst in den Quellen des folgenden Jh. auf). Für 86 wurde M. rechtmäßig – zum 7. Mal – zum Konsul gewählt und starb am 13. (?) Januar 86, mit Vorbereitungen für einen Feldzug in den O. beschäftigt.

*R. Weynand*, RE Suppl. VI 1363ff. (dort auch Quellenangaben und Einzellit.). *H. Last*, CAH IX pass. *A. Passerini* C. Mario come uomo pol., Athen. 1934. *T. F. Carney* A Biography of C. M., Proceed. of the Afric. Class. Ass. Suppl. I, 1962 (mit Lit.). *J. van Ooteghem* C. Marius, Brüssel 1964.

**3.** C. Marius, * 109 v. Chr., Sohn von Nr. 2 und → Iulia (I 19), erzogen mit Cicero und Atticus,

nach Empfang der *toga virilis* verheiratet mit Licinia (93). Erster Kriegsdienst unter dem Vater im Bundesgenossenkrieg (90), dann unter dem Konsul L. Porcius Cato, dem Nachfolger des Vaters im Oberbefehl. 88 mit dem Vater geächtet, floh M. nach Solonium (bei Ostia), dann auf das Gut Scaevolas (des Großvaters seiner Frau), dann zurück nach Rom zu Licinia und, durch Atticus mit den notwendigen Mitteln versehen, nach Afrika zu Hiempsal II. Von ihm unter Hausarrest gestellt, entkam er und traf mit dem Vater zusammen. Mit ihm kehrte er 87 nach Italien und nach Rom zurück. Für 82 wurde er zum Konsul gewählt, verfassungswidrig schon wegen seiner Jugend (27 J.!) und weil die Wahl mit Gewalt durchgesetzt wurde. Er ließ für Rüstungszwecke Tempelschätze einschmelzen und in Praeneste verwahren. Von Sulla bei Sacriportus besiegt, wurde er in Praeneste eingeschlossen. Noch vor der Schlacht hatte M. den Praetor Damasippus beauftragt, alle polit. Gegner in Rom umzubringen; zu den Opfern zählte auch Scaevola. Auf die erste Stelle in der Proskriptionsliste Sullas gesetzt, versuchte M., vor dem Fall der Festung, aus Praeneste durch unterirdische Gänge zu entkommen, und endete, als das mißlang, vermutlich durch Selbstmord. Sulla ließ den Kopf des M. auf der Rednerbühne in Rom ausstellen. Ungünstig wird M. beurteilt bei Vell. 2,26,1. Plut. M. 46,7. App. civ. 1,435. Vgl. MÜNZER, RE XIV 1811.
T. F. C.

**4.** C. M., der »falsche M.«, vielleicht ein ehem. Sklave, trat 45 in Spanien und – nach Verbindungsaufnahme mit Cic. (Att. 12,49,1) und Octavianus – in Rom auf, wurde aber von Caesar verbannt. Nach den Iden des März 44 kehrte er nach Rom zurück, opferte Caesar als Gott (vgl. TAEGER, Charisma 2,81 f.), wurde aber dann, zumal er wieder viele Anhänger hatte, auf Befehl der Consuln inhaftiert und erdrosselt, App. civ. 3,3 ff. **5.** L. M., Volkstribun 62 (brachte mit M. Cato ein Gesetz zur Überprüfung von Siegesberichten ein), Legat 61 unter dem Propraetor C. Pomptinus (Kämpfe gegen die Allobroger). Val. Max. 2,8,1. Cass. Dio 37,48,1 f. – Möglicherweise sein Sohn war der L. M. (L. f.), der 54 als Nebenkläger gegen Scaurus auftrat. **6.** M. M., Quaestor in Teanum Sidicinum, um 125 v. Chr. **7.** M. M., 76 Quaestor des Sertorius in Spanien, in dessen Auftrag er 74 zu Mithridates und nach Asia ging, wurde 72 von Lucullus bei Lemnos geschlagen und dann hingerichtet. Plut. Sert. 24,2; Luc. 12,5. App. Mithr. 77. **8.** M. M., gebildeter Freund Ciceros, der ihn auf seinem Besitz bei Pompeii 55 und 49 besuchte und dem er mehrfach schrieb (ad Q. fr. 2,8,2; fam. 7,1. 2. 3. 4). **9.** Q. M., Münzmeister zwischen 150 und 133 (SYD.). BROUGHTON Mag. 2,445. **10.** Sex. M., 43 Legat des Procos. Dolabella in Asien, setzte sich vor Cassius nach dem W. ab. Cic. fam. 12,15,5. **11.** C. M. Capito, Münzmeister 82, nach neuerer Datierung um 79 v. Chr., BROUGHTON Mag. 2., 445. **12.** M. M. Gratidianus, leibl. Sohn des M. → Gratidius (2) aus Arpinum und der Maria (Schwester des C. M., cos. 107 usw.), adoptiert von M. M. (um 102 Praetor? in Spanien, BROUGHTON Mag. 1,568, einem anderen Bruder der Maria). Als Geschäftsmann aus dem Ritterstand führte er vor 91 einige Prozesse. 87 war er Volkstribun und Anhänger des → Cinna (3) (Anklage des Q. → Lutatius Catulus Nr. 4). 85 und 84 bekleidete er hintereinander die Praetur, BROUGHTON Mag. 2,57. 60, wobei er durch eine von ihm bekanntgemachte Verordnung über Münzprüfung (und Einziehung minderwertiger Silberstücke) populär wurde (Cic. off. 3,80 f., GRUEBER Coins 1, XLII. Chr. MEIER Res publ. amissa, 1966, 108,261; zu seinem Kult: TAEGER, Charisma 2,42). Im Nov. 82 wurde er von den siegreichen Sullanern am Grabmal des Catulus ermordet, wobei sich L. Sergius → Catilina bes. beteiligte, Q. Cic. pet. cons. 10. Sall. hist. 1,44. 55,14 u. a. **13.** Maria, zwei Schwestern des C. M. (cos. 107), eine verheiratet mit M. → Gratidius (2) und Mutter des M. Gratidianus (12), die andere mit einem Lusius und Mutter des C. → Lusius (1).
H. G. G.

II. Kaiserzeit. **1.** Sex. M. Reicher Spanier: Besitzer der besten Gold- und Silberminen in S.-Spanien in den *montes Mariani*, der Sierra Morena (Plin. nat. 34,4. Ptol. 2,4,15) bei Cordoba. Als er im J. 25 n. Chr. von seinem Landsmann Calpurnius Salvianus angezeigt wurde, schützte ihn Tiberius, Tac. ann. 4,36,1, mit dem M. befreundet war, Cass. Dio 58,22,2. Angeblich weil ihm M. im J. 33 seine Tochter nicht gab, ließ er ihn wegen Inzestes anklagen (BLEICKEN Senatsgericht und Kaisergericht 53) und Vater und Tochter vom tarpeischen Felsen stürzen, Tac. ann. 6,19,1; sein Vermögen wurde in den Fiscus eingezogen, SYME Tac. 1,388. **2.** T. M. Siculus aus Urbinum, hatte hohe Munizipalämter in seiner Vaterstadt inne, CIL XI 6058, von Augustus zum trib. mil. der leg. XII erhoben, wohl auch Flottenpraefekt (GROAG Klio 114, 1914, 51–56); trotzdem soll er den Princeps in seinem Testament übergangen haben, Val. Max. 7,8,6. **3.** M. Celsus. Wahrscheinlich aus Nemausus, SYME, Tac. 2,682 f. Als Legat der leg. XV Apollinaris führte er diese im J. 63 aus Pannonien dem Corbulo in den Orient zu, Tac. ann. 15,25,3. In Rom war er Anf. Jänner 69 als cos. design. von Galba zu der wichtigen Beratung über die Adoption Pisos zugezogen, Tac. hist. 1,14,1. Am 14. Jänner sollte er illyr. Detachements von der *via lata* zum Palatium holen, ebd. 31,2, hatte aber keinen Erfolg, 39,1. Nach Galbas Tod nahm Otho ihn in Schutzhaft, rettete ihn so, 45,2 und rehabilitierte ihn, 71,1–2. Plut. Otho 1,1. Dann zog er als einer der Feldherrn Othos gegen die Vitellianer, Tac. hist. 1,87,2. Bei Cremona lockte er die Vitellianer in einen Hinterhalt, ebd. 2,24,3. 25,1, warnte aber vor einer raschen Entscheidungsschlacht, 2,33,1. 40. Bei Bedriacum gelang es ihm, nachdem er den

Othonianern zur Aufgabe des Kampfes geraten hatte (Plut. Otho 13), zu entkommen, 2,44,2. Vitellius ließ ihn vom 1. Juli bis 1. Sept. (Tac. hist. 1, 77,2) den Suffektkonsulat bekleiden, 2,60,2, Vespasian verlieh ihm wohl 72/73 die Statthalterschaft über Syrien, DESS. 8903. Nach Lyd. de mag. 3,33 könnte er sich auch als Geschichtsschreiber betätigt haben. **4.** P. M. Celsus. Cos. ord. 62, CIL VI 16521, Vorsitzender des Collegiums der *curatores aquarum* 64–66, Frontin. aqu. 102,11. *Legat. Aug. pr. pr. Syriae* 72/73, DESS. 8903. **5.** M. Cordus. *Cos. suff.* wohl 45, *procos. Asiae* vor 58, Coins Brit. Mus. Phrygia, 94 Nr. 143–145. **6.** M. Maturus. Procurator der *Alpes Maritimae* im J. 69, Vitellianer; sein Versich, die Provinz gegen die Othonianer zu verteidigen, schlug fehl, Tac. hist. 2,12,3. Er nahm Fabius Valens mit seiner Flotte im Herbst 69 im Hafen von Monaco auf, ebd. 3,42,2, ging aber dann doch zu Vespasian über, ebd. 3,43,2. Er war noch im J. 78 auf seinem Posten, AE 1952, 122, PFLAUM Carrières procur. équ. 1,95–98. **7.** L. M. Maximus Perpetuus Aurelianus. Sohn des Prokurators L. M. Perpetuus, PFLAUM, Carrièr. proc. équ. 1,411 Nr. 168. Nach CIL VI 1450 senatorischen Standes, begann in Rom E. der Regierung Marc Aurels als *IIII vir viarum curandarum*, war *trib. mil.* der *leg. XXII Primigen.* (Mainz) und der *leg. III Ital.* (Regensburg), in Rom Quaestor, Volkstribun, *adlectus inter praetorios.* Nach weiteren Ämtern im Straßenwesen unter Septimius Severus Legat der *leg. I Italica* (Novae), befehligte 193/96 das moes. Heer bei der Belagerung von Byzanz (D. MAGIE Rom. Rule As. min. 2,669), CIL VI 1450), kämpfte mit diesem 197 in Lyon gegen Clodius Albinus, war Statthalter der Belgica, cos. suff. 198 oder 199, Statthalter von Germania inf. und Syria Coele vor 208, AE 1933, 107. Er dürfte 214 Statthalter von Dakien gewesen sein, AE 1960, 226. Nach CIL VI 1452. X 6764. 6567. AE 1955, 188 war er etwa 217/18 *praefectus urbi*, 218–220 *procos. Asiae II* (Forsch. Ephes. III, S. 118 Nr. 30. IGR IV 1287), 221/22 *procos. Africae* und 223 *cos. II ord.* – B. THOMASSON Statth. Nordafr. 2,114–116. – M. war der Vf. von Kaiserviten von Nerva bis Elagabal, die in der SHA benützt sind. M. hat darin die *acta urbis* herangezogen, NESSELHAUF, Bonner Hist.-Aug.-Colloquien, 1964/65, 126 ff. (= Beitr. zur Hist. Aug.-Forsch. Bd. 3). W. SESTON, ebd. 211 bis 219. – G. BARBIERI M. Maximus, RFIC 32, 1954, 36–66. 262–276. **8.** M. Nepos. Senator, dem Tiberius seine Schulden zahlte, Sen. benef. 2,7,2, der 17 n. Chr. aber doch aus dem Senat ausscheiden mußte, Tac. ann. 2,48,3. **9.** L. M. Perpetuus. Sohn von Nr. 10. Cos. ord. 237, CIL XVI 146. BUCKLER, JHS 57, 1937, 1. **10.** L. M. Perpetuus. Nach CIL III 1178 *tribun. laticl. leg. IIII Scythicae* in Syrien, Quaestor, Legionslegat der *leg. XVI Flavia firma* in Samosata, CIL III 6709. 6710, nach 198, *praeses prov. Arabiae*, ebd. III 14150 etwa 200/02, *cos. suff.* etwa 203, *leg. Aug. pr. pr. prov. Moesiae sup.* ca. 204/05, *consularis Daciarum trium* zwischen 211/22, ebd. III 1178. Wohl Bruder von Nr. 7. – STEIN, Dazien 67 f.; DERS. Moesien 54 f. **11.** M. Priscus. Spanier aus der Baetica, Plin. epist. 3,9,3. *Cos. suff.* vor 85, *procos. Africae* 97/98 oder 98/99, wegen schwerer Übergriffe Repetundenprozeß Jänner/Febr. 100, wobei Tacitus und Plinius gegen ihn sprachen, epist. 2,11. 12,1. 6,29, 9; ad Tr. 3 A., SHERWIN-WHITE, Commentary 56 f. 160 ff. Zu hoher Geldzahlung verurteilt und aus Italien verbannt, Iuv. 1,48 ff. 8,119 ff. – B. THOMASSON Statth. Nordafrikas 54 f. **12.** M. Secundus. Durch Macrinus in den Senatorenstand erhoben, war er 217/18 praetor. Statthalter von Syria Phoenice, verwaltete 218 einen Teil von Äg., PSI III 249; bei einem Aufstand getötet, Cass. Dio 78,35, 1–3. STEIN, Ägypten, 123 f.; DERS. Ritterstand 128. **13.** L. M. Vegetinus Marcianus Minicianus Myrtilianus, brachte es nach CIL VI 1455. 1456 an der Wende 2./3. Jh. zum Suffektkonsulat. R. H.

☧ **14.** M., Bischof von Aventicum 574–594, Vf. einer Forts. zur Chronik des → Prosper Aquitanus für die J. 455–581. Benutzt hat er hierfür ital. Consularfasti, die er durch Angaben aus gall. Annalen und für den zeitgenöss. Teil aus eigener Kenntnis von Ereignissen, bes. der burgund. und fränk. Gesch., ergänzte. M. ist der letzte bekannte Bischof von → Aventicum. Grabinschr. und biogr. Daten in Gesta episc. Lausannensium vom J. 1235. O. H.

*Th. Mommsen* Chron. min. 2,227 ff. (Ta.: 232–239), 1894; MGAA 11. *H. Leclercq*, Dict. Archéol. chrét. 10, 2167–2177.

III. Literarische Persönlichkeiten:

**1.** M. Mercator, wahrscheinl. gebürtiger Afrikaner und jüngerer Zeitgenosse des Aug. Über sein Leben ist wenig bekannt (vgl. E. SCHWARTZ, SBAW 1, 1922, 6 ff.). 381 verfaßte er in Rom 2 verlorene Schriften gegen die Pelagianer, wohl speziell gegen Iulianus von Eclanum (vgl. Aug. ep. 193,2; BARDENHEWER, GAL 4, 1924, 525). 429 greift er, inzwischen Mönch in einem thrak. Kloster, erneut in die theolog. Streitigkeiten seiner Z. ein. Sein *commonitorium super nomine Caelestii* und sein *commonitorium lectori adv. haeresim Pelagii et Caelestii* (auch zit. als *subnotationes in dicta quaedam Iuliani*) wollen dem kaiserl. Hof wie seinen Mitbrüdern zu einem Urteil über die neue Häresie verhelfen. Außerdem ergreift er Partei gegen die → Nestorianer, von denen er mehrere Quellenstücke in lat. Übers. bringt. Wenigstens 2 Schriften richtet er gegen sie, um die Mängel ihrer Christologie aufzudecken *(refutatio symboli Theodori Mompsuestini, comparatio dogmatum Pauli Samosateni et Nestorii)*. Theodoros von Mopsuestia gilt ihm als der eigentliche Begründer der Häresie. Theolog. ist M. ganz von Aug. und → Kyrillos abhängig. Sein Verdienst besteht darin, daß er Aug. im O. bekannt macht und umgekehrt die christolog. Streitigkeiten des Orients der W.-Kirche zur Kenntnis bringt. Außerdem hat er wichtige Quellen zum nestorian. und pelagian. Streit überliefert. Seine Schriften hat M. offenbar bald nach 431 in 1 Bd. gesammelt; während des Dreikapitelstreits (nach 533) wurden sie von einem skyth. Mönch mit anderen Quellen zu einer gegen Antiocheia gerichteten Schrift zusammengefaßt *(collectio Palatina*, Cod. Vat. Pal. 234, saec. IX).

Ta.: *E. Schwartz* Act. Conc. oec. 1,5,1, 1924, 370. *Migne* PL 48. – Lit.: *A.Lepka*, Rev. Hist. Eccl. 27, 1931, 572ff. *O.Bardenhewer*, GAL 4, 1924, 525ff. RE XIV 1831ff. DThC 9,2,2481ff.

**2.** Claudius M. Victor, † nach 425, wohl mit dem bei Gennad. de vir. ill. 60f. erwähnten *Victorinus rhetor Massiliensis* ident. Für seinen Unterricht (prec. 103ff.) verfaßte er in Hex. eine ganz allegor. gehaltene und an den Klassikern der profanen Lit. geschulte Genesisparaphrase mit dem Titel *Alethia*, die in 3 B. bis Gen. 19,26 führt. Der Schluß ist verloren. Die *precatio* erweist ihn als Semipelagianer (prec. 55ff. 1,325ff.). Der Einfluß von → Ambrosius' Hexameron ist vielfach spürbar. G. Ru.

Ta.: *Migne* PL 61,937ff. CSEL 16,359ff. Corp. Christ. 128,123ff. *P.F. Hovingh* (prec. und 1,1–170 eingel., übers. und erkl.), 1955. – Lit.: *M.Petschening*, WS 10,163ff. *O.Bardenhewer* GAL 4, 1924, 639f. (Lit.). *C. Weymann*, Beitr. z. chr.-lat. Poesie, 1926, 120f. *Eltester*, RE XIV 1839f. *Krappe*, Speculum 17, 1942, 255ff. *A. Staat* De cultuur beschowing van Cl. M. V., 1952. *P.F. Hough*, Vig. Chr. 10, 1956, 43ff.

**3.** C. M. Victorinus, grammat., rhetor.-philos., später auch theologischer Schriftsteller 4. Jh.

I. Nach Hier. vir. ill. 101, chron. zum J. 353, Aug. conf. 8,2–5 war V. berühmter Rhetor unter Constantius, um 353 wird ihm eine Statue auf dem Forum Traianum gesetzt, er konvertiert in *extrema senectute* (zwischen 353 und 357) und muß seine Lehrtätigkeit auf Grund des julian. Erlasses 362 aufgeben.

II. a) 3 Hss. saec. IX überliefern eine *ars grammatica* des V. in 4 B. mit Anh. *de metris Horatianis*. Von der Einleitung abgesehen, handelt es sich um ein von V. nicht verfaßtes (subscriptio zu B. 4: *Festus Aphtonius*) Lehrbuch der Metrik. Gegenüber einer Einarbeitung des *Aphtonius* durch V. selbst (Keil praef. XVII. Schanz-Hos. 4,1,152) ist die verstümmelnde Zusammenstellung durch Überlieferung wahrscheinlicher. Die V. gehörende Einleitung ist tralatiz. Schulgut (Definition der *ars*, Behandlung der *voces*, *litterae*, *syllabae*, auch der Orthographie). Nicht von V. verfaßt sind ein in der Überlieferung (vgl. [2],1845ff.) unter den Namen V., *Palaemon* und *Audacis excerpta* gehendes grammat.-metr. Schulbuch und die einem Maximus V. zugeschriebenen Schriften *de ratione metrorum* und *de finalibus metrorum*. b) Einer Hs. von Cassiod. inst. ist eine Aufstellung über die philos. Schriften des V. beigefügt (ed. H. Usener Anecd. Hold., 1877, 66); hiernach verfaßte V.:



1. Übers. der porphyr. εἰσαγωγή, 2. Übers. der Kategorien des Aristot. mit Komm. in 8 B., 3. Übers. von *de interpr.*, 4. *de syllogismis hypotheticis*, 5. *de definitionibus*, 6. Komm. zu Cic. Top. Komm. zu philos. Dialogen Ciceros erwähnt Hier. apol. c. Ruf. 1,16. Aug. conf. 8,2,3 nennt V. als Übersetzer von ihm gelesener *libri platonici* (d. h. Neuplatoniker, falsch Schanz-Hos. 4,1,154. 156; nach [4] handelt es sich um Plot. Enneaden, nach Hadot [Edit.] um Porph. *de regressu animae*). Wie später bei Boethius haben wir also ein Studium von Platon und Aristoteles vor uns; V., von Apul. *de interpr.* abgesehen, vermittelt als erster der lat. Spätant., auch der Patristik, ihr log. Rüstzeug (über den Einfluß auf Aug. und die ma. Philos. vgl. [3]. [4]. [5]. [6]. Boethius benutzt ihn vielfach (seinem ersten εἰσαγωγή-Komm. ist. V.' Übers. zugrunde gelegt), urteilt aber krit. über ihn. Erhalten sind: 1. Komm. zu Cic. inv. (vor der Bekehrung verfaßt, vgl. 232 Halm); er dient V. als Gelegenheit, log. und neuplaton.-metaphys. Erörterungen anzustellen (wichtige Exkurse: 184–189 H. Kategorienlehre, 211 H. Substanz und Akzidenz), 2. *de definitionibus*, eine log. Fachschrift von hohem Niveau, die lat. und griech. *scriptores artium* (37 Stangl) wiedergibt, benutzt von Boethius (Komm. zu Cic. Top.), Cassiodor (inst. B. 2) und Isidor (orig. 2,29). c) 1. Das Corpus der antiarian. Schriften, nach Hadot (Edit. 18–60) 357–363 verfaßt und von den zeitgenöss. Kämpfen gegen die Häresie geprägt, ist vielleicht noch von V. zusammengestellt worden. Die Auseinandersetzung erfolgt mit den Mitteln der neuplatonisierenden Dialektik; zu ihr vgl. Hier. vir. ill. 101. Die Dogmatik des V. ist in der Terminologie der neuplaton. Emanationslehre sehr nahe. Das Corpus wird durch 3 dogmat. Hymnen abgeschlossen. 2. Erhalten sind Komm. zu Phil., Galat., Ephes.; V. treibt nicht die übliche Exegese, sondern bemüht sich um philos. Fundierung der Theologie, von Hieron. (Migne PL 26,332 B) deswegen getadelt. V. beeinflußt über Alkuin, der ihn in *de fide* ausschreibt, den Beginn der Scholastik. d) Apokryph sind die bei J. Sirmond Opusc. dogm. 1630 unter dem Namen des V. gedruckten antihäret. und exeget. Schriften, ferner die *Carmina de fratribus septem Maccabaeis*, *de Iesu Christo deo et homine* und *de cruce*. R. He.

Ta. Grammatisches: *Keil* GrL 6,3ff.; mit Komm. *H. Mariotti*, 1967. Komm. zu inv.: *C. Halm* RhetLMin., 155ff.; de definit.: *Th. Stangl*, Mario-Victoriana, 1888. Antiarian. Schriften: Sourc. Chrét. 68 und 69 (guter Komm.), ed. *P. Henry–P. Hadot*, 1960. Exegetisches: *A. Mai* Nova coll. vet. script. 3,2,1.

Lit.: 1. *K. Barwick* Remmius Palaemon, 1922. 2. *P. Wessner*, RE XIV 1840ff. 3. *E. Benz* Marius V. und die Entwicklung der abendländischen Willensmetaphysik, 1932, 4. *P. Henry* Plotin et l'Occident, 1934. 5. *A. Solignay*, Arch. de Philos. 30, 1957, 440ff. 6. *A. Dempf* Der Platonismus des Euseb., V. und Ps.-Dionys., SAWW 1962, 3.

**Markellinos** s. Marcellinus Nr. 18. 19

**Markellos** s. Marcellus Nr. 10–13

**Markion,** der von der Alten Kirche meistbekämpfte Häretiker (gegen ihn schrieben u.a. Iustin., Tert., Iren., Hippolytos, Epiphan., Philostr., Theodoret. – Das Material bei HARNACK M. ²1924, 314*–400*), ist im 1. Drittel des 2.Jh. n.Chr. in Sinope in Paphlagonien geboren (Epiphan. haer. 42,1,3). Von Beruf war er Reeder (Tert. de praescr. 30). Wir finden ihn 140 in Rom als Glied der chr. Gemeinde, die 144 mit ihm brach (Epiphan. 42,2). M. gründete daraufhin eine in Organisation und Leben der kath. Kirche verwandte Gemeinschaft, die sich in O. und W. schnell ausbreitete und bis ins 4.Jh. eine akute Gefahr für die kath. Kirche bedeutete. Charakterist. für die Lehre M.s – eine modifizierte → Gnosis – ist sein überspitzter Paulinismus, die radikale Verwerfung des AT., sein Antijudaismus und sein Dualismus. Dem grausamen und gerechten Gott des AT., der die Welt unvollkommen geschaffen hat, stellt M. den bisher fremden, sich in Christus aber offenbarenden Gott, der alle Menschen, die ihm glauben, erlöst, gegenüber. Für die Ethik des M. sind geschlechtliche Enthaltung und Nahrungsaskese charakteristisch. Als 1. schafft M. einen autoritativen Kanon chr. Schriften (gereinigtes »Evangelium« [Lk.] und 10 Paulusbriefe). Auf der Grundlage dieses Kanons schreibt er seine Ἀντιθέσεις (Zitate aus der Schr. bei HARNACK 255*–313*, s. außerdem EPHR. PROSE Refutations of Mani, M. and Bardaisan, by C.W. Mitchell I, Lond. 1912 und Babai d.Gr., Komment. zu Evagrius Ponticus, ed. W.FRANKENBERG (AGG NF 13,2, 1912, 167). Von den Schülern M.s ist vor allem Apelles zu nennen, der die Lehre M.s im Sinne alexandrin. Gnosis erweitert hat. Kl. W.

*Lietzmann*, RE XIV 1849ff. *A. v. Harnack* M. ²1924, Neudr. 1960 zus. mit »Neue Stud. zu M.«. *E.C. Blackman* M. and his Influence, 1949 (Lit.). *F.M, Braun* M. et la Gnose simonienne, Byz. 25–27, 1955–1957, 631ff. Dict. de la Bible, Suppl. V 862ff. RGG³ 4,740ff. LThK 7,92f. *Altaner*⁶, 114 (Lit.). *Quasten* 1,268ff.

**Markos** s. Marcus

**Marktanlagen. 1.** Griech. M., in gewachsenen Städten wie Athen zunächst unregelmäßig angelegt, in gegründeten Orten meist rechteckig, haben immer eine Opferstätte, einen Kult. Als Zentrum von Handel und Kult konnte ein solcher Markt sogar den Ort überdauern, zu dem er gehört hatte (Aleision, Strab. 8,341). Die Agora, bei Hom. noch gleichzeitig Platz für öffentl. Beratung und Gericht, für Kult (Opfer, Tanz) und Wettspiele, entwickelt sich immer mehr zum Platz für Handel. In hellenist. Z. entstehen sogar Sonder-M. etwa für Lebensmittel oder, wie in Delos, für die ital. Kaufleute. Im Stadtsystem des → Hippodamos ist die M. streng rechteckig, systematisiert, wenn möglich an der Innenseite von Hallen umgeben; M. älterer Städte gleichen sich diesem Typus so gut als möglich an (Athen, Korinth, Thasos usw.). In den hellenist. Städten herrscht die rechteckige M., an deren einer Seite die Hauptstraße entlangführt (nicht mitten über den Platz, wie oft in röm. Städten). Im späteren Hellenismus wird die M. durch Toranlagen an den Straßen weitgehend vom Leben der Stadt isoliert, zugleich zur monumentalen Symmetrie eines großen Peristylhofes gesteigert. In röm. Z. kann bei griech. M. auch der freie Platz in der Mitte durch einen Prunkbau (Odeion des Agrippa, Athen) besetzt und so die einheitl. Raumwirkung zerstört werden.

II. Das röm. Forum liegt zunächst am Kreuzungspunkt der Hauptstraßen (Decumanus und Cardo). Alle städt. Organe und wenigstens ein Haupttempel, in den röm. coloniae regelmäßig das örtliche Capitolium, sind hier vereint. Beim → Forum Romanum variieren Länge und Breite des Platzes unregelmäßig, in den Coloniae, in Rom bei den Kaiserfora, ist die M. meist streng rechteckig und achsial, der Haupttempel liegt gern an der Schmalseite und zum Forum hin orientiert. Säulenhallen vereinheitlichen die M. Zur guten kaiserzeitl. M. gehören ein Tempel, Säulenhallen, *tabernae* (in den Säulenhallen oder außen), Denkmäler, oft wie am Traiansforum in Rom eine quergelegte Basilica (zuerst wohl in Kyrene, Kaisareion), Toranlagen auf die Straßen hin. Sonderformen wie Apsidenanlagen (Traiansforum in Rom; Thugga) oder Oval-M. (Gerasa) sind verhältnismäßig selten. Früh entwickeln sich Sonder-M. (→ Macellum) wie z.B. das Forum boarium, das Forum holitorium, das Velabrum in Rom. Verkehr mit Fuhrwerken war auf den meisten röm. M. der Kaiserz. nicht möglich. Konstantinopel suchte auf diesem Gebiet wie sonst mit Rom zu wetteifern; beide Städte hatten z.B. ein Forum Tauri, d.h. die imitatio ging bis in die Namen der M. hinein. W. H. G.

*J.E.Wymer* Die Marktplatzanlagen der Griechen u. Römer 1916. 2. *A.v.Gerkan* Griech. Städteanlagen 1924. 3. *F. Tritsch*, JOEAI 27, 1932, 64ff. 4. *R.E.Wycherley*, JHS 62, 1942, 21ff. 5. *W.A.McDonald* The Political Meeting-Places 1943. 6. *R.Martin* Recherches sur l'agora grecque 1951; L'agora (Thasos) 1959. 7. *G.Carettoni* Enc. Arte Ant. 3, 1960, 723ff. *H.A.Thompson* The Athenian Agora ²1962.

**Marmarica.** Gebiet an der N.-Küste Afrikas, zwischen Äg. und der Großen Syrte. Felsige und sandige Gegend, an die sich nach NW. die Hochebene Cyrenaica anschließt. Nur bei Ptol. 4,5,2 in Äg. einbezogen, im allg. zur röm. Provinz Cyrenaica gerechnet. Strab. 2,131. 17,798. 838 läßt das Gebiet nach S. sich bis zur Ammonsoase Sîwa erstrekken und nennt die Bewohner Μαρμαρίδαι. Dieser Name seit Skyl. 108; aber eine Inschr. von Kyrene (AE 1934, 257) aus der Z. des Claudius nennt Μαρμαρῖται (Diod. 3,49,1. Plin. nat. 5,32.39). Ptol. nennt außer den Marmariden die Aniriten und die

Libyarchen (s. O. BATES The eastern Libyans, 1914, 60 und bes. J. DESANGES Cat. trib. afric. de l'Antiq. class., 1962, 159).

Die M. wurde immer als unsicherer Besitz betrachtet. Nach Hdt. 3,13 erhielt Kambyses Tribut von den Libyern der M. Seit den Ptolemaiern wurde die M. zu Äg. geschlagen und bildete 2 Nomen (Libycus nomus im O., Marmaricus nomus im W.). Um 277 v. Chr. wurde Magas von Kyrene bei seinem Zug gegen Äg. durch die M. zum Rückzug gezwungen (Polyain. 2,28,2). Nach Flor. 2,31 schlug P. Sculpicius Quirinius (um 2 n. Chr.) die Marmariden zu gleicher Zeit wie die Garamanten. Lucan. 4,680 nennt sie *Marmaridae volucres*; z. Z. des Claudius (268/69) kämpfte der praefectus Aegypti Probus siegreich gegen die Marmariden (AE 1934, 257). Nach der Neueinteilung von Äg. durch Diocletian (297) scheint die M. in der neugeschaffenen provincia Libya aufgegangen zu sein (Amm. 22,16,1); ihre Aufteilung in die Provinzen Libya inferior und superior ist bei Amm. 22,16,1 als nachträglich erfolgt bezeichnet. Als bes. chr. Bistum bei Theod. hist. eccl. 1,7,9. Philostorg. 1,9 bezeugt. Wegen des Vordringens libyscher Stämme stellt Iustinianus in der M. und Tripolitana die Festungen wieder her und erbaut neue (Prok. de aedif. 6,2). M. L.

**Marmarion.** Hafen an der SW.-Küste der Insel Euboia für die Ausfuhr der Marmorbrüche des karyst. Marmors, h. Marmara, mit einem Heiligtum des Apollon Marmarios, Strab. 10,1,6 p. 446. Steph. Byz. Nonn. 13,164. Eust. Il. 281,4. E. M.

1. *Fr. Geyer* Topogr. u. Gesch. der Insel Euboia 106. 2. IG XII 9 p. 10 Nr. 50. 51.

**Marmax** (*Μάρμαξ*). Der 1. der 13 Freier der → Hippodameia (1), die von → Oinomaos getötet wurden, Hes. frg. 147. Paus. 6,21,7. H. v. G.

**Marmis** s. Marpessa

**Marmor.** Unter M. versteht man meist nicht nur die Kalke mit makroskopisch kristalliner, aus sekundärer Rekristallisierung stammender Struktur, sondern zahlreiche, meist weiße kristalline Kalksteine mit verschiedenen möglichen Beimengungen, so daß auch die »farbigen« M. darunterfallen. Die Ant. verwendet für Architektur und Plastik die sehr guten M. der Kykladen Paros (*λυχνίτης*) und Naxos, den weißen, goldgelb patinierenden M. des Pentelikon, seit etwa Mitte 1. Jh. n. Chr. auch den Carrara-M. *(m. Lunense)*, neben zahlreichen anderen Arten für Architektur auch den bläulichen Hymettos-M., der nach Plin. nat. 36,7 schon vor 90 v. Chr. in Rom verwandt wurde. Griech. M. begegnet in Italien für Bau und Plastik nicht vor Mitte 2. Jh. v. Chr. In der Kaiser-Z. sind die Brüche oft kaiserlicher Besitz mit entsprechender Organisation. Die M.-Arten nach Provenienz sicher zu unterscheiden, ist bislang noch weitgehend unmöglich. W. H. G.

*Fiehn* RE III A 2241 ff. Beste Übersicht jetzt *J. B. Ward Perkins* Enc. Arte Ant. IV (1961) 860–870.



**Marmorarius** (*faber m.*, *μαρμαράριος*, *μαρμαροποιός*). Der Marmor verarbeitende Handwerker (nicht Maurer) stellte sowohl → Inkrustation (dazu DOHRN, MDAI [R] 72, 1965, 127 ff.) wie Ornamente, Friese, wohl auch Kapitelle her, auch Tische, Vasen, Sessel, Leuchter, Grabmäler. Auch Hersteller und Verkäufer von Marmorwaren konnten M. heißen wie der Steinmetz CIL VI 9556, der sich für Grabtituli und andere *opera marmoraria* empfiehlt. Handwerker und Händler sind dabei nicht deutlich zu scheiden. Der M. konnte einer Vereinigung, später der Zwangsinnung, angehören und bekam nach Edict. Diocl. 7,5 mehr Lohn als der *lapidarius structor* (7,2). W. H. G.

*I. Calabi* Limentani Enc. Arte Ant. IV (1961) 870–875.

**Marmorbilder** nennt man h. in enkaustischer Technik auf Marmor hergestellte röm. Kopien und Umbildungen griech. Gemälde, die in Campanien und Rom zutage kamen. M. versuchen offenbar, alte Originale vorzutäuschen, sie werden daher h. gern zur Veranschaulichung verlorener Malerei des 5.–3. Jh. v. Chr. benützt. So setzt man das Vorbild der Knöchelspielerinnen ([1], Abb. 629. [3], T. 39,6) ins letzte Drittel 5. Jh., das des Kentaurenkampfes ([1], Abb. 630. [3], T. 41,1. Schattenangabe!), des Apobaten ([1], Abb. 631. [3], T. 41,4), des »müden Silens« ([1], Abb. 665. [3], T. 54,2), einer Tragödienszene ([3], T. 43, 10) ins 4. Jh., die Vorlage eines Niobe-Bildes ([1], Abb. 652. [3], T. 51,3) ins 3. Jh. Das Verhältnis zu den »Vorbildern« und deren Datierung ist im Einzelfall problematisch. Die M. waren in röm. Wände eingelassen; eine billigere Variante waren wohl die Gemälde auf Stuck wie [1], Abb. 653/54. [2], 270 ff. Abb. 160/61. 163. [3], 158 T. 54,1. MDAI (R) 60/61, 1953/54, 133 ff. W. H. G.

1. *Pfuhl.* 2. *L. Curtius* Die Wandmalerei Pompejis 1929 (Nachdr. 1960). 3. *A. Rumpf* Malerei und Zeichnung (HBArch IV 1) 1953. 4. *C. Praschniker*, JOEAI 28, 1933, 79 ff.

**Marmor Parium.** Von dieser aus Paros stammenden hellenist. Chronik sind 2 umfangreiche Bruchstücke erhalten. Frg. A (Z. 1–93) kam im J. 1627 aus Smyrna in den Besitz des Grafen Thomas Howard von Arundel; der Anf. (Z. 1–45) ging während der Wirren unter Karl I. verloren und ist nur aus der Ed. princ. (J. SELDEN Marmora Arundelliana, 1628, 1 ff.) bekannt. Der gerettete untere Teil befindet sich seit 1667 in Oxford. 1897 wurde auf Paros Frg. B (Z. 101–132, jetzt im Museum der Insel) hinzugefunden.

Aus dem stark verstümmelten Anfangssatz, der wahrscheinlich auch den Namen des Vf., der von der Koine beeinflußten Sprache nach zu urteilen, eines Inselgriechen, enthalten hat, geht hervor, daß die Chronik auf der Grundlage »verschiedener Geschichtswerke« zusammengestellt war und daß sie die Zeit von Kekrops (1581/80) bis zum athen. Archonten Diognetos umfaßte. Name und Amtszeit eines mitgenannten parischen Archonten sind nicht bestimmbar, aber für den athen. Beamten führen Kombinationen auf das J. 264/63. Das Erhaltene endet mit dem J. 299/98; zwischen Frg. A und B sind die Angaben zu den J. 355–336 ausgefallen. Die Berechnungen sind auf 264/63, das wahrscheinliche J. der Abfassung, bezogen in der Weise, daß jeweils die Zahl der seit einem bestimmten Ereignis verflossenen J. genannt wird. Ein »Rechenfehler« liegt zwischen den Angaben zu 400/399 und 399/98 vor: hier ergibt sich (Verschiebung des unteren Epochenjahres?) eine Diskrepanz von einem J. gegenüber der att. Archontenliste. Die beiden Gruppen oberhalb und unterhalb dieser Grenze verraten, ungeachtet kleinerer Verwirrungen, ein in sich geschlossenes chronol. Schema.

Der Vf. der Chronik – die ab 313 Angaben zu jedem einzelnen J. bringt, wohingegen davor unterschiedlich große Zeiträume zu jeweils einer »Epoche« zusammengefaßt sind – zeigt starkes Interesse an allen auf Athen bezüglichen Ereignissen und an den großen griech. Festen, wobei aber seltsamerweise die Olympien fehlen. Die hellenist. Gesch. ist vorwiegend nur durch im engeren Sinne griech. Angelegenheiten vertreten (z.B. fehlen Alexanders Züge in Innerasien und die Gesch. des Ostens unter den Diadochen so gut wie völlig); daneben sind Sizilien und das ptolem. Äg. berücksichtigt, während die parische Lokalgesch. weitgehend vernachlässigt ist. Die Auswahl des Stoffes ist somit einigermaßen bizarr, auch nicht frei von tendenziöser Entstellung. Die Quellenfrage läßt sich nicht mit Sicherheit beantworten; Vertreter der → Atthis und universalgeschichtliche Werke (→ Ephoros?) sind ohne Zweifel benutzt worden. H. Gä.

IG XII 5,444. *F. Jacoby* Das M.P., Bln. 1904; *Ders.*, RhM 59, 1904, 63ff. FGrH 239.

**Maro.** Delator unter Tiberius, Sen. benef. 3, 26,2. S. a. Vergilius R. H.

**Maroboduus.** Name kelt. statt german. **Mērabadwaz*, stammte aus einem fürstlichen Geschlecht der Markomannen (Vell. 2,108,2), kam in jungen J. – ungewiß wie – nach Rom, trat in röm. Kriegsdienste und erlangte die Gunst des Augustus (Strab. 7,290). In Rom gründlich gebildet und auch polit. geschult, kehrte er zu seinem Volk zurück, das s. des Main saß und durch die Züge des Drusus und Tiberius in die Zange genommen zu werden drohte. M. riß die Königsherrschaft an sich (Vell. 2,108,2) und befreite die Markomannen aus der röm. Umklammerung, indem er sie kurz nach 9 v. Chr. in das Gebiet des h. Böhmen führte, das von den Boiern seit einigen Jahrzehnten fast völlig verlassen war, Tac. Germ. 42,1. Er machte die Nachbarstämme auf friedliche Weise oder durch Gewalt untertan (Vell. a.O.) und schuf das erste german. Reich, das von der Donau (Vell. 2,109,3) bis zur Oder und unteren Elbe über Böhmen, Mähren und Schlesien reichte. Anfangs unterhielt er mit Rom freundliche Beziehungen, und röm. Händler kamen nach Böhmen, Tac. ann. 2,62,3. Doch als er ein schlagkräftiges Heer von 70000 Mann zu Fuß und 4000 Reitern aufgestellt hatte (Vell. 2,109,2), traten seine Gesandten in Rom selbstbewußter auf (Vell. 2,109,2). Dieses Reich bedeutete eine Gefahr für Italien (Vell. 2,109,4. Tac. ann. 2,63,3); aber M. suchte mit Rom in Güte auszukommen und ließ sich auch durch einen Vorstoß des L. Domitius Ahenobarbus über die Elbe nicht reizen. Augustus suchte zwar 6 n. Chr. durch 2 Heere unter Tiberius und C. Sentius Saturninus das Reich des M. zu unterwerfen (Vell. 2,109,5. Tac. ann. 2,46,2); im letzten Moment verhinderte dies der Ausbruch des Aufstandes der Pannonier und Dalmater (Vell. 2,110, 1f.). M. erneuerte den Freundschaftsvertrag mit Rom (Tac. ann. 2,46,2), und nahm auch an der Erhebung der Germanen unter Arminius trotz dessen Einladung nicht teil. Als ihm Arminius das Haupt des P. Quinctilius Varus 9 n. Chr. übersandte, schickte er es nach Rom zur Bestattung (Vell. 2,119,5). Auch in den J. 13–16 half M. dem Arminius in seinem Kampf gegen Germanicus nicht. Nach dessen Abberufung brachen 17 die Feindseligkeiten zwischen den Cheruskern und Sueben offen aus. Semnonen und Langobarden fielen von M. ab, auch der Übertritt des → Inguiomerus (Tac. ann. 2,45,1) konnte M. vor Arminius nicht retten, nach der Schlacht (ann. 2,46,5) wandte er sich an Tiberius um Hilfe, die ihm verweigert wurde. Eifersüchtige Markomannenfürsten, vor allem → Catualda, wandten sich gegen M. und zwangen ihn 19 zur Flucht nach Noricum. Tiberius wies ihm Ravenna als Zwangsaufenthalt an, wo er noch 18 J. lebte (ann. 2,63,1–5). Um ein besseres Verständnis der Politik des M. hat sich J. Dobiáš King M. as a Politician, Klio 38, 1960, 155–166, bemüht. R. H.

**Maron** (*Μάρων*). **1.** Priester Apollons im thrak. Ismaros, Sohn des Euanthes, Hom. Od. 9, 197ff., schenkte Odysseus den köstlichen Wein, mit dem er den Kyklopen berauschte. Später in den Kreis des Dionysos gezogen: als Sohn oder Enkel des Bakchos und Pflegling des Seilenos (Hes. frg. 120. Eur. Cycl. 141ff.). Bei Nonn. Dion. Sohn des Seilenos, Bruder von Astraios und Leneus, Begleiter Dionysos' auf der Indienfahrt. Bei Diod. 1,18. 20 kommt er mit → Osiris (= Dionysos) nach Thrakien, bleibt alterswegen dort und gründet → Maroneia. Kult in Maroneia und Samothrake. – Als schlafende Brunnenfigur dargestellt, Prop. 2,32,14. H. v. G.

**2.** M., Spartiate, Thermopylenkämpfer (Hdt. 7, 227), erhielt mit seinem ebendort gefallenen Bruder Alpheios ein *ἱερόν* in Sparta (Paus. 3,12,9). K. K.

**Maroneia** (*Μαρώνεια*), thrak. Stadt, angeblich zurückgehend auf das homer. → Ismaros, als griech. Kolonie im 7. Jh. von Chios aus in weinreicher Gegend mit alter Kultstätte des thrak. Apollon und des Dionysos gegründet. Im 5. und 4. Jh. Mitglied des 1. und 2. att. Seebundes. Die nicht sehr ausgiebigen Keramikfunde zeugen vom Übergewicht Athens und der ion. Gebiete des ö. Mittelmeerbeckens, ebenso die Kunstdenkmäler. Seit E. des 3. Jh. wurde M. zum Spielball zwischen Makedonien und den Ptolemaiern. 200 v. Chr. von Philipp V. von Mak., dann von Antiochos besetzt, erhielt M. nach dem Sieg Roms den Status einer *civitas libera* und verlor seine Bedeutung in der röm. Kaiserzeit. Hdt. 7,109. Skyl. 67. Pol. 5,34ff. Liv. 31,16. 37,60. Diod. 1,20. Strab. 7,331. Mela 2,28. Plin. nat. 4,42. 14,53ff. Arr. an. 1,11,4. Ptol. 3,11,2. Amm. 22,8,3. 27,4,13. IG I 225ff. Mz.: HEAD HN² 248. Chr. D.

*Oberhummer*, RE XIV 1912ff. *J. Bérard* L'expansion et la colonisation grecques jusqu'aux guerres médiques, 1960, 94ff. *Danoff* Altthrakien, Sofia 1968.

**Marpessa** (*Μάρπησσα*). **1.** Berg auf Paros, durch seinen Marmor berühmt. Steph. Byz. **2.** Tochter des aitol. Flußgottes → Euenos und der Alkippe. → Idas, von M.s Reigentanz bezaubert, entführt sie und entkommt mit Hilfe Poseidons der Verfolgung durch Euenos. Aber Apollon entreißt ihm die Braut. Idas besiegt den Gott und nimmt ihm den Bogen. Zeus schlichtet den Streit, indem er dem Mädchen die Wahl überläßt, die für Idas ausfällt. Die Wahl ist jedenfalls ein Motiv späterer Zeit, die an dem Kampf zwischen Mensch und Gott Anstoß nahm. Hom. Il. 9,555ff. erzählt, daß die Eltern M. in Erinnerung an die gewaltsame Trennung von ihr Alkyone nennen, berichtet aber nichts von Entführung und Verfolgung, was gleichwohl altes Sagengut sein kann. Apollod. 1,60f. Simon. frg. 216. Bakchyl. 19. Der Name ist vorgriech., etym. Verbindung mit *μάρπτειν* (»die Raffende« GRUPPE Griech. Myth. 342; »die Geraubte« HÖFER Myth. Lex.) sehr fraglich. H. v. G.

**Marpessos** (*Μάρπησσος*). Ort in der Troas, Heimat einer kleinasiat. Sibylle (Paus. 10,12,3. Tib. 2,5,67). Gelegentlich auch als Marmessos (Steph. Byz. s. v. Lact. div. inst. 1,6,12), Marmissos (Suda s. *Σίβυλλα*) oder Marmyssos (Sch. Plat. Phaidr. 244 B) bezeichnet. Der Ort lag in der Umgebung von → Gergis, etwa 240 Stadien von → Alexandreia Troas (2) entfernt. Danach wohl die Ruinenstätte n.ö. von Erenköy. A. M. M.

*R. Kiepert*, Klio 9, 1909, 10ff. *W. Ruge*, RE XIV 1918. Über die Sibylle von Marpessos *C. Robert*, H 22, 1887, 454ff. *Rzach*, RE II A 2081.

**Marrucini** (VETTER HB Nr. 218: *tota marouca*). Sabell. Volk s.ö. des Aternusunterlaufs (Ptol. 3,1,20) mit einzigem *municipium* Teate (Plin. nat. 3,106), meist mit Nachbarvölkern genannt (Pol. 3,88,3. Liv. 8,29,4. Strab. 5,241. Dion. Hal. ant. 20,1). Seit 304 v. Chr. mit Rom verbündet (Diod. 20,101. Liv. 9,45,18), Waffenhilfe 225 (Pol. 2,24,12), Aufstand 91 (App. civ. 1,39 u. a.), 89 in *tribus Arnensis* (CIL IX 3072), Rom treu (Cic. Cluent. 197; Phil. 7,23), Feigenbau (Plin. 15,82). Catos (orig. frg. 2,18 Jord.) Herleitung des Namens von dem der Marser ist irrig (vielmehr wie Marruvium zu *Marĕs*-). G. R.

*Nissen*, It. Ldk. 2,443. *Forbiger* Hb. der alt. Geogr. 3,450 *Beloch*, RG 368. 403.

**Marruvium** (Strab. 5,241. Sil. 8,505. Tab. Peut. VI 1. Geogr. Rav. IV 34. Guid. 45), Stadt der *Marsi Marruvini* (Verg. Aen. 7,750. Plin. nat. 3,106) am Fuciner See mit Kult der Medea-Angitia (Serv. Aen. a. O.); h. S. Benedetto. Name nicht von *Marsi* < * *Marti̯i* herleitbar, sondern zu → *Marĕs*. G. R.

**Mārs** I. (zu *ā:* Mon. Anc. 21 *Mártis*. CIL I² 1202 *Maarco*). Namensdeutung wegen M. neben *Mar* (RADKE, Glotta 44, 1966, 39f.), *Marmar* (CIL I² 2), *Māmers*, *Māvors* (seit CIL I² 991. Plaut. Mil. 1414. Enn. ann. frg. 104 V.) umstritten: Leitet man M. < * *māu̯r̥t-* (CIL I² 49 *Maurte*) < *Māvors* her (STOLZ LGr 1,115. ALTHEIM RRel 1, 1931, 69f. 2, 1956, 14f. NORDEN Altröm. Priesterbücher 136,1. DUMÉZIL Rel. Rom. arch. 214), müßte man *Māmers* durch Assimilation < * *Mavers* erklären (SCHULZE Eigenn. 466,1), was ohne jede Analogie wäre; von *Māmers* zu * *Māvers* führt kein Weg (ALTHEIM Gesch. lat. Sprache 230,3). Scheidet *Māvors* aus, lassen sich *Marmar* und *Māmers* aus Reduplikation von M. erklären (freilich nicht mit WALDE-HOF.³ 2,44 durch Samprasāraṇa), wenn man von *smăr-*, *smr̥-rr* (alle Erklärungsversuche mit *măr-*, *mār-*, *smĕr-* sind sprachlich unbefriedigend) als Reduktionsstufe von *smĕr-* (vgl. kelt. *Ro-smerta*) »zuteilen« nach den Regeln nominaler Reduplikation (RADKE Götter Altitaliens 201) ausgeht; das führt zu den Vokativen *Mármár* und *Mármŏr* (Carmen arv.), zu Nom. * *marmors*, der nach den obliquen Kasus * *māmortis*, * *māmorti*, * *māmartem* ebenso wie Vok. *Māmŏr* (Carmen arv.) zu * *māmors* ausgeglichen wurde, und mit Suffix *-qŏ-* zu den seit dem 6. Jh. v. Chr. bezeugten Namen *Mamarce* (PALLOTTINO TLE Nr. 34. 112. 242), *Μάμαρχος* (SCHULZE Eigenn. 62) und ON *Μαμάρκινα* (Steph. Byz. s. v.); daraus entstanden durch die nur innerhalb des Lateinischen bekannte Vokalschwächung, d. h. von Rom (!) aus verbreitet, → *Māmers* und → *Māmercus* (ALTHEIM a. O.). Die seit 170 v. Chr. bezeugte Länge des *ā* in M. (< * *smr̥r-t-s*; im 3. Jh. v. Chr. noch *ă*: CIL I² 18. 609; vgl. NACINOVICH Carmen arv. 1,164ff. zu umbr. *mărt-*) durch sekundäre Dehnung vor *r* + Konsonant. Ohne oblique Kasus *Maspiter* (Varro l. l. 8,49. 9,75. 10,65; CIL I² 970: *Marspiter*); *Marspedis sive Maspedis* (Fest. 152,37f.) vielleicht nach *Bellona pedisequa* zu M. *pedis(equus)* zu ergänzen. Heilige Tiere des M.: Wolf (Verg. Aen. 9,566. Hor. c. 1,17,9. Liv. 10,27,9. 22,1,12) und Specht (Strab. 5,240. Plin. nat. 10,40. 25,29. Dion. Hal. ant. 1,14,3: Spechtorakel). Als Opfer erhält M.

*suovetaurilia* (Cato agr. 141,3. Fest. 204,16L. Liv. 8,10,14. Dion. Hal. ant. 4,22,1) oder Rinder allein (Liv. 7,37,3. Plin. nat. 22,9. Strab. 5,250. Act. Arv. p. 72. 84. 86f. 121; vgl. Iguv. Taf. 1 a 11. b 2 u.a.) und als einziger Gott ein Pferd (Paul. Fest. 71,21 L.; kein Reitpferd!), das vom Flamen ohne unmittelbare Berührung (Plin. nat. 28,146) durch einen Speerwurf (Pol. 12,4 b 1) getötet werden mußte. Dem M. ist der *campus Martius* geweiht, wo seit Numa eine *Martis ara* (Fest. 204,16L. BRUNS-GRAD. 1,8) stand. Älter war das M.-Heiligtum auf dem Palatium (Plut. Cam. 32,6. Dion. Hal. ant. 14,2), später *curia* (Cic. div. 1,30) oder *sacrarium* (Val. Max. 1,8,11) *Saliorum* genannt, wo der *lituus* (CIL I² p. 313 *clava*) des Romulus den Brand Roms überdauert hatte; in der *regia* gab es ein *sacrarium*, in dem M. als Lanze (Plut. Rom. 29,1. Varro b. Arnob. 6,11. Clem. Alex. protr. 4,46,4) verehrt und angerufen (Serv. Aen. 8,3: *Mars vigila*) wurde; prodigiöse Bewegung der *hastae Martiae* (Gell. 4,6,1f. Liv. 40,19,1. Obseq. 6. 36. 44. 47. 50. Cass. Dio 44,17,3; vgl. Liv. 22,1,11. 24,10,10) oder der dort ebenfalls aufbewahrten → *ancilia* (Serv. Aen. 7,603. Obseq. 44a). Der M.-Tempel vor der Porta Capena erst durch den IIvir s. f. T. Quinctius am 1. Juni (Ov. fast. 6,191f. Fast. antiat. vet.) 388 v. Chr. geweiht (Liv. 6,5,8); dort sammelt sich das Heer (7,23,3), beginnt seit 304 v. Chr. jährlich am 15. Juli die *transvectio equitum* (Dion. Hal. ant. 6, 13,4). Seit 138 v. Chr. M.-Tempel am Circus Flaminius (Plin. nat. 36,26. Val. Max. 8,14,2), seit 12. Mai (Ov. fast. 5,545ff.) 20 v. Chr. Tempel des M. Ultor auf dem Kapitol (Cass. Dio 54,8), seit 1. Aug. (Cass. Dio 60,5,3) 2 v. Chr. auf dem Forum Augusti (Suet. Aug. 29). Dem M. ist ein *mensis Martius* in Rom wie in Alba, Aricia, Praeneste, Laurentum, Falerii, bei Hernikern, Aequiculern, Paelignern (Ov. fast. 3,87ff. Cens. 22,6. Macr. Sat. 1,15,18) geweiht; vgl. *mamerttiais* in Capua (VETTER HB Nr. 84ff.) und Aeclanum (164). M.-Priester *flamen Martialis* (Fest. 198,29ff. Serv. Aen. 2,2. 8,552. Gell. 10,15,21. Macr. Sat. 3,13,11. Tac. ann. 3,58. Cass. Dio 43,24,4), der in konfarreierter Ehe lebte (Gai. inst. 1,112) und selbst als Konsul gelegentlich Rom nicht verlassen durfte (242 v. Chr.: Liv. per. 19. Val. Max. 1,1,2. Tac. ann. 3,71; 131 v. Chr.: Cic. Phil. 11,18). Den krieger. Kult des M. versehen die → Salii, den apotropäisch-agrar. die → Arvales. Festtage und Opfer: Equirria 27. Febr. (Paul. Fest. 71,15f. L. Ov. fast. 2,857ff.), Feriae Marti (Fast. Praen.) 1. März (Ov. fast. 3, 170), Agonium Martiale 17. März (Macr. Sat. 1,4, 15), Feriae Marti 19. März (Fast. Vatic.), Tubilustrium 23. März (Lyd. mens. 4,60 p. 113 W. Fast. Praen.), Robigalia 25. April (Tert. spect. 5), Mars Invictus 14. Mai (Fast. Venus.), Equus October 15. Oct. (Paul. Fest. 71,20L.; seit Timaios FGrH 566 F 36 bezeugt) und die Tempelstiftungstage mit *ludi Martiales*. Weihung von *spolia*: Serv. Aen. 6,859. Liv. 45,33,2. M. als Führer eines → ver sacrum nur für Samniter (Strab. 5,250; → Bovianum jedoch nicht zu *bos*) und Mamertiner (Fest. 150,34f. L.) bezeugt. Anrufung des M. im Carmen arv. dient dem Schutz der Gemeinde wie die → *lustratio* und der Grenzen wie das → *amburbium* oder → *ambarvale*, die Brote am Kopf des Equus October *ob frugum eventum* (Paul. Fest. 246,22 L.), der *lituus* in der *curia Saliorum* dem Abgrenzen des *templum* wie des *pomerium* (< **pŏ-smĕr-i̯om* »Abgrenzung« mit Dehnstufe *smēr-*), außerhalb dessen sein Kult bleibt (Serv. Aen. 1,292. Vitr. 1,7,1). Danach kann M. als der Gott angesehen werden, der das Land »zuteilt« (so kümmert er sich auch um dessen Ertrag) und das *pomerium*, die »Grenzen«, schützt (so wird er zum Krieger; der aus dem Carmen arv. bekannte Ruf *triumpe* hat überall, wo er bezeugt ist, apotropäischen Charakter; vgl. RADKE, G 75, 1968, im Satz): *lituus* und *hasta* 2 Funktionen eines Instruments; das vom Himmel gesandte → *ancile* eine Schutzwaffe. Hellenisierung nicht erst im *lectisternium* 217 v. Chr. (Liv. 22,10,9 zusammen mit Venus wie im Pantheon und Ultor-Tempel Ov. trist. 2,296), sondern bereits in der auf Troia bezogenen Deutung des Equus October (Timaios a. O. Paul. Fest. 71,20ff. L.) und der nur wenig früheren Weihung des Tempels von 388 v. Chr. durch einen IIvir s. f. erkennbar. Verbindung mit → Minerva (Ov. fast. 3,681ff.) und → Nerio (Lyd. mens. 4,60 p. 113 W.); vgl. Laphria Mamersa. Die Gottesvorstellung entwickelt sich dahin, daß M. (vgl. Tert. spect. 5) zum Synonym des Krieges wird; vgl. *aequo, ancipiti Marte*. Cic. Marc. 17 *invadunt Martem* »sie beginnen den Kampf«. Mytholog.: *proles Martia* = Romulus. Kaum zugehörig der als Kind dargestellte etr. *maris*. G. R.

*Roscher*, Myth. Lex. 2,2385ff. *Wissowa* RRel ²141ff. *Bickel* Altröm. Gottesbegriff 36ff. *Nacinovich* Carmen arv. 1, 136ff. *Altheim* RRel 1, 1931, 69f. 2, 1956, 14f. *Ders.* Gesch. lat. Sprache 230ff. *Dumézil* Iupiter Mars Quirinus 1ff. *Ders.* Rel. Rom. arch. 208ff. *Hermansen*, Stud. über den ital. und röm. Mars 1ff. *Wagenvoort* Stud. in Rom. Lit. Cult. Rel. 207ff. *Latte* RRel 66. 114. 279. 363. *Radke* Götter Altitaliens 199ff. *Walde-Hof.*³ 2,43ff. *Deubner* bei *Chantepie* 2,439. *Domaszewski* Abh. röm. Rel. 176. *Usener* Kl. Schr. 4,93ff. *A. G. Ramat*, AGI 47, 1962, 112ff.

II. Im kelt. Kultur- und Sprachgebiet (nicht in der früh romanisierten Gallia cisalpina) war der Kult des Mars außerordentlich verbreitet. HEICHELHEIM verzeichnet in RE XIV 1938–57 nicht weniger als 278 Weihungen (deren Zahl sich inzwischen noch vermehrt hat), teils nur *Deo Marti* (zuweilen verbunden mit *Victoria* oder *numen* bzw. *numina Augg.*), viel häufiger aber mit kelt. Beinamen, offenbar Namen kelt. Lokalgottheiten, die durch interpretatio Romana mit M. identifiziert wurden. In Heichelheims Liste liefern 218 Weihungen 75 M.-Beinamen von *Albarinus* bis *Vorocius*, von denen nur die durch eine größere Zahl von Weihungen bezeugten hier aufgeführt seien: *Belatucadrus* (oder ähnlich, Britannien, 22 Belege).

*Camulus* (Hauptgott der Remer, 5 Bel.), *Caturix* (helvet. Gott, 5 Bel.), *Cicolluis* (Lokalgott der Côte d'Or, 10 Bel.), *Cnabetius* (Belgica und Obergermanien, 5 Bel.), *Cocidius* (Britannien, 21), *Intarabus* (Treverer, 6), *Iovantucarus* (Treverer, 7) *Latobius* (Lavanttal in Kärnten, 6), *Leherennus* (Aquitanien, 18), *Lenus* (Treverer, 9), *Leucetius* (Rheingebiet, 10), *Marmogius* (Noricum und Pannonien, 4), *Mullo* (Nantes, 5), *Nodon* (Britannien, 4), *Rudianus* (Narbonensis, 5), *Segomo* (Seealpen und Vorland, 5), *Toutates* (Steiermark und Britannien, 6, auch literar. bezeugt durch Lucan. 1, 445 mit Sch. und Lact. inst. div. 1,21). Die Weihungen stammen nicht nur von Soldaten, sondern auch von Zivilisten und von Frauen. Das weist einerseits auf den weitreichenden Einfluß der Religion des röm. Heeres, andererseits dürften die dem M. angeglichenen kelt. Gottheiten mindestens teilweise krieger. Charakter gehabt haben. – Neben den zahlreichen kelt. M.-gestalten stehen merkwürdigerweise nur 2 mit german. Beinamen: *M. Halamardus* aus dem niedergerman. Horn CIL XIII 2707 = DESSILS 4561 und *M. Thincsus* vom Hadrianswall DESSILS 4760. K. Z.

**Marsch** s. Taktik

**Marsi. 1.** Mittelital. Volk im Bereich des → Fucinus Lacus (Plin. nat. 3,106.108. Strab. 5,219. 235. 238. 240f. Ptol. 3,1,57); seit Mitte 4. Jh. v. Chr. mit Rom in Berührung (Liv. 8,6,8. 29,4. Diod. 20,44,8), seit 304 im Bunde (Liv. 9,45,18. Diod. 20,101,5), leistet Waffenhilfe 225 (Pol. 2, 24,12); 91/90 Ausgang und Widerstandskern im *bellum Marsicum* (Diod. 37,2. Liv. per. 72/76. Vell. 2,15ff.), 89 *civitas* in der *tribus Sergia* (Cic. Vat. 36). Das Klima (Höhenlage!) gestattet Obst- (Sil. 8,509) und Bohnenbau (Colum. 2,9). Kräuterkunde der M. (Colum. 6,5. Plin. 25,86) trägt ihnen den Ruf der Zauberei, Immunität und Heilkunde gegen Schlangenbisse und der Abstammung von Sohn der Circe ein (Cic. div. 1,131. 2,70. Hor. epod. 17,29. Plin. 7,15. 21,78. 25,11. 28,30. Gell. 16,11,1. Solin. 2,27.30). Die M. gelten für kriegerisch (Verg. georg. 2,167. Hor. c. 2,20,18. 3,5,9. Strab. 5,241). Ihr Name *(<*Martii)* ist vom gleichen Stamm wie der des Mars herzuleiten (WALDE-HOF.$^{3}$ 2,46. SOMMER HB 218,1. LEUMANN-HOF. Lat. Gramm. $1^{5}$,127. SCHULZE Eigenn. 465. ALTHEIM Gesch. der lat. Spr. 398ff.; vgl. VETTER HB Nr. 228a: *Martses*). G. R.

*Nissen* It. Ldk. 2,454. *Forbiger* Hb. der alt. Geogr. 3,450. *Devoto* Ant. It. $^{2}$335ff.

**2.** M., nach Tac. Germ. 2 ein Hauptvolk der Germanen, neben Gambriviern, Sueben und Vandiliern genannt. Bis zum J. 8 v. Chr. am Rhein, siedeln sie später zwischen Ruhr und Lippe, jenseits der → Caesia silva, n. der Ruhr, wo das berühmte Heiligtum der Tanfana lag. Im J. 14 n. Chr. vermag Germanicus die an den Kriegen gegen Rom beteiligten, zum Kultfest versammelten M. in einer Strafexpedition zu überraschen und die im Kultverband den M. verbundenen Bructerer, Tubanten und Usipeter zurückzuschlagen (Tac. ann. 1,50). Im folgenden Jahr gewinnt er einen in der Varusschlacht verlorengegangenen Legionsadler zurück und besiegt abermals die M. Noch einmal werden die M. 41 n. Chr. erwähnt, als Gabinius den letzten Legionsadler der Varusschlacht zurückholt (Cass. Dio 60,8,7). H. C.

*Schönfeld*, RE XIV 1979.

**Marsigni.** Eine ausgewanderte Gruppe der Marsi, nach Tac. Germ. 43 ö. der Markomannen und Quaden, zusammen mit Cotinern, Osern und Burgundern siedelnd. H. C.

**Marsonia** (Not. dign. occ. 32,43, Geogr. Rav. 4,19,5,217,2), *Marsonie* (Tab. Peut. 6,2), *Μαρσονία* (Ptol. 2,16,7), Siedlung am Savus in Pannonia inf., an der Straße Siscia–Sirmium. H. Brod. Die von Siscia ostwärts führende Straße gabelte sich bei M. Die n. Straße führte nach Certissa–Cibalae. Die Not. dign. occ. erwähnt hier – unter Vorbehalt – *(Tauruno sive M.) auxilia ascarii.* J. F.

**Marsupium** (*-suppium, -sippium. μαρσίππιον* mit Nebenformen). Der Geldbeutel war sprachlich von Beutel, Sack, Tasche nicht scharf geschieden. Das griech. Wort meint meist einen Sack für Proviant oder die Aufbewahrung der Kleider, seltener wie *βαλάντιον* und *ἀεύβαλλος* und meist lat. m. den zuschnürbaren Lederbeutel als Geldbeutel, der auch *loculi*, *crumina*, *pasceolus*, *zona* heißen konnte. Da Plaut. Rud. 1313ff. die Worte nebeneinander vorkommen, bezeichnen sie wohl nach Größe, Form, Farbe verschiedene Geldbeutel. Die m. werden am Gürtel, an einem Riemen um den Hals, auf Reisen in einer Kiste *(vidulus)* oder Tasche *(sacciperium)* getragen. Das m. ist ständiges Attribut des röm. Mercurius, wohl von dorther beeinflußt spät auch des Hermes. W. H. G.

**Marsus.** Isaurer, befehligte 468 zusammen mit Herakleios die von Äg. aus gegen die Vandalen entsandte Armee (Theophan. a. 5963), war 471 am Sturz Ardaburs beteiligt. 483/84 nahm M. an der Revolte seines Freundes Illus gegen Kaiser Zeno teil (Euagr. 3,27. Candid. frg. 1 = FHG 4,137a). A. L.

**Marsyabai** (*Μαρσυαβαί*, Var. *Μαρσύαβα*, Strab. 16,782), Stadt der *Ῥαμμανῖται* (Raimān, inschr. 'RYMN) in Arabia Felix, die von Aelius Gallus 24 v. Chr. 6 Tage lang erfolglos belagert wurde. In den entsprechenden Feldzugsberichten Mon. Anc. 5,23 und Plin. nat. 6,160 heißt sie *Mariba*. Die Versuche, M. mit *Μαρίαμα* (Ptol. 6,7,37), inschr. MRYMT$^{m}$ (Maryamat, CIS IV 397) gleichzusetzen, können nicht befriedigen. Es ist offenbar ident. mit → Mariaba; der auffallenden Schreibung mit *s* könnte ein Mārib Saba' zugrunde liegen. A. D.

*J. Pirenne*, Le Royaume Sud-Arabe de Qatabân et sa Datation, Löwen 1961, 100–104. 108–110.

**Marsyas** (*Μαρσύας*). **1.** Urspr. phryg. Flußgott oder Quelldämon des im Tale Aulokrene bei

Kelainai entspringenden M. (4b), Schutzheros von Kelainai (Abwehr der Galater Paus. 10,30,9), früh in den Kreis der → Kybele einbezogen (sein Grab bei Pessinus, Steph. Byz.), von den Griechen als Silen oder Satyr aufgefaßt, Erfinder und Meister der Flöte (Doppelflöte), Sohn des → Hyagnis oder → Oiagros, meist des → Olympos, der aber auch als sein Sohn und Schüler galt. Als man in Athen um die Mitte 5. Jh. das Flötenspiel zugunsten der Kithara verwarf, wurde erzählt, Athena habe zwar das Flötenspiel erfunden, als sie aber sah, wie sehr es das Gesicht verzerre, das Instrument weggeworfen und den M., der es aufhob, geschlagen, Apollod. 1,24. Paus. 1,24,1. Ov. fast. 6,697 ff.; vgl. Plut. Alk. 2. Sokrates wurde von Alkibiades wegen seiner häßlichen Gesichtszüge und seines bezaubernden Wesens mit M. verglichen, Plat. symp. 215 bc. M. ließ sich, großsprecherisch (Apul. flor. 3), mit Apollon in einen musikal. Wettstreit ein, unter der Bedingung, daß der Sieger mit dem Besiegten nach Gutdünken verfahren dürfe. Apollon siegt, indem er im Fortgang des Streits die Kithara umdreht und dem M. gebietet, es mit der Flöte auch so zu machen, oder indem er zum Kitharaspiel einen akkordierenden Gesang anstimmt, was M. erst recht nicht vermag, Apollod. a.O. Hyg. fab. 165. Diod. 3,58. Apollon hängt den Besiegten an einem Baume auf und zieht ihm bei lebendigem Leibe die Haut ab (der »Schlauch des M.« in einer Grotte bei Kelainai, Aition), Hdt. 7,26. Xen. an. 1,2,8 (hier geht der Wettstreit *περὶ σοφίας*). Nach Ail. var. 13,21 bewegt sich die Haut, wenn phryg. Weisen ertönen. Aus dem Blut des M. oder aus den Tränen der zuschauenden Satyrn und Nymphen entsteht der Fluß M. Ov. met. 6,391 ff. Wie nach Paus. 10,30,9 M. in Phrygien Flußgott und Aulet zugleich ist, so wird er auf kaiserzeitlichen Mz. von Apameia Kibotos mit Quellgefäß und Doppelflöte dargestellt; sein Wasser und sein Spiel zugleich haben die Galater abgewehrt (s. o.). Über Deutungen des M. als göttlicher oder vergöttlichter Esel u. a. und über seine Zusammengehörigkeit mit → Midas s. C. Jessen, Myth. Lex. 2,2445. Burckhardt, RE XIV 1989 f.

Die Bronzegruppe Athena-M. auf der athen. Akropolis von → Myron (um 450) läßt sich aus den Marmorkopien des M. (Lateran) und der Athena (Dresden) rekonstruieren. A. Andrea, Opusc. archaeol. 3, 1944, 1 ff. Die Apollon/M.-Szene begegnet auf att. Vasen seit ca. 435. Die Musenbasis von Mantineia in praxitel. Art zeigt Apollon sitzend, M. flötespielend und den Skythen, der ihn schinden wird (Hyg. fab. 165). Das Motiv der Schindung war in hellenist. und röm. Z. beliebt. – Auf dem Forum in Rom stand ein Silen mit dem Schlauch (der auf einen Dudelsack hindeutet), M. genannt, Hor. s. 1,6,120. Kopien davon standen in Städten, denen das *ius Italicum* verliehen war. H. v. G.

*Prell.-Rob.* 1,223,2. 73 ff.

**2.** M. aus Pella, Sohn des Periandros, nach Suda (s. *M. Περιάνδρου*) Bruder (Stiefbruder?) des → Antigonos Monophthalmos (1), Historiker des 4. Jh. v. Chr. Er schrieb *Μακεδονικά* (10 B., von den Anfängen des makedon. Königtums bis auf Philipp II.) und eine Alexandergesch. (mind. 5 B.), die bis zum J. 331 reichte. Die Zuweisung der Frg. (FGrH 135) ist nur in solchen Fällen sicher, wo er durch den Zusatz *ὁ πρεσβύτερος* unterschieden wird von **3.** M. aus Philippoi, dem Sohn des Kritophemos. Dieser Historiker, der vielleicht hellenist. Z. zuzuweisen ist, im Unterschied zu M. (2) mehrfach *ὁ νεώτερος* genannt, verfaßte *Μακεδονικαὶ ἱστορίαι* (mind. 6 B.), die jedenfalls mit der Frühzeit begannen. Wie weit sie herabgeführt waren, läßt sich nicht ausmachen. Ob ihm auch die *Μυθικά* (6 B. nach Suda s. *M. Κριτοφήμου*) gehören, ist ungewiß. FGrH 136. H. Gä.

**4.** M., Name mehrerer Flüsse: a) Nebenfluß des Maiandros von S., an dem → Alabanda (I 1530 f.) lag, Hdt. 5,118, h. Tschina Tschai. b) Nebenfluß des Maiandros von N. nach Plin. 5,106 *Apameam ante appellatam Celaenas, deinde Ciboton ... circumfusa Marsya, Obrima, Orba fluminibus in Maeandrum cadentibus*. Nach Xen. an. 1,2,8 entsprang der M. unterhalb des festen Schlosses des Großkönigs in → Kelainai, durchfloß die Stadt und mündete in den Maiandros. c) Nur von Plin. nat. 5,81 erwähnter Nebenfluß des → Orontes, nicht sicher bestimmbar, vgl. Honigmann, RE XIV 1985 f. d) Nebenfluß des Euphrat von Syrien (W.) her zwischen Samosata und Zeugma, Plin. nat. 5, 86, h. Nahrā $d^{he}$ Farzamān oder Nahr Marzabān. **5.** *Μαρσύας* nennt Pol. 5,45,8 ff. 61,7, *Μασσύας* Strab. 16,753. 755. 756 die fruchtbare Ebene des Orontes zwischen Laodikeia und Chalkis, die sonst meist als *Κοίλη Συρία* bezeichnet wird. K. Z.

**Martha.** Wahrsagerin, die um 105 v. Chr. aus Syrien nach Rom kam, wo sie – trotz Betätigungsverbots durch den Senat – Adepten fand, bes. infolge richtiger Prognosen bei Gladiatorenkämpfen. Iulia (→ Iulius 19) sandte ihrem Gatten Marius 102 die M. ins Rhônegebiet, wo sie zur Hebung der Kampfmoral der röm. Truppen gegen die Germanen beitrug. Plut. Mar. 17,2–5. H. G. G.

**Martialis. 1.** M. Valerius. Der bedeutendste Epigrammatiker Roms. 1. Leben. Daten zur vita liefern vorwiegend seine Gedichte. Danach ist M. gegen 40 n. Chr. (10,24) in → Bilbilis im tarraconens. Spanien geb. ca. 64 (10,103,7) siedelte er nach Rom über, wo er als Klient der Senecae, seiner berühmten Landsleute (4,40,1 f.), später anderer reicher Gönner seine Existenz fristete. Auch der Hof wurde auf den Gesellschaftspoeten aufmerksam; so wurde M. von Titus und Domitian mit dem Dreikinderrecht ausgezeichnet (2,91. 93. 9, 97,5 f.) und durch die Verleihung des Titulartribunats in den Ritterstand erhoben (3,95). Dennoch gelang ihm trotz aller Huldigungen an Domitian (vgl. auch 6,10) und seine Umgebung nicht die

Erreichung wirklicher finanzieller Unabhängigkeit. Zum Kreise seiner Bekannten gehörten auch die geistig führenden Köpfe der Zeit, Silius Italicus (4,14 etc.), Frontin. (10,48,20. 58), der jüngere Plinius (10,19), M.' Landsmann Quintilian (2,90) und Iuvenal (7,24 u.ö.). Im höheren Alter mögen M. die Klientenpflichten immer beschwerlicher geworden sein; auch dürfte er als Anhänger Domitians nach der Thronbesteigung Nervas und Traians an Ansehen verloren haben. Er kehrte jedenfalls 98 (oder später) nach Spanien zurück (Plin. epist. 3,21 und dazu den Komm. von SHERWIN-WHITE, 1966, 263), wo er seine letzten Tage auf einem von Freunden geschenkten Gut verbrachte, bis er 103/04 starb.

2. Werke a) Der sog. *Liber spectaculorum* (in den Hss. *Epigrammaton liber*), zur Einweihung des Colosseums im J. 80 verfaßt. b) 2 Slg.en von Aufschriften für Saturnaliengeschenke, *Xenia* und *Apophoreta*, geschrieben 84/85 und später. c) 12 B. *Epigrammata*, publiziert in den J. 85/86 bis 102/03 (1/2 [urspr. 1 B., vgl. 3,1]: 85/86; 3: 87/88 [?]; 4: 88/89; 5: E. 89; 6: 90; 7: E. 92; 8: 93; 9: 94; 10: 1. A. E. 95, 2. A. 98 [vgl. 10,2]; 11: 96/97; 12 [in Bilbilis]: 1. A. E. 101, 2. A. 102/03). Die von M. in der heutigen Reihenfolge und Numerierung veröffentlichten B. stellen die Zusammenfassung und Bearbeitung kleinerer Slg.en und einzelner Gedichte dar, die verschiedenen Freunden in der Z. davor gewidmet waren; auch die Widmungsbriefe sind in die endgültige Publikation mit übernommen, so die Prosabriefe von B. 1. 2. 8. 9. 12.

Die Thematik von M.' Gedichten ist auffallend vielseitig: Neben eigentlichen Epigrammen (Aufschriften, Grabepigramme, Beschreibung von Villen u.ä.) stehen solche zu festlichen (Geburtstagsgedichte) und traurigen (Klageelegien) Anlässen, Preis (vor allem des Kaisers und seiner Umgebung) und Polemik, schließlich die witzige Kommentierung beliebiger aktueller Ereignisse. Demgegenüber tritt die Aussage des persönlichen Erlebens zurück. Auch in der Metrik herrscht Abwechslung: Neben den vorwiegend verwendeten Maßen (eleg. Distichon, Hinkiamben, Phalaeceen) finden sich reine Hex., reine Iamben und Sotadeen (3,29). M.' Sprache ist in allen Höhenlagen zu Hause: In Wortgebrauch und Wortstellung artifizielle Gedichte wechseln mit provozierend vulgären und obszönen ab. Prägnanz und Schärfe der epigrammat. Pointe bestimmen eine in ihrer Grundtendenz satir.-moralisierende Dichtungsart (Plin. epist. 3, 21 *erat homo ingeniosus acutus acer, et qui plurimum in scribendo et salis haberet et fellis, nec candoris minus*). Dabei muß der Historiker bedauern, daß die Angst vor staatlicher oder gesellschaftlicher Zensur M. zwang (vgl. pr. B. 1), die Namen der angegriffenen Personen durch Pseudonyme zu ersetzen. Auch bei der Anordnung der Epigramme ist das Prinzip der Variation wirksam: Metr. und themat. Verwandtes wird getrennt, bisweilen in



Form eines mehr oder weniger konsequent durchgeformten Zyklus über ein ganzes B. verteilt. M. hat die Tradition des lat. (pr. B. 1 nennt die Vorgänger: Catull [vgl. J. FERGUSON, Proc. Afr. Class. Ass. 1963, 3ff.], Albinovanus Pedo, Domitius Marsus, Lentulus Gaetulicus) und des zeitgenössischen griech. Epigramms (Lukillios) in selbständiger Weise fortgesetzt.

Der Erfolg seiner Gedichte scheint schon bei seinen Zeitgenossen beträchtlich gewesen zu sein. In der nächsten Generation bezieht sich vor allem Iuvenal (COLTON, CJ 1965, 68ff.) auf ihn. Die Anerkennung der Spätant., des MA. und der Neuzeit ist ihm ohne Unterbrechung treu geblieben; hervorzuheben ist die Rezeption in Deutschland seit dem 17. Jh. (Lessing; Goethes und Schillers Xenien). Die mittelalterliche Überlieferung beruht auf 3 spätant. Exemplaren, von denen 2 (α, Florilegiencodices, nur hier der *Liber spectaculorum*; γ) in Frankreich, das dritte (β, mit den Subskriptionen des Torquatus Gennadius von 401) in Italien propagiert wird; alle 3 scheinen auf eine spätant. Rezension zurückzugehen, die möglicherweise mit Autorenvarianten versehen war. P. L. Sch.

Ta.: *F.W. Schneidewin* 1842. *L.Friedländer* 1886. *W.Heraeus* 1925. *W.M.Lindsay* ²1929. *C.Giarratano* ³1951. *H.I. Izaac* ²1961. Bibliogr. *R.Helm* Lustrum 1956, 299ff. 1957, 187ff.

Lit.: *R.Helm*, RE VIII A 55ff. *Schanz-Hos.* 2,546ff. *H.Huisintveld* De populaire elementen in de taal van M. V. M., 1949. *L.Pepe* Marziale 1950. *M.Dolc* Hispania y Marcial, 1953. *A.Nordh*, Eranos, 1954, 224ff. (hist. Exempel). *I.Lana*, RFIC 1955, 225ff. *R.Hoffmann*, Wiss. Ztschr. Lpz., Ges. wiss. R. 1956/57, 433ff. (Themen). *K.Barwick*, Philol. 1958, 284ff. (Zyklen). *Ders.* Martial und die zeitgen. Rhetorik, Verh. Ak. Lpz., Phil.-Hist. Kl. 104,1, 1959. *A.G Carrington* Aspects of Martials Epigrams, 1960. *O. Seel*, Ant. und Abendland, 1961, 53ff. *R.Marache*, Riv. Cult. Class. Med., 1961, 30ff. – Liber spectaculorum: *O. Weinreich* Stud. zu M., 1928. *L.Herrmann*, Latomus, 1962, 494ff. *U.Carratello*, Giorn. It. Filol., 1965, 294ff. – Xenia/Apophoreta: *A.Barbieri*, Aevum 1953, 385ff. – Vorbilder: *O.Autore* M. e l'epigramma greco, 1937. *J.Kruuse*, Class. Med., 1941, 248ff. *P.Laurens*, REL 1965, 315ff. – Überlieferung: *G.Pasquali* Storia della trad. ²1952, 415ff. – Nachwirkung: *P.Nixon* M. and the Modern Epigram, 1927.

**2.** M., magister officiorum 448/49 (Prisc. frg. 7/8 = FHG 4,77) und 457 (Const. Porph. de caerem. 1,91). 451 nahm er als kaiserlicher Abgesandter am Konzil von Chalkedon teil (Acta Conc. Oecum. 2,1). A. L.

**Martianus 1.** Capella, lat. Enzyklopädist 5. Jh. I. Die Lebensdaten sind unsicher; der Ansatz vor 439 ist wahrscheinlich, 410 als term. post beruht auf haltloser Interpretation von § 639 (SCHANZ-HOS. 4,2,166. 169; vgl. DICK (Edit.) XX; [1],2004). Ihn bereits auf 300 anzusetzen, verbietet seine weit entwickelte neuplaton. Lehre (vgl. [5]). M.C. stammt aus Karthago, er war vor der Niederschrift seines Werkes Anwalt (§§ 577, 999). II. Als *senex* schrieb er für seinen Sohn *De nuptiis Philologiae et Mercurii;* der Titel ist vielleicht nicht authent. (vgl. [3],200: erstmals bezeugt bei Fulg.). Es handelt sich um eine Enzyklopädie der 7 *artes:* Grammatik, Dialektik, Rhetorik, Geometrie, Arithmetik, Astronomie, Harmonie (B. 3–9), ausdrücklich werden § 891 die varron. Disziplinen Medizin und Architektur ausgeschlossen. Die Eigentümlichkeit des Werkes besteht in der neuplaton.-allegor. Einleitung (B. 1 und 2): Merkur heiratet die Philologie (als Inbegriff der Wissenschaften), der nach ihrer Apotheose die 7 *artes* als ihr Fach jeweils vortragende Allegorien vorgeführt werden. Hierbei erscheint die Lehre des entwickelten Neuplatonismus (nach [5] Iamblichos), bes. in § 45–92 und 149–205. Vieles, z. B. die Flußallegorie, ist noch nicht geklärt. M. C. lehnt den traditionellen Polytheismus ab (§§ 9f., 817); es wird mit der astronom. Ambivalenz der Göttergestalten gespielt. Die Idee der Rahmenallegorie ist von Apuleius (ausdrückliche Beziehung auf Amor et Psyche § 7 und 217) angeregt worden. *Satura* ist dem Autor Mentor und Interpretin des Geschehens; in der Tat sind vielfältige Metren eingestreut. Im Kontrast hierzu geben die Vorträge der *artes* trockene Auszüge, die manchmal bis zur Unverständlichkeit abgekürzt sind. Der Lehrstoff ist kompiliert; die Grammatik (sehr fragmentar.) entspricht den üblichen Schulschriften, der (von den Göttern geradezu beschimpften) Dialektik liegen nicht greifbare lat. Vorarbeiten zugrunde, die Rhetorik versucht, wie SOLMSEN, AJPh 1941, 35ff. gezeigt hat, das peripatet. mit dem isokrat. Schema zu kombinieren, dadurch werden z. B. die *argumenta* zweimal verschieden behandelt. Die Geometrie hat in ihrem geograph. Teil Plinius (Solin) ausgeschrieben; im übrigen bezieht sie sich, wie die Arithmetik, auf Euklid. Zur Astronomie und Harmonie, den für uns wertvollsten Teilen, vgl. [6] und [3],204, ferner Nachweise in DICKS Apparat.

III. Es ist für das MA. entscheidend, daß nicht eine chr. Enzyklopädie, wie sie Aug. (retr. 1,6) plante, sondern neben Cassiod. und Isid. der heidn. M. C. die ant. Wissenschaft vermittelte, dazu in der die Auslegung vielleicht schon seit Fulg. (vgl. [4],92), dann seit der karol. Renaissance bis zur Schule von Chartres anziehenden Einkleidung: Joh. Scotus, Remigius v. Auxerre (ca. 60 Hss. bekannt) und Martin v. Laon kommentierten das Werk, Notker der Deutsche hat es übersetzt, es wurde poet. bearbeitet (zum Nachleben eingehend [4]). Der Einfluß auf die allegor.-visionäre Dichtung des hohen MA., z. B. Alanus v. Lille, ist bestimmend. Die Fülle der Hss. ist bisher von keiner Edition erfaßt worden, vgl. [1],2014. R. He.

Ta.: *A. Dick*, 1925. Z. Überlieferung vgl. *C. Leonardi* I codici di M. C., Aevum 33, 1959, 443ff.

1. *P. Wessner*, RE XIV 2003ff. 2. *H. W. Fuchs* Unt. über die Quellen des M. C., Diss. Bresl. 1936. 3. *P. Courcelle* Les lettres grecques ..., 1948². 4. *G. Nuchelmans* Philologie et son mariage ... jusqu'a la fin du 12. s., Latomus 16, 1957, 84ff. 5. *R. Turcan* M. C. et Jamblique, REL 36, 1958, 235ff. 6. *W. H. Stahl* Dominant traditions in early ma. science, Isis 50, 1959, 95ff. Komm. des Joh. Scot.: ed. *C. E. Lutz*, 1939, des Remig.: *Dies.*, 1962, des Dunchad (vielmehr des Mart. v. Laon, vgl. Latomus 12, 1953, 437ff.): *Dies.*, 1944. Zu Notker: *A. K. Dolch* Notkerstudien 3, 1953, 347ff.

**2.** M. aus Kaisareia in Kappadokien, war consularis Siciliae, 358 vicarius Africae (Cod. Theod. 12,1,44/46. 4,13,5) und um 378 Stadtpräfekt von Rom. Auf M. dichtete Gregor von Nazianz die Epitaphien 40–53 (= MIGNE PG 38,29ff.), an M. gerichtet ist Basil. ep. 74,2. **3.** M., war 392 comes Orientis (Cod. Theod. 2,1,7. 3,15,1) und wurde unter Arcadius comes sacrarum largitionum (Cod. Theod. 6,30,14. 7,6,4). A. L.

**Martina.** Syr. Giftmischerin, der man Mitwirkung beim Tod des Germanicus nachsagte, Tac. ann. 2,74,2 (KÖSTERMANN, Hist. 7, 1957, 358); nach Italien gebracht, starb sie, ebd. 3,7,2. R. H.

**Martinianus.** *Magister officiorum* des → Licinianus, von diesem gegen E. Juli 324 zum Mitkaiser erhoben, Zos. 2,25,2. Epit. Caes. 41,6. Mz. aus Nikomedia, RIC VII (1966) p. 608 Nr. 45–47 und Cyzicus, ebd. p. 645 Nr. 16. Er sollte den Hellespont sichern; Konstantin schlug beide am 18. Sept. 324 bei Chrysopolis und belagerte sie in Nikomedia. M. erhielt Kappadokien als Zwangsaufenthalt, doch wurde er schon 325 getötet, Anon. Val. 29. Zos. 2,28,2. R. H.

**Martinus. 1.** M. nahm als Offizier an Iustinians erstem Perserkrieg und dann als Befehlshaber der Föderaten am Krieg gegen die Wandalen teil (Prok. 1,21. 3,11.13. 4,3). 536 zur Verstärkung Belisars nach Italien entsandt, zeichnete sich M. 537 bei der Verteidigung Roms aus (Prok. 5,24. 6,4). 538 gelang es ihm, Ariminum von der Belagerung durch die Goten zu befreien (6,16,23.17, 20), doch fühlte er sich zu schwach zum Entsatz Mailands, welches dann von den Goten eingenommen wurde (Prok. 6,21). 539 wurde M. durch den Frankenkönig Theudebert geschlagen, operierte aber dann erfolgreich gegen den Goten Uraias (Prok. 6,25. 28,31ff.). 540 kehrte M. nach Konstantinopel zurück, stand aber wenig später wieder im Einsatz gegen die Perser. Als magister militum per Orientem wurde er 543 Nachfolger Belisars im Oberbefehl gegen die Perser. 544 verteidigte M. Edessa, gegen Chosroes I. und wurde 552/54 gegen die Lazen eingesetzt (Prok. 2,14. 24ff. 8,17. Agath. 2,18. 3,2f. 21. 4,21). A. L.

**2.** M., Bischof von Tours 372–397. * 316/17 als Sohn eines Offiziers in Savaria (Oberpannonien) und in Ticinum aufgewachsen, diente er in der berittenen kaiserlichen Garde, erreichte 356 als Christ die Entlassung und schloß sich dem Bischof

→ Hilarius (1) an. M. wurde der erste Vertreter des asket.-mönch. Ideals in Gallien. Aus dem Kloster auf den Bischofssitz geholt, baute er sich bald vor der Stadt sein *maius monasterium* (Marmoutier). Sein Andenken wurde wachgehalten durch seinen Schüler → Sulpicius Sev. in dessen Vita Martini, Epistulae und Dialogi. U.a. Legenden und Wundern berichtet dieser die Teilung des Soldatenmantels, dessen Hälfte M. einem frierenden Armen schenkt. Die Vita setzten → Paulinus von Petricordia im 5., → Venantius Fortunatus im 6. Jh. in epische Form um. O. H.

Saint M. et son temps, Stud. Anselmiana 46, 1961.

**Martius 1.** Macer. *Trib. milit. leg. II Augustae*, Quaestor, kurul. Aedil, Praetor unter Tiberius. Unterstatthalter in Moesien und Befehlshaber der *leg. III Scythica* und *V Macedonica* ca. 41/43, *procos. prov. Achaiae*, CIL XI 1835. Im J. 69 kämpfte er bei Cremona mit Othos Gladiatoren gegen Vitellius, Tac. hist. 2,35,1; von diesem dann nicht zum Konsulat gelassen, ebd. 71,2. **2.** P. M. Verus. Erfolgreicher Kommandant im Partherkrieg des L. Verus, Cass. Dio 71,2,3. Fronto p. 125,12 H. SHA vit. Veri 7,1. Cos. suff. 166, CIL XI 1924. XVI 121. Er setzte als Statthalter von Kappadokien 172 in Armenien Sohaemus wieder ein, Cass. Dio 71,14 und schritt gegen Avidius Cassius ein, ebd. 71,23, Statthalter von Syrien 175–177, IGR 3,1195. Cos. II ord. 179, AE 1948, 97. Wohl 190 †. R. H.

**3.** M. (mensis) war im voriulianischen röm. Kalender mit 31 Tagen der 1. Monat des J., im iulian. mit der gleichen Tageszahl der 3. Monat. Er hatte seinen Namen von dem altlatin. Gott Mars. Seine Stellung am Jahresanf. war dadurch gegeben, daß im Frühjahr, wenn der Favonius den Schnee zum Schmelzen brachte, der Kreislauf der Natur begann und die männliche *(mas, -aris)* Naturkraft in der Pflanzen- und Tierwelt erwachte. Über seine Verbreitung s. Art. Mars. W. S.

**Martius ager** oder **campus.** Nach Lugli hieß das Marsfeld urspr. campus Tiberinus und war Privateigentum der Könige; nach der Vertreibung der Tarquinier wurde es Staatsbesitz und dem Mars geweiht, nach dem es seither benannt war. Die Angaben darüber bei Liv. 2,5,2 und Plut. Popl. 8 sind nur mytholog. interessant. Schon früh kamen Schenkungen von Land an Privatleute vor; dazu gehörten u.a. die *prata Flaminia* und der Grund und Boden für die Ehrengräber des Sulla, Hirtius und Pansa.

Über die Ausdehnung des Marsfeldes fehlen genaue Angaben; es lag dem *ager Vaticanus* gegenüber u. reichte nach O. bis zur via Lata-Flaminia (dem h. Corso), nach S. bis zum Abhang des Kapitols (das → *forum boarium* war vom c. M. durch die sog. Servian. Mauer getrennt, während das → *forum holitorium* noch dazu gehörte). Bis E. 2. Jh. v. Chr. war nur ein ganz kleiner Teil des c. M. bebaut. Bei den Saepta, der Stätte der Centuriatcomitien, stand (in der Nähe des h. Palazzo Venezia) ein Altar des Mars, für lange Zeit das einzige Heiligtum des Gottes (Liv. 35,10,12). Von einem zweiten Marsheiligtum berichtet Ovid (fast. 3, 519). Auf dem Gelände der *prata Flaminia* ließ ein Angehöriger der gens Fl. (er fiel später in der Schlacht am Trasimener See) für das Volk den *circus Fl.* erbauen; er diente u.a. für die Versammlungen der *plebs* und die *ludi plebei* und war der Versammlungsplatz, von dem aus die Triumphzüge ausgingen. Die *villa publica* war das Amtsgebäude der Censoren.

Im übrigen diente das Marsfeld sportl. und militär. Übungen. Die Verbauung begann unter Pompeius und erreichte ihren Höhepunkt unter Augustus; damals wurde der c. M. eines der schönsten Quartiere Roms. Strab. hat uns 5,236 davon eine anschauliche Schilderung gegeben: Plätze für Wagenrennen, für Ball- und Reiterspiele, drei Theater, ein Amphitheater, prächtige Säulenhallen und Tempel, Parkanlagen, und als bes. Sehenswürdigkeiten das Mausoleum des Augustus und der Rundbau des Ustrinum. Rud. G.

*Lugli* Monumenti 3,5–260 (dort Aufzählung und Beschreibung aller Monumente).

**Martyria** (*μαρτυρία*). Das Ablegen des Zeugnisses sowie das Zeugnis selbst. 1. Die Arten der Zeugen. Über Götter als Zeugen s. [1],142f. [5], 165. Das älteste griech. Recht kannte in Zivilsachen nur Formalzeugen ([5],163), darunter auch Ladungszeugen ([1],151. [4],71. [5],169f.), und in Strafsachen Schreimannen ([5],169) sowie Eidhelfer ([1],57). Die Wahrnehmungszeugen ([1],6f. [3], 130) gehörten einer jüngeren Stufe der Rechtsentwicklung an. 2. Zahl. Eine Mindestzahl der Formalzeugen war fest bestimmt, die Zahl der Eidhelfer schwankte in den einzelnen Rechten ([1], 157f.). 3. Zeugnisfähigkeit. Die Zeugen mußten männlichen Geschlechts, volljährig, frei und im Vollbesitz der bürgerlichen Rechte sein ([1], 6f.). Nur in Mordprozessen waren ausnahmsweise Frauen und Kinder wegen ihrer Verpflichtung zur Blutrache als Zeugen zugelassen ([3],125). Sklaven konnten allein auf der Folter aussagen ([3],126f.). 4. Pflichten der Zeugen. Die älteren Arten der Zeugen waren aufgrund des Sippe- oder Nachbarverhältnisses zum Beistand verpflichtet. Die Wahrnehmungszeugen hatten 3 Pflichten: zum Erscheinen ([1],48), Aussagen ([2],879) und Schwören ([1],57f.). Von diesen Pflichten wurden sie nur durch → *ἐξωμοσία* befreit. Im übrigen gab es kein Zeugnisverweigerungsrecht. 5. Über das Zeugnisverfahren und die Durchführung der Beeidigung s. [1],73f. [3],117f. und [4],100f., über ein Urkundsgeld RE XIV 2033. E. B.

1. *Leisi* Der Zeuge im att. Recht, 1907. 2. *Lipsius* Das att. Recht und Rechtsverf., 1905–1915. 3. *Bonner-Smith* The Administration of Justice from Homer to Aristotle, 2, 1938. 4. *Hellebrand* Das Prozeßzeugnis im Rechte der gräko-äg. Papyri, 1934. 5. *F. Pringsheim*, Rev. Intern. des Droits de l'Antiquité 6, 1951, 161–175.

**Martyrius,** röm. Grammatiker. Seine Schrift *De B muta et V vocali* ist unmittelbar (Keil GrL 7, 165–199) und durch Auszüge in Cassiodors *De orthographia* (Keil GrL 7,167–199) erhalten. Die Hss. nennen als Vf. *Adamanti(i) sive Martyrii.* Der Doppelname erklärt sich dadurch, daß M., von seinem Vater Adamantius belehrt, das Werk niederschrieb (Einl. 165,13f.). Bei Cassiod. ist daraus der Name *Adamantius Martyrius* geworden. Memnonius, den M. 175,10 nennt, ist vielleicht mit dem Vater des Historikers Agathias ident. (Buecheler, RhM 37, 1882, 330). Demnach lebte M. in der 1. Hälfte des 6. Jh.; das paßt zur Benutzung durch Cassiod. Die Hs. P nennt M. 178,14 einen *Sardianus grammaticus.*

M. will Regeln für die Benutzung von *b* und *v* angeben und dadurch der Vertauschung der beiden Buchstaben entgegenwirken. Zuerst untersucht er, wo im Anfang, in der Mitte und in der Schlußsilbe eines Nomens *v* und *b* zu schreiben ist (167,1–193,7), dann geht er zum Verb über (193,8–199,7). Trotz ihrer unsicheren Etym. (am schlimmsten *berna* 176,5f.) hat die Schrift sprachgesch. Wert. Einen Teil seiner Beispiele hat M. nach seinen eigenen Angaben (167,8. 174,10. 175,4. 176,14. 177,9) Glossaren entnommen. Es lassen sich Beziehungen zu den zweisprachigen *Glossae nominum* und Ps.-Philoxenos sowie Ps.-Kyrillos feststellen (Goetz bei Loewe, Glossae nominum, 1884, Einl. 16f. Buecheler, RhM 35, 1880, 69–72. 56, 1901, 322–324), doch hat M. eine vollständigere Quelle benutzt. Bisweilen gibt er eigene Ansichten (173,2. 8).

Die Überlieferung beruht auf 2 verlorenen Hss., einem 1493 gefundenen Bobiensis, von dem 4 Abschriften erhalten sind, und einem Venetus, den Poliziano 1491 kopierte (Keil GrL 7,136f.). M. Fo.

*Wessner,* RE XIV 2041–2043. *Teuffel-Kr.-Sk.* $3^6$ § 472, 6. *Schanz-Hos.* 4,2,219–221.

**Martys.** Das bibl. Griech. kennt das Wort M. noch nicht in der späteren Sonderbedeutung; es zeigt nur Vorstufen: Apostel als Augenzeugen von Leiden und Auferstehung Christi, missionierende Urchristen als Bekenner der Heilsbotschaft; nur in diesem Sinne M. genannt ist der »Erzmärtyrer« Stephanos Apostelgesch. 22,20. Erst seit Mitte 2. Jh. ist in der chr. Sondersprache M. die Bezeichnung des bekennenden und für die Wahrheit im Streit gegen ihre Feinde sterbenden Zeugen. Als t. t. bleibt der Titel M. den Blutzeugen vorbehalten, im Unterschied zu den Bekennern *(ὁμόλογοι, confessores)*, die der Gewalt der Verfolger zwar getrotzt, aber das Leben behalten haben. Der Todestag des M. gilt als sein Geburtstag *(natalis)* für das ewige Leben; er wird mit *anniversaria* am Grabe gefeiert. Der hieraus entstandene M.kult blüht seit dem 3. Jh. kräftig auf. Entgegen den Warnungen der Kirche zeigte sich oft in Sekten ein Hang zum Märtyrertum: z. B. Tert. ad martyras, scorpiace, de fuga in persecutione, → Donatus (2). Um Heiden den chr. Begriff näherzubringen, werden in der frühen chr. Lit. stoisch gefärbte Reihen von Exempla für mutige Verachtung von Schmerz und Tod herangezogen (Tert. nat. 1,18; apol. 5–9. mart. 4). Die für Passiones und Acta martyrum beliebte lit. Form des Gerichtsprotokolls weist eine Verwandtschaft auf mit den sog. heidn. → Märtyrerakten des 1.–3. Jh. Chr. → Acta Sanctorum. → Menologium. O. H.

Lit.: *Strathmann,* ThWB 4,477 (Bibliogr.)–520. *H. Delehaye* Les passions des martyrs et les genres lit., 1921. *Ders.* Sanctus, 1927. *Ders.* Les origines du culte des martyrs, $1933^2$. *W. H. C. Frend* Martyrdom and Persecution in the early Church, 1965 (mit Bibliogr.).

**Marullus. 1.** Röm. Redelehrer des 1. Jh. v. Chr., Präzeptor des älteren Seneca und seines Freundes M. Porcius Latro (Sen. contr. 1, praef. 24. 2,2,7. 7,2,11). Während Latro seine *sententiae* schätzte (ebd. 1,2,17), charakterisiert ihn Seneca, der eine Reihe seiner *sententiae* und *colores* zit., als *homo aridus, paucissima belle, sed non vulgato genere dicens* (contr. 1, praef. 22).

*H. Bornecque* Les Déclamations et les Déclamateurs, 1902, 179f.

**2.** M., Mimograph der Z. Marc Aurels (H. A. M. Ant. 8,1), von dem ein Wortspiel bei Serv. Aen. 7,499; ecl. 7,26 (vgl. M. Haupt Opusc. 1, 1875, 51) zit. wird, vgl. noch H. A. M. Ant. 29,1 f. Sein Ruhm ist (über Donat?) noch bei Hier. adv. Rufin. 2,20 (Clav. Patr. Lat. Nr. 613) lebendig (danach Mar. Mercator adv. Pel. 4,1 [ebd. Nr. 780] und Paul. Biterr. epigr. 79 [ebd. Nr. 1464]). P. L. Sch.

Frg.: CRF $^2$1873, 394. $^3$1898, 372f. *M. Bonaria* Romani Mimi, 1965, 81f., vgl. S. 136.

Lit.: *Schanz-Hos.* 3,47. *H. Bardon* Lit. Lat. Inc. 2, 1956, 218f. *M. Bonaria,* Dioniso, 1961, 3/4,16ff. *M. Haupt* Opusc. 3, 1876, 337.

**Marus** (h. March). Nebenfluß der Donau, auf ihrem n. Ufer (Tac. ann. 2,63. Plin. nat. 4,81). Der Name zu dem germ. Stamm *marus* = langsam (Zeuss Die Deutschen und ihre Nachbarstämme 639. Much in Hoops Reallex. 3,201. Schmidt Gesch. der dt. Stämme 215). Ö. des M. wiesen die Römer einer vertriebenen Markomannengruppe Wohnsitze an (Tac. a. O.). Dem M. entlang führte ein uralter Handelsweg nach Prag und weiter zum Baltischen Meer (von Carnuntum, »Bernsteinstraße«). J. Sz.

*Fluss,* RE XIV 2054.

**Maruthas.** Arzt und Bischof von Maiferqat (ehem. → Tigranokerta, in → Martyropolis umbenannt nach der von M. gebauten Märtyrerkirche), † um 420. M. ging im J. 399 als Gesandter des Kaisers Arcadius zum Regierungsantritt des Sassaniden-Königs Jezdegerd nach Persien. Seine Beliebtheit beim König trug entscheidend dazu bei, daß das Verhältnis Persiens zum röm. Reich sich freundschaftlich entwickelte und die Verfolgung der orthodoxen Kirche eingestellt wurde. M.

wird als syr. schreibender Vf. einer Gesch. der pers. Märtyrer, von Hymnen und einer Gesch. des Konzils von Nikaia genannt. Erhalten ist ein Verzeichnis von Häresien mit Resten der Kanones [1], und eine Predigt [2]. O. H.

Ta.: 1. *I. Rahmani* Stud. syriaca 4, 1909. *O. Braun* De s. Nicaena synodo 1898, Kirchengesch. Stud. 4,3. *A. Harnack*, TU 19,1, 1899. 2. *M. Kmosko*, Oriens chr. 3, 1903, 384–415. Lit.: *A. Baumstark* Gesch. der syr. Lit., 1922, 53f. *Bardenhewer* GAL 4,381f. *E. Tisserant*, Dict. théol. cath. 10,142–149.

**Masada** (*Μασάδα, Μεσάδα*; Strab. 16,764: *Μοασάδα*; aram. $m^{e}$*ṣada'*). Festung s.ö. Hebron auf einem Bergplateau am Abfall der jud. Wüste zum Toten Meer (Ios. bell. 7,281. Plin. nat. 5,17), h. arab. *es sebbe*, hebr. *maṣadah* (Israel). Von → Jonathan oder → Alexander (14) Jannai errichtet (bell. 7,285), von → Herodes d. Gr. ausgebaut (285 bis 294). Vermutlich seit 6 n. Chr. röm. Garnison, 66 von → Zeloten besetzt (2,408. 7,253), erst Frühj. 73 (oder 72) nach längerer Belagerung ([1]) von den Römern unter L. Flavius Silva wieder erobert (7,252. 304–406). In byz. Z. chr. Mönchssiedlung. Ausgrabungen 1963/64 ([3]. [4]). B. Sch.

1. *A. Schulten*, ZDPV 56, 1933, 1–185. 2. *M. Avi-Yonah* u.a., Israel Exploration Journ. 7, 1957, 1–60. 3. *Y. Yadin*, Israel Exploration Journ. 15, 1965, 1–120. 4. *Ders.*, Masada, 1967.

**Masaesyli** (*Μασσαισύλιοι* Pol. 3,33,15). Libyscher Volksstamm in Mauretania Caesariensis, Liv. 28,17. Plin. nat. 5,52. 21,77, der sie 5,17 in Mauretania Tingitana lokalisiert. Strab. 17,829 setzt die M. zwischen die *Μαυρούσιοι* im W. und die *Μασυλιεῖς* im O. M. L.

*J. Desanges* Cat. tribus afric. de l'Antiquité class., Dakar 1962, 62.

**Mascezel.** Sohn des Maurenfürsten Nubel, kämpfte anläßlich der Usurpation seines Bruders Firmus im J. 373/74 gegen den Heermeister Theodosius (Amm. 29.5). Als er nach der Niederlage nach Italien floh, ließ sein Bruder Gildo seine Söhne töten. 397/98 betraute ihn Stilicho mit dem Oberkommando gegen Gildo. Den Sieg des frommen M. schrieb die chr. Überlieferung einem Wunder zu (Oros. 7,36. Paulin. vita Ambros. 51; weitere Quellen: Zos. 5,11. Claudian. de cons. Stil. 1,354ff.; bell. Gild. 418ff.). Nach Zos. a.O. fiel M. bald nach seiner Rückkehr der Eifersucht Stilichos zum Opfer. A. L.

**Maschalismos** s. Bestattung

**Mascula.** Stadt in Numidien, zwischen Aurès und Nemenchas; h. Khenchela (Itin. Ant. 33. S. Gsell, Atl. Arch. Alg. f$^{e}$ 28 Aïn Beïda, Nr. 138) an einer Durchgangsstraße, in der Mitte des fruchtbaren Landes der Musulamer, *municipium* in der Severenzeit (CIL VIII 2248). Pun. Einfluß. Ruinen, Votivstelen des Saturnus (M. Leglay Saturne africain, Monuments 2,163. Inschr. CIL 2228. 17668. 22282). Bischöfe für die J. 256. 305. 411. 484. 525 bezeugt. M. L.

**Mases** (*Μάσης*). Ort und Hafenbucht an der SW.-Küste der argol. Akte an der h. Bucht Kiladia mit geringen ant. Resten, schon bei Hom. Il. 2,562 genannt, in gesch. Z. Hafen von Hermione. Paus. 2,35,11. 36,1f. Strab. 8,6,17 p. 376. Steph. Byz. Eust. Il. 288,11. IG V 1,977,11. E. M.

1. *E. Meyer*, RE XIV 2065f. 2. Hesp. 22, 1953, 166ff.

**Masices** (*Μάζικες*). Name vieler Völker in Africa und Mauretania (Aethicus Cosmogr. GLM 88), allg. Bezeichnung der Berber; bei Ptol. 4,1,5 eine Völkerschaft in Mauretania Tingitana s. der Metagonitai. Nach Inschr. (CIL VIII 2786. 9613), der Liste von Verona (GLM 129), Amm. 29,5,17. 21. 25. 26. 51 *(bellicosum genus et durum)* und Iul. Honor. A 48 (GLM 54) wohnten die M. von Mauretania Caesariensis im S. des Zaccar. Ferner waren M. in der prov. Africa: um 235 n. Chr. nennt sie der Liber Gener. (GLM 167) vor den Garamanten; in spätröm. Z. unternehmen sie Raubzüge in die Tripolitania und die äg. Oasen (Philostorg. hist. eccl. 11,8). Veg. mil. 3,23 bezeichnet sie als Kameltreibervölker, und die Expos. tot. m. 61 (GLM 123) setzt sie in die Wüste, oberhalb der Provinz Africa, zusammen mit den Aethiopen. M. L.

*J. Desanges* Cat. tribus afric. de l'Antiq. class. 34. 63. 112.

**Masinissa** s. Massinissa

**Masintha.** Junger numid. Adliger, floh nach Rom vor → Hiempsal (2). Als dessen Sohn Iuba die Auslieferung M.s in einem Prozeß verlangte, verteidigte Caesar den M., griff im Eifer Iuba in den Bart, hielt dann M. in seinem Haus verborgen und brachte ihn 61 v. Chr. bei seiner Abreise nach Spanien in der eigenen Sänfte aus Rom weg. Suet. Iul. 71. H. V.

**Masistes** (*Μασίστης*). Altpers. Maϑišta = *μέγιστος*, Titel (F. W. König Der falsche Bardija, 1938, 95,1), der wahre Name ist unbekannt, Sohn von Dareios und Atossa (Hdt. 7,82), Satrap Baktriens (9,113), einer der Befehlshaber von Xerxes' Landheer (7,82). Nach dem grausamen Ende seiner Frau wird M., mit Aufstandsplänen nach Baktrien unterwegs, von Truppen des Xerxes 479 oder 478 getötet (9,107–113). K. K.

*E. Wolff* Das Weib des Masistes, H 92, 1964, 51–58.

**Masistios** (*Μασίστιος*). Der Name wohl eine Ableitung von → Masistes. Sohn des Siromitres (Hdt. 7,79), gefallen 479 bei Plataiai als Reiterkommandant des Xerxes (Hdt. 9,20ff. Plut. Arist. 14. Diod. 11,30). Seinen Panzer weihten die Athener der Athene Polias (Paus. 1,27,1). K. K.

**Maskas.** Nach Xen. an. 1,5,4 ein die Stadt → Korsote in Mesopotamien rings umströmender l. Nebenfluß des → Euphrat, vielmehr wohl ein Nebenarm oder Kanal. Plin. nat. 5,90 nennt einen 594 mp unterhalb → Zeugma gelegenen *vicus Massice*, bei dem sich der Euphrat in 2 Arme gabele, deren l. dem Tigris zuströme, während der r. unterhalb von → Babylon in Sümpfe versickere. K. Z.

**Maske** (*πρόσωπον, προσωπεῖον, persona*). Ein künstliches Gesicht, das verwendet wurde, a) um aus dem Träger ein anderes Wesen (Mensch, Gott Dämon, Tier) zu machen, b) als Totenmaske, c) im Totenkult als Grabbeigabe und an Fassaden von Grabbauten, d) um zu schrecken (Kinderschreckmasken *μορμολύκεια*) oder abzuschrecken (*ἀποτρόπαια*), e) als bloße Dekoration.

a) Im primitiven Kult soll die M. Priester und Gottesverehrer als Götter bzw. Dämonen erscheinen lassen. Diese Verwendung, auf griech. Boden schon für das 2. Jt. v. Chr. bezeugt, hielt sich bis in hist. Zeit. Z. B. sind Frauen-M. in Form von Kuh- und Schafsköpfen für → Lykosura bezeugt. Bei Umzügen zu Ehren des Dionysos (*κῶμοι*) wurden Vögel-, Pferde- und Hahnen-M. getragen. Diese M. wurden durch die M. des Dionysos für den Priester, des Satyrn für die männlichen, der Mänaden für die weiblichen Gottesverehrer verdrängt. Menschliche M. wurden im Dionysoskult offenbar zuerst in der Peloponnes getragen. Aus den verschiedenen M. im Dionysoskult entwickelten sich die Theater-M. Erfinder der trag. M. soll → Thespis gewesen sein. Er soll das Gesicht mit Bleiweiß gefärbt, dann mit Portulak verhüllt, schließlich Leinwand verwendet haben. → Phrynichos führte die hellgefärbte Frauen-M. ein, Aischyl. die naturwahr polychrom gefärbte. – Ein Maskenbildner (*σκευοποιός*) preßte wahrscheinlich die M., die über den ganzen Kopf gestülpt wurden (*περιτίθεσθαι*), aus stuckiertem Leinen in Formen. (Seltener schnitzte man sie aus dünnem Holz oder Kork.) Auf den Stuck malte man Brauen, Lippen, Teint, das Weiße des Auges. Haare und Bart wurden aufgeklebt. Der vordere Teil der Haartour war an einem dreieckigen, lambdaförmigen Aufsatz (*ὄγκος*) befestigt, so daß sich das Haar auf der Stirnmitte hob, zu beiden Seiten herabfiel. Die anf. geringe Mundöffnung wurde immer größer, nahm in röm. Zeit groteske Formen an. Bei Aischyl. zeigten die M. vermutlich leises Lächeln und bis Mitte 5. Jh. v. Chr. nur geringe Versuche, Schmerz und Leidenschaft durch Stirnfalten und vorgeschobene Lippen wiederzugeben. Für klass. Zeit ist ideale Schönheit vorauszusetzen. Ab 4. Jh. v. Chr. wurde der Ausdruck pathetisch, was sich in röm. Zeit steigerte. Die Ausdrucksmittel wurden konventioneller, z. B. Männer bärtig, Jünglinge unbärtig. Vielfach erhielten die M. Formen, wie sie in physiognomischen Schriften überliefert sind. Z. B. bedeuten sehr hohe Augenbrauen Frechheit. Maskenwechsel war selten (Hense Die Modifizierung der Maske in der griech. Trag.$^{2}$, 1905). Man verfertigte auch M. mit verschiedenen Gesichtshälften (Girard De l'expression des masques dans Eschyle, 1895) u. besondere Charakter-M. (*ἔκσκευα πρόσωπα*) für bestimmte Rollen. – Ein M.-Katalog bei Poll. 4,133–142 gibt 28 M. mit Angabe von Haar- und Barttracht, Haarfarbe, Teint, Zeichnung der Brauen und Gesichtsausdruck. Im Satyrspiel zeigen die M. starre Züge, Stülpnase, wulstige Lippen, tierische Ohren, langsträhnige Haare, struppigen Bart. Im frühen Satyrspiel hatten die Satyrn kleine Glatzen, der *ἐξάρχων* hatte keine Glatze. Bei Sophokles hatte der alte Silen, der an Stelle des *ἐξάρχων* trat, Glatze und Bocksbart. Die M. der Heroen im Satyrdrama waren denen der Tragödie gleich. – In der Kom. begegnen Chöre mit Tier-M. (Aristoph. Av., Vesp.) Soweit die Heldensage parodiert wurde, zeigten die Heroen-M. den *ὄγκος*. Die nur der att. Komödie eigene Verspottung von Zeitgenossen verwandte hierfür M. mit individuellen Zügen. Sonst waren in der altatt. Kom. die M. den Lebensaltern und Ständen entsprechend geformt. In der mittleren Kom. entsprachen die M. wohl denen der alten Kom. Neu war der Typus der Hetären und kahlköpfigen Köche mit rotem Gesicht. – In der neuen Kom. waren die M. meist Typen des wirklichen Lebens nachgebildet. Daneben wurden einzelne der alten Kom. oder gar Posse entlehnte groteske M. verwendet. – In der italischen Posse, am besten als Phlyaken bekannt, waren die M. getreu den zahlreichen Typen (Vertretern aller Stände, Heroen, Göttern) nachgebildet. Z. B. zeigen Herakles riesiges Maul, knollige Nase, gierige, runde Augen, unordentliches kurzes Haar und Bart, die Sklaven unten aufgebogene, an der Wurzel stark eingedrückte Nasen. – In der röm. Tragödie trug man zunächst nur Perücken *(galeri, galearia)* mit einem dem Onkos nachgebildeten Toupet *(superficies)* und färbte bei weiblichen Rollen Gesicht und Hände mit Kreide. Zeitpunkt der Einführung der M. unsicher (vgl. Weinberger, WS 14, 1892). Man benutzte dann die griech. Vorbilder, übertrieb aber Größe und Pathos. – Das hist. Schauspiel *(praetexta)* wurde ohne M. gespielt. – Bei der Atellane entwickelten sich aus der Fülle individueller Typen 4 stehende: Pappus senex, Maccus, der als Kneipwirt, Soldat, Jungfrau usw. auftrat, Bucco, das Großmaul, Fresser, Schmarotzer, Dossenus, der Bucklige. Die Z. der Einführung der M. in der röm. Kom. ist umstritten, geschah aber wohl spät *(→ histrio)*. Die M. gaben dann wohl getreue, wenn auch vergröberte Nachbildungen. – Im Pantomimus der Kaiserzeit hatten die M. geschlossenen Mund und schöne symmetrische Züge. (Lit.: C. Robert Die Masken der neueren att. Komödie, 1911. Bieber–Brückner, Skenika 1911. M. Bieber Denkmäler zum Theaterwesen, Bln. 1920.

b) Auf Holz oder Leinen gemalte oder in Stuck modellierte Porträts legten die Aegypter über die Gesichter der Mumien. Solche Bildnisse in Gold fanden sich auch in Mykenai. Die Griechen kannten die Sitte der Toten-M. nicht. Dagegen sind die mit Gipsformen hergestellten wächsernen Toten-M. bei den Römern weit verbreitet. Sie wurden im Hause in hölzernen Kästen aufbewahrt u. im Trauerzug von Schauspielern vor dem Gesicht getragen.

c) Bei den Etruskern fanden sich in Chiusi Aschenurnendeckel in Form des Kopfes des Verstorbenen.

d) Die am häufigsten verwendete Schreckmaske war das → Gorgoneion. M. von Wassergöttern (Okeanos und Acheloos) hatten wohl eschatolog. Bedeutung.

e) Das reizvolle Motiv der M. fand später als Dekoration ganz allgemeine sinnlose Verbreitung. C. F.

**Maso.** Cognomen in der Gens Papiria. DEGRASSI FCapit. 146. H. G. G.

**Masonitai** (*Μασονῖται* Ptol. 6,7,25), Volksstamm s. vom *Κλῖμαξ ὄρος* (Ǧebel Isbīl) in der s.w. Arabia Felix, die Bewohner des Gaues Ma'ḏin. Dessen früheste Erwähnung findet sich wohl in Rép. d'Épigr. Sémitique 4009 (3. Jh. v. Chr.?). A. D.

*H. v. Wissmann* Zur Gesch. und Landeskde. von Alt-S.-Arabien, SAWW, ph.-h. Kl., 246, 1964, 338–344.

**Massa.** »Masse, Klumpen«, bes. von Rohmetall. *Aurea m.* bezeichnet daher das bei der kaiserlichen Kasse eingehende ungemünzte Gold, für das ein eigenes *scrinium* mit einem *primicerius sacrae massae* bezeugt ist, das dem comes sacrarum largitionum unterstand (s. etwa Cod. Iust. 12,23,7,7, von 384). H. Ch.

*W. Enßlin*, RE XIV 2122 Nr. 3. *O. Seeck*, RE II A 902.

**Massabatai** oder **Messabatai,** die Bewohner der nach ihnen benannten, nach Strab. 11, 524. 16,744 zwischen Medien und der → Elymaia gelegenen Landschaft Massabatike. K. Z.

*Weissbach*, RE XIV 2123.

**Massabatike** s. Massabatai

**Massaga** oder **Massaka,** nach Arr. an. 4, 26f. 28,4; Ind. 1,8 Hauptstadt des ind. Volkes der Assakenoi, von Alexander d. Gr. 327 erobert, dann wieder befestigt; zwischen → Indos und → Kophen. K. Z.

*Weissbach*, RE XIV 2130.

**Massagetai** (*Μασσαγέται*), Sammelbenennung für die menschenreichen Volksstämme, die den Raum ö. des Kasp. Meeres bis an den Aralsee besiedelten. Er entspricht großenteils dem »Asiatischen Skythien«. Die griech. Nachrichten über die M. sind widerspruchsvoll und nicht gleichwertig. Die M. kämpften zu Fuß und zu Pferd, wobei die Pferde mit Brustpanzern aus Erz geschützt und das Geschirr mit Gold verziert war. Nach Hdt., Strab. u.a. verehrten die M. bes. die Sonne und brachten ihr Pferdeopfer dar. Nach Hdt. gehörten zu den nomadisierenden M. auch die Bewohner der Inseln und der Sumpfgebiete am Aralsee. Sie lebten hauptsächlich vom Fischfang und Feldfrüchten. Der Ackerbau war ihnen angeblich unbekannt. Über den Feldzug des Kyros gegen die M. (529 v. Chr.), bei dem er vernichtend geschlagen wurde und fiel, berichtet Hdt. 1, 202ff. Erst Dareios konnte die Niederlage in dem Feldzug zwischen 518 und 516 rächen, der die Unterwerfung der M. und ihre Eingliederung in die 10. Satrapie brachte. Bei dem Siegeszug, der Alexander bereits über den Iaxartes geführt hatte, wurde von den skyth. Hilfstruppen, vermutlich hauptsächlich M., ein Aufstand unter Führung des Persers → Spitamenes gemacht, nach dessen Scheitern Spitamenes zu den M. floh. In einem erneuten Aufstandsversuch fand Spitamenes den Tod, und die M. unterwarfen sich (Arr. an. 4,16. 17). Später gingen die M. in den Daai auf. Hdt. 1, 201ff. 4,172. Strab. 11, 507. 512ff. Iust. 1,8. Polyain. 7,2,6. Chr. D.

*Herrmann*, RE XIV 2123ff.

**Massalia** (*Μασσαλία*), wohl einheim. ligur. Name, zur griech. Etym. Timaios FGrH 566 F 72; *Massilia* mit dem bei Latinisierung griech. Wörter üblichen Lautwechsel von *a* zu *i* STOLZ LGr. 83. 117. Ethnikon nach Mz. HEAD HN$^2$ 7f. ion. *Μασσαλιήτης*, sonst *Μασσαλιώτης* bes. bei Schriftstellern. W. DITTENBERGER, H 41, 1906, 184ff. *Massiliensis* Plaut. Cas. 963; Men. 225, später *Massilitanus* (Vitr. 10,22,11) und *Massalioticus*, h. Marseille, von ion. Phokaiern im Gebiet der lig. Salyer um 600 v. Chr. gegründet. Timaios FGrH 566 F 71. Solin. 2,52. Die Datierung anderer Autoren auf 545 knüpft an die Eroberung Phokaias durch die Perser an, wird aber durch die in M. gefundene Keramik aus kleinasiat. Häfen, Naukratis, Korinth, Attika und Lakonien widerlegt. F. VILLARD La céramique grecque de M. (VIe–IVe siècle) 1960. Gründungslegenden Liv. 5,34,7. Iust. 43,3,4ff. L. RADERMACHER, RhM 71, 1916, 1ff. M. lag etwa 38 km ö. des Rhônedeltas auf einer vorspringenden Halbinsel n. des windgeschützten Hafens Lakydon (Vieux Port), dessen enge Einfahrt zwischen Felsen gut zu verteidigen war. Der Stadtplan ist durch Ausgrabungen 1945–1950 bekannter geworden. F. BENOÎT Enc. Arte Ant. 4, 1961, 881, fig. 1047. Die Akropolis trug die Tempel der ephes. Artemis und des Apollon Delphinios, das Pedion am Hafen hatte Schiffswerften, in röm. Z. Thermen, *horrea*, das Forum, Theater und Stadion. Die turmreiche Mauer wurde 49 v. Chr. bei der Belagerung durch Caesar zerstört, eine neue ließ der massaliot. Arzt Krinas zur Zeit Neros erbauen. Plin. nat. 29,9. Seit 545 durch Zuzug verstärkt, gründete M. viele Kolonien an der ligur. und iber. Küste von Monoikos (Monaco) über Nikaia (Nizza), Antipolis (Antibes), Emporion (Ampurias), Hemeroskopeion bis Mainake ö. von Malaga, sein Handel bes. mit Silber, Eisen und Zinn ging im W. bis ins innere Spanien, im N. rhôneaufwärts nach Gallien und dem Rheingebiet, im O. nach Italien, Ionien, Griechenland und Äg. Zu dem engeren Geldwirtschaftsgebiet M.s, dem Ausstrahlungsbereich seiner Silbermz. und ihrer Bedeutung für die kelt. Münzprägung K. CHRIST, Hist. 6, 1957, 220f. Die in der or. marit. des → Avienus überlieferte Küstenbeschreibung von M. bis → Tartessos wurde wohl E. 6. Jh. in

M. verfaßt, → Euthymenes beschrieb die W.-Küste Afrikas, → Pytheas von M. bereiste 325 die Nordsee bis Thule. Gegen die frühe Konkurrenz Karthagos behauptete sich M. dank seiner Flotte. Paus. 10,8,6. Sylloge$^3$ 12. Mit Rom stand M. in enger Verbindung, nahm in seinem Schatzhaus in Delphoi röm. Weihgeschenke für Apollo auf, kämpfte im 2. pun. Krieg mit Rom gegen Karthago (Pol. 3,95,6ff. Liv. 21,20,8. E. Badian Foreign Clientelae, 1958, 47), intervenierte 196 für Lampsakos und 130 für Phokaia in Rom. Iust. 37, 1,1. Sylloge$^3$ 591. Rom schützte M. gegen die Ligurer und Kelten und vergrößerte bei Errichtung der Gallia Narbonensis das Territorium M.s durch einen breiten Küstenstreifen von der Grenze Italiens bis zur Rhône, wofür M. den Unterhalt der via Domitia übernahm. Marius überließ M. die *fossae Marianae*, den Seitenkanal der Rhône von Arles zum Meer, dessen Kanalzoll M. große Einnahmen brachte. Strab. 4,180. 183. Mit den Leichen der bei Aquae Sextiae gefallenen Teutonen düngten die Massalioten ihre Weinberge. Poseid. FGrH 87 F 113. Für den von den Galliern angeklagten Statthalter M. Fonteius setzte sich M. 73 ein. Cic. Font. 14. 34. T. Annius Milo wählte 52 M. zu seinem Exil. Im Bürgerkrieg hielt M. zu Pompeius, aber Caesar zwang 49 in langer Belagerung M. trotz heftigen Widerstandes zur Übergabe. Die Stadt lieferte Flotte, Kriegsmaterial und Staatsschatz aus und verlor ihren Landbesitz außer Nikaia und dem Küstenstrich bis Athenopolis mit den Stoichad. Inseln (Iles d'Hyères). Caes. civ. 1, 34ff. 50ff. 2,1ff. 22. Strab. 4,184. Doch blieb M. als *civitas foederata* autonom, Plin. nat. 3,34. Als griech. Bildungszentrum (*μικρὸν παιδευτήριον*) erzog M. nach wie vor die Gallier zu *φιλέλληνες*. Strab. 4,181. Die Helvetier schrieben ihre gall. abgefaßten Stammrollen in griech. Buchstaben. Caes. Gall. 1,29. Die kulturelle Wirkung M.s auf die Gallier schildert Pomp. Trogus: *adeoque magnus et hominibus et rebus impositus est nitor. ut non Graeci in Galliam emigrasse, sed Gallia in Graeciam translata videretur.* Iust. 43,4,1f. Erst durch die fränk. Herrschaft in der Provence 536 n. Chr. verlor M. sein Griechentum (*νῦν ἐξ Ἑλληνίδος ἐστὶ βαρβαρική*). Agath. hist. 1,2. Vornehme Römer gingen zum Studium nach M. statt nach Athen. Strab. 4,181. C. Cichorius Röm. Stud., 438ff. Maximianus, Mitregent Diokletians, suchte 310 vergeblich Zuflucht vor Konstantin in M. Das Christentum kam in M. wohl im 2. Jh. wie in Lyon und Vienne auf. CIL XII 489. E. Griffe La Gaule chrétienne 1, 1947, 45. Oresius, Bischof von M., nahm 314 an der Synode von Arelate teil. In der gemäßigt oligarch. Verfassung, die Aristot. pol. 5,6 p. 1305 b 3f. 6,7 p. 1321 a 30 erwähnt, gab es den Rat der 600 lebenslänglichen *τιμοῦχοι*. Strab. 4,179. Ein Ausschuß von 15, deren Amtsgewalt Cic. rep. 1,44 mit den 30 Tyrannen in Athen vergleicht, besorgte die laufenden Geschäfte. Caes. Gall. 1,35. Einer der 3 Vorsitzenden hatte die größte Vollmacht. Im 2. Jh. n. Chr. begegnen in M. Quaestor, Duoviri und Quinquennales nach röm. Kolonialschema. CIL V 7914. O. Hirschfeld Kl. Schr. 1913, 57ff. Konservativ waren die Rechtssatzungen für Sklavenfreilassungen, die staatliche Erlaubnis zum Selbstmord, die polizeiliche Aufsicht über Fremde. der festgesetzte Höchstbetrag für Mitgiften und das Verbot des Weingenusses für Frauen. Strab. 4,181. Val. Max. 2,6,7ff. Ail. nat. 2,38. Mit dem Fest der Thargelien war ein eigenartiger Sühneritus verbunden, der auch bei Seuchen vollzogen wurde. Ein 1 Jahr lang ernährter Armer wurde unter Flüchen in der Stadt herumgeführt und als Sühneopfer fortgejagt. Nilsson GgrR 1,108. 534. H. V.

**Maße und Gewichte** s. die Einzelartikel

**Massicus** mons. Gebirgszug vulkan. Ursprungs (811 m) zwischen Neulatium und Campanien (Cic. agr. 2,66. Plin. nat. 3,60), berühmt durch Weinbau (Verg. georg. 2,143. 3,526; Aen. 7,726. Hor. c. 1,1,19. 2,5,21. 3,21,5 s. 2,4,51. Colum. 3,8. Plin. 14,64 u. a.). G. R.

*Nissen* It. Ldk. 2,664. *Forbiger* Hb. der alt. Geogr. 3,355.

**Massilia** s. Massalia

**Massieni** (Mastieni). Nach Avien. or. m. 422. 450. 452 ein iber. Stamm an der span. S.-Küste, mit Wohnsitzen vom Flusse Chrysus (h. Guadiaro) bis Carthago Nova [1], noch erwähnt von Hekat., Theopomp., Herodor. [2] und Pol. 3,33,9, Hauptstadt Mastia (auch bei Pol. 3,24,2.4, hier *Ταρσήιον*, zum Machtbereich von Tartessos gehörig, [3]). An seiner Stelle gründete Hasdrubal 221 v. Chr. → Carthago Nova, an die Stelle der M. treten später die → Bastetani, vielleicht mit ihnen zu identifizieren. Eine gesch. Rolle scheinen die M. nie gespielt zu haben. R. G.

1. Font. Hisp. Ant. I$^2$, Barc. 1955, 197 Ind. mit Karte. *Ad. Schulten* Numantia 1,87f. 2. Steph. Byz. s. *Μασσία*. Font. Hisp. Ant. I$^2$ 186f. II 52. 37. 3. *Ad. Schulten* Tartessos$^2$, Hamb. 1950, 80f.

**Massinissa** (oder Masinissa), *Μασσανάσσης*, numid. *Massanassa*, von der lib. Wz. *Massa*, vgl. Stammnamen *Massyler* und *Massaessyler*, * kurz nach 240, da als 90jähriger Anf. 148 †, Sohn des ostnumid. Massylerfürsten Gaia (Sylloge$^3$ 652, bei Liv. zu *Gala* verderbt), erzogen in Karthago (App. Lib. 10), kämpfte als Reiterführer seit 212 unter → Hasdrubal (5) gegen die Römer in Spanien und half 211 bei der Vernichtung der Scipionen. Liv. 25,34ff. 27,5,11. App. Lib. 10. Als P. Scipio 208 im N. Spaniens war, stieß M. mit den Reitern in das Küstenland um Neukarthago vor. Liv. 27,20,8. App. Ib. 25. Nach der karthag. Niederlage bei → Ilipa 206 gewann Scipio in persönlicher Zusammenkunft M. für Rom, zumal er 209 den in Neukarthago gefangenen Neffen des M., → Massiva, mit Geschenken freigelassen hatte. Liv. 27,19,9ff. 28,35. Val. Max. 5,1,7. Zunächst mußte M. seine numid. Herrschaft sichern. Diese hatte sein Vater, der 207 starb, nach der Senioratserbfolge seinem Bruder Oezalces vermacht. Nach dessen raschem Tode kam es zu erbitterten Kämpfen zwischen seinem Sohn Capussa, weiteren Prätendenten und M., in die → Syphax, Fürst der westnumid. Massaessyler, eingriff. Liv. 29,29,6ff. GSELL 3,189. Er vertrieb M. und brachte ganz Numidien unter seine Herrschaft. Daher ging M. zu Scipio, als dieser 204 in Afrika erschien. Durch einen Reitersieg unter M. und Laelius erreichten die Römer die Einschließung Uticas. Liv. 29,29,4f. 33,10. 34,8ff. App.Lib. 27f. Bei den Scheinverhandlungen Scipios mit dem auf karthag. Seite stehenden Syphax und bei dem röm. Überfall 203 auf die karthag. Lager bei Utica zeichnete sich M. aus, er nahm mit Laelius das Lager des Syphax. Pol. 14,3f. Liv. 30, 5f. App.Lib. 22f. Dann vernichtete Scipio mit Hilfe des M. das Entsatzheer des Syphax in der Ebene von Tunis. Pol. 14,8. Bei der Verfolgung verlor Syphax vor Cirta Freiheit und Reich. Pol. 14,9. 15,4. M. vermählte sich rasch mit der ihm angeblich 215 verlobten, dann aber mit Syphax verheirateten → Sophoniba. Mit röm. Einspruch gegen diese Verbindung und der Reaktion des enttäuschten M. wurde der bald darauf erfolgte Gifttod der Fürstin erklärt. Liv. 30,28. App.Lib. 28. Für seine entscheidende Hilfe bei Zama wurde M. 201 als röm. Bundesgenosse König über O.- und W.-Numidien mit Siga und Cirta. Er suchte sein Gebiet im SW. auf Kosten Karthagos zu vergrößern. 4 röm. Schiedsgerichte 195, 193, 182 und 172 stellten sich auf seine Seite. Liv. 33,47,7f. 34,62. 40,17,1ff. 42,23ff. Im O. besetzte er 161 an der Kl. Syrte die 3 Emporien. Auf seine Okkupation von Thugga und den Großen Feldern 150 begann Karthago den Krieg gegen M., der Rom zum 3. pun. Krieg veranlaßte. Verärgert über Roms Einmischung starb M., bevor er dem röm. Hilfsgesuch entsprechen konnte. App.Lib.105. Zum Testamentsvollstrecker hatte er P. Scipio Aemilianus eingesetzt. Er hinterließ jedem seiner Söhne – bei seinem Tod lebten 10, darunter ein 4jähriger! – an Landbesitz 10000 Plethren (874 ha). Diod. 32,16. Daß M. die Numider erst Ackerbau gelehrt habe, übertreiben Pol. 36,16, Strab. 17,833 und App.Lib.105, aber er hat die numid. Getreidebauern, die ihre Herden von Hochweiden im Sommer auf Winterweiden in die Ebenen führten, zu intensiverer, seßhafter Wirtschaft gebracht und sie polit. geeint. Zudem förderte er die Urbanisierung seines Reiches. Thugga weihte 139 M. als Gott einen Tempel mit einer lib.-pun. Inschr. MELTZER-KAHRSTEDT Gesch. der Karthager 3, 1913, 597. M. schenkte 179 Delos Getreide im Wert von 10000 Drachmen. IG XI 3,442, A 100. Dort wurden ihm mehrere Statuen errichtet. Sylloge[3] 652. Er half → Nikomedes II. auf den Thron von Bithynien. P. ROUSSEL – M. LAUNEY Inscr. de Délos 1577. Sein Nachbar, König Ptolemaios VIII. Euergetes II., besuchte ihn und beschrieb in seinen Hypomnemata die Tafelsitten M.s und seine Gewohnheiten. FGrH 234 F 7f. Ein Sohn des M., Mastanabal, siegte 168 oder 164 im Pferderennen bei den Panathenäen. IG II[2] 2316,41ff. M. ist nach seiner Leistung und seiner einfachen, bedürfnislosen Lebensführung einer der merkwürdigsten Staatsgründer der hellenist. Z., wie schon Pol. 36,16 erkannt hat. S. GSELL Hist. anc. de l'Afrique du Nord[3] 3, 1928, 186f. 304ff. CH.A. JULIEN Hist. de l'Afrique du Nord, 1951, 95ff. H. V.

**Massiva. 1.** Neffe des → Massinissa, bei Neukarthago 209 von den Römern gefangen, von Scipio freigelassen, um Massinissa für Rom zu gewinnen. Liv. 27,19,8ff. 28,35,8. **2.** Sohn des Gulussa, Enkel des → Massinissa, floh 112 vor → Iugurtha nach Rom. Während des Aufenthaltes Iurgurthas in Rom erhob M., durch Sp. Postumius Albinus veranlaßt, beim Senat Erbanspruch auf das numid. Reich. Deshalb ließ Iugurtha ihn durch Bomilcar ermorden. Sall. Iug. 35. Liv. ep. 64. Flor. 3,1,8. H. V.

**Massyli.** Libyscher Volksstamm an der NW.-Küste Afrikas, zuerst im 1. pun. Krieg genannt bei Hegesianax FHG III 70, Nr. 11, dann bei Pol. 3, 33,15. App.Lib.10. 27. 46. Sil. 16,170, der Syphax als Herrscher an der massyl. Küste nennt und dabei die M. mit den Masaesyli verwechselt. Plin. nat. 5,30 lokalisiert sie in der provincia Africa zwischen Ampsaga und Cyrenaica, Strab. 17,829 im O. der Masaesyli, von diesen durch Kap Treton (Cap Bougaroun) getrennt. Im 2. Jh. v. Chr. reichte das massyl. Königtum von Cirta (ausschließlich) bis zu dem pun. Gebiet (Tunesien). M. L.

*J. Desanges* Cat. tribus africn. de l' Antiq. class. 109.

**Mastanabal.** Jüngster legitimer Sohn des → Massinissa, nach dessen Tod Mitregent seiner Brüder → Micipsa und → Gulussa, mit der Rechtsprechung in Numidien betraut, starb bald und hinterließ 2 Söhne, → Gauda und → Iugurtha. Sall. Iug. 5. Liv. ep. 50. App.Lib.106. Zon. 9,27. H. V.

**Mastarna** lautete nach Kaiser Claudius in der Rede vor den Lugdunensern (CIL XIII 1668 = DESSILS 212) der urspr. etr. Name des *Caele Vibenna* (oder des Servius Tullius?), nach dem der → *Caelius mons*, den er besiedelte, seinen Namen empfing. Er ist offenbar ident. mit dem *macstrna* auf dem Wandgemälde der Tomba François (MESSERSCHMIDT Die Nekropolen von Vulci, 1930, 137ff. Taf. XIV–XXVII. CIE 5267), auf dem dieser die Fesseln eines *caile vipinas* durchschneidet, während in einer andern, aber sicher zugehörigen Szene ein *cneve tarχu rumaχ* (= Cn. Tarquinius Romanus, CIE 5274) von einem *marce camitlnas* und zugleich ein nicht namentlich bezeichneter Krieger von einem *avle vipinas* (CIE 5273) getötet wird. Über die Deutung dieser mythischen oder hist. Szenen aus der Frühgesch. Roms konnte eine Einigung noch nicht erzielt werden. Vgl. MESSERSCHMIDT a.O. ALTHEIM Röm. Gesch. 1,148 und

RE I A 704f. (Art. Rex, ROSENBERG). IV A 2368 (Art. Tarquinius 5, SCHACHERMEYR). VIII A 2454ff. (Art. Vibenna, RADKE). K. Z.

**Mastaura.** Nach Strab. 14,650. Plin. nat. 5,120 *(Mastaurenses)* und Steph. Byz. s. v. (spielerische Erwähnung Anth. Pal. 11,230) Stadt in Lydien am S.-Hang des → Messogis-Gebirges. Aus älterer Z. ist nichts über sie bekannt, aus röm. Z. geben Inschr. (LE BAS 3,1663c) und Mz. (von Tiberius bis Valerianus, HEAD HN[2] 653) über Verfassung und Kulte Auskunft. In chr. Z. war M. Bischofssitz und auf den Konzilien von Ephesos 431 und Chalkedon 451 vertreten (MANSI 4,1218. 7,197); h. das Dorf M. Kale bei Nazli. K. Z.

*W. Liebenam* Städteverwaltung im röm. Kaiserreiche 1900, 560. *W. M. Ramsay* Hist. Geogr. of Asia Minor, 1890, 104. *Ruge*, RE XIV 2167.

**Mastigophoroi** (*Μαστιγοφόροι*). Junge Leute in Sparta, die die Jugend beaufsichtigten (Xen. Lak. pol. 2,2); in Athen im J. 404 eine 300 Mann starke Wache, die sich die Dreißig zugelegt hatten (Aristot. Ath. pol. 35,1); allg. eine Bezeichnung für Bewachungsknechte (etwa Thuk. 4,47,3) oder Begleiter offizieller Persönlichkeiten (PTeb. 121,58. PCair. Zen. 80,4). H. Gu.

**Mastix** (*μαστίχη, mastiche, mastix*) das wohlriechende Harz des M.-Baumes (*σχῖνος, lentiscus* von *lentus* »zäh«; Pistacia lentiscus L.), wohl von *μάσασϑαι* »kauen«, also »Kaugummi«. Das Kauen des Harzes des M.-Baumes, auch der jungen Zweige, zum Reinhalten der Zähne und Parfümieren des Mundes war (und ist in manchen Gegenden Griechenlands) üblich; Clem. Alex. Paed. 3 p. 345 St. mißbilligt es an Männern als schwelgerisch. Auch andere Harze wurden als M. bezeichnet. Der echte M.-Baum (häufiger -Strauch) ist im ganzen Mittelmeergebiet verbreitet, liefert aber nicht überall gutes Harz. Bes. kultiviert wurde er in Chios. Farblose M. wurde höher geschätzt als grünlich-gelbliche. Die botan. Angaben aus dem Alt. sind spärlich (erste Erwähnung Hdt. 4,177), reichlicher die über ihre Verwendung (die meisten bei Plin. nat. und den Medizinern). Ein Absud aus Beeren und Holz diente zur Bereitung eines Medizinalweines, das aus ihnen gepreßte Öl als vielfältig brauchbares Liniment. Das aus dem M.-Harz gewonnene Öl und dieses selbst galt als gutes Heilmittel gegen Husten, Schnupfen und viele andere Leiden und diente als Haarfärbemittel, die Zweige zur Verbesserung der Luft in Krankenzimmern, die Beeren als Vogelfutter, die Blätter von jungen Trieben als gutes Ziegenfutter, das auch in der Milch noch heilkräftig wirkte. Weiteres bei STEIER, RE XIV 2168–2175. K. Z.

**Mastos** s. Vasen

**Mastramela.** Stadt der Salyer in der Gallia Narbonensis an einer Lagune gleichen Namens (h. Étang de Berre). Artemidor. bei Steph. Byz. s. *Μαστραμέλη πόλις καὶ λίμνη*. Plin. nat. 3,34 *stagnum M.* Avien. or. mar. 701 *oppidum Mastrabalae priscum*. Man hat M. mit Saint-Blaise identifiziert. Nach F. BENOÎT Rech. sur l'hellénisation du Midi de la Gaule, 1965, 129 ist M. (Name der griech. Z.) mit Maritima Avaticorum (Name der röm. Kolonie = Martigues), das *oppidum M.* mit dem Vorgebirge l'Avarage identisch. M. L.

**Mastroi** (*μαστροί*). »Sucher«, Kontrollbeamte für Staatsgelder in → Pellene, Aristot. frg. 567, in Delphoi für die Verwendung der Zinsen heiliger Gelder nach dem *μαστρικὸς νόμος*. Sylloge[3] 671,3. 672,15. 45ff. In den 3 Einzelgemeinden nach dem Synoikismos auf → Rhodos der lokale Rat mit sakralen und strafrechtlichen Befugnissen vom 4. Jh. bis in die Kaiserzeit, in Ialysos SGDI 4110, Kameiros 4119, Lindos IG XII 1,837. Hesych. *μαστροί*. BUSOLT GStk. 487f. H. V.

**Mastruca.** Ein sardin. Wort mit der Bedeutung eines enganliegenden, bis über die Oberschenkel reichenden, ärmellosen Gewandes aus (Schaf)fell (Isid. orig. 29,23,1). Träger dieses Gewandes gelten bei den Römern als unzivilisiert und wild (Cic. Scaur. 45d), daher auch als Schimpfwort gebraucht (Plaut. Poen. 1310ff.). S. O.

*Schuppe*, RE XIV 2176. *Dar.-Sagl.* 3,1625.

**Mastusia** (*Μαστουσία, Μαζουσία*; Ableitung von *μαστός* oder *μαζός* = Brust kaum haltbar, eher vom Thrak.; vgl. die zahlreichen Beispiele s. *Μεσταϛ* bzw. *Μαστουϛ* bei DETSCHEW Thrak. Sprachreste 297ff.). Die S.-Spitze der Thrak. Chersonesos. Nicht genau identifizierbar mit einem der Vorsprünge am stumpfen S.-Ende der heutigen Gallipolihalbinsel. Lykphr. 534. Strab. 7,331, frg. 52. Ptol. 3,2,9 12,1 . Mela 2,2,25. 27. Plin. nat. 4, 49. Chr. D.

**Masurius Sabinus** s. Sabinus

**Matalon** (*Μάταλον*). Strab. 10,4,11 p. 478; Stad. m. m. 323f. (*Μάταλα*); Ptol. 3,15,3 (*Ματαλία*); BCH 45, 1921, 21 IV 14 *ἐμ Ματάλοις*; [2] *Ματάλιοι*, Hafen an der S.-Küste Kretas, zunächst Hafen von → Phaistos, dann von → Gortyn, h. Matala mit geringen, zumeist röm. Resten und vielen Felsgräbern. E. M.

1. *Creutzburg*, RE XIV 2179. 2. *M. Guarducci* Inscr. Cret. 1,239f.

**Matasuntha.** Tochter der Amalasuntha und des Eutharicus, Enkelin Theoderichs d. Gr. Um an das Königtum der Amaler anzuknüpfen, vermählte sich Vitiges 536/37 mit ihr gegen ihren Willen. Zu den Römern neigend, soll M. Verrat an den Goten geübt haben (Prok. 5,11,27. 6,10,11. 28,26. Iord. Get. 311. Rom. 383). 540 kam M. als Gefangene nach Konstantinopel. Kaiser Iustinian, der sie mit seinem Vetter Germanus vermählte, ließ um 550 Mz.en mit dem Monogramm der M. prägen (Prok. 7,1,2. Iord. a. O. WROTH Cat. of the coins of the Vandals Brit. Mus., 1911, 80f.). A. L.

**Matauros** (Strab. 6,256. Steph. Byz. s. v. Plin. nat. 3,73; *-ia:* Suda s. *Στησίχορος*; *-um:* Mela 2,4. Solin. 2,11), Fluß und Stadt (Strab.: Ankerplatz) in Bruttium (*Σικελία* b. Steph. oft = *'Ιταλία*), von

Zankle (Solin.) oder Lokroi (Steph.) gegründet, nach einigen Heimat des Stesichoros (Steph. Suda); benachbart Tauriani (Cato orig. frg. 3,1 Jord.), Tauriana (Tab. Peut. VII 2); h. nahe Gioia Tauro. G. R.

*Nissen* It. Ldk. 2,960f. *Forbiger* Hb. der alt. Geogr. 3,375. 516. *Miller* It. Rom. 357.

**Matella** *(matellio, matula)*. Gefäß aus unterschiedlichem Material zum Aufnehmen von Flüssigkeiten. (Varro 1. 1. 5,119). Es dient bes. als Nachttopf (Martial. 12,32,13), der auf Gelagen von Sklaven den Herren bei Bedarf hingehalten wird (Petron. 27,3–5. Martial. 3,82,15) oder in Hotelzimmern der allg. Hygiene dient. Ist er dort nicht vorhanden geschieht folgendes: *Miximus in lecto, fateor peccavimus / hospes, si dices quare, nulla matella fuit* (CIL IV 4957. W. Krenkel Pompejan. Inschriften 1962, 72). M. wird sprichwörtl. (Petron. 58,9) und als Schimpfwort benutzt (Petron. 45,8). S. O.

*Hug*, RE XIV 2182. *Mau*, RE I 1837 s.v. Ἀμίς. *Dar.-Sagl.* 3,1662. *Blümner* PrAlt. 147.

**Mater familias.** Urspr. bezeichnete m. f. die Ehefrau, die in die → *manus* des Ehemannes (oder seines *pater familias*) übergetreten war (Cic. top. 3,14. Gell. 18,6,9). Ihre Rechtsstellung war der eines Abkömmlings *in potestate* vergleichbar (Gai. Inst. 1,118; 136). Sie konnte kein eigenes Vermögen haben und gehörte, anders als die Ehefrau *sui iuris*, rechtlich zur Familie des Mannes. Die soziale Stellung der m. f. war in hist. Z. weit günstiger als ihre rechtliche. Die Sitte gebot dem Ehemann, seiner Frau mit Ehrerbietung zu begegnen. Die m. f. nahm nicht anders als die Ehefrau *sui iuris* am gesellschaftlichen Leben teil. In den Quellen wird überwiegend die Ehefrau schlechthin als m. f. bezeichnet (Caes. Gall. 1,50,4. Suet. Aug. 69,1. Marcian. Dig. 48,5,9, p). Als unter Konstantin die Vormundschaft über mündige Frauen verschwand und die *tutela* von der *patria potestas* nicht mehr scharf unterschieden wurde, konnte man unter m. f. in Analogie zum *pater f.* die Frau *sui iuris* verstehen (Cod. 1,48,1. 6,61,5; durch Überarbeitung in Digestentexte eingedrungen, z. B. Ulp. Dig. 38,17,1,1. 48,20,5,1). Neben diesen Bedeutungen, die eine Rechtsstellung bezeichnen, hatte m. f. eine soziologische. M. f. war die ehrbare Frau *(= matrona)* im Gegensatz zur *meretrix* (Ter. Ad. 747. Ulp. Dig. 43,30,3,6. 47,10,15,15). E. Bu.

*W. Kunkel*, RE XIV 2183f. *A. Carcaterra*, Arch. Giurid. 123, 1940, 113ff.

**Mater Larum.** Die M. L. erhielt von den Arvalen das Opfer zweier Schafe (Henzen Act. Arv. 145 = DessILS 5047f.); die *cena* wurde ihr über einen Abhang hinuntergeworfen (DessILS 9522 *ianuis apertis per clivum Matri Larum cenam iactaverunt*). Sich eine Gottheit als Mutter anderer Götter (noch dazu ohne Partner: Mercurius b. Ov. fast. 2,613 ist unpassend) vorzustellen, ist im röm. Kult einmalig; dementsprechend scheinen auch die Versuche zur Gleichsetzung mit → *Mania* (Varro l. l. 9,61. Macr. Sat. 1,7,35), *Lăra* (Ov. fast. 2,615f. Lact. inst. 1,20,35), *Lărunda* (Auson. technop. 8,9 p. 161 P.) wenig glücklich. G. R.

*Otto*, ALex 15,115ff. *Altheim* Röm. Rel. 2, 1932, 15. *Meuli*, MH 12, 1955, 206ff. *Latte* RRel 92. *Radke* Götter Altitaliens 171.

**Mater Magna,** vollständig *Mater deum Magna Idaea*, oft abgekürzt *Mater deum (deorum)*, seltener *Mater Idaea*, niemals *Magna Mater* (Ziegler Latomus 28,845 ff.) ist der Name, unter dem der Kult der altanatol. Muttergöttin → Kybele auf Weisung der sibyllin. Bücher mit Hilfe des befreundeten Königs → Attalos I. (4) im J. 205/04 von Pergamon eingeführt, der aus → Pessinus stammende, die Göttin darstellende schwarze Meteorstein nach Rom gebracht und zunächst im Tempel der → Victoria auf dem → Palatium aufgestellt wurde, bis er in dem sofort gelobten, aber erst 191 geweihten, in seinen Fundamenten erhaltenen eigenen Tempel der M. M. über der SW.-Ecke des Palatium Aufstellung fand, den dann Augustus restauriert hat (Mon. Anc. 4,19 *aedem Matris Magnae in Palatio feci*). Die *ludi Megalenses* (so benannt nach den Megalesia in Pergamon, weil der gegebene lat. Name *Matralia* schon durch die → Mater Matuta belegt war) wurden vom 4. bis 10. April gefeiert. Der mit der altröm. Strenge schwer vereinbarte orgiast. Kult wurde in festen Grenzen gehalten, aktive Beteiligung röm. Bürger an ihm verboten, das zu ihm gehörige Gabensammeln auf bestimmte Tage beschränkt (Cic. leg. 2, 22). Über die Verbreitung des Kultes über die ganze röm. Welt bis zum Ausgang des Alt. s. o. S. 388f. (Lit.). Latte RRel 258ff. K. Z.

**Mater Matuta** s. Matuta

**Materialismus.** Methodische Vorbemerkung: Von M. dürfte eigentlich nur die Rede sein, soweit Vertreter eines M. sich bewußt gegen ein nicht-materialist. Denksystem absetzen. Diese Voraussetzung ist in der Entwicklung des griech. Denkens erst gegeben, nachdem Platon eine Transzendental-Philosophie (= Geistmetaphysik) begründet hatte. Gegner dieses Ansatzes, bes. → Epikuros, beriefen sich auf vorsokrat. Philosophen, vor allem auf → Leukippos und auf → Demokritos, weil deren vermeintlicher M. Argumente gegen Platon zu bieten schien. So sind Leukippos und Demokritos als Ahnherren eines M. in Anspruch genommen worden, obwohl sich für sie die Antithese M. – Idealismus noch keineswegs stellte. Der ion. Naturphilosophie war es darum zu tun, diese Welt und die Abläufe in ihr (bes. Witterung und Jahreszeiten) aus einfachen Ursachen, und möglichst ohne Zuhilfenahme myth. Überlieferungen zu erklären. Wenn nun Antworten versucht wurden wie »Wasser«, »Luftbewegung«, »Wärme (oder: Feuer)« (→ Thales, Diogenes von Euboia, Herakleitos), so könnte das als »materialistisch« in Anspruch genommen werden. Aber das gilt nur, weil vorerst keine außer-materielle Erklärungsweise gedacht oder vorgetragen werden konnte.

Einen wichtigen Schritt auf spätere Differenzierung hin bedeutete es, daß man die »Ursachen« oder »Ursprünge« nicht nur sinnlich und sinnfällig, sondern auch jenseits der Wahrnehmbarkeit zu denken vermochte. Vermutlich ist der nachmalige Gegensatz »materiell – ideell« vorbereitet worden durch den Gegensatz »wahrnehmbar – nicht wahrnehmbar«. Eine Welterklärung wie die des → Empedokles, die auf dem Gegensatz von Anziehung und Abstoßung, von Affinität und Unverträglichkeit beruhte (*φιλία – νεῖκος*), ging von sinnlichen Erfahrungen aus (etwa: Gegensatz Wasser/Feuer); sie hatte aber den Vorteil, diese Begründung bis in den Bereich des Nicht-mehr-Wahrnehmbaren weiterführen zu können; in noch höherem Maße galt das für eine Harmonie-Lehre (→ Herakleitos und → Pythagoras).

Es ist nicht mehr erkennbar, ob sich die Atomistik des Leukippos und des Demokritos gegen solche sich abzeichnende Sublimierungen richtete. In polem. Wendung namentlich gegen Platons Begriff vom Sein = *οὐσία* bekannten sich sowohl die Schule Epikuros' wie die Stoa zu einem strikten M.: nur dem Materiellen kommt Realität zu. In der Definition dessen, was als Materie anzusehen sei, wichen die beiden Schulen erheblich von einander ab; Epikur bezog in seine Überlegungen nur ein, was sinnlich wahrnehmbar ist; in Spekulationen über das nicht Wahrnehmbare oder nicht Erfahrbare einzutreten, lehnte er ab; ebenso diese Materie als bis ins kleinste teilbar anzusehen; er griff auf die Lehre Demokrits von den Atomen als unteilbaren, qualitativ bestimmten Einheiten zurück.

Im Unterschied dazu ließ die Stoa die Annahme einer (noch) nicht qualifizierten *ὕλη ἄποιος* als Urmaterie gelten, wenn auch wohl nur als Vorstellungsbehelf; eine Urform der Materie, die noch durch keine qualitative Prägung wahrnehmbar ist, war immerhin denkbar, ja, sie mußte gedacht werden, wenn man sich den Vorgang der Differenzierung vorstellen wollte. Im Unterschied zur Physik der Epikureer machte die Stoa die Vorstellung von der gänzlichen Mischung – *κρᾶσις δι' ὅλων* – zum Mittelpunkt ihrer Lehre von den Qualitäten; die Materie ist anfangs gänzlich unqualifiziert, *ἄποιος*. Alle Formung wird ihr durch die Qualitäten, die als aktives Prinzip hinzutreten, bewirkt; die Mischung der vier Grund-Qualitäten hat die Fülle der Formen erzeugt. Auch sie müssen als durchaus materiell vorgestellt werden, nicht anders als die zentralen Begriffe der Stoa, *φύσις* und *λόγος*.

Dieser M., um 300 v. Chr· als Antithese gegen jegliche Transzendental-Philosophie ins Leben getreten, ist nicht durch Polemik widerlegt oder überwunden worden; er wurde durch folgenden geistesgeschichtl. Prozeß entkräftet und aufgehoben: Für die ältere Stoa war *φύσις* ein Wert-Begriff: Die Natur handelt immer sinnvoll; *φύσις* und *λόγος* waren gar nicht voneinander zu trennen; der Natur (wohl verstanden, der in der eigenen Persönlichkeit vorgegebenen Natur) zu folgen, war das eine, oft wiederholte Gebot, das dem Menschen den Weg zur Vollkommenheit und zur Glückseligkeit weist. Durch → Poseidonios wird dieser *φύσις*-Begriff ambivalent; es gibt auch vernunftwidrige und wertwidrige Aspekte der *πύσις*. Dem Menschen stellt sich die Entscheidung, ob er dem *λόγος* oder der *ἀλογία* folgen will. Mit unter dem Einfluß der nun einsetzenden gnost. Strömung wird das Wort *φύσις* auf den wert- und vernunftwidrigen Aspekt der Schöpfung (die der Gnostiker sich als durchaus böse vorstellt) angewendet; zu dieser *φύσις* muß ein positives, werthaftes Gegenstück gedacht werden; somit machte der *φύσις*-Begriff eine entscheidende Ab- und Umwertung durch. Demgegenüber hat die Stoa nicht etwa ihren Materialismus verteidigt, sondern ihr kam es auf den Nachweis an, daß die Welt werthaft ist, insoweit der Logos in ihr herrscht.

Sehr selten wird Polemik gegen den M. hörbar (ein fast isoliertes Beispiel: Plot. Enn. 6,9,5 Anf. gegen die Epikureer gerichtet); mochte, wer wollte, bei einer nur vom Materiellen her verstandenen Kosmologie stehenbleiben; ganz in der Stille wurde es zur Selbstverständlichkeit, die Körperlichkeit des Diesseits als eine Analogie, oder gar als ein Abbild einer höheren, immateriellen Welt anzusehen. Der ant. M. wurde nicht widerlegt, er wurde in ein größeres System inkorporiert und in eine transzendierende Weltbetrachtung einbezogen; neben die Materielles betrachtende Physik trat die Metaphysik. Dieser Vorgang ist um 300 n. Chr. abgeschlossen; von etwa 350 an scheint es keine Vertreter der Stoa und damit des M. mehr gegeben zu haben. H. D.

*F. A. Lange* Geschichte des M., $^1$1866, $^{10}$1921. *Cl. Baeumker* Das Problem der Materie in der griech. Philos., 1890. *C. Bailey* The Greek Atomists and Epicurus, 1928. *E. Bréhier* Un système préscientifique: l'atomisme, Kl. Schr. 1955, 65–89. *E. Bignone* Epicuro, 1920. *M. Pohlenz* Die Stoa, $^1$1948. $^2$1956 (2 Bde). *E. R. Dodds* The Greek and the Irrational, 1959.

**Materiarius** *(negotians m., (negotiator) lignarius)*. Der Bauholzhändler lieferte das Holz zum Bau von Schiffen und Häusern, zur → materiatio. Vielleicht ließ der m. das Holz auch gleich zu Balken, Brettern usw. zurichten. Ob aus *abietarius, abietaria negotia, m. clavorum* (Verfertiger, Lieferant von Holzpflöcken bzw. Nägeln) auf Spezialisierung der m. geschlossen werden darf, ist ungeklärt. W. H. G.

**Materiatio.** Nach Vitr. 4,2,1 *in aedificiis omnibus ... conlocatur materiatio variis vocabulis nominata* und den folgenden Ausführungen über

Balken usw. ist unter m. die Gesamtheit der vom Zimmermann hergestellten Bauteile (samt den dazu notwendigen Arbeitsgängen) zu verstehen. Vom Holznagel und -Pflock und dem Nageln bis zu Brettern, Balken, Kassetten (→ *lacunar* o. S. 441), Dachkonstruktionen, Dachstühlen, Fuß- und Zwischenböden wird eine Fülle von Details, die in ihrer Gesamtheit die m. bilden, mit den Fachausdrücken der ant. Zimmerleute benannt, die hier nicht behandelt werden können (Übersicht: Ebert RE XIV 2185ff.). Wegen der Vergänglichkeit des Materials kennen wir die m. nur aus wenigen originalen Resten (in Pompei und bes. Herculanum); dazu kommen die von den Holzteilen im Stein hinterlassenen Spuren, Abbildungen ant. Holzbauten in Reliefs, Modellen, Gemälden, die Angaben Vitruvs und zahlreiche, z.T. ausführliche Bauinschriften. So kennen wir z.B. die Methode. wie bei Dächern mit stehenden Sparren der seitliche Schub gegen die Unterlagen ausgeschaltet wurde (indem man die Fußpunkte des Sparrenpaares durch einen »Durchzug« verband, so daß eine feste Dreiecksverbindung entstand). Zahlreiche andere Details lassen sich von der Baukunst des 2. Jt. v. Chr. (z.B. W. Dörpfeld Troja u. Ilion (1902) I 87 Abb. 26/27. 90f. Abb. 28/29) bis in die Spätant. zuverlässig rekonstruieren. Bes. die Mörtelbauweise der Römer war auf Gerüste und Schalen aus Holz angewiesen. Bearbeitung des Holzes mit Bohrer, Hobel usw. war schon früh bekannt, ebenso verschiedene Methoden zur Härtung des Holzes (dabei, wie oft, viel Aberglaube). Als Übersicht über die der Ant. bekannten Konstruktionsmethoden und ihre Details immer noch am besten J. Durm Hdb. d. Architektur (Baukunst d. Griechen, [3]1910; Ders. Baukunst d. Etrusker u. Römer, [2]1905), für die Griechen jetzt auch bei A. K. Orlandos *Τὰ ὑλικὰ δομῆς* (1958/59, französ. Übers. in Vorbereitung), für die Römer bei G. Lugli La tecnica edilizia romana 1957. In den HB.n der ant. Architektur finden sich meist nur kurze Hinweise. W. H. G.

**Maternum.** Station der Straße (vgl. jedoch Nissen It. Ldk. 2,335,2) zwischen Tuscana und Saturnia in Etrurien (Tab. Peut. V 1. Geogr. Rav. IV 36. Guid. 50); h. Ischia (Kiepert FOA 20,6) oder Piansano (NSA 1884, 214) oder Valentano (Miller Itin. Rom. 296). G. R.

**Maternus. 1.** M., Anführer einer Räuberbande in Gallien und Spanien im J. 188, der sogar Commodus in Italien ermorden wollte; er wurde verraten und hingerichtet, Herodian. 1,10. 11,5. vit. Commod. 16,2. **2.** M., nach Groag, RE VI A 2392 ident. mit Triarius M. Lascivius → Triarius, cos. ord. 185, CIL II 2960. VI 214 u.a. R. H. **3.** s. a. Firmicus Maternus

**Mathematik.** Die Ant. verstand unter *μαθήματα* oder *μαθηματικὴ τέχνη* die Gesamtheit des von der Philos. geforderten Lernstoffs, also → Arithmetik, → Geometrie, → Astronomie, → Musik(-theorie), ja noch in der Kaiserzeit fielen Grammatik (elem. Sprachlehre und Philologie) wie Rhetorik mit darunter (Sext. Emp. M. 1–6), Ptolemaios' Astron. HB ist unter dem Namen *Σύνταξις μαθηματική* überliefert. Im Lat. bezeichnet M. nach Gell. 1,9,6 die arithm. und geometr. Operationen bedürfenden Wissenschaften, im vulg. Sprachgebrauch einfach die Nativitäts-Astrologie. Die Einengung des Begriffs im heutigen Sinne setzt bei Aristoteles ein. J. M.

**Mathia** (*Μαθία*). Bergzug über der Stadt → Korone (h. Petalidi) in Messenien, Paus. 4,34,4. E. M.

*Bölte*, RE XIV 2195.

**Matho.** Cognomen, das in republ. Z. in den Fasten bei der Gens Pomponia auftrat. Degrassi FCapit. 146. H. G. G.

**Mathos** (*Μάθως*). Libyer, Führer im Söldnerkrieg gegen Karthago 241–238. M. kämpfte im 1. pun. Krieg in Sizilien. Nach Rückführung des Heeres wurde er und der entlaufene Sklave → Spendios in Afrika von den aufständ. Söldnern zu Feldherren gewählt. Da die lib. Städte M.' Ruf gegen Karthago folgten, kam es zum *Λιβυκὸς πόλεμος*. M. teilte seine 70000 Mann in mehrere Gruppen, belagerte Hippakra, schnitt Karthago von Libyen ab, doch sprengte → Hamilkar (3) die Zernierung durch Siege über Spendios. Trotz des Anschlusses von Utika und Hippakra mußte M. die Belagerung Karthagos aufgeben. Während Hamilkar das große Söldnerheer vernichtete, war M. in Tunis. Dort belagert, befreite er sich durch einen glänzenden Ausfall. Nach wechselvollen Kämpfen wurde M. geschlagen, gefangen und im Triumph durch Karthago geschleppt, bis er tot zusammenbrach. Pol. 1,65ff. Diod. 25,2ff. S. Gsell Hist. anc. de l'Afrique du Nord 3, 1928, 104ff. Vgl. Flauberts Roman Salambo. H. V.

**Mathurā** (*Μέθορα*). Stadt an der Yamunā, Zentrum der Kṛṣṇa-, Jīna- und Buddha-Verehrung. Megasthenes (Arr. Ind. 8,5) sagt, daß die *Σουρασηνοί* (ai. Śūrasena), die M. und *Κλεισόβορα* (Indraprasṭha) bewohnen, bes. Herakles verehren (Ptol. 7,1,50 *Μόδουρα ἡ τῶν θεῶν*). M., Handelsknotenpunkt und Stätte der Künste und Wissenschaften, stand abwechselnd unter der Herrschaft der → Mauryas, Griechen, Śakas und Kuṣāṇas. Von M. gingen um 150–250 n. Chr. entscheidende Impulse für die bildende Kunst Indiens aus. F. F. S.

*A. Tamburello* Mathurā, Encicl. Arte Ant. 4, 1961, 928f. *A.K. Narain* The Indo-Greeks, Oxf. 1962, 43f. 82–87. 175f. *A. Dahlquist* Megasthenes and Indian Religion, Stockholm 1962, 10f. 131–134. *B.N. Puri* Cities of Anc. India, Meerut 1966, 75–79.

**Matiane,** ion. **Matiene,** die Bewohner **Matienoi** (*Ματιανή, Ματιηνή, Ματιηνοί*), war nach Hdt. 5,49. 52 die Landschaft ö. von Armenien und Quellgebiet des kleinen Zab und des → Gyndes, nach 1,202 auch des → Araxes, was Strab. 11,531 verneint. Sie bildete im Reich des Dareios zusammen mit den Saspeiren und den Alarodiern den 18. Steuerbezirk (3,94) und nahm am Zug des Xerxes teil (7,72). Nach Strab. 2,73. 11,509. 514 und Steph. Byz. war M. ein Teil Mediens. Aus den Angaben bei Strab. 11,523 und 525 scheint sich zu ergeben, daß sie sich vom Südufer des Urmiasees ins Quellgebiet des kleinen Zab und des Gyndes erstreckte. K. Z.

*Weissbach,* RE XIV 2197ff.

**Matidia. 1.** M. d. Ältere, Tochter der Ulpia Marciana und des C. Salonius Matidius Patruinus, Enkelin Traians, * vor 68, Augusta seit 29. Aug. 112 (Inscr. It. XIII 1, p. 200f. 231. Inscr. Cret. I 18,20 – hier fälschlich schon im J. 107/08). Sie weilte ständig im Gefolge Traians, seit 113 im Orient, und brachte mit Plotina im August 117 seine Asche aus Selinus in Kleinasien nach Rom, vit. Hadr. 5,9. Aus ihrer Ehe mit L. Vibius Sabinus (R. Syme, JRS 43, 1953, 156) stammt Vibia Matidia und Sabina, die Gattin Hadrians. † im Dezember 119. Hadrian hielt ihr die *laudatio funebris,* CIL XIV 3579. Sie wurde konsekriert; neben der Basilika ihrer Mutter erhielt sie in Rom ein Templum Matidiae, CIL XV 7248. Münzen.

*R. West* Röm. Porträt-Plastik, 1941, 80f. *M. Wegner* Hadrian, Plotina . . ., 1956, 80–83. 123–125 (*H. v. Heintze,* G 65, 1958, 477f.). *U. Hausmann,* JDAI 74, 1959, 185ff. 190ff.

**2.** M., Tochter von Nr. 1 → Vibia M. R. H.

**Matidianus.** M. Aurelius Mindius Matidianus Pollio, aus Ephesos; er bekleidete hohe Würden in Asia und Bithynien, schlug unter Commodus die procurator. Laufbahn ein und wurde *procurator patrimonii* in Äg. und *procurator Aug. vicesimae heredidatium* in Rom, J. Keil Forsch. Ephesos 3,141,46. Dess. II 8858. H. G. Pflaum Carrières proc. équ. 523–531. R. H.

**Matienoi** s. Matiane

**Matienus.** Personenname, Schulze Eigenn. 104. 275, seit dem 3. Jh. v. Chr. in Rom hervorgetreten. **1.** M., Münzmeister (*MAT* oder *MATI*), ca. 155–150 v. Chr. Broughton Mag. 2,445 mit weiteren Nachweisen. **2.** C. M., Duumvir navalis 181 (Kämpfe gegen die Ligurer, Liv. 40,26,8), Praetor 173 (Hispania ult.; gelegentlich auch M. M. genannt, Liv. 42,1,5. 43,2,8), wurde 171 wegen Erpressungen angeklagt und ging vor Urteilsverkündung ins Exil. Broughton Mag. 1,408. **3.** C. M., desertierte 138 in Spanien und wurde als Sklave verkauft, Liv. ep. 55. **4.** P. M., nahm als trib. mil. im J. 205 zusammen mit M. Sergius die Stadt Lokroi; beide wurden, weil sie anschließend die Soldaten nicht in Zucht halten konnten, vom Propraetor Q. Pleminius hingerichtet. Liv. 29,6,9. 9,2–10. 18,10ff. 19,2. H. G. G.

**Matinius.** Personenname (Schulze Eigenn. 274. 361). P. M., Beauftragter des M. Brutus Nr. 9 zwischen 56 und 50 für Finanzfragen mit Salamis auf Cypern. Cic. Att. 5,21,10. 6,1,5. 3,5. H. G. G.

**Matisco.** Stadt der provincia Lugdunensis am Arar (Saône), im Gebiet der Aedui, h. Mâcon (dépt. Saône-et-Loire). Kelt. Spuren (Gallia 19, 1961, 452), auch in der Umgegend, z. B. in Varennes-lès-Mâcon. Im J. 52 v. Chr. spielte M. eine Rolle als Etappenplatz, Caes. Gall. 7,90,7. 8,4. Itin. Ant. 359. Tab. Peut. 2,5 *Matiscone.* Not. Gall. 1,5. Not. dign. occ. 9,32. Geogr. Rav. 4,26 *Matiscum.* Inschr. CIL XIII 2581. P. Wuilleumier Inscr. lat. des 3 Gaules 312. Archäolog. Funde: Grenier Man. Arch. gallo-rom. II, 1. 2. Gallia 19, 1961, 452. M. L.

**Matius.** Röm. Familienname. Träger sind selten hervorgetreten, aber auch inschr. bezeugt. Schulze Eigenn. 275. 424. **1.** C. M., * um 100, Freund Ciceros, mit dem er in regem Gedankenaustausch stand (häufige Erwähnung in der Korrespondenz) und dem er manche liter. Anregung gab, aber auch Freund und entschiedener, jedoch in der Form gemäßigter Anhänger Caesars, den er 53 in Gallien besuchte und für den er während des Bürgerkriegs in Rom wirkte. Er war daher ein verständnisvoller Vermittler zwischen beiden Männern. Tief erschüttert durch die Ermordung Caesars, näherte er sich zunächst dem Antonius, bald jedoch bereitwillig dem Octavianus. Cic. fam. 11,27f. (Hauptquelle). Cichorius RStud. 245 bis 250: A. Heuss Cic. u. M., Hist. 5, 1956, 53ff.; 11, 1962, 119ff. R. Syme The Rom. Rev. (1960) 71. 81. 106. 121. u. ö. B. Kytzler, M. u. Cic., Hist. 9, 1960, 96ff. **2.** C. M., wohl Sohn von Nr. 1, Ritter und Freund des Augustus um 4 v. Chr., Fachmann für Gartenbau (u. a. Apfelsorte *mala Matiana*) und Schriftsteller (3 B. über Küche u. Keller), dem Apollodoros v. Pergamon (6) ein rhetor. Lehrbuch widmete. Quellen u. a. Schanz-Hos. 1,604. 2,358. H. G. G.

**3.** M. Cn. Dichter des frühen 1. Jh. v. Chr., von dem Frg. einer Iliasübers. (in Hex.) sowie von Mimiamben (in Hinkiamben) erhalten sind. M. ist einer der wenigen lat. Vertreter dieser von dem hellenist. Dichter → Herodas geprägten Gattung. Die wenigen Bruchstücke (frg. 14–17 aus ländlichem Milieu, ein Komödienmotiv frg. 11) lassen in ihrer sprachlichen Experimentierfreudigkeit (Neologismen *albicasco, columbulatim* etc.) und ihren reizvollen Bildern (frg. 12/13) den Verlust dieses Werkes bes. bedauern. Daß M. mit der Iliasübers. der älteren Z. (Livius Andronicus!) zugewandt ist, andererseits seine Metrik Züge der Neoteriker vorwegnimmt ([3],189,2), verbindet ihn mit dem Zeitgenossen → Laevius. Er wird zit. von Varro (Ilias) und zumal von Gellius, der ihn wegen seiner Wortschöpfungen immer wieder preist, vgl. auch Terent. Maurus 2416ff. (Keil GrL 6,397). P. L. Sch.

Frg. bei *Morel* FPL 48ff. *A. Traglia* Poetae Novi, 1962, 33ff. (vgl. S. 1ff. 111ff.), die der Mimiamben bei Herondas, ed. *O. Crusius,* [5]1914, 94ff.

Lit.: 1. *Schanz-Hos.* 1,267f. 2. *H. Bardon* Lit. Lat. Inc. 1,

1952, 161ff. 3. *F.Leo*, H 1914, 189f. 4. *A. Traglia*, Stud. Class. Orient., 1961, 80ff.

**Matralia** s. Matuta

**Matres** oder **Matronae.** Der Kult eines Dreivereins mütterlicher Göttinnen als Fruchtbarkeits- oder allg. Segensspenderinnen und Schutzgeister war von der Mitte des 1. bis E. des 3. Jh. n. Chr. und noch einmal aufblühend z. Z. des → Iulianus Apostata im ganzen kelt. Sprach- und Kulturgebiet (einschließl. Gallia Cisalpina) und ganz bes. auch in Ober- und Niedergermanien außerordentlich verbreitet. Bezeugt ist er durch mehr als 600 Weihgaben, großenteils mit bildlichen Darstellungen der M., meist sitzend in reicher Gewandung, mit Blumen, Früchten, Ähren u. dgl. als Beigaben. In etwa einem Viertel der Weihungen sind die Göttinnen einfach als *matres* bezeichnet, viel häufiger treten Beinamen hinzu, nur z. T. lat. (*Augustae*, *Campestres* = Lagergöttinnen röm. Truppen, *Conservatrices*, *Deae* oder *Divae*, *Domesticae*, *Indulgentes*, *Italae*, *Iunones*, *Maternae*, *Paternae*, *Meae* oder *Suae*, *Montanae*, *omnium gentium*, *Parcae*, *Sanctae*, *Tramarinae*, *Victrices*), häufiger nicht-röm., entweder Volksstämme, Orte, Sippen bezeichnend (z. B. *Britannae*, *Brittae*, *Delmatarum*, *Frisavae*, *Germanae*, *Gallae*, *Gallaicae*, *Noricae*, *Numidae*, *Pannoniorum*, *Suebae*, *Treverae*) oder in der großen Mehrzahl Namen kelt. oder german. Gottheiten, viele auf *-henae* oder *nehae* ausgehend, z. T. anscheinend auch Quellnymphen. Manchmal sind die M. mit andern Göttern verbunden (Iuppiter, Mercurius, Genius Augusti u. a.). Ein engerer Zusammenhang mit der großen Muttergöttin des Orients scheint nicht zu bestehen. Daß der mütterliche Dreiverein im Kult der »drei Marien« im Rheinland und anderwärts fortlebt, klingt sehr wahrscheinlich. Vgl. Kybele, Mater Magna, Muttergottheiten. K.Z.

*Heichelheim*, RE XIV 2213–50.

**Matrica.** Militärlager an der Donau in Pann. inf. (Itin. Ant. 245), mit Lagerdorf *(canabae)* n. des Castells (h. Krizsandolina, Százhalombatta). Das Lager ist 170x150 m groß, Stärke der Umfassungsmauer 85 cm (abgerundete Ecken). Der s.ö. Eckturm und die porta princ. dextra sind freigelegt. Letzte Erwähnung Not. dign. occ. 33. 95. J. Sz.

*A. Mócsy*, Arch. Ért. 82, 1955, 65ff. *Fluss*, RE XIV 2250. *J. Fitz*, RE Suppl. IX 398ff.

**Matrimi** s. Patrimi

**Matrimonium.** Das röm. Recht faßte die Ehe als sozialen Sachverhalt, nicht als Rechtsverhältnis auf. Die sittlichen Pflichten der Ehegatten waren keine Rechtspflichten. Rechtszwang zur Eheschließung, zum Festhalten an der Ehe oder zur Scheidung widersprach dem röm. sittlichen Empfinden (Al. Severus Cod. 8,38,2: *libera matrimonia esse antiquitus placuit*). Die augusteischen Ehegesetze (lex Iulia de maritandis ordinibus, 18 v. Chr.; lex Papia Poppaea, 9 n. Chr.), die Eheschließungs- und Scheidungspflichten einführten und Kinderlosigkeit mit Rechtsnachteilen bedrohten, stellen eine nur ephemere Abkehr von der röm. Tradition dar. Das Christentum wirkte in der Ant. nur wenig auf das Eherecht ein.

Die Ehe wurde dadurch geschlossen, daß die Gatten die Lebensgemeinschaft aufnahmen in dem Willen, als Mann und Frau zusammenzuleben *(affectio maritalis)*. Das röm. Recht machte die Rechtsgültigkeit einer Ehe nicht von einem rechtsgeschäftlichen Eheschließungsakt abhängig. Die röm. Jurisprudenz sah in den Hochzeitsbräuchen *(→ nuptiae)* Tatsachen, die auf *affectio maritalis* schließen ließen, nicht aber ehebegründende Rechtsakte. Die Begründung eheherrlicher Gewalt *(→ manus)* über die Frau durch *conventio in manum* war für den Eheschluß als solchen nicht wesentlich, wenn sie auch in älterer Z. regelmäßig mit ihm einherging. Die Voraussetzungen *(conubium* i. w. S.*)* einer voll wirksamen Ehe *(iustum m.)* lassen sich in absolute und relative *(conubium* i. e. S.*)* gliedern. Zu den absoluten Ehevoraussetzungen gehörten *pubertas* (Ulp. 5,2) und Geschäftsfähigkeit (Paul. Dig. 23,2,16,2). Impotenz war kein Ehehindernis. Gewaltunterworfene Verlobte bedurften der Zustimmung ihrer Gewalthaber (Ulp. 5,2. Dig. 23,2,35). Verwandten in gerader Linie war die Ehe verboten (Gai. Inst. 1,59). Der Kreis der Seitenverwandten und der Verschwägerten, mit denen die Ehe nicht geschlossen werden durfte, wurde im Verlaufe der Entwicklung verschieden weit gezogen *(→ incestum)*. Die Kaiser des frühen 1. Jh. führten ein Eheverbot für Soldaten im aktiven Dienst ein. Sept. Severus scheint es aufgehoben zu haben (Herodian. 3,8,4). Eine trotz Fehlen einer absoluten Ehevoraussetzung eingegangene Verbindung wurde von der Rechtsordnung nicht als Ehe gewertet *(→ concubinatus)*. *Conubium* i. e. S. bestand zwischen Personen mit mindestens annähernd gleichem Rechtsstatus, vor allem zwischen röm. Bürgern. Aber auch unter ihnen schlossen bestimmte Standesunterschiede das *conubium* aus. Eine trotz fehlenden *conubium* i. e. S. geschlossene Ehe *(iniustum m.)* entbehrte nicht aller, aber der wichtigsten Rechtswirkungen einer vollgültigen Ehe, bes. des Erbrechts der Kinder (Gai. Inst. 1,75–78. Ulp. 5,8).

Ein *iustum m.* bewirkte, daß die aus ihm hervorgegangenen Kinder ehelich waren; zwischen ihnen und dem Vater, seit der Mitte des 2. Jh. auch der Mutter, bestand gesetzliches Erbrecht. Die Kinder folgten in der Regel dem Stand des Vaters. Sie waren seiner *patria potestas*, oder, wenn er selbst ein *filius familias* war, der *potestas* seines *pater familias* unterworfen. Der persönliche *status* der Ehefrau änderte sich durch die Eheschließung als solche nicht. Die Ehefrau schied aus ihrer Herkunftsfamilie nicht aus; sie führte weiterhin ihr durch Geburt erworbenes *nomen gentile.* Einschneidende personenrechtliche Wirkungen hatte jedoch die *conventio in manum;* durch sie wurde die Ehefrau eine der *manus* des Ehemannes unterworfene → *mater familias*. Die Eheschließung hatte auch keine unmittelbare vermögensrechtliche Wirkung. Die Vermögen der Ehegatten blieben getrennt. Nur die *conventio in manum* einer Frau *sui iuris* bewirkte, daß ihr Vermögen Bestandteil des Mannesvermögens wurde. Es war üblich, daß die Ehefrau eine Mitgift (→ *dos*) in die Ehe einbrachte. Die Dotalgegenstände wurden Eigentum des Mannes und waren von ihm nach Auflösung der Ehe zurückzuerstatten. Ein in klass. Z. bestehendes Verbot von Schenkungen unter Ehegatten entspricht dem röm. Bestreben, Familienvermögen nicht an Verschwägerte gelangen zu lassen. Aus dieser Einstellung erklärt sich auch die späte, erst in der jüngeren Republik einsetzende Entwicklung eines gesetzlichen Erbrechts der Ehegatten untereinander.

Der röm. Auffassung der Ehe als faktischer Lebensgemeinschaft entspricht es, daß man die Ehe als aufgelöst betrachtete, sobald die Lebensgemeinschaft nicht mehr bestand, z. B. wegen Verschollenheit, oder weil die Ehegatten sich endgültig trennten. Scheidungsgründe kannte das klass. Recht nicht. Jede gewillkürte Aufgabe der ehelichen Gemeinschaft war → *divortium*. Freilich wurde grundlose einseitige Scheidung stets sittlich mißbilligt. Unter chr. Einfluß wurden in der Spätant. zwar Tatbestände strafbarer Scheidung aufgestellt (Cod. Theod. 3,16,1. Cod. 5,17,8. 10. Nov. 117. 127,4. 134,11), nicht aber Scheidungstatbestände, von deren Erfüllung die Wirksamkeit der Scheidung abhängig gewesen wäre. Eine Änderung des Personenstandes eines Ehegatten beendete nur im Falle der → *capitis deminutio maxima* die Ehe. Durch Verlust des Bürgerrechts wurde aus einem *iustum m.* ein *iniustum m.* Wiederverheiratung war grundsätzlich zu allen Zeiten zulässig. Jedoch genoß die nur einmal verheiratete Frau *(univira)* bes. hohes Ansehen (Liv. 10,23. Val. Max. 2,1,3. Tac. ann. 2,86). Die Witwe, seit Theodosius II. auch die geschiedene Frau (Cod. 5,17,8,4), hatte eine Wartefrist einzuhalten (→ *luctus*). E. Bu.

*W. Kunkel*, RE XIV 2259ff. *F. Schulz* Class. Roman Law, 1951, 103ff. *M. Kaser* Das röm. Privatrecht 1, 1955, 266ff. 2, 1959, 107ff. *E. Volterra*, Nov. Dig. It. 10, 1964, 330ff.

**Matrinius.** Personenname, vgl. SCHULZE Eigenn. 192[a]. 547. **1.** C. M., röm. Ritter und Geschäftsmann, der 73–71 in Sicilien durch Verres Schäden erlitt, Cic. Verr. 3,60f. 5,15. A. HOLM G. Sic. 3,134. 157. **2.** D. M., wurde 70 von den Censoren unter die Aerarier versetzt, fand anschließend als *scriba aedilicius* Verwendung und wurde 68 von Cicero erfolgreich in einem Disziplinarverfahren verteidigt, das die Entscheidung des J. 70 als Fehler erwies. Cic. Cluent. 126. DRUMANN² 5,357f. M. GELZER, RE VII A 853. **3.** T. M. aus Spoletium, wurde 101 röm. Bürger durch Marius, der ihn auch 95 in einem Prozeß wegen des Bürgerrechts erfolgreich verteidigte. Cic. Balb. 48f. H. G. G.

**Matron** (Μάτρων) von Pitane, Vf. von Homerparodien, 2. Hälfte 4. Jh. v. Chr. Bei Athen. sind ein »Attisches Gastmahl« (122 V.) und 6 Frg., die wohl aus anderen (s. [1.5], dagegen [2]) opsartyt. Werken M.s stammen, erhalten. Die Parodien ergeben durch ihre sehr enge Gebundenheit an hom. Verse eine Art Cento. Daß Lucil. in der Satire des 5. B., in der er nach Charis. eine *cena rustica* schilderte, sich M. zum Vorbild nahm (so [6]), muß reine Vermutung bleiben, da zu wenig von Lucil.' *cena* erhalten und der Vergleich mit anderen verlorenen δεῖπνα nicht möglich ist. O. Dr.

1. Frg. (m. Komm.) bei *P. Brandt* Corpusc. poes. ep. Gr. ludib. 1,53–95. 2. *A. Meineke* Philol. exercitat. in Athen. 1, Bln. 1843, 13. 3. *J. Martin*, Symposion, Stud. zur Gesch. und Kultur des Alt. 17, H. 1, 1931. 4. *Ders.*, RACh s. Deipnonlit. 661. 5. *v. Wilamowitz*, H 58, 1923, 73ff. 6. *L. R. Shero*, AJPh 50, 1929, 64–71.

**Matrona. 1.** Die freigeborene, in *manus*-Ehe verheiratete Römerin. Sie trägt die lange, unten mit der *instita* (Zierstreifen) verbrämte *stola*, das erstemal am Tag nach der Hochzeit beim Opfer an Hausgötter (übrige Toilette [3],252). Zunächst privatrechtlich völlig dem Mann unterworfen, am E. der Republik beinahe gleichgestellt ([8]; KASER Privatrecht 1,63. 266. 2,107); staatsrechtlich von jeder polit. Tätigkeit grundsätzlich ausgeschlossen; da aber Hochzeiten zwischen den *gentes* vielfach polit. bedeutend, gewinnen die Frauen bes. in späterer Z. großen Einfluß (MÜNZER Röm. Adelsparteien, 1920. [4],56ff. [3],21ff.). M. hat ehrenvolle Stellung in der Familie, ihr obliegen Kindererziehung, Aufsicht über Hauswesen und Sklaven, sie spinnt und webt selbst (Kochen ist unwürdig); sie ist auch gebildet – bis zu größter geistiger Freiheit ab 1. Jh. v. Chr., wo auch Scheidungen überhandnehmen. Sie erscheint in der Öffentlichkeit nie allein: begleitet ihren Mann zu Gastmählern, besucht Theater und Spiel, ist rechtsfähig (als Fürsprecherin, Zeugin, später Anklägerin bei Gericht), wirkt im Kult (eigene Frauenfeste), erhält feierliches Begräbnis, auch mit *laudatio funebris*. H. Gu.

1. *F.E. Adcock* Women in Roman Life and Letters, Greece and Rome 14, 1945, 1–11. 2. *J. Assa* Les grandes dames rom., 1958. 3. *J.P.V.D. Balsdon* Rom. Women, 1962. 4. *B. Förtsch* Grundlagen der polit. Wirksamkeit der Frau in Rom, 1935. 5. *L. Friedländer* Sittengesch., [10]1922, 1,267–317. 6. *W. Kroll* Kultur der cic. Zeit, 1963, 148–159. 7. *Marqu.-Mau* 57–80. 8. *Zagelmeier*, Rechtliche Stellung der Frau im römischen Familienrecht, 1928. 8. *P. Grimal* Lá femme à Rome et dans la civilisation romaine: in Hist. mondiale de la femme 1, 1965, 375ff.

**2.** Mātrŏna, Nebenfl. der Sequana (Seine), h. Marne, bildete z. Z. Caesars die Grenze zwischen Belgen und Kelten (Gall. 1,1,2. Amm. 15,11. Au-

son. Mos. 461. Sid. Apoll. Paneg. Maior. 208. Geogr. Rav. *Maderna*. Eine Weihung an M. ist bei Belasmes (6 km s. von Langres) nahe den Quellen der Marne gefunden: CIL XIII 5674.
*Grenier* Man. Arch. gallo-rom. IV,2,608 n. 3. 684. *Toutain* Cultes païens 3,302. *Drioux* Cultes indigènes des Lingons 125.

**3.** Paßhöhe der Straße Segusio (Susa) nach Brigantium (Briançon); h. Mont-Genèvre. Itin. Burdig. 556. Nach Amm. 15,10,6 soll der Name M. von einem Unglücksfall herrühren, den dort eine vornehme Dame erlitten habe. M. L.
*Desjardins* Géogr. Gaule 1,83. 4,32. 167. *Grenier* Man. Arch. gallo-rom. 4,2,531.

**Matronalia,** das Fest der → *matronae*, der verheirateten Frauen, gefeiert an den Kalenden des März (die Iuv. 9,54 daher *femineae kal.* nennt, vgl. Hor. c. 3,8), zugleich Stiftungstag des Tempels der → Iuno Lucina auf dem → Esquilin. Zu ihr beten die *matronae* um Erhaltung ihrer Ehe und glückliche Entbindungen, werden von ihren Ehemännern beschenkt und beschenken ihre Dienerinnen wie die Männer ihre Sklaven bei den → Saturnalien (Suet. Vesp. 19,1. Mart. 5,84,10. Macr. sat. 1,12,7). Wenig zur Sache bietet die Behandlung bei Ov. fast. 3,239 ff. K. Z.
*Latte*, RRel. 95 ff. *St. Weinstock*, RE XIV 2306 ff.

**Matta** (*ψίαθος*). Matte oder Decke aus grobem Material (Binsen, Stroh oder Papyrus [Theophr. h. plant. 4,8,4]), die armen Leuten oder Reisenden als Lager dient (Aristoph. Ran. 567). S. O.
*Hug*, RE XIV 2310. *Dar.-Sagl.* 3,1662.

**Mattathias** (*Ματταθίας*, hebr. *mattitjah*), Angehöriger der jüd. Priesterklasse J$^e$hōjarīb aus Modeïn (1. Makk. 2,1, Ios. ant. 12,265), Vater der → Makkabäer (→ Hasmonäer). Widersetzte sich der radikalen Hellenisierung des jüd. Glaubens unter → Antiochos IV. 167 v. Chr. (2. Makk. 2, 15–28) und leitete als Führer einer Partisanengruppe die Erhebung des gesetzestreuen → Judentums gegen die seleukid. Herrschaft ein (ebd. 2, 29–48). † 166 v. Chr. (ebd. 2,70). B. Sch.

**Matthaios** (*Ματθαῖος*) ist eine Gräzisierung eines aram. Namens, häufiger als Matthias (*Ματθίας* = Geschenk Jahves) belegt. Ein M. findet sich in allen Apostellisten (Mt. 10,3. Mark. 3,18. Luk. 6,15. Act. 1. 13), wird in 10,3 als Zöllner bezeichnet und ist viell. mit dem Zöllner Levi ident. (Mark. 2,14 par. Mt. 9,9. Luk. 5,24). Weiteres über den Apostel M. ist unbekannt. Der Vf. des Evangeliums (Ev.) kann er aus vielen Gründen nicht sein. Das Ev. selbst nennt den Namen seines Vf. nicht; erst die altkirchl. Tradition führt das Ev. auf den Apostel M. zurück (zuerst Papias bei Eus. h. e. 3, 39,16; vgl. auch 3,24,6; das Ebioniterev. bei Epiph. panar. 30,13 u. a., Clem. Al. Päd. 2,1,16, Strom. 4, 9,71 und das Martyrium des M. verwechseln M. mit Matthias). Der Vf. des Ev. ist griech. sprechender Judenchrist und hat sein Ev. zwischen 80 und 100 n. Chr. geschrieben. (22,7 setzt die Zerstörung Jerusalems voraus). Ignatios († 115/116) hat das Ev. bereits gekannt (vgl. Smyrn. 1,1. Pol. 1,2 f).

Inhalt und Aufbau des Ev. folgen dem Ev. des → Markos, das M. durch Überlief. aus der Logienquelle Q und eigenem Sondergut ergänzt. Gliederung: 1–2. 3,1–4,11. 4,12–13,58. 14,1–20,34. 21 bis 25. 26–28; charakterist. für. M. sind die großen Reden 5–7. 10. 13. 18. 23–25. M. hat die Markosvorlage kompositionell gestrafft, sprachlich verbessert und sachlich verändert. Auch er will nicht das Leben Jesu erzählen, sondern die Gestalt Jesu als Gegenstand des urchr. Gemeindeglaubens herausarbeiten. Durch die sog. Reflexionszitate erweist er Jesus als »Ziel der at. Gottesoffenbarung« (Kümmel). Im Anschluß an die Würdenamen des AT. (Messias, Davidsohn, Gottessohn u. a.) entfaltet M. bereits eine Christologie und spricht erstmals von der Kirche als einer durch Amt und Ordnung bestimmten Institution. M. unterstreicht die Gültigkeit des Gesetzes und die heilsgesch. Rolle Israels, um von da aus der Kirche in der Z. vor der Wiederkunft Christi Weisungen für ihr Leben zu geben. Seinen »Sitz im Leben« hat das Ev. in der missionar. Predigttradition der frühen Kirche; es wendet sich nicht nur an die Juden, sondern an alle Völker. Wegen seines Versuches, Jesus als den Messias Israels auch den Heiden als Herrn zu verkünden, und wegen seiner lehrhaften Intentionen, die ganz im jüd. Erbe verwurzelt sind, ist das Ev. des M. in der alten Kirche sehr hoch geschätzt und zum eigentlich kirchl. Ev. geworden. G. Ru.
Vgl. → Markos, die Komm. und Einl.-en ins NT. *K. Stendahl* The School of St. Matthew and its Use of the Old Test., 1954. *E. Grässer* Das Problem der Parusieverzögerung in den synopt. Ev., 1960$^2$. *X. Léon-Dufour* Théologie de Matthieu, Rech. de science relig. 50, 1962, 90 ff. (Lit.). *W. Trilling* Das wahre Israel, 1964$^3$. *P. Gaechter* Das Matthäus-Ev., 1964. *G. Strecker* Der Weg der Gerechtigkeit, 1966$^2$. *R. Hummel* Die Auseinandersetzung zwischen Kirche und Judentum im Matthäus-Ev., 1966$^2$. *F. Hahn* Christolog. Hoheitstitel, 1966$^3$. *R. Walker* Die Heilsgesch. im 1. Ev., 1967. *G. Bornkamm – G. Barth – H. J. Held* Überlieferung und Auslegung im Matthäus-Ev., 1968$^5$.

**Matthias** (*Ματθίας* Kurzform von → Mattathias). **1.** Jüd. Priester aus der Priesterklasse J$^e$hōjārīb, Vater des Historikers Iosephos (Ios. vita 7). * 6 n. Chr. (ebd. 5), † um 70 n. Chr. (vgl. bell. Iud. 5,533 mit vita 419). **2.** Nach chr. Tradition Nachfolger des Judas Iskarioth im Kreis der Zwölf Apostel (Apg. 1,23–26; Historizität des Berichtes umstritten), nur legendäre Nachrichten. B. Sch.
1. Lex. für Theol. und Kirche 7, 1962$^2$, 179 f. 2. *E. Hennecke – W. Schneemelcher* Nt. Apokryphen 1, 1959$^3$, 224–228. 2, 1964$^3$, 34 f.

**Mattiaci** germ., von den Chatten abgespaltener Stamm am r. Rheinufer zwischen Mainmündung und Taunus. Den Hauptort der Chatten Mattium hatte Germanicus 15 v. Chr. zerstört (Tac. ann. 1,56), doch blieben die M. in ihren angestammten Sitzen, auch als 11 v. Chr. der Großteil der Chatten vor den Römern zurückwich, und wuchsen zu einem selbständigen Stamm heran, dem der Reichtum des Bodens, günstige Verkehrslage und die heißen Quellen von Aquae Mattiacorum-Wiesbaden sichere Lebensbedingungen boten. Die M., nach Tac. Germ. 29 den Römern in Freundschaft verbunden, waren von Steuern frei, nur zu Kriegsdienst verpflichtet (*cohors II M.* in der Provinz Moesia inf.). Nach der Besetzung des Landes im J. 15 v. Chr. und der Vorverlegung des → Limes auf die Linie Taunus–Main im 1. Jh. n. Chr., erlebte das Land einen bedeutenden wirtschaftlichen Aufschwung. Unter Traian wurde die *civitas Ulpia Mattiacorum* in das System der Provinzialverwaltung von Germ. superior einbezogen. Zur Sicherung des Landes, der Verbindungswege zu den Limesfestungen und des Rheinüberganges bei Mainz, wurde rechtsrheinisch das *castellum Mattiacorum*, h. Mainz-Kastel, als Brückenkopf zu der festen Brücke eingerichtet. Nach Tac. ann. 11,20 ließ im J. 47 n. Chr. der Legat von Obergermanien Curtius Rufus *in agro M.* ein Silberbergwerk anlegen, dessen Lage jedoch bis h. unbekannt ist. Bekannt waren die M. *pilae* zum Färben grauer Haare Martial. 14,27,2. H. C.

*Holder. Schmidt* Gesch. d. d. Stämme 2, 1915, 347. *Schönfeld,* RE XIV 2320.

**Mattiarii.** Eine mit Lanzen ausgerüstete leichte Fußtruppe, bei Amm. 21,13,16. 31,13,8 und Zos. 3,22 erwähnt. In der Not. dign. werden im O.-Reich 2 *legiones palatinae* und eine *legio comitatensis*, im W.-Reich eine *legio comitatensis* und das *auxilium palatinum* der *Honoriani Gallicani* als m. bezeichnet. A. N.

**Mattiobarbuli.** Mit der Unterweisung im Schießen mit bleivergossenen Pfeilen schließt bei Veg. 1,17 der 2. Teil der röm. Rekrutenausbildung (→ tiro) die Waffenübungen ab. *Plumbatarum, quoque exercitatio quos mattiobarbulos vocant, est tradenda iunioribus.* Veg. schreibt diese *plumbatae* als Spezialwaffe 2 illyr. Legionen von je 6000 Mann zu, die von Diocletianus und Maximinianus wegen ihrer Bewährung im Kriege den Beinamen *Ioviani* und *Herculiani* erhalten hätten. Unter den Funden ist der Pfeil im Wiesbadener Mus. (Lindenschmidt, 14f. T. XI 22,23) aus Eisen von 20,6 cm Länge, dessen hinteres Ende mit Blei vergossen ist, bemerkenswert. Der Wurfpfeil ist noch im 9. Jh. nachweisbar (Grosse 335). A. N.

*L. Lindenschmidt* Tracht und Bewaffnung des röm. Heeres, 1882, 14f. *R. Grosse* Röm. Militärgesch. 334f. Philol. Suppl. Bd. H. 2, 1931, 31. CPh 41, 1946, 219f. 43, 1948, 166f.

**Mattucius.** L. M. Fuscinus, Statthalter von Numidien 157/58, CIL VIII 2501, *cos. des.* 178, CIL VIII 17857. 17858, daher 178 oder 179 Suffektkonsul; seine Tochter CIL VIII 2630. R. H.

**Matusia.** Beiname der Minerva in Sentinum (CIL XI 5740), den Schulze Eigenn. 200 für einen Gentilnamen hält (fraglich). G. R.

**Matuta-Matralia.** M. heißt bei Lucr. 5,656f. das Frühlicht, das die Aurora bringt (vgl. Non. p. 66 M. *manum dicitur clarum*); bei Prisc. 2,53 p. 76,18ff. H. ist M. Aurora selbst, *matutinus* wird von M. abgeleitet. Das für diese sekundäre Bedeutung vorausgesetzte * *mātu-s* »gelegene, gute Zeit« (Walde-Hof.³ 2,54) bzw. »bonté« (Ernout-Meillet) gehört zu *mā-nō-s* (= osk. *mā-tŏ-s* b. Vetter HB Nr. 147) »gut« (Paul. Fest. 109,4 L. *ob bonitatem.* 112,24f. 155,20. 22 L.). Demnach ist M. mit perfekt. Suffix *-ta* (vgl. *cenatus, potus*) »die etwas gut bzw. zu guter Zeit getan hat«. Das dient als prädikative Ergänzung von Gottesnamen: Atilius Regulus errichtete der *pastoria Pales* in Erfüllung eines Gelübdes 267 v. Chr. einen Tempel als Pales M. (Flor. 1,15. Sch. Bern. Veron. georg. 3,1 ἀντιδιαστέλλων »zur Unterscheidung«). Als die von Cornelius Cethegus 197 v. Chr. zu Hilfe gerufene → *Iuno Sospita* (Liv. 32,30,10) geholfen hatte, erhielt sie 194 als Iuno M. einen Tempel (34,53,3). Eine Besonderheit ist die *Mater M.*, die in Rom auf dem Forum Boarium seit Servius Tullius (Ov. fast. 6,480. Liv. 5,19,6) einen von Camillus erneuerten (5,23,7. Plut. Cam. 5) Tempel besaß, der mit dem gleichalten benachbarten Fortunatempel 213 v. Chr. abbrannte (Liv. 24,47,16), 212 v. Chr. wiederaufgebaut (25,7,6) und 196 v. Chr. mit *fornices* geschmückt wurde (33,27,3). Identifizierung mit S. Egiziana heute aufgegeben zugunsten eines der beiden archaischen Tempel bei Piazza della Consolazione (Lugli Monum. ant. di Roma, Suppl. 1940, 1,150ff.).

Matralia. Stiftungstag: 11. Juni (CIL I² p. 320. Ov. fast. 6,475), das schon zum ältesten Kalender gehörige Fest (Paul. Fest. 113,2 L.), an dem nur *matronae univirae* (Tert. monog. 17) teilnahmen, Sklavinnen ausgeschlossen waren (Ov. fast. 6,481f. 551ff. Plut. mor. 267D; Cam. 5), ein Kuchen *testuacium* bes. altertümlich gebacken wurde (Varro l. l. 5,106. Ov. fast. 6,531ff.), die Kinder der Schwestern den eigenen im Gebet vorzuziehen waren (Plut. mor. 267E; Cam. 5. Ov. fast. 6,559ff.), was Rose (Mnem. 53, 1925, 409. CQ 28, 1934, 156; Zweifel b. Bömer Ov. Fasten 2,372) aus Mißdeutung von *sororiare* (Fest. 380,25ff. L. *sororiare mammae dicuntur puellarum, cum primum tumescunt*) erklärt; das paßt gut zu Mater M. Ihr Tempel in Satricum (wunderbare Erhaltung: Liv. 6,33, 4. 7,27,8; Vorzeichen: 28,11,2) ist ausgegraben (Della Seta Mus. di Villa Giulia 1,233ff.); in der älteren (6. Jh. v. Chr.) *stips votiva* fanden sich Nachbildungen von Geschlechtsteilen, in der jüngeren (4. Jh. v. Chr.) Bilder einer thronenden Göttin mit Kindern auf dem Schoß oder an der Brust. Ähnliche Funde in Caere (L. Ross Taylor Local Cults in Etruria 117f.), nicht aber in Pyrgi, dessen Leukothea-Kult (Aristot. oec. 2,21 p. 1349 b 34. Ail. var. 1,20. Polyain. 5,2,20; ohne Namensnennung Diod. 15,14,3. Serv. auct. Aen. 10,184; nach Strab. 5,226 Εἰλήθυια) man seit Wesseling (1746) für den der Mater M. hält, da seit Cic. Tusc. 1,28; nat. 3,48 Ino-Leukothea mit ihr gleichgesetzt wird (Ov. fast. 6,473 ff. Serv. georg. 1,437. Aen. 5,241. Non. p. 66 M. Hyg. fab. 2,224. Sch. Stat. Theb. 1,12. 7, 421. Lact. inst. 1,21,22 f. Aug. civ. 18,14. Nach CGlL 2,359,56 jedoch auch *Albunea = Mater M.*) und auch als Meeresgöttin gilt (Arnob. 3,23). Die neuen Grabungen PALLOTTINOS in S. Severa geben keinen Anhalt zur Bestätigung. Weihungen in Pisaurum (CIL I$^{2}$ 372. 379) bezeugen röm. Kult der Kolonisten. G. R.

*Wissowa,* Myth. Lex. 2,2462 ff. *Ders.* RRel$^{2}$ 110f. *Walde-Hof.*$^{3}$ 2,53. *Wächter* Reinheitsvorschriften 123 ff. *Deubner,* MDAI(R) 40, 1925, 284. *Chantepie* 2,440. *Halberstadt* Mater Matuta. *Wagenvoort* Roman Dynam. 139 f. *Latte* RRel 97. *Radke* Götter Altitaliens 206 ff. *Bömer* Ov. Fasten 2,371 ff. *Dumézil* Rel. Rom. arch. 63 ff. 332 f.

**Matutinus pater** heißt Ianus bei Hor. s. 2,6, 20, was dichterische Erfindung ist; vgl. Ps.-Acro z. d. Stelle *Ianum, quia ipse dicitur praeesse rebus incipiendis.* G. R.

**Mauerbau** s. Städtebau

**Maulbeerbaum** (ἡ oder ὁ συκάμινος, die Frucht συκάμινον; συκάμινος Αἰγυπτία = Sykomore, aus hebr. schikmim; oder μορέα, μόρον, μῶρον, lat. *mŏrus, mŏrum* und *mōrum,* was zugleich »Brombeere« bedeutet). Der M. kam aus Vorderasien nach Griechenland; erste Bezeugung Aischyl. frg. 116 und 264, Soph. frg. 363 N$^{2}$., vielleicht Epicharm., dann bei Dichtern des 4. und 3. Jh. Beschreibung bei Theophr. h. plant. 1,13,1. 4. 4,2,1. 5,3,4; c. plant. 1,17,2. 6,6,4. Nach dem Farbenwechsel der M.-beere von weiß über rot zu schwarz machte ein athen. Witzbold auf den im Zorn jäh errötenden Sulla den Spottvers συκάμινόν ἐσθ' ὁ Σύλλας ἀλφίτῳ πεπασμένον (Plut. Sulla 2,2). Nach Italien kam der M. erst spät. Cato und Varro kennen ihn nicht, erste Zeugnisse Verg. ecl. 6,22. Hor. sat. 2,4,22. Ov. met. 4,90.127, später häufige Erwähnungen; ausführlich Plin. nat. 15,52. 96 f. 16,102. 119. 182. 207. 210. 227. 17,124. 23, 138 ff. 34,133 und Athen. 2,51 b–52 a. Das Alt. kannte nur den schwarzen M. Morus nigra L. Die süß-säuerliche, schnell reifende, aber auch rasch faulende Frucht wurde als gesunde, leichtverdauliche Nahrung geschätzt, zumal frisch gepflückt am Morgen, auch als Heilmittel für Mensch und Tier bei mancherlei Leiden verwendet, bes. gegen Mandelentzündung. Die Rinde der Wurzel diente als Mittel zur Abtreibung des Bandwurms oder in gewissen Fällen als Gegengift, aus den Blättern gewann man Färbemittel oder auch Arzneien. Von der Bedeutung der M.-blätter als Nahrung und zur Zucht der Seidenraupe (vor allem zwar des weißen M.) wußte das Alt. nichts. K. Z.

*Hehn-Schrader* Kulturpflanzen und Haustiere, $^{8}$1911, 387 ff. *Steier,* RE XIV 2331–2338.

**Maulesel. Maultier.** Zuchtprodukte aus Kreuzung von Pferd und Esel, und zwar der Maulesel von Hengst und Eselin, das Maultier von Esel



und Pferdstute. Die Römer unterschieden beide Arten auch sprachlich (*hinnus, hinnulus,* in der Kaiserzeit auch *burdo* = M.-Esel, *mulus, mula* = M.-Tier), die Griechen verwendeten seit Hom. ἡμίονος und ὀρεύς ohne biolog. Unterscheidung. Schon dies läßt darauf schließen, daß der M.-Esel lange prakt. bedeutungslos war, wenn auch Aristot. (hist. an. 6,577 b; met. 6,1033 b) beide Kreuzungen erwähnt. Was uns an Zuchtvorschriften und -Beobachtungen vorliegt (fast nur röm. Zeugnisse wie Varro rust. 2,8. Col. 6,36 f. Pallad. 4,14. Plin. nat. 8,171 ff., aus griech. Quellen Geop. 16,21), gilt fast nur dem M.-Tier. Die Zucht des M.-Esels wird als unzweckmäßig bezeichnet, und nichts berechtigt zur Annahme planmäßiger M.-Esel-Zucht in größerem Umfang. Der *hinnus (burdo)* ist unansehnlicher, schwächer, ermüdbarer und weniger lenksam als die *mula;* erst im späten Alt. scheint er häufiger als Saumtier verwendet worden zu sein (Tagelohn-Tarife im Ed. Diocl. 7, 17. 19).

Das Maultier war schon der hom. Welt vertraut, vor allem als Zugtier für Lastwagen und Tragtier für schwere Lasten, ferner neben dem Rind als Zugtier für den Pflug, wohl nur auf leichten oder schon vorgepflügten Böden. In spätarchaischer Z. treten M.-Rennen neben die olymp. Pferderennen, wie später bei den röm. → Consualia. Dies alles setzt frühe M.-Zucht voraus, urspr. wohl durch Kreuzung von Pferdstuten mit eingefangenen Wildeseln, da der Esel in hom. Z. als Haustier nicht nachweisbar ist. Der Ursprung der Züchtung dürfte in Vorderasien liegen; von dort aus ist sie erst in hist. Z. in die w. Mittelmeerländer gedrungen. – Zu den in archaischer Z. belegten Verwendungen trat in der Römerzeit diejenige als Reittier, als Posttier und als beliebtestes Zugtier des Reisewagens. Seine führende Rolle im ant. Transportwesen behielt es bis zum Ausgang des Alt. und war dementsprechend das höchstbezahlte Haustier, seine Zucht eine Quelle großen Reichtums (Preisangaben bei Isai. 6,33. Plaut. Aul. 494. Col. 6,37, 11. Martial. 3,62,3). Auch die Bezeichnung *mulomedicina* für Veterinärmedizin drückt diesen Rang des Tieres aus. In der Verwendung männlicher und weiblicher Tiere gab es keinen Unterschied, doch war das weibliche mehr geschätzt, weshalb die Bezeichnung *mula* weit überwiegt.

Unter den Eigenschaften des M. wurde vor allem die Ausdauer gerühmt und die Langlebigkeit bes. des Weibchens. Dem Problem der Unfruchtbarkeit des M. gelten zahlreiche Erörterungen von Emped. bis zu Galen; aber auch Ausnahmen werden berichtet, und in Rom galten sie als Prodigien. »Wenn ein Maultier wirft« war ein beliebtes ἀδύνατον. – *muli (mulae)* hießen im Volksmund geduldig arbeitende Menschen und bes. die (seit Marius) ihr Marschgepäck auf Gabeln tragenden Legionäre, öfter noch Dummköpfe. – Die Rolle des M. in der mag. Medizin ist unbedeutend (einiges bei Plin. 30,142.148); als Opfertier wird er nicht verwendet. W. R.

*E.Hahn* Die Haustiere und ihre Beziehung zur Wirtschaft des Menschen, 1896. 175ff. *V.Hehn* Kulturpflanzen und Haustiere[8] 132ff. *O.Keller* Ant. Tierwelt 1,259ff. *Brehm*, Tierleben 12,662ff. *H.Henseler* Ein fruchtbares Maultier (1925). *E.Feige* Haustierkunde und Haustierzucht, 1929, 89f. *W.Richter* Archaeol. Hom., Fasz. »Landwirtschaft« (in Vorb.).

**Maulwurf** (ἀσπάλαξ oder ἀσφ- und σπάλαξ oder σφ-, seltener σκάλωψ; nach Etym. M. s.v. att., nach Sch. Lykophr. 121 auch σιφνεύς, nach Alex. Trall. 2,575 P. παλαμίς; lat. *talpa* m. und f.). Etym. der griech. Namen umstritten, des lat. dunkel. Erste Erwähnung: Aristoph. Ach. 879. Die literar. Berichte sprechen hauptsächlich von seiner Blindheit und seiner Schädlichkeit und erklären die erstere als Strafe für die letztere (Stesich. [?] BERGK PLG 3,233; Suda s. τυφλότερος ἀσπάλακος; anders Opp. kyn. 2,612ff. Sch. 2,591). Aus der exakten Beschreibung des M.-Auges bei Aristot. hist. an. 4,533 a 3ff. (vgl. 1,491 b 28; anim. 3,425 a 11; metaph. 4,1022 b 26. Verg. georg. 1,183. Plin. nat. 11,139) erkannte STEIER (RE XIV 2340), daß die Alten nicht unsere Talpa europaea L., sondern die Talpa caeca Savi kannten, die auch h. in den n. Mittelmeerländern verbreitet ist und über den Augen eine starke Hornhaut mit mikroskopisch kleiner Öffnung trägt. Die Redensart »blinder M.« (OTTO Sprichwörter 340) ist also objektiv falsch, richtig dagegen des Plin.' Feststellungen über Gehör und Atmung des M. (10,191. 9,17). Daß er nur tierische Nahrung verzehrt, war meist unbekannt (Ausnahme: Mir. ausc. 176); man glaubte, er lebe von Pflanzen, Wurzeln und Samen (Opp. kyn. 2,591. 613. Diogenian. 8,25 u.a.), und bekämpfte ihn energisch, u.a. durch Ausräuchern (Plin. 16,266. Pallad. 1,35,10. Geop. 13,7) und durch Katzen und zahme Wiesel (Pallad. 4,9,2). Von seiner Wühlarbeit herrschten z.T. kraß übertriebene Vorstellungen (Plin. 8,226. Diod. 3,30. Iust. 15,2,1). Andererseits war sein Fell hochgeschätzt, bes. für Decken (Plin. 8,226; vgl. Ail. nat. 17,10. Antig. Kar. mir. 10). Als »erdentstandenes« Tier (Opp. Kyn. 2,591. 602) galt der M. als heilkräftig gegen viele Leiden, wie Zahnweh, Podagra, Drüsenschwellung, Wahnsinn oder den Biß der Spitzmaus (bes. Plin. 30,19f. 38. Pelagon. 283. Alex. Trall. a.O.); das Herz des M. verlieh nach Magierlehre Sehergabe (dagegen Plin. 30,19). Über Traumbedeutung des M. s. Artemid. 3,64; die vereinzelte Notiz des Plin. über den M. als böses Omen (8,226) hat zweifelhaften Wert. – Bildliche Darstellungen sind äußerst selten, z.T. ganz unsicher. W. R.

**Mauretania,** so bei Cic. Sull. 56. Sall. Cat. 21, 3; Iug. 16,5. Liv. ep. 110 und auf Inschr. und Mz. genannt, vorher wohl *Maurusia* nach Μαυρουσία Strab. 17,829, da Coelius Antipater HRR frg. 55 die Bewohner *Maurusii* wie Pol. 3,33,15 Μαυρούσιοι nennt. *Mauritania* Eutr. 6,23,1. Μαυριτανία Cass. Dio 43,3,1. Der Name ist noch nicht erklärt, Deutungen bei Sall. Iug. 18 *(Mauri pro Medis barbara lingua)* und Manil. 4,227f. (nach μαῦρος schwarz) sind unglaubhaft. Die gleiche Namensbildung in Spanien (*Turdetanus*, *Cassetanus* u.a.) und in M. (Ἑρπεδιτανοί) spricht wie die Νεκτίβηρες Ptol. 4,1,5 für libyschiber. Verwandtschaft: A. SCHULTEN Numantia 1, 1905, 36ff. Da die Mauren lange Zeit nicht seßhaft waren, hatte M. zunächst keine festen Grenzen. Im 1. Jh. v. Chr. trennte der Mulucchafluß w. von Siga M. von Numidien, Sall. Iug. 19,7. 92,5. Strab. 17,827. Kaiser Claudius errichtete 42 n. Chr. die Provinzen M. Caesariensis (MC, Hauptstadt Caesarea [Cherchel], h. W.-Algerien) und M. Tingitana (MT, Hauptstadt Tingis [Tanger], h. Marokko), die vom Fluß Ampsaga (h. Wed-el-Kebir) bis zum Atl. Ozean reichten. Karte bei ROMANELLI. Der Muluccha bildete zwischen beiden die Grenze. Der ö. Teil von MC wurde durch Diokletian 293 selbständige Provinz als M. Sitifensis (MS, Hauptstadt → Sitifis). Karte CARCOPINO 244.

Zwei Gebirgszüge laufen der 60–80 km breiten Küste parallel, der steil von der Küste aufsteigende Kleine Atlas und die Bergkette des Hohen und Großen Atlas am Shararand. Die Hochebene zwischen ihnen durchqueren wasserreiche Flüsse, der Nasabath (Ptol. 4,2,2) ö. von Saldae, der Muluccha und der Chylemath. Mit Ausnahme der vom Ozean beeinflußten W.-Küste hat M. typ. Mittelmeerklima, das in vier Gürteln landeinwärts bis zur Sahara kontinentaler wird. A. PHILIPPSON, Das Mittelmeergebiet[2] 1907, 126f. A. N. SHERWIN Geogr. factors in Roman Algeria, JRS 34, 1944, 1ff. Fig. 1–3. JULIEN 11 Fig. 1. An der fruchtbaren Küste, im Tal des Muluccha und in der Ebene bei → Volubilis und → Sala erntete man im Frühling und Sommer Getreide mit hohen, dicken Ähren, das bes. nach Rom geliefert wurde, Strab. 17,831. Mela 3,104. Ios. bell. Iud. 2,383. Gemüseanbau war so ertragreich wie der Weinbau, der sehr große Trauben brachte und bei → Lixos sogar keine Pflege brauchte, Strab. 17, 826. Paus. 1,33,5. Plin. nat. 5,13. Oliven kamen bes. bei Lixos vor, Plin. 5,3. Schilfrohr verwendeten die Mauren für die Bedachung der Häuser, Plin. 16,178. Aus dem Citrusholz des Mons Ancorarius wurden für die Römer kostbare Tische angefertigt, Mela 3,104. Plin. 5,12. 13,91ff. Berühmt war die *herba euphorbea*, ein nach dem Entdecker Euphorbos, einem Arzt → Iubas II., benanntes Heilkraut, Plin. 5,16. Elefanten lebten am Atlas und in den Bergen von Septem, Plin. 5,18. 8,32. Strab. 17,827. Elefanten aus M. waren im Heer Hannibals; Bocchus ließ durch sie seine Gegner zerstampfen. Aus der Haut der Tiere fertigten Eingeborene Schilde an, aus dem Elfenbein Schmuckgegenstände und Tischstützen für den Handel nach Rom, Plin. 8,15 Strab. 17,828. Mela 3,104. Iuv. 11,

124f. Löwen, ein Geschenk des Bocchus, zeigte Sulla 93 v. Chr. im Zirkus zu Rom, Plin. 8,53. Strab. 17,827 erwähnt Rehe, Gazellen, Panther, Wiesel, Schlangen und Affen. Sehr wertvoll waren die kleinen schnellen Pferde. Durch sie wurden die maur. Reiter eine von Hannibals Z. an bis in die späte Kaiserz. gefürchtete Truppe, Paus. 8,43,3. Kamele begegnen erstmals im Heer Iubas I., Bell. Afr. 68. Rinder und Schafe, deren Wolle in Volubilis das collegium der Vestarii verarbeitete, wurden gezüchtet, CIL VIII 21848. Viele Fischarten der Flüsse nennt Vitr. 8,2,6, bei Lixos wurden Thunfische gefangen. Mz. von Lixos HEAD HN$^2$ 889. Mit den Purpurschnecken richtete Iuba II. Färbereien ein, Plin. 5,12. 6,201. Salzquellen sind durch die Namen Salinae Tubunenses und Ad Regias, warme Quellen durch Aquae Calidae und Aquae Sirenses bezeugt. An Bodenschätzen gab es Kupfer, Edelsteine, bes. Granaten und Rubine, und Marmor. Die Berge an der Grenze beider M. hießen *Χαλκωρυχεῖα*, Ptol. 4,2,5.

Für die Griechen waren die Mauren ein *Λιβυκὸν ἔθνος*, Strab. 17,825. Nach Sall. Iug. 17ff. kamen nach dem Tod des Herakles aus Spanien die *Medi Persae et Armenii* nach Afrika, ihr Name wurde bei den Libyern zu *Mauri*. Für Prok. bell. Vand. 2, 10 zogen sie von der phoinik. Küste nach M. Die Stämme waren nicht seßhaft, polit. zersplittert, daher tauchen sie mitunter an verschiedenen Stellen auf, die Baniurae z.B. im inneren MT (Plin. 5, 17), aber auch in MC bei Caesarea (Ptol. 4,2,6. CIL VIII 21333ff.). Neben den meist einheim. Namen gibt es griech. und lat. Bildungen. Nach Volubilis hießen die *Οὐλουβιλιανοί*, nach *Ἑρπίς* die *Ἑρπεδιτανοί*, Ptol. 4,1,5. 7. Die Römer nannten räuberische Stämme *Quinquegentanei*, nach dem Stammesfürsten Faraxen die *Fraxinenses*, CIL VIII 2615. 9047. DESS ILS 645. Liste der Stämme bei S. WEINSTOCK, RE XIV 2355ff. Ihre Wohnung, ovale Hütten aus Knüppelgerüst mit Bedeckung, vergleicht Sall. Iug. 18,5 als »umgekehrte Boote« mit den durch Lederüberzug geschützten Flechtbooten. Die Religion der Mauren ist nur durch Inschr. bekannt, die röm. Einwanderer den fremden Göttern weihten. Sie werden farblos als *dii Mauri*, *numen Maurorum*, *dea Maura* oder *dii Mauri salutares* angesprochen (CIL VIII 2638ff. 20252. 21665. 21720), selten direkt wie der *deus sanctus Aulisua* (9906f.) und der *genius summus Thasuni* (9739). Verstorbene Könige genossen göttliche Verehrung, Tert. apol. 24. CIL 8834 (Hiempsal). 20627 (Iuba). 9257 (Ptolemaios). Mit den röm. Göttern kamen oriental. Kulte des Mithras, der Mater deum und der Isis nach M., Plin. 5,51. Christen werden in M. bei der Verfolgung 211 erwähnt, Tert. ad Scap. 3f. Bischöfe von M. waren an dem Konzil von Karthago 256 beteiligt, H. JEDIN Hb d. Kirchengesch. 1, 1963, 427. Das Edikt Diokletians vom J. 303 wurde in M. scharf durchgeführt, Eus. h.e. 8,6,10. Märtyrerakten des Typasius und Fabius, Annal. Bolland. 9,1890,116ff. CIL VIII 8631. 9585. ROMANELLI 521ff. Victor Vitensis (p. 67f. Halm) nennt für 484 aus MC 120 Bischöfe, aus MS 44. Wenn auch 569 die *Maccuritae* chr. wurden, gelang es nicht, die Stämme im S. und W. für das Christentum zu gewinnen. Die arab. Eroberung beendete die Entwicklung. Zu jüd. Inschr. in Volubilis und Rabat L. ROBERT, Hellenica 11/12, 1960, 385.

Die Gesch. M.s hat zuerst Karthago nachhaltig bestimmt, wie die pun. Namen der Küstenstädte Lixos, Tingis, Cartennae, Icosium, Rusguniae, Rusuccuru, Rusippisir und Rusazu bezeugen. Maur. Fürsten halfen den Karthagern um 406 v. Chr. (Diod. 13,80,3), → Hanno (2) bei seiner Revolution (Iust. 21,4) und → Regulus 256, wofür → Hamilkar (3) sie bestrafte (Oros. 4,9). Im 2. pun. Krieg kämpften maur. Reiter für Karthago, Pol. 3,33,15. 11,1. König Baga stellte 204 → Massinissa 4000 Reiter, Liv. 29,30,1f. Im jugurth. Krieg half → Bocchus I. zunächst seinem Schwiegersohn Iugurtha gegen die Römer, lieferte aber 105 ihn aus und erhielt dafür ein Gebiet ö. des Muluccha, Sall. Iug. 80,3ff. 111ff. Bogud, Sohn des Bocchus, wollte → Eudoxos von Kyzikos (3), der eine Umseglung Afrikas plante, beseitigen und verfolgte im Bunde mit Pompeius den numid. König → Hiarbas (2), Poseid. FGrH 87 F 28,4. Oros. 5,21,13. Sertorius befreite Tingis, wo ein Askalis regierte, und ging mit 800 maur. Reitern nach Spanien zurück, Plut. Sert. 9. Sall. hist. 1,104 M. Der Catilinarier P. Sittius floh nach M. und kämpfte als Söldnerführer für den ostmauret. König Bocchus II. gegen den Numiderkönig Iuba I. Während dieser sich Pompeius anschloß, hielten Bocchus II. und der westmauret. König Bogud II. seit 49 zu Caesar. Sittius eroberte 46 v. Chr. → Cirta, gründete dort die *colonia Sittianorum cognomine* (Plin. 5,22) und siedelte in Rusicade, Chullu und Milev sein Gefolge an, L. TEUTSCH Das Städtewesen in N.-Afrika, 1962, 65ff. Die übrige W.hälfte des numid. Reiches gab Caesar an Bocchus. Bogud, der Caesar in Spanien bei Munda entscheidend half, erhielt reiche Geschenke, Cass. Dio 43,38,2. Als Bogud 38 Partei für Antonius nahm und gegen Carrinas, Octavians Statthalter, in Spanien zog, besetzte Bocchus im Einvernehmen mit Octavian das Reich Boguds. Da seine Hauptstadt Tingis sich gegen Bogud erhob, floh er zu Antonius und fiel 31 bei dem messen. Methone gegen Agrippa, Strab. 8,359. Bocchus, seit 38 Herrscher von Gesamtmauretanien, starb 33 ohne Erben, Cass. Dio 49,43,7. Octavian gründete bis 25 in M. 12 Kolonien, an der Küste Igilgili, Saldae, Rusazus, Rusguniae, Gunugu, Cartennae, Zulil, im Innern Tubusuctu, Aquae Calidae, Zucchabar, Babba, Banasa, TEUTSCH 193ff. Im J. 25 erhielt Iuba II., Sohn des Iuba I., von Augustus die Herrschaft über M., Plin. 5,16. Cass. Dio 53,26,2. Zu seiner Hauptstadt Volubilis CARCOPINO 167ff. B. E. THO-

MASSON Statthalter der röm. Provinzen Nordafrikas 1, 1960, 100ff. Um 16 n.Chr. erhob sich der Numider → Tacfarinas mit vielen Mauren. Der Aufstand wurde unter dem Iubasohn Ptolemaios (22–40 n.Chr.) im J. 24 niedergeschlagen, Tac. ann. 4,23ff. Ptolemaios, von Caligula nach Rom gerufen, wurde hingerichtet. Daher beginnt die Provinzialära mit dem J.40, CIL VIII 8369. M. wurde 42 in die Provinzen MC und MT geteilt, die je einem *procurator Augusti* im Rang eines *ducenarius* unterstellt wurden, Cass.Dio 59,25,1. 60,9,5. ROMANELLI 266f. Liste THOMASSON 2, 1960, 241ff. Zu den *concilia* in Caesarea und Volubilis J.DEININGER Die Provinziallandtage der röm. Kaiserz., 1965, 131ff. Wegen häufiger Unruhen erhielt MT mitunter einen *procurator pro legato* oder wurde für beide M. ein *procurator utriusque Mauretaniae* ernannt. In M. standen nur Auxiliares, um 70 n.Chr. 19 *cohortes* und 5 *alae*, etwa 15000 Mann, Tac.hist. 2,58,1. Hinzu kamen einheim. Truppen, die auch außerhalb M.s verwendet wurden, so 158 *Mauri gentiles* in Dakien, DESS ILS 2006. Bei Gefahr wurden Truppen aus anderen Provinzen geholt. Flottenstation war Caesarea, E.SANDER Hist. 6, 1957, 359ff. Zum Grenzschutz diente der → Limes (IVA). Unruhen gab es oft, so unter Domitian, Hadrian, Marcus Aurelius und Commodus. Maur. Häuptlinge erreichten hohe Stellungen wie → Lusius Quietus (118 als Verschwörer hingerichtet), M.Opellius → Macrinus (der erste Kaiser aus dem Ritterstand 217/18) und M.Aemilius → Aemilianus (Kaiser 252/53). Die seit 256 aufständ. *Quinquegentanei* besiegte Maximian 305 endgültig, DESSILS 645. Ein Fürst dieses Stammes → Firmus (2) eroberte 372 M. mit Hilfe der Donatisten, die Erhebung warf der comes → Theodosius 375 nieder, Amm. 29,5,1ff. Dem Einfall des Vandalenkönigs → Geiserich nach Afrika und seinen Raubzügen schlossen sich die Mauren seit 427 an, L.SCHMIDT Gesch. der Vandalen² 1942, 140f. 167f. Sie halfen 533 → Gelimer gegen → Belisar. Durch die Uneinigkeit der maur. Fürsten eroberte Solomon Teile M.s für Byzanz 541 zurück. E. 6.Jh. umfaßte die M. prima die ehemalige MS und wenige Städte der MC, die M.secunda von der MT nur die Festung Septem (Ceuta), die Balearen und benachbarte Gebiete Spaniens. JULIEN 264f. 273. Um 708/11 kam M. in den Besitz der Araber. H.V.

*J.Carcopino* Le Maroc ant. ²1947. *Ch.A.Julien* Histoire de l'Afrique du Nord² 1951. *P.Romanelli* Storia delle prov. rom. dell'Africa, 1959. *M.Euzennat* Le Limes de Volubilis in Stud. z. den Militärgrenzen Roms 1967, 194ff.

**Mauri** s. Mauretania

**Mauricius.** Röm. Kaiser 582–602, aus röm., in Kappadokien ansässiger Familie, * 539, wurde gegen 578 Kommandeur der Leibwache, anschließend als magister militum per Orientem erfolgreicher Oberbefehlshaber im Perserkrieg Kaiser Tiberius' II. (Menand. frg. 56ff. = FHG 4,258ff. Theophyl. Simoc. 3,15ff.). 582 vermählte er sich mit Constantina, der Tochter des Tiberius, der ihn zum Caesar erhob und als Nachfolger erkor. Den Perserkrieg ließ M. energisch fortsetzen. Nach einem 590 bei den Persern ausgebrochenen Thronstreit (zwischen → Chosroes II. und Wahram VI.) endete der mit wechselndem Glück geführte Krieg schließlich mit Herstellung der alten röm. Grenzen und einem Bündnis mit Chosroes (Theophyl. 1–5. Euagr. 6,3ff.). Von 592 an konnte M. seine Hauptmacht zur Verteidigung der Donaugrenze einsetzen. Der Kampf gegen die dort eingedrungenen Avaren und Slaven entwickelte sich zunächst günstig, doch fehlten M. schließlich Mittel, um zu einem dauernden Erfolg zu kommen und die seit etwa 580 erfolgende dauernde Ansiedlung der Slaven in den Balkanländern aufzuhalten. Nochmals versuchte M. die Position des Reiches im W. zu stärken. Unter anderem errichtete er die Exarchate von Ravenna und Karthago (die Exarchen vereinten in sich die höchste milit. und zivile Gewalt), versuchte mit den Merowingern gegen die in Italien eingedrungenen Langobarden zusammenzuarbeiten und setzte in einem Testament von 597 fest, daß der älteste Sohn Theodosius von Konstantinopel aus den O., der jüngere Tiberius von Rom aus Italien und die w. Inseln beherrschen sollte. Ohne sich in Glaubensfragen bes. zu engagieren, förderte M. die Durchsetzung des Bekenntnisses von Chalcedon in Armenien und Iberien. Das gute Verhältnis zu Papst Gregor d.Gr. wurde getrübt, als M. den Anspruch des Patriarchen Iohannes Nesteutes auf den Titel eines ökumen. Patriarchen unterstützte. Die sozialen und religiösen Spannungen im Innern hielten auch unter M. weiter an. Drastische Sparmaßnahmen lösten dann 602 die vom Senat gebilligte Erhebung des Phokas durch die Armee und den Sturz des M. aus. (Günstige Charakteristik bei dem von M. angeregten Menander Protector = FHG 4,258f.) A. L.

*P.Goubert* Byzance avant l'Islam I/II, 1951/55. *Higgins* The Persian war of the Emperor Maurice I, 1939. *G. Ostrogorsky* Gesch. des byz. Staates³ 1963.

**Mauropus** (*Μαυρόπους*), Ioannes, * Ende des 10.Jh., † nach 1054, bedeutender byz. Prediger und Hymnendichter. Die wenigen konkreten biogr. Angaben sind in seinen eigenen Werken (carm. 92 und 47; Briefe) sowie einem Enkomion enthalten, das sein Schüler und Freund Michael → Psellos verfaßte (ed. K.N. SATHAS, *Μεσ. Βιβλ.* 5, Venedig–Paris 1876, 112ff.). Demnach stammte M. aus einer vornehmen paphlagon. Familie, erhielt eine sorgfältige und vielseitige Erziehung und leitete zunächst in Konstantinopel eine private Schule. Nach der Wiedereröffnung der Universität (im J. 1045), für die er sich lebhaft eingesetzt hatte (vgl. seinen »Satzungsentwurf« für die jurist. Fakultät, Nr. 187 B.-Lag.), erhielt er eine Professur für Rhetorik. Bald darauf trat er jedoch als

Mönch in das Petra-Kloster des hl. Prodromos ein und wurde schließlich zum Metropoliten von Euchaita ernannt.

Zu der umfangreichen Slg. von Schriften des M., die der Cod. Vat. Gr. 676 enthält (99 Gedichte, 77 Briefe, 12 Predigten, die Novelle zur Universitätsreform, eine Vita des hl. Dorotheos d. J.) und die im Ansatz auf eine von ihm selbst veranstaltete Ausgabe zurückgehen dürfte, treten weitere hagiogr. Werke, darunter etwa 150 z.T. noch nicht edierte Kanones. Die Arbeit an einer Chronik hat M. nach eigenem Zeugnis (carm. 96) abgebrochen, weil es ihm widerstrebte, mit Rücksicht auf Lebende von der Wahrheit abweichen zu müssen. Während seiner frühen Lehrtätigkeit in der Hauptstadt scheint M. das *Ἐτυμολογικὸν ἔμμετρον τῶν τῇ συνηθείᾳ γνωρίμων ὀνομάτων* in 476 iamb. Versen verfaßt zu haben (im Cod. 296 der Bibl. des Patriarchats von Alexandreia; gekürzte Rez. im Laur. 55,7 und einigen Apographa). 325 Begriffe, nach 4 Sachgruppen geordnet (Himmel und Luft; Mensch; Tiere; Pflanzen), werden etym. erklärt. M. hat, wie die letzten Verse besagen, die Arbeit um anderer *πικροὶ πόνοι* willen aufgeben müssen. Das Werk ist primär von einer chr. Vorlage abhängig, läßt aber dahinter Reste der alten Diskussion zwischen Stoikern und Alexandrinern um die Frage erkennen, ob die Sprache *φύσει* oder *θέσει* entstanden sei. Diese beiden gegensätzlichen Positionen sind in dem Punkt der Ableitbarkeit einsilbiger Wörter miteinander vermischt, was eine störende Inkonsequenz des Werkes verursacht (vgl. 47ff. gegenüber 102. 168 u.ö.). Hier scheint sich der Einfluß des → Philoxenos bemerkbar zu machen, mit dessen Erklärungen in der Tat auch eine Reihe von Etymologien des M. übereinstimmen (z.B. 244. 321. 376). H. Gä.

Ta.: *Migne* PG 120,1039ff. 96,1371ff. *J. Bollig–P. de Lagarde*, AGG 28, 1882 (Cod. Vat. 676). Etym.: *R. Reitzenstein* M. Ter. Varro und Joh. M. von Euchaita, Lpz. 1901, 4ff.

Lit.: *Krumbacher* 171f. 740ff. *H.-G. Beck* Kirche und theol. Lit. im byz. Reich 555f. (dort weitere Lit.). *M.E. Colonna* Gli storici biz usw., Napoli 1956, 81. *G. Moravcsik*, Byzantinoturcica 1, Bln. ²1958, 334f.

**Maurus** s. Terentianus

**Mauryas.** Ind. Dynastie, die rege Beziehungen zu den Griechen unterhielt. Als Nachfolger der Nandas errichteten die M. von Magadha aus das erste ind. Großreich. Begründer der M. war (um 323–300) Candragupta (*Σανδρόκοττος*), der Indien von den griech. Besatzungen befreite (Iust. 15,4). Der Name Maurya spiegelt sich bei Hesych.s *μωριεῖς* und vielleicht auch im Namen des Poros-Freundes *Μερόης* (Arr. an. 5,18,7) wider. Seleukid. Gesandter bei Candragupta war → Megasthenes. Bei Bindusāra (300–273), Candraguptas Sohn mit dem Beinamen *Ἀμιτροχάτης* (Athen. 14,67 [ai. Amitraghāta]), war Daimachos Gesandter. Zu Aśoka (um 273–236), dem bedeutendsten Herrscher der M., war vielleicht ein Dionysios geschickt worden (Plin. nat. 6,58 [*Dionysius a Philadelpho missus*]). Im 13. Felsenedikt werden Griechenkönige genannt, mit denen Aśoka in Verbindung stand. Die neuen Inschr. von Kandahar nennen seinen Beinamen *Πιοδάσσης*. Unter den Nachfolgern setzte der Verfall der M. ein. Es kann sein, daß der bei Pol. 11,34,11 genannte Inderkönig *Σοφαγασῆνος* (ai. Subhāgasena) ein Untertan der M. war, der sich dann unabhängig gemacht hat. Die Śuṅgas, Nachfolger der M., brachen die Kontakte zum W. ab. F. F. S.

*K.A. Nilakanta Sastri* A Comprehensive Hist. of India 2, Calcutta 1957, 1–93. *R.C. Majumdar* The Age of Imperial Unity (The Hist. and Culture of the Indian People II)³, Bombay 1960, 54–100. *B. Prakash* Stud. in Indian Hist. and Civilis., Agra 1962, 28–208. *F.F. Schwarz* Mauryas und Seleukiden, Innsbrucker Beitr. zur Kulturwissensch. 14 (1968, im Druck).

**Maus** (*ὁ μῦς, μυός*; Dialektformen *σμῦς, σμίς, σμίνθος, σμίνθα*; *mus, muris;* Demin. *musculus;* zum Bedeutungsbereich von *μῦς, mus* s. Walde-Hof.³ 2,132. Steier, RE XIV 2397f.) zur Ordnung der Nagetiere und Fam. der Muridae gehörig. Die genannten Wörter bezeichnen im allg. die M. im engsten Sinne, bes. die Haus-M. (Mus musculus L.), die Wald-M. (M. silvaticus L.), die Acker-M. (Brand-M., Erbsen-M., M. arvalis Pall.) und die Zwerg-M. (Micromys minutus Pall.). Daneben kannte man die äg. Stachel-M. (Acomys cahirinus Geoffr., bei Hdt. 4,192. Ail. nat. 15,26 *ἐχινέες, ἐχῖνες* genannt; vgl. aber Aristot. hist. an. 6,581 a 1 f.) und die Wüsten-Spring-M. (Dipus aegypticus Hempr.) (Hdt. a.O. Aristot. a.O. 581 a 4. Theophr. frg. 174,8. Timoth. 38. Plin. nat. 8,132 u.a.). Fernzuhalten ist die → Spitz-M.

Die ant. Zoologie weiß nur wenig Richtiges, z.B. über Gebiß und Placenta (Aristot. a.O. 511 a 31), Herz (Aristot. part. an. 3,667 a 13), Ernährung durch Bucheckern (Plin. 16,18), abschreckende Wirkung auf Elefanten (ebd. 8,29), Verfolgung durch Nachtraubvögel (Ps. Aristot. hist. an. 9,619 b 22), dafür um so mehr Sagenhaftes, z.B. Fehlen der Galle (Aristot. part. an. 676 b 25ff.), Wachsen und Schwinden der Leber mit den Mondphasen (Lucil. 1201 M. Cic. div. 2,14. Plin. 11,169. Ail. nat. 2,56), wasserloses Leben in Afrika während des Sommers (Aristot. hist. an. 606 b 24ff. Plin. 10,201), trächtige Embryonen in Persien (Aristot. a.O. 580 b 29ff. Plin. 10,185 [von Keller 205 auf Ratten bezogen]), Befruchtung durch gegenseitiges Belecken (Aristot. a.O.; dazu Aubert-Wimmer z.St.); ebenso die aus dem Orient stammende Vorstellung, daß die M. aus Erde (bes. Nilschlamm) entstehe (Strab. 13,604. Plin. 9,179; vgl. Diod. 1, 10,2. Varro rust. 1,8,5 u.a.). – Als Schädlinge gefürchtet waren Haus- und Feld-M. gleichermaßen (zur Haus-M.: Plaut. Capt. 77; Pers. 58. Verg. georg. 1,181 und ihre Beinamen in der Batrach. sowie in der byz. Humoreske *Σχέδη μυός*; zur

Feld-M. vgl. Aristot. hist. an. 580 b 14ff. Theophr. a.O. Plin. 10,186 [M.-Plagen]. Varro 1,8,5. Geopon. 4,15,5 [Auftreten in Weinbergen]. Aristoph. Ach. 762. Geopon. 12,39,8 [in Gemüsegärten]). Verbreitung von Seuchen schrieb man ihr bes. im O. zu (1. Sam. 4,4,5; 4,11,18 BREHM Tierleben $2^4$, 356; vgl. → Apollon-Smintheus als Pest- und M.-Gott: Strab. a.O. NILSSON Rel. $1^2$,534f.). Daher vielseitige Bemühungen um Vernichtung der M.; im Haus durch Schnappfallen (*πάγη*, *μύαγρα*, *muscipulum*), Schlaghölzer (*ἀνείκτης*, *ἶπος*), Gifte (u.a. schwarze Nieswurz), durch Wiesel und Katzen (vgl. Philes de propr. anim. 1909ff.), aber auch mit Sympathiemitteln; im Feld durch Ausräuchern oder Ausgraben sowie mit Füchsen, Wieseln und Schweinen, zuweilen auch mit Schlangen; eine Zauberformel zur Vernichtung der M. bei Geopon. 13,5,4ff.

Im Sprichwort dominiert die »hereingefallene« M. (Pech: Herond. 2,62. Sch. Theocr. 14,51. Macar. 2,36 u.a.; Brühe, Suppe: Eustath. Od. 1828,17. Babr. 60; Nachttopf: Petr. 58 usw.; umstritten Sen. apoc. 7,1; s. am E. und RUSSO z. St.); daneben die Kleinheit des Tieres (Hor. epist. 2,3,139; vgl. Diogen. 8,75. Athen. 14,616 D) und die angebliche Geilheit, bes. der weißen M. (Kratin. 53. Epikrates 9; vgl. Ail. 12,10. Diogen. 6,45 u.a.); Redensart *μυὸς ὄλεθρος* »Mäusetod« für kläglichen Untergang bei Philem. 211. Menand. 188 Kö. Ail. a.O. Mant. prov. 2,25. Die Eigenschaften der M. begründen ihre Verwendung zur Parodie der Heldendichtung im »Frosch-Mäuse-Krieg« (→ Batrachomyomachie). – In der Fabel ist die M. vorwiegend vom Wiesel verfolgt (Aisop. 50. 182. Phaedr. 4,2.6. Babr. 31; erst in byz. Z. von der Katze), behauptet sich aber auch gegen große Tiere (Aisop. 151.155. Babr. 112); berühmt war die Fabel von Stadt- und Feld-M. (Hor. sat. 2,6,80ff. Babr. 141. Aphthon. 26 H.).

Das Wesen der M. galt als unheimlich, dämonisch und mit mantischer Kraft begabt (Plin. 8,221. Ail. var. 1,11. Iambl. myst. 10; skeptisch Cic. div. 1,99. 2,59); dunkel bleibt die häufige Erwähnung des Gold- und Eisenfressens (Theophr. a.O. Plin. 8,222. Herond. 3,75f.; vgl. auch Sen. Apoc. 7,1). Schlimmes bedeutete ihr Nagen an kultischen und anderen Gegenständen von Wert (Plin. a.O. Liv. 30,2,10 u.a.; vgl. aber Sch. Il. 1,39. Strab. a.O. Hdt. 2,141 über hilfreiches Nagen). Vom Einsturz bedrohte Häuser verläßt sie rechtzeitig (Plin. 8, 103. Ail. nat. 11,19; var. 1,11; vgl. auch Cic. Att. 14,9,1). Ihr Pfeifen (*τρίζειν*) und Tanzen kündet Sturmwetter an (Theophr. sign. 41. 49. Geopon. 1,3,13). Natürlich spielt das seltsame Tier auch in der Volksmedizin eine vielseitige Rolle Plin. 28–30; s. Ind. s. mus). Als menschliche Nahrung diente die M. nur in äußerster Not (Liv. 23,19,13. Val. Max. 7,6,3. Plin. 8,222 u.a.). – Künstler. Darstellungen begegnen in großer Zahl und jedem Material, bes. in Genrekompositionen auf Gemmen, ferner auf Mz.n als Attribut des Apollon und der Aphrodite. W. R.

O. *Keller* Ant. Tierwelt 1,193ff. O. *Gruppe* Gr. Mythol. 2,802f. *Schrader* Reallex. 535. *Brehms* Tierleben $11^4$, 300ff. 357ff. J. *Wiesner*, Lex. der Alten Welt, 1871, Art. »M.«.

**Maussolleion** (*Μαυσσωλεῖον*, Mausoleum), **1.** Grabmal des → Maussollos (2) in Halikarnassos, zugleich Denkmal der Herrscherfamilie der Hekatomniden und eines der 7 Weltwunder, Strab. 14, 656. Plin. nat. 36,30f. Den mitten in der Stadt gelegenen und in ihrer Gesamtplanung einbegriffenen Bau muß schon Maussollos begonnen haben. Die Witwe → Artemisia (2) führte ihn weiter; ob er erst unter → Ada z.Z. Alexanders d. Gr. vollendet wurde, ist fraglich, H. RIEMANN, RE XXIV, 426f. Teile der Fundamente sind am Ort erhalten, Friese und Statuen sind im Brit. Mus. Zu einem neu gefundenen Frg. des Amazonenfrieses in Bodrum (Halikarnaß): The illustrated London News 1964, 262, Fig. 4. Das M., 140 Fuß = 49 m hoch, gliederte sich in 3 Teile, einen sehr hohen Sockel auf einem Stufenunterbau, den Grabtempel, dessen Cella von einer Ringhalle mit 36 ion. Säulen umgeben war, und das 24stufige Pyramidendach, das ein Viergespann mit Statuen trug. Um Sockel und Cella liefen Relieffriese (Amazonen- und Kentaurenkampf, Wagenrennen), zwischen den Säulen standen Statuen. Baumeister waren → Satyros und → Pytheos, als Bildhauer schmückten → Skopas den O., → Bryaxis den N., → Leochares den W., → Timotheos den S., Plin. a.O. Von den vielen Rekonstruktionen, die RIEMANN, RE XXIV, 371–458 eingehend prüft, ist die beste von F. KRISCHEN, der als Maßeinheit den Fuß von 350 mm nimmt. In dem M. sind 2 Bauformen vereinigt. Die eine, der in Lykien heim. Grabbau, der aus einem kleinen Peripteros auf hohem Unterbau besteht, findet sich um 400 in dem Nereiden-Monument in → Xanthos, dem Grab des lyk. Fürsten → Perikles. Die zweite ist die säulengeschmückte Grabkapelle mit einer Pyramide anstatt eines Daches, A. HERMANN, JbAC 7, 1964, 121ff. Die Verbindung beider Formen in dem M. ist ein origineller Einfall, denn das ebenso angelegte Löwengrab von Knidos, das man mit dem Seesieg → Konons 394 verband, ist nach seiner dor. Halbsäulenarchitektur nicht vor das 2. Jh. v. Chr. zu datieren, RIEMANN 455. Nach dem M. pflegten die Römer große und kostbare Grabmäler Mausolea zu nennen, Paus. 8,16,4. Cassiod. var. 7,15. K. A. NEUGEBAUER, NJbb 5, 1942, 49ff. T. 1–4. E. BUSCHOR Maussollos und Alexander 1950. F. KRISCHEN Weltwunder der Baukunst in Babylonien und Ionien, 1956, 72ff. 96ff. Das M. wurde Vorbild für den in Melbourne 1934 eingeweihten Shrine of Remembrance, TH. FYFE Hellenistic architecture 1936, 49. H.V.

**2.** Mausoleum Augusti. Im Jahr 28 v. Chr. ließ Caesar Octavianus für sich und seine Familie auf dem Marsfeld eine monumentale Grabstätte errichten. Nach Strab. 3,5,1 bestand das M. aus einem mit Marmor verkleideten zylinderförmigen Bau von 87 m Durchmesser, über dem sich bis zu seiner Höhe von 44 m ein mit immergrünen Bäumen bepflanzter Erdhügel erhob. Auf dem Gipfel stand eine eherne Statue des Kaisers. Das Innere enthielt zwei konzentr. Mauerkreise und zahlreiche Kammern, die aber nicht als Gräber dienten. Die Grabkammer lag im Zentrum der Anlage: 23 v.Chr. wurden hier Marcellus, der Sohn der Octavia, später Gaius und Lucius, die Enkel des Kaisers, 14 n.Chr. Augustus selbst beigesetzt. Als letzten röm. Kaiser bestattete man hier 98 n.Chr. Nerva. Zu beiden Seiten des Eingangs standen die Bronzetafeln mit den *res gestae divi Augusti*, die wir aus der Abschrift am Augustustempel in Ankara, dem → Monumentum Ancyranum, kennen. Von den beiden Obelisken, die den Eingang flankierten, steht h. der eine hinter S. Maria Maggiore, der andere auf dem Quirinalsplatz. Im MA. war das M. zeitweise eine Festung der Colonna. Im 18.Jh. wurde dort eine hölzerne Stierkampfarena, 1907 ein Konzertsaal eingebaut. Von 1934 bis 1938 wurde das Grabmal vollständig freigelegt und restauriert.

*Curtius-Nawrath* Das Ant. Rom. *E.Nash* Bildlex. 2,38–43, mit Lit.

**3.** M. Hadriani. Im J.130 begann Hadrian mit dem Bau seines monumentalen Grabmals, schräg gegenüber dem Mausoleum des Augustus auf dem anderen Tiberufer. Vollendet und geweiht wurde der Bau aber erst durch → Antoninus Pius 139. Er bestand aus einem quadrat. Sockel von 15 m Höhe und 89 m Seitenlänge, auf dem sich ein mit Marmor verkleideter, zylinderförmiger Bau von 21 m Höhe und 64 m Durchmesser erhob. Ein mit Zypressen bewachsener Erdhügel, der oben eine Statue Hadrians oder eine Quadriga trug, krönte das Ganze. Als Zugang ließ H. den *pons Aelius*, h. ponte S.Angelo, erbauen. Über dem Eingang befand sich die von Antoninus Pius angebrachte Widmung für den Kaiser und die Diva Sabina. Zwischen Brücke und Eingang standen vier Travertinpfeiler mit bronzenen Pfannen, von denen zwei noch erhaltene im Cortile della Pigna des Vatikans stehen. Nach H. und Sabina wurden in dem Mausoleum später die Mitglieder der Antonin. Familie, ferner Septimius Severus, Geta und Caracalla bestattet.

410 n.Chr. diente das Grabmal als befestigter Brückenkopf gegen Alarich, im MA. wurde es in eine Festung umgewandelt; an die Stelle des Erdhügels trat der h. noch sichtbare Aufbau mit Gemächern, Schatzkammern und dem Staatsgefängnis der Päpste. Als uneinnehmbares Bollwerk erwies sich das M. beim Sacco di Roma im J.1527. Die den Bau h. krönende Kolossalstatue des Erzengels Michael, die zur Erinnerung an eine Vision Gregors d. Gr. angebracht wurde, stammt von Verschaffelt aus dem J.1752 n.Chr. Rud.G.

*Curtius-Nawrath* Das Ant. Rom. *E.Nash* Bildlex. 2,44–48, mit Lit.

**Maussollos** (*Μαύσσωλος*, *Μαύσωλλος* inschr. u. auf Mz. HEAD HN$^2$ 629, *Μαύσωλος* Hss.). **1.** Vornehmer Karer, wohl Ahn von Nr.2, Hdt.5, 118,2. **2.** Sohn des Hekatomnos, * in Mylasa, Strab. 14,656. Vitr. 2,8,11. Sylloge$^3$ 168. L. ROBERT Le sanctuaire de Sinuri près de Mylasa, 1945, 101, 3, regierte 377–353 in Karien als Satrap (Sylloge$^3$ 167ff.), sonst auch Dynast und König genannt, Diod. 15,90,3. 16,36,2. Gell. 10,18,2. Lukian. dial. mort. 24. Bei dem inneren Zerfall des Perserreiches gewann M. eine selbständige Stellung. 365 kämpfte er für den Großkönig gegen den rebell. Satrapen → Ariobarzanes (1) (Xen. Ag. 2,26), beteiligte sich aber 362 am Satrapenaufstand (Diod. 15,90,3), erkannte schließlich die pers. Oberhoheit an. Im athen. Bundesgenossenkrieg half M. 357 den abgefallenen Bündnern und schloß einen Bund mit Chios, Rhodos, Byzanz und Kos, Demosth. 15,3. 27. 5,25. Lukian. a.O. Er besaß Teile von Lydien, Herakleia a.L. (Polyain. 7,23,1) und polit. Einfluß in Erythrai, Iasos, Lagina und Kaunos, Sylloge$^3$ 168f. 311. SEG 12, 1955, 471, kämpfte auch gegen Milet und Ephesos, Aristot. oec. 2,1348a. Lukian. a.o. Polyain. 7,8. 7,23,2. Mit → Phaselis schloß M. einen Vertrag, SGDI 4259. Attentate gegen M. werden mehrfach erwähnt, Sylloge$^3$ 167ff. Seine hellenist. »Monarchie« überließ den Städten Selbstverwaltung und gliederte Außenorte als Föderierte an. Statt → Mylasa nahm M. → Halikarnassos zur Residenz, die er durch Synoikismos von 6 Nachbargemeinden zwischen 370 und 365 vergrößerte und mit Bauten griech. Künstler schmückte, Strab. 13,611. Vitr. 2,8,11. Plin. nat. 36,77. BEAN-COOK, ABSA 50, 1955, 169. M. lebte in kinderloser Ehe mit seiner Schwester → Artemisia (2), die für den Nekrolog auf M. einen Wettbewerb veranstaltete, in dem Theopompos siegte, und den Bau seines Grabmals, des → Maussolleion, betreute, Gell. 10,18,1ff. Vitr. a.O. FGrH 115 T 6. Diog. Laert. 3,10. H.V.

**Mavia** (Mania), sarazen. Fürstin ca. 365 bis ca. 380, nach Theophan. (a. 5869 = 1,64,12 de Boor) eine kriegsgefangene Römerin, plünderte im J. 372 mit ihren Scharen mehrere Provinzen des O. Nach Friedensschluß schickte Kaiser Valens ihr den Einsiedler Moses als Bischof. 378 soll M. Hilfe nach Constantinopel entsandt haben (Rufin. 11,6. Sokr. 4,36. Soz. 6,38. Amm. 31,16,5). A. L.

**Mavors** s. Mars

**Mavortius.** **1.** Vettius Agorius Basilius, Konsul im J. 527, gehört neben Asterius, Felix, Symmachus u.a. zur literar. interessierten Aristokratie der Ostgotenzeit, die klass. und chr. Texte rezensierte; 8 Horazhss. bezeugen (neben Felix) seine Emendationstätigkeit; der Par.lat. 8084 ist von ihm wahrscheinlich redigiert worden. Autorschaft des M. für den Cento de eccles. (Anth. Lat.16 und 16a), aus einer korrupten Stelle erschlossen, ist nicht beweisbar, für das Iudic. Paridis (Anth. Lat. 10) ist sie bezeugt. R. He.

1. *M. P. Cunningham*, TAPhA 89, 1958, 32 ff. (z. Puteanus). 2. *F. Latendorf*, Jbb. f. cl. Phil. 103, 1871, 861 f. (zum Cento de eccles.).

**2.** s. Lollianus (6)

**Maxentius.** Röm. Kaiser 28. Okt. 306 bis 28. Okt. 312. * ca. 279 als Sohn des → Maximinianus Herculius und der Syrerin Eutropia, epit. Caes. 40,12. Als Thronfolger seines Vaters wurde er in der Festrede am 21. April 289 bezeichnet, paneg. 10,14,1 Mynors. Etwa um 293/94 wurde er mit Valeria Maxilla, der Tochter des Galerius vermählt, Lact. mort. persec. 18,9, die ihm den Romulus gebar. Doch Diokletian lehnte das Erbkaisertum ab, und Galerius war M. nicht gewogen. Zurückgezogen lebte M. an der Via Labicana im Gebiet von Praeneste, epit. Caes. 40,2. Am 1. Mai 305 wurde er nicht Nachfolger seines abdankenden Vaters. M. war – zum Unterschied von seiner Gattin, die *nobilissima femina* war – nur *vir clarissimus*, CIL XIV 2825. 2826. Als Severus, der Augustus über Italien, Afrika und Spanien, die Praetorianergarde in Rom auflösen und die Stadt hart besteuern wollte (Lact. 26,2. 3. Aurel. Vict. Caes. 39,47), erhob unter der Führung der Praetorianerpräfekten Marcellinus und Marcellus mit Zustimmung des Pöbels die Garde am 28. Okt. 306 M., der ihnen große Versprechungen machte, zum Augustus, Zos. 2,9,3. paneg. 12,16,2. Eutr. 10,2,3. Lact. 23,1. 26,1–3. Aurel. Vict. Caes. 40,5. Anon. Vales. 3,6. Damit war die Ordnung der diokletian. Tetrarchie durchbrochen. M. selbst vermied es, den Augustustitel zu tragen, und Galerius anerkannte ihn nicht einmal als Caesar (Lact. 26,4), während der Augustus des Westens, Severus, von Mailand aus mit einem starken Heer gegen M. zog, Lact. 26,5. Eutr. 10,2,4. paneg. 12,3,4. Zwar mißlang zunächst der Versuch des M., seinen Vater wieder zur Annahme der Augustuswürde zu bewegen und so seine Usurpation zu legitimieren (Lact. 26,7. Zos. 2,10,5); aber vor Rom liefen die Soldaten des Severus samt dem praefect. praetor. Anullius zu M. über (Lact. 26,6–8. Zos. 2,10,1). Severus mußte fliehen, und Maximianus Herculius nahm seine Augustuswürde im Februar 307 doch wieder an, Lact. 26,9. RIC VI (1967) p. 367 Nr. 134–157. Severus begab sich nach Ravenna, Zos. 2,10,1, dort bewog ihn der Vater des M. Anf. 307 zum Verzicht auf den Purpur, ebd. 2,10,2. Anon. Vales. 4,10. Er wurde an der Via Appia interniert, doch E. 307 erdrosselt, Epit. Caes. 40,3, Anon. Vales. 4,10. Zos. 10,2. Nun beanspruchte aber M. die Augustuswürde für sich, wodurch er seinen eigenen Vater, Maximian, gegen sich aufbrachte. Nicht nur diese Maßnahmen standen im Widerspruch zu den Intentionen des Galerius, sondern auch die Einstellung der Christenverfolgungen durch M. und seinen Vater, Eus. h. e. 8,14,1. Um Galerius begegnen zu können, begab sich M. zu Konstantin und vermählte ihm seine Tochter Fausta, Lact. 27,1. Gegen Mitte 307 rückte Galerius gegen Rom, das M. für eine Verteidigung bestens gerüstet hatte, so daß Galerius die Mauern nicht erstürmen konnte, Lact. 27,2; da immer mehr Soldaten zu M. überliefen, mußte sich Galerius zurückziehen, Lact. 27,4. Zos. 2,10,3 f. Auf seine Versuche, mit M. zu verhandeln, ging dieser nicht ein, Anon. Vales. 3,7; doch verhinderte er den unter schweren Greueln vor sich gehenden Rückzug des Galerius nicht, Lact. 27,5–7. Dafür wurde Konstantin als Augustus anerkannt, paneg. 7,13,3. Daß sich Spanien, das Konstantin beanspruchte, M. angeschlossen hatte (COHEN VII² Nr. 30), verärgerte Konstantin; er griff auch trotz der Aufforderung des Maximian die geschlagenen Truppen des Galerius nicht an, Zos. 2,10,6 f. Maximian aber vollzog nach der Ermordung des Severus, die gegen seinen Willen erfolgt war, im April 308 den Bruch mit seinem Sohn M., Lact. 28,1–4. Zon. 12,33, und begab sich zu Konstantin nach Gallien. Am 20. April 308 trat M. mit seinem Sohn Romulus den Konsulat an, RIC VI p. 29. CIL VIII 10382. Doch auf dem Kongreß von Carnuntum im November 308 unter dem Vorsitz Diokletians wurde M. zum Staatsfeind erklärt, paneg. 12,18,2. Galerius und Licinius wurden Augusti, letzterem wurde Italien, Afrika und Spanien, die Herrschaftsgebiete des M., zugewiesen, obwohl er faktisch auf die pannon. Diözese und auf Raetien beschränkt war, Anon. Vales. 3,8. 5,13. Afrika fiel 309 von M. ab, Zos. 2,12,1–3; L. Domitius Alexander wurde zum imperator ausgerufen, Epit. Caes. 40,2. DESS. 674. Im gleichen J. starb der Sohn des M., Romulus, RIC VI p. 345. CIL VI 1138. In der 1. Hälfte des J. 310 ließ Konstantin Maximian, der die Herrschergewalt an sich reißen wollte (möglicherweise im Einverständnis mit M., Lact. 43,5 f.), umbringen, paneg. 6,11–20. Zos. 2,14,1. Lact. 29,3–30,6. M. ließ ihn konsekrieren, CIL IX 4516. VIII 20989. Doch Konstantin nahm M. in der 1. Hälfte des J. 310 Spanien weg (Münze des Konstantin aus Tarraco, MAURICE Numism. Constantiniénse II 236 Nr. XIII, Taf. VII 14). Da Rom seiner Versorgungsquellen beraubt war, mußte M. an die Wiedereroberung Afrikas denken. Der *praef. praetorio* (zugleich *praef. urbi*) C. Ceionius Rufius Volusianus überwältigte Domitius Alexander, Zos. 2,14,2. Aurel. Vict. 40,17–19, Epit. Caes. 40,6. Cirta wurde zerstört, Aurel. Vict. 40,28, Karthago geplündert, die Provinz ausgeraubt. M. feierte einen Triumph, Zos. 14,4. Sein Gegner Galerius hatte im April 311 ein Edikt erlassen, das den Christen bedingte Religionsfreiheit gewährte, Lact. 33–35; M. hat dieses nicht nur übernommen, sondern überboten (Eus. h. e. 8,14, 1), sowohl in Rom (Chronogr. a. 354,62 M.), als in Afrika, Optat. Mil. contra Donat. 1,18. Als Galerius, den Konstantin ablehnte, Anf. Mai 311 starb, ließ M. ihn konsekrieren, CIL VI 1138. Da

M. in Licinius nun seinen Hauptgegner vermutete, ließ er Straßen- und Befestigungsbauwerke in Raetien anlegen, um Italien vor einem Einfall zu schützen, CIL V 8054, Cartellieri, Philol. Suppl. 18,1 (1926). Doch den Krieg erklärte ihm nicht Licinius, sondern Konstantin, Eutr. 10,4,3. Eus. h.e. 9,9,1. Ein Bündnisangebot des → Maximinus Daia an M. kam nicht mehr zum Abschluß, da Konstantin nach einem Propagandahagel über die Tyrannis des M. mit etwa 40000 Mann, darunter zahlreichen german. Verbänden, im Frühj. 312 (nicht im J. 311, wie P. Bruun, H 88, 1960, 361ff. meint) wohl über den Mont Genèvre in Italien einrückte, paneg. 12,5,1f. M. hielt seine Hauptmacht in Rom und belegte die wichtigsten Städte Oberitaliens mit Garnisonen. Doch Konstantin überrannte Segusio (Susa), paneg. 12,5,6 und vernichtete in einer Schlacht bei Turin die Panzerreiter des M., paneg. 12,6,2–5. Auch Mailand ergab sich ihm, ebd. 12,7,5. 8. Als bei einem nächtlichen Ausfall der Verteidiger von Verona, der Gardepräfekt Ruricius Pompeianus fiel (paneg. 12,8–10. Aurel. Vict. 40,20), brachte Konstantin Verona und bald Aquileia in seine Hand, paneg. 12,11–13. Er rückte von Ravenna aus auf der via Flaminia gegen Rom, das von M. für eine Defensivstrategie wohl gerüstet war. Die Reliefdarstellungen des Konstantinbogens (H.P. L'Orange Zum spätant. Kunstschmuck des Konstantinbogens) zeigen, daß M. die Milvische Brücke hatte abbrechen lassen. Dann aber änderte er seinen Plan und ließ seine Legionen auf einer Schiffsbrücke über den Tiber gehen, Zos. 2,15,3. Sie versuchten vergeblich, Konstantin am 28. Okt. 312 bei Saxa Rubra (Prima Porta) aufzuhalten, Aurel. Vict. 40,23. Das Gros des Heeres des M. stand n. der abgebrochenen Milvischen Brücke über dem Tiber, paneg. 12,10,2. Lact. 44,1–6. Zon. 13,1. Zurückgeworfen flohen die Truppen, soweit sie nicht niedergemacht wurden (Zos. 2,16,3. Zon. 13,1), über die Schiffsbrücke, darunter M., der in den Tiberfluten ertrank, Epit. Caes. 40,7. Lact. 44,9. Am 29. Okt. fand man seinen Leichnam, schlug ihm den Kopf ab und trug ihn vor dem in Rom einziehenden Konstantin einher, paneg. 12,17,2f. 18,3. Zos. 2,17,1. Er verfiel der *damnatio memoriae*, CIL IX 1114, seine Regierungshandlungen wurden für ungültig erklärt, Cod. Theod. 15,4,3f. – M. stützte seine Herrschaft auf die Armee, vor allem auf die Praetorianer, und auf Rom. Beide verschlangen große Geldmittel. M. war gezwungen, den Metallgehalt der gängigen Münzen zu verringern, die Steuerschraube der Bevölkerung Italiens stark anzuziehen und von den Großgrundbesitzern der senator. Aristokratie ungeheure Geldleistungen in Gold zu verlangen, Aurel. Vict. 40, 24. Chron. a. 354 p. 148 M. CIL VI 37118; dadurch zog er sich deren Haß zu, während er lange bei der Volksmenge sehr beliebt war (Eus. h.e. 8, 14,1); das änderte sich erst, als die mangelnde



Getreideversorgung durch den Verlust von Afrika und Spanien eine Hungersnot hervorrief, paneg. 12,4,4. Eus. h.e. 8,14,6. Seiner nationalröm. polit. Linie entsprachen riesige Bauwerke in der Stadt, vor allem die »Konstantinsbasilika« und der Zirkus an der Via Appia vor der Porta San Sebastiano, sowie der Ausbau des Straßennetzes um Rom und in Italien. Seine Romverbundenheit äußerte sich auch in seiner Pflege altröm. Traditionen, so in der Verehrung des Mars und der Stadtgründer, CIL VI 33856. Trotzdem war er dem Christentum gegenüber tolerant, hob die Edikte des Diokletian und Galerius auf (Eus. h.e. 8,14,1), gab der röm. Christengemeinde die konfiszierten Kirchengüter zurück (August. brev. coll. 3,18,34 CSEL LIII p. 84f.) und die Möglichkeit freier Bischofswahl. Die Literaten der konstantin. Z. stempelten M. freilich zum abscheulichen Tyrannen (Eus. vit. Const. 1,33,1f., Sokr. h.e. 1,12), der er sicher nicht war. Mz.: RIC VI (1967). Cohen VII² p 165–182.– Bildnisse: Außer den Münzbildnissen vor allem eine Statue aus Ostia, R. Calza, Bull. comm. 1949, 83ff. Ders. in Enc. art. ant. 4, 1961, 919f. R. H.

*E. Stein* I 94–143. *W. Seston* Dioclétien et la Tetrarchie (1949).

**Maximianus. 1.** M. Herculius, Mitaugustus Diokletians, am gleichen Tag (paneg. 11,1,1), nicht im gleichen J. (ca. 240) geboren. Er stammte aus der Umgebung von Sirmium in Pannonien, paneg. 10,2,2 (p. 245,19 Mynors). Epit. Caes. 40,10, aus niedrigsten Verhältnissen, Aurel. Vict. 39,26; Bildung erhielt er nicht, ebd. 39,17. Unter Aurelian, an dessen Feldzügen an der Donau, am Euphrat, am Rhein und bei einem Zug gegen Britannien M. teilnahm, sowie unter Probus diente er sich vom gemeinen Soldaten empor, paneg. 10,2,4ff. Mit seinem älteren Landsmann Diokletian kam er in freundschaftliche Beziehungen. Er heiratete eine Syrerin namens → Eutropia. Wenige Wochen nach Diokletians Sieg über Carinus am 1. April 285 wurde M. von ihm zum Caesar (CIL VIII 22116) ernannt und nach Gallien zur Bekämpfung der aufständischen Bagauden, Kolonen, die sich gegen die Grundherrn erhoben, geschickt, Eutr. 9,20,3. Oros. 7,25,2. Am 1. April 286 erhob er ihn von Nikomedia aus zum Augustus, BGU III 992, POxy 888, verlieh ihm die tribuniz. Gewalt und die Würde eines pontifex maximus, nahm ihn in seine Familie als Bruder auf und gab ihm den Beinamen Herculius (Lact. mort. persec. 52,3. CIL VI 255) zu seinem nun offiziell lautenden Namen M. Aurelius Valerius Maximianus (Lact. 8,1. CIL VI 1130). Durch den Beinamen Herculius war der Abstand zu dem Iovius Diokletian gegeben. Daß M. der Schutz der w. Reichshälfte zukam, war situationsgemäß gegeben, eine Reichsteilung bestand nicht. M. hatte im W. nach der Befriedung der Bagauden (paneg. 7,8,3) mit den Germanenstämmen der Burgunder, Alemannen, Chaibonen und Heruler zu tun, die in Gallien einfielen; die beiden ersteren wehrte M. von Mainz aus (frg. Vat. 271) noch im Frühj. ab, die letztgenannten vernichtete er anschließend, paneg. 10,5,2ff. 11,7,2. Trotzdem mußte M., als er am 1. Jänner 287 in Trier seinen ersten Konsulat antrat, german. Streifscharen von der Stadt während der Feierlichkeiten vertreiben, paneg. 10,6,2–5. Im J. 287 und 288 unternahm M. Feldzüge über den Rhein, paneg. 10,7,2ff., wobei sich der Frankenkönig Gennobaudes unterwarf, paneg. 10,10,3. 11,5,4. Gegen 288 zog M. bis an den Ozean und besiegte sächsische Seeräuber, paneg. 11,7,2. Anf. 289 fand am Rhein oder an der oberen Donau eine Zusammenkunft zwischen Diokletian und M. statt (paneg. 10,9,1), die sowohl wegen der Germanenkriege als auch wegen der drohenden Auseinandersetzung mit → Carausius, der sich in Britannien festgesetzt hatte, notwendig geworden war, paneg. 10,12,1ff. Mit diesem schloß M. notgedrungen ein Abkommen, nachdem Carausius sich sogar in → Gesoriacum (Boulogne) einen Stützpunkt geschaffen hatte; auf Grund des Abkommens hatte Carausius den Schutz des Ozeans zu gewähren, Aurel. Vict. Caes. 39,39. Eutr. 9,22,2. M. war dazu auch durch Einfälle mauretan. Stämme in die Provinz Mauretania (Afrika gehörte zu seiner Reichshälfte) genötigt, die allerdings der Statthalter T. Aurelius Litua bezwingen konnte. Im Winter 290/91 reiste M. nach Mailand (paneg. 3,9,3), wo er wieder mit Diokletian zusammentraf, paneg. 3, 9,3. Im J. 291/92 bekriegte M. die Alemannen und zog von Mainz bis Günzburg an der Donau, paneg. 11,17,3. 8,3,3. Nach dem Willen Diokletians wurden am 1. März 293 den Augusti als Helfer und Nachfolger Caesares beigegeben, dem M. in Mailand Constantius, den er zugleich adoptierte, paneg. 7,3,3. Diese Neuordnung bedeutete eine Kampfansage an Carausius, dem Constantius noch 293 Boulogne entriß. M. blieb in Mailand (frg. Vat. 292); während Constantius Britannien 296 zurückgewann, gab er ihm durch einen Zug an den Rhein Rückendeckung, paneg. 8,13,3. In den J. 297 und 298 hatte M. in Afrika zu kämpfen, in Mauretanien gegen die Quinquegentani (CIL VIII 8836. Eutrop. 9,23), sowie gegen Stämme an der Syrtenküste, Corippus Joh. 1,478ff. M. ließ Bauten in Karthago (Aurel. Vict. 39,45) und anderen Städten (AE 1949, 258) aufführen und verstärkte die → Limesanlagen von Tripolitanien nach Marokko. In Afrika setzte auch Anf. 303 die → Christenverfolgung durch M. mit bes. Härte ein, Marou Die Christenverfolgung im Röm. Reich, 1961, 106. Auf der Rückreise veranlaßte er in Rom den Beginn des Baues der Diokletiansthermen, CIL VI 1130. In Rom fand auch im J. 303 ein Treffen der beiden Augusti statt, Lact. 17,1, und sie hielten am 20. Nov. ihren Triumphzug, den sie mit der Vicennalienfeier verbanden, CIL VI 1204f. Am 1. Jänner 304 trat M. in Rom seinen 8. Konsulat an und veranstaltete vielleicht am 21. April eine Säkularfeier, Zos. 2,7,1f. An diesem Tag legten nach dem Willen Diokletians (Aurel. Vict. 39,48) dieser in Nikomedia, M. in Mailand die Augustuswürde nieder und traten ins Privatleben zurück, Eutr. 9,27,2. Zos. 2,7,2. paneg. 7,9,2ff., M. in Lukanien, Eutr. 9,27,2. Doch als Maxentius seit E. 306 seine Kaiserwürde legitimieren wollte, nahm M. den Purpur im Februar 307 wieder, Lact. 18,9. Epit. Caes. 40,14. Als sein Sohn den Severus bekämpfte, ging M. nach Ravenna und erreichte die Kapitulation des Severus gegen Zusicherung seines Lebens, Lact. 26,10. Dann reiste er im Frühj. 307 zu Konstantin nach Gallien, mit dem er ein Übereinkommen erzielte, freilich nicht über die Beseitigung des Galerius, Zos. 10,7. Doch nach Rom zurückgekehrt, entzweite er sich mit Maxentius, Lact. 28,1, so daß er etwa im April 308 wieder zu Konstantin flüchten mußte, paneg. 6,14,6. Die Krise wurde im Kaisertreffen von Carnuntum im November 308 durch den Verzicht des M. auf den Purpur vorübergehend beigelegt, paneg. 6,16,1. M. ging zu Konstantin. Doch während dieser an der Rheinfront stand, nahm M. in Arelate den Purpur zum 3. Mal an. In Massilia von Konstantin belagert und bald ausgeliefert, wurde M. im J. 310 in seinem Gemach erhängt gefunden, Lact. 30,5. Epit. Caes. 40,5. Maxentius behauptete, Konstantin habe Schuld an seinem Tod, Lact. 43,4. Zos. 2,14,1. Dieser ließ das Andenken an M. ächten, Lact. 42,1. CIL II 1439. AE 1942, 82. u. a. – Von leidenschaftlichen Begierden und Mangel an Selbstzucht wissen die Quellen, Epit. Caes. 40,10. Eutr. 10,3,2. FGH IV 602; doch ordnete er sich im allg. Diokletian gehorsam unter, Eutr. 9,27,1. – Münzen: RIC V 2, p. 260 bis 295. VI (1967). – Bildnisse: H. P. L'Orange Stud. z. Gesch. d. spätant. Kaiserporträts, 1933, 16ff. tav. 32. 34. F. Panvini Rosati, Enc. art. ant. 4, 1961, 921ff.

*W. Seston* Dioclétien et la Tétrarchie (1949). *J. Vogt* Constantin d. Gr. und sein Jh., 1960², 99–103. 144–148.

**2.** Galerius M. Illyr. Herkunft, * ca. 250 in der Nähe von Serdica (Eutr. 9,22,1). Sein Vater war Bauer, Epit. Caes. 40,15, und hatte von seiner Gattin Romula noch eine Tochter, die die Mutter des → Maximinus Daia war. M. selbst war erst Viehhirt, ebd. Er diente als Soldat unter Aurelian und Probus, Aurel. Vict. Caes. 39,28. In hoher militär. Stellung stand der tapfere (Epit. Caes. 40,15. Eutr. 10,2,1) Offizier unter Diokletian, Lact. mort. pers. 18,6. Daher erhob ihn dieser am 1. März 293 in Nikomedia zum Caesar, Lact. 19,2. 35,4. Eutr. 9,22,1. Adoptiert trug er den Namen C. Galerius Valerius Maximinianus, Dess. 634. 8931. AE 1942, 81. Trotz einer Tochter Maximilla, die mit Maxentius verheiratet wurde, mußte sich M. von seiner Gattin scheiden lassen und die Tochter Diokletians, Valeria, heiraten, Lact. 9,1. Aurel. Vict. 39, 24f. Seine Hauptaufgabe war der Schutz der Donaugrenze, seine Residenzstadt Sirmium.

Schon 294 hatte er Angriffe der Sarmaten abzuschlagen, paneg. 8,5,2. Cohen VII[2] p. 123 Nr. 205. RIC VI p. 332. *(Victoria Sarmatica)*, 295 solche der Carpen und Bastarner, paneg. 8,5,3, wohl auch der Goten, CIL VIII 21447. Die Carpen wurden in Pannonien angesiedelt, Amm. 28,1,5. Eutr. 9,25,2. Im J. 296 wurde er nach Syrien beordert, da die Perser Armenien überrannt hatten, Amm. 23,5,11. Als er 297 den Euphrat überschritt, wurde er bei Carrhae geschlagen, Eutr. 9,24. Aurel. Vict. 39,34. Er holte aus dem Donauraum Truppen, stieß 298 nach Armenien vor und besiegte den Perserkönig → Narses, mit dem Diokletian dann Frieden schloß, Eutr. 9,25,1. Dess 642 *(Persicus Maximus)*. Cohen VII[2] 123 Nr. 204 *(Victoria Persica)*. Im Winter 302/03 befand sich M. bei Diokletian in Nikomedia, und beide glaubten zum Nutzen des Staates das Edikt vom 23. Febr. 303 (Lact. 10,6. 11,3. Eus. h. e. 8,5) erlassen zu sollen, das die blutigste Christenverfolgung einleitete; ihm folgten drei weitere. M. war der Urheber des 4. Ediktes vom Jänner oder Februar 304 und hat alle in seinem Machtbereich streng durchgeführt, K. Stade Der Politiker Diokletian u. d. letzte große Christenverfolgung, 1926, 158 ff. Moreau Die Christenverfolgung im Röm. Reich, 1961, 100–113. Als Diokletian amtsmüde wurde, betrieb M. die Neuregelung der Tetrarchie, auf Grund deren am 1. Mai 305 M. in der Nähe von Nikomedia, Constantius in Mailand Augusti wurden und M. nicht, wie erwartet, den Sohn des Constantius, Constantinus, sondern seinen Landsmann Flavius Valerius Severus zum Caesar nahm, während dem Constantius der Sohn der Schwester des M., → Maximinus Daia als Caesar beigegeben wurde, Lact. 18,12. Anon. Val. 4,9. Atti III congr. internaz. di epigr. (1957) p. 355–58 tav. XLIII. M. hatte noch im J. 305 einen Sarmatenkrieg zu führen, in dem sich Konstantin auszeichnete, Anon. Val. 2,3. Zon. 12,33; doch auf Verlangen des Constantius mußte er ihm den Sohn zurückschicken, Lact. 24, 3; diese beiden zogen nach Britannien. Doch Constantius, der dem Namen nach Oberkaiser war, starb dort im Juli 306. M. war damit Oberkaiser; doch am 25. Juli 306 erhoben die Truppen in Britannien Konstantin zum Augustus, während M. den Severus in die Augustuswürde eingesetzt hatte; doch bewilligte er Konstantin den Caesarentitel, Lact. 25,5. Als M. neue Steuerveranlagungen durch Severus auch in Rom durchführen ließ (ebd. 26,2 f.), wurde gegen diesen der Schwiegersohn des M., Maxentius, am 28. Okt. 306 zum Kaiser ausgerufen, dem M. nie Sympathie entgegengebracht hatte, Epit. Caes. 40,14. Als Severus nichts ausrichtete, zog M. selbst 307 gegen Rom, Lact. 27,2. Anon. Val. 3,6; da eine Eroberung der Stadt aussichtslos war, entfernte er sich plündernd, Lact. 27,4 ff. Zos. 2,10,3, und bat Diokletian um Vermittlung. Doch das Kaisertreffen von Carnuntum im November 308 brachte auch durch die



Erhebung des Illyrers Licinius zum Augustus, dem Konstantin als Caesar beigegeben wurde, während M. den Maximinus Daia als Caesar im Orient nahm, keine länger dauernde Rettung der diokletian. Tetrarchie. Die Caesaren verlangten die Augustuswürde, und als M. beide zu *filii Augustorum* machte (Lact. 32,5. CIL III 6174), gaben sie sich nicht zufrieden und ernannten sich selbst zu Augusti. M. hielt mit Maximinus Daia an der strengen Christenverfolgung fest, der (als Usurpator) nicht anerkannte Maxentius sowie Konstantin machten diese nicht mit. Doch im J. 310, das in vieler Hinsicht einen Wendepunkt bedeutet, erkrankte M. an Krebs, Eus. h. e. 8,16,3 f. Epit. Caes. 40,4; da erließ er in Serdica das Toleranzedikt (Lact. cap. 34. Eus. h. e. 8,17), das am 30. April 311 in Nikomedia veröffentlicht wurde, Lact. 35,1. Eus. h. e. 9,1,1; es machte das Christentum zur *religio licita*. Einige Tage nachher starb M., Lact. 35,3; er wurde in seinem Heimatort Romilianum bestattet, Epit. Caes. 40,16, obwohl er in Thessalonike, wo ein Triumphbogen stand, einen Palast und ein Mausoleum sich hatte erbauen lassen. – Münzen: RIC V 2 p. 304–309; VI (1967). – Bildnisse: F. Parvini Rosati, Enc. art. ant. 3, 1960, 761. H. P. L'Orange Stud. z. Gesch. d. spätant. Kaiserporträts, 1933, 16 ff. R. H.

*Stein* I 94–143. *W. Seston* Dioclétien et la Tétrarchie (1949)

**3.** M., Erzbischof von Ravenna 546–556 (?), * 498 in Pola. Seine Vita gibt der Liber pontif. eccl. Ravennatis des Agnellus (9. Jh., MG Script. rer. Langob., 1878, 325–333 H.-E.). Vom Episkopat des M. zeugen die größten Kunstwerke iustinian. Z. in → Ravenna. Er weihte die unter seinen Vorgängern begonnenen Kirchen S. Vitale im J. 547, S. Apollinare in Classe 549. Sein Bild mit Beischrift des Namens erscheint auf dem Iustinian-Mosaik der Apsis von S. Vitale. Der Bischofsthron im Mus. von Rav. trägt das Monogramm des M. O. H.

Weihinschr. der Kirchen: ILCV 695. 1795–1797. *C. Cecchelli* La cattedra di Massimiano, 1936 ff. *G. Bovini*, Felix Ravenna 64, 1957, 5 ff. *F. W. Deichmann* Frühchr. Bauten und Mosaiken von Rav., 1958.

**4.** M., lat. Elegiker 1. Hälfte 6. Jh. n. Chr. Die Lebenszeit ergibt sich aus 3,48 (Erwähnung des Boethius als älteren Freundes); eine Gesandtschaft zwischen W.- und O.-Reich berichtet 6,1 ff. Erhalten sind 6 Elegien, 2 Hss. überliefern eine App. von 6 weiteren Gedichten, die nicht M. zu gehören scheinen: 2 von ihnen sind Übungen über ovid. Themen, die übrigen ekphrast. Versuche (hier wird der ostgot. König Theodahad genannt). M. schildert, oft mit patholog. Genauigkeit, den Altersverfall (1. 2. 5), 3 und 4 berichten erot. Episoden der Jugend, 6 ist ein kurzer Epilog. M., der neben den Klassikern bereits chr. Dichter imitiert, ist trotz der lebendigen eleg. Tradition seines Werkes in der Verarbeitung der erot. Themen (vgl. bes. 3) eigenartig: er ist zweifellos Christ; das

Werk ist nicht eigentlich obszön, es verbirgt, gerade in der Schilderung der Insuffizienz, einen asket. Hintergrund (zur consol. des Boethius bestehen – trotz [1] – keine engen Beziehungen), der es nicht gestattet, von Parodie zu sprechen (so noch WEBSTER [Edition], vgl. [4]). Deshalb wurde M. im MA. in der Schule als *ethicus* gelesen. R. He.

Ta.: *R. Webster* Princeton 1900 (mit Komm., maßgebend); PLM 5,313–348. Die Appendix: *H.W. Garrod*, CQ 4, 1910, 263ff. und *W. Schetter*, Philol. 104, 1960, 116ff.

Lit.: 1. *F. Wilhelm* M. und Boethius, RhM 62, 1907, 601ff. 2. *F.W. Levy*, RE XIV 2529ff. 3. *L. Alfonsi* Sulle elegie di M., Att. Rend. Ist. Ven. 101, 1941/42, 333ff. 4. *G. Boano* Su M. e sue elegie, RFIC 27, 1949, 198–216.

**Maximilla.** Valeria M., Tochter des Galerius (→ Maximianus [2]),293 vermählt mit Maxentius, hatte aus dieser Ehe 2 Söhne, lebte noch 312 (Paneg. Lat. 11 bzw. 12,16,5. CIL XIV 2826). A. L.

**Maximinus. 1.** Daia (vgl. CIL VIII 10784) röm. Kaiser 310–313, Neffe des Kaisers Galerius Valerius → Maximianus, der ihn bis zum *tribunus* beförderte und adoptierte (Lact. de mort. pers. 18,13. DESSILS 656,663). Diocletianus ernannte ihn unter dem Namen Galerius Valerius Maximinus am 1. Mai 305 zum Caesar. In seinem Herrschaftsbezirk, den Dioecesen Oriens und Äg., führte M. die Christenverfolgung scharf durch (Eus. h.e. 8,14,9. 9,1; mart. Palaest. 4,1.8 u.ö.). 310 ließ sich M. von seinen Soldaten zum Augustus erheben. Mit dem Tod des Galerius (Mai 311) dienstältester Augustus, gelang es ihm, Kleinasien zu besetzen, jedoch nicht, Autorität über die Mitherrscher zu gewinnen. Das Toleranzedikt des Galerius von 311 veranlaßte M. zwar zu Konzessionen an die Christen, doch verstärkte der zugleich um organisator. Festigung des Heidentums bemühte Herrscher nun die antichristliche Propaganda, z.B. Fälschung der Akten des Pilatus über den Prozeß Jesu (Lact. a.O. 36f. Eus. h.e. 9,5.9). 313 fiel M. in Thrakien ein, wurde am 30. April von Licinius bei Tzirallum (RE VII A 2012) vernichtend geschlagen, gab seine Sache nicht auf, starb aber im Spätsommer 313 in Tarsus (Lact. a.O. 45. 47. Eus. h.e. 9,10; vit. Const. 1,58). Bes. von chr. Autoren wird M. als untüchtiger, tyrann. Wollüstling charakterisiert (Lact. a.O. 37f. Eus. h.e. 8,14 u.ö.).

*Stein* I $^{2}$88ff. *H. Gregoire* Byzantion 13, 1938, 551ff.

**2.** M. Thrax (C. Iulius Verus Maximinus), röm. Kaiser 235–238. M. wurde 173 (? Zon. 12,16) als Bauernsohn in Thrakien geboren (Herodian. 6,8). Die Herkunft von einem Goten und einer Alanin ist Erfindung der nur mit Vorsicht als Quelle verwertbaren vita Max. der H.A. (2,5; so z.B. schon HOHL, RE X 854; anders wieder BELLEZZA 22ff.). Ob der seit ca. 215 mit Caecilia Paulina verheiratete M. 231/32 praefectus legionis in Äg. und 232/33 praefectus Mesopotamiae war, muß bezweifelt werden, doch hatte er damals eine wichtige Funktion im O. und wurde 234 von Severus



Alexander als praefectus tironibus an die Rheingrenze beordert, um das dortige Heer für einen Germanenfeldzug vorzubereiten (LIPPOLD 86f.). Im März 235 erhob ihn die Armee zum Kaiser (Herodian. 6,8, CIL VI 2001). M. führte erfolgreich Krieg (wahrsch. in Württemberg) gegen die Germanen (Herodian. 7,2) und ließ seinen Sohn (→ Iulius Nr. 90) zum Caesar erheben. 236/37 kämpfte M. gegen Sarmaten und Daker an der Donau. 235 leitete M. Maßnahmen zur Verfolgung des chr. Klerus ein, die sich jedoch nur lokal auswirkten (Eus. h. e. 6,28). Bes. der aus den Rüstungen resultierende finanzielle Druck machte M. allg. unbeliebt (Herodian. 7,3). Eine in Afrika ausgebrochene Revolte (→ Gordianus) griff 238 auf Italien über und wurde vor allem von der M. feindlich gesonnenen Senatsmehrheit unterstützt (dazu KOTULA, Eos 50, 1959/60, 197ff.). Der Senat erklärte M. zum *hostis publicus*, forderte die Statthalter zum Abfall auf (BERSANETTI 56ff.) und beauftragte eine Kommission von 20 Consularen mit der Verteidigung Italiens gegen M. (H.A. vita Max. 32. THEODORIDES, Latomus 6, 1947, 31ff.). Dieser rückte von Pannonien aus vor, wurde jedoch mit seinem Sohn von den meuternden Soldaten erschlagen, als er bei der Belagerung Aquileias keinen Erfolg hatte (Herodian. 8,4f.; die Datierung schwankt zwischen Mai und Juli 238; vgl. G. WALSER – TH. PEKARY Die Krise des röm. Reiches 1962, 119).

Bildnisse und M.: G. ZINSERLING, Klio 41, 1963. CARSON Coins of the Rom. Emp. in the Brith. Mus. VI 1962.

*A. Bellezza* Massimino il Trace 1964. *G. M. Bersanetti* Studi sull'Imperatore Massimino il Trace 1940 (Neudruck 1965). *A. Lippold* in Bonner H.A. Colloquium 1966/67. 1968, 73ff.

**3.** Flavius aus Sopiana (Pannonien), von niederer Herkunft und mäßiger Bildung, Günstling Valentinians I., Statthalter in Corsica, Sardinien und Tuscien, anschließend, ca. 368–370, praefectus annonae in Rom, 370/71, vicarius urbi, 371/76 praefectus praetorio Galliarum. In Rom und auch noch von Galien aus terrorisierte er vor allem durch Hochverrats- und Zauberprozesse den senator. Adel (Amm. 28,1. Cod. Theod. 9,1,8. 6,1f. 24,3; 14,7,6).

*A. Alföldi* A Conflict of Ideas in the late Rom. Emp., 1952. *A. Demandt* Zeitkritik und Geschichtsbild im Werk Ammians, 1965.

**4.** M., comes, wirkte als magister scriniorum bei der Redaktion des Cod. Theod. mit (Cod. Theod. 1,1,16). 449 als Gesandter an Attila und 450 bei einer Gesandtschaft nach Rom ließ er sich durch den Historiker Priscus begleiten (Prisc. frg. 8.16). M. war 452/53 dux et praeses in der Thebais (Prisc. frg. 20f.), † 453. A. L.

**5.** M., Bischof von Trier, † bald nach 346. Seit dem 1. Exil des → Athanasios in Trier (335–337) war M. ein Freund dieses Vorkämpfers der Orthodoxie. An dem auf sein Betreiben einberufenen Konzil von Sardica (343) nahm er teil und zählte zu den von den dissidenten Orientalen verurteilten Führern der antiarian. Partei.

*E. Griffe* La Gaule chrét. 1, 1947, 143–148.

**6.** M., got. Bischof, schrieb um 395 eine arian. Streitschrift gegen → Ambrosius [2]. Sie enthält den hist. wichtigen Bericht des Auxentius über → Ulfila. Zuzuweisen sind ihm 15 Sermones [2], kurze Evangelien-Predigten [1] und mehrere Traktate [1. 2]. O. H.

Ta.: 1. *Migne* PL 57,781–832. 2. *Migne* PL Suppl. 1,691–763. Lit.: *B.Capelle*, Rev. Bénédict. 34, 1922, 81–108. Clavis patr. Lat.[2] Nr. 692–700.

**Maximus.** Cognomen, das urspr. besonderer Verdienste wegen verliehen worden ist (E. Fraenkel, RE XVI 1656. 1662. I. Kajanto The Latin Cognomina, Soc. Scient. Fenn., Comm. Hum. Litt. 36, 1965, 29f. 71ff. u. ö.) oder das Altersverhältnis bezeichnet (*m. natu*, J. Reichmuth D. lat. gentilicia, Diss. Zürich 1955,47). Erblich war es in der Gens Valeria seit dem 5. Jh. (Volkmann, RE VII A 2293) und in der Fabia seit den Samnitenkriegen (o. Bd. II 493 Nr. 38, vgl. ebd. Nr. 31–40), Plut. Pomp. 13,11. Im 3. Jh. v. Chr. wurde es jedoch auch weiteren ausgezeichneten Vertretern der Nobilität gegeben, dem Sp. → Carvilius Nr. 4 (erblich), Cn. → Domitius Calvinus (16), Cn. Fulvius Centumalus (24) und am E. des 3. Jh. dem P. Sulpicius Galba (cos. 211 und 200). Später wurde der Beiname auch ohne bes. Grund gebraucht, z. B. bei → Egnatius M. (5). Übersichten über die Träger: RE XIV 2539. Degrassi FCapit. 146; FCons. 258f. (Kaiserzeit). H. G. G.

I. Politische Persönlichkeiten:

**1.** (Appius) M. (Santra). Feldherr Traians im J. 116, erlitt eine Niederlage und fand dabei den Tod, Cass. Dio 68,30,1f. Fronto princ. hist. 17 (p. 199,10 H.); zum Namen Hauler, WS 38, 1916, 166f. Er war Konsular, vielleicht Statthalter von Mesopotamien, F. A. Lepper Trajans Parthian War, 1948, 211. R. Syme Laureae Aquincens., 1938, 218; JRS 43, 1953, 158 identifiziert M. mit T. Iulius M. **2.** M., Freigelassener des Parthenius, Teilnehmer an der Ermordung Domitians 96, Suet. Dom. 17,2. Dio-Xiph. 67,17,2. **3.** M., Adressat von Martial 1,7. 69. 5,70, vielleicht auch von 7,73. 10,77; doch wohl ident. mit → C. Vibius Maximus, Syme, Hist. 6, 1957, 480–87. **4.** M., Freund des jüngeren Plinius, Erbe eines Valerius Varus, epist. 6,8,4; wohl ident. mit dem Adressaten von epist. 2,14. 6,11. 8,19. 9,1. 23. **5.** M., Verteidiger von Marcianopolis gegen die Goten unter Kaiser Philippus (244–249), FHG III 675,18. **6.** M., Angeblicher Name des Vaters des Kaisers Probus; er soll Centurio und Militärtribun gewesen sein, Epit. Caes. 37,11; vit. Prob. 3,2. R. H.

**7.** M., Petronius, Kaiser 455, aus vornehmer stadtröm. Familie (Dessau ILS 809), * 396, comes sacrarum larg. 415, praefectus urbi 420/21 und



433, consul 433 und 443, praefectus praetorio Italiae 435 und 439/41 (Nov. Valent. 3,10). 454 war M. wahrscheinlich am Sturz des → Aetius (3) beteiligt (Hofklatsch darüber bei Ioh. Antioch. frg. 200f. = FHG 4,614f.). Am 16. März 455 übergaben die Mörder Valentinians III. Diadem und Roß dem am 17. März als Kaiser anerkannten M. (Ioh. Antioch. frg. 201. Chr. min. 1,483f. 2,27). Er zwang → Eudoxia (2), ihn zu heiraten, vermählte ihre Tochter → Eudokia (2) seinem zum Caesar erhobenen Sohn Palladius. Als Geiserich am 31. Mai 455 vor Rom lagerte, gab er M. die Erlaubnis zur Flucht, auf der er (vermutlich durch einen Leibwächter) getötet wurde. Der in der Zivilverwaltung bewährte M. hatte es nicht verstanden, zur Armee Kontakt zu gewinnen (Chr. min. 1,484. 663. 2,27. 186. Sidon. ep. 2,13,4f. Zon. 13,25). **8.** M. Magnus (vgl. die Mz. bei Cohen emp. 8,166ff. Pearce Rom. Imp. Coin. IX. Dessau ILS 788), Usurpator 383–388; aus armer span. Familie stammend (Pacat. Paneg. 31), diente sich M. unter Theodosius, dem Vater des Kaisers, hoch, nahm 369 an dessen Feldzug in Britannien teil (Zos. 4,35), vielleicht (wenn er Amm. 29,5,6 gemeint ist) auch am Krieg gegen → Firmus (3). Später war M. Oberbefehlshaber in Britannien (comes Britanniarum?), wo er im Frühjahr 383 durch die mit → Gratianus unzufriedenen Truppen zum Kaiser erhoben wurde (Pacat. 23. 38. Sulp. Sev. Chron. 2,49. Vita Mart. 20,3. Oros. 7,34,9). Bald setzte M. nach Gallien über, wo die Truppen Gratians zu ihm abfielen (Zos. 4,35. Pacat. 23). Vom Spätsommer an herrschte M. über Britannien, Gallien und Spanien. Vermutlich wertete M. frühere Beziehungen zu Theodosius propagandistisch aus, doch ist nicht erweisbar, daß er tatsächlich das Einverständnis des Kaisers besaß (anders Seeck Unterg. 5,168f. Pearce XXI). Valentinian II. und Theodosius blieb angesichts der Machtverhältnisse nichts anderes übrig, als M., der in Trier residierte und von dort aus mit den Kaisern Verhandlungen aufnahm, wenigstens de facto anzuerkennen. M., kathol. Christ, ließ sich von gall.-span. Bischöfen zu hartem Vorgehen gegen die Priscillianisten bewegen (384/85 Prozeß mit Todesurteilen in Trier), obwohl sich Martin v. Tours mehrfach bei M. um Milde bemühte (Sulp. Sev. Chron. 2,49f.; dial. 3,11. Pacat. 29. Lippold Hist. 17,238). Als Valentinian sich in gutem Einvernehmen mit M. wähnte, fiel dieser im Sommer 387 in Italien ein, besetzte es fast ohne Widerstand und nahm Residenz in Aquileia (Zos. 4,42f. Sokr. 5,11f. Oros. 7,35). Seinen Sohn Victor ließ er in Gallien zurück (Greg. Tur. 2,9). Erst im Frühjahr 388 brach Theodosius, zu welchem Valentinian geflüchtet war, zum Gegenfeldzug auf. Das Heer des M., der in Aquileia blieb, wurde bei Siscia und Poetovio geschlagen (Pacat. 34f. Ambros. ep. 40). M. lieferte sich der Gnade des Gegners aus, fiel aber (am 28. August) der Wut der Soldaten zum

Opfer. M. wurde als Usurpator gebrandmarkt, seine Regierungsmaßnahmen für ungültig erklärt, doch seiner Familie und dem weiteren Anhang gegenüber erwies sich Theodosius als milde. Noch 388 wurde Victor in Gallien durch Arbogast niedergekämpft (Pacat. 43–45. Chr.min. 1,298. Cod. Theod. 15,14,6ff.).

*Stein* I. *A.Lippold* Theodosius d. Gr., 1968.

**9.** M., 361 Gesandter des röm. Senates an Constantius II., wurde durch Iulianus praefectus urbi (Amm. 21,12,24. Symm. rel. 34). **10.** M. aus Raphia (Palaestina), Heide, 359/62 praeses Armeniae (Liban. ep. 275. 284f. 287f.), machte sich 362/63 als consularis Galatiae um Ankyra verdient (Liban. ep. 779. 808. 834. 1230 u.a.). 364 war er praefectus Aegypti (Liban. ep. 1274f.). 409 von Gerontius (3) zum Kaiser erhoben, floh M. nach dessen Sturz (411) nach Spanien, wo ihn der Wandale → Gundericus im J. 418 abermals zum Kaiser ausrufen ließ. Bald darauf wurde er durch kaiserliche Truppen gefangen und 422 in Ravenna hingerichtet (Oros. 7,42,4f. Greg. Tur. 2,9. Chr. Min. 1,466. 656. 2,75). **11.** M., Nachkomme von Nr. ?, Consul 523 (Cassiod. var. 5,42), *patricius*, mit ostgot. Prinzessin verheiratet, 537 mit anderen Senatoren als verdächtig aus Rom von Belisar entfernt (Prok. 5,25,15). Von den Goten als Geisel nach Kampanien verschleppt, starb M. wahrscheinlich 552 (Prok. 8,34,6). Kaiser Iustinian hatte ihn teilweise enteignet (Iust. Nov. Append. 8,1). **12.** M., Kyniker und Christ aus Alexandreia, unterstützte 379 Gregor von Nazianz in Constantinopel (Greg. or. 25; de vita sua 810ff. 954ff. = MIGNE PG 35 bzw. 37). 380 ließ Petrus von Alexandreia ihn zum Bischof von Constantinopel weihen, doch fand die gegen den Willen des Volkes erfolgte Wahl nicht die Billigung des Kaisers Theodosius, und M. wurde 381 für abgesetzt erklärt (Greg. Naz. a. O. 844ff. 1001ff. Ambros. ep. 13. Theodoret. 5,8. Soz. 7,9). A. L.

II. Literarische Persönlichkeiten:

**1.** M. von Tyros lebte etwa 125–185 n. Chr. Er war ein Rhetor, der philos. Gegenstände zum Thema seiner Reden nahm; 41 dieser Reden oder Vorlesungen = διαλέξεις sind erhalten. M. nennt sich einen Platoniker; zweifellos will er in der Nachfolge Platons stehen; aber nach Ausweis des Erhaltenen muß es als ganz zweifelhaft gelten, ob M. eine vertiefte philos. Schulung erhielt. Seine Rhetorik stellt Philosophisches in derartiger Verflachung dar, daß sein Ort innerhalb des damals reich gegliederten Platonismus nicht zu bestimmen ist. M. lehrte zeitweise in Athen; von den erhaltenen διαλέξεις sind mindestens Nr. 30–35, die einen geschlossenen Zyklus bilden, in Rom gehalten.

Ta.: *H. Hobein*, 1910.

Lit.: *H. Mutschmann* Das erste Auftreten des M. in Rom, Sokrat. 5, 1917, 185ff.

**2.** M. von Byzanz, vermutlich Neuplatoniker, nachmals oft verwechselt mit M. von Ephesos. Von diesem wird er ausdrücklich geschieden von Sokr. hist. eccl. 3, 1,16; 372a; in dem Suda s.v. Μάξιμος wird ihm außer dem Beinamen Βυζάντιος auch der Beiname Ἠπειρώτης gegeben. Ungeklärt ist, ob die Schriften-Liste im Suda auch solche von diesem M. enthält.

**3.** M. aus Lykien, Neuplatoniker, Lehrer des mit Libanios befreundeten Severos und darum fünfmal von ihm zitiert; weitere Zeugnisse gibt es nicht. Nach Liban. epist. 665,2 war M. im J. 361 nicht mehr am Leben.

**4.** M. von Ephesos, Freund und Lehrer des Kaisers Iulianus. M. wurde Schüler des Neuplatonikers → Aidesios, der die von → Iamblichos begründete Richtung in Pergamon vertrat; dieser lehnte es wegen seines hohen Alters ab, philos. Lehrer des Prinzen Iulianus zu werden. Gerade weil andere Schüler des Aidesios den Prinzen vor M. warnten, suchte er den M. in Ephesos auf; dieser hatte die seit Iamblichos im Platonismus angelegte Tendenz zur Theurgie mächtig entwikkelt; so imponierte es, daß M. das Kultbild der Hekate sich hatte beleben lassen. Die Anekdote berichtet davon, wie Iulianus sich spontan dem M. zuwandte (derlei ist freilich topisch; Plotins Hinwendung zu Ammonios wird ebenso erzählt); das entscheidende Faktum ist: M. übte nachhaltige Wirkung auf den Prinzen und dann den Kaiser aus, wovon dieser im seiner 7. Rede 304,22 dankbar Zeugnis ablegt. Die Entscheidung Iulians für die alte Religion, sicher vorbereitet durch den Entschluß, Philos. zu studieren, ist zweifellos unter dem Einfluß M.' zum Durchbruch gelangt. Während der kurzen Regierungszeit stand M. dem Kaiser als Ratgeber bei und begleitete ihn auf dem Feldzug gegen Persien; über die hohe Ehrung, die M. vom Kaiser erfuhr, berichtet Liban. or. 18, 155ff. und Amm. 22,7,3.

Unter den Kaisern Valentinianus und Valens wurde M. der Gegenstand, ja das Opfer zweier Prozesse: Er geriet in den Verdacht, durch Zauberei eine langandauernde Krankheit beider Kaiser bewirkt zu haben; M. wurde aus Konstantinopel entfernt und zu einer hohen Geldstrafe verurteilt; Folterungen brachten ihn in die Nähe des Todes. Dennoch kam M. wieder zu Ehren, ja, er scheint nach Konstantinopel zurückgekehrt zu sein. Dort wurde er um die gültige Deutung eines umstrittenen Orakelspruches befragt; M. prophezeite dem Kaiser Valens den Tod ohne die Ehren der Bestattung; im Zuge einer nun gegen M. angestrengten cognitio wurde M. 372 hingerichtet. Die Lebensbeschreibung von Eunapios, hauptsächliche Quelle für das Leben des M., trägt stark legendar. Züge, obwohl Eunapios den M. vermutlich kannte (Selbstzeugnis zu Beginn der vita); namentlich das Auf und Ab der letzten Lebensjahre ist derart erzählt, daß M. fast zu einem Märtyrer der Theurgie wird. Hier ist maßvolle Kritik am Platze.

Es darf nicht überraschen, daß M. zumindest der Vf. eines Komm. zu den Kategorien des Aristoteles war; das Bemühen um wissenschaftliche Textauslegung war mit den Übersteigerungen spätant. Religiosität wohl vereinbar; insofern setzte M. konsequent die von → Porphyrios begonnene Linie fort. Im übrigen ist seine zwischen Priestertum und Charlatanerie schwankende Persönlichkeit für jenes Jh. typisch.

*K. Praechter*, RE XIV 2563 ff. *E. Geffcken* Der Ausgang des griech.-röm. Heidentums, 1920. *J. Bidez* La vie de l'empereur Julien, 1932, bes. 169/70 und 304.

**5.** M. Confessor, bedeutender Theologe des 7. Jh., lebte 580–662; er bekämpfte wirksam den Monophysitismus, später den Montheletismus, dessen Verurteilung auf der Lateran-Synode zu Rom er 649 bewirkte. Dagegen wurde er in Konstantinopel 655 zuerst mit Verbannung, 662 mit Verlust der rechten Hand und der Zunge bestraft. Rund 90 Schriften sind von ihm erhalten; M. verfügte über encyclopäd. Kenntnis der bisherigen Patristik; namentlich zu den Werken des Gregor von Nazianz, aber auch zum Ps. Dionysios Areopagita hat er Erklärungen verfaßt, um die Orthodoxie namtenlich des letzteren zu verteidigen. Es war kein Zufall, daß sich an dieses sehr reiche Schrifttum um 1100 ein Sammelwerk anheftete: eine Sentenzen-Slg. frühbyzant. Z., Tit. Ἐκλογαί. Sie steht in der Tradition der → gnomolog. Slg.en; d.h. der Kompilator hat einen Grundstock vorgefunden und ihn durch eigene Lesefrüchte erweitert. Die Slg. ist systemat. geordnet; sie bietet zu zahlreichen, namentlich theolog. und eth. Problemen Belegstellen erst aus chr., dann aus heidn. Autoren. H. D.

Ta.: *Migne* PG 91,719–1018.

Lit.: *B. Altaner* Patrologie 521 f.

**6.** M., verfaßte – nicht vor dem 2. Jh. n. Chr. – ein astrolog. Lehrgedicht in Hexametern. Von den 12 Kap. *περὶ καταρχῶν* sind die ersten 3½ verloren, aber eine Prosafassung des Ganzen ist erhalten. Bestimmt wird günstige oder ungünstige Z. bei jedem Beginnen: 1. Geburt, 2. Sklavenkauf, 3. Seefahrt und Handel, 4. Reise, 5. Ehe, 6. Krankheit, 7. Chirurg. Behandlung, 8. Entlaufen, 9. Einschulung der Kinder, 10. Landbau, 11. Gefangenschaft, 12. Diebstahl, nach der Stellung des Mondes in den Tierkreiszeichen und den Konstellationen der Planeten. E. B.

Ta.: *A. Ludwich*, Lpz. 1877.

Lit.: CCAG I, 4; 31; 71; V 3,51. *Heeg* Die angeblich orph. Erga, Münch. 1907.

**7.** M., Grammatiker in Madaura, von dem nur ein Brief an Augustinus (Aug. ep. 16) mit dessen Erwiderung (ep. 17) aus dem J. 390 erhalten ist. M. verteidigt in seinem Brief den Polytheismus der Römer, meint aber, daß die vielen Götter Ausstrahlungen eines höchsten Gottes seien. Aug. soll ihm schlicht erklären, wer der Gott der Christen sei. M., der sich ep. 16,4 *senex invalidus* nennt, hat Aug. in Madaura wahrscheinlich in Grammatik und Rhetorik unterrichtet.

*Wendel*, RE XIV 2571.

**8.** M., Statilius, röm. Grammatiker, der nur durch Iulius Romanus bei Charisius bekannt ist. Er lebte vor Romanus und wohl nach Gellius, der ihn nicht erwähnt, also vermutlich E. 2. oder Anf. 3. Jh. Eine Identifizierung mit anderen Trägern gleichen Namens (dazu Buecheler Carm. epigr. 227) ist unsicher. M. verfaßte ein Werk *De singularibus apud Ciceronem quoque positis* (Keil GrL 1,194,11. 218,6), in dem *ἅπαξ λεγόμενα* bei Cicero gesammelt und durch Parallelen erläutert wurden. Die Zitate bei Charis. entstammen mit einer Ausnahme (240,1) dem Abschnitt *De adverbio* (180–224), der Romanus entnommen ist. Von den 17 oder 18 Stellen, an denen M. oder Statilius M. namentlich erwähnt wird, beziehen sich 12 auf Cic., 5 oder 6 auf Cato; auffallend ist die griech. Erklärung zum Catozitat 240,1. Ob die Cato- und Cic.-Stellen demselben Werk des M. angehören, ist ungewiß. Verschiedene »singuläre« Stellen des M. belegt Romanus aus anderen Autoren; 194,10 und 209,4 kritisiert er ihn.

Möglicherweise ist M. mit Statilius Maximus identisch, der Reden Cic.s emendierte: In Cic.-Hss. steht am Anf. von leg. agr. 2: . . . *In exemplo sic fuit. Statilius Maximus rursum emendavi ad Tironem et Laeccanianum et dom̄. et alios veteres III. oratio eximia* (P. Hildebrand De schol. Cic. Bobiens., 1894, 15 f. K. Büchner Gesch. d. Textüberlief. 1, 1961, 355). M. Fo.

*Wessner*, RE XIV 2571 f. *O. Froehde*, JbPhPäd Suppl. 18, 1892, 645. *Teuffel-Kr.-Sk.* 3[6] § 374,2. *Schanz-Hos.* 3,164 f.

**Maxula.** Stadt der Africa proconsularis, h. Radès (Atl. Arch. Tun. f[e] 23 La Goulette, Nr. 2) Plin. nat. 5,24 nennt die *colonia* M., Ptol. 4,3,2 *Μάξουλα κολ.*, auch CIL VIII 12253. 24328. AE 1949,175; aber wahrscheinlich irrtümlich: Teutsch Das röm. Städtewesen in N.-Afrika, 1962, 45. Heimat einiger Legionäre in Lambaesis (CIL 2567, 38. 18067a, 3. 18087,41). Ruinen: Atl. Arch. Tun. a.O. Inschr. CIL 12458. 24328 M. L.

**Maxyes** s. Mazyes

**Mazaios** (*Μαζαῖος*). Perser, unter Artaxerxes III. Satrap von Kilikien, wurde zusammen mit Belesys, dem Satrapen von Syrien, mit dem Oberbefehl gegen die aufständischen Phoiniker betraut, erlitt jedoch im J. 344 v. Chr. eine Niederlage durch Mentor und seine 4000 im Solde des Nektanebos stehenden Griechen (Diod. 16,42,1 f.), aber bald darauf wurde Phoinikien doch unterworfen. Unter Dareios III. umfaßte M.' Satrapie nicht mehr Kilikien, sondern nur »Koilesyrien und Syrien zwischen den Strömen«. Er hielt bei Thapsakos Wache, gab dann die Passage frei (Arr. an. 3,7,1 f. Diod. 17,55,1. Curt. 4,9,7 f. 12). Rühmlicher war seine Haltung bei Gaugamela (Arr. an. 3,8,6. Diod. 17,58 f. Plut. Alex. 32. Curt. 4,11,20. 12,1. 4,15.18. 15,5. 16,1.4). Als Alexander vor Babylon kam,

öffnete M. die Tore (Curt. 5,1,17f. 20). Er wurde von Alexander zum Satrapen von Babylonien eingesetzt (Arr.an. 3,16,4. 7,18,1. Curt. 5,1,44).
J. D.-G.

**Mazara,** h. Mazzara, kleine Stadt an der S.-Küste Siciliens 20 km s.ö. von Marsala an der Mündung des gleichnamigen Flusses, urspr. wohl phoinik. Nach der Gründung von → Selinus bildete der Fluß die Grenze gegen die Phoiniker von → Motya (dann Lilybaion) und die → Elymer von → Segesta und war daher viel umkämpft. Im J. 409 von Hannibal auf dem Vormarsch gegen Selinus genommen (Diod. 13,54,6), im Anf. des 1. pun. Krieges von den Römern zerstört (23,9,4), bestand es weiter als unbedeutender Hafenplatz (von Cic. Verr. nicht erwähnt), wurde 827 von den Arabern zerstört, dann von den Normannen wieder aufgebaut. Inschr. IG XIV 273. CIL X 7202–7221.
K. Z.

*Hulot-Fougères* Sélinonte 24. *K. Ziegler*, RE XV 3f.

**Mazaros** (*Μάζαρος*) *ἑταῖρος* Alexanders d. Gr., 331 als Kommandant der Burg von Susa zurückgelassen. Name nur bei Arr.an. 3,16,9; Curt. 5,2,16 nennt Xenophilos.
G. W.

*Berve* Alex. II Nr. 486

**Mazdaismus** ist die Glaubensstiftung Zarathustras (lebte wahrscheinlich 630–553 v.Chr.). Die Bezeichnung leitet sich her von dem 2. Bestandteil des Gottesnamens Ahura Mazdā, etwa »Allweiser Herr« (*mazdā* = »Weisheit, weise«). Schon bald nach dem Tode Zarathustras haben sich die Anhänger seiner Religion Mazdā-Verehrer (mazdayasna) genannt. Andere Benennungen des M. sind Zoroastrismus und Parsismus. Der M. ist eine Heils- und Offenbarungsreligion. *Erste und letzte Dinge.* Urewig, ohne Anfang und Ende, ist allein der »Allweise Herr« (Ahura Mazdā). Als Schöpfer aller Dinge thront er segenstiftend in seinem unvergänglichen Reich, das von ewiger Helle erfüllt, »sonnenhaft« ist. In dieser – rein geistigen – Welt kam es zu einem furchtbaren Drama. Durch den Zwiespalt der »beiden Zwillinge zu Anfang«, d.h. der beiden erstgeschaffenen Wesenheiten »Heiliger Geist« (Spenta Manyu) und »Böser Geist« (Aka Manyu, auch Angra Manyu »Arger Geist« genannt, später Ahriman) kam es zum Kampf. »Als diese beiden Geister aufeinandertrafen, da stifteten sie erstmals Leben und Tod« (Yasna 30 des Avesta, Strophe 4). Der Böse Geist wurde in die »Sphäre der Lüge« (Hölle) hinabgestürzt, und mit ihm die Schar jener Himmelswesen (Daēvās), die zu ihm gehalten hatten. Die rätselhafteste Gestalt im M. ist der »Heilige Geist« (Spenta Manyu). Er steht im äußersten Gegensatz zum Bösen Geist, den schon die Ant. mit Satan gleichgesetzt hat (nach Theodoros von Mopsuestia [† 428 n.Chr.], bei Phot. cod. 81). Die vom Bösen Geist Verführten sind nicht nur von Gott (Ahura Mazdā) abgefallen, sondern auch vom Heiligen Geist. Dieser wohnt als Herr des Reiches im Paradies (»Haus des Lobgesanges«), das er im Auftrage Gottes sich entfalten läßt. Nach dessen Weisungen hat der Heilige Geist alle Dinge geschaffen; mit ihm zusammen hat er die »Rechte Ordnung« ersonnen. Als prüfender Gerichtsherr verleiht der Heilige Geist den Seelen der Frommen nach ihrem Erdentod »Heil« und »Unsterblichkeit«. Am Jüngsten Tag wird er auf Gottes Geheiß richten über Gerechte und Ungerechte, denn er kennt den geheimen Ratschluß des Allweisen Herrn, mit dem er seit Ewigkeit eins und dessen Sohn er ist. Diese Aussagen Zarathustras sind von bestürzender Tiefe: sein »Heiliger Geist« trägt offensichtlich Wesenszüge Christi.

Der Stifter des M. In den Zeugnissen der Ant. (zusammengestellt von C. Clemen Fontes hist. religionis Pers., Bonn 1920) bleibt Zarathustra eine verschwommene Gestalt. Nach den – vielfach unsicheren – heimischen Quellen wurde Zarathustra Spitāma um 630 v.Chr. in Baktrien geboren und erlebte als Priester mit 30 Jahren seine Berufung zum Propheten. In Visionen erschien ihm der Engel Vohu Manah (»Gutes Sinnen«) und offenbarte ihm in Auditionen das Reich des Allweisen Herrn, für das zu wirken er berufen sei. Nach zehnjähriger erfolgloser Predigt in seiner baktrischen Heimat floh Zarathustra um 590 v. Chr. westwärts nach Chorasmien. Dort fand er Asyl bei König Vishtāspa, der sich 588 v.Chr. samt seinem Hofstaat zum neuen Glauben bekehrte. Bis zu seinem Tod (wohl 553 v.Chr.) verbreitete Zarathustra seine Lehre, hauptsächlich im Kampf gegen den Mithra-Kult. Den ihm geoffenbarten Glauben faßte er dichterisch zusammen in 16 Gesängen oder Gathas, die, obwohl Jh. hindurch nur mündlich überliefert, unverfälscht auf uns gekommen sind. Im Avesta, dem heiligen Buch des M., bilden die Gathas die Yasna-Kapitel 28–34 und 43–51, insgesamt 859 Gedichtzeilen von außerordentlicher inhaltlicher und formaler Schwierigkeit.

Predigt und Kultus. Nach dem M. ist das Ziel des Erdenlebens die Herrschaft des Allweisen Herrn. Der Weg in sein Reich, in dessen seligen Gefilden Heil und Unsterblichkeit des Gläubigen harren, führt über die Betätigung der Dreiheit der »Rechten Ordnung«, des »Guten Sinnens« und der »Andacht«. Der Mensch ist gehalten, sein Tagewerk als sittliche Verpflichtung aufzufassen. Indem er sich aus freier Entscheidung in die »Rechte Ordnung« einfügt, wirkt er an der Eindämmung und schließlichen Überwindung des Bösen mit. – Der von Zarathustra gestiftete Kultus war bewußt karg. An die Stelle blutiger Opfer trat das Gebet. Der Gottesdienst fand im Gegensatz zum Mithra-Kult im hellen Tageslicht statt. Der Prophet umschritt einen Altar, auf dem als Sinnbild der Gottheit ein Feuer brannte, und sang mit betend emporgereckten Händen den Lobpreis des Allweisen Herrn. In den Augen der Nachwelt hat das zarathustrische Feuer übertriebene Bedeutung erlangt und zur Verketzerung der Zoroastrier als »Feueranbeter« geführt.

Die geschichtliche Entwicklung des M. ist gleichbedeutend mit seiner Entstellung und Verfälschung. Während sich der M. unter Kyros d. Gr. (559–530) und Dareios d. Gr. (522–486) rein und kraftvoll auszuwirken vermochte, gewann bereits unter Xerxes (486–465) die Priesterkaste der Magier ihre einstige Machtstellung zurück. Damit drangen »heidnische« Gottheiten und Kultformen in den M. ein. Schon Artaxerxes II. (405–359) erhob neben Ahura Mazdā auch Mithra und die Anahita zu »amtlichen« Gottheiten. Unter den Sassaniden (224–650 n. Chr.) vermochte sich der überfremdete und verfälschte M. zu einer starr dogmat., unduldsamen Staatsreligion zu erheben, erlag aber fast widerstandslos dem Islam (nach 650). Die im 10. Jh. nach Indien ausgewanderten Zoroastrier leben dort noch h. als Parsen im Raum Bombay (etwa 250000). In Iran selbst haben sich rund 20000 Zoroastrier erhalten (mehr als die Hälfte in Teheran, die übrigen im Raum Yazd und Kerman). W. Hi.

*F. Wolff*, Avesta – Die heiligen Bücher der Parsen, 1924. *H. Humbach* Die Gathas des Zarathustra I–II, 1959. *J. Duchesne-Guillemin* Symbolik des Parsismus, 1961. *R. C. Zaehner* The Dawn and Twilight of Zoroastrianism, 1961. *W. Hinz* Zarathustra (mit vollst. Übers. der Gathas), 1961. *J. Duchesne-Guillemin* La Religion de l'Iran Ancien, 1962. *G. Widengren* Die Religionen Irans, 1965.

**Mazdak.** Iranischer religiöser Sozialrevolutionär, * um 460 n. Chr. im Tigrisgebiet, lehrte eine Mischung aus Mazdaismus und Manichäismus, doch mit entschieden eigenen Zügen. Seine geschichtliche Bedeutung lag in seinem Auftreten als Sozialrevolutionär. Als »erster Kommunist« predigte M., Habgier sei die Ursache allen Unglücks und Elends; durch Güter- und Frauengemeinschaft werde es behoben. Diese Forderungen fanden im darbenden pers. Volk lebhaften Anklang; um 494 kam es zu sozialen Erhebungen. Der Sassanidenkönig Kavād, 499 wieder auf den Thron gesetzt, unterstützte die Bewegung. Als aber Unruhen und Plünderungen überhand nahmen, erstickte Kavād 524 den Mazdakismus in einem Blutbad, in dem auch sein Stifter M. umkam. W. Hi.

*F. Altheim* Mazdak und Porphyrios (NClio 1953, 356ff.). *O. Klíma* Mazdak – Gesch. einer sozialen Bewegung im sassanid. Persien, 1957.

**Mazippa.** Führer der den Musulamiern benachbarten Maurenstämme, beteiligt mit Plünderungszügen am Aufstand des → Tacfarinas 16 n. Chr., Tac. ann. 2,52. H. V.

**Mazonomon** (*μαζονόμον*, *μαζονόμιον*, aus *μάζα* »Gerstenbrot« und *νέμω* »zuteilen«). Die Anrichtplatte (Poll. 6,87. Hesych. Etym. m. s. *μαζονόμιον*. .Phot. s. *μαζονόμια*. Athen. 4, 149a. 5,197f. 202e. CIG II 2852,50. Varro rust. 3, 4,3. Hor. s. 2,8,86. Nemes. auc. 17) aus Holz oder Metall hatte die Form eines tiefen Tellers bzw. einer Schüssel. Nach Funktion (und Form?) entspricht mazonomon lat. → *catinus* und → *lanx*. W. H. G.

**Mazyes.** Libyscher Volksstamm, zuerst erwähnt von Hekat. frg. 304 bei Steph. Byz.: *Μάζυες, οἱ Λιβύης νομάδες. Ἑκαταῖος περιηγήσει. εἰσὶ δὲ καὶ ἕτεροι Μάξυες καὶ ἕτεροι Μάχλυες*. Nach Hdt. 4,191 waren die *Μάξυες* (sic) ein Bauernvolk w. des Flusses Triton, das von den Troianern abzustammen behauptete. Sie schoren den Kopf links, trugen rechts die Haare lang und rieben den Körper mit Mennige ein. Der Name ist libyschen Ursprungs, wie Mazices = die Adeligen, entsprechend den heutigen Amazigh, Imazighen. M. L.

*O. Bates* The eastern Libyans 77. *S. Gsell* Hérodote 119. 134. *J. Desangers* Cat. tribus afric. de l'Antiquité class. 111.

**Mechanik** (*μηχανή*, urspr. »List«, »Mittel«) bedeutet schon bei Hdt. auch »Vorrichtung, Mechanismus« im techn. Sinn. Noch im 5. Jh. verengt sich der Begriff gelegentlich auf Kriegs- und Theatermaschinen. Die M., *μηχανική* (scil. *τέχνη*), eng mit der Mathematik verbunden (z. B. → Thales, → Archimedes), befaßt sich nach ant. Auffassung im Gegensatz zur Physik mit »unnatürlichen« (weil künstlich hervorgerufenen) Bewegungsvorgängen, die dem Rang nach niedriger sind als »reine« Physik und Mathematik (Ps. Aristot. mech. 847a 11–19. Plut. Marc. 14, 6. 11. mor. 718e) .Seit dem Hellenismus wird die M. eingeteilt in die Kunst, große Lasten zu heben, den Bau von Kriegsmaschinen (Geschützen), Schöpfmaschinen, Automaten und Globen (Planetarien). Sie entwickelt sich seit dem 6. Jh., vor allem gefördert von bedeutenden Herrschern, die an den kriegstechn. Ergebnissen der M. interessiert waren. Schon früh fand die M. des griech. Ostens (Eupalinos auf Samos, Hdt. 6,30) hohe Anerkennung im Ausland (→ Thales, Hdt. 1,75,3f. → Mandrokles. Harpalos, nach Laterc. Alexandrini [APrAW 1904, Diels] col. 8,8f. Erbauer der Hellespontbrücke für Xerxes). Von den Schriften des → Archytas und → Ktesibios ist zwar nichts erhalten, doch kennen wir die M. des Hellenismus und der Kaiserz. aus den erhaltenen Werken des Vitr., der → Poliorketiker, vor allem aber des → Archimedes, → Heron, → Pappos, → Philon von Byzanz.

Die Leistungen der ant. M. finden erst seit einiger Z. wieder angemessene Würdigung. Das Hebelprinzip ist die Grundlage der Konstruktion zahlreicher → Automaten sowie der Geschütze, Belagerungs- und Theatermaschinen usw., vor allem in Verbindung mit Rollen und Schrauben (Schöpfmaschinen, Öl- usw. -Pressen, Flaschenzug) sowie Zahnrädern (→ Hodometron). Elastizität und Luftdruck nützt das Luftgeschütz (*ἀερότονος καταπάλτης*) des Ktesibios aus. Der Luftdruck wird von Ktesibios und Heron außer zu Spielereien (Heronsball. Wasserorgel) auch zu Gebrauchsgeräten genutzt (Feuerlöscher, Heron pneum. 1,28 = Vitr. 10,7). Auch Wasserkraft und Wasserdruck werden verwandt (→ Wasseruhr), während die Technik der Ant. den Dampfdruck kaum ernsthaft angewandt hat (Heron benützte den Rückstoß bei Dampfentwicklung dazu, eine Kugel um ihre Achse zu drehen, pneum. 2,11, doch blieb das ohne technische Folgen. Vgl. auch pneum. 2,6 den auf Dampfstrahl springenden Ball). – Im MA. wirkten die Schriften der antiken Mechaniker vor allem durch arabische Übersetzungen; erst Galilei hat die antike These von der Überlistung der Natur durch die Mechanik widerlegt. W. H. G.

→ Automaten. → Hodometron. → Ingenieure. → Technik.

*H. Diels* Ant. Technik [3]1924. *J. L. Heiberg* Gesch. der Mathematik u. Naturwiss. im Alt. 1925 (Nachdr. 1960). *A. G. Drachmann* Ktesibios, Philon and Heron. A Study in Anc. Pneumatics 1948; *Ders.* Mechanical Technology of Greek and Roman Antiquity 1963. *Ch. Singer* A Hist. of Technology I 1954. *R. J. Forbes* Stud. in Anc. Technology I–IX, 1955–1965. *F. Kretzschmer* Bilddokumente röm. Technik [2]1964. *L. Sprague de Camp* Ingenieure d. Ant. 1964.

**Mechanische Methode.** Der 1906 entdeckte Cod. rescr. Metochii Constantinopol. S. Sepulchri mon. Hierosol. 355 enthält Archimedes' Schr. *Ἔφοδος* an Eratosthenes, das einzige Denkmal, das Einblick in das heuristische Verfahren der großen Mathematiker sowie Vermutungen über das Vorgehen von Vorklassikern wie Demokritos gestattet. Nach Heiberg der bedeutendste neuzeitliche Fund zur Gesch. d. gr. Math. Sie enthält die Ableitung von Sätzen über den Inhalt des Parabelsegments und die Verhältnisse von Zylinder-, Kegel- und Kugel-Volumen zueinander mit Hilfe der m. M., die nach Archimedes' eigenen Worten zum Beweis nicht ausreicht. Die Beweise sind verloren, finden sich aber in anderen Schriften des Arch. Beispiel: Das Parabelsegment verhält sich zum

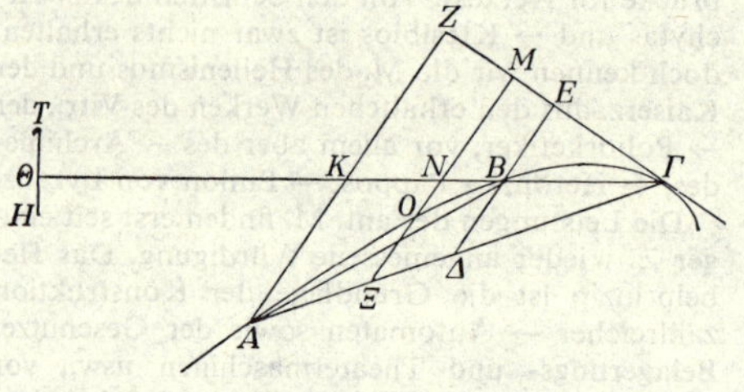


eingeschriebenen Dreieck wie 4:3. $A\Gamma$ ist eine Parabelsehne, $\Delta E$ halbiert $A\Gamma$ und liegt auf einem Parabel-Durchmesser, $\Gamma Z$ auf der Tangente in $\Gamma$. $AZ$ und $\Xi M$ parallel zu $\Delta E$ (nach Konstr.) $\Xi$ auf $A\Gamma$ beliebig angenommen. Nach Euklid: $\Delta E$, $\Xi M$ und $AZ$ in $B, N, K$ halbiert. $\Gamma K = K\Theta$ nach Konstr. $\Gamma\Theta$ als Waagebalken vorgestellt mit $K$ als Angelpunkt. Nach Quadr. par. 5: $A\Xi : A\Gamma = \Xi O : \Xi M$. Dreieck $A\Gamma Z$ als materielle Scheibe geringer Dicke, $\Xi M$ als Streifen geringer Breite vorgestellt. Wo auch immer $\Xi$ angenommen: Ein $\Xi O$ gleiches Gewicht in $\Theta$ aufgehängt balanciert $\Xi M$. Nach elementar-geom. Proportions- und Schwerpunktssätzen: Das Parabelsegment wiegt $^1/_3$ des Dreiecks $A\Gamma Z$ und $^4/_3$ des eingeschriebenen Dreiecks $AB\Gamma$, q.e.dem. Das Waage-Bild wird von Archim. auch sonst verwendet (Quadr. par. 6–15), indessen nur entweder elementar-geom. oder als Veranschaulichung in einem klassischen Exhaustionsbeweis. J. M.

*T.L. Heath*, The Works of Archimedes, Oxford 1912 (Dover Nachdr.), 329; Archimedes Opera ed. Heiberg, Leipzig 1913, II 426.

**Meclodunum.** Stadt der Senonen auf einer Insel der Seine. Caes. Gall. 7,58,2.6. 60,1. 61,5 benutzt zwei Formen: M. (Burg von Metlos) und *Metlosedum* (Wohnsitz von Metlos = der Mäher); h. Melun. J. Vendryès Le nom de Melun, Mél. Soc. Linguist. de Paris 13, 1904, 225: *Metlosedum* wäre die kelt., M. die lat. Fassung. Itin. Ant. 383. Tab. Peut. 2,4. Bei M. führte eine Brücke über die Seine: Caes. Gall. 7,58,5. Inschr. CIL XIII 3010. Bildwerke: Espérandieu Rec. gén. 4,2931; geschnitzte Stele s. Gallia 9, 1951, 83. Desjardins Géogr. 2,470. M. L.

**Meda** (*Μήδα*). **1.** Gemahlin des → Idomeneus (1), in dessen Abwesenheit von → Leukos (3) verführt und später ermordet, Apollod. epit. 6,9. **2.** Tochter des → Ikarios (2), Schwester der Penelope, Sch. Hom. Od. 4,797. **3.** Tochter des Phylas, Gattin des Herakles, Mutter des Antiochos, des Eponymen der att. Phyle → Antiochis, Paus. 1,5,2. 10,10,1. Wilam. GldH 2,16,5. H. v. G.

**Medaba** (at. *Mēdᵉbā*, griech. *Μήδαβα*, arab. *Mādebā*), Ortschaft auf der ostjordan. Hochebene 30 km s. von Amman. Mindestens seit der Frühbronzezeit besiedelt, war M. in israelit. Z. Streitgegenstand zwischen Israel (theoret. Stämmegeogr.: Ruben Jos. 13, 9.16; Spottlied Num. 21, 30) und Moab (Inschr. des Mēscha' von Moab Z. 8, 9. Jh. v. Chr.; Jes. 15,2). Die im 2. Jh. v. Chr. dort ansässig gewordenen → Nabataier (1. Makk. 9,36; Ios. ant. Iud. 13,1,2. 4) gerieten seit → Hyrkan I. unter hasmonäische (Ios. ant. Iud. 13,9,1. 15,4. 14,1,4; bell. Iud. 1,2,6), dann unter röm. Herrschaft. Die Mischna (Miqwā'ōt 13,9,16) bezeugt eine jüd. Gemeinde in der seit 106 n. Chr. zur Provinz Arabia gehörigen Stadt (Eus. Onom. 128,19f. 104,11 u. ö.), die im Zuge der röm. Urbanisation Polisverfassung und Münzrecht erhalten hatte. Spätestens 451 n. Chr. Bischofssitz, erlebte M. seine chr.-byz. Hochblüte bis zur arab. Eroberung im 7. Jh., verfiel dann und wurde im MA. ganz verlassen. Erst seit 1880 erfolgte die Neubesiedelung durch Christen aus el-Kerak. H. ist M.

ein Landstädtchen mit vorwiegend chr. Bevölkerung (griech.-orth. und röm.-kath.). Aus dem röm.-byz. Alt. sind zahlreiche Reste erhalten: Stadtmauer, Säulenstraßen, Forum, Inschr., mehr als ein Dutzend Kirchen, ungewöhnlich viele Mosaikfußböden, darunter die aus der 2. Hälfte des 6. Jh. n. Chr. stammende Mosaikkarte von M.: die älteste ausführliche geogr. Darstellung Palästinas und des Nildeltas (50 m², vielfarbig mit Ortsvignetten und griech. Inschr.; 1884 gefunden, 1965 restauriert). H. D.

*M. Avi-Yonah* The Madaba Mosaic Map (1954). *H. Donner* u. *H. Cüppers*, ZDPV 83, 1967, 1–33

**Medaillon.** Unscharfer Begriff zur Bezeichnung bes. schwerer und großer Münzen von meist besserem Stil und reicherer Ausstattung. Sehen wir von den → Dekadrachmen ab, so finden sich griech. M. nur in der röm. Kaiserzeit: in Gold als Siegespreise (Niketerien), dazu in Bronze als städt. Prägungen, die wenigstens z.T. als Münzen, z.T. sicher als Schau- und Erinnerungsstücke dienten. Die röm. M. – erst in der Kaiserzeit einsetzend – sind in Gold, Silber und Bronze sowie in Bronze und Kupfer (»de deux cuivres«) ausgebracht. Die Gold- und Silberm. stehen auf Münzfuß, sind Vielfache (Multipla) der Einheit (→ aureus, → denarius), → quaternio, die Bronzem. ermangeln der Münzqualität. Die M. in Edelmetall finden sich oft gefaßt, gehenkelt, gelocht und bildeten Geschenke oder Auszeichnungen für Würdenträger des Reiches wie Klientelfürsten. Sie erscheinen vom 3. Jh. an immer häufiger, während die Bronzem. ihre Blüte im 2. und zu Anf. des 3. Jh. hatten. Die Themen der Darstellungen sind verschiedenartig: Neujahr, religiöse Feste, Geburten und Heiraten im Kaiserhaus, Auszug und Rückkehr des Herrschers, der Preis seiner *virtutes*, das Glück der Zeiten und der Sieg der röm. Waffen. Eine spezielle Ausformung bilden die → Contorniaten. H. Ch.

*K. Regling*, RE XV 18 ff. *J. M. C. Toynbee* Roman Medallions, New York 1944. *K. Christ* Ant. Numismatik, Darmst. 1967, 86 ff. (Lit.).

**Meddix.** Das spezifische Amt bei den Oskern (Fest. p. 123 M: *meddix apud Oscos nomen magistratus est*), der als höchster Beamter *m. tuticus* hieß (Liv. 24,19,2. 26,6,13. Enn. ann. 298 V.). Etym.: aus **medo-dik-s*, also = *iudex*; *tuticus* aus osk. *touto*, umbr. *tuta* (= *populus*), also *publicus*. M. t. ist ein jährliches (in Capua eponymes), ordentliches Amt, hat die höchste sakrale und richterliche Funktion, errichtet die öffentlichen Bauten, ist Repräsentant nach außen und oberster Kriegsherr ([5],241. [3],26). Dem m. t. unterstanden nach Auflösung des etr. Städtebundes die Kampanerstädte, die ihn alle stellen konnten ([4], 172; s. BELOCH Campanien, 1890, 11. 315; dagegen [3],17. [6],27); Capua hatte einen eigenen Oberbeamten, der auch m. hieß ([1],269), inschr. finden sich auch 2 *meddices* ([5],237 ff. [6],26). H. Gu.



1. *F. Altheim* Röm. Gesch. 2, 1953, 269. 2. *F. Leifer* Stud. zum ant. Ämterwesen I, Klio Bh. 23 (1931). 3. *A. Rosenberg* Staat der alten Italiker, 1913, 15 ff. 4. *H. Siber* Röm. Verfassungsrecht, 1952. 5. *St. Weinstock* Zur osk. Magistratur, Klio 24, 1931, 235 ff. 6. *Ders.*, RE s. meddix.

**Medeia** (*Μήδεια*). Tochter des Heliossohnes → Aietes, des Königs von → Aia, und der Okeanide → Idyia (Hes. theog. 958 ff.). Nach andern ist → Hekate ihre Mutter (Diod. 4,45) und Kirke, die andere große Zauberin, ihre Schwester. Sie war in Thessalien beheimatet, in der der ep. Sagengestaltung vorausgehenden Z. wohl eine Göttin aus dem Kreise der Hekate. Mit der Argonautensage ist sie von Anf. an als zauberkräftige Helferin des Anführers → Iason bei der Gewinnung des Goldenen Vlieses in Kolchis (Pind. P. 4,213 ff.) und auf der Rückfahrt verknüpft. Apoll. Rhod. 3, 528 ff. Sie hat dabei auch die märchenhaften Züge der hilfreichen Tochter des bösen Königs angenommen, den der Held mit ihrem Beistand überwindet. Auf der Flucht mit Iason vor dem Vater tötet sie ihren Bruder → Apsyrtos. Auf der Phaiakeninsel, in der Grotte der → Makris, feiert das Paar Hochzeit. Auf Kreta vernichtet M. den gefährlichen → Talos. Sie besuchen Kirke, die sie zwar entsühnt, aber aus dem Hause weist. Nach Iolkos zurückgekehrt, überreicht Iason seinem Oheim → Pelias das Goldene Vlies, aber sein Erbe bleibt ihm vorenthalten; sein Vater → Aison war schon vorher von Pelias in den Tod getrieben worden. M. übernimmt die Rache (Pind. a. O. 250. Soph. Kolchides fr. 491 ff.). In Gegenwart von Pelias' Töchtern schneidet sie einen alten Widder in Stücke, kocht ihn mit Zauberkräutern auf und verjüngt ihn. Sie überredet die Mädchen, es mit ihrem Vater ebenso zu machen. Sie zerstückeln und kochen ihn, dann aber versagt sie ihnen die Zaubermittel. Nach den Nostoi frg. 6 hat sie vorher Iason und Aison verjüngt.

Von Pelias' Sohn → Akastos aus dem Lande getrieben, fliehen Iason u. M. nach Korinth, wo sie jahrelang glücklich zusammenleben und 2 Kinder bekommen. Später verstößt Iason M., um → Glauke (auch Kreusa genannt), die Tochter des Königs Kreon, zu heiraten. Da schickt M. der Glauke durch ihre Kinder ein Prunkgewand, aus dem Flammen emporschlagen, in denen Glauke und Kreon verbrennen (Märchenmotiv) und, um ihre Rache an Iason vollkommen zu machen, tötet sie ihre eigenen Kinder. Dann fährt sie in dem Drachenwagen ihres Großvaters Helios davon, um die Kinder im Heiligtum der Hera Akraia auf der Akropolis von Korinth zu bestatten und selbst zu König Aigeus nach Athen zu gehen. So Eur. Med. Gekränkte Gattenliebe als Motiv ist Erfindung des Eur. ebenso der Kindermord, der an den in Korinth bestehenden Grabkult der Kinder M.s und an ein dazu gehöriges Mythologem anknüpft. Die korinthische Medeia ist ebenso wie die thessal. eine Göttin gewesen, aber aus dem Bereich der Hera und der Aphrodite (beider Kulte hat sie mitbegründet), und dann zu einer Heroine herabgesunken. Nach → Eumelos' Korinthiaka, in denen schon Aietes in Korinth heimisch wird, »verbarg« M. ihre von einem Sterblichen erzeugten Kinder im Heratempel, in der vergeblichen Hoffnung, ihnen Unsterblichkeit zu verschaffen. Schließlich wird sie von Iason ertappt, und die Gatten trennen sich im Zorn, Paus. 2,3,11. Die Sch. Eur. M. 264 unterscheiden 2 Berichtsgruppen: 1. Parmeniskos: die Korinther hätten geplant, die fremde Giftmischerin mit ihren 7 Söhnen und 7 Töchtern zu töten, die Kinder seien in den Heratempel geflüchtet und dort von den Korinthern hingemordet worden; zur Sühne würden noch jetzt jährlich je 7 vornehme Knaben und Mädchen auf 1 J. zum Heradienst bestellt. 2. Didymos (Kreophylos): Ehe M., die Kreon vergiftet hatte, aus Korinth nach Athen floh, setzte sie ihre Söhne auf den Altar der Hera, in der Erwartung, daß Iason für sie sorgen werde; die Angehörigen Kreons töteten sie, schoben aber die Schuld auf die Mutter selbst. Über den Charakter des Kultbrauchs NILSSON Griech. Feste 57 ff. In weiterem myth. Rahmen erscheinen diese Notizen im Sch. Pind. O. 13,74: M. befreit durch Opfer die Korinther von einer Hungersnot; dabei verliebt sich Zeus in sie, sie gibt aber Hera zuliebe seinem Werben nicht nach; zum Dank verspricht Hera die Unsterblichkeit ihrer Kinder; aber sie sterben doch und werden von den Korinthern als *μιξοβάρβαροι* verehrt. – Eine Brücke zwischen der korinth. und der thessal. bzw. kolch. M., die LESKY scharf voneinander trennt, sucht WILAM. mit Hilfe des korinth. Sonnenkults zu schlagen, während RADERMACHER in beiden Gestalten Auswirkungen einer uralten Zaubergottheit sieht und KERENYI M. als Sonnen- oder Mondgottheit betrachtet.

M.s Aufenthalt in Athen kennt schon Hdt. 7,62. Eur. behandelte im »Aigeus« den Stoff, wie Aigeus M.s Giftmordversuch an ihrem Stiefsohn Theseus vereitelt und sie das Land verlassen muß, Plut. Thes. 12. Paus. 2,3,8. Apollod. 1,147. Ov. met. 7, 404 ff. Abweichend Hyg. fab. 26 (wo sie nach Kolchis geht). Gewöhnlich geht sie ins Land Areia, dem sie oder ihr Sohn Medeios (Hes. theog. 1001) oder Medos (Strab. 11,526) den Namen Medien gaben. – M. mit → Achilleus auf den → *μακάρων νῆσοι*. Apollod. epit. 5,5.

Künstler. Darstellungen: M. und die Peliaden (Reliefplastik 5. Jh., Kopien in Rom, Lateran, Bln. u. a.); M. in Korinth (unterit. Vasenbild, FURTWÄNGLER-REICHHOLDT T. 90); pompej. Wandgemälde (Neapel): M. und die Peliaden, M. vor dem Kindermord (nach → Timomachos); kaiserzeitliche M.-Sarkophage. H. v. G.

*A. Lesky*, RE XV 29 ff. *Prell.-Rob.* 2,185 ff. 725 ff. 758 ff. *Wilam.* Hellenist. Dicht. 2,165 ff. *L. Radermacher* Mythos und Sage bei den Griechen, ²1938. *K. Kerényi* Töchter der Sonne, Zür. 1944, 91 ff. *K. Brelich*, SMSR 30, 1959, 213 ff. *W.-H. Friedrich* M.s Rache, NAG 1960, 68 ff.

**Medeon** (*Μεδεών*). **1.** Unbedeutender Ort im s. Phokis, befestigte Stadtanlage bei Siderokafko gegenüber von → Antikyra. Gräber spätmyken. Z. bis ins 2. Jh. v. Chr., Achteckkirche mit Fresken. 346 v. Chr. zerstört, aber wiederbesiedelt, schloß sich im 2. Jh. v. Chr. mit Stiris zu einer Stadt zusammen, IG IX 1,32. Strab. 9,2,26 p. 410. 3,13 p. 423. Paus. 10,3,2. 36,6. Steph. Byz.

1. *J. G. Frazer* Pausanias 5,452 f. 2. *Fr. Schober* Phokis 36 f. 3. *Kroll*, RE XV 65 f. Nr. 2. 4. BCH 64/65, 1940/41, 273 f. 87, 1963, 839 ff. (mit Abb.). 88, 1964, 850 f.

**2.** Boiot. Stadt, bereits bei Hom. Il. 2,501 genannt, später Phoinikis, h. Kastraki in der SO.-Ecke des Kopiasbeckens bei Davlosis. Strab. 9,2,26 p. 410 (zur Lesung ALY de Strab. cod. rescr. 33 col. I 9 ff.). 3,13 p. 423. Plin. nat. 4,26. Dion. Call. 99. Stat. Theb. 7,260. Nonn. 13. 66. Steph. Byz. E. M.

1. *S. Lauffer* Medeon, MDAI(A) 63/64, 1938/39, 177 ff. 2. *Kirsten*, RE XX 1308 f. (s. Phoinikis). 3. *Philipps.-Kirst.* 1,494.

**3.** s. Medion.

**Medesikaste** (*Μηδεσικάστη*). **1.** Natürliche Tochter des Priamos, vermählt mit → Imbrios von Pedaion, Il. 13,173. Apollod. 3,153. In der delph. Lesche unter den gefangenen Troerinnen, Paus. 10, 25,9 f. **2.** Tochter des Laomedon, Schwester des Priamos, Apollod. epit. 6,15 c. Auf der Heimfahrt steckt sie mit ihrer Schwester Aithylla (→ Aithilla) die Schiffe der Griechen in Brand. H. v. G.

**Media.** Zweitwichtigste Provinz des Iran. Da die Griechen zuerst mit Medern unter Iraniern in Berührung kamen, nannten sie oft die Iranier Meder. Die Perserkriege heißen *Τὰ Μηδικά*. In den Annalen Salmanassars III. taucht im J. 835 das Land Mada im Zagrosgebirge zum erstenmal auf. Im Pers. Reich war Medien in 2 Satrapien geteilt: S.- oder Großmedien mit → Ekbatana und Rhaga und den → Parikaniern und → Orthokorybantiern bildete die 11. Satrapie; N.-Medien, d. h. Matiane beim Urmia (awest. *Čaēčasta*) See mit der Zagrosgegend und Assyrien, die 18. Satrapie. → Atropates, von Alexander d. Gr. im J. 328 zum Satrapen von Medien ernannt, behielt nach dessen Tod nur den Norden, nunmehr Atropatene (h. Azerbaidjan) genannt. Die Hauptstadt Gazaka, mitteliran. Šiz, muß in der Ebene gesucht werden. Die Burg → Phraaspa (Cass. Dio 49,26. Plut. Ant. 38. Ptol. 6,2,10) oder Vera (Strab. 9,523) ist vielleicht mit Takht-i- Soleiman ident., dort sind aber erst Sassanid. Reste entdeckt worden. Die Gebirge Atropatenes waren von → Matienern (Hdt.) oder Matianern (Strab., Ptol.), das Elburz (assyr. Bikni)-Gebirge von Gelen (daher das moderne Gilan) bewohnt. Auch → Kadusier und → Amarder werden erwähnt. Der → Amardos-Fluß ist der Safid Rud (= Weißer Fluß). *Ἀγβάτανα* (Hdt.), Ecbatana, altpers. Hagmatana (»Versammlungsort«), h. Hamadan, war die prächtige, von Hdt. und anderen beschriebene Stadt am Ende der großen Straße über den Zagros: noch unter den Sassaniden war sie Hauptstadt Mediens. Ῥαγαί, → *Rhagai*, altpers. *Raga*, beim h. Teheran, war die große Stadt an den »Kaspischen Pforten«, ist aber vielleicht mit der im Awesta erwähnten »Zarathustrischen Raya« nicht identisch. Sie wurde nach einem Erdbeben von → Seleukos Nikator wieder aufgebaut und *Εὔρωπος*, von den → Arsakidern etwa 150 v. Chr. Arsakia genannt und dann im 13. Jh. von den Mongolen völlig zerstört. Im S. hieß die Hauptstadt der → Paraitakene Aspadana (etwa »Pferdelager«), h. Ispahan. Atropatene war nie stark hellenisiert; dagegen waren in S.-Medien zahlreiche griech. Städte. Von ihnen zeugen u. a. die ion. Säulen des Dionysos-Tempels bei Kurkha und der Tempel der Artemis-Anahita von Kangavar bei Kermanshah. J. D.-G.

*H. von der Osten* Die Welt der Perser, 1956. *L. Vanden Berghe* Archéologie de l'Iran ancien, 1959.

**Medias teichos** (*Μηδίας τεῖχος*), eine von Xen. an. zweimal erwähnte Befestigungslinie zwischen Euphrat und Tigris, nämlich a) 1,7,15: Das Heer des Kyros gelangt 2 Tage vor der Schlacht bei Kunaxa zu einem 5 Klafter breiten, 3 Klafter tiefen, als Sperre gegen den Angreifer ausgehobenen Graben, der sich durch die Ebene über 12 Parasangen (etwa 65 km) bis zum *M. τ.* erstreckte. Das Heer konnte ihn auf einem 20 Fuß breit vor der Einmündung in den Euphrat stehengelassenen Damm überschreiten. b) 2,4,12: 30 Tage nach der Schlacht erreichen die Griechen *τὸ Μηδίας καλούμενον τεῖχος*, das aus in Asphalt gebetteten Backsteinen erbaut war, 100 Fuß hoch, 20 Fuß breit und, wie es hieß, 20 Parasangen (= 110 km) lang, nicht weit von Babylon. Nach seiner Durch- oder Überschreitung kamen sie in 2 Tagemärschen durch ein vielfach von Gräben und Kanälen durchschnittenes Gelände zum Tigris und der 15 Stadien seitab von ihm gelegenen großen Stadt Sittake und nach Überschreitung des Tigris auf einer nicht abgebrochenen Schiffbrücke in weiteren vier Tagemärschen zu seinem Nebenfluß Physkos und der großen Stadt Opis, von wo ab sie dann durch Medien weitermarschierten.

Offenbar ident. mit Xenophons *M. τ.* ist das von Strab. 1,1,26 p. 80 und 11,11,8 p. 529 beschriebene *Σεμιράμιδος διατείχισμα*, das dort, wo Euphrat u. Tigris sich einander am meisten näherten, beide Flüsse verbinde und so Mesopotamien schaffe, wonach sie sich wieder voneinander entfernten und der Tigris durch Seleukeia, der Euphrat durch Babylon, dem pers. Meerbusen zuströmten.

Der dritte Zeuge ist Amm. 24,2,6, wonach das Heer des Kaisers Iulianus im J. 363 *ad vicum Macepracta pervenit, in quo semiruta murorum vestigia videbantur, qui priscis temporibus protenti longa in spatia tueri ab externis incursibus Assyriam dicebantur.*

Über die verschiedenen Versuche (seit D'ANVILLE L'Eufrate et le Tigre, Paris 1770), das *M. τ.* und die Städte Sittake und Opis und das Dorf Macepracta zu lokalisieren, berichtet eingehend WEISSBACH, RE IV 69–79.

Der die Funktion der Mauer richtig bezeichnende Name bei Xen. ist sicher der urspr., nicht die einen mythistor. Zusammenhang herstellen wollende Benennung bei Strabon. K. Z.

**Mediast(r)inus.** Im Personal der Gutsbewirtschaftung, der *familia rustica*, war der m. ein Knecht für vielfältige Arbeiten, die körperliche Kraft und Ausdauer, doch keine bes. Kenntnisse verlangten (Colum. 1,9,3, vgl. 2,13,7). In der *familia urbana* war der m. Handlanger, Diener für einfache Arbeiten. Wegen seiner ganz untergeordneten Stellung unter den Sklaven durfte der m. als Diener von Schiffern oder *stabularii* (Gastwirt mit Ausspann) nicht wegen Rückgabe hinterlegter Gegenstände belangt werden vom Gericht, vor dem vielmehr der *nauta* oder *stabularius* selbst haftete (Dig. 4,9,1,5). W. H. G.

**Medicina Plinii.** Ein von einem Anonymus (hsl. *Plinius Secundus Iunior* gen.) im 4. Jh. n. Chr. angefertigter Auszug in 3 B. aus Plinius' nat. hist. Dieses primitiv angelegte Arzneibuch war für Laien, als Hilfe bei der Selbstbehandlung, gedacht (wie die *Εὐπόριστα* Galens und ähnliche kaiserzeitliche Schriften). Es wurde viel gelesen und hat im 6. Jh. eine »zweite Auflage«, d. h. eine vollständige Umarbeitung und Erweiterung (durch Interpolationen aus spätlat. Medizinern) erfahren. Dieses 2. Werk lief lange ohne Grund unter dem Namen *Plinius Valerianus* (vgl. CIL V 2 Nr. 5317) und umfaßt 5 B. F. K.

Ta.: *A. Önnerfors*, CML III (1964).
Lit.: *Ders.*, In M.-nam P. studia philol., Lund 1963.

**Mēdicus. 1.** Siegerbeiname (wiederholt auch zu Unrecht zugefügt) röm. Kaiser, die in Partherkriege verwickelt waren und siegreiche Schlachten verzeichnen konnten: Marc Aurel und Verus (SHA vit. Ver. 7,2) im J. 166, sogar der junge Commodus (PSI VIII 961) im J. 178; Septimius Severus und Caracalla (IGR I 614) im J. 197/98; Diokletian und die übrigen Mitglieder der Tetrarchie (DESS 642; CIL XVI 157) im J. 301; Konstantin (CIL VIII 23116) im J. 315. R. H.

**2.** Mĕdicus (Militärarzt). Frühestens seit Augustus scheint es den regelrechten M. im röm. Heer gegeben zu haben. Er war rangmäßig nur ein *miles* (so in Inschr.) und gewöhnlich einer bestimmten Legion zugeteilt. Nur die Marineärzte waren besser gestellt. Daneben gab es noch den *m. castrensis* (oder *castrorum*), der das Lazarett (*valetudinarium*) betreute. Von den bekannteren ant. Ärzten war offenbar der Pharmakologe → Dioskurides ein M. (vgl. Bd. I S. 2,18 ed. Wellmann). F. K.

*W. Haberling* Die altröm. Militärärzte, Bln. 1910.

**Medimnos** (*μέδιμνος*). Größte Hohlmaßeinheit für Trockenes bei den Griechen, örtlich verschieden. Der att. M. hielt 6 → Hekteis, 12 Hemihekta, 48 → Choinikes, 192 → Kotylen und faßte 52,5,1 [1. 5]. Die Bestimmung zu 43,49,1 bzw. 40,36 l [2. 3] basiert auf der sog. neuatt. → Drachme zu 3,41 g = → Denar seit Nero und gilt für das Maßsystem der Mediziner. Der sizil. M. war gleich dem att. [1]. Die Ansätze für den aigin. M. variieren: 72,74 l [1], 59,8–65,25 l bzw. 57,65 l [2. 3]; der spartan. wird auch als gesonderte Größe von 57,98 l angesehen [4]. → Flächenmaße. H. Ch.

1. *Hultsch* Metrologie² 104ff. 504f. 654ff. 2. 3. *Viedebantt*, Forsch. zur Metrol. des Alt., Lpz. 1917, 68ff. RE XV 86ff. 4. *Oxé*, RhM 90, 1941, 334ff. 5. *Lang* The Athen. Agora, Results of Excav. X, Princeton 1964, 41ff.

**Mediolan(i)um** (alle Belegstellen: HOLDER 2,497ff.), kelt. Name (*-lānŏ-* < **-plānŏ-*; zu *mĕdiŏ-* vgl. Claud. III cons. Hon. 129; irrig zu *lāna* bei Claud. epith. 183. Sidon. epist. 7,17,20) verschiedener Orte in Oberitalien, Gallien, Britannien und Moesia. **1.** Dörfliche (Strab. 5,213) Siedlung der kelt. Insubrer (Liv. 5,34. 9. Iust. 20,5,8. Plin. nat. 3,125. Ptol. 3,1,33. Paul. Fest. 33,1 L.: im *Boicus ager*) an der Olonna (zuerst Geogr. Rav. 4,36), bald bedeutendste Stadt des Gebiets (Pol. 2,34,10. Plut. Marc. 7. Strab. a. O.), 222 v. Chr. erobert (Pol. 2,34,15), 194 v. Chr. endgültig unterworfen (Liv. 34,46,1), seit 89 v. Chr. *municipium* (Plin. Tac. hist. 1,70) der 11. Region (CIL V p. 587 *tribus Oufentina*), unter Hadrian *colonia* (KORNEMANN, RE IV 538). Geburtsort des → Caecilius (III 1). Bildungszentrum (Donat. v. Verg. 7 Götte-Bayer. Plin. epist. 4,13), Straßenkreuzungspunkt nach Vercellae, Comum, Bergomum, Placentia, Ticinum (It. Ant. Burd. pass. Tab. Peut. 4,2). Seit E. 3. Jh. Residenzstadt (Eutr. 9,27. Not. dign. occ. 11, 28. Iord. Get. 42. *Liguriae metropolim et quondam regiam urbem*); siebentgrößte Stadt (Auson. ord. urb. nob. 7); h. Milano (volksetym.: Mailand).

*Forbiger* HB der alt. Geogr. 3,402. *Nissen* It. Ldk. 2,180f. *Miller* ItR 204.

**2.** Ort der Bituriges Cubi (Tab. Peut. 2,3. CIL XIII 8922), h. Chateaumeillant s. Bourges. **3.** Ort bei Geldern (It. Ant. 375,3), h. Mylen. **4.** Ort zwischen Feurs und Roanne n.w. Lyon (Tab. Peut. 2,5). **5.** M. Santonum (Strab. 4,190. Ptol. 2,7,7. It. Ant. 459,3. Geogr. Rav. 4,40), h. Saintes. **6.** Ort Britanniens b. Chester (Ptol. 2,3,18. It. Ant. 469,4. Geogr. Rav. 5,31). **7.** Ort in Moesia superior (Cod. Theod. 10,1,8. Not. dign. or. 40,21). G. R.

**8.** M. Aulercorum. Es war der Hauptort der Aulerci Eburovices; h. Evreux (Eure) (*Μεδιολάνιον* Ptol. 2,8,9. Itin. Ant. 384,4. Tab. Peut. 2,2. Amm. 15,11,12). In späterer Z. wird M. *civitas Ebroicorum* genannt (Not. Gall. 2,4), daraus der heutige Name. In Le Vieil-Evreux (6 km s.ö. von Evreux) war eine Kultstätte. Ruinen eines röm. Theaters CIL XIII 3200 (A. GRENIER Man. Arch. gallo-rom. 3, 1958, 950); Ringmauer, Schmiedewerkstatt, Töpferei, Gräber: Gallia 1947, 450. 1949, 122. 1951, 84. 1962, 423 (tabella defixionis), *fullones* CIL 3202. DESJARDINS Géogr. 2,496. 4,61. ESPÉRANDIEU Rec. gén. 4,3060. BAUDOT Les ruines du Vieil-Evreux, Gallia 2, 1943, 191. J. MATHIÈRE La civitas des Aulerci Eburovices, Evreux 1925. M. L.

**Mediomatrici.** Kelt. Volk in Gallia Belgica. *Μεδιοματρικοί* Strab. 4,193. *Μεδιομάτρικες* Ptol. 2,9,7. Die Hauptstadt war Divodurum (h. Metz). Zu Caesars Z. erstreckte sich ihr Land bis zu dem Rhein im O. (Gall. 4,10,3); dann setzten sich die german. Triboci im Elsaß fest.

Im J. 52 v. Chr. schickten die M. 6000 Mann Hilfstruppen zum Entsatz von Alesia (Gall. 7,75,3). Nachher waren sie dem röm. Reiche treu (Tac. hist. 1,63. 4,71). Seit Augustus gehörten sie zur prov. Belgica (Ptol. 2,9,7), unter Diocletian zur prov. Belgica prima der dioecesis Galliarum (Amm. 15,11,9. Not. Gall. 5,2). Die M. lieferten nur wenige Soldaten (CIL VI 32623 und vielleicht XIII 4329–4331), keine geschlossene Formation. Nur im 4. Jh. stand in Metz ein *numerus Misiacorum* (CIL 4328). Die Bevölkerung war stark bäuerlich, als Wohngruben werden ca. 10000 Maren oder Mertel (franz. mardelles) in Lothringen angesehen; es gab auch zahlreiche Villen röm. Art (A. GRENIER Habitations gauloises et villas latines dans la cité des M., Par. 1906). Außer im Ackerbau betätigten sich die M. in Handel und Gewerbe, Spezialität: Verarbeitung von Tuch (CIL V 5929. XIII 4564. Not. Dign. Occ. 11,59. 12,27); Kreidehandel (CIL XIII 4336. 4481); Töpferei (CIL 11361); Bierbrauerei (CIL 597). Bodenschätze: Salz, Eisen, in der Mosel Fischfang: ESPÉRANDIEU, Rec. gén. 5,4306. 4313. 4286. Ven. Fort. 3,13,9: *nautae Mosellici* (CIL 4335. Ven. Fort. 10,9,1).

Divodurum war ein wichtiger Straßenkreuzungspunkt (Durocortorum–Argentorate; Lugdunum–Augusta Treverorum). Handelszentrum: Niederlassungen befanden sich in Trier, Burdigala, Lugdunum, Autessiodurum (Sens), in Britannien, in Germania superior, auf dem großen St. Bernhard.

Religiöses Leben: kelt. Heiligtum auf dem Donon (CIL 4548. ESPÉRANDIEU, 6,4569; 5,4425: Iuppitersäule in Merten; röm. und kelt. Götter; Mithras und Isis. Totenstelen in Form von Häusern: E. LINCKENHELD Les stèles fun. en forme de maisons chez les M. et en Gaule, Strasbourg 1927. M. L.

*Desjardins* Géogr. 3,171. *Grenier*, Man. Arch. gall. rom. *J.B. Keunè* Die Civitas Mediomatricorum, das Reichsland 1902, 101. *M. Toussaint* La Lorraine à l'époque gallo-rom., Nancy 1928. *Ders.* Répertoire archéol. du dép. de la Moselle, 1950. *G. Collot*, Musée arch. de Metz, 1, 1964.

**Medion.** Stadt in Akarnanien s. des Golfs von Ambrakia beim h. Katuna, Thuk. 3,106,2 *Μεδεών*, sonst immer *Μεδιών*. 230 v. Chr. vergebens von den Aitolern angegriffen, Pol. 2,2,5–4,5. BELOCH GG 4,1,635f. 2,631f. 191 v. Chr. an Antiochos III. angeschlossen, Liv. 36,11,10–12.11. Sonst noch BCH 90, 1966, 157 Z. 2. Inschr. v. Magnesia 31 und 46 = Syll. II³ 557 App. B. IG IV 1² 95,13. IG

IX 1,2$^2$ Nr. 388. 209 = SEG 1,243. Inschr.: IG IX 1$^2$ 387f. L. Robert Etudes épigr. 70ff. E. M.

1. *E. Oberhummer* Akarnanien pass. 2. *Kirsten,* AA 56, 1941, 105f. Abb. 2. 107f. 3. *Philipps.-Kirst.* 2,332. 376 u.ö. 4. *Kroll,* RE XV 102.

**Medios** (*Μήδειος* inschr., *Μήδιος* Hss.). **1.** Aleuade, Dynast von Larisa in Thessalien, Nachfolger des Aristippos, bat 395 v. Chr. den antispart. Bund Athens, Boiotiens und Argos um Hilfe gegen → Lykophron (2) von Pherai und nahm das von Spartanern besetzte Pharsalos ein. Mit einer Niederlage nach 394 verlor er seine Macht, Diod. 14,82,5f. Aristot. hist. an. 9,31. M. Sordi La lega tessala ... 1958, 151ff. **2.** Sohn des Oxythemis aus Larisa, wohl Enkel von Nr. 1, Trierarch der Indusflotte und Hetairos Alexanders d. Gr., lud ihn in dessen letzten Tagen zu einem Komos ein, sollte Alexander vergiftet haben, Arr. an. 7,24,4–25,3. 27,2; Ind. 18,7. Diod. 17, 117,1. Iust. 12,14,7f. Als Söldnerführer im Dienst des Perdikkas, dann des → Antigonos (1) erfocht M. 314 einen Seesieg, befreite 313 Milet, half Oreos auf Euboia gegen Kassandros und 312 dem Neffen des Antigonos, Ptolemaios, in Boiotien und Euboia und stieß gegen den Hellespont und Byzanz vor. Bei Salamis auf Kypros führte M. 307 die phoinik. und athen. Schiffe, Diod. 19,69,3. 75, 3f. 77,2. 5ff. 20,50,3. In Athen wurde M. 303/302 geehrt, Sylloge$^2$ 342. M. schrieb eine Gesch. Alexanders d. Gr., FGrH 129. H. V.

**2.** M., einer der letzten Vertreter der Stoa zu Athen (um 250 n. Chr.). → Longinos lud M. zu einer Disputation über die Seele ein (um 253); vgl. Porph. bei Prokl. in remp. 1,233,29 Kroll; derselbe Longin erwähnte M. als philos. Schriftsteller, freilich als einen vorwiegend reproduktiven; dieses Zeugnis bei Poprh. vit. Plot. 20. H. D.

**Medismos** (*Μηδισμός*). Vorwurf der pers. Gesinnung, des Zusammenwirkens mit den Persern. Während der Perserkriege von den → Aleuaden in Thessalien und den Oligarchen in Theben betätigt. Im innenpolit. Kampf eine tödliche Waffe; so wurde → Themistokles nach einer Anklage auf M. zum Tode verurteilt und verfiel der Atimie. H. Gu.

1. *H. D. Westlake* The Medism of Thessaly, JHS 56, 1936, 12ff. 2. *E. Balogh* Political Refugees in Anc. Greece, 1943.

**Meditrina** (*< *mĕdĕtrīna;* vgl. *Genitrix, Genetrix*). Röm. Göttin, nach der die Meditrinalia (Varro l.l. 6,21 *a medendo;* vgl. Deubner bei Chantepie 2,431) am 11. Okt. (CIL I$^2$ p. 214. 220. 226. 245 *fer. Iovi.* 252. Degrassi ILLRP Nr. 9) heißen (Paul. Fest. 110,24f. L.). M. ist weder Grammatikererfindung aus dem Festnamen noch »Heilerin« noch »Kelterplatz« (gebildet wie *latrina, pistrina* u. a.), sondern bedeutet »Heilung« (gebildet wie *doctrina, furatrina*). Man erwartete diese durch Libation und Kosten (Varro) des jährigen (= *vetus;* vgl. Walde-Hof.$^3$ 2,777) Weines mit dem Saturnier (L. Havet De Saturnio Lat. vers. 1880, 241. 441) *nŏvŭm vétus vínum libó* (codd. *bibo*), *nŏvŏ* (*nŏvŭm* und *nŏvŏ* durch Iambenkürzung) [*veteri*] *vino mórbo médeór* (Varro. Fest. 110,23 L.). G. R.

*Peter,* Myth. Lex. 2,2516f. *Wissowa* RRel$^2$ 115. *Skutsch* Kl. Schr. 224. *Wünsch* bei *Deubner,* NJbb 27, 1911, 329. *Bömer,* RhM 90, 1941, 56f. *Ders.* Ovids Fasten 2,283. *Walde-Hof.*$^2$ 2,56. *Latte* RRel 74f. *Radke* Götter Altitaliens 211. *Ernout,* Philol. 1, 1946, 10. *Dumézil,* Rel. Rom. arch. 160.

**Medix** s. Meddix

**Medma.** Lokrische Kolonie (Thuk. 5,5,3. Skymn. 308. Strab. 6,256. Etym. m. 581,15) an der W.-Küste »Italias« (Hekat. FGrH 1 F 81. Skyl. 12. Plin. nat. 3,73. Mela 2,4), verbündet mit Hipponion (Inschr. b. Kunze-Schleif, Ol. Ber. 3, 1938/39, 77f. T. 24/25. Thuk.: a. O. J. 422); 396 werden 4000 Medmäer nach Messina umgesiedelt (Diod. 14,78,5). Gleichnamig sind Quelle (Hekat. Strab.) und Fluß (Etym. m.). Neben M. auch Mesma (Mz. mit beiden Formen: Head HN$^2$ 105) wie *ὀδμή/ὀσμή*. Hafen: Emporion (Strab.). M. = h. Rosarno. G. R.

*Forbiger* HB. der alt. Geogr. 3,513. *Nissen* It. Ldk. 2,959f.

**Medobriga** (Medubriga). Kelt. = Burg des Medus (Holder 2,526), Stadt in Lusitanien, 48 v. Chr. von Q. Cassius Longinus erobert mit dem *Herminius mons* (h. Sierra de la Estrella), auf den sich die Bewohner geflüchtet hatten (Bell. Alex. 48,2). Nach CIL II 760 waren die *Meidobrigenses* am Bau der Tajobrücke von Alcántara beteiligt (Z. Traians). Plin. nat. 4,118 nennt *Medubrigenses qui et Plumbari.* R. G.

*F. Russell Cortez* A. localização dos Meidobrigenses. Zephyrus 4, Salamanca 1953, 503–506.

**Medokos** s. Amadokos

**Medon** (*Μέδων* »waltend«). Myth. **1.** Lokrer, Bastard des Oïleus, Halbbruder des → Aias (2). Er verließ die Heimat, weil er einen Verwandten seiner Stiefmutter Eriopis erschlagen hatte, und wohnte in Phylake, im Gebiet des Protesilaos. Er wurde vom Iliasdichter erfunden oder aus lokaler Tradition übernommen, um das Kontingent des Philoktetes nicht führerlos zu lassen, Il. 2,726. Während 2,704 die alleinige Führung der Leute aus Phylake durch Podarkes, den Bruder des Protesilaos, stark betont wird, werden M. und Podarkes 13,693ff. als Vorkämpfer der Phthier bezeichnet. 15,332ff. findet M. seinen Tod durch Aineias. Sonst spielt M. in Poesie und Sage keine Rolle. Über den (vermeintlichen) Widerspruch in der Il. Oldfather, Philol. 67,411ff. RE XV 109ff. Kullmann H(ES 14) 113. 122f. 162f. **2.** Herold im Hause des Odysseus, seinem Herrn treu ergeben. Er verrät Penelope den Anschlag der Freier auf Telemachos und wird beim Freiermord verschont, Od. 4,677. 16,252. 22,357. 24,439 u. s. Bei Apollod. epit. 7,27. Ov. her. 1,91 Freier Penelopes. **3.** Einer der von Dionysos in Delphine verwandelten tyrrhen. Seeräuber, Ov. met. 3,671. Hyg. 134. → Akoites.

**4.** Sohn der Elektra und des Pylades, soll mit seinem Bruder Strophios → Aristodemos ermordet haben, Paus. 2,16,7. 3,1,6. Wohl ident. mit Medeon, dem Eponymen der gleichnamigen phok. Stadt. **5.** Der ältere Sohn des → Kodros, dem im Streit mit dem Bruder →Neileos vom delph. Orakel die Herrschaft über Athen zugewiesen wurde, Paus. 7,2,1. Ail.var. 8,5. Er war der 1. Archont, Euseb. chron. u.a. Nach ihm heißen die Nachkommen des Kodros → Medontiden. H. v. G.

**6.** M., Lakedaimonier, Bildhauer, schuf (nach einer Konjektur von C. ROBERT zu Paus. 6,19,12. 14, vgl. 5,17,2) für Olympia ein vielfiguriges Weihgeschenk der Megarer aus Zedernholz und Gold (Herakles kämpft mit Acheloos, dabei Ares als Helfer des Acheloos, Zeus, Deianeira, Athena). M. heißt Schüler des → Dipoinos und Skyllis, gehört also wohl ins mittlere 6. Jh. v. Chr. W. H. G.

**Medontidai.** Att. Adelsgeschlecht, dem Solon angehörte, wohl das alte Königsgeschlecht. Der Stammvater Medon nach der Tradition der erste Archon Athens, und die Archontenwürde soll in dem Geschlecht erblich gewesen sein. Aristot. Ath. pol. 3,3. Paus. 4,5,10. 13,7. Hesych. IG $\mathrm{I}^2$ 871. 872 (Heiligtum in Keratea). $\mathrm{II}^2$ 1233. E. M.

1. *J. Toepffer* Att. Genealogie 225ff. 2. *Kroll*, RE XV 113. 3. *Wilamowitz* Aristot. und Athen 2,131ff. 4. *Busolt* GStk. 788ff. 5. *C. Hignett* A hist. of the Athen. constitution 38f. u.ö.

**Medos** s. Medeia

**Meduacus.** H. Brenta (Tab. Peut. 4,4 an der via Postumia), gabelt sich in 2 Mündungsarme (Plin. nat. 3,121), M. maior und M. minor (Tab. Peut. 4,5), deren einer den gleichnamigen (Strab. 5, 213) Hafen von Patavium bildet (Liv. 10,2,6). G. R.

*Forbiger* HB. der alt. Geogr. 3,372. *Nissen* It. Ldk. 2,219.

**Medulli.** Alpenvolk zwischen Vocontiern und Allobrogern (Strab. 4,185. 203f. Ptol. 2,10,11), von Rom unterworfen (CIL V 7817. Plin. nat. 3,137: Trop. Augusti) unter der Herrschaft des Cottius (CIL V 7321). Vitr. 8,3,20 nennt kropffördernde Quelle. HOLDER 2,527. G. R.

**Medullia.** Verschollene (Plin. nat. 3,68 *Medullum*) Stadt Latiums (Liv. 1,33,4. 38,4. Dion. Hal. ant. 2,36. 3,1. 34 u.a. Steph. Byz. s.v. Diod. 7,3a,7). G. R.

*Nissen* It. Ldk. 2,563.

**Medullinus.** Cognomen in der gens Furia in republ. Z. (→ Furius I. Nr. 24–28). DEGRASSI FCapit. 146. H. G. G.

**Medullius Mons.** Name kelt. (HOLDER 2, 528). Hier leisteten 25 v. Chr. die Cantabrer letzten Widerstand gegen das Heer des Augustus (Flor. 2,33,50. Oros. 6,21,7). SCHULTEN identifiziert wohl richtig den Berg mit dem Monte S. Julián bei Tuy am Miño, auf dem sich eine große iber. Volksburg befindet. R. G.

Font. Hisp. Ant. V, Barc. 1940, 195–197. *Ad. Schulten* Ib. Landeskde 1, Strasbourg/Kehl 1955, 170. *Ders.* Los Cántabros y Astures etc., Madrid 1943, 146ff.

**Meergottheiten.** Sie sind keine einheitliche Schar. Genetisch verschieden, wurden sie auch recht verschieden erlebt. In der hist. faßbaren Z. sind sie meist Poseidon und z.T. dem *ἅλιος γέρων* untergeordnet.

1. Poseidon. Etym. (in ihrem 2. Teil fraglich) zu *πόσις* und *Δᾶ* (O. HOFFMANN, Jber. d. schles. Ges. f. vaterl. Kultur 84,4. P. KRETSCHMER, Glotta 1, 1909, 27). »Herr, bzw. Gatte der Erde«. Urspr. ein Binnenwassergott ([1],95ff.), der erst im Laufe der Z. zum Meeresgott wurde. Nur in seiner Funktion als Süßwassergott konnte er Gatte und Begatter der Mutter Erde sein. Auch seine Funktion als Erderschütterer stammt wohl noch aus dieser Z. (vgl. G 66, 1959, 359), obwohl diese Eigenschaft dann auch gut auf den Meeresgott paßte. Einzelnes → Poseidon. Wie eng er mit dem neuen Element verwuchs, zeigt etwa Hom. Il. 13,20ff.: P. eilt auf einem Kampfwagen aus seinem Palast in Aigai, wo er ein goldfunkelndes Haus in den Tiefen des Meeres besitzt, auf das Kampffeld; die Meeresbewohner erkennen ihren Herrn voll Freude. Hier sind Elemente des Landgottes, der auf einem von Rossen gezogenen Wagen fährt, mit dem Meeresgott eng verbunden, in dessen Gefolge die *κήτεα* sind und bei dem *θάλασσα διίστατο* (V. 29). → Aigai scheint sprachlich zu → Aigaion, dem Meeresriesen, zu gehören (WILAM. GldH 1,336. L. RADERMACHER Mythos und Sage bei den Griech. $^2$266; [1],92ff.). Noch deutlicher erscheint die Einheit von Neptunus und seinem (neuen) Element, Verg. Aen. 1,127. – 2. Amphitrite. Ihr Name bleibt fraglich, gehört aber offenbar zu Triton, ist von *Τριτογένεια* jedoch wahrscheinlich zu scheiden. Mehr o. I 317. – 3. Tritonen. Urspr. ein einzelner, der nach dem Vorbild anderer Göttervereine und in Anlehnung an die zahllosen Meerestiere zu einer Fülle von Tritonen geworden ist. Der Vorstellung haftet etwas Furchterregendes an. – 4. Die → Nereiden waren von Anf. an als Schar konzipiert. Eigennamen und individuelle Merkmale sind als Weiterbildung anzusehen. Nereidenkataloge Hom. Il. 18,39ff. mit 33 Namen, Hes. Theog. 243ff. mit 50 Namen usw. – 5. Der *ἅλιος γέρων*, »Meergreis« ist vermutlich eine der ältesten griech. M., neben den → Nereus, der spätere Vater der Nereiden, trat; dieser steht aber wegen seines zu *νᾶμα* gehörigen Namens in Verdacht, urspr. in Quellen oder Bächen gehaust zu haben ([1],107). Freilich ist auch eine andere Etymologie (zu lit. *nérti*, FRISK 316) möglich, die zu einem urspr. Meeresgott passen würde. Vielleicht doch Nereus aus den Nereiden abstrahiert (FRISK 316). Dann steht den *Νηρηίδες* der *ἅλιος γέρων*, welcher später nach ihnen *Νηρεύς* genannt worden wäre, gegenüber. – 6. Proteus ist im bes. der Verwandlungskünste mächtig (dies scheint ein generelles Merkmal der Wassergottheiten zu sein [1],122ff.). – 7. Phorkys (Hom. Od. 1,72, 13,96), *ἁλὸς ἀτρυγέτοιο μέδων*, ist Sohn des Pontos

und der Gaia, Gatte und Gemahl der Keto, Vater der Graien und Gorgonen (Hes. theog. 270 ff.), der Hesperiden (Sch. Apoll. Rhod. 4,1399), des hesper. Drachens (Hes. 333 ff.), der Nymphe Thoosa (Hom. Od. 1,71 ff.) und der Skylla. Die Verwandtschaft des Phorkys (bes. seine Gattin Keto mit dem redenden Namen, die Gorgonen und Graien) zeigt die abstoßende Art dieses göttlichen »Meeresungeheuers«. In Skylla (deren Mutter Krataiis Hom. Od. 12,124 f.) tritt das Erschreckende mehr in den Vordergrund (*πῆμα βροτοῖσιν* Od. 12, 125). – 8. Glaukos (→ Glauke) hat seinen Namen von der Helligkeit des Meeres (vgl. Hom. Il. 16,34, wo das Meer *γλαύκη* heißt). S. o. II 810 und [1], 142 ff. – Die Vorstellung der Griechen vom Meer zeigt also recht unterschiedliche Gefühlsreaktionen. Furcht und Abscheu dominieren dabei. W. P.

*A. Lesky* Thalatta, 1947.

**Mefitis.** Göttin *odoris gravissimi* (Serv. Aen. 7,84) bzw. *pestiferi* (Porph. Hor. c. 3,18,1) mit Hain (Varro l. l. 5,49) und Tempel (Fest. 476,13 L.) am Esquilin. M. stammt aus dem osk. Sprachgebiet: Zeugnisse aus Aeclanum (VETTER, HB Nr. 162; vgl. Plin. nat. 2,208), Potentia (VETTER, HB Nr. 182. CIL X 130–133), Atina (CIL X 5047), Capua (CIL X 3811), Grumentum (CIL X 203), Aequum Tuticum (CIL IX 1421), Pompei (VETTER, HB Nr. 32: Fest *mefitaiiai*), jedoch auch aus Cremona (Tac. hist. 3,33: Tempel außerhalb der Stadt) und Laus Pompeia (CIL V 6353). M. als männlicher Gott oder mit Iuno gleichgesetzt (Serv.) oder neben den Namen der Venus (VETTER Nr. 182) oder Fisica (CIL X 203). G. R.

*Peter*, Myth. Lex. 2,2519 ff. *Wissowa* RRel$^2$ 246. *Koch*, RE VIII A 835. *Latte* RRel 184. 190. *Radke* Götter Altitaliens 211. *Walde-Hof.*$^3$ 2,59 f. *Ribezzo*, RIGI 10,214. 18,213. *Lavagnini*, RFIC 2, 1923, 344 f.

**Megabacchus** s. Megabocchus

**Megabates** (*Μεγαβάτης*). **1.** Perser, Vetter des Dareios, Feldherr gegen Naxos (Hdt. 5,32. 33. 35). Vielleicht ident. mit Bagapates, den Ktes. Pers. 29,9 als einflußreichen Eunuchen am Hofe des Kambyses nennt. Er sorgte für die Beisetzung des Kyros und führte den Feldzug gegen Äg. Von ihm und Artasyras stammte der Plan, den Magier Gaumata auf den Thron zu setzen. J. D.-G.

**2.** M., der von Agesilaos geliebte schöne Sohn des → Spithradates, 396/95 mit seinem Vater bei Agesilaos (Xen. hell. 3,4,10. 4,1,6.28. Ag. 5,4–5. Hell. Oxyrh. 21,4. Plut. Ag. 11. mor. 31 C. 81 A. 209 D. Max. Tyr. 19,5). K. K.

**Megabazos** (*Μεγάβαζος*) heißt eine Anzahl vornehmer Perser: **1.** Feldherr des Dareios, der ihn nach seinem Skythenzuge in Thrakien zurückließ (Hdt. 5,143 f.). Er unterwarf zum Teil die Paionier und erreichte durch Gesandte die Unterwerfung des makedon. Königs (Hdt. 5,12. 14 f. 17 f. Iust. 7,3,7). **2.** Flottenführer des Xerxes, Sohn des → Megabates (Hdt. 7,97). **3.** Pers. Gesandter, der im J. 458 die Spartaner vergebens gegen Athen aufzuwiegeln versuchte (Thuk. 1,109). J. D.-G.

**Megabocchus.** Personenname, selten. C. M., nach Cic. Scaur. 40 wegen Erpressungen in Sardinien ebenso wie T. Albucius verurteilt. Unklar sein Verhältnis zu dem von Plut. Crass. 25,3 erwähnten Megabakchos in der Umgebung des jüngeren Crassus bei Carrhae 53 v. Chr. H. G. G.

**Megabyzos** (*Μεγάβυζος*). Pers. Name, pers. *Bagabuxša* »von Gott erlöst«. **1.** Vornehmer Perser, beteiligt an der Verschwörung gegen den falschen Smerdis. Er ist der Vater des Zopyros (Hdt. 3,70). **2.** Sohn des Zopyros, namhafter Feldherr des Xerxes und als solcher von Hdt. 7,82. 121 im J. 480 genannt. Die ältere Überlieferung kennt außerdem noch seine Kämpfe gegen die Athener in Äg. (Hdt. 3,160. Thuk. 1,109). Mehr wissen Ktesias und Dinon (Pers. 29,21 ff.), deren Angaben mit Vorsicht aufzunehmen sind. Über den Feldzug in Äg. weiß Ktesias allerlei zu berichten. Dann wurde M. Statthalter von Syrien und empörte sich als solcher im J. 448, vollbrachte Wunder von Tapferkeit mit eigenen Truppen und griech. Söldnern, söhnte sich aber dann mit dem König aus. J. D.-G.

*Ed. Meyer* GdA 3,131 u. ö. *Beloch* GG$^2$ 2,1,173.

**Megaira** (*Μέγαιρα*). Eine → Erinys, der personifizierte »Neid mit dem bösen Blick«, Apollod. 1,3 (Tochter des Uranos). Kornut. 10 (*ἐν Ἅιδου*). Bes. röm. Dichter gefallen sich in der Ausmalung des gräßlichen Äußeren der Erinyen. Verg. Aen. 12,845 ff. sendet Iuppiter sie, Tochter der Nacht (vgl. Aischyl. Eum.), Schwester der *geminae pestes Dirae* (→ Furiae), aus dem Tartaros, um Turnus zu erschrecken und Iuturna zu verscheuchen. Lucan. 1,577. 6,730. Sen. Herc. Oet. 1006. Orph. h. 69,2. Argon. 971. NILSSON GgrR$^2$ 1,100 f. H. v. G.

*E. Wüst*, RE Suppl. VIII 82 ff. *W. Pötscher*, G 70, 1963, 410.

**Megakleia** (*Μεγάκλεια*). Gattin Pindars, Tochter des Lysitheos und der Kalline (Vita Pind. in Sch. Ambros.). Bei Eust. im Prooimion zu seinem verlorenen Pind. Komm. heißt sie Timoxeine (*Τιμοξείνη*). Beide Quellen nennen als ihre Kinder Daiphantos, Protomache, Eumetis. G. Do.

**Megakleides** (*Μεγακλείδης*). Bedeutender peripatet. Homererklärer (aus Athen?) in der 2. Hälfte 4. Jh. v. Chr. (vgl. Tatian. or. adv. Gr. 31,2). Frg. M.' und Nachrichten über die Art seiner Argumentationen finden sich 1. in den Sch. zur Il.: 10,274 (B). 16,140 (AT). 21,195 (G). 22,36 (B). 22,205 (BT), evtl. 5,640 (B) und zur Od.: 6,106 und höchstwahrscheinlich 9,6 (vgl. u. Athen.-Stelle und Eust. zu Od. 8,248), 2. bei den Lexikographen Ail. Dion., Pausanias, Hesych., Phot., Suda *'Αθηναία(ς)*, 3. Athen. 12,512 e ff., 4. im sog. Ammoniospap. (PapO 221, col. 9,3, vgl. damit o. G-Sch. Il. 21,195), 5. wahrscheinlich Aristot. poet. 24,1460 a 15 ff. [3], 6. Ail. var. 4,26, vgl. Athen. a. O., s. [2], 7. vielleicht in der Hypothesis A zu Hes. Asp. (s. [6] u. a.). In einigen Sch. und in der Suda wird ein Werk περὶ Ὁμήρου genannt, aus dem wohl alle obigen Frg. stammen. M.' Interesse galt hauptsächlich Sachfragen. In der Athen.-Stelle wendet er sich gegen die zu seiner Z. übliche Verherrlichung des Herakles und ein falsches »philosophisches« Verständnis des Odysseus durch Antisth. M. ist oft Gewährsmann des Porphyrios (s. [5.7.]) und wohl auch des Didymos (s. [4]). Auf M. gehen die einzigen beiden Nachrichten über den Lyriker Xanthos zurück (s. [2] und K. ZIEGLER, RE IX A 1374). O. Dr.

TA.: FHG 443 f. (unvollständig). Lit.: 1. *E. Bux*, RE XV 124 f. (Frg. und Test. unvollständig). 2. *C. Robert*, PhU 5, 1881, 173 f. 3. *A. Gudeman* Aristot. περὶ ποιητικῆς, 1934, 410. 4. *M. Schmidt* Didymi Chalcenteri Frg., 1854. 5. *H. Schrader* Porphyrii Quaest. Hom. ad Il. pertinentium reliquiae, 2 Bde., 1880/90. 6. *M. van der Valk* Researches on the Text and Sch. of the Iliad, 2 Bde., 1963/64, bes. 1,442. 2,363 f. 7. *H. Erbse* Beitr. zur Überl. der Iliassch., Zet. 24, 1960, 34. 45.

**Megakles** (*Μεγακλῆς*). Athener, → Alkmaionidai. **1.** Vater Alkmaions (3), Großvater M.' (2). Als Archon vor 630 an der Vernichtung des → Kylon beteiligt. BERVE Die Tyrannis usw., 1967, 41 f. 539 f. **2.** Enkel M.' (1), Sohn Alkmaions (3), Vater von → Kleisthenes (2) und → Hippokrates (2). Heiratete 575 die sikyon. Tyrannentochter Agariste (1) (→ Hippokleides). Am E. der Machtkämpfe zwischen M. (Führer der Paralioi), → Lykurgos (6) (Pedieis) und → Peisistratos (Diakrioi) stand, nach gescheiterten Bündnissen M.-Lykurgos (ca. 556/55) und M.-Peisistratos (ca. 549/48) (Hdt. 1,59 f. Aristot. Ath. pol. 13,4. 14,3. Plut. Sol. 29,1), die endgültige Tyrannis des Peisistratos und M.' Exil (Hdt. 1,64. 6,123. Isokr. 16, 25 f. Plut. Sol. 30,6); weiteres Schicksal unklar, da M.' Sohn Kleisthenes (2) 525/24 unter den Peisistratiden Archon war (BRADEEN, Hesp. 32, 1963, 187 ff. KINZL Miltiades-Forsch., Diss. Wien 1967, 42 f. 50 ff.). Vgl. noch Philoch. FGrH 328 F 115. Polyain. 1,21,3.

*Berve* Die Tyrannis usw., 1967, 46 ff. 542 ff. Zur Chronol. *Schachermeyr*, RE XIX 164 ff.

**3.** Enkel M.' (2), Sohn des Kleisthenes (2), Vater von Alkibiades' (2) Mutter (Plut. Alk. 1,1. Isokr. 16,26). Lys. 14,39 und [And.] 4,34 sprechen von einer sonst unbelegten Ostrakisierung M.'. **4.** Sohn des Hippokrates (2), Vater von Perikles' Mutter (Hdt. 6,131), aus Alopeke (Aristot. Ath. pol. 22,5). 487/86 durch Ostrakismos verbannt (Aristot. a. O.; Ostrakon z. B. TOD GHI 15). Pyth. Wagensieg Pind. P. 7. **5.** Großvater von → Kimons (2) Frau Isodike (Plut. Kim. 4,10. 16,1). **6.** Sohn des → Hipparinos (1), Bruder des → Dion (1), dessen Exil und, 357, Rückkehr nach Syrakus er teilte. Diod. 16,6,4. 10,3.5. Plut. Dion 28,3. 29,1. Polyain. 5,2,8. K. K.

**7.** M., dessen Z. unbestimmbar ist, schrieb *περὶ ἐνδόξων ἀνδρῶν*. Im einzigen (bei Athen. 10, 419 a = FHG IV 443) erhaltenen Frg. erzählt er die vielfach überlieferte Anekdote von M.' Curius' Zurückweisung der samnit. Gesandten, die ihn bestechen wollten. O. Dr.

**8.** M., Architekt unbekannter Herkunft, erbaute nach Paus. 6,19,7 gegen E. 6. Jh. v. Chr. in Olympia zusammen mit Antiphilos und Pothaios das Schatzhaus angebl. der Karthager, in Wahrheit wohl der Syrakusaner. W. H. G.

**Megaklo** (*Μεγακλώ*). Tochter des lesb. Königs → Makar, vom lesb. Lokalschriftsteller → Myrsilos in rationalist. Weise als Stifterin der 7 lesb. → Musen bezeichnet, indem sie 7 Sklavinnen lehrte, die Taten der Vorfahren zu besingen und dadurch das harte Herz des Königs zu besänftigen, Arnob. 3,37. H. v. G.

**Megaleas** (*Μεγαλέας*), Makedone, von → Antigonos (3) Doson im Testament zum Kanzleichef Philipps V. bestellt, betrieb mit → Apelles (1) eine antiachaiische Politik und griff → Aratos (2) tätlich an. Vom Heeresgericht verurteilt, aber von Philipp freigelassen, zettelte M. eine Meuterei im Heer an und floh nach Theben. Als Philipp M. aus Theben herbeizuholen befahl, beging er 218 v. Chr. Selbstmord, Pol. 4,87,8 f. 5,2,8. 14,11–16,6. 25,1 ff. 26,14. 27,1 ff. 28,4 ff. H. V.

**Megale polis** ([ἡ] *Μεγάλα* [-ἡ] *πόλις*), lat. auch *Megalopolis*, Ethn. stets *Μεγαλοπολίτης*. (Die Quellenstellen für die Gesch. der Stadt [4] S. VII–XXXIII unter den betr. Jahren.) Die Gründung der »Großen Stadt«, in der mit Unterstützung der Thebaner der größte Teil W.-Arkadiens zusammengefaßt wurde, gehört wohl in die J. 368/367 v. Chr. mit Diod. 15,72,4. Die große Zahl der einzugemeindenden Orte (40), die aber trotzdem z. T. selbständig oder als Dörfer bestehen blieben, nennt Paus. 8,27,3 f., dazu 27,5 ff. Strab. 8,8,1 p. 388. Geldsammlung für die Gründung: Inschr. v. Magnesia 38 = Syll. II³ 559,28 f. = FR. G. MAIER Griech. Mauerbauinschr. 150 ff. Nr. 34. Daß die Umsiedlung z. T. gewaltsam vor sich ging, steht sowohl bei Paus. a. O. wie bei Diod. 15,94.

Die Stadt liegt in der 22 km langen und 10 km breiten, stark welligen und von vielen Bächen zerschnittenen westarkad. Hochebene ungefähr in der Mitte in 427 m Höhe gleich n. von Sinanu, h. Megalopolis, beiderseits des Unterlaufs des Helisson, etwa 4 km vor seiner Mündung in den Alpheios. Der nur in sehr geringen Spuren feststellbare Mauerring aus Lehmziegeln auf Steinsockel hat einen Umfang von ungefähr 8,4 km (47½ Stad.), was den 50 Stad. bei Pol. 9,21,2 (8,85 km) bestens entspricht. Die Mauer schließt sich den das Stadtgebiet umgebenden Hügelzügen bestmöglich an. Daß sie für die Einwohnerzahl viel zu groß war, sagt Pol. 2,55,2. 9,35,5. S. des Helisson liegt das große Halbrund des Theaters, das Paus. als das größte Griechenlands bezeichnet, n. unmittelbar an die Skene anschließend der 52 : 66 m große, säulengestützte Sitzungssaal der 10000, der arkad. Bundesversammlung, das Thersilion [11].

Am N.-Ufer des Helisson die große Agora, in ihrem S.-Teil das Heiligtum des Zeus Soter, dazu KNOBLAUCH, AA 57, 1942, 148f., an der O.-Seite die von dem Tyrannen Aristodamos erbaute Halle Myropolis, an der N.-Seite die 156 m lange Säulenhalle Philipps II. von Maked. mit 3 Säulenhallen. Weitere Reste ebenfalls ausgegraben.

Als wirklich bestehend erscheint M. zuerst 362 bei Xen. hell. 7,5,5 in der Schlacht von Mantinea auf seiten Tegeas und damit Thebens. Sparta versuchte immer wiederholt, die Neugründung zu bekämpfen, so bes. 352, M. schloß sich z.T. deswegen bes. an Philipp von Maked. an und erhielt durch ihn die Grenzlandschaft der Belminatis. 331 Belagerung durch Agis von Sparta, Sieg Antipaters über Agis, der in der Schlacht fiel, dann auf seiten Kassanders. 318 vergebliche Belagerung durch Polyperchon. Weiterhin unter Oberhoheit des Antigonos Gonatas. Um 270 Alleinherrschaft des Aristodemos als Anhängers des Antigonos. Siegreiche Abwehr eines spartan. Angriffs unter Akrotatos, 255 v. Chr. ermordet. Bald darauf Tyrannis des Lydiadas. Etwa 249/48 neuer gescheiterter spartan. Angriff. Lydiadas schloß M. dann an den achaiischen Bund an, in dem er mehrfach das Strategenamt bekleidete (235/34). Neue Spannung und offener Krieg mit Sparta unter Kleomenes III., in dem die Stadt sehr zu leiden hatte und Lydiadas fiel. 223 sogar Eroberung und Plünderung von M. durch Kleomenes. Wiederaufbau und neue Verfassung. In einer Nomothetenkommission des achaiischen Bundes mit 3 Mitgliedern vertreten, IG IV $1^2$ 13,24ff., weiter mehrfach spartan. und aitol. Angriffe. Spenden für den Mauerbau IG V 2,434. 440f. = FR.G. MAIER Mauerbauinschr. Nr. 35. 36, Antiochos III. 174 Liv. 41,20,6. Durch Philopoimens Reformen wurden die bisher abhängigen Orte selbständige Mitglieder des Bundes, Plut. Philop. 13,5. Grenzregelung mit Thuria, Inschr. Olympia 46. BÖLTE, RE VI A 636,64ff. LEVI, RFIC 59, 1931, 93ff., mit Sparta, Inschr. von Olympia 47 = Syll. $II^3$ 665. Das Dichterwort der *μεγάλη ἐρημία* Strab. 8,8,1 p. 388. 16,1,5 p. 738 ist übertrieben, die Inschr. zeigen ein wenn auch bescheidenes Weiterleben in der Kaiserzeit, neben Ruinen und Aufgabe von Gebäuden zeigten die Ausgrabungen auch Reparaturen und Neubauten röm. Z.; unter Augustus wird eine Brücke, IG V 2,456, unter Domitian eine Halle gebaut, IG V 2,457, auch Pausanias' Schilderung gibt kein allzuschlechtes Bild. In der Severerzeit wieder Münzprägung. Bruchstück des Preisedikts Diokletians, CIL III p. 1920f. Im ganzen s. auch U. KAHRSTEDT Das wirtschaftliche Gesicht Griechenlands in der Kaiserzeit, 136ff. u.ö. Bei Hierokles ist M. nicht mehr genannt und nicht auf der Tab. Peut. 7,5 an der Straße Sparta–Olympia, aber Geogr. Rav. 5,22 p. 400,18 und in der späten Ortsliste des 7. Jh. ZKG 12, 1890/91, 533 Nr. 808. Ztschr. f. wiss. Theol. 35, 1892, 423, dazu



ZKG 14, 1894, 573ff. ByzZ 4, 1895, 168ff. Als Bistum erscheint M. nur einmal im J. 457 mit einem Bischof Timotheus, SCHWARTZ Acta conc. oec. 2,5,89. Die bei LE QUIEN 2,187ff. aufgezählten Bischöfe von Christianu gehören nicht nach M., L. DUCHESNE, MEFR 15, 1895, 375ff. A. BON Le Péloponnèse byz. 9. 112 A. 1. Seit dem MA. ist M. ganz verlassen. Aus M. stammten vor allem → Philopoimen, → Polybios und der Dichter → Kerkidas.

Paus. 8,27,1–16. 30–33. Plin. nat. 4,20. Ptol. 3, 16,19. Steph. Byz. Inschr.: IG V 2,431–494. SEG 11,1146–1153. 14,347. 15,233. 19,329f. CIL III 496. 7250. 13691. Mz. HEAD $HN^2$ 418. 444. 450f. Jahrb. f. Numism. 8, 1957, 91. E. M.

1. *E.Curtius* Peloponnesos 1,281ff. 2. *E.A. Gardner–W. Loring* u.a. Excav. at M. 1890–1891, 1892. 3. *J.G. Frazer* Pausanias 4,317ff. 4. *Fr. Hiller von Gärtringen* IG V 2 p. 110. 5. *Ders.* RE XV 127ff. 6. *Alfr. Philippson* Der Peloponnes 252ff. 7. *Philipps.-Kirst.* 3,288ff. 8. *Kirsten-Kraiker* Griechenlandkunde$^5$ 417ff. 9. *G.Colonna* Enc. Arte ant. 4,963f. 10. *E.Fiechter* Das Theater von M. 1931 (dazu *A. von Gerkan* Von ant. Architektur 173). 11. *E.F. Benson–A.G. Bather* The Thersilion at M., JHS 13, 1892/93, 319ff. 328ff.

**Megalesia** s. Kybele. Mater Magna

**Megalophanes** (richtig: **Demophanes**), Politiker und Gesetzgeber um die Mitte 3. Jh. v. Chr. Die Namensform M. irrig bei Plut., Philop. 1, wurde von K. ZIEGLER, Rh. M. 83, 1934, 228ff. überzeugend richtiggestellt. M. = D. stammte aus Megalopolis, wurde aber vom dortigen Stadtherren (= Tyrannen) mit seinem Freunde → Ekdemos, der ihn sein ganzes Leben begleitete, verbannt. In Athen schlossen sich beide dem → Arkesilaos an. Nachmals wirkten sie an der Befreiung von Megalopolis mit, danach im Bündnis mit → Aratos bei der Vertreibung des Tyrannen Nikokles von Sikyon. Nach solchen Verdiensten in der Bekämpfung von Tyrannen wurden beide um 250 v. Chr. nach Kyrene berufen, um der Stadt eine demokrat. Verfassung zu geben; nachmals wurden beide Lehrer des jungen → Philopoimen. Der bewegte Lebenslauf beider ist ein lehrreiches Zeugnis dafür, daß Platons Forderung, der Philosoph solle aktiv polit. und als Gesetzgeber tätig sein, in der Schule des Arkesilaos noch lebendige Bedeutung hatte. Zeugnisse über M. = D.: Pol. 10,22. Plut. Philop. 1. Paus. 8,49,2. H. D.

**Megalopolis** s. Megale polis

**Megapenthes** (*Μεγαπένθης* »schmerzenreich«). **1.** Sohn des Königs Proitos von Argos (Apollod. 2,29), Vater des Argeios (Paus. 2,18,4) oder des Anaxagoras und der → Iphianassa (1) (Diod. 4,68,4). Er tauschte mit Perseus Argos gegen Tiryns ein, Apollod. 2,48. Paus. 2,16,3. Mörder des Perseus nach Hyg. fab. 244. **2.** Sohn des → Menelaos von einer Sklavin, dem der Vater gerade die Hochzeit mit der Tochter des Spartaners → Alektor (3) ausrichtete, als Telemachos ihn aufsuchte, Od. 4,10f. mit Sch. Apollod. 3,133. Für die Thronfolge nach Menelaos' Tod kam er nicht in Betracht, Paus. 2,18,6. Indes ist er nsch Hes. frg. 99 ehelich. Nach rhod. Sage vertrieb er und sein gleichfalls unebenbürtiger Bruder Nikostratos Helene aus Sparta; sie begab sich zu Polyxo nach Rhodos, Paus. 3,19,9f. Am amykläischen Thron waren beide Brüder auf *einem* Pferd sitzend dargestellt, Paus. 3,18,13. ROBERT Bild und Lied 55. H. v. G.

**Megara 1.** Mythol. (*Μεγάρα*). Tochter des Königs → Kreon von Theben. In der theban. Sage erhält Herakles sie zur Frau zum Danke für seine Befreiung der Stadt von dem Tribut an die → Minyer von Orchomenos (→ Erginos). Hom. Od. 11,269f. Diod. 4,10. Zahl und Namen der Kinder werden verschieden angegeben: 8 Pind. I. 4,63f. (mit Sch.), 5 Pherekydes, Eur. aus künstlerischen und bühnentechnischen Erwägungen nur 3; so auch Apollod. 2,70. 165. Die tarentin. Unterweltsvasen zeigen 2 Söhne, wie Hyg. fab. 72. – Die ältere Sage erzählte, daß Herakles seine Kinder ins Feuer warf (Pherekyd. Apollod. 2,72. Vase des Assteas), nach PRELL.-ROB. 2,628 urspr. zwecks Läuterung zur Unsterblichkeit. Später wurde die Verbrennung als Mord aufgefaßt und zugleich als Entschuldigung ein von seiner Feindin Hera gesandter Wahnsinn eingeführt. Pind. a. O. hat diese Wendung entweder noch nicht gekannt oder bewußt ausgeschaltet, wenn er sagt, sie seien *χαλκοάραι* gestorben, »als Heroen gerüstet« WILAM. GldH 2,22, kaum »von einem ehernen Fluch getroffen«. An die Stelle des Feuertodes tritt bei Eur. wie bei Mosch. 4,13ff., Diod. 4,11,1 die Erlegung mit Bogen und Keule. Während sonst die 12 Arbeiten im Dienst des Eurystheus als Buße für den Kindermord aufgefaßt wurden (Apollod. 2,72f.), verlegte Eur. den Vorgang in die Zeit seiner Rückkehr aus der Unterwelt und ergänzte ihn durch weitere Erfindungen. WILAM Eur. H. v. G.

**2.** *Τὰ Μέγαρα*, spätant. auch *Μάγαρα*, Ethnikon *Μεγαρεύς*, die einzige Stadt auf der Landbrükke zwischen Mittelgriechenland u. der Peloponnes, noch h. mit gleichem Namen an gleicher Stelle. Die Landschaft Megaris umfaßt den überwiegend gebirgigen Teil der Landbrücke, die zusammengesetzt ist aus w. ö. streichenden Kalkgebirgen von über 1000 m Höhe, im S. der → Geraneia (1350 m) und im N. einem Gebirgszug ohne einheitlichen Namen, h. von W. nach O. Karydi, Patera, Trikeri (bis 1107 m) genannt, im Alt. → Oneion, und dem zwischen ihnen liegenden etwa 17 km breiten jungtertiären Schollenland. Die Gebirgszüge riegeln die Landschaft durch ihre Unwegsamkeit stark ab. Über die Geraneia führt nur in der Mitte ein guter Übergang mit Paßhöhe von 731 m, während die Straße am S.-Abfall der gefürchteten »skironischen Klippen« schwierig und gefährlich und der Weg um die stark zerfurchte W.-Seite des Gebirges kaum weniger schwierig war. Der n. Gebirgszug besitzt im ganzen Mittelteil keinen brauchbaren Übergang, sondern nur an beiden Ausläufern an der Küste. Das Mittelland ist im W. ein kahles, durch zahllose Täler zerfurchtes Ödland, während der O.-Teil die flach abfallende megar. Ebene bildet mit fruchtbarem, lehmigem Alluvialboden. Polit. griff das Gebiet von M. beidseits über diese Gebirge aus, wobei aber das Gebiet s. der Geraneia im 6. Jh. v. Chr. an Korinth verlorenging. Der n. Gebirgszug bildete im O. die Grenze gegen Attika, im W. gehörte aber wahrscheinlich schon der N.-Abhang des Karydi und sicher das Gebiet um die Bucht von Porto Germano mit → Aigosthena zu M. Hier bildete der Kamm des Kithairon die Grenze gegen Boiotien. Von hier führte ein wichtiger Paß über den Kithairon nach Plataiai, während die Küstenstraße um das Gebirge auch hier sehr schwierig war. Als Durchgangsland zwischen Mittelgriechenland und Peloponnes besaß die Megaris trotzdem große Bedeutung. Fließendes Wasser und Quellen sind kaum vorhanden, dagegen hoher Grundwasserstand in der Ebene.

Die Hauptstadt M. lag im SW. der megar. Ebene an zwei niedrigen Akropolen, Karia und Alkathoos, 70 und 98 m hoch, 2 km von der Küste entfernt. Wie h. dehnte sich die Stadt von diesen Hügeln nach S. in die Ebene aus. Die ant. Reste sind sehr spärlich, am ansehnlichsten auf dem Sattel zwischen den Akropolen das z. T. etwas aufgebaute Brunnenhaus, wohl aus dem frühen 5. Jh. v. Chr. und daher nicht das Brunnenhaus des Theagenes (s. u.). Auf dem Alkathooshügel sind die Fundamente des Athenatempels gefunden, AA 49, 1934, 149f. *Πρακτικά* 1934, 48ff. Vor der Stadt an der Küste lag die Hafenstadt → Nisaia, seit 461 v. Chr. mit der Stadt durch Mauern verbunden, die Megarer danach oft auch als »nisaeisch« bezeichnet. Nach den Funden war bes. die Ebene dicht besiedelt, aus der Lit. sind mehrere Ortschaften bekannt, am wichtigsten am korinth. Golf → Pagai und → Aigosthena. Die Ebene diente vor allem dem Gemüsebau, während das Bergland wenig ertragreich war, aber mit der Schafzucht das Material für die bedeutende Wollindustrie lieferte. Daneben die Töpferei von Wichtigkeit, die grobe Gebrauchsware herstellte. Die »megarischen Becher« sind eine Erfindung der modernen Literatur, [1] 204,47ff. Enc. Arte ant. 4,970ff.

Paläolith. Funde in Höhlen der Kaki Skala (skironische Klippen), A. MARKOWITS, Spelaeolog. Jb. 13/14, 1932/33, 133ff. Mitteil. für Höhlen- und Karstforschung, 1933, Heft 2,1ff. FF 9, 1933, 149f. Funde ab mittelhellad. Z. in M. selbst und Nisaia, alle Ortsnamen außer Minoa und Nisaia sind griech. Die einstimmige att. Überlieferung rechnet M. urspr. zu Attika, und sowohl Strabo wie Pausanias behandeln die Megaris als Teil von Attika, s. bes. Strab. 9,1,5ff. p. 392f. Kult. Beziehungen zu Attika sind vorhanden [1],180,57ff. [5],

18ff. [5],23ff. weist dazu enge kult. und myth. Zusammenhänge mit Boiotien auf. Die Landschaft gehörte zu der vordor.-griech. Schicht, aus der auch die Ionier hervorgingen, [5],55ff. RISCH, MH 6, 1949, 19ff. Die verhältnismäßig späte Dorisierung führt das Alt. auf Korinth zurück, nach [5], 69ff. geht sie aber wohl von Argos aus. In der gesch. Z. ist M. nach Dialekt und Einrichtungen dor. Bei Homer ist M. nicht genannt, die Gleichsetzung von Nisa, Hom.Il. 2,508, mit M., in moderner Z. vielfach aufgenommen, neu bes. [5],23, kaum wahrscheinlich. Die Hauptbedeutung von M. liegt in der archaischen Z., wo M. bes. in der Kolonisierung eine hervorragende Rolle spielte. Kolonien sind M. in Sizilien mit Selinus, Kalchedon, Byzanz, Selymbria, Astakos, Herakleia am Pontos, Chersonnesos und Kallatis. Ans E. 7.Jh. muß die Tyrannis des → Theagenes gehören, die wohl nur kurz dauerte, bekannt die von ihm gebaute Wasserleitung mit Brunnenhaus, das aber nicht das ausgegrabene, sondern wohl dessen Vorgänger ist (s.o.). Die 1.Hälfte des 6.Jh. v.Chr. ist eine Zeit schwerer innerer Kämpfe, in der aristokrat. Verfassung, »zügellose Demokratie« und wieder Aristokratie sich ablösten. Dabei gingen große Außengebiete verloren, das Gebiet s. der Geraneia an Korinth, die Insel Salamis an Athen. Ein Sieg über Korinth war Anlaß der Erbauung des Schatzhauses in Olympia, Paus. 6,19,12f. RE XVIII 125f. M. verlor seine Stellung als eine der führenden Mächte Griechenlands und schloß sich dem pelop. Bunde an.

Bei Salamis stellte M. das drittstärkste Kontingent, Streifzug des Mardonios gegen M., Hdt. 9,14. Paus. 1,40,2f. 44,4. Neue Zwistigkeiten mit Korinth und ungenügende Hilfe Spartas führten 461 v.Chr. zum Anschluß an Athen, dafür Bau der Mauern, die Stadt und Hafen verbanden. Im anschließenden »hellenischen Krieg« war die Megaris mehrfach Kriegsschauplatz, nach der att. Niederlage bei Koroneia wieder Anschluß an den pelop. Bund, zunächst mit Verlust der Häfen Nisaia und Pagai, die Athen aber im Frieden von 446 herausgab. Die Sperrung der att. Märkte für M., das »megarische Psephisma«, wurde einer der Anstöße zum pelop. Krieg, in dem M. bes. im 1.Teil schwer zu leiden hatte. 427 v.Chr. Besetzung der Insel Minoa durch Nikias. Danach demokrat. Revolution in M. und Versuch, die Stadt an Athen anzuschließen, der mißlang, aber die Besetzung des Hafens von Nisaia durch Athen zur Folge hatte, in dessen Besitz M. erst wieder um 410 v.Chr. gelangte.

Das 4.Jh. brachte einen neuen Aufschwung, im korinth. Krieg konnte M. auch die Unabhängigkeit von Sparta gewinnen und führte eine demokrat. Verfassungsreform durch. 343 scheiterte ein Versuch Philipps, sich M.s zu bemächtigen, am rechtzeitigen militär. Eingreifen Athens. M. schloß sich an Athen an; Isokr. konnte M. als Beispiel einer Stadt rühmen, die es trotz bescheidener Existenzbedingungen durch gute Politik zu großem Wohlstand gebracht habe, 8,117f. dazu Xen.mem. 2,7,6. In dieser Zeit blühte auch die → megar. Philosophenschule unter Stilpon.

Am lam. Krieg war M. nicht beteiligt und stand dann unter Herrschaft Kassanders, 308 von Ptolemaios I., seit 307 durch Eroberung durch Demetrios Poliork. besetzt. Erst nach dessen Gefangennahme wurde M. wieder frei, aber bald wieder makedon. bis zum J. 243. Jetzt Anschluß an den achaischen Bund, damit Verlust der beiden Orte Pagai und Aigosthena, die selbständige Bundesmitglieder wurden. 224 Anschluß an den boiot. Bund und damit an Antigonos Doson. 192 Rückkehr zum achaiischen Bund. 146 entging M. der Zerstörung durch Kapitulation der Besatzung. Zur hellenist. Gesch. von M. auch M. FEYEL Polybe et l'hist. de Béotie, 1942 oft, s. Ind.

Sulla benutzte M. als Stützpunkt bei der Belagerung Athens. Im Bürgerkrieg stand M. auf seiten des Pompeius und mußte durch Caesars Legaten Calenus gewaltsam erobert werden. Die Stadt hatte neuerdings schwer zu leiden und wird in Zeugnissen der nächsten Z. als zerstört bezeichnet. M. bestand aber in der Kaiserz. als bescheidene Landstadt weiter und hatte trotz aller schweren Schicksale auch einen ansehnlichen Bestand an alten Bauten und Kunstwerken bewahrt. Es gab auch röm. Kaufleute in M., IG VII 190, und Plin. nat. 4,34 nennt M. sogar röm. Kolonie. Ehreninschr. für röm. Kaiser sind mehrfach vorhanden, nach Hadrian wurde eine Phyle benannt, IG VII 72. 74. 101. In der Severerzeit wieder eigene Münzprägung. Verwaltungsmäßig gehörte M. zu Boiotien und stellte auch Boiotarchen, IG VII 24. 106. 295 n.Chr. Verwüstung durch die Goten, Zos. 5,6, 3, aber Wiederaufbau, IG VII 26 = Syll. II$^3$ 909 (ca. 470–490). Chr. Grabsteine IG VII 169–178, s. auch *Πρακτικά*, 1934, 39ff. 1936, 52. Bischöfe gab es nur spätant., LE QUIEN 2,205f. SCHWARTZ Acta conc. oecum. 2,1,62 Nr. 244. 271 Nr. 206. 285 Nr. 208. 332 Nr. 224 u.ö. (Nikias). 2,5,89 (Agathemeros). In den byzant. Bischofslisten erscheint es nicht. Da M. jedoch durch das ganze Alt. und MA. weiterbestand, ist es auch in späten Quellen genannt, z.B. Hierokl. synekd. 645,12. Geogr. Rav. 4,10,198,9. 5,13,375,15. Tab.Peut. 7,5. Im allg. zu M. in der Kaiserzeit s. U. KAHRSTEDT Das wirtschaftliche Gesicht Griechenlands in der Kaiserzeit, bes. 121ff. Strab. 9,1,4–8 p. 391–393. Paus. 1,39,4–44,10. Inschr.: IG VII 1–234. 3473–3481. 4236f. CIL III 546. SEG 1,98. 3,330–332. 13,280–340. 15,262f. 16,292–294. 17,208. 18,160. 19,333. SCHWYZER Ex. epigr. 148–163. [1],154. RA 6, 1917, 31ff. MDAI(A) 59, 1934, 52ff. RPh 65, 1939, 97ff. Mz.: HEAD HN$^2$ 392ff. 417. [1],154. E. M.

1. *E. Meyer*, RE XV 152ff. 1295f. (mit Kartenskizze der Landschaft und der älteren Lit.). 2. *Philipps.-Kirst.* 1,940ff. 3. *L. Rocchetti* Enc. Arte ant. 4,965f. 4. *E.L. Highbarger*

The hist. and civiliz. of anc. M., 1927, Nachdr. 1965 (mit Lit.). 5. *Kr. Hanell* Megar. Stud., 1934. 6. *A. Lebègue* De oppidis et portibus Megaridis et Boeotiae, 1875. 7. *F. Bölte–G. Weicker* Nisaia und Minoa, MDAI(A) 29, 1904, 79 ff. 8. *A. G. Laird* Nisaea and Minoa, ClPh 29, 1934, 89 ff. 9. *A. J. Beattie* Nisaea and Minoa, RhM 103, 1960, 21 ff. 10. *H. J. W. Tillyard* Two watch towers in the Megarid, ABSA 12, 1905/06, 101 ff. 11. *N. G. L. Hammond* The main road from Boeotia to the Peloponnese through the Northern Megarid, ABSA 49, 1954, 103 ff. 12. *R. Delbrück–K. G. Vollmöller* Das Brunnenhaus des Theagenes, MDAI(A) 25, 1900, 23 ff. (mit Lageplan). 13. *G. Gruben* Das Quellhaus von M., Ἀρχ. Δελτ. 19, 1964, 37 ff. 14. Neuere Grabungen *J. Threpsiades*, Πρακτικά 1934, 39 ff. 1936, 43 ff. EA 1933, 119 ff.

**3.** M. in Sicilien (*Μέγαρα, Μεγαρεῖς Ὑβλαῖοι* [*Μέγαρα Ὑβλαῖα* ist erst modern]; *Megara, -orum* und *Megara, -ae;* das Gebiet *τὸ Μεγαρικόν* oder *ἡ Μεγαρίς*) war eine der ältesten, wenn nicht die älteste der dor. Kolonien an der O.-Küste Siciliens. Nach der trotz [3. 6] doch wenigstens im Kern zuverlässigen Tradition bei Thuk. 6,4,1 (d. h. wohl Antiochos von Syrakus) wurde M. 245 J. vor der Aufhebung durch Gelon (484/81) gegründet, d. h. 729/26. Lamis siedelte mit Kolonisten aus dem mutterländischen Megara zuerst in Trotilon über dem → Pantakyas, dann gemeinsam mit Chalkidiern in → Leontinoi, dann, von diesen vertrieben, auf → Thapsos, endlich, im Einvernehmen mit Hyblon, dem König der Siculer in dem nahen → Hybla, an einem Platz im Innersten des flachen Meerbusens zwischen dem h. Augusta und Syrakus, 20 km nnw. von diesem. Über andere, z. T. abweichende Berichte s. → Sicilien. Sicher ist nach dem archäolog. Befund, der überreichen keramischen Ausbeute vom 8. bis Anf. 5. Jh., daß M. seit der 2. H. 8. Jh. (nach einigen Forschern schon in der 1. H.) bestanden hat. Im J. 553 beteiligte sich M. an Syrakus' Kampf gegen → Kamarina (Philist. FGrH 556 F 5). Verläßlich ist wohl die Angabe des Thuk. a. O., daß M. 100 J. (runde Zahl) nach der eigenen Gründung unter Führung des aus der Mutterstadt herbeigerufenen Pammilos → Selinus gegründet hat, was aber wohl weniger ein Beweis seiner Macht als des Menschenüberschusses auf zu schmalem, durch mächtige Grenznachbarn (Syrakus, Leontinoi, Katane) eingeengtem Siedlungsraum ist. Ebendies verursachte wohl auch die sozialen Spannungen, die nach Hdt. 7,156 Gelon Gelegenheit gaben, M. zu erobern und zu zerstören, die Aristokraten nach Syrakus zu verpflanzen und den Demos ins Ausland in die Sklaverei zu verkaufen. Die Heftigkeit des Bürgerzwistes spiegelt sich in den Gedichten des → Theognis, wenn die Angabe bei Plat. leg. 1, 630 a richtig ist, daß der Dichter aus dem sicil. M. stammte. Im J. 415 liegt M. nach Thuk. 6,49,4 wüst. Im folgenden Winter errichten die Syrakusier auf dem Boden von M. ein Fort, das die Athener bei ihrer Landung im Frühjahr nicht nehmen können (Thuk. 6,75,1. 94,2). M. bleibt weiter wüst (auch der archäolog. Befund beweist es), erscheint aber wieder als *πόλις* 309, wo es bei der Belagerung von Syrakus durch die Karthager eine Rolle spielt (Diod. 20,32,3 ff.). Als solche dürfte es bei der großen Restauration der freien griech. Gemeinden durch Timoleon (um 340) wiedererstanden sein. Dazu stimmt der bei den französ. Grabungen entdeckte hellenist. Mauerring, der freilich nur einen kleinen Teil des Areals der ehemaligen Stadt umfaßt, und der Tempel, s. u. Dann wird M. 263 als zum Reich → Hierons (2) gehörig erwähnt (Diod. 23,4,1) und 214 als mit Syrakus verbündet von Marcellus erobert und zerstört (Liv. 24,35,2. Plut. Marc. 18,2). Von da ab bis h. hat M. nur als Ankerplatz und allenfalls dörfliche Siedlung existiert. Ziemlich räselhaft ist ein von Steph. Byz. s. v. und s. *Ὕβλα* (hier unter Berufung auf Philistos, nach Mz. vielmehr *Στίελα* oder *Στίαλα*) als *φρούριον* in der sicil. Megaris bezeugtes *Στύελλα* (s. Mirone, Ztschr. Num. 38, 1928, 29 ff. Ziegler RE Suppl. VII 1232 ff.).,

Die seit dem 16. Jh. bekannte Stätte M.s ist in mehreren Kampagnen 1872–89 durchforscht und Mauerring, 2 arch. Tempel, Hafenkaianlagen und 2 Nekropolen festgestellt worden, s. Cavallari und Orsi, Mon. ant. 1, 1892, 689–950. 27, 1922, 109–179. Neuere Grabungen der École franç. von 1949–61 haben ein riesiges Material meist arch. Keramik ergeben und die Datierungsfrage neu aufgeworfen, dazu die kleine hellenist. Stadt mit Mauerring, Agora und einem kleinen dor. Tempel in antis des 3. Viertels 4. Jh. aufgedeckt. K. Z.

1. *Cavallari-Orsi* s. o. 2. *Ziegler*, RE XV 205–215 (m. ält. Lit.). 3. *Pareti* Studi Siciliani ed Italioti 1914, 310–330. 4. *Vallet et Villard* Les dates de la fondation de Mégara Hyblaea et de Syracuse, BCH 76, 1952, 289–346. 5. *Dies.*, MEFR 63 ff., 1951 ff., Suppl. 1, 1962 ff. 6. *R. van Compernolle*, Étude de chronologie et d'historiographie siciliotes 1960. 7. *J. Ducat*, L'archaisme à la recherche de points de rèpere chronologiques, BCH 86, 1962, 165–184.

**Megareus** (*Μεγαρεύς*). **1.** Nach megar. Sage Sohn Poseidons und König von Megara, der als Gemahl der → Iphinoe seinem Schwiegervater Nisos folgte. Nach boiot. Sage auch Sohn Poseidons, kommt er aus dem boiot. → Onchestos dem von Minos bedrängten Nisos zu Hilfe, fällt im Kampfe und wird dadurch Eponym von Megara (Paus. 1,39,5,42,1). **2.** Sohn des Thebanerkönigs → Kreon und der Eurydike, rettete seine Vaterstadt durch das Opfer seines Lebens, Aischyl. Hept. 474. Soph. Ant. 1303 mit Sch. H. v. G.

**Megarische Schule.** Die M. Sch. wurde um 380 v. Chr. von → Eukleides von Megara begründet. Die philos. Überlieferung betont stark, daß Eukleides ein Schüler des → Sokrates war; indes ist der Einfluß des → Parmenides von Elea und der Eleaten ebenso stark gewesen; vgl. Diog. Laert. 2, 106 und Cic. ac. 2,129; hier ist eine den nachmaligen Platonismus vorwegnehmende Synthese zwischen der Einslehre und der Lehre vom Guten vollzogen worden.

Unter den Nachfolgern des Eukleides scheint eine Verengung der Aufgabe, die die M. Sch. sich stellte, erfolgt zu sein derart, daß man – hierin gewiß an Sokrates anknüpfend –, die Kunst des Fragens und Widerlegens zu formaler Virtuosität ausbaute; vgl. → Eubulides, → Diodoros Kronos, → Stilpon. Als bes. streitbar galt der Megariker Alexinos, der dadurch den Spottnamen *'Ελεγξῖνος* erwarb. Stilpon bewirkte, daß sich die M. Sch. mit dem → Kynismos vereinigte.

Es scheint eine starke Rivalität zwischen der M. Sch. und der eben beginnenden Akademie → Platons bestanden zu haben; daß man sich in der M. Sch. darauf berief, »legitim« von Sokrates herzustammen, scheint bezeichnend. In der Tat hat Eukleides' Synthese zwischen Eleatischem und Sokratischem viel innere Verwandtschaft mit Platons Ansatz. Aber die M. Sch. ist sogleich von der Akademie überflügelt worden, was erstens an Platons Persönlichkeit lag und zweitens an dem Umstand, daß von der Mitte 4. Jh. an nur noch in Athen Philosophie getrieben werden konnte. H.D.

**Megaron** (*μέγαρον*). Im Epos steht M. für den Hauptraum des »Palastes« und Hauses, dann (sing. und pl.) für den gesamten »Palast«bereich, gelegentlich für das Hyperoon (Hom. Od. 18,198). Seit den hom. Hymnen und Hdt. bezeichnet M. geschlossene Kulträume ohne Vorhalle, tiefgelegene Kulträume (auch Erdspalten, Gruben) für chthon. Gottheiten und bes. für Demeter. Die Zusammenhänge zwischen Hom. und dem späteren Wortgebrauch sind noch umstritten ([2]).

In der archäolog. Fachsprache versteht man unter M. einen langrechteckigen Raum mit einfacher oder doppelter Vorhalle. in der Regel mit zwei Stützen (Säulen) zwischen den Anten; der Eingang liegt in der Mitte der Schmalseite. Dieser Bautypus begegnet in Griechenland bisher am frühesten in Thessalien (Otzaki-Magula, frühes 3. Jt. v. Chr.), ist auf dem Festland und in Kleinasien weit verbreitet (in Troia seit der 1. Stadt, in Thermi (Lesbos), Poliochni (Lemnos), Eutresis (Boiotien), Zyguries (n. von Mykene), als Hauptraum in Mykene, Pylos, Tiryns (sonst oft), in Kreta dagegen erst seit dem myken. Einfluß dort (Spätminoisch III, seit 14. Jh.). Die Herkunft des M. in der Ägäis ist noch immer ungeklärt. Einflüsse aus O. und N. (jedoch nicht Mitteleuropa) mögen zusammengewirkt haben; das älteste bisher bekannte Beispiel gehört nach S.-Rußland und in die Mittlere Steinzeit. Ungeklärt sind auch die Einzelheiten des unbezweifelbaren Zusammenhangs zwischen den myken. M. und den M. der griech. Z. (seit dem 8. Jh.). In Griechenland begegnet das M. mit geschlossener oder offener Vorhalle als Grundtypus einer Haus- und Palastform (z. B. Larisa am Hermos. Vasenbilder: Amphiaraoskrater PFUHL Abb. 179; Klitiaskrater PFUHL Abb. 217. Haus XXIII ältere Phase, Priene: M. SCHEDE Die Ruinen v. Priene ([2]1964) 102 Abb. 118), vor allem aber als Sakralbau, selbständig (Tempel im alten M. von Tiryns) oder als Kern (Naos, *ναός*, *cella*) des Peripteraltempels (ältestes erhaltenes Beispiel: Heraion auf Samos). Im Tempelbau kann dem Pronaon (Vorhalle) ein symmetrisch dazu auf der Rückseite der Cella angelegter Bauteil entsprechen, der Opisthodom (*ὀπισθόδομος*); dieser fehlt in der ion. Ordnung in der Regel, in der dor. Ordnung öfter. Diese Zufügung verändert den Charakter des M. so grundlegend, daß auf Andeutung der weiteren Entwicklung hier verzichtet werden muß. W. H. G.

1. *Ebert*, RE XV 220f. 2. *Ziehen*, RE Suppl. VII 439ff. 3. *Schweitzer*, ABSA 46, 1951, 160ff. 4. *F. Matz* Enc. Arte Ant. 4, 1961, 974ff.

**Megasthenes** (*Μεγασθένης*). Ethnograph, Hauptquelle für die ind. Gesch. von etwa 300–290 v. Chr. M. hielt sich unter den *Πράσιοι* (ai. *prācya*, O.-Bewohner) auf und besuchte → Sandrokottos (Candragupta Maurya), von dessen Identifikation viel für die altind. Chronologie abhängt und zu dem M. als Gesandter von → Seleukos Nikator geschickt worden war. Vor seiner Reise nach → Pali(m)bothra (Pāṭaliputra = Patna) war er bei → Sibyrtios von Arachosia. Er studierte die Historiker der Alexanderzeit, bes. → Onesikritos und selbst → Ktesias (dem er selten folgt). Wie oft M. mit Candragupta zusammengetroffen ist und wie lange er sich in Indien aufgehalten hat, ist strittig (SALETORE Ind. Diplom. Relat. with the W., 1958, 110–134).

Da M. eine Kultur beschrieben hat, die sich wie die griech. entwickelt habe, und über eine dunkle Periode ind. Geschichte Auskunft gibt, haben klass. Altertumskundler und Indologen eifrig an den M.-Frg. gearbeitet, und langsam zeigten sich Ergebnisse, s. JACOBY FGrH 715, zu dessen Kommentar s. F. WILHELM, ZDMG 116, 1966, 425. O. STEIN, RE XV 230–326 ist noch immer führend, wenn er auch über Gebühr M.' idealisierende Tendenzen betont (DAHLQUIST). Doch M. schrieb als Grieche für griech. Leser, und als Gesandter berichtete er von einem Land, das selber später Griechen beherrschte (unter Aśoka) und dann von Griechen beherrscht werden sollte (unter Menandros usw.). Klass. Altertumskundlern mangelt es an indol. Kenntnissen und Indologen an solchen der klass. Altertumskunde. Letztere zitieren M. stets (z. B. KANE, Hist. Dharmaś. 3,418), wogegen BRELOER, Kauṭilīya-Stud. 1, 1927, 46–67. 2, 1928, ZDMG 88, 1934, 130–164. 89, 1935, 40–67. V. KALYANOV ARTCHAŠASTRA, 1959, 501–510 (russ.) in Indien unbekannt sind. STEINS allzu skept. Werk »Megasthenes und Kauṭilya« (1921) benützte DIKSHITAR und kritischer R.P. KANGLE Kauṭ. Arthaśastra III (1965), 66–74. 149. 187; doch selbst er dürfte in bezug auf M. zu skept. sein. SCHWANBECKS Frg.-Slg. erschien 1966 im

Nachdruck. R. C. MAJUMDAR gab MCCRINDLE's Anc. Ind.[2] (1960) heraus mit einigen Noten und Hinweisen auf verschiedene Übersetzungen von Strab., Diod., Plin. und Arr., die seit McCrindle in Englisch erschienen sind. MAJUMDAR Class. Acc. of Ind. (1960) und B. PURI Ind. in Class. Gr. Writings (1963) sind McC. verpflichtet, dessen Übers.en oft unzulänglich sind. BRELOER's Behauptung von drei unbekannten M. frg.en über die Askese (*pravrajyā*) (ZDMG 93, 1939, 254ff.) bleibt nur wahrscheinlich.

Als das Arthaś. entdeckt wurde, fragte man, ob seine Zeit aus M. erschlossen werden könnte. Doch die Problemnäherung ist verkehrt (KALYANOV Proc. 23. Int. Cong. Orient., Cambr. 1954, 223). STEIN dachte, M. ließe erschließen, daß Kauṭ. nicht der Zeit Candraguptas angehörte. Im Zuge hitziger Verteidigung von Kauṭ.s Alter haben V. R. RAMACHANDRA DIKSHITAR Mauryan Polity (1932), MAJUMDAR (Cl. Acc. XXIII, App. I; J. Am. Or. S. 78, 1958, 273–276. 80, 1960, 248f.) u. a. M. für schlecht bezeugt, schlecht unterrichtet, unzuverlässig und falsch (auch BASHAM Wond. that was Ind., 1957, 51,148) erklärt. So sagt etwa M., daß Bauern ihre Arbeit taten, während in der Nähe eine Schlacht tobte. Dabei kann es sich a) um einen tatsächlichen Vorfall handeln, b) um eine ind. Kriegstheorie, c) um eine optimist. Verallgemeinerung (BASHAM 127. KANE 3,210. SPELLMAN Pol. Th. of Anc. Ind., 1964, 160). Etwas lau hat T. S. BROWN (AJPh 76, 1955, 18ff., AOS 80, 1960, 133ff.) M. verteidigt, entschiedener SETHNA (AOS 80,243ff.). Eine neue Ära jedoch setzte mit DAHLQUIST Meg. and Ind. Rel. (1962) ein, der M.' Objektivität zeigte. Sein Buch Meg. and Ind. Philosophers steht in Aussicht. B. C. J. TIMMER Meg. en de Ind. Maatschapij (1930) erwies M.' Verbindung von ind. Wirklichkeit und ind. Theorien. G. BONGARD-LEVIN verwies darauf (TRUDY 25. MEŽD. KONG. VOSTOK. 4, 1963, 79ff. (russ.), Hist. and Cult. of Anc. Ind., 1963, 15ff.), daß M. und Aśokas Inschr. zusammenstimmen.

M.' Erfahrung beschränkt sich auf Gesehenes bzw. Gehörtes auf dem Weg nach Pāṭaliputra, in Pāṭaliputra oder im Feldlager Candraguptas. Arr.s Verweis auf Poros (Ind. 5,3) ist ein Irrtum.

Die *'Ινδικά* M'. zerfielen in 4 B.: 1. Geogr., Fauna, Flora, Ethnogr., 2. Bräuche, Städte, Prasioi, Verwaltung, 3. Gesellschaft, Philosophie, 4. Archäologie, Mythen, Gesch. Die Vorwürfe, M. sei unkrit. und leichtgläubig (STEIN, BROWN, MAJUMDAR), sind ungerecht, da seine Äußerungen zusammengedrängt und paraphrasiert (Arr., Diod.) erhalten sind. Wiederholt er Onesikritos u. a., so macht er dabei Unterschiede. Anscheinend schrieb er im att. Dialekt.

Über M.' Fabelvölker (*ἐνωτοκοῖται, ἄστομοι* u. a.) berichteten schon seine Vorgänger, doch gibt es sie auch in der ind. Mythologie. M. verwendet ind. Informationen (Strab. 15,711). Diskrepanzen



zwischen M. und dem ind. Mythos sind falscher Übersetzung u. Mißverständnissen zuzuschreiben. Aber in Ind. sprach man auch Griechisch! Man darf sich nicht zur Paronomasie flüchten (wie STEIN): *ὠκύποδες* muß nicht Skt. *ekapada* entsprechen. Ktesias hat wohl M. dazu verleitet, sich bei den Brahmanen über die *ὀπισθοδάκτυλοι* und Fabeltiere zu erkundigen. *Σίλα* (worauf nichts schwimmt) kann bis zu Ktesias, ind. Legenden und einem zentralasiat. Fluß (DAHLQUIST) verfolgt werden. Hinsichtlich der → Kalanos-Episode korrigiert M. Onesikritos. Über den S. und Taprobane schreibt M. nach Hörensagen, fügt aber hinzu, daß man in vielen Gegenden Schatten findet, die nach S. fallen. Die Dionysosverehrung (über Nysa s. WOODCOCK Greeks in India, 21f.) spiegelt eine vorar. Religion (z. B. modern: Muṇḍa) wider; Herakles ist Indra (DAHLQUIST). WILHELM (a. O.) bezweifelt dies in der Meinung, die Griechen hätten die Merkmale verschiedener ind. Gottheiten vermengt. Aber trifft dies auf M. zu? LASSENS Identifikation von Herakles und Kṛṣṇa (womit er die Kṛiṣṇa-Religion älter als Christus macht) fällt somit dahin. Griech. Interesse an der Dionysos-Herakles-Entdeckung kann M.' Nachforschungen mitbestimmt haben, doch können die beiden griech. Namen schon lange vor Alexander von den Indern gegeben worden sein. Aus eigener Beobachtung berichtet M. von den Brahmanen. Wenn seine Nachrichten über ihre Ansichten und Lehren mehr mit griech. Spekulationen übereinstimmen (STEIN) als mit erhaltenen ind. Traditionen, so erweist das sie nicht als falsch. Seine Erziehung führte ihn zum »Wiedererkennen«, das heißt aber nicht, daß er fälschte. Sein Bericht über die Eheschließungsgründe erinnert noch an die Dichotomie von *dharma* (*εὐπείθεια*) und *kāma*. Die Auffassung, Frauen müßten gehütet werden oder sie prostituierten sich, ist (männliche) ind. Überlieferung, zynisch in doppeltem Sinn. M.' viel kritisierter Satz *δούλοις μηδένα 'Ινδῶν χρῆσθαι* (F 32,54 besser als Arr. Ind. 10,8 = F 16) spiegelt nicht nur (KANGLE 187, BASHAM 151) die Milde ind. Sklaverei oder (TIMMER) die Tatsache wider, daß Sklaven ihre Freiheit erkaufen konnten, sondern auch ind. Wirklichkeit (keine Zulassung von Sklaven zu häuslicher oder gewerblicher Arbeit wie in Griechenland) und ind. Theorie (vgl. den unmittelbaren Verweis auf das *κατόρθωμα*), daß kein Arier Sklave werden konnte (Diod. 2,39,5 = F 4). Arier und Nichtarier waren noch nicht ein Volk.

M. gibt Einzelheiten über die Größe Indiens, seine Flüsse und Tiere (gelegentlich übertrieben). Der Bericht (viel kritisiert: BROWN, AJPh 76,32) von dem Tier, das tropfenweise Harn läßt, kann auf die Eidechse, die auf der Zimmerdecke spaziert, passen (keine Flügel!). Die bekannte Einteilung der ind. Gesellschaft in 7 Klassen ihrer Tätigkeit nach (F 19b) wird als Beweis von M.' Unkenntnis verdammt, ist aber teilweise angenommen worden

(R.S. Sharma Asp. Pol. Ideas and Instit. in Anc. Ind. 1959, 187. 192. 214. Spellman 137) und *μέρος* bedeutet nicht »Kaste« (Breloer, ZDMG 88, 147), M. will nicht ind. Theorien wiedergeben. Richtig wird die exogamische Regel auf die Familien bezogen *(gotra): οὐκ ἔστι γαμεῖν ἐξ ἄλλου γένους.* M. kann auch den Umstand kritisieren, daß die Inder nicht zusammen essen (keine Essenszeiten, nicht kastenweise Unterscheidung?), er gibt einen Versuch wieder, den Vorsatz für eine Weihe *(saṃskāra)* der werdenden Mutter festzulegen (*τὸ δ' ἀληθὲς σωφρονικάς τινας παραινέσεις καὶ ὑποθήκας διδόναι* F 33,59), während sein Satz *οὐδὲ σφάττουσι τὸ ἱερεῖον, ἀλλὰ πνίγουσιν* eine Nachricht aus einer nicht bekannten ind. Quelle wiedergibt (F 32,54). Seine Ärzte, eine Art Zauberasketen, sind glaubhaft. Seine Feststellung, Indien falle nicht in fremde Länder ein, war damals Wahrheit, kein bloßes Lob. Sein *ἀγράφοις νόμοις χρωμένοις, οὐδὲ γὰρ γράμματα εἰδέναι αὐτούς, ἀλλ' ἀπὸ μνήμης ἕκαστα διοικεῖσθαι* (F 32) wurde als Beweis für seine Unkenntnis und Inkonsequenz gewertet (Kane 3,308); doch *μνήμη* könnte *smṛti* (überliefertes Gesetz, Dikshitar 342, Rocher, J. Or. Inst. 6, 1957, 125ff.) bedeuten, und *ἄγραφος νόμος* heißt Gewohnheitsrecht, *γράμματα* Satzungen (Arist. Pol. 3,16,9). Sein *οὔτε γὰρ ὑποθήκης οὔτε παρακαταθήκης εἶναι δίκας . . . ἀλλὰ πιστεύειν παραβαλλομένους* wurde von Ail. und Nicol. Damasc. idealisierend mißverstanden. Es bedeutet nicht, daß Kredittransaktionen unbekannt waren (Breloer K. St. 2,70ff., Dikshitar 360f.), noch daß M. nicht davon wußte (M.L. Das Hindu Law of Bailment, 1946, 259), sondern nur, daß von staatlichen Gerichten kein Gebrauch gemacht wurde (Sen-Gupta Ev. Ind. Law, 1953, 236) und Selbstachtung *(dharma)* in Kaufmannskreisen Sicherheit hieß. Hier also keine interpretatio Graeca! In M.' Bericht über den Staat können platon. Theorien festgestellt werden (Stein), aber besagt das etwas über das gegebene Material? Fünferausschüsse, die sich in Kauṭ.s Arthaś. nicht finden, sind doch möglich (vgl. Pancakula späterer Zeiten). Für *ἀγορανόμοι* (Jac.) lies *ἀγρονόμοι* (Stein, Breloer), was großartig zur Maurya-Verwaltung paßt (Bongard-Levin). M.' Feststellung, daß das Land dem König gehörte, wird, wenn auch widerstrebend, als teilweise richtig angenommen (Breloer K. St. I, Skurzak, in Hist. and Cult. Anc. Ind. 1963, 258ff., D. N. Jha, Rev. Sys. in Post-Maurya and Gupta Times 1967, 9–21).

M. war kein Geograph von Beruf. Von seinen 32 Flüssen, Nebenflüssen des Indus und des Ganges, seinen 98 Stämmen und 13 Städten kann er wenige selbst gesehen haben, viele waren schon bekannt. Einige seiner Namen bergen wohl Skt.-Formen. Waren Brahmanen seine Informanten? Das reiche Legendenmaterial macht dies höchst wahrscheinlich. Ind. Wörter können aufgespürt werden, darunter: *Μωριεῖς, βαισήνης (vaijayin?), μαι, μαμάτραι. Δορσάνης = dhṛṣṇu. Ἄορνος* kann *Aurṇa = Vṛtra* (Dahlquist) sein. Wer die *Ὀξυδράκαι* waren, ist unbekannt. M.' Berichte über die Etikette zeigen, daß er sich in vornehmen Kreisen bewegte. Seine Einzelangaben beweisen, daß viele *dharmaśāstra*-Begriffe in Umlauf waren. Vollständiger Vegetarianismus war erst im Kommen. *οἶνον . . . οὐ πίνειν ἀλλ' ἐν θυσίαις* kann (nicht auf *soma*) auf das *sautrāmaṇi*-Opfer deuten; noch nicht verdeckt (Kane 2,793)? *Γαρμάνες (Σαρμᾶναι)* brauchen keine Buddhisten zu sein, obwohl der bei Clem. Alex. strom. 1,15,71,6 zit. *Βούττα* von M. herkommen kann (der Name steht nicht bei Alex. Polyh.). So vermuten wir, daß Buddha bereits um 300 ein Gott war. M.' Erklärung von *muni* als falscher Prophet könnte ein weiterer Fall einer geistreichen Deutung eines ind. Informanten sein. Strab. (2,70, vgl. 15,711) bezichtigt M. als Lügner. Doch die besten Indien-Autoren verließen sich fest auf ihn (allg. H. Gregor Das Indienbild des Abendlandes, 1964), und selbst solche Werke wie Ps. → Pallad. (letzte Aus W. Berghoff 1967) ruhen im Detail auf M. Während und nach der Renaissance wurde M. zeitweise als moderner Reisender mißverstanden (M. de la Puente Compendio, 1681). J. D. M. D.

*O. Stein*, RE XV 230–326. *H. G. Rawlinson* Intercourse between India and the Western World, 1926. *B. Breloer* Kauṭilīya-Stud. 2, 1928; ZDMG 88, 1934, 130–164; 89, 1935, 40–67; 93, 1939, 254–293. *B. C. J. Timmer* M. en de Ind. Maatschappij, 1930. S. K. Dikshit, Ann. Bhandarkar Orient. Research Instit. 30, 1949, 298–315. *T. S. Brown*, AJPh 76, 1955, 18–33. *A. Dahlquist* M. and Ind. Religion, 1962. *R. C. Majumdar* Classical Accounts of India, 1960, App. 1.

**Megellus.** Cognomen in der Gens Postumia, Degrassi FCap. 146. H. G. G.

**Meges** (*Μέγης*). Kämpfer vor Troia, Sohn des → Phyleus, Enkel des Augeias, führte 40 Schiffe von Dulichion und den Echinaden, Il. 2,625ff.; 13,692 Anführer der Epeier; die Bewohner dieser Inseln waren Epeier, W. Kullmann, H (ES) 14, 99. Seine Leistungen im Kampfe werden in der Il. mehrfach gerühmt: 15,528ff. 19,238ff., bes. auch bei Q. Smyrn. In der Kleinen Il. wurde er von Admetos, dem Sohne des Augeias, verwundet; vgl. Polygnots Darstellung in der delph. Lesche, Paus. 10,25,5. Nach Aristot. pepl. 25 kam er auf der Heimfahrt um, nach Apollod. epit. 6,15a am euboiischen Vorgebirge Kaphereus. H. v. G.

*Wilam.* Hom. Unt. 185,28.

**Megiddo,** arab. *Tell el-Mutesellim*, Stadt am S.-Rand der Ebene von M. Seit dem Chalcolithicum (4. Jt. v. Chr.) besiedelt und in verkehrsgeogr. günstiger Lage, erlebte M. ständigen Herrschaftswechsel und war Zentrum des klass. Schlachtfeldes Palästinas. Die kanaanäische Stadt des 2. Jt. v. Chr. stand (vor allem nach der Schlacht 1479) unter starkem äg. Einfluß. Seit David israelit., wurde M. unter Salomo Vorort des 5. Gaus (1. Reg. 4,12. 9,15.19). 733 v. Chr. fiel es an die Assyrer, die es zur Provinzhauptstadt machten. 609 v. Chr. endete König Josia von Juda in der Schlacht bei M. gegen Pharao Necho II. (2. Reg. 23,29). Seit pers. Z. ist M. verlassen. In röm.-byz. Z. ging aus dem Militärlager Legio unweit von M. eine zeitweise bedeutende Nachfolgesiedlung hervor (*el-Leǧǧūn*). Ausgrab.: 1903–05 Dt. Palästinaverein; 1925–39 Orient. Instit. Chicago; gegenwärtig israel. Grabungen. H. Do.

*K. M. Kenyon* Archaeology in the Holy Land (1960).

**Megillos** (*Μέγιλλος*). Spartiate, gehörte 408/07 einer Gesandtschaft an, die in Athen über die Freilassung Kriegsgefangener verhandelte (Androtion FGrH 324 F 44). RE XV 329. Wohl ident. mit dem M., der 396 einer von Agesilaos zu Tissaphernes geschickten Gesandtschaft angehörte (Xen. hell. 3,4,6) und mit M., *πρόξενος* Athens (Plat. leg. 1,642 B) und Mitunterredner in Plat. leg. und epin., H. W. Parke, CR N. S. 7, 1957, 106 f. K. K.

**Megiste.** Insel mit gutem Hafen, Lykien gegenüber Antiphellos vorgelagert, Skyl. 100. Strab. 14,666. Plin. nat. 5,134. Steph. Byz. Liv. 37,22,5. 45,2. Auf einem hohen Felsen existieren noch Reste der Akropolis. K. Z.

**Megisto** (*Μεγιστώ*). Gattin des Timoleon von Elis. Als in den Wirren nach Pyrrhos' Tod (272) → Aristotimos in Elis eine grausame Tyrannis errichtete (Iust. 26,1), zeichnete sich M. durch freimütigen Widerstand gegen ihn ebenso aus, wie sie auch unmittelbar nach der Ermordung des Tyrannen gegenüber der tobenden Menge tapfer für seine beiden Töchter eintrat, die sie zwar nicht vom Tode, wohl aber vor Schlimmerem rettete (Plut. mor. 252 f.). G. Do.

**Megistonus** (*Μεγιστόνους*), Spartiate, half seinem Stiefsohn König → Kleomenes III. bei dessen Reformen, Plut. Kleom. 11. Von → Aratos (2) 223 v. Chr. bei Orchomenos geschlagen und gefangen, wurde er Unterhändler zwischen ihm und Kleomenes und fiel beim Versuch, das abgefallene Argos gemäß des Auftrages des Kleomenes zurückzugewinnen. Plut. Arat. 38,1. 41,5; Kleom. 19,5. 21,1 ff. H. V.

**Meherdates.** Sohn des → Vonones, Enkel des → Phraates. Er befand sich als Geisel in Rom, als er im J. 49 n. Chr. von der Partei, die dem → Gotarzes feindlich gesinnt war, ins Partherreich zurückgeholt wurde, Tac. ann. 11,10,4. Auf Befehl des Claudius brachte ihn der Statthalter von Syrien C. Cassius Longinus an den Euphrat. Doch Gotarzes besiegte M. bei Kermanshah in Assyrien, ließ ihn zwar am Leben, schnitt ihm aber die Ohren ab, Tac. ann. 12,10–14. R. H.

**Mehl** (*ἄλευρον, farina*) wird bereits bei Hom. erwähnt, muß jedoch durchweg von Graupe und Schrot (*ἄλφιτα, polenta; χόνδρος, alica*) und anderen gröberen Kornprodukten (z. B. *πτισάνη, πιστίκιον*) unterschieden werden, welche für Brei usw. Verwendung fanden. Da M. bes. für die Brotbäckerei erforderlich ist (→ Bäckerei, Mühle) wurde es im Gegensatz zu den anderen Produkten, für die auch Gerste, Spelzweizen usw. in Betracht kamen, hauptsächlich aus Nacktweizen gewonnen, wobei schon früh versucht wurde, die unverdauliche Kleie (*πίτυρον, furfures*), die beim Mahlen in größeren Stücken verbleibt, durch ein Sieb (*κόσκινον, cribrum*) zu entfernen und dadurch weißeres M. zu erzielen. Daher konnte Vollkorn-M. (*ἄλευρον συγκομιστόν*, später auch *αὐτόπυρον, ἀνερεικτόν*) bereits im 5. Jh. v. Chr. von »sauberem« gesiebtem M. (*ἀ. καθαρόν*) unterschieden werden. (Aus der zurückgebliebenen Kleie wurde manchmal *πιτυρίας*-Brot hergestellt.) Auch in Rom ist sowohl ein *cribrum farinarium* wie ein *cribrum pollinarium* schon aus dem 2. Jh. v. Chr. bezeugt. Letzteres muß zur Trennung eines bes. feinen M. (*pollen*) gedient haben, während gewöhnliche *farina* nur durch das *farinarium* gesiebt wurde, welches wahrscheinlich etwa 10% des Korngewichtes als Kleie zurückhielt. Dies wird auch von Plin. nat. 18,86–90 bestätigt, wo Genaueres über 3 Feinheitsgrade von M. aus *triticum* und *siligo* (→ Weizen) berichtet wird. Die Unterschiede zwischen diesen M.-Sorten waren sicherlich weniger von einer groben oder feinen Einstellung der Mühle als von wiederholtem Mahlen und Sieben abhängig. Da aber keine Steinmühle das Mehl von der Kleie auch annähernd so erfolgreich wie die moderne Stahlrollermühle separieren kann, muß selbst das weißeste und feinste Mehl der Ant., für das nur etwa 30% des Korngewichtes verwertet wurden, dunkler und kleiereicher gewesen sein als ein heutiges 85prozentiges Weizen-M. L. A. M.

*L. A. Moritz* Grain-Mills and Flout in Class. Antiquity, 1959.

**Meidias** (*Μειδίας*). **1.** Athener z. Z. des pelopon. Krieges. Über seine bisweilen wohl recht wichtige Rolle in der Politik ist nichts Sicheres bekannt. Er wird von den Komikern (Aristoph. Av. 1297. Phryn. Frg. 4.41. Platon Frg. 80.108. Metagenes Frg. 11) und in Plat. Alk. 1,120 a, b wegen polit. Versagens, wegen seiner Wachtel- und Hahnenzucht usw. verspottet. G. Do.

**2.** M., Athener des 4. Jh. v. Chr., Sohn des Kephisodoros aus Anagyros (IG II/III$^2$ 417,7; 1631, 132. 162 f. u. ö.), bekannt vor allem durch Demosth. or. 21 (unfertig) anläßlich des Prozesses im J. 349/48. M., * gegen 400, war Erbe eines großen Vermögens, das ihm eine aufwendige Lebensführung gestattete. Er übernahm in den fünfziger J. en eine Reihe von öffentlichen Leistungen und Ehrenämtern, ließ es aber, Demosth. zufolge, in Notzeiten an Einsatzbereitschaft fehlen. Als Parteigänger des → Eubulos (1) suchte er Demosth. nach Kräften zu schaden, nachdem er bereits in den Vormundschaftsprozessen als sein Gegner hervorgetreten war. 350 bemühte er sich, die freiwillige Choregie des Demosth. zu erschweren, und verabfolgte ihm schließlich im Theater eine Ohrfeige. Daraufhin verklagte ihn Demosth. vor Gericht, nachdem die Volksversammlung M. der *ἀσέβεια* für schuldig befunden hatte, ließ sich aber später zu einem Vergleich herbei, da M. den Prozeß zu verschleppen verstand. 340 gehörte M. zu den athen. Pylagoren und erkrankte in Delphi am Fieber. Er starb in den dreißiger J. (Aischin. 3,115).

*Schäfer* Demosth. ²2,86ff. *Blass* Att. Bereds. 3,1,328ff.

**3.** Sohn des Vorigen, der sich im J. 305 für nachträgliche Ehrung → Phokions einsetzte und dafür vergeblich, wahrscheinlich von → Hypereides' Sohn Glaukippos, belangt wurde (Plut. Phok. 4,2; Ps.-Plut. mor. 850 B). H. Gä.

*Blass* Att. Bereds. 3,2,341.

**4.** M., Bildhauer (Erzgießer) unbekannter Herkunft, um 200 v. Chr. in Delphi tätig, schuf eine Kolossalstatue des Antiochos III., ferner eine Reiter(?)statue und ein weiteres Werk. Signaturen: J. Marcadé Rec. des signatures de sculpteurs Grecs 1, 1953, 77f. **5.** M., Sohn des Asklepiades und der Artemisia, *λαοξόος* (Marmorbildhauer) der Kaiserz., bekannt aus EpGr 340. Vgl. Marcadé a. O. 80. W. H. G.

**6.** Meidiasmaler. Att. Vasenmaler zwischen 420–400 v. Chr. Bemalte die vom Töpfer Meidias signierte, schon von Winckelmann gepriesene, jetzt in London befindliche Hydria der Slg. Hamilton, Brit. Mus. E 224. Aus dem umstrittenen Werk hat Beazley ihm zuletzt als eigenhändige Arbeiten nur noch 21 Vasen einschließlich 10 Frg. zugeschrieben. Vielleicht Schüler des Eretriamalers, ist er der Höhepunkt einer Entwicklung, die schon thematisch auf äußerste Differenzierung dionys. Verzückung und apollin. Verklärung zielt. Stilistisch bedeutet er die letzte Verfeinerung und Verselbständigung der Mittel des rf. Stils. H. Ma.

*J. D. Beazley*, ARV.² 1312ff. 1690. *H. Marwitz*, Kindlers-Malerei-Lex. s. v.

**Meilichioi Theoi** (*Μειλίχιοι ϑεοί*). Die Bezeichnung *μειλίχιος*, attisch auch *μιλίχιος* »sanft, mild, freundlich« etym. umstritten (Frisk 195); der Grieche assoziierte sicher mit *μειλίσσω* u. ä. M. vor allem Beiname des → Zeus. So in Attika an mehreren Stellen, bes. der *ἀρχαῖος βωμός* jenseits des Kephisos. Mit anderen Göttern gekoppelt z. B. IG II 3,1585 *Ἡλίῳ καὶ Διὶ Μειλ[ιχίῳ]*. Das Fest der Diasia galt dem Zeus M. Er erhielt Backwerk als Gabe. Auch zur Entsühnung des 418 v. Chr. angerichteten Blutbades wurde Zeus M. herangezogen (Paus. 2,20, 1f.). Er war also ein Sühnegott, was auch die Beziehung von *Μαιμάκτης* und M. (vgl. Hesych. s. *Μαιμάκτης· μειλίχιος, καϑάρσιος*) nahezulegen scheint. Plut. mor. 458 C *τῶν ϑεῶν τὸν βασιλέα μ., Ἀϑηναῖοι δὲ μαιμάκτην οἶμαι καλοῦσιν* (vgl. Wilam. GldH 1,227,2) bestätigt,



daß die Alten ihn als den besänftigten (und somit »Besänftiger«) verstanden haben. Reichtumspender ist er laut Xen. an. 7,8,1 ff., bestätigt durch die enge Verbindung mit Zeus Ktesios.

Schwer bestimmbar ist das Verhältnis zum *δαίμων M.* bzw. zur nur *M.* oder *M.οι* genannten Gottheit, die gern als Schlange abgebildet erscheinen. Eine Schlange ([2], Taf. 27,2) mit der Beischrift *ΗΡΑΚΛΕΙΔΗΣ ΤΩΙ ΘΕΩΙ* wird sich auf Zeus M. beziehen, läßt aber erkennen, daß diese Funktion, wiewohl unter Zeus subsumiert, doch ein gewisses Eigenleben führte. Auch Zeus Ktesios ([2], Taf. 27,1) ist durch eine Schlange repräsentiert; in beiden Fällen deckt Zeus einen eigenen, durch die Schlange ausgedrückten Vorstellungskreis; die Schlange als Symbol der Fruchtbarkeit (= Reichtum) ist chthon.; sie kann auch Ausdruck des Schutzes (Hausschlange) und der toten Vorfahren oder der Toten überhaupt sein (vgl. W. Pötscher, G 70, 1963, 405f.). [1], 97ff. deutet Zeus M. als Totengott. Dann wäre die M.-Schlange die Totenschlange, was aber eine euphemist. Verwendung von M. voraussetzen würde. Sieht man im *δαίμων M.* (bzw. unter dem Aspekt der differenzierteren, großen Gottgestalt in Zeus) einfach eine Repräsentation der Eigenschaften, welche die Schlange symbolisiert (G 70,414), nämlich das Haus samt den toten Ahnen und das Stück Land, auf dem man lebt, so kann sowohl die Funktion des M. im Totenkult (vgl. [1]. [2],414), als auch die sühnende Funktion des Zeus M. (J. W. Hewitt, HSPh 19,61 ff.), jeweils als eine Betonung eines Teilaspekts, leicht verstanden werden.

Kult des Zeus M. an vielen Orten (vgl. RE XV 342). M. gelegentlich auch für andere Götter verwendet, so für Dionysos, Aphrodite, Hypnos, Musen, Tyche, Nymphai, Leto). Bei Hera (IG VII 1, 1814) muß an Übertragung des Beinamens von Zeus gedacht werden, was Inscr. Cret. 3,3,14 zeigt. *M. ϑεοί* (vgl. Paus. 10,38,8). W. P.

1. *Ch. Picard*, RHR 126, 1943, 97ff. 2. *Nilsson* GgrR I², 411–414.

**Meineid.** I. Griechisch s. Eid. *Ἐπιορκία*

II. Röm. = *periurium; periurare, peierare.* Der Eid ist, obwohl seine Anwendung im röm. Recht weit verbreitet war (vgl. etwa → *iusiurandum in iure*), überwiegend dem Sakralbereich zugerechnet worden. Die Bestrafung des M. wurde daher als Sache der Götter angesehen. So kennen die XII T. (8,23) eine weltliche Strafe (Sturz vom tarpeischen Felsen) nur für die falsche Anschuldigung. Die *lex Cornelia de sicariis et veneficiis* des Sulla bedroht falsche Aussage in Kapitalprozessen mit Deportation (Paul. Sent. 5,23,1). Mit dem Verflachen der religiösen Bindung scheint es in der Kaiserzeit üblich geworden zu sein, den Eid unter Berufung auf den *genius principis* zu leisten. Daraus ergab sich die Frage, ob ein solcher M. als *crimen laesae maiestatis* bestraft werden konnte. Ulp. Dig. 12,2, 13,6 weiß nur von einer Bestrafung durch Auspeitschung. Später, vor allem im 5.Jh. und bei Iustinian, werden die Strafdrohungen bes. gegen den meineidigen Zeugen schärfer (Cod.Iust. 4,20, 13.15). D. M.

**Meilanion** s. Melanion

**Meise** (*αἰγίθαλ(λ)ος* / *αἰγιθαλός*) ist wegen fehlender genauer Angaben meist kaum zu identifizieren; sicher bezeichnet er die M. bei Aristot. hist.an. 592 b 17, der 3 Arten anführt (Insektenfresser; 17–20 und mehr Eier; stellen den Bienen nach): die größte heißt *σπιζίτης* (*ἔστιν . . . ὅσον σπίζα* [»Buchfink«]) = Mohl-M., die mittlere *ὀρεινός* (*οὐραῖον μακρὸν ἔχων*) = Schwanz-M., die kleinste kann, da nicht näher bestimmt, die Blau-, Sumpf- oder Trauer-M. sein. Der *μελαγκόρυφος* (Aristot. a.O. 616 b 4 [632 b 33: im Sommer = *συκαλίς*], Plin. nat. 10,165) ist nach Steier, RE XV 360 die Sumpf-M. Bei Plin. 10,96 scheint *vitiparra* der Name für alle M.-Arten; *parrus* = M. ist erst sehr spät belegt (Glossen, Eucheria). E. Mg.

**Mekisteus** (*Μηκιστεύς*). Argiver, Sohn des Talaos und der Lysimache, Bruder des Adrastos. Sieger in den Leichenspielen für Oidipus in Theben, Il. 23,677ff. Paus. 1,28,7. Zu den »Sieben gegen Theben« gerechnet Apollod. 3,63. Er fällt von der Hand des → Melanippos (4), Hdt. 5,67. Aischyl. ersetzt ihn im Kreise der »Sieben« durch → Hippomedon (1), Paus. 2,20,5, ein Sohn → Euryalos (1) figuriert in der Liste der → Epigonen. Prell.-Rob. 2,913f. 952f. Kullmann, H(ES) 14, 90. M. hat in der Il. einen Homonymen, 8,333. 13,422. 15,339, Sohn des Echios. Kullmann a.O. 128,1. Einen andern M. nennt Apollod.epit. 3,35 als Vater der Anführer der mit Troia verbündeten Alizonen, Odios u. Epistrophos (Il. 2,856). H.v.G.

**Mekyberna** (*Μηκύβερνα*, in den Tributlisten auch *Μηκύπερνα*, lat. auch *Megyb.*). Stadt an der O.-Küste der Halbinsel Pallene der Chalkidike beim h. Molivopyrgos, bereits prähist. besiedelt. Hdt. 7,122. Skyl. 66. Skymn. 641. Mela 2,34f. Plin. nat. 4,36. Harpokr. Steph.Byz. Suda. Nach Strab. 6 p. 330 F 29 Hafen von Olynthos. Im att. Seebund mit einem Tribut von 4000 Drachmen bis 1 Tal., später nur 600 Drachmen, Meritt The Athen. trib. lists 1,340f. 3,90. 324. Im Nikiasfrieden als autonom unter athen. Oberherrschaft anerkannt, Thuk. 5,18,6 Meritt a.O. 3,90. Eroberung durch Olynth 421/20, Thuk. 5,39,1. Diod. 12, 77,5. 348 von Philipp erobert, Diod. 16,53,2. Die Funde zeigen, daß M. nicht zerstört wurde, aber nach der Gründung von → Kassandreia verödete, [4],9,372ff. John A. Alexander Potidaea 126. RE Suppl. X 628,29ff. E. M.

1. *Lenk*, RE Suppl. VI 291ff. 2. *D.M. Robinson*, AJA 39, 1935, 229ff. 3. *G.E. Mylonas*, AJA 47, 1943, 78ff. 4. *D.M. Robinson* Olynthus pass., s. den Ind. der einzelnen Bde.

**Mela,** Pomponius s. Pomponius

**Melaina akra** (*Μέλαινα ἄκρα*). Vorgebirge Bithyniens ö. des N.-ausganges des Bosporos, h. türk. Kara Burun (auch = Schwarzes Kap). Apoll. Rhod. 2,653 (2,349: *ἀκτήν τε Μέλ.* die Hss.), Tab. Peut. und alle Periploi des Pont. Eux. K. Z.



**Melaineai** (*Μελαινεαί*). Ort im w. Arkadien n. des Alpheios zwischen → Heraia und Buphagion (h. Paliokastro), 40 Stad. (ca. 7 km) w. des letzteren, zu Pausanias' Z. verlassen, aber reich bewässert, danach beim h. Kakorrheos s. von Kakuraeika (Kakuraei), geringe Reste eines Gutshofs röm. Z. Paus. 8,3,3. 26,8. 5,7,1. Plin.nat. 4,20. Tab.Peut. 7,5. Steph.Byz. s. *Μελαιναί*. E. M.

1. *E. Meyer-Bölte*, RE XV 388ff. 2. *E. Meyer* Pelop. Wanderungen 101ff. 3. *U. Kahrstedt* Das wirtschaftliche Gesicht Griechenlands in der Kaiserzeit 160.

**Melambion.** Örtlichkeit bei → Skotussa in Thessalien in nicht sicher bekannter Lage, Pol. 18, 20,6. Liv. 33,6,11. E. M.

1. *Stählin*, RE XV 390f. 2. *Ders.* Das hellen. Thessalien 111.

**Melampodeia** (*Μελαμπόδεια*). Hesiod zugeschriebenes Epos in wenigstens 3 B., nach dem Seher → Melampus benannt. Es enthielt unter anderem die Verwandlungen des Teiresias und den Rätselwettstreit zwischen Kalchas und Mopsos, nach dem Kalchas stirbt. Spärliche Frg.: Hes. rec. Rzach frg. 160–169. R. K.

*I. Schwartz* Pseudo-Hesiodeia, 1960, 210–228. Weitergreifender Rekonstruktionsversuch: *J. Löffler* Die Melampodie, 1963.

**Melampus** (*Μελάμπους* »Schwarzfuß«). **1.** Sohn des → Amythaon und der Eidomene, Bruder des → Bias (1), Gemahl der → Iphianassa (1), Vater des → Mantios und des Antiphates, dessen Enkel Amphiaraos war. Seine Gesch. erzählte die Melampodie (o. Bd II 1157) mehr andeutend Hom. Od. 15,225ff. 11,285ff. Il. 2,705, ausführlicher Apollod. 1,96ff. In der Kindheit, bei Pylos, säuberten ihm Schlangen mit ihren Zungen beide Ohren. Seitdem verstand er die Stimmen der Vögel und konnte mit ihrer Hilfe weissagen (Märchenzug, Rose Griech. Myth. 301). Eine Begegnung mit Apollon am Alpheios vervollkommnete seine Weissagekunst. Die Ant. bezeichnete ihn als ältesten Seher, Heilmittelkenner und Sühnepriester (Apollod. 2,26), Moderne nennen ihn den »1. Psychiater«. Er wurde Stammvater eines Wahrsagergeschlechts, das in → Amphiaraos gipfelte. Nach Hdt. 2,48f. war er der Begründer des Dionysoskults in Hellas, bes. der damit verbundenen Phallophorien. – Als Bias um → Neleus' Tochter → Pero warb, erbot sich M., die dafür gestellte Aufgabe für ihn zu lösen: dem Phylakos in → Phylake (Phthiotis) und dessen Sohn → Iphiklos die Peros' Mutter geraubten Viehherden zu entreißen. Es gelang ihm nach einjähriger Gefangenschaft und nach der Heilung des Iphiklos von seiner Impotenz, Paus. 4,36,7. – Inzwischen wurden die Töchter des → Proitos von Tiryns und der Stheneboia – Lysippe, → Iphinoe (2) → Iphianassa (1) – für ihren Widerstand gegen die Weihen des Dionysos mit

Raserei bestraft, schwärmten in der ganzen Peloponnes umher und steckten andere Frauen an. M. versprach sie zu heilen, wenn er und Bias je ein Drittel von Argos bekämen. M. wählte nun kräftige Jünglinge aus, die die Mädchen mit lärmenden, ekstat. Tänzen bis Sekyon verfolgen. Lysippe stirbt dort, die beiden andern werden u.a. durch schwarze Nieswurz geheilt. M. erhält Iphianassa zur Frau, Bias Iphinoe. Seitdem ist Argos in 3 Herrschaftsbereiche geteilt (Aition). Schon die beiden Frauen (Pero, Iphinoe) des Bias zeigen die urspr. Selbständigkeit des Phylakosabenteuers und der → Proitidensage. – Am engsten verbunden ist M. mit Aigosthena am s. Hang des Kithairon, wo er ein Heiligtum und ein Fest, aber kein Orakel hatte, Paus. 1,44,5. NILSSON Griech. Feste 460f. – NILSSON GgrR$^2$ 1,615 hält M. unter Berufung auf Hdt. a.O. und Diod. 4,68, der die Lebenszeit des M. unter die Regierung eines Anaxagoras setzt, im Kern für eine, wenn auch mythol. überwucherte, gesch. Persönlichkeit, für einen der Wundermänner, Sühnepriester und Seher des 7. und 6.Jh.s H. v. G.

*E.Bethe* Theban. Heldensage, 1891, 173ff. *P.Friedländer* Argolica, Diss. Bln. 1905, 31ff. *Prell.-Rob.* 2,58f. 196ff. 245ff. *J.Löffler* Die M.-Sage, Beitr. z. kl.Phil. H. 7, 1963.

**2.** M., byz. Grammatiker unbestimmter Lebenszeit, Erklärer der Techne des → Dionysios Thrax (26). Die unvollständig erhaltenen Sch. (nur zu §§ 1–11. 19f.) werden in einem Teil der hsl. Überl. einem gleichfalls unbekannten Diomedes zugewiesen. Eine sichere Erklärung für diese Divergenz ist noch nicht gefunden. Der Annahme einer Bearbeitung des M. durch Diomedes oder umgekehrt steht die durchgehend wortgetreue Übereinstimmung beider Texte entgegen. Nicht restlos überzeugend ist auch die Vermutung GUDEMANS (RE XV 403f.), beide Grammatiker hätten unabhängig voneinander in sklavischer Unselbständigkeit eine und dieselbe Vorlage, ihrerseits schon ein Exc. aus einem älteren Komm. (des 2.Jh. n.Chr.?), nur kopiert. H. Gä.

Ta.: *A.Hilgard*, Gramm. Gr. 1,3,10ff. – *W.Hoerschelmann* De Dion. Thr. interpretibus veteribus, 1884.

**Melampyges** s. Kerkopen

**Melanchlainoi** (*Μελάγχλαινοι*). Ein nach seiner dunklen Kleidung benannter Volksstamm, den bereits Hekat. kannte. Dem Bericht bei Hdt. 4,20.107 zufolge waren sie ein *nicht* skythischer Stamm, dessen Wohnsitze 20 Tagereisen n. von der Schwarzmeerküste, den königlichen Skythen und ö. von den Androphagen lagen (wahrscheinlich beim h. Charkov). Chr. D.

*Herrmann*, RE XV 407.

**Melanchros** (*Μέλαγχρος*). Tyrann von Mytilene z.Z. der schweren innerpolit. Auseinandersetzungen vor Pittakos. Von Alkaios (zu Frg. 29 D vgl. RE XX 1866, 38) bekämpft (Strab. 13,617) und von dessen Brüdern im Bund mit Pittakos (so Diog. Laert. 1,74) 612 (Suda) beseitigt. K. K.

Zur Chronologie s. *Schachermeyr*, RE XX 1870f. gegen *Kahrstedt*, RE XV 407. *H.Berve* Die Tyrannis bei den Griechen, 1967, 92.

**Melanditai** (*Μελανδῖται*), kleiner thrak. Volksstamm, der der Stammesgruppe der → *Θυνοί* an der w. Pontosküste angehörte. Verwandt mit den M. waren die Tranipsai. Xen. an. 7,2,32. Chr.D.

*Oberhummer*, RE XV 407. *Detschew* Thrak. Sprachreste, 291. *Danoff* Althrakien, Sofia 1968, 136 und 147 (bulg.).

**Melaneus** (*Μελανεύς*). **1.** Als Sohn Apollons ein hervorragender Bogenschütze wie sein Sohn Eurytos (→ Iole), Paus. 4,2,2. In Messenien, Euboia und Thessalien lokalisiert. Bei Anton. Lib. 4 ist er König der Dryoper, der ganz Epeiros eroberte. GR. KRUSE RE XV 414 vermutet in ihm einen messen. Dämon der Erdtiefe, der Apollon untergeordnet wurde. **2.** Ithakesier, Vater des Amphimedon, eines Freiers der Penelope. Od. 24, 103. **3.** Ein Hund Aktaions. Ov. met. 3,222. Hyg. fab. 181. H. v. G.

**Melangeia.** Ort im Gebiet von → Mantinea in Arkadien, von dem das Trinkwasser nach Mantinea geleitet wurde, am Ausgang des Klimaxpasses, RE XI 845 Nr. 2, danach beim h. Pikermi, Paus. 8,6,4. E. M.

1. *E.Meyer*, RE XV 415. 2. *H.Lattermann*, Plan in AA 28, 1913, 399f.

**Melania,** die Jüngere, * 383 in Rom, † 439 in Jerusalem, aus altem Adel und Erbin ungeheuren Reichtums, den sie für kirchliche und wohltätige Zwecke aufwandte, war mit ihrer Großmutter M. der Älteren das hervorragendste Beispiel für die gegen gesellschaftliche Widerstände erkämpfte Hinwendung vornehmer Römerinnen zu Askese und Klosterleben. Wichtigste Quelle ist die zeitgeschichtlich reizvolle Vita aus der Feder ihres Klosterverwalters Gerontios [1], deren griech. Fassung als Original anzusehen ist. B. R. V.

Ta. *Rampolla* Santa Melania Giuniore, 1905 (griech. und lat.). *D.Gorce*, Sources chr. 1962, 90 (nur griech.).

**Melanion** (*Μελανίων*, *Μειλανίων*, *Milanio*, zu *μέλας*). Arkader, Sohn des Amphidamas, gewann den Wettlauf mit → Atalante durch die List mit den Äpfeln (der Hesperiden oder der Aphrodite) und dadurch ihre Hand. Ihr Sohn ist → Parthenopaios. Die älteste Anspielung bei Theogn. 1287ff., die älteste namentliche Erwähnung auf der Françoisvase. Lit. bezeugt ist die eheliche Verbindung von M. mit Atalante Hellan. frg. 99.162 (wohl auf die Thebais zurückgehend); seine *φιλοπονία* betont Xen. kyn. 1,7; ihre kameradschaftliche Verbundenheit führt Prop. 1,1,4ff. aus, das geduldige Werben um die grausame Geliebte Ov. ars 2,185ff. Ausführlich Apollod. 3,105ff. Vasen zeigen ihn als Teilnehmer an der kalydon. Jagd. Urspr. war M. wohl das männliche Gegenstück zu Atalante: jagdliebend, ungesellig, Frauenfeind (vgl. Aristoph., Lys. 781ff.). Als Hypostase des Poseidon betrachtet ihn USENER Kl. Schr. 4,285f. 296. Eine Scheidung der arkad. und der boiot.

Atalante versuchen PRELL.-ROB. 2,84. 93ff. BURCKHARDT, RE XV 1564. WILAM. Hellenist. Dichtung 2,59. H. v. G.

**Melanippe** (*Μελανίππη*, lat. auch *Menalippe*). **1.** Tochter des → Aiolos (3) und der Chirontochter → Hippe (2) (oder Hippo), von Poseidon Mutter von Aiolos und → Boiotos (2), berühmt durch des Eur. Dramen *M. ἡ σοφή* (Schauplatz Thessalien) und *M. ἡ δεσμῶτις* (Schauplatz → Metapontion). M. POHLENZ Die griech. Trag. 1,408f. Hyg. fab. 186. 252. In der »Klugen M.« will Aiolos die im Stollen aufgefundenen, von einer Kuh gesäugten Kinder als *τέρατα* unter Mitwirkung M.s vernichten. Diese sucht in einer langen Rede zu beweisen, daß es keine Durchbrechung der Naturgesetze gebe. Sie bekennt sich als Mutter, und Hippo rettet sie und die Kinder. In der »Gefangenen M.« wird sie eingekerkert, die Kinder ausgesetzt, aber gerettet, indem die kinderlose → Theano, Gattin des Metapontios, sie unterschiebt. Als diese selbst Zwillinge bekommt, will sie die fremden Kinder beseitigen, was jedoch mißlingt. Mit Hilfe Poseidons befreien Aiolos und Boiotos ihre Mutter, die dann Gattin des Metapontios wird. – Bei Diod. 4,67. 5,7 ist Arne die Mutter der Zwillinge von Poseidon, und Hippotes (= Poseidon, S. WIDE Lakon. Kulte 80,2) der Gatte M.s. Paus. 9,1,1 nennt → Itonos den Vater des Boiotos. WILAM. SPrAW 1921. K. KERÉNYI Die Heroen der Griechen, 1959, 80ff. **2.** Amazone, Schwester der Königin → Antiope (2), von Herakles auf seinem Amazonenzuge gefangen und gegen den Gürtel der Königin freigegeben, Iustin. 2,4,23ff.; ähnlich Apoll. Rhod. 2,966ff. Diod. 4,16. **3.** Tochter des → Oineus und der → Althaia, Anton. Lib. 2, mit ihrer Schwester in Perlhühner verwandelt, s. → Meleagros (1). H. v. G.

**Melanippides** (*Μελανιππίδης*) von Melos, griech. Musiker und Dithyrambendichter, wirkte in der 2. Hälfte 5. Jh. und war zuletzt am maked. Königshof tätig. Neben einer Notiz über die Vermehrung der Saiten an der → Lyra oder → Kithara (Ps.-Plut. de mus. 30 = Pherekr. frg. 145,3–5 KOCK bzw. EDMONDS) nennen die ant. Zeugnisse (vgl. dazu insges. [2]) M. als bedeutenden, deswegen auch heftig befehdeten Wegbereiter des neuen → Dithyrambos. So ist er als Vorläufer des → Kinesias, → Phrynis, → Philoxenos und → Timotheos in umfangreicheren Gedichten zum erstenmal von respondierenden Strophen zu lyr. Einzelgesang übergegangen und hat dabei in gekünstelten Wortzusammenstellungen den Nachdruck weniger auf den dichterischen Inhalt als auf die musikalische Komposition gelegt. – Die Notiz über 2 Träger des Namens M. bei Suda beruht wohl auf einer falschen Chronologie. U. K.

1. Frg. bei *C. del Grande* Ditirambografi, 1946 (vgl. auch Anth. lyr. $2,5^2$,195–197 sowie Poet. Mel. Gr. [ed. *D. L. Page*], 392–395). 2. Ältere Literatur bei *P. Maas*, RE XV 422f.

**Melanippos** (*Μελάνιππος*). **1.** Aitoler, Sohn des → Agrios (3). Er und seine Brüder entthronen ihren Oheim → Oineus zugunsten ihres Vaters und werden dafür von Oineus' Enkel, → Diomedes (2), getötet, Apollod. 1,77. Hypostase des Ares, PRELL.-ROB. 2,86. **2.** Sohn des Oineus und der Periboia, von seinem Halbbruder → Tydeus versehentlich auf der Jagd getötet, Hyg. fab. 69 *(Menalippus)*. PRELL.-ROB. 2,926f. **3.** Sohn des Kyklops, Enkel des → Zeuxippos, Phot. s. v., drang in die Theseuslegende ein als Sohn des Theseus und der → Perigune, der Tochter des Fichtenbeugers → Sinis, Paus. 10,25,7. Plut. Thes. 8. WILAM. Aus Kydathen 147. Er siegte im Lauf bei den nemeischen Spielen und hatte ein Heroon im att. Demos → Melite, Harpokr. s. v. **4.** Theban. Heros (Paus. 9,18,11), Sohn des Astakos, erschlug im Kampfe gegen die Sieben → Mekisteus, Hdt. 5, 67, und verwundete → Tydeus, der seinerseits M. erschlug und selbst starb, nachdem er das Gehirn seines Gegners ausgeschlürft, zum Abscheu Athenas, die vorgehabt hatte, Tydeus unsterblich zu machen. Apollod. 3,74f. Kleisthenes (1) verpflanzte den Heroenkult des M. nach Sekyon, um den des → Adrastos (1) zu verdrängen. Hdt. a. O. Prell.-Rob. 2,929f. 938f. **5.** Troer, fällt durch Teukros, Il. 8,276, vielleicht identisch mit dem Sohne des Priamos Apollod. 3,152. **6.** Troer, Sohn Hiketaons, von Priamos wie die eigenen Kinder geachtet, von Antilochos getötet, Il. 15,546ff. **7.** Ein schöner Jüngling zu Patrai, der sich mit der Artemispriesterin → Komaitho im Heiligtum verging, weil beider Eltern einer Heirat nicht zustimmten, Paus. 7,19,2–6. Aitiolog. Legende für ein Doppel-Menschenopfer, das gelten sollte, bis ein fremder König mit einem fremden Gott käme, → Eurypylos. WILAM. GldH 1,377. H. v. G.

**Melanopos** (*Μελάνωπος*). Sohn des Laches. Athen. Politiker, der mehrmals als Gesandter diente (so nach Äg., Demosth. 24,127, im J. 355 zu Maussolos, ebd. 12. 13. 125–127). 371 war er Mitglied der athen. Gesandtschaft zum Friedenskongreß in Sparta (Xen. hell. 6,3,2. 10). M. wurde als korrupt und bestechlich verspottet und mehrmals deswegen angeklagt (Demosth. 24,127. Aristot. rhet. 1,14,1374b 25); es war auch bekannt, daß er, wenn er auf Grund einer Bestechung einen Antrag seines polit. Gegners Kallistratos unterstützte, sich damit rechtfertigte, er folge trotz der sonstigen Gegnerschaft dem Vorteil des Staates (Plut. Demosth. 13,3. Anaxandridas Frg. 40). G. Do.

**Melanthios** (*Μελάνθιος*, auch *Μελανθεύς*). **1.** Sohn des → Dolios (2), Ziegenhirt des Odysseus, der es mit den Freiern hielt und dafür einen gräßlichen Tod erlitt. Hom. Od. 17,247–22,477. H. v. G.

**2.** M., athen. Stratege des J. 499/98; führte das den aufständ. Ioniern zu Hilfe geschickte Heer (Hdt. 5,97,3). **3.** Einer der Radikaleren unter den Vierhundert in Athen (Xen. hell. 2,3,46). H. Gu.

**4.** M. von Rhodos, Akademiker, Schüler des Karneades, trat mindestens einmal in einem trag. Wettkampf auf; ein V. aus diesen Tragödien ist erhalten: *τὰ δεινὰ πράττει τὰς φρένας μετοικίσας* (zit. von Plut. de sera num. vind. 5; 551 a. coh. ira 2; 453 e); dieser V. ist mit der Diskussion über die Beherrschung der Affekte zusammenzuhalten. Im übrigen ist von M.' Lehrentscheidungen nichts mehr erkennbar; er wurde der Lehrer des Akademikers → Aischines (4); vgl. Cic. ac. 1,16. Diog. Laert. 2, 64. Plut. an seni... 13; 791 a. H.D.

*v. Wilamowitz,* H 29,150ff.

**5.** M., Tragiker u. Elegiker (Athen. 7, 343 c). Zeit: dichtete auf Kimon und Polygnotos (Plut. Kim. 4, 1. 7), wurde von den Komikern verspottet: Aristoph. Pax 804. 1009. 1012; Av. 151 (also vor 421, bzw. 415). Ferner: Pherekrat. Frg. 139 K., Eupolis Frg. 41, Frg. 164 K., Plat. Frg. 132 K. Kallias Frg. 11 K., Leukon Frg. 2 K., Archipp. Frg. 28 K. Tragödie Medea (Aristoph. Pax 1012). 1 Tragödienfrg. bei Plut. mor. 453 f. und 551 a, Iul. epist. 378 d = Nauck² p. 760; 1 Elegienfrg.: Plut. Kim. 4,7 = Frg. 1 D. Außer den genannten Stellen: die Aristoph.-Sch. (Pax 804. 1009. 1012, Av. 151) und Suda s. *Μόρσιμος καὶ Μελάνθιος*. Daß er Bruder des Tragikers → Morsimos war, ist wohl Fehlschluß aus den Aristoph.-Sch. Dem Eurip. verhaßt: Satyros, POxy 1176, 39, XV. F. St.

*Elmsley,* zu Eur. Med. 96. *v. Wilamowitz,* H. 29, 1894, 150ff.

**6.** M. (aus Athen?) schrieb eine Atthis (in mindestens 3 B.) und »Über die Mysterien in Eleusis«. Durch ein Frg. der 2. Schrift kennen wir das gegen den »Atheisten« → Diagoras gerichtete Psephisma. O. Dr.

FGrH 326 (mit Addenda). *F. Jacoby* Atthis, Oxf. 1949.

**7.** M., nach Plin. nat. 6,2 ein kleiner Fluß in Kappadokien; nach seiner Lage zum Fluß Iasonios und zur Stadt Pharnakeia entsprach er dem h. Melét Irmák. Chr. D.

*Ruge,* RE XV 427. *Danoff* Pontos Euxeinos, RE Suppl. IX 927.

**8.** M., Maler unbekannter Herkunft, Schüler des → Pamphilos (Plin. nat. 35,76. Vgl. Plut. Arat. 12), Zeitgenosse des → Apelles (4), Mitte 4. Jh. v. Chr. M. gehörte zur sikyon. Malerschule. Nur ein Bildthema ist bekannt; Aristratos von Sikyon als Wagensieger; an dem Bild hatten der Kreis um M. und Apelles mitgearbeitet (Plut. Arat. 13). M. schrieb *περὶ ζωγραφικῆς* (Diog. Laert. 4,18): der Künstler solle *αὐθάδεια* (Herbheit?) und *σκληρότης* (Trockenheit, Härte) in seinen Werken zeigen (also Opposition zum »reichen« Stil des 2. Jh.-Viertels?). Quint. inst. 12,10,6 rühmt seine *ratio*, Apelles erkannte dem M. Vorrang in der Komposition *(dispositio)* zu (Plin. nat. 35,80). Vom Stil des M. wissen wir, wie gewöhnlich, nichts Näheres. W. H. G.

**Melantho** (*Μελανθώ*). **1.** Tochter Deukalions, der Poseidon in Gestalt eines Delphins nahte, Mutter des → Delphos; aus diesem Namen ist vielleicht die Delphinlegende herausgesponnen; Ov. met. 6,120. Tzetz. Lykophr. 208. **2.** Tochter des → Dolios (2), Magd im Hause des Odysseus, die es mit den Freiern hielt, sich gegen den Bettler bes. frech benahm und zur Strafe aufgehängt wurde, Od. 18,321. 19,65. Paus. 10,25,1. H. v. G.

**Melanthos** (*Μέλανθος*). **1.** Messenier, Nachfahr des → Neleus aus Pylos, Hdt. 1,147. 5,65, Sohn des Andropompos und der Henioche, Paus. 1,3,3. 19,5. 2,18,7ff. 7,1,9. Strab. 9,393. 14,633. Er floh mit anderen Neleiden vor den Herakleiden nach Attika und ließ sich in Eleusis nieder. Hier übernahm er für den letzten Theseiden Thymoites einen Zweikampf mit dem Boioterkönig Xanthos. Als hinter diesem plötzlich Dionysos Melanaigis erschien, warf M. seinem Gegner vor, daß er nicht allein kämpfe, sondern einen Begleiter mitgebracht habe. Xanthos sah sich um und wurde in diesem Augenblick erschlagen. Zur Erinnerung an den durch diese Täuschung errungenen Sieg erhielt Dionysos Melanaigis (Melanthides) ein Heiligtum, M. aber wurde König von Athen. Sein Sohn war → Kodros. T. B. L. Webster Die Nachfahren Nestors, 1961, 12 setzt diese Ereignisse um 1170 an. Über die neuerdings gestiegene Wertung dieser Sagen F. Schachermeyr → Ion. Wanderung. **2.** Einer der von Dionysos in Delphine verwandelten tyrrhen. Seeräuber, Ov. met. 3,617; bei Hyg. fab. 134 *Melas.* H. v. G.

**3.** M., Spartaner, mit Alkamenes Anführer von 300 Neodamoden, die → Agis (2) im Winter 413/12 zur Unterstützung der Euboier bei deren geplantem Abfall von Athen aus Sparta nach Dekeleia rief. Thuk. 8,5. K. K.

**Melantias** (*Μελαντίας*). Ort in Thrakien an der Propontis, an der Via Egnatia gelegen, letzte Station vor Konstantinopel (Itin. Ant. 138. 230. 323. 332. Tab. Peut.: *Melantiana.* Geogr. Rav. 4,6). Hier befand sich eine kaiserliche Villa, in der sich Valens im J. 378 auf dem Zug gegen die Goten aufhielt (Amm. 31,11,1. 12,1). Der Ort lag 140 Stadien von der Hauptstadt entfernt, unweit des Flüßchens Athyras (h. Karasu), Agath. 5,14,20; h. nicht mit Sicherheit zu lokalisieren. A. M. M.

*C. Jireček* Heeresstraße Belgrad–Constant. 53. *K. Miller* Itin. Rom. 540. *H. Kiepert* FOA IX, XVII. *E. Oberhummer,* RE XV 436.

**Melas** (*Μέλας*). **1.** Sohn des Portheus (Porthaon) und der Euryte zu Kalydon, Bruder des → Oineus und des → Agrios, Hom. Il. 14,115ff. Apollod. 1,63. Seine 8 Söhne stellen ihrem Oheim Oineus nach und werden von Tydeus erschlagen, Apollod. 1,76 (nach der Alkmaionis). **2.** Sohn des → Phrixos und der → Chalkiope (→ Iophossa), Tochter des Aietes, Apoll. Rhod. 2,1093ff. Apollod. 1,83. Hyg. fab. 3.21. Mit seinen Brüdern Argos, Kytisoros und Phrontis fährt er aus Furcht vor Aietes oder auf Wunsch des sterbenden Vaters von Kolchis in dessen griech. Heimat, in der älteren Sage vor, in der jüngeren während der → Argonautenfahrt. Hier leiden sie an der Aresinsel Schiffbruch, werden von den Argonauten aufgenommen und fahren mit ihnen wieder nach Kolchis, Apoll. Rhod. 2,1106ff. **3.** Arkader, Sohn des Ops. In dessen Gestalt sucht Athene den Arkader Ornytos (oder Teuthis) aus Teuthis, der in Aulis mit Agamemnon einen Zwist gehabt hatte, vergeblich an der Heimfahrt zu hindern. Er verwundete die Göttin mit der Lanze und zog ab. Zu Hause erschien ihm die Göttin und zeigte ihm ihre Schenkelwunde. Teuthis verfiel in eine tödliche Krankheit. Daraufhin stellten die Bewohner des Ortes ein Standbild der Athena mit verwundetem Schenkel auf, Paus. 8,28,4ff. Kall. frg. 48 Pf. **4.** S. Melanthos (2). H. v. G.

**5.** M., Fluß bei Orchomenos entspringend und am N.-Rand des Kopaisbeckens entlangfließend, h. Mavrropotamos und in den Gürtelkanal abgeleitet. Von seinem Wasser sollten Schafe schwarz werden. Strab. 9,2,41 p. 415. Paus. 9,38,6. Plut. Sulla 20,4f.; Pelop. 16,3. Sen. nat. 3,25,3. Plin. nat. 2,230. Vitr. 8,3,14. Solin. 7,27.

1. *Gisinger*, RE Suppl. VIII 352. 2. *Philipps.-Kirst.* 1,475. 480ff.

**6.** M., s. Nebenfluß des Spercheios, w. an Herakleia vorbeifließend, h. Mavropotamos, Hdt. 7, 198. Strab. 9,4,14 p. 428. Liv. 36,22,8. Lucan. 6, 374. E. M.

1. *Fr. Stählin* Das hellen. Thessalien 196f. 2. *Ders.*, RE XV 439 Nr. 14.

**7.** M., kleiner Fluß in Thrakien, der in den gleichnamigen Golf mündet und als Grenze der Chersonesos galt (Hdt. 7,58. Skyl. 67. Ptol. 3,11,2. Sch. Apoll. Rhod. 1,922. Strab. 7,331, frg. 53. Mela 2,2,27. Plin. nat. 4,43. Liv. 38,40,5. Ov. met. 2,247), h. Kavaksu.

*St. Casson* Macedonia, Thrace and Illyria, 1926, 213.

**8.** M., kleiner Fluß im W. von Istanbul, der sich mit dem Athyras (h. Karasu) vereinigt und in den See von Büyük Çekmece mündet. In byzant. Quellen erwähnt: J. Kinnam. 2,14 (S. 74, Bonn). Nik. Chon. 86 C. A. M. M.

*C. Jireček* Heeresstraße Belgrad–Constant. 53.

**9.** M., ein Fluß in Pamphylien bei Side, einst Grenzfluß gegen Kilikien, Strab. 14,667. Paus. 8, 28,3. Stadiasm. m. M. 213. 233. Plin. nat, 5,93. Mela 1,78. Zos. 5,16. Amm. 14,2,9f., der die Unwegsamkeit des Flußtales beschreibt. KIEPERT FOA VII. VIII; h. Manawgat Tschai. K. Z.

**10.** Bildhauer aus Chios, so Plin. nat. 36,11, angebl. Vater des → Mikkiades, Großvater des → Archermos, Urgroßvater des → Bupalos und → Athenis, also Ahnherr der chiischen Bildhauerschule. M. als Bildhauer ist wohl ant. Mißverständnis aus dem *Μέλανος ἄστυ* (*νέμοντες*) einer Signatur des Archermos und Mikkiades, also Verwechslung mit dem myth. Ahnherrn von Chios. W. H. G.

*J. Marcadé* Rec. des signatures de sculpteurs Grecs 2, 1957, 66. *Modrze-Lippold*, RE XV 441 Nr. 28.

**Melas Kolpos.** Golf zwischen der thrak. Chersonesos und dem thrak. Festland, nach dem einmündenden Fluß genannt, h. Saros Körfezi. In ant. Quellen oft erwähnt: Hdt. 6,41. Apoll. Rhod. 1,922, Strab. 1,28. 2,92. 7,323. 331, frg. 52. 54. Ptol. 3,11,1. Plin. nat. 4,48–49. Dion. Hal. 1,61,3. App. civ. 4,88f. 101. Lukian. adv. ind. 11. A. M. M.

*St. Casson* Maced., Thrace and Illyria, 1926, 212. 214f. 226.

**Melde** (*ἀδρόφαξυς* mit Nebenformen, *atriplex*), Gemüsepflanze ähnlich dem Spinat aus der Familie der Chenopodiaceen, in Griechenland und Italien viel angebaut (schon in der altatt. Komödie erwähnt), von Theophr. h. plant. und Plin. nat. an mehreren Stellen zutreffend beschrieben mit Anweisungen über den Anbau. Über Nutzen und Bekömmlichkeit der M. urteilen die Mediziner verschieden, geben aber von Hippokr. an Vorschriften über die Verwendung der Blätter (zum Auflegen auf sich bildende Geschwüre) wie des Saftes und der Samen für verschiedene Leiden. Vgl. STEIER, RE XV 442ff. K. Z.

**Meldi.** Völkerschaft in Gallia Lugdunensis an der unteren Marne in der Gegend von Meaux. Strab. 4,194. Plin. nat. 4,107. Ptol. 2,8,11. Die Hauptstadt war *Ἰάτινον* Ptol. = *Fixtinnum* Tab. Peut.; später erhielt sie den Namen der *civitas Meldorum* (Not. Gall. 4,8) oder *Meldis* (Ven. Fort. 3,27), h. Meaux. Bei den M. ließ Caesar im J. 55/54 Schiffe für die britann. Expedition bauen (Gall. 5,5,2). Vgl. JULLIAN Hist. Gaule 2,484. 3,347, gegen DESJARDINS Géogr. 1,361. 385, der an ein zweites Volk der M. an der Meeresküste denkt.

Wenige Spuren aus der kelt. und röm. Z.: Mz.; Inschr. CIL XIII 3023; Wasserleitung Gallia 19, 1961, 300; einige Bildwerke ESPÉRANDIEU Rec. gén. 4,3207. Ein Theater (noch nicht gefunden) wurde seinen Mitbürgern von dem gall. *Orgetorix* [*flamen*] *Aug(usti)* angeboten und von seinen Söhnen im 1. Jh. n. Chr. gebaut (CIL 3024). M. L.

**Meleagros** (*Μελέαγρος*). **1.** Aitol. Held, Sohn des Königs → Oineus von Kalydon (bzw. des Ares, Hes. frg. 135. Apollod. 1,65. Hyg. fab. 171) und der → Althaia, Tochter des Thestios; Gatte der → Kleopatra (2), Vater der Polydora, der Gattin des Protesilaos. Hervorragender Speerwerfer (Leichenspiele für Pelias) und Jäger; als Argofahrer (Apoll. Rhod. 1,191) soll er König Aietes getötet haben (Diod. 4,48), – Die hom. M.-sage liegt in der Presbeia der Il. in der Rede des Phoinix (9,529–599) vor und wird allg. auf ein M.-Epos zurückgeführt. Oineus vergaß beim Erntefest, Artemis zu opfern. Diese ließ durch einen furchtbaren Eber die kalydon. Fluren verwüsten. M. sammelte Jäger aus vielen Städten, um den Eber zu jagen. (Daraus wurde später eine Art gesamtgriech. Unternehmen: Teilnehmerlisten: Apollod. 1,67. Ov. met. 8,270ff. 298ff. Nachdem viele den Tod gefunden, gelang es endlich M., das Tier zu erlegen. Aber jetzt erregte Artemis Streit um Kopf und Fell des Ebers zwischen den Kalydoniern und den → Kureten (der Nachbarstadt Pleuron). Solange M. mitkämpfte, ging es den Kureten schlecht, sie wurden in ihre Stadt zurückgedrängt. Dann aber zog sich M. aus Groll gegen seine Mutter vom Kampfe zurück, die ihn wegen der Tötung ihres Bruders (ihrer Brüder) verflucht hatte, indem sie unter Tränen die Erinys anrief (die ihr Gebet erhörte, s. W. PÖTSCHER, G 70, 1963, 409f.). Die Kureten belagerten jetzt Kalydon. In höchster Not flehten die Ältesten und die Priester der Aitoler, der Vater, die Schwestern, die Mutter den Helden um Hilfe an, M. blieb grollend zu Hause. Erst als die Feinde die Stadt bestürmten und seine Gattin ihn beschwor, zog er in den Kampf und rettete die Stadt. Die versprochenen Geschenke bekam er nicht, denn er starb infolge Althaias Fluch und wußte, daß er sterben mußte. Althaia verübte Selbstmord. M.' Tod übergeht Phoinix allerdings aus Taktgefühl für Achilleus, dessen Groll durch diese Erzählung besänftigt werden sollte. – FINSLER Homer 1,41 hatte vermutet, der Il.-Dichter verrate durch den Einschub dieser Episode, daß er das Motiv der μῆνις dem M.-Epos verdanke, s. HOWALD, RhM 73,402ff. Dagegen bestand BETHE RhM 74,1ff. darauf, daß erst der Dichter der Presbeia das μῆνις-Motiv in die M.-sage hineingetragen habe. In jedem Falle gewann der Dichter des M.-Epos, wenn er das für die eigentliche M.-Erzählung nicht notwendige μῆνις-Motiv in sein Epos einbaute, noch ein weiteres wertvolles Motiv, nämlich daß die eigene Frau M. in den Tod schicken mußte, weil das Vaterland mehr wert ist als das liebste Leben; auch das Motiv der bedrängten Stadt mußte ihm willkommen sein (WILAM., SPrAW 1925, 214). Bei Hes. a.O. ist es Apollon, der M. tötet. – Bakchyl. 5,93ff. läßt M. sein Geschick dem Herakles in der Unterwelt erzählen. Das Motiv vom Zorn des M. fehlt hier, und an die Stelle des Erinys-Motivs tritt hier die alte mag. Vorstellung vom Holzscheit, an das die Moira Atropos (Hyg.fab.171) das Leben des M. geknüpft hat (→ Althaia). Durch das Verbrennen dieses Holzscheits, das die Mutter seinerzeit aus dem Feuer gerettet und sorgsam verwahrt hatte, löscht sie nun das Leben ihres Sohnes aus. NILSSON GgrR $^2$1,21. 43 über den Frazerschen Begriff der »external soul«. Dieses Motiv ist wahrscheinlich älter als das Erinys-Motiv. Es begegnet schon vor Bakchyl. in Phrynichos' Πλευρώνιαι und Aischyl. Choeph. 602ff. Bemerkenswert ist, daß Althaia eine größere Bindung zu ihren Brüdern hat als zum eigenen Kind; Blutrache steht ihr über Kindesliebe auch im Fall der absichtslosen Tötung, die Bakchyl. nachdrücklich betont. Es scheinen hier alte matriarchal. Verhältnisse nachzuklingen. Über die Verwandlung der um M. trauernden Schwestern (→ Melanippe 3) des M. in Perlhühner (μελεαγρίδες) und ihre Versetzung auf die Insel Leros (Anton.Lib. 2) oder nach Indien (Soph. »Mel.« Plin. nat. 37,40), aus deren Tränen das Elektron entsteht (vgl. Ov. met. 8,533ff. Hyg. fab. 174; → Gorge und → Deianeira bleiben durch Einwirken des Dionysos unverwandelt), s. WILAM. GldH 1,145,4.

Bedeutend für die Folgezeit war das Drama »M.« des Eur. Trotz der zahlreichen Frg.e gibt es keine zuverlässige Rekonstruktion seines Aufbaus, doch kann der allg. Inhalt aus der ausführlichen Darstellung Ov. a.O. und der Mythographen (Apollod. 1,65–73, vgl. auch Anton. Lib. 2 [nach Nikandros]) und aus der Fülle künstlerischer Darstellungen der kalydon. Jagd und anschließender Szenen z.B. auf Sarkophagreliefs, Wandgemälden, etr. Urnen und Spiegeln, entnommen werden, wenngleich natürlich mit Ausschmückungen, Erweiterungen, Änderungen im einzelnen zu rechnen ist. Es ergeben sich folg. Charakteristika der eurip. Gestaltung: 1. Die Atalanteepisode und M.' Liebe zu ihr als Ursache des Streites des Helden mit den Thestiaden, die er gleich nach der Jagd im Zorne tötet, weil sie sich über die Verleihung der Jagdtrophäe an → Atalante entrüsten. 2. Die Verwendung des Holzscheitmotivs wie bei Bakchyl. 3. Die Rache Althaias knüpft sich an einen wirklichen Mord und entspringt dem Gegensatz der Mutter zu dem fremden Weibe, das der Sohn heiraten will: ein Familiendrama. – Ein ausführliches Verzeichnis der künstler. Darstellungen gibt v. D. KOLF, RE XV 460ff. Erwähnt seien: die François-Vase (FURTW.-REICHH. 1,59. T. 13), das von Skopas stammende Giebelfeld des Tempels der Athena Alea in Tegea (Paus. 8,45,6f. Ein Frg. im Athen. Nat.-Mus., Rekonstr. KUHNERT, Myth. Lex. 2,2616ff.), die Kalksteinreliefs des Heroon von Gjölbaschi-Trysa (Wien), die Bronzestatue des Skopas (beste Replik im Vatikan). H. v. G.

*Surber* Die M.-Sage, Diss. Zür. 1880. *W. Kraus* M. in der Il., WSt 63, 1948, 8ff. *W. Wolfring*, WSt 66, 1953, 24ff. *K. Kerényi* Die Heroen der Griechen, 1959, 128ff. *A. Heubeck* G 66, 1959, 399.

**2.** M., Sohn des Ptolemaios I. und der → Eurydike (3), Bruder des Ptolemaios Keraunos, Königs von Maked., folgte ihm als König zwei Monate nach, wurde Juli 279 v.Chr. wegen Unwürdigkeit von der Heeresversammlung abgesetzt, Diod. 22, 4. Porph. FGrH 260 F 3,10. 31,2. **3.** Gesandter des → Antiochos IV. (5) 170 und 168 wegen des 6. syr. Krieges in Rom, Pol. 27,19. 28,1. 22,1ff. W. OTTO, ABAW 11, 1934, 45f. 68f. **4.** Sohn des Apollonios, im Gefolge des → Demetrios I. (5) von Syrien und in dessen Flucht aus Rom 162 v.Chr. eingeweiht; wohl nicht ident. mit Nr. 2; Pol. 31,13,2. **5.** Makedone, Führer einer Ile der Hetairen bei Gaugamela, Arr. an. 3,11,8. Curt 4, 13,26. **6.** Freund des med. Satrapen Peithon, kämpfte nach dessen Aufstand und Tod 316 v.Chr. gegen → Antigonos (1) weiter, wurde überwältigt und getötet; vielleicht ident. mit Nr. 4. Diod. 19,47. H. V.

**7.** M., Sohn des Neoptolemos, seit den Kämpfen Alexanders d. Gr. gegen die Balkanvölker Taxiarch der Phalanx und als solcher Teilnehmer an allen späteren Kämpfen (zu Arr. an. 4,22,1, s. TARN Alexander the Great, Cambr. 1948, 2,145). Zum nächsten Freundeskreis des Königs gehörend (zum letzten Gelage 323 s. Ps. Call. 3,31), widersetzte er sich nach dessen Tod den Plänen des Perdikkas (Curt. 10,6,20), zettelte einen Aufstand des Fußheeres an und setzte die Ernennung des von ihm ins Gespräch gebrachten Prätendenten Philippos Arrhidaios zum König durch, wurde aber bald danach von Perdikkas beseitigt. Sein Charakter in den ersten Nachfolgekämpfen wird von den Quellen (bes. Curt., Iust.) als wenig vertrauenerweckend hingestellt, Starrheit und beschränktes Selbstgefühl nationalbewußten Makedonentums sind wohl nicht die einzigen Voraussetzungen für sein Verhalten. G. W.

*Berve* Alex. II Nr. 494.

**8.** M. aus Gadara, Sohn des Eukrates, Epigrammatiker, blühte (Notiz auf S. 82 des Palat. 23) unter dem letzten → Seleukos (VI. 96–95 v. Chr.), wuchs in Tyros auf, wohnte im Alter auf Kos, wo er das Bürgerrecht erwarb (eigene Grabschriften Anth. Pal. 7,417–419. 421). Er schrieb zuerst Menipp. Satiren (*Χάριτες*; Einzeltitel *Λεκίθου καὶ φακῆς σύγκρισις* Athen. 4,157b, *Συμπόσιον* 11,502c, wo er *κυνικός* heißt). Nach dem Vorgang anderer (→ Anthologie) stellte er im Alter auf Kos eine Slg. von Epigr. vor allem hellenist. Dichter, vermehrt um seine eigenen, zusammen; er nannte sie »Stephanos« und widmete sie einem Diokles. Im Einleitungsgedicht (Anth. Pal. 4,1) nennt er 47 Namen, jeden mit einer Blume verbunden, dazu »viele jüngere«. Für die Datierung ist wichtig, daß sein Landsmann → Philodemos fehlt. Das Schlußgedicht steht 12,257. Die Slg. war nach der Notiz S. 81 des Palat. alphabet. geordnet; das wird jedoch durch die Anordnung der in der Anth. Pal. erhaltenen Reste, die einem anderen Prinzip folgt, widerlegt. Von M. stehen in der Anth. etwa 130 Epigr. (unecht u. a. 9,363), zumeist erot. Inhalts. Sie lassen kaum echtes Gefühl erkennen, wohl aber Raffinement der Pointenbildung und Variation sowie Lebhaftigkeit, Präzision und Eleganz des Ausdrucks. Zu seinen Vorbildern gehören Asklepiades, Kallimachos, Rhianos, seltener Leonidas von Tarent, Moschos (*Ἔρως δραπέτης*), Alkaios von Messene. Gelegentlich findet sich Selbstvariation. Der Versbau ist glatt wie der seiner hellenist. Muster. M. hat viele Nachahmer gefunden, bis in das 6. Jh. R. K.

Text und Komm., in: *A. S. F. Gow* and *D. L. Page* The Greek Anthology, Hellenistic Epigrams, 1. 2, 1965.

**Meles** (*Μέλης*). Athener, der seinen Liebhaber, den Metoiken Timagoras, in den Tod trieb und ihm alsbald nachfolgte, Paus. 1,30,1. Aition für den von den Metoiken verehrten Altar des → Anteros in der Stadt. – Bei Ail. frg. 69 heißt der Liebhaber Meletos, dessen Liebling Timagoras ist auch athen. Bürger. Meletos erfüllt all die schwierigen Aufträge des Geliebten, z. B. kostbare Vögel herbeizuschaffen, ohne ihn zu rühren. Da stürzt er sich verzweifelt von der Akropolis herab, Timagoras, mit den Vögeln unterm Arme, hinterher. Aition für die Statue eines nackten Knaben, der, 2 Hähne in den Armen, im Begriff ist, sich kopfüber hinabzustürzen (Suda), wohl eine Erosstatue. SELTMAN, ABSA 26,88 ff. 101 ff. H. v. G.

**Melesermos** (*Μελήσερμος*). Sophist wahrscheinlich der späteren Kaiserzeit aus Athen, Vf. von Briefslg.en (*ἑταιρικαί, ἀγροικικαί, μαγειρικαί*) und Sammelwerken (*Στρατηγικά, Συμποσιακά*). Suda s. *M.* H. Gä.

**Melesigenes.** (*Μελησιγένης*). Angebl. urspr. Name → Homers, nach dem Fluß(gott) Meles, → Maion (2), → Kritheis (1 u. 2). H. v. G.

**Melesippos** (*Μελήσιππος*). Spartiate, Sohn des Diakritos, Angehöriger der letzten spartan. Gesandtschaft nach Athen vor Ausbruch des archidam. Krieges 431 (Thuk. 1,139,3); 430 nach dem Einmarsch der Peloponnesier in Attika nochmals ausgesandt, aber in Athen nicht eingelassen. Berühmt seine Worte bei der Umkehr (Thuk. 2,12, 1 ff. Vgl. GOMME Hist. Comm. Thuk. zur Stelle). K. K.

**Melete** (*μελέτη*) bezeichnet urspr. die Übungsrede, die der angehende Redner auf der letzten Stufe des rhet. Unterrichts anzufertigen bzw. zu improvisieren lernte; sie diente also der abschließenden Vorbereitung auf die Erfordernisse nachmaligen öffentlichen Wirkens, und ihre Anfänge dürften mit dem Beginn des sophist. Lehrbetriebes überhaupt zusammenfallen. Der Gattung nach konnte die M., in der Terminologie der prakt. Beredsamkeit gesprochen, dem *genus deliberativum* oder dem *g. iudiciale* zugehören (→ declamationes). Thematisch lassen sich 2 Gruppen unterscheiden: diejenige, die berühmte Gestalten und Situationen des Mythos oder der Gesch. zum Vorwand für fingierte Überlegungen und Ausführungen nahm (bevorzugt in den *suasoriae*), und die andere, welche von kniffligen, zumeist ad hoc konstruierten und vorwiegend absolut wirklichkeitsfremden Rechtsfällen ausging. Auf diesem, namentlich den *controversiae* vorbehaltenen Sektor begegnen in den griech. und röm. Beispielen jene typischen Gestalten und »Fälle« (Piraten, Tyrannen, Enterbungen, Morde u. ä.), über die sich Petron. 1,1 ff. erbost; Suet. gramm. 25,9 versichert freilich, anf. habe man auch hier an tatsächliche Begebenheiten angeknüpft. In hellenist. Z. bereits begann sich die M. vom Schulbetrieb zu lösen. Sie konnte nun auch, vielleicht nach dem Vorbild des → Gorgias (1) und → Alkidamas, als reine Kunstübung ohne aktuellen Bezug auf öffentlichen Veranstaltungen vor einem größeren Publikum vorgetragen werden (vgl. BerlKlT 7,4 ff., aus dem 3. Jh. v. Chr.), und dies um so mehr, je weniger die Z. und die polit. Situation Möglichkeiten zu rednerischer Betätigung im alten Sinne boten. So finden wir namentlich in der Kaiserzeit zahllose, für Vortrag und Publikation konzipierte M. im Oeuvre fast aller Sophisten: Ailios → Aristeides (3) z. B. schließt (or. 30–39 D.) an berühmte Augenblicke der älteren athen. Gesch. an, die aus Thukydides (Sizil. Expedition, Sphakteria), Xenophon (Leuktra) und den att. Rednern (→ Demades, → Demosthenes 2) geläufig waren, → Polemon geht von Herodot aus, → Herodes (16) Attikos benutzt wahrscheinlich → Thrasymachos für seine beinahe »echt« wirkende thessal. Rede, und → Libanios knüpft in der 'Απολογία Σωκράτους an → Polykrates an. Weitere Beispiele dieser Art bieten → Himerios und → Chorikios. Nötigt bei diesen »historischen« M. neben der formalen Meisterschaft vor allem das zumeist erstaunlich feine Einfühlungsvermögen der attizist. Vf., das auf bemerkenswerte Vertrautheit mit der Vergangenheit weist, im allg. Bewunderung ab, so erscheint es weniger selbstverständlich, daß die »ethisch-jurist.« M. mit ihren verwickelten und ganz und gar künstlichen Voraussetzungen, ungeachtet aller Brillanz ihrer techn. Durchführung und einzelner, glücklich gezeichneter Typen, im Alt. ebenso großen Eindruck gemacht haben wie die Beispiele der anderen Gruppe. Sie sind im Werk aller namhaften Rhetoren vom 2. bis zum 6. Jh. n. Chr. vertreten (außer den schon genannten → Lukianos, → Lesbonax, die Schule von → Gaza). H. Gä.

*W. Morel-W. Kroll*, RE XV 496ff. *W. Kroll*, RE Suppl. VII 1119ff. *R. Kohl* De scholasticarum decl. argumentis ex historia petitis, Paderborn 1915. *M.L. Clarke* Rhetoric at Rome, Lond. ²1962, 85ff. *A.D. Leeman* Orationis ratio, Amsterdam 1963, 232ff. *G. François*, AC 32, 1963, 513ff.

**Meletos** (*Μέλητος*). Athener. **1.** Im J. 415 Angeklagter im Mysterienprofanations- sowie im Hermokopidenprozeß (And. 1,12. 13. 35. 63). Vielleicht ident. mit M., Urenkel des → Megakles (4) und Sohn eines Megakles, aus Alopeke (IG II² 1579,19). **2.** Ankläger des Andokides in dessen Prozeß 400 (And. 1,94). Als die 30 Tyrannen 404 5 Männern, unter ihnen M. und Sokrates, die Verhaftung des → Leon von Salamis (4) befahlen, mißachtete Sokrates, anders als M. und die anderen, diesen Auftrag (Plat. apol. 32C–D. And. 1,94) Vielleicht ident. mit M., der nach dem Sturz der 30 Tyrannen an Verhandlungen mit Sparta teilnahm (Xen. hell. 2,4,36). K. K.

**3.** M., Vater des Sokratesanklägers, Tragiker, aus dem Demos Pithos (Diog. Laert. 2,40), Ergänzung in der Dionysiensiegerliste IG II² 2325 Kol. I *Μελη]τος ΙΙ*[ – von Reisch sehr unsicher; wenn richtig, mindestens 2 Dionysiensiege, frühestens 466. Komikerspott: Aristoph. Frg. 149,150; Sannyrion Frg. 2. Aristoph. Frg. 114, zwischen ihm und dem Sohn strittig. Hohes Alter: Aristoph. Frg. 149. Erot. Skolien (Aristoph. Ran. 1302, Epikrates Frg. 4 K., Suda s. M. 495) zwischen ihm und dem Sohn strittig.



*Ad. Wilhelm* Urk. dramat. Aufführungen, Wien 1906, 103. *P. Geissler* Chronol. d. altatt. Kom., PhU 30, 1925, 36. 71. *A. Pickard-Cambridge* The Dramatic Festivals of Athens, ²1968, 71. 80. 112. 117. *P. Mazon* M., accusateur de Socrate, REA 44, 1942, 177ff.

**4.** M., Ankläger des Sokrates: Plat. Euthyphr. 2b. Apol. 23e. Xen. Mem. 4,4,4. 8,4. Diog. Laert. 2,39f., später hingerichtet (Diog. L. 2, 43. 6,9. Diod. 14,37,7)? M. war auch Tragiker (Sch. Plat. Apol. 18b. Aristot. Didask. frg. 628 R) und vielleicht Dichter von erot. Skolien (Aristoph. Ran. 1302. Epikrates frg. 4. Suda s. M. 496) – diese müssen zwischen ihm und M. 2 strittig bleiben. Oidipodeia im selben J. wie Aristophanes' Pelargoi zwischen 399 und 389 aufgeführt (Sch. Plat. a. O.). Daraus Ann. Sc. Pisa 2,4, 1935, 14 = Page, G. L. P. Nr. 33? Komikerspott: Sch. Plat. a. O., Suda a. O. F. St.

*P. Geissler* und *P. Mazon* wie zu Nr. 2. *Webster*, H 82, 1954, 297f.

**Meliai** (*Μελίαι, Μελιάδες*). Eschen- und allg. Baumnymphen aus der Gruppe der Dryaden oder → Hamadryaden. Sie stammen nach Hes. theog. 176ff. 187 mit Erinyen und Giganten aus dem Samen des Uranos. Die alte Vorstellung von den Bäumen, bes. den Eschen, als Ahnen der Menschen schränkt Hes. erg. 145 auf das eherne Geschlecht ein. Wilam. Hes. Erga 57f. Poll. 9,127. Einzelne M.: **1.** Theban. Nymphe, Okeanide, von Apollon Mutter des → Ismenios, im Ismenion (→ Ismenos) verehrt, Pind. P. 11,3ff. Lykophr. 1211. Paus. 9, 10,5. 26,1. **2.** Argiv. Nymphe, Okeanide, von → Inachos Mutter des 1. Menschen Phoroneus u. a., Apollod. 2,1. **3.** Bithyn. Nymphe, von Poseidon Mutter des → Amykos, Apoll. Rhod. 2,4. Hyg. fab. 17. **4.** Kyziken. Nymphe, von Seilenos Mutter des Dolion, Stammvaters der → Dolionen, und des Kentauren Pholos, Strab. 14,681. Apollod. 2, 83. → Nymphai. H. v. G.

*Prell.-Rob.* 1,50,2. 81,3. *Nilsson* GgrR² 1,246. *Wilam.* GldH 1,186. *W. Pötscher*, G 70, 1963, 542ff.

**Melibocus Mons.** Gebirgszug, der bei Ptol. 2,15,5 und 11,10 erwähnt wird und die S.-Grenze der Cherusker und Chamaven bildet. Die Gebirgskette von Osning-Wiehengebirge-Süntel-Deister und Solling bis zum Harz einschließlich, nach anderer Meinung sogar das Elbsandsteingebirge sollen unter dem M. m. verstanden werden. H. C.

**Meliboia** (*Μελίβοια*). **1.** Heroine. Im argiv. Letokult = → Chloris (1), was auf ihr dem Namen entsprechendes urspr. Wesen als Erdgöttin hinweisen mag (Prell.-Rob. 1,802,3); das Aition Paus. 2,21,10. Im Demeterkult von → Hermione ist sie Epiklese der Kore, Lasos bei Athen. 14,624e. Ferner erscheint sie als Tochter von Amphion und Niobe, Apollod. 3,47, s. → Chloris (2); als Mutter des Lykaon, ebd. 3,96; als Gemahlin des Theseus Athen. 13,557a. H. v. G.

**2.** M., Stadt an der O.-Küste Magnesias, schon bei Hom. Il. 2,717 genannt, von Alexander von

Pherai überfallen und z.T. ausgemordet. 330/29 Getreidelieferung von Kyrene, SEG 9,2,13. 37. Vermutlich in → Demetrias einverleibt (?), FR. STÄHLIN–E. MEYER Pagasai und Demetrias 182 mit Anm. 3 und 4. 169 vergeblicher Versuch der Römer, M. zu erobern, Liv. 44,13,1 ff., dann aber erobert und geplündert, Liv. 44,46,3. Später nicht mehr genannt. Gerühmt wurde im Alt. die Purpurerzeugung, Verg. Aen. 5,251. Lucr. 2,500. Sichere Lokalisierung nicht möglich, wahrscheinlich das Palaeokastro bei Polydendri an der Küste, sonst die Stadtlage bei Skiti, 5 km landeinwärts. Hdt. 7,188. Skyl. 65. Strab. 9,5,22 p. 443. Mela 2,35. Plin. nat. 4,32. Apoll. Rhod. 1,592. Steph. Byz. Eustath. Il. 329,8 ff. 338,22. Mz. HEAD HN² 301.

1. *Fr. Stählin* Das hellen. Thessalien 50f. 2. *Ders.*, RE XV 511 ff. 3. *Philipps.-Kirst.* 1,144.273. 3. *Biesantz*, AA 1959, 78 ff.

**3.** M., Stadt in der Hestiaiotis in der Nähe von Trikka in nicht näher bekannter Lage, Liv. 36,13, 6. E. M.

1. *Fr. Stählin* Das hellen. Thessalien 128. 2. *Ders.*, RE XV 514 Nr. 3. 3. *Philipps.-Kirst.* 1,275 mit A. 1.

**Melikertes** (*Μελικέρτης*). Sohn des → Athamas und der → Ino. Wegen des Versuchs der Ino, die Stiefkinder zu töten, wird sie und M. von Athamas bedroht. Durch den Sprung vom Felsen ins Meer rettet sie sich und M. (Eur. Med. 1284 ff. Ov. met. 4,481 ff.; Sch. Lykophron 229). Während sie zu → *Λευκοθέα* wird, heißt M. nun *Παλαίμων*. Als solcher hatte er in Korinth Kult. Er gilt (wie seine Mutter) als Retter in Seenot. Zum Meeressprung als Verwandlungsmotiv vgl. LESKY Thalatta 142 ff. Im röm. Bereich ist mit M. der Sohn der → Mater Matuta, nämlich → Portunus, vergleichbar. W. P.

Die auffallende Übereinstimmung des Namens M. mit → Melqart muß doch wohl zufällig sein. Sachlich haben die beiden Gestalten jedenfalls nichts miteinander zu tun. Vgl. LESKY, RE XV 519. K. Z.

*M. Halberstadt* Mater Matuta, Frankf./M. 1934, 22 ff.

**Melino** (*Μελινώ* IG II/III² 5673; *Μελιννώ* Stob. Ecl. 3,7,12), Verfasserin eines griech. Hymnus auf Rom in 5 sapph. Strophen, erhalten bei Stob. a.O. Die Herkunftsbezeichnung *Λεσβίας* bei Stob. ist wahrscheinlich aus dem Versmaß erschlossen. Als Abfassungszeit für den die Göttin Roma feiernden, wohl für *Ῥωμαῖα* bestimmten Hymnus kommen das 2. Jh. v. Chr. und der Anf. des 1. in Betracht (um 160 nach BENGTSON, G 71, 1964, 154). Die Sprache ist die der Chorlyrik, mit wenigen Äolismen. Anth. lyr. 2 p. 315. R. K.

*Bowra*, JRS 47, 1957, 21–28.

**Melinophagoi** (*Μελινοφάγοι*), »die Hirseesser«; kleiner thrak. Volksstamm an der w. Pontosküste bei → Salmydessos, der zur größeren Stammgruppe der *Θυνοί* gehörte. Xen. an. 7,5,12. Theopomp. FGrH 115 F 223. Chr. D.



*Oberhummer*, RE XV 523. *Danoff* Altthrakien, Sofia 1968, 147 (bulg.). Das ältere Schrifttum bei *Kazarow* Beitr. zur Kulturgesch. der Thraker, 38. 42.

**Melissa** (*Μέλισσα*) aus **μελι-λιχ-ια* zu *μελιλισσα* und (durch Haplologie) zu *μέλισσα*. **1.** Eigentlich »Honigleckerin« (FRISK 201). Von hier aus ist die ganze Vorstellung zu verstehen. M. stellt eine tabu-Bezeichnung für die → Biene dar, weil diese als Seelentier gefährlich erschien, so daß man nicht einmal den Namen aussprechen wollte. Die Vorstellung, daß aus verwesten Körpern Bienen entstehen können, ist alt (vgl. RE XV 527), was aber durch die Parallele der Erinys-Schlange die Biene als Seelen-Tier ausweist. Schlange bzw. Wurm findet sich in Gräbern, u.s., deshalb kann der Tote auch als Schlange erscheinen. Da die Biene sehr zart ist und fliegen kann, versteht man unter ihr den »leichten« Teil dieses nun toten Menschen, nämlich die Seele (vgl. auch Sch. Eur. Hippol. 73. Porph. antr. 18). Interessant auch Hdt. 5,92. Der mant. Charakter der als M. bezeichneten Priesterinnen erklärt sich daraus (vgl. Verg. georg. 4,220). Bes. Beziehung zu Demeter (Kall. h. 2, 110 ff.), aber auch zu Apollon (Paus. 10,5,5), Rhea (Porph. antr. 18), Artemis (COOK Zeus 1,443 ff.), Selene (Porph. antr. 18) und Dionysos (K. GIANNOULIDOU *Μέλισσα καὶ Διόνυσος οἱ Βουγενεῖς*, Athena 63, 1959, 312 ff.). Bei Pythia (Pind. P. 4,60 *μελίσσας Δελφίδος*) ist die Bezeichnung M. nicht aus ihrer Funktion als Priesterin des Apollon zu verstehen, sondern aus ihrer Beziehung zur Mutter Erde, der das Orakel vorher gehört hatte. Durch ihre Funktion als Seelen-Tier hat die Biene auch enge Beziehung zur Erde (vgl. L. R. FARNELL Crit. Comm. to the works of Pindar, Amsterdam 1961, 153 f.). – Die Bezeichnung M. für → Nymphen ist offenbar aus dem assoziativen Zusammenhang von mant. Fähigkeiten, welche der Erde zugeschrieben wurden, und dem Wahnsinn, mit welchem die Nymphen einen Menschen schlagen konnten (*νυμφόληπτος*), zu verstehen. W. P.

**2.** M., Pythagoreerin (nicht im Pythagoreerkat. des Iambl. v. P. 2,67), unter deren Namen ein Brief über die Tugenden der Frau in den pseudo-pythagor. Schriften erhalten ist; entstanden zwischen 100 v. und 100 n. Chr.

*Hercher* Epist. Graeci, Par. 1873, 607, Nr. 11. *Christ-Schmid* ⁶2,484.

**3.** M. nahm nach Val. Max. 8,9,5 den Platz einer Gattin des → Karneades ein. Ungewiß ist ihre Identität mit der ungenannten *παλλακή* des K., die, von seinem Schüler → Mentor verführt, Anlaß zu dessen Ausstoßung aus der Schule war; daraus entstand eine theoret. Kontroverse. Diog. Laert. 4,63 f. Eus. pr. ev. 14,8,13. I. Sch.

**4.** Dorf in Phrygien zwischen Synnada und Metropolis mit Grabmal des dort auf Befehl des Pharnabazos ermordeten Alkibiades, Athen. 13, 574e (vgl. Plut. Alk. 39). Lage nicht feststellbar. K. Z.

**Melisseus** (*Μελισσεύς*). Myth. König von Kreta, Vater der Nymphen → Adrasteia und → Ide (2), denen Rhea das Zeuskind zur Erziehung übergab, Apollod. 1,5. Hyg. fab. 182; astr. 2,13, Die Namen werden Sch. Plat. Phaidr. 248c philos. ausgedeutet (Eide = Ide). – Didymos (1) nannte die Töchter Melissa und → Amaltheia, die Ammen des Zeus, und schrieb M. die erste Begründung des Gottesdienstes zu, Lact. inst. 1,22,19f. H. v. G.

**Melissos** (*Μέλισσος*). **1.** Thebaner, Sohn des Telesiades. Einem isthmischen Sieg M.' im Pankration gilt Pind. I. 3. K. K.

**2.** M. von Samos, einer der letzten Vertreter der eleat. Schule; er war als Feldherr von Samos 442/440 Gegner des Perikles, über den er zuerst einen Sieg errang, von dem er dann aber besiegt wurde (Thuk. 1,116. Plut. Per. 26). M. war Schüler des → Parmenides; er verfaßte einen Traktat *Περὶ φύσεως ἢ περὶ τοῦ ὄντος*, von dem dank Simplikios erhebliche Bruchstücke erhalten sind. In ihnen verteidigt M. die Einslehre der Eleaten sowohl gegen die Mischungs-Lehre (→ Empedokles) wie gegen die → Atomistik; M. steht, wohl informiert, mitten im philos. Meinungsstreit seines Jh.s Für die Kenntnis der eleat. Denkweise sind die erhaltenen Frg.e von hohem Wert. H. D.

**Melissus,** C. Maecenas. Röm. Grammatiker der august. Z. aus Spoletium (Suet. gramm. 21, danach Hier. chron. p. 168 H. z. J. 4 v. Chr.), Vertrauter und Freigelassener des Maecenas, später in der Gunst des Augustus, der ihn zum Bibliothekar der Bibliothek in der porticus Octaviae machte. Sein Versuch, die nationalröm. Komödie *(togata)* im Milieu des Ritterstandes (*trabeata*, vgl. Ov. pont. 4,16,30. Suet. a. O., danach Ps.-Acro ars 288) zu erneuern, blieb offenbar ohne Erfolg; weder Frg. noch sonstige Spuren einer Wirkung sind nachweisbar. Auch von den *ineptiae* oder *ioci* (Suet. a. O.), einer Anekdotenslg. in 150 B., fehlen sichere Zitate, vgl. aber Macr. Sat. 2,4 und die Nennung des M. bei Plin. nat. 7. 9–11. 35 im Ind., obwohl hier auch die Benutzung eines naturwissenschaftlichen Werkes nicht auszuschließen ist (vgl. Serv. Aen. 7,66 *De apibus*). Vielleicht hat M. auch einen Vergilkommentar verfaßt (vgl. frg. 1/2 F., fraglich frg. 3, vgl. noch Serv. Aen. 10,304); auf eine grammat. Schrift deuten frg. 4/5 F., wenn hier nicht der Zeitgenosse des Gellius Aelius Melissus gemeint ist. P. L. Sch.

Frg.: FunGrRF 537ff. Lit.: *Schanz-Hos.* 2,176f. *H. Bardon* Lit. Lat. Inc. 2,49ff. *R. Avallone* Mecenate, 1962, 190.

**Melitaia,** liter. und inschr. *Μελίτεια, Μελίταια, Μελιταία*, Ethn. *Μελιταιεύς*, Stadt in der südthessal. Landschaft Achaia Phthiotis beim h. Avaritsa (h. amtlich M.). Stadtmauerring von etwa 3½ km Umfang. Frühe Verbindung mit Pherai, Ephor. FGrH 70 F 95 bei Steph. Byz. Fr. Herrmann Ztschr. f. Numism. 33, 1922, 38f. 426 von Pharsalos abhängig, Thuk. 4,78,1ff., stellte



im 4. Jh. zumeist die Hieromnemonen der Landschaft, Stützpunkt bei der Belagerung von Lamia, Diod. 18,15,1. Seit etwa 260 zum aitol. Bund, R. Flacelière Les Aitoliens à Delphes 199f. 217 vergeblicher Angriff Philipps V., Pol. 5,97,5ff. 9, 18,5ff. Nach 189 Loslösung von Aitolien und Zugehörigkeit zu Thessalien, auch in röm. Z. bedeutend, Beiname *Σεβάστηοι*, BCH 48, 1924, 367 Nr. 3 = SEG 3,466. Grenzregelungen gegen Peuma, Xyniai, Pereia, Narthakion (3. und 2. Jh. v. Chr.), IG IX 2 Nr. 205 und p. Xf. IX 1² 177. 188. Syll. II³ 546. Schwyzer Ex. epigr. 555. IG IX 2,89 = Syll. II³ 674. BCH 82, 1958, 67ff. SEG 18,238. Flacelière 293 A. 3. Skyl. 63. Herakl. 3,2, GGM I 108f. Strab. 9,5,6 p. 432. 5,10 p. 434. Ptol. 3,12, 43. Plin. nat. 4,32. Steph. Byz. Inschr.: IG IX 2,205–212. SEG 19,421. Mz.: Head HN² 301 (4. Jh. v. Chr.). E. M.

1. *Fr. Stählin* Die Grenzen von M., Pereia, Peumata und Chalai, MDAI(A) 39, 1914, 83ff. 2. *Ders.* Das hellen. Thessalien, bes. 162ff. 3. *Ders.*, RE XV 534ff. 4. *G. Daux–P. de la Coste-Messelière*, BCH 78, 1924, 351ff. 359f. 5. *E. Kirsten*, RE Suppl. VII 885ff. s. Pereia. 6. *E. Meyer*, RE Suppl. X 355f. s. Kyrsilida. 7. *Philipps.-Kirst.* 1,196. 272f.

**Melite** (*Μελίτη*). **1.** Okeanide, Gespielin Persephones, Hom. h. 5,419. **2.** Nereide, Il. 18,42. Hes. theog. 247. Verg. Aen. 5,825. Apollod. 1,12. Als Zuschauerin auf mehreren Vasen mit der Darstellung des Ringkampfes zwischen Peleus und Thetis. **3.** Najade, Tochter des Stromgottes Aigaios im Phaiakenlande, von Herakles, der zur Entsühnung vom Kindermord dorthin kam, Mutter des → Hyllos (3), Apoll. Rhod. 4,537ff. **4.** Heroine des att. Demos M., Geliebte des Herakles, der dort in die kleinen Mysterien eingeweiht worden war und als *ἀλεξίκακος* verehrt wurde. Philochoros. H. v. G.

**5.** M., Att. Demos der Phyle Kekropis, von 306–201 der Demetrias, in der Stadt Athen, zu dem das Hügelgebiet w. der Akropolis einschl. Kolonos Agoraios und Pnyx gehörte, Demotikon *Μελιτεύς*, Plat. Parm. 126 AC. Plut. Them. 22,1f.; mor. 869 D. Strab. 1,4,7 p. 65f. Harpokr. s. v. und s. *Εὐρυσάκειον* und *Κολωναίτας*. Sch. Aristoph. Av. 997. Das bei Plut. a. O. genannte Heiligtum der Artemis Aristobule in M. ist gleich w. des Markthügels an der Straße zum Piraeustor ausgegraben, J. Threpsiades–E. Vanderpool *Ἀρχ. Δελτ.* 19, 1964, 26ff., dabei auch ein Demenbeschluß von M.; das Herakleion in M., Sch. Aristoph. Ran. 501 u. a., läßt sich s. w. der Agora am Nymphenhügel lokalisieren, AJA 63, 1959, 67f. M. war das vornehmste Wohngebiet von Athen, in dem z. B. Themistokles, Kallias, Antiphon, Phokion, Epikur wohnten. E. M.

1. *W. Judeich* Topogr. von Athen² 196. 390f. 396f. 2. *Honigmann*, RE XV 541f. Nr. 9. 3. *Philipps.-Kirst.* 1,911.

**6.** M., h. Melida; Insel im Adriat. Meer, nahe der Küste, 20 Stad. von Korkyra Melaina entfernt. Während der illyr. Kriege E. 3. Jh. v. Chr. von

Rom unterworfen, nach Abfall von Octavian im illyr. Kriege (35–33) verwüstet und versklavt. Berühmte Zucht von Hunden; Nadelwälder. Plin. nat. 3,152. Ps.Skyl. 23. Apoll.Rhod. 4,572. Ptol. 2,16,9. FLUSS, RE XV 547ff. Chr. D.

**7.** M., das h. Malta, Skyl. 111. Diod. 5,12,2f. Cic. Verr. 4,46,103f. Itin. mar. 518. Die Hauptbedeutung M.s und der Nachbarinsel Gaudos, h. Gozzo, liegt in der jüngeren Stein- und Bronzezeit mit ihren imposanten Großsteinbauten, teils unterirdischen Grabanlagen, teils oberirdischen Kultstätten. Die bedeutendsten sind Hal Saflieni und Hal Tarxien bei La Valletta, Hagiar Kim und Mnaidra im S. der Insel und Gigantea auf Gozzo. M. war dann phoinik. Kolonie und später unter karthag. Herrschaft, röm. seit 218 v. Chr. und der Provinz Sizilien zugeteilt. Schiffbruch und Aufenthalt des Apostels Paulus, Apg. 27,27–28,12. Im ganzen Alt. blieb M. rückständig, und die ant. Reste sind unbedeutend, vor allem Reste großer röm. Villen. Oft erwähnt eine kleine Rasse von Schoßhündchen. Inschr.: CIS I 1,122 bis 132. IG XIV 600–604. CIL X 7494–7511. SEG. 17,438. Mz.: HEAD HN$^2$ 883. E. M.

1. *J. Weiß*, RE XV 543ff. 2. Guida d'Italia del Touring Club Italiano, Sicilia e isole minori, Mailand 1937, 493ff. 3. *A. Mayr* Die Insel M. im Altertum 1909. 4. *Th. Zammit* M. The islands and their history 1926. 5. *Ders.* Prehistoric M. 1930. 6. *R. Paribeni* M. 1930. 7. *L. M. Ugolini* M.; origini della civiltà mediterranea 1934. 8. *J. D. Evans* M. (Ancient peoples and places) 1959; dt. 1963. 9. *Th. Ashby* Roman M., JRS 5, 1915, 23ff.

**Melitene** (*Μελιτηνή*), die Landschaft der alten, schon keilschr. als *Milid* bezeugten, Stadt Melite, nach Plin. nat. 5,84 von Semiramis *haud procul Euphrate* gegründet; ebd. 6,9: *Cappadociae pars praetenta Armeniae minori Melitene vocatur;* h. Malatia, das aber weiter vom Euphrat abliegt, über den dort ein wichtiger Übergang führte (Tac. ann. 15,26,2). Strab. sagt 12,537 ausdrücklich, daß es in der Mel. – deren Fruchtbarkeit er 534 rühmt, zumal den Monariteswein – keine Städte gebe, sondern nur feste Schlösser, wie in Kataonien, zu dem *οἱ παλαιοί* sie rechneten; sie sei eine der 10 Strategien des Königreiches Kappadokien gewesen. Nach Prok. aed. 3,6 wurde die verödete Stadt Melite, Standquartier der legio XII fulminata, von Traian wieder als solche hergestellt und von Iustinian ihre Befestigung erneuert. Frühe Christianisierung bezeugt der Bericht des Xiphil.-Cass. Dio 61,9 von der wunderbaren Errettung des röm. Heeres im Quadenfeldzug des J. 171 durch die Gebete der aus der M. stammenden chr. Soldaten. Als Bischofssitz ist die Stadt Melite dann durch Notit. episc. und Konzilsakten, als Straßenknotenpunkt durch Itin. und Tab. Peut. bezeugt. K. Z.

*Ruge*, RE 548f.

**Melitios.** Bischof von Lykopolis, † nach 325, griff während der diokletian. Verfolgung in die Rechte des geflohenen Erzbischofs Petros von Alexandreia ein und wandte sich später gegen dessen milde Behandlung der Abgefallenen. 306 ließ Petros ihn exkommunizieren und rief dadurch das melitian. Schisma hervor, das bis ins 8. Jh. bestand. Der Kampf des Athanasios gegen die Melitianer hatte kirchenpolit. und weniger dogmat. Gründe. B. R. V.

*H. Lietzmann*, AK 3, $^3$1961. *F. H. Kettler*, RGG$^3$ 4,845/46 (Lit.).

**Meliton** (*Μελίτων*). **1.** Von Athen (?), Atthidograph (?), der nach Harpokr. *κάθετος* eine Schrift *περὶ τῶν Ἀθήνησι γενῶν* verfaßte. M.s Lebenszeit ist nur durch die des → Harpokr. (2) als term. a. qu. näher zu bestimmen. FGrH 345. O. Dr.

**2.** M., Bischof von Sardes, † vor 190, von dessen zahlreichen Schriften nur Frg.e [1] erhalten sind, war ein bedeutender Zeuge für die in Asien beibehaltene judenchr. (sog. quartadezimanische) Osterpraxis und Vf. einer an Marc Aurel gerichteten Apologie, in der er das gemeinsame Aufblühen von Kaiserreich und Christentum hervorhob. Papyrusfunde brachten eine Passa-Homilie [2] ans Licht, die Einblick in M.s Theologie gewährt und in ihrer asian. Stilisierung von Bedeutung für die Gesch. der Predigt ist. B. R. V.

Ta.: 1. *Otto*, Corp. Apologetarum 9, 1872. *Goodspeed* Die ältesten Apologeten, 1914 (nur griech.). 2. *F. Kenyon*, Chester Beatty Biblical Papyri 8, 1941. 3. *M. Testuz*, Papyrus Bodmer XIII, 1960. 4. *O. Perler* Sources chr. 1966, 123. Lit.: *B. Lohse* Das Passafest der Quartadezimaner, Diss. Gött. 1953. *Christ-Schmid* 2,2,1297/99. *Altaner*$^7$ 63/64. 88/89.

**Mella** (Verg. georg. 4,278. Geogr. Rav. 4,36), *amnis in Gallia Cisalpina vicinus Brixiae* (Serv. auct. z. St.), wonach Catull. 67,32 der Name durch Konjektur eingesetzt wird; h. Mella. G. R.

**Mellaria.** Name von 2 Städten, nach HOLDER s. v. fraglich, ob iber., kelt. oder lat., nach SCHULTEN lat. = Honigstadt [1].

**1.** An der Meerenge von Gibraltar, zwischen Traducta (bei h. Tarifa) und Baelo, bekannt durch die Landung des Sertorius 80 v. Chr. [2]. Vgl. Mela 2,96. Plin. nat. 3,3,7. Ptol. 2,4,6. Itin. Ant. 407,2. **2.** M. (Baeturiae) bei Fuente Ovejuna nur CIL II 2344–2346. R. G.

1. RE XV 557. Font. Hisp. Ant. VIII (Barc. 1959) 352. 2. Plut. Sert. 12. Font. Hisp. Ant. IV 169 (mit Komm.). *Ad. Schulten* Sertorius, Lpz. 1926, 54f.

**Mellona** überwacht die Süßigkeit des Bienenhonigs (Aug. civ. 4,7. 34. Arnob. 4,7f. *Mellonia*). G. R.

**Melobios** (*Μηλόβιος*), Athener. Wortführer des *Πυθοδώρου ψήφισμα* (Aristot. Ath. pol. 29,1) über die Einsetzung von 30 *συγγραφεῖς αὐτοκράτορες* (Androt. FGrH 324 F 43. Philoch. 328 F 136), womit der oligarch. Umsturz der 400 des J. 411 eingeleitet wurde. Im J. 404 war M. einer der *τριάκοντα* (Xen. hell. 2,3,2. Hyp. Frg.

61 K); er beteiligte sich an Lysias' Festnahme (Lys. 12,12. 19). K. K.

*Jacoby* FGrH 324 F 43 Komm. *H.C. Avery*, Prosopogr. Stud. in the Oligarchy of the 400, Diss. Princ. 1959 (Mikrofilm). *U. Hackl-Ritzmann* Die oligarch. Bewegung in Athen am Ausgang des 5. Jh. v. Chr., Diss. Münch. 1961.

**Melon** (*Μέλων*), Boioter, bereitete als Verbannter in Athen die Befreiung Thebens vor, beteiligte sich 379 v. Chr. führend an ihr und wurde sofort in das erste Kollegium der Boiotarchen gewählt, Xen. hell. 5,4,2 ff. Plut. Pelop. 8,2 ff. 11,2. 12 f. 25,5. H. V.

**Melone.** Diese zur Familie der Cucurbitaceen gehörige Pflanze ist nach Ausweis der Bildwerke in Äg. schon sehr früh kultiviert worden, und zwar die längliche Zucker-M. viel mehr als die kugelrunde Wasser-M. Über die Kultur der M. im vorchr. Griechenland ist unser Wissen begrenzt durch die schwankenden Benennungen der Cucurbitaceen (*πέπων, σίκυος πέπων, σικύα*) und die ungenügenden Beschreibungen der Zeugen. Erst nachchr. Schriftsteller (Plin. Dioskurides, Galenos, Alexander von Tralleis, Geoponica) meinen mit *πέπων, μηλοπέπων, pepo melopepo* oder einfach *mēlo, -onis* (daher Melone, frz. und engl. melon), zuweilen *σπερματίας* wegen der vielen Samenkörner) offenbar die M. Bes. beliebt scheint sie nicht gewesen zu sein; Darstellungen auf Mosaiken und Wandgemälden sind selten, häufiger die Notizen bei medizin. Schriftstellern, die die M. als kühlend, durststillend und heilsam für manche Gebrechen bezeichnen. Anweisungen für die Kultur der M. finden sich erst bei → Palladius (1. H. 5. Jh.). Vgl. STEIER, RE XV 562–67. K.Z.

**Melos** (*Μῆλος*, dor. *Μᾶλος*), die südwestlichste der größeren Kykladeninseln und mit 161 qkm deren fünftgrößte. M. ist 17–19 km von W. nach O. und 9–11 km von N. nach S. breit, aber durch eine von N. tief eingreifende große Bucht z.T. mit Flachküste in einen O.- und einen W.-Teil gegliedert, die durch einen Isthmos von nur 2 km Breite miteinander verbunden sind. Die große und gut geschützte Bucht bildet in Alt. und Neuzeit einen vorzüglichen Naturhafen. Auch die mäßig steilen Außenküsten weisen mehrere kleine flache Buchten auf. Höchste Erhebung im SW. mit dem Proph. Elias, 774 (751) m. Zur Inselgruppe von M. gehören noch die Nachbarinseln Kimolos an der NO.-Spitze, Polyaigos, h. Polivo, im O. und Erimomilos w. von M., dazu eine Anzahl kleinster Inseln und Klippen. Nur im S. tritt der nicht vulkan. kristalline Sockel der Kykladen an die Oberfläche mit aufgelagerten Kalken und Mergeln. Der weitaus größte Teil der Insel wird von vulkan. Gesteinsmaterial gebildet, bes. Bimssteintuffen, die in einer größeren Abfolge von tertiären und quartären Ausbrüchen abgelagert und z.T. umgeformt sind. H. sind von vulkan. Tätigkeit nur noch schwache Fumarolen und Thermen (Athen. 2,43 a) vorhanden. Von großer Bedeutung war bes. in der Vorgesch. das reiche Obsidianvorkommen, für das M. Hauptlieferant war [15], dazu Schwefel und anderes. Der flache O.-Teil ist in Alt. und Neuzeit das Siedlungsgebiet der Insel, im felsigen unwirtlichen W.-Teil liegen h. keine Siedlungen. Das Klima ist niederschlagsarm, die Insel wasserarm. Im Alt. wurde M. teils zu den Kykladen, teils zu den Sporaden gerechnet.

Wegen des Obsidians war die Insel schon prähistor. dicht besiedelt im Anschluß an die Obsidianvorkommen. Die Siedlungen beginnen in der frühen Bronzezeit. Die wichtigsten sind Pelos im O. und Phylakopi an der NO.-Spitze mit 6 m dicker Stadtmauer und ganzen ausgegrabenen Straßen und Häusern, dazu viele Gräber. Phylakopi steht in der mittleren Bronzezeit unter starkem minoischen, dann myken. Einfluß. Der gesch. mit der Insel gleichnamige Hauptort lag etwa an der Stelle der h. Hauptsiedlung auf der NO.-Halbinsel mit Hafen an der Klimabucht etwas w. des h. Hafens Adamas an der N.-Seite der genannten großen Bucht. Reste gering und zumeist röm., darunter in röm. Z. umgebautes Theater, dazu große Nekropolen mit vielen Felskammergräbern und chr. Katakomben. Weitere ant. Siedlungsspuren [16]. Isokr. 12,89 spricht von *πολίχνια* außer der Stadt. Unter den vielen Einzelfunden ist am berühmtesten die in der ant. Stadt gefundene Aphrodite im Louvre (Venus von Milo), [5],578, 52 ff.

M. gilt allg. als spartan. Kolonie, Hdt. 8,48. Thuk. 5,84,2. 112,2. Xen. hell. 2,2,3. Diod. 12,65,2. M. war bei Plataiai und Salamis beteiligt, blieb weiterhin mit Sparta verbündet und trat dem att. Seebund nicht bei. Es konnte auch durch den Feldzug des Nikias 426 nicht dazu gezwungen werden, und die Veranlagung zu einem Tribut von 15 Tal. im J. 425/24 war fiktiv, D.D. MERITT The Athen. trib. lists 1,341, dazu TREU, Hist. 2, 1953/54, 253 ff. 3, 1954/55, 58 f. W. EBERHARDT, Hist. 8, 1959, 284 ff. 10 J. später konnte Athen unter Aufwand großer Mittel M. erobern; die Männer wurden getötet, Frauen und Kinder versklavt. An dieses Unternehmen schließt Thuk. 5,85–113 seinen berühmten Melierdialog an. Auf der Insel wurden att. Kleruchen angesiedelt. 405 wurde die Insel durch Lysander befreit und den überlebenden alten Bewohnern zurückgegeben. Seeräuber auf M. [Demosth.] 58,56. Beiträge zum Wiederaufbau von Theben 304 v. Chr. IG VII 2419 = Syll. I$^3$ 337,24. Anerkennung der Asylie der Artemis Leukophryene Syll. II$^3$ 562,84. Blüte in röm. Z. beweisen die Ruinen, Inschr. und Funde, jüd. Kolonie Ios. ant. Iud. 17,12,1,327; bell. Iud. 2,7,1,103. Chr. Inschr. IG XII 3,1237–1239. Aus M. stammte der lyr. Dichter → Diagoras *ὁ ἄθεος*. Skyl. 48. Dion. Calliph. 115. Strab. 10,5,1 p. 484. Ptol. 3,15,8. Plin. nat. 4,70. Steph. Byz. Eustath. Dion. Per. 530. Solin. 11,32. Fest. 111 L. Isid. orig. 14,6,28. Inschr.:

IG XII 3,1073–1258 mit add. 1267. 1268 und p. 230. Suppl. 335f. Nr. 1661–1670. SGDI 3,4871–4939. SCHWYZER E. epigr. 207–213. CIL III 490. 14203[10.11]. C. SMITH, JHS 17, 1897, 1ff. SEG 3, 737–739. 12,366. 14,523. Mz.: HEAD HN[2] 486. 892. R. WEILL, Ztschr. f. Numism. 28, 1910, 359ff. J. G. MILNE The Melos hoard, Numism. not. and monogr. 62, 1934. E. M.

1. *Karl Ehrenburg* Die Inselgruppe von Milos, Diss. Lpz. 1889 mit Karte 1 : 100000. 2. *R. A. Sonder* Zur Geologie und Petrographie der Inselgruppe von Milos, Ztschr. für Vulkanologie 8, 1924/25, 181ff. mit geolog. Karte 1 : 75200. 3. *Cecil Smith* Melos, JHS 16, 1896, 347ff. (mit Plänen). 4. *Hiller von Gärtringen* IG XII 3 p. 197ff. (mit Karten). 5. *Zschietzschmann*, RE XV 567ff. 6. *Philipps.-Kirst.* 4,185ff. 7. *G. Bermond Montanari* Enc. Arte ant. 5,33f. 8. *Chatzidakis* Ἡ ἱστορία τῆς νήσου Μήλου, 1927. 9. *Cecil Smith* Excav. in M., ABSA 2, 1895/96, 63ff. (mit Plänen). 10. *D. Mackenzie* Excav. of the Brit. school at M, JHS 17, 1897, 122ff. 11. *T. D. Atkinson–R. C. Bosanquet* u. a. Excav. at Phylakopi in M., 1904. 12. *R. M. Dawkins–J. P. Droop* The excav. at Phylakopi in M., ABSA 17, 1910/11, 1ff. 13. *Schachermeyr*, RE XXII 1414ff. 1416ff. 1450ff. 14. *D. Fimmen* Die kret.-myken. Kultur 15. 15. *C. Renfrew* u. a. Obsidian in the Aegean, ABSA 60, 1965, 225ff. 16. *D. Mackenzie* Anc. sites in M., ABSA 3, 1896/97, 71ff. 17. *Paul Jacobsthal* Die mel. Reliefs, 1931. 18. *N. Kontoleon* Ἀρχαϊκὰ γλυπτὰ τῆς Μήλου, Ἐπιστημ. Ἐπετ. τ. Φιλοσοφ. Σχολῆς τ. Πανεπιστ. Ἀθηνῶν 1957/1958, 218ff. 19. *H. M. Fletcher–S. D. Kitson* The churches of M. ABSA 2, 1895/96, 155ff. 20. *S. Casson* The baptistery at Kepos in M., ABSA 19, 1912/13, 118ff.

**Melpeia.** Örtlichkeit im → Nomiagebirge mit einem Heiligtum des Pan Nomios, s. von Lykosura, genaue Lage unbekannt, nicht bei Berekla. RE XV 586,9ff. Paus. 8,38,11. E. M,

*E. Meyer*, RE XVII 821 (s. Nomia, SW. in Z. 45 ist Fehler für SO.). Suppl. IX 401,9f.

**Melpis.** Fluß aus den Bergen n.ö. Atina, mündet bei Fabrateria in den Liris, kreuzt die via Latina 4 mp w. Aquinum Tab. Peut. 6,2: *Melfel* (Strab. 5,237 ungenau); h. Melfa. G. R.

**Melpomene** (Μελπομένη, »singend [und tanzend]«). Eine der 9 Musen, Tochter des Zeus und der Mnemosyne, Hes. theog. 77. Apollod. 1,13, von Acheloos Mutter der Seirenen, Apollod. 1,18 (Apoll. Rhod. 4,895f. nennt statt ihrer Terpsichore). Anrufungen an sie bei Hor. zeigen noch keine Festlegung ihrer Funktion: c. 1,24,3 *praecipe lugubris cantus*. 3,30,16 *mihi Delphica lauro cinge ... comam*. Vgl. 4,3,1. Bei der seit dem Späthellenismus langsam durchdringenden Differenzierung der Musenfunktionen wurde M. Muse der trag. Dichtkunst. Attribute: trag. Maske und (wegen ihrer Beziehung zu Herakles) Keule. Anth. Pal. 5,222 (βόμβος). 9,505 (χαλκόφωνος ἀοιδή, ἐρατὴ εὐεπίη). Liste der Musendarstellungen, die sich durch Beischrift oder Attribute als M. ausweisen. GÖBEL, RE XV 587ff. H. v. G.

**Melpum.** Reiche Stadt Oberitaliens (unbezeugter Zugehörigkeit und unbekannter Lage), die angeblich am Tage der Einnahme Veiis durch Camillus 396 v. Chr. von Insubrern, Boiern und Senonen zerstört wurde (Nep. b. Plin. nat. 3,125). MÜLLER-DEECKE-PFIFFIG Etrusker 1,130. G. R.

**Melqart.** Phoinik. Gottheit, als **mlk-qrt* »König der Stadt« urspr. der Stadtgott von Tyros (CIS I 122). So erscheint er als [d]*Mi-il-qar-tu* in der Schwurgötterliste des Vertrages Asarhaddons mit Baal von Tyros (AfO Bh. 9 § 69 IV 14). Die älteste Bezeugung liegt jedoch in der aram. Inschr. des Barhadad aus Brēdsch/N.-Syrien (KAI Nr. 201; 9. Jh. v. Chr.) vor. Der Kult des M. fand dann Verbreitung in Arados und Kition, Thasos, auf Sicilien und Sardinien, in Spanien (Rašaf-M. KAI Nr. 72 A), wahrscheinlich auch in Etrurien (eine etr. Inschr. aus Karthago nennt M., s. E. BENVENISTE, SE 7, 1933, 245), vor allem aber in N.-Afrika. In Karthago war M. einer der Hauptgötter (in Inschr. nur selten genannt, s. zu KAI Nr. 86), doch wird er als Herakles neben δαίμων Καρχηδονίων und Iolaos im Vertrag Hannibals mit Philipp von Makedonien erwähnt (Pol. 7,9,2). So wird man wohl meist dort mit einem urspr. Kult des M. rechnen müssen, wo später Herakles-Gestalten verehrt wurden. Von Alex. Severus wurde der Kult des M. von Leptis Magna her auch nach Rom eingeführt.

Noch ungeklärt ist der Wirkungsbereich des M. Seine Tempel enthielten keine Götterbilder, verehrt wurden Steinsäulen, oft in doppelter Anzahl (CIS I 122; s. Hdt. 2,44; Eus. Praep. ev. 1,10,10). Auf den Altären brannten ewige Feuer. M. war auch Seefahrergott und wurde auf Vorgebirgen verehrt: z. B. *rš-mlqrt* »Kap des M.« = → Herakleia Minoa (9) auf Sicilien. Wahrscheinlich war er urspr. eine Erscheinungsform der syr. Vegetationsgottheit. Darauf deuten die Nachrichten, daß Hiram von Tyros als erster im Monat Peritios (= Febr./März) eine »Auferweckung (ἔγερσις) des Herakles« gemacht habe (Menander bei Ios. ant. Iud. 8,5,3). Abweichend berichtet Eudoxos von Knidos (bei Athen. 9,47, vgl. auch Zenob. 5,56, abgeschwächt Porph. De abst. 1,25), Herakles sei auf einer Fahrt durch Libyen von Typhon (= Baal Hammon?) umgebracht worden, von Iolaos aber durch den Geruch von Wachteln wieder zum Leben erweckt worden.

Wie viele syr. Götter, so nimmt auch M. – gleich Herakles – später Züge eines Sonnengottes an. Auf Mz. hat er deshalb als Symbole Adler u. Löwe. W. R.

*W. von Baudissin* Adonis und Esmun, 1911, 275ff. *K. Preisendanz*, RE Suppl. VI 293–297. *H. Seyrig*, Syria 24, 1944/1945, 62–80. *M. Dunand*, Bull. Mus. Beyr. 7, 1944/45, 99–107. pl. XIV–XXIX. 8, 1946/48, 81–107. pl. XXX–XLII (zu Darstellungen als Herakles). *R. Dussaud*, Syria 25, 1946/48, 205–230. *Ders.*, RHR 151, 1957, 1–21. *W. Culican*, Abr Nahrain 2, 1960/61, 41–54. *W. Röllig*, WbMyth. 1, 1961, 297f.

**Meltas** (*Μέλτας*). Sohn des (Hdt. 6,127 unter Agaristes Freiern genannten) Lakedas (Paus. 2, 19,2), des Sohnes des Pheidon (Hdt. a.O.), 12. Sproß des Temenos (Paus. a.O. Ephor. FGrH 70 F 115); letzter herakleid. Argeierkönig, nach seiner Absetzung wurde Aigon König (Paus. a.O. Diod. 7,13,2. Plut.mor. 340C. 396C). Die Z. von M.' Absetzung hängt ab von Pheidons Z. und liegt zwischen ca. 700 und ca. 550 (Paus. 6,22,2. Hdt. 6,127), vielleicht Mitte (Huxley, BCH 82, 1958, 588ff.) oder E. (Andrewes, CQ 45, 1951, 39ff. s. Argos o. I 542) des 7.Jh. K. K.

*H.Berve* Die Tyrannis bei den Grichen, 1967, 6f. 534.

**Membliaros** (*Μεμβλίαρος*, auch *Βλίαρος*). Phoiniker, der Kadmos auf der Suche nach Europe begleitete und mit Landsleuten auf der Insel Thera zurückblieb, Hdt. 4,147. Paus. 3,1,7f. Steph.Byz, Von dort aus soll die benachbarte Insel → Anaphe. auch M. genannt, besiedelt worden sein. H.v.G.

**Membrana** (*διφθέρα*). Das enthaarte, gereinigte, nach Spannung und Trocknung mit Bimsstein und Kreide geglättete Tierfell diente als Pergament zum Beschreiben auf beiden Seiten. Einfacher bearbeitetes Leder hatte schon früher als Beschreibmaterial gedient (Hdt. 5,58,3. Diod. 2, 32,4); Pergament kommt im 2.Jh. v.Chr. in Konkurrenz zum Papyrus auf, bleibt aber lang das weniger vornehme Material. Die M. *(membranum, membrana)* dienen zunächst zur Aufzeichnung von Notizen und Entwürfen, in Konkurrenz zur Wachstafel (Hor. s. 2,3,2; ars 388ff. Quint. inst. 10,3,31); die *pugillares membranei* Martial. 14,7 sind eher Hefte aus M. als Einzelblätter. Für Briefe blieb die Wachstafel üblich; noch Aug. 2,19 Brief 15 (Migne PL 33,80f.) entschuldigt sich wegen Gebrauchs von M. für einen Brief. Für Lit. und vor allem für Nachschlagewerke wie die Sg.-en der Juristen setzte sich M. aber gegen den Papyrus langsam durch, zumal er in Lagen geheftet werden konnte (→ Codex). Der Ersatz der Papyrus- und Pergamentrollen durch den Codex hat Jh.e gedauert, doch haben die größere Haltbarkeit, die Möglichkeit zur beiderseitigen Beschriftung und die bessere Eignung für Buchmalerei (und somit für repräsentative liturg. B.er, vor allem im chr. Gottesdienst) in der Spätant. den Ausschlag für die M. gegeben. Schon Martial. 14,183–195 kennt Ausgaben von Homer, Vergil, Cicero, Livius und Ovid auf M., wobei fraglich bleibt, ob jeweils die Ausgabe auf Papyrus oder auf M. als die vornehmere anzusehen ist. Die jurist. B.er werden um 300 auf Codices umgeschrieben (F. Wieacker Textstufen klass. Juristen 1960, 93ff.); in der Z. des Hieronymus ist auch die Umschreibung der alten Bibliotheksbestände auf M. in vollem Gange (ep. 141: Bibliothek in Caesarea). → Buchhandel. → Codex. W. H. G.

*C. Wendel* Die griech.-röm. Buchbeschreibung 1949. *L.Santifaller* Beitr. z. Gesch. der Beschreibstoffe im MA I (1953). *C.H. Roberts* The Codex, Proceedings of the British Academy 1954, 169ff. *L.Koep*, RACh 2, 1954, 664ff. *H.Hunger*, in: Gesch. d. Textüberlieferung I (1961).

**Memmius.** Röm. pleb. Gentilname (vgl. Schulze Eigenn. 424), dessen Träger in Rom vielleicht aus dem Gebiet der Volsker stammen und im 2. u. 1.Jh. v.Chr. hervorgetreten sind, ohne das Consulat zu erreichen. Später nahm man (vielleicht unter dem Einfluß von Nr. 8?) troischen Ursprung der Gens an, so daß bei Verg. Aen. 5,117 Mnestheus als Ahnherr der Memmi erscheint. Münzer Adelsp. 218f.; Stammbaum RE XV 607f. Leges Memmiae RE XII 2398. Familiengesch.: A. Biedl, WSt 48, 1930, 98ff. 49, 1931, 107ff.

I. Republikan. Zeit. **1.** M., vor 210 Aedil, der nach der Münzlegende eines seiner Nachkommen erstmals die → Cerialia veranstaltete, nach Broughton Mag. 1,273 möglicherweise im J. 211. Ältester bekannter Namensträger. **2.** C. M., 174 Mitglied einer Gesandtschaft an die Aitoler, 172 Praetor (Provinz Sicilien, Schiffsrüstung für den 3. Maked. Krieg). Liv. 42,9,8. 10,4. **3.** C. M., Kriegstribun 134/33 vor Numantia (von Scipio getadelt, weil er kostbares Tafelgeschirr im Gepäck mitführte), 111 Volktribun, nachdem er bereits 112 in Opposition zur herrschenden Nobilität die Kriegserklärung an → Iugurtha durchgesetzt hatte, Sall. Iug. 27,2. Als gewandter Redner (die Rede bei Sall. Iug. 31,1–29 nicht authentisch) griff er 111 vor allem L. → Calpurnius Bestia (5) und M. Aemilius Scaurus wegen ihres Friedensschlusses mit Iugurtha an, erwirkte ein Verhör des Numiders in Rom (Sall. 32,1. 5. 33,3f.) und brachte ein Gesetz durch, das die gerichtl. Verfolgung der röm. Feldherrn erlaubte (lex Memmia, in Einzelheiten umstritten, Val. Max. 3,7,9. RE XII 2398). Broughton Mag. 1,541. 109 trat er gegen Bestia erfolgreich als Ankläger auf, Cic. Brut. 136; de or. 2,283. Er zog sich nicht nur die Gegnerschaft des L. → Crassus (1) zu, sondern auch die des Dichters Pomponius (CRF 272) und wahrscheinlich die des Satirikers Lucilius (6,259ff. M., Cichorius Luc. 281ff.). Praetor war er um 104 und hatte das procos. Imperium in Macedonien wohl 103 (Datierung mit Broughton). In einem anschließenden Repetundenverfahren wurde er trotz Belastung durch Scaurus freigesprochen. 100 trat er als Kandidat für das Consulat 99 auf, wurde aber während der Wahlhandlung auf Anstiften des L. → Appuleius Saturninus (6) und des C. Servilius Glaucia erschlagen, Liv. per. 49. Flor. 2,4 (weitere Quellen bei Greenidge-Clay-Gray Sources for Rom. Hist. 133–70, 1966, 108f.). W. Schur D. Zeitalter d. Marius u. Sulla, 1942, 96. Chr. Meier Res publica amissa, 1966, 136,446. 138,464. Cic. Brut. 136 beurteilt M. als mittelmäßigen Redner, Schanz-Hos. 1,224. **4.** C. M. *(L. f. Gal[eria tribu])*, Münzmeister um 86 v. Chr., zusammen mit seinem älteren Bruder L. M. Syd. LXII 111 (Datierung: um 86–85) Volkstribun 89. Broughton Mag. 2,446 (mit allen weiteren Nachweisen).

**5.** C. M., Anhänger und Schwager des Pompeius, 81 stellvertretender Statthalter in Sicilien, ging 79 mit Q. Metellus Pius nach Spanien zur Bekämpfung des Sertorius, stand 77–75 als Quaestor unter Pompeius in Spanien und fiel an der Turia. Plut. Sert. 21,2 (diese im Gegensatz zu Mommsen RMW 597f. von Münzer RE XV 608 erfolgte Zuordnung verschiedener Quellen zu einer Person ist u.a. von Broughton Mag. 2 übernommen worden). M. Gelzer Kl. Schr. 2, 1963, 135. **6.** C. M., L. f., (s. Nr. 9) der bekannteste Gentile (um 98 bis vor 46), Verwandter des C. Scribonius → Curio (1), Anhänger der Senatspartei, dann Caesars, Bekannter Ciceros und Dichter. Seine Ämterlaufbahn: 66 Volkstribun: erfolglose Anklage gegen M. Licinius → Lucullus (6), Opposition gegen den Triumph des L. → Lucullus (5), daraus Gegensatz auch zu M. → Cato (10), 58 Praetor (ebenso wie sein College L. → Domitius Ahenobarbus [I 12]) als Gegner Caesars, dessen Amtsführung im J. 59 er angriff und dessen Gefolgsleute P. Vatinius und C. Licinius Calvus er anklagte, jedoch ohne Erfolg (Ed. Meyer Caes. Mon. 93f.), 57 Propraetor in Bithynien (in seiner Umgebung u.a. die Dichter C. Helvius → Cinna (6) und → Catullus, der die Amtsführung des M. ablehnte, 10,7. 28,9; Imperator-Titel, vgl. Broughton Mag. 2,203). Natürlich strebte er weiter: 54 hatte er den Parteiwechsel zu Caesar vollzogen und bewarb sich in genauer Wahlvorbereitung zusammen mit Cn. → Domitius Calvinus (I 14) um das Consulat für 53 (Ed. Meyer Caes. Mon. 193ff. Chr. Meier Res p. amissa, 1966, 12), wurde jedoch wegen *ambitus* angeklagt (von Q. Acutius, Cic. ad Q. fr. 3,2,3) und im J. 52 verurteilt, App. civ. 2,90, zumal er gerade den Pompeius beleidigt hatte (Suet. gramm. 14, R. Herzog, Hist. Ztschr. 125,193). Er ging nach Athen ins Exil, wo er das Haus Epikurs durch einen pompösen Neubau ersetzen wollte (Protest Ciceros in s. Brief an M., fam. 13,1 im J. 51). Seine Hoffnung auf Rückkehr, die sich vor allem auf seinen Verwandten → Curio (2) stützte, hat sich wohl nicht erfüllt: 49 war er noch in Athen (Cic. fam. 13,2f. an M.), und 46 war er bereits tot (Cic. Brut. 247). Verheiratet war M. seit um 72 mit Fausta → Cornelia (96), der Tochter Sullas, von der er sich 55 scheiden ließ, nachdem beide die Ehe nicht ernst genommen hatten (u.a. hatte M. 60 ein Verhältnis zur Gattin des M. und vielleicht auch des L. Lucullus); ihr Sohn war Nr. 8. M. war für griech. Kultur sehr aufgeschlossen (möglicherweise war er schon früh im O.) und trat hervor als scharfsinniger und im Ausdruck anmutiger Redner (Teuffel-Kr.-Sk. 1 § 202,2) und als Dichter, der wohl zu den Neoterikern zu rechnen ist, Plin. epist. 5,3,5. Morel FPL 91. Schanz-Hos. 1,310f. In die große Lit. ist er jedoch eingegangen, weil Lucretius ihm um 56/55 sein Lehrgedicht gewidmet hat (1,1f. 24–27). RE XIII 1662. 1665. **7.** C. M., Volkstribun 54, Sohn von Nr. 5, verwandt mit Nr. 6, wie dieser Anhänger der Senatspartei. M. erwirkte die Verurteilung des A. → Gabinius (6) und klagte den C. Rabirius Postumus an. Cic. Rab. 7. Broughton Mag. 2,223. **8.** C. M., Sohn von Nr. 6, Münzmeister 51 v. Chr. (Quellen: Broughton Mag. 2,446). Möglicherweise ident. mit dem consul suffectus des J. 34 (Degrassi 14,251. 254ff.). R. Syme Rom. Rev., 1960, 242. **9.** L. M., wohl Praetor vor 112 (Broughton Mag. 1,536), besuchte 112 Äg., P. Tebt. 1,33. Um 110 dürfte er als Senator im SC für Adramyttion genannt sein. Vielleicht ident. mit dem von Cic. Brut. 136 genannten Redner L. M. – Verschieden sind der Münzmeister L. M. um 109 (Broughton Mag. 2, 446) und der bereits unter Nr. 4 genannte Münzmeister L. M. Gal., dessen erste Amtsperiode ins J. 103–102 angesetzt wird, Broughton 446. H.G.G.

II. Kaiserzeit. **1.** C. M. Fidus Iulius Albius. Afrikaner aus Bulla Regia, CIL VIII 25527. Nach CIL VIII 11928. 12442 und AE 1953, 83 war er *trib. laticlav*, Legat der *leg. II Augusta*, *quaestor prov. Asiae*, *aedilis Cerialis*, *legat. pr. pr. prov. Africae* (CIL VIII 11928) im J. 175/76, *praetor*, *iuridicus* in der Transpadana, Kommandant der *leg. VII Claudia in Moesia sup.*, *procos. prov. Baeticae*, *praefectus Miniciae*, *legat. Aug. pr. pr. prov. Noricae;* in dieser Eigenschaft war er am 18. Sept. 191 *cos. des.*, CIL III 15208, wahrscheinlich im J. 192 *cos. suff.* Seine weiteren Ämter sind nicht bekannt. **2.** C. M. Regulus. Sohn aus erster Ehe von (3). In den J. 36 bis 44 begleitete er als Jüngling den Vater nach Achaia, Makedonien, Moesien und Asien, wobei auch er Ehrenstatuen erhielt, IG II/III$^2$ 4176 (= III 616). 4177 (= III 617). BCH 51, 1927, 269 Nr. 36, alle aus Athen. *Cos. ord.* 63, CIL VI 397. 2002. Tab. Herculan., Par. Pass. 34, 1954, 56. Frontin. aq. 102. Auf ihn bezieht sich Martial. 12, 36,8. **3.** P. M. Regulus, homo novus, Tac. ann. 14, 47,1. Nach Esperandieu Inscr. lat. de Gaule 683 (Ruscino) war er als Kandidat des Tiberius zur Quaestur gekommen, durch diesen auch zur Praetur. Als absolut verläßlichen Mann (Cass. Dio 58,13,3) bestimmte er ihn zum Konsulat, als ihm Seian verdächtig wurde. *Cos. suff.* vom 1. Okt. 31 an; am 18. Okt. übergab → Macro das Schreiben des Tiberius über Seian dem amtsführenden M.; dieser fragte nur einen Senator um seine Meinung über den Gestürzten und führte dann Seian persönlich in den Kerker, wo er erdrosselt wurde; noch im Okt. wurde seine Familie ausgerottet, Inscr. It. XIII 1, p. 186f. (Ostia). Cass. Dio 58, 9–12. Mit seinem Amtskollegen L. → Fulcinius Tiro, einem Anhänger Seians, hatte M. dauernd Zwistigkeiten. M. aber wurde als bes. Ehrung in die Priesterschaft der *septemviri epulonum*, *sodales Augustales* und *fratres Arvales* (CIL III 7090) aufgenommen. Ferner wurde er im J. 35 als Nachfolger des Poppaeus Sabinus kaiserl. Statthalter über Moesien, Makedonien und Achaia (Groag Reichsbeamte 25–30), Cass. Dio 58,25,5; er verwaltete die Balkanhalbinsel bis 44 mit größter Gewissenhaftigkeit, wie zahlreiche Ehreninschr. (IG II/III$^2$ 4174 = III 613; STEIN Legat. Moes. 21 bis 23) zeigen; als Unterstatthalter war ihm Marcius Macer beigegeben. Im Juni 38 zwang Caligula den M., ihm seine (zweite) Gattin Lollia Paulina zuzuführen und zur Ehe zu überlassen (Cass. Dio 59,12,1. Hier. Chron. p. 178 Helm), die allerdings nur ein J. dauerte. Von der Ausführung des Befehls, den Zeus des Pheidias von Olympia nach Rom zu schaffen (Ios. ant. 19,8. Cass. Dio 59,28,3), entband ihn der Tod des Caligula. Ca. 48/49 *procos. Asiae*, DESS I 962. II 8815, D. MAGIE Rom. Rule As. Min. 2,1581. Dann lebte er in Rom, CIL VI 2037. 2042, 6ff. 2040 (Arvalakte d. J. 55–60). † im J. 61, Tac. ann. 14,47,1. **4.** M. Rufinus. Vornehmer Römer, von Septimius Severus 197 getötet, SHA vit. Sev. 13,4. **5.** M. Tuscus (falsche Form des Gentilnamens für M. Nummius Tuscus), *cos. ord.* 258, in vit. Aurel. 13,1, s. CIL VI 2388. PapO. XII 9 Nr. 1407. R. H.

**Memnon** (*Μέμνων*, Kurzform von *Ἀγαμέμνων* od. ä.). **1.** Myth. König der Aithiopen, Sohn der→ Eos und des Tithonos, der nach dem Fall der Amazone Penthesileia, gewissermaßen als ihr Antipode, als letzter Helfer seines Oheims Priamos in den Krieg um Troia eingreift. Er erlegt Antilochos, der seinem Vater Nestor in der Bedrängnis zu Hilfe eilt, fällt aber durch die Hand Achills, der seinen Freund rächt, seinerseits aber dem M. bald in den Tod folgt. Wie Achill, so trug auch M. eine von Hephaistos gefertigte Rüstung. Die Sage von M. entstammt der → *Αἰθιοπίς*, die an 2 Stellen der Od., Hes. theog. 984f., Alkm. frg. 8, Pind. P. 6, 29ff. N. 3,61ff., 6,49 u. s. benutzt scheint, deren Sagenstoff aber neuerdings als Vorbild und Vorlage des Il.-Dichters aufgefaßt wird. W. SCHADEWALDT Von Hom.s Welt und Werk, $^3$1959, 155ff. Was für und gegen diese These spricht, hat W. KULLMANN H(ES 14, 1960) 30ff. u. ö. auseinandergesetzt. – Dem Kampf des M. und Achilleus ging auf Bitte der beiden göttlichen Mütter eine Kero- oder Psychostasie voraus. Der Seelenwäger war urspr. der *ψυχοπομπός* Hermes, den Aischyl. in seinem Drama *Ψυχοστασία* durch Zeus ersetzte, wie ja auch Il. 22,209ff. Zeus die Lebenslose Achills und Hektors wägt. Strab. 15,728. Plut. mor. 2,17A. WILAM. Aischyl.-Interpret. 245,3. 58f. C. ROBERT Bild und Lied 143ff. 114. – Das Ende des M. und des Achill waren in der *Αἰθιοπίς* parallel komponiert: Tod–Grab–Klage der Eos (Philostr. im. 1,7. Ov. met. 13,576ff.) bzw. der Thetis – Entrückung. M.s Entrückung vollzieht sich in 3 Momenten: Eos trägt den Sohn vom Schlachtfeld, übergibt ihn 2 geflügelten Wesen (Windgöttern Quint. Sm. 2,549; vgl. Schlaf und Tod in der Sarpedonepisode der Il.), die tragen ihn fort. Zeus verleiht M. Unsterblichkeit. Was nicht hinderte, daß Gräber von ihm gezeigt und verehrt wurden, meist am Aisepos (bei Kyzikos), aber auch im pers. Susa, an verschiedenen Orten Syriens, in Aithiopien, schließlich in Äg. (Memnonskolosse, s. Nr. 2). In fast allen Ländern des Orients, selbst im Kaukasus, suchte die historisierende Mythol. seine und seiner Truppen Herkunft. Philostr. her. 3,4 unterschied einen tro. und einen aithiop. M. – Seine trauernden Gefährten wurden von den Göttern in Vögel verwandelt, *Μεμνονίδες*, *Memnoniae aves*, eine Art Schnepfen. Sie kommen jedes Jahr zu seinem Grabmal, um an ihm zu klagen, bis einige von ihnen sterben (Serv. Verg. Aen. 1, 755). Oder: Zur besonderen Ehrung des M. läßt Zeus aus der Asche des Helden eine Schar Vögel sich bilden, die, in 2 Haufen geteilt, über dem Grab sich bekämpfen, bis ein Teil von ihnen als Totenopfer auf die Asche des Helden fällt; dieser Kampf wird jährlich erneuert (Ov. a. O. 612). Oder: Nach der Erzählung der Hellespontier kommen die *Μεμνονίδες* jährlich zum Grabe, reinigen den Boden und besprengen ihn mit ihren feuchten Fittichen aus dem Wasser des Aisepos (Paus. 10, 31,6). HOLLAND (Myth. Lex. 2,2687) möchte in ihnen die Dienerinnen einer urspr. Lichtgottheit sehen; J. PLEY, RE XV 638ff. betont mehr die oriental. gefärbten, märchenhaften Züge der ganzen Sage. Darstellungen in bildender Kunst HOLLAND, Myth. Lex. 2,2672ff. H. v. G.

**2.** Aus dem ägyptischen Mn-mꜣʿ.t-Rʿ, dem Thronnamen Sethos' I., hörten die Griechen den ihnen bekannten Namen Memnon heraus. Das geschah zunächst in Abydos am gut erhaltenen Totentempel Sethos' I., wo nach Athen. 15,680 die Aithiopen beim Tode des M. Kränze aufhängten, vgl. auch Plin. nat. 5,60. Strab. 17,813 (der dort als zweiter Name des M. erwähnte *Ἰσμάνδης*: Wśr-mꜣʿ.t-Rʿ, d. i. Ramses II., Sohn Sethos' I., der den Tempel seines Vaters vollendete). Auch in Theben dürfte die Bezeichnung Memnoneia vom Totentempel Sethos' I. in Gurna ausgegangen sein, wenn sie auch zuerst am Ramesseum zu hängen scheint. Der Plural bezeichnet dann alle westtheban. Totentempel mit Djême (dem im Totentempel Ramses' II. in Medinet Habu erwachsenen Ort): *Θῆβαι* als Mittelpunkt. *Τὰ Μεμνόνια* gehört in ptol. Z. zur oberen Toparchie des Gaues *Περὶ Θήβας*. – Die sog. Memnonskolosse, 20 m hohe Sitzfiguren Amenophis' III. vor seinem Totentempel, erhielten den Namen M. durch den Anklang des Thronnamens dieses Königs Nb-mꜣʿ.t-Rʿ: M. Sie waren seit dem Besuch des Germanicus 19 n. Chr. (Tac. ann. 2,61) beliebtes Ziel röm. Touristen (älteste Besucherinschr. vom 11. J. Neros). Das »Singen« des bei einem Erdbeben 27 v. Chr. zerbrochenen Kolosses entstand durch Abspringen kleiner Steinteilchen bei der Erhitzung der Bruchfläche durch die aufgehende Sonne; als Septimius Severus bei seinem Besuch 199/200 n. Chr. die Statue restaurieren ließ, hörte das Phänomen und auch der Touristenstrom auf. – Im Königsgräbertal zeigte man das Grab Ramses' VI. als das des M., da dessen Thronname wie der Amenophis' III. Nb-mꜣꜥ.t-Rꜥ lautete. W. H.

**3.** M., Rhodier, ein Bruder des Mentor und Schwager des Artabazos, als Söldnerführer und Dynast in NW.-Kleinasien. Als Teilnehmer an der Satrapenverschwörung 353 nach Makedonien geflohen, übernahm er nach seiner Rückkehr die Gebiete des inzwischen verstorbenen Mentor (*τὴν κατὰ τὴν Ἀσίαν παραλίαν* Diod. 16,52,2) und wehrte seit 336 als pers. *ὕπαρχος*, zeitweise zusammen mit dem Athener → Chares, erfolgreich den Vorstoß Philipps II. in Kleinasien ab (Sieg bei Magnesia, Eroberung von Lampsakos und Ephesos, s. dazu bes. Polyain. 5,44,4). Nach Alexanders Übergang über den Hellespont riet er den Satrapen vergebens zur Taktik der verbrannten Erde in Kleinasien (Arr. an. 1,12,3), kämpfte mit seinen Söhnen zusammen am Granikos, hielt Milet, dann Halikarnaß eine Zeitlang erfolgreich gegen die unaufhaltsam vordringenden Makedonen und suchte, E. 334 vom Großkönig zum *ἡγεμὼν τῆς τε κάτω Ἀσίας καὶ τοῦ ναυτικοῦ παντὸς* ernannt, mit Hilfe reicher Geldmittel, phoinikischer Schiffe und griech. Söldner den Krieg ins griech. Mutterland hinüberzutragen. Nach Anfangserfolgen (Eroberung von Chios, Lesbos außer Mitylene) starb er jedoch bereits im Sommer 333; sein Unternehmen wurde nicht fortgeführt. Zum Schicksal seiner Witwe → Barsine.

*Berve* Alex. II Nr. 497. *W. Judeich* Kleinasiat. Stud., 1892, 220–306.

**4.** M., *στρατηγός* von Thrakien unter Alexander d. Gr. Er empörte sich, vielleicht in Zusammenhang mit den Ereignissen auf der Peloponnes, 331 gegen Antipatros, verhielt sich in der Folge aber ruhig und wurde 327 mit Heeresersatz zu Alexander geschickt (Curt. 9,3,21). G. W.

*Berve* Alex. II Nr. 499. *Bengtson* Strategie 1,40, dort weitere Lit.

**5.** M., Vf. einer Gesch. von Herakleia/Pontike, wohl auch von dort gebürtig. Allein B. 9–16 sind durch ein Referat des Photios (bibl. 224) bekannt. Sie umfaßten die Ereignisse von 364/63 (Beginn der Tyrannis in Herakleia) bis zum J. 47 v. Chr. (Caesars Rückkehr nach Rom). Da Phot. (p. 240a 9ff.) mit einer fehlenden Fortsetzung unbestimmten Umfanges rechnet, wird M. jedenfalls der Kaiserzeit angehören; aus stilist. Gründen (vom *ἰσχνὸς χαρακτὴρ* spricht Phot. a. O. a 2) kommt wohl nur die Z. bis zum 2. Jh. n. Chr. in Betracht. Der erste Teil des Werkes behandelte die reine Stadtchronik. Etwa vom J. 335 an wurden immer stärker die Ereignisse im gesamten O. während der Diadochenzeit einbezogen. Im 14. B. trat dann auch, im Zusammenhang mit einem Wechsel der Vorlage (bis zum J. 247/46 lag im wesentlichen → Nymphis zugrunde), die röm. Gesch. in den Blickpunkt. Sie wurde eingeführt mit einem Exkurs von ihren Anfängen bis zur Schlacht von Magnesia. H. Gä.

FGrH 434. Russ. Übers. mit Einl.: *V. P. Dzagourova*, Moskau 1951. *Christ-Schmid* 2,1,417.

**Memoriae damnatio** s. damnatio memoriae.

**Memoriales,** griech. *μεμοριάλιοι* (Cod. Iust. 4,58,1.2), wurde spätestens im 5. Jh. zur allg. Bezeichnung der in den kaiserlichen → *scrinia* (Kanzleien) dienenden Beamten, benannt nach dem als vornehmste Kanzlei geltenden → *scrinium memoriae* (Cod. Iust. 1,23,7. 12,19,15. Nov. Valent. 19,3). Unter Kaiser Leo I. wurde die Zahl der ordentlichen – in die *matricula* eingetragenen – m. auf 62 im *scrinium memoriae* und je 34 im *scrinium epistularum* und im *scrinium libellorum* festgesetzt (Cod. Iust. 12,19,10). Die m. waren mitverantwortlich für die Geschäftsführung (Nov. Theod. 17,2. Nov. Valent. 19,3. Cod. Iust. 1,23,7). Aus den m. hatte der *quaestor sacri palatii* seine → *adiutores* (insgesamt 26) zu nehmen (Cod. Iust. 12,10,13. 19,13. Nov. Iust. 35). Den m. standen verschiedene Sporteln zu (Cod. Iust. 12,19,7,2. Lyd. de mag. 3,67). In Zivil- und Kriminalsachen waren sie der Gerichtsbarkeit des *magister officiorum* unterstellt (Cod. Iust. 12,19,12). A. L.

**Memphis.** Eine der Hauptstädte Altäg., 25 km s. der Deltaspitze gelegen. Keimzelle bildete die »Weiße Mauer« (inbw ḥḏ), eine Festung, noch von Thuk. 1,104 als *Λευκὸν τεῖχος* erwähnt, deren Gründung Hdt. 2,99 Menes zuschreibt, wohl mit Recht. Wenn Manetho diese Tat dem Nachfolger Athotis (Itj) zuweist, hat er dies aus der Bezeichnung des in der Festung liegenden Königspalastes (ḥw.t-itj) geschlossen. Die Frage der Gründung ist archäolog. nicht zu klären, da M. unter dem Schlamm des Fruchtlandes liegt. Im A. R. residierten die Könige in M., wobei sie im w. Wüstengebiet von Abu Roasch im N. bis Medum im S. (ca. 75 km) ihre Pyramiden errichteten. Zu diesen gehörten Siedlungen für die Totenpriester, die sich bald n. und s. der »Weißen Mauer« auf der W.-Seite des Nil aneinander reihten. Dieses aufgelockerte Siedlungsgebiet nannte man in der Herakleopolitenzeit Ḏd-iśw.t nach der Anlage des Königs Teti der 5. Dyn., im M. R. aber Mn-nfr nach der Pyr. Phiops' I. (6. Dyn.). Diese Bezeichnung hörten die Assyrer als Mempi, die Griechen als *Μέμφις*, die Kopten als Menfe. Während die Könige des M. R. und der 13. Dyn. am S.-Rand des Siedlungsgebiets bei → Lischt eine neue Residenz in der Festung Iṯ-tꜣ.wj anlegten, rückte im N. R. die »Weiße Mauer« wieder in den Mittelpunkt. Dort war das Hauptquartier der Armee, meist unter einem Prinzen, der im Fall, daß er König wurde, dies dann auf eine Verkündigung zurückführte, die ihm die große Sphinx von Giza beim Schlafen in ihrem Schatten durch einen Traum hatte zukommen lassen. Sitz der Reichsregierung wurde M. jedoch erst wieder in der Ramessidenzeit, zeitweise abgelöst durch die »Ramsesstadt« im O.-Delta. In der Spätzeit war M. Sperrfestung der Deltafürsten, bes. der bedeutendsten von ihnen in Saịs, gegen Angriffe aus dem S., so der Aithiopen Pianchi und Taltamanu, die beide M. eroberten. In den Assyrerkämpfen spielte M. keine besondere Rolle. Wichtig war seine erfolgreiche Verteidigung durch die Perser unter Artaxerxes gegen → Inaros und seine athen. Bundesgenossen, die es von N. her erobern wollten (Thuk. 1,104). In ptol. Z. galt M. als alte Hauptstadt, in der die äg. Riten der Krönung durchgeführt wurden. Hauptgott war der Herr der Handwerker Ptah, der E. der 4. Dyn. als anfänglicher Schöpfer der Welt gedeutet wurde; er wurde in Gestalt einer urtümlichen Statue (mit geschlossenen Beinen) in einer Kapelle dargestellt. Sein Tempel lag s. an die Festung anschließend vor der Mauer; aus seiner Bezeichnung als ḥw.t-kꜣ-Ptḥ (»Haus der Macht des Ptah«) sind die Benennungen *Αἴγυπτος* und »Kopten« abzuleiten. Archäolog. ist vom Ptahtempel kaum etwas erhalten, Hdt. gibt eine ausführlichere Schilderung wenigstens der Außenanlagen: das n. Tor (2,101) habe → Moires erbaut (hier nicht Amenemhet III., sondern Amenophis III.), vgl. auch Diod. 1,51; das ö. schreibt er Asychis (: Šešonq I.) zu (2,136) und hält es für die reichste Anlage; das w. Tor (2,121) stammt von → Rampsinit (: Ramses III.) mit 2 Kolossalstatuen des Königs, wobei diese wohl mit den beiden noch jetzt vorhandenen Ramses II. ident. sind (den Hdt. Pheron nennt). Die s. Toranlage war nach Hdt. 2,151 von → Psametich I. errichtet, der auch die gegenüberliegende, dem → Apis gehörende Hofanlage mit 12 Ellen hohen Osirispfeilern des Königs errichten ließ. Ferner sah Hdt. (2,110) Statuen → Sethos' I. (:»Sesostris«) mit seiner Frau und den Prinzen, die des → Sethon (des während der ausgehenden Aithiopenzeit in M. amtierenden Hohenpriesters: Stm) mit der »Maus« (d.h. dem Schattenstab) in der Hand (2,141) oder den 75 Fuß langen, am Boden liegenden Koloß des Amasis (2,176). Ihm wird auch der Ausbau des Isis-Tempels zugeschrieben, bei dem nach Polyain. 7,3 Psametich I. den → Tamenthes (Taltamanu) geschlagen habe. Es handelt sich wohl um das bereits im A.R. wichtige Heiligtum der »Hathor, Herrn der s. Sykomore«, s. der Festung an einem Kanal (Pap. Harris I 49,3), da Hathor und Isis in der Spätzeit identifiziert wurden. Bei dieser Göttin waren im A.R. die Frauen der Beamten Priesterinnen, ebenso bei der n. der Festung liegenden Kampfgöttin Neith. Kultisch spielte der w. M. am Abhang der Wüstenberge verehrte Erdgott Sokar eine wichtige Rolle, dessen Fest am 26. des 4. Überschwemmungsmonats (ꜣḫ.t) durch Hacken der Erde, Treiben von Herden über die Felder und Ziehen des Gottes in Steinform um die Mauern gefeiert wurde, also mit landwirtschaftlichen Riten Pflügen und Saateintreten. Gleichzeitig wurde er Totengott, da er seine »Höhle« bei der Hauptnekropole der Stadt M., beim h. Saqqara, hatte. In diesem Friedhof war auch Ij-m-ḥtp, der Baumeister Königs Zoser und Erbauer der Stufenpyramide, begraben, der in der Spätzeit als Imouthes göttlich verehrt wurde. Die Griechen setzten ihn mit → Asklepios gleich und errichteten über seinem Grab einen Tempel (*τὸ πρὸς Μέμφιν μέγα Ἀσκληπιεῖον*), dessen Lage jetzt festgestellt werden konnte. Da der → Ibis (: Thot) auch als Erscheinungsform des Imouthes galt, sind die Gänge unter dem Asklepieion als Begräbnisstätten dieser hlg. Vögel benutzt worden. Ebenso lag das Serapeion in dieser Nekropole, wo seit Amenophis III. die hlg. → Apis-Stiere beigesetzt wurden, nachdem sie in besonderen, wieder ausgegrabenen Anlagen mumifiziert worden waren. – Der Hafen von M. besaß staatliche Werften und auch Niederlassungen fremder Kaufleute, unter denen bes. Phoiniker im N. R. waren, die ihre Seefahrergötter Baꜥal Saphon und Astarte im Hafengebiet (äg. Prw-nfr) verehrten. Es sind dies der von Hdt. 2,112 erwähnte → Proteus und die »fremde« Aphrodite. – Den Griechen galt M. als Hauptort äg. Weisheit und die Hohenpriester des Ptahtempels, die auch in äg. Z. eine wichtige Rolle gespielt haben (Ḫꜥ-m-wꜣś.t, Sohn Ramses' II. als Restaurator alter Bauten), als gesuchte Lehrer, weshalb → Eudoxos von einem *Χονοῦφις* (Plut. Is. 10) oder → Demokritos von Abdera durch einen *Παμμένης* unterrichtet worden sei; auch Platon habe in M. studiert. W. H.

*Kees*, RE »Memphis«. *Ahmad Badawi* Memphis als zweite Landeshauptstadt im Neuen Reich (1948).

**Memphites** (*Μεμφίτης* Hss.), »Ptolemaios, Sohn des Ptolemaios«, hierogl. Inschr. des Horustempels in Edfu, danach Ergänzung OGIS 144, W. Otto-H. Bengtson, ABAW 17, 1938, 62,2), Kultname *ϑεὸς Εὐεργέτης*. * 144 in Memphis, Sohn des Ptolemaios VIII. und der → Kleopatra II. (5). Im Streit mit Kleopatra II. holte der mit seiner 2. Gemahlin → Kleopatra III. (6) geflohene Ptolemaios 131 M. nach Kypros, ließ ihn als Hochverräter hinrichten und verstümmelt zu dem Palast nach Alexandreia zur Geburtstagsfeier der Kleopatra II. bringen, Diod. 33,13. 34,14. Liv. per. 59. Iust. 38,8,11 f. Val. Max. 9,2 ext. 5. M. wurde 118 rehabilitiert und apotheosiert. Otto-Bengtson 107. 112. H. V.

**Men** (*Μήν* IG II² 1365; *Μ(ε)ίς* SEG 4,647,2). Der anatol. Mondgott (Lukian. Iupp. Trag. 8. 42. [2],55; nach Usener Götternamen 36 mask. Entspr. zu *Μήνη*; → Selene), dem luw.-heth. bzw. w.-kleinasiat. Arma (E. Laroche, RHR 148, 1955, 1 ff.; Sources Or. 5, 1962, 121 ff.) wesensgleich ([7], 32). Etym. Anschluß an lyd.-phryg. *Ma(s)nes* (H. Kronasser, Sprache 5, 1959, 68 f.) nach W. M. Ramsay Asianic Elements in Greek Civilisation, 1927, 280, an ḫald. *Menuas* (M. Riemschneider, Orientalia 32, 1963, 156 ff.) nach P. Kretschmer, Gl 21, 1933, 84 f. 22, 1934, 205, oder an iran.-sak. *Mah-Mao* (U. Monneret de Villard, Orientalia 17, 1948, 227) bleibt unsicher ([3],1. [7],31 f.). Hellenist. Expansion des M.-Kults von Phrygien über Lydien (Sardis 7,1,17. 96), Pisidien (Strab. 12,557. RAMSAY, JRS 8, 1918, 107ff.) in ganz Kleinasien ([2],55ff.) bis nach Griechenland ([2],75ff. – Attika: P. WOLTERS Festschr. O. Benndorf, 1898, 126ff. C. GRANDJOUAN The Athenian Agora 6, 1961, 12 Nr. 250ff. 280ff. T. 6.7), wo M. als *Τύραννος* (CIG II 3439 = *Ουαναξ* MAMA 1,143. W. M. CALDER, CR 41, 1927, 161 f.) Gott der Sklaven war (S. LAUFFER, AAMz 1956, 11,179ff. [8], 196ff. NILSSON GGrR 2,115. 630), so wie in Kleinasien – oft gemeinsam mit der lokalen *Μήτηρ* (*Ἄρτεμις Ἀναεῖτις, Ταζηνή* [2],99f.) – Stadtherrscher und Landeigner (*βασιλεύων* [7],25. [8], 200. 203f. [10],553. W. SCHEPELERN Der Montanismus und die phryg. Kulte, 1929, 94. 100. T. ZAWADZKI, Eos 46, 1954, 83ff.). Zahlreiche Inschr. ([2],57ff. [7],22ff.) mit Rechtscharakter (F. S. STEINLEITNER Die Beicht, 1913, 10ff. J. ZINGERLE, JOEAI [Bbl.] 23, 1926, 5ff. O. EGER Festschr. P. Koschaker 3, 1939, 282ff.) zeigen M. mit verschiedenen, nicht immer sicher erklärbaren Epitheta ausgestattet (J. KEIL Anat. Studies W. Ramsay, 1923, 255ff. M. *Κάρου* (Attouda: Strab. 12, 580. [2],61f. [5],206. [6],474ff.), M. *Φαρνάκου* (Kabeira: Strab. 12,557. TH. REINACH Mithridates Eupator, 1895, 237f. [8],202f.), M. *Τιάμου* (Maionia: CIG 3438 [neben Zeus *Μασφαλατηνός*]. [2], 60f. F. SOKOLOWSKI Lois sacrées de l'Asie Min., 1955, 51f.; nach G. NEUMANN bei J. FRIEDRICH Hethit. WB. Erg.-H. 1, 1957, 40 zu luw. *tiammi* = »Erde«; anders A. HEUBECK, EF 12, 1961, 77, 101), M. *Ἀσκαηνός* (Strab. 12,577. J. G. G. ANDERSON, JRS 3, 1913, 267ff. RAMSAY Cities of St. Paul, 1907, 285ff. Abb. 33. H. KASTEN, BJ 253, 1936, 64ff. [6],183. [8],201f.), M. *Ἀρτιμιδώρου* und M. *Λαβάνας* (Ajas Ören: KEIL-PREMERSTEIN, Denkschr. Ak. Wien 54,2, 1911, 105 Nr. 204. [8], 203) u. a. m. Dargestellt ist M. gelegentlich reitend ([2],63f. Abb. 2. [4],107f.), meist aber stehend in phryg. Tracht, mit Lanze oder Szepter, Hörnerhalbmond und Hahn, auf das Haupt eines Stieres tretend ([4],133ff. 300ff. Abb. 20. 21. [10],552f.). Synkretist. Symbolkonstellationen (E. COLIU, Istros 1, 1934, 81f. 103f. [Sarkophag von Tomi]. [4],302 Abb. 57) ergeben sich aus der Fusion des *Μηνοτύραννος* mit → Attis (Hippol. ref. 5,9,8. CUMONT[4] 57), → Sabazios (Prokl. in Tim. 251c. H. H. VON DER OSTEN, Or. Suec. 2, 1953, 29ff. M. MACREA, Apulum 4, 1961, 70. [10],553. NILSSON 2,657f.), → Zeus Dolichenos ([10],552. 555) und → Mithras (M. J VERMASEREN, Vig. Christ. 4, 1950, 149ff. – M. *ἀνείκητος* [Potaissa]: N. GOSTAR, Dacia 4, 1960, 519ff.), die den Himmelsgott (*Μέγας Μὴν Οὐράνιος* [Saittai]: L. ROBERT, Anatolia 3, 1958, 128) und Unterweltsherrn (*Μὴν Καταχθόνιος* CUMONT Rech. sur le Symbolisme fun. des Romains, 1942, 181. 207. 221. [2],86) zum *εἷς θεός* steigerte (E. PETERSON *Εἷς θεός*, 1926, 200ff. 211. 268ff. [5],206). W. F.

1. *J. Smirnow* *Στέφανος*, Sbornik F. Sokolow, 1895, 81ff. (russ.). 2. *P. Perdrizet*, BCH 20, 1896, 55ff. 3. *A. Erzen*, Belleten 17, 1953, 1ff. 4. *E. Will* Le Relief Cultuel, 1955. 5. *J.B. McMinn*, JNES 15, 1956, 205ff. 6. *A. Laumonier* Cultes indigènes en Carie, 1958. 7. *A. Heubeck*, EF 9, 1959. 8. *F. Bömer* Unt. z. Rel. der Sklaven 3, 1961, 195ff. 9. *E. N. Lane*, Berytus 15, 1964, 5ff. 10. *A. Popa*, Latom. 24, 1965, 551ff.

**Mena** ist »Sondergöttin« der Menstruation (Aug. civ. 4,11. 7,2.) G. R.

**Menai** (*Μέναι, Μεναί*; *Μέναινον*). Hochgelegene Siculerstadt im Inneren der Insel, h. Mineo 15 km ö. Caltagirone. 453 v. Chr. verlegte Duketios seine Heimat M., deren Neugründer er war (Diod. 11,78,5), in die Ebene und errichtete Palike als Zentrum seines Sikelerreiches (Diod. 11,88,6). Später wurde M. wieder besiedelt: Cic. Verr. 3,102 nennt die *Menaeni* unter den *decumani*, Plin. nat. 3,91 unter den *stipendiarii*. Mz. röm. Z.: HEAD HN[2] 151. AD. HOLM Gesch. Siz. 3,721. Neuere Grabungen: G. V. GENTILI, NSA 1965 Suppl., 192ff. Kl. M. *Kroll*, RE XV 698. *D. Adamesteanu*, Kokalos 1962, 174ff.

**Menaichmos** (*Μέναιχμος*). **1.** Griech. Historiker und Antiquar der 2. Hälfte des 4. Jh. v. Chr. aus Sikyon (Suda s. *Μάναιχμος Σικ.*). Sein *Πυθικός* wurde sehr bald durch Aristoteles' Pythionikenliste überholt (p. 15,123 Rose), muß also spätestens in den frühen dreißiger J.en vorgelegen haben (vgl. Sylloge[3] 275). Eine Alexandergesch. (*Τὰ κατὰ τὸν Μακεδόνα Ἀλέξανδρον*) ist restlos verloren. Geringe Spuren haben sich von seiner Lokalgesch. (*Σικυωνικά*) erhalten; die Frg.e einer Schrift *Περὶ τεχνιτῶν* betreffen Fragen der Musikgesch. FGrH 131. **2.** M. aus Alopekonnesos (oder Proikonnesos), Platoniker unbestimmter Lebenszeit (Suda s. *Μάναιχμος Ἀλωπεκοννήσιος*), der neben anderen philos. Werken auch einen Komm. (3 B.) zu Platons Politeia verfaßte. H. Gä.

**3.** M., Geometer, Schüler des → Eudoxos, Freund des Platon (Procl., In I Eucl. el. 67 Fr.). Soll nach Stob. flor. app. Bd. 3, 205 M. Alexander dem Gr. erklärt haben, zur Geometrie führe kein Königsweg. Keine Schr. erhalten. Nach einem (echten?) Brief des Eratosthenes an Ptol. Euerg. (Eutok. In Archim. de sphaera et cyl., bei Archim. op. Lpz. 1881, 3,92. 102ff.) befaßte sich M. mit dem Delischen Problem der Würfelverdoppelung. Er griff → Hippokrates' v. Chios Satz auf, die Kubikwurzel aus a sei gleich der ersten von zwei mittleren Proportionalen zwischen 1 und a. Er fand die Lösung der sich aus $1:x = x:y = y:a$ ergebenden Gleichungen $y = x^2$ und $y = a:x$ als Schnittpunkt von Parabel und Hyperbel. Die ihm von Eutokios zugeschriebene Lösung setzt Kegelschnitt-Sätze des Apollonios voraus, ist also unhist.; T. L. HEATH (Apollonius of Perga, Cambridge 1896; Nachdr.) rekonstruierte M.' Ableitung, ohne jenem noch nicht bekannte Theoreme zu verwenden. J. M.

s. Geometrie, Archimedes, Apollonios.

**4.** M. aus Naupaktos, Bildhauer, arbeitete zusammen mit seinem Landsmann Soidas die Goldelfenbeinstatue der Artemis Laphria für Kalydon, die unter Augustus nach Patrai kam (Paus. 7,18, 8 ff.). Pausanias hat sagen hören, M. habe im frühen 5. Jh. v. Chr. gewirkt. Kopien nach der Artemis sind nicht bekannt. Vgl. Nr. 5.

**5.** M., Erzgießer unbekannter Z. und Herkunft, schuf nach Plin. nat. 34,80 ein Stierkalb, das (von wem?) geopfert wird, und schrieb auch über seine Kunst. Identität dieses M. mit Nr. 1 und Nr. 4 ist unbeweisbar und unwahrscheinlich. W. H. G.

*Lippold* RE, XV 701 f. *Cressedi* Enc. Arte Ant. 4,1013.

**6.** Zwillingsbrüder dieses Namens sind die Helden von → Plautus' *Menaechmi*. K. Z.

**Menalippos.** Zusammen mit C. und L. Stallius war M. von → Ariobarzanes II. von Kappadokien beauftragt, das im sullan. Brand zerstörte Odeion des Perikles in Athen wiederherzustellen. M., vermutlich Architekt, gehört also ins 1. Jh. v. Chr. W. H. G.

**Menalkas** (*Μενάλκας*). Hirtenfigur in Theokr. Id. (z. B. 8 und 9) und in Verg. Ecl. (Sangeswettstreit zwischen M. und Damoetas in 3; wichtig bes. 9,10). Vgl. aus einem Volkslied DIEHL Anth. lyr. 2,203,37 *μακραὶ δρύες, ὦ Μέναλκα*. H. v. G.

**Menalkidas** (*Μεναλκίδας*), Spartaner, in äg. Dienst 168 wegen Habgier in Haft, von C. → Popilius freigebeten, seitdem Römerfreund, Pol. 30,16,2. Als spart. Gesandter agitierte M. in Rom gegen den achaiischen Bund. Da die Römerfreunde im ach. Bund damals überwogen, wurde M. 151/50 ach. Stratege. Für ach. Bundeshilfe gegen Athen forderte M. 10 Tal. von Oropos und versprach Kallikrates davon die Hälfte. Verklagt wegen Nichterfüllung, bestach M. seinen Amtsnachfolger Diaios. Später verbannt und zum Tode verurteilt, ging M. nach Rom, verschuldete den Ausbruch des Krieges der Achaier mit Sparta, überfiel einen von Achaiern besetzten Ort und vergiftete, von Sparta fallengelassen, sich selbst, Paus. 7,11,7. 12,2. 13,7 f. H. V.

**Menambis** (*Μέναμβις βασίλειον*, Ptol. 6,7, 38. 8,22,13), Hauptstadt in Arabia Felix, nach der Ptol.-Karte n.w. vom *Κλῖμαξ ὄρος* (Ǧebel Isbīl) und eine Tagereise s. → Magulaba, also wohl an der Straße von → Mariaba nach → Saphar im Gau Radmān gelegen. M. könnte z. Z. des Ptol. königlich ḥadramit. Grenzfestung gegen Saba' und Ḥimyar (→ Sabaioi, → Homeritae) gewesen sein. Wegen der hier wohnenden Banī Munabbih, die außer bei Hamdānī, *Ǧazīra* ed. D. H. MÜLLER 167 auch in 2 Graffiti genannt werden, wäre *Μέναμβις βασίλειον* vielleicht als »Stadt der Munabbih« zu deuten. A. D.

*H. v. Wissmann* und *M. Höfner* Beitr. zur hist. Geogr. des vorislam. S.-Arabien, AAMz, Geistes- und Sozialw. Kl. 1952, 4, 37. 40. 114.

**Menandros** (*Μένανδρος*). **1.** Athener, Mitstratege bei mehreren Niederlagen in Sizilien 413 (Thuk. 7,16,1. 43,2. 69,4 [= Dion. Hal. Thuk. 26]. Diod. 13,13,2. Plut. Nik. 20,2) und (nach milit. Auftrag unter Alkibiades vor Abydos 409, Xen. hell. 1,2,16) bei Aigospotamoi 405 (Xen. a. O. 2,1, 16. 26. Plut. Alk. 36,6), wo er fiel oder gefangen und hingerichtet wurde. K. K.

**2.** M., *ἑταῖρος* Alexanders d. Gr., Führer der *ξένοι* (Arr. an. 3. 6,8), dann Satrap von Lydien. 323 mit neuen Truppen bei Alexander, behielt nach dessen Tod anfangs seine Satrapie, erscheint aber seit Triparadeisos nur noch im Gefolge des Antigonos (s. Diod. 18,59,1). Ein Sohn war möglicherweise in die Verschwörung der → *βασιλικοὶ παῖδες* gegen Alexander verwickelt.

*Berve* Alex. II Nr. 501. *Geyer*, RE XV 707.

**3.** M., *ἑταῖρος* Alexanders d. Gr., als Militärkommandant vorübergehend in Baktrien eingesetzt; 327 wurde er wegen Ungehorsams hingerichtet **4.**, Subalternoffizier unter Alexander d. Gr., Teilnehmer an dem Unternehmen gegen Spitamenes, das der Dolmetscher Pharnuches anführte (E. 329), und dabei gefallen (Arr. an. 4,3,2. Curt. 7,7,34–37. Epit. Mett. 13). G. W.

*Berve* Alex. II Nr. 504.

**5.** M., tüchtiger Reiterführer des Mithradates VI. Eupator aus Laodikeia, konnte 85 v. Chr. die Niederlage des jungen Mithradates durch Fimbria nicht verhindern, kämpfte 72 gegen Lucullus, erlitt 71 eine schwere Niederlage und wurde im Triumphzug des Pompeius mitgeführt, App. Mithr. 117. Memnon FGrH 434 F 24, 4. Plut. Luc. 17. H. V.

**6.** M. I. *Σωτήρ* prakr. *tratara*, der berühmteste ind.-griech. König, kam im J. 155 v. Chr. jung auf den Thron und starb 130 ([1],77. 100) oder früher (A. D. H. BIVAR, NC 1965, 69 ff.). Offenbar folgte er → Eukratides I., aber seine Mz.n gleichen denen von → Demetrios II. (8). Seine att.-ind. Münzprägung ist bedeutend, im Typ mehr griech. als ind. Die seltene Münze, die das Rad Buddhas trägt ([2], pl. XXVI 7), beweist nicht, daß er Buddhist geworden ist (vgl. FOUCHER, Mém. Acad. Inscr. 43, 1943). Apollodoros von Artemita (in Assyrien) bei Strab. 11,516 sagt, M. habe mehr ind. und andere Stämme unterworfen als Alexander (vgl. Strab. 15,685 f. 697 f.). Aber es war zweifelhaft, ob er den → Hypanis (3) überschritten und den Imaos (Jamuna?) erreicht hat. M. regierte von dem Swat-Tal bis zu der N.-Grenze von Arachosia und vom Kabul-Tal (Paropamisadai) bis zum Ravi.

Ob M. in Magadha eingefallen ist und Sāketa sowie Pāṭaliputra belagert hat, ist zweifelhaft, das Zeugnis des Yuga Purāṇa und des Grammatikers Patañjali ist unzureichend ([1],82 ff.). Die phantasievolle Biographie bei W. W. TARN Greeks in Bactria and India² 1951 ist nur schwach begründet. Doch bezeichnete seine Regierung vielleicht den »Höhepunkt der indo-griech. Macht« ([1]). Der prakrit. Name *Minadra* steht auf dem Bajaur-Kästchen (ca. 150; [1], pl. VI 1). In buddhist. Tradition lautet er *Milinda.*

**7.** M. II. *Δίκαιος*, *dhramika*, lebte später, seine Münzen sind selten, seine Regierung war nur kurz. War er ein Buddhist? J. D. M. D.

1. *A.K. Nara'n* Indo-Greeks, 1957. 2. *A.N. Lahiri* Corpus of Indo-Greek Coins, 1965. 3. *G. Woodcock* Greeks in India, 1966.

**8.** M., aus Ephesos, Schüler des Eratosth. (?), Gelehrter in Pergamon (?), schrieb nach Ios. c. Ap. 1,116 eine Gesch. der »Griechen und Barbaren« unter den einzelnen Königen, wofür er einheimische Quellen benutzte. M. ist eine zuverlässige Hauptquelle für die Gesch. Phoinikiens, bes. von Tyros. O. Dr.

FGrH 783. *W.F. Albright*, Ann. de l'Inst. de Philol. et d'Hist. Orient. et Slav. 13, 1953, 1–9.

**9.** M., Diopeithes' Sohn, aus Kephisia, der bedeutendste Dichter der Neuen → Komödie, war nach IG XIV 1184 im J. 342/41 geboren und starb 293/92 (er soll beim Bad im Meer ertrunken sein). Zu diesen Daten stimmt nicht ganz, daß sein erreichtes Alter ebd. mit 52 J. angegeben wird. Alexis soll sein Oheim und sein Lehrmeister in der Kunst gewesen sein, während er philos. und allg. wissenschaftliche Bildung sich bei Theophrast aneignete. Mit Epikur diente er zusammen als Ephebe. Vom Peripatos her verband ihn Freundschaft mit Demetrios v. Phaleron, dessen Sturz auch ihn in Gefahr brachte. Man zählte 108 (109? 105?) Stücke von ihm; offenbar führte er nicht nur in Athen auf. Mit dem Erstling *'Οργή* gewann er 321 angeblich den 1. Preis, ebenso mit dem *Δύσκολος* 316, beides jedenfalls an den Lenäen, denn nach dem Marmor Parium siegte er zum erstenmal, d.h. an den Dionysien, 315. Im ganzen aber siegte er nur achtmal, der große Ruhm kam erst nach seinem Tode. Merkwürdig ist, daß der Dichter, den Aristophanes v. Byz. neben Homer stellte, nicht unter denen war, die die Byzantiner der Nachwelt überlieferten. Schuld war vermutlich seine Sprache, die Züge der beginnenden Koine zeigt und daher nicht als Muster des reinen Attisch zu brauchen war; vielleicht auch sittliche Bedenken: seine konziliante Moral mochte gefährlicher erscheinen als die offene Indezenz des Aristophanes. So kam es, daß man bis zur Entdeckung der Papyri und ant. Pergamente M. außer durch Zitate (meist Sentenzen) nur durch die Nachbildungen der Römer kannte: Terenz' Andria, Heauton timorumenos, Eunuchus, Adelphoe = M. *'Αδελφοὶ β'*, Plautus' Bacchides = *Δὶς ἐξαπατῶν*, Cistellaria = *Συναριστῶσαι*?, Stichus = *'Αδελφοὶ α'* und gewiß auch die Aulularia. Aber durch diese ist M. mit seinen Kunstgenossen, soweit deren Werke in lat. Bearbeitung vorlagen, Vorbild für die gesamte spätere Komödie Europas geworden. Die neugefundenen Reste ant. M.-Texte (R.A. PACK Lit. texts from ... Egypt ²75ff.) gehören, soweit der Titel feststeht oder erschlossen werden kann, zu folgenden Stücken: *Γεωργός*, *Δύσκολος*, *'Επιτρέποντες*, *''Ηρως*, *Θεοφορουμένη*, *Κεκρύφαλος*?, *Κιθαριστής*, *Κόλαξ*, *Κωνειαζόμεναι*, *Μισούμενος*, *Περικειρομένη*, *Περινθία*, *Φάσμα*. Die durch Zitate überlieferten Titel s. bei KÖRTE-THIERFELDER. Dazugekommen ist seither ein Pap. der Sorbonne aus dem ausgehenden 3. Jh. v. Chr., der älteste M.-Pap., aus den *Σικυώνιοι* (so der Titel auf dem Pap. und einem 1967 entdeckten Wandgemälde in Ephesos) und Reste des *Μισούμενος* aus Oxyrhynchos. Das einzige so gut wie vollständig erhaltene Stück *Δύσκολος*, aus einem Pap.-codex des 3. Jh. n. Chr. von V. MARTIN 1959 herausgegeben, ein Jugendwerk (s. o.), ist eine Charakterstudie und steht als solche in Zusammenhang mit der empir. Ethik des Peripatos, bes. Theophrasts *Χαρακτῆρες*. Der alte Gebirgsbauer Knemon, von Natur ungesellig und durch Erfahrungen zum grimmigen Menschenhasser geworden, lebt einsam, nur mit seiner Tochter und einer alten Magd zusammen. Ein reicher junger Athener, in das Mädchen verliebt, versucht vergebens sich dem Vater zu nähern, bis diesen ein Unfall (er fällt in den Brunnen) und seine Rettung durch seinen Stiefsohn zur Erkenntnis bringen, daß er mit Unrecht die Menschen insgesamt verachtet und gemeint hatte, ihrer nicht zu bedürfen. Dem Ernst dieses Bekehrungsmotivs zum Trotz schließt das Stück mit einer derben Verhöhnung des Alten durch 2 Rüpel, einer Szene in iamb. Tetrametern mit Aulosbegleitung, einem rauschhaften Ausgang, der an die Alte Komödie erinnert (ähnlich im Stichus). Im Handlungsmotiv gleicht dem Dyskolos die Aulularia: ein kauziger Alter, hier von Angst um den von ihm gefundenen Schatz besessen, wird durch eine edle Tat von seiner ihn isolierenden fixen Idee erlöst, und zugleich die Liebe eines Jünglings zu seiner Tochter zum Ziel geführt, durch die Gunst des den Prolog sprechenden Hausgottes wie im Dyskolos durch die des Ortsgottes Pan. Das Stück, von dem wir sonst am meisten haben, die *'Επιτρέποντες*, zeigt M.s Kunst auf ihrer Höhe. Die Voraussetzung der Handlung ist etwas unwahrscheinlich (das ist kein Fehler: phantastische Zufälle heben, wie die Götter als Prologsprecher und die Anreden an die Zuschauer von der Bühne aus, das Spiel, das ja immer noch Festspiel ist, in eine höhere Sphäre): Charisios hat Pamphile geheiratet, nachdem er ihr kurz zuvor bei einem Nachtfest Gewalt angetan, doch ohne daß sie in der Dunkelheit einander genügend wahrgenommen haben, um sich wiederzuerkennen. Aber alles, was aus dieser Situation entwickelt wird, zeigt die genaueste pragmatische und psychologische Konsequenz. Charisios hat erfahren, daß seine junge Frau, während er verreist war, ein Kind geboren und ausgesetzt hat. Er muß sich für betrogen halten, verläßt ohne Erklärung sein Haus und sucht in Gesellschaft von Freunden und der Musikantin Habrotonon zechend seinen Schmerz zu betäuben. Aber es gelingt ihm nicht, denn er liebt seine Frau und muß sich sagen, daß er selbst einem Mädchen angetan hat, was ihr widerfahren sein mag. Die Frau weiß sich schuldlos-schuldig an seinem Verhalten und widersteht standhaft dem Zureden ihres erbosten Vaters, der sie heimholen und anderwärts vermählen will. Charisios, der Zeuge dieses Gesprächs wird, macht sich die bittersten Vorwürfe und ist soweit, daß er sich über den männlichen point d'honneur hinwegsetzen würde, als die kluge und selbstlose Hetäre die Lösung bringt. Ein Ring, den Pamphile dem Vergewaltiger abgezogen und dem ausgesetzten Kind mitgegeben hat, ist mit diesem gefunden und als der des Charisios erkannt worden. Die Zustandebringung des Ringes hat M. durch eine Episode herbeigeführt, die dem Stück den Namen gibt: ein Hirt hat Kind und Schmuck gefunden, das Kind einem Köhler auf dessen Bitte abgetreten, um die Beigaben aber entwickelt sich ein Streit, Agon und Mimus zugleich. Die Entscheidung wird dem Vater der Pamphile übertragen, der eben des Weges kommt und so, ohne es zu ahnen, an der Erkennung seines Enkels und der Wiederherstellung des Glückes seiner Tochter mitwirkt. Ein Konflikt aus dem Leben, bei dem autonome Sittlichkeit und Konvention einander gegenüberstehen, ist mit Ernst dargestellt, doch sorgt das phantastische Glück der Lösung dafür, daß der Ernst für eine Komödie nicht zu schwer wird. Die Menschen sind mit feinster Psychologie liebevoll gezeichnet, ausgesprochene Komik findet sich nur bei den Randfiguren, dem alten Herrn »Kleinlich« (Smikrines) und den Sklaven. Am höchsten stehen die Frauen, Ehefrau und Hetäre, bei den jungen Männern kämpft Gewissen mit Leichtfertigkeit.

Um Liebe und Ehe, Eltern und Kinder, alltägliche Dinge geht es überall bei M. Seine Welt hat keinen weiten Horizont, aber in dieser Beschränkung – und durch sie – zeigt sich der Meister. Seine Hauptaufgabe sah er nach einer glaubwürdigen Anekdote (K.-Th. Test. 11) in der durchdachten, geistreichen Konstruktion des Dramas und, das dürfen wir wohl hinzufügen, der Charakterzeichnung. Dabei liebt er es, seine Personen zu der hergebrachten Schablone kom. Typen in Kontrast zu setzen. Die Hetäre zeigt seelische Anmut, Geist und Herzenswärme; die Krieger Polemon (Perik.) und Thrasonides (Misum.) haben nichts vom Miles gloriosus, sie sind tief und zart empfindende junge Männer. Die sprachliche Ausführung kostete M. nach der zitierten Anekdote wenig Zeit, die Verse strömten ihm offenbar zu, trotz dem Versmaß in ungezwungener Umgangssprache (viel Parataxe, Asyndeta), die jede Regung, jede Wendung des Gesprächs zum Ausdruck bringt; es sei denn, daß Tragödientöne kom. Wirkung machen sollen. Hier und da finden sich noch aktuelle Anspielungen. Wie die Rede des Volkes war M.s Diktion reich an Sentenzen, die ausgezogen wurden und, durch Fremdes vermehrt, in Sammlungen überliefert sind. M. verficht keine Thesen, aber es ist unverkennbar, daß er positive Ideale hat: Ausgleich der sozialen Gegensätze, Vertrauen der Menschen zueinander und zur Gottheit, die für ihn nicht mehr die myth. Gestalt hat, sondern im Innern des Menschen wohnt (frg. 749), jeder hat seinen Daimon, und Gott ist immer gut (frg. 714), er läßt auch das Übel zum Guten ausschlagen (Perik. 47). M. repräsentiert am vollkommensten die griech. Humanität, die Reduktion auf das allg. Menschliche, nachdem der Mythos geschwunden, die Autonomie der Polis verloren, die Metaphysik erschöpft war. Bezeichnend ist, wie er das Komödienelement der Aischrologia humanisiert: Einer reißt vor einer Musikantin eine Zote, ihre Reaktion spiegelt sich in seinen Worten (Perik. 234): »Wohin drehst du dich? Du schämst dich? Macht dir das was aus?«. So schämt sich die junge Hetäre der Trunksucht ihrer Mutter und ihres Gewerbes (Cistell. 19.46). Vollkommenster Ausdruck dieses Geistes ist die Prägnanz des zweiten *ἄνθρωπος* in Frg. 484: *ὡς χαρίεν ἔστ' ἄνθρωπος ἂν ἄνθρωπος ᾖ.* W. K.

Menandri quae supersunt ed. *Körte-Thierfelder* Lpz. 1957 (mit den Test.). The Dyskolos of M. ed. *E.W. Handley*, Lond. 1965. M. Sicyonius ed. *R.Kassel*, Bln. 1965. New frgs. of the Misumenos of M. ed. *E.G. Turner*, BICS Suppl. 17, 1965. Menandri sententiae ed. *S.Jaekel*, Lpz. 1964. M.s Dyskolos mit krit. Komm. hg. von *W. Kraus*, SAWW 234,4,1960.

*U. v. Wilamowitz-Moellendorf* M., Das Schiedsgericht, Bln. 1925 (1958). *T.B.L. Webster* Studies in M.², Manchester 1960.

**10.** M. aus Laodikeia am Lykos, Rhetor des 3. Jh. n. Chr., nach Suda (s. M.) Vf. von Komm. zur Techne des → Hermogenes (9), den Progymnasmata des → Minukianos sowie anderer, ungenannter Schriften, zu denen wohl auch Komm. zu Demosth. und Aristeides zu rechnen sind (vgl. Walz Rhet. 6,382,25ff.; Sch. Demosth. 19,114; Sch. Aristeid. 3, 259,35f. Dind.). Unter seinem Namen sind 2 einander ergänzende Traktate zur Theorie der verschiedenen Arten der epideikt. Rede erhalten: *Μενάνδρου ῥήτορος γενεθλίων* (bzw. *ἢ Γενεθλίου*) *διαίρεσις ἐπιδεικτικῶν* (unvollständig) und *Περὶ ἐπιδεικτικῶν*. Die Schriften weisen starke sprachliche Unterschiede auf, so daß der Vorschlag ([2]), die erste aufgrund der Variante im Titel dem Rhetor → Genethlios aus Petra zuzuweisen und M. nur die zweite zu belassen, erwägenswert erscheint. Vielleicht gehörte diese urspr. zu einer *Τέχνη ῥητορική* (vgl. Walz Rhet. 3,572,22ff.). H. Gä.

Ta.: *Walz* Rhet. 9,127ff. *Spengel* Rhet. 3,329ff. *C.Bursian* Der Redner M. u. seine Schriften, ABAW 16,3 (1882), 30ff. Lit.: 1. *Christ-Schmid* 2,2,939. 2. *W.Nitsche* Der Rhetor M. und die Demosth.-Sch., Progr. Bln. 1883. *L.Previale*, Emerita 17, 1949, 72ff.

**11.** M., Sohn des Melas, Athener, Bildhauer, schuf am E. 2. Jh. v. Chr. auf Delos die Kultstatue des Poseidon für die Poseidoniasten von Berytos (ein Kultverein auf Delos) sowie zwei weitere Statuen. J. MARCADÉ Rec. des signatures de sculpteurs Grecs 2, 1957, 67f. **12.** M., Sohn des Diogenes, aus Dokimeion (Phrygien), Bildhauer, schuf in der Kaiserz. (1.–2. Jh. n. Chr.) eine Statue des Zeus oder eines Kaisers als Zeus (jetzt im Museum in Konya). SEG VI (1932) 557. W. H. G.

**Menapii.** Volk in Gallia Belgica an der Küste der Nordsee, Nachbarn der Moriner (Strab. 4,194. Plin. nat. 4,106. Cass. Dio 39,44,1) und der Eburonen (Caes. Gall. 6,5,4). Im O. erstreckte sich ihr Territorium zu Caesars Z. über den Rhein (Gall. 4,4,2. Strab. a. O.), dann bis zur Maas (Ptol. 2,9,5. Tac. hist. 4,28) in der Kaiserzeit zur Schelde (Plin. a. O.). Im Frühmittelalter war es der *pagus Mempiscus* (= Menapicus).

Nach M. AMAND La cité des M., Antoing, 1959, und Nouveaux aspects de la romanisation du Pévèle belge, Hommages Grenier 1, 1962, 104, besiedelte ihre *civitas*, im O. von der Schelde, im S. von der Deule und der Scarpe begrenzt, eine stark bewohnte, romanisierte Gegend, die Pévèle; *pagus* mit Ackerbau und Viehzucht, mit vielen Straßen und ansehnlichen Häusern, Töpferei und Metallurgie. Das übrige Land war sumpfig und waldreich, geeignet zur Schweinezucht: die menap. Schinken waren berühmt (Martial. 13,54. Edict. Diocl. 4,8). Salzgewinnung oder Salzhandel wird durch CIL XI 390 *(salinatores civitatis M.)* bezeugt: E. WILL Le sel des Morins et des Ménapiens, Homm. Grenier, 3, 1962, 1649. Eine kaiserliche Tuchfabrik war in Tournai im 4./5. Jh. Not. dign. occ. 11,57. M. AMAND und I. EYKENS-DIERICKX Tournai à l'époque rom., Bruges, 1960. Mit Ausnahme der Pévèle war das Land wenig romanisiert und hatte wenige Städte: der Hauptort war *Castellum Menapiorum*, h. Cassel (Ptol. 2,9,5. Tab. Peut. 2,2. Itin. Ant. 376. CIL XIII 9158).

Zu den Kämpfen Caesars gegen die M.s Gall. 3,9,10.28.29. 4,22,5. 38,3. 6,5,6. Cass. Dio 39,44. In den J. 286–293 wurde der Menapier → Carausius Usurpator in Britannien (Aur. Vict. 39,20). Die M. dienten im röm. Heer; eine *(cohors) I Menap(iorum)* CIL VII 1195, bes. XIII 3033. V 885. Not. dign. or. 8,35. occ. 7,83. 41,16. M. L.

*Desjardins* Géogr. 2,436. 449. *Jullian* Hist. Gaule 2,474. 6,461. *M. Amand* a. O.

**Menas** (*Μηνᾶς*). **1.** Einer der Spartiaten, die 422/21 den Nikias-Frieden und die Symmachie mit Athen beschworen (Thuk. 5,19,2. 24,1). In der Zwischenzeit einer der Gesandten, die die vertragsgemäße Übergabe von Amphipolis an Athen durchführen sollten, was → Klearidas verhinderte (Thuk. 5,21,1). K. K.

**2.** Menas s. Menodoros (1)

**3.** M., Sohn des Aias, Pergamener, Bildhauer, schuf in der 2. Hälfte 2. Jh. v. Chr. die Alexanderstatue aus Magnesia am Maiandros (jetzt Museum, Istanbul). W. H. G.

*M. Schede* Meisterwerke d. türk. Museen I T. 19. *E. Buschor* Das hellenist. Bildnis 1949, 30f. 33. 35ff. *M. Bieber* Alexander the Great in Greek and Roman Art 1964, 65f.

**4.** Menas, äg. Heiliger, soll 296 während der diokletian. Verfolgung als Soldat den Märtyrertod erlitten haben. Um seine Grabstelle in der → Mareotis entwickelte sich ein großartiges Kultzentrum, das 1906/07 ausgegraben wurde (Wiederaufnahme der Grabungen 1964; JbAC 7, 1964 [1966], 183. 8/9, 1965/66 [1967], 280/81). Funde der sog. M.-Ampullen, in denen heilkräftiges Öl und Wasser versandt wurde, beweisen die Ausbreitung des Kults bis nach Deutschland. B. R. V.

*J. Drescher* Apa Mena, 1946. *Rusch*, RE XV 768/74 (Lit.).

**Mende** (*Μένδη*, alt *Μίνδη*, Ethn. *Μενδαῖος*), Stadt an der W.-Küste der Halbinsel Pallene der Chalkidike, Kolonie von Eretria, geringe Reste beim h. Kalandra. Im 5. Jh. im att. Seebund mit einem Tribut von 6–15 Tal., B. D. MERITT The Athen. trib. lists 1,340f. 448. 2,81. 423 vorübergehend Abfall von Athen und Rückeroberung, Thuk. 4,121,2. 123. 129f. Diod. 12,72,7ff. Angebliche Überrumpelung durch Agesilaos Polyain. 2,1,31. M. behauptete seine Selbständigkeit gegen Olynth, Aristot. oec. 1350,6ff. Syll. I$^3$ 135,19, dann makedon. und mit der Gründung von Kassandreia in dieses einverleibt, Liv. 31,45,14. Berühmt war der oft erwähnte Wein von M. Aus diesem M. stammt wohl der Bildhauer → Paionios. Hdt. 7,123. Thuk. 4,121f. Skyl. 66. Strab. 7 frg. 27 p. 330. Mela 2,33. Plin. nat. 4,36. Harpokr. Steph. Byz. Suda. IG IV 1$^2$ 94,26. Mz. HEAD HN$^2$ 210ff. Jb. f. Numism. 7, 1956, 117ff. Nr. 24. 26. 33. K. REGLING Mende, Ztschr. f. Numism. 34, 1924, 7ff. S. P. NOE The Mende Hoard, Numism. not. and monogr. 27, 1926. J. DESNEUX, Rev. Belge de numismat. 97, 1951, 19ff. E. M.

1. *B. D. Meritt*, AJA 27, 1923, 447ff. 2. *Lenk*, RE XV 777ff. 3. *G. P. Oikonomos* *Μίνδη- Μένδη, ἡ πατρὶς τοῦ Παιωνίου*, AE 1924, 27ff. 141 (z. T. verfehlt).

**Mendes.** Stadt im NO.-Delta Äg., h. Tell el-Rub$^{c}$, Hauptstadt des 16. unteräg. Gaues. Archäolog. ist nichts erhalten geblieben, hist. hat die Stadt kaum eine Rolle gespielt. In der Assyrerzeit bildete M. (assyr. Binṭiti) ein eigenes Fürstentum; dann stammte die 29. Dyn. (399–379) aus M. In der Kaiserzeit verdrängte die nahegelegene Stadt → Thmuis (h. Tell Timai) M. aus ihrer Stellung als Gaumetropole. Der Ort hieß alt $^{c}$npt, dann Ḏd.t. Verehrt wurde ein Widder (bꜣ nb Ḏd.t), der als Träger der Fruchtbarkeit unter Tieren und später auch unter den Menschen galt. Die Griechen hielten ihn für einen Ziegenbock (*τράγος*), d. h. damals ersetzte man den Schafbock einer ausgestorbenen Rasse mit abstehenden gedrehten Hörnern durch einen ähnlichen Ziegenbock. Nach Hdt. 2,46 rechneten die Bewohner von M. ihren Gott unter die 8 Urgötter. In nachpharaon. Z.

nahm sein Kult einen bedeutenden Aufschwung (Plut. Is. 73). W. H.

**Mene** s. Selene

**Menedaios** (*Μενεδάϊος*). Spartiate. 426 im Stab des → Eurylochos (2), nach dessen Tod Befehlshaber der peloponnes. Truppen in Akarnanien. Er erreichte von → Demosthenes (1) unter Preisgabe der verbündeten Ambrakiotai freien Abzug. Thuk. 3,100,2. 109,1. K. K.

**Menedemos. 1.** Rhodier, erbeutete mit 3 Schiffen 305 bei Patara in Lykien viele Proviantschiffe des → Demetrios (2) sowie einen Vierruderer, mit dem Phila ihrem Gatten Demetrios königl. Kleider schickte, schenkte die Gewänder Ptolemaios I. und verkaufte die Schiffsmannschaften, Diod. 20, 93,3f. **2.** M., aus Kroton, vernichtete 317 als Stratege die vertriebenen Aristokraten. 295 war er Tyrann in Kroton und fiel bei der Eroberung der Stadt durch Agathokles, Diod. 19,10,3f. 21,4. **3.** M., Kammerdiener, vereitelte im Krieg gegen Mithradates 72 ein Attentat gegen Lucullus, Plut. Luc. 16,5f. **4.** M., vermittelte als führender Mann W.-Makedoniens (*princeps earum regionum*, Caes. civ. 3,34,4) 48 den Übertritt seiner Landsleute zu Caesar, wurde sein Gastfreund und erhielt das röm. Bürgerrecht. Als M. Brutus die Provinz Makedonien besetzte, wurde M. E. 44 hingerichtet, Cic. fam. 15,2,2. 4,4. 19,2.; Phil. 13,33. **5.** M., aus Alabanda (Karien), Offizier → Antiochos' III. (4), führte 218 eine Truppe durch die ptolem. Stellung am Lykos n. von Berytos und kämpfte 217 bei Raphia, Pol. 5,69,4. 79,6. 82,11. **6.** Stratege des Antiochos III., der 193 v. Chr. als Stratege von Medien und als Generalstatthalter der oberen Satrapien (*ὁ ἐπὶ τῶν ἄνω σατραπειῶν*) inschr. genannt wird, und wohl beide Ämter gleichzeitig bekleidete. L. ROBERT Hellenica 7, 1949, 7, Z. 1. 11. 8, 1949, 73, Z. 1f. Ob ident. mit Nr. 5, ist unsicher. H. V.

*C. Clairmont*, MH 5, 1948, 223. *H. H. Schmitt* Unt. zur Gesch. Antiochos' d. Gr., 1964, 19.

**7.** M. aus Pyrrha, Schüler → Platons, vom Komiker → Epikrates neben Platon und Speusippos als Mitglied der Akademie verspottet, frg. 11 Kock / Edmonds. M. scheint eine Staatsverfassung in der Art von Platons Gesetzen geschrieben zu haben, vgl. Plut. adv. Colot. 32,1126c. M. war noch zu der Z., als → Xenokrates die Leitung der Akademie übernahm, deren Mitglied; bei der Wahl zum Schulhaupt unterlagen M. und → Herakleides Pontikos *παρ' ὀλίγας ψήφους*. Vgl. Ind. Akad. col. VII 2. **8.** M. aus Eretria, erist. Philosoph, etwa 350–278 v. Chr., Begründer der sog. eretr. Schule; vgl. Diog. Laert. 2,125ff. und 134. M. scheint, zusammen mit seinem Freunde Asklepiades zunächst der Akademie nahegestanden zu haben, schloß sich dann aber dem → Stilpon von Megara an. Seine Stellung innerhalb der Eristik wird nicht recht kenntlich, weil die ant. Doxographie hierüber Verwirrtes, ja Widersprüchliches bietet. Cic. acad. 2,129 bezeugt für M. den Lehrsatz, jegliches *ἀγαθόν* sei im *νοῦς* begründet, jegliche Ethik beruhe mithin auf Vernunftentscheidung. **9.** M., kyn. Philosoph, um 230 v. Chr.; im Unterschiede zu den meisten → Kynikern scheint M. nicht durch persönliches Auftreten, sondern nur liter. gewirkt zu haben. K. stammte aus dem w. Kleinsasien; er war zunächst Schüler des Epikureers → Kolotes, später des Kynikers Echekles. Vgl. Diog. Laert 4,54. 6,95. 102ff. Durch Vermittlung des Plutarch adv. Col. ist einiges von der Polemik des M. gegen Epikurs Lehre bekannt. Zeugnisse gesammelt von W. CRÖNERT Colotes und Menedemos, 1906. H. D.

**Menekleidas** (*Μενεκλείδας*), Redner, einer der Befreier Thebens 379 v. Chr., verdrängte Epameinondas aus dem Boiotarchenamt und suchte den Ruhm des Pelopidas zu verdunkeln. Von ihm wegen Gesetzwidrigkeit verklagt und zu einer Geldstrafe verurteilt, agitierte M. weiter gegen die Verfassung, Nep. Ep. 5,2ff. Plut. Pelop. 25,5ff.; mor. 542b. 805c. H.V.

**Menekles** (*Μενεκλῆς*). **1.** M. aus Barka, griech. Historiker und Antiquar des 2. Jh. v. Chr., Vf. von *Λιβυκαὶ ἱστορίαι*, aus denen einige auf Kyrene bezügliche Frg. erhalten sind, ferner einer *Συναγωγή* unbestimmten Inhalts und eines Glossenwerkes (*Γλωσσόκομον*). M. verrät gute Kenntnis athen. Zustände und könnte daher mit M. (2) ident. sein. FGrH 270. **2.** Vielleicht ident. mit M. (1), Vf. oder Bearbeiter eines perieget. Werkes *Περὶ Ἀθηνῶν* (1 B.?), das vor der Zerstörung der Stadt durch Sulla entstanden sein muß. Die Form der Zit. (*M. ἢ Καλλικράτης* bzw. *K. ἢ M.*) läßt keine Entscheidung darüber zu, ob M. den K. bearbeitet hat oder umgekehrt. FGrH 370. **3.** M. aus Alabanda, Bruder des → Hierokles (4), gefeierter asian. Rhetor des 2./1. Jh. v. Chr. (Cic. Brut. 325; de or. 2,95), Lehrer des → Apollonios (4) und → Molon (Strab. 14,655), Vertreter des pointierten, sententiösen Stilideals (Cic. Brut. a. O.; or. 231). L. RADERMACHER (AAWW 60, 1923, 83ff.) erwägt, ihm die Reste einer nach dem Muster des Arginusenprozesses angelegten Anklagerede gegen einen Nauarchen (Pap. Dugit, zuletzt in: Oratorum et rhetorum Gr. frg. nuper reperta ed. K. JANDER, Bonn 1913, 26ff.) zuzuweisen. **4.** Athener des 4. Jh. v. Chr., unterstützte Boiotos und Plangon in ihrem Prozeß (Demosth. 39,2. 40,9). Der Sohn der auf sein Betreiben verurteilten Priesterin Ninos zog ihn vor Gericht. Die Anklagerede lief unter dem Namen des → Deinarchos (Dion. Hal. Dein. 11 = OA 2,323). H. Gä.

**Menekrates. 1.** Von Ephesos, nach dem Tode des → Lysimachos (1) Führer eines Aufstandes, tötete eine als Königin verkleidete Dienerin, die er für Arsinoe, Gemahlin des Lysimachos, hielt, Polyain. 8,57. Vielleicht ident. mit M., der bei Belagerung des kypr. Salamis die zur Flucht geneigten Soldaten zum Siege zwang, Polyain. 5,

20. **2.** Offizier des Perseus, verhandelte 169 mit Kydas vor Demetrias wegen eines Bündnisses zwischen → Perseus und → Eumenes (3), Pol. 29, 6,1. Liv. 44,24,9. **3.** Berühmter Freigelassener und Flottenführer des Sex. Pompeius seit 40 v. Chr., Vell. 2,73,3. Plin. nat. 35,200. Flor. 2,18,2. Plut. Ant. 32,1. App. civ. 5,352; hetzte mit seinem Kollegen → Menodoros Pompeius gegen L. Staius Murcus auf, verfeindete sich dann mit Menodoros. Als dieser 38 zu Octavian überlief, schickte Pompeius M. gegen ihn. In der Seeschlacht bei Cumae 38 stießen beide aufeinander, das Schiff des M. wurde geentert, im Handgemenge beide schwer verwundet. Als sein Schiff verloren war, stürzte M. sich ins Meer. Sein Tod war ein schwerer Verlust für Pompeius, App. civ. 5,344 ff. Cass. Dio 48,46 f. Sein Nachfolger war → Demochares (4). **4.** Kitharöde, schrieb Nero die Siegeslieder für seine Wagenrennen, Suet. Nero 30. Petron. sat. 73,3. Cass. Dio 63,1,1. H. V.

**5.** M. aus Xanthos, griech. Historiker des 4. Jh. v. Chr., verfaßte im ion. Dialekt *Λυκιακά* (mind. 2 B.). Erhalten sind einige auf myth. Z. bezügliche Frg.e (Lyk. Bauern: Anton. Lib. 35; Aineiassage: Dion. Hal. ant. 1,48 mit Stilprobe). FGrH 769. H. Gä.

**6.** M., Arzt aus Syrakus in der 2. Hälfte 4. Jh. v. Chr., interessant als Vertreter der ant. Gottmenschen-Idee: M. nannte sich selbst »Zeus« und trat entsprechend auf (u. a. Empedokles-Nachahmung?). Sein Fall hat sowohl religions- wie psychiatriegeschichtliche Aspekte. F. K.

*O. Weinreich* M. Zeus und Salmoneus, Tüb. Beitr. Altert.-Wiss. 18 (1933).

**7.** M., Sohn des M., Bildhauer, arbeitete zusammen mit Dionysiades am großen Fries des Zeusaltars in Pergamon (Signatur erhalten, frühes 2. Jh. v. Chr.). **8.** M., Sohn des Sopatros, aus (welchem?) Theben, Bildhauer, Mitte und 2. Hälfte 2. Jh. v. Chr., schuf in Delphoi (wo er Proxenos wurde) z. T. mit seinem Sohn Sopatros Porträtstatuen. Nur Signaturen erhalten. J. Marcadé Rec. des signat. de sculpteurs Grecs 1, 1953, 82 f. **9.** Einen M. nennt unter den sieben berühmtesten Architekten Auson. 307 (nach Varro). Sonst unbekannt. W. H. G.

**Menelais.** Kleiner Ort der Doloper an der Grenze gegen Thessalien, nur z. J. 185 v. Chr. als damals von den Thessalern besetzt genannt, Liv. 39,26,1. Lage nicht bekannt, Vermutungen in [1. 2]. E. M.

1. *Fr. Stählin* Das hellen. Thessalien 147. 2. *Ders.* RE XV 806 f. Nr. 2. 3. *Philipps.-Kirst.* 2,180. 186 f.

**Menelaos** (dor. *Μενέλας*, ion.-att. *Μενέλεως*, etr. *menle*). **1.** Myth. König von Sparta, bei Hom. und in der ihm folgenden Tradition jüngerer Sohn des Pelopiden → Atreus, Bruder → Agamemnons. Nachhom. Überlieferung gibt ihm → Aërope, die verbuhlte Tochter des Kreters Katreus, zur Mutter und Anaxibia zur Schwester. Schon Hes. frg. 98 Rz. schiebt → Pleisthenes als Sohn des Atreus und der Aërope in die Reihe der Pelopiden ein. Auch Aischyl. Ag. 1539 nennt die beiden »Atreiden« *Πλεισθενίδαι*. Für die Doppelbenennung fand sich eine künstliche Erklärung: Pleisthenes sei früh gestorben, Großvater Atreus habe dessen Kinder erzogen, die deshalb für seine gehalten wurden. – Nach Thyestes' Thronbesteigung flüchten die Brüder zu → Tyndareos nach Sparta, der Agamemnon seine Tochter Klytaimestra zur Frau gibt und ihm das väterliche Reich wiedergewinnen hilft, den M. aber, der aus der zahlreichen Schar der Freier seiner andern Tochter → Helene als Sieger hervorgegangen ist, mit dieser vermählt (Apollod. 3,132. Hyg. fab. 78). Bedeutsam ist der Beistandsschwur aller Freier Helenes, durch den sie nachmals zur Teilnahme am tro. Kriege verpflichtet wurden. Als Helenes Brüder, die → Dioskuren, unter die Götter versetzt wurden, übergab Tyndareos M. die Herrschaft über Sparta (Apollod. 3, 137; epit. 2,16). Bei Hom. haben Menelaos und Helene nur 1 Tochter, → Hermione (Il. 3,175. Od. 4,12 f.). → Megapenthes (2) ist ein unehelicher Sohn des M. (Od. 4,10 f. 15,100 f. Apollod. 3,133). Nikostratos gilt Hes. frg. 99 Rz. als ehelich, sonst als unehelich. – Nach Entführung Helenes durch → Paris reist M. mit Odysseus und Palamedes nach Troia, wo Antenor ihn beherbergt. Aber die Rückgabeverhandlungen sind vergeblich, Antimachos rät gar, die Gesandten zu töten (Il. 3,205. 11,138 ff. Apollod. epit. 3,28 f.). Nun werden alle früheren Freier Helenes ihrem Eide gemäß zum Krieg gegen Troia aufgeboten (Il. 2,589). Persönlich gewinnt M. zusammen mit seinem Bruder den Odysseus (Od. 24,115). Zwistigkeiten zwischen ihm und Agamemnon wegen der Opferung Iphigeneias konstruiert Eur. in der Iph. Aul. Auf 60 Schiffen führt M. die Mannen Lakoniens gegen Troia (Il. 2,582 ff.). Hier nimmt er unter und neben Agamemnon eine achtunggebietende Stellung ein und zeigt sich tatenfreudig und verantwortungsbewußt (10,25 ff.); dabei genießt er den besonderen Schutz Heras und Athenas (4,7. 127. 17,544). Er bringt viele Troer zum Weichen oder nimmt sie gefangen, erlegt oder verwundet manche. Freudig stellt er sich zum Zweikampf mit Paris, den Aphrodite im Nebel entkommen läßt (Il. 3). Von Pandaros verwundet, wird er von Machaon geheilt (4). Vom Kampf mit Hektor hält Agamemnon ihn zurück (7,94 ff.). Seine Aristie bringt Il. 17: Erst allein, dann mit dem Telamonier Aias schirmt er die Leiche des Patroklos gegen die Feinde, sendet Antilochos mit der Todesnachricht zu Achilleus und trägt den Toten schließlich mit Meriones vom Schlachtfeld. Beteiligung an den Leichenspielen: Il. 23. Hom. rühmt die mächtigen Schultern des hochgewachsenen, blonden (*ξανθός* Il. 3,284. Od. 1,265 u. s.) Helden, der in der Schlacht ein mächtiger Rufer ist, seine Reden aber knapp und eindringlich spricht. Er gilt als verständig und wahrhaft, ist milder gesonnen als sein Bruder, dem er sich aber willig unterordnet (Il. 6,37 ff. 2,408 f. 10,25 ff.).

Schon im kykl. Epos bahnt sich eine Verschlechterung seines Charakterbildes an (er verstümmelt z. B. die Leiche des Paris, kl. Il.). Vollends die att. Tragödie stellt ihn unter dem Einfluß dramat., aber auch zeitgeschichtlicher Motive (M. ist König von Sparta!) als plump und bäurisch, anmaßend und prahlerisch, unfähig und unredlich dar. So bringt er durch Intrigen beim Streit um Achills Waffen Aias um den Preis und verfolgt ihn mit seinem Haß noch über den Tod hinaus (Soph. Ai. 445 f. 1135 f.). Eine bes. unrühmliche Rolle spielt M. in Eur. Or. Später galt er gern als der sprichwörtliche arglos betrogene Ehemann (Cic. Att. 1,18, 3. Prop. 2,12,13). – Weitere Schicksale vor Troia: Dem hölzernen Roß entstiegen, tötete er → Deiphobos, den Helene nach Paris' Tode geheiratet hatte, und versöhnte sich mit ihr (Il. 3,171. 6,343. Od. 4,1). Nach der kl. Il. wollte er sie erschlagen, schonte sie aber, aufs neue von ihrer Schönheit bezaubert. Anders in Eur. Hel. und Troad. – Durch seinen Vorschlag, sofort heimzufahren, gerät er mit Agamemnon in Streit. Er segelt als erster ab und begleitet Nestor bis Sunion, wo er seinen unterwegs gestorbenen Steuermann Phrontis bestatten muß (Od. 3,165. 276. Paus. 10,25,2). Vom Kap Maleia verschlägt der Sturm seine Flotte nach Kreta, wo sie scheitert; nur mit 5 Schiffen landet er in Äg. (Od. 3,285 ff.). Nach siebenjährigem Umherirren bei ö. Völkern erlebt er auf der Insel Pharos das Abenteuer mit Eidothea und deren Vater → Proteus, den er zwingt, ihm seine künftigen Schicksale zu offenbaren (4,351 ff.); dazu gehört auch seine spätere Entrückung ins Elysion (4, 561 ff. Eur. Hel. 1676). – Seit der »Palinodie« des Stesichoros war die Sage verbreitet (Hdt. 2,115), daß M. erst in Äg. die wahre → Helene traf, die unter Proteus' Hut ihm stets treu geblieben war; die Ungetreue, die ihn begleitete, war nur ein Scheinbild, das jetzt entflog. – Nun kehrte er glücklich heim und lebte in Wohlstand und Behaglichkeit mit Helene in Sparta. Als Telemachos ihn besuchte, feierte M. gerade die Doppelhochzeit seiner Kinder → Hermione und → Megapenthes (Od. 4). – Das Grab des vergöttlichten Heros M. suchte man im Menelaion (Paus. 3,15,3), einer in myken. Z. zurückreichenden, in Resten freigelegten Kultstätte urspr. nur der Helene und der Dioskuren, auf einer gleichnamigen Höhe gegenüber Sparta (Pol. Liv. NILSSON GgrR$^2$ 1,315. 340). – Von Haus aus ist M. kein mythol. Wesen, sondern eine durch manche wirklichkeitsgemäßen Züge bereicherte Gestalt dichter. Phantasie: J. SCHMIDT, RE XV 823. Für ein »voriliad.« Alter der Sagengestalt des M. kann W. KULLMANN H(E 14) 93 ff. nur Vermutungen ins Feld führen. – Künstler. Darstellungen des M. waren im Alt. häufig, J. SCHMIDT a.O. Erwähnt sei die sog. Pasquinogruppe in Florenz und Rom. H. v. G.

**2.** M., Sohn des → Amyntas III. von Maked. und der Gygaia, Halbbruder Philipps II., floh nach dessen Thronbesteigung 359 nach Olynth und wurde 348 bei Eroberung der Stadt hingerichtet, Iust. 8,3,11. 7,4,5. Harpokr. s. v. Oros. 3,12. Suda s. ὁμοπάτριος. **3.** M. (der Pelagone Πελαγών), Sohn des Arrabaios, Stammesfürst der maked. Pelagonier, half Athen gegen die Chalkidier und Amphipolis und wurde 363/62 als εὐεργέτης Athens geehrt, Sylloge$^3$ 174. Durch → Perdikkas III. vertrieben, ging M. nach Athen, erhielt dessen Bürgerrecht und um 360 die Proxenie von Ilion, dessen Selbständigkeit er zwischen Athen und den Persern vermittelte, Sylloge$^3$ 188. **4.** M., Sohn des Lagos und der → Arsinoe (1), Bruder des Ptolemaios I., Diod. 19,62,4. Strab. 17,801, verteidigte 315 mit Nikokreon von Salamis Kypros gegen → Antigonos (1). Als Nikokreon in Verbindung zu Antigonos trat, beseitigte M. ihn 310, wurde Stratege der Insel und prägte Mz. HEAD HN$^2$ 744. Von → Demetrios (2) wurde er 306 bei Salamis geschlagen und in der Stadt belagert. Der Entsatzversuch des Ptolemaios mißlang, M. übergab Stadt und Flotte Demetrios, Diod. 19,62,4 f. 20,21,1. 47,3–53,1. Plut. Demetr. 15 f. Im nw. Nildelta war der Gau Μενελαΐτης nach M. benannt, Strab. 17,801. M. war 285/84 eponymer Alexanderpriester in Alexandreia, J. IJSEWIJN De sacerdotibus sacerdotiisque Alexandri M. et Lagidarum eponymis, 1961,22. H. V.

**5.** Jerusalemer Hoherpriester. Die kargen Quellen (2. Makk. 4 f. 11,29. 32. 13,3–8. Ios. ant. Iud. 12, 239–241. 383–385) sind polem., z. T. legendär. Priester aus nichthohepriesterl. Familie (Bilga), Exponent der Tobiaden, erlangte M. das Amt E. 172/Anf. 171 von → Antiochos IV. (5), indem er höhere Tribute als sein Vorgänger Iason (→ Oniade) bot, und trieb eine konsequente Hellenisierungspolitik. Als Antiochos 169 den Tempel plünderte, war M. an seiner Seite. Über M.' Rolle bei den Hauptereignissen seiner Amtszeit (Etablierung der Jerusalemer Akra als Polis und Hellenisierung des Tempels 167, Makkabäeraufstand, Wiederweihe des Tempels 14. 12. 164) schweigen die Quellen. Friedensmittler zwischen Antiochos IV. / → Lysias und den Makkabäern Anf. 164, wurde M. E. 163 durch → Antiochos V. (6) / Lysias in Aleppo hingerichtet. Chr. B.

*G. Jeremias* Der Lehrer der Gerechtigkeit, Stud. z. Umwelt des NT. 2, 1963, 68–71. *M. Hengel* Judentum und Hellenismus, Wissensch. Unt. z. NT. 10, 1968, 503 ff. (Lit.).

**6.** M. von Alexandreia, Vorläufer des Klaud. Ptolemaios in d. math. Astr. Datiert durch zwei ihm von Ptol. Synt. 7 C. 3 zugeschriebene Beobachtungen von 98 n. Chr., tritt als Gesprächspartner in Plut. De facie i. orb. lun. auf. Weiter bei Pappos, den Euklid- und Ptol.-Kommentatoren bezeugt. Danach und nach bei BJÖRNBO ges. arab. Nachr. schrieb M. wenigstens folgende Werke: 1. 3 B. Sphärik 2. 6 B. Gerade im Kreis (über

Sehnentafeln bzw. Sin.-Tabellen) 3. Hydrostatik (Unters. üb. spez. Gewicht) 4. Untergänge der Tierkreiszeichen 5. 3 B. Elem. d. Geom. Ferner etwas üb. transzendente Kurven im Zusammenhang m. d. delischen Problem und Fixsternbestimmungen.

Erhalten nur die 3 B. Sphärik, deren Text schon dem ersten lat. Übersetzer Gerhard v. Cremona († 1187) nur arab. vorlag. Älteste arab. Übers. aus d. 10. Jh. Die wichtigsten Drucke (MAUROLYCUS, Messina 1588 und HALLEY, Oxford 1758) beruhen auf Vergl. der Übers. Gerhards v. Cremona und arab. wie hebr. Hss. B. 1 überträgt die Dreieckstheoreme Euklids in die Kugelebene. B. 2 gibt einige astron. bedeutende Sätze d. sphär. Geom., von denen BJÖRNBO nachweist, daß sie zum ältesten Bestand d. math. Astron. gehören. B. 3, das wichtigste, beweist Sätze d. sphär. Trigonometrie, z. B. den berühmten, von Ptol. Synt. 1 c. 13 vollständiger bewiesenen Satz des M.:

$$\frac{\sin CE}{\sin EA} = \frac{\sin CZ}{\sin ZD} \cdot \frac{\sin DB}{\sin BA}$$

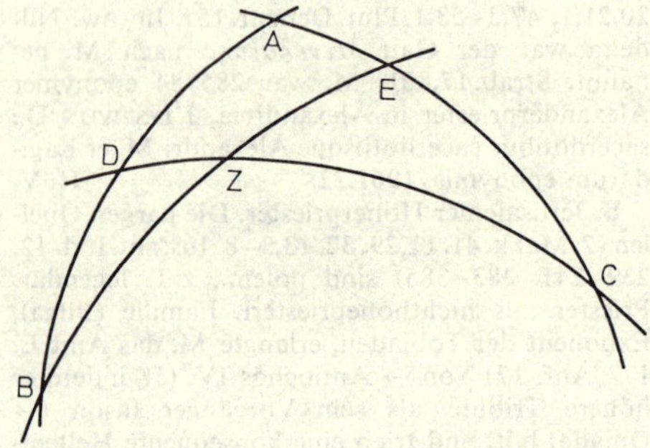


Hier sind AB und AC sich in A schneidende Bögen von Großkreisen auf der Kugel, u. CD u. BE Bögen von Großkreisen, die AB und AC schneiden und einander zwischen letzteren in Z schneiden. CE ist also ein Bogen d. Einheitskreises oder ein Winkel im Kugelzentrum. Unser »2.sin$\alpha$« wird im Griech. stets als: »die 2$\alpha$ unterspannende Sehne« ausgedrückt, und statt unserer Sinus-Tabelle benutzte man die Sehnen-Tafel derart, wie sie Ptol. Synt. 1 C. 11 erhalten ist. J. M.

*Th. Heath* Hist. of Greek Math., Oxf. 1921, Bd. 2, 261. *A. A. Björnbo*, Stud. üb. M.' Sphärik, Abh. Gesch. Math. Wiss. Lpz. 1902, H. 14.

**7.** M., Bildhauer unbekannter Herkunft, bezeichnet sich in der Signatur auf der Stütze der Gruppe Ludovisi (Rom, Mus. Naz. 8604. LIPPOLD HBArch III T. 135,4) als Schüler des → Stephanos; er gehört zu einer klassizist. Richtung etwa augusteischer Z. M. ist vielleicht ident. mit M. → Cossutius (II 4) Menelaos. W. H. G.

**8.** M., Stadt im n.w. Delta, h. Lage unsicher, vielleicht Tell Lukin 3,5 km s.s.w. el-Keriun, in ptol. Z. Hauptort eines neu eingerichteten Gaues auf dem Boden des alten 7. unteräg., benannt nach dem Bruder Ptolemaios' I. Er grenzte s. an den Gynaikopolites, s.ö. an den Saites (bzw. in der Kaiserzeit an den Naukratites), n.ö. an den Metelites. In chr. Z. bildete M. mit dem alexandrin. Hafen Schedia ein Bistum. In heidn. Z. war vielleicht das Krokodil (Suchos) heiliges Tier des Gaues. W. H.

**Menelaus portus.** Hafen an der Küste der Cyrenaica (Hdt. 4,169). Einst soll Menelaos auf seiner Flucht von Äg. dort gelandet sein (Hdt. 2, 119). Später starb dort der König Agesilaos (Corn. Nep. Ages. 8. Plut. Ages. 40), vgl. auch Skyl. 108 (GGM 1,82). Strab. 17,838. Stadiasm. m.m. 35 (GGM 1,440). Fälschlich bezeichnet ihn Ptol. 4,5, 13 als *κώμη μεσόγειος*. M. p. liegt zwischen dem Vorgebirge Ardanis (h. Ras Meilaka oder Cap Luco) und dem Vorgebirge *Καταιόνιον* im Golfo di Bomba. M. L.

**Menemachos. 1.** Reiterführer des Mithradates VI. Eupator, wurde mit seinen Leuten 71 v. Chr. beim Angriff auf eine Proviantkolonne des M. Fabius Hadrianus erschlagen, Plut. Luc. 17. Sall. fr. IV 8 M. **2.** Reiterführer des armen. Königs Tigranes, ging 67 zu Marcius Rex, Statthalter von Kilikien, über, Cass. Dio 36, 17. Sall. fr. V 16 M. **3.** Reicher Bürger von Sardes, dem Plut. die *πολιτικὰ παραγγέλματα* (mor. 798a–825f)., *περὶ φυγῆς* (599a–607f.) und wohl auch den *προτρεπτικὸς πρὸς νέον πλούσιον* widmete, K. ZIEGLER, RE XXI 678. 817ff. H. V.

**Menenius.** Röm. patriz. Gentilname, der bes. in den Fasten des 5. Jh. v. Chr. hervortritt. Das Geschlecht, von dem einzelne Angehörige schon früh (Nr. 4), bestimmt im 4. Jh. (Nr. 3. 5) zu Plebeiern geworden sind, starb dann aus. Die Tribus Menenia ist nach ihm genannt als eine der 16 alten Landtribus. RE XVI 1655. Spätere Namensträger sind selten.

**1.** M , im J. 43 einer der Proskribierten; er wurde von seinem Sklaven, der sich für ihn aufopferte, gerettet. App. civ. 4,186. (vgl. Cass. Dio 47,10,3). **2.** Agrippa M., gründete 442 als *IIIvir coloniae deducendae* zusammen mit T. → Cloelius Siculus (10) und M. Aebutius Helva die Colonie Ardea, wo er blieb. Liv. 4,11,5ff.; wohl ident. mit Nr. 7. BROUGHTON Mag. 1,54. **3.** L. M., Volkstribun 357, zusammen mit → M. Duilius (6) Urheber eines Gesetzes über den jährl. Zinssatz (8,5%). Liv. 7,16, 1. MÜNZER Adelsp. 31. **4.** M. M., Volkstribun 410, soll ein Ackergesetz beantragt haben. Liv. 4,53, 2ff. MOMMSEN RStR 1,289,2. Hist. anzweifelbar. **5.** M. M., Volkstribun 384, soll zusammen mit Q. Publilius tr. pl. den M. Manlius Capitolinus gerichtlich belangt und hingerichtet haben. Liv. 6, 19,5ff. **6.** Agrippa M. Lanatus, C. f., Consul 503, zusammen mit P. Postumius Tubertus (Quellen bei DegrI 13,88. 348f. BROUGHTON Mag. 1,8), soll einen Triumph über die Aurunker gefeiert haben,

Liv. 2,16,8f. Dion. Hal. 5,44,5. Berühmt wurde er, weil es ihm gelang, die 494 auf den mons sacer ausgezogene Plebs (sog. 1. Secession) durch die Parabel vom Magen und den Körpergliedern zur Rückkehr nach Rom zu veranlassen, Liv. 2,32,8ff. Dion. Hal. 6,83ff. u.a.: zweifellos ein Bestandteil sehr alter, wenn auch erst sekundär mit M. (im 4. Jh.?) verbundener Geschichtskonstruktion. M. starb 493, angeblich so arm, daß er auf Staatskosten beigesetzt wurde (Liv. 2,33,10f. Dion. Hal. 6, 96,1ff. u.a.), ein ebenfalls wohl recht altes *exemplum paupertatis*. Sein Sohn war Nr. 11. **7.** Agrippa M. Lanatus, Consul 439, zusammen mit T. Quinctius Capitolinus (zur Kritik der Filiation T. f. Agripp. n. vgl. BROUGHTON Mag. 1,57,1). Es war das Jahr, in dem Sp. → Maelius Nr. 2 beseitigt wurde. **8.** Agrippa M. Lanatus, Consulartribun 419 und 417, vielleicht ident. mit Nr. 7. **9.** Licinus M. Lanatus, Consulartribun 387,380,378,376, eine nicht unbedeutende Persönlichkeit, auch wenn die Tradition keine Einzelheiten kennt. **10.** L. M. Lanatus, 440 Consul zusammen mit Proculus → Geganius Macerinus (4). BROUGHTON Mag. 1,55. **11.** T. M. Lanatus, Sohn von Nr. 6, Consul 477, zusammen mit C. → Horatius Pulvillus (6); er kämpfte (wohl nach dem Untergang der Fabier an der Cremera) unglücklich gegen die Etrusker, soll daher 476 angeklagt und verurteilt worden sein, worauf er starb (Einzelheiten spätere Ausschmückung!). Liv. 2,51f. Dion. Hal. 9,27. **12.** T. M. Lanatus, Consul 452, der infolge einer Erkrankung die Amtsgeschäfte seinem Kollegen P. Sestius Capitolinus Vaticanus überlassen haben soll. Von DegrI 13,95 mit Nr. 10 identifiziert, was BROUGHTON Mag. 1,55 als Möglichkeit offen läßt (das Praenomen ist nicht eindeutig überliefert!).
H. G. G.

**Menes. 1.** (*Μήνης* nach Manetho, Akk. *Μῖνα* Hdt. 2,99). Erster König Äg. nach der späteren Überlieferung, wohl gleichzusetzen mit dem → Horus ᶜḥ3 (»Kämpfer«) zeitgenössischer Inschr. (M. wäre dann der in dieser Zeit offiziell nicht verwendete Geburtsname des Königs). Daß M. an der Spitze der Überlieferung steht, ist zufällig: seit seiner Zeit lagen den Späteren Annalen vor (uns z.T. erhalten auf dem sog. Annalenstein, einer äthiop. (?) Abschrift alter Jahresdatenlisten). Auch → Manetho benutzte diese Annalen: seine Angabe, M. sei durch ein Nilpferd umgekommen, geht auf die Annaleneintragung zurück, daß M. in seinem letzten Jahr das Fest des »Schießens des Nilpferdes« gefeiert hat. Seine Familie stammte aus → Thinis in Mitteläg., doch verlegte er die Residenz nach dem von ihm (so Hdt. 2,99. Ios. ant. Iud. 8,155) gegründeten → Memphis. Die von Manetho gegebene Regierungszeit von 62 J. ist nicht nachprüfbar, ihr Beginn dürfte ca. 2975 v. Chr. anzusetzen sein. Von hist. Vorgängen ist ein Hinweis auf einen nubischen Feldzug zu nennen (PETRIE Royal Tombs II pl. 3 Nr. 2). Sein Grab lag in → Abydos (2); das ihm früher zugeschriebene Grab in Negade (Ztschr. für äg. Sprache 36, 87ff.) gehörte einem Provinzbeamten seiner Zeit. Den Griechen galt er als Erfinder der Schrift (Plin. nat. 7,193), der Fixierung der Gesetze (Diod. 1,94), des Kultes und eines zivilisierten Lebens (Diod. 1,45. Plut. Is. 8).
W. H.

**2.** M., vornehmer Makedone u. *σωματοφύλαξ* im Stabe Alexanders d. Gr., 331 in Susa zum *ὕπαρχος* von Phoinikien, Syrien sowie Kilikien ernannt (Arr. an. 3,16,9) und mit Übersendung von Geldmitteln an Antipatros betraut (Curt. 5,1,43). Analog zu dem unter gleichem Amtstitel bekannten Philoxenos scheint er in den oben genannten Satrapien für Kriegsintendantur, Finanzverwaltung, Heeresergänzung und dazu für die Münzprägung verantwortlich gewesen zu sein. G. W.

*Berve* Alex. I 314ff. und II Nr. 507. *Geyer*, RE XV 848; allg. *H. Bengtson* *Φιλόξενος ὁ Μακεδών*, Philol. 92, 1937, 126–155.

**Menesaichmos** (*Μενέσαιχμος*). Att. Redner des 4. Jh. v. Chr., ab 326/25 Nachfolger des → Lykurgos (11), obwohl zwischen beiden starke Feindschaft bestand (Eisangelie *κατὰ Μ.-ου* des Lykurgos; Klagen des M. gegen L. und später gegen dessen Söhne). Im Harpalosprozeß gehörte M. zu den Gegnern des Demosth. (Ps.-Plut. mor. 842 D ff.). Dion. Hal. (Din. 11) weist M. vermutungsweise einige Reden zu, die unter dem Namen des → Deinarchos überliefert waren, darunter die in eigener Sache gegen Lykurgos gehaltene Verteidigungsrede *περὶ τῆς Δήλου θυσίας*. H. Gä.

Frg.: OA 2,343. *Blass*, Att. Bereds. 3,2,288.

**Menestheus** (*Μενεσθεύς*). **1.** Athener, Sohn des Peteos, Erechtheide (Paus. 2,25,6), Repräsentant Athens in der Il. Er hat 50 Schiffe vor Troia geführt; in der Kunst, Gespanne und Mannen zur Schlacht zu ordnen, ist er nur Nestor vergleichbar, Il. 2,552ff. Deshalb heißt er *τακτικώτατος* Philostr. her. 2,16, *κοσμητὴς μάχης* Plut. Kim. 7, *ταξίλοχος λαῶν* im ps. aristotel. peplos 34. Er war Freier der Helene gewesen, Hes. frg. 94. Apollod. 3,130. Hyg. fab. 78. Vor Troia kämpft er u.a. gegen Sarpedon und Glaukos, Il. 12,331f. 13,195f. Bei Paus. 1,23,8 ist er Insasse des hölzernen Pferdes. Er fällt vor Troia, so daß die Herrschaft über Attika, die er im Bunde mit den Dioskuren während des Aufenthalts von Theseus und Peirithoos in der Unterwelt als Usurpator an sich gerissen hatte, nun an Theseus' Söhne Demophon und Akamas übergehen kann, Paus. 1,17,5f. Plut. Thes. 31f. 35. Andere Berichte lassen ihn nach Athen zurückkehren und seine Herrschaft fortsetzen (Dikt. 6,2.4), wieder andere auf der Rückfahrt von Troia Elaia (Aiolis) gründen (Strab. 13,622. Mz.) oder Herrscher von Melos werden (Apollod. epit. 6,15b).
H. v. G.

*W. Kullmann*, H(ES) 14, 1960, 74ff. 153,2. 389,7. *L. Radermacher* Mythos und Sage bei den Griechen, [2]1938, 243. 323.

**2.** M., Sohn des Iphikrates und einer Tochter des Königs → Kotys, aus dem Demos Rhamnus, Nep. Iph. 3,4, lehnte im Bundesgenossenkrieg 356 eine Schlacht ab, wurde deshalb bei den Euthynai angeklagt und freigesprochen, Isokr. 15,129. Nep. Tim. 3,2. Teilnehmer 336 eines Zuges zum Hellespont, Demosth. 17,20. Mehrfach Trierarch, IG II$^2$ 1622,199. 723. 1623,47. † wohl 325, da damals eine Zahlung seiner Erben erwähnt wird, IG II$^2$ 1629c,486f. H. V.

**Menesthios** (*Μενέσθιος*). Griechen vor Troia. **1.** Sohn des Areithoos und der Phylomedusa, aus Arne, von Hektor erschlagen, Il. 7,9. **2.** Myrmidone, Unterführer des Achilleus, Sohn des Spercheios und der Polydora, Il. 16,173. Apollod. 3,168. W. Kullmann, H(ES), 14, 132f. H.v.G.

**Menestor,** nach Iambl. v. Pyth. 267 Pythagoreer aus Sybaris, der älteste griech. Botaniker, uns bekannt nur durch krit. Zitate in beiden botan. Schriften des Theophrast. Er wandte die Lehre vom Warmen und Kalten auf die Pflanzenwelt an, indem er warme (Wasser- und immergrüne Pfl.) und kalte (die anderen), unterschied, Standort, Klima und Reifezeiten beobachtete, also die physiolog. und biolog. Naturbetrachtung für dieses Gebiet begründete. Der Titel seines Werkes ist nicht überliefert. K. Z.
*Diels* Vorsokr. Nr. 22. *W. Capelle* Zur Gesch. der Bot., Philol. 69, 1910, 279ff. *Steier,* RE XV 853–55.

**Menestratos** (*Μενέστρατος*). **1.** Sohn der Niobe bei Hellanikos FGrH 4 F 21 (der von 4 Niobesöhnen spricht). FGrH 4 F 21 Komm.; RE XVII 664 s. Niobe. **2.** Einem Thespiai heimsuchenden *δράκων* mußten die Einwohner auf Weisung des Zeus Saotes jährlich einen Epheben preisgeben. Als das Los Kleostratos traf, starb für ihn sein Liebhaber M., indem er sich in einem mit Widerhaken versehenen Panzer dem Ungetüm vorwerfen ließ, um es so zu töten. Paus. 9,26,7f. RE IA 2308 s. Saotes. **3.** M., Athener, angeklagt im Hermokopidenprozeß von 415 (And. 1,35). Falls er sich der Hinrichtung durch Flucht entziehen konnte, mag er ident. sein sowohl mit dem M., gegen den eine schon im Alt. in ihrer Echtheit bezweifelte Lysiasrede (Lys. Frg. 89 Th.) gehalten wurde, als auch mit M. (4). **4.** Athener aus Amphitrope, 404 von Agoratos bei den 30 wegen angeblicher Umsturzpläne angezeigt. Der mit Kritias verschwägerte Hagnodoros aus M.' Demos erwirkte M.' Freilassung, nach welcher M. selbst Mitbürger vor Gericht brachte. Er wurde darum nach dem Sturz der 30 als Mörder hingerichtet. Lys. 13,55–57. Vgl. M. (3). **5.** M., von Demosth. (23,124 [J. 352]) erwähnter eretr. *δυνάστης*. K. K.
*H. Berve,* Die Tyrannis bei den Griechen, 1967, 301.

**6.** M. von Athen, Bildhauer, 4. Jh. v. Chr., schuf eine unterlebensgroße Erzstatue für → Akraiphiai (BCH 22, 1898, 243). Wohl vom gleichen M. waren auch die Erzstatue der Dichterin Learchis (Tatian. ad Graec. p. 34,9 Schwartz) und der Plin. nat. 36, 32 gerühmte Herakles im Artemision in Ephesos. W. H. G.

**Menexenos** (*Μενέξενος*). **1.** M., einer von Sokrates' Söhnen, beim Tode des Vaters noch *παιδίον*, so Plat. apol. 34 D. Phaid. 116 B, vgl. Kirchner PA 2,9975. Diog. Laert. 2,26. **2.** M., Freund und Schüler des → Sokrates, Neffe des Sophisten Ktesippos, vgl. Plat. Lys. 206 D und 211 C; er war bei Sokrates' Tode zugegen, Plat. Phaid. 59 C; nach ihm hat → Platon den Dialog Menexenos benannt. Vgl. M. Pohlenz Aus Platons Werdezeit 257ff. H. D.

**3.** M., athen. Advokat um 400 v. Chr., unterstützte den Sohn des Sopaios, den Sprecher der 17. Rede des Isokrates, im Prozeß gegen → Pasion. **4.** M., Sohn des Dikaiogenes, † 429 v. Chr. in der Schlacht bei Spartolos (Is. 5,42). Der Nachlaß seines Sohnes → Dikaiogenes (1) bildet das Streitobjekt der 5. Rede des → Isaios (1). H. Gä.

**Meninx** (*Μῆνιγξ*, *Menix* oder *Menax*). Ethn. *Μηνίγγιος*, *Meningitanus* in CIL VIII 22785, Stadt in der prov. Africa auf der Insel Djerba (Kl. Syrte), h. Bordj el-Kantara. Eratosth. (Plin. nat. 5,41) nennt sie *λωτοφαγῖτις*; sie galt als Wohnsitz der Lotophagen (Pol. 1,39. Strab. 3,157. Ptol. 8,14,13. Mela 2,7). Nach Diod. 3,53,6 wurde Menen (= Meninx) von *Ἰχθυοφάγοι* gegründet. Selten erwähnt: Plut. Mar. 40. Heimat der Kaiser Trebonius Gallus und Volusianus (Aur. Vict. Epit. 31). M. L.

**Menios.** Kleiner Nebenfluß des Peneios im Stadtgebiet von Elis, den Herakles zur Reinigung der Ställe des Augias abgeleitet haben soll, nicht sicher mit einem der h. Rhevmata zu identifizieren, Paus. 5,1,10. 6,26,1. Theokr. 25 (24) 15. E. M.
*E. Meyer,* RE XV 860.

**Menippe** (*Μενίππη*). **1.** Nereide, Hes. theog. 260, das Sch. bezieht den Namen auf das Ungestüm der Flut, Prell.-Rob. 1,556 auf die Pferdeweiden am Ufer. **2.** Tochter des Thamyris, Mutter des Orpheus. Prell.-Rob. 2,410,2. **3.** Tochter → Orions, nach dessen Tode mit ihrer Schwester Metioche von Athena in der Webkunst unterwiesen. Die Sühnung einer Pest in Boiotien forderte den Opfertod zweier Jungfrauen. Die beiden Schwestern nahmen ihn auf sich, riefen dreimal die Unterirdischen an, daß sie sich freiwillig opferten, und rissen sich mit der Webernadel die Kehle auf. Hades und Persephone entrückten ihre Körper und ließen sie als Kometen zum Himmel emporsteigen. So nahmen sie an dem Sternenschicksal ihres Vaters teil. In ihrem Heiligtum in Orchomenos als Koronides verehrt, erhielten sie jährlich Opferspenden von der Jugend, Anton. Lib. 25. Coronae, Ov. met. 13, 685ff. Prell.-Rob. 1,454. Rose Griech. Myth. 114. H. v. G.

**Menippeische Satire** s. Satire

**Menippos. 1.** Freund des Perikles und unter ihm Stratege (*ὑποστρατηγῶν* Plut. Per. 13), Plut. mor. 812 d. Identität mit dem M. Aristoph. Av.

1293 (Sch.) unsicher. **2.** Offizier Philipps V., 209 zum Schutz der Bundesgenossen in der Peloponnes zurückgelassen, 208 nach Euboia beordert, Pol. 10, 42,2. Liv. 27,32,10. 28,5,11 f. **3.** Makedone, Führer der Gesandtschaft, die → Antiochos III. (4) 193 nach Rom schickte, 192 Gesandter in Aitolien, dann Truppenführer in Boiotien, eroberte 191 einige Städte der Perrhaibia und führte Truppen nach Stratos, Diod. 28,16. Liv. 34,57,6. 35,32. 50,7. 51,4. 36,10,5. 11,6. App. Syr. 6. Sylloge$^3$ 601. H.V.

**4.** M. von Gadara, Kyniker, lebte in der 1. H. d. 3. Jh. (Daß er in Sinope Sklave war, ist vermutlich erfunden, um ihn dem → Diogenes anzunähern.) Von seinen Lebensumständen ist nichts mit Sicherheit bekannt; daß er seinem Leben aus Kummer durch den Strick ein Ende gemacht habe (Diog. Laert. 6,100), ist ebenso unglaubwürdig wie → Hermippos' Behauptung, M. sei Geldverleiher, also Wucherer mit kurzfristigen Krediten, gewesen, Diog. Laert. 6,99.

M.' liter. Nachwirkung reichte weit und tief; namentlich Varro und Lukian sind ihm verpflichtet. Mit M. vollzieht sich der Übergang des → Kynikertums zu liter. Wirkung; keine seiner Schriften war vordergründig-ernst gemeint, sondern hinter der jeweiligen Einkleidung verbarg sich kyn. Ironie; seine Schrift *Διαθῆκαι* enthielt fingierte, kom. gemeinte Testamente. Sie eröffnet eine Literaturgattung, die F. Villon fortgeführt hat und die bis auf Heinrich Heine im Schwange war. Seine Schrift *ἐπιστολαὶ κεκομψευμέναι ἀπὸ τοῦ τῶν θεῶν προσώπου* war vielleicht der Ursprung der heroischen Briefdichtung, die Ovid in den *epistulae Heroidum* zum Höhepunkt führte (vgl. H. Dörrie Der heroische Brief, 1968). Die *Νέκυια* des M. bot, in der Nachfolge Homers, aber auch → Aristophanes', die Travestie einer Reise in die Unterwelt; wahrscheinlich dichtete M. auch das Gegenstück einer Himmelsreise – nachgeahmt von Seneca in der *apocolocyntosis* und von Lukian im *Ikaromenippos*.

Als die ihm gemäße Ausdrucksform wählte M. das *ποικιλόμετρον*, die Mischung von Prosa mit Versen verschiedenster Metra; darin folgten ihm Varro (in den *saturae Menippeae*), Seneca a. O. und sogar Boethius in der *consolatio philosophiae* nach. Es dürfte kaum einen anderen Autor der hellenist. Epoche gegeben haben, der so stark auf die folgende Zeit gewirkt hat wie M. H. D.

*Rudolf Helm* Lukian und Menipp, 1906.

**5.** M. aus Stratonikeia, ein berühmter Rhetor, bei dem Cic. während seiner Bildungsreise nach dem O. 78/77 studierte. Cic. rechnete ihn wegen seines schlichten Stils zu den Attizisten (s. Brut. 91,315). O. Dr.

**6.** M., Geograph aus Pergamon. Seine Lebenszeit ist durch → Marcianus von Herakleia bezeugt, der ihn nach Artemidoros und Strabon nennt (GGM 1, 566,6). Das Datum seines Werkes läßt sich durch ein Epigramm des → Krinagoras von Mitylene bestimmen, der den M., *ἵστορα κύκλον γράψας*, um ein Exemplar seines Periplus als Reiseführer in Italien bittet (Anth. Pal. 9, 559). Das ganze Werk ist also vor 26/25, dem Datum der 2. Gesandtschaft des Krinagoras zu Augustus, vollendet. Die Erwähnung der Stadt Polemonion beim Anon. Peripl. Pont. Eux. GGM 1, 409,13 (s. u.) setzt den term. p. q. auf das J. 36/35, in dem ihr Gründer Polemon I. von Antonius das Königreich Pontos erhielt. Der *Περίπλους τῆς ἐντὸς θαλάττης* (so Marcianus GGM I 566,42) umfaßte 3 B. und berührte nacheinander Asien, Europa und Libyen. B. 1 handelte vom Pontos Eux. mit Propontis und Hellespontos, B. 2 vom übrigen Europa bis zu den Säulen des Herakles, B. 3 von Libyen und dem übrigen Asien. Verloren in seiner urspr. Form, ist das Werk zum Teil bekannt durch: 1. Die Epitome des Marcianus, die B. 1 zusammenfaßt und in ihrem erhaltenen Teil die asiat. Küste bis zum Fluß Chadisios, 170 km ö. von → Amisos beschreibt; 2. 4 Frg.e dieser Epitome bei Steph. Byz. (s. *Χαδισία*, *Ἑρμώνασσα*, *Χαλδία*, *Χαλκηδών*); 3. Den Anonymus Periplus Ponti Euxini, abgefaßt nach 576 (A. Diller The Tradition of the Minor Greek Geographers, 1952, 109–113), dessen Vf. bes. M. und → Arrianos' (2) Periplus Ponti Euxini benützt hat; 4. Vielleicht Arrianos selbst, aber aus zweiter Hand (G. Marenghi, SIFC 29, 1957, 217–223); 5. → Agathemeros' *Γεωγραφίας ὑποτύπωσις*, beginnend bei der Messung der Inseln, GGM 2,481, allerdings unter undurchsichtiger Kontamination mit → Artemidoros' (1) *Γεωγραφούμενα*; 6. Den anonymen *Σταδιασμὸς τῆς μεγάλης θαλάσσης* GGM 1,472–514, abgefaßt wahrscheinlich E. 1. Jh. v. Chr. (vgl. Diller 149 f.). Mit 1–3 läßt sich das anscheinend einzige im 5. Jh. erhaltene B. 1 (s. jedoch das negative Zitat bei Const. Porphyrog. them. 1,2) bis nach Philia, 40 km w. der Einfahrt des Bosporos, ungefähr wiederherstellen. Viel problematischer ist die Rekonstruktion von B. 2 und 3 auf Grund der älteren, nicht einwandfreien Zeugen 4–6. Diller 149 hat die früher allg. angenommene Hypothese, die anderen Zitate des Marcianus bei Steph. Byz. gingen auf M. zurück, mit Recht abgelehnt. Unter diesen Umständen bietet nur B. 1 eine ausreichende Grundlage für die Würdigung des Werkes.

B. 1 begann wahrscheinlich mit einem Proömium über die allg. Form der Oikumene, der Kontinente und des Mittelmeeres. Die Beschreibung des Pontos Eux. beginnt mit dem Hieron inmitten des Bosporos auf dem asiat. Ufer und umfaßt zuerst Bithynien bis zum Fluß *Βιλλαῖος* (mit Erwähnung des *Παρθένιος*, den andere Geographen als Grenze Bithyniens angaben), Paphlagonien bis zum *Εὔαρχος*, die beiden Provinzen Pontos bis zum *Ὀφιοῦς*, die »barbar. Völker« bis zum Asowschen Meer (Maiotis), wo die europäische Küste beginnt, die »barbar. Völker« dieser Küste bis zur

Donau, das Pont. Thrakien bis Θῆραι, der Grenze des Gebietes von Byzanz (100 km n.w. von Byzanz), endlich die byzantin. Küste bis zur Einfahrt des Bosporos. Jeder dieser Abschnitte trägt einen Titel des Typus Περίπλους τῆς Βιθυνίας. Die letzten Abschnitte vom Bosporos an sind ganz verloren. Anscheinend war ihnen eine Zusammenfassung der hauptsächlichen Küstenmaße vorausgegangen, endigend in einer Schätzung des Gesamtumkreises des Schwarzen Meeres. Vom Hieron bis Amisos – einzige bekannte Totalsumme für einen Abschnitt – liegt die Zahl von 4520 Stadien (836 km) ein wenig über der Wirklichkeit (ungefähr 700–750 km), aber sie gestattet keine Mutmaßung über die Genauigkeit der anderen Maße. Streng sich auf die Küsten beschränkend, beschreibt der Periplus in der Art eines Hafenbuches nie das Inland. Er nennt mit Genauigkeit jedes Kap und jede Mündung eines Wasserlaufs ebenso wie die Eigenheiten der Häfen unter dem Gesichtspunkt der Schiffahrt. Er verbindet sich damit eng mit den Reiseführern, die sicher die eine seiner wichtigen Quellen bilden, bes. für die Küsten, die M. nicht persönlich besucht hatte (das Schweigen des Marcianus über seine Reisen zeigt wahrscheinlich, daß er nur wenige gemacht hat). Auf diese Seite seines Werks legte er das Hauptgewicht. Aber Marcianus bezeugt auch, daß die Beschreibung histor. und geograph. war, daß sie also bestimmte literar, Ansprüche erhob. Es bleibt keine Spur dieses perieget. Aspektes in den Epitomai, eine um so bedauerlichere Tatsache, als die Originalität des Werkes gerade in der Verbindung der beiden Überlieferungen beruhte. Soll aber der Periplus, wie auch Marcianus ausdrücklich bezeugt, eher Kompilation als selbständige Forschung gewesen sein, so besteht sein heutiger Wert noch mehr in dem dadurch überlieferten Quellenmaterial. Marcianus versichert, daß er nur selten seine Quellen nannte, und beschuldigt ihn, sie nicht getreu wiederzugeben, eine Behauptung, die sicher von einer Gegenüberstellung mit Artemidoros herrührt. Die Quellenforschung muß sich also auf die parallele Überlieferung stützen. Die Berührungen mit Strabon in der Nennung von markanten Küstenpunkten und in den Stadienzahlen führen im allg. auf Artemidoros, aber auch auf dessen Quellen, die äußerst zahlreich für den Pontos Eux. waren. Eine jüngere Quelle hat die Nachrichten über die neuen, von der röm. Verwaltung gesetzten Grenzen geliefert. Die Erwähnung von παλαιοί für die Annahme, Kappadokien reiche bis zum Pontos, setzt wahrscheinlich Heranziehung älterer, nicht näher bestimmbarer Quellen voraus, allerdings ein Zeichen sorgfältiger Arbeit. F. L.

Ausg. mit Komm. und Bibliogr.: *A. Diller* The Tradition of the Min. Greek Geographers, 1952. *R. Güngerich* Die Küstenbeschreibung in der griech. Lit., 1950, 18–23. *F. Gisinger*, RE XV 862–888.

**Meniskos.** Personenname. **1.** M. aus Milet, unterstützte 90 v. Chr. und später die Römer zur See, wofür er 78 zum *amicus p. R.* ernannt wurde, CIL I² 588,6. 10. **2.** M. aus → Entella (Sicilien), in dessen Auftrag er 70 beim Verres-Prozeß in Rom weilte, Cic. Verr. 3,200. H. G. G.

**Mennis.** Nur durch Curt. 5,1,16 bezeugte Stadt, die Alexander d. Gr. auf dem Marsch von → Arbela nach Babylon in 4 Tagen erreichte und wo sich aus einer Höhle eine starke Quelle Asphalt ergoß, mit Hilfe dessen die Mauern von Babylon einst erbaut worden waren. Vgl. Plut. Alex. 35. Genauere Bestimmung innerhalb des Erdölgebietes von Mossul kaum möglich. K. Z.

**Menodoros. 1.** M. (auch Kurzform Μηνᾶς), Flottenführer um 40 v. Chr. Urspr. vielleicht kleinasiat. Seeräuber, der 67 von Cn. Pompeius Magnus gefangen worden sein könnte, auf jeden Fall später von diesem (und nicht von dessen Sohn Sex. Pompeius) freigelassen wurde. Im J. 40 eroberte er als Admiral die Insel Sardinien für Sex. Pompeius, die er ebenso wie Corsica hielt und – nach Verdächtigungen bei Sex. Pompeius (durch L. Staius Murcus, Menekrates u. a.) – im J. 38 dem Caesar Octavianus übergab, der ihn in den Ritterstand erhob und zum Legaten des L. Calvisius Sabinus machte (Sieg über Menekrates bei Cumae). 36 wechselte M. jedoch wieder zu Sex. Pompeius über. Da dieser ihn praktisch kaltstellte, ging er wieder zu Octavian über, der ihn nicht mehr gegen Sex. Pompeius, wohl aber im illyr. Krieg 35 einsetzte, wo er bei einem Schiffskampf auf der Save vor Siscia fiel. App. civ. 5,297. 330. 336. 400 u. ö. Cass. Dio 48,30. 45f. 54. 49,1. 37,6. Drumann² 4,570ff. Gardthausen 1,214f. 248f. u. ö. H. G. G.

**2.** M., Sohn des Phainandros, aus Mallos, Bildhauer um 100 v. Chr., schuf in Delos eine Statue der Fides und ein weiteres Weihgeschenk von Römern. J. Marcadé Rec. des signat. de sculpteurs Grecs 2, 1957, 69. **3.** M. von Athen, Bildhauer der frühen Kaiserz., machte für → Thespiai eine Kopie des nach Rom verbrachten Eros des Praxiteles, Paus. 9,27,4. **4.** M., Erzgießer, nur Plin. nat. 34, 91 erwähnt. Identität mit einem der Homonymen ist ungeklärt. W. H. G.

**Menodotos** (*Μηνόδοτος*). **1.** M. aus Perinthos, Vf. einer griech. Gesch. (*Ἑλληνικαὶ πραγματεῖαι*) in 15 B. (Diod. 26,4), die vielleicht die Ereignisse ab 218/17 behandelte. U. U. ist er ident. mit M. von Samos, aus dessen perieget. Werk über die Sehenswürdigkeiten von Samos (*Τῶν κατὰ τὴν Σάμον ἐνδόξων ἀναγραφή*) Athen. 15,671 E ff. einen Abschnitt zur vorgriech. Gesch. der Insel mitteilt. FGrH 82 und 541. H. Gä.

**2.** M., aus Nikomedien, Arzt und Philosoph um 125 n. Chr. Als Arzt war M. → Empiriker, als Philosoph → Skeptiker (wie → Sextus Empiricus). Er hat sehr viel, meist Polemisches, geschrieben, ohne daß wir Schriftentitel nennen könnten. Wissenschaftsgeschichtlich ist M. vielleicht bedeutender als andere Empiriker wegen seiner Theorie der wiss. Forschungsmethodik, die sich einigermaßen rekonstruieren läßt. M.' Anschauungen sind uns vor allem aus Galens Polemik gegen ihn kenntlich. F. K.

*A. Favier* Un médecin grec du II. siècle ap. J.-C. etc., Par. 1906.

**3.** M., Sohn des Boethos, aus Nikomedeia, Bildhauer, aus der verschollenen Signatur J. MARCADÉ Rec. des signat. de sculpteurs Grecs 2, 1957, 72 bekannt (wohl hellenist.). **4.** M., Sohn des Artemidoros, von Tyros, Bildhauer der 2. Hälfte 2. Jh. v. Chr. M. arbeitete teils allein, teils mit seinem Vater, teils mit seinem Bruder Charmolas Statuen für Athen und vor allem Lindos und Rhodos. LIPPOLD HBArch 3, 1950, 378. **5.** M., Sohn des Charmolas, Bildhauer (1. Hälfte 1. Jh. v. Chr.). M. wohl Neffe von Nr. 4, erst Tyrier, dann Rhodier, schuf teils allein, teils mit seinem Vater, teils mit Charinos aus Laodikeia Porträtstatuen für Lindos und Rhodos. LIPPOLD a. O. 378. W. H. G.

**Menogenes** (*Μηνογένης*). **1.** Vf. eines Kommentars zum hom. Schiffskatalog in 23 B. (s. Eust. zu Il. 2,494). Seine Lebenszeit ist nicht genau bestimmbar. O. Dr.

*A. Gudeman*, RE XV 917.

**2.** M., zwei Männer niederer Herkunft, die Doppelgänger bekannter Römer waren, denen daher der Spitzname M. zugelegt wurde. Der ältere war Koch und glich seinem Herren Cn. Pompeius Strabo, cos. 89, der jüngere war Schauspieler und glich dem M. Valerius Messala, cos. 61 und 54. Val. Max. 9,14,2. 5. Plin. nat. 7,53. 55. H. G. G.

**Menoikeus** (*Μενοικεύς*) Thebaner: **1.** Sohn des Oklasos, Urenkel des → Echion (1), Vater von → Iokaste (Epikaste) und → Kreon (1), Soph. Ant. 156. Apollod. 3,48. 53. **2.** Sohn des → Kreon (1), Enkel von Nr. 1. Nach Eur. Phoin. 834ff. opferte er sich gemäß dem Spruch des Teiresias, der Sieg über die »Sieben« erfordere den Tod eines Angehörigen des Drachengeschlechts, gegen den Willen seines Vaters dem Ares, indem er sich auf der Zinne der Burg erstach und sich in die Drachenschlucht stürzte (→ Kadmos). Eine Erfindung des Eur. (WILAM., Ind. Greifsw. 1882), Paus. 9,25,1. Identität mit → Megareus (2) ist abzuweisen. H. v. G.

**3.** M., Freund → Epikurs; M. wird nur als Adressat des 3. Briefes des Epikur genannt; Diog. Laert. 10,20 und 121 a. H. D.

**Menoites** (*Μενοίτης*). Hirt des Hades, Sohn des Keuthonymos, der die Hadesherden beim Eingang zur Unterwelt weidet, nahe den Herden des → Geryoneus, der wohl urspr. auch zur Szenerie der Unterwelt gehört (PRELL.-ROB. 1,819). M. meldet Geryoneus Herakles' Raubanschlag und fordert Herakles, der eins der Hadesrinder schlachtet, zum Ringkampf auf; M. wird getötet oder verwundet und auf Persephones Bitte freigelassen, Apollod. 2,108. 125. Vgl. → Menoitios (1). H. v. G.

**Menoitios** (*Μενοίτιος*). **1.** Titane, Sohn des → Iapetos und der → Klymene (1), als Frevler von Zeus durch einen Blitzstrahl in die Unterwelt geschleudert, Hes. theog. 510ff. Sch. Aischyl. Prom. 347. Urspr. ident. mit Menoites (1)? **2.** Sohn des → Aktor und der Aigina, Halbbruder des → Aiakos, Gemahl der Sthenele oder Polymede (Apollod. 3,176), Vater des → Patroklos und der → Myrto, Argonaut Apoll. Rhod. 1,69f. Apollod. 1,112, Freund des Herakles, Diod. 4,39. Die Il. nennt ihn *ἥρως* 11,771. 18,325. Als Patroklos im lokr. Opus den Sohn des Amphidamas erschlug, zog M. mit dem Sohne nach Phthia zu Peleus, Il. 23,83ff. Als Patroklos mit Achilleus ins Feld zog, blieb M. in Phthia, Il. 16,13. H. v. G.

**3.** M., wohl aus Ilion, bekränzte Alexander bei der Überfahrt über den Hellespont 334 (Arr. an. 1,12,4). Zu seinem weiteren Schicksal s. Diod. 20, 52,5. G. W.

**Menologium.** Griech. Slg. von hagiograph. Texten (Martyrien, Viten) und Predigten über Heilige, geordnet nach den Heiligenfesten des mit 1. Sept. beginnenden byz. Kirchenjahres. Während die ältere Terminologie schwankt [2,251,3], werden h. unterschieden: 1. Die Menaia, die liturg. Texte der Heiligenfeste. Die Slg.en sind oft in 12 Monats-Bde. zerlegt. 2. In den Menaia machen die hagiograph. Ber. jeweils nur einen Teil der Liturgie aus. Doch wurden sie auch für sich allein gesammelt und erweitert in den sog. Synaxaria. 3. Gegenüber diesen, in älterer Lit. auch als M. bezeichneten Slg.en, sind die M. im engern Sinne Slg.en umfangreicherer Texte über die Heiligen. Anders als die Palästinens. Märtyrer des → Eusebios (7), sind die seit dem 6. Jh. nachweisbaren M. ebenfalls nach dem byz. Festkalender geordnet, teils in Jahres-Slg.en, teils in mehreren Bden. zu 4, 3, 2, 1 oder ½ Monaten. Gegen E. 10. Jh. entstand das M. Symeons des Logotheten. Er gab den alten M. durch stoffliche und stilist. Überarbeitung eine den Ansprüchen der rhet. Lit. entsprechende Form und erhielt davon den Namen Metaphrastes (der Umarbeiter). Dieses M. setzte sich allg. durch. Die Texte zeigen vielseitige Aspekte: Theol., Gesch., Volkskunde, lit. Motiv- und Formgesch. O. H.

Ta.: → Acta Sanctorum, 1643ff. Viele Einzelausg. und Inedita; vgl. Bibl. hagiogr. graeca, [3]1957. Metaphrastes: *Migne* PG 114–116 (Bibliogr. neuerer Teilausg.: *Beck* [s. u.] 574f.). Lit.: 1. *A. Ehrhardt* Überl. und Bestand der hagiograph. und homilet. Lit. der griech. Kirche, 1937–1952, TU 50–52. 2. *H. G. Beck* Kirche und theol. Lit. im byz. Reich, 1959, 251f. 267–275 und 557–582.

**Menon.** **1.** Erhielt für die Unterstützung Kimons 476 bei dessen Angriff auf → Eion am Strymon mit 12 Tal. und 300 berittenen Penesten das att. Bürgerrecht, Demosth. 13,23. 23,199. **2.** Aus Pharsalos, führte die thess. Reiter, die 431 Athen zu Hilfe kamen, Thuk. 2,22,3. **3.** Thessaler aus Larisa (Xen. an. 1,2,6. Diod. 14,19,8), führte dem jüngeren Kyros bei dem phryg. Kolossai 1000 Hopliten und 500 Peltasten – Doloper, Ainianen und Olynthier – zu. M. schützte die kilik. Königin Epyaxa und erreichte, daß ihr Gatte Syennesis die Höhenstellung des Tauros räumte, so daß Kyros in Kilikien einmarschieren konnte. Über den Euphrat setzte M. vor den anderen Truppen. Bei Kunaxa führte er den 1. Flügel. ging nach der Schlacht zu seinem Gastfreund Ariaios und mit ihm zu Tissaphernes. Während 4 andere miteingeladene Heerführer hingerichtet wurden, verschonte Tissaphernes M., der später als Verräter galt, Athen. 11,505a.b. Nach einem J. wurde er auf Befehl des Großkönigs getötet, Xen. an. 1,2, 20f. 4,13ff. 7,1. 8,4. 2,1,5. 2,1. 5,28. 5,32. 6,39. Seine Charakteristik bei Xen. 6,21ff. Diog. Laert. 2,6,50 und Suda s. Menon ist sehr ungünstig. Besser ist das Bild, das Platon in dem Dialog M. zeichnet. Die unterschiedliche Beurteilung bemerkte schon Herodikos, Athen. 11,505a. **4.** Athener, Stratege 362/61, an den Hellespont geschickt, bald abgelöst und wegen seiner Kriegführung angeklagt, Demosth. 36,53. 50,12. 14. Stratege auf Euboia 357/76, Sylloge³ 190. **5.** Reiterführer aus Pharsalos, erfolgreich vor Lamia 322 und bei Krannon, fiel als Führer der Aitoler, von Polyperchon geschlagen, Diod. 18,15,4. 17,4,6. 38, 5. Plut. Phok. 25. Seine Tochter Phthia heiratete den → Aiakides (2) und wurde Mutter des Pyrrhos, Plut. Pyrrh. 1. **6.** Kam bei Eroberung seiner Vaterstadt Segesta 306 zu → Agathokles (2) als Sklave, wurde dessen Freund und führte auf Anstiften des Archagathos den Tod des Agathokles herbei, indem er ihm einen vergifteten Zahnstocher reichte. 289 floh M. aus Syrakus, ließ Archagathos töten und kämpfte mit den Karthagern gegen → Hiketas (2) in Syrakus, Diod. 21,16. H. Berve Die Herrschaft des Agathokles 1953, 74f. H. V.

**7.** M., Name mehrerer vornehmer Makedonen im Heer Alexanders, die auseinanderzuhalten die hsl. Überlieferung der Quellen unmöglich macht (s. dazu Droysen 1²,226). Ein M., Sohn eines Kerdimmas, scheint 333 zum Satrapen von Syrien ernannt worden und bald darauf gestorben zu sein. Sein Nachfolger ist 324 Arimmas, der andererseits auch als Satrap für das von M.' Provinz getrennte Koilesyrien in Frage kommt, vielleicht aber Syrien nach M.' Tod mitverwaltete. Ein anderer M. starb bald nach seiner Ernennung zum Satrapen von Arachosien (329; Curt. 7,3,5. Arr. an. 3,28,1). G.W.
*Berve* Alex. II Nr. 514. 515. RE Suppl. IV 46. *Geyer*, RE XV 10.

**8.** M., Aristotelesschüler, Vf. einer med. Doxographie, aus der ein Papyrus (Anon. Lond.) Exzerpte erhalten hat. Wichtige, aber problemat. Quelle. F. K.
Ta.: *H. Diels*, Suppl. Aristot. 3, 1, 1893.

**9.** M., einer der 3 Töpfer, die für → Psiax gearbeitet haben, signierte als solcher die Amphora in Philadelphia 5399, deren Maler danach Menon-Maler (= Psiax) genannt wurde. H. Ma.
*J. D. Beazley*, ABV. 292. ARV.²6f.

**Menophanes** (*Μηνοφάνης*). **1.** Plünderte 88 v. Chr. Delos im Krieg des → Mithradates (5) gegen Rom. Die bei Paus. 3,23,3ff. erwähnte Rache des Gottes an M., der bei der Ausfahrt von Delos umkam, ist mit App. Mithr. 110 unvereinbar, denn M. überredete Mithradates, seinem Sohn Pharnakes zu verzeihen, und ermöglichte so 63 dessen spätere Empörung. T. Reinach Mithradates Eupator 1895, 137,1. **2.** Grammatiker, las die Werke des Theopompos von Chios und behauptete den Verlust des 12. B. der Historien, das noch Photios bekannt war. FGrH 115 T 18. H.V.

**Menophantos.** Die Angabe *ἀπὸ τῆς ἐν Τρῳάδι Ἀφροδίτης Μηνόφαντος ἐποίει* auf der Statue Rom, Mus. Naz. 75674 ist die einzige ant. Signatur, in der ein Kopist Vorbild und Ort des Vorbildes (→ Alexandreia 2) seines Werkes angibt. Die Statue (Kopf unzugehörig) variiert einen hellenist. Aphroditetypus. M. gehört wohl ins 1. Jh. n. Chr. W. H. G.
*Cressedi* Enc. Arte Ant. 4, 1961, 1026 m. Abb. 1216.

**Menophilos** (*Μηνόφιλος*). **1.** Eunuch, von Mithradates VI. 66 v. Chr. in Sinoria als Wächter seiner erkrankten Tochter Drypetina zurückgelassen, tötete 65 sie und sich selbst, Amm. 16,7,9f. Ein anderer M. war Vater des Papias von Amisos am Hofe des Mithradates, OGIS 374,2. **2.** Sklave des Atticus, 56 in Ciceros Bibliothek in Antium, Cic. Att. 4,8,2. H. V.

**menrva** s. Minerva

**Mens.** Unter dem Eindruck der Niederlage des J. 217 v. Chr. wurde der M. auf Weisung der *libri Sibyllini* von dem Praetor T. Otacilius ein Tempel gelobt (Liv. 22,9,8ff. 10,10) und 215 neben dem der Venus Erucina auf dem Kapitol geweiht (23, 31,9); Erneuerung durch M. Aemilius Scaurus (Cic. nat. 2,61. Plut. mor. 318e); Stiftungstag: 8. Juni (CIL I² p. 319. Ov. fast. 6,241ff.). M., *quae faciat pueris bonam mentem* (Aug. div. 7,3; vgl. 4,21), neben anderen abstrakten Gottesvorstellungen genannt (Plin. nat. 2,14. Cic. nat. 3,88; leg. 2,19. 28. Lact. inst. 1,20,13), genoß als *Bona M.* (vgl. Prop. 3,24,19) Kult bei Sklaven außerhalb Roms (CIL I² 1510. 1616. 1817. 1818 u. a.). G. R.
*Peter* Myth. Lex. 2,2798. *Wissowa* RRel² 313ff. *Latte* RRel 239f. *Altheim* RRel 1, 1951, 284ff. *Nilsson*, DLZ 56, 1935, 491. *Kleinknecht*, H 79, 1944, 68. *Bömer* Ovids Fasten 2, 353. *Ders.* Rel. der Sklaven 1,157ff. *Dumézil* Rel. Rom. arch. 458f. *Schilling* Vénus 250ff. *M. Mello*, Mens Bona, Ricerca sull'origine e sullo sviluppo del culto, Neapel 1968.

**Mensa.** Die Griechen benützten Tische zum Essen, für gewisse Opfer, als Untersatz für Spielbretter usw. Allg. heißt der Tisch *τράπεζα* (Vierfüßer), auch wenn er nur drei Beine hat (Athen. 2, 49a), daneben kommt *τρίπους* vor (Dreifüßer), auch für Tische mit vier Beinen (Athen. 2,49c), seltener τετράπους, φάτνη, ἐλεός(-όν). Seit myken. Z. scheinen niedrige runde Tische mit zwei oder drei Füßen belegt ([1], Abb. 2. 21. 26/7). Seit hom. Z. sind die griech. Tische meist niedrig, leicht, oft mit abnehmbarer Platte (ἐπίθημα). Nach dem Essen werden sie weggeräumt, das Symposion findet ohne Tische statt. Aus den Denkmälern lassen sich 5 griech. Tischformen erkennen. In der Regel sind sie aus Holz, häufig mit Füßen aus anderem, kostbarerem Material (Elfenbeinfüße: Athen. 2,49a) und oft in Form von Tierfüßen, daneben kommen bronzene bzw. bronzebeschlagene Tische, später Tische aus Marmor (für ortsfesten Gebrauch außerhalb der Zimmer), seit hellenist. Z. auch Prunktische aus edlem Metall vor. Bes. Ruhm genossen syrakusan. Tische (Athen. 12,527c. Plat. rep. 3,404d), ohne daß wir den Grund noch erkennen könnten. Wir kennen rechteckige Tische mit drei und mit vier Beinen (die Dreifüßer waren bes. beliebt), runde Tische mit drei Füßen, mit zwei soliden Platten an Stelle von Füßen, und mit nur einer mittleren Stütze (z.B. G. Hiesel Samische Steingeräte, Diss. phil. Hamburg 1967, 120 Nr. 228. = τράπεζα μονόκυκλος Poll. 10,81? Vgl. Pritchett, Hesperia 25, 1956, 242. [1], 70). Beispiele: [1], Abb. 341ff. Nur selten werden »große« Tische erwähnt (BCH 10, 1886, 467 Z. 145; Delos). Die Etrusker kennen die gleichen Tischformen wie die Griechen, öfter mit einer zweiten Platte so unterhalb der ersten, daß Geschirr darauf gestapelt werden konnte ([1], 94). Der runde Tisch scheint in Etrurien erst in der späteren Z. beliebt zu werden. Neu ist hier ein rechteckiger Typus mit gekreuzten, gekurvten Beinen ([1], Abb. 470), offenbar von vorderasiat. Modellen beeinflußt, und der Rundtisch mit zentraler Rundstütze (Giglioli L'arte etr. 1935, T. 133,4), formal wohl von äg. Vorbildern abgeleitet. In Rom soll es urspr. rechteckige, später auch runde M. zum Essen und als Geschirrtisch gegeben haben (Varro 1. 1. 5,25,118. 26,121. 125). Da die Römer Tische außer zum Essen usw. auch im Hause zur Ablage und zum Ausstellen von Kostbarkeiten benützten, gibt es hier häufiger auch höhere M. und kostbarere Ausführungen. Im Prinzip bleiben die Typen jedoch die bekannten ([1], Abb. 563ff.). Neben den Tierfüßen werden figürliche Stützen beliebt, etwa Amor auf dem Delphin [1], Abb. 565, oder Ganymed vom Adler entführt (H. Sichtermann Ganymed 1953, T. 3). W. H. G.

1. *G. M. A. Richter* The Furniture of the Greeks Etruscans and Romans (1966). 2. *G. Bakalakis* Ellenika Trapezophora (1948, neugriech.).

**Mensarius** (τραπεζίτης). Der Geldwechsler, Bankier, nach dem Wechsel- und Zahltisch (*mensa*, τράπεζα) benannt, auch → *argentarius*, *nummularius* (→ tesserae nummulariae), spätant. auch collectarius geheißen, betreibt alle Bankgeschäfte, die nicht dem Staat vorbehalten sind (→ Bankwesen). In röm. Z. hatte der M. auch notarielle, Makler- und Auktionsgeschäfte zu betreiben. In der Spätant. sind die M. in Zwangsgenossenschaften zusammengefaßt. W. H. G.

**Menschenopfer** s. Opfer

**Mensis** s. Monat

**Mensor.** Techniker für das Vermessen verschiedener Materien. Die *m. agrarii* sind bereits unter → Feldmesser behandelt. Neben ihnen stehen *m. frumentarii* im Dienst der Truppen (Unteroffiziere, DessILS 9091), der Getreideversorgung Roms (unter dem → Praefectus annonae, zahlreich in Ostia, in *corpora* vereinigt und privilegiert, a.O. 3 p. 716), der städt. Getreideempfänger (*plebs frumentaria*, a.O. 6052) sowie der Bäcker (*pistores*, a.O. 3816). Die *m. machinarii frumenti publici* (a.O. 7268) verdanken ihren Namen wohl einer speziellen Vorrichtung *(machina)* zur Abmessung des Getreides. M. *aedificiorum* finden beim Hausbau (auch Straßenbau?) und der Bauabnahme (Plin. epist. 10,17b) Verwendung und waren teils kaiserliche Freigelassene, teils Freigeborene (später korporiert), teils Soldaten wie der *m. et librator* (von → *libella*, Wasserwaage) der Praetorianer bei DessILS 2059. Der libertine *m. idem sacomarius* (a.O. 7739) in Neapel war wohl für die Normalmaße (→σηκώματα, *ponderarium*) zuständig, während die Tätigkeit der munizipalen *servi publici* (a.O. 6476. 6480) nicht genannt ist. In der Spätant. dienten M. am Hof und in den *officia* der hohen Beamten und fungierten als Quartiermeister. Sie unterstanden einem *primicerius m.* (Cod. Iust. 12, 27 von 405). Über die Haftung der M. handelt Dig. 11,6. H. Ch.

*Fabricius*, RE XV 956ff. *v. Domaszewski* Die Rangordnung des röm. Heeres², Bonn 1967, pass.

**Mentes** (Μέντης). **1.** Führer der → Kikonen vor Troia, in dessen Gestalt Apollon Hektor anfeuert, Il. 17,73. Il. 2,846 heißt der Kikonenführer Euphemos. **2.** Fürst der Taphier, Sohn des Anchialos, in dessen Gestalt Athena Telemachos erscheint, Od. 1,105. 180. [Hdt.] Vit. Hom. 6. Vgl. → Mentor (2). H. v. G.

**Mentesa.** Name von 2 Städten (nach Holder 2,549 vielleicht iber.).

**1.** M. Bastitanorum, CIL II 3377. 3378. 3380, h. La Guardia, s.ö. von Castulo. Plin. nat. 3,9. 19. 25. Itin. Ant. 402,4; in der W.-Gotenzeit Münzstätte und Bischofssitz. **2.** Wahrscheinlich bei h. Villanueva de la Fuente, nahe der Quelle des Guadiana Menor, im Convent von Carthago Nova (CIL II p. 434f. Plin. nat. 3,25. Ptol. 2,6,58. CIL XI 3281–3284). R. G.

Font. Hisp. Ant. (Barc. 1925ff.) VIII 59. IX 451.

**Mento.** Cognomen (RE XVI 1653) in der Gens Iulia (o. Bd. II 1523 Nr. 16). Degrassi FCap. 146. H. G. G.

**Mentor** (Μέντωρ). **1.** Vater des → Imbrios. Il. 13,171. **2.** Ithakesier, Sohn des Alkimos, Altersgenosse und Freund des Odysseus, der ihm die

Aufsicht über sein Haus übertrug, Od. 2,224ff. 22, 206. 235. Er trat gegen die Freier in der Volksversammlung auf, 2,225ff. 24,456. Athena nahm oft seine Gestalt an, um Telemachos zu beraten und Odysseus beizustehen, 2,267ff. 399ff. 3,22ff. 240ff. 4,654ff. 22,205ff. 24,445ff. 502ff. H. v. G.

**3.** M., aus Rhodos, zunächst wie sein Bruder Memnon von 366 v. Chr. ab Söldnerführer seines Schwagers → Artabazos (3), des Satrapen von Daskyleion, im Dienst des Artaxerxes II. gegen den Satrapenaufstand 362. Artabazos verlieh ihnen die Herrschaft über Skepsis, Ilion und Kebren, Demosth. 23,154ff. Als Artabazos 356 von Artaxerxes III. abfiel, beteiligte sich M. am Aufstand und führte 4000 griech. Söldner aus Äg. 350 zu dem ebenfalls rebellischen Sidon, Diod. 16,42,2. An der Übergabe Sidons an Artaxerxes III. wirkte er mit und wurde deshalb begnadigt, Diod. 43. 45, 1. Um die Wiedereroberung von Äg. erwarb er sich große Verdienste, Diod. 47,4. 49,7ff. Einflußreich am pers. Hof neben Bagoas, erhielt M. 342 das Oberkommando in Kleinasien, um die Makedonien geneigten Lokalgewalten zu bändigen. Er versöhnte Artabazos und Memnon mit dem König, nahm den Dynasten → Hermias von Atarneus fest und setzte seine Hinrichtung durch. Bald darauf starb M., Memnon wurde sein Nachfolger, Diod. 16,50,6ff. 52,1ff. Sein Sohn war Thymondas, Arr. an. 2,2,2. 13,2. Curt. 3,13. IG II² 356. Eine Tochter des M. wurde mit Nearchos verheiratet, Arr. an. 7, 4,6. H. V.

**4.** M., unbekannter Herkunft u. Z., Toreut. M., in röm. Z. der am meisten gerühmte Hersteller von Silbergefäßen, wird für unsere Kenntnis erstmals im Zusammenhang mit dem Redner → Crassus (1), also um 100 v. Chr., erwähnt, Plin. nat. 33,147. Die Nachrichten über M. sind widersprüchlich: einmal soll er nur vier Paar Silbergefäße überhaupt hergestellt haben, und diese seien beim Brande der Tempel in Ephesos und Rom zugrunde gegangen (Plin. nat. 33,154), andererseits glaubten im 1. Jh. v. Chr. ein Sizilianer (Civ. Verr. 4,18, 38) und Varro (Plin. nat. 33,155), Gefäße des M. zu besitzen. Werke seiner Hand kannte offenbar im 1. Jh. n. Chr. niemand mehr wirklich, sein Name ist Sigel für wertvolle toreut. Kunstwerke (Quellen bei J. Overbeck Die ant. Schriftquellen z. Gesch. d. bild. Künste bei d. Griechen 1868). Die einzige Angabe über seine Kunstart (Prop. 3,9,12f.), M. sei überlegen in den *argumenta*, den Gegenständen, der Erzählung, dagegen → Mys im Ornament, der feinen Ausführung, ist ebenso epigrammat. zugespitzt formuliert und kunstgeschichtlich ebenso unerheblich wie die Beschreibung eines Bechers bei Martial. 3,41. M. wird in der griechischen Literatur nur bei Lukian. Lexiph. 7 erwähnt, war also nur und erst bei den Römern berühmt und ist nur für deren rhetorisch-poetische Kunsturteile von Wichtigkeit. W. H. G.

**Mentores.** Volksstamm im N. der Adria, in der Lika. Name entweder griech. oder illyr. Bei Hekat. frg. 62 waren die M. Nachbarn der Liburner, bei Plin. nat. 3,139 bildeten sie einen Teil der Liburner. Später waren sie Untertanen der Iapoden. Ihr Verwaltungsbezirk bestand zur Römerzeit nicht mehr. Nach Ps. Skyl. 21 waren die *Μεντορίδες νῆσοι* vor der liburn. Küste (h. Insel Pago u. a.) nach den M. genannt. J. Sz.

*G. Alföldy* Bevölkerung der röm. Prov. Dalm. 33ff. *M. Fluss*, RE XV 967.

**Menyllos** (*Μένυλλος*). **1.** Nach dem Aufstand Athens 322 von Antipater als *φρούραρχος* in Munichia eingesetzt. Unter ihm, der die Stadt glimpflich behandelte, wurde für das athen. Vollbürgerrecht ein Mindestvermögen von 2000 Drachmen festgesetzt. M. gelang es nicht, Phokion zu bestechen. Nach Antipaters Tod ersetzte Kassander M. durch Nikanor, Diod. 18,18,5. Plut. Phok. 27f; Demosth. 28. **2.** Aus Alabanda, Freund des Polybios, 163 Gesandter des Ptolemaios VI. in Rom, verhalf → Demetrios (5) zur Flucht, mußte 162 Rom binnen 5 Tagen verlassen, Pol. 31,10,4f. 12,8ff. 14,8ff. 20,1ff. H. V.

**Menysis** (*μήνυσις*). Mündliche oder schriftliche (vgl. IG I² 66,16: *τὸν πίνακα τῆς μηνύσεως*) Anzeige an Volk und Rat ([1]). Sie wurde erst im Verlauf des 4. Jh. von der → *εἰσαγγελία* schärfer abgegrenzt und bot dann dem Anzeiger gegenüber dem Eisangelie-Ankläger den Vorteil, daß er nicht legitimer Bürger zu sein brauchte ([2],298. [3]) und im Falle des Freispruches des Angezeigten nicht die Tausend-Drachmenbuße riskieren mußte. Die M. wurde durch staatliche Denunziantenprämien (Geld, gegebenenfalls Freilassung) gefördert. Sie war vorgesehen, um 1. schwere Verbrechen gegen den Staat und seinen Kultus der Behörde zwecks Durchführung eines Strafverfahrens anzuzeigen ([2],544) (der Mitschuldige ließ sich vor seiner Anzeige erst die eigene Straflosigkeit, → *ἄδεια*, zusichern); 2. die Behörde in öffentlichen Angelegenheiten (z. B. Ausroden eines heiligen Ölbaumes) zum Einschreiten von Amts wegen zu veranlassen ([1]). Das Verfahren war aufgrund einer Strafanzeige das gleiche wie bei der *εἰσαγγελία*. In derselben Bedeutung begegnet M. noch im 4./5. und 6. Jh. n. Chr. in den Pap. E. B.

1. *Lipsius* Das att. Recht und Rechtsverf., 1905–1915, 208ff. 2. *Busolt* GStk. 3. *Bonner-Smith* The Administration of Justice from Homer to Aristotle, 2,225f.

**Mercennarii** waren allg. Personen, die gegen Entgelt Dienst leisteten (Cic. off. 1,4. Varro rust. 1,17,2), bes. im röm. Heer, → Söldner. A. N.

**Mercurinus,** genannt Auxentius. Arian. Bischof am Hof → Valentinianus' II. Im J. 385 löste er als Ratgeber des Kaisers und von dessen Mutter Iustina den Streit um die von → Ambrosius verweigerte Übergabe einer der Hauptkirchen Mailands an die Arianer aus. Er ist der geistige

Urheber des Toleranzedikts für die Arianer vom J. 386 (Cod.Theod.16,1,4). O. H.

*F. Homes Dudden* The Life and Times of St. Ambrose, 1935, 280ff.

**Mercurius** I. (*Mirqurios* CIL I² 553. *Mirqurio* 2240. *Mirquri* 2504. *Mircurios* 564. *Mircurio* 1920. 2233. 2239. 2295. *Mercŭrius* zuerst Liv.Andr.frg. 21 Morel, dann CIL I² 563. 992. 1612. 1618. 2241. 2242) erhielt 495 v.Chr. (dazu paßt sein Fehlen im ältesten Kalender) Tempel in Rom, wobei der *populus* entschied, wer ihn weihte und als Leiter der *annona* ein *mercatorum collegium* einrichtete (Liv. 2,21,5. 27,5f. Val.Max. 9,3,6). Lage: SO.-Ausgamg der *vallis Murcia* am Aventin (Ov.fast. 5,669ff. Apul.met. 6,8. CIL I² p. 213); Stiftungstag: 15. Mai (CIL I² p. 318. Ov. a.O. Paul.Fest. 135,4L. Martial.7,74,5.12,67,1), »Tag der Kaufleute«, die dem M. und der Maia opferten (Macr. Sat.1,12,19. Lyd.mens. 4,80 p.132W. Cens. 22,11; vgl. CIL I² 2239. 2240. 2241 aus Delos) und Wasser aus einer Quelle an der porta Capena holten, womit sie sich und die Waren lustrierten (Ov. a.O.). Ant. Namensdeutungen aus *mirari* (Varro b. KEILGrL 7,77,3), *mediuscurrens* (Aug.civ.7,14. Arnob. 3,32. Isid.orig. 8,11,45f.), *merx* (Paul. Fest.111,10L. Serv.Aen. 4,638. Aug.civ. 4,11. Isid.orig. 8,11,3. 46); als Handelsgott verspricht und bringt M. *lucrum* (Plaut.Amph.prol.1ff. Ov. fast. 5,689. CIL V 6594. 6596 *lucrorum potenti.* VI 520 *lucri repertor.* XIII 2031 *lucrum promittit*), weshalb die falisk. Namensform *mercu-* (VETTER, HB Nr. 264f. PISANI Man.stor. IV² Nr.146F. GIACOMELLI La Lingua Falisca 54. 234) auf Weihinschr. aus der *stips votiva* des Hermes-Tempels »ai sassi caduti« (MENGARELLI, MDAI(R) 22, 297) aus **merk-u̯ŏ-* »Warenbringer« entstanden sein kann (vgl. kampan. *mirikui:* VETTER, HB Nr. 136); suffixale Namenserweiterung in Rom wie bei *longurius* u.a. nach Vorbild von Gentilnamen wie *Titurius*, *Pacurius* u.a., jedoch kein etr. Gentilkult; Angabe, die Etrusker nannten M. *Camillus* (Serv.Aen.11,558; auct.11,543. Macr.Sat. 3,8,6), durch Varro l.l. 7,34 als Mißverständnis erwiesen. Zugehörigkeit der frühen messap. Formen *morku-*, *morkuio-*, *morkio-* (PID 386. 387. 424. 434. 445. 510) und bes. des archaischen *ϑabara morqorihi* (PID 550; nur dann brauchbar, wenn *ϑabara* mit HAAS Messap. Stud. 40f. »Weihung« bedeutet; nach UNTERMANN b. KRAHE Sprache d. Illyr. 2, 181: Weiblicher Vorname) sehr unsicher. Frühe Beeinflussung seitens der griechischen Hermes-Vorstellung in den Lectisternien seit 399 v.Chr. (Liv. 5,13,6 mit Neptunus) bis 217 v.Chr. (22,10,9 mit Ceres) kenntlich. Identifikation mit den *Di magni* und Einbeziehung in die kapitolin. Trias (Serv.Aen.3,12; auct. 2,296) sehr unsicher (WISSOWA Ges. Abh. 123). Bild eines M. *malevolus* beim Ianus-Bogen (Fest.152,24L.); Milch statt Wein beim Opfer für M. im *vicus sobrius* (Paul. Fest. 383,3L.); *dies Mercurii* (Isid.orig. 5,30,6). M. und Dispater im Circus (Tert.nat.1,10; apol. 15) vielleicht als literar. Wiedergabe der etr. Götter *turms aitas* und *charun* anzusehen. Symbole des M.-Hermes auf Mz.en sehr früh; Bedeutung des M. in august. Z. in Zusammenhang mit Hor.c. 1,2,43 oft besprochen. G. R.

*Steuding*, Myth.Lex. 2,2802ff. *Deubner* bei *Chantepie* 2, 461. *Wissowa* RRel² 304ff. *Altheim* Griech. Götter 43ff. *Ders.* SMSR 8,147. *Wilamowitz* Glaube d. Hell. 2,332. *Herbig*, Mitt. Schles. Gesellsch. f. Volkskde 23, 1922, 12. *Ders.* Rel. und Kultur des Etrusker 7.12. *Ribezzo*, RIGI 15, 1931, 99. *Bömer* Ovids Fasten 2,331. *Ders.* Rel. der Sklaven 1,105ff. *Latte* RRel 162f. *Radke* Götter Altitaliens 213ff. *Dumézil* Rel. Rom. arch. 425ff. *Walde-Hof.*³ 2,74.

II. Caes. Gall. 6,17 über die Religion der Gallier: *Deorum maxime Mercurium colunt. huius sunt plurima simulacra, hunc omnium inventorem artium ferunt, hunc viarum atque itinerum ducem, hunc ad quaestus pecuniae mercaturasque habere vim maximam arbitrantur.* In der Kaiserz. war der Kult des M. – wie der des Mars – im kelt. und german. Sprach- und Kulturgebiet außerordentlich verbreitet. Von den von HEICHELHEIM, RE XV 982ff. verzeichneten mehr als 300 Weihungen, die sich inzwischen (seit 1931!) noch vermehrt haben, nennen etwas weniger als die Hälfte den Gott ohne Beinamen, doch meist mit dem Zusatz *deus* und mehrfach in Verbindung mit nichtröm. Göttern (bes. → Rosmerta); in 85 Fällen führt er einen kelt., zuweilen auch einen german. Beinamen, nach HEICHELHEIMS Liste 46 Namen, unter ihnen jeweils mehrfach belegt *Adsmerius*, *Arvernorix* oder *Arvernus*, *Canatonessis*, *Cimbrianus*, *Cissonius*, *Esus* (vgl. Lucan. 1,445 mit Sch.), *Gebrinius*, *Iovantucarus* (öfter dem Mars gegeben, ebenso *Teutates*), *Visucius.* Deutlich ist hier ein epichorischer kelt. oder german. Gott durch interpretatio Romana mit M. gleichgesetzt. Häufig erscheint M. mit 3 Köpfen, zumeist männlich-bärtigen (also nichtröm.), seltener weiblichen (wohl Rosmerta). In den vielen Fällen, wo M. mit anderen Göttern dargestellt ist, erweisen ihn die Beigaben oder Symbole als kelt. In den rein kelt. Gebieten ist der röm. interpretierte Mars häufiger, in den german. – ob schon stärker militär. besetzten – Merc., was darauf zu weisen scheint, daß er mit Wodan, dem Windgott, identifiziert wurde, und vielleicht auch, daß merkantile nicht weniger als militär. Gesichtspunkte bei der Verbreitung der Kulte mitspielten. Nicht klein ist auch die Zahl der aufgedeckten Heiligtümer des kelt.-germ. M., quadratisch mit Säulenumgang, oft auf Anhöhen. Der Kult verbreitete sich wohl im 1.Jh.n.Chr. und war auf der Höhe im 2. und 3., um im 4.Jh. zurückzugehen. K. Z.

**Merenda. 1.** Die einfache Zwischenmahlzeit, eine Art Vesperbrot, wurde urspr. (den Landarbeitern) zwischen prandium und cena gereicht. Das Wort ist lebendig nur bis ins 2.Jh. v.Chr. (Plaut. Most. 966; Vid. 52. Enn. fr. var. 26 V.

Afran. com. 183), dann erst wieder bei den archaisierenden Autoren (M. Aurelius bei Front. ep. 4,6) und den Sammelautoren (Fest. 123 M. Isid. orig. 20,2,12.3,3). W. H. G.

**2.** Als Cognomen (vgl. I. KAJANTO Soc. Sc. Fenn., Comm. Hum. Litt. 36, 1965, 91. 340) in der Gens Antonia (Nr. 13f.) und Cornelia (Nr. 54); in den Fasten der Kaiserz. nicht mehr vorkommend. H. G. G.

**Meretrix** s. Hetairai o. II 1122f.

**Meridarches.** Amtsbezeichnung in griech. und röm. Z. von Vorstehern der 3 Bezirke des Fajum (Themistos, Heraklites, Polemon). Ihr Aufgabenbereich erstreckte sich wahrscheinlich auf die *βασιλικὴ γῆ*. W. H.

**Meriones** (*Μηριόνης*). Kreter, Sohn des → Molos, Il. 10,269f. Einer der tapfersten achaischen Helden vor Troia, meist in enger Bindung an seinen Freund und Waffengefährten → Idomeneus auftretend, Il. 8,264 u. a. Das herzliche Einvernehmen der beiden Freunde und die ziemlich selbständige Stellung des M. werden betont 13, 249. 304. Viele auszeichnende Epitheta zeigen, daß M. keine bloße Nebenperson ist. Er erlegt viele Troer, 5,59 u. ö., und verwundet Deiphobos, 13, 527ff. Er meldet sich zum Zweikampf mit Hektor, 7,165, der ihm später seinen Wagenlenker Koiranos (2) hinwegrafft, 17,611. Er meldet sich zum Spähergang mit Diomedes, tritt aber vor Odysseus zurück, dem er seinen Bogen und Köcher, sein Schwert und seinen Eberzahnhelm mitgibt, 10,229. 662ff. Bei den vor Hektor flüchtenden Achaiern sucht er mit Idomeneus und anderen die Ordnung wieder herzustellen, 15,302. Patroklos' Leiche schirmt er mit den Aianten und trägt sie mit Menelaos aus dem Schlachtfeld, 17,259. 669. 722ff. Bei den Leichenspielen für Patroklos wird er wiederholt Sieger, 23,351ff. Wie Idomeneus Insasse des hölzernen Pferdes, Q. Smyrn. Sein Nostos von Ilion her verläuft in einer Überlieferung glücklich, indem er nach Knossos heimkehrt, in der anderen wird er nach Sizilien verschlagen, Diod. 5,79. 4,79. H. v. G.

*Wilam.* Il. 37.69.221. *R. Kuiper*, Mnem. 47,35f. *W. Kullmann*, H(ES) 14, 104ff. 334.

**Mermeros** (*Μέρμερος*). **1.** Troer, von Antilochos erschlagen, Il. 14,513. **2.** Vater des Königs Ilos im thesprot. Ephyre, den Od. besuchte, Od. 1, 259f. **3.** M. und Pheres, Kinder von Iason und → Medeia, von der Mutter getötet, nach den Naupaktika (Paus. 2,3,9) in Kerkyra geboren. M. wurde auf der Jagd in dem gegenüberliegenden Festland von einer Löwin zerrissen. H. v. G.

**Mermnadai** (*Μερμνάδαι*), lyd. Adelsgeschlecht, zur Dynastie um 680 v. Chr. von Gyges erhoben, ihm folgten als Könige die M. Ardys, Sadyattes II., Alyattes und Kroisos, Hdt. 1,6. Nik. Dam. FGrH 90 F 44,11. 47,5ff. H. KALETSCH, Hist. 7, 1958, 25ff. G. M. A. HANFMANN Sardis und Lydien 1960, 18ff. H. V.

**Merobaudes. 1.** Franke, Offizier unter Iulianus (Philostorg. 8,1), von Valentinianus I. zum magister peditum praesentalis befördert (372?), 375 maßgeblich an der Ausrufung Valentinianus' II. beteiligt (Amm. 30,5.10. Zos. 4,17.19). M. hatte bedeutenden Einfluß auf Gratian, setzte sich mit Erfolg für den comes Africae Romanus ein, war Gegner des älteren Theodosius (Amm. 28,6, 29), 377 und 383 Consul. Ungewiß ist, ob M. 383 zu dem Usurpator Maximus abfiel (so Chr. min. 1, 461, vgl. aber Pacat. Paneg. 28) und ob er für 388 nochmals zum Consul designiert war (DE ROSSI-SILVAGNI, Inscr. christ. urb. Romae Nr. 5996; auf 383 sucht diese Inschr. zu datieren M. WAAS Germanen im röm. Dienst im 4. Jh. n. Chr., 1965, 54f.). A. L.

**2.** M., lat. Dichter des 5. Jh. n. Chr. Nach seinem Prosapanegyrikus (9 Vollmer) und Sidon. 4, 296ff. erhielt der aus Spanien stammende Flavius M. für das Gedicht auf einen Triumph des → Aetius (3) 435 eine Statue auf dem Forum Traianum; die hiervon erhaltene Inschr. nennt ihn *vir spectabilis* und *comes sacri consistorii* (DESSILS 2950). Hinweise in den erhaltenen Frg.en führen bis in das J. 446. M. ist der poet. Klient des Aetius und der valentinian. Dynastie, er nimmt die Rolle des → Claudianus (3) auf, übernimmt auch dessen poet. Technik: die von NIEBUHR 1823 im Sangall. 908 (Palimpsest) gefundenen Frg. sind Trümmer panegyr. und ekphrast. Kleinkunst (Nr. 1 und 2 Taufgedichte, 3 Ekphrasis eines Parks, 4 Genethliakon) und Bruchstücke eines größeren Panegyrikus auf Aetius, der ähnlich Claudians In Ruf. aufgebaut zu sein scheint: Frg. 1: überall herrschender Friede, 2: Kriegsrat der Furien, 3: nach der ausgefallenen Schilderung eines ersten Feldzugs (Gallien 437?) Berufung und Lob des Aetius, 4: Belagerungsszene und Beginn des Friedenspreises. Ferner sind Stücke eines Prosapanegyrikus auf Aetius erhalten. Vor Niebuhrs Fund war nur das Gedicht de Christo bekannt; wie bei Claud. de mirac. Christi und Anth. Lat. 494c handelt es sich um hochrhet. Variationen über die 2 Naturen Christi. Die Autorschaft des M. kann – wie bei Claud. – nicht abgelehnt werden; die heidn.-chr. Mischkultur erreicht bei M. poet. ihren Höhepunkt (vgl. z. B. 4,19ff.: die kaiserliche Mutter wird die Unsterblichkeit des Prinzen nicht wie Thetis die des Achill *secretis Stygos sub undis*, sondern durch das Taufwasser zu erreichen suchen). Diese Tradition wird durch → Ennodius und Fortunatus aufgenommen und weitervermittelt. R. He.

Ta.: *B. G. Niebuhr* 1824. *F. Vollmer*, MGAA 14 (1905). Lit.: 1. *O. Lenz*, RE XV 1039ff. 2. *S. Gennaro* Da Claudiano a M., 1959.

**Merodachbaladan** s. Marduk-apla-iddina

**Meroe.** Als etwa um 300 v. Chr. die Hauptstadt des nubischen Reiches von Napata nach S. verlegt wurde, residierten die Könige in M., das bereits vorher bekannt war (Urk. III 130. 142). Dort hatte ein König Aspalta (Anf. 6. Jh. v. Chr.) einen Sonnentempel angelegt, den Hdt. 2,29 erwähnt. M. liegt am Nil s. der Atbaramündung. Ausgegraben wurden Reste eines Amuntempels von 135 m Länge (vgl. Hdt. 2,29), in dem die Staatsorakel gegeben wurden, ferner ein Isis(?)- und ein Tempel des Löwengottes Apezemak. Ferner wurden die Herrscher des jüngeren Aithiopenreiches bei M. in Pyramiden beigesetzt (b. Begarawije). In M. residierte der auch den Griechen bekannte König Ergamenes (z. Z. Ptolemaios' IV.). Neros Kundschafter besuchten M. und konnten eine ziemlich genaue Entfernungsangabe von Assuan bis M. mit 975 mp machen (Plin. nat. 6,184). Mit der Mitte des 4. Jh. n. Chr. endet die Stellung M.s mit der Eroberung durch die Aksumiten. Die nach M. benannte meroit. Sprache in einer besonderen, von der äg. abgeleiteten Schrift ist weitgehend noch unentziffert. W. H.

*Garstang* Meroe (1911). *Crowfoot* Island of Meroe (1911). *Griffth* Meroitic Inscriptions I/II (1911). *Hintze* Stud. z. meroit. Chronologie (1959).

**Merope** (*Μερόπη*). **1.** Pleiade, Tochter des Atlas, Gattin des → Sisyphos von Korinth, Mutter des →Glaukos (2), Apollod. 1,85. 3,110. Hyg. fab. 192. **2.** Tochter des Oinopion und der Helike von Chios, von → Orions Liebe verfolgt, Apollod. 1,25. Hyg. astr. 2,34. **3.** Tochter des Arkaders Kypselos (1), Gattin des Kresphontes, dann des Polyphontes, Mutter des Aipytos (3), Apollod. 2,180. Hyg. fab. 137. Paus. 4,3,6. **4.** Gattin des Königs Polybos von Korinth, angebliche Mutter des Oidipus. Soph. Oid. T. 775. Sonst Periboia. H. v. G.

**Meropis. 1.** Vom Historiker→Theopompos erfundenes Sagenland, dessen Beschreibung das Prunkstück der Offenbarung des Silenos an Midas bildete (FGrH 115 F 74–75; Sch. Xen. an. 1,2,13 in SIFC 3,525 verlegt die Szene nach Phrygien, nicht nach Makedonien, wie nach F 74b allg. angenommen). Das Land soll sich unbegrenzt jenseits des Ozeans ausdehnen, der den begrenzten Bereich der Oikumene umströmt (vgl. Plat. Tim. 24 E). Seine Einwohner unterscheiden sich von den diesseits des Ozeans durch doppelte Lebensdauer und Körpergröße, durch Lebensweise und Gesetze, ferner dadurch, daß sie das denkbar höchste Glück der Hyperboreer als dem ihrigen nachstehend betrachteten. Ihre Städte hießen *Μάχιμος* und *Εὐσεβής*: sie versinnbildlichen in übertriebenen Zügen die Antinomie zwischen Krieg und Frieden. Weiter entfernt (?) liegt das Land der Meropes – etwa Archetypen der Menschheit – mit dem Ort *Ἄνοστος*, um den sich der Lust- und der Trauerfluß (*Ἡδονῆς* und *Λύπης*) ziehen, ebenfalls allegor. Utopie. Bericht und Zitat bei Ail. var. 3,18 lassen kaum kyn.-pessimist. Färbung erkennen (R. Hirzel, RhM 47,378ff.), wohl aber die ausgesprochene literar. Absicht, Platons Atlantis durch die Fülle der märchenhaften Züge und die scheinbar ernstere Behandlung der Geographie zu übertrumpfen, womit die Schilderung das Panchäische Land des Euhemeros ankündigt und als Vorläufer des griech. Romans betrachtet werden darf. F. L.

*F. Gisinger*, RE XV 1056–1065.

**2.** M., bei Schriftstellern des 5. Jh. gebrauchter Beiname der Insel Kos, Thuk. 8,41,2. (Diod. 13, 42,3). Pherekyd. FGrH 1 F 78 in Sch. Il. 14,255, danach Paus. 6,14,12, wo aber in der zitierten Inschr. Olympia 170 = SEG 11,1242 *Μέροπος νᾶσος* steht, und dichterisch. Die Einwohner heißen bei Pind. N. 4,26. I. 6 (5), 46 (31) mit Sch. N. 4,42a und dichterisch bei Späteren *Μέροπες*, später als Name der Vorbewohner erklärt. E. M.

*Modrze*, RE XV 1055f.

**Merops** (*Μέροψ*). **1.** Eponym und König der Meroper auf der Insel Kos (Quint. Smyrn. 8,6,71). Seine Frau, die Nymphe Echemeia, versäumte den Kult der Artemis und wurde lebend von Persephone in den Hades gebracht. M., der sich in Sehnsucht verzehrte, wurde von Hera in einen Adler verwandelt und verstirnt, Hyg. astr. 2,16. Sch. Il. 24,293. Cook Zeus 1,755,6. 2,1132. **2.** Vater des Eumelos, Anton. Lib. 15, s. → Agron (1). **3.** König der Aithiopen, Gemahl der → Klymene (1), die von Helios Mutter des Phaethon wurde, Ov. met. 1, 755f. Strab. 1,33. **4.** König von → Rhyndakos, aus → Perkote am Hellespont, Seher, Il. 2,830ff. 11,329ff. Strab. 13,586. Seine Söhne Adrestos und Amphios zogen gegen seinen Willen den Troern zu Hilfe und fielen. Seine Töchter → Kleite und Arisbe, die 1. Gemahlin des Priamos, Apollod. 3,147f. Cook Zeus 2,1072. **5.** Kreter, Vater des →Pandareos, Paus. 10,30,2. Anton. Lib. 36. Sch. Pind. O. 1,90. **6.** Troer, Gefolgsmann des Aeneas, von Turnus beim Sturm auf das Lager des Aeneas erlegt, Verg. Aen. 9,702. H. v. G.

**Merula.** Cognomen (vgl. I. Kajanto Soc. Sc. Fenn., Comm. Hum. Litt. 36, 1965, 24f. 331) bei den Corneliern (I. Nr. 55–57). Degrassi FCap. 146. H. G. G.

**Mesala,** nach Plin. nat. 6,158 (nach Iuba, dieser nach Uranios, frühes 1. Jh. v. Chr.?) Stadt und Ausfuhrhafen der → Homeritae in Arabia Felix, ident. mit Mesalum Plin. 12,69. M. ist wohl al-ᶜAṣṣala (dialekt. m-ᶜAṣṣala) in Abyan an der Mündung des Wadi Bana in den Ind. Ozean ö. Aden. A. D.

*H. v. Wissmann*, Le Muséon 77, 1964, 438–440.

**Mesambria** (*Μεσαμβρία*). **1.** H. Nesebăr. Griech. Kolonie an der W.-Küste des Schwarzen Meeres am N.-Eingang des Golfes von Burgas, von Kalchedon aus mit Zuzügen aus der Mutterstadt Megara und aus Byzantion z. Z. des Skythenzuges des Dareios gegründet. Der Stadtname ist thrak. Herkunft. Erste Blüte im 5. Jh. v. Chr. Wahrscheinlich in diese Z. fällt die Gründung des Städtchens (*ἐμπόριον*) Naulochos und der *κώμη* Larisa von M. In der hellenist. Zeit bestanden rege Handelsbeziehungen zu Olbia, Byzantion, Kallatis u. a., aber auch zu den thrak. Nachbarn im Hinterland. Während des Kelteneinbruchs in Thrakien erging es M. besser als seiner Nachbarstadt Apollonia; es konnte seine Unabhängigkeit wahren und seine guten Beziehungen zu den thrak. Nachbarn und zu Kallatis aufrechterhalten; Sadalasinschr. sowie Proxeniedekret für einen Kallatianer (Neufund). Gegen E. der Mithradat. Kriege wurde M. von den Römern besetzt, aber nicht zerstört und geplündert, auch den Geteneinbruch unter → Burebistas überlebte M. – Der Wohlstand M.s ruhte auf Landwirtschaft, Weinbau und dem regen Handel mit den thrak. Nachbarn (bes. den Astai). Die Kulte waren die der Mutterstadt Kalchedon bzw. Megara. In der Römerzeit drangen oriental. und thrak. Kulte ein. Hdt. 3,4,93. 6,33. Strab. 7,319. Syll.$^3$ 899. Skyl. 68. Inschr.: Mihailov, IGB I 153ff. Chr. D.

*Casson* Macedonia, Thrace and Illyria, 251, 245. *Lenk*, RE XV 1072ff. *Danoff* Die westliche Pontosküste im Alt. (bulg.), Sofia 1947, 114ff. *Ders.* Pontos Eux., RE Suppl. IX 1071ff. *D.M. Pippidi* und *D.Berciu* Geten und Griechen am Unterlauf der Donau (rumän.), Bukar. 1965, Ind. s. Mesambria. *Gălăbov* Nesebăr u. s. Monumente$^2$, Sofia 1961 (bulg.). *Danoff*, Altthrakien, Sofia 1968, im Druck (bulg.).

**2.** M. Halbinsel an der pers. Küste des Persischen Golfes, reich an Obstgärten, 200 Stadien s.ö. von Taoke am Granisfluß, die h. Halbinsel von Buschir, Arr. Ind. 39,2f.; erwähnt auch von Plin. nat. 6,99 als *insula sine nomine*, von Marcian. Heracl. per. 1,24 als *χερσόνησος*; Ptol. 6,4,2: *Χερσόνησος ἄκρα*. K. Z.

*Curzon* Persia II, 1895, 230ff. und Karte bei S. 198. *Weissbach*, RE XV 1074f.

**Mesatis.** Eine der 3 Ortschaften oder Landstriche, aus denen die Stadt → Patrai gebildet wurde, mit Dionysoskult, genauer das Hügelland ö. und n. von Patrai, Paus. 7,18,4f. 19,1. 21,14. E. M.

*E.Meyer*, RE XV 1075f.

**Mesatos,** Tragiker, 5. Jh. v. Chr. Bezeugt: [Eurip.] Epist. 5,2; POxy. 2256, Frg. 3; IG II$^2$ 2325, Col. I .... *τος* ?? F. St.

*A.Pickard-Cambridge* The Dramatic Festivals of Athens, Oxf. $^2$1968, 112. 117.

**Mescinius.** Röm. Gentilname (*Μεσκίνιος*, Mescenius u.a., s. Schulze Eigenn. 193. 272. 288), inschr. um 100 auch auf Delos nachweisbar, RE XV 1076. **1.** L. M. Rufus, 51 Quaestor unter Cicero in Kilikien, wo er bis nach dem Juli 50 blieb, Broughton Mag. 2,242. Über die getrennt von beiden vorgenommene Rechenschaftsablage nach Beendigung ihrer Amtszeit kam es zu Differenzen (Cic. fam. 5,20; vgl. Mommsen RStR 1,298ff. 703f.). Cicero änderte sein zunächst ungünstiges Urteil über M. (Att. 6,3,1) mit der Zeit und wurde 46 v. Chr. nach längerer Korrespondenz direkt freundlich (Empfehlung an Ser. Sulpicius Rufus, fam. 13,26, vgl. 13,26,1 u.ö.). **2.** L. M. Rufus, vielleicht Sohn von Nr. 1, Münzmeister *(III vir monetalis)* im J. 16/15. v. Chr. Grueber Coins 2, 53 Nr. 4487. PIR 2,365 Nr. 360. H. G. G.

**Mesene** (*Μεσηνή*, Bewohner *Μεσηνοί*) die von Strab. 2,84. 16,739. Steph. Byz. s. *Ἀδιαβηνή*, *Ἀπάμεια*, *Μεσσήνη*, *Ὄραθα*, *Πέρσα*, *Σπασίνου χάραξ*. Plin. nat. 6,129. 131. 132 unter diesem Namen mit vielfach widerspruchsvollen Angaben angeführte Landschaft zwischen den Unterläufen von Euphrat und Tigris, deren Grenzen infolge der starken Veränderung der Flußläufe und der weitgehenden Verlandung des ganzen Mündungsgebietes nicht feststellbar sind; ident. mit → Charakene. K. Z.

**Mesengyema** (*μεσεγγύημα*). Gemeinschaftsverwahrung ([1]): Hingabe von Geld oder beweglichen Sachen an einen Vertreter, *μεσέγγυος*, zur gemeinsamen Verwahrung für mehrere, *μεσεγγυησάμενοι*, mit Abrede über Rückgabe an einen von ihnen (Harpokr. s. *μ.*). Gegen den Verwahrer stand wohl die *δίκη ἐγγύης* auf Herausgabe des *μ.* zu. Die Hinterleger werden ihren Streit mit dem Sequester über den Eintritt der vereinbarten Bedingungen mit einer *δίκη παραβάσεως συνθηκῶν* ausgetragen haben ([2]). Das M. fand vor allem Anwendung, wenn die Bedingung der Rückgabe sich wegen Verstoßes gegen ein Gesetz nicht erzwingen ließ, so z.B. bei einer Bestechungssumme oder bei einem Erfolgshonorar für Redner. In der gleichen Bedeutung begegnet das M. noch im 2. und 3. Jh. n. Chr. in den Pap. E. B.

1. *Partsch* Griech. Bürgschaftsrecht, 311ff. 2. *Lipsius* Das att. Recht und Rechtsverf., 1905–1915, 714ff.

**Mesia silva.** Wald unbekannter Lage, unter Ancus Marcius von Rom Veii abgenommen (Liv. 1,33,9); unsichere Spekulationen b. Nissen It. Ldk. 2,359f. G. R.

**Mesites** (*μεσίτης*) bezeichnete immer einen Mittelsmann [1], wenn auch in verschiedenen Rollen. 1. Den M. zwischen Staaten (Pol. 28,17,8. Suda s. *μ.*: *εἰρηνοποιός*. [5]). 2. Im ptolem. Äg. den vom Strategen den in der Gaumetropole wohnhaften Prozeßparteien mitgegebenen M. (Pap. Lille 28,11. [6]). 3. In röm. Z. den von den Parteien vorgeschlagenen *iudex*, der *μ.* (= *arbiter*) *καὶ κριτής* genannt wird ([2]. [3]. [4]). 4. In den Pap. den Verwahrer bei einer Gemeinschaftsverwahrung, → Mesengyema. 5. Im byz. Äg. den Vertrauensmann der Steuerzahler in den Staatsspeichern (Pap. WB., Bd. 2, s. *μ.* 4). E. B.

1. *R.Hirzel* Themis, Dike und Verwandtes, 1907, 89. 92, 8. 2. *Mitt.-Wilcken* Grdz., 43. 3. *L.Mitteis*, H 30, 616ff. 4. *G.Semeka* Ptolem. Prozeßr., 1913, 216ff. 5. *M.N. Tod* Intern. Arbitration amongst the Greeks, 1913, 40. 6. *E.Berneker*, Études de Papyrologie 2, 1933, 60.

**Mesoa** (*Μεσόα*). Eine der 4 Oben von Sparta, und zwar der Stadtteil s.w. des Theaters, Strab. 8,5,3 p. 364. Paus. 3,16,9. 15,2. Steph. Byz. s. *Μεσσόα* und *Ἀλκμάν*. IG V 1,515. E. M.

*Bölte*, RE XV 1100.

**Mes(s)ogis** (*Μεσωγίς* oder *Μεσσωγίς*). Die im s.w. Kleinasien o.-w. von → Kelainai bis → Mykale streichende, bis 1600 m ansteigende Bergkette, h. Djuma Dağ. Sie trennte die Täler des → Kaystros und des → Maiandros und bildete die Grenze zwischen Lydien und Karien, doch war die Bevölkerung am S.-Hang noch z.T. lydisch. Der am S.-Hang wachsende Wein wurde gerühmt. Strab. 13,629. 14,636. 648–650. Ptol. 5,2,13. J. Keil RE XV 1100ff. K. Z.

**Mesola** s. Messenien

**Mesolabion.** Ein von → Eratosthenes (2) erfundener Spezialrechenschieber (s.o. II 344,55) zum Auffinden zweier mittlerer Proportionalen zwischen gegebenen Größen, also zum Finden von prakt. brauchbaren Approximativlösungen der Gleichungen $x^2 = ay$ und $y^2 = bx$, angeregt durch das sog. delische Problem (Würfelverdoppelung). J. M.

**Mesomedes** (*Μεσομήδης*) von Kreta, griech. Kitharöde und Lyriker aus der 1. Hälfte 2. Jh. n. Chr., nach Suda ein Freigelassener des Hadrian. Vom Werk des M. sind seit 1906 11 direkt überlieferte und 2 in die Anth. Pal. bzw. Plan. aufgenommene → Hymnen bekannt. Zu dreien davon (*εἰς Μοῦσαν* [Echtheit fraglich], *εἰς Ἥλιον*, *εἰς Νέμεσιν*) ist auch die – diaton. ausgelegte – Musiknotation erhalten. Diese Hymnen gehören somit zu den wenigen greifbaren authentischen Zeugnissen der ant., wenn freilich auch erst kaiserzeitlichen Musik. U. K.

Text (mit Lit.) bei *E. Heitsch* Die griech. Dichterfrg. der röm. Kaiserzeit I$^2$, (AGG phil.-hist., 3. F., 49), 1963, 24–32. Zur musikalischen Seite vgl. *C. v. Jan* Mus. Scr. Gr., 1895 ($^2$1962), 454–473. *Ders.* Suppl. 1899 ($^2$1962) 40–59 (jeweils mit Noten) und *E. Pöhlmann* Griech. Musikfrg., Erl. Beiträge 8, 1960.

**Mesopotamia.** Als *Μεσοποταμία* wird erstmals z.Z. Alexanders d. Gr. das Gebiet zwischen Euphrat und Tigris von oberhalb des h. Baghdad bis zum Tur Abdīn bezeichnet (Arr. an. 3,7,3. 7,7,3, vgl. Diod. 18,3,3). Das entspricht etwa dem Sprachgebrauch des Aramäischen des 1. vorchr. Jt., das *beyn nahrīn* »zwischen den (beiden) Flüssen« verwendet anstelle von akkad. *māt birītim* bzw. *birīt nārim* »Zwischenflußland«. Der akkad. Ausdruck meint aber nur das syr. Gebiet im Euphratknie am O.-Ufer des Flusses bis etwa zum Ḫabūr-Gebiet. Der hellenist. Begriff ist also eine Ausweitung des urspr. sehr viel engeren, er hat sich aber durchgesetzt und wird bis h. verwendet. Oft findet sich daneben der ungenaue Sprachgebrauch, der mit M. das gesamte Gebiet vom Taurus bis zum Pers. Golf bezeichnet (entspr. dem h. Iraq und n. Syrien), der im Alt. allein bei Ptolemaios erscheint.

Geographie: Die reichen inschr. Nachrichten aus M. (sumer. Texte des ausgehenden 3. Jt. v. Chr., Mari-Archiv, assyr. Inschr., Briefe usw.) stellen viel Material für die Geographie M.s vom 2. Jt. v. Chr. an zur Verfügung. Die Quellen sind aber noch nicht systemat. ausgewertet. Für die altbabylon. Z. bedeutsam sind bes. 3 Itinerare, die Reisewege von Sippar bis Emar mit Distanzangaben enthalten (A. Goetze, Journ. Cun. Stud. 7, 1953, 51–72. W. W. Hallo, ebd. 18, 1964, 57–88. A. Goetze, ebd. 114–119). Aus jüngerer Z. sind ebenfalls einige, wenn auch kürzere Itinerare erhalten, ferner enthalten assyr. Feldzugberichte oft neben den Kampfschilderungen Hinweise auf die einzelnen Marschstationen. Ausführlich, wenn auch in Einzelheiten oft nicht übereinstimmend, sind auch die geograph. Angaben klass. Autoren. Herodot und Xenophon berichten wenig Verläßliches, dagegen ist die Route der parth. Königsstraße, wie sie Isidor von Char. bietet, recht zuverlässig. Hinzu kommen noch die Angaben bei Ptol. die Tab. Peut. (teilweise zerstört), die Angaben über die Route Iulians beim Feldzug des J. 363 (bei Amm. Marc. 23,3,7ff. 5,1ff. 14,1,1ff. Zos. 3, 13ff.) und schließlich das Itin. Ant. Die Identifizierung vieler der in diesen Quellen genannten Ortslagen macht auch h. noch erhebliche Schwierigkeiten.

Bevölkerung. Geschichte: M. wurde im Neolithikum seit der sog. Hassuna-Periode (ca. 5700–5050 v. Chr.) von einer bäuerlichen Bevölkerung besiedelt. Um 4500 befindet sich im Ḫabūr-Gebiet um Tell Halaf ein Zentrum neolith. Bauernkultur mit Buntkeramik. Später wird das Bild uneinheitlich. Im frühen Ninive, in Tepe Gawra (Rundbauten kultischer Bestimmung) und Tell Brak (Augentempel) werden verschiedene kulturelle Traditionen sichtbar, die auf verschiedene ethn. Komponenten schließen lassen. In der Mitte 3. Jt. v. Chr. ist Mari (Tell Ḫarīrī am mittleren Euphrat) Bindeglied zwischen dem kulturell unabhängigen M. zum sumer. Süden. Die Bevölkerung besteht bereits teilweise aus Semiten, die zumindest auf dem Wege des Handels Beziehungen zu Sumer unterhalten. Funde sumer. Beterstatuetten erweisen ihn etwa für Tell Chuēra in N.-Syrien. Eindeutig semit. ist der Hauptteil der Bevölkerung Anf. 2. Jt. v. Chr., als das Gebiet teilweise dem Reich der 3. Dyn. von Ur angegliedert war. Wenig später machen sich 2 neue Komponenten bemerkbar: Vom W. her drängen nomadisierende Stämme der westsemit. Amoriter ins Land und begründen ihre Herrschaft in einzelnen Stadtstaaten, so in Mari und Aleppo. Vom NO. her bedrängen die Hurriter das altassyr. Reich, das unter Šamši-Adad I. (ca. 1750–1717) ebenfalls unter amorit. Herrschaft geriet. Ḫammurapi verleibt seinem Staat Teile M.s ein, doch gehen sie bald wieder verloren, und nach dem Zusammenbruch der Stadtstaaten dehnen die Hurriter ihren Staat (Mitanni) um 1680 unter einer indo-ar. Herrenschicht bis zum Mittelmeer aus. Die Hauptstadt ist Waššukanni im Ḫabūr-Gebiet. Angriffe der → Hethiter und Vorstöße der Ägypter nach N.-Syrien schwächen dieses Reich, doch erst der heth. König →

Suppiluliuma I. kann es um 1350 entscheidend schlagen. In der Folgezeit ist M. zunächst Zankapfel zwischen Hatti und dem neu erstarkten Assyrien, bis Tukultī-Ninurta I. (1234–1198) fast ganz M. in seiner Hand vereinigte. Wenig später erfolgt der Zustrom einer neuen semit. Bevölkerung, der Aramäer, die in einer Zeit assyr. Schwäche von großen Teilen M.s Besitz ergreifen und wiederum kleine, oft kurzlebige Staaten gründen. Das Ziel der assyr. Herrscher von Aššurdān und Adadnērārī II. an ist es deshalb, ganz M. bis zum Mittelmeer unter ihre Herrschaft zu bekommen. Das ist endgültig unter → Tiglatpileser III. (744–727) geschehen. Bis zum Untergang des neuassyr. Reiches ändern sich die Verhältnisse nicht, auch die Chaldäerkönige gliedern M. in ihr Reich ein, müssen aber einen schmalen Streifen bis nach Ḫarrān (Karrhai) an Medien abtreten. 539 v.Chr. fällt → Kyros mit Babylonien auch M. in die Hand, das inzwischen völlig von Aramäern besiedelt ist. Als Neuankömmlinge erscheinen in diesem Gebiet jetzt auch Araber, weshalb wenig später Xenophon die Gegend ö. des Ḫabūr als Ἀραβία bezeichnet (Xen.an.1,5,1). Unter den Achaimeniden war M. zeitweilig in die Satrapien Syria und Assyria aufgeteilt, nach der Eroberung durch Alexander (Schlacht bei Gaugamela 331) gab es nur noch eine Satrapie M., die auch in der Folgezeit von erheblicher Bedeutung war. Davon legen zahlreiche Neugründungen von Städten Zeugnis ab (→ Apameia, → Dura-Europos, → Edessa, → Seleukeia usw., s. V. Tscherikower Die hellen. Städtegründungen [1927]). Nach der Schlacht von → Gaza (312) kam M. unter seleukid. Herrschaft. Es kann, von Kriegen weitgehend verschont, die Zwischenstellung zwischen den beiden Reichsteilen vor allem wirtschaftlich nutzen, die neuen Städte blühen mit griech. Siedlern auf. Erst 129 fiel auch das eigentliche M. nach dem Tode des Antiochos Sidetes an die Parther, was zu einem starken Zustrom von Arabern führte. Wenig später kommt es zu einem Skytheneinfall, doch kann sich die parth. Herrschaft behaupten. Hauptstadt wird → Ktesiphon, besondere Bedeutung erlangt auch → Hatra. M. ist in die Provinzen Osroene, Sophanene und Adiabene eingeteilt. Kurzfristig gelangen Teile M.s zwischen 83–69 v.Chr. an → Tigranes II. von Armenien. → Phraates III. erhält es infolge der Kämpfe zwischen Römern und Armeniern zurück. → Orodes I. kämpft bei Karrhai um diesen Besitz und schlägt → Crassus vernichtend. In den folgenden 150 J. respektieren beide Reiche die Euphratgrenze, M. bleibt unter parth. Oberhoheit, wenn auch unter teilweise selbständigen Kleinfürsten (Anthemusia, → Osroene, → Adiabene, → Seleukeia, → Hatra). Mit diesen Vasallen hat sich auch Traian auseinanderzusetzen, als er 114–117 n.Chr. M. annektieren will (Cass.Dio 68,18–33. Zon.11, 21. Eutr. 8,3,6. Oros.7,12). Dies mißlingt infolge des Aufstandes von 116, die Grenze liegt wieder am Euphrat, wird aber unter Marc Aurel von den Parthern überschritten. Nach dem Partherkrieg des Verus 162–165 bleibt M. im röm. Einflußbereich. Sept. Severus befestigt hier die röm. Macht, doch kommt es 195 zu einem Rückschlag, ganz M. bis auf → Nisibis fällt wieder an die Parther. 197 erobert Severus das Gebiet zurück, es bleibt fest in röm. Hand, nur Edessa wird als eigenes Königreich anerkannt und erst von Caracalla vorübergehend beseitigt. Das Gebiet konnte auch zu Beginn der Sassanidenherrschaft gehalten werden. → Schapur I. entriß M. → Maximin, dann ändern sich die Besitzverhältnisse oft, selbst Odaenath von Palmyra beherrscht zeitweilig Teile von M. mit Karrhai und Nisibis. Erst Diocletian stellt im Verlauf seines Perserkrieges (296/97) die alten Besitzverhältnisse wieder her, die bis 336 unangefochten bleiben. Schapur II. eroberte in langwierigen Kämpfen mit Constantius große Teile M.s von den Römern zurück. Noch ungünstiger war dann die Situation nach dem vergeblichen Feldzug Iulians und dem folgenden Frieden Iovians von 363. Die Grenze wurde jetzt w. Nisibis vom Tur Abdīn zum Ḫabūr gezogen (Amm. 23,2–25,10. Zos. 3,12–34). Trotz verschiedener Versuche beider Seiten, diese Grenze zu verändern (Perserkriege Iustinians 527 und 540), blieb sie im wesentlichen konstant, bis 633–640 das gesamte Gebiet nebst Syrien an die Araber fiel.

Kultur: M. ist kulturell nie eine Einheit gewesen. Das verhältnismäßig reiche Gebiet im sog. »Fruchtbaren Halbmond«, zu dem auch M. gehört, war stets bevorzugtes Siedlungsgebiet neu zuströmender Bevölkerungsgruppen (Amoriter, Hurriter, Aramäer, Araber). Diese standen aber gewöhnlich in kultureller Abhängigkeit von den benachbarten Hochkulturen. Infolge der uneinheitlichen geograph. Struktur kam es auch nie zur Errichtung eines zentralmesop. Reiches. Deshalb ist M. stets das Land von Mischkulturen gewesen: Sumer. und babylon. Einfluß herrscht im 4. und 3. Jt. vor, im 2. Jt. stoßen hierzu noch hethit., äg. und syr.-phoinik. Elemente. Die aramäische Kultur ist stark von der assyr. bestimmt, später ist hellenist. Formen- und Gedankengut in den Raum eingeströmt. Große Bedeutung gewannen schließlich die Zentren nestorian. Christentums in Nisibis und Seleukeia im Gegensatz zum westsyr. Monophysitismus; Edessa war Sitz eines Patriarchen und Ausgangspunkt der Mission nach dem O. (chr.-syr. Lit.). W. Rö.

*E. R. Bevan* The House of Seleucsu (1902). *V. Chapot* La frontière de l'Euphrate, de Pompée à la conquête arabe (1907). *F. Schachermeyr*, M., RE XV 1105–1163. *E. Bikerman* Institutions des Séleucides (1937). *F. A. Lepper* Trajan's Parthian War (1948). *L. Dillemann*, Haute Mésopotamie orient. et pays adjacents (1962). *J. J. Finkelstein* Mesopotamia, JNES 21, 1962, 73–92. *K. H. Ziegler* Die Beziehungen zwischen Rom und dem Partherreich (1964). *E. Cassin*, *J. Bottéro* u. a., Fischer-Weltgesch. 2–4: Die Altoriental. Reiche I–III (1965/67). *F. Stark* Rome on the Euphrates (1966).

**Mespila** (*Μέσπιλα* Xen. an. 3,4,10; *Μίσπιλα* Steph. Byz. s.v., der Xen. zitiert), große, wüst liegende Stadt oder Festung (*τεῖχος*) am O.-Ufer des Tigris, einst von den Medern bewohnt, die die Zehntausend nach einem Marsch von 6 Parasangen von → Larisa (8) aus erreichen. Auf einem Sockel aus Muschelkalk von 50 Fuß Breite und Höhe (?), erhebt sich eine Ziegelmauer von 50 Fuß Breite und 100 Fuß Höhe. Der Umfang der Mauer beträgt 6 Parasangen (= 33 km). Dorthin soll Medeia, die Frau des Königs, geflohen sein, als die Meder das Reich an die Perser verloren. Diese Stadt konnte der König der Perser weder mit Gewalt noch durch Hunger bezwingen, aber Zeus erschreckte die Bewohner durch ein Gewitter, und so wurde sie genommen. Xen. gibt so offenbar die wirren Erzählungen von Einheimischen wieder. Es handelt sich ohne Zweifel um → Ninos (Ninive). K. Z.

**Messalina. 1.** (Statilia) M. Wohl Tochter des T. Statilius Taurus, cos. 44. Gattin Neros, nachdem sie vorher vier Ehen eingegangen war, zuletzt mit Atticus Vestinus, den Nero im J. 65 töten ließ, Tac. ann. 15,68,3. Suet. Ner. 35,1. Anf. 66 heiratete er M. Sie begleitete ihn auf seiner Griechenlandreise 66/67, CIL VI 2044c, und überlebte Nero. Otho wollte sie nach Suet. Otho 10,2 zur Frau; in der röm. Gesellschaft spielte sie auch unter den Flaviern eine Rolle, Sch. Iuv. 6,434. – Ihr Bild ist nur durch Mz. bekannt, Cohen $I^2$ p. 316. – M. Floriani Squarciapino, Enc. art. ant. 4, 1961, 1080. **2.** (Valeria) M. Tochter des M. Valerius Messalla Barbatus und der Domitia Lepida, Suet. Claud. 26,2. * ca. 25, wurde sie kaum dem Kindesalter entwachsen ca. 39/40 die dritte Gattin des Kaisers Claudius, dem sie 41 die Octavia und 42 den Britannicus gebar. Der Augustatitel wurde ihr nicht gewährt (Cass. Dio 60,12,5; widerrechtlich auf Mz., Cohen $I^2$ 268); wohl aber im J. 43 die Proedrie über die Vestalinnen, Cass. Dio 60,22,2. Von Natur aus von derber Sinnlichkeit gab sie sich in ihrer Ehe mit dem um 30 J. älteren Claudius zahlreichen Männern hin, Cass. Dio 60,31,1. Plin. nat. 10,172. Iuv. 6,115–132. Teils dadurch, teils infolge ihrer maßlosen Habsucht fanden viele durch M. den Tod, so C. Appius Iunius Silanus (J. 42), Cass. Dio 60,14,3, Iulia Livilla (ca. 42), 60,8,4f., Iulia, die Tochter des Drusus (43), 60,18,4. Tac. 13,32,3, Catonius Iustus (43), Cass. Dio 60,18,3, M. Vinicius (46), 60,27,4, Valerius Asiaticus (47) Tac. ann. 11, 1–3, Mnester (47), Tac. ann. 11, 36,1, Cn. Pompeius Magnus (47), Cass. Dio 60,29,6a., Polybius (47), 60,31,2, u.a. Ihre Ehe mit C. Silius brachte ihr schließlich im J. 48 durch die mächtigen Freigelassenen Narcissus, Pallas und Callistus den Untergang, Tac. ann. 11,12–38. Sie verfiel der *damnatio memoriae*, CIL VI 918. AE 1948, 16. Mz.: Cohen $I^2$ p. 265; 267–69. Bildnisse: vor allem ein Sardonyx in der Nationalbibliothek in Paris, M. Floriani Squarciapino, Enc. art. ant. 7, 1966, 1079f. R. H.

*Kornemann* Große Frauen 226ff.

**Messalinus.** Cognomen (vgl. I. Kajanto The Lat. Cognomina, Soc. Scient. Fenn, Comm. Hum. Litt. 36, 1965, 194) in der Gens Valeria, RE VIII A 159ff. Nr. 264f., später auch bei den Aureliern und bei C. Prastina, cos. 147 n. Chr. (RE XXII 1720f.). Degrassi FCap. 146; FCons. 259. H.G.G.

**Messalla** (Messala). Röm. Cognomen eines führenden Zweiges der patriz. → Valerii, dem 1. Träger im J. 263 nach dem Sieg bei der Stadt Messana beigelegt, Sen. brev. vit. 13,5. Macr. s. 1,6, 26. RE IV 227. Entstanden aus osk. **Messanans*, daraus *Messalans*, *Messalas*, M. (K. Meister, Lat.-griech. Eigenn. 1,150. J. Reichmuth Die lat. Gentilicia, Diss. Zürich 1956, 55f.; etwas anders: I. Kajanto The Lat. Cognomina, Soc. Scient. Fenn., Comm. Hum. Litt. 35, 1965, 194). Stammbaum: Hanslik, RE VIII A 143ff.

I. Republikanische Zeit. **1.** M.' Valerius Maximus Mess. (M.f. M.n.), der 1. Träger des Cognomens. Consul 263 zusammen mit M.' Otacilius Crassus (Quellen u.a. bei Broughton Mag. 1,203); beide coss. hatten die Stadt Messana an der NO.-Spitze von Sicilien gegen Karthago und Syrakus zu schützen. M. dürfte dabei die größeren Erfolge gehabt haben – er nahm u.a. Katane und schloß mit → Hieron (2) einen Vertrag –, erhielt jedenfalls die höheren Ehren: einen Triumph *de Poeneis et rege Siculor(um) Hierone* und den Siegesbeinamen, als 1. Römer nach einer außerital. Stadt, FCap. 491: *qui in hoc honore Messall(a) appell(atus) e(st)*. Pol. 1,16f. Diod. 23,4,1f. F. Münzer De gent. Val. 50, Nr. 51. A. Heuss Der erste Pun. Krieg und das Problem des röm. Imperialismus, 1964, 30f. H. Bengtson RG 1967, 75. M. ließ in Rom nahe der Curia Hostilia ein Siegesgemälde aufstellen, das noch bis kurz vor 52 v. Chr. vorhanden war und dem Platz den Namen *ad tabulam Valeriam* gab, Plin. nat. 35,22, vgl. H. Berve Hieron II., 1959, 33. Aus Katane brachte er die 1. Sonnenuhr nach Rom und ließ sie an den Rostra aufstellen, Varro (Plin. nat. 7,214). Censorin. nat. 23,7. A. Rehm, RE VIII 2420, vgl. H. Diels Ant. Techn. 155ff. 252 wurde M. Censor mit P. Sempronius Sophus, vgl. Degr. I. 13,1. 42f. 434f.; sie stießen 16 Mitglieder aus dem Senat und versetzten 400 Ritter unter die Aerarier (wegen Befehlsverweigerung in Sicilien). **2.** M. Valerius Mess., Sohn von Nr. 1, gab den ererbten Beinamen Maximus auf. Consul 226, Flottenpraefect 210–209 (vielleicht sogar bis 206), wobei er bis in den Raum Utica vorstieß, Liv. 27,5. **3.** M. Valerius Mess., Sohn von Nr. 2. Aedil (cur.) wohl 195, Praetor (peregr.) 193, Consul 188 mit C. → Livius Salinator (14), verwaltete Ligurien, wo er auch 181 als Legat unter L. → Aemilius Paullus (22) stand. 174 gehörte er zu einer Gesandtschaft nach Makedonien (wichtig, aber ergebnislos). Seit 172 bis zu seinem in einem unbekannten J. nach 167 erfolgten Tod war er Xvir sacrorum. **4.** M. Valerius Mess., Sohn von Nr. 3, Praetor um 164, Consul 161 mit C. → Fannius Strabo (8), Censor 154 mit C. → Cassius Longinus (11), trat jedoch gegenüber seinen Kollegen nicht hervor. **5.** M. Valerius Mess., Sohn von Nr. 10, Münzmeister 53 v. Chr. Broughton Mag. 2,454. **6.** M. Valerius Mess. (Vorfahren unbekannt), Consul suff. 32 v. Chr. Dann wohl Proconsul in Asia (Hanslik, RE VIII A 128 Nr. 255). R. Syme, JRS 45, 1955, 157 identifiziert ihn mit Nr. 5, vgl. Broughton Mag. Suppl. 1960, 66. **7.** M. Valerius Mess. Corvinus, cos. suff. 31, s. u. II Nr. 4 (Kaiserz.). **8.** M. Valerius Mess. Niger (M. f. M.' n., die unbekannt, Vater von Nr. 7 und Nr. 9), 104 bis ca. 50. Pontifex seit um 81, trat 80 für Sex. Roscius aus Ameria ein (Cic. 149), war dann zweimal tr. mil. (Elog. 40, CIL I$^2$ p. 201 = Dess. ILS 46), Quaestor zwischen 73–67, Praetor ca. 64, Consul 61 (mit M. Pupius Piso, Quellen u. a. bei Degr. I. 13,131. 490 f.), wobei er in konservativer Grundhaltung den P. → Clodius (8) angriff (vgl. anerkennend Cic. Att. 1,13,2. 14,6). 59 wirkte er im Fünferausschuß bei der Ausführung von Caesars Landanweisungsgesetz. 55 wurde er Interrex (dann nochmals 53 und 52) und bekleidete 55–54 eine 18 monatige Censur zusammen mit P. Servilius Vatia Isauricus (Broughton Mag. 2,215), wobei sie eine Tiberregulierung durchführten (vgl. Dess ILS 5922 a–c), aber kein Lustrum zustande brachten. 54 verteidigte er mit Cicero, Hortensius, Clodius u. a. den M. → Aemilius Scaurus (29). Infolge körperlicher Ähnlichkeit verspottete man ihn wohl bald darauf als → Menogenes. Als Redner und Anwalt wird er von Cic. Brut. 246 charakterisiert, Schanz-Hos. 1,400. **9.** (M.?) Valerius Mess. Potitus, Cos. suff. 29 v. Chr., Sohn von Nr. 8, älterer Stiefbruder von Nr. 7, s. u. II. **10.** M. Valerius Mess. Rufus, Sohn eines unbekannten M. und der Hortensia, Schwester des Redners → Hortensius (7), wahrscheinlich Vetter von Nr. 8, ca. 103 bis 27/26. Früh (82/81) wurde er Augur, was er 55 J. blieb. Praetor 62 oder 61, Consul 53 mit Cn. → Domitius Calvinus (14), Gelzer Caesar$^6$ 132. 51 wurde er in einem – bereits 54 eingeleiteten – Ambitus-Prozeß von Hortensius verteidigt und freigesprochen, dann nochmals angeklagt und verurteilt, Drumann$^2$ 3,96 f. Von 48–45 war er Legat Caesars (er besetzte u. a. Utica, Bell. Afr. 88,7), nach dessen Ermordung er sich nicht mehr polit. betätigte, wohl aber literar.; bekannt sind die Titel *de auspiciis* und *de familiis*, HRR 265. Teuffel-Kr.-Sk. 1 § 199,2. Schanz-Hos. 1,600. H. G. G.

II. Kaiserzeit.

**1.** L. Valerius M. (Apollinaris?). Wohl Sohn von Nr. 8. Cos. ord. 214, CIL VI 36899. XV 4097. Cod. Iust. 5,31,1. 8,21,1. **2.** (M. Valerius) M. Barbatus. Sohn von Nr. 3. und der (Claudia) Marcella minor; über Octavia, die Schwester des Augustus, Vetter des Claudius, Suet. Claud. 26,2. Aus der Ehe des M. mit Domitia Lepida stammte Valeria → Messalina, die Gattin des Claudius, die dieser hinrichten ließ, Suet. ebd. **3.** M. Valerius M. Barbatus Appianus. Sohn des Appius Claudius Pulcher, cos. 38 v. Chr., adoptiert von I 10. Ca. 14 v. Chr. heiratete M. die jüngere Marcella, beider Sohn ist Nr. 2. Cos. ord. 12 v. Chr. In diesem J. wurde ihm Claudia Pulchra geboren (PIR II$^2$ C 116). M. aber starb in seinem Konsulatsjahr. **4.** M. Valerius M. Corvinus. Sohn des M. Niger, cos. 61 v. Chr., Vater von Nr. 6, des M. → Aurelius Cotta (II 13) und einer Tochter. * wahrscheinlich 64 v. Chr., † wohl 13 n. Chr. (Hier. Chron. [a. 1991 =] 59 v. Chr. p. 154 Helm ist zu korrigieren, ebd. 12 n. Chr. p. 170 Helm auf den Ausbruch der Krankheit zu beziehen). Nach dem März 45 ging er nach Athen, Cic. Att. 12,32,2, Anf. Juni 44 nach Rom zurück, ebd. 15,17,2, und war als Redner tätig, Cic. ad Brut. 1,15,1. Erst schloß er sich der Senatspartei an, doch schon im Juni 43 ging er zu Brutus nach Makedonien; auf die Proskriptionsliste gesetzt, wurde er auf Intervention eines Verwandten wieder gestrichen, App. b. c. 4,159. Gegen E. 43 war er mit Brutus und Cassius in Smyrna, Cass. Dio 47,33,1 f. Bei Philippi befehligte er am 3. Okt. 42 unter Brutus siegreich den rechten Flügel, Plut. Brut. 40. 41. Nach der Entscheidung am 23. Okt. ergab er sich dem M. Antonius, App. 4,160. Vell. 2,71,1, mit dem er nach Kleinasien und Alexandreia zog. Im Frühj. 40 war er in Rom, wo er zu Jahresende für den Judenkönig Herodes intervenierte, Ios. ant. 14,384; bell. 1,284. Dann wandte er sich Octavian zu und kämpfte auf Sizilien gegen Sex. Pompeius, App. 5,423 ff. 467–470 ff. Er erhielt am 13. Nov. 36 zum Dank den Augurat, Cass. Dio 49,16,1. In den J. 35–33 kämpfte er als Legat gegen Illyrier und die kelt.-illyr. Salasser, Paneg. Mess. 107 ff. Cass. Dio 49,38,3. Mit Flugschriften gegen Antonius unterstützte er Octavian im J. 32 in Rom, GLK 1,104,18. 129,7. Cos. suff. 31 v. Chr. (bis 1. Mai) mit Octavian, Inscr. It. XIII 1,170 f. Broughton, Magist. 2,420. In der Schlacht von Actium am 2. Sept. 31 befehligte M. ein Geschwader im Zentrum Octavians, Plut. Brut. 53,3. Die Festlegung der weiteren Ämterlaufbahn hängt davon ab, ob man, App. b. c. 4,161 folgend, die südgall. Statthalterschaft zeitlich eng an den Triumph des M. *ex Gallia* im Herbst 27 bindet oder nicht. Es scheint aber, daß M. im J. 30 in Gallien und N.-Spanien gekämpft hat. (Paneg. Mess. 137 ff. Ps. Verg. Cat. 9,51 ff. Tib. 1,1,27. 7,9–12). Im J. 29 befand sich M. in Rom; Octavian wies ihm und Agrippa ehrenhalber das Haus des M. Antonius auf dem Palatium zu, Cass. Dio 53,27,5. Mitte August nahm er in Rom am Triumphzug Octavians teil, Ps. Verg. Cat. 9,3; in diesem J. wurde kein anderer Triumph zugelassen. Im J. 28 muß M. wohl als Statthalter nach Syrien gezogen sein, wo er vor Antiocheia eine Gladiatorenbande auflöste, Cass. Dio 51,7,7. Tib. 1,3,1. So konnte er den Triumph *ex Gallia* erst am 25. Sept. 27 feiern, Inscr. It. XIII 1, p. 571, MOMIGLIANO, JRS 40,1950, 39–42. Anders CARCOPINO, Rev. Phil. 72 (1946) 112f. W. SCHMITTHENNER, Hist. 7,1958,234ff. 11, 1962,81ff. Im J. 26 rief der in Spanien weilende Augustus das Amt des *praefectus urbi* wieder ins Leben und verlieh es M.; doch dieser legte es nach wenigen Tagen nieder (Hieron. Chron. p. 164 Helm), *quasi nescius exercendi*, Tac. ann. 6,11,3, was ihm Augustus nicht übelnahm, R. SYME, Rom. Revol. 403f. M. erhielt 11 v. Chr. als erster den Titel *curator aquarum* und hatte die Verantwortung für die Wasserversorgung Roms, Frontin aq. 99. 102. Als princeps senatus beantragte er am 5. Febr. 2 v. Chr. im Senat für Augustus den Titel *pater patriae*, Suet. Aug. 58,1f. Zuletzt litt er an schwerer Krankheit und machte seinem Leben selbst ein Ende, Plin. nat. 7,90. Solin. 1,110. CIL XIII 3 (elogia), nr. 77. – M. war einer der größten Redner seiner Zeit, Tac. dial. 18,2. Quint. inst. or. 10,1,113. Suet. Tib. 70,1. MALCOVATI ORF$^3$ 529 bis 534. V. hat auch Memoiren (Tac. ann. 4,34,4. Plut. Brut. 40,1. 42,3. 45,1. PETER HRR II 65ff.) und grammatikal. Abh.en geschrieben, Quint. inst. or. 1,5,15. 7,23,35. Suet. gramm. 4, FUNGRRF 1,505f. Er hatte einen Dichterkreis um sich, zu dem Tibull, Lygdamus, Sulpicia und andere gehörten; C. Valgius Rufus, Aemilius Macer und Ovid werden vor allem nach dem Tod des Maecenas Zutritt zu M. gesucht haben. – J. HAMMER, Proleg. to an edition of the Paneg. Messalae (1925). **5.** M. Valerius M. Corvinus. Sohn von I Nr. 6, Urnekel von Nr. 4. Frater Arvalis zwischen 50/54. CIL VI 2034,2. Cos. des. ebd. 2039,1 (13. Oct. 57), Cos. ord. 58 bis E. Juli, ebd. 2040,5. In unverschuldete Armut geraten, gewährte ihm Nero eine jährl. Zuwendung von 50000 Sesterzen, Tac. ann. 13,34, 1. **6.** M. Valerius M. Messallinus. Sohn von Nr. 5. * ca. 39 v. Chr. Vor 19 v. Chr. *XVvir sacris faciundis*. Bei der Wahl in das Kollegium von Tibull 2, 5 gefeiert; als solcher nahm er an der Saekularfeier 17 v. Chr. teil, CIL VI 32323. Cos. ord. 3 v. Chr. (ganzjährig), Mon. Anc. lat. 3,29. Suet. Galb. 4,1. CIL I 748. Im J. 6 n. Chr. Statthalter von Illyricum, Vell. 2,112,1. (Daß M. mit Tiberius gegen Marbod zog, behauptet zu Unrecht Cass. Dio 55,30,1f., KÖSTERMANN, H. 81,1953,350). Er schlug den Daesidiaten Baton, Cass. Dio 55,30,1f. und erhielt die *ornamenta triumphalia*, Vell. 2,112,2, s. PATSCH, SAWW 214, 1932, 110ff. GARDTHAUSEN Augustus und seine Zeit 1,1171ff. (Die Inschr. DESS. 8965 = Inscr. It. XIII 3,91 wird nicht auf ihn zu beziehen sein). Am 19. Aug. 14 trat er mit einem Antrag im Senat auf, Tac. ann. 1,8,4, desgleichen im J. 20, ebd. 3,18,2, und im J. 21, ebd. 3,34,2–5. Ovid, zu dessen Freunden er gehörte, richtete an ihn Pont. 1,7 und 2,2; vielleicht auch trist. 4,4; gewidmet ist ihm die ps. vergilian. Ciris, v. 36. Bald nach 21 †; seinem weit jüngeren Bruder → M. Aurelius Cotta (II 13) hinterließ er sein Cognomen Messallinus, Vell. 2,112,2. **7.** M. Valerius Messalla *(Messallinus)*. Sohn von Nr. 6. Cos. ord. 20 n. Chr., Inscr. It. XIII 1, p. 184f. 298f. CIL VI 10051$^{10}$. XIV 244. Cass. Dio, ind. 57. Tac. ann. 3,2,3. Dig. 1,16,4,2. 48,2,12,3. **8.** L. Valerius M. Thrasea Priscus. Cos. ord. 196 n. Chr. CIL XI 6712, 465. XIV 4562, 1. AE 1934, 162. Cod. Iust. 9,41,1 u. a.; als *consularis* und *curator alvei et riparum Tiberis et cloacarum urbis* CIL XV 7326. Auf Befehl Caracallas hingerichtet, Cass. Dio 77,5,5. **9.** Manius Valerius M. Potitus. Wohl Bruder von Nr. 10, Monetalis 6 v. Chr., MATTINGLY, BMC I 46ff. SYME, Historia 5, 1956, 206; Quaestor in Asia, AE 1956, 118. **10.** L. Valerius M. Volesus. Sohn von I Nr. 9, cos. ord. 5 n. Chr., AE 1949, 215,10f. 50. Inscr. It. XIII 1,293. CIL VI 851. Procos. Asiae 11 oder 12 n. Chr.; wegen unerhörter Grausamkeiten (Sen. de ira 2,5,5.) angeklagt (Sen. contr. 7,6,22). Augustus verfaßte selbst eine Denkschrift *libelli Augusti de Voleso Messalla*, Tac. ann. 3, 68,1. R. H.

**11.** M., aus alter, vornehmer Familie, verfaßte Gedichte und rhetor. Schriften (Rutil. Namat. 267ff. Sidon. c. 9,309), war 399 und 400 praefectus praetorio Italiae (Cod. Theod. 1,5,12f. 12,7. 2,14. 8,5,59f. 13,5,28. 11,10. Symm. epist. 7,81ff.). A. L.

**Messana, Messene** (*Μεσσάνα*, ion. *Μεσσήνη*, *Μεσσήνιοι*) das h. Messina. Der strategisch u. handelspolitisch hervorragend gelegene Platz an der Meerenge zwischen Italien und Sicilien mit dem durch die sichelförmige Landzunge – daher der alte Name Zankle – gebildeten Hafen war lange vor der griech. Kolonisation schon besiedelt. Über diese bieten unsere Quellen (bes. Hdt. 6, 22–24. Thuk. 6,4,5f. Strab. 6,268. Paus. 4,23,5ff.) sehr verworrene, sich widersprechende Nachrichten. Gewiß aber ist soviel, daß Zankle zuerst – nach Eus. chron. schon Ol. 6,1 = 756 – von Chalkidiern aus dem kampan. Kyme, also Ionern, besiedelt worden ist und dann nach dem Zusammenbruch des großen ion. Aufstandes (→ Lade) starken Zuzug von flüchtigen Milesiern und Samiern, zugleich aber auch so vielen Messeniern empfangen hat, daß nach ihnen die Stadt den Namen M. annahm. Bei diesen Vorgängen haben die Tyrannen → Hippokrates von Syrakus und → Anaxilaos von Rhegion eine sehr zweideutige Rolle gespielt. Letzterem und seinen Nachfolgern unterstand die Stadt, bis das J. 461 auch in M. den Sturz der Tyrannis brachte. Entsprechend der Mischbevölkerung war die Haltung M.s in dem Konflikt zwischen den Ionern und Doriern Siciliens schwankend. Im J. 426 schloß es sich nach der Eroberung seines Bollwerks → Mylai durch die Athener (Thuk. 3,90) diesen an, fiel aber bald wieder zu Syrakus zurück (4,1), erlitt eine Niederlage vor dem ion. Naxos, hielt sich aber gegen einen athen.-leontin. Angriff (4,25). In dem großen Krieg zwischen Athen und Syrakus blieb M. neutral, auch in den folgenden schweren Kämpfen gegen die Karthager, wurde von diesen 396 zerstört, aber 395 als syrakus. Kolonie wieder errichtet. Um die M. des 4. Jh. wurde M. von dem Tyrannen Hippon beherrscht, den → Timoleon 337 beseitigte. In der Folgezeit mußte es sich dem → Agathokles unterwerfen, nach dessen Tode seine herrenlosen kampan. Söldner, die → Mamertiner, M. eroberten, ausmordeten und zum Stützpunkt ihrer Raubzüge durch das ö. Sicilien machten, sich des Pyrrhos erwehrten und, von → Hieron (2) schwer bedrängt, durch ihren Hilferuf erst an Karthago, dann an Rom, den Ausbruch des 1. pun. Krieges verursachten, während dessen sie Rom treu blieben, wofür die Stadt mit dem Status einer *civitas foederata* belohnt wurde, den Römern fortan als Flottenstützpunkt diente und dauernd ein wichtiger Handelsplatz blieb. Die ant. Reste sind unbedeutend. Erdbeben haben manche Veränderung herbeigeführt. Die Mz.n spiegeln durch den Wechsel der Beschriftung *Δανκλαίων, Μεσσηνίων, Μεσσανίων, Μαμερτίνων* das Schicksal der Stadt wider. HEAD HN² 133 ff. K. Z.

*Philipp*, RE XV 1214–31. *Gentili* Enc. Arte Ant. IV 1064–66.

**Messapeai** (*Μεσσαπέαι*). Gegend um das Heiligtum des Zeus Messapeus s.w. von Sparta, vielleicht auf dem Hügel Hg. Georgios ö. des Dorfes Lele an der Straße nach Gytheion, Paus. 3,20,3. Steph. Byz. = Theop. FGrH 115 F 245. E. M.

1. *von Prott* MDAI(A) 29, 1904, 6 f. 2. *Bölte*, RE XV 1166 ff.

**Messāpia** (zur Länge des ā vgl. Demetr. Frg. 1,2, CAF 1,795. Ov. met. 14,513), Landschaft auf der Halbinsel im äußersten SO. Italiens, wurde nach Messapos (Lyd. mens. 1,6 p. 1 W. Strab. 9, 405: von Anthedon nach Iapygien. Solin. 2,12. Isid. orig. 15,1,58 *a Messapo Graeco*. Serv. Aen. 7,691. Steph. Byz. s. *Μεσσάπιον*: nach Italien. Paul. Fest. 112,12 L. *a Messapo rege*. Plin. nat. 3,99 *a duce*. Serv. Aen. 8,9 irrig: Bruder des Peuketios) benannt und gelegentlich mit Apulien verwechselt (Paul. Fest.). M. ist ein Teil Iapygiens (Steph. Byz. s. *Μεσσαπία*: *χώρα Ἰαπυγίας*. Pol. 3,88,3 f. Nikandr. b. Anton. Lib. 31,2. Athen. 3,108 F *τοῦ Μεσσαπίων βασιλέως ... τοῦ ἐν Ἰαπυγίᾳ*) und wurde teils von ihm geschieden (Pol. 2,24,11. Cass. Dio Frg. 2,3 D), teils mit ihm gleichgesetzt (Strab. 6,277). Aus Pol. 3,88,3 f. Strab. 6,277. 282. Cass. Dio a. O. Nikandr. a. O. Serv. Aen. 8,9 ergibt sich, daß Daunier und Peuketier nach Apulien gehören und Kalabrer und Sallentiner zusammen als Messapier gelten. Dementsprechend konnte für M. später Sallentia (Sch. Lykophr. 602. 852; bei Liv. epit. 19 liegt Brundisium *in agro Sallentino;* im J. 266 v. Chr. triumphieren die Römer *de Sallentineis Messapieisque*) oder Calabria (Sch. Lykophr. Serv. auct. 3,531. Lyd. mens. Solin. Isid. Zon. 8,7; durch die Zitierung Rhinthons bei Hesych. s. *Καλαβρίαν* wird eine Datierung auf ca.



300 v. Chr. geboten) gesagt werden. Zu der Unterscheidung M.s von dem n. Teil Apuliens paßt auch die Feindschaft mit Dauniern (Anton. Lib. 37,2 f.) bzw. Dauniern und Peuketiern (Strab. 6, 280). M. heißt die Halbinsel von Tarent (Anton. Lib. 31,2) bzw. der Linie Tarent–Brindisi (Strab. 6,277) bis zu ihrer S.-Spitze; die Messapier grenzen unmittelbar an Tarent (Paus. 10,10,6. Steph. Byz. s. *Μεσσαπία*), woraus sich auch die Kämpfe mit den von Tarent herbeigerufenen Alexandros (Strab. 6,280) und Archidamos (Plut. Agis 3,2) erklären. Die Messapier unterwarfen ausonische Vorbewohner des Landes (Nikandr. b. Anton. Lib. 31,1), sie waren nach Hdt. 7,170 kret. Herkunft (kret. Herkunft der Sallentiner: Strab. 6,281. Prob. ecl. 6,31). Ihr Name findet sich an vielen Orten der Balkanhalbinsel (Zeugnisse für 12 verschiedene Plätze bei M. MAYER, RE XV 1170 ff.) und wird für illyr. gehalten. Das Nebeneinander von *Μεσσᾱπυγία* und *Ἰᾱπυγία* (Länge des ā: Skymn. 363. Lucan. 6,339) legt Bildung aus * *met-i̯āp(ug)ia* nahe; Verwandtschaft zu Metabos und Metapontum wäre dann erst sekundär. Aus der Gesch. M.s ist ein König Artos (Polemon b. Athen. 3,109 A. Demetr. a. O.) bzw. Artas (Thuk. 7,33,4) bekannt (*arto satotio* PID Nr. 359 dürfte Abl. sg. sein), der Athen während der sizil. Expedition unterstützte (Thuk. a. O. Diod. 13,11); alte Feindschaft mit Tarent (vgl. Paus. 10,10,6. 13,10), dem Archidamos und Alexander Molossus zu Hilfe kamen (s. o.). Seit 326 v. Chr. Berührung mit Rom (Liv. 8,24,4), von dem 60 J. später M. unterworfen wurde. Als Hafen M.s galt Brundisium (Skymn. 364). Rossezucht (Strab. 6,284. Liv. 24,20,16; vgl. Serv. Aen. 8,6 *Messapus eques bonus*) und Ölbau (Dion. Hal. ant. 1,37). Von Samniten und Messapiern übernahmen die Griechen das Rasieren (Athen. 12,518 B). Die Bewohner M.s sind vermutlich über das Meer (Serv. Aen. 7,691 *per mare*) eingewandert und wohl »Illyrier« (Anton. Lib. 31,2), was vielleicht durch den einzigen literar. bezeugten Gottesnamen * *Menzanōs* (Fest. 190, 27 L im Dat. sg. *Menzanae* zu * *Menzanas*) bestätigt wird (FIESEL, RE XV 971. KRAHE Altillyr. Personennamen 156). Inschr. sind *Aprodita, Aϑana, Artemes, Damatra* genannt, die griech. Einfluß bezeugen; eine wohl autochthone Mehrzahl von Gottheiten wird im Dat. pl. *logetibas* (= *lōgĕtībōs;* vgl. sikul. *Λᾶγεσις*) genannt (PID 526. HAAS B. 1,47. C. DE SIMONE Mess. Inschr. Nr. 139); vgl. die messap. Nymphen b. Anton. Lib. 31,3 ff. Die Sprache umfangreicher Inschriftenfunde (vom 6. bis 1. Jh. v. Chr. MOMMSEN Unterital. Dial. 1850, 41 ff. F. RIBEZZO CIM in RIGI 6–19. J. WHATMOUGH, PID 2,258 ff. O. PARLANGÈLI Studi Messapici 1960. PISANI Man. Stor. della Lingua Lat. 4²,233 ff. O. HAAS Messap. Studien 1962. KRAHE Die Sprache der Illyrier 1,1 ff. C. DE SIMONE ebd. 2,7 ff.) wird ohne sichere Bezeugung messap. genannt; als messap. Glossen

sind nur *βίσβην, βρένδον, σίπτα* (Hesych.) und *βρέντιον* (Strab. 6,282) bezeugt, denen vielleicht einige tarentin. Glossen hinzugezählt werden könnten (mit Sicherheit auch Hesych. s. *ἄλλην· λάχανον. Ἰταλοί*; *allen* = *ālium*). Von den Besonderheiten der messap. Sprache (PID II 594ff. HAAS a.O. 166ff.) fallen z.B. auf: 1. *a* für *ā* und *ŏ*, *u* für *ō* und *ū* (vgl. *argorapandes* < **argyropondios*), was offene Aussprache der Vokale anzeigt; 2. Ablaut von *eu* > *ou* ist vollzogen (weiter zu *au*, *o*); 3. Verdoppelung des Konsonanten vor *i̯*: *orra* < *ouria*, *blatϑihi* u.a.; 4. *-ios* > *-es*: *platorres* < **platorios*; 5. auslautendes *-m* > *-n*: *allen* < **āliom* u.a. Auch Lehnwörter aus dem Griech. und Ital. lassen sich finden. Es empfiehlt sich, die Bezeichnung »messapisch« beizubehalten, auch wenn über Abgrenzung und Herkunft wenig bekannt ist. G.R.

*Forbiger* HB der alt. Geogr. 3,498. *Nissen* It. Ldk. 1,543ff. 2,861ff. *Herbig* in Eberts Reallex. s. Messapier. *M. Mayer* Apulien. *Bérard* La colonisation Grecque etc. $^2$428ff. *Dunbabin* The Western Greeks. *Krahe*, G 16, 1928, 286ff. 20, 1931, 188ff. *Ders.*, ZONF 7, 1931, 7ff. *Vetter*, G 20, 1931, 67ff. *Kretschmer* Einl. 263ff.

**Messapion.** Gebirge im n. Boiotien über → Anthedon, h. Ktypas, Paus. 9,22,5. Strab. 9,2,13 p. 405. Aischyl. Agam. 305 (293) mit Sch. E. M.

*Philipps.-Kirst.* 1,497.

**Messapos.** Boioter aus → Anthedon, wo das *Μεσσάπιον ὄρος* (Steph. Byz. s.v.) nach ihm hieß; er wanderte nach Italien aus und gab Apulien (Paul. Fest. 112,12 L.) bzw. Iapygien (Strab. 9, 405) seinen Namen. → Ennius behauptete, von ihm abzustammen (Serv. Aen. 7,691. Sil. 12,393). Serv. hält ihn mit dem von Verg. Aen. 7,691 u.a. genannten Faliskerkönig und Verbündeten des Turnus gleichen Namens für identisch. Nach Verg. a.O. heißt dieser *equom domitor Neptunia proles* (zu der Verbindung mit Poseidon sowie den Trägern ähnlicher Namen vgl. ALTHEIM, ARW 29, 1931, 22ff.). Auch der Volskerkönig Metabus (Verg. Aen. 11,540. 564; Serv. Aen. 11,567) Hyg. fab. 252), Vater der → Camilla, gehört in diesen Rahmen. G. R.

**Messe.** Bei Hom. Il. 2,582 unter den Städten des Menelaos genannt, danach Stat. Theb. 4,226. Da den Homererklärern ein gesch. Ort des Namens nicht bekannt war, erklärten sie M. als Kurzform von Messenien oder setzten ihn mit ähnlich heißenden Orten gleich, Strab. 8,5,3 p. 364. Eustath. Il. 294,44ff. Paus. 3,25,9 nennt an der W.-Seite der Taygetoshalbinsel Stadt und Hafen Messa an der Stelle des ma. Kastells Maina auf der Halbinsel Tigani beim h. Mezzapo. Trotz Vorhandenseins anscheinend myken. Mauerreste unter den mittelalterlichen ist die Gleichsetzung wegen der Reihenfolge bei Homer nicht wahrscheinlich. E. M.

1. *Bölte*, RE XV 1210ff. 2. *V. Burr* Νεῶν κατάλογος 54f, 3. *H. Waterhouse–R. Hope Simpson*, ABSA 56, 1961, 122f,



**Messeis** (*Μεσσηίς*). Quelle bei Hom. Il. 6,457, die die Pharsalier mit einer Quelle in ihrem Gebiet gleichsetzten, Strab. 9,5,6 p. 431f., dazu wohl Herakl. 3,1, GGM 1,108f. Plin. nat. 4,30. Andere suchten die Quelle in Boiotien oder bei Argos oder Sparta, Paus. 3,20,1. Sch. und Eustath. zur Iliasstelle. E. M.

1. *Fr. Stählin*, RE XV 1213f. 2. *V. Burr* Νεῶν κατάλογος 90ff. 3. *Bölte*, RE XV 1212f. Nr. 2.

**Messene** (*Μεσσήνη*). **1.** Argiverin, Tochter des Triopas, myth. Eponymin des Landes Messenien, zu dessen Eroberung sie ihren Gatten Polykaon, Sohn des Lelex, angetrieben hatte. Ihr wurde die Stiftung des Zeusdienstes und die Übernahme der eleusin. Mysterien nach → Andania (→ Kaukon) zugeschrieben. Ihr Tempel mit Kultbild aus Gold und par. Marmor in Messene, Paus. 4,31,11. Vgl. 4,1,1ff. H. v. G.

**2.** Die im J. 369 v.Chr. gegründete Hauptstadt des neuen messenischen Staates, in der Mulde zwischen → Ithome und Eua gelegen. Älterer Name im 4. Jh. v. Chr. Ithome, Skyl. 45. Diod. 19, 54,4. EDelph 3,4 Nr. 6 = SGDI 2618. Berühmt ist der großartige, 9 km lange Mauerring, der besterhaltene Griechenlands, den KIRSTEN u.a. entgegen der herrschenden Meinung erst in hellenist. Z. datieren. Am Ithome Reste einer älteren Mauer. Im Stadtgebiet bekannt Theater und Stadion und am Ithomeabhang Heiligtum der Artemis Limnatis. In den letzten J. ausgegraben großer quadrat. Hof, allseits von Säulenhallen und Gebäuden umgeben, an der N.-Seite Räume für den Kaiserkult, an der O.-Seite kleines Heiligtum der Artemis Orthia, an der W.-Seite kleines Theater und quadrat. Sitzungssaal, dazu anderes; letzte mir zugängliche Ber.: *Πρακτ.* 1962, 99ff. 1964, 96ff. *Ἀρχ. Δελτ.* 19 B, 1964, 156ff. BCH 89, 1965, 729ff. KIRSTENS Deutung als Asklepieion, Paus. 4,31,10, statt als Agora scheint durch Inschr., bes. V 1,1462, und Plastikfunde bestätigt [7]. Hauptkult der Stadt und des Staates war der Zeus Ithomatas mit einem Tempel auf dem Gipfel, dessen Kult auch in der spartan. Z. erhalten geblieben war. Die von Paus. genannten Quellen sind wohl die große Dorfquelle von Mavromati (Arsinoe) und eine Quelle unter dem Ithomegipfel (Klepsydra). Zur Gesch. → Messenien. Strab. 8,4,8 p. 361. Paus. 4,31,4–33,3. Inschr.: IG V 1,1425–1496. SEG pass. → Messenien. Mz.: HEAD HN$^2$ 418. 431f. E. M.

1. *J. G. Frazer* Pausanias 3,429ff. (mit der älteren Lit.). 2. *L. Vlad Borrelli* Enc. Arte Ant. 4,1082ff. 3. *E. Kirsten–W. Kraiker* Griechenlandkde.$^5$ 422ff. 827. 4. *R. Scranton* Greek walls 80f. 112f. 128. 175. 178. 5. *G. Säflund* Opusc. archaeol. 1, 1935, 99. 6. *E. Kirsten* AA 1964, 906ff. 7. *G. J. Despinis* AA 1966, 378ff.

**3.** s. Messana

**Messenien.** Die südwestlichste Landschaft der Peloponnes. In geschichtlicher Z. bildet im NW. die Neda die Grenze gegen Triphylien (Elis), die von dort nach SO. ziehenden Gebirge die

Grenze gegen Arkadien, der Taygetos gegen O. und die vom Taygetos in den messen. Golf ziehende Schlucht des Choirios (Sandava) im SO. die Grenze gegen Lakonien. Die Landschaft zerfällt in die große reiche Küstenebene am messen. Golf, auch Makaria genannt, die allseits von Bergen umrahmte kleinere obere Ebene, Stenyklaros oder stenyklar. Ebene, und das westmessen. Bergland, das nur im NW. Höhen bis 1222 m erreicht, mit der breiten vorgelagerten westmessen. Küstenebene. Niedrige breite Sättel verbinden diese Ebene sowohl mit der oberen inneren wie mit der Ebene am messen. Golf. Das westmessen. Bergland besteht aus Kalken oder Hornstein mit aufgelagerten Konglomeratdecken und großen angelagerten tertiären Tafeln aus Sandmergeln; die Ebenen sind Alluvialland. Die obere Ebene wird von 3 Flüssen durchzogen, die sich im SW. vereinigen und deren ant. Namen nicht sicher sind. Der vereinigte Fluß durchzieht nachher unter dem Namen → Pamisos die untere Ebene. Im Alt. galt als Oberlauf des Pamisos nicht dieses Flußsystem, sondern der aus der starken Quelle von Hg. Floros kommende ö. Zufluß. Aus dem Taygetos mündet bei Pherai der Nedon, zahlreiche weitere Bäche durchziehen die untere wie die w. Küstenebene. M. ist reich an Quellen, und mehrere Flüsse haben dauernd Wasser. Zusammen mit den relativ reichlichen Niederschlägen und dem günstigen Boden ergibt das die üppige Fruchtbarkeit der Landschaft. Wichtige Ortschaften sind, an der W.-Küste → Kyparissia, das messen. → Pylos (Koryphasion), → Methone, am messen. Golf → Asine, → Korone mit dem s. davon gelegenen Heiligtum des Apollon Korythos, in der unteren Küstenebene → Thuria und → Pharai-Pherai, in der oberen Ebene → Messene und das später berühmte Mysterienheiligtum von → Andania. Leichtere Verbindungen nach außen besitzt M. nur in der w. Küstenebene nach Triphylien und nach NO. über leichte Pässe nach Arkadien (Megalopolis).

Funde beginnen an zahlreichen Stellen mit der neolith. Z. mit starker Zunahme seit mittelhellad. Z. In myken. Z. war vor allem W.-Messenien eine der dichtest besiedelten und reichsten Landschaften Griechenlands mit dem wichtigen Palast von Ano Englianos und zahlreichen Kuppelgräbern an vielen Stellen [7–11]. Diese frühe Blüte wurde in den Stürmen um 1200 v. Chr. und dann bes. durch die spartan. Eroberung gebrochen, die auch alle Geschichtstradtition abreißen läßt. Bei Homer kommt daher das eigentliche M. nicht vor. Kyparissia gehört im Schiffskatalog, Il. 2,591 ff., zum triphyl. Reich Nestors, die 7 Städte Il. 9,149 ff. 291 ff. liegen im SO. außerhalb des eigentlichen M. und gehören bereits zu Sparta, und die einmalige Erwähnung M.s Od. 21,15 beruht auf der irrigen Versetzung des Ortilochos in das messen. Pherai statt in das arkad. Die spartan. Eroberung erfolgte in mehreren Etappen, den sog. »messenischen« Kriegen. Über sie ist sicher nur das sehr wenige, was sich aus den Versen des Tyrtaios ergibt, alles andere spätere Konstruktion. Die berühmte Darstellung bei Pausanias beruht auf einer Kompilation wohl erst der frühen Kaiserzeit, die das Prosawerk des → Myron für den »1. Krieg« mit dem fälschlich auf den »2. Krieg« bezogenen Epos des → Rhianos und anderen Notizen verbindet. Der SO.-Teil M.s von Pherai an nach SO. ist bereits bei Hom. Il. 9,149 ff., 291 ff., also im 8. oder 7. Jh. spartan., die obere Ebene wurde im sog. »1. messenischen Krieg« gegen E. des 8. Jh. erobert und in Abhängigkeit (noch nicht Helotie) gebracht, eine Erhebung der Messenier führte zum »2. messenischen Krieg«, in dem Tyrtaios dichtete, mit dem Ergebnis der Unterwerfung des ganzen Landes. Ein Teil des Volkes wanderte aus, vor allem nach → Rhegion, die Bleibenden wurden zu unfreien Heloten gemacht. Die Küstengebiete verödeten, oder es wurden hier spartan. Perioikenstädte gegründet, Asine, Methone, Pharai, Thuria. Der Aufstand der Z. um 500/490 v. Chr. mit der langen Belagerung von Hira im arkad. Grenzland ist das Thema des Epos des Rhianos, s. jetzt bes. [12],82 ff. 106 ff. Wieder wanderte ein Teil der Bevölkerung aus nach Rhegion und Zankle, das den Namen Messene (Messina) annahm. Neuer Aufstand nach dem spartan. Erdbeben von 464 v. Chr. mit langer Belagerung von Ithome. Nach der Kapitulation Ansiedlung der Ausgewanderten durch die Athener in → Naupaktos. Während der jahrelangen Besetzung von Pylos (Koryphasion) durch die Athener nach 426 v. Chr. wurde ein Teil der Messenier dort und in Kranion auf → Kephallenia angesiedelt. 410 v. Chr. Rückeroberung von Pylos durch die Spartaner und Vertreibung der Messenier, ebenso 399 v. Chr. aus Kranion und Naupaktos. Die Vertriebenen finden Zuflucht in Sizilien und Kyrene, Thuk. 4,9. 32,2 u. ö. 41,2. 5,35,6. 56,2 f. 7,57,8. Xen. hell. 1,2,18. Diod. 12,63,5. 13, 64,5 ff. 14,34,2 ff. 78,5 f. Paus. 4,26,1 ff.

369 v. Chr. mit theban. Hilfe Befreiung M.s von der spartan. Herrschaft, Gründung des neuen Staates M. und der Haupstadt → Messene an der Ithome; auch → Korone soll gleichzeitig wieder gegründet worden sein. Der neue Staat umfaßte zunächst nur die obere Ebene und die Küstenebene w. des Pamisos. Kyparissia und Pylos wurden anscheinend um 365 v. Chr. mit arkad. Hilfe gewonnen, Diod. 15,77,4, dazu Xen. hell. 7,4,27, und auch Thuria ist 365 v. Chr. messen., SGDI 2619. Sparta weigerte sich beharrlich, den neuen Staat anzuerkennen und versuchte mehrfach, ihn zurückzuerobern. Asine und Methone rechnet noch Skylax zu Lakonien, sie sind wohl erst durch Philipp II. von Makedonien an M. gekommen. Zu Asine s. auch Xen. hell. 7,1,25. Bei Mantinea kämpfen Messenier auf theban. Seite, Xen. hell. 7,5,5. Diod. 15,85,2. M. schloß sich dann Philipp an (Demosth. 6 pass. Paus. 4,28,2), der ihm durch

griech. Schiedsspruch die mit Sparta strittige Grenzlandschaft der → Denthalioi im Taygetos und die Küstenstrecke von Pharai bis Leuktron im SO. verschaffte, Pol. 9,28,7. Strab. 8,4,6 p. 361. Tac. ann. 4,43. 342 v. Chr. Bündnis mit Athen, Demosth. 16,9. IG II² 225.

In den Diadochenkämpfen wechselte M. mehrfach den Herrn. Um etwa 245 v. Chr. Anschluß an den aitol. Bund und Isopolitie mit → Phigaleia, Pol. 4,6,11. IG V 2,419. Syll. I³ 472, vorbereitet durch persönliche Beziehungen [15],67. Das bewahrte M. später, um 220 v. Chr. nicht vor aitol. Gewaltakten und Plünderungszügen, Pol. 4,3,5–6,12. Folge war ein Bündnis mit dem achaiischen Bund und danach Aufnahme in den hellen. Bund Philipps V., Pol. 4,7ff. 15,8–11. 16,1. Dadurch wurde M. in den Bundesgenossenkrieg vielfach hineingezogen, Pol. 4,31,1–33,10 (mit allg. Übersicht über die Gesch. M.s). 5,1ff. 5,3,3. 20. 41,3. 92,2ff. 215/14 kam es zu schweren und blutigen sozialen Unruhen, in die auch Philipp V. und → Aratos eingriffen, Pol. 7,10f. 13,6ff. 9,30,2. Plut. Ar. 49f. Der Versuchung, das zur Besetzung der Stadt auszunutzen, widerstand Philipp zunächst, ein späterer Versuch, sich M.s zu bemächtigen, führte dann aber zur Entfremdung vom achaiischen Bund, Pol. 8,10.14. Plut. Ar. 51,2f. und M. schloß sich wieder an den aitol. Bund an, Pol. 9, 30,6. Liv. 27,30,13, und dann an Rom, Liv. 29,12, 14. 34,32,16. 201 erfolgte ein Überfall durch → Nabis, der die Stadt außer der Akropolis besetzte, sie aber beim schnellen Herannahen → Philopoimens sofort wieder räumte, Pol. 16,13,3. 16f. Liv. 34,32,16. 35,6. Plut. Philop. 12,4–6. Paus. 4,29,10. 8,50,5. Trotzdem blieb das Verhältnis zum achaiischen Bund, der bereits Asine und Pylos besaß, Pol. 18,42,7. Liv. 27,30,13, unfreundlich. 191 v. Chr. erzwang der achaiische Bund mit Gewalt den Anschluß M.s, Liv. 36,31,1–9, wobei die Städte des w. Berglandes selbständige Mitglieder wurden und M. wieder auf die beiden Hauptebenen mit Thuria und Pherai beschränkt blieb. Vor allem die Auseinandersetzung mit den rückgekehrten Verbannten führte zu neuen Spannungen und bewaffnetem Einmarsch von Bundestruppen; dabei geriet Philopoimen in Gefangenschaft und wurde im Gefängnis ermordet, 182 v. Chr., Pol. 23,12 (24,8 b. 9). Plut. Philop. 18–20. Liv. 39,48,5–50,11. Paus. 4,29,11f. Eine neue Expedition des Bundes erzwang die Unterwerfung, Pol. 23,16f. (24,12. 25,1). Plut. Philop. 21,1–5. Die Stadt erhielt eine Besatzung, und Abia, Thuria und Pherai wurden als eigene Bundesmitglieder abgetrennt, Pol. 23, 17,1f.

Die Verhältnisse nach 146 v. Chr. sind unklar. Der Besitz der Dentheliatis blieb dauernd mit Sparta umstritten, bis Tiberius das Land endgültig den Messeniern zuwies, Tac. ann. 4,43. Die Städte des SO., die ohnehin nicht mehr zu M. gehörten, wurden durch Augustus den Spartanern gegeben, Paus. 4,30,2. 31,1f. 3,26,7. Das Bild der Funde und Inschr. der röm. Z. ist im ganzen recht bescheiden, in der reichen w. Küstenebene gab es aber eine Anzahl großer Güter [16]. Ehreninschr. für röm. Kaiser gibt es nur wenig, die späteste für Konstantin, IG V 1,1420. Die Städte prägten in der Z. der Severer, für die es auch Ehreninschr. gibt, wieder eigene Münzen; aus Pherai stammt ein Stück des diokletian. Preisedikts, IG V 1,1359. SEG 22,311. Bischöfe sind spätantik nur für Messene und Methone belegt, Le Quien 2,195ff. 228ff. Skyl. 45. 46. Strab. 8,4 p. 358–362. Paus. B. 4. Ptol. 3,14,31. 42.

Inschr.: IG V 1,1351–1502. SEG XI,964–1041. XIII, 269. XIV, 336–345. XV, 224–226. XVI, 275. XXII,311–314. Ad. Wilhelm Urkunden aus Messenien, JOEAI 17, 1914, 1–120. N. Valmin Inscr. de la Messénie, Bull. d. l. Société Roy. de Lund 1928, 9,108ff. Mz.: Head HN² 418. 431ff. Jahrb. f. Numismatik 8, 1957, 59ff. pass. E. M.

1. *A. Philippson* Die griech. Landschaften 3,371ff. 2. *Reincke*, RE XV 1231ff. 3. *E. Kirsten–W. Kraiker* Griechenlandkde.⁵, 1967, 422ff. 796f. 827f. 850f. 885. 4. *N. Valmin* Études topogr. sur la Messénie ant., 1930. 5. *Ders.* The Swedish Messenia expedition, 1938. 6. *Fr. Hiller von Gärtringen–H. Lattermann* Hira und Andania, 71. Berl. Winckelm. Progr. 1911. 7. *R. Hope Simpson* Identifying a Mycenaean state, ABSA 52, 1957, 231ff. 8. *W. A. McDonald–R. Hope Simpson* Prehistoric habitation in s.w. Peloponnese, AJA 65, 1961, 221ff. 9. *Dies.* Further exploration in s.w. Peloponnese, AJA 68, 1964, 229ff. 10. *W. McDonald* Archaeological prospecting in Greek lands, Archaeology 17, 1964, 112ff. 11. *R. Hope Simpson* A gazeteer and atlas of Mycenaean sites, Institute of class. Stud. Lond., Bull. Suppl. 16, 1965, 56ff. 12. *Fr. Kiechle* Messen. Studien. Unters. zur Gesch. der messen. Kriege und der Auswanderung der Messenier, 1959 (dazu Gn 32, 1960, 213ff.). 13. *B. Niese* Die ältere Gesch. Messeniens, H 26, 1891, 1ff. 14. *Ed. Schwartz* Die messen. Gesch. bei Pausanias, Philol. 92, 1937, 19ff. 15. *C. A. Roebuck* A history of Messenia from 369 to 146 B.C., 1941. 16. *U. Kahrstedt* Das wirtschaftliche Gesicht Griechenlands in der Kaiserz., 1954, 220ff. 17. *W. Otto* De sacris Messeniorum, Diss. Halle 1933.

**Messia** s. Messor

**Messius.** Gentilname ital. Herkunft, auch inschr. bezeugt (Schulze Eigenn. 33. 193. 424), z. B. in Formiae, in Etrurien und auf Delos.

I. Republikan. Zeit. **1.** C. M., Volkstribun 57, beantragte die Rückberufung Ciceros (Cic. p. red. in sen. 21) und setzte sich für Pompeius ein. 55 leitete er als (curul.) Aedil die Spiele der Floralia. 54 wollte er als Legat zu Caesar nach Gallien gehen, wurde aber angeklagt und von Cicero (und wohl auch C. Licinius Calvus) verteidigt, wobei Cic. Att. 4,15,9 ein gutes Ergebnis erhoffte. 46 war er Legat Caesars in Africa, wobei er die Stadt Acylla erfolgreich verteidigte, Bell. Afr. 33,2. 4. 43. **2.** Vettius M., ein tapferer Volsker, der 431 zusammen mit den Aequern gegen Römer, Latiner und

Herniker kämpfte. Liv. 4,28,3. 7. 29,1. **3.** M. Cicirrus, Osker aus Campanien, der sich 37 v. Chr. mit Sarmentus im Landhaus des L. Cocceius Nerva (bei Caudium) stritt. Hor. s. 1,5,51–69. H. G. G.

II. Kaiserzeit. **1.** Q. Herennius Etruscus Messius Decius. Ältester Sohn des Kaisers → Decius (II 1) CIL II 4058. VI 1101, Epit. Caes. 29. Amm. 31, 5,16; gewöhnlich Herennius genannt, CIL VI 31130 = 36760. * um 225 von Herennia Etruscilla. Bald nach der Schlacht von Verona kam M. im August 249 nach Rom, COHEN V$^2$ p. 215 Nr. 1. Etwa im Mai 250 wurde er zum Caesar ernannt, AE 1942, 55. Aurel. Vict. 29,1. Eutr. 9,4. Cod. Iust. 5,12,9 (8. Juni). COHEN V$^2$ p. 214 Nr. 5–20 = RIC IV 3 p. 138f. 141f., natürlich auch zum *princeps iuventutis*, CIL II 3735/36. VI 1100. M. wurde nach Illyrien geschickt, COHEN V$^2$ 6 *(exercitus Illyricus)*, war noch 250 *cos. des.*, CIL III 3746. VIII 100. 51, und erhielt als solcher am Jahresende die *tribunicia potestas*, CIL XI 3088. *Cos. ord.* 251, CIL VI 31129. 31130. Im Mai gab ihm Decius die Augustuswürde, CIL VI 31129. RIC IV 3 p. 139f. Syll.$^3$ 890. Doch Anf. Juni 251 kam es zur Schlacht bei Abrittus, nach deren Beginn M. fiel, Aurel. Vict. 29,4. FGrH 2 A 100 E. 22, dann auch Decius selbst. Beide wurden in Rom konsekriert, Eutr. 9, 4. CIL VI 31130 (= 36760). AE 1920, 32. – Mz. COHEN V$^2$ p. 215ff. R. DELBRÜCK Münzbildnisse p. 89, tav. 10,15–17. 24, Bildnisse B. M. FELLETTI MAJ, Iconogr., p. 196–199, tav. XXXIII 102–04; XXXIV 105. M. FLORIANI SQUARCIAPINO. Enc. art. ant. 3, 1960, 408f. **2.** C. Valens Hostilianus Messius Quintus (= Hostilianus). Jüngerer Sohn des Decius, → Valens. **3.** L. Messius Rusticus. Spanier, *cos. suff.* Sept.-Dez. 114, CIL XVI 61. Im J. 121 und noch 124 *curator alvei et riparum Tiberis et cloacarum urbis*, CIL VI 1240. 31552. Not. scav. 1916, 319. **4.** M. Cutius Priscus Messius Rusticus Aemilius Papus Arrius Proculus Iulius Celsus. Spanier, CIL II 1282. Sein cursus honorum ergibt sich aus CIL II 1283 und 1371. Nach militär. Ämtern war er *quaestor pr. pr.* in Afrika, Volkstribun, Peregrinenpraetor, *cos. suff.* vor 138, in diesem J. *curator operum locorumque publicorum*, AE 1934, 146, Statthalter von Dalmatia 141(?) bis 147, JAGENTEUFEL Statthalter p. 38 Nr. 18. R. H.

**Messor** wird neben anderen nomina agentis auf *-tor* vom flamen beim *sacrum Cereale* für Tellus Ceres *(Telluri et Cereri)* angerufen (Serv. auct. georg. 1,21), wodurch der Bauer beim Mähen eine göttliche Qualifikation erfährt, während Messia (Tert. spect. 8: Bild neben Seia und Tutilina im Circus maximus) als Göttin zur *messis* »Mahd« gehört. G. R.

*Peter* Myth. Lex. 2,204. *Wissowa* RRel $^2$25. 201. *Radke* Götter Altitaliens 216f.

**Mestor** (Μήστωρ, zu μήδεσθαι). **1.** Sohn des Perseus und der Andromeda, Gatte der Pelopstochter Lysidike, Vater der Hippothoe. Ebenso hieß sein Ururenkel, Sohn des Pterelaos, Apollod. 2,49ff. **2.** Sohn des Priamos, durch einen Hinterhalt des Achilleus am Ida getötet, vom Vater lebhaft beklagt, Il. 24,255ff. Apollod. 3,152; epit. 3,32. KULLMANN, H(ES) 14, 183f. **3.** Sohn des lokr. Aias, bei dessen Schiffbruch auf das Schiff Agamemnons gerettet und mit diesem erschlagen, Hom. Becher aus Theben in Berlin, C. ROBERT, JAI 34,73ff. H. v. G.

**Mestra** (Μήστρα, zu μήδεσθαι, Anton. Lib. 17 Ὑπερμήστρα). Urspr. Tochter des Heliossohnes → Aithon (1). Sie benutzte die ihr von Poseidon verliehene Gabe der Verwandlung, um ihren Vater zu ernähren, so schon Hes. POxy 28 (Lobel, Ldn 1962). Aithon wurde später mit → Erysichthon gleichgesetzt und M. aus einer Heliade Tochter des Erysichthon, Enkelin des Triopas, Ov. met. 8,872. Ältestes Zeugnis für die Verschmelzung ist Hellanikos. Während Kall. h. 6,24ff. die urspr. Erysichthonsage ohne M. erzählt, spielt sie die Hauptrolle in der Darstellung Sch. Lykophr. 1393. Über die Märchenzüge s. ZIELINSKI Philol. 50, 1891, 137ff. – K. J. MACKAY Erysichthon a Callimachian Comedy, Mnem. Suppl. 17, Leid. 1962. H. v. G.

**Mestrius.** **1.** L. M., Sohn von (3), Plut. quaest. conv. 7,4,3. 7. **2.** L. M. Autobulos. Er wird der Sohn Plutarchs sein, Syll.$^3$ 844. Platoniker, dem der Vater, zusammen mit seinem Bruder Plutarch, die Schrift De animae procreatione in Timaeo gewidmet hat. Seine Verheiratung ist bei Plut. quaest. conv. 4,3,1 (p. 666d) erwähnt, K. ZIEGLER, RE XXI 649. **3.** L. M. Florus. Vornehmer Freund des Plutarch; ihm verdankte dieser das röm. Bürgerrecht und nahm seinen Gentilnamen an, Syll.$^3$ 842. M. nahm an der Schlacht bei Bedriacum am 14. April 69 wider seinen Willen auf der Seite Othos teil, Plut. Otho 14. Unter Vespasian, mit dem er befreundet war (Suet. Vesp. 22), bekleidete er zwischen 72/75 den Suffektkonsulat. Mit Plutarch bereiste er Oberitalien, Plut. a. O. *Procos. Asiae* ca. 83/84, Ephesos II p. 166 Nr. 48. BMCat. Ionia p. 274f. Nr. 310f., D. MAGIE Rom. Rule As. Min. 1442. Bei Plut. quaest. conv. ist der philos. hochgebildete M. öfters Teilnehmer an den Tischgesprächen, K. ZIEGLER, RE XXI 687f. R. H.

**Met** (μέθυ, *mulsum*). Urspr., d. h. in vorgeschichtl. Z., ist M. ein aus Honig bereiteter, berauschender Trank. Dieser wird jedoch im Bereich der klass. Kulturen im Lauf des 2. Jt. v. Chr. durch den Wein abgelöst. Bei Hom. (vgl. etwa Od. 4,746. 7,265: Il. 9,706. Od. 3,479) ist μέθυ allg. = οἶνος, Wein. In hist. Z. sind die gebräuchlichsten Sorten des M. aus Milch und Honig (μελίκρατον), Wein und Honig (οἰνόμελι, *mulsum*) oder Wasser und Honig (ὑδρόμελι, μελίκρατον ὑδαρές, *aqua mulsa*) hergestellt. Zum Ansatz und zur Mischung der Bestandteile vgl. Colum. 12,12. 12,41. Plin. nat. 14,113. Dioskur. 5,16/17. Pallad. agr. 11,17. Milch-M. wird vor allem im Kult verwandt, während Wein- und Wasser-M. auch als Tischgetränk geschätzt und zudem medizin. angewandt wurden. Den Römern ist M. ein Tafel- und Gesundheitstrank, bes. bei der → *gustatio*, die danach auch *promulsis* hieß. W. H. G.

**Meta** (*Μήτα*). **1.** Tochter des Hoples (→ Hopletes), 1. Gemahlin des Königs → Aigeus von Athen, Apollod. 3,207. Melite heißt sie Sch. Eur. Med. 673 und wahrscheinlich auf der Kodrosschale (Furtwängler-Reichhold Taf. 140). Aigeus' 2. Gemahlin war Chalkiope, die 3. Medeia. H.v.G.

**2.** Mēta. Urspr. wohl jeder kegel- oder pyramidenförmige Gegenstand, ist M. seit dem 3. Jh. v. Chr. vor allem der Komplex der drei entweder nebeneinander oder im Dreieck angeordneten Spitzsäulen an den beiden Enden der Spina des → Circus, an der Stelle also, die die Wagen in relativ enger Kurve umfahren mußten. Die drei Säulen zusammen können sowohl *metae* wie (sing.) *meta* heißen. Die Form der M. kennen wir ausschließlich aus ant. Darstellungen des Circus, z. B. Zschietzschmann Hellas und Rom (1959) T. 71,1. 72/73. 75. Im Circus Maximus in Rom waren die M. bis auf Claudius aus Holz; erst dieser ließ vergoldete M. dort aufstellen (Suet. Claud. 21). – Daneben kann M. den um eine Stange kegelförmig aufgeschichteten Heuschober meinen (Colum. 2,19 (18), 2). *M. molendaria* ist der kegelförmige untere Stein der ant. Mühle, auf dem sich der obere Stein, *catillus*, dreht. *M. sudans* schließlich hieß ein Springbrunnen Roms unweit des Colosseums, dessen letzte Reste 1936 entfernt wurden (Nash 2,61 ff.). W. H. G.

**3.** M. Romuli hieß im MA. eine Grabpyramide in Rom am Kreuzungspunkt der antiken Straßen Via Cornelia und Via Triumphalis (also nicht, wie früher oft gemeint, die Grabpyramide des → Cestius [I 5 und II 1] an der Via Ostiensis). Die M. R., die auch als *Sepulcrum Scipionis Africani* galt, wurde z. T. 1499 abgetragen; Reste blieben bis in 16. Jh. sichtbar. Nash 2,59 f. W. H. G.

**Metabolē** (*μεταβολή*). Durchweg (etwa außer Fulg. myth. 3,9 p. 76,2 H.) nur griech. gebrauchter Sammelbegriff zur Bezeichnung verschiedener Arten eines »Übergangs« oder »Umschlags« in der → Musik. In moderner Terminologie ist die *μ.* nur unter sehr großem Vorbehalt als »Modulation« wiederzugeben, da sie einen »Übergang« auf mehr Gebieten als nur dem der Tonart bezeichnet (vgl. ähnlich auch die viel allgemeinere Bedeutung der lat. *modulatio* als musikal. Gestaltung schlechthin). Außerdem spricht gegen eine Gleichsetzung auch selbst in dieser Begriffsverengung der nicht dem harmon.-akkord. Prinzip verpflichtete Charakter der ant. Musik.

Während bei Platon (rep. 397 B–C) die *μ.* noch mehr allg. auf *ρυθμός* und *ἁρμονία* bezogen erscheint, begegnen dann bei den späteren Musiktheoretikern wie → Aristeides (7) Quintil., Kleoneides und Bakcheios mehrere Unterarten, die sich freilich in dem einmal umrissenen Rahmen halten. So unterscheidet z. B. Bakcheios (etwa 3./4. Jh. n. Chr., Text bei C. v. Jan Mus. Scr. Gr. 1895, [²1962], 292–316, hierzu 304 f.) 7 Varianten der *μ.*: die *μ. συστηματική, γενική, κατὰ τρόπον, κατὰ ἦθος, κατὰ ρυθμόν, κατὰ ρυθμοῦ ἀγωγήν* und *κατὰ ρυθμοποιίας θέσιν*, also den Wechsel der Tonskala im Tetrachord, des Klanggeschlechts, der Tonart, des seelischen Gehalts und 3 Spielarten eines Umschlags in rhythm. Hinsicht. U. K.

*W. Vetter*, RE XV 1313–1316.

**Metabus** s. Camilla

**Metageitnion** (*Μεταγειτνιών*, auf späteren Inschr. auch *Μεταγειτονιών*), der 2. Monat des athen. Kalenders, also etwa Juli/August, belegt auch für Delos, Ephesos, Priene, Samos, Milet mit Pflanzstädten (mit dialekt. Varianten als *Πεδαγείτνιος* oder *Πεδαγείτνυος*). Mit ihm begann in Athen das neue Finanzjahr, in seine Mitte fiel der Beginn des Mysterienfriedens, mit seinem Schluß endete das Militärjahr. Der M. hat seinen Namen von dem »Nachbarfest« *Μεταγείτνια*, an dem man dem Apollon Metageitnios opferte. Die Erklärung ist unsicher: Sch. Thuk. 2,15 bringt das Fest mit dem Synoikismos des Theseus zusammen, Plut. de exil. 6 mit einer Umsiedlung von Familien aus dem Demos Melite in den Demos Diomeia. C. Robert, H 21,167 vermutet – wohl wahrscheinlicher –, daß hinter der plutarch. Erklärung des Namens als *μετοικισμός* eine richtige Tradition liegt, die auf die Übersiedlung des Apollon von Delos nach Lykien in dem Monat M. (o. I 445,32 ff.) zurückgeht. W. S.

RE XV 1817 f.

**Metagenes** (*Μεταγένης*). **1.** M., Dichter der Alten Komödie, in IG II² 2325 mit 2 Lenäensiegen vor Theopomp verzeichnet (nach 410). Wir kennen 4 Titel, 20 Frg., in denen → Lykon, Sokrates' Ankläger, als Verräter, → Akestor (4) und der Bastard des → Kallias (3) wegen ihrer Abstammung angegriffen werden. Aus einer Parabase stammt frg. 14: der Chorführer spricht im Namen des Dichters über das Stück. In den *Θουριοπέρσαι* wurde das üppige Leben in Thurioi aufs Korn genommen. Das Stück war *ἀδίδακτον*, nicht aufgeführt, also nur liter. publiziert (Athen. 270 a). W. K.

**2.** M., Sohn des → Chersiphron, aus Knossos, Architekt im 6. Jh. v. Chr. M. arbeitete mit und nach seinem Vater am älteren Artemision in Ephesos (Vitr. 7 praef. 16). Aus ihrer Schrift darüber (Vitr. 7 praef. 12) hat Vitr. 10,2,11–12 techn. Details überliefert. **3.** M. aus dem att. Demos Xypete, Architekt am Telesterion in Eleusis (Plut. Per. 13) → Koroibos (4), o. S. 308. W. H. G.

**Metagonion** (*Μεταγώνιον*). **1.** Vorgebirge in Mauretania Tingitana; h. cap de l'Agua ö. von Melilla (Marocco) und w. der Mündung des Muluchath (h. Moulouya) (Strab. 17,827. Ptol. 4,1,3). Ptol. 4,1,5 nennt die *Μεταγωνῖται*, aber es besteht keine Verbindung zwischen M. und den

Μεταγωνῖται (zwischen Cap Spartel und Ceuta. Bewohner: DESANGES Cat.trib.afr.Ant.class. 1962, 36).

Eine Stadt M. nennt Hekat. bei Steph.Byz. als πόλις Λιβύης (frg. 334 Jac.), und bei Pol. 3,33, 12 ist τὰ Μεταγώνια τῆς Λιβύης eine Gegend (der Μεταγωνῖται). Dieselbe Bezeichnung bei Strab. 3,170 ἐν τῷ Μεταγωνίῳ νομαδικῷ ἔθνει. Nach ROGET Le Maroc chez les auteurs anciens, Par. 1924, bezeichnete M. das ganze n.w. Afrika. **2.** Vorgebirge in Numidien (später Mauretania Caesariensis): *promontorium Metagonium* (Mela 1,7,33). Es scheint ident. mit dem Τρητὸν ἄκρον. (Ptol. 4,3,2), h. cap Bougaroun, S. GSELL Atl. Arch. Alg. 1,1. Auch bei Plin.nat. 5,22 genannt. M. L.

**Metalla. 1.** Münzen (→ Quadranten?) Z. des Traian, Hadrian, Antoninus Pius (und M. Aurel?), mit dem Kopf des Kaisers, dem der Roma oder der Metallgötter (Apollo, Diana, Mars, Venus) auf der Vorderseite, auf der Rückseite mit der Legende *metalli Ulpiani, m. U. Delm(atici), m. U. Pann(onici)* usw. (auch im Nom., Abl. und im Plur.) und den Bildern von Aequitas, Hirsch, Panzer, Kranz u.a. Es sind nur illyr. Bergwerke genannt. Stil, Machart und das auf manchen Serien erscheinende *S(enatus) C(onsulto)* weisen auf stadtröm. Prägung, die Fundstellen auf Verwendung in Rom und Italien [1. 2] und nicht auf Umlauf im Bergwerksgebiet (so [3]). H. Ch.

1. 2. *Regling* bei *Schrötter* WBMzK s. Bergwerksmarken, Metalla und RE XV 1322f. 3. *Mattingly*, BMC RomEmp 3 p. CIX. CLXXXVI.

**2.** s. Art. Bergbau

**Metaneira** (Μετάνειρα). **1.** Gemahlin des eleusin. Königs → Keleos. Sie nimmt die irrende Demeter auf und gibt ihr ihren Sohn → Demophon (hier lies Z. 33: Ov.fast. 4,507ff.) zur Wartung. Durch ängstliche Neugier vereitelt sie die Absicht der Göttin, diesen unsterblich zu machen, Hom.h. 5. In der jüngeren Sagenform (Ov.) sind Keleos und M. einfache alte Leute in Eleusis. Ein Heiligtum der M. an der Straße von Eleusis nach Megara, Paus. 1,39,1f. H. v. G.

**2.** M., berühmte Hetäre im Besitz der Nikarete, nach einem Brief des Lysias, der M. in die Mysterien einweihen ließ, Geliebte des Isokrates, Hyp. frg. 13 J. Dem. 59,19ff. Athen. 3,107e. 13,584f. 592b. Briefe des Lysias (kaum echt) an sie, frg. 111f. Th. H. V.

**Metapontum** (Μεταπόντιον; alte Namensform Μέταβος: Antioch. FGrH 555 F 12, Einwohner Μετάβολοι: Hesych. s.v.; irrig Siris: Steph. Byz. s. Μεταπόντιον. Eust. Dion. Per. 368; Alybas: Sch.Hom.Od. 24,304. Steph.Byz. s.v.). Stadt Lukaniens (Plin.nat. 3,97: 3. Region) am Golf von Tarent (Ptol. 3,1,12) an der Grenze von Oinotrien mit Iapygien (Antioch. F 3.12; Skyl. 14 iapyg.) zwischen Bradanus und Casuentus in einst fruchtbarer Gegend (Guid. 29 *fulgentissima ac fertilis atque nobilitate insignis, in qua Samius*



*Pitagora philosophus post secessum Crotone deguit . . . Huius moenia duo irrigui ac pulcherrimi amnes ambiunt. . .*). Gründung den Pyliern (Strab. 5,222. 6,264. Solin. 2,10. Vell. 1,1; vgl. Μετάπιοι bei Olympia: IGA 118), dem Daulios von Krisa (Ephor. FGrH 70 F 141), dem Metabos (Serv. auct. Aen. 11,540), dem Leukippos (Strab. 6,265; vgl. Mz. 4. Jh. v. Chr. mit seinem Namen: HEAD HN² 78) oder nach Verlassen einer ersten Siedlung (KIECHLE Messenische Stud. 34ff.) von Sybaris gegen Tarent herbeigerufenen Achaiern zugeschrieben (Antioch. F 12. Skymn. 326f. Liv. 25, 15,7. Bakchyl. 10,114); Zeit der Gründung nach Euseb.-Hieron. p. 18 HELM = 181 KARST 773/72 v. Chr., nach DUNBABIN The Western Greeks 34 Anf. 7. Jh., nach v. STAUFFENBERG Trinakria 316 ca. 620 v. Chr. Seit 6. Jh. Mz. mit Abbildung einer Kornähre (HEAD HN² 74ff.), was zu der Weihegabe eines ϑέρος χρυσοῦν nach Delphoi (Verbindung zum Apollonkult in Delphoi auch Hdt. 4,15) paßt (Strab. 6,264). M. besaß ein eigenes Schatzhaus in Olympia mit wertvollem Inhalt (Polemon b. Athen. 11,479 F. Paus. 6,19,11). Kult der Neleiden (Strab. 6,264), des Acheloos (HEAD HN² 76), des Apollon Lykeios (IGA 540 = IG XIV 647), des Aristeas (Hdt.), der Artemis (Bakchyl. 10,119 Κάσαν παρ' εὔυδρον; das geht auf den Tempel am Ufer des Casuentus, dessen Ruinen h. tavole Palatine heißen; vgl. Hyg.fab. 186 *ad Dianam Metapontinam*. VETTER, HB 192a [...] *anas metapontinas*, wo nach RIBEZZO RIGI 15, 1932, 182ff. PID II S. 632 nicht **asanas* = 'Αϑανᾶς gelesen werden kann), der Athena Εἰλενία (Iust. 20,2,1. Aristot. mir. 108: Heiligtum in benachbartem Gargaria mit Werkzeugen des Epeios; vgl. Etym. m. 298), des Hermes Eukolos (Hesych. s.v.) und der Demeter (Diog. Laert. 8,1,15. Timaios FGrH 566 F 131. Lykos FGrH 570 F 15. Iamblich. v. Pyth. 170). Pythagoras kam aus Kroton nach M. (Iust. 20,4, Liv. 1,18,2), wo er starb (Dion. Laert. 8,1,40. Iamblich. v. Pyth. 170. 249. 266. Porph. v. Pyth. 56f.); Cicero besuchte sein Grab (Cic. fin. 5,4). In M. wird die Gesch. der Arne bzw. → Melanippe angesetzt (Diod. 4,67. Eust. Diog. Per. 461. Strab. 6,265. Hyg. fab. 186). M. unterstützt Athen bei der sizil. Expedition (Thuk. 7,33, 4f. Diod. 13,3,4), spielt später keine große Rolle (Dionysios: Polyain. 5,2,21; Alexander v. Epeiros: Iust. 12,2,12. Liv. 8,24,16; Kleonymos: Diod. 20,104). Abfall (Liv. 22,61,12) im 2. pun. Kriege, wechselvolle Lage (Liv. 24,20,15. 25,11,10. 27,16, 12. 42,17. Pol. 8,36,1. App. Hann. 33. 35) und Umsiedlung aller Einwohner 207 nach Bruttium (Liv. 27,51,13). Die Ruinenstätte, oft geplündert (Flor. 2,8,5), nur noch Straßenstation (Geogr. Rav. 4,31. 5,1). Zur Namensdeutung vgl. Etym. m. 579, 29 (Herakles μετὰ βοῦς!). KRETSCHMER, Klio 20, 373; Glotta 14, 1925, 92ff. ALTHEIM, ARW 29, 1931, 22ff. Umfangreiche Ruinen beim h. Metaponto. G. R.

*Forbiger* HB der alt. Geogr. 3,506. *Nissen* It. Ldk. 2,912. *Lacava* Topogr. e storia di M. *Ciaceri* Storia di Magna Grecia 1, 1926, 113ff. *Gianelli* Culti e miti di Magna Grecia, 1926, 88ff. *Noe* The coinage of Metapontum 1,30ff. *Bérard* La Colonisation Grecque etc. $^2$175ff. 324ff. *Kahrstedt*, H 53, 1918, 180ff.

**Metaurus. 1.** s. Matauros. **2.** Umbr. Fluß, der s. Fano mündet (Tab.Peut. 5,2 *Mataurum fl.*): Plin.nat. 3,113. Strab. 5,227. Mela 2,4. Vib.Sequ. p.149 R. Lucan. 2,405. Sil. 8,451. Bekannt durch die Vernichtung Hasdrubals 207 v.Chr. (Liv. 27, 47,9. Hor.c. 4,4,38). G. R.

*Forbiger* HB. der alt. Geogr. 3,373. *Nissen* It. Ldk. 2,381.

**Metelis.** Stadt im NW.-Delta ö. von Alexandreia, wohl h. Atfeh (bei Fua am Rosettearm des Nil), in röm. Z. Mittelpunkt eines selbständigen Gaues zwischen dem Menelaites im W. und dem von Pteneto (Buto) im O. Gaugöttin war Hathor-Isis in Falkengestalt, weshalb Steph.Byz. für M. auch den Namen *Βῆχις* (d.i. bjk.t »Falkin«) angibt. W. H.

**Metellus.** Röm. Cognomen, nach volksetym. Deutung der »Söldner« (Fest.146), WALDE-HOF.$^3$ 2,81 (»Berufscognomen«, J. REICHMUTH D.lat. Gentilicia, Diss. Zürich 1956, 59), möglicherweise etr. Herkunft (SCHULZE Eigenn. 188. 293). Beiname des bedeutendsten Zweiges der pleb. → Caecilii, offiziell jedoch auch im J. 117 v.Chr. (CIL I $2^2$ 584) noch nicht gebraucht (I. KAJANTO The Lat. Cognomina, Soc. Scient. Fenn., Comm. Hum. Litt. 36, 1965, 19,1), was allg. dem Aufkommen des spätesten Bestandteils der röm. Nomenclatur entspricht, RE IV 225. Stammbaum: MÜNZER RE III 1229f.; Adelsp. 304. Mz.SYD. L.R.TAYLOR AJA 48, 1944, 352ff. – J. VAN OOTEGHEM Les Caecilii Metelli de la République, Bruxelles 1967.

I. Republikan. Zeit. **1.** Caecilius M. wurde 31 als Anhänger des Antonius bei Actium gefangen, dann in Samos begnadigt, App.civ.4,42. **2.** C.Caec.M., Senator vor 81, soll durch eine harmlose Bemerkung Sulla die Proskriptionslisten nahegelegt haben, Plut.Sull.31,1f. BROUGHTON Mag.2,475. 488. **3.** L.Caec.M., L.f.C.n., Consul 251 mit C.Furius (Quellen: DEGRI 13,42f. 436f. BROUGHTON Mag.1,213 u.a.); nachdem Furius Sicilien verlassen hatte, wurde M. von → Hasdrubal in Panormos angegriffen, besiegte jedoch die Karthager (251?) und führte im Triumph (250 v.Chr.?) erbeutete Elefanten auf (daher auf Mz. oft der Elefant als Wappentier der Metelli). 249 mag.equ. des dict.A. → Atilius Calatinus (16) (in Sicilien), 247 Consul II (Sicilien), 224 Dictator zur Durchführung der Wahlen; er war auch Pontifex sowie Pontifex maximus (seit 243) bis zu seinem Tode 221; 241 rettete er das Palladium aus dem brennenden Vestatempel, erblindete aber dabei (?), Cic.Scaur.48 u.a. LATTE RRel.G.108. Elogium bei Dion.Hal.2,66,4, laudatio funebris (durch Nr.9) bei Plin.nat.7,139f. O.SEEL Römertum und Latinität, 1964, 343ff. **4.** L. (Caec.) M. (Sohn von Nr.3?), wollte 216 Italien verlassen, blieb jedoch (Liv.22,53,3ff.), war 214 Quaestor, wurde von den Censoren unter die Aerarier versetzt, kam 213 als Volkstribun mit seiner Klage gegen die Censoren nicht durch. **5.** L.Caec.M., Münzmeister um 91, BROUGHTON Mag.2,433, Praetor 70 und Propraetor 69 in Sicilien als Nachfolger des Verres (gute Verwaltung), 68 Consul, starb im Amt. **6.** L.Caec. M., Sohn von Nr.5, Quaestor in Sicilien um 52, Volkstribun 49, wobei er erfolglos gegen Caesars Rüstungsanleihen aus dem Aerarium opponierte. **7.** M.Caec.M., 3. Sohn des Macedonicus Nr.18, Münzmeister ca.125–120 (BROUGHTON Mag.2, 433), Praetor um 118, Consul 115, Proconsul in Sardinien und Corsica 114–111, triumphierte über die Sarden. Vielleicht hat er den abgebrannten Mater-Magna-Tempel wieder aufbauen lassen. Ov. fast.4,348. F.BÖMER z.St. **8.** M.Caec.M., mit finanzieller Unterstützung durch Verres wurde er Praetor 69, nachdem er 70 zu dessen Richterkollegium gehört hatte; verwandt mit Nr.5. **9.** Q. Caec.M., Sohn von Nr.3, bedeutendster Namensträger um 200, Anhänger Scipios. Pontifex seit 216, pleb.Aedil 209, curul.Aedil 208, meldete 207 den Sieg am Metaurus in Rom (Liv.27,51,3), Ende 207 Reiteroberst des dict. M. → Livius Salinator (18), 206 Consul mit L.Veturius Philo, mit dem er in Bruttium stand (keine bes. Vorkommnisse), wo er auch 205 als procos. blieb, E. 205 *dict. comit. hab. causa.* 204–202 einer der Hauptvertreter Scipios im Senat, 201 *Xvir agr. divid.*, 186–184 Leiter einer Gesandtschaft auf den Balkan (Makedonien und Peloponnes). H.H.SCULLARD Rom. Politics 77ff. A.LIPPOLD Consules 12. 75ff. Als Redner von Cic.Brut.57. 77 genannt (vgl. auch Val.Max.7,2,3). Wohl ident. mit dem cos.M., der den → Naevius im Gegenangriff attackierte, Cic. Verr.1,29. Ps.Ascon. z.St. SCHANZ-HOS.1,50. Sein Bruder M.M. war Praetor 206. **10.** Q.Caec. M.Balearicus, Sohn von Nr.18, Consul 123, unterwarf die Balear. Inseln, triumphierte 121 (Cognomen), war 120 Censor. **11.** L.Caec.M.Calvus, Consul 142, Proconsul 141 (Gallia Cisalp.), 140 bis 139 Gesandter im O. (ob auch 136?). **12.** C. Caec.M.Caprarius, jüngster Sohn von Nr.18. Praetor um 117, nachdem er 133 unter Scipio vor Numantia gedient hatte. Consul 113, Procos. in Makedonien und Thrakien 112–111, triumphierte 111; 102 Censor, mit seinem Vetter Q.Caec.M. Numidicus Nr.21. **13.** Q.Caec.M.Celer, Bruder von Nr.19, adoptiert von einem M. (tr.pl.90), der das Cognomen von den schnell für seinen Vater (Nr.17?) durchgeführten Leichenspielen erhielt. 78 Legatus(?), Volkstribun 71 (oder 68?, so BROUGHTON Mag.2), pleb.Aedil 67(?), 66 Legat des Pompeius in Asien (erfolgreich gegen Albaner). 63 Praetor urbanus (verhinderte die Verurteilung des C.Rabirius, wies Catilina ab, ging E. Okt. nach Picenum und Gallien, bekämpfte Catilina), 62 Propraetor m. procos. Imperium in Gallia, 60

Consul mit L. Afranius (Opposition gegen Pompeius und Clodius). 59 bekämpfte er Caesars Ackergesetz und starb dann bald. Unglücklich verheiratet mit → Clodia (10). Augur von vor 63 bis 59. H. BENGTSON Hist. 3, 1954, 229ff. **14.** Q. Caecilius M. Creticus, Consul 69, Sieger auf Kreta und Gegner des Pompeius, bes. 62–60. Wahrscheinl. Sohn von Nr. 12 und Enkel von Nr. 18, ein entschiedener Vertreter der Senatsoligarchie. Ämterlaufbahn: Praetor 74, Consul 69 zusammen mit Q. → Hortensius (7). Proconsul auf Kreta (und in Hellas) 68–65, dann in Italien bis zu seinem Triumph 62, Gesandter nach Gallien 60, Pontifex seit vor 73 bis zu seinem Tode (wohl bald nach 54); Quellen u. a. bei BROUGHTON Mag. 2,102 (mit 108,3). 131. 139 usw., 70 stützte er Verres (Cic. Verr. act. 1,26ff.) und übernahm 68 nach seinem Consulat den Oberbefehl über Kreta, auf den Hortensius verzichtet hatte; mit 3 Legionen ging er gegen die Seeräuber vor, siegte bei → Kydonia, nahm diese Stadt und dann → Knossos, → Lyktos (→ Gortyn ergab sich) und, nachdem die Besiegten in Hoffnung auf die Milde des Pompeius diesem 67 die Unterwerfung angeboten hatten, noch → Eleutherna und → Lappa. Als der Legat L. Octavius im Auftrag des Pompeius nach Kreta ging, wäre es dort beinahe zum Bürgerkrieg gekommen, Cass. Dio 36,45,1. Doch als Pompeius gegen Mithridates kämpfte, beendete M. die Unterwerfung von Kreta, organisierte die Provinz und führte nach seinem Triumph (62), den ihm die Anhänger des Pompeius lange vorenthielten, den Siegesnamen Creticus, vgl. M. GELZER Pompeius 72. 139 u. ö. CHR. MEIER Res publica amissa, 1966, 170. 186. BENGTSON RG 200f. 209. **15.** L. Caec. M. Delmaticus, älterer Sohn von Nr. 11, Consul 119, besiegte die Dalmater und triumphierte 117, Censor 115 (32 Senatoren ausgestoßen, strenge sittliche Maßstäbe bei Theateraufführungen; vgl. u. Nr. 17). Pontifex und Pontifex maximus von vor 114 bis zu seinem Tod 103; er ließ den Neubau des Castortempels am Forum und das Heiligtum der Ops Opifera errichten. Cic. Verr. 1,154. Plin. nat. 11,174. **16.** L. Caec. M. Denter, fiel als Consul 284 bei Arretium gegen die Semnonen (evtl. als Praetor 283, BROUGHTON Mag. 1,188,2). **17.** L. Caec. M. Diadematus, 2. Sohn von Nr. 18 (Cognomen wegen des Verbandes einer Kopfwunde), wahrscheinlich von C. Gracchus bekämpft, Consul 117, verwaltete Italien, legte die via → Caecilia an. (Censor 115? vgl. BROUGHTON Mag. 1,531. o. Nr. 15). 100 kämpfte er gegen Saturninus und Glaucia, trat 99 mit Nr. 12 für seinen Vetter M. Numidicus Nr. 21 ein. K. ZIEGLER, G 63, 1956, 483ff. **18.** Q. Caec. M. Macedonicus, Q. f. (Nr. 9?). Brachte 168 die Siegesbotschaft von Pydna nach Rom. Als Praetor übernahm er 148 den Krieg in Makedonien, besiegte den → Andriskos, richtete 147/46 Makedonien als Provinz ein und bekämpfte 146 die Achaier erfolgreich bis zum Eintreffen des L. → Mummius (4). 146 triumphierte er (Cognomen), später ließ er u. a. die Porticus Caecilia erbauen (Vitr. 3,2,5 u. a.). 143 Consul (schlug eine Sklavenrevolte in Minturnae nieder), führte dann und als Proconsul 142 von Hispania citerior aus einen energischen Feldzug gegen die Keltiberer (Eroberung von Contrebia) und ging 136 nochmals als Legat des cos. P. Furius Philo nach Spanien. 131 war er Censor mit Q. Pompeius (strenge Amtsführung, Rede gegen Ehelosigkeit). Augur von vor 140–115. Als überzeugter Anhänger der Nobilität war er Gegner der Gracchen, aber auch des jüngeren Africanus (daher Angriffe des Lucil. auf ihn), dessen Größe er jedoch später anerkannte. 4 Söhne (Consuln von 123. 117. 115. 113) und 2 Töchter (die in die Familien der Servilier und Scipionen einheirateten). **19.** Q. Caec. M. Nepos, Sohn von Nr. 10, ältester Enkel von Nr. 18 (Cognomen, DRUMANN[2] 2,23). Münzmeister um 106 (BROUGHTON Mag. 2,433), Consul 98 mit T. Didius: leges Caeciliae Didiae, RE XII 2337. **20.** Q. Caec. M. Nepos, Sohn von Nr. 19, Bruder des Celer Nr. 13. 67 ging er als Legat des Pompeius nach Kleinasien und später nach Syrien, wo er bis 63 blieb. Als tr. pl. für 62 intercedierte er gegen Ciceros Rechenschaftsablage am letzten Tag von dessen Consulat; nach Suspension vom Amt ging er zu Pompeius. 60 Praetor (Gesetz über Abschaffung der Zölle in Italien), Consul 57 (mit L. Lentulus Spinther), trat trotz früherer Feindschaft für Ciceros Rückberufunge in (Cic. fam. 5,4). 56 nahm er an der Konferenz von Luca teil, ging dann als Proconsul nach Spanien (Teilerfolge gegen die Vaccaeer), kehrte 55 nach Rom zurück und starb bald. Zum Erben bestimmte er den Carinas. Als Redner (mehrfach Ankläger, bes. bis zum J. 70) war er nicht sehr bedeutend, Cic. Brut. 247. **21.** Q. Caec. M. Numidicus, Sohn von Nr. 11. Praetor um 112, dann Propraetor in einer Provinz, 109 Consul (BROUGHTON Mag. 1,545), übernahm (auch als Proconsul 108–107) den Krieg gegen Iugurtha, reorganisierte die röm. Truppen in Africa, siegte am Muthul, belagerte Zama, verlor aber Vaga, Sall. Iug. 43–72, das er später wiedereroberte, besiegte Iugurtha und nahm Thala; dann übergab er durch einen Legaten den Oberbefehl an seinen früheren Legaten und Nachfolger C. Marius (2), den er als überzeugter Optimat ablehnte; 106 triumphierte er (Cognomen). 102 Censor mit seinem Vetter Nr. 12. 100 beschwor er das Ackergesetz des → Appuleius Saturninus (6) nicht und ging ins freiwillige Exil nach Rhodos. 99 durfte er zurückkehren. Cic. Brut. 135 rühmt ihn als Redner, SCHANZ-HOS. 1,223f. G. DE SANCTIS Problemi die storia ant., Bari 1932, 215ff. **22.** Q. Caec. M. Pius, Sohn von Nr. 21, unter dem er 107 in Africa diente, erhielt 99 wegen seines Einsatzes für die Rückberufung seines Vaters das Cognomen Pius. Um 97 wurde er Pontifex, war Praetor 89 und Propraetor 88–82 (nahm 88 Venusia, 86

Senatsgesandter zu Cinna, dann in Africa und Ligurien, siegte 82 für Sulla bes. bei → Faventia). Consul 80 (mit Sulla), Proconsul 79–71 in Hispania ulterior, wo er durch die Kampfführung gegen Sertorius gefesselt wurde (wechselvolle Kämpfe, Siege, Imperatortitel, Gründung von Metellinum); 71 triumphierte er, zusammen mit Pompeius. 82 war er Pontifex maximus geworden, nach seinem Tod 64/63 wurde Caesar sein Nachfolger. F. Taeger, Charisma 2,43. Chr. Meier Res publ. amissa, 1966, 238f. u.ö. (s. 321). **23.** Q. Caec. M. Pius Scipio, gleichnamiger leibl. Sohn des Praetors P. Cornelius Scipio Nasica, adoptiert durch Nr. 22. Im J. 70 war er einer der Verteidiger des Verres, am 20./21. Okt. 63 warnte er (mit M. Crassus und M. Marcellus) den Cicero vor dem bevorstehenden Attentat der Catilinarier auf ihn, 59 Volkstribun (von Cic. verteidigt), 57 Aedil (?, Fechterspiele), 55 Praetor, 53 Interrex (Broughton Mag. 2,229), wurde von Pompeius, der 52 sein Schwiegersohn wurde, bei einem Ambitus-Verfahren gedeckt, 52 wurde er Consul (für die letzten 5 Monate des Jahres), trat 51 und 50 gegen Caesar und Cicero auf, spielte Anfang 49 im Senat eine entscheidende Rolle gegen Caesar (Caes. civ. 1,1,4. 4,3 u.ö.), ging dann als Procos. in seine Provinz Syrien (49–48, Kämpfe gegen die Parther, Imperatortitel, Mz.), marschierte 48 nach Thessalien mit 2 Legionen, kommandierte bei Pharsalos das Zentrum und floh dann nach Africa, wo er den Oberbefehl über die Pompeianer erhielt (Mz., Spannungen mit Cato und Labienus). Bei Thapsus wurde er geschlagen, entkam und endete durch Selbstmord bei Hippo Regius. Er besaß ein ererbtes Gut bei Tibur, war ein wohl mittelmäßiger Redner und verfaßte nach 56 eine Invektive gegen Cato. Ed. Meyer Caes. Mon. 223f. 283f. u.ö. M. Gelzer Caesar[6] 211ff. 245ff. u.ö. (s. 315); Pompeius 182 u.ö. (306). R. Syme The Rom. Revolution, 1960, 36 u.ö. (539). **24.** Caecilia Metella, 2 Töchter des Macedonicus Nr. 18, eine verh. mit C. Servilius Vatia (Mutter des P. Servilius Isauricus), die andere mit P. Scipio Nasica (Großmutter von Nr. 23). **25.** Caec. Metella, T. von Nr. 11, Schwester von Nr. 21, verh. mit L. Licinius Lucullus (Mutter des berühmten Lucullus). **26.** Caec. Metella, T. von Nr. 15, verh.: 1. mit M. Aemilius Scaurus (28), (2 S., 1 T.); 2. mit Sulla 88 (dessen 4. Ehe, 1 S. und Zwillinge Faustus und Fausta), ging 86 nach Griechenland zu Sulla, starb 81 nach schwerer Erkrankung, während der Sulla sich von ihr scheiden ließ. **27.** Caec. Metella, T. von Nr. 10, Schwester von Nr. 19, verh. mit Ap. → Claudius Pulcher (27), Mutter des Ap. Claudius Pulcher (28) und des berüchtigten → P. Clodius (8). **28.** Caec. Metella, T. von Nr. 14, verh. mit M. → Crassus (3), Sohn des Triumvirn. Grabmal an der Via Appia. CIL VI 1274. Drumann[2] 2,55. L. Curtius – A. Nawrath D. ant. Rom[3] Taf. 169. H. Kähler Rom u. s. Welt 1, Taf. 43. H. G. G.

II. Kaiserzeit: Q. Caecilius Metellus Creticus Silanus, cons. ord. 7 n. Chr., Statthalter von Syrien 12–17 n. Chr., bekam den von den Armeniern zum König gewählten → Vonones in seine Gewalt (16 n. Chr.) und hielt ihn in ehrenvoller Bewachung (Tac. ann. 2,4. Ios. ant. 18,52). Bevor Germanicus in den Orient geschickt wurde, berief ihn Tiberius angeblich wegen seiner nahen Beziehungen zu Germanicus ab (Tac. an. 2,43). W. S.

**Meteon** (*Μετεών*, *Medione*). Ortschaft der → Labeates (Liv. 44,23,3. 32,3. Pol. 29,3), an der Straße Narona–Scodra (h. Medun, in der Nähe von Podgorica). Die Burgmauer von M. wurde vermutlich im 4. oder 3. Jh. v. Chr. durch griech. Baumeister erbaut. Pantauchos, der Gesandte des Königs Perseus, traf in M. mit Genthius, dem Fürsten der Illyrier, 168 v. Chr. zusammen (Liv. a. O. Pol. a. O.). Letzte Erwähnung im Alt. beim Geogr. Rav. IV 16 S. 211,10 *(Burzumon est civitas quae dicitur Medione)*. J. Sz.

*Praschniker-Schober*, Akad. d. Wiss. Wien, Schr. d. Balkankomm., Antiquar. Abt. VIII 3. *M. Fluss*, RE XV 1371ff.

**Mèter** (*Μήτηρ*) s. Kybele

**Meteorologie.** Bis auf Aristoteles haben die Griechen unter *μετεωρολογία* nicht nur wie wir die Lehre von den atmosphärischen Erscheinungen, sondern von allem, was in der Höhe über der Erde vor sich geht, also auch die Astronomie, verstanden. Doch begannen die eigentl. meterolog. Studien bei den ion. Naturphilosophen und den anderen Vorsokratikern, Anaximandros, Anaximenes, Herakleitos, Anaxagoras, Empedokles, Diogenes von Apollonia. Ihre Leistungen faßt Aristoteles in seinen *Μετεωρολογικά* fortbildend und systematisierend zusammen. Nach ihm hat bes. Poseidonios sich mit dem Thema befaßt. Mancherlei steht in Senecas naturales quaestiones.

Die Stoff- und Energiewirtschaft des Kosmos bei Anaximandros. a) Der aus der feuchten Erd- und Meeresoberfläche aufsteigende Dunst – *ἀτμίς* – (Diels Vorsokr. I 88,8. 13), späterhin unter den Oberbegriff *ἀναθυμίασις* gefaßt, enthält zwei gegensätzliche Urbestandteile (*ἐναντιότητες, ἐναντία*) in Mischung: das Warm-Trockene, d.h. Leichte-Helle und das Kalt-Feuchte, d.h. Schwere, Dunkle. Die Kategorien riegeln sich gegenseitig streng ab – *ἀντιπερίστασις ἀλλήλοις*. Aristot. spricht (meteor. p. 340 b 15. 28f. 365 b 22) von latent – *δυνάμει* – wässeriger *ἀτμίς* aus dem Feuchten und einer latent feurigen *ἀναθυμίασις* aus dem Trockenen. Je nachdem, welche Kategorie in der substantiell gedachten Mischung überwiegt, heißt diese *ἀν. ὑγρά* oder *ἀν. ξηρά*. b) Die Spaltung der Gegensätzlichkeiten. Durch die »ewige Bewegung« – *ἀίδιος κίνησις ἐξ αἰῶνος* – des himmlischen Umschwunges, die ihren Impuls bis in die untere Atmosphäre hinein überträgt, wird das Leichte vom Schweren – *ἐκ τοῦ ἑνός* – getrennt, wie die Spreu vom Korn beim Worfeln. Das aus dieser (δι-)ἔκκρισις entstehende λεπτότατον – immer noch schwache Feuchtigkeit mit sich führend – steigt gegen die »großen Lichter« auf, wird in der nahen Sonnenhitze hoch sublimiert, »gesüßt« bzw. ausgeschmolzen zu einem entflammbaren Brennstoff – ὑπέκκαυμα – und dient zur Unterhaltung des Sonnen- und Mondfeuers, τροφή. Der im Laufe der Überlieferung oft auftretende verderbte Term »τροπή« ist stets in τροφή zu emendieren! Um den Betrag, der in Sonne und Mond verbrannten ὕλη der ἀτμίς (von Aristot. bekämpft p. 355a 11) wird die auf die Erde infolge von Kondensation und Niederschlag zurückkehrende Wassermenge gemindert (p. 356b 10), die Meere erfahren Wasserverlust und Salzanreicherung, die Erdoberfläche geht einem Vertrocknungstod entgegen – so die materielle kosmische Entropielehre des Anaximandros (I 88,17), welche Aristoteles meteor. B. 2 zu Gunsten seiner Theorie des vollkommenen Materie- und Energiekreislaufes der Welt energisch ablehnt.

Die Aggregatstufentheorie des Anaximenes leidet an der physikal. Grundunbestimmtheit der ἀραίωσις und πύκνωσις, durch welche die Luft – als Grundstoff – zu Feuer verdünnt und andererseits zu (latentem) Wind und weiterhin zu Wolke, Regen, Erde, Steinen verdichtet wird. Der Wind entsteht, wenn der ἐκπεπυκνωμένος ἀήρ sich entspannend in Bewegung setzt. Kompressionswirkungen aus der umlaufenden äußersten Sphäre abzuleiten, zeugt von Mangel an Verständnis für aerodynam. Abhängigkeiten, was schon die griech. Überlieferung gefühlt haben mag. In der Folge wurde es zu einer Art spekulierenden Sports, das Ausgangs-πάθος, das Stoicheion der Aggregate zu wechseln. Der Satz, daß »warm und kalt« als Gegensätzlichkeiten τὰ κυριώτατα τῆς γενέσεως seien, paßt nicht in das System des Anaximenes.

Die meteorolog. Kreisprozesse. Der vor aller Augen liegende geophys. Kreislauf des Wassers: Erdfeuchtigkeit – Dunst – Wolke – Regen – Wasser (diese Formen einmal in Mischung mit der Luft, zum anderen mit Erde) hat offenkundig Thales zu seiner Lehre vom Wasser als Urstoff bewogen. Herakleitos greift den Kreislaufgedanken wieder auf und führt ihn vom Feuer über Wasser, Erde auf Feuer zurück, die sog. ὁδὸς ἄνω κάτω. Die πάθη sind δυνάμει ineinander enthalten und erfahren ihre μεταβολή infolge Verdichtung und Verdünnung. Bei Aristoteles spielt der verlustlose Kreislauf des Wassers eine Rolle in seinen Beweisverfahren. Er schreibt die Lehre von den ὡς ἐν ὕλης εἴδει λεγόμενα ⟨ἀγένητα⟩ στοιχεῖα τέτταρα d. s. Feuer, Luft, Wasser, Erde, dem Empedokles zu (vgl. Kahn 121ff.). Diese Elemente sind Urstoffe, *membra mundi*, Wandlung der Erscheinungen geschieht durch Mischung und Austausch der gemischten Stoffe. Die Lehre von der »Erhaltung der Elemente« spielt in etwas konfuser Form in eine Paarungs- und Trennungszwistlehre hinein. Aus der falsch überlieferten pneumat. Theorie der Wenden folgert Emp., daß die andrängende Sonne den Nordpol über den Horizont dränge, d.h. den ganzen Kristallhimmel zu seiner Schrägstellung hochpresse, was sich mit seiner angeblichen Jahreszeitenlehre nicht verträgt.

Die Theorie der konzentrischen Sphären. Anaximenes nahm den sideralen Himmel als Kristalleisschale an, Philolaos verlegte den unveränderlichen Teil der Welt in das All bis zum Monde, den veränderlichen vom Mond bis zur Erde. Aristot. dreiteilt letzteren: A) Vom Mond bis zu den höchsten Bergspitzen reicht die Sphäre des »Feuers τὸ περιέχον κυκλοφορούμενον σῶμα, als Ort möglicher *kurzzeitlicher* Entflammungserscheinungen, wie Sternschnuppen, Feuerkugeln, Nordlichter (δαλοί; αἶγες; δοκίδες; φλόγες). Die Bildung dieser entzündbaren Ballungen συστάσεις erfolgt durch Pressionen oder δι' ἑτέραν τιν' αἰτίαν, ihr »Aufsieden« durch Sternfunken oder Pressionen aus der ἐγκύκλιος φορά, περιφορά, wenn eine örtliche εὔκρατος ἀναθυμίασις ξηρά entsteht. Durch die ἀΐδιος κίνησις des περιέχον ἅπαν werden auch *langzeitliche* Lichtphänomene in der angrenzenden πῦρ-Sphäre erregt. Durch die Einwirkung der Gestirne entstehen hier synchron mit ihnen umlaufende (!) Ballungen (διὰ τὸ παρακολουθεῖν αὐτῶν τῇ φορᾷ), die – entzündet – sich wie Kometenschweife, Milchstraße, Zodiakallicht ansehen (s. Art. Kometen RE XI 1164ff. Galaxias RE VII 569ff. B) Unter der περιφέρεια ἀπαρτίζουσα der Feuersphäre der Luftregion liegt die Atmosphäre der Wetterbildungen. In dieser bewirken Sonne und Mond ebenfalls mitwandernde feuchte Ballungen – συγκρίσεις – die (infolge von Spiegelungen und Brechungen) Träger von Regenbogen, Nebensonnen, Haloerscheinungen, Höfen und Lichtsäulen werden, s. Art. Wetterzeichen RE Suppl. IX 1654ff. C) Unterhalb der Atmosphäre liegt die »Sphären«-Schale des Wassers, d.h. des Meeres und des mit ihm in Verbindung stehenden (gefilterten) Grundwassers, welches – in den Bergen hochgesaugt – in Quellen austritt: die geophys. Hydrologie ist danach ein Zweig der M. des Aristoteles.

Die Pneumatiker unter den Naturphilosophen erklären niemals, wie – physikalisch – die Kompression der Luft örtlich und zeitlich zustande kommt. Winde entstehen bei Entspannung (Anaximenes, Stoiker, Aristoteles). Die Erklärungen der Doxographen (Diels 367,20ff.) über die Entstehung von Blitz ἀστραπή, Donnerschlag (gegen die Erde) κεραυνός, Donner βροντή, Wetterleuchten ἀργής, »Brummler« (dumpfrollender D., κεραυνός ψολόεις) einerseits, und von Wolkenbruch ἐκνεφίας, gewitterndem Wirbelsturm πρηστήρ und Windhose τυφών andererseits, konnten nur entwickelt werden bei Annahme von in dichten Wolken abgeschlossenen Pneumamassen unter der Voraussetzung lückenloser, zugfester Umhüllungswirkung der Wolkenwände, beides aerodynam, völlig unreale Vorstellungsbildungen (abgeleitet aus der Physiologie). Das Anrennen, Wirbeln und Toben des Pneuma in diesem Wolkenbauch, dessen Herum- und Herabzerren, ferner das Durchbrechen des engenden Sackes unter Gewittererscheinungen erinnert in seiner primitiven Bildhaftigkeit an die pneum. Schule. Weder die Impulse noch die Reaktionen sind physikal. rational (vgl. hierzu die Fragen bei Sen. nat. 2,18). Die Aitiologie der Erdbeben geht derjenigen der atmosphär. Pneumabetätigung parallel (p. 366a 4ff. Amm. 18, 7,12 und hierzu Kahn 68; vgl. Art Erdbebenforschung RE Suppl. IV 363,42ff.). Aristot. (p. 366b 12ff.; 367a 15) zieht den Druck einströmenden Meerwassers heran zur Erklärung der Spannung der in Erdhöhlen eingeschlossenen Luft. Der Blitz wird zwischen Wolkenballungen herausgequetscht wie ein Obstkern zwischen den Fingerspitzen (!) p. 369a 22.

Definitionen und Erklärungen der Winde. a) Pneumat. Theorie s.o. b) Hydrolog. Theorie: Anaximandros: Winde sind das »Fließen« der von der Sonne sublimierten leichtesten Teile der Luft. Anaximenes: Winde entstehen aus Wasser und Luft und werden *ῥύμῃ τινί* (sic) dahingetragen wie Vögel; vgl. Hippokr. de aer. 3 *ἄνεμός ἐστιν ἀέρος ῥεῦμα καὶ χεῦμα*. Nach Aristot. (p. 361b 1ff.) entsteht der Windfluß aus unzähligen sich vereinigenden Aufdunstungsquellen, analog der Bildung der Flüsse. In Engpässen und Türen spürt man stets Wind, weil die Einengung zwischen zwei Niveauunterschieden die Ausgleichströmung verstärkt (p. 354a 10. W § 8. 9; ähnlich Theophr.). c) Die atomare Theorie des Demokritos: die aus der Meeresoberfläche herausgestoßenen Atome (vgl. Aristot. p. 313a 22ff.) vereinigen ihre Bewegungsenergie – *σοῦς* – zu einer horizontalen Verlagerung der Gesamtmasse, was von Aristot. bestritten wird (p. 360a 27ff. 406b 20.) d) Aristot. begründet die von oben einsetzende *λοξὴ κίνησις* des Windes damit, daß die aufsteigenden trockenen Luftmassen an der *περιφέρεια ἀπαρτίζουσα*, d.h. der Innenfläche des *κυκλοφορούμενον πῦρ*, einen in dessen Bewegungsrichtung umbiegenden Rückstoß empfangen und *κατὰ τὴν διάμετρον φέρονται* (p. 361a 22ff. 939b 4. 945b 33; vgl. 342a 27). e) Große Schneemassen im N. geben infolge starker Aufdunstung zu den sommerlichen Etesien Veranlassung. Die winterlichen Etesien sind schwächer, weil die Riesengebiete der unbewohnbaren Zone eine nur schwache Feuchtigkeitsergiebigkeit haben. Die Winde fließen wie Ströme von vermeintlichen Gebirgsbarren im N. und S. herab. R. B.

*H. Diels* Doxogr. gr. (1929) I; II. *Diels* Fragm. Vorsokr. *O. Gilbert* Die meteorolog. Theorien des griech. Alt., 1907. *W. Capelle*, Art. M., RE Suppl. VI 315ff.; *Ders.* Die Vorsokratiker (Kröner 1953). *R. Böker* Art. Winde, RE VIII A 2215ff.; *Ders.* Art. Wetterzeichen, Suppl. IX 1609ff. *Ch. H. Kahn* Anaximander (New York 1960). *F. Solmsen* Aristotle's System of the Physical World, 1960.

**Methana,** *ἡ Μεθάνα* oder *τὰ Μέθανα*, lit. auch *Μεθώνη*, h. *τὰ Μέθανα*, Halbinsel und Stadt an der N.-Küste der argol. Akte. Die etwa kreisförmige Halbinsel mit etwa 9 km Durchmesser und 743 m höchster Erhebung ist mit dem Festland nur durch einen 300 m breiten Isthmos verbunden. Sie besteht fast ganz aus jungvulkan. Eruptivgesteinen und Lavaströmen, letzter bekannter Ausbruch, h. noch als Krater und Lavastrom an der NW.-Küste erkennbar, dazu Ztschr. f. Vulkanologie 8, 1924/25, 6 f. mit Karte und Taf. I, 1, unter Antigonos Gonatas (277–240 v. Chr.), Strab. 1,3,18 p. 59. Mehrere heiße Kohlensäure- und Schwefelquellen. Der ant. Hauptort lag im SW. beim h. Megalochorio mit Resten der Stadtmauern, weitere Reste von ant. Siedlungen, Badeanlagen und Befestigungen an verschiedenen Stellen.

Funde bereits prähist. [2], archaische Weihungen Inschr. v. Olympia 247 = SGDI 3369. *Ἀρχ. Δελτ.* 2, 1916, 88 Nr. 11. 114 Nr. 80. Im Pelop. Krieg von Athen besetzt und befestigt, Thuk. 4,45,2. 5,19,7. Im 3. Jh. ptolem. Garnison und Umnennung in Arsinoe. Aus der Kaiserz. stammen Inschr. und Mz. Genannt ist M. noch bei Hierokl. synekd. 646,11 und in der Ortsliste des 7. Jh. n. Chr., ZKG 12, 1890/91, 533 Nr. 779 (*Μαθηάνα*), dazu 14, 1894, 573ff. Ztschr. f. wiss. Theologie 35, 1892, 422. ByzZ 4, 1895, 168ff. Strab. 8,6,15 p. 374f. Paus. 2, 34,1–4. Ptol. 3,14,33. Inschr.: IG IV 853–871. SGDI 3369–3377. BCH 13, 1889, 188ff. RA 31, 1948, 572ff. Mz. Head HN² 442. E. M.

1. *M. Deffner* Altertümer von M., MDAI(A) 34, 1909. 341ff. 2. *A. Frickenhaus–W. Müller* MDAI(A) 36, 1911. 35. 3. *E. Meyer*, RE XV 1375ff. 1384,50ff. 4. *Philipps.-Kirst.* 3,58ff. 5. *Takis Akritas* Μέθανα, ἡ ἱστορικὴ χερσόνησος ὁ γῦρος τῆς χερσονήσου 1957.

**Methodiker** (*οἱ μεθοδικοί, οἱ Θεσσάλειοι* o.ä.). Über die Gründer dieser griech. Ärzteschule (→ Themison, → Thessalos) ist aufgrund der scheinbar widersprüchlichen ant. Zeugnisse (vgl. Ps. Gal. 14,684 und Gal. 1,176 K.) diskutiert worden. Offenbar hat die Schulentwicklung, wie bei den → Pneumatikern, zu einer gewissen inneren Aufspaltung und zu Sonderrichtungen geführt, was die Nennung der beiden Namen als Schul-»archonten« erklären und die ant. Doxographie vom Verdacht der Widersprüchlichkeit befreien würde. – Themison war Schüler des → Asklepiades v. Bithynien; dessen atomist. Anschauungen beeinflußten das eigentliche method. Grunddogma, die Lehre von den 3 »status« *(strictus, medius, laxus* oder *fluens)* oder »Kommunitäten« des Körpers. Thessalos hat dann radikale prakt. Konsequenzen aus dieser Grundanschauung gezogen: Da es nur diese 3 Zustände und also eigentlich nur 3 Krankheiten (immer solche des *ganzen* Körpers) gibt, braucht der Arzt keine anatom., physiolog. ätiolog-patholog. Kenntnisse und kommt mit wenigen Therapeutica (je nachdem Laxantien oder Adstringentien) aus. Die Medizin kann von jedem, und maximal in 6 Monaten, gelernt werden. – Die M.-Schule war mit dieser handfesten Primitivität ganz auf röm. Bedürfnisse (explosiver Bevölkerungszuwachs, Ärztemangel!) zugeschnitten und im übrigen stolz auf ihre »Neuheit« (vgl. Thessalos bei Plin. n.h. 29,6 und Gal. 10,8 K.). Doch ist diese krasse Richtung nicht die einzige der M.; wie es bei den Pneumatikern Eklektiker gab, die Berührungen mit den Anschauungen anderer Ärzteschulen hatten, so auch bei den M.n (z.B. → Soranos). Die krasse Richtung der M. scheint nicht lange überdauert zu haben. F. K.

*Th. Meyer-Steineg* Das med. System der M., Jena 1916. *L. Edelstein*, Art. Methodiker RE Suppl. VI.

**Methodios** (*Μεϑόδιος*). **1.** Vf. eines umfangreichen, streng alphabet. geordneten etym. Lex., das nicht erhalten ist. Da M. den Gramm. → Oros zit., ist seine Lebenszeit frühestens für das 5. Jh. n. Chr. anzusetzen. Sein Lex. ist für den Buchstaben A eine Hauptquelle des Etym. gen., des *Αἱμωδεῖν*-Etym. und der Oxf. Hom.-Epimerismen. Die Glossen mit 3 gleichen Anfangsbuchstaben waren in M.' Lex. zu besonderen Gruppen zusammengefaßt. M.' Quellen waren hauptsächlich Sch. Hom. und ps.-herodian. Hom.-Epimerismen, ferner Sch. Aristoph., Kall., Apoll. Rhod., Lykophr. und Theokr., attizist. Glossare und das Hippokr.-Glossar Erotians. O. Dr.

*R. Reitzenstein* Gesch. der griech. Etymologika, Lpz. 1897 (Nachdr. Amsterdam 1964).

**2.** M., nach alter (unzuverlässiger) Überlieferung (Hier. vir. ill. 83. Sokr. 6,13) Bischof von Olympos in Lykien und Märtyrer in → Chalkis (311), war wohl eher freier chr. Lehrer und Asket, der, stark von Platon und der alexandrin. Theologie beeinflußt, gleichwohl den originist. Spiritualismus bekämpft hat und im übrigen als Verfechter des Jungfräulichkeitsideals hervorgetreten ist. Von seinen zahlreichen, meist in Gestalt des platon. Dialogs verfaßten Schriften ist griech. vollständig erhalten das *Συμπόσιον ἢ περὶ ἁγνείας* mit dem angehängten 24strophigen »Jungfrauenlied« auf Chr. und Kirche, eine chr. Überhöhung von Platons Symposion. J. Wi.

Ta.: *Migne* PG 18. GCS 27, 1917. BKV$^2$ 2, 1911.

Lit.: 1. *N. Bonwetsch* Die Theologie des M. von Olympus, 1903. 2. *J. Farges* Les idées morales et religieuses de M., 1929. 3. *K. Quensell* Die wahre kirchliche Stellung und Tätigkeit des fälschlich sog. Bischofs M., Diss. Masch. Heidelb. 1953. 4. *V. Buchheit* Stud. zu M. von Olympus, TU 69, 1958. 5. *M. Pellegrino* L'Inno del Simposio di S. M., 1958. 6. *Altaner*, 190f.

**Methone** (*Μεϑώνη*). **1.** Stadt an der W.-Küste Messeniens, einheimischer Name *Μοϑώνη* nach der vorgelagerten Klippe *Μόϑων*, danach der ma. und moderne Name Modon, Mothoni. Ant. Reste äußerst gering, nur einzelne Fundamente der Stadtmauer unter der venezian. Festung und der Hafenmole und ein paar Säulenreste, dazu Gräber. Die h. Stadt liegt n. des venezian. Kastells, das die Stelle des ant. M. bezeichnet. Myken. Funde in der Nähe [3],154. Bei Homer nicht genannt und daher mit Pedasos gleichgesetzt, Il. 9,152. 294. Strab. u.a. In gesch. Z. spartan. Perioikenstadt, in der vertriebene Einwohner von Nauplia angesiedelt wurden. 431 athen. Eroberungsversuch, Thuk. 2, 25,1ff. Diod. 12,43,2f. Anschluß an Messenien vielleicht erst durch Philipp II. von Maked., Paus. 4,27,8. Skyl. Pol. 9,28,7 (?). Im 2. Jh. selbständiges Mitglied des achaiischen Bundes (Mz.?). 31 v. Chr. vernichtet Agrippa die Flotte des mauretan. Königs Bogudes in M., Strab. Cass. Dio 50,11,3 u.a. Von Traian als frei erklärt, Paus.; Mz. in der Z. der Severer. 365 n. Chr. verheerendes Erd- und Seebeben, Amm. 26,10,15–19. 533 Stützpunkt der Flotte Belisars, Prok. b. Vand. 3,13,9ff. M. ist noch bei Hierokl. synekd. 647,17 genannt und Bistum, Nea takt. 1637 (ed. H. Gelzer Georg. Cypr. 77), Not. episc. 3,471. 10,578. 13,428. Le Quien 2,228ff. In MA. und Neuzeit eine der stärksten Festungen Griechenlands und wichtiger venezian. Stützpunkt. Im Alt. bedeutender Weinbau in der benachbarten Ebene, Paus. Skyl. 46. Strab. 8,4,3 p. 359. Paus. 4,35,1–12. Ptol. 3,14,31. Mela 2,41. Plin. nat. 4,15. Tab. Peut. 7,5. IG IV 619,2. Inschr.: IG V 1,1417. SEG 11,1001. Mz. Head HN$^2$ 433.

1. *M. N. Tod*, JHS 25, 1905, 33ff. 2. *Hiller von Gärtringen* IG V 1 p. 275f. 3. *N. Valmin* Etud. topogr. sur la Messénie anc. 152ff. 4. *E. Meyer*, RE XV 1382ff. Nr. 4. 5. *Philipps.-Kirst.* 3,390f. 6. *R. Hope Simpson*, ABSA 52, 1957, 252. 7. *Kevin Andrews* Castles of the Morea 58ff. (mit Plan des Kastells und vielen Abb.).

**2.** Stadt an der W.-Küste der Halbinsel Magnesia auf dem Hügel Nevestiki beim h. Lechonia, schon bei Hom. Il. 2,716 (*Μηϑώνη*), stellte in gesch. Z. zumeist einen der Hieromnemonen der Magneten, Syll. I$^3$ p. 315. 444f. Spende zum delph. Tempelbau Syll. I$^3$ 239 E 39f. Skyl. 65. Strab. 9,5,16 p. 436. Plin. nat. 4,32. Steph. Byz. Inschr.: IG IX 2,1198–1201.

1. *Fr. Stählin* Das hellen. Thessalien 53. 2. *Ders.* RE XV 1384f. Nr. 6. 3. BCH 44, 1920, 347f. (Gräber, Inschr.).

**3.** Griech. Stadt in der makedon. Landschaft Pierien beim h. Eleftherochorio, genaue Lage noch nicht gefunden, nach Plut. mor. 293 B Kolonie von Eretria. Anschluß an Athen im 1. Seebund mit einem Tribut von 3 Tal., der wegen der Bedrohung durch Perdikkas erlassen wurde, IG I$^2$ 57. B. D. Meritt The Athen. trib. lists 1,162f. Syll. I$^3$ 75. SEG 10,66. 67, dazu Meritt a.O. 1,338f. 2,81. 3,133ff. Mattingly, CQ 11, 1961, 154ff. Von

Philipp 354 erobert und zerstört, das Gebiet an Makedonen verteilt, Skyl. 66. Strab. 7 p. 330 F 20. 22. 9,5,16 p. 436. Harpokr. Steph. Byz. IG IV 1$^2$ 94 b 8. E. M.

*Lenk*, RE XV 1385ff. Nr. 7.

**Methydrion** (*Μεθύδριον*), einheim. *Μετίδριον*, dazu MEILLET Mém. de la Soc. de linguistique de Paris 20, 1916, 129, Stadt im n. Arkadien mit geringen Ruinen beim h. Nemnitsa s. von Vytina, etwa 1000 m hoch gelegen. Urspr. selbständig, dann zu Orchomenos und später Megalopolis gehörend, Grenzinschr., PLASSART, BCH 39, 1915, 53ff. = SCHWYZER Ex. epigr. 664. Mehrfach vorübergehend wieder selbständig, IG V 2,344 = Syll. I$^3$ 490,18ff. Inschr. von Magnesia 38 = Syll. II$^3$ 559,61. Mz. Bei Theop. FGrH 115 F 344 als Beispiel eines ländlich bescheidenen Orts genannt. Wegen seiner Lage an wichtigen Straßen in der Kriegsgesch. oft erwähnt. Paus. 8,12,2. 18,3. 27,4. 35,5. 36,1ff. Strab. 8,8,2 p. 388. Plin. nat. 4,20. Steph. Byz. Syll. I$^3$ 90,6. Mz. HEAD HN$^2$ 451. 418. E. M.

1. *Hiller von Gärtringen* IG V 2 S. 130. 2. *Hiller von Gärtringen–Lattermann* Arkad Forsch., APrAW 1911, 22f. 31ff. mit Plänen. 3. *E. Meyer*, RE XV 1387ff. Suppl. IX 402,39ff. 4. *Ders.* Pelop. Wanderungen 31ff.

**Methymna** (*Μήθυμνα*, einheim. *Μάθυμνα*), Stadt an der N.-Küste der Insel Lesbos, beim h. Molivos (h. amtlich M.), bedeutendste Stadt der Insel nach → Mytilene und deren ständige Rivalin. Gebiet durch Einverleibung von Arisbe nach S. bis zum Golf von Pyrrha ausgedehnt, Hdt. 1,151. Strab., 167 v. Chr. nochmals erweitert durch das Gebiet von → Antissa, Liv. 45,31,14. Plin. nat. 5, 139. Reste der auf einem ins Meer vorspringenden Hügel gelegenen ant. Stadt sind sehr spärlich, geringe Reste der Stadtmauer, Gräber und Einzelfunde. Reste eines hocharchaischen Tempels beim Metochi Klopedi bei Klomidado etwa 15 km s.ö. von M. ausgegraben, vielleicht das Orakelheiligtum des Apollon Napaios *Ἀρχ. Δελτ.* 9, 1924/25, *παρά.* 41ff. BCH 45, 1921, 556. Im 1. Seebund stellte M. eigene Schiffe, Thuk. 6,85,2. 7,57,5. 8, 100,5 und erscheint daher nicht in den Tributlisten. Als Rivalin von Mytilene beteiligte sich M. nicht am Aufstand von 428 gegen Athen, 412 jedoch Abfall von Athen, 406 Eroberung durch den spartan. Nauarchen Kallikratidas. 389 vergeblicher Rückeroberungsversuch Thrasybuls, dann aber im 2. att. Seebund. Auf den Austritt aus dem Seebund folgte die Tyrannis des Kleommis und seines Nachfolges Aristonymos. 333 vorübergehende pers. Eroberung durch Memnon. Im 3. Jh. war M. ptolem., 156 Verwüstung des Gebiets durch die Flotte des Prusias. Bündnis mit Rom 129, IG XII 2,510 = Syll. II$^3$ 693. IG XII Suppl. 116 = SEG 3,710. Anerkennung der Asylie der Artemis Leukophryene, Inschr. von Magnesia 52,42 = Syll. II$^3$ 557 App. K. Mz. von M. bis in die Z. der Severer. Genannt ist M. noch bei Hierocl. synecd. 686,6 und in den Bischofslisten regelmäßig. Berühmt war der Wein von M., Sil. 7,211. Aus M. stammten → Arion und der Historiker → Myrsilos; ebenso wird der aus → Antissa stammende Terpander gelegentlich als Methymnaier bezeichnet. Skyl. 97. Strab. 13,2,2 p. 616f. 2,3 p. 618. Mela 2,101. Plin. nat. 5,139. Ptol. 5,2,19. Steph. Byz. Kallim. ep. 15,3. Longus Pastor. bes. 2,12ff. u. ö. Parthen. erot. 21. Inschr.: IG XII 2, 498–525. 658. Suppl. p. 29ff. Nr. 114–119. SEG 3,710f. 17,369. Mz.: HEAD HN$^2$ 560f. Jb. f. Numism. 10, 1959/60, Ind. S. 151. E. M.

1. *R. Koldewey* Die ant. Baureste der Insel Lesbos 16ff. (mit Plan, T. 4. 5). 2. *Zschietzschmann*, RE XV 1391ff. 3. *Philipps.-Kirst.* 4,234. 242. 4. *H. Pistorius* Beitr. z. Gesch. von Lesbos im 4. Jh. v. Chr. pass. 5. *Kirsten-Kraiker* Griechenlandkde.$^4$ 533f. 6. Neuere Funde *Ἀρχ. Δελτ.*, 9, 1924/25, *παρά*, 50ff. BCH 45, 1921, 556.

**Metilius**, röm. Gentilname, wohl latin. (Herkunft aus Alba als frühes patriz. Geschlecht bei Dion. Hal. ant. 3,29,7 konstruiert) und dem Cognomen → Metellus nicht fernstehend, SCHULZE Eigenn. 290. J. REICHMUTH D. latein. Gentilicia, Diss. Zürich 1956, 111. 117. Etr. ein *Aulési Metelis' Ve Vesial* (CIE I 4196) inschr. auf der Bronzestatue des »Arringatore« (Florenz), RE VI 797f., nach H. KÄHLER Rom u. s. Welt, Erläuterungen, 1960, 98f. aus dem frühen 1. Jh. v. Chr. Gleichzeitige Namensträger in Praeneste (CIL I$^2$ 59); in Rom seit um 220 v. Chr.; frühere Personen (Nr. 2. 3) suspekt.

I. Republikanische Zeit. **1.** M., brachte 220 ein Gesetz über das Glätten der Toga durch die Walker durch, Plin. nat. 35,197, vielleicht ident. mit Nr. 4, BROUGHTON Mag. 1,236. **2.** M. M., Volkstribun (III) 417 oder 416 v. Chr., soll mit Sp. → Maecilius (2) ein Ackergesetz eingebracht haben. **3.** M. M., tr. pl. 401, soll bei der Verurteilung der Consulartribunen von 402 mitgewirkt haben, Liv. 5,11,4ff. **4.** M. M., tr. pl. 217, brachte ein Plebiszit durch, nach dem der Dictator Q. → Fabius Maximus (I 40) das Imperium mit dem mag. equ. M. → Minucius Rufus (31) teilen sollte, Liv. 22,25,3ff. u. a. RE XII 2398f. J. BLEICKEN D. Volkstribunat d. klass. Rep. 1955, 31f. 37f., wohl ident. mit Nr. 1. H. G. G.

II. Kaiserzeit. **1.** M., Enkel des Historikers Cremutius Cordus, Sen. dial. 6,16,8, früh seines Vaters beraubt, wurde er von seiner Mutter Marcia erzogen, 6,22,3. 24,1ff. Aus Anlaß seines Todes ca. 37/38 in jungen Jahren (6,21,1; doch hatte er schon 2 Töchter, 6,16,7) richtete Seneca an die Mutter die Trostschrift ad Marciam (= dial. 6, K. ABEL Bauformen in Senecas Dialogen, 1967, 15–46). **2.** M., im J. 66 Kohortenpraefekt in Jerusalem, Ios. bell. Iud. 2,332; von den Juden belagert, rettete er mit knapper Not sein Leben, ebd. 450–454. **3.** P. M. Sabinus Nepos. Cos. suff. 91, AE 1949, 23. Im J. 98 war er *legat. pr. pr.* von Britannien, CIL XVI 43. Als frater Arvalis ist er 105

(CIL VI 2075) und 118 bezeugt (CIL VI 2078). Cos. [II] suff. 103, Inscr. It. XIII 1, p. 196f. L. Vidman Fast. Ostiens. p. 55. Garzetti Nerva, 1950, 141f. Syme JRS 43, 1953, 151. 47, 1957, 132. Er ist wahrscheinlich der Adressat von Plin. ep. 2,3 (s. Sherwin-White Commentary p. 146f.). Im J. 118 †, CIL VI 2078. R. H.

**Metioche** s. Menippe (3)

**Metiochos** (*Μητίοχος*). **1.** Ältester Sohn des Miltiades (2) von unbekannter Mutter (Athenerin [Markell. Thuk. 11]? Zu hypothet. Wade-Gery JHS 71, 1951, 219). Bei Milt.' Flucht von der Chersones 493 Kapitän einer Triere, die die Phoiniker fingen. Dareios aber behandelte M. gut: Er belehnte ihn und gab ihm eine Perserin zur Frau. M.' Kinder wurden Perser. Hdt. 6,41. K. K.

**2.** M. s. Parthenope (3)

**Metion** (*Μητίων*). Sohn des → Erechtheus und der Praxithea, Bruder des → Kekrops. Seine Söhne, die Metioniden, vertrieben ihren Vetter → Pandion aus Attika, wurden aber von dessen Söhnen wieder vertrieben. Apollod. 3,196. 206. Paus. 1,5, 3f. M. war auch Vater des → Daidalos: Pherek. FGrH$^{3}$ F 146 (mit Jacobys Komm. z. St.) oder Vater des Eupalamos, des Vaters von Daidalos, Apollod. 3,214. Toepffer Att. Geneal. 161ff. H. v. G.

**Metis** (*Μῆτις* »Klugheit, kluger Rat«). **1.** Bei Hom. Appellat., als Eigenschaft bes. des Zeus (*μητίετα*) und der Athena, erscheint M. als Person zuerst Hes. theog. 358 unter den Okeaninen. Zeus macht die »Wissendste unter Göttern und Menschen« zu seiner 1. Gattin. Als sie mit Athena schwanger ist, erfährt er von Gaia und Uranos, daß sie nach einer ihm ebenbürtigen Tochter einen ihm überlegenen Sohn gebären werde. Um das zu verhüten, verschlingt er sie, ebd. 886–898. In V. 899f. heißt es aber, er habe sie verschlungen, damit sie ihm Gutes und Böses sage. Zeus gebiert dann selbst Athena (Hom. Il. 5,875) aus seinem Haupte (Hes. theog. 924. Wilam. GldH 1,326,2). Wilam., SDAW 1921, 955ff. erklärt die vorhergehenden V.e für interpoliert, ebenso die bei Chrysipp. SVF Frg. 908 (aus Galen.) an Hes. theog. 926 anschließenden 19 Verse: Hier ist M. nur Geliebte des Zeus, mit der er sich während eines Streites mit Hera verbindet. Apollod. 1,6.20 ist M. Helferin des Zeus, sie bewirkt durch eine Arznei, daß Kronos die verspeisten Kinder wieder herausgibt, sie sucht sich dann der Vereinigung mit Zeus in vielerlei Gestalt zu entziehen (als Wasserwesen, Prell.-Rob. 1,189) und warnt ihn selbst vor dem stärkeren Sohne. – Ein »primitiv anmutender und zugleich klügelnder Mythos« (Nilsson GgrR 1,438), jedenfalls ein Produkt spekulativer Theologie mit urtümlichen, märchenhaft gewordenen Zügen (vgl. → Kronos, Kumarbi, o. I 685. S. Kauer Geburt der Athena, 1959). Farnell Cults of the Greek States 1,283ff. hält M. als personifizierte Weisheit für vorhom. Cook Zeus 1,14,1. 2,1147 (vgl. 3,656ff.) versteht *μῆτις* eher als Zauber denn als Weisheit. Rose Griech. Mythol. 47: Der Hauptgott sollte die Weisheit immer in sich haben. Wilam. GldH 1,121 hält es für möglich, daß die Geburtsgesch. der Athena aus kret. Epiphanievorstellungen übernommen sei. H. v. G.

*Dornseiff* Archaische Mythenerzählungen 19ff. *K. Ziegler*, Myth. Lex. 5,1491. *Schwabl*, RE Suppl. IX 1453ff.

**Metlosedum** s. Meclodunum

**Metoikoi** (*μέτοικοι*). »Mitbewohner« heißen in Athen die ständig hier ansässigen Fremden griech. oder barbar. Herkunft, die durch Rechtsstellung und soziale Bedeutung die nur vorübergehend hier verweilenden (*παρεπιδημοῦντες*) → *ξένοι* überragen, aber keine »politischen« Rechte besitzen. Sie stehen unter dem Schutz einer eigenen Gottheit: *Μετοίκιος Ζεύς* (Phryn. praep. sophist. s. v. [88,16 de Borries]). M. (*ἔποικοι, σύνοικοι*) begegnen auch in anderen griech. Staaten ([3], [6], 1454f.), doch verdankt der Begriff seine Prägnanz dem athen. → Fremdenrecht. Hellenist. Nachfahren der M. sind die → Paroikoi. Als rechtsgeschichtl. Parallele bieten sich die at. Gerim an (Stählin, ThWB 5, 1954, 9f.).

Die Herausbildung des Standes der M. ist eine Folge des solon. Gesetzes über die exzeptionelle Aufnahme Fremder (polit. Flüchtlinge, Techniten) in die Bürgerschaft (Frg. 75 Ruschenbusch = Plut. Sol. 24,4): Die Frequenz der Zuwanderung auf der einen, der aufkommende Politenstolz auf der anderen Seite lassen die Fremden in Athen nicht mehr Bürger, sondern nur noch »Quasibürger« (Wilamowitz) werden ([6], 1429). Die Existenz von M. vor → Kleisthenes scheint Aristot. pol. 1275b 36f. vorauszusetzen (K.-W. Welwei, G 74, 1967, 435f.). Der t. t. erscheint urkundlich erst um 460 v. Chr. (IG I$^{2}$ 188,52). Zu dieser Z. sind die M. fest mit den → Demoi verknüpft (IG a. O.: Opferfleischverteilung im Demos Skambonidai an Bürger und M.). Der Fremde, der seinen Wohnsitz in Athen nehmen will, wählt sich einen Demoten als → Prostates, der seine Registrierung in dem betr. Demos unter Beifügung des eigenen Namens (*προστάτην ἐπιγράφεσθαι*, Aristoph. Pax 683) veranlaßt. Die Eintragung in die Liste der M. verleiht Wohnrecht (inschr. durch *οἰκῶν ἐν*... ausgedrückt, vgl. IG II/III$^{2}$ 1353ff.) und Gerichtsstand (beim Polemarchen s. u.), verpflichtet aber auch zur Zahlung einer Kopfsteuer, des Metoikion, in Höhe von 12 Drachmen für den Mann, 6 Drachmen für die alleinstehende erwerbstätige Frau ([5], 295–299. [7], 24–31).

Von den Bürgern trennt die M. ihr Ausschluß von der → Ekklesia. Einer Infiltration von M. in die Bürgerschaft mittels Einheirat tritt ein Gesetz des J. 451/50 entgegen, das den Kindern aus solchen Ehen (*νόθοι*: [15], 61–68) das Bürgerrecht verwehrt (Aristot. Ath. pol. 26,3. Plut. Per. 37,3). Nichtbeachtung des Gesetzes im pelop. Krieg führt 403/02 zu seiner Erneuerung (Isai. 8,43.

Athen. 13,577 B/C) und später zum Verbot der → Epigamia zwischen den beiden Bevölkerungsklassen überhaupt (Demosth. 59,16. [15], 26–29). Gelegentlich sorgt eine → Diapsephisis für Rückversetzung der widerrechtlich in die Bürgerschaft eingedrungenen M. in ihren alten Stand (BUSOLT GStk. 2,948f.). Verleihung des Bürgerrechts an M. begegnet als Notmaßnahme in Kriegszeiten ([6], 1437. [10], 510). Häufiger werden M. zu → Isoteleis bzw. → Proxenoi erhoben oder durch die → Ateleia (*τοῦ μετοικίου*) begünstigt ([8], 294–296).

Obwohl Nichtbürger, bilden die M. einen integrierenden Bestandteil der Polis Athen. Ihre auch die → Freigelassenen enthaltende Zahl beträgt E. 4. Jh. 10000 bei 21000 Bürgern (Athen. 6,272 C). Das Verhältnis 1:2 dürfte auch für das 5. Jh. zutreffen ([5], 307. 310). Von dem militär. Einsatz der M. für Athen sprechen viele Zeugnisse (z.B. Thuk. 2,31,2: 3000 Hopliten i.J. 431, weitere Belege: [8], 290,3). Ihr Engagement im Kult tritt durch die Beteiligung am Panathenäen-Festzug jedem vor Augen ([8], 296f.). Die Finanzkraft der M. läßt das ihnen bei Erhebung einer → Eisphora auferlegte Sechstel (Demosth. 22,61; IG II/III$^2$ 244,20. [13], 98–100) erkennen. Im Wirtschaftsleben sind die M. zwar durch das ihnen fehlende Recht, Grundstücke und Häuser zu erwerben (→ *ἔγκτησις γῆς καὶ οἰκίας*), gegenüber den Bürgern benachteiligt ([15], 237), doch hat dies ihre kommerzielle Aktivität eher verstärkt als beeinträchtigt. Über alle Berufe verteilt ([1], 273–281. [7], 17–23), haben die M. als Konkurrenten der Bürger, die ihnen E. 5. Jh. zusätzlich die *ξενικὰ τέλη* für Handel auf der Agora aufbürden (Demosth. 57,32), an der wirtschaftl. Blüte Athens wesentlichen Anteil. Dieses Faktum wiederum sichert ihnen eine den Bürgern gleiche soziale Stellung (vgl. V. EHRENBERG The People of Aristophanes, $^2$1951, 361).

Die Rechtsstellung der M. ist der der Bürger weitgehend angenähert; die Unterschiede sind vorwiegend verfahrensrechtlicher Art. Ermordung eines Metöken ahndet immer der Gerichtshof am Palladion (Aristot. Ath. pol. 57,3). Die Strafe lautet auch bei vorsätzlicher Handlung auf lebenslängliche Verbannung ([12], 126. [15], 198). Bei *δίκαι δημόσιαι* dürfen M. nur als *ἀδικούμενοι* klagen ([8], 301); der Gerichtsstand ist aber der gleiche wie für Bürger. In den *δίκαι ἴδιαι* haben dagegen die M. den → Polemarchos als eigenen Gerichtsstand ([4], 63–66). Er fungiert als → Eisagogeus in den Fällen, in denen der Archon für die Bürger eintritt. Dazu kommen zwei für M. eigentümliche Klagen, die *δίκη ἀπροστασίου* (Versäumnis, einen Prostates zu nehmen) und die *δίκη ἀποστασίου* (Pflichtverletzung des Freigelassenen gegen den Freilasser). Klagen der M., für die die → Tettarakonta zuständig sind, teilt der Polemarch in 10 Gruppen und lost für jede Gruppe je 4 Phylenrichter aus (Aristot. Ath. pol. 58,2f.). Handelsklagen (*δίκαι ἐμπορικαί*) gehen ohne Vermittlung des Polemarchen an die → Thesmothetai (Aristot. Ath. pol. 59,5). Das Auftreten der M. vor Gericht ist im 5. Jh. an die Bedingung, einen Bürger als Prostates zu haben, geknüpft. Von diesem Prinzip geht man seit Anf. 4. Jh. mehr und mehr ab. Die M. agieren nun selbständig in ihren Prozessen ([8], 302–304. [15], 189–193).

Mit dem 4. Jh. haben die athen. M. ihre gesch. Rolle ausgespielt. Für das Absinken der Institution ist der nicht realisierte Reformvorschlag Xenophons (vect. 2,1–7. [10], 510f.) ein beredter Zeuge. In dieselbe Richtung weist die Verleihung des Metökenrechts (ohne Verpflichtung zur Zahlung des Metoikion) an die Einwohner ganzer Staaten für nur kurzen Aufenthalt in Athen (IG II/III$^2$ 141,30ff. [8], 280–284). Die M. wachsen nun wieder mit den Xenoi zusammen. H. B.

1. *U. v. Wilamowitz-Moellendorff* Kl. Schr. 5,1 (1937) 272–342 (= H. 22, 1887, 107–128. 211–259). 2. *M. Clerc* Les Métèques Athéniens (1893). 3. *Ders.*, Rev. des Univers. du Midi N.S. 4, 1898, 1ff. 153ff. 249ff. 4. *J. H. Lipsius* Das att. Recht und Rechtsverfahren (1905–1915). 5. *A. Andreades* Gesch. der griech. Staatswirtschaft I (1931). 6. *H. Hommel*, RE XV 1413–1458. 7. *P. Gerhardt* Die att. Metoikie im 4. Jh., Diss. Königsberg 1933. 8. *U. Kahrstedt* Staatsgebiet u. Staatsangehörige in Athen (1934) 276–312. 9. *A. Aymard* L'Étranger 1 (Rec. de la Société Jean Bodin IX), 1958, 134–138. 10. *S. Lauffer*, HZ 185, 1958, 497–514. 11. *Cl. Mossé*, La fin de la démocratie athén. 1962, 167 bis 179. 12. *D. M. MacDowell*, Athenian Homicide Law in the Age of the Orators (1963). 13. *R. Thomsen* Eisphora (1964). 14. *E. Berneker*, RE IX A 1444–1445. 1457–1458. 15. *A. R. W. Harrison* The Law of Athens. The Family and Property (1968) 187–199.

**Meton** (*Μέτων*). **1.** Aus Akragas, Vater des Philosophen → Empedokles, Sohn des Empedokles, der 496 Ol. Sieger wurde. Nach dem Sturz der Tyrannis des Theron-Sohnes Thrasydaios war M. eine angesehene Persönlichkeit in Akragas. Diog. Laert. 8,51–53. 72 (DIELS Vorsokr. 31 A 1). Suda s. *Ἐμπεδοκλῆς* (a.O. 31 A 2). K. K.

**2.** M., athen. Astronom. Bezeugte Lebensdaten: Beobachtete Sommersonnenwende 28. Juni 432 v. Chr. (Ptol. Synt. 3,1 S. 205,21 H.). Anekdote über seinen aus Protest gegen die Sizil. Expedition vorgetäuschten Wahnsinn Plut. Nic. 13; Alcib. 17. M. tritt Aristoph. Av. 992 als Geometer auf, ebd. 1005 kom. Anspielung auf das damals aktuelle Problem der Kreisquadratur. Sch. z. St. gibt biogr. Angaben. Weiteres: KIRCHNER PA. Nr. 10093. Nach Diod. 12,36,2 und Vitr. 9,7 S. 232,24 Rose zus. mit Euktemon maßgeblich beteiligt an der att. Reform des Lunisolarkalenders. Das Problem anschaulich dargestellt von Geminos S. 100–123 ed. Manitius, allerdings ohne Nennung des M. → Euktemon. J. M.

*Kubitschek*, RE XV 1458.

**3.** M., Tarentiner, stellte sich betrunken und warnte vergeblich die Mitbürger, Pyrrhos herbeizuholen und den Krieg mit Rom zu wagen. Das Wandermotiv der Verstellung stammt wohl von einem röm. Annalisten. Plut. Pyrrh. 13. Dion. Hal. 19,8. Cass. Dio frg. 39,10. H. V.

**Metope** (*Μετώπη*). **1.** Fluß im Gebiet von Stymphalos in Arkadien, nicht sicher identifizierbar, Pind. O. 6,84. Kallim. h. 1,26. Ail. var. 2, 33. E. M.

*E. Meyer*, RE XV 1467.

**2.** M. (*μετόπιον, μετόπη*). Oberhalb des Architravs der dor. Architekturordnung sind zwischen den Tryglyphen M. eingefalzt, in kleineren Bauten auch mit diesen aus einem Stück gearbeitet. In der erhaltenen Architektur können M. aus Ton oder (weit überwiegend) aus Stein sein; hölzerne M. haben sich nicht erhalten. Die M. können glatt (unverziert), bemalt oder mit Reliefs geschmückt sein; die Verzierung kann dekorativ oder figürlich sein. Nur bei Vitr. 3,5,11 heißen auch die Lücken im ion. Zahnschnitt M. W. H. G.

*A. v. Gerkan*, JOEAI 36, 1949, 46ff. = Von ant. Architektur u. Topographie 1959, 372ff. *H. Kähler* Das griech. M.-bild 1949.

**Metragyrtai** (*Μητραγύρται*). Bettelmönche im Dienste der → Kybele; die Bezeichnung ist erst seit dem Hellenismus belegt und drückt ihr bettelndes Umherziehen aus. Dabei führten sie orgiast. Tänze auf. Sie bezogen in ihre Verehrung auch andere oriental. Götter ein (Apul. met. 8,25). Zum ersten Auftreten eines M. in Athen angeblich um 430 v. Chr., aber späte Erfindung, vgl. WILAM. H 14,195). In Rom wurde noch in der ausgehenden Republik am Äußeren und am Gehaben der M. Anstoß genommen. Vgl. Art. Kybele. W. P.

1. *H. Graillot* Le culte de Cybèle mère des dieux, 1912. 2. *P. Stengel* $^{3}$1920. 3. *F. Cumont* $^{4}$1931.

**Metretes** (*μετρητής*), »Messer«, größtes griech. Hohlmaß für Flüssiges, auch Amphoreus (→ Amphora) oder → Kados genannt. Der att. M. zerfiel in 12 Choes (→ Chus) von je 12 → Kotylen zu 4 → Oxybapha bzw. 6 → Kyathoi und maß 39,4 l [1. 4]. Der Ansatz zu 21,75 l [2] fußt auf der sog. neuatt. → Drachme zu 3,41 g = → Denar seit Nero und gehört zum medizin. Maßsystem. Der makedon. M. war vielleicht gleich dem att., der aigin. faßte 54,6 l [1], der spartan. (nach [3]) ca. 29 l. Lat. *metreta* bezeichnet teils den att. M., teils die → Amphora. H. Ch.

1. *Hultsch* Metrologie$^{2}$, 99ff. 501ff. 563f. 584ff. 2. *Viedebantt*, Forsch. zur Metrol. des Alt., Lpz. 1917, 60ff. 3. *Oxé*, RhM 90, 1941, 334ff. 4. *Lang* The Athen. Agora, Results of Excav. X, Princeton 1964, 56ff.

**Metrik** s. Verskunst

**Metrobios.** Bühnensänger, der mit Sulla bis zu dessen Tod im J. 78 nahe verbunden war. Plut. Sulla 2,6. H. G. G.

**Metrodoros** (*Μητρόδωρος*). **1.** Tyrann von Prokonnesos, beim Donauübergang des Dareios I. 514/13, Hdt. 4,139. **2.** Heerführer Philipps V., erreichte 202 die Übergabe von Thasos, Pol. 15,24, 2; frg. 7 B. W. **3.** Unterhändler des Perseus von Maked., 168 mit → Morkos nach Rhodos geschickt, Pol. 29,4,7. 11,1. Liv. 44,23,10. H. V.



**4.** M., von Chios, Schüler des → Demokritos (oder dessen Schülers Nessos), Lehrer des → Anaxarchos, der bedeutendste der jüngeren atomist. Philosophen. Unter dem Namen Metras wird er im Philometor des Komikers → Antiphanes (nach 388) erwähnt. Der erhaltene Anf. seiner Schrift *Περί φύσεως*: »Niemand unter uns weiß etwas, nicht einmal eben das, ob wir wissen oder nicht wissen ...« erweist ihn als grundsätzlichen Skeptiker. Doch vertritt er eine an Demokrit orientierte Weltentstehungslehre, nimmt unendlich viele Welten an, spricht dem All (wohl unter dem Einfluß des Melissos) als Ganzem die Bewegung ab und befaßt sich mit der Erklärung metereolog. Erscheinungen. Auch als Historiker wird er erwähnt mit einer Schrift *Τρωικά* über die Vorgesch. Troias; wahrscheinlich ist er auch der Autor der *'Ιωνικά*, aus denen ein Frg. erhalten ist. Reste bei DIELS-KRANZ Vorsokr. 70 AB (2, 231–234).

*A. Gödeckemeyer* Gesch. d. griech. Skeptizismus, 1905, 2. *O. Gilbert* Die metereolog. Theor. d. gr. Alt., 1907, 732. *Zeller* PhdGr. 1$^{6}$,1185ff.

**5.** M., von Lampsakos, der ältere, Schüler des → Anaxagoras, betrieb im Anschluß an diesen und → Theagenes von Rhegion allegor. Homererklärung in physikal. Kategorien: Er deutete die hom. Helden als kosm. Erscheinungen, den olymp. Götterstaat als den menschlichen Organismus. So soll Achilleus die Sonne (Il. 17,397f.), Hektor den Mond (Il. 8,555f.), Agamemnon den Aether, Helena die Erde, Paris die sie umfassende Luft darstellen, Apollon aber die Galle (als Pestgott), Demeter die Leber und Dionysos die Milz. Frg. bei DIELS-KRANZ Vorsokr. 61,1–5 (2,49,6–50,3). I. Sch.

*W. Nestle* Metrodors Mythendeutung, Philol. 66, 1907, 503ff. *Zeller* PhdGr 1$^{6}$,1254,4.

**6.** M. von Lampsakos, Freund des → Epikuros. Lebenszeit: 331/30–278/77; Lebensbeschreibung: Diog. Laert. 10,22. Er schloß sich völlig an Epikuros an, den er nur einmal für wenige Monate verließ; seinen Sohn nannte er Epikuros; er war mit → Leontion verheiratet. M. gehörte zu den vier eng mit Epikuros Befreundeten; in seiner Lebensweise wetteiferte er mit dem Meister; vgl. Sen. ep. 52,3. Über 20 Schr. von ihm sind dem Titel nach bekannt (12 Titel nennt Diog. Laert. 10,23). Allerdings hat sich M. so eng an seinen Freund und Lehrer angeschlossen, daß nirgends eine Eigenständigkeit von ihm hervortritt; ein Zeugnis für seine verehrungsvolle Begeisterung bei Plut. adv. Colot. 17. Unter dem, was die spätere Zeit aus M. zitierte, nahmen Formulierungen zur Lebensweisheit einen breiten Raum ein, Theoretisches tritt zurück. H. D.

Frg.: *A. Körte*, Neue Jahrbb., Suppl. 17,529–597.

**7.** M., aus Stratonikeia, zunächst Anhänger des Epikuros, dann des Karneades (Diog. Laert. 10,9), galt als Kenner von dessen Lehren (Cic. Luc. 6,16; de or. 1,45). **8.** M., *ὁ θεωρηματικός*, Schüler des → Theophrastos, von → Stilpon für die → megar. Schule gewonnen. Diog. Laert. 2,113. I. Sch.

**9.** M. aus Skepsis, * gegen 160 v. Chr., gefördert von seinem Landsmann → Demetrios (23), Schüler des Akademikers → Karneades (1). Später trat er in Athen und Rhodos als Lehrer der Beredsamkeit auf (Strab. 13,609) und erwarb sich durch seinen »neuen Stil« wie durch sein erstaunliches Gedächtnis großen Ruhm (Cic. de or. 1,45. 2,360. 365). Er siedelte schließlich nach Chalkedon über. Aus chronol. Gründen wird ein jüngerer M., vielleicht sein Sohn, von ihm zu trennen sein (so Jacoby), der eine hohe Vertrauensstellung (»Vater des Königs«) bei Mithradates VI. innehatte und daher den Beinamen *μισορώμαιος* erhielt (Plut. Luk. 22,1 ff. Plin. nat. 34,34). Der König ließ ihn aus dem Wege räumen, weil er sich auf einer Gesandtschaftsreise zu → Tigranes im J. 71/70 angeblich nicht loyal verhalten hatte. M. schrieb *Περὶ Τιγράνην* und ein Werk *Περὶ ἱστορίας*. Einige weitere Titel sind zwischen ihm und Homonymen strittig, obwohl ihm, der als *πολυμαθής* galt (Plut. a. O.), Schriftstellerei auf den verschiedensten Gebieten zuzutrauen wäre. FGrH 184. H. Gä.

**10.** M., praktischer Astronom (Parapegmatist), oft als Autorität genannt für Sternphasen als Wetterzeichen von Ptolemaios Phaseis und Joh. Lydos De ostentis. Gemeinsam genannt mit → Euktemon, → Eudoxos u. a. Stellte nach Ptol. (Lyd. a. O. 275,10 Wachsm.) seine Beobachtungen in Italien an. Lebenszeit unbekannt, seine Bemerkung (Lyd. mens. 106,12), die Iden des März seien ein schlechter Tag, zwingt nicht, ihn nach Cäsars Ermordung anzusetzen; ein Astronom M., der nach Serv. georg. 1,229 ein populäres B. wohl nach Art des Kleomedes über die Himmelskreise schrieb und Verg. gegen den Vorwurf der astr. Ignoranz in Schutz nahm, ist wahrscheinlich mit M. nicht identisch. J. M.

*Kroll*, RE Suppl. VII 448.

**11.** M., Hersteller einer Slg. von diophant. Aufgaben enthaltenden Gedichten, die Anth. Pal. 14,2. 3. 6. 7. 116–146 erhalten ist. Daß diese Gedichte nicht alle demselben Vf. gehören, zeigt die stilist. Verschiedenheit von 126 und 127. Die Motive der Einkleidung wiederholen sich öfter. Wie lange nach → Diophantos (um 250 n. Chr.) M. lebte, ist unsicher. Die Epigr. 9,360 (Erwiderung auf Poseidippos [?] 359, nachgeahmt von dem Ägypter Iulian 446, lat. Epigr. Bob. 26) und 712 (*Μ. γραμματικοῦ*, auf einen Rechtsgelehrten Iohannes) gehören nicht diesem M. R. K.

Ausg. mit Sch. in Diophanti Alexandrini opp. ed. *P. Tannery*, vol. 2, 1895, p. 53–71. Dazu p. X–XIII.

**Metrokles,** Kyniker, Bruder der Hipparchia und dadurch Schwager des → Krates, war zu-



nächst Schüler des → Theophrast. Die derbe Anekdote von seiner Bekehrung zum Kynismos, Diog. Laert. 6,94, stammt gewiß aus philosophenfeindlicher Legende, gewinnt aber an Salz durch den Umstand, daß M. als Erfinder der *χρεῖαι*, d. h. Sammlungen lehrreicher Aussprüche, galt. Der Witz bei Diog. Laert. a. O. beruht darauf, daß M. sich so »aussprach«, wie es dem Kyniker (nicht aber anderen) angemessen ist. Weitere Anekdoten bei Plut. de tranq. an. 6,468 b; an vitiositas ad infel. sufficiat 3,499 ab. Durch M., vor allem durch M.s Erfindung der *χρεῖαι*, erfuhr der Kynismos eine Hinlenkung auf das Literarische. H. D.

**Metron** (*Μέτρων*), *παῖς βασιλικός* bei Alexander d. Gr., als Leiter der Waffenkammer Belastungszeuge im Philotasprozeß 330 (Curt. 6, 7,9. Plut. Alex. 49. Diod. 17,79,4). Identität mit dem Trierarchen der Indusfahrt 326 (Arr. Ind. 18,5) ist möglich. G. W.

*Berve* Alex. II Nr. 519; 520.

**Metronomoi.** Gehilfen der → Agoranomen in Athen zur Überwachung von Maß und Gewicht, je 5 für die Stadt und den Peiraieus, seit dem 4. Jh. v. Chr. bezeugt. Ob gemäß den 3 att. Eichämtern in der Tholos, im Peir. und in Eleusis weitere M. in Eleusis fungierten, ist strittig. Von ihrer Tätigkeit: Eichung neuer Maße und Gewichte, Prüfung der bereits im Gebrauch befindlichen, Kontrolle über die Verwendung der für manche Waren vorgeschriebenen Spezialmaße, gibt der Volksbeschluß IG II$^2$ 1013 eine Vorstellung. Die darin genannten bleiernen Eichmarken finden sich auf → Hohlmaßen und ähnliche Stempel auf → Gewichten. H. Ch.

*Pernice* Griech. Gewichte, Bln. 1894, 9 ff. *Ehrenberg*, RE XV 1485 ff. *Lang* The Athen. Agora, Results of Excav. X, Princeton 1964, 41. 57.

**Metroon** (*Μητρῷον*). **1.** Heiligtum der *μήτηρ θεῶν* in Athen, an der W.-Seite der Agora, in engstem Zusammenhang mit dem Buleuterion, nahe bei der Tholos durch Schriftzeugnisse und Ausgrab. gesichert (Hesp. VI. The Athen. Agora III Wycherly Test. Nr. 415–519. Guide 48 ff.). Endgültige Gestalt im 2. Jh. v. Chr.: nach der Agora zu faßt eine Front von 14 ion. Säulen die Folge von 4 Räumen unterschiedlicher Größe zusammen, Raum 2 als Antentempel mit Kultbildbasis gestaltet, axial davor großer Altar, n. ein Peristylhaus. Reste einer älteren, um 500 erbauten, von den Persern zerstörten Anlage vorhanden (Hill Anc. City of Ath. 51). Das M. diente gleichzeitig als Staatsarchiv. Als Meister des Kultbildes ist → Pheidias (Paus. 1,35. Arr. Peripl. 9), aber auch → Agorakritos (Plin. nat. 36,17) überliefert, zahlreiche Nachbildungen: die Göttin thront mit Phiale und Tympanon in Händen, zu Füßen Löwen (Lippold, Hdb. d. Arch. 187 T. 67,2). **2.** Tempel in Olympia (Paus. 5,20,9) vor der Schatzhaus-Terrasse, dor. Ordnung mit 6 zu 11 Säulen (Olympia Ergebnisse T. Bd. I 24–26, III 60. Textbd. 2, 37–40). Funde zahlreicher Votive vor der W.-Seite lassen auf älteste Kulttradition schließen. Urspr. Bau zwischen 400 und 388 v. Chr., unter Augustus Umwandlung für den Kaiserkult (Paus.), Funde von 7 Porträtstatuen von Kaisern und ihren Gemahlinnen. W. Z.

**Metrophanes** (*Μητροφάνης*). **1.** Feldherr des → Mithradates VI. (5), verwüstete 88 Euboia und Magnesia, wurde von Q. Bruttius Sura vertrieben, kämpfte 73 mit Fannius erfolglos gegen die Römer und führte wohl eine Flotte ins Ägäische Meer, App. Mithr. 29. Sall. hist. 3,22. 4,2. M. Oros. 6,2,16 ff. H. V.

**2.** M., neuplaton. Sophist aus Eukarpia in Phrygien, um 300 n. Chr., schrieb nach Suda s. v. 2 B. über Phrygien (FGrH 796), ferner *περὶ ἰδεῶν λόγου*, *περὶ στάσεων* und Kommentare zu Hermog.' Techne und zu Schriften des Aristeid. Zeichen seines Ansehens sind die häufigen Verweise auf ihn in den Sch. Hermog. (s. Ind. von Walz Rhet. Gr.). O. Dr.

**Metropolis.** **1.** Einheim. *Ματρόπολις*, Ethn. *Ματροπολίτης*, Stadt in der thessal. Landschaft Hestiaiotis, aus Synoikismos der umliegenden kleinen Orte entstanden und im 4. Jh. v. Chr. zum erstenmal erwähnt, Syll. I$^3$ 239 E 32 ff. IG IV 617,9. Ausgedehnte Stadtanlage mit einem Mauerumfang von etwa 5 km bei Paliokastro (h. amtlich M.) etwa 8 km s.w. Karditsa, dazu Gräberfunde mit reichem Inhalt an Schmuck aus dem 2. Jh. v. Chr. [4]. 198 v. Chr. aitol. Angriff, Liv. 32,13,11, danach Anschluß an Flamininus, Liv. 32,15,3; 191 vorübergehend bei Antiochos III., dann wieder an Rom angeschlossen, Liv. 36,10,2. 14,6. M. stellte mehrfach Strategen zum Bund der Thessaler. 48 Übertritt zu Caesar, Caes. civ. 3,81. Cass. Dio 41, 51,4. In röm. Z. unbedeutend, Grenzstreit mit Kierion IG IX 2,261. Wiederherstellung der Mauern durch Iustinian, Prok. aed. 4,3,5. Genannt noch bei Hierokl. synekd. 642,8. Strab. 9,5,17 p. 437 f. Ptol. 3,12,41. BCH 45, 1921, 16 III 30. 28 V 35. 29 VC 8. Inschr.: IG IX 2,273–286. SEG 3,454. Mz. Head HN$^2$ 302.

1. *Fr. Stählin* Das hellen. Thessalien 128 f. 2. *Ders.* RE XV 1491 ff. Nr. 1 3. *Philipps.-Kirst.* 1,61. 261. 291. 4. *A. Arvanitopullos* Ein thessal. Gold- und Silberfund, MDAI(A) 37, 1912, 73 ff. *Πρακτικά* 1911, 337 ff. 5. *R. Flacelière* Les Aitoliens à Delphes 297 A. 1 (?).

**2.** Die bei Steph. Byz. s. v. von Nr. 1 unterschiedene und in der mod. Lit. in Perrhaebien angesetzte Stadt in Thessalien beruht auf Irrtum, Stählin Das hellen. Thessalien 27 A. 2. RE XV 1494 f. **3.** Stadt in Akarnanien, h. Stadtruine Paliománina am W.-Ufer des Acheloos mit abseits liegender Akropolis, zuerst genannt 425 v. Chr. Thuk. 3,107,1, seit etwa 270 zum aitol. Bund, IG IX 1$^2$ 3 = Syll. I$^3$ 421 = Schwyzer Ex. epigr. 381. 219 von den Akarnamen erobert, Pol. 4,64, 3 ff. IG V 1,29 = IG IX 1$^2$ 588 = Syll. II$^3$ 669,10, IG IX 1$^2$ 208,6. 209,4 = SEG 1,243. IG IX 2,61. Steph. Byz. Inschr.: IG IX 1$^2$ 418. Mz. Head HN$^2$ 331. 406. E. M.

1. *Noack*, AA 31, 1916, 220. 227 ff. 2. *Kirsten*, AA 56, 1941, 102 f. 3. *Ders.* RE XVIII 2365 f. mit Plan. 4. *Philipps.-Kirst.* 2,398 u. ö. 5. *E. Meyer*, RE Suppl. X 393, 66 ff. 877,11 ff. (mit der älteren Lit. zu Paliomanina). 6. Neuere Ausgrabung *Mastrokostas* Ἀρχ. Δελτ. 17 B, 1961/1962, 184 f.

**4.** M., Staatsrechtliche Bezeichnung in griech.-röm. Z. für die Hauptstädte äg. Gaue. Bereits in pharaon. Z. hatte jeder Gau einen Ort, an dem seine Verwaltung konzentriert war und der auch gegenüber dem sonstigen Gaugebiet eine eigene Verwaltung besaß. Dies wurde von den Ptolemaiern übernommen. Nach Preisigke (Beamtenwesen im röm. Äg. 27 ff.) bestanden in röm. Z. die Beamten aus *γυμνασίαρχος*, *ἐξηγητής*, *κοσμητής*, *ἀρχιερεύς*, *ἀγορανόμος*, *εὐθηνιάρχης*, *ὑπομνηματογράφος*. Ihnen stand bis Septimius Severus der *δῆμος* gegenüber, seit dieser Zeit jedoch gab es auch in M. eine *βουλή*, deren Mitglieder in *φυλαί* eingeteilt wurden. Da mit Diokletian die Gaue verschwinden und Äg. in 3 Provinzen eingeteilt wird, hört die Bezeichnung M. weitgehend auf und wird durch *πόλις* mit ihrer *ἐνορία* (Hinterland) ersetzt. W. H.

**5.** M., Stadt Ioniens (Steph. Byz. und Ptol. 5, 2,17: Lydiens) etwa 20 km n. von → Ephesos am N.-Hang des Gallesiongebirges, nach Ail. h. an. 16,38 (*Μ. ἡ Ἐφεσία*) vielleicht zeitweilig zu Ephesos gehörig, nach Ausweis der Ruinen und Mzz. (Head HN$^2$ 583) in späthellenist. und röm. Z. nicht unbedeutend, später Bischofssitz (Hierokl. synekd. 660,19 und Notit. episc.). Keil, RE XV 1497 Nr. 8.

**6.** M., Stadt Großphrygiens (Strab. 12,576. 14,663. Ptol. 2,5,25) an der Straße von → Ephesos über → Laodikeia (4) nach → Apameia (2), zu dessen *conventus* es nach Plin. nat. 5,106 gehörte und n.ö. von ihm im Tschöl Ova (= *campus Metropolitanus* Liv. 38,15,13) lag, h. Nemryk Mezarlik. Mz. Head HN$^2$ 680. In chr. Z. Bischofssitz, zu Pisidien gehörig (Hierokl. synekd. 673,3. Notit. episc.). Ruge, RE XV 1495 Nr. 3. K. Z.

**Mettius** (Metius). Altital. Name, der sich als Praenomen ([auch *Mettus*] vgl. M. → Curtius [I 5] und M. → Fufetius) und als Nomen (z. B. bei Statius M., einem Osker im J. 214, Liv. 24,19,2. und Sthennius M., dem sagenhaften Stammesoberhaupt der Samniten, Fest. 158), auch inschr., findet. Schulze Eigenn. 188. 424.

I. Republikan. Zeit. M. M. ging 58 v. Chr. als Gastfreund des Ariovist zusammen mit C. Valerius Procillus im Auftrag Caesars zu diesem, wo er festgehalten wurde und erst nach dem röm. Sieg befreit werden konnte. Caes. Gall. 1,47,4–6. 53,8. Vielleicht ident. mit dem gleichnamigen Münzmeister des J. 44 (Denare mit der Legende Caesar Dict. Quart. oder Caesar Imper.),

GRUEBER Coins 1,542–544. BROUGHTON Mag. 2, 446. H. G. G.

II. Kaiserzeit. **1.** M. Carus. Delator unter Domitian, nach dem 23. Aug. 93 gegen Herennius Senecio, Plin. epist. 1,5,3. 7,19,5. Tac. Agr. 45,1. Martial. 12,25,5; auch gegen Plinius, epist. 7,27,14, SHERWIN-WHITE Commentary p. 96. **2.** C. Trebonius Proculus M. Modestus, Sohn von Nr. 3. Vor 93 Praetor. Von ca. 93–97 wahrscheinlich durch M. Aquilius Regulus verbannt (Plin. epist. 1,5,5f. 13), war er etwa 100–102 (?) *legat. Aug. pr. pr. Lyciae et Pamphyliae*, TAM II 134. 421. Cos. suff. 103, VIDMAN Fast. Ostiens. p. 18. 55. Procos. Asiae 119/20, IGR IV 571. Syll.³ 833, HEBERDEY, IOA 8,237. **3.** M. M. Rufus. Praefekt von Äg. 88–91, POxy II 237 col. VIII Z. 27f. P. Straßburg 22, weitere Belege STEIN Aeg. 44ff.; er dürfte bei Domitian in Ungnade gefallen sein, sein Name eradiert auf IGR I 1183. CIL III 13580. R. H.

**Metulum** (*Μετοῦλον, Μετοῦλοι*). Vorort der Iapoden, h. Čakovac, in der Umgebung von Ogulin. Namensform illyr. Vorröm. Siedlung und Wallburg, größtenteils aus Holz gebaut, erobert 35 v. Chr. durch die Römer (Cass. Dio 49,35,2–4. App. Ill. 19,54ff.). Das römerzeitliche Municipium M. ist im Tal errichtet. J. Sz.

*G. Alföldy* Bevölkerung der röm. Prov. Dalm. 1965, 27ff. *M. Fluss*, RE XV 1503ff.

**Mevania.** Namhafte Stadt Umbriens (Strab. 5, 227. Ptol. 3,1,54), *municipium* (Plin. nat. 3,113) der 6. Region (CIL XI p. 732: *tribus Aemilia*) an der jüngeren Route der *via Flaminia* (It. Ant. 311,4. Gadit. 101. Tab. Peut. 5,3), Lage im Tal von Topino und Teverone begünstigt Nebel (Prop. 4,1, 123), aber auch Rinderzucht (Colum. 3,8,3. Lucan. 1,473. Sil. 6,645. 8,456. Stat. silv. 1,4,128). Ziegelbau der Häuser (Plin. 35,173). Vgl. ferner Liv. 9, 41,13. Tac. hist. 3,55. 59. Suet. Cal. 43. G. R.

*Forbiger* Hb. der alt. Geogr. 3,438. *Nissen* It. Ldk. 2,396.

**Mevius** (Maevius). I. Republik Zeit. **1.** M., Römer, der 121 v. Chr. von C. Gracchus verhöhnt wurde, weil er mehrere Ringe trug. Isid. orig. 19, 32,4. H. G. G.

**2.** M., Dichter (Porph. Hor. s. 2,3,239) der august. Z., Bruder des → Bavius, mit dem er sich einer Frau wegen zerstritt (Domit. Mars. frg. 1 M.), Kritiker Vergils (Serv. georg. 1,210), was ihm die Feindschaft der Dichter des Maecenaskreises eintrug (Verg. ecl. 3,90. Hor. epod. 10. Dom. Marsus frg. 5 M.). P. L. Sch.

*Schanz-Hos.* 2,98. *A. Rostagni* Suetonio De poetis, 1944, 123ff. *W. Krenkel* in: Röm. Lit. der August. Z., 1960, 36ff.

II. Kaiserzeit. **1.** C. M. Donatus Iunianus. Nach CIL XIV 2107 im 3. Jh. Quaestor in Sizilien, Aedil, Praetor, *procos. Siciliae;* dann cos. suff. und *legat. Aug. pr. pr. Ciliciae.* **2.** M. Honoratianus. Praefekt von Äg. 232–236, IGR I 1143. P. Mich. III 165, STEIN Aeg. 131–134. **3.** M. Surus. Cos. suff. vor 205, in diesem J. Statthalter von Dacia, CIL III 7741. 1377. 13801 und 14216, STEIN Daz. 59f. **4.** M. Saturninus Honoratianus. Procurator Augg. zwischen 198/211, AE 1911, 98. 1912, 348 (Lambaesis). R. H.

**Mevulanus.** Personenname, Herkunft unklar, SCHULZE Eigenn. 215. C. M., 63 v. Chr. tr. mil. unter dem cos. C. → Antonius (2), heimlich für die Catilinarier tätig, zunächst im Raum des Ager Gallicus, dann in Capua, von wo ihn P. Sestius (RE IIA 1886 Nr. 6) vertrieb. Cic. Sest. 9. DRUMANN² 5,441,19. H. G. G.

**Mezentius.** König von Caere, kam dem Turnus gegen Aeneas zu Hilfe, wurde aber schließlich von Ascanius besiegt oder getötet (Cato orig. frg. 1,10ff. Jord. = 9ff. P. Serv. Aen. 9,742. Varro b. Plin. nat. 14,88. Verrius Flaccus in den Fast. Praen. CIL I² p. 316. Fest. 212,20. 322,16 L. Liv. 1,2,3. 3,4. Iust. 43,1,13. Dion. Hal. ant. 1,44f. 2,5. Plut. mor. p. 275 E. Cass. Dio frg. 3,7 Melber. Ov. fast. 4,877ff.). M. fordert entweder von seinen Verbündeten (Cato frg. 12 Jord. Ov. fast. 4,884ff. Varro b. Plin. Fast. Praen.) oder von Aeneas (Dion. Hal. 1,65,2. Plut. Cass. Dio) die *primitiae* der Weinernte; die Latiner weihen sie dem Iuppiter (Fest. 322,17 L.; vgl. das Gebet b. Cato) und siegen, was als Aition für die *Vinalia priora* am 23. April (Ov.) bzw. richtiger für die *rustica* am 19. August (Fest.) gilt. Verg. Aen. 7,648ff. 8,7 u. a. zeichnet das Charakterbild eines *contemptor divum*, der von Aeneas getötet wird; Kontrast zu der Gestalt seines Sohnes → Lausus. Namensdeutung kaum ergiebig. G. R.

*Woerner*, Myth. Lex. 2,2943ff. *Bömer* Ov. Fasten 2,285.

**Mezetulus** (Mazaetullus.) Ein numid. Fürst und Verwandter Masinissas, verheiratet mit einer Nichte Hannibals. E. 206 v. Chr. wurde er von dem aus Spanien zurückkehrenden Masinissa besiegt, aber begnadigt und kehrte in seine Besitzungen zurück. Liv. 29,29,6–30,10 (vielleicht ident. mit dem von App. Lib. 33 genannten Mesotylos). H. G. G.

**Micare** *(micare digitis)*. Ein beliebtes Spiel bei den Römern, noch jetzt in Italien üblich (morra), gespielt von 2 Personen, die gleichzeitig die rechte Hand mit einigen oder allen oder keinem ausgestreckten Finger emporschnellen und zugleich mit lautem Ruf auf die Zahl der von beiden ausgestreckten Finger raten. Der richtig Ratende ist Gewinner. Da man leicht betrügen konnte, indem man die Zahl der ausgestreckten Finger nach dem Ruf noch schnell änderte, wurde *quicum in tenebris mices* zur sprichwörtlichen Bezeichnung eines ehrlichen Mannes (Cic. fin. 2,16,52; off. 3,19,77. Petr. 44). Als eine Form des Losens diente das m., um Entscheidungen ohne *ratio* oder *consilium* (Cic. div. 2,41,85) oder in gleichgültigen Dingen (Suet. Aug. 13,2. Calp. ecl. 2,20) zu treffen. Das m.-Spiel auf dem Markt, um damit einen Preis auszuhandeln, wurde durch ein Edikt vom J. 372 n. Chr. verboten (CIL VI 1770). Darstellungen des Spieles in Äg. gibt FALKENER Games Ancient and Oriental, 1892, 103–104, wieder. Nur späte griech. Autoren erwähnen es: Nonn. Dionys. 33,77 unter dem Namen λαχμός, CGIL 2,495,12. 3,56,25. 3,485,39. s.v. λαχμός, ἰάχινος und λαχνός. Des Aristot. ἐπάλλαξις τῶν δακτύλων (metaph. 1011 a 33) hat nichts mit dem m.-Spiel zu tun, doch findet es sich auf rf. Vasen dargestellt. Auf einer spielen es 2 sitzende, bekränzte Eroten, auf einer andern 2 Frauen (DAR.-SAGL. 3, Fig. 5027, 5026). Auf beiden liegt ein Stab, den ein Spieler in der linken Hand hält, auf der linken Hand des andern; aus welchem Grunde, ist nicht klar. Ein Stück eines Stuckreliefs aus Rom zeigt 2 Männer beim Spiel, aber ohne einen Stab (DAR.-SAGL. 3, Fig. 5028). SCHNEIDER, RE XV 1516f. O. W. R.

**Micipsa** (*Μικίψας*), ältester Sohn und 148 Nachfolger des → Massinissa, der M. seinen Siegelring übergab, Zon. 9,27. Scipio Aemil. setzte aber M. und dessen Brüder zu Gemeinherrschern ein und übertrug ihm mit der Königsburg → Cirta die Verwaltung des Reiches und der Einkünfte, → Gulussa die Heerführung und → Mastanabal die Rechtspflege, App. Lib. 106. Im 3. pun. Krieg unterstützte M. lässig die Römer, stellte aber Truppen 142/41 bei den Kämpfen gegen → Viriathus und 133 gegen → Numantia und bot dem Quaestor C. Gracchus Korn für das sardin. Heer an. App. Lib. 111; Ib. 67. 89. Sall. Iug. 7f. Vell. 2,9. Plut. C. Gracch. 2. Nach dem Tode der Brüder Alleinherrscher, förderte er wie sein Vater die Kultivierung Numidiens und brachte griech. Kaufleute nach Cirta, Strab. 17,832. Eine Heuschrekkenplage und die folgende Hungersnot forderten zahlreiche Opfer der Bevölkerung, Liv. epit. 60. Obseq. 90. Aug. civ. 3,21. Oros. 5,15. Die Ehreninschr. für M. in Iol ist die zweitälteste datierte pun. Sprache, LIDZBARSKI Nordsem. Epigr. 1,120. Mit seinen Söhnen → Hiempsal (1), → Adherbal (4) und Micipsa ließ M. seinen Neffen → Iugurtha erziehen. 134 schickte er ihn mit einem Hilfskorps nach Numantia, adoptierte ihn 120 und setzte ihn gleichberechtigt mit den eigenen Söhnen Hiempsal und Adherbal zu Erben ein. † 118. Sall. Iug. 6ff. Mz. HEAD HN$^2$ 884. H. V.

**Midaion** (*Μίδαιον*, auch *Μιδάειον*), alte Stadt in Groß-Phrygien, nach → Midas als Gründer benannt (dessen Kopf noch auf kaiserzeitl. Mz. erscheint, HEAD HN$^2$ 681), an der Straße von → Dorylaion nach → Pessinus, nach Plin. nat. 5,105 (*Midaei* 105; 145 *Midaium*) zum *conventus* von → Synnada gehörig. Lokalisierung umstritten. RUGE, RE XV 1524ff.). K. Z.

**Midas** (*Μίδας*). **1.** Myth. phryg. Gestalt, urspr. ein Walddämon oder Quellgeist, dessen Spuren sich vielleicht bis zu den früheren Wohnsitzen der Phryger (Briger) in Makedonien zurückverfolgen lassen. Dort, am Fuße des Berges Bermion, lagen nach Hdt. 8,138 die Rosengärten, in denen M. den alten Silen fing (nach WILAM. GldH. 1,193 urspr. in Kleinasien). Später wurde er mit dem Sohn des Königs → Gordios (1) der kleinasiat. Phryger zusammengeworfen (s. M. 2). Zugleich wurde er aus einem Repräsentanten der Macht, des Reichtums und der Weisheit zu einem typ. Beispiel menschlicher Torheit, dem sein Goldhunger Verderben brachte. Vom Silen lernte er die Weisheit, daß das größte Glück für den Menschen sei, nie geboren zu sein, das zweitgrößte, baldmöglichst zu sterben (Erfindung des 7. Jh., WILAM. a. O.): ein Gemeinplatz aller ant. Trostschreiben. Zum Weisen (und zum Schüler des Orpheus Iust. 7,11. Ov. met. 11,92) ist er wohl geworden, weil die Überlieferung ihm die Gründung phryg. Kultstätten (s. u.) und Kultsitten zuschrieb. Theopomp legte M. die Utopie vom Wunderlande Meropis in den Mund. Nach einigen Autoren fängt M. den Silen dadurch, daß er einen Brunnen mit Wein füllt. Der Brunnen wurde bei → Ankyra (Paus. 1,4,5) oder → Tyriaeion (Xen. an. 1,2,13) oder in Paionien (Athen. 2,45c: Innaquelle = Eselsquelle? KUHNERT, Myth. Lex. 2, 2961) lokalisiert. M. erkennt den Silen, bewirtet ihn festlich und führt ihn nachher zu Dionysos zurück. Dieser erfüllt zum Danke die Bitte des M., daß alles, was er berühre, zu Gold werde (Märchenmotiv, BOLTE-POLIVKA Anm. zu den Grimmschen Märchen 2,213). Da er nun weder essen noch trinken kann, badet er auf den Wink des Gottes im → Paktolosfluß, der seitdem Gold führt (Aition), Ov. met. 11,90ff. Hyg. fab. 191. – Bei einem musikal. Wettstreit zwischen Apollon und Pan (Marsyas Hyg. a. O.), in dem der Berggott Tmolos dem Kitharaspiel Apollons vor der Flöte Pans den Preis zuspricht, schilt M. das Urteil und erhält dafür Eselsohren. Er sucht sie unter seiner Tiara zu verbergen, aber sein Barbier entdeckt das Geheimnis, und da er es den Menschen nicht verraten darf, so gräbt er ein Loch, spricht es dahinein und schüttet es wieder zu. Aber das Schilf, das daraus sproßt, säuselt das Geheimnis bei Wind in alle Welt, Ov. a. O. Aristoph. Plut. 287. und Schol. Lykophr. 1401. Aition für die hohe phryg. Mütze, die zum Verdecken der Ohren wie gemacht scheint (PRELL.-ROB. 1,645,2), für eine Kappe aus dem Stirnstück eines Esels (oder Pferdes) mit absichtlich erhaltenen Ohren (R. LEHMANN-NITSCHE, Zs. f. Ethnogr. 68, 1936, 281ff.). Ant. rationalist. Erklärungen RE XV 1531f. Über das weitverbreitete Märchen von dem König mit Eselsohren DREXLER, Myth. Lex. 2,2,2966. Der → Esel, im Orient ein achtbares Tier, galt den Griechen als unmusikalisch (Sprichwort *Ὄνος λυρίζων*), war aber dem Dionysosdienst nicht fremd, und so passen die Eselsohren des M. zu seinem urspr. theriomorphen Wesen. – Kult. Bedeutung des M. spricht daraus, daß er Sohn der → Kybele und Gründer ihres Tempels in Pessinus ist (Hyg. a. O. Diod. 3,59) und Beziehungen zu Attis hat (Arnob. 5,7). Als M.' Sohn galt → Lityerses. Die Erfindung des

Ankers (Ankyra!) und die Einfuhr von Blei wurden M. zugeschrieben. M. in der Kunst EITREM, RE XV 1535ff. F. BROMMER Bilder der M.-Sage, AA 1941, 36ff. **2.** Neben → Gordios (1) wird M. als Gründer des phryg. Staates genannt, Sohn des Gordios und einer Frau aus dem Sehergeschlecht der Telmisseer, Arr. an. 2,3. Von beiden wird in ähnlicher Weise die Königswahl und die Stiftung des Wagens auf der Burg von Gordion berichtet. Als Stadtgründer finden wir M. in Midaeion, in Gordion, Ankyra, Pessinus, Kelainai. Die Sage knüpft an geschichtliche und kult. Tatsachen an: späte Einigung einer ackerbautreibenden Bevölkerung unter einem König; vorhergehender Bürgerzwist; das Vogelzeichen spielt eine wichtige Rolle; der Götterwagen ist zugleich Königswagen und Symbol des Königs (vgl. Kybele; Nerthus; Zeuswagen der Perser Hdt. 7,40). H. v. G.

**3.** M. II., Phrygerkönig (738–696/95?, Eus.), Sohn des Gorgias, angeblich verheiratet mit der Tochter eines Aiolerkönigs. Assyr. Mi/Me-ta-a von Muški; Gegenspieler assyr. Expansion in Kleinasien z. Z. Sargons II. (722–705); Koalition z. B. mit Karkemiš (717); bisweilen Annäherung an Assyr. (709, wohl wegen Kimmeriergefahr; vgl. auch Iraq 20,181ff.; 202ff.). Nachbar der assyr. Provinz Qu'e/Kilikien. Stiftete Thron nach Delphi (Hdt. 1,14). Nach der Legende Selbstmord durch Trinken von Stierblut beim Einfall der Kimmerier (Strab. 1,61). D. O. E.

H. *Winckler* Keilschrifttexte Sargons (1889). *A. G. Lie* The Inscr. of Sargon II (1928). *Kroll*, RE XV 1538f. mit Lit.; *R. Labat* und *Ph. Houwing ten Cate*, Fischer Weltgesch. Bd. 4 (1966).

**4.** M. (III.), Sohn von Gordios (III.), Vater des phryg. Königssohnes Adrastos, der von seinem Vater verstoßen wurde, weil er unvorsätzlich seinen Bruder tötete, zu Kroisos von Lydien floh, hier ebenso unvorsätzlich dessen Sohn → Atys tötete und aus Gram darüber Selbstmord verübte. Hdt. 1,35–45. ALY Volksmärchen ... bei Hdt. 38f. H. v. G.

**Mideia. 1.** *Μιδέα* (Strab.), *Μίδεια* sonst liter., Stadt in der Argolis, im Mythos eine der wichtigsten Städte der Landschaft; steiler Burgberg mit myken. Burg und Palast über dem h. Dorf Dendra, schon in myken. Z. verlassen. Dabei 1926 Kuppelgrab mit reichen Funden entdeckt, als nicht ausgeraubt und unberührt geblieben bes. wichtig, dabei weitere Kammergräber. Die Lage des gesch. Dorfs M., in Argos einverleibt und in hellenist. Z. auch bereits wieder verlassen, ist noch nicht gefunden. Strab. 8,6,11 p. 373 (zur Lesung ALY Par. d. pass. 5,1950, 245f.). Paus. 2,16,2. 25,9. Steph. Byz. Pind. O. 11 (10), 78. Theokr. id. 19 (24), 1. Sch. Theokr. 13,20. Euphorion BerlKlT 5,1,58 Frg. 1,14. Apollod. 2,4,4,6,48.

1. *E. Meyer*, RE XV 1540ff. Suppl. IX 402,45ff. 2. *Axel W. Persson* The royal tomb at Dendra near Midea, Lund 1931. 3. *Ders.* New tombs at Dendra near Midea, 1942.

**2.** Nur bei Hom. Il. 2,507 genannte Stadt in Boiotien, danach Stat. Theb. 7,331. Nonn. 13,60, später mit → Lebadeia gleichgesetzt, Paus. 9,39,1. Strab. 1,3,18 p. 59. 8,6,11 p. 373. 9,2,35 p. 413 Steph. Byz. E. M.

**Midian** (hebr. Midjān, LXX *Μαδιάμ, Μαδιάν*), im AT. Bezeichnung eines Volkes oder Stammes, bei Euseb. onom. (pass.) eines Landes oder (124,9) einer *πόλις*, nach welcher *Μαδιαναῖοι καὶ ἡ νῦν καλουμένη Μαδιανή* genannt sind: ein den Israeliten verwandtes ismaelit., d. h. arab. Volk im n. Ḥiğāz und ö. des Wadi el-ᶜAraba (Gen. 25,2. 4. 18. 37,28. 36. Iud. 8,24). Um 1100 v. Chr. drangen die M. in ausgedehnten Raubzügen ins O.-Jordanland u. bis nach Mittel-Palästina vor, wurden aber von Gideon geschlagen (Iud. 8,4–21). Eine Erinnerung an diese Kriegszüge findet sich auch in der Liste der Könige Edoms (Gen. 36,35), von denen Hadad I. »im Gefilde Moabs« die M. besiegte. A.D.

**Mididi.** Alter berberischer Ort in Africa, s.w. von Mactar, h. Henchir Meded. R. CAGNAT, A. MERLIN Atl. Arch. Tun. 2ᵉs., fᵉ El-Ala, Nr. 4. Pun. Einfluß vor der Romanisierung. Man verehrte *Mars patrius* CIL VIII 23356 und *Saturnus*. M. LEGLAY Saturne africain. Monuments 1,297. M.L.

**Miete** ist die entgeltliche Überlassung des Gebrauchs einer Sache. Die Römer entwarfen für sie keine selbständige Rechtsform, sondern bezogen sie in die Ordnung der viel umfassender konzipierten → *locatio conductio* ein, die neben der Miete auch die auf Fruchtziehung gerichtete Pacht, den auf Sachbearbeitung angelegten Werkvertrag und den auf Arbeitsleistung zielenden Dienstvertrag umspannte. In welchem Ausmaß das klass. Recht die Besonderheit der gemeinrechtlich als *locatio conductio rei* zusammengefaßten Typen »Miete« und »Pacht« erfaßte, ist in der modernen Forschung zwischen einer »Einheitstheorie« und einer Lehre von der Trichotomie der *locatio conductio* strittig geblieben.

Die wichtigsten Gegenstände der M. waren Wohnräume, Tiere und Sklaven. Der Vermieter kann auf Grund der durch bloße Vereinbarung (Konsensualkontrakt) begründeten Rechtsbeziehung mit einer *actio conducti* verlangen, daß ihm diese Gegenstände zum Gebrauch überlassen werden. Als Gegenleistung schuldet er dem Vermieter einen Mietzins *(merces)*, den dieser mit der *actio locati* einfordern kann. Die M. ist wesentlich entgeltlich, eine *conductio nummo uno* wäre nichtig (Dig. 19,2,46).

Die Dauer des Mietverhältnisses richtet sich in erster Linie nach der Vereinbarung. Während man der Bodenpacht zumeist ein *quinquennium* zugrunde legte, wurde die Wohnraummiete oft auf unbestimmte Z. abgeschlossen. Wenngleich dies nicht unbestritten ist, dürfte es dann jedem Vertragsteil freigestanden haben, jederzeit vom Vertrag abzustehen. War aber eine bestimmte Vertragsdauer festgesetzt, so verlängerte sich das

Rechtsverhältnis, wenn die Benützung mit dem Auslaufen der Vertragszeit nicht abgebrochen wurde (vgl. Dig. 19,2,13,11).

Welche Rechte jedem der beiden Kontrahenten zustehen sollten, und welche Pflichten jeder von ihnen einzuhalten hatte, wurde oft in einer *lex locationis* festgesetzt. Diese pflegte vom wirtschaftlich stärkeren Vertragsteil, dem *locator*, formuliert zu werden. War nichts Besonderes vereinbart, so stand der *conductor* jedenfalls für *dolus* und *culpa* ein, wahrscheinlich wurde ihm aber auch *custodia* abverlangt.

Im klass. Recht ist für die M. wie für alle anderen Typen der *locatio conductio* ein *iudicium bonae fidei* zuständig. Der Kontakt erscheint als ein Institut des *ius gentium* (Paul. Dig. 19,2,1) und wird deutlich in Entsprechung zur Ordnung des Kaufs gesetzt (Gai. Dig. 19,2,2). M.-Sachverhalte hat es aber gewiß schon gegeben, ehe die Kategorie der *iudicia bonae fidei* entwickelt war. Die M. von bäuerlichem Zugvieh dürfte schon dem Recht der zwölf Taf. geläufig gewesen sein (Gai. inst. 4,28). Es ist aber nicht mehr mit Sicherheit auszumachen, welche Form des Rechtsschutzes für Ansprüche aus solchen M.-Verhältnissen zur Verfügung stand. Th. M.-M.

*Amirante* Bull. dell'istituto di diritto rom. 62, 1959, 9ff. *Horst Kaufmann* Die altröm. Miete, 1964. *Mayer-Maly* Locatio conductio, 1956.

**Mietshäuser.** In den ant. Großstädten waren M. schon im 5. Jh. eine nicht zu umgehende Notwendigkeit, obwohl das Ideal stets das eigene Haus (*οἰκία*) blieb. In Athen etwa war die *συνοικία, οἰκία μισθοφοροῦσα* (Aischin. 1, 124f. Isai. 2,27. 5,27. 6,19f.) für wohlhabendere Metöken, denen Grunderwerb meist verwehrt war, ein ebenso lästiger Zwang wie für den athen. Hausbesitzer ein Gewinn. In Rom steigt der Mietzins für die M. (→ Insula) allen kaiserl. Verordnungen zum Trotz immer höher; der Raumbedarf für die kaiserl. Fora und Repräsentationsbauten (Thermen usw.) trug dazu stark bei. Die röm. M. dienen meist mehreren Mietparteien. W. H. G.

*R. Pöhlmann* Die Überbevölkerung d. ant. Großstädte 1884. *G. Calza* Le case d'affitto in Roma ant. 1916.

**Mieza** (*Μίεζα*). Stadt Altmakedoniens in der Landschaft Emathia mit einem berühmten Nymphaion, in dem Aristoteles Alexander d. Gr. Unterricht erteilte. Ihre Lage läßt sich nicht sicher erschließen. Gewöhnlich nimmt man an, daß M. nicht weit von der Grenze der Landschaft → Eordaia lag. Andere setzten M. am Abhang des → Bermion, nicht weit von → Beroia, an. Die Bevölkerung der Umgebung war brigischer Herkunft; daher auch der thrak. Klang des Namens. Auch der angeblich frühere Name *Στρυμόνιον* weist nach Thrakien hin. Ptol. 3,13,39. Plut. Alex. 7. Plin. nat. 4,34. 31,30. Arr. Ind. 18,6. Chr. D.

*Lenk*, RE XV 154ff. *Detschew* Thrak. Sprachreste, 304. 341. *Casson* Macedonia, Thrace and Illyria, 273.

**Migonion** (*Μιγώνιον*), Örtlichkeit an der lakon. Küste s. von Gytheion mit Heiligtum der Aphrodite Migonitis, Paus. 3,22,1f. E. M.

**Mikines** (*Μικίνης*). Athener des 5./4. Jh. v. Chr., dessen nächtliche Ermordung das Thema einer berühmten Rede des → Lysias (*κατὰ Μικίνου φόνου*, Frg. 170ff.) bildete (vgl. hyp. Antiph. 2a). H. Gä.

*Blass* Att. Bereds. 1,361.

**Mikion** (*Μικίων*). **1.** Makedon. Flottenführer im lam. Kriege, Plut. Phok. 25. Berve Alex. 2,529.

**2.** Sohn des Mikion, Athener des Demos Kephisia, sorgte mit dem Bruder → Eurykleides 247/46 v. Chr. für Athen (Sylloge³ 491,35), war *ἀγωνοθέτης Παναθηναίων* (IG II² 1705), beteiligte sich an der Befreiung Athens 229 von der maked. Herrschaft, lehnte die Hilfe Athens für Arat gegen Kleomenes ab, begünstigte Ptolemaios IV. und wurde 213 auf Anstiften Philipps V. mit dem Bruder vergiftet. IG II² 834. 844,36. Plut. Arat. 41. Pol. 5,106. Paus. 2,9,4. Die den Brüdern zugeschriebenen Tetradrachmen gehören zu M. IV. und Eurykleides III. 156/155. M. Thompson The new style silver coinage of Athens 1961, 574. H. V.

**Mikkalos** (*Μίκκαλος*). **1.** Klazomenier, wurde 323 von Alexander zur Anwerbung von Seeleuten für den geplanten Arabienfeldzug nach Phoinikien geschickt (Arr. an. 7,19,5). G. W.

**2.** M., Antiochener, Bruder des → Euagrius (2), 362 consularis Thraciae (Liban. epist. 752; vgl. 97f. 149. 160. 643; or. 63). A. L.

**Mikkiades** (*Μικκιάδης*, *Micciades*). Nach Plin. nat. 36,11 Sohn des → Melas, Vater des → Archermos, also »Ahnherr« der chiischen Bildhauerschule. Ob M., der um 600 v. Chr. anzusetzen sein wird, auch selbst Bildhauer war, ist trotz Plin. a. O. ungeklärt. W. H. G.

*J. Marcadé* Rec. des signatures de sculpt. Grecs 2, 1957, 66. 75. *L. Guerrini* Enc. Arte Ant. 4, 1961, 1124.

**Mikon** (*Μίκων*) Name mehrerer griech. Künstler, unter denen nur M. Sohn des Phanomachos, Maler und Bildhauer im Athen der Pentekontaetie von Bedeutung ist. M. schuf Athletenstatuen in Olympia und Athen und Gemälde im Theseion und der Stoa Poikile in Athen. Sein Stil ist uns nicht mehr genau kenntlich. W. H. G.

Ausführl. Lit. bei *Lippold*, RE XV 1557ff. und *P. Bocci* Enc. Arte Ant. 4, 1961, 1125ff.

**Mikythion** (*Μικυθίων*), Sohn des Mikylion aus Chalkis (Sylloge³ 585,235f. IG XII 9,904,1), Romfreund, vereitelte 192 den Angriff des Aitolerfreundes Euthymidas auf Chalkis, empfahl Neutralität gegen → Antiochos III. (3), holte 500 Römer von T. Quinctius Flamininus, entkam dem Überfall durch → Menippos, den Strategen des Antiochos, und verließ Chalkis vor der Übergabe, Liv. 35,38. 46. 50f.; 179/78 Proxenos in Delphi, Sylloge a. O. Antragsteller für Ehrung des Charidamos in Chalkis. IG XII 9,904. In Rom beschwerte sich M. 170 mit Erfolg über Gewalttaten des C. Lucretius und L. Hortensius, Liv. 43,7,5 ff. H. VOLKMANN Die Massenversklavungen ... 1961, 100 f. H. V.

**Mikythos** (*Μίκυθος*). **1.** Sohn des Choiros, Sklave des Tyrannen → Anaxilaos von Rhegion, seit 476 Vormund für dessen Kinder und Verwalter von Rhegion und Messana, schickte 467 Ansiedler nach Pyxus, ging, im Vormundschaftsprozeß gerechtfertigt, nach Tegea und stiftete Weihgeschenke für seinen Sohn nach Olympia, Hdt. 7, 170. Diod. 11,48 ff. Strab. 6,353. Paus. 5,24,6 ff. Iust. 4,2,5. Macr. Sat. 1,11,5. Steph. Byz. s. *Πυξοῦς*. **2.** Unterführer des → Lykiskos (4), fiel 312 gegen Alketas II. von Epeiros, Diod. 19,88. H. V.

**Milanion** s. Melanion

**Milbe.** Von den zahlreichen M.-Arten sind nur wenige sicher bezeugt (die Gliederung von H. GOSSEN, RE Suppl. VIII 354 ff. ist hypothet.): Zecken, *κρότων*, *κυνοραιστής*, *ricinus* bei Hunden (Hom. Od. 17,300. Aristot. hist. an. 5,19. 552a 15. 5,31. 557a 16. Zenob. 6,27), Schafen und Ziegen (Aristot. a. O. 557a 16: *κρ.*), Igel und Fuchs (*κυν.*: Aisop. fab. 36. Aristot. rhet. 2,20. 1393b 26), Rind (*κρ. βοῶν*, Aristot. hist. an. 557a 16); Ornithoborus, *ῥάξ* (Ail. nat. 3,30 [Aussehen einer schwarzen Weinbeere, ganz kurze Beine, Stechrüssel weit nach unten gerichtet], s. Plin. nat. 29, 86); Spinn-M., *ἀκαρί* (Aristot. hist. an. 5,32. 557b 8 [»das kleinste aller Tiere«], Etym. M. 52, 35). Die Krätz-M. bei Mensch und Tier ist unbekannt. E. Mg.

**Milch** (*γάλα*, *lac*). Die M. von Schafen und Ziegen (wie auch die von Stuten für nomad. Stämme) wird als ländliches Getränk, mit oder ohne Zumischung von Honig u. a., sowohl bei Hom. wie in der späteren griech. und röm. Lit. (z. B. Theokr., Verg. georg., Ov., Colum.) nicht selten erwähnt. Obgleich aber das Trinken von M., namentlich bei nördlichen Völkern, den Griechen und Römern bekannt war und von ihnen, als zur einfachen Lebensführung gehörend, öfters gepriesen wurde, blieb im Mittelmeerraum der Ant. der Wein durchaus das Hauptgetränk. Frisch-M. wurde, schon aus klimat. Gründen, zumindest in der Stadt, fast nur von kleinen Kindern getrunken, und der Genuß der M. beschränkte sich hauptsächlich auf Käse oder Sauer-M. (*ὀξύγαλα*), entweder ungekocht (oft mit allerhand Zusätzen) oder als Zutat in gekochten oder gebackenen Gerichten. (Die dabei übriggebliebene Molke wurde vielfach als Tiernahrung verwertet.) Bes. unbeliebt war die Kuh-M. und der daraus gewonnene Käse (vgl. *βούτυρον*, → Butter), obschon sie den Ärzten als heilsamer und nahrhafter galt als die üblichere Ziegen- und Schafs-M. Überhaupt fand die M. (auch die von Eseln, Stuten und Menschen) mit mannigfachen Zutaten sowohl innerliche wie äußerliche Verwendung in der Medizin gegen die verschiedensten Beschwerden. Auch zu kosmet. Zwecken wurde sie manchmal benutzt, und nebenbei diente sie als Verdünnungs- und Bindemittel in der Malerei. Daß die M. auch im Kult (z. B. des Iuppiter Latiaris) als natürliche Erstlings-, Getränke- und Reinigungsspende eine prominente Stellung hatte, versteht sich fast von selbst; aber auch aus dieser Stellung wurde sie nach und nach wenigstens teilweise vom Wein verdrängt. L. A. M.

**Milchstraße** (*γάλα οὐράνιον* Parm. frg. 11 D., *γάλα* Aristot., Arat., Ptol., Achill., unter Berücksichtigung der Kugelform der Welt *γαλάκτιος κύκλος*, *γαλάξιος*, ferner *ὁ γαλακτίας* und *γαλαξίας* nach der dem bloßen Auge erscheinenden homogen weißlichen Farbe). Die M. zählt zu den Großkreisen am Himmel (→ Kykloi) und ist der einzige relativ zu den Fixsternen feststehende Kreis, der sinnlich wahrnehmbar ist. Wegen seines unregelmäßigen Verlaufs auf Himmelsgloben gewöhnlich nicht eingezeichnet (Gemin. Isag. 5,69 S. 68,1 M.). Mythol. ist die Erklärung als die beim Säugen des Herakles oder Hermes verschüttete Milch der Hera (Ps. Eratosth. 44 S. 198,1 Robert. Philopon. In Aristot. meteor. 115 H.), die als Weg der Götter (Pind. Hymn. 30 S. 195 Sn. Ov. met. 1,168) leitet über zu dem pythag. Bild der M. als Seelenweg (Herkl. Pont. bei Philopon. In Aristot. meteor. 117 H.) und Wohnsitz der Seele vor der ird. Geburt und nach dem ird. Tode (Prokl. In Plat. Rep. Bd. 2,129,24 Kr. Porph. De antr. Nymph. 75,17 N.). Röm.: Sitz der Seelen hervorragender Personen (Cic. rep. 6,15. Macr. somn. 1, 12,2. Manil. astr. 1,802).

Philos.-physikal. Deutungen bei Aët. 3,1 (DIELS Dox. 364 ff.), die Slg. geht wohl auf Poseid. zurück, dessen Ansicht als letzte aufgeführt wird. Mit dem Phaëthon-Mythos verbunden ist die den Pythagoreern zugeschriebene Erklärung, ein Stern sei von seinem festen Ort abgestürzt und habe bei seinem bogenförmigen Fall eine Feuerspur hinterlassen. Andere Pyth.: Die M. war vormals die Sonnenbahn. Auch eine Erklärung als opt. Täuschung soll pyth. sein. Parmenid. erklärt die Farbe der M. aus der Mischung des Dichten (dunklen) und Dünnen (hellen), Anaxag. aus dem Schatten der Erde, Demokr. richtig als Lichtvereinigung vieler sehr eng zusammenstehender Sterne, Aristot. als brennende Ausdünstung der Erde, Poseid. als ein Feuer, das dünner sei als ein Stern, aber dichter als ein heller Hauch (*αὐγή*). J. M.

*F. Boll* Sphaera, Lpz. 1903. *Gundel*, RE VII 560.

**Milesios** (*Μιλήσιος*), Beiname des Apollon nach der Stadt Milet. Zahlreiche Inschr. in Naukratis, wo sich ein Heiligtum des miles. Apollon befand, nennen den »milesischen Apollon«, Hdt. 2,178. Lact. de morte persec. 11; de vera sap. et relig. 13. Apul. met. 4,32. H. PRINZ, Klio Bh. 7, 1908, 118. H. V.

**Miletopolis** (*Μιλητόπολις*, später auch *Μιλητούπολις*), Stadt im n. Mysien s.w. der miles. Kolonie → Kyzikos unweit der nach ihr benannten *Μιλητοπολῖτις λίμνη* (dem h. Manias Göl), Schauplatz der Niederlage des Sohnes des Mithridates durch → Flavius Fimbria (11) im J. 85 v. Chr. (Oros. 6,2,10). Die Lokalisierung beim h. Melde scheint nicht ganz sicher. Mz. HEAD HN² 531. RUGE, RE XV 1583ff. K. Z.

**Miletos** (*Μίλητος*). **1.** Kreter, Gründer (Neugründer) von Milet. Nach Apollod. 3,5f. ist er Sohn Apollons und der Areia, Tochter des Kleochos (dessen Grab sich im Heiligtum von Didyma bei Milet befand), er entscheidet sich für → Sarpedon als Liebhaber gegen → Minos und muß fliehen. Nach Nikandros (Anton. Lib. 30) zeugt Apollon ihn mit der Minostochter Akakallis; sie setzt ihn aus, Wölfe nähren ihn, Hirten ziehen ihn auf; dem Heranwachsenden stellt der verliebte Minos nach; er flieht nach Karien, gründet Milet und heiratet die dortige Königstochter Eidothea, die ihm Zwillinge gebiert, → Byblis und Kaunos. Vgl. Parthen. 11. Bei Ov. met. 9,443ff. ist M. Sohn von Apollon und einer sonst unbekannten Deione und heiratet Kyanee, die Tochter des Maiandros. Nach CRAMER Anecd. Gr. 2,193,30 ist M. selbst in Karien autochthon. – Nach Ephor. FGrH 70 F 127 (Strab.) wurde Milet von Sarpedon mit Leuten aus dem kret. Milatos gegründet. H. v. G.

**2.** (*Μίλητος*, dorisch *Μίλατος*, aiol. *Μίλλατος*, ungriech.), die hochberühmte Stadt im w. Kleinasien, h. Balat nach Palation, d. i. das ma. Kastell über dem Theater, 9 km vom Meere entfernt.

A. Geschichte. Hom. Il. 2,868 nennt M. karisch. Nach Apollod. 3,5f. wird M. von dem Apollonsohn Miletos, der mit → Sarpedon vor → Minos aus Kreta nach Karien flieht, gegründet. Die Gründung als ion. Kolonie wird auf → Neileos, Sohn des → Kodros, zurückgeführt und ist wohl noch ins 11. Jh. zu setzen. Aus der Frühgeschichte bis zur Gründung des Panionion auf → Mykale um 700 ist nichts Sicheres bekannt. Nunmehr wurde M. zur bedeutendsten Handelsstadt, erwehrte sich der Kimmerier und der Mermnaden und entfaltete eine großartige Kolonisationstätigkeit. Bei Plin. nat. 5,112 heißt M. *Ioniae caput ... super LXXXX urbium per cuncta maria genetrix*, vielleicht etwas übertreibend. Hervorzuheben sind die zahlreichen Pflanzstädte rings um das Schwarze Meer. Unbestimmt sind die Nachrichten über den Tyrannen → Thrasybulos (um 600) sowie über die inneren Zwistigkeiten, die in der reichen Stadt nicht gefehlt haben können, die nach Hdt. 1,94 als erste (nach Sardes) Elektronmünzen prägte und deren Alphabet andere epichorische Alphabete – 403 schließlich auch das attische – verdrängte. Für die Höhe der Kultur von M. sind die Namen → Thales, → Anaximandros, → Anaximenes, → Hekataios bezeichnend. Im 6. Jh. wurde M. wie die anderen ion. Städte von → Kroisos unterworfen, hatte aber unter dem griechenfreundlichen König kaum viel zu leiden. Als dann → Kyros die Ioner zum Abfall von Kroisos aufforderte, folgte M. und erkaufte damit seinen Fortbestand, wenn auch unter der anscheinend nicht sehr drückenden Oberhoheit der Perser. Im J. 514 war → Histiaios Tyrann von M., nach ihm sein Schwiegersohn → Aristagoras, der M. in den großen ion. Aufstand von 499–94 trieb. Er endete mit der Zerstörung der Stadt und der Versklavung der Einwohnerschaft (vgl. die *Μιλήτου ἅλωσις* des → Phrynichos). Nach dem griech. Siege bei Mykale 479 wurde M. wieder aufgebaut, trat dem att. Seebund bei und leistete im J. 450 einen *φόρος* von 10 Talenten, der 443/42 auf die Hälfte herabgesetzt war. Bald darauf wurde ein Konflikt von M. mit → Samos zum Anlaß des großen samischen Aufstandes, den → Perikles niederschlug. Im pelop. Kriege blieb M. Athen treu, fiel aber 412 auf Veranlassung des → Alkibiades von Athen ab, dem es in den Kämpfen der folgenden Jahre nicht gelang, M. wiederzugewinnen. 405 kamen mit spartanischer Hilfe die Oligarchen zur Macht, die, durch Tissaphernes vertrieben, Kyros zu Hilfe riefen. Seine von Xen. an. 1,1,6f. berichtete Belagerung von M. wurde wohl nach dem Aufbruch gegen Artaxerxes abgebrochen. In der Folgezeit blieb M., zumal nach dem Antalkidasfrieden, unter persischer Oberhoheit (bzw. der des Maussolos) bis zur Eroberung durch Alexander d. Gr. 334. In den folgenden 2 Jh. wußte sich M. zwischen den Großmächten, den Antigoniden, Seleukiden, Ptolemaiern, Attaliden, einigermaßen zu behaupten. Von galatischen Raubzügen blieb es nicht ganz verschont. Mit Rom bestanden Beziehungen schon, bevor es mit der attalischen Erbschaft ins Imperium Romanum einging. Wie das übrige Kleinasien hatte es im 1. Jh. v. Chr. unter den Peripetien der Mithridates- und der Bürgerkriege schwer zu leiden. Dann brachte die Kaiserzeit, bes. unter Traian und den Antoninen, M. die Hochblüte, von der die großartigen Reste zeugen. Bis unter Iustinian blieb ihm die kaiserliche Gunst erhalten. Von Paulus' Aufenthalt in M. berichtet die Apg. 20,14ff. Als Bischofssitz verschwand M. erst im 14. Jh. K. Z.

*Hiller v. Gaertringen*, RE XV 1586–1622.

B. Topographie. Alle hist. Epochen sind jetzt durch Funde nachgewiesen. Die archaische Stadt liegt unter der späteren, bald nach dem Persersturm von 494 wiederaufgebauten Stadt, die bis in die Spätantike blühte [1. 2. 3]. – Erforschung durch dt. Ausgrabungen seit 1899, wieder seit 1938 und 1955. [3. 4]. Die Stadt wurde schon vor → Hippodamos von M. in dem nach ihm benannten System der regelmäßigen Anlage von rechtwinklig sich schneidenden Straßenzügen erbaut. Von 4 natürlichen Häfen heben sich 2 heraus: 1. die »Theaterbucht«, benannt nach dem im N. der Bucht liegenden großen Theater röm. Z. mit Resten der hellenist. Bühne (KRAUSS, MDAI[R] 71, 1964, 112). Unter dem Athena-Komplex (Terrasse mit ion. Tempel, Hofhaus, n. der große

Westmarkt [4], I 8]) liegen bedeutende Reste archaischer und vor allem myken. Z. [2], n. des Westmarktes ein hellenist. Heroon (tempelartig, ein solches auch n. des Theaters, hofartig, ö. das Stadion [4, II 1], vor dem W.-Eingang Reste des Eumenes-Gymnasions, im O. großes röm. Tor; urspr. hellenist. mit Restaurierungen bis in die byz. Zeit. Als Verbindung zwischen Stadion und Innenstadt liegen, schräg zum Straßensystem, die Thermen der → Faustina (3, Bd. II 1583), bestehend aus Palaestra, langgestrecktem Apodyterion (?), tonnengewölbt, mit Apsidensaal, Fundort der Musen, Wiederholung der Gruppe des → Philiskos, und vielen Einzelräumen, 2. Jh. nach Chr. [4, I 9]. N. davon röm. Heroon (Grabbau mit Kuppel und Nischen innerhalb einer Hofanlage), 2. Jh. n. Chr. 2. »Löwenbucht«, benannt nach 2 Marmorlöwen, die eine Kette zum Absperren des Hafens trugen [4 I 6]: an der O.-Seite Thermen am Humeï tepe, kleine, private (?) Anlage axialsymmetr. mit Vorhof, darin *natatio* [4 I 9]. Die Bucht öffnet den Zugang zu den Hafenanlagen und der Innenstadt: langgestreckte Hafenhalle mit Läden, im W. umbiegend, davor 2 Monumente, große Marmordreifüße auf Sockeln, dahinter ein 3schiffiges Haus, wohl die Synagoge. Am W.-Ende der Hafenhalle große Latrine, im O. späthellenist. Hafentor, Zugang zur Prachtstraße. Ö. des Tores das Delphinion, Sammel- und Opferplatz für die hier beginnenden Prozessionen nach Didyma, schon im 6. Jh. nachweisbar, später veränderter großer Hallenbau. Auf der W.-Seite der Straße, verdeckt durch große Säulenhalle, der N.-Markt mit Prytaneion (5. Jh. und später) [4, I 6] und Markttempel, Asklepieion und Sebasteion (?). Am E. mit Front zur Straße das Buleuterion, 175–165 v. Chr. – Hofanlage mit Propylon und Sitzungsraum [4, I 2]. An der O.-Seite der Straße Palaestra mit Hof, darin halbrunde *natatio* und Thermen des Capito, axial-symmetr. Anlage der frühen Kaiserzeit. Daneben das hellenist. Gymnasion mit hochgebauter Rückseite [4, I 9], abgesetzt davon, ö. des freien Platzes vor dem Buleuterion stand das Nymphäum mit Wasserbecken und 3stöckiger Fassade, Prachtanlage des 2./3. Jh. [4, I 5]: Am E. der Prachtstraße bildet das 162–165 n. Chr. errichtete, im Pergamon-Museum zu Berlin wiederaufgebaute Markttor von M. als 2stökkiger Bau mit 3 Toren den Zugang (ohne Durchfahrt) zum S.-Markt (4, I 7], dieser, der Staatsmarkt, mit Basar im O. von der Länge eines Stadions (über 190 m), im W. Ausgang zum späthellenist. Speicherbau mit Fassade wie beim Buleuterion, und zum 3schiffigen Serapis-Tempel, wohl 3. Jh. n. Chr. [3]. – Im gesamten Stadtgebiet finden sich zahlreiche Reste spätant., byzantin. und islam. Z. [4, III 4], auch sind vielfach Stadtmauern aus verschiedenen Zeiten beobachtet worden [4, II 3].

Der Kalabak tepe genannte Hügel im S. war die archaische Akropolis, Fluchtburg, auch Wohnburg der Tyrannen, wie des Thrasybulos u. a., mit Befestigungen, Häusern und einem wie der Athenatempel nach S. orientierten Antentempel, die Bebauung beginnt im 8. Jh. und endet 494 v. Chr. [4, I 8]. Zur myken. Nekropole des späten 2. Jt. auf dem Degirmen tepe, gegenüber, gehört die Siedlung s. des Heroons beim Athenatempel. – Über die zahlreichen Funde archaischer Skulpturen, h. in Istanbul, Paris und Berlin vgl. C. Blümel D. arch. Skulpturen i. d. Staatl. Museen zu Bln. Nr. 42–64 (Karte zu Miletos s. RE XV, 2519–20). W. Z.

1. *M. Mayer* RE XV 1586–1655. 2. *G. Kleiner* Altmilet = SB Wiss. Ges. Univ. Frankfurt 4, 1965, 1. 3. *Ders.* Die Ruinen von M. 1968. 4. *Th. Wiegand* u. a. M., Ergebnisse der Ausgrab. u. Unt. seit dem J. 1899, I–III.

**3.** M., einheim. *Μίλατος*, Stadt an der NO.-Küste Kretas beim h. gleichnamigen Dorf, bereits bei Hom. Il. 2,647 genannt, von den Lyttiern (→ Lyttos) zerstört und ihrem Gebiet einverleibt. Letzte Erwähnung als selbständig um 200 v. Chr., [3], 84ff. Nr. 1 = Syll. I$^3$ 527,144ff. und Inschr. v. Magnesia 21,1. Funde mino. Z. und Gräber myken. Z., sonstige Reste gering. Von der Gesch. M.' ist nur aus den hellenist. Inschr. einiges wenige bekannt, einzelne Inschr. noch kaiserzeitl. Strab. 10,4,14 p. 479. 12,8,5 p. 573. 14,1,6 p. 634. Paus. 10,30,2. Plin. nat. 4,59. Steph. Byz. Nonn. 13,233. Sch. Apoll. Rhod. 1,186. Eustath. Dion. Per. 823. Inschr.: [3] Nr. 1–5. E. M.

1. Mon. ant. 1,208f. 6,246f. 2. *Kirsten*, RE Suppl. VII 451ff. 3. *M. Guarducci* Inscr. Cret. 1,241f. 4. *D. Fimmen* Die kret.-myken. Kultur 18. 5. *Xanthudides* Ἀρχ. Δελτ. 4, 1918, παρά. 11. 6, 1920/21, 154ff.

**Mileu(m).** Stadt in Numidien (Africa nova) w. von Ampsaga (oued el-Kébir) und n.w. von Cirta (Constantine); h. Mila. Die *col. Sarnia* (nicht *Sarnensis:* I. L. Alg. II 3606) *Milevitana* ist eine der 4 Kolonien des cirtens. Bundes, eines Gebietes mit dem Hauptort Cirta, das Caesar dem campan. Abenteurer → P. Sittius gab (App. civ. 4,54. Ptol. 4,3,28). Zuerst unter pun. Herrschaft dörfliche Siedlung, wurde M. dann eine kleine Stadt, mit Thermen, Saturnustempel und Votivstelen (M. Leglay Saturne africain, Monuments 2,54), byz. Festung, Inschr. CIL VIII 8201. 19973. Neue Ausgrabungen und Inschr. Libyca 4, 1956, 199.

M. hatte einen *ordo* CIL 7013, *IIIvir, fl(amen) p(er)p(etuus)* 8210, *decurio IIII col(oniarum)* MEFR 79, 1967, 171. Bischöfe von M. werden für die J. 255. 484. 553. 883 genannt; die berühmtesten sind Optatus, der Gegner der Donatisten (De schism. Donat.) und Severus, Freunde des Augustinus (Ep. 34,5 u. ö.). M. L.

*S. Gsell* Atl. Arch. Alg. f$^e$ 17, Constantine, Nr. 59. *L. Teutsch* Das röm. Städtewesen in N.-Afrika, 1962, 68, Nr. 98. 182.

**Miliarense.** Spätant. Silbermünze, erwähnt zuerst Cod. Iust. 12,23,7,12 vom J. 384. Der Name soll 1/1000 Goldpfund bedeuten, doch bezeichnet er sprachlich das Tausendfache einer Einheit. Man sieht im M. Silbermünzen im Gewicht von 1/72 röm. Pfd. = 4,55 g, die seit 320/24 geprägt wurden. Daneben steht (seit 337?) eine schwerere Sorte von 1/60 röm. Pfd. = 5,45 g. Das leichte M. war spätestens seit 397 = 1/12 → Solidus und somit 2 → Siliquae. Strittig ist, ob das schwere M. bzw. beide Sorten reguläres Kurant waren oder nur als Streumünzen dienten (s. Novellae 105,2,1). H. Ch.

*K. Regling*, RE XV 1661 f. *J. M. C. Toynbee* Röm. Medallions, N.Y. 1944, 28 ff. *Mattingly* 220. 247. 249. *Brunn* in Mattingly, RIC VII 4 ff. *Pearce* ebd. IX p. XXVII.

**Miliarium** (z. B. Fest. 296,17. 424, 1 L. = *miliarius, miliare;* vgl. Thes. L. L. 8, 946 ff.; oft einfach = *lapis*: CIL I$^2$ p. 242 *ad lapidem primum;* griech. *μιλιάριον*: IGR IV 1482c. *μίλιον*: Cass. Dio 54,8,4). An den röm. (→) *viae* standen in Abständen von 1 mp Kennzeichen (Herodian. 2,13, 18. 8,4,2 *σημεῖον*) in Form von Steinsäulen (Plut. C. Gracch. 7; Galba 24 *κίων*) oder Stelen (vgl. den Ausdruck *καταστηλοῦν* Pol. 34,12,3; auf einer Stele steht CIL I$^2$ 637) schon lange vor der *lex viaria* des C. Gracchus (Plut.), wie die Steine CIL I$^2$ 21. 22. 617. 618. 619. 620. Degrassi ILLRP 1277 aus dem 3. und frühen 2. Jh. v. Chr. und CIL I$^2$ 624. 637. 647. 651. 657. Degrassi ILLRP 454a aus der 2. Hälfte 2. Jh. beweisen. Das Wort m. zuerst auf dem sog. Stein von Polla (CIL I$^2$ 638 *miliarios tabelariosque poseivei*) des J. 132 v. Chr. Von Rom aus auf der linken Straßenseite standen nachweislich CIL I$^2$ 617. 618; auf der rechten NSA 1910, 367. 1950, 251. Martinori Via Salaria 138, so daß es keine Regel gab. – 1 mp = 1481,5 m (Persichetti MDAI(R) 13, 1898, 197,2; so richtig gegenüber anderen Messungen) = 1000 *passus* = 5000 *pedes* (Isid. orig. 15,16,1 f.). 1 mp = 8 Stadien (Isid. 15,16,3. Plin. nat. 2,85. Colum. 5,1. Hultsch Metrol. 2,58. Einschub bei Pol. 3,39,8; vgl. Strab. 7,322 *ὀκταστάδιον*) zu 185,1875 m (= *stadium Italicum* Cens. 17,2). Pol. 34,12,3.9 rechnet 1 mp = 8⅓ att. bzw. olymp. Stadien (Beispiele Pol. 3,39, 8 f. Strab. 5,217. 222), andere = 7 Stadien (Hultsch Metrol. 1,199,25. 275,13; vgl. Prok. Goth. 2,4,7) oder = 10 Stadien (RE III A 1934; vgl. Plut. Coriol. 29) oder = 7½ Stadien (Hultsch 1,186,22. 193,2. 198,5. 200,1. 201,25; vgl. Plut. C. Gracch. 7. Cass. Dio 46,44,4. 51,19,6. 54,6,6). Auf den m. standen 1. der Name desjenigen, der den Stein setzte (auch bei Straßenrenovierungen), 2. das Amt, das der Genannte zu dieser Z. innehatte, was Datierung ermöglicht (CIL I$^2$ 637 *P. Popillius P. f. cos.* = 132 v. Chr.; CIL IX 5950 *Imp. Caesar divi f. Augustus cos. XI tribu. potest. VIII* = 16/15 v. Chr.), 3. die Bestimmung der Strecke (DessILS 9371 *viam Aemiliam ab Arimino ad flumen Trebiam;* vgl. den Stein von Polla CIL I$^2$ 638), 4. die Gründe für die Renovierung (CIL V 8102 *viam . . . quae vetustate interciderat*), 5. die Entfernungsangaben a) vom Beginn der Straße (Degrassi ILLRP 1277 von Agrigent), b) vom letzten größeren Ort (Degrassi 460a von Narbo; danach die vielen Stationsnamen *Ad tertium, quartum, quintum* usw., die in heutigen ON weiterleben: Quarto d'Altino, S. Maria di Non, Ponte Centesimo), c) bis zum nächsten größeren Ort (CIL I$^2$ 657), d) vom Beginn der Straße und bis zum nächsten Ort (CIL I$^2$ 21), e) vom Beginn und von der letzten Ortschaft (CIL XII 5668. 5671 von Rom und von Narbo; CIL V 8095 von Rom und von Placentia), f) eines abgeschlossenen Abschnitts und von der letzten Ortschaft (CIL I$^2$ 624 Genua–Cremona und Cremona–Standort), g) mit 3 Zahlen, die vom Beginn, von der letzten Station und bis zur nächsten zählen (CIL I$^2$ 618). Abgesehen von dem m. bei Posta di Mesa an der *via Appia* (CIL I$^2$ 21), der vom Forum Romanum zählt, beginnen alle ihre Zählung an den Toren Roms (die *viae Claudia, Cassia, Flaminia* beginnen an einem Tor nahe dem Forum, so daß beides zusammenfällt): Der Ponte di Nona liegt 10 mp vom Forum entfernt; vgl. Paul. Fest. 97,24 f. L *initium . . . viae Appiae porta Capena.* Es ist also unbewiesen, daß alle *viae* an dem von Augustus im J. 20 v. Chr. (Cass. Dio 54,8,4) errichteten *miliarium aureum* (Gardthausen 1,991 f.) endigen (Plut. Galba 24); dieses *m. aureum* lag *sub aede Saturni* (Tac. hist. 1,27. Suet. Otho 6,2) *in capite Romani fori* (Plin. nat. 3,66) und dürfte lediglich eine Beschreibung des Straßennetzes gegeben haben. G. R.

*G. R. G. Lafaye*, Dar.-Sagl. 3, 1897 ff. *Schneider*, RE Suppl. VI 395 ff. *Miller* ItR. XI. *O. Hirschfeld* Kl. Schriften 703 ff. *Instinsky*, Das Neue Bild der Ant. 2, 1942, 342 ff. *Radke*, MH 24, 1967, 222 ff.

**Miliarius.** Jeder Wagenlenker *(→ agitator)*, der im Circus mindestens tausendmal gesiegt hatte, hieß M. Obwohl das naturgemäß verhältnismäßig selten vorkam, kennen wir noch mindestens 10 M. aus stadtröm. Inschr. (DessILS 5287/88. 5296), darunter einen mit 3559 Siegen. Lit. am bekanntesten ist Flavius Scorpus durch Martial. 4,67,5. 5,25,10. 10,53; 74,5. 11,1,6. W. H. G.

**Militärdiplome** *(diplomata militaria)* wurden im röm. Heer seit Claudius für alle Truppenkategorien, ausgenommen die Legionen, üblich. Die Originale wurden in Rom auf dem Kapitol am Tempel der Fides oder an der Ara Gentis Iuliae oder später am Tempel der Minerva bei der Aedes Divi Augusti (Liv. 8,11,16. Suet. Vesp. 8) angeschlagen. Sie bestanden nach Art der Diptycha (RE V 1163 f.) aus 2 zusammenklappbaren Täfelchen aus Bronze. Der Text stand auf den Innen- und auf den Außenflächen. Die einzelnen Empfänger erhielten lediglich Abschriften. Der Inhalt bezog sich auf die Verleihung des röm. Bürgerrechtes an Peregrine bzw. auf die Erteilung des conubium mit peregrinen Frauen. Die immer häufiger werdende Erteilung des röm. Bürgerrechtes machte die M. allmählich überflüssig. A. N.

Das Fundmaterial bis 1955 bei *H. Nesselhauf* im CIL XVI. Dipl. mil. 1936, und im Suppl. dipl. mil, 1955. *K. Kraft*

Zur Rekrutierung der Alen und Kohorten an Rhein und Donau, Bern 1951, 106ff. *A.Neumann*, RE Suppl. IX 1597.1600f.1604f.

**Militärhandbuch.** Obwohl schriftlich niedergelegte Reglements der verschiedensten Art aus leicht ersichtlichen Gründen in jedem lang bestehenden Heer anzunehmen sind und bei den Heeren des Alten Orients und der Griechen zweifellos im Gebrauch waren – ein in Stein gehauenes macedon. aus der Z. um 200 v. Chr. (BursJb 274, 1941, 74ff.) z.B. wurde im Strymon bei Amphipolis gefunden –, ist ein M. als Zusammenfassung aller oder der wichtigsten allg., jeweils geltenden Militärvorschriften erst für die röm. Kaiserzeit nachweisbar. Augustus gab ein solches frühestens im J. 13 v. Chr., als durch ihn die Reorganisation des röm. Heeres abgeschlossen wurde (H. Dessau Gesch. der röm. Kaiserzeit I., Bln. 1924, 172ff.), heraus. Es enthielt sicher Dienst-, Exerzier- und Disziplinarvorschriften (Tac. ann. 1,20, Veg. mil. 1,27. Dig. 49,16,12) und war, was die Manöverkritik des Kaisers Hadrian (CIL VIII 2532. 18042. DessIlS 2487) zeigt, auch für den praktischen Gebrauch bestimmt. Die zunehmende Bedeutung der Fernkampfwaffen und der Kavallerie führte zu seiner Neugestaltung unter Traian und Hadrian. Von Cass. Dio 69,9 wird seine Geltung – vermutlich nicht ohne Änderungen – noch unter Severus Alexander bezeugt. In der Z. des Kaisers Constantinus dürfte eine völlige Neufassung dieses M. erfolgt sein (RE Suppl. X 1014f.). E. 4. Jh. scheint es ein nationalröm. M. für praktische Zwecke nicht mehr gegeben zu haben. RE Suppl. VIII 356ff. Suppl. X 1014f. A. N.

**Militärrecht.** Nur der Bürger hat das Waffenrecht. In den Diadochen-Staaten wird dies den Griechen vorbehalten (Pap. Petr. II 29). Das sind mehr Vorrechte des herrschenden Volkes. Auch als german. Reiche in W.-Rom entstehen, haben nur die Germanen das Waffenrecht (Cassiod. var. 12,5,4). Tritt ein Romanus in kgl. Dienst, erhält auch er es. So entwickelte sich der Ritterstand des MA.

In Rom schafft erst das stehende Heer gesonderte Rechtsverhältnisse. Die Prätorianer dienen 16, die Legionäre 20 J.; diese bleiben dann weiter im Veteranenvexillum unter dem → *triarius ordo* bei der Truppe (E. Sander RhM 95, 1952, 79). – Der *miles* wird auch in der Verwaltung verwendet und kann über den → *primus pilus II* oder den → *evocatus* in den Ritterstand kommen (A. Stein Der röm. Ritterstand, Münch. 1927, 135–171). Die Ehe war verboten, bis Septimius Severus sie erlaubte (Herodian. 3,8,5); Kriegsgefangenschaft macht sie ungültig. Der → concubinatus ist erlaubt. Söhne erhalten bei Eintritt in das Heer die *civitas*. Seit Diokletian wird dieser Zwang. Heirat, Geburt des Kindes müssen bei der Truppe testiert werden. Bei ihrer Entlassung erhalten die Prätorianer, Auxilien, Flottensoldaten die *civitas* für sich und ihre Frau; alle Soldaten eine Altersversorgung (Acker, Geld). Der Kriegsgefangene erhält nach der Rückkehr erst nach strenger Prüfung die alten Rechte wieder. – Über das als Soldat erworbene Vermögen *(peculium castrense)* kann er frei verfügen; familienrechtliche Bindungen entfallen (Dig. 14,6,2). – Das Testament ist formlos, behält 1 Jahr nach der → *missio* Gültigkeit, wird mit den Spargeldern beim *signum* deponiert und muß lat. abgefaßt sein. Veteranen testieren nach gemeinem Recht. – Das Einkommen des *miles* besteht aus Sold, Donativen, Anteil an der Beute und am Legionsacker, Schwarzarbeit. Der Sold beträgt die Hälfte des Arbeitslohnes eines Hirten, und das für seine vielseitige produktive Tätigkeit (Sander, HZ 179, 1955, 244,1). Das wichtigste sind die Donative. Von der Beute gehören Gefangene, Boden, Vieh dem Kaiser; daneben setzt sich das persönliche Plünderungsrecht griech. Art durch (Ios. bell. Iud. 6,9,4). – Vom Legionsland bleibt ein Teil Begräbnis-, Weide-, Jagdland, der Rest wird verpachtet, nur an Militärs. Der Besitz ist precär (→ *precarium*, auch durch → *usucapio* wird er nicht Privateigentum (daraus entstehen die Grenzer). Die Größe eines Landloses ist ½ ha (RE VIII A 1831). Steuern werden nicht bezahlt. – Recht umfangreich ist die freie wirtschaftliche Tätigkeit (Tac. hist. 1,46). Frauen, Kinder, Sklaven verdienen mit. Verträge werden in einer militär. Dienststelle abgeschlossen, nach gemeinem Recht. Ferner erhält der Soldat Beihilfen aus seiner Unterstützungskasse. Auch religiöse Kollegien sind erlaubt, bes. der Mithrasdienst erfreute sich großer Beliebtheit; politische sind verboten. Aber in seiner Gesamtheit macht das Heer den Kaiser (Amm. 15,8,1). – Auf Dienstreisen benützt er den → *cursus publicus*, hat aber keinen Anspruch auf Quartier. Im J. 398 n. Chr. wird ein Quartiergesetz erlassen, das ihm ⅓ des Hauses überläßt (Cod. Theod. 7,8,5. 16,1), aus Rücksicht auf die Föderaten, nach german. Muster (Caes. Gall. 1,31,10). E. S.

*E. Sander*, RhM 101, 1958, 153ff. *Ders.* RE Suppl. X 394.

**Militärstrafrecht.** Strafen sind in der Republik: ξυλοκοπεῖν (Spießrutenlaufen, Pol. 6,37), → *decimatio*; unter dem Prinzipat: Degradieren, Ausstoßen. Dem entsprechen: Fahnenflucht, Ungehorsam, unberechtigtes Soldatwerden, Bedrükkung der Zivilbevölkerung (Dig. 49,16,4,4.10). – Im Prozeß gibt es keine Geschworenen, doch war ein *consilium* heranzuziehen; auch kann das Heer um Begnadigung »bitten« (Ios. bell. Iud. 5,3,4). Vollstreckt wird das Urteil durch Tribunen oder Zenturionen, und zwar mit dem Schwert. – Ist bei Streitigkeiten zwischen Soldat und Bürger der Soldat der Angeklagte, gehört der Fall vor das Militärgericht, wird ein Bürger angeklagt, vor den Praetor. Im 3. Jh. n. Chr. gehen alle Prozesse vor das Militärgericht. Das ist Mißbrauch und wird verurteilt (Cod. Iust. 1,26,4). – Oberster Richter ist der Feldherr, dann der Kaiser. Ihm unterstehen alle Kapitalverbrechen. In Rom war die Militärgerichtsbarkeit ausgeschlossen, bis der Gardepräfekt die gesamte Rechtsprechung übernahm (Tac. ann. 11,35). Analog wird dem → legatus Augusti pro praetore die oberste Gerichtsbarkeit über den *miles* übertragen, einschließlich des Schwertrechtes. Allmählich erweitern sich seine Befugnisse, bis ihm Septimius Severus die ganze Rechtsprechung überläßt (Dig. 2,1,3). – Der *legatus Augusti legionis* ist Mandatar des leg. Aug. pr. pr. Er hat die Rechtsprechung über die Legion einschließlich der Tribunen und Zenturionen, aber nicht das *ius gladii*. – Gerichtsoffizier ist der Tribun. Er führt die Untersuchung, bei geringeren Vergehen kann er selbständig urteilen. – Der Zenturio hat nur disziplinare Strafgewalt. – Für ihren Arbeitskreis und geringe Vergehen ist der praefectus castrorum (RE VIII A 1831,60) bzw. der praefectus fabrum (BJ 162, 1962, 143) zuständig. – Auxilien unterliegen der Rechtsprechung ihrer heimischen Führer, bis diese durch Präfekten ersetzt werden, dann diesen, mit Ausnahme des Schwertrechtes. – Im Dominat verschwindet die Sonderstellung der Soldaten; jetzt werden auch sie *ad bestias*, *in furcam* (einen gabelförmigen Galgen), zur Verstümmelung und zum Verbrennen verurteilt. Andererseits gibt es einen geregelten Instanzenweg und damit die Möglichkeit der → *provocatio*. Dann die Einführung des → *tribunus maior* als eines besonderen Kriegsgerichtsrates. Er wird direkt vom Kaiser ernannt und erhält im → *primicerius* einen Adjutanten (oder Aufpasser), der alle 4 Monate an den Kaiser berichten muß (Cod. Iust. 1,42,2). Endlich drängt sich die Kirche auch in das Heer und verlangt die Verfolgung der Andersgläubigen (Cod. Theod. 16,8,24).

Die Germanen übernehmen das röm. M. nicht. Erst mit dem Erscheinen der holländ. Kriegsartikel 1596 beginnt dessen Rezeption (SANDER, Ztschr. für Wehrrecht 5, 1940, 138). E. S.

*E. Sander*, RhM 101, 1958, 225ff. 103, 1960, 289. *Ders.* Suppl. X 394. *Taubenschlag*, RE XV 1668.

**Milo.** Cognomen des T. → Annius (I 16). H. G. G.

**Milon** (*Μίλων*). **1.** Truppenführer des Königs Perseus, 168 zur Besetzung der Paßhöhen von Pythion-Petra ausgesandt, von den Römern unter Scipio Nasica im Schlaf überfallen und geschlagen, Pol. 29,15. Liv. 44,32,9f. Zon. 9,23. H. V.

*L. Moretti* Olympionikai, RAL Ser. 8, Bd. 8, 2, 1957, 72ff.

**2.** M., von Kroton, der berühmteste Athlet des Alt. (Cic. fat. 13,20. Anth. Pal. 2,230). Er und seine Frau waren angeblich Schüler des Pythagoras (Strab. 6,263. Iambl. V. P. 26,267). Seinen 1. olymp. und den 1. pyth. Sieg gewann er als Knabe, nach RUTGERS, Sext. Iul. Afric. Olymp. Anagr. 23f. im J. 540 v. Chr. Paus. 6,14,5ff. verzeichnet 6 olymp. Siege im Ringen, ebenso Iul. Afric. bei Eus. chron. 1,202 Sch., der 6 Siege bei den pythischen, 10 bei den isthmischen und 9 bei den nemeischen Spielen hinzufügt. Seine Karriere als Athlet erstreckte sich über mehr als 30 J. (Suda s.v.) Hochangesehen in Kroton, wurde er zum Führer seiner Mitbürger im Kriege gegen Sybaris gewählt und siegte (Diod. 2, 9,5). Seine Tochter heiratete den berühmten Arzt Demokedes von Kroton, den pers. Hofarzt (Hdt. 3 137). Viele Anekdoten werden von ihm erzählt, bes. von seiner großen Kraft und Selbstdiziplin: er konnte nicht von einem eingeölten Diskus heruntergestoßen werden (Paus. 6,14,6); niemand konnte ihm einen Granatapfel aus geschlossener Hand entwinden, ohne daß doch die Frucht eine Druckstelle zeigte (Plin. nat. 7,83); er zersprengte eine um einen Kopf geschlungene Darmsaite, indem er den Atem anhielt, bis die Adern so mächtig anschwollen, daß die Saite platzte. Zur Übung trug er täglich ein Kalb, bis es ausgewachsen war, und in seiner Vollkraft trug er seine eigene Bronzestatue zur Altis in Olympia (Paus. 6,14,6–7). Gal. 6,751 K. verglich ihn in seiner heroischen Haltung mit Herakles und Achilleus. Die Kraftstücke mit dem Diskus, dem Granatapfel und der Darmsaite sind vielleicht herausgesponnen aus seiner Statue in Olympia. Er steht da auf einem Diskus, hat einen Apfel in der Hand und eine Binde um den Kopf (SCHERER, Olympionic. Stat. 23ff.). Er starb eingeklemmt in einen Baum, der mit Keilen auseinandergetrieben war, und den er ganz zu zersprengen versuchte (Strab. 2,263). MODRZE, RE XV 1672 Nr. 2. O. W. R.

**3.** Freund Plutarchs, von ihm quaest. conv. 1,10,2 als Mitunterredner (ohne nähere Charakterisierung) eingeführt. K. Z.

**Milonius.** Personenname, SCHULZE Eigenn. 306. 313. 361. M. liebte es, kräftig zu trinken und dann zu tanzen. Hor. s. 2,1,24f. Porphyrio z. St. H. G. G.

**Miltas.** Thessaler, Seher und Angehöriger der platon. Akademie, Teilnehmer an der Expedition Dions gegen Dionysios II., deutet die bei der Abfahrt eintretende Mondfinsternis (vom 8. August 357) auf den Sturz des Tyrannen, den Bienenschwarm aber, der sich auf dem Heck von Dions Schiff niederläßt, auf einen guten Anfang, aber üblen Ablauf des Unternehmens (Plut. v. Dion. 24,2–4). K. Z.

**Miltiades** (*Μιλτιάδης*), → Philaidai. **1.** M., *ὁ Κυψέλου*; *um 590. Führte um die Mitte des 6. Jh.s, einem delph. Orakel folgend, Athener nach der → Chersonesos (1). Peisistratos förderte das ähnlichen Zwecken wie die Besetzung → Sigeions dienende Unternehmen; im selben Sinn ist M.' Krieg gegen Lampsakos zu beurteilen. Gute Beziehungen zu Kroisos. Nach dem Tod als *οἰκιστής* verehrt. Hdt. 6,34–38. Markell. Thuk. 3–9. Sch. Aristeid. 3,531. 551 Ddf. Sch. Demosth. 5,25. Ail. var. 12,35. Paus. 6,10,8. **2.** M., *ὁ Κίμωνος*, der Marathonsieger; * um 550. Archon 524/23 (Dion. Hal. 7,3,1. SEG X 352). Um 520 Entsendung durch die Peisistratiden nach der Chersonesos zur Sicherung des dortigen athen. Einflusses (Hdt. 6,39). Heirat mit → Hegesipyle (Hdt. a.O. Markell. Thuk. 11). Vorübergehende Flucht vor den Skythen (Hdt. 6,40). Eroberung von Lemnos zur Kolonisation durch Athener (Hdt. 6,136ff. Nep. M. 1f. Diod. 10,19,6. Steph. Byz. s. Ἡφαιστία. Suda s. Ἑρμώνιος χάρις. Zenob. 3,85). Um 513 Teilnahme am Skythenzug des Dareios; das Eintreten M.' für den Abbruch der Donaubrücke, um Dareios zu vernichten (Hdt. 6,137f. Nep. M. 3), ist erfunden (Bornitz Hdt.-Stud., 1968, 113ff. [11], 101ff.) M. floh ca. 494/93 als am ion. Aufstand Beteiligter nach Athen (Hdt. 6,41); ein Prozeß wegen »Tyrannis auf der Chersonesos« endete mit Freispruch (Hdt. 6,104). M. wurde Führer des entschlossenen Widerstandes gegen die pers. Drohung und bestimmte entscheidend den Kampf um die Unabhängigkeit. Er setzte 490 den Volksbeschluß zum Ausrücken des Hoplitenaufgebotes nach Marathon durch (Aristot. rhet. 1411 a 10), um den unter Datis und Artaphernes gelandeten Persern den Weg nach Athen zu sperren. Am Abhang des h. Agrieliki gingen die 9000 Athener und 1000 zu Hilfe geeilte Plataier in Stellung; Spartas Truppe kam wegen religiöser Hindernisse erst nach der Schlacht. Nachdem die Perser mehrere Tage den Athenern vergeblich die Schlacht angeboten hatten, schifften sie in der Hoffnung auf einen Umschwung in Athen nachts die Reiterei ein (Suda χωρὶς ἱππεῖς; s. bes. [7]; Pritchett Marathon, UC Publ. in Class. Arch. 4, 1960,137ff.; doch wird die Suda-Notiz nicht allg. als glaubwürdig betrachtet, Bengtson GG$^3$ 144ff. 158f. [Lit.]), um die Stadt selbst anzugreifen. Als die Ioner im Perserheer dies verrieten, eröffnete M. das Treffen. Die Perser wurden geworfen, die Sieger kehrten sofort nach Athen zurück; die pers. Landungstruppe verzichtete auf den Angriff auf die Stadt. Hdt. 6,102ff. Ephoros (: Nep. M. 4f. Diod. 10,27 [How, JHS 39, 1919, 48ff.]). Theop. FGrH 115 F 153. Plat. leg. 698 E. Ktes. FGrH 688 F 13,22. Iust. 2,9. Plut. mor. 861ff. Ar. 5. Paus. 1,32,7. Sch. Aristeid. 3, 540 Ddf. Sch. Plat. Mx. 240 C. M., auf dem Höhepunkt seines Einflusses, begann 489 mit Sondervollmachten eine Flottenoperation; die erfolglose Belagerung von Paros und eine Verwundung M.' führten zu deren Abbruch (Hdt. 6,132ff. [Version der Parier]. Ephor. FGrH 70 F 63. Nep. M. 7. Suda s. ἀνεπαρίασαν. Zenob. 2,21. Sch. Aristeid. 3,531. 572 Ddf.), M. wurde vor Gericht gestellt und zu 50 Talenten Buße verurteilt (Hdt. 6,136. Nep. M. 7,5), die sein Sohn → Kimon (2) zahlte, nachdem M. den Folgen seiner Verwundung erlegen war.

1. *Berve* M., H(E) 2, 1937 (vgl. Ders. Die Tyrannis usw., 1967, 81ff.). 2. *Bengtson* Einzelpers. und athen. Staat, SBAW 1939, 1. 3. *Ehrenberg* Athenae, Polis und Imp., 1965, 221ff. 4. *Wade-Gery* M., JHS 71, 1951, 212ff. 5. *Obst*, RE XV 1679ff. 6. *Gomme*, AJPh 65, 1944, 321ff. 7. *Schachermeyr* Marathon und die pers. Politik, HZ 172, 1951, 1ff. 8. *Burn* Persia and the Greeks, 1962. 9. *Bradeen*, Hesp. 32, 1963, 187ff. 10. *Schachermeyr* Die frühe Klassik d. Gr., 1966. 11. *Kinzl* M.-Forschungen, Diss. Wien 1967 (M. bis zur Flucht nach Athen). 12. *Richter* The Portraits of the Greeks, 1965, 1,94ff.

**3.** M., Λακιάδης, ὁ οἰκιστής, wohl Nachkomme M.' (2), führte 325/24 zur Getreideversorgung Athens eine Flotte nach einer ἀποικία in der Adria, IG II$^2$ 1629. Tod Greek Hist. Inscr. 200. Erfolg unbekannt; 2 diesbezügliche Reden (Deinarch. Frg. 6 B; Hyp. Frg. 166f. K) nicht erhalten. K. K.

*G. Vallet*, Mélanges d'arch. et d'hist. 62, 1950, 33ff. *A. Gitti*, La par. del pass. 34, 1954, 16ff. *I. Degmedžić*, Vjesnik Arheološkog Muzeja u Zagrebu, Ser. 3,1, 1958, 61ff. *D. Rendić-Miočević*, Studi arch. riminesi, 1964, 1ff. *A. Boeckh* Staatshaushaltung 3,457ff.

**4.** M., kleinasiat. Rhetor 2. Hälfte 2. Jh. n. Chr., verfaßte neben einer Schrift gegen die Montanisten (Eus. h.e. 5,17,1) und einer anderen gegen die valentinian. Gnosis (Tert. ad. Val. 5) je 2 B. an die Juden und an die Heiden und eine Schutzschr. »für die chr. Philos.«, mit der er sich an 2 Kaiser (Marc Aurel und Lucius Verus?) wandte. Alle diese Schriften sind verloren.

*H. G. Opitz*, RE XV 1706f. *Altaner*$^6$ 103. *Bardenhewer* 1,248ff. *Quasten* 1,228. *R. M. Grant* The Chronol. of the Greek Apologists, in: Vigiliae Christianae 3, 1955, 25ff.

**5.** M., Presbyter unter Bischof Marcellinus, vom 2. Juli 310 bis 10. Jan. 314 selbst Bischof von Rom, erhielt von Maxentius das in den diokletian. Verfolgungen eingezogene Kirchengut zurück. Im Streit um die Bischofswürde des karthag. Bischofs Caecilianus, aus dem der Donatistenstreit entstand, verurteilte eine unter M. in Rom tagende Synode (313) den Donatus und bestätigte Caecilianus in seinem Amt. M. entsprach mit dieser Entscheidung der Kirchenpolitik Constantins. Kl. W.

*E. Caspar* Gesch. des Papsttums 1, 1930, 109ff. *J. Vogt* Constantin d. Gr. und sein Jh., 1960$^2$, 178.

**Miltokythes** (Μιλτοκύθης). **1.** Thrak. Söldnerführer bei Kyros d. J., ging nach Kunaxa zum Großkönig über (Xen. an. 2,2,7). **2.** Thrakerfürst, fiel ca. 362 (Jacoby FGrH 328 F 42 Komm.) von → Kotys ab und suchte bei Athen, gegen Übergabe der Chersones, Hilfe. Da diese nicht entschieden genug war, errang Kotys Erfolge. Nach Kotys' Ermordung fiel M. ca. 359 in → Charidemos' (2) Hände, wurde den Kardianern ausgeliefert und von diesen samt seinem Sohn getötet (Demosth. 23,104. 115. 169. 175. [50],5f. Anaximen. FGrH 72 F 5–6. Theop. 115 F 307. Philoch. 328 F 42). K. K.

**Milvius Pons** s. Pons M.

**Milvus.** Der zweimal erwähnte Fisch kann nicht genau bestimmt werden, zumal die Identität des von Plin. nat. 9,82 angeführten M. (*volat sane perquam similis volucri hirundo* [= χελιδὼν ἡ πελαγία, s. Aristot. hist. an. 4,9. 553 b 27], item m.) mit dem bei Hor. epist. 1,16,51 erwähnten *cautus ... m.* (ein Raubfisch?) fraglich ist; der ἱέραξ ὁ θαλάττιος (Ail. nat. 9,52) ist nicht identifizierbar. E. Mg.

**Milyas** (*Μιλύας*). **1.** Freigelassener des Demosth. und Verwalter von dessen Erbe. Demosth.' Vormünder warfen ihm Unzuverlässigkeit vor, Demosth. selber vertraute ihm (or. 27,19. 22). Dem Verlangen des Vormundes Aphobos, M. zum peinlichen Verhör freizugeben, gab Demosth. nicht statt, da M. noch von seinem Vater freigelassen worden sei. O. Dr.

*A. Schäfer* Demosth. und seine Zeit, $1^2$,277; $3^1$, Beil. 82–85.

**2.** M. (*Μιλυάς*). Alter Name für Lykien, angebl. nach früheren Bewohnern (*Μιλύαι*) später für das den n. Teil Lykiens und das s.w. Pisidien umfassende Bergland (Hdt. 1,173. Strab. 12,570. 14,631.666. Arr. an. 1,24,5. Steph. Byz. s.v.; Cic. Verr. 1,95: *commune Milyadum*). K. Z.

**Milye** (*Μιλύη*). Tochter des Zeus (oder Ares), Schwester und Gattin des Solymos, des eponymen Ahnherrn der lyk. → Solymer, auch Milyai oder Milyeis genannt (Hdt. 1,173. 3,90. 7,77. MEYER GdA $1^2$,624). Ihr späterer Gatte ist der lyk. Heros Kragos, nach dem der aus der Chimairasage bekannte feuerspeiende Berg benannt ist. Steph. Byz. s. *Μιλύαι*. H. v. G.

**Mimakes** (*Μίμακες*; Ptol. 4,3,6. Steph. Byz. [Philistos] s.v.) = libysches Nomadenvolk, nahe bei den *Μάχυνοι, Μάχρυες, Γηφεῖς*. Ptol. 4,6,5.6 setzt sie auch im inneren Libyen an unter dem *Θάλα ὄρος* (h. der Tahela Ohat des Ahaggar?), und nahe bei den *Νοῦβαι*. Wahrscheinlich hat Ptol. die M. nach S. versetzt. J. DESANGES Cat. des trib. afr. de l'Ant. class. Dakar, 1962, 115. 224. M. L.

**Mimallones** s. Dionysos

**Mimas** (*Μίμας*). **1.** → Gigant. Er tritt auf als Gegner des Zeus, der ihn mit seinem Blitz niederwirft (Eur. Ion 215, nach einer Darstellung am delph. Tempel) oder als Gegner des Ares, der ihn mit der Lanze trifft, nachdem der Gigant die Insel Lemnos aus dem Meere gerissen und gegen ihn geschleudert hat – Schauplatz Phlegra auf der makedon. Halbinsel Pallene – (Apoll. Rhod. 31,227 mit Sch.), auch als Gegner der Pallas u.a. Götter (Hor. c. 3,4,53). Er liegt eingekerkert unter dem gleichnamigen Vorgebirge bei Erythrai (Sch. Hom. Od. 3,172) oder unter der Insel Prochyte bei Cumae (Sil. It.), M. MAYER Giganten und Titanen in der ant. Sage, 1887, 203 f. Archäol. Material Myth. Lex. s.v. **2.** Name eines Kentauren Hes. Aspis 186, eines Bebrykers, den Kastor auf dem Argonautenzug erschlug, Apoll. Rhod. 2,105, eines Troers in Aeneas' Heer, den Mezentius erlegte, Verg. Aen. 10,702 ff. H. v. G.

**3.** M., Gebirgsausläufer in Thrakien, bei Sil. Ital. 3,494 und Lucan. 7,450 im Zusammenhang mit dem Rhodopegebirge erwähnt. Ob bei Ov. met. 2,222 der thrak. oder ion. M. gemeint ist, ist zweifelhaft. KEIL, RE XV 1714. Chr. D.

**Mimiamben** s. Herodas. Matius. Pantomimus.

**Mimik.** Als Lehre von Bewegungen des Menschen, durch die er seine körperlichen und seelischen Zustände ausdrückt, wurde die M. von den Griechen, bei denen Ereignisse aus dem Mythus mim.-dramat. dargestellt wurden, zur Blüte gebracht. Freilich schloß der Gebrauch der → Maske im Drama Mienenspiel aus, so daß der Dichter das meiste der Illusionsfähigkeit der Zuschauer überlassen mußte und das Spiel im wesentlichen nur aus *σχήματα* und *κινήσεις* bestehen konnte, für die (häufiger bei Soph. als bei Eurip.) viele Stellen der Texte genaue Winke geben (z.B. Soph. Ant. 916). Freieren Spielraum für Mienenspiel hatten bei den Griechen nur die ohne Maske spielenden Mimen. – In der Malerei fanden die Gemütserregungen ihren Ausdruck bei → Polygnotos, dem die Bildhauer folgten. – Bei den Römern wurde infolge der wohl späten Einführung der Maske auf Gebärdenspiel höchster Wert gelegt. Jede Dramengattung verlangte ihre eigenen Gebärden, die die im täglichen Leben üblichen naturgetreu wiedergeben mußten. In seinem Terenz-Komm. gibt → Donatus oft genaue Anweisungen für Gesichtsausdruck oder Gebärde, z.B. zu Ter. Andr. 130, 206 u.ö. Solche Anweisungen finden sich auch in den Tragödien Sen.s. – Bei der Verwandtschaft der Bühnen- mit der Redekunst wurde die Theorie der M. in den rhet. Schriften sehr gründlich behandelt. Begründer ist Aristot., der unter *ὑπόκρισις* die Deklamation des Redners versteht. Ihm folgte Theophr., der der Hypokrisis eine eigene Schrift widmete. Die Hypokrisis behandelten ferner → Longinos, der Vf. der Schrift *περὶ ὕψους*, → Dion. Hal. in der Schrift über Demosth. Ausführlicher behandelt die lat. Rhet. die M. Einzelne Bewegungen behandelt Rhet. Her. 3,15,27. Cic. widmet der *actio* den Schluß von de orat. III. Im Anschluß daran behandelt denselben Stoff noch ausführlicher Quint. inst. 11,3,1–14 und 65–174 (§ 72–82 Gesichtsausdruck. § 84, 85. 100–106. 112–116. 118–120. 123, 124 Handbewegungen). C. F.

*Sittl* Gebärden der Griechen und Römer, Lpz. 1890. *J. von Wageningen* Scaenica Romana, Groningen 1907, 49–62. *B. Warnecke* Gebärdenspiel und Mimik der röm. Schauspieler, NJb 25, 1910, 580ff.

**Mimnermos** (*Μίμνερμος*). Die Etym. des Namens ist unsicher (griech.? asiat.?). M. war Nachfahr jener Kolophonier, die Smyrna besetzten (12 D.). Sein Vater hieß Ligyrtyades, worauf Solon mit *Λιγυαστάδης* geistreich angespielt zu haben scheint (Suda). Kallinos, Archil. oder M. soll der *εὑρετής* der Elegie gewesen sein (Orion: *ἔλεγος*). Nach den Alexandrinern gehörte er also zur ältesten Lyrikergeneration, was ohne triftige Gründe bezweifelt wurde. Somit mag er ganz jung die Sonnenfinsternis von 648 besungen haben

(20 B.). Sprache und Prosodie sind bei M. meist hom. Den Stoff seiner *Σμυρνηίς* nahm aber der Elegiker nicht aus der ep. Mythologie, sondern aus der nahen Vergangenheit (Gyges' Zug gegen Smyrna: 13 B.), und scheint sich bei älteren Augenzeugen über den Krieg erkundigt zu haben (12a. 13 D.). Er rühmte den Mut eines Griechen, der wahrscheinlich zu Fuß kämpfte, nicht wie die kolophon. Aristokratie (vermutlich auch in Smyrna) zu Roß. Nach dem nicht immer zuverlässigen Zeugnis des → Hermesianax (2 D.) griff er 2 Männer, vielleicht als Liebesrivalen, an. Dazu stimmt es, daß wir von ihm auch ein iamb. Zitat besitzen (15 D.). Er schrieb also auch Iamben. Der Gefährte seiner *κῶμοι*, Examyes, trug einen asiat. Namen, wie möglicherweise auch seine Geliebte, Nanno; sie gehörten also kaum zum ion. Adel. Dazu paßt es, daß M. und Nanno, an die er, wie scheint, erotodidaskal. Mahnungen richtete (7. 8 D.), Flötisten waren (M. lieferte die Musik zur Stäupung des *φαρμακός*: [Plut.] mor. 1134 A), und die Musikanten hatten bei den Kolophoniern keine hohe soziale Stellung, was freilich die Möglichkeit, wohlhabend zu werden, nicht ausschloß. Die Hälfte der Mythen in den Frg. des M. (4.11. 15 D.; 21. 22 B.) hat erot. Aspekt. Die tägliche Mühe des Helios beschreibt er mit einem Mitgefühl, das der sympathet. Naturempfindung der Frühlyrik verwandt ist (10 D.). Nur die Jugend mit ihren Liebesgenüssen hat Wert, Altwerden ist schlechter als Tod, verkünden die charakteristischsten Frg. (1–6 D.) des M., der in Opposition zur genealog. Sehweise des Epos das Schicksal des Individuums isoliert betrachtet (2 D. ~ Hom. Il. 6, 146 ff.) und, was Homers Menschen niemals tun, schaudernd in die das Alter bringende Zukunft starrt. Solon (20 B.) berichtigt M.: nicht bis zum 60., sondern bis zum 80. J. lohnt es sich zu leben (auf Grund dieser Polemik konnte man die *ἀκμή* des M. auf Ol. 37 datieren). M. stand im Kanon der Elegiker. Die alexandrin. Ausg. seiner Elegien erhielt den Buchtitel *Ναννώ* (2 B. erwähnt Porph.). Die Anhänger des Kall. (1 Pf.) bis auf Properz meinten, daß → Philetas, nicht aber, wie → Poseidippos und andere glaubten, → Antimachos der würdige Nachfolger des »süßen« M. gewesen sei. S. Sz.-K.

*Th. Bergk* Poet. lyr. Gr. 2, 1882⁴. *E. Diehl* Anth. lyr. Gr. 1, 1949³. *Wilamowitz* Sappho und Simonides, 1913. *F. Jacoby*, H 53, 1918, 262 ff. *W. Schadewaldt*, A 9, 1933, 282 ff. *M. Puelma*, MH 11, 1954, 101 ff. *M. Treu* Von Hom. zur Lyrik, 1955. *S. Szádeczky-Kardoss* Testim. de M. vita et carm., 1959. *Ders.* RE Suppl. XI s. M.

**Mimus** (*μῖμος*), Eine Darstellung des M. leidet unter sprachlichen und sachlich-literar. Schwierigkeiten. Das Wort M. bedeutet zunächst »Nachahmer« (Aristot. frg. 57), »Nachahmung« (Eur. Rhes. 256), »Schauspieler« (Demosth. 2,19) und erstmals bei Aristot. poet. 1457 b, 10 und Athen. 505 c, 3 (aus Aristot.) ein literar. Genus, die Dichtungen des → Sophron; dabei bleibt unsicher, ob dieser seine Dichtungen so benannt hat. Außerdem geben erst Werke des 3. Jh. v. Chr. durch ihre Anknüpfung an Sophron eine annähernde Vorstellung von seinen »Mimen«. – Ursprungsland ist Sizilien, dessen dor. Bewohner ihren realistischen Sinn und derben Humor in verschiedene Formen kult. und außerkult. Spiele umsetzten: → Epicharm; als Träger possenhafter Rollen werden noch genannt: → Phlyaken, Deikelisten (jene sicher, diese wahrscheinlich mit Masken ([7],142), Ithyphallen, Phallophoren, Autokabdaloi ([2], 233 ff.). Urspr. Bindung des M. an einen Kult (so: E. Hauler Zur Gesch. die griech. M., 1893, 2: an Bakchos; [2],498 ff.: an einen Vegetationsdaimon, wegen des Phallos; [4],27: Zwischenspiel bei kult. Veranstaltungen phallischer Chöre) bleibt unsicher. Man könnte auch an Symposien ([8],1,654) oder ähnliche Gelegenheiten weltlicher Art denken. Begrenzung auf dramat. Form ([4],15 ff.) oder mehr oder weniger große Verwandtschaft mit den lyr. Formen einer Hilarodie, Lysiodie, Magodie, → Simodie – die uns alle kaum faßbar sind – ([1], 1730,66 f.) ist ebenfalls unsicher. – Die Bezeichnung M. = »Nachahmung« für die Dichtungen Sophrons läßt auf besonderen Verismus schließen (O. Crusius, N. Jb. f. d. Alt. 25, 1910, 84), der Tier (Tierstimmenimitation: Plat. rep. 396 b; »vierfüßiges Tier darstellend«: Eur. Rhes. 256) und Mensch in Gebärde, Tanz und Rede nachahmend darstellte. Die Improvisation und das Ephemer-Unliterar. waren allezeit ein Hauptmerkmal des M. und erschweren seine Kenntnis. Erst des Sophron und seines Sohnes Xenarchos (5. Jh.) spärliche Frg. des literar. fixierten M. sowie die späten Nachahmungen lassen Rückschlüsse auf frühere Stoffe, Sprache und Darstellung zu. Die Sprache (soweit der M. nicht bloßer Tanz [erst um die Zeitenwende »Pantomimus« genannt] oder Gestik war) war die dor. Umgangssprache; sie hob sich doch wohl gelegentlich zu Rhythmus und Gesang ([8],1,653). Den Stoff lieferte das Leben des kleinen Mannes mit seinen Schrullen und Abwegigkeiten: Kauf und Betrug, Gericht, Diebstahl ([5], Abb. 123), Gaukelei; Kuppelei; Zauberei; Aktualitäten und Obszönitäten; vielleicht auch Götter- und Mythenparodie, die allerdings für Sophron nicht nachweisbar ist (Körte, RE III A 1100 ff.; anders E. Hauler, a. O. 42 f.). Wie dieser Stoff, so blieben auch zwei nur dem M. zugehörige Eigenheiten allezeit dieser Possenform erhalten: das Fehlen der Maske, wodurch erst das Gebärdenspiel möglich wurde, und die weibliche Darstellerin. Sie war bei Akrobaten und Gauklern (*θαυματοποιοί*) seit je daheim, gering geachtet wie die Hetäre, dazu – wenigstens in Rom – oft zur Entkleidung nach dem Spiel gezwungen. Unsicher bleibt – selbst für Sophron – ob ein einziger Schauspieler (so K. Latte, Philol. 88, 1933, 264) oder mehrere ([4],26) für den Anfang anzunehmen sind.

Ihre Kleidung war die des Alltags (Männer mit Phallos), der Spielplatz ein Saal des Gastgebers (so bei Xen.symp. 9), ein Dorf- oder Stadtplatz, vielleicht schon ein einfaches Gerüst (Plat.rep. 514, b), das auf einfachen Pfosten oder geformten Säulen eine einfache oder teppichbelegte Holzplattform trug ([6],146 für die sizil. Posse nachgewiesen), später das Theater. – Der sizil. M. strahlte nach zwei Richtungen aus: nach Athen und in das weitere griech. Sprachgebiet und nach Mittelitalien. Sophrons Mimen brachte Platon nach Athen; die vorliterar. Form war wohl schon früher dorthin gekommen; so war der Tanz »Dionysos und Nausikaa« (Xen.symp. 9) eine Art M. (oder »Pantomimus«? O. WEINREICH Epigramm H 76, 1941, 96f. DERS. Epigramm und Pantomimus, 1948, 128ff.). Ein Einfluß des M. auf die Literatur (besonders Komödie), wie ihn Diog. Laert. 3,13,18 von Sophron auf Platons Dialoggestaltung behauptet, oder umgekehrt, ist möglich, aber nicht beweisbar ([8],4,453). Im griech. Raum war der M., solange die Komödie blühte, kaum weit verbreitet, fand aber im 4.Jh. bes. an Fürstenhöfen Förderung (Demosth. 2,19 von Philipp v. Maked.). Erst seit dem 3.Jh. gewinnt er an Bedeutung, wird bühnenfähig ([2],527) und – nach Aristot. – literar-histor. behandelt. Daher (von Theophr. selbst?) stammt die Definition (Diom. GL 1,490): *μῖμός ἐστιν μίμησις βίου τά τε συγκεχωρημένα καὶ ἀσυγχώρητα περιέχων*, sowie die Einteilung in *παίγνια* und *ὑποθέσεις* (etwa: Solorezitation und Ensembleszene mit Komödienstoff? Vgl. die Terrakottalampe aus Athen: [5],176 mit 3 Mimologinnen; *ὑποθέσις* ῾*Εκυρά*; Athen. 621d spricht von eigner Vortragsweise und Ausstattung bei einer Magodie: [2],233ff.; 281ff.). Wieder wird der M., sprachlich verfeinert, Lit. durch → Hero(n)das und → Theokrit, die beide jedoch nur für Rezitation dichteten. Für die Aufführung schufen ein → Phoinix von Kolophon (ein Bettellied bei Athen. 359e), Neikias von Ergissa, → Metrobios (weilt bei Sulla: Plut. Sulla 36) u.a., alle für uns bloße Namen. Eine vage Vorstellung bietet ein Pap.Theb.: »Des Mädchens Klage« (I.U. POWELL, Coll.Alex.Oxf. 1925, 177) und eine Inschr. von → Marissa, ein Paraklausithyron (Herond. ed. Crusius, 129). Nur der lit. M. hat die Lit. beeinflußt: Satire, Bukolik, Roman. – Die 2. Ausstrahlung ging von Sizilien über S.-Italien und Campanien nach Rom, ein Weg, den auch die stofflich etwa verwandte (doch stellte sie Typen dar!), darstellerisch schon durch den Maskengebrauch verschiedene → Atellane gegangen war, nicht ohne gegenseitige anregende Berührung ([5],175). Mimisch-tänzerische Aufführungen werden aus Rom für das E. 3.Jh. gemeldet: Liv. 25,12; Fest. 326 M von den ludi Apollinares des J. 212; Fest. 327 vom *embolium* des Tänzers Pomponius. Sprechszenen und Liedgesang lat. und griech. (Suet.Aug. 43,1. Tac.ann.14,15), griech. und osk. (Cic.fam.7,1,3) gab es wohl von Anf. an. Die Einwirkung des M. oder anderer Spielarten auf die Plautin. Cantica ist kaum mehr feststellbar, → Caecilius (III 1) könnte unter stärkerem Einfluß gestanden haben (Gell.15,24 *mimico*?). Ständig gab es M. bei den Floralia seit 173 (WISSOWA Rel. 197,9. [6],159), vereinzelt wohl schon seit Gründung der Spiele 238 ([7],143). Der M. wurde immer beliebter, bes. durch die Begünstigung der Mimenschauspieler(innen) seit Sulla; berühmt der *Archimimus* Sorix (die Herme von Pompeji ist sein Sohn oder Neffe: [6],165); so wurde der M. *embolium* bei dramat. Aufführungen und verdrängte seit 46 die Atellane als Nachspiel (*exodium* Cic.fam. 9,16,7). Dec. → Laberius, ein röm. Ritter, und → Publilius Syrus, ein Günstling Caesars, ein Valerius (Cic.fam.7,11,2) und ein Nucula schufen literar. M., Cn. → Matius in Nachfolge des Herodas Mimiamben. Erhalten ist – außer Frg. – nur eine (später erweiterte) Spruchslg. von Syrus. Prolog (vgl. Laberius frg. 98ff. R.), *diverbia* (Petron. 62,2) und *Cantica* (ebd. 35) werden als Teile genannt. Zu den bekannten Stoffen gesellten sich noch der lat. Wortwitz (Cic. de or. 2,259 »*Tutor*«), und polit. Anspielungen, die Caesar (Sen.dial. 4,11,3) ebenso wie spätere Kaiser angriffen (Zusammenstellung: [3],2,117). Trotz im allg. niederer sozialer Stellung und bescheidener Kostümierung im Spiel (*centunculus* = Flickenkleid; *ricinium* = Umwurf der Frauen; barfuß oder flache Sandalen: daher *planipes*; oft der Phallos: Iuv. 6,66 Sch.) kamen Mimen zu hohem Einfluß (Cytheris bei M.Antonius) und Einkommen (200000 Sest. für eine Dionysia: Cic.Rosc.com. 23). Sachliche Hochschätzung zeigen die letzten Worte des Augustus (Suet. 99,1), seine Einwirkung auf die Lit. (abgesehen von Theokrits Einfluß auf Vergil) der Roman des → Petronius in Lebensnähe und Unverblümtheit. Kaiserzeitliche M.-Dichter wie ein Catullus, dessen Laureolus-M. durch die Kreuzigung eines Räuberhauptmanns berühmt war – er wurde am Tag der Ermordung Caligulas aufgeführt –, Marullus, der M.Aurel und L.Verus angriff, Lentulus und Hostilus sind bloße Namen für uns. – Neben dem M. blühte – aber von ihm getrennt – der Pantomimus, die Darstellung eines Themas durch einen Tänzer unter Chor- und Musikbegleitung. Unter Domitian gab es erstmals einen »Wassermimus« (G.D'IPPOLITO Atene e Roma, 7, 1962, 1ff.). Unter kaiserlicher Förderung stand auch der griech. M.; berühmt war ein → Philistion, übertrieben (von REICH) als »Schöpfer« des Mimodramas gefeiert.



Aus späterer Zeit geben griech. Pap. (POxy 413. 425. Lond.P. 1984. Berol.P. 13876) unmittelbaren Einblick in die Aufzeichnung von M. im 2.Jh. n. Chr. Sie bieten ausgeschriebenes Textbuch (Lond.: Schiedsgericht), Regieentwurf mit Inszenierungsanweisung POxy 413: *Χαρίτιον*), ausgeschriebene Rolle des ersten Schauspielers (ebd. *μοιχεύ-*

*τρια*) oder Zusammenstellung von Aufführungsplan und Requisiten (Berol.). Diese M. wurden nach Maßgabe vorhandener Spieler eingerichtet – POxy 413 bietet eine solche Bearbeitung für eine kleinere Truppe. Die Normalstärke betrug 7 Spieler, ihre Rollen wurden nach Wichtigkeit mit Zahlenzeichen versehen; die Hauptrolle (männlich oder weiblich) = A, die lustige Person *(stupidus)* = B; *archimimus* (-a) ist ein Ehrentitel (nicht der Direktor u.ä.), der von der Gewerkschaft (= *adlecti mimorum*) verliehen wurde ([4],149f.). Der Stoff stammt zumeist aus dem Alltag mit schon bekannten Motiven: Ehebruch (Iuv. 6,41ff.: M.-Motiv des in der Truhe versteckten Ehebrechers), Giftmord, Gerichtsszene, Liebe, Prügelei; auch Dramenmotive werden »bearbeitet«: *Χαρίτιον* ist die »vermimte« Iphigenia Taurica des Eurip. plus Polyphemmotiv. Neu hinzu kommen chr. Motive, Märtyrerszenen, Verspottung von Kulthandlungen (z.B. der Taufe durch M. Porphyrios in Caesarea: MIGNE PG 117,144). Dagegen wie gegen die Unmoralität erhob sich der Widerstand der Kirche: Cyprianus, Arnobius, Lactantius, Ambrosius, Augustinus u.a.: BONARIA, 15. Die Sprache, mit Gesang, Tanz und Musik (Kithara, Flöte, Handpauke, Klappern, Gong) vermischt, war nur Mittel zur Unterhaltung ohne eigenen literar. Wert. Interessant ist die Episierung eines M. durch Apul. met. 10,2–12 (Motiv der Giftmischerin wie POxy 413), die noch die Wiederherstellung der Rollen ermöglicht ([4],113ff.). Spielplatz, einst improvisiertes Podium oder Bühne, hinter deren Vorhang (*siparium:* [7],259–266) die Spieler ihren Auftritt abwarteten, wird jetzt die Theaterbühne.

Der M. hielt sich, bald aufblühend, bald zurücktretend, bis ins 6. Jh. n. Chr. (die Mimin → Theodora wurde die Gemahlin des Kaisers → Iustinian), im O., in Italien, Gallien, Spanien, Germanien (BONARIA 16f.) trotz mehrerer Verbote (Iustinian 525; consilium Trullanum 691). Infolge des unliterar. Charakters blieb vom M. nichts erhalten. Aus demselben Grund ist auch eine Nachwirkung – an sich kaum abtrennbar von der anderer Possenformen, bes. der Typenposse, auf die comedia dell'arte – im Stofflichen und Dramatischen kaum nachweisbar (vgl. [13],25ff.; bes. 39ff.; 193), im Weiterleben der Spielertruppen mit mannigfachen Darbietungen wahrscheinl; Einzelnachweise bleiben immer unsicher: [1],1763,36–1764,4. [2],2,616ff. 744ff. (problemat.!). K. V.

Ta.: Herondae Mimiambi (mit Anh.), ed. *O.Crusius*, Lpz. 1914$^2$. Frammenti ... del mimo nella Sicilia e nella magna Graecia, ed. *A.Olivieri*, Napoli, 1946/47$^2$. Il pantomimo, studi e testi da *V.Rotolo*, Palermo 1957. Mimi Romani, ed. *M.Bonaria*, Rom 1965.

Lit.: 1. *E. Wüst*, RE XV 1727–1764. 2. *H.Reich* Der Mimus, 2 Bde, 1903. 3. *P.Friedländer-Wissowa* 2,113–117. 4. *H.Wiemken* Der griech. Mimus, Diss. Gött. 1951 (mit reicher Lit. bis 1950). 5. *M.Bieber* Die Denkmäler zum Theaterwesen des Alt., 1920. 6. *M.Bieber* The History of the Greek and Roman Theatre, 1961. 7. *W.Beare* The Roman stage, 1955, 141–150. 8. *Christ-Schmid* 1929ff. 9. *R.W. Reynolds* The adultery mime, CQ 1946, 77–84. 10. *Ders.* Verrius Flaccus and the early mime at Rome, Hermathena 61, 1943, 56–62. 11. *A.Marzullo* Il mimo latino nei motivi di attualita, Atti Accad ... di Modena, 5, XVI, 1958. 12. *A.Swiderek*, Le mime grec en Egypte, Eos 47,1, 1954, 63–74. 13. *A.Glock* Über den Zusammenhang des röm. M. ... mit dem neueren kom. Drama, Ztschr. für Vgl. Lit.-Gesch. 16, 1906, 172ff.

**Min.** Bezeichnung eines altäg. Gottes (*Μίν* Plut. Is. 56), von den Griechen mit → Pan oder → Priapos gleichgesetzt, aber auch als Horos (Apollon) erklärt (vgl. Plut. Is. 55. Suda s. *Πρίαπος*). Schon seit frühdyn. Z. wurde er dargestellt als stehender Mann, ithyphallisch, mit der linken Hand den Phallus umfassend, mit der rechten eine Geißel schwingend, die Füße geschlossen, was wohl auf die Formung eines alten Holzbildes zurückgeht. Diese Gestalt erwähnen auch griech. Schriftsteller (Plut. Is. 55. Steph. Byz. s. *Πανὸς πόλις*). Die Ausgangspunkte seines Kultes waren Achmim (Hdt. 2,91 *Χέμμις* von äg. Ḫntj-Min; älterer Name Ipw, griech. meist *πανὸς πόλις*) und → Koptos. In Koptos scheint der Gott alt jedoch Rꜣḥś geheißen zu haben (Pyr. 994. 1476), in Achmim ist er in noch unklarer Weise mit einem vorgesch. kgl. Schutzsymbol, einer als »unantastbar« (ḫmj) bezeichneten Doppelharpune, verbunden worden, die dann in der Schrift zum Zeichen für »Min« geworden ist (Pyr. 424b). M. war urtümlich ein Fruchtbarkeitsfetisch nomadisierender Oberägypter, die ihn als Schutzgeist in ihre Gärten stellten, die sie nur von Zeit zu Zeit besuchten. Daher stellt man auch in klass. Z. M. gern vor einem Garten stehend dar, in dem Lattich (vom Ägypter als Aphrodisiakum angesehen) wächst. Diese Nomaden führten aber M. auch mit sich als Schutzgott, dem sie an ihren temporären Halteplätzen eine Spitzhütte (śḥn.t) aufschlugen. Dieses Errichten der Hütte ist noch in pharaon. Z. als Ritual gespielt worden und an Tempelwänden abgebildet: als Nomaden charakterisierte Leute klettern an den schrägen Haltestangen für die Mittelstange der Hütte hinan, um die Felle daranzubinden (Chron. d'Egypte 55,1ff.). Eine solche Darstellung sah Herodot (2,91) und interpretierte sie als *γυμνικὸς ἀγών*, wobei er die über der Mittelstange stehenden Schutzsymbole als die »Kletterpreise« erklärte. Daß Hdt. hier M. als »Perseus« erklärt, dürfte auf Mißverständnis eines äg. Pꜣ-irw-św, »Der sich (selbst) Erschaffende«, zurückgehen, womit man M. unter Gleichsetzung mit dem die Welt durch Selbstbefriedigung erschaffenden Urgott Atum auch äg. bezeichnen konnte. Die Hütte, deren Errichtungsritual so im Kultspiel nachvollzogen wurde, gehört auch in Darstellungen des M. zu seiner Umgebung. Dort, wo diese Nomaden sich ansiedelten, errichteten sie diese Hütte als Felsheiligtum, wie bei Achmim (KEES Rec. Trav. 36,3 ff.). Er entwickelte sich dann zum Gott der Tenne, den man bei Beginn der Drusches feierlich unter Begleitung des Stieres, des das Korn austreten sollte, und der Frauen, die es worfelten, auf den Druschplatz (ḥtjw: »Terrasse«) stellte, nachdem man die im aufgehäuften Korn verborgenen Schlangen durch Zauber vertrieben hatte (BLACKMAN-FAIRMAN, Journ. eg. arch. 35, 98 ff. 36,63 ff.). Auch das Treiben der Rinder auf der Tenne »vor« M. ist später noch als unverstandenes Ritual durchgeführt worden. Der feierliche Auszug des Gottes zur Tenne wurde bereits im A. R. als Königsfest gefeiert, indem die Gegenwart des Königs den erfolgreichen Abschluß der Druscharbeiten, wie vorher der Ernte, durch feierliches Abschneiden der ersten Garbe »vor Min«, garantierte. Daher erscheint der »Auszug des M.« (pr.t Min) bereits in Festkalendern des A. R., außerdem hat das Fest typ. königliche Züge aufgenommen, wie die Herrschaftsergreifung durch Schießen von 4 Pfeilen. – Ist M. so von seiner Herkunft her Fruchtbarkeitsgott und Schützer der Wüstenstraßen gewesen, so setzte man ihn theolog. auch mit anderen Göttern gleich. In Achmim und bes. in Koptos verband man ihn mit Horus zu Hor-Min; dadurch wurde auch Isis als die »Gottesmutter« in Koptos an M. angeschlossen und verehrt. Großen Einfluß hatten Gestalt und Wesen des M. auf die des Amun von Theben, der als Amun-Min-Kamutef (»Stier seiner Mutter«) im N. R. in der Gestalt des ithyphall. M. erscheint. Dadurch erhält der »verborgene« (imnw) Amun eine sichtbare und wirkende Gestalt, wobei er als »Stier seiner Mutter« gleichzeitig zum aus sich selbst zeugenden Urgott erklärt wird (KEES Götterglaube 348). In dieser Gestalt ist Amun-Min noch in später Z. in Nubien verehrt worden (Prok. bell. Pers. 1,19). W. H.

*H. Gauthier* Les Fêtes du Dieu Min (1931). *Ders.* Le Personel du Dieu Min (1931). *K. Sethe* Amun und die acht Urgötter von Hermupolis (1929).

**Mina.** Stadt in der Mauretania Caesariensis am Oued Mina, h. Relizane. S. GSELL Atl. Arch. Alg. f$^{e}$ 21 Mostaganem, Nr. 36. Itin. Ant. 37. Geogr. Rav. 3,8. Ruinen: Mauern, Wasserleitung, Kirche, Zisternen; Keramik (Libyca 2, 1954, 243. 3, 1955, 187). Inschr. CIL VIII 9726. 21535. Ein *episcopus Minnensis* wird für das J. 484 genannt. E. CAT Maurét. César. 38. 201. 206. 264. M. L.

**Minaioi** (Plin. nat. 6,157. 12. 54. Strab. 16,768. 776. Agatharch. de m. Erythr. 5 [GGM I 176 f. 387]. Ptol. 6,7,23. Steph. Byz. LXX 1. Chr. 4,41. 2. Chr. 20,1. 26,7. Bilinguis von Delos [CRAI 1908, 546–560]), eines der 4 Hauptvölker Altsüdarabiens, erscheint inschr. als M$^{c}$N (Ma$^{c}$īn) erstmals in Rép. d'Épigr. Sém. 3943 (hier als Staat) und 2980. H. werden mit Ma$^{c}$īn die Ruinen der min. Hauptstadt Qarnaw (→ Karna) bezeichnet. Kernland der M. ist das Tal des Ġail Ḫārid, eines perennierenden Wasserlaufes, der als Wadi Maḏāb (inschr. Maḏāb) in den Ǧōf eintritt und diesem seine Fruchtbarkeit verleiht. Hier liegen folgende Städte bzw. Stadtstaaten: Zunächst die Ruinenfelder von el-Baiḍā und es-Saudā, die wohl den beiden alten Schwesterstädten Našq (→ Naskos) und Našān (inschr. GLASER 1000 A, 14–17, = Nestum [?]) entsprechen. Es folgen flußabwärts die Ruinen von Kaminahū (CIS IV 377. GLASER 1000 A, 17 = *Caminacum* Plin. nat. 6,160), dann das h. el-Ġail (anscheinend auch inschr. belegt) sowie in der Nähe des h. Hauptortes el-Ḥazm die Ruinen von Haram (inschr. HRM$^{m}$), dessen König Yaḏmurmalik das Reich Ausān und den Stadtstaat Našān mit Krieg überzog. Daran schließen sich weiter abwärts die Ruinen der alten Hauptstadt Qarnaw, die der zweitwichtigsten min. Stadt Yaṯīl an der Stelle des h. Barāqiš und diesem gegenüber im S. das h. Dorf Meǧzir (→ Magusum).

Über dieses enge Stammland wuchs das Reich von Ma$^{c}$īn durch seine Handelsniederlassungen hinaus. Durch CIS IV 609 (um 95 n. Chr.?) werden M. in Šu$^{c}$ūb, durch Rép. d'Épigr. Sém. 3992 in al-Ġirās, beides unweit Ṣan$^{c}$ā', nachgewiesen. Vor allem aber haben die M. nach dem Untergang ihres Reiches bis weithin nach N. Handel getrieben, denn wir kennen 2 von ihnen im Ḥiǧāz angelegte Kolonien: in Dedān (h. el-$^{c}$Ölā), dem Zentrum des späteren Königreichs Liḥyān, und in dem etwas weiter n. gelegenen Hegra (al-Ḥiǧr).

Über die Gesch. des min. Reiches ist sehr wenig bekannt. Inschr. gesichert sind die Namen von 22 Königen, von denen einer, Abyada$^{c}$ Yaṯa$^{c}$, um 343 v. Chr. anzusetzen ist. Daraus ergibt sich, daß die min. Königsherrschaft um die Mitte des 6. Jh. begonnen und um 125 v. Chr. geendet haben mag, als das min. Reich im qatabānischen aufging. Charakterist. für die Regierungsform ist die gemeinsame Regentschaft des jeweiligen Königs mit seinem designierten Thronfolger. A. D.

1. *D. Nielsen*, HB. der altarab. Altertumskde. I, Kopenhagen 1927. 2. *J. Ryckmans* L'institution monarchique en Arabie méridionale avant l'Islam, Löwen 1951. 3. *H. v. Wissmann* und *M. Höfner* Beitr. zur hist. Geogr. des vorislam. S.-Arabien, AAMz, Geistes- und Sozialw. Kl. 1952, 4, Ind. 4. *H. v. Wissmann*, Saeculum 4, 1953, 61–114. 5. *A. Grohmann*, Arabien, HB. Alt.-Wiss., 3. Abt., 1. Teil, 3. Bd., 3. Abschn., 4. Unterabschn., München 1964, Ind. 6. *H. v. Wissmann* Zur Gesch. und Landeskde. von Alt-S.-Arabien, SAWW, ph.-h. Kl., 246, 1964, Ind.

**Minatius.** Der osk. Name Minatus (auch als Praenomen) und M. ist mehrfach auch für Römer inschr. erwähnt (z. B. DESSILS 7839 b), SCHULZE Eigenn. 361. 483. **1.** Statius M. (Minacius), samnit. Feldherr, der 296 in Campanien gefangen wurde, Liv. 10,20,13. **2.** M. M. Sabinus, zwei Namensträger, die vielleicht ident. sind; der eine befestigte seine Heimatstadt Tegianum in Lucanien (DESSILS 5321), der andere ließ als Anhänger des Cn. Pompeius und Proquaestor im J. 46/45 in

Spanien Mz. prägen (GRUEBER Coins 2,366f. BROUGHTON Mag. 2,298). H. G. G.

**Mincius.** Schilfreicher (Verg. ecl. 7,13; georg. 2,15) Fluß Oberitaliens (Plin. nat. 3,118. Verg. Aen. 10,206. Liv. 24,10. 32,30), trägt diesen Namen nach Plin. 2,224. 3,131. 9,75 schon vor Eintritt in den Gardasee (= h. Sarca), nach Strab. 4,209 erst danach. G. R.

*Forbiger* HB. der alt. Geogr. 3,366. *Nissen* It. Ldk. 2,202.

**Mindaros.** Spartan. Nauarch 411/10. Er verlegte den Kriegsschauplatz endgültig an den Hellespont, die athen. Lebensader. Bei Kynossema nahe Sestos verlor er trotz zahlenmäßiger Überlegenheit eine Seeschlacht mit geringen Verlusten (etwa im Sept. 411). Eine zweite Schlacht bei Abydos (Okt. oder Nov. 411) ging durch das plötzliche Erscheinen des Alkibiades völlig verloren. Nach neuen Rüstungen eroberte M. E. des Winters Kyzikos mit Hilfe des pers. Satrapen Pharnabazos. Doch Alkibiades gelang es (April/Mai 410), die pelop. Flotte zu überraschen, von Kyzikos abzuschneiden und völlig zu vernichten, M. fiel in der Schlacht. Die ant. Überlieferung gibt nirgends M. die Schuld, er scheiterte trotz unbestreitbarer militär. Tüchtigkeit an der überlegenen Kriegskunst des Alkibiades. Thuk. 8,99ff. Xen. hell. 1,1,2ff. Diod. 13,38ff. Plut. Alkib. 27f. H. Gu.

*A. Andrewes* The Generals in the Hellespont, JHS 73, 1953, 2ff.

**Minderjährigkeit** s. Minores

**Mindius.** Seltener röm. Gentilname, auch inschr. (z. B. auf Delos Anf. 1. Jh. v. Chr.) nachweisbar. **1.** M. M., röm. Kaufmann im O., der gegen 46 in Elis starb, Cic. fam. 13,26,2. Er war Stief- oder Adoptivbruder des L. → Mescinius Rufus (1), der ihn 50 bei seiner Rechenschaftsablage heranzog, Cic. fam. 5,20,2. 8. **2.** M. M. Marcellus, M. f., wahrscheinlich aus Velitrae. 46 erwarb er eingezogene Güter, Cic. fam. 15,17,2 und trat seit 38 als Anhänger des jungen Caesar Octavianus hervor, befreundet mit → Menodoros, dessen Rückkehr zu Caesar er 36 vermittelte, App. civ. 5,422–425. Er war Marineoffizier und wurde vor 30 *praefectus classis*, vielleicht bereits 35 im illyr. Krieg. NSA 1924, 511ff. BROUGHTON Mag. 2, 405. H. G. G.

**3.** L. M. Balbus. Proconsul von Bithynien unter Claudius, wohl zwischen 42/47, BOSCH Kleinas. Münzen II 1,1, p. 81. BABELON-REINACH Recueil gén. monn. grecq. d'Asie I 400, Nr. 22–24; 516 Nr. 14–17. SELTMAN Num. Chron. 1928, 100f. R. H.

**Mine** s. Mna

**Minenkampf** s. Poliorketik

**Minerva** I. (< *Menerva;* vgl. Quint. inst. 1,4,17. CIL I² 34. 365. 404. 447. 2194. 2215. DEGRASSI ILLRP Nr. 237). M. kam von den Sabinern (Varro l.l. 5,74), wo sie ein uraltes Heiligtum in Orvinium besaß (Dion. Hal. ant. 1,14,3), nach Rom. Ihr Name (WALDE-HOF.³ 2,91: nicht < **mĕnĕsŏu̯ā*, da nach NOGARA, NSA 1930, 326ff. GIGLIOLI, ebd. 344f. schon im 6. Jh. v. Chr. in Veii *menerva* bezeugt ist) vermutlich in Nominalreduplikation (vgl. einfache etr. Formen *mera, merva:* TLE 207. THULIN Götter des Mart. Cap. 39) aus **mĕ-mĕrua (ĕm* > *ĕn* vor *r* wie in *gener, tenebrae)* entstanden (vgl. aus dem Salierlied Fest. 222,23 L. *promenervat promonet;* Paul. Fest. 109,27 *quod bene moneat.* Varro b. Aug. civ. 7,3. Arnob. 3,31 *memoria;* abwegig Herleitung von *minitari, minari, minuere:* Paul. Fest. 109,29 L. Cic. nat. deor. 2,67), ist später verselbständigte (wie Fortuna) prädikative Ergänzung zu sabin. *Nerienes* (Varro Men. frg. 506 B.). M. vor Einrichtung des Kalenders (*versus Minervii* der Salier b. Paul. Fest. 3,15 L. undatierbar) noch nicht in Rom verehrt; erst in der kapitolin. Trias ist M. die sabin. Stadtgöttin (wie in Orvinium; s. o.) neben der latin. Iuno und dem übergeordneten (RADKE, RhM 106, 1963, 331ff.) Iuppiter Optimus Maximus (gleiche Trias im *Capitolium vetus* auf dem Quirinal: Varro l.l. 5,158; etr. Herkunft mit Recht bestritten von L. BANTI, SE 17, 1943, 187ff. R. ENKING o. 2,389). In der rechts (Liv. 7,3,5) von der des Iuppiter liegenden Cella der M. war ein Altar (Dion. Hal. ant. 3,69,5) bzw. eine *aedicula* (Plin. nat. 35,108) der Iuventas, vor der *cella* der Altar des Terminus (Dion. Hal.), seit dem 2. Jh. v. Chr. die *nixi di* (Fest. 182,23ff. L.), seit 58 v. Chr. ein von Cic. geweihtes Bild der M. *custos* (Obseq. 68; vgl. Cic. fam. 12, 25,1. Plut. Cic. 31,6. Cass. Dio 38,17,5. 45,17,3). Nach den Bildwerken aus Signia (DELBRÜCK Capitol. von Signia 13 Taf. VI) und Satricum (DELLA SETA Mus. d. Villa Giulia 1,161) dürfte die kapitolin. M. kriegerisch dargestellt gewesen sein (Cic. dom. 144, wo neben I. O. M. und Iuno Regina die *custos urbis M.* angerufen wird; Paul. Fest. 109,28f. L. *quod fingatur pingaturque minitans armis;* Ov. fast. 3,681 *armifera*); vgl. App. Lib. 133, 632. Liv. 45,33,2. Plin. nat. 7,97. Die Vorstellung der gewappneten Stadtgöttin ermöglichte die Gleichsetzung mit Athena *Πολιάς*; Gräzisierung im Lectisternium d. J. 217 v. Chr. vollzogen (Liv. 22,10,9). Am Platz der altchr. Kirche S. Sabina (Name bewahrt sabin. Herkunft der M.!) am N.-Rand des bes. von Auswärtigen (Darstellungen der M. auf etr. Kunstwerken: FIESEL, RE XV 933f.) besiedelten Aventin stand ein weiterer vermutlich alter Tempel der M., freilich erstmalig 207 v. Chr. erwähnt (Fest. 448,1f. L.: zu Ehren des Liv. Andr. Versammlungsort der *scribae* und *histriones*). Dort kamen an den *minusculae quinquatrus* (13. Juni) die *tibicines* zusammen (Varro l.l. 6,17. Fest. 134,4 L.). Am 19. Juni soll der Tempel nach Ov. fast. 6,728. Fast. Esquil. Amit. CIL I² p. 320. Fast. Ant. vet. *(Minervae)* geweiht sein; nach Verr. Flacc. (Fest. 306,6f. L. Fast. Praen. CIL I² p. 312; vgl. Fast. Ant. vet. *Minervae*) war der Stiftungstag (Fest. 134,5 L.) der 19. März, die *quinquatrus*, der *artificum dies* (CIL I² p. 234; vgl. Lact. inst. 1,18,23); Ov. fast. 3,809 *fiunt sacra Minervae.* Dann erhielten die Lehrer ihr Honorar (Tert. idol.

10,3; vgl. Macr. Sat. 1,12,7), das *minerval* (Varro rust. 3,2,18). Die aventin. M. (*dea lanificii:* Serv. Aen. 5,284. 7,805; Verbindung auch zu anderen Handwerken) dürfte die Athena Ἐργάνη zum Vorbild haben. Der M.-Kult der *gens Nautia* (Serv. Aen. 2,166. 3,407. 5,704. Dion. Hal. ant. 6, 69,1) gehört eher zum → Palladium im Vestatempel (Cic. Scaur. 48). Für den Namen der *Capta M.* (Reihenfolge und Zusammenstellung wie *Nerienes Minerva*) in einem *Minervium* am Caelius (Varro l.l. 5,47. Ov. fast. 3,835ff.) bietet Ov. 4 Deutungen an, von denen die als *captiva* bei Einnahme Faleriis 241 v. Chr. viele irreführte. Eine M. *medica* wurde schon in republ. Z. in Rom verehrt (Cic. div. 2,123). Opfer erhielt die *fortis dea* (Lyd. mens. 4,60 p. 113 W.: *Nerio*) am 23. März, dem Tage des *tubilustrium* (Ov. fast. 3,850. Ἀθηνᾶ als Erfinderin der σάλπιγξ gehört nicht zu diesem Fest), was wie am 19. März Verbindung zu Mars lehrt. Diese wird auch durch die burleske Gesch. Ov. fast. 3, 675ff. vorgetäuscht, die das Mißverständnis von Kultnamenverbindungen wie Athena Mamersa, *Heres Martea* (Paul. Fest. 89,4ff. L.), (→) *Maia Volcani* oder *Nerienes Martis* (Gell. 13,23,2; vgl. Plaut. Truc. 515: *Mars peregre adveniens salutat Nerienem uxorem suam*) zur Voraussetzung hat (Nerio nicht mit M. ident., sondern nur oft wegen der Kultnamenverbindung verwechselt; vgl. Lyd. a. O.). Über M.-Kult in Tarracina (Obseq. 12 für 166 v. Chr.) und am *promunturium Minervae* (Liv. 42,20,3; vgl. Strab. 5,247; Stat. silv. 2,2,2 *Tyrrhenae Minervae* gehört zum Namen der Landschaft *Τυρρηνία*!) bei Sorrent reicht unsere Kenntnis zu keiner gesicherten Aussage. M. als Blitzgöttin: Serv. auct. Aen. 1,42. M. im Sprichwort nach Vorbild der Athena: OTTO Die Sprichwörter usw. 224f. G. R.

*Wissowa*, Myth. Lex. 2,2982ff. *Ders.* RRel$^2$ 252ff. *Usener* Kl. Schr. 4,93ff. *Altheim* Röm. Rel. 1, 1951, 190ff. *Bömer* Ovids Fasten 2,200. *Dumézil*, Rel. Rom. arch. 199ff. *Latte* RRel 163ff. *Radke* Götter Altitaliens 217ff. *Ders.* Romanitas 6/7, 1965, 297ff. *Walde-Hof.*$^3$ 2,90f.

II. Nächst Mercurius verehrten die Gallier nach Caes. Gall. 6,17 *Apollinem et Martem et Iovem et Minervam. de his eandem fere quam reliquae gentes habent opinionem: Apollinem ... Minervam operum atque artificiorum initia tradere.* Im Gegensatz zu Mars und Mercurius ist die röm. interpretierte kelt. M. durch nicht so zahlreiche Weihungen bezeugt. Von den von HEICHELHEIM, RE XV 1802ff. verzeichneten 39 stammen nicht weniger als 19 aus Britannien, die übrigen aus Gallien und Germanien. In den meisten ist M. nur als *dea* bezeichnet, als *Belisama* in 2 Weihungen aus Süd-Frankreich, einmal als *Regina*, und 10 aus *Aquae Sulis* (Bath) sind der *M. Sul* gewidmet, vgl. Solin. 22,10: *in quo spatio* (Britannien) *magna et multa flumina, fontes calidi opiparo exculti apparatu ad usus mortalium: quibus fontibus praesul est Minervae numen, in cuius aede perpetui ignes numquam canescunt in facillas, sed ubi ignis tabuit vertit in globos saxeos*, wo die Gleichsetzung dieser Quellgöttin mit M. offenbar der Minerva Medica verdankt wird; endlich Weihungen aus Nîmes, Trier und Alzey an *Sulevia Idennica Minerva.* Verbunden ist M. zuweilen mit *Hercules Victor* oder mit *Mars* – hier schimmert die Kriegsgöttin M. durch – oder mit *Augustus* oder *Numina Augustorum.* Diese M. scheint völlig romanisiert. K. Z.

**Minervae Promunturium** s. Promunt. M.

**Minervius. 1.** Consularis, 370/71 Mitglied einer Senatsgesandtschaft an Valentinian I. (Amm. 28,1,24), vielleicht ident. mit M. aus Trier bei Symm. epist. 4,30. **2.** M., vielleicht Sohn von (1), 394/95 wahrscheinlich magister epistularum (Symm. epist. 4,35), 397/98 comes rerum privatarum (Cod. Theod. 7,13,14. 11,1,25), 398/99 comes sacrarum larg. (Cod. Iust. 11,71,4). Symmachus nennt M. als wohlwollenden Kritiker seiner Schriften (epist. 4,18,6.11; an M.: Symm. epist. 4,35ff. 56f.). **3.** Alethius M. aus Burdigala, jung verstorbener Rhetor (Auson. prof. 7). **4.** Ti. Victor M. aus Burdigala, Rhetor, wirkte in Constantinopel, Rom (im J. 352, Hier. chron. a. 2371) und Burdigala (Auson. prof. 2). A. L.

**Minicius. 1.** M. Acilianus. Sohn von Nr. 7 und der Acilia, aus Brixia, Plin. epist. 1,14,4; dem Ritterstand angehörig, schlug er die senator. Laufbahn ein und erreichte vor 97 die Praetur, ebd. 1,14,7. Jüngerer Freund des Plinius, der ihn als Gatten für eine Tochter des Arulenus Rusticus empfiehlt, ebd. 1,14,2. Um 100 war er schon tot, ebd. 2,16,1. **2.** Cn. M. Faustinus. Cos. suff. wohl 117, CIL XVI 62. VI 16832. Wie er mit D. M. Faustinus, cos. suff. 91 verwandt ist (AE 1949, 23 Z. 22. 1961, 319. Klio 37, 1959, 210–216), desgleichen mit Nr. 3, ist nicht klar. **3.** Sex. M. Faustinus Cn. Iulius Severus. Noch während seiner militär. Karriere *XVvir sacris faciundis* war er sowohl als Quaestor in Makedonien als auch als Volkstribun (auffällig, daß er dieses Amt nicht übersprungen hat) im J. 117 Kandidat Traians, dann Praetor, *legat. leg. XIIII Geminae* in Carnuntum, *legat Aug. pr. pr.* in Dacien 120–126 (DAICOVICIU Studii ... istor. veche 4, 1953, 541–555. STEIN 19f.), im J. 127 cos. suff. (CIL XVI 72. Dig. 40,5,28,4. VIDMAN Fast. Ostiens. 21.70), *legat. Aug. pr. pr.* von Moesia inf. ca. 128–130 (STEIN 66f.), von Britannien ca. 130–133, von Judaea ca. 133–135, von Syria Palaestinae ca. 136–138, CIL III 2830. DESS. 1056. Nach Judaea war er von Hadrian geschickt worden, um den jüd. Aufstand niederzuschlagen, Cass. Dio 69,13,2f. 14,1f. (SCHÜRER Gesch. jüd. Volkes 1$^4$,647f. 689ff.). Er erhielt dafür die Triumphalornamente und die Statthalterschaft von Syria Palaestinae; AE 1904, 9 (HÜTTL Anton. Pius 153f.). **4.** C. M. Fundanus. Von Plin. epist. 4,15,5 im J. 106 erwartet, bekleidete M. den Suffektkonsulat vom 1. Mai bis 31. August 107, CIL XVI 55. VI 630. Inscr. It. XIII 1, p. 154f. AE 1945, 35.

An ihn als Consular schreibt Plin. epist. 6,6. Procos. Asiae 122/23. Eus. h. e. 4,8,6, D'ORGEVAL Hadrien 406. An ihn richtete Hadrian ein Reskript über die Behandlung von Christenprozessen, das in griech. Übers. bei Iustin. 1. Apol. 68,5–10, Euseb. h. e. 4,9 erhalten ist; es untersagt bei Strafe falsche Anzeigen und läßt nur bei stichhaltiger Anklage ein gerichtliches Urteil entsprechend der Schwere des Vergehens zu, s. Rev. hist. et litt. relig. 8, 1903, 152–189. Rev. Bén. 39, 1927, 365–368. W. SCHMID, Maia 7, 1954, 1–10. J. MOREAU Christenverfolgung, 46f. Den hochgebildeten Mann hat Plutarch als Hauptredner in dem Dialog de cohib. ira (mor. p. 440–452) eingeführt, HIRZEL, Dialog 2,168f. K. ZIEGLER, RE XXI 691. Danach hatte M. in seiner Jugend den Stoiker Musonius Rufus gehört; doch war seine Weltanschauung vom Platonismus geprägt. An ihn richtete Plin. epist. 1,9. 4,15. 6,6. M. war verheiratet mit Statoria Marcella (ihre Urne aus dem Grabmal am Monte Mario CIL VI 16632); er hatte 2 Töchter, von denen die jüngere vor Vollendung ihres 14. Lebensjahres starb, Plin. epist. 5,16; ihre Urne CIL VI 16631. **5.** C. M. Italus. Aus Aquileia, CIL V 875. Nach den 3 Offiziersstellungen (in Germania inf.) übernahm er, von Vespasian ausgezeichnet, die Finanzprokuratur am Hellespont, war procurator in Asia und hatte dort im J. 88 wohl nach dem Tod des Statthalters C. Vettulenus Civica Cerealis die stellvertretende Verwaltung der Provinz inne. Nach Prokuraturen in der Lugdunensis und in Aquitanien (in Lactora, RE XII 361ff.) war er *praefectus annonae* und 101–103 Praefekt von Äg., CIL III 12053. XIV 4456. BGU III 908. Pap. Lond. 1885 u. a., s. STEIN Aeg. 49f. PFLAUM Carrièr. proc. éq. 1,141–143. **6.** M. Iustus. Strenger Lagerpraefekt der leg. VII im Heer Vespasians unter Antonius Primus im J. 69, Tac. hist. 3,7,1, mit Plinius befreundet, epist. 7,11, 4. Er war Legatar des Dasumius gewesen, CIL VI 10229, 19, KÖSTERMANN, Athen. 43 (1965) 182. Sein Sohn war Nr. 10. **7.** M. Macrinus. Vater von Nr. 1. Vor Vespasian unter die Praetorier aufgenommen, verblieb der reiche Mann doch im Ritterstand, Plin. epist. 1,14,4ff. 8,5. **8.** L. M. Natalis. Aus Barcino (Barcelona), CIL II 4509 = 6145. Vater von Nr. 9. Nach seiner Grabinschr. an der via Salaria in Rom CIL VI 31739 und der zitierten Dedikationsinschr. aus Barcino war er nach den Militärämtern, nach Quaestur, Volkstribunat und Praetur Legat des Prokonsuls von Afrika, Legionslegat in Moesien (CIL VI 31739), nahm am 1. Dakerkrieg Traians 101/02 teil und erhielt die dona militaria. Im J. 105 war er Legat der *leg. III Augusta* und damit Statthalter in Numidien (CIL VIII 2478f. 22348. 28073a); M. legte zahlreiche Kastelle und Militärstraßen an und nahm Grenzregulierungen vor. Cos. suff. 106 (AE 1944, 57. CIL XVI 160), dann ca. 107/10 *curator alvei Tiberis et riparum et cloacarum urbis*, um 116/18 *leg.*



*Aug. pr. pr. prov. Pannoniae sup.* (CIL XVI 64); er war *sodalis Augustalis*. Zuletzt hatte er 121/22 den Prokonsulat von Afrika inne, SYME, REA 1965, 349. Sein Sohn (Nr. 9) war einer seiner Legaten. **9.** L. M. Natalis Quadronius Verus. Nach CIL II 4510. 4511 (Testament). XIV 3599. 3600 begann er als Münzmeister, war in 3 Legionen (*I adiutrix in* Dakien ca. 114, *XI Claudia* in Moesien ca. 115, *XIV Gemina* in Carnuntum ca. 116/117) trib. mil., war 121/22 *quaestor principis*, doch seinem Vater als Legat in der Diözese Karthago beigegeben. Er erhielt den Augurat. Volkstribun als *candidatus principis* ca. 125/26. Praetor im J. 127 oder 128 (IGR I 653); Olympionike im Wagenrennen im J. 129 (Syll.$^3$ 840). Ca. 130/31 *legat. Aug. leg. VI Victricis* in Britannien, dann *curator viae Flaminiae* und zugleich *praefectus alimentorum*. Im J. 139 cos. suff., AE 1955, 17 = CIL XVI 175. Zwischen 140/143 *curator operum publicorum et aedium sacrarum* (IGR I 1391), *legat. Aug. pr. pr. prov. Moesiae inf.* zwischen 146–149 (NAGY, Acta arch. acad. scient. Hungar. 7, 1956, 17–69; der Ansatz von STEIN, Moes. 68, verschiebt sich durch die Fixierung des Konsulates), CIL XIV 3554. XI 2925. Inscr. It. XIII 1, p. 33. IGR I 1391, 653. Zuletzt hatte M. zwischen 152/54 den Prokonsulat von Afrika inne, IRT 144 Nr. 536. Begütert in Barcino und Tibur (wo er hohe munizipale Würden innehatte, CIL XIV 3599), Viterbo (CIL XI 3002), Canino (XI 2925), Minturnae (IGR I 1391). Er zeichnete sich durch Frömmigkeit (CIL VI 31112) und Philhellenismus aus, FRIEDLÄNDER Sittengesch. 2$^9$,129. **10.** L. M. Rufus, Sohn von Nr. 6. Statthalter von Kreta-Kyrene ca. 71, IGR I 1036. AE 1951, 209. Statthalter von Gallia Lugdunensis ca. 83, CIL XII 2602. Cos. ord. 88 (bis 31. April), CIL XVI 159. AE 1949, 23 Z. 8. Im J. 95 führte er den Vorsitz bei den Spielen, die Plinius als Praetor veranstaltete, epist. 7,11,4. Pontifex 101, CIL VI 2184 (= 32445). **11.** M. Thermus. Praetorier, den Tigellinus ermorden ließ, weil einer seiner Freigelassenen Anschuldigungen gegen den Praetorianerpraefekten erhoben hatte, Tac. ann. 16,20,2. **12.** M. Timianus (Oppianus). Cos. suff. ca. 187 war er nach der Passio SS Perpetuae et Felicitatis (hg. v. C. J. van Beek I$^2$, 1956) cap. 6,3. 18,1 Procos. Africae 202/03; er starb im Amt, sein Prokurator Hilarianus fällte über die beiden Christinnen das Todesurteil und vollstreckte es. R. H.

*Bardenhewer* 2,685f. *Thomasson* Statth. Nordafr. 2,104f.

**13.** M., röm. Jurist, nach Iul. Dig. 12,1,22 wohl Schüler des → Sabinus, muß also in der 2. Hälfte des 1. Jh. n. Chr. gelebt haben. Von ihm persönlich wissen wir sonst nichts. Sein Werk wird in den Dig. zitiert in einem von Iulian bearbeiteten Auszug: *Iul. ex Minicio libri VI.* D. M.

1. *W. Kunkel* Herkunft und soz. Stellung der röm. Juristen, 1952, 121f. 2. *Fr. Schulz* Gesch. der röm. Rechtswissenschaft, 1961, 273f.

**Minio.** H. Mignone, Fluß Etruriens, der zwischen Graviscae und Centumcellae mündet (Verg. Aen. 10,183. Serv. z. St. Rut. Nam. 1,279. Mela 2,4. Vib. Sequ. p. 149 R. Tab. Peut. 5,2). G. R.

*Forbiger* HB. der alt. Geogr. 3,377. *Nissen* It. Ldk. 2,332.

**Ministeriales.** Kaiserliche Hofbedienstete in der Spätant. Die m., freien Standes, gehörten zu den dem *castrensis sacri palatii* (für Unterkunft und Verpflegung des Herrschers verantwortlich) unterstellten *castrensiani* (Not. dign. occ. 15,5; or. 17,4. Cod. Theod. 8,7,5). Die m. waren mit der Vorsorge für die Verpflegung des Hofes befaßt (Cod. Theod. 14,20,1. Amm. 14,11,4. 15,3,4). Spätestens seit 390 wurden die m. durch kaiserliches Dekret angestellt und in einer Matrikel (3 Rangstufen) verzeichnet; wie andere Hofbedienstete erlangten auch die m. Privilegien (Cod. Theod. 6, 30,12. 32,1 f. 35. 36,1). In den Germanenreichen erfuhr dann der Begriff des m. eine über die unmittelbaren Hofbediensteten hinausgehende Ausweitung (Vict. Vit. 1,43. 2,8 ff.). A. L.

*H.J. Diesner*, FF 41, 1967, 88 f.

**Minium** (»Mennig«), lat. Bezeichnung für Zinnober (griech. κιννάβαρι). Dieser war, wie man schon früh wußte, sowohl unmittelbar in der Natur zu finden wie auch durch Bearbeitung zu gewinnen. Man brauchte den Zinnober in der Malerei und beim Schreiben, aber auch in der Medizin (zur Blutstillung). Zinnober aber war sehr teuer (nur aus Spanien importiert); daher oft verfälscht oder durch Rötel (μίλτος) ersetzt. F. K.

**Minius** (h. Miño). Name nach HOLDER 2,595 vielleicht iber., nach SCHULTEN etr. [1]. Die ant. Ableitung von *minium* (Zinnober, Iust. 44,3,4. Isid. 19, 17,7) ist unbegründet. Nach Strab. 3,3,4 hieß der M. auch Βαῖνις, nach App. Ib. 301 auch Βαίτης. Der ant. Fluß mit seinen Nebenflüssen hatte denselben Verlauf wie h. [2], war aber wasserreicher: nach Strab. a. O. 800 Stadien = 160 km schiffbar, h. nur noch etwa 100 km. Bis zum M. drang D. Iunius Brutus Callaicus 138 v. Chr. vor (Strab., App. Ib. a. O.). An ihm lag der → Medullius mons. R. G.

1. *Ad. Schulten* Iber. Landesk. 1, Strasbourg/Kehl 1955, 354 ff. *Schulze* Eigenn. 361. 2. Font. Hisp. Ant. IX, Barc. 1947, 276.

**Minnion** (Μιννίων, Μινίων, Μινέων), Sohn des Theodotos aus Iasos. Er verhandelte mit Alexander über Fragen, die seine Heimatstadt betrafen, sowie über die Rückführung der verbannten Samier und scheint sich um das Zustandekommen des Verbanntendekrets für ganz Griechenland 324 verdient gemacht zu haben. Dafür wurde er zusammen mit seinen Kollegen in der Heimatstadt durch Prohedrie und Steuerfreiheit, in Samos durch das volle Bürgerrecht geehrt (Syll. I³ 307–312). G. W.

*Berve* Alex. II Nr. 531.

**Minoa** (Μινώα, Μινῴα). Kleine Insel an der Küste vor Nisaia, dem Hafen Megaras, 427 von den Athenern besetzt und bis 410 in ihrem Besitz, Thuk. 3,51 u. ö. Strab. 9,1,4 p. 391. M. ist die h. landfest gewordene Hügelkette mit Kapelle des hl. Georg und ant. Resten. E. M.

1. *F. Bölte – G. Weicker* Nisaia und M., MDAI(A) 29, 1904, 79 ff. 2. *A. G. Laird*, ClPh 29, 1934, 89 ff. 3. *A. J. Beattie*, RhM 103, 1960, 21 ff. 4. *E. Meyer*, RE XV 1855 ff. Nr. 1. 5. *Philipps.-Kirst.* 1,946.

**Minoische Kultur.** Als M. K. bezeichnet man nach dem sagenhaften König → Minos seit A. EVANS die vorgriech. Kultur des alten Kreta. Evans führte auch die Einteilung der kret. Bronzezeit in die Stufen Frühminoisch I–III, Mittelminoisch I–III und Spätminoisch I–III (abgek. E. M., M. M. und L. M. oder F. Min., M. Min. und S. Min.) durch. Diese Periodisierung nahm von der Keramik von Knossos ihren Ausgang und hat sich für diesen Fundort bestens bewährt. Dagegen fehlt im übrigen Kreta die allein in Knossos hergestellte Palastkeramik von S. Min. II, so daß dort die Stufe S. Min. I bis an den Beginn von S. Min. III weiterbleibt. Auch wurde die Palastkeramik von M. Min. II nur in Knossos und Phaistos erzeugt, so daß im übrigen Kreta M. Min. I bis an den Beginn von M. Min. III reicht. Das Vorhandensein der zeitweise angezweifelten Stufe F. Min. III hat sich neuestens bestätigt.

Was die Chronologie dieser Stufenfolge betrifft, so scheint F. Min. I–III das 3. Jt. bis etwa 2000 eingenommen zu haben, M. Min. I–II dagegen 2000–1700, M. Min. III das 17. Jh., S. Min. I und II die Z. von 1600–1400 und S. Min. III die J. von 1400–1200. F. Min. I–III pflegt man auch als die vorpalatiale Periode, M. Min. I–II als die Ära der Älteren Paläste und M. Min. III bis S. Min. II als die Periode der Jüngeren Paläste zu bezeichnen.

Ausgrabungen und Grabungspublikationen: Paläste: Knossos (Palast und Umgebung): A. EVANS The Palace of Minos I–VI 1921/1936. M. S. HOOD Arch. Survey of the Knossos Area 1948; weitere Grabungen von HOOD, dafür abschl. Publ. in Vorbereitung. – Phaistos, ältere Paläste: L. PERNIER, Festos I, 1935, wichtige weitere Grabungen v. DORO LEVI ab 1950. Vorber. im Annuario d. Sc. Arch. v. Athen und im Boll. d'Arte. – Phaistos, jüngere Paläste: L. PERNIER und L. BANTI, Festos II, 1951. – Mallia: Französ. Grabungen seit 1922, veröffentlicht von F. CHAPOUTHIER, J. CHARBONNEUNX, R. JOLY, P. DEMARQUE und H. VAN EFFENTERRE ab 1928 in den Ét. Cret. – Kato Zakro: Grabung von N. PLATON; s. Ergon und Praktika seit 1961 (wird fortgesetzt).

Palastartige Bauten und Villen: Hagia Triada: L. PERNIER und L. BANTI Guida degli scavi ital. in Creta 1947; abschl. Publ. v. L. BANTI in Vorbereitung. – Archanes: Ausgrabung durch das Ehepaar SAKELLARAKIS im Gang. – Vathypetron und Amnisos: S. MARINATOS Kreta u. d. myk. Hellas 1959, 90. – Gurnia: s. u. – Tylissos: J. HATZIDAKIS, Ét. Crét. III, 1934. – Niru Chani: S. XANTHUDIDIS, EA 1922, 1 ff.

Städt. Siedlungen: Mallia: höchst wichtige französ. Grabungen im Gange (P. DEMARGNE, H. GALLET DE SANTERRE, H. VAN EFFENTERRE, J. DESHAYES und A. DESSENNE in Ét. Crét.). – Gurnia: H. BOYD-HAWES, Gournia 1908. – Paläkastro: R. C. BOSANQUET und R. M. DAWKINS Palaikastro Excav. I, 1923, weitere Grabungen im Gange. – Phaistos: DORO LEVI, Annuario 43/44 (1965/66). – Vgl. auch R. SEAGER Explor. in the Island of Mochlos 1912; DERS. Excav. in the Island of Pseira 1910.

Rundgräber bes. in der Mesara: u. a. S. XANTHUDIDES The Vaulted Tombs of Mesara 1924. DORO LEVI, Annuario 39/40, 1961/62, 7ff. und S. ALEXIOU zu den Gräbern von Lebena in Ergon und Praktika (seit 1958). Heiligtümer auf Höhen zu Petsofa, Maza und Piskokephalo, in Höhlen u. a. zu Kamares und Arkalochori. Jahresber. über die Grabungen auf Kreta in den Kretika Chronika, weiter in BCH und JHS (Report). Nach Zeitstufen geordnete Fundberichte von F. SCHACHERMEYR, AAHG 4, 1951, 5ff. 6, 1953, 193ff. 10, 1957, 65ff. AA 1962, 105ff.

Geschichtlicher Überblick. Über die am Anf. der Entwicklung stehende Steinzeit sind wir nur unzulänglich unterrichtet. Wahrscheinlich gab es hier, wie in Thessalien, Sizilien und Anatolien paläolith. und neolith. Felszeichnungen in Höhlen, doch wurden sie noch nicht gefunden. Im Neolithikum zeigen sich sowohl mit Vorderasien (in Gefäßformen) wie mit Äg. (Gefäßdekoration, Steingefäße) Zusammenhänge, doch kündigt Kreta schon damals in der Architektur (mit durchgehenden Leitlinien in den Grundrissen) seine kulturelle Selbständigkeit an (daher auch keine Megaronbauten und keine Befestigungen). Ein schon mehr städt. Platz scheint damals bereits Knossos gewesen zu sein (J. D. EVANS, BSA 59, 1964, 132ff.).

Die vorpalatiale Stufenfolge von F. Min. I–III zeigt Kreta in engstem Zusammenhang mit Kleinasien wie mit dem Frühhelladikum des griech. Festlandes. Auch die Beziehungen mit Äg. sind eng. Am innigsten ist die Insel aber mit den Kykladen verbunden (Idole und spiralverzierte Gefäße als Import). Die Besiedlung war dicht, Zentren lagen u. a. im O. (Herrenhaus in Episkopi und fürstliche Gräber auf Mochlos). Rundgräber gab es bes. im S. (in der Mesara). Unter den gewerblichen Erzeugnissen ragen die herrlichen Steingefäße und der Goldschmuck von Mochlos hervor. Die Glyptik (Knopfsiegel u. dgl.) gewinnt an Bedeutung. Die Keramik ahmt in Formen und Oberflächenbehandlung (Fleckung der sog. mottled ware) Metallgefäße nach. Spiraldekoration tritt erst in F. Min. III zusammen mit Weißmalerei auf dunklem Grund in den Vordergrund.

Zeit der älteren Paläste (M. Min. I–II): Schon anfangs M. Min. I begann man in Knossos und Phaistos die ersten Paläste zu errichten, wozu sich dann Mallia gesellte. In Phaistos wurde die Palastanlage mehrfach von Erdbeben zerstört, aber immer wieder aufgebaut. Auch Reste der Stadt sind hier erhalten. Alle Paläste gruppierten sich um einen großen Zentralhof. Sie dienten nicht nur der Residenz von Fürsten, sondern auch der Verwaltung, dem Warenaustausch, dem Gewerbe und als Magazine. Nur in Knossos und Phaistos wurde jetzt die feine Palastkeramik erzeugt, die man als Kamares-Ware bezeichnet (polychrome Ornamentik auf dunklem Grund, Bewegungsmotive wie Kreise, Spiralen, Wirbel; dünnwandige Eierschalen-Ware). Die Siegelglyptik erlebte mit geometr. wie figuralen Darstellungen ihre erste Blüte. Dagegen gab es noch keine figurale Wandmalerei. An Gräbern ist ein vielräumiges Hausgrab zu Mallia wichtig (als Chrysolakkos bezeichnet; Ét. Crét. VII), in der Mesara benützte man noch immer Rundgräber, die wenigstens meistens durch Steinkuppeln überwölbt waren. Kultstätten fanden sich auf den Bergen, u. a. zu Petsofa und in Höhlen (so zu Kamares). O.-Kreta tritt im Gewerbe nunmehr zurück und erzeugt auch keine Kamares-Ware. In den Palästen wird bereits die Schrift (sowohl piktograph. wie linear; → Linear-Schriften) verwendet. Handelsbeziehungen sind mit Äg. und Syrien eng. Waren von Kaptaru (d. i. Kreta) gelangen bis Mesopotamien. In der Ägäis herrscht die min. Flotte. Das mittelhellad. Griechentum des Festlandes ist noch schwach. Um 1700 wurde Knossos wie Phaistos von Feinden oder Erdbeben zerstört. Möglicherweise ist diese Katastrophe durch die Umwälzungen im Orient (Auftreten der Ariar in Vorderasien und der Hyksos in Äg.) hervorgerufen worden.

Neue Ära (M. Min. III): Bald nach der Katastrophe wurden die Paläste von Knossos und Phaistos wieder aufgebaut und die min. Thalassokratie wieder aufgerichtet. Min. Stützpunkten begegnen wir nun auf Kythera, Thera, Melos (Phylakopi), Keos (H. Irini) und Aigina, weiter auf Rhodos (Ialysos) und in Milet. Andererseits nimmt aber auch die Bedeutung der griech. Fürstenhöfe in der Argolis (Mykenai) und in der W.-Peloponnes (Peristeria) zu. Mit den Hyksos in Äg. stand Kreta in freundschaftlichen Beziehungen, man tauschte Geschenke aus und Ideen: Kreta übernahm die figurale Wandmalerei von Äg., dieses entlehnte der M. K. aber den min. Galoppdarstellungen, einzelne Motive (Thunfische) und Details der Darstellungsweise (Terraindarstellung). In Kreta erblüht in großartiger Weise eine mehr naturalist. Figuralkunst in der Glyptik und Toreutik, bes. aber in der Wandmalerei (Gartenszenen, so z. B. der »Krokuspflücker«, Darstellung von Meeresfauna). In der Keramik (Weißmalerei auf dunklem Grund) tritt Figurales (bes. Fische) neben das Ornamentale (bes. Laufspiralen). In Blüte steht auch die Fayence-Kunst (Schlangengöttinnen von Knossos, Meeresfauna, Nachbildung von Häusern). In der Schrift tritt der Linear-Typus gegenüber dem piktograph. in den Vordergrund (→ Linear-Schriften). Um 1600 wurden die Paläste von Knossos und Phaistos neuerlich, wohl durch ein Erdbeben, zerstört. Die Ruinen von Knossos scheinen daraufhin (von griech. Eindringlingen?) geplündert worden zu sein. In Äg. wurden ca. 1580 die Hyksos von den Pharaonen der XVIII. Dynastie vertrieben, vielleicht mit Unterstützung der myk. Griechen des Festlandes.

Letzte Blüte der Paläste (ca. 1550–1450): Noch einmal erhob sich Kreta aus Katastrophen zu neuer Blüte und erstrahlten nun vier Paläste (Knossos, Phaistos, Mallia und Kato Zakro) in höchster Pracht. Das Verhältnis zu den myk. Griechen war friedlich, die meisten der oben erwähnten Stützpunkte dienten dem Handelsaustausch mit dem Festland, wo jetzt die → Mykenische Kultur erblühte. Vom gesellschaftlichen und höfischen Leben geben uns nun Auskunft die prächtigen figuralen Darstellungen auf Wandgemälden (Gartenszenen, Festversammlungen, Tanzszenen, Stierspringen) auf Bechern aus Gold oder Steatit (Stiere bes. auf den sog. Vaphio-Bechern, Opferszenen in Höhenheiligtümern, sportliche Wettkämpfe, auch eine militär. Szene) und auf Siegeln (kultische Opfer-, Tanz- und Trauerszenen, göttliche Epiphanien). Die Keramik zeigt nun Dunkelmalerei auf hellem Grund und ahmt Metallgefäße nach. Charakteristisch ist für diese Z., daß sich die Fürsten von Phaistos eine Sommerresidenz zu Hagia Triada anlegten und vornehmlich dort wohnten. Die Herrscher von Knossos scheinen in ähnlicher Weise Archanes als Wohnsitz benützt zu haben. Als eine Begräbnisstätte schufen sie sich zu Knossos das sog. »Tempelgrab«. Etwa um 1450 wurde Kato Zakro durch Brand zerstört und scheinen auch die Paläste von Mallia wie Phaistos ihre Rolle ausgespielt zu haben. Wahrscheinlich hängt das mit den Vulkankatastrophen von Thera (Santorin) zusammen, worüber wir von den neuen Grabungen, die MARINATOS jetzt unter den Laven von Thera durchführt, nähere Auskunft erhoffen (vgl. seinen Vortrag auf dem I. congr. di micenologia, Rom 1967).

Nachblüte von Knossos (1450–1400): Nur der Palast und die Stadt von Knossos hat sich erhalten, wurde aber anscheinend von griech. Rittern und Fürsten okkupiert. Daher nun die Verwendung der griech. Sprache in der Linear B-Schrift (→ Linear-Schriften), weiter die myk. Bewaffnung in den Kriegergräbern bei Knossos und bei Phaistos. Auch die Keramik zeigt myk. Einflüsse (Nachahmung der sog. Ephyräischen Ware des Festlandes). Aus dieser Z. stammt wohl das monumentale Fürstengrab von Isopata. Knossos beherrschte nun ganz Kreta und organisierte die Insel straff. Die knoss. Hofhaltung suchte sich aber den min. Traditionen anzupassen und übernahm auch min. Kulte. Um 1400 wurde Knossos



(durch Erdbeben?) zerstört und der Palast nicht wieder aufgebaut.

Die postpalatiale Zeit (S. Min. III) von 1400–1200: In dieser Periode nimmt die Zuwanderung myk. Griechen allenthalben überhand. Es treten myk. Kammergräber und Megaronbauten auf, auch die Keramik nimmt immer mehr myk. Charakter an. Wohl hat es Herrscher und Residenzen gegeben, die Traditionen der M. K. wurden aber nur mehr im Religiösen weitergeführt. Die Ruinen des Palastes von Knossos wurden nur für kultische Zwecke wieder einigermaßen hergestellt (diese Annahme ist allerdings umstritten). Auch sonst finden wir in den Ruinen Kultkapellen. Die Paläste von Phaistos, Mallia und Kato Zakro blieben verlassen, dagegen gab es eine rege myk. Bautätigkeit zu Hagia Triada und scheint auch Archanes für die Herrscher von Knossos ein Zentrum geblieben zu sein, weshalb sie dort ihre Kuppelgräber anlegten. Aus der Z. bald nach 1400 stammt der berühmte Sarkophag von Hagia Triada, in dem sich minoische Jenseitsvorstellungen mit einigem Mykenischen verbanden. Weiter erhielt sich allenthalben der Kult der min. Muttergottheit (Idole zu Gazi und Karphi). Die min. Bevölkerung zog sich damals mehr in das gebirgige Innere zurück (Karphi und Kephali). Um 1200 wurde Kreta von den Wanderungen der Seevölker betroffen und in deren Herrschaftssysteme einbezogen. Wir können daher jetzt nur mehr von einer submin. Z. sprechen. Im 11. Jh. wanderten dann die Dorier ein und blieb das Min. auf das Innere des äußersten Ostens (Praisos) beschränkt.

Charakter der M. K.: Die min. Dynastien scheinen untereinander verwandt und in ihren Würden sakral geordnet gewesen zu sein. Sie leiteten sich wohl von göttlicher Zeugung her und bedurften mitsamt ihren Palästen wie Städten keines fortifikatorischen Schutzes, solange nur die min. Flotte die Meere beherrschte.

Außerdem gab es über dem gemeinen Volk eine Art von Patriziern, die teils in der Nachbarschaft der Paläste, teils auf dem Lande in schönen Villen lebten. Es waren keine Ritter, sie schätzten weder das Militärische noch die Jagd allzusehr, verwendeten Waffen, um damit zu prunken, und den Streitwagen zur eleganten Spazierfahrt. Wohl begeisterten sie sich für sportliche Wettkämpfe, wirken aber auf den Abbildungen als gefallsüchtige Dandys und Stutzer. Die Landesverteidigung überließen sie wohl der Flotte, wobei aber auch das Seemännische nicht zu ihrem eigentlichen Lebenselement gehörte.

Eine große Rolle spielte in der min. Gesellschaft gegenüber dem Grandseigneur die Dame. An dieser wie an der Göttin und an der Priesterin erweist sich ein mehr matriarchal. Kultur- und Gesellschaftsstil.

Auch im Religiösen tritt uns dieses Matriarchalische eindrucksvoll entgegen. Es handelte sich um eine Agrarreligion, die ihre Wurzeln im neolith. Anatolien hatte (→ Kleinasien). Von dort leitete sich die große Mutter- und Fruchtbarkeitsgöttin her, ebenso ihr ἱερὸς γάμος mit dem jugendlichen Geliebten (später u. a. der »kretische« Zeus), die kultische Rolle des Stiers, der Stierschädel wie Stierhörner, auch die enge Beziehung zum Leoparden. Im erdbebenreichen Kreta wurde dazu noch der Unterweltsschauer durch Höhenkulte bes. betont. Auch verband man sogar Höhlenkulte und selbst das Machtsymbol der Doppelaxt mit der Muttergottheit. Richtige Tempel hat es nicht gegeben, jedoch kleine Heiligtümer, bes. auf den Berggipfeln, und Kapellen in Palästen wie Häusern, ebenso Kulträume in Grablagen. Wichtigste religiöse Anliegen waren einerseits der Schutz vor Erdbeben, andererseits das Leben nach dem Tode. Man erhoffte ein Jenseits anscheinend auf den Inseln der Seligen, daher der Kahn als Grabbeigabe. Doch kamen Totengöttinnen auf dem erwähnten Sarkophag von Hagia Triada auch auf schnellen Wagen angefahren, um den Verstorbenen zu entführen. Vgl. zur min. Religion: CH. PICARD Les religions préhelléniques 1948. M. P. NILSSON The Minoan-Mycenaean Rel.² 1948. F. MATZ Göttererscheinung und Kultbild im min. Kreta 1958. S. ALEXIOU Ἡ μινωικὴ θεὰ μεθ' ὑψωμένων χειρῶν 1958. F. SCHACHERMEYR Das min. Kreta 140ff.

Zur min. Kunst vgl. G. A. SNIJDER Kret. Kunst 1936 (bes. über Eidetik). SCHACHERMEYR, a. O. 179ff. (bes. über die Bewegungsidee und die Komposition in Ornamentik wie im Figuralbild), weiter F. MATZ, HBArch. II 1950 (1954); Kreta, Mykene, Troja 1956; Kreta und frühes Griechenland 1962 (über die Struktur und Strukturelemente, die dem min. Kunstschaffen zugrunde liegen). Für die Architektur vgl. bes. noch J. W. GRAHAM The Palaces of Crete 1962. Zur Glyptik s. F. MATZ Frühkret. Siegel 1928 und das von ihm herausgegebene Siegel-Corpus.

Zur Wirtschaft: Obgleich es sicherlich auch privatwirtschaftliche Betriebe gab, stand die Palastwirtschaft doch sehr im Vordergrund, und zwar schon einmal als eine Oikos-Wirtschaft mit interner Erzeugung, zugleich aber auch als Tauschzentrale und mit der Aufgabe, die landwirtschaftl. Vorräte gesichert aufzuspeichern. Die min. Wirtschaft beruhte auf ihrer landwirtschaftl. Erzeugung (Öl, Wein, Getreide, Herdenhaltung, Gartenbau, Holz), bes. aber auch auf ihrer kunstgewerbl. Produktion von Gold-, Stein- und Fayence-Gefäßen, Plastiken, Textilien, Holzarbeiten (ev. mit Elfenbeineinlagen), Prunkwaffen (bes. Langschwerter), auch von Siegeln mit Figuralszenen.

Sprache: Die Sprache der Minoer ist uns durch Namen und Kulturwörter, die sich bis ins Griechische erhalten haben, seit neuestem aber auch durch die bereits einigermaßen entzifferten Texte in Linear A-Schrift (→ Linear-Schriften) bekannt. Von semitistischer Seite wurde der Versuch gemacht, das Min. als ein semit. Idiom zu reklamieren, von indo-europäistischer dagegen, sie für indo-europäisch, sei es für luw., hethit. oder griech. zu halten. Doch ist das Material viel zu gering und bei solchen Schlußfolgerungen die Gefahr, Zirkelschlüssen zu verfallen, allzu groß. So scheint es fast näher zu liegen, daß es sich bei dem Min. weder um eine semit., noch um eine indoeurop. Sprache handle, sondern um ein mittelmeerisches Idiom. Dafür dürfte auch sprechen, daß das Namenmaterial und die Suffixe, die hier und bei den Kulturwörtern verwendet werden (z. B. Tylissos, Rhadamanthys, asaminthos, labyrinthos), die besten Parallelen in Anatolien, im ägäischen, wie balkan. Bereich und in O.- bzw. S.-Italien finden. Vgl. C. H. GORDON Evidence for the Min. Language 1966; Atti e Memorie l. congr. int. di micenologia 3, 1967, 57ff.; V. GEORGIEV Les deux languages Cret. en Linear A 1963; Atti X 1, 183ff.; L. R. PALMER, zuletzt Atti 1, 1967, 329ff.; SCHACHERMEYR Die min. Kultur 253ff. F. Sch.

Lit.: Zu den Grabungspublikationen s. bereits S. 1324. An Übersichtswerken seien aus der Z. vor Veröffentlichung der großen Ausgrabungswerke erwähnt. *D. Fimmen* Die kret.-myken. Kultur, 1924 und *G. Glotz* La civilisation minoenne, 1921. Neuere Übersichtswerke (seit 1935): *J. D. S. Pendlebury* The Archaeology of Crete, 1939. *H. Bossert* Altkreta³, 1937. *P. Demargne* La Crète dédalique, 1947. *F. Matz*, HBArch 2, 1950, 179ff. *G. Glotz* La civilisation Égéen³, 1952. *F. Matz* Kreta, Mykene, Troja, 1956. *S. Marinatos* Kreta und der myken. Hellas, 1959. *G. Karo* Greifen am Thron, 1959. *R. W. Hutchinson* Prehist. Crete, 1962. *F. Matz*, CAH II Kap. 4b und 12 (1962). *Ders.* Kreta und frühes Griechenland, 1962. *F. Schachermeyr* Die min. Kultur im alten Kreta, 1964. *S. Alexiou* Μινοικὸς πολιτισμός, 1965.

Über die Beziehungen der M. K. zu Vorderasien und Äg. s. *J. S. D. Pendlebury* Aegyptiaca 1930. *H. Kantor* The Aegean and the Orient in der second. Mill. 1947 (grundlegend). *S. Immerwahr* und *H. Kantor*, Archaeology 19, 1960, 4ff. 14ff. *F. Schachermeyr* Ägäis und Orient, 1967 (Denkschr. Österr. Ak. d. W. Phil. hist. Kl. Bd. 93). *J. Vercoutter* L'Égypte et le Monde Égéen, Préhellénique, 1956. – Zum umstrittenen Problem des Endes des knoss. Palastes und einer »Reoccupation« vgl. u. a. *M. R. Popham* The Last days of the Palace of Knossos, 1964. *Ders.* Kadmos 5, 1966, 17ff. *S. Hood*, zuletzt Kadmos 4, 1965, 16ff. *J. Boardman* und *L. R. Palmer* On the Knossos Tablets, 1963. *L. R. Palmer* zuletzt Atti 2, 141ff.

**Minorca** s. Baliares

**Minores.** Ausführlicher *m. viginti quinque annis* oder *m. viginti quinque annorum*. Im wörtlichen Verständnis wird damit jeder bezeichnet, der das 25. Lebensjahr noch nicht vollendet hat. Im klass. Sprachgebrauch der röm. Juristen ist die Bedeutung enger.

I. Altersstufen. Die im altröm. Recht zunächst allein maßgebliche Einteilung in Altersstufen ist gekennzeichnet durch den Eintritt der Geschlechtsreife *(pubertas):* Wer sie erreicht hat *(puber)*, ist – abgesehen von der Geschlechtsvormundschaft für Frauen – voll handlungsfähig. Bei den *impuberes* wird weiter unterschieden: *Infantes*, die die Wortformeln der Formalgeschäfte noch nicht sprechen können, sind vom Rechtsverkehr ausgeschlossen, dagegen die *impuberes infantia maiores* weithin zugelassen. Aber für Geschäfte, die ihnen Nachteil bringen, benötigen sie die *auctoritas* ihres *tutor*. Etwa um 200 v. Chr. wird durch eine lex Plaetoria (Laetoria) eine 3. Altersstufe hinzugefügt: die Vollendung des 25. Lebensjahres. Die Notwendigkeit dazu folgte wohl aus der zunehmenden Kompliziertheit der Lebensverhältnisse, mit der ein *puber* nicht mehr ohne weiteres fertig werden konnte. Daher wird ihm durch die *lex* und später durch ergänzende praetor. Maßnahmen Hilfe gebracht (vgl. unt. II).

Techn. bezeichnet *m.* also nur die Altersgruppe zwischen dem Eintritt der Pubertät und der Vollendung des 25. Lebensjahres. Dabei ist der Eintritt der Pubertät bei männlichen Jugendlichen zunächst individuell festgestellt worden. Später ist aber unter dem Einfluß der Proculianer eine feste Altersgrenze angenommen worden: Die Vollendung des 14. Lebensjahres, Gai. 1,196. Bei weiblichen Jugendlichen entscheidet die Vollendung des 12. Lebensjahres.

II. Rechtsstellung des *m.* nach klass. Recht. Die lex Plaet. gewährt eine Strafklage gegen den, der einen *m.* geschäftlich übervorteilt *(circumscribere)*. Diese Klage ist eine *actio popularis*, kann also von jedem angestrengt werden. Zudem erhält der übervorteilte *m.* selbst eine *exceptio* gegen die Klage seines Partners. Endlich verheißt der Praetor dem *m.* eine *in integrum restitutio* (Ulp. Dig. 4,4,1,1; vgl. O. Lenel Edict. Perpet. 1927[3], 116), also Maßnahmen, die den *m.* von den lästigen Folgen des Geschäfts befreien.

Diese Fülle von Rechtsbehelfen wird aber dem *m.* nicht nur Vorteile gebracht haben. Vielmehr bestand die Gefahr, daß der *m.* nun vom Rechtsverkehr ausgeschlossen wurde: Wer wollte schon mit einem *m.* kontrahieren, wenn dieser das Geschäft mit Hilfe des Praetors weithin wieder zu Fall bringen konnte, sobald es lästig wurde? Wohl um hier Abhilfe zu schaffen, entstand die Einrichtung der *cura m.um:* Der *m.* konnte beim Praetor die Bestellung eines *curator* beantragen, zunächst nur für ein einzelnes Geschäft, seit Marc Aurel auch mit umfassendem Wirkungskreis. Damit ist die Gefahr für den Geschäftspartner des *m.* behoben: Der Praetor gewährt nämlich dem *m.*, der einen solchen *curator* hat, keine Hilfe mehr. Das gilt unabhängig davon, ob der *curator* zu dem Geschäft des *m.* seinen *consensus* gegeben hat oder nicht.

III. Die spätere Entwicklung. In der nachklass. Z. wird der *curator m.is* dem *tutor impuberis* angeglichen. Bes. wird die Bestellung eines *curator* jetzt unabhängig von einem Antrag des *m.* allg. üblich, und die Befugnisse des *curator* werden umfassend ausgestaltet. Geschäfte des *m.*, denen der *curator* seinen *consensus* verweigert hat, werden für ungültig gehalten. Damit zerfließt die klass. Grenze zwischen dem *impuber* und dem *m.* Als *m.* werden jetzt alle Personen unter 25 J. mit Einschluß des *impuber* bezeichnet. Erst Iustinian stellt den klass. Rechtszustand z. T. wieder her.

IV. Venia aetatis. In einer spätklass. Quelle (Ulp. Dig. 4,4,3 pr.; echt?) findet sich bereits die Befreiung von den Beschränkungen, denen der *m.* unterliegt, als kaiserliche Vergünstigung. Das wird von Konstantin allg. ausgebaut (Cod. Theod. 2, 17,1 = Cod. Iust. 2,44,2): Männer vom vollendeten 20. und Frauen vom vollendeten 18. Lebensjahr an können auf Antrag für volljährig erklärt werden *(venia aetatis)*. Sie sind damit von den Beschränkungen des *m.* befreit. Voraussetzung ist außer dem Mindestalter der Nachweis der *honestas morum* und der *probitas animi*. Iustinian behält das bei. D. M.

Lit.: Ältere RE XV 1889, vgl. auch Suppl. V 578ff. (lex. Plaet.). Neuere: 1. *E. Levy*, ZRG 68, 1951, 360ff. 2. *A. B. Schwarz*, ZRG 69, 1952, 345ff. 3. *M. Kaser* Das röm. Privatrecht 1, 1955, 238ff. 313ff. 2, 1959, 78ff. 235ff.

**Minos** (*Μίνως*). Sagenberühmter kret. König, nach dem die Archäologen die kret. Kultur von der Mitte des 3. Jt. bis zum E. des 2. Jt. benennen, unterteilt in früh-, mittel- und spätminoisch. Schon Hom. nennt M. einen Sohn des Zeus, Il. 13,449. Od. 11,568. Als Mutter wird stets → Europe genannt (bei Hom. ohne Namen »des Phoinix Tochter« Il. 14,321). Die Sage gibt dem Verhältnis des M. zu Zeus eine besondere Innigkeit. Zeus erzieht ihn, beruft ihn zum Königtum, legt für seine Vaterschaft Zeugnis ab (Bakchyl. 16,67ff.), erfüllt sein Gebet um Rache an Athen, vermittelt durch ihn die 1. Gesetzgebung an die Menschheit und verleiht ihm das Totenrichteramt, in den beiden letzten Punkten mit einer gewissen Beteiligung seines Bruders Rhadamanthys. Doch läßt die Überlieferung M. nie als Gott erscheinen, betont vielmehr sein Menschen- bzw. Heroentum ausdrücklich. Einen sterblichen Vater erhält M. in dem kret. König Asterios oder → Asterion (1), dem Zeus schon vor der Geburt des M. Europe zur Gattin gab. Dieser soll Sohn des Tektamos, Sohnes des Doros, und dessen Nachfolger in der Herrschaft gewesen sein, Diod. 4,60,2 f., eine Genealogie, durch die die spätere dor. Besetzung der Insel in die graue Vorzeit zurückverlegt wird. Man unterschied auch 2 Herrscher namens M., Großvater und Enkel, → Lykastos. Als einzigen Bruder des M. nennt die Il. 14, 321 → Rhadamanthys. Schon Hes. frg. 30 kennt aber als 3. Bruder → Sarpedon. Seine Gemahlin ist → Pasiphae, Tochter des Helios und der Perseis, Apollod. 3,7. Von Kindern des M. erwähnt Hom. → Deukalion (1), den Vater des vor Troia kämpfenden → Idomeneus, und → Ariadne. Dazu nennen Apollod. a.O. und Diod. 4,60,4 u.a.: → Androgeos, → Glaukos (3), → Katreus (1), → Phaidra, Akakallis (→ Miletos 1). Liebesverhältnisse werden erwähnt mit → Britomartis, → Pareia, → Prokris u.a. Die Leidenschaft für → Miletos führte zum Zerwürfnis unter den Brüdern. Es wurde auch erzählt, daß M. (nicht Zeus) den Ganymedes entführt und daß er sich in Theseus verliebt und ihm seine Tochter Phaidra zur Frau gegeben habe.

Der Herrschaftsbereich des M. umfaßte die ganze Insel, nur die → Polichniten und → Praisier galten nicht als seine Untertanen, → Eteo-Kreter. Als Residenz galt vorzugsweise Knossos, das er, wie zahlreiche andere kret. Städte, z.B. Phaistos und Kydonia, gegründet haben soll (Diod. 5,78,2); Gortyns Gründung wird anderen zugeschrieben. Nach Diod. a.O. übernimmt M. die Herrschaft über die Insel, während Rhadamanthys als Gesetzgeber oder Richter tätig ist und selbständig ein gewisses auswärtiges Gebiet verwaltet. Der Vorrang des M. spricht sich schon in dem ihm von Zeus verliehenen goldenen Zepter aus. Ps.-Plat. Minos 319d. Strab. 3,150. Sarpedon wurde im Kampf besiegt und vertrieben, Hdt. 1,173, oder er zog es im Streit mit M. um den schönen Miletos (1) oder → Atymnios (2) vor, nach Kleinasien zu gehen, wo er Herrscher und Städtegründer wurde. – Mit dem Beginn von M.' Regierung verknüpft die Sage ein Stieropfer. M. bittet Poseidon, ihm aus der Meerestiefe einen Stier zum Opfer zu senden; Poseidon tut es, und der Stier ist so schön, daß M. ihn für sich behält und einen andern opfert, Apollod. 2, 94. 3,8f. Erzürnt über den Betrug, macht der Gott den Stier rasend und treibt Pasiphae zu der widernatürlichen Verbindung mit dem Stier, aus der → Minotauros hervorgeht. Dieser Stier wurde z.T. mit dem von Herakles bezwungenen kret. oder mit dem von Theseus bezwungenen marathon. Stier gleichgesetzt; auch mit dem, der Europe durchs Meer getragen hatte, Apollod. 2,94f.

Wenn Hes. frg. 103 M. *βασιλεύτατος καταθνητῶν βασιλήων* nennt, den reinen Idealtyp eines Königs, so denkt er dabei gewiß an das besondere Verhältnis des M. zu Zeus, wie es in dem im Alt. vielzitierten und in verschiedenem Sinn gedeuteten Vers Od. 19,179 *ἐννέωρος βασίλευε Διὸς μεγάλου ὀαριστής*, zum Ausdruck kommt, der sich auf die alle 9 J. wiederkehrenden Plauderstunden mit Zeus bezieht. Ps.-Plat. Minos 319c ff. stellt sich das in Form eines sophist. Unterrichts vor, wo das Erlernte nach 9 J. wieder nachzuweisen ist. Zweck der Erziehung des M. durch Zeus ist bei ihm die sittliche Tüchtigkeit, auf Grund deren er den Untertanen treffliche Gesetze geben konnte. Daß M. aus dem Verkehr mit Zeus die Gesetze für sein Volk gewann, steht zuerst Plat. leg. 1,624a. Hor. c. 1,28,9 *Iovis arcanis M. admissus* scheint auf eine andere Version zu gehen. Eine 3. Version findet sich Sch. Od. z. St., M. habe sich 9 J. abgesondert von den Menschen auf dem Ida aufgehalten und dort die Gesetze zusammengestellt. Als Ort der Zusammenkunft mit Zeus wird gewöhnlich die Zeusgrotte auf dem Ida angegeben (vgl. Pythagoras, Numa). Die Gesetzgebung des M. soll die älteste der Menschheit sein, Strab. 16,762; Lykurgos und Numa hätten von ihr gelernt. Die überlieferte Rolle des Rhadamanthys als Richter wurde gewahrt, indem man sie als spezielle Anwendung der Gesetzgebung des M. auffaßte, Plut. Thes. 16. – Nach dem Vorgang von Hdt. 1,171. 3,122 und Thuk. 1,4,1. 8,2 galt M. im ganzen Alt. als ältester Besitzer einer Flotte und (mit einer Einschränkung bei Hdt.) als 1. Seebeherrscher. Er vertrieb die kar. und leleg. Seeräuber von den Kykladen oder zwang sie in seinen Dienst, besiedelte viele Inseln und setzte seine Söhne als Statthalter ein. Zahlreich sind die Züge der Überlieferung, die auf Flottenstützpunkte des M. in der Ägäis, auch außerhalb der Kykladen, deuten (häufiges Vorkommen des Namens Minoa u.a.). Auf das Festland führte ihn der Tod des → Androgeos, an dem er den Athenern Schuld gab. Er tötet → Megareus, der dem König von Megara, → Nisos, zu Hilfe kam, im Kampfe und gewinnt die Stadt durch den Verrat der Königstochter → Skylla. Den Athenern schickt Zeus auf sein Gebet Hunger und Pest, die auch durch die Opferung der 4 → Hyakinthiden nicht aufhören. Sie müssen sich zu dem alle 9 J. (jährlich Verg. Aen. 6,21) zu sendenden Blutopfer von je 7 Knaben und Mädchen für den → Minotauros verstehen. Bei der 3. Tributleistung ging → Theseus freiwillig mit und tötete den Minotauros. – Sein Ende fand M. bei der Verfolgung des Daidalos, der von ihm in Haft gesetzt war, aber durch Segelfahrt (Diod. 4,71,5. Paus. 9, 11,4) oder durch Flug sich ihm entzogen hatte. Durch eine List ermittelte M. des Künstlers Aufenthalt bei König → Kokalos in → Kamikos (Sicilien). Der nahm M. freundlich auf, ließ ihn aber durch seine Töchter verbrühen. Die Leute des M. bestatteten ihren König prunkvoll (Diod. 4,79,3f.) in einer Art »Tempelgrab«, wie man ein solches bei Knossos entdeckt hat (Lehmann-Haupt, Klio NF 7,169ff.), das einzige fürstliche Mausoleum der jüngeren Palastzeit (F. Matz Kreta und Frühgriechentum, 1962, 109). Bei der Gründung von Akragas (um 600) wurden die Gebeine den Kretern zurückgegeben. Im Anschluß an den Sicilienzug des M. wird noch von kret. Siedlungen in Sicilien und Unteritalien berichtet. Diod. 4,79,5. Hdt. 7,170.

In der Nekyia Od. 11,567ff. setzt M. seinen Lebensberuf als Schiedsrichter der Schatten fort. Diese Stelle gab später Anlaß, M. zum Totenrichter, d.h. zum Richter über das vergangene Leben der Verstorbenen zu machen. In der Regel teilt M. sein Amt mit Rhadamanthys, dem Hom. den Aufenthalt im Elysion zuwies, mit → Aiakos, gelegentlich, unter athen. Einfluß, auch mit → Triptolemos (Plat. apol. 41 a; att. Vasen). Plat. Gorg. 523 e brachte die schon bei Pind. auftretende Vorstellung vom Totengericht unter Einwirkung orph. und pythagor. Gedanken in eine feste Form. Hier richtet Rhadamanthys die Toten Asiens, Aiakos die Europas, M. hat das Ehrenamt der obersten Entscheidung. – In der Frage, ob M. im Kern eine myth. oder eine geschichtliche Gestalt ist, spielte man früher sein bes. inniges Verhältnis zu Zeus und seine Rolle als Totenrichter zugunsten urspr. Göttlichkeit aus. Doch ist ein Kult nirgends nachweisbar. Aus dem wohl vorgriech. Namen M. ist nichts zu erschließen. Die Versuche, M. mit Minotauros, dessen Eigenname (»Vorname« Wilam. GldH 1,109) Asterios ebenso wie der Name seiner Mutter Pasiphae in die Himmelssphäre zu weisen scheint, gleichzusetzen und zum Hauptgott der vorgriech. Bevölkerung zu machen, haben ihren Reiz verloren. Die epochemachenden Ausgrabungsergebnisse auf Kreta drängen dagegen den Schluß geradezu auf, daß M. in der Tat der Repräsentant der kret. Seemacht ist (etwa in der jüngeren Palastzeit, der Zeit des Linear A), als welcher er ja auch in der Überlieferung erscheint. Es bleibt ein erstaunlicher Vorgang, daß einzelne Fakten und Verhältnisse dieser Vorzeit sich über so viele Jh.e voller Wanderungen und Wandlungen hinweg in der Erinnerung der Kreter und Griechen überhaupt gehalten haben. Ein Gesamtbild der kret. Kultur kann uns die M.-Sage natürlich nicht vermitteln; von dem femininen, phäakenhaften Wesen der mino. Welt findet sich in ihr keine Spur; vergessen ist, daß die Achaier auch ihrerseits eine nicht unbeträchtliche Flotte besessen haben müssen, wenn sie im 15. Jh. Knossos zu erobern vermochten. Die Thalassokratie des M. setzt übrigens kein geschlossenes Reich voraus. Die Feldzüge nach Attika und Sicilien brauchen nicht ins Reich der Fabel verwiesen zu werden; zum mindesten spiegeln sie wirtschaftliche Beziehungen wider, für Sicilien durch Warenaustausch mit den Lipar. Inseln bestätigt. Die athen. Sonderüberlieferung beanspruchte einerseits den großen Künstler des M. →, Daidalos, für sich und suchte anderseits den Ruf seiner hohen Gerechtigkeit durch Betonung grausamer Handlungen abzuwerten, ist aber damit nicht durchgedrungen, wie vor allem M.' Rolle als Totenrichter zeigt. H. v. G.

*Helbig*, Myth. Lex. 2,2993ff. *Prell.-Rob.* 2,346ff. *Bethe*, RhM 65, 1910, 200ff. *Meyer* GdA $3^2$,212ff. *Wilam.* GldH 1, 1931, 110ff. *Poland*, RE XV 1890ff.

**Minotauros** (*Μινώταυρος, ὁ Μίνω ταῦρος*). M. verdankt in der Sage seine Existenz der widernatürlichen Verbindung von → Minos' Gattin → Pasiphae mit dem Stier, den Poseidon dem Minos zur Bestätigung seiner Herrschaft gesandt, dessen Opferung dieser aber unterlassen hatte. Minos sperrte die Mißgeburt in den innersten Winkel des → Labyrinths. Hier bekam er die athen. Jünglinge und Mädchen zum Fraße vorgesetzt; daß er sich allg. von Menschenfleisch ernährte, steht nur Serv. Verg. Aen. 6,14. → Theseus tötete M. und befreite Athen von dem Blutzoll, Apollod. 3,11.213; epit. 1,8. Plut. Thes. 15ff. Diod. 4,61,3. 77,1ff. Die Menschenopfer, ein märchenhafter Zug wie andere Züge dieser Geschichte (Wilam. GldH 1,110), entstammen dem Mißverstehenwollen der betroffenen Feinde (Poland, RE XV 1934). Die ant. Mythendeutung erfand um der ratio willen und, um Pasiphae moralisch zu entlasten, einen schönen Jüngling aus der Umgebung des Minos oder einen Notarius oder Feldherrn namens Tauros. Die jungen Athener, im Labyrinth verwahrt, waren die Kampfpreise, die Tauros bei den Leichenspielen für → Androgeos gewann, Plut. Thes. a. O. Die neuere Deutung, an M.' Eigennamen → Asterion (Apollod. 3,11) anknüpfend, sah in ihm meist den aus den zahlreichen Stierbildern erschlossenen Stern- und Stiergott der vorgriech. Bevölkerung Kretas, Malten, JDAI 43, 1928, 90ff. Ein solcher Gott (o. I 658) hat aber nicht existiert, Nilsson GgrR 1,297. Matz Kreta und frühes Griechentum, 1962, 69.125.151. Hinter den Stierbildern (nebst den Doppeläxten) und Stierspielen steht die kult. Bedeutung des Opferstiers und des Opfers überhaupt. Die Stiergötter der orient. Umwelt gaben den Minoern nur den Anlaß zur Ausbildung einer neuen und eigenen relig. Symbolik. Cook Zeus 1,490 denkt an Sonnentänze des kret. Kronprinzen mit Stiermaske in der Orchestra des Labyrinths (Lukian. salt. 49 spricht von 2 Stiertänzen und dem Labyrinthtanz). Karo, ARW 7, 1904, 133 rechnete den M. zu den Mischwesen der altachäischen Rel. – Die in der ant. Lit. geläufige Vorstellung des M. als stierköpfigen Menschen ist auch in den zahlreichen Kunstdarstellungen festgehalten. Der mino. Siegelabdruck Taf. 22,4 bei Nilsson a. O. gehört freilich nicht hierher. Frühestes Vorkommen vor 650. Seitdem wird auf att., aber auch auf nicht-att. Vasenbildern Theseus' Kampf mit dem M. bes. häufig dargestellt. Etr. Darstellungen schildern Minos' Entsetzen über die Mißgeburt, ehe er von Ariadne besänftigt wird. Aus dem 5. Jh. stammt eine Metope vom Hephaisteion in Athen, aus späterer Z. u. a. eine Bronzegruppe in Berlin. H. v. G.

*L. Cottrell* The Bull of M., Lond. 1954.

**Minthe. 1.** Gebirge in Triphylien, h. Alvaena, 1219 m, mit Spuren einer Opferstätte auf dem Gipfel und von Strab. 8,3,14 p. 344 an den Abhängen erwähnten Heiligtümern von Hades und Demeter. Ptol. 3,14,35. Phot. lex. s. *μίνθα*. E. M.

1. *Ernst Meyer*, RE XV 1934. 2. *Ders.* Neue Pelop. Wanderungen 53.

**2.** M. s. Minze

**Minturnae** (Steph. Byz. *Μέντυρνα*). Ausonischer (Liv. 9,25,4. Steph. Byz.: samnitischer) Ort (vorröm. Siedlungsreste: Jotham Johnson Excavations at Minturnae 1, 1935. Taylor, AJA 40,

1936, 284) Neulatiums (Ptol. 3,1,63) nahe der Mündung des Liris (Liv. 10,21,8 *ad ostium Liris fluvii.* Strab. 5,233), s.ö. dessen eine Neustadt lag (Strab. *διαρρεῖ.* Plin. nat. 3,59 *Liri amne divisa.* Ps.-Acro. Porph. Hor. c. 1,31,7. 3,17,8), in ungesunder (Ov. met. 15,716) und sumpfiger (Cic. Pis. 43. Vell. 2,19,2. Hor. epist. 1,5,4f. Sch. Bob. Cic. Planc. 26) Gegend (Reichtum an Weidenbäumen: Cic. leg. agr. 2,36). 295 v. Chr. röm. Bürgerkolonie (Vell. 1,14,6. Beschluß dazu 296: Liv. 10,21,8), später august. Kolonie der 1. Region (Plin. CIL X p. 595: *tribus Teretina*) mit Seehafen *portus Lirensis* (Dig. 13,19,2). Tempel (MINGAZZINI, Mon. Ant. 37, 1938, 693ff. Weihinschr. CIL $I^2$ 2438) und Kult der Göttin → Marica (Strab. Liv. 27,37,2. Porph. Hor. c. 3,17,8. Vib. Sequ. p. 149 R.; Gleichsetzung mit Venus: Serv. Aen. 7,47, mit Diana: Sch. Aug. civ. 2,23, ARW 13,567, mit Circe: Lact. inst. 1,21. 23. Serv. Aen. 12,164), in deren Hain Marius Zuflucht fand (Cic. Planc. 26 m. Sch. Bob. p. red. ad Quir. 20; Sest. 50; Pis. 43. Liv. per. 77. Val. Max. 1,5,5. 2,10,6. Vell. 2,19. Sisenna frg. 125 P. Plut. Mar. 37ff. App. civ. 1,61). Die via Appia bildet den decumanus von M. bei 97 mp (Itin. Ant. 108,3 u. a.) und überschreitet den Liris mit *pons Tiretius* (Cic. Att. 16,13 a,1; Überlieferung des Namens unsicher, vielleicht Zusammenhang mit dem Namen der *tribus Teretina*). Cicero war nach Ausweis seiner Briefe (JOHNSON, RE Suppl. VII 475f.) oft in M. Umfangreiche Grabungen haben Forum, Theater, einige Tempel (JOHNSON Excavations at Minturnae 1, 1935), Kalksteinaltäre mit Inschr. (JOHNSON a. O. 2,1, 1933. F. BÖMER Unt. z. Religion der Sklaven 1, 1957, 101ff. DEGRASSI ILLRP Nr. 724–746 = CIL $I^2$ 2678ff.) und einen Aquaedukt (BUTLER, AJA 5, 1901, 187ff.) freigelegt. Weihung an Caesar (L. R. TAYLOR Divinity of the Rom. Emperor, 1931, 268f.) nach *lex Rufrena* (vgl. CIL $I^2$ 797. 798). Name M. ungeklärt, Suffix in Kampanien häufig. Blitzschlag und Brand im J. 191 v. Chr. (Liv. 36,37,3) archäol. nachweisbar (JOHNSON 1,4ff.). G. R.

*Forbiger* HB der alt. Geogr. 3,472. *Nissen* It. Ldk. 2,662f. *L. R. Taylor* The Voting Districts of the Rom. Republic, 1960, 182f.

**Minucia porticus** hießen in Rom zwei Gebäude, von denen das ältere wahrscheinl. von dem Konsul des J. 110 v. Chr. → M. Minucius erbaut wurde. Die genaue Lage in der Regio IX (Circus Flaminius) ließ sich noch nicht bestimmen. Nach Cic. Phil. 2,84 amtierte dort M. Antonius als *magister equitum.* In der Kaiserz. war die M. p. Sitz der Getreideverwaltung. Rud. G.

*Lugli* Monumenti 1,145ff.

**Minucia via** führt über Herdoniae, Canusium, Netium, Caelia, Egnatia (Strab. 6,282) nach Brundisium (Hor. epist. 1,18,20); vgl. Cic. Att. 9, 6,1. NISSEN It. Ldk. 2,788 (mit irriger Ansetzung). RADKE, G 71, 1964, 228. MH 24, 1967, 223: vermutlich erbaut 221 v. Chr. G. R.

**Minucius.** Name eines röm. Geschlechts (= *Μινύκιος, Μηνύκιος*; gelegentlich auch Minicius), SCHULZE Eigenn. 110. 361. 411. Im 5. Jh. kommen patriz. Namensträger zwischen 497 und 439 mehrfach in den Fasten vor (sie mit einer bestimmten Richtung der älteren Forschung als durchweg interpoliert anzusehen ist nicht nötig): Nr. 14. 17. 18. 23. 24. Nach einem Zeitraum völligen Zurücktretens führen dann pleb. Namensträger – beginnend mit dem cos. von 305 (19) – im 2. Pun. Krieg und den anschließenden Jahrzehnten einen zweiten Höhepunkt des Geschlechts herauf; Familien: Augurini (nach dem im J. 300 unter den ersten Plebeiern ins Augurnkollegium aufgenommenen M. Nr. 25, MOMMSEN RF 1,65ff.), Rufi, Thermi; 5 Consuln in republ. Z. Minucia via: zwischen Benevent und Brundisium. Pons Minucius im Zuge der Via Flaminia (Nr. 36). Porticus Minucia im s. Marsfeld (Nr. 33). Lex Minucia: RE XII 2399. Mz.: SYD.

Republikan. Zeit. **1.** M., ging mit → Catilina im Nov. 63 nach Etrurien, Cic. Cat. 2,4. **2.** M., Praetor 43, kam als 2. Opfer der Proskription ums Leben. **3.** C. M. soll 509 als erster Privatmann in einer Volksversammlung gesprochen haben, Plut. Popl. 3,3: eine Erfindung der Annalisten. **4.** Cn. M., erhob 65 erfolgreich Anklage gegen C. → Manilius (2) *de maiestate.* **5.** L. M., Legat des Q. → Fulvius Flaccus (19) 182–181 in Hispania cit., berichtete 180 im Senat, Liv. 40,35. 36. **6.** L. M., Münzmeister um 135–126. SYD. BROUGHTON Mag. 2,446. **7.** M. M., angeblich 509 Quaestor zusammen mit P. Veturius, Plut. Popl. 12,3, wohl erfunden. **8.** M. M., Volkstribun 401; Einzelheiten (erfolgreiche Klage gegen die Consulartribune des Vorjahres) wohl spätere Konstruktion, Liv. 5, 11f. **9.** M. M., trat als tr. pl. 216 ein für die Errichtung einer staatl. Darlehensbank, Liv. 23,21,6. **10.** P. M. und Q. M. zeichneten sich 193 als Kriegstribunen bei Mutina gegen die Gallier aus, Liv. 35,5,3. **11.** Q. M., 212–211 Legat des Ap. → Claudius Pulcher (24) vor Capua, Liv. 26,33,5. **12.** Q. M., Praetor (urbanus?), leitete eine Senatsberatung über den Sarapiskult auf Delos (Syll.$^3$ 664), wohl 164, BROUGHTON Mag. 1,439. **13.** Q. M., röm. Ritter und Steuerpächter, 70 Belastungszeuge gegen Verres, Cic. Verr. 2,69. 3,148ff. 4,62 u. ö. **14.** Sp. M., Pontifex maximus 420. BROUGHTON Mag. 1,71. **15.** C. M. Augurinus, Volkstribun 184, Ankläger des L. Scipio Asiaticus (Gell. 6,19, 2), möglicherweise von → Cato (4) veranlaßt, H. H. SCULLARD Rom. Politics, 1951, 257f. **16.** C. M. Augurinus, Münzmeister um 133–126, BROUGHTON Mag. 2,446. **17.** M. M. Augurinus, Quaestor 509? (s. Nr. 7), Consul 497 und 491, Gesandter 488, in der Coriolan-Legende mehrfach erwähnt, ältester bekannter patriz. Namensträger. Dionys. Hal. 7,27ff. u. ö. **18.** P. M. Augurinus, Consul 492, Bruder von Nr. 17. **19.** Ti. M. Augurinus, Consul 305, fiel im Kampf gegen die

Samniten, Liv.9,44,5–16. BELOCH RG 418f. Stammvater der späteren pleb. Minucier. **20.** Ti. M. Augurinus, Münzmeister um 119–110 (Mz. mit Augurenstab). **21.** L. M. Basilus, reicher, vor 70 in Griechenland verstorbener Römer, der wohl 88 Legatus und 86 tr. mil. gewesen war; um sein Testament erhob sich ein Streit, Cic. off. 3,73f. u.a. **22.** L. M. Basilus, urspr. M. Satrius, von Nr. 21, seinem Onkel mütterlicherseits, adoptiert. 53 und 52 war er Legat Caesars in Gallien (Reiterführer gegen Ambiorix, Caes. Gall. 6,29,4ff., dann Legionskommandeur, 7,90,5). Im Bürgerkrieg bewährte er sich als Caesarianer vor allem bei Dyrrhachion, App. civ. 2,249. 45 Praetor, ging dann aus Enttäuschung zu den Verschwörern über (Cic. fam. 6,15 an ihn, GELZER Caes.[6] 215,198), näherte sich 44 dem Antonius und wurde 43 von seinem Sklaven ermordet, App. civ. 3,409. **23.** L. M. Esquilinus Augurinus, Consul suff. 458, zog gegen die Aequer und wurde – am Algidus eingeschlossen – von L. Quinctius Cincinnatus gerettet, Liv. 3, 25ff. Dion. Hal. 10,22ff., in Einzelheiten unhist. 450 gehörte er zu den Decemvirn (2. Kollegium, BROUGHTON Mag. 1,46), angeblich nochmals von den Aequern besiegt. 440 und 439 praefectus annonae (Hungersnot), Liv. 4,13,7 u.a. (von späterer Familientradition jedoch wohl als tr. pl. aufgefaßt – nach Übergang zur Plebs –, Plin. nat. 18, 15). Er war Konkurrent und dann Ankläger des Sp. → Maelius (2), jedenfalls nach später Annalistenkonstruktion, und wurde durch ein Denkmal geehrt, Liv. 4,16,2. u.a. Das Cognomen Augurinus dürfte erst aus der Zeit nach 300 stammen (s. Nr. 25). **24.** Q. M. Esquilinus Augurinus, Bruder von Nr. 23, Consul 457, kämpfte gegen die Sabiner, Liv. 3,30,1f. **25.** M. M. Faesus, gehörte zu den ersten Plebeiern, die 300 Augurn wurden, Liv. 10, 9,2. Er war wohl ein naher Verwandter von Nr. 19. **26.** Ti. M. Molliculus, starb als Praetor 180 im Amt. **27.** L. M. Myrtilus wurde 188 wegen Gesandtenmißhandlung an Karthago ausgeliefert. Liv. 38,42,7. **28.** M. Rufus, tr. pl. 121, Nachfolger und scharfer Gegner des C. → Gracchus (1), von BROUGHTON Mag. mit Nr. 33 identifiziert. **29.** M. Rufus, als Flottenkommandant im J. 88 erfolglos gegen Mithridates. **30.** M. Rufus, konnte 48 als Geschwaderkommandant des Pompeius den Adriaübergang Caesars nicht hindern, Caes. civ. 3,7,1f. **31.** M. M. Rufus, C. f. C. n., der bedeutendste Namensträger im 2. Pun. Krieg. 221 Consul mit P. Cornelius Scipio Asina (Quellen u.a. bei DEGRI 13,118. 442f.); M. war erfolgreich gegen die Histrer. 217 wurde er nach der Niederlage am Trasimen. See magister equitum des dict. Q. → Fabius Maximus (40), Pol. 3,87,6ff. Grundsätzl. Meinungsverschiedenheiten und vor allem ein Erfolg des M. über Hannibal bei Gerunium in Abwesenheit des Cunctators führten dazu, daß M. in singulärer Weise als 2. Dictator neben Fabius eingesetzt wurde, Pol. 3,103,2ff. T. A. DOREY, JRS 45, 1955, 92ff., → Metilius. Aus einer durch seine Kampflust verursachten schweren Krise wurde er nur durch Fabius gerettet, dem er sich dann fügte. 216 fiel er als einer der prominentesten Römer bei Cannae, Liv. 22,49,16, ein exemplum altröm. Ehrenhaftigkeit. J. BLEICKEN Volkstribunat, 1955, 37f. **32.** M. M. Rufus, Praetor (peregrinus) 197, gehörte 194 zur Dreierkommission (Koloniegründung in Bruttium) und ging 193 zusammen mit Scipio und Cethegus nach Afrika zur Regelung von Grenzstreitigkeiten. **33.** M. M. Rufus, Q. f. (tr. pl. 121?, s.o. Nr. 28), wirkte 117 als Schiedsrichter bei den Ligurern (zusammen mit seinem Bruder Q. M. Rufus, DESSILS 5946, der auch später bei ihm war), war 110 Consul, zusammen mit Sp. Postumius Albinus, DEGRI 13,474f., und ging nach Makedonien, wo er auch als procos. bis 106 blieb (Kämpfe gegen die Skordisker, Sieg am Hebros, Imperator). Nach dem Triumph ließ er die Porticus Minucia erbauen (Vell. 2,8,3), die bes. zu Getreideverteilungen diente, JORD. Top. 1,3, 546ff. † wohl vor 100. **34.** Q. M. Rufus, C. f. C. n. (vielleicht Legat vor Capua, s. Nr. 11, vgl. BROUGHTON Mag. 1,275), 201 pleb. Aedil, 200 Praetor (Untersuchung eines Tempeldiebstahls in Lokroi, auch 199 als Propr.), 197 Consul mit P. Cornelius Cethegus; M. feierte nach Kämpfen in Oberitalien eine ovatio über Boier und Ligurer. 189 war er rangältestes Mitglied der Zehnerkommission zur Ordnung Kleinasiens und ging wahrscheinlich 183 als Gesandter zu den Kelten, Liv. 39,54,13. **35.** M. Silo, führte 48 das Attentat auf Q. → Cassius Longinus (21) durch, wurde hingerichtet. **36.** (M). Thermus, Curator der Via Flaminia, wahrscheinlich Erbauer des Pons Minucius (Mon. Ancyr. 4, 20), Praetorier, den Cic. Att. 1,1,2 als möglichen Gegenkandidaten bei der Consulwahl nannte. Wohl nicht ident. mit Nr. 39. **37.** A. (M.) Thermus, von Cic. 59 erfolgreich verteidigt. **38.** L. M. Thermus, Legat 182–181 in Spanien und 178 gegen die Histrer, gehörte zu Gesandtschaften nach Äg. 154 und 145f. (BROUGHTON Mag. 2,643). **39.** M. M. Thermus, Sullaner, Praetor 81, nahm 80 als Statthalter von Asia Mytilene, wobei sich der junge Caesar auszeichnete, Suet. Caes. 2. GELZER Caes.[6] 19f. **40.** Q. M. Thermus, Q. f. L. n., Anhänger des älteren Africanus, Begründer des Ansehens seines Zweiges. 202 tr. mil. (zeichnete sich in Africa aus), 201 tr. pl. (setzte sich für Scipios Friedensschluß ein), 197–194 *IIIvir col. deduc.*, 196 Praetor, übernahm Hispania cit., wo er auch 195 als Promagistrat blieb (Triumph nach Rückkehr 195). 193 war er Consul zusammen mit L. → Cornelius Merula (56) (BROUGHTON Mag. 1,346. BLEICKEN Volkstribunat 71) und führte – mit prorogiertem Imperium – bis 191 einen wechselvollen Kleinkrieg gegen die Ligurer, durfte jedoch nicht triumphieren, Liv. 37,46,2. 189 war er (mit Nr. 34) Mitglied der Zehnerkommission zur Neuordnung Asiens, ging 188 als Gesandter zu Antiochos III.

nach Syrien (Pol. 21,46,1 f.) und wurde noch 188 im Heer des Cn. Manlius Vulso in Thrakien bei einem Überfall erschlagen, Liv. 38,41,3. **41.** Q. M. Thermus, Münzmeister um 96–94 (Broughton Mag. 2,447), Quaestor 89, Legat 86. **42.** Q. M. Thermus, * um 100, der letzte bedeutende Namensträger. Quaestor vor 73, Senator 73 (Zeuge im SC de Oropo, Syll.[3] 747), 62 tr. pl. (Parteigänger Catos, Gegner des Pompeius), 58? (oder 53?, vgl. Broughton Mag. 2) Praetor, 51–50 Propraetor in Asia (Treffen mit Cic. in Ephesos, Briefwechsel, z. B. Att. 5,21,14), wobei L. → Antonius (4) sein Quaestor war, mit dem er sich nicht vertrug. 49 suchte er vergeblich Iguvium (Umbrien) für Pompeius zu halten, ging 43 als Senatsgesandter nach Massilia, rettete sich E. 43 aus den Proskriptionen zu Sex. Pompeius und fand erst 35 den Weg zu den neuen Machthabern, App. civ. 5,579. **43.** Minucia, Vestalin, die 337 ihres Amtes enthoben, verurteilt und lebendig begraben wurde, Liv. 8,15,7 f. Lit. bei Latte RRel. 110,2. H. G. G.

Lit. Persönlichkeit: M. M. Felix, lat. Apologet, Vf. des Dialogs »Octavius« zwischen dem Heiden Caecilius Natalis und dem Christen Octavius Ianuarius, in dem der Vf. selbst, ein angesehener Rechtsanwalt in Rom, das Amt des Schiedsrichters übernimmt. Die Schrift beginnt mit einem Gedenkwort an den verstorbenen Jugendfreund Octavius, der einmal unvermutet aus einer überseeischen Provinz (Africa) nach Rom kam und anläßlich eines gemeinsamen Ferienaufenthalts mit M. F. in Ostia dessen noch heidn. jungen Freund Caecilius bekehrte; M. F. war schon früher, fast gleichzeitig mit Octavius, Christ geworden. Die Einleitung erzählt die Veranlassung des Streitgesprächs (Caecilius begrüßt eine Serapisstatue) und schildert anmutig die Szenerie mit am Strande spielenden Kindern. W. Speyer (s. u.) hält nicht nur den Dialog selbst, sondern auch seine Einkleidung für eine lit. Fiktion. Es folgen die nur durch ein paar Worte des Schiedsrichters unterbrochenen, zusammenhängenden Reden, die pathetisch angreifende des Heiden und die mehr begütigende des Christen, die Punkt für Punkt der ersten Rede folgt. Schließlich erklärt Caecilius sich besiegt. – Gedankengang: Caecilius, von philosoph. Skepsis ausgehend, bestreitet die Möglichkeit der Erkenntnis überird. Dinge, erst recht für die ungebildeten Christen. Im Kult aber müsse man sich an die überlieferten Bräuche halten, deren Befolgung Rom seine Größe verdanke. Den Christen schreibe die öffentliche Meinung schlimmste Unsittlichkeiten zu. Ihre Gottesvorstellung sei ebenso absurd wie ihre Eschatologie. Zu ihrem eigenen Schaden schlössen sie sich vom Leben der Umwelt ab. Er lobt noch einmal die Grundsätze des *γνῶθι σαυτόν* und des Nichtwissens eines Sokrates und der Akademie. – Gegenüber den gesellschaftlichen Vorurteilen des Caecilius geht Octavius davon aus, daß alle Menschen zur Erkenntnis der Wahrheit geschaffen seien. Die Selbsterkenntnis sei aber von der Gotteserkenntnis abhängig. Diese ergebe sich aus der Harmonie und Zweckhaftigkeit des Kosmos. Daß Gott nur ein einziger sein kann, bezeugten schon heidnische Dichter und Denker. Er erklärt dann die Vielgötterei in euhemerist. Weise und verbreitet sich über die Schändlichkeit mancher Kulte und Kultlegenden. Rom sei nicht durch seine Götter und die Praktiken seiner Priester groß geworden, sondern eher durch Raub, Gewalt und Religionsfrevel. Auspizien und Orakel seien das Werk böser Dämonen, deren Existenz auch heidn. Philosophen lehrten; die Dämonen beeinflußten auch die öffentliche Meinung gegen die Christen. Die Vorwürfe der Unsittlichkeit schleudert er auf die Heiden zurück. Die chr. Eschatologie sei auch der griech. Philos. nicht fremd, und das Strafgericht Gottes komme über Verdorbenheit und Verstocktheit der Heiden. Die Christen aber führten ein frommes und reines Leben und seien die wahren Weisen.

Auffällig ist, daß Octavius keine spezifisch chr. Begriffe wie Erlösung, Trinität, ja nicht einmal den Namen Jesu Christi erwähnt. Man hat daher in M. F. einen Häretiker gesehen. Mit Unrecht: er will die gebildeten Heiden erst einmal an die Schwelle des Christentums führen, indem er die Gemeinsamkeiten zwischen griech. Philosophie und Christentum aufzeigt und so die Heiden mit ihren eigenen Waffen schlägt. Er begnügt sich mit der »Praeambula fidei«. – Die Darstellung ist aufs sorgfältigste durchgeformt, trotz hochgradiger Rhetorik nicht ohne Leidenschaft und Gefühlswärme. Wie M. F. sich stilist. an Cic. und Sen. schulte, so hat er auch deren Gedankengut verwertet, bes. Cic. nat. Sen. de prov. Obwohl er alles mit einer Art »Musivkunst« einarbeitete, wirkt doch das klar komponierte Werk wie aus einem Guß. An der Übereinstimmung einzelner Sätze mit → Tertullians Apologeticum (a. 197) hat sich eine intensive Diskussion über die Priorität des M. F. oder Tertullians entzündet, die trotz subtilster Interpretationskünste nicht zu einem absolut sicheren Ergebnis geführt hat. Die Wahrscheinlichkeit spricht dafür, daß nicht der minutiöse Stilkünstler M. F., sondern das kraftvolle Originalgenie Tert. der gebende Teil gewesen ist (Axelson, s. u.). Ist es so, würde die Abfassung des »Octavius« in die ersten Jahrzehnte des 3. Jh. fallen. Bei dieser Datierung muß man allerdings in Kauf nehmen, daß die beiden Gesprächspartner auf die von ihnen zit. Rede → Frontos († um 170) gegen die Christen als auf ein weit zurückliegendes Ereignis Bezug nehmen. In der Cyprian († 258) zugeschriebenen Schrift *Quod idola dii non sint* sind beide, M. F. wie Tertullian, ausgeschrieben. – Überliefert ist der »Octavius« durch einen glücklichen Irrtum in dem cod. Paris. lat. 1661 als 8. B. von → Arnobius' Adv. nat. (Verwechslung von

*Octavius* und *octavus*). Erst FR. BAUDOUIN erkannte 1560, daß hier die von → Lactantius und → Hieronymus erwähnte Schrift des M. F. vorlag. H.v.G.

Ta.: *Jos. Martin*, Bonn 1930. *G. Quispel* mit Komm., Leiden 1949. *M. Pellegrino*, Turin 1950. *J. Beaujeu*, Paris 1964. *B. Kytzler*, Münch. 1965 (mit Übers.).

Schulausg.: *H. v. Geisau*, Mstr., Text $^{4}$1966, Komm. $^{3}$1967. *J. Lindauer*, Münch. 1964 (Text und Komm. in Ausw.).

Lit.: *R. Berge* Exeget. Bem. zur Dämonenauffassung bei M. F. Diss. Freibg. 1929. *B. Axelson* Das Prioritätsproblem Tert./M. F., Lund 1941. *C. Becker* Tertullians Apologeticum, 1954, 307 ff. *R. Helm*, Zs. der Univ. Rostock, 1953, H. 2,88 ff. *G. Lieberg* Die röm. Rel. bei M. F., RhM. 106, 1963, 62 ff. *W. Speyer* Octavius, der Dialog des M. F., Fiktion oder hist. Wirklichkeit? JbAC 7, 1964, 45.

Ältere Lit. bei *Hosius* und *Krüger* Gesch. der röm. Lit. 3$^{3}$, 1922. *v. Geisau* RE Suppl. XI 999 ff.

**Minukianos** (*Μινουκιανός*). **1.** M. d. Ä., Lehrer und Redner des 2. Jh. n. Chr. aus Athen, wahrscheinlich Schwiegersohn des → Sextos von Chaironeia, des Neffen Plutarchs (vgl. Him. or. 7,4). Nach Suda (s. M., wo freilich die biogr. Angaben auf → M. Nr. 2 zu beziehen sind) gab es von ihm verschiedene Reden (Him. or. 8,21 rühmt seine *δεινότης*), Progymnasmata, die → Menandros von Laodikeia kommentierte, und eine *Τέχνη ῥητορική* (später von → Porphyrios kommentiert). Weiterhin sind Demosth.-Komm. zu erschließen (Io. Doxopatr. 6,111 und 435 Walz). Lediglich die um 150 n. Chr. verfaßte Techne ist, vor allem dank der Polemik des etwas jüngeren, ganz auf die Theorie ausgerichteten → Hermogenes (9), der nichtsdestotrotz mancherlei von seinem Widersacher übernahm, weitgehend rekonstruierbar. Sie umfaßte mind. 2 B. (7,1023 W.) und behandelte bes. ausführlich die Statuslehre (Kritik an dem somit irreführenden Titel übt Hermog. bei Markellin. 4,684 W.) Immerhin läßt sich erkennen, daß M. im 1. B. die allg. Einteilung der Rhetorik und Definitionen einzelner Begriffe (Arten der Beredsamkeit, 7[!] Aufgaben des Redners usw.) sowie etym. Erklärungen vorausschickte, ehe er zur ausführlichen Behandlung der *στάσεις* überging, die wohl im wesentlichen das 2. B. ausfüllte. Er unterschied als erster 13 status (vgl. 4,291 A. 1 W.). Auf diese Zahl kam er dadurch, daß er die von Früheren, namentlich von → Hermagoras (1) einem Oberbegriff (etwa der *ἀντίθεσις*) untergeordneten Kategorien als selbständige *status* betrachtete. In seinem System sind peripatet. und stoische Züge verschmolzen. Auch Einflüsse älterer Zeitgenossen (→ Lollianos, → Hermagoras 3) sind spürbar. Nachwirkung und Kenntnis seiner Lehre zeigen sich bis hin zu den Rhetoren des 5. Jh.; dann setzte sich schließlich Hermogenes endgültig durch.

*St. Glöckner* Quaest. rhet., Bresl. philol. Abh. 8,2,22 ff. (Frg.e der Techne: 26 ff.; ergänzend *O. Schissel*, PhW 47, 1927, 828 ff.); *Ders.* Klio 21, 1927, 361 ff.

**2.** M. d. J., Sohn des → Nikagoras, Urenkel des Vorigen, Rhetor des 3. Jh. n. Chr. (laut Suda s. M. unter → Gallienus) in Athen. Zu seinen Schülern zählten → Genethlios und → Porphyrios. Erhalten ist von M. eine kleine Schrift *Περὶ ἐπιχειρημάτων*. Sie enthält eine Übersicht über die Arten des rhet. Beweises (*πίστεις ἔντεχνοι*) in peripatet. Tradition (vgl. F. SOLMSEN, AJPh 62, 1941, 35 ff. 169 ff.). Von den 3 Gruppen (*ἠθικαί*, *παθητικαί* und *λογικαί* bzw. *πραγματικαί*) ist nur die letzte ausführlich dargestellt, wobei das Hauptinteresse den Enthymemen gilt. H. Gä.

Ta.: *Walz* Rhet. 9,597 ff. *Spengel* Rhet. 1,417 ff. *Hammer* Rhet. 1,340 ff.

Lit.: *O. Schissel*, Klio 21, 1927, 361 ff.

**Minuskel** s. Schrift

**Minyades** (*Μινυάδες*). Die 3 Töchter des → Minyas von Orchomenos, → Alkathoe (Alkithoe), → Arsinoe (Arsippe), → Leukippe (Leukonoe). Plut. qu. Gr. 38. Anton. Lib. 10 (Nikandros Heteroiumena 4). Ail. var. 3,42. Ov. met. 4,1–40. 390–415. Die Schwestern weigern sich, den orgiast. Kult des Dionysos anzuerkennen wie die andern Orchomenierinnen. Sie bleiben bei ihrer Wollarbeit. Plötzlich offenbart sich die Wunderkraft des Gottes in rauschender Musik und Wohlgeruch, das Gewebe wird zu rankenden Reben und Efeu, Schlangen zischen aus dem Wollkorb, Milch und Honig träufeln von der Decke, dann erzittert das ganze Haus, Fackelschein leuchtet auf, Tiergebrüll erhebt sich. Vergebens suchen die Schwestern einen Unterschlupf. Nun werden auch sie von der bakch. Raserei angesteckt. Sie zerreißen Leukippes Söhnchen → Hippasos und ziehen schwärmend in die Berge. Die Mainaden wollen aber von den Blutbefleckten nichts wissen (Ail.). Zuletzt werden sie durch Hermes in Nachtvögel (Fledermaus, Nachteule und Rabe oder Uhu) verwandelt. – Ov. verlegt die Szene nach Theben und läßt die Hauptsache, die Tötung des Kindes, fort. Bei Ail. bleiben sie zu Hause aus Sehnsucht nach ihren abwesenden Männern; auch bei Plut. sind alle 3 verheiratet; sie losen um das zu tötende Kind. Bei Anton. Lib. erscheint Dionysos selbst, um sie zur Teilnahme an den Weihen aufzufordern, in der Gestalt eines jungen Mädchens und dann in allerlei Spukgestalten. – Plut. weist auf den rituellen Hintergrund dieser dichterisch ausgeschmückten Sage, das orchomen. Fest → Agrionia, bei dem die Bakchen vom Priester des Dionysos verfolgt wurden und die Ergriffene getötet werden konnte, was noch zu seiner Z. geschah, wahrscheinlich ein Totenfest mit Menschenopfern, das später wegen der Kalenderlage im Frühling dem Gott Dionysos unterstellt wurde; mit weniger Wahrscheinlichkeit deuteten BATHER, JHS 14, 1894, 244 ff. und USENER, RhM 53, 1898, 375 das Fest auf Natursymbolik. NILSSON Griech. Feste 271 ff. H. v. G.

**Minyas.** I (*Μινύας*). Der myth. Gründer von → Orchomenos und Stammherr der → Minyer,

Hom. Il. 2,511. Od. 11,284. Seine verwickelte Genealogie ist RE XV 2015ff. zusammengestellt. Bemerkenswert ist, daß er als Enkel des Zeus oder als Enkel oder Sohn Poseidons bezeichnet wird, auch als Vater der Persephone bzw. der euphemist. für sie stehenden → Klymene (4). Orchomenos ist bald sein Vater, bald sein Sohn, bald sein Bruder. M. ist auch mit Thessalien (Iolkos) verbunden, wo er als Ahnherr der → Minyer = Argonauten galt. Das von Schliemann ausgegrabene Kuppelgrab in Orchomenos (14. Jh.) bezeichnet Paus. 9,36,4f. 38,2 als Schatzkammer des M. und stellt es den äg. Pyramiden an die Seite. Der Kuppelraum, an den sich die eigentliche Grabkammer anschloß, maß ca. 14 m im Durchmesser und in der Höhe; er wurde später wohl in eine Kapelle für den Gründerheros verwandelt. Spiele für M., *Μινύεια*, IG VII 3218.

II (*Μινυάς*) s. Minyades H. v. G.

**Minyer** (*Μινύαι*). Alter griech. Volksstamm in Boiotien, um → Orchomenos herum, das lange den Beinamen *Μινύειος* führte, Hom. Il. 2,511. Od. 11,284. Hes. frg. 144. Pind. O. 14,19. Strab. 8, 374. Als Ahnherr galt → Minyas, Pind. I. 1,56. Das Volk war Träger einer hochentwickelten Kultur in myken. Z.: Kuppelgrab des → Minyas, Deichbauten am Kopaissee. Spricht Paus. 4,27,10 auch noch in der Z. der Schlacht bei Leuktra von M.n in Orchomenos, so war das Volk als Ganzes doch verschollen (Meyer GdA 2,194). Auf dem Troiazug stoßen die M. mit 30 Schiffen zu den Griechen. Ein myth. Repräsentant der M.-Herrschaft ist → Erginos, der zeitweise Theben tributpflichtig macht. Der Zusammenbruch des Reiches muß gegen Ende des 2. Jt. erfolgt sein. – Dunkel bleibt ihre Verknüpfung, oft Gleichsetzung mit den Argonauten, eine Konstruktion nachhom. Z., Stesichoros. Pind. P. 4,69. Hdt. 4,145ff. Paus. 7,2,2. Meyer GdA $2^2$,1,262. Wilam. Hellenist. Dicht. 2,246. Erginos wurde zum Argonauten gemacht, → Athamas zu Minyas' Sohn. Apoll. Rhod. 1, 229ff. gibt an, die meisten und besten Argonauten seien Nachkommen des Minyas gewesen, 3,1191ff. Minyas, der Erbauer von Orchomenos, sei aus Iolkos gekommen (umgekehrt Strab. 9,414, Iolkos sei von Minyas gegründet). Infolge solcher Verknüpfung begegnen wir M. in der Mythol. auch außerhalb Boiotiens, meist im Rahmen der Argonautensage: Teos, Lemnos, Kyrene, Triphylien. Aus der Namensähnlichkeit der M. mit dem kret. König Minos (Gruppe Gr. Myth. 60) sind keine gesch. oder kulturgesch. Schlüsse zu ziehen. O. Müller Orchomenos und die M. $^2$87. Meyer GdA a. O. – Die von den Archäologen als »minyisch« bezeichnete Keramik ist vormykenisch. H. v. G.

**Minze.** Das Vorhandensein vieler Arten, Varietäten und Bastarde der Gattung Menta bereits im Alt. spricht sich schon in den vielen Namen aus: *μίνθη, καλαμίνθη, σισύμβριον, ἡδύοσμον, βλήχων* oder *γλήχων*; *menta, mentastrum, pulegium, nepeta*, die sich wegen des Fehlens oder der Ungenauigkeit der Beschreibungen nicht sicher bestimmen lassen. Ob die Pfeffer-M. bekannt war, ist ungewiß, ziemlich sicher die Verbreitung und Kultur von Wasser-, Wald-, Polei- und Katzenminze. Wegen ihres guten Geruches wurde M. gern als Gewürz zu Speisen und als Parfum benützt, zur Luftverbesserung durch Aufhängen in Räumen, zum Kränzeflechten, zum Abwischen der Tische. Daß zum Trocknen in Dachkammern aufgehängte M. im Winter wieder aufblühe, liest man bei Cic. div. 2, 33. Sehr vielfältig war die medizin. Verwendung der M. Krampfstillend, schweiß- und harntreibend, auch aphrodisisch wirkend, gegen Schnupfen (Stengelstückchen wollumwickelt in die Nase gesteckt), Katarrh, Husten und Atemnot, Zahn- und Kopfweh, Magen- und Verdauungsbeschwerden, Fieber und Epilepsie usw. sollte M., als Extrakt des Saftes eingenommen oder aufgelegt oder eingerieben, heilsam sein. Die Belege beginnen bei Homer und führen durch die ganze griech. und röm. Literatur, bes. Theophrast, Plin. (nat. 20,144–158) und die Ärzte. Die Sage von der Nymphe Minthe, die von Hades geliebt, von der eifersüchtigen Persephone in die Pflanze M. verwandelt wurde (Strab. 8,344, nur angedeutet bei Ov. met. 10,728) dürfte erst hellenist. Erfindung sein. K. Z.

*Steier*, RE XV 2020–28 (mit viel Lit.).

**Mirobriga** (*Merobriga*). Kelt. Name von 3 altspan. Städten = Burg des Miro (Holder 2,599). **1.** Nahe CIL II 2365f. bei h. Capilla ö. von Mérida bei Almadén, von Plin. nat. 3,14 in Baeturia Turdulorum genannt unter den *oppida non ignobilia*, vgl. Ptol. 2,4,10. 6,58. Itin. Ant. 444,6. **2.** In der Gegend von Salmantica und Bletisa, h. Salamanca und Ledesma: CIL II 858f. S. auch p. 107. 697. **3.** Nahe der Küste w. von Pax Iulia (h. Beja) bei Santiago de Caçém; stattliche Ruinen und Inschr. CIL II Suppl. 5165–5167, dazu p. 802. Plin. nat. 4,118. Ptol. 2,5,5. R. G.

I. *Fernando de Almeida* Nota sobre os restos do circo romano de M. dos Célticos (Santiago do Cacém). Revista de Guimarães 73, 1963, 147–154. *Cruz e Silva* Arquivo de Beja 3, 1946, 336–351: röm. Bäder von M.

**Misagenes.** Sohn des Massinissa, kam 171 den Römern mit Infanterie (1000 Mann), Kavallerie (1000) und Elefanten (22) zum 3. Makedon. Krieg zu Hilfe und kehrte 168 zurück, wobei er in der Adria durch Seesturm große Verluste erlitt (RE VIII A 2273). Liv. 42,29,8. 62,2. 65,12. 45,14,8. Val. Max. 5,1,1 d. H. G. G.

**Mischkrug** s. Krater

**Mischna** s. Rabbinische Literatur

**Mise** (*Μίση*). Bisexuelle Gottheit (→ Hermaphroditos) des orph. Pandämoniums (Orph. h. 42,4. Harpokrat. s. *Δυσαύλης*; → Baubo), gemäß Herond. 1,56 (R. Meister, Abh. Sächs. Ak. 13, 1893, 680f.) und der Altarinschr. v. Samurlu (H.

Hepding, MDAI(A) 35, 1910, 444f. O. Kern, H 46, 1911, 433) mit der → Persephone (Kore) ausgeglichen (vgl. Plut. Is. 69); nach A. Dieterich, Philol. 52, 1893, 1ff. urspr. eine phryg. Muttergöttin und mit der Μίδα θεός (Hesych. s. v.) ident. (anders Kretschmer Einl. 196). – Zu den verschiedenen Namensformen jetzt W. Fauth, Gl 45, 1967, 146. W. F.

**Misenos** (Μισηνός). Myth. Eponym des kampan. Vorgebirges → Misenum. Strab. 5,245. Dion. Hal. ant. 1,53: **1.** Troer, Gefolgsmann und Trompeter Hektors, nach dessen Tode bei Aeneas (größere Tab. II.), hervorragender Bläser von *tuba* und *lituus* (Verg. 6,164ff., beim Harpyienabenteuer 3,239). Im Golf von Cumae ließ er sich mit dem muschelblasenden Triton in einen Wettstreit ein; dabei wurde ihm hinterrücks in den Wogen ein nasses Grab bereitet (6,171 ff.). Die Sibylle machte Aeneas M.' Bestattung zur Pflicht (6,149ff.), die denn auch nach Auffindung der Leiche in feierlicher Form stattfand (6,175ff.); 6,164 wird er wie 9,774 Clytius als Sohn eines Troers Aeolus bezeichnet (danach Ov. met. 14,103); bei Aur. Vict. 9 ist M. auch Steuermann, nach Aen. 6,233. **2.** Strab. 1,26 nennt unter Berufung auf Pol. Baïos (diesen auch 5,425) und M. Gefährten des Odysseus, die an der kampan. Küste verunglückten und von denen die Vorgebirge von Baiae und Misenum ihre Namen herleiteten. Das entsprach der üblichen Lokalisierung der Irrfahrten des Odysseus in ital. Gewässern. Lykophr. 737. Geffcken Timaios' Geogr. des Westens, 1892, 29. H. v. G.

**Misenum.** Den N.-Rand des Golfs von Neapel begrenzt das *promunturium M.* (Paul. Fest. 110, 10f. L. Liv. 24,13,6. Tac. ann. 14,4. Plin. epist. 6,20, 11: *Miseni quod procurrit*), n. dessen eine tiefe, zum Golf von → Puteoli nach O. offene, zweigeteilte Bucht einen vorzüglichen Hafen (Dion. Hal. ant. 1,53 λιμένα βαθὺν καὶ καλὸν ἐν 'Οπικοῖς), den *portus M.* (Flor. 1,16), bildet, der zu Kyme gehörte (Liv. Dion. Hal. ant. 7,3; nach Lykophr. 737 zu Neapel). Nach Ausbau durch Augustus (Suet. Aug. 49) wurde der *portus Misenensis* (Tac. hist. 2,9) zum Hauptstützpunkt der röm. Flotte (Plin. epist. 6,16. Not. dign. occ. 42,11) im Tyrrhen. Meer (Tac. ann. 4,5). Aus einem w. des *promunturium M.* (zur Lage vgl. Plin. epist. 6,20, 11) gelegenen Dorfe (Diod. 4,22) und einer Reihe prächtiger Villen seit dem 2. Jh. v. Chr. (Antonier: Cic. de or. 2,60; Manil. 33; Phil. 2,48.73; Cornelia: Plut. C. Gracch. 19,1; Marius: Plut. Mar. 34. Plin. nat. 18,32. Sen. epist. 51; Lucullus: Tac. ann. 6,50; vgl. Cic. Att. 1,13,5. 10,8,10) entstand das *municipium* (Plin. nat. 3,61) M., das bald zur *colonia* erhoben wurde. Den engen Zugang zu dem inneren Teil der Bucht (h. Mare Morto) überschritt die Straße nach Baiae (It. Ant. 123) auf einer Holzbrücke, die 159 n. Chr. (CIL X 3344) wiederhergestellt wurde. In M. starb Tiberius (Tac. ann. 6,50). Seinen Namen soll M. nach Misenus, dem Trompeter des Aeneas (Verg. Aen. 6,162ff. Serv. Aen. 6,234. Sil. 12,155. Paul. Fest. Dion. Hal. ant. 1,53. Mela 2,4. Strab. 1,26 irrig Gefährte des Odysseus; vgl. J. Schmidt, RE XV 2043) haben, der hier begraben wurde. G. R.

*Forbiger* HB der alt. Geogr. 3,359. 487. *Nissen* It. Ldk. 2, 728. *Beloch* Campanien $^{2}$190ff. *Lehmann-Hartleben* Die ant. Hafenanlagen des Mittelmeeres 176f. *Maiuri* I Campi Flegrei 78ff.

**Misenus.** Bischof von Cumae, * 435, † 511 (Grabinschr. ILCV 1019). Papst Felix III. sandte ihn und Bischof Vitalis 483 nach Konstantinopel, wo sie Kaiser Zenon von einem Kompromiß mit den Monophysiten abhalten sollten. Statt dessen traten sie in Gemeinschaft mit dem Gegner → Akakios (4). Darauf wurde ihnen ihr Bistum aberkannt. M. erhielt es erst 495, nachdem er den Akakios als Häretiker verdammt hatte, wieder. O. H.

*Ed. Schwartz*, ABAW NF. 10, 1934, 164ff. (Urk. Nr. 48–87). 203ff.

**Mispel** (μεσπίλη, μέσπιλος, ἀρωνία; *mespilus*, die Frucht *mespilum*). Der Mispelbaum mit seinen kleinen, apfelartigen, süß schmeckenden Früchten mit drei Steinchen ist für Griechenland seit der altatt. Komödie, für Italien seit Cato bezeugt. Genaue Anweisungen für die Kultur gibt Pallad. 4,10,19–22. Die Früchte, auch die Blätter, wurden wegen ihrer adstringierenden Wirkung mehr als Heil- denn als Nahrungsmittel empfohlen. K. Z.

*Gossen*, RE Suppl. VIII 358ff.

**Missio. 1.** Die m. aus dem röm. Heer erfolgte in der Kaiserzeit unter verschiedenen Voraussetzungen. Als *honesta* war sie an die Ableistung der vollen Dienstzeit (→ *veterani*) gebunden, als *causaria* erfolgte sie vor deren Ablauf bei Dienstuntauglichkeit, als *ignominiosa* als Strafe für ein schweres Vergehen (Dig. 16,13,3. 49,3,1,6.7). Die *m. causaria* bei Kriegskrüppeln wurde der *m. honesta* gleich gewertet, später auch die vor Ablauf der Dienstzeit auf kaiserliche Verfügung hin erfolgte m. (Ulp. VI ad ed. Dig. 3,2). Sonderformen der m. sind die sog. *m. agraria* und die *m. nummaria* (CIL III 4057, DessILS 9083). Eine für die späte Kaiserzeit charakteristische Art der m. bezeugt Ulp. VI ad ed. Dig. 3,2: *si quis evitandorum munerum causa militiam subisset.* Auf Konstantin d. Gr. führt D. van Berchem L'armée de Dioclétien et la réforme constantin., 1952, 78, 85 die Unterscheidung von *m. emerita* (nach Vollendung der vollen Dienstzeit), *m. honesta* (nach 20 J.) und *m. causaria* zurück. A. N.

*A. Neumann*, RE Suppl. IX 1599ff. 1606. *E. Sander*, Suppl. X 399.

**2.** Missio in possessionem bedeutet die behördliche Einweisung einer Person in die Detention an fremden Sachen. Die m. i. p. ist in den Edikten als Zwangsmittel angekündigt. Sie erfolgt meist durch den Praetor oder Provinzstatthalter.

Dem sie verfügenden *decretum* gehen voraus ein Antrag *(postulatio)* des Begünstigten und eine Sachprüfung *(→ causae cognitio)* durch den Magistrat. Der Begünstigte erhält zwar nicht echten Besitz, aber doch eine durch Interdikte geschützte Position, die bisweilen als *quasi possessio* bezeichnet wird.

Die einzelnen Fälle der m.i.p. (vgl. O. LENEL Edict. Perpet., 1927³, Register) dienten verschiedenen Zwecken. Die folgenden seien genannt:

1. *m.i.p. rei servandae causa.* Sie richtet sich gegen den *iudicatus*, den *confessus* und den *indefensus.* Sie ergreift meist dessen ganzes Vermögen *(missio in bona)*. Durch diese m. wird die konkursmäßige Befriedigung der Gläubiger *(venditio bonorum)* aus dem beschlagnahmten Vermögen vorbereitet. Die m.i.p. gegen den *indefensus* wird aber wieder aufgehoben, wenn dieser seine Verteidigung aufnimmt.

2. *m.i.p. legatorum servandorum causa* und *ventris nomine.* Sie dienen der Sicherung einer erbrechtlichen Position durch Einweisung des Legatars oder der Leibesfrucht (repräsentiert durch den *curator ventris*) in den Nachlaß.

3. *m.i.p. dotis servandae causa.* Sie soll den Anspruch der Ehefrau auf Rückgabe der *dos* sichern, indem die Ehefrau in das Vermögen des Mannes eingewiesen wird.

4. *m.i.p.* im Zusammenhang mit der *cautio damni infecti.* Droht durch einen Bau auf einem Nachbargrundstück Schaden, so kann der Bedrohte Sicherheitsleistung durch *cautio* verlangen. Wird diese verweigert, so erfolgt die m.i.p. zunächst nur in die Detention *(ex primo decreto)*, danach auch in das bonitar. Eigentum *(ex secundo decreto)*. Der Zweck dieser m.i.p. ist fraglich: Soll dem Eingewiesenen die Möglichkeit zu eigener Sicherung gegen Schaden verschafft, oder soll auf den Nachbarn ein Druck zur Leistung der *cautio* ausgeübt werden? D. M.

Lit.: 1. *S. Solazzi* Il concorso dei creditori 1, 1937, 15ff. 2. *Lepri* Note sulla natura giur. delle m.nes in poss., 1939. 3. *M. Kaser* Das röm. Zivilprozeßrecht, 1966, 333ff.

**Missua.** Stadt in Africa proconsularis im NW. der Cap-Bon-Halbinsel; h. Sidi Daoud. Atl. Arch. Tun. 8, Sidi Daoud, Nr. 8. Tab. Peut. Itin. Ant. 493. Geogr. Rav. 5,5. Plin. nat. 5,24 nennt das *oppidum Misua*, Ptol. 4,3,2 *Μίσουα*. Vielleicht *col. Iulia*, durch keine Inschr. bezeugt: TEUTSCH Das röm. Städtewesen in Nordafrika, 1962, 186. Wichtige Ruinen: Zisternen, Brunnen, Säulen, Gräber. Inschr. CIL VIII 988. Bischöfe für die J. 484. 525. M. L.

**Mistel** (*ἰξία* und *ἰξός*, das zugleich den aus den M.-Beeren gewonnenen Vogelleim bezeichnet; daraus *viscus* und *viscum;* verwandt vielleicht *Wachs* und *Weichsel*-Kirsche; daneben auch *στελίς* und *ὑφέαρ*). Die ant. Botaniker kennen und beschreiben treffend die beiden zur Familie der Loranthaceen gehörigen Arten dieser Schmarotzerpflanze, die Weiße oder Nordische M. (Viscum album L.) und die Echte Eichen-M. (Loranthus europaeus L.). Viscum album wächst hauptsächlich auf Apfelbäumen und Nadelbäumen, trägt weiße Beeren und ist immergrün, Loranthus eur. schmarotzt hauptsächlich auf mehreren Eichenarten u. Edelkastanien, trägt gelbrote Beeren und wirft im Winter das Laub ab. Theophrast und Plinius sagen wohl richtig, daß die M. aus Samenkörnern entsteht, die im Kot der Vögel, die sie gefressen haben, in die durch den scharfen Kot zersetzte Rinde der Wirtsbäume gelangt sind. Plinius weiß, daß die M. getrennt-geschlechtig ist, behauptet aber sinnlos, daß die männliche M. fruchtbar, die weibliche unfruchtbar sei (nat. 16, 247). Verwendet wurden die gelbroten Beeren der Eichen-M. – die der Weißen M. sind dafür ungeeignet – zur Herstellung des Vogelleims für den seit alters beliebten Vogelfang mit Leimruten. Das älteste der zahlreichen Zeugnisse liefert Eur. Kykl. 432. Ein besonderes Lehrgedicht über diese Jagdform, *Ἰξευτικά*, von einem Ps. → Oppianos der Z. Caracallas, ist verloren. Auch als Viehfutter wurde die M. geschätzt. Medizinisch verwendete man den Vogelleim als Klebemittel und als Zugplaster, die Beeren galten als Mittel gegen Epilepsie und, von Frauen als Amulette getragen, als die Konzeption fördernd, die zerriebenen Blüten als Mittel gegen Flechten. Magische Bedeutung im Volksglauben der Griechen hatte die M. nicht, ein wenig bei den Römern, doch längst nicht in dem Maße wie bei Galliern und Germanen (die Baldur-Hödur-Sage). K. Z.

*C. v. Tubeuf* Monographie der Mistel, München 1923. *Steier*, RE XV 2063–74.

**Misthophoroi** (*μισθοφόροι, μισθωτοί*) ist gleichbedeutend mit → *mercennarii*. In griech. Heeren sind es ebenfalls → Söldner, oft auch *ξένοι* genannt. A. N.

**Misthos** (*μισθός*) ist eine alte, auch im Germ. und Slaw. erhaltene Benennung eines sehr frühen Begriffs (FRISK s.v.). M. bedeutet in klass. und hellenist. Z.: I. Entgelt für die Gebrauchsgewährung an beweglichen und unbeweglichen Sachen ([5], 367ff.), also Mietzins und – bei zusätzlichem Fruchtgenuß – Pachtzins. Die Terminologie stimmt für Pacht und Miete überein, nur ist für den Pachtzins noch → Misthosis *μίσθωμα, τίμημα* und *φόρος* (SCHULTHESS, RE XV 2107) und für den Mietzins *ἐνοίκιον* überliefert. Der M. bestand regelmäßig in einer Geldsumme; doch kam auch Naturalzins, entweder allein oder daneben, vor (J. HERRMANN Bodenpacht, 1958, 100ff.). Über seine Höhe lassen sich mangels näherer Angaben über die Größe und Ertragsfähigkeit der verpachteten Grundstücke in den Urkunden keine zuverlässigen Vorstellungen gewinnen ([2], 199f. [4], 2086). Es gab keine einheitlichen Zinstermine (SCHULTHESS, RE XV 2118f.). II. Entgelt für geleistete Arbeit oder Dienste. a) Militärdienst. Ein Sold wurde von Athen nach den Perserkriegen eingeführt ([4], 2084f.). Er hielt sich im allg. auf der Höhe des Arbeitslohnes eines freien Spezialarbeiters, betrug also 3 bis 4 Obolen täglich ([2], 582f.). Die Hälfte davon war als Kostgeld angesetzt ([2], 1193). b) Zivile öffentliche Dienste ([1], 38. 162). Hierunter fällt der Lohn für den Besuch der Volksversammlung, *ἐκκλησιαστικόν*, → Ekklesia. ([4], 2086f.), der Richtersold, → *Δικαστικός μ.* ([4], 2089f.), der Ratsherrensold, *βουλευτικός μ.*, → Bule. ([4], 2094f.), und das Kostgeld der Archontes ([4], 2083). 2. Private Dienste. a) M. für geleistete Arbeit. Der Barlohn, der erheblichen wirtschaftlichen Schwankungen ausgesetzt war ([3], 97ff.), bewegte sich um das Existenzminimum ([2], 203). Zu den Terminen der Gehalts- und Lohnzahlungen vgl. IG II² 1672f. und W. SCHWAHN RhM 79,174. Die ungelernten freien Hilfsarbeiter, *μισθωτοί*, waren in der Entlohnung deutlich von den Facharbeitern abgesetzt (F. G. MAIER Griech. Mauerbauinschr. 2, 1961, 54ff.). Die Arbeit der Sklaven wurde wie die der Freien bezahlt. Infolge des zunehmenden Wettbewerbs der Unfreien auf dem Arbeitsmarkt zeigten die Löhne jedoch eine sinkende Tendenz ([6], 159. 173. 183). Neben dem Zeitlohn, *καθημερίσιον*, begegnet der Akkordlohn, *μίσθωμα* ([1], 764. [6], 328). b) M. für einen durch Arbeit oder Dienstleistung herbeigeführten Erfolg. Bestand das Werk in der Herstellung oder Veränderung einer Sache, so wurde die Vergütung für das ganze Werk vereinbart oder, insbes. bei Bauwerken, für die einzelnen Abschnitte nach einem zugrunde gelegten Einheitssatz berechnet. In diesem Fall mußten die Zahlungstermine genau festgelegt werden, z. B. die eine Hälfte nach Stellung der Bürgen, ¼ nach Fertigstellung der halben Arbeit und der Rest nach Vollendung des Ganzen. Anstelle eines Barlohns konnte auch dem Unternehmer die Nutzung des hergestellten Werkes auf bestimmte Z. übertragen werden ([1], 765). Über M. für einen Transporterfolg (Mumienbeförderungskosten) vgl. Pap. Grenf. II 77,5. c) M. für Dienste. Der Lohn für niedere Dienste, z. B. des Lehrlings oder der Amme, wurde nach Ausmaß und Zahlungsmodalität vertraglich festgelegt (J. HERRMANN, Journ. of Jur. Pap. 11/12, 1957/1958, 122ff. und ZRG 76, 1959, 493ff.). Die höheren Dienste, z. B. der Ärzte, Architekten, Dichter, Bildhauer, Lehrer, Philosophen, Rhetoren, Sophisten und Schauspieler, waren in früherer Z. meist (Sokratiker!) unentgeltlich. Nachdem sich für sie ein Entgelt allg. durchgesetzt hatte, schwankte es in der Höhe erheblich. Es konnte nur geringfügig über dem normalen Arbeitslohn liegen (beim Architekten) oder als Hörgeld für den Schüler eines Philosophen 50 Drachmen oder als Lehrgeld für einen Redner sogar 100 Minen betragen ([4], 2083ff.). Rückständiger Lohn wurde mit den allg. Klagen eingeklagt, eine *δίκη ὑπὲρ μισθοῦ* ist zweifelhaft ([1], 757. [4], 2083). III. Urkundengebühr (Pap. Ryl. 4,572,38: *μέτριος μ. ἑκάστης συγγραφῆς*). E. B.

1. *J. H. Lipsius* Das att. Recht und Rechtsverf., 1905–1915. 2. *Busolt* GStk. 195ff. 582. 1193. 3. *F. Heichelheim* Wirtschaftl. Schwankungen der Z. von Alexander bis Augustus, 1930, 97ff. 4. *O. Schultheß*, RE XV 2078ff. 5. *R. Taubenschlag* The Law of Greco-Roman Egypt, 1955. 6. *M. Rostovtzeff* Wirtschaftsgesch. der hellenist. Welt 1–3, 1955/56.

**Misthosis** (*μίσθωσις*). I. Begriff. **1.** Das weitgespannte griech. und hellenist. Rechtsinstitut der M. umfaßte alle Verträge über Gebrauchsüberlassung oder volle Nutzung auf Z. (Miete und Pacht mit ihren bes. Formen und Ausgestaltungen) sowie die Leistung von Arbeit gegen Lohn (Dienstmiete des Haussohnes [12], 371ff., Dienstvertrag, zu dem auch der Lehrlingsvertrag und der Ammenvertrag rechneten, und Arbeitsvertrag) oder auf einen gegen Vergütung durch Arbeit oder Dienstleistung herbeizuführenden Erfolg (Werkvertrag). Die Unterarten werden nicht immer systematisch scharf voneinander unterschieden. Auf das röm. Recht blieb die M. ohne Einfluß ([21]). **2.** Der t. t. konnte auch das auf Grund der M. geschuldete Entgelt, insbes. den Miet- oder Pachtzins → Misthos, bedeuten. II. Terminologie. Neben M. findet sich auch die Bezeichnung → Syntheke für den Pachtvertrag, → Syngraphe für den Werkvertrag und → Paramone für einen unter Gleichstehenden eingegangenen Arbeitsvertrag. Für die staatl. Vergabungen werden Miet- und Kaufausdrücke syn. verwendet ([21]). Die *καρπωνεία* und der Beitritt zu einem *πιττάκιον* (röm. Z.) ist mit der M. nicht gleichzusetzen ([12], 340. H. J. WOLFF, ZRG 73,326ff.). III. Quellen. Die Kenntnis der M. verdanken wir vor allem zahlreichen att. und außeratt. Inschr. und den Pap., weniger literar. Quellen und den Werken der Lexikographen. IV. Rechtliche Natur. Die M. gehört zu den *συμβόλαια*, d. h. zu den Rechtsgeschäften im weitesten Sinne ([3], 2097; über die Deutung des griech. Vertrags als Zweckverfügung vgl. WOLFF, E. BERNEKER Zur griech. R.-Gesch., 1968, 483ff. sowie ZRG 74, 1957, 413f. und ZRG 80, 1963, 425; DERS. auch zur Rechtsnatur der M.: Beitr. z. R.-Gesch. Altgriechenl., 1961, 129ff.). V. Frühgesch. Die an die Scholle gebundenen, zu Frondiensten verpflichteten Hörigen, → Hektemoroi, im vorsolonischen Attika sind das älteste Beispiel von Pächtern. Über Pachtverhältnisse gegen E. 6. Jh. vgl. [7], 2442. VI. Abschluß. Er bedurfte keiner bestimmten Form, doch war die gewillkürte Schriftform, bes. bei Pachtverträgen über Grundstücke, das Übliche. Schriftliche Miet- oder Pachtverträge bedurften keine Publizität durch Eintragung auf Stein, wo- gleich diese Art der Veröffentlichung von Verträgen bei der M. von Grundstücken aus Tempelbesitz zuweilen von den Parteien bes. vereinbart wird (vgl. [6]). VII. Vertragsinhalt. Es bestand weitgehende Freiheit der inhaltlichen Gestaltung, soweit dieses Prinzip nicht ausnahmsweise durch das der obrigkeitlichen Gestaltung durchbrochen wurde, so z. B. bei den Miet- oder Pachtverträgen des Staates, der Gemeinden, der staatl. Heiligtümer oder der Korporationen mit Privaten. Diese waren durch einen *νόμος* oder eine *συγγραφή* auf Grund eines Volksbeschlusses allg. verbindlich geregelt ([3], 2099 ff.). 1. Rechte und Pflichten der Parteien sind nach der jeweils der M. zugrunde liegenden typischen Geschäftsart verschieden normiert: vgl. zur Grundstückspacht [3], 2117 ff. [6]. [19], 43 ff., in den Pap. [12], 354 ff. J. Schwarz, Journ. of Jur. Papyrology 4, 1950, 209 ff., zu ihren bes. Formen und Ausgestaltungen in den Pap. [14], 198 ff., zur Erbpacht [7], 2452 f. [19], 49 f., zur Fahrnispacht [12], 367 ff., insbes. zur Viehpacht [5], 1 ff. [7], 2472 ff., zur Pacht von Unternehmungen und Vermögensmassen [7], 2469 ff., insbes. zur Pacht eines Waisenvermögens, *μ. οἴκου*, [3], 2111 ff. [9]. [11]. [22] und zur Grubenpacht [1], 17 f. [2]. [7], 2469 ff. [8]. [10]. [13], zur Pacht von Rechten [12], 383 ff., zur Teilpacht [7], 2460. [12], 358 f. 370, zur Steuerpacht (Kaufsprache!) Busolt GStk. 626. 1230, Mitt.-Wilcken Grdz. 1,1,182 ff. 218 f., zur Unterpacht [7], 2457. [12], 385 ff., zur Zwangspacht [7], 2453 ff., zum Mietvertrag [5], 17 ff., insbes. zur Tiermiete [5], 1 ff., zum Dienstvertrag [3], 2116 ff. (in den Pap.) [12], 373 ff. [20], insbes. zum Ammenvertrag [17], 492 ff. [20], 146 ff. und zum Lehrlingsvertrag [15]. [20], 114, zum Dienstverschaffungsvertrag [4], 261, zum Arbeitsvertrag [4]. [12], 371 ff. [16], 100 ff., zum Werkvertrag [3], 2114 ff. [18] und weitere Lit. in Stud. et Doc. Hist. et Iur. 17 – Suppl., 342, insbes. zum Architektenvertrag Düll, ZRG 69,423 ff. 2. Sicherung der Vertragserfüllung. Dieser dienten allg. Vollstreckungsklauseln sowie Vereinbarungen von Pfandrechten, Konventionalstrafen, Schadensersatzleistungen und Bürgschaften sowie im bes. bei der Vieh-M. *ἀθάνατος*- und Schätzungsklauseln (s. o. die Lit. VII, 1). VIII. Neben dem vertraglichen Schutz gegen Bruch der M. gab es auch einen ausgedehnten gesetzlichen Schutz durch allg. und bes. Klagen ([3], 2128 f., E. Schönbauer bei E. Berneker Zur griech. R.-Gesch., 1968, 413 ff. und [12], 251 f.). E. B.

1. *E. Schönbauer* Beiträge zur Gesch. des Bergbaurechts, 1929. 2. *Ders.*, ZRG 55, 1935, 183 ff. 3. *O. Schultheß*, RE XV 2095 ff. 4. *W. Hellebrand*, Festschr. Koschaker, 3, 1939, 241 ff. 5. *S. v. Bolla* Unt. zur Tiermiete und Viehpacht, 1940. 6. *P. G. Vallindas – N. J. Pantazopoulos*, Abh. Ak. Athen 13,2, 1948, 6 ff. 7. *S. v. Bolla*, RE XVIII, 2. H., 2439 ff. 8. *M. Crosby*, Hesp. 19, 1950, 189 ff. 9. *M. J. Finley* Studies in Land and Credit, 1951, 38 ff. 10. *R. J. Hopper*, ABSA 48, 1953, 200 ff., bes. 206. 11. *H. J. Wolff*, Festschr. Lewald, 1953, 201 ff. 12. *R. Taubenschlag* The Law of Greco-Roman Egypt, 1955. 13. *S. Lauffer*, AAMz 12, 1955. 14. *J. Herrmann* Stud. zur Bodenpacht im Recht der graeco-aegypt. Pap., 1958. 15. *Ders.*, The Journ. of Jur. Papyrology 11–12, 1958, 119 ff. 16. *L. Varcl*, ebd. 11–12, 1958, 97 ff. 17. *J. Herrmann*, ZRG 76, 1959, 490 ff. 18. *F. G. Maier* Griech. Mauerbauinschr., 1961, 17 ff. 15 ff. 19. *A. Kränzlein* Eigentum und Besitz im griech. Recht, 1963, 10. 20. *B. Adams* Paramoné und verwandte Texte, 1964. 21. *H. Kaufmann* Die altröm. Miete, 1964, 273 ff. 275 ff.

**Mitanni** (alt *Maitani*). Bezeichnung eines Staates hurrit. Bevölkerung mit ind. Oberschicht, zwischen oberem Euphrat und Tigris, mit Hauptstadt Wassukanni (bei h. Mardin), vom 16. bis 14. J. v. Chr. M. war entstanden, nachdem die Vorstöße Hattusils I. und Mursilis' I. v. Hatti gegen Syrien und Babylon und die der äg. Könige Ahmose und Thutmosis I. die große Konföderation der Hurriterländer zerschlagen hatten. Später konnten die M.-Könige Parsasatar, Saustatar, Artatama vom mesopotam. Raum aus Syrien gegen äg. Ansprüche zurückerobern und auch gegen hethit. Angriffe halten, bis der hethit. König Suppiluliuma ca. 1355 v. Chr. dem Mitannireich unter Dusratta Syrien entriß. Nach Ermordung Dusrattas ging M. schnell durch den Angriff Assyriens unter Assuruballit I. zugrunde, das bis dahin zum Mitannireich gehört hatte. Da die Hauptstadt noch nicht ausgegraben ist, fehlen die Archive und damit genauere hist. Kenntnisse. W. H.

**Mitgift** s. Dos. Proix

**Mithradates** (*Μιθραδάτης* Inschr., Mz., sonst *Μιθριδάτης*). **1.** M. I., Ktistes, König von Pontos, Sohn des Ariobarzanes, da Altersgenosse des → Demetrios (2), * um 338. Diod. 19,40,2. Plut. Demetr. 4. Er zeichnete sich im Heer des → Eumenes (1) aus, ging zu → Antigonos (1) über, floh, durch Demetrios gewarnt, vor dessen Anschlag, setzte sich um 301 in Kimiata am Olgassysgebirge fest und gründete das pont. Reich, Strab. 12,562. Diod. 20,111,4. App. Mithr. 9. E. Meyer Die Grenzen der hellenist. Staaten in Kleinasien, 1925, 116 ff. Karte 5. Nach Abwehr des → Seleukos nahm M. 281 den Königstitel an; daher rechnet Synk. 523,5. 593,7 ff. Bonn. die Dauer des pont. Reiches auf 218 J. (281–63 v. Chr.). M. schloß Bündnisse mit Byzanz, Chalkedon und Herakleia, sein Sohn Ariobarzanes erhielt 279 die Stadt → Amastris von deren Dynasten Eumenes, Trog. prol. 17. Memnon FGrH 434 F 7,2. 9,4. Mit den Galatern verständigte sich M. 275, Apollon. FGrH 740 F 14. † 266; seine Altersangabe von 84 J. ist unglaubhaft, Diod. 20,111,4. Lukian. macrob. 13. **2.** M. II., König von Pontos, folgte 250 dem Vater Ariobarzanes, Memnon FGrH 434 F 16. M. heiratete um 245 → Laodike (4), die Schwester des Seleukos II., die Phrygien als Mitgift brachte, Eus. chron. 1,251 Sch. 118 Karst. Iust. 38,5,3. Im Bruderkrieg zwischen Seleukos und Antiochos Hierax half er um 239 dem Antiochos mit einem kelt. Söldnerheer, Seleukos wurde bei Ankyra geschlagen, Eus. a. O. Trog. prol. 27. Polyain. 8,61. Nach dem Tode des Hierax vermählte M. 2 Töchter, 222 → Laodike (6) mit → Antiochos III. (4) und 220 → Laodike (7) mit → Achaios (5), Pol. 5,43,1 ff. 74,5. 8,21,7. 22,11. Nach dem Erdbeben 227 half M. Rhodos, Pol. 5, 90,1. Sein Versuch, 220 Sinope zu überrumpeln, mißlang, Pol. 4,56. **3.** M. IV., Philopator, Philadelphos, Sohn des wenig bekannten M. III. (OGIS 375 = DESSILS 30, auf 168 zu datieren wegen der auf demselben Block eingehauenen Freiheitserklärung der Lykier), heiratete seine Schwester → Laodike (12), regierte 170–150, wurde Freund und Bundesgenosse des röm. Volkes und half 156 → Attalos II. (5) gegen → Prusias II, Pol. 33,12,1. F. DURRBACH Choix d'inscr. de Délos 74. HEAD HN[2] 501. **4.** M. V., Euergetes 150–120, Sohn des M. IV. Sein Sohn M. VI. wurde in Sinope geboren, dorthin hat wohl M. die Residenz von → Amaseia verlegt, Strab. 12,545. Weihungen in Delos zeigen seine Griechenfreundschaft, OGIS 366. DURRBACH Choix d'inscr. de Délos 100. Durch den griech. Feldherrn → Dorylaos aus → Amisos warb M. griech., kret. und thrak. Söldner an, Strab. 10,477. Als röm. Bundesgenosse stellte er 149 zum 3. pun. Kriege Truppen und Schiffe und half 133–129 bei der Niederwerfung des Aristonikosaufstandes in Pergamon, Strab. 14,646. Iust. 37,1,2. Als Belohnung forderten M. und Nikomedes II. Großphrygien. M. berief sich auf die Schenkung des Seleukos II. an M. II. Der Konsul M.'Aquilius schlug das Land dem meistbietenden M. zu, aber C. Gracchus verhinderte die Zuteilung, App. Mithr. 12. Gell. 11,10. M. bewog den König Pylaimenes von Paphlagonien, ihn zum Erben einzusetzen, Iust. 37, 4,5 f. 38,7,10. Er besetzte Kappadokien und verheiratete seine Tochter → Laodike (18) mit dem kappadok. König Ariarathes VI., Iust. 38,1,1. In Sinope wurde er 120 ermordet, sein Testament übertrug die Herrschaft der Königin und den beiden Söhnen. Strab. 10,477. Iust. 37,1,6. Memnon FGrH 434 F 22,2. **5.** M. VI., Eupator (auf Mz. und Inschr., sowie in Hss.), Dionysos (Cic. Flacc. 60. App. Mithr. 10. Plut. mor. 624ab. Athen. 5,212d. OGIS 370), der Große (Suet. Iul. 35. Eutr. 6,22), Sohn des M. V.; ob seine Mutter → Laodike (13) war, ist fraglich. * zu Sinope etwa 132, Strab. 10, 477. 12,545. App. Mithr. 112. Er übernahm die Herrschaft 120 mit der Mutter, floh aber vor ihr ins Gebirge, gewann nach 7 J. wieder in Sinope 112 die Alleinherrschaft, beseitigte die Mutter und seinen Bruder → M. (6) Chrestos, heiratete seine Schwester → Laodike (19), umgab sich mit griech. Ratgebern, organisierte sein Heer nach griech. Muster und setzte die Expansionspolitik des Vaters energisch fort, Strab. 10,477 f. Memnon FGrH 434 F 22,2. App. 112. OGIS 371 ff. Von den Skythen bedroht, ernannte die Stadt → Chersonesos (3) M. zum Schutzherrn, der König des → Bosporan. Reiches → Pairisades V. versprach ihm gegen Hilfe die Thronfolge, R. WERNER, Hist. 4, 1955, 428 f. In 3 Feldzügen 110–107 besiegte → Diophantos (2), der Feldherr des M., die Skythen, sicherte Chersonesos, gründete → Eupatoria im W. der Krim und eroberte → Theodosia und → Pantikapaion. 107 wurde M. auch König des Bosporan. Reiches, dessen Halbinseln Krim und Taman jährlich 180000 Med. Getreide und 200 Tal. Silber lieferten, Strab. 7,308 ff. Sylloge[3] 709. Ferner eroberte M. das für den Schiffsbau wichtige Kolchis und Kleinarmenien, erbaute 75 Burgen und beutete silberreiche Berge aus, Strab. 11, 499. 12,541. 555. App. 15. Nach den Erfolgen im N. und O. merkte er unerkannt auf einer Reise 107 durch die Provinz Asien und Bithynien den Römerhaß der Bewohner, Iust. 37,3,4 f. Seine Frau Laodike ließ er 105 wegen eines Vergiftungsversuches hinrichten. Dann begann er mit der Eroberung Kleinasiens. Er machte Galatien abhängig, teilte mit → Nikomedes II. von Bithynien Paphlagonien, stritt aber mit ihm um Kappadokien. Nikomedes heiratete die kappadok. Königin → Laodike (18), ihren Sohn Ariarathes VII. tötete M. Während Nikomedes in Rom für einen anderen Sohn der Laodike Kappadokien forderte, gab M. seinen 8jährigen Sohn als Nachkommen des Ariarathes V. aus. Der röm. Senat befahl beiden, Kappadokien und Paphlagonien zu räumen. M. gehorchte und verlor 95 seine Eroberungen, Iust. 38,1 f. Nun suchte er starke Bundesgenossen. Tigranes von Armenien, der Kleopatra, eine Tochter des M. heiratete, half dessen Sohn wieder in Kappadokien einzusetzen, aber L. Cornelius Sulla, Propraetor von Kilikien, vertrieb ihn 92, Iust. 38, 3. Plut. Sulla 5. Liv. per. 70. Trotz des zweiten Mißerfolges verhalf M. Sokrates zum Thron gegen Nikomedes III., der sich ebenso nach Rom begab wie Ariobarzanes, den M. und Tigranes wieder aus Kappadokien jagten, App. 10. 57. Iust. 38,3,4 f. Nun setzte, vom Senat geschickt, M.' Aquilius Nikomedes und Ariobarzanes wieder ein. Ferner forderte er geldgierig Kostenersatz und trieb den bithyn. König an, das Land des M. zu plündern, App. 11 f. Iust. 38,5,10. Da Rom ihm Genugtuung versagte, verjagte M. Ariobarzanes aus Kappadokien. Nun befahl ihm Aquilius, Bithynien und Kappadokien nicht zu bedrohen. Im Vertrauen auf sein Heer (angeblich 250000 Mann zu Fuß, 50000 Reiter, 130 Sichelwagen), seine Verbündeten (Tigranes, die Könige der Parther, Syriens und Äg.s, die Iberer) und den Aufstand der ital. Bundesgenossen (Diod. 37,2,11), begann M. den 1. Krieg gegen Rom 89–84. Er schlug Nikomedes, die Statthalter der Provinzen Asia und Kilikien, C. Cassius und Q. Oppius, sowie Aquilius, eroberte Bithynien, Mysien, Phrygien, Lykien, Pamphylien, Karien und die Provinz Asia, fing Aquilius und tötete ihn grausam, App. 16 ff. Durch den Blutbefehl von Ephesos wurden 80000 Römer und Italiker an einem Tage in Kleinasien ermordet,

App. 22f. Plut. Sulla 24. Memnon FGrH 434 F 22, 9. Auf Betreiben → Athenions (1) schlossen sich Athen, Achaia, Sparta, Boiotien und Euboia M., dem Vorkämpfer des Griechentums gegen Rom, dem »Neuen Dionysos«, an, die pont. Flotte plünderte unter → Archelaos (3) Delos. Nur Rhodos konnte M. nicht nehmen, App. 24ff. Diod. 37,28. Die bisher auf 87 datierten Mz. mit Athenakopf, Eule auf Amphora und Aufschrift »König Mithradates« setzt M. Thompson The new style silver coinage of Athens 1961, 368. 422 schon für 120 als Geschenk des M. an Athen an. Sulla stoppte den Siegeszug des M., eroberte Athen am 1. März 86 und schlug Archelaos bei Chaironeia und Orchomenos. Die Errichtung von Tyrannenherrschaften in kleinas. Städten, die Deportation der Bevölkerung mancher Landschaften, die Freilassung der Sklaven und der befohlene Schuldenerlaß führten zum Abfall von M., App. 46f. IPE I² 35. A. Wilhelm, Klio 29, 1936, 50ff. Nur der Zwist des Fimbria und Lucullus rettete M. vor der Gefangenschaft, Plut. Luc. 3. In Dardanos verzichtete er 85 auf alle Eroberungen, versprach Kriegsentschädigung von 2000 Tal. und Auslieferung der Flotte. Seinen Sohn M. (→ 7) machte er zum König der Kolcher, beseitigte ihn aber bald. Da der Friede nicht schriftlich fixiert war, fiel L. Licinius Murena im 2. Krieg (83–81) in das Stammland des M. ein, aber dieser schlug ihn zurück und besetzte durch Tigranes Kappadokien. M. verlobte 84/80 seine Töchter Mithradatis und Nysa Ptolemaios XII. von Äg. und Ptolemaios von Kypros, verbündete sich mit den Seeräubern und mit Sertorius, der ihm röm. Berater für das Heer und Bithynien und Kappadokien zuwies. Mit diesem Rückhalt besetzte M. im 3. Krieg gegen Rom (74–63) Bithynien, wurde aber 74/73 bei Kyzikos, die Flotte bei Lemnos von Lucullus geschlagen. M. floh nach Pontos und nach dem Fall von Kabira 72/71 zu Tigranes nach Armenien, der Lucullus seine Auslieferung 69 abschlug. Sein Sohn → Machares fiel 70 von ihm ab. Da die röm. Offensive nach Einnahme Tigranokertas an einer Meuterei scheiterte, eroberte M. mit dem Sieg über C. Valerius Triarius bei Zela das pont. Reich zurück und drang 68/67 in Bithynien und Kappadokien ein, App. 89. Cass. Dio 36,10ff. Nach Abberufung des Lucullus vernichteten Pompeius und der Partherkönig Phraates III. 66 das ausgehungerte Heer des M. am Lykosfluß, App. 99f. Plut. Pomp. 32. Cass. Dio 36, 48f. Tigranes setzte für den Kopf des M. 100 Tal. aus. Trotz der röm. Flotte entkam er auf die Krim. Während Pompeius die Verfolgung aufgab, plante M. mit einem Heer von 36000 Mann über S.-Rußland, den Balkan und die Alpen in Italien einzufallen. Da die Griechen in Phanagoreia, Chersonesos, Theodosia und Nymphaion sich ebenso wie sein Sohn Pharnakes erhoben, ließ sich M., an Gift gewöhnt, durch einen kelt. Söldner erstechen. Pharnakes sandte die Leiche Pompeius, der sie in Sinope beisetzte, App. 111. 113. Plut. Pomp. 42. Iust. 37,1,9. Über ein halbes Jh. suchte M., ein hellenisierter Barbar, mit aller Grausamkeit und Verschlagenheit die innerpolit. Kämpfe Roms auszunutzen, sein Scheitern aber dehnte die röm. Herrschaft bis nach Armenien aus. Th. Reinach M. Eupator, 1895. D. Magie Roman rule in Asia minor 1950, 1645. **6.** M. Chrestos, Sohn des → M. V. (4), von ihm zur Nachfolge bestimmt, vom Bruder → M. VI. (5) beseitigt, Strab. 10,477. App. Mithr. 112. Memnon FGrH 434 F 22,2. OGIS 368f. **7.** M., Sohn des → M. VI. (5), Heerführer gegen Fimbria, am Rhyndakos geschlagen, vom Vater 85 zum König der Kolcher ernannt, bald getötet, App. Mithr. 64. Memnon FGrH 434 F 24, 4. Frontin. strat. 3,17,5. Oros. 6,2,10. **8.** Aus Pergamon (*ὁ Περγαμηνός*), Sohn des Menodotos und der Keltin Adobogionis, durch den Namen als Nachkomme des M. VI. ausgegeben (Strab. 13, 625), 59 in Rom (Cic. Flacc. 41), eroberte, von Caesar 48 im alex. Krieg um Unterstützung nach Kleinasien gesandt, 47 Pelusion und Memphis und half Caesar zum Sieg über Ptolemaios XIII., erhielt die Trokmertetrarchie und mit Königstitel das Bosporan. Reich des Pharnakes, wurde aber von dessen Statthalter Asandros besiegt und getötet, Bell. Alex. 78,26ff. Cass. Dio 42,41. IGRom 4, 1682. Inschr. v. Perg. 213. 247 M. Segrè, Ath. 16, 1938, 119ff. D. Magie 1259. T. J. Sijpesteijn, Latomus 24, 1965, 122ff. **9.** Sohn des Aspurgos, 42 n. Chr. durch Claudius König des Bosporan. Reiches, 45 abgesetzt, floh zu den Dandariern, wurde beim Kampf gegen Kotys I. 49 verraten, nach Rom gebracht und 68 auf Befehl Galbas hingerichtet, Tac. ann. 12,15ff. Plut. Galba 13. 15. Cass. Dio 60,8,2. **10.** König von Atropatene, Schwiegersohn des Tigranes von Armenien, fiel 67 in Kappadokien ein, Cass. Dio 36,14. **11.** Neffe des → Antiochos III. (3), * 230 v. Chr., 212 Anwärter für Armenien, 197 Feldherr in Kleinasien, Pol. 8,23,3f. Liv. 43,19,9f. H. H. Schmitt Unt. z. Gesch. Antiochos' d. Gr. 1964, 29f. **12.** M. I. Arsakes VI. Euergetes, Dikaios, Philhellen, Sohn des Phriapatios (iran. Übers. von *φιλοπάτωρ*), König der Parther, Mz. Rostovčev Soc. Ec. Hell. W. T. XCII 3, entriß 160 → Eukratides Tapuria und Traxiane (Kandahar), eroberte im Bündnis mit den Sakarauken 150/45 O.-Iran mit dem Kabultal, nahm den Titel der Achaimeniden »Großer König der Könige« an, besetzte Medien und 141 Mesopotamien mit Seleukeia am Tigris, schlug → Demetrios II. von Syrien (6), nahm ihn gefangen und verheiratete ihn mit seiner Tochter Rhodogune. M. begründete die parth. Großmacht; zu seiner iran.-hellenist. Verwaltung mit der Hauptstadt Ktesiphon am Tigris s. Bengtson GG² 486. Diod. 23,18. Strab. 11,517. Iust. 41,6. N. C. Debevoise A political hist. of Parthia 1938, 19ff. **13.** M. II. Arsakes VIII., König der Parther 123–87, Neffe von Nr. 12, kämpfte gegen die Sakarauken, belehnte mit Sakastan am Hamun-See das Adelsgeschlecht Suren und setzte in Armenien Tigranes ein, Iust. 38,3,1. 42,2. M. empfing 128 und 115 den chines. Gesandten Tsan-kien, stieß 92 als erster Partherkönig bei Verhandlungen mit L. Cornelius Sulla am Euphrat auf die Vormacht des W., Rom, besiegte Antiochos X. von Syrien und nahm 87 → Demetrios III. (7) gefangen, Plut. Sulla 5. Ios. ant. 13,371. 384 ff. **14.** M. III., König der Parther 58–54 nach Ermordung des Vaters Phraates III., floh, wegen seiner Härte abgesetzt, vor dem Bruder Orodes II. nach Syrien, wurde trotz Hilfe durch A. Gabinius in Seleukeia von dem Suren gefangen und auf Befehl des Orodes hingerichtet, Cass. Dio 39,56. Iust. 42,4,1. **15.** M. IV., Gegenkönig zu Vologaeses II. 130–147 n. Chr.?, nur durch Mz., z. T. mit Aufschrift in Pehlwi *Mitradata malka* bekannt. HEAD HN$^2$ 821. DEBEVOISE 244. **16.** M., Vetter des → Monaises, beriet Antonius auf dem Rückzug nach Armenien 37 v. Chr., Plut. Ant. 46. 48. **17.** M. I. Kallinikos, Sohn des Samos, König von Kommagene, seit 99 v. Chr. Gemahl der → Laodike (16), Stifter des Hierothesion in Arsameia. HEAD HN$^2$ 774 ff. F. K. DOERNER-TH. GOELL Arsameia am Nymphaisos, 1963, 64. 68. **18.** M. II., König von Kommagene, 31 v. Chr. im Heer des Antonius bei Actium, vor 20 † oder abgesetzt, Plut. Ant. 61. Cass. Dio 52,43,1. D. MAGIE 1292. **19.** M. III., seit 20 v. Chr. durch Augustus König von Kommagene. Cass. Dio 54,9,3. MAGIE 1338. **20.** M., König von Iberien z. Z. des Augustus, Vater von Nr. 21, Cass. Dio 58,26,4. **21.** M., Sohn von Nr. 20, eroberte mit dem Bruder, dem iber. König → Pharasmanes, von Tiberius gegen die Parther geschickt, Artaxata und besetzte Armenien. Von Gaius nach Rom geholt und von Claudius 41 zurückgesandt, besetzte M. Armenien wieder. Rhadamistos, Sohn des Pharasmanes, schlug M. 51 und schloß ihn in Gorneai ein. Beim Vertragsabschluß mit seinem Neffen wurde M. getötet, Tac. ann. 6,32 ff. 11,8. 12,44 ff. Cass. Dio 58,26,3 f. 60,8,1. Sen. dial. 9,11,12. MAGIE 1409 f.

H. V.

**Mithras** (*Μίθρας* Porph. abst. 2,56; *Μίθρης* Xen. Kyr. 7,5,53; ai. *Mitra*, aw. *Miϑra*, elam. *Mi-iš-ša*, np. *Mihr* W. BRANDENSTEIN–M. MAYRHOFER HB des Altpers., 1964, 9. 13). Indoiran. Gott, dessen Name »Vertrag« (A. MEILLET, Journ. As. 10, 1907, 143 ff. P. THIEME Der Fremdling im Rigveda, 1938, 14. J. GONDA Die Rel. Indiens 1, 1960, 82. [12],18 ff. 38 ff.) bedeutet (M. = El Berit von Sichem? G. SCHMITT, ZAW 76, 1964, 325 ff.) bzw. personhaft »Mittler des Vertrags« (H. HUMBACH Festg. H. Lommel, 1960, 76 ff.); daher ist M. im zervanit. Milieu (Plut. Is. 46. [6],107. [7],385 ff. 392. [18],214 ff.) auch metaphys. zwischen *Ὡρομάζης* und *Ἀρειμάνιος* der *Μεσίτης* (=*μαλιζο* auf der Inschr. von Surkh-Kotal [?] HUMBACH Baktr. Sprachdenkmäler 1, 1966, 32 ff.). Als Schützer des vertraglichen Rechts ([13],26 ff. Vgl. Vessantāra-Jātaka, Texte Sogdien ed. E. BENVENISTE, 1946, 72 [Z. 1205 f.]) – die Perser schworen *νὴ τὸν Μίθραν* (Xen. oik. 4,24. Plut. Art. 4. Ail. var. 1,33) – war der indoar. M. anfänglich mit dem Rta-Hüter Varuna zwillinghaft vereint (H. LÜDERS Varuna 1, 1951, 37 f. S. KRAMRISCH Indol. Studies W. N. Brown, 1962, 114. [13],3 ff.; vgl. [12],6 ff. 59 ff.): beide erscheinen dualisch (*Mitraššel Uruuanaššel* J. FRIEDRICH, Orientalia 12, 1943, 311 ff.) im Vertrag des Mattiwaza von Mitanni mit Šuppiluliuma von Ḫattuša (E. FORRER, ZDMG 76, 1922, 248 f. H. EHELOLF–F. SOMMER, Kl. Forsch. 1, 1929, 297 ff. THIEME, Journ. Am. Or. Soc. 80, 1960, 301 ff.); im Altpers. entspricht die Dvandva-Bildung *Mira-Ahura* (*Μεσορομασδης* v. 1. Plut. mor. 780 c. S. WIKANDER, Or. Suec. 1, 1952, 66 ff. [7],97. [13],44 ff. 320). Kosmol. war M. der frühe, helle Tagaspekt des Himmels (F. KERN Ásoka, 1956, 113 f. M. L. und H. ERLENMEYER, Orient. 33, 1964, 232 f. [14],107 ff.); im M.-Yašt des Awesta ([7], 52 ff. [13],74 ff. 77) heißt er »weitschauend, immer wachend, tausendäugig« (A. JACOBY, ARW 22, 1923/24, 261 f.); die darin angedeutete Synthese von Lichtnatur und Rechtswahrung (Bundahišn 87 b 15 ff. J. DARMESTETER Le Zend Avesta 2, 1892, 314. [6],121 f. [7],60 f. [12],37; vgl. W. DEONNA Le Symbolisme de l'Oeil, 1965, 274 f.) wird ergänzt durch den kosm.-solar deutbaren Bezug zum wasserreichen Weideland und zum Rind (*voura gaoyaviti* – »weite Triften besitzend« [6],109 ff.; vgl. die Rinder des Helios). Unbeschadet seiner ambivalenten »Mittler«-Position zwischen Hell und Dunkel, Himmel und Erde, Sonne und Mond, Gut und Böse ([6],96 ff. 98 ff.), in den → Mysterien ausgesagt durch die kontr. Symbole des das Morgenlicht verkündenden Hahnes (F. CUMONT, CRAI 1942, 284 ff. [9],146), des altp. Hoheitsträgers kosm. und milit. Ausrichtung (Plut. Art. 10. [2], 87 ff. H. JÄNICHEN Die Bildzeichen der kgl. Hoheit bei den iran. Völkern, 1956, 16 f. 20), und der chthon., Erde und Wasser vertretenden Schlange (M. ABRAMIC, JOEAI (Bbl.) 17, 1914, 121 ff. E. SWOBODA, JOEAI 30, 1937, 1 ff.), setzt die spätere Angleichung des M. an den bab. Šamaš (H. GRESSMANN Die or. Rel. im hellenist.-röm. Zeitalter, 1930, 146 f.) und den griech. → Helios-Apollon (Xen. Kyr. 8,7,3. Strab. 15,3,13. [2],102) eine solare Affinität voraus, die nach H. LOMMEL, Oriens 15, 1962, 360 ff. mit dem myth. Bild von der Tötung des Mondstieres (Haoma) durch die »Sonne« M. den Symbolkern der hellenist. M.-Rel. bereits in der uriran. Phase anlegte (vgl. [17],12 f.; s. jed. [12],35 ff. [13],35 f. gegen LOMMEL, Paideuma 3, 1949, 207 ff.). Als »starkarmiger« *(uγrabāzu)* Anführer der martial. Männerbünde Altirans ([10],1, 66. [18],45) übernahm M., der »Vergelter des Unrechts«, auch krieger.-herrscherliche Züge ([7], 61 f. [6],100 ff. [10],2,49. [15],23. 33). Der reitende und bogenschießende M. von Dura Europos (M. ROSTOVTZEFF, YClS 5, 1935, 280 Abb. 79. H. SEY-

RIG, Syria 26,1949, 225 ff. [16],1,68 f.), Repräsentant des milit. Habitus der M.-Riten ([10],2,92 ff.) und ihrer männerbündisch-regalen Residuen ([10],1,53. 65 ff. [18],202 ff. 224 f. R. MERKELBACH, Numen 6, 1959, 154 ff.), weist zurück auf den königlichen Dynastiegott ([10],2,95), dem zum herbstlichen Jahreszeitenfest Mithrakāna (*Μιθϱάκανα* Strab. 11,530. W. EILERS, AAMz 1953, 2,11 f. [6],157 ff. [10],2,94 f.) Pferde, die Symboltiere solarer Herrschermacht (Hdt. 3,90. 7,40. Xen. Kyr. 8,3,12. Curt. 3,3,11. [2],89. 127. [6],129 ff.) und caelest. Urordnungen (A. ALFÖLDI, Germania 30, 1952, 362 ff.), geweiht wurden. Während der mit dem myst. Mithrakāna-Gedenkfest an die Tötung des Urdrachens namengleiche Monat Mihrakan im altp. Kalender aus Kappadokien ([7],376 f. 479) die zeitlich-kosm. Mittlerrolle des M. im medo-parth. Zervanismus unterstreicht ([10],2,83 f. 91; zu M.-Apollon in der zerv. Tetras G. HOFFMANN, AKM 7,3, 1880, 72. A. CHRISTENSEN L'Iran sous les Sassanides, 1936, 147 ff. 151 f.), wird im manichäischen System die Doppelfunktion des »Zuteiler M.« *(Miϑra baγa* = sogd. *myšyy βγyy)*, die sonnenhafte einerseits, die krieger. und demiurg. andererseits, auf die Gestalten des *Tertius Legatus* und des *Spiritus Vivens* übertragen (W. B. HENNING, OLZ 37, 1934, 6 ff. M. BOYCE Stud. S. H. Taqizadeh, 1962, 44 ff. [13],33 f. 40 ff. [18],304 f.). Obwohl M. erst seit Artaxerxes II. in den Achaemenideninschr. zus. mit Ahura Mazda und → Anahita (Anaitis) genannt wird (F. H. WEISSBACH Keilinschr. der Achaemeniden, 1911, 124 ff. [16],1,46 f.), während seine Verehrung vor allem im parth. und armen. Bereich bezeugt ist (Xen. an. 4,5,34. Tac. ann. 12,13. [3],16 ff. [8],214), haben ihn die genannten Eigenschaften schon früh mit dem Herrschertum verbunden ([6],146 ff. W. LENTZ Indo-Iranica, Mél. G. Morgenstierne, 1964, 108 ff.): er war caelest. Schicksalsgott (→ Tiridates-Nero: Cass. Dio 63,5,2. A. DIETERICH, ZNW 3, 1902, 9 ff.) und Verleiher des sonnenhaften Glücksglanzes (Ḫvarəna [6],104. 110 ff. [13],60); die Könige galten als *σύνθϱονοι θεῷ Μίθϱᾳ* (Ps. Kallisth. 1,36. 2,14), wenngleich man kaum den phryg. *Μίδας* (eher = hierogl.-heth. *miti-* »Diener« H. TH. BOSSERT, Jb. kl. Forsch. 2, 1952/53, 328. → Kybele) wegen der ätiol. Goldmetamorphose nach BRANDENSTEIN Festschr. A. Debrunner, 1954, 56 ff. 60 ff. (vgl. R. HAUSCHILD, SBAW 109, 1964, 74 f.) mit *Μίθϱας* sprachlich identifizieren wird. Das (freilich mit der Z. veräußerlichte) Auftreten des Elements *mitra-* in pont. und indogriech. Herrschernamen (A. K. NARAIN The Indo-Greeks, 1957, 44. 86. 124 f. 139 f.) sowie die regalen Investiturszenen auf dem Nemrud Dagh-Relief des Antiochos von Kommagene (H. DÖRRIE, AAG 60, 1964, 57. 192 ff. [18],241 f. → Hermes), wo der Gott die *τιάϱα ὀϱθή* trägt (H. BRANDENBURG Stud. z. Mitra, 1966, 166), und auf den sasanid. Felsbildern von Ṭāq-i-Bostān und Teng-i-Saoulek (A. ODOBESCO Le Trésor de Petrossa 1, 1899, 458 f. Abb. 182. 183), wo M. im Strahlennimbus dargestellt wird (CHRISTENSEN 140. Vgl. M. COLLINET-GUERIN Hist. du Nimbe, 1961, 122 ff. 178 ff. 226 ff.), zeigen das Weiterwirken dieser Vorstellung im Zuge einer synkretist. Koppelung bzw. Verschmelzung mit dem Sonnengott (Hesych. s. *μίθϱας*. Curt. 4,13,12. J. HERZFELD, Jb. preuß. Kunsts. 41, 1920, 107 ff. Abb. 15. 16. [6],128). Die Mz. der Kušan-Könige (R. GÖBL in: F. ALTHEIM Finanzgesch. der Spätant., 1957, 173 ff. [10],2,113) bilden M.-Helios (MII/OPO) auf dem Revers ab ([16],1,45 f. U. MONNERET DE VILLARD, Orient. 17, 1948, 228 ff. J. N. BANERJEA The Development of Hindu Iconography, 1956, 140. 438. HUMBACH, ZDMG 111, 1961, 475 ff.); die krypt. Ornamentik sarmat. Riemenschnallen bietet die »Hieroglyphen« *ΗΛΙΟΣ ΑΠΟΛΛΩΝ* (= M.): HUMBACH Welt der Slaven 6, 1961, 225 ff.); in der baktr. Kaniška-Inschr. (A. MARICQ, Journ. As. 246, 1958/1959, 346 ff. 424. HUMBACH Die Kaniška-Inschr. von Surkh-Kotal, 1960, 44) verwendet der König u. a. die Titel »Sohn des hohen Mihr« (*βοϱζομιυϱοπουϱο*; vgl. sogd. *baγpūr* [6],155 ff.) und »Deva, der sonnengleiche Mihr« (*ΔΕΙΟΟ αμιυϱαμανο ΜΙΥΡΟ*): HUMBACH Baktr. Sprachdenkm. 1,76 ff. 98 f. Innerhalb der Trias *ΜΙΟΡΟ* (*Ἥλιος*) – *ΑΡΔΟΧΣΟ* (*Τύχη*) –*ΜΑΟ* (*Σελήνη*) deuten die Mz.-Befunde zudem eine Assimilation des M. an die weibliche Gottheit an (M. BUSSAGLI, SMSR 24/25, 1953/54, 93 ff. Riv. Stud. Or. 37, 1962, 94 f.), was die »Verwechslung« von *Μίτϱα* mit Anahita (Hdt. 1,131,3. BAZIN-FOUCHER, Journ. As. 233, 1941/42, 231. R. SCHMITT, ZDMG 117, 1967, 122. [2],104 f.) erklären mag (vgl. [6],112. 127. S. HARTMAN Gayomart, 1953, 62 ff.). – Die hellenist. → Mysterien stellen neben der demiurg., leben- und fruchtbarkeitspendenden Tat des Tauroktonos (Porph. antr. nymph. 6.24. [14],110. [17],53 ff. H. WAGENVOORT Serta Phil. Aenipont. 1962, 273 ff. Vgl. LE ROY CAMPBELL, Berytus 11, 1954, 1 ff.) die soteriol. Funktion (Saoshyant) des Schutzgottes M. heraus (GRESSMANN, ZKG 41, 1922, 154 ff. 170 ff. [17],18 ff.). Sie ist im Iran. bereits vorgegeben ([10],1,45 ff.), wie aus dem sak. M.-Epithet *bōzaka* »Erlöser« (I. SCHEFTELOWITZ, Acta Or. 11, 1933, 292 ff. 305 f.), ferner aus den w.-iran. Namen *Miϑrbōxt* (»durch M. erlöst« H. S. NYBERG, Monde Or. 17, 1923, 207 [Pehlevi-Dokumente von Avroman]), *Bagabuxša* (*Μεγαβύζης* [7],353) und *Μιθϱοβουζάνης* (Diod. 17,21,3. »Erlösung durch M. besitzend« F. JUSTI Iran. Namenbuch, 1885, 209) erhellt: WIDENGREN, Ztschr. f. Rel. u. Geistesgesch. 4, 1952, 101 f. (Die These S. WIKANDERS, Årsbok Vet. Soc. Lund 1950, 5 ff. [8], vom nicht iran. Ursprung der M.-Mysterien ist daher abzulehnen: [10],2,89 f. [18],222 ff.). Andererseits bildet der alte Bezug des M. zum reinigenden Feuer (Atur Burzin Mihr A. PAGLIARO Or. Studies C. E. Pavry, 1933, 378 ff. R. GHIRSHMAN Les Chionites-

Hephtalites, 1948, 46. Z. Mayani Les Hyksos et le Monde de la Bible, 1956, 15f. [10],1,62f. 100) die Voraussetzung für das eschatol. Wirken (ἐκπύρωσις [6],135f.) des Weltzerstörers M. (= Helios-Phaethon Nonn. Dion. 11,400. 21,247. H. J. Rose, RHR 105, 1932, 98ff.), wobei die urspr. Dualität von M. (Phaethon) und Sol (Relief von Dieburg: F. Behn, Röm.-Germ. Forsch. 1, 1928, 16ff. Abb. 12ff.; vgl. Ov. met. 2,40) aufscheint, welche sich bis zum Kampf beider auf den Reliefs von Osterburken und Virunum ([5],77f.) auswachsen kann. Das myst. Paradoxon der soteriol. und der eschatol. Rolle des M. ist integriert in der zervanit.-babylon. → Aion-Spekulation der Spätant. (R. Reitzenstein Die hellenist. Myst. Rel., 1927³, 180. 359f. [6],137ff.); sie bestimmt nicht nur den Phänotyp des M. τριπλάσιος (M.-Cautes-Cautopates: Ps. Dionys. Areop. ep. 7. Behn 1ff. 15 Abb. 11. [13],68ff. [17],56ff.), also das Gegenbild des dreifachen → Kronos-Zervan (Nyberg, Journ. As. 219, 1931, 89. G. Duchesne-Guillemin, Antaios 7, 1965/66, 250ff.), sondern auch die Konträrfigur des bösen *deus Arimanius* ([6],142f. [13],62f.). Der Lichtgott M. *(genitor luminis)*, als → *Sol invictus* (H. Usener, RhM 60, 1905, 465ff.) erfolgreicher Überwinder (Nabarzes = ap. *nabarza* »unbesiegbar« [10],2,92) der Dunkelmächte ([14],110), wird in Vermengung mit dem eingeborenen orph. → Phanes-Protogonos (*Διὶ Ἡλίῳ Μίθρᾳ Φάνητι* G. Patriarca, Bull. Comm. Arch. Roma 60, 1932, 239ff.) zum kosm. Erneuerer (Cumont, RHR 109, 1934, 63ff. M. P. Nilsson, Symb. Osl. 24, 1945, 1ff. U. Bianchi, SMSR 28, 1957, 115ff. [Relief von Modena]); der Kosmokrator (Canet-Cumont, CRAI 1919, 313ff.; vgl. A. Dieterich Eine M.-Liturgie, 1923², 2ff.) verschmilzt auf Zauberamuletten mit dem hahnenköpfigen, schlangenfüßigen → Iao-Abrasax, der die Peitsche des Lenkers der Sonnenrosse hält (G. W. Elderkin, Hesp. 2, 1933, 475ff.). Der alte Mythos von der caelest. Felsgeburt des M. πετρογενής (Lyd. mens. 4,30. Commodian. instr. 1,13. E. Maionica, AEMÖ 2, 1878, 33ff. M. J. Vermaseren Studia Archaeol. G. van Hoorn, 1951, 93ff. [17], 59ff.), dem kleinasiat. → Agdistis-Kreis und den kaukas. Sagen um die *petra genetrix* motivisch nahestehend (R. Eisler, ARW 15, 1912, 305ff. G. Dumezil Légendes sur les Nartes, 1930, 75f. O. W. von Vacano Die Etrusker, 1955, 148f. [10], 2,94), führt zwar über die allg. Vorstellung von dem seinem Gipfel entwachsenden vorderasiat. Höhengott (Ed. Meyer Reich und Kultur der Chetiter, 1914, 121f.) auf die Epiphanie des awest. Licht-M. vom Berge *Hara běrězaiti* (G. Messina, Civilta Cattol. 92,1, 1941, 256); der Sphäre des zervanit.-chaldäischen Magiertums ([17],13ff. – Inschr. von Faraša H. Grégoire, CRAI 1908, 434ff. Benveniste Les Mages dans l'Anc. Iran, 1938, 28ff.) entstammt dagegen die nach Widengren Iran.-Semit. Kulturbegegnung in parth. Z., 1960, 62ff. vornehmlich in der syr. »Schatzhöhle«, bei Ps. Ioh. Chrysostomos Opus imperfectum in Matthaeum und in der Zuqnin-Chronik des Ps. Dionysios von Tell Maḥrē (U. Monneret de Villard Le Leggende Orientali sui Magi Evangelici, 1952, 3ff. 69ff.), spurenhaft auch noch im uigur. Text von Bulāyïq (W. Bang, Muséon 39, 1926, 44ff.) und bei Masᶜūdī (Prairies d'Or 4, 1865, 79f. ed. Barbier de Meynard–Pavet de Courteille) bewahrte Tradition von der Verkündung der Epiphanie des Erlöserkönigs M. ([18],207ff. 236ff. → Hystaspes-Orakel: [18],199ff.) durch Stern und Feuersäule (M. Eliade Mephistopheles et l'Androgyne, 1962, 39f. 60ff.), der Erwartung des Ereignisses durch die Magier auf dem Mons Victorialis (L. I. Ringbom Graltempel und Paradies, 1951, 243ff.), schließlich der M.-Geburt in der Berggrotte und seiner Veneration mit dargebotenen Kronen ([10],2,106f. – Etschmiadzin-Evangeliar: J. Strzygowsky, Byz. Denkm. 1, 1892, 69 T. VI). Doch ist die Interpretation dieser Überlieferung, vor allem auch ihres Verhältnisses zu der armen. Weibgeburt des M. (Eliše Vardapet 48f. Vgl. aber Dirkan-Tchitouny, Act. 21. Congr. Int. Or. 1949, 371), zur Mani-Biographie (C. Kessler Mani 1, 1889, 380), zur äg.-hellenist. → Aion-Geburt am 25. Dez. (Cumont, RHR 78, 1918, 207ff. 82, 1920, 85ff.) und zur chr. Evangelienlegende (Dieterich, ZNW 3,1ff. E. Preuschen ebd. 359f.) nicht einhellig (Duchesne-Guillemin, ZDMG 111,469ff.; Antaios 7,236ff.). W. F.

1. *Th. Kluge*, AO 12,3, 1911. 2. *C. Clemen*, RVV 17,1, 1920. 3. *J. M. Unvala* Observations on the Rel. of the Parthians, 1925. 4. *J. Leipold*, in: Bilderatl. z. Rel. Gesch. (H. 15), 1930. 5. *F. Saxl* M., 1931. 6. *G. Widengren* Hochgottglaube im alten Iran, 1938. 7. *H. S. Nyberg* Die Rel. Irans, 1938. 8. *S. Wikander* Feuerpriester in Kleinasien und Iran, 1946. 9. *M. J. Vermaseren*, Vig. Christ. 4, 1950, 142ff. 10. *G. Widengren*, Numen 1, 1954, 16ff. 2, 1955, 46ff. 11. *E. Will* Le Relief Cultuel, 1955. 12. *P. Thieme* M. and Aryaman, 1957/58. 13. *I. Gershevitch* The Avestan Hymn to M., 1959. 14. *E. O. James* Worship of the Sky God, 1963. 15. *M. Molé* Culte, Mythe et Cosmologie dans l'Iran Ancien, 1963. 16. *M. J. Vermaseren* Corpus Monum. et Inscr. Religionis Mithr. 1, 1956. 2, 1960. 17. *Ders.* M., 1965. 18. *G. Widengren* Die Rel. Irans, 1965.

**Mithraustes** (Μιθραύστης, Iusti Iran. Namb. 214), vornehmer Perser, führte bei Gaugamela auf dem r. Flügel die armen. Fußtruppen, Arr. an. 3,8,5; 11,7. H. V.

**Mithrazanes** (Iusti Iran. Namb. 214), Perser der Umgebung des Dareios, floh kurz vor dessen Tode und gab Alexander Winke für die Verfolgung des Bessos, Curt. 5,13,9. H. V.

**Mithrenes** (Μιθρήνης, Iusti Iran. Namb. 214), pers. Kommandant der Burg von Sardeis unter Dareios III., übergab sie mit ihren Schätzen 334 Alexander, Arr. an. 1,17,3. Diod. 17,21,2. Curt. 3,12,7. Dion Chrys. 73,2. M. wurde nach Issos wegen seiner pers. Sprachkenntnisse zu den gefangenen königlichen Frauen gesandt und blieb bis 331/30 in Alexanders Umgebung, Curt. 3,12,6. Von Alexander zum Satrapen des noch nicht unterworfenen Armenien ernannt, scheint er dessen Verwaltung nicht angetreten zu haben, da 317 Orontes, schon unter Dareios Satrap von Armenien, noch das Gebiet besaß, Arr. 3,16,5. Diod. 17, 64,6. 19,23,3. Curt. 5,1,44. Polyain. 4,8,3. H. V.

**Mithropastes** (*Μιθρωπάστης*, Iusti Iran. Namb. 216), Sohn des Arsites, des Satrapen von Klein-Phrygien, floh vor 330 vor Dareios auf die Insel Ogyris (h. Masira) im Roten Meer und dann nach dem Eiland Oarakta (h. Kism) im Pers. Golf zu Mazenes. Mit ihm begab sich M. zur Flotte Nearchs 325/24 und unterrichtete Nearch bei der Fahrt durch den Pers. Meerbusen bes. über Ogyris: Nearchos FGrH 133 F 27. 28. H. Schiwek BJ. 162, 1962, 75f. T. 1. H. V.

**Mitra** (*μίτρα, μίτρη*). Die M., der Grundbedeutung nach »Band, Binde«, ist bei Hom. ein Metallgurt, der den unterhalb des Panzers unbeschirmten Unterleib schützte. Solche M. sind als mit einem halbkreisförmigen Bronzeblech versehene Gurte aus dem früharchaischen Kreta erhalten (Funde in Kreta, Olympia, Delphoi); Nachweise bei [1], 25,41. Ihre Verbindung mit der hom. M. ist trotz A. Snodgrass Early Greek Armour and Weapons 1964, 88 mit [1], 25ff. als gesichert anzunehmen. Diese Art der Bewaffnung, in Griechenland selbst seit dem 6. Jh. nicht mehr belegt, hat sich in den Randgebieten griech. Kultur bis in hellenist. Z. gehalten ([1], 27). Als M. wird auch ein funktionsähnlicher Teil der Rüstung der Salier in Rom bezeichnet (Dion. Hal. ant. 2,70. Plut. Numa 13,4); es handelt sich dabei offenbar um den aus Denkmälern bekannten Lendengurt der altital. Rüstung ([1], 32ff.). Seit dem 7. Jh. bezeichnet M. eine aus Lydien eingeführte, aus einem schmalen Tuch als Haube oder Schleier drapierte Kopfbedeckung von Frauen, Orientalen, Symposiasten, Göttinnen, in bestimmten Situationen auch des Dionysos und Priapos ([1], 53ff. T. 1–6. (Danach ist o. S. 175 → Kekryphalos nur noch als Haarnetz, nicht auch als Kopftuch zu interpretieren). Von der golddurchwirkten breiten M. der oriental. Herrscher hat wohl auch das seltene breite Diadem hellenist. Könige gelegentlich den Namen M. bekommen (Athen. 12,536a. Plut. Demetr. 41,4). Endlich konnten turbanartige Kopfbedeckungen wie die des jüd. Hohenpriesters M. heißen, in der Kaiserz. auch die Tiara und die Kidaris. Daher stammt auch die seit dem frühen MA bezeugte Bezeichnung der rituellen Kopfbedeckung der Bischöfe und Päpste als Phrygium und M. W. H. G.

1. *H. Brandenburg* Studien z. Mitra 1966.

**Mittelmeer.** Erst in der jüngeren Tertiärzeit bildet sich allmählich das Relief, das dem Mittelmeerbecken seine heutige Form gegeben hat. Im



Miozän gibt es noch ein Ägäisches Festland n. von Kreta. Dagegen waren die s. Atlasländer Meeresraum, und es bestanden Verbindungen durch die Südrifische und Nordbetische Pforte mit dem Ozean, durch die Rhonesenke mit dem Miozänmeer im n. Alpenvorland und durch Syrien mit dem südasiat. Miozänmeer. Gegen E. des Miozäns setzte bei gleichzeitiger Hebung einzelner Landmassen ein allg. Rückgang des Meeres ein, der die Wanderung der Landfauna nach den Balearen, Korsika und Sardinien, Malta, Sizilien und Kreta erlaubte. Damals bildete sich auch die Gibraltarstraße aus. Die Zerstückelung, die zum heutigen Bild führte, beginnt im Mittelmiozän mit der Auffaltung des Südapennin. Im Pliozän und weiter bis zum Quartär brechen die n. verlandeten Teile um Kreta und der syr. Rand zusammen. Die jüngsten Meeresbecken sind das Ägäische Meer und das Marmarameer, deren Entstehung das Absinken der Furchen der Dardanellen und des Bosporos zur Folge hatte.

Die ant. Theorien über die Entstehung des M. und über seine Verbindung mit dem Ozean bleiben eng verbunden mit den Vorstellungen von der Entstehung und Trennung von Erde und Wasser bis zu den Systemen der letzten vorsokratischen Physiker, ja sogar bis zu dem Weltbild Platons (Phaid. 109b–111e). Aristoteles scheint als erster sich ein eigenes Bild davon gemacht zu haben, allerdings im Rahmen des wechselnden Verhältnisses zwischen Erde und Wasser in meteor. 354 b 11–26. Indem er ohne jede andere Erklärung das Vorhandensein von großen Becken (*κοιλότητες*) im Inneren der Länder annahm, zeigt er, daß das Wasser, das sie füllt, ausschließlich von den Flüssen komme und daß ein großer Strom von der Maiotis fließe bis zu dem Tyrrhen. und dem Sardin. Meer durch den Pontos Eux., das Ägäische und das Sizil. Meer, wobei jedes dieser Meere tiefer sei als das vorausgehende (ähnlich Pol. 4,39–42,8). Der Unterschied der Tiefen käme von der Ablagerung des Flußschlamms, die stärker in der Maiotis und im Pontos Eux. sei wegen der Größe der Flüsse, die sich in sie ergießen (→ Diogenes v. Apollonia Vorsokr. 64 A 18 hatte schon die starke Strömung des Bosporos diesen Flüssen zugeschrieben). Straton (Frg. 91 Wehrli) fügt dieser Theorie den Gedanken hinzu, daß der Druck der Strömungen (unterstützt durch Erdbeben? Vgl. F. Lasserre, AC 28, 1959, 67) den Durchbruch des Bosporos und der Straße von Gibraltar hervorgerufen habe, wonach das zuvor viel ausgedehntere M. sich z. T. in den Ozean entleert habe. Nach Eratosthenes (Frg. I B 15 und 16 Berger), der diese Theorie im wesentlichen übernimmt, wären um die Ammon-Oase gefundenen Meermuscheln ein Beweis für die urspr. Ausdehnung des M. und die Unterschiede der Meereshöhen, die die Strömungen zulassen, wären zu beiden Seiten des Isthmos von Korinth und des von Suez festgestellt worden.

Poseidonios endlich läßt neben den von Straton angenommenen Ursachen die Erdbeben und den Vulkanismus im allg. wirksam sein. Gestützt nicht nur auf viele Beispiele von Ländern, die infolge von Erdbeben aufgetaucht oder versunken seien, sondern auch auf die schon von Timaios verteidigte Idee (vgl. auch Aischyl. Frg. 63 Mette über den Riß bei Rhegion), nach der die meisten Inseln um Italien von Pithekusa (Ischia) bis Sizilien vom Lande durch Vulkanausbrüche losgerissen worden seien, zeigte er, daß die im Mittelmeerbecken eingetretenen Veränderungen sich nicht alle durch die von der Maiotis zum Ozean laufende Strömung erklärten (K. Reinhardt Poseidonios, 1921, 87–104). Rein vom geogr. Gesichtspunkt aus ist das M. als solches nicht der Gegenstand spezieller Studien gewesen, abgesehen von dem anonymen *Σταδιασμὸς τῆς μεγάλης θαλάσσης* (GGM 1,427–514) und seinen Quellen. Aber die typische Auffassung der griech. Geographen, nach der die Gestalt der Länder durch den Umriß der Küsten gegeben ist, beruht auf der Erfahrung der Seefahrer im M. und äußert sich konkret in der Tatsache, daß fast alle ant. geograph. Beschreibungen der Oikumene dem Plan eines Periplus des M. folgen (vgl. R. Güngerich Die Küstenbeschreibung in der griech. Lit., 1950, 13f.). Der erste bekannte Name des M. ist *θάλασσα*. Der Name »Großes Meer«, äg. *wat-ur*, assyr. *ti-hamti-rabiti* neben *ti-hamti sa mat acharri* (»das hintere Meer« im Gegensatz zu dem vorderen, dem Pers. Meer) und im hebr. *jâm haggadôl*, erscheint im Griechischen in der Form *μεγάλη θάλασσα* bei Hekat. 1 F 26. Er wird ersetzt durch *ἡ εἴσω* oder *ἐντὸς* (sc. *Ἡρακλείων στηλῶν*) *θάλασσα* seit dem 4. Jh., entsprechend der Entwicklung der Kenntnis des Ozeans (Aristot. meteor. 354 a 11) oder *ἡ παρ' ἡμῖν θάλασσα* (a. O. 356 a 7); daher *mare internum* bei Plin. nat. 2,173 (auch vereinzelt *intestinum* Flor. 2,13,76) und häufiger *mare nostrum*, zum erstenmal bei Caes. Gall. 5,1,2. Dieser Name führt zu dem am E. der Republik sich festigenden röm. Begriff von der Identität des *orbis terrarum* und des *imperium romanum*, in dem er so der griech. Vorlage eine polit. Färbung hinzufügt, obgleich das »unser« zugleich und manchmal in erster Linie als die gesamte Menschheit der Oikumene meinend hat empfunden werden können, was für Mela (passim) sicher durchweg gilt. *Mare mediterraneum* erscheint erst im 7. Jh. bei Isidoros von Sevilla (orig. 13.6,1). Solin. 18,1 *mediterranea maria* ist noch kein Eigenname. F. L.

*V. Burr* Nostrum mare, 1932. *O. Maull*, RE XV 2221–2237.

**Mittendarii.** Zu den *palatini* zählende Subalternbeamte beim *comes sacrarum largitionum* und beim *comes rerum privatarum* (Cod. Theod. 6, 30,2. 7. 8. 9. 22. 23). Sie hatten als Sendboten Aufträge in den Provinzen auszuführen. Zuerst unter Theodosius I., der ihre Rangverhältnisse regelte, bezeugt, doch vermutlich schon früher existierend (vgl. Cod. Theod. 6,30,2). Im 6. Jh. gab es vielleicht bei den *praefecti praetorio* m. (bezeugt für den *praef. praet. Africae:* Cod. Iust. 1,27,30, von 534). A. L.

**Mixoparthenos** (*Μιξοπάρθενος*). Die skyth. → Echidna (2), halb Mädchen, halb Schlange, die nach den Erzählungen der pont. Griechen (Hdt. 4,8ff.) das skyth. Waldland beherrschte und in einer Höhle hauste. Herakles zeugte mit ihr 3 Söhne, Agathyrsos (→ Agathyrsoi), Gelonos (→ Gelonoi) und → Skythes. Der letztere vermochte den Bogen seines Vaters zu spannen und konnte deshalb im Lande bleiben; die beiden andern mußten auswandern. Ähnlich lautet die skyth. Version (Hdt. 4,5). M. ist nach Diod. 2,43,3 erdgeboren, nach IG XIV 1293 A 95 Tochter des Araxes. Ihre Gleichsetzung mit der asiat. Muttergottheit (Rostowzew, REG 32,473ff.) ist bedenklich. – M. ist Beiwort der Sphinx Eur. Phoin. 10,23, der Skylla Lykophr. 669. H. v. G.

**Mnā** (*μνᾶ*), lat. *mina*, »Mine«, vom akkad. *manu* entlehnte Bezeichnung eines → Gewichts. In Mesopotamien und seinem Einflußbereich bildete die M. zu ca. 502 g – auch andere Normen begegnen – das 60stel des → Talents *(biltu)* und zerfiel in 60 Shekel (→ Siglos) von je 180 Korn. Wohl erst in assyr. Z. erscheint bei gleicher Bezeichnung eine um 100% gesteigerte sog. schwere M. (mit Talent von nur 30 M.?). Auch eine sog. doppelt schwere M. ist belegt. In Randzonen galten andere Teilungen: bei den Hethitern die M. von 40 Shekel, bei den Juden der Spätzeit (Ezechiel 45,12) die M. zu 50 Shekel (äg. Einfluß). Strittig ist die Existenz erhöhter (königlicher) Normen (→ Gewichte) und gesonderter M. für Gold und Silber mit Teilung in 50 Shekel. Als Zeitmaß war die M. 1/60 des Tages, also = 24 Min. Die Griechen rechneten die M. stets zu 1/60 des Talents und 50 → Didrachmen (= → Statere) bzw. 100 → Drachmen. Ausnahmen sind nur scheinbar. Mit den chiischen 40steln meint Thuk. 8,104,1 die Tetradrachmen von Chios im Verhältnis zur aigin. M. Wenn in Delphi 70 Drachmen auf die M. gerechnet werden, so handelt es sich um aigin. Drachmen, aber die att. M. Eine 60-Teilung der M. in Aigina ist nicht bezeugt. Die Schwere der M. variierte nach Ort, Zeit und Verwendung. So wog die Münzm. (nur Rechenwert) in Aigina ca. 624 g, in Athen ca. 437 g, im ptolem. Äg. ca. 363 g. Der Münzfuß wechselte vielerorts (jedoch nicht in Athen), dazu wurden für den Handel oft andere M. verwendet. In Athen lösten sich Marktm. im Gewicht von 105 (95?), 138 und 150 Münzdrachmen ab, weitere Stufen lassen sich vermuten. Ein eigenes Gewichtssystem mit M. von 341 g entwickelten die Mediziner. In der röm. Kaiserzeit hieß manche lokale M. *libra* bzw. *λίτρα*, umgekehrt das röm. Pfund auch *μνᾶ*. Weitere M. waren wohl Füllgewichte gängiger Hohlmaße. – Die att. M.-Gewichte zeigen einen Delphin, vereinzelt ein Bukranion. Die Teilung erfolgte bis zu 1/8 M., kleinere Beträge wurden in Drachmen ausgedrückt. Als Einheit (→ Stater) figurierte die M. erst im hellenist. Athen; vorher war es das *δίμνουν*, weshalb die M. auch *ἡμιστάτηρον* hieß. H. Ch.

Lit. s. unter→Gewichte.

**Mnasalkes** (*Μνασάλκης*) von Sikyon, Epigrammatiker des (frühen ?) 3. Jh. v. Chr. Die Anth. Pal. weist ihm 18 Gedichte zu (17 sind sicher echt), zumeist fiktive Grabschriften und Weihungen, ähnlich wie bei → Leonidas (9) von Tarent. Der Rivale → Theodoridas hat M. wohl zu Unrecht scharf getadelt (Anth. Pal. 13,21; s. dazu [2]). K. St.

Ausg. in: *A.S.F. Gow* and *D.L. Page* The Greek Anth. (I) Hellenistic Epigr. 1.2, Cambr. 1965. – Lit.: 1. *W. Seelbach* Die Epigr. des M. von Sik. und des Theodoridas von Syrakus (Klass.-Philol. Stud. 28), 1964 (mit ausführl. Komm.). 2. *E. Mensching*, GGA 219, 1967, 212ff.

**Mnaseas** (*Μνασέας*). **1.** Phoker z.Z. des 3. heiligen Krieges. Vater des *Ἀριστοτέλους ἑταῖρος* (Timaios FGrH 566 F 11) Mnason (Aristot. pol. 1304a). Aristot. a.O. nennt M. in Zusammenhang mit dem Ausbruch des Krieges. Obwohl M.' Verhältnis zu den phok. Führern anfangs nicht gut war (Aristot. a.O.), wurde er 351 durch → Phayllos nach → Onomarchos' Tod zum Vormund von dessen Sohn Phalaikos und zum Strategen bestellt; bald darnach fiel er bei einem nächtlichen Angriff der Boioter auf Naryka (Diod. 16,38,6f.). RE XV 2248f. K. K.

**2.** M. aus Patara in Lykien (vgl. POxy 13, 1611, col. 1,127f.), wahrscheinlich Schüler des Eratosth., schrieb mehrere B. über Mythen und *θαυμάσια* in geograph. Anordnung (Europa, Asien, Libyen). Das Gesamtwerk hieß *περίπλους* oder *περιηγήσεις*. Charakterist. für M. sind seine Deutungen der Mythen in der Weise des Euhemeros und die Einordnung der myth. Personen in genealog. Schemata. Erhalten sind ferner wenige Frg. einer Slg. von Orakeln. O. Dr.

Frg.: FHG 3,149–158 (Add. 4,659f.) und *Eug. Mehler* Mn. Patar. frg., Leiden 1847 (m. Komm.). In beiden Frg.-Slg.en ist außer dem obigen POxy Ios. c. Ap. 2,112ff. zu ergänzen. *R. Laqueur*, RE XV 2250ff. (ausführliche Behandlung der Parallelüberl. zu den seltenen Mythen bei M.).

**Mnasilochos** s. Mnesilochos

**Mnasippos** (*Μνάσιππος*). Spartiat, wurde Sommer 373 als Nauarch gegen Kerkyra gesandt, das er hart blockierte. In Athen wurde Timotheos, der nicht hatte helfen können, gestürzt und im Frühjahr 372 Iphikrates zur Hilfe entsandt. Doch schon vorher verlor der zu sparsame M. die Kontrolle über seine Söldner, wurde von den Kerkyräern geschlagen und fiel; Sparta brach das Unternehmen ab (Xen. hell. 6,2,3–6. Diod. 15,47). G. Do.

**Mnasitimos** (*Μνασίτιμος*). **1.** M. Sohn und Schüler des Aristonidas, Maler hellenist. Z. (Plin. nat. 35,146), vielleicht ident. mit **2.** M. Sohn des Aristonidas, aus Kameiros, Bildhauer auf Rhodos, 1. Hälfte 3. Jh. (Lindos II Inscr., 1941, Nr. 56. 106a: Porträtstatuen). **3.** M. Sohn des Tleson, aus Rhodos, Bildhauer dort, 2. Hälfte 3. Jh., wohl Enkel von 2 (Lindos II Nr. 99. 109. 119. IG XII 1,808. 824. 825a. Clara Rhodos 6–7, 1932/33, 424 Nr. 44. Atti R. Inst. Veneto Scienze Lettere Arti 57, 1898/99, 265 Nr. 9. ASAA 30/32, 1952/54 (1955) 284 Nr. 57). **4.** M. Sohn des Tleson, aus Rhodos, Bildhauer dort, 2. Hälfte 2. Jh., wohl Enkel von 3 (IG XII 1,73b). W. H. G.

**Mneme** (*Μνήμη*). Inhaltlich weitgehend mit → Mnemosyne gleichzusetzen. Während diese zu einer einigermaßen fest umrissenen Göttergestalt geworden ist, blieb M. fast überall ziemlich abstrakt; nur in Randerscheinungen (z.B. Zauberpapyri, PREISENDANZ Pap. mag. 1,194) ist sie zu gewisser Bedeutung gelangt. W. P.

**Mnemeion akron.** Nur von Ptol. 4,7,2 genannt, vielleicht h. Kap Elba (Ras Edineb), ca. 130 km n. von Berenike am Roten Meer gelegen. W. H.

**Mnemon** (*Μνήμων*). **1.** Ein Sklave, den Thetis ihrem Sohn Achilleus mitgab, um zu verhüten, daß er Sprößlinge oder Lieblinge Apollons töte. Der »Gedenkende«, »Pflichtbewußte« versäumte es, seinen Herrn beim Kampf gegen → Kyknos und → Tenes auf Tenedos rechtzeitig zu warnen, und wurde deshalb von ihm umgebracht, Lykophr. 240 mit Sch. Plut. qu. Gr. 28. H. v. G.

**2.** Beiname des → Artaxerxes II.

**Mnemones** (*μνήμονες*), a) Private Merker. b) Staatsnotariats- und Registraturbeamte ([1]. [2]). Sie sind vor dem Aufkommen der Schriftlichkeit aus den privaten Merkern hervorgegangen und hatten wichtige Akte der Behörden oder Parteien vor dem Vergessenwerden zu schützen. Dieses »lebendige Archiv« wurde später durch Schreiber ersetzt ([1],749). Über die Bestellung der M. und die Dauer ihres Amtes, das wegen der Natur der gestellten Aufgaben nicht nur vorübergehend gewesen sein kann, schweigen die Quellen. Die M. hatten die Gerichtsurteile und Privatverträge aufzuschreiben (Aristot. Pol. 6 p. 1321b34), wirkten bei Grundstücksveräußerungen (Syll.³ 45. 169 Z. 35, 42, 47), bei Grenzstreitigkeiten (SGDI 4999) sowie in Personenstandsangelegenheiten (Lex Gortyn) mit. Sie hatten in Privatangelegenheiten Anspruch auf Gebühren, die in einem Tarif festgelegt waren. c) Mnamon hieß auch der Vorsitzende des Rates des Stammbundes der Akarnanen ([1],489,1; 1470). 2. In Äg. war das Archiv der M. noch im 2. Jh. n. Chr. vom Notariat getrennt und wurde später als besondere Abt. dem Notariat eingegliedert ([3]). E. B.

1. *Busolt* GStk., 488f. 550. 2. *Weiß* Griech. Privatrecht, 252f. 360ff. 3. *Eger* Grundbuchwesen, 114.

**Mnemosyne** (*Μνημοσύνη*). Als persönliche Gottheit geschaute Erinnerung (→ Person-Bereicheinheit). Sie gehört der ältesten Göttergeneration an. Tochter des → Uranos und der Gaia (Hes. theog. 135), Mutter der → Musen (Hes. 54f.). M. als blasse Personifikation bezeichnen, hieße die Parallele mit Demeter übersehen. Sicher ist M. weniger plastisch als andere Person-Bereicheinheiten, aber Zeus verliebt sich in die Schönlockige (*ἐράσσατο καλλικόμοιο* Hes. 915), so wie er Hes. 912 das Lager der Demeter besteigt; beide werden schwanger. Ihr Äußeres wird als *καλλίκομος, χρυσόπεπλος, εὔπεπλος, λιπαράμπυξ* bezeichnet. – Kult im Peiraieus (vgl. IG II 1651), wo sie *νηφάλιοι τρεῖς βωμοί* erhält. Auch beim Trophonios-Orakel spielte sie eine Rolle (Paus. 39,8. 39,13). In Tegea im Alea-Tempel Standbild der M. (Paus. 8,47,3). – Spenden an M. bei Athen. 11,503 F. M. bei den ludi Romani: Dion. Hal. 7, 72,13. M. als Frauenname IG IX 2,595 aus Larissa in Thessalien. – M.s Hilfe brauchte der Aoide, der lange Zusammenhänge aus dem Göttermythos und der Heldensage auswendig, stets neu modifizierend, sang. (Über ähnliche Erscheinungen, die M. MURKO in Jugoslavien beobachtet hat: MILMAN PARRY and ALBERT LORD, Serbocroatian Heroic Songs, Novi Pazar. 2 vol. Cambr. Mass. and Belgrad 1954. A. B. LORD The Singer of Tales, 1960). – Zur Beziehung zur Orphik, in welcher M. dem Leben und Lethe dem Tod gleichgesetzt wurde, vgl. O. KERN Orph. Frg. 32 p. 104f., bes. V. 8–11. – Dort auch *ψυχρὸν ὕδωρ προρέον τῆς Μνημοσύνης ἀπὸ λίμνης* (Frg. 32,9), die Vorstellung vom Musenquell wiederholend. W. P.

**Mnemotechnik.** In der Ant. hat man bereits sehr früh Überlegungen angestellt, wie man das Gedächtnis üben und durch Hilfsmittel unterstützen könnte. Die Nachr., daß der Lyriker → Simonides die (systemat.) M. »erfunden« habe (Marm. Par. u. a.), hat bereits Cic. skeptisch aufgenommen. Ein System der M. wurde erst von den Rhetoren entwickelt, zuerst vielleicht von → Theodektes. Grundlage der ant. M. ist die visuelle Assoziation: Bildhafte Vorstellungen von den einzuprägenden Gegenständen oder Fakten werden mit einer Reihe von Orten (*τόποι*) verbunden, die durch eine bestimmte Ordnung zusammengehören (z. B. Räume eines größeren Hauses). Auf dem gleichen Prinzip wie die *τόποι* der M. beruht der Begriff der Argumentationstopoi. Die Regeln der ant. M. galten bis in das 17. Jh.; bisweilen finden wir sie noch in heutigen mnemot. Systemen. Ausführliche Darstellung der M. in der Ant. beim Auct. ad Her. 3,16,28–24,40 (vgl. Cic. de or. 2,86,350–88,360. Quint. inst. 11,2,11–51). O. D.

1. *H. Hajdu* Das mnemotechn. Schrifttum des MA.s, Budapest 1936. (Nachdr. Amsterdam 1967). 2. *F. A. Yates* The Art of Memory, Lond. 1966. 3. *H. Blum* Die ant. M., (demnächst als) Spud. 15. 4. *H. Lausberg*, Hb. d. literar. Rhet., Münch. 1960, 525–27 u. ö. 5. *D. Matthes*, Lustrum 3, 1958, 211–13. 6. *F. Solmsen*, Neue phil. Unt. 4, 1929, 171–75. 7. *J. A. Notopoulos*, TAPhA 69, 1938, 465–93. 8. Archiv f. Begriffsgesch. 9, 1964, 15–44.

**Mnesarchides** (*Μνησαρχίδης*), Sohn des Tragikers Euripides, Kaufmann (*Γένος Εὐρ.* 2, p. 2,12 Schw., Suda s. *Εὐριπίδης* p. 468,23 Adler). F. St.

**Mnesarchos** (*Μνήσαρχος*). **1.** M., der am zuverlässigsten (schon bei Herakl. frg. B 129 und Hdt. 4,95) bezeugte Name des Vaters des → Pythagoras. Von Beruf soll M. Steinschneider gewesen sein. Die Berichte über seine tyrrhen. oder oriental. Herkunft sowie die einander widersprechenden Genealogien (u. a. bei Paus. 2,13,2; Iambl. v. P. 3ff. Porph. v. P. 1f.) sind offenbar legendär. **2.** M., angeblich Sohn des Pythagoras und der Theano, soll nach dem Tod seines Vaters zusammen mit der Mutter und dem Bruder Telauges die pythagor. Schule geleitet haben (Eus. praep. ev. 10,14,14). **3.** M., Sohn des Onesimos aus Athen, Stoiker, Schüler des → Diogenes (15), offenbar etwas älter als → Panaitios (vgl. Ind. Stoic. Herc. col. 51; Cic. fin. 1,6; Inhaltsverzeichnis zu Diog. Laert. 7, p. 392 Long, mit Verschreibung in Mnesarchides), doch im J. 110, also in hohem Alter, gemeinsam mit Dardanos dessen Nachfolger in der Schulleitung (Ind. Stoic. Herc. col. 53. 77; Cic. ac. 1,69; vgl. K. v. FRITZ, RE XV 2272f.), einer der letzten namentlich bekannten stoischen Scholarchen. M. hinterließ Schriften (Cic. fin. 1,6), doch sind nur wenige seiner Lehren kenntlich (u. a. Gliederung der Seele in *αἰσθητικόν* und *λογικόν*; Sprach- und Zeugungsvermögen keine besonderen Seelenteile). G. Schm.

*K. v. Fritz* RE a. O. *M. Pohlenz* Die Stoa 1,241f. 2,124.

**4.** M. (*Μνήσαρχος*, auch *Μνησαρχίδης*), der Vater des Tragikers Euripides, vornehmer (Suda s. *Εὐρ.*, Athen. 10,424e) Athener, Demos Phlya (Harpokr., Sud. s. *Φλυεία*) der Phyle Kekropis. Namensform schwankt (*M.-αρχος*: Sud. s. *Εὐριπίδης*; *M.-αρχίδης* IG XIV 1207b, *Γέν. Εὐρ.* 1, 3). Verbannung nach Boiotien und Rückkehr nach Attika (Sud. s. *Εὐρ.*), Gut auf Salamis, wo Eur. geboren (*Γέν.* a. O. IG a. O.). Komödienspott: *κάπηλος* (*Γέν.* 1), *Λαχανοπώλης* (Sud. a. O.). F. St.

**Mnesibulos** (*Μνησίβουλος*). **1.** Athener, der 353/52 wegen falschen Zeugnisses zugunsten seines Schwagers Theophemos angeklagt wurde. Die Anklagerede ist als Rede des Demosth. (47) erhalten, wurde aber schon im Alt. als unecht erkannt. **2.** M., Acharner, den man wegen seiner *σωφροσύνη τοῦ βίου* kurz nach seiner Verurteilung (wegen Unterschlagung?) wieder aus dem Gefängnis entließ, was Demosth. epist. 3,24ff. gutheißt. O. Dr.

**3.** M., aus Elateia, 161 n. Chr. Sieger in Olympia im Stadion und Hoplitenwettlauf, fiel 175 im Kampf gegen die eingefallenen Kostoboken und wurde als *ἄριστος Ἑλλήνων* durch eine Statue geehrt, Paus. 10,34,5. Sylloge[3] 871 (*Μνασίβουλος*). L. MORETTI Olympionikai, RAL Ser. 8, Bd. 8,2. 1957, 868f. H. V.

**Mnesikles** (*Μνησικλῆς*). **1.** Vermögender Athener, Zeitgenosse des Demosth., der eine wichtige Rolle in dem Prozeß gegen Pantainetos, Inhaber eines att. Bergwerkes, spielt (Demosth. or. 37).

PA 10314. *A. Schäfer* Demosth. und seine Zeit, 3¹, Beil. 201 ff. *J. Partsch* Griech. Bürgschaftsrecht 1, Lpz./Bln. 1909, 345,1. 355,1.

**2.** M., ein als Sykophant berüchtigter Athener (vgl. Demosth. or. 39 und 40). O. Dr.

**3.** M., berühmter Architekt perikleischer Z. in Athen, Erbauer der Propylaia der Akropolis (Plut. Per. 13,7. Harpokr. s. *Προπύλαια ταῦτα*). Die klass. Propyläen gehören zu den besten Architekturleistungen der att. Klassik. Der Bau, 437/36–432/31 errichtet, wurde aus polit. und/oder religiösen Gründen nicht vollendet. Unsicher ist Verbindung des M. mit dem (ergänzten) Architekten des Kallias-Dekrets (Sylloge³ 91), dem die weitere Ausgestaltung der Akropolis anvertraut wurde, ganz unwahrscheinlich die Identität mit dem Architekten des Erechtheion. W. H. G.

1. *J. A. Bundgaard* Mnesicles 1957. Dazu *H. Riemann*, Gn 31, 1959, 309 ff. *L. Guerrini* Enc. Arte Ant. 5, 1963, 128 ff. 2. *R. Bohn* Die Propyläen d. Akrop. zu Athen 1882. *W. Dörpfeld*, MDAI(A) 10, 1885, 38 ff. PhW 1928, 1073 f. *G. P. Stevens* Hesp. 5, 1936, 443 ff. 15, 1946, 73 ff. *B. Schweitzer*, in: Aus Orient u. Ant. Festschr. W. Schubart (1950) 116 ff.

**Mnesilochos** (*Μνησίλοχος*). **1.** Athener, 411 Archon des oligarch. Regimes der 400 (Aristot. Ath. pol. 33,1. IG I² 298,2), einer der 30 Tyrannen von 404 (Xen. hell. 2,3,2). Lit. vgl. → Melobios. **2.** Athener aus Perithoidai, Trierenkapitän. Sein rechtliches Verhalten in einem Rechtsfall von [Demosth.] 50,41 f. (J. 361) angeführt. K. K.

**3.** Schwiegervater des Euripides aus dem Demos Phlya der Phyle Kekropis. Seine Tochter Choirile (Choirine) war die 2. Frau des Dichters. Wilamowitz Herakles 1,7,12 hält die zwei Ehen des Eur. für bösartige Legende. Dann hieß die Tochter des M. Melito, Eur. vit. 1,5 (E. Schwartz Sch. Eur.). Suda s. Eur. (hier Choirile als 1. Frau). **4.** Zweiter Sohn des Euripides, Schauspieler, soll mit Sokrates an einem Phrygerdrama des Eur. geholfen haben, Diog. Laert. 2,18. Eur. vit. 1,2. H. V.

**Mnesimachos** (*Μνησίμαχος*). **1.** M., Dichter der Mittleren Komödie, siegte einmal an den Lenäen (IG II² 2325, etwa 365–350). 7 Titel, 11 Frg., darunter ein langes in anapäst. Dimetern (ein Sklave wird ausgeschickt, junge Leute zu einem Festmahl zu laden). *Ἀλκμαίων* mag wie *Βούσειρις* der myth. Stoff sein, aber da Diog. Laert. 8,37 das Stück mit einer Anspielung auf die Pythagoreer zitiert, liegt der Gedanke an Alkmaion von Kroton nahe. Der *Φίλιππος* meinte den König; frg. 7 parodiert drohende Reden eines athen. Gesandten (Demosthenes?), frg. 10 nennt einen Zechgenossen Philipps; durch frg. 8 wird das Stück auf 345–340 datiert. Im *Δύσκολος* (frg. 3) stand einem geizigen Onkel ein anspruchsvoller Neffe gegenüber. W. K.

*Körte*, RE XV 2278.

**2.** M., gelehrter Grammatiker aus Phaselis, den wir nur aus den Sch. Apoll. Rhod. (zu 2,477. 1015. 4,1412) kennen, wo von ihm das 1. B. *περὶ Σκυθῶν* und die Schrift Diakosmoi erwähnt werden. In dieser beschrieb er die verschiedenen Arten von Nymphen und teilte sie in entsprechende Gruppen ein. Seine Lebenszeit ist nur dadurch näher zu bestimmen, daß → Eirenaios (1) seine Schrift über die Skythen zitiert. FGrH 841. O. Dr.

**Mnesiphilos** (*Μνησίφιλος*). Athener aus Phrearroi (Plut. Them. 2,6). Auf M. soll Themistokles' Widerstand gegen einen Rückzug zum Isthmos 480 zurückgehen (Hdt. 8,57 f.; vgl. Plut. mor. 869 D–F). M. als Lehrer des Them. Plut. mor. 795 C, bes. Them. 2,6 (vgl. Thuk.' Charakterisierung des Politikers Them. 1,138,3); er habe sich auf Solon berufen (Plut. Them. 2,6; vgl. mor. 154 ff.). K. K.

**Mnesiptolemos** (*Μνησιπτόλεμος*). Sohn des Kalliarchos, griech. Historiker des 3./2. Jh. v. Chr. (IG XI 697), Vater des Hilarodendichters Seleukos. In seinen *Ἱστορίαι* scheint er die zeitgenössischen Seleukiden, vor allem → Antiochos III., verherrlicht zu haben. Die pedantische Ausbreitung unwichtigster Vorgänge bei Hofe trug ihm Komödienspott ein (Athen. 10,432 B f.). FGrH 164. H. Gä.

**Mnesitheos** (*Μνησίϑεος*). Arzt in Athen, 4. Jh. v. Chr., vor allem Diätetiker; seine Hauptschrift handelte »Über Eßwaren«. Er hat offenbar einer kombinierten Humoral- und Pneumapathologie angehangen. Die Frg.e sind gesammelt von dem Deichgräber-Schüler H. Hohenstein (Diss. phil. Bln. 1935). F. K.

**Mnester. 1.** M. Berühmter Pantomime, Suet. Cal. 57,4. Ios. ant. Iud. 19,94 f., geliebt von Caligula (Suet. Cal. 36,1. 55,1. Cass. Dio 60,22,4), von Messalina (Cass. Dio 60,22,3–5. 28,3) und von Poppaea Sabina (der älteren), mit der er im Haus der Brüder Petra Umgang hatte (Tac. ann. 11,4,1). Im J. 48, ein J. nach dem Todesurteil an Messalina, wurde auch M. auf Befehl des Claudius hingerichtet, Tac. ann. 11,36,1 f. **2.** M. Freigelassener der Agrippina d. J., der sich an ihrem Scheiterhaufen tötete, Tac. ann. 14,9,2. R. H.

**Mnevis.** Altäg. Mr-wr, Bezeichnung des hlg. Stiers von Heliopolis, der völlig schwarz sein mußte. Belegt seit dem N. R. (Urk. IV 1372, Stiftung Thutmosis' III.) unter dem Namen M., wird er aber schon in den Pyr. Texten (z. B. 716) als »Stier von Heliopolis« erwähnt. Seit der Ramessidenzeit sind Begräbnisse von M.-Stieren belegt (ASAE 18, 196 ff. 211 ff.); sie besaßen eine hlg. Herde schwarzer Kühe, die wie die Kälber mit in den M.-Gräbern beigesetzt wurden. Der Kult des M. war dem des → Apis in → Memphis angeglichen: er besaß ein eigenes Gebäude und Diener (vgl. Diod. 1,84). Theolog. galt er als »Herold« des Sonnengottes Re-Atum, dem er die Bitten der Menschen vermittelte. In der Spätzeit und der griech. Epoche galten Apis wie M. als Götter und nicht nur als hlg. Tiere; starben sie, so mußte ganz Äg. die aufwendigen Begräbniskosten tragen. Auch M. wurde wie Apis nach dem Tod zu → Osiris (Osiris-Mnevis bzw. Mnevis-Wnn-nfr, erwähnt bei Ail. an. 12,11 als *῎Ονουφις*), vgl. Diod. 1,21, mit Totenklage am 17. Hathyr, dem Beginn auch der Osirisklagen (Plut. Is. 13. 39). Einzelne Hinweise: Gardiner Ram. Admin. Dokum. 74,5 (Verkauf eines Mneviskalbes). Rosette-Stein (Apis und M. als Gott); Ail. an. 11,11 (Frevel des Bokchoris gegen M.); Diod. 1,21. 88. Strab. 17,803. 805. Amm. 22,14,2. Manethos Angabe, daß König Chōos der 2. Dyn. den Kult eingeführt habe, kann auf Fehlinterpretation seiner Vorlage (Annalen) beruhen. W. H.

*E. Otto* Stierkulte 34ff.

**Moab** (hebr. *mô'ab*, *äg. mꜣb*, keilschriftl. *ma-'-a-ba*, *ma-'a-a-ab*, *mu-'a-a-ba*, LXX *Μωαβ*, Ios. *Μωαβος*), Land und Volk ö. des Jordan, zwischen den Ammonitern im N. und Edom im S. Das Land M. wird im W. durch das Tote Meer, im S. durch das *wādi el-ḥesā* (den Bach Sered Num. 21, 12; Dtn. 2,12f., mit dem »Pappelbach« Jes. 15,7 als Unterlauf), im O. durch die Steppe begrenzt; die N.-Grenze schwankt zwischen dem Arnon (Num. 21,13ff. u. o.; h. *wādi el-mōǧib*) und dem N.-Ende des Toten Meeres. Das Gebiet war ausweislich des archäol. Befundes seit dem 3. Jt. von seßhafter Bevölkerung – ca. 1800–1300 vielleicht in geringerer Dichte – besiedelt. Unter Verdrängung einer Vorbevölkerung, nach Dtn. 2,10f. Gen. 14,5 der »Emiter«, der möglicherweise eine in *bālūᶜa* gefundene Stele mit einer Inschr. in vom kret. Linear B. abgeleiteter Schrift (?) zuzuweisen ist – die stark ägyptisierende Reliefdarstellung ist möglicherweise später angebracht und moabit. –, nahmen die M., wie ihre Nachbarn aus der Wüste kommend (im 13./12. Jh.?) von dem Land Besitz. Num. 22–24 setzt schon z. Z. der israel. Landnahme ein (eher noch lokales als schon gesamt-) moabit. Königtum voraus. Nach Ri. 3,12–30 griff ein moabit. König Eglon auf Jericho über. Von der Jt.wende an wurde die Gesch. des gesamtmoabit. Staatswesens zunächst durch das Verhältnis zu den Israeliten, dann durch die Abhängigkeit von Assur bestimmt. David machte M. tributpflichtig (2. Sam. 8,2); das Vasallenverhältnis blieb nach dem Zerfall des Davidreichs gegenüber dem N.-Reich Israel weithin bestehen. Erst der moabit. König Meša konnte um die Mitte 9. Jh. im Kampf gegen die durch die Aramäer bedrängten letzten Omriden die Unabhängigkeit erlangen (2. Kön. 3,4f.) und das Gebiet n. des Arnon bis etwa zur Höhe des N.-Endes des Toten Meeres den Israeliten entreißen (vgl. die Meša-Inschr.: AOT 440ff. KAI Nr. 181). 2. Kön. 13,20 und Am. 2,1 spiegeln die Macht M.s in der Folgezeit wider, 2. Kön. 14,25 aber auch das Wiedererstarken Israels unter Jerobeam II. Zwischen 733/32 und 728 wurde dann der König von M. Vasall Tiglatpilesers III. von Assur. Auch über eine Beteiligung an einem antiassyr. Bündnis 711 v. Chr. hinweg blieb dieses Verhältnis bis zum Untergang des assyr. Reiches bestehen. Assurbanipal (668–626) fand M. auf seiner Seite im Kampf gegen arab. Stämme. Noch z. Z. des Untergangs von Juda bestehend (vgl. 2. Kön. 24,2; Ez. 25,8–11), nach Ios. ant. 10,181f. (vgl. dazu auch Jer. 52,30) zur neubabylon. Provinz gemacht, verschwindet M. im 6. Jh. aus der Gesch. Sein Gebiet gehörte später zum Nabatäerreich und wurde 106 n. Chr. mit diesem zur röm. Provinz Arabien. – Für die Frühzeit belegt Num. 25,1–5 einen Kult des Baal Peor, den M. und Israeliten gemeinsam übten. Haupt- und wohl auch Staatsgott war Kamoš (Meša-Inschr. 3 u. ö.; Jer. 48,7. 13, vgl. 1. Kön. 11,7. 33; 2. Kön. 23,13), neben dem eine weitere (eher männliche als weibliche) Gottheit 'Aštar-Kamoš aufscheint (Meša-Inschr. 17). – Die Sprache der M. ist wie das Hebräische ein kanaanäischer Dialekt. Sollte sich das Bild der engen Verwandtschaft zum Hebr. daraus erklären, daß die Sprache der wichtigsten Quelle, der Meša-Inschr., selbst hebr., und zwar ein mittelpalästin. Dialekt des Althebräischen, ist (Segert), bleiben für unsere Kenntnis des Moabitischen vorerst fast nur moabit. Namen. – Eus. kennt auch eine Stadt »M.«, mit vollem Namen »Rabbath-Moab«, griech. *᾿Αρεόπολις* (onom. 124,15–17; = Ar Moab Jes. 15,1?). Sie ist das *ma'āb* bei arab. Geographen, ebenso das Rababatora der Tab. Peut., h. das Dorf *er-rabbe* nnö. *el-kerak* mit wenigen nabatäischen und röm. Resten. E. Ku.

*N. Glueck*, AASOR 14, 1934. 15, 1935. 18–19, 1939. 25 bis 28, 1951. *A.H. van Zyl* The Moabites, 1960. *K.-H. Bernhardt*, ZDPV 76, 1960, 136–158. *St. Segert*, ArOr 29, 1961, 197–267. *W. A. Ward–M. F. Martin*, Ann. of the Dep. of Ant. of Jordan 8/9, 1964, 5–29. *W. Schottroff*, ZDPV 82, 1966, 163–208. *J. Liver*, PEQ 99, 1967, 14–31.

**Mochlos,** kleine felsige Landzunge, h. Insel an der SO.-Küste der Bucht von Mirabello in O.-Kreta mit ausgegrabener Siedlung frühmino. Z. mit späteren Neubauten und vielen Gräbern mit reichem Fundmaterial bes. an Steingefäßen. Nachbesiedlung in späterer röm. und byzantin. Z. E. M.

1. AJA 13, 1909, 273ff. 2. *Richard B. Seager* Explor. in the island of M., 1912. 3. *D. Fimmen* Die kret.-myken. Kultur 17 u. ö. 4. *Karo*, RE XI 1805. 5. *J. D. S. Pendlebury* The archaeology of Crete pass. 6. *L. Rocchetti* Enc. Arte ant. 5,131f. 7. ABSA 53/54, 1958/59, 273f.

**Mochos** s. Weltentstehungslehre

**Modares,** wahrscheinlich. in röm. Dienste getretener Gote, kämpfte unter Theodosius I. erfolgreich als *mag. mil* in Thrakien (Zos. 4,25.

Eunap. frg. 51 = FHG 4,36). Greg. von Naz. bat ihn 382 bei Wiederherstellung der Einheit in der Kirche mitzuwirken (Greg. Naz. ep. 136 f. = MIGNE PG 37,232 f.). A. L.

**Moderator,** der Lenker und Leiter (Cic. rep. 5,6,8; nat. 2,35), wird in der Spätant. wie *rector* zur Bezeichnung der Provinzialstatthalter (Cod. Theod. 1,10,8. 16,8. 14. 12,1,161. 175. Cod. Iust. 3, 1,18. 5,17,3. 11,10,7). Mit dem *m. Helenoponti* (Nov. 27,1), dem *m. Phoeniciae ad Libanum* (Edict. 4) und dem *m. Arabiae* (Nov. 102), führte Iustinianus m. als Amtstitel von Statthaltern einiger Provinzen im Rang eines *spectabilis* ein. – Gelegentlich finden wir m. in der Spätant. als Bezeichnung von nichtstatthalterlichen Beamten (Amm. 27,3,5. Symm. rel. 4,2. Cod. Theod. 1,6,7. 10,4) und auch des Kaisers (Amm. 31,5,13. Symm. rel. 40,3. Eutr. 9,27,1. 10,16,2. Cod. Theod. 6,4,13. 11,30,30). A. L.

**Moderatos** von Gades, Pythagoreer des ausgehenden 1. Jh. n. Chr. M. scheint in seiner Zahlensymbolik, namentlich in seiner Bewertung der »Eins« als des auch theolog. aufzufassenden Urgrundes dem späteren Neuplatonismus sehr nahe gekommen zu sein. Freilich sind die erhaltenen Notizen über M. alle durch → Porphyrios vermittelt, d.h. von diesem ausgewählt; so vor allem Simplik. in Arist. phys. 230,36 ff., wo ein Exzerpt aus M. *Περὶ ὕλης* vorliegt, und Porph. vita Pyth. 48 ff. Seine Seelenlehre erwähnt Iamblich bei Stob. 1,364, 8 und 19 in Verbindung mit der des Porphyrios. Die gleiche Verflechtung zeigt sich bei den bei Stob. 1,21,6 ff. erhaltenen Lehrstücken, deren drittes (verkürzt) in der ps. plut. Schrift de vita et poesi Homeri 145 wiederkehrt (Gegenüberstellung bei DIELS DoxGr. 96). Diese neuplaton. Schrift wird von W. THEILER dem Porphyrios zugesprochen. Dieser hat dann vermutlich ein Textstück des M. nach vorsichtiger Berichtigung übernommen. Diese Art, wie philos. Äußerungen des M. auf uns gekommen sind, läßt leider nur eine Feststellung zu: Porph. hat ihn als seinen Kronzeugen in Anspruch genommen. Wie M. nun wirklich zu den übrigen Pythagoreern stand, ist nicht mehr erkennbar. H. D.

Herennius **Modestinus** ist der späteste sicher datierbare Jurist der klass. Ära. Nach Dig. 47,2, 52,20 war er ein Schüler des Domitius Ulpianus, nach CIL VI 266 wirkte er zwischen 224 und 244 als *praefectus vigilum* in Rom. Die H. A. (Vita Maximinorum 27,5) nennt ihn als jurist. Lehrer des Sohnes von Maximinus Thrax. 239 stimmt Gordian III. in einem Reskript (Cod. Iust. 3,42,5), einem Gutachten des M. zu. Von seinen Werken sind die 6 *libri de excusationibus* bis auf einige Zitate fast ganz in griech. Sprache geschrieben (zur griech. Fassung der röm. Rechtsterminologie bes. ALTMANN Stud. Doc. Hist. Iur. 21. 1955, 1 ff.). Dies legt es nahe, daß wir für M. stärkere Beziehungen zum O. annehmen. Allerdings machen



Dig. 27,1,3 und 5 im Verein mit Frg. Vat. 186 und 190 es wahrscheinlich, daß auch eine lat. Version der Monographie über Gründe für die Ablehnung der Übernahme einer Vormundschaft existierte.

12 *libri pandectarum*, 9 *libri differentiarum* und 10 *libri regularum* bekunden eine starke dogmat. Kraft des oft etwas unterschätzten Autors, der sich deutlicher als alle Klassiker vor ihm um Systembildung bemüht. Hervorgehoben sei bes. sein Versuch, in Dig. 1,3,40 die Konstituanten des *ius* zu bezeichnen (dazu MAYER-MALY, Studi Grosso 1, 1968, 177 ff.) und sein Entwurf eines Systems der Obligationen in Dig. 44,7,52 (dazu MAYER-MALY, Rev. internat. d'Hist. des Droits de l'Antiquité 1965, 437 ff. und ZRG. 83, 1966, 47 ff.). Monographien widmete M. unter anderem dem materiellen Noterbrecht *(de inofficioso testamento liber singularis)*, der Freilassung *(de manumissionibus)*, der Eheschließungsform *(de ritu nuptiarum)* und dem Strafrecht *(de poenis)*. Es ist möglich, daß diese Monographien als Auszüge aus größeren Werken einer Praxis dienen sollte, die M. so hoch achtete, daß ihn Theodosius II. und Valentinian III. im J. 426 zu den Autoritäten ihres »Zitiergesetzes« (Cod. Theod. 1,4,3) rechneten. Der Höhe des Niveaus klass. Juristenkunst kam M. in seinen 19 *libri responsorum* am nächsten. Th. M.-M.

*Kunkel* Herkunft und soziale Stellung der röm. Juristen², 1967, 259 ff. *F. Schulz* Gesch. der röm. Rechtswissenschaft, 1961, 127. 321. 358 f.

**Modestus. 1.** Sab(inius?) Cos. suff. vor 241, in diesem Jahr Statthalter von Moesia inf., PICK Ant. Münzen N.-Griechenlands 1,504–518, Nr. 2040–2107. STEIN p. 100. R. H.

**2.** M., Flavius Domitius (DE ROSSI Inscr. Chr. urb. Romae 1,230 f. Chr. min. 1,241. Pap. Lond. 5, 1648 ff.), vermutlich aus Arabien (Liban. epist. 831), Freund des Libanios (vgl. den Ind. der Ausg. von Foerster), wohl zunächst Advokat, wurde 357 Assessor des *praefectus praetorio* Anatolius (Liban. epist. 582 f.). Als *comes Orientis* (358–362) unternahm M. zahlreiche Reisen (Liban. epist. 34. 37. 46. 49. 100 f. u. ö.). 362/63 und 369 war M. *praefectus urbi* in Constantinopel (Chr. min. 1,241. 369. Liban. epist. 791 f. 804. 1367). Von 369 bis 377 ist er als *praefectus praetorio per Orientem* nachweisbar (Cod. Theod. 7,6,3. 13,7. 11,4,1. 21,1. 31,630, 35). M., ein lauer Christ, zeitweilig zum Heidentum abgefallen (Liban. epist. 220. 804. 1483), führte die antinicaen. Kirchenpolitik des Kaisers Valens mit aller Schärfe durch (Sokr. 4,16. Rufin. 2,5. Greg. Naz. or. 43,48 ff. Basil. epist. 110 f. 279 f.). M. auch von Amm. 29,1. 30,4 und Zos. 4,14 ungünstig charakterisiert, wurde 372 Consul (LIEBENAM, Fasti 38), † vor 390 (Liban. epist. 987). A. L.

**Modius.** Personenname, vgl. SCHULZE Eigenn. 194. **1.** M. M., röm. Ritter, erreichte 73–71 in Sicilien von Verres durch Bestechung ein günstiges Urteil. Cic. Verr. 2,119. **2.** Q. Modius erscheint bei

Varro rust. 2,7,1 als angesehener Pferdezüchter mit dem scheinbaren Cognomen Equiculus (= Aequiculus), woher dann wohl Auct. de praen. 1 einen Septimus M. als ersten Aequiculer-König konstruierte. H. G. G.

**3.** Modius Fabidius (nur bei Dion. Hal. ant. 2,48: *Μόδιον ὄνομα, Φαβίδιον ἐπίκλησιν*; Emilio Porto 1588: *Μέδιον . . . Φίδιον*). Eine Aboriginerin verließ den Mädchenreigen im heiligen Bezirk des → Quirinus und betrat den Tempel, den sie vom Gotte geschwängert verließ. Sie gebar einen Sohn M., der, zu »göttlicher« Schönheit herangewachsen, die Stadt → Cures gründete. Sachlich sind die Wundergeschichten von der Zeugung anderer Stadtgründer wie des Caeculus, Servius Tullius, Romulus und Remus sowie der Enkel des Tarchetios vergleichbar; der Herleitung des Namens M. aus *mūtō* (Hor. s. 1,2,68; vgl. Lucil. frg. 307 M. *mūttōni*. Martial. 3,73,1: *mūtōniatus*) »männliches Glied« bzw. dem etr. Gentilnamen *Mūtius* (CIL VI 15907 mit *ú*) stehen lautliche (Quantität; vgl. jedoch Priap. 52,10: *mŭtūniatus*) und sachliche (Hesych. s. *μυττός· τὸ γυναικεῖον*) Gründe entgegen. Vielleicht mit Prell.-Rob. 2, 276 zu *mĕd-* in *meddix*. – Altheim Griech. Götter 60. Radke Götter Altitaliens 220. G. R.

**4.** M. (eigentlich »zum Maß gehörig«), »Scheffel«, größte Hohlmaßeinheit für Trockenes bei den Römern. Der M. maß 8,754 [1] oder 8,733 l [2] (= ⅓ der → Amphora) und war geteilt in 2 semodii, 16 → sextarii, 32 → heminae, 64 → quartarii, 128 → acetabula (→ Oxybaphon), 192 → cyathi. Als *μόδιος* ins Griech. (z. B. NT) übernommen, bezeichnete M. oft epichor. Maß. Gleich *μέδιμνον* erscheint der M. auch als → Flächenmaß. Die Größe des *m. castrensis* ist strittig, wahrscheinlich hielt er 1½ gewöhnliche M. (anders [1.3]). H. Ch.

1. *Hultsch* Metrologie² 121 ff. und pass. 2. *Nissen*, HB. Altertumsw. 1², 1892, 844. 3. *Hultsch*, RE III 1775 f.

**Modus. 1.** *M. agri* ist die Grundstücksfläche. Dem Käufer eines Grundstücks, das die zugesicherte Größe nicht hatte, stand gegen den Verkäufer die *actio de m. agri* zu (Paul. Sent. 2,17,4). Gegen den → Feldmesser, der arglistig *falsum modum dixerit*, verhieß das praetorische Edikt eine Schadenersatzklage (Dig. 11,6). *M. donationis* bezeichnet den durch die lex Cincia erlaubten Höchstbetrag einer Schenkung *(→ donatio)*. **2.** Die der Sache nach schon dem vorklass. Recht bekannte, aber erst bei Iustinian (Dig. 35,1. Cod. 6.45. 8,54) technisch als m. bezeichnete Auflage ist eine vom Schenker, Freilasser oder Testator dem Empfänger einer Zuwendung auferlegte Verpflichtung zu einem bestimmten Verhalten, z. B. Zahlung einer Geldsumme, Errichtung eines Grabmals. Anders als bei der Bedingung *(condicio)* ist der Erwerb der Rechtsstellung von der Ausführung des vorgeschriebenen Verhaltens unabhängig. Im Gegensatz zum Vermächtnisnehmer *(→ legatum)* hat der durch die Auflage Begünstigte keinen Anspruch auf ihren Vollzug. Jedoch können u. U. Dritte den Vollzug erzwingen. **3.** *M. servitutis* ist die rechtsgeschäftlich festgesetzte Art der Ausübung einer Grunddienstbarkeit *(→ servitus)*. E. Bu.

*E. Weiss*, RE XV 2334 ff. *M. Kaser* Das röm. Privatrecht 1, 1955, 224. *P. Voci* Diritto ereditario rom.² 2, 1963, 620 ff. *B. Biondi*, Nov. Dig. It. 10, 1964, 820 f.

**Möbel.** Ant. Wohnräume waren zu allen Z. leerer als wir die unseren gewöhnt sind. Es gab nur wenige M., deren Grundtypen sich im Verlauf von mehr als einem Jt. erstaunlich ähnlich blieben. Sitz- und Liege-M., Tische und Truhen bilden die Einrichtung des griech. Hauses, in röm. Z. kommt noch der Schrank dazu. Daneben kannten beide Völker transportable Herde, Öfen, Beleuchtungsständer, Wiegen und Nachtstühle, wenn man diese Gegenstände zu den M. rechnen darf. Dreimal gab es wesentliche Änderungen im M.-Besitz und M.-Gebrauch. Im 6. Jh. v. Chr. kommt aus dem O. die Sitte, daß Männer zu Tisch liegen statt zu sitzen, wie es noch bei Hom. allein üblich gewesen war. Seit Alexander d. Gr. kommt bei denen, die es sich leisten können, Freude und Geschmack an luxuriösen M.-Ausführungen auf. Die Römer fügen dem Inventar den Schrank *(→ armarium)* hinzu und steigern den Luxus der Ausführung nochmals beträchtlich.

Von den M. der frühgriech. Z. auf Kreta und in Mykene wissen wir wenig ([11], 5 ff.). Der Thron in Knossos und die elfenbeinernen M.-Teile (? [11], Abb. 1. 4–5) aus Theben zeugen vom Leben der Paläste. Die M. der Privathäuser waren einfacher.

Seit Hom. kennen wir griech. Liege-M. aus Schilderungen und Darstellungen, später auch aus erhaltenen Resten. Das hom. Bett ([12]) besteht aus einem einfachen viereckigen Gestell ohne Verstrebungen und mit geflochtenem Auflager; es war offenbar niedrig und ohne Kopfunterlage. Im Lauf der archaischen Z. wird die → *Kline* höher und reicher verziert, eine Kopfstütze ist fest oder abnehmbar, der Rahmen meist mit Gurten bespannt, auf denen eine Matratze ruht. Die Kline *(lectus)* macht bis in röm. Z. eine begrenzte formale Entwicklung durch. Die Truhe ([5. 3] *→ arca. cista)* dient zum Aufbewahren von Geräten, Kleidern, Vorräten, Kostbarkeiten, erfüllt also alle Funktionen mit, die h. der Schrank übernimmt. Kleinere Kästchen, meist in Form von Miniaturtruhen, beherbergten Schmuck, Toilettenutensilien, Weihrauch *(→ Libanotris. Loculi)* usw. Neben den Sitz-M. sind die Truhen und Kästen die formal variabelsten ant. M. Sie können mit Füßen, verschieden geformten Deckeln, eingelegten, aufgemalten oder aufgenagelten Verzierungen geschmückt sein und aus einfachsten wie kostbarsten Materialien bestehen ([11], Abb. 380–410. [12], 70 ff. Moderne Rekonstruktionen wie zu allen griech. M. [10]). Viele Geräte wurden an die Wand gehängt oder auf ein Brett bzw. Gesims gestellt

([11], Abb. 411ff.). Die Sitz-M. gliedern sich in einfache hockerartige Sitze ([11], Abb. 259/63). Klappstühle (*δίφρος ὀκλαδίας*. [11], Abb. 236/258), zu deren Typus in Rom ([11], Abb. 527) die *sella curulis* gehörte, lehnenlose Stühle (*δίφρος*. [11], Abb. 198–235. 443–450. 515/18), Lehnstühle (*κλισμός*. *cathedra*. [11], Abb. 166/97. 436. 440. 509/13) und die urspr. nur Göttern, Heroen, Königen usw. vorbehaltenen Throne mit Rück- und Seitenlehnen (*θρόνος*. *solium*. *cathedra*), zu denen meist noch ein Fußbänkchen (*θρῆνυς*. *σφέλας*. *ὑποπόδιον*. *scamnum*. *suppedarium*) gehörte ([11], Abb. 41ff. 279/86. 476ff.). In Etrurien ist eine runde Thronform bes. beliebt gewesen, die dann in Rom Nachfolge fand ([11], Abb. 427/29. 434). Ein originaler Thron aus Holz mit viel Elfenbeinverkleidung kam 1966 in der Nekropole des kypr. Salamis zutage ([12], 99ff.). Noch mehr als alle anderen Sitz-M. (zu denen auch die Bänke zu zählen sind) bot der Thron Anlaß zu reicher materieller und künstlerischer Ausstattung. Die Throne aus Salamis und Reste aus Samos ([7]) können eine Vorstellung von dem vermitteln, was Hom. Od. 19,55ff. als Thron der Penelope geschildert wird, an dem Drechselarbeit, Elfenbein und Silber ausdrücklich erwähnt werden.

Auch die Tische sind von großem Formenreichtum (→ *Mensa*); sie waren bei den Griechen meist viel niedriger als bei uns; die Römer kannten auch höhere Typen. Eine Sonderstellung nehmen in röm. Z. die Prunktische zur Schaustellung von kostbaren Gefäßen usw. ein (→ *Abacus* 5. *Delphica*. [11], Abb. 422. 424/26). Erst die Römer haben den Schrank (→ *Armarium*) als M. eingeführt, mit ihm den Wandschrank und das vor allem für Bücher verwandte Regal. Ein M. hat der Ant. offenbar völlig gefehlt, unser Kleiderschrank: Gewänder verwahrte man gefaltet und liegend in Truhen, nie hängend in Schränken.

Es ist schwierig, vom Inneren eines ant. Zimmers mit seinen wenigen M. eine zutreffende Vorstellung zu gewinnen. Griech. Vasenbilder (z.B. [11], Abb. 330/32), aber auch hellenist. Reliefs ([11], Abb. 601) bedürfen vor entsprechender Auswertung sorgfältiger, Zeit und Stil berücksichtigender Interpretation. Etwas leichter sind röm. Denkmäler wie der Sarkophag aus Simpelveld ([11], Abb. 554. 586) verständlich, der immerhin Lehnstuhl, Truhe, Tisch, Regal, Bett und Schrank im Inneren eines Raumes zeigt, wenn auch die Größenverhältnisse nicht unserer Vorstellung von Stimmigkeit entsprechen. Aber auch dabei entgeht uns ein wesentliches Element jeder ant. Einrichtung: die lebhafte Farbigkeit, die vor allem bunte Textilien überall, auch in den einfachsten Behausungen, verbreiteten. Hier müssen kombinierte Denkmälerkenntnis, Literaturkenntnis und kontrollierte Phantasie einander ergänzen, um das Verlorene wenigstens in Umrissen zurückzugewinnen. W. H. G.

1. *C.L. Ransom* Stud. in Anc. Furniture 1905. 2. *G.M.A. Richter* Anc. Furniture 1926. 3. *E. Pernice* Hellenist. Tische ... und Truhen 1932. 4. *W. Deonna* Le mobilier Délien (Délos XVIII) 1938. 5. *Reincke*, RE VII A 703ff. 6. *B.M. Felletti Maj* La casa e l'arredamento, in: Mostra delle Romanità, Civiltà Romana, 1940. 7. *D. Ohly*, MDAI(A) 68, 1953, 89ff. 8. *F. Fremersdorf* Das Römergrab in Weiden 1957. 9. *F. Matz*, Arredamento, Enc. Arte Ant. I (1958). 10. *T.H. Robsjohn-Gibbings* u. *C.W. Pulin* Furniture of Class. Greece 1963. *J.C. Balty* Mobilier grec 1964. 11. *G.M.A. Richter* The Furniture of the Greeks Etruscans and Romans 1966. 12. *S. Laser* Hausrat (Archaeologia Homerica II Kap. P) 1968. 13. *H. Kyrieleis* Throne u. Klinen, JDAI 24, 1964.

**Möhre** (*σταφυλῖνος*, *καρωτόν*, *δαῦκον*, *pastinaca*, *daucus*). Diese bei uns sehr beliebte Gemüsepflanze, die wildwachsend in ganz Europa vorkommt und früh kultiviert worden ist, wodurch die urspr. dürre, holzige Wurzel fleischig, nahrhaft und zuckerhaltig wurde, erfreute sich im Alt. nur geringer Schätzung, doch wurden Wurzel und Samen vielfach medizin. verwendet, zum Abführen und Harntreiben, bei Frauenleiden und gegen Krankheiten von Leber, Nieren und Milz, als Aphrodisiacum, auch als Bienenfutterpflanze. K. Z.

*Steier*, RE XV 2339–43.

**Mönchtum,** frühchristliches. 1. Begriff, 2. Wurzeln, 3. Erscheinungsformen, 4. Verbreitung.

1. Der Begriff *μοναχός* begegnet als Bezeichnung von asket. lebenden »vollkommenen« Christen erstmals bei Eus. von Kaisareia (Komm. zu Ps. 67,7) und dann vor allem in der vita Antonii des Athanasios (MIGNE PG 26,835–976). Im W. finden wir eine latinisierte Form von *μοναχός* = *monachus*. Andere Bezeichnungen für chr. Asketen sind *ἐρημίτης*, *ἀναχωρητής*, »Arme«, »Wüstenleute«, »Trauernde« u.a. Sie kennzeichnen eher die äußere Lage der Asketen als ihre »Vollkommenheit«.

2. Als Wurzel für das chr. M. scheiden außerchr. Formen des Asketentums (äg., griech.) aus. Nicht zu leugnende Parallelen (Armut, Heimatlosigkeit, Nahrungsaskese, Verbindung von Askese und religiösem Erleben) beziehen sich auf Einzelzüge der Individualaskese, die in asket. Kreisen stets anzutreffen sind. Auch das im N.T. repräsentierte Urchristentum kann kaum als *die* Wurzel des späteren M. angesehen werden. Mag Matth. 19,21 dem Ägypter Antonius den Weg zu einem asket. Leben gewiesen haben (vita Ant. 2), so gilt gleichwohl, daß weder Jesus noch das Urchristentum grundsätzlich asket. Lösungen der Besitzfrage, des Speiseproblems und der Frage geschlechtlicher Enthaltsamkeit vertraten. D.h. allerdings nicht, daß es im frühen Christentum keine asket. Strömungen gegeben hätte. Z.B. zeigt Lukas Interesse an Besitzaskese (14,33. 19,8). Paulin. Gemeindeschreiben (z.B. Röm. 14) und deuteropaul. Briefe (1.Tim. 4,3ff.) spiegeln An-

fänge von Nahrungsaskese wider, u. 1. Kor. 7,1. 8 rät Paulus selbst zur Ehelosigkeit, mag dieser Rat auch kaum Ausfluß von leibfeindlichem Denken, sondern eher doch der Nähe der »letzten Notzeit« sein. Dem späteren M. näher steht das Ideal der Heimatlosigkeit um des Glaubens willen und des religiösen Wanderns, das in nachapost. Z. von einem ganzen Stand (kleine Apostel, Propheten, Lehrer) vertreten wurde (vgl. Did. 11,5ff. 1. Petr. 2,11. Hebr. 11,38, vor allem aber die pseudoclementin. Briefe *de virginitate* und dazu A. v. HARNACK, SPrAW XXI [1891]).

Ziel dieses »Standes« war allerdings nicht die Entsinnlichung oder die Vergottung, sondern die Verkündigung des Evangeliums. Die schon früh und rasch wachsende Neigung zur Askese in der Kirche ließ jedoch aus den freien Evangelisten und Lehrern, die auch Enthaltsame waren, Enthaltsame werden, die auch noch Lehrer waren (HARNACK). Im Syrien des 3. Jh. gibt es schon Scharen von solchen »Wandermönchen«, deren Lebensweise in des Ioannis episcopi Ephesi Syri Monophisitae Commentarii de beatis Orientalibus (Verband. d. Akad. d. Wetensch. Amsterdam, Aft. Letterkunde, XVIII, 1889) beschrieben wird. Wie eine Klage Augustins (de opere monach. 28) zeigt, hat diese Spielart chr. Asketentums auch im W. Anhänger. Die Wanderungen irischer Mönche im MA. zeugen von einem ähnlichen Ideal, das u. a. engelgleiche Bedürfnislosigkeit meint.

3. Die gemeinsamen Grundlagen aller Erscheinungsformen chr. M. sind nach eigenem Zeugnis die Bibel, der zu tieferer Einsicht führende Lebensgehorsam, der Kampf mit Versuchungen, Anfechtungen und Dämonen, mit dem Ziel eigentlicher Heiligung, und die Mystik als Weg zur Vergottung. Richtschnur sind dabei vor allem die vita Antonii, die Apophthegmata patrum (MIGNE PG 65,71 ff. und PL 73/74) und Schr. wie die des Euagrius Ponticus (346–399). a) Das chr. Eremitentum: Diese Form des M. verdankt sich einer Steigerung des asket. Gedankens im 3. Jh. Wesentlicher Vertreter ist Antonius († 356), der sich in die absolute Einsamkeit zurückzog und als strenger Asket im Kampf mit Dämonen und im Gebet den Zugang zum Himmel erringen will. Er lebte in einer Höhle des Berges Kólzom unweit des Roten Meeres. b) Die Eremitenkolonie: Angezogen durch die Frömmigkeit des Antonius strömten viele Eremiten zum Fuß des Berges Kólzom und bildeten dort eine Anachoretenkolonie. Antonius selbst lehrte sie einen festen Rhythmus von Gebet und Arbeit. Asketenkolonien entstanden auch in → Leontopolis (2), im Nildelta unter Hierakas († 270), in der nitrischen und sketischen Wüste in der Kellia, in Oberäg. und unter Hilarion von Gaza, einem Schüler des Antonius († 366), in Palästina. c) Das Kloster-M.: Gründer dieses jetzt coenobit. M. ist der Kopte Pachomius († 346), der um 320 in Tabennisi in der Thebais ein 1. Kloster (ummauerter Bezirk) gründete (später weitere 12) und das asket. Leben der Mönche bis in die kleinste Einzelheit regelte (gemeinsames Essen, gemeinsames und in der Einsamkeit zu verrichtendes Gebet, Arbeit). Neben Pachomius ist noch Schenute von Atripe († 466) als bedeutender früher Vertreter des Kloster-M.s in Äg. zu nennen. Auf dem Boden des M. des Pachomius verfaßte → Basileios (4) der Gr. († 379) nach Vorarbeiten seines Lehrers → Eustathios (6) v. Sebaste die Regeln des kleinasiat. M., das neben der Askese die Beichtpflicht und Anfänge des klösterlichen Schulwesens kennt (Enchiridion Patristicum $^{18}$1953, 974–78; Enchiridion asceticum $^{2}$1947, 267–84). Diese Regeln hat auch → Benedictus von Nursia, der Begründer des abendländ. M., benützt. Der Gedanke des M. überhaupt gelangte aber durch Cassianus († 430/435) (Enchiridion asc. 775–785), durch → Hieronymus und → Rufinus in den W. Diese hatten auf ihren Reisen in den O. das Mönchtum kennengelernt. Weitere Formen des M. sind u. a. das Stylitentum in Syrien und das Euchitentum (Messalianer), dessen Spezifikum das ununterbrochene Gebet ist.

4. Verbreitung. Nach Anfängen im Äg. des 3. Jh. breitete sich das M. zuerst in die umliegenden Länder Syriens und Palästinas und von da langsam auch im W. aus. Um 400 hatte die Begeisterung für das mönchische Ideal die gesamte Kirche ergriffen und begleitet von da an die Geschichte der Kirche. Quellen, soweit sie noch nicht genannt sind: Historia Monachorum, in: E. PREUSCHEN. Palladius u. Rufinus, 1897 Historia Lausiaca, ed. C. Butler, 1898–1904 (= Texts and Studies 6,1. 2.). L. HOLSTENIUS, Codex regularum monastic. et canonic., 3 Bde., Rom 1661, vermehrt (6 Bde.) Augsburg 1759. Kl. W.

RE für prot. Theol. u. Kirche XIII, 214ff. (ält. Lit.). DACL XI, 2, 1774ff. RGG IV$^{3}$, 1072ff. LThK VII, 748ff. (Lit.). *Altaner*$^{6}$, 233ff. 416ff. 445ff. (Lit.); *K. Müller*, KG I, 1, 1892 ($^{3}$1941), 495ff. *K. Holl* Enthusiasmus und Bußgewalt beim griech. M., 1898. *Ders.*, Über das griech. M., in: Ges. Aufs. 2, 1928 (Nachdr. 1964), 270–282. *S. Schiewitz* Das morgenländ. M., 3 Bde., 1904–1938. *R. Reitzenstein* Des Athanasius Werk über das Leben des Antonius (SHAW phil.-hist. Kl. V, 9, 1914). *W. Bousset* Das M. in der sket. Wüste, in: ZKG 42, 1923, 1–41. *Ders.* Apophthegmata, Stud. z. Gesch. des ältesten M.s, 1923. *Finsterwalder* Wege und Ziele der irischen und angelsächs. Mission im fränk. Reich, in: ZKG 74, 1928. *H. v. Campenhausen* Die asket. Heimatlosigkeit im altkirchl. und frühma. M., 1930. *Ders.* Die Askese im Urchristentum, 1949 (beide Arbeiten neuerdings in: Tradition und Leben, 1960, 114–156 u. 290–317). *K. Heussi* Der Ursprung des M.s, 1936. *H. Lietzmann* Die Gesch. der Alten Kirche 4$^{2}$, 1953, 116ff. *H. Bacht* Antonius und Pachomius. Von der Anachorese zum Cönobitentum (Antonius Magnus Eremita, ed. *B. Steidle* in: Studia Anselmiana 38, 1956, 66–107. *A. Vööbus* History of

Asceticism in the Syrian Orient I, CSCO 184, Subsidia 14, 1958. Western Asceticism, ed. *O.Chadwick* (The Library of Chr. Classics 12, 1958).

**Moenus.** H. der Main, größter rechter Nebenfluß des Rheins. Der wechselnden Richtung der deutschen Mittelgebirge folgend, ist der M. wichtiger Einfallsweg von und nach Innergermanien. Der Flußname, dessen Bedeutung umstritten ist, geht auf frühere kelt. Anwohner zurück (Holder 2,606). Den nach der Schweiz abgewanderten Helvetiern folgten Cimbern und Teutonen, von denen Reste im Maintal bis in röm. Zeit siedelten (*Mercurius Cimbrianus* Inschr. b. Heidelberg und Miltenberg, BJ 46, 1869, 179–180, Teutonenstein von Miltenberg CIL XIII 6610). Zur Z. Caesars herrschten die Ubier am unteren Main bis zur Lahn, weiter ö. die Sueben (Markomannen und Quaden). 13 v. Chr. rückte Drusus von Mainz aus über den Rhein, vertrieb einen Teil der Markomannen und errichtete *in monte Tauno* das erste Kastell (Tac. ann. 1,56). 7 v. Chr. siedelte Domitius Ahenobarbus Hermunduren an, während ein Teil der Chatten, die Mattiacer, in den angestammten Wohnsitzen am unteren Main verblieben. Mit den Germanenkriegen Domitians wurden Mainebene und Wetterau von den Römern erobert, der Limes in der Folgezeit bis nach Miltenberg vorverlegt. Das eroberte Gebiet wurde durch ein dichtes Netz von Straßen und Stationen erschlossen und erlebte nach Ausweis der Bodenfunde eine schnell aufblühende wirtschaftliche Entwicklung, die auch durch den M. als Hauptverkehrsader des Güteraustausches gefördert wurde. Mit dem Alamannensturm 259/60 geht das Maingebiet dem Imperium verloren, nur einzelne Orte und Stationen können bis in die 2. Hälfte des 4. Jh. gehalten werden. H. C.

*Gündel*, ORL A III 6 [103] zu den Furten und Übergängen am Main. *G. Wolff* Die südl. Wetterau in vor- und frühgesch. Zeit. *K. Schumacher*, Siedelungs- und Kulturgesch. der Rheinlande 2, 244. *A. Franke*, RE XV 2343.

**Moericus,** span. Söldnerführer im Dienst der Karthager und Syrakusaner, verriet während der Belagerung von Syrakus 212 die Stadt an die Römer und wurde reich belohnt, Liv. 25,30,2 ff. 31,6. 26,21,10 ff. 30,6. 31,4. H. V.

**Moeris.** Name nur bei Curt. 9,8,28 überliefert. Vielleicht steht dahinter ai. *māharāja* (R. C. Majumdar The Class. Accounts of India, Calcutta 1960, 153[3]). M. war der Fürst (*ἄρχων*, Arr. an. 6, 17,2) eines fruchtbaren Gebietes und hatte seinen Sitz in Pattala am Beginn des Indusdeltas. Er zog Alexander entgegen, ergab sich jedoch dann. Alexander sandte M. in sein Reich zurück, er floh jedoch mit den Bewohnern in die Wüste (Arr. an. 6,17,5) und kam der Aufforderung, zurückzukehren, nicht nach. Pattala wurde darauf von Hephaistion zu einer Festung ausgebaut (Arr. an. 6,18,1 f. 20,1 f.). F. F. S.

*Berve*, RE XV 2347.

**Mörser** (*ὅλμος, ἴγδις, θύεια. mortarium*). Der M. mit dem Stößel (der Mörserkeule, *ὕπερος, pilum, pistillum*) dient zum Zerstoßen, Zerkleinern und Mischen von Körnern und Früchten, zur Bereitung von Mehl, Arzneien und Gift, Zaubermitteln und Farben, Metallmischungen und Gerichten wie dem *moretum* (Verg. Mor.). Je nach Zweck sind Material (Holz, Steine, Metalle, Ton) und Größe verschieden; die Form ist meist rundlich, zylinderartig. M. sind eines der wichtigsten Haushaltsgeräte, in Funden seit der frühen Bronzezeit belegt. Als typisch weibl. Geräte figurieren sie bei griech. Hochzeitszeremonien (Poll. 3,37) und als weibl. Waffen (Pfuhl Abb. 419. 378). W. H. G.

*Kropatschek*, JDAI 23, 1908, 79 ff. *Hug*, RE XVI 319 ff. *W. Deonna* Le mobilier délien (1938) 103 ff.

**Moesi** (*Μοισοί, Μυσοί*). Urspr. Name eines größeren Stammes, eher Stammesverbandes, im NW. der Balkanhalbinsel, später zusammenfassende Bezeichnung für verschiedene Bevölkerungselemente in der röm. Provinz Moesia. Vor der röm. Eroberung überwogen in den von M. besiedelten Gebieten die Stämme thrak. Herkunft. Die ant. Berichte über die M. sind unzureichend, aber bezeugen, daß die M. auch als ein Einzelstamm betrachtet wurden. Nach Plin. nat. 4,3 saßen sie n. von Dardanien, d. h. im h. Grenzgebiet zwischen NW.-Bulgarien und O.-Serbien, nach Strab. im ö. Teil der späteren Provinz Moesia Superior. Mit der Erweiterung der Provinz Moesia seit Tiberius geht die Verwendung des Namens M. auch auf die thrak. und auf einen Teil der ostillyr. Gebiete über. Bei den lat. Autoren des 1. Jh. werden den M. im engeren Sinne zuweilen die *Moesicae gentes* gegenübergestellt. Einige Autoren unterscheiden die *Μυσοί* in Kleinasien von den *Μοισοί*. Die Dichter der august. Z. stellen die M. den *Thraeces* gegenüber (ähnlich auf Grenzsteinen zwischen den Provinzen Moesien und Thracien). Nach der Vereinigung des Getenlandes mit der Provinz Moesia Inf. im 2. Jh. kam die Bezeichnung M. auch für die dortigen Stämme in Gebrauch. Plin. nat. 3,149. 4,3. Ptol. 3,9,2.3. Strab. 7,295 ff. 317 f. 12,542. Chr. D.

*Fluss*, RE 2347 ff. *Detschew* Thrak. Sprachreste, 306–310. *V. Georgiev* Die thrak. Sprache, Sofia 1958 (pass.). *Danoff* Altthrakien, Sofia, 1968, 103 (bulg.).

**Moesia** (*Μυσία, Μυσίς*). Name einer röm. Provinz auf dem Boden jenes Länderkomplexes, der sich vom Unterlauf des Drinus und des Savus bis zum Schwarzen Meer erstreckte. M. lag am r. Ufer des Unterlaufes der Donau. In der Frühzeit grenzte M. im W. an Dalmatien und Oberpannonien, im N. an die Donau, im S. an Thrakien und im O. an den Pontos Euxeinos. Somit entspricht das urspr. Gebiet von M. größtenteils dem h. Serbien, N.-Bulgarien und der rumän. Dobrudza. Der wichtigste Wirtschaftszweig der Provinz war bis ins 3. Jh. n. Chr. der Ackerbau, daneben auch die Viehzucht. Die h. bulg. Donauebene war auch im Alt. sehr fruchtbar. Daher galt sie noch zu Beginn der Spätant. als *horreum Cereris*. Aber auch andere Wirtschaftszweige konnten sich schon in vorröm. Z. gut entwickeln. Sowohl die Gebirge an der W.-Seite der Provinz wie die s. Abhänge des w. Balkangebirges waren erzreich u. ermöglichten Erzgewinnung und -bearbeitung lange vor dem Eingreifen der Römer.

Die Eroberung von M. durch die Römer erwies sich als keine leichte Aufgabe. Caesar hatte sie schon geplant (Suet. Caes. 44,3. App. civ. 2,110, 549), aber erst nach zahlreichen Feldzügen gelang es einem röm. Heer unter M. Licinius Crassus im J. 29/28 v. Chr., den Widerstand der moes. Stämme zu brechen. Zunächst wurden die moes. Gebiete von Makedonien aus verwaltet. Von den Kriegsereignissen, die auch sie frühzeitig berührten, ist der große Aufstand in Pannonien und Dalmatien (6–9 n. Chr.) zu nennen. Weiterhin ist die militär.-organisator. Tätigkeit des Statthalters von M. Tib. Plautius Silvanus hervorzuheben.

Diese Tätigkeit wurde fortwährend von der Beunruhigung M.s von N. her begleitet, die den Anlaß dazu gab, es gegen E. des J. 44 von Makedonien zu trennen und einem selbständigen Statthalter konsular. Ranges zu unterstellen. In den nächsten Jahrzehnten litt M. unter den Einfällen der Rhoxolanen, Bastarner und der Skythenstämme. Gegen sie kämpften die Römer unter Tib. Plautius Silvanus, der als Statthalter der Provinz wahrscheinlich seit 57 n. Chr. wirkte. Er besiegte die M. von N. überfallenden Stämme und siedelte mehr als 100000 Menschen samt ihren Stammesfürsten und Sippenhäuptern in M. an. Zugleich wurden auch die von Skythen u. a. Stämmen besiedelten Gebiete n. ö. von M. erobert (vgl. die Schicksale → Olbias).

Im Zusammenhang mit den Vorbereitungen der Römer für die Dakerkriege wurde M. bereits unter Domitian in 2 konsular. Provinzen geteilt. Die Grenze zwischen beiden M. verlief wahrscheinlich etwas w. vom Ciabrus. Der w. Teil von M. wurde *M. superior*, der ö. (die frühere *Ripa Thraciae*) u. a. Gebiete *M. inferior*. Dem Statthalter von Untermoesien oblag die Aufgabe, die Schwarzmeerküste bis zur Halbinsel Krim zu überwachen. Wann aber der Anschluß der Hexapolis an der westpont. Küste an M. erfolgt ist, bleibt vorläufig ungewiß. Später wurde dieser Städtebund von neuem der Provinz Thracia zugeteilt.

In den Dakerkriegen Traians bildete M. das Aufmarschgebiet für die röm. Truppen. Nach dem Abschluß der Dakerkriege wurde zeitweise das Gebiet n. der Donau und ö. der Aluta der Provinz Untermoesien unterstellt. Unter Diokletian erfolgte eine neuerliche Teilung, diesmal in 5 Provinzen: Moesia I, M. II, Dacia mediterranea, D. ripensis und Scythia, die anfangs der Präfektur Illyricum unterstellt waren. Später erfolgten einige Änderungen in der Zuteilung. Mit seiner langen Grenze, die bes. im N. an unruhige Nachbarn stieß, war M. öfters Angriffen ausgesetzt, was die ständige Anwesenheit zahlreicher röm. Truppen erforderte. Gewöhnlich von 3, seltener 2 Legionen, dazu der Classis Moesica auf der Donau. Stark waren die Garnisonen der Provinz noch in der Spätant.

Die ständige Anwesenheit starker röm. Truppenverbände begünstigte die Romanisierung, bes. im Küstengebiet an der Donau. Liv. Epit. 134f. Strab. 7,295. Plin. nat. 3,149 usw. Ios. bell. Iud. 4, 10ff. Tac. ann. 1,79. Suet. Tib. 41; Vesp. 6. Flor. 4, 12. Ptol. 1,16. 3,9ff. Plut. Otho 4. Cass. Dio 49,36 usw. App. Ill. 6 usw. Amm. 27,9. Eutr. 6,2. Tab. Peut. Not. dign. or. 1,52 usw. Inschr.: CIL III p. 141. 263 usw. KALINKA Ant. Denkm. Bulg. s.v.

Chr. D.

*v. Premerstein* Die Anfänge der Provinz M., JOEAI 1898, 146ff. *A. Stein* Die Legaten von Moesien, Budapest 1940. *C. Patsch* Aus 500 Jahren vorröm. und röm. Gesch. Südosteuropas I, 1932. *R. Vulpe* Hist. Anc. de la Dobroudja, 1939 (s.v.). *A. Móczy* Die Vorgesch. Obermoesiens im hellenist.-röm. Zeitalter, Acta Ant. Acad. Hung. (Budapest) 14,1–2 (1966). *J. Fitz* Die Laufbahn der Statthalter in der röm. Provinz M. Inf., 1966. *V. Velkov* Die thrak. und dak. Stadt in der Spätant. (bulg.), Sofia 1959.

**Möwe.** Die mannigfachen Bezeichnungen können nicht sicher mit bestimmten M.-Arten identifiziert werden (für die Gleichsetzung s. Plin. nat. 10,91 ~ Aristot. hist. an. 5,9. 542b 20ff.): *λάρος* (*λαρίς*) = *gavia; αἴθυια* = *mergus (mergulus, mergunculus* [Varro l. l.5,78 *quod mergendo in aquam captat escam*]*;* Albert. Magn. de anim. 22 *mergus non tam species avis ... quam genus multas habens species); πῶυγξ* ([Aristot.] hist. an. 9,18. 617a 9); *κήξ* (Hom. Od. 15,479) bzw. *καύηξ*; *κέπφος* (Aristoph. Pax 1067. Sch. Lykophr. 76. Aristot. hist. an. 8,3. 593b 17); nur der *λάρος ὁ λευκός* (Aristot. hist. an. 8,3. 593b 16) ist als Silber-M. bestimmbar. Oft können mit *λ.* bzw. *αἴθ.* auch Seeschwalben oder Taucher gemeint sein (Hom. Od. 5,51 [*λ.*]. 337 [*αἴθ.*] wohl M.-Arten); *mergus* ist ähnlich unpräzis (M. oder Taucher Verg. Aen. 5,128. Ov. met. 8,625; Pont. 1,6, 52 [met. 11,753ff. Verwandlung des Aesacus in m. = Taucher]). Genauere Beschreibungen bieten allein Aristot. hist. an. 5,9. 542b 20ff. und Dionys. de av. 2,4f. (drei Arten). – Am häufigsten betont wird die Gefräßigkeit der M. (Aristoph. Equ. 956; Nub. 591. Anth. Pal. 7,295. Athen. 4,134 E. 8, 342 A). Die M. galt als Wetterprophet, landeinwärtsfliegend soll sie Stürme ankündigen (Verg. georg. 1,361. Lucan. 5,553. Plin. nat. 18,362).

E. Mg.

*Keller* Ant. Tierwelt 2,242ff. *Steier*, RE XV 2412ff. *Thompson*, Glossary of greek birds 27ff. 192f.

**Moge(n)tiana.** Municipium in Pannonia superior, n.ö. vom Balaton (Lacus Pelso) an der Kreuzung der Straßen Savaria–Aquincum (Itin. Anton. 263,5) und Savaria–Sopianae (Itin. Anton.

233,4), genaue Lage unbekannt, vermutlich entweder in der Gemarkung von Somlyóvásárhely oder Sümeg, benannt wahrscheinlich nach einer *Villa Moge(n)tiana*. Die Siedlung wurde von Hadrian zum Munizipium erhoben (CIL III 15188[4]). Inschr. (CIL III 10993. 11043. 15188) erwähnen *decuriones*, *q[aestor]* (CIL III 10993), *[II] vir q. q.* (CIL III 11043) und *s(criba)* (CIL III 10900). Mehrere *decuriones* waren Einheimische. Das Stadtgebiet reichte vermutlich bis zum N.-Ufer des Balaton. J. F.

*A. Graf*, DissPann I/5, 1936, 125f. *A. Mócsy* Die Bevölkerung von Pannonien bis zu den Markomannenkriegen, 1959, 53f.

**Mogontiacum,** h. Mainz. Am l. Rheinufer, gegenüber der Mainmündung im Gebiet der Vangionen, wurde zwischen 18 und 13 v. Chr. ein Legionslager errichtet (Kästrich). Wahrscheinlich in der Nähe eines nationalen Heiligtums (des Mogon, und zugehöriger Siedlung) hatte das Lager die Aufgabe, von beherrschender Höhe aus das weite Ufergelände zu überwachen, die Furt bei Weisenau zu sichern und die wichtige Einfallstelle am jenseitigen Ufer nach und aus Innergermanien zu kontrollieren. Das Lager, in Form eines ungleichen Rechteckes mit 1000 zu 750 m Seitenlänge, war bis zum E. des 1. Jh. mit je 2 Legionen belegt (bis 43 n. Chr. *leg. XIV Gemina* und *XVI Gallica;* bis 70 n. Chr. *IV Macedonica* und *XXII Primigenia;* bis 85 n. Chr. *leg. I Adiutrix* und *XIV Gemina;* bis 89 n. Chr. *leg. XIV Gemina* und *XXI Rapax*). M. war Ausgangspunkt für die Germanenfeldzüge des Drusus im J. 11–9 v. Chr. Nach seinem tödlichen Unfall im J. 9 v. Chr. wurde ihm zu M. von Tiberius ein Kenotaph errichtet, das man in dem sog. Eigelstein (im MA. »Trusileh«) erkennen will. 69 n. Chr. wurde das Lager von Chatten und Mattiacern überfallen, von → Vocula befreit und nochmals von den Aufständischen überrannt, die die *leg. IV Macedonica* und *XXII Primigenia* den Galliern Treue schwören ließen. → Cerealis konnte M. zurückgewinnen und die beiden Legionen unterwerfen. In der Folgezeit wurden die älteren Holz-Erdelager durch Steinlager mit soliden Innenbauten ersetzt. 88/89 n. Chr. erhob sich C. Antonius → Saturninus mit den in M. stationierten Legionen gegen Domitian, doch wurde der Aufstand durch L. Appius Maximus Norbanus niedergeworfen, die Legionen strafversetzt. Mit den anschließenden Germanenkriegen wurde durch Eroberung der → Decumates agri die Grenze mainaufwärts vorverlegt, das Doppellager aufgelassen und der Hauptteil der Truppen abkommandiert, während nur Teile der *leg. XXII Primigenia* zum Schutz des Armeehauptquartiers der Germania superior in M. stationiert blieben. Aus der dem Lager zum Rhein hin angelehnten Zivilsiedlung der Händler und Kaufleute *(canabae castrenses)* und der einheimischen Bevölkerung *(canabae vicanorum)* entwickelte sich sehr schnell eine größere Ansiedlung, die aus mehreren *vici* zusammenwuchs und stadtartigen Charakter annahm, aber erst in diocletian. Z. zum *municipium* erhoben wurde *(vicus Navaliorum* in Dimesser Ort, mit den Resten der Iuppitersäule aus neron. Z.; *vicus Novus; vicus Salutis* in der Nähe des Domes; *vicus Apollinensis*, vielleicht der Platz des namengebenden Heiligtums des Mogon, der durch interpretatio Romana dem Apollo gleichgestellt worden ist, nach Zahlbach zu gelegen. Zum *vicus Aresacensis* vgl. H. KLUMBACH Limesstudien, 1959, 69). In diocletian. Z. wird das Lager aufgelassen und nur teilweise mit der Ansiedlung in einen befestigten Mauerring einbezogen. Im 4. Jh. ist M. Sitz des *Dux Mogontiacensis* und Metropole der Germania I bis zum Abzug der röm. Legionen im 5. Jh. H. C.

*Holder* 2,611–616. – CIL XIII 2 und 4. Über neue Ergebnisse berichten die Mainzer Zeitschrift und Germania. Gymnasium Beih. 1, 1960, 51–58. – Limesforschungen 4: *D. Baatz* Mogontiacum, das röm. Legionslager in Mainz.

**Mohn** (*ἡ*, auch *ὁ μήκων*, verwandt mit »Mohn«; *papaver*) war nach Ausweis der Funde in steinzeitl. Pfahlbauten Oberitaliens und der Schweiz schon in vorhistor. Z. in Europa heimisch und hat wohl als Nahrungsmittel und zur Ölgewinnung gedient. Auf altbabylon. Zylindern und in der minoischen Kunst (nicht in der altäg.) sind Mohnköpfe als Symbol der Fruchtbarkeitsgöttin dargestellt. Hom. Il. 8,306f. vergleicht das hinsinkende behelmte Haupt des zu Tode getroffenen Gorgythion mit einem sich seitwärts neigenden M.-kopf »im Garten«; das schmerzstillende Mittel (*φάρμακον νηπενθές*), das in der Od. 4,219f. Helena den betrübten Helden in den Wein schüttet, wird schon von den ant. Erklärern als Opium verstanden, und auf M.-kultur deutet der alte Name *Μηκώνη* des späteren Sikyon (Hes. theog. 536. Strab. 8,382). M., und zwar der Saft des schwarzsamigen papaver somniferum L., wird in der medizin. Lit. seit Hippokrates sehr oft erwähnt und teils als mit großer Vorsicht zu gebrauchendes Beruhigungs-, Schlaf- und Betäubungsmittel und Arznei gegen vielerlei Leiden (bes. Husten und Heiserkeit) empfohlen, teils wird vor dem Gift gewarnt und Gegenmittel angegeben. In der lat. Lit. erscheint *papaver* zuerst bei Plaut. (Trin. 469. Poen. 326), und Cato agr. 38,4 rät den Anbau. Bei Vergil, Properz, Ovid ist vom M. als Gartengewächs oder als Schlafmittel die Rede. M.-samen waren mit Honig vermischt als Speise oder aufs Brot gestreut als Würze beliebt und als nahrhaft, aber schwer verdaulich betrachtet. Auch als Vogel- und Bienenfutter diente M. Plinius behandelt nat. 19,167–169 und 20,198–206 die verschiedenen M.-Arten, ihre medizin. Verwendung und die Gewinnung des M.-Saftes (20,199 *opium* = *ὄπιον* von *ὀπός* »Saft« ältester Beleg des Wortes). Genaue botan. Bestimmung der bei Plin. und anderwärts aufgeführten und beschriebenen M.-Arten ist nicht durchweg möglich. – Wegen der Samenfülle wurde der M. als Fruchtbarkeitssymbol bes. Demeter, der Göttin des Erdsegens, als Attribut zugeordnet; den von ihr geliebten Athener Mekon hatte sie in eine M.-Pflanze verwandelt (Serv. Verg. georg. 1,212); M. als Abzeichen trugen auch ihre Priesterinnen (Kall. h. 6,44). Von ihr ging der M. als Attribut auf die verwandte Isis über, und M. und Apfel hielt das Aphroditebild des Kanachos zu Sikyon in den Händen (Paus. 2,10,5). Selbst Artemis und Athena wurde gelegentlich M. beigegeben. K. Z.

*Steier*, RE XV 2433–46.

**Moicheia** (*μοιχεία*). Der heimliche Geschlechtsverkehr mit einer freien Frau ohne Zustimmung ihres *κύριος* ([1]. [2]) wurde in Griechenland als eine Verletzung des *οἶκος* angesehen ([5]). Sie wurde durch die Racheberechtigten (den Ehemann sowie dessen Vater, Bruder und Sohn) durch Privatrache ([3]) an dem Ehebrecher geahndet. Die urspr. schrankenlose Ausübung der Privatrache wurde später gesetzlich eingeschränkt. Tötung war nur im Zorn (Erschlagen mit der Axt, gleichzeitige Tötung der Frau) oder auf handhafter Tat zulässig. Die Bestrafung der Frau war dagegen Sache ihrer eigenen Familie. Doch kommen in einigen griech. Städten Ehrenstrafen (Pranger, Schandritt) vor. In Gortyn ([6]) mußte sich der Rächer mit 4 Eidhelfern von der Anschuldigung, den Ehebrecher mit Hinterlist ins Haus gelockt zu haben, reinigen (II 36). Schmähliche Mißhandlung, → *ῥαφανίδωσις*, oder Gefangenhaltung des Schuldigen dienten dazu, eine Geldbuße zu erzwingen. Im Recht von Gortyn war die Höhe der Buße gesetzlich geregelt. Die offenkundige Dirne war allg. vom Racherecht ausgenommen. Kam es zu keiner Einigung über die Buße, so trat das Racherecht (das aber folgerichtig die Tötung nicht mehr mit einschloß) wieder ein. Nur für Athen ist eine *γραφὴ μ.* (Pol. 8,40. Phot. Suda s. *Πέμπτη φθίνοντος*), deren Rechtsfolgen unbekannt sind, überliefert. Über die M. in den Pap. s. [4]. E. B.

1. *Thonissen* Le droit pénal de la rép. Ath., 1875, 312ff. 2. *Lipsius* Das att. Recht und Rechtsverf., 1905–1915, 429ff. 3. *Latte*, H 66, 130ff. 4. *Taubenschlag* Das Strafrecht im Rechte der Pap., 35f. 5. *Paoli*, SDHI 16, 1950, 123ff. 6. *Ders.*, Studi in on. Funaioli, 1955, 306ff.

**Moira** (*Μοῖρα*). Etym. zu *μείρομαι*, *μέρος*, *μόρος*, vgl. FRISK 249. Man hat von der Grundbedeutung »Teil, Portion, Anteil« auszugehen. Die Portion beim Mahle (Hom. Od. 3,40. 66.8,470. 14, 448), Beuteanteil (Il. 9,318), der Anteil eines Gottes an der Herrschaft über die Welt (Il. 15,195), Zeitabschnitt (Il. 10,253); der Plural bezeichnet sogar die Stücke vom Fleisch (Od. 15,260). Die Bedeutung »Teil« ist sehr alt, was im Worte *mo-ro-pa₂* im myk. Griech. zum Ausdruck kommt; *mo-ro-pa₂* bedeutet etwa »owner of a portion« oder ist »title of a land-owner in the village« (M. VENTRIS–J. CHADWICK Documents in Mycen. Greek, Cambr. 1956, 400; die Stellen: KN C 1632; PY 57 = An 43. PY 258 = Kn 01. PY 43 = Sn 01). Von der Vorstellung der konkreten Portion an Leben und Lebensglück, welche der einzelne Mensch bekommt, geht die Entwicklung zur Vorstellung des Schicksals. Hierin berührt sich M. mit → Aisa. Wie die Fleischportion, die beim Mahle in myken. Z. gereicht wurde, nicht für jeden gleich groß und gleich gut war, so unterscheidet sich auch die M. (» Portion «) der einzelnen Menschen quantitativ und qualitativ. Die Überlegung, daß Quantität und Qualität der M. in einem Konkurrenzverhältnis stehen könnten, tritt schon früh auf (Achilleus!), stellt aber bereits eine spekulative Weiterbildung dar. Das Schicksal des Einzelnen steht aber auch in enger Beziehung zum Schicksal des anderen, obwohl M. dadurch nicht zu einem generellen abstrakten Weltschicksal geworden ist ([6], 24). Die Wechselwirkung zwischen den Schicksalen kommt bei Odysseus, Penelope, Laertes und den Freiern bes. deutlich zum Ausdruck (vgl. [9], 7ff.). In engem Zusammenhang mit M. wird → *δαίμων* gebraucht (Hom. Od. 16,64. 19,129. 19, 512), der ja auch urspr. soviel wie »Verteiler«, »Zuteiler« heißt; man wird ihn in diesen Fällen als das aktive, die M. verwirklichende Element des konkreten Geschehens aufzufassen haben. Es ist vermutet worden, daß *αἶσα* eine allgemeinere Bedeutung habe als M. und *μόρος* ([6],26. 37. 42. 46). Keinen oder kaum einen Unterschied im Gebrauch finden etwa [8],361f., [3],359. Auffällig bleibt, daß *αἶσα* keinen Kult besitzt ([1],159) und auch die Persönlichkeitskomponente (trotz Hom. Il. 20,127f. Od. 7,197f.) schwächer ist als bei M., was verschiedene Gründe haben kann (W. KRAUSE, Glotta 25,143ff. E. R. DODDS The Greeks and the Irrational, Los Angeles 1956, 8); entscheidend wird für die engere Bezogenheit von M. zum persönlichen Schicksal die Durchsichtigkeit des Wortes gewesen sein. So sehr die M. eine gegebene und in großen Zügen unverrückbare Wirklichkeit ist (vgl. etwa Hdt. 1,91 *τὴν πεπρωμένην μοῖραν ἀδύνατά ἐστι ἀποφυγεῖν καὶ θεῷ*), hat sie doch keine starren Grenzen. Apollon hat im genannten Falle (Hdt. 1,91) 3 J. Aufschub erreicht; schon bei Hom. zeigen Fügungen wie *ὑπὲρ μ.*, *ὑπὲρ αἶσαν* u. ä. oder die Feststellung der Götter, sie hätten Aigisthos die M. gekündet, die er dann übertreten habe (Hom. Od. 1,32ff.), daß M. keinen logisch durchdachten Begriff darstellt. M. steht in Wechselwirkung nicht nur zu den anderen *M.αι*, sondern auch zum Willen der Menschen. Aber dieser ist nicht so eng in sie hineingebunden wie etwa bei dem späteren philos. Begriff der → *εἱμαρμένη*, obwohl auch M. ein Ordnungsbegriff ist. *Κατὰ μοῖραν* heißt soviel wie »in Ordnung«, »richtig«, »geziemend«. Das Sicherste und zugleich Eindrucksvollste an der Weltordnung im Kleinen ist der Tod (Hom. Od. 3,236ff.). Das Auffälligste an der Portion, am

»Teil« ist, daß er eben ein Teil und nicht das Ganze ist, wodurch M. synonym zu θάνατος wird. M. ὀλοή (Il. 16,849), θάνατος καὶ μοῖρα (Il. 3,101), μ.... θανάτοιο (Od. 2,100); Adj. wie δυσώνυμος, κακή, κραταιή zeigen dies ebenso wie das Adjektiv μόρσιμος (vgl. Il. 22,13).

M. gehört zu den sogenannten Person-Bereicheinheiten. Die Gesamtheit dessen, was dem Menschen zuteil wird, sieht dieser auch als persönliche Gottheit an; aus dem grammatikal. Geschlecht von M. folgt auch das Geschlecht dieser Gottheit (vgl. dazu O. GRUPPE Gr. Myth. 2,990f. [6],132. [9],26). M. als persönliche Vorstellung kann gar wohl bes. wegen der emotionalen Bindung des einzelnen Menschen an sie in der Volksreligion (mehr noch als in den Epen) von Bedeutung gewesen sein (vgl. [1],150). Im Epos stehen sie an Plastizität anderen Person-Bereicheinheiten (z.B. Ares, Themis) gegenüber zurück. Ohne den Kult als einziges Kriterium für die Auffassung einer Gottheit als persönliches Wesen anzunehmen, sei doch auf die Existenz eines Kultes für die *M.αι* hingewiesen (gesammelt bei ROSCHER 3089ff. Hauptzeugen Paus. u. Inschr.). Daß der Kult nur für die *M.αι* (also für die Mehrzahl von M.) vorhanden ist, dürfte seinen Grund vor allem darin haben, daß sich der öffentliche Kult auf eine Vielheit von Anliegen und diese in möglichst vollständiger Erfassung bezieht. Überdies begünstigt die Verbindung mit chthon. Vorstellungen nach dem Muster der → Horen, aber wohl auch anderer Vereine, bei denen die Intensität ihres Wesens in archaischer Sicht durch (hier numerische) Quantität ausgedrückt wurde, eine plural. Auffassung (vgl. [1],150ff. S. EITREM, RE XV 2459. H.J. ROSE A handbook of Greek Mythol., Lond. 1953[5], 24. [2],68). [6],202 weist mit Recht auf eine direkte Assoziation (in connessione, nel rito e nel culto, è la terra) von M. und chthon. Göttinnen hin. Abzulehnen ist die Deutung [1],159ff. von M. als Todesgöttin ([8],361,2). Die Moiren sind auf der → Kypselos-Lade (7.–6. Jh.) und der François-Vase (6. Jh.) bildlich dargestellt (vgl. S. EITREM, RE XV 2489f. LIPPOLD, RE XII 123).

Mehr oder minder in der Mitte zwischen appellativem und persönlichem Gebrauch (also zwischen *M.* und *μ.*) stehen Verbindungen wie κατὰ μοῖρ' ἐπέδησεν (Od. 11,292), ἑ μοῖρ' ἐδάμασσε (Il. 18,119) oder τὸν δ' ἄγε μοῖρα κακὴ θανάτοιο τελόσδε (Il. 13,602), wo kaum entschieden werden kann, ob man *μ.* oder *M.* zu schreiben hat. Aber dies liegt im Wesen der Person-Bereicheinheiten (vgl. WS 72,5ff., auch [10],61f.). [3],359 betont extrem eine der beiden Seiten (und verkennt somit die Struktur des Gebildes). [3] spricht von einer sekundären »völligen Umbiegung der Bedeutung« zum aktiven Zuteiler (welcher allerdings *μ.* nie war!). Das Streben, *μ.* in eine bestimmte Relation zu anderen Faktoren zu bringen, ist alt; Wenn z.B. Hom. Il. 19,87 Zeus, M. und Erinys, Aischyl. Prom. 516 Μοῖραι τρίμορφοι μνήμονές τ' Ἐρινύες, Hom. Il. 19,410 θεός τε μέγας καὶ μοῖρα κραταιή oder 16,334 θάνατος (bei dem auch Θάνατος mitanklingt) καὶ μοῖρα κραταιή miteinander verbunden erscheinen, sieht man aus dem Abtasten der in Frage kommenden Möglichkeiten die sich anbahnende Tendenz zu einer Systembildung; bei Hes. theog. 904ff. erscheint die Einordnung in das Göttersystem bereits durchgeführt; die 3 *M.αι* sind zu Töchtern des Zeus und der → Themis geworden. Bei Hom. freilich ist das Verhältnis zwischen *μ.* (bzw. *M.*) und den Göttern noch völlig offen. Die alte Frage, ob Zeus über *μ.*, oder *μ.* über Zeus und den Göttern steht (ältere Lit. bei [1].) [8],364. [9],14ff.), geht in dieser alternativen Formulierung am Problem vorbei und wird dem gegebenen (komplexen) Sachverhalt des ant. Glaubens nicht gerecht. (Für die Überordnung des Willens des Zeus über *μ.* J. DUFFY, Class. Journ. 42, 1947, 477ff. W. KRAUSE, WS 64, 1949, 10ff.). Vielmehr ist *μ.* eine von den Göttern heterogene Vorstellung; daß M. selbst auch eine Göttin ist, stört angesichts der oft inkonsequenten, vom Gefühl geleiteten Auffassung der heidn. griech. Rel. nicht. Während die Götter selbst Garanten der Ordnung (θεός aus *θεσός zu τίθημι, vgl. Hdt. 2,52 θεοὺς δὲ προσωνόμασάν σφεας ἀπὸ τοῦ τοιούτου, ὅτι κόσμῳ θέντες τὰ πάντα πρήγματα καὶ πάσας νομὰς εἶχον. Dazu W. PÖTSCHER, WS 72, 1959, 5ff.) sind, was im delph. μηδὲν ἄγαν deutlich zum Ausdruck kommt, haftet ihnen doch die Aktivität (wie auch δαίμων) an, welche aber *μ.* gänzlich, und auch M. in hohem Ausmaß abgeht. M. und bes. *μ.* ist die Ordnung, welche von den Göttern verwirklicht wird. In gewissem Sinne stehen also Zeus und die Götter über *μ.*, indem sie diese verwirklichen, in gewissem Sinne aber *μ.* über Zeus und den Göttern, da *μ.* die Ordnung ausdrückt, welche diese zu verwirklichen haben. Eine Über- oder Unterordnung im gewöhnlichen Sinne mißversteht die Struktur dieser Vorstellung. Auch die → Kerostasie, welche wahrscheinlich urspr. eine Psychostasie war (vgl. [9],16ff.), kann nicht als Argument für die Überordnung des Zeus (so W. KRAUSE, WS 64, 10ff., bes. 30 im Gefolge von A. CHRIST Die Waage des Zeus bei Homer, Innsbruck 1879 und C.F. NÄGELSBACH Homer. Theologie[3], Nürnberg 1884) gewertet werden ([2],59. MALTEN, RE IV 895. [9], 22). Das deutlichste Gegenbeispiel ist der Tod des Sarpedon, des Zeus-Sohnes, den der Kronide selbst so gerne retten möchte (Il. 16,433ff.). Eustathios tendierte zu einer Gleichsetzung von Διὸς βουλή und θεοῦ μοῖρα, was, linear gesehen, jedenfalls eine Überordnung des Zeus bedeutet, bei Anerkennung eines Schichtenbaues freilich auch implizieren kann, daß Götter und *μ.* Begriffe verschiedener Stufen darstellen und aufeinander bezogen sind. Daraus ergibt sich eine polare Spannung, welche durch eine zweite Antinomie, die der

Sachlichkeit der *μ.* und ihrer Persönlichkeit als M., noch verstärkt wird. Zur Wägung vgl. [9],14ff. mit Lit.

Eine vermittelnde Stellung zwischen dem Ausdruck für die Ordnung in Form der *μ.* und der Ordner in Form von *θεοί*, Zeus u.ä., scheint im Worte *οὐκ ἀθεεί* (Hom. Od. 18,353) bzw. in *θεόθεν δ' οὐκ ἔστ' ἀλέασθαι* (Od. 16,447) vorzuliegen. Dort wird das, was genauso auch als *μ.* hätte bezeichnet werden können (Od. 18 das für die Freier schicksalsschwere, für Odysseus und die Seinen schicksalhafte Kommen des Laertiaden, Od. 16 der Tod eines Menschen, dort bes. des Telemachos) und was (bes. Od. 18) genauso auf die Aktivität eines bestimmten Gottes hätte zurückgeführt werden können, einfach mit *οὐκ ἀθεεί* bzw. *θεόθεν* ausgedrückt. Hier dürfte die gemeinsame Basis, ein nicht in myth. Vorstellungen verwobener *θεός*, durchscheinen (vgl. W. PÖTSCHER, WS 71, 1958, 5ff., bes. 10ff.). Stehen sich *μ.* und M. gegenüber, so werden auch Moirai (im Plur.) genannt (markantes Beispiel Il. 24,49 *τλητὸν γὰρ Μοῖραι θυμὸν θέσαν ἀνθρώποισιν*), welche dem Sing. M. gegenüberstehen. Die zweifache Antinomie (*μ.-θεοί* bzw. Zeus und 2. *μ.-M.*) wird dadurch um eine weitere bereichert. Es erhebt sich die Frage, ob die Einzahl oder Vielzahl als primär angesehen werden muß. Steht der Plural von M. am Anf. (O. KERN Die Rel. der Griechen 2, 1935, 28) oder ist es die Einzahl von M. ([7],68)? Es ist gefährlich, in solche Vorstellungen eine strikte Entwicklung hineinzutragen (vgl. [9],13); trotzdem wird man einsehen, daß die *μ.* jedes einzelnen psycholog. jedem am nächsten steht, d.h. am klarsten bewußt ist, so daß *μοῖρα* zuerst und öfter erlebt wird als *μοῖραι*, welche bereits die Beobachtung des fremden Ergehens voraussetzen. Da die *μ.* und M. eine Person-Bereicheinheit darstellen, wird durch den Plural von *μ.* auch der Weg zum Plural für M. geebnet. Doch reicht die Erklärung, daß die Vielzahl der M. einfach auf die Vielzahl der *μ.* zurückgehe (vgl. [3], 360), nicht aus; man hat wohl an die Parallele von anderen Göttervereinen, z.B. die Horen oder → Chariten, und hier bes. an die Dreizahl zu denken. Dies um so mehr, wo Zusammenhänge mit Chthonischem (s.o.) höchst wahrscheinlich sind (vgl. [10],90,1). – Die Funktion des Spinnens wird nicht nur M. zugeschrieben, sondern auch *θεός, δαίμων Κρονίων* (vgl. [8],363,3. NILSSON, ARW 22, 387ff. E. STEINBACH Der Faden der Schicksalsgöttinnen, Diss. Lpz. 1931). Die Namen der → Klotho, → Lachesis und → Atropos, zeigen ganz deutlich das Streben nach Systematisierung und Strukturbildung im Dreierverein der M. – [1],177 deutet eine Auffassung an, welche E. EBERHARD Das Schicksal als poet. Idee bei Homer, Stud. zur Gesch. und Kultur des Alt. 13/1, 1923 breit ausgeführt hat; danach wäre *μ.* das poet. Ordnungsprinzip des Dichters und somit vor allem eine poet. Kategorie. Archäol. Material und das Vorhandensein im Kult verbieten eine solche Auffassung ebenso, wie die Interpretation der hom. Epen. Mögen da und dort poet. Gesichtspunkte im Vordergrund stehen, so ist dies eben gerade durch die Existenz dieser rel. Kategorie *M.-μ.* möglich. – Bei Hes. erfolgt eine schematisierende Einordnung in die Göttergenealogie. Die spätere Dichtung verbindet die Vorstellung des Schicksals mit Zeus. Bes. bei → Aischyl. fällt diese Entwicklung auf. Es entspricht seinem Weltbild, daß der Gott, welcher weit über die myth. Gestalt des homer. Zeus hinausgewachsen ist, auch wenn er noch den Namen »Zeus« trägt (vgl. bes. Ag. 160ff.), den zur Schuld veranlagten Menschen in die Schuld (*μῦσος*) geraten läßt; dann aber folgt das bittere Leid (*πάθος*), welches wieder zur Erkenntnis (*μάθος*) der gottgewollten Ordnung führt, in die sich der Mensch zu fügen hat. Eine säuberlich log. Unterscheidung von Zeus, den Göttern und *μ.* läßt sich bei Aischyl. nicht treffen. Auffällig und schwer zu beurteilen ist die Nennung von M. im Prom. 511 und von *M.αι* in 516; dort ist Zeus nicht Herr der M. bzw. *M.αι*; er kann nicht entkommen. – Pindar glaubt an das unentrinnbare Schicksal (*τὸ δὲ μόρσιμον οὐ παρφυκτόν* P. 12,52f.); es kommt von Zeus (*Διόθεν αἶσαν* N. 6,22) und wird *τύχη* genähert (N. 6,40 *σὺν θεοῦ δέ τύχᾳ*). Er kennt M. (z.B. O. 2,63; N. 7,83), aber auch *Μοῖραι* (N. 7,1). Vgl. H. STROHM Zu der Schicksalsauffassung bei Pind. und den frühgriech. Dichtern, 1944. – Über Hdt. 1,91 s.o. und II 1102. – Bei Eur. verflacht der Schicksalsglaube; *ὦ μοῖραι Διός, αἵ τε παρὰ θρόνον ἀγχοτάτω ἑζόμεναι* (Frg. 620) geht wohl von älteren Vorstellungen aus, aber *ὦ πότνια Μοῖρα καὶ τύχη δαίμων τ' ἐμός* (Iph. Aul. 1136) zeigt das ungereimte Nebeneinander von heterogenen Vorstellungen; im *τύχη*-Begriff kündigt sich bereits eine Entwicklung an, welche im Hellenismus zu ihrer Vollendung gekommen ist. Vgl. W. CH. GREENE Moira, Fate, Good and Evil in Greek Thought, 1944. E. G. BERRY The History and Development of *θεία μοῖρα* and *θεία τύχη* down to and including Plato, Diss. Chicago 1941. W. P.

1. *E. Hedén* Götterstud., Diss. Uppsala 1912. 2. *E. Leitzke* Moira und Gottheit im alten griech. Epos, Diss. Gött. 1930. 3. *Wilam.* GldH. 4. *E. Ehnmark* The Idea of God in Homer, Diss. Uppsala 1935. 5. *G. B. Björck* Die Schicksalswaage, Eranos 43, 1945. 6. *U. Bianchi*, *ΔΙΟΣ ΑΙΣΑ*, Roma 1953. 7. *P. C. B. Pistorio* Fato e divinità nel mondo greco, Palermo 1954. 8. *Nilsson* GgrR. 9. *W. Pötscher*, WS 73, 1960, 5ff. 10. *B. C. Dietrich* Death, fate and the gods, Lond. 1965.

**Moiragenes** (*Μοιραγένης*) verfaßte eine Biographie des Apollonios von Tyana in 4 B. Wenn Philostr. in seiner vita des A. rät (1,3, vgl. 3,41), dem Werk M.' keinen Glauben zu schenken, so ist der Grund für diese ablehnende Haltung darin zu sehen, daß M. den A. als einen *γόης* darstellte (s. Orig. c. Cels. 6,41), und nicht wie Philostr. als einen *σοφός* und *θεῖος ἀνήρ*. Als wichtige Quelle des Wissens über A.' Leben nennt ihn noch Tzetz. chil. 2,60. O. Dr.

**Moiris** (*Μοῖρις*). **1.** Griech. Grammatiker (um 200 n. Chr.?), Vf. eines *'Αττικιστής* betitelten Lex., das in grober, d. h. nur nach dem ersten Buchstaben geordneter Reihenfolge vorgeblich typisch att. Ausdrücke mit den jeweils entsprechenden hellenist. konfrontiert. Zugrunde liegt die Absicht, Schriftstellern mit attizist. Ambitionen ein bequemes Hilfsmittel zur sprachlichen Orientierung zu bieten. Von ganz wenigen Ausnahmen abgesehen, geht die att. Wendung voran. M. ist sehr schemat. zu Werke gegangen, so daß Zusammengehöriges nicht selten auseinandergerissen wurde. Das Material stammt, soweit M. überhaupt Belege gibt, bes. aus Platon, der alten Komödie, den Historikern Thuk. und Xen. sowie den att. Rednern. Die Tragiker sind nicht berücksichtigt, wohl aber bereits gelegentlich Homer (p. 195,18f. 198,6f. Bekker). Das Lex. stellt indes keine eigene Leistung des M. dar, sondern wurde von ihm aus älteren lexikal. Quellen kompiliert, unter denen vor allem die Werke des Ailios → Dionysios (29), → Phrynichos, → Philemon und Herennios Philon (→ Ammonios 4) zu nennen sind. Da die Vorlagen verhältnismäßig lange erhalten blieben, fand das kleine Lex. wenig Beachtung. Photios (bibl. 157) las es in einer Sammel-Hs. zusammen mit anderen Lex. Die Überlieferung beruht auf dem Cod. Coisl. 345 (10. Jh.), von dem alle jüngeren Hss., die z. T. von spätbyz. Attizisten erweitert wurden, abstammen. H. Gä.

Ta.: Ed. pr. *J. Hudson*, Oxf. 1712. *J. Pierson*, Leiden 1759 (mit Erkl.). *I. Bekker*, Bln. 1833 (im Anh. zu seiner Ausg. des Harpokration, S. 187ff.).

**2.** M. seit Hdt. 2,149. 3,91 Bezeichnung des Sees in der Fajjum (»das Meer«) genannten Oase w. des Nil, 90 km s. Kairo, der von einem Nilarm (Bahr Jussuf) gespeist wurde und dessen Reste h. der Karunsee am W.-Ende des Fajjum ist. Der Name, äg. mr-wr, bedeutet »großer Kanal« und wurde zunächst einem Ort am Bahr Jussuf beim Einfluß ins Fajjum beigelegt (GARDINER Wilbour Pap., Comm. 44), wo ein kgl. Harim lag (h. wohl Kom Medinet Gurab). Wie der Ort vom Nilarm, so erhielt auch der See den Namen M. Hdt. und ihm folgend Plin. nat. 5,50. 36,76 oder Tac. ann. 2,61 hielten ihn für künstlich, während Strab. 17, 809 ihn richtig als natürlich ansah. Allerdings sind schon früh am Eingang des Fajjum Deichanlagen, später Schleusen angelegt worden, um den M.-See als Becken für überschüssiges Nilwasser zu benutzen. Der See, der in der Vorgesch. noch die ganze Depression der Oase ausgefüllt hatte, schrumpfte z. T. durch Verdunstung, z. T. durch Zuschüttung durch den Bahr Jussuf; im M. R. war der O.-Teil deltaartig verschüttet und wurde durch die Könige kultiviert (→ Krokodeilopolis). Die verbleibenden Sümpfe waren beliebtes Jagdgebiet der Herrscher. Hauptgott war das Krokodil → Suchos, und König Amenemhet III., nach seinem Thronnamen Nj-m$^{3c}$.t-R$^{c}$ griech. *Λαμάρης* genannt, den Plin. nat. 36,84. 5,50 in M. verhört hat. Hdt. 2,13. 101 verhörte dagegen den Thronnamen Amenophis' III. (Nb-m3c.t-Rc) in den ihm geläufigeren Namen M., wie sich aus der chronolog. Angabe 2,13 (900 J. vor seiner Zeit) ergibt. W. H.

**Moiro** (*Μοιρώ*). Laut Suda *Βυζαντία, ποιήτρια ἐπῶν καὶ ἐλεγείων καὶ μελῶν, Ὁμήρου τοῦ τραγικοῦ θυγάτηρ* (vielmehr Mutter, Christod. Anth. Pal. 2,409 und sonst), *γυνὴ δὲ Ἀνδρομάχου τοῦ ἐπικληθέντος φιλολόγου*. Für diesen → Homeros wird Ol. 124 (284/83) als Blütezeit angegeben. Sie war danach Zeitgenossin der Anyte, mit deren Stil die 2 (von vielen: Meleagros Anth. Pal. 4,1,5) erhaltenen Epigr. (Anth. Pal. 6, 119. 189) verwandt sind. Erhalten sind ferner 10 schlichte Hex. aus ihrer *Μνημοσύνη* (Athen. 11, 490e und 491b nach Asklepiades von Myrlea). Weiter werden genannt *'Αραί* (Parthen. *'Ερωτ. παθ.* 27) und ein Hymnus auf Poseidon (Eust. zu Il. 2,711 p. 247). R. K.

*I. U. Powell* Collect. Alex., 1925, 21ff. *A. S. F. Gow and D. L. Page* The Greek Anthol., Hellenist. Epigr. 2, 1965, 413ff. *Luck*, MH 11, 1954, 181f.

**Moirokles** (*Μοιροκλῆς*) aus Salamis, * vor etwa 375 v. Chr., athen. Politiker. E. der fünfziger J. wegen unlauterer Finanzgeschäfte angeklagt (Demosth. 19,293), wurde er 335 als eifriger Antimakedone von Alexander vergeblich zur Auslieferung verlangt (Arr. an. 1,10,4). 324 war er vielleicht Archon. Er wurde der Bestechung durch Harpalos verdächtigt und von der Komödie verspottet (Timokles CAF II 452,4). G. Do.

PA 10,400. *Berve* Alex. Nr. 537.

**Mola salsa** hieß im röm. Opferritual die Mischung aus Speltschrot und einer Salzlake, die entweder selbst als Opfergabe diente oder womit man Altar, Opfermesser und die Stirn des Opfertieres bestreute; daher das Verbum *immolare* für »opfern«. Hergestellt wurde die m. s. an bestimmten Tagen und nach bestimmtem Ritual von den drei ältesten Vestalinnen für den öffentlichen Gebrauch und auch an die einzelnen Bürger verteilt. K. Z.

*Latte*, RRel 109. 387,3. *C. Koch*, RE XV 2516f.

**Mōles Martis** (zur Quantität des ō vgl. CIL I$^2$ p. 229 [*supplica*]*tio Mōlibus Martis*), Name göttlicher Mächte, die im Bereiche des Mars wirken (Gell. 13,23,2); kaum aus griech. *μῶλος Ἄρηος* gebildet (LATTE RRel 55), eher urspr. Sing. eines *es*-Stammes (vgl. *Pales* neben *Palibus*). G. R.

**Molione** (*Μολίονε(ς), Μολιονίδαι*), auch → Aktorione. Die eleischen Zwillinge Kteatos und Eurytos, angeblich jeweils nach der Mutter Moli(o)nē oder dem Vater Aktor (4) genannt. Als göttlicher Vater gilt Poseidon, dessen Hypostase vielleicht Aktor ist. Als Neffen des Augeias nahmen sie siegreichen Anteil an einem Kriege mit den Pyliern, Il. 11,709. Für Augeias schlugen sie auch eine Mannschaft des erkrankten Herakles, der sie später, als sie bei den Isthmien opfern wollten, bei Kleonai listig überfiel und erschlug. Pind. O. 10, 26ff. Paus. 2,15,1 (*μνῆμα*). 5,1,10. 2,1ff. 8,14,9. Apollod. 2,139f. Ihre Mutter übernahm die Rache (Bachofen Der Mythos vom Orient und Occident 415 schließt auf Gynäkokratie im älteren Elis); die Eleier schlossen sich von den isthm. Spielen aus. – Ibyk. frg. 16 denkt sie sich als einem Ei entsprossene, zusammengewachsene Zwillinge und nennt sie *λεύκιπποι* (→ Dioskuren). Pherekyd. (?) (FGrH 3 F 79b) schreibt ihnen 1 Körper, aber 2 Köpfe, 4 Hände und Füße zu. Bei Hom. sind sie menschlich gebildete Zwillinge, die Söhne haben: → Amphimachos und Thalpios, Il. 2,620. Ein Überrest älterer Vorstellungen ist wohl Il. 23, 641, wo sie auf 1 Streitwagen Nestor gegenüberstehen. Wahrscheinlich sind sie auf einer Scherbe geometr. Stils dargestellt: mit Sternen (wie die Dioskuren) und Doppelaxt. R. Hampe Frühgriech. Sagenbilder, 1936, 87 möchte die Aktorionen (Gegner Nestor) und die M. (Gegner Herakles) auseinanderhalten. H. v. G.

*Prell.-Rob.* 2,535ff. *B. Schweitzer* Herakles, 1922 107ff.

**Moloch,** *Μολοχ* in LXX 2. Kön. 23,10. Jer. 39 (32), 25, bei Aqu., Symm. Theod. Lev. 18,21 u. ö. Wiedergabe von hebr. *moläk*. – Wie von Israels Umwelt (Dtn. 12,31. 2. Kön. 3,27. 17,33; für Phoinikien vgl. Philo von Byblos [Eus. praep. ev. I, 10, (33.) 44; Porph. De abstin. 2,56], für Karthago Plut. mor. 552a. Diod. 20,14) wird auch von Israel selbst die Darbringung von Kinderopfern berichtet, wie andererseits solche Opfer in Lev. 18,21. 20,2–5. Dtn. 18,10 ausdrücklich verboten und unter Strafe gestellt werden. Man läßt die Kinder »durchs Feuer gehen« (Dtn. 18,10. 2. Kön. 16,3. 17,17. 21,6. 23,10. Jer. 32,35. 2. Chron. 33,6), d. h. man verbrennt sie (Dtn. 12,31. Jer. 7,31. 19,5). Wiederholt wird gesagt, daß solche Darbringung *lämmoläk* »für den M.« erfolgt (Lev. 18,21. 20,2–4. 2. Kön. 23,10. Jer. 32,35). Das Wort *moläk* war für die Israeliten nicht ein Opferterminus wie *m(o)lk* im Pun. und Neupun. (so Eissfeldt), sondern, wie die Aussage, daß man »dem *moläk* nachhurt« (im Sinne von: Fremdkult mit ihm treibt) Lev. 20,5 sowie die Nennung von Göttern als Empfänger solcher Opfer Dtn. 12,31. 2. Kön. 17,33. Jer. 19,5. Ez. 23,29 lehren, Bezeichnung (wegen des Artikels nicht: Name) für eine Gottheit (so ausdrücklich noch b. San 64 a. b., vgl. Am. 5,26 LXX. Apg. 7,43 sowie *ἄρχων* Lev. 18,21. 20,2–5): am ehesten das Wort *(hǎm)mäläk* »(der) König«, das nach der Vokalisierung als *bošät* »Schande« gelesen werden sollte. Ob diese Bezeichnung als israel. Mißverständnis des phön.-pun. Opferbegriffs zu deuten ist, bleibt unsicher. E. Ku.

*O. Eißfeldt* Molk als Opferbegriff im Pun. u. Hebr., 1935. *Ders.* RGG³ 4, 1960, 1089f. *H. Cazelles*, DBS 5, 1957, 1337–1346. *R. de Vaux* Les sacrifices de l'AT., 1964, 67ff. *N. H. Snaith*, VT 16, 1966, 123f.

**Molon. 1.** Satrap von Medien, unter → Antiochos III. (4) Generalstatthalter der Oberen Satrapien, empörte sich 222, drängte die Feldherren des Antiochos zurück, besetzte die Apolloniatis auf der 1. Tigrisseite gegenüber Babylonien, vernichtete 221 das Heer des Xenoitas, eroberte das Gebiet vom Euphrat bis in den Iran und schlug Mz. mit der Legende *βασιλέως Μόλωνος*. Darauf erschien Antiochos selbst und schlug ihn 220. M. beging Selbstmord; die Leiche wurde an einem Zagrospaß gepfählt, Pol. 5,41ff. H. H. Schmitt Unt. z. Gesch. Antiochos' des Gr. 1964, 116ff. H. V.

**2.** M., eigentlich Apollonios, Sohn des M. (Plut. Cic. 4,5; Caes. 3,1), zum Unterschied von seinem Zeitgenossen, Landsmann und Freund → Apollonios (*ὁ μαλακός* 4) häufig nur M. genannt (Cic. Brut. 245 u. ö. Strab. 14,652 u. ö.), berühmter Rhetor und Grammatiker des 2./1. Jh. v. Chr. Er stammte aus Alabanda, siedelte aber später nach Rhodos über, wo er noch in den siebziger J. als gefeierter Lehrer der Beredsamkeit wirkte (Plut. Caes. a. O. Suet. Caes. 4). Für sein hohes Ansehen spricht es, daß er als Gesandter der Rhodier im J. 81 vor dem röm. Senat als erster ohne Dolmetscher griech. reden durfte (Plut. Cic. 4,6). Damals machte er großen Eindruck auf den jungen Cicero, der ihn 78 in Rhodos besuchte, um sich weiter ausbilden zu lassen. Unter M.s sonstigen röm. Schülern sind vor allem Caesar und M. → Favonius (1) zu nennen. Das wärmste Lob spendet Cic. seinem Lehrer im »Brutus« (245. 307ff.). Er hebt bes. seine pädagog. Geschicklichkeit hervor (a. O. 316). Seiner Charakterisierung (vgl. auch Dion. Hal. Din. 8) ist ferner zu entnehmen, daß M. offenbar, wie sein Lehrer → Menekles (3), der »attischeren«, d. h. sentenziös zugespitzten Stilrichtung innerhalb des Asianismus anhing, die sich an → Hypereides als Muster orientierte, somit Gegner jeglicher Überladenheit und allen Schwulstes war und in solchem Sinne auch auf seine Schüler einwirkte. Dem Unterricht, in welchem die Deklamation eine große Rolle spielte, scheint er ein selbstverfaßtes Lehrbuch zugrunde gelegt zu haben (Quint. 3,1,16. Phoibammon De fig. 1, p. 44 Sp.). Die liter. Hinterlassenschaft M.s umfaßte Reden (über Entschädigungsansprüche der Rhodier nach dem Mithridat. Krieg: Cic. Brut. 312; gegen die abtrünnigen Kaunier: Strab. a. O.), ein hist. Werk *κατὰ Ἰουδαίων*, das nach dem Zeugnis des → Iosephos (c. Ap. 2,148) zwar polemisch, aber nicht ganz so gehässig wie das entsprechende des → Apion war, und eine Schrift *κατὰ φιλοσόφων*, aus dem seine Kritik an der Glaubwürdigkeit des Sokrates erteilten Orakels überliefert ist (Sch. Aristoph. Nub. 144). Beschäftigung mit Homer bezeugt Porphyr. Il. 9,1ff. (1,126 Schrader). FGrH 728. H. Gä.

Lit.: *Susemihl* 2,489ff. *Christ-Schmid* 2,1,458f. *Blass* Griech.

Bereds., Bln. 1865, 89ff. *A. Gudeman*, BPhW 35, 1915, 574ff. *M. van den Bruwaene*, Hermeneus 30, 1958, 65ff.

**Molorchos** (*Μόλορχος*). Tagelöhner in Kleonai unweit Nemea, bei dem Herakles auf dem Wege zum nem. Löwen einkehrte und ihn bat, das beabsichtigte Opfer an Zeus Soter 30 Tage zu verschieben; sei er dann nicht wiedergekehrt, solle er das Opfer ihm als Heros darbringen. Er erschien gerade rechtzeitig, um das Totenopfer für ihn in ein Dankopfer an Zeus Soter zu verwandeln. Kallim. Aitia. Verg. georg. 3,19. Tib. 4,1,13. Stat. Theb. 4,159ff. Apollod. 2,74f. H. v. G.

*K. Kerényi* Die Heroen der Griechen 156.

**Molos** (*Μόλος*). Kreter, Sohn des Deukalion aus einer Nebenehe, Halbbruder des Idomeneus, Vater des Meriones. Hom. Il. 10,269. 13,249. Apollod. 3,17. Plut. de def. or. 14 berichtet von einem seltsamen Fest auf Kreta, bei dem man die Puppe eines kopflosen Mannes, den man M. nannte, gezeigt habe; M. sei einst nach Vergewaltigung einer Nymphe tot und kopflos aufgefunden worden. Aition, NILSSON Griech. Feste 440. 468f. H. v. G.

**Molossi** (*Μολοσσοί*), einer der Hauptstämme des ant. Epeiros im Gebiet des h. Jannina mit dem Heiligtum von → Dodona und bis zur Küste vordringend. Da Dodona im 5. Jh. v. Chr. als thesprot. bezeichnet wird, müssen die Molosser urspr. an anderer Stelle, und zwar wegen ihrer engen Beziehungen zu Thessalien und des an der thessal. Grenze wohnenden Teilstammes der Peiales mehr im O. gesiedelt haben. Mit diesen Beziehungen zu Thessalien hängt auch der frühe Anschluß des Königshauses an die griech. Kultur zusammen. Herakles wurde in den Stammbaum des Hauses aufgenommen, und Achills Sohn Neoptolemos soll König von Epeiros gewesen sein. Das Königtum der M. blieb bis zum Sturz der Dynastie um 234/33 erhalten. Der älteste näher bekannte König ist Tharypas im 5. Jh. v. Chr., dem die entschiedene Förderung griech. Kultur im Lande zugeschrieben wird. Neben den Königen, deren Macht beschränkt war, steht in den Inschr. ein *προστάτας*. Seit Philipp II. von Maked. standen die M. unter maked. Einfluß und blieben es auch weiterhin. Das Königshaus der M. besaß zugleich die Königswürde für das ganze Land mit der Glanzzeit unter Pyrrhos, unter dem ganz Epeiros polit. vereinigt war. Der enge Anschluß an Makedonien führte nach dem → Perseuskrieg zu der furchtbaren Verwüstung des Landes und dem Verkauf der Bevölkerung in die Sklaverei durch die Römer. Die M. zerfielen in eine Anzahl von Teilstämmen. Berühmt waren die großen Hirtenhunde (Doggen) der M., O. KELLER Die ant. Tierwelt 1,103ff. ORTH, RE VIII 2548ff. Skyl. 32. Strab. 7,7,1 p. 321. 7,5 p. 323f. 7,8 p. 326. 329 Fr. 2. 9,5,1 p. 430. 13,1,27 p. 594. Plin. nat. 4,2,4. Inschr.: SGDI 1334ff. SCHWYZER Ex. epigr. 403ff. SEG 15,384. 411. Mz. HEAD HN² 321. P. R. FRANKE Die ant. Mz. von Epirus 1, 1961, 85ff.; Jb. f. Numism. 7, 1956, 77ff. E. M.

1. *M. P. Nilsson* Stud. zur Gesch. des alten Epirus, Acta Univ. Lund. N.F. 1,6,4, 1909. 2. *H. Treidler* Epirot. Völker im Alt., Arch. f. Anthrop. N.F. 17, 1919, 89ff. 3. *Lenk*, RE XVI 15ff. 4. *P. R. Franke* Alt-Epirus und das Königtum der M., 1955. 5. *S. J. Dakaris* *Συμβολὴ εἰς τὴν τοπογραφίαν τῆς ἀρχαίας Ἠπείρου*, EA 1957, 88ff. 6. *S. Accame* La diarchia dei M., RFIC 12, 1934, 522ff. 7. → Epeiros.

**Molossos** (*Μολοσσός*). Sohn des Neoptolemos und der Andromache, Eponymos der Molosser. Sch. Od. 3,188 (Eratosth.). Paus. 1,11,1. H.v.G.

**Molpadia** (*Μολπαδία*). **1.** Tochter von → Staphylos und Chrysothemis. Sie sollte mit ihrer Schwester Rhoio den Wein ihres Vaters bewachen. Während sie dabei einschliefen, verdarben Schweine das Getränk. Die Schwestern stürzten sich vom Felsen herab, aber Apollon rettete sie. M. wurde als Hemithea nach Kastabos in der Chersones versetzt, wo sie als Heilgöttin und Helferin der Gebärenden verehrt wurde. Man opferte ihr nicht Wein, sondern Honigwasser, und keiner, der Schweine berührt hatte, durfte ihr Heiligtum betreten. Diod. 5,62f. Aitiolog. Legende. **2.** Amazone, die in Athen ein Grabmal hatte, Plut. Thes. 27. Sie tötete → Antiope und wurde von Theseus erschlagen, Paus. 1,2,1. Prähist. Gräber wurden in Athen als Amazonengräber gedeutet, PRELL.-ROB. 2,733f. H. v. G.

**Molpoi** (*μολποί* »Sänger« Hesych. s. *μολπός*). Bezeichnung für die Mitglieder einer den Apollon Delphinios verehrenden Genossenschaft in Milet. Ihr Vorsteher, der → *αἰσυμνήτης τῶν μολπῶν* ist zugleich eponymer Staatsbeamter. Die Liste dieser später *στεφανηφόροι* genannten Eponymen (A. REHM Milet I 3, 1914, n. 122–128; vgl. Didyma II, 1959, p. 380–387) beginnt im J. 525/24 v. Chr. (vgl. K. HANELL Das altröm. eponyme Amt, 1946, 80f.) und ist bis 31/32 n. Chr. erhalten. Dem Aisymneten stehen 5 *προσέταιροι* zur Seite, die mit ihm zusammen bei Opfern und Vertragsabschlüssen erwähnt werden. Das Kultgesetz der M. (REHM Milet I 3 n. 133 = Syll.⁴ 57 = SOKOLOWSKI Lois sacrées 50) ist seit 450/49 v. Chr. veröffentlicht (Z. 1–6), geht aber auf ältere Satzungen zurück; Nachträge führen bis zur Mitte 2. Jh. v. Chr. (Aufstellung einer Stele im Delphinion). Es regelt die Bestellung des Vorstandes und die dabei (am Fest der Hebdomaia) zu vollziehenden Zeremonien (6–18), bestimmt die Leistungen der Polis für die einzelnen Feste (18–23), gibt Anweisungen für die Gestaltung des Festzugs nach Didyma (23–31) und setzt die Pflichten des Geschlechts der Onitadai fest (31–42). Am Schluß werden Vergünstigungen für den Herold und den Musikanten erwähnt (43–45). Hier erscheint auch der Priester (45). Um 130 v. Chr. ordnet ein weiteres Kultgesetz Opfer für den Demos der Römer und die Göttin Rome an (REHM Milet I 7, 1924, 203 = SOKOLOWSKI 49). Gegen E. 1. Jh. n. Chr. schließlich sucht ein 3. heiliges Gesetz

(REHM Milet I 3, 134 = SOKOLOWSKI 53) die Begehung der nun Molpoi und Kosmoi genannten Feste für Apollon (Delphinios bzw. Didymeus) zu sichern. – M. sind auch sonst in der griech. Welt bezeugt. In Athen entsprechen die Eumolpidai (→ Mysterien) den milesischen M. H. B.

*F. Poland*, RE Suppl. VI 509–520. *F. Sokolowski* Lois sacrées de l'Asie Min. 1955, 126–135. 138–140.

**Molpos** (*Μόλπος*). Flötenspieler, dessen falsches Zeugnis Philonome, die 2. Gattin des → Kyknos (2), benutzte, um ihren Stiefsohn → Ten(n)es zu verleumden. Plut. qu. gr. 28. Eumolpos heißt M. Apollod. epit. 3,24f. Er wurde gesteinigt, sie lebend begraben. Aition des Brauches, daß kein Flötenspieler das Heiligtum des Ten(n)es betreten durfte. H. v. G.

**Moly** (*μῶλυ*) heißt das Zauberkraut, das in Hom. Od. 11,302ff. Hermes dem Odysseus als Mittel gegen den Zauber der Kirke gibt. Es hat eine schwarze Wurzel und eine milchweiße Blüte. Spätere Dichter, die es erwähnen, bringen nichts Neues, die vorgebrachten Etymologien sind wesenlos. Vom gleichen Wortstamm ist die später mehrfach erwähnte *μώλυζα*, eine Knoblauchart. [Theophr.] h. plant. 9,5,7 gibt an, das M. wachse in Pheneos und auf der Kyllene; man sage, es sei dem hom. ähnlich, habe eine runde Wurzel wie die Zwiebel und werde als Gegengift und in der Magie verwendet. Auch die Erwähnungen bei den Ärzten und bei Plin. nat. 21,180. 25,26f. 127. 26,33 führen nicht weiter, doch denken offenbar alle an ein Zwiebelgewächs. Schon die Humanisten haben sich bemüht, das M. zu bestimmen, und viele Nachfolger gefunden, ein prinzipiell ebenso aussichtsloses Beginnen, wie wenn man das Haus der sieben Zwerge lokalisieren wollte. K. Z.

*Hehn-Schrader* Kulturpflanzen[8] 201f. *Marzell* Die Zauberpflanze Moly 1926, 523ff. *Steier*, RE XVI 29–33.

**Molykrion** (*Μολύκρειον, -ία*), westlichste Stadt des w. Lokris am Vorgebirge Antirrhion, nach Thuk. 3,102,2 korinth. Kolonie, seit etwa 460 v. Chr. von Athen besetzt, Thuk. a. O. und 2,84,4,426 von den Verbündeten Spartas erobert, Thuk. a. O. Diod. 12,60,3. Spätestens seit Mitte 4. Jh. dauernd zu Aitolien gehörend. Die genaue Lage von M. ist nicht bekannt, es muß unmittelbar am Kap Antirrhion gelegen haben, das auch als das »molykrische Rhion« bezeichnet wird, und der Poseidontempel (Thuk. 2,84,4. Paus. 9,31, 6. Plut. mor. 162 E) auf dem Kap selber. Die ant. Ortslage mit Tempel bei Velvina, ORLANDOS, *Ἀρχ. Δελτ.* 9, 1924/25, *παρά.* 55ff., liegt viel zu weit im Inneren und zu weit ö.; der Tempel scheint auch für Athena bezeugt zu sein. Skyl. 35. Strab. 9,4,8 p. 427. 10,2,4 p. 451. 2,21 p. 460. Ptol. 3,14,3. Plin. nat. 4,6. Steph. Byz. E. M.

1. *Oldfather-Fiehn*, RE XVI 34ff. 2. *L. Lerat* Les Locriens de l'ouest 1,35ff. 189ff. u. ö. (s. Ind.).

**Momemphis** (*Μώμεμφις*). Griech. Bezeichnung einer Stadt im n.w. Delta, nach Hdt. 2,163. 169 Schauplatz einer Schlacht zwischen → Apries und → Amasis, nach Diod. 1,66 zwischen → Psametich I. und den Dodekarchen, mit Hathorkult (Diod. 1,97), der später der Isis galt (POxy 11,1380, 14; 2. Jh. n. Chr.), nach Strab. 17,803 s. Gynaikopolis gelegen. Lage noch unsicher, vielleicht h. Menuf (ca. 100 km n. Kairo), äg. Pr-Ḥw.t-Ḥr-nb.t-mfk.t (assyr. Puḫattiḫurunpiki): »Haus der Hathor, Herrin des Türkis«, wahrscheinlich gleichzusetzen dem »Türkisfeld« der Siegesinschr. des Amasis (Rec. Trav. 22,2, Z. 4) als Schlachtfeld beim ersten Gegenangriff des Apries mit zypriot. Hilfe. Der Name M. könnte dann aus Pr-nb.t-mfk.t entstanden sein. W. H.

**Momos** (*Μῶμος*). Die personifizierte Tadelsucht, zur 2. Generation der Kinder der Nacht gehörend, Hes. theog. 214. Zu Anf. der Kyprien ist er Ratgeber des Zeus, Sch. Il. 1,5. Im Anschluß an Kallim., der ihn öfters in seinen lit. Fehden heranzieht (z. B. h. 2,113), wird M. in späterer Lit. viel erwähnt (Lukian. Anth. Pal.). Philostr. ep. 21: M., der alle Götter tadelte, platzte aus Ärger darüber, daß er an Aphrodite nichts auszusetzen fand. H. v. G.

**Mona 1.** Caes. Gall. 4,13,3 *in hoc medio cursu* (d. h. von Britannien nach Hibernia, Irland, das von Britannien ebenso weit abliege wie dieses von Gallien) *est insula quae appelletur Mona*, also die Isle of Man. Plin. nat. 4,133 gibt *monapia*, das HOLDER 2,621, weil der altirische Name *mana*, der altkymrische *manaw*, der wallisische *manau* lautet, in *monavia* verbessern will. Ptol. 2,2,12 gibt *μονάσιδα* (dafür C. MÜLLER: *μονάουα*), Spätere *Mevania*, verderbt aus *Menauia* bzw. *Mouania*, der Geogr. Rav. 5,32 p. 440,15 *mona* und 19 *manna* (Var. *manua*), die erste Stelle wohl auf 2 bezüglich. **2.** Insel nahe der N.W.-Küste von Wales, h. Anglesey. Plin. nat. nennt sie 4,103 als eine der Inseln zwischen Britannien und Irland und gibt 2,187 ihre Entfernung von *Camalodunum* (vielmehr → *Camulodunum* = Colchester) etwas zu knapp mit 200 mp an. Ptol. 2,12,12 *Μόνα νῆσος*. Cass. Dio 62,7,1. 8,1 *Μῶννα*. Tac. ann. 14,29,3 nennt M. *insulam incolis validam et receptaculum perfugarum;* Agr. 14 nennt er sie *viros* (oder *vires*?) *rebellibus ministrantem.* Dem Suetonius Paullinus gelingt im J. 61 die Landung, doch muß er wegen des Boudicca-Aufstandes zurückgehen, Tac. ann. 14, 30. Erst Agricola gelingt im J. 77 die Eroberung, Tac. Agr. 18. K. Z.

*Macdonald*, RE XVI 42f.

**Monaises** (Monaeses). Vornehmer Parther, der 37 vor Phraates zu Antonius floh (Plut. Ant. 37), der ihn als möglichen Thronprätendenten gut aufnahm (Plut. Ant. 46, KIESSLING-HEINZE zu Hor. c. 3,6,9). Nachdem Phraates ihm jedoch die Rückkehr ermöglicht hatte, besiegte er 36 als parth. Reiterbefehlshaber den Oppius Statianus vor Phraaspa. Cass. Dio 49,23,5–24,5. Flor. 4,10. GARDTHAUSEN 1,233. H. BUCHHEIM Abh. Ak. Heidelb. ph.-h. Kl. 1960, 3,22. 77f. 83. H. G. G.

**Monarchie** s. Staatsformen

**Monat. Monatsnamen** (*μήν, mensis*).

1. Bei den Griechen: Die Zeitspanne von 30 Tagen, in der der Mond seine verschiedenen Phasen (Erscheinungsformen) durchläuft, nannte man einen Mond (*μήν* = *σελήνη*, z.B. Hom. Il. 19, 374). Für den urspr. uneingeschränkten Gebrauch dieser lunaren M. vgl. Aristoph. Nub. 626, wo es von den Athenern im J. 423 heißt, daß der Hieromnemon hätte wissen sollen *κατὰ σελήνην ὡς ἄγειν χρὴ τοῦ βίου τὰς ἡμέρας*. Aus den Bedürfnissen des Kultus (von den Jahreszeiten abhängige Opfergaben) entwickelte sich das freie Mondjahr schon in den Anfängen der griech. Zeitrechnung in Richtung auf das gebundene Mondjahr (Gemin. 8,6f.: »die Vorfahren nahmen sich vor, die Monate nach dem Monde, die Jahre nach der Sonne zu rechnen«).

Mit der Erkenntnis, daß der Ablauf von 12 Monden nicht 360, sondern nur 354 Tage beanspruchte, daß also der einzelne *μήν* einen Mittelwert zwischen 30 und 29 Tagen ergebe, sah man sich gezwungen, abwechselnd die Hälfte der Monate um einen Tag zu kürzen und damit volle (*μ. πλήρεις*) und hohle (*κοῖλοι*) M. zu schaffen, sowie den urspr. M.-Beginn mit dem abendlichen Erscheinen der Mondsichel nach Neumond aufzugeben. Im populären Sprachgebrauch bei nicht kalendar. fixierten Durchschnittsangaben erhielt sich aus Bequemlichkeitsgründen der M. mit 30, bzw. das Jahr mit 360 Tagen. Auf diesen populären Gebrauch sind viele Angaben bei Schriftstellern und Inschriften zurückzuführen. Er war auch im Geschäftsleben und im Gerichtsverfahren maßgebend. Die Zweiteilung des M. nach dem hervortretenden und dem schwindenden Mond (*μὴν ἱστάμενος* und *μὴν φθινόμενος*) findet sich schon bei Hom. (z.B. Od. 14,162. 19,307) und bei Hes. (erg. 798), bei dem der M. in 3 Dekaden: *δεκὰς πρώτη* (*μηνὸς ἱσταμένου*), *δ. δευτέρα* (*μ. μεσοῦντος*), *δ. τρίτη* (*μ. φθίνοντος*) eingeteilt ist. Innerhalb dieser Dekaden werden die Tage durchgezählt (2. bis 10. *δευτέρα* bis *δεκάτη ἱσταμένου*, 11. bis 19. *πρώτη* bis *ἐνάτη ἐπὶ δέκα*, 20. *εἰκάς*, 21. *ὑστέρα δεκάτη*. 22. *δευτέρα μετ' εἰκάδας* usw. bis 30. *τριακάς*. An die Stelle der Vorwärtszählung der 3. Dekade tritt seit der Kalenderreform Solons (Plut. Sol. 25) die Rückwärtszählung (*δεκάτη φθίνοντος* bis *δευτέρα φθίνοντος*, wobei der letzte Tag des Monats *ἕνη καὶ νέα* (der alte und der neue Tag) genannt wird. Wie lange sie in Kraft war und wie weit ihre Anwendung gegangen ist, bleibt, wie so vieles andere im att. Kalender, unsicher. Sie findet sich noch in einem Dekret der att. Kleruchen auf Samos von 346 und auf einer vor 324 anzusetzenden Inschr.

Namen. Verbreitung: Dazu vgl. Bischoff, RE X 1568ff. Sontheimer, RE XV 43ff. IX A 2461ff., sowie die Einzelartikel. Bischoff hat in einer tabellar. Übersicht die liter. und inschr. faßbaren M.n. in 6 Gruppen (Nordgriechen und Aioler, Mittelgriechen, dor., ion., makedon, hellenist. Kal.) eingeteilt und eine synchronist. Übersicht, soweit eine solche bei den vollständigeren und gesicherteren Kalendern sich ermöglichte, aufgestellt. Dabei ergibt sich das Bild einer weitgehenden Uneinheitlichkeit der Namen sowie des Jahres- und Monatsanfanges, die sich im Laufe der Zeit zu einem Kalenderwirrwarr auswuchs (so Bikerman Chronol. 1963, 15). Hier sollen nur die M.n. des gesicherten att. Kalenders angeführt werden:

1. Hekatombaion (Jahresanf.) Juli/Aug. 2. Metageitnion Aug./Sept. 3. Boedromion Sept./Okt. 4. Pyanepsion Okt./Nov. 5. Maimakterion Nov./Dez. 6. Posideon (zugleich Schaltmonat) Dez./Jan. 7. Gamelion Jan./Febr. 8. Anthesterion Febr./März. 9. Elaphebolion März/April. 10. Munichion April/Mai. 11. Thargelion Mai/Juni. 12. Skirophorion Juni/Juli.

Die att.-ion. Gruppe ist die weitaus einheitlichste. Ihre M.n. endigen auf *ιών*, während die den dor. Kalendern angehörigen M.n. auf *-ός* und *-εύς* endigen. Gemeinionisch sind: Boedromion, Pyanepsion, Apaturion (= athen. Maimakterion), Posideon, Lenaion (= athen. Gamelion), Anthesterion, Artemision. Die nichtion. M.n. lassen sich infolge der Zersplitterung schwieriger gruppieren. Abweichend von Bischoff a.O. 1595 und vereinfachend unterscheidet M.D. Nilsson Die Entstehung u. Bedeutung des griech. Kalenders, 60f. nur eine dor. und nordgriech. Gruppe, die durch die M.e Panemos, Agrianios, Hermaios miteinander verbunden sind und zusammen mit dem Apellaios einen gemeinsamen Grundstock bilden.

Der makedon. Kalender (s. Bischoff a.O. 1595) schließt sich in seinen M.n. teilweise den griech. an. Die Monate hatten 29 und 30 Tage. Bekannt sind folgende M.n. (in zeitlicher Reihenfolge): 1. Dios (Okt.). 2. Apellaios. 3. Audynaios. 4. Peritios. 5. Dystros. 6. Xanthikos. 7. Artemisios. 8. Daisios. 9. Panemos. 10. Loos. 11. Gorpiaios. 12. Hyperberetaios.

Im att. Kalender leiten die Namen einiger M. sich von bedeutungslos gewordenen oder verschollenen Festen ab, obgleich größere Feste in sie fallen, so in den Metageitnion und den Boedromion die »Großen Mysterien«, in den Maimakterion u. Gamelion die »Lenaeen«, in den Elaphebolion die »Großen Dionysien«. Damit erweist sich die frühe Entstehungszeit des att. Kalenders und die Kontinuität der Namen in dem sakralen Bereich, wonach, wie Nilsson hervorhebt, der att. Kalender nicht als etwas allmählich und natürlich Gewordenes zu betrachten ist, sondern als eine bewußte, unter sakralem Einfluß durchgeführte Reform, die spätestens im 7. Jh. von Delphi ausgegangen ist. Im att. Kalender sind 5 M. nach ehemaligen Apollonfesten benannt.

Allg. ist festzustellen, daß fast alle deutbaren M.n. von kultischen Festen abgeleitet sind, nicht umgekehrt, und daß die Übereinstimmung der Kalender innerhalb der großen Stämme sich aus der Gemeinsamkeit der Feste und des Kultus ergibt, wobei allerdings auch Nachbarschaftsbeziehungen eine Rolle spielen können. Die überseeischen Kolonien haben in der Regel ihre Kalender aus der Mutterstadt mitgebracht, woraus geschlossen werden darf, daß die M.n. erst entstanden sind, als die Griechen ihre geschichtl. Sitze im Mutterland und an den Küsten des Ägäischen Meeres bereits eingenommen hatten. Die Bezeichnung nicht mit Namen, sondern nach Ordinalzahlen ist die jüngere. Sie ist erst entstanden, als das Bedürfnis sich regte, bei der Kalenderzersplitterung einen gemeinsamen Kalender zu schaffen.

2. Bei den Römern: M. (*mensis* Etym. WALDE-HOF. a.O.). Vgl. auch → Jahr → Kalender und die Einzelartikel.

| a. Das vorcaesar. Jahr | 355 T. | b. Das julian. Jahr 365 T. |
|---|---|---|
| Ianuarius | 29 T. | 31 T. |
| Februarius | 28 T. | 28 T. |
| Martius | 31 T. | 31 T. |
| Aprilis | 29 T. | 30 T. |
| Maius | 31 T. | 31 T. |
| Iunius | 29 T. | 30 T. |
| Quintilis | 31 T. | 31 T. |
| Sextilis | 29 T. | 31 T. |
| September | 29 T. | 30 T. |
| October | 31 T. | 31 T. |
| November | 29 T. | 30 T. |
| December | 29 T. | 31 T. |

Zu dem Schaltmonat des vorcaesar. Jahres *mensis intercalaris* → Kalender. Alle 2 Jahre wurden abwechselnd 22 Tage nach dem 23. Febr. (Fest Terminalia) und 23 Tage nach dem 24. Febr. (Fest Regifugium) eingesetzt. Der Quintilis wurde im J. 44 v. Chr. auf Antrag des M. Antonius zu Ehren Caesars in Iulius, der Sextilis zu Ehren des Kaisers Augustus, der im Sextilis 43 sein 1. Konsulat bekleidet hatte, in Augustus umbenannt.

Die *Kalendae* sind der 1. Monatstag. Ihre Bezeichnung wird darauf zurückgeführt, daß der Pontifex Minor in dem alten lunar. Kalender dem Rex sacrorum das Neulicht meldete, worauf er für den folgenden Morgen Senat und Volk auf dem Kapitol vor der Curia Calabra versammelte, wo ihnen nach einer Formel *Kalo Iuno Covella* angesagt wurde, ob in 5 oder 7 Tagen das 1. Mondviertel eintreten werde, d.h. an den *Nonae* (9. Tag vor den Idus, dem 5. Monatstag, bzw. dem 7. im März, Mai, Juli, Oktober). Die *Idus* (Herkunft des Wortes unsicher) bezeichneten die Monatsmitte und waren der 13. Monatstag bzw. der 15. im März, Mai, Juli, Oktober. Die Kalendae, Nonae, Idus waren in zeitlicher Reihenfolge die Rechnungspunkte, von denen aus rückwärtszählend, unter Mitzählung des Ausgangstages, datiert wurde.

Die Formulierung der einzelnen Tagesdaten zeigt starke Verschiedenheiten. Als Norm kann gelten, daß die Kalendae, Nonae und Idus in den Ablativ gesetzt wurden (*Kal.*[*endis*] *Ian.*[*uariis*], *Non.*[*is*] *Febr.*[*uariis*], *Id.*[*ibus*] *Mart.*[*iis*], während bei den übrigen Tagen die Form z.B. *a.*[*nte*] *d.*[*iem*] *Kal.*[*endas*] *Ian.*[*uarias*] üblich war, wobei unter Mitzählung des Anfangs – und Schlußtages die Tagsumme als Ordnungszahl hinter zu *a.*[*nte*] *d.*[*iem*] gesetzt wurde. Als praktische Umrechnungsregel kann gelten: Zu den Ziffern für die Nonen (5. oder 7.) und Iden (13. oder 15.) zählt man 1, bei den zwischen Iden und Kalenden liegenden 2 zu der vollen Tageszahl des M. hinzu und zieht hiervon den gesuchten Tagesbetrag ab (also z.B. 14. Jan. = 31 + 2 = 33–14 = *a.d. XIX Kal. Febr.*). W. S.

**Monaulos** (*μόναυλος*). Im Gegensatz zu dem durchweg paarig gebrauchten → Aulos nur einfach verwendetes ant. Blasinstrument geringer Verbreitung, das im griech. Bereich etwa bei Soph. frg. 241 J., im röm. bei Martial. 14,63,2. Plin. nat. 7,204 oder Mart. Cap. 9,905 genannt ist. Der Instrumentengattung nach ist der M., der dann auch eine Entsprechung in der altäg. Langrohrpfeife fände, wohl ebenso wie der Aulos den Rohrblattinstrumenten zuzurechnen. Freilich bleibt infolge der spärlichen lit. und ikonograph. Belege unklar, ob nicht auch die Formen äg. bzw. etr. und dann spätant. Längs- oder Querflöten (vgl. zu letzteren etwa Apul. met. 11,9) unter den Begriff M. fallen. U. K.

*G. Wille* Musica Romana, 1967, 174 u.ö. Abb. in: Musikgesch. in Bildern 2,1 (Äg. ed. *H. Hickmann*), 1961, Abb. 45. 76–78; 2,5 (Etrur. und Rom ed. *G. Fleischhauer*), 1964, Abb. 20. 50.

**Mond.** Die Darstellung der am höchsten entwickelten ant. M.-Theorie (Cl. Ptolemaios Synt. 4–6) gibt zugleich hist. Informationen. Ptol. weiß, daß der M. als einziger Himmelskörper eine Parallaxe aufweist, d.h. daß der Erdradius für die Beobachtung des M. keine vernachlässigbare Größe ist. Einzige vom Ort des Beobachters unabhängig mit bloßem Auge exakt beobachtbare Sonne-M.-Position ist daher die Opposition bei M.-Finsternis. Zur Berechnung der Mondbahn ist die mittlere Länge des anomalist. (Wiederkehr derselben Bahngeschwindigkeit) und synod. (Wiederkehr d. Stellung zur Sonne) Monats erforderlich und dafür wieder die kürzeste Zeit, die gleich viele synod. Monate, anomalist. Monate, Wiederkehren der ekliptikalen Breite und Umläufe in ekl. Länge umfaßt. Ptol. verwirft den ältesten (äg.) Wert von 6585 ⅓ d für 223 synod. und 239 anomal. Monate als zu ungenau und hält sich an → Hipparchos (6), der gestützt auf babylon. und eigene Beobachtungen die Länge des synod. Monats mit 29d 31' 50'' 8''' 20'''' (Genauigkeit 4 Sexag.-Stellen, entspricht 29,5305941 d). Genau diesen Wert findet NEUGEBAUER 122 in babyl. Mondephemeriden der seleukid. Ära. Mit Hilfe dieser Daten entwarf Hipparchos die einfache epizykl. Mondbahntheorie, in die Ptol. die von ihm beobachtete (→ Astrolabium) und mit Hilfe bis zu 800 J. alter babyl. Daten errechnete 2. Anomalie durch Einbau eines zusätzl. Exzentermechanismus einarbeitete (Synt. 5).

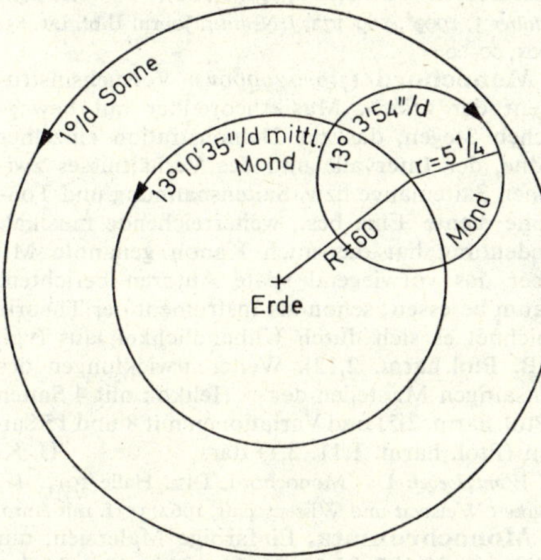


An den M.-Phasen erkannte man schon früh (Thales DIELS Dox. 356,14), daß der M. kein eigenes Licht aussendet, und die unregelmäßige Struktur der Mondscheibe legte eine der Erde ähnliche Beschaffenheit nahe (Philolaos VS 44 (32) A 18). Plut. De facie in orbe lunae gibt einen Überblick über die im späten Hellenismus vertretenen M.-physikal. und pyth.-myth. Ansichten. Als erdartigen Körper bezeichnen den M. ferner Anaxagoras und Demokritos, als nicht-erdartig Diogenes von Apollonia (Diels Vorsokr. 64 [51] A 14), Herakleitos, Platon und vor allem die Stoiker. Seine Kugelform gilt seit Platon als gesichert, sein Durchmesser und Entfernung von der Erde wurden seit → Eudoxos (1) geom. berechnet. → Aristarchos (5) errechnet in *Περὶ μεγεθῶν καὶ διαστημάτων* 108:43 < d (Erde):d (Mond) < 60:19. J. M.

*Gundel*, RE XVI 76. *O. Neugebauer* The Exact Sciences in Antiquity, Providence R.I. 1957. *T.L. Heath* Greek Astronomy, London 1932.

**Mondaia,** nur aus Inschr. bekannte Stadt der thessal. Landschaft Hestiaiotis, nach IG IX 1, 689 = Syll. II³ 638 Nachbarstadt des perrhaib. Azoros; ferner BCH 45, 1921, 29 V C 6. Lage nicht



genau bekannt, von [1.2] im Tal von Diskata ganz im NW. Thessaliens gesucht. E. M.

1. *Fr. Stählin* Das hellen. Thessalien 38.114. 2. *Ders.*, RE XVI 106f. 3. *Philipps.-Kirst.* 1,274.

**Mondgottheit (-glaube)** s. Men. Selene

**Monoeci Herculis portus.** Von Massilia aus gegründeter (Hekat. FGrH 1 F 57) Hafen (It. mar. 503,3f.) an der ligur. (Ptol. 3,1,2) Küste (Plin. nat. 3,47), 200 Stad. von Antibes und 480 Stad. von Albenga entfernt (Strab. 4,202); vgl. Lucan. 1,405ff. Tac. hist. 3,42. Amm. 15,10,9. Serv. Aen. 6,830 (Deutungsversuch des Namens); h. Monaco. Forbiger HB der alt. Geogr. 3,394. G. R.

**Moneta** (s. o. 2,1566). Auf der *arx* in Rom gab es ein altes Heiligtum (ALTHEIM Röm. Gesch. 2, 1953, 123), das L. Camillus im J. 345 v. Chr. der Iuno M. gelobt (Liv. 7,28,4. Ov. fast. 6,183ff. Plut. Cam. 36,9) und beim früheren Hause des Manlius (Solin. 1,21. Val. Max. 6,3,1. Ov. a. O.) erbaut haben soll. Man erklärte den Namen M., weil durch Iunos Mahnung das Capitol gerettet wurde (Sch. Lucan. 1,380), bei einem Erdbeben eine *sus plena* geopfert wurde (Cic. div. 1,101. 2,69), die Römer im tarentin. Kriege trotz Geldmangel kämpften (Suda s. v.). Stiftungstag: 1. Juni (Macr. Sat. 1,12, 30. Lyd. mens. 4,89 p. 136f. W. Ov. CIL I² p. 221) oder 10. Okt. (Fast. Ant. vet. DEGRASSI ILLRP Nr. 9). Platz der röm. Münze (Liv. 6,20,13. Suda a. O. Gleichnamiger Kult auf dem Albanerberg (Liv. 42,7,2. 45,15,10). Liv. Andr. frg. 23 Morel. Hyg. fab. praef. Cic. nat. deor. 3,47 nennen *Μνημοσύνη* M., was zur Deutung des Namens als »Erinnerung«, nicht »Mahnung« oder »Mahnerin« zwingt. Einrichtung des Kults einer Personifikation der »Erinnerung« 345 v. Chr. paßt in die Z. der Kultstiftungen von Concordia und Pudicitia. G. R.

*Stoll*, Myth. Lex. 2,3200f. *Wissowa* RRel² 190. *Walde-Hof.*³ 2,107f. *Otto*, RhM 64,449ff. *Bömer* Ovids Fasten 2,346. *Stolz* LGr 1,341. *Latte* RRel 169. *Radke* Götter Altitaliens 221ff.

**Monile** (*ὅρμος, μανιάκης*). Halsschmuck, bes. Halsketten mit und ohne Anhänger sind seit vorgeschichtl. Z. im ganzen Mittelmeergebiet weit verbreitet. Edle und unedle Steine und Metalle werden in zahlreichen Formen und Kombinationen verarbeitet. In älterer Z. tragen Männer und Frauen M., später ist das M. ausschließlich Frauenschmuck (Quint. inst. 11,1,3). In der Lit. spielt das M. seit Hom. ([10]) als Gegenstand der Beschreibung immer wieder eine Rolle, mythol. bes. in der Erzählung von → Eriphyle. Erhaltene Beispiele von M. reichen vom Neolithikum bis in die Spätant. Bes. prächtige und kunstvolle Exemplare kennen Troia, Kreta, Mykene, dann Etrurien, das 4./3. Jh. v. Chr. und die röm. Kaiserz. Die besten erhaltenen M. sind unübertroffene Meisterwerke der Goldschmiedekunst und reflektieren den jeweiligen Zeitstil bes. empfindlich und auf hoher Qualitätsstufe. W. H. G.

1. *C.Alexander* Jewelry. The Art of the Goldsmith in Classical Times 1928. 2. *L.Breglia* Catalogo delle oreficerie (Mus.Naz.Napoli) 1941. 3. *R.Siviero* Gli ori e le ambre (Mus.Naz.Napoli) 1954. 4. *G.Becatti* Oreficerie dalle minoiche alle barbariche 1955. 5. *R.A.Higgins* Greek and Roman Jewellery 1961. 6. *C.Carducci* Gold- u. Silberschmuck aus d. ant. Italien 1962. 7. *P.Amandry* Collection Hélène Statathos I u. III 1963. 8. *H.Hoffmann–G.Davidson* Greek Gold 1965. 9. *B.Segall* Zur griech. Goldschmiedekunst 1966. 10. *E.Bielefeld* Schmuck (Archaeolog. Homerica Kap. C) 1968. 11. H.*Hoffmann–V.v.Claer* Ant. Gold- u. Silberschmuck 1968.

**Monimos** (*Μόνιμος*). **1.** Spartan. Gesandter an den Perserhof (vielleicht 331), von Alexander nach dem Tode des Dareios gefangen (Arr.an. 3,24,4).

*Berve*, RE XVI 125.

**2.** M., Kommandant von Pella unter Olympias 316. Nach Selbstauslieferung der Olympias mußte er die Stadt an Kassander übergeben (Diod. 19, 50,3). G. W.

**3.** M., aus Syrakus, Kyniker. Nach Diog. Laert. 6,82f., der romanhaft seine Bekehrung zur Philos. schildert und ihn Schüler des → Diogenes (14) und → Krates (3) nennt, war er urspr. Sklave. Schon Men. frg. 215 K. kennt seinen Ausspruch, »alles sei *τῦφος*«. Nach S. Emp. math. 7,88 verglich er das Leben mit Theatermalerei, Traum- und Wahnbildern. Diog. Laert. 6,83 schreibt ihm 2 B. *Περὶ ὁρμῶν*, einen Protreptikos und *παίγνια σπουδῇ λεληθυίᾳ μεμιγμένα* zu, kennzeichnet ihn also als frühen Vertreter des bes. durch → Bion (1) eingebürgerten, ernsthafte popularphilos. Themen in scherzhafter Form vortragenden *σπουδογέλοιον*. G. Schm.

**Monnica** (332–387 n. Chr.), Mutter Augustins, hat als fromme Katholikin ihrem Sohn einen nachhaltigen Eindruck lebendigen, zuweilen auch superstitiösen Christentums vermittelt (Conf. 3, 11,20. 6,1,1 u.ö.). Ihr Geburts- und ihr Todesjahr lassen sich aus der Angabe Augustins entnehmen, seine Mutter sei *quinquagesimo et sexto anno aetatis suae, tricensimo et tertio aetatis meae* gestorben (Conf. 9,11,28).

Im J. 384 war M. – der Name ist berber. Herkunft, aber romanisiert – trotz bestehender Spannungen zwischen ihr und ihrem Sohn diesem von Afrika nach Mailand gefolgt. Dort wurde das Verhältnis zwischen beiden zunehmend inniger (Conf. 9,12,30). Nach der Bekehrung A.s (386) finden wir M. in Cassiciacum an den Gesprächen *de beata vita* beteiligt. Auf der Rückreise von Mailand nach Afrika starb M. in Ostia an einem Fieber (9,10,23). Eine Aufzählung der Biographien M.s findet sich bei K. Chevalier Répert. des sources hist. du MA., Bibliogr. $2^2$, Par. 1907, 3248f. W. Hartke, RE Suppl. VI 520–529. Kl. W.

**Monobazos** (*Μονόβαζος*). **1.** König von Adiabene unter parth. Oberherrschaft, Bruder und Gemahl der → Helene (2) von Adiabene (Ios. ant. 20,18) † um 36 n. Chr. **2.** Ältester Sohn von M. 1 (ebd. 20. 32), seit etwa 59 n. Chr. König von Adiabene als Nachfolger seines jüngeren Bruders → Izates (ebd. 93). Seine Politik war stark durch die Auseinandersetzungen zwischen Römern und Parthern bestimmt (Tac. ann. 15,1,14. Cass. Dio 62,20,2ff. 23,4. 63,1,2). Wie sein Bruder und seine Mutter zum Judentum übergetreten (ant. 20,17; Midrasch Gen. rabba 46,10), stand er in enger Verbindung zum palästin. Judentum (Ios. bell. 5, 252; Mischna Joma 3,10). **3.** *Συγγενής* von M. 2, einer der Angehörigen des adiaben. Königshauses, die 66 n. Chr. in Jerusalem sich dem jüd. Aufstand anschlossen (bell. 2,520; vgl. 6,356). B. Sch.

*Schürer* 3, $1909^4$, 169–172. *J.Neusner*, Journ. Bibl. Lit. 83, 1964, 60–66.

**Monochord** (*μονόχορδον*). Versuchsinstrument der griech. Musiktheoretiker mit beweglichen Stegen, das zur Demonstration einzelner Töne, der Intervalle und des Verhältnisses zwischen Saitenlänge bzw. Saitenspannung und Tonhöhe diente. Eine bes., weiterreichende musikal. Bedeutung hat das auch Kanon genannte M., über das vorwiegend späte Autoren berichten, kaum besessen; schon als Instrument der Theorie zeichnet es sich durch Unhandlichkeit aus (vgl. z.B. Ptol. harm. 2,12). Weiterentwicklungen des einsaitigen M. stellen der → Helikon mit 4 Saiten (Ptol. harm. 2,2) und Variationen mit 8 und 15 Saiten (Ptol. harm. 1,11. 3,1) dar. U. K.

*S. Wantzloeben* Das Monochord, Diss. Halle 1911. *W. Burkert* Weisheit und Wissenschaft, 1962, 353f. mit Anm.

**Monochromata.** Einfarbige Malereien, nur Plin. nat. 33,117. 35,15. 56. 64 mit dem t. t. M. bezeichnet, können teils Malereien sein, bei denen der gezeichnete Umriß mit einer Lokalfarbe ausgefüllt wird (so sieht Plin. die Anfänge der Malerei), teils Bilder, bei denen mit einer variierten Grundfarbe auf andersfarbigem oder einem der gleichen Grundfarbe angehörigen Grund gemalt wird. Auch das scheint Plin. unter M. verstanden zu haben (fraglich bleibt das Verständnis der *m. ex albo* Plin. nat. 35,64 des Zeuxis). M. der letzteren Art haben sich in der röm. Malerei erhalten, z.B. [3]. [4], T. 58,4. Die → Marmorbilder gehören wohl nicht zu den M. im ant. Sinne. W. H. G.

1. *Pfuhl* § 497ff. 747ff. 2. *Lippold*, RE XVI 130f. 3. *G.E. Rizzo* Le pitture della casa di Livia (Mon. pitt. ant.) 1936. 4. *Rumpf*, HBArch IV/1, 1953, 127. 169f. 5. *W.Lepik-Kopaczyńska*, Archeologia (poln.) 6, 1954, 115ff. 6. *S. de Marinis* Enc. Arte Ant. V (1963) 163ff.

**Monodia** (*μονῳδία*), Gesang eines einzelnen im Gegens. zum Gesang eines Chores. Zuerst in der Komödie belegt: Kratin. frg. 10 D (428) und mehrfach Aristoph., überall gegen den in der Tragödie überhand nehmenden Schauspielergesang. Plat. leg. 764d–765b von agonist. Darbietungen von Rhapsoden, Kitharoden, Auloden, von Einzelsängern zu Lyra und Aulos Aristot. probl. 19,9 u. 43.

Monolog. Charakter scheint nicht wesenhaft, so daß auch Schauspielerwechselgesänge und eventuell → Kommoi unter den Begriff fallen.

Praxis: Schauspielergesang scheint es in der Tragödie immer gegeben zu haben; gegen sein Zunehmen (gegen E. 5. Jh., bei Euripides unter dem Einfluß des jungen Dithyrambos) richtet die alte Komödie ihren Spott. Sie hat zahlreiche parodierende M.-n, vermutlich aber auch eigenständige, nichtparodierende Einzelgesänge. Die Fragmente der mittleren Komödie in lyr. Versmaßen bezeugen das Vorhandensein von M. Dasselbe gilt für die *νέα*. Für Menander kommt Schlußszene des Dyskolos in iamb. Tetrametern hinzu (880–958). Für das röm. Theater vgl. → Canticum. F. St.

*Wilamowitz* Griech. Verskunst, 1921. *W. Schadewaldt* Monolog und Selbstgespräch, 1926, 143ff. *Chr. Möller* Vom Chorlied bei Euripides, Diss. Gött. 1933, 76ff. *P. Rau* Paratragodia, Zetemata 45, 1967 (bes. S. 13). *F. Marx* Plaut. Rudens, 1928, 254ff. *F. Leo* Plautin. Forsch., Bln. 1895, 77ff.

**Monogramm.** Verschmelzung einzelner Buchstaben innerhalb eines Wortes bei Einhaltung der Reihenfolge nennt man Ligatur. Verschmelzung der Buchstaben eines ganzen Wortes zu einem formal einheitlichen Gebilde, wobei die Reihenfolge nicht gewahrt, der gleiche Buchstabe u. U. mehrfach gelesen werden muß, heißt M. Da eine strenge Scheidung von Ligatur und M. in der Praxis kaum möglich ist, werden hier unter M. auch Ligaturen mitverstanden. Beim echten M. (eines Namens, Titels usw.) können Schlußteile weggelassen werden, z. B.  = Euerget(es). In Inschr. sind Ligaturen häufig. M. kommen dagegen kaum vor. Deren Platz ist vor allem auf Münzen (und Siegeln), wo auf geringstem Raum z. B. Ortsbezeichnung, Name und Titel des Münzbeamten angegeben werden sollte; nicht alle derartigen M. sind schon befriedigend gelöst. M. sind auf griech. Münzen sehr viel häufiger als auf röm. Prägungen, wo sie wesentlich in der Z. der Republik begegnen. Auf Siegeln byz. Z. werden vor allem Amtsbezeichnungen (*ἐπίσκοπος* usw.), aber auch wie in den byz. Inschr. Namen monogrammiert; bekannt sind etwa die M. des Iustinian und der Theodora auf den Kapitellen ihrer Bauten. Das wohl berühmteste M. ist das Christogramm, dessen hist. Problematik im einzelnen noch lebhaft umstritten ist.

Beispiele für M. z. B. in CIL IV, BMCGr, BMCByz, bei GARDTHAUSEN, RE XVI 133ff. H. JANTZEN Die Hagia Sophia (1967) Abb. 21. 23/24. 28. G. R. DAVIDSON The Minor Objects (Corinth XII 1952) 311ff. W. H. G.

**Monophysiten. Monophysitismus.** M.-en nennt man entweder alle Christen, die das Chalcedonense (*ἐν δύο φύσεσιν εἷς*) verwerfen, oder aber dann nur die, die in ihren Aussagen über das Verhältnis von Göttlichem und Menschlichem in Christus über → Kyrillos (1) hinausgehen und statt *μία φύσις τοῦ θεοῦ σεσαρκωμένη* etwa *μία φύσις τοῦ θεοῦ σεσαρκωμένου* sagen. Abgesehen von m. Tendenzen bei → Athanasios ist → Apollinarios (3) der älteste Vertreter des M. Nach ihm bildet der göttliche Logos und die menschliche *σάρξ* – in späteren Aussagen auch die *φύσις*, nie aber der menschliche *νοῦς* – seit der Inkarnation eine untrennbare göttliche Einheit. Nur diese garantiere die Erlösung der Menschen, denn *ἀνθρώπου θάνατος οὐ καταργεῖ τὸν θάνατον*. Seit 375 gilt Apollinarios als Ketzer. Dennoch behauptet → Eutyches (1) im J. 448 unter Berufung auf Kyrillos von neuem, daß bei der Inkarnation aus den beiden Naturen eine Natur göttlicher Art geworden sei. Deshalb sei das Fleisch des *λόγος* und das der Menschen nicht vergleichbar. In Kalchedon 451 endgültig für ketzerisch erklärt, bestimmte der M.-s trotz Verfolgungen und Kompromißpolitik (Henotikon 482) auch fernerhin Theologie und Frömmigkeit bes. der O.-Provinzen des Reichs. Zwei Richtungen bestimmen jetzt den M.: Die des Severus (512–518 Patriarch von Antiochien), die die beiden Naturen des Inkarnierten zwar begrifflich unterscheiden, aber nur eine Energeia Christi kennen, und die seines Gegners Iulianus (17), die aus der *ἕνωσις φυσική* folgerten, daß der Leib Jesu von der Empfängnis an unvergänglich sei. Bis h. gibt es m. Gemeinden z. B. in W.-Syrien. Kl. W.

*H. Lietzmann* Gesch. der Alten Kirche, 4, 1944; *Ders.* Apollinaris von Laodicea und seine Schule, 1904. *Grillmeier-Bacht* Das Konzil von Chalkedon 1, 1951, 5–202. 213–242. 335–380. 2, 1953, 315–338. 697–733 (Lit.). *H. de Riedmatten* La christologie d'Apollinaris de Laodicée (TU 64), 1957, 208ff. *A. Gilg* Weg und Bedeutung der altkirchlichen Christologie (Theol. Bücherei 4, ²1961). *P. Kawerau* Das Christusverständnis des Konzils von Chalc. und seiner Gegner, in: Jesus Christus (Marb. theol. Stud. 1), 1963, 21ff.; LThK, 7,563ff.; RGG ³I 1762ff.

**Monopodium.** Runde oder viereckige Tische mit nur einer zentralen Stütze, m., *τράπεζα μονόπους*, schon in der klass. Lit. belegt (Poll. 10,69), wurden in Rom beim asiat. Triumph des Cn. Manlius Vulso, 187 v. Chr., »erstmals« vorgeführt (Plin. nat. 34,14. Liv. 39,6,7) und schnell beliebt. Kostbare Ausführungen gab es wohl wie bei allen Tischen (→ Mensa). W. H. G.

*G. M. A. Richter* The Furniture of the Greeks ... (1966) Abb. 565/66.

**Monopole.** 1. Griechenland. Der Ausdruck *μονοπώλιον* ist bereits in der griech. Spätklassik belegt (z. B. Aristot. pol. 1259a 20). Die M. beginnen allerdings früher und sind in der ganzen Ant. in erster Linie staatliche, obwohl Ansätze von Privat-M. auch vorhanden sind (z. B. die Sitopolai im 4. Jh. v. Chr. in Athen). Die staatlichen M. können sowohl volle als Teil-M. sein.

Im frühen Griechenland sind Spuren von Handels-M. erhalten. Wichtiger ist das Münz-M. der

Athener. Das in mehreren Frg. auf uns gekommene Gesetz ist nicht einwandfreien Datums: nach 450 oder eher um 425 v. Chr. (Text: The Athenian Tribute Lists 2, 1949, Nr. D 14. Lit.: D. Kienast, Jb. für Numismatik u. Geldgesch. 12, 1962, 119. 150f. F. M. Heichelheim An Anc. Economic History 2, 1964, 161.): att. Münzen, Maße und Gewichte werden für den ganzen Bereich des del.-att. Seebundes vorgeschrieben, das Prägerecht der einzelnen Mitglieder wird aufgehoben, nichtatt. Geld muß an Amtsstellen zu einem festen Kurs eingetauscht werden. Ein ähnliches Gesetz des 4. Jh. mit weniger durchgreifenden Bestimmungen kennen wir aus Olbia (Sylloge[3] I 218). Bis auf Alexander d. Gr. kommen die M. fast nur in Kriegszeiten, als Notlösungen vor.

Der gründliche Ausbau der Staats-M. erfolgt erst in hellenist. Zeit. Am besten sind sie aus Äg. bekannt, teils durch die günstige Quellenlage (Papyri), teils wohl auch deshalb, weil im Lande, wo selbst der Boden königliches Eigentum war, die größte Zahl von M. vorhanden war. Gut belegt ist das Oel-M., das sich auf Anbau, Verarbeitung (mit beschränktem Ausnahmen für Tempel) und Verkauf erstreckte und in den Händen von M.-Pächtern lag. Es wurde durch äußerst strenge Strafen und durch sehr hohe Zölle geschützt. Weitere bekannte M. im ptolem. Äg.: Salz, Aromata, Badewesen, Lederverarbeitung, Bier, Jagd, Bergwerke und Steinbrüche, Papyrus (bes. dessen Ausfuhr) und einige weitere, z. T. auch umstrittene. Bes. zu erwähnen sind noch die Textil-M. Die Verarbeitung von Textilien erfolgte hauptsächlich in Staatsmanufakturen, aber daneben waren auch private Betriebe geduldet. Es fragt sich, ob deren Verkaufswesen einer staatlichen Kontrolle unterworfen war (2,93ff. 4,241). Als fast selbstverständlich darf man das Münz.-M. ansehen; verwandt damit war das Bank-M. Die meisten Banken gehörten dem König (*τράπεζαι βασιλικαί*); den nicht sehr zahlreichen privaten Banken wurden Beschränkungen auferlegt; so durften sie z. B. kein Geld wechseln (2,280ff.). In den übrigen hellenist. Staaten sind ähnliche, wenn auch z. T. weniger ausgebildete M. anzunehmen, aber sie sind schlecht bezeugt.

2. Rom bringt im frühen Prinzipat zunächst eine Auflockerung des M.-Wesens. Staats-M. bleiben allerdings die Bergwerke (zwei Gesetzestexte aus Spanien, S. Riccobono Fontes iuris Rom. Anteiustin.[2] 1, 1941, 498ff. 502ff. = Dess ILS 6891), ferner möglicherweise Salz und Fischerei, dazu die Münzprägung, wobei Gold- und Silbermünzen nur vom Kaiser, Bronze- und Kupfermünzen teilweise auch von Städten geschlagen wurden. Verhandlungen über nicht näher bezeichnete M. im Senat werden erwähnt bei Suet. Tib. 30. In Äg. wurden unter den Kaisern eine große Zahl – jedoch nicht alle – M. in meist modifizierter und aufgelockerter Form beibehalten. Einige weitere M. sind aus Kleinasien bekannt, so ein Bäckerei-M. aus Ephesos (Rostovčev GuW 1, 317), Bank-M. in Pergamon (IG Rom IV 352) und in Mylasa (OGIS 515. T. Pekáry, Hist. 8, 1959, 464f.). Vom 3. Jh. an greift der Staat zunehmend in das Wirtschaftsleben ein, so durch Berufszwang und bes. durch Zwangslieferungen, doch werden dabei kaum neue formelle M. errichtet.

Th. P.

1. *F. Heichelheim*, RE XVI 147ff. (grundlegend). 2. *C. Préaux* L'économie royale des Lagides, Bruxelles 1939. 3. *Frank*, ESAR (bes. 2,325ff. 4,228ff.). 4. *Rostovčev* Soc. a. Ec. Hell. W.

**Monotheismus** ist der Gegenbegriff zu Polytheismus. Die religionsgesch. Auseinandersetzung, ob der M. die Urreligion der Menschheit bezeichne, der gegenüber der Polytheismus als Degenerationserscheinung aufzufassen sei, oder ob der M. eine Spätstufe des Polytheismus markiere, darf h. als im letzteren Sinn entschieden gelten. Die monotheist. Religionen in der Gesch. (Judentum, Christentum, Islam, vielleicht der Zervanismus) lassen die Entwicklung vom Henotheismus, wo die Existenz mehrerer Gottheiten nicht ausgeschlossen, jedoch nur eine kultisch verehrt wird (Monolatrie), zum M. deutlich erkennen. Christentum und Islam zeigen allerdings, daß sich der M. nicht notwendig aus dem Polytheismus ergibt. Der Definition nach bezeichnet M. eine Religionsform, die eine einzige Gottheit ohne irgendwelche Nebengötter verehrt; an ihrem Anf. steht ein Stifter, der meist auf Grund eines Offenbarungsempfangs seinen Gott als den einzigen Gott verkündet (Moses, Jesus, Mohammed, Zarathustra). Neben dem auf Offenbarung gründenden M. gibt es sekundären M., wo verschiedene Gottheiten einem Hochgott unterstellt werden (Ugarit) oder wo der M. Ergebnis philos. Abstraktion ist. Schon → Xenophanes nennt den obersten Gott ausdrücklich den einzigen (Diels, frg. 23ff.), ohne freilich die untergeordneten Mächte als Götter auszuschließen. Platon spricht von dem Demiurgen, der niederen Göttern bestimmte Aufgaben überträgt (Tim. 28 A ff.), Aristot. vom unbewegten Beweger (*πρώτη ἀρχή*) gegenüber den ewig bewegten Astralgottheiten, und die Stoa hypostasiert in vielen Variationen den *νοῦς*, die *εἱμαρμένη* zum obersten Weltprinzip. So sehr man sagen kann, daß die Religion des gebildeten Griechen und Römers dem M. nahekommt, insofern er die Götter des hom. Pantheons auf einen abstrakten Begriff bringt (*τὸ θεῖον, τὸ δαιμόνιον*), so offen ist dieser Gottesbegriff in der Praxis (vgl. die Tendenzen zu einem Zeus – M. z. B. bei Aischyl. Ag. 160. Kleanth. SVF 1,537 u. a.). Strikter M. ist der ganzen Ant. fremd, wird als intolerant empfunden und als traditionslos verworfen. Von daher erklärt sich der enragierte Protest gegen den radikalen M. des Judentums und Christentums, deren Apologeten die Alternative zwischen M. und Polytheismus erst zum Bewußtsein brachten. Indirekt hat aber sowohl der Synkretismus als auch der hellenist. und röm. Herrscherkult die Entwicklung zum M. in der Spätant. gefördert.

Für die chr. Kirche ist der M. in Weiterführung des at. und spätjüd. M. (Dt. 6,4. Deuterojes. pass. Mal. 1,11. 2. Makk. 1,2. Jub. 12,22ff. 48,8. Jos. ant. jud. 5,1,27. 112. Phil. opif. mund. 61,171; leg. all. 2, 11,1f. u. a.) selbstverständlich (Mark. 12 29f. Röm. 3,29. Joh. 17,3. Jak. 2,19 u. a.). Die Ausbildung der Christologie und der Trinitätslehre machte jedoch intensive theol. Bemühungen erforderlich, um die Kirche gegen den Vorwurf des Tritheismus abzusichern. G. Ru.

*N. Söderbaum* Das Werden des Gottesglaubens, 1926$^{2}$. *E. Peterson* Εἷς Θεός, 1926. *Ders.* Der M. als polit. Problem, 1935. *B. Balscheit* Alter und Aufkommen des M. in der israel. Religion, ZAW Beih. 69, 1938. *W.E. Mühlmann*, ThLZ 78, 1953, 705ff. *R. Pettazoni* The All-Knowing God, 1956. *G. Lanczkowski*, Saec. 8, 1957, 392ff. *R. Mayer*, MThZ 8, 1957, 97ff. *W. Pannenberg*, ZKG 70, 1959, 1ff. RGG 4, 1960$^{3}$, 1109ff. Lex. Theol. Kirche 7, 1962$^{2}$, 565ff. Lex. Alt. Welt. 1987f. *O. Gigon* Die ant. Kultur und das Christentum, 1966.

**Mons sacer.** Dem Iuppiter geweihter Hügel n. des Anio wenig mehr als 3 mp außerhalb der porta Collina (Fest. 422,36ff. Paul. Fest. 423,15f. L. Liv. 2,32,3), auf den die Plebs während der Sezessionen der J. 494 (Liv. Dion. Hal. ant. 6,45) und 449 über die via Nomentana (Liv. 3,52,2f.) zog (Plin. nat. 19,56). Ashby, PBSR 3, 1906, 45. G. R.

**Montana** *(Municipium Montanensium)*. Name einer bedeutenden Siedlung mit Lager im Inneren von Moesia Inferior h. Mihailovgrad in NW.-Bulgarien). Die Zeit der Gründung von M. ist trotz zahlreicher lat. Inschr. nicht sicher festzustellen. Die meisten zeugen von einem Aufblühen im 3. Jh. n. Chr. Die Garnison bestand aus Abteilungen der Leg. I Ital. CIL III 12376, weitere Inschr. W. Welkow, Archeologia, VII 1, Warschau 1955 (ersch. 1957), 91ff. (poln.). Chr. D.

**Montani. 1.** Bewohner der sieben am Fest des Septimontium beteiligten *montes*, im Gegensatz zu den Bewohnern der *pagi* (Varro l.l. 6,24); s. *septimontium.* **2.** Bewohner der ligur. Seealpen (Liv. 28,46,11.14. 40,41,5. Plin. nat. 3,135. Tac. hist. 2,12). G. R.

**Montanismus.** Unter M. versteht man eine um 157 (? vgl. [8]) in Phrygien aufflammende eschatolog.-rigorist. Erweckungsbewegung, die, vielleicht durch kleinasiat. orgiast. Kulte beflügelt [4], gegen die weltfreundlich werdende Episkopalkirche protestiert und in prophet.-ekstat. Ausbrüchen zur urchr. Naherwartung zurücklenkt. Ihr Gründer Montanus († um 179), ein Neophyt aus dem mysischen Ardabau (Eus. h. e. 5,16), nach späterer (fragwürdiger) Polemik einst ὁ τοῦ Ἀπόλλωνος ἱερεύς bzw. ein Beschnittener der → Kybele (so Hier. epist. 41 ad Marcellam), tritt mit dem Anspruch auf, er sei der »Paraklet« von Joh. 14,26 (Didymus, de trin. 3,41) und habe als solcher die höchste, abschließende Offenbarungsstufe des chr. Glaubens zu bringen. Zusammen mit den Prophetinnen Prisc(ill)a und Maximilla verkündet er das nahe Weltende und macht schroffste Askese (Einführung der ξηροφαγία, Aufhebung der Ehe, Martyriumsbegeisterung) zur Pflicht. Für die (nicht näher lokalisierbaren [vgl. 5]) phryg. Städtchen Pepuza und Tymion, den Sammelplatz geistharrender Mustergemeinden, wird die Herabkunft des himmlischen Jerusalem (Apk. 21,9ff.) und der Anbruch des Millenniums (vgl. Eus. h. e. 5,18) erwartet. – Kirchliche Gegenmaßnahmen [7], so (erfolglose) Exorzismen, erste Synoden des Episkopats und zahlreiche Streitschriften (Auszüge bei Eus. h. e. 5,16ff.), haben den M. nicht aufhalten können; um 170 ist er auch im W., in Gallien, N.-Afrika, zu finden und, da dogmat. orthodox, sogar vorübergehend anerkannt worden (in Rom). Dann aber erleidet seine Weiterentwicklung einen deutlichen Bruch (Greg. Naz. or. 22,12 unterscheidet bereits einen »alten« und »neuen« M.): Mit dem Tode des Gründers und seiner Prophetinnen tritt die hochgespannte Enderwartung zurück und beginnt eine zweite, vornehmlich durch eth. Rigorismus gekennzeichnete Epoche des M. So vermittelt der Montanist → Tertullian (seit 207) das Bild wohlgeordneter Gemeinden, die als *pneumatici* den *psychici* der Großkirche gegenüberstehen und sich von diesen nur durch strengere, prophet. begründete Heiligkeitsforderungen (Verbot der 2. Ehe, verschärfte Buß- und Fastenpraxis) unterscheiden. Wie lange der M. in dieser zurückgebildeten Form bestanden hat, bleibt unsicher; Zeugnisse aus späterer Z. (Hieronymus, Augustin) sind kein strikter Beweis für seine Fortdauer, ebensowenig seine Erwähnung in der staatlichen Ketzergesetzgebung der nachkonstantin. Z. – Die Erforschung des M. wird durch die schwierige Quellenlage ([11],105ff.) behindert. Von den angeblichen βίβλοι ἄπειροι der Montanisten (Hippolyt. ref. 8,19,1) ist nichts erhalten. Da die reichlicher fließenden indirekten Quellen (z. B. der Anonymus und Apollonios bei Eus. h. e. 5,16. 18) das Bild polem. verzerren ([6],136ff.), bleibt man auf die wenigen, nach Zitaten der späteren Kirchenväter rekonstruierbaren Orakel aus der Gründerzeit des M. (neueste Slg. bei [11],143ff.) sowie auf das (teilweise sekundäre) Zeugnis Tertullians und einige Inschr. angewiesen. J. Wi.

Ta.: KlT 129, 1914.

Lit.: 1. *N. Bonwetsch* Die Gesch. des M., 1881. 2. *A. Hilgenfeld* Die Ketzergesch. des Urchristentums, 1884, 560ff. 3. *P. de Labriolle* La Crise montaniste, 1913 (Lit.). 4. *W. Schepelern* Der M. und die phryg. Kulte, 1929. 5. *C. Calder*, Byzantion 1931/6, 421ff. 6. *W. Bauer* Rechtgläubigkeit und Ketzerei im ältesten Christentum, 1934, 136ff. 7. *W. Kühnert*, Theolog. Ztschr. 5, 1949, 436ff. 8. *G.S.P. Freeman-Grenville*, Journ. of Eccl. History 5, 1954, 7ff. 9. *J.G. Davis*, Journ. Theol. Stud., NS 6, 1955, 90ff.

10. *H. Kraft*, Theolog. Ztschr. 11, 1955, 249ff. 11. *K. Aland* Kirchengesch. Entwürfe, 1960, 105ff.

**Montanus.** Cognomen, wohl nach der Herkunft, I. Kajanto Soc. Scient. Fenn., Comm. Hum. Litt. 36, 1965, 81. 309, in republ. Z. bei der Gens Tarpeia (Degrassi FCapit. 146), in der Kaiserz. auch bei den Iuliern und Venuleiern (Degrassi FCons. 259). H. G. G.

**1.** M., erwähnt als Freund Domitians und Teilnehmer an dem angeblichen Kronrat des J. 83 bei Iuv. sat. 4,107. 131ff.; eine Identifikation mit einer histor. Persönlichkeit ist nicht möglich. **2.** M., Freund des Plinius und Adressat von epist. 7,29. 8,6, vielleicht T. Iunius M., cos. suff. 81, Sherwin-White Commentary p. 438. R. H.

**Montius Magnus,** aus Afrika, um 350 Proconsul von Constantinopel, 354 *quaestor sacri palatii* bei dem Caesar → Constantius (5), auf dessen Betreiben er ermordet wurde (Amm. 14,7, 12ff. 9,4. 11,17. Philostorg. h. e. 3,28). A. L.

**Monumentum Ancyranum.** Bezeichnung für die besterhaltene, 1555 in Ankyra (Ankara) gefundene Abschrift des Leistungsberichtes des Augustus (*index rerum gestarum*, Suet. Aug. 101,4). Der lat. Text steht in 2 Gruppen zu je 3 Kolumnen (I–III, IV–VI) auf den gegenüberstehenden Innenseiten der Vorhalle des Augustus- und Romatempels, die griech. Übers. in 19 Kol. nebeneinander auf der l. Außenwand des Tempels. Von der 2. Kopie (Mon. Apolloniense) wurden 1821 und 1930 in Apollonia (Pisidien) nur Stücke der griech. Übers. auf Kalksteinblöcken gefunden, die als Basis für Statuen des Augustus und seiner Angehörigen dienten. Die 3. Kopie (Mon. Antiochenum) gibt auf ca. 270 in Antiochia (Pisidien) 1914 und 1924 ausgegrabenen Kalksteinsplittern nur Stücke des lat. Textes. Die 3 Abschriften erschließen den nur an wenigen Stellen zweifelhaften Wortlaut des lat. Originals, das nach dem Testament des Augustus (Suet. a. O., Cass. Dio 56,33,1) auf 2 ehernen Pfeilern vor dem in Rom erbauten Mausoleum eingraviert war, aber bisher nicht gefunden wurde. In dieser Darstellung berichtet Augustus in Ichform über seinen polit. Aufstieg seit 44 v. Chr., seine Ämter, seine Aufwendungen für den Staat, wichtige Ereignisse seiner Regierung und seine Ehren. Höhepunkte sind die Schlußkapitel 34, in dem er seine Stellung seit 27 v. Chr. als *princeps* mit der gleichen *potestas* wie der seiner Amtskollegen und mit seiner alle überragenden *auctoritas* begründet, und 35, das seine Ernennung zum *pater patriae* durch Senat, Ritter und Volk 2 v. Chr. verkündet. Abfassungsart und -zeit der *res gestae* sind umstritten. E. Kornemann, RE XVI 217ff. nahm eine sukzessive Entstehung des Textes an, betrachtete c. 1–4, in denen die großen Herrschertugenden *virtus*, *iustitia*, *clementia* und *pietas* des Augustus hervortreten, als »Urmonument«, zu dem zunächst noch c. 34 trat, und setzte diesen Grundstock der Gesamtinschr. in das J. 23 v. Chr. In der Folgezeit sei der Text immer wieder erweitert worden. U. Wilcken, SPrAW 11, 1932, 232ff. meinte in c. 26 drei Stadien der Niederschrift zu erkennen, die letzte Fassung sollte die Folgen der Varuskatastrophe verschleiern, die selbst nicht erwähnt wird. Diese auch von anderen Gelehrten (BursJb 279,63ff.) ausgebaute Schichtentheorie läßt sich zwingend nicht beweisen. Augustus selbst stellt die Niederschrift in sein 76. Lebensjahr (zwischen 23. 9. 13 und 19. 8. 14), aber die Ziffer der Lebensjahre ist mit anderen Zahlenangaben nach seinem Tode – wohl von Tiberius – auf den letzten Stand gebracht worden. Von dieser Datierung abgesehen spricht seine Behauptung für ein einheitlich verfaßtes Kunstwerk. Als sein term. a. qu. ist immerhin der 13. 4. 13 n. Chr. wahrscheinlich. Auf diesen Tag war das Testament des Augustus datiert, das er zugleich mit dem *index rerum gestarum* bei den Vestalinnen niederlegte. Mit Zeit und Art der Niederschrift wird auch ihr literar. Charakter verschieden beurteilt. Der mitunter vermutete Einfluß hellenist. oriental. Ruhmeschroniken ist unwahrscheinlich, vielmehr liegt im M. A. ein besonderer Typus der Elogienliteratur vor, der neben dem Elogium in gebundener Rede und der in Prosa verfaßten *vitae memoria* steht. Die literar. Selbstverherrlichung röm. Politiker bediente sich, wie E. A. Judge betont, seit der Wende des 2. Jh. v. Chr. immer neuer Formen. Sie setzte mit 3 B. des Konsuls (115) M. Aemilius Scaurus *de vita ipsius* ein, wurde von Marius, P. Rutilius Rufus, C. Lutatius Catulus, L. Cornelius Sulla, Cn. Pompeius Magnus und M. Tullius Cicero in eigenen oder bestellten Schriften weitergeführt und durch Caesars *commentarii* sowie das M. A. vollendet. H. V.

Ausg.: *Th. Mommsen* Res gestae divi Augusti², 1883. *W. M. Ramsay–A. von Premerstein* Mon. Antioch., Klio Bh. 19, 1927. Das Mon. Apollon. in MAMA (ed. *Buckler*, *Calder*, *Guthrie*) 4, 1933, 50ff. *H. Volkmann* Res gestae divi Augusti², 1964. *H. Volkmann* BursJb. 279, 1942, 1ff. (Schrifttum 1914–1941). Weitere Lit. in *Volkmanns* Textausgb.

**Moos.** Die ant. Botanik hat sich mit dem M. nicht befaßt. Nicht einmal ein Wort, das zweifellos M. bezeichnet, ist uns im Griech. bekannt (*βρύον* ist mehrdeutig). Auch lat. *muscus* bedeutet zuweilen Flechten oder Algen, meistens aber doch deutlich M. Die röm. landwirtschaftl. Schriftsteller halten es teils für schädlich und raten zu seiner Beseitigung auf Wiesen, in Öl- und Weingärten, teils auch empfehlen sie, Pflanzenstecklinge mit feuchtem M. vor dem Austrocknen zu schützen oder Pfropf- und Wundstellen damit zu bedecken. Andererseits hatten Naturfreunde wie wir Freude an bemoosten Steinen (Catull. 68,58. Hor. epist. 1,10,7). Die Ärzte empfahlen M. mit Öl aufzulegen bei Podagra und Gliederschmerzen. K. Z.

*Steier*, RE XVI 232–36.

**Mopsion,** Stadt der thessal. Landschaft Pelasgiotis vor dem w. Ausgang des Tempetals, 171

v. Chr. als Stützpunkt des Perseus genannt (Liv. 42,61,11. 65,1. 67,1), mit gleichnamiger Höhe darüber, danach wohl die nicht näher bekannte ant. Ortslage beim h. Makrychorio [4]. Strab. 9,5,20 p. 441. 5,22 p. 443. Steph. Byz. E. M.

1. *W. M. Leake* Travels in North. Greece 3,381. 2. *A. S. Arvanitopullos*, *Πρακτικά* 1911, 329f. 3. *Fr. Stählin*, RE XVI 236ff. 4. *Philipps.-Kirst.* 1,271 A. 1.

**Mopsopsos** (*Μόψοψος*). Der Sage nach hieß Attika einst Mopsopsia, benannt nach dem König M. Strab. 9,397. 443. Kall. Frg. 351. RE XVI 240f. K. K.

**Mopsos** (*Μόψος*). **1.** Lapithe, Sohn des → Ampyx (auch Apollons) und der Chloris, Hes. asp. 181. Apoll. Rhod. 1,65. Kalydon. Jäger Ov. met. 8,316. 350. Kämpfer gegen die Kentauren ebd. 12, 456. Paus. 5,17,10. Seher der Argonauten, Pind. P. 4,189ff. Apoll. Rhod. 2,922ff. Auf der Rückfahrt in Libyen durch Schlangenbiß getötet und bestattet (Heroon und Orakelstätte) Apoll. Rhod. 1,80ff. 4,1502ff. Lykophr. 881f. **2.** Sohn des Kreters Rhakios und der → Manto, gründet mit ihr den Apollontempel in Klaros, Hes. frg. 155. Paus. 7,3,2. Rätselwettstreit mit → Kalchas. Wanderungs- und Gründungssagen: → Mopsuestia, mit → Amphilochos Stadt und Orakel Mallos. Hier verfeinden sich später M. und Amphilochos und töten sich gegenseitig, Strab. 14,675f. Plut. def. or. 45f. H. v. G.

*Prell.-Rob.* 2,775ff. 1469ff. *Rose*, Griech. Mythol., 1955, 286.

**Mopsu(h)estia** (*Μόψου ἑστία*, *Μοψουεστία*, *Μόμψουεστία* und viele Varianten, Ethnikon *Μοψεάτης*), alte Stadt im ö. → Kilikien am → Pyramos bei seinem Austritt aus dem Gebirge, älteste der Siedlungen des → Mopsos in Kilikien, bezeugt erst durch Mz. der Z. der Seleukiden, in deren Bruderkrieg im J. 96 Seleukos VI. in M. umkam und die Stadt verwüstet wurde (App. Syr. 69,365. Ios. ant. 13,368). Um 68 beginnt M. auf seinen Mz. eine Aera, 51 lagert der Prokonsul Cicero bei M. (fam. 3,8,10). Die Blüte der Stadt in der Kaiserz. bezeugen viele Mz. (seit Hadrian führte sie den Beinamen *'Αδριανή*) und ansehnliche Reste, bes. eine von → Valerian erbaute, von → Iustinian restaurierte Brücke beim h. Missis. Über M. führte die große Straße von → Tarsos nach → Antiocheia (Itin. Ant. 580,4 *civitas Mansista*). Als Bischofssitz wurde M. in der Spätant. dadurch weithin bekannt, daß der bedeutende und vielumstrittene → Theodoros (aus Antiocheia) 392–428 diesen Stuhl besetzt hielt. K. Z.

*Ruge*, RE XVI 243–250 (viel Lit.).

**Mopth** ..., Stadt in Mauretania, in der Gegend von → Sitifis, h. Hr. el Ksar. An der Straße nach → Cuicul (h. Djemila), M. ist die erste *statio* der prov. Mauretania. Tab. Peut. gibt Monte und (nahe bei Cuicul) *Mopti municipium*. Itin. Ant. 29,1. 2. Ruinen: Tempel (Capitolium, mit Inschr. für Sept. Severus, Caracalla, Geta von der *respublica Mopth(ensium)* L. Galand MEFR 1949, 35; *templum Saturni* M. Leglay Saturne africain. Monuments 2,252), Curia, Gräber. Inschr. CIL VIII 8655. 8669. 20417. M. L.

*S. Gsell* Atl. Arch. Alg. f[o] 16, Sétif, Nr. 196. *L. Galand* a. O.



**Mora** (*μόρα*). **1.** Die Bezeichnung M. wurde im 4. Jh. v. Chr. für die früher *λόχοι* (→ Lochos, Lochagos) genannten Einheiten in griech. Heeren üblich. Das ordentliche spartan. Heeresaufgebot umfaßte 6 solcher M. Jede M. hatte eine ebenso genannte Reiterabteilung, die ein *ἱππαρμοστής* kommandierte, der dem das Gesamtkommando führenden → Polemarchos unterstand (Xen. hell. 4,5,12). A. N.

**2.** Als eine Bezeichnung der Verzögerung hat *mora* vor allem jurist. Bedeutung. In erster Linie denkt man an die Versäumung zeitgerechter Leistung durch den Schuldner *(mora solvendi)*. Daneben spielt jedoch die Unterlassung einer zur Schulderfüllung nötigen Mitwirkungshandlung des Gläubigers *(mora accipiendi)* eine große Rolle.

Schuldnerverzug *(mora solvendi)* ist gegeben, wenn eine schon einklagbare und noch mögliche Leistung eines Schuldners aus dessen Verschulden unterbleibt. Daß die Verzugsfolgen nur eintreten, wenn das Unterbleiben der Leistung am Schuldner liegt, bringen die Quellen zumeist mit *per debitorem stat quo minus solvat* zum Ausdruck. Zu den objektiven (also von einem Verschulden unabhängigen) Voraussetzungen der *mora solvendi* gehören die Existenz einer klagbaren Obligation *(nulla mora ubi nulla petitio*, vgl. Dig. 50,17,88), die Fälligkeit der Forderung und die Möglichkeit der Leistung. Ist diese unmöglich geworden, so ist entweder Haftungsfreiheit oder Perpetuation der Haftung eingetreten. Mahnung *(interpellatio)* ist nur dann Voraussetzung des Verzugseintritts, wenn nicht ohnedies eine kalendermäßig genau bestimmte Leistungszeit feststeht (gemeinrechtlich: *dies interpellat pro homine)*. Daß nur bei einem Verschulden des *debitor* Verzugsfolgen eintreten, wird trotz vieler Interpolationsvermutungen aus Dig. 45,1,91,3 zu entnehmen sein. Subjektive Unmöglichkeit genügte nicht, um den Verschuldensvorwurf abzuwenden. Daß also A nicht leisten konnte, während B genug Geld gehabt hätte, um zu leisten, befreit A nicht. Träfe dagegen ein Umstand wie Krankheit jeden Schuldner gleich, so fehlt es am Verschulden.

Für die Wirkungen des Schuldnerverzuges ist nach der Art der Klage zu unterscheiden. Für Klagen des strengen Rechts gilt anderes als für *iudicia bonae fidei*. Zielt eine Klage des strengen Rechts auf die Leistung einer bestimmten Sache, so bewirkt der Verzug eine *perpetuatio obligationis* (Dig. 45,1,91,3). Diese macht die Haftung vom weiteren Schicksal der Sache unabhängig. Der in Verzug geratene Schuldner unterliegt daher der Geldkondemnation, wenn die Sache nach Verzugseintritt zufällig untergeht. Spätestens seit Celsus kann er aber diese Folge durch nachheriges gehöriges Angebot (die *emendatio morae* des gemeinen Rechts) abwenden. Geht die strengrechtliche Klage dagegen auf Geld oder auf gattungsmäßig bestimmte Sachen, so bedarf es keiner *perpetuatio obligationis*, da solche Obligationen durch Sachuntergang nicht betroffen werden; der Verzug bleibt dann wirkungslos, wenn nicht besondere Verzugsstrafen oder Verzugszinsen eigens stipuliert wurden.

Im Bereich der *iudicia bonae fidei* nahm man schon in klass. Z. ebenfalls an, daß der Schuldner ab Verzug auch für Zufall hafte. Im übrigen gestattete die bei diesen Klagen vorzunehmende Interesseberechnung eine Berücksichtigung der Verzugsfolgen. Bei Geld- und Gattungsschulden, die von der *bona fides* beherrscht werden. gebühren ab Verzugseintritt Verzugszinsen (Marcian. Dig. 22,1,32,2 *In bonae fidei contractibus ex mora usurae debentur*). Ihre Höhe zu bestimmen, obliegt dem *officium iudicis*, wobei man sich vor allem am *mos regionis* orientierte.

Gläubigerverzug *(mora accipiendi)* liegt vor, wenn die noch mögliche Leistung aus beim Gläubiger liegenden Gründen nicht zustande kommt. Die Leistung muß also angeboten worden sein. Wird sie dann nicht angenommen, so stellt sich die Frage, ob es eines Verschuldens des Gläubigers bedarf, damit die Verzugsfolgen eintreten. Die Quellenlage (vgl. Dig. 13,5,18 pr. 17,1,37. 22,1,7. 45,1,73,2. 46,3,72 pr.) ist zu dieser Frage nicht eindeutig. Von den Texten, die es nahelegen, daß man auch beim Gläubigerverzug Verschulden forderte, wurden die meisten von der Interpolationskritik verdächtigt; allerdings stimmt es bedenklich, daß deren Behauptung eines objektiven Charakters des klass. Gläubigerverzugs auffallend gut zur objektiven Konstruktion des Gläubigerverzugs durch das BGB paßt. In Wahrheit wird anzunehmen sein, daß die Klassiker nicht zu einer klaren Entscheidung gelangten. Daher konnte im gemeinen Recht sowohl eine objektive wie eine subjektive Konstruktion des Gläubigerverzugs vertreten werden (vgl. J. v. SCHEY Begriff und Wesen der Mora Creditoris, 1884).

Die Wirkungen des Gläubigerverzugs bestehen nicht in einer Beendigung der Haftung des Schuldners, wohl aber in ihrer Erleichterung. Der Schuldner haftet nur mehr für *dolus*, nicht auch für *culpa* (Dig. 46,3,72 pr.). Er kann die geschuldete Sache hinterlegen (*depositio;* dazu NITSCHKE, in: Stud. Doc. Hist. Iur. 24, 1958, 112ff.) und so den Zinsenlauf zum Stillstand bringen; braucht der Schuldner die Behältnisse, in denen sich die geschuldete Sache bisher befand, kann er die Sache sogar preisgeben. Daß er den nicht abgeholten Wein verschütten darf, wenn er die Fässer mit neuem Wein füllen will, sagen Dig. 18,6,1,3 und Dig. 33,6,8. Th. M.-M.



*Guarneri Citati*, Annali Palermo 11, 1923, 161ff. *Mayer-Maly*, Iura 7, 1956, 1ff. *Montel* La m. del debitore, 1930. *Niedermeyer*, Festschr. F. Schulz 1, 1951, 399ff.

**Mord. 1.** Griechisch.

I. Der Tatbestand. 1. Archaische Zeit. Es gab nur einen objektiven Tatbestand. Dieser verlangte die sichtbare Herbeiführung des Todes eines Stammesgenossen durch äußere Gewalt und blutende Verletzungen ([8]). Da es nicht auf die Absicht oder auf die Umstände der Tat ankam, herrschte reine Erfolgshaftung. Der Gift-M. bildete ein bes. Verbrechen ([1],248. [3],33ff.), ebenso der M. durch Brandstiftung ([3],38f. [5],984). Über die Stellung des griech. Rechts zum Selbst-M. [2], 22. [5],609. 2. Klass. Zeit. Durch Drakon (M.-Gesetz: IG $I^2$ 115) wurde vom M., *φόνος ἐκ προνοίας*, *φ. ἑκούσιος*, die unvorsätzliche Tötung, *φ. ἀκούσιος*, unterschieden ([3],7ff.). Tatobjekt war nunmehr auch der Fremde (RE IX A 1456) und der Sklave ([12]). Die urspr. (unmittelbare) Kausalität wurde erweitert ([11],69ff.), bes. kam es zur Anerkennung einer Kausalität der Unterlassung ([11],104). 3. Hellenist. Zeit. Die Unterscheidung zwischen vorsätzlicher und unfreiwilliger Tötung behielt das ptolem. Recht bei. Auch der Gift-M. bildete weiterhin einen bes. Tatbestand ([6]). II. Rechtfertigungsgründe (*φ. δίκαιος*). 1. Notwehr und Nothilfe. Für die vom Angreifer erzwungene Abwehrhandlung trug der Täter keine Verantwortung ([11],79f.). 2. Tötung im öffentlichen Wettkampf ([11],61f.). 3. Tötung im Kriege (RE IX A 1464ff.). 4. Tötung in erlaubter Selbsthilfe (des nächtlichen Diebes, des Schänders der Hausehre [11],61f.). 5. Tötung von Personen, denen der Rechtsschutz vom Staat aberkannt war (z.B. des verurteilten Mörders [2], 16f.). 6. Tötung von neugeborenen Kindern durch den Erziehungsberechtigten (DAR.-SAGL. III 488ff.). III. Teilnahme. Anstifter (*βουλεύσαντες*) und Gehilfen (*συμπράττοντες*) hafteten wie der Haupttäter, *χειρὶ ἐργασάμενος* ([15],60ff.). IV. Versuch. Das bloße Ersinnen des M. ohne sichtbare Folgen war straffrei. Wurde aber ein Teilerfolg erzielt, so lag M.-Versuch (*τραῦμα ἐκ προνοίας*) vor ([13],41ff.). V. Privilegierung. Die Tötung im Affekt bildete im geltenden att. Recht keine eigene Tötungsart ([5], 601). Über die Stellungnahme der Philosophen [11],5. 60ff. 109f. 120. 145. VI. Qualifizierung. In nachsolon. Z. war dem Elternmörder die Begünstigung entzogen, freiwillig in die Verbannung zu gehen ([5],604). VII. Strafe. Der M. wurde urspr. von den Verwandten des Getöteten im Wege der Blutrache verfolgt ([14]. [15],8ff.), falls es nicht zu einer → *αἴδεσις* kam. Auch nach Errichtung der Blutgerichte waren nur diese klageberechtigt. Schon früh schloß die Gemeinde den Täter aus und zog seinen *κλῆρος* ein (Fronung, → *δήμευσις*), sein Haus wurde zerstört (Wüstung). Im drakont. Recht trat an die Stelle der

Verbannung eine vom Staat vollzogene Todesstrafe, der der Angeklagte durch freiwillige Selbstverbannung nach der ersten Verteidigungsrede entgehen konnte. Auf M. an einem fremden Sklaven, einem Metoikos oder einem Fremden stand die Strafe der Verbannung ([5],605). Auch M.-Versuch wurde mit Verbannung milder geahndet.

VIII. Verfahren. Die Gerichtsstätten waren je nach Art der Tötung verschieden, → *δικαστήριον* I. [15],33 ff. Über das altertümliche Verfahren, das keine Verjährung kannte, s. [15],90 ff., über die notwendige religiöse Sühnung [11],16 ff. [9],95 ff. 127 ff. [15],141 ff., allg. zur Entwicklung des M.-Rechts [4],225 ff. [10]. E. B.

1. *J. Thonissen* Le droit pénal d. l. rép. ath., 1875, 240 ff. 2. *S. Herrlich* Die Verbrechen gegen das Leben nach att. Recht, 1883. 3. *H. Gleue* De homicidarum in Areopago Athen. iudicio, 1894. 4. *G. Glotz* La solidarité de la famille dans le droit criminel en Grèce, 1904. 5. *J. H. Lipsius* Att. Recht und Rechtsverf., 600 ff. 6. *R. Taubenschlag* Das Strafr. im R. d. Pap., 1916, 8 ff. 7. *K. Gardikas* L'homicide chez les anciens Hellènes et notamment chez les Attiques, 1918. 8. *Ders.*, Athena 30, 1919, 209 ff. 9. *H. J. Treston* Poine, 1923. 10. *G. M. Calhoun* Growth of Criminal Law, 1927. 11. *R. Maschke* Die Willenslehre im griech. Recht, 1926. 12. *G. R. Morrow*, CPh 32, 1937, 210 ff. 13. *E. Berneker* Der Versuch im griech. Recht, Festschr. Rabel, 1954, II, 33 ff. 14. *E. Ruschenbusch*, Hist. 9, 1960, 129 ff. 15. *D. M. MacDowell* Athenian Homicide Law, 1963 (dazu Gn 37, 1965, 67 ff.).

**2.** Römisch. s. Homicidium. Parricida

**Mores.** Der Ausdruck gewinnt als Plur. von *mos* selbständige Bedeutung. Diese bleibt jedoch mit dem Sinngehalt von *mos* so eng verbunden, daß es schief wäre, von einem plur. tant. zu sprechen.

Der *mos* bezeichnet den Brauch und die Sitte. Daran zeigt sich, daß das röm. Denken zwei Aspekte noch nicht unterscheidet, die in der neueren Begriffsbildung vor allem im Anschluß an R. von Jhering (Der Zweck im Recht, $2^2$, 1886) voneinander abgehoben werden: Das Faktische des Herkommens und der Übung, das den Brauch kennzeichnet, und das Normative, das die Sitte mit der Sittlichkeit und dem Recht gemeinsam hat. Im *mos* wirken die faktische und die normative Komponente zusammen: Dabei kann sich die faktische Seite eines *mos* auch auf einen bloßen Gerichts- oder Verwaltungsbrauch beziehen, ohne daß dieser normatives Gewicht erlangen müßte (ein Beispiel hierfür findet man in Dig. 48,19,9 pr.). Wenn dagegen der *mos* rechtliche Relevanz gewinnt, so geschieht dies zumeist deshalb, weil man ihn als Maßstab einer von der Norm offengelassenen Konkretisierung wählt. So kommt es zur Vertragsauslegung nach dem *mos regionis* (Ulp. Dig. 50,17,34. Diocl. Cod. Iust. 4,65,8 und 19). Als örtlich begrenzte Gewohnheit bestimmt der *mos* die Höhe von Zinsen (Dig. 26,7,7,10) und das Advokatenhonorar (Dig. 50,13,1,10). Wie maßgeblich der *mos* zur Konstitution dessen, was im Rahmen der *bona fides* erwartet wird, beiträgt, zeigt der zugleich eine Unterscheidung gegenüber der *consuetudo* andeutende Text von Ulp. Dig. 21, 1,31,20: ... *ea enim, quae sunt moris et consuetudinis, in bonae fidei iudiciis debent venire.* Es mag mit diesem Gedanken zusammenhängen, daß schon der Auctor ad Herenn. (2,19) den *mos* neben der *lex*, der *natura* und dem *aequum et bonum* als Element des Rechtes nennt.

In den meisten anderen Zusammenfassungen der Elemente des Rechtes wird aber nicht vom *mos*, sondern von den *mores* gesprochen. Dies zeigt, daß man nicht bloß auf eine ganz bestimmte Übung sah, sondern auf einen Komplex von Gewohnheiten und Anforderungen der Sitte, die als nicht minder normativ galten wie eine *lex*. Derart konnte es dazu kommen, daß die *mores maiorum* neben den *leges* als die Konstituanten des *ius* galten. So spricht Gaius (Inst. 1,1 = Dig. 1,1,9) von Völkern, *qui legibus et moribus reguntur;* Iulian. Dig. 1,3,32 pr. sagt, es müsse immer dann, wenn keine *lex* vorliege, das befolgt werden, *quod moribus et consuetudine inductum est.* Die hier wiederum implizierte Unterscheidung zwischen *mos* und *consuetudo* verdient Beachtung, wenn man auf die vieldiskutierte Frage (vgl. zu ihr bes. Kaser, ZRG. 59, 1939, 52 ff.) eingeht, wie sich die klass. *mores maiorum* zum Gewohnheitsrecht verhalten. Eine verbreitete Ansicht (zuletzt Schmiedel Consuetudo, 1966) bestreitet für die klass. Ära jedwedes Gewohnheitsrecht. Diese These leidet aber daran, daß sie von einer anachronist. Gruppierung der Rechtsquellen ausgeht. Überdies ist sie zu vielen unwahrscheinlichen Itp.-Annahmen genötigt. Während aber für die *consuetudo* eine gewisse Entsprechung zum Gewohnheitsrecht anzunehmen sein wird, liegen die Dinge bei den *mores* anders: Diese erscheinen den Römern als ein schon immer verbindliches Herkommen, als das gute alte Recht; ein Stadium anfänglicher Unverbindlichkeit, wie es in einer Lehre vom Gewohnheitsrecht vorausgesetzt zu werden pflegt, ist nie auszumachen. Das Fehlen eines solchen Stadiums unterscheidet die normativen *mores* von der *consuetudo.*

Als *mores* maiorum ist das ungeschriebene Recht altziviler Art. Beim Honorarrecht spricht man nicht von *mores.* Die Qualifikation des ungeschriebenen *ius* als *mores* löst aber eine gewisse Überschneidung mit dem Juristenrecht aus. Jenes *ius civile*, das aus der *interpretatio prudentium* erwächst, ist zwar geschrieben – doch nicht in normativen Texten. Andererseits kann auch das, was von den *mores maiorum* gefordert wird, zum Gegenstand der Aussage von Juristen werden. Im Rahmen eines streng gegliederten Rechtsquellensystems wäre dies absonderlich. Das klass. röm. Recht steht jedoch im Zeichen einer offenen und unscharfen Gliederung der Quellen des Rechts.

Von der Sitte wird das Recht dabei längst nicht so scharf geschieden, wie man oft lehrt. Daher haben die *boni mores* der Römer noch öfter eine Doppelfunktion als die »guten Sitten« (§ 138 BGB) der Gegenwart. Die *boni mores*, die nach Ulp. Dig. 50,16,46,1 zur *mater familias* machen, sind ebenso Maßstab der Sitte wie des Rechts. In der Möglichkeit einer Reduktion des Anspruchs auf Mitgiftherausgabe gewinnt die Orientierung an den *mores* der Frau höchst präzise Konturen (Tituli ex corpore Ulpiani 6,9,12). Dem censorischen *regimen morum* fehlt es nicht an staatsrechtlicher Bedeutung. Diese umfassende Orientierung des Rechtes an den *mores* gestattet die Ausbildung des Grundsatzes, daß sittenwidrige Rechtsakte nichtig sind. Was *contra bonos mores* war, blieb nicht nur im Bereich der *bona fides* ohne Kraft (zu diesem Bereich Ulp. Dig. 50,17,116 pr.), sondern litt auch bei formstrengen Geschäften an Nichtigkeit, wenn nur die Sittenwidrigkeit – etwa einer Stipulationsbedingung – schon aus dem Wortlaut hervorging. Bei schwerer faßbarer Sittenwidrigkeit half in erster Linie die *exceptio doli*. Als sittenwidrig galten bes. Verstöße gegen die eingelebte Familienordnung – Abreden über die Erbschaft eines noch Lebenden, über eine Geschwisterehe, über Adoption auf Zeit. Th. M.-M.

*Kaser*, ZRG, 59, 1939, 52ff. *Mezger* Stipulationen und letztwillige Verfügungen *contra bonos mores*, Diss. Gött., 1929. *Rech* Mos maiorum, Diss. Marburg, 1936.

**Moretum.** Mit der Appendix Vergiliana überlieferte Idylle in 122 Hex., die die Morgentoilette des Bauern Simylus (v. 1ff.), die Zubereitung des Frühstücks (v. 16ff.) und den Aufbruch zur Feldarbeit (v. 117ff.) schildert. Hauptstück ist die Verfertigung eines Kräuterkäses (*moretum*, v. 60–116). Das Thema war schon von Sueius in sullan. Z. behandelt worden. Die Argumente für vergil. Herkunft schlagen nicht durch, zumal die Überlieferung die Vermutung nahelegt, daß das Gedicht erst in der Spätant. der Appendix einverleibt worden ist. Dennoch weisen Sprache und Metrik auf einen Ansatz in die frühe Kaiserzeit. Für ant. Verhältnisse sind auffällig die präzise Beobachtung und realistische Schilderung des Alltagslebens kleiner Leute; Elemente der Epenparodie und des Lehrgedichts treten hinzu. P. L. Sch.

Ta. in den Edit. der Append. Vergil., *Vollmer-Morel* 1930. *A. Salvatore* 1957/60. *R. Giomini* $^{2}$1962. *W. V. Clausen* etc. *(E. J. Kenney)* 1966.

Lit.: *C. Morelli*, Rend. Acc. Linc. Cl. Mor. 5,23, 1914, 72ff. *Schanz-Hos.* 2,89f. *H. Reuschel* Episches im M. und im Culex, 1935. *K. Büchner* P. Vergilius Maro, 1955, 149ff. *R. Heinze* Vom Geist des Römertums, $^{3}$1960, 404ff. *A. Salvatore* App. Verg. 2, 1964, 237ff.

**Morgantina** (*Μοργαντίνα, Μοργαντίνη*; *Morgentia, Murgantia*). Siculerstadt im Inneren Siziliens in der contrada di Serra Orlando bei Aidone 9 km n. ö. Piazza Armerina. Keramikfunde vom auson. Typ II bezeugen die Einwanderung ital. Siedler im 11. Jh. v. Chr. und bestätigen so die gleichlautende Angabe Strab. 6,1,6. 2,4. Die Urbanisierung M.s begann um 560 v. Chr., als sich Griechen der O.-Küste auf der h. cittadella niederließen. Das Zusammenleben mit den Einheimischen war friedlich, bis → Duketios 459 v. Chr. die »bedeutende« Stadt eroberte (Diod. 11, 78,5) und die griech. Siedlung zerstörte. Nach seiner Niederlage gelangte M. in den Besitz der Syrakusier, die es 424 v. Chr. auf dem Kongreß von Gela an Kamarina abtraten (Thuk. 4,65,1). 396 v. Chr. wurde M. von Dionysios erobert (Diod. 14, 78,7). Nach dem archäolog. Befund erlebte M. z. Z. des → Timoleon einen bedeutenden Aufschwung, die größte Blüte fiel jedoch in die Zeit des → Agathokles (vgl. Diod. 19,6,2) und → Hieron II. Im 2. Pun. Krieg wurde M. nach zweimaligem Abfall erst 211 v. Chr. endgültig von den Römern erobert, die es Spaniern als Lohn für treue Dienste übergaben (Liv. 26,21. Münzlegende *Hispanorum*). M. erhielt nach Cic. Verr. 3,103 den Status einer *civitas decumana* und zählte nach Plin. nat. 3,91 zu den *stipendiarii*. Im Sklavenaufstand von 104 v. Chr. spielte die »feste« Stadt eine bedeutende Rolle (Diod. 36,4,5–8. 5,7). M. wurde von Verres ausgeplündert (Cic. Verr. 3,103). Die Angabe Strab. 6,2,4, daß M. zu seiner Z. nicht mehr existiere, wird durch archäolog. Indizien bestätigt.

Die systemat. Ausgrabungen durch die University of Princeton (seit 1955) haben den größten Teil der Stadt freigelegt, u. a. die Akropolis, die Agora, das Theater (3. Jh. v. Chr.), mehrere Heiligtümer und zahlreiche Wohnhäuser. Vorläufige Ausgrabungsber.: E. SJÖQVIST – R. STILLWALL, AJA 1957ff. u. Fasti Arch. 1957ff. SJÖQVIST, Enc. Arte Ant. 7, 1966, 215f. (Lit.). M. GUIDO, Sicily, An Archaeol. Guide, 1967, 133f. Kl. M.

*Ziegler*, RE XVI 299.

**Morgetes.** Urspr. in Unteritalien ansässiges Volk (Name nach König Morges), das von dort (Antioch. FGrH 555 F 9 von Oinotrern vertrieben; anders F 2) nach Sizilien wanderte (Strab. 6, 270), wo die Stadt → Morgantina den Namen bewahrt (Antioch. F 9. Steph. Byz. s. v.). Zugehörig wohl auch der Name des samnit. Murgantia (Liv. 10,17,3. 11). G. R.

*Devoto* Gli ant. Ital. $^{2}$32. *Bérard* La colonisation Grecque etc. $^{2}$447.

**Moriai** (wohl *μορία* »Anteil«) hießen in Attika die der Athena geweihten und darum unverletzlichen Ölbäume in privaten Besitzungen. Diejenigen in der Akademie galten nach Sch. Soph. Oed. Col. 701 als Ableger des von Athena selbst gepflanzten Ölbaumes auf der Akropolis. Über die Erhaltung der M. wachte der Areopag durch alljährlich zur Besichtigung entsandte *γνώμονες* und bestrafte Umhauen oder Ausgraben selbst abgestorbener M. mit dem Tode oder später mit Verbannung. Von den M. nahm man das Öl für die panathenäischen Preise, Aristot. rep. Ath. 60,

2. Lys. 7 behandelt einen Prozeß um entfernte M. Suda s.v. K. Z.

*Latte,* RE XVI 302f.

**Morini.** Volk in Gallia Belgica, an der Küste des *fretum Gallicum* (h. Pas de Calais), zwischen dem Meer im W. und N., den Menapii im NO., den Atrebates und den Ambiani im SO. Strab. 4, 194. 199f. Mela 3,2,23. Plin. nat. 102. Ptol. 2,9,1.4. Wald- und Moorgegend: Caes. Gall. 3,28,2. Vor der Eroberung Britanniens galten sie als *extremi hominum* (Verg. Aen. 8,727). Sehr kriegerisches Volk, sie machten Caesar viel Mühe: im J. 57 mobilisierten sie 25000 Mann (Caes. 2,4,9); im J. 56 wurden sie unterworfen (3,28,1. 4,22,5. 37,1. 38,1. 5,24,2). Caesar stellte an ihre Spitze den Atrebaten → Commius (7,76,1). Nach seinem Abfall schickten sie nach Alesia ein Kontingent von 5000 Mann (7,75,3). Sie empörten sich unter Augustus (Cass. Dio 51,21,6). Im J. 69 n. Chr. blieben sie Rom treu (Tac. hist. 4,21). Sie bildeten e i n e *civitas* (Hauptort *col. Taruenna,* h. Thérouanne: CIL XIII 8727), im 5. Jh. wurden sie in 2 *civitates, Taruenna c. Morinorum* und *c. Bononiensium* geteilt (Not. Gall. 6,16).

Die M. waren ein See- und Bauernvolk; sie bauten Flachs, aus dem sie Segel herstellten (Plin. nat. 19,8), züchteten Gänse (10,53) und Schafe, die Wolle lieferten (Strab. 4,196), und gewannen Salz (*salinatores* CIL XI 390. 391. E. WILL, Homm. Grenier, 3, 1952, 1649). Sehr wichtig war der Handel; Hafen: → Gesoriacum oder → Bononia (h. Boulogne), Portus Itius; von Taruenna gingen nach allen Richtungen röm. Straßen aus (Itin. Ant. 356–363).

Das Christentum wurde vom hl. Victricius, Bischof von Rouen E. 4. Jh. eingeführt (Paulin. Nol. epist. 18,4). Im 7. Jh. wurde unter dem hl. Omer das Gebiet eine Diözese mit Thérouanne als Bischofssitz. M. L.

*E. Espérandieu* Rec. gén. 5, 1913, 177. *V. J. Vaillant* Epigraphie de la Morinie, 1890. *H. Dervaux* Les origines de la Morinie, Rec. Centenaire Soc. antiq. Morinie, 1931, 1. *H. van Warveke* Het Bisdom Terwaan, Rec. trav. Fac. phil. et lettr. Univ. Gand 52, 1924.

**Moritasgus. 1.** Quellgott von Alesia im Häduergebiet. Der Name und der Gott waren kelt. In röm. Z. wurde er mit Apollo gleichgesetzt: *deo Apollini Moritasgo* (ESPÉRANDIEU 7140. 7144), *deo M.* (CIL XIII 2873 = DESSILS 4682, Bau einer *porticus* von *Ti. Cl. Professus Niger, omnibus honoribus apud Aeduos et Lingonas functus).* M. war ein Gott der Heilkunst. Sein umfangreicher Tempelbezirk in Alesia (vgl. ESPÉRANDIEU, Rec. gén. 3,307. 9,312. J. LE GALL Alésia, 1963, 139) umfaßte ein sechseckiges *fanum,* eine viereckige Kapelle, ein hölzernes Becken, einen rechtwinkligen Bau, eine sechseckige mit einem Becken verbundene Kapelle, Thermen mit Portikus. Zahlreiche Weihungen von Wickelkindern und menschlichen Gliedmaßen wurden gefunden.

Mit M. war eine Göttin *Damona* verbunden, AE 1965, 181: *Deo Apollini Moritasgo [et deae] Damonae P. Pontius Apolli [naris . . .].* **2.** M. war im J. 58 im Besitz der erblichen Königswürde bei den Senonen (Gallia Belgica); im J. 54 herrschte sein von Caesar eingesetzter Bruder Cavarinus, der aber von den Untertanen vertrieben wurde (Caes. Gall. 5,54,2). M. L.

**Morkos** (Μόρκος), Illyrier, Gesandter des Genthios, beschwor 169 das Bündnis mit Perseus in Dion, ging mit → Metrodoros (3) nach Rhodos, um es für Perseus zu gewinnen, erreichte aber nur den Beschluß, zwischen Rom und Perseus zu vermitteln, Pol. 29,3f. 11. Liv. 44,23. H. V.

**Mormo** (Μορμώ; Kurzform für Μορμολύκη). Weibliches Gespenst nach Art der → Lamia oder → Gello (Suda s. Μορμώ, Sch. Theokr. 15,40); bes. als Kinderschreck vorgestellt (Xen. hell. 4,4, 17). Hesych. (s.v.) zählt sie zu den πλάνητες δαίμονες. Schon bei Aristoph. Ach. 582; Pax 474 wird ihr Name metonym. (= τὰ φοβερά vgl. Sch. Ach. 582) gebraucht; als Ausruf dient er Aristoph. Equ. 693, Theokr. 15,40. Das Aition ihres bösartigen Wirkens (Sch. Theokr. 15,40) zeigt offensichtliche Angleichung der M. an die Lamia (zu dieser Diod. 20,41): Wie der wohl mit Lamia verwandte Lamos (WILAM. GldH. 1,268) herrscht die M. über die Laistrygonen; da sie die eigenen Nachkommen verlor, stellt sie den Kindern nach und ängstigt sie. C. Z.

*Nilsson,* GgrR. 1, 226. *Kerényi* Die Mythologie d. Griechen² 1956, 43f. *A. S. F. Gow* Theocritus, Comm. 2, 1965, 279.

**Morpheus** (Μορφεύς). Sohn des → Hypnos, Bruder des → Ikelos und des Phantasos. Nur erwähnt in der Schilderung der kimmer. Höhle der Träume, Ov. met. 11,633ff. Ov. deutet ihn als *artificem simulatorem figurae (*sc. *humanae).* Wohl alexandrin. Erfindung. H. v. G.

**Mors** war keine Gestalt der röm. Religion, sondern nur als Vollzieherin des Todesaktes eine Figur des Volksglaubens, halb Schreckdämon, halb Lustspielfigur, kaum mehr als eine Personifikation. Wir hören von einer → Atellane des → Novius *Mortis et Vitae iudicium.* Dann führten in der Satire des → Ennius *Mors ac Vita* die beiden offenbar ein Streitgespräch. Nur allegorisch zu fassen sind auch die nicht seltenen späteren Dichterstellen von Lucr. 3,957 an, bei denen gewiß auch der ebenfalls nicht wirklicher Religion angehörige → Thanatos der euripideischen → Alkestis Pate gestanden hat: Hor. c. 1,4,13. 2,14,4; sat. 2, 1,57. Tib. 1,1,70. 3,4. 5. 65. Ov. am. 3,9,19. 38 usw. Die Darstellung des Todes als Knochenmann (oder auch -frau) blieb späteren Zeiten vorbehalten. K. Z.

*Marbach,* RE XVI 314–16.

**Morsimos** von Athen, Großneffe des → Aischylos (1), Sohn des → Philokles (7), Vater des → Astydamas (1), Tragödiendichter und Augenarzt. Verspottet: Aristoph. Equ. 401; Pax 803; Ran. 151, worauf die negative Beurteilung auch in den anderen Belegstellen beruht. Satyros, POxy, 1176, 39, XV. Die Sch. zu den Aristophanesstellen, Suda s. *M. καὶ* → *Μελάνθιος*, Suda s. *M. ὀφθαλμῶν ἰατρός*, Hesych. s. *Κλύμενος* = Aristoph. Frg. 704 K., Suda s. *Φιλοκλῆς*, Suda s. *Ἀστυδάμας* 4264. F. St.

**Mors litis.** Bedeutet die Beendigung des mit der → *litis contestatio* begründeten Prozeßverhältnisses *apud iudicem* durch Zeitablauf. Die m.l. tritt nur bei den *iudicia legitima* ein, und zwar nach der *lex Iulia iudiciorum privatorum* 18 Monate nach der *lit. cont.*, Gai. 4,104. Die anderen Prozesse sind an die Amtsdauer des Magistrats gebunden, der sie begründet hat, Gai. 4,105. Iustinian bestimmt die Beendigung von Zivilprozessen binnen 3 J. nach der – nunmehr veränderten – *lit. cont.*, Cod. Iust. 3,1,13,1. D. M.

*M. Kaser* Das römische Zivilprozeßrecht, 1966, 270f. 496.

**Morta** (Liv. Andr. frg. 11 Morel) steht für griech. *Μοῖρα* (Gell. 3,16,11 *Caesellius Mortam quasi nomen accepit, cum accipere quasi Moeram deberet*) und wird demnach nicht mit → Caesellius Vindex (Gell. a. O.) zu Nona und Decuma zu stellen sein; ebenso besteht keine sprachliche Verbindung zu *Maurtia*. Bei der Bedeutungsnähe der Suffixe *-tŏ-* und *-i̯ŏ-* (vgl. *iniustus* = *iniurius*) entsprechen sich tatsächlich * *smŏ́r-i̯ā* (= *Μοῖρα*) und * *smr̥-tā́* (= M.). G. R.

*Peter*, Myth. Lex. 2,184. *Wissowa* RRel² 65. 264. *Walde-Hof.*³ 2,113. *Latte* RRel 53. *Pisani*, RAL 6,5,4. *Marstrander*, Symb. Osl. 6, 1928, 52. *Altheim* Röm. Gesch. 2, 1953, 449f. *Leumann*, Glotta 42, 1964, 113. *Radke* Götter Altitaliens 223f.

**Mortarium** s. Mörser

**Mortha.** Fluß in Gallia Belgica (*civitas* der Leuci), Nebenfluß der Mosel; h. Meurthe. Der Name erscheint erst im MA. in der vit. Deodati (Acta SS. 19, Juni, 3,875 C: *piscosus et vastus fluvius;* 876 A.B. 878 F). M. L.

**Mortis causa capio.** Eine von Gesetzen und den röm. Klassikern verwendete Sammelbezeichnung für allen Erwerb von Todes wegen, der nicht auf Erbfolge oder Vermächtnis beruht. Vgl. Dig. 39,6, wo die m.c.c. neben die *donatio mortis causa* gestellt wird. Unter die m.c.c. fällt etwa der Erwerb durch die Leistung eines Dritten, der vom Erblasser unter der Bedingung oder Auflage einer solchen Leistung bedacht worden ist. D. M.

*M. Kaser* Das röm. Privatrecht 1, 1955, 637.

**Mortuum mare** s. Asphalitis Limne

**Morychos** (*Μόρυχος*), Tragiker (Sch. Aristoph. Ach. 887, Suda s. v. 1264). Komödienspott wegen Schlemmerei: Aristoph. Ach. 885ff.; Vesp. 506. 1142; Pax 1008 (überall mit Sch.), Platon Frg. 106 K., Suda s. M. 1265 und 1266 (Sprichwort!). Haus in der Nähe des Olympieions: Plat. Phaidr. 227b (mit Sch.), Judeich Topogr., ²388. F. St.

**Morys** (*Μόρυς*). Myser (Phryger), Sohn des Hippotion, mit seinem Vater von Meriones erschlagen, Il. 13,792ff. 14,514. H. v. G.

**Morzios** (*Μόρζιος* Pol. 25,2,9. *Μορζέος* Strab. 12,562), Dynast in Gangra in Paphlagonien, half 189 v. Chr. den Kelten gegen Cn. Manlius Vulso, Liv. 38,26,4ff. Gegen Pharnakes von Pontos schloß sich M. → Eumenes (3) an. 179 entschädigte Pharnakes M. für schwere Verluste, Pol. a. O. H. V.

**Mosa. 1.** Fluß in Gallia Belgica und Germania inferior (h. Maas), der bei den Lingones entspringt und im Gebiet der Batavi in den Oceanus Germanicus mündet. So Plin. nat. 4,100 und Ptol. 2,9,3. Nach Caes. 4,10,1 und Tac. ann. 2,6,4. hist. 5,23,1 vereinigt sich die M. mit dem Vacalus (Vahalis) und mündet in den Rhein 80 mp. vor dessen Mündung in den Ozean. Im J. 47 ließ Corbulo M. und Rhein durch einen 23 mp. langen Kanal verbinden, Tac. ann. 11,20,2. Cass. Dio 60,30,4. Sidon. 5,208. Längs des Flusses befanden sich *vici*, die vom Handel lebten. In Maestricht war eine Furt und später vielleicht eine Brücke (W. Goossens Le castellum de M., 1928. F. Cumont, REA 1929, 381). **2.** Stadt der Gallia Belgica (*civitas* der Lingones). Itin. Ant. 385. Unsichere Lage: h. Mouzon (in den Ardennen) oder Mézières (Mouzon wäre *Mosomagus* = Markt der Mosa) (?). *Mosae vicus* wäre besser Meuvy (Haute-Marne), eine nach dem Namen des Flusses, den die Straße überquert, genannte Station. M. L.

**Mosaik.** Ornamentale und / oder figürliche Dekoration von Fußböden, Wänden, Decken mit kleinen, je nach Bedarf verschieden geformten und farbigen Steinchen und / oder Glasstückchen heißt M. Ein zusammenfassender t. t. *(opus musivum*, usw.) ist nicht vor dem 4. Jh. n. Chr. belegt. M. ist nicht mit → Lithostroton zu verwechseln (zuletzt Bruneau, BCH 91, 1967, 431ff.). Die Steinchen, *tessellae*, *ψῆφοι*, werden über einer dreifachen, nach oben sich verfeinernden Unterlage (Vitr. 7,1,3) in eine Mörtelschicht gedrückt *(opus tessellatum)*. Ein sorgfältiger ausgeführtes Bildfeld, → Emblema, wird in *opus vermiculatum* verlegt (Varro rust. 3,2,4. Plin. nat. 36,185). Der t. t. (»Würmchenwerk«) ist seit dem 2. Jh. v. Chr. belegt und kommt wohl von der unregelmäßigen Krümmung der Fugen ([4], 331).

In der griech. Z. und bis tief in die Kaiserz. hinein kennt man nur Fußboden-M.; erst die spätere Kaiserz. überzieht auch Wände und Deckengewölbe mit M. Die ältesten griech. M.-Böden (Herkunft aus dem O. ist trotz des Bodens aus Gordion, AJA 61, 1957, T. 89,7 ungesichert) bestehen aus Kieseln. Diese Kiesel-M. leben bis in die Kaiserz. fort, doch kennen wir keinen spez. t. t. dafür. Die M. sind noch im 5. Jh. (Athen: MDAI(A) 19, 1894, 508) rein ornamental; im frühen 4. Jh. breiten sich Bild-M. (mytholog. Motive) in Nordgriechenland (Olynthos), der Peloponnes und Sizilien ([21. 22]) aus, selbst in Athen setzt Gal. protr. 8 sie voraus. Seit Alexander d. Gr. werden verfeinerte Kiesel-M. Mode der Großen (Athen. 12,542c/d = FGrH IIA 140 fr. 10 [27]). In Pella signiert damals Gnosis ([20], 140ff. Abb. 7) als ältester uns noch namentlich bekannter Mosaizist. Im 3. Jh. v. Chr. entsteht daneben die M.-Technik mit *tessellae*, unklar ob in Pergamon, Alexandreia oder Sizilien (wo Hieron II. das Prunkschiff mit kostbarem M. bauen ließ, das dann als Geschenk an Ptolemaios III. ging, Athen. 5,206eff., bes. 207c. 209b). Vorzügl. M. hellenist. Z. sind in Alexandreia ([10]), Pergamon und Delos gefunden worden, unter denen die M. aus Pergamon (Altertümer v. Pergamon V T. 8ff.) künstlerisch die bedeutendsten sind. Ein pergamen. Mosaizist, → Soson, ist mit seinem Taubenmosaik und »*asarotus oecus*« (Fußboden mit täuschend in M. nachgeahmten Abfällen einer großen Mahlzeit) noch bei Plin. nat. 36,184 genannt und in röm. Z. öfter kopiert worden ([19]). Spätestens gegen E. 2. Jh. dringen die M.-Böden auch in Italien ein; in Pompei sind bedeutende frühe Beispiele erhalten ([7]), als bekanntestes darunter die → Alexanderschlacht (vgl. auch → Philoxenos v. Eretria).

Im röm. Reich ist dem M. eine außerordentliche Verbreitung beschieden. Vor allem ornamentale M. sind im Gesamtbereich des Imperium erhalten; der ornamentale Erfindungsreichtum, von Provinz zu Provinz abgewandelt, gehört zu den bedeutendsten Leistungen der röm. Kunst. Zwei- und mehrfarbig werden geometr. und vegetabile Formen zu weitgespannten Dekorationssystemen verbunden, die etwa in den Thermen oft große Flächen bedecken. Daneben gibt es nach einer kurzen Periode relativer Einfachheit der Motive in der frühen Kaiserz., etwa seit den Flaviern wieder reichliche M.-Bilder. Diese setzen oft ältere und zeitgenössische Motive der Malerei in ihre Technik um und haben uns so ein unschätzbares Material für die in nachflavischer Z. seltener werdende große Malerei erhalten. Bedeutende farbige M.-Bilder des 2. Jh. hat die Villa Hadrians in Tibur bewahrt, schwarz-weiße M. sind bes. reichlich in Ostia erhalten ([17]), dekorative M. finden sich z. B. in Aquileia und fast allen Provinzen. In der Spätant. sind die großen figürlichen M. der kaiserl. Villa in Piazza Armerina bes. zu nennen, deren Reichtum an Bildmotiven unübertroffen ist, während die Datierung noch immer zwischen Tetrarchie und M. 4. Jh. umstritten ist ([23]). Daneben soll das große M. aus Trier, um 375 entstanden, nicht unerwähnt bleiben ([15]). Die frühchr. Kunst übernimmt das M., bes. in der Gestalt des Gold-M., auch in den Kirchenbau. Die Auslegung des Kirchenbodens mit *opus tessellatum* bleibt daneben erhalten ([16]). Farbenpracht und Glanz des spätant. M. erreichen ihren Höhepunkt im 5.-6. Jh. (Ravenna). Die Tradition, in Konstantinopel fortbestehend, wirkt im MA. erneut in den W. hinein (z. B. Palermo). In Byzanz sind als Folge des Bildersturms nur wenige M. vor dem 8. Jh. erhalten, doch bieten Thessalonike, Ravenna und Rom einen, wenn auch ungenügenden, Ersatz für das Verlorene. Zusammenfassende Darstellung: [24]. W. H. G.

1. Inventaire des mosaiques de la Gaule et de l'Afrique. 1909ff. 2. *B. Nogara* I mosaici...nei Palazzi Pontifici 1910. 3. *S. Aurigemma* I mosaici di Zliten 1926. 4. *F. v. Lorentz*, RE XVI 328ff. 5. *Ders.*, MDAI(R) 52, 1937, 165ff. 6. *H. Fuhrmann* Philoxenos v. Eretria 1931. 7. *E. Pernice* Pavimente u. figürl. M. 1938. 8. *M. E. Blake* Memoirs Am. Acad. Rome 8, 1930, 7ff. 13, 1936, 67ff. 17, 1940, 81ff. 9. *D. Levi* Antioch Mosaic Pavements 1947. 10. *B. R. Brown* Ptolemaic Paintings and Mosaics 1957. 11. *M. Chéhab*, Bull. Musée de Beyrouth 14, 1958. 15, 1959. 12. *K. Parlasca* Die röm. M. in Deutschland 1959. 13. *S. Aurigemma* Tripolitania, I mosaici 1960. 14. Recueil gén. des mosaiques de la Gaule 1960ff. 15. *J. Moreau* D. Trierer Kornhaus-M. 1960. 16. *H. Kähler* Die Stifter-M. ... von Aquileia 1962. 17. *G. Becatti* Mosaici e pavimenti marmorei (Ostia) 1962. 18. *D. Levi* Enc. Arte Ant. 5, 1963, 209ff. 19. *K. Parlasca*, JDAI 78, 1963, 256ff. 20. La mosaique Gréco-Romaine. Colloques internationaux 1965. 21. *C. M. Robertson*, JHS 85, 1965, 72ff. 22. *Ders.* JHS 87, 1967, 133ff. 23. *G. V. Gentili* La villa Erculia di Piazza Armerina. I mosaici figurati 1959. *H. P. L'Orange* Acta ad Archaeol. et art. hist. pertinentia (Inst. Rom. Norvegiae) 2, 1965, 65ff. *M. Cagiano de Azevedo*, RPAA 40, 1958, 123ff. 24. *H. P. L'Orange – P. J. Nordhagen* M., von d. Ant. bis zum MA. 1960.

**Moscha** (*Μόσχα* Ptol. 6,7,10), Hafenort an der S.-Küste von Arabia Felix im Gebiete der Adramitae, »ein zur (Aufnahme des) Sachalit. Weihrauchs bestimmter (*ἀποδεδειγμένος*) Landeplatz« (Peripl. m. Erythr. 32) für Schiffe aus Indien, die hier Linnen, Getreide und Öl löschen und Weihrauch laden. M. lag vielleicht ö. von Ḍofār an der Stelle des h. Ḫatīya. A. D.

**Moschion. 1.** Tragiker; Heimat unbekannt; Zeit bestimmt durch Verskunst u. Sprache: 1. Hälfte 3. Jh. v. Chr.; 3 Titel (je 1 Frg.) bekannt: *Θεμιστοκλῆς*, *Τήλεφος*, *Φεραῖοι* oder *Φεραῖαι* (2 hist. Tragödien!). Erhalten 9 Frg. bei Stob., Nr. 10 bei Clem. Alex., dieses entweder aus einem Satyrspiel oder überhaupt unecht, im ganzen 70½ iamb. Trimeter. Verskunst: die Trim. haben (bis auf Frg. 10) keine 3silbigen Füße, nirgends Caesura media, keine Verletzung der Lex Porsoniana. Dies erweist M.s Verskunst als noch strenger denn die der hellenist. Tragiker (Sosiphanes, Sositheos, Lykophron) und bestimmt so seine Zeit. Sprache und Wortschatz tragen hellenist. Gepräge (Kall., Apoll. Rhod., Lykophr., Nikand.), in den 70 erhaltenen V.en 4 *ἅπαξ λεγόμενα*; sachliche Berührung mit dem Physiker → Straton (Frg. 6, 18ff.) führt auf dieselbe Zeit. F. St.

*Diehl*, RE s. M. 3. *F. Schramm* Tragic. Graec. hellenisticae quae dicitur aetatis frg.-a, Diss. Münster, 1929, 63–83.

**2.** M., aus Mallos, Philosoph der mittleren Akademie, nach Ind. Acad. Herc. col. M 17.27,35 und Suda s. *Πλάτων* Schüler des → Lakydes, † kurz vor 180, wohl 185/84 v. Chr. **3.** Unter dem Namen eines im übrigen unbekannten M. stehen 2 Stücke einer Slg. von Sprüchen, die *Μοσχίωνος γνῶμαι* im cod. Paris. 1168 und die in mehreren Hss. überlieferten *Μοσχίωνος ὑποθῆκαι*, beide abgedruckt als App. E und F in der Epiktet-Ausg. von H. Schenkl ($^{2}$1916). Die meisten *γνῶμαι* finden sich auch im Florilegium »Parallela«, viele *ὑποθῆκαι* und einige *γνῶμαι* auch bei → Stobaios, dort unter dem Namen → Epiktets (ein Erklärungsversuch für die Übertragung: RE XVI 349). *γνῶμαι* und *ὑποθῆκαι* unterscheiden sich im Typ nicht voneinander, in einer Anzahl von Sprüchen stimmen sie überein. Folglich sind sie in gleicher Weise Exzerpte aus einer umfangreicheren Slg. (der wohl auch die Epiktet zugeschriebenen Sprüche des cod. Vat. Gr. 1144 = Schenkl App. D entstammen). Die Anordnung dieser Slg. hat großenteils A. Elter rekonstruiert (Bonner ind. lect. 1892). Ihrem Inhalt nach zeigt die Slg. Anklänge an die verschiedensten Denkrichtungen und Schulen. Am ehesten ähnelt sie den Sprüchen des Neupythagoreers → Sextos, wie diese wohl im 2./3. Jh. n. Chr. entstanden. G. Schm.

**4.** M., griech. Arzt im 1. Jh. v. Chr., schrieb vor allem Pharmakologisches (nichts erhalten); scheint in der Pulslehre wichtige Korrekturen gemacht zu haben (vgl. Gal. 8,758 K.). M. darf nicht mit → Mustio verwechselt werden. F. K.

**Moschoi** (*Μόσχοι*), großer Stammesverband im s. Gebirgslande von Kolchis, der *Μοσχική (Moschorum tractus)*, dem heutigen SW.-Grusien. Im Perserreich bildeten sie zusammen mit den Tibarenern u. a. die 19. Satrapie. Im Gebiet der M. befand sich ein berühmtes Heiligtum der → Leukothea, das von Mithradates VI. ausgeplündert wurde. Hdt. 3,94. 7,78. Strab. 1,61. 11,497 ff. 12, 548. Plin. nat. 5,99. 6,29. Ptol. 5,6,1. 13,5. Prok. Bell. Goth. 4,2. A. Herrmann, RE XVII 351 ff. Chr. D.

**Moschos. 1.** Aus Elis, leitete mit Anchipylos zusammen die sog. elische Philosophenschule; beide waren Schüler des → Phaidon, vgl. Diog. Laert. 2, 105 und 2,126. Schüler des M. waren Asklepiades von Phleius und → Menedemos von Eretria. Ein Exzerpt aus Hegesander, erhalten bei Athen. 2, 44c, bietet eine merkwürdige Notiz über die absonderliche Diät des M. und des Anchipylos und deren peinliche Folgen. H. D.

**2.** M. aus Syrakus, Grammatiker, ein Schüler Aristarchs (Suda), also dem 2. Jh. v. Chr. angehörend, bukol. Dichter. Die 3 von Stob. aus den Bukolika angeführten Stücke zeichnen sich alle durch Wohlklang der dor. getönten, nach kallimach. Regeln gebauten Verse, das erste auch durch sentimentales Naturempfinden aus. Spielerisch, aber graziös der *Ἔρως δραπέτης* (auch Anth. Pal. 9,440), unbedeutend das Epigr. Anth. Pal. 16,200. Das Epyllion *Εὐρώπη* erzählt die Entführung der Europa durch Zeus, planvoll komponiert, auch die Korbbeschreibung ist mit der Handlung in Verbindung gesetzt. Eindrucksvoll die Fahrt über das Meer. Das Gedicht hat vielfach auf Spätere gewirkt (Raminella, Maia 2, 1949, 14 ff.); Nonnos kannte auch die Bukolika (Wilam. Textgesch. d. Bukol. 106). R. K.

Ausg. mit Komm. der Europa *W. Bühler* (H[ES] 13, 1960).

**Mosella.** Fluß in Gallia Belgica und Germania superior, l. Nebenfluß des Rheins; h. Mosel, entspringt auf dem Berg *Vosagus* (Vosges) und mündet bei *Confluentes* (h. Koblenz). Der Name erscheint zuerst bei Tac. ann. 13,53; hist. 4,71.77, nach dem der Statthalter von Germania superior, Antistius Verus im J. 58 die M. durch einen Kanal mit dem Arar (h. Saône) verbinden wollte, was der Statthalter von Belgica aber ablehnte. An der M. liegen die großen Städte → Divodurum und Augusta Treverorum (h. Trier). → Ausonius rühmt in seiner »Mosella« den Fischreichtum und die Fruchtbarkeit der Ufer. Vgl. Flor. 1,45,14. Amm. 16,3,1. Symm. epist. 1,14. Sidon. 4,17,1. Ven. Fort. 3,12,13. 10,9,3. 48. Vortrefflich schiffbar. M. L.

*C. Jullian* Hist. Gaule 5,163. 6,401. *L. Bonnard* La navigation int. de la Gaule à l'ép. rom. Par. 1913, 117.

**Moses.** 1. Name: M., hebr. *mošä*, ist ein seines theophoren Elements beraubtes äg. Namensstück, das auch als Kurzname existiert und bedeutet: »Der Gott X hat (ihn) erzeugt« (von *mśj* gebären, vgl. »Thutmose«); griech. *Μουσῆς, Μουσές, Μωσῆς, Μωυσῆς*; lat. *Moyses, Moses.*

2. Die at. Überlieferung: Nach dem Pentateuch (Ex. 1–24; Num. 10–33) ist M. der Führer der Israeliten von ihrer Befreiung aus Äg. an bis kurz vor der Einnahme des verheißenen Landes. Er ist Mittler der Jahweoffenbarung am Sinai, wo er das Volk auf die Gebote verpflichtet und den aaronit. Kult installiert. Außerhalb des Pentateuchs wird M. auffallend selten erwähnt, in der vorexil. Prophetie lediglich in Jer. 15,1, später nur noch in Jes. 63,11. Selten taucht er auch in den Geschichtsbüchern auf (z. B. Ri. 1,16); erst in spätester Z. wird er unter dem Einfluß des Deuteronomisten als der große Gesetzgeber häufiger genannt (Dtn., Chron.).

3. Frühes Judentum und NT: Im Frühen Judentum entwickelt sich M. als Mittler der Tora zur wichtigsten Gestalt der ganzen bisherigen Heilsgeschichte. Eine Fülle von Legenden verherrlicht sein Leben und Wirken. Im M.-Roman des hell. Judentums ist er der Vater aller Wissenschaft und Philosophie, nach Vorbild des *θεῖος ἀνήρ* der geniale Übermensch (z. B. bei Eupolemos, Artapanus, Pseud-Aristobul). Philo schildert ihn als Idealbild des sich zu Gott erhebenden Frommen. Demgegenüber betont das paläst. Judentum mehr die Bedeutung M.' als Mittler des göttlichen Wortes an Israel und Typus des escha-

tolog. Erretters (Apokalyptik). – Im NT sind wesentliche Züge des paläst. M.-Bildes aufgenommen. Er gilt als Mittler des Gesetzes (z. B. Mk. 10), als Prophet (z. B. Lk. 24,27) und leidender Gottesbote (z. B. Apg. 7) und steht somit antityp. zu Christus als dem Mittler der neuen Offenbarung (z. B. Joh. 1,17).

4. Das hist. Problem: Bis zum Aufkommen der modernen hist.-krit. Forschung entsprach das M.-bild im wesentlichen dem der Bibel. Durch die Erkenntnis der literarkrit. Forschung (WELLHAUSEN u. a.), daß nämlich wesentliche Teile der gesetzlichen Partien des Pentateuchs der jüngsten Quellenschrift, der sog. »Priesterschrift«, zuzuordnen sind, wurde das herkömmliche Verständnis M.' als Gesetzgeber erheblich eingeschränkt. Mit dem Ergebnis der formgesch. Methode (GUNKEL u. a.), wonach der Pentateuch zum großen Teil aus Einzelsagen besteht, stellte sich die Frage nach dem hist. Kern der M.-Sagen. Die traditionsgesch. Betrachtungsweise (NOTH, v. RAD) ergab, daß die M.-Überlieferung in urspr. selbständigen, meist kultisch gebundenen Komplexen vorliegt, die erst nach erfolgter Komposition den Eindruck eines zusammenhängenden Geschichtsablaufes ergeben. Das daraus resultierende Problem der Zuordnung der M.-Gestalt zu einzelnen Traditionskomplexen wird verschieden gelöst: NOTH kommt auf Grund der Grabtradition zu der Auffassung, daß der hist. M. lediglich an den Vorbereitungen zur Landnahme beteiligt war. Andere Forscher betonen die notwendige Zusammengehörigkeit von Exodus- und Landnahmetradition und sehen folglich in M. den Führer des Volkes sowohl beim Auszug aus Äg. als auch bei der Inbesitznahme des O.-Jordanlandes. (SMEND, HERRMANN). Nach GESE und BEYERLIN bestand die urspr. Rolle des M. darin, Offenbarungsempfänger und »Bundesmittler« am Sinai zu sein. Demgegenüber behaupten WELLHAUSEN, E. MEYER u. a., daß der hist. M. als Priester und Richter in dem alten Wüstenheiligtum Kadesch gewirkt habe, wo auch der Ursprung der Tradition von M. als Gesetzgeber zu suchen sei.

Bei Abwägung aller Argumente wird man in M. am ehesten einen »charismatischen Führer« (ALT) sehen dürfen. Ob er bereits vom Auszug aus Äg. an (vgl. seinen äg. Namen) Führer der Israeliten war oder ob er erst auf dem Weg nach Palästina in diese Rolle hineinwuchs, muß offen bleiben. Die midianit. Heirat des M. (Ex. 2) dürfte mit einiger hist. Wahrscheinlichkeit auf eine Beziehung der Anfänge Israels zu den Midianitern hindeuten. Dieser biograph. Zug kann angesichts der späteren erbitterten Feindschaft beider Völker (vgl. Ri. 6–8) kaum sekundär erfunden worden sein. Vermutungen über eine Herkunft des Jahweglaubens von den Midianitern müssen notwendigerweise im ungewissen bleiben. So wird auch die Frage, ob und inwieweit M. als »Religionsstifter« (EICHRODT) zu gelten hat (vgl. die Kontroverse KOCH / BAUMGÄRTEL) unterschiedlich beantwortet. Her. V.

*R. Smend* Das M. bild von Ewald bis Noth 1959 (Lit.). *E. Oßwald* Das Bild des M. 1962 (Lit.). *J. Jeremias* Art. Μωυσῆς, ThW 4, 852–878. *M. Noth* Überlieferungsgesch. des Pentateuch 1948. *W. Beyerlin* Herkunft u. Gesch. der ältesten Sinaitradition 1961. *H. Seebaß* M. u. Aaron, Sinai u. Gottesberg 1962. *K. Koch* Der Tod des Religionsstifters, Kerygma u. Dogma 8, 1962, 100–123. *F. Baumgärtel* Der Tod des Religionsstifters, Kerygma u. Dogma 9, 1963, 223–233. *R. Smend* Jahwekrieg u. Stämmebund, FRLANT 84, 1963. *H. Gese* Bem.en z. Sinaitradition, ZAW 79, 1967, 139–154. *S. Herrmann* M., EvTh 28, 1968, 301–328. *Herb. Schmid* M., z. Ztschr. f. at. Wissensch. 110, 1968.

**Moses Chorenaçi.** M. von Choren, armen. Historiker, angeblich Neffe des hl. Mesrop, des Erfinders der armen. Schrift und Begründers der eigentlichen armen. Lit. Das würde auf das 5. Jh. n. Chr. als Lebenszeit führen, aber die Quellenanalyse seiner »Geschichte Armeniens« ergibt ein anderes Bild: benutzt sind für sie u. a. die Chronik des → Malalas und die Kirchengeschichte des → Sokrates in armen. Übers., die beide erst im J. 695 entstanden sind. Auch gibt die Beobachtung, daß das Werk erst vom 10. Jh. an erwähnt wird, zu Zweifeln Anlaß. Aller Wahrscheinlichkeit nach gehört es erst dem 8. Jh. an. Fiktive biogr. Angaben und eine Reihe von Eingriffen, die der Darstellung den Nimbus hohen Alters und großer Autorität verleihen sollten, sind Spuren einer nachträglichen Bearbeitung ([1],536). Das Geschichtswerk umfaßt 3 B.: B. 1 handelt von den Ursprüngen des armen. Volkes bis zum 1. Jh. v. Chr. (Tigranes), B. 2 von der Herrschaft der Arsakiden bis auf Tiridates und die Einführung des Christentums als Staatsreligion, B. 3 vom Abstieg und dem E. der Arsakiden (bis zum J. 439). Die Darstellung ist in tendenziöser Weise zugunsten der Bagratidendynastie verfälscht und in fast jeder Hinsicht unglaubhaft ([4]). M. hat seine Quellen (neben den schon genannten → Eusebios (7), → Faustus (6), → Gregorios (3) von Nazianz, aber auch der → Alexanderroman) völlig nach eigenem Gutdünken verwendet und geht mit der Chronologie sehr großzügig um. Zuverlässig sind vorwiegend nur Einzelheiten aus Sage und Brauchtum, die der Vf. eigener Beobachtung und Reiseerfahrung verdanken mag. Ein geogr. Werk, die »Weltschau«, ist im Anschluß an → Pappos und → Ptolemaios gearbeitet. Es liegt in 2 Rez. vor. Den Namen des M. tragen ferner armen. Bearb. der Progymnasmata des → Aphthonios, ein Komm. zur Techne des → Dionysios (26) und verschiedene dogmat. Schriften. H. Gä.

Ta.: vollst.: Venedig [2]1865. *W. und G. Whiston*, Lond. 1736 (mit lat. Übers.). Gesch.: *M. Abeghian–S. Yarutiwnean*, Tiflis 1913. Übers.: *M. Lauer*, Regensburg 1869. *V. Langlois* Coll. des hist. ... de l'Arménie 2, Par. 1869,

45 ff. Geogr.: a) *A. Soukry*, Venedig 1881 (mit frz. Übers.). b) *Saint-Martin* Mém. hist. et géogr. sur l'Arménie 2, Par. 1819, 301 ff. *Ch. Patkanov*, Petersburg 1877 (mit russ. Übers.).

Lit.: 1. *P. N. Akinian*, RE Suppl. VI 534 ff. (mit weiterer Lit.). 2. *E. Polaschek*, RE Suppl. X 789 ff. 3. *Krumbacher* 406. 411. 4. *A. v. Gutschmid* Kl. Schr. 3, Lpz. 1892, 282 ff. 5. *H. Thorossian* Hist. de la litt. armén.. Par. 1951, 84 ff.

**Mossynoikoi** (*Μοσσύνοικοι, Μοσύνοικοι*; *Mossyni, Mossynoeci*). Starker Stammesverband in den waldreichen Gebirgen an der s.ö. Küste des Schwarzen Meeres, w. von → Kerasus, den Tibarenern und Chalybern im W. benachbart. Der Name M. wurde von *μόσσυν* (*μόσυν*), den turmartigen Holzhäusern, abgeleitet, die Xen. an. 5,4,2 ff. beschreibt, vgl. Detschew Thrak. Sprachr. 311 ff. Die Milesier, die die Städte Trapezus und Kerasus angelegt haben, rechneten sie, wohl übertreibend, zu den rückständigsten und kriegerischsten unter ihren Nachbarstämmen. Zeitweise erstreckte sich ihr Herrschaftsbereich ziemlich weit in das innere Kleinasien (Strab. 11,528. 12,549). Zu Xenophons Zeiten waren ihnen auch die Chalyber untertan. Hekat. FGrH 1 F 204. Hdt. 3,94. 7,78. Skyl. 86. Skymn. 900. Apoll. Rhod. 2,379. 1018. Curt. 6,4, 17. Mela 1,106. Anon. Per. P. E. 35. Amm. 22,8. Chr. D.

*Schachermeyr*, RE XVI 377 ff. *Danoff* Pontos Eux., RE Suppl. IX 1020.

**Most** (*γλεῦκος, mustum*). M. ist die Flüssigkeit, die infolge Drucks (der Trauben gegeneinander oder durch Pressung) aus den Trauben fließt. Der *sponte defluens* M. (Plin. nat. 14,85), der vor der Kelterung abfloß, hieß *πρότροπος* (Poll. 6, 17), *protropum* (sehr süß, nicht lange haltbar), ebenso der daraus gewonnene Wein, offenbar überhaupt sehr süße Weine (Plin. nat. 14,75. Vitr. 8,3,12. Athen. 1,30 b). Bes. süßer Wein wurde aus überreifen Trauben oder aus Rosinen gekeltert (Plin. nat. 14,80 ff. Colum. 12,39. Hom. Od. 7,123 f. Diosc. 5,6,14) und hieß *passum* (von *uva passa* »Rosine«). Der Rückstand des Rosinen-M. wurde mit Wasser versetzt, erneut ausgepreßt und ergab so das *passum secundarium* (Plin. nat. 14, 82). Zum Keltern wurden die Trauben erst ausgetreten (Pfuhl Abb. 222. 287), dann unter der Presse ausgepreßt (Varro rust. 1,54,2. Colum. 12, 19,3). Die Presse, *torcular(ium)*, *ὄργανον*, arbeitete mit dem Preßbaum, der von Seilwinden niedergezogen wurde (vgl. A. Maiuri La villa dei Misteri, 1960, 41 ff. Abb. 28–30). Im 1. Jh. v. Chr. kommt eine Presse auf, deren Preßbaum nach dem Spindelsystem mittels einer Schraube bewegt wurde (Plin. nat. 18,317); erneute Verbesserung um die Mitte des 1. Jh. n. Chr. Eine solche Spindelpresse, *cochlea*, freilich als Tuchwalkerpresse benützt, wurde in Herculanum gefunden (A. Maiuri Ercolano, 1932, 58). Nach dem ersten Pressen nahm man die seitlich herausgequollene feuchte Masse ab, legte sie oben erneut auf und preßte nochmals. Der nun sehr saure M., *mustum tortivum* (Cato agr. 23,4. Plin. nat. 14,130. Colum. 12, 36), *circumcidaneum* (Cato a. O.), *circumcisicium* (Varro rust. 1,54,3. = *ϑάμνα*? Geop. 6,13,2) galt als billiges, leichtes Getränk. Der völlig ausgepreßte Trester diente als Viefutter. Wurde er vorher nochmals mit Wasser übergossen, entstand die *lora*, *δευτερίας*; deren es je nach der Menge zugesetzten Wassers verschiedene Sorten gab. Um M. als M. zu erhalten, d. h. um seine Weiterentwicklung in Wein zu verhindern, wurden die M.-Krüge verschlossen, verpicht und 30–40 Tage in kaltes Wasser gestellt (Cato agr. 120. Colum. 12, 29. Plin. nat. 14,83), oder der M. wurde eingekocht. Nach dem Grade des Einkochens (auf die Hälfte, ein oder zwei Drittel des Volumens) unterschied man *car(o)enum* (Pallad. 11,18. Zur Verwendung: Apic. 1,19. 2,1,7. 2,2,1), *sapa* und *defrutum* (oft bei Apic.), gr. *σ(ε)ίραιον, ἕψημα*, die nicht mehr eindeutig trennbar sind. Nach Colum. 12,19 soll M. nur aus getretenen, nicht aus gepreßten Trauben eingedickt werden, möglichst in Blei-, nicht in Bronzegefäßen; zum Würzen des Weins soll nur einjährig gelagertes *defrutum* benützt werden (a. O. 20). M. wird wie andere Mittel (Harze, Kräuter, Gewürze) zur Herstellung des beliebten Gewürzweins benützt, er wird außerdem in der Küche als Konservierungsmittel und Gewürz und vielfach in der Medizin werwandt. Zum Würzen wird die Zutat entweder in den M. gegeben, um mit ihm zu gären, oder der M. wird damit eingekocht. Nachweise bei W. Abel, RE XVI 912 ff. (mit Liste der namentlich bekannten Gewürzweine). R. J. Forbes Stud. in Anc. Technology III (1955). W. H. G.

**Mostene** (*Μοστήνη*) alte lyd. Stadt am ö. E. des Sipylos-Geb., genaue Lage nicht bekannt; im J. 17 n. Chr. durch ein Erdbeben zerstört, mit Hilfe des Tiberius wieder aufgebaut, Tac. ann. 2,47. Inschr. CIL X 1624 und vielleicht OGIS 471. Mz. seit 2. Jh. v. Chr. und in Kaiserz. Head $HN^3$ 653 f. mit Legende *Λυδῶν Μοστηνῶν* und Bildern einer Göttin und eines Reitergottes mit Doppelaxt. K.Z.

*J. Keil*, RE XVI 379 f.

**Mosyloi** (*Μόσυλοι* Ptol. 4,7,10), Volk in O.-Afrika an der S.-Küste des Golfs von Aden, das gleichzeitig einem Vorgebirge und einem Hafen den Namen (*Μόσυλον*, Plin. nat. 6,174 *Mossylites*) gegeben hat (Steph. Byz.). Letzterer lag 2–3 Tagereisen ö. von Mundu (Peripl. m. Erythr. 10), exportierte Zimt und Weihrauch, hatte aber schlechte Landemöglichkeit. A. D.

**Mothakes** (*μόϑακες, μόϑωνες*, Boisacq s. *μόϑος*), Kinder spartiat. Väter und helot. Mütter, sind frei (irrig Etym. m. s. *μόϑων· οἰκογενὴς δοῦλος*), nehmen an der *ἀγωγή* teil, wurden bei Besitz eines Kleros Spartiaten, blieben sonst *ὑπομείονες*. Einzelne M. erreichten höhere Posten, Xen. hell. 3,5,12; ob Kallikratidas, Gylippos und Lysandros M. waren, ist fraglich, Ail. var. 12,

43. Phylarch FGrH 81 F 43. Hesych s.v. Harpokr. s.v. Plut. Lys. 2; Kleom. 8,1. BUSOLT GStk. 657 f. H.V.

**Mothones** s. Mothakes

**Motya** (*Μοτύα, Μοτύη*) phoinik.-karthag. Stadt auf einer fast kreisrunden Insel von ca. 1 km Durchmesser innerhalb einer Lagune 8 km n. von Marsala, h. Isola San Pantaleo, eine der drei Festungen, die die Phoiniker bei ihrem Zurückweichen vor der griech. Kolonisation im w. Sicilien behaupteten (Thuk. 6,2,6), im J. 397 v. Chr. von Dionysios I. erobert und zerstört (ausführl. Darstellung Diod. 14,47–53), im folgenden J. von den Karthagern zurückgenommen, aber freiwillig aufgegeben und durch die mächtige Seefestung → Lilybaion ersetzt (Diod. 14,55. 62), seitdem nicht wieder aufgebaut und nur landwirtschaftl. genützt (Wein, Früchte, die Faserpflanze Borbillo). Die Lagune von M. ist seither stark versandet, das Steinmaterial der Stadt größtenteils verschleppt worden. Ausgegraben wurde M. von 1906 ab von Joseph I. S. WHITAKER Motya, a Phoenician colony in Sicily, London 1921. Erhalten ist großenteils die Befestigung, ein Mauerring von wechselnder Stärke und Bauart mit 20 Türmen und Bastionen, bemerkenswert ein kleiner, künstl. Binnenhafen innerhalb der Ummauerung, durch einen unter der Mauer hindurchgeführten Kanal mit der See verbunden. Die Funde in einem kleinen Museum auf der Insel. K. Z.

*Whitaker* a.O. *Ziegler*, RE XVI 391–407. *V. Tusa*, Enc. Arte Ant. V 249.

**Motyka** (*Μότυκα*). Siculerstadt im S.-Zipfel Siziliens, die im h. Modica weiterlebt. Nach Cic. Verr. 3,101 ist der *ager Mutycensis* ein Teil des *ager decumanus provinciae Siciliae*. Plin. nat. 3,91 rechnet die *Mutycenses* zu den *stipendiarii*. Spätgriech. Inschr. im Gebiet von M.: IG XIV 243–253. Spätröm. und byz. Funde: Orsi, NSA 1915, 212 ff. Kl. M.

*Ziegler*, RE XVI 407.

**Mucianus.** Cognomen in der Gens Licinia (26), DEGRASSI FCap. 146, in der Kaiserz. auch bei weiteren Gentes (vgl. DEGRASSI FCons. 259) und bes. in Dalmatien, I. KAJANTO Soc. Sc. Fenn., Comm. Hum. Litt. 36, 1965, 18. 32. 151. H. G. G.

**Mucius.** Name einer röm. Gens (inschr. auch *Muucius*, SCHULZE Eigenn. 194). Von patriz. Namensträgern könnten die *Mucia prata* jenseits des Tiber ihren Namen haben; in der liter. Tradition gehört zu ihnen lediglich der sagenhafte C. M. Cordus (Scaevola) Nr. 4. Spätere Scaevolae sind plebeisch und treten erst seit dem ausgehenden 3. Jh. v. Chr. hervor (Stammbaum MÜNZER RE XVI 413 f.), ganz bes. als Juristen (Nr. 7. 11. 12, nach ihnen erhielt der kaiserzeitl. Jurist Cervidius den Beinamen → Scaevola) und als Inhaber hoher geistlicher Ämter (Pont. Max. Nr. 7. 12). Stammbaum auch: MÜNZER Adelsp. 224.

**1.** Mucius, tribunus plebis, der im Jahr 133 v. Chr. die Stelle des von Ti. → Gracchus (8) aus dem Amt entfernten tr. pl. Octavius einnahm, Plut. Ti. Gr. 13,2 18,1. BROUGHTON Mag. 1,493. **2.** P. M., fraglich, ob Kriegstribun (Fest. 180 L.) oder Volkstribun (so Val. Max. 6,3,2) im J. 487 (BROUGHTON Mag. 1,21); er wird genannt im Zusammenhang mit 9 an einer durch einen *lapis albus* beim Circus gekennzeichneten Stelle verbrannten Römern (wahrscheinlich gefallenen tr. mil.). **3.** Q. M., von Pompon. Dig. 1,2,2,37 unter den ersten röm. Rechtsgelehrten genannt, wahrscheinlich Verwechslung mit Q. M. Scaevola Nr. 11 (die Variante zur Kriegserklärung an Karthago 218 dürfte wohl kaum mit einem M. zu verbinden sein). **4.** C. M. Cordus Scaevola, Held der späteren röm. Geschichtslegende vom Krieg gegen Porsena im J. 507 v. Chr. Um den feindl. König zu erdolchen, habe sich M. in das Etruskerlager Eingang verschafft, dort aber irrtümlich den Schreiber des Königs ermordet, und sei dann von Porsena, dem er während des Verhörs seine Absicht enthüllte und vor dem er zur Bekräftigung seiner furchtlosen Vaterlandsliebe seine rechte Hand in die Flammen eines Altars hielt, entlassen worden. Grundgedanke: *et facere et pati fortia Romanum est* (Liv. 2,12,9) bzw. die *patientia* (Val. Max. 3,3, 1). Porsena habe um Frieden gebeten, in Rom aber habe man M. den Beinamen *Scaevola* (»Linkshänder«, möglicherweise jedoch auch nach einem phall. Amulett, Belege bei MÜNZER, RE XVI 412) gegeben und ihn mit den *Mucia prata* belohnt, deren Lage unbekannt ist (JORD. Top. 1,3,625, vgl. Vorb.). Stationen in der Ausbildung der Sage sind kaum faßbar (älteste Erwähnungen: Cass. Hem. frg. 16 HRR [Non. 267,22]. Cic. Sest. 48; parad. 12); Analyse der breiten Tradition (Liv. 2, 12 f. Dion. Hal. 5,27 ff. Val. Max. 3,3,1. Flor. 1,10, 5 u. a). bei MÜNZER, RE XVI 416 ff. **5.** Q. M. Orestinus (möglicherweise aus der Gens Aurelia adoptiert?), trat als tr. pl. 64 für Catilina (Kandidat für das Konsulat 63) und gegen Cicero ein, Cic. tog. cand. = Ascon. 64. 66 f. 69 St. BROUGHTON Mag. 2,162. **6.** P. M. Scaevola, älterer Sohn von Nr. 9. Er war 179 Praetor (urbanus) und 175 Consul zusammen mit M. Aemilius → Lepidus (4) (Quellen bei DEGRI 13,48 f. 458 f. BROUGHTON Mag. 1,401 f.), mit dem er die Ligurer bekriegte und einen Triumph feierte, Liv. 41,19,1 f. 170 war er ranghöchster Zeuge im SC für Thisbe, Syll.[3] 646, bewarb sich jedoch erfolglos 169 um die Censur. Er war wohl auch Rechtskundiger, Cic. Brut. 98. **7.** P. M. Scaevola, Sohn von Nr. 6, älterer leibl. Bruder des P. → Licinius Crassus Dives Mucianus (26), tr. pl. 141 (Plebiscit gegen L. Hostilius Tubulus wegen Bestechung, J. BLEICKEN Volkstribunat, 1955, 14), Praetor 136 (Erörterung über den Rechtsstatus des → Hostilius Mancinus [11]; wahrscheinl. Rechtshilfe für den Dichter L. Accius). Er gehörte mit seinem Bruder zur reformfreundl. Richtung im Senat und ermunterte den Ti. → Gracchus (8). 133 war er Consul mit L.

→ Calpurnius Piso (18), führte die Geschäfte in Rom und lehnte als Vorsitzender in der Senatssitzung vor dem Untergang des Ti. Gracchus jede Gewaltanwendung ab, ohne sich damit durchsetzen zu können, Plut. Ti. Gr. 18,3 u.a., respektierte dann als Jurist die Anschauung der Senatsmajorität, blieb im Gegensatz zu den Scipionen (Cic. de domo 91; Planc. 88; de or. 2,285) und wurde 130 pont. max. als Nachfolger seines Bruders Mucianus. 129 war er Oppositionsführer gegen Scipio Aemilianus, weswegen ihn wahrscheinl. Lucil. in seinen Satiren scharf angriff (Cichorius Unters. z. Luc. 57,149,1). In jurist. Tätigkeit wird er noch 127 oder 126, 123 und 121 erwähnt und ist spätestens 115 gestorben. Als pont. max. verfaßte er die → Annales maximi (1) oder sorgte für ihre Redaktion. Als Redner war er tüchtig, Cic. de or. 1,170; Brut. 108, berühmt aber als Rechtsgelehrter und einer der Begründer des bürgerl. Rechts (Responsa, Verf. eines jurist. Werkes), Schanz-Hos. 1,238f. **8.** P. (M.) Scaevola, war 64 v. Chr. Pontifex. **9.** Q. M. Scaevola, P. f., Begründer des Ansehens seines Zweiges, Vater von Nr. 6 und 10. Möglicherweise war er schon für 220 v. Chr. zum Consul gewählt, bekleidete jedoch das Amt nicht, Broughton Mag. 1,235. Wohl seit vor 218 bis zu seinem Tod um 209 gehörte er zu den *Xviri sacris faciundis.* Als Praetor 215 verwaltete er Sardinien (Liv. 23,24,4. 30,18, vgl. Münzer Adelsp. 208f)., wo er erkrankte, aber doch mit prorogiertem Imperium bis 211 blieb. **10.** Q. M. Scaevola, jüngerer Sohn von Nr. 9. Er war 179 Praetor (mit seinem Bruder Nr. 6), wobei er Sicilien verwaltete, und 174 (als Nachfolger seines Bruders) Consul mit Sp. Postumius Albinus (Quellen u.a. bei Broughton Mag. 1,403). 171 war er als Consular dem Consul P. Licinius Crassus in Thessalien beigeordnet, wo er am Kallinikos das röm. Zentrum führte. **11.** Q. M. Scaevola (Augur), Sohn von Nr. 10, um 170–87 v. Chr., Schwiegersohn des → Laelius (2), Augur, Rechtsgelehrter. Früh war er von stoischen Gedanken beeindruckt (vgl. Cic. de or. 1,43. 45. 75) und wurde vor 129 Augur. Den Bestrebungen der Gracchen stand er aufgeschlossen gegenüber und wurde erst spät – 120 – Praetor, verwaltete die Provinz Asia und kehrte Mitte 119 zurück (Broughton Mag. 1, 523f.), um sich dann gegen eine Anklage wegen Erpressungen, erhoben von T. → Albucius (2), erfolgreich zu verteidigen (satirisch behandelt von Lucil. 2,29–44 M.). 117 war er Consul mit L. Caecilius → Metellus Diadematus (17) (Quellen u.a. bei Degrl 13,162f.). Als angesehener Consular billigte er 100 die Haltung des Senats gegenüber → Appuleius Saturninus (6) und widersprach 87 mutig dem Antrag Sullas auf Ächtung des Marius (Val. Max. 3,8,5). Unter seinen Schülern (u.a. seine Schwiegersöhne M'. → Acilius Glabrio [12] und L. → Crassus [1], P. Sulpicius Rufus, Atticus) befand sich im J. 90 auch Cicero, der ihn später zum Dialogteilnehmer des Gesprächs de re publica (129 v. Chr., rep. 1,18. 32f. u. ö.), de amicitia (Lael. 14. 25 u. ö.) und de oratore (91 v. Chr., de or. 1, 167. 265 u. ö.) machte und ihn auch sonst öfters erwähnte. Als hochangesehener Rechtskundiger machte er zusammen mit Nr. 12 das Cognomen Scaevola sprichwörtlich, Cic. de or. 1,39. 2,144. Hor. epist. 2,2,89. Ammian. 30,4,6. **12.** Q. M. Scaevola, Sohn von Nr. 7, pont. max., berühmter Rechtsgelehrter, um 140–82 v. Chr. Ämterlaufbahn: 115 Pontifex, um 110 Quaestor, 106 tr. pl. (Cic. Brut. 161. Broughton Mag. 1,553), um 104 Aedil, 100 Anhänger der Optimaten gegen Saturninus, spätestens 98 Praetor und 95 Consul mit dem Redner L. Licinius → Crassus (1), seinem Coaetanen, mit dem er alle Ämter mit Ausnahme des Volkstribunats und der Censur, um die M. sich nicht bewarb, gemeinsam bekleidete; ein geistig hervorragendes Consulnpaar (Cic. off. 3, 47; Brut. 229 u. ö.), Broughton Mag. 2,11; Suppl., 1960, 42; durch die Lex Licinia Mucia wurden Nichtbürger aus Rom ausgewiesen und die Aneignung des Bürgerrechts verfolgt (vgl. Chr. Meier Res publ. amissa, 1966, 213). M. vereitelte den seinem Collegen vom Senat bewilligten Triumph. Durch gerechte, uneigennützige und vorbildl. Verwaltung der Provinz Asia im J. 94 (dazu E. Badian, Athenaeum 34, 1956, 104ff.) wurde sein Name sprichwörtl., Cic. Att. 5,17,5. Val. Max. 8,15, 6. H. A. Gord. 5,5 u.a. Hochgeehrt (u.a. durch Spiele: *Mucia*) war er dann in Rom 93 in einem Privatprozeß erfolglos (*causa Curiana* → Curius Nr. 3) und spürte 92 die Feindschaft der Ritter, die seinen Legaten P. Rutilius Rufus wegen Erpressungen verurteilten, obwohl sich auch M. an dessen Verteidigung beteiligte. Um 89 wurde er als Nachfolger des Cn. → Domitius Ahenobarbus (8) pont. max. 86 wurde er bei einem durch C. → Flavius Fimbria (11) veranlaßten Attentat verwundet, 82 auf Befehl des jüngeren Marius im Vestaheiligtum ermordet, Cic. de or. 3,10 u.a. Als hochgebildete, bescheidene und lautere Persönlichkeit gehörte M. nicht nur zu den besten Rednern seiner Zeit (Cic. de or. 1,180 u. ö. Teuffel-Kr.-Sk. 1 § 154), sondern war vor allem als Jurist berühmt, s. u. **13.** Q. M. Scaevola, wohl Enkel des Augurs Nr. 11. Im J. 59 war er mit Q. Cicero in Asien, 54 tr. pl., wohl schon als Augur (bezeugt für das J. 49), bis 51 Legat des Ap. → Claudius Pulcher (28) in Kilikien. 46 reiste er nach Athen, Cic. fam. 4,9, 1. Er war auch Dichter, Schanz-Hos. 1,311. **14.** Mucia, Tochter von Nr. 11, Gattin des M'. Acilius Glabrio. Münzer Adelsp. 275ff. **15.** Mucia, Tochter von Nr. 11, Gattin des Redners L. → Crassus (1), Schwiegermutter des jüngeren Marius. **16.** Mucia Tertia, Tochter von Nr. 12, um 80 v. Chr. dritte Gemahlin des Cn. Pompeius Magnus, Mutter des Cn. und Sex. Pompeius und der Pompeia. 62 ließ sich Pompeius von ihr wegen erwiesener Untreue der M. (mit Caesar!) scheiden.

M. heiratete dann den M. → Aemilius Scaurus (29) (Stiefsohn Sullas) und gebar ihm den M. Aemilius Scaurus. Im J. 39 vermittelte sie zwischen Sex. Pompeius und Octavian, 31/30 erwirkte sie von Octavian die Begnadigung des bei Actium gefangenen Scaurus, Cass. Dio 51,2. 56,38. H. G. G.

Zu Mucius 7. Neben Ser. Sulpicius Rufus ist M. der am meisten gefeierte Jurist der römischen Rep.: Cic. rühmt ihn an vielen Stellen (z. B. Brut. 102). Zwei Rechtsinstitute sind nach M. benannt und gehen wohl auf ihn zurück: Die *cautio Muciana* beseitigt die Schwierigkeiten, die bei einem Legat unter einer negativen Potestativbedingung bestehen (z. B. *si in Capitolium non ascenderit*, Ulp. Dig. 35,1,7 pr.). Dann soll nämlich der Bedachte die Zuwendung sofort erhalten, aber Sicherheit für den Fall leisten, daß er der Bedingung zuwiderhandelt. Und die *praesumptio Muciana* vermutet, daß alles Vermögen der Ehefrau von ihrem Mann stammt. Nach Pomp. Dig. 24,1,51 sollen damit der Frau peinliche Nachforschungen erspart bleiben. Die bedeutendste Leistung des M. aber ist überliefert in Pomp. Dig. 1,2,2,41: *ius civile primus constituit generatim in libros decem et octo redigendo*, also der erste Versuch einer systemat. Darstellung des Zivilrechts. F. Schulz Gesch. der röm. Rechtswissensch., 1961, 111 bezeichnet dieses Werk geradezu als »das Grundbuch nicht nur der röm., sondern der europ. Jurisprudenz«. Uns sind davon aber (in den Dig.) nur wenige Bruchstücke in späterer Kommentierung erhalten. Zu den Versuchen, daraus das System des M. zu rekonstruieren, vgl. Schulz 111 ff. 76 ff. 252 ff. D. M.

**17.** C. Mucius, nur Vitr. 3,2,5. 7 praef. 17 erwähnter röm. Architekt, der für Marius den Tempel des Honos und der Virtus am Fuß der arx in Rom erbaute, mit *ambulatio circa cellam*, aber ohne *posticum*. Die Interpretation dieser Angaben ist umstritten. W. H. G.

*F. Castagnoli*, MDAI(R) 62, 1955, 139 ff. *S. Ferri* Parola del Passato 8, 1953, 214 ff. *L. Guerrini*, Enc. Arte Ant. 5, 1963, 251.

**Mücke** (ἡ ἐμπίς, ὁ κώνωψ, Demin. κωνώπιον, *culex, culicellus, culiculus, conops*), Sammelbezeichnung für verschiedene, meist nicht genauer unterschiedene Insekten, doch gewöhnlich als summender, stechender, blutsaugender Doppelflügler gekennzeichnet, im allg. wohl die Gemeine Stechmücke (Aristot. hist. an. 4,532 a 14. 5,551 b 27 ff. vgl. 1,490 a 20. Plin. nat. 11,2 f. 100. Ps. Verg. Culex. Hor. sat. 1,5,14 u. a.); oft ist sichere Bestimmung unmöglich; in manchen Fällen scheint Aristot. Fliegen- oder Gallwespenarten im Auge zu haben. Ungewiß ist auch, ob und wie die Griechen κώνωψ (seit Hdt. 2,95) und ἐμπίς (seit Aristoph. Nub. 157 ff. Lysistr. 1032) unterschieden (Sch. Aristoph. Av. 244 und Nub. 157 hält κώνωψ für ein jüngeres Synonym). Häufig wird über M.-Plagen geklagt; so bei Hdt. a. O. (Äg.), Aristoph. Av. 244 (Griechenland, bes. Marathon), Diod. 3, 23 (Äthiopien), Paus. 7,2,11 (Myus in Karien), Amm. 18,7,5 u. a. (Mesopotamien), Hor. a. O. (Unteritalien). Dagegen scheint man die M. als Verbreiter von Krankheiten nicht erkannt zu haben. Der Belästigung durch sie entzog man sich durch allerhand Abwehrmittel (s. Plin. nat. Ind. s. culex. Diosc. lat. 3,23. Pallad. 1,35,2. Geop. 13,11), vor allem durch das Moskitonetz, → Konopion, culicare (Sch. Iuv. 6,80), eine äg. Erfindung (Hdt. a. O. Hor. epod. 9,16 mit Sch. Prop. 3,11,45. Isid. or. 19,5,4). Ihre Aufdringlichkeit läßt 'M.' zur Scheltmetapher werden (Aristoph. Equ. 1038 für Redner; Plaut. Cas. 239 für Liebhaber). Die Fabel betont mehr den Gegensatz zwischen Kleinheit und »Macht« des Tieres (z. B. Aisop. fab. 267. 292 Hausr.; anders Aisop. 140. Syntip. 47 Hausr.). – Abbildungen gelegentlich auf Gemmen (Imhoof-Blumer und Keller Tierbilder auf Münzen und Gemmen T. VII 30. 31). W. R.

*Keller* Ant. Tierwelt 2,451 f.

**Mühle** (μύλη, *mola*). Durch das Mahlen wird die im Getreidekorn enthaltene Stärke der durchgehenden Zumischung von Wasser zugänglich gemacht, welche vor jedem Kochen, aber bes. vor dem Backen erforderlich ist. Urspr. wurde das Korn auf einem natürlichen Felsen mittels eines geeigneten Steines zerrieben; aber schon sehr früh wurde auch der untere Stein transportabel gemacht und beide Steine bes. zugehauen. Diese sog. Sattel-M. ist sowohl auf äg. wie auf griech. Terrakotten dargestellt und blieb wahrscheinlich bis ins 5. Jh. v. Chr. die einzig bekannte M. (Mörser wurden im wesentlichen nicht zum Mahlen, sondern nur zum Enthülsen der Spelzgetreide verwandt.) Im Griechenland des 5. oder 4. Jh. wurde jedoch, wie bes. aus Olynthos bezeugt, der bisher längliche obere Stein (öfters ὄνος genannt) breiter gemacht und oben mit einer zum Mühltrichter bestimmten Vertiefung versehen, aus welcher das Korn durch einen Schlitz zum Mahlen gelangte. Gleichzeitig wurde der Stein auch mit einer hebelartigen Vorrichtung ausgestattet, die das Mahlen weiter erleichterte. Die Dreh-M. jedoch, durch welche erstmalig die Verwendung von Eseln oder Pferden zur Mahlarbeit ermöglicht wurde, wurde überraschend spät (wahrscheinlich erst um 200 v. Chr. und wahrscheinlich im w. Mittelmeerraum) erfunden, wobei nicht mehr festzustellen ist, ob die kleine Hand-M., die sich mit geringen Änderungen (bes. flacheren Steinen) bis in die neueste Z. behaupten konnte, oder die charakteristische »Doppeltrichter«-Tier-M., wie sie namentlich aus Pompeii gut bekannt ist, zuerst aufkam. Schon kurz danach (spätestens im 1. Jh. v. Chr.) wurde auch die Wasser-M. erfunden, die bei Vitr. 10,5,2 in einer Form beschrieben ist, welche im wesentlichen bis in die Neuzeit unverändert blieb, deren Gebrauch sich aber nur langsam ausdehnte und erst 2 oder 3 Jh. später auch in die ferneren Provinzen des röm. Reiches vordrang. An Plätzen, wo kein fließendes Wasser vorhanden war, fand das Prinzip der Wasser-M. mit Zahnradantrieb auch bei Tiermühlen Anwendung, die dadurch bedeutend leistungsfähiger als die pompejan. wurden. (Im 6. Jh. n. Chr. wurden ausnahmsweise auch Wassermühlen auf im Tiber verankerten Schiffen benutzt, weil die Goten die Wasserzufuhr der Aquädukte unterbrochen hatten.) Die Wind-M., die keine prinzipielle Neuerung darstellt, da ihre Hauptbestandteile denen der Wasser-M. gleichen, ist erst aus dem MA. bezeugt; aber mit dieser einzigen Ausnahme wurde nach den röm. Erfindungen bis zur Einführung der modernen Stahl-Roller-M. im 19. Jh. in der Müllerei kein weiterer Fortschritt gemacht. L. A. M.

*L. A. Moritz* Grain-Mills and Flour in Class. Antiquity, 1958.

**Münzverbrechen.** Das grundlegende Gesetz über M. war die lex Cornelia testamentaria nummaria des J. 82 v. Chr. (Ulp. Dig. 48,10,9). Es verbot, Goldbarren minderwertiges Metall beizumischen, Silbermünzen zu fälschen sowie falsche Silbermünzen auszugeben, und drohte für diese Taten Freien die Verbannung, Sklaven die Todesstrafe an. Durch erweiternde Auslegung dieses Gesetzes erfaßte man im Prinzipat auch die Fälschung von Goldmünzen; selbst die Zurückweisung von Gold- und Silbermünzen, die den Kaiserkopf trugen, wurde unter dieses Gesetz gezogen (Paul. Sent. 5,25,1). In nachkonstantin. Z. wurden die M. als Majestätsverbrechen verfolgt. D. V. S.

*Mommsen* RStrR 672ff. *Taubenschlag*, RE XVI 455ff. *Ph. Grierson* Essays in Roman Coinage presented to H. Mattingly, 1956, 240ff.

**Münzwesen.** Die Münze als handliches, rundes Metallstück, dessen Gewicht und Feinheit, Wert und Geltungsbereich durch Bild, Aufschrift oder beides von der ausgebenden Institution verbürgt werden, erscheint erst gegen 630 v. Chr. als späteste Form des → Geldes. Poll. 9,83 nennt neben → Pheidon v. Argos, den Naxiern u. a. unter Berufung auf Xenophanes (Diels Vorsokr. Frg. 4) die Lyder als die Erfinder (vgl. Hdt. 1,94,1), und in Lydien und Ionien begegnen die ältesten Münzen. Sie waren aus → Elektron (Blaßgold, das lange als eigenes Metall zu ¾ Goldwert galt), bohnenförmig, zunächst gar nicht markiert, dann mit bildlosen Einstempelungen versehen, schließlich auf einer Seite durch ein Bild, auf der anderen durch eine mannigfach gestaltete und unterteilte Eintiefung ohne Darstellung, das sog. Quadratum incusum, gekennzeichnet. Bald kamen Münzen aus Gold und Silber hinzu. Der zunächst allein geprägte → Stater, das Einheitsstück, wog beim Elektron 15–16 g (→ Kyzikener), beim Gold im → Kroiseios Stater ca. 11 g, später 8,1 g, im → Dareikos 8,4 g. Dazu traten Drittel (Trite), Sechstel (→ Hekte), Zwölftel (beim Elektron noch kleinere Stücke). Der lyd. Silberstater zu ca. 11 g erhielt gleiche Teilung. Der → Siglos von 5,4 bzw. 5,6 g war ein Zwanzigstel des jüngeren Kroiseios bzw. Dareikos. Gold- und Elektronprägung blieben im allg. auf die Randzonen der griech. Welt beschränkt (Kyrene, Kyzikos, Lampsakos, Mytilene, Pantikapaion u. a.) und waren typisch für Monarchien (Persien, Philipp II., Alexander d. Gr., die Diadochen). Das griech. Mutterland und der Westen prägten Silber. Urspr. Prägung in Elektron ist zweifelhaft. Früh entstanden zahlreiche Münzfüße. Noch im 7. Jh. begann Aigina zu münzen, um 600 und kurz danach folgten Korinth und Athen (Sparta erst im 3. Jh.!). Den Stater bildete zumeist das → Didrachmon, doch ersetzte Athen es gegen 540 durch das → Tetradrachmon, das für andere Prägungen, namentlich die der hellenist. Reiche Vorbild wurde. Das frühe M. des thrak.-makedon. Raumes (→ Bisalten, → Abdera u. a.) sowie später das der Ptolemaier kennen → Oktadr. Besonderem Anlaß entsprangen → Dekadr. und Dodekadr. Mine (= 100 Dr. → *Μνᾶ*) und → Talent (= 6000 Dr.) waren nur Rechenwerte. Die → Drachme hielt 6 silberne → Obolen zu 8, 12 oder 16 bronzenen → Chalkoi. Diese waren gleich den seltenen Eisenmünzen (Argos, Megara, Tegea u. s.) Kreditgeld. In Sizilien wurde die Drachme statt in 6 Obolen auch in 5 → Litren zu je 12 Onkiai (→ unciae) geteilt. Festprägungen waren die goldenen 100-Litren-Stücke in Syrakus (E. 5. Jh.), eine Notprägung die goldenen → Didrachmen in Athen (407/06). Didr. att. Fußes bildeten den Stater im Golde Philipps II., Alexanders und vieler Diadochen (→ Oktadrachmon). Schwankungen im Münzfuß wie im Edelmetallgehalt sind meist Folge innen- oder außenpolit. Vorgänge.

Die Münze schufen wohl Privatleute für wirtschaftliche Zwecke, doch lassen Bilder wie der lyd. Löwe, die Biene von Ephesos u. a. erkennen, daß die Ausgabe bald in staatliche Regie gelangte.

Von großer Bedeutung, wenn nicht für die Schöpfung der Münze, so doch für ihr rasches Vordringen, war das Söldnerwesen, das häufige Geldzahlungen gleicher Größe an zahlreiche Empfänger bedingte. Als Prägeherren figurierten Dynasten, Städte, Stämme und Bünde.

Die Existenz einer Lokalprägung in Flächenstaaten (etwa der Griechenstädte im Perserreich) und Bünden erlaubt nicht immer eindeutige staatsrechtliche Schlüsse, ebensowenig ihr Fehlen oder ihre Beschränkung auf bestimmtes Metall: es kann ein Verbot vorliegen, wie im 1. att. Seebund, aber auch wirtschaftliche Schwäche oder mangelndes Bedürfnis.

Die ältesten Münzen zeigen, weil entbehrlich, im allg. keine Aufschrift, so im griech. Mutterland die von Aigina und anf. die von Athen. Später einsetzende Prägungen tragen meist einen oder mehrere, oft archaische Buchstaben, wie das Koppa (ϙ) in Korinth, *ΑΘΕ* (statt *ΑΘΗ*) in Athen, zuletzt das volle Ethnikon (im Gen. Plur., seltener im Nom. Sing.) oder Ktetikon. Daran änderten die

Tyrannen wie Peisistratos, Polykrates u.a. nichts (ein Obol des Hippias mit *HIΠ* ist wohl in Thrakien geprägt), und analog erscheinen nur vereinzelt Königsnamen. Erst das 4. Jh. schuf hier Wandel. Namen oder Monogramme von Münzbeamten tauchen seit E. 6. Jh. auf, erklärende Beischriften im 5. Jh. Nominalangaben (seit Mitte 5. Jh.) und die im Hellenismus einsetzenden Prägedaten (Königsjahre, Ärenrechnung, sogar Monatsangaben) blieben Ausnahmen, ebenso die seit E. 5. Jh. auftretenden Künstlersignaturen (→ Euainetos, → Kimon 6).

Die Münzbilder zeigen meist das Staatswappen (oft = Symbol oder Bild des Stadtgottes). Wechseln sie häufig, wie im frühen Ionien (dort, in Ephesos?, Münzen mit der Legende *Φάνεος* bzw. *Φ. ἐμὶ σῆμα*), anf. in Athen, dann weithin im rep. Rom, fehlte ein Staatssiegel oder/und bes. staatliches Interesse: das herrschende Adelsgeschlecht, der jeweilige Prägebeamte setzte sein Signum auf die Münzen. Als Typen begegnen anf. wilde oder zahme Tiere, Mischwesen wie Greif und Pegasos, ein Raubtier mit Beute, Pflanzen wie Ähre, Silphion, Traube, ein Gerät wie Kantharos, Leier.

Von ca. 540 an gewann die Münze ihre h. Gestalt, indem das Quadratum incusum der Rs. allmählich von bildlichen Darstellungen verdrängt wurde; ohne Zukunft blieben die etr. und kypr. Münzen mit glatter Rs. oder die sog. inkusen Münzen Unteritaliens und Zankles, deren Rs. das Bild der Vs. negativ wiedergeben. Mit der zweiseitigen Prägung treten auch menschliche Köpfe auf, zuerst Götterköpfe. Sie zieren meist die Vs., die Rs. zeigt in der Regel ein Attribut der Gottheit (oft Typ der einseitigen Prägung, etwa Ähre = Demeter). Manche Bilder sind redende Wappen: z.B. der Apfel (*μῆλον*) in Melos, das Eppichblatt (*σέλινον*) in Selinus. Gängige Münzen wie die aiginet. und att. hießen nach ihrem Bild Schildkröten (*χελῶναι*) bzw. Eulen (*γλαῦκες*) oder Pallades (vom Athenakopf der Vs.), → Dareikos. Geschichtsmünzen sind selten (→ Damareteion, Dekadrachmon), häufiger Hinweise auf Rennsiege von Herrschern (Anaxilaos, Philipp II.).

Zuerst haben pers. Satrapen (Tissaphernes, Pharnabazos) ihr Porträt auf Münzen gesetzt, nach Alexanders Tode erscheint sein Bild auf den Prägungen einzelner Diadochen, seit 305 ihr eigenes Porträt, aber mit göttlichen Attributen. Die Nachfolger lassen diese fallen, beschränken sich aber oft auf das Bild des Dynastiegründers. Auch königliche Frauen hatten das Bildnisrecht. Die Rs. der Münzen zeigt nun meist stehende oder sitzende Gottheiten (Zeus, Apollon, Athena, Nike) oder ein dynast. Wappen (Adler der Ptolemaier).

Stil und Bildauffassung spiegeln im allg. die zeitgenöss. Kleinkunst und folgen der Großkunst. Statuenkopien und Architekturbilder werden erst in hellenist. Z. gängig. Weitverbreitete Prägungen hielten aus handelspolit. Gründen am alten Aussehen fest, so die att. an ihrer archaischen Darstellung, die Kyzikener u.a. wie der Dareikos am Quadratum incusum. Handelswege sowie polit. und wirtschaftschaftlicher Einfluß lassen sich aus der Fundverbreitung und -menge ablesen, aus dem Wandern der Münzbilder und -füße, ihrer Verdrängung durch andere, dem Sinken der Norm.



Am Rande der griech. Welt entstanden Nachahmungen (att. Eulen in Vorderasien und Arabien, sizil. Münzen bei den Karthagern in Sizilien und Afrika) und eigene Prägung. Die Seleukidenmünzen dienten den parth. zum Vorbild, von denen wieder die sassanid. abhängen. Erwähnt sei auch das baktr. und ind. M. In Äg. setzte nach einer einzigen hieroglyph. Goldmünze seit ca. 320 eine reiche Prägung in Gold, Silber und bes. Kupfer ein. Die Kelten des Donauraums ahmten seit etwa 200 Münzen Philipps II., Alexanders, von Thasos u.a. nach und regten weiter n. wohnende Völker an. In Gallien (später auch Britannien) dienten goldene Philipper-Statere neben Prägungen von Massalia und seinen Kolonien als Vorbild. Nachgeahmt wurden hier und bes. in Spanien (→ Argentum) auch röm. Denare.

Sehen wir von den Etruskern ab, so gingen die mittelital. Völker erst um 300 v. Chr. vom Rohkupfergeld (→ Aes rude) zum gegossenen Schwerkupfergeld (→ Aes grave) und Barrengeld (→ Aes signatum [I 1520]) über. Die Einheit des Aes grave, der → As, entsprach der Gewichtseinheit (lat. → libra), die Teilung erfolgte duodezimal, selten dezimal in → unciae. Die Nominale wurden stets durch Wertzeichen und Münzbild geschieden. Das Ausgreifen nach Großgriechenland und der Pyrrhoskrieg verlangten eine in der griech. Welt übliche Währung und führten zu den sog. röm.-kampan. Didrachmen mit Legende *Romanom*, später *Roma*. Gegen 235 wurden sie vom → Quadrigatus (Rs. Quadriga) abgelöst, der wie seine Vorgänger in keinem festen Kurs zum Aes grave stand. Das Vordringen der für den internationalen Verkehr gedachten Silbermünzen auf den Binnenmarkt bewirkte Gewichtsreduktionen des röm. (und wohl ital.) Aes grave. Um 210 ersetzte den Quadrigatus der → Denarius. Er galt 10 (nun geprägte) Asse von $^{1}/_{6}$ röm. Pfund (= → Sextans, 54,6 g). Ihn begleiteten seltene Halb- und Viertelstücke, → Quinarius und → Sestertius. Den Wert gaben die Ziffern *X*, *V*, *IIS* an. Parallel wurde bis gegen 150 v. Chr. für den Außenhandel der → Victoriatus (Rs. Viktoria) im Gewicht von $^{3}/_{4}$ Denar gemünzt. Sein Bild und Name gingen um 104 auf den Quinarius über. Da das Gewicht des ältesten Denars von $^{1}/_{72}$ r. Pfd. (4,55 g) bald auf $^{1}/_{84}$ (3,9 g) sank, das des As auf eine Unze (27,3 g), galt ab ca. 130 der Denar 16 Asse (Zeichen daher oft *XVI* oder 𐆖), der Quinar 8, der Sesterz 4. Seit ca. 110 erscheinen gezahnte Denare (→ Serratus). Im J. 89/88 wurde der As auf Semunzialfuß gesenkt und war fortan

Kreditgeld. Kleinere Werte als der → Quadrans (Viertelas) begegnen nun selten. Gold wurde zweimal in der Not des 2. Pun. Krieges geprägt, später vereinzelt von Feldherren, regelmäßig und zu 8,2 g von Caesar (→ Aureus).

Zu der Legende *Roma* (beim Aes erst stehend seit ca. 210) und der Wertangabe traten mit Beginn der Denarwährung Monogramme der Münzbeamten (→ *triumviri monetales*, angeblich seit 289 existierend, gelegentlich auch Quaestoren und Aedilen), bald ihr voller Name. Schon vor 100 folgten erklärende Beischriften, dagegen begannen Stadtname und Wertzahl zu verschwinden. Ein festes Münzbild hatten nur Quadrigatus, Victoriatus und das Aes seit Einführung der Prora-Serie. Die Dioskuren der frühen Denar-Rs. wurden im 2. Jh. durch andere Götter in Biga (→ Bigati) und Quadriga, dann Darstellungen aus der Familiengesch. der Monetales ersetzt, am E. des Jh. auch der Romakopf der Vs. verdrängt. Im 1. Jh. erscheinen eigene Taten von Prägebeamten und schließlich im J. 44 – ein Zeichen der Monarchie – das Porträt Caesars.

Nach den Wirren der Bürgerkriege ordnete Augustus das M. Der Aureus zerfiel in 2 sog. Goldquinare und galt 25 Denare. Der Denar hielt 2 Quinare (Silber), 4 Sesterze, 8 → Dupondien (Messing) und 16 Asse (Kupfer). Kleinere Werte, → Semis und Quadrans begegnen selten bis M. Aurel, vereinzelt unter → Decius; teilweise deckte Privatgeld (→ Tessera) den Bedarf. Von Decius bis → Postumus wurden sporad. Doppelsesterze geprägt. Die Messing- und Kupfermünzen waren Kreditgeld, Quinare (Gold und Silber) auch damals rar.

Nach langsamem, dann rapidem Sinken des Münzfußes, dazu wachsender Legierung im Silber brach dieses von → Caracalla um den → Antoninianus (Doppeldenar) bereicherte System in der Krise der J. 250/70 zusammen. Reformen blieben ohne Erfolg, und so ersetzte den Aureus der → Solidus (307/24), den Denar der sog. Argenteus (294), das → Miliarense und die → Siliqua (320/24), die Aeswährung der → Follis (294), dann die → Maiorina und der Centenionalis (346) und der → Nummus (498).

Die Umschriften der Münzen geben Namen und Titel der Kaiser (und damit die Datierung) und erklären die Darstellungen. Die Vs. zeigen die Porträts der Herrscher und Angehöriger ihres Hauses (auch verstorbener), die Rs. preisen die kaiserlichen Erfolge, ihr Regierungsprogramm, ihre Schutzgötter (Hercules, Iuppiter, Sol) usw. In der Spätant. ließ die Porträtkunst nach, es gab nur noch wenige stereotype Rs.-Themen wie Gloria, Securitas, Victoria, vormünzliche Geldformen gewannen wieder an Bedeutung (→ Geld a. E., → libra).

Kein reguläres Kurant waren die → Medaillons, erst recht nicht die → Contorniaten. Solches bildeten jedoch die bis ins späte 3. Jh. andauernden Prägungen der Provinzen (Silber und Aes, bes. in Äg., Kappadokien und Syrien) und Städte (Aes, selten Silber, meist im griech. O.) sowie der Statthalter der Republik und unter Augustus.

Akutes Geldbedürfnis führte in den Randprovinzen zu den inoffiziellen Nachprägungen der frühen Kaiserzeit, des späten 3. und des 4. Jh. sowie zu gelegentlichen Nachgüssen. Münzen schlugen auch die aufständischen Juden (unter Nero und Hadrian), freie Städte und Klientelstaaten (Mauretanien, bosporan. Reich, Commagene, Iudaea u. a.). Reiche Informationen zur Währungs-, Handels-, Siedlungs- und Militärgeschichte liefern die Münzfunde. Sie belegen z. B. den Wertmetallabfluß in den Fernen Osten (bis nach Indien) und zu den freien Germanen. Hier wie dort entstanden Nachahmungen röm. Münzen.

Die Münzen wurden entweder in durch ein Positivmodell hergestellten Formen gegossen oder – und das ist die Regel – durch Warmprägung vermittels bronzener oder eiserner Stempel erzeugt. Die Vs. formte der in einem Amboß versenkte Unterstempel, die Rs. der bewegliche und weniger geschützte Oberstempel. Die so bedingte unterschiedliche Lebensdauer und Vernutzung der Stempel gestattet es, bei reichbezeugten Serien die Stempelkoppelungen und damit die Abfolge der Stempel, ja der einzelnen Münzen, zu ermitteln. Gelingt es, ein Glied der so entstandenen Kette genau zu datieren, sind die übrigen zeitlich weitgehend fixiert. Doch ist Vorsicht angebracht, da schon früh zur Stempelverfertigung Patrizen verwendet wurden.

Die Prägung beaufsichtigten reguläre oder außerordentliche Beamte (oft → Leiturgie), in der Kaiserzeit kaiserliche Prokuratoren (ein Mitspracherecht des Senats ist zweifelhaft). In Großreichen gab es mehrere, im röm. Kaiserreich zeitweise bis zu 20 Reichsmünzstätten. Der Kontrolle dienten neben der Angabe der Münzstätte (schon in den hellenist. Monarchien und Bünden), des Beamten und Datums das Zeichen der Offizin (Abteilung der Münzstätte, auf röm. Münzen seit Mitte 3. Jh. n. Chr.) und Emissionsmarken, dazu bes. Prüfgewichte *(exagium, ἐξάγιον,* daraus *στάγιον).* Gleiches bezweckt die Mehrzahl der Gegenstempel. Falsifikate begegnen aber seit dem 6. Jh. v. Chr. → Münzverbrechen. Zur Kaufkraft → Preise. H. Ch.

*Head* HN². *K. Regling* bei *Gercke-Norden* II⁴ und *Schrötter,* WBMzK S. 121 f. 403 ff. *K. Christ* Ant. Numismatik, Darmst. 1967 (Lit.).

**Mugilla.** Latin. Ort unbekannter Lage (Dion. Hal. ant. 8,36,3 *Μογιλλανούς*; nicht Liv.!), nach dem vermutlich die *Papirii Mugillani* heißen (HANSLIK, RE XVIII 1065). G. R.

**Mugillanus.** Cognomen in der Gens Papiria, DEGRASSI FCap. 146, später in den Fasten nicht mehr vorkommend. H. G. G.

**Mulciber** (Mart. Cap. 1,17. 6,576 *Mulcifer*), seit Anf. 2. Jh. v. Chr. (Plaut. Epid. 31) bezeugter Name des → Volcanus. M. wird von *mulcare* (Serv. auct. Aen. 8,724 *quod ipse mulcatus pedes sit*), *mulctare* (Donat. Ter. Ad. 90; Hec. 65), *mollire* (Paul. Fest. 129,5 L. *a molliendo ferro*), *mulcere* (Macr. Sat. 6,5,2 *quod ignis sit et omnia mulceat*. Serv. Aen. 8,724. Donat. Ter., Hec. 65) hergeleitet; der Bedeutung des Gottes, dem »Besänftigung eigen ist« (vgl. *cre-ber* »Wachstum habend, häufig«), entspricht CIL V 4295 *Volk(ano) miti sive Mulcibero*. G. R.

*Wissowa*, Myth. Lex. 2,3224f. *Ders.* RRel[2] 230f. *Altheim* Griech. Götter 187. *Latte* RRel 130. *Walde-Hof.*[3] 2,120. *Radke* Götter Altitaliens 224.

**Mulios** (*Μούλιος*). **1.** Epeier, Gatte der zauberkundigen Augeiastochter → Agamede, vom jugendlichen Nestor getötet (verwundet?), Il. 11, 738ff. O. Berthold Die Unverwundbarkeit in Sage und Aberglaube der Griechen, RRV 11,1, 1911, 59. **2.** Diener des Amphinomos. Herold der Freier, aus Dulichion, Hom. Od. 18,423. H. v. G.

**Mulomedicina.** Eine von Claudius Hermerus um 400 n. Chr. ins Lat. übersetzte, unter dem myth. Namen »Chiron« stehende Kompilation ant. Veterinärmedizin; sprachlich sehr interessant (Vulgärlat.). F. K.

Ta.: *E. Oder*, Lpz. 1901. Lit.: *E. Ahlquist* Stud. z. M. Chironis, Upsala 1909.

**Mullus.** Die Streifen- und die Meerbarbe (Rotbart) wird ohne Unterscheidung *τρίγλη* (über dreimaliges Laichen widersprüchlich Aristot. hist. an. 5,9. 543a 5 gegen 6,17. 570b 22 [Laichen im Herbst], mit Bestimmtheit Plin. nat. 9,62. Athen. 7,324 D. Ail. nat. 10,2) bzw. *mullus* (von *μύλλος* [ein Salzfisch], s. Walde-Hofm.[3]) genannt. Betont wird vor allem die rote Farbe (Sen. nat. 3,18. Opp. hal. 1,130. Athen. 4,135 B. 7,325 E), daneben die Bartfäden an der Unterlippe (Plin. nat. 9,64. Cic. parad. 5,38 [*barbatulus*], Att. 2,1,7. Varro rust. 3,17,7 [*barbatus*]. Xenokr. de alim. 15 [*πωγωνοφόρος*]) und die Gefräßigkeit (Aristot. hist. an. 8,2. 591a 12. Ail. nat. 2,41. Opp. hal. 3,432ff.); für weitere Beobachtungen s. Aristot. a. O. 2,17. 508b 17 (viele *ἀποφυάδες*), 6,17. 570b 23ff. (*ἀγελαῖοι*), 8,13. 598a 10ff. (Leben in Küstennähe in seichten Buchten. – Über gute Fangplätze Athen. 7,320 A. 325 E und Iuv. 5,92ff. [Küste Korsikas und Siziliens bei Tauromenium]).

Bes. beliebt als Speisefisch war der M. im 1. Jh. v. und n. Chr.; die immensen Preise für schwere M. (Hor. s. 2,2,33f. Sen. epist. 95,42. Plin. nat. 9,67. Martial. 10,37,8. 11,50,9. Iuv. 4,15. Suet. Tib. 34) führten zur wenig sinnvollen (Plin. nat. 9,64) Zucht in Fischteichen (Cic. Att. 2,1,7. Colum. 8, 17,7. Martial. 10,30,24). Neben dem Geschmack (Plin. nat. 9,64 *laudatissimi conchylium sapiunt*) empfahlen den M. als Besonderheit (s. auch Petron. 35,4. 93,2) die rote Färbung, die er im Sterben annimmt (er wird vor den Augen der Gäste getötet, s. Plin. nat. 9,66. 32,138. Sen. nat. 3,17,2. 18,1ff.). – Die Bekömmlichkeit und den Nährwert betont z. B. Xenokr. de alim. 15; über die Verwendung in der Volksmedizin unterrichtet z. B. Plin. nat. (32,25. 43ff. 104. 127. 33,82). Die *τρίγλη* wurde bei den Artemisien und der Hekate geopfert (Athen. 7,325 Aff.); eleusin. Mysten und die Oberpriesterin der Hera in Argos durften sie nicht essen (Ail. nat. 9,65). E. Mg.

*Keller* Ant. Tierwelt 2,336. 354. 364f. *Steier*, RE XVI 496ff. *Thompson* Glossary of greek fishes 264ff.

**Mulsum** (*μελίκρατον*, zeitweise auch *οἰνόμελι*). Der mit Honig gesüßte Wein, zu unterscheiden vom *melites* (aus herbem Most mit Honig und Salz), war in der Ant. sehr beliebt. M. wurde in Rom zu den Mahlzeiten, bes. gern zur → *gustatio* getrunken, die danach auch *promulsis* hieß. M. galt als gesund, als Heilmittel und günstig für Erreichung hohen Alters (Plin. nat. 22,113f.). Die Rezepte waren verschieden, z. B. 3,27 kg Honig auf 13 l Wein (Colum. 12,41), 1 Teil Honig auf 2 Teile Wein (Diosc. 5,8), vgl. auch Pallad. 11,17. Geiop. 8,25. In jedem Fall wird alter Wein empfohlen, z. B. Macr. sat. 7,12,9. W. H. G.

*Hug*, RE XVI 513. *J. André* L'alimentation et la cuisine à Rome (1961) 168.

**Multa** bedeutet Geldstrafe. Sie entstand als Mittel der → *coercitio*, wurde aber auch schon frühzeitig ([8]. 115ff.; 117,1) durch Urteil im öffentlichen Strafprozeß der Volkstribunen und Aedilen ausgesprochen und in der Kaiserzeit schließlich auch von Privaten angedroht (Sepulcralmulten). Im Unterschied zur → *poena* floß sie immer einer öffentlichen Kasse (auch einer Tempelkasse) zu ([1],543. 554) und war stets reine Geldstrafe ([1], 551). *Multare* dagegen hatte eine allgemeinere Bedeutung: Cic. de orat. 1,43,194: ... *ignominiis* ... *exiliis morte multantur*.

Urspr. wurde die m. in Vieh entrichtet. Auch nach dem Aufkommen des Münzgeldes wurde sie noch lange *per concepta verba* (Varro bei Gell. 11, 1,4; Nonius s. *oves* p. 216) in Vieh festgesetzt, jedoch in Geld vollzogen. Das coercitive Multierungsrecht stand den patriz. Magistraten, wohl mit Ausnahme der *quaestores*, von Anfang an kraft ihres *imperium* bzw. ihrer *potestas* zu; erst im J. 454 v. Chr. soll dieses Recht nach Dion. Hal. 10, 50,2 auf alle Beamten, also auch auf die plebeischen, ausgedehnt worden sein (vgl. [4],82). Denkbar ist, daß die Volkstribunen auch schon vor Abschluß der Ständekämpfe Multprozesse wegen Angriffen auf die Plebs und ihre Einrichtungen durchführten ([8],115ff.). Die Aedilen dagegen dürften erst seit den licin.-sext. Gesetzen als Ankläger in Multprozessen aufgetreten sein ([8],117,1). Die einzelnen multierungsberechtigten Beamten der Republik und Kaiserzeit sind bei [1],544. 552 aufgeführt; Beispiele bei [1],546.

Das anfänglich der Höhe nach unbeschränkte

Multierungsrecht des Magistrats ist wahrscheinlich schon in der Mitte 5. Jh. v. Chr. auf eine *m. maxima* oder *suprema* von 2 Schafen und 30 Rindern eingeschränkt worden. Die Überlieferung ist nicht einheitlich (vgl. [5]. [13],50,3): Während z. B. Dion. Hal. 10,50,2 die Begrenzung einer lex Aternia-Tarpeia (454 v. Chr., s. a. → Aternius) zuschreibt, führt sie Festus (p. 268/70 L) auf eine lex Menenia-Sextia (452 v. Chr.) zurück und schreibt der von ihm für jünger gehaltenen lex Tarp. die Ästimation der Vieh- in eine Geldbuße zu. Doch wird nicht die lex At. Tarp., sondern die lex Iulia Papiria die Umrechnung festgelegt haben (Cic. rep. 2,35,60; vgl. [3],170 f. [6],2451. [7],326,4). Dieses Gesetz wird man entgegen der Ansicht von [6],2450 und [7],326,4 nach wie vor auf das J. 430 v. Chr. ansetzen können, da es die Umrechnung der Viehbuße in Libralasses (→ *aes rude*) bestimmt haben wird, die damals längst in Gebrauch waren.

Hielten die Volkstribunen und Aedilen die Überschreitung der *m. maxima*-Grenze (nach der gesetzlichen Umrechnung: 3020 As) für notwendig, so konnten sie vor den *concilia plebis* bzw. Tributkomitien eine höhere m. beantragen. In diesen Multprozessen traten die Tribunen und Aedilen von vornherein als Ankläger auf. (Vgl. [9],295.297. [10],105 ff. [8],106 ff. [11],21 ff.) Sie verhängten nicht erst selbst eine über der Grenze von 3020 As liegende m., gegen die der Betroffene hätte an das Volk provozieren können, wie MOMMSEN lehrte ([13],151 ff.). Auch die dem tribuniz. Prozeß vorangehende → *anquisitio* diente nur der Vorbereitung der Anklage und endete nicht mit einem Urteil. Von einer → *provocatio* gegen eine bereits auferlegte m., die zu einem Verfahren vor den Komitien führte, ist in den Quellen nur bei den Fällen die Rede, in denen sich Priester gegen vom *pontifex maximus* gegen sie verhängte Multen an das Volk wandten (vgl. [6],2462. [7],362. [11],23).

Um den Ungehorsam eines Bürgers zu brechen, durften die Beamten nicht sogleich zur *m. maxima* greifen, sondern mußten zuvor mit der *dictio* einer *m. minima* (1 Schaf = 10 As) beginnen und konnten diese nur in *dies singulos* steigern (Gell. 11,1,3). Auch dürfte schon im 3. Jh. v. Chr. durch eine lex Silia de ponderib. bestimmt worden sein, daß es den Magistraten nur erlaubt war, *dum minoris partis familias taxat* zu multieren, vgl. [3],168. Auch in dem den Volksprozeß ablösenden Quaestionenverfahren ([12]) spielte die m. eine Rolle, doch war ihr Anwendungsbereich im Cognitionsverfahren → *cognitio*) weitaus größer ([15]).

Auch im Rekuperatorenverfahren konnte eine m. verhängt werden. Verschiedene Munizipalgesetze drohten wegen Verletzung und Mißachtung der Gemeindeordnung ein M.-Verfahren an, das zu betreiben in einigen Fällen (z. B. lex Lat. tab. Bant. 9) nur den Magistraten, in anderen (z. B. lex Mamilia IV) *cuivis ex populo* zustand ([1],550). D. V. S.

1. *W. Hellebrand*, RE Suppl. VI 542 ff. 2. *Ph. E. Huschke* Die multa und das sacramentum, 1874. 3. *Karlowa* 1,167 f. 4. *H. Siber* Röm. Verf. gesch., 1952, 82. 5. *U. v. Lübtow* Das röm. Volk, 1955, 264 f. 6. *J. Bleicken*, RE XXIII 2444 ff. 7. *Ders.*, ZRG 76,326,4. 8. *Ders.* Das Volkstribunat der klass. Republik, 1955, 106 ff. 9. *Chr. Brecht*, ZRG 59, 1939, 261 ff. 10. *A. Heuß*, ZRG 64, 1944, 104 ff. 11. *W. Kunkel* Unters. zur Entwicklung des röm. Kriminalverfahrens in vorsull. Z., 1962, 22 f. 53 f. u. ö. 12. *Ders.*, RE 24,720 ff. 13. *Mommsen* RStrR. 14. *B. Schmidlin* Das Rekuperatorenverfahren, 1963, 71 ff. 15. *U. Brasiello*, Noviss. Dig. Ital. 10, 1964, 984 ff.

**Mulucha.** Fluß in Mauretania (h. Moulouya), entspringt im Dyrin (Atlas). Er trennte die Reiche von Bocchus und Iugurtha, später die röm. Provinzen Mauretania Caesariensis und Mauretania Tingitana. Er mündet ins Mittelmeer ö. des prom. Metagonium. Plin. nat. 5,2,19 setzt den M. zwischen Portus Magnus (h. Bettioua) und Quiza (El Benian), aber irrtümlich. S. GSELL Atl. Arch. Alg. f[e] 21. Mostaganem, Nr. 11. DERS. Hist. Anc. Af. N. 7,236. Sall. Iug. 92,4 schildert den Feldzug des Marius im J. 106 bis zum M., nach der Schlacht bei Capsa. A. BERTHIER, J. JUILLET, R. CHARLIER Le »Bellum Iugurthinum« de Salluste et le problème de Cirta, Constantine 1949, identifizieren M. mit dem oued Mellègue, in Tunesien. Die Frage bleibt offen. M. L.

**Mulvius.** Seltenes lat. Gentilicium. **1.** M., sonst unbekannter Erbauer des → Mulvius pons im J. 220 (im Zuge der Bauarbeiten an der Via Flaminia) oder früher, der erstmals 207 bei Liv. 27,51,2 erwähnt wird. **2.** M. M., *triumvir nocturnus*, der wahrscheinlich im J. 241 verurteilt wurde, weil er mit seinen Kollegen Cn. Lollius und L. Sextilius zu spät zu einer Brandbekämpfung an der *via sacra* erschienen war. Val. Max. 8,1 damn. 5. H. G. G.

**Mulvius Pons,** benannt nach ihrem ersten Erbauer, von dem wir, außer dem Namen, nichts wissen. Sie gehörte zur Via Flaminia, die der Censor → C. Flaminius (1) im J. 220 v. Chr. zur Verbindung Roms mit Ariminum anlegen ließ. 109 v. Chr. ließ der Censor → M. Aemilius Scaurus die Holzbrücke durch einen Neubau aus Stein ersetzen; Reste davon sind in dem h. Bau erhalten. Die Brücke bildete während 2000 J. den wichtigsten Zugang zur Stadt. Der Name Ponte molle kam im 14. Jh. auf; seit jener Z. waren die beiden zerstörten Enden durch Holzstege ersetzt, bis die Brücke 1805 durch Giuseppe Valadier wiederhergestellt wurde. Während der Verteidigung Roms durch Garibaldi 1848/49 wurde der n. Strombogen gesprengt, jedoch im selben J. wieder ausgebessert. Rud. G.

*Curtius-Nawrath* Das Ant. Rom. *E. Nash* Bildlex. 2,191 f., mit Lit.

**Mumie.** Für den Ägypter war die Erhaltung des Körpers für ein Weiterleben nach dem Tode unbedingt notwendig. In ältester Z. garantierte das flache Sandgrab in der Wüste durch die natürliche Erhitzung durch die Sonne die Austrocknung der Leiche, die sie vor Verwesung schützte. Als man die Gräber tiefer legte, die Leiche in zahlreiche Tücher hüllte und in einen Sarg legte, um sie gegen äußere Beschädigungen (etwa durch Tiere) zu schützen, wurde diese Austrocknung verhindert, und man war gezwungen, eine künstliche »Mumifizierung« vor der Beisetzung durchzuführen. Man entfernte die Eingeweide – ohne das Herz als Sitz des Bewußtseins – und setzte sie in einer Natronlösung in den sog. »Kanopen«, 4 Krügen, die seit dem N. R. mit Deckeln in Form eines Menschen-, Falken-, Affen- und Hundekopfes verschlossen waren, bei. Seit Anf. der 18. Dyn. wurde auch das Gehirn entfernt. Die Körperhöhlungen wurden mit Harz und harzgetränkten Tüchern gefüllt. Die eigentliche Mumifizierung bestand in einer Austrocknung durch Einreiben mit Natron in fester Form (kein Bad!). Dies sollte 70 Tage dauern. Dann wurde der ausgetrocknete Körper gewaschen und geölt, sodann in Binden gewickelt, aus denen man in alter Z. die Körperformen herausmodellierte. Auch schob man unter die Haut der Mumien Bindenpäckchen, um den Gewebeschwund auszugleichen. Die Körperöffnungen (Augen, Mund usw., aber auch der Einschnitt am Unterkörper) wurden mit Wachs verschlossen. Diese künstliche Mumifizierung scheint zuerst in der 3. Dyn. entwickelt worden zu sein, wo sie zunächst bei Königen (Zoser) und hohen Beamten angewandt wurde. Sie wurde aber schnell allg. üblich, so daß Hdt. 2,86 (und ihm folgend Diod. 1,7) für die Spätzeit eine ausgebildete Mumifizierungstechnik durch Fachkräfte beschreiben konnte. Nach Hdt. gab es 3 Klassen von Mumifizierung, wobei nur bei der aufwendigsten die Eingeweide herausgenommen wurden, während bei den beiden anderen diese durch Injektionen zersetzt und herausgespült wurden. Inwieweit Frauen erst nach Einsetzen der Verwesung mumifiziert wurden, wie Hdt. mit Begründung angibt, läßt sich nicht nachprüfen. Das Wort *Mumia* soll von einem pers. *mummia* »Asphalt« kommen, weil Mumien durch spontane Verbrennung von Geweberesten schwarz werden, wie wenn man sie mit Asphalt behandelt habe, was aber nicht der Fall gewesen ist. W. H.

**Mummius.** Name einer röm. pleb. Gens (vgl. SCHULZE Eigenn. 424. RE XVI 1649); namhaftester Vertreter war Nr. 4, der Zerstörer von Korinth, dessen Tat später als Rache für Troia bezeichnet wurde, Verg. Aen. 1,284 (Serv. z. St.). 6,836f.

I. Republikan. Zeit. **1.** M., 72 Legat des M. → Crassus (2) im Sklavenkrieg, erlitt eine Niederlage. Plut. Crass. 10,2ff. **2.** C. M. besetzte 88 bei Sullas Marsch auf Rom das Esquilinische Tor, Plut. Sulla 9,10. **3.** L. M., tr. pl. 187, legte zusammen mit seinem Bruder oder Verwandten Q. M. (tr. pl.) ein Veto gegen Catos antiscipion. Maßnahmen ein, das er wieder zurückzog (Liv. 38,54, 5. 11f.). 177 Praetor (Sardinien, BROUGHTON Mag. 1,398). Wahrscheinlich ist er ident. mit dem L. M., der 146/45 als Mitglied einer Zehnergesandtschaft zur Provinzeinrichtung nach dem Balkan ging. Vater von Nr. 4. **4.** L. M., L. f. L. n., der Zerstörer Korinths. 153 stand er als Praetor im jenseitigen Spanien, kämpfte wechselvoll gegen die Lusitaner und triumphierte 152, CIL $I^2$ p. 176. H. SIMON Roms Kriege in Spanien 154–133, 20ff. Im J. 146 war er Consul zusammen mit Cn. → Cornelius Lentulus (30) (Quellen: RE XVI 1196. DEGRI 13, 52f. 466f. BROUGHTON Mag. 1,465f.). M. erhielt den Oberbefehl im Krieg gegen die Achaier in Griechenland, wo der Propraetor L. Metellus (18) den Feind bereits aus Mittelgriechenland vertrieben hatte, Iust. 34,2,1ff. Nach einem Sieg über die Achaier unter → Diaios am Isthmos nahm M. Korinth (Paus. 7,16 u. a.), zerstörte es in Ausführung eines Senatsbeschlusses und verkaufte die Einwohner in die Sklaverei, Cic. Manil. 11. Zon. 9,31. Kunstschätze ließ er z. T. abtransportieren, für Ausschreitungen seiner Soldaten sollte man ihn jedoch nicht verantwortlich machen, zumal Pol. 39,14,3. 17,2ff. ihm ehrliche Uneigennützigkeit und milde Freundlichkeit bescheinigt (während ein Teil der späteren Tradition negative Beurteilungen bringt). Auch 145 blieb M. in Griechenland als Proconsul ($Sylloge^3$ 683), unterstützte die Zehnerkommission bei der Neuordnung des Gebietes und machte eine Rundreise, bei der man ihn z. B. in Olympia, Tegea, Epidauros und Theben durch Statuen ehrte. Dann feierte er in Rom einen glänzenden Triumph über Achaier und Korinther (BROUGHTON Mag. 1,470), wobei er erstmals auch Theaterspiele nach griech. Art gab, Tac. ann. 14, 21,1; man gab ihm – wenn auch nicht offiziell – den Siegesbeinamen Achaicus; die Kunstwerke aus der Beute stiftete er 142 uneigennützig verschiedenen Städten, Liv. ep. Ox. 53. Strab. 8,381. 142 wurde er durch die Censur geehrt (zusammen mit Scipio Aemilianus), DEGRI 13,52f. 466f., dazu BROUGHTON Mag. 2,643; seine Amtsführung, während der es zu Dissonanzen mit seinem Kollegen kam, beendete er mit der Lustration im J. 141. Bald darauf wird er gestorben sein. Er hinterließ einen Sohn (vielleicht der nach App. civ. 1,168 im J. 90 wegen Hochverrats verurteilte M.) und eine Tochter, für die der Senat eine Mitgift bewilligte. Cic. Brut. 94 beurteilt ihn als schlichten und altertümlichen Redner. SCHANZ-Hos. 1,217. **5.** Sp. M., Bruder von Nr. 4 und dessen Legat im J. 146; er schickte von Korinth aus seinen Freunden Berichte in witzigen Versen, Cic. Att. 13, 30,2 u. ö. CICHORIUS Unters. z. Lucil. 67. Als Mitglied einer Dreiergesandtschaft (mit Scipio Aemilianus und L. Metellus Calvus) ging er 139 in den O. Cicero kennt diesen M. als Anhänger der stoischen Philosophie, als Redner (Brut. 94), als Mitglied des Kreises um Laelius und Scipio (vgl. H. STRASBURGER, H 1966, 65) und läßt ihn am fingierten Gespräch über den Staat im J. 129 teilnehmen (rep. 1,18. 34. 3,46ff. 5,11). TEUFFEL-Kr.-Sk. 1, § 131,8. H. G. G.

II. Kaiserzeit. **1.** M. Bassus. Cos. ord. 258, DESS. 2622, POxy XII 1407. CALDERINI, Aegyptus 24, 1944, 194. **2.** L. M. Felix Cornelianus. Cos. ord. 237, CIL XVI 146. IGR IV 549. Nach der verschollenen Inschr. CIL VI 1464 hatte er die Quaestur und Praetur als candidatus principis bekleidet; er gehörte dem hohen Priesterkollegium der *XVviri sacris faciundis* an. **3.** P. M. Sisenna. Cos. ord. 133, CIL VI 10299. XIV 2112. Von 134–136 war er Statthalter von Britannien, CIL XVI 82 und 150/51 Statthalter von Asia, Syll.[3] 852A. **4.** P. M. Sisenna Rutilianus. Daß er der Sohn von Nr. 3 war, ist unwahrscheinlich, eher sein Neffe. Nach den Ehreninschr. aus Tibur CIL XIV 4244. 3601 war er *Xvir stlit. iudic.*, in Moesia inf. trib. leg. *V Macedonicae*, Quaestor, Volkstribun, Praetor, in Britannien *legat. leg. VI Victr.*, *praefectus aerarii Saturni.* Cos. suff. 146, Inscr. It. XIII,1 p. 204f. CIL X 6587 (4. Juni), HÜTTL Anton. Pius 2,43. 128. M. war dann *praefectus alimentorum per Aemiliam*, etwa vor 150 *legat. Aug. pr. pr. Moesiae sup.* und ca. 162/63 Prokonsul von Asia. Über seine übersteigerte Religiosität (ein Charakteristikum der Zeit) spottet Lukian in dem nach dem Tod des M. geschriebenen Pseudom. 30. M. verehrte das Orakel des Alexander von → Abonuteichos so sehr (c. 33f. 54), daß er dessen Tochter zur Frau nahm (c. 4. 35. 39). Auf Veranlassung des M. erhielt Abonuteichos vom Kaiser den Namen Ionopolis (c. 58). M. starb 70jährig, c. 34.

**5.** Mummia Achaica. Urenkelin des Zerstörers von Korinth, M. L. Mummius, Gattin des Ser. Sulpicius Galba cos. 5 v. Chr., Mutter des C. Sulpicius Galba cos. suff. 22 und des späteren Kaisers Ser. Sulpicius Galba (* 24 Dez. 6 v. Chr.) Suet. Galb. 3,4. **6.** Mummia Nigrina, Gattin des L. Antistius Rusticus (Bd. I 404 Nr. 3), Gönnerin Martials, epigr. 4,75. 9,30. R. H.

**Munatius.** Röm. pleb. Gens, die erst in der späten Republik hervortrat und auch inschr. bezeugt ist, SCHULZE Eigenn. 362. Bedeutendster Namensträger: L. M. Plancus Nr. II 4.

I. Republikan. Zeit. **1.** M., sonst unbekannt, von Cic. vor 51 verteidigt, fam. 7,2,3. Plut. Cic. 25, 1. **2.** C. M., 173 Xvir für Ackerverteilung, ältester bekannter Namensträger. Liv. 42,4,4. **3.** C. M. (C. f.) erhielt 56 den Brief Cic. fam. 13,60. **4.** T. M., Quaestor in Firmum (Picenum), vielleicht noch im 3. Jh., DESSILS 6132. – Später (1. Jh.?) war ein L. M. Quaestor in Benevent (CIL IX 1636), ein C. M. Aedil in Tibur (DESS 6231), und ein T. M. erhielt im J. 43 den Brief Cic. fam. 10,12,2. **5.** M. M. Flaccus, aus Italica (Baetica), war 48 am Attentatsversuch auf Q. → Cassius Longinus (21) beteiligt (Bell. Alex. 52,3f.), rettete sich und verteidigte 46/45 die Stadt Ategua in Spanien für Cn. Pompeius, Bell. Hisp. 19,4, wurde trotz Verhandlungen



von Caesar nicht begnadigt, Cass. Dio 43,33f. **6.** C. M. Plancus (L. f. L. n.), Bruder des L. M. Plancus Nr. 13. Nach Adoption durch einen L. Plautius nannte er sich L. Plautius Plancus (so auf Mz. um 47 v. Chr., Belege bei BROUGHTON Mag. 2, 448; liter. meist *Plotius*, z. B. Plin. nat. 13,25). Vielleicht ist er der im J. 49 vor Dyrrhachium verwundete Caesarianer L. Plotius, Caes. civ. 3,19,6. Caesar designierte ihn zum Praetor für 43, als er (44) IIIvir für Ackeranweisungen (Veteranenansiedlung im Raum Buthroton in Epirus) war, Cic. Att. 16,16 A. B. E. 15,29,3. 16,1,2. 4,3. u. ö. 43 suchte er als Praetor zu vermitteln, blieb aber doch der Senatspartei und Cicero treu, so daß er E. 43 von den Triumvirn an hervorragender Stelle auf die Proskriptionsliste gesetzt wurde; bei Salernum wurde er getötet. Val. Max. 6,8,5. App. civ. 4,46. Cass. Dio 54,2,1 u. a. **7.** Cn. (M.) Plancus wurde 91 vom Redner L. → Crassus (1) verteidigt. **8.** L. M. Plancus, 87 Legat Sullas, schlug den Neoptolemos (Feldherrn des Mithridates) bei Chalkis, App. Mithr. 34, und wurde auf Delos durch Statuen geehrt, DESSILS 8961 a. b. **9.** L. M. Plancus, ungefähr Altersgenosse Ciceros, mit dem er bekannt war (Cic. fam. 13,29,1), † vor 47/46. Er war Vater des L. M. Plancus, Consul 42, und von Nr. 6 und 11. **10.** L. M. Plancus, Consul 42, s. u. II 4. **11.** T. M. Plancus Bursa (Byrsa), Sohn von Nr. 9, tr. pl. 52, Anhänger des Pompeius, führend beteiligt bei der Beeinflussung der Volksstimmung während des Prozesses gegen Milo (Ed. MEYER Caes. Mon. 214. 231f. u. ö.). Unmittelbar nach seiner Amtszeit wurde er von Cicero *de vi* angeklagt und etwa im Januar 51 verurteilt, Cic. fam. 7,2,2f. M. ging nach Ravenna, wurde 49 als Caesarianer rehabilitiert und beteiligte sich 46 irgendwie an den Triumphspielen Caesars (Cic. fam. 12,18,2). Im Mutinens. Krieg 43 war er Anhänger des Antonius, wurde aber in Ligurien von Dec. → Brutus (11) geschlagen, Cic. Phil. 11,14. 13,27. **12.** M. Rufus, bester Freund des → Cato Uticensis (10), den er 67 nach Makedonien begleitete, 62 gegen Metellus Nepos unterstützte und dem er 58–56 in Cypern zur Seite stand. Eine Verstimmung wurde bald durch Marcia (Gattin Catos) aus der Welt geschafft und 49 bestand die alte Freundschaft wieder. M. schrieb 46 oder kurz darauf über Cato. Val. Max. 4,3,2. Plut. Cat. min. 25,1 u. ö. HRR 2, LIX. CXXX f. 42–44. MÜNZER Adelsp. 334. 349f. SCHANZ-HOS. 1,334,4. H. G. G.

II. Kaiserzeit. **1.** L. M. Felix. Statthalter von Äg. 150–152/53, IGR I 1176, weitere Belege bei STEIN Aeg. 80–82. RE XXII 2372. Ihm wurde eine Bittschrift für das Christentum überreicht, Iustin. 1 apol. 29,2. **2.** L. M. Gallus. Italiker. Er war ca. 99/100 Statthalter in Achaia, Corinth. VIII 2 Nr. 63, CIL III 11500, GROAG Reichsbeamte 49. 100–103 Legat der *leg. III Augusta* und damit Statthalter von Numidia, CIL VIII 10210. 10667.

Er legte Straßen an und machte Thamugadi zur Kolonie, ebd. 17842, THOMASSON Statth. Nordafr. 2,162. Ob er im J. 104 zum Suffektkonsulat gekommen ist, bleibt ungewiß. Er war ein Gönner Martials, epigr. 10,33. **3.** M. Gratus. Teilnehmer an der pison. Verschwörung im J. 65, Tac. ann. 15,50,1. **4.** L. M. Plancus. Aus Tibur, Hor. Od. 1,7,21, * zwischen 90/85 v. Chr. Auf seine Bildung hatte Cicero Einfluß, Suet. rel. 63 p. 84 R. Im J. 54 Legat Caesars in Belgien, dann im Land der Carnuten, Caes. bell. Gall. 5,24,3 f. Im J. 49 kämpfte er in Caesars Diensten vor Ilerda, bell. civ. 1,40. Im J. 47 wollte er mit Considius in Hadrumetum verhandeln, bell. Afr. 4. Im Juni 46 kehrte er nach Rom zurück, im November 46 war M. einer der 8 Stadtpraefekten, die unter M. Aemilius Lepidus die Geschäfte in Rom zu führen hatten; M. hatte für die Münzprägung zu sorgen (Goldmünzen bei SYDENHAM Coin. Rom. Rep. 1952, 169 Nr. 1019. 1020). Praetor im J. 45, BROUGHTON MRR 2,307. Am 17. März 44 stimmte er für die Amnestie von Caesars Mördern, Plut. Brut. 19. Vom Frühjahr 44 bis Sommer 43 war M. Statthalter von Gallia Comata, Cic. fam. 10,1–26. In Befolgung von Caesars Kolonisationsprogramm gründete M. die *Colonia Rauraca* (Augst), CIL X 6087, STAEHELIN Röm. Schweiz 103. VITTINGHOFF Röm. Kolonisation 67 ff. Auf Ciceros Bemühen, M. auf die Seite des Senates gegen Antonius zu ziehen, ging er nicht ein, Cic. fam. 10,1–24, G. WALSER Der Briefwechsel des L. M. Plancus mit Cicero (1957). E. Mai 43 zog M. an die Isère (Grenoble) Cic. fam. 10,23; damals erhoben nach Senatsauftrag auf Grund der acta Caesaris, denen Rechtsgültigkeit zugebilligt war, M. und Lepidus Lugdunum (Lyon) zur Kolonie, CIL X 6087. Da im August 43 die Caesarmörder durch die lex Pedia geächtet worden waren, ließ M. den 2. Feldherrn der Senatstruppen, D. Brutus, mit dem er sich am 7. Juni 43 vereinigt hatte (fam. 10,23,3), im Stich und ging im September 43 zu Antonius über, Appian b. c. 3,399. Cass. Dio 46,53,2. Am 29. Dez. 43 feierte M. seinen Triumph *ex Raetis*, Inscr. It. XIII 1, p. 567. Vell. 2,67,4 (*ex Gallis* CIL X 6087). Cos. ord. des J. 42 mit Lepidus. CIL VI 1316. BROUGHTON 2,357. Er hatte an die bei Philippi siegreichen Truppen der Triumvirn Land zu verteilen (in Benevent CIL X 6087), App. 5,12. Als im Herbst 41 der Cos. L. Antonius von Oktavian in Perusia eingeschlossen wurde, führte M. ein Entsatzcorps heran, App. 5,130 f., unternahm aber wenig, Vell. 2,74,3. Nach dem Fall Perusias floh M. mit Fulvia nach Athen zu M. Antonius, App. 5,210 f., Vell. 2,76,2. Er zog mit diesem im J. 40 nach Brundisium, App. 5,232 f., dann nach Rom, wo er die Statthalterschaft von Asia erhielt, D. MAGIE Rom. Rule As. Min. 2,1280. BROUGHTON 2,382. 388. 392. SYDENHAM Coinage Rom. Rep. (1952) 192 Nr. 1190. 1191, s. pl. 29 Nr. 1190. Den Parthereinfall unter Orodes und Q. Labienus schlug M. nicht zurück. Trotzdem ernannte Antonius ihn wegen seines eigenen geplanten Partherfeldzuges zum Statthalter von Syrien 35/34, App. 5,599. Vielleicht gehört schon in diese Z. die ihm gewidmete Horazode 1,7. Das Verhalten des Antonius am Hof der Kleopatra mißbilligte M. (Plut. Ant. 58) und ging etwa im Mai 32 zu Octavian über, Cass. Dio 50,3,1. Vell. 2,83,2, M. GLAUNING Anhängerschaft des Antonius und des Octavian, 1936, 17 ff. Mitteilungen des M. über den Inhalt des (sicher nicht von Octavian gefälschten) Testamentes des Antonius führten zu dessen rechtswidriger Öffnung, Plut. Ant. 58. Nach Actium gehörte M. dem consilium Octavians an. Er beantragte am 16. Jänner 27 im Senat den Augustus-Titel für ihn, Suet. Aug. 7,2. Cass. Dio 53,16,6. Vell. 2,91,1. In diese Z. gehört die Restauration des Saturntempels durch M., CIL VI 1316. Suet. Aug. 29,5. Im J. 22 berief der Princeps M. und P. Aemilius Lepidus zum Ehrenamt der Zensur, Vell. 2,95,3. Suet. Claud. 16,1. Inscr. It. XIII 1, p. 273. 284. 291. CIL VI 10286. M. galt als guter Redner, Cic. fam. 10,3,3. Frgm. bei MALCOVATI ORF³ p. 447. M. dürfte nach 15 v. Chr. gestorben sein, F. STAEHELIN M. Plancus, 1900, 27. Sein monumentales Rundgrab (mit Inschr.) auf dem Gipfel des Monte Orlando bei Gaeta ist erhalten, R. FELLMANN (– G. GULLINI), Das Grab des M. Plancus (1957).

*E. Jullien* Le fondateur de Lyon (1892). *Bardt* Röm. Charakterköpfe 279 ff.

**5.** L. M. Plancus. Sohn von Nr. 4. Cos. ord. 13 n. Chr., Inscr. It. XII 1 p. 297. 303. Frontin. aq. 102. Im J. 14 Haupt der Gesandtschaft, die zu den meuternden Legionen des Germanicus entsendet wurde, Tac. ann. 1,39,3. Wohl auch ebd. 2,32,2 genannt, SYME, JRS 46, 1956, 19. **6.** M. M. Sulla Cerialis. Praeses von Noricum wohl 213/14, CIL III 11743. Cos. ord. 215, CIL IX 4972. AE 1928, 147. Im J. 218/19 *legat. Aug. pr. pr. Cappadociae;* im Frühj. 219 von Elagabal hingerichtet, Cass. Dio 79,4,5 f.

**7.** Munatia Plancina. Tochter von Nr. 4, ebenso reiche wie stolze Gattin des Cn. Calpurnius Piso, den sie 18 n. Chr. nach Syrien begleitete und dort dessen feindliches Verhalten gegen Germanicus und Agrippina schürte, Tac. ann. 2,55,6, man vermutete, sie sei dazu durch Livia, mit der sie befreundet war, aufgehetzt worden, 2,43,4. Ihre Freundschaft mit der syr. Giftmischerin Martina (2,74,2) gab dem Glauben des Germanicus Nahrung, er sei von M. und Piso vergiftet worden, 2,71,1. Cass. Dio 57,18,9. M. zeigte Freude über seinen Tod, Tac. ann. 2,75,2. 3,13,2. Sie begleitete ihren Gatten nach Rom, ebd. 3,9,2. Als sie aber durch Livias Einfluß auf Tiberius (doch s. 3,17,1) mit Freispruch beim Prozeß rechnen konnte, ließ sie ihren Gatten vor Gericht im Stiche, der darauf Selbstmord beging, ebd. 3,15,1–3. Tiberius ließ aber im J. 33 den Prozeß gegen M. neu aufrollen, und sie kam ihrer Verurteilung durch Selbstmord zuvor, ebd. 6,26,3, s. KÖSTERMANN, Hist. 7, 1958, 370. Sie hatte 2 Söhne, Tac. ann. 3,16,3. R. H.

**Munda.** Iber. (AD. SCHULTEN Numantia 1,80) Name von 2 Städten. **1.** M. = h. Montilla bei Córdoba, Schauplatz von 2 Schlachten: Sieg des Cn. Scipio 214 über die Karthager (Liv. 24,42,1–4) und 45 Caesars letzte Schlacht gegen die Pompejaner. Die Lage von M. ergibt sich aus der Schilderung der Schlacht (Bell. Hisp. 30ff. Dazu Font. Hisp. Ant. V 136ff.) und aus Plin. nat. 3,12. Anscheinend wurde M. damals zerstört (Bell. Hisp. 41) und nicht wieder aufgebaut. **2.** M., Stadt in Keltiberien, von Propraetor Ti. Sempronius Gracchus 179 v. Chr. erobert (Liv. 40,47,1). Nach AD. SCHULTEN Font. Hisp. Ant. III 219f. mit h. Munébrega (= Mundóbriga?) bei Calatayud im Tale des Jalón ident. R. G.

*Krom.-Veith* Schlachtenatlas zur ant. Kriegsgesch., Röm. Abt. 4, Bl. 23. *Joh. Kromayer* Ant. Schlachtfelder 4,552ff. *Schulten-Klotz* in Font. Hisp. Ant. V, Barc. 1940, 102–163 (mit guter Karte).

**Mundila,** Leibwächter Belisars, zeichnete sich 537/38 bei der Verteidigung Roms aus. Im April 538 erhielt er das Kommando über Truppen, welche von Portus nach Genua fuhren und unter Einnahme befestigter Plätze durch Ligurien bis Mailand vorstießen. Dort mußte M., von dem Goten Uraias belagert, 539 wegen Nahrungsmangels kapitulieren (Prok. 5,27,11. 6,4,3f. 5,15. 12,27ff. 21,3ff. Chr. min. 2,106). A. L.

**Mundo,** barb. Herkunft, wohl bei den Gepiden aufgewachsen, sammelte nach Vertreibung durch die Gepiden (um 500) Abenteurer in Moesia I und plünderte von einem festen Platz aus röm. Reichsgebiet. 505 schlug er mit Unterstützung des O.-Goten Pitzia den *mag. mil. per Illyricum* Sabinianus (Iord. Get. 300f. Chr. min. 2,96). Spätestens 529 trat M. in röm. Dienste. Als *mag. mil. per Illyricum* kämpfte er 530 gegen die Hunnen (Malal. 451; Theophan. 219. Chr. min. 103). 532 zeichnete sich M. bei der Niederwerfung des Nikaaufstandes in Constantinopel aus (Malal. 475f. Theophan. 184f. Prok. 1,24.40ff.). 535 wurde er gegen die Goten in Dalmatien eingesetzt und dort in einem Gefecht tödlich verwundet (Prok. 1,5,5. 7). A. L.

**Mundus. 1.** M. hieß nach Cato bei Fest. 154 M. 273 L. eine Grube, die wie ein Abbild des Himmels aussah (also rund war), *ut ex is qui intravere cognoscere potui*. Ihr Grund war den Manen geweiht und daher das ganze Jahr verschlossen außer am 24. August, 5. Oktober und 8. November. An diesen Tagen *mundus patet*. Sie galten – obwohl sie sonst in den Kalendern als *comitiales* (an denen *comitia* stattfinden können) bezeichnet werden – als unzulässig für eine Schlacht, eine Aushebung oder eine Hochzeit. Varro bei Macr. Sat. 1,16,18: *mundus cum patet, deorum tristium atque inferum quasi ianua patet. propterea non modo proelium committi, verum etiam dilectum rei militaris causa haberi ac militem proficisci, navem solvere, uxorem ... ducere religiosum est.* Kurz vorher steht: *... patente mundo, quod sacrum Diti patri et Proserpinae dicatum est.* Nach Plut. Rom. 11,2 hieß M. die runde Baugrube, die Romulus als Zentrum für die zu gründende Stadt aushob und in die Spenden von allen guten und notwendigen Dingen niedergelegt wurden, wozu jeder neue Siedler eine Gabe aus seiner Heimat fügte. Ähnliches steht bei Ov. fast. 4,821f., doch ohne Ortsangabe oder Nennung des M. Die Glosse Fest. 142 M. 261 L. ... *Cereris qui mundus appellatur* paßt zu der in der Inschr. CIL X 3926 = DESSILS aus Capua erwähnten *sacerdos Cerialis mundalis* und Sch. Bern. Verg. ecl. 3,105 *alli mundum in sacro Cereris ... positum dicunt.* Endlich Serv. Aen. 3,134: *quidam aras superorum deorum volunt esse, medioximorum idest marinorum focos, inferorum vero mundos.* So die widerspruchsvollen Quellen. Wo Cato und Varro schon nicht Bescheid wußten, sind die vagen Erklärungsversuche der Modernen natürlich wesenlos. K. Z.

*W. Kroll*, RE XVI 560–64. *Latte*, RRel 53ff.

**2.** M. muliebris, »Kleidung und Schmuck« der röm. Frau, Liv. 36,7,9. Die Juristen erörtern ausführlich, was im einzelnen zum m. rechnet, bes. ob die Kleidung dazugehört: Dig. 32,100,2. 34,2, 25,10. 34,2,32,7. Paul. sent. 3,6,83. Vgl. auch Phaedr. 4,5,21 und Tert. de cultu fem. 1,4. Paul. Fest. 143 M. Lucil. ap. Gell. 4,1,3 *(mundum* neutr.*)*. Apul. met. 2,9. W. H. G.

**Munichia** (*Μουνιχία*, hs. auch *Μουνυχία*), der 86,6 m hohe Hügel ö. über dem ant. Peiraieus, in den ant. Mauerring der Hafenstadt einbezogen, h. innerhalb der Stadt Piraeus. An seiner O.-Seite der kleine gleichnamige Hafen mit Resten der 82 Schiffshäuser und der Hafenmolen, die die Einfahrt auf 37 m einengten. Am NW.-Abhang das große Theater, später »Altes Theater«. An Kulten sind bes. belegt das am S.-Abhang ausgegrabene Asklepieion und eine Artemis wohl auf der Höhe von M., daneben weitere Kulte. Wegen der beherrschenden Lage über den 3 Hafenbuchten mehrfach befestigt, bereits von Hippias, Aristot. Ath. pol. 19,2, dann unter den Dreißig, Xen. hell. 2,4,11f. 37. Diod. 14,33,2 und vor allem in der Zeit der maked. Besatzung von 322–229 v. Chr. Geringe Reste der Festung sichtbar. Strab. 9,1,15 p. 395. Paus. 1,1,4. Ptol. 3,14,7. Steph. Byz. IG II² 1627c 401f. 1628d 555f. 1629e 1033f. 1631c 253f. u. o. E. M.

1. *V. Alten* in *Curtius-Kaupert* Karten von Attika, Text 1,13ff. 61ff. mit Karte Blatt II und IIa. 2. *W. Judeich* Topogr. von Athen² 434ff. 441. 451f. mit Plan III. 3. *W. Wrede*, RE XVI 565ff.

**Munichion** (*Μουνιχιών*, auch *Μουνυχιών*). Der 10. Monat des athen. Jahres, also etwa März/April (nach Plut. Demetr. 12 Ende des 4. Jh. kurze Zeit mit dem Zunamen *Δημητριών* zu Ehren des → Demetrios Poliorketes). Der Name ist hergeleitet von dem der Artemis Munichia am 16. M.

gefeierten Fest, an dem ihr verzierte Kuchen geopfert wurden. Der M. war der Monat der Schifffahrt, weshalb auch am 6. M. von den att. Jungfrauen für die Seefahrer eine glückliche Heimfahrt erfleht wurde. Der M. blieb auf Athen beschränkt. RE XVI 568f. W. S.

**Munichos** (*Μούνιχος*). Myth. König der Molosser, Sohn von Dryas, ein gerechter Mann und frommer Seher. Als Räuber sein Schloß anzündeten, aus dessen Obergeschoß er sich mit seiner Frau Lelante und seinen 4 Kindern verteidigte, wurden sie alle von Zeus in verschiedene Vögel verwandelt, Anton. Lib. 14. Ov. met. 13,717. → Alkandros. H. v. G.

**Municipium,** urspr. eine eingebürgerte, ehemals autonome italische Stadt, deren Bewohner in dem Rechtsverhältnis des *munera capere*, des »Übernehmens von Pflichten«, gegenüber Rom stehen, Varro l. l. 5,179. Gell. 16,13. Fest. 117. 126. 155. L. Dig. 50,1,1,1. 50,16. 18. Da *munus* neben der Bedeutung *officium* auch im Sinn von *donum* gebraucht wird (WALDE-HOF. $^{3}$1,255), erklären P. DE FRANCISCI Stor. del diritto Rom. 2, 1938, 22 und SHERWIN-WHITE 52f. m. als »Empfangen von Geschenken oder Rechten«. J. PINSENT, CQ 4, 1954, 158ff. 7. 1957, 89ff. Inschr. kommt nur das Wort m. vor, dagegen unterscheiden ant. Autoren und Rechtsquellen *m. civium Romanorum* (Plin. nat. 4,117) und *m. latina*, letztere begegnen erst in der Kaiserz., in Spanien wahrscheinlich schon seit Caesar: VITTINGHOFF 44,3. 104,8. Die m. erreichen im Gegensatz zu den *coloniae*, die aus der röm. Gemeinde gleichsam fortgepflanzt werden (*ex civitate quasi propagatae*, Gell. 16,13,8), »von außen her« die Aufnahme in den röm. Bürgerverband *(extrinsecus in civitatem)*; sie werden ihm bis zum Bundesgenossenkrieg als Vollbürger- oder als Halbbürgergemeinden angegliedert.

**1.** M. als Vollbürgergemeinden. Die Gesch. der m. setzt mit der ältesten Expansion Roms in Latium ein. Angeblich begann man nach der gall. Katastrophe ganze Gemeinden, zunächst latin., dem röm. Staat als m. durch Unterwerfung *(deditio)* oder Vertrag *(foedus)* anzuschließen. So nennt Cic. Phil. 3,15 Aricia ein *m. vetustate antiquissimum, iure foederatum*, spricht DESSILS 5770 von *municipio Capenae foederato*. Das erste m. als Vollbürgergemeinde war → Tusculum, Cic. Planc. 8. Wann es zu diesem Rang kam, ist nicht sicher. Liv. 6,26,8. 33,6. 36,2. 8,14,4 und Plut. Cam. 38 setzen seine Aufnahme in das röm. Bürgerrecht in das J. 381. Doch gesteht Fest. 155 L. Tusculum nur eine *civitas sine suffragio* zu. 334 kämpfte die tusculan. Reiterei gegen Rom, was gegen den Besitz des Bürgerrechts seit 381 spricht, Liv. 8,7. Als term. a. qu. für die Vollbürgerqualität kann das J. 322 gelten, als L. Fulvius, der Konsul von 322, der erste in Rom zu dieser Ehre gekommene Tusculaner war, Liv. 8,38. Plin. nat. 7,136. Nach dem Latinerkrieg wurden Aricia (Cic. a. O. Vell. 1,



14) und Lanuvium (Liv. 8,14,2) zu m. erklärt, beide, weil ihre *sacra* in den röm. Kultus aufgenommen wurden. Es folgten kleinere latin. Gemeinden wie Nomentum, Pedum und Lavinium. Die Angehörigen dieser m. hatten alle Rechte der röm. Bürger, vor allem aktives und passives Wahlrecht in Rom, gehörten zu einer Tribus, unterlagen dem röm. Zensus und dienten in röm. Legionen.

**2.** M. als Halbbürgergemeinden *(civitates sine suffragio)*. Diese m. waren minderen Rechts, da sie als stammfremd meist durch Unterwerfung dem röm. Staat einverleibt wurden. Die Angehörigen einer *civitas sine suffragio* hatten kein aktives und passives Wahlrecht in Rom, standen außerhalb der Tribus, waren aber den röm. *munera* unterworfen. Je nach dem Deditionsvertrag hatten sie *conubium* und *commercium* mit Rom, den Kampanern stand z. B. das *conubium* zu, den Anagninern nicht, Liv. 9,43. 23,4,7. Ihre Rechtsstellung unterschied sich danach, ob sie die eigene Verwaltung behielten oder nicht.

a) mit voller Selbstverwaltung. Diese Halbbürgergemeinden besaßen nach wie vor ihre eigene Gemeindeverwaltung und Rechtsprechung. Als älteste nennt Gell. 16,13,7 das südetr. Caere. Seine wahlrechtlosen Bürger wurden nicht in den röm. Tribuslisten, sondern in besonderen Listen geführt, den Tafeln der Caeriten *(tabulae Caeritum)*. In sie wurden später diejenigen röm. Bürger eingeschrieben, denen die Zensoren strafweise das Bürgerrecht entzogen, A. BERNARDI, Ath. 16, 1938, 239ff. Wann Caere diesen Status erhielt, ist unsicher. M. SORDI I rapporti Romano-ceriti e l'origine della civitas sine suffragio, 1960, setzt die eigentümliche Rechtsstellung Caeres um 386 an, aber CH. MEIER, Gn 35, 1963, 219ff. hält 293 für zutreffender. In eben der Zeit nach dem Etruskerkrieg von 293 wurde Capena unter gleichen Bedingungen *m. foederatum*, Liv. 10,45,2ff. DESSILS 5770. Weitere Halbbürgergemeinden dieser Art waren Capua (seit 338 erstes *m. sine suffragio foederatum*, BELOCH RG 386; unter Beibehaltung der osk. Sprache), Cumae (Beibehaltung der griech. Sprache, erst seit 180 lat. Amtssprache), Casilinum, Calatia, Atella, Suessula und Acerrae (332; Liv. 8, 17,12), deren Stellung freilich wegen ihrer Unzuverlässigkeit im Samnitenkrieg (326–304) und im 2. pun. Kriege verschlechtert wurde (vgl. unten b).

b) mit beschränkter Selbstverwaltung als *praefecturae*. Diese m. unterstanden Praefekten, die, vom Praetor aus Rom geschickt, in dessen Vertretung Gerichtsbarkeit in bestimmten Orten und Sprengeln ausübten, Fest. 262 L. Die ältesten *praefecturae* waren seit dem Latinerkrieg Fundi und Formiae (Liv. 8,14,10. Vell. 1,14,3. DESSILS 6093), Privernum (Liv. 8,19ff.), Anagnia und Arpinum. Nach dem Samnitenkrieg (326–304) erhielten Treba, Afilae, Trebula Suffenas, Städte im Aequerland, und die n. sabin. Gemeinden Eretum, Cures, Trebula Mutuesca und Forum novum die gleiche Stellung. Im 2. Samnitenkriege kamen vor 295 Fulginiae (Cic. pro Varen. frg. 4) und Plestia, 290 im Sabinerland Reate, Amiternum und Nursia, seit 280 das etr. Saturnia und Statonia (Vitr. 2,7,3) hinzu. Im Samnitenland lagen die Praefecturen Venafrum, Allifae und Atina, Fest. a. O. Die Namen der im *ager Picenus* befindlichen sind nicht bekannt, Caes. civ. 1,15,1. Eine Sonderstellung mit ihrem territorialen Umfang und ihren 4 *praefecti* hatte die 210 zur Strafe für den Abfall zu Hannibal gegründete *praefectura Capuam Cumas*, Vell. 2,44,4. Fest. a. O. Umstritten ist die Bedeutung des *m. fundanum* in der tab. Heracl. (Bruns-Grad. 18,159 ff.). Rudolph 176 ff. findet in ihm den Gattungsnamen der aus → *fundus* gebildeten Neugründungen Caesars, dagegen schreibt A. von Premerstein, ZRG 43, 1922, 73 ff. überzeugender *m. Fundanum* und bezieht es auf die Rechtsstellung des volsk. Fundi.

Die Halbbürgergemeinden erhielten allmählich das Vollbürgerrecht, so 188 Fundi und Formiae unter Zuweisung zur Tribus Aemilia. Als Führungsämter gab es in den m. die Diktatur oder die Drei-Aedilenverfassung oder den Octovirat oder den Quattuorvirat. Sie sind entgegen Mommsen RStR 3,571 ff. nicht vorröm., etwa latin. Einrichtungen, sondern röm. Schöpfungen. Ihr Nebeneinander erklärt sich hist. aus den verschiedenen Zeiten ihres Aufkommens. Der Octivirat wurde seit 268 als Kollegium von 8 Beamten eingeführt. Mit der Verleihung des Bürgerrechts an alle Italiker durch die lex Iulia 90 und die lex Plautia Papiria 89 wuchs die Zahl der m., durch Cinna erhielten sie eine Verfassung mit 4 leitenden, jährlich gewählten Beamten *(quattuorviri)*, Rudolph 94 ff. Nach diesem Anfang einer einheitl. Munizipalverfassung ordnete Caesar 46, wohl in der lex Iulia municipalis, grundsätzlich für die m. die Qualifikation der Magistrate, deren Viermänner 2 *quattuorviri iure dicundo* und 2 *aediliciae potestatis* waren, und der Gemeinderäte *(decuriones)*, Cic. fam. 6,18,1. 13,11,3. CIL V 2864. Ob die Jurisdiktion erst damals verliehen wurde, ist fraglich, H. St. Jones, JRS 26, 1936, 270. Sherwin-White 83 f. 146. M. Kaser, ZRG 83, 1966, 547 ff. Caesar verlieh das Munizipalrecht auch an Orte der Provinz, so 49 an Gades und später an Olisippo, Cass. Dio 41,24,1. Plin. nat. 4,117. Vittinghoff 75. 78. Augustus richtete m. in befriedeten, städteleeren Gebieten ein, nicht an der N.-grenze des Reiches. Unter ihm sind 4 m. in der Baetica, 10 in der Tarraconensis, 3 in Africa, 1 in Mauretanien, 2 auf Sardinien, 6 in Sizilien, 7 in Illyricum und 1 in Macedonia nachweisbar. Belege mit Karte bei Vittinghoff. Wenn direkte Zeugnisse fehlen, ist die Rechtsstellung einer Provinzstadt der Kaiserz. schwer zu bestimmen. Die früher beliebte Einteilung, nach der *duoviri* zu Kolonien, *quattuorviri* zu m. gehören, ist falsch. Der Verwaltungsaufbau röm. Kolonien und m. war nicht wesentlich verschieden: Gell. 16,13,3 *municipia quid et quo iure quantumque a colonia differant, ignoramus.* Vittinghoff 35,4. Daher kennt Vittinghoff 20 für die Kaiserz. 4 Stadtrechtsformen, *coloniae* und *m. civium Romanorum* und *coloniae* und *m. iuris Latini*, während Ch. Saumagne Le droit lat. et les cités rom. sous l'empire, 1965, nur 2 unterscheidet, *m. (civium Latinorum)* und *coloniae (civium Romanorum)* und H. Braunert Corolla E. Swoboda dedic., 1966, 82 allein von *coloniae* und *m.* spricht. Mit der Verbreitung der m. förderten die Kaiser die Romanisierung und Urbanisierung im W. des Reiches, im griech. O. wurde keine Polis in ein m. verwandelt. Die Verleihung des *ius Latii minus*, das den Jahresbeamten den Zugang zum röm. Bürgerrecht öffnete, und des *ius Latii maius*, das seit Hadrian (Gai. 1,96. Vittinghoff 47) allen Ratsherren diesen Vorzug gab, führte zur Gründung von *m. Latina*, der Vorstufe der eigentlichen m. oder Bürgerkolonien. So wurde Asido ö. von Gades unter Caesar ein *m. Latinum*, durch Augustus röm. Bürgerkolonie, Plin. nat. 3,24. Vittinghoff 44,3. Vespasian verlieh das *ius Latii* 73/74 den Peregrinen ganz Spaniens, Plin. nat. 3,30. Diese Verleihung der Latinität wirkte sich zunächst nur im Personalrecht mit dem *ius conubii, commercii* und *adipiscendi civitatem Romanam per magistratum* aus, die latin. Stadtrechte von Salpensa und Malaca gab erst Domitian 81/83, DessILS 6088 f. Die Anerkennung als *m. Latinorum* erforderte eine Zwischenzeit, in der die neuen *cives Latini* eine Gemeinde in der Form eines m. bildeten, Braunert 79. Ein m. dieser Z. führt oft den Beinamen Flavium. In den Donau- und Balkanländern wie in Afrika häuften sich unter Hadrian und den Antoninen die m. Bürger von Gightis sandten zwei Gesandtschaften nach Rom, um das *ius Latii maius* zu erhalten, DessILS 6779 f. Manche m. wie Utica und Italica suchten den höheren Rang einer *colonia* zu erlangen, Gell. 16,13,4. Vittinghoff 42. Im 3. Jh., in der sever. und nachsever. Z., wurden zahlreiche Peregrinenstädte in Afrika m., und diese Umwandlung ging hier im Gegensatz zu den übrigen Provinzen im 4. Jh. weiter. Einen reichen, noch unvollständigen Katalog der m. gibt E. Kornemann, RE XVI 590 ff. Unter den IVviri gab es an Beamten der m. Aedilen und Quaestoren. Die Zahl der Ratsmitglieder *(decuriones, ordo decurionum)* war nach Größe des m. verschieden, aber im Stadtrecht festgelegt. Rat und Volksversammlung wählten für das m. einen einflußreichen *patronus*, DessILS 6638. 6640. 6764. 7164 *(princeps municipi)*. Die Ausgaben für Kulte, Gesandtschaften, Lebensmittelversorgung, öffentliche Spiele und Bauten wurden als *munera* von den Bürgern, vor allem von den Dekurionen getragen. H. V.

*F. F. Abbott–A. C. Johnson* Municipal administration in the Rom. empire, 1926. *H. Rudolph* Stadt und Staat im röm. Italien, 1935. 1965 Nachdr. *A. N. Sherwin-White* The

Rom. citizenship, 1939. *E. Manni* Per la storia dei municipii fino alla guerra sociale, 1947. *F. Vittinghoff* Röm. Kolonisation und Bürgerrechtspolitik unter Caesar und Augustus, 1951. *L. Harmand* Le patronat sur les collectivités publiques des origines au Bas-Empire, 1957.

**Munigua** (Namensform erschlossen aus dem überlieferten *municipium* [*Flavium*] *Muniguense*). Höchstwahrscheinlich iber. [1], nur bekannt durch die Inschr. CIL II 1049–1051. Dazu W. GRÜNHAGEN Hallazgos epigráficos de . . . M. Congreso nacional de Arqueología 6, 1959 (1961), 214–216. HERB. NESSELHAUF 2 Bronzeurkunden aus M. (Madrider Mitt. 1, 1960, 142 ff.). Die Stadt lag in der Sierra Morena, nahe bei h. Villanueva de las Minas, Prov. Sevilla, ihre Ruinen heißen h. Castillo de Mulva. Neuerliche Ausgrabungen zeigen, daß M., schon seit Jh.en iber. besiedelt, unter Vespasian *municipium* wurde und im 2. Jh. durch Bergbau eine blühende Stadt mit einem großartigen Terrassenheiligtum (dem Kaiserkult gewidmet?) war [2]. Um 300 verödete sie, wahrscheinlich infolge einer wirtschaftlichen Katastrophe (Erschöpfung der Erzgruben?). R. G.

1. *J. Untermann* Zum Namen von M., Madrider Mitt. 2, 1961 (1962), 107–118. 2. *W. Grünhagen* Nuevos hallazgos de esculturas romanas en M. Arbor 49, Madrid 1961, 125–142. *Ders.* Die Ausgrabungen des Terrassenheiligtums von M. Neue dt. Ausgrabungen im Mittelmeergebiet usw., Bln. 1959, 329–343. *Ders.* Die Ausgrabungen von M. AA 1960 (1961), 213–218.

**Munimentum. 1.** Traiani. Nach Amm. 17,1, 11 ein befestigtes Lager im rechtsrhein. Gebiet der Alamannen, das Iulian 357 n. Chr. wieder herstellte und mit einer Garnison belegte. Die genaue Lage der Örtlichkeit (bei Ladenburg a. Neckar und Höchst vermutet) konnte bisher nicht ermittelt werden.

*K. Schumacher* Siedelungs- und Kulturgesch. der Rheinlande 2,58. *L. Schmidt* Gesch. der dt. Stämme 2,276. *A. Franke*, RE XVI 639.

**2.** M. Valentiniani. Nach Amm. 28,2,1–4 von Valentinian nach der Schlacht bei Sollicinium 368 n. Chr. an der Neckarmündung gegen die Alamannen angelegtes Kastell. Als Brückenkopf eines Rheinübergangs (Schiffsbrücke) von Alta ripa-Altrip her, wurde zum Bau des M. V. Material aus dem aufgelassenen Lopodunum-Ladenburg verwertet. Durch Flußbettverlagerung und Schiffbarmachung des Rheins sind die Reste der Anlage, die bis in das 5. Jh. bestanden hatte, im 19. Jh. zerstört worden. H. C.

*L. Schmidt* Gesch. der dt. Stämme 1,283. *Hertlein* Die Römer in Württemberg 1,184. *A. Franke*, RE XVI 640.

**Munius** Lupercus. Legat der *leg. XV primigen.* im Sommer 69. Als die röm. Besatzung durch Civilis von der Bataverinsel vertrieben wurde, sollte er auf Befehl des Statthalters einschreiten. Er mußte in Castra Vetera kapitulieren, wurde zu Veleda geschickt, doch unterwegs getötet, Tac. hist. 4,18,1. 22,1. 61,2. R. H.

**Munus** (arch. *moenus*, Lucr. 1,29. Fest. 124; von der Wurzel *mei*, die Wechsel oder Tausch bedeutet, oder von *moenire* schanzen, *munera* Frohnden beim Mauerbau. MOMMSEN StR 3,224. WALDE-HOF.$^3$ 1,255), unentgeltliche freiwillige oder pflichtgemäße Leistung an einen Privaten oder an Staat oder Stadt. Die Scheidung zwischen *munera publica* und *m. privata* ist schwierig; Vormundschaft und Pflegschaft *(tutela, cura)* wurden bald als *m. privata*, bald als *m. publica* betrachtet. Dig. 27,1,17,4. Inst. 1,25 pr. Die Rechtslehre der *m. civilia* oder *publica* wurde seit dem 2. Jh. n. Chr. ausgebildet, die Verpflichtung zu m. für die Gemeinde ist wie die → Leiturgie alt. Eingeteilt wurden die hier allein zu behandelnden *m. publica* in *m. personalia*, die nur Männer, da persönlich, zu leisten hatten, in *m. patrimonii*, die Geldleistungen auch Frauen und Unmündigen auflegten, in *m. possessionum*, die die Grundbesitzer zum Stellen von Zugtieren, Liefern von Getreide, Instandhalten der Straßen verpflichteten, und in *m. mixta*, die körperliche und pekuniäre Opfer forderten. Dig. 50,4,3,3. 50,4,18 pr. Cod. Iust. 10,42,7 ff. Die M. waren befristet, regelmäßig auf ein Jahr oder dauernd oder nur im Bedarfsfall *(m. extraordinaria)* von den Verpflichteten in bestimmter Reihenfolge zu leisten. Dekurionen, Philosophen, viele Beamte des Staats- und Hofdienstes, höhere Geistliche, Pächter des kaiserlichen Krongutes waren von Diensten niederer Art *(m. sordida)* befreit. Cod. Theod. 11,16.18. Persönliche Befreiung *(vacatio)* von *m. personalia* und *mixta* konnte durch Einspruch *(excusatio)* wegen Alters, Kinderzahl, körperlicher Gebrechlichkeit oder Armut verlangt werden; bei Ablehnung war Berufung an den Statthalter zugelassen. Dig. 27,1, 7. 50,4,4 pr. 50,5,2,7. 7a. 13 pr. POxy 17,2130. Die relative *vacatio* hörte mit dem Wegfall des Grundes auf. Absolute Befreiung von m. (→ immunitas) erhielten einzelne Personen zur Belohnung, später ganze Stände und Berufe durch Gesetz oder Senatsbeschluß. Die → lex Acilia repet. (1) billigte 123 v. Chr. dem erfolgreichen Ankläger *immunitas* zu. CIL I $2^2$,583. Weitere Fälle bei A. VON PREMERSTEIN, ZRG 48, 1928, 471 f. Später verlieh der Kaiser dieses Privileg. Es erstreckte sich auf *m. personalia* und *patrimonii*, in der Regel nicht auf *m. possessionum*. Das Vermögen wurde nur in dem Umfang befreit, den es bei der Verleihung hatte. Die beträchtlichen Kosten der Gladiatorenspiele wurden durch das *m. publicum gladiatorium* aufgebracht. Suet. Tib. 34; Nero 11. Sein Träger, meist ein Beamter, wurde öfter als *curator muneris publici gladiatorii* in Inschr. gefeiert. DESSILS 6252. 6333. Ein Senatsbeschluß suchte 176/77 den Aufwand für die Gladiatorenspiele durch Höchstpreise der Gladiatoren herabzusetzen. H. V.

*K. Schneider*, RE Suppl. III 769 f. *J. H. Oliver* u. *R. E. A. Palmer*, Hesp. 24, 1955, 320 ff. *J. H. Oliver*, AJPh 76, 1955, 189 ff.

**Muräne** (σ)μύραινα, *murena* (Muraena helena L.). Einer der beliebtesten Speisefische der

Alten Welt, schlank und langgestreckt, dem Aal nicht unähnlich (vgl. Aischyl. Choeph. 991 f.), gefleckt, durch letzteres vom σμῦρος (Gymnothorax unicolor H.) unterschieden; doch hielt man diesen für das Männchen der M. (Aristot. hist. an. 5,10, 543 a 19ff. Plin. nat. 9,76). Der Name wird mehrfach mit dem ungeklärten Beiwort πλωτή, *fluta* verbunden (Archestr. bei Athen. 7,313 A. Varro rust. 2,6,2. Colum. 8,17,8. Macr. Sat. 3,15,7), das schwerlich mit πλέω zusammenhängt. Einige zool. Angaben hat Aristot. a. O. 543 a 20ff. (rasches Wachstum, ganzjähriges, massenhaftes Laichen; vgl. Plin. 9,76); 489 b 28 (keine Flossen); 505 a 16 (viergeteilte Lunge); 506 b 17 (Galle; vgl. Plin. 11,194); 540 b 1 (Paarung); 598 a 14 (Wechsel zwischen Hochsee und Küstengewässern); part. an. 696 a 6ff. (Fortbewegung; vgl. Plin. 9,72), u. a. Von Aristot. (hist. an. 543 a 29; 598 a 14) an bis in das späte Alt. hielt man die M. für amphibisch (vgl. Theophr. frg. 171,4 W. Plin. 9,71ff. Ail. nat. 1,50 u. a.); z. T. glaubte man an Paarung mit Schlangen (Plin. 9,76. 32,14; geschildert bei Opp. hal. 1, 554ff.); gegen beide Vorstellungen wendet sich schon im 3. Jh. v. Chr. Archestratos (Sch. Nik. Ther. 823. Athen. 7,312 E). Als Feinde der M. galten der → Conger, die Languste (→ Krebse) und der Octopus. – Die Fischer fürchteten den Biß der M. (Nik. a. O.), hatten aber auch sonst Mühe, den Fisch zu fangen (Ov. hal. 27ff. Plin. 32,12. Opp. hal. 3,117ff. u. a.); die wirksamste Art, ihn zu töten, war ein Schlag auf den Schwanz (dazu Plin. 32,14). Wichtige Gebiete der M.-Fischerei waren die Küstenbereiche von → Tartessos (Aristoph. Ran. 475. Strab. 3,145 C. Colum. 8,16,10 u. a.) und Messina (Varro rust. 2,6,2. Plin. 9,169. Athen. 7,312 Bff. u. a.) sowie das karpath. Meer (Colum a. O.). Reiche Römer wie Licinius Murena und C. Hirrius machten sich durch M.-Zucht in künstlichen Becken von der Fischerei unabhängig (Varro rust. 3,3,10. 17,3. Colum. 8,16,5. Plin. 9, 170. Macr. 3,15,10). Der Fisch galt als Leckerbissen ersten Ranges (Rezepte bei Apic. 10,2; exc. 16; vgl. Hor. s. 2,8,42. Plin. 35,162). Manche hielten ihn nur zum Vergnügen in Piscinen; die Lit. (z. B. Varro a. O. Colum. 8,17,2. Plin. 9,172. Macr. a. O.) berichtet von Fällen exzessiver Anhänglichkeit zwischen Mensch und M. – In der Medizin spielt die M. eine geringe Rolle. – Abbildungen, bes. in Meerdarstellungen röm. Z. auf Mosaiken und Wandgemälden (Neapel, Pompeji, Palestrina, Piazza Armerina u. a.) sind häufig, meist sehr naturgetreu. W. R.

*Keller* Ant. Tierwelt 2,361ff. *Schneider*, RE XX 1783ff. (Art. piscina). *Jennison* Animals for Show and Pleasure in Anc. Rome, 1937. *Pernice* Pompeijan. Mosaiken, A 13, 1937, 43ff. *Gallini* I mosaici di Palestrina, 1956. *H. Dohr* Die ital. Gutshöfe nach den Schriften Catos und Varros, Diss. Köln 1965, 110ff. *Danoff-Fabricius-Krause-Skydsgaard*, Lexikon der Alten Welt 971–977 (Art. Fische).

**Muratorisches Fragment.** Ältestes auf uns gekommenes Kanonsverzeichnis, von L. A. Muratori in einer aus Bobbio stammenden Mailänder Hs. des 8. Jh. entdeckt und 1740 in seinen Antiquitates Italicae medii aevi (3,851ff.) veröffentlicht. Von einem unbekannten Vf. des 2. Jh. (Hippolytus von Rom?) herrührend, enthält das in barbar. Latein abgefaßte, am Anf. und E. verstümmelte Dokument eine begründende Aufzählung ntl. (darunter Sapientia Salomonis!) und ntl.-apokryph. (Petrusapokalypse, Pastor Hermae) Schriften. Als markionit. Fälschungen gelten der Alexandriner- und → Laodikenerbrief des Paulus; nicht genannt sind Heb., Jak., 1. und 2. Petr. sowie ein Johannesbrief. J. Wi.

Ta.: KlT 1, 1933².

Lit.: 1. *S. Ritter*, RAC 3, 1926, 215–263. 2. *P. Katz*, Journ. Theol. Stud., NS 8, 1957, 273f. 3. *N. A. Dahl*, ZNW 52, 1961, 39–53. 4. DACl s. v. (Lit.). 5. DB s. v. 6. *Altaner*, 125f. (Lit.).

**Murcia** besaß ein *sacellum* (Fest. 134,14 L.) am Fuß des Aventin, der urspr. *Murcus* geheißen haben soll (Paul. Fest. 135,15f. L. Serv. auct. Aen. 8,636), in dem nach ihr *Ad Murciae* (Varro l. l. 5, 154. CIL I² p. 189. Liv. 1,33,5) oder später *vallis Murcia* (Symm. rel. 9,6. Claud. cons. Stil. 2,404) genannten Tal des Circus maximus (Apul. met. 6,8. Tert. spect. 8 *metae Murciae*). Man leitete den Namen auch von den *urcei* der dortigen Töpferwerkstätten (Varro), von *murcidus* (Aug. civ. 4,16; vgl. Arnob. 4,9 *segnium*), von einem Myrtenhain (Varro) oder der *Venus Myrtea* bzw. *Murtea* (Varro. Serv. auct. Plin. nat. 15,121. Plut. qu. Rom. 20; das setzt eine palatalisierte Aussprache des *c* voraus; s. Mursina) ab. G. R.

*Wissowa* Myth. Lex. 2,3231f. *Ders.* RRel ²242.316. *Latte* RRel 137. *Radke* Götter Altitaliens 224f.

**Murena.** Cognomen etr. Herkunft (zur Bedeutung → Licinius I. Nr. 33ff.). RE III A 1829. I. Kajanto Soc. Sc. Fenn., Comm. Hum. Litt. 36, 1965, 86. 332. In den Fasten der republ. Z. bei den Licinii (Nr. 33–38) und den Terentii, Degrassi FCap. 146, in der Kaiserz. bei vielen weiteren Gentes, Degrassi FCons. 259. H. G. G.

**1.** M., Volkstribun bei Plin. epist. 9,13,19, wohl ident. mit Q. Roscius Murena . . Pompeius Falco. **2.** S. Licinius. Pompeius. Roscius. Terentius. R. H.

**Murex** s. Schnecken

**Murgis.** Nach Holder (s. v.) Name iber., nach Schulten (Numantia 1,65) ligur. Municipium, ö. Grenzstadt zwischen Baetica und Tarraconensis. Die Lage auf dem Campo de Dalias, 31 km w. von Almería, ist durch Inschr. bestimmt: CIL II Suppl. 5489f. Auch Mz. Erwähnt bei Plin. nat. 3,8.17. Itin. Ant. 405,2. Ptol. 2,4,9. Über iber. und röm. Reste Ad. Schulten Forschungen in Spanien, AA 1933, 3/4, 561f. R. G.

*Ant. Vives* La moneda hispán. 3, Madrid 1924, 108f.

**Muria,** muries. **1.** Die aus Salz und Wasser (wie Mittelmeerwasser Isid. orig. 20,3,20) angemachte Lake (Sch. Pers. 6,20) diente im Kult zur Bereitung der → *mola salsa* (Fest. 358 M. LATTE RRel 387), im Haushalt als Würze für Fleisch, Fisch, Gemüse, Oliven, Pfirsiche, Käse (Cato agr. 7,4. 88,2. Colum. 12,6. 7. 53. Cels. 2,24) und zum Haltbarmachen von Wein (Cato agr. 105. Colum. 12,25). **2.** Spez. ist m. eine aus Fischen, bes. Thunfisch, wie → *garum* zubereitete Fischlake (Plin. nat. 26,23. 27,127. 31,94f. 32,88. Martial. 4,88. 10, 48,12.13,103. Hor. s. 2,4,65). M. war weniger geschätzt als das *garum* (Aur. Vict. de vir. ill. 66), zu dem der Unterschied uns nicht mehr deutlich ist. W. H. G.

*Hug*, RE XVI 661f. *Grimal-Monod*, REA 54, 1952, 27ff.

**Murileguli,** *conchy(li)leguli, conchylioleguli*, *πορφυρεῖς, πορφυρευταί.* Die Purpurfischer fingen die Purpurschnecken nach den Hundstagen bis zum Frühjahr (Aristot. hist. an. 5,15 p. 546a. Plin. nat. 9,133) in Reusen oder durch Tauchen (Plin. nat. 9,130. 132) möglichst lebend (Plin. nat. 9,126), da sie den Saft nur sterbend von sich gäben. – In der späteren Kaiserz. war Purpurmuschelfang kaiserl. Monopol (Cod. Theod. 10,20, 12. 18), die m. waren entsprechenden Bindungen und Verpflichtungen unterworfen, der Beruf erblich (Cod. Theod. 10,20). W. H. G.

**Murmeltier.** Das Alpen-M. *(mus Alpinus)* erwähnt allein Plin. nat. 8,132. 10,186: Größe des *meles* (Dachs?), Winterschlaf *(conduntur hieme)*, Vorratssammlung, am Rücken abgescheuertes Fell (Erklärung unzutreffend; falsch auch über Fortbewegung auf zwei Beinen). Das Steppen-M. (Borbak; *ἀρκτόμυς*) führt Timotheos Gaz. 56 (= H 3, 1896, 29) an. E. Mg.

**Murmillo** *(myr-, mirmillo)*. Unter den verschiedenen Fechtertypen der → Gladiatoren kennt die Kaiserz. die m., die nach Fest. 285 M. früher *Galli* hießen und am Helm einen Fisch als Zier trugen. Die Bewaffnung der m. folgt gallischem Typus, umfaßt Helm und Schild (meist mit Schildbuckel), ein Schwert, aber offenbar keine Panzerung. Nach dem Brauch der Gladiatorenspiele werden die m. im allg. Fechtern von anderem Typus gegenübergestellt, bes. oft dem *retiarius* (mit Netz und Dreizack) oder dem *Thraex*, seltener dem *provocator;* ob m. auch mit m. kämpften, ist nicht gesichert. Cic. Phil. 6,13. 7,17 wirft dem L. Antonius vor, als m. gekämpft zu haben: für einen Senator eine unerhörte Beschimpfung, da damals die Gladiatoren noch meist Sklaven und/oder Kriegsgefangene waren. W. H. G.

**Murocincta.** Kaiserliche Villa an der Donau, in Pann. sup. (Amm. 30,10,4f.), von der Valentinian II. im Alter von 4 J. nach dem Tode seines Vaters, Nov. 375 n.Chr. durch seinen Oheim Cerialis nach Aquincum geleitet wurde. Eine ähnlich befestigte Villa für die Statthalter ist in Aquincum freigelegt. J. Sz.

*Patsch* SAWW 209. Bd. 5. Abh. 28. *M.Fluss*, RE XVI 667.

**Murredius.** Röm. Rhetor, Zeitgenosse des älteren Seneca, der ihn bei jeder sich bietenden Gelegenheit negativ charakterisiert (*obscenitas* contr. 1,2,21; *stultitia* 1,4,12; Albernheit 7,5,10; Possenhaftigkeit 7,2,14; leerer Schwulst 9,2,27; *insania* suas. 2,16). P. L. Sch.

*H.Bornecque* Les Déclamations et les Déclamateurs, 1902, 181.

**Murr(h)ina** (myrr(h)ina) **Vasa.** Die Trinkgefäße aus in Parthien ergrabenem Flußspat galten zwischen Pompeius (Plin. nat. 37,18) und der Spätant. in Rom als kostbarster Luxus. Zur Herstellung von V. m. wurde der Flußspat erhitzt und mit Myrrhenharz eingerieben (daher der Name). Der Alkohol des Weines löste bei Benützung das Harz, so daß ein Gewürzwein entstand, das Gefäß mit der Zeit weich wurde (Plin. nat. 37,18). Die mattglänzenden, in der Farbigkeit an Regenbogen erinnernden (Plin. nat. 37,21f.) V. m. waren zerbrechlich (Plin. nat. 33,5) und sehr teuer (Plin. nat. 37,20). Es haben sich nur sehr wenige V. m. erhalten. W. H. G.

*Loewenthal-Harden*, JRS 39, 1949, 31ff. *Groß*, RE VIII A 432ff.

**Murrius.** Viehzüchter aus Reate, Dialogpartner in Varro rust. 2 (1,1 u.ö.), der als Spezialist für Esel- und Maultierzucht eingeführt wird (6,1ff. 8,1ff.). Für die Z. des Gespräches (67 v.Chr.) ist der Name M. inschr. in Reate wie in Tusculum belegt (CIL I² 1844 = DESS. 3484). P. L. Sch.

**Mursa** (*Morsa, Μούρσιον, Μύρση*). Stadt an der Drau in Pann. inf. (h. Osiek in Jugoslawien), am Treffpunkt 2 wichtiger Straßen, an einer Furt. In ihrer Umgebung ist der Volksstamm der Andizetes anzusetzen. Zu den Grabungen in M. vgl. SARIA, BRGK 1927, 112. Stadion vor dem Tor: Zos. 2,50,2; fünfzig *tabernae* mit doppelten Säulenhallen (CIL III 3288); eine chr. Kapelle stand vor dem Tor: Sulp.Sev.chron. 2,38,5. Die Stadt wurde von Hadrian gegründet (CIL III 3279. Steph. Byz. 458, 118 n. Chr.?), als *Colonia Aelia M.* (CIL III 3560) und in die tribus Sergia eingereiht (CIL III 3288). In Inschr. genannt: *dec(urio), q(uae)s(tor), sexvir, (a)ug(ur) col(oniae), flaminatus, corn(icularius) pro(curatoris), strator, b(ene)f(iciarius)*. Kulte: Iuppiter, Hercules, Silvanus, Danuvius, Dravus u.a. Nach 330 Sitz eines chr. Bistums. → Vetranio hier 1. März 350 zum Kaiser ausgerufen. Schlacht bei M. im J. 351 (Constantius gegen Magnentius). Durch die Goten 380 n. Chr. zerstört. Seit 519 gehörte M. zum Reich der Hunnen, nach Attilas Tode zum oström. Reich. Letzte Erwähnung bei Zos. 2,43,1. 45,3. 49,3. 50,4. J. Sz.

*A. Mócsy* Die Bevölkerung von Pann., 1959, 74ff. *D. Pinterović*, Osiječki Zbornik 5, 1956. *M.Fluss*, RE XVI 670ff.

**Mursella. 1.** Ortschaft in Pann. sup., an der Straße von Savaria nach Arrabona (h.: Mórichida nach Kisárpás). Ein *scriba* von M. genannt CIL III 4267.

**2.** Municipium in Pann. inf., w. von Mursa. CIL III 10243 nennt einen decurio von M. J. Sz.

*A. Mócsy* Die Bevölkerung von Pann., 1959, 53 ff.

**Mursilis.** Name hethit. Könige: **1.** M. I. etwa 1550–1528, Neffe des Reichsgründers Hattusilis I. (Labarna), eroberte die damals mächtigste Stadt Syriens Aleppo und stieß bis Babylon vor (1531). Dies brachte das E. der Hammurabidynastie und ebnete dem Bergvolk der Kassiten den Weg zur Machtergreifung in Babylon. Kurz danach wurde M. durch seinen Schwager Hantilis ermordet, wodurch eine Schwächeperiode für das hethit. Reich eintrat. **2.** M. II., etwa 1325–1310, Sohn des Suppiluliuma. Er wahrte die Eroberungen seines Vaters, auch gegenüber den Ägyptern (Sethos I.), obwohl in seiner Z. eine mindestens 30jährige Epidemie in Hatti herrschte und Außenposten des Reiches (Mitanni, Arzawa) die wachsende Schwäche der Regierung durch Selbständigkeitsbestrebungen ausnutzten. Von ihm sind die bekannten Pestgebete erhalten, in denen er die Schuld seines Vaters (Bruch eines Vertrags mit Äg., Aussetzen der Opfer für den Euphrat [»Mala«]) als Grund für den göttlichen Zorn und die Pest bekennt. W. H.

*Goetze* Annalen des M. (1933). *Ders.* Pestgebete des M. (Kleinas. Forsch. 1, 1929, 161 ff.).

**Mus.** Cognomen (vgl. I. KAJANTO Soc. Sc. Fenn., Comm. Hum. Litt. 36, 1965, 328), in den Fasten der republ. Z. bei den Decii (→ Decius I. Nr. 5–7), DEGRASSI FCap. 146. H. G. G.

**Musa. 1.** Cognomen (I. KAJANTO a. O. 53. 216) in der Gens Pomponia, vgl. DEGRASSI FCons. 259. SCHULZE Eigenn. 363. 418. H. G. G.

**2.** M., ein Rhetor der frühen Kaiserzeit, Zeitgenosse des älteren Seneca, der ihn contr. 10, praef. 9 f. als talentiert, aber geschmacklos, weil zu unnatürlichem Schwulst neigend, charakterisiert (vgl. auch contr. 7,5,13; suas. 1,13), während M. bei Senecas Söhnen auf Beifall gestoßen zu sein scheint. P. L. Sch.

*H. Bornecque* Les déclamations et les déclamateurs 1902, 36. 181.

**Musagetes** s. Apollon. Musai

**Musai** (*Μοῦσαι*). Etym. umstritten; vgl. FRISK 260 f. WILAM. GldH. 1,250 f. NILSSON GgrR 253 ff. »die urspr. appellativ. Bedeutung von *μοῦσα* unbekannt« FRISK 261). Die Verbindung mit lat. *mons* (somit in der Bedeutung »Bergfrau«, »Bergnymphe« WACKERNAGEL, KZ 33, 571 ff. = Kl. Schr. 2,1204 ff.) wohl sicher abzulehnen. **mont(h)ia* zu lat. *mens*, offenbar auch *μένος* hat hohe Wahrscheinlichkeit. **mont(h)-ia* als o-Stufe zu **ment(h)-ia*. Sicher ist das Wort urindogerm. Dies bestätigt der durchaus regelmäßige Lautwechsel in den Dialekten (*Μοῦσα, Μοῖσα, Μῶσα*). Fraglich bleibt die Ausgangsform in ihrer Struktur, kaum in der Wortwurzel als solcher. Wenn *Μόντια* zu *Μοῦσα* richtig ist, bleiben semasiolog. grundsätzlich 2 Möglichkeiten offen, unter denen zu wählen ist: »Die Sinnende« (O. KERN Die Rel. d. Griech. 1,208), also eine eher intransitive Bedeutung des Wortes, oder die »Erinnernde« (H. J. ROSE Griech. Mythol. 1955, 172), was einer transitiven Bedeutung gleichkommt. Für die »Sinnende« kann z. T. die Bedeutung von lat. »*mentiri*« (»Hintergedanken haben«, WALDE-HOF. 2,68), *μέμονα* (DERS. 65 f.) u. ä., für die »Erinnernde« (vgl. lat. *monere*) die Bildung des act. part. praes. u. aor. (*παιδεύουσα* < **παιδευοντια* bzw. *παιδεύσασα* < **παιδευσαντια* oder Wörter wie *μέλιττα* < **μελιλίχια* (»Honigleckerin«), welche eine stark aktive Bedeutung haben, gewertet werden. – Wegzubleiben hat eine dritte Möglichkeit, welche das Wort *μ.* enger an *μένος* anschlösse und die M. als die »Kräftige« auswiese; wiewohl eine solche Bezeichnung für eine Gottheit an sich passen könnte (vgl. *πότνια* u. ä.), ist sie doch sehr allg. und besitzt daher in dem stärker differenzierten System, in welchem sie auftritt, geringere Wahrscheinlichkeit als die Bedeutung »die Sinnende« bzw. »die Erinnernde«. Es bleibt zu fragen, ob die Entscheidung zwischen der »Sinnenden« und der »Erinnernden« im Sinne einer strengen Alternative der stark vom Affekt geleiteten globalen Denk- und Vorstellungsweise der ant.-griech. Religion entspricht. Die Einheit von »Sinnen« und »Erinnern« macht Hom. Il. 2,485 f. (*ὑμεῖς γὰρ θεαί ἐστε πάρεστέ τε ἴστε τε πάντα, ἡμεῖς δὲ κλέος οἶον ἀκούομεν οὐδέ τι ἴδμεν*) verglichen mit Hom. Il. 2,491 f. (. . . *εἰ μὴ Ὀλυμπιάδες Μοῦσαι Διὸς αἰγιόχοιο θυγατέρες μνησαίαθ', ὅσοι ὑπὸ Ἴλιον ἦλθον*) klar. Vgl. Verg. Aen. 7,645 f. Die Funktion des *μνήσασθαι* ist gegenüber ihrer anderen Funktion, durch Gesang das Mahl der Götter zu verschönern, das Prius. Dies kommt auch in der geneal. Konstruktion, welche → Mnemosyne zur Mutter der M. macht, zum Ausdruck.

Die M. sind Töchter des Zeus (vgl. Hom. Il. 2, 491,598. Hes. theog. 55. 76 ff.) und der Mnemosyne (Hes. theog. 54 f.). Mnemosyne scheint eine Parallelgestalt, vielleicht eine Art von Übersetzung des nicht mehr recht durchsichtigen Namens M. zu sein. Dubletten in ein Mutter-Tochter-Verhältnis umzubilden, scheint der griech. Rel. vertraut gewesen zu sein (so Demeter und Persephone). So ist die Verbindung *Μνημοσύνη Μούσῃ* (Polemon FHG 3,127) aufzufassen. Die Verwendung des Namens der Mnemosyne als Musenname bei den att. Vasenmalern ([1],695. [2],26) und die Bezeichnung der *M.αι* als *Μνεῖαι* (Plut. mor. 743 D), welche durch die Hesych-Glosse *Μνανόοι. Μοῦσαι* gestützt wird, bringt Bestätigung. In der literar. bekannten Fassung bei den Festgelagen auf dem Olymp (Hom. Il. 1,601 ff.) sind die M. anwesend. Sie erscheinen auch auf dem Parnassos bei Delphoi (Verbindung mit der Quelle der Kastalia, vgl. Theokr. 7,148. Verg. georg. 3,293. Culex 17. Hor. c. 3,4,61), auf dem Helikon in Boiotien (Quelle der Hippokrene, was nach F. SCHACHERMEYR

»Poseidon, 1950«, als Hinweis auf erdhafte Beziehung der M. gedeutet werden könnte) und in Pierien. Sie sind mit Apollon Musagetes verbunden; Ansatz hierzu bereits bei Hom. Il. 1, 603 f. – Die M.n können auch zürnen (*αἳ δὲ χολωσάμεναι* Hom. Il. 2,599), wenn sie ein Sterblicher zum Wettkampf herausfordert; die Strafe ist dann hart (vgl. Hom. Il. 2,594 ff. Apollod. 1,3,3). Die Namen der M. sind bei Hes. theog. 76 ff.: *Κλειώ τ' Εὐτέρπη τε Θάλειά τε Μελπομένη τε Τερψιχόρη τ' Ἐρατώ τε Πολύμνιά τ' Οὐρανίη τε Καλλιόπη θ'*. Zur Frage, ob Hesiod diese Namen erfunden oder von Früheren übernommen hat, BR. SNELL, Entretiens 7,119. K. v. FRITZ, ebd. 15 und [3],187 ff. Die uns geläufige Zuordnung einer bestimmten M. zu einer bestimmten Kunstgattung ist in der griech. Ant. ziemlich vage; eine Ausnahme bildet in gewissem Sinne Urania. Erst in röm. Z. fand eine Fixierung statt. Wenn man eine gewisse Zuordnung (auf Grund des Materials der röm. Kaiserzeit) versucht, ergibt sich etwa folgendes:

1. Kalliope als Hauptmuse; Saitenspiel, heroische Dichtung, Epik; 2. Kleio: Geschichte, Kithara; 3. Melpomene: Tragödie, Trauergesang, lesb. Lied; 4. Euterpe: Flötenmusik. 5. Erato: Gesang und Tanz. 6. Terpsichore: Lyra. 7. Urania: Sternkunde. 8. Thaleia: Komödie, Unterhaltung. 9. Polyhymnia: Barbiton, Tanz, Pantomime, Geometrie (!). S.a. die Einzelart.

Zum Musenkatalog bei Hesych., der ein hesiodeischer, kein allg. ist, vgl. [3],176 ff. mit Lit. Bei ihm ist Kleio durch den Sinn ihres Wesens (*κλέος*) von bes. Bedeutung; aber auch Euterpe drückt das *τέρπειν* des göttlichen Liedes aus; sie sind alle Spenderinnen der Freuden, indem sie rühmen (*κλέος*). Damit sind sie (vgl. *Τερπιάδης Φήμιος* Hom. Od. 22,330 f.) als die Göttinnen des Dichters bzw. Sängers charakterisiert. Thaleia und Melpomene gehören wieder näher zusammen und bringen ihrerseits die beglückende Wirkung des Liedes zum Ausdruck. Terpsichore ist schon sprachlich mit Euterpe verbunden, die Nähe des *ἵμερος* (vgl. [3],180 f.) führt auf Erato, und Polyhymnia zeigt durch die Quantität (*πολυ-*) im Sinne archaischen Denkens (vgl. die Vielzahl etwa der → *Νῖκαι*) die Qualität des (eben göttlichen) Gesanges. Urania zielt auf das *γένος θεῶν*, und zugleich sagt sie mit ihrem Namen den Raum aus, wo das *κλέος* seinen dauernden Platz hat (vgl. *κλέος οὐρανὸν ἵκει* Hom. Od. 9,20). Kalliope mit ihrer schönen Stimme schließt die Göttinnen zusammen und erklärt von neuem die M. als Dichtergöttinnen; nicht nur die äußere Form des Liedes, sondern auch der schöne Gehalt (*τὸ καλόν*) gehört ihr und den M.n ([3]) überhaupt.

Im übrigen schwankten die Angaben über die Anzahl der M.n sehr stark, auch wenn die Neunzahl sich weitgehend durchsetzte. Daneben ist die Zweizahl alt (vgl. [1],690), aber auch die Dreizahl, welche in anderen Vereinen wie → Chariten, → Horen u.ä. ihre Parallelen hat und vielleicht für die Bildung der Dreizahl der M. vorbildlich war. Auch die 7-, 5-, 4- und 8-Zahl (bes. im Zusammenhang mit halbphilos. Spekulationen) sind bekannt, vgl. [1],687 ff. Die Frage nach der urspr. Anzahl stellt sich als die der Ein- oder Mehrzahl. Da man die M. urspr. als Göttin des Dichters anzusehen hat, wird man von der M. des einzelnen Dichters ausgehen; so spricht Hom. Il. 1,1 von *θεά* und ebenso Od. 1,1 und 1,10. Daneben findet sich freilich auch der Plural; so Hom. Il. 2,484. 11,218, wo sie bereits in das Göttersystem eingefügt sind. Da jeder Dichter seine M. hatte und die Reflexion, ob diese dieselbe sei, noch nicht stattgefunden hat, entsteht die Mehrzahl der M.n (so schon Hom. Il. 2,491 u.s., wo sie Töchter des Zeus heißen). Als solche drücken sie die göttliche Fülle und die Schönheit des Gesanges aus; so führen sie ihren Reigen (Hes. theog. 2 ff.). Durch das Vorbild von Dreiervereinen, wie vor allem der → Horen, bei welchen die Dreizahl von den 3 Jahreszeiten der s. Vegetation natürlich bedingt ist, und durch das Streben nach einer »strukturierten« Mehrzahl scheint die Dreizahl gebildet worden zu sein. Auf diese geht auch die Neunzahl (3 × 3) zurück.

Die Beziehung der M.-n zu den Quellen ist eng (vgl. Paus. 1,19,5. Anth. Pal. 2,230. Timaios. FGrH 566 F 50. Hesych. s. *Νύμφαι*. Serv. Verg. ecl. 7,4. O. KERN 1,208). NILSSON GgrR 1,254 weist auf die relativ späte Bezeugung hin. Auch die Frage des Verhältnisses im einzelnen bereitet Schwierigkeiten. [1] neigt dazu, M.n und Quellnymphen einander weitgehend anzunähern. Demgegenüber scheint mir Vorsicht geboten, obwohl auf die berauschende Funktion des Wassers hinzuweisen ist. O. KERNS (1,208, vgl. 88) Bemerkung: »Sie waren wohl auch Göttinnen der Erde« verdient Beachtung. Wenn dies stimmt, so ist wohl die M. als Göttin des Dichters zur Erdgöttin (oder genauer ausgedrückt, zu einer Erscheinungsform der Erdgöttin) geworden. Assoziationspunkt wäre Gaias Gabe der Weissagung, die mit dem höheren Wissen des Dichters vergleichbar erschien. Wie *Θέμις* eine Funktion der Gaia (nämlich das unverbrüchliche Feststehen und dadurch die Garantie altgeheiligten Rechts) zum Ausdruck bringt (W. PÖTSCHER, WS 73, 1960, 5 ff. bes. 31 ff.), so könnte M. als die »Sinnende« und »Erinnernde« die Funktion der Erde, die in ihrem Verbergen und Entbergen von Wissen besteht, charakterist. umschreiben; es sei auch daran erinnert, daß die Schlangen, nach griech. Vorstellung größtenteils ein Symbol der Erde, → Kassandra und → Helenos die Sinnesorgane beleckten, um ihnen die Weissagung zu vermitteln. Zur chthon. Natur des Wassers vgl. O. KERN 1,88.

Außer in der ant. Lit. spielen die Musen auch im Kult eine Rolle; so in Athen, Lebadeia, Leibethron, Chaironeia, Thespiai (auffällig der Kontrast zur hesiod. Schilderung, vgl. [1],696ff.), Delphoi, Olympia, Tegea, Sparta, Thurioi u.a. – Die M.n nahmen im Laufe ihrer Entwicklung alle geistigen Betätigungen unter ihren Schutz. Auch die ant. Wissenschaften (→ Museion) und Philosophenschulen pflegten ihren Kult (P. Boyancé Le culte des Muses chez les philos. grecs, Paris. 1937). Schulfeste, sog. Museia, mit Agonen wurden ihnen zu Ehren veranstaltet (L. Deubner Att. Feste, Bln. 1932, 217).

Die Dichterweihe des → Hes. am Helikon hat nicht kult., sondern literar. Charakter (vgl. Paus. 9,31,4), auch wenn man das Erlebnis, daß Hes., als Hirte weidend, die Musen gesehen hätte, welche, in dichten Dunst gehüllt, ihm tanzend nahten und die Dichterweihe gaben, damit er von den gegenwärtigen, vergangenen und zukünftigen Dingen künde, durchaus nicht einfach als Topos bezeichnen darf; dahinter steht jedenfalls ein intensives subjektives Erleben des Dichters, der dabei seine Berufung zu erkennen glaubte (K. Latte Hes. Dichterweihe, Ant. und Abendl. 2, 1946, 152ff. Vgl. C.M. Bowra Heroic Poetry, Lond. 1952, 427ff. K. v. Fritz Das Prooemium der hes. Theog., Festschr. Br. Snell, 1956, 29ff.). – Zu Plat. vgl. P. Vicaire Recherches sur les mots désignant la poésie et le poète dans l'oeuvre de Platon, Paris 1964, bes. 163. W. P.

1. *Max Mayer*, RE 16,680–757. 2. *W.F. Otto* Die Musen und der göttliche Ursprung des Singens und Sagens, 1955. 3. *K. Deichgräber* Die Musen, Nereiden und Okeaninen in Hes. Theog., AAMz 1965/4, 175ff.

**Musaios** (*Μουσαῖος*). **1.** Myth. griech. Dichter der Urzeit, angeblich Sohn der Selene, Schüler des → Orpheus, der ihn in seinen Gedichten öfters anredet, Thraker oder Eleusinier genannt. Sein Sohn Eumolpos, der die Gedichte seines Vaters herausgab, soll die eleusin. Mysterien eingeführt haben. Zugeschrieben wurden M. eine Theogonie in wenigstens 3 B. (Untertitel: Titanomachia, vielleicht auch Eumolpia), Sphaira, ein Hymnus auf Demeter für die Lykomiden, nach Paus. 1,22,7 das einzige sicher echte Gedicht, ein Hymnus auf Dionysos, Orakel, *Ὑποθῆκαι*, an Eumolpos gerichtet. Auch *παραλύσεις* (?), *τελεταί* und *καθαρμοί* werden angeführt. Über die Jenseitsvorstellungen des M. und Eumolpos spottet Plat. pol. 2,363c.

Zeugnisse und Frg.: *Diels* Vorsokr. $1^6$,20–27.

**2.** Vf. des Epyllions *Τὰ καθ' Ἡρὼ καὶ Λέανδρον*, Grammatiker, anzusetzen zwischen → Nonnos, von dessen Sprachschatz und Metrik er abhängig ist, und → Kolluthos (unter Anastasios 491–518), der ihn offenbar benutzt hat (Koll. 257 ∼ M. 78, 295 ∼ 203; L. Castiglioni Epica Nonniana, 1932, 27). Identität mit dem Adressaten der Briefe 48 und 60 des → Prokopios von Gaza (etwa 465–528) ist möglich. Den Stoff (→ Hero) entlehnte M. einem auch von Ov. her. 17 und 18 benutzten hellenist. Gedicht. Mit den auf Pap. 1783 $\text{Pack}^2$ (Snell, Gn 15, 1939, 540) erhaltenen Versen zeigt V. 231 inhaltliche Berührung. Obwohl M. seinen Wortschatz fast ganz dem N. entlehnt, ist der Stil nicht in dessen Manier aufgeregt pathetisch, sondern geziert in der Art sophist. Prosa. Das gilt bes. für die Schilderung der ersten Begegnung zwischen Hero und Leander, die offenbar die eigenste Leistung des Dichters darstellt; in ihr ist der Einfluß des → Achilleus Tat. deutlich. Neben manchen Schwächen weist das Gedicht aber auch einige gut gezeichnete Bilder auf. Auf die modernen Literaturen hat es bes. seit der italien. Bearbeitung des Bernardo Tasso (1555) stark gewirkt. R. K.

Ausg.: *Arthur Ludwich* 1912. *Enrica Malcovati* 1947. – *Norwood*, Phoenix 4, 1950, 9–20. *D. Bo* Musaei Lex., 1966. *Th. Gelzer*, MH 24, 1967, 129ff.

**Musarna.** Stadt an der N.-Küste des Ind. Ozeans mit gutem Hafen, wo nach Arr. Ind. 2,6, 10. 27,2 Nearchos auf der Fahrt von der Indusmündung zur Euphratmündung Wasser und einen gedrosischen Piloten an Bord nahm. Genaue Lage nicht bestimmbar. K. Z.

*Weißbach*, RE XVI 771.

**Musca.** Cognomen, vielleicht etr. Herkunft und auch inschr. bezeugt (Schulze Eigenn. $363^a$. 418. I. Kajanto Soc. Sc. Fenn., Comm. Hum. Litt. 36, 1965, 24. 85. 333), auch als Spitzname aufgefaßt, RE III A 1829. Gebräuchlich in einer Familie der Sempronier (RE II A 1435 Nr. 71f.). Der von Cic. Att. 12,40,1 erwähnte M. dürfte ein Sklave gewesen sein. H. G. G.

**Muscheln.** A. Anatomie: M., *τὰ ὄστρεα*, war der volkstümliche Sammelbegriff, *ὀστρακόδερμα* der wissenschaftliche (Aristot. hist. an. 4 p. 528a1); lat. *ostreum* und *ostrea* (Isid. orig. 12,6, 52. Plin. nat. 9,128). Während Aristot. die einschaligen Schnecken, *μονόθυρα*, von den zweischaligen M., *δίθυρα* (Bivalven), unterscheidet (hist. an. 4,4 p. 528a12), fehlt die Trennung bei Plin. Die Anatomie war am toten Tier schwer zu studieren (p. 529a28), doch war der »Mantel« bekannt, der das Fleisch fest mit der Schale verbindet (p. 528b1); Aristot. spricht noch von einem Kopf nicht nur der Schnecke, sondern auch der M. (part. an. 4,7 p. 683b23), bei Plin. nat. 11,129 heißt es richtig: *ostrearum generi nulla (capita)*. Ein- (hist. an. 4,4 p. 529a27) und Ausfuhröffnung (529b 8ff.) waren erkannt; das als *μήκων* bezeichnete Organ liegt am Schloß und ist wohl, wie bei den Schnecken, die Leber (529a29); die »haarförmigen Körper«, *τὰ τριχώδη*, sind wohl die Kiemen; den Eierstock, *τὸ ᾠόν*, nennt Aristot. mehrfach (529b1), glaubt aber dennoch an »Urzeugung« aus Schlamm (hist. an. 5,15 p. 547b18), worin ihm die Späteren folgten (Plin. nat. 9,96. 160. 32,59), die, wie er, behaupteten, bei M. gäbe es kein männliches und weibliches Geschlecht (Plin. nat. 10,189). Es war unklar, ob M. sehen und hören können (Plin. nat. 10,192. 195; 18,361).

B. Lebensweise: Die frei beweglichen M., *κινητικὰ ὀστρακόδερμα*, leben von Pflanzen und Tieren (Aristot. hist. an. 8,2 p. 590b1), die unbeweglichen, ἀκινητίζοντα, von süßem Wasser, das im Meer enthalten sein und von den M. wie durch ein Filter aufgenommen werden sollte (590a 19ff. Plin. nat. 9,128); in trockenen J. wachsen sie langsamer (547b23), auch der Mond hat Einfluß auf ihre Größe (Lucil. 1201 M).

C. Verwendung: M. wurden seit den ältesten Zeiten gegessen und galten als schwer verdaulich, wenig nahrhaft, abführend, harntreibend (Athen. 3,92B. Cels. 2,29,2. Plin. nat. 32,64f.).

D. Arten: 1. → Auster. 2. Kamm-M., Pecten maximus und P. jacobaeus L., ὁ κτείς, *pecten* (Aristot. hist. an. 4,4 p. 528a15. Plin. nat. 9,103), von denen die ersten eine platte, die anderen 2 gewölbte, gerippte Schalen haben, wurden nach der Färbung ihres Fleisches unterschieden (Plin. nat. 32,60. 150), sollten spontan (Aristot. hist. an. 5,15 p. 547b14) auf sandigem Grund (aber Colum. 8, 16,7) entstehen, wurden bes. in Mytilene (Enn. Hedyph. 3 W. Plin. nat. 32,150) und Tarent gefangen (Hor. sat. 2,4,34. Gell. 6,16,5), gekocht und gebraten (Petron. 70,6. Athen. 3,90F). 3. Mies-M., Mytilus edulis L., μῦς, μυίσκη, *mitulus*, *mys*, *myax* (Plin. nat. 32,98), hat glatte Schalen mit dünnem Rand (Aristot. hist. an. 4,4 p. 528a22.29), tritt in M.-Bänken auf (Athen. 3,88B), war ein billiges Nahrungsmittel (Hor. sat. 2,4,28. Martial. 3,60, 4. Apic. 9,9,430), sonstiges Heilmittel (Plin. nat. 32,96ff.); sie wurde in Teichen gehalten (Colum. 8,16,7) und lieferte eine Art Perlen (Plin. nat. 9,115). 4. Steck-M., Pina nobilis, P. rudis, P. squamosa L., πίν(ν)η, *pina* oder wegen der keuligen Form *perna* (Plin. nat. 32,154. Cic. nat. 2,123. Aristot. hist. an. 5,15 p. 547b15), steckt im Sand, und das hervorragende Ende der Schalen klafft weit auseinander; Perlenbildung war möglich (Plin. nat. 9,115: Akarnanien; Athen. 3,93 E–F); das Fleisch galt als schmackhaft. Die bes. stark entwickelten Byssusfäden, mit denen sie sich auf der Unterlage befestigen, sind zäh und goldig und wurden als Steck-M.-Seide (Alkiphr. 1,2,3) zu Gewändern (Tert. de Pallio 3) verarbeitet. 5. Gien-M. hießen χῆμαι (<χαίνω = klaffe), *chemae* (Plin. nat. 32, 147), πελωρίδες (Athen. 3,92D), *glycomarides* (Macrob. sat. 3,13,12); darunter sind verschiedene Arten der Gattung Chama L. zu verstehen (Plin. nat. 32,147. Ailian. hist. an. 15,12), die als beliebte Nahrung galt (Hor. sat. 2,4,32. Athen. 3,92D. Martial. 6,11,5. 10,37,9. Lucil. 132 M.). 6. Scheide-M., σωλήν, *solen*, Gattung Solenes mit den Arten Solen vagina, S. siliqua. S. legumen, S. ensis (Plin. nat. 32,151), leben auf sandigem Grund (Aristot. hist. an. 5,15 p. 547b14), in den sie sich bei Gefahr zurückziehen (Plin. nat. 10,192. 11,139). Sie wurden gegessen (Athen. 3,86E; 87E. 90D). 7. Klapp-M., Spondylus gaederopus L., σπόνδυλος (Gal. alim. fac. 3 p. 734K), *sphondylus* (Colum. 8,16,7), lebt auf schlammigem Grund und war eine beliebte Nahrung (Sen. epist. 95,26. Macrob. sat. 3, 13,12. Martial. 7,20,14). 8. Tell-M., Tellinidae, können mit den τελλίναι genannten Arten identisch sein (Athen. 3,85E), doch fehlt eine genauere Beschreibung aus der Ant. 9. Pfahl-M., Teredo navalis L., τερηδών, *teredo*, schadete den Schiffen (Aristoph. Equ. 1308; Vitr. 5,12,7), die sie mit der feilenartigen Schale (nicht Zähne: Theophr. hist. plant. 5,4,4. Plin. nat. 16,220) anbohrte. 10. Bohr-M., Seedattel, Pholas dactylus L., wird von Plin. nat. 9,101. 184 genannt, der ihr Leuchten übertreibt; sie war eine beliebte Nahrung. Über versteinerte M. berichten Hdt. 2,12. Strab. 1,49. Plut. de Iside p. 367A. Tert. pall. 2. Xen. an. 3,4,10: Muschelkalk; Pausan. 1,44,6. Plin. nat. 36,134.

W. Kre.

*O. Keller* Die ant. Tierwelt 2,507ff. *J. Oberthür* Poissons et fruits de mer, Par. 1944 (mit Abb.). *J. Cotte* Poissons et animaux aquatiques au temps de Pline, Par. 1944. *E. De Saint-Denis* Le vocabulaire des animaux marins en latin class., Par. 1947. *Th. H. Corcoran* The Roman fishing industry of the late republic and early empire, Diss. Northwestern Univ. 1957. The sallop. Stud. of a shell and it's influences on human kind, ed. by Jan Cox, Lond. 1957. *J. André* L'alimentation et la cuisine à Rome, Par. 1961. *G. Petit–J. Theodorides* Histoire de la zoologie des origines à Linné, Par. 1962.

**Musculus** ist der röm. Name der bei den Griechen als χελώνη ὀρυκτρίς bezeichneten Grabschildkröte. Es war eine bewegliche Hütte, unter deren Schutz Soldaten eine Bresche in die feindliche Mauer zu legen versuchten. Genaue Beschreibung des m. bei Caes. civ. 3,80,5. Bei → Apollodoros (9) 138,19 SCHNEIDER führt der m. die Bezeichnung χελώνη διορυκτρίς, und Veg. mil. 4,16 versteht darunter auch die Schüttschildkröte.

A. N.

**Museion** (*Μουσεῖον*, Museum). 1. Jede Stätte, an der Musen verehrt werden, heißt M. Berghöhen, Haine, Grotten, immer mit Altar, selten mit Tempel ausgestattet, sind so sehr typische M., daß Plin. nat. 36,154 künstliche Grotten als M. bezeichnet. Die → Musen sind der göttliche Ursprung des Singens und Sagens (W. F. OTTO), μουσική ist wesentlicher Bestandteil der Jugendbildung, später allg. »Bildung«. Daher heißen die Schulfeste ebenso M. (Aischin. 1,10) wie die Opfer beim Musenkult und die Feste der Musen (Paus. 9,31,3), in der späten Graecität sogar die Schulen selbst (Liban. or. 58,14. 64,112), Plat. Phaidr. 267b nennt sogar ein Lehrbuch M.

2. Aus der Verbindung von M. als Musenheiligtum und als Lehre (Lehrstätte) erklärt sich das M. der platon. Akademie, das Kultstätte und wissenschaftliches Forschungsinstitut in einem ist. Die Frage nach dem möglichen pythagoreischen Vorbild für Platon (Iambl. v. P. 30. Porph. v. P. 4. Diog. Laert. 8,15) kann hier außer Betracht bleiben. Zur Organisation der Akademie Platons → Akademeia. Ein Musenheiligtum ist auch Zentrum des → Peripatos. Hier wie dort ist gemein-

sames Leben und Forschen (συμφιλοσοφεῖν) der Lehrer und Schüler Zweck der genossenschaftlichen Organisation. Ein eigenes Grundstück, einen Garten, erhielt der Peripatos unter Mitwirkung des Demetrios v. Phaleron, als Theophrastos Schulhaupt war.

3. Demetrios war auch bei der Gründung des M. in Alexandreia unter Ptolemaios I. als Ratgeber beteiligt. Wo innerhalb Alexandreias das M. lag, ist nicht genau geklärt (SW des O.-Hafens: W. Helck o. Bd. I 244); jedenfalls war es nach Strab. 17,793 Bestandteil des Palastbezirks. Strabo a.O. nennt auch die Hauptgebäude des M.: *περίπατον καὶ ἐξέδραν καὶ οἶκον μέγαν, ἐν ᾧ τὸ συσσίτιον τῶν μετεχόντων τοῦ* M. *φιλολόγων ἀνδρῶν*. Der Hauptraum war also der gemeinsame Speiseraum für die Mitglieder (über die Anlage der äg. Speiseräume spricht Vitr. 6,3,9). Die → Exedra öffnet sich mit einer Seite auf einen Säulenhof (Vitr. 5,11,2. 6,3,8); sie dient dem Unterricht und der Disputation. Der Peripatos, ein baumgesäumter Weg im Freien, gehört vor allem dem Zwiegespräch. Natürlich war ein Musenaltar vorhanden, wenn auch nirgends von ihm die Rede ist, sowie Räume für die Bibliothek und die Apparaturen (vielleicht auch für die exotischen Tiere [Athen. 14,654b–c] und die Sternwarte), endlich Wohnräume für die Mitglieder, so daß ihnen das gemeinsame Leben und Arbeiten möglich war. Unklar bleibt, ob die Kall. epigr. 2 erwähnte *λέσχη* mit der Exedra ident. ist oder ob sie ein eigener Bauteil war, ebenso, ob die Wohnräume der Mitglieder des M. unmittelbar beim M. lagen oder an anderer Stelle des Palastbereichs. Organisatorisch war das M. eine *σύνοδος* (Strab. a.O.), ein *θίασος τῶν Μουσῶν* unter der Leitung eines vom König ernannten Priesters. Die Mitglieder des M. wurden vom König ernannt, der auch die *κοινὰ χρήματα* zur Verfügung stellte. Diese Rolle der Könige betont den im Gegensatz zu Akademie und Peripatos stark monarchisch geprägten Charakter der Institution, in dem sich der Wandel der Umweltbedingungen am deutlichsten manifestiert. Die Mitglieder des M. erhielten eine vollständige *σίτησις* (Strab. a.O. Cass. Dio 77,7. Athen. 1, 22d) und einen festen Gehalt, *σύνταξις* (Athen. 11,494a), von dessen Höhe freilich die 12 Talente pro Jahr, die Panaretos erhielt (Athen. 12,552c), kaum eine zutreffende Vorstellung geben. Die Mitglieder des M. genossen Steuerfreiheit (OGIS 714,4f.) und wohl auch Befreiung von den öffentlichen Leistungen. Aus der Verwaltung des M. kennen wir nur den Kassenbeamten, *ταμίας*, und seine Rechnungsbücher (Athen. 11,493f./494a); andere notwendige Funktionen wie der Sekretär (*γραμματεύς*) u.a. werden nicht erwähnt. Die Zahl der Mitglieder des M. läßt sich nicht mehr bestimmen (die 72 Übersetzer der Septuaginta, die der → Aristeasbrief nennt, sind



fiktiv). Anders als in Athen schoben sich in Alexandreia die rein philolog. Wissenschaften stärker in den Vordergrund, so daß Strab. a.O. geradezu die Mitglieder des M. als *φιλόλογοι ἄνδρες* bezeichnen kann. Aber der Ruhm der großen Bibliothekare und Dichter oder Philologen wie → Kallimachos (3), → Zenodotos v. Ephesos, → Apollonios (1), → Aristophanes (4), → Aristarchos (6) kann von der Bedeutung des M. als mathemat.-naturwissenschaftl. Forschungsstätte von im Alt. unübertroffener Leistungshöhe nicht ablenken. Neben Universalgelehrten wie → Eratosthenes (2), dessen Messung des Erdumfangs Epoche machte, haben Mathematiker und Astronomen wie → Konon (3), → Apollonios (2), → Hipparchos (6), später → Sosigenes, Mediziner wie → Herophilos (1) und → Erasistratos den Ruhm des M. mitbegründet und auf der traditionellen Höhe gehalten. Ob auch die bekannten Ingenieur-Mathematiker → Ktesibios (1), → Heron u.a. am M. gewirkt haben, ist nicht sicher, doch standen sie mindestens in regem wissenschaftlichem Austausch mit den Mitgliedern des M.

Die Gelehrten des M. konnten sich ihrer Forschung in völliger Freiheit widmen. Es ist nicht ausdrücklich überliefert, aber doch wahrscheinlich, daß sie alle auch Lehrvorträge hielten; ob die Mediziner dazu eigene Praxisräume im M. hatten, ist unbekannt, doch wenig glaublich. An den Disputen haben manchmal äg. Könige (wie später Hadrian) teilgenommen. Die höchste Blüte des M. fällt in seine Frühzeit, unter Ptolemaios II. und III. Unter Ptolemaios VIII. Euergetes II. ist ein Tiefpunkt zu verzeichnen: die Rache des Königs an den Freunden seines Neffen Eupator veranlaßte alle namhaften Gelehrten zur Flucht nach Pergamon, Rhodos, Athen usw. Damals ernannte der König sogar einen Offizier, Kydas, zum Leiter der Bibliothek (POxy X 1241). Auch nach der Berufung neuer Mitglieder erreichte das M. seine alte Bedeutung nicht mehr. Seit Augustus übernahmen die röm. Kaiser die Fürsorge für das M., freilich in manchmal etwas eigenartiger Weise (so wenn Claudius ein eigenes zweites M. gründete, Suet. Claud. 42,2). In der frühen Kaiserz. scheinen bes. die philolog. Studien geblüht zu haben (z.B. → Theon, → Tryphon, → Apion). Hadrian hat offenbar die Mitgliedschaft am M. als billige Gunst verschenkt (Nachweise RE XVI 817). Aber auch im 2. Jh. gab es noch namhafte Gelehrte am M., so → Apollonios (7) Dyskolos, → Harpokration (2), → Hephaistion (2) unter den Philologen, → Menelaos als Mathematiker, → Soranos als Arzt, Claudius → Ptolemaios als Astronom und Geograph. Unter den Unruhen des J. 216 litt das M. schwer (Cass. Dio 77,22), doch lehrte um die Mitte des 3. Jh. dort noch ein so bedeutender Mathematiker wie → Diophantos (4). Die Gebäude des M. wurden 269/70 oder 273 unter Aurelian zerstört (Amm. 22,15ff.), doch ging der

Unterricht, wohl im Serapeion, weiter. Die Hauptwirkung des M. für die Zukunft bestand damals in seinem indirekten Einfluß auf die chr. Kirchenlehrer Alexandreias. Erst bei der Zerstörung des Serapeions 389 ist die immer heidnisch gebliebene Gelehrtenschule untergegangen; das letzte namentlich bekannte Mitglied des M. ist Theon, der Vater der → Hypatia.

4. Was seit der Renaissance M. heißt, öffentliche oder private gelehrte Sammlungen aller Art, gab es der Sache nach schon im Alt. (A. FURTWÄNGLER Über Kunstsammlungen in alter u. neuer Z. 1899. G.-F. KOCH Wiss. Zeitschr. Rostock 1954/55). Schon Agrippa forderte, die Kunstwerke öffentlich zugänglich zu machen (Plin. nat. 35,26); die Ausschmückung der Portiken, Thermen, öffentlichen Parks mit Kunstwerken kam diesem Wunsch entgegen. Das erste M. im modernen Wortsinn wurde 1471 auf dem röm. Kapitol begründet. In diesem begrenzten und profanen Sinn, aber doch immer wie im Alt. mit wissenschaftl. Forschungsarbeit der dort Tätigen untrennbar verbunden, lebt das M. bis h. fort. W. H. G.

**Musik.** I. allgemein a) Vorbemerkung b) Quellen 1. Tondenkmäler 2. literar. Quellen c) histor. Überblick 1. Griechenland 2. Rom d) M.theorie 1. systemat. 2. ästhet. II. M.instrumente a) Vorbemerkung b) Blasinstr. c) Saiteninstr. d) Schlaginstr.

**Ia.** Grundsätzlich gesehen bezeichnet der ant. Begriff der *μουσική* (sc. *τέχνη*) weit über die Tonkunst und die ihr verwandten Gebiete hinaus jede Art einer sich in Bildung und Geisteskultur offenbarenden »Musenkunst«. Die Verengung auf den heute unter M. verstandenen und im großen ganzen auch hier behandelten Bereich erfolgte seit der Mitte des 4. Jh. v. Chr. im Anschluß an das Aufkommen berufsmäßig-virtuoser M.ausübung als Folge des sog. »Neuen Stils«. Trotz der nur sehr spärlich erhaltenen Primärzeugnisse (Tondenkmäler) läßt sich anhand der zahlreichen literar. und ikonograph. [14] Belege ein recht anschauliches Bild der ant. M. sowohl von der Philologie [1–7] wie auch von der M.wissenschaft [8–10] her gewinnen. Ihre nicht nur auf die Ant. beschränkte Bedeutung liegt vor allem darin, daß in ihr unter dem Einfluß der vorhergehenden oriental. und mediterranen M.kulturen erstmals eine noch greifbare, vollständige systemat. musikal. Theorie ausgebildet wurde, die durch Vermittlung der spätant. Autoren nachhaltig auf die Entwicklung der abendländ. M. einwirken sollte [8,134 f.].

**b 1.** Die vorhandenen, ausschließl. griech. Tondenkmäler (vgl. das Verzeichnis [11,79–81] und als Ergänzung [12]) gliedern sich ihrer Erhaltung nach in 3 epigraph. Zeugnisse, 6 Hss. sowie 8 Pap., die vielfach bruchstückhaft sind und mitunter verschiedene Bestandteile aufweisen. Sie sind meist in Vokalnotenschrift (vgl. u. S. 1497) aufgezeichnet, verteilen sich ungefähr auf die Z. zwischen dem 3. Jh. v. und n. Chr. und stellen abgesehen von einem lyr. Stück (sog. Seikiloslied) oft nur in wenigen Zeilen vorwiegend Vertonungen zu → Hymnen (z. B. des → Mesomedes), → Paianen und trag. Partien dar. Während die Transskription dieser Frg. gelöst ist [10,222–228 mit zahlr. Beisp.], bleiben Fragen der Instrumentierung und Art des Vortrags unklar.

**b 2.** Neben der Behandlung musikal. Probleme und Einzelfragen in weiterreichendem Zusammenhang, wie sie etwa in den Schriften und Frg. der Philosophen (u. a. Archytas, Platon, Aristoteles; vgl. [6,584]) oder in den Kompendien der Sammel- und Miszellanschriftsteller (z. B. Ps. Aristot. Problemata, Pollux, Athenaios) vorliegt, worauf hier nur kurz hingewiesen sei, kennt die Ant. ein umfangreiches, speziell der M. gewidmetes Schrifttum meist späteren Datums mit jedoch wohl unbestreitbarem Quellenwert auch noch für frühere Z. (z. T. bei [13], sonst in Einzelausg.). Die Ausrichtung dieser Lit. in einen histor. und einen theoret. Zweig zeigt sich bereits am nur in wenigen Frg. erhaltenen Werk der beiden ersten Autoren über M.: → Glaukos (6) von Rhegion und → Lasos (1) von Hermione. Ebenfalls nur bruchstückhaft – bes. bei Platon und den späteren Theoretikern – greifbar ist die psychologisch-ethische Betrachtung der M. durch → Damon (2) von Athen, gegen dessen Auffassung sich in der Folgezeit die sogenannte Hibehrede wendet. Die erste ganz, wenn auch wohl nicht in originaler Form überlieferte Abhandlung über M. begegnet dann in den »Elementa Harmonica« des → Aristoxenos, des bedeutendsten griech. M.theoretikers. Mehr die mathemat. Seite der M. betont ihm gegenüber die nicht viel jüngere »Sectio Canonis« des → Eukleides (3) [u. a. 13,115–166]. Während aus der Z. des späteren Hellenismus nur etwa → Philodemos von Gadara, der gegen die Ethoslehre eintritt, und aus der beginnenden Kaiserzeit der histor. ausgerichtete ps.-plut. Dialog »De musica« zu nennen sind, weist das 2. Jh. in den Schriften des Kleoneides [13,169–207], Theon von Smyrna und bes. der Harmonik des → Ptolemaios (dazu Kommentar des → Porphyrios) umfassende Darstellungen der M.theorie auf, zu denen die wohl noch späteren Abhandlungen des → Gaudentios (1) [13,319–356], Nikomachos von Gerasa [13,211–282], → Aristeides (7) Quintilian., → Alypios (3) [13,359–406] und Bakcheios [13,285–316] hinzutreten. Ganz in Übereinstimmung mit dem hierin nahezu abschließend dargelegten Wissen von der ant. M. steht schließl. auch das lat. Schrifttum, zu dem nach nicht erhaltenen Anfängen bei → Varro und der Behandlung von Einzelfragen bei → Vitruvius vor allem die Darstellungen spätant. Autoren gehören, die wie → Martianus Capella und → Boethius die M. unter die → »artes liberales« aufnehmen oder wie →

Augustinus, → Cassiodorus und → Isidoros (8) zugleich auch in das theolog. Lehrgebäude eingliedern und so an das MA. weitergeben.

**c 1.** Die Beeinflussung der griech. M. durch die vor- und außergriech. M.kulturen, die etwa durch die Verwandtschaft ikonograph. Zeugnisse zu belegen ist [14], kennzeichnet auch die Gestalt des → Olympos, des ersten, noch der Sage angehörenden griech. Musikers. Er soll im Anschluß an die nahezu ausschließl. auf Saitenspiel und Gesang (→ Kitharodia) beruhende M.kultur der hom. Z. die Auletik (→ Aulos, I 757f.) mit den entsprechenden Rhythmen sowie das enharmon. Tongeschlecht von Phrygien nach Griechenland gebracht und so zu der bereits vorhandenen apollin. die dionys. Komponente in die griech. M. eingeführt haben.

Diese Unterteilung der frühen griech. M.ausübung in Saiten- und Aulosspiel bestimmt dann auch die ersten histor. Musikerpersönlichkeiten. So begegnet → Terpandros aus Lesbos um 675 in Sparta als »Erfinder« eines wohl aus der → Phorminx weiterentwickelten siebensaitigen Instruments und Schöpfer der damit begleiteten → Nomoi. Auf dem Gebiet der Aulodik kommen die entsprechenden Kompositionen wohl als erstem dem nur wenig späteren → Klonas aus Tegea oder Theben zu, der in der Tradition freilich hinter einer Reihe weiterer, meist in Sparta tätiger und wohl schon vielseitigerer Musiker zurücktritt. Dazu gehören u.a. → Thaletas aus Kreta, der in der Aulosmusik an Olympos angeknüpft haben soll und ihre Rhythmen auch beim Gesang verwendete, sowie neben → Polymnestos aus Kolophon, → Xenodamos aus Kythera und → Xenokritos aus Lokris bes. → Sakadas aus Argos, der an den Pythien 586 mit einem aulet. Nomos ohne Gesangsbegleitung erfolgreich war. Insgesamt gesehen erwächst aus dem Wirken dieser Persönlichkeiten der ältere, klass. M.stil. der in engster Verbindung mit der Dichtung bis hinab in die 2. H. des 5. Jh. die Blütezeit der *μουσικὴ τέχνη* im umfassenden Sinne verkörpert. Archeget dieser Musiker-Dichter ist → Archilochos, der als Begründer der musikal. Lyrik seine Iamben unter Verwendung des Dreitakts und Hervorhebung der Instrumentalstimme vertonte. An ihn schließen sich, ebenfalls als Vertreter der monod. ausgerichteten Einzellyrik, → Alkaios (4) und → Sappho sowie → Anakreon an, während der durch → Alkman von Sardes vor allem in Form von → Paianen und → Hymnen in Sparta eingeführte lyr. Chorgesang einerseits in den Siegesliedern und sonst. Dichtungen des → Simonides, → Pindaros und → Bakchylides zu höchster Vervollkommnung gelangte, andrerseits in Fortführung des maßgebl. von → Arion in Korinth ausgebildeten, auch daneben noch weiterhin beibehaltenen → Dithyrambos zum wesentl. musikal. Bestandteil der Tragödie wurde.



Etwa seit Mitte des 5. Jh. begegnet dann entsprechend der allmählich einsetzenden allg. Bewußtseinsänderung auch auf musikal. Gebiet eine rasch um sich greifende Entwicklung, die durch eine techn. Verbesserung der Instrumente sowie eine Erweiterung ihres Tonbereichs ermöglicht wurde und deren Ergebnis der sog. »Neue Stil« ist. Sein Kennzeichen liegt in einer Verselbständigung des Musikalischen gegenüber dem Dichterischen; die M. selber, deren Ausübung immer mehr auf Berufsvirtuosen übergeht, weist eine *ποικιλία* auf, die durch häufige → *μεταβολή* der Tonart und des Rhythmus bewirkt wird. Als Urheber dieser von der zeitgenöss. Komödie heftig befehdeten und von Vertretern der philos. Ethoslehre kritisierten M.richtung gelten vor allem → Phrynis aus Mytilene, der durch kitharod. Nomoi hervortrat, und → Melanippides aus Melos, der den sog. jüngeren Dithyrambos begründete. Ihre Fortsetzer sind u.a. → Kinesias aus Athen, → Philoxenos aus Kythera und bes. → Timotheos aus Milet, bei dem sich der Fortgang einer *καινοτομία* auch noch im Abbau der Grenzen zwischen dem kitharod. Nomos und dem chor. Dithyrambos zeigt. Dennoch scheint der »Neue Stil« den »Klassischen« nicht völlig abgelöst zu haben. Neben literar. Zeugnissen über archaisierende Tendenzen erweisen dies in der Folge auch die ersten Tondenkmäler (vgl. o. S. 1485), die freilich bereits dem Hellenismus und somit einer Zeit angehören, in der die schöpfer. Betätigung mit der M. hinter die Frage ihrer möglichst vollkommenen und großartigen Darbietung zurückgetreten war.

**c 2.** Bis in neuere Z. litt das Bild von der röm. M. unter dem Verdikt der mangelnden Originalität und bloßen Nachahmung des Griech., ja der Unmusikalität schlechthin. Gegenüber dieser, vorwiegend durch die Sicht des 19. Jh. begründeten Auffassung erkennen jüngst vorgelegte Untersuchungen ([4] und [15]), die sich allerdings nur auf Sekundärquellen stützen können, Rom ein durchaus eigenständiges, in enger Verbindung mit Etrurien (dazu [7],2018f.) bereits vor der Hellenisierung ausgebildetes M.leben zu, wiewohl freilich die eigentl. Blütezeit der röm. M. ohne außerröm. Einflüsse in Theorie und auch Praxis nicht denkbar ist.

Neben Zeugnissen über mehr spontane, volkstüml. musikal. Äußerungen, wie sie vor allem das tägl. Leben kennt, weisen die Anfänge der röm. M. im Bereich von Kult und Militärwesen bereits auch Ansätze zu einer weiterreichenden künstler. Gestaltung auf, die etwa in den lange tradierten Gesängen der Arvalbrüder und Salier begegnet. Auf diese erste Phase folgt – begründet durch die Übernahme etr. M.gutes anläßlich der Pest des J. 364 v. Chr. – ein Aufschwung, der bes. die Entwicklung einer röm. Theatermusik mit sich bringt. Bevorzugtes Instrument ist hierbei wie auch schon in der voraufgehenden Kultmusik die *tibia*, der somit – anders als im Griech. – die Rolle des beherrschenden röm. Nationalinstruments zukommt. Ihren Höhepunkt erreicht die röm. Theatermusik dann während des 3./2. Jh. in der Aufnahme des griech. Dramas durch → Livius (B 1) Andronicus, seiner Fortsetzung durch die röm. Tragiker und der Ausbildung der röm. Komödie durch → Plautus und → Terenz. Zugleich zeichnet sich dabei eine größere Verselbständigung der M. gegenüber der Poesie ab, wie das Einsetzen von Zeugnissen über das Wirken besonderer Komponisten und die Gründung von Musikervereinigungen belegt. Außerdem bewirkt die Adaption griech. Vorlagen auch bei der M. einen engeren Anschluß an dieses Vorbild, der damit die bes. dann seit der Eroberung des Ostens im 2./1. Jh. voranschreitende Hellenisierung der röm. M. einleitet. Bestimmt ist diese Epoche vor allem durch das Zusammenströmen von Musiker-Sklaven aus aller Welt in Rom und – als Begleiterscheinung des allg. Luxus – durch das Eindringen der M. auch in den Bereich der privaten Unterhaltung.

Weiterhin zeigt sich dieser allg. griech. Einfluß ebenfalls bei der Ausgestaltung des röm. Kunstlieds, das etwa seit Beginn des 1. Jh. davon ja auch inhaltl. nicht unabhängige Gedichte bes. der röm. Lyriker vertont. Wenn darin die Trennung zwischen Poesie und M. endgültig vollzogen ist, so erreicht es – und mit ihm die röm. M. schlechthin – seinen Höhepunkt bezeichnenderweise in der Gestalt des einen Dichters und Sängers → Horaz (vgl. [16]), der sich auch hierin noch einmal als röm. Gefolgsmann klass. griech. *μουσική* erweist.

Die anschließende Kaiserzeit ist von der fortschreitenden Ausbreitung eines Virtuosentums gekennzeichnet, das sich vor allem am Hof und sonst in der Hauptstadt sammelt, bei allen Schichten Anerkennung und Nachahmung findet und in das neben den griech.-röm. Grundbestandteilen musikal. Elemente aus dem ganzen Imperium einfließen. Ähnlich wie schon bei der M. des Hellenismus liegt hier der Nachdruck mehr auf der künstler. als auf der schöpfer. Seite der M.ausübung. Merkmal dafür ist z. B. das Zurücktreten der Nennung von Komponisten hinter die der Virtuosen, die Einrichtung größerer → Orchester oder die techn. Vervollkommnung und Verbreitung einzelner Instrumente wie bes. der → Hydraulis. Eine neue Belebung der spätant. röm. M. geht endlich noch vom Christentum aus, das – wie etwa in der Hymnendichtung des → Ambrosius, → Prudentius u. a. – ihre Formen mit neuem Inhalt zu erfüllen versucht, ohne jedoch alle »heidn.« Reminiszenzen beseitigen zu können. Durch diese Aufnahme in die chr. Kirchenmusik ist dann in der Folge analog zur Weiterwirkung der ant. M.theorie auch für das lebendige M.gut der Ant. ein kontinuierlicher Einfluß auf die ma. wie auch byz. M. ([17]) gegeben.



**d 1.** Grundlage der Tonordnung der ant. M. (vgl. dazu u. a. [10,188–220. 18. 19]) ist das abwärts verlaufende, eine Quart umfassende Tetrachord (meist *a–e*), dessen Randtöne (Mese, Hypate) unveränderlich sind, während die eingeschlossenen (Lichanos, Parhypate) je nach Tongeschlecht variieren. Abgesehen von weiteren Unterarten ergibt sich für das diaton. die Abfolge *a, g, f, e*, für das chromat. *a, fis, f, e* und für das enharmon. *a, f, f*-1/4, *e*. Solange dabei die beiden unteren Tonschritte zusammen kleiner sind als der zwischen Mese und Lichanos, bezeichnet man sie als Verdichtung (*πυκνόν*). Von diesem Grund-Tetrachord aus (sog. *τετράχορδον μέσων*) erfolgt die Erfassung des gesamten Tonraums durch Anfügung weiterer Tetrachorde. Hierbei führt die Anreihung zunächst eines Tetrachords von oben her – je nachdem die Grenztöne zusammenfallen (*συναφή*) oder einen Ganzton voneinander entfernt sind (*διάζευξις*) zum verbundenen oder getrennten Tetrachordsystem. Die neu hinzutretenden Töne heißen Nete, Parenete und Trite, der vierte des *τετρ. διεζευγμένων* Paramese. Als nächster Schritt wird an beide Tetrachordgruppen nach unten jeweils in Synaphie ein weiteres Tetrachord (*τετρ. ὑπάτων*) sowie daran anschließend ein einzelner Ton angefügt. Beim verbundenen Tetrachordsystem ergibt diese Reihe das sog. kleinere vollkommene System, beim getrennten wird durch Anschluß noch eines vierten Tetrachords in Synaphie von oben her (*τετρ. ὑπερβολαίων*) das umfassendste, das sog. größere vollkommene System erreicht. Zur Benennung der so hinzugewonnenen Töne werden die schon gebrauchten Namen in Verbindung mit den einzelnen Tetrachorden verwendet. Eine schemat. Darstellung (bei der Angabe der mod. Tonbezeichnungen steht für die nach Tongeschlecht bewegl. Töne nur x) zeigt das Bild auf Spalte 1491/1492.

Im Streben nach weiterer Vervollständigung der *τόνοι* wird schließlich jeder Halbton der Oktave zum Ausgangspunkt eines neuen gemacht, so daß sich bei Beachtung einer auch in der Benennung deutlichen triad. Gliederung mit der Abfolge hyperlydisch *(cis''-cis',* 3 ♯*)*, hyperäolisch *(c''-c'*, 4 ♭), hyperphrygisch *(h'-h,* ♯*)*, hyperiastisch *(ais'-ais* bzw. *b'-b*, 6 ♯ bzw. 6 ♭), hyperdorisch [= mixolydisch] *(a'-a,* ♭*)*, lydisch *(gis'-gis*, 4 ♯*)*, äolisch *(g'-g*, 3 ♭*)*, phrygisch *(fis'-fis*, 2 ♯*)*, iastisch *(f'-f*, 5 ♭*)*, dorisch *(e'-e,* ♮*)*, hypolydisch *(dis'-dis*, 5 ♯), hypoäolisch *(d'-d*, 2 ♭*)*, hypophrygisch *(cis'-cis*, 3 ♯*)*, hypoiastisch *(c'-c*, 4 ♭*)* und hypodorisch *(h-H,* ♯*)* insgesamt 15 Skalen konstruieren lassen, die ihrerseits entsprechend den Anforderungen der musikal. Praxis wieder weiteren Transpositionen unterworfen sind (vgl. bes. [5,848 f.] und [10,207 ff.]).

Zur Notation der ant. M. dienten eine Instrumental- und eine Vokalnotenschrift (vgl. dazu *σύστημα τέλειον ἔλαττον:*

| | | |
|---|---|---|
| Nete | d' | |
| Paranete | x | *τετράχορδον συνημμένων* |
| Trite | x | |
| Mese | a | |
| Lichanos | x | |
| Parhypate | x | *τετράχορδον μέσων* |
| Hypate | e | |
| Lichanos | x | |
| Parhypate | x | *τετράχορδον ὑπάτων* |
| Hypate | H | |
| Proslambanomenos | A | |

*σύστημα τέλειον μεῖζον:*

| | | |
|---|---|---|
| Nete | a' | |
| Paranete | x | *τετράχορδον ὑπερβολαίων* |
| Trite | x | |
| Nete | e' | |
| Paranete | x | *τετράχορδον διεζευγμένων* |
| Trite | x | |
| Paramese | h | |
| Mese | a | |
| Lichanos | x | |
| Parhypate | x | *τετράχορδον μέσων* |
| Hypate | e | |
| Lichanos | x | |
| Parhypate | x | *τετράχορδον ὑπάτων* |
| Hypate | H | |
| Proslambanomenos | A | |

Ausgehend von der zentralen Tetrachordgruppe *(e'-e)* des diaton. gefaßten größ. vollk. Systems gelangt die ant. M.theorie entsprechend der Möglichkeit, die Halbtöne verschieden zu gruppieren, zu sieben Doppeltetrachord-(= Oktav-)formen, deren Ableitung sich schemat. wie folgt darstellen läßt:

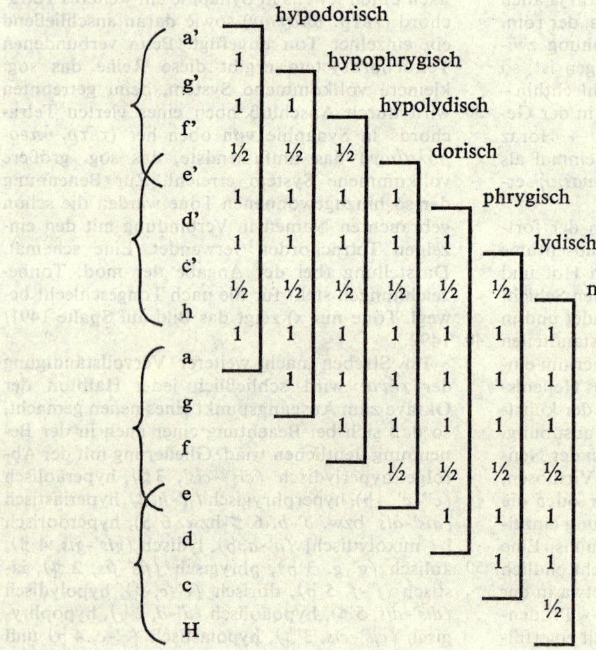


Durch Transposition auf die als Grundoktave unverändert beibehaltene dor. Reihe *e'-e* werden diese Oktavformen dann in die umgekehrt angeordneten sog. Transpositionsskalen (*τόνοι*) übergeführt, die – auch *τρόποι* oder *ἁρμονίαι* genannt – eine systemat. Einteilung des Tonraums ermöglichen. In mod. Bezeichnung ergibt ihre Übersicht:

| | | | | | | | | | | | | | | | |
|---|---|---|---|---|---|---|---|---|---|---|---|---|---|---|---|
| mixolydisch | a' | g' | f' | e' | d' | c' | b | a | | | | | | | (♭) |
| lydisch | | gis' | fis' | e' | dis' | cis' | h | a | gis | | | | | | (4 ♯) |
| phrygisch | | | fis' | e' | d' | cis' | h | a | g | fis | | | | | (2 ♯) |
| dorisch | | | | e' | d' | c' | h | a | g | f | e | | | | (♮) |
| hypolydisch | | | | | dis' | cis' | h | ais | gis | fis | e | dis | | | (5 ♯) |
| hypophrygisch | | | | | | cis | h | a | gis | fis | e | d | cis | | (3 ♯) |
| hypodorisch | | | | | | | h | a | g | fis | e | d | c | H | (♯) |

u.a. [8,129–133] oder [10,185–187]), die sich auch auf den vorhandenen Tondenkmälern (s.o. S. 1485) finden und mit Hilfe des Traktats des → Alypios (3) [13,359–406] entziffern lassen, über eine absolute Tonhöhe allerdings keine Angabe machen. Beide Schriften verwenden Buchstaben – die frühere Instrumentalnotation ein altes dor. Alphabet, die spätere Vokalnotation ein ion. – und ordnen in der Regel jedem Ton drei gleiche, durch ihre Stellung unterschiedene oder sonst leicht abgewandelte Zeichen zu, von denen das erste für den diaton. Grundton, die beiden andern für die Erhöhung und die Doppelerhöhung stehen.

**d 2.** Neben der systemat. Erfassung des Tonraums, deren Ausgestaltung bis zu den letzten Verfeinerungen sich über die ganze Ant. erstreckt, ist als weiteres, freilich in seiner Wirkung auf die klass. griech. Z. beschränktes Resultat einer theoret. Beschäftigung mit der M. in der Ant. die Ausbildung einer M.ästhetik und M.ethik zu nennen. Die Bedeutung dieser sog. Ethoslehre (vgl. bes. [20]) liegt entsprechend dem umgreifenden Geltungsbereich der *μουσική* in ihrer über das bloß Ästhetische bis ins Moralische hineinreichenden Einwirkung auf Geistesbildung und Erziehung schlechthin. Nach ersten Ansätzen einer psychotherapeut. Verwendung der M. durch die Pythagoreer erfuhr sie ihre eigentl. Begründung durch → Damon (2) von Athen, der die Lehre von einer wechselseitigen Beziehung zwischen seel. und musikal. Ausdruck bzw. Empfinden vertrat und so in der M.erziehung (vgl. etwa [21] und [22]) den Hauptzugang zu einer seelischen Pädagogik sah. Ihren wesentlichsten Niederschlag fand diese, eindeutig nur schwer rekonstruierbare Auffassung vor allem im Werk Platons, während sich bei Aristoteles bereits das Bestreben zu einer Vermittlung mit der Gegenansicht der sog. Formalisten, die die Wirkung der M. vom subjektiven Empfinden her erklärten, abzeichnet und dann in der Folgezeit der Einfluß der Ethoslehre mit der Auflösung der *μουσική* in Einzeldisziplinen ohnehin schwindet.

**II a.** Dank zahlreicher, vor allem mit der M.-ausübung befaßter literar. und ikonograph. (bes. [14]) Zeugnisse, zu denen noch Funde von Überresten treten, ist vom Instrumentarium der ant. Musiker eine eindrückliche Vorstellung zu gewinnen. Dennoch muß diese Rekonstruktion angesichts der spärlichen Tondenkmäler (vgl. o. S.1485) vorwiegend auf eine katalogisierende Erfassung beschränkt bleiben. Grundsätzlich scheinen die M.instrumente je nach den verschiedenen Anwendungsbereichen von tägl. und künstler. Leben, Kult, Militär u.a. entsprechend dem melod. Charakter der ant., bes. griech. M. vor allem zur Gesangsbegleitung oder instrumentalen Einzeldarbietung gedient zu haben; eine orchesterartige Instrumentalistik tritt erst in nachklass. und röm. Z. auf. Bereits in der Ant. – freilich durchweg erst spät – vorgenommene Einteilungen der M.instr. (vgl. u.a. Poll. 4,58f.) unterscheiden vornehml. die beiden Gruppen der Blas- und Schlaginstrumente (*ὄργανα ἐμπνεόμενα* und *κρουόμενα*), heben also die Saiteninstrumente (*ὄ. ἐντατά*) nicht bes. hervor. Diese Systematik beruht auf der ant. Spielpraxis, die die Saiteninstrumente nur zupfte oder anschlug und keine eigentl. Streichinstrumente kannte. Für die folgende Zusammenstellung, die in Anbetracht der Einzelartikel nur einen summar. Überblick zu geben braucht, scheint jedoch die übl., wenn auch inadäquate und musikwissenschaftl. ungenaue Dreiteilung am zweckmäßigsten.

**b.** (Vgl. auch → Aerophone). Das am weitesten verbreitete ant. Blasinstrument, das auch als einziges künstler. Bedeutung gewann, ist der durchweg paarig geblasene → Aulos (daher meist *αὐλοί*, lat. → *tibia(e)*). Der Instrumentengattung nach ist er unter die Rohrblattinstrumente zu rechnen; und zwar scheinen sowohl Aufschlag- ('Klarinetten') wie auch Gegenschlagzungeninstrumente ('Oboen') in Gebrauch gewesen zu sein (vgl. bes. [25]). Seit nachklass., bes. in röm. Z. erfuhr der Aulos durch Drehringe, Aufsätze u.ä. zahlreiche techn. Verbesserungen; so begegnet dann häufig der Elymos (*ἔλυμος*, *tibiae impares*), bei dem das eine, meist linke Rohr in einem umgebogenen Schallbecher endet. Sonderformen des Aulos ohne bes. Bedeutung sind schließlich der → Monaulos, → Plagiaulos und → Niglaros.

Aus der Gruppe der mit Hilfe eines Kesselmundstücks oder einer entsprechenden Bohrung angeblasenen Instrumente, die vorwiegend zur Zeichengebung dienten, kannten die Griechen als Trompete die → Salpinx, der in Rom die *Tuba* und als etr. Weiterentwicklung der → *Lituus* entsprachen. Als Hörner begegnen das Natur- (→ *κέρας* und Schneckenhorn (*κόχλος*), deren röm. Gegenstück neben dem stark veränderten *Cornu* die → *Bucina* darstellt.

Zu den Flöteninstrumenten gehört die aus dem ländl. Bereich stammende → Syrinx, als deren mechan. betriebene Weiterentwicklung in hellenist. und bes. röm. Z. häufig die → Hydraulis erscheint.

**c.** Der Bedeutung und Verbreitung nach nehmen unter den Saiteninstrumenten die → Kithara (Nachträge zu Bd. III) und die → Lyra die erste Stelle ein. Jene ist, wie die Zwischenform der Wiegenkithara lehrt, als Fortentwicklung der in hom. Zeit gebräuchl. → Phorminx zu betrachten und begegnet vorwiegend als Virtuoseninstrument; eine Sonderform wird als Thamyris-Kithara bezeichnet. Demgegenüber stellt die Lyra das bevorzugte Instrument für Übung und Unterricht dar. Eine Spielart, wohl die → Barbitos, ist häufig als Requisit dionys. Szenen abgebildet.

Bevorzugt in Frauenhand finden sich verschiedene Harfeninstrumente, bei denen neben der wohl generellen Bezeichnung → Pektis (πηκτίς) eine Festlegung einzelner Formen auf die sonst überlieferten Namen → Magadis, → Nablium, Psalterion, Sambyke, Trigonon u.a. unsicher bleibt.

Erst in nachklass. Z. scheint die → Laute verwendet worden zu sein, mit der wohl auch Pandura, Skindapsos und Trichordon identisch sind.

Nur als Versuchsinstrumente der M. theoretiker sind endlich noch das → Monochord und der → Helikon anzuführen.

**d.** Den weitaus größten Teil der in der Ant. gebräuchl. Schlaginstrumente, die nahezu ausschließl. der rhythm. Untermalung dionys. und orgiast.-religiösen Treibens dienten, bilden Idiophone, bei denen zwei bewegl. verbundene oder auch getrennte Hälften aneinandergeschlagen wurden – so etwa die Handklappern (κρόταλα, *crepitacula*), Fußklappern (κρουπέζια, *scabella*) und Becken (κύμβαλα). Nur lokale Bedeutung erlangte das sog. apul. Sistrum, eine Art Xylophon, das auf unterital. Vasenbildern begegnet, während das eigentl. → Sistrum vorwiegend auf den Isiskult beschränkt blieb.

Als Fellklinger ist in erster Linie das → Tympanon, eine Rahmentrommel, zu nennen, die sich von dem mod. Tamburin durch eine beidseitige Bespannung unterscheidet.

Nur noch am Rande mit unter die Schlag- und überhaupt auch M. instr. zu rechnen sind schließlich die Bronteia (→ βροντεῖον) und → Echeia des Theaters. U. K.

Literaturber. über die griech. M. 1932–1957 von *R.P. Winnington-Ingram* in Lustrum 3, 1958; zur röm. M. vgl. bes. [4,725–737].

*Ia.* 1. *M. Wegner* Das Musikleben der Griechen, 1949. 2. *H. Koller* M. und Dichtung im alten Griechenland, 1963. 3. *E.A. Lippman* Musical Thought in Anc. Greece, 1964. 4. *G. Wille* Musica Romana, 1967. 5. *W. Vetter* in RE XVI 823–876. 6. *J.F. Mountford – R.P. Winnington-Ingram* s. Music in OCD, 1949 (Nachdr. 1950), 584–591. 7. *G. Wille* s.v. etc. in Lex. A.W. 1965, 2006–2031. 8. *Th. Georgiades* M. und Rhythmus bei den Griechen, 1958. 9. *H. Husmann* Grundlagen der ant. und oriental. M. kultur, 1961. 10. *C. Sachs* Die M. der alten Welt (urspr. engl. 1943), 1968, 178–254. *b.* 11. *E. Pöhlmann* Griech. M. frg. (Erl. Beiträge 8), 1960. 12. *H. Hunger – E. Pöhlmann* Neue griech. M.frg., WS 75, 1962, 51–78. 13. *C.v. Jan* Mus. Script. Graeci, 1895 (Nachdr. 1962). *c.* 14. M. gesch. in Bildern, 1961ff. (bes. 2,1. 4. 5 = Äg.; Griechld.; Rom u. Etr.). 15. *G. Wille* s. Rom (Antike) in MGG 11, 1963, 656–685. 16. *Ders.* Singen und Sagen in der Dichtung des Horaz, in Eranion (Festschr. für *H. Hommel*), 1961, 169–184. 17. *E. Wellesz* A History of Byzantine Music and Hymnography, [2]1961. *d.* 18. *R.P. Winnington-Ingram* Mode in Anc. Greek Music, 1936 (Nachdr. 1968). 19. *O.J. Gombosi* Die Tonarten und Stimmungen der ant. M., 1939 (Nachdr. 1950). 20. *W.D. Anderson* Ethos and Education in Greek Music, 1966. 21. *W. Vetter – A. Hug* s. M.unterricht in RE XVI 877–892. 22. *H. John* Die M.erziehung im ant. Griechenland und ihre Aktualität für unsere Zeit, Diss. Bln. (masch.) 1961. *IIa.* Vgl. allg. [1. 4. 6. 7] sowie 23. *C. Sachs* Reallex. der M. instrumente, 1913 (Nachdr. 1962). *b.* 24. *K. Schlesinger* The Greek Aulos, 1939. 25. *H. Becker* Stud. z. Entwicklungsgesch. der ant. und ma. Rohrblattinstrumente, 1966.

**Musikanos** (Μουσικανός). Stammesfürst des reichen Landes der Musicani (Curt. 9,8,10 [ai. *Mūṣikāh*]), das s. der Sogder am Indus gelegen war (Arr. an. 6,15,5). Onesikritos (Strab. 15,1,34) pries bes. ihre sittlich hochstehenden Einrichtungen. Anfangs hatte M. dem Nahen Alexanders keine Aufmerksamkeit geschenkt, sich jedoch später unterworfen. Krateros befestigte die Stadt des M. (Arr. an. 6,15,6f.). Dann erhob sich M. unter dem Einfluß griechenfeindlicher Brahmanen. Peithon schlug den Aufstand nieder, und M. wurde mit den schuldigen Brahmanen gehängt. F. F. S.

*Berve*, RE XVI 876f. *T.S. Brown* Onesicritus, Berkeley 1949, 54–61. *K.A. Nilakanta Sastri* A Comprehensive History of India 2, Calcutta 1957, 129f.

**Musonius. 1.** C. M. Rufus aus Volsinii (*eques Romanus* nach Tac. hist. 3,81), stoischer Philosoph, etwa 30–100 n. Chr. M. wurde 65/66 im Zusammenhang mit der Bestrafung des Piso und seiner Anhänger auf die Kykladen-Insel Gyaros verbannt; er kehrte um 69, vielleicht von Galba zurückgerufen, nach Rom zurück, wurde aber unter Vespasian erneut verbannt (wiewohl ihn die Philosophen-Ausweisung des J. 72 nicht betraf). Hernach rief ihn Titus ehrenvoll zurück. Als Plinius den Brief 3,11 abfaßte (101/02) scheint M. nicht mehr gelebt zu haben. Zu M.' Schülern gehörten → Epiktet und → Dion von Prusa.

Durch Stob. sind etwa 40 Exzerpte aus Lehrvorträgen des M. erhalten. Prinzipielle Entscheidungen des M. werden nirgends erkennbar; er tradierte die zu seiner Z. gängige stoische Philos., bes. die Ethik. Einige Traktate behandelten die üblichen Topoi, andere gingen auf spezielle Aspekte des Wohlverhaltens – auch Kleidung und Barttracht – ein; es wird erkennbar, daß nach M.' Absicht die Philos. alles regeln sollte, auch das Unwesentliche (frg. 15 geht auf Beschränkung der Kinderzahl, also Familienplanung ein). M. hat wohl Bedeutung als ein Glied innerhalb der stoischen Tradition, die auf Epiktet hinführte, nicht aber als selbständiger Philosoph. Slg. der Frg.e von O. HENSE, Lpz. Teubner 1894. H. D.

**2.** M., proconsul Achaiae (Liban. epist. 472; Himer. or. 5), 356/57 *magister officiorum* (Cod. Theod. 8,5,8. Liban. epist. 365. 471 f. 518 f.; or. 14. 15), 362 als gewesener Proconsul in Thessalonike. **3.** M., Schüler, später Konkurrent des Rhetors Prohairesios in Athen. Als er sich gegen den Lehrer nicht durchsetzen konnte, ging er in die Politik (Eun. vit. Prohaires. 161). 362 war M. *vicarius Macedoniae* (Himer. or. 5,9 ff.). 368, nachdem er sich als *vicarius Asiae* durch gerechte Steuereintreibung ausgezeichnet hatte, wurde er von isaur. Räubern erschlagen (Amm. 27,9,6. Eun. bei Suda s. *Μουσώνιος*). A. L.

**Mussius.** L. M. Aemilianus (Aegippius). CIL VI 1624 = XIV 170 nennt seine prokurator. Laufbahn, innerhalb derer er 248 als Centenarier die Häfen von Ostia verwaltete, PFLAUM Carrièr. proc. éq. 2,925–927: Praefekt von Äg. 257–259, POxy 9,1201. 12,468. 14,1637. Ryl 2,110. Während der Christenverfolgung Valerians verurteilte M. im J. 257 den Bischof Dionysios und Presbyter zur Relegation, Euseb. h. e. 7,11,3–11. Im J. 259 ließ er sich nach dem Tod des Macrianus und Quietus in Äg. zum Kaiser ausrufen, wurde aber von (Aurelius) Theodotus, dem Feldherrn des Gallienus, besiegt und hingerichtet, SHA. vit. Gall. 4,1. 5,6. 9,1. Trig. tyr. 22. 26,4. Epit. Caes. 32,4. R. H.

*Stein* Aeg. 143 ff. (s. bes. 227–229). *Barbieri* Albo senat. 408 Nr. 22,655.

**Mustela.** Personenname, inschr. auch als Cognomen gebraucht (I. KAJANTO Soc. Sc. Fenn., Comm. Hum. Litt. 36, 1965, 328). **1.** M., ein von Cic. (z. B. Att. 12,44,2) im J. 45 mehrfach erwähnter Erbe der Gärten des Scapula, die Cic. kaufen wollte, um für seine Tochter ein Denkmal zu errichten. **2.** M., aus Anagnia, einer der Subalternoffiziere des Antonius im J. 44, Cic. Phil. 2,106. 5,18 u. ö. (aus 12,14 könnte man auf das Gentilicium *Seius* schließen, so daß M. Cognomen wäre). H. G. G.

**Musti.** Stadt in Africa proconsularis in landwirtschaftlichem Gebiet s.w. von Thugga (h. Dougga), an der großen Straße von Karthago nach Numidien über Sicca Veneria (h. Le Kef). H. Henchir Mest (Le Khrib). R. CAGNAT Atl. Arch. Tun. 1/100000, f^e^ Jama, Nr. 3. Alte Stadt unter pun. Herrschaft, dann im Reich des Masinissa. Municipium seit dem 1. Jh. (L. POINSSOT Bull. Comité 1930–1931, 362) bis in spätröm. Z. (CIL VIII 15582). *Μούστη* Ptol. 4,3,42. *Mubsi* Tab. Peut. *Musti* Itin. Ant. Ethnikon *Mustitani* auf einer Weihinschr. des Triumphbogens Gordians (CIL 1577). Wenig Ruinen. In den Inschr. sind mehrere Tempel genannt: Iuno (CIL 15575. 27438), Liber pater und Venus (15578), Ceres (15585. 15589. 15590), Fortuna (1574. 15576. Bull. Comité 1930–1931, 362), Virtus (27437), Nutrix, Frugifer und Ianus (M. LEGLAY Saturne africain. Monuments 1,221). M. L.

**Mustio.** Afrikan. Arzt im 6. Jh. n. Chr., lat. Übersetzer der Gynäkologie des → Soranos; hat nichts mit → Moschion zu tun. F. K.

**Mustius.** Seltener Gentilname (SCHULZE Eigenn. 197. 561), vielleicht afrikan. Herkunft (I. KAJANTO Soc. Sc. Fenn., Comm. Hum. Litt. 36, 1965, 17). C. M., röm. Ritter und Steuerpächter, Stiefvater des Iunius, für den er 74 gegen den praetor urbanus Verres eintrat, Cic. Verr. 1,135 bis 139, vgl. o. Bd. II 1555 Nr. 9. Um 74 wurde er von Cic. erfolgreich verteidigt (Ps. Ascon. 252 St.); † kurz vor 70. H. G. G.

**Mustum** s. Most

**Musulamii.** Großer Berberstamm in Afrika, oft bei alten Autoren und in Inschr. genannt: *Musulami* oder *Misulani* Plin. nat. 5,30. *Musulamii* Tac. ann. 2,52,1. 3,72. 4,23. *Μισούλαμοι* oder *Μισουλάνοι* Ptol. 4,3,6. *Musulani* Oros. 6,21,18. Der Name scheint mit dem → Muthul zusammenzuhängen. Rom kämpfte oft gegen die M.: im J. 5/6 n. Chr. unter → Cossus Cornelius Lentulus (II 26; Oros. a. O.); im J. 17 z. Z. des Aufstands des → Tacfarinas (Tac. a. O.); im J. 45 unter Ser. Sulpicius Galba (Cass. Dio 60,9,6. Aur. Vict. 4,2). Unter den Flaviern wurden die M. in das röm. Heer eingereiht: eine *cohors I Flavia Musulamiorum* CIL VIII 4879. XVI 35. 56. AE 1939, 126. Zur Z. Traians wurde ihr Gebiet abgegrenzt: ILAlg 2978. 2939. 2988. 2989. AE 1923, 26. CIL 11451. 20863. Städte: → Thubursicu Numidarum (h. Khamissa) und → Madauros (h. Mdaourouch). M. L.

*S. Gsell* ILAlg 1,267. Atl. Arch. Alg. f^e^ 18, Nr. 519. *R. Syme* Tacfarinas, Thubursicu, Musulami, in Stud. in Rom. econ. and soc. hist. in hon. of A. C. Johnson, Princ. 1951, 113. *J. Desanges* Cat. trib. afr. de l'Ant. class., Dakar 1962, 117.

**Mut.** Als Geier vorgestellte äg. Göttin, in Karnak als Gattin des Amun verehrt, mit eigenem Tempel auf einer Halbinsel in einem künstlichen See s. des Amuntempels (äg. Išrw). Als ihr Sohn gilt dort der Mondgott Chons. Sie wurde theolog. mit der Gattin des Ptah von Memphis, Sachmet verbunden, daher standen in ihrem theban. Tempel zahlreiche Sachmetstatuen. Auch die katzenköpfige Bastet und Hathor galten als Formen der M., später ist M. in Isis aufgegangen. Der Name bedeutet »Mutter«; die Griechen (Diod. 1,15 u. ö.) nannten sie Hera. Gewöhnlich wird M. als Frau mit einem Geierbalg als Kopftuch und der Doppelkrone dargestellt. Ihr Kult verbreitete sich mit Amun nach Nubien und Siwa. W. H.

**Muta** ist eine von Ov. fast. 2,583 erfundene Bezeichnung der *dea Tacita*, die Plut. Num. 8. Lact. inst. 1,20,35 von ihm übernahmen. G. R.

*Wissowa* RRel² 235. *Radke* Götter Altitaliens 225.

**Muthul.** Fluß in Numidien, nur bei Sall. Iug. 48,3. 50,1, nicht sicher zu identifizieren, r. Nebenfluß des → Bagradas: oued Siliana oder Tessa oder Mellègue? An seinem Ufer fand die Schlacht des J. 109 v. Chr. zwischen Iugurtha und dem Konsul Q. Caecilius Metellus statt. M. L.

*S. Gsell* Hist. Anc. Af. N. 7,179. *Ch. Saumagne* La bataille du Muthul, Rev. Tun. 1930, 1. *P. Romanelli* Storia delle prov. rom. dell'Africa, 1959, 75.

**Mutila.** Ortschaft der Histrer, h. Medolino, im S. Istriens. Durch die Römer im J. 177 v. Chr. erobert (Liv. 41,11,8). J. Sz.

*Zippel* Die röm. Herrschaft in Illyrien 104.

**Mutilia** Prisca. Nach Tac. ann. 4,12,4 gehörte sie zum engsten Kreis der Livia. Sie war Gattin des cos. 29 n. Chr. C. Fufius Geminus. Im J. 31 von Tiberius des Ehebruches mit Iulius Postumus bezichtigt, verübte M. im Senat Selbstmord, Cass. Dio 58,4,6. R. H.

**Mutilus.** Cognomen, vielleicht zu verbinden mit dem Personennamen Mutillius, SCHULZE Eigenn. 451; auch inschr. bezeugt, I. KAJANTO Soc. Sc. Fenn., Comm. Hum. Litt. 36, 1965, 245. In den Fasten tritt es bei der Gens Papia entgegen, DEGRASSI FCap. 146; FCons. 259. H. G. G.

S. a. Papirius

**Muttergottheiten.** s. Kybele. Mater Magna. Matres. Vgl. Heichelheim. RE XVI 946–978.

**Mutterrecht.** Gesellschaftsform, in welcher nicht der Vater, sondern die Mutter Familienoberhaupt ist. Damit ist weniger die faktische Herrschaft der Mutter als vielmehr die juridische und gesellschaftliche Abhängigkeit der Kinder von der Mutter verstanden. Man könnte auch von einer mütterlichen Erbfolge sprechen. Die Abhängigkeit der Kinder von der Mutter steht im Vordergrund; deshalb ist auch der Bruder der Mutter nächster Verwandter der Kinder. Da m.-liche Zustände bei den Jägern und Sammlern nicht anzutreffen sind, sondern von seßhaften Hackbauern auszugehen scheinen (R. THURNWALD in RLV 4,85), dürfte die Vermutung erlaubt sein, daß (neben anderen Faktoren, zu diesen vgl. RE Suppl. VI 559 f.) die agrar. Bindung an die Mutter Erde (→ Person-Bereichdenken) in Form der Vegetationsreligion von großem Einfluß war. Diese zeigt die überragende Bedeutung der Frau in der kret.-minoischen Kultur und der dominierende Charakter der weiblichen Fruchtbarkeitsgöttinnen in diesem Bereich (vgl. A. DIETERICH Mutter Erde, 1925$^3$. A. W. PERSSON The Religion of Greece in Prehistoric Times, 194$^2$. NILSSON The Minoan Mycen. Religion, 1950$^2$. E.O. JAMES Cult of the Mother-Goddess, 1959) hinlänglich. Auch die → etr. Verhältnisse wären zum Vergleich heranzuziehen. Freilich wird man aus der hohen Stellung des weibl.-mütterlichen Elements in Religion und sozialer Stellung bei den Kretern noch nicht auf die Existenz eines M. schließen dürfen.

Verhältnisse, die dem M. entsprechen, berichtet Hdt. 1,173,4 f. von den Lykiern. Für die Insel Kos vgl. R. HERZOG Koische Forsch. und Funde, 1899, 183 ff. – Wie weit die Geschwisterehe hierher gehört, mag dahingestellt bleiben. Die Geschwisterehe von Göttern (Zeus-Hera, Uranos-Tethys) darf jedenfalls nicht als m.-liches Element verstanden oder gar als Beweis herangezogen werden. Das Paar Zeus–Hera wenigstens ist (in der hist. Form) – aber auch beide Gottheiten in ihrer vorhist. Genese – (fast ausschließlich) von vaterrechtlichen Vorstellungen geprägt (vgl. W. PÖTSCHER, RhM. 104, 1961, 302 ff. RhM. 108, 1965, 317 ff. Mnemos S. 4,19$^2$, 1966, 113 ff.). Solche Geschwisterehen sind eben als die Urform der Ehe (man denke an die Kinder von Adam und Eva!) aufgefaßt.

In Sage und Mythos der Griechen sind Spuren von m.-lichen Verhältnissen zu finden, die aber nicht ohne weiteres dazu verwendet werden dürfen, eine ausgeprägte m.-liche Gesellschaftsform (und schon gar nicht für die Griechen) anzusetzen. Die Vorstellung der → Amazonen, eines fremden kriegerischen Weibervolkes in Kappadokien, hat m.-liche Grundkonzeption aufzuweisen. Das Gebet der → Althaia, welche ihren eigenen Sohn → Meleagros deshalb verflucht, weil er ihren Bruder, seinen Oheim (der nach m.-licher Auffassung nächster männlicher Verwandter ist) in einem → *φόνος ἀκούσιος* getötet hatte (Hom. Il. 9, 566 ff., dazu vgl. man auch die Variante mit dem Lebensscheit, Bakchyl. 5,93 ff. Diod. 4,34. NILSSON GgrR 1$^2$,21), gehört in den Kreis m.-licher Vorstellungen. Sie ruft denn auch (in der ep. Form) die → Erinys und schlägt dabei *γαῖαν πολυφόρβην* (Hom. Il. 568 ff.). Die Erinyen selbst sind Vertreterinnen bes. des Rechts der Mutter (vgl. Aisch. Orestie), obwohl durchaus nicht nur jenes Rechts; sie sind der ungerächte Tote selbst (vgl. W. PÖTSCHER, Kairos, 1965, 210 f. mit Lit.). → Antigone begräbt ihren Bruder Polyneikes trotz des strikten Verbotes des Landesherrn. Dies darf noch nicht als m.-licher Zug angesehen werden, da sie damit nur die ungeschriebenen göttlichen Gesetze erfüllt. Ob hinter der befremdlich starken Betonung der Einzigartigkeit des Bruders gegenüber einem Gatten (Soph. Ant. 905 ff.) mehr als ein überspitzter Intellektualismus steht, wird sich nicht entscheiden lassen; die Parallele zu Hdt. 3,119 ist ein nicht geringes Argument gegen eine Auffassung, welche hinter dem Motiv m.-liche Vorstellungen vermuten könnte. E. A. S. BUTTERWORTH Some Traces of the Pre-Olympian World in Greek Literature and Myth, Bln. 1966, will m.-liche Züge etwa am Pelopiden- oder Tantalidenhaus (usw., vgl. dort, S. 6–64) nachweisen; hier ist aber bes. Vorsicht am Platze (vgl. Rez. in AAHG 21, 1968). Zum Problem überhaupt vgl. J. J. BACHOFEN Das Mutterrecht, 2 Bde$^3$, 1948. E. KORNEMANN Die Stellung der Frau in der vorgriech. Mittelmeerkultur, 1927. H. J. ROSE, Gn 5, 1929, 343 ff. NILSSON GgrR 1$^2$,456 f. – Im röm. Bereich sind trotz der sonst vorhandenen etr. Einflüsse wohl keine Spuren von M. zu finden (H.J. Rose, Folklore 31, 1920, 93. Latte RRel 97). – Man wird gut daran tun, die Möglichkeit von Einflüssen m.-licher Vorstellungen auf das klass.-ant. Denken im Auge zu behalten, aber dabei nicht zu übersehen, daß diese mit dem Bereich der Mutterreligion eng verbundenen Vorstellungen selbst für die Griechen keine wesentliche Bedeutung gehabt haben. M. darf nicht mit der Betonung des Mütterl. in manchen rel. Gebilden verwechselt werden. Was in der Rel. aus dem unmittelbaren affektiven Erleben heraus auf das Wirken einer mütterl. Gottheit oder mütterl. Gottheiten zurückgeführt wurde, konnte nicht in gleichem Maße die soziale Struktur beeinflussen. Dazu kam noch die Tatsache, daß gerade auf der agrar. Stufe, auf der von der Rel. her die beste Entwicklungsmöglichkeit für M. bestanden hätte, der pflügende Mann einer m.-lichen Entwicklung als echter Konkurrent im Wege stand (vgl. Nilsson GgrR 1²,457). Demgegenüber vermag die Vorstellung von W.F. Otto Die Götter Griechenlands, 1929, 27ff. von »einem mütterl. Reich von Gestalten, Spannungen und Ordnungen, deren Heiligkeit das ganze menschliche Dasein durchdringt«, nichts zu beweisen. Schon A. Dieterich Mutter Erde 88f. hat vor zu enger Verknüpfung von mütterl. Rel. und M. gewarnt. Der streng patriarchalische Aufbau des griech. Götterhimmels (vgl. Art. → Zeus), welcher ein Abbild menschlicher Verhältnisse darstellt (Aristot. 1252b. K. Kerényi, Paideuma 4, 1950, 127ff. Nilsson GgrR 350ff.), ist für die Beurteilung des M. von entscheidender Bedeutung. W. P.

**Mutunus Tutunus** (auch: *Mutinus*, *Tutinus*, *Titinus*). Nach Varro, der M. mit Priapus verglich (Aug. civ. 4,11), berichten die Kirchenväter voll Entrüstung: Das ithyphall. (*Tutunus* < **tŏu̯-* »schwellen«) Bild des M. diente bei der Hochzeit dazu, das Tabu des Anfangs (vgl. das *ius primae noctis*) zu brechen (Lact. inst. 1,20,36 *in cuius sinu pudendo nubentes praesident, ut illarum pudicitiam prior deus delibasse videatur*. Aug. civ. 6,9 *super cuius immanissimum et turpissimum fascinum sedere nova nupta iubebatur*. 7,24. Tert. nat. 2,11; apol. 25,3. Arnob. 4,7 *cuius immanibus pudendis horrentique fascino vestras inequitare matronas . . . optatis*). Auch wenn zwischen beiden Namensgliedern gelegentlich eine Konjunktion *(et, atque, vel)* steht (vgl. Plut. Cam. 20 *Φήμη καὶ Κληδών*. Serv. auct. georg. 1,21 *Telluri et Cereri*. Varro Men. frg. 506,2 B. *Fortuna ac Ceres*), stellt M. einen zusammenhängenden Kultnamen dar, dessen Teile nach Benennungen des *membrum virile* (die gelegentlich auch für das *muliebre* gelten!) gebildet sind (vgl. Lucil. frg. 78 M. *nam quid moetino subrectoque huic opus signo*). Die mag.-rituelle Verwendung des M. schließt die noch von Vahlert, RE XVI 981 übernommene Deutung als Gentilgott aus (unabhängig davon kann selbstverständlich das Cognomen *Mutto* einen *mutuniatus* bezeichnen wie *Naso* einen *nasutus*). Nicht jedes ithyphall. Bild (vgl. die Priapen in den Gärten) konnte dem Ritual dienen. Zur Sicherung seiner mag. Kraft mußte M. wie der *fascinus* im Vestatempel (Plin. nat. 28,39) in einem sacellum an der Velia aufbewahrt werden, das in august. Z. aufgelöst wurde (Fest. 142,20f. L.); dort opferten die Frauen *velatae togis praetextis* (Paul. Fest. 143, 10f. L.). G. R.

*Peter*, Myth. Lex. 2,204ff. *Wissowa* RRel² 243. *Herter*, RhM 76, 1927, 421f. *Ders.* De Priapo 27. 300. *Thurneysen*, RhM 77, 1928, 335. *Euing*, Tanaquil 23. *Altheim* Griech. Götter 53ff. *Röm.* Rel. 1, 1931, 107ff. *Walde-Hof.*³ 2,138. 686. *Radke* Götter Altitaliens 225f.

**Mutuum.** Über den Ursprung des röm.-rechtlichen Darlehens sind wegen der geringen Zahl früher Quellenzeugnisse nur Vermutungen möglich. Aus dem Namen m. schließt man auf eine wechselseitige Hilfe der Nachbarn im Alltagsleben als den Urfall des Darlehens. Die Annahme einer Herkunft des klass. Darlehens aus dem delikt. Bereich wird durch die Vorstellung nahegelegt, daß der Empfänger des Geldes dieses anfänglich als → *precarium* erhielt, ohne daß daraus schon eine Verpflichtung entstand. Die Verbindlichkeit trat erst mit der Aufforderung zur Rückgabe ein; kam der Geldempfänger ihr nicht nach, war er im Besitz von *aes alienum*, das mit einer Deliktsklage herausverlangt werden konnte.

Von einer Berücksichtigung dieser möglichen delikt. Wurzel des vorklass. m. lassen die Texte der klass. Juristen nichts erkennen. Gai. inst. 3,88. 4,2. 182 stellt vielmehr die *obligationes ex delicto* denen *ex contractu* gegenüber und zählt das m. als einzigen der Realkontrakte zu den *contractus* (inst. 3,90f.). Mögliche delikt. Grundlagen werden daher für die Konzeption des klass. m. keine Rolle gespielt haben. Für diese wird h. die wohl richtige Auffassung vertreten, daß neben der Hingabe einer Geldsumme oder einer anderen vertretbaren Sache ins Eigentum des Empfängers *(datio rei)* der übereinstimmende Wille der Parteien *(consensus)* darüber notwendig gewesen sei, eine Verpflichtung zu begründen, die gleiche Summe Geldes oder die gleiche Menge vertretbarer Sachen in gleicher Gattung und Qualität nach Ablauf einer bestimmten Z. zurückzugeben (Paul. Dig. 44,7,3,1. Cels. Dig. 12,1,32). Der bloße Akt der *datio rei* konnte in klass. Z. allein noch kein Vertragsverhältnis begründen, aus dem sich die Rückgabepflicht ergab. Bejaht man die abstrakte → *condictio* als Klage aus einem Darlehensvertrag ebenso wie als Klage wegen bloßen ungerechtfertigten Habens, so fände sich freilich neben der Behauptung, man müsse nach den Maßstäben des Lebens und der Verkehrssitte den typ. Zweck ermitteln, den die Parteien mit dem Rechtsgeschäft verfolgten, darin eine Stütze für den verpflichtungsbegründenden Akt einer bloßen *datio rei*. Doch kennt nicht nur

Gaius einen inneren Unterschied der *condictio* aus ungerechtfertigtem Haben und der *condictio* aus dem Darlehen: *sed haec species obligationis non videtur ex contractu consistere, quia is, qui solvendi animo dat, magis distrahere vult negotium, quam contrahere* (Gai. inst. III 91) – diese Deutung des klass. m. vermag auch jene Grenzfälle nicht zu lösen, in denen aus dem »typischen« Zweck der *datio rei* der Rechtsgeschäftstyp eben nicht geschlossen werden kann. Die Abgrenzung einer *datio rei donandi causa* von einer solchen *credendi causa* etwa wird dann nur aus dem übereinstimmenden Parteiwillen, dem *id quod actum est*, erfolgen können. Ist ein solcher nicht vorhanden, muß daß Zustandekommen eines m. verneint werden (Cels. Dig. 12,1,32. Ulp./Pedius Dig. 2,14,1,3).

Oft findet sich in den klass. Quellen eine → *stipulatio* der Parteien über die Rückgabepflicht, mit der das m. bekräftigt wird. Diese Kombination wird dem schriftlichen Rückzahlungsversprechen des Vulgarrechts als Vorbild gedient haben; verpflichtend wirkte nun der Schuldschein, in den ebenso wie in die *stipulatio* Nebenabreden (etwa über den Zins) gültig aufgenommen werden konnten. In iustinian. Z. findet sich wieder der klass. Realkontrakt m., für den die Willenseinigung der Parteien und die Sachhingabe die beiden gleichwertigen Elemente bildeten. F. R.

*Kaser* Das altröm. Jus, 1949, 286ff. *Ders.* Das röm. Privatrecht 1, 1955, 153. 443f. 2, 1959, 270. *Ders.* Eranion Maridakis 1, 1963, 155ff. *von Lübtow* Beitr. zur Lehre von der Condictio im röm. und geltenden R., 1952, 103f. 119. 131. *Ders.* Die Entwicklung des Darlehensbegriffes im röm. und geltenden R., 1965. *Mayer-Maly*, Mél. Meylan 1, 1963, 250f. *Pringsheim*, ZRG rom. Abt. 78, 1961, 79. *Raber*, Tijd. v. Rechtsgesch. 33, 1965, 51ff. *Robbe*, Stud. doc. hist. iur. 7, 1941, 384ff.

**Muza** (*Μούζα ἐμπόριον* Ptol. 6,7,7. 8,22,6. Peripl. m. Erythr. 6. 10. 12f. 16. Plin. nat. 6,104), Stadt der → Mapharitis an der südarab. Küste des Roten Meeres n. von Moḫā an der Stelle des h. Maušiǧ, Außenhafens des landeinwärts gelegenen Mauza$^c$, welches M. namentlich entspricht. M. wird von Plin. neben → Ocelis und → Kane als einer der südarab. Häfen genannt, die auf der Fahrt vom äg. Berenice nach Indien von den arab. Weihrauchhändlern angelaufen wurden. Ein- und Ausfuhr des mit Privilegien ausgestatteten Hafens waren bedeutend. Das vom Fürsten der Mapharitis verwaltete ostafrikan. Küstenland Azania mit der Hauptstadt Rhapta wurde den Bewohnern von M. zur Ausbeutung überlassen. A. D.

**Muziris** (*Μουζιρίς*). Handelshafen (peripl. m. r. 53f. [GGM 1,296f.] Ptol. 7,1,8. 8,26,4, Plin. nat. 6,104) an der W.-Küste S.-Indiens (h. Cranganore), wohin auch nach Aussage der Tamil-Lit. häufig Schiffe der Yavanas (Griechen-Römer) kamen. F. F. S.

*E. H. Bunbury* A History of Anc. Geography, New York[2] 1959, 2,418f. 467–471. *K. A. Nilakanta Sastri* A Comprehensive History of India 2, Calcutta 1957, 499. 516. 565. 674. *M. Wheeler* Der Fernhandel des röm. Reiches, München 1965, 127–130. 137. 147.

**Myania,** *Μυανία*, Ethn. *Μυανεῖς*, liter. *Μυονεῖς*, *Μυωνεῖς*, wohl urspr. *Μυαονεῖς*, Stadt im ö. Teil von W.-Lokris beim h. Hg. Efthymia s. von Salona (Amphissa) mit z. T. erhaltener Stadtmauer. Ca. 190 v. Chr. Sympolitie mit dem benachbarten Hypnia, J. Bousquet BCH 89, 1965, 665ff. Thuk. 3,101,2. Paus. 6,19,4f. 10,38,8. Steph. Byz. s. *Μυονία*; *Μυών*. Herodian. 22,9ff. 297,24f. Plin. nat. 4,8 (codd. *Mirana* u. ä.). Syll. II³ 826 E III. 827 C (*Myanenses*). D. SEG 2,297 und oft in den delph. Inschr. E. M.

1. *W. A. Oldfather*, RE XVI 990ff. 2. *N. G. Pappadakis*, *Ἀρχ. Δελτ.* 6, 1920/21, 148. 3. *L. Lerat* Les Locriens de l'ouest 1,36ff. 169ff. (mit Plan). 2 pass. 4. *Philipps.-Kirst.* 1,385. 729 Anm. 100.

**Mychioi Theoi** s. Chthonioi Theoi

**Mychos,** von Strab. 9,2,25 p. 409. 3,13 p. 423 als östlichste Hafenbucht von Phokis am korinth. Golf genannt, nicht sicher zu identifizieren, am ehesten die Bucht von Salitsa bei Bulis. E. M.

*Fiehn*, RE XVI 995.

**Myekphorites.** Nur bei Hdt. 2,166 ein äg. Gau auf einer »Insel« (d. h. von Kanälen umschlossenem Gebiet) »gegenüber«, d. h. w. von → Bubastis; sonst nicht belegt und nicht genauer zu beschreiben. W. H.

**Mygdon** (*Μύγδων*). **1.** König der → Bebryker, Bruder des → Amykos, von Herakles bei einem Hilfszug für → Lykos (7), erschlagen. Sein Land erhielt Lykos, der es in Herakleia umnannte, Apollod. 2,100. **2.** Hom. Il. 3,184 mit Otreus Beherrscher von Phrygern am Sangarios. Priamos half ihnen im Kampf mit den Amazonen. Zum Dank kam M.s Sohn → Koroibos (2) Priamos im tro. Kriege zu Hilfe. Paus. 10,27,1 weiß von einem Grabe des M. bei dem phryg. Ort Stektorion und bezeugt, daß die Phryger von den Dichtern auch → Mygdones genannt wurden. Vgl. Hor. c. 3,16, 41. H. v. G.

**Mygdones** (*Μυγδόνες*), zahlreicher westthrak. Volksstamm am Unterlauf des Axios bis in die Gegend des Bolbesees. Teile des Stammes wanderten nach Kleinasien und wurden anscheinend bis nach Mesopotamien versprengt. Daher findet sich der Landschaftsname Mygdonia auch in Bithynien, Großphrygien und Mesopotamien. Strab. 6, 295. 7,329 frg. 11. 331, frg. 36. 12,564. 575. Chr. D.

*Oberhummer*, RE XVI 998. *Detschew* Thrak. Sprachreste, 321ff. *Danoff* Altthrakien, Sofia 1968 (bulg.).

**Mygdonia.** **1.** Im Zuge der sog. phryg. Wanderung im 12. Jh. v. Chr. gelangten auch die thrak. *Μυγδόνες* nach Kleinasien, wo sie verschiedentlich ihrer neuen Heimat den Namen gaben: 1. Relativ genau ist im NW. Kleinasiens eine M. auszumachen, die im S. vom N.-Hang des mys. Olympos (h. Uludağ) begrenzt, vom Rhyndakos aus (h. Simay Çayi) das Küstengebiet bis nach Myrleia (s.w. Gemlik) umfaßte (Strab. 12,575); schwierig ist aber die Identifizierung des Odryses, der nach Hekat. FGrHist 1 F 217 die Ebene von M. durchfloß und nach Austritt aus der *Δασκυλίτιδος λίμνη* (h. Manyas Gölü?) in den Rhyndakos mündete.

**2.** Eine weitere M. ist in Großphrygien bezeugt (Plin. nat. 5,145. Solin. 40,9), nach der das Adjektiv *Μυγδονίς* in der Kaiserzeit die Bedeutung »phrygisch« erhalten haben dürfte (vgl. Hor. c. 3, 16,41. Ov. met. 6,45). Dagegen soll M. im n.w. Mesopotamien erst von den Makedonen so benannt worden sein (Strab. 16,747), nach Plin. nat. 6,42 aufgrund ihrer Ähnlichkeit mit der gleichnamigen makedon. Landschaft; Lage und Umfang dieser M. läßt sich hinsichtlich der wenig vertrauenswürdigen Angaben Strab. 11,527. 16,747 nicht genau ermitteln. E. O.

1. *Ruge*, RE XVI 999f. (Abs. 1 entspricht Oberhummer a.O. Nr. 3). 2. *Weißbach* a.O. Nr. 5, 1000f.

**3.** s. Makedonia

**Myia** (*Μυῖα*). Angeblich Tochter des → Pythagoras und der Theano, verheiratet mit Milon aus Kroton, nach Clem. strom. 4,19,121 Philosophin, Vf.in von *Πυθαγόρεια*. Ein ihr zugeschriebener Brief über die Wahl einer Amme bei Hercher Epistologr. Gr. 608. G. Schm.

**Myiagros. Myiodes** (*Μυίαγρος, Μυιώδης*). Heros, Sondergott zur Abwehr der Fliegenplage. Der 1. erhielt im arkad. Aliphera ein Voropfer, Paus. 8,26,7; dem 2. wurde in Olympia vor dem Hauptfest ein Stier als Voropfer dargebracht, Plin. nat. 29.106. Urspr. brachte man den Fliegen selbst ein Brandopfer dar, um sie zum Verschwinden zu veranlassen, so beim Fest des akt. Apollon auf Leukas, Ail. nat. 11,8. Dann kam die Vorstellung von einem »fliegenjagenden« oder »fliegengestaltigen« Heros auf. Schließlich fiel in Olympia das Opfer dem Hauptgott Zeus als *Ἀπόμυιος* zu, Paus. 5,14,1. Auf einem el. Stater (ca. 421) ist der untere Teil des Donnerkeils als Fliege gestaltet. Cook Zeus 2,781. H. v. G.

*Usener* Götternamen 260. *Nilsson* Griech. Feste 441. GgrR$^2$ 1,213.

**Mykale.** Gebirgszug an der W.-Küste Kleinasiens, Samos gegenüber im Kap Trogilion endend, h. Samsun daği, bis 1265 m hoch, bekannt durch den Sieg der Griechen über die Perser 479 v. Chr., Hdt. 9,90ff., bereits bei Hom. Il. 2,869 genannt. An seinem N.-Abhang lag das Panionion. Hdt. 1,148. Skyl. 98. Strab. 14,1,12 p. 636. 1,14 p. 637. 1,20 p. 639. Arr. an. 5,5,2. Steph. Byz. Plin. nat. 5,135. Ptol. 5,2,1. Geogr. Rav. 2,18 p. 107,7. Etym. m. 584,1f. E. M.

1. *Th. Wiegand* Priene 14ff. mit Karten T. 1 und 2. 2. *Keil*, RE XVI 1003 Nr. 2.

**Mykalessos** (*Μυκαλησσός*). Schon bei Hom. Il. 2,498. h. Apoll. 224 genannte Stadt im n.ö. Boiotien an der Straße von Theben nach Chalkis mit geringen Resten von Stadt- und Akropolismauern beim h. Rhitsona; dabei große Nekropole von geometr. bis hellenist. Z. mit kunstgesch. wichtigem umfangreichem Fundmaterial ausgegraben. N. der Stadt Heiligtum der Demeter, in dem niedergelegte Früchte dauernd frisch bleiben sollten. 413 v. Chr. von den Athenern unter Diitrephes überraschend angegriffen und von seinen thrak. Söldnern fast ganz ausgemordet. Thuk. 7, 29,2ff. Paus. 1,23,3. Der Ort bestand aber trotz Pausanias' Angaben nach Ausweis der Gräber bis in hellenist. Z., jetzt zu → Tanagra gehörend. Eigene Mz. im frühen 5. und im 4. Jh. v. Chr. Strab. 9,2,11 p. 404. 2,14 p. 405. Paus. 9,19,4f. Plin. nat. 4,26. Stat. Theb. 7, 272. 9,281. Nonn. 13,77. Steph. Byz. Hesych. Etym. m. 594,3ff. Mz.: Head HN$^2$ 346. E. M.

1. *P.N. Ure*, ABSA 14, 1907/08, 226ff.; JHS 29, 1909, 308ff.; 30, 1910, 336ff.; EA 1912, 102ff.; 1915, 114ff.; 1916, 62. 2. *Fiehn*, RE XVI 1005ff. 3. *P.N. Ure*, RE Suppl. VII 495ff. 4. *Philipps.-Kirst.* 1,515. 5. *N. Bonacasa* Enc. Arte ant. 5,300f.

**Mykenai,** Stadt u. Geschichte s. Nachtr.

**Mykene** (*Μυκήνη*). Tochter des → Inachos, Gattin des → Arestor, Eponymin von Mykenai, Paus. 2,16,3f. (nach den großen Eoien). Der Freier Antinoos rühmt sie mit Tyro und Alkmene als kunstverständige Achaierin, Od. 2,120. H. v. G.

**Mykenische Kultur.** Die Bronzezeit des griech. Festlandes wurde von Wace und Blegen in ein Früh-, Mittel- und Späthelladikum eingeteilt (vgl. Helladische Perioden). Dabei wird die s. hell. Periode von derjenigen Kultur eingenommen, die man seit Schliemanns Grabungen zu Mykenai (1876) als die M.K. bezeichnet. Man spricht daher auch von einer Myken. Periode, die etwa von 1580–1200 währte. Man unterteilt sie in drei Stufen (Myk. I–III), was dann soviel wie S. Hell. I–III bedeutet. Archäolog. Leitfossil ist hierfür die sog. myk. Keramik (dunkle Firnismalerei auf hellem Grund), so wie sie zuerst in den Residenzen und dann auch auf dem flachen Lande zur Herrschaft gelangte. Da die M.K. dadurch entstand, daß die m. hell. Gesittung der Griechen des Festlandes um 1580 schlagartig starke Einflüsse der min. Hofkultur und zugleich auch vom Morgenland her den Streitwagen mitsamt dem Streitwagenrittertum übernahm, bedarf es einleitender Ausführungen über das M. Helladikum.

Nachdem das griech. Festland bis etwa 2200 v. Chr. im wesentl. noch von nichtgriech., ja nicht-indo-europäischen Elementen besiedelt war, also auch F. Hell. I und II einen nichtgriech. Charakter trug, drangen in F. Hell. III u. M. Hell. I 2200/1900 Einwanderer in Hellas ein, die wir sprachlich als die Vorfahren der myk. Griechen und damit der »Achäer«, der »Arkadoäolier« und auch der Ioner ansehen dürfen. Sie vermischten sich mit den bodenständigen und vorgriech. Elementen und nahmen qualifizierten Ackerbau wie das Wohnen in Kleinstädten an. Durch diese Vereinigung entstand die m. hell. Kultur, wobei im Sprachlichen das Griechische dominierte, im Religiösen Griechisches und Vorgriechisches sich vermischte (vgl. dazu F. SCHACHERMEYR Poseidon u. d. Entstehung d. griech. Götterglaubens 1950), im Civilisatorischen aber die bodenständige Komponente die stärkere war. Abseits in den Gebirgen blieben weiterhin die Vorfahren der späteren Dorier und Nordwestgriechen (→ Dor. Wanderung).

Daß die Einwanderung der griech. Elemente schon zwischen 2200 u. 1900 erfolgte, wird von allen mit dem archäolog. Material vertrauten Forschern angenommen, so von WACE, BLEGEN, MYLONAS, MATZ, VERMEULE, STUBBINGS u. a. Vgl. bes. J. G. Caskey, CAH I Kap. 26a (1964) 34ff.; F. SCHACHERMEYR, RE XXII 1489ff.; Atti e mem. I. congr. di micenologia Rom 1967, 3, 105ff. Zu der m. hell. Kultur vgl. CASKEY, CAH II Kap. 4a (1966); F. MATZ, HB Arch 2, 260ff.; F. SCHACHMEYR, RE XXII 1450ff. Es handelte sich um eine Kleinstadtkultur, bei der der ländliche Charakter stärker in den Vordergrund trat als im F. Hell. Manche Plätze waren befestigt, die Fürsten wohnten in kleinen Herrenhäusern, die See wurde von der min. Flotte beherrscht, doch gab es Handel mit den Kykladen und mit Anatolien. Obgleich die m. hell. Kultur bis etwa 1600 dauerte, zeigte sich bereits im 17. Jh. eine beträchtliche Wandlung. Die Fürstengräber wurden nun reicher, als Grabbeigaben dienten einige min. Waffen, Goldbecher und Schmuck. Anstelle der bisherigen kleinen Plattengräber für liegende Hocker traten allmählich geräumige Schachtgräber, in denen die Leichen gestreckt beigesetzt werden konnten. Verschiedentlich behielt man die m. hell. Sitte des Steinkreises rund um die Gräber fürstlicher Familien bei, doch ohne darüber weiterhin einen gemeinschaftlichen Tumulus zu wölben. Einen solchen Steinkreis fand PAPADIMITRIU 1951 vor dem Löwentor von Mykenai. Die Stelen über einzelnen Gräbern zeigen hier Jagdszenen, aber noch ohne Streitwagen. Das zweite, 1876, innerhalb des Löwentores von SCHLIEMANN gefundene Gräberrund ist jünger und geht nur mit seinen ältesten Beisetzungen bis in das E. des M. Hell. zurück. Auch kleine und schließlich größere Tholoi hat man in der Argolis und vor allem in der W.-Peloponnes bereits errichtet. Die bisherige m. hell. Keramik blieb sowohl in der minyschen wie auch in der mattbemalten Gattung weiter, doch zeigen sich in der letzteren verstärkte min. Einflüsse (bes. Spiraldekoration).

Die frühmykenische Zeit (1580–1500):. Sie setzt in den Gräbern schlagartig ein und zeichnet sich durch einen erhöhten Beigabenreichtum wie durch das Auftreten der frühmyk. Keramik (dunkler Firnis auf hellem Grund) aus, bes. charakteristisch sind Nachahmungen von Goldbechern, teils in ›gerippter‹ Verzierung, teils mit Laufspiralen. In diesen Gräbern tritt außerdem noch polychrome Keramik (z. T. wohl aus den Kykladen) auf. In den Gräbern des Steinkreises von PAPADIMITRIU (G. MYLONAS Mycenae and the Myc. Age, 1966, 97ff.) fallen nur die jeweils letzten Beisetzungen bereits in die frühmyk. Z., im Gräberrund Schliemanns ist dagegen die Mehrzahl der Beisetzungen bereits frühmyk. (vgl. dazu G. KARO Die Schachtgräber von Mykenai 1930). Aus der gleichen Z. stammen Fürstengräber von Peristeria in der W.-Peloponnes (MARINATOS, Praktika 1965 (1966) 109ff.) und Beisetzungen unter einem Gemeinschaftstumulus zu Kleidi (YALOURIS, Deltion 20, MELETAI 1960, 6ff.). Schachtgräber haben sich auch in Kirrha gefunden (L. DOR, J. JANNORAY, H. und M. VAN EFFENTERRE Kirrha, 1960, 59ff.) und ein ausgeräumter Schacht zu Lerna (CASKEY, Archaeology 13, 1960, 130ff.). Stelen konnte man über Schachtgräbern nur zu Mykenai feststellen, wobei aber Reliefs mit Streitwagenszenen allein auf solchen des Schliemannschen Gräberrundes zutage kamen. Das Stupende an den Schliemannschen Schachtgräbern ist der ungeheure Reichtum an Goldsachen, so wie er eigentlich nur durch Einflüsse erklärbar erscheint, die aus Äg. und von den äg. Jenseitsvorstellungen her wirkten. Eine Leiche der Schliemannschen Gräber zeigt daher in der Tat Anzeichen einer versuchten Mumifizierung. An Beigaben tritt uns ein Allzuviel nicht nur an Goldschmuck, sondern auch an Waffen und an Gefäßen aus Edelmetall entgegen. Auch Goldringe und Schieber mit Kampf- u. Jagdszenen, von min. Glyptikern angefertigt, treten hier auf. Eine Porträtgemme in einem Grab des Papadimitriu-Rundes (MYLONAS, Abb. 97) stellt gleichfalls das Werk eines kret. Meisters dar, der in Mykenai tätig war. Da auch die frühmyk. Keramik mit der gleichzeitigen von Kreta engstens zusammengeht, liegt die Annahme nahe, daß ebenso wie die Massen an Gold auch die Werkmeister eine Beute von Plünderungszügen darstellen, welche die myk. Fürsten nach dem Erdbeben von 1600 nach Knossos unternommen haben.

Diese Fürsten scheinen aber noch weiter bis nach Äg. ausgegriffen zu haben. Dort lernten sie, wohl als Bundesgenossen der XVIII. Dynastie, im Kampf gegen die Hyksos den Streitwagen kennen und benützen. Aus Äg. kamen die oben erwähnten Jenseitsvorstellungen und auch die Anregungen zur Anlage von Felskammergräbern mit Dromos, Stomion und regelmäßigen Grabkammern. Vgl. zu den äg. Einflüssen A. PERSSON New Tombs at Dendra, 1942, 176ff. F. SCHACHERMEYR Ägäis und Orient, 1967, 38f.; Archiv Orient. 17, 1949 (Festschr. f. Hrozny) 351ff. Vielleicht sind damals auch einzelne Streitwagenspezialisten von Vorderasien nach Hellas gelangt und haben dort als militär. Führer Karriere gemacht (man denkt an Pelops), wahrscheinlich wurden auch Prinzessinnen mit Äg. ausgetauscht (wir erinnern uns an Ino und an die Danaossage). Die große Masse der myk. Griechen ist jedoch nicht erst jetzt in Hellas eingewandert, sondern schon zwischen 2200 und 1900 (s. o.). Daher auch die Fortsetzung so vieler bodenständiger Traditionen (so in den Goldblechen für Pektorale, Gürtel oder Diademe). Die Goldmasken, wie wir sie allein in Mykenai (eine im Rund von PAPADIMITRIU und mehrere in den SCHLIEMANNschen Gräbern) finden, dürften gleichfalls auf bodenständige Traditionen zurückgehen. Völlig ungestört ging die m. hell. Besiedlung in sämtlichen Plätzen in die f. myk. Ära über, nur erhielt sich die m. hell. Keramik z. T. neben der myk. noch eine Weile weiter und setzte sich vor allem auf dem Lande später durch als in den Residenzen und Städten. Paläste von Bedeutung scheint es in frühmyk. Z. überhaupt nicht gegeben zu haben, denn aller Prunk wurde auf die Gräber verwendet (vgl. dazu die bedeutsamen Feststellungen von MARINATOS zu Peristeria und sonst zu der W.-Peloponnes). An fürstlichen Grabstätten traten neben den Schachtgräbern immer mehr monumentale Kuppelgräber in den Vordergrund. An ihnen erkennen wir, daß nicht nur die Argolis, sondern auch die W.-Peloponnes (Peristeria, dann Guvalari, Kukunara und Pylos) als Zentren der werdenden myk. K. eine Hauptrolle spielten. Das Verhältnis der myk. Griechen zu Kreta, wo seit 1550 wieder Paläste aufblühten, scheint sich noch im Lauf des Frühmyk. freundlich gestaltet zu haben. Auch zu Äg. hielt man gute Beziehungen. Im Gegensatz zu diesen Ländern entwickelte man aber auf dem griech. Festland einen ausgesprochen ritterlichen Lebensstil, mit Freude an Jagd, an Kampf und an Rennfahrten.

Die Mittelmykenische Zeit (Myk. II): Wieder tritt uns fürstlicher Gräberprunk bei noch kleinen Residenzgebäuden entgegen. Bestens gemauerte Kuppelgräber haben sich wieder in Mykenai gefunden und in der W.-Peloponnes (s. o.), weiter in Lakonien (Vaphio, die zugehörige Residenz wurde noch nicht gefunden) und im Bereich von Iolkos. Dagegen hat man zu Athen und Theben bisher nur reich ausgestattete Kammergräber entdeckt. In Kammergräbern wurden auch die Privatleute beigesetzt. Um 1540 griffen myk. Ritter nach Kreta aus, da die Insel nach den Feststellungen von S. MARINATOS durch die Auswirkungen der Vulkankatastrophen schweren Schaden erlitten hatte (→ Minoische Kultur). Die Eindringlinge besetzten Knossos und den Bereich von Phaistos (myk. Kammergräber mit myk. bewaffneten Kriegern, myk. Thronsaal zu Knossos, ebenda Griechisch als Verwaltungssprache; s. auch Linear-Schriften. Das myk. Machtzentrum lag nun in Knossos, von wo aus die Insel straff organisiert wurde (vgl. SCHACHERMEYR, JOEAI 45, 1960, 55ff; Die min. Kultur d. alten Kreta 1964, 273ff.; → Minoische Kultur).

Die spätmykenische Periode (Myk. III; 1400–1200): Um 1400 wurde Knossos und damit der letzte der min. Paläste zerstört (→ Minoische Kultur). Damit trat auch auf dem myk. Festland eine grundlegende Veränderung ein, denn nun gesellte sich zu dem bisherigen Gräberprunk ein betonter Palastprunk. Daher seit Beginn dieser Periode die großen Paläste von Mykenai, Tiryns, Pylos und Theben, wozu gewiß noch der unentdeckte, bei Vaphio in Lakonien, der von Orchomenos (nur Kuppelgrab und Freskenreste aufgefunden) und der von Iolkos (nur Reste aufgedeckt), von Athen (nur Befestigung vorhanden) und schließlich die kleinere Anlage von Gla (Arne) kam. Die Tatsache, daß die sicher zusammengehörigen Residenzen von Mykenai und Tiryns als stärkste Festungen ausgebaut wurden, dagegen Pylos jetzt unbefestigt blieb, legt die Annahme nahe, daß Mykenai in der Peloponnes eine ziemlich unbestrittene Hegemonie ausübte. Dagegen scheint die Autorität von Mykenai im übrigen Griechenland (vgl. die Befestigungen von Athen und Gla) keineswegs unbestritten gewesen zu sein. Daher auch die Sagen von den »Sieben gegen Theben«.

Bisher hatten die Fürsten auf dem Festland in schlichten Megaron-Häusern residiert (vgl. jetzt die neue Grabung in Theben), jetzt trat an ihre Stelle ein Palast. Dieser gruppierte sich um ein großes herrschaftliches Megaron, das auf einen repräsentativen Hof mit einem darin liegenden Altar mündete. Daran schlossen sich die fürstliche Wohnung, auch Magazine, Verwaltungsräume und Anlagen für militär. Zwecke. Die Paläste waren in tektonischem Stil und (im Gegensatz zu den min.) nach einem gleichsam männlichen Geschmack errichtet. In Mykenai befanden sich Häuser bevorzugter Persönlichkeiten innerhalb des Mauerringes, die Gewerbebetriebe aber außerhalb. Rund um Tiryns, Pylos und Theben gab es eine Stadt, in Athen lag diese mehr im S. der Akropolis, weniger dicht scheint der Umkreis von Mykenai verbaut gewesen zu sein.

Mykenai befand sich zwischen 1400 und 1250 in seiner höchsten Blüte. Damals wurde nicht nur der große Palast errichtet und nachher noch durch die Anlage ein[illegible] Treppenhauses ausgestaltet, sondern es wurde [illegible]h die gewaltige Ringmauer mit dem Löwentor e[illegible]aut und bald darauf durch einen nach SW. ausgreifenden Bogen erweitert, so daß hier die Schliemannschen Schachtgräber in die Befestigung einbezogen wurden. In diesem führte man eine mächtige Aufschüttung auf, errichtete darauf den Plattenring und stellte darin die alten Stelen auf, während die Gräber in der Tiefe unberührt blieben. Im Umkreis von Mykenai wurde neben anderen Kuppelgräbern auch das größte und monumentalste errichtet, das man später als »Schatzhaus des Atreus« bezeichnete. In Tiryns wurden damals der große Palast mit seiner gewaltigen Befestigung erbaut, dann noch die Unterburg ummauert, auch für die Wasserversorgung Einrichtungen getroffen. Um ähnliche Sicherungen bemühte man sich gegen Ende die Periode auch in Mykenai und in Athen.

Die Paläste von Mykenai, Tiryns, Pylos, Theben und Orchomenos waren nach min. Vorbild mit Wandgemälden geschmückt, jedoch bevorzugte man auf dem Festland Streitwagen, Jagd- und Kampfszenen, auch Prozessionen von Priesterinnen treten mehrfach auf. Als bes. phantasiereich und selbständig, aber nicht gerade künstlerisch sehr hochstehend erweisen sich die Fresken von Pylos (sie werden im II. Band des Pylos-Werkes von Mabel Lang veröffentlicht werden).

Die spätmykenische Zeit bedeutete nicht nur eine Blüte der Paläste und eines ins Höfische gesteigerten ritterlichen Lebens, sondern auch eine Blüte der gewerblichen Wirtschaft durch Erzeugung und Export von Keramik (aber bereits mehr Massenherstellung als künstlerisch hochwertig), von Holzmöbeln mit künstlerisch wertvollen Elfenbeineinlagen, wie auch von Metallgefäßen (Einlegearbeiten aus Gold, Silber und Niello). Hierzu kamen als landwirtschaftliche Produkte der Export von Öl und Wein. Man exportierte bes. nach Äg., Syrien und Kypros, doch gab es Handelsbeziehungen auch nach Sizilien, Unteritalien und Malta (S. Immerwahr u. H. Kantor Archaeology 19, 1960, 4ff. 14ff.). Griechen wanderten damals als Händler, Handwerker und Künstler nach Äg. aus (bes. z. Z. der El Amarna-Kunst unter Amenophis IV.) und nach Kypros (hier Erzeugung myk. Keramik). Als Söldner und Streitwagenkämpfer finden wir sie bei den Libyern von Kyrene und in Lykien (Bellerophontes), griech. Ansiedler gab es auch auf den Aiol. Inseln.

Zu einer Besiedlung, die mit Koloniegründungen und machtmäßiger Expansion verbunden war, kam es nun auf den Kykladen (Palast in Phylakopi auf Melos, andere Zentren auf Naxos und – kultisch? – auf Delos), ferner auf den Anatolien vorgelagerten Inseln, so bes. auf Rhodos (viele Nekropolen, große Siedlung in Ialysos) und Kos, auch an der kleinasiat. Küste, wo Milet stark befestigt wurde. Hier und im Bereich von Budrum fanden sich myk. Kammergräber, zu Kolophon sogar ein myk. Kuppelgrab. Bei ihrer Expansion kamen die Griechen in Konflikt mit Ilion (Troia), das sie durch Jahre belagerten, bis es schließlich (durch ein Erdbeben?) der Zerstörung anheim fiel (vgl. zu dieser Deutung F. Schachermeyr Poseidon 1950, 189ff.). Ca. 1230 scheinen Griechen auch auf Kypros (zu Enkomi-Alasia und in Kition (vgl. P. Dikaios AA 1962, 1ff. K. Nikolaou, JHS 1966, Rep. 1965/66, 31ff.) als Eroberer aufgetreten zu sein, doch wurden sie hier bald von den sog. »Seevölkern« (Philister, Teukrer usw.) überrannt. In den hethit. Keilschrifttexten von Bogazköy scheinen die myk. Griechen und Könige als die von »*Achijawa*« bezeichnet zu werden (F. Sommer Die Aḫḫijavā-Urkunden, ABAW 1932. F. Schachermeyr Hethiter und Achäer 1935; Ders. Minoica (Sundwall-Festschr.) 1958, 365ff.



Niedergang und Zusammenbruch der M. K. 1230–1150): Im Laufe der spätmyk. Ära stellte sich im künstlerischen und gewerblichen Schaffen eine gewisse Uniformität und damit auch Sterilität ein. Das Ritterliche erstarrte immer mehr im Höfischen, zugleich nahm aber das Organisatorische überhand und scheinen sich in den Dynastien gewisse Degenerationserscheinungen eingestellt zu haben (Atreiden-Hof). Die Linear B-Texte von Pylos zeigen in extenso, wie sehr im damaligen Leben die Buchführung von entscheidender Bedeutung wurde. Auch in Theben und Mykenai mag es, nach den dort gefundenen Tontafeln, nicht anders gewesen sein (→ Linear-Schriften). Diese Erstarrung in Routine, die sich in ähnlicher Weise damals auch bei den Hethitern zeigte, lockte nördliche Barbaren herbei. Gegen 1230 drangen sie siegreich in Hellas ein und brandschatzten das ganze Land. Dagegen nützten weder die Sperrmauer am Isthmos, die gar nicht mehr vollendet wurde (O. Broneer Antiquity 32, 1958, 80ff.) noch die Befestigungen, die man in Mykenai, Tiryns und Athen gerade noch verstärkt hatte. Die Paläste und die meisten Siedlungen wurden zerstört, die Kuppelgräber geplündert. Alle feineren Gewerbe und auch die Schriftlichkeit fand ihr Ende. Da die Eindringlinge bes. im Umkreis der Ägäis ihre Herrschaft organisierten, verzogen sich myk. Griechen vielfach nach Kypros, Achaia oder Kephallonia. Die Eindringlinge nahmen von den zurückbleibenden Elementen aber die Ritterschaft an und gingen in ihnen in ähnlicher Weise auf, wie die Normannen in der bodenständigen Bevölkerung der Normandie und Siziliens. Wichtigste Plätze dieser Fremdvölkerherrschaft waren Mykenai (Besiedlung aber nur mehr auf der Terrasse beim Plattenring), Naxos, Monemvasia, Perati, Kos, Rhodos und Kreta. Von hier bestanden engste Beziehungen zu den Philistern, die sich nach Zerstörung des Hethiterreiches und nach Verwüstung von Vorderasien, in Palästina niedergelassen hatten (dazu bes. Trude Dothan in Atti e memorie I. congr. di micenologia), ebensoauch zur Herrschaft, welche die Teukrer auf Kypros aufgerichtet hatten (Cl. Schaeffer Enkomi-Alasia 1951). Im Ägäischen Bereich sind für diese Fremdvölkerzeit drei aus dem Mykenischen sich ableitende keram. Sorten charakteristisch, der close style, der granary style und der phantastische Figuralstil (dazu Schachermeyr, AA 1962, 221f.), weiter das gelegentliche Auftreten von Fibeln und Brandbestattung, auch kommt Eisen, wohl von Anatolien her importiert, nun etwas häufiger vor. Im übrigen blieb eine verarmte M. K. immer noch weiter bestehen, auch wurden noch Kammergräber angelegt. Die Philisterkeramik von Palästina leitet sich sicherlich vom close style der Ägäis ab. Gegen E. 12. Jh. wurde der Druck der bisher in den n. Gebirgen wohnenden Dorier und NW.-Griechen immer stärker. Nur Attika und Arkadien wußte sich dagegen zu behaupten. Nach Attika flüchteten Siedler aus der W.-Peloponnes und aus Achaia. Attika selbst gab aber Auswanderer nach den Inseln und der anatol. W.-Küste ab, wodurch sich der Stamm der Ionier (→ Ion. Wanderung) bildete. Flüchtlinge aus Thessalien und Boiotien übersiedelten nach Lesbos und dem gegenüberliegenden Festland. Sie bildeten hier den aiol. Stammverband. Das griech. Festland wurde nun aber weitgehend von Doriern und NW.-Griechen überschichtet (Näheres → Dor. Wanderung). Die vorbesprochene Übergangszeit wird in der Regel als die submyk. bezeichnet (ca. 1150–1050), worauf dann die protogeometrische Ära folgte und damit ein neuer Geschichtsablauf begann. F. Sch.

Ausgrabungen und Ausgrabungswerke: Mykenai: *H. Schliemann*, Mykenä 1878. *A. Wace*, BSA XXV 1921/23. *Ders.* Mycenae, 1949. *G.E. Mylonas* Anc. Mycenae, 1957. *Ders.* Mycenae and the Mycenaean Age, 1966. *G. Karo* Die Schachtgräber von Mykenai, 1930. – Tiryns: *H. Schliemann* Tiryns 1886. *K. Müller* Tiryns III 1930. Lerna: Vorber. *J. Caskey* in Hesp. 23, 1954 – 28, 1958. – Dendra: *A. Persson* The Royal Tombs at Dendra, 1931. *Ders.* New Tombs at Dendra, 1942. – Argos (Deiras): *J. Deshayes*, Fouilles de la Deiras (Ec. Fr. d. Ath. Ét. Pelop. IV) 1966. – Vaphio: Eph. arch. 1888, 197ff. 1889, 136ff. – Olympia: *N. Yalouris* bereitet ein Werk über das myken. O. vor. – Pylos: *C. Blegen–M. Rawson* The Palace of Nestor I, 1966 (Band II wird die Fresken, Band III u.a. die Gräber enthalten). – Grabungen von *S. Marinatos* (Kukunara, Guvalari, Peristeria usw.): Praktika ab 1952 (ersch. 1954); Ergon ab 1956; Deltion ab 16, 1960; Überblick bei *F. Schachermeyr*, AAHG 10, 1957, 102f. und AA 1962, 271ff. – Eleusis: *G. Mylonas* Προιστορική Ἐλευσίς 1932. – Athen: *O. Bronneer*, Antiquity 30, 1956, 9ff. *S. Iakovidis* Ἡ Μυκηναική ἀκρόπολις τῶν Ἀθηνῶν, 1962. *S. Immerwahr* Prehist. Remains from the Athenian Agora (in Vorbereitung). – Perati: *S. Iakovidis* in Praktika seit 1953 (ersch. 1956); in Ergon ab 1954; Deltion ab 19, 1960. – Theben: *D. Keramopoullos*, Eph. arch. 1909, 57ff.; Delt. III 1917; *E. Touloupa* in Deltion ab 19, 1964. – Gla: *J. Threpsiades*, Praktika und Ergon ab 1955. – Orchomenos: *H. Bulle* Orchomenos I (ABAW 1907). – Kirrha: *L. Dor, J. Jannoray, H. und M. van Effenterre* Kirrha, 1960. Iolkos: *D. Theocharis* Praktika ab 1956 (von Frau *M. Theocharis* wird ein Werk über das myken. Thessalien vorbereitet). – Phylakopi: Excav. at Phyl. by the Br. Sch. at Athens, Lond. 1904. – Delos: *H. Gallet de Santerre*, Délos primitive et archaique, 1958. – Ialysos: *A. Maiuri*, Annuario 6/7, 86ff., 13/14, 254ff. *G. Monaco* Clara Rhodos 10, 1941/49, 41ff. – Kos: *L. Morricone*, Annuario 43/44, 1967, 5ff. – Milet: Istanb. Mitt. seit 7, 1957. Übersicht über alle Funde in *R. Hope Simpson* A Gazetteer and Atlas of Mycen. Sites 1965; Jährl. Fundber. in Praktika, Ergon, Deltion, BCH und JHS (Report). Nach Perioden zusammengefaßte Fundübersichten bei *F. Schachermeyr*, AAHG 4, 1951, 20ff. 6, 1953, 212ff. 10, 1957, 95ff.; AA 1962, 220ff.

Allgemeiner Überblick: *E. Vermeule* Greece in the Bronze Age, 1964. *S. Marinatos* Kreta und das myken. Hellas, 1959. *L. A. Stella* La civiltà micenea nei documenti contemporanei, 1965. *G. Glotz* La civilisation égéene$^{3}$, 1953. *F. H. Stubbimgs*, CAH II Kap. 14 (1963), 22a (1964). 27 (1965). *F. Matz*, HBArch 2, 1950, 264ff. Kreta und frühes Griechenland, 1962. *H. Bossert* Altkreta$^{3}$, 1937. *H. Bengtson* GG$^{2}$ 1960, 39ff. *Meyer* GdA$^{2}$ 1,221ff. *F. Schachermeyr* GG 1960, 55ff.

Fresken: *G. Rodenwaldt* Tiryns II 1912. *H. Reusch* Die zeichnerische Rekonstruktion des Frauenfrieses im böot. Theben, 1956. – Glyptik: *A. Sakellariou* Μυκηναική σφραγιδογλυφία, 1966 und das von *F. Matz* hg. Siegel-Corpus. – Keramik: *A. Furumark* The Chronology of Mycen. Pottery 1941 (die Aufteilung der Keramik auf die einzelnen Zeitstufen ist nicht immer befriedigend). – Bekleidung und Bewaffnung: *H. Lorimer* Homer and the Monuments, 1950. *S. Marinatos* Archaeologia Homerica I Kleidung, Haar- und Barttracht 1967 (grundlegend). – Streitwagen: *F. Schachermeyr*, Anthropos 46, 1951, 716ff. – Religion: *M.P. Nilsson* The Minoan-Mycenaean Religion$^{2}$, 1950. *Ders.* GgrR$^{2}$ 1955. *Ch. Picard* Les réligions préhelléniques, 1948. *Schachermeyr* Poseidon und die Entstehung des griech. Götterglaubens, 1950. *L. R. Palmer*, TPhS 1954, 18ff. *Ders.* Mycenaeans and Minoans, 1961, 119ff. – Zur Lit. über Linear B: vgl. Art. Linear-Schriften. – Zusammenbruch der M.K.: *V. R. d'A. Desborough* und *N.G.L. Hammond*, CAH II Kap. 26 (1962). *Desborough* The last Mycenaeans and their Successors, 1964. *P. Alin* Das Ende der myk. Fundstätten, 1962. *R.A. Crossland*, CAH II Kap. 27 (1967). Allg. Lit.-Übersicht: *Brenda E. Moon*, Mycen. Civil. Public. since 1935, ersch. 1957.

**Mykerinos** (so Hdt. 2,129), bei Diod. 1,64 auch Μεγχερῖνος, Manetho: Μενχέρης, altäg. Mn-kꜣw-Rᶜ, König der 4. Dyn., etwa 2488–2470 (Regierungszeit nach Tur. Königspap. 18 J.). Seine Pyramide Nṯrj-M. (»Göttlich ist M.«) ist die kleinste der Giza-Pyramiden (66,5 m hoch, 108,4 m Seitenlänge), war aber im unteren Teil mit Basalt verkleidet. Sie ist unfertig und von seinem Sohn Špss-kꜣ.f vollendet und im Innern aus religiösen Gründen umgebaut worden. Aus der Kleinheit des Grabmals schloß man in der Spätzeit (Hdt. 2, 133) auf einen sozial eingestellten Herrscher im Gegensatz zu den Bedrückern → Cheops und Chefren mit bedeutend größeren Grabmälern. Die Deutung der Diskrepanz zwischen seiner angeblich kurzen (6 jährigen) Regierungszeit und seiner »Frömmigkeit« zeigt ein wichtiges Problem spätzeitlicher Geschichtsbetrachtung. Hist. ist von M. nichts bekannt. Hdt.s Erzählung von seiner Tochter und der Kuh von Sais ist Verwechslung mit einem späteren, noch unidentifizierten König (zwischen Ramses III. und Scheschonq?). W. H.

**Mykoi** (Μύκοι). Volk in Persien (Hdt. 3,93. Hekat. FGrH I 37. 364), das unter Dareios mit andern Völkern die 14. Satrapie bildete. Sie entsprechen den Maka der altpers. Inschr. Die genaue Lage ergibt sich aus Steph. Byz. s. *Μάκαι, ἔθνος μεταξὺ Καρμανίας καὶ Ἀραβίας*. Da Arabien hier das Land der Arabiten am unteren Indus bezeichnet, so ist Maka dasselbe wie später Gedrosia. J. D.-G.

*A. Herrmann*, RE XVI 1020.

**Mykonos** (*Μύκονος*). Insel der mittleren Kykladen, 10:14 km und 75 qkm groß, aus Gneis und Granit bestehend, mit von N. 4 km tief eingreifender Bucht, im allg. wellige Hochfläche von 100 bis 200 m Höhe mit höchster Erhebung von 392 m. Die Insel ist fast völlig felsig mit sehr wenig Ackererde und fast baumlos und ohne Quellen. Ant. Reste sind sehr gering. Skyl. 58 nennt M. *δίπολις* und die Inschr. Syll. III$^3$ 1024 gibt die kult. Vorschriften nach einem Synoikismos der *πόλεις* um 200 v. Chr. Eine von ihnen lag an der Stelle des Palaeokastro etwa in der Mitte der Insel, die andere wohl bei dem h. malerischen Hauptort im W. An prähist. Funden sind ausgeraubte Kuppelgräber bekannt, MDAI(A) 23, 1898, 362. FIMMEN Die kret.-myken. Kultur 13. [7]. In gesch. Z. ist die Insel ionisch. 490 Landung des Datis, Hdt. 6,118. Im Seebund mit einem Tribut von 1½, später 1 Tal., veranlagt, B. D. MERITT The Athen. trib. lists 1,346f. Dem 2. Seebund schloß sich M. ebenfalls an, IG II$^2$ 43 = Syll. I$^3$ 147,115. In hellenist. Z. gehörte es wie die Kykladen allg. zum Nesiotenbund. Anerkennung der Asylie der Artemis Leukophryene Inschr. von Magnesia 50 = Syll. II$^3$ 562, 85. Eigene Mz. wieder unter Augustus. Das del. Heiligtum besaß auf der Insel Güter, die in den Inschr. oft erwähnt sind, J. H. KENT, Hesp. 17, 1948, 243ff. 286ff. Delos hatte nach den Inschr. auch sonst zahlreiche Beziehungen aller Art zu der Nachbarinsel, wie auch viele Mykonier in Delos als Stifter erscheinen. Die Bewohner waren verschrien als unwissend, kleinlich, geizig und von Natur aus kahlköpfig. Das vielzitierte Sprichwort *πάνθ' ὑπὸ μίαν Μύκονον*, »Alles in einen Topf werfen«, ist unerklärt. Strab. 10,5,3 p. 485. 5,9 p. 487. Dion. Calliph 142. Mela 2,111. Plin. nat. 4, 66. Ptol. 3,14,24. Stadiasm. m. m. 280. Aischyl. Pers. 885. Eur. Tro. 89. Eustath. Dion. Per. 525 und Od. 17,455. Steph. Byz. Suda. Inschr.: [4] 1038, 17ff. Syll. III$^3$ 1215. Mz.: HEAD HN$^2$ 487. [2]. E. M.

1. *L. Ross* Reisen auf den griech. Inseln 2,28ff. 2. *J. N. Svoronos* Νομισματικὴ καὶ ἱστορία τῆς ἀρχαίας *Μυκόνου*, BCH 17, 1893, 455ff. 3. *D. Evangelides* *Μύκονος*, Athen 1912. 4. *R. Herbst*, RE XVI 1030ff. (mit Kartenskizze). 5. *N. Bonacasa* Enc. Arte ant. 5,302f. 6. *Philipps.-Kirst.* 4,104ff. 7. *H. Möbius* Ant. Bauten auf M., MDAI(A) 50, 1925, 37ff.

**Mylai. 1.** (*Μυλαί*). Stadt im S. der nordthessal. Landschaft Perrhaibien, liter. nur bei Liv. 42, 54,1ff. im Perseuskrieg als fast uneinnehmbare Festung genannt, aber nach kurzer Belagerung von Perseus erobert und zerstört, dazu Steph. Byz. Nach [1.2] der steile Burgberg zwischen den h. Dörfern Damasi und Damasuli am r. Ufer des Xerias (→ Titaresios) mit Ringmauer und einzelnen sonstigen Resten. BCH 45, 1921, 20 III 134. 27 V 22. Inschr.: IG IX 2,332–337. MDAI(A) 52, 1927, 88f. Nr. 4. E. M.

1. *Fr. Stählin* Das hellen. Thessalien 27f. 2. *Ders.*, RE XVI 1038ff. (mit Plan). 3. *Philipps.-Kirst.* 1,274. 4. *N. Bonacasa* Enc. Arte ant. 5,303.

**2.** M. (*Μύλαι, Μυλαί, Mylae*), Halbinsel und Stadt an der N.-Küste Siziliens, h. Milazzo. 716 v. Chr. von Zankle aus gegründet (Eus. chron. p. 90b H), blieb M. stets ein Vorposten von Zankle/ Messene. 426 v. Chr. eroberten die Athener M. (Thuk. 3,90,2) und zwangen die Bewohner, sich am Zug gegen Messene zu beteiligen, das sich nach dem Verluste M.s sogleich den Athenern anschloß. Ein J. später fiel Messene von den Athenern ab, damals ging auch M. den Athenern wieder verloren. 394 v. Chr. siedelten die Rheginer im Kampf gegen das mit Dionysios verbündete Messene die überlebenden Bewohner der von Dionysios 403 v. Chr. zerstörten Städte Naxos und Katane in M. an, doch mußten sie nach einer Niederlage gegen Messene die Gründung noch im gleichen J. rückgängig machen (Diod. 14,87,1–3). 315 v. Chr. wurde M. von Agathokles erobert (Diod. 19,65,3). 269 v. Chr. besiegte → Hieron II. in der Ebene von M. die Mamertiner (Pol. 1,9,7). 260 v. Chr. errang C. Duilius in den Gewässern von M. den berühmten Seesieg über die Karthager (Pol. 1,23,2). 36 v. Chr. siegte Agrippa in der Seeschlacht vor M. entscheidend über Sex. Pompeius (Suet. Aug. 16,1; App. civ. 5,116–122). M. gehörte auch in röm. Z. polit. zu Messene. Der Mythos lokalisierte die Rinder des Helios auf M. Theophr. h. plant. 8,2,8 rühmt die Fruchtbarkeit des Gebietes. Bedeutende vorgeschichtl. Funde, geringe Reste aus griech.-röm. Z. Neuere Grabungen: AA 1954, 545f. Kl. M.

*L. Bernabò Brea – M. Cavalier*, Mylai, 1959. *Ziegler*, RE XVI 1042. *G. V. Gentili*, Enc. Arte Ant. 5, 1963, 6–8.

**Mylas** (*Μύλας*). Telchine (Diod. 5,55), Erfinder der Mühle und Stifter des Kults der *Μυλάντιοι θεοί* im rhod. Kameiros (Hesych.). Auch der sagenhafte lakon. König Myles, Sohn des Lelex, galt als Erfinder der Mühlen, Paus. 3,1, 1. 20,2. 4,1,1. H. v. G.

**Mylasa** (*τὰ Μύλασα*), in archaischer Z. um ein Heiligtum des in der interpretatio Graeca sog. *Ζεὺς Κάριος* (vgl. Hdt. 1,171. Strab. 14,659) angelegte Niederlassung der Karer (h. auf einer Anhöhe beim Dorfe Peçin) im SW. Kleinasiens, die offenbar in der 1. Hälfte 4. Jh. v. Chr. zugunsten einer etwa 5 km n. gelegenen Siedlung (h. Milas) verlassen wurde. Wie viele andere w.-kleinasiat. Städte im Reich des pers. Großkönigs stand auch M. anfangs unter der Herrschaft von Tyrannen, die während des von M. unterstützten Ion. Aufstandes (vgl. Hdt. 5,121) nur kurz unterbrochen (vgl. Hdt. 5,37f.), aber erst wohl nach der Schlacht am Eurymedon ca. 467/66 endgültig beseitigt wurde; denn M. führte in den J. zwischen 450/49 und 440/39 als Mitglied des Att.-Del. Seebundes Beiträge nach Athen ab. Seither aber fehlt M. in den Tributquotenlisten, es ist also allem Anschein nach im Zusammenhang mit dem Sam. Aufstand (441–439), auf dessen Zustandekommen und Verlauf der Satrap in Sardeis maßgeblichen Einfluß ausgeübt hatte, wieder unter die pers. Herrschaft zurückgekehrt. Im J. 390 ist uns M. als Residenzstadt des Satrapen der neuen kar. Satrapie, Hekatomnos, bezeugt (vgl. Strab. 14,659), auf den sein Sohn → Mausolos im Amte folgte. Dieser verlegte um 360 seine Residenz nach → Halikarnassos, etwa um die gleiche Z., für die man das E. der Siedlung beim h. Peçin annimmt [2]. Unter der Herrschaft der Seleukiden in seinen Freiheiten offenbar nur geringfügig eingeschränkt ([1],1051 f.), wird M. durch den Friedensvertrag von Apameia sogar ἀφορολόγητος (Pol. 21,46,4. Liv. 38,39,8) und gilt später im röm. Reichsverband als *oppidum liberum* (Plin. nat. 5,108). Die Bürgerkriegswirren am Ausgang der republ. Z. zogen auch M. sehr in Mitleidenschaft, als unter Q. Labienus, dem Imperator in parth. Diensten, 40 v. Chr. die sich gegen die parth. Besetzung wehrende Stadt verwüstet wurde (vgl. Strab. 14,660. Cass. Dio 48,26,3 f.). In der Kaiserzeit ist die Stadt zur Bedeutungslosigkeit herabgesunken, die auch durch die Einrichtung eines Bischofsitzes in M. kaum gemindert wurde.

Bekannt war die Stadt für ihre prächtigen, aus dem in der Nähe gebrochenen Marmor errichteten Bauten, von denen noch h. in Milas und seiner Umgebung nicht unerhebliche Reste zeugen. E. O.

1. *Ruge*, RE XVI 1046 ff. 2. *J. M. Cook*, ABSA 56, 1961, 98 ff. 3. *A. T. Akarca* Milâs, Istanbul 1954. 4. *A. Akarca* Les monnaies grecques de Mylasa, Paris 1959. 5. *L. Robert*, AC 35, 1966, 419 ff.

**Myle** s. Mühle

**Mylleas** (Μυλλέας). Sohn des Zoilos aus Beroia, Trierarch Alexanders d. Gr. bei der Indusfahrt 326 (Arr. Ind. 18,6). G. W.

**Myllenas** (Μυλλένας), *scriba regis* (Curt. 8, 11,5) im Stabe Alexanders d. Gr., ident. mit dem πρόξενος der Eretrier, IG XII 9,197. Seine Taten brauchen trotz des fragwürdig überlieferten Berichtes bei Curtius nicht bezweifelt zu werden. G. W.

**Myllias** (Μυλλίας). Angeblich Pythagoreer aus Kroton, wird als Zeitgenosse entweder des → Pythagoras (Iambl. v. P. 143. Ail. var. 4,17,1) oder des → Dionysios (2) bezeichnet, von dem er sich lieber habe zu Tode foltern lassen, als daß er das pythagor. Bohnengeheimnis verriet (Iambl. v. P. 189 ff. Porph. v. P. 61). G. Schm.

**Myndos** (ἡ Μύνδος), griech., vielleicht an der Stelle einer nur literar. bezeugten (Strab. 13,611), archäolog. aber nicht nachweisbaren Lelegersiedlung angelegte Hafenstadt an der kar. W.-Küste Kleinasiens, deren Spuren aller Wahrscheinlichkeit nach in den beim h. Dorfe Gümuşlük erkennbaren ant. Überresten zu sehen sind ([3], 108 f.). Ihre Abgelegenheit dürfte der Grund dafür gewesen sein, daß M. als Handelsstadt stets unbedeutend blieb ([2]), doch sicherte ihr der von der Natur und durch Fortifikation hervorragend geschützte Hafen gewisse strateg. Bedeutung, die uns z. B. noch in ihrem über ein J. hin erfolgreichen Widerstand gegen die makedon. Truppen 334/33 (Arr. an. 1,20,5–7. 2,5,7), in ihrer Rolle als Flottenbasis für Ptolemaios I. bei seinem Unternehmen gegen Korinth 308 (Diod. 20,37,1) und für C. Cassius für seine Aktionen gegen Rhodos 43 v. Chr. (App. civ. 4,65) greifbar ist. Aufgrund ihrer ökonomisch ungünstigen Situation war M. lange Z. nur schwach besiedelt (vgl. Diog. Laert. 6,57); in der Kaiserzeit wuchs die Volksdichte mit dem wirtschaftlichen Wohlstand (Silbergruben bei M.) und mag wohl hauptsächlich die Einrichtung eines Bischofsitzes in der Spätant. empfehlenswert gemacht haben. E. O.

1. *Ruge*, RE XVI 1075 ff. 2. *D. Magie* Roman rule in Asia Min., Princ. N.J. 1950, 87. 3. *G. E. Bean*, *J. M. Cook*, ABSA 50, 1955, 108 ff.

**Mynes** (Μύνης). **1.** Sohn des Euenos, mit seinem Bruder → Epistrophos (3) von Achilleus auf seinem Zuge gegen Lyrnessos getötet, Il. 2,689 f. 19,291 ff. Daß er Gemahl der Briseis gewesen sei, ist bloße Vermutung, Sch. Il. 2,692. **2.** Einer der myth. Ahnherren in den Genealogien des att. Königshauses, Vater der Pedias, die den König → Kranaos heiratete, Apollod. 3,186. H. v. G.

**Myonnesos** (Μυόννησος). Kleine Insel vor der Küste der Landschaft Achaia Phthiotis im Sund von Euboia, h. Hg. Nikolaos, Strab. 9,5,14 p. 435. E. M.

1. *Fr. Stählin* Das hellen. Thessalien 182. 2. *Ders.*, RE XVI 1080 Nr. 1.

**Myos Hormos.** Hafen an der W.-Küste des Roten Meeres (Ptol. 4,5,8), später auch Ἀφροδίτης ὅρμος (Strab. 17,769), Gründung Ptolemaios' II., auch Plin. nat. 6,168 erwähnt, h. Abu Schar (vgl. ENGELBACH Ann. Serv. 31,132), in röm. Z. durch das südlicher gelegene → Berenike (o. I 865,12) als Stapelplatz der zur See angelieferten Waren auf ihrem Wege zum Nilhafen → Koptos überflügelt. W. H.

**Myra.** Stadt an der S.-Küste Lykiens, 3,5 km vom Meer entfernt (zugehöriger Hafenort war Andriake), am W.-Rand der Flußebene des Μύρος (h. Dembre çay) gelegen. H. sind die ant. Ruinen großenteils vom Schwemmland meterhoch zugedeckt. Frei liegen aber fast 100 lyk. Felsgräber, teils mit lyk. Inschr., ferner die Akropolis sowie das (teilweise ausgegrabene) röm. Theater. Stadtgöttin war Artemis Eleuthera mit berühmtem Tempel. Ferner sind in M. die Kulte von Zeus, Apollon, Athena, Artemis, Tyche nachweisbar. – Die lyk.-epichor. Inschr. in TAM I (1901, bearb.

von E. KALINKA), Nr. 85–97, die griech. demnächst in TAM (etwa 1968, bearb. von G. MARESCH).

Das Gebiet von Myra reichte im S. bis ans Meer, der Ort Sura gehörte dazu. Der alte Name τὰ Μύρα ist bis h. in dem des Dorfes Dembre bewahrt. – Die gelegentlich erwogene Identifikation von M. mit dem in heth. Texten genannten *Mira* im Arzawaland ist ganz unsicher. – Zur Z. des lyk. Bundes war M. Hauptort des zentralen Münzbezirks um den Masikytes-Berg, vgl. [5], p. LIII. Um 100 v. Chr. gehörte es zu den 6 größten Bundesstädten (Strab. 14,665), dann zu den μητροπόλεις. Auch später, als es eine starke Christengemeinde besaß, war M. μητρόπολις von Lykien. Eine Liste der Bischöfe gibt [8],199f., von denen der später heiliggesprochene Νικόλαος (Anf. 4. Jh. n. Chr.) berühmt ist, vgl. [7] und [10]. – Theodosius II. machte M. zur byzantin. Hauptstadt der Eparchie Lykien (Malal. Chronogr. 14, 365 Dind.); als solche wurde es 809 von Harun al-Rashid belagert und erobert (Theophan. Chronogr. p. 483 de Boor). Von da an beginnt der Verfall.

Die spärlichen Erwähnungen M.s in byzant. und ma. Z. bei [11]. Eine neue Unt. der Denkmäler (ohne Ausgrabungen, aber mit photogrammetr. Aufnahmen der Felsgräber) durch dt. Forscher soll als Monographie »Myra in Lykien« in den »Istanbuler Forschungen« veröffentlicht werden. G. N.

1. *Ch. Texier* Description de l'Asie Min. 3, 1839, 205f. 2. *C. Ritter* Erdkde. von Asien, Bd. 9, II, 1859, 1093–1106. 1149–1154. 3. *O. Treuber* Gesch. der Lykier, 1887. 4. *O. Benndorf* Das Heroon von Gjölbaschi-Trysa, in: Jb. der kunsthist. Slg.-en des all. Kaiserhauses IX, Wien 1889. p. 19. Spezialkarte der Umgebung Myras. 5. *G. F. Hill* Cat. Gr. Coins Lycia, Pamphylia and Pisidia, 1897. 6. *H. Rott* Kleinasiat. Denkmäler aus Pisidien, Pamphylien, Kappadokien und Lykien. = Stud. über chr. Denkmäler, hg. von J. Fischer, N.F. 5. und 6. H., Lpz. 1908. 7. *G. Anrich* Hagios Nikolaos 1, 1913, 451. 2, 1917, 528ff. 8. *V. Schultze* Altchr. Städte und Landschaften II/2, 1922–1926. 9. *W. Ruge*, RE XVI 1083–1089. 10. *L. Robert*, Hellenica 10, 1955, 197ff. 11. *R. M. Harrison* Churches and Chapels of Central Lycia, in: Anatol. Stud. 13, 1963, 117–151.

**Myrai.** Stadt an der NO.-Küste der thessal. Landschaft Magnesia, nur bei Skyl. 65 genannt, nicht genauer zu lokalisieren, Name nach Mz. des 4. Jh. v. Chr. vielleicht in Eurea(i) zu emendieren. E. M.

1. *Fr. Stählin* Das hellen. Thessalien 50. 2. *Ders.*, RE XVI 1089. 3. *Numism.* Chronicle 7,1, 1961, 1ff.

**Myriandos** (Μυρίανδος; Xen. an. 1,4,6. Skyl. 102 GGM I S. 77 M. vgl. Hdt. 4,38. Später aus der kleinasiat. Form gräzisiert in Μυρίανδρος), von Phoinikern besiedelte Hafenstadt am h. sog. Golf von Iskenderun, auf dem 22 km langen Küstenstreifen s. w. von Iskenderun zu lokalisieren. E. O.

1. *E. Honigmann*, RE XVI 1090f. 2. *R. Dussaud* Topographie hist. de la Syrie, Paris 1927, 443f.

**Myrina** (Μυρίνα). **1.** Eponymin der lemn. Stadt M., Hekat. FGrH 1 F 138c. Nach Sch. Apoll. Rhod. 1,601 Tochter des Kretheus, Frau des Thoas, nach Dion. Chalc. frg. 2 (FHG 4,393) Amazone. **2.** Die »hurtige M.« der Il. 2,814, deren Grabhügel vor Troia → Batieia hieß (Strab. 12,573), Tochter des Teukros, Gattin des Dardanos. Ihr Epitheton πολύσκαρθμος gab Anlaß, sie auch für eine Amazone zu halten. Sie wurde auch als ident. mit der eponymen Heroine der aiol. Stadt M. angesehen. Bei Diod. 3,54f. werden ihr weltweite Eroberungszüge zugeschrieben. H. v. G.

**3.** Stadt an der Westküste der Insel Lemnos, auf einer 135 m hohen, steilen, in eine Bucht vorspringenden Landzunge, heute Kastro, amtlich M. Teile des Mauerrings und anderes erhalten. Z. Gesch. der Insel, die auch diejenige von M. ist, → Lemnos. Bei der Inbesitznahme der Insel durch Miltiades mußte M. erst erobert werden, Hdt. 6, 140,2. Im att. Seebund war M. seit der Ansiedlung att. Kleruchen um 450 v. Chr. gesondert veranlagt mit 1½ Tal., der Hälfte des Tributs der anderen Stadt Hephaistias, B. D. MERITT The Athen. trib. lists 1,348f. 448 u. ö. 314 v. Chr. vergebliche Belagerung durch Kassanders Feldherrn Aristoteles, Diod. 19,68,3f. IG XII 8 p. 3. Bei der Sommersonnenwende warf angeblich der Athos seinen Schatten bis M., Soph. Frg. 708 N². 776 PEARSON mit Kommentar. Apoll. Rhod. 1,601ff. Plin. nat. 4,73. Solin. 11,33. Sonst: Ptol. 3,12,44. Steph. Byz. Etym. M. 279,6. 595,22. Nonn. 3,133. Anth. Pal. 15, 25,25. Inschr.: IG XII 8,1–14. Mz.: HEAD HN² 263 (um 300 v. Chr.). E. M.

1. *A. Conze* Reise auf den thrak. Inseln 107ff. 2. *C. Fredrich* Lemnos MDAI(A) 31, 1906, 243ff. 3. *Ders.*, IG XII 8 p. 6. 4. *R. Herbst*, RE XVI 1093ff. Nr. 2. 5. *Ch. Picard–A. J. Reinach*, BCH 36, 1912, 339f. 6. *L. W. Sealy*, ABSA 23, 1918/19, 159ff. 7. *Philipps.-Kirst.* 4,227f.

**4.** M., aiol. Hafenstadt an der kleinasiat. W.-Küste auf dem r. Mündungsufer des Pythikos (Güzelhisar Çayi), deren Überreste h. bei dem Dorf Kalabak Saray zu finden sind. Das bei Eus. 69c H.² angegebene Gründungsjahr 1046 v. Chr. verweist die Anfänge von M. in den Zusammenhang der griech. Besiedlung der W.-Küste Kleinasiens in spätmyken. Zeit. Über die Gesch. der Stadt sind wir zwar bis in die Spätant. unterrichtet, jedoch nur schlecht. Wirtschaftlich und militär. offenbar niemals bedeutend, war M. dem in der Aiolis jeweils Mächtigen stets ausgeliefert, gehörte also im 5. Jh. zeitweise zum Att.-Del.-Seebund, rechnete aber nach 404 wieder zum pers. Machtbereich, dem es noch zu Beginn der Perserkriege zugehört hatte. Danach ist M. durch die Hände der Seleukiden und der Attaliden unter die Herrschaft Roms gekommen (seit Augustus Sebastopolis). In chr. Z. war M. Bischofsitz in der ἐπαρχία Ἀσίας. Zahlreich sind die in der Nekropole von M. (etwa 5000 Gräber) aufgedeckten Zeugnisse eines in hellenist. Z. blühenden Kleinkunstgewerbes (Terrakotta), während von den Baulichkeiten der Stadt sich nur noch geringe Spuren erkennen lassen. E. O.

1. *Ruge*, RE Suppl. VI 615ff. 2. *E.Pottier, S. Reinach*, La nécropole de M., 2 Bde., Paris 1888. 3. *G.E.Bean* Aegean Turkey, Lond. 1966, 106ff.

**Myrinos.** Epigrammatiker des Philippos-Kranzes, Vf. zweier Spottepigr. (Anth.Pal. 6,254 in Form eines Weihepigr., leonidäisch in Stil und Motiv [6,305], und 11,67, wohl Vorbild für Martial. 1,100), eines fingierten Weihepigr. (6,108, ebenfalls leonidäisch) und eines ekphrast. Epigr. (7,703). R. K.

**Myrkinos** (*Μύρκινος*). Urspr. ein edon. Ort ö. vom Unterlauf des Strymon. Als befestigte Stadt von dem miles. Tyrannen → Histiaios, dann von → Aristagoras ausgebaut, nach dessen Tode (497) wieder edonisch, Hdt. 5,11. 124ff. Erwähnungen bei Thuk. 4,107. 5,6.10. Diod. 12,68,4 (zum J. 424 v. Chr.). Chr. D.

*Oberhummer*, RE XVI 1104. *Detschew* Thrak. Sprachreste, 287.

**Myrleia** s. Apameia

**Myrmekides.** Der meist zusammen mit → Kallikrates (6) genannte Mikrotechniker (Kleinstplastiker) aus Milet (Athen. 11,782 B. Ail. var. 1, 17) oder Athen (Gal. protr. 9. Sch. Dion. Thrax p. 110,6ff. Hilgard) galt teils als Toreut (Athen. a. O. Sch. Dion. Thrax a. O.), teils als Elfenbeinschnitzer (Plin. nat. 7,85. Varro 1. 1. 7,1) und Marmorbildhauer (Plin. nat. 36,43), man besaß also wohl keines der vielbestaunten Werke mehr. Die Zeit ist ganz unsicher (vielleicht archaisch: LIPPOLD, RE XVI 1105). W. H. G.

**Myrmex** (*Μύρμηξ*). **1.** Vater der Melite, der Heroine des gleichnamigen att. Demos (Hellan.). Selbst Eponym der *μάχιμοι μύρμηκες*, die am Hymettos Massen von Goldstaub hüteten und deshalb von den Athenern bekriegt wurden. CAF 2,172. 1,623.765. Mit der Ameisenlegende beschäftigen sich Plat. rep. 5,450 b und Paroimiographen. **2.** Att. Jungfrau, von Athena geliebt. Als sie nach Athenas Erfindung des Pfluges den Pflugsterz als eigene Erfindung in Anspruch nahm, wurde sie zur Strafe in eine Ameise verwandelt. Aber Zeus verwandelte sie mit dem ganzen Volk der Ameisen wieder in Menschen, als er seinem Sohne → Aiakos das menschenleere Thessalien als Herrschaftsbereich zuwies. Sie hießen nun → Myrmidonen. Serv. Verg. Aen. 4,402. H. v. G.

**3.** M., megar. Philosoph, nach Diog. Laert. 2, 113 von → Stilpon für die megar. Lehre gewonnen. Name des Vaters wohl Exainetos. G. Schm.

**Myrmidon** (*Μυρμιδών*). **1.** Stammherr der → Myrmidonen (Hellan.). Galt meist als Sohn der Eurymedusa, die Zeus in Gestalt einer Ameise berückte. Gatte der Peisidike, der Tochter des Aiolos, Vater von Antiphos und Aktor, auch von → Erysichthon (1). Apollod. 1,52. Clem. Al. protr. p. 34 P. Arnob. 4,26. H. v. G.

**2.** M. aus Athen, ein Unterfeldherr des Ptolemaios I. gegen → Antigonos (1), 315 unter Oberbefehl des Menelaos in Kypros, von dort nach Karien geschickt, Diod. 19,62,4f. H. V.

**Myrmidones** (*Μυρμιδόνες*). Alter achaischer Volksstamm Thessaliens, bei Hom. die Mannen Achills, die ihm auf 50 Schiffen gefolgt und ihm treu und ergeben waren (Il. 1,180. 2,685 u. ö.), daheim die Untertanen des Peleus (9,479f.), später des Neoptolemos (Od. 3,188). Ihr starkbevölkerter (Il. 21,188) Wohnsitz war Phthia (1,169), das mit der Landschaft Hellas eine Einheit bildet (9,395). Nach späterer Sage waren sie nach Phthia erst unter Peleus aus Aigina eingewandert, wo sie auf Aiakos' Gebet durch Zeus aus Ameisen (*μύρμηκες*) entstanden waren, um die menschenleere Insel zu bevölkern. Hes. frg. 76. Ov. met. 7,523ff. 614ff. 654. Strab. 9,433. Aigina hieß deshalb auch Myrmidonia (Steph. Byz.; vgl. Apoll. Rhod. 4, 1771). Eine rational-kulturgeschichtliche Deutung der Sage geben Strab. 8,375 und Sch. Pind. N. 3,21. Nach anderer Überlieferung war dagegen Aiakos in Thessalien zu Hause und von dort erst in Aigina eingewandert (Steph. Byz. Serv. Verg. Aen. 4,402). WILAM. Hom. Unt. 245. PRELL.-ROB. 2,75f. 78,1. S. Myrmex (2). H. v. G.

**Myron** (*Μύρων*). **1.** Großvater des Tyrannen → Kleisthenes (1) von Sikyon, Vater des Aristonymos, Sohn des Andreas (Hdt. 6,126. Vgl. Paus. 2,8,1), Ol. Sieger 648 (Paus. 6,19,1f. 4). **2.** Zwei »Brüder« des Kleisthenes (1), Isodemos und M. *βασιλεύς*, den Weibertollen, abstammend von → Orthagoras, kennt Nikol. Dam. FGrH 90 F 61 (vgl. Plut. mor. 553 B. Aristot. pol. 1315b–1316a). M. (2) ist weder M. (1) gleichzusetzen noch eliminierbar. Am ehesten waren M. (1) und Orthagoras Brüder (vgl. FGrH 105 F 2), Orthagoras der Vater M.s (2) und dessen Vorgänger als Tyrann, Kleisthenes ein Großneffe von Orthagoras und Neffe M.s (2). Z. der Tyrannis M.s (2) etwa E. 7. Jh.

*Schachermeyr*, RE XVIII 1430ff. *Hammond*, CQ 50, 1956, 45ff. *Mary White*, Phönix 12, 1958, 2–14. *Berve* Die Tyrannis usw., 1967, 28. 531f. *Leahy*, Hist. 17, 1968, 1ff.

**3.** Athener aus Phlye, Ankläger im Prozeß gegen die Urheber des Massakers an den Anhängern des → Kylon, so gegen → Megakles (1). Plut. Sol. 12,4. JACOBY Atthis, 1949, 367,81. K. K.

**4.** M. von Priene, griech. Historiker des 3. (?) Jh. v. Chr. (vgl. Rutil. Lup. De fig. 1,20, sofern das Zit. nicht einer Deklamation entstammt und für die Datierung wertlos ist), Vf. von *Μεσσηνιακά*, die von Diod. (8,7ff.) und (wohl indirekt) von Paus. (B. 4) benutzt wurden. Von der nach Wiederherstellung der messen. Unabhängigkeit herrschenden tendenziösen Verklärung der eigenen Vorgeschichte ist M. darin abhängig, daß er die Schuld am Ausbruch des Krieges ausschließlich der spartan. Seite gibt. Den Freiheitshelden → Aristomenes (1) rückt er, im Unterschied etwa zu → Rhianos, in die Frühzeit und erhebt ihn zur

Zentralfigur des 1. Messen. Krieges. Die Tempelchronik von → Lindos (aus dem J. 99 v. Chr.) nennt im Abschnitt über Weihgeschenke (C 68) und über wunderbares göttliches Eingreifen (D 51 f.) einen M. als Vf. einer Lobschrift auf Rhodos (Ῥόδου ἐγκώμιον, mind. 2 B.); man setzt ihn allg. mit dem Historiker gleich. H. Gä.

FGrH 106. Lit.: *Ed. Schwartz*, H 34, 1899, 453 ff. *J. Rickenmann* Rhianos und M., Diss. Zürich 1917. *Jacoby* FGrH 265 F 38–46 Komm. *Fr. Kiechle* Messen. Studien, Kallmünz 1959. *L. Pearson*, Hist. 11, 1962, 397 ff., bes. 410 ff.

**5.** M. von Eleutherai (Plin. nat. 34,57), später wohl Athener geworden (Paus. 6,2,2. 13,2), Bildhauer (Erzgießer). M. war im mittleren Drittel des 5. Jh. v. Chr. für Athen, Olympia, Delphi, Aigina, Kleonai, Sparta, Argos, Arkadien, Samos, Ephesos tätig, Werke von ihm wurden auch in Akragas, Messana, Rom gezeigt. Er schuf Götter-, Athleten- und Heroenbilder sowie von Epigrammatikern (die sie nie gesehen hatten) wegen ihrer Naturnähe vielbesungene Tierdarstellungen. Von den überlieferten Werken (Overbeck Schriftquellen 533 ff.) sind in Kopien nachgewiesen der Diskobol und die Athena-Marsyas-Gruppe; zahlreiche andere Zuschreibungen sind vorerst unbeweisbar ([4. 5. 6. 7. 3]). Der Diskobol ([3], T. 48,1–2), sicher kein siegreicher Athlet, vielleicht Hyakinthos, um die Mitte des 5. Jh. geschaffen, ist in dem Moment wiedergegeben, in dem sich ausschwingende Bewegung und einsetzende Gegenbewegung gegenseitig aufzuheben scheinen. Bewegung und Tiefe der Figur sind von einem Blickpunkt aus zu erfassen. Ähnlich geistvoll in der Erfassung der Situation und des »fruchtbaren Moments« ist die Gruppe der Athena und des Marsyas ([3], T. 49, 3–4. 136,13), bald nach dem Diskobolen entstanden, auch sie flächenhaft-reliefartig aufgebaut. M., dessen Stil Xenokrates (bei Plin. nat. 34,85) als Fachmann gepriesen hat, gehört zu den Bildhauern an der Schwelle der hohen Klassik. Er ist einer der bedeutendsten Künstler der Ant.

1. *P. E. Arias* M. (Quaderni per lo studio dell'archeol. 2) 1940. 2. *Ders.*, Enc. Arte Ant. 5, 1963, 111 ff. 3. *G. Lippold*, HBArch III/1 (1950) 136 ff. 4. *V. H. Poulsen* Acta Archaeol. (Kopenhagen) 11, 1940, 1 ff. 5. *E. Langlotz*, SHAW 1951/1. 6. *E. Buschor*, MDAI(A) 68, 1953, 51 ff. 7. *J. Dörig*, in: Ant. Plastik 6, 1967, 21 ff.

**6.** M., von Theben, Bildhauer, ist durch die Signatur Altert. v. Pergamon VIII 136 bekannt (3. Jh. v. Chr.) und kaum mit (5) identisch. Er könnte die Plin. nat. 36,32 dem großen M. zugeschriebene trunkene Alte, ein Marmorwerk, geschaffen haben, die nach der Kopie ([3], T. 112,2) ins spätere 3. Jh. v. Chr. gehört. Die Kombination ist jedoch unsicher (dagegen z. B. [3], 322, dafür z. B. L. Guerrini Enc. Arte Ant. 5, 1963, 315). W. H. G.

**Myronides. 1.** Seine Herkunft ist unbekannt; er stammte schwerlich aus einem der führenden Geschlechter, muß aber zu den angesehensten Athenern gehört haben, da er auf Antrag des Aristeides als Gesandter mit Kimon und Xanthippos nach Sparta geschickt wurde (480/79), um den Auszug des pelop. Heeres zu fordern. Im J. darauf führte er als Stratege das athen. Kontingent bei Plataiai. M. dürfte daher um 480 schon ein älterer Mann gewesen sein, * also etwa 530. **2.** Trennung von 1. durch ein Papyrusfrg. aus den Demoi des Eupolis (412) möglich (Chr. Jensen, H 51, 1916, 321 ff. D. L. Page Greek Lit. Pap., 1950, 202), woraus sich ergibt, daß M. kaum schon sehr lange tot war (doch schon vor 424, s. Thuk. 4,95,3; die Tradition von 2 M. wird bestätigt durch Sch. Aristoph. Lys. 801). Sohn eines Kallias, vielleicht Vater des → Archinos. 458 Stratege, also * vor 488. Er besiegte im Sommer 458 die Korinther bei Megara, 456 die Thebaner bei Oinophyta, was eine große Machterweiterung Athens bewirkte. Im Frühj. 454 war er Führer eines erfolglosen Zuges nach Thessalien. M. galt als tüchtiger Feldherr (Diod. 11,81,5); er war kein unbedingter Anhänger des Perikles und blieb als Vertreter konservativer Zucht und Staatsgesinnung im allg. Bewußtsein Athens lebendig. So geleitet er in Eupolis' Demoi die großen Staatsmänner aus dem Hades nach Athen (ähnlich charakterisiert bei Aristoph. Lys. 801 und Eccl. 303). Thuk. 1,105 ff. Diod. 9,79 ff. H. Gu.

*E. Meyer* GdA III. *H. E. Stier* Eine Großtat der att. Gesch., 1934. *V. Ehrenberg*, RE Suppl. VII 510 ff.

**Myrrha** (μύρρα, σμύρνα oder -νη, Lehnwort aus dem Semit.; *myrrha, myrra, murra*). **1.** Das Harz des niedrigwüchsigen echten Myrrhenbaumes Commiphera abyssinica Endl., der in S.-Arabien, Erythraea und N.-Abessinien in 300–2000 m Meereshöhe gedeiht. Das Harz tritt aus Wundstellen der jüngeren Zweige aus und verbreitet, erhitzt, den seit ältesten Zeiten bei allen orientalischen Völkern hochgeschätzten Wohlgeruch. Nicht klar ist das Verhältnis von M. und Stakte (στακτή). Nach guten Quellen (nicht aus Autopsie) beschreibt den M.-Baum Theophr. h. plant. 9,4,2–9, bes. seine Dornen, schildert die Harzgewinnung und unterscheidet ihn von der Terebinthe und vom Weihrauchbaum. Ungenauer und widersprüchlich sind die anderen Quellen (Dioskurid., Diod. und Plin. nat. passim). Wegen ihres hohen Preises wurde die M. vielfach verfälscht. Sie diente bei allen orientalischen Völkern und dann bei Griechen und Römern als (sakrales wie profanes) Räuchermittel, das aus ihr gepreßte Öl wurde zu allerlei kosmetischen Mitteln verarbeitet, auch zum Würzen von Wein und zur Bereitung von Likören verwendet. Sehr vielfältig war auch die medizin. Verwendung der M., teils innerlich, teils äußerlich (pulverisiert oder in Salben), auch in der Tierheilkunde.

*Steier*, RE XVI 1134–46.

**2.** Tochter des Assyrierkönigs → Theias oder des → Kinyras, verliebte sich zufolge göttlichen Zornes in ihren Vater, ließ sich – ohne sein Wissen – von ihm schwängern und wurde Mutter des → Adonis. Von dem Vater, als er den Betrug merkte, verfolgt, floh sie und wurde von Zeus oder Aphrodite in den M.-Baum verwandelt. Ihre Tränen sind das M.-Harz. Die Sage liegt uns in verschiedenen Varianten vor: bei Apollod. 3,183f. (der sich auf → Panyassis beruft), Antonin. Lib. 34, Hyg. fab. 58 (und 164c. 242) und am ausführlichsten bei Ov. met. 10,298–514, der da wohl mit dem in 9 Jahren ausgearbeiteten Epyllion Zmyrna des C. Helvius → Cinna (6) konkurriert. Nach Ios. ant. Iud. 19,1,13 wurde am Tage der Ermordung Philipps II. von Makedonien ein Drama aufgeführt, in dem M. und Kinyras getötet wurden (TGF$^2$ 838). Bemerkenswert die Partie Ov. met. 10,324–333, wo der Inzest Vater-Tochter mit Hinweis auf das Tierreich und die Sitten gewisser Völker als nicht naturwidrig, sondern menschlicher Satzung entsprungen verteidigt wird: sophist. Theorie über den Gegensatz *φύσις-νόμος*, fußend auf ethnograph. Beobachtung (oriental. Einfluß, vgl. Plut. Artox. 23). K. Z.

*Türk*, RE III A 728–30 (Art. Smyrna). *Breitenbach*, Übers. der Metam. z. St.

**Myrrhine** (*Μυῤῥίνη*). Tochter des Charmos (Kleidem. FGrH 323 F 15; des → Kallias (4) bei Thuk. 6,55,1), Frau des Peisistratos-Sohnes → Hippias (1), dem sie 5 Kinder gebar. Verhöhnt bei Aristoph. Equ. 449 (*Βυρσίνη*), vgl. Hesych. *Βυρσίνης*. Sch. Aristoph. a. O. (wirr). K. K.

*Berve* Die Tyrannis usw., 1967, 546.

**Myrrhinus** (*Μυρρινοῦς*, doch wohl »myrtenreich«) att. Demos mittlerer Größe in der Küstentrittys der Phyle → Pandionis. Seine Lage in den s.ö. Randhügeln der Mesogaia s.ö. von Markopulo ist durch Inschriftfunde gesichert. Als Kulte sind der der Artemis Kolainis durch Paus. 1, 31. 4, Sch. Aristoph. Av. 873 und Inschr., der der Athena und des Dionysos durch Inschr. bezeugt. K. Z.

*Wrede*, RE XVI 1146f.

**Myrrine** s. Myrtos

**Myrsilos** (*Μύρσιλος*). **1.** M., aus Mitylene, wohl Kleanaktide. Vielleicht als Anhänger des Tyrannen → Melanchros nach dessen Tod verbannt, gewann er nach der Rückkehr (Alk. Frg. 305 LP) die Tyrannis in Mitylene (E. 7. Jh.). Gegen ihn wetterte Alk., der nach erfolgloser Verschwörung geflohen war (112 LP = 35 D), ebenso gegen Pittakos, der nun als besonderer Anhänger des M. hervortrat (70 LP = 43 D. 129 LP = 24a D). Sein (gewaltsamer?) Tod wurde von Alk. bejubelt (332 LP = 39 D). G. Do.

*D. Page* Sappho and Alcaeus. Oxf. 1955, 149ff. *M. Treu* Alkaios, gr.-dt. Münch. 1963$^2$. *H. Berve* Die Tyrannis bei den Griechen I–II, Münch. 1967, 92f. 573f.

**2.** M., Lokalhistoriker aus Methymna auf Lesbos, dessen Lebenszeit in die Mitte des 3. Jh. v. Chr. fällt. Seine Lesbiaka waren eine häufig benutzte Quelle. So hat ihn z. B. Antigonos von Karystos des öfteren zitiert. M.' Interesse für *παράδοξα* und *θαυμάσια*, wovon er Beispiele in seinen *ἱστορικὰ παράδοξα* zusammenstellte, bestimmte auch den Charakter seiner Lesbiaka, so daß es schwerfällt, die ohne Buchtitel überlieferten Frg. auf die beiden Schriften zu verteilen. FGrH 477. O. Dr.



**Myrsinos**, nur bei Hom. Il. 2,616 genannte Stadt der Epeier in Elis, wohl das gesch. Myrtuntion an der Küste n. von Elis, dessen genaue Lage nicht bekannt ist, Strab. 8,3,10 p. 341. Steph. Byz. E. M.

1. *Ernst Meyer*, RE XVI 1150. 1183f. 2. *J. Servais*, BCH 88, 1964, 37 (mit Kartenskizze S. 10).

**Myrsos. 1.** Sohn des Akiamos, König von Lydien aus der Familie der Herakliden, ließ den Mermnaden Daskylos ermorden. Sein Sohn, König → Kandaules, war der letzte Heraklide, Hdt. 1, 7. **2.** Sohn des Gyges, vornehmer Lyder, fing auf Befehl des pers. Satrapen Oroites → Polykrates von Samos, fiel 497 während des ion. Aufstandes bei der Niederlage der Perser gegen die Karer, Hdt. 3,122. 5,121. H. V.

**Myrtilos** (*Μυρτίλος*). **1.** Sohn des Hermes und der Theobule (Hyg. fab. 224; bei anderen Vf. andere Mütter), Wagenlenker des → Oinomaos von Pisa. Er half → Pelops zur Gewinnung der Oinomaostochter → Hippodameia, indem er verräterisch Wachspflöcke vor die Räder des königlichen Wagens steckte und so den Tod des Königs verschuldete, Apollod. epit. 2,6ff. Motiv: Liebe zu Hippodameia (Paus. 8,14,11), in Eur.' »Oinomaos« (der Inhalt liegt wohl in Hyg. fab. 84 vor) Habgier. Als M. sich der Hippodameia bemächtigen wollte, stürzte Pelops ihn bei Geraistos (S.-Spitze von Euboia) ins Myrtoische Meer (Eur. Or. 990); eine unmögliche Ortsangabe für die in Elis spielende Sage: sie geht auf eine andere Version zurück, nach der Oinomaos König von Lesbos war (Sch. Eur. Or. 990). Sterbend verfluchte M. das Haus des Pelops, das seitdem von den Erinyen verfolgt wurde (Soph. Eur. Paus. 2,18,2). Das Grab des M. war bei Pheneos, wo er an Land gespült worden sein soll, hinter dem Hermestempel: Heroon mit nächtlichem Jahresopfer (Paus. 9,14,10). In Olympia war nur ein Kenotaph (Paus. 6,20,17; → Taraxippos). »Nach einigen« wurde M. als Fuhrmann, Auriga, unter die Sterne versetzt (Eratosth. katast. 13). – Nicht von Anf. an gehörte M. (l. Erwähnung Pherek. FGrH 3 F 90) in die Oinomaossage. Bei Pind. O. 1,75ff. siegt Pelops mit Hilfe der ihm von Poseidon geschenkten geflügelten Rosse. Weder die Kypseloslade noch der O.-Giebel des olymp. Zeustempels kennt M. – Die Wettfahrt war urspr. ein Brautraub: Hippodameia fährt mit Pelops zusammen. Übersicht über die Kunstdenkmäler Scherling, RE XVI 1158ff. H. v. G.

**2.** M., Mundschenk des Königs Pyrrhos von Epeiros, verriet 296 v. Chr. den Plan des → Neoptolemos, Pyrrhos zu vergiften, und führte dadurch den Tod des Neoptolemos und die Alleinherrschaft des Pyrrhos herbei, Plut. Pyrrh. 5,7 ff. P. Lévêque Pyrrhos 1957, 120. 226. **3.** M., Sklave des M. Antonius, plante, verführt durch Dec. Brutus, 44 v. Chr. ein Attentat auf ihn, wurde aber beseitigt, Cic. Att. 15,13,6. 16,11,5; fam. 12,23,2. H. V.

**Myrtis** s. Korinna

**Myrto** (*Μυρτώ*). **1.** Tochter des Menoitios aus Opus, Schwester des Patroklos, von Herakles Mutter der Eukleia. Plut. Arist. 20. H. v. G.

**2.** M., Tochter des → Aristeides (1) (Diog. Laert. 2,26. Suda s. *Σωκράτης*), nach des Vaters Tod wegen ihrer Armut auf öffentliche Kosten mit einer Mitgift ausgestattet (Aischin. 3,258). Die über Aristoxenos auf Aristoteles fußende (Wehrli Die Schule des Aristot. Bd. $2^{2}$,1960, Komm. zu Aristox. Frg. 54. 57 f.) Überlieferungsvulgata machte M. (meist als Enkelin des Aristeides) zur Frau des Sokrates neben → Xanthippe, wogegen sich zu Recht bereits Panaitios (Frg. 132 v. Str.$^{3}$) gewandt hat. Hauptstellen: Plut. Ar. 27,3 f. Athen. 13,555 D. Diog. Laert. 2,26. Hanslik, RE XVI 1167–1169. K. K.

**Myrtoisches Meer,** *Μυρτῷον πέλαγος*, *mare Myrtoum*, erst seit röm. Z. belegte Benennung der Aegaeis zwischen Peloponnes und Kykladen in wechselnder Ausdehnung, zumeist einschl. des saron. Golfs, Etym. unsicher, am ehesten nach einer angebl. Insel Myrto im S. von Euboia (Plin. nat. 4,51); ältestes sicheres Zeugnis Strab. 2,5,21 p. 124. 7,7,4 p. 323 u. ö. (ohne Saron. Golf). Mela 2,37. 110. Plin. nat. 4,19. 51. 65. 71. Dion. Calliph. 133. Agathem. 1,3,9. Paus. 8,14,12. Ptol. 8,12,2. 17,2. Itin. marit. p. 526,5 und oft bei Dichtern. E. M.

1. *V. Burr* Nostrum mare 6f. 2. *Ders.*, RE XVI 1169 f.

**Myrtos** (*ὁ μύρτος, μυρσίνη, μυρρίνη* und *ὁ μύρρινος*, die Beere *μύρτον* oder *μυρτίς*; nichtgriech., wohl semit., kaum mit *μύρρα* verwandt; *murtus, -i* und *-us*, fem., *myrtus, myrta, murta*, die Beere *murtum*) der Myrtenbaum oder -strauch, im ganzen Mittelmeergebiet und Vorderasien verbreitet, immergrün, wärmebedürftig; in Äg. erst seit hellenist. Z. als Gartenbaum kultiviert; bei Hom. nicht ausdrücklich genannt, aber Il. 2,616 der Ortsname → *Μύρσινος* (später Myrtuntion) und hymn. Merc. 81 *μυρσινοειδής*. Seit den Lyrikern sehr häufig als Kranzpflanze genannt und angebaut. Die rundlichen, erbsengroßen, schwarzen, rötlichen oder auch weißen Beeren wurden wegen ihres Wohlgeschmacks, die Blätter wegen des Wohlgeruchs beim Zerreiben geschätzt. Theophrast und Plinius beschreiben die M. gut und geben Anweisungen für die Kultur. Fortpflanzung mehr durch Stecklinge als durch Samen; auch von Pfropfungen wird berichtet; gelegentlich Verwechslung mit dem Stechenden Mäusedorn. Die von Plin. nat. 15,122 f. u. a. erwähnten Arten sind nur Varietäten oder Zuchtergebnisse. M.-Beeren dienten zum Würzen von Speisen und zur Bereitung eines Würzweines; ein Rezept schon bei Cato agr. 125. Aus Beeren und Blättern preßte man das M.-Öl, das kosmetisch und medizinisch, bes. in der Volksmedizin, sehr vielfältig verwendet wurde; auch trockene Blätter, pulverisiert oder zu Asche verbrannt. Kultisch ist die M. zumal mit Aphrodite eng verbunden, doch auch mit Dionysos, Iakchos (sch. Aristoph. ran. 330 f.) und Hermes (Paus. 1,27, 1); im Kult der Bona Dea war sie verpönt. Als Festschmuck dienten M.-Kränze bei den Panathenäen und überhaupt bei Festen aller Art; in Athen trugen sie Ratsherren und Beamte als Zeichen ihrer Würde und die jeweils auftretenden Redner, in Rom der siegreiche Feldherr bei der → *ovatio*, doch auch zuweilen bei dem großen Triumph statt des Lorbeerkranzes. Aber auch Totenkränze wand man aus M. und pflanzte sie auf Gräber. Nicht nachweisbar ist für die Ant. der M.-Kranz als Brautkranz. – Von einer streitbaren att. Jungfrau Myrsine, Liebling Athenas, die von eifersüchtigen Jünglingen getötet und von der Göttin in eine M. verwandelt wurde, wissen erst die Geop. 11,6, von einer Priesterin der Venus, die so verwandelt wurde, weil sie heiraten wollte, Serv. Aen. 3,23 –, Darstellungen müssen wohl häufig sein, sind aber meist nicht sicher zu erkennen. K. Z.

*Hehn-Schrader* Kulturpflanzen und Haustiere $^{8}$223 ff. *Steier*, RE XVI 1171–83.

**Myrtuntion** s. Myrsinos

**Mys** (*Μῦς*). **1.** Sklave des → Epikuros und Mitglied seines Schülerkreises (Diog. Laert. 10,3), in dem er eine nicht unwichtige Rolle spielte (*ἐνδοξότατος*: a. O. 10,10, vgl. Gell. 2,18); testamentar. von E. freigelassen (Diog. Laert. 10,21). Die Annahme von Usener Epicurea frg. 152–155, aus → Philodemos ließen sich Reste von Briefen E.' an M. gewinnen, hat sich nach neuerem Forschungsstand nicht bestätigt, vgl. Epicuro ed. Arrighetti frg. 62. 72. 108. Doch bleibt das Verhältnis des E. zu M. ein beachtenswertes Zeugnis hellenist. Humanitätsdenkens, das Klassenschranken nicht brach, aber bemüht war, sie milder erscheinen zu lassen. G. Schm.

**2.** M., ein Karer aus → Euromos (Hdt. 8, 133 ff. vgl. Plut. mor. 412 A. Paus. 9,23,6), 480/79 von → Mardonios zu verschiedenen Orakeln Griechenlands gesandt. Beim → Ptoion wurde M. auf karisch geantwortet. K. K.

*Picard*, RA 39, 1952, 84 ff. *Daux* Coll. Latom. 28, 1957, 157 ff. *Zgusta* Kleinas. PN s. v.

**3.** M., Toreut unbekannter Herkunft. Paus. 1, 28,2 nennt M. als Verfertiger des Schildes (mit Lapithenkampf usw.) der großen ehernen Athena des → Pheidias (spätestens Mitte 5. Jh. v. Chr.) nach Entwürfen des → Parrhasios (von dem Athen. 11,782 b auch Zeichnungen zu einem Becher des M. mit Iliupersis stammen läßt). M. wird auch sonst als berühmter Toreut genannt (Plin.

nat. 33,154f. Martial. öfter). Von seinem Stil wissen wir nichts. W. H. G.

**Mysia,** die Landschaft im n.w. Kleinasien, bildet mit dem s. angrenzenden lyd. Bereich und Karien den großen, dem Mittelmeer zugewandten Komplex Anatoliens. Den Namen trägt sie nach ihren vorgriech. Bewohnern, den Mysern.

Die genaue Abgrenzung von M. in den verschiedenen Perioden ist schwierig, und man versteht gut den Stoßseufzer Strabons: »Es ist schwer, die Grenzen zwischen Bithynern, Mysern und Phrygern festzulegen. Natürlich sind diese Völkerschaften voneinander zu scheiden. Existiert doch sogar über Phryger und Myser ein Sprichwort: ›Verschieden sind die Grenzmarken der Myser und Phryger‹ (*χωρὶς τὰ Μυσῶν καὶ Φρυγῶν ὁρίσματα*), aber es ist schwer, sie gegeneinander abzugrenzen« (12,564; vgl. 12,571). Sehr treffend bemerkt dann anschließend Strabon, die Ursache sei darin zu suchen, daß die Einwanderer das eroberte Land nicht in festen Besitz genommen hätten, sondern einmal andere vertrieben, dann aber selbst wieder vertrieben worden seien. Schließlich zeigt sich Strabon auch gut unterrichtet, wenn er mitteilt: »Alle diese Völker darf man wohl für Thraker halten, weil diese die gegenüberliegende Küste bewohnen und sie sich wenig voneinander unterscheiden« (12,564). Zur Unterscheidung von der kleinasiat. Landschaft M. trägt daher das Gebiet an der unteren Donau den Namen: *M. ἡ ἐν Εὐρώπῃ* bzw. *M. ἡ κάτω* (vgl. HABICHT, Inschr. v. Perg. VIII 3,125), besser unter der bei den Römern üblich gewordenen Namensform *Moesia* bekannt, deren Einwohner sie *Moesi* nannten.

Die Abgrenzung von M. läßt sich in hist. Z. folgendermaßen charakterisieren: Im N. grenzt M. an die → Propontis und den → Hellespont; im O. bildet der → Rhyndakos mit dem mys.-bithyn. Olymp eine natürliche Schranke gegen → Bithynien im Gegensatz zu den mehr oder weniger fließenden Grenzen mit den weiter s. folgenden ö. Gebieten von Phrygien und dem lyd. Bereich im S. Die w. Grenze bildet dann das Ägäische Meer unter Einbeziehung der großen Insel → Lesbos.

In dieser Landschaft mit den durch den Mittelgebirgscharakter sehr unübersichtlichen Formationen setzen eine Reihe von Flußläufen beherrschende Akzente; so mündet der eine Anzahl von Nebenflüssen aufnehmende Rhyndakos gegenüber der Insel Besbykos, nachdem er sich kurz vorher noch mit dem Flußsystem des → Makestos vereinigt hat, in die Propontis. Parallel dazu verlaufen w. eine Reihe kleinerer Flüsse, darunter der Aisepos und der geschichtsträchtige → Granikos. Dem Wirken des in die Aegaeis einmündenden Skamandros verdankt die durch den Kampf um Troja unsterblich gewordene Troas ihre charakterist. Formationen. Weitere Einschnitte ergeben der in den Golf von Adramytteion einmündende Euenos mit der vorgelagerten Insel Lesbos sowie der Kaïkos.

In diesem Raum unterschied man nach Ptol. 8, 11,1: *αἱ δύο Μυσίαι*, nämlich Kleinmysien (*M. ἡ Μικρά*) und Großmysien (*M. ἡ Μεγάλη*). Kleinmysien umfaßte das n. Küstengebiet mit einer Vielzahl an der Propontis gelegener Städte, z. B. → Kyzikos, → Priapos, → Parion und → Lampsakos, denen am Hellespont → Abydos (1), Dardanon, → Sigeion folgten, ferner in der Troas an der Küste die Städte → Alexandreia (2) und → Assos (vgl. Ptol. 5,2–4) sowie das legendäre Ilion (Troja). Dazu kamen dann im Binnenland u.a. → Skepsis, Hiera Germe, Apolloneia, → Miletopolis und Zeleia. Verständlicherweise trug das auch noch zu Kleinmysien gezählte Vorland des Olymp den Namen *Ὀλυμπηνή* (vgl. Ptol. 5,2,15), während Mysia Abrettene (*M.' Ἀβρεττηνή*) im w. Einzugsgebiet des Makestos anzusetzen ist (vgl. Strab. 12,576). Teile von Kleinmysien wurden im Alt. auch Kleinphrygien (*ἡ μικρὰ Φρυγία* bzw. *ἡ ἐφ' Ἑλλησπόντῳ Φρυγία* genannt (Ptol. 5,2,4); zeitweise verstand man unter Phrygia *Ἐπίκτητος* auch den angrenzenden Teil von M. (vgl. Strab. 12,571).

Großmysien umfaßte den Teil der Landschaft mit den Städten → Antandros und → Adramytteion an der Küste sowie eine Reihe von weniger bedeutenden Orten im Binnenlande. Hierüber haben wir vor allem durch die Forschungen von TH. WIEGAND im J. 1902 eine genauere Vorstellung bekommen (vgl. MDAI(A) 29, 1904,254ff. mit übersichtlicher Karte auf T. 23; Diskussion topograph. Probleme bei H. KIEPERT, FOA VIII Text S. 3f. und IX Text S. 2f.). Es war ein großer Gewinn, daß WIEGAND seine Erkundungen teilweise mit A. PHILIPPSON durchführte, dem wir die gründliche geolog. Erforschung von M. verdanken (Lit. s.u.). Bes. Bedeutung kommt der Stromlandschaft des Kaïkos mit → Pergamon zu, die daher auch als *ἡ κατὰ Κάϊκον Μυσία* bezeichnet wurde (vgl. Steph. Byz. s. *Ἀδραμύττειον*) bzw. *M. ἡ ὑπὲρ Καΐκου* (Paus. 9,18,4). Da der von aiol. Kolonien besiedelte Teil der W.-Küste sich mit dem mys. Raum deckte, finden wir hierfür auch die Benennung: *ἡ Μυσία τῆς Αἰολίδος* (Steph. Byz. s. *Ἄντανδρος*). Der aiol. Dialekt hielt sich hier bis in die röm. Kaiserz., wie die erhalten gebliebenen Inschr. zeigen (SGDI I 221ff.).

Ein geograph. so exponiertes Gebiet wie M. hat natürlich immer eine wichtige Rolle auch als Durchgangsland gespielt. Die Hafenstädte an der Propontis ebenso wie die s. des Hellespont sind geradezu prädestiniert als Ausfallswege und Eingangstore von und nach Kleinasien; ihre Wichtigkeit steigerte sich bei der Ausweitung des Handels in der röm. Kaiserz. So entwickelte sich Alexandreia Troas zu einem beliebten Hafen für Reisen von und nach Europa. Alte Straßenverbindungen gelangten zu neuer Bedeutung; z. B. marschierte Xerxes mit seinen Landtruppen bei seinem Zuge gegen Griechenland von Elaia nach Adramytteion (Hdt. 7,42), ebenso später Xenophon mit dem Restkontingent der Zehntausend (an. 7,8,8), eine Verbindung, die auf der Tab. Peut. noch erscheint mit einem weiteren Straßenzug von Adramytteion nach Pergamon (vgl. MILLER It. Rom. 692ff.). Der NW. Kleinasiens fand mit seinen Verkehrsverbindungen eine natürliche Fortsetzung in dem auf dem Balkan ausgebauten Straßennetz, eine Gegebenheit, die im weltweiten Handel z. Z. des Imperium Rom. zu einer natürlichen Einheit ausgebaut wurde. Ein weiterer Straßenzug führte von Adramytteion an der Küste von Hellespont und Propontis entlang nach Kyzikos, dessen Bedeutung zu allen Zeiten gleich groß war; außerdem setzten hier zwei, wahrscheinlich sogar drei Straßen durch das mys. Hinterland in das Innere Kleinasiens an (Problemstellung und Lit. bei GREN 49 mit Anm. 98 und 99).

Landwirtschaftlich nutzbar und fruchtbar ist im allg. nur die Küstenlandschaft mit reichen Niederschlägen infolge der Nähe des Meeres. Die Troas war berühmt für ihre Pferdezucht (Hom. Il. 4,500) und bei Plut. v. Eum. 8,5 ist die Nachricht erhalten, daß Eumenes im Kampf um die Macht Pferde aus dem königl. Gestüt am Berge Ida requiriert habe.

Das Innere von M. ist sehr bewaldet, wobei sich zuweilen bis h. noch eine »fast unbewohnte Gebirgs- und Waldwildnis« bildet (PHILIPPSON 3,2). Berühmt war das Eichen- und Fichtenholz vom Ida-Gebirge (Theophr. h. plant. 3,8,2. 9,1. Plin. nat. 16,48). Schiffsbau ist für Antandros bezeugt. Nach Theophr. h. plant. 5,2,1 wurde das Holz aus dem Tal des Rhyndakos bes. für Bau- und Zimmermannsarbeiten geschätzt und in der Qualität nach dem aus Makedonien und Pontos eingestuft. Gewinnung von Harz gehörte zu den am Berg Ida speziell ausgebildeten Gewerben (Theophr. h. plant. 9,2,5ff.), und das Produkt erfreute sich großer Wertschätzung. Sehr gut war auch die Qualität zahlreicher Arten aus der Familie der Eschenbäume, so gut, daß man nach Schälen der Rinde ihr Holz als echt Zeder gutgläubigen Käufern unterschieben konnte, wie Plin. nat. 16,62 berichtet. Die auf dem Ida-Gebirge wachsende Terebinthe (Pistacia terebinthus) schließlich lieferte Öl für medizin. Zwecke (Theophr. h. plant. 3,15,3. Plin. nat. 13,54. 24,34f.).

Neben der Holzwirtschaft kommt auch der Ausbeute von Gold-, Silber- und Bleiminen große Bedeutung zu. Gold wurde in der Nähe von Lampsakos gefunden, und die Trojaner sollen ihren legendären Reichtum aus den Minen s.ö. von Abydos am Hellespont erzielt haben (vgl. MAGIE 43f.). Noch h. werden Erze verschiedener Art im Gebiet von Balikesir abgebaut; n.w. von hier lag im Alt. der Bergwerksdistrikt von → Perichara-xis. Die Nutzung bes. in pergamen. Z. hat WIEGAND (a.O. 268ff.) einleuchtend erschlossen (vgl. auch PHILIPPSON 1,34ff.). Die Identifikation mit den jetzt Balya (Balia) Maden genannten Gruben ergibt sich aus dem Ehrendekret MDAI(A) 20, 1895, 236 des *δῆμος Περιχαράξεως*; dazu fand WIEGAND eine weitere Inschr. (a.O. 269).

Mysien trat bereits mit der Heldensage in das Blickfeld der Griechen. War es doch → Teuthras, der König von M., der die Auge, die Priesterin der Athene, mit ihrem Sohn → Telephos in einem Kasten den Wellen des Meeres preisgegeben, aufnahm. Nicht in der Troas landeten die Griechen zuerst beim Feldzug gegen Ilion, sondern in M., so heißt es, wobei im ersten Gefecht Achilleus den Telephos unheilbar verwundete, bis er schließlich im Lager vor Troja, in das er sich unerkannt Zugang verschafft hatte, mit Rost von der Lanze des Achilleus Genesung fand. Das att. Drama hat den Stoff oft behandelt; Telephos selbst rückte zum Ahnherrn des pergam. Königshauses auf, als die hist. Stunde für Pergamon und damit auch für M. als Kernstück des entstehenden Reiches schlug. Als Landesheros wurde er verehrt und seine Gesch. im kleinen Fries des großen Zeusaltars von Pergamon verewigt. Seine Verehrung zur Zeit Trajans als T. Soter bezeugt noch eine Inschr. (vgl. HABICHT, Inschr. v. P. VIII 3,126).

Mit der pergam. Erbschaft wurde M. Ansatzpunkt für die Bildung der röm. Provinz Asia. Im griech. Sprichwort lebt die Mys. Beute fort (*Μυσῶν λεία*), und es zeugt nicht gerade von Hochachtung für die Bewohner in Rom, wenn Cicero den Wert der aus Griechenland gegen Flaccus aufgebotenen Zeugen mit dem Hinweis auf die Redensart *Mysorum ultimus* (Flacc. 65) zu erschüttern sucht.

In byz. Z. war M. ein Teil des Thema Opsikion. Infolge der zunehmenden Unsicherheit im Lande wurden fast alle Städte befestigt, dazu zahlreiche Kastelle angelegt, um die Hauptstraßen und den Verkehr zu sichern (Hinweise auf diese Kastelle bei WIEGAND a.O. 335ff.). F. K. D.

*Th. Wiegand*, MDAI(A) 29, 1904, 254–339. *A. Philippson* Reisen u. Forsch. im w. Kleinasien I u. III (Erg. Heft 167 [1910] u. 177 [1913] von Peterm. Mitt.). *E. Gren* Kleinasien und der Ostbalkan in der wirtschaftl. Entwicklung der röm. Kaiserzeit, Uppsala 1941 (Neudruck 1967). *D. Magie* Rom. Rule in Asia Min., Princ. 1950.

II. Sprache. Xanthos bei Strab. 12,572 C nennt die mys. Sprache *μιξολύδιος* und *μιξοφρύγιος*. Die wenigen Glossen, zuletzt zusammengestellt bei [1],80, geben für eine Bestimmung der Sprache nichts aus, die einzige vielleicht mys. Inschr. aus Uyujik, w. Kotiaion, im Grenzgebiet von Mysien und Phrygia Epictetus (veröffentlicht von COX und CAMERON, Klio 25, 1932, 34ff., bequem zugänglich bei J. FRIEDRICH Kleinasiat. Sprachdenkmäler, 1932, 140ff., Deutungsversuch bei KRETSCHMER, Glotta 22, 1934, 201ff.) scheint idg. Verwandtschaftsbezeichnungen zu enthalten. Die mys. Personennamen gesammelt bei [2],551 f. G. N.

1. *G. Neumann* Unt. zum Weiterleben heth. und luw. Sprachgutes usw., 1961. 2. *L. Zgusta* Kleinasiat. Personennamen, 1964.

**Mysios** (*Μύσιος*). Myth. Argiver, der Demeter gastlich in seinem Hause aufnahm. Vor Argos auf dem Wege nach Mykenai stiftete er der Demeter Mysia einen Tempel, Paus. 2,18,3. Er gründete auch das Heiligtum der Demeter Mysia in einem Hain s. Pellene, das Mysaion, in dem die 7tägigen Mysia gefeiert wurden, von deren nächtlicher Hauptfeier Männer ausgeschlossen waren, Paus. 7,27,9. NILSSON Griech. Feste 327. M. wird inschr. mit seiner Tochter Chrysanthis auf einem Weihrelief aus Lerna genannt, IG IV 664. H.v.G.

**Myskelos** (*Μύσκελ[λ]ος*). Sohn des Alemon, aus Rhypes (Achaia), plante auf Befehl des Herakles, der ihm im Traum erschien, den Gesetzen seiner Stadt zuwider, die auf Auswanderung Todesstrafe setzte, die Gründung der unterital. Kolonie → Kroton. Beim Gericht über ihn verwandelte Herakles alle schwarzen Stimmsteine in weiße. Nun konnte er Kroton gründen. Ov. met. 15,12ff. Andere Versionen bei Strab. 6,262 und Diod. 8,20f. H. v. G.

**Myskon** (*Μύσκων*). Syrakusaner, Sohn des Menekrates (Xen. hell. 1,1,29). Einer der provisor. Ersatzfeldherren nach der Absetzung des → Hermokrates in der Folge der Seeschlacht von Kyzikos 410. Thuk. 8,85,3. Xen. a. O. K. K.

**Myson** (*Μύσων*). **1.** Hauptfigur einer archaischen Fabel »Wer ist der Weiseste?«; wichtigste Zeugnisse Diog. Laert. 1,106. Diod. 9, frg. 5–7. Die Antwort auf die Frage mußte lauten: Wer den *Καιρός* weiß. Hierfür gab M. ein Beispiel, indem er seinen Pflug vor der Ernte (also im Sommer) instand setzte. Auf diese Weisheit des M. scheint ein Orakel zu Delphoi hingewiesen zu haben; vgl. Paus. 1,228. Diog. Laert. 1,107. Als das tyrannenfeindliche 4. Jh. den Periandros, weil Tyrann von Korinth, aus der Liste der → Sieben Weisen strich, wurde M. statt seiner aufgenommen, so vor allem Plat. Prot. 343 A; dagegen fehlt in der seit → Demetrios von Phaleron (25) fest gewordenen Liste der Name des M.; vgl. frg. 114 Wehrli (mit Komm. p. 69) = Stob. ecl. 3,1,172. H. D.

**2.** M. signierte auf einem kleinen Kolonettenkrater in Athen Akr. Mus. 806 als Maler und Töpfer. Danach schreibt BEAZLEY ihm 89 Vasen, darunter über 60 Kolonettenkratere zu. Wahrscheinlich Schüler des → Phintias, bildet er dessen manierierte Züge aus und wird zum »Vater der Manieristen« (BEAZLEY). Sein Spätwerk ist nur schwer vom Frühwerk des → Schweinemalers zu unterscheiden. H. Ma.

*J. D. Beazley*, ARV. ²237ff. 1638.

**Mystagogos** s. Mysterien

**Mysterien** (*μυστήρια*). Esoter. Sonderformen des → Kultus (zum Begriff [14], 12ff. 107ff.), Ausdruck einer eigentüml. rel. Kategorie ([17], 304); ihre Ursprünge wohl primitive Initiationszeremonien (K. PRÜMM, Ztschr. kath. Theol. 57, 1933, 89ff. 254ff. [14], 215ff.); schon zu klass. Z. existent, teils kommunal (Eleusis, Samothrake [10], 303ff. 313ff.), teils privat (dionys. Thiasoi, orph. Zirkel [10], 316ff.) instituiert ([3], 2). Grundprinzip: Verborgene Begehung (*δρώμενα*) und Kündung (*λεγόμενα*) der »unaussprechlichen« Dinge (*ἄρρητα* [14], 20f.) in Geheimriten (vgl. *ἀρρηφόρια* W. BURKERT, H 94, 1966, 1ff.) und Geheimlehren (Paus. 8,15,1f. [Pheneos/Arkadien]. – [21], 22f.) ant. Heilsgemeinden ([6], 16ff. 24f. 29). Merkmale: Schweigepflicht (Thuk. 6,28,2. G. MENSCHING, RVV 20,2, 1926, 114ff.); Kennzeichnung (Stigmata: E. MAASS, ARW 21, 1922, 241ff. 248ff. F. J. DÖLGER Sphragis, 1911, 39ff.); Coronatio und rit. Bekleidung (K. BAUS Der Kranz in Ant. und Christentum, 1940, 82f. 85f. [1], 48f.); Noviziat mit Sündenbekenntnis (Plut. mor. 217c. 229d. 236d. R. PETTAZZONI Confessione dei Peccati 2, 1936, 163ff.); Initiationsübungen und -prüfungen, z. T. kathart. oder asket. Natur (J. ARBESMANN, RVV 21,1, 1929, 74ff. [Fasten]; J. HAUSSLEITER, RVV 24, 1935, 94. 108 [Speisetabus]); Milch und Honig als *μυστῶν τροφή* (H. USENER, RhM 57, 1902, 182ff. [1], 57ff.); M.-Formeln (*συνθήματα*) mit Bezugnahme auf eine sublimierte Sexual- und Vegetationssymbolik ([1], 40ff. H. EIBL Delphi und Sokrates, 1949, 16f.); bedeutungshaltige Geräte als Requisiten der Weihung (z. B. *ῥόμβοι* »Schwirrhölzer«: Archyt. frg. 1 D. PETTAZZONI, Lares 1, 1912, 63ff. I Misteri, 1923, 3ff.); Heilsgeschichte (*ἱερὸς λόγος*) in Form eines ätiolog. Mythos (Samothrake: Hdt. 2,51. F. JESI, Aegyptus 41, 1961, 141ff.). – Ideen und Ziele: Stufengang der Weihen, *τελετή* als Endstufe ([14], 110); nach Eingang in die Nacht des Todes (*μύησις*, *initia* [14], 22f.) und Erlebnis unterweltl. Schrecken Refrigerium (Wahrzeichen: Quelle, Wassergefäß) und seliges Leben im Jenseits (Aristid. Quint. de mus. 3,25. [33], 16ff. [35], 184. 186); Epiphanie der *θεοὶ ἐπήκοοι*, Schau (*ἐποπτεία*) der verborgenen Wahrheit als höchstes metaphys. Glück (Pind. frg. 137. Soph. frg. 753 N. M. AVI-YONAH, Isr. Expl. Journ. 9, 1959, 1ff. Studi Semit. 5, 1961, 88ff.); Renovatio in Verbindung mit myst. Elementenlehre (S. EITREM, Symb. Osl. 4, 1926, 39ff. 5, 1927, 39ff.); Tod und Wiedergeburt der Rettergottheiten ([38], 436ff.) als Verheißung für das Mystenschicksal (Plut. mor. 611d. Firm. err. 23. CEpigr 2, Nr. 1233 Grabschr. von Philippi [37], 18). – Entwicklung: Umdeutung der M.-Handlung auf geistige Erkenntnisprozesse (»Lese-M.« der Orphik und Hermetik: R. REITZENSTEIN, ARW 7, 1904, 393ff. 406ff.); versittlichendes Gedankengut (Cic. leg. 2,14,36. [6], 41ff.); synkretist. Tendenzen (orph. Pap. von Derveni: R. MERKELBACH, Ztschr. f. Papyrol. u. Epigr. 1,1967, 21ff.) und Neigung zu philos.-eschatol. Spekulation ([6], 31.

R. Joly Le Tableau de Cébês et la Philos. Relig., 1963. D. Sabbatucci, SMSR 36, 1965, 271 ff.); Vorprägungen myst. Konzeptionen im AT (R. Kittel, ZDMG 78, 1924, 88 ff.); Einflüsse der M. auf das Spätjudentum (L. Cerfaux, Muséon 37, 1924, 29 ff. [21], 44 ff.), auf die frühkathol. Kirche ([21], 81 ff. Vgl. O. Casel Mysterium der Ekklesia, 1961, 19 ff.) und das Urchristentum (A. D. Nock, Proc. 7. Congr. Hist. Rel. 1951, 53 ff. H. A. Echle Vom chr. Mysterium, Ges. Schr. O. Casel, 1951, 54 ff. [17], 309 f. [14], 347 ff. [Lit.]; zum Unterschied von heidn. und chr. M.-Taufe J. Steinbeck, Neue kirchl. Ztschr. 21, 1910, 778 ff. Prümm Der chr. Glaube und die altheidn. Welt 2, 1935, 273 ff. [14], 428 ff.); synkretist. Nachleben der M. (L. J. van der Lof, ZNW 53, 1962, 245 ff.); Ausbreitung in der Oikumene (H. Lehner, BJ 129, 1924, 36 ff.); Berührungen mit ostasiat. M.-Bräuchen (Indien: W. Ruben, Anthropos 45, 1950, 357 ff. [14], 244 ff.; Ceram: A. E. Jensen Hainuwele, 1939. K. Kerényi, Paideuma 1, 1940, 361 ff. [17], 306 f.).

Besonderheiten einzelner M.: I. Eleusis. Symptome mag.-agrar. Riten (Diog. Laert. 6,39. [21], 9 f. → Eleusinia); Ferkelopfer ([24], 215), Trankspende, Kuchen, Mohn (W. Schmidbauer, Antaios 10, 1968, 18 ff.) und andere Symbolfrüchte (U. Pestalozza, RIL 82, 1949, 167 ff. [27], 124 ff.); Katharsis mit der Getreideschwinge (Serv. georg. 1,166. [25], 122 ff.); Gerstentrank (*κυκεών* E. de Strycker, AC 25, 1956, 536 ff.) und hl. Gefäß (*κίστη*, *κάλαθος*) mit unbekanntem Inhalt (*κτεῖς*? O. Kern, ARW 19, 1916/19, 433 f.) im Synthema genannt (Clem. Al. protr. 2,20. [21], 9); kleine M. von Agrai purifikator. Vorstufe zu den großen M. von Eleusis (Sch. Aristoph. Plut. 845. [25], 178 ff. 199 ff. [27], 60 ff.); enge Bindung an Athen (E. Simon, Ant. Kunst 9, 1966, 72 ff.); jährl. M.-Prozession am 19. Boedromion von dort nach → Eleusis ([26], 519. [27], 73 ff.); Gephyrismen als Rites de passage (M. Räsänen, Studia Or. 14,1, 1950, 9); Hieros Logos (hom. Demeterhymnos [24], 215 f. [26], 507 ff. [27], 43 ff.); Hauptgottheiten → Demeter, Kore, Pluton; Nebengestalten → Baubo, Dysaules, Triptolemos, Iakchos, Eubuleus ([24], 214 f. [25], 68 ff. [27], 151 ff.), der Hirt Eumolpos, myth. Ahnherr der die Priesterfunktionen bekleidenden Eumolpiden und Keryken (Paus. 1,38,3. Clem. Al. protr. 2,20); Inhalt der Dromena ([24], 211 f.) vielleicht Raub und Suche der Kore (P. Foucart, CRAI 1912, 123 ff.) sowie Hieros Gamos Pluton-Persephone (M. Marconi, SMSR 22, 1949/50, 149 ff.); Ährenepoptie (W. F. Otto, Eranos-Jb. 7, 1939, 83 ff. [26], 522; vgl. P. Boyancé, REG 75, 1962, 460 ff.). – Hohe Schätzung der eleus. M. zu röm. Z. (G. Gianelli, Atti Ac. Tor. 50, 1914/15, 388. P. Graindor Athènes de Tibère à Trajan, 1931, 101 ff. Ch. Picard, REL 28, 1950, 77 ff. AC 20, 1951, 351 ff. [Patera von Aquileia]. M. Rosenbach Galliena Augusta, 1958, 28 ff.).

II. → Kabeiroi. Ungriech. Gepräge der M. (Namen, Titel, Institutionen): [14], 31 f. R. Pettazzoni, Harv. Theol. Rev. 30, 1937, 11 ff.; illyr.-pelasg. Substrat (G. Bonfante, Hesp. 24, 1955, 106 f. [14], 30 f.); pygmäischer bzw. infantiler Habitus der M.-Götter (Hdt. 3,37. [29], 272. 282); Ähnlichkeit mit dem äg. Bes ([29], 262. F. Jesi, Aegyptus 38, 1948, 171 ff.); *Θ* als Chiffre für den Pais Kasmilos (K. Kerényi Geist und Werk, Festschr. D. Brody, 1958, 125 ff.); Demeter Kabeiria in den Kabiren-M. von Theben, deren Heroine Pelarge auf die Pelasger zurückweist (Paus. 9,25, 5 f. [14], 35 f. 39 ff.); urtüml. Kultgestalten (Mitos, Kabeiros, Pratolaos [14], 48 f. [28], 61. 71) erinnern an den samothrak. Archantropos Adam(ma): Hippol. ref. 5,8,9 f.; vgl. W. Fauth, Glotta 45, 1967, 147 f. – Verbindung von Demeter u. Hagna-Kore (*Μεγάλαι Θεαί*) mit den Kabiren (*Μεγάλοι Θεοί*) bei den M. von → Andania im Heiligtum des Apollon → Karneios (Paus. 4,1,7 ff. M. Guarducci, SMSR 10, 1934, 174 ff. G. Daux, Rev. Phil. 16, 1942, 58 ff.).

III. → Dionysos. Weiterleben der älteren *ὄργια* (L. Levy-Bruhl Le Surnaturel et la Nature, 1931, 128. [34], 7) in den privaten Kultvereinen der meist von Frauenkollegien getragenen hellenist. M. (Anth. Pal 7,485. Thyiaden von Amphipolis; [35], 176 f. [37], 15 f.). Überkommene Symbole (Fackel, Thyrsos, Phallos [30], 37 f.), Riten (Nachtfeiern, orgiast. Tänze, Flötenmusik Liv. 39,12,4. 13,12. [21], 12 ff. [30], 33 ff.; Höhleninitiation Boyancé, RPAA 33, 1960/61, 107 ff.; Stigmatisierung Doelger, Ant. u. Christ. 2, 1930, 100 ff. 107 ff.; Omophagie in gemilderter Form M. Bieber, JDAI 43, 1928, 310 f. [30], 39) und Phänomene (Manie, Rausch, Ekstase, verzücktes Stammeln [21], 14 f. [30], 2 f. [37], 12. [38], 453 ff.; *Βάκχος* »der Stammler« Ch. Fränkel Satyr- und Bakchennamen auf Vasenbildern, 1912, 31 ff.) verknüpft mit neuen M.-Übungen (Asket. Fasten, Mahl, Weintrunk, Taufbad, Schweigezeit, Einführung ins Heiligtum Liv. 39,8,3 ff. Demosth. 18,259. F. Cumont Lux Perpetua, 1949, 255 ff. M. P. Nilsson, Eranos 53, 1955, 28 ff.) und Symbolen (Liknon, Fruchtkorb, Cista mystica mit Schlange [21], 13 f. [30], 26 ff. 30 f. [35], 177. 185. 187 f.). Bedeutungswert des Liknon durch Dionysos *Παῖς* (J. Laager Geburt und Kindheit des Gottes in der griech. Mythol., 1957, 122) in der Wiege (*Λικνίτης* [35], 180 f. 182. [38], 394) dargestellt; daher zahlr. Kindweihen (Plut. mor. 364e. Nonn. 9,111 ff. [35], 179. 181. [37], 23 f.); neben den bakch. Graden des M.-Thiasos der Agrippinilla-Inschr. von Tusculum (Heros, Daduchos, Hierophantes, Hiereis, Bukoloi, Archibukoloi, Archibassaroi, Kistaphoroi, Liknophoroi, Phallophoroi usw.) auch Jugendgruppe (*ἀμφιθαλεῖς*) erwähnt (A. Vogliano, AJA 37, 1933, 215 ff. 232 ff. 250 ff. L. Robert Athenian Stud. W. S. Ferguson, 1940, 509 ff. [33], 8 f.). Kindl. Eroten, Surrogate des Dionysos Pais, als Mystagogen in bakch. Sarkophagszenen ([38], 368ff. 405ff.); Einbeziehung der Herakles-Gestalt (J. Bayet, MEFR 39, 1921/22, 219ff. 248ff. 40, 1923, 19ff.). Orph.-pythag. Einflüsse (A. Boulanger, REL 15, 1937, 121ff. 127ff. [34], 10); kret. → Zagreus (P. Faure Fonctions des Cavernes Crétoises, 1964, 114ff. W. Fauth, RE IX A 2242ff.) und thrak. → Sabazios ([33], 9) mit dem chthon. Bakchos verschmolzen ([38], 390. 403f. 435); Eisymbol (Macr. 7,16,8. Boyancé, MEFR 52, 1935, 1ff. [35], 189ff.). Synkretist. Hereinnahme anderer Gottheiten in mimet. M.-Spielen (Iobakcheninschr. von Athen: Syll.³ 3,1109. [35], 188f. [37], 17); Missionstendenzen, starke Ausbreitung und profanierende Veräußerlichung ([30], 6ff. [37], 19ff. V. Grönbech Der Hellenismus, 1953, 304): Äg. (Edikt des Ptolemaios Philopator: Preisigke Sammelbuch 3, Nr. 7266. J. Tondriau, Aegyptus 26, 1946, 84ff. G. Zuntz, H 91, 1963, 228ff.), N.-Afrika (A. M. Bisi, SMSR 36, 1965, 120ff.), Kleinasien (CIG 3190), Rhodos ([35], 182. [37], 17f.), röm. Welt ([30], 12f. [34], 163ff.); feindl. Reaktionen (Bakchanalienskandal in Rom 186 v. Chr.: [34], 82ff.); Einfluß auf das Judentum (Synagoge von Chorazin: H. Kohl-C. Watzinger Ant. Synagogen in Galiläa, 1916, 50. 52); bakch Themen in der bildenden Kunst ([31], 27ff. [34], 145ff. Vgl. Boyancé, REA 68, 1966, 33ff.), funerärer Panerotismus ([38], 568ff.); Einkleidung in den griech. Roman (R. Merkelbach, Antaios 1, 1959, 47ff); Auseinandersetzung mit dem Christentum (E. Giovanetti, Capitolium 12, 1937, 225ff. [30], 43ff.); Verbindung mit dem hellenist.-röm. Herrscherkult: Mithridates Eupator (H. Volkmann Sullas Marsch auf Rom, 1958, 30ff.), Caesar (J. Carcopino Profils de Conquérants, 1961, 350ff.), Antonius (H. Jeanmaire La Sibylle et le Retour de l'Age d'Or, 1939, 16ff. [34], 125ff.), Messalina (J. Colin, Ét. Class. 24, 1956, 25ff.); Caracalla ([34], 192ff.), Traian ([38], 371ff.), Hadrian (Antinous-Bacchus: J. Beaujeu La Rel. Romaine à l'Apogée de l'Empire 1, 1955, 172ff. 199f. [34], 182ff.).

IV. → Kybele-Attis. Charakteristika des Kultes: sexuelle Askese und Perversion (Kasteiung, Ekstase, Eviration; Attis Prototyp des Gallos ([9], 91ff. J. Carcopino, MEFR 40, 1923, 237ff.). Öffentl. Feste: Pessinus (Diod. 3,59,7; vgl. [11], 44ff.); Athen (F. Hauser, JOEAI 12, 1909, 90ff. Rom (C. Gatti, RIL 82, 1949, 253ff. P. Romanelli Hommages J. Bayet, 1964, 619ff.); Entwicklung des Kultes in Rom: F. Bömer, MDAI(R) 71, 1964, 130ff. (sozial u. polit.). P. Lambrechts Mél. G. Smets, 1952, 461ff. [39], 53ff. (anfängl. Priorität der Kybele). M. van Doren, AC 22, 1953, 79ff. (M.-Charakter mit Attis als Hauptfigur seit anton. Z.). Ablauf der Feiern: 15. März Zug der cannophori ([8], 87ff.); 22. März Fällen und Schmücken der Pinie, *Πομπή* zum Heiligtum (Lyd. de mens. 4,59. Vgl. Picard, Numen 4, 1957, 1ff.); 24. März (Sanguis) Beweinen und Bestatten des Attis (Firm. 22,1. 3); 25./26. März (Hilaria) Wiedererwachen des gestorbenen Gottes (vit. Sev. Al. 37,6); 27. März Triumphprozession, Lavatio des Kybele-Bildes im Almo (Arr. takt. 33,4. Ov. fast. 4,337ff. [9], 97ff. [11], 52ff.). Synthema (Clem. Al. protr. 2, 15. Boyancé, REA 37, 1935, 161ff.) bezogen auf hl. Mahl, M.-Weihe und -Hochzeit ([21], 38ff.); Dromena (Picard, CRAI 1955, 229ff.); Taurobolium ([1], 47ff. O. Walter, MDAI(A) 35, 1910, 142f. Vgl. P. Derchain Mél. G. Contenau, 1958/1960, 83ff.); Kernophorie ([9], 106ff.); vegetar. Vorschriften (A. Brelich, SMSR 36, 1965, 27ff.); mag. Anteile (P. Pokorny, Listy Fil. 10, 1962, 51ff.); pantheist. Synkretismus (C. Albizzati, Ath 15, 1937, 187ff. [Lanx von Parabiago]); Identifikation des Mysten mit Attis (M. Renard, Latomus 11, 1952, 59ff.); Verwandtschaft mit dem myst. Vegetationskult des → Adonis (Ph. W. Lehmann Roman Wall Paintings of Boscoreale, 1953, 45ff. 76f.; krit. dazu W. Atallah Adonis dans la Litterature et l'Art Grecs, 1966, 274ff.).

V. → Mithras. Kombination von mazd. Dualismus, zervanit. Magiertum und chald. Astrologie (Symbolfigur → Kronos-Aion-Zervan: Cumont Astrology and Rel., 1911/12, 91. 109ff. G. Messina Der Ursprung der Magier und die zarathustr. Rel. 1930, 48ff. 60ff. 97). Kosmol.-myst. Bedeutung einzelner Zeichen und Gestalten (Cautes und Cautopates, Rabe, Skorpion, Hund, Schlange, Löwe [43], 15ff. 59ff. [45], 14ff. 18f. [47], 113ff.); 7 M.-Grade (Corax, Nymphus, Miles, Leo, Persa, Heliodromus, Pater) mit verschiedenen Funktionen und Prüfungen (Porph. abst. 4,6. antr. 15. Tert. praescr. 40., cor. 15. [44], 211ff. 215ff. [46], 258ff. W. Vollgraff Hommages L. Herrmann, 1960, 777ff.; Cryphii: C. van Beek Pisciculi F. J. Doelger, 1939, 41ff.; Feuerkonsekration: C. M. Edsman, Ignis Divinus, 1949, 219ff.) versinnbildlichen den Aufstieg des Mysten durch die Planetensphären (*κλῖμαξ ἑπτάπυλος* Orig. c. Cels. 6, 21. W. Bousset, ARW 4, 1901, 165ff. 237ff. 265ff. A. Dieterich Eine Mithrasliturgie, 1923³, 181ff. J. Schwabe Archetyp und Tierkreis, 1951, 387ff. 602f.). Hl. Mahl (Wasser, Brot, Wein) nimmt himml. Bankett mit dem Sonnengott im Empyreum vorweg ([47], 120). Telos der M.: Überwindung der Dunkelmächte (Ahriman) in ständigem Dienst (*militia, sacramentum)* und Kampf (Askese, Katharsis) für das Gute (Ahura Mazda): G. Gnoli, Antaios 8, 1967/68, 528ff. 546ff. (Haoma-Lichtsymbolik); Wiedergeburt (*renatus* in *aeternum* CIL VI 510. Iustin. apol. 1,66. [46], 261) und Zugang zu Wasser Speise und Licht des *summus deus* durch den »Mittler« Mithras (demiurg., soteriol. u. eschatol. Sinn des Mythos vom Stierraub und -tötung [43], 54ff. [45], 13f. 19f.). Problemat. Verhältnis zum Chr.tum (Tert. bapt. 5. Greg. Naz. or. 4,70. Hieron. ep. 107. Dieterich, BJ 108, 1902, 26ff. 41. J. Boehm, Pastor Bonus 43,

1932, 273ff.), bes. in der Geburtslegende (G. Vezin L'Adoration et le Cycle des Mages, 1950, 7ff. 113ff.). – M. seit 1. Jh. v. Chr. in Europa (Pompeius-kilik. Seeräuber: Plut. Pomp. 24); 66 n. Chr. Nero durch Tiridates von Armenien eingeweiht (Cass. Dio 63,1ff. Suet. Nero 13,30). Ausbreitung: Mesopotamien M. Rostovtzeff, MDAI(R) 49, 1934, 180ff.; Syrien A. Frothingham, AJA 22, 1918, 54ff.; Pannonien T. Nagy, Acta Ant. Hung. 6, 1958, 407ff.; Noricum G. Capovilla Miscellanea G. Galbiati 1, 1951, 385ff.; Germanien E. Jung German. Götter und Helden in chr. Z., 1939[2], 160f.; Gallien E. Thévenot, Ogam 6, 1954, 9ff. 9, 1957, 147ff.; Britannien E. u. J. Harris Oriental Cults in Rom. Brit., 1965, 1ff.; Italien F. Cumont Scritti B. Nogara, 1937, 95ff. I. Saletti, Vichiana 2, 1965, 85ff.; Rom M. J. Vermaseren-C. C. van Essen The Excavations in the Mithraeum of the Church of St. Prisca in Rome, 1965; Ostia L. Paschetto, Bilychnis 1, 1912, 463ff. M. F. Squarciapino Culti Orient. ad Ostia, 1962, 37ff.

VI. → Isis-Osiris-Sarapis. Agrar. Osiris-Feiern in Äg. ([9], 16ff.) seit der 12. Dyn., Sonderform der vorderasiat. Vegetationskulte (A. Moret Mél. J. Capart, 1935, 311ff. 325ff.; vgl. Jesi, Aegyptus 41, 1961, 74ff. 148ff. M. Weyersberg, Paideuma 2, 1942, 231f.) mit öffentl. Begehungen, z.T. in der Art dramat.-mimet. Spiele (K. Sethe Dramat. Texte zu altäg. M.-Spielen, 1928. Vgl. S. Morenz Anubis mit dem Schlüssel, 1953, 79ff. P. Kaplony, Or. Suec. 7, 1958, 57 [Unterweltsfahrt, Totengericht]), und »geheimen« mag. Riten (Hdt. 2,60f. 79. 162. 171. Diod. 1,25. Plut. Is. 17. H. Schäfer Die M. des Osiris in Abydos unter König Sesostris III., 1904); über die Unterschiede zwischen äg. und griech.-hellenist. Osiris-M. Nilsson, Harv. Theol. Rev. 36, 1943, 269. S. Morenz Die Zauberflöte, Münst. Forschg 5, 1952, 71ff. 78ff. Vgl. A. Rosenberg, Symbolon 3, 1962, 64ff.; zum Osiris-Mythos bei Plut. Th. Hopfner Plut. Über Isis und Osiris 1, 1940. 2, 1942. Unter den Ptolemäern Verbindung von dynast. Kult und M. ([57], 36f. 45ff. 54f. E. Visser Götter und Kulte im ptol. Alexandrien, 1938, 20ff.); öffentl. Feste (Nilflut: Nonn. Monach. in Greg. Naz. adv. Iul. 32. Morenz Die Gesch. von Joseph dem Zimmermann, 1951, 29ff.; Kikellia: Epiph. pan. 51,22. W. Spiegelberg Der demot. Text der Priesterdekrete von Kanopus und Memphis, 1922, 75; Navigium Isidis: [54], 14ff. 36ff. 42ff.). Götteraretalogien (W. Peek Der Isishymnos von Andros, 1930, 15ff. 122ff. D. Müller Äg. und die griech. Isis-Aretalogien, 1961, 11ff.) und system. Rel.-Propaganda (R. Harder Karpokrates von Chalkis, 1943, 39ff.) fördern weltweite Ausbreitung (Arabien: S. Klein, Ztschr. Gesch. d. Judent. 77, 1933, 193ff.; Äthiopien: F. M. Snowden, AC 25, 1956, 112ff.; Kleinasien: D. Magie, AJA 57, 1953, 163ff. 169; Griechenland: S. Dow, Harv. Theol. Rev. 30, 1937, 184ff.; Donauraum: I. Paulovics



Lapidarium Savariense Szombathely, 1943. Z. Kadar-L. Balla Savaria, 1958. [52].; Italien und Rom: J. Leipoldt, Angelos 1, 1925, 126ff. A. Alföldi, Diss. Pannon. 2,7, 1937, 42ff. 48. [56], 13ff. [57], 32ff.; Germanien: K. Parlasca, Köln. Jb. für Vor- und Frühgesch. 1, 1955, 18ff.) und hellenisierende Umgestaltung der äg. Götter (Schäfer Festschr. C. F. Lehmann-Haupt, 1921, 194ff. C. Schneider, ARW 36, 1939, 304f.); Isis Panthea u. Soteira ([51], 125ff. C. J. Bleeker The Saviour God, Stud. E. O. James, 1963, 1ff.); M. von Kenchreai bei Korinth geschildert von Apuleius ([9], 37ff. [50], 31ff. 45ff.); Prozession, Eid, Taufe, Katharsis, Fasten, Eintritt ins Adyton, Hadesfahrt, Elementenreise, Sonnenepoptie, Investitur (vgl Plut. Is. 3. H. Seyrig, Syria 32, 1955, 44ff.). – → Sarapis durch Theokrasie des memphit. Osiris-Apis mit dem Pluton von Sinope im ptol. Alexandreia entstanden (Diod. 1,2. U. Wilcken Urkunden der Ptolemäerzeit 1, 1927, 18ff. H. I. Bell Cults and Creeds in Graeco-Roman Egypt, 1953, 19f.), besondere M. (Apul. met. 11, 27ff. [9], 43ff. [49], 87ff. A. Höfler, Tübg. Beitr. 27, 1935, 50ff.) bezeugt durch äg. Pap. (PSI 10,1162. A. Momigliano, Aegyptus 13, 1933, 179ff.) und Inschr. von Prusa (G. Mendel, BCH 24, 1900, 366f.).

VII. Gnosis. Der M.-Begriff im gnost. Bereich (vgl. W. Till, Parola del Pass. 12, 1949, 241ff. F. C. Grant Roman Hellenism and the New Testament, 1962, 73ff.) umfaßt nach H. Schlier Rel.-gesch. Unters. zu den Ignatiusbriefen, 1929, 26f. a) geheimnisvolles Geschehen, b) sakramentale Handlungen, c) Weissagung und allegor. Verhüllung; nach A. Böhlig, Wiss. Ztschr. Univ. Halle 4, 1955, 361ff.: a) Bezeichnung der Riten und Sakramente, b) Geschehnisse des Mikro- und Makrokosmos, der himml. und dämon. Welt (vgl. C. H. Kraeling Anthropos and Son of Man, 1927. C. Colpe Festschr. J. Klein, 1967, 96ff.). Zum Begriffsinhalt s. für die gnost. infiltrierte Tauf-Rel. der Mandäer G. Furlani, Mem. Acc. Linc. 3, 1951, 303ff. [64], 254ff.; für den Manichäismus Schmidt-Polotski Ein Mani-Fund in Äg., 1933, 4ff. W. B. Henning, BSOS 12, 1947, 45f. (vgl. zu Manis »Buch der M.« J. Ries Introduction aux Études Manichèennes 2, 1959, 377f.); für die valent. Gnosis F. H. M. Sagnard La Gnose Valentinienne et le Témoignage de Saint Iréné, 1947, 426ff.; für die syr.-chr. Gnosis [61], 171f.; für die Qumran-Sekte F. Nötscher Zur theol. Terminologie der Qumran-Texte, 1956, 71ff.; für die Hermetik G. Sfameni Gasparo, SMSR 36, 1965, 43ff. – Sekten (*ϑίασοι, σύνοδοι*) jüd. beeinflußter synkretist. Gnosis mit libertinist. Ethos und spiritualist. Mystik in Kleinasien und Griechenland ([63], 165ff.): a) Kolosser (chr.-jüd. mit iran. Einsprengseln) J. M. Robinson, JBL 76 1957, 270ff. [62], 139ff. b) Hypsistarier (4. Jh. n. Chr. in Kappadokien; Verehrung des Pantokrator = → Hypsistos) E. Schürer, Sb. Ak. Berl. 1897, 200ff. 221ff.

[62], 153. c) galat. Gnosis (myst. Interpretation der Beschneidung) W. SCHMITHALS Paulus und die Gnostiker, 1965, 9ff. 25ff. d) korinth. Gnosis (sakr. Mahlzeiten) W. SCHMITHALS Die Gnosis in Korinth, 1965$^{2}$, 233ff. [63], 176.

Rit. Symptome: a) Mahlfeiern (Phibioniten und Ophiten Epiphan. pan. 26.4. 5. [14], 277ff.; Wasser-Eucharistie der Ebioniten und Enkratiten, Blutkommunion der Markosier Iren. 1,13,12. [58], 3ff. 22ff. 29ff. 38; manich. Bema-Fest Acta Archel. 16,10ff. C. R. C. ALLBERRY, ZNW 37, 1938, 2ff. Eranos-Jb. 7, 1940, 146f. G. WIDENGREN Mani und der Manichäismus, 1961, 100ff. [61], 107; Pihta und Mambuha der Mandäer E. S. DROWER, ZDMG 105, 1955, 115ff. [64], 113ff.). b) Purifikator. und baptismat. Elemente: Taufe, rit. Waschungen (E. SEGELBERG Masbuta, 1958, 19ff. [64], 61ff.); Salbung, Siegelung, Krönung (DROWER The Coronation of the Great Šišlam, 1962, 1ff.); Bekleidung mit weißen Gewändern (H. SÖDERBERG La Rel. des Cathares, 1949, 218ff.); – Zur hermet. Symbolsprache der Tauf-M. C. G. VAN MOORSEL, Symbolon 1, 1960, 128ff. – Gnost. M.-Symbole (Frucht, Baum, Wasser, Licht) [61], 123ff. 140ff. B. GAERTNER, Horae Soederblom. 4, 1957, 21ff. K. RUDOLPH Theogonie, Kosmogonie und Anthropogonie in den mand. Schriften, 1965, 37ff. W. F.

1. *R. Perdelwitz*, RVV 11,3, 1911, 40ff. 2. *F. Legge* Forerunners and Rivals of Christianity, 1915. 3. *K. H. E. de Jong* Das ant. M.-Wesen, 1919$^{2}$. 4. *N. Turchi* Fontes Historiae Myst. Aevi Hellenist., 1923. 5. *Ders.* Le Rel. Misteriche del Mondo Ant., 1948. 6. *A. Horneffer* Symbolik der M.-Bünde, 1924. 7. *R. Reitzenstein* Die hellenist. M.-Religionen, 1927$^{3}$. 8. *F. Loisy* Les M. paiens et le M. chrétien, 1930$^{2}$. 9. *H. Gressmann* Die oriental. Rel. im hell.-röm. Zeitalter, 1930. 10. *O. Kern*, A 6, 1930, 302ff. 11. *F. Cumont* Die oriental. Rel. im röm. Heidentum, 1933$^{4}$. 12. *Th. von Scheffer* Hell. M. und Orakel, 1940. 13. *J. Carcopino* Aspects mystiques de la Rome paienne, 1942. 14. Die M., Eranos-Jb. 11, 1944. 15. *W. E. Peuckert* Geheimkulte, 1951. 16. *R. Pettazzoni* La Rel. Mist. nel Mondo Ant., 1953. 17. *Ders.* Cah. Hist. Mond. 2, 1954/55, 304ff. 18. *F. Altheim* Röm. Rel. Gesch. 2, 1953, 144ff. 19. *E. von Petersdorff* Dämonologie 1, 1956, 224ff. 20. *G. Widengren* HB der Orientalistik 8.2, 1961, 43ff. 21. *J. Leipoldt* Von den M. zur Kirche, 1961. 22. *A. Safran* Die Kabbala, 1966. 23. *O. Gigon* Die ant. Kultur u. das Christentum, 1966, 86ff.

I. 24. *M. P. Nilsson*, A 18, 1942, 210ff. 25. *V. Magnien* Les M. d'Eleusis, 1950$^{3}$. 26. *K. Deichgräber* AAMz 1950,6. 27. *K. Kerényi* Die M. von Eleusis, 1962.

II. 28. *Ders.* Albae Vig. 11, 1941. 29. *F. Jesi*, Aegyptus 42, 1962, 260ff.

III. 30. *J. Leipoldt* Angelos Bh. 3,1931. 31. *M. Rostovtzeff* Mystic Italy, 1927. 32. *A. J. Festugière*, Rev. Bibl. 44, 1935, 192ff. 33. *R. Egger* Der Grabstein von Čekančevo, 1950. 34. *A. Bruhl* Liber Pater, 1953. 35. *M. P. Nilsson*, Harv. Theol. Rev. 46, 1953, 175ff. 36. *Ders.* The Dionysiac M. of the Hellenistic and Roman Age, 1957. 37. *H. Noetzel* Christus und Dionysos, 1960. 38. *R. Turcan* Les Sarcophages Romains a Représentations Dionys., 1966.

IV. 39. *P. Lambrechts* Attis, 1962. 40. *M. J. Vermaseren* The Legend of Attis in Greek and Roman Art, 1966.

V. 41. *F. Cumont* Textes et Monuments fig. relatifs au M. de Mithra 1, 1896. 2. 1898. 42. *Ders.* Die M. des Mithra, 1923$^{3}$. 43. *F. Saxl* Mithras, 1931. 44. *E. Wuest*, ARW 32, 1935, 211ff. 45. *C. Clemen*, BJ 142, 1937, 13ff. 46. *G. Messina*, Civ. Cattol. 92,1, 1941, 249ff. 47. *M. J. Vermaseren* De Mithrasdienst en Rome, 1951. 48. *B. Nogara–E. F. Magi* Hommages J. Bidez–F. Cumont, 1952, 229ff.

VI. 49. *F. Legge*, Proc. Soc. Bibl. Arch. 36, 1914, 79ff. 50. *M. Dibelius* Die Isisweihe bei Apuleius, 1917. 51. *G. Vandebeek* Studia Hellenistica 4, 1946. 52. *V. Wessetzki* Die äg. Kulte zur Römerzeit in Ungarn, 1961. 53. *R. Merkelbach* Roman und M., 1962. 54. *Ders.* Isisfeste in griech.-röm. Z., 1963. 55. *V. von Gonzenbach* Die Knabenweihen in den Isis-M., 1962. 56. *P. F. Tschudin* Isis in Rom, 1962. 57. *E. Köberlein* Caligula und die äg. Kulte, 1962.

VII. 58. *L. Fendt* Gnostische M., 1922. 59. *E. de Faye* Gnostiques et Gnosticisme, 1925. 60. *R. Reitzenstein* Das iran. Erlösungs-M., 1921. 61. *G. Widengren* Mesopotamian Elements in Manichaeism, 1946. 62. *G. Bornkamm* Das Ende des Gesetzes, 1958$^{2}$. 63. *P. Pokorny*, ZNW 53, 1962, 160ff. 64. *K. Rudolph* Die Mandäer 2, 1961.

**Mythographie.** Während *μυθογραφία* (Strab. 1,2,35; 8,3,9; *-γράφος* Pol. 3,91,7; 4,40,2; Diod. 4,7,1, ähnlich zuvor *μυθολόγος* Plat. rep. 392d) auf *ἀρχαῖοι* zielt, die Teile der mytholog. Überlieferung in Vers (s. bes. → Hes. mit Pseudepigrapha) und Prosa (s. die Genealogien von → Hekataios 1, → Akusilaos, → Pherekydes v. Athen, → Hellanikos, FGrH Nr. 1–4) darstellen, bezeichnet M. als moderner Terminus die wissenschaftlich-philologische Slg. und Interpretation der Mythen. Nach z. T. kaum faßbaren vor- und frühhellenist. Arbeiten (→ Palaiphatos) zum Epos (Dionysios v. Samos *Κύκλος*; die frühesten Quellen von → Proklos' Chrestomathie [?]) und zur Tragödie (Glaukos [schwer datierbar] *Περὶ Αἰσχύλου μύθων*; → Dikaiarchos *Ὑποθέσεις τῶν Εὐριπίδου καὶ Σοφοκλέους μύθων* [s. aber WEHRLI$^{2}$ zu Frg. 78ff.], Asklepiades v. Tragilos *Τραγῳδούμενα*, → Philochoros *Περὶ τῶν Σοφοκλέους μύθων*) löst sich die enge Bindung an diese zwei Hauptquellen (→ Kall. [neben prosaischen Werken bes. die Aitia], seine Schüler → Istros und → Philostephanos, später → Lysimachos 4), und gleichzeitig wird die sakrale Schriftstellerei über Feste, Heiligtümer, Opfer u. ä. von Grammatikern und Antiquaren der M. angenähert (s. A. TRESP Die Frg. der griech. Kultschriftsteller, RVV 15,1, 1914; → Apollodoros 5 *Περὶ θεῶν*). Das nunmehr vorliegende Material wird im folgenden kaum noch vermehrt – ausgenommen natürlich die Erklärung und Slg. aus röm. Werken mit mytholog. Inhalt –, sondern von den verschiedensten Autoren ausgebeutet: Neben zusammenfassenden HBB. (s. Ps. → Apollodoros 5 Bibliotheke, → Fulgentius 2, → Mythographi Vaticani; ferner zu den Quellen von → Diod. B 4, Pausanias, → Hyginus 2. 3) sind die auf größte Vollständigkeit ausgerichteten Spezialarbeiten zu nennen, in Form von (a) Kommentaren (→ Didymos 1, → Theon und ihre Nachfolger), deren Material sich teilweise in → Sch. (z. B. zu Hom., Pind., Soph. Eur., Verg.) erhalten hat, und von (b) Sonder-Slg. von Verwandlungen (→ Nikandros Ἑτεροιούμενα, → Boio Ὀρνιθογονία, Antigonos v. Karystos d. J. Ἀλλοιώσεις, → Ov. Metamorphosen, → Antonius 2 Liberalis) und Sternsagen (→ Eratosthenes Καταστερισμοί, → Hyginus 3), Erotika (→ Parthenios, → Konon 4) u. a., die die Vorlage für Kataloge unterschiedlichster Art bildeten (Ἐπικλήσεις θεῶν; Göttergenealogien [Cic. nat. 3,42. 53–60; Clem. Al. Protr. 2,28 f.], Geliebte der Götter [Clem. Al. Protr. 2,32 f.; Ov. met. 6,103 ff. 10,152 ff.], Erfinder [Plin. nat. 7,191 ff.; Clem. Al. Strom. 1,74 ff.]). Vielfältige Spuren und Reste finden sich ferner bei Philosophen (Cornutus [o. Bd. I 1555]), Apologeten, Buntschriftstellern (→ Ailianos 2, → Athenaios 3, → Ptolemaios Chennos), in Romanen und Schwindel-Lit. (→ Diktys 6, → Dares 3, s. FGrH Nr. 31–62). E. Mg.

Ta.: FGrH Nr. 1–62$^2$. Mythographi graeci I–III edd. *Wagner-Sakolowski-Martini-Olivieri-Festa,* 1894–1902. Lit.: *C. Wendel,* RE XVI 1352–74. *L. Mader – L. Rüegg,* Griech. Sagen (1963).

**Mythographi Vaticani,** drei zuerst 1831 von A. Mai edierte Mythen-Slg. des MA von annähernd gleicher Länge: I (3 BB, 233 Kurz-Kap.) nach Oros. wohl von einem Heiden verfaßt, ohne erkennbares Aufbauprinzip, mit Vorliebe für rationalistische Erklärungen und unmögliche Etymologien. II (230 Kurz-Kap.) gibt sich im Prooemium als Werk eines Christen zu erkennen *(ii quos pagani deos asserendo venerantur, homines olim fuisse produntur,* s. Isid. orig. 8, 11,1 [damit Terminus post quem gegeben]*)*, das von Saturn und Juppiter ausgehend ein mehrfach gestörtes System erkennen läßt (für Beziehungen zu Remigius v. Auxerre s. Manitius II 659 f.). III *(De diis gentium et illorum allegoriis,* mit Prooemium*)*, aus dem 9.–10. Jh. (wohl vom Poetarius Albericus [dazu R. Raschke, De Alberico mythologo, Bresl. philol. Abh. 45, 1913]), zeichnet sich durch das Bemühen um Wissenschaftlichkeit aus, durch eine Anordnung nach den 15 wichtigsten Göttern (in 15 Groß-Kap.; dadurch Exkurse unumgänglich), die Gegenüberstellung von Meinungen, eigene Kritik und eine Fülle von Autoren-Verweisen. Unter den Quellen aller drei nimmt die Kommentar-Lit. (bes. → Serv.; Sch. zu Stat., Hor.) einen hervorragenden Platz ein (s. R. Schulz, De mythogr. Vat. I fontibus, Diss. Halle 1905; F. Keseling, De mythogr. Vat. II fontibus, Diss. Halle 1908; W. Bühler, Philol. 105, 1961, 123–35 [S. 134,3 f. über eine Spätdatierung von I und II]), daneben → Fulgentius 2, → Isid. und (für III) → Martianus Capella. E. Mg.

Ta.: Scriptores rerum mythicarum latini, I–II, ed. *G. H. Bode* 1834. – Lit.: *Schanz-Hosius-Krüger* IV 2, 242 ff. *K. O. Elliott – P. J. Elder,* A critical edition of the Vatican mythographers, TAPhA 78, 1947, 189–208 (dazu Harv. Stud. 53, 1942, 174–76).



**Mytilene** (Μυτιλήνη, einheim. Μυτιλήνα seit etwa 300 v. Chr. auch Μιτυλήνη, lat. zumeist *Mytilenae*). Die größte Stadt der Insel Lesbos an ihrer O.-Küste. Die ant. Stadt lag auf dem Hügel, der h. das Kastro trägt und im Alt. Insel war, durch einen Meeresarm, den Euripos, vom Festland getrennt, und auf der gegenüber liegenden Hauptinsel. Der Euripos verband den größeren N.-Hafen, Maloeis, der der Handelshafen war, mit dem kleinen geschlossenen S.-Hafen, dem Kriegshafen. Der N.-Hafen war durch große Molen auf künstlichen Dämmen geschützt, über den Euripos führten mindestens im späteren Alt. steinerne Brükken. Der über die Hafendämme fortgeführte Stadtmauerring von fast 5 km Länge umschloß ein Gebiet von ca. 140 (155) ha, nicht viel weniger als das klass. Athen. Nach Vitr. 1,6,1 war die Stadt zwar *magnificenter ... et eleganter* gebaut, das Straßennetz aber nach seiner Theorie zu den herrschenden Windrichtungen ungünstig orientiert; Strab. nennt sie »in jeder Beziehung gut ausgestattet«, ähnlich lobend Cic. leg. agr. 2,16,40. Erhalten sind vor allem außer den erwähnten Hafendämmen größere Teile der Stadtmauer und das Theater, dazu mehrere Einzelreste und Gräber und die etwa 26 km lange röm. Wasserleitung. M. besaß auf der Insel ein ausgedehntes Landgebiet, das im Anfang des Pelop. Krieges durch Unterwerfung fast die ganze Insel außer dem zu Methymna gehörenden N. umfaßte, Thuk. 3,2, dazu ebenfalls großen Landbesitz auf dem gegenüberliegenden Festland in der Troas und Aiolis mit mehreren Ortschaften, bes. Hdt. 5,94 f. Thuk. 4,52,2 f. 75,1. Skyl. 98. Strab. 13,1,37 p. 599 f. 1,49 p. 605. 1,51 p. 607. Curt. 4,18,13. Ernst Meyer Die Grenzen der hellenist. Staaten in Kleinasien 106 f. mit Karte Blatt 4.

Prähist. Funde in der Umgebung von M. (Thermi), [2] 1412,52 ff. ABSA 30, 1928/30, 1 ff. 31, 1930/31, 148 ff. Das 6. Jh. v. Chr. war erfüllt von heftigen Parteikämpfen, die dann von Pittakos als Aisymnetes geschlichtet wurden, gleichzeitig verlor M. auf dem Festland → Sigeion an Athen, Hdt. 5,94 f. M. war am Panhellenion in → Naukratis beteiligt, Hdt. 2,178. Dann von Persien abhängig, Hdt. 1,160. 3,14. 4,97. 5,11, Beteiligung am ion. Aufstand mit Wiederunterwerfung, Hdt. 5,37 f. 6,31. M. wurde dann eines der bedeutendsten Mitglieder des Seebundes mit eigenen Schiffen und konnte 440 v. Chr. zusammen mit Chios 30 Trieren stellen, Thuk. 1,117,2. Diod. 12,27,4. 28,2. Der Widerstand Athens gegen die Ausdehnungsbestrebungen M.s auf der Insel führte zu dem Aufstand von 428, der nach längerer Belagerung mit der Eroberung endete. Der berüchtigte Beschluß Athens, die ganze erwachsene Bevölkerung hinzurichten, konnte rückgängig gemacht werden, M. verlor aber seine Selbständigkeit und seinen Außenbesitz, das Gebiet wurde an att. Kleruchen verteilt. Im 2. Abschnitt des Pelop. Krieges war M. nach vorübergehendem Abfall im J. 412 wichtiger athen. Stützpunkt bis zur Eroberung durch Lysander nach Aigospotamoi, Xen. hell. 2,2,5. Die drückende spartan. Herrschaft führte zum Anschluß an Athen, wobei M. zu einem der ersten und eifrigsten Mitglieder des 2. Seebundes wurde, IG II² 40. 43 = Syll. I³ 147,80. 107 = Syll. I³ 164. 213 = Syll. I³ 205, kurze Zeit unterbrochen durch die Tyrannis des Kammys von ca. 349–347, Demosth. 13,8. 15,19. 40,37. Ail. var. 14,24. Während des Alexanderzugs Eroberung durch die pers. Flotte und Rückeroberung, Arr. an. 2,1,1 ff. 3,2,6. Diod. 17,29,2. In der hellenist. Z. nacheinander unter der Oberhoheit des Antigonos, Lysimachos, der Ptolemaier und Antiochos' III., gegen E. 3. Jh. aber prakt. selbständig und selbständig handelnd. 190 sofort Anschluß an Rom, Liv. 37,12,5. 21,4. Im mithridat. Krieg trat M. auf die Seite des pont. Königs und konnte erst nach langer Belagerung 79 wieder unterworfen werden. Der Fürsprache des bei Pompeius hochangesehenen → Theophanes und des Pompeius verdankte M. die Wiedererlangung der Freiheit und sogar ein Bündnis. Pompeius erhielt hohe Ehren und viele Statuen in der Stadt, die ihn auch im Bürgerkrieg unterstützte. Trotzdem gelang es → Potamon, dem Sohn des Philosophen → Lesbonax, die Erneuerung des Bündnisses mit Rom zu erhalten, IG XII 2,35 = Syll. II³ 764, wofür auch Potamon höchste Ehren erhielt, IG XII 2,163 = Syll. II³ 754. IG XII Suppl. 43 ff. SEG 3,694. [8] Das Bündnis wurde auch nach Actium erneuert, OGIS 456. Die Stadt dankte mit vielen Ehrungen und vielfacher kult. Verehrung der Kaiser und ihrer Angehörigen. Wegen ihrer günstigen Lage und Wohlhabenheit und des bes. gerühmten Klimas der Insel war M. oft Aufenthaltsort hochgestellter Römer, die Familie des Theophanes gelangte in der Kaiserz. zu höchsten Rängen der senator. Ämter, Hiller von Gärtringen, NGG 1, 1934–36, 6,107 ff. Erdbeben um 150 n. Chr. Aristeid. or. 49,38 f. Keil., D. Magie Roman rule in Asia Min. 1,632. Eigene Mz. noch unter Gallienus. Bischöfe sind seit dem 5. Jh. bekannt, und M. erscheint regelmäßig in den Bischofslisten, Le Quien 1,953 ff. In MA. u. Neuzeit wurde M. zum Namen der ganzen Insel, Metelino, Mételin, türk. Midilli.

M. blieb durch das ganze Alt. bedeutend. Das große Landgebiet und der Hafen bedingten den Wohlstand der Stadt, die an allem geistigen Leben regen Anteil hatte. Viele bildende Künstler, Dichter, Musiker, Philosophen, Grammatiker stammten aus M., es genügt, an die berühmtesten Namen zu erinnern, Alkaios, Hellanikos, Theophanes.

Skyl. 97. Thuk. 3,2 ff. Strab. 13,2,2 f. p. 617 f. Diod. 13,78,4 ff. 79,5 f. Paus. 8,30,2. Long. Past. 1,1 u. ö. Inschr.: IG XII 2,1–497. 653–657. Suppl. 1–113. 134. [2] 1426, 40 ff. SEG 13,434–439. 14, 516 f. 16,463–466. 18,323. 19,544. L. Robert, REA 62, 1960, 276 ff. [10]. Mz. Head HN² 561 ff. [2] 1426, 55 ff. Jb. f. Numism. 10, 1960, 151 ff. J. F. Healy JHS 77, 1957, 267 f. E. M.

1. *R. Koldewey* Die ant. Baureste der Insel Lesbos 3 ff. mit T. 1–3. 2. *R. Herbst*, RE XVI 1411 ff. 3. *Philipps.-Kirst.* 4,240 f. 4. *Lehmann-Hartleben* Die ant. Hafenanlagen 87 ff. 5. *A. von Gerkan* Griech. Städteanlagen 112 f. 64. 6. *H. Pistorius* Beitr. z. Gesch. von Lesbos im 4. Jh. v. Chr. pass. 7. *R. P. Sherk* Caesar and M., 217 ff. SC de agris Mytilenaeorum. Greek, Roman and byz. stud. 4, 1963, 145 ff. 8. *Anna Shaw Benjamin* The imperial altars at M., Yearbook of the Amer. Philos. Soc. 1959, 467 f. 9. *D. Evangelides* *Πρωτοβυζαντινὴ βασιλικὴ Μυτιλήνης*, *'Αρχ. Δελτ*, 13, 1930/31, 1 ff. 10. Neuere Grabungen und Funde: *Πρακτικά* 1926, 147 ff. 1961, 207 ff. 1962, 134 ff. *'Αρχ. Δελτ*, 9, 1924/25 *παρά*. 44 ff. 11, 1927/28 *παρά*. 14 ff. 16 B, 1960 (62), 235 f. 18 B, 1963 (1965), 266 f.

**Mytistraton** (*Μυτίστρατον*). Siculerstadt im Inneren Siziliens, nach dem Fundort der Mz. in der Gegend von Marianopoli bei S. Caterina Villarmosa (30 km w. von Enna) zu suchen. In den ersten J. des 1. Pun. Krieges wurde der feste Platz sieben Monate lang von den Römern mit allen Mitteln, doch ohne Erfolg und unter großen Verlusten belagert (Diod. 23,9,3). Erst 258 v. Chr. gelang ihnen die Eroberung. Nach Abzug der karthag. Besatzung und Kapitulation der Bewohner wurde die Stadt zerstört, die Bevölkerung teils ermordet, teils versklavt (Pol. 1,24,11. Diod. 23,9, 4). Daß M. später wieder aufgebaut und besiedelt worden ist, geht aus Plin. nat. 3,91 hervor, der die *Mutustratini* zu den *stipendiarii* rechnet. Mz.: Ad. Holm Gesch. Sic. 3,663. C. Cavallaro, Atti Ist. It. Num. 1932, 14 ff. Kl. M.

*Ziegler*, RE XVI 1427.

**Myttones** (*Μυττόνης* Pol. *Μοττόνης* Sylloge³ 585,87. Muttines Liv.), Libyphoiniker aus Hippuakra (= Hippo Diarrhytos, Liv. 25,40,5. U. Kahrstedt Gesch. d. Karthager 3, 1913, 486,2), führte 212, nach der Eroberung von Syrakus durch Marcellus, von Hannibal nach Sizilien geschickt, mit der numid. Reiterei erfolgreich Kleinkrieg und vereitelte 210 einen Angriff des M. Valerius Laevinus. Von dem Oberfeldherrn → Hanno (8) aus Neid abgesetzt, verriet M. Akragas den Römern, erhielt das röm. Bürgerrecht und nannte sich nach seinem Patron *Μάαρκος 'Οαλέριος ὁ Μοττόνης*, Sylloge a. O.; 209 reiste Laevinus in Sizilien *cum Muttinis equitatu*, Pol. 9,22,4. Liv. 25,40. 26,21,14 f. 40. 27,5,6 f. 8,18. Ascon. in Pison. 52. Mit den numid. Reitern kämpfte M. 190 gegen → Antiochos III. (4) und 188 gegen die Thraker und erhielt mit seinen 4 Söhnen die Proxenie von Delphi, Liv. 38,41,12 ff. Sylloge a. O. W. Hoffmann, H 89, 1961, 492 f. H. V.

**Myus** (*Μυοῦς*), ion. Hafenstadt an der Mündung des Maiandros (h. Büjük Menderes) im latm.

Golf. Stete Sinkstoffablagerung hat dazu geführt, daß der Fluß seine Mündung immer weiter ins Meer hinausschob und bereits in der Ant. den Golf von Latmos allmählich teils verschüttete, teils abschnürte und in ein Malaria-verseuchtes Sumpfgebiet verwandelte. Wir finden die wenigen Reste von M. h. am l. Flußufer beim Asap Gölü, einem durch die Flußversandung abgeschlossenen Meeresarm, etwa 18 km landeinwärts. Die Stadt, deren hist. Entwicklung von der Ungunst ihrer geograph. Lage beeinträchtigt wurde, hatte zwar zu Beginn des Ion. Aufstandes 499 v.Chr. noch einen ansehnlichen Hafen (Hdt. 5,36 mit 32), stellte aber zum Entscheidungskampf bei Lade 494 nur 3 Schiffe. Auch die geringen Beiträge, die M. im Att.-Del. Seebund zu leisten hatte, zeugen für nur durchschnittliche wirtschaftliche Kraft. Wie Ruge [1] vermutete, vollzog sich der Niedergang von M. in 3 Etappen: Die Stadt verlor im 3. Jh. v.Chr. ihre polit. Selbständigkeit (Sympolitievertrag?) an Milet, wurde später in die Verwaltung von Milet einbezogen und schließlich ganz aufgegeben (Synoikismos). Im 2. Jh. n.Chr. hat Paus. (7,2,11) die öde Stätte besucht und dort nur noch den Tempel des Dionysos vorgefunden. E. O.

1. *Ruge*, RE XVI 1430ff. 2. *P. Herrmann* MDAI(J) 15, 1965, 90ff. 3. *G.E.Bean* Aegean Turkey, Lond. 1966, 244ff.

# N

**N.** Sigle für das Praenomen Numerius (Weiterbildung zu etr. *Numa*, Walde-Hof.[3] 2,38). H.G.G.

**Naarda** (*Νάαρδα*). Der Überlieferung zufolge (vgl. FGrHist 156 Arr. F 42. Ptol. 5,17,5 M.) lag die hauptsächlich von Juden besiedelte Stadt in ant. Z. am O.-Ufer des → Euphrates (h. Firat), von Sippara ab (Reste bei Abu Habba) flußaufwärts. Ihre genaue Lokalisierung ist zweifelhaft (Al Makdam?), da der Fluß bereits z.Z. Nabopolassars (626–605) und später noch mehrfach sein Bett nach W. verlagert hat. E. O.

1. *Weissbach*, RE XVI 1439f. 2. *J. Obermeyer* Die Landschaft Babylonien, Frankf./M. 1929, 244ff. 3. *J. Neusner* A history of the Jews in Babylonia I–III (Stud. Post-Bibl. 9. 11. 12) 1965. 1966. 1968.

**Naarmalcha** (Amm. 24,2,7. 6,1; aram. »Fluß des Königs«); diese Bezeichnung trugen seit dem 3. Jt. mehrere Kanäle zwischen dem → Euphrates und dem → Tigris in der Gegend ihrer größten Annäherung im Mittellauf. Der N. der hellenist. Z. entspricht allem Anschein nach dem h. Nahr el Malek. E. O.

1. *Weissbach*, RE XVI 1440ff. 2. »Les Guides Bleus« Moyen-Orient 575.

**Naassener,** vulgär-gnost. Schule im Phrygien des 2. und 3. Jh., deren Namen auf das hebr. נָחָשׁ = Schlange zurückgeht. Die Schlange von Gen. 3 gilt hier als Trägerin eigentlicher Erkenntnis und Bringerin der Erlösung. Zentral für die N. ist die Gestalt des Urmenschen, die innerhalb der Trias Mensch-Menschensohn-Chaos steht. Beschreibung ihrer Lehre bei Hippolyt. ref. omnium haer. 5,1–11. Danach (5,7,1) führen die N. ihre Geheimlehren auf Überlieferungen des Herrnbruders Jakobus zurück. In der sog. N.-Predigt (5,7,3 ff.) liegt eine gnost. Deutung eines Attishymnus vor. Hippolyt. ref. 5,10,2ff. findet sich der sog. N.-Psalm (dt. Hennecke 2[3], 1964, 575f.). Kl. W.

*R. Reitzenstein* Poimandres, 1904, 82ff. *H. Jonas* Gnosis und spätant. Geist, 1[2], 1954, 343. 348ff. *W.C. van Unnik* Die jüd. Komponente in der Entstehung der Gnosis, in: Vig. Christ. 15, 1961, 65–82. *A. Adam* Lehrb. der Dogmengesch. 1, 1965, 55.

**Nababes,** Völkerschaft in Mauretania Caesariensis. Plin. nat. 5,21 nennt sie *(gens Nababes)* nach dem *flumen Usar* (oued Isser?), der sie von den *Macurebi* trennte. Honor. Cosmogr. 48: *Nababae gens.* Tab. Peut. 2,3 setzt die N. w. des oued Soummam, s. des *mons Ferratus* (Djurdjura in Kabylien) an. Miller Itin. Rom. 951. N. erscheint in einem Beinamen in *Castellum Tulei* (CIL VIII 9006) und in *Bida* (Djemaa Saharidj: Libyca 3, 1955, 373). Sie gehörten wahrscheinlich zu dem Bund der *Quinquegentanei.* M. L.

*J. Desanges* Cat. des tribus afr. de l'Ant. class., 1962, 65.

**Nabalia,** nach Tac. hist. 5,26 Fluß im Lande der Bataver, dessen Lauf jedoch nicht bekannt ist. Durch Korrektur der Stelle in *navalis fluminis pons* wird die Unterredung zwischen Civilis und den röm. Offizieren auf eine in der Mitte unterbrochene Pontonbrücke bezogen, so daß die Gegner in gehörigem Abstand die Verhandlungen führen konnten. Die Lage der bei Ptolem. 2,11, 13 genannten Stadt *Ναυαλία* ist bei verderbter Überlieferung unsicher und kann aus *castra navalia* entstanden sein, deren die Römer mehrere am Rhein und seinen Nebenflüssen für ihre Flotte angelegt hatten. H. C.

*A. Franke*, RE XVI 1450. *L. Schmidt* Gesch. d. dt. Stämme 2,382.

**Nabarzanes** (*Ναβαρζάνης*). Chiliarch → Dareios' III. Er kämpfte als einziger Perser erfolgreich bei Issos, schloß sich jedoch später → Bessos an und zog sich, am Königsmord beteiligt, nach Hyrkanien zurück, wo er sich dem bald darauf anrückenden Alexander ergab, s. bes. Arr. an. 3,

23,3–4. Über sein weiteres Schicksal ist nichts bekannt. Seine Haltung scheint stets zwischen rigorosem Verteidigungswillen und Resignation geschwankt zu haben. Wie weit das von Curtius (bes. 5,9–10) gezeichnete positive Bild auf Wahrheit beruht, läßt sich im einzelnen kaum nachprüfen. G. W.

*Berve* Alex. II Nr. 543.

**Nabataioi** (*Ναβαταῖοι* Ptol. 6,7,21, wo *'Απαταῖοι* richtig in N. verbessert. Strab. 16,760.767. 777.779f.783.803. Peripl. m. Erythr. 19 [GGM I 272]. Diod. 2,48. 3,43. 19,96f. Ios.ant.12,335. 13, 11. 14,31.48.103. Steph.Byz. *Nabataei* Plin.nat. 5,65. 6,144.157. 12,73. Tac.ann. 2,57,4. Amm.14, 8. 13), arab. Volk in NW.-Arabien mit der Hauptstadt → Petra. Ihr Gebiet hieß *Ναβατηνή* Steph. Byz., *Nabataea* Plin.nat. 21,120, inschr. NBṬW. Die urspr. Heimat der N. ist unbekannt; es ist möglich, daß sie mit Nebājōt (Gen. 25,13. 28,9. 39,3. Jes. 20,7), dem Sohn Ismaels, zusammenzubringen sind.

Als 312 v.Chr. → Antigonos I. zwei – erfolglose – Expeditionen gegen die N. unternahm, waren diese schon staatlich organisiert; aber das Königtum wurde erst von einem Erotimos im 2. Jh. v.Chr. begründet. Schon kurz vor der Besetzung Syriens durch Pompeius (65 v.Chr.) hatte dann dieses arab. Königreich seine höchste Machtentfaltung erreicht. Die datierbare Königsliste (12 Namen) reicht von Arethas (Ḥāriṯat) I. (169 v. Chr.) bis Rabilos (Rabb'īl) II. (71–106 n.Chr.). Die N. beherrschten den gesamten n. arab. Karawanenhandel von Äg. bis Mesopotamien; ihr Staatsgebiet reichte eine Zeitlang im N. bis Damaskus einschließlich (unter Arethas III., vgl. 2.Kor.11,32), im S. bis unmittelbar vor Dedān und umfaßte die Datteloase Taimā und die Hafenstadt → Leuke Kome.

Dynastie und Bevölkerung dieses Staates waren arab., bedienten sich jedoch in ihren zahlreichen Inschr., die über das ganze nabat. Herrschaftsgebiet und darüber hinaus verstreut liegen, der aram. Schrift und Sprache. Titel wie Stratege, Eparch, Hyparch, Chiliarch in der nabat. Sprache zeigen, daß die administrative und militär. Terminologie zu einem erheblichen Teile von der hellenist. Umwelt übernommen wurde, während auf relig. Gebiet nach Ausweis des Pantheons das echte Arabertum unverkennbar ist. Zum röm. Reich standen die Könige zunächst im Bundesgenossenverhältnis. Aber Traian, dem sie nicht zuverlässig erschienen, ließ durch seinen Legaten Cornelius Palma im J. 106 n.Chr. den n. Teil ihres Staates einziehen und machte ihn zur Provincia Arabia. Gleichzeitig wurde → Bostra (Buṣrā) zur Hauptstadt gemacht und mit diesem Ereignis die »Ära der Stadt Bostra« begründet, deren Epoche der 22. März 106 ist. Polit. gesehen, ist das N.-Reich die einzige nennenswerte Stelle, an der eine rein arab. Bevölkerung einen unabhängigen hellenist. Staat errichtete. Kulturell bedeutsam wurde die nabat. Schrift als Vorstufe der arab. A. D.

1. *R.E. Brünnow* und *A. v. Domaszewski* Die Provincia Arabia, 3 Bde., Straßburg 1904–1909. 2. *A.Kammerer*, Pétra et la Nabatène, 2 Bde., Paris 1929–1930. 3. *R.Dussaud* La pénétration des Arabes en Syrie avant l'Islam, Par. 1955, 21–70.

**Nabdalsa.** Numid. Häuptling und Feldherr Iugurthas, plante 108 v.Chr. im Bunde mit Bomilkar Verrat, erbat aber, als der Plan durch seine Fahrlässigkeit entdeckt wurde, unter Preisgabe seiner Mitwisser Begnadigung für sich selbst. Sall.Iug. 70,1ff. H. V.

**Nabedes,** Feldherr des Perserkönigs → Chosroes I. (3) im Krieg gegen Iustinian I. (Prok. 2,18, 9. 19; 24,6; 25,5ff.), besiegte 543 die Römer bei Anglon in Persarmenien (dazu B. Rubin Iustinian I. 1960, 342f.). A. L.

**Nabis** (*Νάβις*, ungriech. Name, vgl. babylon. Königsnamen *Nab-*, anders Pape-Bens. 970), Sohn des Damaratos, letzter König von Sparta aus dem Eurypontidenhause, 207–192. Sylloge³ 584. P. Poralla Prosopogr. d. Lakedaimonier 1913, 164f. Mit Söldnern errichtete N., seit 207 Nachfolger des → Machanidas, eine Tyrannis, führte die miterlebte soziale Ausgleichung (*aequatio fortunae ac dignitatis*, Liv.34,31,18) des → Kleomenes III. fort, befreite viele Heloten, verbannte oder tötete Spartiaten, beschlagnahmte oder verteilte deren Besitz. Pol. 13,6,3ff. Im Vertrag von Phoinike 205 als röm. Bundesgenosse anerkannt, griff er seit 204 die Achaier und 201 Messene an und schuf sich im Verein mit den lakon. Perioikenstädten und kret. Seeräubern eine Flotte. Pol. 13,8,2. Liv.34,35,9. Nach Übertritt Achaias zu Rom verbündete er sich 197 mit Philipp V., der ihm Argos überließ. Auch dort gewann er durch sein radikales Programm die Gunst der Massen. Bald darauf schloß er sich wieder Rom an. Pol.18,17. Liv.32,38ff. 34,31,5ff. Sylloge³ 594f. Nach der Freiheitserklärung für Griechenland 196 führte Flamininus auf Drängen der Achaier 195 einen Befreiungskrieg gegen N., dessen verhetzter Anhang die röm. Forderungen ablehnte. Liv.34,37,4 *prope una voce omnes nihil responderi et bellum geri iusserunt.* Zwar wurden die in Sparta eingedrungenen Römer zurückgeworfen, aber 194 mußte N. die lakon. Perioikenstädte und Argos freigeben, die sich den Achaiern anschlossen, seinen Sohn Armenas als Geisel stellen, die Flotte bis auf 2 Schiffe aufgeben und eine Geldbuße zahlen. Doch ließ Flamininus zum Unwillen der Griechen die Tyrannis des N. bestehen. Liv.34,35. 38f. 48,6f. Nach Abzug der Römer umschloß N. Sparta mit einer Mauer (Liv. 39,37,2f. Ziegel IG V 1,885), besetzte schon 193 die lakon. Küstenplätze und 192 Gytheion, wurde aber von den Achaiern unter Philopoimen geschlagen. Liv.35,13,1ff. 27,14ff. Nur Flamininus rettete N. nochmals Herrschaft und Leben. Trotzdem trat dieser beim Bruch zwischen Rom und Antiochos III. auf die Seite des Königs und der Aitoler, wurde aber 192 bei einer Truppenschau vor Sparta von einem aitol. Offizier erschlagen, da er den Aitolern unzuverlässig erschien. Liv. 35, 35. Mz. HEAD HN² 435. Mit N. endete die Selbständigkeit Spartas, das dem achaischen Bund beitreten mußte. Die Urteile über N. schwanken. V. EHRENBERG, RE XVI,1481 f. nennt N. den letzten großen Träger spartan. Politik, M. HOLLEAUX, CAH 8, 1930, 198 the avenging champion of the have-nots, dagegen vermißt R. VON PÖHLMANN Gesch. d. sozialen Frage und des Sozialismus in der ant. Welt, ³1, 1925, 391 f. jede höhere soziale oder polit. Idee des »furchtbaren Wüterich« und vergleicht H. E. STIER Roms Aufstieg zur Weltmacht u. d. griech. Welt 1957, 96,213 N. als Typ mit Hitler und Stalin. H. V.

**Nablium** (*νάβλα, νάβλας* u. a., hebr. *nēbel*). Ein nur spärlich genanntes harfen-, vielleicht auch lautenartiges, wohl sackförmiges Musikinstrument phöniz.-jüd. Ursprungs mit 10–12 Saiten, über das neben bibl. Stellen auch einige ant. Zeugnisse berichten. Zu seiner geringen Verbreitung über den eigentl. Herkunftsbereich hinaus dürfte auch das nicht leichte, beidhändige (Ov. ars 3,327) Spiel beigetragen haben. U. K.

*W. Vetter*, RE XVI 1482f. *M. Wegner* Das Musikleben der Griechen, 1949, 67. *F. Behn* Musikleben im Alt. und frühen MA., 1954, 54.

**Nabonadios.** *Ναβονάδιος* nach dem Ptol. Kanon, sonst *Ναβόννηδος* (Ios. c. Ap. 1,20,149. 151–153 u. ö.), bei Hdt. 1,74.77.188 wahrscheinlich *Λαβύνητος* der letzte König der babyl. Chaldäerdyn. Nabû-na'id (556–539). Er kam schon als älterer Mann auf den Thron, vermutlich von der Priesterschaft dazu erwählt, machte sich bei dieser aber durch die Bevorzugung des Mondgottes Sîn von Ḫarrān (Karrhai) unbeliebt. Aus noch nicht restlos geklärten Gründen verließ er 550 Babylon und zog für 10 J. nach Arabien, das er bis nach Jathrib (Medina) durchstreifte. Die Regierung führte währenddessen Bēl-šar-uṣur (Belsazar). Daraus entwickelte sich später die Legende vom Wahnsinn Nebukadnezars (Dan. 4. Ios. ant. Iud. 10,216–218. Abydenos, s. JACOBY, FGrH III C 407 f.). Infolgedessen rief die babylon. Priesterschaft Kyros ins Land, der 539 Babylon eroberte und Nabonid nach Karmanien verbannte. W. Rö.

**Nabonassaros.** Babylon. König Nabû-nāṣir; bei Klaud. Ptol. beginnt der *κανὼν βασιλειῶν* mit *Ναβονάσσαρος* (*Nabonnazarus* Cens. 21,9), da von seinem Regierungsantritt an (26. Febr. 747 v. Chr.) alle astronom. Finsternisse aufgezeichnet wurden (Aera Nabonassars). Dies ist neuerdings auch durch Keilschrifttexte erwiesen. N. regierte bis 733/32; aus seiner Z. ist außer einer Auseinandersetzung mit Tiglatpileser III. nichts bekannt. W. Rö.

**Nabupolassaros.** Babylon. *Nabû-apla-uṣur*, griech. *Ναβουπολάσσαρος*, Begründer der Chaldäerdyn. in Babylonien. N. war wahrscheinlich General im assyr. Heer gewesen, geht aber bei den Thronstreitigkeiten zwischen den Söhnen Assurbanipals zu selbständigem Handeln über und wird bereits am 25. Nov. 626 in Babylon als »König von Akkade« anerkannt. Bei den wechselvollen Kämpfen mit Assyrien steht er 623 mit Truppen des Phraortes vor Ninive (Hdt. 1,102), doch fällt die Stadt nach verschiedenen Rückschlägen erst 612 in die Hand der Verbündeten. N. bekommt bis auf Ḫarrān das gesamte assyr. Reich in die Hand, doch wird ihm Syrien von den Ägyptern am Euphrat streitig gemacht. Der Kronprinz Nebukadnezar führt 607 und 605 Feldzüge gegen sie, besiegt sie 605 bei Karkemisch, muß aber die Verfolgung wegen des Todes N.' (17. August 605) abbrechen. W. Rö.

**Nachrichtenwesen.** Zweck des N. ist die möglichst schnelle Übermittlung von Nachrichten an (viele) räumlich entfernte Personen. Die Leistungen des ant. N. sind, verglichen mit der Gegenwart, gering, aber das gilt für alle Epochen bis zu Goethe einschließlich. Zentral für das ant. N. ist, trotz einzelner Versuche in anderer Richtung, der Bote: *nuntius* ist sowohl Bote wie Nachricht.

1. Militärisches N. Aufklärung, Erkundung und Meldung der dabei erzielten Ergebnisse gehören zum Grundbestand allen Militärwesens (schon Hom. Il. 10). Spezialabteilungen dafür nennt zuerst Xen. an. 2,2,5. 6,3,15 (*σκοποί*), vgl. Arr. an. 3,7,7, Pol. 12,20,7 (*πρόδρομοι*). Meist werden dazu Leichtbewaffnete oder leichte Reiter eingesetzt. Daran hat sich im Hellenismus nichts Wesentliches mehr geändert. Caesar setzt → *speculatores* (als Einzelaufklärer) und → *exploratores* (als Verband) ein, KROM.-VEITH 426 f. Beispiel für Falschmeldung: Caes. Gall. 1,21 f., für weiträumige Aufklärung 1,41,5. In der Kaiserz. wird der Aufklärungsdienst weitgehend den *auxilia* überlassen (z. B. Ios. bell. Iud. 3,6,2. Tac. ann. 3,45) und von Reitern ausgeführt (Tac. ann. 1,50 f.). Neben der direkten Meldung und Befehlsgebung, die u. U. durch akustische (Tuba-, Horn-) oder optische (→ Signa. Feldzeichen) Signale verstärkt werden, steht als Hauptproblem des N. die Verständigung über größere Entfernungen. Man verwandte dazu nachts Feuer-, tags Rauchsignale. Diese konnten, in einem Relais weitergeleitet, große Entfernungen überbrücken, wie es z. B. Aischyl. Ag. 281 ff. geschildert wird. Im Hellenismus wird dies System ausgenützt (Diod. 19,57,5. 97,1. Pol. 10,42,7 ≈ Liv. 28,5,16. Plin. nat. 2,181. Akust. Signale über große Entfernung: Diod. 19, 17,7), doch gelang es in der Praxis nicht, über die alte Unterscheidung friedlicher und feindlicher Annäherung hinaus inhaltlich zu differenzieren (*πυρσοί* [*φρυκτοί*] *πολέμιοι*, geschwungene Fackeln; *π. φίλιοι* ruhig hochgehaltene Fackeln. Pol. 12,12. Sch. Thuk. 2,94. 3,22). Der Wert der Feuersignale war daher sehr beschränkt (Pol. 10,

43,5f.), Ergänzung durch Botenbericht unerläßlich. Nur theoret. wird das System durch komplizierte Verfeinerungen für vorher verabredete Aussagen erweitert (Pol. 10,44. Wohl unhist. Polyain. 6,16,2). Ohne praktische Folgerungen blieb auch das Pol. 10,45–47 beschriebene System einer optischen Buchstaben-Telegraphie, verbessert bei Iul. Africanus *Κεστοί* cap. *οζ'*. Die Römer haben offenbar Feuersignale nur als Alarmzeichen benützt (App. Ib. 395. 402. 406. Caes. civ. 3,65. Onosander 25. Suet. Tib. 65); Alarm etwa entlang den Limesbefestigungen war so am einfachsten zu bewerkstelligen.

2. Öffentliches (amtliches) N. Das staatliche N. stellt sich in Griechenland und Rom vor allem durch Boten- und Postdienst dar. Der Gesandte und Herold (→ Keryx) verkündet amtliche Beschlüsse mündlich oder übergibt sie in Schriftform. Außerdem werden amtliche Bekanntmachungen aller Art wörtlich oder im Auszug »veröffentlicht« d.h. an öffentlich zugänglicher Stelle angeschlagen oder in dauerhafter Form (auf Stein, in Bronze) ausgestellt. Schnelle Publikation erfolgte auf dem → Leukoma, an dessen Stelle auch die geweißte Wand des Rathauses treten konnte. Staatsverträge, Gesetze, z.T. auch Ehrenbeschlüsse wurden oft in Heiligtümern aufbewahrt (→ Urkundenwesen). Straff organisiert war das amtliche N. vor allem im Ptolemäerreich. Dort unterschied man Polizeiverordnungen, die veröffentlicht werden mußten (*πρόγραμμα*), königliche Proklamationen, Steuer- und Gerichtserlasse (*διάγραμμα*), Verfügungen allgemeiner Art (*ἔκθεμα*) und publikationsbedürftige spezielle Verfügungen an einzelne Beamte oder die Allgemeinheit (*πρόσταγμα*), vgl. U. Wilcken, ZRG 42, 1921, 128ff. Die amtliche Beförderung der Erlasse usw. erfolgte in Griechenland weitgehend durch Schnelläufer, in den hellenist. Staaten z.T. durch die ausschließlich amtlichen Zwekken vorbehaltene Post (→ Cursus publicus), ebenfalls über Boten. Das ptolemäische Verfahren wird im Äg. der Kaiserz. ohne große Änderungen beibehalten; für das Edikt bürgert sich damals dort das Wort *διάταγμα* ein.

Die Römer unterscheiden von Anfang an stärker den Gesandten *(→ Legatus, I)*, der nur dem Senat bzw. dem Kaiser berichtet, vom öffentlichen Ausrufer, *praeco;* dessen Tätigkeit galt als niederes Gewerbe. Für amtliche Ankündigungen galt von früh an die schriftliche Publikation *(proponere, proscribere);* Einzelheiten → Album. Zur Promulgation eines Gesetzes tritt später an die Stelle des Album oft die Bronzetafel (Mommsen St.-R. 3,371. 418). Festgelegte Orte für die Publikation gab es nicht; meist waren es wohl die Amtsgebäude der publizierenden Magistrate. Nur für internationale Urkunden war Schriftform obligatorisch (auf Bronze, nicht auf Stein!) und Aufstellung im Umkreis des kapitolin. Iuppitertempels – das Heiligtum der hier einschlägigen Fides liegt nahebei! – üblich (Mommsen St.-R. 1,255ff.). Die Kaiseredikte wurden von den Statthaltern einem eigenen Edikt vorangestellt *(antelata edicto)* oder nachgestellt *(proposita sub edicto)*, manchmal wurde auch die Mitwirkung städt. Behörden für die Publikation in Anspruch genommen (z.B. Ios. ant. Iud. 19,5,3).



Während die → Annales (I) des Pontifex Maximus kaum zum N. rechnen können, gehören hierher die von Caesar eingeführten → *Acta* (2a) *urbis (a. diurna, a. populi Romani)*, die zunächst die Protokolle der Senatssitzungen enthielten (das wurde unter Augustus wieder abgeschafft), dazu weitere Nachrichten, soweit sie dem jeweiligen Machthaber zur Veröffentlichung geeignet (nützlich) zu sein schienen. Hauptstädt. und Hofnachrichten überwogen dabei stark. Die *acta* wurden in der Kaiserz. immer mehr zu einem Regulativ des N., so daß Nichtaufnahme einer Nachricht in die *acta* mit völligem Verschweigen der Nachricht nahezu völlig ident. wird (vgl. Cass. Dio 57,21. 67,11). Neben dem öffentlichen N. steht zu jeder Z. das Bedürfnis des Staates, sich über alle internen und externen Vorgänge schnell, zuverlässig und unauffällig zu orientieren. Daraus resultieren Spionage, Bespitzelung und Denuntiantentum (→ *Delator*. Sykophanten). In den Provinzen besorgten Spitzeltätigkeit die → *Agentes in rebus*, in Italien und Rom vor allem die »Geheimpolizisten« *(→ Frumentarii)*, die unter Diokletian von den *agentes in rebus* abgelöst werden. Über die Beförderung der amtlichen Nachrichten mittels der Post → *Cursus publicus*.

3. Privates (geschäftliches) N. Da die Post grundsätzlich nur dem Staat vorbehalten war, blieb das private und geschäftliche N. der Ant. weitgehend auf den Briefverkehr durch eigene Boten angewiesen. Eine Ausnahme macht hier nur die Reklame. Die Wahlpropaganda der Kandidaten wird vielfach auf geweißte Felder an den Hauswänden gemalt (in Pompei zahlreich erhalten); technisch unterschied man dabei den *dealbator* (für das Weißen) und den *scriptor* (für den Text), vgl. E. Diehl Pompeian. Wandinschr. u. Verwandtes (1910) Nr. 118ff. bes. 155f. In diesen Zusammenhang gehören auch die Ankündigungen von Gladiatorenspielen (a.O. 240ff.) und jede Art anderer Reklame bis hin zu Verlust- und Suchanzeigen. – Von den Formen und Inhalten ant. Briefe geben erhaltene Papyrusbriefe und die literar. überlieferten Briefe eines Cicero, Plinius, Symmachus, Libanios eine lebendige Vorstellung (→ Epistolographie). Da eigene Briefboten, *tabellarii*, kostspielig waren, sammelte man Briefe bündelweise und so, daß der Empfänger sie z.T. weitersenden sollte (z.B. Cic. Att. 11,9,2). Einen eigenen Briefbotendienst scheinen die Steuerpächtergesellschaften *(publicani)* eingerichtet zu haben. Deren *tabellarii* vertrauten nicht nur röm.

Magistrate, sondern auch Leute wie Atticus ihre Privatpost an (z. B. Cic. Att. 5,15,3. 16,1. 21,4). Diesen *tabellarii publicanorum* vergleichbar sind die vertraglich angestellten Briefboten, *σταβλῖται*, der äg. Großgrundbesitzer (POxy I 138. 140). Zeitbedarf und Unsicherheit der Briefbeförderung waren jedoch allg. beträchtlich; die Höchstleistungen des staatlichen → Cursus publicus wurden privat wohl kaum je erreicht. Das private N. der Ant. hat diesen uns ebenso kostspielig wie unbefriedigend erscheinenden Zustand nie überwunden. W. H. G.

*W. Riepl* Das N. des Alt. 1913. *G. Reincke*, RE XVI 1496ff.

**Nachtigall**, *ἡ ἀηδών* »Sängerin« (daneben *ἀηδονίς*, *ἀηδονιδεύς* und andere Derivative), *luscinia* (auch *luscinius*) »Dämmerungssängerin«? (vgl. WALDE-HOF.[3] 1. 838), daneben poet. *aedon*, *aedonius*, *philomela*. In der Regel ist die eigentliche N. (Luscinia philomela bzw. megarhynchos Brehm) aus der Familie der → Fliegenfänger gemeint; ob auch andere Arten in Betracht kommen, ist ganz unsicher. – Zool. Nachrichten sind spärlich, etwa über fehlende Zungenspitze (Ps. Aristot. hist. an. 9,616b 8. Plin. nat. 10,85) oder das Gelege (5–6 Einer im Frühling: Aristot. hist. an. 5,542b 28. Plin. a. O.). Echtes Interesse fand nur der Gesang der N., über dessen jahreszeitl. Wechsel genaue Vorstellungen herrschten (Ps. Aristot. a. O. 632b 21ff. Plin. a. O. Ail. nat. an. 12, 28. Clem. Al. Paed. 2,10 p. 221 St.; Versagen im Alter: Ail. a. O. 3,40). Man beobachtete, wie die alten N. ihre Jungen darin unterwiesen (Aristot. a. O. 4,536b 18. Ail. 5,38; vgl. Plin. 10,83f.), was Opp. auc. 1,17 zu einer anthropomorphen N.-Pädagogik aufbläht. Um ihres Gesanges willen (schöne Beschreibungen bei Aristoph. av. 209ff. und Plin. 10,81; vgl. auch Hom. Od. 19,520. Hymn. 19,18. Theocr. 12,6f. Varro rust. 3,5,14. Sen. epist. 76,9; lautliche Nachbildung bei Aristoph. av. 737ff.) hielt man N. auch in Käfigen, bemühte sich um ihre Zähmung und Abrichtung (Nemes. ecl. 2,61ff. Plin. epist. 4,2. Martial. 7,87. Clem. Al. a. O. 3,4 p. 254 St. Dio Chrys. 66,11) und zahlte für solche Vögel sehr hohe Preise (Plin. 10,81; 120), falls man sie nicht selbst einfing (darüber Aristoph. eccl. 886f. Cic. Brut. 200. Ov. Her. 19, 13. Martial. 14,218). Dichter nennen sich nicht selten Schüler der N. oder selbst N. (z. B. Alkman frg. 25. Bacchyl. 3,97. Epigr. gr. 628 Kaibel. Anth. Pal. 7,44 u. a.); im spekulativen Denken wird daher die N. zur Erfinderin des Gesanges oder der Musik überhaupt (z. B. Demokr. B 154. Chamail. bei Athen. 9,390 A). In hellenist. Z. wird »N.« geradezu Metonymie für »Lied« (Kallim. epigr. 2,5. A. P. IX 184,9) und »Poesie« (z. B. Palladas Anth. Pal. 10,92,2).

In der gr. Dichtung erscheint die N. zunächst als Frühlingsbote (z. B. Hom. a. O. Sappho frg. 136. Soph. El. 149. Meleagr. Anth. Pal. 9,363,18), aber zugleich und immer mehr als *klagende* Sängerin (Hom. a. O. hymn. 19,8. Aischyl. Ag. 1142ff. frg. 283 N.[3] Soph. Oid. K. 560ff. Eur. Hel. 1107 u. a.), deren Lied als Ausdruck von Sehnsucht und Leid sentimental empfunden wird (vgl. PISCHINGER 37ff. v. LORENTZ, RE XVI 1834); die Vorstellung, die N. sei eine verwandelte Frau, die um ihr Kind klagt (älteste Andeutung bei Hom. a. O.; Hauptstelle Ov. met. 6,424ff.; alles Material bei THRAEMER, RE I 467ff. Art. »Aëdon«; v. GEISAU, RE XIX 2515ff. Art. »Philomela«; RADKE, RE XXIII 247ff. Art. »Prokne«), lag somit nahe; der Name des Kindes (Itys) ahmte zugleich den Ruf des Vogels nach. Für die Römer (z. B. Catull 65,13. Hor. epod. 2,26. Prop. 4,9,10. Ov. Her. 15,147ff.) verbindet sich das Lied der N. gewöhnlich mit dieser Sage (eine Ausnahme: Verg. georg. 4,511ff.); so heißt die N. bei späteren Dichtern fast stets *philomela* (Pentad. PLM IV Bäh. Nr. 203. 409. Eucheria ebd. V Nr. 61. Maximian. el. 2,49 u. a.). – Abseits steht die hesiod. Fabel vom Habicht und der N. (erg. 202ff. Aisop. fab. 4 Hausr.), in der die N. wehrloses Opfer der Gewalt ist.

Gegessen wurde die N. wohl nur von reichen und gefühllosen Römern (Hor. sat. 2,3,245. Plin. 10,141. Val. Max. 9,1,2); aber als schlafhinderndes Mittel spielt ihr Fleisch eine gewisse Rolle in der griech. Volksmedizin (Nikoch. frg. 16 Kock. Ail. nat. 1,43; var. 12,20. Plin. 32,116), natürlich im Zusammenhang mit dem nächtlichen Singen (vgl. Soph. Trach. 107). W. R.

*A. Lindermayer* Die Vögel Griechenlands (1860). *A. Pischinger* Der Vogelgesang bei den griech. Dichtern (Progr. Eichstädt 1901). *G. Schmid* De luscinia quae apud Homerum Sophoclem Aristophanem est (Diss. Petersb. 1904). *O. Keller* Ant. Tierwelt 2, 1913, 73ff. *Brehms* Tierleben 9[4], 1913, 161ff. *O. Körner* Homer. Tierwelt, 1930, 70ff. *D'Arcy W. Thompson* A Glossary of Greek Birds ([2]1936). *G. Jennison* Animals for Show and Pleasure in Ancient Rome (1937) 116.

**Nacktheit.** Im Tagesdasein der griech.-röm. Ant. ist N. immer die Ausnahme gewesen. Im Epos schämt man sich der N. (Hom. Od. 6,127ff. Il. 2,261ff.), beim Sport trägt man damals Kleidung (Hom. Il. 23,683. 710. Od. 18,67. Od. 8,186 unterstreicht der Mantel, den Odysseus anbehält, die Leistung). Beim Freierkampf wirft Odysseus die Lumpen des Bettlers ab, Hom. Od. 22,1, aber 22,487f. trägt er sie wieder. Die nachhom. Z. kennt für gemeinsames Baden von Männern und Frauen sogar eine Art Badehose, *ᾤα λουτρίς*, Poll. 7, 66. 10,181. Dagegen setzt sich in archaischer Z., von Sparta (Thuk. 1,6) oder Kreta (Plat. rep. 5, 452c) ausgehend, N. im Sport der griech. Männer durch (den Römern blieb das anstößig, Cic. Tusc. 4,70); in Sparta übten auch Mädchen nackt (Nachweise bei J. JÜTHNER Die athlet. Leibesübungen d. Griechen 1, 1965, 101f.). Die agonist. N. ist jünger als die N. meist jugendlicher männlicher Gestalten in der griech. Kunst; diese hatte rein künstlerische Gründe, doch hat die N. des

Sports den bildenden Künstlern jene unmittelbare Anschauung des funktionalen Körpers geschenkt, die eine der Voraussetzungen für die Blüte der griech. Kunst ist. Schon für Plin. nat. 34,18 ist das *nihil velare* typisch griechisch. Das gilt aber nur für den männlichen Körper; soweit im 4. Jh. v. Chr. weibliche Körper nackt dargestellt werden, liegen kultische Gründe vor. Nur erotische Bilder unterliegen zu allen Z. anderen Gesetzen, die hier nicht zu erörtern sind. In Religion und Magie ist N. etwas, mittels dessen Wirkungen gegenüber bes. starken Kräften oder Mächten hervorgerufen werden sollen. Dabei wirkt die N. entweder an sich oder ist notwendiges Hilfsmittel einer magischen bzw. kultischen Handlung. Als apotropäisches Mittel ist N. vielfach bezeugt (Plin. nat. 28, 77 f.). Den gleichen Zweck kann auch die Entblößung der Geschlechtsteile haben ([2], 54 ff.). Ob die N. einzelner Krieger, die den Feind verblüffen oder erschrecken soll (Plut. Ages. 34,8 f. Amm. 31,16,6 jedoch: *nudus omnia praeter pubem. P. Couissin* La nudité guerrière des Gaulois, 1929) urspr. rituelle Bedeutung hatte, ist unklar. Hilfscharakter hat wohl die N. der epirot. Priesterin Ail. nat. 11,2, während die N. der Inkubationswilligen im Heiligtum des → Trophonios (Sch. Aristoph. Nub. 508) eine Selbstverständlichkeit ist. N. gehört auch zu den Läufern der röm. → Lupercalia; dort liegen wohl magische Vorstellungen zugrunde, die sicher bei den spartan. Gymnopaidia eine Rolle spielten. Bei der Entblößung der → Baubo liegt einerseits ein Aition vor, andererseits wirkt die N. hier euergetisch, so daß schwerlich ein urspr. apotropäischer Brauch angenommen werden muß. W. H. G.

1. *W. A. Müller* N. und Entblößung in d. altoriental. und älteren griech. Kunst. 1906. 2. *Heckenbach* De nuditate sacra sacrisque vinculis, RVV IX/3, 1911. 3. Enc. Arte Ant. V s. Nudo.

**Nadel** (*βελόνη, ῥαφίς, acus*). Seit der jüngeren Steinzeit sind Näh- und Haar-N. (zur Gewand-N. → Fibula) aus Bein, später auch aus Metall, bes. Bronze und Eisen, im Mittelmeergebiet belegt. Die Ösen der Näh-N. können rund oder oval sein, die Grundgestalt bleibt unserer Näh-N. sehr nahe; zur Verwendung → Nähen. Die Haar-N. behielt die Grundform des Pfeils weitgehend bei, doch wurde der Kopf oft reich verziert; neben ornamentalen Folgen kugel-, ring- oder eiförmiger Verdickungen begegnen pflanzliche Motive, Tier- und Menschen- bzw. Göttergestalten, sogar ganze mytholog. Szenen. Haar-N. werden gern aus kostbarerem Material (Silber, Gold) hergestellt, sie dienten außer zum Ordnen und Festhalten der Frisur gelegentlich auch als Werkzeug für Strafe (Ov. ars 3,240; am. 1,14,17 f.) und Rache (Apul. met. 8,13. Cass. Dio 47,8,4). Kleopatra soll sich nach einer Tradition mit einer vergifteten Haar-N. getötet haben (Cass. Dio 51,14). Eine große Rolle spielt die N. in Zauberei und Aberglauben: Durchstechen aus Wachs geformter »Abbilder« des Feindes mit N. ist übliche Zauberpraxis, Aufsuchen und »Stechen« von Textstellen (bes. oft Homer, sibyllin. Bücher und Vergil) ist eine beliebte Methode der Zukunftsbefragung. Im Sprichwort ist N. Symbol für Spitzfindigkeit, Pedanterie und Geringfügigkeit. W. H. G.



*Blümner* Techn. *I. Marqu.-Mau.* PrAlt. *A. Otto* Die Sprichwörter u. sprichwörtl. Redensarten d. Römer (1890. Ndr. 1964) 3 f. *(acus). P. Jacobsthal* Greek Pins 1956.

**Nähen.** Die meisten ant. Kleider waren aus einem Stück gewebt; da auch die Kante abgewebt war, wurde nichts daran genäht. Nur Tunica und wohl auch Chiton und Exomis wurden genäht, dazu die Ärmelgewänder und die bis in die hohe Kaiserzeit für barbar. gehaltenen Hosen, ferner Segel und Schuhe; angenäht wurden meist auch Borten, Fransen, Besätze usw. Von Hand genähte Fransen (also nicht angewebte) galten als luxuriös (Suet. Caes. 45,3). Der *latus* und *angustus clavus* waren offenbar meist gewebt, nicht genäht (Plin. nat. 8,193). Wichtiger als Näherei im modernen Wortsinn war im Alt. das Flicken (*ἀκεῖσϑαι, sarcire*), vor allem seit dem Aufkommen bes. dünner Stoffe (→ Coa vestis). Häufig wurden aus alten Stoffteilen Kleider, Vorhänge und Stoffe, vor allem für Sklaven, zusammengeflickt; der *centonarius* stellt aus alten Lappen so einen *cento*, ein Flickwerk, zusammen (Fest. 234 M. Cato agr. 2,3. 10,5); zur literar. Verwendung des Begriffes → Cento. Das N. hatte also im Alt. nicht die Bedeutung wie h. Als Gewerbe tritt es nur wenig in Erscheinung, da N. wie Flicken zu denjenigen Arbeiten gehört, die normalerweise im Hause mit den Kräften der *familia* durchgeführt werden; gewerbsmäßige Näherinnen (Flickschneiderinnen) sind vergleichsweise selten. W. H. G.

**Naenia** s. Nenia

**Naevius.** Altital. Personenname, vom Praenomen *Gnae(v)ius* abgeleitet (SCHULZE Eigenn. 263, 2. E. FRAENKEL, RE XVI 1656. J. REICHMUTH D. lat. Gentilicia, Diss. Zürich 1956, 93 f.), jedoch später (Arnob. nat. 3,14) gedeutet als »mit einem Muttermal versehen« (von *naevus*, vgl. WALDE-HOF.³ 1,613) und als Spitzname aufgefaßt, RE III A 1828. Pleb. Namensträger sind seit um 200 v. Chr. hist. hervorgetreten. Das Alter des Namens wird durch die Porta Naevia in der Servian. Mauer in Rom (auf der O.-Seite des Aventin), Varro l. l. 5,163, bestätigt. Namensträger auch inschr. schon in republ. Z. genannt (z. B. CIL I² 523. 1118. 1264 u. a.). Die Birnenart *pira Naeviana* (Macrob. sat. 3,19,6) wurde wohl nach Flecken auf der Schale bezeichnet. Der Dichter N. u. III.

I. Republikanische Zeit: **1.** N., von Hor. sat. 1,1,101. 2,2,68 als schlechter Hausvater und Gastgeber verspottet. **2.** M. N., Volkstribun 184 v. Chr., Liv. 39,52,3 ff. (BROUGHTON Mag. 1,376), ein Gegner des Scipio Africanus Maior; nur nach der auf Cornel. Nepos zurückgehenden Version hat N. die Anklage erhoben, worauf Scipio mit der Rede *in M. Naevium tribunum plebis* geantwortet habe. MOMMSEN RF 2,466. 480f. MÜNZER, RE IV 1476f. XVI 1558f. XIX 1136f. Da nicht alle Scipionenprozesse ins J. 187 v. Chr. gehören und mit den beiden Petillii als Anklägern zu verbinden sind, wird man h. der Aktion des N. als eines Helfershelfers des älteren → Cato (4) wieder mehr Faktizität zumessen, vgl. H. H. SCULLARD Rom. Politics 220–150 B. C., 298ff. D. KIENAST Cato der Zensor, 1954, 66f. **3.** Ser. N. prozessierte um 75 gegen Titinia, die von Cicero (Brut. 217) verteidigt wurde. **4.** Sex. N., vielleicht Sohn eines Freigelassenen, nicht unbegütert. 81 klagte er seinen Verwandten P. Quinctius, der von Cic. (Quinct.) verteidigt wurde, in einem Privatprozeß an, wobei er von Q. Hortensius vertreten wurde. **5.** C. N. Balbus, Münzmeister um 78–76, BROUGHTON Mag. 2,447. **6.** L. N. Balbus gehörte 168 zu einer Fünferkommission, die Grenzdifferenzen zwischen Pisa und Luna regeln sollte, Liv. 45,13, 11. **7.** Q. N. Crista nahm als praefectus socium 214 die Stadt Apollonia und vertrieb Philipp V. von Maked. aus Illyrien, Liv. 24,40,8–17. **8.** Q. N. Matho, half als IIIvir zur Koloniegründung 194 bis 192 bei der Anlage von Vibo in Bruttium (dabei allerdings nur als Q. N. genannt). 184 Praetor, wobei er Untersuchungen von Giftmorden in Italien zu führen hatte und dann als Statthalter nach Sardinien ging. Liv. 34,53,2. 39,32,14. 41,5f. BROUGHTON Mag. 1,345. 375. **9.** P. N. Turpio, vielleicht ein Freigelassener, der 74 wegen Beleidigungen verurteilt wurde und 73–71 dem Verres als skrupelloser Helfer in Sicilien diente, Cic. Verr. 2,22. 3,90. 5,108. H. G. G.

II. Kaiserzeit: **1.** L. N. Aquilinus. Cos. ord. 249, CIL XVI 154. VI 2843. 32554. Pap. Gieß. Nr. 40. Unter Gallienus war er um 265 Statthalter von Afrika, IAlg. 506. – THOMASSON Statth. Nordafr. 2,125f. **2.** N. Sertorius Macro. Als Tiberius wegen der Umtriebe Seians diesen beseitigen wollte, übertrug er (auf Capri) nach Mitte Oktober 31 das Kommando über die Praetorianer N.; dieser übergab in Rom am 18. Okt. den Konsuln das kaiserl. Handschreiben mit dem Befehl, Seian festzunehmen, nachdem N. sich auch der Vigiles unter Laco versichert hatte, Cass. Dio 58,9,2ff. Philo, leg. ad Gai. 6,37. Als praefectus praetorio (AE 1957, 250) genoß N. vollstes Vertrauen des Tiberius, Tac. ann. 6,15,2. Cass. Dio 58,18,5. 19,1. Durch Kapitalprozesse verursachte N. den Tod mehrerer Konsulare, Tac. ann. 6,29,3. 47,3. Dio 58,24,3f. 25,2. Er bemühte sich um die Nachfolge des Gaius so sehr (Tac. ann. 6,45,3), daß man ihm vorwarf, er und Gaius hätten den Tiberius am 16. März 37 umgebracht, Tac. ann. 6,50,5. Dio 58, 28,3, wovon Ios. ant. Iud. 18,224–234 nichts weiß. Schon im J. 38 trieb Gaius N. als Mitwisser seiner Machenschaften samt seiner Familie in den Tod, Philo, in Flacc. 4,16. leg. ad Gai. 7–9. 41–62. Cass. Dio 69,10,6. Suet. Cal. 26,1. – STEIN Praef. Aeg. 28. R. H.



III. Literarische Persönlichkeit:

Naevius, Cn. Röm. Dramatiker und Epiker des 3. Jh. v. Chr. Die bekannten biograph. Daten (vgl. die Test. bei [16], 3ff.) gehen vornehmlich auf das 1. B. von Varros *De poetis* zurück. Danach stammte N. aus Campanien (Gell. 1,24,1f.); als Geburtsdatum kann ca. 265 erschlossen werden. Nach eigener Aussage nahm N. am 1. Pun. Krieg teil (Gell. 17,21,45), wohl als junger Mann in dessen letzten Jahren. 235 (für 231 G. D'ANNA, RIL 1955, 301ff.) ist sein erstes Auftreten als Bühnendichter bezeugt (Gell. a. O. § 44f.). Nach Hier. chron. ol. 144,3 † in Utica (skept. [7], 57ff.); das Todesdatum schon in der Ant. umstritten: *veteres commentarii* (vgl. [10], 45) nannten 204, wogegen Varro unter Hinweis auf das des Zeitgenossen Plautus († 184) polemisiert (vgl. Cic. Brut. 60); nicht glaubwürdiger 201 bei Hier. a. O. (vgl. Suet. poet. ed. A. Rostagni 1944, 17f.). Wir dürfen also bis in die 90er J. des 2. Jh. hinabgehen, vgl. [5], der mit der Legende von N.' Polemik gegen die Meteller und ihrer Rache (Einkerkerung, Verbannung) aufräumt. Das bei Gell. 1,24,2 überlieferte Grabepigramm ist weder authentisch noch zeitgenössisch (vgl. [7], 65ff.). Werke: N. betätigte sich vornehmlich als Dichter von Komödien. Aus den Frg. von über 30 Titeln hebt sich in rekonstruierbaren Umrissen nur eine *Tarentilla* heraus. Die Sujets entstammen der griech. neuen Komödie, doch scheint sich bereits N. (vgl. Ter. Andr. 18ff.) die Freiheit der Kombination inhaltlicher Elemente verschiedener Stücke genommen zu haben; röm. Kolorit und ital. Witz weisen auf Plautus voraus. Ob es sich bei dem *Hariolus* um eine röm. Nationalkomödie handelte, ist umstritten.

Demgegenüber bleibt die Zahl der adaptierten griech. Tragödien – 6 Titel sind sicher überliefert – beträchtlich zurück, von denen sich nur die Dionysostragödie *Lycurgus* (nach Äschylus?, vgl. A. PASTORINO Tropaeum Liberi 1955, dazu MARIOTTI, Gn 1957, 315ff.) rekonstruieren läßt. N. hat zudem als erster in den Praetexten *Clastidium* (oder *Marcellus*, nach [5], 432ff. im J. 195 aufgeführt) und *Romulus* (oder *Lupus* ?) röm. Gesch., ja Zeitgeschichte auf die Bühne gebracht.

Auch die ep. Form, die durch Livius' Odysseeübersetzung in die röm. Literatur eingeführt war, wird von N. im *Bellum Punicum* auf die nationale Gesch. angewandt; das Metrum ist wie bei Livius der Saturnier (vgl. W. J. W. KOSTER, Mnem 1929, 332ff. G. MORELLI, Stud. Urb. 1965, 130ff.). Das Werk, urspr. ungeteilt, umfaßte nach der Einteilung des Octavius Lampadio (2. Jh. v. Chr.) 7 B. (Suet. gramm. 2), aus denen etwa 60 Frg. erhalten sind. Bei kaum einem anderen lat. Autor steht die Quantität der Rekonstruktionsversuche in einem solchen Mißverhältnis zum Überlieferten, überwuchert Hypothetisches derart das sicher Wißbare wie im Falle des B. P. Mit Recht wird seit [11] (anders [14] – [16]) aus frg. 3 Strzel., das sich auf ein Ereignis des J. 263 bezieht, geschlossen, daß Naevius am Anfang die ersten Jahre des 1. Pun. Krieges darstellte, dann an passender Stelle zur Erzählung des röm. Mythos von dem Auszug der Aeneaden aus Troia (frg. 5f.) bis zur Gründung Roms in B. 3 überging (zu den verschiedenen Deutungen von frg. 4 vgl. [16], 271 ff.). Da noch in B. 1 Italien erreicht wird (frg. 13), ist für eine karthag. Episode, geschweige für eine Romanze mit Dido kein Platz; zur Deutung von frg. 23 auf einen Albanerkönig überzeugend [17] und G. Serrao, Helik. 1965, 514 ff. Mit B. 4 kehrt N. zum Krieg zurück, vgl. F. Altheim Unters. z. Röm. Gesch. 1, 1961, 100 ff. Quelle war sicher nicht Fabius Pictor (Altheim a. O., vgl. F. Bömer, Symb. Osl. 1952, 34 ff.), sondern der Grieche Philinos und eine lat. annalist. Vorlage.

N. gelangt sowohl auf dramat. wie auf ep. Gebiet über seinen Vorgänger Livius Andronicus hinaus. Während sich der Doppelcharakter seines Epos im Einfluß auf die annalist. Historiographie (vgl. Strzelecki, RFIC 1963, 440 ff.) und andererseits auf Vergil ausdrückt, gilt er der Nachwelt doch eigentlich als *poeta comicus* (vgl. [16], 12 ff.) und hat seinen Nachfolger in Plautus gefunden. P. L. Sch.

Frg.: Komödien CRF $^2$1873, 5 ff. $^3$1898, 6 ff. [3], 204 ff. Tragödien TRF $^2$1871, 6 ff. $^3$1897, 7 ff. [3], 185 ff. Trag. Frg. ed. *A. Klotz* 1953, 30 ff. Bellum Punicum *Morel* FPL 17 ff. [3], 233 ff. [13], 87 ff. *W. Strelecki* 1959. $^2$1964 (vgl. *H. T. Rowell*, AJPh 1966, 210 ff.). [16], 487 ff.

Allg. u. Vita 1. *F. Leo* Gesch. d. Röm. Lit. 1913, 76 ff. 2. *E. Fraenkel*, RE Suppl. VI 622 ff. 3. *E. V. Marmorale* N. poeta 1945 (vgl. *L. Ferrero*, SIFC 1948, 98 ff.). $^2$1950 (vgl. *Strzelecki*, Eos 1951, 162 ff. *O. Skutsch*, CR 1951, 174 ff. *K. Büchner*, Gn 1951, 257 ff.). 4. *Rowell*, Mem. Am. Ac. Rome 1949, 17 ff. 5. *H. B. Mattingly*, Hist. 1960, 414 ff. 6. *S. Mariotti*, Enc. Spett. 7, 1960, 1115 ff. 7. *H. Dahlmann* Stud. zu Varro »De poetis«, AAMz 1962, 10, 43 ff. 8. *W. Beare* The Roman Stage $^3$1964, 33 ff. Komödien: 9. *A. Traina* Comoedia $^2$1966, 31 ff. Tragödien: 10. *H. J. Mette*, Lustrum 1964, 13 f. 50 ff. Bellum Punicum: 11. *Strzelecki* De Naeviano B. P. carmine quaestt. sel. 1935 (vgl. *H. Haffter*, DLZ 1937, 659 ff.). 12. *Rowell*, AJPh 1947, 21 ff. 13. *Mariotti* Il B. P. e l'arte di N. 1955 (vgl. *Marmorale*, Giorn. It. Filol. 1957, 356 ff. u. dagegen *Mariotti*, At. e R. 1958, 82 ff.; *Rowell*, AJPh 1957, 420 ff. *Skutsch*, CR 1958, 45 ff.). 14. *Büchner* Hum. Rom. 1957, 13 ff. *Ders.* Stud. z. Röm. Lit. 6, 1967, 9 ff. 15. *W. Richter* Das Epos des Cn. N., NGG ph.-h. Kl. 1960, 3 (zu *Büchner* 1957 und *Richter* vgl. *Strzelecki*, Eos 1963, 398 ff.). 16. *M. Barchiesi* N. epico 1962. 17. *V. Buchheit* Vergil über die Sendung Roms 1963, 23 ff.

**Nagadiba** (*Ναγαδίβα*). **1.** Küstenstadt auf der Insel → Taprobane (h. Ceylon; Ptol. 7,4,7. 8,28,3 M.); ihre Einwohner sind es offensichtlich, die sich als *Ναγαδίβοι* bezeichneten (Ptol. 7,4,9).



Aus deren Iuxtaposition mit den w. *Ἀνουρόγραμμοι* (Ptol. 7,4,9) ist ihre Lokalisierung an der O.-Küste der Insel erschlossen. **2.** Insel bei Taprobane, von Ptol. 7,4,10 als eine der wenigen namhaften der Taprobane vorgelagerten 1378 Inseln erwähnt. Ihre Lokalisierung ist völlig unsicher. E. O.

*Stein*, RE XVI 1571 ff.

**Nagara. 1.** (*Νάγαρα μητρόπολις* Ptol. 6,7, 37, *πόλις Νεγράνων* Strab. 16,781, *Νέγραν* ebd. 782), Stadt in Arabia Felix, h. Nağrān. Da in den Inschr. Nagrān nicht als Stadt, sondern als Landschaft erscheint, ist es sehr wahrscheinlich, daß das nahegelegene alte Ragmat die Hauptstadt von N. war und der Landesname schon vor der Zeit der ant. Schriftsteller auf die Stadt überging. Um 410 v. Chr. gehörte N. zum Gebiete des Stammes Muha'mir. Die Stadt wurde oft zerstört, so von Aelius Gallus 24 v. Chr. (Plin. nat. 6,160), aber immer wieder aufgebaut und gewann später als Zentrum des Christentums in S.-Arabien (um 500 Bischofssitz) große Bedeutung. A. D.

*J. Ryckmans* in Le Muséon 70, 1957, 89–92.

**2.** Nagara (*Ναγάρα ἡ Διονυσόπολις*), Stadt (Ptol. 7,1,43) im Gebiet der Guraioi s. der Lambagai und von Suastene (Swat), nicht mehr sicher zu lokalisieren. Man hat dahinter Nagarahāra in Gandhāra oder Jalālābād vermutet (R. C. Majumdar The Class. Accounts of Ind., Calcutta 1960, 380[43]), dessen weitere Umgebung sich durch die archäolog. Funde in Begrām (Geländefestung, wohl bis auf Alexander zurückgehend) und Haḍḍa (buddhist. Siedlung mit Klöstern und Stupas) als alter Kulturboden erwiesen hat. F. F. S.

*O. Stein*, RE XVI 1573 f. *A. Cunningham*, Anc. Geogr. of Ind., Varanasi, 1963, 37–40. *W. W. Tarn* The Greeks in Bactria and Ind.$^3$, Cambr. 1966, 99, 159 f. 244. *D. C. Sircar* Cosmography and Geography in Early Ind. Lit., Calcutta 1967, 128.

**Nagel** (*ἧλος*, *clavus*. Seltener *πάτταλος*, *γόμφος*, *palus*). Seit frühester Z. gab es im Bereich der ant. Kulturen N. aus Holz, Bronze oder Eisen, zu Verzierungszwecken N.-Köpfe aus Gold, Silber usw. Die Köpfe der ant. N. waren verschieden: konisch, spitz zulaufend, kugelig, polygon, eichelförmig, nach Art einer Kappe, eines Blattes oder figürlich. Oben umgebogene N. dienten als Haken. Um beim Einschlagen der N. das Holz nicht zu beschädigen, wurden öfter Metallplättchen unter den N.-Kopf gelegt. Um N. zu ziehen, benützten Römer ein Werkzeug mit gespaltener Schneide. Die N. wurden gegossen (Bronze-N.), manchmal Kopf und Stift getrennt, oder geschmiedet. Da erst die spätere Kaiserz. Befestigungs- und Halteschrauben kannte, wurden N. öfter benötigt als h. Außer in techn. Verwendung, und als Jahres-N. (→ Clavus 1) sowie als Marter- und Zauberwerkzeug kennt die Ant. N. mit nach außen gekehrten Spitzen am Halsband von Jagdhunden (*melium*, Varro rust. 2,9,15) und am Lauffänger

(Xen. kyn. 9,12. Poll. 5,32f.). N.-Köpfe, oft aus Edelmetall, dienten als Schmuck schon in myken. Z. (Dolche der Schachtgräber in Mykene und Pylos), dann bis in die Spätant. an Türen, Möbeln und Geräten. Man kannte auch N.-Schuhe, die in der Stadt zwar als Zeichen der *ἀγροικία* (Theophr. char. 4,17) oder des Geizes galten (Athen. 13, 565e), aber für das Militär typisch waren (Iuv. 3, 248. 16,24f.); erhaltene Beispiele bei L. JACOBI Saalburg 499 T. 80,14. W. H. G.

**Nagidos** (*Νάγιδος*), samische Kolonie (Mela 1,77) an der Küste des Rauhen Kilikien, deren Hafen eine natürliche, von der Insel Nagidusa (h. Adacik) gegen die offene See geschützte Bucht bildete (Reste beim h. Dorf Bozyazi). E. O.

1. *Ruge*, RE XVI 1582f. 2. *D. Magie* Roman rule in Asia Min., Princ. N.J. 1950, 1142. 3. *E. Blumenthal* Die altgriech. Siedlungskolonisation im Mittelmeerraum, Tüb. Geogr. Stud. 10, 1963, 117f.

**Naharvali** (Nahanarvali) nach Tac. Germ. 43 Stamm der Lugii, der im Gebiet zwischen Sudeten und Weichsel wohnte. In einem heiligen Hain, der auf dem Zobtenberg vermutet wird, verehrten die N. die → Alci). H. C.

*Much*, Hoops' Reallex. 3,298. *L. Schmidt* Gesch. d. dt. Stämme I 475. – RE XVI 1584 (A. Franke).

**Naia** s. Zeus

**Naimanes** (*Ναιμάνης* DESSILS 30, *Νεμάνης*. App. Mithr. 19,72), Armenier, Feldherr des Mithradates VI., schlug 88 v. Chr. M.' Aquillius in Bithynien, brachte im Namen des paphlag. Königs Mithradates, eines Sohnes des Mithradates VI., um das J. 80 Geschenke auf das Kapitol. A. DEGRASSI Inscr. lat. liberae rei publicae, 1957, Nr. 180. H. V.

**Naios** s. Zeus

**Naissus** (*Ναισσός*, *Ναισσούπολις*), Stadt in Moesia Superior, h. Niš in Jugoslavien. Günstige verkehrsgeograph. und strateg. Lage an der Nišava (Nebenfluß des → Margus), bei Ptol. 3,9,4 zu Dardania, bei Olympiod. und Hierokl. zu Dacia Mediterranea, bei Steph. Byz. zu Thrakien gehörig.

Das Stadtgebiet war ausgedehnt, der Boden recht fruchtbar. Konstantin I. schmückte seine Geburtsstadt N. mit imposanten Bauten.

Der Stadtname sowie die einheimische Bevölkerung war großenteils thrakisch, die Lage an einer der wichtigsten Durchgangsstraßen äußerst günstig.

Im Markomannenkrieg M. Aurels war N. Mittelpunkt der Grenzverteidigung in Norddardanien, seit Diokletian zur neuerrichteten Provinz Dardania gehörig. Beim Einbruch der Hunnen 441 wurde N. zerstört.

Erneut E. 6. Jh. wurde N. von den Awaren zerstört. Trotz aller äußeren Drangsale blieb N. als größere Stadt bestehen und behielt seinen Namen bis h.

Neben der Verehrung der röm. Staatsgötter hielt N. an den einheimischen, meist thrak. Gottheiten fest (Weihung: *Mercurio Naissati* CIL III 8260). Das Christentum war Anf. 4. Jh. bereits stark verbreitet. Das Bistum N. unterstand der Kirchenprovinz v. Scupi.

N. war Mittelpunkt einer blühenden Landwirtschaft, eines lebhaften Handels und Gewerbes, bes. Waffenfabriken (Not. dign. or. 2, 18–39) und Kreuzungspunkt wichtiger Straßen, Ptol. 3,9,6. Amm. Marc. 21,10. 26,5. Zos. 1,45. 3,2. Prok. B. G. 3,40. Const. Porph. Dethem. 2,9. CIL III 267–2328,109. Chr. D.

*Fluss*, RE XVI 1589–1599. *V. Velkov* Die Stadt im spätant. Thrakien und Dakien d. 4. bis 6. Jh., Sofia, 1959 (bulg.), 112ff. und Ind.

**Nakoleia** (*Νακόλεια*), Stadt in Phrygien im Tal des Parthenios ([2], 340 Nr. 12 Rev.: *ΝΑΚΟΛΕΩΝ ΠΑΡΘΕΝΙΟΣ*; h. Seyit suyu) an der Stelle des h. Seyitgazi. Angesichts der Dürftigkeit unserer epigraph. [3] und numismat. [2] Quellen ist die Stadt in ihrer hist. Entwicklung auch für die röm. Kaiserzeit und die Spätantike kaum zu fassen, zumal da auch literar. Zeugnisse nur wenig Wesentliches bieten (so Strab. 12,576. Ptol. 5,2,17 M. ausschließlich zur Geogr. von N.; Amm. 26,9,7 u. a. zur Niederlage des Usurpators Prokopios gegen Valens am 27. Mai 366 bei N., vgl. RE XXIII 256; zum Aufstand des Goten Tribigild, der 399 von N. seinen Ausgang nahm, Philostorg. 11,8 u. a., vgl. A. H. M. JONES The later Roman Empire, Oxf. 1964, 178f.). Seine größte Ausdehnung erreichte das Territorium von N. für kurze Zeit E. 3. Jh. n. Chr. durch die Einbeziehung des 50 km s. ö. von N. liegenden Orkistos, die 331 von Constantinus d. Gr. wieder rückgängig gemacht wurde (CIL 7000 mit [3], XXX not. 4). In chr. Z. war N. Bischofsitz (Belege bei [1], 1601). E. O.

1. *Ruge*, RE XVI 1600ff. 2. BMC Phrygia 339f. 3. MAMA V, XXVff. 92ff. 4. *D. Magie* Roman rule in Asia Min. Princ. N. J. 1950, 1000f.

**Nakone** (*Νακώνη*). Stadt in Sizilien, nur von Steph. Byz. s. v. erwähnt. Nach Ausweis der Mz. bestand N. im ausgehenden 5. Jh. als selbständige Gemeinde, in welcher der Dionysoskult und Weinbau eine Rolle spielten. Um 400 v. Chr. wurde N. von kampan. Söldnern besetzt (Mz. legende *ΚΑΜΠΑΝΩΝ*). Die Stadt lag offensichtlich im Gebiet von → Solus, da alle Mz. in dieser Gegend gefunden wurden. Mz.: AD. HOLM Gesch. Sic. 2, 431f. 3,667f. G. CAVALLARO, Boll. Num. 1929, 2ff. Kl. M.

*Ziegler*, RE XVI 1604. *G. V. Gentili*, Fasti Arch. 1955, 2580 (mit anderer Lokalisierung).

**Nallura** (*Νάλλουρα*), Stadt (Ptol. 7,1,85) im Landesinneren der Landschaft → Limyrike w. des Flusses Pseudostomos. N. dürfte mit Nallūr (drav. *-ūr* = »Stadt«) s. w. von Pennkonda ident. sein. F. F. S.

*O. Stein*, RE XVI 1608.

**Namades** (*Ναμάδης*), Fluß (Ptol. 7,1,31. 65) im W. Vorderindiens (Gujarat), der im Vindhya-

Gebirge entspringt und in den Golf von Barygaza (ai. Bharukacchā) mündet (Ptol. 7,1,5), die Narmadā (h. Nerbudda), die sich s. von Broach im Golf von Cambay ins Meer ergießt. Der Peripl. m.r. 42 (GGM 291) nennt den Fluß *Ναμνάδιος*. F. F. S.

*O. Stein*, RE XVI 1609. *M. Cary–E. H. Warmington* Die Entdeckungen der Ant., Zürich 1966, 150. 154. *D. C. Sircar* Cosmography and Geography in Early Ind. Lit., Calcutta 1967, 85. 103. 106f. 113. 122. 157.

**Namatianus** s. Rutilius

**Namenwesen** s. Personennamen

**Namnetae,** Völkerschaft des kelt. Gallien im s. w. Teil des armorikan. Gebiets s. des Unterlaufes der Loire, die sie nach Strab. 4,190 von den Pictones trennte. Caes. Gall. 3,9,10 nennt sie als Verbündete der Veneter. Ihr Gebiet fällt etwa mit dem h. dépt. Loire Maritime zusammen. Ptol. 2,8,8 nennt sie irrtümlich *Σαμνῖται*. Plin. nat. 4,107 *Namnetes*. Not. Gall. *civitas Namnetum*. Ihr Name lebt fort im Namen der Stadt Nantes (= Condivincum, Ptol. 2,8,9). Tab. Peut. CIL XIII p. 483. In der Kaiserz. gehörten die N. zu Gallia Lugdunensis. Im Gebiet der N. sind zahlreiche röm. Straßen festgestellt. Nantes war ihr Haupthafen (*Portus Nemetus* oder *Nemetum*? Tab. Peut.), wahrscheinlich Sitz der *nautae Ligerici* (CIL XIII 3105). M. L.

**Nanagunas** (*Ναναγούνας*), Fluß, der im Vindhya-Gebirge (Ptol. 7,1,32) entspringt und im Piratenland (Ptol. 7,1,7), d. i. in Aparānta (Ariake [Peripl. m.r. 41 (GGM 289)], Nord-Konkan) mündet. Von den verschiedenen Gleichsetzungen dürfte die mit der Taptī s. der Narmadā (→ Namades) die wahrscheinlichste sein. F. F. S.

*O. Stein*, RE XVI 1672f. *D. C. Sircar* Cosmography and Geography in Early Ind. Lit., Calcutta 1967, 123. 132.

**Nanai(a)** (Nanea), Göttin altmesop. Ursprungs (keilschr. [d]*na-na-a*), zuerst unter der III. Dynastie von Ur (21. Jh. v. Chr.) bezeugt, der Ištar nahestehend mit Kultzentrum in Uruk (Edzard, Wb. der Myth., ed. Haussig, 1,108). In hell. u. röm. Z. mit Artemis (Strab. 16,1,7) oder mit Aphrodite (App. Bell. Syr. 66) geglichen. Außerhalb Babyloniens bezeugt in Palmyra als *NNY* (Février, s. u.), in Dura-Europos als »Artemis« (Cumont Doura 169ff.), in Hatra als *NNY* (Donner-Röllig Kanaan. u. aram. Inschr. Nr. 237f. mit Komm.). Theophore semit. Personennamen mit *NNY* in Lidzbarski Hdb. der nordsem. Epigraphik 323. Zu Nanaia als Beinamen der Isis vgl. Rusch, RE XVI 1673.

Wohl auch die »iran.« Nanai, deren Tempel Antiochos III. (?) laut 2. Makk. 1,13. 15 plündern wollte, hängt mit der babyl. N. zusammen (s. a. Pseudo-Meliton über Kult der Nanai in Elam: de Lagarde Ges. Abh. 143; Agathangelos über Anahita u. Nanea in Armenien: de Lagarde, ebd.). Dagegen wird man Göttinnen des Namens *Nana*, wofern nicht **Nanâ* < *Nanaia*, nur mit Vorbehalt der babyl. N. zuordnen, so die baktr. Nana (Gardner Greek and Scythic Kings of Bactria 60), die Mutter des Attis in Phrygien (Arnob. 5,6) oder die mit Artemis (s. aber o.!) geglichene Nana (Wagner in Myth. Lex. III/1,5f.); denn Vergleich nur wegen des Anklangs ist bei »Lallnamen« zu wenig begründet. D. O. E.

*G. Février* La religion des Palmyréniens 1931, 99–102.

**Nanas, Nanos** (*Νάνας, Νάνος*). **1.** Sagenhafter Führer der Pelasger bei der angebl. Auswanderung nach Italien (Cortona). Hellan. FGrH 323a F 4. Hdt. 1,57. **2.** Odysseus wird als N. in Italien mit Aineias Waffenbruderschaft schließen, so wird prophezeit bei Lykophr. 1242ff. Vgl. Dion. Hal. 1,72,2. 12,16. Odysseus' Italienwanderung knüpft an die Weissagung des Teiresias Od. 11, 119ff. und an Hes. theog. 1105 an. Ist N. Appellativ (*νᾶνος* Zwerg oder = *πλανήτης*, Sch. Lykophr. a. O.) oder Eigenname? Mit Nr. 1 ident.? Prell.-Rob. 2, 1394, 1448f.; Myth. Lex. 3,630. **3.** Sagenhafter König der ligur. (keltiber.) → Segobrigier. Pomp. Trog. (Iust. 43,3,8ff.). Aristot. frg. 549 R. (Athen. 13,576a). L. Radermacher, RhM 71,1ff. E. Rohde Griech. Roman [3]1914,47. H. v. G.

**Nandas,** ind. Dynastie (um 364–324 v. Chr.) in Magadha (Bihar), Nachfolger der Śaiśunāgas, Vorgänger der → Mauryas. Sie beherrschten das Ganges-Gebiet, → Kalinga, Zentralindien und wahrscheinl. den N. von Dekhan. Die niedrige Abkunft der N. wird von ind. und klass. Quellen (Curt. 9,2. Iust. 15,4) übereinstimmend bezeugt. v. Gutschmid's Emendation von *Alexandrum* in *Nandrum* (Iust. a. O.) zu bezweifeln (Raychaudhuri [3],13,144), ist unnötig ([4],63). Das Heer des N.-Königs Agrammes (ai. Augrasainya, »Nachkomme des Ugrasena«, [3],14,16,23), von dem Alexander hörte, war gewaltig (R. K. Mookerji Chandragupta Maurya[4], Delhi 1966, 33f.). F. F. S.

1. *R. Sh. Tripathi* Hist. of Anc. India[2], Delhi 1960, 109–114. 2. *R. K. Mookerji* Rise of Magadhan Imperialism (Hist. and Cult. of the Ind. People II)[3], Bombay 1960, 31–38. 3. Age of the Nandas and Mauryas[2], ed. *K. A. Nilakanta Sastri*, Delhi 1967. 4. *A. T. Embree–F. Wilhelm*, Indien (Fischer-Weltgesch. 17), 1967, 53–63.

**Nanea** s. Nanai(a)

**Nannakos** (*Νάννακος*). Myth. Phrygerkönig, der uralt wurde. Er sah die deukalion. Flut voraus, versammelte seine Untertanen in einem Heiligtum und flehte unter Tränen um Abwendung des Unheils. Suda s. v. Ähnliches bei Steph. Byz. s. *Ἰκόνιον* von Annakos (ältere Form desselben Namens, Kretschmer Einl. 344. 356). Alter und Klagen des N. gaben Anlaß zu Sprichwörtern. Herod. 3,10. Zenob. 6,10. H. v G.

**Nanneius** (Nannius). Seltener Personenname (Schulze Eigenn. 426; zum Suffix: RE XVI 1666). Röm. Ritter, der bei den Proskriptionen Sullas 82 v. Chr. durch die Keltenschar → Catilinas ums Leben kam, Q. Cic. pet. cons. 9 (Greenidge-Clay Sources for Rom. Hist. 133–70 BC, 200). H. G. G.

**Nannienus,** comes unter Valentinian I., bekämpfte 370 die Sachsen (Amm. 28,5,1). 378 befehligte er als *magister equitum praesentalis*, gemeinsam mit → Mallobaudes das Heer Gratians beim Sieg über die Alamannen bei Argentaria (unweit Colmar; Amm. 31,10,6f.). N. ist wohl ident. mit Nanninus, der 388 gemeinsam mit Quintinus als Feldherr des Magnus → Maximus (8) die Franken im Kohlenwald (vermutlich bei Aachen; vgl. DRAYE, Rhein. Vierteljahrsbl. 8, 1938, 165ff.) besiegte und dann nach Mainz ging (Sulp. Alex. bei Greg. Tur. 2,9). A. L.

**Nannion** (*Νάννιον*). Hetäre des 4. Jh. v. Chr., mehrfach von Dichtern der Mittleren Komödie (z. B. → Antiphanes, → Anaxilas, → Alexis, → Timokles) unter charakterist. Beinamen erwähnt (Athen. 13,587 ab; vgl. Harpokr. s. N.). Sie trat in einer Komödie umstrittener Autorschaft (→ Eubulos [2] oder → Philippos) als Titelfigur auf (Athen. 13,568f.). H. Gä.

**Nanno** s. Mimnermos

**Nantuatae,** Volksstamm im kelt. Gallien, n. ö. von den Allobrogern. Mit den Veragri, den Seduni und den Uberi teilten sie sich das Rhônetal vom Genfer See bis zum Rhônegletscher. Der Name, aus *nant* = *val* (h. Valaisans) hat der Stadt Nantua (dépt. Ain) ihren Namen gegeben. Die N. werden von Caes. Gall. 3,1. 4,10,3. Strab. 4,204 *Ναντουᾶται*. Plin. nat. 3,137 (Inschr. des Tropaeum Augusti = La Turbie) genannt. Zu Beginn der röm. Z. bildeten die 4 Völker einen Bund: *quattuor civitates Poeninae* CIL XII 147 und später die Prov. der Alpes Graiae und Poeninae. Die Hauptstadt war *Tarnaiae* (h. Massongex). M. L.
*D. van Berchem* Du portage au péage. Le rôle des cols transalpins dans l'hist. du Valais celt., MH 13, 1956, 199.

**Nanus** s. Zwerg

**Naoklos** (*Νάοκλος*), Sohn des → Kodros, führte mit seinem Bruder Damasos Athener nach Teos. Vor ihm hatte schon Apoikos, Enkel des Kodros, Ioner dorthin gebracht. Paus. 7,3,6. Ähnlich Strab. 14,633 (*Ναῦκλος*). H. v. G.

**Naopoioi** s. Neopoioi

**Naos** (*Ναός*). Angebl. Nachkomme des → Eumolpos, der auf Weisung des delph. Orakels die eleusin. → Mysterien nach → Pheneos (Arkad.) brachte. Hier fand Paus. 8,15,1–4 den Demeterkult in mehreren z. T. hochaltertüml. Formen vor, o. I 1462, 48ff. NILSSON Griech. Feste 343f. H. v. G.

**Naparis** (*Νάπαρις*), nur von Hdt. 4,48 genannter Nebenfluß des Ister, von der skyth. N.-Seite her, vielleicht die h. Jalomitza (?). Chr. D.
*Fluss*, RE XVI 1686. *Detschew* Thrak. Sprachreste 327. Istoria Rominiei 1, 1960, 266.

**Napata.** Ant. Ort am 4. Nilkatarakt, seit Thutmosis III. Grenzpunkt des Reiches (Stele Urk. IV 1227, am »heiligen Berg« (h. Gebel Barkal) gelegen, zuerst *Npt* von Amenophis II. erwähnt (Urk. IV 1297,15). Hier wurde Amun verehrt, dem Tutenchamun, Sethos I. und Ramses II. einen Tempel s. ö. des Berges errichteten. Die nub. Könige der 25. äg. Dynastie, bes. Pianchi und Taharqa, errichteten neue Tempelbauten in N., das damals Hauptstadt des nub.-äg. Reiches war und es auch nach Vertreibung der Nubier aus Äg. blieb, bis ca. 300 v. Chr. die Residenz s. des 5. Katarakts nach Meroe verlegt wurde. Das im W. des hlg. Berges liegende Pyramidenfeld stammt aus der meroit. Epoche. 23/22 v. Chr. erreichte C. Petronius auf seinem Feldzug gegen die nub. Königin (»Kandake«) N. und zerstörte es (Strab. 17,820; Plin. nat. 6,181. Cass. Dio 54,5,4. 5). W. H.

**Nape** (*Νάπη*), Örtlichkeit im Gebiet von → Methymna auf Lesbos mit Heiligtum des Apollon Napaios, Strab. 9,4,5 p. 426. Steph. Byz., wahrscheinlich der hocharchaische Tempel beim Metochi Klopedi bei Klomidada etwa 15 km s. ö. v. Methymna. *Ἀρχ. Δελτ.* 9, 1924/25, *παρά*. 41ff. *Πρακτ.* 1927, 57ff. 1928, 126ff. BCH 45, 1921, 556. RE XVI 1687f. E. M.

**Napoca** (*Νάπουκα*), eine der wichtigsten Städte Dakiens (rum. Cluj, dt. Klausenburg). DETSCHEW Thrak. Sprachr. 327 hält den Namen für thrak. Er ist aber dako-getisch.

N. lag an der durch Dakien führenden Hauptstraße zwischen Potaissa und Optatiana. Bereits in praehistor. Z. besiedelt, entwickelte sich N. anscheinend z. Z. Traians aus einem Legionslager zu einem bedeutenden städt. Mittelpunkt (Ptol. 3,8,4 zählt es zu den *ἐπιφανέστεραι πόλεις* Dakiens). Etwa z. Z. Hadrians wurde N. Municipium (vgl. CIL III, 14465 u. s. *munic(ipium) Aeli(um) Hadr(ianum) Nap|o|c(a)* und die Führung des nomen gentilicium *Aelius* durch die Einwohner: CIL III 863. 865. 1141. 7664. VI 269. VIII 321).

Vielleicht schon unter M. Aurel Erhebung zur colonia (*Colonia Aurelia* CIL III 963 u. VI, 269 dazu häufige Verwendung des nomen gentilicium *Aurelius* durch die Bewohner, CIL III 864.7663, 7665.7996).

Im Wirtschaftsleben scheinen die Siedler aus dem Nahen Osten eine wesentliche Rolle gespielt zu haben (vgl. das *Collegium Asianorum* unter ihrem *spirarchaes* CIL III 870, die *Galatae consistentes municipio* CIL III 860 u. a.). N. war Mittelpunkt eines weitverzweigten Straßennetzes.

Im 3. Jh. überflügelte N. → Porolissum, die Hauptstadt von Dacia Porolissensis, und wurde Amtssitz des Prokurators. Über die weiteren Schicksale N.s ist fast nichts bekannt.

Die Inschriften erwähnen aus der Munizipalzeit und noch mehr aus der Z. der Erhebung zur *Colonia: decuriones, duumviri quinquennales, flamines, aediles, magistri Augustales, praefectus, augures, patronus* u. a.

Neben der Verehrung der röm. Staatsgötter bezeugen Inschr. auch oriental. Kulte, z. B. des *Iuppiter Optimus Maximus Tavianus* durch die

*Galatae consistentes municipio*, des *Iuppiter Optimus Maximus Dolichenus, des Iupp. Opt. Max. Erusenus*, des *Deus Sol Invictus*, des *Deus Aeternus* u.a. Auch verhältnismäßig frühe altchristliche Inschriften hat N. geliefert. Chr. D.

*Fluss*, RE XVI 1692–1696. Istoria Romîniei 1, 1960, 383ff. 405ff. 629ff. u.s. *Pârvan*, Dacia 4, Bucureşti 1967, Da 2; 152ff. 212ff. 246 u. bes. Acta Mus. Napoc., I–IV, Cluj 1964–1967 (rum.); in Bd. I s. Planskizze.

**Naqsh i Rustam.** Ort der Felsgräber der Achaimeniden bei Persepolis mit dreisprachigen Inschr. (altpers., babylon., elamit.) sowie einiger Sassanid. Reliefs, auf deren einem der Triumph Sapors über Kaiser Valerianus dargestellt ist, und eines Gebäudes unbekannter Bestimmung, der sog. Ka'ba des Zarathustra, mit zwei Inschr. aus der Z. Sapors, deren eine (in griech., mittelpers., parth.) den Sieg Sapors über die Kaiser Gordianus und Valerianus erwähnt, samt seiner Verhandlung mit Philippus Arabs. J. D.-G.

*MacDermot* Roman Emperors in the Sassanian Reliefs, JRSt 1954, 76ff. *W. Hinz* Funde u. Forsch. in Iran, 1969. *A. Maricq, E. Honigmann*, Étud. sur les Res Gestae divi Saporis, 1953.

**Nar** (seit Enn. ann. frg. 260 V.; vgl. Verg. Aen. 7,517. Lucan. 1,475. Sil. 8,453), Grenzfluß zwischen Umbrien und der Sabina, fließt an den ertragreichen (Plin. nat. 18,263. Tac. ann. 1,79) Wiesen von Interamna (Zufluß aus dem Velinobecken: Cic. Att. 4,15,5. Plin. 3,109) und unterhalb (Serv. z. St.) von Narnia vorbei, um bei Horta in den Tiber zu münden (Vib. Sequ. p. 150 R.). Im Unterlauf schiffbar (Strab. 5,227. Tac. ann. 3,9). Name angeblich (Serv. auct. z. St.) sabin. bedeutet »Schwefel«; h. Nera. G. R.

*Forbiger* HB d. alt. Geogr. 3,370. *Nissen* It. Ldk. 2,405.

**Naraku Stoma** (*Ναράκου στόμα*), einer der Mündungsarme des Ister (Donau), nach der Schilderung bei Apoll. Rhod. 4,310ff. wahrscheinlich der Arm, der auch *Καλὸν στόμα* hieß und der h. Sulina = Mündung entspricht. Der Name thrak. bzw. get.-thrak. Apoll. Rhod. 4,310ff. Ptol. 3,10,2. Arr. Per. P. E. 35. Anonym. per. P. E. 67. Plin. nat. 4,79. Amm. 22,8,45. Chr. D.

*Detschew* Thrak. Sprachr., 327ff. *Vasmer* Unters. über die ältesten Wohnsitze d. Slaven 60ff. (hält den Namen für iran.).

**Naraggara,** Stadt in der Provinz Africa procons.; h. Sidi Yousef, Algerien (S. GSELL Atl. Arch. Alg. 19 El Kef, Nr. 73) im Bagradastal, n.w. von Sicca Veneria. Der Name ist vielleicht phoinik. (S. GSELL Hist. Anc. Afr. N. 2,106). Liv. 30,29 verlegt die berühmte Schlacht und die Unterredung zwischen Hannibal und Scipio im Sommer 202 nach N. Dann müßte es nahe bei Zama liegen. Pol. 15,5 (die Quelle des Liv.) gibt *πόλιν Μάργαρον* (zu dieser Frage → Zama), Ptol. 4,3,30 *Ναράγγαρα* Itin. Ant. 41. 44, Tab. Peut. 4,4, Geogr. Rav.: *Narragara*. Aus der Z. Hadrians werden Legionäre aus N. in CIL VIII 18085 genannt. N. war also röm. Rechtes. Ein *pontifex* wird genannt ILAlg. I 1189; also bestand eine munizipale Ordnung. Man verehrte den berber. Gott *Iocolon* und die pun.-röm. Göttin *Iuno Caelestis* (ILAlg. I 1184.1185). Inschr. ILAlg. I 1183–1219. Einige Ruinen: Thermen, Wasserleitung, byz. Festung. M. L.

**Narbo,** Stadt der Gallia Narbonensis, h. Narbonne. Vor der röm. Z. war N. eine Siedlung an der Straße des Herakles zwischen Spanien und Rhodanus, am Ufer des Atax (Aude). Dieses oppidum ist vielleicht mit Montlaurès identisch. Die Lagune zwischen N. und dem Meer wird von Hekat. frg. 19 *Ναρβωνῖτις* genannt (Strab. 4, 184). N. war der Hafen der Volcae Arecomici (Strab. 4,186). Nach der Eroberung der Provinz durch Domitius Ahenobarbus wurde im J. 118/117 v. Chr. eine röm. Kolonie dort angelegt (über einen 1949 gefundenen Meilenstein s. P. M. DUVAL, Gallia, 7, 1949, 207) namens *Narbo Martius* (Cic. Font. 5,13). Sie wurde der Hauptort der Provinz. Die Konkurrenz mit Massalia gab den Anlaß zur Anlage einer neuen Kolonie durch Caesar: *col. Iulia Paterna Claudia Decumanorum* (Cic. Att. 12,37. Plin. nat. 3,32). Im J. 27 v. Chr. veranstaltete Augustus in N. einen Conventus ganz Galliens (Liv. epit. 134). Wichtiger Handelshafen am Ausgangspunkt der Straßen SW. Galliens an der via Domitia zwischen Italien und Spanien (Diod. 5,22. 38,5. Strab. 4,186. Mela 2,5,75. Auson. 19,118). Wegen der Anschwemmungen des Flusses mußten mehrere Häfen angelegt werden; die großen Meerschiffe gingen im Seehafen vor Anker, während die Auslade- und Warenspeicher in der Stadt am Ende der Landstraße waren, wohin die Waren mit Leichterschiffen gebracht wurden. A. GRENIER Man. Arch. gallo-rom. 2, 1934, 483; FOrb. Rom. 12, Aude, 1959, 105, mit Plan.

Zahlreiche Handwerke werden erwähnt: bes. die in *corpora* oder *collegia* organisierten *fabri*: CIL XII 4393 *(fabri subaediani)*; die auch in Ostia bezeugten *navicularii* (G. CALZA Il piazzale delle Corporazioni di Ostia, Bull. Comun. 1915, 279); die *utricularii*? (ESPÉR. Inscr. Lat. Gaule Narb. 571). Weitere Handwerke s. GRENIER FOrb. Rom. 12, Aude, 43.

Die zwei röm. Kolonien besetzten allmählich das l. Ufer der Aude, nicht weit von ihrer Mündung in die Lagunen, auf einer Anschwemmungsebene, wo sich noch Spuren der Katasteraufnahme finden (M. GUY, Gallia 13, 1955, 103. Étud. Roussill. 4, 1954/55, 217). Die Grenzen der Stadt werden durch die Friedhöfe bezeichnet (Plan bei GRENIER 85): 800 m S.-N.; 1000/1200 m W.-O.; Flächenraum 80/100 ha. N. hatte ein Forum (60x85 m), ein in den J. 145–149 gebautes *capitolium* (V. PERRET, Gallia 14, 1956, 1), *horrea* nahe bei dem Forum (SIGAL, Gallia 12, 1956, 93), ein noch nicht gefundenes Theater (Sidon. 23,40), ein Amphitheater (121,60x93,20 m), einen provinzialen Tempel, Thermen.

In N. residierten der *procos.* der Gallia Narb., ein *vir praetorius*, die *procuratores* mit ihren *tabellarii* und Verwaltungsbeamten. Zahlreiche munizip. Beamte sind erwähnt bei GRENIER FOrb. Rom. 26; viele haben als *praefecti fabrum* ihren *cursus* begonnen.

Unter den in N. verehrten Göttern waren Iuppiter, Mars, Mercurius, Vulcanus, Hercules, Silvanus, Belenus, die Matres, Larraso, Bona dea, Vortumnus?, Kybele. N. war auch das Zentrum des Kaiserkultes; der erste provinz. *flamen* war Q. Trebellius Rufus unter Vespasianus (A. AYMARD, Bull. Soc. arch. Midi de la Fr. 1942–45, 513). Das Christentum setzte sich im 3. Jh. durch. Nur wenige chr. Denkmäler sind erhalten, bes. Friedhöfe (SIGAL, Bull. Comm. arch. N. 20, 1939 bis 1940, 93).

Am E. 3. Jh. wurde eine Mauer gebaut, um die verengerte Stadt zu schützen, mit 700 x 500 m Umfang. Sie ist erhalten (GRENIER, FOrb. Rom. 85, mit Plan Fig. 4. Sidon. 23,51 ff.). Inschr. CIL XII p. 521. 844. 863. E. ESPÉR. Insc. lat. Gaule Narb. 1929. M. L.

*Ph. Héléna* Les origines de N., Narbonne 1937. *A. Grenier* FOrbRom Carte arch. de la Gaule rom. XII Aude, Paris 1959.

**Narcissus. 1.** Einflußreichster der Freigelassenen des Claudius, bei dem er das Amt *ab epistulis* innehatte, CIL XV 7500. Im J. 42 verbündete sich mit ihm Messalina, um die Hinrichtung des C. Appius Iunius Silanus zu betreiben, Tac. ann. 11,29,1. Suet. Claud. 37,2. Cass. Dio 60,14,3 (Z. STEWART, AJPh 74, 1953, 84); im gleichen Jahr brachte er im Zuge des Aufstandes des L. Arruntius Camillus Scribonianus viele Leute ums Leben, Cass. Dio 60,15,5 f. 16,2–5. Dagegen verschaffte er dem späteren Kaiser Vespasian das Kommando über die leg. II Aug. in Germania sup., Suet. Vesp. 4,1 f. Trotz seines Einflusses und ungeheuren Reichtums (400 Mill. Sesterzen, Cass. Dio 60,34,6 p. 17 f. Boiss.) mißlang im J. 43 sein Versuch, meuternde Soldaten in Britannien zum Gehorsam zu bringen, Cass. Dio 60,19,2. Er verriet im J. 48 dem in Ostia befindlichen Claudius das Verhältnis Messalina–C. Silius und betrieb die Ermordung der beiden und anderer Persönlichkeiten, Tac. ann. 11, 29–38. Cass. Dio 60,31,2. 4. Sen. apocol. 13,4. N. erhielt die *ornamenta quaestoria*, Tac. ann. 11, 38. Gegen seine Pläne heiratete Claudius die Agrippina. Diese ließ ihn daher nach der Ermordung des Claudius am 13. Okt. 54 verhaften und am Grab der Messalina hinrichten, Tac. ann. 13,1. Cass. Dio 60,34.6, p. 17 Boiss. **2.** N., einflußreicher Freigelassener unter Nero, von Galba hingerichtet, Cass. Dio 64,3,4[1]. **3.** N., Athlet, der bei Commodus in Gunst stand, ihn aber am 31. Dez. 192 erwürgte, Cass. Dio-Xiph. 72,22,5. Herodian. 1, 17,11. Septimius Severus ließ ihn wilden Tieren vorwerfen, Cass. Dio 73,16,5. vit. Sev. 14,1. R. H.
**4.** S. Narkissos

**Nardos** (ἡ νάρδος, auch τὸ νάρδον; *nardus,-i* fem. und *nardum;* aus hebr. nērd, dieses aus skr. nalada(m), s. BOISACQ dict. étym. 657). Unter der N. verstand das Alt. neben der echten indischen, im zentralen Himalaya heimischen N. (Nardostachys jatamansi), deren Wurzelstock mit dem faserigen Blätterschopf am oberen Ende das kostbare Duftöl liefert, noch mehrere andere, nach Plin. nat. 13,16, vgl. 12,43 ff. neun, *herbarum quae nardum Indicum imitarentur species*, vor allem gewisse aromatische Gräserarten Vorderasiens (die syrische oder assyrische N.), die kelt. und die Bergnarde, beides Baldrianarten, Haselwurz, Zypergras u.a. Man bereitete aus der N. einen für mancherlei Leiden nützlichen Medizinalwein und verwendete sie auch als Würze für Speisen, vor allem aber lieferte sie das kostbare Duftöl für kosmetische Zwecke. Zahlreich sind die Belege aus griech. und röm. Autoren (Lucr. Verg. Hor. Ov. usw.). Auch zur Salbung Christi im Hause Simons des Aussätzigen (ev. Mark. 14,3) bzw. des Lazarus (ev. Joh. 12,3) verwendete das Weib (bzw. Lazarus' Schwester Maria) N.-öl. Wegen seiner Kostbarkeit wurde es oft verfälscht, andererseits mit → Malobathron verwechselt oder vermischt. K. Z.

*Alfr. Schmidt* Drogen und Drogenhandel im Altertum 25 ff. *Steier*, RE XVI 1703–14.

**Naresii.** Großes illyr. Volk in Dalmatien (Plin. nat. 3,143; Ναρήσιοι App. civ. 1,11. 3,16. Ptol. 2,16,5), im Conventus Naronitanus, wo es 102 Dekurien bildete. Der Name weist auf die Narenta-Gegend hin, ein Teil des Volkes lebte in der Umgegend von Mostar, der andere am oberen Flußlauf der Narenta. Das Namenmaterial ist im allg. illyr., die in der Gegend von Konjic und Mostar erscheinenden kelt. Namen sind als Reste der mit den N. verschmolzenen Autariatae zu betrachten. J. F.

*G. Alföldy* Bevölkerung und Ges. der röm. Provinz Dalmatien, 1965.

**Naristi** (Varisti, Narisci) nach Tac. Germ. 42 s.-germ. Volksstamm, der zwischen Hermunduren und Markomannen s. vom Böhmerwald im Gebiet der Nab und des Regens siedelte und den Sueben zugezählt wurde. Im Markomannenkrieg auf seiten der Feinde Roms, wurden Teile der N. in Pannonien angesiedelt (CIL III 4500 bei Carnuntum). Die in der Heimat verbliebenen N. wurden im 5. Jh. von den Thüringern vertrieben und wanderten nach W., wo sie im 8. Jh. am Doubs als Varisci (Warisci) neben den Burgundern bezeugt sind. H. C.

*L. Schmidt* Gesch. d. dt. Stämme 2,159. *Müllenhoff* Dt. Altertumskunde 2,302. 4,478. *A. Franke*, RE XVI 1717.

**Narke** s. Zitterrochen

**Narkissos** (Νάρκισσος). **1.** Mythisch. Ein schöner Jüngling, der sich in sein eigenes Spiegelbild im Wasser verliebt, vor Sehnsucht dahinschwindet und in die gleichnamige Blume verwandelt wird. Heimat der Sage ist Boiotien, wo

Paus. 9,31,7 die Quelle des N. bei Thespiai erwähnt. Als Eltern nennt Ov. (s.u.) den Flußgott Kephisos und die Naiade Leiriope (Leirioessa). In Eretria weist N. als Sohn des → Amarynthos genealog. auf den Artemiskult, Prob. zu Verg. ecl. 2,48. Sein Grab in Oropos hieß das Grab des Schweigenden (Σιγηλοῦ), Strab. 9,404; dadurch wird er als sepulkral-chthon. Heros bezeichnet. Vermutlich war er ein spröder Jäger im Dienst der Artemis; er wurde von einem verschmähten Liebhaber getötet und in eine Narzisse, die Blume der Unterwelt (Soph. Oid. K. 683) und der Gräber, verwandelt. Das zweifellos vorgriech. Wort N. wurde mit ναρκᾶν »erstarren, gelähmt werden« zusammengebracht, Cornut. 35 (S.75,15 Lang).

Eine hellenist. Fassung der Sage liegt Konon frg. 24 (FGrH I 197) vor: N. verachtet den Eros von Thespiai. Einem Liebhaber schickt er sogar ein Schwert zu, mit dem dieser sich vor der Tür des Geliebten ersticht. Zur Strafe verliebt er sich in sich selbst, zuletzt entleibt er sich, überzeugt von seiner Hybris. Aus seinem Blut entstand die Narzisse. – Ov. met. 3,339–510 hat die Sage an andere theban. Sagen angeknüpft durch ein Orakel des Teiresias an Leiriope (N. werde alt werden, *si se non noverit*), und hat sie mit der Sage von → Echo verbunden, die aus unerwiderter Liebe zu dem Liebesunfähigen dahinsiecht, so daß nur ihre Stimme als Nachhall zurückbleibt. Der Fluch eines seiner Liebhaber wird von Nemesis erhört. Müde von der Jagd läßt N. sich an einsamer Waldquelle nieder, wo er sich in unstillbarer Sehnsucht nach dem im Wasser geschauten eigenen Bilde verzehrt. Die Naiaden finden statt seiner die Blume. Er aber spiegelt sich weiter im Wasser der Styx. – Eine Dublette ist die Sage von Eutelidas, der durch Betrachtung seiner Schönheit in einem strömenden Fluß schwer erkrankt, Plut. quaest. conv. 5, 7,4.

Deutungen: Aition der Narzisse als Gräberblume, Symbol des Todes (s.o.), dazu das Motiv der Bestrafung der Widerspenstigkeit gegen einen Gott. – Auswirkung des ant. Spiegelzaubers (Katoptromantie, → Mantik). J. G. Frazer The golden Bough[3] 3,94, vgl. Artemid. oneir. 2,7 (sich im Wasser spiegeln = Tod) und das Verbot dieses Spiegelns in pythag. Symbola. – Ethisch: Der Spruch Πολλοί σε μισήσουσιν, ἢν σαυτὸν φιλῇς (Paroem. gr. 2,85) wurde auf N. bezogen. – Philos. (neuplaton.): Leibliche Schönheit ist verhängnisvoll, wenn vergessen wird, daß sie nur ein Abbild der ewigen ist, Porph. vit. Plotin. 17. – Psychoanalyt. Begriff »Narzißmus«. – Der idyll. sentimentale Gehalt und die Melancholie des Mythos sowie die Möglichkeit, in der Spiegelung zeichner. Raffinement zu entwickeln, reizte die Künstler: die Szene häufig in Wandbildern, Reliefs, Mosaiken, Gemmen. H. v. G.

*O. Willmann* Aus der Werkstatt der Philosophia perennis, 1912, 187. *A. Delatte* La catoptromancie grecque et ses dérivés, 1932, 152f. *H. Fränkel* Ov. a poet between two worlds: The Sather class. Lect. 18, 1945, 84f. H. Cancik u. H. Dörrie Der altsprachl. Unterr., Reihe 10, 1962 – *K. A. Neugebauer* Die Bronzestatuette des N. von Mechtersheim, Winckelmannsprogr. Bln. 1927.

**2.** N., Bischof von Jerusalem, † nach 211 im Alter von über 116 J., nachdem schon zu seinen Lebzeiten Alexandros sein Mitbischof geworden war (Eus. KG 6,8,7 – 11,3). Im Streit um das Osterdatum stand er mit Rom und Alexandreia gegen Polykrates von Ephesos (Eus. KG 5,22–25). **3.** N., Arian. Bischof von Neronias (Eirenopolis) in Kilikien, † nach 357. N. war ein Hauptgegner des → Athanasios, wirkte an dessen Verurteilung auf der Synode von Tyros 335 mit und nahm an den Konzilien von Nikaia 325, Serdica 343 und Sirmium 351 teil. O. H.

**Narnia.** Die umbr. (Steph. Byz. s. Νηκονία) oder (Grenzgebiet!) samnit., d.i. sabin., Stadt (s. Steph. Byz. Ναρνία) Nequinum wurde 299 nach langer Belagerung (Liv. 10,9,8) von M. Fulvius erobert (10,10,1 ff.); Triumph *de Samnitibus* (d.i. Sabiner) *Nequinatibusque*. An den festen Platz (Liv. 10,9,8. Sil. 8,460. Claud. VI cons. Hon. 515. Prok. Got. 1,17) hoch über dem schiffbaren (Tac. ann. 3,9) Nar (Strab. 5,227: ohne Autopsie) kam die Latinerkolonie N. (Liv. 10,10,5. Paul. Fest. 185,14 L. Plin. nat. 3,113: 6. Region. Ptol. 3,1,54). Unzuverlässig im 2. Pun. Kriege (Liv. 27,9,7. 29, 15,5) erhielt N. neue Kolonisten 199 (32,2,7). Später (tribus Papiria) oft erwähnt (Tac. hist. 3,58. 60. 63. 78 u.a.); Heimat Nervas (Aur. Vict. Caes. 12, 1). Station der via Flaminia (It. Ant. 125,2. 311,2. Burd. 613,4); h. Narni. G. R.

*Forbiger* HB d. alt. Geogr. 3,438. *Nissen* It. Ldk. 2,406. *Beloch* RG 426. *Schulze* Eigenn. 478.

**Naro** (*Nar*, *Narenum*, Νάρων, Ὀρόντιος). Fluß in der Herzegowina, h. Narenta, Neretwa, Name slav.-litauisch (*nar* = tauchen), vielleicht auch thrak. (Νάρηκος, PN). Cato nennt das Tal des N. *magnum*, *pulchrum*, *pisculentum*. Bronzene Angelhaken und tönerne Netzhenker bezeugen den Fischreichtum des Flusses. Der Holzreichtum ermöglichte den Schiffbau, auch der Weinbau, die Olivenkultur, Irispflanzungen blühten auf, nächst Capljina, bei Zitomisljic in Potai freigelegte Ziegeleien zeugen von der lebhaften Bautätigkeit. Am oberen N. wohnten einst die Cerauni, am Unterlauf Thraker und die Manii, später die Daorsi. Die Manii wurden durch die illyr. Ardiäer besiegt. 167 v. Chr. wurde der N. die Grenze des Römerreiches, nach 33 v. Chr. ein Limes gebaut, der bei Mogorjelo (bei Capljina) endete. In dieser Z. wurde eine Straße am N., die bis in die Ebene von Sarajevo führte, angelegt. Die wichtigste Ortschaft am N. war zur Römerzeit Narona. Gegen E. 6. Jh. erfolgte der Einbruch der Slaven. J. Sz.

*M. Fluß*, RE XVI 1736ff.

**Narona** (h. Vid in Jugoslavien, am Flusse Naro), bedeutende Stadt Dalmatiens. Zu der thrak.-

illyr. Urbevölkerung gesellten sich griech. Kaufleute schon seit der Mitte 4. Jh. v. Chr., unter der Herrschaft der Römer neben Italikern auch Kleinasiaten. Als iul. Kolonie erhielt N. die Autonomie vor 27 v. Chr. Schon Mitte 1. Jh. v. Chr. entwickelte sich hier ein röm. Handelszentrum. N. wurde dann Vorort des naronitan. Convents der Provinz. Veteranen ließen sich in N. seit Tiberius nieder. Militär. wurde N. von dem Auxiliarkastell Bigeste gesichert, das Gebiet der Daorsi (*civitas*) unter den Flaviern der Kolonie N. angegliedert. Bei der Zweiteilung Dalmatiens wurde N. Vorort der s. Provinz. Die Importwaren wurden von N. aus weitergeleitet, über N. vor allem landwirtschaftliche Produkte exportiert. Die Steinmetzen waren in dem *coll(egium) fabrum* vereinigt, ein *lapidarius* wird inschr. erwähnt. An weiteren Vereinen bestanden in N. ein *thiasus iuventutis* und *convictores Concordiae*. Funde vieler Kupfermünzen aus → Nemausus aus der Z. des Augustus von Amphoren für die Öl- und Weinlieferung aus Kalabrien und Griechenland usw. bezeugen regen Handelsverkehr bis an die S.-Küste Galliens und zu den griech. Inseln. Seit E. 3. Jh. n. Chr. führte die Abnahme des Imports zu einem breiteren Aufstieg des lokalen Handwerks und erfolgte die Dezentralisation der Bevölkerung im oberen und mittleren Narentatal. Steinaltäre vor allem für die röm. Staatsgottheiten (Iuppiter, Ceres, Diana, Mercurius, Neptunus, Venus usw.), später auch für oriental. Götter (Dolichenus, Isis). Von der Verehrung der Kaiser in N. zeugt u. a. ein gemeinsamer Tempel des Augustus und der Livia. Seit der 2. Hälfte 2. Jh. n. Chr. spricht die Verbreitung der ö. Religionen für die zunehmende Rolle der Orientalen. Inschr. (CIL III 1805. 8783) nennen *res publica* bzw. *civitas Naron(ensium)*. Beiname der colonia N.: *Iulia* (Bull. Dalm. 33,107). An Beamten werden genannt: *quattuorviri*, *aedilis*, *dispunctor*, *Augusti dispensator* usw. Ant. Reste: Spuren von Abzugskanälen; Stadtmauer am Ufer des Flusses, durch Türme verstärkt; Forum, mit großen Fliesen gepflastert, umgeben mit öffentlichen Gebäuden: Heiligtümer, Bäder, Theater; Schatzfund vieler Goldmünzen von byzant. Kaisern. Eine altchr. Inschr. aus N. in CIL III 1891. Um 530 Bistum zum letztenmal in den Konzilsakten von Salona (im J. 530 und 532) genannt: *Narontiana ecclesia*. Aus der Z. der O.-Goten Silbermünzen. Unter byzant. Herrschaft (um 609 n. Chr.) wurde N. beim Einfall der Slaven zerstört, die letzten Bewohner von N. wurden als Gefangene weggeführt. J. Sz.

*Patsch* Schr. d. Balkankomm. Ant. Abt. Wien 5, 1907; Jb. f. Altertumsk. 2, 87ff. Wien 1908; Osten und Orient 1, Wien 1922. *M. Fluß*, RE XVI 1755ff. *G. Alföldy-A. Mócsy* Bevölkerung ... d. röm. Prov. Dalmatien, 1965, 134ff.

**Narses. 1.** N., Narseh, König der Perser von 293–302, Sassanide, Sohn Sapor I. N. beendete Thronwirren und fiel dann 296 in Armenien ein (Amm. 28,5,11). 297 besiegte er den röm. Caesar Galerius Maximianus, unterlag jedoch 298 und mußte in einem Friedensvertrag Teile Mesopotamiens an Rom abtreten, ferner die röm. Oberhoheit über Armenien und Iberien anerkennen (Aurel. Vict. 39,33f.; Eutr. 9,24f. Malal. 12,306. 312. Petrus Patr. frg. 12f. = FHG 4,188f.).

*W. Enßlin* Zur Ostpolitik des Kaisers Diokletian 1942, 35ff.; *K. M. Ziegler* Die Beziehungen zwischen Rom und dem Partherreich 1964, 144f.

**2.** N., pers. Prinz. Bruder Sapors II., machte um 335 einen Einfall in Mesopotamien und fiel beim Rückzug im Kampf gegen den röm. Caesar Constantius (Fest. Brev. 27,2. Theophan. a. 5815. Philostorg. h. e. Anh. 7,3 a). **3.** N., Perser, kam 357 als Gesandter Sapors II. zu Constantius II. und war wohl einer der 363 bei Ktesiphon von Iulian besiegten Generale (Amm. 17,5,2. 24,6,12. Petr. Patr. frg. 17 = FHG 4,190). A. L.

**3.** N., Eunuch, röm. Palastbeamter und Feldherr ca. 490–574. Von den Zeitgenossen entwirft Prokop ungeachtet einiger Kritik ein positives Bild, gibt Agathias eine vorwiegend panegyr. Darstellung (bes. 1,8. 12f. 16; vgl. auch Paul. Diac. Hist. Lang. 2,3). N., * um 490 in Persarmenien, aufgewachsen am röm. Hof, um 530 zum *praepositus sacri cubiculi* aufgestiegen (Stein 356f.). Beim Nikaaufstand (532) gelang es N., die Rebellen zu spalten (Malal. 18,476). 535/36 war N. als kais. Kommissar in Alexandreia (ACO 2,5,135), wurde 538 mit einem Hilfsheer (zur Kontrolle → Belisars?) nach Italien entsandt, jedoch schon 539 zurückberufen, als seine Differenzen mit Belisar die Lage erschwerten (Prok. 6,13. 16ff.). N. blieb aber in der Gunst des Kaisers und bes. der Theodora (Prok. 2,25. 7,13f. Mal. 18,481). 551 wurde N. (spätestens jetzt *patricius*) zum Oberbefehlshaber in Italien ernannt. Er erreichte vom Kaiser großzügige Zuweisungen an Truppen (ca. 30000 Mann) und Geld (Prok. 8,26). E. Juni 552 besiegte er die Goten unter → Totila bei Busta Gallorum (s. w. Gualdo Tadino, Umbrien; Prok. 8,28ff. – zum Ort: Roisle bei Altheim Gesch. d. Hunnen 5, 1962, 363ff.). E. Oktober 552 (nicht 553!) zwang er das Gros der restlichen Goten unter Teija am Mons → Lactarius zur Kapitulation. Die Belagerung von Cumae mußte N. im Frühj. 553 angesichts der Invasion Italiens durch Butilin und → Leuthari abbrechen. Drei Monate wurde N. vor Lucca aufgehalten (anekdot. Agath. 1,12f.). Mit dem Sieg über Butilin am Casilinus = Volturnus bei Capua im Herbst 554 war fast ganz Italien in der Hand des N. (Agath. 2,4f.). 561/62 besiegte N. von Franken unterstützte got. Empörer (Menand. exc. de leg. 171; Paul. Diac. 2,2. Mal. 18, 492). N., der von 554 ab meist in Rom residierte, hatte als Inhaber der milit. und zivilen Obergewalt die Verteidigung und die Verwaltung Italiens zu reorganisieren, ebenso für den Wiederaufbau zu sorgen. Bei den innerkirchl. Auseinandersetzungen blieb der als fromm geltende N. (STEIN 356f.) im wesentlichen neutral. 567 wurde er von Iustinus abberufen (Paul. Diac. 2,5 mit Ausschmückungen). Spätere Erfindung ist, daß N. nun die Langobarden ins Land gerufen habe (dazu SCHMIDT 589,3). Nach seinem Tode, wahrsch. 574 in Rom, wurde der vor allem wohl durch seine diplomat. Fähigkeiten hervorragende N. nach Constantinopel überführt und dort ehrenvoll beigesetzt (Paul. Diac. 2,12. Joh. Eph., KG 1,49). A. L.

*E. Caspar* Papsttum 2, 1933. *L. Schmidt* Ostgermanen 1934. *E. Stein*, II 1949.

**Narthakion** (*Ναρθάκιον*), Berggipfel im Othrysgebirge, nicht ganz sicher zu identifizieren, nur beim Durchmarsch des → Agesilaos im J. 394 v. Chr. erwähnt, Xen. hell. 4,3,8f.; Ages. 2,4f. Plut. Ages. 16,5; Mor. 211 F. Die gleichnamige Stadt der Landschaft Achaia Phthiotis, Strab. 9,5,10 p. 434 *Ναρθάκ]ιον* (?). Ptol. 3,12,43. BCH 45, 1921, 22 IV 28. 29 V C 10, ist inschr. in dem Stadtmauerring auf einem 880 m hohen zweigipfligen Kalkberg 1½ km s. w. von Limogardi im s. Othrys festgestellt. Das Stadtgebiet grenzte an → Melitaia, IG IX 2,89 = Syll. II³ 674. Die erhaltenen Inschr. stammen alle aus dem 2. Jh. v. Chr., Ethnikon *Ναρθακιεύς* IG IX 2,89–91. E. M.

1. *Fr. Stählin* Das hellen. Thessalien 1. 3. 187ff. mit Skizze und T. II,1. 2. *Ders.*, RE XVI 1760ff. 3. *Y. Béquignon* La vallée du Spercheios 286ff. (mit Planskizze und T. XIII, 1). 4. *Ders.* Notes archéol. sur N., BCH 70, 1946, 9ff. 5. *Philipps.-Kirst.* 1,203f.

**Narthex. 1.** (*νάρθηξ*, *ferula*, Etym. ungewiß) das Stecken- oder Rutenkraut, von Theophr. h. plant. 6,2,8f. gut beschrieben, in der Küstenregion Griechenlands, auf den Inseln und in Unteritalien verbreitet, bis 5 m Höhe aufschießend. Der dürre Stengel diente als Zuchtrute (»Rohrstock«, vgl. Mart. 10,62,10 *ferulaeque tristes, sceptra paedagogorum;* 14,80 *invisae nimium pueris grataeque magistris* u. a.), auch für das Vieh und als Stab der Bacchanten (→ Thyrsos). Die gekochten Stengel, die Wurzel in Wein zerrieben, das weiße, schwammige Mark, die Samen und die Asche wurden verschiedentlich medizinisch verwertet, das Rohr zum Schienen bei Knochenbrüchen; das Mark diente auch als Zunder, daher die Sage, daß → Prometheus das Feuer in einem hohlen N. vom Himmel zur Erde brachte. K. Z.

*Steier*, RE XVI 1765–70.

**2.** N. (*νάρθηξ*, *narthecium*) ist ein nach dem Stengel von Nr. 1 benannter, zylindrischer Drogenbehälter beliebigen Materials. Da N. auch Titel für Handbücher mit (vielen) Rezepten ist, wird wohl mit Recht gefolgert, daß es N. mit getrennten Abteilungen für verschiedene Medikamente gab. Nach dem N. hieß die aristotel. Rezension der Ilias *διόρθωσις ἐκ τοῦ νάρθηκος*, da Alexander sie in einem kostbaren N. aus dem Besitz des Dareios aufbewahrt hatte; sie könnte aus mehreren Büchern bestanden haben. Nachweise: HARTKE, RE XVI 1770f. **3.** N. heißt der Hirtenstab (*Ferula*) des byz. Kaisers bzw. Patriarchen (Codin. Curop. de offic. 17 p. 93,22 Bonn. Georg. Pachymeres de Andron. Palaeol. V 1 p. 368,9 Bonn). **4.** N. heißt seit Prok. aed. 1,4,7. 5, 6,23 die Vorhalle der chr. Basilika des O., an deren Stelle man im W. die *porticus* bevorzugte. In Emporenkirchen dient der N. zur Fortführung der Tribüne über die w. Schmalseite, so daß man im byz. MA. einen inneren und einen äußeren (Exo-) N. unterschied. A. K. ORLANDOS *Ἡ ξυλόστεγος βασιλική* 1952, 130ff. W. H. G.

**Naryka** (*Νάρυκα*, liter. auch *Νᾶρυξ*, *Ναρύκη*, *Ναρύκιον*, Ethnikon *Ναρυκαῖος*, *Ναρύκιος*, *Ναρύκειος*). Stadt im inneren epiknemid. Lokris an der Hauptstraße vom Spercheiostal nach Phokis gelegen, jetzt inschr. im Palaeokastro von Rengini ca. 8 km s. ö. von Mendenitsa gesichert. 395 v. Chr. Sieg der Boioter und ihrer Verbündeten über die Phoker bei N., Diod. 14,82,7ff. 352 v. Chr. Eroberung und Zerstörung der Stadt durch Phayllos, Diod. 16,38,2. 5, aber Wiederaufbau. N. galt als Heimat des »kleinen« Aias, Strab. 9,4,2 p. 425. Diod. 14,82,8. Steph. Byz. s. *Νᾶρυξ*. Hyg. fab. 14,7. »Narykisch« steht daher bei Dichtern öfters für »lokrisch«, Verg. Aen. 3,399 und Serv. z. St. Ov. met. 8,312. 14,468. 15,705. Die zur Sühne nach Ilion gesandten Mädchen stammten daher aus N., SCHWYZER exempla epigr. 366. L. LERAT Les Locriens de l'ouest II pass. Die Inschr. spricht von schweren vorangegangenen Unruhen. Die »lokrische Mädcheninschrift« jetzt IG IX 1, 3² Nr. 706. Ehreninschr. für Hadrian, *Ἀρχ. Δελτ.* 6, 1920/21, 142f. Nr. 3 = SEG 3,425. Sonst: Plin. nat. 4,7 (12), 27. Lykophr. 1148. Anecd. Bekk. 3,1401. Klio 15, 1918, 25f. Nr. 48. E. M.

1. *Ad. Wilhelm*, JOEAI 14, 1911, 188ff. 2. *Oldfather*, RE XVI 1772ff. 3. *Philipps.-Kirst.* 1,344f. 4. *Ἀρχ. Δελτ.* 6, 1920, 143. 10, 1926, *παρά.* 11f.

**Nasamon** (*Νασάμων*). Sohn des Amphithemis (der nach Apoll. Rhod. 4, 1492 auch Garamas hieß) und der Nymphe Tritonis. Er hatte einen Bruder, den Hirten Kaphauros (oder Kephalion), der den Argonauten Kanthos tötete (Apoll. 4, 1494). Bei Hyg. fab. 14 geschah die Tat in Libyen. N. ist der Stammvater der Nasamones.

**Nasamones** (*Νασαμῶνες*), Volksstamm Nordafrikas, längs der großen Syrte wohnhaft, w. von den *Αὐσχῖσαι* (Hdt. 4,172. S. GSELL Hérodote 124. F. CHAMOUX Cyrène sous la monarchie des Battiades, 1953, 228) und n. der *Ψύλλοι*, Hdt. 4, 173. Skyl. 109. Diod. 3,49, der sie aber 17,50 irrtümlich n. der Ammonsoase ansetzt), während sie Strab. 2,131 über Kyrene und den Syrten, aber 17,836 zwischen Berenike [Benghazi] und den *βωμοὶ Φιλαίνων* wohnen läßt. Bei Plin. 5,33 sitzen sie an der großen Syrte, zwischen der *Acrauceles* und den *Asbytae*. Ptol. 4,5,12 erwähnt die N.

unter den Völkern der Marmarica, nahe bei den *Αὐγιλῖται*, Tab. Peut. verlegt sie unter dem Namen *Nesamones* s. von den arae Philaenorum. Im Sommer ließen sie ihre Herden in der Nähe der Küste und zogen zur Oase Augila (Wagîlah), um Datteln zu ernten (Hdt. 4,172). Sie wohnten in Hütten nach Hdt. und Fest. 258 M. *(→ mapalia)*. Sie begruben ihre Toten in sitzender Stellung und weissagten aus Träumen, die sie auf den Gräbern ihrer Vorfahren hatten.

Vermutlich unter Augustus wurden sie von den Römern zurückgedrängt (P. ROMANELLI Stor. delle prov. rom. dell'Afr. 301). Im J. 85/86 n. Chr. wurden sie von dem Praetor Cn. Suellius Flaccus besiegt und nach S. zurückgeworfen (Zon. 11,19. Dion. Per. 209). Spätere Erwähnungen: Sulp. Sev. Dial. 1,3. Cor. 4,197. C. COURTOIS Les Vandales et l'Afrique 103,6. M. L.

*J. Desanges* Cat. des trib. afr. Ant. class., 1962, 152.

**Nasennius.** Personenname (SCHULZE Eigenn. 275, abgeleitet von Naso, vgl. RE III A 1828). **1.** C. N. aus Suessa, war 66 im Feldzug gegen Kreta Führer eines Manipels (unter Q. Caecilius Metellus), dann Geschäftsmann und 42 Anhänger des Brutus, Cic. ad Brut. 1,8,1 f. H. G. G.

**Nashorn,** *ῥινόκερως* (seit 3. Jh. v. Chr.), seltener *μονόκερως* (*rhinoceros, monoceros;* ein lat. Wort fehlt; Übers. mit *unicornus* bei Isid. orig. 12, 2,12) als gemeinsame Bezeichnung für das ind. N. (Rhinoceros unicornis L.) und das afrikan. N. (Diceros bicornis L. [Spitznashorn] und Ceratotherium simum Burch. [Stumpf-N.]; Unterscheidung der Arten im Alt. nirgends nachweisbar). – 1. Indisches N.: Kaum je von einem Griechen oder Römer gesehen; erste Nachrichten durch Ktesias (frg. 14; Phot. bibl. 72,48 b 19 ff. Bekk.), von ihm beeinflußt Aristot. hist. an. 2,499 b 19; part. an. 3,663 a 18 ff., Megasthenes frg. 13. Strab. 15,710 C (verschlechternd), Plin. nat. 8,76. Ail. nat. 4,52; von Megasth. abhängig Ail. 16,20; von Aristot. Plin. 11,128. 255. Danach kannte man das N. als schnelles, wehrhaftes Tier von Pferdegröße mit langem (1–2 Ellen), mehrfarbigem Horn auf der Stirn (im einzelnen Vermengung mit Antilopenarten erkennbar), das Wunderkräfte besitzt, vor allem gegen Gift, und als Trinkhorn verwendet und hoch bezahlt wird (so noch im 20. Jh. in Indien und China; vgl. BERG 31 ff.). Um des Hornes willen wird es trotz großen Schwierigkeiten eifrig gejagt. Die ältere Lit. (und ihre Exzerptoren) nennt das Tier *ὄνος Ἰνδικός*; dessen Identität mit dem N. ist durch die Übereinstimmung der ant. Nachrichten mit modernen zool. Beobachtungen gesichert (STEIER, RE XVI 1781); die ersteren werden durch Erwähnungen in der Alexanderlit. ergänzt (Ps. Kallisth. 3,17,19. Curt. 9,1,5). Dagegen fehlen Abbildungen natürlich ganz. – 2. Afrikanisches N.: Älteste Quellen: Hdt. 4,91, Agatharch. mar. rubr. 71 (GGM 1,158) und Artemid. (Strab. 16,774; doch schreibt Strab. auch aus eigener Anschauung); nach diesen (z. T. ausschmükkend) Plin. nat. 8,71. Diod. 3,35. Ail. nat. 17,44. Opp. Kyn. 2,551 ff. Isid. a. O. Die Schilderungen bleiben im ganzen realistisch, da das Tier sogar den städt. Massen in Alexandreia (3. Jh.: Kallix. bei Athen. 5,201 C) und Rom (55 v. Chr.: Plin. 8,71 [*qualis saepe!*]; 29 v. Chr. Suet. Aug. 43,4. Cass. Dio 51,22,5; 5 n. Chr.: Cass. Dio 55,27,3; vgl. auch Paus. 9,21,2; oft durch die Kaiser des 3. Jh.) bekannt war. Die erste Kunde in Rom stammte wohl von Scipio Aemilianus oder seinen Begleitern in Äg., die erste literar. Erwähnung in Rom von Lucil. (117. 159). Vertrautheit mit dem N. spiegelt sich auch im Sprichwort *rhinocerotis nasum habere* (Martial. 1,3,6, s. FRIEDLAENDER z. St.). Das Horn war Handelsartikel und wurde zu Flaschen, Kannen u. ä. verarbeitet (Plin. 6,173. Iuv. 7,130. Martial. 14,52). Einige Darstellungen (kaiserzeitliche Mz. und Tesserae) sind gesichert, die meisten anderen umstritten (sie gehören eher in die Einhornsymbolik). Verwechslung mit dem Nilpferd begegnet selten und sehr spät (Timoth. Gaz. 45. CGlL 4,280). W. R.

*J. W. Müller* Das Einhorn (1853). *O. Schrader* Die Vorstellungen vom *μονόκερως* und ihr Ursprung (Abh. Berlin 1892). *F. Marx* Lucilii carmina 2,56 f. *O. Keller* Ant. Tierwelt 1, 1909, 415 ff. *L. Heck* in *Brehms* Tierleben $12^4$, 1915, 599 ff. *B. Berg* Meine Jagd nach dem Einhorn (1933). *G. Jennison*, Animals for Show and Pleasure in Anc. Rome (1937) pass., bes. 34 ff.

**Nasica.** Röm. Cognomen, abgeleitet viell. vom adj. * *nasicus* (vgl. I. KAJANTO The Latin Cognomina, Soc. scient. Fenn., Hum. litt. XXXVI 2, 1965, 105) bzw. von Naso, vgl. RE IV 225. III A 1828. Erblich seit kurz nach 200 v. Chr. in der Gens Cornelia (RE IV 1494, Nr. 350–355; vgl. A. DEGRASSI FCap. 146), → Scipio. Nicht zu den Corneliern gehören: **1.** L. N., 184 v. Chr., Cic. de or. 260 (das überlieferte L. Porcius N. mit MÜNZER, RE XVI 1788 unhaltbar). **2.** N., 2. Hälfte 1. Jh. v. Chr., wird von Hor. sat. 2,5,57. 68 wegen des Tatbestandes erfolgloser Erbschleicherei (30 v. Chr.) verspottet. H. G. G.

**Nasidienus.** Sehr seltener Gentilname, Weiterbildung von Nasidius (bzw. Naso, RE III A 1828). N. Rufus, ein reicher röm. Ritter, den Hor. sat. 2,8 (mit Namen: 1. 58. 75. 84) wegen eines protzenhaften Gastmahls (um 30 v. Chr.?) verspottet. Damit wurde N. ein literar. Vorgänger des Trimalchio. H. G. G.

ENDE DES DRITTEN BANDES

# NACHTRÄGE

**Kithara** (*κίθαρις, κιθάρα*). Neben der durch Form und Verwendung abgesonderten → Lyra wichtigstes griech., sowie dann auch etr. und röm. Saiteninstrument. Grundbestandteil der K. war, wie zahlreiche, etwa von der arch. Z. an vorliegende bildliche Darstellungen lehren (vgl. bes. [3]), ein großer, kastenförmiger Schallkörper aus Holz, der einen ebenen Boden aufwies, vorne flach, hinten ausgebaucht war und sich auch noch in die beiden zunächst einwärts gebogenen, dann parallel nach oben verlaufenden Jocharme (*πῆχεις*) fortsetzte. An deren Verbindung, dem außen mit Schraubgriffen versehenen Joch (*ζυγόν*), waren die 7, unten am Schallkörper fest in einen Saitenhalter (*χορδότονον*) eingespannten Saiten des Instrumentes durch Wirbel aus Rinderschwarte (*κόλλοπες*) festgedreht und grob gestimmt; zur Feinstimmung dienten bes. Stimmschlüssel.

Wie vor allem auch die freilich ikonograph. nicht vor der klass. Z. belegbare Sonderform mit gewölbtem, kreisbogenförmigem Boden, die sog. Wiegenkithara, erweist, bildet die K. eine durch Vermehrung der Saitenzahl und Vergrößerung des Schallkörpers technisch vervollkommnete Weiterentwicklung der viersaitigen → Phorminx aus hom. Zeit. Da für den Bereich von Musikunterricht und -übung die wohl unabhängig davon entstandene Lyra eintrat, beschränkte sich die Verwendung der K. fast ausschließlich auf den Agon und virtuosen Vortrag. Dies unterstreicht ein Großteil der Abbildungen [3], der diese Art des Spiels zeigt: der meist stehende Virtuose zieht mit dem linken Arm, der durch ein um das Instrument geführtes Tragband gesteckt ist, die K. an seine l. Seite, so daß die Hand selber frei bleibt, um von hinten her in die Saiten greifen zu können. Bei der Gesangsbegleitung zupft nun so die Linke die Saiten, die die Rechte von vorne her mit dem Plektron auf die geforderte Tonhöhe spannt; bei Zwischenspielen schlägt dagegen die dabei meist auch das Plektron führende Rechte allein an.

Während die K. der klass. Z. durchweg ein siebensaitiges Instrument darstellt, als dessen Erfinder der in die 1. Hälfte des 7. Jh. fallende → Terpandros (Strab. 13,618; vgl. auch Plut. mor. 238c) oder dessen Schüler Kepion (Ps.-Plut. de mus. 6) genannt werden, liegen für die Folgezeit zahlreiche Nachrichten über eine fortschreitende Erweiterung der Saitenzahl vor. Obwohl es sich dabei größtenteils um gelehrte Konstruktionen handelt, behalten einzelne Notizen wie etwa das Selbstzeugnis des → Timotheos über eine K. mit 11 Saiten (Pers. 241–245) dennoch ihren Wert.

U. K.

1. *M. Wegner* Musikleben der Griechen, 1949, 30–37.
2. *G. Wille* Musica Romana, 1967, pass., bes. 212–214.
3. Abb. in: Musikgesch. in Bildern 2,4 (Griechenland ed. *M. Wegner*) 1963, Abb. 13, 37f. u.ö.; 2,5 (Etrur. und Rom ed. *G. Fleischhauer*) 1964, Abb. 2, 4, 54, 57 u.ö.

**Kopien.** Werke griech. Plastik und Malerei, die einem wechselnden Geschmack als vorbildlich galten, werden nach hellenist. Anfängen in Rom häufig kopiert. Oft dekorativ verwandt dienen die K. einem weit verbreiteten Bildungsbedürfnis und zeigen mit den Umbildungen und Abwandlungen der Vorbilder den einen, den retrospektiven Zug der röm. Kunst. Wissenschaftlich für die Wiedergewinnung verlorener griech. Meisterwerke unersetzlich, ästhetisch oft unbefriedigend, machen die K. die religiös gebundene griech. Form subjektiv, anpaßbar, repräsentativ und weltläufig unter Abbau des ursprünglichen Sinngehalts. Der großen Zahl röm. K. (deren Datierung und Lokalisierung ein weitgehend ungelöstes Problem darstellt) verdanken wir die Tradierung der von den Griechen begründeten abendländ. Formenwelt, auf der die gesamte nachant. Kunstgesch. aufbaut.

W. H. G.

*G. Lippold* K. und Umbildungen griech. Statuen, 1923. *B. Schweitzer*, in: Vermächtnis der ant. Kunst (hrsg. von R. Herbig) 1950, 143ff.

**Kynuria. 2.** Von den bei Paus. 2,38,6 genannten vier Ortschaften sind jetzt zwei inschr. gesichert, das Polyandrion der Argiver gleich s. der Paßhöhe des Zavitsaberges und Eua im Helleniko von Meligu, K. Rhomaios, *Πρακτικά* 1950, 237. K. J. Kalitsis, EA 1960 (1965) *Χρον.* 6ff. 1965 (1967) *Χρον.* 10ff. E. M.

**Lampridius 1.** Aelius, angeblicher Vf. einiger Viten der → Historia Augusta; der Name ist als fiktiv anzusehen. **2.** L., Lehrer der Rhetorik in Burdigala, verfaßte nach seinem Freund → Sidonius Apollinaris Reden im Stil Ciceros, Gedichte in der Art des Horaz und Virgil. Ermordet bald nach 475 (Sidon. epist. 8,11,3. 9,13,2. 4). A. L.

**Lamprokles** (*Λαμπροκλῆς*), athen. Musiker wohl des frühen 5. Jh., von dem Zitate aus einem Hymnos auf Athene und einem Dithyrambos erhalten sind. Er ist ein Vertreter des klassischen Stils und scheint bes. bei der Deutung des Mixolydischen hervorgetreten zu sein (Ps.-Plut. de mus. 16, vgl. auch Aristox. frg. 81 W. mit Komm.). Wahrscheinlich ist L. auch – und nicht → Lampros – Lehrer des Sophokles. U. K.

Test. und Frg. bei *C. del Grande* Ditirambografi, 1946, 42–45 (vgl. auch Anth. lyr. $2,5^2$ [1940] 152f. sowie Poet. Mel. Gr. [ed. *D.L.Page*, 1962] 379f.).

**Litis denuntiatio.** Der sog. Litisdenuntiationsprozeß ist das ordentliche Verfahren des 4. und der 1. Hälfte des 5. Jh. n. Chr. – Die L. d. geht vom Kl(äger) aus und bezweckt Ladung des Bekl(agten). Im Gegensatz zur rein privaten Ladung des Formularverfahrens hat sie halbamtlichen Charakter, da sie an behördliche Zulassung gebunden ist und regelmäßig unter Mitwirkung eines Offizials vollzogen wird; ihre Wurzeln liegen wahrscheinlich bei der *denuntiatio ex auctoritate* (einer privaten, aber durch magistratischen Folgebefehl verstärkten Ladung) des klass. Kognitionsverfahrens und der *παραγγελία* des Provinzialrechts. – Der schriftliche Klagsvortrag, der sich nicht an das Gericht, sondern an den Bekl. wendet, wird bei der Behörde mit der Bitte um Zustellungserlaubnis eingebracht. Nach Erteilung derselben erfolgt die (private oder offizielle) Zustellung der Klageschrift an den Bekl. An ihren Vollzug knüpfen sich bestimmte Rechtswirkungen, namentlich beginnt mit ihm eine Frist von (gewöhnlich) 4 Monaten zu laufen, binnen welcher die Parteien vor dem Richter erscheinen müssen. Fristversäumnis des Kl. hat Prozeßverlust zur Folge, doch kann er eine *reparatio denuntiationis* erwirken, mit der eine neue Viermonatsfrist anhebt. Von dem wegen seiner Fristen recht langwierigen Verfahren mit L. d. sind manche Rechtssachen ausgenommen. Im Laufe des 5. Jh. kommt es dann ganz ab; an seine Stelle tritt der sog. Libellprozeß (mit Amtsladung und strafferen Fristen).

Nichts zu tun mit der L. d. im obgenannten Sinn hat die (auch als d. bezeichnete) Streitverkündung an einen zur Beistandschaft im Prozeß aufgeforderten Dritten (namentlich den Auktor im Eviktionsprozeß). H. St.

*Kaser* Röm. Zivilprozeßrecht (1966) 371 ff. 413. 456 ff. m. Lit., dazu *Ferrari* Art. Citazione (Dir. rom.), Noviss. Dig. It. 3 (1959) 291 ff., bes. 293 ff. S. auch *v. Premerstein* Art. Libellus, RE XIII 51 ff. 56 ff.

**Manates.** Einer der *populi Albenses* (Plin. nat. 3,69), das mit den *Sanates* der leg. XII tab. 1,5 gleichgesetzt wird (Huelsen bei Gradenwitz, SHAW 14, 1916, 53. Rosenberg, H 54,129 ff. R. Werner Der Beginn der röm. Republik 428 ff.). M. Lejeune, RPh 25, 1951, 223 f., erklärt das einleuchtend aus Verlesen eines inschr. *M* (= *ś*) als *m* durch Plin., wodurch Verbindung zum Namen der venet. Göttin *śa. i. nati. s.* herstellbar ist. G. R.

**Masoreten.** »Überlieferer« (von aram. *$m^e$sār* »überliefern«), jüd. Gelehrte, die in der Nachfolge der älteren »Schreiber« *(sôph$^e$rîm)* in der 2. Hälfte des 1. Jt. n. Chr. den hebr. (Konsonanten-)Text des AT tradiert und gegen Entstellungen gesichert haben. M.-Schulen gab es in Palästina und in Babylonien. Maßgebend blieb die Auffassung der Schule von Tiberias (Pal.). Den durch die M. überlieferten hebr. Text des AT bezeichnet man als »masoretischen Text«. E. Ku.

*P.E. Kahle* Die Kairoer Genisa, 1962.

**Mykenai** oder **Mykene** (Name vorgriech.), uralte Stadt, im n. ö. Winkel der Argolis so gelegen, daß man von der Höhe des Hügels, der die großartigen Ruinen der Burg der Atriden trägt (278 m ü. M.), die ganze Argolis und gegen N. die Straßen nach Kleonai und Korinth überblickt. Der Atridenpalast ist über noch älteren, in die frühe Bronzezeit zurückgehenden Bauten errichtet. Sie wurde A. 12. Jh. zerstört. In der Folgezeit hat nur eine bescheidene Ortschaft bestanden, die aber gegen E. 7. Jh. wieder zu einer gewissen Bedeutung gelangte, wie Reste des Athenatempels auf dem Gipfel des Burgberges, Relieffragmente von Metopen, Befestigungsarbeiten des 6. Jh., das von Paus. 2,18,1 erwähnte Heroon des Perseus am Wege von M. nach Argos und einige Inschr. bezeugen. Kontingente von M. nahmen 480/79 an den Schlachten in den Thermopylen und bei Plataiai teil (Hdt. 7,202. 9,28. 31), doch wurde die Stadt bald danach von Argos erobert und zerstört (Diod. 11,65. Strab. 8,372. 377; vgl. Thuk. 1,10,1). Im 3. Jh. ist M. wieder zu gewissem Wohlstand gelangt, wie Trümmer hellenist. Häuser, Bäder, Zisternen, auch einige Inschr. lehren. Literar. Zeugnisse betreffen das J. 235 (Plut. Arat. 29,5) und die Z. des Nabis (Liv. 32,39, 6. IG IV 497). Zu Strabons Z. aber war von M. nicht einmal eine Spur mehr zu finden (8,372), und Paus. spricht (2,15,4. 16,4) nur von *ἐρείπια* von M., kennt aber die »unterirdischen Bauten« der Atriden, die Kuppelgräber, die er für ihre Schatzhäuser erklärt. Dann war M. so gut wie vergessen, bis Schliemann 1874 in M. zu graben begann und 1876 die sog. Schachtgräber mit ihrem überreichen Inhalt entdeckte. Es folgten die Grabungen der Griechen und endlich die der British School zu Athen, die Freilegung des Palastes und der Nekropolen, vor allem auch der 9 Kuppelgräber, von denen das sog. Grab des Atreus das größte und monumentalste ist. Weiteres s. o. S. 1507 ff. K. Z.

*G. Karo*, RE XVI 1015–27 und die o. S. 1513 f. angegebene Literatur.

# CORRIGENDA ET ADDENDA

| | | | |
|---|---|---|---|
| Spalte 2, 8 | lies statt | Feretrius o. I | o. II |
| Spalte 5, 35 | lies statt | *Iovi epulum* | Iovi Epulo |
| Spalte 6, 18 | lies statt | Capitolius | Capitolinus |
| Spalte 14, 21 | lies statt | *volontarium* | *voluntarium* |
| Spalte 31, 50 | lies statt | Schwester | Bruder |
| Spalte 40, 57 | lies statt | der Phoinix | des Phoinix |
| Spalte 41, 45 | ergänze | Suppl. | Suppl. X 343 ff. |
| Spalte 42, 10 | lies statt | *Ὄρφεως* | *᾿Ορφέως* |
| Spalte 48, 38 | lies statt | würden | würde. |
| Spalte 58, 53 | lies statt | *Λέξικον* | *Λεξικὸν* |
| Spalte 61, 35 | lies statt | 7. Jh. | 6. Jh. |
| Spalte 82, 35 | ergänze nach | Kallieis | und o. Bd. I 260, 46 f. |
| Spalte 95, 40 | lies statt | 2, 1938 | $^{2}$1938 |
| Spalte 96, 17 | streiche | | Fornix |
| Spalte 97, 59 | lies statt | Kambysen | Kambysene |
| Spalte 113, 60 | lies statt | Severenzeit | Severerzeit |
| Spalte 119, 17 | lies statt | hetit. | hethit. |
| Spalte 145, 51 | lies statt | Frühgesch. | Frühgriech. |
| | lies statt | 54 | 44 |
| Spalte 151, 30 | lies statt | zwar ... | , der ... |
| Spalte 178, 11 | lies statt | → Kerberos (2) | → Laios (2) |
| Spalte 186, 60 | streiche | | 89 |
| Spalte 193, 18 | lies statt | Asklepeion | Asklepieion |
| Spalte 196, 44 | lies statt | mykenische | mykenischer |
| Spalte 213, 26 | ergänze zur Literatur | | *F. Schachermeyr* Die frühe Klassik der Griechen 1966 |
| Spalte 224, 45 | lies statt | *Ders.* | *Adler* |
| Spalte 231, 9 | lies statt | O.-Kreta | O.-Kleinasien |
| Spalte 257, 52 | lies statt | Platon | Pluton |
| Spalte 266, 5 | ergänze | | Ubii und Colonia Agrippinensis |
| Spalte 266, 29 | schreibe für | *ἀνδρακεύς* | *ἀνθρακεύς* |
| Spalte 277, 15 | füge nach 2, 60 ein | | . Sie wurde von Amphitryon getötet. |
| Spalte 295, 2 | füge an: | | Vielleicht ist K. ident. mit dem bei Dion Chrys. 18, 12 erwähnten Redner. |

| | | |
|---|---|---|
| Spalte 299, 54 | setze nach Erechtheion. | . Athenai |
| Spalte 312, 54 | setze nach Ov. | met. |
| Spalte 315, 46 | lies statt Ephor. F 30b | Topogr. Christ. II p. 148 (Migne PG 88, 117) |
| Spalte 319, 49 | lies statt Hekatoncheiroi | Hekatoncheires |
| Spalte 331, 43 | füge zwischen Kraton und Kratylos ein | Kratos s. Bia |
| Spalte 395, 15 | setze nach 154. | → Hyrie. |
| Spalte 456, 26 | streiche | (2) |
| Spalte 458, 8 | setze nach 1915 | , 17ff. |
| Spalte 693, 52 | lies statt Coeph. | Choeph. |
| Spalte 712, 10 | lies statt. ἐνδιάδετος | ἐνδιάϑετος |
| Spalte 712, 47 | lies | im ird. Bereich |
| Spalte 721, 43 | füge an 352: | Der Vertrag von Oiantheia-Chaleion jetzt IG IX 1, 3² Nr. 717. |
| Spalte 748, 51 | setze nach NP | (s. Bd. II 519, 50) |
| Spalte 754, 33 | lies statt Sc. M. | It. M. |
| Spalte 759, 33 | ändere [31]. in | [40a]. G. JACHMANN, Athenaeum 45, 1967, 89ff.). Kenntnis ... |
| Spalte 760, 55 | füge nach [38] ein | , ähnlich [40a], 108f.; anders ... |
| Spalte 764, 35 | füge nach 221 an | 40a. Associat. G. Budé Actes du Congrès de Paris (1968) 1969. |
| Spalte 806, 18 | lies | Paus. 8, 2, 3 |
| Spalte 811, 31 | setze statt **0** | die Ziffer **4** |
| Spalte 818, 36 | lies statt vertrat | verkörperte |
| Spalte 827, 25 | lies statt Aigyptios | Aigyptos |
| Spalte 837, 32 | lies statt Philios | Philaios |
| Spalte 874, 12 | füge an | . Magoi. |
| Spalte 980, 3 | füge vor Tochter ein | **1.** |
| Spalte 1038, 49 | setze statt Komm. *H.* | Komm. *It.* |
| Spalte 1045, 41 | füge an | *Br. Snell* Bakchyl.' Marpessagedicht (Ges. Schriften 1966, 105ff.). |
| Spalte 1051, 60 | lies statt 73ff. | 732ff. |
| Spalte 1103, 60 | lies statt M. | Maximianus |
| Spalte 1117, 49 | ändere die Vf.-Signatur E. B. in | E. Bo. |
| Spalte 1137, 1 | lies statt Gatte | Bruder |
| Spalte 1142, 54 | lies statt Iphianassa | Iphianeira. |

# VERZEICHNIS DER MITARBEITER

| | |
|---|---|
| von Albrecht, Prof. Dr. Michael, Heidelberg | M. v. A. |
| Becher, Dr. Ilse, Leipzig | I. B. |
| Bellen, Priv.-Doz. Dr. Heinz, Düsseldorf-Köln | H. B. |
| Berneker, Prof. Dr. Erich, Würzburg | E. B. |
| Bleicken, Prof. Dr. Jochen, Hamburg | J. Bl. |
| Böker, Dr. Robert, Bad Homburg v. d. H. | R. B. |
| Boer, Dr. Emilie, Berlin | E. Bo. |
| Borger, Prof. Dr. Riekele, Göttingen | Ri. Bo. |
| Büchner, Prof. Dr. Karl, Freiburg | K. B. |
| Bund, Dr. Elmar, Freiburg | E. Bu. |
| Burchard, Dr. Christoph, Göttingen | Chr. B. |
| Callies, Akad. Rat Dr. Horst, Göttingen | H. Ca. |
| Carney, Prof. Dr. T. F., Winnipeg (Canada) | T. F. C. |
| Chantraine, Prof. Dr. H., Mannheim | H. Ch. |
| Colpe, Prof. Dr. Dr., Carsten, Berlin | C. C. |
| Cüppers, Dr. Heinz, Trier | H. C. |
| Danoff, Prof. Dr. Christo M., Sofia | Chr. D. |
| Derrett, Prof. Dr. J. D. M., London | J. D. M. D. |
| Dietrich, Prof. Dr. Albert, Göttingen | A. D. |
| Dobesch, Doz. Dr. Gerhard, Wien | G. Do. |
| Dörner, Prof. Dr. F. K., Münster | F. K. D. |
| Dörrie, Prof. Dr. Heinrich, Münster | H. D. |
| Donner, Prof. Dr. Dr. Herbert, Tübingen | H. Do. |
| Dreyer, Dr. Oskar, Göttingen | O. Dr. |
| Drögemüller, Dr. Hans-Peter, Hamburg | H.-P. D. |
| Duchesne-Guillemin, Prof. Dr. J., Liège | J. D.-G. |
| Edzard, Prof. Dr. Dietz Otto, München | D. O. E. |

| | |
|---|---|
| Eisenhut, Dr. Werner, Berlin | W. E. |
| Enking, Dr. Ragna, Rom | R. E. |
| Fauth, Dr. Wolfgang, Göttingen | W. F. |
| Fensterbusch, Dr. Curt, Gelsenkirchen | C. F. |
| Fischer, Doz. Dr. Klaus, Bonn | K. F. |
| Fitz, Dr. Jenö, Székesfehérvár | J. F. |
| Folkerts, Dr. Menso, Göttingen | M. Fo. |
| Fuhrmann, Prof. Dr. Manfred, Konstanz | M. F. |
| Gärtner, Dr. Hans, Regensburg | H. Gä. |
| Gams, Univ.-Prof. Dr. Helmut, Innsbruck | H. G. |
| von Geisau, Oberst.-Dir. Dr. Hans, Warburg/Westf. | H. v. G. |
| Groß, Oberstudienrat Rudolf, Stuttgart | Rud. G. |
| Groß, Prof. Dr. Walter Hatto, Hamburg | W. H. G. |
| Grosse †, Prof. Dr. Robert, Hamburg | R. G. |
| Gugel, Dr. Helmut, Graz | H. Gu. |
| Gundel, Prof. Dr. Hans Georg, Gießen | H. G. G. |
| Hanslik, Univ.-Prof. Dr. Rudolf, Wien | R. H. |
| Heichelheim †, Prof. Dr. Fritz M., Toronto | F. M. H. |
| Helck, Prof. Dr. Hans Wolfgang, Hamburg | W. H. |
| Herter, Prof. Dr. Dr. h. c. Hans, Bonn a. Rh. | H. H. |
| Herzog, Dr. Reinhart, Konstanz | R. He. |
| Hiltbrunner, Prof. Dr. Otto, Münster | O. H. |
| Hinz, Prof. Dr. W., Göttingen | W. Hi. |
| Kammenhuber, Prof. Dr. Annelies, München | A. K. |
| Keydell, Prof. Dr. Rudolf, Berlin | R. K. |
| Kiechle, Prof. Dr. Franz, Bochum | Fr. Kie. |
| Kierdorf, Dr. Wilhelm, Köln | W. Ki. |
| Kinzl, Prof. Dr. Konrad, Ottawa (Kanada) | K. K. |
| Klein, Ulrich, Tübingen | U. K. |
| Kraus, Univ.-Prof. Dr. Walther, Wien | W. K. |
| Krenkel, Dr. Werner, Rostock | W. Kre. |
| Kudlien, Prof. Dr. Fridolf, Kiel | F. K. |

| | |
|---|---|
| Kutsch, Prof. Dr. Ernst, Erlangen | E. Ku. |
| Lasserre, Prof. Dr. F., Lausanne | F. L. |
| Leglay, Prof. Dr. M., Lyon | M. L. |
| Lerche, Dr. Nikolaus, Weddel | N. L. |
| Lesky, Prof. Dr. Albin, Wien | A. Le. |
| Liebs, Dr. Detlef, Göttingen | D. L. |
| Lippold, Prof. Dr. Adolf, Regensburg | A. L. |
| Mansel, Prof. Dr. Arif Müfid, Istanbul | A. M. M. |
| Mariotti, Prof. Dr. Scevola, Rom | Sc. M. |
| Mariotti, Prof. Dr. Italo, Pesaro | It. M. |
| Marwitz, Dr. Herbert, München | H. Ma. |
| Mau, Prof. Dr. Jürgen, Göttingen | J. M. |
| Mayer-Maly, Univ.-Prof. Dr. Theo, Salzburg | Th. M.-M. |
| Medicus, Prof. Dr. Dieter, Tübingen | D. M |
| Mehl, Univ.-Prof. Dr. Erwin, Wien | E. Me. |
| Meister, Dr. Klaus, Saarbrücken | Kl. M. |
| Mensching, Priv.-Doz. Dr. Eckart, Göttingen | E. Mg. |
| Mette, Prof. Dr. H., Hamburg | H. M. |
| Meyer, Prof. Dr. Ernst, Zürich | E. M. |
| Meyer-Laurin, Dr. Harald, Freiburg i. Br. | H. M.-L. |
| Moritz, Prof. Dr. L. A., Cardiff | L. A. M. |
| Neumann, Prof. Dr. Alfred Richard, Wien | A. N. |
| Neumann, Prof. Dr. Günter, Gießen | G. N. |
| Niederwimmer, Univ.-Doz. Dr. Kurt, Wien | K. N. |
| Olshausen, Dr. Eckart, Kiel | E. O. |
| Oppermann, Dr. Siemer, Gießen | S. O. |
| Pekáry, Priv.-Doz. Dr. Thomas, Kiel | Th. P. |
| Pittioni, Univ.-Prof. Dr. Richard, Wien | R. P. |
| Pötscher, Univ.-Doz. Dr. Walter, Wien – Salzburg | W. P. |
| Raber, Dr. Fritz, Salzburg | F. R. |
| Radke, Prof. Dr. Gerhard, Berlin | G. R. |
| Reinmuth, Prof. Dr. Oscar W., Austin-Texas | O. W. R. |

| | |
|---|---|
| Richter, Prof. Dr. Will, Göttingen | W. R. |
| Röllig, Prof. Dr. W., Tübingen | W. Rö. |
| Ruhbach, Prof. Dr. Gerhard, Bethel | G. Ru. |
| Rumpf †, Prof. Dr. Andreas, Köln | A. R. |
| Sander, Studienrat, Erich, Berlin | E. S. |
| Sauer, Dr. Hertha, Kiel | H. S. |
| Schachermeyr, Univ.-Prof. Dr. Fritz, Wien | F. Sch. |
| Schaller, Dr. Berndt, Göttingen | B. Sch. |
| Scharf †, Prof. Dr. Joachim, Münster | J. Sch. |
| Schmidt, Dozent Dr. Ernst Günther, Jena | G. Schm. |
| Schmidt, Dr. Peter L., Konstanz | P. L. Sch. |
| Schrot †, Dr. habil. Gerhard, Greifswald | G. Sch. |
| Schwabl, Prof. Dr. Hans, Berlin | H. Sch. |
| Schwark, Ingunde, Münster | I. Sch. |
| Schwarz, Gymn.-Prof. Dr. Franz F., Graz | F. F. S. |
| Seiler, Dr. H. H., Hamburg | H. H. S. |
| Simon, Dr. Dietrich V., Freiburg i. Br. | D. V. S. |
| Sontheimer, Prof. Dr. Walther, Stuttgart | W. S. |
| Sontheimer, Dr. Günther-Dietz, Heidelberg | G.-D. S. |
| Spoerri, Prof. Dr. W., Neuchâtel | W. Sp. |
| Stiegler, Dr. Herwig, Graz | H. St. |
| Stiewe, Dr. Klaus, Münster | K. St. |
| Stoessl, Univ.-Prof. Dr. Franz, Graz | F. St. |
| Strzelecki †, Prof. Dr. W., Kraków | W. Str. |
| Szádeczky-Kardoss, Prof. Dr. Samuel, Szeged (Ungarn) | S. Sz.-K. |
| Szilágyi, Dr. János, Budapest | J. Sz. |
| Treidler †, Dr. Hans, Berlin | H. T. |
| Ürögdi, Dr. Dr. Georg, Budapest | G. Ü. |
| Volkmann, Prof. Dr. Hans, Köln | H. V. |
| Vorländer, Hermann, Wiss. Ass., Erlangen | Her. V. |
| Voss, Dr. B. R., Münster | B. R. V. |
| Vretska, Dr. Helmuth, Mürzzuschlag | H. Vr. |

| | |
|---|---|
| Vretska, Univ.-Prof. Dr. Karl, Graz | K. V. |
| Waldstein, Prof. Dr. Wolfgang, Salzburg | W. W. |
| van der Waerden, Prof. Dr. B. L., Zürich | v. d. W. |
| Weber, Dr. Leo J., Bonn | L. J. W. |
| Wegenast, Prof. Dr. Klaus, Lüneburg | Kl. W. |
| Wickert, Dr. Konrad, Erlangen | K. W. |
| Wirsching, Dr. theol. Johannes, Stuttgart | J. Wi. |
| Wirth, Stud.-Prof. Dr. Gerhard, Nürnberg | G. W. |
| Wuilleumier, Prof. Dr. P., Paris | P. W. |
| Zellerhoff, Dr. Friedrich, Münster | F. Z. |
| Zazoff, Dr. Peter, Hamburg | P. Z. |
| Ziegler, Prof. Dr. Dr. h.c. Konrat, Göttingen | K. Z. |
| Zintzen, Prof. Dr. Clemens, Saarbrücken | C. Z. |
| Zschietzschmann, Prof. Dr. W., Gießen | W. Z. |

Der Kleine Pauly
Lexikon der Antike in 5 Bänden

Der Kleine Pauly
Lexikon der Antike in 5 Bänden